改訂
新日本山岳誌

日本山岳会 編著

ナカニシヤ出版

改訂版発刊にあたって

公益社団法人　日本山岳会会長　小林　政志

私ども日本山岳会は本年、創立百十周年を迎えました。昨年度からすでに様々な記念事業を展開しておりますが、創立記念出版の一つとして本書『改訂　新日本山岳誌』を刊行いたしました。

本書の初版は一〇年前、創立百年の記念事業として七年の歳月を懸けて編纂されたものですが、この約一〇年間に自然界でも、社会面でも大きな変化がありました。新潟県中越地震に始まり東日本大震災、霧島連峰・新燃岳の噴火、紀伊半島の台風による大水害、広島市北部の土砂災害、そして、登山者としては忘れることのできない御嶽山の大噴火と続きました。一方、二〇〇五～六年にかけて全国的に平成の大合併が実施され、国土地理院からは最新の測量法による山岳の標高改訂も発表されました。さらに、モータリゼーションの進展にともなう山麓交通の変化も、とくに奥深い山において顕著です。

「不動如山」――不動・不変の代名詞である「山」ですが、時の流れとともに多くの変化が見られます。それらを反映した最新情報を登山者に提供したい、との考えから本「改訂版」の刊行が企画された次第です。初版刊行時の日本山岳会の支部数は二四でしたが、本書の改訂作業時には三二支部に増えております。ほぼ全国の山岳を網羅できる体制が整いましたので、これら新設支部にも加わってもらい、「山地・山脈別山座解説」の全ページにわたってチェックしていただきました。日ごろの支部活動で培った、脚で歩いた情報が収録されている最新の山岳事典であると自負しております。

巻頭の「日本山岳概説」は、明治大学の小疇《こあぜ》 尚《たかし》名誉教授ほか三名の先生方に改めてご確認いただきました。この項は日本の山の特徴を学び、各山地・山脈の地学的な成り立ちを知る上で大変参考になるものです。私たちが中学・高校で学んだ「地理」の知識とくらべると、こちらも時代とともに地学理論が進歩・変化しており、学ぶべきことの多いページといえます。

ところで、本書は明治三九年（一九〇六）に上梓された高頭《たかとう》 式《しょく》（仁兵衛）著『日本山嶽志』（博文館）をそのルーツとしています。日本山岳会創立者の一人にして、草創期から会の財政面を長年にわたり強力にバックアップしていただいた高頭氏が、今から百十年前に独力で編纂した、わが国初の「山岳百科事典」です。収録山座数二一三〇座、一三六〇ページに及ぶ大著で、情報不足の当時の登山界にとっては画期的な著作でした。

本年七月二五日、越後支部の招きにより第五八回高頭祭に出席してきました。式典や弥彦山松明《たいまつ》登山に参加、翌日は長岡市に移り高頭氏の墓参と広大な高頭家の旧住居跡をご案内いただきました。駆け足ではありましたが、越後の風土とともに高頭氏の遺徳が偲ばれる、実り多い旅でした。いまさらながらですが、一世紀以上前にこのような本を企図し、超人的な努力で完成させた先人の偉大さに敬意を表するとともに、時代ごとに情報を収集・蓄積し、後世に遺していくことは、私たち山を愛する者の責務であると痛感した次第です。

来年八月一一日には、国民の祝日「山の日」が施行されます。「山に親しむ機会を得て、山の恩恵に感謝する。」を趣旨とする祝日ですが、これを機会にもっと多くの国民が山に関心を持ち、多くの人々が山を歩いてもらいたいと願っております。近年、社会生活のハイテク化や効率化、人口の都市集中などにより、人々の自然や山に対する感受性、あるいは危険に対する感性が鈍磨しているように感じているのは、私だけではないと思います。

さらにまた、「山に学ぶ」という姿勢も大切かと思います。国土の七割が山岳や森林といわれる日本は、大変恵まれた国だと思いますし、山は私たちにいろいろなことを教えてくれます。本書をご覧いただけると、まず四〇〇〇座も収録されているその数に驚かされ、山を取り巻く歴史や文化の豊かさに感銘を受けることでしょう。「山に関心を持ち、山を学ぶ」機会に、本書がお役に立てれば幸いです。

最後になりましたが、膨大な本書の改訂作業をお進めいただいた節田重節編集委員長はじめ、岩崎元郎、重廣恒夫・両副編集委員長、そして、短い時間で細かい情報確認にご協力いただいた各支部の統括責任者、執筆者のみなさんに、心から御礼申し上げます。

二〇一五年一〇月

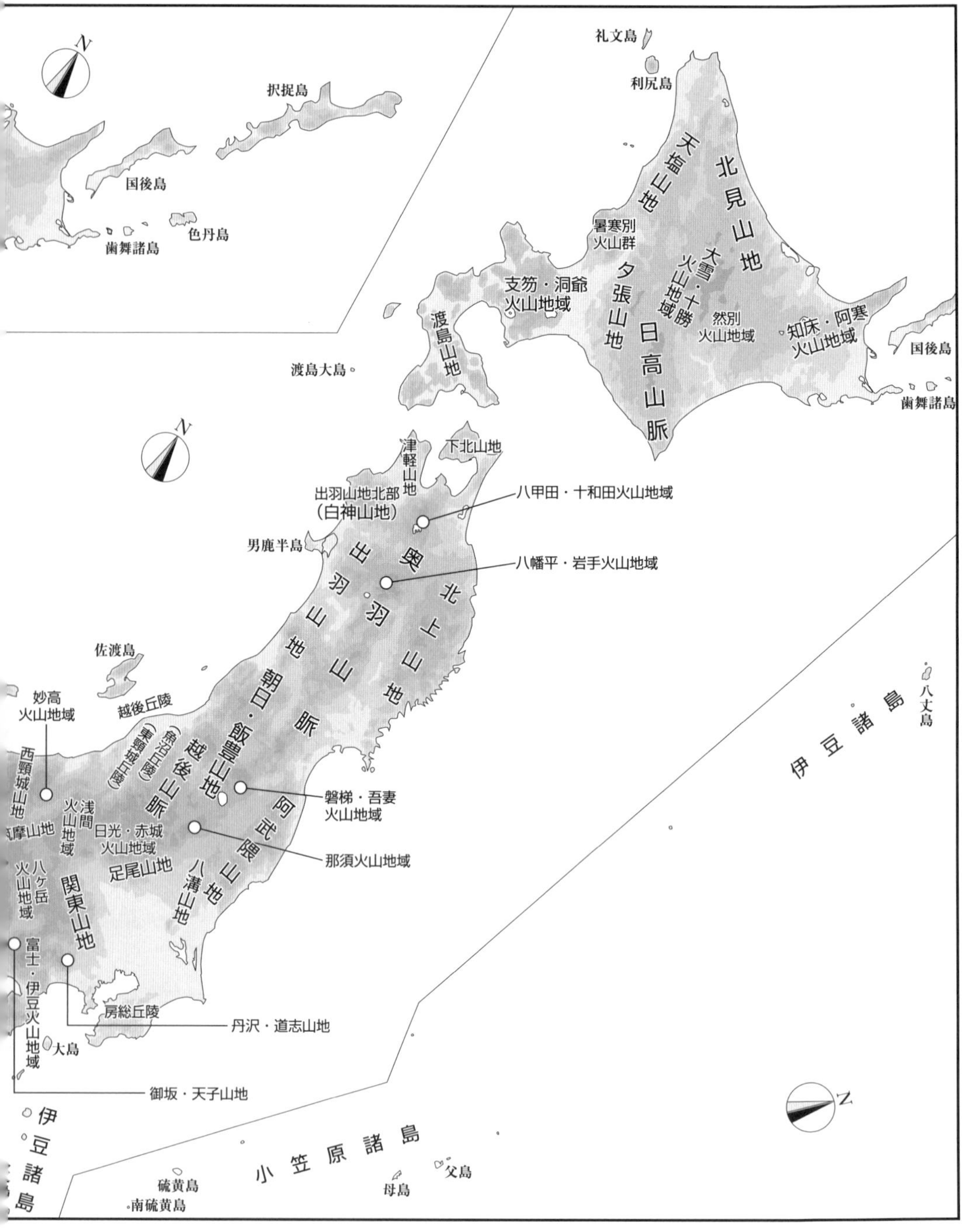
N
択捉島
国後島
色丹島
歯舞諸島
礼文島
利尻島
天塩山地
北見山地
暑寒別火山群
夕張山地
大雪・十勝火山地域
支笏・洞爺火山地域
然別火山地域
知床・阿寒火山地域
国後島
歯舞諸島
渡島山地
日高山脈
渡島大島
N
津軽山地
下北山地
出羽山地北部
(白神山地)
八甲田・十和田火山地域
男鹿半島
八幡平・岩手火山地域
出羽山地
奥羽山脈
北上山地
佐渡島
妙高火山地域
越後丘陵
(魚沼丘陵)
(東頸城丘陵)
朝日・飯豊山地
越後山脈
西頸城山地
浅間火山地域
磐梯・吾妻火山地域
阿武隈山地
日光・赤城火山地域
秩摩山地
那須火山地域
足尾山地
八ケ岳火山地域
関東山地
八溝山地
富士・伊豆火山地域
房総丘陵
丹沢・道志山地
大島
御坂・天子山地
伊豆諸島
八丈島
伊豆諸島
小笠原諸島
N
父島
母島
硫黄島
南硫黄島

日本の山地 山脈

西表島
石垣島
先島諸島
宮古島
南西諸島
琉球諸島
沖縄島
徳之島
奄美大島
トカラ列島
諏訪瀬島
中之島
屋久島
薩南諸島
N

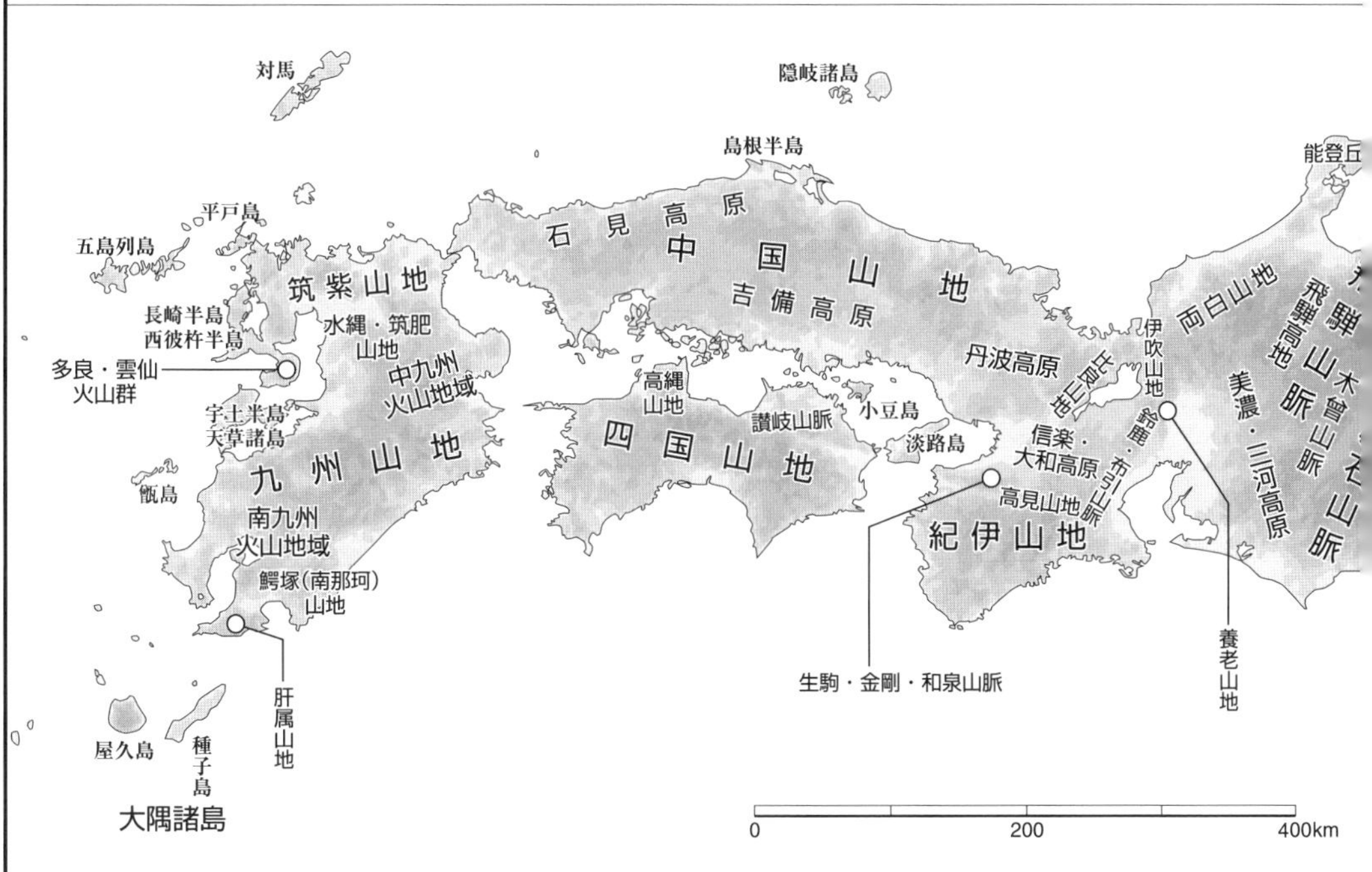

対馬
隠岐諸島
島根半島
能登半
平戸島
五島列島
長崎半島
西彼杵半島
多良・雲仙
火山群
宇土半島
天草諸島
甑島
筑紫山地
水縄・筑肥
山地
中九州
火山地域
九州山地
南九州
火山地域
鰐塚（南那珂）
山地
肝属山地
屋久島
種子島
大隅諸島
石見高原
中国山地
吉備高原
高縄
山地
讃岐山脈
四国山地
小豆島
淡路島
丹波高原
比良山地
伊吹山地
信楽・
大和高原
鈴鹿・布引山脈
高見山地
紀伊山地
生駒・金剛・和泉山脈
両白山地
飛騨高地
木曾山脈
美濃・三河高原
養老山地
0
200
400km

もくじ

山地・山脈別山座解説 二〇一

本書の構成　巻頭に「日本の山地　山脈」（図）を掲げ、次に総論となる「日本山岳概説」を置いた。そして、本編となる各論「山座解説」を、山地・山脈別に配列、掲載した。巻末には「参考図書一覧」と「山座索引」を配した。

〈日本山岳解説〉

総論は「Ⅰ日本の山の特徴」と「Ⅱ山地別解説」で構成し、四人の執筆者が分担執筆した。

〈山地・山脈別山座解説〉

山座の選定　見出しとする山の選定は、全国の日本山岳会二五の支部・地区（初版当時）の編集委員が討議を重ねて決定した。

山座の配列　五百澤智也作成の原図を参考に、全国の山を八九の山地に分類した。そして、主脈の北から南へ、東から西へ、主脈から支脈の順に配列した。

山座の解説　山に準じて、次の項目内容を解説した。

①山地区分名　山地ごとに見出しを入れ、山座を掲載した偶数ページの柱にも、属する山地・山脈名を示した。

②見出しの山　まず山名を「漢字またはかな」で示し、その下に読みがなを「ひらがな」で示した。通称、俗称などの呼び名は「別称」として左横に示した。

③山の標高　国土地理院の最新の二・五万分の一地形図に記載されている標高を一ｍの位まで記し、㎝は四捨五入とした。地形図に記載のない山や、記載の標高に疑義がある山については、現地の日本山岳会会員が調査、確認のうえ示した。

④山の所在地　山の行政的位置をまず示した。ただし、山系上の位置や水系上の位置を示した山もある。また、見出しとして採り上げなかった周辺の山々もできるだけ紹介した。なお、行政的位置を示す場合、平成の市町村合併による地名変更は、平成二七年（二〇一五）九月一日までに施行された合併変更までとした。

⑤「山の成り立ち、地質、地形、山名の由来、山の歴史、文化、民俗、行中行事、岳人の登山記録、登路の現状と施設、山頂の状況、展望」などについては、山地に準じて紹介し、触れていない山もある。

⑥**登路**　登山口までの交通、道順、登山口から山頂までの所要時間を示した。

⑦**地図**　国土地理院地形図幅名の二・五万図を記した。

⑧**執筆者名**　日本山岳会会員（ごく一部に非会員も含む）である執筆者、および校正者の氏名を記した。なお、各支部・地区ごとの関係者全員の氏名は巻末の一覧に示した。

⑨**写真**　主要な山々には、現地の日本山岳会会員（または非会員）が撮影した写真を掲載した。

⑩**登路図**　主要な山々と、地理的に分かりにくい山には登路図を掲載し、解説を補完した。各図には尾根線と山系に並ぶ周辺の山々、谷、河川、登路を記し、方位と縮尺寸法を示した。

用語と記号　本書の解説文は、常用漢字、現代仮名遣いを原則としたが、引用文や学術用語、専門用語、および固有名詞についてはこの限りではない。

解説文中、メートルはm、キロメートルは㎞、平方メートルは㎡、センチメートルは㎝で示した。また、年号年については必要に応じて西暦年を併記した。なお、文中の書籍名は『　』、雑誌名と引用は「　」で示した。

〈巻末資料〉

「参考図書一覧」は本書の編集、執筆のうえで参考にした図書を、〈本書全般〉と〈ブロック別〉、〈山地・山脈別〉に分けて掲載した。「山座索引」は見出しとして採り上げた山座および峠、山峡を五十音順に配列し、標高も示した。同字名の山座が並ぶ場合は、「山地・山脈・地域名」の略称を記して、その区別を明示した。

改訂 新日本山岳誌

日本山岳概説

Ⅰ　日本の山の特徴

Ⅱ　山地別解説

はじめに

本書のいわば〈総論〉にあたる「日本山岳概説」では、日本の山地の特徴とその由来を、地形、地質、気候、生物、人とのかかわりなどの面から概説し、さらに各地方の山地の特徴とその成り立ちについて記述した。

当初、この部分は日本の山岳地形、とりわけ氷河地形の研究に大きな業績をあげられ、ヒマラヤ研究家としても高名な、五百澤智也氏が担当されることになっていたのであるが、事情により直前に執筆を辞退されたため、急遽、小疇　尚、岩田修二、小泉武栄、清水長正の四名が分担執筆することになった。

四名はそれぞれの原稿を全員で検討して用語や地名の統一、記述内容の衡平化につとめたが、分担執筆によって生じる制約を十分には解消しきれなかった。そのために予定のページ数を大幅に超過したことを、まずお断りしなければならない。また、各論に相当する「山地・山脈別山座解説」とは互いに関係を持たずに執筆しているので、両者の記述に整合性を欠く部分があるのではないかと危惧している。

そこで以下に若干、執筆にあたってのわれわれの基本的な方針を述べておきたい。

一、本書の性格上、図表等の直接の引用をのぞき、原則として文献等の引用は避ける。

二、本書の巻頭に掲げた「日本の山地　山脈」（図）は、五百澤智也氏が作成した百万分の一地形区分図にしたがう。ただし、縮尺の関係で原図を簡略化して、図には主要な山地、山脈と火山地域のみを記載した。

なお、日本の地形区分についてはさまざまなものが提唱され、多数の区分図が存在する。最もよく知られているのは地理調査所（国土地理院の前身）の定めた地形区分で、現在の国土地理院の地図類、中学・高校の教育用地図帳にはこれが採用されている。五百澤氏が依拠した『理科年表』所載の地形区分図も、それを基本にしている。そのようなことから記述に際しては、広く一般に認知されている山地名を用いた。

三、山岳景観のなかでも氷河地形は、日本山岳会の創立当初から山岳愛好者の特別の関心をひいてきた。そしてかつては探求心の旺盛な登山者から、しばしば氷河地形の分布に関する貴重な情報がもたらされ、それが研究の進展に役立っていた。

それにかんがみて、本書には五百澤智也氏が縮尺二万分の一の空中写真数千枚を判読して作成した氷河地形分布図を、原図の内容が読み取れる限度にまで縮小して掲載した（九八～一〇四ページ）。四十年も前の労作であるが、原図が五万分の一地形図でしかも枚数が多いことから、専門書でも縮尺数十万分の一に編集して掲載されるのみで、地形の詳細が伝わりにくかった。まして一般の刊行物に取り上げられることはなく、そのことが氷河地形の理解が進まない理由のひとつになっていると考えられる。この図が新たな探求心を喚起する契機になることを強く期待して掲載した。

〈総論〉は、できるだけ最新の研究成果を取り入れ、平易に記述することを心がけたつもりである。しかし、著者らがすべての面に通暁しているわけではないので、説明不足の分野もあろうかと思われる。これはその方面の研究が滞っているのではなく、著者らの力不足によるものであることをご了解いただきたい。

高頭　式の『日本山嶽志』が世に出て久しい。今は当時と異なり、日本全国のみでなく外国の山々にも大勢の人が出かけ、さまざまな山に接する機会が飛躍的に増えている。海外に出ると改めて自国を意識するといわれるが、山についても同じことが言えるであろう。本稿が日本の山を見直す手がかりになれば幸いである。

本書の初版刊行後、東日本大震災が起こり、御嶽山をはじめ各地で火山活動が活発化してきた。その一方では、富士山の世界遺産登録や糸魚川ほか世界ジオパーク認定など、山の文化や学術的価値を再認識する気運も高まっている。今回の改訂ではそれらに関する記述を若干補ったが、全体の構成・内容は初版と大きくは変えていない。

（小疇　尚）

Ⅰ　日本の山の特徴

1　日本の山脈の特徴

一　島弧としての日本列島

日本列島は世界全図で見ると、ユーラシア大陸北東沖に太平洋へ向かって弓なりに張り出した、ひと続きの大山脈のように見える。その前面には深い海溝が横たわり、大陸とは日本海と東シナ海の二つの縁海で隔てられている。同じような海溝と並行して弧状に連なる島の列は島弧または弧状列島と呼ばれ、アリューシャン列島からニュージーランドまで、太平洋の西側を縁取っている。

これに対して太平洋の東側では、大きな山脈が南北アメリカ大陸の縁にならんでいる。アラスカと中米から南米大陸南端にかけては沖合に海溝があり、大陸の縁に島弧が押し付けられたような形になっていて、大陸縁弧あるいは陸弧と呼ばれている。島弧と大陸縁弧は、ともに中南米沖の東太平洋海膨で生まれた太平洋のプレートが他のプレートの下に沈み込むことによって形成された大山系であるが、沈み込みの位置が島弧の場合には大陸から離れた海洋底、大陸縁弧では大陸の縁であることがこのような違いを生んだのである。つまり前者では海洋プレートの下に別の海洋プレートが沈み込み、後者では大陸プレートの下に海洋プレートが沈み込んで、その上に載る堆積物や火山、島などを沈み込まれるプレートの縁に押し付けるとともに隆起させて大山系を形成した。

地球上のもう一つの大山系、アルプス―ヒマラヤ山系はこれらとは異なって、ユーラシア大陸にかつてその南にあった大陸が衝突して、間に存在した海の堆積物を激しく褶曲して大きく隆起したもので、大陸間山系と呼ばれる。

このような大山系の形成過程の違いは、山地の高さや容積、つまり大きさといった山地の基本的な属性を決定している。それぞれの最高峰は、大陸間山系ではエベレストの八八四八m、陸弧ではアコンカグアの六九六〇m、島弧では富士山などいずれも四〇〇〇m未満で、図1のように島弧の山と大陸間山系、陸弧の山ではその大きさに歴然とした差のあることがわかる。ところが、島弧、陸弧の高さとその前面に存在する海溝底、およびヒマラヤ山頂と山麓のガンジス低地を埋める新しい堆積物を除いた基底からの高度差は、いずれも一万三千m程度であまり差がない。これはプレートの沈み込みで大山脈が隆起する限界を示唆しているように思われる。

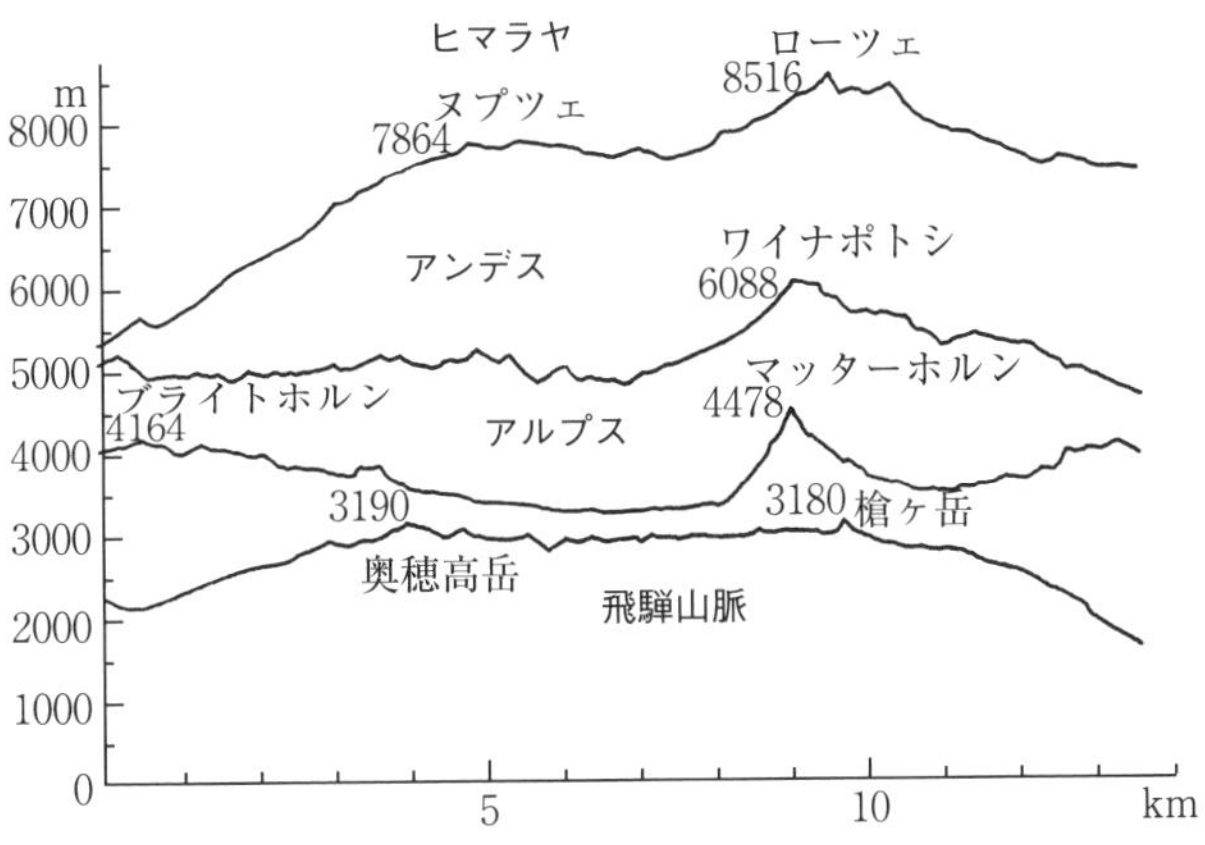

図1　世界の高山の主稜線（小疇 1982 を一部改変）

このことから、日本列島を海溝底から見上げるとヒマラヤに匹敵する大山脈だといえないこともない。しかし陸地が侵食で削り取られる限界すなわち侵食基準面が海面であること、さらに山では高さが増すにつれて気温が低下して、植生の垂直分布帯と同じく山に働く侵食作用も下から上方に向かって、流水（川）の作用、凍結融解と残雪の周氷河作用、氷河作用へと変化し、それが固有の山岳景観をつくり出す源になることから、海抜高度は重要な意味をもっている。

二　日本列島の山地の配列

日本は国土地理院の地形分類によれば、山地が五五％、火山地が六％で、丘陵地の十一％を加えると、高地の割合が七割以上という山国である。それらの山地や火山は詳しくみると、本書巻頭の「日本の山地　山脈」図（ⅳ、ⅴ頁）のように分かれているが、日本列島の地形の骨組みには規則性があり、大きな山地や火山と盆地などの凹地の並びは沖合の海溝の軸に並行している。それが最も明瞭な東北地方では、日本海溝の軸から陸地の外縁までが二〇〇㎞、さらに一〇〇㎞で火山の並ぶ火山フロントになる（図2）。火山フロントより太平洋側の火山のない高まりは非火山性外弧（外弧と略称）と呼ばれ、北上山地と阿武隈山地がこれにあたる。内側の高まりは火山の分布する火山性内弧（内弧）で、奥羽山脈と白神山地や出羽丘陵などの日本海側の山地がふくまれる。両者の間が図2で北日本線と名付けられている中央凹地帯で、北上川と阿武隈川がその中を流れている。中国地方では、太平洋から日本海に向かって南海トラフ、火山のない四国山地、瀬戸内海の凹地、中国山地が並行に配列している（図2）。島弧と海溝のこのような関係は、海洋プレートの沈み込みに起因すると考えられ、プレートテクトニクスの観点から島弧海溝系と呼ばれている。

日本列島はひと続きの列島のようだが、それに沿う海溝は何箇所かで屈曲し、それに対応して陸地の並びも変わる。屈曲点から次の屈曲点までがひとつの島弧海溝系になるので、日本列島は北から千島弧、東北日本弧、西南日本弧、伊豆・小笠原弧、琉球弧という長さ六〇〇～一五〇〇㎞、幅二〇〇～三〇〇㎞の島弧のつながりであることがわかる。北海道の胴体部はサハリンからまっすぐ南に続く高まりだが、海溝をともなわず、ユーラシアプレートと北米プレートの衝突で生まれた隆起と考えられ、蝦夷山系と呼ばれてきた。これを加えると、日本列島は六つのカマボコ型の高まりから構成されているといえる。

東北日本弧と西南日本弧の胴体部分では、前述のように山地と凹地（谷）が弧の延長方向に沿って並んでいる

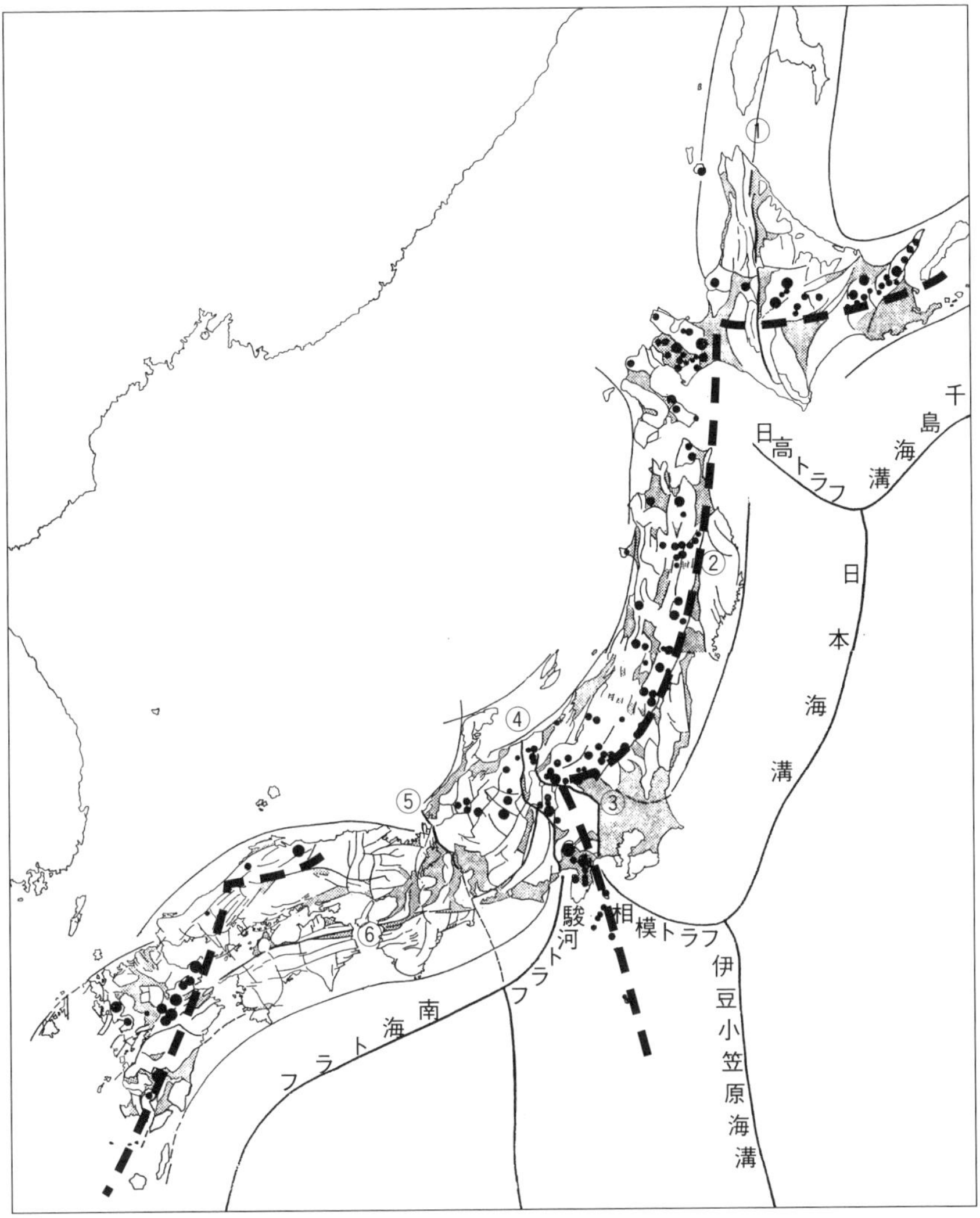

図２　日本の地形構造（「日本の地形構造」岡山俊雄，「駿台史学」３号1953を一部改変）

①旭川線（北海道中央凹地帯の西縁）　②北日本線（東北地方の火山フロントに一致）　③八王子線
④糸魚川静岡線　⑤敦賀伊勢湾線　⑥中央構造線
太い破線は火山フロント、沿岸の線は陸地の外縁線、陸上の線は高さが大きくくいちがう高度不連続線を表している、黒丸は火山、アミをかけた部分は平野、盆地、沈降地域。日本列島は幅約250 km の島弧のつながりからなり、山地の配列がそれに支配されていることがわかる。

が、複数の島弧が交わる北海道、中部地方、九州では島の幅が広がり、地形の並びにそれぞれの島弧の延長方向とその二等分角の方向があらわれる。北海道では南北方向の蝦夷山系に千島弧がほぼ直角に交わって、火山フロントが山系を東西に横切り、それより北で東西方向の高度不連続線が目立つ。そして南北と東西の二等分角の方向が、知床半島などの高まりの配列と海岸線の形に表れている（図2）。また、北海道南西部は東北日本弧と千島弧の交わるところで、山の並びに同様の方向性が認められる。九州北部は琉球弧と西南日本弧が交わるところだが、低角度のためこのような方向性がわかりにくい。なお、屈斜路、阿寒、支笏、洞爺、阿蘇、姶良など大型カルデラは、すべて二つの島弧が交わる北海道と九州に分布が限られている。

本州中部は東北日本弧、西南日本弧、伊豆・小笠原弧の三つの島弧が交会する世界的にもまれな場所で、地形の配列がさらに複雑である。伊豆・小笠原弧の延長上にはフォッサマグナの凹地帯があり、富士山をはじめ多くの火山がその凹地を埋めている。フォッサマグナの東縁は地形的には不明確であるが、西縁は糸魚川―静岡構造線で東北日本と西南日本の境界になっている。東北日本弧と西南日本の山並みは、フォッサマグナを挟んで南東に開いた八の字状に方向を転換するとともに高さを増す。そして内弧の山地は小山塊に分かれて図2および巻頭の「日本の山地　山脈」（巻頭図）のように複雑な配列を見せている。

興味深いのは、オホーツク海・太平洋側と日本海・東シナ海側の河川流域を分ける日本列島の背骨とも言うべき大分水界（中央分水嶺）が、高い太平洋寄りの外弧の山並みではなく低い内弧の山稜をたどり、各弧の最高点を通っていないことである。日本山岳会は創立百周年にあたり、北海道北端から九州南端まで、中央分水嶺約五〇〇〇㎞を会員が分担してGPSで位置を確認しつつ踏査した。図3はその報告書（二〇〇七年）にある日本列島の中央分水嶺図で、九州では分水界が最高点を通るが、琉球弧の最高点は屋久島の宮之浦岳である。また、この図で島弧が交わる北海道南部、中部地方、九州北部では分水界が前述の小山塊の並びと火山の分布を反映して、複雑に屈曲しているのがわかる。

このような地表の起伏や地形の配列は長い日本列島形成史の過程で生まれたものであり、関連事項が、山の地質、地形の項で詳述されている。

日本の山は高さでは大陸の変動帯の山に及ばず、雄大さに欠けるとはいえ、密な森林におおわれ高い山には小規模ながら高山帯もあって、変化に富む多彩な景観を展開している。これは日本列島がユーラシア大陸東縁の、季節風が吹く中緯度に位置し、気温と降水量の年較差の大きな東岸気候に支配されていることに関連している。夏季の高温と多雨は植物の繁茂をもたらしているが、その一方で植物の生育と融雪に密接にかかわる温暖期の積算温度は、大陸西部の同緯度地方よりもかなり低い。このことが森林限界の上昇を抑え、融雪を遅らせて、さまざまな高山植物群落と残雪が入り組んだ、箱庭的高山景観を生む素因になっている。なお日本の高山帯は、中緯度の山地では珍しく家畜の放牧に利用されることなく残された、貴重な自然景観なのである。

（小疇　尚）

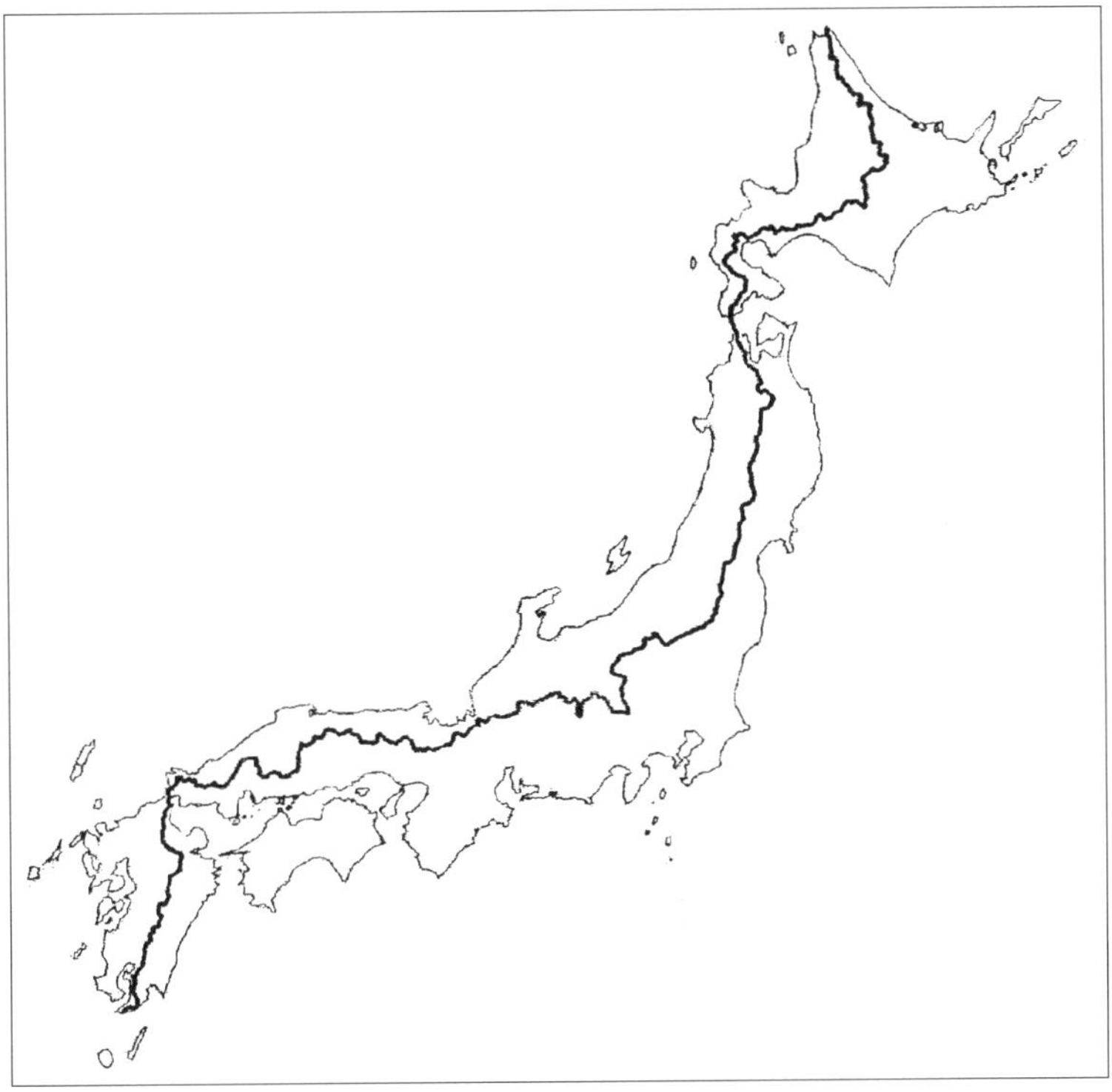

図3　日本の大分水界（日本列島中央分水嶺踏査報告書。日本山岳会，2007）による

2　日本の山地の特徴

一　山地の気候

1　日本列島の気候――亜熱帯から冷帯まで――

山地の気候について述べる前に、日本の気候について概観しておこう。

日本の国土は、北の北海道宗谷岬《そうや》の北緯四五度半から、南の北緯二〇度付近にある沖の鳥島、二五度付近にある西表島《いりおもて》、硫黄島、南鳥島まで、扇形に広がっている。そのため、気候帯も南の亜熱帯から暖温帯、冷温帯を経て冷帯（亜寒帯）までと、変化に富んでいる。しかし、全体として見れば、四季の変化が明瞭で温暖な温帯の特色を強く示し、それが日本の気候の第一の特色となっている。

一方、日本列島はユーラシア大陸の東岸に位置しているため、大陸と海洋の両方の影響を強く受け、夏は太平洋の気団にすっぽりと包まれるため高温で蒸し暑く、冬は大陸の気団の影響を強く受けて、かなり低温になる。このため気温の年較差が大きい。また年間を通じて降水量が多く、空気も湿り気に富んでいることから、ケッペンの気候区分では、日本列島の大半は温帯多雨夏高温気候（Cfa）に属し、北海道のみ冷帯（亜寒帯）湿潤夏冷涼気候（Dfb）に入る。なお温帯と冷帯の境目は、最寒月の月平均気温で決めており、それがマイナス三度を下回る場合を冷帯としている。

2　気温の年変化と日変化

東京の年平均気温は、一九八一年から二〇一〇年までの三〇年間の平均で一六・三度となっている。月平均気温は最も寒い一月が六・一度、最も暑いのは八月の二七・四度である。一方、沖縄県の那覇では年平均気温が二三・一度と高く、一月が一七・〇度、八月が二八・九度である。また北海道の札幌では年平均気温は八・九度、一月がマイナス三・六度、八月が二二・三度となっている。

三者を比較すると、年平均気温はそれぞれ七度ほどずつ違うが、夏の気温の場合、日本中が暑いために違いは小さくなり、逆に冬の気温はそれぞれ一〇度ほどの差になる。つまり冬の方が南北の温度較差が大きくなっていて、札幌はその分冷え込みが厳しいといえる。したがって、それぞれの気候を一言で表現すると、夏暑く冬やや寒いのが東京、夏暑く冬暖かいのが那覇、夏涼しく冬寒いのが札幌ということになる。日本列島の気候は大きくみれば、どこでもこの三つの型のいずれかに入るはずである。

山地地域でも気温の季節変化はこれに準じている。山ではよく知られているように、一〇〇m上がるごとに、気温はおよそ〇・六度低下する。これを気温の逓減率《ていげん》というが、それにより、二〇〇〇mの山では平地に比べておよそ一二度、三〇〇〇mの山では一八度ほど気温が下がることになる。夏は低地の温度が高くなっているため、三〇〇〇mの高山の稜線上でも、晴れた日の昼間には気温が一五度を超える程度にまで上昇し、穏やかで、暖かい気候になる。

これに対して冬山は、後で述べる世界一の強風という条件も加わって、夏からは想像できないほど厳しい気候になる。たとえば、高橋伸幸・長谷川裕彦（一九九六）が北アルプス双六岳の標高二七九〇m地点で通年観測した資料（表1）を見ると、一九九五年の一月の平均気温はマイナス一五・四度となっており、その月の最低気温はマイナス二四・〇度に達している。また一月、二月とも〇度以上になった日はない。翌一九九六年二月にはマイナス二六・一度を記録している。

北海道の山では寒冷の度合いはさらに厳しい。高橋伸幸が大雪山の銀泉台（海抜一七〇〇m）で観測した気象データをみると、双六岳の観測地点より一〇〇〇m余り低い場所であるにもかかわらず、一月の平均気温はマイナス一六・〇度と低く、年間を通じての最低気温もマイナス二五・〇度に達している。図1には、高橋が観測した羊蹄山（後方羊蹄《しりべし》山）の海抜一八四〇m地点での日平均気温の推移を示した。これも銀泉台とよく似た値を示している。なお北アルプスの二八〇〇mくらいの標高での気温の変化もおおよそこの程度だと考えてよい。

一方、気温の日変化はわが国ではそれほど大きくなく、五度から一〇度程度の範囲内に収まっている。たとえば、東京の一月の平均気温は六・一度だが、朝方は一～二度程度にまで下がり、昼間は八～九度くらいまで上昇する。また夏場の気温は、昼間三〇度を超え、夜間には二

表1　双六岳（標高2,790 m 地点）における気温状況
（高橋・長谷川1996の調査資料による）

	94/11	94/12	95/1	95/2	95/3	95/4	95/5	95/6	95/7	95/8	95/9	95/10	95/11	95/12	95年
月平均気温（℃）	−3.8	−10.2	−15.4	−15.0	−10.0	−4.8	1.0	4.2	9.8	10.4	5.7	2.9	−7.7	−13.9	−2.7
日最高気温平均値（℃）	−0.3	−7.3	−12.3	−11.1	−5.7	−0.4	4.4	7.6	12.4	13.4	9.9	7.5	−4.2	−10.5	1.0
日最低気温平均値（℃）	−6.7	−13.6	−18.5	−17.9	−13.9	−9.6	−2.2	1.4	7.5	8.2	2.1	−0.5	−11.1	−16.8	−5.9
日較差の平均値（℃）	6.4	6.3	6.2	6.8	8.2	9.1	6.7	6.2	4.9	5.2	7.8	8.1	6.9	6.3	6.9
月最高気温（℃）	8.8	1.5	−2.6	−5.0	5.6	8.5	10.2	15.6	19.3	18.7	13.1	14.9	3.9	−6.8	19.3
月最低気温（℃）	−14.2	−22.6	−24.0	−22.1	−21.7	−20.4	−9.4	−3.3	4.4	5.3	−3.1	−6.9	−15.5	−24.7	−24.7
日平均気温0℃以上の日数	15	2	0	0	5	14	29	30	31	31	30	30	5	0	205
日平均気温0℃未満の日数	15	29	31	28	26	16	2	0	0	0	0	1	25	31	160
凍結・融解日数	14	2	0	0	5	13	22	7	0	0	8	18	5	0	78

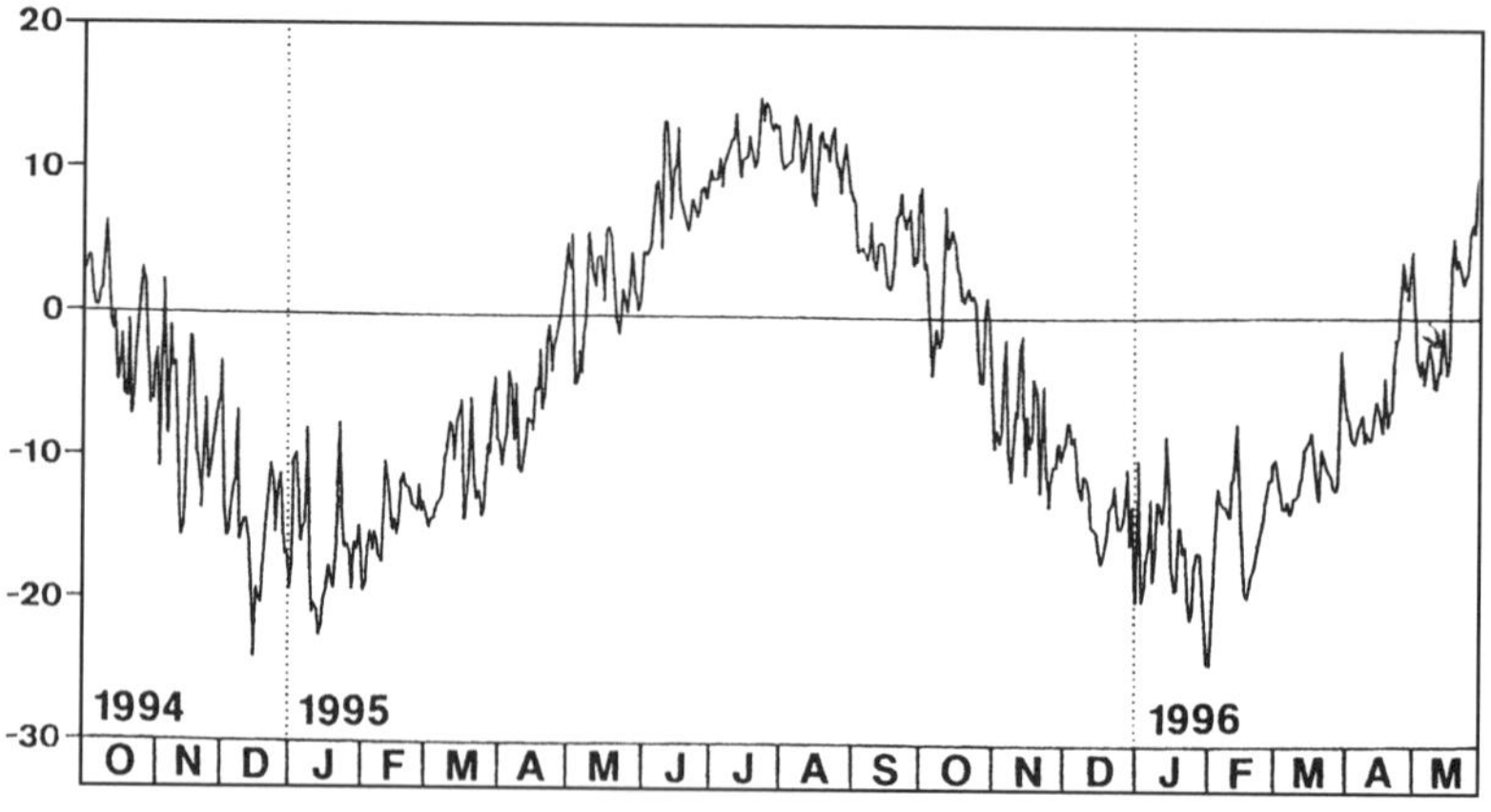

図1　北海道・羊蹄山の標高1,840mにおける日平均気温の推移（1994年10月1日～1996年5月31日）（高橋伸幸の調査1996による）

五度前後まで低下する。やはり日較差は一ケタ台に収まっている。

比較のために熱帯の気候をみてみよう。年較差は六度以下と小さい。しかし日較差は大きく、気温は昼間は三〇度を軽く超すが、夜間から朝方にかけては冷え込み、ときには一五度を下回ることもあるという。これが熱帯には一日のうちに四季があるといわれる所以である。エクアドルの首都キトはほぼ赤道直下に位置するが、海抜二八五〇ｍの高所にあるため、昼過ぎに二〇度を超えるものの、朝方は八度くらいにまで下がっている。この気候の推移は年間を通じてほぼ均一である。標高のさらに高い熱帯の高山では、明け方〇度以下に冷え込むこともあるから、登山する場合、注意が必要である。

なお、一九六〇年ごろ、一月の平均気温は東京で三・〇度、札幌ではマイナス六・三度と、現在に比べて三度ほど低かった。したがって、東京でも明け方にはしばしば氷点下にまで下がり、よく霜柱が立った。一九七〇年ころから大都市ではどこでも気温の上昇が目立つようになるが、これは都市のヒートアイランドの影響が現れたものである。霜柱は最近ではかなりの郊外に行かないとみられなくなった。

3　降水量の多い日本列島

日本は世界的にみても降水量の多い国である。もちろん国内でもかなりの差があり、一年に三〇〇〇㎜を超えるところもあれば、一〇〇〇㎜に満たないところもある。しかし平均すれば、一七五〇㎜程度と、世界平均九七〇㎜の二倍近い降水がある。降水量は季節によって大きく変動するが、降水はほぼ一年を通じてあり、五月ごろと真夏、それに太平洋側では冬場に雨の少ない時期があるものの、一か月も二か月も雨が連続して降らないということはない。

降水量のとくに多いのは、紀伊半島から四国、九州の太平洋に面する地域と北陸地方で、前者は梅雨前線と台風に伴う雨、後者は冬の雪が降水量を多くする原因である。

雨も雪も、平地よりも山岳地域で多いのが一般的で、紀伊山地の大台ヶ原山や屋久島は雨が、越後山脈の山々や飯豊《いいで》山地は、雪の多い山としてよく知られている。

梅雨前線と台風に伴う雨は、数日間つづくことが多く、中には総雨量で数百㎜から一〇〇〇㎜、時間雨量でも数十㎜、ときには一〇〇㎜を超えるような猛烈な豪雨をもたらすことがある。そのような場合、山地斜面は至るところで崩壊を起こし、土砂は立木を巻き込んで土石流となって流下するなど、大きな地形変化が生じる。また土石流は渓流の出口で広がって土石を堆積させ、新しい扇状地をつくる。そしてさらに下流では、洪水となって盆地や平野にあふれ、沖積平野を成長させる。

4　雪の多い日本列島

日本列島の日本海側の山地は世界有数の多雪山地となっている。多雪をもたらすメカニズムは次のようである。

(1) 多雪のメカニズム

東シベリアからモンゴルの高原にかけての地域は、冬、放射冷却が働いて地表面温度がマイナス数十度と極端に低くなる。その結果、冷たい地面に接した地表付近の空気も冷やされ、重くなって高気圧の寒気団が生じる。この寒気団は南へ流れ出そうとするが、ヒマラヤ山脈やチベット高原によって流出を妨げられ、寒気は厚く集積して日本海の方に流れ出すようになる。

一方、日本海に流入する対馬暖流は冬も暖かく、寒気よりも一〇度も温度が高いため、海面からは水蒸気が盛んに蒸発する。また寒気は海面から直接暖められ、さらに蒸発によって生じた凝結熱でも暖められて上昇を始める。

日本列島付近に低気圧が発生し、北海道東方で発達して「西高東低」の気圧配置になると、大陸の高気圧から低気圧に向かって強い風が吹き出し、日本海からの水分を吸収していわゆる「筋状の雲」を発生させる。これが冬の北西からの季節風である。寒気層の厚さは三㎞程度に過ぎないが、日本列島の中央部に存在する脊梁山脈は二～三㎞の高さをもつため、寒気が山を乗り越える際の上昇によって、水蒸気は凝結し、大量の降雪が日本海側の山地にもたらされる。これが多雪のメカニズムである。したがって、もし脊梁山脈の高さが一㎞ほどにすぎなかったら、寒気は太平洋側にあふれ、太平洋側でも雪が多くなったはずである。関ヶ原付近は冬よく雪の降ることで知られているが、ここはまさに脊梁山脈の切れ目に当たっている。

脊梁山脈を越えた寒気は乾燥し、「おろし」となって晴れた太平洋側に吹き下ろす。この風が「空っ風」だが、寒く感じるのは、空気がフェーン現象によってかなり暖められていても、もともとの寒気団の温度がきわめて低いために温度が低く、さらに強風が体感気温を引き下げるためである。

写真１　飯豊山の残雪（2000年８月）

(2) 越年する残雪

越後山脈の谷川岳や巻機《まきはた》山、あるいは飯豊《いいで》山地（写真1）、鳥海山、月山などの多雪山地では、積雪は普通の山地斜面でも四～六ｍほどに達するが、季節風が稜線を吹き越すところでは、稜線の背後に深さ三〇ｍ、ときには四〇ｍに達する吹き溜まりを生じることがある。また谷筋でも谷川岳の一ノ倉沢のように、雪崩によって厚さ五〇ｍにも達する膨大な雪の堆積ができる。こうした大量の雪の堆積は簡単には解けず、夏から秋にまで残雪となって残り、ときには解け切らずに翌年まで持ち越す「越年性雪渓」となることがある。

私たち日本人は夏山の季節に高い山で残雪を見ても少しも不思議に感じないし、それが当たり前のものだと考えている。しかし、夏、残雪のある山というのは世界的に見ても決して一般的ではない。残雪は中緯度の、風の強い多雪山地にのみ生じる現象なのである。たとえば熱帯高山では雨季に雪が降るが、そのほとんどは何日ももたずに消えてしまう。また夜間に降っても昼間の熱で解けてしまう。一方、極地地域では初夏まで残雪が見られるが、夏は白夜になって一日中太陽が照りつけるため、残雪はあっさり解けてしまう。結局、残るのは温帯・冷帯の高山だけということになるが、雪が多い上に風が強くなければ、吹き溜まりも生じないから、残雪が生じるのは、最終的には上空をジェット気流の強い風が吹いている地域に限られてしまうことになった。日本列島から北上して千島列島、カムチャツカ半島、アリューシャン列島、アラスカ南部を経て、カナダの海岸山脈からアメリカのカスケード山脈にかけての一帯、つまり北太平洋をぐるりと取り囲む山脈の列がこれに当たり、他では南半球のニュージーランドとパタゴニア、それにスコットランド辺りに見られるだけである。つまり残雪は日本では月並みな存在だが、世界的にみれば、かなり珍しい部類に属するのである。

(3) 氷期には雪が少なかった日本列島

地球が現在よりも寒冷だった、二万年ほど前の最終氷期の極相期には、カナダや北欧を中心に、現在の南極氷河に匹敵する大陸氷河ができた。陸上に大量の水分が蓄積された結果、海面は現在よりも一〇〇m余り下がっていた。マイナス一〇〇mでの日本列島の輪郭を見てみると、現在よりも大幅に陸地が広がることがわかる。たとえば瀬戸内海がなくなって本州と四国、九州はくっつき、東京湾や伊勢湾をはじめとするいくつもの湾もなくなってしまう。隠岐島も屋久島、種子島も拡大した本州につながる。朝鮮海峡と津軽海峡は開いているが、狭くなって海流の出入りは困難になってしまう。

というわけで、二万年前には対馬暖流は日本海に流入しなくなっていた。このため、日本海側の山地に多雪をもたらす条件の一つが欠けてしまい、当時の積雪量は現在の三割から四割程度にまで減少していたと推定されている。なおこのことは氷河の発達や湿原の形成にも大きな関わりがある。

日本海への対馬暖流の流入が復活するのはおよそ一万三〇〇〇年ほど前、また現在のような形になったのは八〇〇〇年前のことである。つまり日本海の山地が多雪になったのは、およそ八〇〇〇年前からということになる。

(4) 雪の影響

雪にはさまざまのはたらきがある。もっともよく知られているのは雪崩であろう。崖や谷底を高速で崩れ落ち、ときには山小屋をつぶしたり、木を根こそぎにしたりしてしまう。その力は凄まじいものである。全層雪崩が常習的に発生するところでは、森林は成立せず、その跡は草地になって山菜などがよく生育し、ニホンカモシカやニホンツキノワグマなどのよい餌場になることが多い。

地味だが重要なのが、雪圧と密度の小さい新雪が自重で収縮する際に生じる沈降力である。この力によって建物が破壊されたり、樹木の枝が引っ張られて抜けたり、折れたりする。また斜面上の樹木は雪のずり落ちの影響を受けて、根曲りを起こす。また時には根こそぎにされたり、幹が折れたりする。

一方、雪は植物を保護する役割もする。雪は内部に空気をたくさん含んでいるためによい断熱材となり、外気温がマイナス二〇度になっても雪の中の温度はほぼ〇度の状態に保たれている。このため低温になる高山でもイワウメやコケモモなど常緑の矮低木が生存することができる。

雪は逆に生育期間を短縮して植物の生育を困難にしたりする。雪は深さ約五〇㎝で光を通さなくなるから、その下は暗黒と低温の世界であり、植物の生育は不可能である。植物が生育を始めるのは当然ながら雪が解けてからということになるが、消雪が夏まで持ち越すようなところでは、生育期間が不足するから植物はもはや生えることができなくなってしまう。

5　風の強い日本の高山

すでに述べたように夏山の気候は比較的穏やかで、雷雨と台風を除けばそれほど危険な気象現象はない。しかし、冬山になると状況は一変し、ときに零下二〇度を下回るような低温、強風、多雪、雪や霧による視界の閉塞、雪による目標物の隠蔽と、さまざまの危険が現れる。

とくに冬の強風についてみると、日本列島の冬山は、実は三〇〇〇m前後の山としては世界でもっとも風が強い山域である。海抜およそ三〇〇〇mに相当する、七〇〇hp面における一月の自由大気中の風速を見ると、平均して毎秒二一mを超えている（図2）。これは北半球では最大の風速である。南半球のいわゆる「哮《ほ》える四〇度線」付近にも二一mを超える部分があるが、こちらは季節が夏で、冬になると予想に反して風はずっと弱くなる。注意すべきはこの数字があくまで平均風速だということで、嵐がきたような場合は瞬間風速が五〇mを超えるほどの猛烈な風が吹く。こうした強風は実際に富士山や木曾駒ヶ岳の稜線などでの観測で確認されており、稜線沿いに吹き曝しと雪の吹き溜まる場を生じさせることは、すでに述べたとおりである。

強風の原因の一つは先ほど述べた冬の季節風にあるが、もっと重要なのはジェット気流である。ジェット気流は、中緯度の偏西風帯の上空をうねりながら流れる強い西風の帯で、高度が高くなるほど強まり、高度一万mから一万二〇〇〇m付近では毎秒一〇〇mを超えることが少なくない。

ジェット気流は北半球では冬季に著しく強まり、西日本の上空やアメリカ東部の上空に強風域を出現させる。ジェット気流が日本付近でとくに強まるのは、ヒマラヤ山脈の影響である。標高の高いヒマラヤ山脈があるために、ジェット気流はヒマラヤの北を流れる寒帯前線ジェット気流と、南を迂回する亜熱帯ジェット気流の二つに分かれる。この分かれたジェット気流が再び収斂するのが西日本の上空であり、そのために日本の上空は風が強いのである。図3は日本列島の山地の断面に平均風速の分布を入れたものだが、これを見ると九州南部の山の上空でもっとも風が強く、東北の山がこれに次ぎ、北海道の山は比較的風が弱いことがわかる。

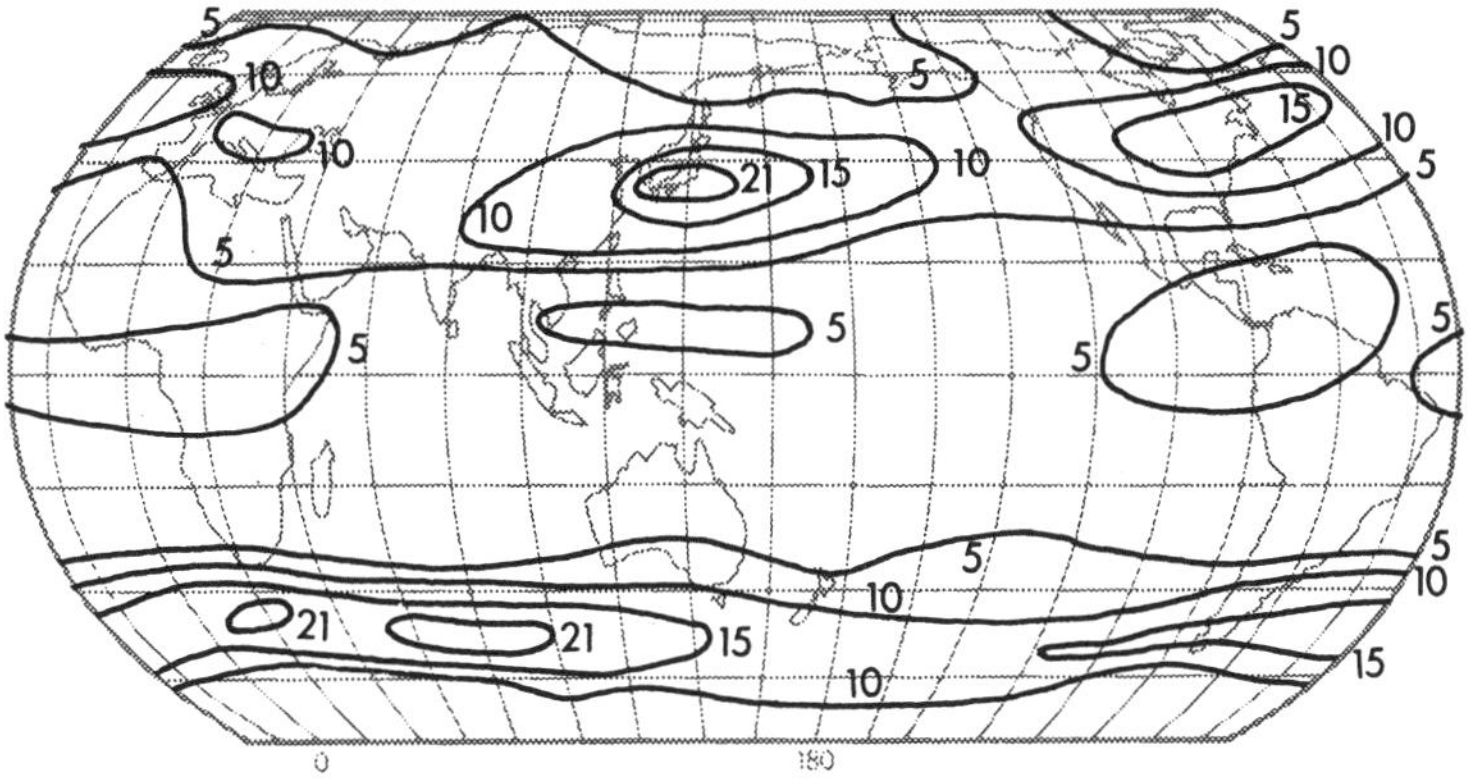

図２　700 hp 面における自由大気中の風の強さ(m／秒)Haestie and Stephans(1960)を改変。（小泉武栄『日本の山はなぜ美しい』古今書院1993による）

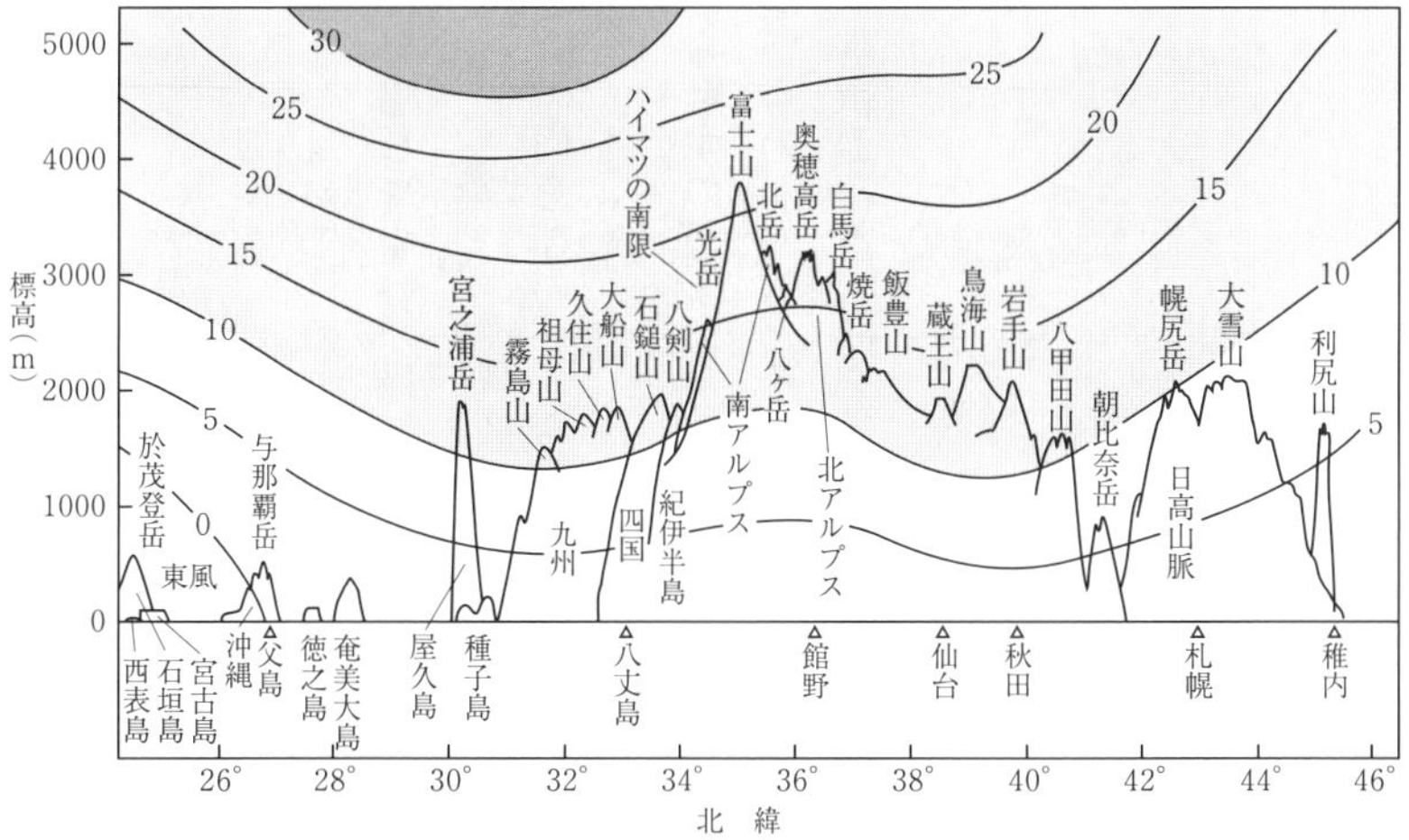

図３　東経140度線に沿う１月の平均風速分布図(風速は東西成分(m／秒))

１月には奄美大島から八丈島の南にかけての上空にジェット気流が流れている。その影響で本州の山地は北海道の山地よりも強風にさらされる。ジェット気流は夏にかけて北上するが、同時に弱まりもするので北海道の山地で平均風速が10m／秒を超えることはない。

（中村和郎・木村竜治・内嶋善兵衛『日本の気候』岩波書店1986による）

6　雷雨

雷雨は夏山でよく登山者が悩まされる大気現象だが、登山中に雷に打たれて死亡する事故は決して多くはない。しかし、一九六七年、西穂高岳で起こった松本深志高校生の大量遭難のように、一度にたくさんの人が巻き込まれることがある。

雷が起こりやすいのは、寒冷前線が通過するときと、夏の午後のように地表が急激に熱せられたときの二つで、大気の下層と上空との温度差が大きくなったときに発生しやすい。最初、大量の水蒸気を含む下層大気の上昇が起こり（積乱雲）、次いで雲の上部に雹《ひょう》ができると、その落下運動に引きずられて下降気流が生じる。その結果、大気は不安定になって雷が発生する。雷は多くの場合、雨を伴い、ときには猛烈な雨を降らす。雷雲が次々に発生する場合は、それに伴って雷雨の範囲も移動していく。

なお雷の被害を免れるためには、金属類を身体から離すのがよいといわれているが、近年の研究ではそのことはあまり関係がなく、釣竿でもバットでも、何か高いものがあるとそこに落雷する傾向があるという。安全のためには、まずは地面に伏せたりして姿勢を低くし、落雷と落雷の間を見計らって、窪地などに急いで避難することが望ましい。

（小泉武栄）

二　山の植生と動植物

1　植生の水平分布と垂直分布

(1)暖かさの指数と垂直分布帯

「気候」の章で述べたように、日本列島は亜熱帯から亜寒帯（冷帯）の領域にまで広がっており、それぞれの気候条件に応じて、亜熱帯林、暖温帯常緑広葉樹林、冷温帯落葉広葉樹林、亜寒帯針葉樹林が成立している（図1）。また北海道には針広混交林が分布する。各森林帯の分布の移り変わりは、北方に行くほど気温が低下することに基づいているが、それを明瞭な形で示したものが、吉良龍夫が発表した「暖かさの指数」である。これは各月の平均気温から五度を引いたものを年間で合算した値で、亜寒帯が一五～四五、冷温帯が四五～八五、暖温帯が八五～一八〇、亜熱帯が一八〇～二四〇の範囲に収まる。

ところで、山地では標高が高くなるにつれて気温が低下するので、ここでも気温に応じた植生帯の変化が生じる（図2）。これを植生の垂直分布帯と呼んでおり、やはり暖かさの指数とよく対応することが確認されている。両者の関係と対応する気候帯は次のようである。

丘陵帯	暖かさの指数で八五～一八〇	暖温帯
山地帯	暖かさの指数で四五～八五	冷温帯
亜高山帯	暖かさの指数で一五～四五	亜寒帯（冷帯）
高山帯	暖かさの指数で　〇～一五	寒帯

以下、それぞれの植生帯について簡単に解説する。

丘陵帯は山麓帯とも呼ばれ、カシやシイの類、クスノキ、タブノキ、ヤブツバキなどの常緑広葉樹林（照葉樹

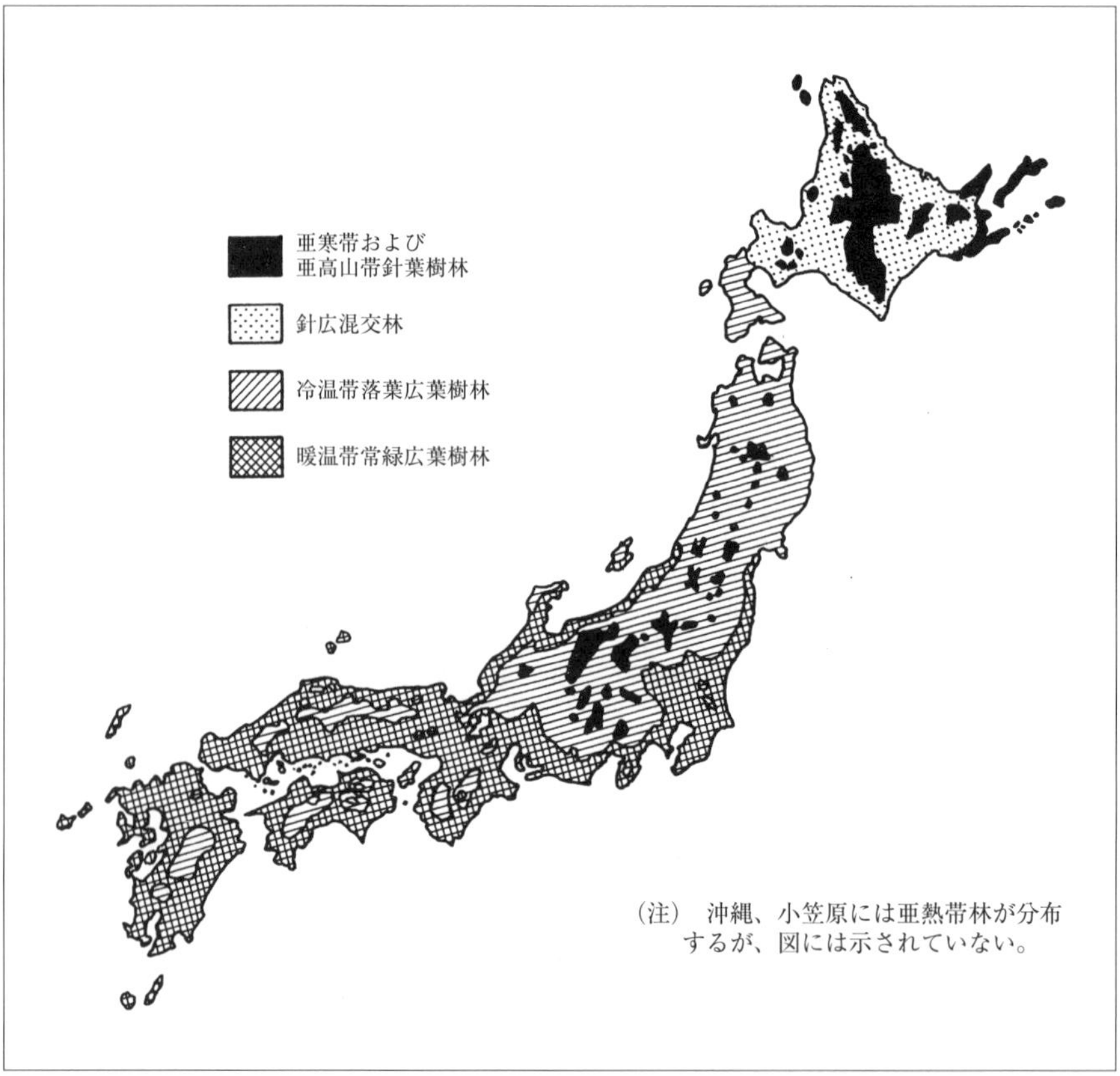

図１　日本列島の植生分布
（小野有五・五十嵐八枝子『北海道の自然史』北海道大学図書刊行会1991による）

林）からなる。中部日本では海抜八〇〇ｍくらいまでを占める。ただ古くから開発が進んだため、現在では、都市や耕地、あるいは里山の雑木林になっているところが多く、本来の照葉樹林はもうわずかしかみられなくなっている。

照葉樹林は世界的に見ても特異な植生帯で、西日本から中国南部を経てブータン、ネパールまでの、ごく狭い範囲にしか分布していない。北米にもかつては照葉樹林が存在したが、一部の要素を除いて氷期に滅びてしまった。宮崎県の綾町や東京都の高尾山などに残された照葉樹林は、世界的に見てもきわめて貴重なものといえる。

山地帯はブナやミズナラ、カエデ類などからなる夏緑（落葉）広葉樹林帯で、代表的な樹木であるブナの名前をとってブナ帯と呼ぶ

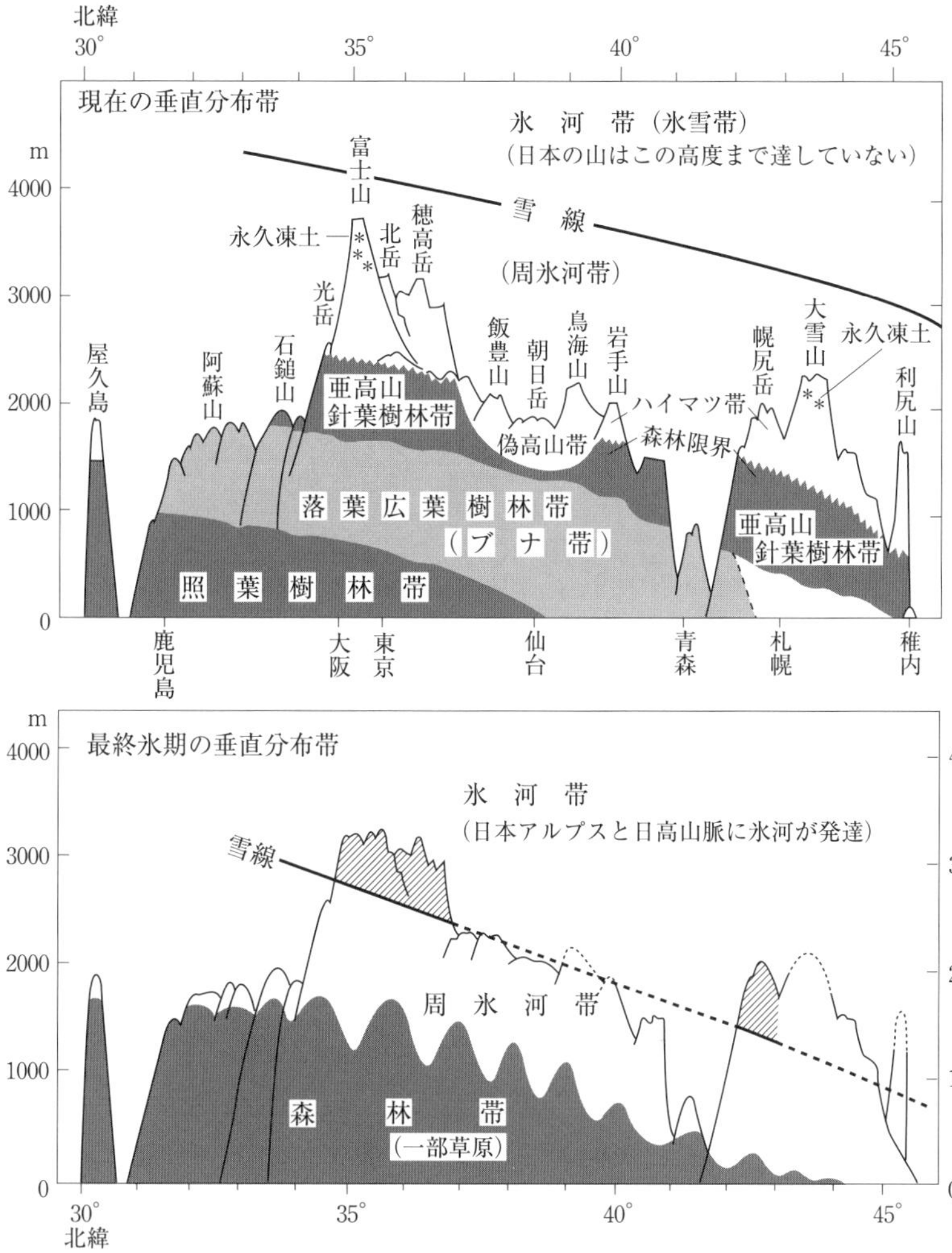

図２　現在と最終氷期の垂直分布帯
（小泉武栄・清水長正編『山の自然学入門』古今書院 1992 による）

こともある。中部日本では海抜八〇〇～一六〇〇ｍくらいの標高を占める。ブナ林も戦後、次々に伐採され、現在比較的まとまって残っているのは、飯豊《いいで》山地、鳥海山、白神山地、真昼山地、白馬山麓、白山、石鎚山、九州山地などわずかになってしまった。山地帯では沢沿いにサワグルミやシオジ、カツラ、トチノキなどが分布し、岩角地（岩場、岩塊斜面など）にはネズコやヒメコマツ、キタゴヨウ、ツガなどの針葉樹が生育している。

なお丘陵帯と山地帯の間に中間温帯林という植生帯を認める研究者もいる。これは夏の暑さでは丘陵帯に入るが、冬寒いために照葉樹が生育しないところに成立する森林で、関東地方、中部地方や九州の内陸部に現れる。主にモミ、ツガやクリからなる。

亜高山帯はシラビソ、オオシラビソ、コメツガ、トウヒなどの針葉樹林を主体とする植生帯で、一六〇〇mから二五〇〇〜二六〇〇mまでの高さを占める。亜高山針葉樹林は四国のシラビソ（シコクシラベ）が分布の南限で、九州や屋久島には分布しない。亜高山針葉樹林も秩父山地などではひどく伐採されたが、ブナ林に比べるとまだ残っている地域が多い。亜高山帯では岩場や岩塊斜面にコメツガやネズコ、ダケカンバなどが現れる。

飯豊山地や鳥海山、月山など日本海側の多雪山地では、亜高山針葉樹林帯が欠如するという、植生帯上の大きな特異性がある。亜高山針葉樹林帯に当たる標高は、草原（お花畑）やササ原、あるいはミヤマナラなどの低木林になっており、高山帯の景観によく似ているために、「偽《ぎ》高山帯」と呼ばれてきた（写真1）。

亜高山帯の上は高山帯で、両者の境目が森林限界である。高山帯は別名ハイマツ帯と呼ばれるように、ハイマツが本来の植生であり、実際に広い範囲でハイマツが優占している。ただハイマツは後で述べるように、極端な強風地や雪が遅くまで残るようなところでは生育できないので、そこには代わりに風衝地の植物群落や雪田植物群落が現れる。この群落の構成種がいわゆる高山植物である。

垂直分布帯は南で高く、北に行くほど高度が下がる。たとえば、冷温帯の夏緑広葉樹林の下限は九州では一〇〇〇m近くにまで上昇する。一方、涼しい北海道では、垂直分布帯は全体として日本アルプスよりおよそ一〇〇〇mも低下する。森林限界も日本アルプスでは二五〇〇〜二六〇〇m付近にあるが、北海道の大雪山では一六〇〇mにある。

⑵ハイマツ帯について

ハイマツ帯は、わが国では伝統的に高山帯に含まれるものとみなしてきた。本書でも基本的にはそれに従っているが、近年、気温からみたハイマツの生育条件から考えて、ヨーロッパ流に、ハイマツ帯は亜高山帯に含めるべきだとの考えも主張されている。この流儀に従えば、日本の山には高山植物はあっても、本当の高山帯は存在しないことになる。

ただヨーロッパアルプスでは、亜高山針葉樹林をつくる樹種（たとえばシモフリマツ）が、森林限界を超えてもそのまま低木化して生育し、それが低木林をつくって点在するようになるのに対し（写真2）、日本の高山では森林限界を境に樹種がシラビソからハイマツに交代するのが特徴で、両者を同じものと考えることはできない。シモフリマツは森林限界を超えると低木化する富士山のカラマツによく似ている。

一方、ヨーロッパでも内陸に位置するポーランドのタトラ山地やスロバキアのカルパティア山脈などでは、景観上ハイマツ帯にきわめてよく似たムゴマツ帯があり（写真3）、ヨーロッパアルプスでも本来は低木帯があった

写真1　偽高山帯の景観（飯豊山）　亜高山針葉樹林帯が欠如して草原や低木林が広がる

写真2　ヨーロッパアルプスの森林限界（オーストリア・インスブブルックの南の山）。シモフリマツやカラマツが散在している。手前の低木はシャクナゲ（アルペンローゼ）

写真3　カルパティア山脈・タトラ山地のムゴマツ帯（2000年7月撮影）

ことを示唆している。このことから考えると、ヨーロッパアルプスでも氷期以前にはムゴマツ帯が存在したが、氷期には山脈全体を覆って氷河が発達したため、駆逐されてしまったのだろうと推察される。アルプスの高地で氷河が解けたのは五〇〇〇年前と推定されており、植生の回復にまだ十分な時間がたっていないため、ムゴマツは高地に戻り得ていないのであろう。

タトラ山地やカルパティア山脈の現在の植生景観は、日本の穂高岳あたりの景色に実によく似ている。これらの山地では、ヨーロッパアルプスに比べて積雪が少なかったため、氷期の氷河は日本アルプスと同様、カールの中や谷筋に発達しただけで、ヨーロッパアルプスのように氷河が全面的に覆うというようにはならなかった。このことが日本アルプスやタトラ山地に、ハイマツ帯に当たる低木林を残し得たと考えられる。

なおヨーロッパアルプスにも、個々の分布地域は狭いが、ムゴマツがかなり広範な地域に点々と分布している。このことから、ヨーロッパアルプスではかつて広く分布していたムゴマツが放牧のために人為的に取り去られ、分布が限られるようになったとする考えもある。

2　氷期と山の生物

⑴高山植物の伝播

日本列島の垂直分布帯は、二万年ほど前の最終氷期の極相期には、現在より一五〇〇mから一二〇〇mくらい下がっていたらしい（二四ページ図2）。気温に換算して六度から八度ほどの低下である。当時、北海道では低地でもツンドラ植物が育ち、そこにハイマツやエゾマツなどの針葉樹が点在する景色だったという。

当時、本州や四国、九州では、現在のブナ帯に当たる部分に、グイマツ（カラマツの仲間）やトウヒを中心とする亜寒帯林が南下し、現在の照葉樹林帯に当たる部分にはブナ林が分布する、というように、植生帯はおおよそ一つずつ南にずれる形になっていた（図3）。

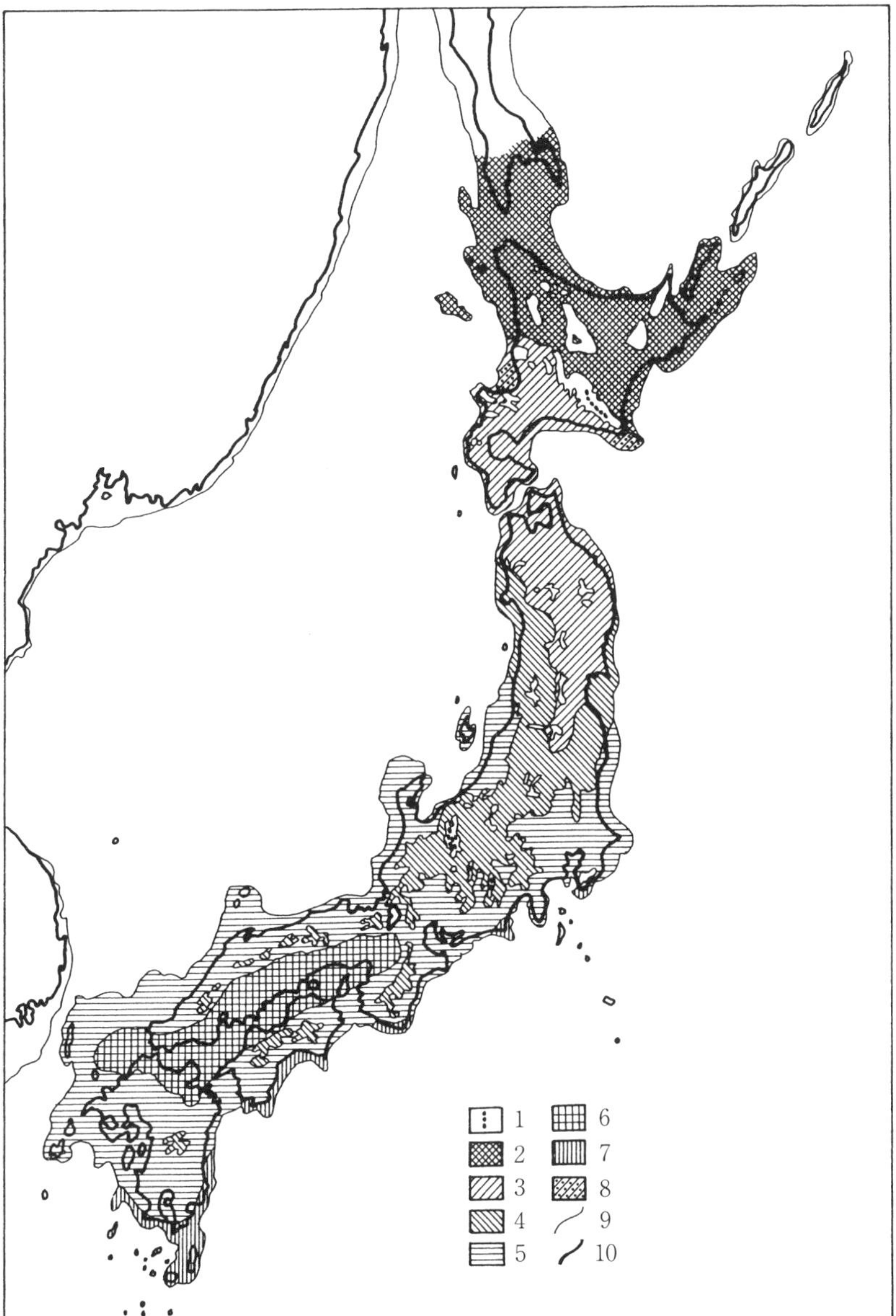

図3　氷期の植生分布(前掲『北海道の自然史』による)
1　氷河(黒点)および高山の裸地、草地(ハイマツ帯を除く高山帯に相当する地域)　2　グイマツ・ハイマツを主とする疎林と草原　3　グイマツを主とする亜寒帯針葉樹林　4　グイマツをともなわない亜寒帯針葉樹林(中部地方、および近畿地方では一部カラマツをともなう)5　冷温帯落葉広葉樹林(ブナをともなう)　6　ブナをほとんどともなわない落葉広葉樹林　7　暖温帯常緑広葉樹林　8　草原　9　最終氷期最寒冷期の海岸線　10　現在の海岸線

この時期、すでに述べたように、カナダや北欧に大陸氷河ができて海面が低下したため、北海道はサハリンと陸続きになり、ロシアの沿海州から延びる大きな半島の一部になっていた。千島列島では島々は連続するまでには至らなかったが、いくつかの島はつながって一つの細長い島になっていた。

こうしてできた半島や島々には、北方のシベリアやカムチャツカ半島からツンドラ植物群が移住して来た。そしてさらに北海道から東北地方の山々、さらに日本アルプスの山々へと伝播していった。このツンドラ植物群の末裔がわが国の高山植物である。

(2) 動物群の移住

最終氷期には、北方からツンドラの植物群とともに動物たちもやってきた。絶滅したマンモスやオオツノシカ、あるいはヒグマ、ナキウサギ、シマリスなどの動物、さらにはエゾライチョウや大雪山の高山帯に分布するタカネヒカゲ、アサヒヒョウモンなどの高山蝶などがこれにあたる。ただ、津軽海峡は水深が一五〇ｍほどあって、氷期の極相期にも陸化しなかったため、オオツノシカ、ヒグマなど大型の動物は何とか本州にまで渡ることができたものの、動物群の多くは津軽海峡を越えて南下することができず、本州との間には生物分布上の大きな境界線が生じた。これがブラキストン線である。

ただ比較的小型の動物でも、ニホンオオカミやホンドテンは本州まで南下して生き延びることに成功し、ライチョウや、イワナ、ヤマメなどの淡水魚類、タカネヒカゲ、クモマベニヒカゲなどの高山蝶、トワダカワゲラなどの水生昆虫も移住することができた。このうちニホンオオカミは明治時代に狩猟や伝染病によって絶滅してしまったが、その他の動物のほとんどは現在、涼しい高山や冷たい淡水の中に生き残っている。

一方、ニホンイノシシやホンシュウジカ、ニホンザル、ホンドタヌキ、ホンドイタチ、ムササビなど本州以南の山に普通にみられる動物の多くは、朝鮮半島経由で日本列島に移住してきたと考えられている。彼らは暖かい間氷期に北方へ分布を拡大したが、津軽海峡で北上を阻まれた。北海道まで分布を拡大できたのは、エゾシカだけである。アジア大陸からの移住者にはナウマンゾウやトラ、ヒョウもいたが、最終氷期の後半には絶滅してしまった。

3　高山植物の分布と生態

(1) 日本の山に高山植物がある不思議

　日本の山は富士山を除けば、槍ヶ岳や穂高岳、北岳など、日本アルプスを代表するような高山でも三〇〇〇mをわずかに超える程度の高さしかない。白馬岳や剱岳のようなよく知られた山ですら、三〇〇〇mに達していないほどである。また東北や北海道の山々だと、鳥海山や飯豊山、大雪山の旭岳、幌尻岳などいくつかのピークがようやく二〇〇〇mを超えているだけで、月山や蔵王山、早池峰《はやちね》山のような有名な山でも二〇〇〇mに満たないものが多い。また関西より西では四国の石鎚山の一九八二mが最高で、二〇〇〇mを超える山は皆無である。伯《ほう》耆《き》大山《だいせん》も屋久島の宮之浦岳も二〇〇〇mに届かない。

　さらに北半球全体からみると、日本列島は北緯三五度前後とかなり南に位置している。そのため、ヨーロッパアルプスと比べてみると、緯度にして約一〇度、距離にすると一〇〇〇㎞も南にある。この違いは日本アルプスでの垂直分布帯がヨーロッパアルプスに比べて一〇〇〇mも上昇するという結果となって現れる。これはヨーロッパアルプスでは海抜二〇〇〇mで生ずる現象が、日本アルプスでは三〇〇〇mまで上らないと起こらないということを意味している。

　このように、ヨーロッパアルプスに比べればはるかに温暖な地域に、それほど高くない山々があるわけであるから、日本列島では、気候帯に対応した本来あるべき垂直分布帯を想定すると、森林帯が高所まで上昇し富士山を除けば、日本アルプスの高山ですら、山頂まで亜高山針葉樹林やハイマツに覆われてしまうという結果になる。

　一般に亜高山針葉樹林帯の上限、つまり森林限界の高度は、一年のうち最も温度の高い月の平均気温一〇度の線に一致するとされている。日本の高山の場合、七月の気温から推定した森林限界の高度は、飛騨山脈南部で二八七〇ｍ程度になる。また赤石山脈以北の山々では亜高山針葉樹林帯の上にさらにハイマツ帯があり、その上限は北岳の山頂高度を超える、三二〇〇～三三〇〇ｍくらいにあると想定される。したがって単に気温の条件だけから考えると、わが国の高山では山頂までハイマツにおおわれ、高山植物の分布することは困難だという結論になる。そしてもっとも高い日本アルプスですらこのような状況であるから、二〇〇〇ｍを下回るような山々の場合、高山植物の分布すること自体がありえないことのように見えてくる。

しかし、実際には森林限界は、推定された森林限界高度より二〇〇～三〇〇ｍも低いところにある。また森林限界以上の部分でも、ハイマツ以外にさまざまのタイプのお花畑が広がり、そこにはきわめて豊かな高山植物相がある。つまり日本の高山は、森林限界が、なんらかの理由で気候的に成立可能な高度より大きく押し下げられ、また高山植物の群落も異常に低いところまで分布している、世界的にみても極めて特異な山地であるということができる。

写真４　非対称な積雪分布（白馬岳北方、鉢ヶ岳）

(2)世界一の強風と多雪

結論からいうと、森林限界が低下し、高山植物が分布可能になった最大の原因は、日本列島の冬山を特色づける世界一強い季節風と多雪にある。日本の山では、冬季、北西からの季節風が吹き荒れる。世界有数の強風は稜線の風上側の斜面から雪を吹き払い、反対側の斜面に厚く堆積させる（写真４）。その結果、亜高山針葉樹林はこの猛烈な風と雪の影響を受けて、山体の上部では生育できなくなり、そこから抜け落ちてしまう。また高山帯の領域では、ハイマツがやはり稜線沿いの部分で生育できなくなってしまう。このような、強風や多雪の影響を受けて、本来あるべき針葉樹林やハイマツ低木林が欠如してしまう現象を、「山頂現象」または「山頂効果」と呼んでいるが、日本の高山では山頂現象がきわめて顕著な形で出現することに特色がある。その影響する範囲は、標高差にして風上側で数十mから一〇〇mほど、風下側では数十mからときに三〇〇～四〇〇mに達する。

日本アルプスや八ヶ岳、あるいは北海道・東北などの高山の稜線沿いの強風地では、冬季もほとんど雪がつもらず、そこの地面はコチコチに凍りつき表面に薄い青氷ができるほどになる。このためハイマツはここでは積雪による庇護を受けることができず、そこから排除されてしまう。そしてハイマツに代わって、こうしたきわめて厳しい環境に出現するのが、イワウメやガンコウラン、ミネズオウなどからなる「風衝《ふうしょう》矮低木群落」と、オヤマノエンドウ、ヒゲハリスゲ、トウヤクリンドウなどの丈の低い草本からなる「風衝草原」である。また礫の移動の激しい強風砂礫地には、コマクサやタカネスミレ、あるいはオヤマソバ、オンタデなどが点在する、「高山荒原植物群落」が現れる。

冬場、イワウメやミネズオウなどの矮低木は、凍結による被害から免れるために、葉から水分を抜いて内側に巻き込み、細い筒のような形になって低温に耐えている。また草本は地表にある部分は枯れて、地下部と冬芽だけが枯れ草に隠れるような形で冬越しをする。このため、極端な低温にも耐えることができる。

稜線沿いの強風地は、五月の連休ごろには雪が解け、植物群落には直接日光が当たるようになる。しかし、実際に植物の生長が始まるのは五月下旬に入ってからである。つまり、この群落の分布地は高山帯ではもっとも長い生育期間をもっているが、冬季の気候条件があまりにも厳しいために、その利点を十分生かしきれていないのである。

一方、風下側の斜面では、吹き溜まった雪が初夏からときには秋まで持ち越すから、生育期間が短くなり、そこでもやはりハイマツは生育できなくなってしまう。そうした残雪が解けた跡にできるのが、シナノキンバイやミヤマキンポウゲ、クルマユリ、コバイケイソウなどからなる高茎《こうけい》広葉草原と、アオノツガザクラやイワイチョウ、ハクサンコザクラなどからなる雪田植物群落である。雪田植物群落は雪解けが高茎広葉草原より遅い場所に成立するが、雪解け後も水が常に供給されるところにはイワイチョウやハクサンコザクラからなる群落、雪解け後、乾燥してしまう土地にはアオノツガザクラやチングルマからなる群落ができる。こうした群落の構成種は、常緑の低木であるハイマツほどには個体の維持にエネルギーを必要としないため、ハイマツよりも生育期間が短くても生育できる。その結果、雪解けの遅れる雪田の周辺でも分布が可能になっている。

雪田の周囲の植物が生長できるようになるのは、雪が消える七月以降だが、そのころには気温も高くなり、陽射しも強くなっている。また群落の分布地は風背側の水分条件のよい場所が多いので、植物の生長はよく、高茎広葉草原の植物には、トリカブト類のように高さ一mを超すようなものも現れる。高茎広葉草原には他にも大きく色あざやかな花をつける植物がたくさんあり、高山のお花畑といえば、この群落を思い浮かべる人が多い。

最終氷期の極相期に、北方から伝播してきた高山植物は、北海道の低地と、日本アルプスや東北地方の山地の中腹以上の部分に広く分布していた。しかし氷期が終了すると、それまで高山植物が生育していた場所は、分布を拡大してきた他の植物に奪われ、生育できる場所はごく狭い範囲に限定されることになった。山頂現象によって生じた、ハイマツや針葉樹が生育できない土地は、高山植物にとって唯一残された場所であり、かつてさまざまの場所に住み分けていた植物たちは、その狭い場所に押し込められるような形で生育せざるをえなくなった。高山のお花畑がたくさんの種類の植物からなり、美しいのはこのような事情があるからである。稜線沿いの登山道を歩いていると、高山植物の群落は一見広く見えるが、少し離れて見ると、分布地域は意外に狭いことに気がつくはずである。

写真５　南アルプス仙水峠付近の岩塊斜面

3　森林限界を押し下げる岩塊斜面

森林限界を低く押し下げているもう一つの原因が、岩塊斜面である。これは写真5に示したように、粗大な岩塊が累々と堆積した斜面で、日本アルプスや北海道の高山をはじめ、関東山地、北上山地など、全国各地の山でみることができる。また四国、九州の山地や、大菩薩嶺付近のような、それほど高くない山にも存在する。岩塊斜面は氷期の寒冷な条件の下、岩石が凍結破砕作用によって大きく割れて岩塊となり、移動したもので、岩塊の中には直径が五mに達するような巨大なものもある。

岩塊斜面では岩塊の間に隙間が多く、土壌条件が悪いために、シラビソ、オオシラビソなどの亜高山針葉樹林は生育しにくく、これが森林限界を押し下げる原因になっている。このことは北海道の高山から最初に報告され、その後、全国各地で確認されるようになった。やはり本来の高度より、二〇〇〜三〇〇mほど森林限界を低下させているケースが多いようである。

早池峰山や至仏山のような蛇紋岩や橄欖岩《かんらん》でできていて、岩塊斜面が発達する山地では、森林限界の低下がとくに顕著で、気候条件から推定される高度より、七〇〇mくらいも下がっている。蛇紋岩地域の岩塊斜面では、ハイマツや低木化したコメツガ、キタゴヨウ、ネズコなどがなんとか生育できる。しかし、風の強い部分や残雪の周辺ではこうした樹木であっても生育できないため、代わってさまざまの高山植物が現れる。その結果、予想よりはるかに低いところに高山植物が分布することになる。その大半は蛇紋岩地域に特有の植物で、「蛇紋岩植物」と呼ばれている。早池峰山のハヤチネウスユキソウ、至仏山のホソバヒナウスユキソウ（写真6）とオゼソウはとくに有名である。

写真6　蛇紋岩植物のホソバヒナウスユキソウ（至仏山）

写真7　地質と植生（白馬岳西斜面）　手前の白い色の礫地が流紋岩地域、中景の植被がついた部分が砂岩・頁岩地域

4　複雑な地質の影響

(1) 日本列島の地質と付加体

日本の高山帯の植物相を豊かにしているもう一つの原因に、地質の複雑さがある。「地質」の章で紹介するように、日本列島には、長い地質時代に太平洋側からさまざまの岩石が次々にやってきては付着し、それによってきわめて複雑な地質が形成された。高山の地質も基本的には付加体からなるが、これに花崗岩や安山岩、流紋岩のような火成岩が加わったために、さらに複雑な地質で構成されることになった。

(2) 岩石の風化と高山植物の分布

寒冷な気候条件下にある高山では、岩石は凍結の作用を受けて破砕されるが、岩石が異なると、凍結破砕作用に対する抵抗性や生産される岩屑の大きさが異なり、その結果、できる地形や斜面堆積物に大きな違いが生じる。そしてそれを反映して、同じような気候条件であっても、地質によってはっきりと植物が違ってくる。たとえば、白馬岳には、流紋岩という白色の火成岩が広く分布するが、この岩は凍結破砕作用によって細かく割れやすく、ザラザラした砂礫地をつくり出す（写真7）。そしてそこにはもっぱら不安定な場所でも生育できるコマクサやタカネスミレが分布する。一方、写真7の中景の植生に覆われたところは、美濃帯の砂岩・頁岩《けつがん》地域で、ここでは大小の岩屑がうまく混じりあうため、表土が安定し、風衝草原が成立している。同じような地質の違いを反映した植生分布は、赤石山脈の北岳など各地でみられる。キタダケソウは北岳の固有種だが、その分布は山頂近くの石灰岩地に限られている。

飛騨山脈や木曾山脈に広く分布する花崗岩の場合は、やや状況が異なる。花崗岩地域には、氷期に凍結破砕作用によって生じた岩塊が累々と集積してできた岩塊斜面がよく発達し、岩塊を覆ってハイマツが生育したり、あるいは無植生のまま残ったりしていることが多い。岩塊には一mから二mくらいの大きなものが多いが、鹿島槍ヶ岳の山頂近くのように、三〇cmくらいの礫が斜面を広くおおう場合もある。

一方、木曾山脈では稜線沿いのところどころに乾性のお花畑が現れ、ハハコヨモギやチョウノスケソウ、イワウメなどが見られる。それ以外のところはハイマツに覆われた岩塊斜面になっているが、地質はすべて花崗岩だから、この山の植生の違いは地質に原因を求めることはできない（写真8）。

写真８　交互に現れる砂礫地とハイマツに覆われた岩塊斜面

実はここの場合は、花崗岩に入った割れ目（節理）の密度が問題である。節理の密度が高いところでは、花崗岩は現在の気候条件でも破砕されて人頭大程度以下の比較的細かい岩屑を生産し、生じた岩屑は移動して砂礫地をつくり、そこにお花畑が成立する。一方、割れ目が少ない場合は、現在の気候条件では破砕されず、氷期の寒冷な気候下で岩の破砕が進んだ。その頃に生産された岩塊が斜面を覆っているのである。岩塊の隙間からはハイマツが芽を出し、岩塊斜面を広く覆うことになった。

5　火山の植生

火山では火山活動によってしばしば植生が破壊され、その跡には遷移の初期または途中の段階に当たる特殊な植物群落が成立することが多い。その事例は各地でみられる。たとえば、富士山では宝永四年（一七〇七）の宝永山の噴火

写真９　富士山の宝永火口

で、山の東南側の森林が破壊され、その跡にはオンタデやイタドリ、フジハタザオ、ムラサキモメンヅル、コタヌキランなどからなる火山荒原の植物群落が広く分布する（写真９）。その下限は、現時点で海抜一四〇〇ｍ付近にある。また貞観六年（八六四）に流下した溶岩・青木ヶ原丸尾の上にはヒノキやツガなどの針葉樹からなる林が成立している。これが「青木ヶ原樹海」である。

岩手山山麓の「焼走り溶岩流」では、元禄一五年（一七〇二）という、天明の噴火よりはるかに早い時期に噴火したにもかかわらず、植生の回復はきわめて遅く、一部にアカマツが見られるものの、全体としては地衣類がわずかに生育するにすぎない。

安達太良山や蔵王山では明治時代の噴火のため、山頂部には火山性の荒原が広がっていたが、現在ではヒメコマツの低木や五、六ｍの亜高木が生育するまでに森林が回復している。一方、那須火山の茶臼岳では六〇〇年ほど前の噴火で、山頂の南側の浅い谷を埋めるように、岩塊雪崩が発生し、直径数ｍもある巨大な岩塊が累々と堆積している。そこは現在、一面のガンコウラン群落になっているが、植被の回復はずいぶん遅いことが分かる。

この他、桜島や三宅島、伊豆大島、草津白根山、吾妻山、あるいは北海道の駒ヶ岳、十勝岳、有珠山などでも火山特有の植生が見られるし、浅間山や鳥海山、秋田駒ヶ岳などでも火山活動の歴史を反映した植生が観察できる。

なお火山でも古いものは、たとえば八ヶ岳の赤岳のように、火山としての原形を失い、普通の高山とほんど変わらない植生をもつようになっている。

6　偽高山帯

東北地方の多雪山地では、亜高山帯の針葉樹林の代わりに、ミヤマナラ、ミネカエデ、ミヤマハンノキなどの低木やチシマザサ、ニッコウキスゲ、ショウジョウスゲ、ヌマガヤなどの草本群落が分布することが古くから指摘されており、高山帯の景観によく似ていることから「偽《ぎ》高山帯」と呼ばれてきた(二四ページ)。偽高山帯の成因については、多雪によって針葉樹が病気にかかりやすくなるので、それが針葉樹の欠如することになった原因だろうとか、暖かい縄文時代に上昇したブナ林によって、二〇〇〇m以下の山では亜高山針葉樹林が追い出されてしまったためではないかとか、さまざまの議論があったが、近年、杉田久志らは次のような説を提唱している(『雪山の生態学』東海大学出版会二〇〇二)。

「最終氷期の日本列島は乾燥していたので、亜高山針葉樹林は主に乾燥に強いトウヒ属の樹木で構成されていた。しかしその後の多雪化によりこの森林は日本海側では滅んでしまい、太平洋側にのみ残った。亜高山針葉樹林は四〇〇〇年ほど前から復活してくるが、それはシラビソ、オオシラビソといったモミ属を中心とするもので、この復活がうまくいったところでは針葉樹林帯が戻ったが、うまくいかなかったところでは偽高山帯が成立した」。

若干補足すれば、氷期の寒冷・乾燥した気候に適したトウヒ属やカラマツ属の樹木は、氷期の終了に伴う温暖化と多雪化により、約九〇〇〇年前に滅びてしまい、東方地方の亜高山帯では代わりに草原が広がった。その後、四〇〇〇年前に至ってモミ属の樹木が生育を始めたが、それがうまくいかなかった所では草原や低木林が維持され、それが偽高山帯になったということである。

まだ十分説明できないところもあるが、現時点ではこの説が一番優れたものとみなされている。

(小泉武栄)

三　湖沼・湿原

1　湖沼

山岳景観に美しい点景や前景を添える湖沼は、深さや成因・水収支（水の出入り）・水質・生物の状況などによってさまざまの分類が行われている。水深五mで湖と沼を分ける学術的な定義があるが、実際の湖沼名はこれにあてはまらない場合が多い。また、池は相対的に小さな湖沼に使われ、溜池・貯水池・調整池のように小規模な人造湖には池を付すのが一般的である。

湖沼は塩分濃度五〇〇mg／一ℓを境にして、それより多い塩湖と少ない淡水湖に分けられる。海水が入り込み淡水と海水が層をなして共存する湖を汽水湖という。日本の山の湖沼はほとんどが淡水湖である。なお活火山にあり鉱物を多く含んだものを鉱水湖と呼ぶことがある。以下では、湖沼の景観を決める凹地の成因、水色、透明度、結氷などの概要、さらにダム湖がかかえる今日的問題について述べておこう。

湖沼は、水をたたえる凹地の成因によっても分類することができる。日本の湖沼を分布位置や凹地の形成からみれば、平野の河跡湖や海岸のラグーン（潟湖《せきこ》）、海跡湖（かつての海の一部が残ったもの）、山間盆地の断層の動きによる断層湖、火山の火口湖・カルデラ湖・火口原湖（カルデラ底の一部が湛水したもの）・マール、火山体の出現や溶岩流による堰止湖《せきとめこ》、火山の岩屑なだれや泥流による堰止湖、岩屑なだれの流れ山（小丘）間の凹地、地すべりブロック（小丘）間の凹地、地すべりや山崩れによる谷の堰止湖、尾根部の線状凹地（二重山稜）内にできた池、氷河地形のカール湖、カルスト地形のドリーネ湖、ダム湖（人造湖である）などがある。平野の河跡湖・ラグーン・海跡湖と人造湖を除く日本の代表的な山の湖沼を成因別にまとめた（表1）。

湖沼の成因にはまだ確定できないものもいくつかある。たとえば、飛騨山脈東麓の青木湖や木崎湖は南北に延びる断層に沿った断層湖だが、青木湖は北側が山崩れによって、木崎湖は南側が扇状地によって堰き止められたという見方がある。猪苗代湖は岩屑なだれの堰き止めによるが、湖底が沈降する傾向もあり、そうした複合的な成因も考えられている。箱根の芦ノ湖はカルデラ底（火口原）にあるので位置的には火口原湖であるが、直接の成因は神山からの岩屑なだれによる堰き止めである。飛騨山脈の長池や奥又白の池は氷河地形のなかにあるが、地すべりの凹地や線状凹地の可能性もある。風吹大池は溶岩ドームに閉塞された凹地起源だが、実際には溶岩ドームが地すべりによって、ずれて生じたものと解釈されている。焼岳の一九一五年の噴火によって生じた泥流が梓川を堰き止め、大正池がつくられたことは、日本の山岳風景を語るうえで特筆すべきだが、現在では人工堰と浚渫《しゅんせつ》によって池が維持されている。

湖沼の水色（空の反射を除いた水中の色）は、水中に溶けている物質と浮遊する物質によって藍・緑・黄などがあり、この順で俗に水色が悪くなるといわれる。田沢湖は美しい藍色、低地の濁った湖沼では緑色、霞ヶ浦は黄色である。また、湿原（泥炭地）の湖沼では有機質の茶褐色の水色をみせる。水中のいろいろな色素をもったプランクトンの増殖により水色が変わる現象を「水の華」という。諏訪湖では夏にアオコ（ラン藻）の増殖により黄緑色となり、春と秋には珪藻類の発生により淡

表１　日本の山地の湖沼の成因と代表的な湖沼（平野部の湖沼を除く）

湖沼の成因	代表的な湖沼
断層湖	青木湖　中綱湖　木崎湖　諏訪湖　琵琶湖
火口湖	姿見ノ池　蔵王御釜　湯釜　ミクリガ池　鷲羽池　乗鞍権現池　雨池　御岳二ノ池・三ノ池　志高湖　大浪池　大幡池　御池
カルデラ湖	摩周湖　支笏湖　倶多楽湖　洞爺湖　十和田湖　田沢湖　沼沢沼　池田湖
火口原湖	屈斜路湖　大沼（赤城山）　榛名湖
マール	オタドマリ沼　一ノ目潟（男鹿）　一碧湖
溶岩流・火山体による閉塞湖	阿寒湖　然別湖　ヒサゴ沼　尾瀬沼　菅沼　丸沼　湯ノ湖　中禅寺湖　野尻湖　白馬大池　双子池　白駒池　富士五湖
岩屑なだれ･泥流による堰止湖	大沼・小沼（駒ヶ岳）　桧原湖　小野川湖　秋元湖　猪苗代湖　大正池　芦ノ湖
岩屑なだれの流れ山間の凹地	五色沼　松原湖
地すべり凹地	空沼　十二湖　白沼（船形山）　高浪池　風吹大池　長池　鏡池（鏡平）　四尾連湖
地すべり・山崩れによる堰止湖	チミケップ湖　大鳥池　桶池　柳久保池　震生湖　中越地震による芋川の湖
線状凹地（二重山稜）内の池	八方池　仙人池　冷池　種池　蝶ノ池　大滝池
カール湖	七ツ沼　池ノ平池　野口五郎池　黒部五郎池　天狗池　北穂池　濃ヶ池
ドリーネ湖	小松池（四国カルスト）　大池（南大東島）

褐色に変わる。

湖沼の透明度は、直径三〇cmの白い円板を沈め、見えなくなる深度と引き上げて見える深度の平均で示され、一般に深い湖ほど透明度が高い。一九三一年に世界一の透明度四一・六mを誇った摩周湖だが、最近は二八mほどで、バイカル湖の三〇~四〇mに抜かれた。田沢湖、猪苗代湖、池田湖などでも透明度が低下している。透明度は経年変化を調べることにより、湖沼の汚濁状況・富栄養化・土砂流入などの変化を知る指標ともなっている。

寒冷地の湖沼の多くは冬季に結氷する。表層水は冷却すると重くなって沈み、底にたまる。湖全体が四度になると沈降がなくなるため、表面に薄氷が張り始め、強風による表層水の動きがない寒い日に厚い氷に生長する。一般に小さく浅い湖沼のほうが結氷が早くから生じ、結氷期間も長い。冬季にも凍らない不凍湖の北限は支笏《しこつ》湖で、洞爺湖も不凍湖である。これらは大きく深い湖であるため、冷却した水は次々に深部に沈みこんでしまうことが原因である。洞爺湖では湖底から温泉が湧いているために不凍湖となっていることも考えられている。

氷は寒さの激しい時に収縮し氷面に裂け目を生じることがある。これは諏訪湖では「御神渡《おみわた》り」と呼ばれ、屈斜路湖や摩周湖、海外ではバイカル湖などにも大規模なものが生じる。小規模なものは榛名《はるな》湖、松原湖、野尻湖などで認められている。これには氷の冷却が著しいことのほか、積雪が少ないことによって氷の放熱が妨げられないという条件が必要である。諏訪湖では二〇〇三年と二〇〇四年に出現したが、それ以前では五年間見られなかった。

二〇〇四年一〇月二三日の中越地震の地すべりによって堰き止められた芋川の湖は、当時最新の自然湖沼となった（写真1）。

ここ数十年、日本の大河川の上流部には続々とダムが造られ多くの人造湖（ダム湖）が出現してきた。只見川、利根川、大井川、十津川、吉野川などには流路が不明になるほどダム湖がある。貯水・発電・洪水の調節など効用がう

写真１　中越地震の地すべりによる芋川の堰止湖

たわれているが、ダムによるいろいろな支障も報告されている。主なものとして、川の流れを止めることにより魚類をはじめとする水生生物の移動を阻害すること、土砂の運搬が停止された結果、ダム湖には予想を超える堆砂が起き、反対に下流側は河床が洗掘され河口周辺では海岸侵食が進むこと、堆砂によって上流側の洪水の危険が増加したこと、水位上昇によってダム湖周辺の斜面に水が滲みこみ、地すべりが再移動をはじめたこと、などがあげられる。余剰電力を用いて発電する揚水式ダムは、最近では大菩薩峠付近や神流《かんな》川上流などに建設されたが、もともと小規模な谷の源流域に水を貯めて日夜循環させるので、山の斜面の地下水が増減を繰り返し岩石の風化や地すべり・崩壊を促進させる心配がある。

かつて奥多摩の小河内、富山県有峰、飛騨白川など固有の山村文化をもった村々がダム湖により水没したが、熊本県五木、岐阜県徳山、群馬県川原湯など今まさに消えなんとする村落もある。一方、徳島県木頭《きとう》村（現那賀町）のように、過疎に悩むなかで山村独自の自立的な発展をはかる立場をとり、村が水没してしまうダム計画を撤回させるという事例も現れだした。

（清水長正）

2　湿　原

地形図に示される湿地記号は「常に水を含み土地が軟弱で湿地性の植生が生育している」とされているが、これには水田跡や埋立地の水はけの悪い場所なども含まれるようである。日本で一般に湿原といえば地下に泥炭（ピート）が堆積した草原を指す。泥炭とは、植物が水漬け状態で分解が進まないまま重なったこげ茶色の堆積物のことである。乾燥させれば燃料になり、ウィスキーの蒸留にも使われる。湿原には泥炭がともなうので、泥炭地とも言いかえられるが、反対に泥炭があっても土地改変により湿原でなくなった場所もある。

谷底部や平野部の大きめな湿原のでき方としては、湖を出発点として岸辺から植物が繁茂し泥炭が堆積してやがて湿原になるという移り変わりが、旧来考えられていた。只見川源流の尾瀬ヶ原もかつて湖であったとみなされていたが、これに反する湿原の新しい見方が『尾瀬ヶ原の自然史』(阪口豊著・中公新書)に記されている。それによると、尾瀬ヶ原を含め谷底部や平野部の湿原は、河川が運搬する土砂が自然堤防をつくることにより水はけの悪い後背湿地が湿原に発達するタイプと解釈されている。これは湿原の地下にある厚い泥炭層の下に湖沼の堆積物はなく、川が運んだ土砂が厚く堆積していることがわかったからである。

湿原には高層湿原・中間湿原・低層湿原という分けかたがある。これは湿原の位置する場所の標高が高いか低いかではなく、泥炭層の地下水面からの厚さ(高さ)とそれを構成する植物による区分である。

高層湿原は主にミズゴケが地下水面より上で堆積した泥炭(ミズゴケ泥炭)からなり、低層湿原は主にヨシ(アシ)の枯れ草が地下水面下で堆積した泥炭(ヨシ・アシ泥炭)からなっている。中間湿原は地下水面との関係がそれらの中間のもので、ヤナギ類・ハンノキなどの木材が泥炭をつくることもある。高層湿原は湿原が最も発達した段階であり、湿原が若干凸にふくらんだ形になっている。尾瀬ヶ原、暑寒別岳の雨竜沼湿原、大雪山の沼ノ原など山地にある著名な湿原の多くがこれにあたる。

湿原の表面には畝のような高まりと、その間の池塘のへこみが交互に現れるところがある(写真2)。高まりをケルミ、へこみをシュレンケというが、これは、降雨時の公園でよく見かける、落ち葉が縞状にたまるのと同じで、若干の傾斜をもつ湿原で植物遺体が雨によって流され縞状の畝をつくったのがきっかけになったと考えられている。

写真2　畝状の高まり「ケルミ」と池塘のへこみ「シュレンケ」

写真3　大雪山・平ヶ岳のパルサ(手前のゆるい高まり)

湿原の不思議の一つである浮島には、浮遊する浮島と固定浮島がある。浮遊する浮島は、岸辺の泥炭の棚が切れたという従来の説のほか、池塘が深くなって浮力により泥炭が浮かび上がったという考えもある。固定浮島については、浮遊していた浮島が池塘の水位低下によって着底したという説と、ケルミの名残で浮遊しなかったものという説がある。

寒冷地の湿原では地下の永久凍土によって泥炭がふくれあがりパルサがつくられる。パルサとは湿原の中に形成された高さ数十cmほどの平べったい丘で、周氷河地形の一種である。スカンディナビア、スピッツベルゲン、アラスカなどの永久凍土地帯に広く分布し、日本でも大雪山の平ヶ岳付近で確認されている(写真3)。

北海道や東北の山稜部には湿原が多い。池塘の点在する山上の湿原はたとえようもないほど美しい。大雪山の沼ノ原湿原、月山の弥陀ヶ原、平ヶ岳・会津駒ヶ岳・苗場山の山頂湿原などは、わが国を代表するすばらしい湿原である。こうした山上の湿原はなだらかな溶岩流の上にできたものが多く、溶岩流が浅い凹地をつくったり、溶岩そのものが水を通しにくく、ためやすいことなどが、湿原の形成を促したのだろう。ただ山上の湿原に堆積した泥炭の年代を調べた研究によれば、山上の湿原の形成が始まったのはおおよそ八〇〇〇年ほど前のことで、これは日本海側の山地の多雪化を反映したものといわれている。

二万年ほど前の最終氷期極相期には、北米や北欧に大陸氷河ができたために海面は現在より一〇〇m余りも下がっていた。そのため日本海には対馬海流が流入せず、積雪量も減少して日本海側の山地でも現在の半分から三分の一程度だったと推定されている。しかし、一万三〇〇〇年ほど前になると海面の上昇によって日本海にも対馬海流が流入しはじめ、八〇〇〇年ほど前には現在のパターンがほぼ定着した。そしてこのころから日本海側の山地は多雪化し、これに伴って湿原ができはじめ、泥炭がたまり始めたという。きれいな山上の湿原の形成にも、全地球的な環境の変化が関わっていたのである。

(清水長正・小泉武栄)

四　山の地質

1　地質の博物館　日本列島

日本は国土のおよそ六割を山地が占め、残りの沖積平野や台地・丘陵地も、表層にある新しい堆積物を剝ぐと、その下には山地と同じ地質がある。そのため山地の地質について述べるということは、日本列島の地質について述べることとほぼ同じである。

日本の地質は細々としていて、かつ複雑なことで知られ、このことから日本列島はしばしば「地質の博物館」と呼ばれてきた。山地地域では数十mあるいは数百m歩いただけで、地質が変化する、ということが珍しくない。しかし世界的にみれば、何十km、何百km、あるいはさらに広い範囲が同じ地質からできているということが普通である。たとえばヨーロッパの中で、アルプス山脈はとくに複雑な地質からなる地域だとされているが、実際には日本アルプスくらいの規模の山並みが、同一の地質で構成されていたりする。

日本列島の地質に関する研究は、ここ二、三十年ほどの間に大きく進歩し、新しいことが次々にわかってきた。最も大きな知見の転換は、日本列島をつくる地質の多くが、現在存在するその場でできたものではなく、他の場所でできたものが、太平洋プレートに載ってはるばる運ばれてきて、日本列島に付け加わったということが明らかになったことである。この学説を「プレートテクトニクス」、「付加体論」といい、その登場は世界の地球科学の歴史上、最大のパラダイム転換であった。

また二〇〇〇万年ほど前までは日本海は存在せず、日本列島は北朝鮮の東側の窪んだ部分あたりに大陸の一部として存在していたが、二〇〇〇万年前に移動を始めて、およそ一五〇〇万年前に、現在の位置に落ち着いたということも明らかになった。つまり日本列島の地質の大半は、日本列島がユーラシア大陸の縁にあったときに付加したものだということである。以下では、右で述べたことがらを中心に、日本の地質の成り立ちについて紹介する（なお火山については七二ページを参照）。

2　プレートテクトニクス

大西洋の両側にある大陸の出入りはよく似た走り方をしており、ヨーロッパやアフリカをそのまま西に移動させれば、北米や南米にうまく接合して、大西洋はなくなってしまう。このことから大陸は移動したのではないかという学説は古くからあった。ウェーゲナーの「大陸移動説」はその代表だが、しかし、大陸を動かす巨大な力や移動のメカニズムが説明できなかったため、日の目をみなかった。

この「大陸移動説」が戦後の地球科学の助けを得て復活したのが、「海洋底拡大説」であり、それが発展したのが「プレートテクトニクス」と呼ばれる学説である。「プレート（板という意味）」とは、地球の表面をおおう巨大な岩盤のことで、「テクトニクス」とは、地殻の構造や変動に関する学問のことをさす。この学説は一九六〇年代にアメリカやフランスの科学者によって提唱されたが、わが国では一〇年ほど遅れて研究が始まり、その後、急速に進展した。プレートテクトニクスの登場により、大山脈や海溝、海嶺などの大規模な地形の形成や、地震・火山の発生のメカニズムなどを、ようやく統一的に説明することが可能になった。それによれば、地球の表面をおおうプレートは十数枚あり、ユーラシアプレートのような大陸プレートと、太平洋プレートのような海洋プレートに分けられる。各プレートは地球内部のマントルの対流の結果、年に数㎝程度の速度で水平に移動しており、それによって、お互いに衝突したり、離れたり、あるいはすれちがったりする。衝突した場合は、一方が他方の下にもぐり込んでそこに海溝ができたり、一部が重なりあってヒマラヤのような大山脈ができたりする。また離れる境界では、マントル物質が上昇してきてマグマとなり、それが噴出して新たな海洋地殻を作り、そこからプレートが拡大する。このマグマの噴出によってできた高まりが海嶺である。

日本列島付近は、大陸性のユーラシアプレートと北米プレート、それに海洋性の太平洋プレートとフィリピン海プレートの四つのプレートが接するという、他に例のない特異な場所となっている。また北米プレートの下には太平洋プレートがもぐりこんで、日本海溝をつくり、ユーラシアプレートの下にはフィリピン海プレートがもぐりこんで、相模トラフ、南海トラフという二つの小さな海溝を作っているが、フィリピン海プレートのさらに下に太平洋プレートがもぐり込み、複雑な構造を作り出している。

3　付加体論と四万十帯

先に述べたように、日本列島の地質の成り立ちについての研究は、プレートテクトニクスの登場によって一変した。その一例として、研究がもっとも進んでいる「四万十《しまんと》帯」を事例に紹介しよう。

四万十帯は、関東山地、赤石山脈、紀伊半島、四国南部、南九州、沖縄など西南日本外帯に広く分布する地層群で、その名称は模式地である四国の四万十川に由来する。ここでは赤石山脈の北岳を例にとって説明しよう。

北岳の山頂部は、玄武岩、石灰岩、チャート、それに砂岩や泥岩といった岩石で構成されており、それぞれの岩石ごとに地形や生育する高山植物が異なっている。複雑な地質の成り立ちは次のように説明される。図1を見ていただきたい。四万十帯の地質の形成は、図の右端の海嶺における海底火山の噴火に始まる。この海嶺は、南太平洋のイースター島の西側を南北に走るプレートの境界に生じたもので、東太平洋海嶺と呼ばれている。この海嶺で噴火した玄武岩質のマグマは、海水で冷やされて固まり、枕状溶岩となった。これが一億三〇〇〇万年前のことである。この溶岩は太平洋プレートに乗って北西方向に動き始めるが、そこに石灰質ナンノプランクトンという微生物の死骸がたまって石灰岩となった。玄武岩とその上に載る石灰岩はさらに北西への移動を続け、太平洋の真ん中付近で両者の上には放散虫の殻が堆積し、赤色チャートとなった。そして日本列島に近づくと、赤色頁《けつ》岩がさらにこれに加わった。

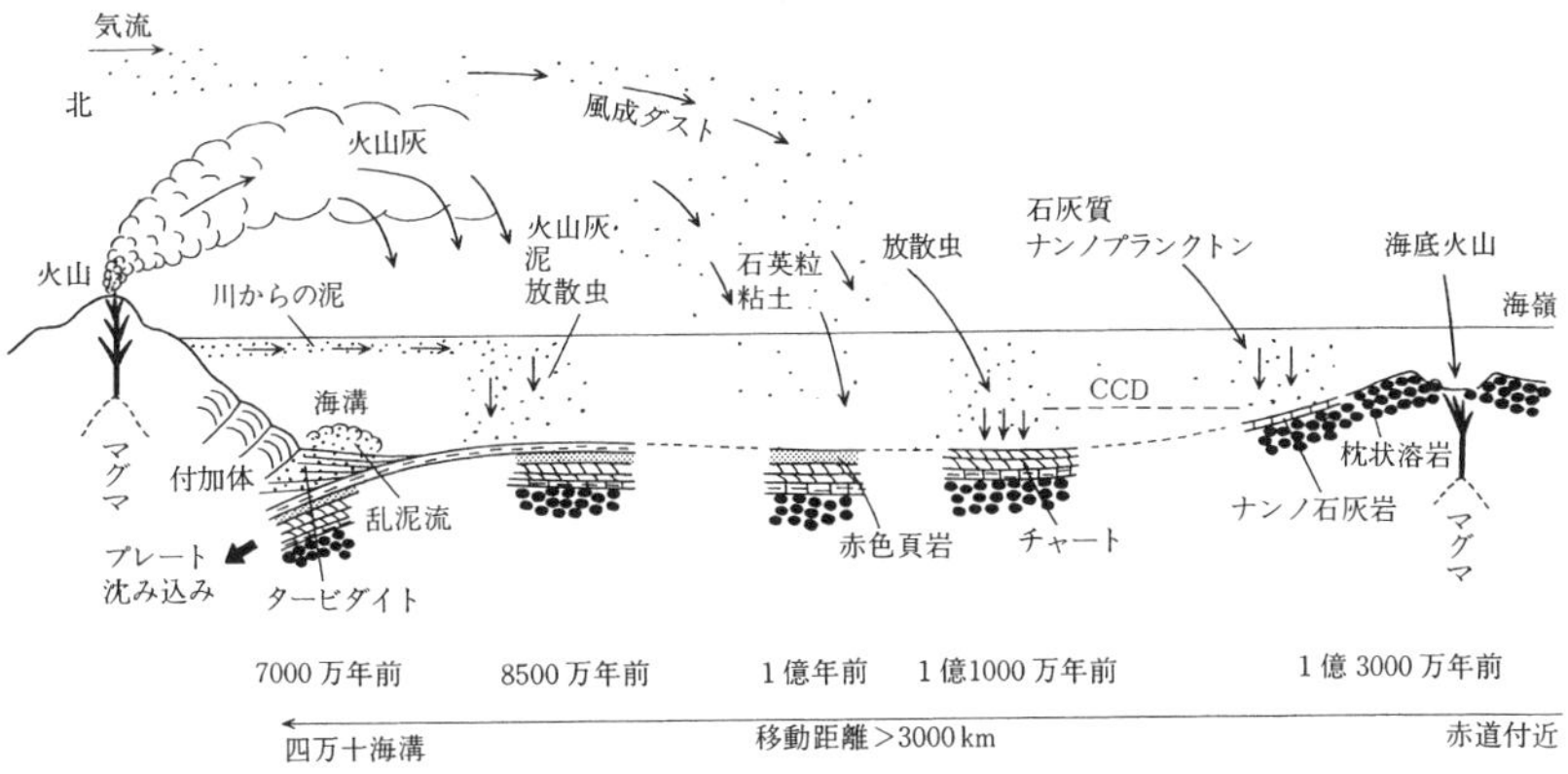

図１　白亜紀後期四万十帯の形成過程
（平朝彦『日本列島の誕生』岩波新書1990による）

七〇〇〇万年ほど前、玄武岩や石灰岩やチャートはようやく日本海溝に到達したが、そこで日本列島（当時は大陸の一部）側から乱泥流のような形で流下してきた砂や泥によって周りを埋められてしまう（この乱泥流によって生じた堆積物をタービダイトと呼ぶ）。そしていよいよ海溝の底でユーラシアプレートの下にもぐりこもうというとき、玄武岩も石灰岩も砂も泥も、すべてがもみくちゃにされ（こうしてできた堆積物をメランジェという）、その一部は日本列島に押しつけられて「付加体」と呼ばれる複雑な構造の地層群になった。これが四万十帯のでき方である。

この付加体は地下深くから次第に上昇し、一〇〇万年くらい前に始まった赤石山脈の隆起に伴って、ついに三〇〇〇mの高度に持ち上げられた。それが現在、北岳などで見られる石灰岩や玄武岩となっている。ちなみに光《てかり》岳の名前の元になった光《てかり》岩は石灰岩、赤石岳の名前の元になった赤い岩は赤色チャートである。

4　日本列島の地質の成り立ち

アトラス（地図帳）などに掲載された日本列島の地質図を見ると、小さな分布域をもつさまざまの岩石や地層が、モザイク状のきわめて複雑な分布パターンを示し、素人には理解することが難しいものとなっている。そこで細部は捨て、全体を概観すると、細々した地

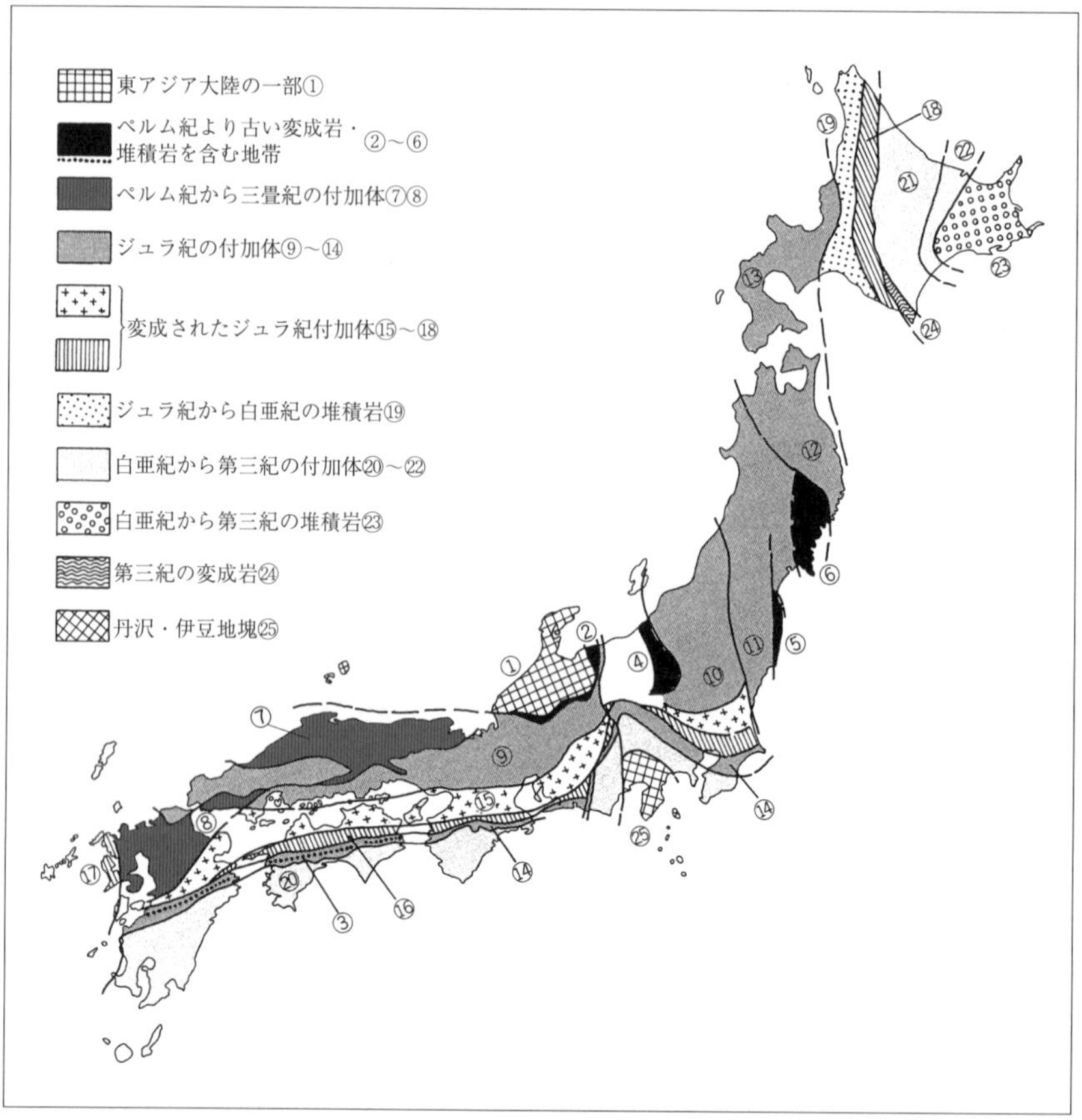

図２　日本列島の地帯構造図

日本列島から第四紀や新第三紀の堆積物を取り除いた図。日本列島は、東アジア大陸の一部（①飛騨帯、隠岐帯）、ペルム紀より古い変成岩・堆積岩を含む地帯（②飛騨外縁帯、③黒瀬川帯、④上越帯、⑤阿武隈東縁帯、⑥南部北上帯）、ペルム紀から三畳紀の付加体（⑦三郡帯、舞鶴帯、⑧山口帯）、ジュラ紀の付加体、（⑨美濃・丹波帯、⑩足尾帯・八溝帯、⑪阿武隈帯、⑫北部北上帯、⑬渡島帯、⑭秩父帯）、変成されたジュラ紀付加体（⑮領家帯、⑯三波川帯、⑰長崎帯、⑱神居古潭帯）、ジュラ紀から白亜紀の堆積岩（⑲空知・エゾ帯）、白亜紀から第三紀の付加体（⑳四万十帯、㉑日高帯、㉒常呂帯）、白亜紀から第三紀の堆積岩（㉓根室帯）、第三紀の変成岩（㉔日高変成帯）、丹沢・伊豆地塊（㉕）に区分することができる。

（斎藤靖二『日本列島の生い立ちを読む』岩波書店1992による）

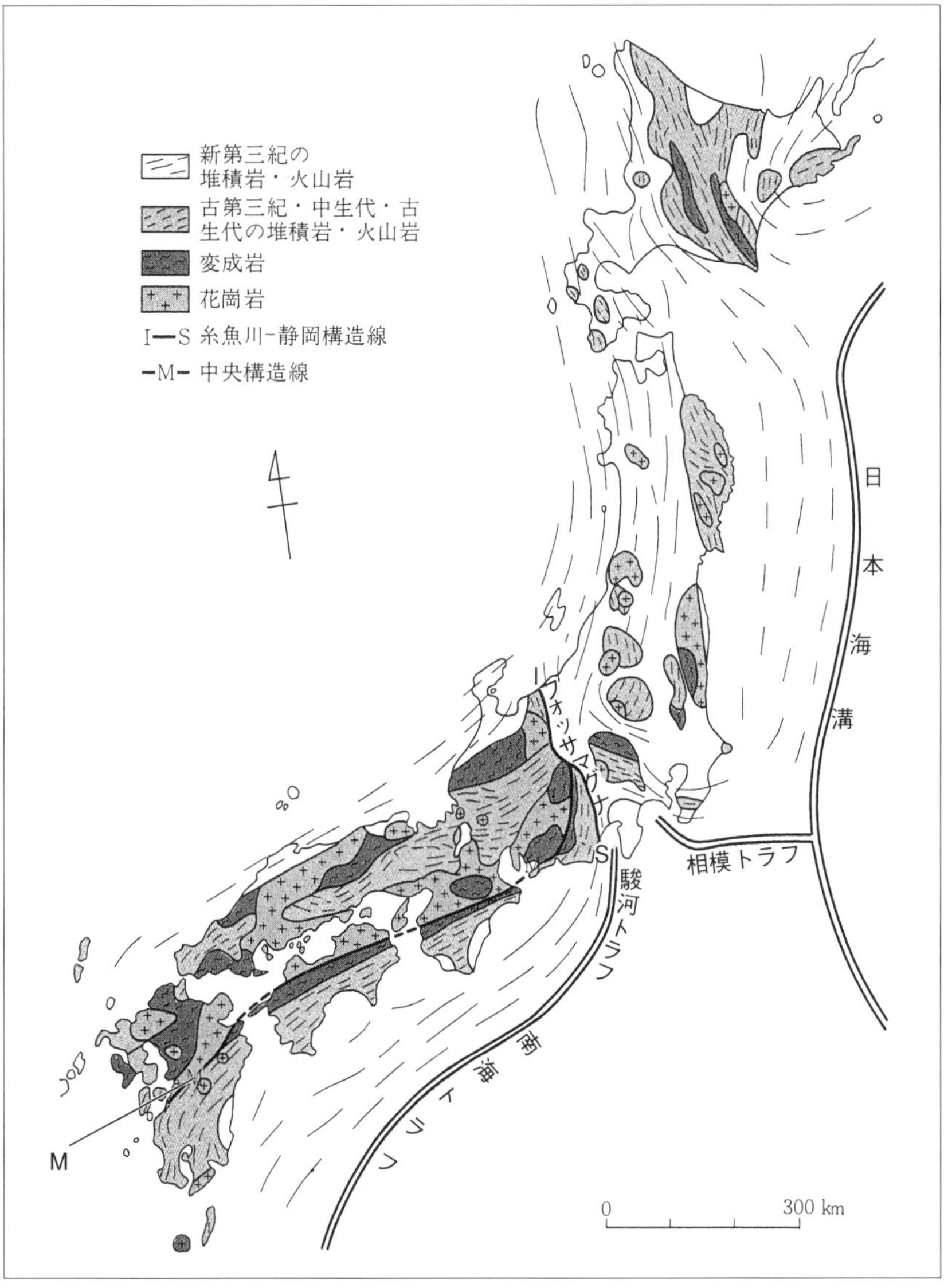

図3　日本の地質。新第三紀以前のおもな地層・岩石とおもな構造を示す。細線で示したのは地層の褶曲軸・断層などの方向。

（貝塚爽平・鎮西清高編『日本の自然２　日本の山』岩波書店1986による）

質は、①古い時代の地層と変成岩、②花崗岩類、③新第三紀の地層、④第四紀の地層と火山噴出物、に大きく分けることができる。このうち②の花崗岩と、③、④のごく新しい時期にできた岩石や地層を取り除き、古第三紀以前の古い地層や変成岩をまとめて示したものが図2である。また新第三紀層も含めて示したものが図3である。二つの図を見ると、日本列島の地質は帯状に配列しており、その配列は日本列島の走る方向とほぼ平行になっていることがわかる。これは日本列島の地質の大半が、付加体からできているためで、基本的に日本海側にあるものほど古い地質となっている。

図2の「東アジア大陸の一部」に含まれる飛騨帯、隠岐帯は、大陸そのもののかけらといえ、日本最古の地質に当たる。「ペルム紀より古い変成岩・堆積岩を含む地域」に含まれる飛騨外縁帯、阿武隈東縁帯、南部北上帯などは、やはり大陸の一部といってよく、三億年以上前の岩石からなる。そしてそれ以外の四万十帯、秩父帯、美濃・丹波帯などが付加体に当たる。三波川帯や領家帯、日高変成帯などは、付加体がいったん地下深くに押し込まれ、そこで変成したものだが、それがどのようなメカニズムで地表に現れたのかについては、まだよくわかっていない。

日本列島で最も古い付加体は、古生代ペルム紀（二畳紀）から中生代三畳紀にかけてのものである。大陸の一部であった日本に、海山を載せた海洋プレートが沈みこみ、秋吉台などの石灰岩台地を含む付加体を形成した。日本列島で最も広い分布をもつのは、中生代ジュラ紀の付加体である。秩父帯と美濃・丹波帯、足尾帯などがこれに当たる。秩父帯はかつて秩父古生層と呼ばれた地層で、層内に含まれるサンゴ礁石灰岩が、三億五〇〇〇万年前から二億五〇〇〇万年前という、古い年代を示したことから、明治以来、百年以上もの長い間、古生代の地層だと考えられてきた。しかし近年の調査で、一億八〇〇〇万年前から一億二〇〇〇万年ほど前に付加したものであることがわかり、古生層の名前は消えた。研究の進展に伴い、近年では「秩父帯」と呼ばれることが多い。

四万十帯が付加したのは、中生代白亜紀から第三紀にかけてである。年代にすると、七〇〇〇万年前から二〇〇〇万年前ということになる。

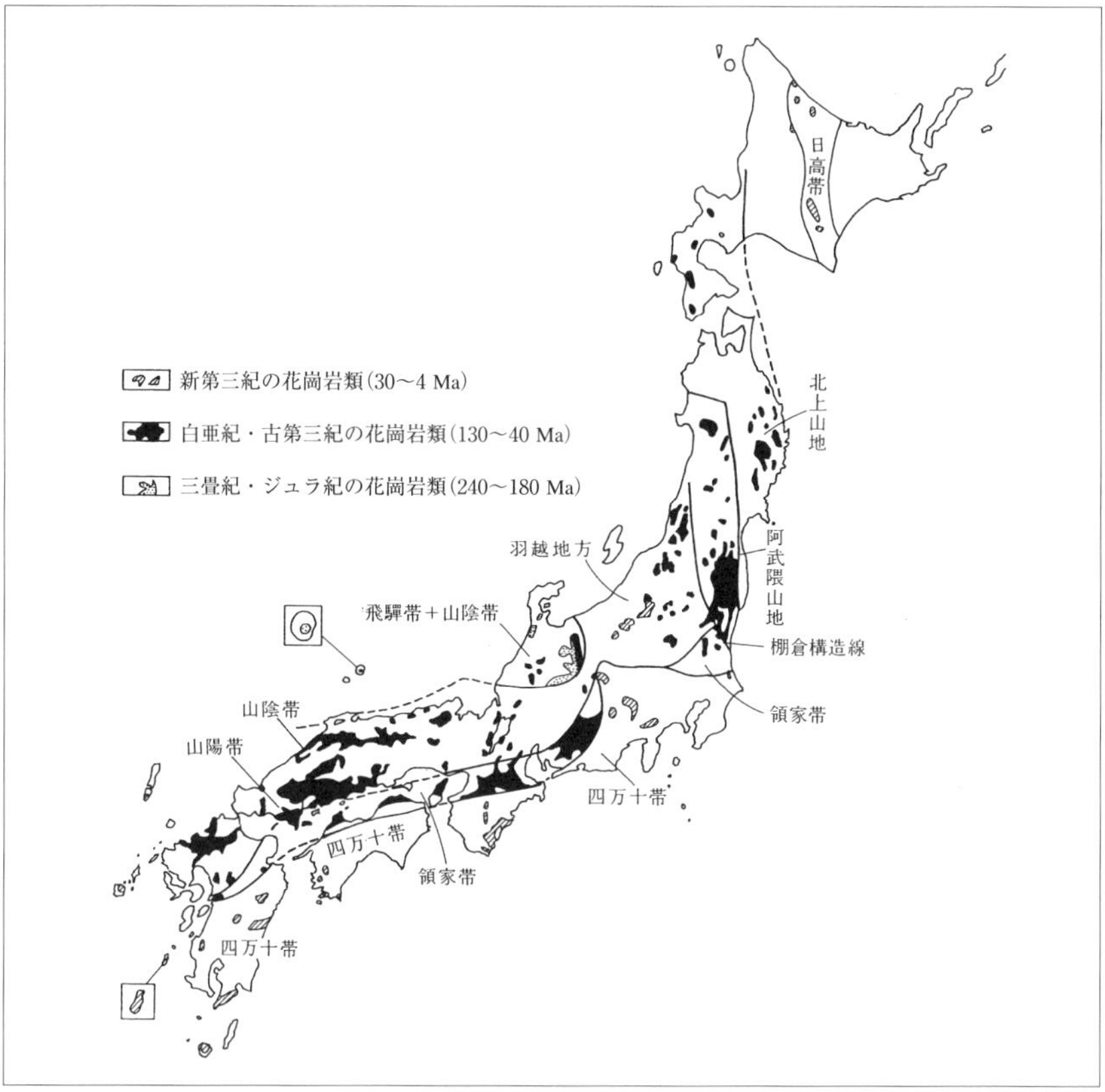

図4　日本列島の花崗岩の分布
（久城育夫・荒牧重雄・青木謙一郎編『日本の火成岩』岩波書店1989による）

なお図2にある丹沢・伊豆地塊は、実は付加体ではなく、今の伊豆大島や三宅島のような、日本列島の南方にあった火山性の陸塊が、フィリピン海プレートの動きにのって北上し、ついに日本列島に衝突してその一部になったというものである。丹沢山地が衝突したのは約六〇〇万年前、伊豆半島が日本列島の一部になったのは一〇〇～五〇万年前と推定されている。この二つの衝突により、もともと東西方向に延びていた赤石山脈と関東山地は、南から突き上げられ、現在のようにハの字の形に大きく変形することになった。

次に日本列島における花崗岩の分布を示す（図4）。花崗岩は石英を多く含むマグマが地下深くでゆっくり冷えて固まったもので、大陸地殻をつくる代表的な岩石である。日本列島でも一割余りの地域に分布している。

日本列島の花崗岩については、大きく分けて四回の貫入の時期のあったことが明らかになっている。古生代およびそれ以前（四億三〇〇〇万～二億五〇〇〇万年前）、中生代の三畳紀・ジュラ紀（二億四〇〇〇万～一億八〇〇〇万年前）、白亜紀・古第三紀（一億三〇〇〇万～四〇〇〇万年前）、それに新第三紀（三〇〇〇万～四〇〇〇万年前）である。このうちもっとも広く分布しているのは、白亜紀・古第三紀のもので、北上山地、阿武隈山地、木曾山脈、美濃・三河高原、中国山地、瀬戸内地方などに分布する。新第三紀の花崗岩は、屋久島や九州山地、丹沢山地、関東山地、日高山脈などに点々と現れる。いずれも千数百万年前という、比較的新しい時期に貫入したものである。なお最近、穂高岳西側の滝谷一帯の花崗閃緑岩が、一四〇万年前（第四紀の初期）という、世界で最も新しい時期に貫入した花崗岩であることが明らかになり、注目を浴びている。

（小泉武栄）

五　地形　非火山山地の起伏

1　山地の形の理解

日本の国土の約六〇％は山地で、山地は火山とそれ以外の非火山山地からなる。火山は次章で扱われるので、ここでは非火山山地についてのべる。山は、尾根と谷の集合体であり、尾根と谷をつなぐのが斜面である。したがって、山の集合体である山地も、尾根と谷と斜面の集合体である。その形態に同じものは一つもない。これらの無数に近い山やまを理解するためには、山がどうして高くなるのか、それがどのように削られて形ができるのか、そしてその山の形を比較して整理する必要がある。このような研究をするのは地形学という分野である。

2　山地の分布と構成（山脈・山地・高地・高原・山地性丘陵）

日本列島の山地の分布は、本書巻頭の「日本の山地　山脈」（図）に示してある。この図では日本の山地地域は山地、丘陵、火山地域に区別される。それぞれの山地・丘陵・火山地域には名前があり、山地名のあとには、山の集合体としての性質を示す語として山脈・山地・高地・高原という山地の地形的特徴を示す語が用いられている。一般的には、細長く線状に延びる急峻な山やまを山脈と呼ぶ。日高山脈、奥羽山脈、越後山脈、飛驒山脈、木曾山脈、赤石山脈、鈴鹿・布引山脈、生駒・金剛・和泉山脈、讃岐山脈である。とくになだらかな山やまや台地状の山やまは、高原や高地と呼ばれる。飛驒高地、美濃・三河高原、信楽・大和高原、丹波高原、吉備高原、石見高原である。高原や高地よりさらに低くなだらかな（小起伏の）地形は丘陵と呼ばれるが、丘陵には関東平野の多摩丘陵のように平野に属するものもある。しかし、白糠《しらぬか》丘陵、下北山地、越後丘陵、房総丘陵、三浦丘陵、能登丘陵のように山地に属す丘陵もある。これを山地性丘陵という。それら以外の急峻すぎず、なだらかすぎもしない多くの山地は山地（狭義）と呼ばれる。これらの区別はきっちりと定義されたものではないので、ある区分で山脈とされた山塊が別の区分では山地になったりする。日本列島全体の地形区分で、山地として名前があげられていない半島や島も、起伏の点から見ると広義の山地に含まれるものが多い。

3　山地の隆起

日本列島の山地は現在でも隆起している。沈降して

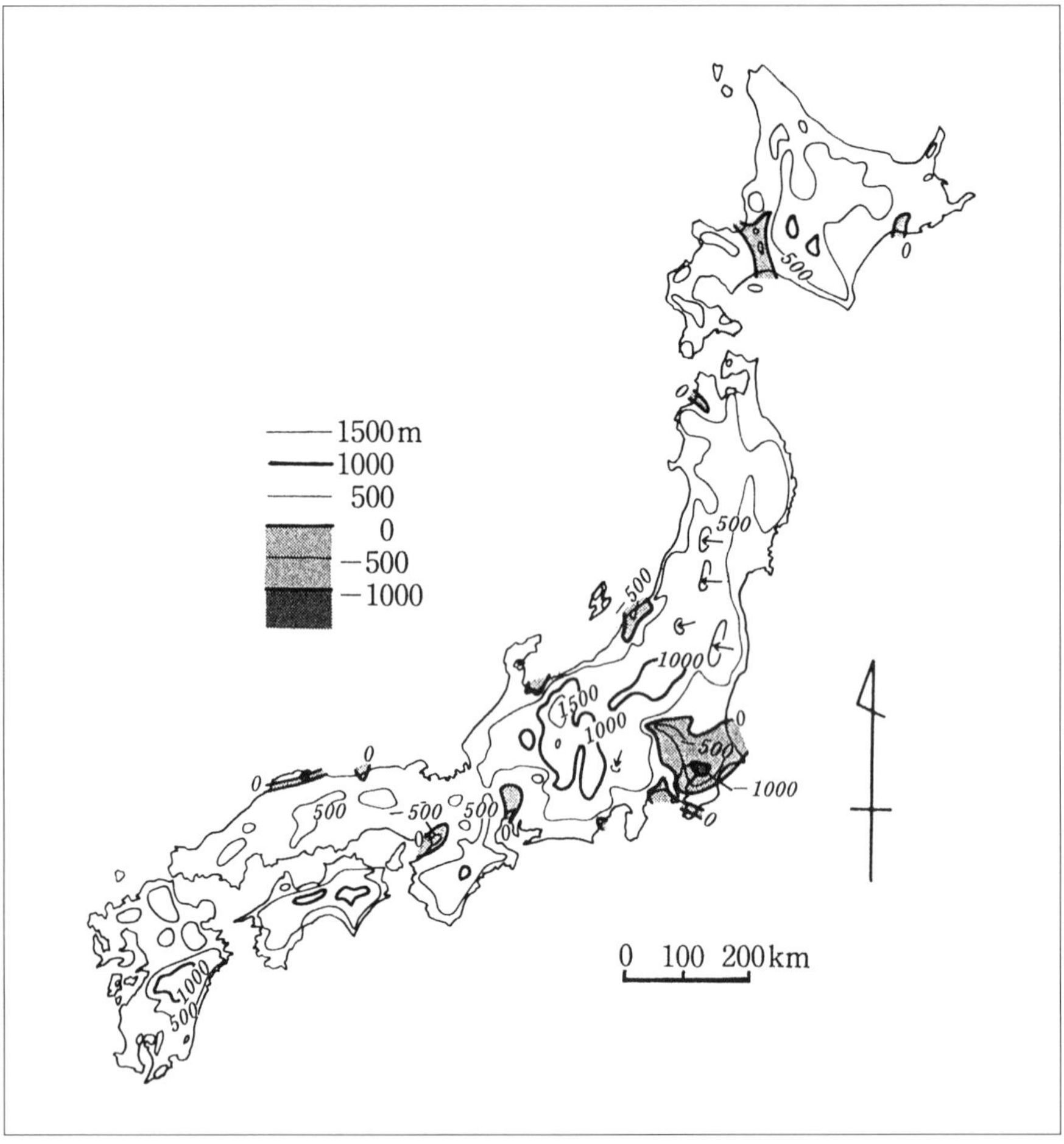

図1　過去180万年間の日本列島の隆起量と沈降量
（Yoshikawa et al.: “The Landforms of Japan”　東京大学出版会1981による）

いるのは関東平野・大阪平野などの平野や盆地で、面積的にはわずかである(図1)。つまり、日本列島の大部分は隆起帯である。これは日本列島の下に沈み込んでいる太平洋プレートやフィリピン海プレートの影響を受けて、日本列島が東西の圧縮の場になっており、圧縮されて盛りあがるからである。山地の隆起の様式としては、断層、曲隆、褶曲《しゅうきょく》の三つが古くから代表と考えられているが、実際には単純ではない。隆起・形成の様式に関して、全国のそれぞれの山地でどのような様式の変動が卓越しているかはまだ明らかになっていないが、表1には現状で判明している山地ごとの隆起・形成の様式を示した。それぞれの山地での隆起メカニズムや原動力があきらかになっている例は少ない。隆起の様式ごとに地形の特徴を説明しよう。

(1) 断層山地

断層活動によってできる地形を断層変位地形といい(図2)、活断層が多い日本には数多く分布する。ずれの方向で細分すると、正断層・逆断層・横ずれ断層となる。正断層によって両側が落ち込んだ断層ブロックに取り残されてできるのが正断層地塊である。日本には少なく、九州の中央部の水縄《みのう》筑肥山地はまれな例である。中部地方から近畿地方にかけての内陸側(中央構造線の北側)には、東西方向の圧縮のために逆断層で境されてブロック状に持ち上げられた逆断層地塊(地塁山地)が多い。近畿地方の比良山地はその典型である。また、横ずれ断層が格子状に生

表1　隆起形成の様式ごとの山地

	変動の様式	山地名
(1)-1	正断層地塊	水縄・筑肥山地
(1)-2	逆断層地塊	大佐渡山地　能登丘陵　木曾山脈　鈴鹿・布引山脈　高見山地　比良山地　信楽・大和高原(笠置山地)　生駒・金剛・和泉山脈　讃岐山脈
(1)-3	横ずれ断層地塊	飛騨高地　両白山地　伊吹山地　丹波高原
(2)	曲隆山地	北見山地　白糠丘陵　夕張山地　北上山地　阿武隈山地　八溝山地　足尾山地　関東(秩父)山地　飛騨山脈　中国山地　吉備高原　石見高原　四国山地　筑紫山地　九州山地
(3)	褶曲断層山脈	天塩山地　渡島山地　奥羽山脈　朝日・飯豊山地　越後丘陵　丹沢山地　御坂・天子山地　房総丘陵　三浦丘陵
(4)	巨大逆断層曲隆山地	日高山脈　赤石山脈
(5)	様式不明	下北山地　津軽山地　美濃・三河高原　高縄山地　鰐塚(南那珂)山地

じている。水平変位が卓越するから、横ずれ断層地塊は、あまり高くならず丹波高原のような高原状の山地をつくる。

(2) 曲隆山地

かまぼこ型に膨張するように、山地全体が隆起している山地である。北見山地・北上山地・中国山地のような緩やかな山地も、飛驒山脈・紀伊山地・四国山地・九州山地のような険しい山地もある。飛驒山脈は、かつては東側の断層の変位による傾動地塊と考えられていたが、現在では、おもにマグマの上昇や火山活動にともなう隆起による曲隆山地であると考えられている。曲隆山地には、全体の地形が地層の変形と対応している場合（図3上左）と、褶曲山地にみられるように、対応していない場合とがある（図3上右）。

(3) 褶曲山地

一般的には、ヨーロッパアルプス山脈やヒマラヤ山脈によくみられる、地層がぐにゃぐにゃと曲がった構造をもつ山地を、隆起の様式とは関係なく褶曲山脈と呼ぶ（図3上右）。これに対して、数kmから数十kmの幅の若い地層の緩やかな背斜構造が山地をつくっている場合がある。これは小規模な曲隆山地であるが、基盤の褶曲が、その上の若い地層も含めて褶曲し山地を形成しているともみなされるので、基盤褶曲山地とも呼ばれている（図3下）。これらの基盤褶曲

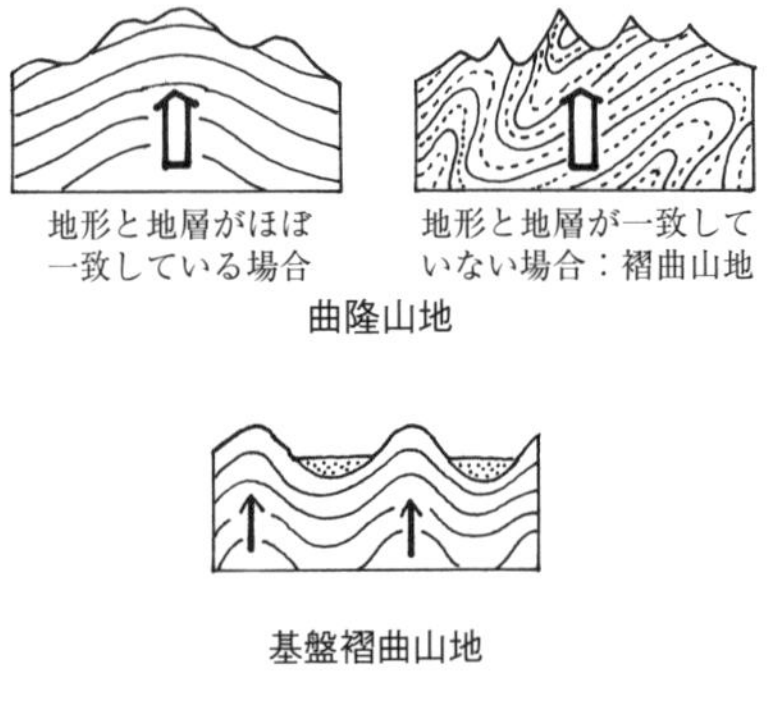

図3　曲隆山地と基盤褶曲山地

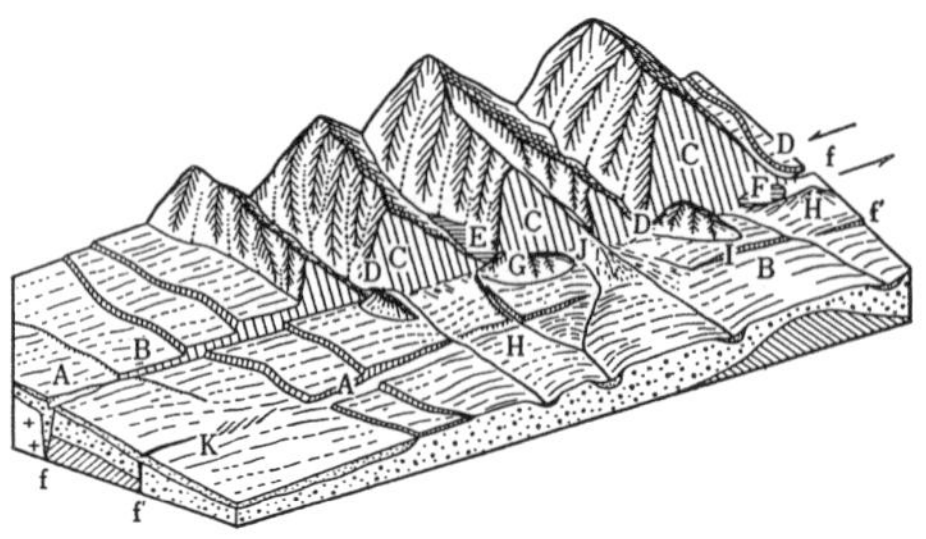

図2　活断層によってできるいろいろな断層変位地形
f-f, f'-f'　垂直変位をともなう左横ずれ断層、A地溝状凹地、B低断層崖、C三角末端面、D川の流路の食い違い、E断層池、F断層陥没地、G閉塞丘（shutter ridge）、Hふくらみ、I眉状断層崖、J斬首河川、K雁行状の割れ目（松田時彦・岡田篤正「第四紀研究」1968, 7, 188-199による）

山地は活断層を伴っていることが多く、その場合には褶曲断層山地とも呼ばれる。

(4)巨大逆断層と曲隆による山地

地下構造からみて、日高山脈と赤石山脈は、地殻全体を断ち切るような巨大な逆断層（プレート境界）の、地下での動きによって支えられ曲隆している山脈であるという考えがある。つまり、これらの山地はプレートの沈み込みの直接の影響で隆起しているのである。赤石山脈は、一三〇万年前から加速した太平洋プレートの動きの影響で急激に隆起してできた山脈である。

4　山地の解体（風化・侵食・削剝《さくはく》）

大地（地球表層）を構成する基盤岩石は、大気にさらされて変質（物理的・化学的変化）する。これを風化という。風化をうけた物質は、海面からの比高（高度差）がある場合、下方に移動する。重力によって直接移動するばかりではなく、流水や氷河、風などの力でも除去される。移動する媒体による除去を侵食という。風化や重力による移動と侵食をあわせて削剝という。山地は隆起しつつ、削剝され、しだいに低くなってゆく。その過程でさまざまな山地の形ができる。これが山地の地形形成の基本である。隆起が山地の地形の概形をきめるのに対し、削剝の過程で細部の形ができる。このようにして山地が切りきざまれ低くなることを山地の解体という。

風化作用の進み方（メカニズムと速度）は、その場所の気候環境に大きく作用されるが、岩石の物理・化学的性質や、割れ目の多少にも大きく支配される。基盤岩にできる割れ目、節理（ジョイント）は、地下で岩石が形成されるときに加わるさまざまな力や、その後のさまざまな応力の変化によって形成される。激しい地殻変動を受けている日本列島の基盤岩には節理が多数存在するので、落石や崩れが多い。対照的に、応力を受けていないアメリカ西部のヨセミテの花崗岩の場合、岩体の節理が非常に少ないので崩落が少なく堅固な壁になるのである。

5　谷・尾根・斜面の形成

山地に雨が降ると、樹枝状に河川（流路）ができ水流は侵食をはじめる。一般に急峻な山地内での流水の侵食は下方に進み（下刻という）、普通は側方へは広がらない。つまり河川による侵食は線的な侵食であり、それが作用しつづければ深い溝が彫り込まれる（図4）。しかし、普通の岩石の場合には、河道での下刻が進むにつれて両側の壁（谷壁斜面）は支えを失って崩れる。谷壁の削剥である。この両方の作用によって谷の断面はV字形になり谷と谷の間には尾根ができる。谷の底（谷線）と尾根のてっぺん（尾根線・稜線）の間を谷壁斜面という。山地は斜面の集合体であり、斜面と斜面を境するのは谷線と稜線である。ただし、斜面にも急な部分と緩やかな部分がある。その傾斜の変わり目の線を遷急線（低所へむかって急になる境界）・遷緩線（低所へ緩くなる境界）という。山地の地形はこれらの地形界線で細分される斜面の集合体である（図5）。

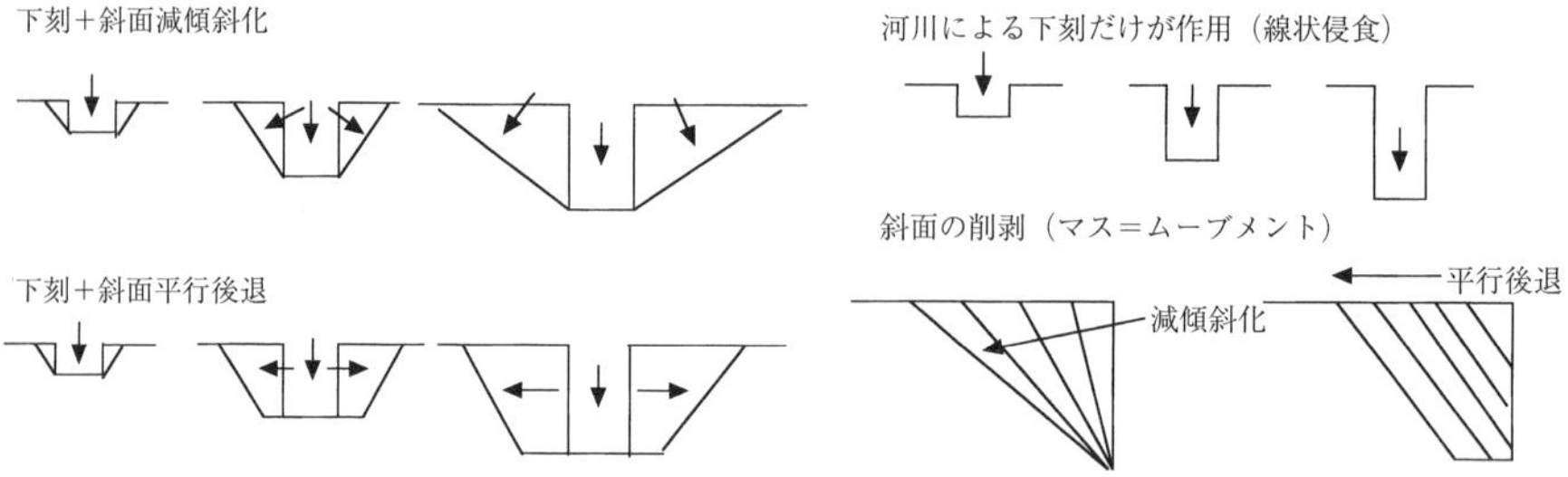

図4　谷のでき方．川の侵食と斜面での侵食によって谷ができる

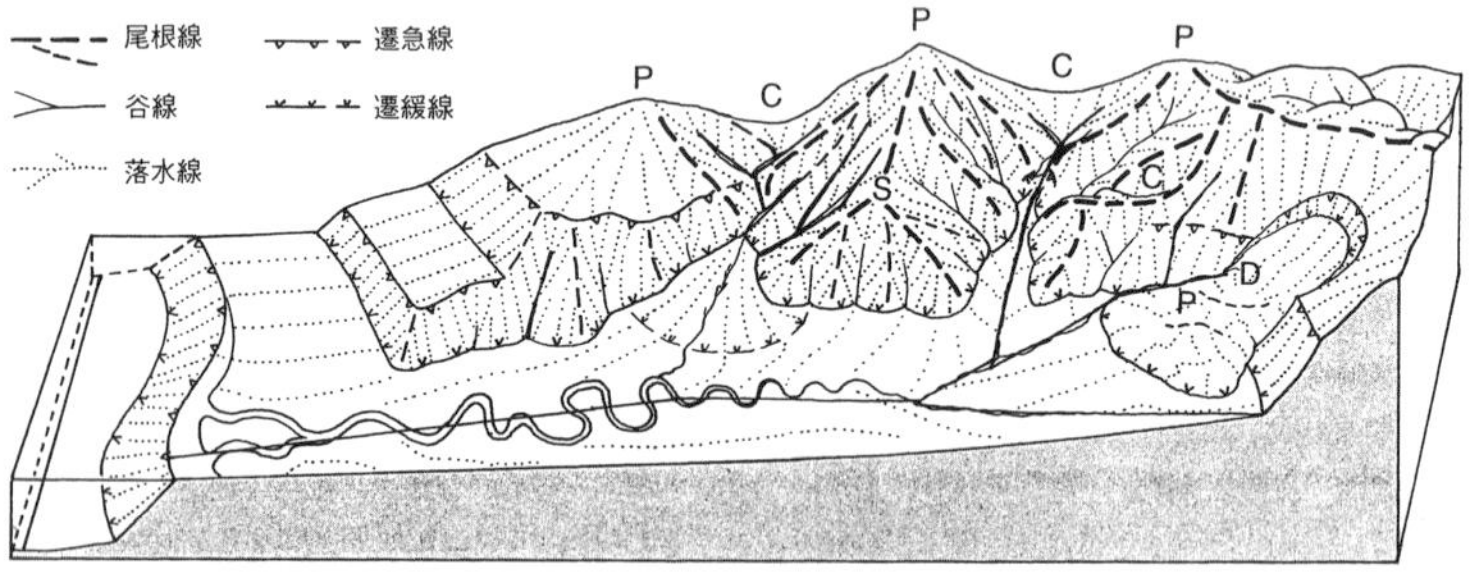

図5　山地は地形界線で境される斜面の集合体である．これらの線は斜面を図示するとき便利である．P：山頂，D：凹地，C：鞍部，S：山脚の頂部（鈴木隆介『建設技術者のための地形図読図入門』第1巻，古今書院1997，図3.1.1による）

谷壁斜面を削剥する主要な作用は崩壊と地すべりである。バラバラな粒子として水にのって移動する河川での岩礫・土砂移動とはちがって、崩壊や地すべりは、岩石や土塊が固まりで移動するのでマスムーブメント（集団移動）と呼ばれる。移動の原動力となるのは重力なので、重力移動とも呼ばれる。斜面削剥は傾斜が緩くなるように働く場合（減傾斜化）と、傾斜が変わらない場合（平行後退）とがある（図4）。流水による下刻とマスムーブメントとは同時にはたらき、この両方の働きのバランスで谷の形が決まる。

大きな隆起速度や、地殻運動と火山による脆弱な地質、豊富な降水によって、日本の山地が削剥される速度は世界的にみても大きい方である。つまり、河川の下刻速度と斜面でのマスムーブメントの頻度が大きい。このような削剥作用が、複雑なモザイクの地質とあいまって、きめ細かく（山ひだが細かい、あるいは谷密度が大きい）複雑な日本の山地をつくっている。

6　谷の地形

日本の山には深く険しい峡谷がいっぱいある。滝と淵が連続し、澄んだ沢水がながれる美しい渓谷の存在は、日本の山の最大の魅力である。

崩れにくい強固な岩石で谷壁ができていれば、グランドキャニオン最下部のインナーゴルジュのような溝状の谷ができる。日本では、立山の称名《しょうみょう》川のような、火山台地を流れる川に溝状のものがある。断面がＶ字状の谷であっても、硬い基盤岩を彫り込んでいる谷底の部分では、両岸が急な岩壁になっており、ゴルジュや函《はこ》、廊下と呼ばれる峡谷になる。峡谷には滝が多い。滝は河流が自由落下している部分で、そうではない早瀬とは区別される。滝が形成される場所は、侵食されにくい（硬い）岩石がある場所、下流や本流からの激しい侵食で崖ができている場所、堰き止めの下流側、などである。谷底の基盤岩が節理のない均質な岩石からできている場合にはナメと呼ばれる滑らかな谷床になる。

川の合流点は支流二本が合流するのでY字型になり、全体的には樹枝状パターンになる。特殊な合流形態に、本流の同じ位置に同規模の支流が直角に流入する場合があり十字合流と呼ばれる。黒部川や三国川《さぐり》（越後山脈）の十字峡が有名である。

山地を流れる川は、つきだした尾根の末端を迂回しながら適度に屈曲して流下するのが普通で屈曲した谷になる。しかし、時には直線的な谷もある。飛騨山脈の高瀬川の上流部は、支流の不動沢の部分も合わせると一〇㎞にわたって直線谷をつくる。直線谷は、直線的な断層破砕帯の影響で形成されることが多く、山脈に平行に走る縦谷であることが多い。

平野を流れる河川は自然の状態であれば蛇行するのが普通である。山地内を流れる河川にも激しく蛇行するものがある。山地の蛇行河川では、川は深く穿たれた蛇行する谷の底を流れる。このような谷を穿入《せんにゅう》蛇行谷と呼び、赤石山脈南部や四国山地、中国山地に多い。平野を蛇行していた河川のパターンが山地隆起後も維持された場合と、山地の隆起につれて蛇行を強めながら谷が形成されたものとがある。穿入蛇行は、曲隆によってゆっくりと隆起する山地に多い。大きく蛇行する部分には、川に挟まれた半島状の小山ができ、紀伊山地では「小森」と呼ばれる。半島の付け根が侵食されて流路が短絡すると半島状小山は環流丘陵になる（図6）。

並行に流れる二本の河川の一方の支谷が、侵食などによってもう一方の谷とつながり、流域が変わってしまうことがある。これを河川争奪という。河川争奪などによって、谷の中にできた分水界を谷中《こくちゅう》分水界という。丹波高原・中国山地には峠状の地形が全くなく沖積地が連続する谷中分水界がある。

普段は水が流れない谷の上流部や支谷では、集中豪雨のときおこる土石流が谷の下刻に大きな働きをする。涸れ谷の底（渓床）に長い間かかって堆積した岩屑・土砂が、集中豪雨の時に過剰な水で粥状になって急に流下するものである。日本では山津波と呼ばれ古くから恐れられてきた。ある程度以上の急な渓流で集中豪雨が起これば、土石流はどこでも発生する。流下した土石流は、傾斜が緩くなった谷の出口などで扇状・舌状の岩屑の堆積をつくって停止する。巨岩が散在する山間河谷の小規模な扇状地（沖積錐とも呼ばれる）はほとんどが土石流に

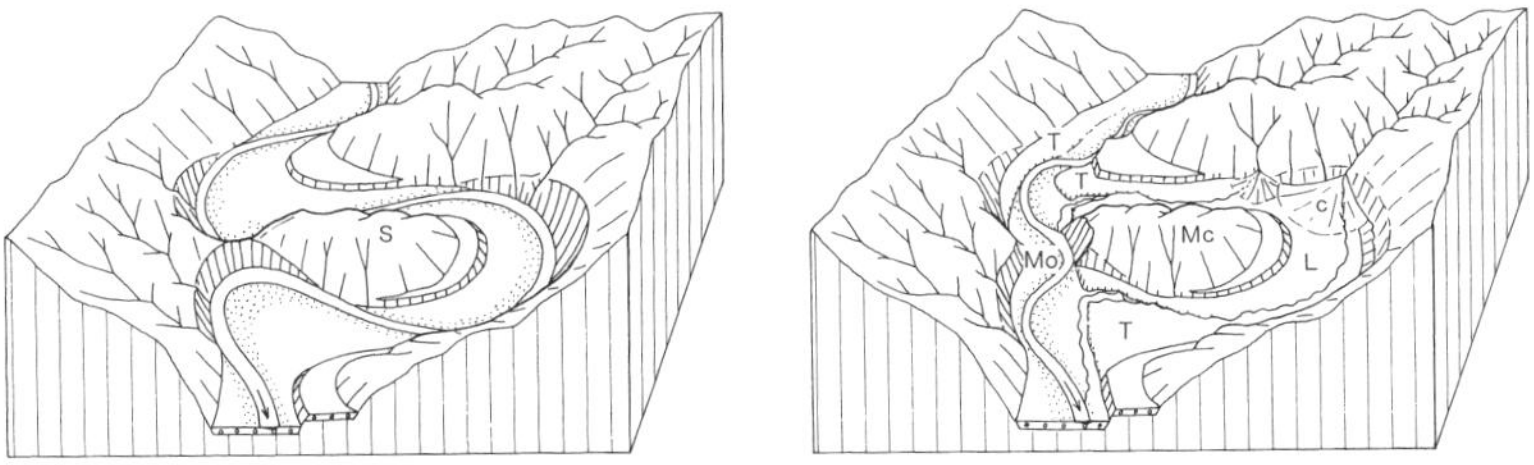

図6　模式的に示した穿入蛇行と環流丘陵　S：半島部、Mc：環流丘陵、Mo：蛇行切断部、T：蛇行の短絡にともなって形成された段丘面、L：もとの河道、c：小扇状地（鈴木隆介『建設技術者のための地形図読図入門』第3巻、古今書院2000、図13.1.13による。一部の文字を省略）

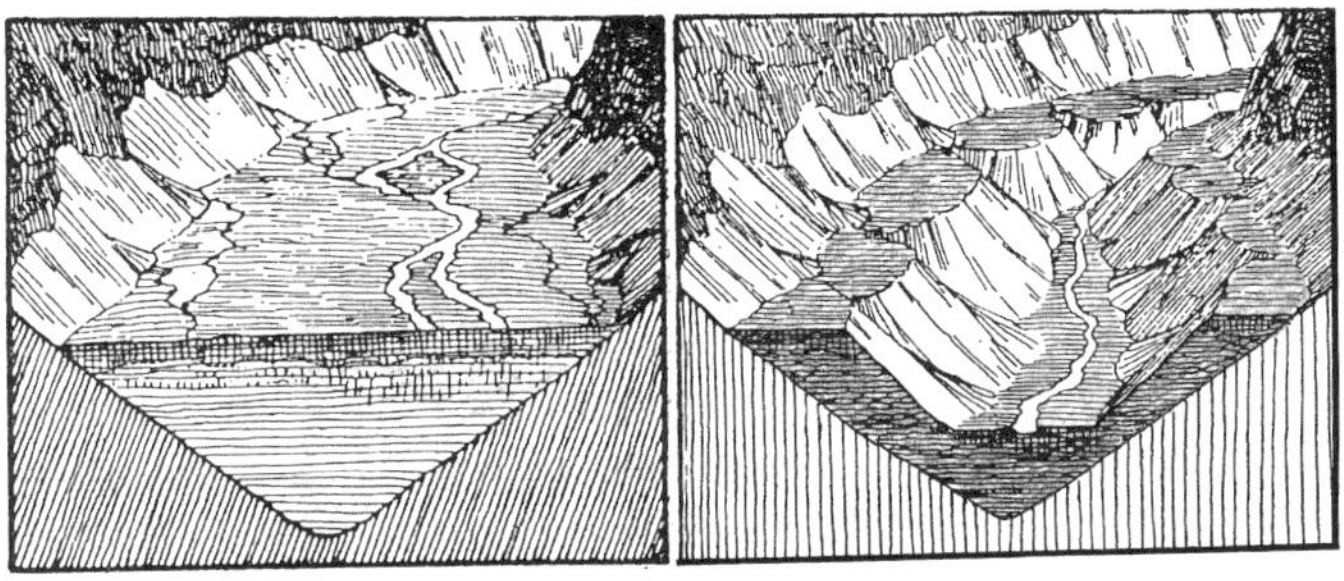

図7　模式的な河岸段丘のでき方、谷が埋積され（左）下刻され埋積段丘ができる（右）、（W. M. Davisの図を岡山俊雄『自然地理学—地形—』法政大学通信教育部1976から引用）

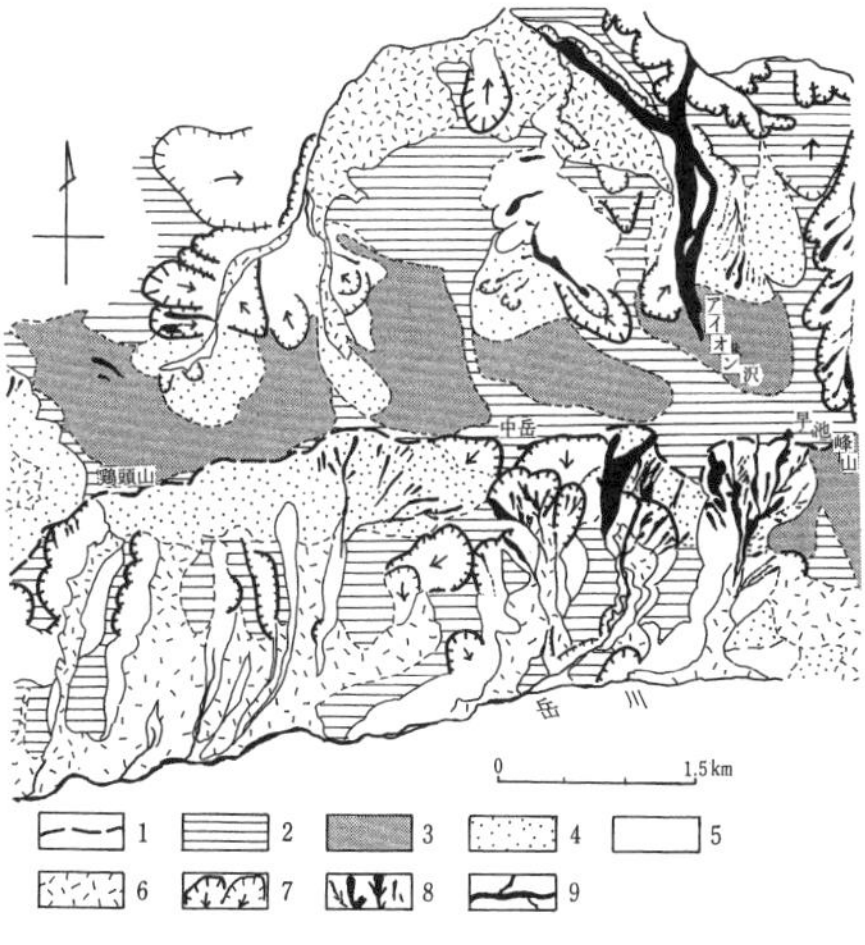

図8　北上山地、早池峰山の斜面の地形構成.
1主稜線、2尾根型斜面（凸型斜面）、3過去と現在の周氷河性平滑斜面、4上部谷壁斜面群、5下部谷壁斜面群、6崖錐と山麓緩斜面、7地すべり、8崩壊地と土石流跡地、9流路（宮城豊彦 中村三郎編『地すべり研究の発展と未来』大明堂1996、図1-2-2による）

よって造られたものである。ここは再び土石流に襲われる危険をはらんでいる。

川は、蛇行することによって尾根の裾（山脚）を侵食し、谷底を横方向に広げることもある。この側方侵食によって谷底の幅が広がり、平底谷が形成される。一方、土石流や崩壊によって谷に大量の土砂や岩屑が供給されると、谷底は土砂で埋まり、広い河原（沖積地）ができる。埋積による平底谷である。河川流量の増加や、下流からの侵食が及んでくると、平底谷の底に新しい谷が掘られ段状地形ができる。これを河岸段丘という（図7）。河岸段丘の上面（平坦面）は山間河谷にあってほとんど唯一の洪水から安全な場所である。

7　谷壁斜面の地形

斜面削剥メカニズムの主力は崩壊と地すべりである。山地の斜面には、多くの崩壊・地すべりと、その痕跡地形が存在する（図8）。これは地形学者にはよく知られているが一般には知られていないかもしれない。

(1) 斜面崩壊

斜面を構成する岩石や風化物、土壌などが斜面下方にまとまって急速に崩れ落ちるのが崩壊（斜面崩壊）である。日本の山地では、登山者がしばしば遭遇する落石や、集中豪雨時におこる表層崩壊、まれにおこる巨大基盤崩壊までふくめて、無数の崩壊が発生する。規模や、発生する場所、移動メカニズム、移動する物質、引きがねなどのちがいによって、崩壊はさまざまなタイプに分類される。その原動力は重力であるが、豪雨や地震が引きがねになることが多い。

急な岩壁では、落石（岩片の落下）がおこる。自由落下する落石がおこる岩壁は自由面（フリーフェース）と呼ばれる。落石は岩壁の下に堆積して崖錐をつくる。落石が起こる自由面は平行後退によって変化する斜面の典型的なものである。落石の大規模なものを岩屑崩落とか岩屑雪崩という。

基盤岩石の上に形成された土壌や風化層、火山灰などが崩落するのが表層崩壊である。個々の表層崩壊は小規模であるが、集中豪雨の時や地震のときには無数に発生して、全山が表層崩壊に覆われることがある。

基盤岩石も含んで崩落する崩壊を基盤崩壊、深層崩壊といい、多くは大規模である。二〇一一年九月に台風一二号がもたらして豪雨によって、紀伊山地では多くの基盤崩壊が発生し、深層崩壊という言葉が広まった。最近では、日本アルプスの各地から、かつて発生した大規模な崩壊が発見されている。発生の引き金はおもに集中豪雨と地震であるが、ゆっくり進む岩石の劣化が、ある力学的限界を超えたときに発生する場合もある。

大規模な基盤崩壊は、比高が大きく急な谷壁斜面を刻む二本の支谷の間で発生しやすい。谷壁上部の緩斜面には、崩壊前兆現象である線状の割れ目が並行にできる（図9）。崩壊が発生すると堆積物が谷を埋め、上流側に堰止湖ができる場合がある。

(2) 地すべり

斜面を構成する岩石や風化物、土壌などが斜面下方にまとまってゆっくりと滑動するのが地すべりである。崩壊が瞬時あるいは急速に起こるのに対して、地すべりの移動速度は、年間数mから数cm程度である。斜面崩壊とちがって緩斜面にも形成される。半円形やコの字型の平面形の急崖に囲まれた相対的な低所と、そこから下方に張り出した緩傾斜の微起伏地で構成される（図10）。急崖の下から下部に張り出した部分を地すべり移動体と

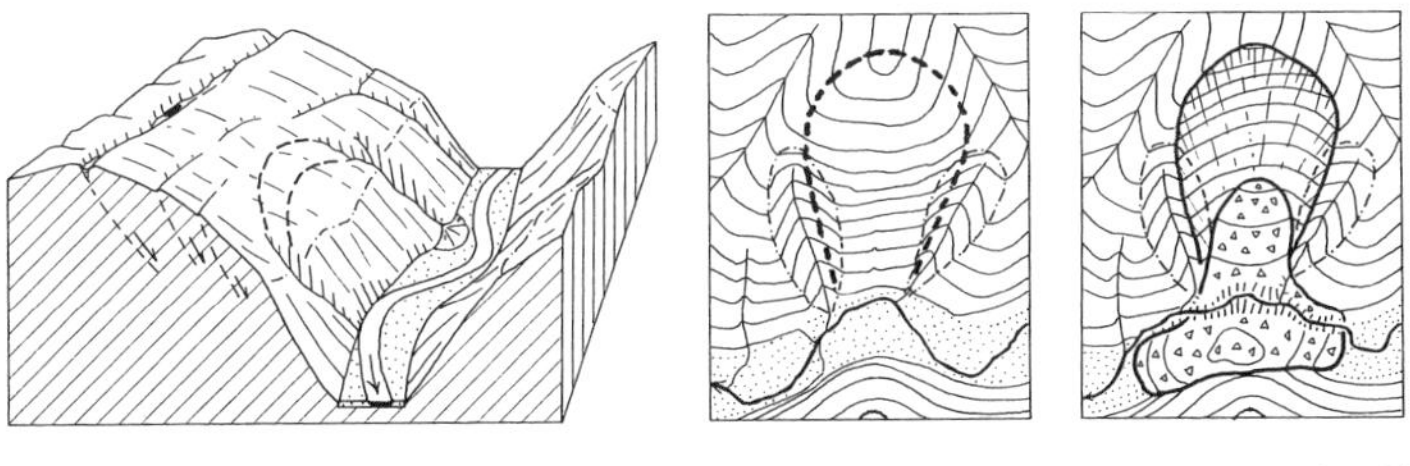

図9　比高が大きく急峻な谷壁斜面に発生する基盤崩壊の発生前と発生後の模式図
左図：開析前線（1点破線）の上の山稜頂部の緩斜面には前兆現象である二重山稜や線状凹地ができている。中図：太破線の部分から崩壊する可能性がある、両側に、尾根の突出部を抱えるような支谷が形成される。右図：崩壊後。崩壊堆積物が川を堰き止めたが、すぐに流路が形成された（鈴木隆介『建設技術者のための地形図読図入門』第3巻、古今書院2000、図15.4.2と3による）

いい、表面には割れ目や凹陥地、リッジ、小突起などが分布する。これらの特徴は地形図から容易に読みとれる場合が多い。

地すべりが発生しやすい地形と地質がある。代表的な場合は、比高の大きな台地状の地形で、頂部が硬い岩石、下部が軟岩層、あるいは風化が激しい岩石や火山岩からなる場合、もう一つは、新しい地質時代の軟らかい岩石からなる丘陵で、広義の流れ盤（地層の傾斜が斜面に平行か斜面表面よりやや緩い）の場合である。古い火山には多くの地すべり地形がある。第三紀の地層からなる日本海側の丘陵・山地には、地すべり地帯と呼ばれる地すべり集中地帯がある。越後丘陵（東頸城《くびき》丘陵）はその代表である。

移動速度が小さい地すべり移動体には、耕地や集落を載せたままのものが少なくない。そのような場所では水抜きなどの地すべり対策工事が行われて、住民の生活を維持するための努力が続けられている。

(3)谷壁斜面の発達

谷壁斜面は、崩壊・地すべりなどによって削剥されるが、これは谷壁斜面の下部でさかんである。河川侵食も受け、変化の速い谷壁斜面下部と、変化がゆっくり進む谷壁斜面上部や尾根部の斜面との境には傾斜の変換線（遷急線）ができる（図5・図9）。この線は、谷からの削剥（開析）がここまで及んだ線であるという意味で開析前線とも呼ばれる。開析前線がある位置によって、その山がどのように発達してきたかを診断することができる。北海道の丘陵のように谷からの開析がなく開析前線が存在しない場合もあるし、日高山脈や日本アルプスの山やまのように谷からの開析が稜線までおよび開析前線が存在しない場合もある。

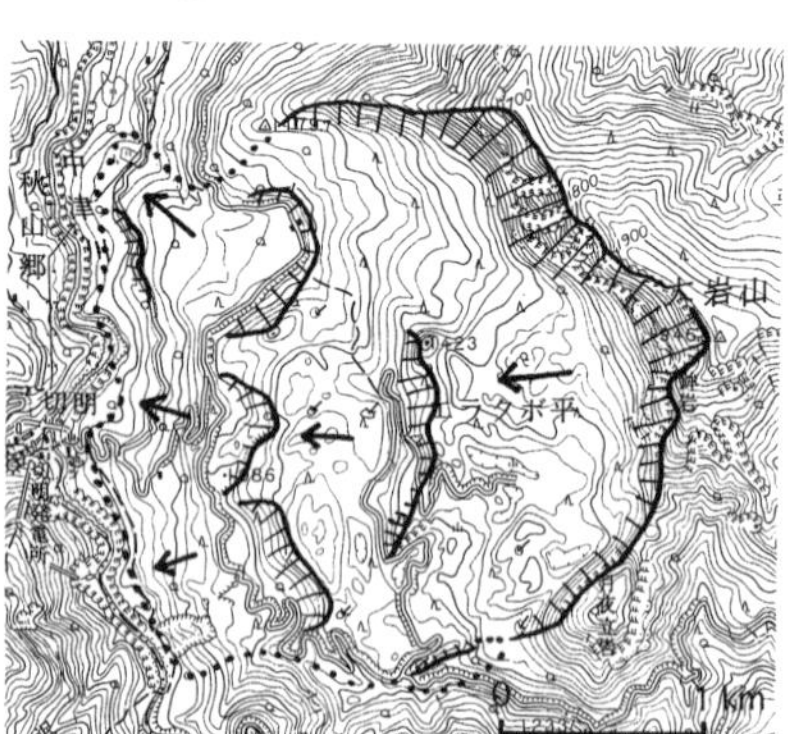

図10　大規模な地すべり地形の例
長野県下水内郡秋山郷の東側．滑落崖（櫛歯記号）と太点線にかこまれた緩やかな部分が地すべり移動体、矢印は移動の方向、移動体内部にも滑落崖があり、移動体表面には多数の小突起や凹地がある。1／5万図「岩菅山」（昭和60修正）

8　尾根の地形

なぜ山はいろいろな形をしているのだろう。とくに、とんがった山（カリカリした山）とまるい山とのちがいがどうしてできるのかは、多くの登山者が関心をもっている問題だ。まず、とんがった山の成因を考えよう。地形学では鋭い山稜（ナイフリッジ）は、両側からの削剝で切りあった結果であると考えている。両側から切り合う削剝作用は、谷頭侵食や、氷河侵食、崩壊・地すべりによる急崖形成などである。飛騨山脈の後立山《うしろたてやま》連峰の不帰《かえらず》の険《けん》は谷の侵食・削剝で、穂高連峰の大切戸《だいきれっと》は氷河侵食の代表例である。槍ヶ岳の穂先は四方からの氷河侵食で根元を削られているが、穂先そのものは凍結作用による削剝で形成された。日本アルプスの代表的な険しい山は穂高連峰と剱岳で、削剝されにくい岩質のせいである。穂高岳の溶結凝灰岩は大きなブロックに割れるため、剱岳の花崗岩は高温で焼き入れ状態を経験し硬くなったためである。

日本アルプスのような森林限界をこえた高山でなくても、ゴツゴツした岩山は少なくない。関東山地の妙義山は代表的なものである。これらの多くは古い時代の火山で、火山体の芯をつくっている硬い岩石が削剝されず残ったものである。

一方、なだらかな尾根、まるい尾根の成因はどう考えたらよいのか。一つは、あとで述べる小起伏面の一部の場合である。もう一つは、細かく割れる岩石がなだらかな山稜をつくる場合である。穂高連峰の東にある蝶ヶ岳・大滝山の連峰は、細かく割れる砂岩・頁岩からできているので、礫《れき》が移動しやすく削剝速度が大きく、穂高連峰とは対照的なまるい形になる。

山地頂部にある小起伏面はなだらかな斜面の集合である。これは、山地が隆起する前に海面付近で形成された侵食平坦面（準平原）が、隆起した後も残っている地形であると考えられている。隆起準平原遺物とも呼ばれる。紀伊山地・四国

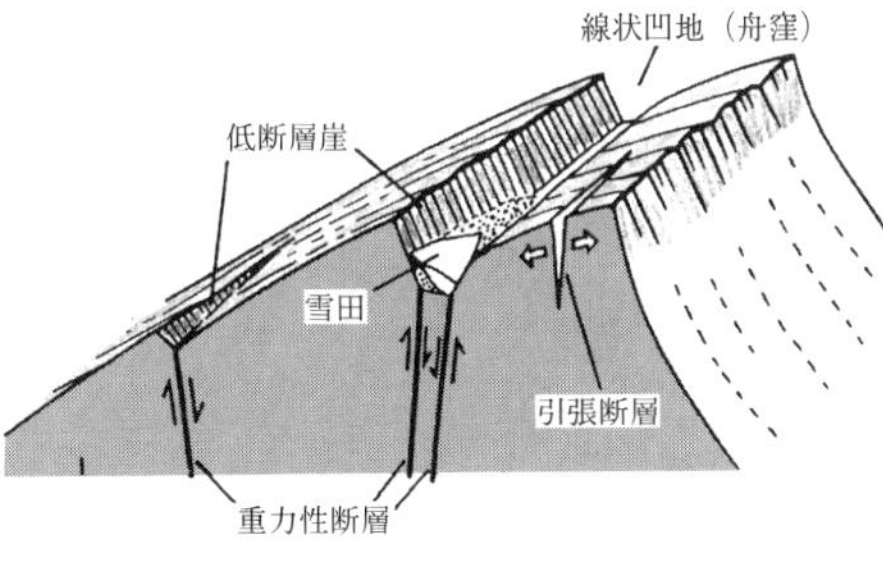

図11　模式的に描いた非対称山稜と二重山稜

山地・九州山地では、山地の中央部に一〇〇〇m前後の高さの断片的な小起伏面がある。阿武隈山地・三河高原・丹波高原など中部・近畿地方内帯の山地と中国山地と吉備高原では、五〇〇m前後の高さに広く分布している。北上山地では、高度八〇〇〜一〇〇〇mの広い山頂小起伏面が早池峰山をとりかこみ、五〇〇mにも小起伏面が存在する。森林限界をぬきんでた高山の場合、凍結作用による削剝によって平坦面ができるという考えもある。

山稜の両側に作用する侵食や削剝作用が、一方の側が他方の側より強い場合には断面形が非対称な山稜ができる。断層と関係した急崖や、偏西風による雪の積もり方のちがいなどが侵食力・削剝力の差を生む原因になる。非対称山稜の緩斜面や、小起伏面、まるい尾根には二重山稜や舟窪《ふなくぼ》、線状凹地が広くみられる（図11）。これらは、山稜の片側が谷側へずり落ちた一種の断層地形であり、大規模崩壊や地すべりの前兆地形と考えられている。

小起伏面やなだらかな尾根の肩の部分には、高さ五〜一〇mの岩塔がそびえていることが多い。英語ではトア(tor)と呼ぶ。トアができるのは節理の間隔と密接に関係している。まわりが削剝されて、節理間隔が広い部分や大きなブロックの部分が塔状に残るのである。六甲山や関東山地の小川山などでは岩塔が岩登りの練習場になっている。

9　日本の山地の険しさとなだらかさ

山に登る人はだれでも山や山地の形にちがいがあることを知っている。日本アルプスの急峻さと阿武隈山地のなだらかさははっきり違う。おなじ急峻な山地でも飛驒山脈、赤石山脈、日高山脈では地形が違うことを登山者は了解している。このような、日本列島の山並みや山襞《やまひだ》のちがいをどのように整理して把握するかは地形研究者の課題である。

形態によって日本列島の山地を区分すると、おおまかに三つに区分できる。かつて学界を席巻した地形輪廻説

表2　日本列島の山地の形態による分類とそのタイプごとの特徴

タイプ	山頂標高（m）	尾根の形態 ①	尾根の形態 ②	尾根の形態 ③	谷の形態 ①	谷の形態 ②	谷の形態 ③	谷奥の斜面比高（m）	谷奥の斜面傾斜	備　考
Ⅰ	3200-1600	∧	∧∩		∨	∨∪		1500-1000	非常に急	
Ⅱ	2000-900	∧	∩		∨			1200-300	非常に急、急	侵食小起伏面、谷は急
Ⅲ	2600-900	∧∩	∩	⌒	∨	∪	‿	800-300	急、中位	大きく谷深い、谷壁斜面下部は急
Ⅳ	1000-600	∩	⌒		∨	∨∪	‿	500-100	中位、急	小起伏面と深い谷、おおまか
Ⅴ	1500-500	∧∩	⊓	⌒	∨∪	∪	⊔	300-150	中位	台地状、こまかな凹凸
Ⅵ	800-500	⌒∩			∪	‿		300-100	ゆるやか	小起伏面と残丘地形
Ⅶ	1000-600	⌒	∩⊓		‿	⊔∪		150-0	非常に緩やか	なだらか、谷密度極小

タイプについては本文参照。尾根と谷の形態は、① ② ③の順で頻度が大きい。

表3　形態的特徴のタイプごとの山地

タイプ	形態的特徴	山 地 名（かっこ内は山地内での部分）
Ⅰ	とくに急峻	日高山脈　赤石山脈　木曽山脈　飛騨山脈
Ⅱ	急な谷や急斜面	夕張山地　出羽山地北部(白神山地)　朝日・飯豊山地　越後山脈　御坂・天子山地　両白山地　屋久島
Ⅲ	中位の険しさの山地	出羽山地中部　奥羽山脈　出羽山地南部　関東山地　丹沢道志山地　上越山脈　西頸城山地　筑摩山地　飛騨高地　伊吹山地　紀伊山地　四国山地　比良山地　鰐塚(南那珂)山地　九州山地
Ⅳ	おおらか 小起伏面と深い谷 地塁	北見山地(中部)　北上山地　奥羽山脈南部　八溝山地　足尾山地　越後丘陵　鈴鹿・布引山脈　高見山地　生駒・金剛・和泉山脈　丹波高原　讃岐山脈　高縄山地　中国山地　肝属山地　水縄・筑肥山地
Ⅴ	台地状，細かい凹凸	天塩山地　渡島山地　養老山地　信楽・大和高原　諭鶴羽山地　筑紫山地
Ⅵ	小起伏面と残丘地形	阿武隈山地　石見高原
Ⅶ	なだらか，おおらか	北見山地(北部)　美濃・三河高原　吉備高原

対象からはずした山地：白糠丘陵・下北山地・津軽山地・大佐渡山地・能登丘陵など。山地名は「日本の山地　山脈」(図)による。

では、満壮年期の山地、幼年期的山地、両者の中間の山地の三つであり、言いかえれば、急な山地、緩やかな山地、それ以外の山地の三つとなる。しかし、日本列島の山地は、この三区分に収まらない多様な姿を示すため、もっと細かな区分が必要である。

　最近では全国の標高の数値がコンピューターに保存され（国土数値情報）誰でも入手できるので、地形の特徴を定量的に表現することが可能になった。しかし、日本全体の山地の形態的特徴を数値計算するためには、まだコンピューターの容量が十分ではない。そこで、筆者（岩田）は、山地の侵食形態である「やまひだ」の違いを山地ごとに地形図をもちいて定性的に調べた。比較のために、(1)山頂の標高、(2)尾根と谷の横断面形、(3)谷の奥（どんづまり）の斜面の長さとそれらの傾斜をとりあげ、山地を表2に示

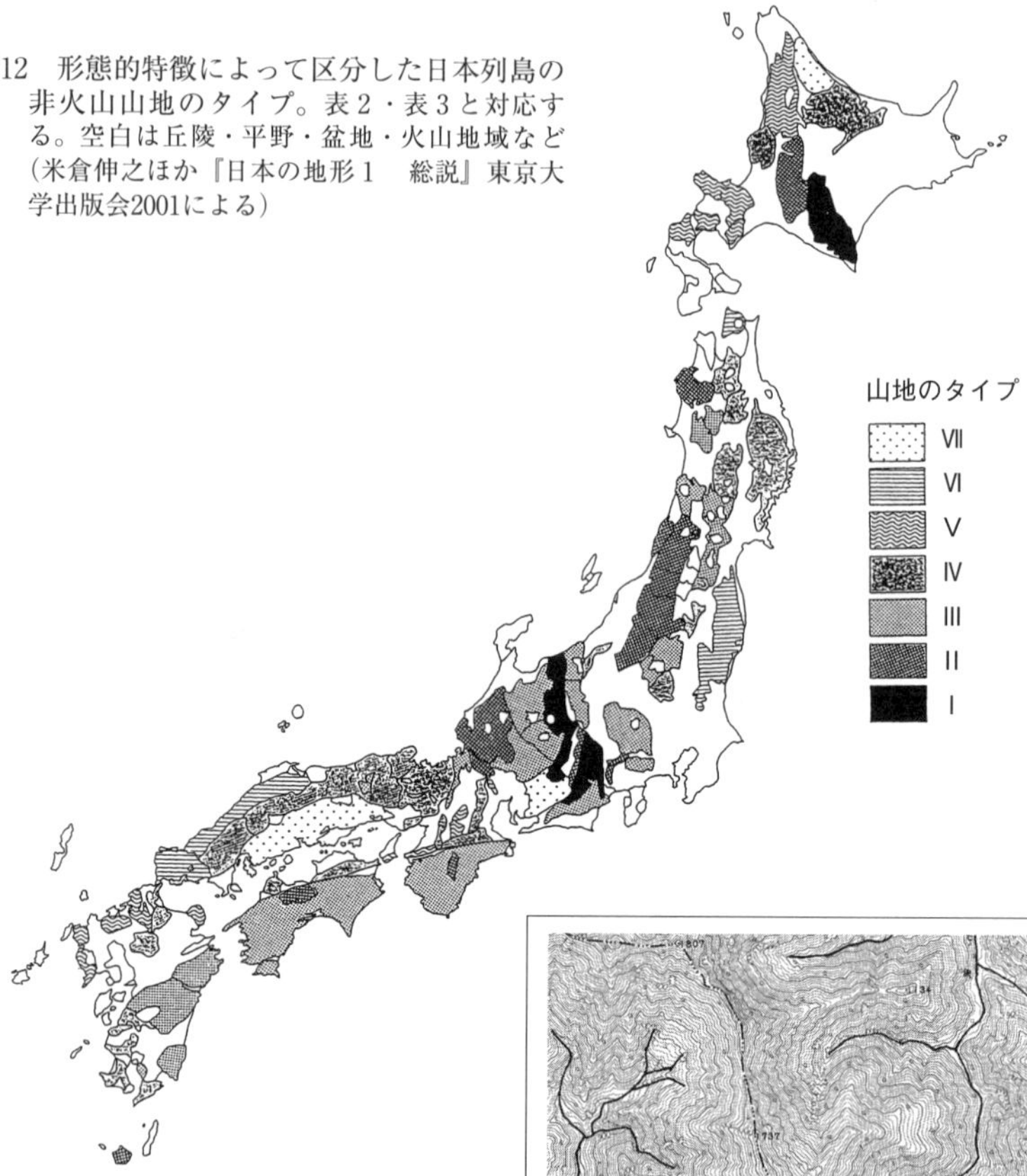

図12　形態的特徴によって区分した日本列島の非火山山地のタイプ。表２・表３と対応する。空白は丘陵・平野・盆地・火山地域など（米倉伸之ほか『日本の地形１　総説』東京大学出版会2001による）

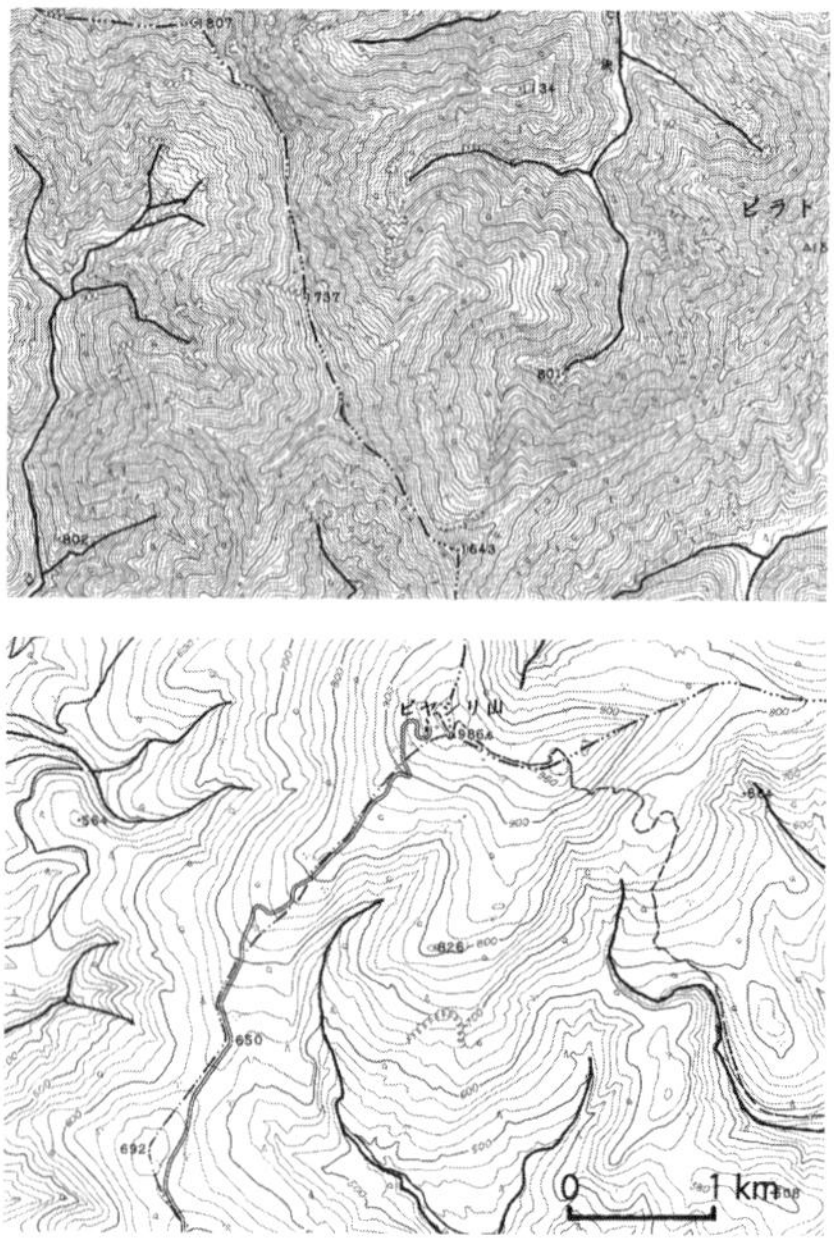

図13　険しい山地となだらかな山地
上：もっとも険しいタイプⅠ山地。日高山脈のカムイエクウチカウシ山とコイカクシュサツナイ岳の間の山稜（1／5万図「札内川上流」）
下：もっとも緩やかなタイプⅦ山地。北見山地北部ピヤシリ山（1／5万図「サンル」）。主要な谷線を太黒線で示した

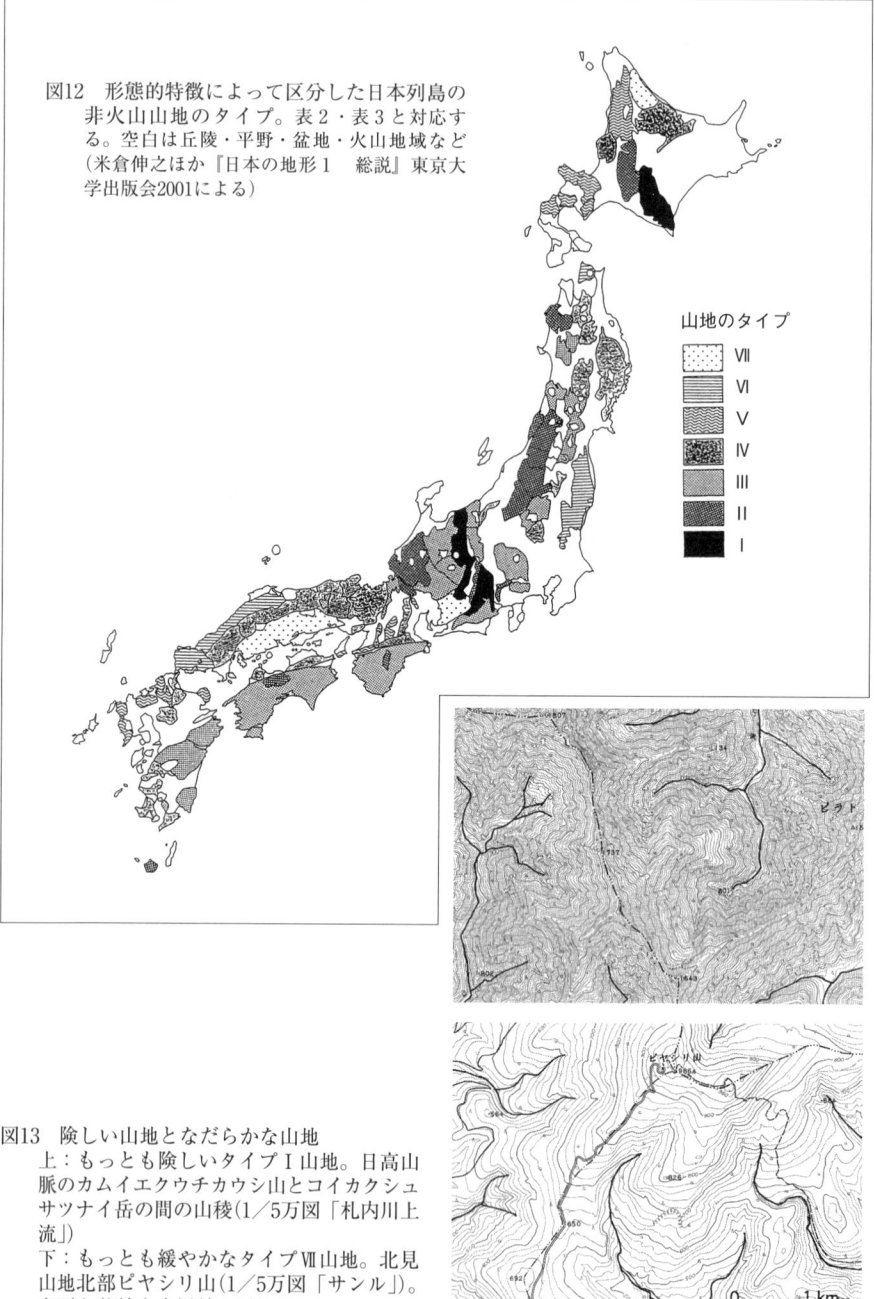

したようにⅠ～Ⅶの七タイプに分けた。この七タイプの全国的な分布を図12に、山地名は表3に示した。タイプごとに簡単に説明する。

タイプⅠ　日本でもっとも険しい山地。Ｖ字形の谷と逆Ｖ字の山稜をつなぐ、比高一〇〇〇ｍ以上の非常に急な谷奥の斜面をもつ。日高山脈は山頂小起伏面も谷底平坦面もない、直線的な谷壁斜面だけで構成されている（図13上）。

タイプⅡ　谷奥の斜面の比高が大きく、非常に急である。夕張山地や御坂天子山地のような隆起量が大きい山地である。多雪山地である朝日飯豊山地や越後山脈には、谷が深く、雪崩に磨かれた急峻な岩壁がある。

タイプⅢ　谷奥の斜面が、急または中ぐらいの傾斜で、どっしりとしたある程度険しい山地といえる。飛驒高地がこのグループにはいるのは、広い小起伏面の上にそびえている起伏の大きな山があるからである。

タイプⅣ　五〇〇ｍ以下の比高の、中ぐらいまたは急な傾斜の谷壁斜面をもつ山地である。このタイプに属する山地の数がもっとも多く、形態はバラエティーに富む。

タイプⅤ　谷奥の斜面が三〇〇ｍ以下の、小起伏でなだらかな山地であるが、急斜面がないとはいえない。台地状の山地が多い。

タイプⅥ　緩傾斜の尾根と浅い谷からなり、尾根部と谷部とをつなぐ斜面の比高が三〇〇～一〇〇ｍの山地で、広い小起伏面に残丘状の山体が分布する。周辺部の谷や、大きな谷には一部分には急斜面が見られ、底が峡谷になっている場合もある。

タイプⅦ　高原状と呼ばれるが緩傾斜の山と広い谷の集合体で、地形的にはあくまでも山地である。緩やかな尾根と広く浅い谷をつなぐ谷奥の斜面の比高が一五〇ｍ以下で、非常に緩やかである。北見山地北部は日本でもっとも谷密度が小さな山地である（図13下）。これは、古い溶岩層が存在するためである。吉備高原には、本流沿いに急斜面がある台地状の部分と、格子状の細かな谷系に小丘が連続する複雑な地形の部分とがある。

（岩田修二）

六　火山

日本は環太平洋火山帯にある世界有数の火山国であり、利尻火山、赤城火山、箱根火山、阿蘇火山といった単位で数えれば、一六〇以上の火山がある。深田久弥が選定した『日本百名山』のなかでは半数近くの四五座が火山である。火山は堂々とした山体の名山をつくり、一部で山と湖が織りなす日本的ともいうべき景勝地を各地に見せてくれる。しかし、その一方では、噴火やそれに関連する二次災害などで恐るべき猛威をふるうこともある厄介な代物であり、まれに登山者が犠牲になることもある。ここでは、日本列島の火山の噴出物や地形、その発達史、分布などの概要を述べておこう。

1　火山の定義

火山は、溶岩や火砕流などの火山噴出物が積み重なってつくられた山である。大量の火砕物を放出して地下に空洞ができ、そこが陥没したカルデラ、火山性地震を伴いつつ地下浅所で固まったマグマが上昇することにより隆起した有珠新山のような潜在ドーム、火山ガスの噴出やマグマが水と接触して地下浅所で爆発が起こり、地表が吹き飛ばされてできたマールなども火山に含められる。

要するに、噴出した溶岩や火砕流などがつくる地形や火山活動によって生じた地形が、多少とも残っているものが火山である。こうした火山の定義には丘や台地も含まれるが、日本の火山の多くは山である。日本のような多雨地域では激しい削剥《さくはく》・侵食により、もとの火山体は容易に消失する。日本で火山と呼ばれるものは、五〇万年前以降の第四紀の中～後期に活動したものが多い。一方、豪雨が少ない欧米では一〇〇〇万年以上も前に活動した火山が、現在まで活動当時の地形を残している例もある。

なお活火山については、二〇〇三年一月に気象庁が決めた定義がある。それによれば、活火山は過去一万年以内に活動した火山であり、Aランク（過去数年から数十年に一回の割で噴火）、Bランク（過去一〇〇年に数回以上の噴火）、Cランク（過去一〇〇年に噴火なし）に分けられる。Aランクの火山は、十勝岳、樽前山《たるまえ》、有珠《うす》山、渡島《おしま》駒ヶ岳、浅間山、伊豆大島、三宅島、伊豆鳥島、阿蘇山、雲仙岳、桜島、薩摩硫黄島、諏訪之瀬島の一三の火山で、ここ一〇〇年間でも活発な噴火をつづけており、登山禁止になっている山も多い。

これに対して、約五〇万年以前に噴出した日本の火山は、溶岩や火砕流などの火山噴出物（火山岩類）が削剝・侵食されつくされ、火山活動による地形が全く残存していない。これらの山々は非火山性の山地と同じく大半が削剝・侵食された斜面からなっているので、外見上も火山とは認めがたい。穂高岳、石鎚山、祖母山などの山頂部は火山岩類で構成されているものの、第三紀～第四紀前半の古い火山岩類であり、かつ火山の原形を全くとどめていないので、それらの山々は火山とは呼ばれない。

2　火山噴出物の分類

火口から噴き出し火山の大部分を構成する火山噴出物にはいろいろな種類がある。まず最初の分類として、高温で岩石が液状となったマグマが地表に噴き出す段階で、液体状態で流れた「溶岩」と、ばらばらで砕け散って放出された「火山砕屑物《さいせつぶつ》」（火砕物またはテフラ）とに大別される。

溶岩は、粘り気のゆるい玄武岩から安山岩・デイサイト・流紋岩の順で粘性が高くなる。溶岩の流れ（溶岩流）は冷えて固まることによって、全体に舌状の地形をつくる。表面に溶岩じわ、両サイドに溶岩堤防など特徴的な地形もできる。表面が固まり内部が流動していると表面の固まった部分が割れ、ゴツゴツとした起伏に富んだ塊状溶岩が形成される。塊状溶岩の典型的なものとして浅間山の鬼押出や桜島が知られていたが、最近、それらは空中に噴き上げられたマグマの断片が地上に落下した溶岩餅《ようがんべい》（スパター）であって、それが連続して積み重なって互いに溶け合った溶結火砕岩という解釈がなされている。

火山砕屑物（テフラ）は、爆発的噴火で放出された火山灰・軽石・スコリア（鉄分の多い赤茶～黒色の多孔質噴出岩片）・火山岩塊などの総称である。地表を流れ下る「火砕流」と、空に噴き上がってから地上に降下した「降下テフラ」（一般にいう火山灰）とに分けられる。

火砕流は一九九一～九五年の雲仙普賢岳の噴火で映像化され、恐るべき火山災害として、一般に広く認識されるようになった。火山砕屑物と火山ガスや空気が混合し、高温・高速で流れ下る現象で、小規模なものを熱雲ということもある。普賢岳で発生したような、溶岩ドームが崩れるメラピ型火砕流（インドネシアのメラピ火山で頻発したことに因む）、火口から巨大な噴煙柱が上がり、それが崩落して斜面へ流れ下るスフリエール型火砕流（西インド諸島のスフリエール火山で発生したことに因む）に分けられる。なお、火砕流の先端では、「火砕サージ」という気体を中心としテフラを混えた高温の流れが生じることがある。

降下テフラ（火山灰）は、丹沢山地の山稜上に厚く堆積しているような赤土（鉄分の多い火山灰が酸化したもの）のほか、富士山の中腹を覆うザクザクした赤黒いスコリアや、足尾山地でよく見かける粒の粗い黄色の軽石（鹿沼土）などがある。ともにボコボコとした多孔質な粒または塊りだが、一般にスコリアは鉄分が多く、赤茶～黒色なのに、軽石は珪酸に富んでいて白～黄・橙色である。

火山ガスを大量に含んだマグマが泡立ちながら一万m以上に噴き上がる噴火を「プリニー式噴火」と呼び、上空で冷えたマグマが軽石や灰となって広範囲に降下することがある。こうした大規模な噴火の場合、日本では西風に乗って火口の東側に広がることが一般的であり、一〇万年前に木曽の御嶽山から南関東一円に飛来した御岳第一軽石層（On-Pm I）、二万六〇〇〇年前に鹿児島湾奥の姶良《あいら》カルデラの巨大噴火により、北海道南部まで飛来した姶良―丹沢テフラ（ＡＴ）など、日本列島規模に分布する広域火山灰も多い。なお、ＡＴを降らせた噴火は同時に巨大火砕流も伴い、南九州一帯に厚いシラス層（軽石層）を堆積させ、シラス台地（火砕流台地）を形成した。

3　火山体の解体に関わる現象・堆積物

火山が解体される過程で、「岩屑《がんせつ》なだれ」、「火山泥流」、「土石流」などが発生する。

岩屑なだれは、水蒸気爆発などを引き金に成層火山の上部が大崩落し、破砕された山体が山麓へ高速に流れ下る現象である。山体の一部をつくっていた大岩塊がそのまま流れて停止したところには「流れ山」という小丘が突出する。八ヶ岳では約二〇万年前の大崩壊によって「韮崎岩屑なだれ」が発生し、甲府盆地の半分ほどを埋めた。JR中央本線の韮崎〜長坂間には韮崎岩屑なだれの堆積面が残存しており、新府駅や穴山駅の周辺には丸い丘の流れ山が車窓から見える（写真1）。

火山泥流は、噴火による火口湖の決壊や、積雪・氷河上を火砕流が通過して発生する大量の融水が土砂と混合し、土石流・洪水流となって流れ下る現象である。インドネシアのジャワ島では、火口湖の底で噴火が起こることにより、火山砕屑物と水の混合物が火口からあふれ出て、火山泥流を起こすことがしばしばあり、ラハールと呼ばれる。現在の富士山の下に埋もれる古富士火山は、一万五〇〇〇年前に「古富士泥流」を流下させ、泥流は桂川に沿って相模原まで達した。一万五〇〇〇年前は最終氷期末期の寒冷期であるので、当時、古富士火山の山頂を氷河が覆っていた可能性があり、氷河が融けることによって多量の水が生じ、火山泥流を発生させたことが推定されている。

写真１　穴山駅からみた「流れ山」
中世の城跡でもある

土石流は、土砂や粗大な巨礫が水と一体となって急速に流れ下る現象のことで、火山に限らず豪雨時に谷沿いで発生する。雲仙岳の噴火後のように、斜面に噴火による不安定な物質が堆積しているところへ豪雨があると発生しやすい。土石流堆積物が火山の山麓に何回にもわたって厚く堆積すると「火山麓扇状地」が形成される。

このほか、富士山や羊蹄山（後方羊蹄山《しりべし》）など円錐形の成層火山でよく発生する土砂移動現象として、スラッシュ雪崩（液状雪崩）がある。これは春先の高温時の降雨により、水と土砂と雪が一体となって凍った雪面上を流れ下る現象で、極端にいえば雪の斜面上の洪水のような状態である。富士山では雪代《ゆきしろ》と呼ばれ、まれに山麓まで達し被害を及ぼすこともある。

4　火山体のタイプ

溶岩・火砕流・岩屑なだれなどが堆積した地形や、爆発的噴火や陥没によってつくられた火口・カルデラなどが集合して、一つの火山体が形成される。いずれも形態的に特徴があり、地形からその噴火・流動様式や形成順序が推定できる。日本列島でみられる代表的な火山体は、「成層火山（小カルデラ火山）」、「大カルデラ火山」、「単成火山（溶岩ドーム・スコリア丘）」に大別されており、それぞれ異なった発達過程が考えられている。

成層火山は図1のような変化をするが、その初期には富士山のような大型で高い円錐形の火山体をつくる。全国で○○富士と呼ばれる火山はこのタイプである。かつてコニーデという名称が教科書に載っていることが多かったが、現在の地形学では使わない用語である。同じ火口から、くりかえし何回もの噴火が起こり、噴出した何枚ものテフラと溶岩が積み重なって層をなしているので成層火山という。一般に、粘性の低い玄武岩質溶岩から噴出を始め、次第に粘性の高い安山岩質溶岩などへ変化しながら積み上げ、山体を成長させる（図1の⑴）。

富士山のような高く成長した成層火山は、水蒸気爆発など比較的小規模な噴火を引き金に山頂部が大崩壊を起こすことがある。一八八八年（明治二一）には磐梯山で実際にそれが発生し、山頂部が破砕されつつ岩屑なだれとなって高速に流れ下った。その結果、山頂部の抜け跡には、一方に口を開けた馬蹄形カルデラが現れ、山麓の岩屑なだれの堆積面上には多数の流れ山が形成された（図1の⑵）。檜原湖・小野川湖・秋元湖はこの時生じた堰止湖で、五色沼は流れ山の間の凹地である。

その後の成層火山では長い活動休止期があり、火山体が侵食され、土石流が山麓に砂礫を堆積させ、広大な火山麓扇状地が形成される。火山麓扇状地は、利尻山、赤城山、八ヶ岳、大山、雲仙岳などやや侵食の進んだ成層火山の山麓に広く発達している（写真２）。

活動休止期を経て成層火山は後期の発達段階に移り、大量の軽石を放出する爆発的な大噴火を起こす。大量の軽石の噴出によって地下が空洞となり、成層火山の上半部が陥没して鍋状の凹地＝「カルデラ」（スペイン語で釜）が形成される（図１の⑶）。これは直径六km以下の比較的小型のカルデラなので小カルデラとされている。さらに、カルデラ底に小型の成層火山や溶岩ドームなどの中央火口丘が出現する。成層火山の形成からカルデラの形成を経て、中央火口丘の形成まで達した段階が、現在の箱根火山や赤城火山で、ともに四〇万年ぐらいの長い時を経ている（図１の⑷）。

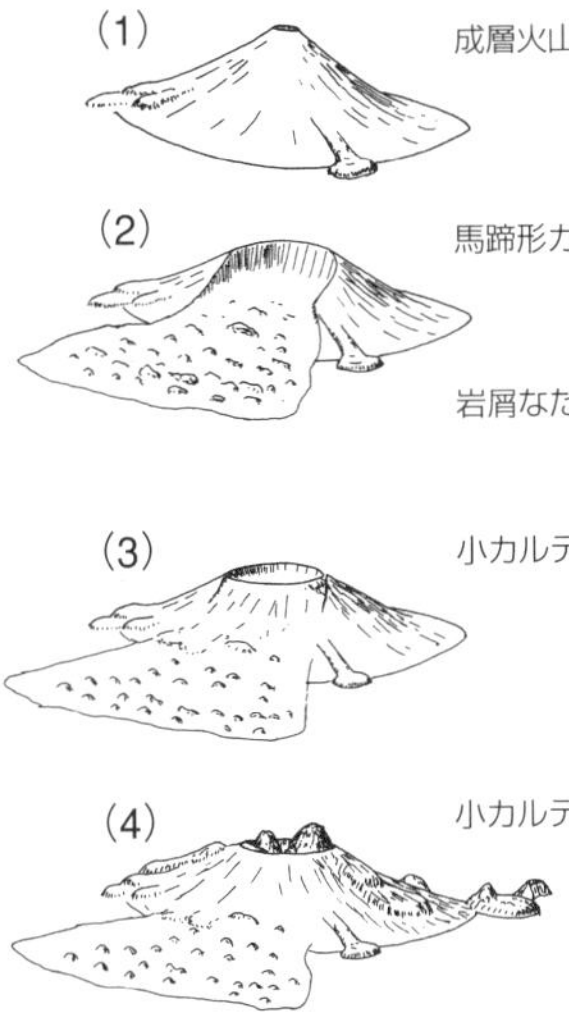

図１　成層火山の発達過程
（守屋以智雄『日本の火山地形』東京大学出版会 1983による）

写真２　八ヶ岳東麓の野辺山周辺にひろがる火山麓扇状地　高原野菜の畑に開墾されている

写真３　屈斜路カルデラ　日本最大のカルデラで屈斜路湖はカルデラ底の一部分

他方で、只見川上流の沼沢カルデラ（五〇〇〇年前の形成）や山陰の三瓶《さんべ》火山のカルデラ（五万年前以前の形成）のように、もともと成層火山が存在せず、大噴火がいきなり起こって形成された小カルデラもある。

日本最大のカルデラは北海道東部の屈斜路《くっしゃろ》カルデラで（写真3）、直径二六〜二〇㎞程の規模をもつ（摩周カルデラは七〇〇〇年前に屈斜路カルデラの東壁上に形成された小カルデラである）。このような直径一〇㎞以上の大カルデラも、成層火山の形成を経ずして、膨大な軽石を噴出させ大規模な火砕流を発生させるような巨大噴火によって直接形成されたものである。主な大カルデラは、屈斜路、支笏《しこつ》、洞爺、十和田、阿蘇、加久藤《かくとう》（霧島山の北側）、姶良《あいら》（鹿児島湾奥）、阿多（鹿児島湾口）、鬼界（屋久島北方の海底カルデラ）などで、カルデラ周辺に厚い軽石層（火砕流堆積物）を堆積させて、緩やかな火砕流台地をつくっている。屈斜路、支笏、洞爺、十和田などは、カルデラ底に水をたたえカルデラ湖となっている。これら大カルデラが最終的に形成された年代については、屈斜路（三万年前）、支笏（四万年前）、洞爺（一一万年前）、十和田（一万五〇〇〇年前）、阿蘇（八万五〇〇〇年前）、加久藤（三三万年前）、姶良（二万六〇〇〇年前）、阿多（一〇万五〇〇〇年前）、鬼界（七〇〇〇年前）とされている。また、大雪山東部の十勝三股の盆地も五〇万年前の大カルデラとみなされている。第四紀前半に形成され、現在ではカルデラをとどめず、火砕流台地のみが残存する古い火山もある。

成層火山にしろ大カルデラ火山にしろ、ほぼ同じ場所で活動を繰り返し、その期間は短くても数万年、長ければ数十万年に及ぶのが「複成火山」である。それに比べてごく短い期間に一輪廻の噴火で形成されてしまう「単成火山」がある。単成火山の一つとして、粘り気の高い溶岩が火口から押し出され、釣鐘状の丘をつくる「溶岩ドーム（溶岩円頂丘）」や、平坦な山頂をつくる「溶岩平頂丘」、底辺より高さのほうが大きい「火山岩尖」などがある。ただし、これらは単成火山ばかりでなく、樽前山や普賢岳など成層火山の火口の溶岩ドームや、箱根の二子山の溶岩ドームのように、小カルデラの中央火口丘として複成火山につくられることも多い。このほか、伊豆の天城山山麓にある大室山（五〇〇〇年前の形成）は典型的な「スコリア丘（火砕丘《かさいきゅう》）」で、噴火により飛び上がったスコリアが火口周辺に落下し、積み重なることによってできたフジツボ状の丘である。

その他の火山地形として、火山ガスの噴出や、地表近くに上昇してきたマグマが海水・地下水などと接して爆発的な噴火を起こすことによって生じた、ほぼ円形の火口が「マール」である。伊豆大島の波浮港や利尻島の沼浦などがそれであり、火口周辺に爆発で飛び散った溶岩片や火山灰が堆積して低平な環状丘（タフリング）をつくっている。

噴火につきものの火口については、水蒸気や火砕物を噴出する爆発的な噴火によって開いた「爆裂火口」と、溶岩流出後に沈下・陥没した「ピットクレーター（陥没火口）」がある。日本列島の火口の大半は爆裂火口である。日本の火山でピットクレーターとされるものは、伊豆大島の三原山火口など数少ないが、三宅島の二〇〇〇年噴火では新たなピットクレーターが生じた。なお、火口とカルデラの成因的な差異の有無は不明で、日本の場合では直径およそ一km以下のものを火口と呼ぶことが一般的である。

5　火山の分布

日本の一六〇余の火山について前述したようなタイプ分けをし、その分布を示した（図2）。一目でわかることは、日本列島には火山が多いながらも、富士、箱根、伊豆を除けば、太平洋沿岸や四国全域には全く火山がない点だろう。たとえば、東京から東北新幹線に乗れば、左側は日光の諸火山、那須火山から始まって岩手山、八甲田火山まで次々と火山が現れるが、右手の阿武隈山地、北上山地には全く火山がない。こうした太平洋側から日本海側に横断する時、最初に火山が現れる位置を結んだ線が「火山フロント」である。火山フロントに沿っては火山の密度が高いが、西側に遠ざかるにつれ分布がまばらになる。また、近畿以西の西日本では火山がまばらであり、東日本に比べて火山フロントが明瞭でない。

東北日本の火山フロントは、そのほぼ中央部を縦断しており、列島と同じように弧状をなしている。千島列島からつづく知床半島、阿寒、大雪山、十勝岳から日本海側の暑寒別火山までの千島弧、道南の諸火山から下北半

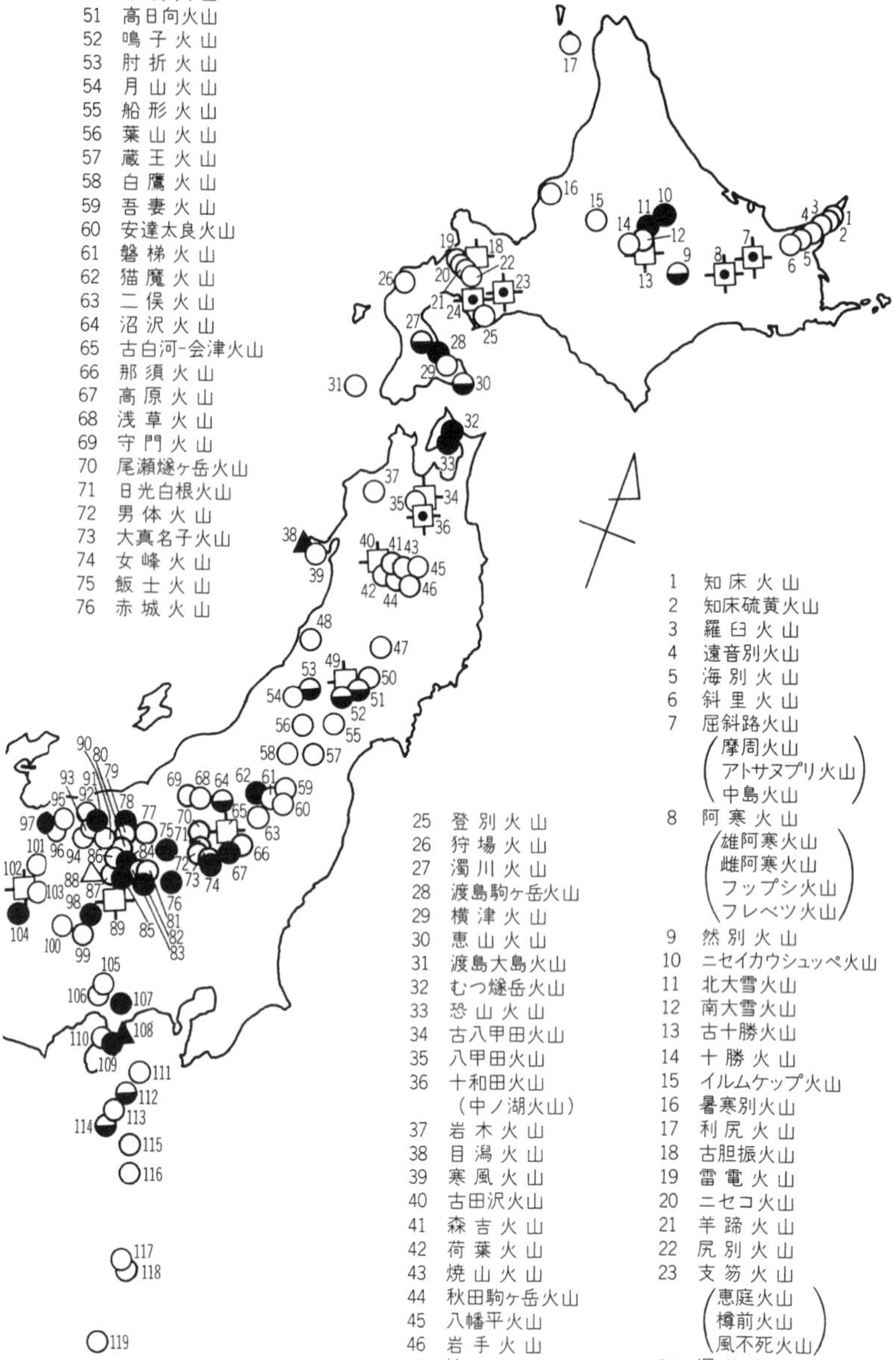

1　知床火山
2　知床硫黄火山
3　羅臼火山
4　遠音別火山
5　海別火山
6　斜里火山
7　屈斜路火山
（摩周火山
アトサヌプリ火山
中島火山）
8　阿寒火山
（雄阿寒火山
雌阿寒火山
フップシ火山
フレベツ火山）
9　然別火山
10　ニセイカウシュッペ火山
11　北大雪火山
12　南大雪火山
13　古十勝火山
14　十勝火山
15　イルムケップ火山
16　暑寒別火山
17　利尻火山
18　古胆振火山
19　雷電火山
20　ニセコ火山
21　羊蹄火山
22　尻別火山
23　支笏火山
（恵庭火山
樽前火山
風不死火山）
24　洞爺火山
（有珠火山
中島火山）

25　登別火山
26　狩場火山
27　濁川火山
28　渡島駒ヶ岳火山
29　横津火山
30　恵山火山
31　渡島大島火山
32　むつ燧岳火山
33　恐山火山
34　古八甲田火山
35　八甲田火山
36　十和田火山
（中ノ湖火山）
37　岩木火山
38　目潟火山
39　寒風火山
40　古田沢火山
41　森吉火山
42　荷葉火山
43　焼山火山
44　秋田駒ヶ岳火山
45　八幡平火山
46　岩手火山
47　焼石火山
48　鳥海火山
49　鬼首火山

50　栗駒火山
51　高日向火山
52　鳴子火山
53　肘折火山
54　月山火山
55　船形火山
56　葉山火山
57　蔵王火山
58　白鷹火山
59　吾妻火山
60　安達太良火山
61　磐梯火山
62　猫魔火山
63　二俣火山
64　沼沢火山
65　古白河-会津火山
66　那須火山
67　高原火山
68　浅草火山
69　守門火山
70　尾瀬燧ヶ岳火山
71　日光白根火山
72　男体火山
73　大真名子火山
74　女峰火山
75　飯士火山
76　赤城火山

図2　火山の発達史から分類した日本の火山分布
（守屋以智雄『日本の火山地形』東京大学出版会1983による）

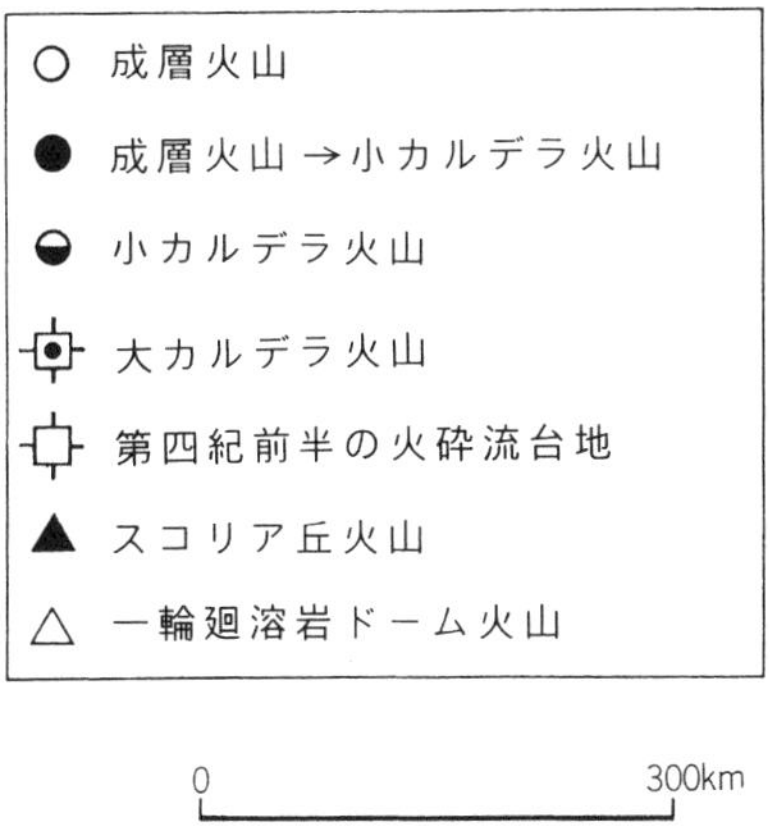

77　苗場火山
78　毛無火山
79　御飯火山
80　志賀火山
81　子持火山
82　榛名火山
83　小野子火山
84　草津白根火山
85　浅間火山
86　四阿火山
87　烏帽子火山
88　皆神火山
89　上信火山
90　高社火山
91　妙高火山
92　新潟焼山火山
93　黒姫火山
94　飯縄火山
95　白馬大池火山
96　雲ノ平火山
97　立山火山
98　北八ヶ岳火山
99　南八ヶ岳火山
100　霧ヶ峰火山
101　焼岳火山
102　飛騨高原火山
103　乗鞍火山
104　御嶽火山
105　富士火山
106　愛鷹火山
107　箱根火山
108　先原火山
109　天城火山
110　達磨火山
111　大島火山
112　新島火山
113　式根島火山
114　神津島火山
115　三宅島火山
116　御蔵島火山
117　八丈島西山火山
118　八丈島東山火山
119　青ヶ島火山
120　戸室火山
121　白山火山
122　大日岳火山
123　室生火山
124　田倉火山
125　玄武洞火山
126　神鍋火山
127　隠岐島後火山
128　大山火山
129　大根島火山
130　三瓶火山
131　青野火山
132　西台火山
133　阿武火山
134　徳山金峰火山
135　四熊火山
136　千石火山
137　壱岐島火山
138　小値賀火山
139　三井楽火山
140　福江火山
141　富江火山
142　耶馬渓火山
143　鶴見火山
144　由布火山
145　九重火山

153　姶良火山
（桜島火山
住吉池火山）
154　阿多火山
（池田火山
開聞火山）
155　鬼界火山
156　口永良部火山
157　口之島火山
158　中之島火山
159　諏訪之瀬火山
160　悪石島火山
161　宝島火山

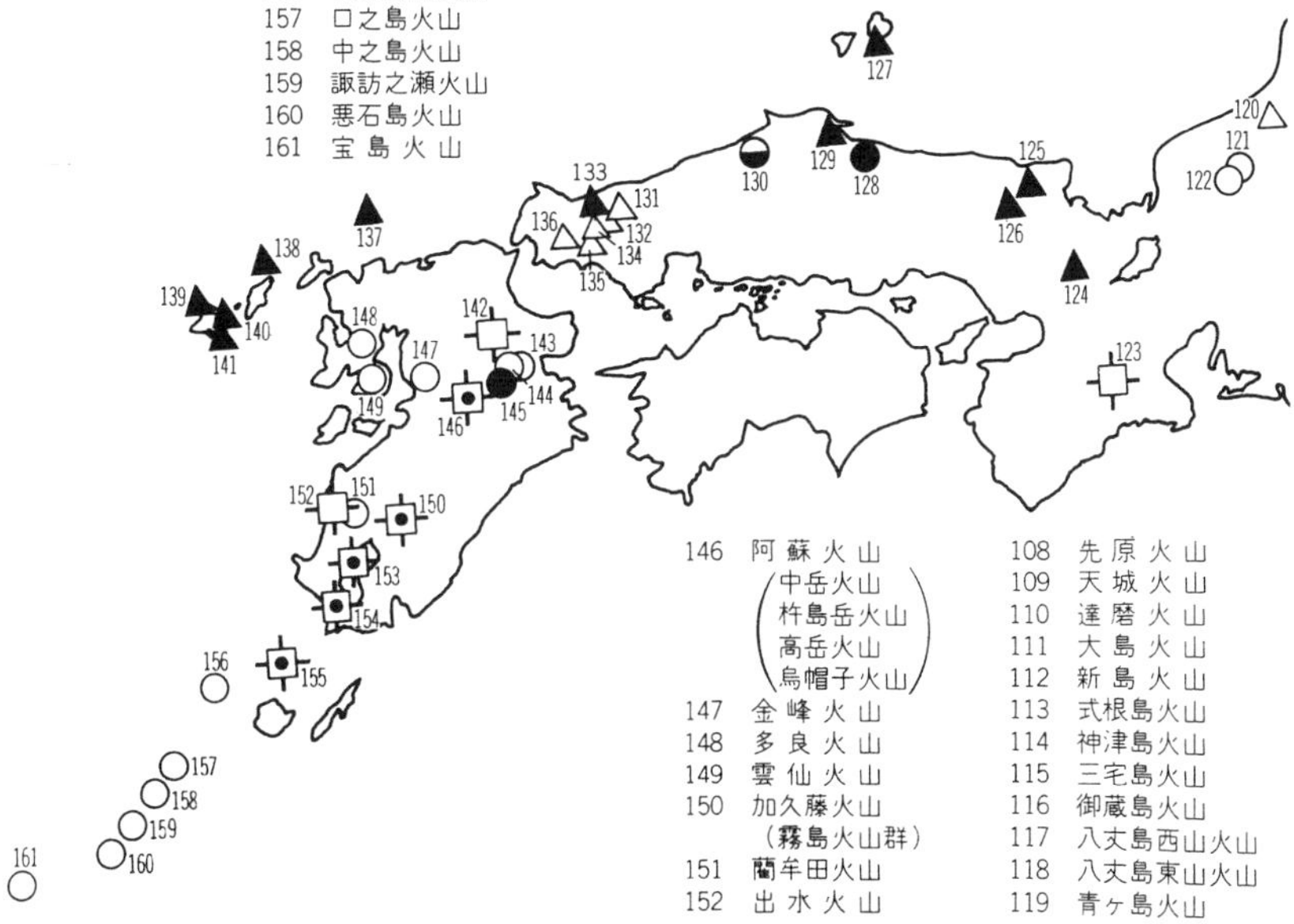

146　阿蘇火山
（中岳火山
杵島岳火山
高岳火山
烏帽子火山）
147　金峰火山
148　多良火山
149　雲仙火山
150　加久藤火山
（霧島火山群）
151　藺牟田火山
152　出水火山

島、奥羽山脈、上信越の諸火山を結ぶ東北日本弧、同じく上信越から富士・箱根を経て伊豆諸島へ延びる伊豆・小笠原弧などもこの特徴が顕著である。これらは弓なりの弧状部と、二つの弧が接して折れ曲がる会交部に分けられる。弧状部と会交部それぞれの火山のタイプの分布の特徴を見てみると、前期の段階までしか発達していない成層火山は、島弧の弧状部に連なり、後期の段階まで発達した成層火山（小カルデラをもつ）は島弧の会交部に多いことがわかる。それぞれの島弧に沿う火山帯として、かつて千島火山帯、那須火山帯、富士火山帯などが社会科地図帳に載っていたが、岩石学的にこれらの火山帯を区分することが困難であり、また会交部の火山をどちらの火山帯に含めるか不明確なことなどから、これらの火山帯名は現在ではあまり使われなくなった。

ところで、大カルデラ火山は十和田以北と阿蘇以南の日本列島の南北両端に分布しているが、その間には一三〇〇kmという距離の大カルデラ空白域が生じている。ただし、大カルデラの名残である第四紀前半の火砕流台地はその間に存在するので、第四紀後半になって大規模な火砕流を発生させるマグマが日本列島の中央部で噴出しなくなったことになろう。

火山フロントは日本列島の沖合にある海溝の西・北側二〇〇～三〇〇km付近に位置する。日本列島の沿岸にある海溝やトラフはプレートの境界部にあたる。火山がなぜ海溝から一定の距離に発生するかについては、海溝から潜り込むプレートが深さ一〇〇kmから一五〇kmぐらいに達したところで、温度・圧力条件が変化してマグマが生じ、浮力によってマグマ溜まりをつくり、そこから地表に噴出して火山ができると考えられている。こうした一連のプレート、海溝・島弧系の関連から火山帯区分を見直した結果、「東日本火山帯」と「西日本火山帯」に統合する見解もある。東日本火山帯は、太平洋プレートの西縁をなす千島海溝・日本海溝・伊豆小笠原海溝に沿った千島弧・東北日本弧・伊豆小笠原弧を連ねる火山帯、西日本火山帯はフィリピン海プレートの北西縁をなす南海トラフ・南西諸島海溝に沿った西南日本弧・琉球弧を連ねた火山帯である。

6　最近一一〇年の噴火

高頭式編『日本山嶽志』には、一九〇四年（明治三七）までの日本の火山噴火年表が掲載されているので、本書八二〜九五ページには、その続編として一九〇五年（明治三八）以降、一一〇年間の噴火年表を付した（表1）。この表では、ある程度の地形変化や火山災害が生じた二五〇余の噴火記録を挙げた。このほか、火山性微動、噴気、鳴動、水蒸気爆発、小噴火などを加えると、四〇〇以上の噴火・活動がこの一一〇年間に記録されている。なお年表中、「ストロンボリ式噴火」（地中海ストロンボリ島の噴火に因む）は火山砕屑物を数百mほどの高さに間欠的に噴き上げる噴火のタイプをいう。また、「空振《くうしん》」は噴火による空気の振動、「火映《かえい》」は火口内が高温になり火口上空の雲や噴煙が赤く照らされる現象をいう。

なお、ここまで目に見えぬものとしてとりあげなかったものに「火山ガス」による被害がある。火山ガスは大部分が水蒸気だが、有毒の硫化水素や二酸化硫黄なども含み、これを吸い込むと死に至ることがある。渡島駒ヶ岳では一九二九年に死亡事故があり、三宅島では二〇〇〇年から二〇〇五年まで全島住民が避難した。滞留する硫化水素を吸って死亡する事故もあり、一九七九年に草津白根山の白根沢（弁天沢）で登山者三名、一九九七年に安達太良山の沼ノ平で登山者四名が犠牲になった。

浅間山、伊豆大島、阿蘇、桜島などAランクの活火山は活動の頻度が高く、多数の噴火とそれによる災害が記録されている。一方、有史以来噴火のなかった木曾の御嶽山が、一九七九年に突然水蒸気爆発を起こし、さらに二〇一四年九月二七日の好天の土曜日に噴火が起こり、山頂周辺での降灰・噴石により、登山者六〇名以上が犠牲になった。火山災害として戦後最大、また日本登山史上、噴火によるものでは最多の遭難者を出した。知床硫黄山は一九三六年、一九五七〜五八年、一九八九〜九〇年の噴火で、それぞれ大量の硫黄を流出させた。噴火による硫黄の大量流出という現象は世界的にもきわめて珍しい。このことから、アンデスの磁鉄鉱からなる溶岩流、アフリカ・タンザニアの炭酸塩を噴出するオルドイニョレンガイ火山とともに、世界の三大奇火山の一つに数えられている。

　この一一〇年間で新たな火山体が誕生した例として、有珠火山では一九一〇年の明治新山（四十三山）、一九四四年～四五年の昭和新山、一九七八年の有珠新山（オガリ山）、二〇〇〇年の西山西麓などに生じた潜在ドームがある。また、山頂部に溶岩ドームを形成したものとして、一九〇九年の樽前山、一九九一～九五年の雲仙岳平成新山などが記録されている。

表1　一九〇五年～二〇一五年　日本の主な火山噴火史

『日本活火山総覧（第2版）』（気象庁編、一九九六）およびその後の火山観測成果により編集した。群発地震・火山性微動・噴気・鳴動・水蒸気爆発・小噴火など大きな地形変化がない場合は除く。海底噴火も除く。ただし火山災害が生じた場合は除かない。

＊A Bは活火山のランク

一九〇五年（明治38）	A	渡島駒ヶ岳火山	八月一七日・一八日鳴動、一九日朝噴火。安政火口の南側に新爆裂火口（明治火口）形成。二一～二三日噴火、二二日押出沢で大雨による二次泥流。農作物に被害。
	B	草津白根火山	一〇月噴火。硫黄流出。
一九〇七年（明治40）	B	焼岳火山	年数回噴火。降灰。旧火口底に新火口。
	A	伊豆大島火山	火口壁の陥落により火口が拡大（直径一六〇m）。
一九〇九年（明治42）	B	焼岳火山	三月四回噴火、噴煙多量、降灰。旧火口西端に新火口形成。六月降灰。
	A	樽前火山	四月一七～一九日の間に現在の溶岩ドーム形成。
	A	浅間火山	四月噴煙多量、関東北部に降灰。五月三一日降灰広範囲。七月七日関東北部に降灰。一二月七日降灰太平洋岸、鳴響仙台付近・美濃東部まで。
一九一〇年（明治43）	A	有珠火山	七月二五日金毘羅山で爆発開始、金毘羅山から東丸山の西に至る間に約四五個の爆裂火口が次々に生じ、土砂・岩屑を噴出、泥流を流下。西丸山東部が隆起し明治新山（四十三山）形成。
一九一一年（明治44）	A	浅間火山	一月～四月活発に活動、降灰関東北部～中部。一月一八日爆発音東方一五〇km以上。五月八日噴石多量、死者一名、爆発音二四〇km。七月～九月ときどき噴火、八月一五日死者多数。一〇月二二日、一二月三日爆発音一〇〇km以上。
	B	焼岳火山	六月爆発、鳴動、降灰。七月爆発、火口形成、鳴動、降灰。八月降灰、鳴動。
一九一二年（明治45）（大正元）	A	伊豆大島火山	二月二三日から中央火口で溶岩流出。四月二日から割れ目火口を形成。噴出した溶岩が火口底を覆い噴石丘（中村山）成長。七月二七日から火口底に約一〇個の噴出孔開口、周囲に小噴石丘。火口の南東半分陥落、火口底より二七m低くなる。九月一六日活動再開、火口南西部の噴出孔から多量の溶岩流出、噴石丘形成（大森山）。溶岩が七月の陥没部を埋め、噴石丘（大森山）成長、中村山は噴石丘と溶岩層に埋没。

一九一三年（大正2）	A	伊豆大島火山	一月一四日から火口底の陥落始まり、九月大森山崩壊。
	A	浅間火山	二月、四月～一一月活発に噴火、降石、降灰広範囲。五月二九日登山者一名死亡。
	B	口之永良部火山	一月鳴動、火口底陥没、硫黄流出。
	B	中之島火山	一月噴火、山頂火口底から泥土噴出。
一九一四年（大正3）	A	桜島火山	「大正大噴火」一月一二日西側中腹（標高約三五〇m）から噴火。約一〇分後南東側中腹（標高約四〇〇m）からも噴火。一三日溶岩流出。西方の溶岩は横山村に。南東方の溶岩は脇、有村、瀬戸を埋没、一月二九日に瀬戸海峡を閉塞。村落埋没、全壊家屋一二〇棟、死者五八名。降灰は仙台まで。
	A	伊豆大島火山	五月一五日から活動再開。一六日～一八日が最盛期。四個の噴石丘形成。火口底に溶岩池。噴出物により Naumann 丘、中村山、大森山は埋没。
一九一五年（大正4）	B	焼岳火山	噴火、降灰。六月六日噴火。山頂東側の標高約一九〇〇mの台地から山頂東側壁に達する長さ一kmの大亀裂、この底部に数十個の火口形成。泥流による梓川の堰き止め、決潰、洪水発生。大正池が生じた。
一九一七年（大正6）	A	樽前火山	四月三〇日鳴動、噴煙高度約一八〇〇m、苫小牧に降灰。ドームに亀裂。五月一二日鳴動、噴煙、支笏湖方面に降灰。ドーム上に三個の火口。
一九一九年（大正8）	A	伊豆大島火山	五月～一二月ときどき噴火。噴石丘の形成・崩壊。
	B	岩手火山	七月大地獄で水蒸気爆発（山頂西三km）、新火口形成、降灰。
	B	焼岳火山	一一月一日噴火。黒谷火口形成。
一九二〇年（大正9）	A	浅間火山	一二月連続的に噴石活動、噴煙多量。一二月一四日噴石のため峰の茶屋焼失、軽石多量噴出。一二月二二日山火事二〇〇ha以上。
一九二二年（大正11）	A	伊豆大島火山	一二月～一九二三年一月噴火。爆発音、溶岩流出。
一九二三年（大正12）	A	十勝火山	六月溶融硫黄の沼出現、丸谷温泉温度上昇、湧出量増加。八月溶融硫黄七～八m吹き上がる。
	B	霧島火山	噴火（御鉢）。死者一名。
一九二五年（大正14）	A	十勝火山	一二月二三日中央火口丘の火口内に大噴（おおぶき）火口。鳴動、噴煙。
一九二六年（大正15）	A	十勝火山	五月七日火柱、噴石、降灰。新火口形成。五月二三日鳴動。「大噴」火口から礫放出。五月二四日小規模な泥流。一六時一八分ごろ大噴火、中央火口丘北西部が破壊、熱い岩屑なだれが積雪を溶かし大規模な泥流（平均速度約六〇km）、二箇村（上富良野・美瑛）埋没。死者・行方不明一四四名、建物三七二棟被害。北西に開くU字型火口（四五〇×三〇〇m）。九月八日噴煙高度四六〇〇m、行方不明二名。九月九～一一日小噴火を繰り返す。九月の噴火活動で五月二四日の崩壊部に大正火口。一二月一〇日小泥流。

一九二七年（昭和2）	A	樽前火山	一〇月一九日山麓一帯に降灰(札幌郊外にも)。ドームに亀裂。一〇月二六日火柱、電光、噴煙高度約一〇〇〇m。一〇月三〇日鳴動、爆発音、噴煙高度約二〇〇〇m。山麓に直径一・五~二cmの溶岩片、降灰はオホーツク海沿岸渚滑に。ドームに亀裂。
	B	草津白根火山	一二月三一日岩塊・泥土噴出。
一九二八年（昭和3）	A	阿蘇火山	一月一二日、九月六日噴火。一〇月、一二月噴煙多量で広範囲降灰。
	B	草津白根火山	一月二九日~三一日噴火、硫黄流出、吾妻川・利根川で魚死ぬ。
	A	浅間火山	二月二三日爆発音大、噴石広範囲で分去茶屋焼失。
一九二九年（昭和4）	A	阿蘇火山	四月一一日第四火口で噴石。七月二六日第二火口に新火口形成。
	A	渡島駒ヶ岳火山	六月一七日噴火開始、降灰が盛んになり鳴動を伴い大噴火。噴煙高度一万三九〇〇m、火砕流流下。噴石、降下軽石、火砕流(軽石流)、火山ガスの被害八町村で一九一五人余、死者二名。昭和四年火口、繭型火口、瓢型火口形成。
	A	浅間火山	九月一八日直径三〇~六〇cmの噴石が三km飛び、山林焼失。
一九三〇年（昭和5）	A	浅間火山	六月一一日噴火四~五回、山火事。八月活発に噴火し降灰・降石、二〇日火口付近で死者六名。九月爆発で噴石、降灰広範囲。
一九三一年（昭和6）	A	浅間火山	八月活発に活動し噴石、降灰。二〇日死者三名。九月前半数回噴火、降灰、噴石。一〇月、一二月数回噴火、一二月八日関東南部まで降灰。
	B	口之永良部火山	四月二日爆発(新岳西側山腹)。土砂崩壊、負傷者二名、馬・山林田畑被害。五月一五日爆発、降灰。硫黄流出、土地隆起。
一九三二年（昭和7）	B	秋田駒ヶ岳火山	七月二一日~三〇日新火口、新噴石丘形成。泥流、降灰。樹木の枯死。有毒ガス。
	A	阿蘇火山	第一火口六月、九月活動し、一一月から黒煙、噴石活動。一二月一七日~一九日噴石活動盛んで一八日火口付近負傷者一三名。
	B	草津白根火山	一〇月一日噴火、火口付近死者二名、山上施設破損。泥流、殺生河原降灰。
一九三三年（昭和8）	A	阿蘇火山	二月一一日から第二火口活動。二四日大音響・爆発、直径一m近い赤熱噴石が数百m飛散。三月一日第一火口活動活発、第二火口をしのぐ。降灰の被害広範囲。四月、五月、八月~一二月第一、第二火口噴煙、噴石、鳴動。
	B	箱根火山	五月一〇日大涌谷噴気孔で大音響とともに噴出、死者一名。
	A	伊豆大島火山	一〇月~一一月小溶岩流出。
	A	樽前火山	一二月一日噴煙高度約一〇〇〇m、ドーム北東麓に亀裂。
	B	口之永良部火山	一二月二四日~翌一九三四年一月一一日数回噴火。七釜集落全焼、死者八名、家屋全焼一五棟、牛馬や山林耕地大被害。

一九三四年（昭和9）	A	浅間火山	一月、二月、六月に一回～二回噴火、降灰。一一月鳴動。
	A	薩摩硫黄島	一二月硫黄島新島（昭和硫黄島）形成。
	B	硫黄鳥島火山	南東火山の火口北壁に三つの新噴気孔。
一九三五年（昭和10）	A	浅間火山	一月、二月一回ずつ噴火。四月数回噴火。五月も活発で山火事。六月～一一月毎月数回噴火、農作物被害。
	A	伊豆大島火山	四月溶岩噴出。
一九三六年（昭和11）	A	十勝火山	二月～秋に硫黄流出。
	A	浅間火山	二月～四月、七月～一一月毎月数回～数十回の噴火。七月二九日、一〇月一七日それぞれ登山者一名死亡。
	B	知床硫黄火山	五月四日～一〇月末三～六日の周期で、(一)溶融硫黄噴出、(二)熱湯・蒸気爆発的噴出、(三)沸騰した湯・蒸気間欠的噴出、(四)休止期、を繰り返す。一日の噴出で最大数千t硫黄流出、海に達する。硫黄総噴出量約二〇万t。
一九三七年（昭和12）	A	浅間火山	二月～七月毎月数回噴火。三月一八日爆発音、降灰関東中部まで。
	A	渡島駒ヶ岳火山	三月一七日、三月一九日に昭和四年火口底吹き飛び桶状となる。
一九三八年（昭和13）	A	浅間火山	三月～一二月毎月数回～数十回噴火。六月七日降灰多量。七月一六日登山者遭難若干名。一〇月四日、一二月一一日、一二月二八日爆発音大。九月二六日噴煙高度八二〇〇m。
	A	伊豆大島火山	八月溶岩噴出。
一九三九年（昭和14）	A	浅間火山	全月数回噴火。
	A	伊豆大島火山	一月噴煙多量。二月噴石。七月噴煙多量。九月小爆発、火口底に溶岩池。
	A	鳥島火山	八月一八日一九〇二年形成の大火口南東端で噴火。噴煙、鳴動、噴石丘形成、溶岩流出。噴石丘の成長と溶岩流出一二月末まで。住民、海軍気象観測所員、全員撤退。
	A	桜島火山	一〇月二六日南岳東南東中腹（標高七五〇m）で噴火。二九日小規模な熱雲。一一月三日島外広範囲に降灰。
一九四〇年（昭和15）	B	蔵王火山	二月新噴気孔形成。
	A	阿蘇火山	四月負傷者一名。八月降灰多量、農作物に被害。一二月噴石、降灰。
	A	桜島火山	四月ごろから噴煙増加し六月小爆発、降灰のため農作物被害。
	A	三宅島火山	七月一二日北東山腹から噴火、溶岩は島下集落を覆って赤場暁に。山腹噴火一三日でほぼ終了。一四日朝から山頂噴火、多量の火山灰、火山弾を放出、八月八日ごろ噴火終了。死者一一名、負傷者二〇名、全壊・焼失家屋二四棟。
	A	伊豆大島火山	八月噴火、黒煙多量、火山弾、火山礫、降灰のため農作物被害。
一九四一年（昭和16）	A	浅間火山	毎月十数回～数十回噴火。七月九日死者一名。
	A	阿蘇火山	二月噴石、降灰。四月第一火口に新火口。八月噴石。

一九四二年（昭和17）	A	浅間火山	全月数回～数十回噴火。山火事など。
	B	草津白根火山	二月二日割れ目を生じ、噴煙、降灰、鳴動、火口付近の施設破損。
	A	渡島駒ヶ岳火山	一一月一六日鳴動と共に噴火開始、噴煙高度八〇〇〇m。小規模な火災サージ。山頂火口原に長さ約一・八kmの大亀裂。
一九四三年（昭和18）	A	阿蘇火山	六月第一火口に新火口、降灰多量。
一九四四年（昭和19）	A	浅間火山	六月～一二月毎月数回～数十回噴火。
	A	有珠火山（昭和新山）	一月末南東側山麓で隆起。四月以降隆起は北方に移動。六月二三日火山灰。七月二・三日に多量の噴石、火山灰。八月二六日幼児一名死亡、家屋焼失。隆起継続、一〇月下旬高さ一〇〇m以上に成長。一二月二〇日黒色溶岩の尖峰出現。一九四五年尖峰は隆起継続、九月に山頂が四〇六・九mに達し上昇停止、昭和新山と命名。
	B	栗駒火山	一一月泥土噴出、磐井川が濁り魚類多数死ぬ。爆発地点の大日岳の北西斜面海抜一二八〇m地点に凹地、昭和湖となる。
一九四六年（昭和21）	A	桜島火山	三月九日南岳東斜面（標高八〇〇m）から溶岩流、東北と南に分流、四月五日黒神海岸に、五月二一日有村海岸に。
一九四七年（昭和22）	A	阿蘇火山	五月第一火口、降灰砂多量、農作物被害。七月～九月噴石、降灰。
	A	浅間火山	八月一四日噴火で噴石、降灰、山火事、噴煙高度一万二〇〇〇m、登山者一一名死亡。
一九四九年（昭和24）	B	新潟焼山火山	七月三〇日大雨による泥流。
	B	秋田焼山火山	八月三〇日～九月一日空沼（旧火口）の四箇所で噴火、長さ二〇〇mの泥流。
	A	諏訪之瀬火山	一〇月黒煙、鳴動、地震、地割れ。
一九五〇年（昭和25）	A	伊豆大島火山	七月一六日旧火口南東側火口壁から噴火。赤熱噴石が火口上二〇〇m。火口底で溶岩噴出。七月二六日噴石丘形成、八月二九日三原山最高峰（七五五m）の高さにせまる。八月末溶岩は火口底を埋め、九月一三日火口縁北西部からカルデラ床に流出。
	A	浅間火山	九月二三日噴火で登山者一名死亡、六名負傷。
	A	諏訪之瀬火山	翌一九五四年までときどき噴火。
一九五一年（昭和26）	A	伊豆大島火山	二月四日火口底から溶岩流出、二月下旬火口縁から溢出し数条の溶岩流となり三月半ばカルデラ壁へ。四月一六日火口底に溶岩湖。その後噴火を繰り返し、六月一四日噴煙の高さ五〇〇〇m。火口底に直径三〇〇m、深さ三〇mの陥没口。六月二八日以後数日のうちに火口中央部の陥没は五〇m、旧来の中央火口が再現、噴石丘北半分崩壊。
一九五二年（昭和27）	A	十勝火山	八月一七日昭和火口（新々噴火口）。

一九五三年（昭和28）	A	阿蘇火山	四月二七日第一火口で噴火。人身大～人頭大の噴石を数百mの高さにあげる。噴石は火口縁の南西方六〇〇mに。観光客死者六名、負傷者九〇余名。
	A	伊豆大島火山	一一月九日噴石活動、溶岩流出。一二月一日から翌年二月にしばしば噴火、噴石活動、溶岩流出、新火口。
一九五四年（昭和29）	A	十勝火山	九月昭和火口で小爆発。大正火口で硫黄流出。
一九五五年（昭和30）	A	桜島火山	一〇月一三日南岳山頂で爆発。降灰多量で農作物被害。
	B	雌阿寒岳火山	一一月一九日ポンマチネシリ火口から東二六kmの鶴井村茂雪裡まで降灰。第一～第四火口、北溝・南溝。
	A	伊豆大島火山	一二月～一九五六年一月噴火。噴煙多量、噴石活動、新火口。
一九五六年（昭和31）	A	桜島火山	全年南岳活動。降灰、火山雷、噴石など。
	B	雌阿寒岳火山	五月一九日ポンマチネシリ火口で噴煙高度二〇〇〇m、網走に降灰。第一火口拡大、第三・四火口合体。六月一五日大岩塊放出、噴出物の厚さ火口付近で五〇～八〇cm、南東九〇kmの浜中村茶内まで降灰。第一火口二倍に拡大、第六火口形成。
一九五七年（昭和32）	A	伊豆大島火山	一〇月一三日新火口形成。火口付近の観光客死者一名、重軽傷者五三名。
	B	秋田焼山火山	泥流。
	B	知床硫黄火山	翌一九五八年（昭和33年）にかけて硫黄が海まで流出。
一九五八年（昭和33）	A	阿蘇火山	六月二四日第一火口爆発、噴石は火口の西一・二kmの阿蘇山測候所に。山腹一帯に多量の降灰砂、死者一二名、負傷者二八名、建築物被害。
	B	草津白根火山	または一九五九年に小噴火（湯釜内）、火口付近一帯降灰。
	A	浅間火山	一〇月～一二月活発に噴火。一一月一〇日爆発、多量の噴石、火砕流、降灰。
一九五九年（昭和34）	A	桜島火山	南岳爆発、噴石のため一月に山火事発生。
	B	霧島火山	二月一七日噴火（新燃岳）噴石、降灰多量。森林・耕地・農水産物に被害大。
	B	硫黄鳥島火山	六月八日北西火山で噴煙三〇〇〇m、噴石、降灰。活動約一か月、泥・硫黄が海上に流出。全島民島外移住。
	A	十勝火山	八月、一一月昭和火口（58―I噴気孔）小爆発。一一月泥流。
一九六一年（昭和36）	A	浅間火山	八月～一一月毎月数回～数十回噴火。八月一八日噴石、降灰、行方不明一名。
一九六二年（昭和37）	A	十勝火山	三月～六月大正火口で噴気活動活発化。六月二九日二二時四〇分頃、中央火口丘湯沼付近から大噴火。噴石により硫黄鉱山事務所破壊。死者四名、行方不明一名。翌三〇日二時四五分ごろから大噴火。火山弾、火山灰多量に噴出、噴煙一万二〇〇〇m。降灰は知床、南千島方面まで。火柱を伴う噴火は七月五日ごろまで。62―2火口の周囲にスコリア丘形成。

	B	焼岳火山	六月一七日中尾峠側山腹に長さ五〇〇mの割れ目(新火口)、多量の噴石、降灰、火口付近の山小屋で負傷者四名。一九日泥流。七月～一二月小爆発、泥流。
	A	三宅島火山	八月二四日北東山腹の標高二〇〇～四〇〇m付近より噴火。割れ目噴火、溶岩噴泉。多数の火口から溶岩を海中にまで流出。噴石丘「三七山」形成。
一九六四年(昭和39)	A	桜島火山	南岳の爆発活発、二月三日には中岳で登山者八名重軽傷。
一九六五年(昭和40)	A	阿蘇火山	一月ときどき土砂噴出。二月～六月火口底赤熱。七月、八月土砂出。九月火口底赤熱。一〇月二一日第一火口で爆発開始、一〇月二三日・三一噴石を南西方に飛散。
	B	口之永良部火山	一一月二日新岳火口で爆発、黒煙、噴石、負傷者三名。
一九六七年(昭和42)	A	桜島火山	一月以後爆発回数増加、降灰、噴石、地鳴り、火山雷、火炎を伴う。五月、七月、一〇月、一一月南岳火口に溶岩上昇。
	B	硫黄鳥島火山	一一月二五日ごろ噴火。噴煙多量、硫黄採掘者撤退。
	B	硫黄島火山	一二月二三日水蒸気爆発、ミリオンダラーホール、火口の直径三〇～四〇mのもの二箇所。
一九六九年(昭和44)	B	硫黄島火山	一月八日～一二日噴気、ミリオンダラーホール北側から噴気、付近に地割れ。一一月または一二月金剛岩小爆発。
	A	桜島火山	二月一八日一二四日ぶりの爆発。七月降灰多量、八月火口に溶岩上昇。
	A	阿蘇火山	翌一九七三年まで鳴動、火口底赤熱、火炎、土砂噴出。
一九七〇年(昭和45)	B	秋田駒ヶ岳火山	一九七〇年八月末ごろ女岳山頂付近に噴気孔形成。九月一五日新たな噴気孔。一八日噴火開始。以後頻繁にストロンボリ式噴火。溶岩流出。一九七一年一月二六日まで継続。
一九七一年(昭和46)	B	霧島火山	八月五日小規模な水蒸気爆発(手洗温泉付近)と地すべり。
一九七二年(昭和47)	A	桜島火山	三月二日、三〇八日ぶりに南岳爆発。九月一三日噴煙多量で、降灰のため農作物に大被害。一〇月二日大きな爆発音、空振、多量の赤熱噴石が三合目まで飛散、山火事多発。
	B	岩手火山	四月一〇日妙高岳から白色噴煙三〇〇m。
一九七三年(昭和48)	A	桜島火山	全年南岳活動。火山礫で六月一日負傷者一名。降灰多量、農作物被害。
	A	浅間火山	一一年ぶりに大噴火。五月まで活動続く。二月一日小規模な火砕流三回発生。
	B	西之島火山	五月三〇日白煙。六月二七日噴煙、噴石、水柱。七月一一日直径三〇～五〇mの新島。九月一四日新島の位置・本島南端から東南東に六〇〇m。径約一五〇m、高さ四〇m。噴石、水柱二〇〇m。九月二九日新島主火口より溶岩流出、その西約四〇mに第二新島。一〇月九日第二新島の西に第三新島。一〇日第一～三新島陸つづき。西之島新島と命名。

一九七四年（昭和49）	A	桜島火山	全年南岳活動。夏に爆発回数増加。降灰多量のため農作物被害大。土石流、鉄砲水など二次災害発生、六月一七日と八月九日合計八名死亡。
	A	伊豆大島火山	二月二八日～三月一日小噴火、火口底約六〇m上昇。五月七日～中旬火口底さらに上昇。火口底で六月中旬まで小規模なストロンボリ式噴火。
	B	鳥海火山	三月六日新山の東側火口で噴火し噴煙、降灰（水蒸気爆発）。四月二四日泥流。四月二八日新山西側・荒神ヶ岳の割れ目から噴煙。黒煙と泥流。北方二六㎞まで降灰。五月八日の灰色噴煙を最後に弱い噴気となる。
	B	西之島火山	三月二日新島東北端に新々島出現。溶岩流出。六月一〇日新島と旧島結合。
	B	新潟焼山火山	七月二八日未明に割れ目噴火の水蒸気爆発。降灰域は北東一〇〇㎞に。降灰六五万t。泥流流出。噴石により山頂付近で登山者三名死亡。
一九七五年（昭和50）	A	桜島火山	全年南岳活動。二月～四月と一一月に爆発増加。四月一七日、九月一七日土石流。
	A	阿蘇火山	一月～六月噴火、前年八月から噴火断続、火口周辺降灰。一〇月火口周辺降灰、火映。一一月坊中付近降灰。一二月噴火、仙酔峡・根子岳付近降灰、火映。
	—	爺爺岳火山（国後島）	スコリアを上空に打ち上げ。
一九七六年（昭和51）	A	桜島火山	全年南岳活動。五月から爆発が増加。五月、六月鹿児島市に降灰多量。五月一三日日南市・串間市まで降灰、黒神町・垂水市牛根で噴石。六月九日桜島白浜仁田河原で、六月一〇日ハルタ山山腹で土石流。
	B	草津白根火山	三月二日水釜で小規模な水蒸気爆発。八月三日本白根山白根沢（弁天沢）で滞留火山ガスにより登山者三名死亡。
一九七七年（昭和52）	A	有珠火山	八月七日外輪山内の火口原（小有珠南東麓）から軽石噴火。八月一四日未明まで四回の大きな噴火を含む十数回の噴火断続。噴煙高さ最高一万二〇〇〇m、火口周辺多量の軽石・火山灰堆積。降灰は道内一一九市町村に。一〇月まで地震活動、火口原内隆起現象が続く。山頂部の地殻変動は北麓から東麓に。道路や建物被害。一一月一六日以降、新火口を次々に生じ一九七八年一〇月二七日まで継続。
	A	桜島火山	全年南岳活動。五月から爆発が多発、五月～九月火山灰の噴出多量、一一月、一二月には大きな爆発。五月～九月鹿児島市内に降灰多量。
	B	吾妻火山	二月ごろから一切経山大穴火口の噴気活動活発化。一〇月二六日から激しく噴出。酸性の泥水噴出のため塩川の魚の浮上死、養魚場被害。
一九七八年（昭和53）	A	桜島火山	全年南岳活動。一月～三月爆発強く火山灰噴出多い。五月、七月～一〇月鹿児島市に降灰多量。七月三一日鹿児島市吉野町に火山礫（最大径約三㎝）多量。
	A	有珠火山	七月～八月マグマ水蒸気爆発。一〇月二四日二次泥流により死者二名、行方不明一名、軽傷二名、住家被害一九六棟、非住家被害九棟、農林業・土木・水道施設等に被害。地震活動・隆起現象一九八二年三月まで続く。オガリ山と小有珠東麓部が約一八〇m隆起、有珠新山と命名。

一九七九年（昭和54）	A	桜島火山	南岳は五月～七月除いて全月爆発。一〇月～一二月多発。一一月一二日古里町方面に降灰多量、農作物に被害、停電事故発生。九月～一一月鹿児島市に降灰多量。六月二九日～七月三日黒神町で火山ガス、四日降灰（通称赤灰）により農作物被害。
	A	阿蘇火山	六月～八月赤熱噴石活動、火口周辺に降灰。九月六日爆発で火口北東楢尾岳周辺で死者三名。一〇月～一一月噴火活発、一一月大量の降灰、宮崎県北西部・大分県・熊本市内に降灰、農作物被害。
	B	御嶽火山	一〇月二八日早朝剣ケ峰（主峰）南西山腹で割れ目から水蒸気爆発。同夜におさまる。前橋付近まで降灰。山麓で農作物被害。
一九八〇年（昭和55）	A	桜島火山	全年南岳活動。五月は活発。四月、五月は鹿児島市内に降灰多量。三月二一日黒神町で降灰と火山ガス。五月八日降灰で鹿児島の市電脱線、停電。
一九八一年（昭和56）	A	桜島火山	全年南岳活動。六月から火山灰の噴出が多く、八月から爆発多発。六月、八月、九月鹿児島市に降灰多量。
一九八二年（昭和57）	A	桜島火山	全年南岳活動。三月爆発多発。七月二四日土石流により持木川の橋流失。
一九八三年（昭和58）	A	桜島火山	全年南岳活動。二月爆発多発。二月二日桜島南部の河川で土石流。三月二日桜島東・南部で土石流、黒神川と有村川氾濫。
	A	浅間火山	四月八日爆発音、火口上に電光と火柱、南斜面で山火事発生。長野県・関東北部・福島県の太平洋岸まで降灰。
	A	三宅島火山	一〇月三日南西山腹に生じた割れ目から噴火。溶岩噴泉。溶岩流は三方向へ。南南西へは粟辺を通り海中に。西方へは阿古地区の住家を埋没、海岸近くで停止。島南部新澪池付近と新鼻の海岸付近でマグマ水蒸気爆発、多量の岩塊周辺に落下、坪田周辺に多量の火山灰。住宅埋没・焼失約四〇〇棟。
一九八四年（昭和59）	A	桜島火山	全年南岳活動。一二月爆発多数。二月四日爆発で火山雷三八回、七〇〇mの火柱。二月二八日有村展望所で径六～七㎜の火山礫。四月一九日第二古里川で土石流。六月八日黒神川や周辺で土石流。
一九八五年（昭和60）	A	桜島火山	全年南岳活動。七月、一二月爆発多発、年間回数は四七四回。
一九八六年（昭和61）	A	桜島火山	全年南岳活動。一一月二三日直径約二m（約五t）の噴石が古里町に落下。
	A	伊豆大島火山	一一月一二日南側火口壁で噴気開始。一五日南側火口壁より噴火始まる（A火口）。一五～二三日山頂噴火続く、溶岩噴泉、溶岩湖、溶岩流。一九日溶岩が火口から溢れ、カルデラ床に流下。カルデラ床で割れ目噴火開始（B火口）。溶岩噴泉・溶岩流。外輪山外側で割れ目噴火（C火口）。二一日夜全島民島外避難（約一箇月）。二三日カルデラ内で二次的な溶岩流。一二月一八日A火口噴火。
一九八七年	A	桜島火山	全年南岳活動。七月一七日持木川で土石流、護岸堤防破損。一一月一七日一〇〇〇mの火柱、東桜島町湯之に噴石落下。

年	区分	火山	活動
（昭和62）	A	伊豆大島火山	一一月一六日噴火、爆発、中央火口約三〇m陥没。一八日噴火・陥没により直径約三五〇～四〇〇m、深さ約一五〇mの中央火口再現。
	A	桜島火山	全年南岳活動。六月一五日～一六日三回の爆発を含む噴煙活動。鹿児島地方気象台の日降灰量一一・六七kg（観測史上最多）。八月二二日～二三日野尻川で土石流三回。
一九八八年（昭和63）	A	十勝火山	一二月一〇日・一一日に62―2火口から有色噴煙。一二月一六日に62―2火口から小噴火。南東約八〇kmまで降灰。一二月一八・一九日に火柱、火砕サージ、泥流、東北東約一五〇kmまで降灰。一二月二四日火柱、火砕サージ。一二月二五日火柱、火山雷、噴石、火砕サージ、火砕流、泥流。一二月一六～三〇日までに六回の小噴火。
一九八九年（平成元）	A	十勝火山	一月一日～三月五日一五回噴火。火柱、火砕サージ、火砕流、噴石、泥流、降灰一四〇km。
	A	桜島火山	全年南岳活動。一月～九月爆発回数は月一～三回と少ない。
	B	知床硫黄火山	翌一九九〇年（平成二年）にかけて中腹火口の爆発とともに数万tの硫黄が流出。
一九九〇年（平成2）	A	桜島火山	全年南岳活動。
	A	伊豆大島火山	四月以降噴煙、地震、微動とも活動低調に。一〇月四日未明小噴火。島内の西部～北東部に弱い降灰。火口底に直径約一〇〇mの陥没孔形成。
	A	雲仙火山	一一月一七日普賢岳山頂東側の地獄跡火口、九十九島火口の二箇所から噴火。周辺降灰。噴煙の最高四〇〇m。
一九九一年（平成3）	A	桜島火山	全年南岳活動。
	A	雲仙火山	二月一二日屏風岩火口噴火。三月～五月地獄跡火口と屏風岩火口で小噴火。五月二〇日地獄跡火口に溶岩ドーム。次第に成長し二四日火砕流開始、以後頻繁に火砕流。六月三日火砕流災害（死者不明四三人、建物一七九棟被害）。六月八日、九月一五日火砕流災害（建物）。雨による泥流災害。五月二六日火砕流に対する避難勧告。
	B	御嶽火山	五月二〇日、一九七九年噴火の第七火口から火山灰噴出跡。噴火後初めての火山灰。
一九九二年（平成4）	A	雲仙火山	溶岩ドームの成長・崩落・火砕流発生。八月八日火砕流災害。雨による土石流災害。
	A	桜島火山	全年南岳活動。
	A	阿蘇火山	四月から土砂噴出、次第に活発化、八～九月活発な噴出、噴煙最高一五〇〇m。一二月921・922火孔開口、火炎。
一九九三年（平成5）	A	雲仙火山	溶岩ドームの成長・崩落・火砕流発生。六月二三日～二四日火砕流災害（死者一名）。雨による土石流災害。
	A	桜島火山	全年南岳活動。
一九九四年（平成6）	A	雲仙火山	溶岩ドームの成長・崩落・火砕流発生。二月～四月北北西方向にも火砕流。八月～九月南東・南西方向へ火砕流。

	A	桜島火山	全年南岳活動。
	A	阿蘇火山	九月土砂噴出活発。一二月大きい土砂噴出。
一九九五年（平成7）	A	雲仙火山	一月下旬地下からの溶岩ドームの変化なくなる。一九九一年からの溶岩噴出停止。
	B	アカンダナ山	二月一一日アカンダナ山東約四kmの安房トンネル建設現場で水蒸気爆発。水蒸気、微量の硫化水素噴出。衝撃による土砂崩れで作業員四名犠牲。
	A	桜島火山	全年南岳活動。八月二三日～二五日活発に噴火、九州北部まで降灰。
	A	阿蘇火山	三月噴火。年間土砂噴出断続。
一九九六年（平成8）	A	雲仙火山	二月一〇日溶岩ドームの崩落による火砕流二回、一二日三回、一三日に一回発生、五月一日に最後の火砕流発生。
	A	渡島駒ヶ岳火山	三月五日鹿部町で降灰。六日昭和四年火口から噴煙。昭和四年火口内に「九六年主火口」、昭和四年火口の南側火口原に延長約二一〇mの「九六年南火口列」。
	A	桜島火山	一～三月高いレベルの活動、三月の爆発回数六九回（歴代五位）。四月以降は穏やかな活動、八月は一箇月間噴火なし。年間爆発回数一七一回。
一九九八年（平成10）	A	薩摩硫黄島	四月下旬～五月初め火口周辺火山灰。八月島内で時々降灰、八月一一日竹島で降灰。一〇月少量の降灰数回。一一月火口から時々火山灰放出、展望台付近（硫黄岳南東側中腹）まで降灰。
	A	十勝火山	六月二三日～二四日62―2火口北西側内壁に新噴気孔。62―3火口噴気活動再開。62―0火口、62―1火口、振子沢噴気孔群で地温上昇、地熱域・変色域拡大。九月火山ガス、山麓で広葉樹葉枯れ。九月二九日62―2火口底に高さ約二mの熱泥水噴出、西側内壁に新噴気孔形成。一〇月五日熱泥水。
	A	渡島駒ヶ岳火山	一〇月二五日噴火直後の噴煙高度一二〇〇m、東南東約一〇kmの範囲に微量の降灰。昭和四年火口内に「九八年火口」。
一九九九年（平成11）	A	桜島火山	七月から噴火活動活発。一二月一〇日爆発で火柱一〇〇〇m、多量の噴石を四合目まで飛散、黒神町県道一帯に最大径四～五cmの火山礫落下。年間爆発回数二三七回。
二〇〇〇年（平成12）	A	桜島火山	前年に続き二月中ごろまで噴火活動活発。一〇月七日噴煙火口上五〇〇〇m以上。強い東風により鹿児島市に大量の降灰。年間爆発回数一六九回。
	A	有珠火山	三月三〇日～三一日山頂部や北西山麓に断層・地割れ。三一日西山山麓からマグマ水蒸気爆発、噴煙火口上三五〇〇m、噴石放出、北東側に降灰。四月一日金比羅山から新たな噴火活動。四月中旬にかけて小規模な水蒸気爆発を繰り返し、複数の火口から熱泥流、西山西麓と金比羅山周辺に六五の火口。四月中旬以降活発な火口は限定、二〇〇一年九月まで噴火活動断続。西山西麓を中心に最大約七〇m隆起し潜在ドームを形成。
	A	三宅島火山	七月八日山頂で噴火開始、断続的に繰り返し、約二五〇〇年ぶりとなるカルデラを形成。多量の火山灰・火山ガス放出、噴石や弱い火砕流を伴う。

	A	渡島駒ヶ岳火山	九月四日火口上高さ五〇〇mの白色噴煙。昭和四年火口から一一km範囲に微量の降灰。九月一二日微動・噴煙増加。噴煙高度火口上七〇〇m。二八日東大沼地区などに微量の降灰。一〇月二八日噴煙火口上二〇〇〇m以上、鹿部町を中心に東方向に降灰。径一m級の岩塊が火口から一〇〇m地点まで点在。
	A	諏訪之瀬火山	一二月噴火。新火口形成。
二〇〇一年(平成13)	A	三宅島火山	時おり微量な火山灰。多量の火山ガスを放出する噴煙活動を継続。
	A	諏訪之瀬火山	三月～一二月爆発的噴火。
二〇〇二年(平成14)	A	諏訪之瀬火山	一月～七月爆発的噴火。
二〇〇三年(平成15)	A	浅間火山	二月六日、三月三〇日、四月七日、一八日小規模な噴火、少量の降灰。火口付近に最大四cmの火山礫。噴煙活動活発。
二〇〇四年(平成16)	A	浅間火山	九月一日大きい爆発音と空振。山頂北東側に火山礫、群馬・福島で降灰。九月一四日～一八日小噴火、軽井沢町に多量の降灰、南関東・東京で降灰。九月二三日爆発音と空振。山頂北北東側に火山礫、群馬・新潟・山形で降灰。九月二九日弱い爆発音と空振。山頂の北側に火山礫、嬬恋村・長野原町・草津町で降灰。一〇月一〇日弱い空振。山頂の北北東側に火山礫、北北東方向の嬬恋村・長野原町で降灰。一一月一四日大きい爆発音と空振。山頂の東側に最大径七・五cmの火山礫、群馬・栃木で降灰。
	A	三宅島火山	二月三〇日、三月二日、八日、九日山頂から微量な火山灰を放出する噴火。多量の火山ガスを放出する噴煙活動を継続。
二〇〇五年(平成17)	A	三宅島火山	四月一二日、五月一八日、山頂カルデラから噴火、降下火砕物。
	A	諏訪之瀬火山	御岳火口の爆発的噴火は年間四六回。
	A	桜島火山	南岳山頂で、年間爆発回数一二回(比較的静穏)。
二〇〇六年(平成18)	A	三宅島火山	二月一七日、八月二三日、山頂カルデラから噴火、降下火砕物。
	B	雌阿寒岳火山	三月二一日ポンマチネシリ北西斜面および赤沼火口で小規模噴火。火砕物降下、泥流。
	A	阿蘇火山	小規模な土砂噴出。七月以降全面湯だまり。一〇月から南阿蘇村吉岡の噴気活動が活発化。
	A	諏訪之瀬火山	御岳火口の爆発的噴火は一～三月、七月、八月、一〇～一二月に発生、年間の爆発回数五一九回。
	A	桜島火山	年間爆発回数一五回(すべて南岳山頂火口)。
二〇〇七年(平成19)	B	御嶽火山	三月後半、ごく小規模な噴火。
	A	諏訪之瀬火山	御岳火口の爆発的噴火は一～五月、九～一二月に発生、年間の爆発回数七〇回。
	A	桜島火山	年間爆発回数一〇回(すべて南岳山頂火口)。

二〇〇八年(平成20)	A	浅間火山	八月一〇・一一・一四日ごく小規模な噴火。火砕物降下。
	B	雌阿寒岳火山	一一月一八、二八～二九日ポンマチネシリ九六－一火口・第四火口で小規模噴火、火砕物降下。
	B	霧島火山	八月二二日、新燃岳で小規模：水蒸気噴火。小林市方面へ降灰。
	A	諏訪之瀬火山	御岳火口の爆発的噴火は二～四月、六月、八～一二月に発生、年間の爆発回数一九四回。
	A	桜島火山	二月三日に昭和火口で爆発的噴火年間爆発回数、南岳山頂火口四回、昭和火口二五回。
二〇〇九年(平成21)	A	浅間火山	二月九～一二日小規模噴火、軽井沢町の一部で微量の降灰。
	A	阿蘇火山	二月四日。ごく小規模な噴火。火口の南西約八〇〇m付近で微量の降灰。
	A	諏訪之瀬火山	御岳火口の爆発的噴火は年間を通して発生、年間の爆発回数二一六回。
	A	桜島火山	四月九日、昭和火口で噴煙が火口縁上四〇〇〇mを超える爆発的噴火、火砕流発生。一〇月三日、南岳山頂火口で爆発的噴火。噴煙が火口縁上三〇〇〇m、噴石が四合目まで達した。一〇月以降は昭和火口の爆発的噴火の回数が更に増加。年間爆発回数、南岳山頂火口三回、昭和火口五四五回。
二〇一〇年(平成22)	B	霧島火山	三月三〇日、四月一七日、新燃岳で水蒸気噴火。
	A	諏訪之瀬火山	御岳火口の爆発的噴火は六月を除いた年間を通して発生、年間の爆発回数二八三回。
	A	桜島火山	昭和火口で活発な噴火活動が継続。年間爆発回数は八九六回(すべて昭和火口)。
二〇一一年(平成23)	A	阿蘇火山	五月一五日～六月九日にかけて、ごく少量の火山灰噴出。
	A	樽前火山	五月二六日、ドーム南西噴気孔群から高温ガスと乾いた砂礫が断続的に噴出。
	B	霧島火山	一月一九日に新燃岳で小規模噴火、二六日に準プリニー式噴火に移行、多量の火山灰や軽石放出。一月二七日頃火口内へ溶岩噴出、二月上旬に直径約六〇〇m。爆発的噴火一月二七日～三月一日に一三回。二月一日、四月三日、四月一八日、火口付近に大きな噴石。四月、六月、九月に熊本県等で降灰。
	A	諏訪之瀬火山	御岳火口の爆発的噴火は一～五月、九月に発生、年間の爆発回数五一回。
	A	桜島火山	南岳山頂火口で二月七日に二回爆発的噴火。年間爆発回数、南岳山頂火口二回、昭和火口九九四回。
二〇一二年(平成24)	A	諏訪之瀬火山	御岳火口の爆発的噴火は一～三月に発生。
	A	桜島火山	年間爆発回数、南岳山頂火口二回、昭和火口八八三回。
二〇一三年(平成25)	A	諏訪之瀬火山	御岳火口の爆発的噴火は八月以降断続的に発生。一二月下旬二四七回、一二月二九・三〇日だけで一九一回。
	A	桜島火山	昭和火口で噴火活動継続。八月一八日、噴煙が火口縁上五〇〇〇m、甑島にかけて広範囲に降灰。九月二五日、噴煙火口縁上四〇〇〇m、種子島にかけて降灰。昭和火口の年間の爆発回数八三五回。
	B	西之島火山	一一月二〇日、西之島の南南東五〇〇mで噴火、新しい陸地が出現。一二月二六日には溶岩流が西之島の南岸に到達、二箇所で接続して一体化していた。

二〇一四年（平成26）	A	諏訪之瀬火山	御岳火口の爆発的噴火は一月～六月断続的に。九月三日火口上二二〇〇mまで噴煙。
	A	桜島火山	年間爆発回数、すべて昭和火口から四五〇回。
	B	御嶽火山	九月二七日噴火が発生、噴煙の高さ火口縁上約五〇〇〇m。山頂周辺の降灰・噴石により、登山者の死亡五七名、行方不明六名。火山災害として戦後最大。入山規制となる。
	B	西之島火山	噴火・溶岩流出が継続し、二月四日に西之島の面積が噴火以前の三倍となる。新たに陸地が拡大。六月までに四つの火口出現。一二月二五日には約五〇〇m離れた西之島とつながった。一二月までには西之島部分が溶岩でほぼ完全に覆われ、なお熔岩の流出が続く。
二〇一五年（平成27）	A	桜島火山	一月以降山体膨張、噴火をくりかえす。五月二一日噴煙高さ四三〇〇m。
	B	西之島火山	三月までに山頂から東側に大量の溶岩が流出。
	A	口之永良部火山	五月二九日、新岳から噴火、噴煙が高さ約一〇〇〇〇mまで達した。噴火に伴い火砕流が発生し、西側と北西側の向江浜地区では海岸まで到達。全島民が屋久島へ避難。
	A	浅間火山	六月一六日、山頂火口でごく小規模な噴火。北側約四kmで微量の火山灰。
	B	箱根火山	六月三〇日、大涌谷でごく小規模な噴火、その後も断続的に噴火が発生。

〈二〇一五年七月末現在〉（清水長正）

《登山者向け火山情報》

気象庁では、平成二六年九月二七日の御嶽山噴火を踏まえ、平成二六年一〇月一〇日から気象庁ウェブサイトに、火山登山者向けの情報ページが新たに設けられ、噴火警戒レベルや入山規制などを知ることができます。トップページの「登山者向けの情報提供ページ」のリンクボタンをクリックすれば、登山前に最新の火山情報をチェックすることができます。

気象庁地震火山部火山課　火山監視・情報センター
(http://www.data.jma.go.jp/)
電話　〇三―三二一二―八三四一（内線四五二六）

七　氷河地形　雪食地形　周氷河地形

1　氷河地形

日本に氷河はないと長い間考えられてきたが、剱・立山連峰の御山谷などに古くから知られていた下部の氷化した越年性残雪（雪渓）の幾つかが、ＧＰＳを用いた精密な観測の結果、流動していることが証明されて二〇一二年に雪氷学的に氷河と認められた。これらの小氷河がどのような作用を行っているか明らかではないが、それを納める氷食谷をつくった、過去に存在した大きな氷河の末裔であることは間違いない。

氷河地形が日本で初めて報告されたのは白馬岳東面で、一九〇二年のことである。しかしその後長い間わが国では実際に氷河や氷河地形を見た人が少なく、それに関する知識の普及も進まなかったため、氷河地形の認定をめぐって混迷が続いた。一九四〇年頃には、尖峰（ホルン）、鋸歯状山稜（アレート）、圏谷（サーク／カール）、U字谷、堆石堤（モレーン）という典型的なアルプス型の氷河地形のみを氷河地形と認め、疑わしいものはすべて積雪の侵食作用（雪食）によるとする見解が定着し、それが未だに尾を引いているように思われる。

その一方で、地理調査所（現・国土地理院）に勤務していた五百澤智也《いおざわともや》は、従来の地形図と登山路からの観察にもとづく調査とは異なる、空中写真判読によって日本アルプスと日高山脈の氷河地形分布図を作成した（図1～6）。空中写真で氷河地形と判断した基準（判読基準）は、岩峰・岩稜をともなう、急崖や急斜面に囲まれた谷頭部のスムーズな凹地形、その側面と下流に存在する堆積地形、平行ないし周囲が樹枝状で中心部が平行型の水系パターンの存在などである。堆石堤は高位置のものがハイマツに、低位置のものが針葉樹におおわれていることが多いので、周囲の植生との違いも判断の基準になっている。

この図で氷河地形は形態が明瞭な新期と、やや不明瞭な旧期のものに分けられている。新期とされたものは、以前から氷河地形と認められていたものが多く、形成時代がおよそ二万年前を中心とする最終氷期後半で、一部に十四世紀半ばから十九世紀半ばまで続いた小氷期のものを含んでいる。立山・剣連峰の小氷河はまさにその生き残りといえる。旧期の氷河地形は新期のそれの外側あるいは下方に分布し、多くの場合その下端が森林帯中に位置していて、八万年前から四万年前頃までの最終氷期前半と、最終氷期より一つ前の氷期に形成されたものを含んでいる。古期氷河地形はその後の侵食や崩壊で形が損なわれ、堆石が失われている場合が少なくないが、後《うしろ》立山《たてやま》連峰、槍・穂高連峰、日高山脈などでの現地調査によって、図の信頼性の高いことが証明されている。

　この図で、氷河が最も拡大していた時期には、飛騨山脈に四三〇km^{2}の氷河が存在していたとみられる。その半分は後立山連峰に分布し、白馬岳北方一帯には現在のカナディアンロッキーのコロンビアアイスフィールドに匹敵する規模の氷帽（アイスキャップ）が存在し、大雪渓氷河は長さ八kmあったと考えられる。しかしこれについては最近異論が出されていて、決着を見ていない。同じく木曽山脈には三〇km^2、赤石山脈には五〇km^2、日高山脈には一五〇km^{2}の氷河が存在していたとみられる。

写真１　谷川岳東面の氷河地形　マチガ沢（左端）、一ノ倉沢（中）、幽ノ沢（右）の岩壁直下から谷の下流に向かってのびる、雪渓の両側に分布する高まりがモレーン、湯檜曽川上空から（小疇尚撮影）

　これら以外では飯豊山地、谷川岳（写真1）、利尻山、大雪山などで堆石を含む氷河地形が確認されている。富士山も最終氷期の古富士火山時代に何度か大規模な泥流を流していて、山上にあった氷河が噴火で融解したのが原因ではないかと考えられるが、その後に噴火した現在の新富士火山に山体がおおわれて、氷河地形を確認できない。今の富士山は、吉田大沢の地形が一九八五年に大爆発して崩壊したアメリカのセントへレンズ火山にあったシューストリンググレーシャー（靴ひも氷河）や、カムチャツカの諸火山にみられる同様の氷河のそれに酷似していて、氷河があったことを予想させる。それらを合わせると、日本の山地には氷期に約八〇〇km^{2}の氷河が分布していたと推定される。

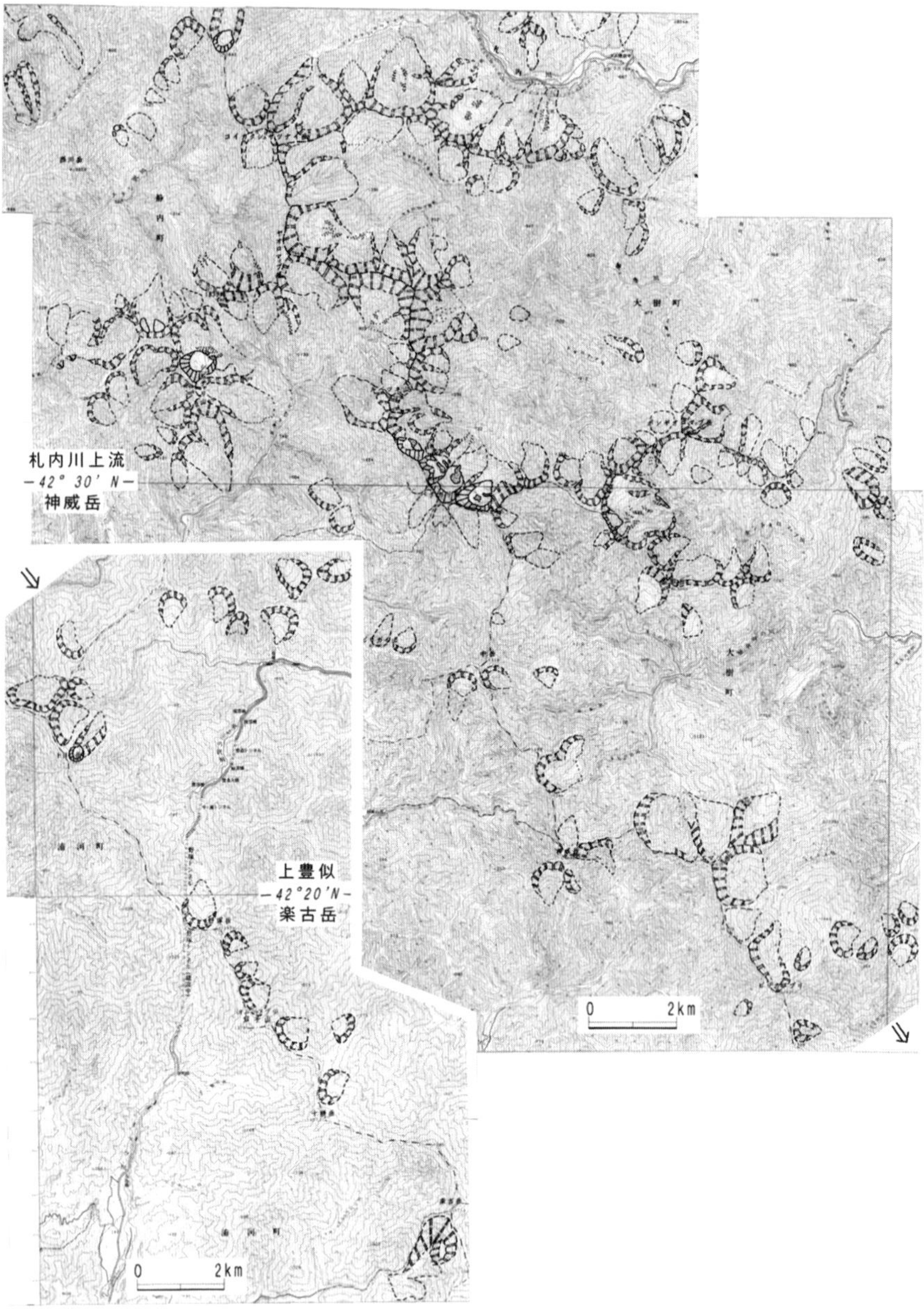
札内川上流
−42° 30′ N−
神威岳
上豊似
−42°20′N−
楽古岳
0
2km
0
2km

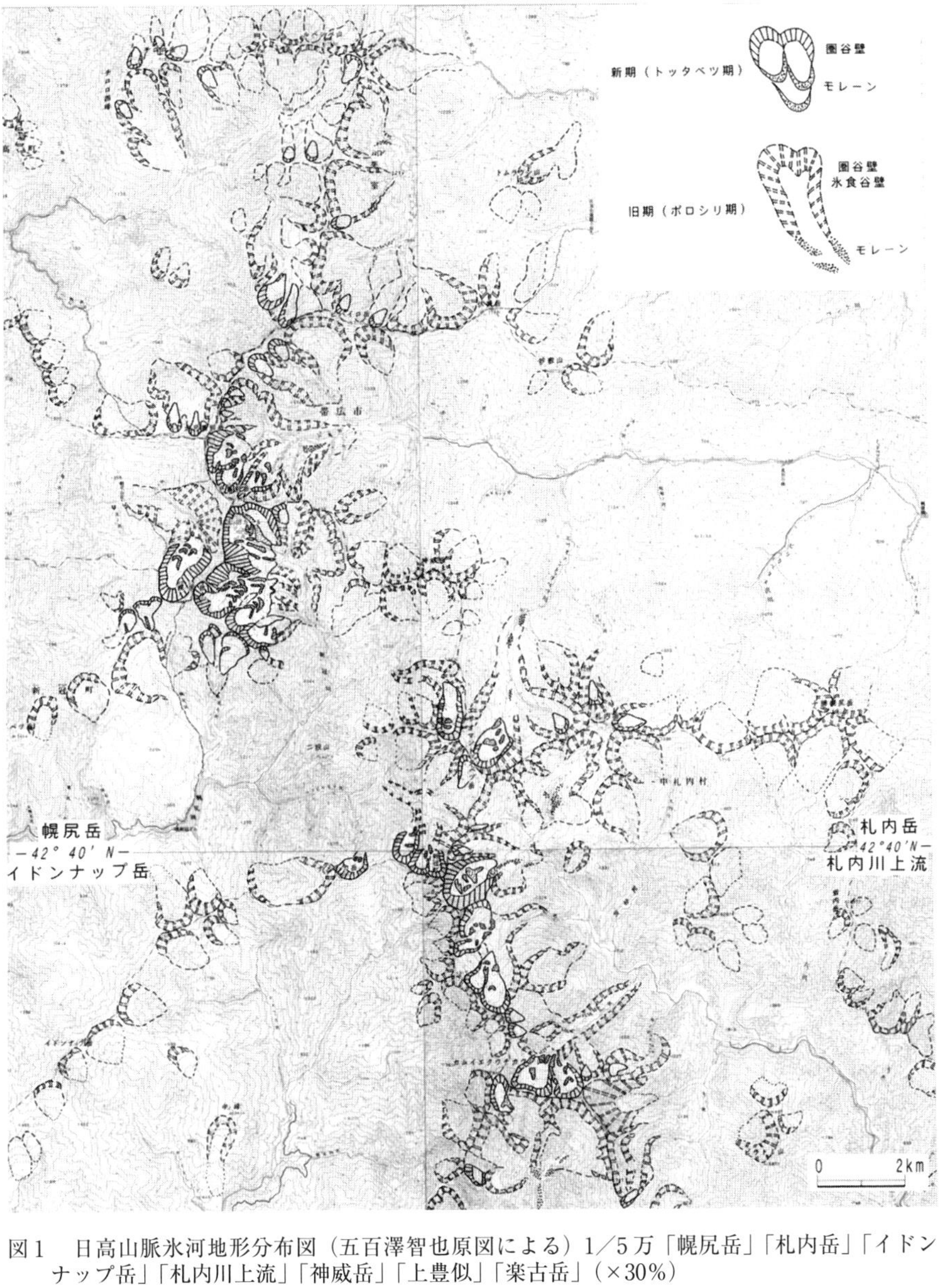

図1　日高山脈氷河地形分布図（五百澤智也原図による）1／5万「幌尻岳」「札内岳」「イドンナップ岳」「札内川上流」「神威岳」「上豊似」「楽古岳」（×30%）

図2　飛騨山脈北部氷河地形分布図（五百澤智也原図による）1／5万「泊」「小滝」「黒部」「白馬岳」「立山」「大町」（×30%）

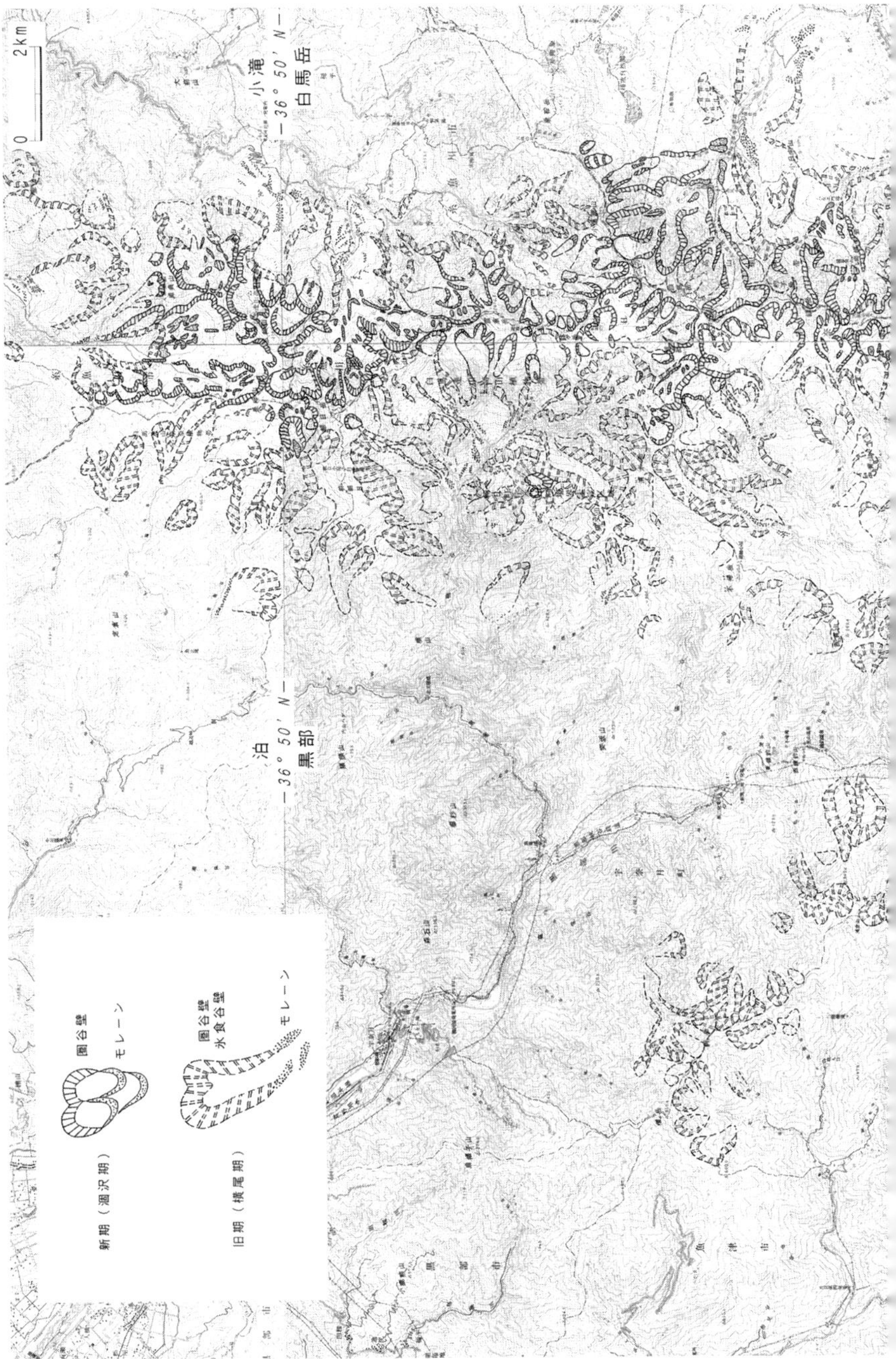
0
2km
小滝
白馬岳
36° 50′ N
泊
黒部
36° 50′ N
圏谷壁
モレーン
新期（涸沢期）
圏谷壁
氷食谷壁
モレーン
旧期（横尾期）

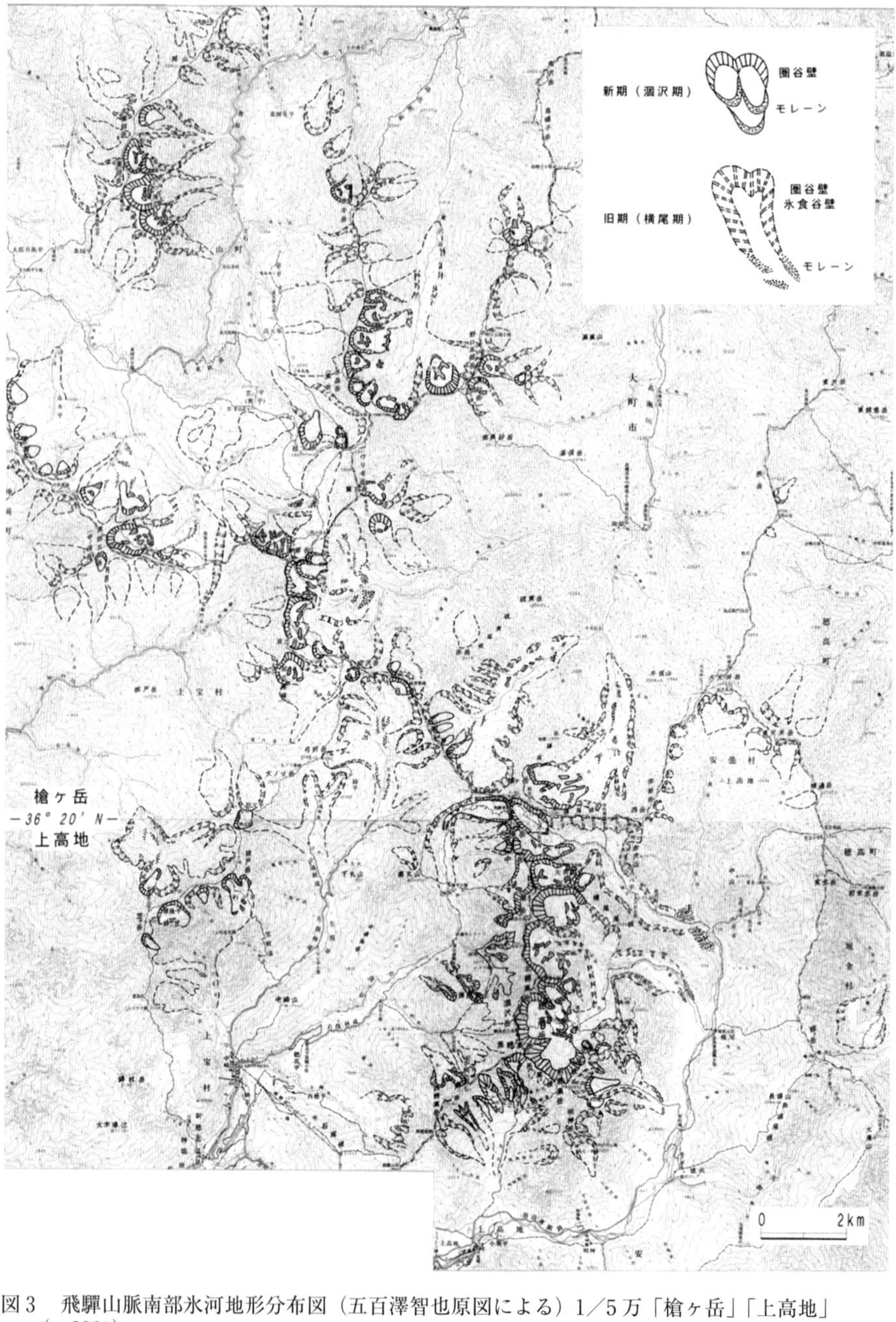

図3　飛騨山脈南部氷河地形分布図（五百澤智也原図による）1／5万「槍ヶ岳」「上高地」（×30％）

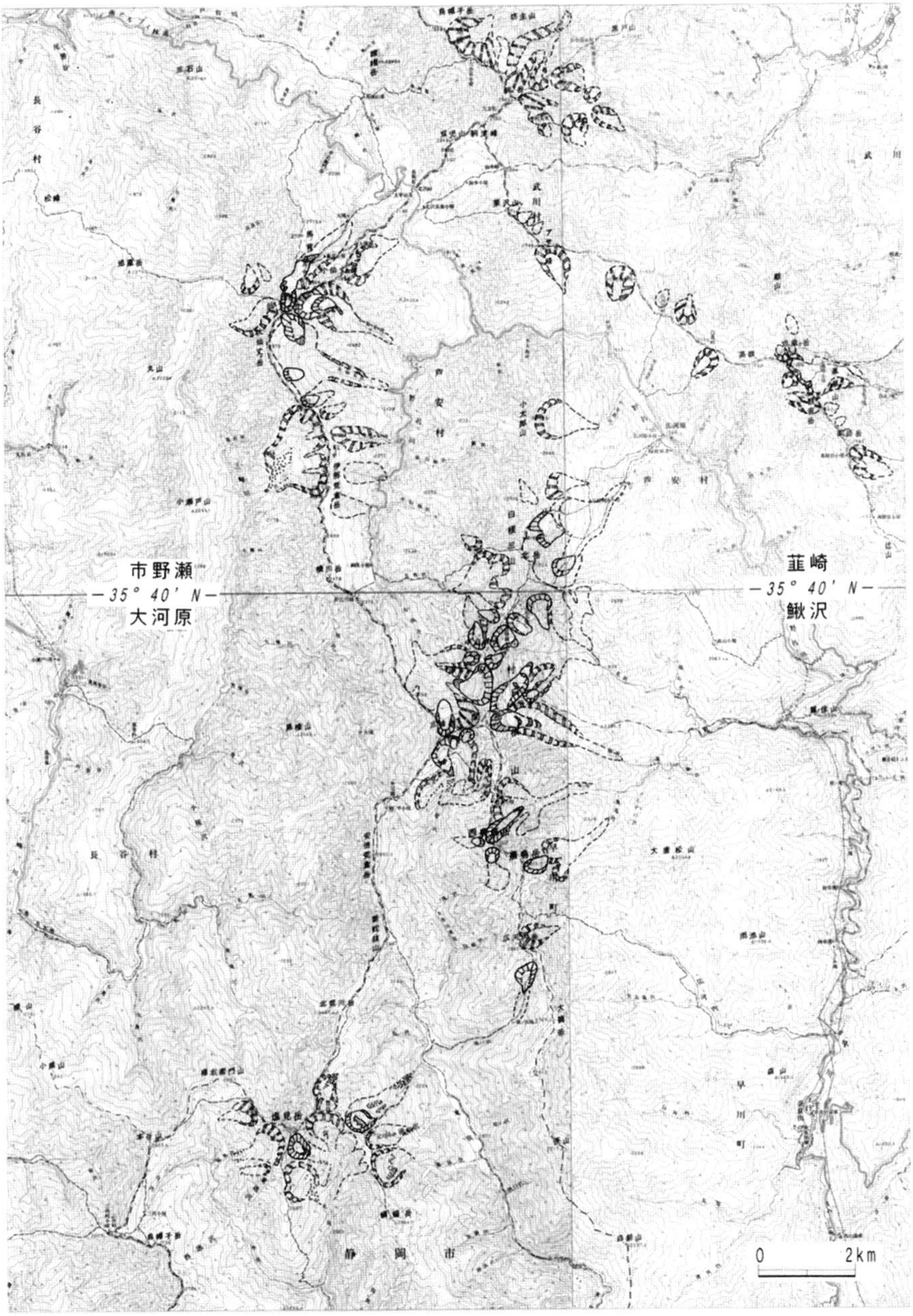

図４　赤石山脈北部氷河地形分布図（五百澤智也原図による）1／5万
「市ノ瀬」「韮崎」「大河原」「鰍沢」（×30％）

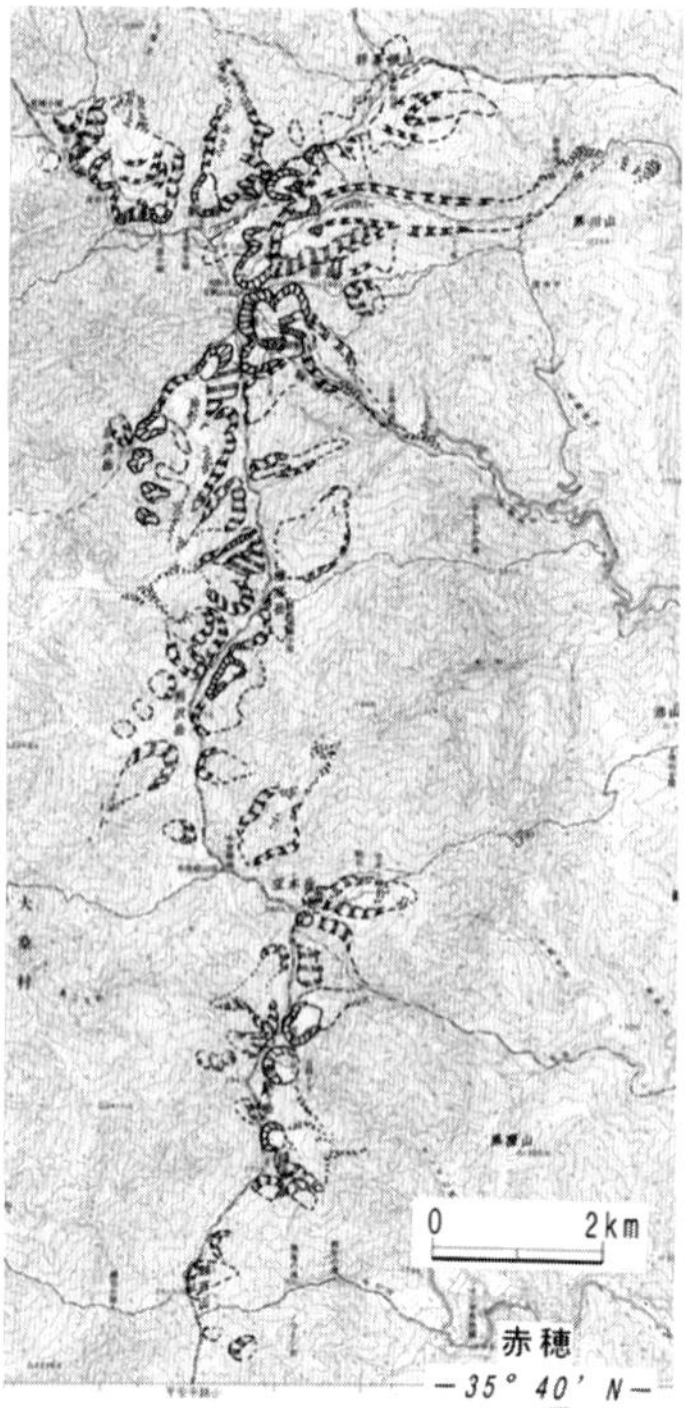

図6　木曾山脈氷河地形分布図（五百澤智也原図）1／5万「赤穂」（×30％）

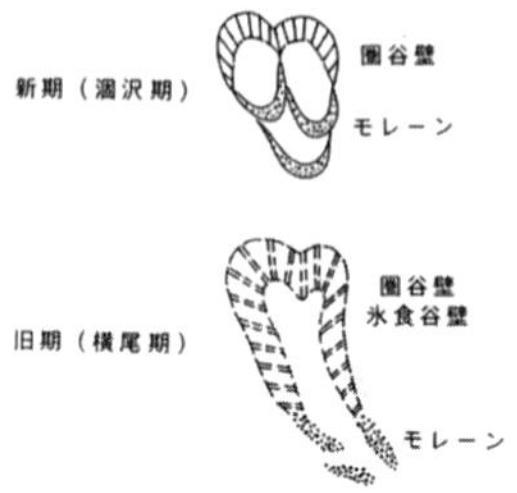

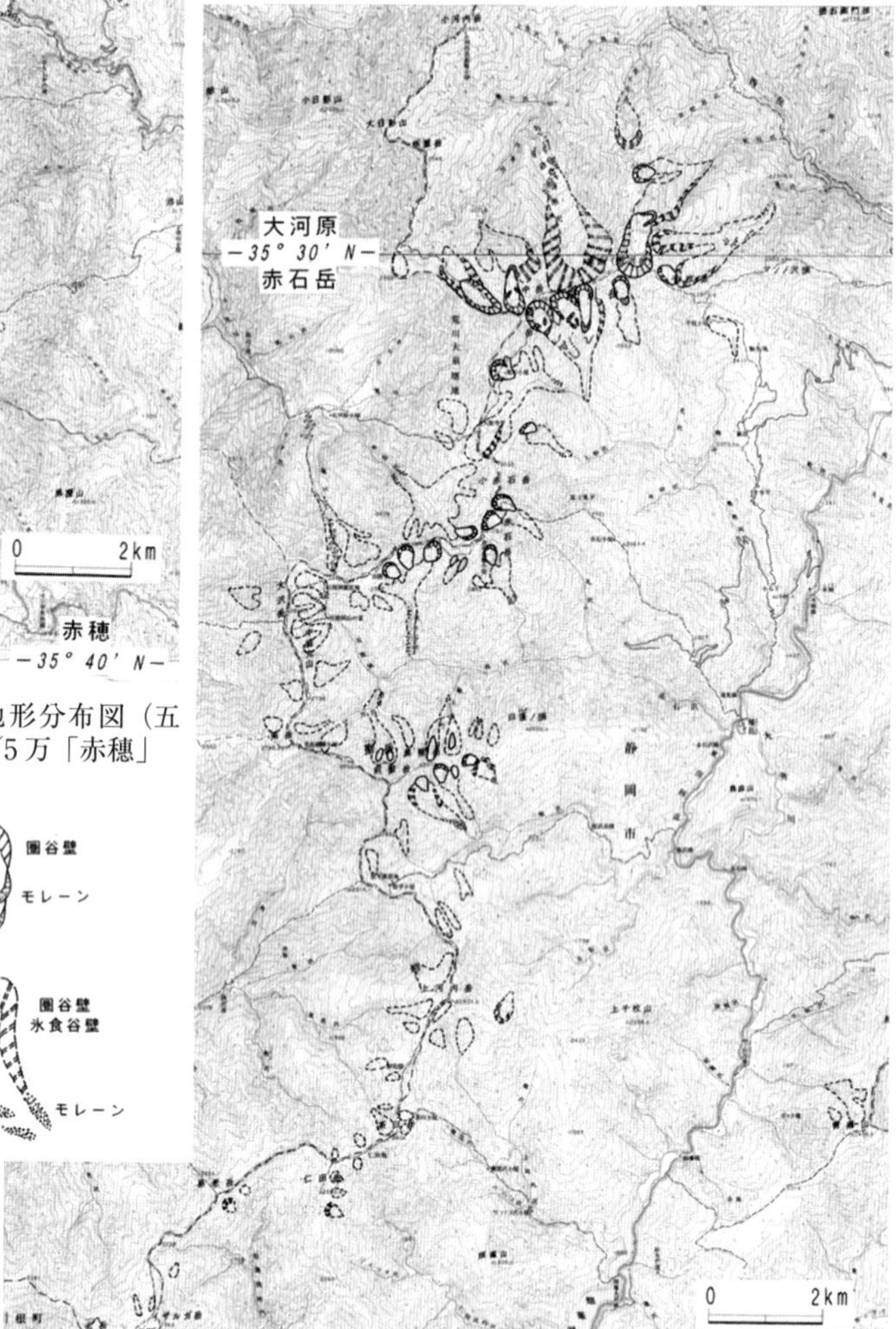

図5　赤石山脈南部氷河地形分布図（五百澤智也原図による）1／5 万「大河原」「赤石岳」（×30％）

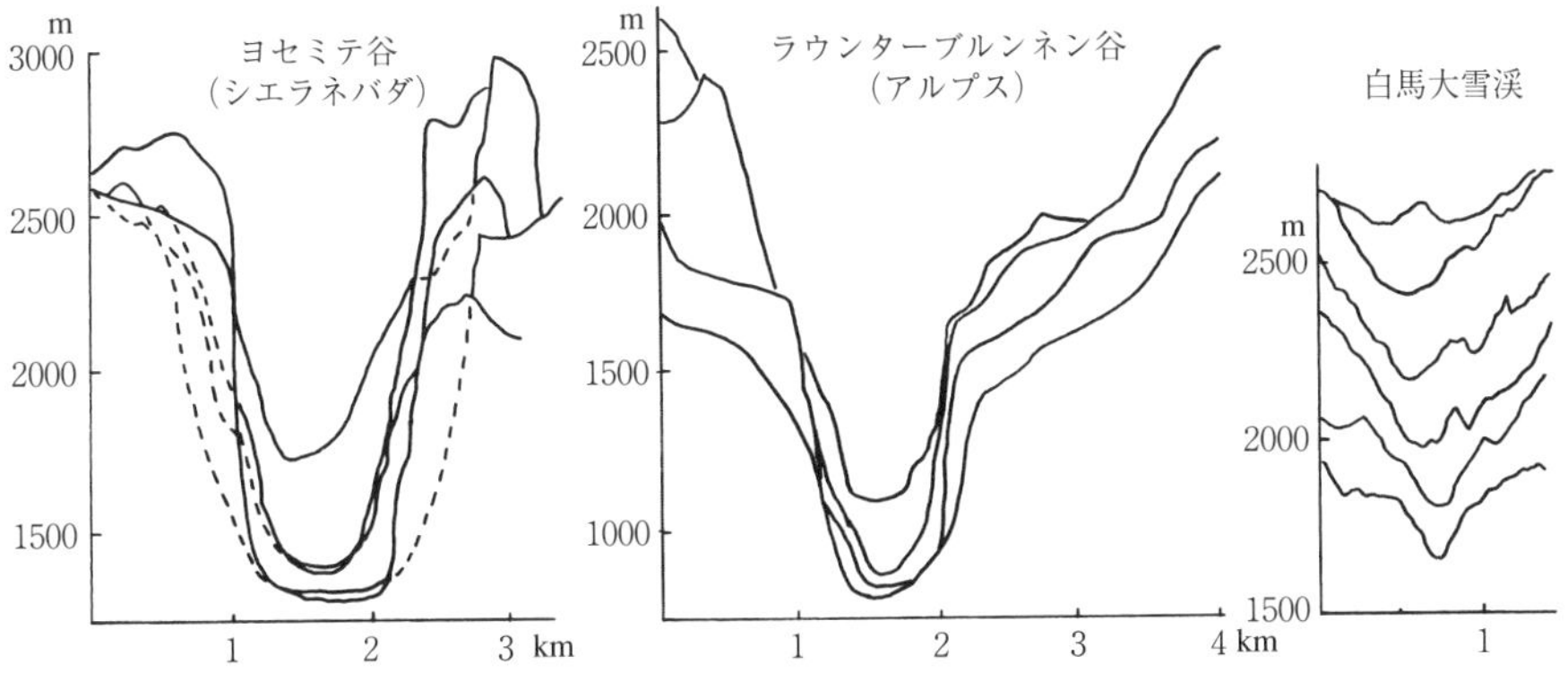

図7　おもなU字谷の断面（「山とはどのようなものか」小疇　尚『科学』vol.72、2002による）

写真2　槍・穂高連峰の氷河地形。日本では最もみごとな圏谷群とU字谷。5ページの図2の槍・穂高連峰の稜線はこのスカイライン。（蝶ヶ岳から撮影）

なお飛驒山脈には二三五の越年性残雪（雪渓）があり、そのすべてが図2、3の氷河地形の内に分布している。雪渓の総面積は三・二三㎢で、氷期には前述のようにその一三〇倍の氷河があったと考えられる。越年性残雪は世界的にも氷期の氷河分布域内に分布していることから、それのある山には氷河が存在していた可能性が高い。今では多くの人が世界各地で氷河や氷河地形を見ており、Google earth や空中写真も自由に閲覧できるので、新たな発見が期待される。

いずれにせよ日本の氷河地形は、U字谷を比較した図7で明らかなようにスケールが小さく、形状があまり明瞭でない。古くから最も見事な氷河地形と認められてきた槍・穂高連峰（写真2）でも、谷を流下した氷河下端の位置については図3が認められるまで解釈が定まらなかった。日本の氷河地形が分かり難いのは、氷期の雪線が山地の上部までしか低下せず氷河が小さかったこと、氷河作用を受けた氷期の回数が二～三回と少なく、氷河の存続期間が短かったこと、氷期後の地形変化が大きいこと、などによると考えられる。

2　雪食地形

北海道の天塩山地から中部地方の西端にかけての日本海側山地は、最大積雪深が平均二mを超えるところもある多雪山地で、越年する雪渓や雪田が多数分布している。しかも多雪地域が侵食に弱い第三紀層の分布域にかさなっているので、積雪の作用が強く働いてさまざまな雪食地形と特有の山地景観をつくりだしている。

積雪の作用には、積雪が移動することによって地面を削剥する直接的な作用と、雪自体は動かないが残雪があることによって他の作用を促進させる間接的な作用がある。

写真3　越後山脈、本名御神楽・前ヶ岳南面の雪崩斜面。岩壁の高さは最大約500 m

直接的な作用には、積雪層が締まることによって発生する積雪の沈降圧、積雪の沈降と重力によって積雪層が斜面をゆっくりずり下がる滑動（積雪のグライド）、そして積雪が急速に滑り落ちる雪崩がある。それらが一体となって底雪崩の常襲する山地斜面を削剥して、雪崩道（アバランチシュート）と呼ばれる浅い丸底の縦溝をつくる。雪崩道が斜面全体に発達して、一枚岩のような状態になったのが雪崩斜面である（写真3）。雪崩による地形は多雪山地に広くみられるが、只見川流域の山地で最も典型的に発達し、ダム湖の遊覧船上から間近に眺められる。

間接的な作用には、上部斜面からの落石の通り道、融雪水の供給、冷媒として凍結融解作用を助長する、などの働きがあり、さまざまな地形が形成される。

そのうち広く分布するのは、山地上部にみられる雪窪(雪食凹地)と、稜線直下から谷底まで斜面をまっすぐに刻む、筋状地形と呼ばれているV字形の小さなガリーである。筋状地形は積雪期間中でも融雪水が流れ、稜線直下の雪庇がおそくまで融雪水を供給する、比較的気温が高く標高が低い多雪山地によく発達している。また、雪は植生に大きな影響を与えて特有の植生景観をつくるが、それについては別項で説明されている。

雪崩道と雪崩斜面は岩盤の露出した四〇度前後の平滑斜面をつくり、筋状地形は樹木におおわれた三〇度から四五度の直線状の斜面に形成されている。そのため降雨時には出水が早く、しばしば鉄砲水が発生して岩屑が一挙に洗い流されるので、溝の中には岩盤が露出している。白神、朝日、飯豊、越後、飛驒、加越など日本海側の多雪山地の山が、高さの割に谷が深く斜面が急なのは、このような積雪・残雪の作用によるところが大きい。

残雪の多い山地は日本にかぎらない。アラスカ湾沿岸やカナダの海岸山地、チリ南部のパタゴニア地方、ニュージーランド南島西岸、スカンジナビア山地、アイスランド、スピッツベルゲンなど降雪量が多く、季節変化が大きい山地では、日本の多雪山地以上の積雪があり、はるかに大量の越年雪田が存在してさまざまな雪食地形が形成されている。しかし、氷河が現存するこれらの山地では、いずれも氷期にはその全域が氷河におおわれていたため氷河地形のスケールが圧倒的に大きく、氷河後退後にそれに重なって形成された雪食地形はあまり目立たない。日本の雪食地形は氷期に氷河作用を受けなかった、比較的低緯度のしかも残雪が越年しない低い山地に広く分布する点で、世界的にも特異なものといえる。

3　周氷河地形

森林限界よりも上部には植被にとぼしい高山帯がひろがり、冬季に積雪におおわれない吹きさらしの斜面では、地面が深くまで凍結する。富士山、立山、大雪山などでは夏季にも表層部のみが融解して、深部は凍結したままの永久凍土が確認されている。そのような寒冷環境下の山地では、岩石の割れ目やすき間に入った水の凍結で岩が割れて、岩屑におおわれた岩屑斜面や岩屑層中に氷を含んで流下する岩石氷河、岩屑を含んだ土層が凍結融解による体積変化で変位・変形を繰り返して、地表に幾何学模様が形成される構造土、融解した斜面表層部がゆっくり下方へ移動するソリフラクションによって形成される段階状の微地形である階状土や、平面形が舌状のソリフラクションロウブなど、各種の周氷河地形が発達する。このように周氷河作用は岩を砕き、斜面上の物質をゆっくり流下させて、斜面全体を平滑化するように働く。

高山では、冬季に積雪の少ない風上（風衝）斜面で地面の凍結が激しく、周氷河作用が強く働いて上部ほど傾斜が緩やかな凸型の平滑な斜面（周氷河平滑斜面）が発達し、その表面にしばしば構造土がみられる（写真4）。これに対して稜線直下に雪が吹き溜まる風下（風背）斜面では、雪食によって上に凹の斜面が形成される。その結果、稜線をはさむ両側の斜面で地形や植生がまったく異なる非対称山稜が発達する。構造土は目につきやすいので中部地方から北の多くの山でみられるが、周氷河地形が最も広く分布するのは、山地上部に広い小起伏面や緩斜面のある後立山連峰北部と大雪山である。また氷期には、北海道と北上山地の全域が周氷河作用を受けて、岩屑におおわれた山ひだの少ない斜面が発達した。とくに北海道では低地にも永久凍土が分布して、さまざまな周氷河地形が形成され、四国や九州の山でも山頂部に構造土ができていた可能性がある。

写真4　赤石山脈、鳳凰山・薬師岳の構造土。手前の砂礫地にみられる縞模様が構造土の一種、縞状土

氷河作用を受けた氷食尖峰や鋸歯状山稜の連なる岩稜では、凍結の作用で岩石が砕けて落下し、その基部に大きな崖錐が形成される。場合によってはそれが氷を含んで岩石氷河となって流下する。ヒマラヤやアルプスではこのような岩塊のつくる周氷河地形が多く、構造土など小さな地形が少ない。

（小疇　尚）

八　山の暮らしと産業

1　山と人間活動

日本は山国で山地面積（火山もふくむ）は国土の六一％もあるが、住民の大部分は、残り三九％の平野（平野性丘陵や台地、低地）に住んでいる。しかし、歴史的に見ると、かつては日本列島でも多くの人びとが山地内部の盆地や谷底平地、さらには斜面に住んでいた。

数万年前の旧石器時代から人びとは日本列島に住んでいた。新石器時代（縄文時代）には、かなりの人が狩猟・採集や半栽培、原初的な農耕をしながら山地にも住んでいたことがわかっている。弥生時代になると、水田稲作が大規模に始まり、平野に住む人口が増えたが、山中には焼畑農耕民が住みつづけた。山民（山地民）と呼ばれる山住みの人びとである。

ここでは、古くから日本列島の山地に住んでいたわれわれの祖先も含んで、伝統的な人びとの暮らしと山との関係をみる。そして、第二次大戦後の山の暮らしの変貌をも概観する。

2　移動生活する山住みの人びと（山民・山地民）

山中に住む山民のなかには、農業以外の生業を営む人びともいた。その典型的なものは木地屋《きぢや》と呼ばれる集団である。椀や杓子、曲物などの日常の木地細工（木工品）の製作に携わった職人集団で、農耕を行わず山地を移動生活していた。ほかにも、東北の山地で伝統的猟法をまもって狩りを行うマタギや、旅職人として放浪した杣《そま》人《びと》（木こり）、農耕をせず木炭をつくることを生業《なりわい》とする炭焼きなどがいた。しかし、専業の猟師は、山民の中では意外に少なかった。生業としての狩猟専業という業態の出現は、ある程度の商業経済社会に入ってはじめて可能となった。マタギは冬の仕事であり、夏には淡水魚の漁獲販売、伐木・木材加工、焼畑による雑穀生産、野獣の皮や生薬の行商などさまざまな仕事をしていた。これらの人びとは、移動生活をとおして、数百年前から、山民の特徴である広域生活圏を形成していた。日本中の山地で、彼らは山特有の生活文化を長く保持しつづけてきた。これらの多くは、明治以後は山間農民の兼業となったが、昭和三〇年代までは、農耕を行わずこれらの生業だけに依存して生活する人びとが残っていた。

3　近世から昭和前半までの山地での産業

(1)農　耕

古くから山間の谷間や盆地ではイネの水田耕作が行われていたが、それと並行して、山地の斜面では焼畑農耕が、場所によっては最近まで行われていた。九州山地や、四国山地、奥三河の山地などでは、縄文時代以来の伝統を受け継いだ典型的な照葉樹林型の焼畑農耕が一九五〇年代の後半ごろまで営まれていた。焼畑では雑穀作を、一部で野菜・果実などを栽培し、同時に運搬・木工・出稼ぎなども行っていた。これらの多くが自作農であった。一方、中部・奥羽地方では、谷底での水田耕作とともに、補食用の雑穀・野菜などを山麓斜面の焼畑で栽培した。この焼畑は夏の間だけ本村から離れて行った。東北地方の焼畑耕作は、縄文時代以来のブナ帯文化あるいはナラ林文化を継承したものであるとも考えられている。中部地方の中で石川県白峰村（現白山市）白峰では、一年を通じて山村の出作地《でづくり》で生活する農家も多かった。自給作物として雑穀焼畑、固定作物としての桑栽培、スギ造林を合わせた自作的な営農を行い、水田を全く所有しない場合があった。全国的にみても、かつては、スギ・ヒノキなどの造林を目的としつつ、それらの苗木の施肥・雑草除去を兼ねて造林地の前作としてアワ・ヒエ・ソバ・アズキなどの輪作を行う場合も少なくなかった。

水田耕作は、谷底の沖積地や河岸段丘上で行われているほか、斜面上に何段もの棚田を築いて行われている。このような棚田の多くは地すべり地・地すべり跡地・小扇状地などに築かれている。

山村では、定着して農耕する人びとも多様な労働に従事していた。農耕のほかに、狩猟や河川漁撈、牧牛、用材の採取をはじめ、炭焼き、養蚕、木製品加工など、生業活動はきわめて多様であった。

(2) 林　業

日本の山地は森林に覆われている。これは、山地の森林が牧畜によって破壊されなかったからでもあるが、植林・造林を行う再利用型の林業が行われてきたからである。日本の林業の開始は飛鳥・奈良時代に寺院の造営が始まった時期までさかのぼる。徳川時代初期の各大名の築城の影響で一七世紀末には日本の森林は荒廃したが、その後の徳川幕府による強力な植樹造林の奨励で江戸末期には森林がかなり回復し、育成造林が定着していた。江戸時代から昭和初期までの林業は、ある範囲の森林をすべて伐る皆伐ではなく、必要な樹木だけを選択的に伐採したので、景観的には森林に大きな影響を与えることはなかった。林業を行うのは、山間の谷間や斜面の、いわゆる山村に居住し、農耕も行う人びとであった。そこには山林地主と小作人の関係があった。森林を借りて炭を焼く小規模な炭焼きも林業の中に含まれる。

(3) 鉱山業

基盤岩の露出した山岳は採鉱の適地である。日本の鉱山は、大部分が山間部にあるが、特筆すべきは、登山者しか訪れないような奥山や高山にも小規模な鉱山があったことである。大正時代や昭和初期の登山記録にはそのような鉱山が記録されている。飛騨山脈の高山帯・亜高山帯では、いまでも鉱山跡をみることができる。たとえば白馬岳大雪渓の中腹や、雪倉岳の頂上直下には昭和までつづいた鉱山があった。鉱夫たちは春から秋まで山中に泊まり込んで採掘に従事した。

⑷牧　畜

日本の山地では牧畜があまり行われなかった。肉の食用や乳製品の利用が一般化しなかったことや、日本海側では豪雪のため放牧期間が短くなることが理由に挙げられよう。しかし、山地で家畜の放牧が行われた場所はいくつか挙げられる。阿蘇山火口原・秋吉台・富士山麓・霧ヶ峰・北上山地などがその例である。上高地でも、明治・大正時代には夏に林間放牧が行われた。

4　山　村

山地にある集落が山村であるが、とくに山の斜面や、谷の奥の交通の不便な場所にある集落が山村と呼ばれる。山村という用語が誕生し一般化したのは昭和恐慌時のころで、なかでも一九三四年（昭和九）の東北地方の大凶作時にジャーナリズムが山村の語を用いて世論を喚起した。農村や漁村は村の生業を示すのに対して、山村は位置を示すだけの言葉である。

⑴山の居住環境

山に登ると気候は寒冷化し、高度とともに植生景観が変わる。そのちがいは生業のタイプに影響する。日本海側の山地には冬、多量の雪が降る。雪は交通路を遮断し、さらに雪崩の危険をもたらすものとして、山での居住を制限する厄介なものである。ほかにも、山では急勾配の地面、斜面方位による日照時間のちがい、土砂災害の危険など居住を困難にする要因に事欠かない。したがって、山地での集落の立地には大きな制約がある。

⑵山村の立地と地形

山地のどこに集落ができるかという観点から見ると、中央構造線の南側の西南日本外帯山地とそれ以外の山地

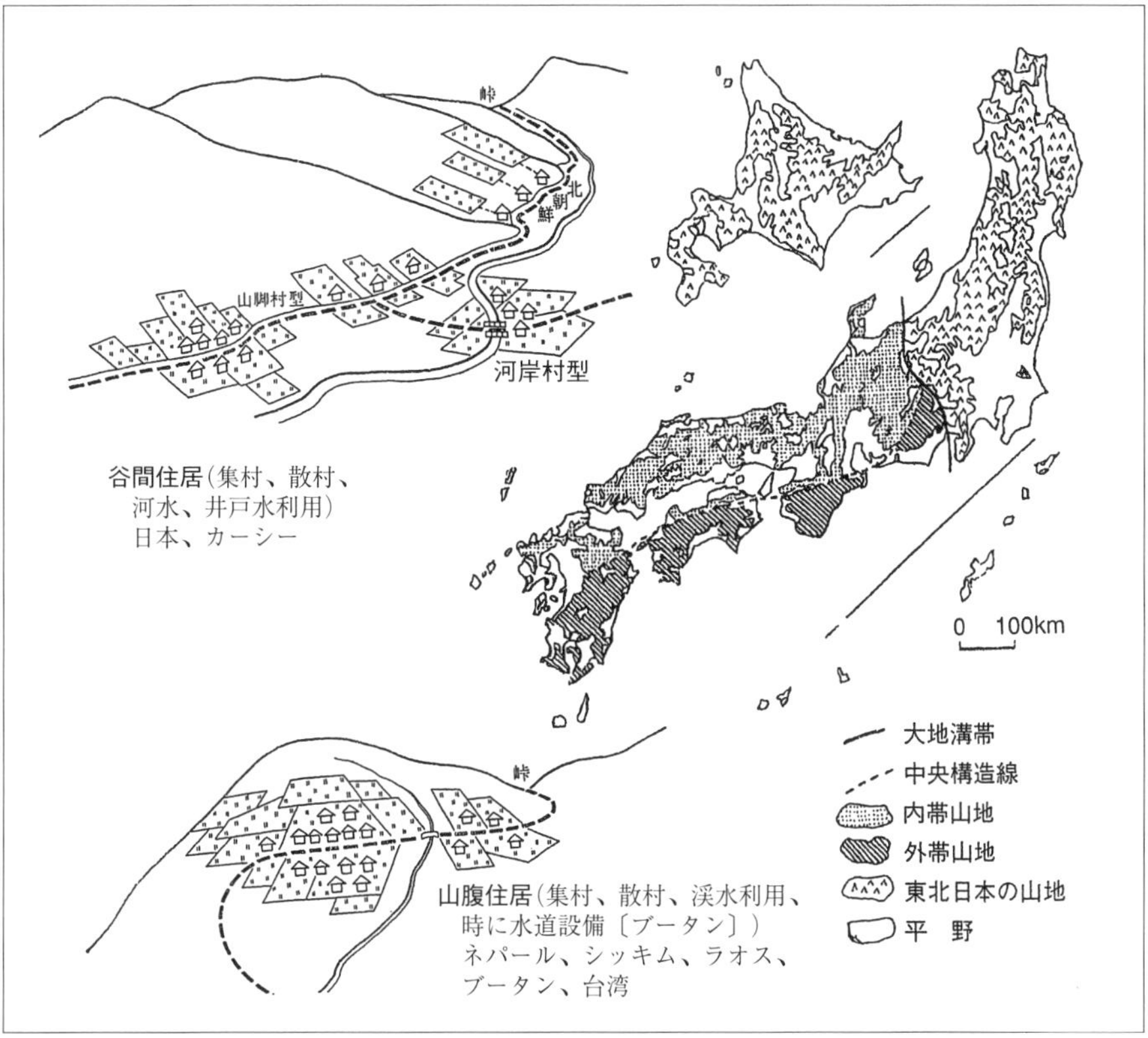

図1　地形からみた西南日本の「内帯山地」「外帯山地」と東北日本の山地の分布。「内帯型山地」には谷間居住、「外帯型山地」には山腹居住がみられる。(日本・山間地域の集落と過疎問題：藤田佳久 2002「科学」72巻1284ページと、山棲み生活者の集落選択型「栽培植物と農耕の起源」中尾1966によって作成した)

では山村が立地する地形的な位置が異なっている(図1)。集落は傾斜の緩い斜面に立地しやすいから、小起伏面の分布と関係するが、それだけではなく、気候的要因や歴史的要因も関係しているようである。西南日本外帯山地である赤石山脈・紀伊山地・四国山地・九州山地では、穿《せん》入蛇行によって谷が屈曲しV字形に深く切り込んでいるが、谷壁上部には緩斜面が発達している。海抜一〇〇〇m内外の高い山腹まで緩斜面に点々と集落や耕地があり、集落と集落をつなぐ道は尾根を通っている。ヒマラヤや東南アジアと同じような立地である。おそらく照葉樹林型の焼畑耕作が行われていたことと関係があるのだろう。西南日本外帯には属さないが関東山地でもおなじような集落分布がみられる。それ以外の山地では、中部や奥羽地方の山地にひろく認められるように、谷沿いに耕地・集落が集中する谷底居住である。

5　山村の変貌

山村という語が使われはじめたころの日本の山村の実態をきちんと調べたのは柳田國男である。一九三四年から三年間に全国五二箇所を選定して行われた調査は『山村生活の研究』（岩波書店一九三七）としてまとめられた。ここで述べられている山村の生活は、一九三〇年代までの日本の大半の山村の姿であろう。それが交通路の整備で変わった。「多くの山村で道路が急速に整備・発達し、馬力や小型トラックが通じはじめたのは、昭和初年の世界恐慌後におこなわれた救済事業に伴う土木工事の結果に負うところが大きい。その交通路整備と交通機関の導入によって、多くの山村に活気をもたらしたのが、木材と木炭の出荷であった」（柳田による）。第二次世界大戦終了後、木炭生産による潤いと、戦後復興と朝鮮戦争による木材需要による好況で山村はさらに潤った。この木材需要は、昭和三十年代（一九五五～一九六五年）にスギの植林ブームをひき起こした。

⑴山村の過疎化

この山村の好況は長くはつづかなかった。山村の経済がうまくゆかなくなったのは、第一は昭和三十年代末の木炭不況、第二には昭和四十年代中ごろからの外材輸入自由化である。木炭不況は、昭和三十年代中期から本格化する安価な石油輸入によるエネルギー転換によって木炭の需要が減ったため起こった。わが国の私有林は五ヘクタール以下の零細な経営のものが多い。零細林家は薪炭生産に依存していたので、木炭不況によって大きな打撃を受けた。わが国の森林の大部分は、急な山地斜面に立地しているため管理・生産コストがかさむ。戦後の高度経済成長を進めるためには、安い外材の輸入が必要であった。木材需要における外材の割合は、一九六〇年一二・一%、一九七〇年　四五%、一九八〇年　五〇%と増加した。

一方では、昭和三十年代中期から本格化した高度経済成長により、都市部での雇用が増大したので、山村にしがみつかなくても生活できるようになった。山村の経済悪化のため、西日本や中部・関東では都市への移住、東北地方では都市部への出稼ぎが一般化した。一九六三年（昭和三八）におこった三八《さんぱち》豪雪は中国山地での挙家離村の引き金になった。これらの過疎化への対策としての「山村振興法」（一九六五）や「過疎法」（一九七〇）の制定は、山村に対する史上初の本格的投資によるインフラ整備であったが、これが建設業依存の山村経済を生むことになった。

山村の過疎化（人口流出）によって、山村の経済構造が大きく変わった。一九六五年から二〇〇〇年の全国の山村の就業構成（%）の変化を表1に示す。農業・林業は大きく減り、建設業・サービス業などが増加した。このサービス業には、高齢者の福祉サービス、観光業などが含まれる。一九九〇年には二〇・八%あった製造業は減少したが、建設業は伸び続けている。

過疎化の現状はどうであろうか。過疎地域の面積は国土の五九%を占め、そこでの人口は六%にすぎない。全国六七八の山村（うち過疎地域の指定五五〇）の一九九〇〜二〇〇〇年の人口変化（岡橋の報告『地学雑誌』一一三巻二三五ページ）は、次のようにまとめられる。

（一）人口流出は鈍化しながらもつづいている。減少率が一〇%以上の山村の数の割合は、全国平均で五〇%であるのに対して、北海道　七五%、九州　七〇%、北陸・東山《とうさん》・東海　六〇%、近畿　七〇%である。

（二）全国的に高齢化が進んでいる。六五歳以上の人口割合は、全国平均では一七・三%であるのに対して、山村全体では二八・七%となっている。高齢化は西日本で進んでいる。なかでも中国・四国で著しい。

表1　1965-2000年の全国678の山村の就業構成（%）の変化
（岡橋秀典「地学雑誌」113：235-250，2004から作成）

	農業	林業	建設業	製造業	卸小売飲食業	サービス業
1965年	44.8	6.1	8.8	9.0	8.8	9.6
2000年	14.6	2.0	15.2	16.2	13.8	24.7

(2) 山村振興

すでに述べたような法整備も行われ、山村振興のかけ声は高い。高原野菜などの特産品を生産したり、景観や自然を売り物にする観光・リゾート業が試みられている。しかし、問題はいろいろある。大規模なリゾート型スキー場の開発が行われた新潟県湯沢町と岩手県安比高原スキー場の場合でも、成功例とされてはいるが、自然環境を破壊したとか、外来資本による経営で地元経済への貢献がないという批判もある。

これからの山村経済を発展させるための課題について、山村の人文地理を研究している岡橋秀典は、「ツーリズム、農林業、地域文化、自然環境を融合させた総合生活文化サービス産業」の振興が必要であり、そのためには「都市住民の知識、労働力、資金を導入」せざるを得ない。そして「特に、ＮＰＯ（非営利民間組織）などのボランタリーな部門」が「重要な役割」を果たすべきであると述べている。このような考えがほんとうに山村を救う鍵になるかはこれからの課題である。

誤った開発がもたらす自然破壊の問題はあとの章で述べる。ここでは、「平成大合併」の問題に対する岡橋の警告（岡崎前掲）を引用する。「生態系空間の保全にはそれに密接に関わる山村社会の権限と関与が大きな意味をもつと考えられるが、もし『平成大合併』が山村自治体を消滅させ山村社会の自律性を損なう方向に働くのであれば、国土保全の観点からは大きな禍根を残す」。

過疎地域になった日本の山村をよみがえらせるのは山を愛する国民すべての努めであると考える。

(3) 限界集落

山村振興のかけ声とは裏腹に、岡橋の警告は現実のものとなった。二〇〇七年に行政やマスコミで大きく取りあげられたのが、山村住民の高齢化が進み、ある限界を超えると集落が消滅するという限界集落論である。社会的共同生活の維持が困難になった限界集落の消滅はやむなしとして、高齢の住民の移住を提案する自治体もあった。確かに高齢者の医療や買い物などのケア、集落のライフライン維持や除雪などには手間と金がかかる。平成の大合併で多くの山村が行政的には都市の一部となり、かつての役場は○○支所と名前を変えた。都市の中心部からみれば、やっかいな周辺部の撤退や消滅も当然と考えるのだろう。しかし、多くの限界集落を調査した山下祐介によれば、ほとんどの限界集落の住民は、集落のある地域に誇りを持ち、不便でも集落の生活を望んでいるという。車で数時間以内に親族が暮らしており、その援助も得られるので、完全にコミュニティの機能が停止した集落はまだないという(『限界集落の真実』筑摩書房二〇一二)。山下によれば、限界集落もふくめた過疎の村のコミュニティの力こそが地域再生の鍵であるという。近隣の集落の住民の力や、さらには、メディアを通して、都市との連携を図ってゆけば、山村の維持は可能であると多くの人が考えている。

6　山の文化を守ること

すでに述べたように、山村での生業・経済活動と生活はきわめて多様である。佐々木高明や千葉徳爾(『岩波講座日本通史』一巻)が強調しているように、「山村で多様な生業・生活に利用される空間のサイズは大きく、その自然環境は多様である。山村に住む人びとは、山の自然の特徴を精細に把握し、その詳細な知識にもとづいて、生業と生活を山の自然にうまく適応させ、きわめて多様な姿に組織してきた。これは、これらの自然を利用する人間の側の分類・認知の体系が著しく精細で、その利用の技術にも多様な分化がみられることに大きな特徴がある」(千葉による)。これは平地に住む人びとがもっていない山の文化である。しかし、このような山の文化を破壊する動きが、これまで何回も平地側から仕掛けられた。近世初頭には、北山一揆(慶長一九年・一六一四)、椎葉騒動(元和五年・一六一九)、祖谷山一揆(元和六年・一六二〇)などのような幕藩体制の側からしかけられた山村地域の「大討伐」があった。昭和三十年代の高度経済成長期の変化も山村文化の破壊といえるだろう。以来、日本の山地の過疎化が進み、山地は後進地域として住みにくい場所になってしまった。

山に住んでいる人びとと山とのつきあいには、採集狩猟や焼畑、定着農耕、林業などの生業としての土地・資源の利用がある。これと同じように重要なのは、宗教・信仰や、集団登山や花見のような精神的側面での山とのつながりである。このような山地の伝統文化と、平地の都市的文化や工業化された文化とのあいだに摩擦や、力関係の違いによる悪影響がでるのは避けなければならない。このような摩擦や対立を避けるために、山を愛する登山者が貢献できないだろうか。登山者が、山に住む人たちの生活・文化から学ぶという姿勢をもつことが解決の糸口にならないだろうか。山の自然をまもることと、山の文化を守ることとは同じことである。

7　平地住民にとっての山

日本の平野はせまく、山地を望見することができない場所を探すのは困難なほどである。とくに盆地や山間の谷底は、世界の基準からいうとすべて山地に含めて考えることができる狭さである。近世までの村は、薪炭や堆肥用の枯葉、山菜などの入手地としての山地（山と呼ばれる平地林も含むが）なしでは存在できなかった。

精神生活においても、平地から眺める山は、重要な目印（ランドマーク）であり、多くの場所では、地域のイメージに結びついた名山や郷土の誇りとして山が認識されていた。山はふるくから山岳信仰の対象でもあった。とくにタケと呼ばれる山は、一般山民が入らない空間、霊界と考えられていた。山岳信仰の対象になるのは、冬に白雪におおわれる高山が多いが、西日本には雪が無くてもタケと呼ばれる山がある。たとえば、沖縄にはウタキ（御岳）と呼ばれる聖なる場所がある。多くは平地の森であるが、その一部は山である。

現在でも、山地は、都市の水源として、あるいは山地の特産物の産地として、あるいは行楽・観光の対象として無くてはならない場所である。そのためには山岳の環境・住民・文化などのすべてを維持し持続的な発展を目指さねばならない。平地の住民が山を大切にすることは、たぶん日本の文化に組み込まれた装置のはずである。山を大切にしなければ、平地の住民も生き延びることができない。

（岩田修二）

九 環境破壊と自然保護

平野だけではなく海岸すら開発しつくされ人工化した日本では、山地は、まがりなりにも自然が残っている唯一の場所である。そのため、自然を求めて観光や登山に多くの人びとが山岳を訪れる。国立公園や奥山の高山にも、さまざまな施設が作られた。最近では、山岳の環境破壊が大きく取りあげられ、自然保護が声高に叫ばれるようになった。しかし、日本の山岳環境破壊はなかなか減速しそうにない。日本自然保護協会の機関誌『自然保護』に登場する問題地域をリストアップすると、日本の山岳のほとんどに問題があることがわかる。

山岳地帯の環境破壊は今や世界的問題である。山岳の環境危機が叫ばれ始めたのは一九七〇年代以降で、その口火を切ったエクホルムは一九七五年に「山の環境の悪化」という論文を『サイエンス』(一八九巻七六四ページ)に書いた。ヨーロッパアルプスでは、山岳地帯での農牧業が、ECができた影響もあって、平地の農業に負けて衰退した。そこで観光に力を入れた結果、環境破壊や、過疎化による山地の荒廃という問題が起こった。南アジア・東南アジアの山地では、森林の伐採や、農地化によって山岳は回復不能なまでに痛めつけられている。しかし、日本の山岳では歴史的に牧畜が行われなかったことや、森林面積が維持されていることのため、諸外国と比較すると、壊滅的な山岳環境の破壊は押さえられているようにみえる。しかし、現実にはとりかえしがつかない破壊があちこちの山で起こっている。

1 登山活動にともなう環境破壊

もともと山に住んでいない者が登山をすると、山の自然に対して何らかの影響をあたえる。影響をうけた自然は登山者が去ったあと回復する。しかし、影響がある限界を超えると自然は回復不能になる。これが過剰利用

（オーバーユース）による自然破壊である。特定の場所や時期に登山者が集中することが問題である。

(1)登山道の荒廃による自然破壊

登山道の存在そのものが植生を破壊し、地形を改変する自然破壊ではあるが、それが問題になるのは大勢の登山者が歩いたために幅が広くなって、両側の植生を広範囲に破壊したり、深く掘れこんだりした場合である。登山道の荒廃は、登山靴による踏みつけ↓植生破壊↓裸地化↓流水・融雪水・凍結による土壌・砂礫流亡の過程を経て起こる。登山道にできたぬかるみ・残雪や、溝状の部分を避けるために登山者が道から外れて両側に広がって歩くと植生破壊が急速に起こり、回復不可能な状況になる。植生が弱い湿原や、火山灰・土壌の流亡がおこりやすい火山でとくにいちじるしい。キャンプ場、山小屋の周囲、山頂などでも同じ破壊がおこっている。

(2)山小屋のトイレ

森林限界をぬきんでた高山帯にある山小屋では、トイレの屎尿は、常時、ガレ場や岩塊地に流し込まれたり、登山者の少ない秋の降雨時に沢や斜面に放流されたりしてきた。このため、下流で赤痢が発生したことがあったし、山小屋の下の登山道わきで、その痕跡と悪臭に不愉快な思いをすることがあった。近年、環境省の指導もあり多くの山小屋がソーラーパネルや生物浄化などの新技術を導入したトイレを建設し始めた。施設のキャパシティと利用者数とのバランスがとれている間はうまく機能するが過剰利用になると働かなくなる。

(3)登山施設による景観破壊

白馬岳・立山・槍ヶ岳・富士山など登山者が集中する山には大規模な山小屋が建っている。山稜や斜面にそびえ立つ大きな山小屋は山岳景観をぶちこわす。また、たとえば、梓川上流の横尾に新設された鋼鉄製の吊り橋（写真1）や、あちこちの国立公園にある巨大すぎる案内板なども景観の破壊である。

(4) ヘリコプターの騒音

現在では山小屋への荷揚げはヘリコプターで行うのが普通である。かつては、登山の最盛期を迎える前にヘリでの荷揚げをすますのが普通であったが、最近の槍・穂高周辺では、登山の最盛期にも毎日ヘリコプターで荷揚げを行うようになった。多くの登山者が生鮮食品を求めるのが理由だという。登山道を静かに歩いているとき頭上からふりそそぐ爆音は不愉快である。

(5) 高山植物の盗掘

登山者による高山植物の盗掘は以前からあった。現在でも皆無とは言えないが、最近問題になっているのは園芸植物業者や山野草愛好家による大規模な盗掘である。林道が高山帯近くまで達している東北地方や北海道の山で大規模な盗掘が深刻である。

写真１　上高地の梓川上流・横尾に環境省によって1999年に建設された巨大な吊り橋、横尾大橋。穂高岳の景観が台無しになった。

これまで述べてきたことは、おもに登山者による環境破壊である。しかし、これらよりはるかに大規模で深刻な影響を与えているのは地域振興や防災という名目で行われている工事や開発工事による山岳環境の破壊である。

2　産業活動にともなう環境破壊

(1) 大規模山岳観光地

第二次大戦以前から、山岳は観光地やリゾート（保養地）になっていたが、それは、六甲山や軽井沢など、低山や山麓地帯に限られていた。第二次大戦後の観光ブームでは、立山・乗鞍岳・木曾駒ヶ岳などの高山にもケーブルカーや自動車道路が造られ、大規模山岳観光地が出現した。一九八七年にいわゆるリゾート法（総合保養地域整備法）が成立すると、全国の山岳地域にスキー場・ゴルフ場などをふくむ大規模な施設がつくられた。これらの多くは、社会構造や、自然環境の規模や質がまったく異なるヨーロッパや北アメリカの考え方を日本にそのまま導入し実行されたため、おおくは経営が破綻し、山岳に環境破壊だけを残した。

(2)電源開発とダム建設

農牧業すら行われていなかった手つかずの日本の山岳地帯にも、昭和三十年代から大規模な電源開発による改変が始まった。その代表例が黒部川第四発電所の建設工事である。当時は問題にされなかったが現在では許されない山岳環境破壊である。同様なダム湖建設は吉野熊野国立公園など各地でみられる。水資源の確保を目的としたダムにも問題のあるものが少なくない。

(3)大規模林道

昭和三十年代の高度経済成長期以来、山村は都市の経済発展から取り残され住みにくい場所になり過疎化が進んだと考える人が増えた。林業の衰退がそれに輪をかけた。その対策として、山村振興という理由でダムや大規模林道の建設などさまざまな土木工事が行われている。その結果、さまざまな環境破壊が山岳地域で発生した。山岳環境にとって特に大きな影響があるのは、スーパー林道・大規模林道などの山岳道路の建設である。いずれも、経済効果はすくなく、建設工事のための建設である。問題となった大規模林道一〇路線を図1に示した。経済効果への疑問や自然保護のために、一九九八年、建設中止が決まった大規模林道朝日・小国区間や、二〇〇三年に建設凍結が決まった日高山脈の中央部をぶち抜く日高横断道路のような例もあるが、いまだに建設が続行されているものも多い。

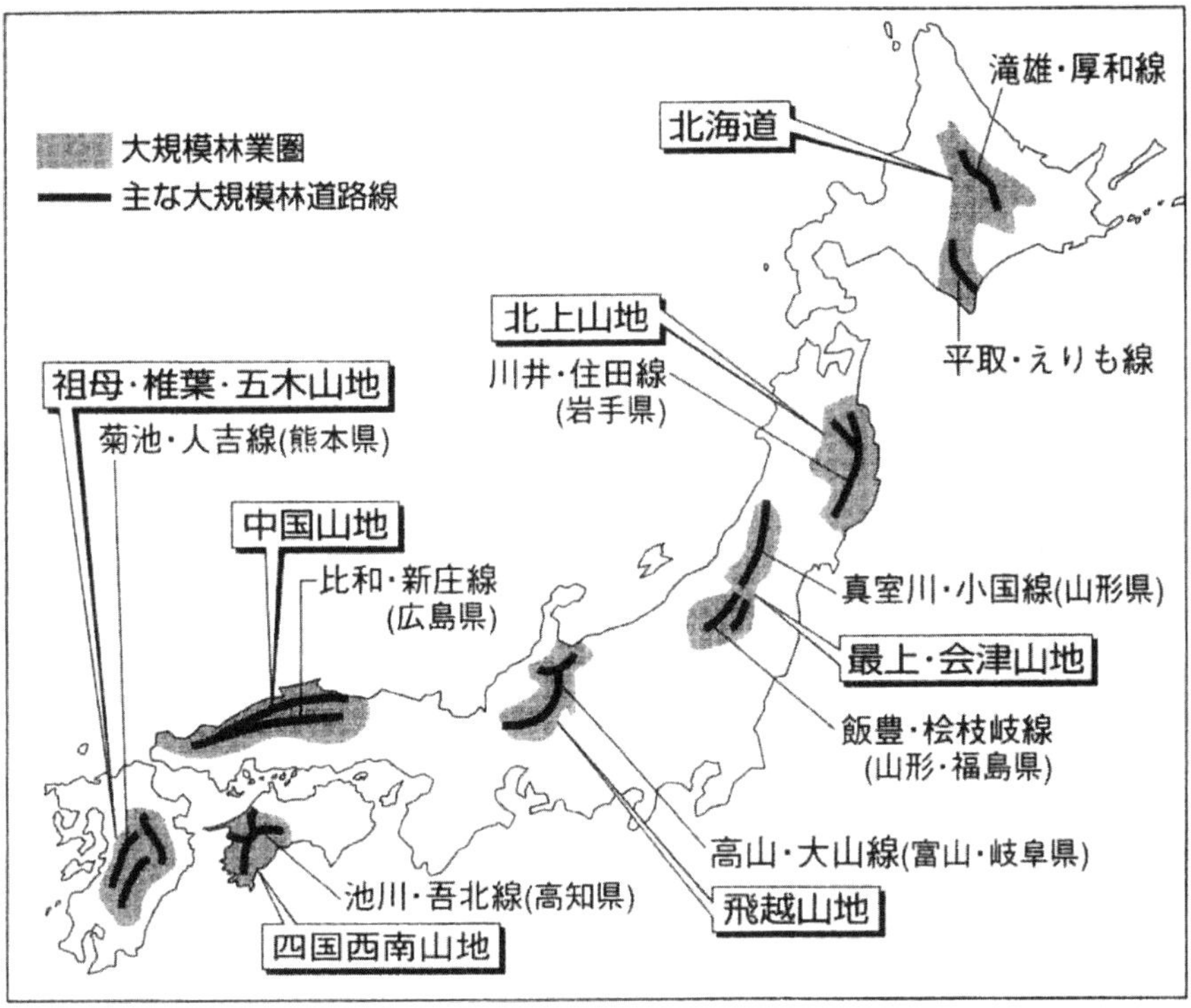

図1　1990年代の日本列島の山岳における大規模林道路線
（石川徹也『日本の山を殺すな！』宝島社1999による）

(4) 山の放射能汚染

二〇一一年三月に発生した東京電力福島第一原子力発電所の事故によって、福島県を中心に広い範囲が放射能で汚染された。これによって、山岳も広く放射能で汚染された。福島県勤労者山岳連盟などの線量計を用いた登山道沿いの調査によって、山岳の放射能汚染は阿武隈山地だけでなく、北は岩手県、南は神奈川県、西は新潟県・長野県まで広範囲に及んでいることがあきらかになった。登山には注意が必要である。しかし、このことが登山者に広く周知されている状況にはなっていない。

(5) リニア新幹線のトンネル排出土

二〇一四年、ＪＲ東海は東京と名古屋を結ぶリニア中央新幹線の建設計画を発表した。この新幹線は、丹沢道志山地、御坂天守山地、赤石山脈、木曾山脈、美濃三河高原などの山地をトンネルで通過する。トンネル掘削工事に伴う山地内での地下水の変化や掘削によって生じる排出土の処理が、山岳の環境破壊になると憂慮されている。とくに排出土で山地内の谷を埋めると、美しい渓谷の自然が失われ、新たな土石流の発生などの恐れがある。

3　防災にともなう環境破壊

山岳はつねに侵食・削剥にさらされている。したがって、急峻な斜面では、崩壊・地すべりなどは避けられない。渓流は山から出る水と土砂の通路であり、洪水・土石流もおこる。多雪山地では雪崩も発生する。噴火などの火山活動も止めることはできない。このような山岳の自然の変化にともなって、山間や山麓に住む人びとがダメージをうける。これが山地災害である。人口稠密な、せまい国土に多くの急な山地が存在し、台風や集中豪雨、地震に見舞われる日本列島では、山岳に起因する災害は避けることができない。砂防工事や河川改修がほとんどすべての山地で行われている。人口稠密地域の背後にある山からの土砂災害を防ぐためには、砂防工事による自然改変は仕方がないことであろう。

写真２　上高地、明神の帯工（河床を安定させる床固めの一種）建設に伴う工事，梓川の本流を大規模に掘削した（1994年５月撮影）

しかし、無駄な防災工事も存在する。近年、長野県の上高地を流れる梓川本流で砂防工事が行われている。上高地は、現状変更が厳しく制限された国立公園の特別保護地域で地域そのものが天然記念物でもある。河童橋付近での河床上昇を防ぐという名目で梓川に多くの堰堤類（落差工や帯工）が建設された（写真２）。この工事にともなって、高山蝶の絶滅やケショウヤナギ群落の壊失のような深刻な自然破壊が生じた。河童橋付近は、登山シーズンだけの、登山者と観光客だけしかいない場所である。そこを災害から守るという理由で、国民的財産である貴重な自然が失われつつある。多くの地形研究者は、上高地で行われている砂防工事は河床上昇阻止に役立たないと考えており、別の防災対策を提案している。将来の地形変化についての予測もしないうちに、取り返しのつかない破壊が役所と地元業者の考えだけで行われているのである。

4　自然保護の方法

(1) 登山道の管理

脆弱な登山道を管理・補修するためには、地形学や生態学の研究成果を最大限とりいれる必要がある。砂礫斜面や高山草原で地形変化の速度をバランスのとれたものにしているのは、植生や礫層、土壌などである。これらが失われると急速な地形変化がはじまる。地表面には、外からの刺激に対して強いところと弱いところがあるので、登山道の付け替えや保護のための施工も必要になる。もっとも重要なのは、建設後の不断の補修である。

(2) 入山制限

登山活動にともなう環境破壊をふせぐには過剰利用を止めるしかない。そのための最良の道は入山規制であろう。ニュージランドやアメリカ合衆国の国立公園ではさかんに行われている入山規制がわが国ではほとんど行われていないのには、いろいろな理由がある。現在も大規模な自然破壊を行っている役所が一方的に入山規制を提案してもうまくゆかない。白神山地で問題になったように、地元住民の伝統的な山地利用を制限することになるのはまずい。これは、地元の山村生活・文化の破壊である。しかしながら、なんらかの入山禁止や入山規制の必要性はひろく認識され始めている。可能な部分から取りかかる必要がある。たとえば、日本山岳会や日本山岳協会などがイニシアチブをとって、登山者側からの入山規制を提案すべきであろう。

(3) 山とのおだやかなつきあい

山の自然を守るためには山に負担をかけない山とのおだやかなつきあいが必要である。旅行会社が実施している多人数の山岳パックツアーや、各登山団体や学校の集団登山、トレイルランなどの競技大会を規制すべきである。特定の山に登山者が集中する日本百名山ブームも自然保護の大敵である。山は少人数で静かに楽しむものである。なるべく質素な、山に負担をかけない登山をすべきである。人に知られていない無名の山に行くべきである。登山者は、大規模で贅沢な山小屋や公園の歩道のような登山道を望んではならない。

(4) 産業活動と自然保護

産業活動にともなう環境破壊を規制する最大の責任は、事業認可を行う行政にある。観光開発や林道工事を行うときの表向きの理由は、山間地の地域振興と、多くの国民が山岳観光を享受するためということになっている。しかし、地域振興は中央の業者が儲けるだけで、地元住民の利益にはなっていない場合が多いし、山岳観光も、質の高い自然が楽しめるようになっているかどうか疑わしい。ほんとうの理由は、建設業者の利益と、そこから利権を得ようとする政治家や団体の思惑のようにみえる。その結果、山の自然は破壊され、地元の文化と生活も破壊されてしまうのである。すこし長期的に見れば、このような工事や開発が地元の経済発展や生活・文化の向上に貢献した例はない。

上高地の例からもわかるように、わが国では国立公園すら自然保護には役立っていない。これは国立公園管理者である環境省が造園屋の発想から脱することができないことと、環境省・国土交通省・林野庁のタテ割り行政のためである。屋久島の例をみると、世界遺産も、管理が不適当なため、むしろ自然破壊を招いている。国有林管理の責任を担っている林野庁みずからが知床原生林伐採問題のような自然破壊を起こしている。ようやく、これらの役所は、人為的自然改変を禁止した原生自然環境保全地域や森林生態系保護地域を指定し始めた。しかし、その面積はせまく、もっとも重要な保護すべき場所は指定から外されている。貴重な動植物の宝庫である沖縄島やんばるの森は米軍の演習地であったから保護されてきたという皮肉な見方もある。

(5) 防災と自然保護

山地災害から住民の安全を守るためにはある程度の防災工事はやむを得ない。しかし、登山者だけが関係する山奥には防災工事は必要ない。防災工事を行わずに災害から登山施設や登山者を守るにはどうすればいいのか。すでにいくつかの提案が行われている。まず、わが国でも、あちこちですでに行われているように、山の地形変化を予測し、それによる災害の危険の程度を図示した地形災害危険度地図を作り、それに基づいた施設立地をすすめることである。同時に、災害予報システムを整備し、避難体制を強化し、避難場所には非常用食糧の備蓄やヘリポートの設置を行うなど、緊急時の安全対策をととのえる。

山岳の自然を守るためには、合理的な山岳の管理が必要である。そのためには、環境省、林野庁、国土交通省、地元自治体、山岳団体などが協力しなければならない。少なくとも世界遺産や国立公園では、諸機関が分割して管理する現在の縦割り行政をやめて、管理体制の一本化を行うべきである。その中心になるのは環境省であるべきだ。しかし、現実には、環境省は原生の自然を保護するという発想をほとんどもっておらず、国立公園管理者として失格である。現状のままでは、環境省に国立公園管理を任せておくわけにはゆかない。

登山者も山とのつきあい方を考えるべき時期にきている。入山制限のような自己規制が必要である。しかし、多くの本質的な山岳自然の破壊に比べれば、本質的な破壊ではない登山道問題やトイレ問題だけに注目して登山者の自己規制だけを主張するのは、現在も進行しているより本質的な破壊から目をそらすことになりかねない。われわれは官庁や企業による開発や事業にも鋭い目を光らせ、有効な反対運動を粘り強く続けてゆく必要がある。われわれすべての登山者は、このことを肝に銘じておこう。

（岩田修二）

十　学習の場としての山、観光の対象としての山

第八節で述べたように、江戸時代から明治時代にかけて、山には山伏《やまぶし》、樵《きこり》、木挽《こび》き、筏師《いかだし》、猟師、木地屋《きじや》など、たくさんの人が住んでいた。山は生活の場でもあり、信仰の場でもあって現在に比べてはるかに賑わっていた。

アジア太平洋戦争を経て経済の高度成長期を迎えると、山に住む人は減ったが、山は登山の対象となって多くの登山者で賑わう場所となった。その後、社会情勢の変化で、山は癒しの場やスポーツの場となるなど、その役割は次第に変化してきた。しかし、昨今ではこれらに加えて新たに学習の場としての山が注目されるようになっている。たとえば二〇一五年現在、三六箇所にまで拡大した日本ジオパーク（図1）には、山岳地域が少なくないが、そこは単なる登山の場ではなく、自然や地域を深く学習する場となりつつある。ジオパークを訪ねた人は、その地域を研究してきた科学者から「この岩は何億年前の岩か」、「なぜここにあるのか」、「この峡谷はなぜできたのか」、「この植物はなぜここに生えているのか」などといった説明を聞き、地球史や地域の自然の生い立ちを理解することで、知的な楽しみを味わうことができる。

たとえば、佐渡島《さどがしま》は一般的な認識では、依然として流人と金山とトキの島でしかないが、ジオパークとしての佐渡島では、日本列島が大陸から分かれ、日本海ができ始めるときにマグマと熱水の貫入があり、それが佐渡金山の鉱脈の元になったことが説明される。来訪者は驚き、佐渡に対する認識を新たにすることになる。また大佐渡山脈の金北山《きんぽくさん》では、上昇気流が霧を発生させ、それが特異なスギ林を育て、豊かな春植物の群落を育んだという説明があり、これにより佐渡島の新たな魅力が発見されることになった。隠岐の島では六〇〇万年ほど前の火成活動の中心部が、海食によって削られて島前の「赤壁」（写真1）となって現れていること、氷期に本州とつながったために、特異な生物の分布が生じたことなどが説明され、来訪者はそれを聞いて「自然のつながり」に感心することになる。豊後大野ジオパークでは阿蘇山の火砕流堆積物のつくる崖のうち、溶結が弱く硬くない、火

山灰の多い部分を選んで磨崖仏（写真2）を刻みこんでおり、古の人たちの知恵に感心させられる。ちなみに溶結の強い凝灰岩は硬い柱状節理をつくるが、これは切り出して石橋の材料に用いられている。

　このようにジオパークでは頭を使って考えることに特色があり、その点で従来の観光と一線を画している。残念ながら、こうした観光を楽しむことができるのは知的好奇心に恵まれた人に限られているが、広い教養をもつ中高年を中心に近年、徐々に広がりつつある。ジオパークの対象は山岳だけでなく、火山や海岸、河川、森林、農山村なども含まれるために、ユネスコエコパークや国立公園と重なることが多い。今後、三者は相互に補いつつ、知的観光地として発展していくことが期待される。

写真1　隠岐赤壁

写真2　菅尾磨崖仏

　一方、富士山が世界文化遺産に登録（図1）されたことがきっかけになり、観光地としての山がクローズアップされた。世界遺産になったことを地元では観光客が増えると大歓迎だが、登山者の急増に対してトイレなどの施設の整備が追いつかないとか、「弾丸登山」を行う登山者が少なくないとかいった問題も生じている。

　また夏山の時期、雨具をもたないまま短パンにTシャツで登り、雨に降られてびしょぬれになって歩いている登山者をよく見るが、これなども下手をすれば遭難につながりかねない。

　世界遺産の本来の意味は、人類全体の遺産を保護し、後世に伝えていくことにある。富士山は単なる観光地ではなく、日本一の高さをもつ美しい山であり、古くから信仰の対象になってきた霊山でもある。そのような山に登るのだから、山に対する畏敬の念を忘れないでほしいものである。

（小泉武栄）

図1　日本の世界自然遺産とジオパーク(2015年7月現在)

知床
白滝
三笠
とかち鹿追
アポイ岳
洞爺湖有珠山
隠岐
山陰海岸
おおいた姫島
四国西予
南紀熊野
阿蘇
室戸
島原半島
天草
おおいた
豊後大野
霧島
桜島・
錦江湾
屋久島
世界自然遺産
(富士山のみ世界文化遺産)
世界ジオパーク
日本ジオパーク

Ⅱ　山地別解説

＊山頂の標高については主要な山のみ記した。それ以外の山やまについては、本編巻末の索引と本編本文を参照。

1　北海道

北海道は石狩平野と勇払《ゆうふつ》平野をつなぐ石狩低地帯によって、東の胴体部と南西の半島部に大きく二分される。山地の成り立ちも地形や植生も胴体部と半島部では違いがある。

胴体部では北部に北見山地と天塩山地が、南部には日高山脈と夕張山地がたがいに並行して、いずれも南北方向に長く延びている。これに対して半島部では、全体として土地の高まりに北西―南東と北東―南西の方向性が目立つ。

胴体部の南北にならぶ山地に直交して、南千島の択捉《えとろふ》、国後《くなしり》両島から北海道中央部にかけて東西方向の高まりが延びている。この高まりの上には、北東―南西方向に並んでたがいに雁行する、いくつかの火山群ないし火山列が存在する。したがって北海道胴体部では、南北と東西の山並みが十字に交差して、その中心部が最も高くなっている。そして日高山脈をはさんで東西にほぼ等距離のところに、日本列島で最大級のカルデラ火山が分布している。日本海には利尻山（一七二一ｍ）と渡島《おしま》大島の江良岳（七三七ｍ）が、それらとは別に北と南に孤立している。

山の姿は山地ごとに違いがあり、それに火山が加わるので多彩である。概して北部の山地はなだらかで、南部の山はけわしいといえる。山腹は針広混交林や針葉樹林におおわれていて、森林限界が数百～千数百ｍと低く、高山帯が広い。残雪と湿原が多く、人の手があまり加わっていないのも、北海道の山地の特徴であろう。

1　山地の骨組みと成り立ち

北海道の山地は、ユーラシアプレート、北米プレート、太平洋プレートの衝突によって生まれたと考えられている。その考えによれば山地の成り立ちはおよそ次のようである。

太平洋の海底に、一億数千万年前から数千万年前の白亜紀から古第三紀はじめにかけて堆積していた地層が、ユーラシアプレートと北米プレートの衝突で褶曲《しゅうきょく》し、地下深くでは高い熱と圧力で花崗岩が貫入して変成岩が形成された。それが日高累層群と呼ばれる地層群で、北見山地と日高山脈の背骨をつくっている。最初に山地として姿を現したのは北見山地で、千数百万年前の第三紀中新世の初めころ中部のウエンシリ山塊から隆起が始まり、やがて南北につらなる山並みが出現した。すこし遅れて日高山脈が隆起をはじめた。隆起の最盛期はその初期の千万年前から五百万年前であった。そのころから西側の、地下深部から押し上げられてきた蛇紋岩や変成岩の地帯と、ユーラシアの東縁沖の海底に堆積していた、ジュラ紀から古第三紀はじめの地層が褶曲して隆起し、天塩山地と夕張山地が姿を現して現在の山地の骨組みができあがった。

これには日本海溝と千島海溝で沈み込む太平洋プレートの動きによって、千島弧の高まりが東から北海道の南半分を強く押していることが関係している。その動きによって日高山脈と夕張山地は大きく隆起するとともに、全体が北側の北見山地に対して数十㎞も西にずれた。そのずれを埋めるように火山が噴出し、雁行する北東—南西方向の択捉・国後の火山群、知床・阿寒火山群、然別《しかりべつ》火山群、大雪・十勝火山群が形成された。

半島部は地質構造的に東北日本弧の北端部に相当し、中生代・古生代の古い地層をおおって、新第三紀の堆積岩や溶岩、十数万年前以降の新しい火山噴出物が広く分布する。山地は積丹《しゃこたん》半島や渡島《おしま》半島、胆振《いぶり》地方の海岸線に代表される、北西—南東方向と北東—南西方向に延びる谷や低地によって、いくつもの小規模な山塊に分かれている。この方向は東北日本弧と千島弧の交わる角度の二等分角にあたっている。

2　北見山地

北見山地は、北海道の中央を南北に走る中央凹地帯の東側に横たわる、オホーツク海の海岸線を斜辺とする、南北一八〇km、東西一二〇km、斜辺二〇〇kmの平面形が直角三角形状の山地で、名寄川―興部《おこっぺ》川、石狩川上流―湧別《ゆうべつ》川の線で北部、中部、南部に分けられる。それぞれの最高峰は函《はこ》岳（一一二九m）、天塩《てしお》岳（一五五八m）、石狩岳（一九六七m）で、南に向かって四〇〇mずつ高くなる。石狩岳北東の三国山（一五四一m）は太平洋、日本海、オホーツク海の三つの流域の分水界になっている。北見山地は全体になだらかで谷の密度がきわめて小さく（写真1）、岩田修二の形態分類（本書Ⅰ章五―9・六七ページ参照、以下同じ）でも、とくに北部は日本で最もなだらかな山地に分類されている。この山地がなだらかな原因は、次のように考えられる。

第一の原因は、隆起した山地が侵食されていったん低平な準平原のような姿になり、その上に火山が噴出して緩傾斜の溶岩流におおわれたことである。硬い溶岩が侵食されにくいため、古いなだらかな火山の原形があまり損なわれずに残っている。しかし、溶岩におおわれなかったところや、それが侵食によって失われ保護がなくなったところでは、中部のウエンシリ岳（一一四二m）のように積雪にみがかれた急斜面の山になっている。

写真１　北見山地北部のなだらかな山並み　ピヤシリ山(987m)から函岳(1129m)を望む

第二は、地殻が安定していて新しい地質時代にあまり変動を受けていないことである。溶岩層の下にかくれている一〇〇〇万年余り前の準平原が、北部では五〇〇m前後、南部でも一〇〇〇m少々の高さに隆起したにとどまって、山稜が鋭く尖る高さにまで隆起しなかった。

第三は、川の侵食作用が弱いことである。オホーツク海沿岸は日本で最も降水量が少なく、集中豪雨がほとんどない。そのうえ川の勾配がきわめて緩やかで流れの勢いが弱い。

第四は、周氷河作用によって斜面が平滑化したことである。氷期には全山域が永久凍土環境になり、長期間の周氷河作用によって谷の少ない平滑な岩塊斜面の山地となった。山地南部の溶岩分布地域では氷期の激しい凍結の作用で砕けた岩塊が広い範囲に分布し、針葉樹林中の岩塊斜面の方々で永久凍土の分布が確認されている。

なお北見山地では、石狩川上流でモレーンが発見され、石狩岳が氷食をうけたことが明らかになってきたが、氷河の規模など不明の点が多い。武利岳、武華山、ニペソツ山なども氷食をうけた疑いがもたれているが、確実な証拠は見つかっていない。

3　日高山脈

写真2　日高山脈中央部を北から望む
中央が最高峰の幌尻岳、頂上直下に圏谷(北カール)が見える。(チロロ岳上空から撮影)

日高山脈は北端の佐幌《さほろ》岳（一〇五九m）から襟裳《えりも》岬まで長さ一四〇km、幅四〇km、最高峰の幌尻《ぽろしり》岳（二〇五二m）が唯一の二〇〇〇m峰という山地である。北東部に花崗岩の比較的なだらかな低い山があるほかは、全域にわたって山稜が鋭く尖った急峻な山々が分布し、かつて準平原が存在したことを推測させるような平頂峰や鈍頂の山稜が存在しない、日本では例外的な山地である。谷は谷壁斜面が直線的で、典型的なV字谷になっている（写真2）。岩田修二の分類（六七ページ表3）でも、日本で最も険しい山地にランクされている。

北見山地と地質構造が同じであるのに山の形態が大きく異なるのは、地形をつくる作用に違いがあるからにほかならない。すなわち日高山脈では、新しい地質時代に大きく隆起し、その変動が現在も進行していて、川が谷を激しく掘り下げ（下方侵食、下刻）て函の連続する欠床谷をつくっている。ときどき集中豪雨に見舞われて谷底の砂礫が一挙に押し流される。残雪の作用で多雪山地に特徴的な直線状の谷壁斜面が発達し、その斜面どうしが切りあって尖った山稜が形成されるのである。

日高山脈の最大の特徴は氷河地形が発達することである。とくに主稜線付近には圏谷（カール）がならび、痩せ尾根と端正な三角錐状の峰をつくりだしている（写真2）。圏谷は中部山岳のそれに比べて圏谷底の幅が広く、平らで形が明瞭だが、圏谷壁が低く大きな裸岩壁がなく、鋸歯状の尾根（アレート）も少ない。戸蔦別岳《とつたべつ》の七つ沼圏谷は日本で最も見事な圏谷といってよいであろう。しかし圏谷から下流につづく氷食谷の形状が明瞭なU字状を呈しておらず、モレーンも戸蔦別川の上流部以外にはほとんどわかっていない。空中写真判読によって作成された五百澤智也の氷河地形分布図（九八～一〇四ページ）には、主稜付近のみでなく支尾根のかなり低位置にまで氷河地形の分布が示されているが、現地調査はほとんど行われていない。

4　天塩山地

石狩川中流の神居古潭《かむいこたん》の横谷から宗谷岬にいたる、中央低地帯西側の日本列島最北の山地で、天塩川の横谷から北では高度を下げて宗谷丘陵と呼ばれる。一〇〇〇mを超えるのが最高峰のピッシリ山（一〇三二m）と三頭山（一〇〇九m）のみの、低くて定高性の著しい山地で、スカイラインにほとんど上下がない。ゆるく褶曲した白亜紀から新第三紀までの堆積岩が広く分布し、そのなかの硬くて侵食されにくい砂岩層と礫岩層の部分が高く残り、軟らかく侵食されやすい泥岩層の部分が低くなって、東向き斜面が急で西向き斜面が緩やかなケスタ地形が発達する。北部の知駒岳《しるこま》（五二九m）から南には、硬くて侵食から取り残された蛇紋岩の山稜が延びている。

また天塩山地は降雪量が北海道では最も多い山地で、雪崩道や積雪のグライド（緩慢な滑動）によってできた、こまかな凹凸のある斜面などの雪食地形がみられる。宗谷丘陵はなだらかな波状起伏地で、氷期に凍結融解の作用（周氷河作用）を強くうけて形成されたと考えられている。

5　夕張山地

神居古潭から南につづく中央低地帯西側の幅の広い山地で、押しかぶせ断層をともなって西に倒れかかるように地層が激しく褶曲した複雑な地質構造をもつ。空知川の横谷から北の標高一〇〇〇m未満の山地を、幌別山地として区別する場合もある。いずれも東縁を断層で断ち切られ、全体が西に傾くように隆起した傾動山地で、主稜線が山地の東に偏っていて主峰の芦別岳（一七二六m）（写真3）をはじめ主稜線上の高い山は、すべて断層に面した東面が急斜面になっている。この山地は石灰岩の岩峰群の峠《きりぎし》山や岩のコブが散在する蛇紋岩の夕張岳（一六六八m）など、地質を反映した特異な山容の山や、固有種の多い高山植物群落などで知られている。芦別岳は氷河作用を受けた疑いがもたれているが、詳しいことはわかっていない。

写真3　夕張山地の主峰・芦別岳。山脚の末端が，断層地形の一つである断層三角末端面（簡単に三角末端面ともいう）の特徴を示している。（東麓の山部から撮影）

6　択捉島・国後島

択捉、国後の両島は、カムチャツカ半島の先端から延びる千島弧上の島で、北東—南西に延びて、知床半島に雁行する火山の島である。択捉島は長さ二〇〇km、幅数十kmで、散布山《ちりっぷ》（一五八七m）以下四〇以上の火山が存在する。国後島は長さ一二〇km余、幅一〇km余の島で、島の北端にある最高峰爺爺岳《ちゃちゃ》（一八二二m）など四つの活火山があり、知床半島から間近に望まれる。

7　知床・阿寒火山群

日本で唯一の火山の半島である知床半島から雌《め》阿《あ》寒《かん》岳にいたる、延長一六〇kmの火山列で、北東―南西に延びる褶曲した新第三紀層の基盤の高まりの上に噴出している。知床岬から斜里岳までは新旧の成層火山がほぼ一直線にならび、南西部には屈斜路、阿寒の大カルデラ火山が存在する。知床半島の主峰は羅臼岳（一六六〇m）で、その北東の硫黄山（一五六二m）は一九世紀半ば以来三回にわたって硫黄を噴出した世界でもまれな火山である。屈斜路カルデラは二六×二〇kmの大きさをもち、日本最大。その中に中島やアトサヌプリなど多くの中央火口丘があり、東隣には約七〇〇〇年前に形成された最も新しい径六kmの摩周カルデラがある。阿寒カルデラは二三×一四kmで、その中と縁に雄《お》阿寒岳（一三七一m）と雌阿寒岳（一四九九m）が噴出し、後者はしばしば小規模な噴火をくり返している。

写真4　大雪火山群南部の，古くなだらかな忠別火山（1963 m，左）と新しいトムラウシ山（中）。右遠景は十勝岳（中央）火山群。（大雪山の白雲岳石室から撮影）

8　大雪・十勝火山群

北海道の中央に横たわる北東―南西方向の延長約七〇kmの火山列で、最高峰の旭岳（二二九〇m）をはじめ、大小・新旧三十数個の火山がならぶ。北海道には二〇万分の一地勢図に山名と標高が記された二〇〇〇m以上の山が一三あるが、そのうち一一がここに存在する。御鉢平カルデラをとりまいて二〇〇〇m級の山が集まる大雪山北部、その南につづく広びろとした台地状の古い火山とその上にトムラウシ山（二一四一m）が鎮座する大雪山南部、三〇年に一度の割合で噴火するきわめて活動的な十勝岳（二〇七七m）を擁する十勝岳連峰に区分される（写真4）。山腹をおおう広大な針葉樹林、南北四〇km余、幅数kmの高山植物の大群落がひろがる高山帯は、日本最大の規模である。

大雪山の山上部には永久凍土が存在し、構造土が広く分布している。以前から氷河地形の存在も疑われていたが、最近白雲岳南面のモレーンが後氷期のものであることが明らかになり、他にも氷河によると考えられる地形や堆積物が山上の各地で見つかっている。石狩川源流域では海抜一〇〇〇m前後の位置で氷期のモレーンが発見されているが、大雪山の氷河地形については不明の点が多い。

9　然別火山群

北見山地南端の石狩岳（一九六七m）の南、十勝岳連峰の東に南北にならぶ火山群で、北に名峰ニペソツ山（二〇一三m）（写真5）があり、南端に然別《しかりべつ》湖をとりかこんで多くの溶岩ドームが分布している。溶岩ドームの山頂部や山腹の岩塊地になっているところには永久凍土が分布し、ナキウサギが生息している。

前記火山の東部一帯は、数百万年前から数十万年前に噴出したカルデラをふくむ古い火山地で、一〇〇〇m級の山々が分布しているが、侵食が進んでほとんど火山の形態をとどめていない。

写真5　雲海に浮かぶ然別火山群のニペソツ山（2013m、中央の尖峰）とウペペサンケ山（1835m、左奥の平頂峰）。ともに古い火山だが，両者の間の丸山(1692m，山影でみえない)は活火山。(石狩山地のユニ石狩岳から撮影)

10　道南山地と支笏・洞爺火山群

石狩低地帯からブナの北限として知られる黒松内低地帯までの、火山性の山地で、数百万年前の新第三紀末の海底火山噴出物を、それ以降に噴出した火山がおおう。北西—南東と北東—南西の谷によって小さな山塊に分かれている。北部には、百万年前よりも古い平坦面溶岩と呼ばれる緩く傾いた溶岩におおわれた、周囲が急で頂部が平らな台地状の山が多い。札幌市外の手稲《ていね》山（一〇二四m）がその代表である。西部には、溶岩ドームがならぶニセコ火山群、秀麗な成層火山の羊蹄山（後方羊蹄《しりべし》山一八九八m）、南部には、支笏《しこつ》、洞爺の大カルデラ火山とその周辺に噴出した、成層火山やさまざまなタイプの新しい火山が比較的狭い範囲に集まっている。なかでも洞爺湖南岸の有珠《うす》山は日本有数の活動的な火山で、過去百年間にほぼ三〇年間隔で四回噴火し、一九四三—四五年の噴火では、世界で初めて火山の成長過程が克明に記録された昭和新山（四〇二m）が生まれた。この「洞爺湖有珠山」地域は、二〇〇九年に日本で最初の世界ジオパークに認定された（一三〇—一三一ページの図1参照、認定証書の英語表記では「洞爺カルデラと有珠火山」）。

11　渡島山地と道南の火山

黒松内低地帯から南の渡島半島の背骨をなす山地で、古生代・中生代の堆積岩と花崗岩などの基盤をおおう新第三紀の堆積岩と、その上に噴出した数十万年前以降の火山から構成され、北西—南東に延びる。高さは低いが谷に細かくきざまれて、急斜面が多い。北端に位置する最高峰の狩場山（一五二〇m）は古い火山だが、南東部の駒ヶ岳（一一三一m）は活火山で、一六四〇年の大爆発では山体が崩壊して川を堰き止め、多くの流れ山からなる島や半島をちりばめた大沼の景勝地をつくった。

（小疇　尚）

2　本州

一　東北地方

1　三列の山並み

東北地方にはよく知られているように、南北方向に延びる三列の山並みがある。中央には日本列島の脊梁の一部を構成する奥羽山脈が連なり、太平洋側には北上山地と阿武隈山地の二つがある。また日本海側には出羽山地が断続的に走り、その南は飯豊《いいで》山地と越後山脈に連なる。

東北地方には地味な山が多い。高さは一番高い燧《ひうち》ヶ《が》岳《だけ》でも二三五六ｍに過ぎず、他に二〇〇〇ｍを超す山には、鳥海山（二二三六ｍ）、会津駒ヶ岳（二一三三ｍ）、飯豊山（二一〇五ｍ）、岩手山（二〇三八ｍ）、西吾妻山（二〇三五ｍ）などがあるだけである。また全体におだやかな山容を示す山が多く、槍・穂高のような岩壁に鎧《よろ》われた険しい山はほとんどみられない。しかし独立峰が多く、湿原やお花畑が発達し、残雪に恵まれるなど、個性的で魅力的な山が多い。ブナ林がよく残った山も少なくない。以下、主な山地ごとにその概況を記述し、さらに東北の山々に見られる自然の特色を紹介する。

2　奥羽山脈

北の八甲田山から、南は関東地方に含まれる那須岳や高原山まで、およそ四四〇㎞の長さをもつ、日本最長の山脈である。下北半島の下北山地（恐山山地）は陸奥湾によって隔てられているが、奥羽山脈のつづきとみてよい。また南は鬼怒川の上流をはさんで足尾山地に連なる。

奥羽山脈の主要なピークはほとんどが火山で、北から八甲田山、八幡平、岩手山、秋田駒ヶ岳、栗駒山、蔵王山、吾妻山、安達太良山、磐梯山、那須岳と、秀麗な姿をした名山が並ぶ。

地質学的には、これらの火山は、ほとんどが第三紀層が褶曲してできた背斜軸（褶曲の高まりの部分）の上に生じたもので、いわば第三紀層の山地に肩車をしてもらった形になっている。横手盆地の東には、奥羽山脈の非火山性の山では最も高い和賀岳（一四四〇ｍ）や同じく非火山の真昼岳があるが、第三紀層はおおよそこれらの山程度の高さにまでは達しているから、火山の高さの七、八割は第三紀層によるものだといえる。つまり火山本体は意外に小さく、溶岩などの厚さはせいぜい数百ｍに過ぎないのである。第三紀層の泥岩や凝灰岩の上に溶岩が載ってくる様子は、秋田駒ヶ岳の南の仙岩峠や吾妻山の南の土湯峠など、各地で観察することができる。また火山以外の山地は、基本的に第三紀層でできていると考えてよい。基盤の第三紀層の褶曲は現在でも継続しており、そのため奥羽山脈の山々は年に二㎜程度の速度で成長しつつある。

ところで奥羽山脈では、火山はおよそ八〇㎞ほどの間隔をおいて現れる。まず八甲田・十和田の火山群、次に八幡平や秋田駒ヶ岳の火山群、ついで焼石岳と栗駒山の火山群といった具合である。なぜこのような間隔で出現するのかについては、マントル内の高温領域が、西側の深部から東側の浅部に向かって上昇する際、手のひらから指が延びるようにでき、そうした熱い指先に火山が集中するためだと考えられている。

奥羽山脈の火山には活火山が多いのも大きな特色である。岩手山、秋田駒ヶ岳、吾妻山、磐梯山などには、数十年前から数百年前に噴火した記録があり、そこでは生まれてまだ間もない溶岩流や火山砂礫原、噴火口など、荒々しい噴火の痕跡をみることができる。

実はそうした場所では、噴火の影響を受けた特殊な植物群落が成立していて、他に例のないような珍しい景観を示すことが多い。岩手山の「焼走り溶岩流」上に成立した植生遷移のごく初期の群落（写真1）、秋田駒ヶ岳や

写真１　岩手山の「焼走り溶岩流」

写真２　堅破山の「太刀割り石」

岩手山のスコリア原に生じた、コマクサとタカネスミレとイワブクロの大群落、鳥海山の岩礫地に生じたチョウカイフスマやイワブクロの群落、蔵王山や一切経山（吾妻山）のヒメコマツの群落などはその代表的な事例である。またハイマツが、本来の標高よりはるかに低いところに生育しているのも、各地でみることができる。

3　北上山地

青森県の八戸市南方から宮城県の牡鹿《おじか》半島まで延びる高原状の山地で、西側は馬淵《まべち》川と北上川を結ぶ線によって限られ、東側は太平洋に面してリアス式海岸をつくる。最高峰は早池峰《はやちね》山（一九一七ｍ）で、他に薬師岳、五葉山、姫神山、石上山、六角牛《ろっこうし》山などが目立つピークである。地質は主に古生界の砂岩や石灰岩と花崗岩からなるが、早池峰山には蛇紋岩が分布している。北上山地では長い侵食作用によって生じた平地が、再び隆起したため、なだらかな隆起準平原の地形ができ、外山高原、早坂高原、種山高原などと呼ばれている。早池峰山などの高いピークは、硬い岩石が侵食に抵抗してできた残丘である。

北上山地の北部は、氷期には周氷河環境下に入り、凍結破砕作用による岩屑の生産が活発になって、岩塊斜面ができ周氷河性波状地が発達した。このこともこの山地の地形をなだらかなものにした一因になっている。

4　阿武隈山地

仙台市の南方から福島県東部を経て茨城県の日立市付近までつづく高原状の山地で、西は阿武隈川《あぶくま》と久慈川を結ぶ線、東は太平洋によって限られ、菱形を縦にしたような外形を示す。このうち南西側の常陸太田から郡山に向かう低地帯には棚倉構造線（第三紀の大断層）が走り、北東部の太平洋沿いは活断層である双葉断層によって直線状に限られる。阿武隈山地は北上山地とともに隆起準平原として知られ、標高六〇〇m前後のところに定高性の高原（小起伏面。山地が隆起する前の準平原の名残）があって、広く浅い谷が上流まで分布している。最高峰は大滝根山（一一九二m）である。他に霊山《りようぜん》、日山、屹兎屋山《きつとやさん》、花園山、妙見山などが目立つが、いずれも侵食から削り残された残丘である。地質は主に花崗岩類からなるが、一部に古生層ないし中生層の砂岩や石灰岩があり、第三紀層も分布する。日立市西方の竪破山《たつわれ》には「太刀割り石」と呼ばれる、花崗岩の割れた巨石がある（写真2）。

5　出羽山地

東北地方の西部を南北方向に延びる一〇〇〇m級の山地。大館盆地や横手盆地、新庄盆地、山形盆地などを日本海から隔てているが、連続性はよくなく、米代川《よねしろ》、雄物川《おもの》、最上川などの、出羽《でわ》山地が隆起する前から流れていた大河（このような川を先行性河川と呼ぶ）によって切断され、いくつかの山地に分けられる。主なものとして、北から、白神《しらかみ》山地、太平山地、笹森丘陵、丁岳《ひのとだけ》山地、出羽三山（月山火山群）がある。

地質はほとんどが新第三紀層の泥岩、砂岩、凝灰岩からなる。奥羽山脈と同様、現在成長中の背斜部のところどころに、岩木山、鳥海山、月山などの火山が載り、この山地としては例外的に高山となっている。

出羽山地北部にある白神山地は青森県と秋田県の県境にそびえる険しい山地で、白神岳（一二三五m）や向白《むかい》神岳、藤里駒ヶ岳、二つ森、尾太岳、それに火山である田代岳が主要なピークである。一帯には世界最大級のブナの原生林が残り、天然記念物のクマゲラも生息する。一九九三年、世界自然遺産に登録された。

太平山地は秋田県の北部にある山地で、主峰の太平山《たいへい》(一一七〇m)を中心に、馬場目岳、大石岳など一〇〇〇m前後の山が連なる。標高が低い割には険しい山地で、至るところに滝や峡谷がある。

笹森丘陵は横手盆地の西にある丘陵で、最高峰は七一三mの八塩山。他に笹森山などがある。由利丘陵ともいう。

丁岳山地は秋田、山形の県境にある山地で、主峰の丁岳(一一四六m)を中心に一〇〇〇m前後の山々が東西に連なる。東は雄勝峠で神室《かむろ》山地に接し、西には鳥海山がそびえる。丁岳は標高は低いが、多雪環境を反映して高山植物の豊富なことで知られる。

山岳信仰で有名な出羽三山は、月山《がっさん》(一九八四m)、湯殿山《ゆどの》(一五〇〇m)、羽黒山《はぐろ》(四一九m)の三つからなり、山形盆地の西にそびえる火山地域である。三山の山岳信仰は中世の修験道に始まり、江戸時代に盛んになった。信仰の中心となっている三山神社のある羽黒山は、月山の火山泥流の末端が第三紀層山地にのしあげたところにあたる。

出羽三山の東には、葉山《はやま》(一四六二m)がある。葉山は現在、非火山とされているが、山頂部にはカルデラ状の地形があり、古い火山であることがわかる。葉山の山名は「山の端《は》にある山」からきている。室町時代末期までは月山、羽黒山とともに出羽三山の一つとされていたが(湯殿山は奥の院)、その後、三山から脱落してしまったという。

6　朝日・飯豊山地

朝日山地は山形、新潟の県境にそびえる山地で、朝日連峰とも呼ばれる。主峰は大朝日岳(一八七〇m)で、他に以東岳《いとう》、天狗角力取山《てんぐすもうとりやま》などがある。主に花崗岩からなる山地で、雪崩によって削られた岩壁が急峻な地形をつくりだしている。豊かな高山植物群落やブナの原生林、キタゴヨウの林などによって知られている。

飯豊《いいで》山地は山形、新潟、福島の三県の県境を東西方向に延びる山地で、飯豊連峰とも呼ばれる。主峰は飯豊山（二一〇五ｍ）で、他に御西岳、北股岳、杁差岳《えぶりさし》など、二〇〇〇ｍ前後のピークがいくつも連なる。最高峰は大日岳（二一二八ｍ）である。地質は古生界とそれに貫入した花崗岩からなる。山地を刻む谷は深く、急峻な地形をつくるが、稜線部まで登るとむしろなだらかな地形となる。

飯豊山地は日本を代表する多雪山地で、至るところに残雪があり、その中には越年するものも珍しくない。また亜高山針葉樹林帯が欠如して「偽《ぎ》高山帯」と呼ばれる草原や低木林になっている。このため高山植物が豊かで、夏にはわが国屈指のお花畑が展開する。山麓には広大なブナ林が広がる。

7　東北地方の山地の自然的特色

(1) 多雪とブナ林

東北の山、とくに日本海に面する山々は、北陸の山と並ぶ世界有数の多雪山地である。これは日本海を渡ってくる冬の季節風の影響を直接受けるからで、積雪量は五、六ｍを超えるところが珍しくなく、山々は春になっても純白の衣をなかなか脱ごうとしない。雪解けが進むのは六月になってからで、雪に覆われている期間は軽く半年を超えてしまう。これに加えて基盤の地質が、水を通しにくい第三紀層の泥岩や粘板岩でできているため、雪解け水や雨水は地下に浸透しにくく、表土はいつも湿った状態に保たれている。この恵まれた環境は豊かなブナの林を育み、東北の山をブナの王国にした。現在ではブナ林は伐採が進み、かつての広大な原生林は見る影もないが、それでも白神山地や八甲田山、栗駒山、鳥海山、飯豊・朝日連峰などでは、ある程度まとまったブナ林をみることができる。

写真３　羽後朝日岳の雪食凹地

写真４　飯豊山（北股岳）の風食現象

基盤が第三紀層からなるところには、しばしば「地すべりの巣」と呼ばれるような、地すべりの多発地域が生じる。地すべりが起こったところでは、地下のごく浅いところに地すべり粘土ができるため、水の浸透は妨げられ、新たな地すべりによって生じた崖からは水がしみだしてあたりを湿っぽくする。こんな場所にはさまざまのシダ類や、サワグルミ、トチノキなど湿った場所を好む樹木が現れやすい。ブナ林の中を歩いていると、ときどきシダ類が異様に多い場所にいきあたるが、それはたいがい地すべり地だと考えてよい。

(2) 残雪と雪食凹地

積雪は標高が高くなるほど増加する傾向があるが、稜線付近では、雪はそこを吹き抜ける冬の強風のために吹き払われ、風下側の斜面上部に堆積して、厚い雪の吹き溜まりをつくる。レンズ状になったこの吹き溜まりは厚さ一〇ｍを軽く超えるものが多く、中には厚さ三〇ｍ以上にも達するものがある（一五ページ写真１）。雪の溜まりは夏に向かってしだいに厚さと面積を縮めていくが、盛夏や秋口まで残雪として残るものも少なくない。夏、月山や鳥海山、飯豊山などに登ると、稜線の東側や北側の至るところに残雪をみることができる。中には飯豊山の石転ビ雪渓や月山の大雪城《おおゆきしろ》のように、何年も越年するものがある。

残雪が遅くまであるようなところは、周囲の草原よりも凹んだ、「雪食凹地」と呼ばれる窪みになりやすい（写真３）。なぜ窪みができるのか、そのメカニズムははっきりしない点が多いが、厚い残雪がゆっくりと滑り、それが少しずつ表土を削って窪みをつくるのではないかと考えられている。

(3) 風食と植物群落

飯豊山や鳥海山、朝日連峰などの稜線上では、強風のために偽高山帯の草原が帯状にはがされ、下の砂礫が露出しているのが観察できる（写真4）。植被地（植生に覆われた所）と砂礫地は交互に配列し、全体として縞々模様または階段状の地形をつくっている。この砂礫地には、遷移の進行に伴って、順次、さまざまの高山植物が入り込んでくるため、高山植物は本来生育する高度よりはるかに低いところに生育の場所を得ることが可能になっている。このため、一見、植被の破壊に見える風食が、実は偽高山帯の植物相に豊かさをもたらす結果となっている。自然の不思議なメカニズムを示すひとコマといえよう。

（小泉武栄）

二　関東地方

関東平野は、くの字形に接する東北日本弧と伊豆小笠原弧の間に挟まれた日本最大の平野で、中心部が沈降をつづける堆積平野である。南からのフィリピン海プレート、北からの北米プレート、西からのユーラシアプレート、東の太平洋プレートが接する場所でもあり、平野の北側と西側で山々が障壁をつくる。非火山性の山地は、北側（北関東）に八溝《やみぞ》山地・筑波山、足尾山地、越後山脈（上越山地）があり、西側に関東山地（秩父山地）と丹沢山地が連なる。このほか、高さはないが房総丘陵や三浦丘陵も山地とみてもよいだろう。奥羽山脈からつづく火山列は那須火山、高原《たかはら》火山から日光赤城火山地域へ延び、フォッサマグナに含まれる浅間火山地域、八ヶ岳火山、富士火山、箱根火山を経て伊豆諸島、硫黄島へ達する。

関東の山々を気候的にみれば、多雪の越後山脈から寡雪の足尾山地・八溝山地・関東山地まで多様で、雪崩の有無など山地の環境もそれぞれ大きく異なっている。北関東の山々について、冬季の季節風の当たる順からみると、第一線が谷川岳・巻機《まきはた》山、第二線が武尊《ほたか》山・至仏山・燧《ひうち》ヶ《が》岳《たけ》、第三線が赤城山・皇海《すかい》山・高原山・那須岳、第四線が筑波山・八溝山となり、多雪山地から寡雪山地へ漸次移ってゆく（図1）。これに対応する植生の変化として、第一線では亜高山帯針葉樹林がなく偽高山帯が広がり、第一線から第二線へは森林限界高度が上昇し、ブナの林床についてみれば第一線・第二線でチシマザサ、第三線・第四線でスズタケやミヤコザサとなることが知られている。関東山地や丹沢山地も第三線または第四線にあたる寡雪山地で、同様の林床をもつブナ林がある。

1　八溝山地・筑波山

阿武隈山地との境界をなす棚倉破砕帯の西側の南北に延びる低い山地で、北部にある最高峰の八溝山（一〇二

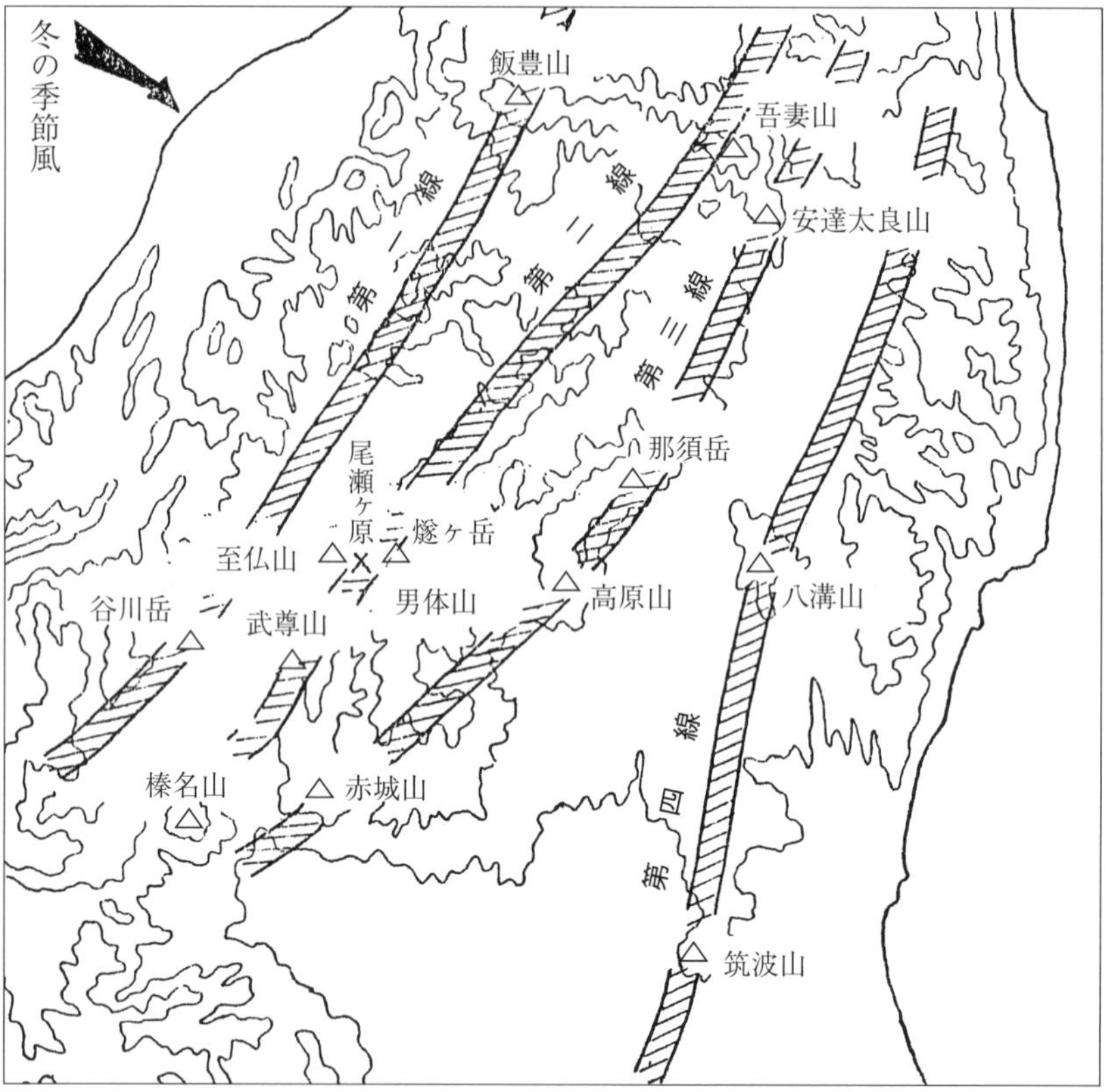

図１　冬季の季節風に対する北関東の山々
（鈴木時夫『東亜の森林植生』古今書院　1952による）

二m）から南側の筑波山まで連なっている。主に中生代の砂岩・泥岩などからなるが、筑波山周辺は花崗岩が分布している。筑波山は関東平野に張り出す独立峰で、花崗岩の上に硬い斑糲岩《はんれい》が載る構造であり、硬い岩石が削り残された堅牢残丘とされている。筑波山の山頂は男体山・女体山の双耳峰となっているが、山頂の半分が東側へ滑って女体山が分離したという見解がある。筑波山の山頂周辺にはブナ林がかろうじて分布しており、独立峰ならではのレフュージア（植物の逃避場所）とみなされている。

2　那須火山地域

北から（甲子《かっし》）旭岳、最高峰の三本槍岳（一九一七ｍ）、朝日岳、茶臼岳、南月山などの火山体が並んでいる。これら火山体の形成は旭岳が最も古く五〇万年前、次いで三本槍岳が三〇万年前、朝日岳と南月山が二〇万〜一〇万年前の成層火山である。その後、岩屑なだれを南東側に流し、その抜け跡のカルデラに一万年前以降、溶結火砕丘とその上に載る溶岩ドームの茶臼岳が形成された。三本槍岳から朝日岳の稜線沿いには、北関東の東部地域では孤立した分布となるハイマツ群落がみられる。那須火山の南には高原火山があり、こちらも三〇万年前以降の長い活動史を経ていて、一〇万年前には釈迦ヶ岳や前黒山の成層火山を形成した。

3　足尾山地

渡良瀬川流域を中心とした中・古生代の砂岩・頁岩・チャートなどからなる低山地で、渡良瀬川左岸側の古峰《こぶ》ヶ原《がはら》周辺には花崗岩の高原がある。皇海山《すかい》（二一四四ｍ）・庚申《こうしん》山・袈裟丸《けさまる》山などは渡良瀬川流域の山々であるが、火山であることから地質的には足尾山地に含まれない。明治期以降、足尾銅山の精錬所からの亜硫酸ガスが周辺の植生を枯らし、渡良瀬川上流域一帯に大規模な煙害裸地が広がったが、その後、植生回復事業が徐々に進んでいる。

4　日光・赤城火山地域

男体山《なんたいさん》、（日光）白根山、燧ヶ岳、武尊山《ほたかやま》、赤城山、榛《はる》名《な》山など著名で多彩な火山がある。この火山地域の最高峰は白根山（二五七八ｍ）で、同時に関東地方の最高峰でもあるが、基盤岩の上に載る溶岩ドームが主体をなすもので、火山体としては小さい。日光では、四〇万年以前の古い女峰《にょほう》火山、二万年～一万三千年前の新しい成層火山である男体山が代表格で、大真名子《おおまなご》山、小真名子山、太郎山などの溶岩ドームはその間に形成された。男体山の成層火山形成中には溶岩の堰き止めにより華厳の滝や中禅寺湖をつくり、一万三〇〇〇年前の最新の噴火による火砕流が戦場ヶ原をつくりだした。

赤城火山は、三〇万年以前の成層火山から五万年前の山頂カルデラへの発達史が刻まれた火山で、最高峰の黒檜《くろび》山（一八二八m）は成層火山体の残存部分、地蔵岳は中央火口丘の溶岩ドーム、大沼《おの》はカルデラ底の火口原湖である。同様に榛名火山も古い成層火山から四万年前の山頂カルデラへの発達史がある。これらの活動のなかで、大規模な噴火により多量の火山灰を飛ばした。赤城火山の山頂カルデラ形成後の三万二〇〇〇年前には園芸用土の「鹿沼土」で有名な赤城鹿沼軽石（Ag-KP）が北関東一帯に堆積した。六世紀半ばには榛名火山の北東側から榛名二ツ岳軽石（Hr-FP）が噴出し、その火口に二ツ岳溶岩ドームが形成された。

このほか、沼田～水上間の利根川を挟んで、テーブルマウンテンの大峰山・三峰山・吾妻耶山などがある。これらは五〇〇万年前の溶結凝灰岩が水平に堆積しており、それが平らな山頂をつくっている。

この地域には二〇〇〇mより高い火山も多いが、ハイマツの分布は少なく、第二線の燧ヶ岳・武尊山や第三線の日光の温泉ヶ岳・女峰山などにわずかにみられる程度である。

5　越後山脈（上越山地）

主に新第三紀の堆積岩や火成岩からなる二〇〇〇m前後の山々で、東側の第二線には蛇紋岩の至仏山が二二二八mの高さをもつ。越後三山から谷川岳にかけては日本でも最大級の多雪地域であり、地形や植生は積雪に強く影響を受けている。稜線周辺には残雪凹地（雪窪）というスプーンで浅くすくったような地形がみられ、また、常襲する雪崩によって、アバランチシュートという、岩盤が丸ノミで縦に削られたような斜面がたくさんある。

こうした多雪地域の斜面には亜高山帯針葉樹林が成立しにくく、ササ原を主とした偽高山帯の植生景観が広がっている。

ところで、谷川岳の一ノ倉沢などはU字型の谷地形をみせるので氷河地形の可能性が指摘されていたが、最近、氷食による平滑谷底やその下方のモレーンが確認され、それらが氷河地形であることが実証された（図2）。越後山脈は日本アルプスほどの高さはないが、氷期にも比較的多雪であったようで、雪崩によって涵養された氷河が低位置に発達したと考えられている。こうした氷河地形の可能性は、越後三山や荒沢岳などからも報告されつつある。

6　浅間火山地域

東北日本弧と伊豆小笠原弧との島弧の会交部にある火山群で、草津白根火山、四阿《あずまや》火山、浅間火山などがある。草津白根火山では、六〇〇万年前以降の火砕流や溶岩流が南・東側の山腹から山麓に広がっている。山頂部は、水釜・湯釜・涸釜などの爆裂火口をもつ白根山（一万四〇〇〇年前）や

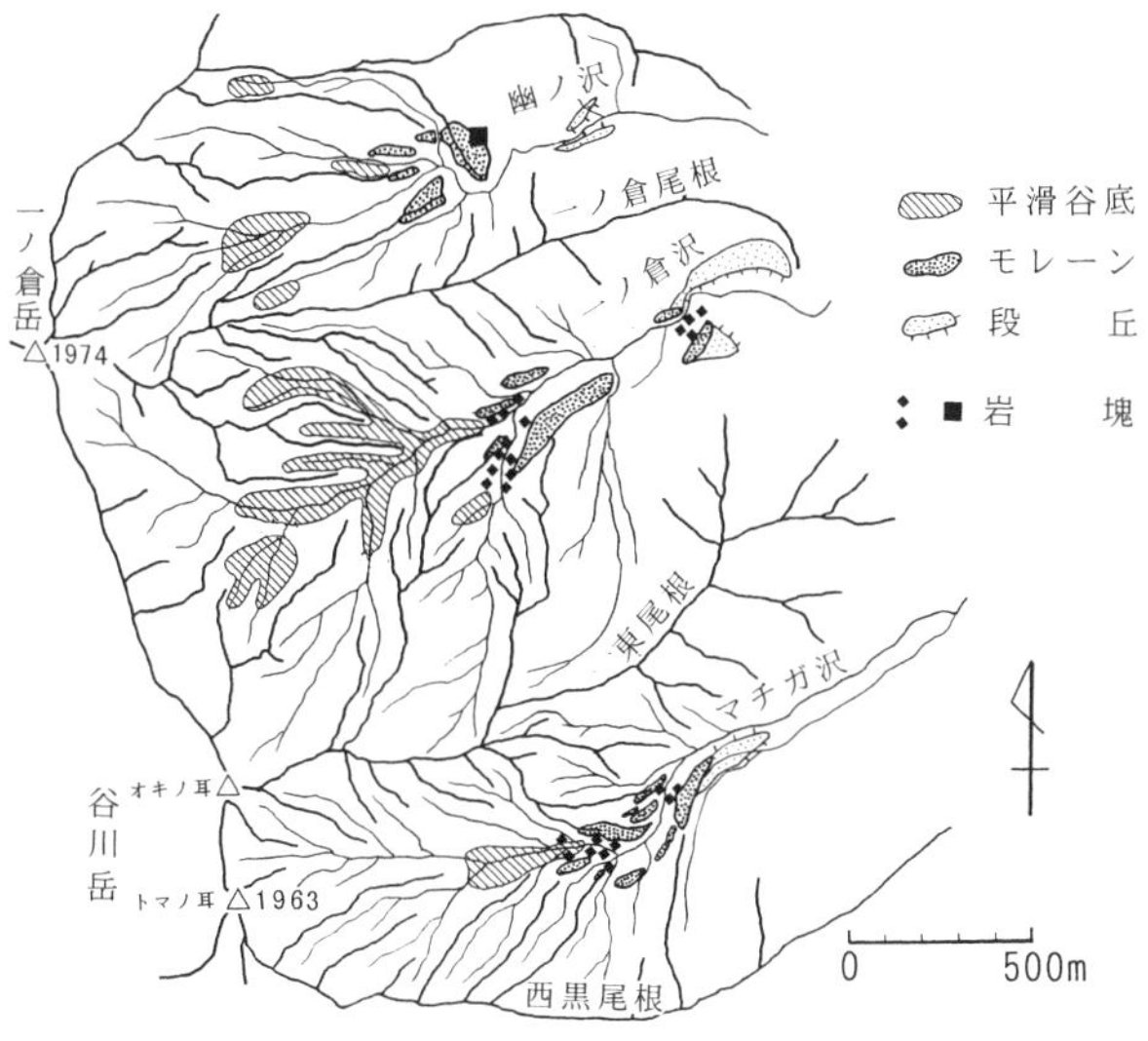

図2　谷川岳東斜面の氷河地形
（小疇尚・高橋和弘『日本地理学会発表要旨集 56』1999による）

写真1　本白根山鏡池の構造土
（多角形土）

亜高山帯針葉樹林におおわれた本《もと》白根山（三〇〇〇年前）などの火砕丘《かさいきゅう》で、古い白根山が白っぽい地肌をみせているのは一八七二年以降の水蒸気爆発により白く変質した粘土や溶岩片が飛散したためである。本白根山の火口の鏡池には、礫が見事に亀甲状に並んだ構造土（周氷河現象）がみられる（写真1）。

浅間火山は、噴火を繰り返しているAランクの活火山で、とくに天明三年（一七八三）の噴火は火砕物が二次的に流動し、北側の鎌原《かんばら》から吾妻川下流側へ泥流となって大災害をもたらした。鬼押出しはその直後の溶岩流とされていたが、最近の見解によれば、空中に噴き上げられたマグマの断片が地上に落下した溶岩餅（スパター）で、それが積み重なって互いに溶け合った溶結《ようけつ》火砕岩《かさいがん》とみなされている。

7　関東山地（秩父山地）

碓氷《うすい》峠から中央本線の通る桂川の谷まで南北に広がる大きな山地で、一般には多摩川上流域の山々を「奥多摩」、荒川上流域からそれにつづく山々一帯を「奥秩父」と呼ぶ。

関東山地は地質からみれば、おおよそ三地域に大別される。北部の妙義山・荒船山周辺は第三紀の火山噴出物が分布し、周囲から削剥されて山頂部が岩峰となった特徴的な山々が多い。中部の御座《おぐら》山・両神山から南東部の雲取山・三頭《みとう》山・大岳山などまでは、秩父帯（ジュラ紀の付加体）や小仏層群（白亜紀～第三紀の付加体である四万十帯の一部）の分布域で、深い谷が発達する大起伏山地となり、山頂部にはチャートや石灰岩など硬い岩石があることが多い。秩父の武甲山や万場の叶山は、石灰岩の採掘により、かつての山頂が失われてしまった。なお、これらのチャートや石灰岩は古くから秩父古生層と呼ばれていたが、最近では、プレートの動きによって古生層の一部が剝ぎ取られ、それが大きな塊となって海溝に堆積する中生層に混在し、そうした中生層が陸側に押しつけられて貼り付いた付加体と考えられるようになった。

南西部の金峰山・国師ヶ岳・甲武信《こぶし》ヶ岳《がたけ》から大菩薩峠の西側にかけての一帯は、甲府盆地をとりまくように分布する花崗岩類の分布域の一部をなしている。岩塔（トア）が林立する瑞牆《みずがき》山、岩塊斜面が広がる金峰山など、花崗岩がつくる典型的な周氷河地形が発達する。関東山地最高峰は国師岳のやや南にある北奥千丈岳（二六〇一m）で、非火山性の山地としては日本アルプスに次いで高い。ハイマツ群落はこれらの高い山々に点在していて、金峰山ではやや広がりがあり、国師岳や破風《はふ》山の山頂付近でもわずかにみられる。

8　丹沢山地

北の桂川の谷と南の秦野《はだの》盆地・酒匂《さかわ》川の谷にはさまれた山地で、最高峰は蛭《ひる》ヶ《が》岳《たけ》（一六七三m）である。山地西部の畦《あぜ》ヶ《が》丸《まる》・菰釣《こもつるし》山一帯に石英閃緑岩が分布し、それをドーナツ状に取り囲む新第三紀の火山岩類（丹沢層群）が、大室山・蛭ヶ岳・塔ヶ岳・大山などの山々をつくっている。第四紀半ばごろに伊豆半島が日本列島に衝突し、それと丹沢層群との境界をなす神縄《かんなわ》断層が、山地南部の不老山や大野山付近に東西に延びている。丹沢山地はこの衝突によって隆起したものである。このような変動によるせいか岩石中の割れ目が多く、一九二三年の関東大地震の際には斜面に多くの崩壊が発生した。丹沢山地は垂直分布上ではブナ帯以下に当たり、主稜線周辺や堂平のブナ林（写真2）、大山北方の札掛《ふだかけ》のモミ・ツガ林などの自然林が一部に残っている。

9　箱根火山

富士伊豆火山地域に属する箱根火山は、四〇万年前から成層火山を形成し、二五万年前の古期カルデラ（外輪山）、六〜五万年前の新期カルデラ、三万年前以降の中央火口丘の形成など、長期

写真2　丹沢・堂平のブナ

にわたる火山発達史を刻んでいる。古期外輪山には明神ヶ岳・明星ヶ岳・大観山があり、新期カルデラの縁をつくる屛風山・鷹巣山と、中央火口丘の神山（箱根火山最高峰一四三八ｍ）や溶岩ドームの駒ヶ岳・二子山などがある。新期外輪山形成期に大噴火があり、相模川流域まで火砕流におおわれ、東京を含む南関東一円に軽石が降下した（東京軽石）。神山は、三一〇〇〇年前に山体崩壊を起こし、岩屑なだれがカルデラ底を堰き止めて芦ノ湖を生み、その後二九〇〇年前に崩壊跡に溶岩が噴出し、冠ヶ岳（火山岩尖）をつくった。この状況は大涌谷や姥子などから観察できる。なお、外輪山上の金時山は箱根火山より古い火山体である。箱根火山の北側にあるドーム状の矢倉岳は、石英閃緑岩の小岩体からできており、火山ではない。

10　房総丘陵・三浦丘陵

房総半島の南半部の山々で、東西方向の帯状に分布する第三紀〜第四紀層に支配された山列が四〜五列ほどある。北側から、鹿野山を含む上総丘陵、鋸山・清澄《きよすみ》山などからなる鋸山―清澄山山地、そこから鴨川低地帯を隔てて房総半島最高峰の愛宕山（四〇八ｍ）をもつ嶺岡《みねおか》山地、その南側の安房《あわ》丘陵などで、いずれも東西方向に延びている。房総半島は活発な隆起地域であり、やや軟らかい泥岩や砂岩が隆起にともなって河谷が侵食され、谷壁が垂直になるような雨樋状の谷をつくっている。清澄山の東大演習林にはヒメコマツやツガなどの針葉樹林があって、そうした急斜面や痩せ尾根に発達している。養老川・夷隅《いすみ》川などは流路が著しく蛇行しており、蛇行のくびれた部分を人為的にショートカットして、蛇行した元の流路を水田化する「川廻し」がたくさん施されている。

三浦半島をなす三浦丘陵は東京湾を隔てて房総丘陵に連続する第三紀〜第四紀層の低い山々で、最高点は横須賀の大楠《おおくす》山（二四一ｍ）である。

11 伊豆諸島・小笠原諸島

伊豆諸島には、噴火を繰り返す伊豆大島火山や三宅島火山などAランクの活火山をはじめ、ここ一万年間に活発な活動履歴をもつ火山が多い。伊豆諸島の最高峰は成層火山である八丈島西山（八丈富士 八五四m）で、御《み》蔵《くら》島の御《お》山、三宅島の雄《お》山（火口壁の拡大により二〇〇四年に七七五mに低下）、八丈小島、利島《としま》の宮塚山なども成層火山である。大島の三原山は粘性の低い玄武岩溶岩からなり、盾状火山に近い形をみせる。神津《こうづ》島の天上山は溶岩ドームである。ところで、冬の八丈島は曇りや雨の日が多いが、これは関ヶ原付近を通り抜けてきた季節風の雲が八丈島にかかることによっている。

小笠原諸島は古第三紀の安山岩・凝灰岩・石灰岩などからなっており、最高峰は母島の乳房山《ちぶさやま》（四六三m）である。聟島《むこじま》列島・父島列島・母島列島が南北一五〇km以上に連なって海底山脈（小笠原海嶺）を形成し、山頂部が海上に現れて島になっている。

伊豆七島の延長上にある西之島〜硫黄島の火山列島（七島・硫黄島海嶺）も同様で、二〇〇〇m以深の海底からそびえる火山の山頂部が島であり、北硫黄島の榊ヶ峰や南硫黄島（伊豆小笠原を含めた島々の最高峰九一六m）は小島にもかかわらず海上から突出して峻峰をなす。東側の小笠原海嶺（非火山）と西側の七島・硫黄島海嶺（火山列）は、ちょうど東北地方の北上・阿武隈山地（非火山）と奥羽山脈（火山列）の配列と同じであり、その間に火山フロントがある。

（清水長正）

三　中部地方

中部地方には日本の高山のほとんどが集中している。三七七六mの富士山や北岳、槍ヶ岳・穂高岳などをはじめとして、三〇〇〇mを超える高峰はすべてこの地方にある。またそれに次ぐ高山も八ヶ岳、白山、関東山地の山々と、ほとんどがここにある。二五〇〇mを超える山で、中部地方以外の地域にあるものとしては、わずかに日光白根山（二五七八m）をあげることができるだけである。

中部地方は、フォッサマグナ（大地溝帯）が中央を走っており、そこが東日本弧と西日本弧を分ける境目になっている。フォッサマグナの西の縁は糸魚川―静岡構造線で、プレート境界に当たり、その西には日本アルプスの三つの山脈がそびえている。東の縁は、八ヶ岳や浅間山、草津白根山などの火山が噴出したため、正確にはわからないが、越後山脈と関東山地の西の縁を結んだ線に当たると推定されている。

フォッサマグナには、松本盆地・諏訪盆地より東にあたる長野県のほぼ半分と、新潟県の上越・中越地方、佐渡島、山梨県の大半、丹沢山地、それに静岡県の伊豆地方が含まれる。フォッサマグナは第三紀鮮新世ごろまで海になっており、そこには厚い地層が堆積していたが、鮮新世の末にようやく隆起して陸化し、丘陵地となった。

フォッサマグナはプレート境界に位置するため、断層活動や火山活動が激しく、第四紀に入ってからは、大陸側と太平洋側の両方から圧力を受けて、西縁、東縁にあった日本アルプスや越後山脈、関東山地などの山々が隆起を始めた。またフォッサマグナの窪みを埋めるように、妙高火山群や霧ヶ峰・八ヶ岳などの中信火山群、さらに富士山、箱根山、伊豆半島の火山群などが噴出した。多数の火山が高さを競う現在の姿はその結果である。以下、中部地方の重要な山地や高地、火山地域について順番に紹介する。なお富士山については、個々の山の記載に譲り、養老山地については「近畿地方」に譲ることにしたい。

1　日本アルプス

中部地方で高山が連なる山脈の筆頭は、いうまでもなく日本アルプスである。日本アルプスは、いずれもほぼ南北方向に連なる北アルプス（飛驒山脈）、中央アルプス（木曾山脈）、南アルプス（赤石山脈）の三つの山脈からなる。

(1) 北アルプス（飛驒山脈）

北アルプスは、北は日本海に面する親不知に始まり、南は乗鞍岳（三〇二六m）、御嶽《おんたけ》山（剣ヶ峰、三〇六七m）の二つの火山までつづく、全長一二〇㎞ほどの山脈である。主脈には白馬・鹿島槍連峰、立山連峰、槍・穂高連峰、常念山脈などがあり、日本アルプスの中でももっとも優れた高山景観が展開する。

標高をみると、日本第三位の奥穂高岳（三一九〇m）と第五位の槍ヶ岳（三一八〇m）を中心とする、槍・穂高連峰の山々が三〇〇〇mを超え、ほかには北部にある立山（大汝山、三〇一五m）と乗鞍岳、御嶽山が三〇〇〇mを超える。しかし、それ以外には三〇〇〇mを超えるピークはない。剱岳は二九九九mで、わずかに三〇〇〇mに届かない。白馬岳や鹿島槍ヶ岳、薬師岳、黒部五郎岳、常念岳など、登山者に人気のある山もそろって三〇〇〇mを切っている。

北アルプスの地質は複雑で、飛驒帯と呼ばれる、ユーラシア大陸の断片に当たる片麻岩類と、中生代ジュラ紀に付加した美濃帯の堆積岩類が、もともとの基盤をつくる岩石である。しかし、それを貫いて生じた花崗岩と、古い時期に噴出した安山岩・流紋岩などの火成岩類が広く分布し、これに焼岳や鷲羽岳、立山、白馬乗鞍岳、乗鞍岳、御嶽山などの新期の火山の噴出物が加わる。

北アルプスが隆起を始めたのは、最近の地質学的研究によれば、およそ二〇〇〜三〇〇万年前からである。山脈の下に貫入してきた密度の小さいマグマが、山脈の下に張り付くような形になり、それによって生じた浮力が、北アルプスに反時計回りに回転するような形の隆起をもたらし、山脈の東部ほど高くなったという。北アルプスの生い立ちについては、『超火山　槍穂高』(原山智・山本明、山と渓谷社)に詳しく紹介されている。

急激な隆起と標高の高さを反映して、北アルプスでは侵食が活発で、急な山地斜面では至るところに、巨大な崩壊地がみられる。

北アルプスは日本海に近いため積雪が多く、その分、残雪も多い。日本三大雪渓と呼ばれる、白馬大雪渓、剱沢大雪渓、針ノ木大雪渓はいずれも北アルプスにあり、ほかにも谷筋や稜線の東側を中心に、大小の雪渓や雪田が無数に存在する。残雪の周囲にはお花畑が広く分布し、それが北アルプスの第一の特色となっている。

寒冷な氷期には、日本アルプス全域で氷河が発達したが、その程度がもっとも顕著なのは北アルプスであった。これは氷河が主に日本海からもたらされる積雪によって涵養されたためで、氷河の分布範囲は北アルプスが圧倒的に広く、谷氷河の下限高度も著しく低くなっている(氷河地形の項九六ページ参照)。

日本アルプスで氷河が発達した時期は、最終氷期の前半(およそ六万年前)と後半(およそ二万年前)の二回あるが、もっとも拡大したのは、前半である。この時期、気候は寒冷化したにもかかわらず、北米や北欧の大陸氷床が十分生長していなかったため、海面はまだ高く、対馬暖流が日本海に流入していた。そのため日本アルプスでも雪がたくさん降り、氷河も発達しやすかった。この時期の谷氷河は、白馬岳付近では海抜一三〇〇mくらいまで低下しており、穂高岳でも横尾付近まで延びていたことが明らかになっている。

一方、二万年前になると、大陸氷河の発達によって海面が著しく低下し、対馬暖流はもはや日本海に流入することはできなくなった。このため、気候は寒冷であったが、積雪が現在の三分の一程度に減少したため、氷河の発達は抑制されてカール内にほぼ限られ、北アルプス最北部にある白馬岳あたりを除けば、大きな谷氷河がのびることはなかった。

私たちが現在、高山でよくみる氷河地形は、三万年前以前に形成されたものが多い。白馬岳・葱平カールの羊背岩(写真1)や薬師岳のカール(写真2)など、明瞭な氷河地形はこの時期のものである。槍・穂高連峰は北ア

写真１　白馬岳・葱平の羊背岩・赤岩

写真２　薬師岳のカール

ルプスの中では南に位置するが、標高が高いため、氷河はよく発達し、それによる侵食を強く受けた。涸沢カール、氷河公園、大キレットや西穂高岳・奥穂高岳の間の険しい稜線などは、このときの氷河の侵食によって生まれたものである。

(2) 南アルプス（赤石山脈）

南アルプスには、日本第二位の高峰・北岳（三一九三m）をはじめ、間ノ岳、塩見岳、荒川岳、赤石岳、聖岳、仙丈ヶ岳など、三〇〇〇mを越えるピークが目白押しである。また北部には三〇〇〇mには満たないが、甲斐駒ヶ岳と鳳凰山がある。

南アルプスの北の限界は入笠山、東の限界は糸魚川―静岡構造線で、西の限界は中央構造線である。南の限界がどこかははっきりしないが、寸又《すまた》峡温泉に近い大無間山《だいむげんさん》、黒法師岳、あるいはさらに南の蕎麦粒山《そばつぶやま》辺りとされている。

南アルプスの隆起の始まりは、約一〇〇万年前と推定されており、現在でも一年間に平均して四㎜ほどの速度で隆起している。急激な隆起を反映して、南アルプスでも巨大な崩壊地が多く、とくに中央構造線に面する小渋川や三峰《みぶ》川の谷ではそれが顕著である。

氷河地形の発達は全体によくない。これは南アルプスが南に位置し、また日本海から遠いために、氷河が発達しにくかったのが原因である。南アルプスの氷河を涵養したのは、日本海からもたらされた雪ではなく、氷期の南岸低気圧に伴うものだった可能性が高い。

南アルプスは、花崗岩からなる甲斐駒ヶ岳と鳳凰山（写真3）を除いて、ほぼ

写真３　鳳凰三山の花崗岩の侵食地形

全域が四万十帯と呼ばれる、白亜紀から古第三紀に付加した堆積岩類からなり、そのところどころに玄武岩や石灰岩、チャートなどの岩体を含んでいる。赤石岳の名前の元になった赤い岩は赤色チャート、光《てかり》岳の名前の元になった光岩は石灰岩の岩体である。

このような地質の構成は、植生分布にも大きな影響を与えている。四万十帯の分布地域では、砂岩と泥岩に由来する砂礫がうまく混じりあって、北岳の「草すべり」に代表されるような、みごとなお花畑を成立させている。同様なお花畑は荒川岳や赤石岳、仙丈ヶ岳など各地で観察できる。一方、北岳の八本歯のコル付近にある石灰岩の岩壁は、キタダケソウやキタダケヨモギをはじめとする北岳の固有種の宝庫となっており、このことが、南アルプスが北アルプスに比べて著しく固有種が多い直接的な原因になっている。

(3) 中央アルプス（木曾山脈）

中央アルプスは伊那盆地と木曾谷の間にある山脈で、両側を急な断層崖で限られた地塁である。北は経ヶ岳に始まり、南は恵那山までつづく（ただし恵那山を含めないとする人もある）。最高峰は二九五六ｍの木曾駒ヶ岳で、宝剣岳（二九三一ｍ）、空木《うつぎ》岳（二八六四ｍ）がこれに次ぐが、三〇〇〇ｍを超える山はない。その他、主要な山としては熊沢岳、南駒ヶ岳、安平路山などがある。

中央アルプスの隆起の始まりはおよそ五〇万年前と推定されており、日本アルプスの他の二山脈に比べて遅くなっている。

稜線部の地質は主に花崗岩からなるが、中腹以下には四万十帯の堆積岩類がみられる。また経ヶ岳には変成岩が分布する。花崗岩地域では氷期に形成された岩塊斜面がよく発達する。岩塊斜面はハイマツにおおわれることが多いが、ときには岩塊が表面に露出することも珍しくない。花崗岩地域のうち、基盤に節理が密に入っているところでは、現在でも岩屑の生産があり、砂礫地が生じている。こうした砂礫地には、固有種であるハハコヨモギやヒメウスユキソウ（コマウスユキソウ）が現れ、イワウメやトウヤクリンドウなどとともに、風衝草原のお花畑をつくり出している（三七ページ参照）。

2　八ヶ岳火山地域

日本アルプスに次ぐ高山は八ヶ岳である。これは八ヶ岳と一つの山名で呼ばれているが、実質的には二八九九mの赤岳を盟主とする小型の山脈で、二四〇〇mを超えるいくつもの火山を伴う。八ヶ岳連峰と呼ばれることもある。

八ヶ岳をつくる峰々のうち、古い火山である赤岳や阿弥陀岳、権現岳、横岳では長い間に侵食が進み、火山らしい特色はなくなって、瘦せた岩稜とハイマツと高山植物という、きわめてアルプス的な景観を呈している。この一帯には固有種を含めて高山植物が多数分布し、とくに横岳にはそれが集中している。本州では白馬岳と八ヶ岳にしか分布しないウルップソウや固有種のヤツガタケキンポウゲがその代表である。赤岳にはチョウノスケソウが多い。

ただ八ヶ岳では冬の積雪が少ないため、残雪がほとんどできず、そのためハクサンコザクラやイワイチョウなどからなる湿性草原はみられない。またシナノキンバイやミヤマキンポウゲも分布はするものの、大きな群落はつくらない。氷河地形も残っていて不思議でない高さをもっているが、氷期にも積雪が少なかったせいか、それらしい地形はみられない。一方、険しい地形と冬季の雪の少なさは、ヤツガタケトウヒやヒメマツハダ、ヒメバラモミといった、八ヶ岳でしかみられないトウヒ属の針葉樹を存続させる条件になってきたと考えられている。いずれも「生きた化石」の名がふさわしい植物ばかりである。

北八ヶ岳の縞枯山や蓼科山では、亜高山針葉樹林の一部が縞状に枯れる「縞枯れ現象」がみられ（写真4）、古くから研究者や登山者の注意を引いてきた。縞枯れの起こっている森林の林床には、安山岩の溶岩が固まるときにできた岩塊がゴロゴロしているという共通性があり、南からの強風に加えて、岩塊の存在が縞枯れの発生の要因であると考えられるようになりつつある。

写真4　縞枯山の縞枯れ

3　両白山地

両白《りょうはく》山地は、石川県と岐阜県の境にある独立峰・白山《はくさん》（二七〇二m）を主峰とする山地で、八ヶ岳に次ぐ高さをもつ。近くには別山（二三九九m）や笈《おいずる》ヶ岳、大日ヶ岳（一七〇九m）などがある。福井県大野盆地の東にそびえる荒島岳（一五二三m）もこの山地に含まれる。

白山は恐竜の化石を産することで有名な手取層群（中生代ジュラ紀の地層）の上に噴出した秀麗な火山で、江戸時代には山岳信仰で栄えた。明治時代には高山植物の研究が盛んに行われ、そのため、ハクサンコザクラやハクサンイチゲ、ハクサンフウロ、ハクサンシャクナゲなど、白山の名をつけた植物が多い。白山の周りには経ヶ岳や長良川の源流に当たる大日ヶ岳などの火山がある。なお別山や笈ヶ岳は火山ではない。

能郷白山（一六一七m）を中心とする山地は、福井県大野盆地と岐阜県の揖斐川流域の分水界に当たり、東西方向に延びている。主峰の他に屏風山や平家岳がある。

4　関東山地

長野、山梨、埼玉の三県の県境一帯には関東山地（秩父山地）があり、最高地点は二六〇一ｍである。ほかに金峰山《きんぶさん》（二五九九ｍ）や甲武信ヶ岳《こぶしがたけ》（二四七五ｍ）など、二〇〇〇ｍを超える高いピークがいくつもある。荒船山辺りも広い意味の関東山地に含まれるが、この山地についての詳しい記述は「関東地方」に譲る。

5　西頸城山地と妙高火山群、越後丘陵（東頸城丘陵、魚沼丘陵）

長野県北部と新潟県の県境付近に聳える山々のうち、野尻湖の西方にある山地を西頸城《くびき》山地（または頸城山地）と呼んでいる。妙高山（二四五四ｍ）や焼山（二四〇〇ｍ）、黒姫山（二〇五三ｍ）、飯縄《いいづな》山（一九一七ｍ）などの妙高火山群と、火打山（二四六二ｍ）、高妻《たかつま》山（二三五三ｍ）、戸隠《とがくし》山（一九〇四ｍ）、雨飾《あまかざり》山（一九六三ｍ）などの非火山からなる。火山は新第三紀層の堆積岩や火山岩を基盤として噴出したもので、妙高山には直径約三㎞のカルデラがあり、その内部に富士山型の中央火口丘が生じている。

戸隠山は、鮮新世に堆積した凝灰角礫岩からなり、それが侵食されてできた鋸歯状の痩せ尾根と、高さ数百ｍに達する断崖で知られている。戸隠山や飯縄山をはじめ、頸城山地の山々には、平安時代から修験道の道場として開かれた山が多く、江戸時代には山岳信仰の山として尊崇された。

長野県北部の飯山盆地と新潟県の十日町盆地、それに高田平野と柏崎平野にはさまれた丘陵を東頸城丘陵と呼ぶ。五〇〇ｍ前後の標高をもつところが多いが、飯山盆地の北を限る関田山地では海抜が一二〇〇ｍを超えている。地質は新第三系の堆積岩類からなるが、関田山地には斑尾山を始め、いくつかの火山が載っている。この丘陵の北には独立峰の米《よね》山がある。

東頸城丘陵には、至るところに地すべり地がある（写真５）。地すべり地の多くは、開墾されて棚田となってい

写真５　関田山地の地すべり地に成立した集落（飯山市）

写真６　御神楽岳のアバランチシュート

る。新井市の東方や板倉町、安塚町などには、天までつづくかと思われるような、みごとな棚田が見られる。

十日町盆地と六日町盆地を隔てる丘陵が魚沼丘陵である。北は長岡市東方まで延びる。この丘陵は鮮新統と第四系の堆積物で構成され、周辺には活褶曲や活断層が多く、断層崖や、傾いたり撓《たわ》んだりした河岸段丘など、変位した地形が各地でみられる。二〇〇四年一〇月二三日には川口町や小千谷市付近を震源にして、震度七の「新潟県中越地震」が起き、大きな被害をもたらした。

6　越後山脈・三国山脈・浅間火山

新潟県と群馬、福島の両県の間には越後山脈がそびえている。越後山脈は、北は会津盆地西方の黒森山や御神楽《みかぐら》岳（一三八六m）にはじまり、守門《すもん》岳や浅草岳を経て、南は三国峠の東の平標山付近に至る、長大な山脈である。ここには平ヶ岳（二一四一m）をはじめ、越後駒ヶ岳（二〇〇三m）、八海山（一七七八m）、谷川岳（一九七七m）、仙ノ倉山など、二〇〇〇m前後の山々が多数連なっている。守門岳と浅草岳、十日町盆地の南の縁に噴出した飯士《いいじ》山を除けば、すべて非火山で、多雪のため、雪崩に起因する急峻な斜面をもつ山が多い（写真6）。谷川岳では氷河地形の存在が認められている。またほとんどの山で亜高山針葉樹林が欠如しており、代わりに偽高山帯の草原や低木林が広がっている。

新潟県と山形県の境には飯豊山地と朝日山地があるが、これについてはすでに「東北地方」でふれた。

長野、新潟、群馬の三県の県境付近には三国山脈があり、四阿山《あずまやさん》（二三五四ｍ）、苗場山、それに志賀山や草津白根山など志賀高原の火山群と、岩菅山《いわすげ》（二二九五ｍ）、鳥甲山《とりかぶと》などの非火山が連なる。苗場山の山頂には高層湿原が広がり、点在する池塘が幻想的な風景をつくりだしている。

三国山脈の南には、浅間山（二五六八ｍ）、烏帽子岳などの火山がある。

7　身延山地

身延山地は糸魚川─静岡構造線の走る早川と、東側の富士川にはさまれた山地で、南アルプス（赤石山脈）の東の前山にあたる。身延山（一一五三ｍ）の他、櫛形山や七面山がある。身延山地の北部は巨摩《こま》山地とも呼ばれる。地質は新第三紀に堆積した富士川層群とそれを貫く石英閃緑岩からなる。身延山地もかつては現在の伊豆大島のように、太平洋に浮かぶ島であったが、一二〇〇万年ほど前に本州に衝突し、その一部となったと考えられている。

富士川に面する斜面では地すべり地が多い。また甲府盆地に臨む東麓には顕著な活断層がある。

8　御坂山地・天子山地（天守山地）

御坂山地は富士山の北麓と甲府盆地の間を東西に延びる山地で、最高峰は黒岳（一七九三ｍ）である。他に三峠山（一七八五ｍ）などがある。地質は新第三紀の堆積岩類とそれを貫く花崗岩からなる。

御坂山地の南方への延長が天子山地で、富士山の西麓と富士川の間を南北に細長く延びる。天守山地ともいう。北部にある毛無山（一九六四ｍ）が最高峰で、南に向かって高度を下げる。

この二つの山地も、やはり南にあった島が本州に衝突してその一部になったもので、その時期は八〇〇万～六〇〇万年前と推定されている。ただ近年、この二つの山地も身延山地も付加体にすぎず、三つの山脈の隆起をもたらしたのは伊豆半島の衝突だという意見が出され、この説を支持する研究者が増えつつある。

9　伊豆半島の山々

伊豆半島も元々は太平洋に浮かぶ島であったが、一〇〇～五〇万年ほど前に本州に衝突し、その一部になった。五〇〇万年前の丹沢山地の衝突につづく事件である。近年の地質学の研究によれば、丹沢山地や伊豆半島の衝突により、東西方向に延びていた南アルプスと関東山地が、現在のようにハの字型に配列するようになったという。

伊豆半島の地質は、湯ヶ島層群、白浜層群などの海底火山の堆積物と、一一〇〇万年以降に噴出した火山岩からなる。現在でも天城山（一四〇五ｍ）や達磨山をはじめとするたくさんの火山がある。天城山の活動は五〇〇〇年前のカワゴ平の噴火までつづいた。

伊豆半島の東部にある大室山（五八〇ｍ）の噴火も五〇〇〇年前で、この山から流れ出た溶岩は海岸まで達して、城ヶ崎海岸をつくりだした。大室山そのものは、スコリアが積み重なった典型的な火砕丘である。

10　飛騨高地

両白山地と飛騨山脈の間に広がる高原を飛騨高地と呼んでいる。岐阜県の北半分と富山県の南部を占め、中央に高山盆地がある。飛騨高地は二つの山地の間にはさまれた曲降部に当たり、海抜一五〇〇ｍから一六〇〇ｍほどの定高性の山並みがつづく。

この高地は、高原川、宮川、庄川、飛騨川といった大きな川の本流と支流によって開析されて、深い谷と急峻な山稜がくり返す形に変化しており、平地は少ない。したがって、なだらかな高原がつづく高地ではない。西南部には鷲ヶ岳と烏帽子岳の火山がある。

地質は飛驒帯と呼ばれる、日本最古の片麻岩・花崗岩や、ジュラ紀に付加した美濃帯の堆積岩類、さらに第四紀に噴出した火成岩や新期の堆積物などが複雑な分布を示す。

11　美濃・三河高原

岐阜県の南東部から愛知県の東部にかけて広がる定高性の高地。範囲は必ずしも明瞭でない。地質は花崗岩類や濃飛流紋岩類、領家変成岩類などからなる。中央アルプス（木曽山脈）に近い部分では、恵那山（二一九一m）から南方に延びる山並みが一一〇〇mから一四〇〇mほどの高まりをつくるが、全体としては標高一一〇〇mから数百mの高原をなす。この高原はおよそ四段の地形面に分けられ、山頂付近には一〇〇〇～一一〇〇m、七〇〇～八〇〇mの二段の面がある。そしてこの下位に三河高原面と呼ばれる広い準平原面がくる。この面は四〇〇～六〇〇mの高位面と一〇〇～三〇〇mの下位面に分かれ、至るところに水田に利用されるような平坦地が広がっている。

（小泉武栄）

四　近畿地方

近畿地方（三重・滋賀・京都・奈良・大阪・和歌山・兵庫の五県二府）の山岳地域は大きく三つに区分される。第一は、近畿三角帯（近畿トライアングル）と呼ばれる部分で近畿地方の中心にある（図2）。第二は中央構造線を隔ててその南にある紀伊山地であり、第三は近畿三角帯の西側にある丹波高原と中国山地である。地質学的には、近畿地方は東西に走る中央構造線によって二つに区分される（図1、3）。一つは北側、内帯の主要部をなす美濃・丹波帯はジュラ紀に日本列島に付け加わった付加体で、南側、外帯の大部分を占める四万十帯は白亜紀から第三紀に形成された付加帯である。どちらも似たような岩相をもつ。中央構造線に沿って、その北側には花崗岩が広く分布し（領家帯）、南側には変成岩が分布する（三波川帯）。近畿三角帯は地形的なまとまりであり、地質的に区別されるまとまりではない。

1　近畿三角帯

近畿三角帯とは、敦賀《つるが》湾—伊勢湾の線、敦賀湾—淡路島西岸の線、中央構造線によって区切られる三角形の地帯である（図2）。東縁には養老山地、鈴鹿・布引山脈が、西縁には比良山地、六甲山地、淡路島が、南縁には高見山地、和泉山脈、論鶴羽《ゆづるは》山地が、中央部には信楽《しがらき》・大和高原（笠置山地）と生駒・金剛山脈がある。これらの山地はいずれも活断層で限られた地塁状の山地で、頂上部には高さ八〇〇～一二〇〇mの侵食小起伏面（隆起準平原遺物）が分布する。山地の間には盆地がある。琵琶湖と大阪湾・大阪平野の盆地が大きく、京都と奈良、上野の盆地は小さい。第三紀には、瀬戸内低地帯と呼ばれる湖が多い地域であったが、二〇〇万年前ごろから、山地の隆起と盆地の沈降が始まり、五〇万年前ごろから逆断層運動による山地の隆起が加速した。六甲山地や生駒

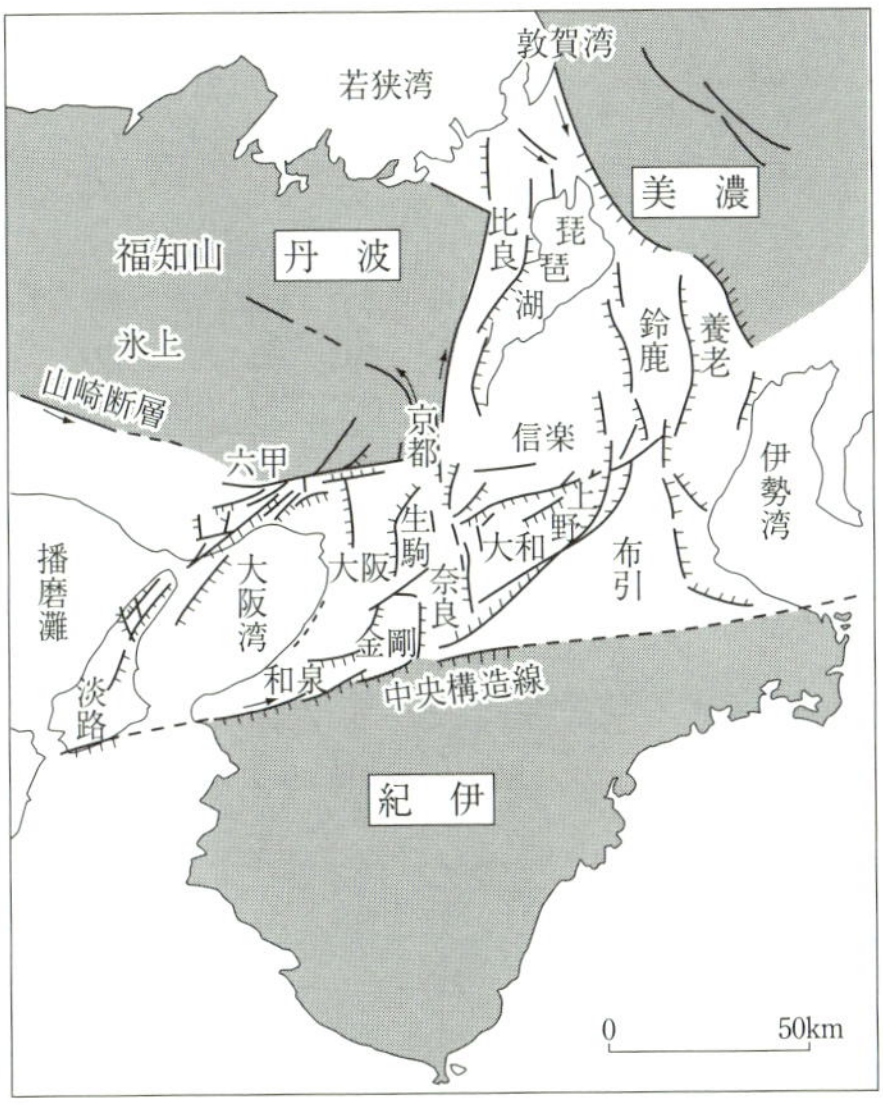

図2　近畿三角帯を中心とした近畿地方の活断層。櫛型の記号は逆断層、矢印があるものは横ずれ断層（藤田和夫『日本の山地形成論』蒼樹書房1983の図17による）

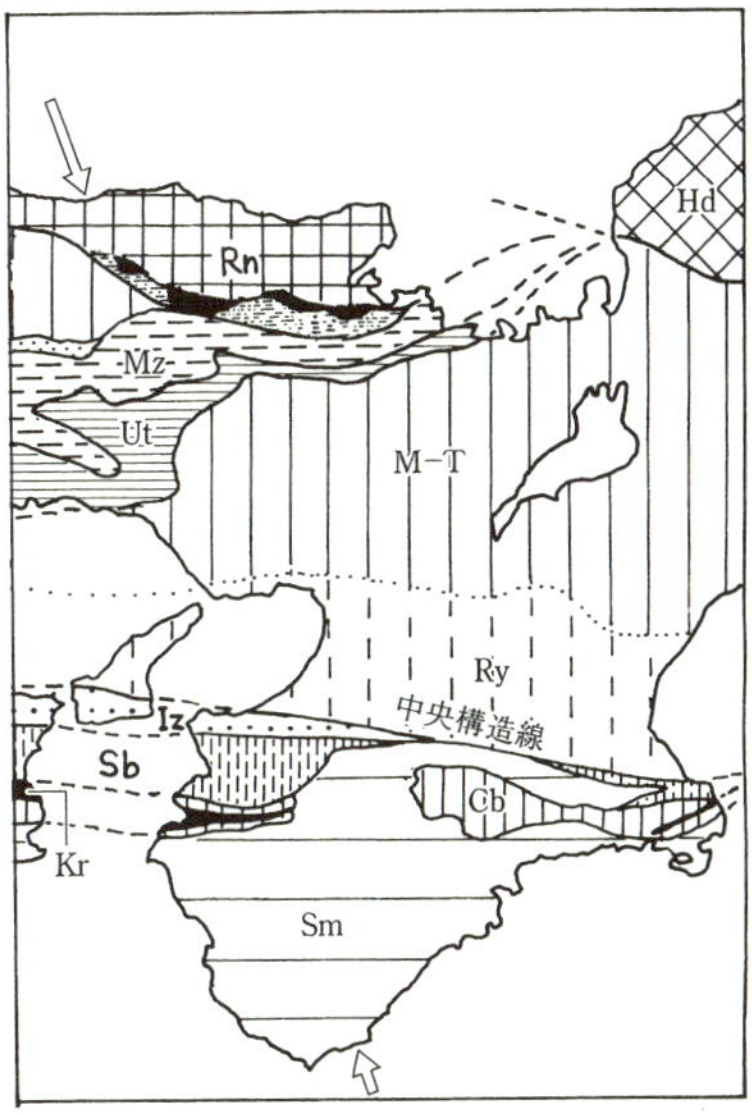

図1　近畿地方の地質構造。Rn：大江山―蓮華帯、Hd：飛騨帯、Mz：舞鶴帯、Ut：超丹波帯、M-T：美濃一丹波、Ry：領家帯、Iz：和泉帯、Sb：三波川帯、Cb：秩父帯、Kr：黒瀬川構造帯、Sm：四万十帯、白矢印：図2の断面の位置（太田ほか『日本の地形6近畿・中国・四国』東京大学出版会2004の図1.2.1から作成）

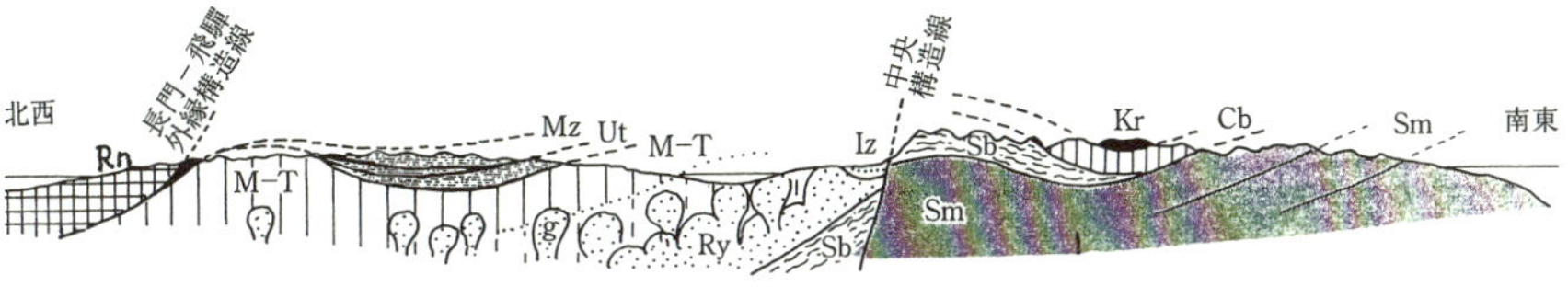

図3　近畿地方西部の地形・地質の南北模式断面。Rn：大江山―蓮華帯、Mz：舞鶴帯、Ut：超丹波帯、M-T：美濃―丹波帯、g：花崗岩、Ry：領家帯、Iz：和泉帯、Sb：三波川帯、Cb：秩父帯、Kr：黒瀬川構造帯、Sm：四万十帯、断面の位置は図1にある（太田ほか『日本の地形6近畿・中国・四国』東京大学出版会2004の図1.2.2から作成）

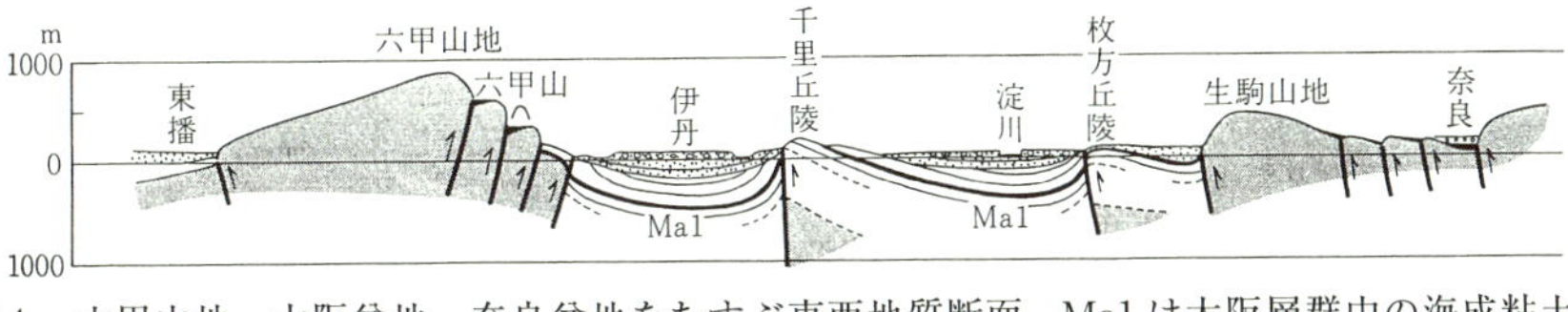

図4　六甲山地―大阪盆地―奈良盆地をむすぶ東西地質断面。Ma1は大阪層群中の海成粘土層で、約100万年前の堆積物である。Ma1の変形・変位状態は、その後の地殻変動をあらわしている（貝塚・鎮西『日本の自然2日本の山』岩波書店1986の図5.9による）

山地で典型的にみられるように、逆断層（衝上断層）を境にして山地が上昇し、盆地は沈降して（図4）、山地と盆地の入り組んだ地形が形成された。

比良山地は、東側の琵琶湖に面する断層崖の比高が大きいので、近畿三角帯の中ではやや険しい山地に分類される。比良山地の北側から敦賀湾までを占める野坂山地を、比良山地のつづきと考えて野坂・比良山地とすることもある。鈴鹿・布引山脈、生駒・金剛・和泉山脈、六甲山地も比良山地と似たような形態をもつ断層山地であるが、比高がやや小さくややなだらかである。鈴鹿山脈の北部は冬季には若狭湾からの季節風を受けるため積雪が多く日本海型の植生が分布する。霊仙山《りょうぜん》や藤原岳は石灰岩からなり石灰岩の採掘が行われている。花崗岩からなる御在所山では藤内壁岩塔群が岩登りの練習場になっている。これらの山地は、都市や開けた平野の背後に聳え、頂上の平坦面には多くの施設が設置され、古くから行楽やハイキングに利用されてきた。平野が人工的に改変されつくした近畿地方の住民にとっては、自然に接することができる貴重な場所である。養老山地と和泉山脈、諭鶴羽山地は小起伏のなだらかな山地で頂上には小起伏面が残っており、断層のある側の斜面は急である。和泉山脈は中生代白亜紀末の堆積岩である和泉層群からなり、山頂部には山脈が隆起する前に南から北に流れていた流路の跡が風隙（ウインドギャップ）として残っている。高見山地も、和泉山脈と同じように、中央構造線の北側を走る、南側が急な非対称山地であるが、小起伏面は少なく、輝緑岩や斑糲岩《はんれい》など風化されにくい部分は痩せ尾根になっている。信楽・大和高原は、格子状に谷が入った細かな地形の高原状の山地である。

六甲山地や信楽・大和高原などは、古くから都や大城下町に近かったことや、風化した花崗岩からなることによって、森林破壊が進み、はげ山になっていたが、明治以来の治山植林によって近年ようやく緑をとり戻した。治山・砂防事業によって多くの砂防ダムが設置されたが、現在でもしばしば土石流災害が発生している。

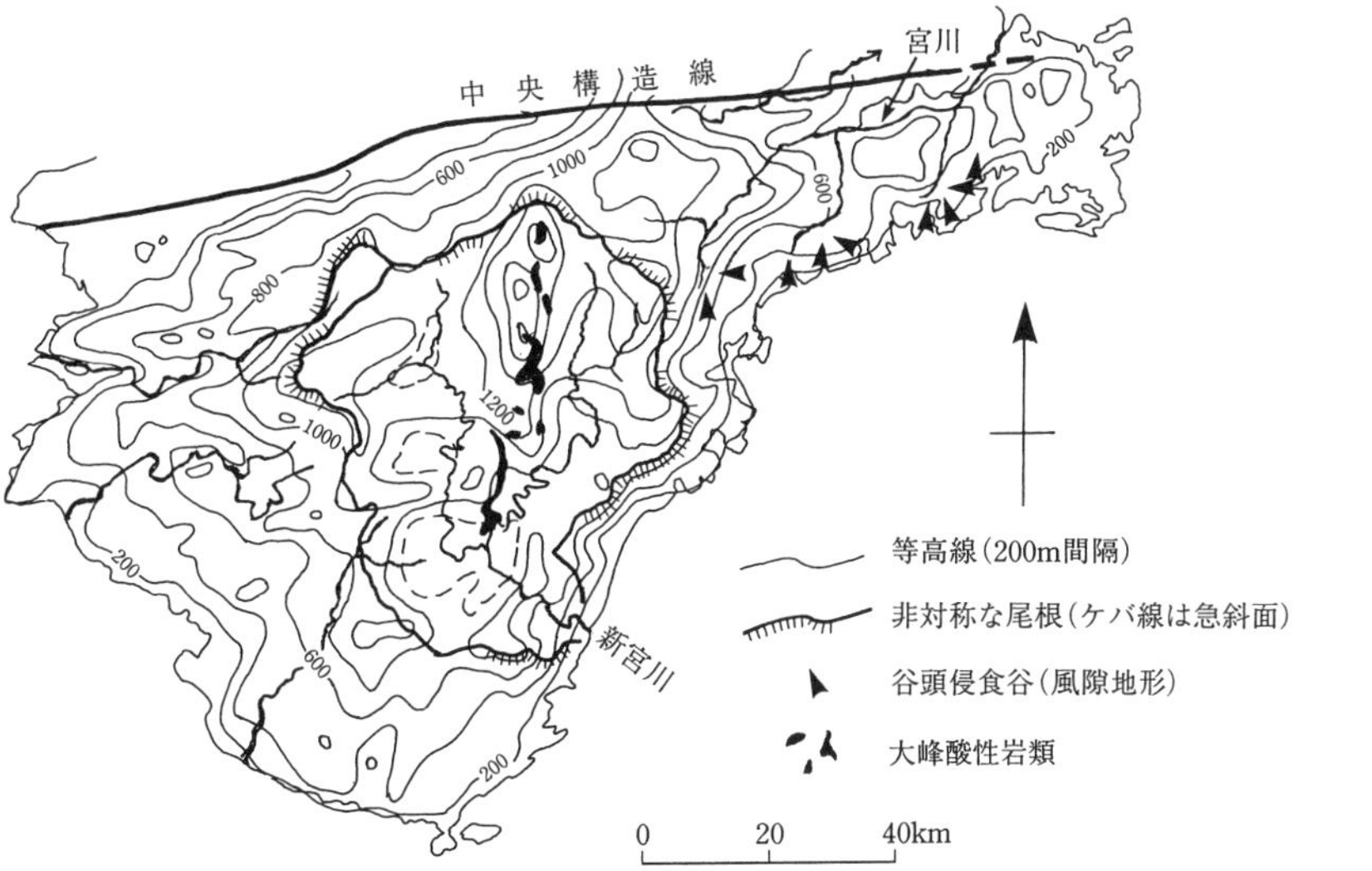

図5　紀伊山地の接峰面図上に示した主要流路、非対称な尾根の分布、谷頭侵食谷（風隙地形）、大峰酸性岩類。地質境界としての中央構造線を示した（太田ほか『日本の地形6 近畿・中国・四国』東京大学出版会2004の図7.2.1による）

2　紀伊山地

中央構造線の南側にある紀伊山地は、地質学的には西南日本外帯に属する（図1・2）。西南日本内帯に属する近畿三角帯とは地形が大きく異なり、山地内部に活断層は存在しない。ところが地形の細部は複雑である。山地全体の分水界は、東の志摩半島から大台ヶ原山、山上ヶ岳、高野山、白馬山、日ノ御埼へとほぼ東西へ走っているが、台高山地（高見山・大台ヶ原山）や、大峰連峰のような高い山やまは南北にならぶ。水系は中央部から放射状にひろがり、谷は大きく屈曲する穿入蛇行谷である。これは流路固定後に山地が全体としてドーム状に隆起（曲隆）したためである。隆起しながら侵食される過程で岩質の差を反映した凹凸が生じた。四万十帯（付加体）の部分では、複雑な地質を反映した組織地形が地形の細部を決めている。大峰連峰の急峻な峰みねは大峰酸性岩類（石英斑岩《せきえいはんがん》）の貫入によって硬化した岩石の存在が、平らな大台ヶ原山はチャートや硬砂岩のキャップロック（硬い帽子状の岩体）の存在が形成の原因である（図5）。

紀伊山地は近畿三角帯の山やまと比べると高く急峻で奥深い。なかでも大峰連峰は、非常に急な一〇〇〇m以上の谷奥斜面をもつ険しい岩がちの山地で、古くから修験の行場として開かれ有名である。現在でも大峰連峰の縦走は難コースとされている。紀伊山地の最高峰である大峰連峰の八経ヶ岳（八剣山、一九一五ｍ）は、近畿地方の最高峰でもある。紀伊山地の大峰連峰や台高山地の谷は深く急峻で、交通不便なこともあって、一九六〇年代には未踏の谷もかなり残されていた。

大峰連峰以外の紀伊山地の山やまは、全国的にみると中間的な山地、あるいはやや険しい山地と位置づけられる。谷は急峻なＶ字谷であるが尾根は丸みをもち定高性がある。とくに大台ヶ原山や高野山には山頂付近に広い平坦面がある。果無《はてなし》山脈という地形図上の名前を含めて、かつては紀伊山地には近づきがたい辺境の山々というイメージが強くあった。しかし、実際には紀伊山地は人くさい山やまである。山頂部の小起伏面や山腹の緩斜面には古くから集落や耕地が立地し、林業が主要な産業になっている。紀伊山地ではスギ・ヒノキの造林が盛んで、稜線まで植林地になっている場所も少なくない。谷底が急峻なため、かつての交通路は尾根通しにつくられるのが普通であった。尾根沿いの林道は整備されているが、谷沿いの道路は現在でも整備不十分の部分がある。熊野（新宮）川・十津川に沿って新宮市から五條市に通じる国道一六八号は、現在でも片側交互通行しかできない部分が長い。

急峻な山地に居住することは、おおきな土砂災害の危険にさらされることでもある。一八八九年（明治二二）八月の集中豪雨によって十津川・日高川などの流域で多くの大規模な崩壊が発生し、各地で崩壊堆積物の堰き止めによる湖が形成され、その決壊によってさらに被害が拡大した。被害者の一部は故郷を捨て北海道に移住し新十津川村を建設したほどである。

そのおなじ場所が、一二二年後にふたたび大規模な崩壊に見舞われ、堰止湖が形成された。二〇一一年の台風一二号は九月二日から五日にかけて、明治十津川台風とほぼ同じ経路で日本列島を横断し、ほぼ同じような豪雨をもたらした。その結果、紀伊山地内の七〇箇所以上で、体積が一〇万立方ｍを超える大規模崩壊が起こり、一〇箇所以上で川が堰き止められ、崩壊土砂湖が形成された。崩壊土砂湖は決壊して下流に災害をもたらしただけではなく、湖に落下した土石による津波が発生し、上流側にも被害を与えた。あきらかな土砂災害による犠牲者だけでも五〇名以上にのぼった。文字通り一八八九年の明治十津川災害の再来であった。

これらの大規模な崩壊は、基盤岩まで深く地層をえぐって発生したことから深層崩壊と呼ばれ、マスコミの報道によって深層崩壊の語がひろまった。これらの深層崩壊をくわしく研究した千木良雅弘によれば（『深層崩壊』近未来社二〇一三）、これらの崩壊の大部分では、崩壊前の航空レーザー計測（航空機から照射したレーザー光線によって地表形態を精密に測量する方法。植生の影響も除去できる）によって、小規模な崖などの前兆現象が記録されていたので、今後の予測技術の確立に役立つという。

3　丹波高原と中国山地

(1) 丹波高原

近畿三角帯の西側は、九〇〇m台から六〇〇m台の高さのそろった山並みがつづく丹波高原である。高原と呼ばれるが台状の広い平坦面を地図上でみつけることはむずかしい。近畿三角帯の六甲山と、丹波高原の京都北山との地形や山の雰囲気のちがいは、『日本の山地形成論』（蒼樹書房一九八三）の冒頭に藤田和夫が印象的に描いている。丹波高原は、全国的に見ると中間的な起伏の山地（中起伏山地）で、五〇〇m以下、三〇〇mまでの比高の、急または中ぐらいの傾斜の谷壁斜面をもつ山地である。地質は、東西方向に堆積岩がならぶ中生代の付加帯からなる（図1）。付加帯の複雑な地質は地形に反映している。九〇〇～八〇〇mの高い山頂は硬いチャートが侵食され残った部分である。篠山《ささやま》盆地の北の多紀連山は代表的な例で、その険しさから多紀アルプスともいわれる。南の部分（摂丹山地とも呼ばれる）には流紋岩が分布し、不動岩や百丈岩のような岩登りの対象となる岩塔を形成する部分もある。由良川と円山川に囲まれた部分を丹後山地として丹波高原から区別する場合がある。この山域にある千丈ヶ嶽（大江山、八三三m）は、蛇紋岩からなる谷密度が低い山である。

山間盆地をつないで格子状に谷系があり、そこを河川が屈曲して流れ、河川争奪地形も多く残っている。瀬戸内海へ流れる加古川と日本海へ流れる由良川の分水界は谷の中にあり、標高九四・五mで本州最低の中央分水界である。この細長い低地を氷上《ひかみ》回廊と呼んでいる。これらの河川の流域は、流路勾配が小さいために、しばしば洪水が発生し、災害となる。

(2)中国山地

丹波高原と、その西側の中国山地との境界は、氷上回廊（加古川・由良川）とする考えと、加古川・円山川とする考えがある。本書では後者を採る。中国山地のくわしい解説は中国地方にゆずる。中国山地の非火山最高峰である氷ノ山《ひょうのせん》（一五一〇m）は兵庫県と鳥取県の県境にある。兵庫県の部分は播但《ばんたん》山地とも呼ばれる。段ケ《だるが》峰・峰山高原には岩塊流があり、最終氷期の周氷河環境の証拠と考えられている。播但山地の南限は西北西・東南東に走る山崎断層である。

4　火山に似た地形

兵庫県北部の中国山地には単成火山が多数分布する（中国地方のなかでのべる）。近畿地方にはこれ以外には火山は存在しない。しかし、近畿地方の中央部には、かつて火山と考えられていたいくつかの山がある。布引山地南部と信楽大和高原との接合部には、かつて曾爾《そに》火山群と呼ばれたこともある溶岩ドームに似た山やまがある。尼ヶ岳・兜岳・鎧岳などである。これらは一五〇〇万年前ごろに噴出した溶岩や火砕物の硬い部分が侵食されず残ったもので、もとの火山の形を残していないので火山とはいえない（八〇～八一ページの図には室生火山としてある）。金剛山地の北端にある二上山の北にある屯鶴峯《どんづるぼう》は、白い火砕流堆積物が侵食されたものである。昔、教科書に書かれていた近畿から四国にかけての瀬戸内火山帯の存在は、現在では否定されている。

（岩田修二）

五 中国地方

中国地方の山岳地域全体をまとめて中国山地と呼ぶこともあるが、地形学では大きく三つに区分する。中国山地と吉備高原、石見《いわみ》高原である（三ページ）。日本海と瀬戸内側の脊梁をなすのが中国山地で、その瀬戸内海側に吉備高原、日本海側に石見高原がある（図1）で区分されたものではない。図2の地形断面図に示した山頂をつらねた面（接峰面）の高さのちがいから区分されたものである。

中国地方は地質からみると西南日本内帯に属し、堆積岩・変成岩を主とする中生代の地層が基盤にある。これらは、海洋プレートが沈みこむときに形成された付加体である。中央構造線の北の中央低地帯（瀬戸内海）の沈降に対応して、全体がかまぼこ状に隆起（曲隆）したのが中国地方である。ゆるやかで継続的な隆起の過程で、隆起の停滞期には侵食基準面近くに平坦面が形成され、隆起した時には下刻によって侵食谷が形成され、海進（海面上昇）がおこると盆地の埋積（堆積）がおこった。これは一回だけではなく、くりかえしおこった。第三紀の数千万年前以来、このサイクルによって図2に示したような脊梁山地面や吉備高原面が形成されてきた。

中国地方の水系パターンは複雑である。曲がりくねった穿入蛇行谷が指を広げたように分布する。これはかつての平原であった時代の水系パターンを維持したまま山地が隆起した証拠である。

中国山地ではいろいろな意味で、人びとの生活と山やまとが深く結びついている。出雲（島根県東部）や伯耆（鳥取県西部）の中国山地の山中では、古墳時代の五世紀ごろから、風化した花崗岩から取り出した砂鉄と木炭によってたたら製鉄が始まり、その結果、花崗岩の山は削り取られて形が変わり、下流に流された砂が出雲平野や弓ヶ浜をつくった。中国山地では脊梁の奥深い谷間にも集落が広く分布しているが、その起源はたたら製鉄と関連しているという説もある。このような奥深い山村に住む若者の多くが、一九六三年の三八豪雪をきっかけに、広島や大阪などに移住したのが、わが国の山間部での過疎の始まりとされている。瀬戸内海沿いには山地が海岸まで迫っている場所が少なくない。尾道など、山腹に住宅地があるのは不思議ではない。広島市でも市街地は山麓の沖積錐を這いあがった。その結果、集中豪雨によって、二〇一四年八月のような土砂災害がくりかえし発生してきた。いい意味でも、悪い意味でも、中国地方の山やまは人とのつながりが強い。

1　中国山地

兵庫県西部から山口県まで延びる総延長三〇〇kmの大山地であるが、山頂の高度は高くない。非火山の最高峰氷ノ山《ひょうのせん》（一五一〇m）をのぞくと、高い山やまでも、一三〇〇m台である。高い山が集中する部分が三箇所ある。第一は氷ノ山・那岐山をふくむ兵庫・岡山・鳥取県

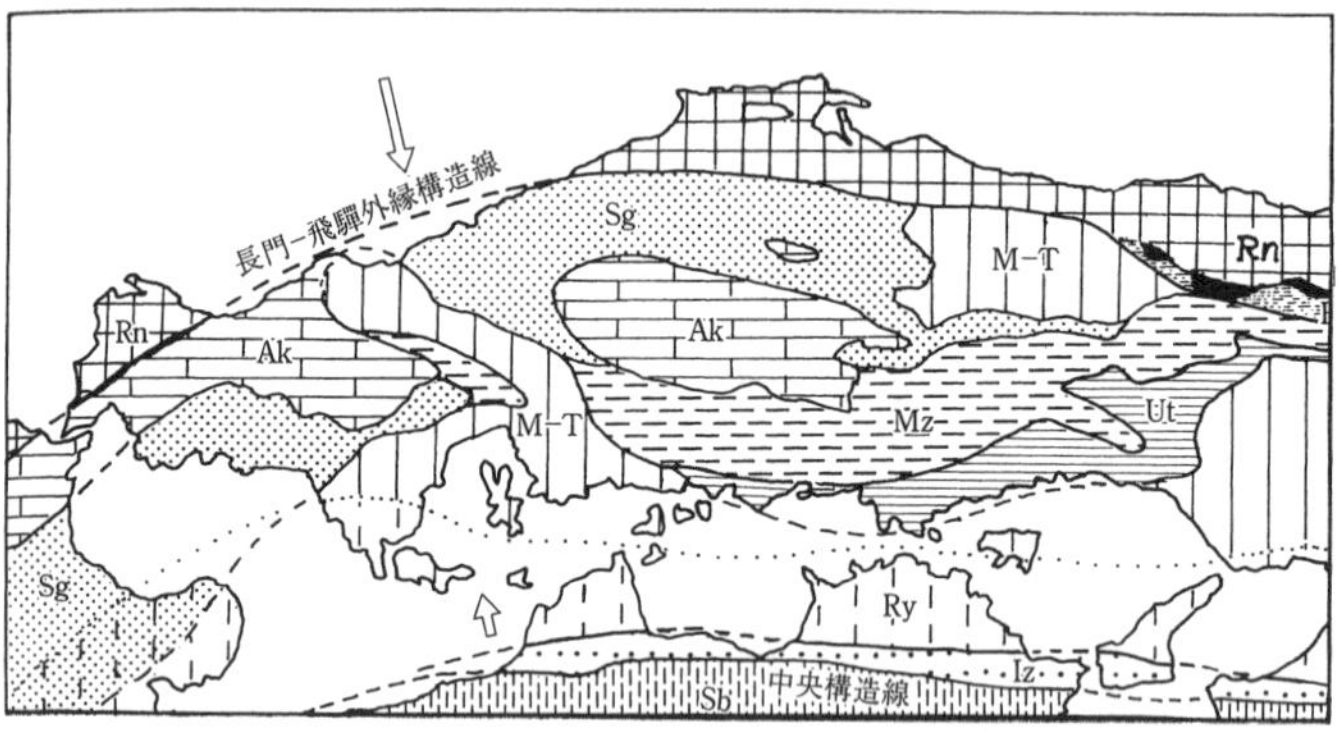

図1　中国地方の地質構造。Rn：大江山—蓮華帯、Ak：秋吉帯、Sq：三郡帯、M-T：美濃—丹波帯、Mz：舞鶴帯、Ut：超丹波帯、Ry：領家帯、Iz：和泉帯、Sb：三波川帯、白矢印：図2の断面の位置（太田ほか『日本の地形6 近畿・中国・四国』東京大学出版会2004の図1.2.1から作成）

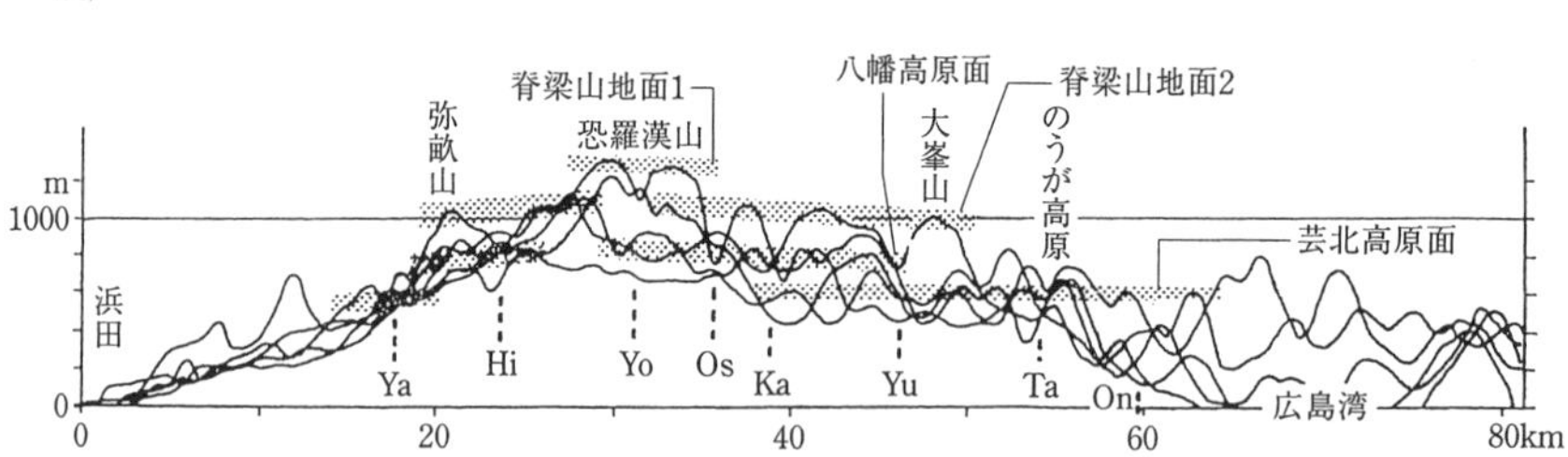

図2　中国地方西部の地形模式南北断面。網かけのベルトが小起伏面である脊梁山地面と吉備高原面相当の面（八幡高原面・芸北高原面）。左側が北。Ya～Onの記号は断層を示す。断面の位置は図1にある（太田ほか『日本の地形6 近畿・中国・四国』東京大学出版会2004の図3.2.6から作成）

境部分、第二は道後山・吾妻山のある鳥取・岡山・島根・広島の県境部分、第三は恐羅漢山《おそらかんざん》・冠山をふくむ島根・広島・山口県境部分である。中国山地の分水界は、ほとんどが鳥取と岡山、島根と広島の県境と一致しているが、島根県江津に河口がある江《ごう》の川は上流で手のひら状に流域を広げ、広島県の吉備高原に大きく食い込んでいる。ここでは、最南の分水界から瀬戸内海の海岸までは三〇㎞しかない。脊梁の南側にある三次《みよし》盆地の水は江の川によって日本海に排出されているのである。

かつて中国山地は老年期の山地の典型とされたが、日本列島全体から見ると中程度の起伏の山地であるタイプⅣに区分される。山地を刻む谷は緩やかで、谷床は沖積層で埋められ谷の奥まで集落と耕地が続く。谷のどん詰まりの斜面は、五〇〇m以下三〇〇mまでの比高の、急または中ぐらいの傾斜となって、丸みを帯びた山頂の山稜につながる。

中国山地の高さ一〇〇〇mを超える山頂部には、最終氷期に形成されたと考えられる化石周氷河現象が存在する。それは凍結作用と関係して形成され、移動したと考えられる岩塊流で、兵庫県にある播但山地の峰山高原・段ヶ峰、中国山地中央部にある道後山、西部にある冠山などにある。これらの山の山麓部には、しばしば麓屑面と呼ばれる山麓傾斜面がある。これらも最終氷期の凍土現象と関係のある地形と考えられている。一方、この麓屑面を小奴可《こぬか》地形と呼び、ペディメントと呼ばれる侵食地形と同類と考える研究者もいる。ペディメントは乾燥地帯に多い地形である。

2　吉備高原

筆者は、吉備高原を北見山地北部、三河高原とともに日本ではもっともなだらかな山地、タイプⅦに区分した（六九〜七一ページ）。しかし、吉備高原は高原と呼ばれているにもかかわらず、山と谷の集合体であり、地形的にはあくまでも山地である。吉備高原は面積が広いので場所による地形のちがいも大きい。大きな谷（穿入谷）に侵食されて台地状になっている部分と、丘陵状の小起伏山地が連続する部分とに大別される。前者、台地状の周辺部分では、大きな川の本流沿いには、山頂までつづく八〇〇m近い急斜面をつくっている、比高の大きな山地と区別できない部分もある。後者では、格子状の細かな谷系の底と頂稜の緩斜面をつなぐ短い斜面が存在する複雑な地形がみられる。全体がゆるやかな尾根と広く浅い谷からできており、両者をつなぐ谷奥の斜面の比高が一五〇m以下で、しかも非常にゆるやかである。谷の奥まで水田や集落が広く分布する。

このような山地がなぜ高原と呼ばれるのか。それは主要部の山頂を連ねた仮想の面、接峰面が広く平坦だからである。この吉備高原の接峰面の高度は六〇〇～七〇〇mで、吉備高原面と呼ばれている。第三紀後半の中新世には海面付近にあった平坦な地形面が隆起したものであるとみなされている。そのことを示す中新世の堆積物が残されている。岡山県西部・広島県東部の高い山頂のうち仙養山・弥高山・須志山などは、古い(中新世末)火山の玄武岩が侵食から残ったものである。吉備高原面より低い三〇〇～四五〇mの地形面は、鮮新世末から更新世前期（三〇〇～一五〇万年前）に形成されたと考えられている。ここには山砂利層と呼ばれる粗粒な礫層が堆積している。

3　石見高原

大山の西側から山口県の西端まで日本海沿いにつづくなだらかな山地である。主要部の標高は四〇〇～六〇〇mで吉備高原より低いがより開析されている（侵食され起伏が大きい）。緩傾斜の尾根と浅い谷、あるいは丘状の山と山麓の小起伏面からなり、尾根部と谷部とをつなぐ斜面の比高が三〇〇～一〇〇mの山地である。広い小起伏面に残丘状・円錐形の山体が分布する地形が特徴的である。その多くは、新しい単成火山や、古い火山岩が侵食されずに残ったものである。周辺部の谷や、大きな谷には一部分に急斜面が見られ、底が峡谷になっている場合もある。

4　石灰岩台地とカルスト地形

近畿地方と中国地方の付加体には石灰岩が分布する。美濃・丹波帯にはジュラ紀の、秋吉帯には古生代ペルム紀のサンゴ礁石灰岩が海洋プレートから付加体に取り込まれた。それらは各地で石灰岩地形をつくっている。中部地方に属する伊吹山地の伊吹山や、近畿地方の鈴鹿布引山脈の霊仙山・藤原岳は石灰岩からできており、採掘によって山体の形が変わっているほどである。中国地方の石灰岩は台地をつくっている。広島県の帝釈台、岡山県の川上台、阿哲台《あてつだい》などである。石灰岩地域では雨水は地中に浸透し表流水が生じにくいから流水による谷状の侵食がすくなく台地になる。山口県の秋吉台は東西一三km、南北一五km、海抜高度二〇〇mの日本最大の石灰岩台地である。すり鉢状の窪地（ドリーネ）や、石灰岩柱（ピナクル）が集中して分布するカルスト地形も発達している。秋吉台は古くから放牧地として草地化され、ドリーネの底は畑として使われていた。カルスト地形は天然記念物に指定され秋芳洞とともに観光地になっている。

5　火　山

日本列島全体から見ると、近畿地方・中国地方に分布する火山は多くない。複成火山は大山《だいせん》、蒜山《ひるぜん》、三瓶山《さんべ》、大江高山などだけであるが、多数の単成火山がある（図3）。ついでにいえば、四国と瀬戸内には火山は存在しない。火山フロントの北側の中国山地の中軸以北と石見高原にだけ火山が分布する。四国や瀬戸内に火山がないのは、フィリピン海プレートの沈みこみの加速開始（六〇〇万年前）から時間が経っていないので、四国や瀬戸内海の位置ではプレートの先端がマグマを発生させる深さに達していないからと考えられている。

(1)**大山火山**

東西三五km、南北三〇kmの大きさをもつ大型複成火山で、伯耆富士と呼ばれる名山である。一七二九mの山頂高度は中国地方の最高峰である。火砕流と泥流の堆積面と扇状地からなる広い裾野の上に円錐形の大型溶岩ドームが載っている。一〇〇万年前以前の更新世前期に蒜山火山の活動が始まり、九〇万年前には大山の活動が始まった。五〇万年前ごろには蒜山の溶岩ドーム群と、船上山、甲ヶ山が形成され、二〇万年前から数千年〜数万年おきに火砕流と火山灰を噴出した。二万年前ごろ弥山のドームが形成され、その後、静穏になった。大山の頂稜は東西方向に連なるが、南北両斜面の激しい崩壊で極度にやせ危険なため通行禁止になっている。とくに北側斜面は急峻な崩壊斜面になっており、アルプス的な山容になっている。

(2)**三瓶火山**

南北七km、東西五kmのカルデラをもつ小型の複成火山であるカルデラは一〇万年前から五万年前にかけての大きな爆発的噴火で形成された。六万年前には海岸まで達する大火砕流を噴出した。カルデラには、二万年前の火口をもつ溶岩ドーム（中央火口丘）があり、一万年前には大量の火山灰を噴出した。カルデラの外側は基盤岩の山地である。中国地方ではもっとも新し

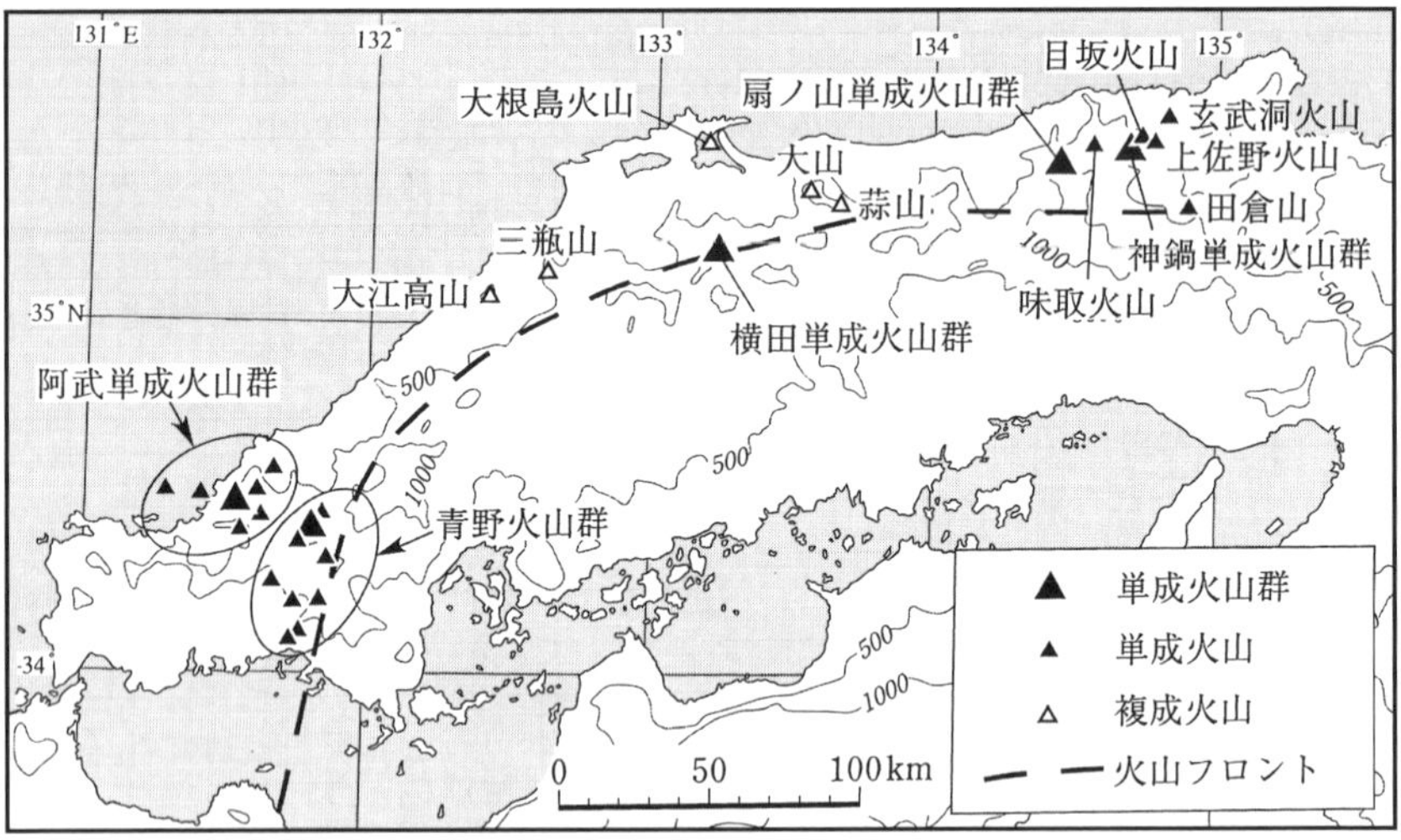

図3　近畿地方から中国地方にかけて分布する火山（太田ほか『日本の地形6近畿・中国・四国』東京大学出版会2004の図3.6.6による）

く爆発的な噴火をした火山である。

大江高山火山群は、二十数個の溶岩ドームからなる。前期更新世（二〇〇～一〇〇万年前）に噴火したらしい。中海の平坦な島（最高点は標高四二m）である大根島も玄武岩からなる複成火山である。

(3) 単成火山群

単成火山は中国山地東部（兵庫県・京都府）と中国山地・石見高原の西部にかたまって分布する（図3）。ほかには島根県南東部に横田単成火山群（二〇〇～一〇〇万年前のアルカリ玄武岩からなる）がある。

京都府と兵庫県の県境から、但馬にかけて多数の単成火山が分布する。海抜二〇〇～五〇〇mくらいの溶岩台地やスコリア（玄武岩質の軽石）丘である。百万年前より古い時代のものもあるが、多くは五〇～一〇万年前の噴出である。神鍋単成火山群にはととのった円錐形の火山も含めて七つの単成火山がある。兵庫・鳥取県境にある扇ノ山（一三一〇m）の山頂は高原状の鮮新世の火山岩であるが、周辺には一二〇～四四万年前に噴出した一九の単成火山（扇ノ山単成火山群）が分布している。

中国地方西部には阿武《あぶ》と青野という二つの単成火山群がある。阿武単成火山群は、山口県萩市北部・東部にあり、四〇以上のスコリア丘・溶岩台地・溶岩平頂丘がある。火山体の高さは麓から一〇〇m前後で、活動期は二〇〇～一五〇万年前と八〇万年前以後である。もっとも新しいものは八〇〇〇年前に形成されたので活火山に分類される。青野火山群には、島根県津和野から山口県周南市にかけての四五×二〇kmの範囲に二五以上の溶岩ドームがある。これらは安山岩・ディサイトでできており、活動期は一三六～六〇万年前と二〇～一〇万年前である。津和野にある青野山（九〇八m）は、一六万年前にできた典型的な溶岩ドームである。

（岩田修二）

3　四国

四国の北部には、西南日本の地質構造を南北に分ける大断層「中央構造線」が東北東―西南西方向に延び、徳島から阿波池田までの吉野川下流、石鎚山北麓、檜皮峠《ひわだ》など、直線的な地形や鞍部を連ねている。四国の中央構造線は第四紀（二六〇万年前～現在）に活動をくりかえした活断層で、主に右横ずれ（断層線を境にして向かい側が右方向へ動く）の変位を示している。中央構造線の横ずれの変位速度は一〇〇〇年で五～一〇ｍもあり、垂直の変位速度はその一〇分の一の数十㎝ほどである。

四国の山々は、この中央構造線によって区切られ、その北側には吉野川下流部以北の讃岐山脈や、檜皮峠以北の高縄半島をなす高縄《たかなわ》山地があり、南側は四国の大半を占める四国山地が広がる。なお、四国山地では、石鎚《いしづち》山周辺を石鎚山脈、別子銅山北側の東赤石山から赤星山にかけての稜線を法皇《ほうおう》山脈、剣《つるぎさん》山から雲早《くもそう》山一帯を剣山地などと呼ぶこともある。このほか、讃岐平野には屋島や讃岐富士（飯野山）など、低くはあるが特徴的な独立峰が点在している。

1　讃岐山脈（阿讃山脈）

中央構造線に沿う吉野川下流部の北側に東西に延びる傾動地塊で、香川・徳島両県の県境をなす。最高峰は中央部に位置する竜王山（一〇六〇ｍ）で、山脈はそこから東西両方向へ高度六〇〇ｍぐらいまで徐々に低くなる。山脈は「和泉層群」（白亜紀後期）の砂岩・泥岩などからなっている。讃岐山脈の南縁は中央構造線に区切られているが、それより南側には厚い砂礫層が堆積している。この砂礫層は土柱層と呼ばれ、第四紀の前半ころに山地が侵食され、土砂が山麓に運ばれて堆積したものである。したがって、讃岐山脈の形成（隆起）は第四紀前半ころであろう。それ以前の第三紀には讃岐山脈も吉野川の横谷もなく、四国山地からの河川は北流していたと考えられている。

なお、土柱層は砂礫層がやや固まった半固結状態であり、表面から薄皮を剥がすように崩れるため、急な土壁が維持されやすく、「阿波の土柱」で有名なバットランド（北アメリカ西部にみられる土壁の多い地形）の景観をつくっている。

2 讃岐平野のメサ・ビュート

讃岐山脈の北側には扇状地性の讃岐平野が広がるが、平野に浮かぶ独立峰として屋島や讃岐富士（飯野山）など、標高二〇〇～五〇〇m前後の山々が散在する。これらの独立峰の土台は基盤の領《りょう》家《け》花崗岩類からなるが、山頂部は硬い火砕岩や溶岩（第三紀中新世の讃岐層群）などが水平に載っている。こうした地質条件では、周囲から侵食が起こっても、山頂部の硬く水平な岩石は残存し、テーブルマウンテンを形成する。屋島・五色台・浄願寺山・紫雲出《しうで》山などがそれで、それらを「メサ」（スペイン語のテーブル）という。メサがさらに周囲から侵食が進むと円錐形の「ビュート」（フランス語の小丘）をつくる。その代表が飯野山・六ツ目山・爺《と》神《かみ》山・白《しろ》山などで、一見、単成火山に似ており、また山頂には溶岩がみられるものの、それらは火山ではなく侵食によってつくられた山なのである。

3 高縄山地

松山自動車道（おおむね中央構造線に沿う）以北の高縄半島中央部の多角形を呈す曲隆山地で、最高峰はほぼ中心部に位置する東三方《さんぼう》ヶ森《がもり》（一二三三m）である。山地の南半分は和泉層群の砂岩・泥岩・礫岩など、北半分は領家変成岩類・花崗岩類からなる。山地中心部から深い谷が発達し、小さな山地にも関わらず急峻な地形がみられる。東三方ヶ森周辺の稜線に沿って、せまいながらもブナ林が残存している。

4　四国山地

中央構造線以南の四国の大半を占める大きな曲隆山地で、最高峰は石鎚山《いしづち》（一九八二m）、ついで剣山《つるぎ》（一九五五m）がある。曲隆の高まりは、大局的には剣山から室戸岬へと石鎚山から足摺岬への二軸あり、その間の吉野川が南北に流れる部分（JR土讃線の路線沿い）を境に四国山地は東西に分けられる。

二〇万分の一地勢図の「剣山」「高知」などから四国山地を大局的に眺めると、主要な稜線や河谷が東北東―西南西方向に延びる部分が多いことに気づく（図1）。これは四国山地北縁の中央構造線とほぼ同じ方向であり、その南側に平行して帯状に配列する「三波川帯《さんばがわ》」（原岩は三畳紀～ジュラ紀で白亜紀に変成作用）、「秩父帯（秩父累帯）」（ペルム紀～白亜紀）、「四万十帯」（白亜紀～第三紀）などの地質構造が反映されたものである。また秩父帯と四万十帯は仏像構造線によって区切られている。なお、紀伊山地・四国山地・九州山地など、中央構造線の太平洋側で主な稜線や河谷の方向が帯状の地質構造に支配されている山地を、西南日本外帯山地または外帯山地という。

三波川帯を構成する岩石は、変成岩の結晶片岩が主体をなす。結晶片岩は光沢がありペラペラに薄く剝がれる岩石で、もろく滑りやすい。四国山地では、吉野川流域や祖谷《いや》川沿いの斜面中腹に多数の地すべり地形が集中する。それらの多くは三波川帯に位置し、結晶片岩という地質条件が地すべりの素因となり、それに豪雨などによる水の滲みこみによって岩石片が流動し地すべりが生じる。佐田岬半島は三波川帯の西側の延長上にあり、そこでも地すべり地形が多い。また、和泉層群や秩父帯の一部でも地すべり地形が分布する。地すべりによって形成された地すべり地形は山腹に緩斜面をつくるので、多くの山村がそこに立地している。これらの地すべり地形では、現在でも慢性的に徐々なる動きが認められる場所もあり、建物・道路・田畑などにしばしば被害を与えている。

中央構造線に平行する東北東—西南西方向の稜線や河谷の配列は、四国山地の南端部（四万十帯南帯の分布域）で方向を変え、室戸岬の半島部で北北東—南南西、足摺岬の半島部では四万十川下流部のような北西—南東方向が目立つようになる。これについては、室戸岬を中心とする北北東—南南西方向の隆起軸、足摺岬を中心とする北西—南東方向の隆起軸があり、それらが四国山地南端部の地形配列を支配している。その隆起によって、四国の特徴的な外形をつくる室戸岬と足摺岬が存在するわけである。

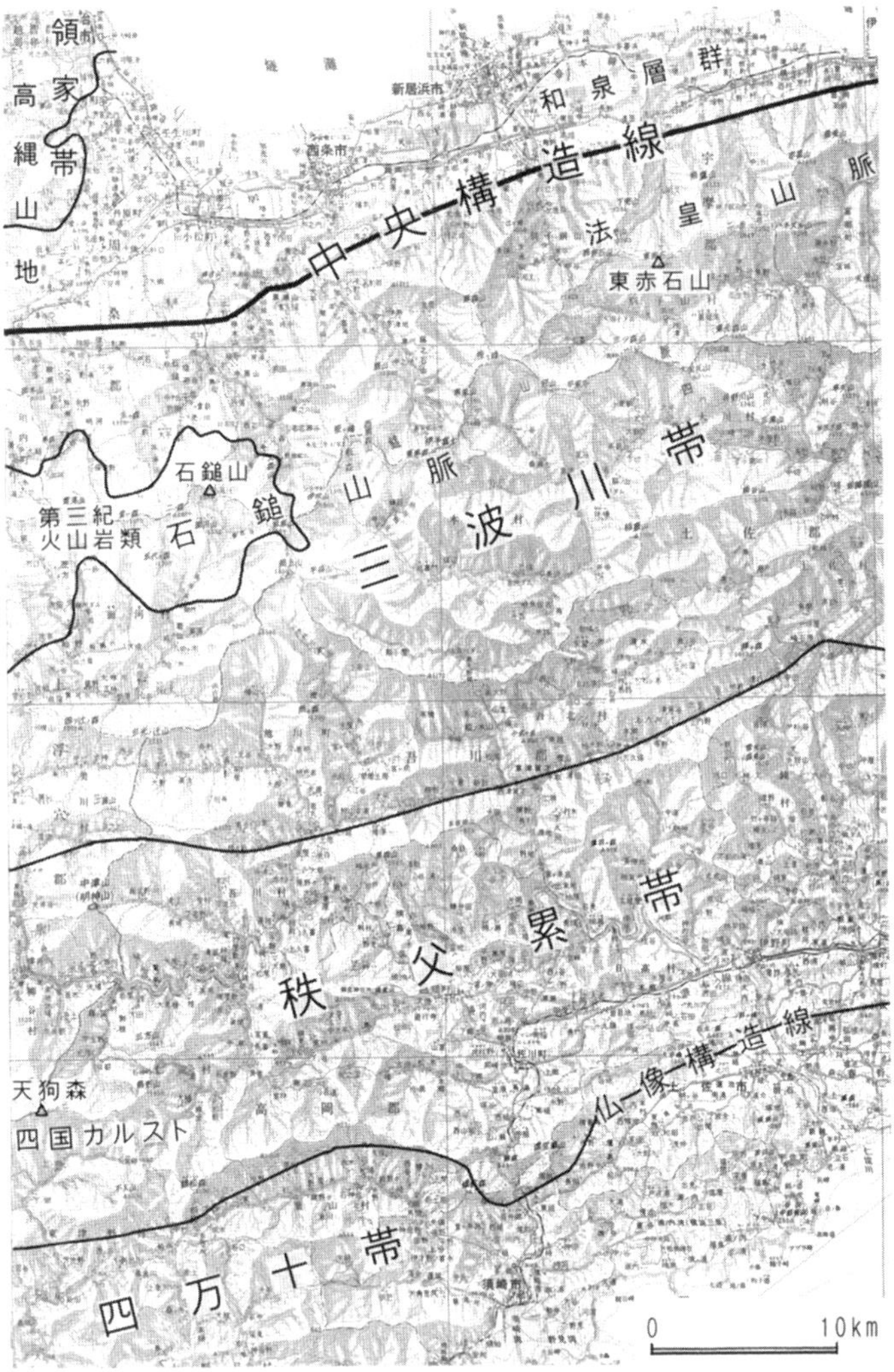

図1　四国山地中央部の地質構造（1／20万「高知」）

四国山地では南半部と北半部で降水量が大きく異なり、高知県から徳島県南部にかけての南半部は、年降水量二〇〇〇～四〇〇〇㎜にも及ぶ多雨地域であるが、北半部の愛媛県・香川県・徳島県北部では一五〇〇～二〇〇〇㎜程度である。

⑴ 石鎚山脈

四国山地最高峰の石鎚山から瓶ヶ森《かめがもり》・笹ヶ峰へ連なる山脈で、三波川帯に含まれるが、石鎚山周辺からその西側にかけては石鎚層群という新第三紀の火山岩類が分布する。石鎚山の山頂部は一五〇〇万年前の天狗岳火砕流堆積物が南西側に約四〇度傾斜する構造をなし、くさび状の急峻な山体をつくっている。この天狗岳火砕流堆積物は石鎚山南西側の面河渓《おもごけい》を中心に、直径七㎞ほどの円形に分布しており、石鎚コールドロン（鍋状陥没）といわれている。

石鎚山の山頂周辺には、日本列島南西端の亜高山帯針葉樹林であるシラビソ林が分布する（写真1）。このシラビソはかつて四国の固有種のシコクシラベとされていたが、最近では強いて区別する根拠が少ないことから同一種と考えられている。石鎚山ではその下方にウラジロモミ林、ブナ林、モミ・ツガ林の順で垂直分布帯がみられる。

石鎚山脈から法皇山脈にかけての北麓は、中央構造線が直線状のシャープな山麓線をつくり、山脈側には斜面を断ち切ったような三角末端面を連ねている。この中央構造線に沿う急斜面は断層運動によって形成されたもので、それを「石鎚断層崖」と呼んでいる。石鎚山脈上には瓶ヶ森や笹ヶ峰などに山頂平坦面（小起伏面）が分布するが、これはもともと低く平坦だった地形（準平原）が断層運動により隆起して山の上にその一部が残存したものである（瓶ヶ森の平坦面につい

写真１　石鎚山とシラビソ（シコクシラベ）

ては第三紀の火山岩に覆われた後、それが削剝され再び平坦面が現れたと考えられている)。石鎚断層崖の中央構造線は、一〇〇〇年で数十㎝の変位量が見積もられている。この変位量から算出すれば、第三紀末の低い平坦面がその後の第四紀の二〇〇万年間を経て一〇〇〇m以上の山上にもち上がっても不思議はない。

(2) 法皇山脈

四国山地の最北端で、中央構造線と銅山川に挟まれる東北東―西南西方向の稜線を法皇山脈と呼んでいる。最高峰は西部にある東赤石山(一七〇七m)で、山脈はそこから東北東に向かって徐々に低くなる。法皇山脈は日本の三大悪風といわれる「やまじ風」が発生する場所で、北麓の四国中央市(旧土居町や伊予三島市)に向かって南よりの突風を吹き下ろすことが知られている。東赤石山一帯には三波川帯の橄欖《かんらん》岩が分布しており、主稜線周辺は岩石が露出し、コケモモやゴゼンタチバナなどの高山植物が群落をつくっている。さらに低い銅山越(一二九四m)周辺でもツガザクラやコメツツジなどの群落がみられ、激しい強風や旧別子銅山からの亜硫酸ガスの影響で森林が育たず、高山性の群落が成立していることが考えられている。

(3) 剣山地

四国山地第二の高峰の剣山を中心として雲早山から三嶺《みうね》に至る東北東―西南西方向に延びる稜線一帯の山地で、同方向に延びる秩父累帯北帯の石灰岩やチャートを挟む泥岩・砂岩層からなっている。剣山山頂には二〇〇一年まで富士山に次ぐ高所の測候所があったが、そこでは年平均気温四・四度で、稚内よりも二度ほど寒い年平均気温が観測された。こうした寒冷気候条件により、山頂南側の草原の斜面には周氷河地形の一種である階状土が形成されている。

剣山地の主稜線沿いにはササの草原がひろがり、剣山山頂東側に亜高山帯針葉樹林のシラビソ林がみられ、それらを取り囲むように斜面中腹にブナ林が発達する。これらの草原や森林には、ニホンカモシカやニホンツキノワグマが生息している。剣山の西方の三嶺にはシラビソはないが、ブナ・ミズナラ・モミ・ツガなどの自然林が発達する。

(4) 四国カルスト

四万十川の上流域で仁淀《によど》川や肱《ひじ》川との分水界をなす鳥形山・天狗の森・五段城・大野ヶ原などの稜線沿いは、秩父累帯北帯に属す石灰岩が分布しており、カルスト台地が長さ二五kmにわたって断続する（写真2）。この四国カルストは、秋吉台・平尾台とともに日本三大カルストに数えられ、それらの中では最も高く、標高一〇〇〇～一四〇〇mのカルスト高原をつくっている。これらの高原上には、カレンフェルトやドリーネなど典型的なカルスト地形がみられ、大野ヶ原の小松池はドリーネ湖とされている。また、カルスト高原の周辺には羅漢穴・龍王洞・面白洞などの鍾乳洞がある。

四国カルスト最高峰の天狗の森（一四八五m）はブナやモミの森林に覆われているが、天狗高原や五段城の稜線南側にはササやススキの草原が広がり、一部は牧草地となっている。これらの草原は野火・野焼きなど人為によるもので、採草地として古くから利用されてきたようである。

（清水長正）

写真2　四国カルスト

4　九州・南西諸島

阿蘇カルデラをはじめとして五つの大カルデラが列をなし、雲仙、霧島、桜島など著名な活火山があるので、九州の山は大半が火山と思われがちだが、筑紫山地や九州山地のような非火山性の山地の方がむしろ広い面積を占めている。

九州の山々は、北部に非火山の筑紫山地、水縄《みのう》・筑肥山地、その南側に九重山（中岳）・阿蘇山・雲仙岳（平成新山）など火山が密集する中九州火山地域がある。中九州火山地域と九州中央部の胴体をなす非火山の九州山地の間は、四国から延びる中央構造線が区切っている。九州南部には霧島山（韓国岳）・桜島（御岳）・開聞岳を含む南九州火山地域、大隅《おおすみ》半島の非火山の鰐塚（南那珂）山地、肝属《きもつき》山地などがある。このほか、島嶼《とうしょ》では、対馬・五島列島・天草諸島・甑《こしきじま》島列島に非火山の低い山々があり、五島列島には単成火山もみられる。

九州は、フォッサマグナから延びる西南日本弧と南西諸島へ延びる琉球弧との、くの字形に曲がる交点である。九州の大局的な地盤の動きとして、北方向と南方向に引っ張られる傾向があり、中九州火山地域の形成や、個々の火山体の散らばり、正断層地塊などを生じさせている。

南西諸島では、九州地方最高峰の宮之浦岳がそびえる屋久島をはじめとし、火山島が連なるトカラ列島の火山、奄美大島、沖縄本島、石垣島、西表《いりおもて》島などの亜熱帯地域には低い非火山の山々がある。

九州では亜高山帯に達する山がなく、高い山でも山頂部はブナ帯である。北海道南部から本州を経て九州の山々まで分布するブナは、大隅半島の高隈《たかくま》山が南限となっている。屋久島の一四〇〇m以高はブナが生育可能な高度だがそれがみられない。大隅海峡を隔てて堅果（ドングリ）が運ばれなかったためと言われている。ブナ帯よりひとつ下のベルトをつくるモミ・ツガなどの中間温帯林は、九州山地で最も明瞭に現れている。五月中旬ころに淡紅紫の花が咲き誇るミヤマキリシマは、鶴見岳・由布岳・九重・阿蘇・雲仙・霧島などの高い火山の斜面に豊富にみられる低木で、火山の噴気や孤立峰における強風などの条件により森林が成立できないところに分布している。

1　対馬・五島列島

対馬では、下島に御岳《みたけ》（四七九ｍ）など第三紀層の泥岩からなる山々、上島に矢立山（六四九ｍ）など花崗岩類や変成岩からなる山々がある。氷期には海面低下により朝鮮半島から九州まで陸続きとなった可能性もあり、対馬は大陸系と日本列島系の動植物が交差する生物地理上の十字路とされている。樹木では、大陸系で日本本土にないチョウセンヤマツツジ、日本列島系で朝鮮半島にないモミやイロハモミジなどが分布する。

筑紫山地の延長上に北東―南西方向に連なる五島列島は、第三紀層や花崗岩からなる四〇〇ｍ以下の低い山々があるほか、単成火山が点在しており、福江島には鬼岳（三一五ｍ）など溶岩の上に載るスコリア丘がいくつかある。

2　筑紫山地

筑紫山地全体は九州北部の東西一〇〇㎞以上に及ぶが、北九州市の南側の福智山地、筑豊の南側の三群山地、福岡・佐賀の県境をなす背振《せふり》山地に分けられる。福智山地は主に中生層からなる山々で、東部にはカルスト台地の平尾台（三五〇〜七〇〇ｍ）があり、西部には平尾台につづく小起伏面より高い福智山（九〇一ｍ）がある。三群山地は筑豊と筑紫平野の分水界をなし、馬見山・古処山など花崗岩類の貫入によって接触変成した硬い岩石からなる山々がある。背振山地は、県境の背振山（一〇五五ｍ）から雷山の山列と、その南側の天山（一〇四六ｍ）を中心とする山々があり、全体として花崗岩類からなるが、結晶片岩などの変成岩が山稜部をつくっている。

また背振山地は、特に梅雨期において佐賀県側の多雨と福岡県側の小雨との気候を分けている。

3　長崎・多良岳火山・雲仙火山

平戸・佐世保・長崎にかけての北松浦半島や西彼杵《そのぎ》半島は、新第三紀の玄武岩からなる二〇〇～七〇〇mの丘陵や台地で、北松浦半島では玄武岩がキャップロックをなし、その下の新第三紀層がすべることによって、地すべり地形が多数集中している。

多良岳（九九六m）は、一〇〇万年前から四〇万年前に形成され、その後に侵食された古い成層火山である。

雲仙火山は一九九〇～九五年の活動で溶岩ドーム（平成新山）や火砕流が注目されたが、火山活動は五〇万年前以降に始まっている。妙見岳は三万年前の崩壊の名残で、二万年前以降に普賢岳の溶岩ドームが形成された。五〇〇〇～四〇〇〇年前には眉山の溶岩ドームが形成されたが、一七九二年の地震により大崩壊を起こし岩屑なだれが有明海につっこんで大津波となり、「島原大変肥後迷惑」の大災害となった。雲仙の七〇〇m以上にはウンゼンツツジと呼ばれるミヤマキリシマがみられる。

4　水縄・筑肥山地

筑後川の南側に東西に延びるのが水縄山地で、水縄山地と筑紫平野との境界には活断層の水縄断層が走っている。大牟田市の東方で福岡・熊本県境をなすのが筑肥《ちくひ》山地で、東側の釈迦ヶ岳（一二三一m）を最高峰とする福岡・大分・熊本の三県境一帯を津江山地ということもある。水縄山地の最高峰は鷹取山（八〇二m）、筑肥山地も四〇〇～六〇〇mの低い山々で、これらは変成岩類や花崗岩類からなっている。両山地ともに日本では珍しい正断層地塊である。

5　中九州火山地域（国東半島・英彦山・由布岳・九重山・阿蘇山）

国東《くにさき》半島は第四紀前半に活動した両子《ふたご》火山からなり、両子山など溶岩ドームが多数ある。由布岳《ゆふだけ》（一五八四m）は中央の円錐火山をとりまく溶岩ドーム群が特徴で、およそ一万年前以降にその多くが形成された。その東側には同様の溶岩ドーム群からなる鶴見岳（一三七五m）がある。

九重山（総称）も多数の大規模な溶岩ドームの集合であり、約一万五〇〇〇年前以降に形成された。溶岩ドーム周辺は火山の噴気や孤立峰の気候的条件により、ミヤマキリシマ・コメツツジなどの低木群落が広がる。一般に高山帯に生育するコケモモが、久住山（一七八七m）、星生《ほっしょう》山、法華院に認められ、九州では他にはなく日本列島の分布南限にもあたっている。九重山から阿蘇山にかけては、野焼き・採草・放牧によってススキ・ネザサ・ワラビなどからなる広大な草原が維持されており、この地域の景観を特徴づけている。大船《だいせん》山と黒岳（高塚山）山の間の鞍部に風穴という地名がある。そこでは夏に冷風が吐出し地下氷が存在する特異な現象が生じており、明治期に蚕種の貯蔵庫として利用されていた（写真1）。これは火山岩の割れ目・空洞や斜面に堆積した岩屑の隙間を空気が低い方へ移流して低温をもたらす現象で、富士山麓や祖母山中腹など全国各地の中・低山でたくさん認められている。

阿蘇山は南北二五km・東西一八kmの大カルデラで、二七万年前から八万年前までに四回の火砕流を噴出する巨大噴火があり、カルデラが形成された。阿蘇火山最高峰の高岳（一五九二m）や中岳は最終的にカルデラがつくられた八万年前以降の中央火口丘だが、根子岳は三回目の火砕流噴出（一一万〜一三万年前）によるカルデラ内に形成された古い中央火口丘である。

日田盆地をはさんだ北側の英彦《ひこ》山（一二〇〇m）と南側の釈迦ヶ

写真１　九重山の風穴　岩塊のすき間に夏季まで地下氷があり，冷風が吐出する

岳(津江山地)は、第三紀から第四紀前半まで活動した古い火山であるが、侵食が進み火山の原形をとどめていない。豊後森の周囲には、第四紀前~中期の溶岩が平坦な山頂をつくる伐株山《きりかぶ》、万年山《はね》、大岩扇山《おおがんせん》などがあり、広い溶岩面が侵食されてテーブルマウンテンとなったメサとみなされていたが、最近の見解ではそれぞれが独立した溶岩ドームや溶岩台地の単成火山と考えられている。それらの北側から英彦山の山麓までは、約一〇〇万年前の耶馬渓溶結凝灰岩がつくる標高七〇〇~四〇〇mの丘陵が広がっている。

以上の由布岳・九重山・阿蘇山などの諸火山を取り除くと、九州を南北に分断する地溝帯が現れ、これを別府—島原地溝帯と呼んでいる。この地溝帯は南北両側から引っ張られて割れたもので、そこにマグマが上昇して多数の火山が形成されたと考えられている。

6　九州山地

四国から海を隔てて延びる大断層の中央構造線が北西側を区切っており、その南東側に広がる九州中南部の胴体をなす大きな曲隆山地で、火山を除けば九州本土で最高の山々が連なる。四国山地と同じく外帯山地であり、秩父帯や四万十帯の堆積岩が広く分布するが、小起伏面はほとんどみられない。山地最高峰の祖母山《そぼさん》(一七五六m)や傾山《かたむきやま》一帯では新第三紀の火山岩類におおわれ、中央構造線も不明瞭である。大崩山《おおくえ》、尾鈴山《おすず》、市房山、紫尾山《しび》などは、秩父帯や四万十帯に貫入する花崗岩からなっている。中央構造線に沿った北西向きの急斜面は祖母山断層崖、国見岳断層崖と呼ばれ、国見岳の北麓では阿蘇火砕流を切る日奈久断層・緑川断層などの活断層がある。

祖母山・傾山などの山頂部はブナ帯(冷温帯)に属するが、中腹にはツガ林が広がり、暖温帯(照葉樹林帯)との間の中間温帯林として位置づけられている。ニホンツキノワグマは中国山地や四国山地では現在でも生息しているが、九州では最近の確認記録がない。加藤数功がまとめた「熊の過去帳」によると、一八七三年(明治六）から一九四一年（昭和一六）までの間には、祖母山・大崩山周辺で五〇頭捕獲の記録があり、その後、一九八七年（昭和六二）の銃殺が最後となっている。その後もフィールドサイン（痕跡）がしばしば認められており、生存の可能性も指摘されている。

九州山地の山間部には、五家荘《ごかのしょう》、五木、五ヶ瀬、椎葉、米良荘《めらのしょう》などの隔絶された生活圏が存在した。九州山地を越えてそれらを結ぶ九折越《つづらごえ》、霧立越《きりたちごえ》、水上越《みずかみごし》、石楠越《しゃくなんごえ》など、車道化してない峠道も多い。

7　南九州火山地域（霧島山・桜島・開聞岳）

霧島山は山麓のえびの市一帯の加《か》久藤《くとう》カルデラの南縁、桜島は鹿児島湾奥の姶良《あいら》カルデラ南縁、開聞岳は鹿児島湾口の阿多カルデラ西縁につくられた火山である（図1）。

霧島山は大小二十余の火山からなる。この地域が北西―南東に引っ張られるような地盤の動きがあり、それによって噴火の中心がひとつの火口に定まらず、あちこちで噴火が起こったためである。三〇万年前から一五万年前の古期火山体の栗野岳・

図1　九州中南部の主な山々と大カルデラ

烏帽子岳、六万年前以降の夷守岳《ひなもり》・韓国岳《からくに》（霧島火山最高峰、一七〇〇m）・御池・高千穂峰のほか、御鉢や新燃《しんもえ》岳は有史以降も噴火を繰り返している。噴火の影響や強風などによって、山頂から山腹にかけて森林がなくミヤマキリシマ群落がみられる。

桜島火山はAランクの活火山のなかでも飛びぬけて活動的な火山で、毎年のように噴火を続けている。桜島の形成は姶良カルデラ形成後の二万年以前に遡るが、有史以来も噴火が頻発し、一九一四年（大正三）には大正溶岩流が大隅半島に達し九州本土と陸続きになった。

開聞岳は四〇〇〇年前以降の新しい成層火山で、中腹の海抜五〇〇m付近に肩があり、それより上の溶岩ドームは平安時代に形成された。

8 鰐塚（南那珂）山地・高隈山・肝属山地

宮崎市と都城市の南東側の鰐塚《わにつか》（南那珂）山地は、九州山地から連続する四万十層群からなる山地で、最高峰の鰐塚山（一一一八m）から都井《とい》岬にむかって高度をさげている。桜島の東方の高隈山（大篦柄岳《おおのがらだけ》、一二三七m）は花崗岩の山で、屋久島を除く鹿児島県内では霧島山に次いで高い。主稜線沿いにはブナやミズナラの冷温帯林があり、それらの日本列島の南限にあたっている。肝属山地は、大隅半島南部の太平洋側に面して北東―南西方向に延びる八〇〇〜一〇〇〇mの急峻な山地で、花崗岩からなっている。

9 屋久島

九州地方最高峰の宮之浦岳（一九三六m）をはじめとし永田岳、翁岳、安房岳、黒味岳など一八〇〇m以上の山々が島の中央部にある。島の主体をなす直径二五㎞の円形の花崗岩がこれらの山々をつくっている。屋久島は

写真2　屋久島・永田岳の岩塔

大隅半島から延びる隆起帯に含まれるが、この大きな花崗岩の岩体が隆起をつづけながらも大きく侵食されることがなく、高い山々を形成していることが考えられよう。永田岳の山頂部には巨大な岩塔がそびえているが（写真2）、これは貫入した花崗岩体の上部から上方の地層に角状に突出したキューポラの名残である可能性があり、もしそうであれば、花崗岩体の上部が大きく侵食されずに残った証拠となる。

屋久島の中腹の七〇〇～一七〇〇ｍの高度帯は、有名なヤクスギのほかツガ・モミ・ヒメシャラ・ヤマグルマを含む針広混交林で、ブナ林はみられない。むしろブナのような優勢な種が進入しなかったために密度の高いヤクスギの森林を維持したともいわれている。山頂部の高地帯にはヤクシマダケの草原が広がり、そのなかに花崗岩の岩塔・岩塊、ヤクスギの立ち枯れ、ヤクシマシャクナゲなどが点在する庭園的な景観がある。土壌の流亡や台風による強風などがヤクスギの成長を抑制していることが考えられている。屋久島の中腹以下の斜面には、七三〇〇年前に鬼界カルデラ（海底カルデラ・図1）から噴出した幸屋《こうや》火砕流によるこぶし大の軽石（アカホヤ）が登山道沿いで認められ、縄文杉の根元にも見られるが、高地帯には一部を除いてそれが見あたらない。高地帯における七〇〇〇年前以降の土壌の流亡が裏付けられる。

10　南西諸島

九州と台湾の間に連なる島々の総称で、広がりは本州に匹敵する一二〇〇㎞もある。鹿児島県内を薩南諸島、沖縄県の島々を琉球諸島に大別するが、自然の領域区分としては、屋久島と口之島の間のトカラ海峡が重要で、暖温帯と亜熱帯との植生帯境界をなし、また動物相（主に哺乳類）で多くの種の境界となる「渡瀬線」がそこを区切っている。それより南にはトカラ列島・奄美諸島・沖縄諸島・先島諸島（宮古列島と八重山列島）などが連なる。トカラ海峡以南の南西諸島の植生は亜熱帯多雨林と表現されることもあるが、実際には海岸沿いに亜熱帯のマングローブがみられるだけで、山々はヒカゲヘゴなど熱帯・亜熱帯の植物を含むスダジイ・タブノキ・イスノキなどからなる暖温帯林（照葉樹林）が主な植生である。

　トカラ列島は屋久島北西側の竹島・硫黄島から延びる火山列島で、屋久島を除く南西諸島最高峰にあたる中之島の御《お》岳（九七九m）、Aランクの活火山である諏訪之瀬島の御岳（七九九m）などの火山がある。奄美大島には、中生層からなる急峻な地形の上に緩い小起伏面があり、さらにそこから湯湾岳などの残丘が突出する。沖縄本島の最高峰は与那覇岳（五〇三m）で中生層からなるが、むしろ特徴的な山は本部《もとぶ》半島にある石灰岩ブロックからなる円錐カルストだろう。

　沖縄県最高峰は石垣島の於茂登《おもと》岳（五二六m）で、花崗岩類からなっており、山頂部はリュウキュウチクのササ原におおわれた小起伏面がみられる。西表《いりおもて》島の古見《こみ》岳（四六九m）（写真3）、御座《ござ》岳（四二〇m）などの山々は、山頂部が砂岩層からなる小起伏面でメサ状の平頂峰にもみえる。西表島の谷地形は幅数百mほどの樋状をなしていて熱帯山地の谷地形に類似する。

（清水長正）

写真3　西表島・古見岳

《日本山岳概説　執筆者紹介》

小疇　尚（こあぜ　たかし）　一九三五年生まれ。明治大学名誉教授。日本山岳会会員。主な著書に、『ヒマラヤ・崑崙・アンデス』（丸善）、『山を読む』（岩波書店）、『大地にみえる奇妙な模様』（岩波書店）、主な共著・編著書に、『日本の山』、『日本の自然・地域編1北海道』、『日本列島の二〇億年』『山の世界』（以上、岩波書店）、『写真と図でみる地形学』、『日本の地形2北海道』（以上、東京大学出版会）、『世界の山やま』『山に学ぶ』（古今書院）などがある。

岩田修二（いわた　しゅうじ）　一九四六年生まれ。東京都立大学名誉教授（自然地理学）。日本山岳会会員。主な著書に、『世界の山やま』（共著編）（古今書院）、『山とつきあう』（岩波書店）、『上昇するヒマラヤ』（分担執筆）（筑地書館）、『氷河地形学』（東京大学出版会）などがある。

小泉武栄（こいずみ　たけえい）　一九四八年生まれ。東京学芸大学名誉教授。理学博士。日本山岳会会員。NPO法人山の自然学クラブ顧問。主な著書に、『山の自然学』（岩波新書）、『山の自然教室』（岩波ジュニア新書）、『日本の山はなぜ美しい』（古今書院）、『登山の誕生』（中公新書）、『山歩きの自然学』（山と溪谷社）、『日本の自然を守る美しい風景と地形―』（岩崎書店）、『自然を読み解く山歩き』（JTBパブリッシング）、『ここが見どころ　日本の山』（文一総合出版）、『登山と日本人』（角川ソフィア文庫）などがある。

清水長正（しみず　ちょうせい）　一九五四年生まれ。駒澤大学文学部講師。日本山岳会会員。主な著書に、『山の自然学入門』（共著編）（古今書院）、『山の地図と地形』（共著）（山と溪谷社）、『百名山の自然学―東日本編・西日本編』（編著）（古今書院）、『日本の風穴』（共編者）（古今書院）などがある。

北海道

山地・山脈別 山座解説

択捉・国後等北方四島

茂世路岳 もよろだけ

標高　一一二四m

別称　モヨロ嶽　藻寄《もよろ》岳　模與呂《もよろ》嶽　ロシア名　クドリアビー

択捉《えとろふ》島最東端の蘂取《しべとろ》郡蘂取村にあり、茂世路湾に面して連なる茂世路岳、硫黄岳(九七五m)、焼山(五六二m)の主峰。噴火の古い記録は一七七八年とあり、近年では一九五八、九九年とつづいている。アイヌ語の「モヨロ」は入江や砂浜を意味し、茂世路湾の上に聳える山を指す。

一八九〇年に北海道庁技手石川貞治が地質調査で登り、「富士状ヲナシ海岸ニ屹立ス海抜三千四百七十五尺山上ニハ『ハイマツ』密生シ二個ノ小噴火口アリ」と報告している。

登路　一九〇四年八月に陸地測量部が三角点選点のために登ったのは、茂世路から硫黄採掘索道に沿って行き、炊事小屋から右鞍部に登り、左折迂回して頂上に達した。また、登山記録として一九三八年八月に北海道大学山岳部の吉村文五郎らが同様に索道に沿い、途中から直接尾根に取りつき、ほとんどブッシュをこがずに頂上に登っている。

地図　二・五万図　弁財崎　硫黄岳

(高澤光雄)

散布山 ちりっぷやま

標高　一五八二m

別称　散粒登嶽《ちりっふのぼり》　ロシア名　チリープ

択捉《えとろふ》島の中央部で北の海に突出した半島に北散布山(一五六一m)と連なり、両山を併せて「千島富士」とも称せられる。紗那《しゃな》郡紗那村にある。弱い硫気活動をつづけている成層火山で、古い噴火記録に一八四三、六〇年がある。山名はアイヌ語の「チリオプ」(鳥が群がっている所)からきている。

松浦武四郎の記述によると「チリフノホリ、峨々たる巌山にして半腹より上には樹木無。上の方は紫赤色にして硫黄気多しと思わる」(『校訂蝦夷日誌』)とある。一八九〇年に石川貞治が地質調査で中腹まで登り、「四邊盡ク赫色ノ焦土ニシテ焼石磊々タリ側ニ松樹散乱燼灰中埋没腐朽セルモノアリ」と報告している。

登路　一九〇四年八月に陸地測量部が三角点選点で登ったのは、紗那からトウマイを経て南白イ川を遡行。河原に小屋跡があり、そこからハイマツの岩石を踏み越えて頂上に達している。登山記録は一九三六年七月、北海道大学山岳部の岡彦一が散布山西麓のトウマイ漁場から南白イ川を遡行して日帰りで登っている。

地図　二・五万図　散布山　ナヨカ川

(高澤光雄)

西単冠山 にしひとかっぷやま

標高　一六二九m

別称　志登加不《ひとかっぷ》嶽　ロシア名　ストカップ

択捉《えとろふ》島西部に連なる恩根《おんね》登《のぼり》山(一四二二m)から西に長く連なる単冠《ひとかっぷ》山(一二一五m)の尾根につづいて聳える主峰。択捉郡留別《るべつ》村にある。アイヌ語「シトカップ」はブドウの意味で、ヤマブドウの樹皮からとる繊維がここでよく採取されたので名付けられた。

松浦武四郎の記述によると「シトカフアルシ、半腹より上は皆岩山にして焼硫黄の気有なり。峯は六ツに分る。古来より未だ人間の登りたることなし。夷人は雪の堅りたる時には、猟に上るなり」(『校訂蝦夷日誌』)とある。一八九一年に北海道庁技師の神保小虎が遠望し、「西方ヨリ望メバ富士状ニシテ山頂高潤岩石峨々タリ」と報告している。

登路　一九〇四年七月に陸地測量部が三角点選点で登った時は、内保《ないぼ》村入里節《いりりぶし》まで道路があり、そこから具谷《ぐや》川を遡行して急斜面を直上して頂上に達した。一九三三年八月、京都大学の長谷川清三郎らが西海岸のフシコから水無沢をブッシュに難渋しながら、三日間を要して登っている。

地図　二・五万図　西単冠山　西単冠山南部

（高澤光雄）

爺爺岳　ちゃちゃだけ　標高　一七七二m

別称　チャチャヌプリ　国後《くなしり》富士　ロシア名　チャチャ

北方四島中でもっとも高い山で、国後島の北東端に位置し国後郡留夜別《るよべつ》村にある。富士山型の山にさらに小富士を載せたような秀麗な姿で聳える二重式円錐火山である。

アイヌ語で「チャチャ」は、年老いたじじい(翁)の意で、大昔から崇拝して親しんできた。松浦武四郎の『蝦夷日誌　三編』によると「王父山《チチノホリ》　本名夷語にてチャチャノボリなるべきを、何時の時よりか王父山また翁岳とす。チャチャヤノボリ、嶋中の親父と云義なるべし。チャチャヤ訳而山云なるべし。半腹より上ニは硫黄気多くして樹木不生、半腹より下に椴《とどまつ》、雑木繁茂す。嵯峨として其山甚景色よろし。古来より云伝ふるニ、夷人も此山には上りたるものなしと。只言伝ふるニ上ニ大なる沼有て、是に山霊が住ると云伝えたり、実ニ嶋中の一大高山也」とある。

吉田東伍著『大日本地名辞書』(一九〇九年刊)に、「大槻氏風土記曰、翁山、『チャチャ』は翁なり、一名モシリバケ、又オンネベツノボリ、又大八掛、又ノボリバツケとも云ふ、島中第一の高山なり、形富士に似たり、厚岸辺よりも能く見ゆ、其絶頂に湖水ありともいふ」と記している。

爺爺岳外輪山（賽の河原三合目から）

鮮新世末から完新世にかけて噴出した火山とされ、記録に残る噴火史は一八一二年があり、その後、目立った活動がなかったが、一九七三年七月一四日に突然噴火し、二年間つづいた。気象庁編『日本活火山総覧』(一九九六年刊)

などによれば、「爺爺岳は安山岩と玄武岩から成り、標高一五〇〇m地点に、太古の巨大噴火で形成された大火口原が広がる。さらにその中央に、標高約三〇〇mの円錐形の火口丘が聳える二重式の成層火山」とある。噴火はその後も一九七八、八一年とつづいた。千島火山列の中の主峰として活動をつづけ、山麓一帯は見事な針葉樹林に覆われている。

一八九一年に北海道庁が実施した地質調査で、横山壮次郎が爺爺岳を一周し、「美シキ重円錐形ニシテ一ノ富士形ノ頂上ニ、複一ノ小富士山ヲ載セタル観アリ」とし、「東側の傾斜は凡三十四度、他は凡二十八度。頂上は全く不毛にして岩石突出し、下部はハヒマツ群生し、多くの渓谷ありて、深き溝を成し、樹木密生し、此山は未だ日本人が頂上まで登ったことがないというが、乳呑路《ちのみじ》の飯塚某は下部の円錐の頂上まで登ったところ、そこには湖水は認められなかった」と神保小虎が『北海道地質報文・下』で報告している。一八九四年七月、道庁の石川貞治が地質調査で北側のソコボイから途中露宿して、外輪山に登っている。

測量は一八九九年五月、陸地測量部の館潔彦が海上から測点を予備調査。精細な水路図作成が急務となり、一九〇三年秋に海軍水路部が南側のイダシベナイ大沢から登って測量。翌年六月に同じコースを陸地測量部が登り、外輪山に三角点「爺岳」を選点した。

登路　一九二九年七月、登山を目的に北海道大学山岳部の島村光太郎らが測量隊の登ったイダシベナイ大沢から入山。悪天停滞がつづき、頂上付近で引き返している。同年八月に同じコースを岡田喜一、長谷川伝次郎らが植物採集をしながら登り、火口原で六日間幕営、火口壁の尖塔へは西側の溶岩砂礫を辿った。この時に参加した菅原正夫が一九三三年八月に地元の村田吾一らを案内して登っている。一九三二年八月に北海道大学の佐々保雄らが同じ大沢から火口原に登ったが、幕営中に暴風雨に遭遇。下山路を水無川に求めたが増水で難儀、本流の音根別川を下った。翌年七月に京都大学の長谷川清三郎らがこの音根別川水無沢を遡行し二泊して登頂。このコースから冬期登頂を目指して一九二一年一二月、東京大学の渡辺漸ら九人が音根別川本流と支流の二班に分かれて登路を探ったがはかどらず、二班が合流して極地法で水無沢をキャンプⅢまで設営して迫り、一一日目に中央尖塔に達した。

戦後の記録として一九九一年六月、早稲田大学のパーティーが礼文磯から三日間かけて登り、翌年八月に日・米・ロのグループが同じコースを、ネマガリダケを掻き分けながら一二時間で日帰り往復している。

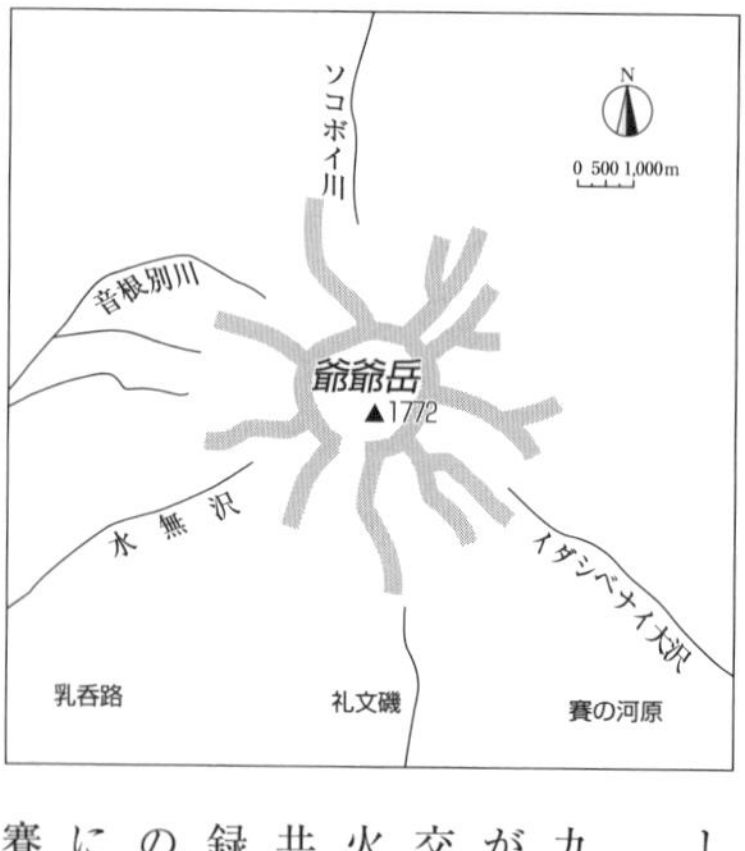

登山道はいまもない。一九九九年七月に朝日新聞社が実施した「爺爺岳専門家交流訪問」で、日ロ両国の火山、地質、植物の学者が共同で調査登山した際の記録によると、国後島北東端のウラスノヤロフスカヤ湾に上陸し、爺爺岳南東麓の賽の河原から登山を開始。

日本時代の道路跡を進んで樹林帯に入り、途中、ネマガリダケが密生しているが標高一五〇m辺りで樹林帯を抜け、火山礫の白骨樹林帯となる。標高七〇〇m弱の尾根に一九七三年に噴火した南火口があり、水は近くの雪渓から得られた。砂状の火山礫が深くなり、標高一四八七mの外輪山三角点に立つと火口原が広がり、山頂との標高差は約三〇〇m、中央に山頂丘がある。賽の河原から外輪山まで登り八時間、そこから頂上までは二時間。下りは六～七時間見ればよい。下山時は足場が悪く、登ったコースを下らなければ時間をロスするので十分注意を要する。

一九八四年、国立クリルスキー自然保護区に指定され、入域許可が必要。登山には南クリル地区自然保護委員メンバーを同伴しなければならない。

地図　二・五万図　爺爺岳西部　爺爺岳東部　乳呑路　礼文磯

（高澤光雄）

羅臼山　らうしやま

標高　八八二m

別称　ラウシ山　ロシア名　メンデレーエフ

国後《くなしり》島中央部の国後郡泊村にある。二重式成層火山で一八八〇年に噴火記録があり、一九〇〇年にも噴火。中央火口上は溶岩円頂丘。強い噴気や温泉がある。硫黄鉱は一八七八年に桶川福造によって発見され、かつて二箇所に硫黄坑があった。一八九〇年に神保小虎が地質調査をした際に「外形不規則ニシテ山側ニハ深林アリテ三箇ノ硫気坑ヲ有シ各硫黄ノ堆積アリ」と報告している。

山名は羅臼崎から八kmほど北にアイヌ語の「ハウチ」（瀬石）と呼ばれる温泉があり、それが訛って「ラウシ」となり山名に転訛した。本来の山名は「モシリノケ」（島の真ん中の上にある）であったらしい。

登路　一九〇四年六月に陸地測量部が三角点選点で登った時は、留《る》夜別《よべつ》村植内より瀬石温泉を経て西浜に通じる道を進み、西浜大沢の水源から頂上に達した。一九二四年八月に北海道大学の予科生・塚野富夫が国後島に滞在して登っている。また、一九九六年八月に埼玉県深谷山岳会所属の大谷和男がユシンクリーリスクの硫黄採掘跡から登っている。

地図　二・五万図　古釜市

（高澤光雄）

[付記]

北方四島（択捉《えとろふ》島、国後《くなしり》島、色丹《しこたん》島、歯舞《はぼまい》諸島）は、わが国固有の領土であるが、現在はロシアの実効支配下にあり、交流訪問以外、観光目的等での旅行も自粛を求められているのが現状である。そのため本書では、先人の登山記録や史料を基に記した。

知床・阿寒火山地域

知床岳　しれとこだけ　標高　一二五四m

斜里《しゃり》郡斜里町に位置し、知床半島の岬突端部近くにある。頂上付近はなだらかな台地状。ポロモイ台地には小さな堰止め湖沼群が見られる。アイヌ語で「シリエトク」は「地の涯、陸地(国土)の先端」の意味があり、原始境の山である。

千島火山帯に属し、海岸の断崖ではシコタンハコベ、チシマゲンゲ、エゾモメンヅルなどめずらしい植物種を見ることができ、原生的な状態で植物が残されている。森林の植生は下からダケカンバ、ミズナラの落葉広葉樹林、トドマツを含む針広混交樹林、ダケカンバ、ハイマツといった垂直分布が見られる。寒さのため、森林限界が約一〇〇〇m余りとかなり低い。

登路　登山道はなく、夏期は羅臼側を海岸沿いに観音岩まで行き、ウナキベツ川を遡行し、ポロモイ台地から稜線づたいに頂上に出ることができる。斜里側はコタキ川を遡行するが、河口までは船か海岸づたいに行くしかない。

(新妻　徹)

地図　二・五万図　知床岳

硫黄山　いおうざん　標高　一五六二m

斜里《しゃり》郡斜里町の知床半島中央部にある円錐状複式火山。知床連山中唯一の活火山で、たび重なる噴火で純度の高い硫黄が噴出し、その採掘は幕末の安政六年(一八五九)に会津藩によって着手された。科学のメスが加えられたのは一八七四年九月で、開拓使が雇用したアメリカの地質学者ライマンが、地質調査でカムイワッカから硫黄山直下まで登っている。頂上付近には二つの旧爆裂火口があり、外輪山にあたる東岳や知円別《ちえんべつ》岳の稜線には、知床固有のシレトコスミレが生育する。

登路　硫黄川コース　道道九三号を進むと、カムイワッカ湯の滝の約五〇〇m先に登山口標識がある。尾根が狭まって岩塔が多くなり硫黄採掘場跡を過ぎると、硫黄気孔が小さな噴煙をいくつも上げている所に出る。その横を通り、約六時間で頂上。

羅臼岳・硫黄山縦走コース　羅臼平から三ッ峰、サシルイ岳、オッカバケ岳を経て硫黄山に至る。硫黄川コースから羅臼岳方面への縦走も可能だが、八つのピークを踏む約一〇kmのコースのためキャンプの用意が必要である。

(新妻　徹)

地図　二・五万図　硫黄山

羅臼岳　らうすだけ　標高　一六六一m

別称　ラウシ岳　良牛嶽

知床半島は、わが国に残される最後の原始境といわれ、一九六四年にオホーツク海に向かって突き出した先端部が国立公園に指定された。その中央部にある火山で、硫黄山、知床岳などと知床半島の

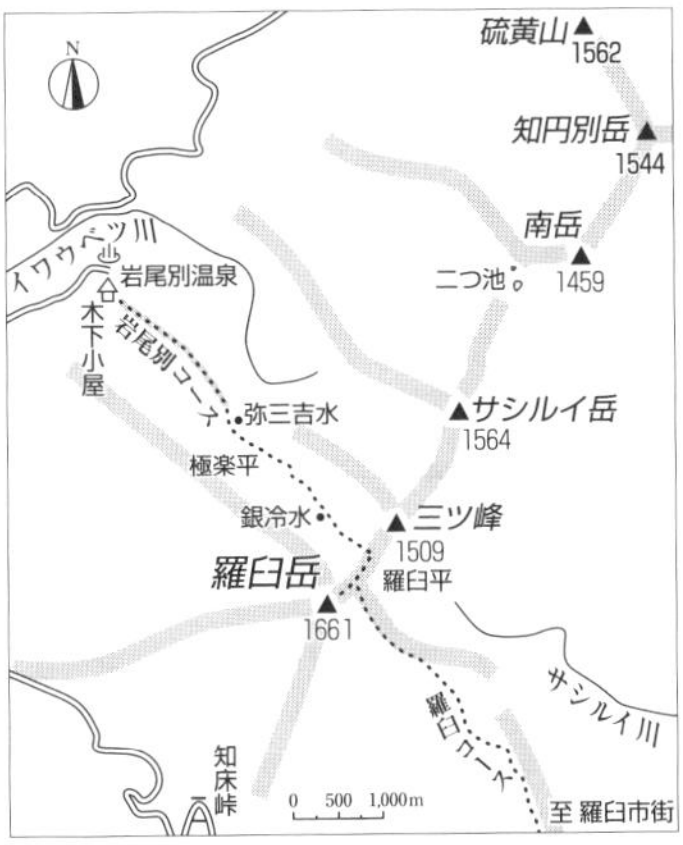

羅臼岳(羅臼平から)

脊梁を形成している。斜里郡斜里町と目梨郡羅臼町の境界に位置し、千島火山帯に属し、二重山稜の地形。アイヌ語「ラ・ウシ」の音訳で「魚の臓物を処理した場所」とされている。

一九一七年六月に三角点が埋められ、羅臼岳のもっとも古い登山記録は、この時の測量隊が残した「点の記」になろう。このノート「三角測量簿第二八号用紙」のキャプションは、横書きで「Ⅱ羅臼岳《ラウスダケ》」とある。Ⅱは二等三角点を表示したもの、撰点番号「字第二号」、標石番号「第九五一号」、所在「根室国目梨郡植別村字ラウス一、俗称ラウス岳、山林一番」、所有者「北海道廳」とある。吉田東伍著『大日本地名辞書』(一九〇九年刊)によれば、羅牛は「目梨最北の驛所なり、西北嶺をラウシ岳といふ。(ラウシは低処の義、植別の北六里)。知床半島は羅牛以北、殊に険阻にして往来に由なく、人烟を見ず、僅に魚樵の民の、時を以て出入するあるのみ(羅牛の山中一里に温泉あり)、知床岬、国後島、各直径十里か」とある。山中一里の温泉は、羅臼川を遡った現在の羅臼温泉と考えられる。駅所になるコタン・ラウシがあり、羅臼は、羅牛、良牛と書かれ、由来は松浦武四郎の安政五年(一八五八)の『知床日誌』に「ラウシ(小川)、昔時鹿、熊等を取る、必ず爰にて屠りし故に、其の臓腑骨等有しとの義也」とあるのが最古の記録。

本格的な登山は北海道大学スキー部山班の須藤宣之助らが、一九二六年七月、岩宇別から羅臼岳に登り、硫黄山を経てポロベツ川に下っている。同大学山岳部が結成されてからは、一九二九〜三〇年ごろに木下弥三吉《やさきち》らが硫黄山に縦走している。そのころ、地元でも刺激され、羅臼村の佐藤広らが夏の羅臼岳に登り、積雪期は一九三一年四月、羅臼山岳会の鈴木音治らによって登頂された。

大きな安山岩が積み重なる山頂は、成層火山上部に鐘状火山を載せたような形をしている。展望は雄大で、三ッ峰、サシルイ岳、南岳、知円別岳、硫黄山と知床半島の山々がつづき、国後島の爺爺岳が望見でき、振り返ると遠音別岳、斜里岳、その先に阿寒の山々を見ることができる。

登路　羅臼コース　羅臼温泉国設キャンプ場は羅臼市街から三kmあまり知床峠寄りにあり、羅臼川対岸に無料の露天風呂「熊の湯温泉」がある。二つある登山口の合流点に登山届ポストがある。初めは小さな沢沿いの道から尾根に取りつく。若いダケカンバの林を斜めに抜けると里見台と三四九m標高点とのコル（一息峠）、さらにミズナラの尾根を登ると里見台。ここから緩い登りがつづき、標高四六〇m付近でいったんハイマツ原となる。コースは次第に尾根上から外れて左山腹のトラバースへと移り、第一の壁下を通過する。さらにミズナラとダケカンバの山腹トラバースがつづき、第二の壁下は気がつかないうちに通過して、左足下を流れていた登山川へと下りていく。沢に沿って登り、右岸に渡ると鉱泉が湧き出ている川底の白い泊場に出る。ここからダケカンバ林の涸沢を辿り、沢地形が不明瞭になるとほどなく屛風岩の下に出る。屛風岩は沢地形の左岸が連続した岩壁となり、コースはその急な沢地形を登りつめていく。その上は広大なお花畑で、大きな雪渓が残る所でもあり、コースは右に斜上して羅臼平に至るが、残雪期には迷いやすい。水場を右に見ながら急斜面を登ると大きな岩が累積する山頂部を仰ぎ見ることができる。後は、その岩をよじ登るようにして山頂に立つ（登山口から約五時間）。

岩尾別コース　ホテル「地の涯」の右にある通路の先の木下小屋（収容人員三〇名）の前が登山口で、標高約二三〇m。登山届の設備と飲用水が小屋前に用意されている。急なジグザグの苦しい登りを三〇分ほど登ると標高四五〇m地点に岩が現れ、傾斜が緩やかになり、五五九m標高点（岩峰）の左に入る細い枝道を行く。あまり見通しの利かない林間の尾根を登りつづけると弥三吉水《やさきちみず》という水場の前に出る。弥三吉とは木下弥三吉のこと。彼は一九二七年に北海道大学に入学し知床の魅力にとりつかれて羅臼岳の登山道を開削し、知床とともに生きる生活をした人物で、木下小屋の名のもとにもなっている。ダケカンバが密生した平坦地「極楽平」から急登にさしかかり、標高一〇五〇mで小さな川の流れ「銀冷水」に出合う。羅臼平から流れ出る沢であるが、この水場は涸れることもある。次第に傾斜を増す沢地形を登りつめると羅臼平で、山頂方面、羅臼への下山口、三ッ峰へのコースの分岐点がある。ここには、木下弥三吉の分骨を納め、「知床を限りなく愛し、これを友に惜しみなく頒けた木下弥三吉君」という碑文を刻んだレリーフが埋め込まれたケルンがあり、分岐点の指導標となっている（登山口から約四時間）。

（新妻　徹）

地図　二・五万図　羅臼　硫黄山　知床五湖

遠音別岳　おんねべつだけ

標高　一三三〇m

目梨郡羅臼《らうす》町と斜里郡斜里町との境界にあり、知床半島南部に位置する火山で知床国立公園に属する。原始性を保ち、自然環境がバラエティに富み、大小六個の沼は水鳥たちの繁殖・憩いの場となっている。オホーツク海側は比較的なだらかな斜面だが、羅臼側は鋭く切れ落ちている。頂上直下は痩せ尾根がつづき、ダイナミックな山容を示し、スケールが大きい。

アイヌ語「オン・ネ・ペッ」の音訳で「遠音別川の魚は・いつでも・食するに足る」という意味。陸地測量部の岡栄次郎が一九〇五年六月に遠音別川を遡行して登っている。

登路　夏期はどこから登っても強烈なハイマツに悩まされる。積雪期はチャラッセナイ川に沿った原始林をラッセルしながら平らな盆地状の地形に沿って進んだ後、西尾根を登る。またはウトロから国道三三四号の知床横断道路を進み、知床峠から稜線に取りつく。知西別岳（一三一七m）を経由する稜線を往復（峠から登り約八時間）。一帯は原生自然環境保全地域に指定され、原則として立ち入りが禁止されている。

（新妻　徹）

地図　二・五万図　遠音別岳

海別岳　うなべつだけ　標高　一四一九m

千島火山帯に属する知床連山の火山で、知床半島基部にあって、斜里郡斜里町と標津《しべつ》郡標津町と目梨郡羅臼《らうす》町の境界にまたがっている。陸地測量部は一九〇〇年にウナベツの山頂に三角点を選点し、「点の記」に「海別」の漢字を当て、その名が定着した。ゆったりした女性的な山容であるが、アイヌ語「ウナペッ」は「灰川」で、この山を「ウナペッヌプリ」（灰川の山）と呼んだ。噴火の時火山灰に埋められた川であるという。太平洋とオホーツク海を二つに分けている、裾野を長く引いた成層火山である。

登路　戦時中、海別岳の東斜面の稜線から根室側に少し下った所で硫黄採掘が行われ、車道がオホーツク海側の峰浜から通じていたが、現在では糖真布川の橋も落ち廃道になっている。峰浜《みねはま》神社を右折しウナベツスキー場の裏に出る道路が、海別岳の尾根の末端にあたる。神社より約五km地点が峰浜尾根。さらに約二km先が朱円の尾根末端。山頂直登ルートの糖真布川五の沢は荒れているが踏み跡はある（登り始めて二時間で森林限界、さらに約二時間の登りが必要）。

（新妻　徹）

地図　二・五万図　海別岳　朱円

斜里岳　しゃりだけ　標高　一五四七m

別称　オンネヌプリ　舎利岳

斜里郡斜里町と清里町との境。千島火山帯に属する円錐状の長い裾野を持つ秀麗な成層火山。地元では「オンネヌプリ」（大きな山）と呼ばれ、斜里コタンの人々に敬われていた。アイヌ語で「サロ・ペッ」、「流域に茅がたくさん繁茂する川」という意味の斜里川の水源にあることからの山名で、「シャリ」はアイヌ語「サル」（葦の湿原）の訛り。知床半島と阿寒の中間的な位置にあり、独立峰的である。

御料局の秋山謙造が一八八八年に地質調査で斜里岳に登り、「凡三千尺ノ高サヲ有シ『シャリ』山道『ルベシベ』ヨリ登山スルコトヲ得ベク、山側ハ海上二千百尺以上ニ『ハヒマツ』群生セリト云フ、是レヨリ低キ所ニハ『トドマツ』ノ深林アリテ山ノ上部ハ岩石崩レ落チテ登ルコト少シク危シト云フ、此山ハ全体火山岩ヨリ成ルガ如シト雖モ、未ダ果シテ火山ナルヤ否ヤヲ詳カニセズ」と報告している。陸地測量部では一九一七年六月に三角点選点で登っている。山容は斜里岳、南斜里岳（一四四二m）、そして西峰（一一五六m）の三ピークからなる古い火山である。

本格的な登山は一九二八年三月に北海道大学山岳部の原忠平と中野征紀が越川駅逓から登り、同年八月には同大学のアーノルド・グブラーと渡部成三が三井農場から登った。急峻な北壁は北見山岳会

斜里岳（峰浜から）

によって一九五八年に登られた。西尾根や北西稜なども次々とトレースされ、玉石沢のバットレスやルンゼも完登された。

登路　清里コース　斜里岳登山口バス停から実際の登山口となる清岳荘までは約八㎞の林道歩きとなる。清岳荘は清里町が管理する山小屋。一九九八年秋に失火で消失したが、二〇〇四年に再建された。登山道は小屋の横から山側に入り、しばらく平坦な山道を行くと沢にぶつかる。右岸、左岸と飛び石づたいに沢を遡るが、登山靴で十分である。沢歩きのリズムに体が慣れてきたころ、下二股（一の沢出合）に着く。

旧道　下二股から滝の連続する旧道の核心部へと進む。沢の勾配が増して、次々と滝が現れてくる。下から水連、羽衣、万丈、見晴、七重、竜神、霊華とつづく多彩な表情を見せる滝の連続で、疲れを感じさせない。巻き道の危険な部分には鎖が張られていて心配はない。水流がやせ細ると源流部の上二股で、新道が合流するとミヤマハンノキと丈の低いダケカンバのトンネル状の沢筋をつめる。樹林帯を抜けると急傾斜のガレ場となり、不安定な足場がつづく。大きくジグザグを切って、ゆっくり登ると風の吹き抜ける稜線上の最低コル（馬ノ背）である。強風の場合にはこの馬ノ背から引き返す人が多い。しかし、左側のハイマツ帯の中に延びている登山コースに入れば静かな登りがつづく。やがて祠のあるコブに出ると、丸みのある頂上が目の前に見える。後はもうひと登りで広い頂上に立つことができる（清岳荘から約三時間）。独立峰のような山なので、頂上からの遠望がすばらしい。阿寒と知床の山が両方に広がり、オホーツクの海岸線と山麓に広がる畑の幾何学模様の対比も面白い。

新道　下二股から右へ傾斜のきつい樹林帯を登る。何回もジグザグ登りがつづいた後、やっと尾根に出ると少しずつ展望が開けてくる。ダケカンバ帯からハイマツ帯まで登ると熊見峠で、ここからは目ざす斜里岳の全貌を見渡すことができる。熊見峠から一二五〇ｍのコブまではハイマツの尾根道、そこから上二股までは緩く高度を下げてダケカンバやミヤマハンノキの中をトラバース。沢地形を二つ越えて竜神ノ池への細い道を左下に分ければ、上二股はすぐ先にある。この新道は旧道から登頂して帰路に利用されることが多い。帰路は上二股までは往路を下山し、沢筋を離れて左の新道を登る。低いダケカンバ林の山腹を横切って一二五〇ｍのコブに登ってからは、熊見峠までハイマツの尾根を歩くので見晴しがよく、屈斜路湖の輝きも見える。足下にはコケモモやエゾイソツツジ、キバナシャクナゲなどの花を見ることができる（清岳荘から約三時間三〇分）。

三井コース（玉石ノ沢コース）　清里コースに対し、斜里コースとも呼ばれている。登山口からすぐ涸れ沢に出てそのまま登る。玉石ノ沢底を辿り、三〇分ほどで沢と別れて尾根に取りつく。展望の利かない登りがつづき、一一三八ｍ標高点付近でハイマツが出始め、ガマ岩を過ぎ、眼前の急斜面を登り切ると尾根は細い岩稜状となる。もう北壁は近い。岩稜を慎重に辿ると頂上直下のガレ場に出る。斜度があり、浮き石の多いこの登りから解放されると頂上に躍り出る。とくに下山には注意を要する（登山口から約三時間）。

地図　二・五万図　斜里岳　　（新妻　徹）

武佐岳　むさだけ　　標高　一〇〇五ｍ

標津《しべつ》郡標津町と中標津町の境界に位置し、野付水道を隔てた国後島、広大な根釧《こんせん》原野、野付半島、知床の山並み、斜里岳、阿寒の山々など道東の広さを一望できる山である。イラクサのアイヌ語「モサ」が語源といわれ、双耳峰であるところから「ほかの山の頭を撫でるような山」が由来ともいわれる。

一九五六年に登山コースが開削され、一九五八年に武佐岳憩清荘が建設されている。

登路　中標津市街から中標津空港横を通り、北開陽で右折し北一九号を約二km直進すると、クテクン林道があり、その角に「武佐岳登り口」の標識がある。標識に従ってさらに約二km進むと、丸い標識「武佐岳」があり、右折すると展望台兼駐車場の登山口に出る。武佐岳憩清荘までは約二・六kmの林の中の緩やかな登りで、小屋には「山頂まで三km」の標識が張ってある。小屋のすぐ先に水場（憩ノ沢）があり、チシマザサとダケカンバの丘陵を越えて急登すると双耳峰のコルに出る（登り約二時間）。

地図　二・五万図　武佐岳　武佐　　（新妻　徹）

標津岳　しべつだけ　　標高　一〇六一ｍ

標津郡中標津町と斜里郡清里町との境界で、霧で名高い摩周湖と知床半島の付け根にある海別岳とのほぼ中間にある。アイヌ語「シペッ」は「大川」から「サケのいる所」と意訳される。標津川の支流マタオチ（俣落）川には泉の湧壺が三箇所あって、冬になってもここにサケがいることからマタオチは「冬に群れている所」であり、大川端の意味の標茶（シペッ・チャ）は、根室や釧路に住むアイヌが物を交換する所で、この標津川の水源の山はアイヌの聖域であった。

登路　中標津町計根別《けねべつ》市街から登山の起点となる養老牛温泉まで町有バスがある。養老牛温泉からモシベツ川沿いの林道に入り、約六kmで登山口。ツツジヶ丘（五四七ｍ）から急斜面を登り、広い尾根に出る。ダケカンバの純林の次にハイマツのトンネル、そして、コケモモとイソツツジに迎えられて山頂に着く（登り約三時間）。

地図　二・五万図　養老牛温泉　　（新妻　徹）

カムイヌプリ　標高　八五七m

別称　摩周岳

阿寒国立公園の川上郡弟子屈《てしかが》町に位置し、典型的な陥没火口原湖である摩周湖の南東壁上に噴出したコニーデ型火山。摩周湖の神秘的な美しさに趣を添え、カムイヌプリ「神の山」としてあがめられてきた。なお、アイヌ語の「マシウ」の意味は「鍋のような湖に影が泳ぐように見える」だとする説もある。

登路　摩周湖第一展望台から南側の外輪山を回り、六八三mの三角点を過ぎ、さらに二つの起伏を越えて西別岳への分岐に出る。左折して若いシラカバ林の中を進み、爆裂火口の縁の登りとなり、右手の急斜面を巻き込むようにして辿ってから高度感のある岩場の上が頂上(全長約七㎞で、登り約三時間)。

なお、近くの西別《にしべつ》岳(八〇〇m)は、アイヌ語で「ヌーウシ・ペッ」(豊漁である・川)、または「ニ・ウシ・ペッ」(木・多い・川)と呼ばれた西別川の水源の山である。国道二四三号から道道八八五号養老牛虹別《にじべつ》線に入り、西別小屋が登山口。七八七mピークの尾根から頂上までお花畑がつづく(登り約二時間。西別岳からのカムイヌプリ往復は、さらに約三時間)。

地図　二・五万図　摩周湖南部　(新妻　徹)

藻琴山　もことやま　標高　一〇〇〇m

網走郡美幌町と大空町、斜里郡小清水町、川上郡弟子屈《てしかが》町の境界で、屈斜路《くっしゃろ》カルデラの北側の外輪山を形成する円錐状火山。アイヌ語の山名は「トエトク・シペ」(湖の奥にある山)で、「モコト」は「小さな沼」の意味。藻琴湖や濤沸湖《とうふつこ》から見て「湖の奥にある山」で、アイヌの人たちが恵まれた大地と水源を大切にした響きのよい語韻である。オホーツク海から眺めた藻琴山は美しいシルエットで、三六〇度の展望がすばらしい。針葉樹に覆われているが、山頂付近には高山植物が多く、阿寒国立公園に属し、藻琴山自然休養林に指定されている。

登路　大空町からのコースも小清水町からのコースも整備され歩きやすい。ハイランド小清水725展望台の登山口からは、屈斜路湖を眼下に眺めながら約一時間の登山。大空町側の銀嶺水林道の終点にある銀嶺荘からは約三〇分でもっとも近い。冬季も雄大な展望を楽しみながらのスキー滑降ができる。

地図　二・五万図　藻琴山　(新妻　徹)

雄阿寒岳　おあかんだけ　標高　一三七〇m

別称　ピンネシリ

釧路市阿寒地区に聳える円錐形の火山。山頂には旧爆裂火口跡が三箇所あり、現在は三箇所とも活動を停止している。それらは阿寒カルデラ内の中央火口丘として噴出したもので、川が堰止められたり分断されて、阿寒湖、パンケトー、ペンケトーなどの湖沼が周囲に形成された。山名はアイヌ語の「ピンネシリ」(雄山)による。エゾマツ、トドマツなどの原生林に覆われ、山頂近くはハイマツ帯となる。

登路　阿寒湖東端の滝口からと、雄阿寒岳南側からのオクルシュぺの二本があったが、現在は滝口コースのみとなっている。重複国道二四〇・二四一号のわきに登山口の標識がある。阿寒湖の湖岸を歩いて行くと水門と発電施設があり、コースは右折し、太郎湖、次郎湖を見ながら七〇八mの標高点の尾根を目ざす。急斜面の難所を登り切ると、一二〇〇mの五合目。台形上の山頂稜線を西側から巻くように登って八合目。ここに一九四四年から四六年まで阿寒測候所があった。山頂火口の縁を下って九合目、後はガレ場を登ると山頂である(登山口から約四時間)。

地図　二・五万図　雄阿寒岳　（新妻　徹）

雌阿寒岳

めあかんだけ　標高　一四九九m

別称　マチネシリ

釧路市阿寒地区と足寄郡足寄町との境に位置し、阿寒国立公園の阿寒湖の南西に聳える活火山。阿寒カルデラ生成後に外輪山上に噴出した二重式火山で千島火山帯に属する。雌山(マチネシリ)、中雌岳(中マチネシリ)、小雌山(ポンマチネシリ)、阿寒富士からなる。主峰は小雌山で二重の爆裂火口があり、現在でも第三火口から噴煙を上げ、一九五五年の爆発以来しばしば登山が禁止されてきた。南岳、東岳、瘤山、剣ヶ峰などにつづき、中マチネシリが噴火して山頂に直径一・一kmの外輪山(第一火口)が生じた。火口原には第二火口と溶岩円頂丘があり、その北西部に第三火口が開いている。中マチネシリの南側には北山、西山、ポンマチネシリが成長している。直径四〇〇mの噴火口の底に赤沼、青沼がある。

雌阿寒岳は観光の山として古くから登られていた。一九〇五年九月、釧路第一、第二小学校児童が修学旅行で登り、一九一九年五月にも釧路教育会主催で七十余人が雌阿寒岳に登っている。一九二三年に創立した北海道山岳会では、雌阿寒岳中腹の石室を修築し、九月に大衆登山会を催し二七人が参加している。スキー登山は一九二五年三月に小樽高等商業学校スキー部の吉田秀夫らが果たした。この年の六月に地元青年団の手によって、雌阿寒温泉から雌阿寒岳に登山路を開削。

山麓一帯はエゾマツ、トドマツの原生林で、雌阿寒オンネトー自然休養林に指定されている。西麓にはオンネトーやポントーなどの堰止め湖がある。

高山植物で特筆すべきは、一八八六年に北海道大学の宮部金吾が命名したメアカンフスマ、一八九七年に川上滝弥が採集し、牧野富太郎が命名したメアカンキンバイがある。

登路　雌阿寒(野中)温泉コース　国道二四一号から雌阿寒温泉への車道入り口に「雌阿寒岳登山口」があり、雌阿寒温泉前に公共駐車場がある。登山口からアカエゾマツの森に入る。森閑としたコースで、地表は根張りで覆われている。林床にはササがなく、苔と針葉樹の幼木に加え、ハクサンシャクナゲ、ゴゼンタチバナ、マイヅルソウなどが生えている。二合目を過ぎると早くもハイマツで、三合目ではイソツジが現れ高山の雰囲気を感じ、大きくえぐられた

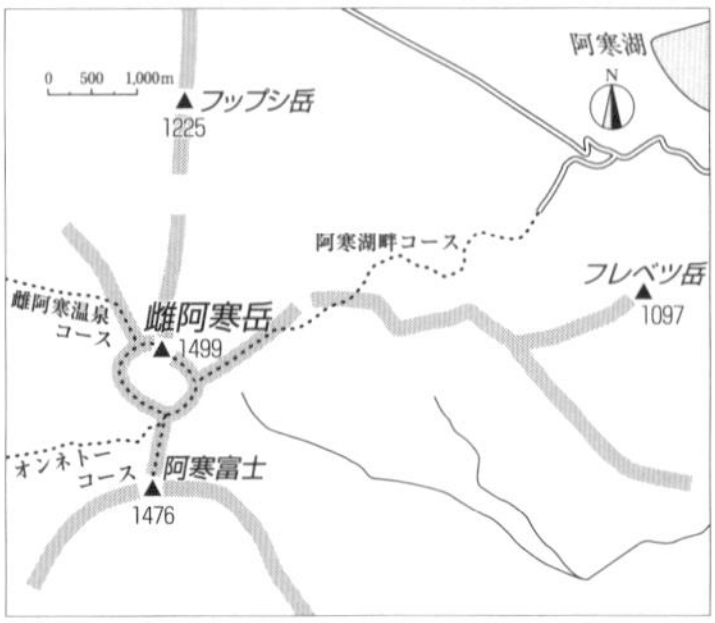

雌阿寒岳（オンネトーから　右は阿寒富士）

沢地形を越えると四合目で、森林限界を超えている。斜面が急になり、左手の岩場の高度を超えると火口壁の上に出る。阿寒富士を背景に立ち昇る噴煙や赤沼、青沼を眺めながら火口壁上を辿り、その一番の高みが山頂である（登山口から約二時間三〇分）。

オンネトー・コース　オンネトー湖畔の林間に国設オンネトー・キャンプ場があり、車道を少し辿ると小さな流れの先に登山口がある。登り始めから急勾配で、土砂が流されて丸太だけが取り残された階段がつづき、やがて平坦な針葉樹林の中の道となる。このコースは雌阿寒岳と阿寒富士のコルから下ってくる涸沢に沿っているので緩急の変化に富んでいる。樹林帯の道は根張りが階段のようにつづいている。沢を越えたり林床の植物を見ながら進むうちに四合目付近でハイマツが現れ、イソツツジやマルバシモツケなどを見ることができ、高山の雰囲気となる。登るほどに裸地が多くなるが、メアカンキンバイやメアカンフスマ、イワブクロなどが静かに咲いている。コースは阿寒富士とのコルを経由しないで、直接雌阿寒岳の火口壁の斜面に向かっている。顕著な沢地形の手前が阿寒富士へ登るコースの分岐で、沢地形を斜めに横切るとやがて火口壁の上に出る。荒々しい火口の光景が見えるが、風向きによっては刺激臭のある噴気で息苦しくなることもある。ポンマチネシリ火口の噴気音を聞きながら火口縁を回り、阿寒湖畔からのコースと合流すれば、山頂はすぐ先である（登山口から約三時間）。

阿寒湖畔コース　阿寒湖畔の国道わきに登山口の標識があり、フレベツ白水林道に入る。約五㎞奥の分岐まで車が入り、ゲートと駐車場、登山届のポストがある。約一㎞奥まで車道を行くと登山道に導かれ、針葉樹の純林を歩くと沢地形に出る。ナナカマドの巨木が密集した小さな林が二合目で、ここからジグザグの登りが始まる。一〇四二ｍの噴気地帯まで来ると正面に鋭い山容の剣ヶ峰が見えてくる。コースは剣ヶ峰の南を巻くように延びている。ハイマツが途切れると中マチネシリの火口縁「馬の背」に出る。最後の急斜面を登ると、オンネトーからのコースと合流し山頂に出る（駐車場から約三時間）。

阿寒富士《あかんふじ》（一四七六ｍ）は雌阿寒岳を母体としているが、コニーデ型の独立した山で端正な姿が美しい。山頂に二つの爆裂火口がある。雌阿寒岳のオンネトー・コースがもっとも近く、このコースの七合目に「阿寒富士」と表示した太い丸太の標識があり、ここから阿寒富士と雌阿寒岳のコルへ向かう踏み跡を辿る。斜面のジグザグの踏み跡を進めば、小さなケルンが積んであるコルに着く。急斜面を登り、上部は火山礫が安定しているが、東斜面は侵食が進んで深い谷が刻まれている（オンネトー登山口から約二時間）。

地図　二・五万図　雌阿寒岳　オンネトー　阿寒湖　（新妻　徹）

＊二〇〇五年七月に知床（斜里町、羅臼町）が世界自然遺産に登録された。知床国立公園や遠音別岳原生自然環境保全地域などの陸域と、海岸線から約三kmの海域である。世界自然遺産として、日本では一九九三年の屋久島、白神山地につづいて三番目となった。

北見山地

敏音知岳　ぴんねしりだけ

標高　七〇三m

枝幸《えさし》郡中頓別《なかとんべつ》町にあって、島状に聳える山で、アイヌ語「ピンネ・シリ」は「雄岳」を意味する。近くに松《まつ》音《ね》知《しり》岳（五三一m）があり、アイヌ語「マツ・ネシリ」（雌岳）と対比できる。

全山が植物に覆われた古い火山で、なだらかな裾野から一気にそそり立つ山頂からは、オホーツク海と日本海に挟まれた宗谷地方の先端部を望見できる。

登路　国道二七五号の道の駅「ピンネシリ」に登山口標識がある。短い坂を登り、牧草地の左端に沿って進み、トドマツ林のカッコー橋を渡ってしばらく行くと「白樺ノ泉」の湧水がある。ここから急登となり、左折するとペンケ山（七一六m）、パンケ山（六三一m）が見えてくる。ジグザグ登りがつづき、駒返しの坂・大松の曲り・水松の曲りなどを経て、軍艦岩で尾根に出る。尾根は比較的細く、右側は山頂から深く侵食された沢地形で、サロベツ原野、ポロヌプリ山（八四一m）、珠文岳（七六一m）も見え始め、祠のある山頂に着く（登り約二時間）。

地図　二・五万図　敏音知　（新妻　徹）

函岳　はこだけ

標高　一一二九m

中川郡美深《びふか》町と音威子府《おといねっぷ》村、枝幸《えさし》郡枝幸町の三町村の境界に位置する北見山地北部の主峰。北に無名の一〇三九m峰と屋根棟山、南に加須美岳が連なる道北の貴重な一〇〇〇m峰。山頂は溶岩の板状節理作用で、畳を積み重ねたように平坦になっている。山名は山頂全体が角ばった形をしていることによる和名だが、アイヌ名「シュポヘルシケ」の訳名といわれる。周辺の原生林にはヒグマ、キタキツネ、クマゲラなどが生息し、静かな自然が残っている。加須美峠から山頂まで車道が付けられ、夏期は通行可能。

山頂には北海道開発局のレーダー雨雪量観測所のドームがあり、また、無人の函岳ヒュッテも建っている。

登路　車道以外に登山道はない。冬は美深町班渓から加須美岳を経由するものや、音威子府村咲来《さっくる》からクトンベツ川、ペンケサックル川沿いのアプローチが面白い。道北部の内陸に位置するので積雪が多く、気温は氷点下四〇度にもなる。風も強く、冬山登山には本格的な装備が必要。

地図　二・五万図　函岳　屋根棟山

（新妻　徹）

ピヤシリ山《やま》

標高　九八七m

名寄市、上川郡下川町、紋別郡雄武《おうむ》町、中川郡美深《びふか》町の行政区界にあって、北見山地北部のなだらかな山である。アイヌ語「ピヤク・シリ」は「山肌が裂けた島状の山」の意味で、山頂付近には巨大な岩が散在している。国土地理院の三角点の名称は、「飛鏃岳《ぴやしりだけ》」。一九六五年、名寄山岳会が九度山（現在のピヤシリスキー場）から冬山コースを設定し標識を付けた。冬はシベリアから吹きつける風雪と厳しい寒気が、モンスターと呼ばれる樹氷群を形成する。一九七〇年に名寄市が観光道路としてピヤシリスキー場から山頂までの道路を造成。しかし環境保全上、山頂の二・二km手前で車の進入を禁止した。山頂直下にログハウス風の避難小屋が建造され、厳冬のサンピラー（太陽柱）観測の適地となっている。

登路　下川町から車で道道六〇号下川雄武線を約一〇kmの雄武町に向かい、サンル一二号線を左折。珊瑠《さんる》鉱業所跡にゲートがある（管理は上川北部森林管理署）。林道を四km進むと分岐があり、左側の林道を行くと登山口の標識がある（登山口から登り約三時間）。

地図　二・五万図　ピヤシリ山

（新妻　徹）

ウェンシリ岳《だけ》

標高　一一四二m

紋別郡西興部《にしおこっぺ》村、滝上《たきのうえ》町、上川郡下川町の三町村の境にあり、北見山地中央部に位置する山。ウェンシリ岳から天塩岳に至る約七〇kmの主稜線は、北見山地の脊梁部を形成している。アイヌ語で「険悪な山」を意味し、鋭く切れた尾根、深い谷、周囲の悪絶な沢、デブリの融けない氷のトンネルなど、谷を遡行して生活するアイヌにとっても悪い山であったのだろう。日高山脈の上級ルートにも劣らない困難な未踏の直登沢・氷のトンネル沢に一九七一年、士別山岳会が完全遡行の記録を残した。

登路　南面・東面への登路は、上川郡愛別町から於鬼頭《おけと》峠・上紋峠を経由すると近い。氷のトンネル方面へは札久留《さっくる》峠を越えてから「氷のトンネル入口」の標識で左折する。

氷のトンネルコース（第一登山コース）　キャンプ場から尾根に取りつき、岩稜帯を越えて山頂へ。氷のトンネルから急登する第二登山コースは通行禁止（登り約三時間）。

中央登山口コース（北尾根コース）　尾根通しで一〇二四m標高点から稜線歩きとなる（登り約四時間）。

下川コース　ポロナイポロ川へ入る林道に施錠されたゲートがある。稜線の一〇八三m峰で中央登山口コースと合流する（登り約三時間）。

地図　二・五万図　上札久留

（新妻　徹）

天塩岳　てしおだけ　標高　一五五八m

士別市朝日町と紋別郡滝上《たきのうえ》町との境に位置し、大雪山北方にある北見山地の最高峰。第三紀の火山岩からなり、亜寒帯性針葉樹の原生林に覆われている。一九七八年、天塩岳道立自然公園に指定された。北海道北部は天塩川によって西側の天塩山地と東側の北見山地に大きく分断されているが、その天塩川の源頭にあって川の名がそのまま山名となった。アイヌ語「テシュ・オ・ペッ」が語源。梁《やな》を仕掛けて魚を獲った川、岩盤が梁のような形をして川を横切っている、という意味がある。登山の記録は一九〇〇年三月に積雪をついて陸地測量部が三角点選点で登り、一九六〇年一月の厳冬期に名寄山岳会が登ってウェンシリ岳まで縦走している。

稜線部にキバナシャクナゲをはじめエゾノリュウキンカ、ミヤマキンバイ、ウラシマツツジ、オオタチツボスミレなどの豊富な高山植物群落がある。

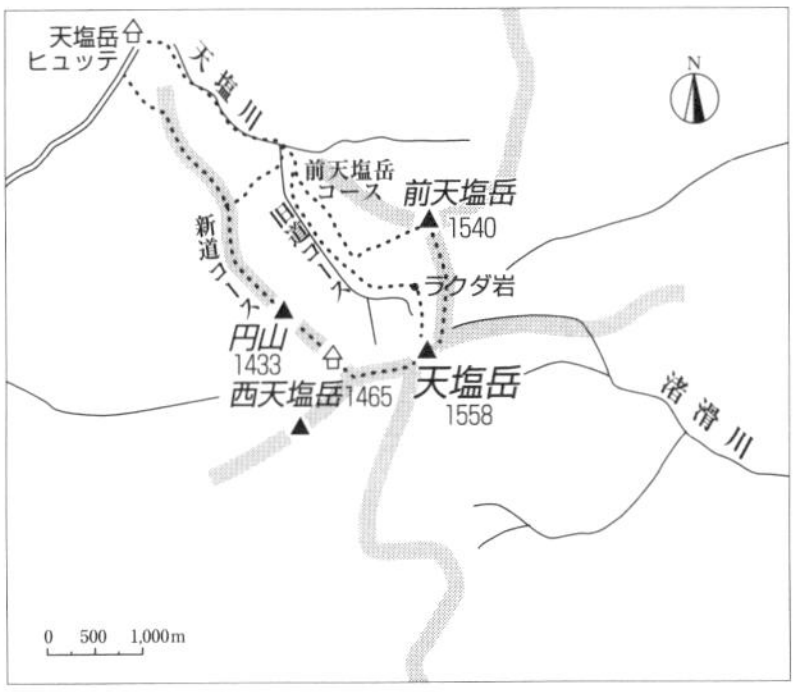

登路　新道、旧道、前天塩、渚滑《しょこつ》川の四コースがあったが、滝上町側の渚滑川コースは廃道化。天塩岳ヒュッテのある士別市朝日町側からのアプローチが一般的である。

新道コース　登山口はヒュッテの手前一㎞の地点にあるが、ヒュッテから旧道をしばらく行って、右の樹林帯の急斜面を登れば新道の途中に出る。円山（一四三三m）からガレ場を下ってコルに着くと、三角屋根の避難小屋・トイレが建っている。西に見える西天塩岳（一四六五m）へは二〇一四年に登山道が付けられた。高山植物の咲く緩い斜面を登って登頂（ヒュッテから約三時間三〇分）。

前天塩岳コース　ヒュッテ横から天塩川に沿った旧道を行き、旧道分岐からジグザグ坂を登ってハイマツ帯を抜けると分岐になる。

直登すれば前天塩岳（一五四〇m）、右に行くと前天塩岳と天塩岳のコルに出る（前天塩岳経由で天塩岳まで、ヒュッテから約四時間）。

旧道（沢）コース　天塩川源流に沿った沢沿いの踏み跡を、前天塩岳コースの分岐からさらに直進する。一一〇〇m二股から左に入り、ラクダ岩を左手に見ながら急なガレ沢をつめると頂上（ヒュッテから約四時間）。

地図　二・五万図　天塩岳　宇江内山

（新妻　徹）

チトカニウシ山《やま》

標高　一四四六m

紋別郡遠軽《えんがる》町白滝地域と上川郡上川町との境界に位置し、深い針葉樹に覆われ、広くて緩い斜面の尾根が四方に延びているが、谷の上部は露岩と草付の壁となって深く急峻に落ち込み、周囲の沢は思いがけない困難さを秘めている。響きのよいアイヌ語の「チ・トカン・イ・ウシ」は、「我ら・射る・いつもする・所」の意味で、狩猟の際、ここで豊凶を占って矢を放ったとか、どの山が一番高いか背くらべをして矢を放ったとか、アイヌの生活圏に深いかかわりを持った山である。安政四年（一八五七）五月、この地を踏査した松浦武四郎の『石狩日誌』にもチトカニウシの山名は出てくる。一九二七年一月、北海道大学の伊藤秀五郎がスキーで登り、『日本地理大系・山岳篇』（一九三〇年刊）に「北見峠の北にそびえる円頂の山で雄大なるスロープを展開」と紹介している。

登路　登路はなく、沢の遡行。留辺志部《るべしべ》川・熊ノ沢川・三角点沢・オシラネップ川は、いずれも上級者向き。冬期は国道三三三号の北見峠から尾根に取りつき、北東につづく尾根を登る（登り約三時間）。

地図　二・五万図　北見峠

（新妻　徹）

北見富士　きたみふじ

標高　一二九一m

北見市留辺蘂《るべしべ》町の国道三九号沿いの石北峠登り口近くに聳えている。『ふるさと富士百名山』では、北海道は一八座紹介されているがその中の一つ。大島亮吉が一九二〇年にトムラウシ山に登って「石狩岳より石狩川に沿うて」の中で、石狩山脈を越えた彼方に孤立して端麗な容姿のユクリヤタナシとして紹介している（『登高行』第三年）。アイヌの猟場で温泉は近く、シカが冬越えする山として知られていた。

中新世（二四〇〇万〜五一〇〇万年前）の日高造山運動により陥没した遠浅の海に緑色の火山灰（グリーンタフ）が噴出凝塊し、その後隆起・風化作用で侵食されたというが、円錐形の富士山型の山である。

登路　登山道はない。夏は無加川支流のケショマップ川林道に入り、中ヌプリケショマップ川沿いの林道から直登。また、富士見からパオマナイ川林道に入り、直登。冬は国道沿いの「きつね村」の左上手の小沢から直登するのが最短距離（いずれも登り約四時間）。

地図　二・五万図　富士見

（新妻　徹）

武利岳　むりいだけ

標高　一八七六m

上川郡上川町と紋別郡遠軽町丸瀬布地域との境に位置する、石狩川北側の北大雪山群の雄峰。武利川の源頭にあり、アイヌ語の「ムリ・リ」は、高い所にハマオオヒルやテンキソウが咲いている山という意味。石狩と北見の分水嶺を形成する山塊で、豪壮な山容を見せ、稜線上には岩峰があって変化に富んでいる。四㎞を隔てた武華《むか》山との間には踏み跡がある。大函から延びるニセイチャロマップ川沿いの林道から登れた時期もあった。

登路　丸瀬布コースは丸瀬布と国道三九号の厚和を結ぶ道と、武利川沿いに上流に延びる道との分岐に「武利岳登山口」の標識がある。武利川沿いの道から下ノ沢沿いの林道に入り、標高九一〇mの駐車場から登る。武利岳東尾根を辿り、一五三九mピークを越えて急斜面を登り、北大雪の主稜線との合流点(九合目)から左へ行くと山頂である(登り約三時間三〇分)。

地図　二・五万図　武利岳

(新妻　徹)

武華山　むかやま　　標高　一七五九m

上川郡上川町と北見市留辺蘂《るべしべ》町との境にあるイトムカ川源流の山で、山名はアイヌ語「イト・ムカ」の略。イトは脂肪あるいは水銀、ムカは滲み出るの意味。無加川源流域にあり、ムカは「ふさがる川」、または水源が温泉で「川が凍らずに流れる」という意味との説もある。石狩と北見を結ぶ石北峠から北に延びる国境稜線上の山で、南麓に水銀と辰砂を産するイトムカ鉱山があった。

登路　国道三九号、石北峠の北見側に「武華山登山口」の標識があり、イトムカ川に沿った林道に入る。終点が登山口で、コースはイトムカ川を挟んで右回り(東尾根)と、左回り(ライオン岩経由)の二コースがある。

東尾根コース　イトムカ川を左に見ながら作業道跡の歩道を行き、本流の上の分岐から一五七四mの尾根上に出て、一七四七mで左折する。

ライオン岩コース　東尾根コースの分岐から左折し、ライオン岩のある稜線に出て一六四〇mコルに下り、岩の露出したハイマツの稜線を辿る(二コースとも登り約三時間)。

地図　二・五万図　武利岳

(新妻　徹)

ニセイカウシュッペ山《やま》　　標高　一八八三m

上川郡上川町に位置し、一九三四年に指定された大雪山国立公園に含まれる。山名はアイヌ語の「ニセイ・カ・ウシ・ペ」(絶壁・上に・いる・者)から「絶壁の上にある山」を意味する。表大雪と石狩川を挟んで相対して聳えており、層雲峡から延び上がる稜線上には大槍、小槍の鋭い岩峰が立ち並ぶ。正面の黒岳をはじめとする表大雪の展望台的存在である。

一八八四年に北海道庁の測量調査で福士成豊が登り、一九一六年四月、陸地測量部は双雲別の無名沢を遡行。大槍を迂回してチクルベツ沢にいったん下り、滝のある急な沢をつたって山頂に達した。『点の記』によると名称を「嚙首邉《カムシユベ》」と漢字を当てている。登山の記録としては一九二六年五月に北海道大学山岳部の須藤宣之助らが

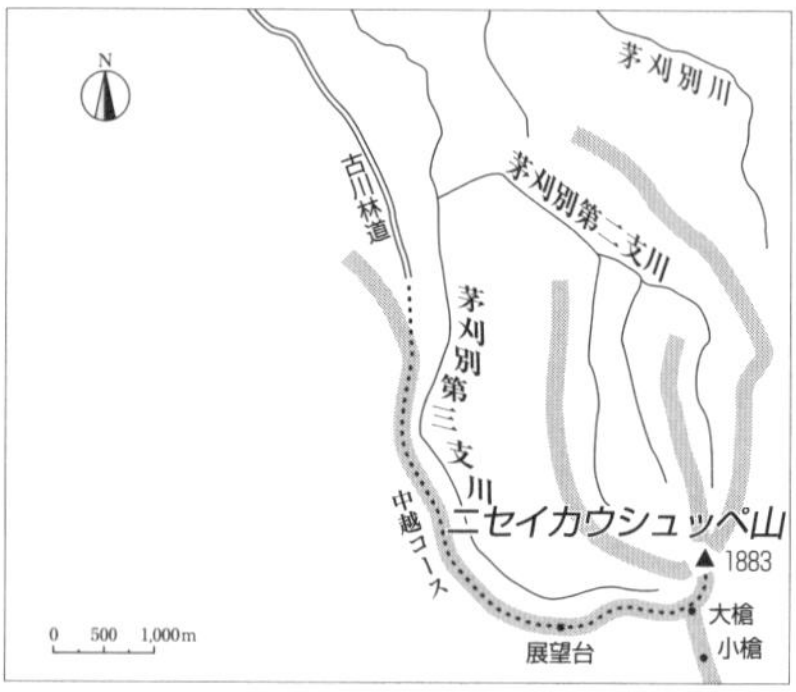

層雲別から登って北見峠に抜けている。

登路　中越コース　一九九九年、上川中部森林管理署上川森林事務所によって、国道二七三号中越から茅刈別林道、古川砂金沢林道、古川林道を経由する車道が開放された。中越から登山口までの林道は一三・四km。登山口の標高は一一三七mで、山頂までの水平距離は約五・五km。歩き始めると、高山植物も豊富で静かな登りがつづく。標高一五三三mの展望台から約一時間で大槍、さらに約三〇分で山頂に着く（登り約三時間）。

広く平坦なニセイカウシュッペ山の山頂から平山方面にかすかな踏み跡が見えるが、途中はブッシュがひどい。

地図　二・五万図　万景壁

（新妻　徹）

平山　ひらやま　標高　一七七一m

紋別郡遠軽町白滝と上川郡上川町との境に位置し、山頂一帯は広く平坦であるが、アイヌ語の「ピラ」は「断崖のある」という意味。一九五八年夏、北海道大学教授の舘脇操が平山で一二七種の高山植物を確認した。登路はなかったが、一九五四年の台風一五号（洞爺《とうや》丸《まる》台風）による風倒木処理のため、支湧別川沿いに付けた林道が、登山コースとして利用されている。

登路　標高一〇一〇mの登山口から川沿いのコースを進む。約三〇分で行雲ノ滝と出合う。さらに標高一二七〇m地点には冷涼ノ滝があり、その後もいくつかの滝が現れ、水量が少なくなると第一雪渓が出てくる。ここで樹林帯を抜けて高山帯となり、雪田状の第二雪渓の右を回り込むようにつづく道を辿った後は岩が多くなり、一七三七mの稜線上の分岐に出る（登山口から分岐まで約二時間。さらに山頂までは高山植物を見ながら約二〇分）。山頂から北に二kmほど平坦な尾根を辿ると比麻良山《ひまらやま》（一七九六m）がある。

地図　二・五万図　平山

（新妻　徹）

屏風岳　びょうぶだけ　標高　一七九三m

上川郡上川町の層雲峡の奥、大函の北東に屏風のように屹立している山。広大な大雪山国立公園の北辺はニセイカウシュッペ山から平山、丸山（一六一八m）、そして武利岳へとつづいているが、屏風岳は主稜線より南西へ離れており、にぎやかな表大雪とは石狩川を挟んで対峙している。層雲峡の大規模な柱状節理の景観は有名だが、同様に屏風岳南面の絶壁も圧巻である。

登路　登山道はない。層雲峡から新大函トンネルを抜けて左折し、ニセイチャロマップ川沿いの林道に入る。この川の上流域では六本の急流が屏風岳の南面を侵食している。無名の枝沢も数本あり、夕焼時の屏風岳南面は尾根の影で立体的に見えてダイナミックである。
屏風岳南面を中心とした直登は、高度な登攀技術を要求される。ルート選定とメンバー、天候により所要時間は異なるが、大雪山系の静かなエリアである。

（新妻　徹）

地図　二・五万図　大函

大雪山　だいせつざん

標高（旭岳）　二二九一m
別称　ヌタクカムウシュペ山

北海道の中央部を占める山群つまり大雪山連峰、十勝岳連峰、トムラウシ山塊、東大雪山群を総称して「中央高地」と呼んでいる。大雪山は一つの山を指す固有名詞ではなく、その北側を形成する連峰の総称で、道内の最高峰・旭岳を中心に、二〇〇〇m級の山々が集まって複雑な地形を有する火山群である。総面積三万一一〇〇haのこの山岳公園は、森林の資源が豊富なことでもわが国第一で、その森林帯はアメリカのイエローストーンと並び称せられる見事な原生林地帯でもある。

また、高原や火口、湖沼などが散在しているが、なかでも植物相はわが国の山岳にあっても類例のない豊富さと美しさを持っているのは高緯度にあるからで、本州の三〇〇〇m級の山岳に比肩する高山植物帯は見事の一言に尽きる。行政区上では、上川郡上川町、美瑛《びえい》町、東川町の三町にまたがる。

この山の歴史は古い。山域は、文化年間から安政年間（一八〇四～一八六〇）にかけて、間宮林蔵、松浦武四郎、松田市太郎ら、いわゆる北方の探検家によって輪郭が浮かび上がってきている。すでに一世紀半の歳月を経ていることを思えば、いかに北海道の歴史とともに歩み親しまれ開発されてきた山域であるかが分かる。

大雪山という名称が初めて世に出たのは、一八九九年博文館発行、松原岩五郎著『日本名勝地誌』の北海道之部で、「大雪山、元名ヌタカウシュペ」とある。「ヌタカウシュペ」とは古いアイヌ語で、「頬肉のようについている山」とあるが、「川の廻流する所にある山」というアイヌ人もいたという。かつて石狩岳とか旭岳と呼ばれていた大雪山をこの連峰の総称とし、旭岳を一峰として定着させたのは、庁立上川中学校教諭・小泉秀雄が一九一八年に発表した『北

大雪山（姿見の池から旭岳）

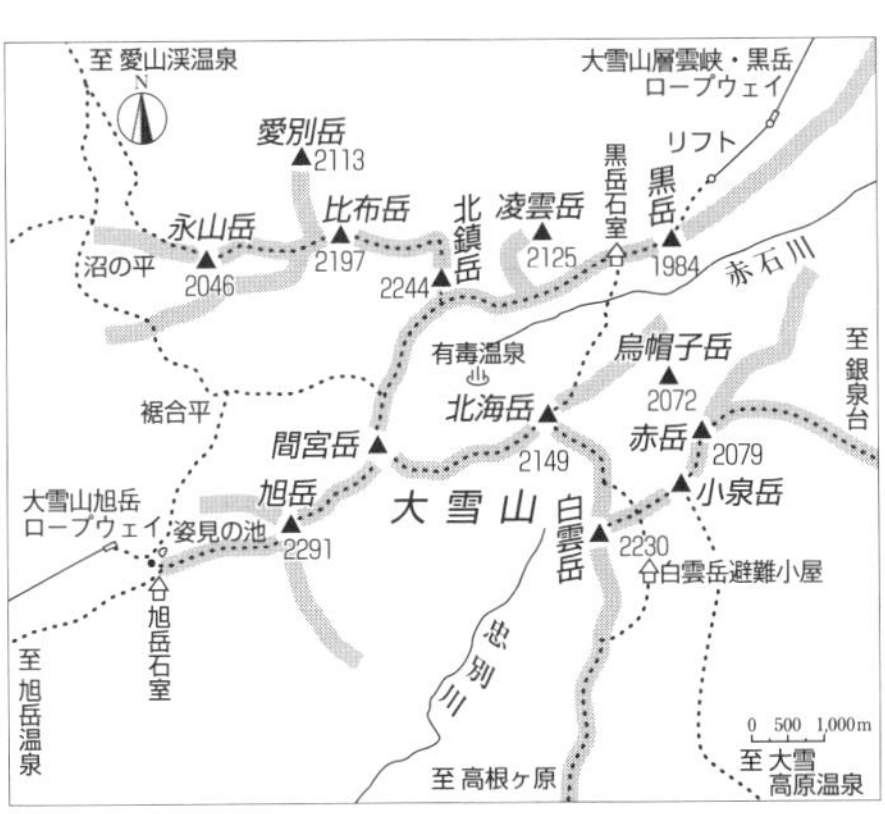

海道中央高地の地学的研究』という論文の中であった。

この山麓一帯に温泉が湧出していることは古くから知られるところであり、その発見は天人峡温泉は一八九七年、層雲峡温泉は一九〇〇年、愛山渓温泉は一九〇二年、勇駒別《ゆこまんべつ》温泉（現旭岳温泉）は一九一四年と、それぞれ現在の温泉郷の端緒となっている。大雪高原温泉については、大正年間に温泉の明示があったが、開発されたのは昭和三〇年代に入ってからである。これらの温泉の隆盛とともに大雪山は大きく開発された。

登路　大雪山の表玄関口といわれている所が層雲峡温泉である。黒岳（一九八四m）へはロープウエー、リフトを乗りついで七合目登山口から徒歩で約一時間。

旭岳温泉（旧勇駒別温泉）は、大雪山の最高峰・旭岳への入り口として厳然と構えている登山基地である。ここも層雲峡を遥かに凌ぐスキーの適地として早くからスキーヤーを集めていた。中腹にある姿見の池までロープウエーが架設されるに及んで、層雲峡と二分する大雪山の玄関口として大きくクローズアップされた。

旭岳へは南西稜を忠実に辿る。頂上から真東に降りると御鉢平の南西端の間宮岳（二一八五m）に達する。この道は旭岳の裏斜面を降りることになり、振り返りつつ見る旭岳の大きさに改めて驚嘆する。間宮岳から左側の縦走路を行けば雲の平を越えて黒岳へ、右側の道をとれば、北海岳（二一四九m）を分岐として黒岳へのコースと、白雲岳（二二三〇m）から南下する縦走コースとに分かれる。

天人峡温泉は一時旭岳に登る登山基地であったが、勇駒別（旭岳）温泉の出現で、現在ではトムラウシ山塊への西側からの登山基地となっている。どこを目標にするにせよ途中一泊の幕営は必要となる。

愛山渓温泉からのコースは、旭岳や黒岳から御鉢平に達するのとは、やや趣を異にする雰囲気がある。大雪山の北側に連座する永山岳（二〇四六m）、安足間《あんたろま》岳（二一九四m）、比布岳（二一九七m）、鋸岳（二一四二m）を経て北海道第二の高峰の北鎮岳（二二四四m）へ達するコースとなる。

大雪高原温泉からは、大小様々な沼を巡って三笠新道から高根ヶ原という広大な礫地の平坦地へ出てトムラウシ山を目ざすか、あるいは北上して黒岳や旭岳を目ざすか、いずれもその目的によって大きく存在価値の問われる基地となる。常にヒグマの出没が話題になる。

地図　二・五万図　層雲峡　旭岳　白雲岳　愛山渓温泉

（滝本幸夫）

愛別岳　あいべつだけ　　標高　二一一三m

上川郡上川町に位置し、大雪山の北側に険しい山容で孤高を誇り、大雪の槍といわれている。アイヌ語で「矢の川」。急流という意味か、矢のように早く流れるという意味か定かではないが、川岸には矢の材料になるサビタの木が多く茂っている。

この鋭峻な愛別岳に初のシュプールを刻んだのは、北海道大学の佐々保雄と西田彰一であった。一九三二年一二月、二人は愛山渓温泉（当時は直井温泉といった）に長く滞在し、一帯の諸岳を登り、最後に、当時まだ未踏峰であった愛別岳の山頂を陥れた。

登路　この山には愛山渓温泉から入る。北鎮岳へのルートを辿り、比布《ぴっぷ》岳の手前から北に派生した尾根を下って、本峰の痩せ尾根へ取りつく。砂礫で滑りやすいし、登路がしっかりしていない（愛山渓温泉から約五時間三〇分）。

地図　二・五万図　愛山渓温泉

（滝本幸夫）

黒岳　くろだけ　標高　一九八四m

上川郡上川町に位置する。大雪山の表玄関口の層雲峡温泉、その眼前に聳えている山が黒岳である。層雲峡の名付け親の大町桂月も一九二一年にここから大雪山へ入った。「富士山に登って山岳の高さを語れ。大雪山に登って山岳の大きさを語れ」と称えた。一九二三年に旭岳までの登山道が開削され、黒岳を少し下った所に石室が建てられた。大雪山は黒岳を中心に開けていったのである。

登路　直接黒岳を目ざすルートは、層雲峡からのルートしかない。ロープウエーとリフトを乗りついで七合目まで達する。一五二〇m地点である。ここから一・七kmを登り、約一時間で頂上へ着く。層雲峡からの登山道を登る人はほとんどいないと思われる。黒岳から北東に張り出した尾根に取りつき、一三〇〇mの標高差をジグザグに登りつづける。四～五時間のきついアルバイトである。

地図　二・五万図　層雲峡

（滝本幸夫）

北鎮岳　ほくちんだけ　標高　二二四四m

上川郡上川町と東川町にまたがる。本岳のことを大雪山の盟主といったのは大町桂月であった。北海道第二の高峰で、その大きさと姿のよさには圧倒される。大きな緩斜面を持つ東面に付くハクチョウやチドリの雪渓は盛夏まで雪が残り、縦走の折に心を和ませる。奥深い山である。

北鎮岳に登るための基地は愛山渓温泉である。黒岳から旭岳へ抜ける途次か、またその逆に経由する時かになる。

登路　愛山渓温泉からイズミノ沢沿いのコースを、滝の美しさや沼の平の湿原の景観を楽しみながら、やがて尾根道へと入っていく。永山岳に達すると景観が一変する。その北東面に切れ込んだ爆裂火口があるからで、大覗《おおのぞき》谷と呼ばれている。比布岳、鋸岳を経て本峰へ達する（約五時間強。黒岳～旭岳縦走路上の北鎮分岐からは三〇分）。

地図　二・五万図　層雲峡　愛山渓温泉

（滝本幸夫）

旭岳　あさひだけ　標高　二二九一m

別称　チマクヘツ岳

上川郡東川町に属する、北海道の最高峰である。戦前は松山温泉（現天人峡温泉）から時間をかけて登られたが、現在は旭岳温泉（旧勇駒別温泉）から、ロープウエーで労せずして標高一六〇〇mの姿見駅へ。ここは旭岳の西で、馬蹄形の爆裂火口が広がるその末端に姿見の池がある。周遊路があり、咲き誇る高山植物や小池などを散策しながら高山の魅力を労せずして楽しむことができる。

旭岳は森林限界を超えた山々の中では、起伏がもっとも大きく、それだけに主峰としての十分な貫禄を備えている。姿見の池までは歩くことなく、またそこから頂上までも観光登山の領域ではあるが、姿見の池から仰ぎ見る旭岳は、どっしりと大雪の前衛として立ちはだかっている。

登路　頂上へはその姿見の池から爆裂火口を左に見ながら火山礫の道を登りつめる。一時間三〇分程で北海道の最高峰へ到達することができる。

地図　二・五万図　旭岳

（滝本幸夫）

赤岳　あかだけ　標高　二〇七九m

上川郡上川町にあり、大雪山の東部に位置する赤岳は、一九五〇年代までは登りたくても容易に登ることのできない山であった。一九五四年に北海道を襲った台風一五号（洞爺丸台風）は、北海道各地に甚大な被害をもたらし、とくに各地の原生林の被害は大きいものとなった。その風倒木処理のために、山の奥深くまで森林軌道が入り、北の山は一気に様変わりしたのである。その典型を赤岳に見ることができる。

登路　大雪赤岳観光道路が施設され、標高一五〇〇mの銀泉台までバスが運行したので赤岳が脚光を浴びることとなる。高山植物の豊富な魅力溢れる登山道が出現した。第一花園、第二花園とつづき、最後にコマクサの大群落が広がる「コマクサ平」との出合いである。やがて平坦地へ出て、登山者は赤岳の頂上を目ざす。頂上は台地に巨岩を積み重ねたように立っている（銀泉台から約二時間五〇分）。

地図　二・五万図　層雲峡　白雲岳

（滝本幸夫）

白雲岳　はくうんだけ　標高　二二三〇m

上川郡上川町と美瑛《びえい》町の両町を頂上に持つ白雲岳は、大雪山連峰にあって極めて存在価値のある特異な山である。一つには南から（あるいは北からでも）縦走をしてくる途次の最大の目標物となり、前進基地となる、無人の白雲岳避難小屋がある。盟主旭岳の真東に座し、大雪の関所のような役目を果たしている。縦走の際には大方の登山者が本峰上に足跡を残す。

登路　単独では銀泉台から赤岳を経て達するのが一番の近道である。赤岳から小泉岳を通っていくが、いずれも平坦地の砂礫地帯である。小泉岳を越えるとまもなく白雲分岐に出る。左は高根ヶ原からトムラウシ山へ、また白雲岳避難小屋へもここを下る。右へ行けば北海岳を分岐として黒岳、旭岳へと通ずる。正面には白雲岳の巨体が現れる。ピークは主山稜から外れているが、白雲分岐から西の岩稜を三〇分も登れば頂上に着く。その展望は極めつけである（銀泉台から約四時間二〇分）。

地図　二・五万図　白雲岳　層雲峡

（滝本幸夫）

忠別岳　ちゅうべつだけ　標高　一九六三m

上川郡上川町と美瑛《びえい》町にまたがる。この山だけを目ざす登山者は皆無といってよい。山に魅力がないというのではなく、立地条件がすべてである。この山は大雪山の最南端に位置する。あるいはトムラウシ山群に包括されている山といってよいのかもしれない。

登路　トムラウシ山から大雪山へ、また東大雪から大雪山へ、さらに天人峡温泉から大雪山へ（およびそれぞれの逆のコース）と、縦走の途次にのみ経由していく。忠別岳は西側一帯（南北一㎞程度）が忠別川の源頭まで岩壁帯（落差一〇〇m程）となって切れ落ちている。五色岳や平ヶ岳など尾根通し上にある山々が、平坦地上のピークであるのに対し、忠別岳は極めて特徴のある山体を有している山である。北に忠別沼、南に忠別岳避難小屋があるなど、北海道の最奥の山として記憶に留めておいてよい山である。なお、石狩川支流のシビナイ川上流から東尾根を登る小径もある。

地図　二・五万図　白雲岳　五色ヶ原

（滝本幸夫）

トムラウシ山《やま》

標高　二一四一m

行政区上では上川郡美瑛《びえい》町と新得町の境界線上にある。地勢から見ると大雪山と十勝岳連峰との中間にある独立した大きな山である。北海道の地図に糸を垂れて、均衡をとりながら持ち上げると、ちょうどその中央に当たる所がトムラウシだといわれている。

かつて忠別火山群の溶岩帯であったトムラウシは、小さな火山が局部的に集まって溶岩の固まりによる円頂岳群ができ上がった。それがトムラウシ山塊の始まりだといわれている。いくつかの大きな台地状の重なりの上に、北沼をはじめとする湖沼や円頂丘があり、その東側に累々とした安山岩を積み上げた円頂丘が頂上である。南側に火山を残しているが、火口稜は滑らかではなく、何峰かの突起となって特異なトムラウシの山体を造り上げている。城塞のような風格があり、見る角度によりその姿を変えるが、どこから見ても堂々とした姿である。

トムラウシとは、アイヌ語で「ぬらぬらした・水垢の多い」川の意。上流に温泉があり、水垢が多いことによるようである。

トムラウシへ至るコースは、かつては天人峡温泉からであった。大雪山の最奥のトムラウシへはもっとも短時間のコースで、化雲平で一泊し、余裕を持ってこの山旅を楽しむことができる。人気のあるクワウンナイ川コースも天人峡温泉が出発点となる。

一九二〇年の夏に、大島亮吉もこのクワウンナイに入り、「滝ノ瀬一三丁」の景観を「この明媚な秀麗な…まるで南宗画にあるようなこの景図」と驚嘆している。

トムラウシがいまのように多くの登山者を容易に受け入れるようになったのは、新得町側からの開発がなされたためである。一九五〇年代後半から、トムラウシの直下まで深く入り込んでいるコースに登山者が集まり出し、六〇年代に入り新得町で道路を開削し、麓にトムラウシ温泉を開設した。さらに一九六三年の夏には、早稲田大学探検部がトムラウシ川上流に入って、あらゆる沢筋に足跡を残し記録を世に送った。翌年には、国の文化財保護委員らによる大雪山特別調査班がこの一帯を探索し、「自然の宝庫」であるという折り紙を付けた。

現在は新得町側がトムラウシ登山への基地となっている。

登路　天人峡温泉から滝見台という展望台へ達すると、渓谷対岸

トムラウシ山(沼ノ原から)

の羽衣の滝の全貌を見ることができる。緩やかな高原状の尾根を登っていくと、針葉樹帯が消えダケカンバの林に入り、高山植物が現れてくる辺りを第一公園といっている。公園から大きく張り出した主山稜を登ると小化雲岳(一九二五m)、さらに歩を進めると特徴のある化雲岳(一九五五m)に着く。ここから見るトムラウシは実に姿がよく、後はひたすら南下するだけである。周辺にはヒサゴ沼などの大きな沼から小さな湖沼が散在している。歩き始めて頂上まで八時間から九時間の里程である。

　新得町側からは、トムラウシへの直登コースがある。大方の登山者は、この登山道を目ざすようだ。トムラウシ温泉からユウトムラウシ第二支線林道を行くと、広い駐車場のある登山口に出る。ここからカムイ天上、コマドリ沢、前トム平、トムラウシ公園、南沼キャンプ指定地を経てトムラウシへ至る。往復九時間から一〇時間、日帰りも可能である。そのほか、天人峡、新得口のほかに、美瑛町から扇沼山を経るコース、大雪から忠別岳を経て来るコース、石狩岳からのコースと多岐にわたる。

　なお、二〇〇九年盛夏に旭岳からトムラウシ山を目ざしたガイドツアーが、風雨の強まるトムラウシ山域で低体温症による大量の遭難者を出して大きな話題になった。

地図　二・五万図　トムラウシ山　五色ヶ原　オプタテシケ山　トムラウシ川

（滝本幸夫）

オプタテシケ山《やま》

標高　二〇一三m

上川郡新得町と美瑛《びえい》町を境界として、北東から南西に走る十勝岳連峰の最北東端の山。

　アイヌ語で「槍がそり返っている」山といわれている。西尾根と東尾根に押し上げられたオプタテシケは、その間に見事な岩稜を造り出している。中央稜、北西稜が西側に程よく落ち、その全体をオプタテシケの西壁といっている。美瑛町から望めば、西壁の凄さがよく分かる。冬はさらに迫力を増す。いまは、それらの稜線を含めて単独でオプタテシケを目ざす登山者が多くなったが、この山の歴史は、すべて縦走の途次に登られたものだった。一九二六年五月、北海道大学スキー部が、十勝岳からトムラウシへの大縦走を試みた時が最初で、その後は、十勝岳から表大雪へ、また東大雪の方からと、この山だけを目ざしたものはなかった。

登路　いまは美瑛富士の避難小屋をベースに入山。白金温泉先の山道入り口から避難小屋まで約三時間、そこから頂上へ約三時間。最近は望岳台からオプタテシケ山に日帰りをする登山者もいる。

地図　二・五万図　オプタテシケ山　白金温泉

（滝本幸夫）

美瑛岳　びえいだけ

標高　二〇五二m

上川郡美瑛町と新得町にまたがる美瑛岳は、標高が二〇〇〇mを超えているのだから、北海道にあって貴重な山である。十勝岳を南西に見て、オプタテシケ山との中間にピークを持ち、大きくどっしりと聳えている。二km程北側にある美瑛富士（一八八八m）と一対の様相があり、まったくの独立峰とは言い難い面もある。

登路　十勝岳連峰への一般的な登山基地である望岳台から入る。雲ノ平という十勝岳の山裾に広がるお花畑を通過し、やがて道はポンピ渓谷へ吸い込まれるように進む。ポンピ渓谷を渡り切って急勾配の尾根を一km程登り切ると、美瑛富士の分岐へ出る。西側一帯がすっぱりとポンピ渓谷へ切れ落ち、頂上間近の火口壁からは目のくらむような垂壁となっている。美瑛岳の魅力は、連峰上にあって、オプタテシケ山の西壁、上ホロカメットク山の火口壁と並べて遜色のない、鋭く多彩な地形にある（望岳台から約四時間二〇分）。

地図　二・五万図　白金温泉

（滝本幸夫）

十勝岳　とかちだけ

標高　二〇七七m

十勝岳は上川郡新得町と美瑛《びえい》町、空知郡上富良野町の三町にまたがり、大雪山国立公園の南西部に位置する十勝岳連峰の主峰である。北海道の中央部に位置し、北の大河の分水嶺になっている。すなわち東斜面より十勝川の源流となり太平洋へと注ぎ、一方、西斜面からは石狩川の支流の美瑛川、空知川の支流の富良野川の源流となって日本海へ注ぐ。

十勝岳はコニーデ型の活火山である。噴煙がひときわ高いのが一九六二年火口で、真ん中に大正火口（一九二六年爆発）、その左に昭和火口（一九五二年爆発）で、活動は非常に激しいものがある。

なかでも一九二六年の爆発は壮烈を極め、噴き出した泥流は、熱と泥の山津波となって山麓の上富良野町を襲った。望岳台の泥流スロープはその名残である。また一九六二年の大爆発は、北海道東部一帯に火山灰を降らせ、噴煙は一万三〇〇〇mの高さに及び、熱気により雷光を呼ぶなどした。

十勝岳は非常に古くから山頂を極められた山で、安政年間（一八五四～一八六〇年）に松浦武四郎や松田市太郎（石狩川の水源探険に尽くした石狩詰の足軽）によって登られたという記録がある。当時はまだ焼山という名称しかなかった。箱館奉行の堀織部正が、石狩川の上流から北見に至る本道を開削せんとの意見を幕府に具申したのが安政二年（一八五五）。これが発起となって石狩川水源調査が松

十勝岳（上ホロカメットク山から）

田市太郎に下命された。安政四年（一八五七）、五十数日間（三月から四月）に及んで難儀を重ねながら上川大山塊の大部分を踏破した。特筆すべき探査であり、蝦夷地探検家の松浦武四郎の業績にも匹敵しようかというアドベンチャーであった。この時、ベベツ岳（いまのトムラウシか）から美瑛川に出て焼山に登っている。

　十勝岳はスキーの適地としても有名である。十勝岳への初見参をスキーでする人も多い。雪質のすばらしさは、一九三〇年に十勝岳へ入ったオーストリア、ザンクトアントン・スキー学校長ハンネス・シュナイダーが折紙を付け、絶讃を惜しまなかったし、それはまた、雄大な山岳とマッチして国際的にも名声を馳せた。

　アイヌ語で十勝とは、「トカプチ」あるいは「トカプ」などの言葉が変化していったものと考えられ、「乾いた」とか「焼けた」あるいは「突き出た」などの意味がある。

登路　十勝岳への登山基地は白金温泉となる。美瑛川の上流にある温泉で、十勝岳の北側の山麓に当たる。一九四九年に自噴している温泉が認められ、十勝岳への登山基地とし最適の場所であるところから、美瑛町が開発に着手、白金温泉が誕生した。美瑛町から一八kmに及ぶ道は白樺街道と呼ばれ、見事な北国の雰囲気を醸し出している。一九五四年の台風一五号（洞爺丸台風）の影響を受けなかった所でもある。

　白金温泉から九三〇mの望岳台まで車道がある。登山者や湯治の客たちは、労せずしてこの泥流地にできた大展望台まで来ることができるのである。望岳台から泥流の道を登っていく。避難小屋のすぐ上から左の沢を渡り、急な火山礫の尾根に取りつき、グラウンド火口、スリバチ火口の間のなだらかな尾根に進み、頂上を目ざすのが一般的なルートとなる（望岳台から約四時間）。ただ岩も木もない山登りとなるので、霧の出ている日は注意を要する。頂上は連峰上の主峰にしては岩がごろごろとある、こぢんまりとしたピークである。

　そのほかに吹上温泉コースがある。標高一〇〇〇mの高地にある吹上温泉の歴史は、白金温泉を遙かに凌ぐものがあり、かつては夏冬通して十勝岳の登山基地となった所だ（三段山から上部は通行止め）。

　このほかに十勝川源流からのコースもあるが、一般的なルートとはいえない。

　なお、本峰は活火山で現在も活動中であるため、常時観測対象火山として、二四時間の監視がつづけられており、入山には注意が必要である。

地図　二・五万図　十勝岳　白金温泉　チカベツ山　（滝本幸夫）

上《かみ》ホロカメットク山《やま》　標高　一九二〇m

十勝岳連峰の十勝岳と富良野岳との中間に位置する岩山。山頂は上川郡新得町、空知郡南富良野町と上富良野町で共有している。上ホロカメットクの名は、アイヌ語で「逆流の奥にある山」の意味で、旧噴火口（安政火口）の上にピークをとどめ、その山容は決しておだやかなものではない。赤茶けた火口壁を登山口に向け、そのすり鉢状の火口の中に、八ツ手岩や化物岩といった奇岩が顔を覗かせている世界である。

もう一方の顔は冬山としての魅力であろう。火口壁を冬山訓練の場として挑むクライマーも多い。北海道大学山岳部が、昭和の初めから本峰周辺を冬山合宿の場として用いていたのは有名である。

登路　十勝岳温泉から三段山への分岐を過ぎ、化物岩の山腹を行くと、やがて一本は富良野岳への道、もう一本が本峰へ至る分岐に出る（登り約二時間二〇分）。

地図　二・五万図　十勝岳　（滝本幸夫）

富良野岳　ふらのだけ　標高　一九一二m

富良野市と空知郡上富良野町にまたがる富良野岳は、十勝岳連峰の南西端の最後の要となって、堂々と座している。北東のオプタテシケ山までの十数kmにわたる連峰の魅力は、この二つの岩頭をおいてほかにないであろう。

登山口は十勝岳温泉で、標高一二七〇mの高地にある温泉としても有名である。この温泉は一九五九年、会田久左衛門によって発見された。

登路　登り始めは安政火口へ向かって歩き、やがて上ホロカメットク山からの主山稜の山腹に取りつきコルを目ざす。一七〇〇mのコルに出てしまえば、富良野岳は指呼の間である（登山口から約三時間三〇分）。一方、富良野市から布部《ぬのべ》川に沿い、上流の「原始ヶ原」の湿原を楽しみつつ本峰へ達するコースもある。登山口まで車を乗り入れることもできる（登山口から約四時間三〇分）。

地図　二・五万図　十勝岳　本幸　（滝本幸夫）

下《しも》ホロカメットク山《やま》　標高　一六六八m

上川郡新得町と空知郡南富良野町との境界上にある。十勝岳連峰上の上ホロカメットク山や富良野岳の南東側に位置し、円錐形をした姿の美しい山である。十勝川源流の山深い所にあるため、一般登山者をほとんど受け入れていない山である。頂稜部はハイマツとブッシュに覆われているため、夏期に登ることは容易ではなく、顕著な沢もないので、無雪期に踏破することはきわめて困難な山である。

登路　近年、連峰の東山麓に沿ってシイ十勝林道が造られ、下ホロカメットク山は身近なものとなった。ただ、その年の造林事業のスケジュールによっては除雪状況に変化があるので注意が必要である。状況が許せば、奥十勝橋の奥まで車を乗り入れることができる。そこにキャンプして本峰のなだらかな東尾根を忠実に登る。標高差七〇〇m。キャンプ地から一泊二日。

（滝本幸夫）

地図　二・五万図　十勝岳

西《にし》クマネシリ岳《だけ》

標高　一六三五m

クマネシリ山塊は大雪火山群の南東、足寄《あしよろ》郡足寄町と河東郡上士幌町の境界線上に位置する複雑な地形を持った山塊である。西クマネシリ岳を中心に、北にピリベツ岳（一六〇二m）、東にクマネシリ岳（一五八六m）、南に南クマネシリ岳（一五六〇m）の四峰からなる。また常呂《ところ》郡置戸町から望むと、まるで異質のクマネシリ山塊の姿を見ることができる。十勝三股からは見ることのできなかったクマネシリ岳が、頂上から蜒々《えんえん》と稜を落としていて魅力的である。

登路　一般的な登路は十勝三股からで、短時間で西クマネシリ岳へ登ることができる。一九六六年までは道がなかったが、翌年、帯広の山の会の手によって登山道が整備された。シンノスケシュベツ林道から西尾根を登って頂上に達する（土場から約二時間）。

（滝本幸夫）

地図　二・五万図　十勝三股　クマネシリ岳

音更山　おとふけやま

標高　一九三二m

河東郡上士幌町と上川郡上川町の境界線上に位置する音更山は、東大雪山群のうち、石狩連峰の中央に座す大きくて立派な山である。アイヌ語で「オトプ」は頭の髪、「ケ」は部分で、大雪山を人間の頭にたとえたもので、十勝の方から眺めて名付けたものだという。十勝三股方面から音更山を経て石狩岳への登山道を開削したのは、大石実に率いられた十勝農業高等学校山岳部であった。ブヨ（ブユ）に襲われて難儀の末の開削だったと聞く。音更山への途中に、ブヨ沢、ブヨ沼などがある。この辺りはキャンプサイトとなっている。この山もまた一九五四年の台風一五号（洞爺丸台風）にさらされたが、頂上から見渡せば、まだ樹海は健在である。

登路　十勝三股から入る。音更川沿いに林道が岩間温泉（無人設備）まで入っている。その途中に登山口があり、そこから一五七六mのピークを目ざすが、現在は十石峠という名が付いている（登山口から頂上まで約四時間）。

（滝本幸夫）

地図　二・五万図　石狩岳　十勝三股　大雪湖

石狩岳　いしかりだけ

標高　一九六七m

上川郡上川町と河東郡上士幌町の境界線上にある。石狩川の源流の山でもある。一般に東大雪山群といわれるユニ石狩岳（一七五六m）、音更山、石狩岳、ニペソツ山、丸山、ウペペサンケ山の中でも中核をなす山である。この一帯は、大雪山や十勝岳連峰の火山系の山容に対して、褶曲の進んだ山系で、それだけに険しい。北海道の山の中にあって、いろいろな意味で最重量級の山だといってもいい。

　石狩岳を世に出したのは、大雪山を科学的に究明し、主に植物学の研究に功績のあった小泉秀雄である。明治から大正へ移行する時期であった。大正の中期になって、さらに大島亮吉によって踏査され、それが「石狩岳より石狩川に沿うて」という紀行文で、慶応大学山岳部部報『登高行』に載った。これが一つの刺激剤となって北海道の夏山を再評価する動きに繋がり、自他ともに認める、北海道の山のパイオニアである北海道大学が、スキーを捨てて沢やヤブに挑むきっかけともなった。歴史的な石狩岳の厳冬期初登頂は、石狩川を十数日間にわたって遡ってきた北海道大学パーティーにより一九二八年になされた。また、音更《おとふけ》側からは、やはり北海道大学パーティーにより、音更川の十分な積雪量に助けられて一九三六年に達成されている。

　石狩岳を見るには十勝三股からだろう。大島亮吉もニペソツの方から見て、音更側の凄みのある山容に驚愕している。すなわち、日高山脈からつづく石狩山地は、途中、狩勝《かりかち》峠以北で丘陵となるが、石狩山地で急に二〇〇〇mにも隆起し高峻な山地を形成している。この山地はモナドノック(残丘)と考えられているが、これが北方石狩川の渓谷に向かっては比較的緩傾斜であるのに対し、南方三股盆地、つまり音更側に向かっては急傾斜し、断層崖の見事な末端断面を示しているのである。険しく凄みのある音更側からの石狩岳の姿である。

　登路　一九五四年の台風一五号(洞爺丸台風)による風倒木搬出のための本格的な森林軌道が、十勝三股から音更川本流に沿って奥地へと付けられたことにより、ここから登るルートが、もっとも手近に本峰を陥れることのできる行程となった。

　十勝三股から御殿飯場跡にキャンプをし、急峻な尾根道シュナイダー・コースを辿るのが最短距離となっている(五時間三〇分)。またユニ石狩川から十石峠に出、石狩岳を経て沼ノ原にも抜けられる。

　地図　二・五万図　石狩岳　大雪湖　五色ヶ原

(滝本幸夫)

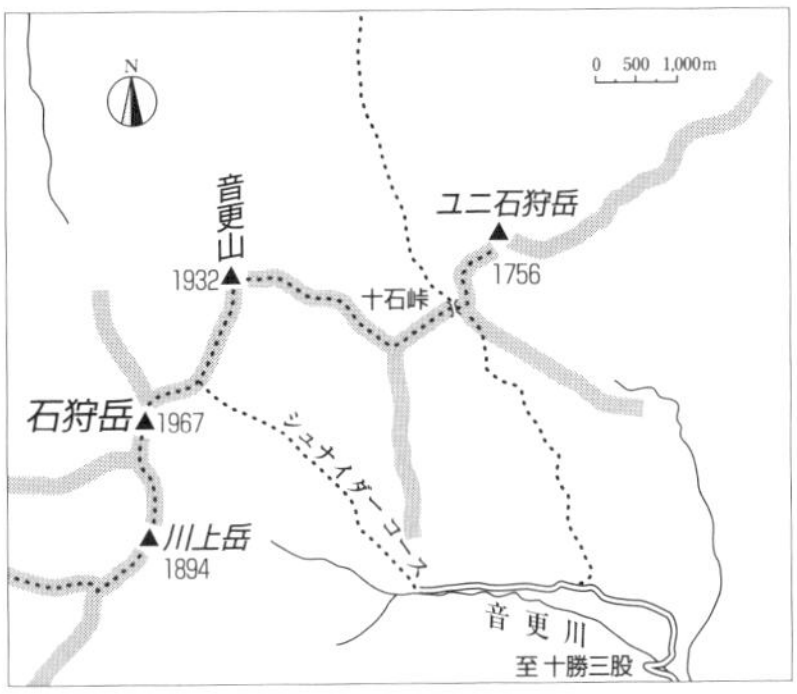

沼ノ原山

ぬまのはらやま

標高　一五〇六m

　大雪山連峰の最南端に位置し、上川郡新得町に属する。単独で登られることの少ない山である。沼ノ原の名称は「湿原」が有名だが、頂上からの展望は雄大である。独立峰としての魅力には欠ける。湿原は石狩岳と大雪山を結ぶ縦走路の途中にあり、更新世初期に、大雪山に点在する五色ヶ原、高根ヶ原とともに形成され、大小の湖沼群や湿地性、高山性の植物が分布する湿原地帯からなる。北西へは五色ヶ原から化雲岳へ、北東へは石狩岳に連なっている。そのわずか南に本峰が聳えている。

登路　クチャンベツ・コース　層雲峡から高原温泉との分岐を経て登山口まで約三〇㎞、途中に施錠されたゲートがあるので森林管理署に届けが必要。登山口から緩やかな樹林帯を登り、約二時間三〇分で沼ノ原分岐。そこから石狩分岐を経て、頂上へは踏み跡（登山道はない）をつたって約一時間。ヌプントムラウシ・コースは崩落のため現在通行できない。

地図　二・五万図　五色ヶ原　トムラウシ川

（滝本幸夫）

ニペソツ山《やま》

標高　二〇一三m

上川郡新得町と河東郡上士幌町とで頂上部を二分するニペソツ山は、北海道の山にあって名山の一つに数えられる山であろう。

姿もよし、深山性もよし、登路もよし。一九六五年、この山を初めて登った深田久弥は、その著書『山頂の憩い』で「豪壮で優美、天下の名峰たるに恥じない」と賞賛している。

東大雪山群を厳密に見ると、三国山を東の起点としユニ石狩岳から石狩岳、さらに西のニペの耳に至る連峰と、そこから南北に走るニペソツ山からウペペサンケ山に至る山塊とに分けられる。

アイヌ語で「ニペソツ」とは、「ニペシュ」（シナノキ）、「オツ」（群生する）、つまり「ニペシュオツ」のつまったものといわれ、シナノキの群生している所ということになる。

厳冬期の記録としては、昭和の初期に北海道大学のパーティーによって、今ではほとんど使われていないニペソツ川よりワッタリベツ川が遡行されている。一九六二年二月には第六回全日本登山体育大会が開催され、この東大雪の奥深き秀峰も全国的に知れ渡った。

春夏秋冬、あらゆるコースから登り尽くされた本峰にも、未踏ルートが遅くまで残されていた。それは多分近寄りがたい尊厳さで登山者を圧倒していたためであろう、ニペソツの東壁である。

新期火山帯に属するニペソツは、古期安山岩の丘陵の上にでも噴出した火山であろうといわれ、コニーデ状をなしている。つまり褶曲帯の上にわずかに火山が皮を着ている山ということらしい。そして、それが頂上は東方に向かって爆発したため火山の一部を失ったものと見られ、真に魅力的な東壁を形成しているのである。

しかし、これも一九五七年に北海道大学山岳部、一九六〇年に十勝山岳会によって、それぞれ五月上旬と厳冬期に南峰ピークを経て

ニペソツ山（天狗平から）

初登攀された。一九六一年の五月上旬には、札幌山岳会によって正面ルートが初トレースされている。

登路　ニペソツの登路は大正から昭和の初期にかけては、ほとんど十勝川の支流ヌプントムラウシを何日も遡行していたようである。現在は十勝三股から杉沢口を経て入山し、頂上まで約四時間四〇分。幌加温泉口から約六時間。かつて岩間温泉からあったコースは廃道になっている。

地図　二・五万図　ニペソツ山　幌加　（滝本幸夫）

丸山　まるやま　標高　一六九二m

河東郡上士幌町と上川郡新得町を境界とする。東大雪山群といわれる山々は、大雪山の東側を占める石狩連峰、石狩川と十勝川に注ぐ音更《おとふけ》川の分水嶺にあたる山々で、石狩岳や音更山、ニペソツ、ウペペサンケなどが座す総称である。立派な山岳地帯で、いずれも屈指の山々である。その中にあって、ただ一つあまり登山の対象にならない山が本峰である。

しかし、こんもりとした背に小尖塔を乗せた愛らしい程の頂上の容姿は、東大雪山群の一つのアクセントといってもよい。

登路　ニペソツとウペペサンケの中間にある奥深い山であり、両山からの縦走の途次にではなく、登るとすれば幌加《ほろか》川（音更川に注ぐ）を遡ることとなる。幌加川五ノ沢左股から噴泉塔まで登山路がある。そこから涸れ沢を辿って山頂台地に出る。頂上西面に火口があり、現在は小さな噴煙を上げている。

地図　二・五万図　ニペソツ山　ウペペサンケ山　（滝本幸夫）

ウペペサンケ山《やま》　標高　一八四八m

河東郡上士幌町と鹿追町を境界とする東西に長い稜線を持つ山である。美しいひだ尾根を見ると、日高山系にいくぶん似た感じもする。新期火山群に属し、コニーデ状をなしているが、度重なる爆発と侵食によって火口もなく、ニペソツの方から見る大きな山容は豪壮でさえある。

ウペペサンケ山に大衆登山の名が冠せられたのは一九五五年、上士幌町の一寒村でしかなかった糠平《ぬかびら》に、電源開発による人造湖が出現し、温泉街へと変貌したためである。アイヌ語で「雪解け水をどっと押し出す山」となっている。

登路　温泉街から一六一〇mのピークを目ざす。稜線を辿って、通称「糠平富士」といわれる一八三五mピークに出る。本峰の頂上と思われているが、頂上はさらに一㎞強先である。また鹿追町の菅野温泉からシイシカリベツ川を遡るコースもある（登り約四時間）。

地図　二・五万図　ウペペサンケ山　糠平　（滝本幸夫）

天望山　てんぼうざん　標高　一一七四m

河東郡上士幌町に位置する。上士幌町と鹿追町の境界上にある然《しかり》別《べつ》湖の南側に一一〇〇mから一二〇〇mの山々が湖を囲んでいる。西ヌプカウシヌプリ（一二五一m）、東ヌプカウシヌプリ、白雲山

（一一八六m）、そして天望山である。それぞれ然別湖の絶好の展望台となる。湖畔から見ると男性的な山体を見せる白雲山にくらべ、天望山は程よく湖面に影を落とし、それがあたかも唇のように見えることもあって、「唇山」とも呼ばれている。

登路　トウマベツ川口から湖畔沿いの歩道を一・五km程歩いて、右側の斜面に取りつく。だらだらした登りを一km程で白雲山との分岐点に出る。本峰へは左を行く（登り約一時間三〇分）。この間で時にはナキウサギに出合うことがある。天望山から東側に下っていくとお花畑の広がる東雲湖に出る。

地図　二・五万図　然別湖　勢多山

（滝本幸夫）

東ヌプカウシヌプリ

標高　一二五二m

河東郡上士幌町、士幌町、鹿追町の三町の境界に位置する。帯広から十勝平野を通って、石狩の山地へ入る手前に然別湖があり、その前門のように東西のヌプカウシヌプリがある。アイヌ語で「野の上にいる山」を意味するといわれている。大正の後期から昭和の初期にかけて、大島亮吉や伊藤秀五郎らの名著の中に取り上げられている。

登路　白樺峠から草原状の登山道に入り、やがて樹林帯へ入っていく。急登を強いられる所もあるが、約一時間で頂上へ立つことができる。西ヌプカウシヌプリも、扇ヶ原展望台から草原状の頂上まで二時間程。登山口にはいずれも立派な看板が出ている。

地図　二・五万図　然別湖　扇ヶ原

（滝本幸夫）

日高山脈

佐幌岳　さほろだけ

標高　一〇六〇m

別称　サオロ岳　佐遠呂嶺

石狩と十勝を分ける狩勝峠《かりかち》（六四四m）の北方に位置し、上川郡新得町と空知郡南富良野町にまたがるが、三角点は新得町域にある。山名は佐幌川（サオロペッ・下方の川）上部にあることによる。

日高山脈最北端の山とされるが、丸い山容は日高的でなく、むしろ東大雪の然別《しかりべつ》湖畔の山などと酷似している。山の東面はリゾート地となり、サホロスキー場のリフトが頂上のすぐ近くまで延びている。頂上の展望は、十勝平野を一望に収める広大なものである。一九二二年一月二三日、北海道大学スキー部の板倉勝宣がスキーで登頂したのが、日高山脈冬季登山の最初の記録である。

登路　国道三八号の狩勝峠から桜山経由の尾根づたいに登山路がある（峠から約二時間三〇分）。また前記のスキー場を登っていくこともできる（約二時間）。頂上には、新得町が所有し新得山岳会が管理する佐幌山荘（無人）がある。

地図　二・五万図　佐幌岳　狩勝峠

（安田成男）

オダッシュ山《やま》

標高　一〇九八m

別称　ペンケシットクヌプリ

上川郡新得町と空知郡南富良野町の境界尾根、つまり日高山脈の主脈の最北部に位置し、狩勝峠以南の最北の一〇〇〇m峰である。冬期は東側に長大な雪庇を張り出し、低いながらも姿は日高の山の様相を呈している。頂上からは北部日高の山々、東大雪、十勝平野などの広々とした展望を楽しむことができる。「オダッシュ」について更科源蔵は、「川尻に樺皮が多いこと」（『アイヌ語地名解』）としている。

登路　新得町側、道道一三六号線に入り、畜産試験場を過ぎた奥に登山口があり、中新得川の右岸尾根に登山路が付いている（登山口から約二時間三〇分）。積雪期は狩勝峠あるいは日勝峠から、いずれもまる一日はかかる。付近には主脈を外れた南富良野町側に狩《かり》振岳《ふれだけ》（一三二三m）があり、姿もよく積雪期登山の対象となっている。

（安田成男）

地図　二・五万図　新得　上トマム

ペケレベツ岳《だけ》

標高　一五三二m

日高と十勝の境界をなす日勝峠の南に位置する、日高山脈最北の一五〇〇m峰である。上川郡清水町と沙流《さる》郡日高町の境界の主脈稜線上にあり、清水町から仰ぐ山姿は、隣の芽室岳には及ばないにしてもなかなか貫禄がある。ペケレベツ川の源頭に位置する故の名で、「ペケレペッ」とはアイヌ語で「清く澄んだ川」を意味する。

登路　日勝峠の国道二七四号を清水町側に下った標高八〇〇m付近の除雪センターわきが登山口。右に国道を見下ろす尾根を登って主稜に至り、南下して頂上に達する（登山口から約三時間）。頂上は芽室岳方面と十勝平野の展望がよい。

この周辺では日高町側の沙流《さる》岳（一四二二m）にも近年、登山路が開削された。姿も展望もよく、ペケレベツ岳同様スキー登山向きの山でもある。

（安田成男）

地図　二・五万図　十勝石山

芽室岳《めむろだけ》

標高　一七五四m

別称　メムオロ岳　メモロ岳

沙流《さる》郡日高町、河西郡芽室町、上川郡清水町の三町界に位置する。日高山脈主脈上、最北の一七〇〇m峰であるため、一九六五年になされた札幌山岳会の日高山脈全山縦走の最終地点となって以来、しばしば「日高最北の山」という呼び方をされてきた。なお昨今では、全山縦走とは文字どおり狩勝峠から襟裳岬（もしくは追分峠）までとする場合が多い。山名は、芽室川（メモロベツ・湧水から来る川）の源頭にあることに由来している。

どっしりした双耳峰で、なだらかな山容の東峰に三角点がある。山頂部を含む大部分は斑糲岩《はんれいがん》からなっている。西峰（一七四六m）は西芽室岳またはパンケヌーシ岳と呼ばれ、すっきりと尖った日高的な形をしている。

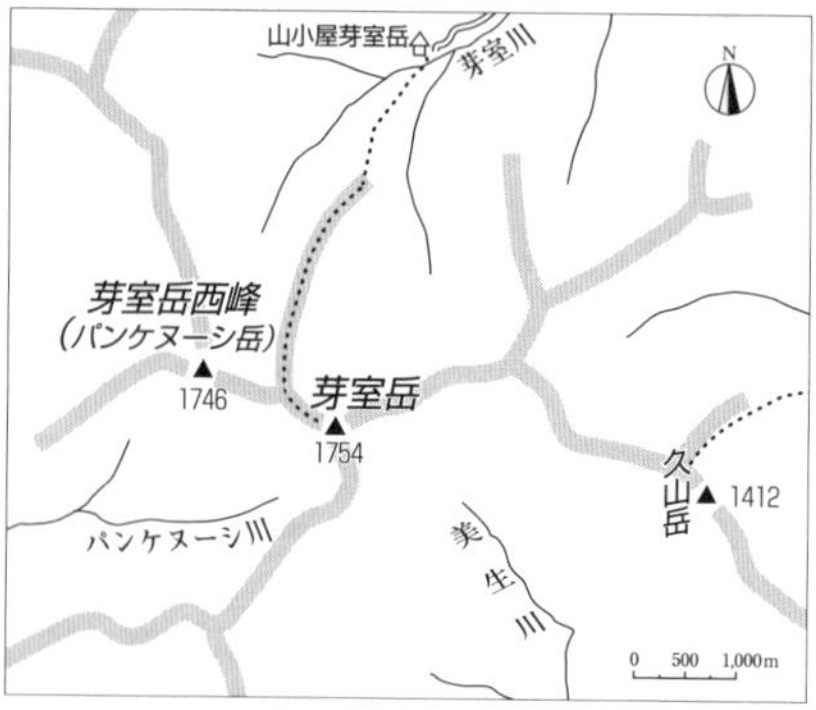

鉄道や人家に近いため、日高山脈としてはもっとも早くから登られた山である。三角点の選点は非常に早く、一九〇〇年七月に陸地測量部の正木照信によって行われた。

一九二三年七月には北海道大学の松川五郎らが芽室川から登頂。また冬期は一九三〇年二月、札幌鉄道局の楡金幸三らが同川から頂上に直接突き上げる尾根をスキーで登っている。

頂上からは幌尻岳、ピパイロ岳、チロロ岳など北日高の山々が一望でき、また足下に展開する十勝平野の広がりも格別である。平野の彼方には石狩岳、ニペソツ山など東大雪の山々も遠望できる。周辺の山では、芽室岳の北方から西に分枝する尾根上にペンケヌーシ岳(一七五〇m)があり、パンケヌーシ川六の沢から、やや不明瞭な登山路がある。

登路　芽室川の六一四m二股からの尾根に登山路が付けられている。ダケカンバの樹林の中を登るコースで、主稜に出る付近からハイマツ帯となり、岩が累々と積み重なった頂上に出る(頂上まで登り四時間)。登山口の二股には無人ログハウスの「山小屋芽室岳」がある。また主稜に出た辺りから分岐する踏み跡を辿って、西峰に登ることもできる。

冬期、登山路の尾根を用いてのスキー登降は快適である。夏冬ともに、日高山脈登山の入門コース的な存在といえよう。

地図　二・五万図　芽室岳

(安田成男)

剣山　つるぎやま

標高　一二〇五m

別称　エエンネエンヌプリ

芽室岳から東に派生する尾根の末端にあり、上川郡清水町と河西郡芽室町の境界線に位置する。頂上部は花崗岩の岩峰となって聳え、アイヌ名は「エエンネエンヌプリ」(尖って突き出た山)。姿が四国の剣山に似ているというのが山名の由来で、山麓の剣山神社は徳島県の本社から分祀され創建されたものである。神社わきに剣山小屋(無人)があり、登山口になっている。

頂上からは広大な十勝平野を見はるかし、遠く東大雪の諸峰も指摘できる。また芽室岳、ピパイロ岳、エサオマントッタベツ岳など北日高の展望台としても優れている。

登路　北尾根に登山路がある(小屋から頂上まで約三時間)。登山路の尾根は東面に花崗岩の岩壁を連ねており、しばしば登攀の対象になっている。西隣の久山岳《きゅうさんだけ》(一四一一m)にも剣山小屋付近から登山路がある。

地図　二・五万図　芽室岳　渋山

(安田成男)

チロロ岳《だけ》

別称　千呂露岳

標高　一八八〇m

ピパイロ岳の約一〇km北方地点から西に張り出す大きな尾根上に位置し、沙流郡日高町の管内にある。千呂露《ちろろ》川の上流にあるための山名だが、「チロロ」とはアイヌ語の「鳥の所」か、あるいは「キロロ（爽快）」などの説があるが不詳。一九三四年八月、北海道大学の中野征紀らがパンケヌーシ川から登頂している。

日高山脈ではまれに見るどっしりした丸い頂で、西峰（一八四八m）との双耳峰になっている。頂上からは幌尻岳、一九六七峰、ピパイロ岳など北日高の主峰群が一望でき、高山植物が豊富である。

登路　北側のパンケヌーシ川曲り沢から二の沢上部へ乗り越して頂上に至る登山路がある（曲り沢出合から頂上まで約四時間三〇分）。途中から西峰に至る踏み跡もある。千呂露川からの沢登りも困難ではない。

地図　二・五万図　ペンケヌーシ岳　ピパイロ岳

（安田成男）

ピパイロ岳《だけ》

別称　美生岳

標高　一九一六m

日高山脈主稜線から東に張り出した尾根上にあり、頂上は主稜から東に数百mの所にある。行政上は河西郡芽室町と帯広市の境界線上に位置する。美生川（ピパイロと読んでいたが、いまはビセイと呼ぶ人が多い）の源頭にあるところからの名で、「ピパイロ」はアイヌ語で「沼貝が多い」の意。岩が累々と積み重なった頂上からは、一九六七峰、戸蔦別岳《とつたべつだけ》、チロロ岳などの大パノラマを堪能できる。

一九二五年七月、北海道大学の伊藤秀五郎らが美生川から登頂している。

登路　伏美岳からの縦走路によるのが最短距離である（伏美岳登山口から約六時間）。北戸蔦別岳から一九六七峰を経由する縦走もよい（北戸蔦別岳から約五～六時間）。ポンチロロ川、美生川、戸蔦別川からの沢登りも楽しむことができる。

地図　二・五万図　ピパイロ岳　妙敷山

（安田成男）

伏美岳

ふしみだけ

標高　一七九二m

主稜線からピパイロ岳を経て東に張り出した長い尾根上にある。この尾根は河西郡芽室町と帯広市の境界線でもある。

登山の対象となったのは比較的新しく、美生川支流のニタナイ川から登山路が開かれたのが一九七七年のことである。山名は山麓一帯の旧村名「伏古村」と「美生村」の一字ずつをとったもの。

頂上からは幌尻岳、ピパイロ岳などが間近に見え、とくに戸蔦別岳のカール群の展望は最高である。東隣に妙敷《おしき》山（一七三一m）があるが、登山道はない。

登路　ニタナイ川の林道奥が登山口で、少し手前に伏美岳避難小屋（無人）がある。尾根通しに直登する登山路がある（頂上まで約三時間）。頂上を越えてピパイロ岳、さらに一九六七峰～幌尻岳へと縦走することもできる。

地図　二・五万図　妙敷山

（安田成男）

一九六七峰　いちきゅうろくななほう　標高　一九六七m

日高山脈主稜上にあり、主稜のピパイロ岳分岐点の西方約一・三kmに位置し、帯広市と沙流郡日高町にまたがる。無名峰ながら幌尻岳、カムイエクウチカウシ山に次ぐ山脈第三の高峰である。その割に知名度が低いのは、南北のコルがそれぞれ高く、独立峰としてあまり目を惹かないからであろう。現在の高度が確定したのは最近のことで、かつては標高の記載がなく「一九四〇m峰」と呼ばれていた。頂上からは北日高の山のほとんどを一望できる。

一九二五年七月、北海道大学の伊藤秀五郎らが美生川から登頂した。

登路　伏美岳～ピパイロ岳～一九六七峰～北戸蔦別岳～幌尻岳とつづく縦走路を経て登頂することができる（伏美岳から約四時間三〇分、北戸蔦別岳から約三時間）。沢登りは千呂露川支流のポンチロロ川または二岐沢がよい。

地図　二・五万図　ピパイロ岳

（安田成男）

戸蔦別岳　とったべつだけ　標高　一九五九m

日高山脈主稜上、帯広市、沙流郡平取町、新冠《にいかっぷ》郡新冠町の三市町界に位置し、ここから最高峰・幌尻岳への尾根が分岐している。東に戸蔦別カール、南に七ツ沼カールを抱き、すっきり尖った姿は魅力的で、巨大な幌尻岳と好対照をなしている。頂上の西側には橄欖《かんらん》岩、東側には片麻岩類が露出している。

頂上からは北・中部日高の山々の多くを展望することができ、とくに南方の幌尻岳の姿は雄大である。戸蔦別川の源頭にあるための山名で、「トッタベツ」はアイヌ語の「函のある川」の意。

登路　最短コースは額平《ぬかびら》川の幌尻山荘から戸蔦別岳北方に登る登山路である（山荘から約四時間）。また同山荘から幌尻岳を経由するのもよい（幌尻岳から約三時間）。北方の北戸蔦別岳（一九一二m）には千呂露川二岐沢からの登山路がある（約六時間）。

地図　二・五万図　ピパイロ岳　幌尻岳

（安田成男）

幌尻岳　ぽろしりだけ　標高　二〇五二m

別称　日高幌尻岳

日高山脈最高峰で、山脈中唯一の二〇〇〇m峰。深田久弥の『日本百名山』にも選ばれているため登山者は多い。

主稜線の戸蔦別岳から南に張り出した尾根上にあり、沙流郡平取町と新冠郡新冠町にまたがっている。七ツ沼、北、東の三つのカールに囲まれたどっしりと大きな山体は、最高峰を誇るだけの貫禄を持っている。山体は火成岩や変成岩からなり、頂上西側では橄欖《かんらん》岩、東側には片麻岩類が露出する。

ポロシリという山名は道内にいくつもあり、アイヌ語の「大きな山」の意で、山麓から目立つ山を指している。日高側（山脈西側の呼称。反対の東側は十勝側）の平取町辺りから仰ぐ姿は、まさに「大きな山」の名にふさわしい。その巨体は札幌近郊の山からもしばしば明瞭に指摘できる。

頂上の展望は広大で、日高山脈の多くの峰々はもちろん、遠く芦別岳、大雪山、十勝連峰、さらに遥かな羊蹄山までも望見することができる。北東に位置する七ツ沼カールは、数個の沼を持つ山脈中屈指の泊まり場だが、カールを見下ろすには戸蔦別岳に向かって約一km進まねばならない。

山麓の平取、新冠《にいかっぷ》は、江戸初期から知られた地名で、松浦武四郎の『廻浦日記』『初航蝦夷日誌』にもその地名が出てくる。義経渡来伝説があるのも、古くから開けた土地であることを示している。

一九一三年五月に陸地測量部の吉野半平らが三角点選点を行った。北海道大学の伊藤秀五郎らが一九二五年夏、美生川からピパイロ岳、一九六七峰、戸蔦別岳を経て七月一六日に登頂、下山コースは戸蔦別川をとった。この時の伊藤の記録に「ピパイロ岳から幌尻岳までの尾根の縦走はさほど困難ではない。大正九年（一九二〇）の測量の時の刈分の跡がかすかに残っていた」と測量隊の足跡を記している。また冬期登頂は一九二九年一月、やはり同大学の伊藤秀五郎をリーダーとするパーティーによってなされた。一行は前年、戸蔦別川に仮小屋を作り、これを根拠地としてまず戸蔦別岳に登頂。いったん小屋に下った後、一月一二日、戸蔦別岳を越え尾根づたいに幌尻岳の頂に達した。約一二時間の行程であった。

登路　もっとも多く利用されるのは、北西側の額平《ぬかびら》川からの登山路で、登山口には平取町山岳会が管理する幌尻山荘がある。小屋があるとはいえ、車は豊糠の集落までで、そこからシャトルバスで林道ゲートへ。ゲートから林道歩きが約二時間、山荘まではさらに沢歩きを二時間三〇分程しなければならない。沢には踏み跡はあるが、増水した時の通過は困難になる。そのために立往生した例は再三ある。山荘からは、頂上から北に延びる尾根に付けられた道を辿り、美しい北カールを左に見下ろしながら頂上へ（幌尻山荘から約四時間）。頂上からさらに戸蔦別岳に至り、北戸蔦別岳（一九一二m）との中間尾根にある道を利用して山荘に戻れば、ちょうど一日の行程である（山荘発・山荘着で一〇～一一時間）。千呂露川二岐沢から北戸蔦別岳に登り、戸蔦別岳を経由して登ることもできる（北戸蔦別岳から四時間）。

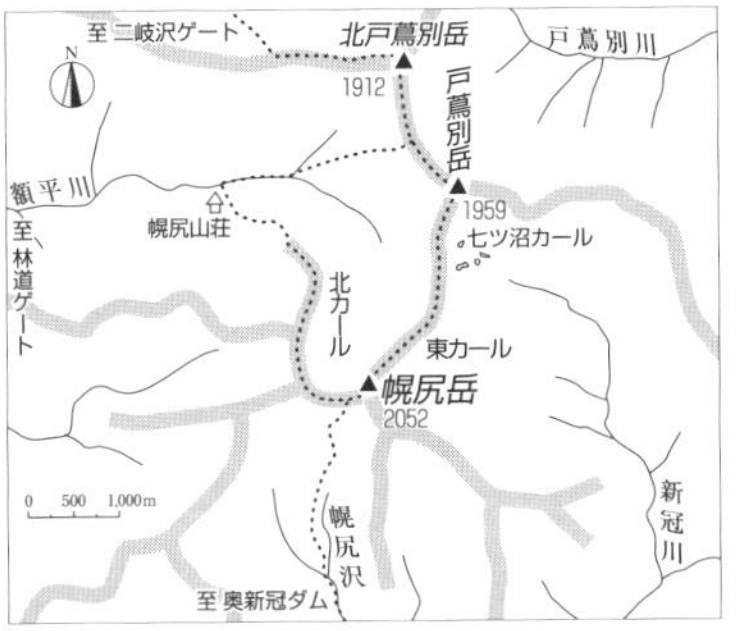

幌尻岳（戸蔦別岳から）

もう一つの登山路は南の幌尻湖から幌尻沢に沿うものである。この湖は奥新冠ダムによる人造湖で、ダムに至る林道は普通、新冠湖の北の奥新冠発電所手前で閉鎖されており、徒歩では約五時間を要する。ダムから頂上までもさらに約四時間かかり、アプローチの長さからいって利用する登山者は多くない。ダムの二・五km先には無人の新冠ポロシリ山荘がある。

沢登りをするなら、戸蔦別川がよく登られている。この沢が、登山路ができる前の幌尻岳への一般的ルートであった。幌尻山荘から登山道によらず額平川をつめて北カールに出るのも困難ではない。七ツ沼カールに突き上げる新冠川は、エサオマントッタベツ岳から幌尻岳に至る経路としてしばしば利用される（エサオマントッタベツ岳～戸蔦別岳間の尾根には道がない）。

地図　二・五万図　幌尻岳　（安田成男）

エサオマントッタベツ岳《だけ》

標高　一九〇二m

日高山脈主脈上、帯広市と新冠《にいかっぷ》郡新冠町の境界にあり、北面と北東面に形のよいカールを抱いている。エサオマントッタベツ川の源頭にあり、川名はアイヌ語で「水源が曲流する、函のある川」の意。

一九二七年七月、北海道大学の井田清らがピリカペタヌ沢から札内岳を経て登頂した。

登路　登山路はなく、エサオマントッタベツ川、札内川などの沢登りによらなければならない。頂上からカムイエクウチカウシ山および札内岳には踏み跡がある。戸蔦別岳方面への主稜には踏み跡はないので、北カールから新冠川に下って幌尻岳の七ツ沼カールに登るルートがしばしば利用される。積雪期はエサオマントッタベツ川出合から神威岳（一七五六m）の南肩に登る神威岳北東尾根を経由して登頂されることが多い。

地図　二・五万図　札内岳　幌尻岳　（安田成男）

札内岳　さつないだけ

標高　一八九五m

日高山脈主稜から東に大きく派生し十勝幌尻岳につづく尾根上、すなわち帯広市と河西郡中札内村との境界にある。札内川の上流にあるための名で、「サツナイ」はアイヌ語で「乾いた川」の意。東面に底の崩れたカールを抱いており、斑糲《はんれい》岩類が主体となっている。

頂上の展望は、北部・中部の日高山脈を一望することができる。とくにカムイエクウチカウシ山を札内川越しに眺めるには最高の場所である。一九二七年七月、北海道大学の井田清らが戸蔦別川ピリカペタヌ沢から登頂。また冬の登頂は札内川支流のキネンベツ沢から、一九三一年三月、同大学の徳永正雄らがなしとげた。

登路　登山路はない。ピリカペタヌ沢からの沢登りが一般的で、とくに困難ではない。戸蔦別川との合流点には戸蔦別ヒュッテ（無人）がある。頂上から主稜札内分岐点へは稜線上に踏み跡がある。

地図　二・五万図　札内岳　（安田成男）

十勝幌尻岳　とかちぽろしりだけ

標高　一八四六m

十勝平野、とくに帯広市~河西郡中札内村辺りから大きく立派に見え、ポロシリすなわちアイヌ語の「大きな山」の名があるのもうなずける。山脈最高峰の幌尻岳と区別するため頭に「十勝」を付けている。

主稜のエサオマントッタベツ岳南方から東へ大きく張り出した尾根、つまり帯広市と河西郡中札内村との境界上にある。主脈から離れているだけに展望はよく、とくにカムイエクウチカウシ山周辺のカール群と隣の札内岳は見ごたえがある。

一九三〇年七月、北海道大学の徳永正雄らがオピリネップ川から登頂。

登路　戸蔦別川支流オピリネップ川から登山路がある（林道終点の登山口から約四時間）。沢登りなら戸蔦別川ピリカペタヌ沢から か、南面の札内川支流スマクンネベツ沢（六ノ沢）がよい。

地図　二・五万図　札内岳　拓成　（安田成男）

イドンナップ岳《だけ》

標高　一七五二m

エサオマントッタベツ岳南方から西に張り出した長大な尾根上にある。行政上は新冠《にいかっぷ》郡新冠町と日高郡新ひだか町にまたがる。長い頂上稜線の中央に一七四七mの三角点があるが、一七五二mの最高点はさらに北東側にある。頂上稜線の南西端の一六六七m峰は新冠富士と呼ばれる。イドンナップ川の源頭にあるための名で、「イドンナップ」とはアイヌ語で昆虫の「アリ」を意味する。主稜から西に離れているため、北部および中部の日高の山々が東側からとはひと味違う姿で展望でき、西には新冠湖（ダム湖）を見下ろすことができる。

一九一三年五月に若林鶴三郎らの測量隊が登り、一九二八年七月に慶応大学の斎藤長寿郎らはシュンベツ川ポンイドンナップ沢から登頂した。

登路　新冠湖東岸のサツナイ沢から登山路がある（登山口から三角点まで約七時間）。沢登りはポンイドンナップ川が登られている。

地図　二・五万図　イドンナップ岳　新冠湖　（安田成男）

カムイエクウチカウシ山《やま》

標高　一九七九m

別称　札内岳

幌尻岳に次ぐ日高山脈第二の高峰。いくつものカールを抱いて悠然と聳える男性的な姿は、どこから眺めても見応えがある。日高山脈のほぼ真ん中、河西郡中札内村と日高郡新ひだか町にまたがる主稜線上にあって、頂上からは山脈中のほとんどの山が一望できる。

山名はアイヌ語で「ヒグマの転がり落ちる所」の意味だとする俗説があるが、アイヌ語ではないようだ。登山の初期には「札内岳」と呼ばれていた。一九二九年に北海道大学の伊藤秀五郎らが戸蔦別川上流の「カムイクチカウ」という場所に小屋を建設し、戸蔦別岳、幌尻岳に登頂したが、案内人がなぜかこの地名を誤って山名として伝えたため、現在の山名になったのが真相であるという。いまさら山名を変更することもできないが、ヒグマも転げ落ちそうな険しい山であることは確かである。

カムイエクウチカウシ山
（南西稜1848mから）

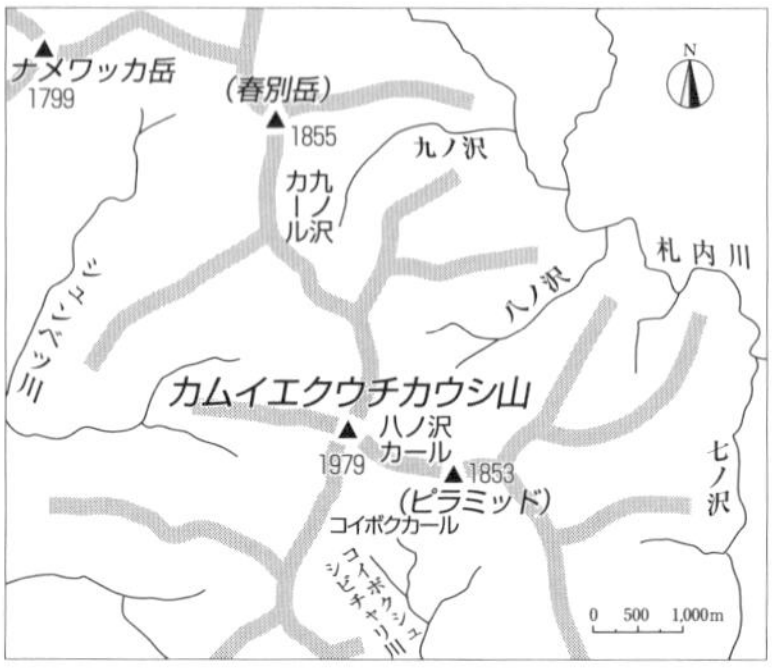

三角点の選点は非常に早く、一九〇〇年七月に陸地測量部の正木照信によって行われた。登山者としては一九二八年七月に慶応大学の斎藤長寿郎らが札内川八ノ沢から登ったが、頂上には先の測量隊の残した櫓が破損した状態で残っていた。その報告にもこの山は「札内岳・一九七九米突」として登場している。

また冬期には一九三一年三月に北海道大学の徳永正雄らが、札内川八ノ沢にベースキャンプを置いて、放射状登山の中で札内岳、エサオマントッタベツ岳と前後して登頂した。

一九七〇年七月、この山の八ノ沢カールで、九州の大学生パーティーがヒグマに襲われ、三人が犠牲になった。北海道の山で登山者がヒグマに殺害された例は意外に少ないが、この惨事はそのまれな例の中でも最悪のものである。いまもヒグマの姿はこの辺りでは珍しくない。山体は変成岩・ミグマタイトからなっており、カールは花の楽園である。日高特産種・カムイビランジはこの山の名から来ている。

登路　登山路はなく、札内川八ノ沢を利用するのがもっとも一般的である。札内川には七ノ沢まで立派な道ができ、静内方面に抜ける、通称「日高横断道路」は様々な批判の末に工事が中止された。七ノ沢出合からは河原の広い本流の徒渉を繰り返して遡るが（八ノ沢出合まで約二時間）、降雨・増水の際は困難度が大幅に増す。八ノ沢は滝がつづくがとくに困難ではなく、踏み跡も明瞭にあるが、しばしば転落事故も発生していて注意がいる（八ノ沢出合から頂上まで約六～七時間）。

主稜線上には踏み跡があるが、北のエサオマントッタベツ岳方面、南のコイカクシュサッナイ岳方面とも、多少のハイマツこぎを覚悟しなければならない。

地図　二・五万図　札内川上流

（安田成男）

一八二六峰《いっぱにいろくほう》

標高　一八二六m

かつて通称「一八二三m峰」と呼ばれていた山だが、新しい地形図では標記の高度になっている。主稜線上、カムイエクウチカウシ山とコイカクシュサッナイ岳のほぼ中間に位置し、河西郡中札内村と日高郡新ひだか町にまたがっている。無名ながら見逃せぬピークで、頂上の展望もなかなかよい。三角点の点名は「静内岳」となっている。

一九二九年七月、北海道大学の相川修らがコイボクシュシビチャリ川から登頂した。

登路　登山路はない。コイカクシュサツナイ岳からカムイエクウチカウシ山への縦走の途次に登頂することが多い。踏み跡はあるが、北部日高の歩きやすい踏み跡とは異なり、ブッシュに悩まされる。沢登りなら札内川七ノ沢、またはコイボクシュシビチャリ川からになるが、一般的な沢ではない。

地図　二・五万図　札内川上流　ヤオロマップ岳

（安田成男）

コイカクシュサツナイ岳《だけ》

標高　一七二一m

中部日高の山々への玄関口となる山。主稜線上、札内川支流コイカクシュサツナイ川（アイヌ語で「東の乾いた川」の意）の源頭、河西郡中札内村と日高郡新ひだか町の境界に位置する。北にカムイエクウチカウシ山、南に一八三九峰を間近に見る頂上の展望は、この山ならではのものである。

一九一三年には測量隊が通過してヤオロマップ岳に向かった。一九二九年七月、慶応大学の斎藤長寿郎らが札内川から登頂した。一九四〇年一月、ペテガリ岳を目ざした北海道大学隊が、コイカクシュサツナイ川左股を登高中、雪崩に襲われ八人が埋没死した。当時では国内最大の山岳遭難であった。

登路　コイカクシュサツナイ川の標高六四〇mにある二股までは容易な沢歩きで、二股の中間尾根に登山路がある。札内川本流のコイカク出合から下流方向へ一〇分程の所に、札内川ヒュッテ（無人）がある（ヒュッテから頂上まで約六～七時間）。

地図　二・五万図　札内川上流　ヤオロマップ岳

（安田成男）

ヤオロマップ岳《だけ》

標高　一七九四m

別称　遺間布岳

主脈上にあるコイカクシュサツナイ岳の南方にあり、日高郡新ひだか町と広尾郡大樹町にまたがっている。主脈稜線はここで東に折れ、高度をいったん下げて一六〇〇m峰（旧一五九九m）に至る。また西に一八三九峰に至る大きな支稜を派生している。名称はヤオロマップ川源頭にあることに由来するが、その意味は不明である。

一九一三年五月に佐々木利正ら測量隊が登頂した。一九二九年七月、慶応大学の斎藤長寿郎らがその踏み跡を利用して登頂。冬は一九三四年一月、北海道大学の坂本直行らがコイカクシュサツナイ岳から往復している。

登路　主脈上に踏み跡がある。コイカクシュサツナイ岳からの尾根づたいがもっとも楽で、一八三九峰往復の途中に登られることが多い。南方の一六〇〇峰を経てペテガリ方面へつづく踏み跡は、高度が下がるため灌木が手ごわい。周辺の沢としては、ヤオロマップ川、無名《ななし》沢、サッシビチャリ川があるが、いずれも上級者向きである。

地図　二・五万図　ヤオロマップ岳

（安田成男）

一八三九峰　いっぱさんきゅうほう　標高　一八四二m

一九九六年の修正により地図上に「一八三九峰」の名が入ったが、新しい測量による高度は一八四二mに変わった。どこから見ても一目瞭然の魁偉な山容を誇り、「イッパサンキュー」と愛称されている。ヤオロマップ岳から西に延びる支尾根上に位置し、日高郡新ひだか町域にある。また尾根つづきの南方にはカールを持つシビチャリ山(一六二七m)がある。

一九二九年七月、慶応大学の斎藤長寿郎らがコイカクシュサツナイ川からコイカクシュサツナイ岳、ヤオロマップ岳を経て登頂。冬期は一九三四年三月に北海道大学の伊藤紀克らがコイカクシュサツナイ岳から往復している。

登路　コイカクシュサツナイ岳のキャンプからヤオロマップ岳を経由して尾根の踏み跡を辿り、往復はちょうど一日の行程だが、かなりのハイマツこぎを覚悟しなければならない。積雪期にはシビチャリ山を経由する尾根づたいでも登られる。

地図　二・五万図　ヤオロマップ岳

(安田成男)

ペテガリ岳《だけ》　標高　一七三六m

別称　ペテカリ岳(地元・静内での呼び方)

南日高の女王として名高く、東面に三つのカールを抱き、主稜線上、日高郡新ひだか町と広尾郡大樹町にまたがってどっしりと座している。新ひだか町の静内は江戸期から知られた地名で、東蝦夷地シツナイ場所として海産物の交易が盛んであった。近年、水田造成がなされ、戦後は奥地にも開拓集落ができたが、冷害つづきのため有畜農業に転換し、周辺の町村とともに競走馬の産地として有名になっている。

ペテガリ岳(中ノ岳から)

頂上からの展望は、北方近く容貌魁偉な一八三九峰を望み、カムイエクウチカウシ山、エサオマントッタベツ岳をその右に遠望する。目を南に転じれば、神威岳、ソエマツ岳、ピリカヌプリと連なる南日高の山々が折り重なってどこまでもつづく。すぐ近くに鋭く起伏する早大尾根も見逃せない。山体は片麻岩や混成岩からなっている。

いまでこそ登山路があって登頂はとくに難しくはないが、かつてのペテガリ岳は険悪・長大な沢に四方を囲まれた困難な山であった。しかし、測量隊の柴崎芳太郎らは、早くも一九一三年五月に三角点選点の足跡を記している。点名は「辺天狩《ぺてかり》岳」となっている。

一九三二年八月、慶応大学の斎藤貞一らは、元浦川からメナシベツ川のイベツ沢に乗り越し、さらにコイボクシュ・コイカクシュシビチャリ川の二股からの長い尾根をつたって一八三九峰、ヤオロマップ岳、ルベツネ山(一七二七m)を越え、ようやくペテガリの頂に立った。出発後一〇日目であった。

さらに壮絶なのは冬の初登頂である。北海道大学山岳部は一九四〇年一月、コイカクシュサツナイ岳から極地法による往復を計画し、強力なメンバー一〇名を投入したが、コイカクへの途上、雪崩に襲われ八名を失った。いわゆる「ペテガリの雪崩遭難」である。

ようやく北海道大学が冬期初登頂に成功したのは、それからさらに三年を経た一九四三年一月であった。わずか五名のメンバーで、コイカクシュサツナイ岳に当時としては画期的なイグルーを建設し、これをベースキャンプとして一月五日、今村昌耕、佐藤弘のアタック隊が午前三時二五分イグルーを出発。満天の星の下、長駆ペテガリ岳を目ざした。一五九九峰(現一六〇〇峰)の上で明るくなり、ペテガリ頂上には一一時一〇分に到着。イグルーに帰着したのは一八時三〇分。ちょうど一五時間の行動であった。前日のうちに一五九九峰手前まで往復して、暗いうちに歩く部分を確認しておいた慎重さが役立ったといえる。太平洋戦争中の最悪条件を克服しての山行であった。

戦後の一九四七年末から一か月をかけて、早稲田大学山岳部が、監督小島六郎、隊長藍田努ら一五名で、長大な東尾根(早大尾根)を辿って、一九四八年一月一六日、三隊員が頂上に達した。食料不足に悩みつつの奮闘は、戦後の暗い世相の中ではひときわ光るものであった。

山名はペテガリ沢の源頭にあることからきており、「ペッ・エ・カリ　回遊する川」の意だという。

登路　西尾根に登山路がある。この道は、日高側のペテカリ山荘(無人)を出発点にして起伏の多い西尾根上の道を辿る(山荘から約六時間)。しかし、静内からペテカリ山荘への道が不通で開通の見込みもないため、荻伏《おぎふし》から神威山荘に入り、沢を登り尾根を乗っ越して山荘に入らなくてはならない(約五時間)。

かつて新ひだか町静内からこの道路を経由し、日高山脈の真ん中をトンネルで抜けて、札内川七ノ沢へとつづく「横断道路」が計画され、一部は着工までしたが、反対運動や批判が強く、結局建設中止に至った。西尾根より長い東尾根にあった道は廃道状態である。

北方の主稜には、ルベツネ山を越えてヤオロマップ岳につづく踏み跡があるが、一六〇〇峰(旧一五九九峰)の前後は高度が低いため灌木が手ごわい。ルベツネ山とのコルから東に下った所にあるCカールは、最良のテント場である。南の中ノ岳方面の踏み跡は判然としない。

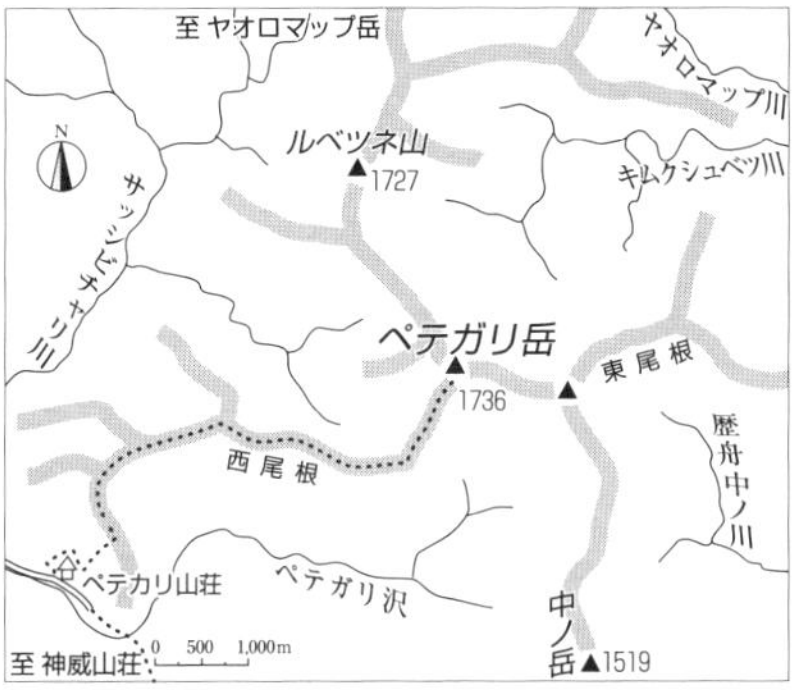

周辺の沢は、ペテガリ沢川、サッシビチャリ川、キムクシユベツ川など、すべて経験者向きである。

地図　二・五万図　ヤオロマップ岳　ピリガイ山　神威岳

(安田成男)

中ノ岳　なかのだけ
標高　一五一九m

別称　ルートルオマップ岳

ペテガリ岳、神威岳の両巨峰に挟まれた「中間にある山」ではあるが、名称は中ノ川源頭にあることからきたものである。中ノ川の原名をとって「ルートルオマップ（道の分かれる所）岳」と呼ばれることがあった。低いながら、尖った三角形の姿は魅力的である。日高郡新ひだか町と広尾郡大樹町に属する。

夏の初登頂は一九三〇年七月の北海道大学隊だが、冬期はずっと遅れて戦後の一九五三年になった。一月に日高側のベッピリガイ沢から北海道大学隊が、そして、五日遅れて十勝側中ノ川から札幌山岳会隊が相次いで頂上に立った。この後、社会人山岳会は急速に力をつけてくるのだが、札幌山岳会の登頂はその先駆をなすものであった。

登路　登山路はない。荻伏から神威山荘（無人）をベースにして、ニシュオマナイ沢を登ることができる。ペテガリ川、中ノ川は経験者向きである。ペテガリ岳との間の踏み跡はきわめて不明瞭である。

地図　二・五万図　ピリガイ山　神威岳　（安田成男）

ピセナイ山《やま》
標高　一〇二七m

近年「展望の山」として脚光を浴びるようになった山である。主脈から遠く西に隔たったメナシベツ川の南方、日高郡新ひだか町に位置する。頂上の展望は、楽古岳からペテガリ岳、カムイエクウチカウシ山、イドンナップ岳、さらに幌尻岳まで日高の名峰のほとんどを一望することができる。中でも一番近い一八三九峰の眺めは豪快である。

山名は、ピセナイ沢（アイヌ語で「魚が産卵しにくる川」の意）の源頭にあることに由来する。

登路　メナシベツ川の静内ダムから左岸の林道に移り、ダム湖のほとりを進み、ピセナイ沢林道からの登山路を登る。これだけ容易に登ることのできる展望台は、日高山脈ではほかになく、まさに日高入門の山といっていいだろう（登山口から約二時間）。

地図　二・五万図　セタウシ山　美河　農屋　ペラリ山　（安田成男）

神威岳　かむいだけ
標高　一六〇〇m

別称　神居嶽　鴨居嶽

北海道内に同じ山名の山が多く、日高山脈にも北日高（エサオマントッタベツ岳北方）に一七五六mの同名峰がある。アイヌ語で「神の山」を意味する山名だが、多くは岩壁・岩峰のあるピークであり、神々しい山というより「恐るべき魔神の棲み家」をいうようである。

主脈上、浦河郡浦河町と広尾郡大樹町にまたがっており、南日高を代表する山の一つで、それにふさわしい偉容を誇っている。主稜線が九〇度屈曲する曲り角に位置するため、岩の突出した尾根を西に張り出した姿は、遠くからでもよく目につく。山体は混成岩や角閃岩を主体とした変成岩からなっている。

ソエマツ岳、ピリカヌプリとともに「南日高三山」と呼ばれることがある。また、北方主脈上にある一四九三m峰は、通称「ニシュオマナイ岳」と呼ばれる。

三角点の選点は一九一三年五月、柴崎芳太郎らにより行われた。点名は「神居奴振《かむいぬぷり》」となっている。

一九三〇年七月、北海道大学の相川修らは、ヌピナイ川からソエマツ岳に登り、主稜線上のブッシュを敬遠して中ノ川にいったん下降し神威岳に達した。冬期は一九三八年一月、同大学の中野征紀らが凍結不十分なヌピナイ川を遡行、ソエマツ岳を経由して登頂した。

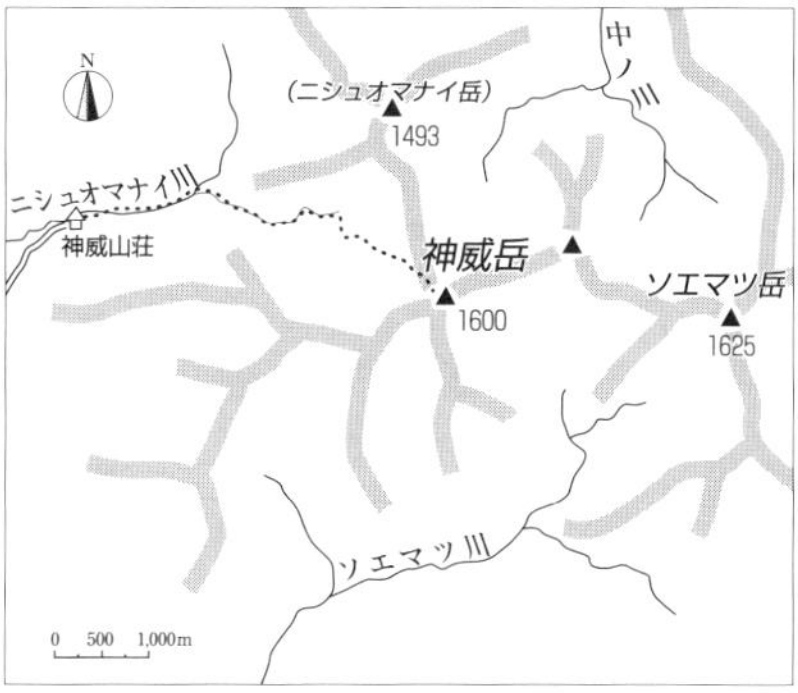

登路　開拓期には日高側の沢筋が未開発で、アプローチが困難であったため、夏冬とも十勝側が登頂ルートとなったのであるが、現在は状況が大きく変わり、日高側に登山路がある。浦河町荻伏から元浦川に沿って進むと、支流ニシュオマナイ川沿いに林道が奥まで延びていて、標高三八〇mにあるログハウスの「神威山荘」(無人)まで車で入ることができる。山荘からは沢づたいの踏み跡を辿って徒渉を繰り返し、最後は急勾配の北西尾根にまっすぐ付けられた登山路を登って頂上に達する(山荘から約六~七時間)。頂上付近の主稜線は、登って来た北西尾根よりずっと広く緩やかである。そのためか、誤って中ノ川に下った前例があるから注意が必要。

頂上の展望は広大で、北にペテガリ岳と一八三九峰が大きく聳え立ち、南のソエマツ岳、ピリカヌプリなど延々とつづく山々はすべて一望できる。

南北の主稜線上に踏み跡はない。ソエマツ岳との間には稜線がきわめて細い部分があり、積雪期縦走の要注意点となる。また沢登りなら中ノ川、ソエマツ川からとなるが、ともに一般的とはいえない。

(安田成男)

地図　二・五万図　ピリガイ山　神威岳

ソエマツ岳《だけ》　標高　一六二五m

南日高三山の一峰。日高山脈主稜線上にあり、広尾郡大樹町と浦河郡浦河町にまたがっている。元浦川の支流ソエマツ川の源頭にあることが山名の由来で、ソエマツとは元浦川のアイヌ語の「ソエマップ」(滝がそこにある川)からきている。

一九二八年八月、北海道大学の高橋喜久司らがヌピナイ川からピリカヌプリ登頂後、稜線づたいにソエマツ岳頂上に達し、ソエマツ川を下降している。冬期は一九三八年一月、同大学の中野征紀らがヌピナイ川を遡行、ソエマツ岳に至り、さらに神威岳を往復したのが初記録である。

登路　登山路がないうえ、周囲は容易ならぬ沢に囲まれている。

十勝側のヌピナイ川右股あるいは中ノ川からの沢登りで登頂することが多いが、ともに一般向きな沢とはいえない。

神威岳との間の主稜線はナイフリッジになっている部分がある。ピリカヌプリとの間は悪い部分はなく、かすかな踏み跡がある。

地図　二・五万図　神威岳　ピリカヌプリ

（安田成男）

ピリカヌプリ

標高　一六三一m

日高主稜線上、浦河郡浦河町と広尾郡大樹町の境界に位置し、南日高三山の一つ。山名は「美しい山」の意で、北海道広しといえども、このような山名を当てられた山はこの山しかない。とくに南のトヨニ岳方面からの姿はどっしりと雄大で、山名に恥じない美しさを持っている。南側の鞍部から頂上への標高差は三〇〇mに及ぶが、これは日高山脈最大の標高差である。

三角点の選点は、一九一三年六月、柴崎芳太郎らによって行われた。一九二八年八月、北海道大学の高橋喜久司らはヌピナイ川から登り、さらにソエマツ岳に至った。また冬は一九三六年一月、同大学の湊正雄らが豊似川からトヨニ岳を経由して、長駆ピリカヌプリを陥れた。

登路　登山路はない。花崗岩の美しいヌピナイ川を遡行して登ることができるが、一般向きの沢とはいえない。積雪期にトヨニ岳から往復する例も多い。

地図　二・五万図　ピリカヌプリ

（安田成男）

トヨニ岳《だけ》

標高　一四九三m

別称　豊似岳

地図上記名のあるピークは表記の高度だが、北峰の一五二九mの方が高い。古い地形図では北峰に山名の記載がある。日高山脈の南端にも同名の豊似岳（一一〇五m）があり、現在はこれと区別するためにカタカナ書きにしている。主稜線上にあり、北峰は浦河郡浦河町・広尾郡大樹町・広尾郡広尾町の三町の境界点にあたる。東面に日高山脈最南端のカールがある。豊似川の源頭にあるための名で、「トヨニ」は「トヨイ（食土のある所）」の変化したものという。

一九三四年九月、北海道大学の坂本直行が豊似川から登頂。厳冬期は一九三六年一月、同大学の湊正雄らがピリカヌプリ登頂の途上に豊似川から登頂した。

登路　登山路はない。十勝側の豊似川またはヌピナイ川から登ることができる。すぐ南側に近年開通した国道二三六号の野塚トンネル十勝側入り口付近から、春に積雪をつたって登頂する者も多い。

地図　二・五万図　トヨニ岳

（安田成男）

野塚岳　のつかだけ

標高　一三五三m

主稜線上、浦河郡浦河町と広尾郡広尾町にまたがる位置にあり、足下を国道二三六号の野塚トンネルが貫いている。美しい双耳峰で、東峰の方が高い。日高山脈もここまで南へ来れば険しさは失せ、むしろ優雅な印象が強い。南隣にはオムシャヌプリ（双子山・一三七九m）がある。ヌプカペッ（原野を流れる川）すなわち野塚川の源にあるためこの山名がある。初登頂の北海道大学隊は一九三四年八月に日高側のソガベツ川から登り、十勝側の豊似川へ下っている。

登路　登山路はなく、沢登りによらねばならない。日高側のニオベツ川上流から頂上に至る。主稜線は高度は低いがブッシュが浅く歩きやすい。国道開通のおかげで積雪期の登山も容易になった。トンネルのどちらからでも登ることができるが、十勝側から取りつくことが多いようである。

地図　二・五万図　楽古岳　トヨニ岳　（安田成男）

楽古岳　らっこだけ　標高　一四七一m

別称　オムシャヌプリ　猟虎岳

浦河郡浦河町と広尾郡広尾町の境界に位置する。日高山脈の主稜上で普通登られる山として一番南の山である。すんなりと尖ったピラミダルな山姿は、遠くからでもよく目につく。楽古川の源流にあるための山名で、「ラッコ」とはアイヌ語で「火を消す」意味というが、一説では海獣のラッコに起因するともされる。

三角点の選点は一九〇〇年七月、正木照信らによってなされ、一九二九年九月、北海道大学の伊藤秀五郎は札楽古川から登り、パンケ川を下った。また、冬は一九三二年三月に坂本直行らが、豊似の自宅から長駆日帰りで往復したのが最初である。

登路　日高側メナシュンベツ川奥の「楽古山荘」（無人）が登山口である。容易な沢歩きに始まり、最後は急な尾根を登って頂上に達する（山荘から約四時間）。十勝側の札楽古川からの登山路は廃道状態。北隣には十勝岳（一四五七m）があり、踏み跡がつづいている。

地図　二・五万図　楽古岳　（安田成男）

豊似岳　とよにだけ　標高　一一〇五m

日高山脈主稜線上最南の一〇〇〇m峰で、幌泉郡えりも町にある。日高山脈も南端となれば鋭さは薄れ、尾根も幅広くなっている。野塚トンネルの上に同名の山があり、それをカタカナ書きとし、こちらの山名に漢字を当てている。「トヨニ」は「トヨイ」（食土のある所）の変化したものという。周辺にオキシマップ山（八九五m）、観《かん》音岳《のんだけ》（九三一m）などがある。三角点（点名「豊似山Ⅱ」は一九〇一年六月、正木照信が選点）からは、遥か北に楽古岳をはじめとする南日高の山々を望むことができるが、より目を奪われるのは広大な太平洋と、鋭く張り出した襟裳岬の突端である。

登路　夏道はないが、南東の九七〇mピーク（三枚岳《さんまいだけ》）に電波中継所跡があり、南方の道営襟裳肉牛牧場跡から古い道跡がある。登頂は主として積雪期になされ、追分峠（一六二m）から約五時間を要する。

地図　二・五万図　えりも　（安田成男）

アポイ岳《だけ》

別称　アペオイヌプリ　幌郡嶽

標高　八一〇m

日高山脈の主稜線を遥か離れた日高側の様似郡様似町内に位置する。「アペオイ」（火のある所）の原名は、豊猟を祈って火を焚いた故事によるという。

一〇〇〇mを下回る低山ながら「花の山」として有名で、アポイマンテマ、アポイアズマギクなど固有種を含む豊富な高山植物帯があり、特別天然記念物に指定されているほか、二〇一五年には世界ジオパークに認定された。しかし、反面登山者も多く、盗掘が絶えないため、貴重な植物の保全が問題となっている。

登路　様似町のアポイ山麓自然公園が登山口。五合目にある休憩小屋の辺りからお花畑が始まり、頂上手前までつづく（約三時間）。東側の幌満川から入るコースもあったが閉鎖された。また、頂上から尾根づたいに北へつづく道を辿って吉田岳《よしだだけ》（七九四m）～ピンネシリ（九五八m）へと縦走するのもよい。

地図　二・五万図　アポイ岳

（安田成男）

礼文・利尻島

礼文岳　れぶんだけ

標高　四九〇m

日本最北部の礼文島の最高峰。礼文郡礼文町の中央に位置し、香《か》深《ぶか》港の北八km、利尻礼文サロベツ国立公園に属する。

アイヌ語の「レプウン・シリ」の音訳で「沖の島」の意味があるが、北海道本島から見ると利尻島の沖にあり、語源のひびきを感じる山である。

高度は低いが緯度が高いため高山植物が豊富で、マイヅルソウ、ガンコウラン、コケモモ、ホソバウルップソウ、カラフトマンテマなどが見られるが、中でもレブンアツモリソウ、レブンウスユキソウ、レブンキンバイソウなどは貴重である。

登路　東海岸の内路から開かれている。起登臼《きとうす》からの道と西海岸沿いの八時間コースからの道は通行止め。登山口は香深とスコトン岬を結ぶ宗谷バスで「内路」下車。「大海原の浮島」礼文島の丘陵地を歩く爽快なコース（約二時間）。

地図　二・五万図　礼文岳

（新妻　徹）

利尻山　りしりざん

別称　利尻富士

標高　一七二一m

日本の最北部の利尻島（直径約一九km、周囲約六〇kmの円形の島）全体を形成する、円錐状の成層火山である。利尻郡利尻富士町と利尻町にまたがり、山頂は鴛泊《おしどまり》港の南七kmに位置する。山名のアイヌ語「リ・シリ」は「高い島山」という意味で、隣の低い島山「礼文」に対するものであるが、高く聳える美しい姿は、古くから航海や漁場の目印とされた。島の中央に山頂を突き上げ、北峰・本峰・南峰の三つのピークを持ち、六つの稜および六つの沢で形成されている。また南東面のヤムナイ沢の奥には東壁、南西の西大空沢《おおからさわ》の奥には西壁がそそり立っている。山頂付近の稜線は細く鋭く、沢は深く切れ込んでおり、侵食の激しい特異な景観は利尻ならではのものがある。さらに、利尻山に吹き込む風は「北海の荒法師」の異名があり、気象条件と地形の悪さは安易に人を近づけない。

約一万年前の更新世初期に生成したといわれるが、比較的早く活動を停止したために、現在では噴気も火口も見られない。

天明七年（一七八七）八月一一日にフランスの探検家ラ・ペルーズがサハリン島から南下し、宗谷海峡でこの山を望見して、艦長ラングルにちなんでラングル峰と名付けた。鴛泊の利尻山神社は文政七年（一八二四）に建立され、のちに山頂に奥社の小祠が祀られた。三角点「利尻山」（現在の長官山の地点）を陸地測量部の技師・館潔彦が一八九九年一〇月一〇日に選点。利尻山山頂に三角点（点の名称「利尻絶頂」）が一九一二年五月二二日に陸地測量部の技師・井口貫一によって選点された。登山が試みられた古い記録として武藤勘蔵は、『蝦夷日記』のバッカイベツからソウヤへの寛政一〇年（一七九八）七月七日の見聞記の中で、最上徳内によるものを挙げている。

利尻山（本泊沢から）

本格的なバリエーション・ルートからの登山は、一九二九年三月に北海道大学山岳部が鬼脇から試み、山頂に達したのは一九三四年五月の瀬戸国雄らであり、鴛泊からの厳冬期初登は一九三七年一月の照井孝太郎らであった。戦後は多くの山岳団体が入山し、東稜は一九五一年二月に登歩渓流会の川上晃良が五〇日間の苦闘の末にトレースした。南稜は一九五五年三月に北穂会の小山義治らが一か月を要して成功。一九六〇年代に入ると西壁、東壁、仙法志稜などに競ってルートが開拓されていった。

山麓には「ポン山」（四四四m）といわれる、かつての小さな寄生火山があり、爆裂火口跡の姫沼やオタドマリ沼は、この山の風景に趣をそえている。また、この山はヒグマとヘビが生息していないという、北海道では特異な地域のため、登山者はそれらに対する緊張がなく、高山植物の固有種、リシリヒナゲシ、ボタンキンバイ、リシリオウギ、リシリトウウチソウなどを訪ねたり、南西側中腹のチシマザクラの群生地を含む利尻礼文サロベツ国立公園(一九七四年指定)の自然を楽しむために訪れる人が多い。

登路　登山道は二本あるが、鴛泊からの往復が一般的である。

鴛泊コース　鴛泊から三合目の利尻北麓野営場まで車で入ることができ、自然休養林内の北麓野営場は諸設備も整っている。野営場の上から左手の針葉樹林の歩道を行くと、日本名水百選の一つ「甘露泉」で、冷たい湧水がある。この先に水場はない。ポン山への散策路を左手に見ながら進むと後は長官山まで一本道である。登るにつれて傾斜は増し、六合目から七合目にかけてはジグザグな折り返しで高度を上げていく。八合目は長官山(一二一八m)で、利尻山頂も見える。八・五合目下に避難小屋(収容人員二〇名)があり、九合目を過ぎると右側が火山灰と岩礫の急斜面となって落ち込んでいる。現在も崩壊が進み、落石の音が聞こえることもある。山頂に近づくにつれて傾斜が増し、風雨で侵食された砂礫の不安定な登路となる。危険な場所にはロープが固定されており、九合目半で沓形コースが右から合流し、最後の急斜面を登りつめると山頂となる。小さな祠があるここは北峰と呼ばれている。二〇〇m南にある南峰へは踏み跡があるが、危険度が高く、行くことはお勧めできない。山頂からは、足元から切れ落ちる断崖、岩塔、岩稜がすさまじい光景を造っているのを俯瞰できる(三合目から山頂までは約五時間)。

沓形コース　沓形から五合目近くの見返台園地までは車を利用でき、駐車場もある。コースの前半と後半では山の様相が変化し、水場もない。勾配が少しずつ強くなり、六合目を過ぎてハイマツが現れると七合目の避難小屋(コンクリートブロック製、収容人員約一〇名)となる。ここから傾斜は一段と強まり、沓形稜の上へと高度を上げていく。稜線の上はすでにハイマツ帯で、山頂や周囲の景色が見えてくる。痩せた尾根上のピークをいくつか越えると、小さな祠がある三眺山(一四六一m)に着く。深く切れ落ちた西大空沢の源頭から高度差五〇〇mの西壁が屏風のように立ちはだかり、鋸の刃のように切り立った南稜や仙法志稜などを間近に望むことができ、仰ぎ見る山頂付近のローソク岩はいまにも倒れてきそうな気配をただよわせ圧巻である。ここからは細くなった尾根を進み、壁に行き当たると左手急斜面のトラバースとなる。この斜面の中程は現在も崩壊中のガラ場なので、上からの落石には注意が必要。トラバースの後は、崖のような斜面を登りつめれば鴛泊コースと合流し、すぐに山頂である(五合目の沓形登山口から山頂まで約五時間三〇分)。

地図　二・五万図　鴛泊

(新妻　徹)

天塩山地

ピッシリ山《さん》

標高　一〇三二m

天塩《てしお》郡遠別《えんべつ》町、苫前郡羽幌町、雨竜郡幌加内町の境界にある天塩山地の最高峰。この山を源頭とするエピシオマップ川は、アイヌ語で「源頭が石の山にある川」の意味とされ、「ピ・シル」は「石・山」となるが、「山容のおだやかな島状の山」の意味だとする説もある。安政六年(一八五九)刊の松浦武四郎の『東西蝦夷山川地理取調図』には「ハホロヒッシリ」と記され、陸地測量部が一八九九年、この山に登って三角点を選点した時の点の名称は「比後岳《ひっしりだけ》」となっている。

登路　羽幌コース　羽幌町から車で約一時間で登山口ゲート(管理は留萌北部森林管理署羽幌森林事務所)。尾根に道が付けられ、固定ロープが張られている急な登りを経て頂上(登り約三時間)。

蕗《ふき》の台コース　朱鞠内《しゅまりない》湖畔から道道五二八号蕗の台朱鞠内停車場線を約一四km北上すると、「ピッシリ山入口」の標柱がある。左折し約四kmで登山口。釜ヶ渕岳(九二五m)、熊岳(一〇二五m)を経由し、ハイマツ帯を登って頂上(登り約四時間三〇分)。

地図　二・五万図　ピッシリ山　羽幌貯水池

(新妻　徹)

三頭山　さんとうさん

標高　一〇〇九m

雨竜郡幌加内町にあって、天塩山地第二の高峰。深川方面から国道二七五号を北上し、幌加内町市街を過ぎると正面やや左寄りに三つのピークを持つ山が見えてくるが、右から順に一頭山、二頭山、三頭山と呼ばれている。頭が三つであるところから三頭山と名付けられたのだろうが、道北では目立つ高峰。陸地測量部は、一九〇五年に頂上に三角点を選点し、点の名称は「三頭山《みかみやま》」とした。三頭山からピッシリ山への七〇kmの稜線縦走は、一九六三年三月、名寄山岳会が強風雪に耐えて成功した。

登路　雨煙別《うえんべつ》コース　国道二七五号の「雨煙別登山道入口」の標識から西に入り、約一kmで登山口となる。丸山分岐、馬ノ背、見晴台、一息坂、胸突き八丁を経て頂上に至る(登り約三時間三〇分)。

政和《せいわ》コース　せいわ温泉ルオントと道の駅「森と湖の里ほろかない」の南から町道に入り、登山口から見返り坂を経て標高五九〇mの丸山分岐に合流する(登り約三時間)。

地図　二・五万図　三頭山

(新妻　徹)

暑寒別岳　しょかんべつだけ

標高　一四九二m

暑寒別山群は、札幌市からは石狩平野の北に、また小樽市の海岸からは海を隔てていつも姿を見せている。増毛郡増毛町と雨竜郡北竜町の境にある暑寒別岳が最高峰で、天狗岳(九七三m)を北西端と

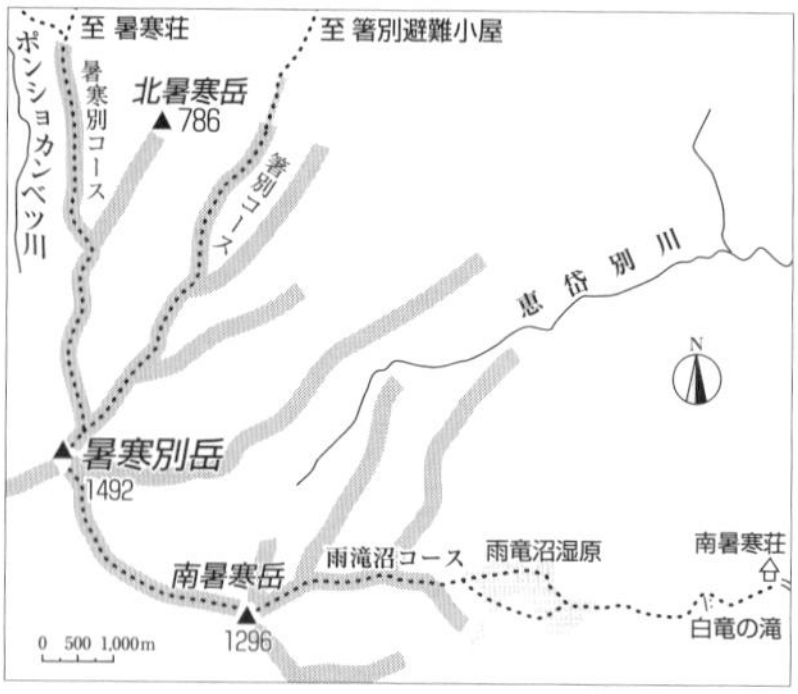

して、雄冬山（一一九八ｍ）、浜益御殿（一〇三九ｍ）、浜益岳、群別岳とつづき、南東に南暑寒岳を有する、大きくゆったりとした山群である。大きな台座なので雪が多く積もり、春遅くまで雪を残す。札幌や小樽から望見できる、白く輝きを増す山群はそのためである。

増毛郡、石狩市、樺戸郡、雨竜郡の四市郡にわたるこの一帯は、暑寒別天売焼尻国定公園の一部をなしている。山岳美もさることながら、雄冬の侵食海岸や、雨竜沼の高層湿原の美しさも忘れてはならない。

アイヌ語で「ショカンペッヌプリ」といい、「滝が上方にある川の源にある山」とされている。

陸地測量部の館潔彦が頂上に三角点を選点したのは、一八九八年一〇月。登山を目的に登られたのは一九二一年四月で、雨竜村青年団七人が残雪の雨竜沼から暑寒別岳を踏破し、ショカン沢から増毛に下った。北海道大学の佐々木政吉らは、同年七月に測量登山で雇用した雲井由松の案内で、ポンショカンベツ沢から登ってパシュベツ沢に下った。佐々木はこの山塊に魅せられ、一九二三年五月にゾンメルシーショート・スキーで、武好駅逓から雄冬山、浜益岳、群別岳、暑寒別岳に縦走し山ノ神に下った。

登路　暑寒別岳へは増毛から登る。一二kmの地点に暑寒荘があり、ここから尾根通しの道を約四時間、真に広々とした頂上へ着く。南西に前述の山々が連座している。

北海道大学が早くからスキー登山を試みたり、尾根を縦横無尽に歩き回ったのは、その尾根に魅せられたためかもしれない。

展望は雄大をきわめ、天売《てうり》、焼尻《やぎしり》の島々から、さらに日本最北部に位置する秀麗な利尻山のコニーデも、わがものにすることができよう。そこから南暑寒岳までは約二時間三〇分。

地図　二・五万図　暑寒別岳　暑寒沢

（滝本幸夫）

南暑寒岳　みなみしょかんだけ　標高　一二九六ｍ

暑寒別山群の主峰・暑寒別岳から南東方向へ約四km、おだやかな稜線を持った山である。雨竜郡雨竜町と樺戸郡新十津川町を両面に持ち、その山裾に雨竜沼を有しているのが、この山の大きな特徴となっている。

登路　この山を目ざすには雨竜側からで、登山口に南暑寒荘があり、林道もしっかりしている。ペンケペタン川を遡り、白竜の滝などの見所をやりすごし、最後の難所、険竜坂を登り切ると雨竜沼高層湿原に出る。東西約四km、南北に約二km、標高八五〇ｍの平坦な湿原に大小百数十にも及ぶ池塘が浮かび、貴重な高層湿原の保護のために木道が敷設されている（南暑寒荘から約一時間三〇分）。ここで南暑寒岳が初めて姿を現す。その奥に大きな山体の暑寒別岳も望見できる。本峰へは、湿原を渡り切った所からダケカンバの疎林帯をダラダラと登って達する（湿原入り口から約二時間三〇分）。

地図　二・五万図　暑寒別岳　恵岱岳

（滝本幸夫）

増毛山道　ましけさんどう　標高（浜益御殿）一〇三九m

石狩市浜益区幌《ぽろ》から増毛郡増毛町別苅《べつかり》を結んだ道路。安政四年（一八五七）、浜益・増毛両場所請負人・伊達林右衛門が自費で阿冬（雄冬）山道を開削した。同年、松浦武四郎もこの道を越えた。浜益・増毛間の道路九里余りと『北海道道路誌』にある。浜益・増毛を結ぶ沿岸は「北海道七険の一つ」といわれたり、「西蝦夷地三険岬（モッタ岬、神威岬）の一つ」ともいわれたりして、どうしても山道を開く必要があった。明治に入って政府は、郵便業務を始める。浜益村の幌から北東上の浜益御殿に達し、さらに雄冬山の東方を辿り、天狗岳東山裾の武好《ぶよし》駅逓を経て別苅へ至る山道である。浜益御殿山頂では道路の高さを示す一等水準点の埋石が、最近発掘確認された。武好駅逓は戦後まで廃屋になっても朽ちることなく、山好きに憩を与えた。

なお一九八〇年、増毛・浜益間の海岸線に国道二三一号が開通し、増毛山道は完全に過去のものとなった。

増毛山道の復活については、現在有志の手により別苅から岩尾分岐を経て雄冬山の肩まで整備された。さらに全長三七㎞の山道整備が進められており、残る浜益御殿を経て幌に至る山道の整備が待たれる。

地図　二・五万図　別苅　雄冬　浜益

（滝本幸夫）

浜益岳　はまますだけ　標高　一二五八m

石狩市浜益区と増毛郡増毛町との境に、暑寒別山群が東西に延びている。中でも浜益岳・浜益御殿（一〇三九m）の両岳は、ゆったりとたおやかに巨体を横たえている。

札幌から国道二三一号を北上、厚田区で幾本ものトンネルを抜けて浜益区へ入り、まもなく送毛《おくりげ》トンネルに入る。古い送毛山道を避けた長いトンネルである。それを抜けると暑寒別山群が眼に飛び込んでくる。

登路　浜益岳へは浜益の幌から幌川を遡行して登る。アプローチが長いので途中一泊は必要。隣の浜益御殿へ向かっては、かなり奥まで車を乗り入れることができるので、春先なら御殿経由で日帰りも可能である。浜益御殿は増毛山道の最高到達地点であり、古い山道の歴史の中でも登山の観点からきわめて重要な位置を占めている。浜益岳はその御殿に隣接（三㎞）した山という感が否めない。

（滝本幸夫）

地図　二・五万図　浜益　雄冬

群別岳　くんべつだけ　標高　一三七六m

石狩市浜益区と増毛郡増毛町の境界にある山。暑寒別岳頂上から見ると、西側に天狗岳、雄冬山、浜益御殿、浜益岳、南に群別岳がある。いわゆる暑寒別山群の核心部である。中でも群別岳などは、夏どうやって登るのかと思われるほど奥深い山である。一九二三年五月、北海道大学スキー部が、この山群一帯を縦横に歩き、暑寒別岳から山ノ神へ下りている。山名はアイヌ語の「ポン・クンペッ」からきていて、「危険な小川」という意味があるという。

登路　登山道はない。石狩市浜益区の幌から浜益岳林道を経て幌川本流に出て忠実に沢をつめ、右の側稜から頂上へ達する。もう一方のルートは浜益区の群別から群別川沿いの林道を登り切り、沢をつめる(いずれも登り八時間見当)。群別岳は春先にスキーを使って、頂上へ達するのが近道となる。

地図　二・五万図　雄冬　浜益　暑寒別岳

（滝本幸夫）

黄金山　こがねやま

標高　七三九m

別称　浜益富士

石狩市浜益区にある三角錐の山である。暑寒別山群に入るが、位置的にはそうは分類できない。山頂に立って山群の諸峰を見れば、樺戸山群や暑寒別山群はそれぞれに独立した山群として存在している。黄金山は浜益の一山地といえよう。浜益の人たちは「浜益富士」と呼んで親しみを込めている。アイヌ語名では、「ピンネ・タヨルシペ」(木原に聳える山)の意があるという。

登路　浜益と滝川を結ぶ国道四五一号を浜益から五㎞程入った所に登山道入り口があり、兼平沢に沿った林道を入っていくと登山口となる。駐車スペースもあり、また本峰が迫って見える。標高三二〇mの地点に水場があり、登山道はここで新道と旧道に分かれる。整備された新道を行くと、急に山頂部の樹林の交じった岩尾根が現れる。本峰への岩尾根はナイフリッジになってつづくので、登下降には十分な注意が必要である。二時間程で山頂に立つことができる。

地図　二・五万図　浜益

（滝本幸夫）

神居尻山　かむいしりやま

標高　九四七m

樺戸山群の西方に位置する山。石狩郡当別町にある。

石狩川に注ぐ当別川はただひたすら北へと延び、途中、一番川・二番川・三番川・四番川と沢を東側に走らせ、さらに奥当別を越えると今度は西側に五番川と分水を変える。一番川から四番川まではすべて樺戸山群を水源としている。

登路　コースは本峰の西側山麓に広がる「道民の森」がベースになる。Aコース・Bコース・Cコースとあり、それぞれに似たようなコースタイム(登り約二時間三〇分～三時間)である。登山路が整備されたのも最近のことである。Cコースは三番川の奥に古い農場があり、その奥から派生する尾根を登るが、三番川の源頭の西側は樹木らしいものは一つもなく、谷は鋭く削り取られて落ち込み、特異な雰囲気を醸し出し、神居尻山の魅力のある一面を見せている。

地図　二・五万図　ピンネシリ　南幌加

（滝本幸夫）

ピンネシリ

標高　一一〇〇m

樺戸郡新十津川町と石狩郡当別町にまたがる山である。浜益川川下から真東に延びる通称「浜益街道」（国道四五一号）は、樺戸郡の山間を縫うように、途中、新十津川町を横断して滝川市へ至る。この街道によって樺戸山群は暑寒別山群と分かれて独立した山地を形成している。樺戸郡と石狩郡の境に、まんじゅう型ののっぺりとした山地が連なり、この山は一般的にピンネシリ、南峰（待根山・一〇〇二m）は「マチネシリ」と地元の人に呼ばれ、親しまれている（男山、女山の意）。頂上にレーダー雨雪量観測所のドームがあり、新十津川町側から車道が通じている。

登路　新十津川町から入る砂金沢コースは、砂金沢沿いの林道を七・六㎞で登山口。待根山からの出尾根を登り、右山腹を巻いて頂上へ達する（登り約三時間）。一方、当別町側の「道民の森」一番川コースは砂金沢コースよりもやや近くて楽である。隈根尻山《くまねしりやま》（九七一m）へは縦走路があるが、神居尻山への道は廃道。

地図　二・五万図　総進　ピンネシリ　浦臼

（滝本幸夫）

夕張山地

イルムケップ山《やま》

標高　八六四m

夕張山地の主脈からは北方に離れており、石狩川と空知川に挟まれた山々（イルムケップ連山）の最高点で、頂上部は赤平市と芦別市にまたがっている。山名はアイヌ語の「エルム・ケップ」（岬・削られた所）からきているという。三角点は一九一四年四月に選点され、点名は「三又山」である。

頂上は草原状に広くなっており、大雪山からトムラウシ山を経て十勝岳に至る中央高地の山々、芦別岳、暑寒別岳などを見渡すことができる。

登路　赤平市側から登山路がある。錯綜する林道の奥にある登山口からスタートして、一時間程で頂上に達することができる。深川市側の沖里河山《おきりかわやま》（八〇二m）、音江山（七九五m）方面からの縦走路は廃道。

地図　二・五万図　イルムケップ山

（安田成男）

美唄山

びばいやま

標高　九八七m

夕張山地の主脈からやや離れ、石狩平野の東側を南北に走る低い山脈中の一峰。美唄市、空知郡奈井江町、芦別市の三市町界に位置する。奥まで林道が延びているが、登山路は比較的近年になって開削された。美唄川の上流にあるための名で、「ビバイ」とはアイヌ語で「ピパ・オ・イ」（カラス貝が多い）の意味だという。

登路　奈井江町から登山路がある。奈井江川沿いの林道に入り、不老の滝手前が登山口。頂上付近まで林道が延びている。登山口から頂上まで二時間程である。美唄市からの登山路は、登山口に至る美唄川沿いの道道一三五号、林道が通行禁止のために入山できない。夏期に毎月開催される登山研修会に参加すれば登山可能。頂上からは芦別川の谷を挟んで、南東に芦別岳、崕山《きりぎしやま》など夕張山地の諸峰を望むことができ、また西方には暑寒別岳など増毛の山々が連なっている。

（安田成男）

地図　二・五万図　美唄山

富良野西岳　ふらのにしだけ　標高　一三三一m

別称　ポン芦別岳

富良野市から南西に間近く仰がれる形のよい山で、頂上南面は白っぽい岩が露出してよく目立つ。行政上は富良野市にあり、その西にあるための山名である。富良野とはアイヌ語の「フラヌ」（火の山）、または「フーラヌイ」（赤い川）からきている。夕張山地の主脈上に位置する。一九〇一年三月に正木照信により三角点が選点され、点名は「下富良野」。展望は大変よく、富良野の盆地と芦別岳方面、十勝連峰が見渡すことができる。山の北東側には富良野スキー場がある。

登路　スキー場から二本の登路がある。新富良野プリンスホテルの裏手の小沢に沿って進み、上部は頂上から北東に張り出した急な尾根に取りつき、これを辿ると頂上部は東面が切れ落ちた細い尾根になる（約三時間三〇分）。もう一つの道は同じホテルを出て、スキー場をひたすら登り、北側から尾根づたいに頂上に達するもので、これも約三時間三〇分かかる。

（安田成男）

地図　二・五万図　布部岳

崕山　きりぎしやま　標高　一〇六〇m

芦別岳の頂上から北西の方向に、長く連なる灰色の岩稜を見ることができる。これが崕山で、岩稜の中間部に独立標高点一〇五七mがあるが、最高点は北端にあって、一〇六〇mの等高線で表示されている。芦別岳北方の中天狗（一三二七m）から西に派生する尾根の南面にあり、行政上は芦別市に属する。

全体が石灰岩から形成され、かつては岩登りの対象となって、大きな登攀ルートがいくつも開かれた。また、この岩質独特の植物が豊富なことでも知られているが、国立公園などの指定がない地域のため規制がなく、盗掘が横行して絶滅に瀕する種類も出てきたので、植物保護のために一般の入山は禁止され、毎年六月ごろに数回実施されるモニター登山会でしか登山できない。

登路　惣芦別川の長い林道の奥に登山口があり、頂上まで約二～二時間三〇分。

（安田成男）

地図　二・五万図　崕山

芦別岳　あしべつだけ

別称　アシュペッヌプリ

標高　一七二六m

芦別岳（北尾根旧道から）

夕張山地とは、富良野盆地の西に連なる山々をいう。芦別岳はその最高峰で、芦別市、富良野市、空知郡南富良野町の三市町にまたがっている。頂上は主稜線のわずか東に張り出し、富良野市、南富良野町の境界線上にある。富良野盆地は十勝岳火山の足元にあるため、江戸期には住民もなく、開拓されたのは明治以後のことである。一九六六年、富良野町が山部町と合併して市制施行。芦別岳、夕張岳、金山湖などを含めて一九五五年に富良野芦別道立自然公園に指定された。山名は芦別川の上流にあるところからきており、「アシュペッ」（切り立つ川）、または「ハシュペッ」（灌木を縫って流れる川）の意であるという。

頂上三角点の点名は「礼振《れいふる》岳《たけ》」、一九一一年に吉村武雄により北尾根から登って選点された。一九一四年夏の小樽高等商業学校の石川貞治による地質・植物調査も同じ経路によっている。初の積雪期の登頂は、一九二一年四月、北海道大学スキー部の松川五郎らが半面山南方の一〇八八mから尾根づたいに登り、さらに厳冬期には一九二八年一二月、同大学山岳部の外山勝四郎らが二十一線道路からの尾根をつたい登頂している。

晴れた日には、札幌や千歳からも、東の地平線に夕張岳と並んで連なっているのが遠望される。緩やかな山が多い北海道では、芦別岳のような男性的な岩山は貴重な存在である。この山は登山路を辿るのもよいが、むしろバリエーション・ルートからの登攀に価値がある。とくに、頂上から東に流れるユーフレ川の源頭部は地獄谷（本谷）と呼ばれ、岩壁・岩稜が連なり、多くのルートが開かれている。五・六月ごろ、残雪を利用して地獄谷を登るのは、登山路歩きをひと通りマスターした者には絶好の登龍門ルートといえる。その右岸から頂上側に這い上がっている幾本もの岩稜もよいルートであり、また頂上から北に延びる尾根の東側にある夫婦岩の一帯も、多くの岩登りルートを提供している。地獄谷左岸にそそり立つ「γ（ガンマ）ルンゼ左股奥壁」は、北海道では最大級の岩壁であるが、岩質は変成岩で脆く、悪い。周辺の山では、南方にある鉢盛山《はちもりやま》（一四五三m）、一四一五m峰や、北方の槙柏《しんぱく》山（一一八四m）、御茶々《おちゃちゃ》岳《だけ》（一三二一m）などが、登山道はないが積雪期のよい目標となる。夕張岳や富良野西岳と芦別岳を結ぶ縦走路は開かれていない。

頂上の展望は、北東に十勝連峰、大雪山、南東に日高山脈、北西に暑寒別岳など増毛の山々を、また、南西には石狩平野の広がりの彼方に遠く羊蹄山を望むという広大なものである。

登路　新道、旧道の二本があり、どちらも東側山麓の富良野市山

部「太陽の里」付近に登山口がある。

登山者が多いのは新道だが、単調な尾根登りで、半面山（一三七七m）、雲峰山（一五六〇m）を経て頂上に達する。六月ごろまでは頂上直下の急な雪渓の登降がポイントである（登山口から半面山まで約三時間、半面山から頂上まで約二時間）。

旧道はユーフレ川に沿って登り、夫婦岩の北側に回り込んで、北尾根づたいに頂上に達するもので、沢沿いの一部が雪崩などで年々崩れていて要注意。北尾根から天を刺すような頂上岩峰を望むのは最高であるが、起伏が多く健脚者向きコースといえる（登山口～ユーフレ小屋分岐約一時間三〇分、そこから頂上は約五～六時間）。

先に述べた地獄谷（ユーフレ本谷）へも旧道を利用して入り、残雪期に登る人が多い。旧道との分岐点の本谷寄りに無人・無設備の避難小屋・ユーフレ小屋がある。また、新旧両コースを繋ぐ「覚太郎コース」もある。

西側の芦別川、シュウパロ川の沢登りは、アプローチが長く一般的とはいえない。また南東のポントナシベツ川は、沢登りのルートとしては地獄谷より悪く、困難である。

地図　二・五万図　芦別岳、布部岳

（安田成男）

夕張岳　ゆうばりだけ

標高　一六六八m

別称　ユウハリノボリ　勇張山

芦別岳が男性的な岩山であるのに対し、夕張岳は女性的な花の山である。頂上一帯は広大なお花畑が広がり、多くの高山植物が咲き乱れている。蛇紋岩の露出地があり、特有の植物が多く、ユウバリコザクラ、ユウバリソウなど、この山の名を冠した固有種も多い。近年、木道がお花畑を縫うように設置され、登山者の踏みつけから植物を守るのに役立っている。空知郡南富良野町と夕張市にまたがって位置し、双方から登山道がある。

夕張川の水源にあるための名で、原名「ユー・パロ」の意味には諸説あるが、「鉱水の川口」から転じたというのが一般的である。頂上の展望は広大で、十勝連峰、大雪山を北に望み、東から南東にかけて日高山脈が延々と連なって見える。

陸地測量部の三角点選点は、一八九九年七月に館潔彦が金山からトナシベツ川を経て登って行い、一九一六年には小樽高等商業学校の西田彰三らが植物調査で登っている。また、冬期は一九二六年二月に、北海道大学の小森五作らがトナシベツ川からスキーで登頂した。

登路　夕張市側のコースが、広いお花畑を通ることもあって利用者が多い。ペンケモユーパロ川の六五〇m地点に、近年改築された夕張岳ヒュッテ（夏期管理人駐在）があるが、車で入ることのできる登山口はその五〇〇m程手前にある。ここに至る鹿島林道は夏期の

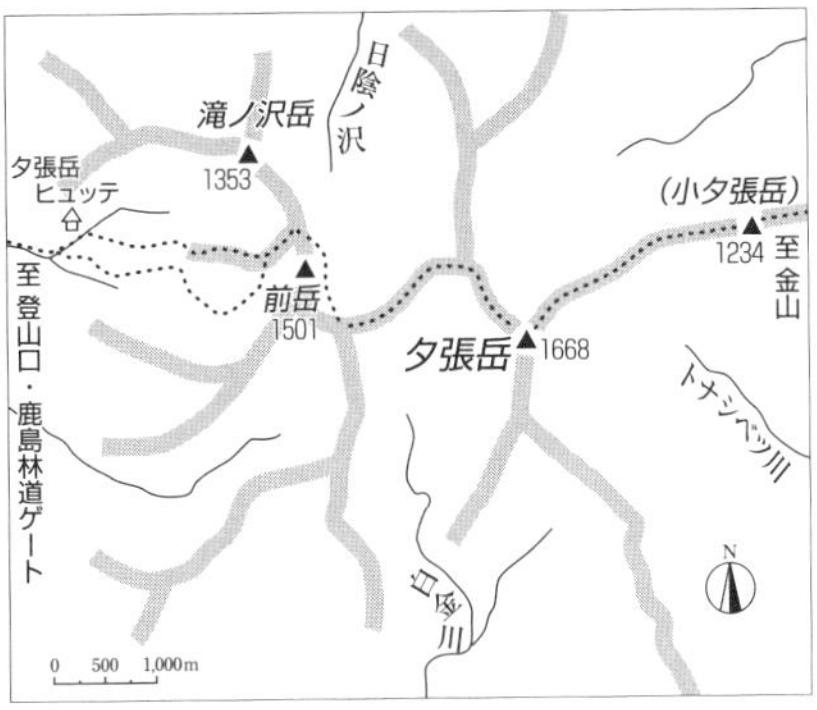

み開放。登り始めは二つの登路があるが、時間的に大差はない。最初は急登だが、前岳（一五〇一m）の北を回り込んでからお花畑に入り、湿地帯、池塘、小岩峰など、変化ある風景を楽しんで頂上に至る（登山口から約四時間三〇分）。

もう一つのコースは、東側の金山からトナシベツ川の林道を入るもので、登山口からは尾根づたいに登り、頂上直下で夕張コースと合する（登山口から約四時間）。芦別岳との間に縦走路はない。

沢登りなら北面のシュウパロ川の日陰ノ沢、南の白金川本流、東側にはトナシベツ川の石詰まりの沢などがあるが、アプローチが長く登る人は少ない。また周辺には前岳、滝《たき》ノ沢岳《さわだけ》（一三五三m）、吉《きっ》凶《きょう》岳（一二〇八m）など、積雪期に狙うことができる魅力的な山がいくつもある。

地図　二・五万図　夕張岳　滝ノ沢岳

（安田成男）

支笏・洞爺火山地域

手稲山　ていねやま　標高　一〇二三m

別称　タンネウエンシリ

札幌市の西側に一〇〇〇m級の山嶺が連なっている。その右端に大きな山体を横たえているのが手稲山である。札幌市のシンボル的な存在といってよい。頂上に多くの鉄塔が立ち並び、無線中継所などが建つ。冬季オリンピックの主会場となり、また当然のごとく頂上まで車道が付くなど、大衆化されたレジャーランドに変貌してしまった。

古いアイヌ語名で「タンネウエンシリ」（峰の長い歩きにくい山）という記述があるが、山名は「テイネイ」（泥炭の、濡れている）からきている。

登路　南麓から登る平和の滝コースが手稲山の一般登山道となっている。手稲山の岩壁が険しく望める所で、北側（レジャーランド）のにぎわいが嘘のような野趣豊かな登山道である（登り約三時間）。このほかに滝の沢コース、北尾根コースなど自然歩道を含めると、多くの林道が頂上へ延びている。

地図　二・五万図　手稲山　銭函

（滝本幸夫）

百松沢山　ひゃくまつざわやま

標高(南峰)　一〇四三m

別称　三段山

札幌市に位置し、市内中心部からでもよく望むことのできる山である。以前は「三段山」と呼ばれ、古くからスキーヤーたちは好んでこの山を目ざした。根張りの大きく見える山で、尾根が三段になって見えるので三段山とも呼ばれていたのであろう。眺めていると立派な山という印象である。双耳峰で、南峰の方が三角点のある北峰より五m高い。

百松沢とは和名で、その由来は定かではないが、一八世紀半ばにエゾマツの伐採が多くされた所であり、そのころからの伝承名ではないか。

登路　百松沢山には尾根道がなく、西区福井から源八沢入り口を越えてそのまま常次沢に沿って進むと、やがて砥石《といし》山自然歩道の分岐へ出る。そこを右に行くと常次沢林道入り口となる。林道を辿って沢に入り、約四時間で双耳峰のコルに出る。

地図　二・五万図　手稲山

(滝本幸夫)

神威岳　かむいだけ

標高　九八三m

別称　プウネシリ　モンパー

札幌市に位置し、都心部のどこからでも神威岳を見ることができる。左側に大きな岩頭を傾けた特異な山姿は、「あれが神威岳」と必ず声に出る。隣の烏帽子岳(一一〇九m)や百松沢山に標高では譲るが、山容は一番目立つ。なお、「神威」と名の付く山は北海道の各地にある。

登路　国道二三〇号を札幌市街から定山渓へ向かう途中、小金湯を過ぎてまもなく百松橋に出る。橋を渡ってまもなくゲートがあり、駐車スペースやトイレもある。そこから林道を一時間程歩いた所から登山道に入る。沢沿いの道から急な尾根に取りつき、登り切ると山頂のドーム状の岩壁が目の前にある。かつて沢歩きに適した名渓として知られた木挽《こびき》沢(コビキ沢)は、定山渓ダムの出現により、その美しさが少々そこなわれたものの、現在も遡行されている。

地図　二・五万図　手稲山　定山渓

(滝本幸夫)

春香山　はるかやま

標高　九〇七m

別称　遙山

春香山の山裾は銭函《ぜにばこ》、張碓《はりうす》、桂岡《かつらおか》、和宇尻《わうす》など、ずっと小樽市の町並みとなっている。しかし、春香山は札幌の山である。石狩湾に面して一〇〇〇m超の手稲山を最高峰として奥手稲山(四九四m)、春香山、屏風岳(七六四m)、天狗岳(通称、朝里天狗・六八三m)と少しずつ高度を下げながら、大きな尾根がつづく。それぞれに特徴のある山姿の山々である。中でも春香山は早くからスキー登山の盛んに行われた山で、古くは山名のない山であったが、いつのころからか春香山と呼ばれるようになった。「遙山」と記されていた時代もあったという。

登路　桂岡から銭函川に沿って登り、やがて山腹に付けられた山道を行くと、銭函峠を経て二時間程で銀嶺荘というヒュッテに着く。旧銀嶺荘は戦時中に焼失したが、一九六〇年に再建されている。さらに進むと、山頂の東面に広がる斜面の登りとなり、頂上へと出る。もう一つの登路は、札幌国際スキー場の二km定山渓寄りから小樽内川林道に入り、春香沢に沿った道を辿ると銀嶺荘に出る。静かな山道、山腹を持った山である。

地図　二・五万図　張碓

（滝本幸夫）

余市岳《よいちだけ》

標高　一四八八m

別称　餘壹岳　ヨイチ岳

札幌市と余市郡赤井川村の境に立つ余市岳は、札樽の山々の最高峰を誇る。一般的に白井岳(一三〇一m)、朝里岳(一二八一m)、余市岳を称して「余市三山」といっている。古くからスキーツアーで親しまれていた山である。札幌市東郊外の高台から、春遅くまで雪を着けた余市岳を望むことができる。ぼんやりとした風貌の山姿ではあるが、登ってみるとボリュームのある山である。

登山の歴史も古い。大正時代から、小樽や札幌の登山愛好家がスキーツアーを試みている。北海道大学のヘルベチアヒュッテや、札幌医科大学の白井小屋などが、その折々のベースになっていた。

記録としては、一九〇八年の夏、小樽市の星野三郎と清水実隆が余市川を遡って三日目に頂上に達したとある。北海道大学の板倉勝宣がスキー登山を試みたのは一九二一年のことであった。朝里岳から頂上を目ざした。

余市岳を目ざす登山者は、もっぱら白井川の本流をつめるか、その手前の(白井川)左股川へ入って忠実に遡行して本峰の三角点へと向かうのである。いずれも約四～五時間はゆうにかかる、なかなかに手ごわい山であったのだ。

以前から、余市川を遡っていくコースもあった。小樽からひと山越えて隣村の赤井川村へ出る。その道路は不整備ながら古くからあった。赤井川本村へ行く途中に常盤という集落があり、余市川本流はそこから急激に南に向きを変えている。常盤集落から源流までの道はなかったから、余市川から本峰を目ざした岳人は、本流を最奥までつめてキャンプをして余市岳登頂をなした。

登路　いまはその最奥まで山道が完備されている。キロロリゾートの出現である。見晴台へ出ると余市岳が毅然と座している。大きさを感じるよい山容である。北東コル(一一三九m)から本峰の最後の登りにかかるのだが、二五〇m近くの急登を強いられる(登山口から約二時間三〇分)。南面にお花畑があり、白井川の左股川コースは、そのお花畑を通って稜線へと出てくる。

一方、古い登山コースは白井川の白井二股

から、それぞれに右と左に分かれる沢である。右股には登山路があるが、左股川は沢登りとなる。余市岳は断然左股川の沢登りだというファンもいる。

右股川に札幌医科大学管理の白井小屋があったが、近年焼失してしまったのは惜しまれる。

（滝本幸夫）

地図　二・五万図　余市岳　無意根山

天狗山　てんぐやま

標高　一一四五m

別称　定山渓天狗岳　キトウシヌプリ

札幌市に位置する。古い地図には「キトウシヌプリ」というアイヌ語名（ギョウジャニンニクの群生する山）が付いていたというが、現在の地形図では天狗山となっている。一般的には「定山渓天狗岳」。天狗と名の付く山は多い。どこにでもあるといってもよいが、代表は「定天《じょうてん》」と親しまれているこの山。

札幌から姿を見ることができないが、札樽《さっそん》近郊の山の中でも、人気の高い山である。三つの岩峰からなる魁偉な山体がこの山の特徴である。本峰、Ⅱ峰、Ⅲ峰と岩壁を張りめぐらす威容は、他山の追随を許さない。

登路　定山渓から約八km、豊羽元山へ向かう途中から白井川を渡って登山道へと入る。熊の沢コースが一般コースとなっている。下流の神居橋から左岸の林道に入り、歩いて三〇分程で登山口があり、ドイツトウヒの見事な登山道へと入っていく。標高差八〇〇mを二kmで登り切ると山頂（登山口から約三時間）。

地図　二・五万図　余市岳　無意根山

（滝本幸夫）

無意根山　むいねやま

標高　一四六四m

別称　ムイネシリ　武稲山

札幌市と虻田郡京極町の境界線上にある山である。それでも札幌圏第二の高峰であるが故に、都心から眺めることができる。

アイヌ語で「ムイネシリ」（箕《み》の形をした山）という。「ムイ」（箕）とは穀物に混じっている糠などをあおり出すための笊《ざる》。箕を伏せた形の山の意。

無意根山はスキー登山から始まった。札樽の山岳は、山スキーの発祥の地ともいうべき所で、すべての山はスキーによって登頂がなされている。本峰もその例にもれず、北海道大学の板倉勝宣によって一九二一年一月にシュプールが刻まれている。その後も、南の喜茂別岳の方から登られたりし、無意根山はスキーツアーに最適の山として名を馳せていく。千尺高地からの樹氷の美しさや、なだらかな傾斜を持っていることによる。

登路　夏山登山は薄別コースが一般的で、無意根尻小屋を経て頂上へ達する。奥まで車で入ることができる（登山口から約二時間）。もう一つ、豊羽元山コースもある。

地図　二・五万図　無意根山　定山渓

（滝本幸夫）

中山峠　なかやまとうげ

標高　八三七m

札幌市と虻田《あぶた》郡喜茂別《きもべつ》町の境界上にある峠。札幌市と虻田町を結ぶ国道二三〇号の要の峠となる。この峠の開削は北海道の開拓史の中にあっても早く、また東本願寺法嗣《ほうし》現如上人によって手を付けられたという特異な道路開削である。一八七〇年一〇月から一年の期間をかけて峠は開かれた。札幌から千歳を経て室蘭へ達する現在の国道三六号の開通により、幹線としての役割を終えた。戦後は、洞爺湖へ入っていく観光道路として、夏期に限って定期バスの運行がなされることとなるが、道南に足を延ばすための重要な路線と認識されてから、定山渓のトンネルの開通や全線が完全舗装されて、年間を通して運行が可能となった。

峠付近には中山峠スキー場があり、にぎわいを見せている。また、峠から羊蹄山と無意根山を望むことができ、一級品の峠として道民に憩の場を提供している。

地図　二・五万図　中山峠　（滝本幸夫）

札幌岳　さっぽろだけ　標高　一二九三m

別称　幸洞岳

札幌市に位置する。豊平川は札幌の奥から悠々と蛇行して市街地を二分して石狩川に注ぐ、北都の故郷の川である。かつてこの川をアイヌは「サッポロペツ」（乾いた河原）と呼んでいた。札幌の語源である。札幌岳はその名をそのまま冠している。豊平川の源頭は支笏湖に近い小漁《こいざり》山だが、なぜ札幌岳という名が付いたのかよく分からない。札幌岳は堂々とした山体で、定山渓へ向かう沿線からよく見える。右手にスカイラインを走らせ、それを支える北壁の魅力は見事である。

登路　定山渓温泉を経て冷水沢コースを辿る。冷水小屋まで約二時間、冷水小屋から東尾根の急な登りを約一時間三〇分。露岩の頂上である。札幌岳は空沼岳からの縦走者でにぎわうことが多い。高山植物の少ない山である。

地図　二・五万図　定山渓　札幌岳　（滝本幸夫）

空沼岳　そらぬまだけ　標高　一二五一m

札幌市と恵庭市にまたがる。札幌近郊の山として、もっとも登山者を多く受け入れている山である。札幌市街からも眼を凝らせば、豊平からでも雁来《かりき》の方からでも、必ず特徴のある山姿の恵庭岳を左に置いて見ることができる。ひとたび登山口である万計沢へ入り込めば、深い樹林帯に覆われた山歩きとなり、すぐ隣に百万都市の喧噪があろうなどとは思いもよらぬ静けさの恩恵を受ける。

空沼とはアイヌ語で「ソラルマナイ」（滝が潜り入る川）の変化したものだという。

登路　歩き始めて二時間程で万計沼に着く。さらに約三〇分、急坂を行くと真簾《まみす》沼に出る。万計沼の五倍の大きさを持つこの沼のほとりは開けていて明るく、リンドウの小群落などがある。ここから三〇分程で頂上である。眼前に迫る恵庭岳や支笏湖など、展望のよさも空沼岳の魅力の一つであろう。

万計沼のほとりには二つの山小屋があり、空沼小屋は老朽化が激しく使用できないが、万計山荘は利用可。

地図　二・五万図　空沼岳

（滝本幸夫）

漁岳　いざりだけ　標高　一三一八m

札幌、恵庭、千歳の三市にまたがる山。江別市野幌の高台から眺めると、春遅くまで雪を着ける余市岳や無意根山など、札樽《さっそん》の山々の南の端に漁岳の大きな山体を認めることができる。一帯はエゾマツ、トドマツに囲まれ、東斜面に漁川の源流が流れ込む。札幌の母なる豊平川の源流域でもあるが、豊平川の水源は南の小漁《こいざり》山である。オコタンペ湖を挟んで怪異な恵庭岳と対峙している。漁《いざり》という川名は、アイヌ語の「イチャン」の当て字とされ、それがなまって「イザリ」となったといわれている。サケの産卵場を意味している。

登路　登山路はなく、すべて沢登りとなる。漁川本流ルートは、枝沢が多いが難しい沢ではない（登り約四時間）。またオコタンペ湖西岸からは登り約四時間。豊平川上流部の支流・漁入沢から入るコースもある。

地図　二・五万図　漁岳　恵庭岳　札幌岳

（滝本幸夫）

恵庭岳　えにわだけ　標高　一三二〇m

別称　エエニワ岳　千歳岳　支骨岳

千歳市の西、支笏湖北岸にある円錐形活火山である。山腹から裾野にかけて美しい樹林が広がるが、山頂部には特徴ある奇怪な岩峰が天高く突き出て、東基部には爆裂火口が大きく口を開けている。湖岸にはオコタン、丸駒、伊藤の各温泉が湧き（現在は丸駒温泉のみ営業）、北西山麓には、エメラルドグリーンに輝くオコタンペ湖がある。支笏洞爺国立公園にあって、山頂からは支笏湖の全景をはじめ、樽前山や風不死岳《ふっぷしだけ》、北には漁岳、空沼岳など展望は雄大である。南面の涸れ沢は滝沢と呼ばれ、多くの涸れ滝はクライマーを魅了しており、西沢も滝はないが岩床のつづく明るい涸れ沢である。山名はアイヌ語の「エエンイワ」（頭が尖っている山）からきている。

登路　国道四五三号の丸駒温泉分岐から東六〇〇mの所に登山口がある。爆裂火口からつづく涸沢の左岸尾根に登山路が付いている。樹林を抜けると見晴台で、登山路は火口壁を辿って頂上岩塔を右から回り込み頂上に立つが、二〇〇一年に頂上の岩塔が崩壊して現在も危険なため、第二見晴台から先は登山禁止となっている（登山口から見晴台まで約二時間三〇分）。

地図　二・五万図　恵庭岳

（京極紘一）

風不死岳　ふっぷしだけ　標高　一一〇二m

別称　フプウシヌプリ

千歳市の支笏湖南岸にあって、支笏湖カルデラが形成された後に、最初に噴出したのが風不死岳であったといわれ、古い時代に活動を終えたため、火口は分からなくなっている。隣の樽前山とは対照的に鬱蒼とした樹林に包まれ、侵食された山腹にいく筋もの深い沢が刻み込まれている。沢はほとんどが涸れ沢であるが、北面の大沢は数個の滝を有し、唯一流水のある沢である。

山名はアイヌ語の「フプウシヌプリ」(トドマツの群生する山)である。

登路　樽前山七合目駐車場から樽前山北面の広大な裾野を巻いて風不死岳とのコルで縦走路と合流する。そこから北の尾根を急登すると頂上に達する(七合目駐車場より約三時間)。また、同駐車場から樽前山(東山)を登った後、外輪を半周して頂上に縦走することができる(東山から約二時間三〇分)。さらに、苔の洞門から樽前山経由で頂上に達するコースは、現在、苔の洞門が崩壊して危険なため入谷することができない(洞門口から約五時間三〇分)。

なお、北面の大沢左岸の尾根(北尾根)に新道が一九九九年に開削された。大沢橋から美笛方向に一km進んだ林道が登山口である(登山口から約三時間)。

地図　二・五万図　風不死岳　樽前山

(京極紘一)

樽前山　たるまえさん　標高　一〇四一m

別称　タルマイノホリ　玳瑁陵《たいまのぼり》　垂舞山

千歳市と苫小牧市にまたがる山。支笏湖と太平洋の間の広大な樹海の上に台形の山が褐色の素肌を見せて浮かび上がり、さらにその上に黒い溶岩の塊がドーム状に盛り上がって白いガスを吹き上げている。

台形の外輪に西山(九九四m)と東山の一〇二二mがある。その中心に最高点のドームがあり、標高は一〇四一mであるが、ドームの登山は危険なため禁止されているので、外輪山の東山の一〇二二mが事実上の最高点となる。

樽前山噴火の記録が最初に文献に現れるのは、寛文七年(一六六七)、津軽藩の『津軽秘鑑』である。一八八三年一一月に札幌農学校の宮部金吾と志賀重昂が噴火の調査で登っている。その後も噴火を繰り返し、一九〇九年の爆発で生じたドーム(溶岩円頂丘)は三重式火山と呼ばれるもので、学術的にも貴重なものであることから一九六七年に北海道の天然記念物に指定された。現在もなお活動中の山である。なお、登山にあたっては火山性微動が現在もつづいており、入山が制限されているので注意が必要である。樽前山は「常時観測対象火山」となっていて、駒ヶ岳、有珠山、十勝岳、雌阿寒岳とともに二四時間監視がつづけられている。

山名はアイヌ語の「タオロマイ」(川岸の高い所)による。原名は「ウフイヌプリ」(燃える山)である。

樽前山麓に広がる針葉樹の美林は一九五四年の台風一五号(洞爺丸台風)により一夜にしてなぎ倒され、樹木の墓場と化してしまったが、風倒木処理や植林も終わって現在は被害の面影もないほど回復した。森林限界の上からは火山礫のお花畑となり、シラタマノキ、エゾイソツツジ、コケモモなど派手ではない花に彩られる。さらには樽前の代表的高山植物であるタルマイソウが至る所で咲いている。この山で発見されたことから樽前の名が付いたもので、和名はイワブクロである。

登路　ヒュッテコース　モーラップから車道が標高六六〇mの森林限界(七合目)まで延びている。駐車場のわきには二〇人収容のヒ

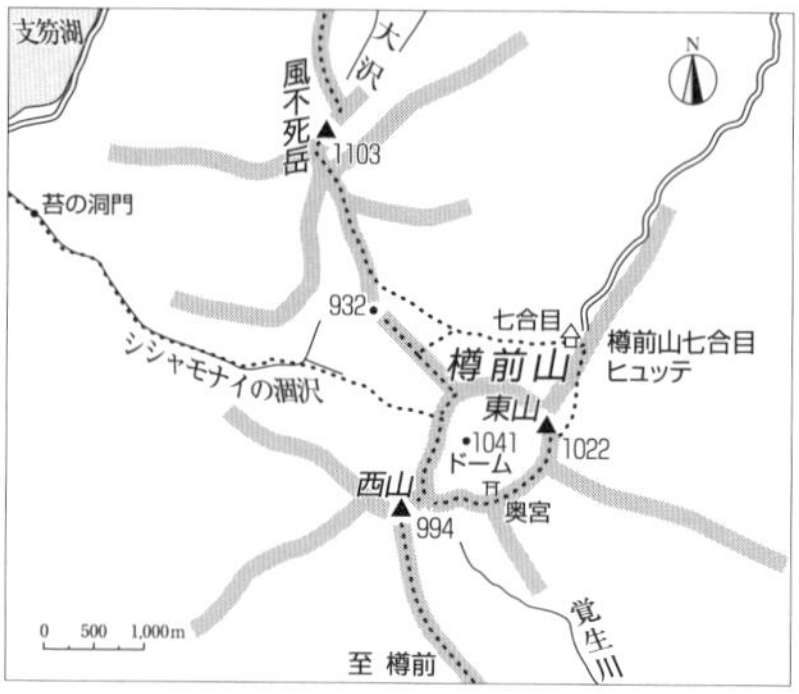

ユッテがあり、そこから砂礫の登山路を辿って外輪山に上がり、右に進むと最高点の東山である(ヒュッテから約一時間)。

苔の洞門コース 国道二七六号の苔の洞門口に駐車場があり、登山口となっている。シシャモナイの涸れ沢を行くもので、溶岩の割れ目が侵食を受けてできた幅三～五m、高さ五～一〇mの苔むした美しい廊下が一km程つづき「苔の洞門」と呼ばれている。外輪の西端に上がって半周して東山に至る(登山口から約三時間)。しかし、苔の洞門が崩落して危険なために現在通行が禁止されている。

ガローコース 太平洋側の苫小牧市の樽前ガローが登山口。林道を四km進むと唐沢《からさわ》林道十字路で、覚生《おぼっぷ》川に沿って登って西山に至る(登山口から西山まで約三時間三〇分、東山までさらに約一時間)。

地図 二・五万図 樽前山 風不死岳

(京極紘一)

徳舜瞥山 とくしゅんべつやま

標高 一三〇九m

別称 トクシシュウシュペツ山

伊達市大滝区にあり、支笏湖と洞爺湖の中間に位置する。後志火山性台地の一つで、多くの放射谷が刻まれて、隣のホロホロ山と双耳峰のように聳えるが、ホロホロ山の方が一三二二mと少し高い。徳舜瞥山は西の伊達市大滝区にあるが、ホロホロ山は白老《しらおい》郡白老町との境界にあって、「ホロホロ・徳舜」とセットで呼ばれることが多い。

山名は、アイヌ語の「トクシシュウシュペッ」(アメマスのいる川)からきており、一八九八年九月に陸地測量部の正木照信が三角点を選点した際に、点名を徳心別山とし、地形図作成時に徳舜瞥山とした。

登山路は大正時代に開削された。冬の記録としては、一九三五年一月に北海道大学の瀬戸国男ら二名がカルルス温泉からオロフレ山を経てホロホロ山、徳舜瞥山に登り、大滝村に下りたのが最初である。

登路 大滝村にかつてあったが閉山となった日鉄徳舜瞥鉱山の跡地の先が登山口で、山麓キャンプ場から三kmの所である。西尾根から頂上に至る(登山口から約二時間)。さらにホロホロ山へは三〇分で達する。もう一つは、道道八六号線の白老町側の白老川支流トドマツ川林道の奥に登山口がある。オッカヨの沢から尾根路を辿り、ホロホロ山を越えて頂上に立つ(登山口から約二時間四〇分)。

地図 二・五万図 徳舜瞥山 蟠渓

(京極紘一)

鷲別岳 わしべつだけ

標高 九一一m

別称 室蘭岳 諸欄岳

室蘭市と登別市にまたがる温和な山で、南西は丘陵草原地帯で牧場とスキー場が広がる。北面は切れ込んだ裏沢で、川又温泉(無人・無設備)がある。鷲別岳の山名はアイヌ語の「チワシペツ」(波立つ川)からきており、一八九〇年発行の道庁二〇万図にも鷲別岳とある。室蘭の人たちは「室蘭岳」と呼んでいるが、正式な名称は鷲別岳である。

陸地測量部の正木照信が、一八九八年一〇月に登って三角点を選点した。

登路　南尾根と西尾根に登山路があって、いずれも室蘭岳山麓総合公園自由広場のキャンプ場駐車場が登山口となる。リフトに沿って一〇分の所に白鳥ヒュッテがある。南尾根はダイレクトに頂上に至る(白鳥ヒュッテから約一時間)。西尾根はヒュッテから左手の沢を渡って八二五mピークの尾根を登り、八五五mのピークを越えて頂上に達する(白鳥ヒュッテから約一時間三〇分)。もう一つは幌別ダムからトラシナイ林道を経てカムイヌプリ(七五〇m)に登り、さらに縦走して頂上に至る(約四時間三〇分)。

地図　二・五万図　鷲別岳　室蘭東北部

(京極紘一)

赤岩山　あかいわやま

標高　三七一m

別称　赤嶽

小樽市の祝津オタモイ地区にあって、南面はおだやかな山容だが北面は日本海に断崖となって切れ落ちている。高さ二〇〇mもある安山岩集塊岩は海食風食に耐えて海岸線に聳え、窓岩や不動岩などの奇岩怪岩が日本海の荒波に立つなど絶景であることから、一九六三年にニセコ積丹小樽海岸国定公園に指定された。

寛文年間(一六六一～一六七三)からニシン漁場として栄え、漁師のために廻国僧が渡来し、赤岩の断崖で山岳修行などが行われていた。一八八七年ごろには高野山の行者・高尾了範が赤岩山洞窟に籠り、断食苦行を行った。以来、赤岩の断崖は山岳信仰の聖域として胎内めぐりの洞窟や白竜神、八十八箇所地蔵尊、浪切不動、弘法大師などが祀られている。

山名は、アイヌ語の「フレ・スマ」(赤・岩)で、崖が崩れて赤い地肌が現れていることによる。硬い岩肌が露出する北面の断崖は、ロッククライミングの格好のトレーニングの場となっている。最初に岩登りに訪れたのは北海道大学山岳部で一九二六年のことであり、その後も基礎技術を練磨する場所として利用され、現在も多くのクライマーが訪れている。

登路　赤岩山は西と東に分かれ、東端の祝津から下赤岩山を経て赤岩峠。峠から最高点の赤岩山を経由してオタモイまで六㎞の自然歩道で結ばれている。崖の縁を辿るコースは小樽市街と石狩湾を眺望する歩道である(祝津からオタモイまで約三時間)。

地図　二・五万図　小樽西部

(京極紘一)

丸山　まるやま

標高　六二九m

別称　塩谷丸山

小樽市塩谷にあって、なだらかな山容と頂上からの眺望のよさから、標高が低いにもかかわらず人気のある山で、一般には「塩谷丸山」と呼ばれている。塩谷はアイヌ語の「ショーヤ」（岩礁・岩礁の多い海岸）からきていて、それが転訛したものであり、丸山は山容が緩やかなところからきている。頂上からの眺めはよく、日本海の海岸線と増毛山地や余市岳、ニセコ、積丹の山々がすばらしい。頂上に小さな石の祠があって錨が奉納されている。

登路　JR函館本線塩谷駅から山に向かって舗装された車道を一km進むと登山口で、急斜面の樹林から草原台地を経て頂上に達する（登山口から頂上まで一時間三〇分）。さらに、小樽周辺自然歩道が遠藤山（七三五m）から於古発山《おこばちやま》（七〇八m）を経て天狗山（五三二m）へと樹林の中につづいている（丸山から天狗山まで三時間）。また、小樽市最上町からもコースがあって、天狗山観光道路と分かれたゴミ処理場のずっと先に登山口がある（登山口から頂上まで一時間）。

（京極紘一）

地図　二・五万図　小樽西部

積丹岳　しゃこたんだけ

標高　一二五五m

別称　シャコタン岳

北海道西海岸の中央部、北西に突出している積丹半島の頭部にあたる積丹郡積丹町に位置する。那須火山帯の北部に属するコニーデ型の積丹岳と余別岳（一二九八m）は積丹火山群の盟主であり、いずれも安山岩からなっている。落ち着いた山容は風格をそなえ、四方に流れ下る沢は深く切れ込み、多くの滝を懸けて日本海に注いでいる。

山名はアイヌ語の「サクコタン」で、サクは夏、コタンは集落、夏集落ということである。一方、余別岳は余別川の源頭にあり、アイヌ語の「イオペッ」（魚あるいはクマの多い川の意）とされているが、詳細は不明である。

登路　登山路は婦美原野から積丹岳の東尾根にあるだけである。国道二二九号の登山路入り口から一・三kmの浄水場が登山口となる。車道はさらに二km先の積丹岳休憩所までつづいているが悪路である。休憩所は無人であるが水道とストーブがあって宿泊できる。視界の利かない樹林の尾根に登山路が付いているが、九〇〇m台地で展望が開けて頂上に達する（登山口から約三時間二〇分）。

（京極紘一）

地図　二・五万図　余別　美国

ニセコアンヌプリ

標高　一三〇八m

虻田郡倶知安町とニセコ町にまたがる。ニセコ連峰の最高峰であり、二つの頂を持つどっしりとした姿は風格がある。展望はすこぶるよく、東に羊蹄山、南東に洞爺湖や噴煙を上げる有珠山、そして西には日本海が展開している。夏は登山、冬はスキーで知られ、周囲の景観はきわめて美しい。豊富な高山植物と奇岩、巨岩に囲まれ、天然の一大公園をなしている。山麓には多くの温泉が点在し、明治時代の後半から湯治や温泉を楽しむ人でにぎわったが、大正期になると北海道大学や小樽高等商業学校スキー部の合宿が昆布温泉で行われ、この時からニセコはスキーの山となった。

一九二八年、スポーツの宮様として知られる秩父宮がニセコでスキーを楽しまれた時に、当時の新聞がオリンピックの開催地であるスイスのサンモリッツを引き合いに出して「極東のサンモリッツ」と紹介したことが現在も生きつづけて、「東洋のサンモリッツ」と呼ばれている。一九五〇年にニセコ道立公園に指定され、さらに一九六三年にニセコ連峰と積丹半島から小樽海岸に至るニセコ積丹小樽海岸国定公園に指定されている。

山名は「ニセコアンベツ川」（絶壁に向かっている川）の上にあるのでそう呼ばれている。当初この山には名前がなく、安政四年（一八五七）にこの方面を探索した松浦武四郎は岩内岳とし、『北海道殖民地撰定報文』の付図には硫黄山とあって、名前が固定していなかった。そして、ニセコアンヌプリの名称はニセコアンベツ川沿いにある現在のモイワ山（八三九m）を指していたらしく、この連峰の最高峰でありながら、まだ名前を持っていなかったので、現在の山名にすり替えられたとされている。ニセコアンヌプリが正式に山名として地図に記載されたのは、一八九一年発行の道庁二〇万図からである。三角点の名称は「似古安岳」、陸地測量部の正木照信が一八九八年八月に登って三角点を選点した。

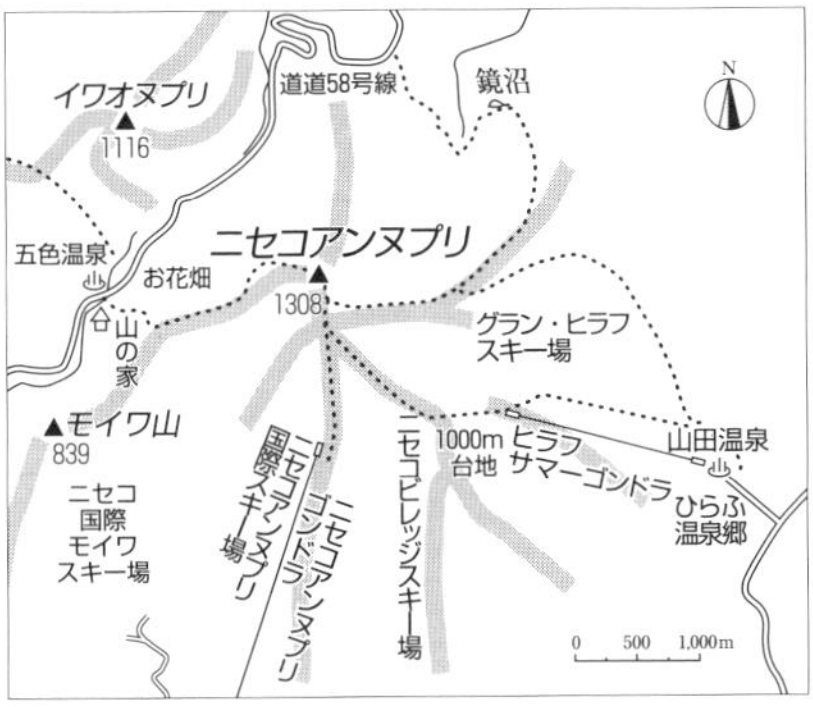

登路　ニセコ町五色温泉から尾根に道があり、ニセコ野営場が登山口となっている。ダケカンバ林の広い一本道からネマガリダケの登山路を進むと尾根に出て展望が利くようになる。尾根道を登って最後の九十九折を登ると頂上で、そこは広い裸地でコンクリートの小さな避難小屋がある（登山口から約一時間三〇分）。

もう一つは倶知安町グラン・ヒラフスキー場の高原リフト沿いの道を登る。一〇〇〇m台地から急なジグザグ道となってニセピークを経て頂上に達する（山田温泉から約三時間）。なお、リフトのゴンドラ駅から二〇〇一年に新コースが開削されたので、駅から頂上まで五〇分程で登ることができるようになった。ほかに道道五八号倶知安ニセコ線から鏡沼探勝コースに入り、ひらふコースを経て頂上に至る（登山口から約三時間）。

地図　二・五万図　ニセコアンヌプリ

（京極紘一）

イワオヌプリ

標高　一一一六m

別称　岩雄登

虻田郡倶知安町と磯谷郡蘭越町にまたがり、連峰の最高峰・ニセコアンヌプリの北西に対峙している。ニセコ火山群のうちではもっとも新しく、頂部が平坦で側面が急斜した円頂丘の形をしており、頂上部は馬蹄形に窪んだ小爆裂火口がある。このため南方と西方においては、土壌に多量の硫黄を含有するため植生の発達がよくない。山名はアイヌ語の「イワオ・ヌプリ」（硫黄・山）であり、この山の中腹より硫黄が噴出していたことによる。

登路　ニセコ町五色温泉からニセコアンベツ川の橋を渡るとニセコ神社敷地内にニセコ山系遭難者慰霊警鐘碑がある。一帯はお花畑となっていて散策路が整備されている。いきなり急斜面の階段登りとなり、登り切ると平坦な灌木帯となって、すぐに大沼方面の分岐に着く。右折すると岩の多い斜面にガンコウランやイソツツジなどを見ることができて、眺めもよくなる。馬蹄形の大きなクレーターの縁に出ると奥にケルンのある頂上が見える。道は左右に分かれるがどちらも大差ない。頂上は平坦な火山灰地で、ニセコアンヌプリや羊蹄山を目の前に大きく眺めることができる（登山口から約一時間）。

地図　二・五万図　ニセコアンヌプリ

（京極紘一）

チセヌプリ

標高　一一三四m

別称　知世寧尻岳

磯谷郡蘭越町と岩内郡共和町にまたがり、その南斜面はニセコアンヌプリとともにスキーヤーに人気のある山である。山名はアイヌ語で「チセ」は（家）、「ヌプリ」は（山）からきているもので、山の形が当時のアイヌの家（屋根）に似ていたことによる呼び名である。円頂で火口のない鐘状火山で、北側には爆発して北に長く押し出された岩層流の源があり、そこにはいくつかの浅い沼があって長沼や神仙沼などの美しい湿原景観を示している。

登路　北口コース　岩内と蘭越を結ぶパノラマラインのニトヌプリとチセヌプリのコルが登山口。頂上までの距離は短いが、灌木帯の中の道は急で岩がゴロゴロしていて歩きづらい。頂上部は平坦な草地で、ハイマツの中に二つの沼と小湿原がある（登り約一時間）。

西口コース　チセヌプリスキー場（営業休止中）のリフトの下を辿り、ゲレンデの途中から八三二mピークの西側を抜けると長沼やシャクナゲ岳への分岐となる。右折して見晴しのよい急斜面を登ると頂上に出る（登り約一時間四〇分）。

地図　二・五万図　チセヌプリ

（京極紘一）

目国内岳

めくんないだけ

標高　一二二〇m

磯谷郡蘭越町と岩内郡岩内町との境界にあって、ニセコ連峰の西部に位置する烏帽子形の端整でおだやかな山容である。岩を積み上げたような山頂で、山腹には多くの湿原を持ち、流れ下る川は滝を落とし渓谷をうがっている。

メクンナイは、川名がその流域の土地の名になり、その源流の山の名になったものとされている。メクンナイの語義については不明なところもあるが、「物の背とそこにある谷川、沢と沢との間に細く延びている山」の意である。

南の山麓のペンケ目国内川には鄙びた新見温泉があり、道道二六八号岩内蘭越線の新見峠近くが登山口となっている。春は山菜の宝庫として混雑するほどにぎわう。遅くまで残雪があり、山岳スキーヤーにも人気がある。道南にしかないベニバナイチゴの赤い花が見られる。

登路　新見峠付近から前目国内岳を越えるクマザサの尾根に登山

路がある(登り約二時間三〇分)。さらにパンケメクンナイ湿原を通って岩内岳へ縦走路がある(約一時間)。

地図　二・五万図　チセヌプリ

(京極紘一)

雷電山　らいでんやま

標高　一二一一m

岩内郡岩内町と磯谷郡蘭越町との境界にあって、どこが山頂か分からないくらい平坦な山で、ニセコ連峰はこの雷電山を最後に雷電峠から弁慶の刀掛け岩へと高度を下げて日本海に落ち込む。

「ライデン(雷電)」の地名は江戸期からあったが、地名の由来は諸説あって、アイヌ語の「ラ・エン・ルム」(低い・尖っている岬)からきているとされるものや、面白いのは源義経が東北から逃れ、弁慶とここで別れた時、「来年」といったのが「雷電」になったというのもある。

しかし、雷電山の地名が出てくるのは一九一七年測図の五万図になってからで、初めて雷電山と雷電峠がそろうのである。

登路　雷電朝日温泉(休業中)から雷電峠付近を通る西尾根に登路がある(登り約四時間)。また、目国内岳から岩内岳を経る縦走路もある(目国内岳から約三時間、岩内岳から約二時間)。

地図　二・五万図　雷電山　雷電岬

(京極紘一)

羊蹄山　ようていざん

標高　一八九八m

別称　後方羊蹄山《しりべし》　マッカリヌプリ　蝦夷富士

虻田郡倶知安町、京極町、喜茂別町、真狩村、ニセコ町の五町村にまたがり、那須火山帯に属する成層火山で、コニーデ式の美しい山姿は、富士山に似ているところから「蝦夷富士」の名で親しまれている。

道央にあって群を抜いて聳える円錐形の独立高峰は、山頂部に父釜、母釜、子釜と呼ばれる三つの火口を持つ複雑な地形である。一帯はお花畑が展開していて二百余種の貴重な高山植物が成育していることから、一九二一年に国から特別天然記念物に指定され保護されている。さらに一九四九年には支笏湖、洞爺湖の二大湖と登別を含めて国立公園に指定された。山頂からは南に洞爺湖、噴火湾、西と北にニセコ連峰と日本海が望め、渡島《おしま》半島部のほとんどの山が視界に入る。

この山は、低地から高山へと植物の垂直分布の様子が顕著な山としても知られる。なお、一九〇八年と一九一六年に山頂部で山火事が発生して、ハイマツを焼失する被害をもたらした。

羊蹄山の山名については、「後方羊蹄山」とされ、「シリベシヤマ」と読ませた。これは『日本書紀』に「後方羊蹄《しりへし》を以て政所とすべし」とあり、斉明五年(六五九)に阿倍引田臣比羅夫《あへのひけたのおみひらぶ》が一八〇艘の軍船を率いて蝦夷の国を討った時に、その地に郡領を置いて帰ったことから出ている。しかし、この後方羊蹄の地がどこであるかは不明である。その後、天明元年(一七八一)の松前広長著の『松前志』に「西部シリベシの岡に嶽あり。即ちシリベシ、本名羊蹄、東部にてはオサルベツとも云よし。日本書紀に後方羊蹄と出たるは是なり」とあり、付図の「愚考新図」には羊蹄山が描かれ、その横にシリヘシと注記されている。羊蹄山の山名が記載された最初の地図とされる。

さらに松浦武四郎の『北海道国郡図』により、一八六九年に北海道全域にわたって地名が制定され、後方羊蹄山・蝦夷富士と命名され、現今の呼称の位置付けがなされた。しかし、一般には後方羊蹄山をシリベシヤマと読むことがむずかしかったこと、その東隣に似た呼び名の尻別岳があったことなどから略して、音読みで「ヨウテイザン(羊蹄山)」という名が一般化していった。また、三角点の点名は、一八九七年に陸地測量部が選点した際に、アイヌ語の「マク・カリ・ベツ」(山の・後ろを回る・川)を採り「真狩岳《まつかりだけ》」と命名している。しかし、現在の最高点は三角点(一八九三m)より南にあって五m程高くなっている。

旧来の五万図には後方羊蹄山と蝦夷富士の山名が併記されていたが、修正された二・五万や五万の地形図は羊蹄山となった。これは倶知安町から地名変更の要望が国土地理院に出され、一九五三年に羊蹄山と改称されたもので、標準地名表にも採用され現在に至る。

この山の登山記録は、松浦武四郎が安政五年(一八五八)二月に登ったと『後方羊蹄日記』にあるが、フィクションであるというのが定説になっている。一九〇四年七月に気象観測のため技手・水科七三郎ら四名がアイヌ五人をともなって京極方面から登り、約一か月にわたって山頂で気象観測を行った。次に、わが国にスキーを伝えたフォン・レルヒ一行が一九一二年四月に途中までスキーを用いて頂上近くまで達したが、登頂したか否かは議論の分かれるところである。一九一七年三月に北海道大学スキー部の木原均らが途中からアイゼンに履き替えて登頂。一九二〇年一月には同部の福地義三郎、六鹿一彦ら八名がスキーを用いて厳冬期の登頂に成功した。夏の登山路は、一九〇五年に比羅夫コースが開設され、後に石室「雲上閣」が九合目に建てられ、にぎわったが現在はない。真狩コースは一九二三年に開設。太平洋戦争末期に軍事目的で山岳観測所が頂上に設置され、戦後に山小屋に生まれ変わったが、その後解体された。一九七二年に真狩コースの九合目に羊蹄山避難小屋が建設され、二〇一三年に建て替えられた。夏期は管理人が常駐する。

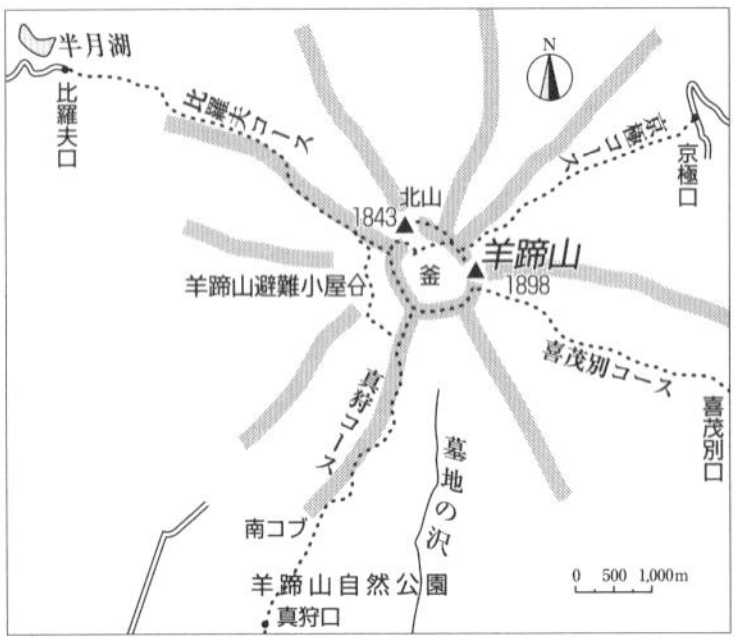

羊蹄山(尻別岳から)

登路 真狩、比羅夫(倶知安)、京極、喜茂別からの各尾根に登山路がある。

真狩コース 羊蹄山自然公園キャンプ場の先が登山口で、途中に水場はない。九合目に羊蹄山避難小屋があり、小尾根を登りつめると外輪山に出、岩尾根を通って頂上に立つ(登山口から約五時間）。冬は滑降によいルートで、スキーヤーやスノーボーダーに人気がある。

比羅夫コース　半月湖畔自然公園が登山口。樹林の中の登りが続き、九合目で避難小屋分岐となる。カール状地形を高山植物の中を登ると外輪の一角に出る。南東に進んで登頂（登山口から約四時間三〇分）。

京極コース　名水のわく「ふき出し公園」から少し進むと登山口がある。六合目辺りから樹林を抜け、足場の悪い岩礫を登って火口の縁に出る、山頂はすぐ南である（登山口から約五時間）。

喜茂別コース　道道九七号の京極と真狩の中間点が登山口で、最高点にダイレクトに登る急なコースである（登山口から約四時間三〇分）。なお、外輪山は約一時間で一周できる。

（京極紘一）

地図　二・五万図　羊蹄山　倶知安

尻別岳　しりべつだけ　　標高　一一〇七ｍ

別称　後別岳　ピンネシリ

虻田郡喜茂別《きもべつ》町、留寿都《るすつ》村、真狩《まっかり》村の三町村にまたがり、すり鉢を伏せたような山容は、富士山の小型版であるが、オタマジャクシのように尾根が南西に張り出して橇負《そりおい》山につづき、南西面はスキー場を含む大規模なリゾート地となっている。尻別岳のアイヌ名は「ピンネシリ」で雄岳の意であり、雌岳を意味する「マチネシリ」は羊蹄山である。

安政二年（一八五五）に蝦夷地御用掛に採用された松浦武四郎は尻別川上流を調査した結果を『報志利辺津日誌』の中で、「後志羊蹄山はソリオイ（橇負）から約三里の所にそびえ、形は富士山とそっくりで、アイヌの人々に問うとマチネシリと答えた。この山の南東にある山をさしてピンネシリと呼ぶ。この二つの山を雄岳、雌岳と考えたのである。ピンネシリは、ソリオイの上にある山で、その形は両耳をそびやかし、筑波山に似ている。アイヌの人々はこの山をシリベツ岳と呼ぶ。シリベツの川端にあるためだろう」と記している。

登路　登山路は北の喜茂別町側の尾根を急登するものと（一合目から約二時間）、留寿都村の橇負山からつづく尾根から頂上に達するものがある（留寿都登山口から約二時間）。

（京極紘一）

地図　二・五万図　喜茂別

昆布岳　こんぶだけ　　標高　一〇四五ｍ

別称　コンポヌプリ　混保岳

虻田郡ニセコ町と豊浦町の境界にある。丘陵のように山麓が広範囲に広がり、山頂部が特徴的に突き出した姿を見せているが、尻別川の北対岸にニセコ連峰や羊蹄山があるためか知られていない山である。昆布岳をはじめ昆布町、昆布川、昆布温泉と内陸にあるにもかかわらずなぜ昆布なのか不明だが、一説には大津波でこの付近に海藻の昆布が引っ掛かっていたからという言い伝えと、アイヌ語の「コンポ・ヌプリ」で瘤山の意があり、昆布岳は当て字で、古くは「混保岳」と書かれたともいわれる。

陸地測量部正木照信が一八九八年七月に登り三角点を選点。一九二一年一月、北海道大学スキー部の板倉勝宣がスキーで登っている。

登路　南尾根に登山路がある。豊浦町上泉に登山口があって、造林の道を利用した広い登山路が七合目までつづく、後はネマガリダケの中の山道を辿ると頂上である（登山口から約三時間）。

地図　二・五万図　昆布岳

（京極紘一）

有珠山　うすざん

標高　七三三m

別称　臼嶽　有珠岳

伊達市、有珠郡壮瞥《そうべつ》町と虻田郡洞爺湖町の三市町にまたがり、いまなお噴火を繰り返している活火山である。二重式火山で、七世紀の有史以来八回の噴火や大火砕流が発生している。直径二㎞の火口原に大有珠と小有珠の二つの山があり、さらに小有珠の基部には銀沼があって放牧地となっていたが、一九七七年の三日間に及ぶ大噴火は洞爺湖畔の温泉街と周辺の農場・農地に大被害をもたらし、すべて火山灰に覆われ砂漠化してしまった。二〇〇〇年三月にも噴火し温泉街や道路・鉄道などに被害をもたらしたのは記憶に新しい。

山名はアイヌ語の「ウショロ」（胸）で、湾口があたかも臆《むね》（ウショロ）のようで、これが訛ってウスとなった。また、その形が臼のようなので、臼岳＝ウショロノホリとも呼ばれた。

登路　有珠山ロープウェイ山頂駅から徒歩一五分の火口原展望台に立つと、噴火の跡の生々しい姿に接することができる。さらに遊歩道は、鏡沼大火口を経て登山口への分岐となる。ここまで一時間程である。外輪山展望台へは一〇分、伊達市有珠町の登山口へは一時間程である。なお、火山活動がつづいているため、登山は外輪山までで、山頂には登れない。

地図　二・五万図　虻田

（京極紘一）

渡島山地

大平山　おおびらやま

標高　一一九一m

別称　オピラ嶽

島牧郡島牧村にあって、狩場山の外周を飾る山で、西面は切れ込み、二本の急峻な尾根を泊川に落としている。その山容は堂々として風格がある。この山の構成は、新第三紀の火山岩や火山噴出物によってでき、侵食によって形成された。この自然に恵まれた地帯を環境省は「大平山自然環境保全地域」に指定して、ブナ林や石灰岩植生および高山性植物などの保全を図っている。

山名は、大平川の水源にあることから名付けられた。大平はアイヌ語の「オピラシュマ」（川口の崖岩）の意である。大平川の原名はピラコアンベツともいわれる。陸地測量部の正木照信が一八九八年七月に登り、三角点を選点した。

大平川支流のヒヤミズ沢は長い廊下と淵と滝がつづき、困難な沢として「日本百名谷」に選ばれている。

登路　泊川の大平山直登沢出合の先に登山口がある。直登沢の左岸尾根にダイレクトに登山路が不明瞭ながらつづいている（登山口から三時間）。植生保護と道路工事のため入山が規制されているので注意。

地図　二・五万図　大平山　賀老高原

（京極紘一）

狩場山　かりばやま

標高　一五二〇m

別称　苅場山　加利波峯

島牧郡島牧村と久遠郡せたな町にまたがり、狩場山塊の主峰であるとともに渡島《おしま》半島の最高峰でもある。更新世に噴出した火山で、開析が進み火山の形態はやや失われているが、ゆったりとした山容は小田西川から屛風のようにそそり立つフモンナイ岳（一三三八m）、東狩場山（一三一九m）、前山（一二六一m）、オコツナイ岳（一一七一m）などを馬蹄形に従え、西へ須《す》築《つき》川、北へ小田西川、北東に千《ち》走《はせ》川の三本の大きな川が急流となって日本海に落ち込んでいる。とくに須築川は北海道を代表する峻険な谷の一つで、「日本百名谷」にも選出されている。山群はさらに南東に延びてメップ岳（一一四八m）、カスベ岳（一〇五〇m）、カニカン岳（九八一m）、長万部岳、大平山などを従属させて雄大である。

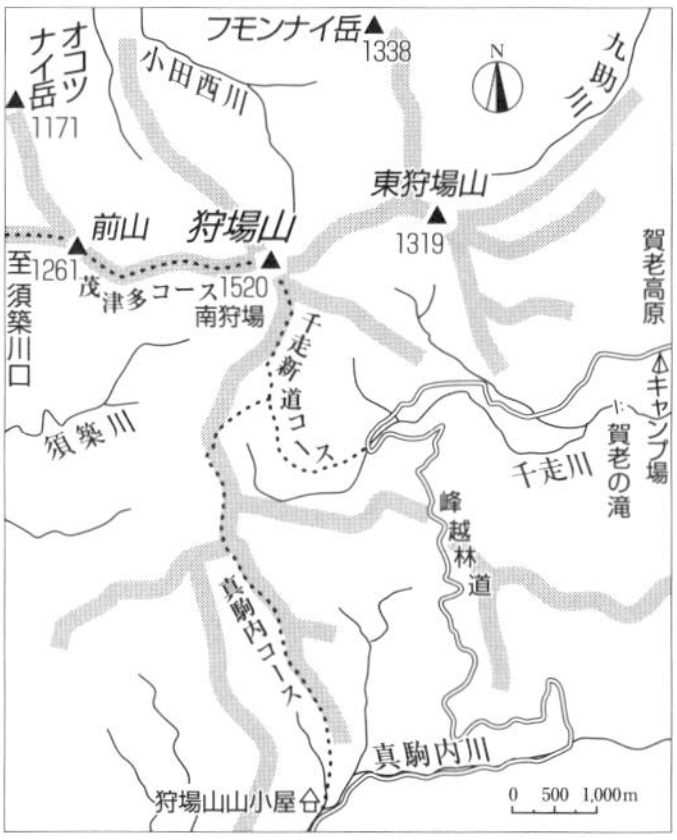

道内有数の豪雪地帯であり、夏遅くまで山頂部に残雪が光っているし、山腹を埋める樹林はブナ林の北限としても有名である。

山頂は平坦で広く、お花畑が広がり、イワ

イチョウ、エゾキスゲなどの群落がある。山名は、アイヌ語で「カリンパ・ウシ・ヌプリ」と呼ばれ、「桜の群生する所」からきていて、狩場はその当て字である。一九七二年六月に狩場茂津多《もった》道立自然公園に指定され、さらに一九七七年二月には狩場山自然休養林に指定されている。

陸地測量部の館潔彦が一八九六年九月に登って三角点を選点しているが、登山が最初に試みられたのは一九二八年で、北海道大学の伊藤秀五郎が単独で挑んだが東狩場山に登頂したものの、主峰は吹雪のため断念。翌年二月、同大学の野崎健之助、菊池寛が賀老台地から南東尾根を経て登頂した。

登路　広大な山域に三本の登山路がある(千走旧道コースは廃道)。狩場山の南尾根に開削された真駒内コースが最初の登山路である。久遠郡せたな町から真駒内川に沿った林道を一七km入った所が登山口で、狩場山山小屋がある。ブナ林の見事な尾根を登る。第一雪渓、第二雪渓のお花畑があり、千走コースと合流すると山頂はすぐ先である(登山口から約四時間)。

千走新道コースは、賀老の滝から峰越林道を進んだ峰千走川橋の手前が登山口で、千走川本流の左岸尾根に登山路があって、標高一二五〇mで南尾根の真駒内コースと合流する。三本のコース中、一番短時間で山頂に達することができる(登山口から約二時間三〇分)。

茂津多コースは、須築川口の海岸が登山口で、まさに海抜ゼロからの登山である。狩場山西尾根に付けられた前山を越えて登る最長のコースである。標高六〇〇mの水場を過ぎると樹林から抜け出て、前山まで単調な登りである。前山からの眺めはよく、起伏の多い尾根を山頂を見ながら登る(登山口から約六時間)。

(京極紘一)

地図　二・五万図　狩場山　賀老高原　須築

長万部岳　おしゃまんべだけ　標高　九七三m

山越郡長万部町と瀬棚郡今金町との境界にある。狩場山塊の東につづく外周の山が黒松内低地に沈む最後の山である。標高は一〇〇〇mに満たないが深山の趣がある。長万部川支流の二股川上流に二股ラジウム温泉があって、天然記念物の石灰華ドームがある。また、後志利別川には美利河《びりか》温泉と鍾乳洞があり、この山は二つの川の源となっている。長万部岳の谷間に残雪がカレイの形に残る時が漁の始まりだとの言い伝えが地元の漁師の間にあり、松浦武四郎の『東蝦夷日誌』の中にも同様なことが記されている。山名の長万部は、アイヌ語の「オサマムペ」(川尻・カレイ類がたくさん獲れる河口)の意で、古くから漁などの生活に密着した山であったようだ。

登路　二股ラジウム温泉分岐から三km先に登山口があり、かつては山小屋うすゆき荘が建っていたが、老朽化で取り壊された。古い車道を利用した七曲りの登山路が鉱山跡まであり、さらにブナ林の路が尾根のコルから稜線上につづいている(登山口より約二時間)。

(京極紘一)

地図　二・五万図　大平山　二股温泉

遊楽部岳　ゆうらっぷだけ　標高　一二七七m

別称　ユーラプ山　由良布岳　見市岳

二海郡八雲町と久遠郡せたな町にまたがり、渡島半島のくびれた所に位置する広大な山塊である。頂上部は細長く平坦で標高は低いが、たおやかながらどっしりとした山容である。

山名は、八雲町に流れる遊楽部川の上流にあるので、その名が付いた。遊楽部はアイヌ語の「ユー・ラプ」で「温泉が・下がる」の意である。

陸地測量部の館潔彦が一八九六年八月に見市川を遡行し、遊楽部岳頂上に登り三角点を選点、点の名称を「見市岳」とした。

登路　せたな町北桧山の太櫓《ふとろ》川を道道四二号が渡る暁橋の所に登山口の標識がある。そこから川沿いに一km入った所が登山口で、臼別岳経由の起伏のある長い尾根に九・六kmの登山路がある(登山口から約五時間)。　(京極紘一)

地図　二・五万図　遊楽部岳　貝取澗

雄鉾岳　おぼこだけ　標高　一〇〇〇m

別称　ヲボコ嶽

二海郡八雲町にあって、特異な景観を呈する山峰である。山名は、アイヌ語の「カムイ・エロキ」(神様がそこに立っている)、あるいは「ウカイヌプリ」(お互いに背負い合う山)ともいわれ、あがめられていた岩峰が「鉾を立てたような姿」であったことから、江戸時代に和人によって名付けられたようである。

北山麓には明治時代から鉱山があって温泉がわき、湯治や鉱山の職員用に利用されており、昭和期に入るとマンガン鉱山として栄えた。雄鉾岳の北東面は急峻な岩壁となっていて、一九六五年三月に富士製鉄室蘭山岳部の大佐々哲夫らが割出尾根を登攀している。

一九六九年の八雲鉱山の閉山とともに集落は消滅し、郵便局が現在「オボコ山の家」として生まれ変わり、登山者に利用されている。林野庁のレクリエーションの森の指定を受けてから周辺の整備が進み、地域の名称も八雲温泉となった。

登路　オボコ山の家から銀山沢、さらに雄鉾沢、カナケ沢に沿って登山路がある。大岩壁の下を左にトラバースして急なルンゼを登ると稜線に出る。少し先が頂上(登山口から約三時間三〇分)。　(京極紘一)

地図　二・五万図　渡島鮎川　砂蘭部岳

乙部岳　おとべだけ　標高　一〇一七m

別称　九郎岳　音部岳

爾志《にし》郡乙部町と桧山郡厚沢部《あっさぶ》町にまたがり、すぐ北側を渡島半島の分水嶺が東西に走っている。日本海側に位置しているため、対馬海流の影響を受けて道内でももっとも海洋性気候を呈し、温暖な気候は、温帯要素と多雪地帯特有の植物が優占する地域である。乙部岳は、松前層群と呼ばれる粘板岩や砂岩からなり、比較的均質なのが特徴である。「乙部」とはアイヌ語の「オトペッ」(川尻に沼の多い川)の意である。

山懐に九郎神社が建立されていて、安政六年(一八五九)に修験者が九郎嶽に登り、山上に祠を建てて修行を行ったと伝えられている。また、東北で敗れた源義経が蝦夷に逃れ、乙部から雷電、寿都《すっつ》への逃避行の伝説がこの山にもある。

登路　姫川沿いの道道一〇六一号の先の林道に登山口があって、沢と尾根にそれぞれ登山路がある。尾根コースは鳥居をくぐった所がスタートとなり、変化のない尾根を辿り、憩岩で沢コースと合流する。沢コースは尾根の右手の沢沿いに登山路がある（両コースとも登山口から約三時間三〇分）。

地図　二・五万図　乙部岳

（京極紘一）

駒ヶ岳　こまがたけ　標高（剣ヶ峰）一一三一m

別称　渡島富士　内浦岳　カヤベヌプリ　大沼岳

茅部郡森町、鹿部町と亀田郡七飯《ななえ》町の三町にまたがり、安山岩の成層火山でいまも噴煙を上げている。独立峰であるが頂上は剣ヶ峰と砂原岳（一一一二m）、隅田盛（八九二m）と、三つのピークに分かれ、駒ヶ岳はその総称であり、最高点は剣ヶ峰である。

頂上部は馬蹄形の火口原となり、大きく割れた火口列があって、三つのピークはそれの火口壁にあたる。四周に裾野を広げ、放射状の谷はあまり侵食が進んでいない。

この山は、大沼方面からは馬のように見えることから駒ヶ岳の名が付き、山姿の美しさでは北海道の名山に恥じない。一説には、昔松前藩の代官・相原周防守季胤が武田義広との戦いに敗れて戦死したとき、その愛馬が主人と別れてこの山に登ったので名が付いたともいわれている。古くは内浦湾（噴火湾）に面しているので内浦岳と呼ばれ、北側からは富士山のように見えることから「渡島《おしま》富士」とも呼ばれていた。このように特異な形が印象的で、周辺から見る位置によって全体の容姿が大きく変化するのが特徴である。

駒ヶ岳（大沼から）

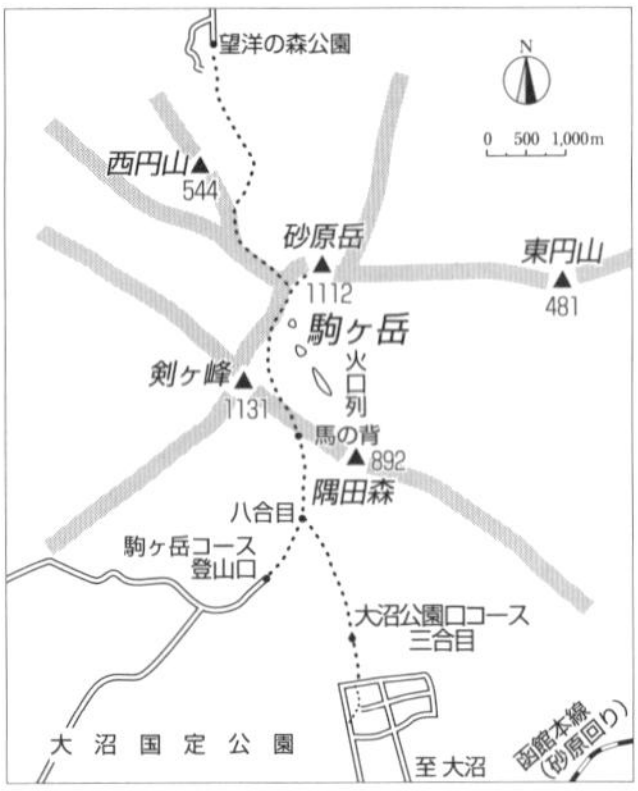

谷文晁の『日本名山図会』に内浦岳が噴火前の姿で載っている。かつてはコニーデ形（円錐形）の山であったが、那須火山帯に属しており、爆発の経歴は多く、寛永一七年（一六四〇）の噴火が文献に出てくる最初の大噴火で、明和二年（一七六五）、安政三年（一八五六）、一九二九年の大噴火のほか、数多くの小噴火が繰り返されて、頂上部が吹き飛ばされて現在のような姿になった。とくに寛永の噴火は崩壊した大量の岩石が内浦湾になだれ落ちて津波が発生し、七百余

人が溺死したといわれている。また、一九二九年の噴火では付近の集落に被害を与えるとともに噴出物は折戸川を堰止め、山麓に大沼、小沼、蓴菜《じゅんさい》沼を造り出した。

これらの沼に駒ヶ岳の姿を静かに映すのは見飽きず、山麓の樹林は野鳥の楽園でもあることから、都道府県鳥獣保護区に指定され、さらには国定公園の指定も受けている。

この山の植生は、山麓部は浮石質火山灰の地に繁茂するナラなどの広葉樹に覆われ、中腹はナナカマド、ミヤマハンノキなどが優占し、それ以上は草本帯となっていて、イワギキョウ、イワヒゲ、エゾイソツツジ、シラタマノキなどの高山植物を見ることができる。

万延元年(一八六〇)秋にロシアの植物学者マキシモヴィッチが植物調査で登り、一八七九年八月には、ドイツ皇帝の弟ハインリッヒが観光目的で登っている。

三角点は、一八九六年八月に陸地測量部の館潔彦により砂原岳の頂上に置かれた。なお、砂原岳の山名はアイヌ語の「サラキ」(鬼芽)で、『弘前蝦夷志』には「『サラ』は尾なり駒ヶ岳噴火の時この沙尾なす」とある。一九九六年、一九九八年と小噴火を起こし、現在も火山性微動がつづいているため、登山は制限されている。

登路　駒ヶ岳(赤井川)コース　一番利用者の多いコース。JR函館本線赤井川駅付近から国道五号と分かれて旧別荘分譲地を通り、車道が森林帯を抜けた六合目までつづく。広い駐車場があり、そこが登山口である。火山特有の砂礫の道が広い斜面にあって、八合目で大沼公園口(銚子口)コースと合流。登り切ると馬の背である。この先、剣ヶ峰は鋭く突き出た岩峰となって、崩壊が激しく登頂は危険なため、一般にはここを頂上としている(登山口から約一時間)。また、馬の背から火口原を通って砂原岳まで不明瞭ながら踏み跡がある(馬の背から約四〇分)。

大沼公園口(銚子口)コース　大沼の北岸に登山口があって、別荘分譲地の中を通って山道に入り、八合目で駒ヶ岳(赤井川)コースと合流して馬の背に達する(登山口から約三時間)。

渡島砂原コース　JR函館本線渡島砂原駅の南にある望洋の森公園が登山口で、尾根道が西円山(五四四m)経由で砂原岳へつづいている(登山口から約三時間)。

地図　二・五万図　駒ヶ岳　砂原

(京極紘一)

横津岳　よこつだけ　　標高　一一六七m

別称　大川岳

亀田郡七飯《ななえ》町にあって、南東隣の袴腰岳(一一〇八m)とともに亀田半島の盟主である。那須火山帯に属する古い火山で、頂稜部は安山岩質の溶岩からなる地形を示し、なだらかな高原状の山塊を形成している。

山名はアイヌ語の「ユク・アッ・ヌプリ」(シカがたくさんいる山)で、それが転嫁して「ヨコツ」になったといわれている。江戸時代には「大川岳」とも呼ばれていた。冬は強い北西風の通路となり、寒冷前線が多量の降雪をもたらしスキーには最高であるが、気象の変化が激しく遭難事故が多発している。一九七一年七月には、濃霧のため山腹に航空機が激突して犠牲者を出す事故も発生している。頂上には航空レーダー基地ができた。
　舗装された車道が頂上までできて登山としての興味は薄くなったが、近年、袴腰岳までの縦走路が開削されて人気が回復してきた。
登路　七飯町の横津岳スキー場跡の上のゲートが登山口で、舗装された車道を辿って頂上に至る（約四〇分）。頂上手前のアンテナ施設から東に縦走路があり、高原状の広い尾根を烏帽子岳を越えて袴腰岳に至る（約二時間）。下山は、往路を戻ってもよいが、袴腰岳から新中野ダムへの道がある（袴腰岳頂上から約一時間三〇分、登りは約二時間三〇分）。
地図　二・五万図　横津岳　大沼公園

（京極紘一）

恵山　えさん　　標高　六一八m

別称　エシャニヌプリ

亀田半島の南東端、函館市の恵山地区と椴法華《とどほっけ》地区にまたがり、複式の活火山で溶岩円頂丘はいまもなお盛んに水蒸気、硫黄ガスを噴出している。西面に広がる荒涼とした火口原は「賽ノ河原」と呼ばれている。

　太平洋に臨む恵山は、千島より南下する親潮（寒流）と津軽海峡を通る対馬海流（暖流）の影響で、相対して多量の水蒸気が凝縮して海霧を生じる過酷な条件下にあり、低い山にもかかわらず、火山性砂礫地と相まって百五十余種の高山植物のお花畑が美しい。とくに火口原でのエゾヤマツツジ、サラサドウダン、エゾイソツツジなどの開花は見事である。

　頂上には権現堂と呼ばれるお堂があり、日持作の仏像が安置されている。高田屋嘉兵衛が航海の安全を祈願した碑もあって、山道には三十三体の石仏が安置されて、道南の霊場として古くからあがめられてきた。

　山名は、アイヌ語の「エ・サン」（溶岩が出る）で、山が火を吹き軽石を飛ばしたことからきている。

登路　ホテル恵風駐車場からの恵山岬コース（頂上まで約一時間三〇分）と椴法華小学校からの八幡川コース（約二時間三〇分）の二本であるが、ほかに賽ノ河原駐車場からの遊歩道もある（約一時間）。

地図　二・五万図　恵山

（京極紘一）

大千軒岳　だいせんげんだけ　　標高　一〇七二m

別称　欝金岳　浅間岳　鷹待岳　千軒岳

松前郡松前町と福島町および桧山郡上ノ国町の三町にまたがる、松前半島の最高峰であるとともに北海道の最南端に位置する山である。周囲には前千軒岳（一〇五六m）、燈明岳（九三一m）、袴腰岳（八一五m）、七ッ岳などが連なり、標高のわりにどっしりとした分水嶺を形成している。

　三方を海に囲まれていることから風が強く、主稜線には風衝草原が広がって見事なお花畑となっている。山腹を埋める樹林帯には北海道特有のエゾマツ、トドマツは見られず、温帯夏緑林のブナ林が優占するが、樹種の多い植生である。森林限界を超えると高山帯となるが、ここではハイマツの群生は見られない。

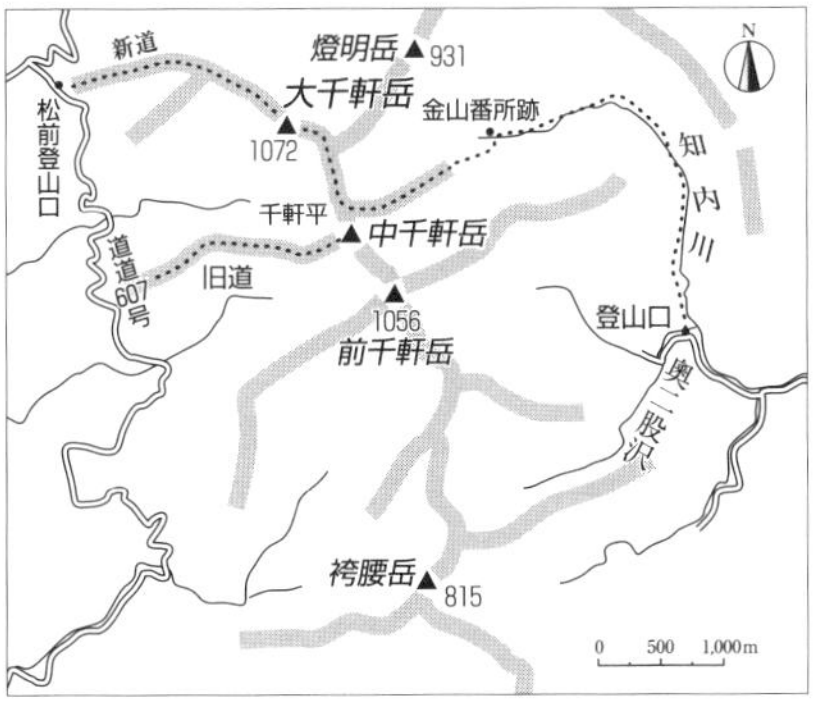

この山はかつて「浅間岳、鬱金岳」などと称され、松前藩によって金山が開かれ砂金採掘が行われていた。松前広長の『松前志』(天明元年・一七八一)によると、「福山近辺にて鬱金岳を大嶽とす。……昔時金鑿の徒多く屋舎を建連ね、一大郷の如くなりけるよりして千軒と名づけたり」とあり、当時の鉱夫の集落が千軒もあったことから千軒の地名となり、現在の千軒岳になったというのが通説になっている。

千軒金山は鉱道を掘って金鉱を採取するのではなく、千軒岳から流下する諸河川に貯留する砂金を拾ったり、包含層の山肌を洗って砂金を採る方法であった。知内川本流の千軒岳六合目付近と、福島町千軒地区の碁盤坂には大きな砂金採り集落があって、金山番所があったと推定されている。

また、この山はキリシタンが大勢処刑された殉教の地としても有名である。外国人神父の『蝦夷国報告書』によると、元和六年(一六二〇)に危険を冒して蝦夷地に入った神父が千軒の砂金集落に至り、キリシタンの布教と砂金採取の技術指導を行ったとある。

さらに『福山秘府、年歴部四』には、幕府のキリシタン禁止政策により寛永一六年(一六三九)に松前藩金山で一〇六名のキリシタンを処刑、うち五〇名の男女を千軒金山で刎首処刑したとの記録がある。

陸地測量部の館潔彦は、一八九六年七月に頂上に至り、三角点「千軒岳」を選点した。

登山の記録として、戦前に函館日魯水産の垣内佳三が冬に単独で登っている。しかし、吹雪の中と地図の誤りもあって、登頂したのは頂上手前だったらしい。一九五四年二月に小樽山岳会の一原有徳、小林年ら三名が知内川から登頂している。

登路　登山路は歴史的な知内川コースと松前町の奥から登る最短コースの二つがある。

知内川コース　福島町千軒から知内川に沿う林道を八km入った所が登山口で、知内川に沿うブナとサワグルミ林の中を辿ると金山番所跡があって白い十字架が立っている。ここでは毎年、殉教者の追悼ミサが行われている。千軒銀座から尾根路となり、千軒平に立つとここにも大きな十字架がある。お花畑を辿ると頂上である(登山口から約四時間)。

松前コース　新道と旧道の二本がある。新道は道道六〇七号の松前町と上ノ国町の境界が登山口で、町境尾根を忠実に辿ると頂上である(登山口から約一時間一五分)。なお、旧道は新道口の三km松前寄りが登山口で、中千軒岳の尾根に道があるが、少々荒れている。

地図　二・五万図　大千軒岳

(京極紘一)

七ツ岳　ななつだけ

標高　九五七m

桧山郡上ノ国町と松前郡福島町および上磯郡知内町の三町にまたがり、南西にある大千軒岳とともに松前半島の盟主である。

一九〇九年五月三日に按田宗則が登って三角点を選点している。山名は、頂上が七つに分かれていることから七ツ岳と称された。

天ノ川支流の上ノ沢から登山路があって、林道の入り口に湯の岱《たい》温泉があることから湯の岱コースと呼ばれている。天ノ川河口付近にある花沢館跡は、長禄元年（一四五七）、蝦夷が蜂起して酋長コシャマインが来攻したとき、蠣崎季繁と武田信広が花沢館（砦）で守り抜き、撃退した自然の要害の地である。東面の知内川の支流・ツラツラ川は小滝の連続する明るい沢であり、西面の石崎川は黄金伝説のある沢として知られている。

登路　道道五号の湯の岱温泉から上ノ沢林道を二〇km弱入った所に登山口がある。チシマザサの中の道を大沼を経由して尾根に上がり、稜線を辿って頂上に至る（登山口から約一時間三〇分）。

地図　二・五万図　七ツ岳　（京極紘一）

江良岳　えらだけ

標高　七三二m

渡島大島は北海道本島松前町の西方約五〇kmの日本海に浮かぶ周囲一六km、面積八九四haの無人島である。島の中央部には最高峰の江良岳、次に清部岳（七二二m）がつづき、その北に寛保元年（一七四一）に噴火してできた火口丘の寛保岳（六四八m）があって、半弓状に並んだ三重式の複雑な火山となっている。樹木はなく溶岩と乾燥した砂礫地に草が生えるだけで、オオミズナギドリの繁殖地として有名。保護のため天然記念物に指定されているので、入島は厳しく制限され、文化庁の許可なくしては立ち入ることができない。

大島の噴火の記録は、寛保元年（一七四一）八月に噴火して江差、福山、松前に火山灰を降らせ、さらに津波を発生して南西部の海岸を襲い、一四〇〇人もの死者を出した。とくに、乙部町では津波の高さが一五mに達した。俗にいう寛保の津波である。その後も噴火を繰り返している。

登路　登山路はなく、東風泊《やませどまり》から寛保岳の南西尾根が登られている。

地図　二・五万図　渡島大島　（京極紘一）

山地・山脈別 山座解説

本州

下北山地

桑畑山 くわはたやま（くわばたやま）

標高　四〇〇m

別称　尻屋山

青森県下北郡東通村尻屋崎（下北半島の北東端）のすぐ南に位置し、東に太平洋、西に津軽海峡に挟まれた石灰岩台地（東側が断崖）からなる山である。南西斜面の水は北ノ沢に集められて南西流し、褜部《ほろべ》川となり、津軽海峡に注ぐ。山頂の北東から南東にかけての斜面の水は太平洋に、また、北西から西にかけての斜面の水は津軽海峡へ複数の小さな沢となって注ぐ。

この山ではハマフウロやハマナスなどの海岸植物のほか、ガンコウランなどの亜高山植物が見られる。春のカタクリ、初夏のヤマツツジ、夏のハマフウロ、ノコギリソウ、クルマユリなどのお花畑が美しい。沢沿いではサワシバ、シナノキが目立ち、山麓ではヒノキアスナロ（ヒバ）、クロマツ、ミズナラが見られる。さらに一帯はニホンカモシカ、ニホンツキノワグマ、トウホクノウサギなどの哺乳類やハヤブサの生息地でもある。山頂付近の草原は牛の放牧に利用されている。また、主に北西斜面は日鉄鉱業尻屋鉱業所による石灰岩の採掘が盛んで、ナウマンゾウの化石が発見されたこともある。北斜面にあった鍾乳洞は崩壊して現在は存在しない。南西斜面には大規模風力発電用風車が四十基余り立ち並んでいる。山頂からは恵山、大間崎、恐山山地、猿ヶ森大砂丘（ヒバの埋没林と防衛省下北試験場）が一望される。眼下には尻屋崎の灯台（一八七六年完成、東北地方最古の洋式灯台）と周辺の天然牧草地（一年を通して寒立馬《かんだちめ》と呼ばれる馬が放牧されている）が見える。日本野鳥の会によると尻屋崎はロシアや北海道と本州とを結ぶ渡り鳥のルートにあたっているという。また、尻屋崎の西にある弁天島ではケイマフリ（ウミスズメ科の海鳥）が繁殖している。尻労《しつかり》の浜は「鳴き砂」で知られる。

登路　桑畑山は、山頂部分が広く風力発電会社に貸し出されており、現在は管理者によって立ち入り禁止になっている。尻労集落の廃坑前の登山口駐車場から急な涸れ沢沿いに登ると、涸れ沢上流から流れてきた水が突然、岩の穴や隙間に吸い込まれる場所に至る。ここから左岸斜面を這い上がり、牧歌的な草原に出る。そのまま北へ尾根を越えれば尻屋の集落へ至る（分岐は不明瞭で急な沢沿いの上級者向き）。山頂方面へは緩やかな斜面を標高の高い方への道を辿る。途中、放牧用作業道（入り口に牛止めのゲートがある）を経由して山頂に至る。そ

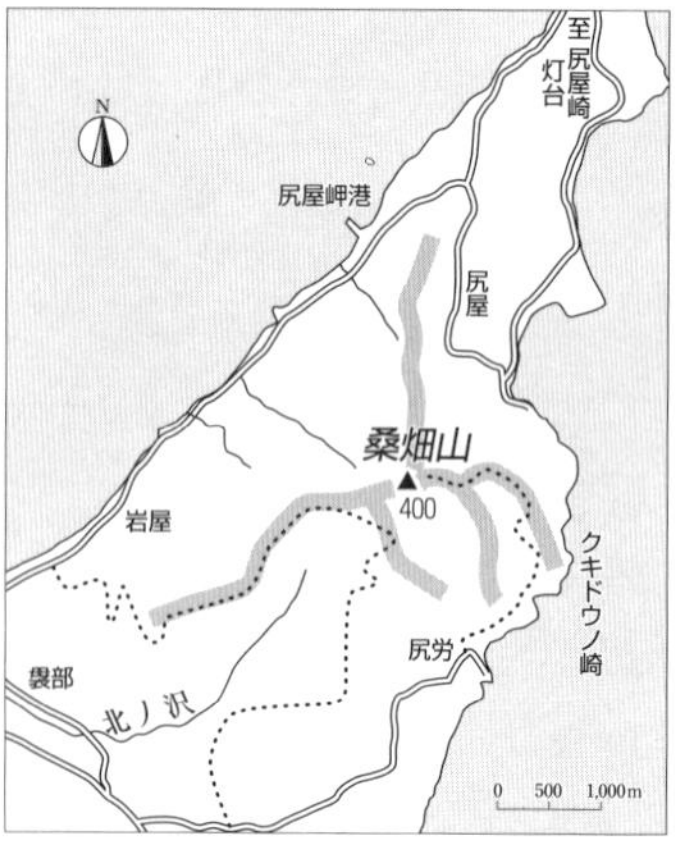

のほかの登山路として津軽海峡側の岩屋集落から南西尾根に沿って山頂の手前までの作業道がある（登山口から約一時間三〇分）。

地図　二・五万図　尻屋

（鈴木邦彦・前田恵三）

吹越烏帽子　ふっこしえぼし

標高　五〇八m

別称　吹越山、烏帽子岳

青森県上北郡横浜町と六ヶ所村にまたがり、南北に延びる下北丘陵の最高峰である。下北半島をマサカリの形に例えれば、ちょうど、柄の握り部分に位置している。山名の由来は「風が吹き抜けていく所にある烏帽子のような山」という説がある。『青森県山岳風土記』によれば「菅江眞澄遊覧記おぶちの牧編」に「いかにも烏帽子のような姿をして、高牧の背後に見えた」と記されている。山の東斜面の水は老部《おいつべ》川に集まり南流し、やがて東に向きを変えて太平洋に注ぐ。南斜面の水は二股川に集まり南流し、のちに東に向きを変えて、尾鮫《おぶち》沼を経由して太平洋に注ぐ。西斜面および北斜面の水はそれぞれ武ノ川と吹越川に集まり、ともに西流して陸奥湾に注ぐ。

山体は安山岩集塊岩よりなる。『青森県山岳風土記』の中に、「かつてこの辺一帯は放牧地であった。牛馬の蹄で痛めつけられ表層が剝げると風の強いところでは元の状態に戻らない」とある。山頂は三六〇度の展望が得られ、東に太平洋、西に陸奥湾が望まれる。

登路　JR大湊線吹越駅から尾鮫（六ヶ所村）へ通じる県道を四・三km程進むと、「烏帽子岳・この先四km」の標識のある分岐に着く。左折するとすぐに第一明神平の集落である。旧烏帽子平分校（現烏帽子平自然の家）前を経由し、一・七km程林道を進むと縦走路案内板（横浜トレッキングクラブ、HAT・J青森支部設置）のある登山口（約一四〇m）に着く。歩道はスギの植林地を抜け、しばらく小沢の左岸に沿う。途中で送電線建設用作業道に接近するが、再び森の中の歩道となる。徐々に勾配を上げると展望のよい砂礫地帯に出る。この先、樹林はぐんと低くなり展望も開けてくる。やがて吹きさらしの急斜面となり、登山道沿いに設けられたロープにすがりながら登れば、祠のある山頂に着く（登山口から約一時間一〇分）。

地図　二・五万図　陸奥横浜

（鈴木邦彦・前田恵三）

燧岳　ひうちだけ

標高　七八一m

別称　むつ燧岳　燧ヶ岳　佐藤ヶ平山　佐渡平山

青森県下北郡風間浦村とむつ市大畑地区にまたがるが、山頂の三角点は大畑地区に位置する。山名の由来ははっきりしないが、その姿が火打石やヒウチガネに似ていることから付けられたとの説もある。ただし、火打石を産出する話はない。

西に易国間《いこくま》川、東に大赤川と小赤川、南に大畑川の薬研渓谷を有する。いずれの河川も津軽海峡に注ぐ。山体はなだらかな火山性ドームを形成し、標高約六〇〇m以上はほとんどブナの純林（林齢一四〇〜二〇〇年）となっている。山の南東斜面は佐藤ヶ平《たい》と呼ばれ、広大な火山泥流台地をブナやヒノキアスナロを主体とした混交林が覆っている。ブナ択伐地帯の林床は背丈ほどのチシマザサなどに覆われ、タケノコ採りの季節には地元の人でにぎわう。山頂の南東斜面（標高四～五〇〇m）には牛の放牧跡地（昭和後期）がある。山頂はアカミノイヌツゲ、矮《わい》小化したブナ、ナナカマドなどで覆われているが、三角点わきの立ち見台に登れば、津軽海峡、北海道、八甲田山、岩木山、尻屋崎、大間崎などが望まれる。
　この山域は国の天然記念物に指定されている北限のニホンザル、ニホンカモシカ、ニホンツキノワグマなどの哺乳類やクマタカ、オオタカなどの猛禽類が生息している。また、オオワシ、オジロワシなどが越冬する。
登路　風間浦村易国間から易国間林道を七km程進み、大間森林事務所作業小屋手前で左折し、小川目《こかわめ》林道に入る。そこから約八km程進むと右側に登山口（標高約六〇〇m）の標識がある。山頂までは太いブナの純林の中に付けられた緩やかな歩道を辿る（登山口から一時間弱）。
地図　二・五万図　下風呂　薬研温泉　（鈴木邦彦・前田恵三）

朝比奈岳　あさひなだけ　標高　八七四m

　青森県むつ市大畑地区と川内地区の境にあり、下北半島第二の高峰である。山頂より北西および南西へ延びる町界尾根の北東斜面の谷（湯ノ股川、うぐい滝沢）はいずれも東流する大畑川に合流し、津軽海峡へ注ぐ。また、南西斜面の谷（新助沢、湯ノ小川、和白沢）はいずれも西流する川内川に合流し、陸奥湾へ注ぐ。宇曽利山《うそりやま》湖を中心とする恐山カルデラの外輪山の一角にあり、下北半島最高峰の釜臥山まで峰つづきである。また、下北半島国定公園内に位置し、恐山山地森林生態系保護地域の北西端に接する。主にブナ林（林齢約二〇〇年）が上部斜面を覆い、下部斜面や北向き斜面はヒノキアスナロが広葉樹と混交する。山頂付近は三角点の所を除き背丈二～三m程のブナ、ナナカマド、ハウチワカエデやオオカメノキ、チシマザサなどに覆われている。この一帯は下北半島の中でも、とりわけニホンツキノワグマの目撃や痕跡が多いといわれる。
登路　大畑川沿いの奥薬研温泉から湯ノ股林道を経由し、上部で左折しカスベ沢林道に入る。直ちに右折し上カスベ沢林道へ入る。二〇〇五年までは、林道は簡単に歩けたが、現在はヤブも濃い。終点が登山口（標高約三七〇m）である。林道終点から上の道はほとんど分からなくなっており、GPSを持ちながらのヤブこぎになる。川内からの登山道も廃道となっている。朝比奈岳北稜線に到達。ここより稜線直下西側斜面を南へ向きを変え、高度を上げると背丈ほどのササと灌木に囲まれた山頂に至る（登山口から約二時間）。山頂には三角点と山頂のマークがある。
地図　二・五万図　薬研温泉　恐山　（鈴木邦彦・前田恵三）

大尽山　おおづくしやま　標高　八二七m

別称　大盡山　おおつくしさん

　青森県むつ市にある。霊場恐山の宇曽利山湖（別称・宇曽利湖、水面標高二一〇m、水深一五m、周囲一二・五km、宇曽利は蝦夷語で凹を意味する「ウショロ」が語源とされる）を中心として恐山カルデラ外輪山を形成する山々の中で、ひときわ均整のとれた三角形の山容をなし、その姿はエメラルドグリーンの湖面によく映える。また、大尽山は霊場を囲むように座する「蓮華八葉（八峰）」の主峰的存在である。八峰は剣山（四〇〇m）、地蔵山（三三〇m）、鶏頭山（三二一m）、円山《まるやま》（八〇七m）、大尽山、小尽山（五一三m）、北国山（八四四m）、屏風山（六二八m）をいう。

山体はデイサイト、輝石安山岩溶岩で構成される。山の北西斜面の水を集める大尽沢は北東流し、北東斜面の水を集める小尽沢とともに宇曽利山湖に直接注ぐ。湖水唯一の出口は「三途の川」と呼ばれ、やがて正津川とその名を変えて北東流し津軽海峡に注ぐ。南斜面の水は大川目川と熊沢の二手に分かれ、ともに陸奥湾へ南流する。

大尽山（宇曽利山湖畔から）

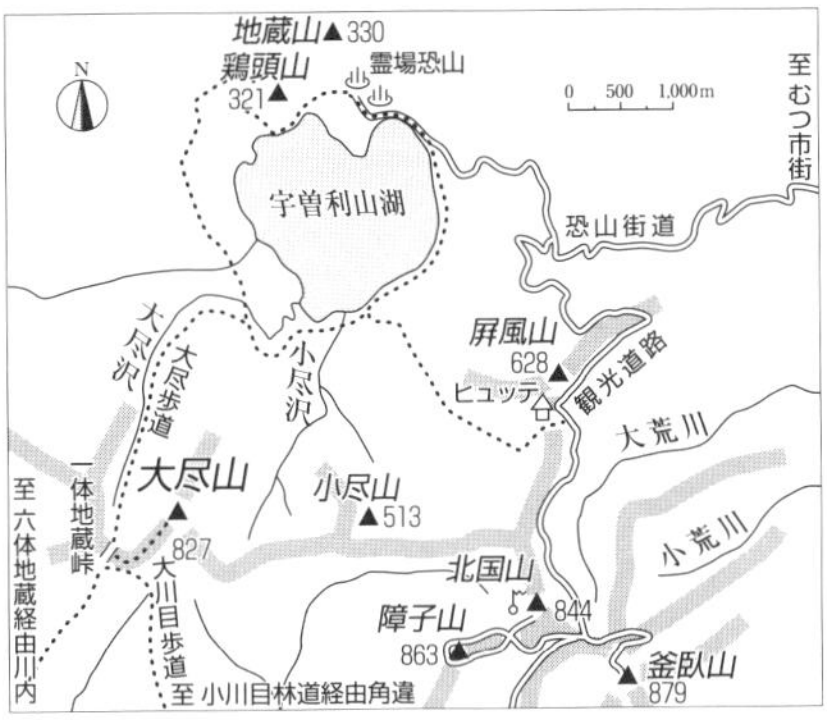

下北半島国定公園（一九六八年七月指定）に位置するこの山の南斜面下部は、ブナ、ミズナラ、イタヤカエデなどの広葉樹で覆われ、上部はブナの純林（林齢一六〇年余り）である。一方、北西および北東斜面は恐山山地森林生態系保護地域に指定（一九九五年三月）され、原生的な天然林のブナ（林齢一七〇年余り）にヒノキアスナロ（ヒバ）の優占する混交林が保存されている。山頂はハイイヌツゲ、チシマザサ、矮《わい》小化したブナなどに覆われているが、展望によい露岩もあり、燧《ひうち》岳、宇曽利山湖と霊場恐山、尻屋崎、釜臥山、吹越烏帽子、八甲田山、岩木山、朝比奈岳はもとより、津軽海峡を隔て、恵山や駒ヶ岳などが望まれる。沢沿いにはトチノキ、サワグルミ林が目立つ。また、眼下の宇曽利山湖畔ではイソツツジやミズバショウの群落、ハクサンシャクナゲ、アカミノイヌツゲ、ヤチダモ林などが見られる。湖水は強酸性（pH三・四〜三・八）でほかに例を見ない酸性水適応型のウグイが生息し、五〜六月に産卵のため、周辺の小沢に遡上する。また、湖周辺ではカワウ、ミサゴ、カンムリカイツブリなどの鳥類や、モリアオガエルやトウホクサンショウウオなどの両生類が生息している。この山域一帯はニホンツキノワグマやニホンカモシカの生息地でもある。

登路　宇曽利山湖の北東角（湯坂下県営駐車場）から湖畔遊歩道を時計回りに辿れば、大尽山登山道（大尽歩道）の入り口に至る。これより大尽沢右岸沿いに登れば一体地蔵がある峠（大尽山西鞍部）に出る。この峠はむつ市角違《すみちがい》集落からの歩道（大川目歩道）と川内から六体地蔵を経由する歩道の合流点となっている。角違からの道は二〇一四年にむつ山岳会が整備して良好だが、川内からの道は廃道になっている。いずれの道も、かつては恐山への参道として利用された。峠のすぐ東にミズバショウの群生する小さな湿地がある。大尽山山頂へは峠からブナとヒノキアスナロの混生した大尽山南西稜線を登る（宇曽利山湖畔から約三時間）。

地図　二・五万図　恐山

（鈴木邦彦・前田恵三）

釜臥山　かまふせやま　標高　八七八m

別称　斗南磐梯《となみばんだい》　釜伏山

青森県むつ市の南西部に位置する下北半島最高峰である。南東斜面はむつ市街地に面し、海岸から一気に標高を稼いで山地帯から亜高山帯に至り、頂上はその名の由来どおり、釜を伏せた形（溶岩円頂丘）になっている。頂上直下には岩場（輝石安山岩）があり、ロッククライミングのゲレンデとしての歴史もある。

頂上からの展望は開けていて宇曽利山《うそりやま》湖、むつ湾、尻屋崎、八甲田山、岩木山、津軽半島、北海道の恵山まで見渡すことができる。頂上には三角点と兵主《ひょうず》神社奥社があり、航空自衛隊のレーダーサイト（立入禁止区域）にもなっている。頂上北斜面の水は大荒川へ、また、北東斜面の水は小荒川へ集められ、いずれの川も南東へ向きを変えて陸奥湾に注ぐ。南斜面の水は宇曽利川を経て芦崎半島の基部付近で陸奥湾へ注ぐ。

釜臥山（成層火山）が属する那須火山帯は八甲田山からむつ湾に没し、再び隆起して下北半島の恐山山地を形成している。また、北上山地は階上《はしかみ》岳から地中に没し、下北半島で再び隆起して尻屋崎の桑畑山に繋がっている。釜臥山は恐山火山で最初に活動した寄生火山で、その後、西方の北国山、障子山などが活動を始め、やがて宇曽利山湖を囲むように朝比奈《あさひな》岳、大尽《おおづくし》山、円山《まるやま》（八〇七m）などを外輪山とする恐山カルデラが形成された。

恐山山地一帯は下北半島国定公園に指定（一九六八年七月）され、釜臥山の一部は「恐山山地森林生態系保護地域」にもなっている。釜臥山の南東斜面はニホンカモシカ（国の特別天然記念物）の冬季観察場所として利用されている。また、ニホンツキノワグマなどの痕跡も見られる。山麓の芦崎湾（むつ市大湊）には冬の間、オオハクチョウやコクガンが渡来する。

釜臥山（七面山から）

登路　むつ市水源地公園（優美な日本最古のアーチ式ダムがある）から桜木沢右岸の林道を経てアカマツ主体の林を過ぎると、コナラ、ミズナラ、ホオノキ、サワグルミの林となる。沢の音やカケスの声を聞きながら緩い傾斜の歩道を登り、沢の源頭近くで砂礫の尾根に

出ると展望が開ける。ここで、スキー場を登ってくるルート（途中、「雪挺弥栄」と書かれたスキー技術伝承の記念碑および抱山を経由）と合流する。七面山の岩の祠（龍神様）を過ぎると、再びブナ、イタヤカエデ、ナナカマドなどの広葉樹林帯となる。やがて、強風のため矮小化した灌木帯の急登をあえぐと頂上直下の岩場の基部に出る。岩場の西側にあるガレ場へ回り込めば、後ひと息で釜臥山の頂上。頂上周辺にはミネザクラ、ミネヤナギ、アカミノイヌツゲ、コメツツジ、ウラジロヨウラク、ミネカエデなどが見られる。頂上の北側に付けられた階段を降りると、むつ市展望台と一般駐車場がある。

恐山霊場方面には航空自衛隊の専用道路、観光道路を経て屏風山ヒュッテ（避難小屋）に至り、ここからはブナとヒバの原生的な森の中を宇曽利山湖畔へと下る歩道がある。湖畔に下りた後は、湖沿いの遊歩道を反時計回りに辿って湯坂下（霊場正門の東にある三途の川付近）に出る。または、宇曽利山湖一周道路（車道であるが一般車は通行禁止）を時計回りに辿って霊場の裏門に至る（登山口から頂上まで約二時間三〇分、頂上から宇曽利山湖畔まで約一時間四〇分、湖畔から霊場まで約一時間）。

（鈴木邦彦・前田恵三）

地図　二・五万図　むつ　恐山

大作山　だいさくやま

標高　七七六ｍ

別称　福浦山

青森県下北郡佐井村とむつ市川内地区との境界近く、縫道石山《ぬいどういしやま》の北東方約一・五㎞に位置し、下北半島国定公園の一部となっている。山頂の東および北西斜面の水を集め西流する大滝沢は、福浦川に合流し福浦漁港から津軽海峡へ注ぐ。山頂の南西斜面の水は縫道石沢、流《ながれ》石沢を経由して福浦川に合流する。

山の下部斜面はブナとヒノキアスナロが混生しているが、上部（標高約六〇〇ｍ以上）はブナを主体とした落葉広葉樹林（林齢一五〇年余り）となっている。また、大滝沢下流部や福浦川周辺は国の天然記念物に指定されているニホンザルの群れの遊動域となっている。

登路　福浦漁港から県道福浦野平《のだい》線を野平方面へ約二・五㎞進み、大滝林道（車両通行不能）の起点から登山道が始まる。砂防ダム付近まで道はよいが、その後、背丈を超す灌木や林道法面の崩落で歩行が困難な道を進み、林道終点（標高約三一〇ｍ）まで行く。林道終点から、大作山の北西斜面（ブナ・ヒノキアスナロ混交林）に付けられた択伐用作業道沿いの目印を見落とさないように注意して登る。作業道は灌木やクマザサの成長が激しいため不明瞭である。旧作業道終点（標高約五〇〇ｍ）で左手に細い踏み跡が分岐するので、これを辿る。大作山の北稜線近くまで、細い木が疎らに生えた比較的歩きやすい急斜面を一気に登り、露岩を左に見た付近で登山道は背丈の低いササの道になり、稜線に着く。南西に約二〇〇ｍトラバースすれば山頂であるが、約一〇〇ｍは背丈を超す猛烈なクマザサに覆われている。山頂は少し開けていて一等三角点の本点がある。山頂周辺には背丈の低いブナやナナカマドが生えている（大滝林道の起点付近から約三時間三〇分）。

（鈴木邦彦・前田恵三）

地図　二・五万図　牛滝

縫道石山

ぬいどういしやま

標高　六二六m

青森県下北郡佐井村とむつ市川内地区にまたがるが、山頂部は佐井村側に位置する。そそり立つ巨大な岩峰は地層に貫入したデイサイト溶岩（大きな石英の結晶が含まれている）が侵食から取り残されてできたといわれる。その規模と植物の特異性においてきわめて特殊である。

山名については、「立ちはだかる入道のような石山。あるいはアイヌ語のヌイェ（彫刻するの意）に由来する」といわれており、山頂の北東側を除き三方を絶壁に囲まれている。また、古くから福浦漁民が海上から船の位置を知るために、この山と福浦の海岸沿いの特徴的な岩を基準にしたといわれている（地元では「山を立てる」という）。

山頂から北東に延びた市村界尾根は一・五km程北東にある大作山へとつづく。山の北半分の水は縫道沢へ集められ、南西斜面の水は小沢を下り、ともに流《ながれ》石沢に合流し、やがて福浦川（佐井村）となり、西流して福浦漁港から平館《たいらだて》海峡へ注ぐ。南東斜面の水は似慈《にじ》沢に集められ、福浦川（川内地区）を経由し、やがて川内川として陸奥湾に注ぐ。山頂から一気に二〇〇m近くも切れ落ちた岩壁は、地元むつ山岳会のメンバーを中心に一九六〇年代後半に開拓された。

ここには国の天然記念物に指定されたオオウラヒダイワタケ（地衣類）が生育している。この植物は氷河期の生き残りといわれており、国内では縫道石山と、この山の南南西約七kmにある縫道石（五九一m）の二箇所以外では発見されていないこともあり、学術的価値が高いと認められている。「オオウラヒダイワタケは山麓のヒノキアスナロ林によって発生する霧がこの植物を育ててきたのであるが、伐採され、スギが成長するまでの一時期、霧の発生が抑制されたため、縮小した」と『ガイドブック国定公園下北半島』（下北観光協議会）に記載されている。現在は保護のため岩登り自粛の措置がとられている。

また、『青森県の山』（東奥日報社）によれば、「特殊植物群落としての指定であるため、シワイワタケ、オオイワブスマ、ウラジロゲジゲジゴケ、ミヤマサクラ、ミヤマビャクシンなど寒地性、高山性の植物も保護の対象となっている」とある。福浦川流域

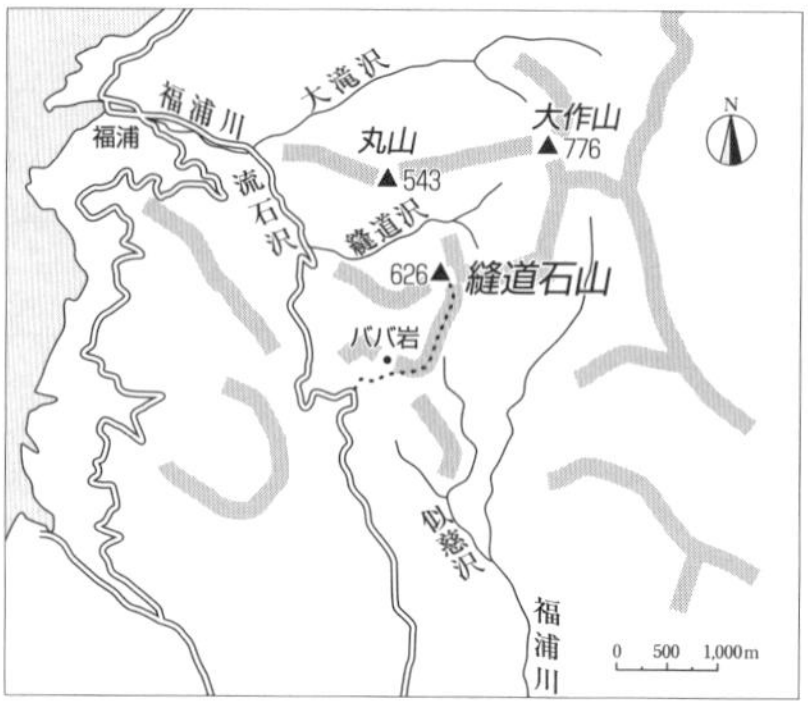

縫道石山（ババ岩から）

(佐井村)などでは、国の天然記念物となっている北限のニホンザルや特別天然記念物のニホンカモシカに遭遇することがある。

登路　むつ市野平《のだい》と下北郡佐井村福浦を結ぶ車道の峠(市村界)が登山口である。登山道はババ岩(四二四m)の基部を北東に進み、いったん緩やかな下りを辿ると、野平方面分岐点につづいて福浦方面分岐点のある鞍部に着く(似慈沢側はスギ植林地となっている)。ここから縫道石山南斜面の登りにかかる。ヒノキアスナロを主体としたブナ、ハウチワカエデ、イタヤカエデ、ウダイカンバ、ホツツジなどの広葉樹の混生した斜面を登る。次第に岩混じりの急勾配の道となって、岩だらけの山頂に達する。

山頂からは津軽半島の山々はもとより、遥かに道南の駒ヶ岳も望まれる(登山口から約一時間)。

地図　二・五万図　牛滝

(鈴木邦彦・前田恵三)

北上山地

階上岳　はしかみだけ　　標高　七三九m

別称　臥牛山　種市岳

青森県三戸《さんのへ》郡階上《はしかみ》町と岩手県九戸《くのへ》郡洋野《ひろの》町との境にあって、北上山地最北端に位置する。なだらかな山容を寝ている牛に見立て、「臥牛山」とも呼ばれている。また岩手県側は「種市岳」と呼ぶ。

この山を形成するのは北上山地北部に広く分布する花崗岩の岩体である。周りに高山がないため、頂上からの眺望がよく、太平洋が真近に見え、八戸市街を一望できる。四季を通して気軽に登山ができるし、全山に自生しているヤマツツジの山として有名である。頂上付近に階上岳龍神水の湧水がある。二〇一三年、「三陸復興国立公園」に編入された。一等三角点本点。

登路　八戸市側のフォレストピア階上登山口(西鳥屋部《にしとやべ》)は、もっとも登山者が多く、約二時間で頂上に着く。二合目しるし平を過ぎると、家族向けの緑コースと大人向けの赤コースがある。東側登山口(寺下観音コース)は長い車道を登り、八合目の大開平《おおびらきたいら》で合流する。西側登山口(田代コース)は長い尾根コースだが、頂上で合流する。

山中には分岐点が多数あり、注意が必要である。また、頂上は「みちのく潮風トレイル」階上町区間の通過ポイントでもある。

地図　二・五万図　階上岳

(中村　勉)

名久井岳　なくいだけ

標高　六一五m

別称　南部小富士　四方山

青森県三戸《さんのへ》郡南部町と三戸町にまたがり、ひときわ目立つ山である。山容から「南部小富士」とも、また「四方山」と呼ばれている。デイサイト(火山岩の一種)からなる。八甲田山が眺望できるこの一帯は、県立自然公園に指定されており、四季折々の自然景観を誇るとともに、その中腹には、北条時頼ゆかりの法光寺があり、三重の塔では高さ日本一を誇る。一等三角点の山。

登路　登山口は、青い森鉄道諏訪ノ平駅からの法光寺と、同三戸駅からの恵光院である。ともにマイカーかタクシーを利用する。

東側の法光寺からアカマツ林を通るカモシカ遊歩道コースを通り、途中から急登の鎖場を登ると山頂である(約一時間一〇分)。車で樹海ラインを辿ると、急登近くの峠に達することができる。

西側の恵光院からはスギ林を通り、尾根に出て月山神社を通る。さらに起伏のある尾根を歩き、山頂に達する(約一時間一〇分)。山頂には方位盤があり、三六〇度の展望が得られる。標高こそ低いものの、急傾斜と起伏に富んでいる。

地図　二・五万図　三戸

(中村　勉)

平庭岳　ひらにわだけ

標高　一〇六〇m

岩手県岩手郡葛巻町と久慈市山形町の境界線上にある山で、この山を中心とした山域は県立自然公園に指定されており、シラカバ林やレンゲツツジの群落が優れた景観を造っている。また、平庭の名前が示すように、この一帯はなだらかな高原状の山が連なり、野芝の草原に肉牛の放牧が盛んに行われていた時の面影が随所に残っており、周辺にはヤマブドウを原料としたワイン工場や、地ビール工場などがある。

登路　葛巻町から旧山形村へと向かう国道二八一号の平庭峠のバス停から右折して、平庭キャンプ場の道を行くと五分程で駐車場に着く。ここが登山口。シラカバ林の中を一〇分程歩くと目の前に草地が広がる。ここから南東に聳えている頂が平庭岳で、遠別岳への縦走路の踏み跡がわずかに残っている。この後、頂上まで灌木の中を登ることになるが、とくに問題はない(駐車場から約一時間)。

地図　二・五万図　安家森

(久多良謙一)

安家森　あっかもり

標高　一二三九m

北上山地の北部、一〇〇〇m級の山々が六座集中する岩手県岩手郡葛巻町、久慈市山形町との境界近くにある。下閉伊郡岩泉町の北西部に位置し、安家川源流の山である。北上山地特有の岩石の凍結融解現象による岩屑が幾重にも重なり合い、積雪寒冷地帯の冬の厳しさを物語っている。山頂からの眺望がすばらしく、三六〇度の大パノラマが展開している。

登路　葛巻町平庭峠手前の江刈川集落から大規模林道八戸川内線を南東に進むと、袖山高原駐車場に着く(徒歩約二時間、車で約二〇分)。

登山道の入り口に「登山道」と記した白い木柱があり、放牧用の有刺鉄線に沿って北へ進むと、一〇分程で広々とした草原の安家平に出る。ここからドーム型の安家森が眼前に見える。さらに有刺鉄線の左側を辿っていくと、遠別岳との分岐に着く。安家森には右方にコースをとり、草原の中を緩やかに登った後、赤茶けた地肌を露出している山頂直下に至り、ダケカンバの灌木の中を急登すると、一〇分程で安家森山頂に達する(登山口から約四〇分)。

地図　二・五万図　葛巻　安家森

(久多良謙一)

蓬森　よもぎもり

標高　一一七四m

岩手県下閉伊郡岩泉町の北部、安家《あっか》地区に位置し、遠島《とおしま》山を主峰とし、天神森(一二〇七m)とともに一つの連峰を形成している。久慈市の旧市域と同市山形町との境で、北流する長内《おさない》川、南流する安家川の分水嶺である。山頂は緩やかなドーム状をなし、周辺はいわゆる「かぬか平」を形成する。かつて旧山形村小国集落の遠島山牧野は、天神森、蓬森周辺に及び、自然の山林を利用する伝統的な林間放牧が行われていた。中腹一帯は近年まで豊かなブナの原生林だった。

登路　遠島山との中間地点を、南側の岩泉町安家と北側の久慈市を結ぶ林道が縦断していて、峠まで車で上がることができる。峠から山頂は西南西方向約一㎞先にあり、三〇分程である。

地図　二・五万図　端神

(佐藤英夫)

男和佐羅比山　おわさらびやま

標高　八一四m

別称　和更比山　和佐良美山　野田富士

岩手県九戸郡野田村の西部に位置し、和佐羅比峠を挟んで北西側の女和佐羅比《めわさらび》山(七四六m)と並立している。両山にある権現社は竜神を祀る。浜の人たちの海からの目標になった山であり、信仰が篤い。「わさらび」という山名の由来は諸説あるが、アイヌ語で「大勢の人々が浜降りする所」という説が有力である。和佐羅比峠は元々野田の塩を運ぶ牛の通り道で、野田村の間明《かいみよう》からも久慈市の上戸鎖からも車道がある。

登路　峠からそのまま雑木林の中の車道を二㎞程登ると無線中継所があり、そのわきが天測点と三角点がある頂上である。

女和佐羅比山には、峠から反対側の鳥居の立つ方を歩いて一時間程登る。途中に祈禱所の看板や祠がいくつかあって、現在も信仰されていることが伺われる。旧暦の四月一〇日は和佐羅比参りの日であるが、女性は神様に嫉妬されるので、この女和佐羅比山には登らないという。傾斜もきついうえに、山頂は狭く、東西が切り立った風情はむしろ男性的である。山頂の権現さんには鉄の草鞋《わらじ》が供えられている。

なお、地元には明治以前まで和佐羅比山の男・女は反対だったという説もある。

地図　二・五万図　玉川　端神

(中谷　充)

遠島山　とおしまやま

別称　つくし森

標高　一二六三m

岩手県久慈市と下閉伊郡岩泉町の境に位置する。

この地域に凶作をもたらす「山背《やませ》」による靄《もや》が山腹を覆い、大海に浮かぶ島のように山頂が見える情景からの山名であろう。なお、別称の「つくし森」の「つくし」は境を意味するといわれる。カラマツのほかシラカバ、ミズナラ、ブナの二次林が見事で、ツツジも彩りを添える。炭焼きが行われた時代から牛の林間放牧が行われ、その後まだ利用の方途の定まらない典型的な北上山地の山である。

登路　久慈市山形町の内間木集落にある岩手県指定の天然記念物「内間木洞」の入り口広場が登山口になる。登山口からキャンプ場の先の鞍部の竜ヶ平まで(一時間)は林道があり、四輪駆動車であれば通行が可能である。竜ヶ平からしばらくは、かつて放牧用に張られた有刺鉄線に沿ってブナ林の中をほぼまっすぐな登りがつづき、ダケカンバ、シラカバ、カラマツ林を抜け、イチイの木が見えたら山頂である。

久慈市の山根町野頭からの踏み跡も竜ヶ平に合流する(竜ヶ平から約一時間三〇分)。同じく久慈市の端神から南畑沢をつめる、天神森(一二〇七m)を経由する道もある。岩泉町安家《あっか》の松ヶ沢集落からは松ヶ沢橋から入る小径の踏み跡を辿れば、山頂と天神森の鞍部に出るが、ヤブになっている年もある。

地図　二・五万図　端神

(久多良謙一・中谷　充)

折壁岳　おりかべだけ

標高　一〇七六m

岩手県下閉伊郡岩泉町の北西方面にある。町の中心と安家《あっか》集落の間にあり、黒森山から稜線がつづいている。古くから牛馬の放牧と地域住民の信仰の山として親しまれている。

登路　街の中心地から県道久慈岩泉線を安家方面へ。石峠トンネルの手前を右折し、道を登りつめた所で左折して、林道黒森線へ入る。この道の途中から右折すると、道は放牧地で左右に分かれている。ここに車を置き、放牧地の中を西方に進む。放牧地を抜けると牧道の終点から古い作業道があるので、これを道なりに進む。頂上は作業道右手の小高い「かぬか平」の中にあるが、三角点は北側のササに覆われた場所にある(車止めから約一時間)。

地図　二・五万図　安家　岩泉

(山崎成一・渡邊博厚)

黒森山　くろもりやま

標高　八三七m

岩手県紫波《しわ》郡紫波町と盛岡市の境をなす里山で、山麓の盛岡市大ヶ生地区一帯は、藩政時代から一九四四年ごろまで金の採掘精錬で栄えた。

当時は労務者約四〇〇人、地元小学校児童数二五一人を記録したが、いまはこれを物語る施設はなく、静かに黒森山がたたずみ、麓を流れる虫壁川沿いに残る万寿坑跡や、盛岡市都南歴史民俗館に保存される数枚の精錬所写真が往時の手がかりとなっている。

重石登山口（権現コース）からの登路は、途中、黒森大権現を祀る祠や、権現大岩の案内板により、この山が金鉱以前から農業を守る神として広く人々の心の中に生きつづけた事実を知り得る。三角点のある山頂は十数名が座れる広場であり、晴れた日には東方に早池峰山、北方に岩手県を代表する岩手山が望見できる。

登路　上大ヶ生集落センター付近で下車すると、乙部川沿い付近に重石登山口の赤い鳥居があり、同所が起点となる。登路はまもなく民有林道が交わり、幾度となく登山道を分断する形でつづくことから、これが登山道と誤認されて黒森山行を味気ないものにしている。しかし、山頂部を見据え、踏み跡を確認して行く本来の山行は、黒森山ならではの趣深い道筋となっている（登山口から約一時間二〇分）。

地図　二・五万図　区界

（及川迪靖・熊谷敬子）

卯子酉山　うねとりやま

標高　四二四m

山名に十二支のうち三支を占める名前を有するこの山は、岩手県下閉伊郡普代村に位置する。

登山口には鵜鳥《うのとり》神社があり、「うねどり様」と呼ばれ源義経北行伝説にまつわる場所の一つとして、古くから地元の人に信仰されている。

登路　国道四五号からは鵜鳥神社の鳥居を望むことができ、標識もある。奥社への参道が、そのまま登山道でもある。途中にある夫婦杉は樹齢八〇〇年といわれる。この辺りから登りがいくぶんきつくなる。石段を登ると鳥居があって、手前に左側への小径があり、ここを進むと方位盤がある。頂上へは、さらに奥へ通じる踏み跡程度の道を進む（鵜鳥神社から約一時間）。

地図　二・五万図　玉川、普代

（椚田房男・渡邊博厚）

穴目ヶ岳　あなめがだけ

標高　一一六八m

岩手県下閉伊郡岩泉町の北西部、小川集落と安家《あっか》集落の中間にあり、古くから両集落の信仰の対象とされてきた。山容は国道三四〇号から少し南方に入った見内川付近から眺めるのがよい。

登路　小川からのルートは国道三四〇号の下横道付近から右折し、町道中沢線を経て林道大石沢線に入る。大石沢線は終点で基幹林道穴目線と交差するが、これを左折し林道湯沢鹿線との出合付近まで進む。沢沿いに北方に上る細い作業道があり、この作業道を穴目ヶ岳の山頂の見える所まで辿り、その先は山頂に向かって進む。山頂付近は放牧地となっている（登山口から約二時間一〇分）。

地図　二・五万図　安家　門

（山崎成一・渡邊博厚）

毛無森　けなしもり

標高　九四一m

岩手県下閉伊郡岩泉町の中心部の南方にあって、山頂は三六〇度眺望の利く広大な草原丘陵である。古くから放牧地として利用されてきた山であり、頂上周辺に立木がないことからこの山名が生まれた。

　近年、牛馬の姿はなく草原もシラカバの幼木に覆われてきた。それでも尾根筋は町が景観を保護する目的で灌木の刈り払いをつづけているため、草原丘陵の面影をとどめている。

登路　岩泉町の中心地から町道鼠入《そいり》線を経て、町道笹平線へ左折する。この道の途中から右折する作業道へ入る。道の分岐には「岩泉三十景毛無森」の案内標識があり分かりやすい。この道を上りつめるとＮＴＴの無線塔のわきに出て行き止まりとなる。ここから先は「かぬか平」で、山野草保護のため車での立ち入りは禁止されている。尾根筋を見渡すと西方前方に小高い丘があり、そこが頂上である（ＮＴＴ無線塔から約三〇分）。

　別ルートとして町道鼠入線と林道尼額《あまびたい》大沢線の交差点付近から頂上を目ざす道もある。このルートは車の入れない登山道であるが、シラカバ林と山野草の群落がすばらしい（車止めから約一時間三〇分）。

地図　二・五万図　有芸

（山崎成一・阿部陽子）

宇霊羅山　うれいらさん　標高　六〇〇ｍ

　岩手県下閉伊郡岩泉町の鍾乳洞・龍泉洞の真上に聳え立つ。石灰岩の断崖絶壁が南斜面に広がり、特異な景観を見せる。頂上から岩泉の町並みを眼下にし、北上山地の茫々と広がる山並み、さらには三陸の海も望むことができる。宇霊羅山頂上から尾根上を北西へ音《おん》床平《どこてぇ》を経て音床山《おんどこやま》（七一六ｍ）へ至ることができる。音床山頂上は北側が急斜面になっており、展望に優れ、一帯はカルスト地形特有の自然環境と植生などから、岩手県の自然環境保全地域指定地となっている。山名の「うれいら」とは、アイヌ語で「霧の多い山」という意味。

登路　国道四五五号（小本街道）が、竜泉洞方面から流れる小川（清水川）に架かる橋のたもとを左折して川沿いの道を辿り、すぐ左手の谷間に向かう小径が登山コース。標高は低いが、登るに従い道は険しくなる。露岩帯の通過は慎重に（清水川橋から約一時間）。

地図　二・五万図　岩泉

（佐藤英夫）

メンズクメ山《やま》（面附山）　標高　七四四ｍ

　岩手県下閉伊郡岩泉町の南東方面、摂待川沿いの栃ノ木集落の北側にあり、古くから林間放牧地として利用されていた。

　メンズクメ山の北方に猿沢川を挟んで対峙する大森（六八〇ｍ）があるが、この山は里称「オンズクメ山」と呼ばれ、メンズクメ山とは雌雄対称の山との説もある。

登路　岩泉町摂待川沿いの栃ノ木集落から北方の沢を登るルートがあるが、猿沢川沿いの下有芸集落からメンズクメ林道が開設されており、頂上を見ながら車を進めることができる。林道から頂上への最短と思われる尾根を直登するのがもっとも近いルートである。どのコースも腰高のササが密生しており、頂上までヤブこぎがつづく。頂上も一面ササに覆われており、三角点を探すには苦労するが、各尾根の交わる付近を探すと見つかる。展望は周囲が広葉樹林のためあまりよくない。西方には毛無森、北方には大森、南方には峠ノ神山の北面が迫っている(約一時間)。車利用。

地図　二・五万図　有芸

(山崎成一・諏訪　弘)

峠ノ神山　とうげのかみやま　標高　一二二九m

岩手県宮古市と下閉伊郡岩泉町にまたがる山である。その昔、下閉伊郡地方には三座の明神山(峠ノ明神・堺ノ明神・兜ノ明神)があり、この三山を駆ける「お山かけ」と称する成人儀礼が行われていたという、信仰の山の一つである。

山名は悪霊、疫病を峠や村境で遮断する塞《さい》の神に由来するものと思われる。

登路　宮古市から県道宮古岩泉線を亀ヶ森牧場まで進む。牧場の中を西方に進むと道を登りつめた東方に亀ヶ森(一一二一m)が迫る。亀ヶ森はこの峠から左手の牧野の中を頂上に向かって直登するのが近い。三〇分程で小祠があり、亀ヶ森大明神の鉄剣が奉納されている。峠ノ神山は北西に約二kmと目前に迫っている。牧野内の道を下り、鞍部を通ると道は上りとなる。まもなく道が三叉路になるが、このすぐ手前が登り口である。緩やかな「かぬか平」の中を三〇分程歩けば頂上である(宮古ルートはJR山田線宮古駅前から登り口まで約四五km、車で約一時間三〇分、新里ルートはJR山田線茂市駅から約二〇km、車で約五〇分)。

地図　二・五万図　峠ノ神山

(山崎成一)

原地山　はらちやま　標高　四八五m

岩手県宮古市田老地区、摂待山国有林内に位置する。この山の西斜面は肉牛の牧場になっており、尾根と東斜面はアカマツの交じる雑木林である。尾根にはいくつかの瘤《こぶ》があり、三角点がある山頂の確認には手間どるが、東に明神崎と太平洋が展望できる。

登路　国道四五号の小堀内と長畑の中間のバス停から西側に入り、明神無線塔の標識を過ぎて飛内牧場に達する。牧場内を登って管理小屋横を過ぎ、さらに鍋割峠分岐を見ながら北上する。東側は草地で西側は有刺鉄線のある尾根筋に沿って進む。山頂は一番北側である。さらに進んでNTTの明神無線塔から鞍部に下りて少し登ると、有刺鉄線のゲートがある。ここからアカマツの優占する林内に入り、踏み跡を辿ると山頂を西に巻くように導かれて、ヤブの中に三角点がある山頂に達する(ゲートから約三〇分)。

地図　二・五万図　田老鉱山

(中谷　充・松田和弘・渡邊博厚)

三巣子岳　みすこたけ　標高　一一八二m

別称　三巣子山　明神頭

岩手県下閉伊郡岩泉町と岩手郡葛巻町の境界に位置し、早坂高原から北の連峰、上明神山、末崎頭に連なる北端の山である。

この山域は北上山地の真っ只中で、昭和一〇年代までは炭焼きや馬の飼育をする人々が住み、あまり世に知られることがない秘境で、山に入るのにはアプローチが大変であった。

一九六〇年代後半から北上山地開発事業が実施され、肉牛の放牧場や採草地造成にともなって道路網が整備された結果、山に近づきやすくなった

登路 盛岡市から早坂高原経由岩泉町に至る旧小友街道の藪川の逆川ダムの先から北上し、丹藤川沿いに岩手郡岩手町に至る車道に入るが、分岐からまなく白井沢方面に至る林道の方に向きを変える。放牧場の中を進むと三角点のある川場台に至る車道がある。この山は山頂域が台形で眺望がすばらしい。さらに末崎頭の中腹を巻いて進む。車道から東側へ二〇〇m程離れたピークが三巣子岳で、三角点が設置されている。折爪岳《おりつめだけ》(八五二m)、安家森《あっか》、遠島山などを見渡せる。北東には三巣子沢が流れ、三巣子集落に至る。

（中谷　充）

地図　二・五万図　藪川

三沢ノ頭　みさわのかしら　標高　一二〇九m

岩手県盛岡市玉山区と下閉伊郡岩泉町との境にある。二・五万図「釜津田」にも点名は記されていない。地図上では無名の山、隣接する七兵衛頭《かしら》の北東、標高一二〇九mが里称三沢ノ頭である。南東に流れる浦志内沢の源頭の山でもある。

早坂高原を北に上明神山(一一一八m)、三巣子岳、南に大森山(一〇〇五m)、三沢ノ頭、七兵衛頭とつづき、北上山地の中核的な山並みを形成する。牧野と広葉樹林の高原といえよう。

登路 盛岡から国道四五五号を進み、岩洞湖を経由して早坂峠に向かう。旧早坂峠バス停から南に釜津田に通じる車道に入る。大森山の東を過ぎればまもなく、牧野の監視小屋に着く。ここから牧柵の門を開け牧野を西へと進むと、一一四五mの竜子ノ頭である。下車して尾根づたいに一〇九八mの鞍部、茶臼台を登れば三沢ノ頭山頂である(車止めから約五時間三〇分)。車利用。

（諏訪　弘）

地図　二・五万図　釜津田　早坂高原

七兵衛頭　しちべえかしら　標高　一一六二m

岩手県下閉伊郡岩泉町と盛岡市玉山区の境にあり、本州で人が生活している地域でもっとも寒冷な藪川の岩洞湖の真東に当たる。

この山の樹林は古い時代には炭焼きで利用されていたし、さらにブナの伐採も行われて原生林は見られない。牧野として利用されるほかはブナ、シラカバなどによる二次林に覆われている。山頂域は南北に細長く平坦状である。

登路 盛岡市から岩泉に至る小友街道の早坂峠から南に延びる車道を進む。石峠の手前の牧草地の一〇七八m付近から右側の車道に入る。この車道は放牧場内を進み、浦志内沢の上流を回って大森山(一〇〇五m)に至る。七兵衛頭に登るにはその手前の鞍部で下車する。鞍部からはササを主としたヤブを登り四〇分程で山頂に達する。南西の三つ目の瘤《こぶ》が山頂になるが展望はよくない。

尾和田集落の先の滝上からも登ることもできる。さらにこの山だけを登るのであれば、早坂高原の手前の蒲田のバス停から南に分岐する車道に入り、金堀沢川出合から金堀沢川沿いの林道を辿って鞍

部に至る方法もある。

地図　二・五万図　岩洞　釜津田

（中谷　充）

御大堂山　おだいどうやま

標高　一一九六m

岩手県盛岡市の東方に平坦な山容をのぞかせる。山頂は同市玉山区および下閉伊郡岩泉町との区界線がほぼ交差する位置にある。南側につづく阿部館山と同様に、平泉藤原三代の祖である安倍一族の伝承にちなんだ山の一つ。

登路　盛岡市を起点にすると、国道一〇六号を東進し、簗川《やながわ》集落を過ぎて飛鳥牧場入り口から左折するのが分かりやすい。JR山田線に沿って北上し、浅岸駅の先から右折して御大堂林道で山腹を巻く。ほかには、盛岡市から中津川沿いに綱取ダムを経て飛鳥牧場からの道に合流するか、玉山区藪川から軽町沢を南進する。いずれからアプローチしても、御大堂山と阿部館山との鞍部にある米内川源頭の採草地、大谷地に車を置く。土塁に沿って草地の西縁を北上し、やがて林間に入ってヤブが濃くなったら有刺鉄線をまたいで土塁に上がる。登り切ると濃いヤブから解放され、東側に少し進むと裸地に出る。なだらかな石積みの中央に赤く塗られた御料局三角点が目立つ。国土地理院の三角点の標石は、さらに三〇〇m先にある（山頂まで一時間程）。車利用。

地図　二・五万図　青松葉山

（松田和弘・諏訪　弘）

姫神山　ひめかみさん

標高　一一二四m

石川啄木の故郷として知られる岩手県盛岡市玉山区渋民にある名山。国道四号のどこから見ても整ったピラミッド形をしている。北上山地古生層花崗岩からなり、頂上部分は露岩帯である。

山名の由来は「皇神《すめがみ》」、すなわち天地の神の意味であるという。霊山として信仰された歴史は古く、坂上田村麻呂が守護神を頂上に祀った後、山麓の玉東山筑波寺に十一面観音が奉納され、参道には多くの堂が建立されて山伏や修験僧の集まる一大霊場となっていた。

姫神山（玉山区から）

「玉東山」は姫神山の古名である。七歳の男子が初登山を行う「七つまいり」の慣習もあった。伝説では大昔に姫神山は岩手山のすぐそばに暮らしていたのに夫婦別れして、一夜のうちに北上川の対岸に遠ざけられた妻だったという。したがって、岩手山と姫神山の両者を同じ年に参詣してはならないという掟《おきて》があったと、『岩手郡誌』に記されている。

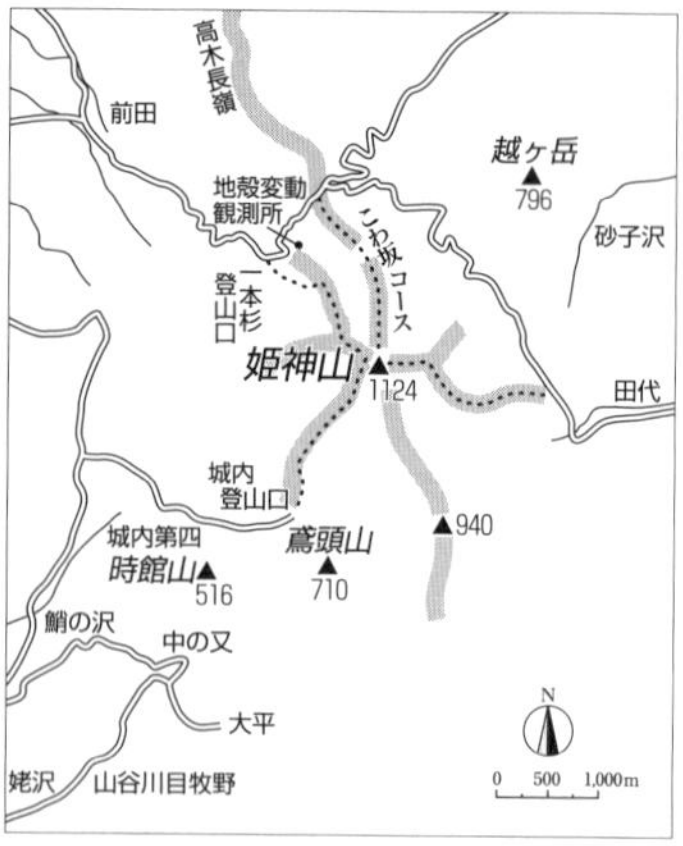

金山としても有名で、奥州平泉藤原三代の栄華を支えたとも伝えられている。戦前まで岩玉金山などで採鉱がつづいており、現在のＩＧＲいわて銀河鉄道滝沢駅前付近にその精錬所があった。

姫神山は姫神嶽神社のある城内集落からの登山コースが面白い。学校の遠足などで大型バスを使う場合は、もっぱら広い登山道である一本杉コースが選ばれるが、こちらは滑りやすい急坂（ざんげ坂）があるし、眺望もあまりよくない。そして、大岩の重なる頂上直下に辿りついた後も、風が吹けば足がすくんで進めない人も出てくる難所がある。頂上は広く、また北東北の山々のすべてを眺められれほどの大パノラマで、それまでの苦労を一気に忘れる。

近年は、往時のスズランの山を復活すべく地域ぐるみで栽培育成を図っている。また、五月の第三日曜日を山開きとし、一本杉園地では諸行事が企画されにぎわう。なお、厳冬期でも登山口までほぼ除雪されており、天気のよい日は冬山装備で日帰り登山する人が多い。

登路　ＩＧＲいわて銀河鉄道好摩駅、または国道四号啄木記念館のやや北の「姫神山登山口」の標識から前田集落までは約四㎞、さらに山に向かって二㎞進めば大きな駐車場やキャンプ場のある姫神山三合目の一本杉登山口に着く。登山口は四箇所で、西から時計回りに、一本杉、こわ坂、田代、城内の各コースであり、舗装された林道でそれらが繋がっているので、工夫次第で往路とは別の登山口に下ることができる。

一本杉コース（約一時間三〇分）、こわ坂コース（約一時間四〇分）、田代コース（約一時間一〇分）、城内コース（約二時間）。

地図　二・五万図　渋民　鷹高　陸中南山形　外山　（阿部陽子）

阿部館山　あべたてやま　標高　一二一八ｍ

岩手県盛岡市街地の東方にあたり、山頂は同市と下閉伊郡岩泉町との区界線上に位置する。県内に広く伝承される安倍一族の伝承にちなんだ山の一つ。山頂域には巨石が平坦に広がり、山名の「館」は城塞を連想させる。

登路　登山口までのアプローチは、御大堂山の項を参照。盛岡市からは、国道一〇六号を東進し、簗川《やながわ》集落を過ぎて飛鳥牧場入り口から左折して御大堂林道に入る。林道が甲子《きね》又《また》沢を渡って大きくカーブする地点に車を置く。トリカブトが色鮮やかに咲く同沢を東進し、二股を右にとってさらに遡る。水が涸れて勾配がきつくなる辺りから南側の尾根に直登する。県内でも随一のササヤブをこぎ、稜線に達したら尾根沿いに山頂を目ざす。尾根筋はなだらかなうえ背丈を超すヤブで視界が悪い。ヤブから解放された山頂域には巨石が並び、ミネヤナギなどの灌木類の中に三角点の標石を見いだす（山頂まで四時間程）。帰路は往路を忠実に辿ることになるが、尾根では正面に姫神山を見据えてルートの逸脱を防ぐ。

地図　二・五万図　青松葉山

（松田和弘・熊谷敬子）

兜明神岳　かぶとみょうじんだけ　標高　一〇〇五m

岩手県宮古市川井地区の区界高原に位置する。岩手県盛岡市と三陸沿岸を結ぶ国道一〇六号の中間点となるこの高原（七五一m）に、岩峰が兜に似た山姿を呈して裾を引いている。

山名の由来は、山頂に兜状の奇岩（蛇紋岩）があることや、阿倍貞任がこの岩に隠れ、貞任の兜を祀ったとの伝説が秘められていることによる。

登路　JR山田線区界駅から（または岩手県北バス、一〇六急行区界バス停で下車）、国道一〇六号を宮古方面に一・八km進むと、左手に赤い大きな兜神社の鳥居があり、この兜神社が登山口である（登山口から約四〇分で山頂に達する）。

ほかに区界高原少年自然の家を起点とするコース（約四〇分）。ウォーキングセンターコース（約四〇分）がある。

地図　二・五万図　大志田　区界　青松葉山　松草

（岩館公子・熊谷敬子）

青松葉山　あおまつばやま　標高　一三六五m

岩手県下閉伊郡岩泉町と宮古市達曽部の境にある。山頂部はアオモリトドマツに覆われた山であることが山名の由来であろう。なお、アオモリトドマツは早池峰山以外の周囲の山には見当たらない。中腹はブナを主とした広葉樹で、下草にはササが密生したヤブである。登山道がない山であったが、近年地元の人たちによって木の博物館として登山道が開かれた。

登路　国道一〇六号平津戸と川内の中間、達曽部トンネルの手前から達曽部沢沿いに一〇km程北上すると木の博物館の案内板がある。そこが青松葉登山口である。

しばらくは沢沿いの道で、春はニリンソウなどが咲き誇る。雑木林に入るとブナ、シナノキ、ダケカンバ、タカネザクラなどの木々に名札が付いている。それを越えると尾根になり、標高一三五〇m付近からアオモリトドマツが現れる。頂上域に入ってすぐの所だけ展望がよく、早池峰山を望むことができる。頂上域はかなり広く、苔の着いた三角点が置かれている。林中で展望はあまりよくないが、西方に御大堂山、阿部館山、岩神山を望むことができる（往復約二時間）。

地図　二・五万図　松草　青松葉山　害鷹森

（中谷　充・山崎成二）

害鷹森　がいたかもり　標高　一三〇四m

岩手県宮古市新里、川井地区、下閉伊郡岩泉町の接する所にある山である。

山名については、「ガイ」は開く、「ダ」は田または処、「カ」は接尾語で高い所まで開墾された山の意であるとする説のほかに、この地方では毛虫を「ゲーダカ」と呼ぶので、毛虫の多い山から由来したとする説もある。さらに江戸時代に描かれた図譜によると、異臭を発するカメムシをガイダとしているから、それに由来するかもしれない。点名は野津辺で「のっぺ」と振り仮名がある。山容ののっぺりした平らな山の意であろうか。アイヌ語では何か別の意味があるかもしれない。

登路　盛岡市と宮古市を結ぶ国道一〇六号の川内バス停から夏屋林道を北上する。しばらくして十字路のヌカリダ峠に達する。右に入るとこの山の登山道になる。ダケカンバの林と芝の草地の間を早池峰山を眺めながら登って尾根に達する。表土が流されて岩礫の現れた道を北上すると山頂に出る。猿舞山《さるまいやま》(一〇八八m)からこの山を経て堺ノ神岳、高峰に至る長い山並みの一角を占める位置にあり、北上山地の山々の展望は極めてよい。

　宮古市の和井内から猿舞山、害鷹森、上松森(一二四九m)、堺ノ神岳を経て安庭沢に降りて和井内に戻る回遊コースもあるが、年によってはヤブになっていることもある。

地図　二・五万図　害鷹森　（中谷　充）

堺ノ神岳　さかいのかみだけ　標高　一三一九m

別称　兜《かぶと》ノ明神岳　古峰大明神　堺ノ神明神岳

　岩手県下閉伊郡岩泉町と宮古市新里地区にまたがり、「兜の明神岳」と里称されている。山頂部は兜に似てとがった岩峰をなし、展望は三六〇度、北上山地山座同定の好適地である。高峰を北に、堺ノ神岳、上松森(一二四九m)、害鷹森と南へ連なり、これより西にサクドガ森(一三六一m)、青松葉山と一三〇〇m級の山々が一大尾根を形成している。

　下閉伊地方に明神岳が三座ある。宮古市川井区界高原の兜明神岳、宮古市新里と岩泉町境に峠ノ神明神岳(峠ノ神山)、そして堺ノ神明神岳である。「堺ノ神」は塞《さい》ノ神で悪霊や疫病を峠、村境などで遮断する道祖神で、旅の道中の安全と境界神であったと思われる。山麓からカツラ、シナ、サワグルミ、ミズナラ、ブナ、ダケカンバなど広葉樹林が四季を彩る。

登路　廃線となったJR岩泉線の元和井内駅から安庭沢に沿い西へ、途中、和井内牧場に入り、境界尾根から山頂へと達するコース(約二時間)。同線の元押角駅から堺ノ神沢を登りつめるコース(約四時間三〇分)。JR岩泉線の元岩手大川駅から西に、七滝を経て大川を渡り、川崎から林道を約九km程入るコース(約二時間)などがある(いずれも車の利用が便利)。

地図　二・五万図　和井内　陸中大川　釜津田　害鷹森　（諏訪　弘）

毛無森　けなしもり　標高　一四二七m

　同名の山は各所にあるが、早池峰連山の北西端に位置し、早池峰主峰と鶏頭山《けいとうさん》(一四四五m)縦走路からはよく見える山である。岩手県盛岡市、花巻市大迫町、宮古市川井地区に接しており、盛岡市では最高峰である。山頂域は平原状の草地で、どこが山頂か分かりにくい。ヤブの中にひっそりと三角点の標石がある。見る場所によっては、中腹までの森林の上に樹のない山頂域が載っているように見えることが山名の由来と思われる。草地にはハクサンフウロなどの花々の間にベニヒカゲが舞っている。

登路　どの方向からも登山道はない。鶏頭山からは尾根づたいにササとヤナギやハイマツのヤブをこぎ、一〇〇m程下ってから同じくらい登り返すと山頂である、所々にイネ科を主にした草本類はあるが高木はない。

北側からは、盛岡市から国道一〇六号の川目の落合トンネルの手前辺りで右折して根田茂川に沿って横石、八木巻、さらに砂子沢に沿って進むとまもなく車道は尽きる。小径の道跡を辿り、それが尽きる辺りで砂子沢を渡って南岸に移るが、さらに途中までは踏み跡はつづいている、昼なお暗いブナの林の中を登り、尾根筋の標高一一〇〇mを過ぎた辺りからヤブの中に入り山頂に出る(約三時間)。

地図　二・五万図　大志田　区界　松草　早池峰山　（中谷　充）

桐ノ木沢山　きりのきさわやま

標高　一二〇九m

早池峰連山の西の端にある、毛無森から北西方向に派生し、岩手県盛岡市と宮古市川井地区の境界をなす尾根上に位置する山である。

山名は北の方に流れ出る桐ノ木沢の源頭に存在することに由来する。この地方ではキリの木が南部桐としてとくに珍重されている。柾目に紫色の光沢があり、南部紫桐の異名もあって昔から特別な樹種であった。北東に流れ出る鞍沢の権現滝付近は殿寺野、禅在野などと呼ばれ、姥捨て山であったと言い伝えられている。

桐ノ木沢側はカラマツの植林がされているが、鞍沢側はブナ林でササが密生している。山頂に三角点が設置されているが、東寄りの岩の上から早池峰山や周辺の山々を展望することができる。

登路　国道一〇六号松草から南面の鞍沢沿いの林道を辿る。車が入ることのできるのは標高八〇〇mまでである。その後は沢沿いの小径となる。三〇分位で稜線に達する。標高九八〇m位まではほぼ西方向に進んで来るが、この辺りで南西方向に向きを変える。道が絶えているのでヤブに入る。二〇分程の登りで一〇三七mの標高点付近に出て、平坦な尾根上のブナ林の中を行く。桐ノ木沢のカラマツ林が西側に見えてくる。この後は急坂の登りで非常に濃いササヤブとなり、直径二cm程もある横倒しのネマガリダケとの格闘の末、二時間ばかりで山頂に達する(車止めから約四時間)。

地図　二・五万図　松草　（中谷　充）

早池峰山　はやちねさん

標高　一九一七m

岩手県花巻市大迫町、宮古市川井地区、遠野市にまたがり、西方に中岳(一六七九m)、鶏頭山(一四四五m)、毛無森(一四二七m)、東方に早池峰剣ヶ峰(一八二七m)、高桧山《たかびやま》(一一六七m)を連ねる早池峰連山の主峰で、岩手県の総面積の三分の二を占める北上山地のほぼ中央に位置する。

古くは「アズマネダケ」(東根嶽・東子嶽)と呼ばれていた。山名の由来には様々な説がある。アイヌ語の「パハ・ヤ・チニカ」(東の陸の脚という意)からきたという説。山頂に小さな池があるが、

早池峰山（岳川上空から）

人が影を映したり手を入れたりして汚すと水がなくなってしまい、経を唱えて祈るとわき戻るという。水が引くのも早く、わき出るのも早い霊池のある峰というので、快賢という僧が早池峰と名付けたという説。この山は三陸沿岸漁民、航海者にとって海上から望むことができることにより就漁、航海が守護され、信心が薄ければ姿を隠し、ハヤチ（疾風）を呼ぶ神の棲む山として信仰されていて、このハヤチからハヤチネ（早池峰）となったという説もある。現在、「ハヤチネサン・早池峰山」と呼び、表記されているが、「ハヤチネ・早池峯」が本来の呼称、表記と思われる。

開山は『早池峰神社社記』よれば、大同二年（八〇七）三月、稗抜《ひえぬき》（稗貫）郡大迫邑の兵部と閉伊郡横田邑の藤蔵の二人が白鹿を追って東子嶽山頂に至り、山霊を拝し感銘、同年六月山頂に一宇を建立し、瀬織津姫命《せおりつひめのみこと》を勧請し、東子嶽明神とあがめ奉じた。これが早池峰神社の創始であるという。

登山道には河原坊はじめ頭垢離《こうべこり》、打石《ぶついし》など山岳信仰や民話にかかわる伝説事跡が多くある。また、山麓には魚止滝や笛貫滝、鶏頭山の七折滝などの景勝も多く見られる。

花巻市大迫町の岳《たけ》集落に伝わる岳神楽と大償《おんつぐない》集落に伝わる大償神楽を早池峰神楽と呼んでいるが、両神楽とも東根嶽の神を祀る大迫町の田中神社の神楽を源流にしているといわれる。元は山伏によって舞われたといわれ、山伏神楽とも呼ばれている。早池峰神楽は国指定民俗無形文化財の第一号である。

早池峰山は独立峰ではない。東西に一〇〇〇m以上の高い峰頂が立ち並び、その中央に主峰が位置している。南面は切り立った崖と急傾斜の山腹となっていて、小田越《おだごえ》を鞍部とし薬師岳山群と対峙している。北面は南面にくらべ緩やかな山腹を広げている。水系は、早池峰連山から西方の大迫町方面に岳川～稗貫川～北上川、東方の宮古市方面に薬師川～閉伊川、薬師岳から南方の遠野市方面に猿ヶ石川～北上川のいずれもが太平洋に流入している。

早池峰連山は、橄欖《かんらん》岩や輝岩が変質してできた蛇紋岩を主体とする岩石からなる。約四億年から四億五千万年前の古生代に生成されたもので、地層は日本でもっとも古いといわれている。海底から地上に隆起したのは地殻変動による陸化、造山運動によるもので、古生代末から中生代の初めにかけてといわれている。

早池峰山は高山植物の宝庫である。ハヤチネウスユキソウなどの固有種（五）をはじめ、南限種（八）、北限種（七）、稀有種（三〇）などが分布し、標高一三〇〇m以上全域が早池峰山高山植物地帯として国の特別天然記念物に指定されている。天然記念物アカエゾマツの自生南限地でもある。本州では高山帯や亜高山帯の蝶であるベニヒカゲも生息している。早池峰鳥獣保全地域、自然環境保全地域、保安林などを含め国定公園早池峰として指定され、法律で保護されている。

しかし現在、早池峰山の自然はきわめて厳しい状況にさらされている。登山者の激増による登山道の崩壊、踏み付けや盗掘による植物の減少、山頂避難小屋のトイレの問題、車の排気ガス、騒音の問題などである。早池峰山の自然保全にとって、法的規制保護はむろんだが、登山のあり方も厳しく問われなければならない。

早池峰山の登山は中世の山伏による修験、信仰登山より始まり、明治時代になって新たに須川長之助などのほか植物学者や採集家が参入した。一般人による登山が始まったのは大正時代になってからである、女性の登山者が見られるようになったのもこのころからで、それまで早池峰山は女人禁制であった。女が登るとお山が汚され、荒れると里人に言われていた。

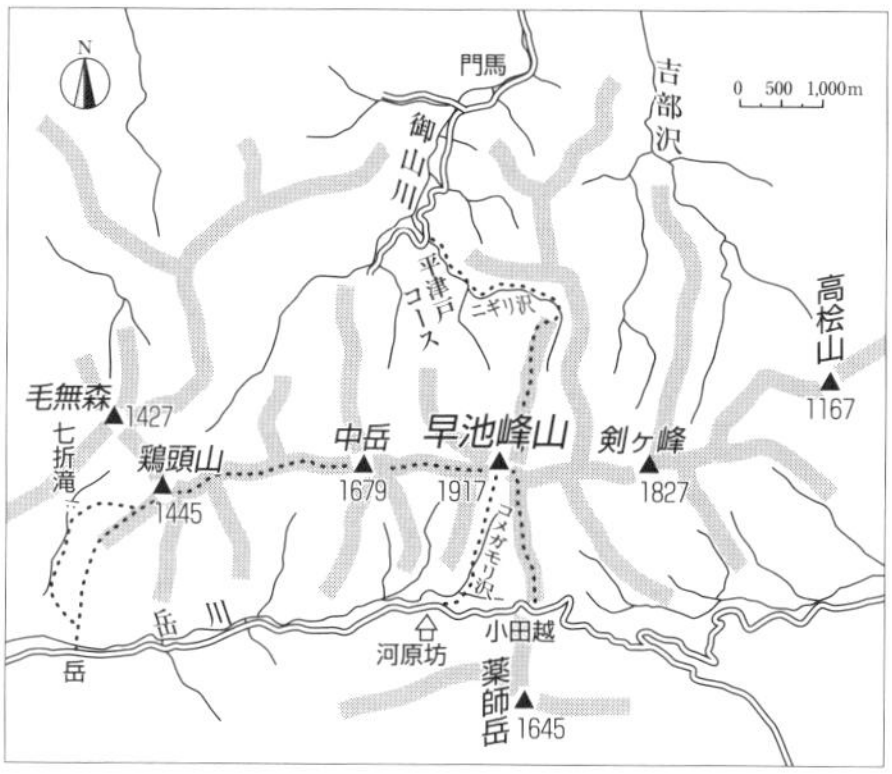

登路　早池峰山には、花巻市大迫町、宮古市川井地区(平津戸)、遠野市の三方から入ることができるが、大迫町から入るのがよい。六コースあるが、二コースに共通する岳集落から河原坊までは二時間である。

河原坊コース・早池峰山南面の正面コース　里人は男道《おとこみち》といっていた。山頂までの距離は短いが傾斜はきつい三時間程の登り。七合目の頭垢離は最後の水場。

小田越コース　河原坊から小田越を経て山頂に向かうコース。里人は女道《おなごみち》といっていた。距離はあるが傾斜は緩い。河原坊から小田越まで登り約五〇分、小田越から山頂まで約二時間三〇分。六合目のハイマツ帯を抜けると鉄の梯子を登る鎖場がある。

鶏頭山コース　岳集落から鶏頭山への直接コース約二時間三〇分。

七折滝経由コース　岳集落から七折滝まで約一時間、七折滝から鶏頭山山頂まで約一時間三〇分。

三山縦走コース　早池峰山～中岳～鶏頭山と縦走し岳集落へ下るコース。早池峰山頂から終点岳集落まで約九・五㎞。途中水場がなく、起伏も多く、ケモノ道があったりするので健脚向きコース。早池峰山頂から中岳まで約一時間三〇分、中岳から鶏頭山まで約三時間、鶏頭山から岳集落まで約一時間三〇分。

川井地区平津戸《ひらつと》コース　平津戸から材木沢を経て早池峰山頂まで約五時間一〇分。山頂からニギリ沢を経て門馬《かどま》バス停まで約三時間。

地図　二・五万図　早池峰山　高檜山

(村田柴太・中谷　充)

高桧山　たかびやま

標高　一一六七m

岩手県宮古市川井地区にある。「高桧」という山名は、ふつう山の形が尖っている場合に付けられるとするが、早池峰連山にある高檜山は平坦である。したがって、古図に見る「高眉山」という表記が本当なのかもしれない。しかも登山道は山頂を通過しておらず、どこがピークかほとんど分からない山である。三平《さんだいら》と称せられる林道終点の「かぬか平」から、早池峰剣ヶ峰（一八二七m）への縦走路を辿る右手のやや小高い部分が山頂である。地形図では山頂の二〇m南に登山道が描かれているが、これは廃道で、実際はそれより二五〇〜三〇〇m南側を通っている。宮古市が制定した「木の博物館分館十三号」（イチイの森）の観察に訪れる人は多いが、ヤブの中の山頂三角点の発見は容易ではないことを覚悟したい。

登路　国道一〇六号鈴久名から緑資源幹線林道を利用して標高一〇〇〇mまで近づける。野生動物保護を目的とした小トンネルの手前右側が登山口で木の博物館分館十三号の入り口である（約四〇分）。

（中屋重直）

地図　二・五万図　高檜山

黒森山　くろもりやま

標高　一一〇六m

岩手県下閉伊郡岩泉町の北西、町の中心地と安家《あっか》集落の間にあり、古くから地域住民の信仰の山となっている。

黒森山頂上付近から北方の折壁岳まで、なだらかな稜線がつづいているが、かつてブナを中心とした広大な広葉樹林もいまは頂上付近にわずかに残るのみである。

登路　町の中心地から県道久慈岩泉線を安家方向へ。石峠トンネルの手前を右折し、道を登った所で左折し、林道黒森線に入る。この道の途中から右折すると、放牧地で左右に分かれている。ここに車を置き、放牧地の中を東方に進むとまもなく前方にダケカンバに覆われた頂上が見える。放牧地の外れから頂上までは肩までのチシマザサであるが、気をつけて見ると細い道がある（車止めから約一時間）。

（山崎成一・久保　豊）

地図　二・五万図　門　安家　岩泉

薬師岳　やくしだけ

標高　一六四五m

岩手県遠野市と花巻市大迫町との境にある。早池峰国定公園内で、小田越を挟んで早池峰山と対峙しているのが薬師岳である。薬師岳は古くから早池峰山の前山、または前岳、前薬師といわれている。薬師如来は、万病をいやし人々の寿命を延ばし、医療を司る仏である。したがって、この山域は薬師信仰が盛んであったと推察される。早池峰山を主峰に薬師岳、小白森（一三五〇m）、白森山（一三三九m）、土倉山（一〇八四m）、西にある野沢額山《のざわひたいやま》（一一二四m）、地竹山（八六六m）が、北上山地の心臓部の山稜といえよう。

薬師岳は花崗岩で形成され、アオモリトドマツ、シャクナゲ、ダケカンバの樹林帯の中に巨岩が露出し苔が密生している。また、林床に咲くオサバグサの群落は見事である。展望は北に早池峰山を眼前に仰ぎ、南

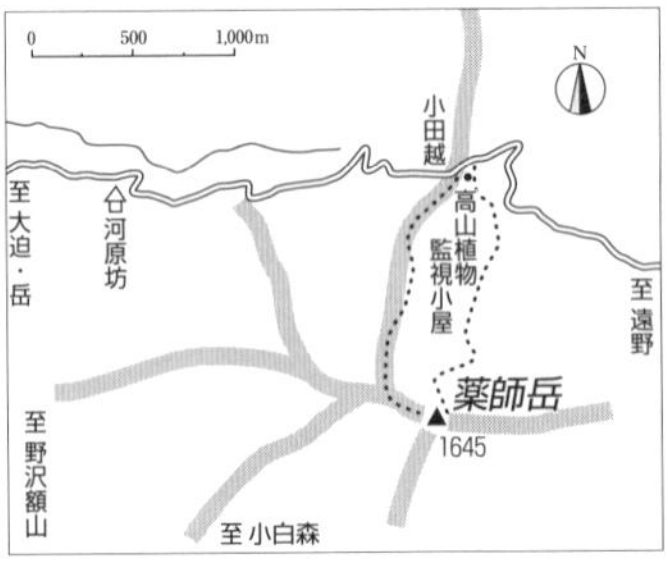

東に白見山、貞宗高原、六角牛山、遠く五葉山。近くは南稜の小白森、白森山とつづく大パノラマが展開する。

登路　一般的に早池峰小田越から登るコースが多く、遠野からは、川井口から登るとしても、小田越に出て登ることになる。大迫町から岳集落に入り、河原坊を経て小田越で下車。高山植物監視小屋手前に登山口の指導標がある。倒木や木の根、風化した巨岩の連続で、きわめて足場が悪い小道を登る（登山口から約二時間）。

小白森、白森山には山頂からヤブこぎとなるので、残雪期に登るのが好適である。

西方の野沢額山の登路は大迫町から岳川沿いに北東に進む。内川目小学校から右折し、黒森集落で林道に入る。昔は茅刈り場であった地竹山、野沢額山の鞍部に出て、ヤブこぎの登山となる。車利用。

地図　二・五万図　早池峰山　高檜山　陸中折壁　大迫　堅石　大出

（諏訪　弘）

大麻部山　おおまべやま

標高　一〇四三m

岩手県遠野市と同市宮守町にまたがる。

この大麻部山には大洞カルストがあり、一九七五年一二月に自然環境保全地域に指定され、石灰岩地帯特有のカルスト地形、とくにドリーネ（窪地）群およびカレンフェルト（石塔原）が分布する優れた自然環境が見られる。稲荷穴から馬越峠越えの車道が貫通して入山がスピーディーになった。

登路　国道三九六号が遠野市宮守町の南部に入り、達曾部川を渡ると県道一六〇号を北東方向に入る。約一kmで「岩手二十名水」で有名な稲荷穴を右手に、さらに走ると馬越峠に出る。これを約三km砂利道を北上すると標高約九〇〇m地点で二股になる。ここに車を置き、左側の古い道路を辿る。三〇分程で背丈以上の雑草とササヤブに入る。道を見失わないようにテープや鉈《なた》目などで下山コースを確保しながら登る。周辺はブナ、ナラ、ダケカンバなどの混交樹林がつづく。登り切ると長鼻の山腹の奥にある雄大なドームが大麻部山頂（約一時間三〇分）。

地図　五万図　大迫　二・五万図　堅沢　上宮守

（藤井公博）

石上山　いしがみさん

標高　一〇三七m

別称　石神山

岩手県遠野市綾織町にある。早池峰山、六角牛山とともに「遠野三山」の一峰である。石上山は信仰と民話の山であり、柳田國男『遠野物語』の「神の始」にも登場し、麓には物語にまつわる船石や名勝続石がある。

登路　ＪＲ釜石線綾織駅から砂子沢駐車場を経て、牧草地、杉林につづく広葉樹林の登山道を進み、最後の水場「馬止」に着く。ここから尾根道となり、傾斜を増し、やがて鎖が現れると中之堂神社に達する。梯子と鎖の険しい道を抜け、大きな花崗岩の上に出ると、見晴らしの利く山頂に立つ。三角点へは雑木林のササをかき分けること一五分の道程である（砂子沢駐車場から約一時間三〇分）。

南側の山谷牧場から盛土づたいに登る方法もあるが、ヤブこぎがあり、一般向きではない(約四〇分)。

地図　二・五万図　上宮守　(菅原敏夫)

拝峠　おがみとうげ　標高　四二〇m

岩手県花巻市東和町と同市大迫町を結ぶ、東和町の石鳩岡または大迫町の升沢から舗装された林道拝線を登る。鞍部の東側に五m程ある石造りの鳥居が立てられ、中央の石版に「早池峯」と記してある。それをくぐって小丘に登ると、御神体を祀る社殿はなく、真正面に早池峰山を望む遙拝所に立つことができる。

かつて江刺市(現奥州市)や旧東和町方面から早池峰山に向かう長旅の途次に、峠にさしかかって北東にお山を拝したといわれる。遙拝所の背後に植えられた杉林が、やがて早池峰山を視界から消しそうなのが気がかりである。

峠の西側は道路より一m程高くなっており、ナラの大木が枝を茂らせている。その根元には、四~五〇cm程の道祖神が祀られており、その周囲には、峠にさしかかった旅人が積んだ多数の小石が認められる。

地図　二・五万図　大迫　宮守　(松田和弘)

大黒森　おおくろもり　標高　一〇七九m

岩手県遠野市の北側に広がる荒川高原の西側に位置しており、広大な高原の一部を占めている。

登路　遠野市から国道三四〇号を宮古、川井方面に走るとまもなく福泉寺へ通じる道を左折、根岸集落から荒川沿いに荒川牧場に入る。途中、大篠沢沿いに林道があり、地図上には山道が記されているがヤブこぎである。牧場入り口近くの長瀞橋から一ツ石山への丁字路を左へ、一km程農道を行ってから草地の斜面、つづいて植林されたカラマツ林を登って山頂に立つ(約四〇分)。

地図　二・五万図　大出　土淵　(藤井公博)

オーヅ岳　標高　一〇二八m

岩手県遠野市と宮古市川井地区の境にあり、国道三四〇号の立丸峠(七七五m)の北西に位置している。山名の由来は大地竹(オオジダケ)が密生しているところからきていると思われる。

登路　立丸峠から尾根づたいに登ることができるルート、国道三四〇号川井地区新田から小国川沿いに入り、仁沢橋から熊穴沢沿いの大仁田林道を使うルートがある。この大仁田林道ルートは曾呂滝歩道近くからカラマツ植林地に入り、尾根に取りつく。ヤブの薄い北側斜面をルートにとると楽である(約二時間)。

地図　二・五万図　白見山　(藤井公博)

白見山　しろみやま　標高　一一七二m

岩手県遠野市と上閉伊郡大槌町、宮古市川井地区との境にあり、JR釜石線遠野駅の北東約二〇kmにある深山である。

柳田國男『遠野物語』三三話に「白望《しろみ》の山に行きて泊れば、深夜にあたりの薄明るくなることあり、秋のころ茸を採りに行き山中に宿す者、よくこの事に逢う。また谷あなたにて大木の伐り倒す音、歌の声など聞ゆることあり。この山の大さは測るべからず」と、不思議な物語が、三四、三五話とつづく。山頂の東の平坦な林中に、二十六夜信仰の「見真大師」「南無阿弥陀仏」の碑がある。北に長者森(一〇一一m)、西にオーヅ岳、荒川高原、薬師岳、南に貞任高原、六角牛山と山稜がつづく。

登路　遠野市から国道三四〇号を北東に進み、一ノ渡から琴畑川沿いに東に入る。樺坂峠を経て新田牧野の牛看視小屋に至る。これより北に境界線上を登る。ササ、ブナが密生し、三陸沿岸特有のヤマセ(偏東風)にさらされ、サルオガセに覆われている。かすかな踏み跡だけが頼りである(牛看視小屋から約二時間)。長者森(一〇一一m)へはさらに北へとヤブこぎの下りとなるので、川井地区新田牧野から登る方が便利である。車利用。

地図　二・五万図　白見山　(諏訪　弘)

十二神山　じゅうにしんざん　標高　七三一m

別称　十二　東山　羽山

岩手県宮古市と下閉伊郡山田町の境に位置する。

山名の由来は、山の神は女神とされ、一二人の子があり、一二月一二日が山の神祭りの日とするなど、一二と関係が深く、十二様と尊称するところからきたものか。あるいは山頂域に峰の薬師、薬師神社を祀ることから、それを守る十二神将に由来するかもしれない。

東斜面は自然観察教育林になっており、ブナ、トチ、ケヤキなどが茂る原生林になっている。なお、山頂域と登山路は航空自衛隊山田分屯地内になっており、登るためには事前の許可が必要である。

登路　登山口までは、旧JR山田線陸中山田駅から国道四五号に出て北上し、六㎞位進むと東側に航空自衛隊山田分屯地・総合運動公園の標識がある。これを入ると、自衛隊の電話連絡所の建物が左手に見えてくる。ここから電話で隊と連絡をとり、許可の再確認を受ける。分屯地の正門までは約四㎞の一方通行の急坂で、二次林ではあるがよく茂った落葉広葉樹林の中の道である。正門から三角点直下までは車で二、三分。建物の傍らに三角点がある。

地図　二・五万図　津軽石　(中谷充・松田和弘)

鯨山　くじらやま　標高　六〇九m

岩手県上閉伊郡大槌町と下閉伊郡山田町の境界にある。「吉里吉里湾に大鯨あり、突出して大槌、山田二湾の間の一目標したり」と古くからいわれるのはこの鯨山である。古来より三陸沖を行き交う船は、現在地を確かめるために、特徴的な山容を海岸線に認め、航海の指針にしたという。それは同時に漁労の安全、豊漁祈願の神そのものでもあった。

鯨山は高滝森を主峰に延びる山稜の最東端の山である。山頂には三角点の標石、鯨山神社奥社があり、権現様が奉納されている。山頂から三陸海岸が眺望できる。

登路　大槌町波板から北西に進む表参道コース、山頂直下西の無線中継所まで車道を利用して登るコース、県立陸中海岸青少年の家からの北東尾根コース、大沢川沿いを登り、鯨山鞍部に出て北東尾根に合流するコースなどがある（いずれも登り約一時間）。車利用。

地図　二・五万図　大槌

（諏訪　弘）

霞露ヶ岳　かろがだけ　標高　五〇三m

岩手県下閉伊郡山田町の船越半島北部に位置し、地元大浦では御殿、船乗りの間では「櫛形山」とか「亀山」と呼び、古くから山岳信仰の対象として網元や漁師たちから親しまれている。

山頂直下には霞露ヶ岳神社の奥社があり、石灯籠や剣などが奉納されている。

登路　漉磯《すくいそ》登山口の峠手前から尾根づたいに山頂へ（約一時間）。大浦漁港（大浦コース登山口）からは、海岸から急坂を尾根づたい（悪路）に山頂へ（約二時間三〇分）。

地図　二・五万図　霞露ヶ岳

（村上　力・畠　登）

六角牛山　ろっこうしさん　標高　一二九三m

岩手県遠野市の東側に台形の山頂を見せている山で、柳田國男の『遠野物語』で有名な早池峰山、石上山とともに「遠野三山」の一つである。山名は「山容がたれ下がる」のアイヌ語説や六人の皇族が住んでいたとする説がある。

登路　遠野盆地を走る国道二八三号から県道を北に笛吹峠に向かい、六角牛神社近くでさらに東側に入ると峠登山口がある。ここから登って行くと、おおむね落葉広葉樹林の中にしっかりとした登山道が整備されている（峠登山口から約二時間一五分）。

地図　二・五万図　陸中大橋

（藤井公博）

片羽山雄岳　かたばやまおだけ　標高　一三一二m

岩手県釜石市橋野町と同市甲子町にまたがっている。片羽山は北の雄岳と並んで南につづいて聳える雌岳（一二九一m）を総称したもので、釜石地区の山では五葉山に次ぐ高峰である。

近くには国の史跡「わが国最古の洋式高炉跡」があり、二〇一五年に「明治日本の産業革命遺産」として世界文化遺産に登録された。片羽山の南北には大鉱床跡群があり、鉱石を掘った跡があちこちにある。山頂には三角点があり、その左下の北側には熊野権現の石祠が祀ってある。山頂からの眺めは、六角牛山、愛染山、五葉山、早池峰山、岩手山など奥羽山脈が一望でき、釜石大観音も望める。

登路　青ノ木と能舟木を結ぶ峠の笛吹鳥居が登り口で、よく整備された登山道を山頂へ（約二時間三〇分）。コース上に水場やトイレはない。雌岳へは釜石鉱山の構内を通るため入れない。

地図　二・五万図　陸中大橋　能木舟

（村上　力・畠　登）

仙磐山　せんばんさん　標高　一〇一五m

岩手県釜石市の北側にあって、鵜住居川の上流、橋野川の右岸に位置している。柳田國男の『遠野物語』には「千晩山」と紹介されている。また「仙葉山」という石祠があったり、仙盤山を「せんばやま」と刻んでいる橋があるなど、山名考も面白い。

登路　国道四五号の鵜住居から遠野への道を左折、長持バス停から入るのがよい。長持バス停から砂子畑を通り、大沢川沿いの林道の途中で山頂を確認後、ヤブの薄い所をねらって尾根に取りつき、西進して登頂(約二時間)。

地図　二・五万図　小佐野　橋野　陸中大橋　（藤井公博）

大開山　おおびらきやま　標高　一一三九m

岩手県遠野市にある。六角牛山《ろっこうしやま》の南に、猫川と早瀬川に挟まれて大きく見える山である。

山頂から稜線を南へ一kmの所にある小さなピークは小大開山《こおおびらきやま》(約一〇四五m)で、五葉山方面の眺望がよい。

登路　遠野市上郷町の畑屋集落を通り、沢沿いの大開林道の急坂を辿れば、標高差六〇〇mを車で登ることができる。ただし、積雪期には大開林道はゲートで閉鎖される。徒歩ではJR釜石線足ヶ瀬駅から山頂直下まで車道を歩き、山頂付近はササヤブの薄い所を選んで登頂する(約一時間三〇分)。

地図　二・五万図　陸中大橋　（中屋重直）

仙人峠　せんにんとうげ　標高　八八〇m

別称　仙人坂

岩手県釜石市と遠野市の境にあり、釜石街道(内陸の遠野盆地から海岸の釜石に抜ける道)の要所の峠。北上山地の背骨を越すために急峻な山道を辿らなければならず、難所の峠であった。また、南部藩と仙台藩の境にあり、交易の道でもあった。古くから歩かれていた峠ではあるが、時代の変遷とともにその時々の変わり目がある。源義経の北行伝説があり、長らく人は徒歩か駕籠《かご》、荷物は馬か人夫に頼ってきた。時代とともに軽便鉄道(一九五〇年に三陸鉄道が開通)が通り、やがて自動車交通となる。峠の行き来もなくなり、現在は峠を偲ぶ者や自然を愛する人々が時々歩く程度となっている。

登路　上郷沓掛の登り口の左手に早瀬観音(別名・沓掛観音)があり、道は緩やかにジグザグを切っている。途中、権現や休息所がある、うっそうとした木立の中を行く。峠までの登り二・五km、一時間三〇分程かかる。峠には仙人神社の跡地と石鉢があり、かつては茶屋もあった。下りは釜石側、大橋(二五四m)に下りる。三・五km、一時間三〇分程。中腹に中仙人茶屋跡がある。

地図　二・五万図　陸中大橋　（菊池修身）

高清水山　たかすずやま　標高　一〇一三m

岩手県遠野市から釜石市に入る手前に立ちはだかる仙人峠の南方

に位置し、遠野市と気仙郡住田町の区界線上にまたがる。一九一二年に花巻を起点として岩手軽便鉄道が着工されたが、仙人峠の険に阻まれて釜石市に達することができなかった。この峠は、国鉄釜石線として全線が開通する一九五〇年まで、三陸海岸の釜石と内陸を結ぶ物流の動脈として利用されてきた。

登路　国道二八三号を遠野から東進し、JR釜石線足ヶ瀬駅を過ぎて仙人トンネル入り口の沓掛に車を置く。踏み跡のしっかりした古道を登って仙人峠の頂に立つ。そこから南進して高圧線鉄塔の管理道路までの刈り払い道を過ぎ、ほぼ尾根を辿る。注意深く進むと踏み跡があるが、一部はヤブこぎとなる。三角点の標石は、なだらかな山頂のササヤブと木立に隠れている。帰路は峠に戻った後、釜石側の大橋にも下ることができる。沓掛から峠まで約一時間三〇分、そこから高清水山まで片道約三時間、さらに大橋には一時間三〇分程かかる。

地図　二・五万図　陸中大橋　五葉山　（松田和弘・中屋重直）

愛染山　あいぜんやま　標高　一二二八m

岩手県釜石市と気仙郡住田町にまたがる。釜石からは甲子《かっし》川の谷間の奥にペン先のように鋭く峻立して見える立派な山であるが、あまり人は登っていない。一方、住田町側は緩やかな傾斜で、一九五五年ごろまでは馬が放牧されている牧場であった。

頂上付近は緩斜面で、灌木と草地でシャクナゲなどが多い。北面は断崖絶壁で山の相が相反している。地元の学校では「西にそびえる愛染の」などと校歌に歌われ、親しまれている山である。

登路　大松コースは六百平から水無沢を経て追分、鞍部、頂上へ（約三時間三〇分）。箱根峠コースは峠の尾根をほぼ直登して頂上へ（約二時間）。檜山コースは檜山川を左に、集落を過ぎスギ林を尾根づたいに頂上へ（約三時間）。

地図　二・五万図　五葉山　（村上　力）

五葉山　ごようざん　標高　一三五一m

岩手県釜石市、大船渡市、気仙郡住田町にまたがり、北上山地の南端に位置する。全山花崗岩で、山頂に近い一二八〇m以上は比較的平坦で、山頂に延びる稜線は、所々花崗岩が露出しており、山頂には針峰状の奇岩が立っている。また、高原状を呈した山頂部からの三陸海岸の景観がよい。

眺望は南東方には、三陸海岸の大観が開け、北西には、愛染山、片羽山、六角牛山、早池峰山、岩手山、駒ヶ岳、和賀連峰、焼石岳、栗駒山などが望まれる。

五葉山県立自然公園に属し、原生林地帯では、コメツガ、ヒノキアスナロ、ダケカンバ、ハクサンシャクナゲなどが繁茂し、苔むす林床などを見ることができる。そのほかガンコウラン、コケモモや五葉山特有のツツジ科ゴヨウザンヨウラクもある。また、ニホンザル、ホンシュウジカ、ニホンツキノワグマ、ニホンカモシカなどが生息し、とくにホンシュウジカの生息頭数は、四五〇〇から五〇〇〇頭ともいわれており、全山鳥獣保護区に指定されている。しかし、近年ホンシュウジカは生息頭数を増やして北上山地を北上、牧草地や牧場に入り込んで農家を困らせている。

　五葉山神社の奥社は、住田町上有住檜山から登った稜線にあり、大同二年（八〇七）、仙台藩の祈願所として、山伏の修験道場だったと伝えられている。また、ヒノキの皮は火縄銃の材料に使われたので、仙台藩にとっては重要な山で、無断で木を伐ったり、狩猟も勝手にできないとされていた。

　山名は、ゴヨウマツが茂っているので「五葉山」とか、仙台藩が管理していた「御用」の音を「五葉」と当てたとの説もあるが、五葉権現開創はこれよりもかなり古く、「御用山」以前の山名があったともいわれ、それが「檜山」で、その名がいまでも集落として残っている。

五葉山山頂

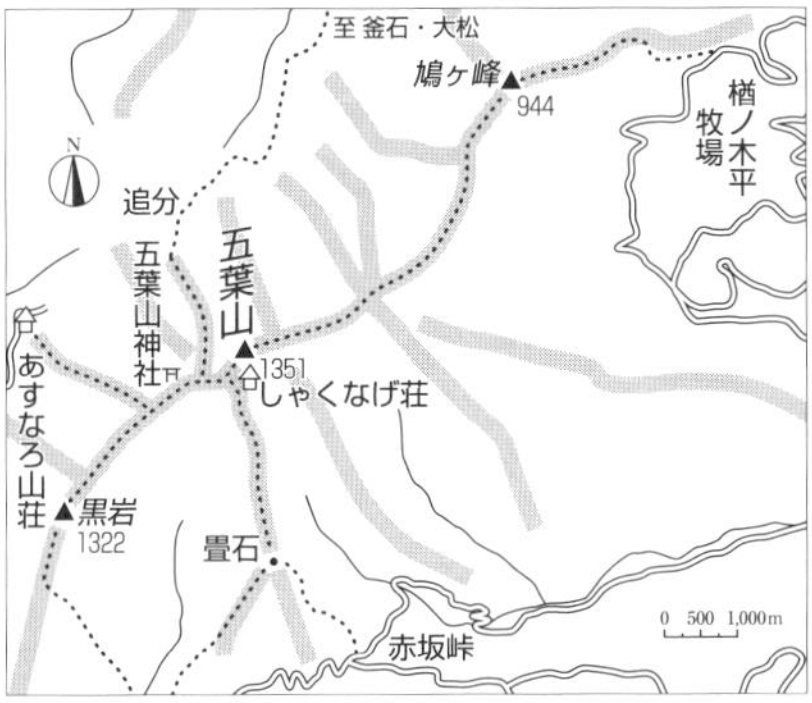

　五葉山神社の例祭は七月一五日で、このころはハクサンシャクナゲの開花期でもあり、大勢の登山者が花の観賞に登る時期でもある。また、六月上旬のツツジは全山を赤く染める見事な眺めとなって登山者を魅了する。

　「五葉潰し」という言葉がある。港から出漁する漁船が船上から振り返ると、はじめは沿岸の山々が水平線上に立ち並ぶが、陸地を離れるに従って次々と沈んでゆき、最後に残るのは五葉山だけになる。しかし、その五葉山もやがて櫛形となり、線となり、ついに点となって地平線下に没してしまう地点を、漁師たちは「五葉潰し」と呼ぶ。

登路　大松コースは長く起伏があり、水無沢、追分を経て五葉山神社奥社に通じる古い道である（約四時間・現在倒木が多く通行不可）。楢ノ木平（鳩ヶ峰）コースは、ヒノキアスナロやコメツガの樹林帯で、苔むす林床がすばらしい道である（約二時間二〇分）。赤坂コースは、県道唐丹日頃市線上の赤坂峠から太平洋を眺めながら登るもっとも短い道である（約一時間五〇分）。檜山コースは、伊達藩の修験者が開いたともいわれる道で、あすなろう山荘から山頂へ（約二時間三〇分）。

地図　二・五万図　五葉山　小白浜

（村上　力・畠　登）

氷上山　ひかみさん

標高　八七四m

　北上山地の南東部に位置し、岩手県陸前高田市と大船渡市にまたがっており、海上交通のよき指標となっている。

ほぼ東西に延びる山頂稜線の東側には、三陸リアス式海岸の大船渡湾まで、南面の裾野は広田湾、西側には気仙川渓流を望むことができる。山頂の展望は三六〇度、風光明媚で思ったより高度を感じる山である。春のスズラン、初夏のツツジ、秋の紅葉と格好のハイキング・コースで、家族連れでも難なく登ることができる。

山名の由来は、野焼きによる山火事が起きても、この山に火の手が近づくと火が鎮まったということから、「火の神・ひのかみ＝氷《ひ》上《かみ》」となったと伝えられる。山頂部には、平安時代初期の建立と伝えられる気仙氷上三社（衣太手《えたて》神社・東ノ御殿、登奈孝志《となかし》神社・中ノ御殿、理訓許多《りくこたの》神社・西ノ御殿）が祀られている。これらの合祠遙拝殿は山麓で「お仮宮《かりみや》」と呼ばれ、古くから気仙郡総鎮守神とされ、防火の神、雨乞いの山、さらに豊作、大漁を祈願するなど信仰の篤い山とされている。

登路　陸前高田市高田町からの中央口コースは二時間三〇分。竹駒町からの玉山高原コースは二時間三〇分。大船渡市盛町からは健脚向きで四時間。大船渡市からの山馬越コースは二時間三〇分。大船渡市側の各コースは荒れている。目印などを外さないように。また、ホンシュウジカやニホンツキノワグマも生息しているので注意。

地図　二・五万図　大船渡

（西村幸雄）

五輪峠　ごりんとうげ

標高　五五〇m

岩手県遠野市、奥州市、花巻市東和町の境に位置する。藩政時代は南部・伊達両藩の藩境で、峠には関所が置かれていた。いまは遠野市小友町高木と奥州市江刺区の大谷地を結ぶ県道一七四号小友米里線が通っている。

天正一八年（一五九〇）の葛西・大崎の合戦で、大内沢屋敷上野が重傷を負い、この地で戦死したことから、子息の日向が父の菩提を弔うために道を開き、頂上に五輪塔を建立したという（『江刺郡誌』）。このことから峠の名が付けられた。

峠の北側には五輪塔のほか文化一二年（一八一五）建立の自然石供養塔と宮澤賢治の詩「五輪峠」を刻んだ五輪牧野記念碑が立っている。

登路　旧道は廃道のため、県道一七四号を利用する。国道一〇七号の遠野市小友町高木から峠まで車で一五分。県道二七号江刺東和線の米里から峠まで車で一〇分。

地図　二・五万図　野手崎　小友

（小田島　博）

砥森山　ともりやま

標高　六七〇m

岩手県花巻市東和町と遠野市宮守町の境に位置し、北上川の支流猿ヶ石川を堰止めてできた田瀬湖に双耳峰を映す山である。

砥森山は、古くから信仰の山として村人から親しまれ、砥嶺と呼称されていた。山麓の旧宮守村では四月八日には、砥森山頂の権現様に参拝して、日の出を待ち、夜が明けると重箱を広げ、御神酒をいただくという伝承があることで知られている。

登路　国道一〇七号の田瀬湖大橋から湖畔北側を西に入ると砥森山神社があり、その手前から北に入る。一時廃道の状態であった登山道が整備され、山名の由来である砥石状のような石が敷きつめられている東側山頂直下まで一気に登ることができる（約一時間二〇分）。三角点のある西側の山頂には登山道はなく、大奉剣を目ざしてヤブこぎである。

地図　二・五万図　野手崎　小友

（藤井公博）

物見山　ものみやま　標高　八七〇m

別称　種山

岩手県奥州市と気仙郡住田町、遠野市にまたがる種山高原の高い所が物見山である（雨量観測レーダーが設置されている）。

種山高原は、物見山をはじめ大森山（八二〇m）、立石（七五〇m）など標高七〇〇m前後の高原である。宮澤賢治は次のような詩を記している。

「種山ヶ原の雲の中で刈った草は、どごさが置いだが／忘れだ／雨ふる」

春から秋にかけて、放牧地として岩手県南部の町村から牛、馬、羊などが放牧されて、牧歌的な風景が展開する。

登路　国道三九七号、奥州市、住田町、大船渡市に抜ける姥石峠から林道が山頂近くまでできている。奥州市江刺側の星座の森から徒歩一〇分。

山頂からの眺望は三六〇度、西に焼石岳、栗駒山、南に室根山、氷上山、東に原台山、五葉山、北に早池峰山、岩手山を望むことができる。六月中旬ごろはレンゲツツジが見ごろである。

地図　二・五万図　種山ヶ原

（菊池修身）

原台山　はらだいさん　標高　八九四m

岩手県陸前高田市と一関市大東町の境界をなす山で、北上山地の南部にある。五葉山より南では室根山に次いで高い。この二つの山は周辺の山々からぬきんでて高く、南北に一〇km程隔てて対峙しているが、あらゆる点で対照的である。

室根山は県立公園の指定を受け、交通の便もよく、観光施設も完備し、訪れる人も多いが、原台山はアプローチが不便で、その山を知る人も少なく、最近は登山口すらも分かりにくい。それだけにひっそりとした静かな山である。登山道がほとんど廃れたのは、それと平行して山頂近くまで林道が造成されたことによる。

登路　一関市大東町の大原から砂鉄川沿いに県道を北上し、道が左右に分かれる萱の集落の丁字路で右に曲がる辺りから砂利道となる。登山口は蛇山牧場の手前だが、現在では明確な標識はない。進行方向左手の五二二mの独立標高点の辺りで右に入る林道があり、稜線上の六八一mピーク直下まで車で入ることができる。林道は樹木が伐り払われた防火帯とほぼ平行する。ブナを含む雑木林の中の林道が途切れ、昔ながらの山道になる。そこから一五分程で山頂に着く。山頂は野芝で覆われ展望がよい（車止めから約一時間）。

地図　二・五万図　陸中大原

（佐藤英夫）

蓬来山　ほうらいさん

標高　七八七m

北上山地の南部に位置して、岩手県奥州市江刺区と一関市大東町の境に山頂があり、電波塔が建っている。山頂には自然環境保全地域指定について次のような看板がある。

「この地域は、北上高地の南部に位置する蓬来山(七八八m)、大岩及び立石(七五八m)を結ぶ山稜部に位置し、比較的標高が低いにも関わらず、希産種、南限種等を含む亜高山帯の蛇紋岩山地として全国的に著名な早池峰山における亜高山帯の蛇紋岩植生に準ずる、すぐれた自然環境は学術的に価値が高く、これを適切に保生するために指定したものです。」

山名の「蓬来」は、不老不死の仙人が棲む理想郷の意味である。

登路　江刺区田原根木町から車道が山頂までつづいている。旧大東町側からも車道はできている。山頂からの眺望は三六〇度、岩手山をはじめ岩手の名だたる山はすべて望むことができる。

地図　二・五万図　沖田　阿原山

(菊池修身)

大鉢森山　おおはちもりやま

標高　六三三m

岩手県奥州市水沢区の東端に位置し、同市江刺区、一関市大東町との境界上にある。蓬来山、束稲山を結ぶ北上山地の主脈をなすピークの一つ。頂上近くまでスギ、マツなどの人工林で覆われている。主稜線は防火線として帯状に広く刈り払われている。北上盆地にもっとも近い位置にあるため展望に優れ、東西に長い稜線一帯から北上川流域、胆沢扇状地、栗駒山、焼石連峰などの大パノラマが楽しめる。

登路　とくに決まった登山路はない。林道大鉢森線に沿って入り、主稜線と交差する辺りから防火線を辿れば登頂できる(約三〇分)。

地図　二・五万図　前沢、沖田

(佐藤英夫)

室根山　むろねさん

標高　八九五m

別称　桔梗山　鬼首山

岩手県一関市室根町、大東町、千厩町にまたがり、太平洋岸に近い。すり鉢を伏せたような形をした山容は、海からも奥羽山脈の山々からも望見できる。昔、三陸沿岸の漁師たちは出漁して沖合にある時には、現在地を知る手がかりとしてこの山を目標にしたといわれている。

養老二年(七一八)、紀州の熊野から神霊を勧請した時、「牟婁峯山」と名付けられたが、その後、平泉の藤原秀衡が鎮守府将軍のころに室根山と改めたものという。八合目に室根神社がある。

北上山地の南部でもっとも高い独立峰で、四囲の展望に優れている。室根高原県立自然公園として牧場、ハングライダーその他の観光施設が完備しており、山頂近くまで車で上がることができる。山頂付近はヤマツツジの群落で覆われ、花期には人々でにぎわう。

登路　JR大船渡線折壁駅下車。蟻塚公園まで車が入る。八合目の室根神社まで一直線の急坂の参道は迷うことはない。神社の裏手から山頂を目ざす。パラボラアンテナの林立する山頂付近には天文台などの建物が建っている(蟻塚公園から山頂まで約一時間三〇分)。

地図　二・五万図　折壁　(佐藤英夫)

束稲山　たばしねやま

標高　五九五m

岩手県西磐井郡平泉町と、一関市東山町の境界をなし、北上山地主脈の最南端。平泉藤原三代のころ、吉野をしのぐとまでいわれたサクラの山の面影は、西行の歌(『山家集』)によって偲ばれる。「ききもせずたはしね山の桜花吉野の外にかかるべしとは」

現在はツツジの名所。そのツツジ祭に合わせて麓の前沢町をスタートする登山マラソンも実施されている。山頂には大小のアンテナや鉄塔が林立している。北側の三角点からの眺望は抜群。

登路　現在、山頂近くまで車道が通じている。JR東北本線前沢駅から徒歩で登山するとなれば山頂まで六km弱。駅南の跨線橋を渡り、北上川に向かう。赤生津橋を渡り、すぐの丁字路を右折し、左手に山頂に向かう舗装道路を見たら左折する。途中で「東北自然歩道」と出合うのでそれを辿る方が面白い。経塚山(五一八m)を経て山頂まで約三時間。

地図　二・五万図　前沢　(佐藤英夫)

大森山　おおもりやま

標高　七五九m

岩手県一関市室根町と宮城県気仙沼市との県境にまたがる。宮城県側における北上山地の最高峰である。

岩手・宮城両県の海岸部を南北に走る北上山地は、大森山からさらに南に約五〇km延び、金華山まで達している。

隆起からの侵食によって新しい谷を形成しつつある「開析準平原」という性格を持つ大森山は、この地域ではもっとも標高が高く、太《だい》田山《ださん》(六八六m)やヤマツツジがすばらしい徳仙丈山《とくせんじょうざん》(七一〇m)などを従えた山である。

登路　大森浮野林道を利用し、稜線鞍部からヤマツツジに埋もれた防火帯を登る(約二〇分)。ほかに、かつて塩の道として往来のあった剣持峠から直接防火帯を辿るコース(ヤブ濃し)もある。

地図　二・五万図　津谷川　(小山　幹)

田束山　たつかねさん

標高　五一一m

別称　龍峰山

宮城県本吉郡南三陸町歌津地区と気仙沼市本吉町の間に聳える。山の歴史は古く、承和年間(八三四～四八)には開山され、地域の信仰を集めてきた霊山である。奥州藤原秀衡の時代には、山頂に羽黒山清水寺、南に田束山寂光寺、東に幌羽山金峰寺が建立され、この地方の総鎮守として大いに栄えた。山頂には法華経が納められた一一基の経塚(県文化財)がある。

山頂からは、岩手県へとつづく北上山地の山々、太平洋上には金華山、脊梁に目を転じれば蔵王連峰から栗駒山までと、まさに三六〇度のパノラマが展開する。また、春には五万本ともいわれるヤマツツジが全山を埋め尽す。

登路　旧歌津町伊里前から本吉町小泉にかけて、山頂近くを横切る車道が通じている(車道から山頂まで約五分)。

また、旧歌津町樋《ひ》の口の荒沢不動尊から、かつて修験者が通ったとされる道跡に「行者の道遊歩道」が整備されている(山頂まで約一時間三〇分)。

地図　二・五万図　馬籠　志津川

(林田健治)

翁倉山　おきなくらやま　標高　五三二m

別称　霧ヶ森

宮城県石巻市北上町と登米市津山町との境に位置し、旧桃生郡における最高峰である。北へ延びる山稜は旧津山町と本吉郡南三陸町との境をなしている。

「翁」は地域で一番高い山の尊称、「倉」は岩を表す。山頂によく霧がかかるため「霧ヶ森」とも呼ばれる。一九九五年、この山でイヌワシの樹上営巣が発見された。一帯は宮城県自然環境保全地域に指定されている。

登路　石巻市北上町要害からが一般的だが、同町女川からの登路もある(どちらも約二時間)。このほか登米市津山町横山からの登路もある(登山口から約四〇分)。

地図　二・五万図　折立　雄勝

(讃岐惣二郎)

硯上山　けんじょうさん　標高　五一九m

宮城県石巻市河北町と同市雄勝町との境に位置し、北上川(追波《おっぱ》川)を挟んで翁倉山《おきなくらやま》と対峙している。

山名は、江戸期に山麓から良質の硯材が採れたことに由来している。頂上からは雄勝湾が一望できる。味噌作からの登り口に至る味噌作林道には、上水道の水源となる沢があり、良質の水が得られる。旧雄勝町の最高峰で、硯上山万石浦県立自然公園に指定されている。

登路　石巻市雄勝町内の国道三九八号から登山口を目ざす。味噌作からは林道をつめて登るコースが(登り約四〇分)、原からは林業振興センターからふるさとみどりの道を辿り、峠付近の駐車場わきの登山口から登るコースがある(登り約五〇分)。

地図　二・五万図　雄勝　女川

(城間礼子)

大六天山　だいろくてんざん　標高　四三九m

別称　大録天山　三国山

宮城県石巻市と牡鹿《おしか》郡女川《おながわ》町にまたがり、牡鹿半島の付け根に位置する。大六天とは仏教語で、欲界六天の中の第六にあたるほか、自在天を指す。『安永風土記』には、「山頂より仙台並びに相馬、南部相見へ候につき名附候」とあるように、眺望に優れている。このことから、別称「三国山」の名がある。山頂には三国神社が祀られている。

登路　万石浦東岸の針浜集落から約一時間で山頂に達する。また、コバルトラインの大六天山駐車場から登るコースもある（約四〇分）。

地図　二・五万図　萩浜

（星　勝雄）

金華山　きんかざん

標高　四四四m

北上山地の最南端、牡鹿半島の先端に浮かぶ金華山島の山。宮城県石巻市牡鹿町に属する。金華山島は南北五・四km、東西三・七km、周囲約二六kmの小さな島だが、全島が花崗岩からなり、同時に島全体が黄金山神社の神域として保護されてきたため、特異な自然が残されてきた。海岸線付近がクロマツ・アカマツ林、その上がモミ林、標高二〇〇mを超えるとブナ林が現れ、野生のホンジュウジカやニホンザルが多数生息している。

黄金山神社は繁栄・商売の神として信仰を集め、岐阜市の金華山もこの山にちなむ。

登路　山麓の黄金山神社からお沢掛けコースと峰掛けコースがある。どちらも約一時間で山頂に出る。島には周囲を一周できる車道と歩道があり、南西側の山椒沢や千畳敷から登るコースもある。

（森佐和子）

地図　二・五万図　金華山

金華山（御番所山から）

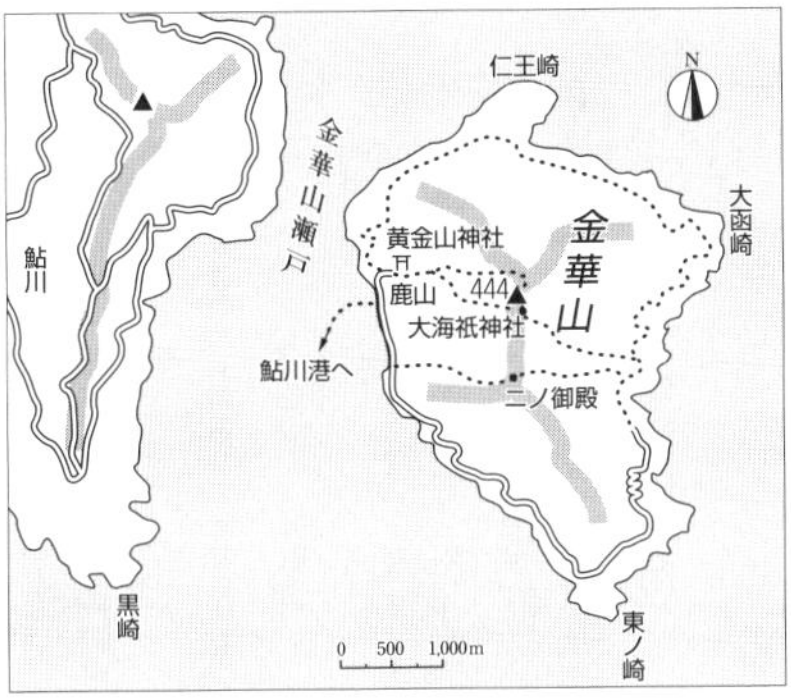

津軽山地

袴腰岳　はかまごしだけ　標高　七〇八m

青森県津軽半島の中央部を南北に走る津軽山地(中山山脈)の北部に位置し、東津軽郡外ヶ浜町平舘《たいらだて》と今別《いまべつ》町にまたがる。山頂は双耳峰になっており、手前のピークには道標、奥のピークには三角点がある。山頂からは津軽海峡のかなたに北海道、平舘海峡の向こうに下北半島などが見え、展望に恵まれている。

登路　今別と平舘両側から登山コースがあるが、平舘コースが一般的である。平舘スキー場跡からオドシ山、赤松峠、竹ノ子平、猿ヶ森を経由して袴腰岳山頂に至る(約三時間二〇分)。

地図　二・五万図　大川平　袰月　(江利山寛知)

丸屋形岳　まるやがただけ　標高　七一八m

青森県津軽半島の中央部を南北に走る津軽山地(中山山脈)の北東部に位置し、東津軽郡外ヶ浜町平舘《たいらだて》と同町蟹田にまたがる。津軽半島の最高峰で、登山者のあこがれにも似た神秘性を持つ山であるが、登山道が不明瞭であることや急登を強いられるために、登山者を遠ざけてきた歴史を持つ。最近、蟹田森林管理署が新しい登山道を切り開いたため、容易に登山することができるようになった。

登路　JR津軽線蟹田駅から玉川沿いの丸山林道経由で新登山口(車約五〇分)に着く。新登山口より山頂(約四五分)。ほかに以前よりある登山道としてブナ林の尾根道で鳴川岳を経由して山頂に至るルートがある。

地図　二・五万図　大川平　(江利山寛知)

増川岳　ますかわだけ　標高　七一三m

青森県津軽半島の中央部を南北に走る津軽山地(中山山脈)の北西部に位置し、東津軽郡外ヶ浜町三厩《みんまや》にある。七〇〇m前後の山とは思えないほど堂々とした山容である。北ピークから南ピーク(山頂)までおよそ六〇〇mの頂稜を持っている。北流して津軽海峡に注ぎ込む増川川の上流、西股沢と南股沢に囲まれた山である。増川岳付近のヒノキアスナロ(ヒバ)林は増川美林と呼ばれ、日本でも屈指の美林として有名である。津軽半島の山の中でもとくに親しまれている山である。

登路　増川沿いの増泊林道を進むと、二股に着く。増川二股からヒバ林の中の作業道を進み、北ピークを経由して山頂に至る(約二時間一〇分)。

地図　二・五万図　増川岳　三厩　(江利山寛知)

大倉岳　おおくらだけ　標高　六七七m

青森県津軽半島の中央部を南北に走る津軽山地(中山山脈)のほぼ

中央に位置し、東津軽郡蓬田《よもぎだ》村と五所川原市金木《かなぎ》地区にまたがる。古くから山岳信仰の山として知られ、山頂には大倉神社奥社を祀る。ヒノキアスナロ林からブナ林への垂直分布の推移を示す。

登路　蓬田小学校前を過ぎ、阿弥陀川沿いの林道を進むと赤倉岳登山口に着く。大倉岳登山口から展望所、避難小屋、前岳を経由して山頂に至る（約一時間四〇分）。ほかに赤倉岳（五六三m）を経由して山頂に至るコースもある（約一時間三〇分）、大倉岳山頂より赤倉岳を経由して北西方向にある中里《なかさと》袴腰《はかまごし》岳（六二八m）までの縦走路もある。

地図　二・五万図　蓬田　大倉岳　中里　金木

（江利山寛知）

梵珠山　ぼんじゅさん

標高　四六八m

青森県青森市浪岡地区と五所川原市にまたがり、津軽半島を貫く津軽山地の南端に位置して、津軽平野を北側から一望できる。

梵珠山という山名や登山口の大釈迦という地名からも分かるように古くから信仰の山であり、五所川原市側の中腹に松倉神社、山頂には七体の観音像を安置するお堂があり、津軽一円から参拝者がある。人魂《ひとだま》が出るとの言い伝えがあり、旧暦七月九日深夜に「火の玉探検」の行事が行われている。

山頂からは北に青森市街、陸奥湾、下北半島、津軽半島、東に八甲田山、南は津軽平野と岩木山が望める。

登路　青森市（浪岡地区）側からは県立自然ふれあいセンターを起点に、登山道が整備されている（約一時間一〇分）。ほかに五所川原市側から松倉神社コース（約一時間一〇分）、青森市側からは石の塔林道空沼の登山口より魔ノ岳（四七三m）、馬ノ神山（五四九m）を縦走して山頂に達するルートもある（約三時間）。

地図　二・五万図　青森西部　油川　源八森　大釈迦

（須々田秀美）

八甲田・十和田火山地域

北八甲田連峰《きたはっこうだれんぽう》

前岳	一二五二m	小岳	一四七八m
赤倉岳	一五四八m	高田大岳	一五五二m
井戸岳	一五五〇m	雛岳	一二四〇m
大岳	一五八五m	硫黄岳	一三六〇m

八甲田連峰は、青森市から十和田湖に至る国道一〇三号を境に北側を「北八甲田連峰」、南側を「南八甲田連峰」という。

標高の平均は北八甲田連峰が高く、大岳をはじめ一五〇〇m以上の山が四座あり、南八甲田連峰は、櫛ヶ峯（一五一七m）一座のみである。

八甲田山は、元禄一三年（一七〇〇）の『弘前藩日誌』に、「耕田嶽」と記されており、その後何回も変更されて、明治期の『大日本地誌』には八甲田山と記されている。以前の観光案内には、八甲田山は八つの甲《かぶと》のような峰と湿原地帯に小さな田圃《たんぼ》のような無数の池があることからの総称、と説明されていた。

八甲田山は約七〇万年前から一五万年前にかけて、盛んに火山活動をしており、繰り返し噴き出した溶岩や火山灰が積み重なって、いまのような円錐形の山になったと考えられている。

また、山々の配列が規則的で、とくに高田大岳を中に両側にほとんど等間隔に小岳と雛岳と噴火口を持たない三つの峰が列立した姿は、火山地形としては非常に珍しいとされる。

山麓には、八甲田温泉、谷地温泉、猿倉温泉などがあり、代表的なものには、国民保養温泉の第一号に指定された酸ヶ湯温泉がある。

植物の垂直分布は、ブナを主とする低山帯からアオモリトドマツの亜高山帯、ハイマツの高山帯に達しており、本州中央部の三〇〇〇m級の山に匹敵する分布が見られる。

北八甲田連峰（南八甲田連峰・横岳から）
左から井戸岳, 赤倉岳, 大岳, 小岳, 硫黄岳, 高田大岳

前岳　青森県青森市に位置し、北八甲田連峰の最北端にある。夏道はなく積雪期にのみスキー（一二月から五月）とスノーシューかワカンジキ（三月から五月）で登れる。

登路　八甲田ロープウエー山頂駅から銅像コースを確認して、案内板に沿って北の前岳を目指す。田茂萢《たもやち》沢の上部を渡り頂上へ（山頂駅から約一時間）。積雪期には雪崩に十分注意してブナ帯のコースを下り、銅像茶屋前へ（積雪期登山適期　四月～五月上旬）。

赤倉岳　青森県青森市に位置し、北八甲田連峰では標高一五四八mの第四位の高峰で、八甲田ロープウエー山頂駅から東方に一番近い山である。

登路　八甲田ロープウエー（田茂萢岳）山頂駅から案内板の説明に沿って進み（山頂遊歩道は8の字状である）、赤倉岳への登り道に入る辺りから上毛無岱への分岐点を右に見ながら直線の登山道を進む。左に前岳、右に上毛無岱が見える。高度を稼ぐ階段状の赤土道を登ると、祠のある見通しのよい地点に着く。左手にガレ場を見て、稜線の近くを通ってハイマツ帯の頂上へ。真正面には井戸岳の頂上が目前に迫っている。ハイマツ帯の中の登山道を進んで井戸岳山頂へ（登山口から約一時間二〇分）。火口のある頂上はロープが張られており、火口の左側を回り、植生復元地帯の階段状の所を下って大岳避難小屋へ。この後の下山路は大岳コースと同じである。みちのく深沢温泉付近から赤倉岳へのコースもあるが、ヤブに覆われている。

井戸岳　青森県青森市に位置し、北八甲田連峰では標高約一五五〇mの第三位の高峰である。赤倉岳と大岳の間にあるが、遠くから見ると赤倉岳と井戸岳の区別がつかないほど稜線がつづいて見える。

登路　赤倉岳から井戸岳（約一五分）、大岳から井戸岳（約二五分）であり、八甲田ロープウエーの山頂駅（田茂萢岳）から赤倉岳、井戸岳、大岳、酸ヶ湯温泉の縦走路の中間地点である。八甲田連峰（南北）には山頂に爆裂火口があるのは大岳と井戸岳の二峰だけである。

大岳　青森県青森市に位置し、南・北八甲田連峰では標高一五八五mの第一位の高峰で、山頂には爆裂火口がある。

登路　北八甲田連峰の主峰。酸ヶ湯温泉の上部駐車場付近が登山口で、日本山脈縦走記念の木柱が登山口に立っている。緩い道を約二km進むと、硫黄の匂いがしてきて沢音が聞こえてくる。地獄湯の沢である。さらに一km進むと木道となり、正面に小岳、左手に大岳、右手に名無山《ななしやま》に囲まれた仙人岱《せんにんたい》である。右手に仙人岱ヒュッテ（無人）が見えるとまもなく八甲田清水のわき出ている地点に着く。右手に「小岳、高田大岳」の標示板を見ながら進み、雪渓を登りアオモリトドマツ林に入る。森林限界を抜けると凝灰岩地帯であるが、金網で補強されている。頂上へは階段状の道がつづき、左手にある祠からはまもなく頂上である（登山口から約一時間五〇分）。

下山は北の斜面を大岳避難小屋へ。正面に井戸岳、赤倉岳を見ながら下る。さらに上毛無岱へ向かってアオモリトドマツ帯を下り、木道へ。ワタスゲ、チングルマを見ながら木製の階段を下りる。

下毛無岱を進み、振り返れば左手に八甲田ロープウエーの山頂駅、正面には赤倉岳、井戸岳、大岳を、右手奥には南八甲田連峰を見ながら木道を進むと、まもなく車の音が聞こえ、湯坂ゲレンデの上部に出る。酸ヶ湯温泉が見え、ゆっくりと斜面を下り、代表的な大岳登山コースの終点に到着。

小岳　青森県青森市と十和田市の境に位置し、大岳と高田大岳の間にある。頂上からは東に高田大岳、北西に大岳、南西に南八甲田連峰とすばらしい眺望である。

登路　酸ヶ湯温泉から仙人岱を通り山頂（約一時間四〇分）と、谷地温泉から高田大岳を通り頂上（約三時間）へのコースがある。田代平箒場から高田大岳・小岳の鞍部を通り頂上（約二時間五〇分）のコースがあったがヤブに覆れている。

高田大岳　青森県青森市と十和田市の境界にあり、北八甲田連峰では標高が第二位の高峰である。頂上から北に大岳、小岳、井戸岳、赤倉岳、北西に仙人岱ヒュッテ、硫黄岳、東に雛岳が望まれる。

登路　谷地温泉の北に登山口がある。九七四mのピーク付近を通り、湿原地帯（登山道に注意）を過ぎ、急な斜面に一直線に付いている登山道を進む。ブナ帯、アオモリトドマツ帯からハイマツ帯に入り、登ってきた登山道から南方を見ると、南八甲田連峰の赤倉岳、乗鞍岳などが望まれる。さらに直線道を登ると祠があり、コケモモの群落の中を尾根づたいに行けば頂上である（登山口から約二時間）。

小岳からは、東に一本道で、緩い下りと鞍部からの急登でハイマツ帯を抜けると頂上である（小岳から約一時間一〇分）。

雛岳　青森県青森市にあり、大岳の東四kmにある。頂上から正面に高田大岳、西に大岳、井戸岳、赤倉岳を望むことができる。

登路　田代平高原の箒場から登山道の案内板に注意しながら進む。緩い上りの一本道を途中で左折し（九七〇m付近）、急斜面を登ると頂上である（登山口から約一時間三〇分）。

硫黄岳　青森県青森市と十和田市の境界にある。頂上からは北に大岳、その真下に仙人岱ヒュッテが望まれる。

登路　夏道はなく積雪期登山となる（四～五月上旬が適期）。酸ヶ湯温泉からの、大岳環状スキールートより案内板四五番付近の地獄湯の沢を対岸に渡り（硫黄岳コース）、名無山（一三三八m）の南斜面を案内板に沿って登り、硫黄岳の北側から尾根を辿る。左側は大斜面であるが、西側はハイマツ帯である（登山口から約一時間三〇分）。下山は雪庇に注意しながら仙人岱ヒュッテを目ざして下る。大岳環状スキールートの案内板四五番を目ざして地獄湯の沢を通り、酸ヶ湯温泉へ。

地図　二・五万図　雲谷　田代平　酸ヶ湯　八甲田山（中村光明）

南八甲田連峰
みなみはっこうだれんぽう

駒ヶ峯　一四一七m　横岳　一三四〇m
猿倉岳　一三五四m　乗鞍岳　一四五〇m
櫛ヶ峯　一五一七m　赤倉岳　一二九〇m

八甲田連峰は、青森市から十和田湖に至る国道一〇三号を挟んで南北に分かれている。北側を「北八甲田連峰」、南側を「南八甲田連峰」という。

南八甲田連峰は北八甲田連峰にくらべると地史的に古いといわれており、そのため高山植物もチシマツガザクラ、チシマフウロ、オオタカネバラ、ニッコウキスゲ、ネムロコウホネなど、北八甲田連峰では見られない植物が生育している。

南八甲田連峰には、櫛ヶ峯（一五一七m）を主峰とし、横岳、南沢岳、猿倉岳、駒ヶ峯、赤倉岳、乗鞍岳、下岳（一三四二m）などがあ

南八甲田連峰(横岳から櫛ヶ峯)

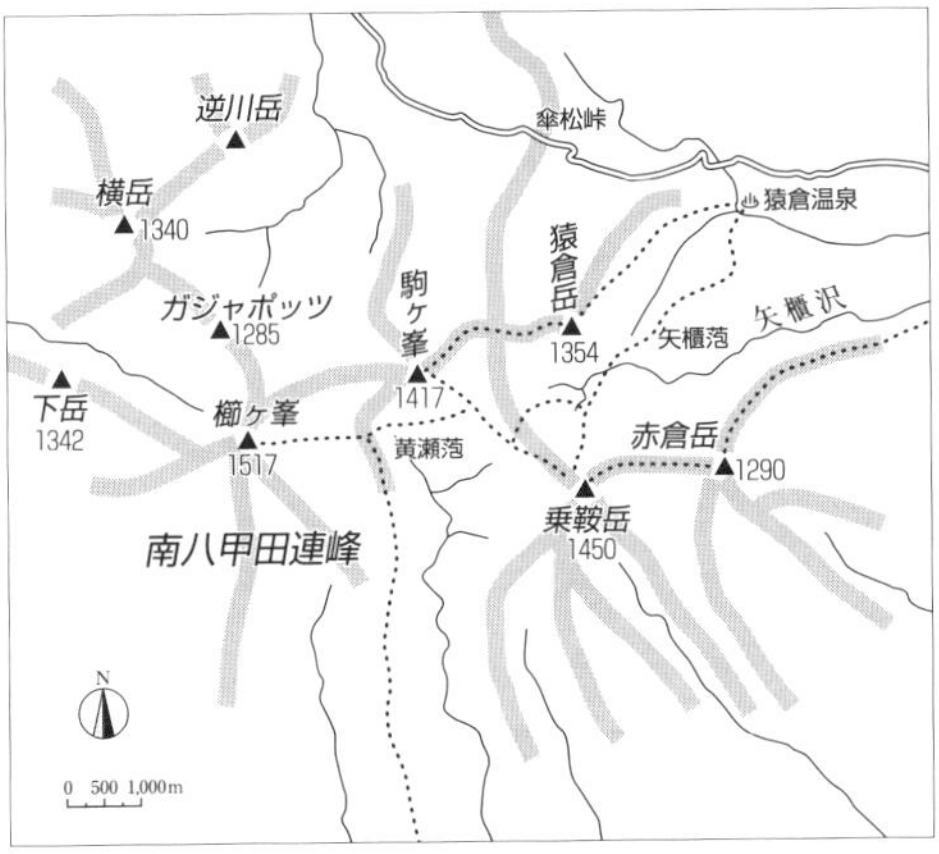

る。これらの峰々は、いまから約七〇万年前から一五万年前にかけて盛んに火山活動しており、繰り返し噴火した溶岩や火山灰が積み重なっていまのような円錘形の山になったと考えられている。

櫛ヶ峯を中に下岳と南沢岳を結ぶ馬蹄形の山稜は爆裂火口といわれている。この南八甲田連峰の山腹から山稜にかけての広大な高原性山地の中には、わが国を代表するような原生のままの泥炭性湿原の黄瀬萢《おうせやち》がある。

黄瀬萢は西を櫛ヶ峯、北を駒ヶ峯、東を乗鞍岳と三方を峰に囲まれた標高一二〇〇m前後の広大な湿原の総称で、その中にある田型萢は、あたかも山間部に階段状に造られた水田を思わせる景観で、十数個を数える大小の池塘にはミツガシワ、エゾヒツジグサ、その周囲にはモウセンゴケ、サワギキョウ、ヒメシャクナゲなどが見られ、とくに本州では数箇所にしか分布していないネムロコウホネが生育している池塘がある。主峰の櫛ヶ峯は、ほかの峰々がほとんどアオモリトドマツ林によって覆われているのに対し、東斜面はアオモリトドマツがなく、山頂から山麓まできれいなカーペット状の雪田となっており、チングルマをはじめ、ヒナザクラ、イワカガミ、アオノツガザクラ、イワイチョウなどが群生する見事なお花畑を形成している。

また、この地域には多くの動物が生育しており、環境の違いにより、あるいは季節によって異なった種類を見ることができる。

哺乳類としては、特別記念物に指定されているニホンカモシカをはじめ、キツネ、タヌキ、リス、ノウサギ、ヤマネなどが生育しており、湿原には、ヤマアカガエル、ヒキガエル、モリアオガエル、イモリ、トウホクサンショウウオ、クロサンショウウオなどの両生類が生息している。

鳥類はクマタカやハイタカをはじめ、ウソ、シジュウカラ、コガラ、コマドリ、ビンズイ、キセキレイ、カワガラス、アカショウビン、キビタキ、ミソサザイ、ウグイス、ホトトギス、カッコウ、イワツバメなどが見られる。

猿倉温泉から十和田湖の御鼻部山に通じる旧道（一九三三〜三四年の建設当時は車道だったが現在は山道）から北側の猿倉岳、駒ヶ峯、同じく南側の乗鞍岳、赤倉岳の登山道は、切り払いや整備がされずにヤブである。

駒ヶ峯　青森県十和田市十和田湖地区と青森市にまたがる。矢櫃沢の左岸にあって、登山口は猿倉温泉である。山名の由来ははっきりしないが、横岳からの眺望が猿倉岳から駒ヶ峯の稜線が馬の背に似ていることに由来すると思われる。

登路　猿倉岳からの稜線上にある。途中高層湿原があり、オオタカネバラをはじめ、多数の高山植物群落を見ることができる。山頂からは北東に北八甲田連峰、北西に横岳、南西に南八甲田連峰の主峰・櫛ヶ峯、南東に乗鞍岳、赤倉岳と北・南八甲田連峰が眺望できる。下山は、山頂から旧道へ降りる（約一五分）ことができるが、猿倉温泉までの時間は稜線の登山道を引き返した方が時間はかからない（猿倉温泉から約二時間二〇分）。

猿倉岳（別称・ニセ駒ヶ岳）　青森県十和田市十和田湖地区の南八甲田連峰にある。矢櫃沢《やびつざわ》の左岸にあって、登山口は猿倉温泉である。一九四〇年代前半までは無名峰であったが、山麓と登山口が猿倉温泉にあることから山名となった。

登路　猿倉温泉から旧道を登ってまもなく（猿倉温泉から約五分）右へ入る登山口があり、川を渡ると稜線へと通じる山道がある。途中ブナ、ダケカンバ、アオモリトドマツとつづき、山頂は低いアオモリトドマツに覆われている。林間から南方に南八甲田連峰第二の高峰の乗鞍岳と赤倉岳の眺望がよい（猿倉温泉から約一時間三〇分）。

櫛ヶ峯　青森県平川市平賀地区にあって、南八甲田連峰の最高峰である。南八甲田連峰の山々の山頂はアオモリトドマツに覆われているが、この山だけにはない。櫛ヶ峯は上岳（東）と下岳（西）に分かれ、その間二㎞に及び、稜線で結ばれているが登山道はない。櫛ヶ峯（上岳）の山頂は、ハイマツとネマガリダケに覆われている。

山頂からの北東に北八甲田連峰、北西に横岳、東に駒ヶ峯・猿倉岳、乗鞍岳と黄瀬沼（別名、太田沼）、南に御鼻部山と十和田湖、西遠方に秀峰岩木山とつづく三六〇度のパノラマは、南・北八甲田連峰中第一位の眺望である。東斜面には六月まで広大な雪が残り、雪解けと同時にショウジョウバカマ、ヒナザクラ、チングルマ、イワイチョウなど見事な高山植物の群落が出現する。とくに四月から五月にかけての残雪期には、八甲田随一の山岳スキーを楽しむことができる。

登路　旧道の黄瀬萢から入る登山道（猿倉温泉から約三時間五〇分）と猿倉温泉から猿倉岳・駒ヶ峯の稜線の登山道を通り、旧道に合流するのがある（猿倉温泉から約四時間）。

横岳　青森県青森市と黒石市の境に位置し、南北になだらかな山で、南八甲田連峰の北端にある。山道はないが、山スキーを楽しむ春の積雪期には初心者でも楽に登れる山である。山頂からは、北八甲田連峰や南八甲田連峰すべてが眺望できる。

登路　前記のとおり正規の登山道はないが、地元の人や山菜採りが付けた獣道のような登山道がかすかについている。国道一〇三号から黒石市に至る国道三九四号の沖揚平集落から登山口がある。ただし、道標も案内板もないので地図にも登山道は載っていない（登山口から山頂まで約二時間三〇分）。

乗鞍岳　青森県十和田市の十和田湖地区にある。南八甲田連峰で櫛ヶ峯に次ぐ高峰である。山頂部はほぼ東西に牛の背（牛の背のように比較的広い）を思わせる脊梁をなし、山頂には大きな裸の岩があり、この地方の人々は最近までこの岩にしめ縄を張り巡らせて牛馬の神としてあがめていた。

山頂はチシマザサとアオモリトドマツに覆われ、南斜面と西斜面はハイマツの大群落となっている。西山腹に黄瀬沼（周囲約一km、水深一三m）があり、ネムロコウホネやミツガシワなどが咲き、周りの湿原はモウセンゴケやニッコウキスゲなど高山植物が見事である。南側には黄金平と黄瀬平という、白神山地に優るとも劣らないブナの大樹海が広がる。

山頂からは東に赤倉岳（南八甲田連峰）、十和田市、八戸市、太平洋、南には十和田湖や戸来岳（大駒ヶ岳・三ツ岳）、岩手山まで眺望できるが、北と西はアオモリトドマツで見ることができない。しかし、頂上から黄瀬沼に至る登山道を辿り西の肩まで少し下がると、北に北八甲田連峰、猿倉岳、北西に櫛ヶ峯、駒ヶ峯、南西下に黄瀬沼や黄瀬萢の眺望がすばらしい。また、八甲田連峰の中でここだけにキバナノコマノツメが自生している。

登路　登山口は猿倉温泉で、旧道の一ノ沢から沢を登るコース（猿倉温泉から約二時間三〇分）と赤倉岳から東稜線を辿るコース（赤倉山頂から約一時間一五分）と旧道の地獄峠から黄瀬沼を経て西稜線を登るコース（猿倉温泉から約四時間一五分）がある。

赤倉岳　青森県十和田市十和田湖地区にある。同名の赤倉岳は北八甲田連峰にもある。蔦川の支流矢櫃沢の南側にあって、東山麓には一九七九年、環境庁が調査した結果、透明度一八mを示したわが国第三位の赤沼がある。

山頂はブナやチシマザサで覆われているので眺望はよくないが、林間から東方にブナの樹海に赤沼や蔦沼の一部を眺望することができる。

登路　国道一〇三号の蔦トンネル南口から赤沼を経て、赤沼北稜線を登るコース（約二時間三〇分）と、蔦温泉から南稜線を登るコース（約三時間）がある。

地図　二・五万図　八甲田山　酸ヶ湯

（下山　壽）

十和田山　とわだやま　　標高　一〇五四m

別称　御子（オンコ）岳

青森県十和田市十和田湖地区に位置している。カルデラ湖である十和田湖（標高四〇〇m）の外輪山の最高峰で、数回の噴火活動によって形成された。山頂からは眼下に十和田湖の湖面、東に尾根つづきの戸来《へらい》岳、西に岩木山、北に八甲田連峰が一望できるほか、晴天の日には岩手山も遠望できる。

山域の西部は、十和田八幡平国立公園の区域となっていることもあって自然が豊かで、十和田湖畔でニホンツキノワグマを見かけることもある。また、同区域は「奥羽山脈緑の回廊」に指定されていて、希少動植物を保護するための広葉樹を中心とした天然林の育成が行われている。

植生は、登山口付近ではブナやトチノキなどが多く見られるが、やがて標高八〇〇m辺りになるとダケカンバが目立つようになる。そして、山頂付近では常緑樹のイチイ(オンコ)、ミネヤナギ、オオカメノキ、ミネザクラ、オオバクロモジ、アカミノイヌツゲ、ナナカマドの灌木が多くなっている。御子岳の別称は、頂上付近にオンコが密生していることによる。新緑の季節になると、ムラサキヤシオ、シラネアオイ、ツバメオモト、マイヅルソウ、ヤマツツジ、イチヤクソウ、クルマバソウ、ヤマシャクナゲなどを楽しむことができる。

登路　登山コースには、十和田湖岸にある宇樽部と子ノ口からの二つがある。

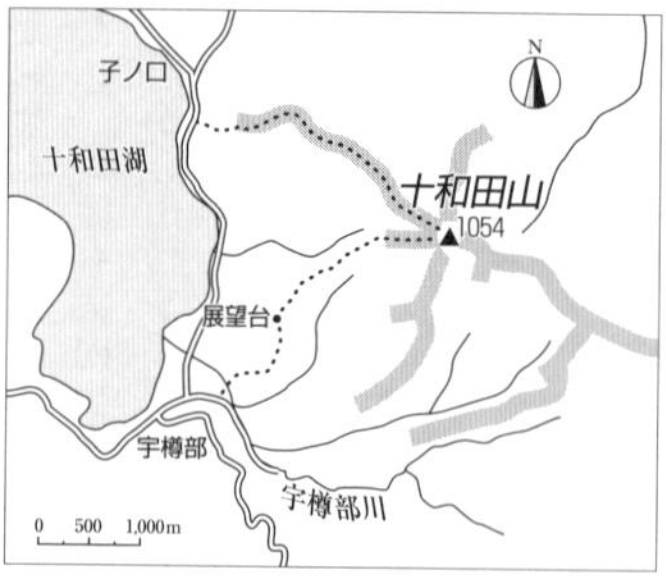

宇樽部コースは、バラ植物園「花鳥渓谷」か、裏手にある旧歩道から入る。宇樽部川に架かる舞良瀬橋を渡って直進すると登山口となり、案内板がある。最初は見通しのよくない道であるが、やがて急勾配の尾根道となる。登山口から約三〇分で西方が開けた展望台に着く。そこから緩やかな尾根沿いの道をしばらく進み、最後の急斜面を一気に登ると山頂に達する(登山口から約一時間三〇分)。

子ノ口コースは、国道一〇三号を子ノ口から宇樽部方面に約一km進んだ地点に登山口がある。最初の急斜面の後は、緩やかな傾斜の稜線で登り下りを繰り返し、次第に高度を上げていく。最後の下りの後は、頂上までチシマザサが密生した急勾配の登りがつづく(登山口から約二時間)。

(遠藤智久)

地図　二・五万図　十和田湖東部

三ツ岳　みつだけ　　標高　一一五九m

別称　戸来《へらい》岳(三ツ岳と大駒ヶ岳の総称であるが、三ツ岳と十和利山の中間に位置する大文字山を加えて戸来岳という場合もある)

青森県三戸《さんのへ》郡新郷村と十和田市十和田湖地区にまたがり、十和田湖の東に位置していて、青森県南部で一番高い山である。隣接する大駒ヶ岳と同じく、十和田カルデラ形成以前の第四紀更新世に形成されたと考えられている。山頂からは眼下に十和田湖、東には大駒ヶ岳や小川原湖、北西には十和田山とその奥に岩木山、南に岩手山や遠く鳥海山、北には八甲田連峰、その奥には下北半島の釜臥山を望むことができる。

十和田八幡平国立公園の区域となっている山域の西部は、「奥羽山脈緑の回廊」および県の自然環境保全地域にも指定されていて、希少動植物を保護するための広葉樹を中心とした天然林の育成が行われている。また、一帯はニホンツキノワグマの生息地(越冬地)になっているので、出没する季節(春と秋)にはとくに注意を要する。

植生は、大駒ヶ岳との鞍部にはシラネアオイやツバメオモトの群生が、また、頂上付近にはイチイの矮小木が繁茂している。

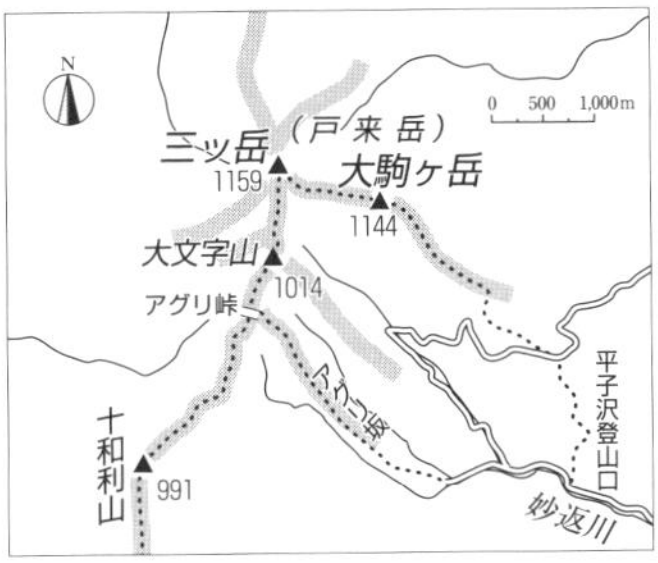

三ツ岳（大駒ヶ岳から。遠くに十和田湖を望む）

登路　登山コースには、大駒ヶ岳、十和利山、アグリ坂の三つのコースがある。

大駒ヶ岳コース　大駒ヶ岳からいったん鞍部（標高差約一五〇ｍ）に下り、直登して登頂（約四〇分）。

十和利山コース　迷ヶ平登山口から十和利山山頂までは一時間一〇分を要する。十和利山山頂から約五〇分でアグリ坂交差の丁字路（アグリ峠）に達する。ここから約二〇分で大文字山、そして、大文字山から約五〇分で三ツ岳山頂に着く（約二時間）。

アグリ坂コース　平子沢登山口を妙返川に沿って軽井沢林道を進むと約一・二kmで中の沢橋に着く（これより先は道が悪い）。中の沢橋から徒歩で約五〇分で終点（集材場跡）に着く。ここから右手の土砂の崩れた道を進むと五分で尾根に達し、アグリ坂の道（地形図に見られる軽井沢林道への尾根道は廃道となっている）と合流する。合流地点から約三〇分進むとアグリ峠の丁字路に出る。

アグリ坂の道は、昔は十和田湖畔の宇樽部に出る唯一の道で、一九〇二年一月の八甲田山雪中行軍大遭難事件の際に、別行動の弘前連隊が十和田湖畔の宇樽部から新郷村（当時の戸来村）へ抜けた道でもある。現在は荒れていて利用されていない。途中にはブリキの標識がいまも残っている。アグリ峠の丁字路に出たら、右折してダケカンバ林の急坂を約二〇分登ると大文字山（一〇一四ｍ）に着く。頂上ではイチイやアカミノイヌツゲが見られる。ここから三ツ岳までは約五〇分を要するが、ヤブ（チシマザサ）こぎの箇所がある。秋にはナナカマドの赤い実が美しいコースである（アグリ坂コース　約三時間二〇分）。

地図　二・五万図　戸来岳

（遠藤智久・柿本孝徳）

大駒ヶ岳　おおこまがたけ

標高　一一四四ｍ

別称　戸来岳（三ツ岳と大駒ヶ岳の総称。三ツ岳と十和利山の中間に位置する大文字山を加えて戸来岳という場合もある）

青森県三戸《さんのへ》郡新郷村にあって、十和田湖の東に位置している。十和田カルデラが形成される以前の第四紀更新世に形成されたと考えられている。山頂からは東に太平洋や小川原湖、西に三ツ岳とその奥に十和田湖・岩木山、南は岩手山、北には八甲田連峰とその奥に下北半島の釜伏山などを望むことができる。

登山口のある平子沢には、ウォルター・ウェストンの謝恩碑があり、毎年七月の第一日曜日に碑前で青森ウェストン祭が行われている。この祭りは、一九〇二年の大凶作による飢饉の際に、とくに被害のひどかった新郷村(当時の戸来村)に足を踏み入れ、徒歩で村内を回って米・味噌・毛布を届けるなどの救援活動を行ったウェストン師に対して謝意を表するとともに、先人の苦節を偲ぶために行われているものである。

植生は、兎ヶ平(七四〇m)の辺りからブナやトチノキの大木が見られるようになり、やがて標高八〇〇m前後になるとダケカンバが目立つようになる。季節にはニリンソウ、オオバキスミレ、エゾリンドウ、ムラサキヤシオ、エゾアジサイ、ウメバチソウなどを楽しむことができる。そして、山頂一帯はイチイやコメツツジが群生し、五月下旬にはミネザクラが美しい花を咲かせる。

登路 国道四五四号を車で十和田湖方面に進み、新郷村の間木ノ平グリーンパークを過ぎて五〇〇mの所を右折する(戸来岳入り口の標識がある)。ここから車で約五分で平子沢登山口(七四〇m)近くの駐車場に着く。登山口には標識「四・六km 二時間十分」がある。スギやカラマツの林の中を約四五分登ると鍋岳沢林道との交差部に達する(この辺りを兎ヶ平という)。林道に出たら左折し、三〇m位進んだら右折して登山道に入る。この辺りは春にはムラサキヤシオが美しい所である。やがてブナの林となり、ダケカンバが多くなる標高八〇〇m辺りから急勾配となる。森林限界を過ぎるとまもなく山頂に着く(兎ヶ平から約一時間三〇分、登山口から約二時間一〇分)。

なお、三ツ岳への縦走コースの所要時間は約四〇分である。

(遠藤智久・柿本孝徳)

地図 二・五万図 戸来岳

十和利山 とわりさん

標高 九九一m

青森県十和田市十和田湖地区、三戸郡新郷村および秋田県鹿角市にまたがる三角形の均整のとれた山で、十和田カルデラ湖の外輪山の一つである。頂上からは眼下に十和田湖、北東に戸来岳(三ツ岳・大駒ヶ岳・大文字山)、その西に十和田山や八甲田連峰がつづき、南には岩手の山々が見渡せる。

山域の西部は、十和田八幡平国立公園および「奥羽山脈緑の回廊」に指定されている。また、登山口のある山の南側の迷ヶ平(標高六〇〇m)一帯は、自然休養林に指定されていて、ブナやトチなどの樹林帯になっている。

登路 十和利山は、児童生徒の野外活動(登山教室)の場になっているため登山道は整備されている。登山コースには、東線と西線の二つがある。東線は、登山口から一〇分程歩くと分岐点となり、右折して登山道を約三〇分歩くとブナ林の急坂となる。急斜面を約三〇分登ると頂上に着く(東線コース 登山口から約一時間一〇分)。西線は、分岐点を左折し、ブナ・トチノキ・カツラ・シナノキなどの樹林帯の中を約一・四km歩くと、水場のある広場に着く。水場を過ぎると急登が始まるが、短時間で稜線へ出る。ここからは視界もよくなり、ひと汗かいて頂上に着く(西線コース 登山口から約一時間二〇分)。

十和利山から戸来岳(三ツ岳)への縦走コースは、西線コース頂上直下が入り口であるが、途中、荒れて分かりにくい箇所がある（十和利山〈約五〇分〉アグリ峠〈約二〇分〉大文字山〈約五〇分〉三ツ岳）

地図　二・五万図　十和田湖東部

（遠藤智久・杉村勝司）

白地山　しろじやま

標高　一〇三四m

青森・秋田県境のカルデラ湖である十和田湖を囲む外輪山の一峰である。湖を挟んで十和田山（一〇五四m）が位置する。頂上は県境から秋田県鹿角《かづの》郡小坂町側へ五〇〇mの地点にあり、その東側には五〇ha程の高層湿原が広がっている。十和田湖から入山すると、この湿原を二〇分程歩いて頂上に至る。

山名の由来は十和田湖周辺では残雪がもっとも長く見られることにある。菅江真澄は文化四年（一八〇七）、十和田湖に紀行し、十曲湖として紹介している。嘉永二年（一八四九）には北方探検家の松浦武四郎が十和田山に登っている。また、一九〇二年一月に起きた八甲田山雪中行軍大遭難事件の際、弘前連隊の一行は一人の凍死者も出さず、この白地山の頂上を越えて湖畔の銀山に下っている。

秋田県は一九六五年まで九二の鉱山が稼働していた全国一の鉱山県だったが、現在はすべて廃山となっている。小坂町内にも一一の鉱山があったが、その名残で湧出している温泉も多く、鄙びた風情を残している。

登路　十和田湖畔から登るのが一般的で、道も整備されている。一つは小坂町の中心街と十和田湖・発荷峠を結ぶ樹海ラインの途中にある鉛山園地から、十和田湖を足下に眺めながら登る鉛山園地コースである。出発地点が標高八五〇mなので標高差は二〇〇mもないが、距離は七・五kmある。ブナやミズナラの並木道を歩く。ほかの一つは湖畔西岸の大川岱から林道に入り、標高五三〇mから歩き始める大川岳コースである（どちらも頂上まで約二時間三〇分）。

地図　二・五万図　十和田湖西部

（奥村清明）

奥羽山脈北部

烏帽子岳 えぼしだけ

標高　七二〇m

青森県上北郡野辺地町、東北町、東津軽郡平内町にまたがる。

標高とともに変化する亜高山植物が多く見られ、登山口の野営場からヒバ原生林、ヒバ・ブナ混交林、ブナ原生林に次々と変化していく。

山頂からは眼下に野辺地町、陸奥湾を隔てて下北半島が、振り返ると八甲田連峰や小川原湖など三六〇度の展望を楽しむことができる。

登路　青い森鉄道・野辺地駅から国道四号野辺地バイパスに出ると、野辺地西高校への道に「烏帽子岳登山口」の標識が出ている。青森種畜場の前を通って枇杷川沿いにまっすぐ進むと「父《とと》恋し夜泣き石」があり、駐車できる。山頂直下の中継所への車道から離れ、まっすぐ進むと一〇分で野営場に着く。野営場からは急傾斜を九十九折に三五分程登ると、緩やかなブナ原生林帯に達し、やがて山頂に着く（野営場から約一時間一〇分）。

地図　二・五万図　狩場沢　上清水目

（坂本雄二）

東岳 あずまだけ

標高　六八四m

青森県青森市の東部に位置する安定感のある山である。青森市の多くの場所から見える。登山道がよく整備され、登山時間も手ごろなためハイカーが多い。青森市民の山といった存在。五合目から上はブナの二次林で気持ちがよい。五合目台地と山頂から望む青森市街地と陸奥湾の眺めは絶景である。

多くの人が山頂と思っている登山道の終点は、標高六五一・八m。最高点には、ここから太い尾根沿いに南へ三〇分程歩くと着く。踏み跡がつづいているが、かなり注意しないと道を見失う部分もある。最高点に三角点があるが、眺望は利かない。

登路　青森市東部の国道四号から林道を車で入る。約四㎞進むと終点で、駐車場がある。ここが登山口である。登山口から約一時間で山頂に着く。

地図　二・五万図　東岳

（村上義千代）

八幡岳 はちまんだけ

標高　一〇二〇m

青森県上北郡七戸町の七戸地区と天間林地区の境にある、南部地方の代表的信仰の山の一つである。かつて七戸町から夜道をかけて登ったという。山頂からの展望はすばらしく、八甲田の連峰を北東から眺められる。すぐ目の前に田代高原、雛岳、その後方に高田大岳の雄大な姿、その後方に残雪の八甲田大岳、そして井戸岳、赤倉岳と左前には南八甲田の駒ヶ峯、猿倉岳、櫛ヶ峯の山々が望見される。右に目を転じれば野辺地の烏帽子岳がくっきり突出した山頂を遠望させる。

登路　新山の神コースは、国道三九四号（弘前～七戸）の牧場入り口のどちらから入っても車で一五分で鳥居がある登山口と駐車場に着く。緩やかな林間コースを行くと二〇分で神社のある山頂に着く。山頂の直下が町の人々の信仰の対象となっており、さらにその先に進むと断崖絶壁である。

地図　二・五万図　銀南木　田代平

（坂本雄二）

羽保屋山　はぼやさん

標高　五九三ｍ

秋田県大館市郊外、鹿角《かづの》郡小坂町に近い雪沢地区の北東、高森山地の一角にある。山名の由来は定かでないが、五穀豊穣・病気平癒の羽保屋山大明神を祀っている信仰の山である。

また、小坂町にある小坂鉱山による煙害復旧のモデル山地としても知られる。鉱山から排出される亜硫酸ガスによる煙害により、周辺山地の樹木が枯死するなどの大きな被害を受けた。半世紀以上にわたって失われた林や緑を取り戻すために、ニセアカシア、スギ、カラマツなどが植えられ復活、山中では煙害との闘いの歴史を見ることができる。

登路　大館市内から東に約一三km、市立雪沢小・中学校のある茂内屋敷から入る。ここから石淵の集落を経て二ツ屋先で長木沢林道への橋を渡ると、まもなく鳥居が建つ駐車地のある登山口に着く。駐車地から吊り橋を渡り、沢沿いの林道を辿る。途中で左折しておお滝分岐に出、進むと中御殿の祠に至る。この先、九十九折の登りと眺望のよい尾根筋を登って山頂に至る（約一時間四〇分）。

地図　二・五万図　小坂　陸中濁川

（鈴木要三）

鳳凰山　ほうおうざん

標高　五二一ｍ

秋田県大館市、大館盆地の東部にあり、山腹に「大」の字が刻まれ、古くから当地方のシンボルとして親しまれている。山名は、大永年間（一五二一～一五二八）に山麓にあった玉林寺の山号（鳳凰山）にちなむ。

登路　山麓にある総合運動公園や少年自然の家まで路線バスがあり、交通は至便である。登山口は長根山総合運動公園の大駐車場にあり、岩神貯水池東端から登る。九十九折の道を登り切ると尾根に出る。尾根づたいに北へしばらく進むと左手にピークが見え、ほぼ直線に一気につめると頂上。市街地の眺望が開け、津軽境の山並みも望める（登山口より約一時間五〇分）。小茂内集落先の林道から山頂にダイレクトに登る最短コースもある（約一時間一〇分）。

地図　二・五万図　大館　小坂

（鈴木要三）

四角岳　しかくだけ

標高　一〇〇三ｍ

青森県三戸《さんのへ》郡田子《たっこ》町と秋田県鹿角《かづの》市および岩手県八幡平市安代地区にまたがり、三県の県境である。中腹上部の山容はほぼ四角形の台地となっており、山名の由来となっている。

山頂には三県の方向を示す標識が立っているのみで、西方八〇〇ｍに一等三角点のある中岳がある。

中腹はブナ林であるが、山頂はほぼ平坦で、ブナやダケカンバの矮小木やツツジ類、チシマザサに覆われていて、山頂付近には約六〇〇㎡のほぼ平坦な高層湿原が広がっている。

山頂は田子町新田地区から望まれ、馬の形をした雪形で田植えを始めるなど、農事暦の役割を果たしていた。北西の秋田県側に不老倉鉱山、南西の岩手県側に四角岳鉱山があり、銅を産出していたが、一九二〇年ごろには閉鎖されている。現在は春のタケノコ、秋のキノコの時期に入山者が多い。

登路 青森県側からは長い間登山道が開かれず、登頂は残雪期に限られていた。一九六八年ごろ一度、登山道が開かれたが消滅し、一九九四年、三八上北森林管理署の尽力で再び復活した。田子町新田の花木ダムから花木林道を五・四㎞進んだ地点に登山口があり、山頂まで三・五㎞、標高差四四〇ｍである(登山口から約一時間一〇分)。

岩手県八幡平市安代田山から切通林道を経て、また、秋田県鹿角市から瀬ノ沢林道を経て中岳との鞍部に達し、山頂に至るルートもある(それぞれ林道の終点から約二時間三〇分)。

地図 二・五万図　四角岳　犬吠森

(大久保　勉)

稲庭岳　いなにわだけ　標高　一〇七八ｍ

岩手県二戸市浄法寺町の西方に位置する。刈り取った稲を山裾に「稲架《はさ》掛け」した様子が、あたかも稲の庭のように見えたことから名付けられたという。

稲庭高原キャンプ場からのコースは整備されていて、気軽に登山を楽しむことができる。登山口付近には駐車場や山小屋、水洗トイレなどの設備が整っている。

登路 八戸自動車道浄法寺ＩＣから県道六号で安代方面へ。たから橋で県道一八一号へ右折し六㎞、高曲原《たかまがはら》の牧場を通り、登山口の稲庭キャンプ場に至る。九十九折の登山道を二〇分程登ると、ブナやダケカンバの灌木の混じったササ原に達する。そこからは雄大な岩手山や七時雨山の展望が開ける。ここから緩やかな登山道を登って行くと、まもなく三角のある山頂に着く(登山口から約五〇分)。ほかに駒形コースがある(約一時間二〇分)。

地図 二・五万図　稲庭岳

(内山達雄・遠藤正子)

中岳　ちゅうだけ　標高　一〇二四ｍ

秋田県鹿角《かづの》市と岩手県八幡平市安代地区にまたがり、秋田、青森そして岩手の三県の要にあたる四角岳(別称・東山、一〇〇三ｍ)のすぐ西隣に位置する。

山頂の北側には不老倉鉱山跡、南側直下には四角岳鉱山跡地があり、明治・大正期ごろには鉱山町として栄えていた。

かつては人知れずの山であったが、一等三角点のあることから近年、急速に人気が出た。ピラミッド型の美しい山頂には猿田彦大神を祀る石碑がある。

登路 鹿角市大湯から終点の不老倉鉱山跡地まで延びる林道を辿る。終点の堰堤左端が登山口。上部の不老倉峠から主稜線上の道を辿り、この先で四角岳西斜面を横切って中岳と四角岳との鞍部に至り、右への尾根筋道を進むと三角点のある山頂に着く(約三時間)。

旧安代町折壁からの登山道は、切り通し林道から四角岳鉱山跡地を経て中岳と四角岳との鞍部に至る(登山口から約二時間三〇分)。

なお、二〇〇一年にこの鞍部から四角岳への登山道が新設された(鞍部から約一〇分)。

地図　二・五万図　四角岳　犬吠森　(佐々木民秀)

皮投岳　かわなげだけ

標高　一一二二m

秋田県鹿角《かづの》市と岩手県八幡平市安代地区にまたがり、峰つづきの南隣には五ノ宮権現を祀る五ノ宮岳がある。

北側直下には、往時を偲ぶ花輪鉱山への花輪越の峠があり、鹿角市側の麓には花輪スキー場が広がっている。

山名は「二戸より鬼が来て、この山で鹿を八百頭捕り、その皮はいで投げ捨てた」という説と、「二戸のマタギがこの山で化石になった妻の夢を見、捕った熊の皮を投げ捨てた」との二つの伝説に由来する。一九九六年に、花輪越から山頂を経て五ノ宮岳までの縦走路が再開され、毎年お山かけ登山が行われている。

登路　花輪スキー場経由の花輪越に登山口があり、稜線上の道を辿って県境に出、この先は急登がつづいて方位盤と三角点のある山頂に至る(約二時間)。三山の一つである三倉山へは花輪越先の分岐から約二五分。

山頂から南に隣接する五ノ宮岳への縦走路は、いったん鞍部に降りてから急坂の登り返しとなる(皮投岳山頂から五ノ宮岳まで約二時間)。

地図　二・五万図　湯瀬　花輪　(佐々木民秀)

五ノ宮岳　ごのみやだけ

標高　一一一五m

秋田県鹿角《かづの》市八幡平地区の東方に位置し、峰つづきの北隣には岩手県八幡平市安代地区とを分界する皮投岳がある。

五ノ宮岳は、鹿角発祥の伝説に関係深い信仰の山で、その山名は継体天皇の五ノ宮の皇子がこの地に下向し、のちに五ノ宮岳の神に祀られたことに由来する。頂上には五ノ宮権現を祀る神社、中腹には眼病に効くとされる薬師神社がある。

登路　鹿角市役所八幡平市民センターが登山口。高速道路の高架をくぐって車道が延びており、進むと鳥居の建つ車道終点に着く。この先、薬師神社を経て二つ程のピークを回り込んで登ると、眺望のよい山頂に至る(約三時間三〇分)。

山頂から北に隣接する皮投岳への縦走路は、一九九六年に再開され、県道田山花輪線の花輪越に至る(五ノ宮岳〜皮投岳間約二時間)。

地図　二・五万図　湯瀬　(佐々木民秀)

高倉山　たかくらやま

標高　一〇五一m

岩手県八幡平市安代地区にある。高倉山という同名の山は非常に多いが、ここは岩手県北部山間部でもとりわけ奥にあるため、あまり知られていない。南に隣接する比山《ひやま》(一〇三八m)とともに登山の対象というより、山菜採りの人が立ち入ることが多い山である。したがって、方向を見失ったり、クマに遭遇したという話が尽きない。もっとも近くの集落は細野で、リゾート地で知られる安比高原の民宿地にもなっているが、冬期はこの集落から先の道は閉鎖される。また、雪が消えるのが六月と遅い。

登路 無雪期ならば比山林道から白沢林道に分かれ、さらに分岐で黒森山林道を辿り、高倉山と黒森山(九七二m)との八五〇m鞍部まで車で入れば、高倉山は西北西にほぼ一直線、タケノコ採りが利用するらしい刈り払い道を辿って登頂できる(約一時間)。残雪期の場合も、黒森山林道または冷水沢林道を利用して高倉山の南東斜面に取りついて登る。頂上直下東側には大きな雪庇が生じるので注意(約一時間三〇分)。

地図 二・五万図 竜ヶ森

(中屋重直)

八幡平・岩手火山地域

七時雨山 ななしぐれやま

標高(南峰) 一〇六三m

岩手県八幡平市西根地区と安代地区との境にあり、奥羽山脈から分岐した七時雨火山横列を形成する山並みで、南峰と北峰の二つのピークからなる。北峰に三角点が設置されているが南峰の方が三m高い。この南面の山腹を流霞道《なかれかすみ》といわれる陸羽横断路が通っていたことが九世紀の記録に出ており、往時の旅人にとっては大切な目標の山であった。後世、「霞《かすみ》」を「霰《しぐれ》」と誤記したものが通用したことによって、「流れしぐれ道」の呼称が生まれ、それが山名の由来とする説が有力である。

南峰に置かれた権現様の向いていた方角が、その年の豊作になると言い伝えられており、登った人は自分の在所の方角に動かしてくる風習がある。

登路 旧安代町から北側の田代平高原の七時雨山荘に至る車道があり、その裏手の牧野を突き切って雑木林の中の急坂を登れば、三角点のある北峰に達する、牧歌的ムードのただようコースである。

一方、西根町寺田の大葉立沢に入って古道のお助け小屋跡、マンダの並木道を見ながら車之走峠の手前から南面を登る歴史的雰囲気のコースもある。こちらはまず南峰に登ってから北峰に達する。いずれも車を降りてから二時間前後で登ることができる。

地図　二・五万図　陸奥荒屋　駒ケ嶺　七時雨山　陸奥中山

（中谷　充）

西岳　にしだけ　標高　一〇一八m

岩手県二戸郡一戸町に位置する。国道四号の奥中山から西方六kmに望むことができる。東斜面はスキー場となっており、リフトの終着点がほとんど頂上に達している。全山チシマザサに覆われ、初夏ともなればタケノコを採る地元の人でにぎわいを見せる。

（小口洋右・久保　豊）

地図　二・五万図　陸中中山　駒ヶ嶺

八幡平　はちまんたい　標高　一六一三m

岩手県北部の八幡平市安代地区と松尾地区、および秋田県鹿角市と仙北市にまたがり、奥羽山脈の一角を占めるとともに那須火山帯に属するアスピーテ（楯状）火山からなる。広義には東の源太森（一五九五m）から茶臼岳（一五七八m）、西の焼山《やけやま》（一三六六m）、南の畚岳《もっこだけ》（一五七八m）、そして北側の杣角山《そまかどやま》（一四九五m）などを含めて総称される。

山容は周囲からぬきんでた独立峰ではなく、八幡沼などの火口湖や池塘が多数点在する高原状を呈する。山頂が判然としないため、以前は三角点の標石間近に四囲を一m程石積みした土塁を目印としていた。現在は、土塁の真上に木製の展望台を設置して眺望を確保している。高低差の少ない散策路を辿ればオオシラビソやハイマツに囲まれた湖沼が次々に現れ、ワタスゲやニッコウキスゲ、イワカガミ、ハクサンチドリ、ヨツバシオガマなどが迎えてくれる。

一九五六年に十和田八幡平国立公園に編入されたが、登山やスキーを目的とする人たち以外に訪れる人は少なかった。八幡平の様相を一変させたのは、一九七〇年に山岳道路アスピーテラインが開通したことによる。山頂直下まで車で入山し、高山の奥懐を手軽に味わったり山腹のドライブを楽しむことが可能となった。さらに一九九三年には、藤七温泉から岩手山北西麓の松川温泉まで観光道路樹海ラインも完成し、アスピーテラインと連結された相乗効果によっ

八幡平（源太森から）

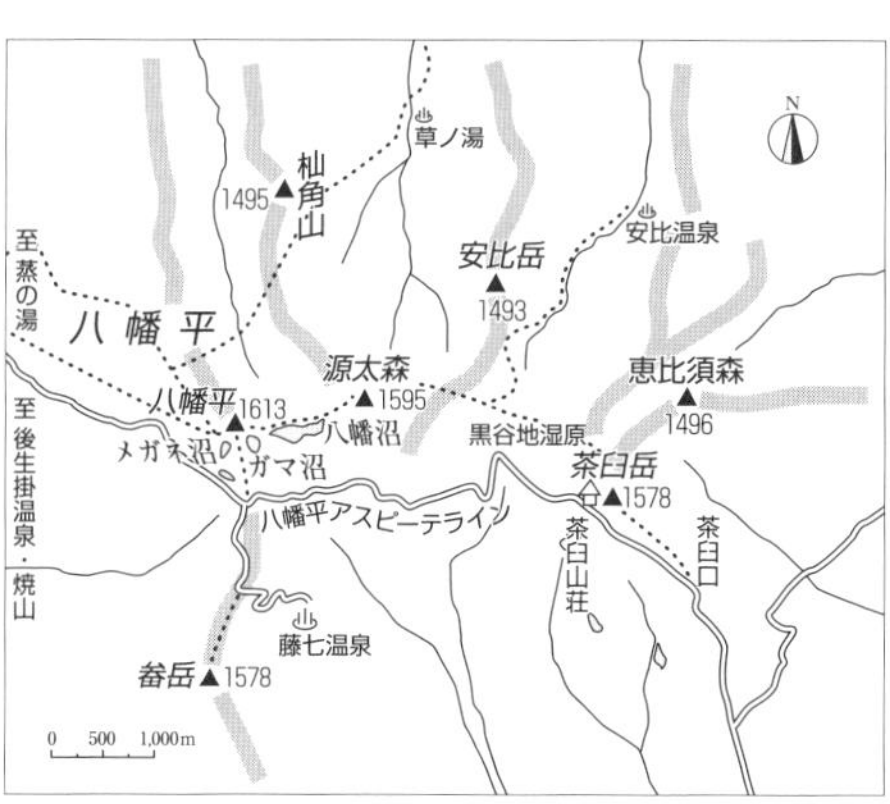

て錦秋のころは大盛況となる。冬季に、これらの山岳道路が閉鎖されて静寂が戻ると、樹氷をぬって滑走するスキーツアーが主役となる。周辺には、硫化水素泉や泥火山、間欠泉などの火山性の温泉が多く、秘湯の趣を楽しむことができる

山麓には、「東の夷《ひな》の中に、日高見国あり。（中略）為人勇み悍《こわ》し。これを総て蝦夷《えみし》といふ。亦土地《くに》沃壌《こ》えて曠《ひろ》し。撃ちて取りつべし」（『日本書紀』巻第七　景行天皇）とする朝廷軍と、これを迎え撃つ蝦夷軍との戦にまつわる言い伝えが多い。

山名の由来には、東夷征伐にかかわる八幡信仰と地形語によるとの二説がある。坂上田村麻呂が敵将・大猛丸《おおたけまる》を打ち破った戦勝を神に謝し、さらに供養を祈って清浄な山上に八つの旗（八幡）を立てて八幡神社を創建した。また、源氏の八幡太郎が、安倍一族との戦の折に登ったことから命名されたともいわれる。地形語としては、湿原で地面が軟弱なことから、「柔らかい・所」を意味する「ヤワ・タ」と、山上の湿原の「タイ」を合成したとされる。

八幡平の一角をなす源太森の名称は、田村麻呂麾下の霞源太忠義・忠春兄弟が、霧山岳（岩手山）に立てこもる敵の様子を一望したことによるとされている。実際には、その山頂に立っても岩手山の敵情を偵察できる距離ではないが、八幡平は、そんな伝承がまことしやかに語られるほど雄大なスケールを有している。

登路　岩手県側も秋田県側からも、アスピーテラインを利用して八幡平頂上駐車場に至るのが一般的。畚岳《もっこだけ》寄りの県境鞍部に開かれた駐車場で自動車を降りると、西には端正な三角形の森吉山《もりよしやま》が対峙し、澄み切った秋空を通して鳥海山も遠望される。

もっとも容易に登頂するには、駐車場から北手にコンクリートで補強された石段を登る。分岐を直進すると八幡沼とガマ沼の間を通り、それを左折すれば鏡沼やメガネ沼を経て、いずれも山頂まで二〇分程。

途中でガマ沼北岸の展望台に立ち寄れば、東方には陵雲荘をワンポイントにした八幡沼と湿原が広がる。陵雲荘の左側を巻いて木道を下ると、ワタスゲが浮き立つ池塘群を楽しみながら源太森に通じる。湿原越しには、遠く八甲田山や岩木山も望まれる。源太森方面への木道を分けて八幡沼を周回すると、見返峠を経て先の駐車場からの登路に合流する。

もう少し長い距離を逍遥したいという向きには、アスピーテラインのバス停茶臼口で下車する縦走コースが好まれる。車道から登山道を急登し、ササ原や樹林を抜けると五〇分程で茶臼岳の肩にある茶臼山荘の広場に出る。ここから南に五分程の茶臼岳山頂は、眺望に乏しい八幡平の縦走路にあって格好の展望台。眼下の広大な湿原越しに岩手山から三ツ石山、奇異な釣鐘状の畚岳を経て八幡平に至る裏岩手縦走路を一望におさめることができる。

茶臼山荘に戻り、表土を失って石がゴロゴロとして歩きにくい道を西進してニッコウキスゲの群落が広がる黒谷地湿原で休憩する。やがて安比《あっぴ》温泉コースと合流する分岐を右に見て源太森へと登ると、八幡平の高原台地上に立つことになる。源太森は縦走路の東側に盛られた築山程度のものだが、平坦な地形にあっては、そのわずかな高度差が八幡平湿原の俯瞰を可能にしている。

アスピーテラインを利用する前記のコースにくらべて、北麓の安

比高原から山頂に至るコースは、観光化される以前の面影を残している。その一つは、赤川堰堤から入るもの。安比川沿いに遡って無人の安比温泉や安比岳を経て源太森と黒谷地を結ぶ縦走路に出る。ここから茶臼山荘に至り、恵比須森の肩を下れば周回して往路に出合う。起点の赤川堰堤に戻るまで約七時間の行程。もう一つは、安比高原をさらに西進し、智恵の沢右岸の尾根を辿る。沢の中にわき出す草ノ湯を経てから柗角山を巻くと、やがてなだらかな草原に十字分岐が見つかる。左にとると八幡平山頂に達し、右にとれば秋田県側の蒸《ふけ》の湯温泉に下る。往路は山頂まで五時間を要す。安比温泉コースと草ノ湯コースは、公共交通機関でアプローチすることができず、一部には不明箇所もあるので地元の案内を得ることが望ましい。

地図　二・五万図　八幡平、茶臼岳　（松田和弘・平山順子）

安比岳　あっぴだけ　標高　一四九三m

岩手県八幡平市安代地区にあり、八幡平連峰の一つである。黒谷地湿原の北側に聳える急峻な頂を持つ山である。安比岳の真東にある前森山の東側斜面は安比高原スキー場として名高い。

登路　安比高原の奥の牧場を通り、赤川堰堤を徒渉、茶臼岳方面登山道分岐の先の安比川右岸沿いに上流を目ざす。標高一一〇〇m付近で左岸に渡り、小尾根を登る。急登後、平坦な原生林を進む。再びチシマザサの急登がつづき、頂上の北側端の三角点を経て安比岳頂上東側に至る（約一時間三〇分）。

地図　二・五万図　茶臼岳　（小口洋右・平山順子）

恵比須森　えびすもり　標高　一四九六m

岩手県八幡平市安代地区と松尾地区にまたがる。八幡平連峰の一峰で、茶臼岳、大黒森の中間に位置する。それぞれの頂上から約一㎞の尾根づたいの夏道があり、丈の低いアオモリトドマツの樹林に覆われている。

登路　夏道はなく、積雪期に御在所から八幡平スキー場のゲレンデ跡沿いに登る。

地図　二・五万図　茶臼岳　（小口洋右・平山順子）

屋ノ棟岳　やのむねだけ　標高　一三九七m

岩手県八幡平市安代地区と松尾地区の境に位置する。八幡平連峰の一峰で、大黒森から北東約一㎞の稜線にある。

登路　夏道はなく、積雪期に大黒森・前森山間のスキーツアーコースの通過点となっている。

地図　二・五万図　茶臼岳　（小口洋右・平山順子）

大黒森　だいこくもり　標高　一四四六m

岩手県八幡平市（旧岩手郡安代町と松尾村にまたがる）にある。八幡平連峰の茶臼岳から北東に延びる稜線上にあり、恵比須森と屋ノ棟岳の中間に位置する。

登路　夏道はなく、御在所から八幡平スキー場跡を登ることは可能だが、作業道跡は大変荒れている。八幡平アスピーテライン御在所温泉から入り、スキーリフト沿いに頂上まで二km弱の道のりである。積雪期は八幡平スキー場跡（御在所まで除雪済み）から旧ゲレンデ沿いに登ることができる。

地図　二・五万図　茶臼岳

（小口洋右・平山順子）

前森山　まえもりやま

標高　一三〇四m

岩手県八幡平市松尾地区と安代地区にまたがり、八幡平連峰の最東端に位置する。

頂上付近はダケカンバ、ミズナラ、コナラ、コメツガ、アオモリトドマツが茂り、山麓は一様にクマザサで覆われ、六月ごろには自生のレンゲツツジがいっせいに咲き乱れる。南山麓は以前、馬の放牧場で、馬の踏み跡を辿って頂上まで歩いたが、現在はゴンドラリフトの下を頂上まで約三〇分で歩いて行くことができるようになった。前森山の西一・五kmに西森山（一三二八m）があり、スキーシーズンはリフトが頂上近くまで行っている。

登路　近年、有名になった安比高原スキー場は、この山を中心にリフトやゴンドラが数本敷設されており、スキーセンターからのゴンドラはほとんど頂上近くに達している。

地図　二・五万図　茶臼岳

（小口洋右・平山順子）

秋田焼山　あきたやけやま

標高　一三六六m

別称　焼山

十和田八幡平国立公園・八幡平地区の西端のピーク。山頂は秋田県鹿角市と仙北市が分けあっている。

いまも活動する活火山で、気象庁の常時観測対象の山となっている。東の栂森（一三五〇m）と南の黒石森（一二三一m）を外輪山とする二重式火山といわれ、山頂部ではめずらしい火山地形や火山現象などを見ることができる。

山名の由来は定かでないが、昔、熊沢山、硫黄山とも呼ばれたとあるが、いまも火山活動が続く山頂部は、まさに焼山そのものである。

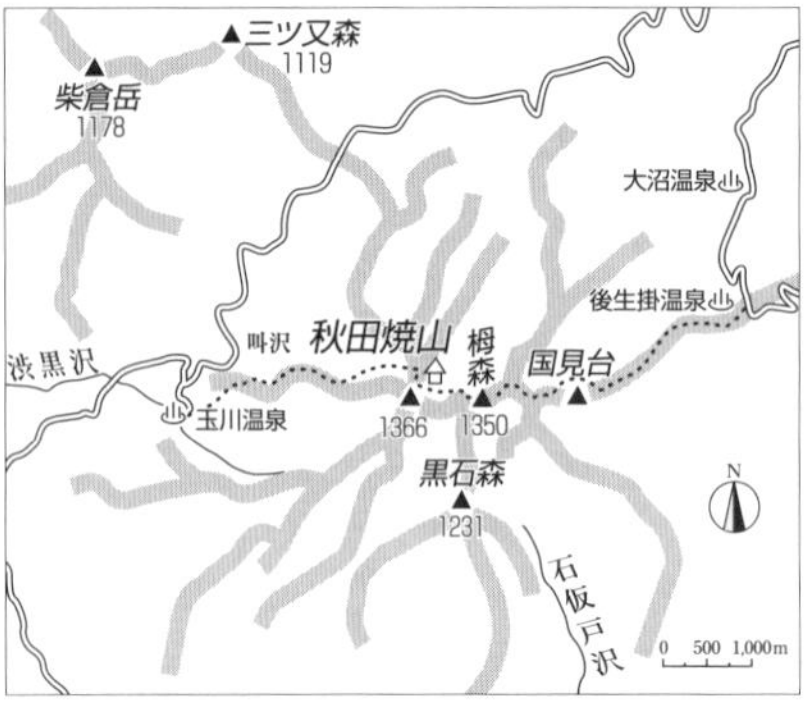

藩政時代から戦後にかけ、八幡平のほかの地区同様、山域や山頂部で、硫黄や褐鉄鉱の採掘が盛んに行われた。

また、山麓には豊富な温泉が散在し、とくに、焼山登山の起・終点となる東麓の後生掛温泉と西麓の玉川温泉は代表的な温泉である。

この二つの温泉を結ぶ焼山越えの横断登山がいま、自然探勝コースとして人気が高い。

登路　玉川温泉口　JR秋田新幹線田沢湖駅下車。路線バス（急行）八幡平線利用、「玉川温泉」で下車。登山口は、自然研究路「大地獄谷」の奥にあり、山頂外輪の「名残峠」を目ざす急登のコースに向かう。冷水場を過ぎ、振り返れば、柴倉岳（一二〇二m）山麓の広い台地に、ヤブやササで立ち入りがむずかしい「熊谷地」「前谷地」湿原などの眺望がある。三角点がある山頂は、名残峠から少し寄り道となる。ただし、灌木とチシマザサに囲まれて展望は望めない（登山口から約二時間三〇分）。後生掛温泉までは、さらに約二時間の行程。

後生掛温泉口　交通機関は玉川温泉口に同じ。バス停「後生掛温泉」で下車。登山口は同温泉の施設内を通り、ブナの原生林に入る。国見台（一三二一m）は山頂部を迂回、低灌木帯となる「毛せん峠」では八幡平一帯の眺望がある。

荒涼とした風景が広がる山頂火口内には、避難小屋「焼山山荘」があり、また、火口丘といわれる鬼が城や随所に噴煙が立ちのぼるコバルトブルーの大きな火口湖「湯沼」などがあり、火山現象の世界を見ることができる。

鬼が城伝説は、征夷大将軍・坂上田村麻呂に岩手山で、頭領・大猛丸を討たれながら、最後まで抵抗した武将・登鬼盛の伝説が残っている。

後生掛温泉から焼山まで約二時間三〇分。玉川温泉口までの下りは約二時間。

なお、名残峠に派生する「叫沢」は、有毒ガスが発生し、入域が禁止されて久しい。

自然研究路・ビジターセンター　焼山登山の起・終点となる後生掛温泉と玉川温泉には、それぞれ付近に火山現象をめぐる自然研究路があり、また、後生掛温泉に近い「大沼」には「八幡平ビジターセンター」、玉川温泉には「玉川温泉ビジターセンター」があり、火山活動や八幡平の自然などを身近に感じる施設が整っている。

昔、鹿湯と呼ばれた玉川温泉は、難病に卓効があり人気の高い温泉だが、源泉の「大噴《おおぶき》」は、PH一・二、湧出量は毎分九〇〇〇ℓを噴出し、強酸性と一箇所の湧出量で日本一となっている。

しかし、この強酸性の温泉は、下流の広大な穀倉地帯の農産物や河川施設に大きな被害をもたらすので、藩政時代から酸性を中和するいわゆる除毒事業に苦闘の歴史がある。事業は戦後までつづいたが、平成に入り、近代的な中和処理施設が玉川温泉下流に完成した。

また玉川温泉では、ラジウムを含む世界的に貴重な「北投石」が発見され、一九五二年三月、国指定特別天然記念物に指定された。サンプルは玉川温泉ビジターセンターで見ることができる。

地図　二・五万図　八幡平　玉川温泉　（藤原　健）

竜ヶ森　りゅうがもり

標高　一〇五〇m

別称　立ヶ森

秋田県北秋田市鷹巣地区と大館市比内町の境界上に位置する。県北地方は全国一の鉱山地帯で、竜ヶ森山麓にも大葛《おおくぞ》金山をはじめとして一二もの鉱山が稼働していた。菅江真澄もこの地に足を運び、享和二年(一八〇二)森吉山に登っており、紀行文の中に竜ヶ森の名も出てくる。一八六八年の戊辰戦争の折には南部軍が森吉山との谷間をぬって、現在の秋田市にあった久保田城を目ざした。

この地方にも雨乞いの風習があり、山名も雨の神が竜神であることに由来している。遠くから見れば鍋を伏せたような山容であるが、森吉山の陰に隠れて目立たない。かつてはブナ林が全山域を覆っていたがほとんど伐採され、稜線部にわずかに残されているだけである。

登路 南東側の北秋田市鷹巣地区の明利又集落から仙戸石沢林道を辿り、東ノ又沢登山口(六五〇m)に至る。こののち明るいブナ林の中の道を一時間程で登頂できる。頂上には丸太造りの避難小屋と展望台がある。大館市比内町大葛集落の長部から長部沢林道を辿ると登山道の入り口(三九〇m)がある。杉林とブナ林の中を辿ると主稜に出る。頂上まではブナ林の中を登る(約二時間二〇分)。

(奥村清明)

地図 二・五万図 明利又 大葛

森吉山 もりよしざん

標高 一四五四m

別称 秋田山

秋田県北秋田市阿仁地区と森吉地区にあり、秋田県の中央部北側に位置していて、独立峰としては県内で一番高い山である。一九六八年に「森吉山県立自然公園」として指定を受けているが、複式アスピーテ火山で那須火山帯に属している。

主峰の向岳(一四五四m)をはじめ、その外輪山は一の腰(一二六五m)、前岳(一二六〇m)、石森(一三〇八m)、カンバ森(一一八八m)、ヒバクラ岳(一三二六m)からなっている。

森吉山の噴火は有史以前で、その記録はないが、主峰の向岳は森吉山火山活動期における第二次噴火による中央火口丘といわれる。

山頂に立てば、鳥海山、秋田駒、乳頭山、岩手山をはじめ、八甲田山、岩木山、男鹿半島、日本海などを望むことができる。

前岳に建つ森吉神社の奥社には、大汝《たいにょ》、少彦名神《すくなびこなのかみ》の二柱が祀られている。神社の裏には奇岩・冠岩があり、その近くには森吉山避難小屋(旧森吉町管理)もある。石森と山頂の中間にも森吉山避難小屋(旧阿仁町管理)があり、四季を通して登山者の利用が多い。

山麓にはブナの原生林が広がり、大平湖や小又峡・桃洞、赤水の渓谷、それに国の天然記念物の桃洞杉、佐渡杉も茂り、日本の滝百選の安ノ滝や三階ノ滝、幸兵衛滝などの名瀑群が連続している。

花の百名山としても有名で、アオモリトドマツの原生林の中に高山植物が咲き誇る。高山植物を見ることのできる地点は、石森、稚児平、山人平で、とくに山人平の花はすばらしい。

登路 国道一〇五号の北秋田市阿仁町荒瀬から市道荒瀬川線を進むと森吉山阿仁スキー場で、これより砂利道で阿仁町ブナ帯登山口に達する。

ブナ林の登山道を一時間程歩くとスキー場終点で、これより三〇分で同市森吉町様田コースの分岐、石森に着く。さらに五〇分程で山頂である。登山道も六コースあるが、主に利用されているコースは、旧阿仁町のブナ帯登山道と旧森吉町の様田登山道。様田口はこめつが山荘から山頂まで約三時間。森吉山阿仁スキー場のゴンドラは期間運行。

地図　二・五万図　森吉山　阿仁合　太平湖　阿仁前田

（加賀谷昭二）

院内岳　いんないだけ

標高　七五一m

別称　ナベ山　男岳

秋田県仙北市のほぼ中央、日本最深の湖である田沢湖（水深四二三・四m）の外輪山の最高峰で、峰続きの薬師峠（別称・女岳、六二〇m）とともに、歴史や伝説を秘める山である。

山名は、西麓の信仰の聖地であった村「院内」に由来すると思われるが、山を越えた東の湖畔の村では、院内岳を男岳、薬師峠を女岳と呼び、また、仙北平野から望む山頂が、鍋を伏せた形に見えることからナベ山と呼ばれることもある。

一帯は昔、大蔵観音の信仰があり、西側の山中に祀る大蔵神社は、七九三（延暦一二）年、征夷大将軍・坂上田村麻呂の創建と伝えられ、後に馬匹の神としての信仰もあったので、県内のほか、とくに岩手県側からの参詣で知られた堂だが、いまは廃れわずかに遺跡を残すのみ。また、薬師峠山頂の「峰の薬師（磯前神社）」も三つの宮のうち、いまは一つの祠を残すだけとなった。

院内岳の登山は、薬師峠から峰つづきの登路があったが、いまは道形もササとヤブに消え、三角点のある台地状の山頂も深いブナの原生林に覆われて、展望も期待できない。

引き替え、田沢湖随一の展望台となる薬師峠は、田沢湖の鳥瞰と、湖面に影を投影する秋田県第一の高峰・駒ヶ岳や乳頭山、荷葉岳（一一五四m）、また八幡平に続く奥羽の山々、南東には和賀山塊、西方は出羽山地と鳥海山などの遠望がある。

また、田沢湖伝説の美少女「たつこ」は、永遠の若さと美貌を大蔵観音に祈願し、百日百夜の満願の日のお告げに従い、院内岳を越え、その霊泉を見つけてすくい飲むと、にわかに天変地異が起こり大湖が出現、主人公は龍体に化して湖の主となる。西麓の院内集落には、生家跡や一族の墓地などもある。

登路　一般に田沢湖畔側から登られている。JR秋田新幹線田沢湖駅前から路線バス田沢湖一周線を利用し、上大沢で下車。「新奥の細道」の道標は古くなったが、大沢林道から大矢木沢林道に入り、スギ造林地の中の登山道を登る。しばらく展望はないが、春は道端にカタクリ、夏は妖怪伝説がある沼の平で、コバイケイソウの群落などを見ることができる（約一時間一〇分）。薬師峠から院内岳間はヤブこぎで約五〇分。

西麓の登山口となる院内集落側は、車の利用となり、国道四六号から集落に入り、集落からは、林道の状況しだいだが大蔵神社跡裏まで乗り入れが可能。林道終点から薬師峠までは急登。徒歩約一時間二〇分。

「たつこ」伝説の遺跡や大蔵神社跡、寄り道だが、院内沢にある北限のユキツバキ群落「椿台」（秋田県天然記念物）も訪ねたい。

なお、薬師峠から南へ、外輪づたいに柴倉峠までを縦走する東北自然歩道「新奥の細道」の区間は荒廃している。

地図　二・五万図　田沢湖　下桧木内　（藤原　健）

大深岳　おおふかだけ　標高　一五四一m

岩手県八幡平市松尾地区と秋田県仙北市にまたがるアスピーテ型火山で、「奥深い山」である。十和田八幡平国立公園に属し、裏岩手縦走路の中央に位置しており、日本列島脊梁上の山である。どのコースを登っても、ブナ、ダケカンバ、オオシラビソの原生林、湖沼、高山植物のお花畑が広がっており、山頂は平坦でダケカンバなどの灌木に覆われている。
登路　松川温泉コースはブナとオオシラビソの原生林を上倉沼、源太ヶ岳を経て山頂に達する（約二時間三〇分）。
大深岳への登山は、むしろ裏岩手縦走路を辿る方がよい。八幡平頂上駐車場から湿原と湖沼の点在するオオシラビソの尾根を、岩手山を眺めながら畚岳《もっこだけ》（一五七八m）、諸檜岳《もろびだけ》（一五一六m）、嶮岨森《けんそもり》（一四四八m）を経て大深岳に至る（約四時間）。また、三ッ石山から大深岳へは三ツ沼、小畚山《こもっこ》（一四六七m）を通る展望の利く稜線コースである（約二時間）。
地図　二・五万図　松川温泉　曲崎山　八幡平　（菅原敏夫）

三ッ石山　みついしやま　標高　一四六六m

岩手県八幡平市松尾地区と岩手郡雫石町との境界にある。この山は岩手山から鬼ヶ城、黒倉山、犬倉山、大松倉山（一四〇八m）、三ッ石山、小畚山《こもっこ》（一四六七m）、大深岳、八幡平まで繋がる裏岩手縦走路上のピークの一つである。一帯は十和田八幡平国立公園内にある。その山頂は、火山活動で噴出した溶岩が砦のように寄り合った特異な岩峰で、遠くからでもそれと分かる。

山頂には湿原が広がり、周りには冬の強い季節風のため背丈の低いアオモリトドマツが点在している。三ッ石山の山体は北隣の小畚山と一体となって緩やかな馬の背状の風衝草原を形成し、湿原や池塘も点在して、周りのほかの山々が山頂近くまでアオモリトドマツに覆われているのにくらべて明るい。

なお、大松倉山との鞍部に避難小屋の三ッ石山荘があり、周辺一帯に三ッ石湿原が広がる。

登路　松川温泉から三ッ石山荘を経て山頂に達する（約二時間）。

地図　二・五万図　松川温泉　（佐藤英夫）

岩手山　いわてさん　標高（薬師岳）　二〇三八m

別称　巌鷲山　霧山岳　霧ヶ岳　奥の富士　南部片富士　南部富士
岩手山の山頂は、岩手県八幡平市松尾地区、西根地区と滝沢市の分岐点で、山体の南西部は岩手郡雫石町である。片面は長く裾野を引く優美な姿で、反面は裏岩手連峰に連なって峨々たる山容を示している。

山名は諸説あるが、岩手郡のシンボルである故の名前であろう。その由来は分からないが、岩手郡はかなり古い地名である、延暦二一年（八〇二年）、坂上田村麻呂が胆沢城を築いて奥六郡を置いたが、その中に岩手郡の名称がある。文化九年（一八一二）、谷文晁は『日本名山図会』の巻末には「磐手山」の字を当て、菅江真澄は「岩堤山」と記している。春に鷲の形をした雪形が残るから「巌鷲山」とも呼ばれていた。これの読みは「ガンジュサン」でもあるし、文久元年（一八六一）の英国製の日本図にはローマ字で「イワワシ」となっているから、両方が使われたのであろう。谷文晁の文化元年（一八〇四）『名山図譜』では「岩鵰山」の字を当てている。「霧山岳、霧ヶ岳」、その山容から「奥の富士、南部片富士、南部富士」とも呼ばれる。この南部は南の意ではなく、この地を領した南部氏から由来するものである。

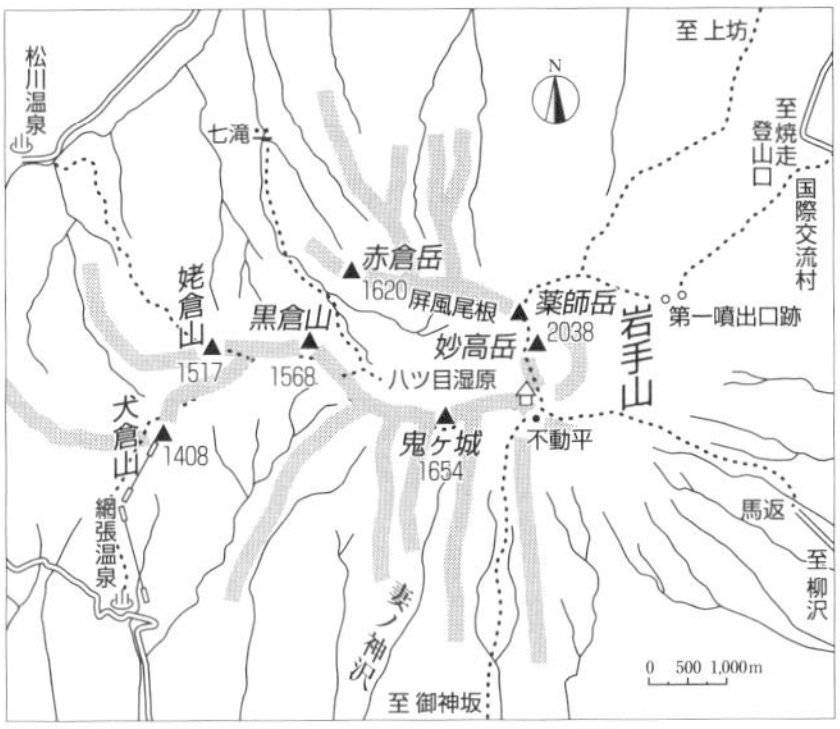

岩手山（盛岡市から）

この山は鬼ヶ城（一六五四ｍ）を南壁とし、西は黒倉山（一五六八ｍ）、姥倉《うばくら》山（一五一七ｍ）、犬倉山（一四〇八ｍ）から屏風尾根を北壁とする西岩手外輪山の東壁の部分に、東岩手外輪山が生じた複式火山である。西岩手外輪山の中央部の低地は東西三㎞、南北二㎞の楕円形の古い噴火口であり、よく土壌が形成されている。ハイマツやミヤマハンノキ、ダケカンバが内壁の標高の高い部分に灌木林を形成し、低部はアオモリトドマツを主とする針葉樹林になっている。谷地《やち》眼《まなこ》から転訛したといわれる八ツ目湿原をはじめとする高層湿原や乾燥性の草原があって、草本が茂りお花畑と称される部分もある。その中には御釜湖、御苗代湖の二つの火口湖がある。さらにその西端に爆裂によって生じた裸地状の大地獄谷があり、ここには硫気孔があり硫化水素の臭いがするし、かつて硫黄の採掘が行われていた。温泉も湧出していて、簡単な屋舎を建てて入浴していた記録もある。この辺りの植物分布はアオモリトドマツの下部にハイマツがあったりして混乱している。

東岩手外輪山は西岩手山の東壁が火山活動によって隆起したもので、周囲四㎞の火口壁を形成し、最高点を薬師岳と称し三角点が設置されている。この火口壁の外側は傾斜が緩く、裾を長く引き、

「片富士」と呼ばれる山容を形成する。火口壁の内側は火口原になり、そこに妙高山の火口丘と御釜火口があり、二重式火山であることを示している。妙高山の南東には周囲に石を積んで囲った中に岩手山神社の奥社があり、以前は傍らに小屋があった。この山頂域は火山砂礫に覆われて、ハイマツさえ侵入できない荒涼としたもので、コマクサ、イワブクロなどの植物が点在する程度である。

火口壁を一周する小径があり、南面を下ると九合目の不動平に到着。不動岩の根元に石壁で囲まれて屋根がなくなった旧石室があり、その傍らに無人の避難小屋と便所がある。さらに登山道を東に辿ると八合目の避難小屋があり、夏山シーズンには管理者はいるが食事の提供はしていない。この場所には、中央気象台岩手山観測所が一九三六年から七三年まで設置されていた。山頂域で水があるのはここだけである。東岩手の火口壁の西側に下った平笠不動平にも無人小屋がある。

岩手山の噴火について記録に残っているのは、貞享三年（一六八六）、東岩手山の火口内の御室火口からの爆発で、スコリア噴出を繰り返し、降灰・泥流の被害があった。同時に西岩手山の大地獄谷でも噴気が活発化した。享保一七年（一七三二）、東岩手山の中腹で噴火が起こり、焼走溶岩を流出した。一九一九年、西岩手山の大地獄中央火口丘の火口の一つから水蒸気とガスを噴出し、拳《こぶし》大の石や火山灰の噴出があった。一九三四年から七四年まで、東岩手山の火口内で地熱活動があり、しばしば水蒸気の噴出があった。とくに火口壁の南東部や西岩手山の大地獄での噴気は最近まで見られた。しかし、一九九八年から大地獄谷、黒倉山の噴気が断続的に強まり、山麓からも確認できるようになった。さらに新噴気孔が多数観察され、ササ枯れが拡大しつつある。それにともなって精密な機器が設置された結果、火山性地震などが測定されるようになり。東岩手山にも異常が認められて、一九九八年から三年間にわたって地元町村は全面的に登山を禁止した。二〇〇一年になって、東岩手山については危険が切迫していないとの判断で七月から九月の期間だけ登山が解除されていたが、その後全面的に登山が解禁された。

登路　登山口はいくつかあるが、御神坂《おみさか》口、柳沢口、焼走口、上《うわん》坊口《ぼうぐち》は東岩手外輪山の一角で、三角点のある薬師岳に直登するものである。網張口、七滝口、松川温泉口は西岩手外輪山に登ってから薬師岳に至るコースである。それぞれのコースに違った面白味があるが、五月中旬ごろ御神坂の標高八〇〇m前後の混交樹林の中に咲くカタクリ、イチリンソウの群落は他所では見ることができない。柳沢口の旧道の四〜七合目の岩の間にチングルマ、イワウメ、イワカガミなど色とりどりの花が咲き乱れるのに出会うのは六月中・下旬の一週間程である。焼走口の中腹にある噴気口から上部の火山礫の道では、初夏にピンクの花を咲かせるコマクサの大群落が見られる。西外輪山に登る三コースは鬼ヶ城か八ツ目湿原を経由することになる。八ツ目湿原は通称お花畑で、主に湿性の草本が見られる。少し脇道に入るとオオシラビソの樹林に囲まれて御釜湖、御苗代湖が鬼ヶ城や屏風尾根の絶壁を映している。焼走口、上坊口は合流して無人小屋がある九合目の平笠不動平に達する。ほかのコースはどれも九合目の不動平で合流する。両不動平から火山礫の道を三〇分程登った所が山頂で、三六〇度の展望を楽しむことができる。山頂まで松川口が五時間程、他コースが四時間程を要する。

山腹をめぐる道はない。西岩手山の北斜面の洞ヶ沢、イタザ沢や鬼ヶ城尾根の南面の御神坂沢、妻《さい》ノ神沢の遡行、さらに西岩手山外輪の内側の壁やルンゼが登攀の対象になっている。

地図　二・五万図　松川温泉　大更　篠崎　姥屋敷　鷹高

（中谷　充・山家敏雄）

鞍掛山　くらかけやま

標高　八九七m

岩手県滝沢市にある。小岩井農場から岩手山に近づいた位置にあり、四季を通してこの高峰の山容を愛《め》でる多くの人々に、鞍掛山登山は親しまれている。

宮澤賢治は、盛岡市での学生時代にこの一帯の里山を歩き回って鉱石標本の採集に没頭したという。鞍掛山登山口には、賢治詩集『春と修羅』から「くらかけ山の雪」の詩碑が立てられている。たきざわ自然情報センターには管理人が常駐している。冬は歩くスキーのコースとしても愛好される。

登路　JR東北本線盛岡駅から小岩井農場経由網張温泉行きバスで約五〇分、相の沢キャンプ場停留所が登山口。駐車場からすぐマツ林を北に登るコースと、キャンプ場を通過して東へ一km平地歩きののちに北へ急登するコースと二つある。どちらも一時間程で水場で合流するので、展望所のある前者を上り、後者を下山に使うのもよい。八〇〇m付近で稜線に出れば、山名の通りの馬の背状になる。大岩の間を通って東に尾根を辿り、最後に滑りやすい急坂を越えて広い山頂に至る（登山口から約一時間三〇分）。

なお、登頂路の反対側の北へ、山頂から一気に沢まで下ってから登山口に戻る「遊々の森」周回コースもよく利用される。岩手山柳沢口（馬返しキャンプ場）へも二時間程で繋がっている。

地図　二・五万図　姥屋敷

（阿部陽子）

大白森　おおじろもり

標高　一二一六m

別称　大城森

奥羽山脈脊梁上の山で、秋田県仙北市と岩手県雫石町とが山頂を分け合っている。山頂部が広大な高層湿原となる特異な山容の山で、南隣の小白森山（一一四四m）とともに、古くから知られる山である。

山名は、藩政時代の古文書『田沢鳩留尊仏菩薩縁起』（一七三五年）や山役人の古地図に、「大城」「小城」と記されているが、信仰登山のころは、池塘を神の田に見立て、白は代の字が当てられていたのでは、とする説もある。宝暦十三年（一七六三）に書写された『古神社縁起』では、「大白森小白森とて高山あり、それに仏神仏作の泉水あり…」と記されている。

広大な草原山頂からの眺望は、とくに葛根田川（北上川に合流、太平洋に注ぐ）源流部や岩手山など、神域であったと思われる原始の世界が広がっている。また、湿原に春・夏はヒメシャクナゲやニッコウキスゲなど。秋はリンドウ、とりわけ草紅葉が鮮やかである。

南の小白森山は、池塘と湿原と布置の樹木が美しく「神苑」と呼ばれたが、いまは池塘が草地に、草地はアオモリトドマツやササなどが浸食、昔の景観がなくなっている。

なお岩手側、葛根田川源流の大白森（一二六九m）は、通称「南部大白」と呼ばれている。

登路　日帰り登山の場合は、一般に仙北市乳頭温泉郷の鶴の湯温泉が起終点で、車利用となる。ただし乳頭温泉郷に宿泊予約の場合、JR秋田新幹線田沢湖駅前から路線バス乳頭温泉行きを利用、田沢湖高原のビジターセンター・アルパこまくさで下車。温泉組合の専用車「湯めぐり号」の利用が可能。

登山口は、鶴の湯温泉裏の新奥の細道コースに入り、蟹場温泉分岐から、付近を通る林道を横切ると登山口の標柱がある。金取坂を急登して、東方の乳頭山から八幡平を結ぶ脊梁の南八幡平縦走路・鶴の湯分岐に出て、尾根づたいに小白森山まで、鶴の湯温泉から約一時間五〇分。さらに大白森まで約四〇分。

なお、鶴の湯分岐と小白森間の経塚森の岩場は、樹木が繁茂して見えなくなった。

八幡平まで縦走の場合は、無人の避難小屋の大白森山荘か八瀬森山荘、大深山荘のいずれかの小屋一泊の行程となる。

地図　二・五万図　秋田駒ヶ岳　曲崎山　（藤原　健）

曲崎山　まがりざきやま

標高　一三三四m

秋田県仙北市と岩手県岩手郡雫石町とが頂上を分け合う、奥羽山脈脊梁上の奥地の山で、秋田駒ヶ岳や乳頭山から裏岩手縦走路に結ぶ「南八幡平縦走路」の途中で出会う、小さな盟主のようなひときわ高いピーク。

元々、藩政時代はお境拠人、またマタギなどが立ち入るだけの人跡稀な山域の山であったが、一九五九年、秋田営林局が乳頭山から大深岳間を整備して、八幡平までの縦走を可能にした。

また、山頂から大小屋山を経て大深沢に下るエスケープ・ルートも伐開されたが、いまは完全に消えている。山名は、秋田側に大きく湾曲する脊梁尾根の先端（崎）に位置することに由来する。次いで、脊梁尾根に沿って派生する葛根田《かっこんだ》川の名称は、岩手側資料によると、源流部が秋田側に食い込む（カッコム）地形に由来するらしい。

山頂からは、湿原もあるが深い森林が多い縦走区間から抜け出て、周辺の原始の山域が開ける展望がある。とくに一九九一年、入域が制限される「森林生態系保護地域」が設定された、岩手側の葛根田川源流部と秋田側玉川源流・大深沢の広大な原始林の全貌が広がっている。その奥に八幡平から岩手山を結ぶ一連の裏岩手の山々、遠く秋田駒ヶ岳などの遠望もある（なお、脊梁上の縦走路と避難小屋敷地は保護地域から除外となっている）。

登路　最短コースは乳頭温泉郷の鶴の湯温泉から小白森山、大白森を経て約五時間三〇分。秋田駒ヶ岳からは約十時間三〇分。山頂から裏岩手縦走路の大深岳間は約四時間三〇分。さらに八幡平まで約四時間三〇分の行程。

秋田駒ヶ岳から八幡平縦走の場合は、無人の避難小屋の田代平山荘か大白森山荘、八瀬森山荘、大深山荘のいずれかの利用となる。

地図　二・五万図　曲崎山　秋田駒ヶ岳　松川温泉　八幡平　（藤原　健）

乳頭山　にゅうとうさん

（烏帽子岳・岩手側の呼称）　別称　乳首山

標高　一四七八m

秋田県仙北市と岩手県岩手郡雫石町が境を接する奥羽山脈中部の脊梁上のピークで、秋田駒ヶ岳とともに十和田八幡平国立公園・南八幡平地区の代表的な山岳の一つ。山名は、山頂東面の火口壁の形から岩手側では烏帽子岳と呼び、秋田側は深いブナ林に覆われる秘湯「乳頭温泉郷」の上に、乳房のような山容を見せる。作家で登山家であった深田久弥も、田沢湖に遊んだ一九五八年十月、遊覧船からこの山を確認、「北の方に離れて乳頭山も見えた。可愛らしい乳首のような格好をしている…」と『百名山以外の名山五〇』・「乳頭山」に書いている。

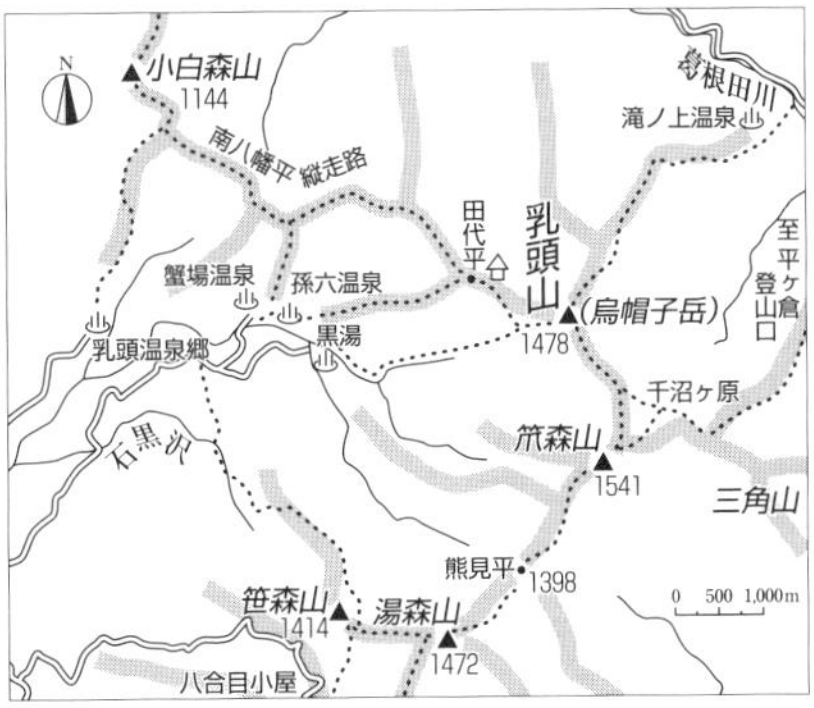

また、古い記録や地図には、先達川の源流にあたるので「先達乳首」。ほかに、「にうつぶり嶽」「によつぶり」と記されたものもあり、農家が稲刈り後の乾燥のために積む、稲ニオから訛ったのではないかとする説もある。なお、秋田側では、ほかに乳頭山の北西に烏帽子岳（一〇六〇m）があるので、烏帽子岳と呼ぶ時はこちらを指す。

山頂からは、秋田駒ヶ岳や笊森山など、縦走路上の山々。田沢湖や出羽山地の山々の遠望。また、岩手山、八幡平と続く山々と葛根田川源流部の展望が広がっている。

植生は、ブナ帯に始まりアオモリトドマツ、さらに灌木、池塘の多い草原の尾根へと、この山ならではの垂直分布の顕著な変化があり、そこに咲く花々と合わせ、魅力の山行きとなる。

また、東方の笊森山（一五四一m）と岩手側の三角山（一四一八m）との間に広がる高層湿原の千沼ヶ原があり、このために登る人も多い。

登路　秋田側は秘湯で名高い乳頭温泉郷から三つのコース。岩手側は雫石町・葛根田川から登る二つのコースがある。

蟹場温泉口　JR秋田新幹線田沢湖駅前から路線バス乳頭温泉行きを利用、終点で下車。近くの登山口から脊梁尾根の南八幡平縦走路に出て、ブナ原生林帯の登路を高層湿原の田代平に向かう。孫六温泉分岐、避難小屋、黒湯温泉分岐を経て山頂まで約三時間。

孫六温泉口　路線バス終点乳頭温泉で下車、先達川沿いに孫六温泉まで約一五分。マタギでもあった同温泉の先祖が開いた、裏山の支尾根を登り、田代平の上部に出る。田代平山荘、黒湯温泉分岐を経て山頂へ約二時間。

黒湯温泉口　路線バス終点乳頭温泉から孫六温泉を経て二〇分、温泉裏が登山口（車利用の場合は黒湯温泉か孫六温泉駐車場の利用可）。噴煙を上げる大釜（源泉）を右岸に見て天然の露天風呂がある一本松温泉を経て、急登だが最短のコース（約二時間一〇分）。

平ヶ倉沼口（雫石町）　ＪＲ秋田新幹線雫石駅から路線バスがあるが、手前の玄武温泉までなので、車の利用がよい。葛根田川の登山口から平ヶ倉沼まで約三〇分、千沼ヶ原までさらに約二時間三〇分。乳頭山まで約四〇分。なお、上流の「地熱水熱水造成施設」から登るコースもあり、平ヶ倉沼で平ヶ倉沼口コースに合流する。

滝の上温泉口（雫石町）　登山口からすぐ始まる急登のコース。白沼やまむし坂を登って乳頭山へ約三時間。

南八幡平縦走路　秋田駒ヶ岳と乳頭山を結ぶ駒乳縦走路を、さらに岩手山と八幡平間の「裏岩手縦走路」に接続する縦走路。昭和三四年（一九五九）、秋田営林局が、乳頭山から脊梁尾根の未開部分を伐開し、大深岳付近で繋ぐ整備をした。また、秋田県が避難小屋の田代平山荘や大白森山荘、八瀬森山荘を整備している。

手付かずの自然に触れる、北東北らしい原始の森や湿原を行く縦走路。途中の主なピークは、小白森山、大白森、大沢森、曲崎山、八瀬森（関東森は平坦な森）。

地図　二・五万図　秋田駒ヶ岳　篠崎　（藤原　健）

秋田駒ヶ岳

あきたこまがたけ　標高（男女岳《おなめだけ》）一六三七m

別称　駒ヶ岳　駒形山

秋田県仙北市と岩手県岩手郡雫石町が境を接する奥羽山脈中部の山で、十和田八幡平国立公園の最南端に位置し、豊富な高山植物と、山頂からの勝れた展望、めずらしい火山地形が特色の山である。

穀倉地帯である仙北平野から望む駒ヶ岳は、群山の奥にひときわ高い山容を見せ、古くは女人禁制の信仰の山であった。深田久弥の『日本百名山』には、著者の二回の計画がともに天候が味方せず、途中引き返して漏れたが、最初の山行きの前日、山麓の水深日本一の田沢湖から見た山容を、「雄大ではないが、品のいい形の美しい山であった…」と評している。また、気象庁の常時観測対象の活火山でもある。

山名は春の雪形に由来するといわれ、伝説は「この山に手長椎《てながづち》と足長椎《あしながづち》の二神がいて、雪毛の馬にまたがり、天狗を率いて火口原の馬場の小路に遊んだが、馬が死んだ後、山頂に祠を建て神として祀った。その馬が初夏、雪形となって現れるので、駒形山または駒ヶ岳と呼ばれた」と伝え、地元では、霧深い日の火口原「馬場の小路」では、神馬の駆けめぐる音が聞こえるといわれた。

呼称は元々駒ヶ岳または駒形山だが、馬産が盛んだった岩手側では、駒形信仰の東北総本山・胆沢の駒形神社の奥宮が、夏油三山の駒ヶ岳（一一三〇m）山頂にあるので、区別して「秋田」を付けて呼び、さらに一九六一年、ガイドブック『岩手　八幡平　秋田駒』（村井正衛著）が、東京の山と渓谷社から発行され、以来、秋田を冠した呼称が定着した。本来、区別するなら国名から「羽後駒ヶ岳」と呼ばれるべきであったかも知れない。

本峰は第四紀に出現、富士山型の山と推定されているが、最初の噴火で山頂部が大きく吹き飛び、火口は南西方向に標高差五七〇mも傾いた長径二・七㎞、短径一・五㎞の少し楕円がかった馬蹄形の周壁を形成した。その最高点が主峰・男岳（一六二三m）で、石造りの古い祠である駒ヶ岳神社が祀られている。

さらに北側でも何回かの噴火があり、不規則なカルデラを形成、火口湖もあったと推定されているが、その外輪山・片倉岳（一四九六ｍ）の肩に隆起して、主峰を凌ぐ高さの男女岳《おなめだけ》（一六三九ｍ）があり、南カルデラの火口丘・女岳（一五一三ｍ）や脊梁上の横岳（一五八三ｍ）などを含め、山名は総称となっている。ただし、単に「駒ヶ岳と呼ぶときは男岳をさす」と地元の郷土史家が書いている。また、男女（女目）岳の「オナメ」は、古語のお妾の意で、麓の生保内盆地や仙北平野から望むと、男岳の陰に隠れて見えない。

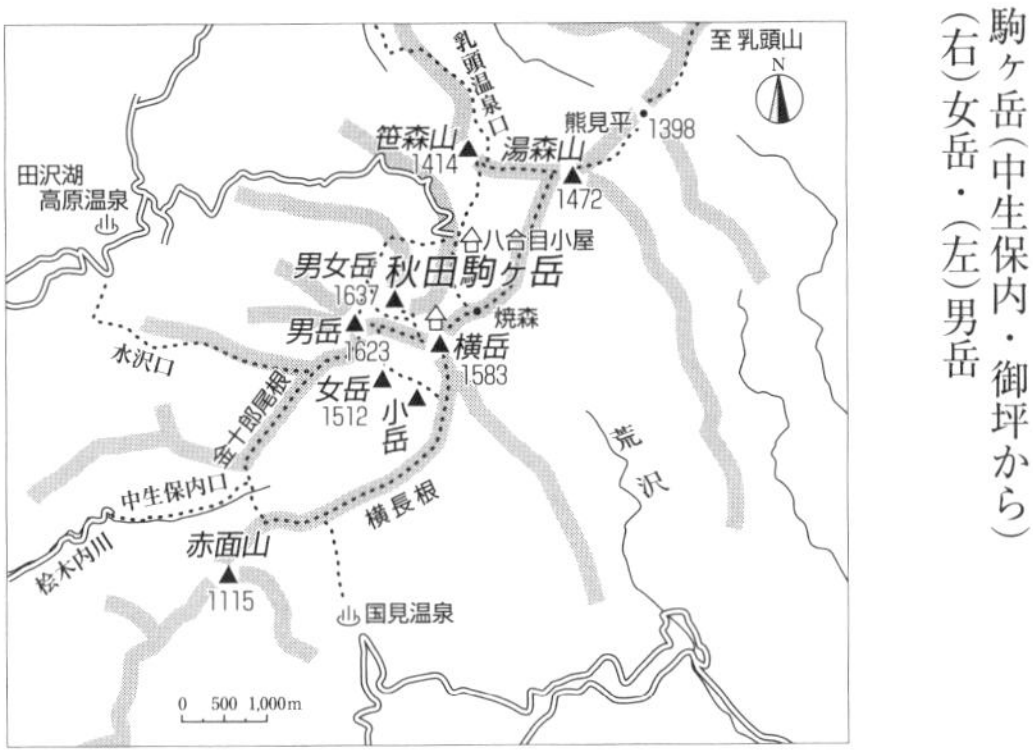

駒ヶ岳（中生保内・御坪から）
(右)女岳・(左)男岳

信仰登山の起源はよく分からないが、自然神に始まり上方の神が入り習合、仏教が入って以降は山伏修験と思われる。享保二十年（一七三五）、久保田（秋田）藩の士・佐藤利兵衛が記した『田沢鳩留尊仏菩薩縁起』に、「駒ヶ嶽とて高山あり、山号は生度山駒の寺、本地釈迦如来の表口、西南に当たって檜木内川有り、其の沢口横倉と云ふ処に十五丈の滝有り、東に当たって四つの岩屋あり、女嶽の腰に碁盤石あり、上に三十六童子仙人岩屋八萬八千佛あり、又大日石七高峯に釈迦牟尼佛御立ち給ふ（中略）東に国見大明神、石《えん》の行者の踏初めたる道有り…」。寛政元年（一七八九）、同藩士・伊藤忠行の『伊豆園茶話』は「錫杖頭より少し手前、五百羅漢と云う岩有り、千体佛とも云う。遠く見え候得ば佛の形に見得候。駒ヶ嶽、女嶽男嶽の間に沼一ッ有り…」。さらに明治の宗教政策により、山が神格化されるとき、里宮（神社合併令後）の神官が、男岳・素戔嗚尊、女岳・天照大神、男女岳は月読尊《つきよみみこと》と神祇官に届出したと旧『田沢湖町史』は記している。また、馬産の時代は駒形信仰が盛んであった。

山頂一帯に咲くヒナザクラ、タカネスミレ、コマクサ、エゾツツジなどに代表される山頂付近の高山植物帯は、大正一五年（一九二六）、国の天然記念物に指定された。

また、主峰男岳や男女岳からの展望は、北東北の名だたる山々をすべて望むほか、水深日本一の田沢湖を鳥瞰する絶景が広がる。近年における火山活動は、昭和四五年（一九七〇）九月、火口丘・女岳がストロンボリ型の噴火を始め、翌年一月まで爆発を繰り返した。山頂付近にまだ残る噴気と、膨大な溶岩流の堆積を西側に見ることができる。現在、田沢湖高原のビジターセンター「アルパこまくさ」には、国土交通省の「秋田駒ヶ岳防災ステーション」が併設されていて、火山監視機器を山域各点に設置し、常時観測体制がとられている。

登路　山開きは六月一日。登山口は秋田側四ヶ所、岩手側は国見温泉からとなる。

田沢湖高原口　JR秋田新幹線田沢湖駅前から路線バス駒ヶ岳行きの直行もあるが、乳頭温泉行きを利用、アルパこまくさでシャトルバスに乗り換え、標高一三一〇mの登山基地、日窒八合目へ（駐車場はあるが、六月から十月までマイカー規制がある）。日窒八合目から先は、標高一五四五mの阿弥陀池まで三つのコースがある。

なお、日窒八合目は、昔、硫黄採掘の「日窒鉱業」の鉱山施設跡地に、秋田県が車道と登山基地を整備したもの。いまは単に「八合目」と呼ばれている。

新道コース　八合目から片倉沢の小橋を渡って硫黄鉱山跡の前を過ぎ、片倉岳展望台を経て阿弥陀池まで優れた展望と多くの高山植物と出会う、もっとも一般的なコース（約五〇分）。

旧道コース　硫黄鉱山跡から片倉沢源流部に入り、沢をつめ急登して花の多い浄土平に出て阿弥陀池まで約四〇分。最短コースだが、いつも登路が荒れ、危険箇所もあって一般には不向きのコース。

焼森コース　春から夏はミネザクラ、通称「シャクナゲ通り」のシャクナゲなど。赤倉沢源流部では、サンカヨウやシラネアオイなどの花々と出会う。急登して脊梁の焼森山頂一帯では、タカネスミレやコマクサなどの群落と出会う。横岳を経て阿弥陀池まで約一時間一〇分。新道コースと組み合わせて利用されることが多い。

阿弥陀池から男岳や男女岳山頂へは、各二〇分程度の登り。

中生保内口　男岳に祀る駒ヶ岳神社の参道にあたる正規コース。田沢湖駅前から路線バス黒沢で下車、いまは廃園となった駒ヶ岳高山植物園の前を通り、黒沢川の橋を渡ると登山口がある。男岳山頂まで約一〇㎞の行程だが、三合目の祓川付近まで黒沢野（通称・桧木内川）林道（約六㎞）が延びているので、車の利用が可能。旧一合目の馬立場や信仰登山のころ、女性も入域が許された二合目の十丈の滝は通らない。その先も大掛かりな原生林の伐採や、初期の硫黄鉱山開設準備時の荷揚げがこのルートで行われ、付け替えがあって四合目の舟形石も通らない。なお、五合目の白滝の前後の登りでは、振り返れば田沢湖の鳥瞰がある。天上界となる六合目の御坪から先も火口内を行くルートだったが、昭和七年（一九三二）七月、女岳山麓が噴火して有毒ガスが発生、危険となったため、登路は外輪山尾根を行く「金十郎長根」に付け替えられた。その御坪分岐まで登ると、南カルデラの広がりと天空に男岳・女岳が聳え、山頂を望みつつ登る充実の登山となる。

金十郎長根の名称は、尾根の伐開に尽力した「駒ヶ岳高山植物園」の園主・千葉忠一郎家の屋号である（黒沢野林道終点から男岳頂上まで約三時間三〇分）。

水沢口　田沢湖高原の水沢温泉郷から男岳直登のコース。路線バス乳頭温泉行きを田沢湖スキー場前で下車、男岳に派生する水沢に沿って延びる林道に入り、スギの造林地を抜け、急登して南カルデラの外輪尾根に出て中生保内口からの登路と合流、五百羅漢を経て男岳へ（約二時間三〇分）。

乳頭温泉口　乳頭温泉郷の「国民休暇村乳頭」の旧乳頭スキー場跡が登山口。笹森山(一四一四m)の山頂付近を巻き、日窒八合目に至るコース。路線バス休暇村前で下車、少し戻って旧スキー場跡からブナ二次林内を登る。笹森山中腹のトラバースでは林相が変わり、アオモリトドマツ帯となり乳頭山方面の展望が開ける。笹森山頂はカットし、日窒八合目まで約二時間三〇分。

国見温泉口　岩手県雫石町の標高九四五mの国見温泉から、横長根(国見分岐・標高一一七五m)に登り、第一、第二展望所を経て、タカネスミレやコマクサの大群生地である大焼砂の分岐へ。一つは、そのまま大焼砂を登り横岳から阿弥陀池に下るコース(阿弥陀池まで約二時間三〇分)。一方は、大焼砂をトラバースして火口原に入り、花の多い馬場の小路を行き、女岳分岐から火口外輪の男岳分岐に急登して男岳頂上へ(約三時間二〇分)。往路にどちらかを選び、復路に一方のコースを下る。

また、横長根(国見分岐)から御坪に下り、御坪分岐で中生保内口の登路と合流、男岳山頂に登り、横岳を経て横長根に下る南カルデラ一周のコースを選ぶハイカーも多い(国見温泉から男岳まで約四時間)。

駒ヶ岳・乳頭山縦走路　南八幡平縦走路の南端の区間となる通称「駒乳縦走路」は、駒ヶ岳の横岳から乳頭山に至る脊梁尾根を行く稜線漫歩のコース。風衝で匍匐した低灌木帯が続き、湿原や岩場、思わぬ花々とも出会うコース。北上山地を望み、とくに笊森山(一五四一m)山頂では、三角山(一四一八m)との間に、岩手山(二〇三八m)を背景に、池塘が散らばる広大な高層湿原である千沼《せんしょう》ヶ原《がはら》を鳥瞰する絶景が広がる。

縦走路の開削は昭和二八年(一九五三)、秋田県の依頼で、地元の後に山岳会を結成する青年たちが、乳頭山から笹森山間を伐開し、いまの日窒八合目と結ぶ縦走路を開削した。その後、岩手県が横岳から湯森山間を繋ぎ、さらに笊森山から千沼ヶ原を経て葛根田川を繋ぐルートなど、千沼ヶ原一帯の整備を行う(なお一九五四年、葛根田川の滝の上温泉から乳頭山間の登山路が整備されている)。作業は雫石町の山岳会員たちで、当時は国立公園指定に夢を懸け、未開の山地を切り拓いた地元の若者たちの行動があった。横岳から乳頭山まで約四時間。千沼ヶ原(奥千沼ヶ原まで)を探訪すると五〇分程のプラスになる。

なお、日窒八合目を起点に、千沼ヶ原探訪を笹森山経由で縦走路を行くコースや、花の季節や秋の紅葉時などは、阿弥陀池から横岳経由で湯森山、笹森山を回って日窒八合目に戻る、北カルデラ巡回コースもよく利用されている。

地図　二・五万図　秋田駒ヶ岳　国見温泉　田沢湖

(藤原　健)

貝吹岳

かいふきだけ

標高　九九二m

奥羽山脈中部の脊梁上のピークの一つ。岩手県岩手郡雫石町と秋田県仙北市が山頂を分け合っている。南に和賀山塊の山々、北は秋田駒ヶ岳と繋がり、草地となる山頂からは優れた展望がある。また、山腹を仙岩峠、国見峠、ヒヤ潟（沼）などがある古道「秋田街道」が通り、国境の歴史や伝説にもかかわる山である。

山名は、天文九年（一五四〇）八月、戸沢氏の滴（雫）石城が南部軍の攻撃で落城。城主はわずかな兵に守られて、出羽（秋田）側に逃れる途中、峠から長年統治した雫石郷に名残を惜しみ、部下をしてこの山に登らせ、ほら貝を吹かせたことに由来する（戸沢氏は後に山形・新庄藩六万八千二百石となって幕末まで続く）。

登路　二つのコースがあるが、公共の交通機関がないので車の利用となる。

ヒヤ潟口　国道四六号から雫石町の国見温泉に向かう。途中、標高七六〇mの旧国見温泉分岐で、ヒヤ潟方面は閉鎖となっているので、車はここまで。旧国道跡を県境付近の標高八四五mのヒヤ潟（沼）まで行き、ヒヤ潟からは、脊梁尾根を行く昔の秋田街道に入る。

旅人の便宜や交易に供したお助小屋《たすけごや》跡を通り、右手に山頂を望みつつ標高八九五mの仙岩峠に着く。その先は、南の通称「貝吹長根」を行き、山頂付近にあるレーダー施設管理用の歩道を登り山頂へ（国見温泉分岐から約一時間四〇分）。

秋田街道口　同国道・道の駅雫石あねっこ向かいの標柱「旧秋田街道入口」から入り、坂本川沿いの林道を進み、終点からは長い登りとなる。途中、東北電力の送電線保守用道路が複雑に交差している所があるので、地形図を精査しつつ仙岩峠へ向かう。峠から先はヒヤ潟コースに同じ。林道の状況次第だが約二時間三〇分。

ヒヤ潟は、梭嫌潟《へいやがた》が訛ったものと言われ、機織《はたお》りの娘と沼に住む龍との怪しい伝説が伝えられている（梭嫌は機織りの道具）。仙岩峠には、古い藩境の「従是西南秋田領」の石柱が立っている。その昔、阿倍氏討伐の八幡太郎義家が峠を開いたと伝えられ、的方《まとがた》とも呼ばれた。また一説に、役行者が開いたとも伝えられている。

この山行では通らないが、ヒヤ潟から国見峠（九四五m）に登ると、「従是北東盛岡領」の石柱が立っている。ここには、深田久弥のエピソードがある。前回（昭和三三年）、悪天候で登り損ねた秋田駒ヶ岳を、今度は国見温泉口から計画。その前日、秋田側から案内人をともない残雪を踏んで峠に登り、盛岡の村井正衛と待ち合わせした。目的は仙北市角館町出身の画家で歌人であった平福百穂の、「ここにして岩鷲山のひむがしの岩手の國は傾きて見ゆ」の歌に惹かれたもの。なお、百穂はもう一首、「駒ヶ根の雄山裏山ここにして肩も撫づべしゆり起こすべし」を詠んでいる。

翌日、国見温泉からの登山は、またしても天候が味方せず中止。その後昭和三九年七月、あとがきに「東北では秋田駒ヶ岳と栗駒山は入れるべきであったかも知れない…」と書き、『日本百名山』は新潮社から出版される。この時、深田久弥六一歳。
地図　二・五万図　国見温泉　（藤原　健）

五番森　ごばんもり　標高　一〇四八m

岩手県岩手郡雫石町と秋田県仙北市にまたがる県境の山。南にある和賀山塊と北の秋田駒ヶ岳の間にあるため目立たないが、双耳峰のどっしりとした山容を呈している。タケノコ採りが盛んな山で、マタギの猟場でもある。
登路　登山道はない。残雪期に稜線づたいに南のモッコ岳からか（モッコ岳から約二時間三〇分）、北の国見峠から貝吹岳、地森を越えて登るのがよい（国見峠、ヒヤ潟から約三時間三〇分）。直接山頂に登るには、シロミ沢の支流・一部沢からヤスの大窪を通り稜線に出て登るか、岩井沢出合から十三坊に登り尾根づたいに南東のピークから登る。無雪期は十三坊まで道があるが、そこからはネマガリダケをかき分けて進む。カラノ沢北又からは、稜線に出るのにササを分けての急な登りになり厳しい。
地図　二・五万図　羽後朝日　国見温泉　（高橋俊紀・遠藤正子）

モッコ岳《だけ》　標高　一二七七m

岩手県岩手郡雫石町と秋田県仙北市角館町にまたがり、和賀山塊の北部に位置する。

なだらかに連なる尾根上に丸く盛り上がった山容が、土を運ぶ時に使う畚《もっこ》を吊した形に似たことから付いた名である。

南につづく主稜線には、大荒沢川（和賀川支流）の水源をなす大荒沢岳（一三一三m）があり、岩手県和賀郡西和賀町沢内、秋田県仙北市角館町、同市田沢湖地区にまたがる。両山ともほかの和賀山塊の山々と同様に、いまだに人を寄せ付けない厳しさを持っている。

登路　西和賀町貝沢から大荒沢岳を経て、高下岳につづく登山道を利用して、沢尻岳（一二六〇m）に登る（登山口から約二時間）。沢尻岳から先は登山道は整備されていない。モッコ岳まで厳しいヤブこぎとなる。残雪期は沢尻岳まで登り一時間程。

地図　二・五万図　羽後朝日岳　北川舟　（小田島　博）

羽後朝日岳　うごあさひだけ　標高　一三七六m

別称　朝日岳　朝日モッコ

奥羽山脈中部の真昼山地（和賀山塊）に接する秋田県仙北市東部の山で、脊梁上の大荒沢岳（一三一三m）とは峰つづきとなっている。山頂からは北に生保内川源頭、西に部名垂沢、南に堀内沢が派生している。山名は、穀倉地帯・仙北平野の日の出の山に由来すると思われ、江戸時代から幕末にかけて書かれた『羽陰温故誌』の名山の項に、阿弥陀嶽（和賀岳）とともに、「朝日嶽一名内木香、白岩前郷村（現仙北市白岩地区）場内沢ヨリ五里」とある。信仰の歴史は定かでないが、一九六六年の旧『田沢湖町史』は、祭神を天照大御神としている。

藩政時代に、南部・沢内（現岩手県西和賀町沢内）地方といまのJ

R秋田新幹線田沢湖駅がある生保内盆地を結ぶ、密かな藩境の山越えの間道があり、その交流の話が伝えられている。

山域は、元々峻険で懐深い地形なので、獣を追うマタギや秋のマイタケ採り以外は立ち入らない、秘境と呼ばれる山域であったが、戦後に大規模な伐採事業や治山事業にともなう林道整備が行われ、入域が容易となった。しかし、朝日岳登山はいまも正規の登山道の整備はなく、沢登りとヤブこぎで登られている。

一つは国道四六号から東北電力神代調整池上流の「夏瀬温泉」に入り、堀内沢を遡行。枝沢の朝日沢をつめて、山頂までの長いヤブこぎのルートで登られたが、いまは生保内地区から林道を利用して、部名垂沢遡行のルートで登られている。

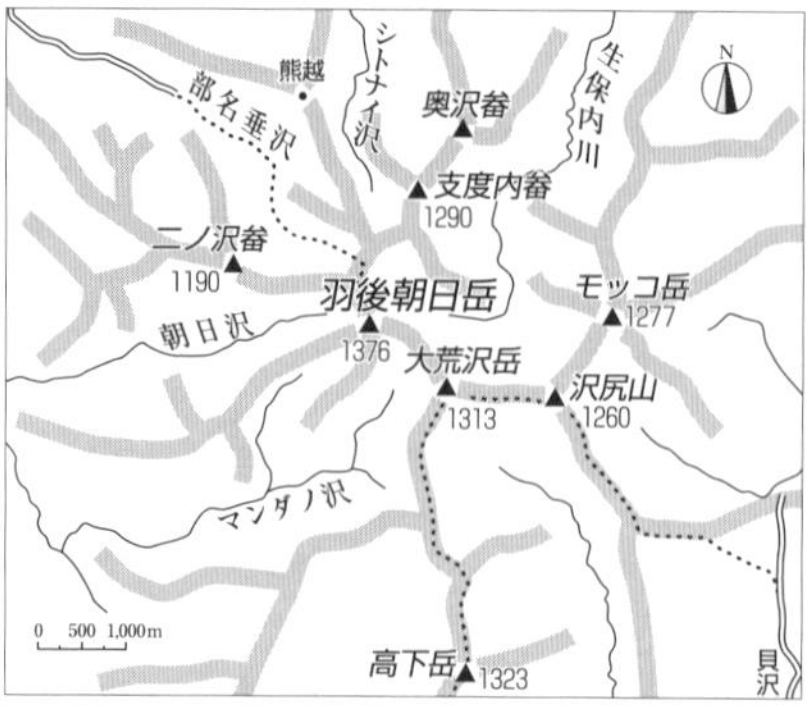

急登の源流部から稜線に出ると、別天地のような眺望が開けて、灌木帯の尾根上にドーム型の山頂がある。西に峻険な包丁嶺で結ぶ二ノ沢畚（一一九〇m）、北に痩せ尾根で繋がる支度内沢源頭の支度内畚（一二九〇m）など、山域を形成する山が近い。残雪が長く残る生保内川源流部や、風衝が激しい山頂付近は草地で、春から夏は花、秋は紅葉がとりわけ美しい。

山域では、戦前までいた野猿の群れは見えず（生保内沢の奥部で確認の情報もあるが）、巨大な「コブ熊」の話も伝説となっている。

また、残雪の季節、生保内盆地から望む二の沢畚の北面に、「豆蒔き坊主」と呼ばれる雪形が現れ、農事暦となっていた。なお、山頂の「朝日嶽」の碑は、一九二八年八月一七日、地元生保内出身の教育家・古村萬之助と案内人を含む五人が山中一泊で運び上げたものである。

登路　車の利用となる。生保内地区の国道四六号から仙北市向生保内の八木沢不燃物処理場に向かい、同施設前からは未舗装の林道に入る。さらに荒れた部名垂沢林道を進んで沢に降り、左岸側にルートをとり、いくつかの砂防堰堤と滝を越えて源流をつめて行く。稜線に出ると、山頂までの昔の間道跡の道形はヤブに消えているので、慎重な行動が求められる。部名垂沢は、豪雨のたびに荒れ、状況が変わる沢だが、登山口となる沢口から稜線まで約四〜五時間の沢登り。稜線から山頂までは約四〇分のヤブこぎ。

山頂から岩手県境の大荒沢岳（一三一三m）間も、いまは全くのヤブこぎで約二時間。いずれ容易な登山ではない。

地図　二・五万図　田沢湖　抱返り渓谷　羽後朝日岳

（藤原　健）

東根山　あづまねさん　標高　九二八m

岩手県中央部の紫波郡紫波町の西方に、ひときわ目立つ台形の形をした東根山は、一〇万年以前、第三紀層の地質弱点部からの噴火によって形成されたことが堆積物によって明らかとなっている。

山名の由来について、『南部叢書』には、「吾妻根山」「吾妻峰」とも書くと記されているが、地元には(東根山の)山頂部をもぎ取った巨漢怪力の東根太郎の伝説が残されている。

登路　登山道入り口までは、JR東北本線日詰駅から県交通バスを利用しラ・フランスの里あづまね温泉で下車するか、東北自動車道紫波ICから西方約三㎞地点のあづまね温泉を目標とする。登山口はあづまね温泉湯楽々駐車場わきに大きな道標で示されている。登山路は一の平、二の平、蛇石展望台、山頂と、しっかりした道がつづいている(登山口から約二時間三〇分)。

地図　二・五万図　南昌山

(及川迪靖)

南昌山　なんしょうざん　標高　八四八m

岩手県紫波郡矢巾町と岩手郡雫石町にまたがる。釣鐘状の山で盛岡市の中心部から山頂を望むことができる。「南昌曇れば盛岡は雨」と天候を測ることわざがある。かつては悪竜が棲む秘境の地で、「毒が森」と呼ばれたが、元禄一六年(一七〇三)、藩主の南部久信はその名を嫌い、盛岡の南で日を重ね(昌)栄える山、南昌山と改名した。

登路　盛岡から車で三〇分程の矢巾温泉からぬさかけの滝を右手に眺め、一・五㎞程山道を登ると登山口がある。丸太様の階段を二五分程登ると頂上である。家族連れが多い。ほかに矢巾温泉口からは赤林山、毒ヶ森、そして南昌山へ連なる稜線上に登山道が整備されている。植物の種類が多く、眺望のよい日帰りコースである(箱ヶ森の項参照)。

地図　二・五万図　南昌山

(高橋　耕)

赤林山　あかばやしやま　標高　八五五m

岩手県盛岡市の中心部から南西の山並みの中で一番大きく見える山で、岩手県盛岡市と紫波郡矢巾町の境にある。崩れかけた地肌が赤く見えるためこの名があるという。「志波三山」の一角をなす(箱ヶ森の項参照)。アイヌ語の「アカ」は魚の背または山の尾根を示すという。

登路　矢巾温泉からの登山道が一般的である(約二時間)。そのほか南昌山から毒ヶ森を経由するコース、箱ヶ森から行くコースもある。いずれも日帰りコースである。

地図　二・五万図　南昌山

(高橋　耕)

箱ヶ森　はこがもり　標高　八六五m

南昌山群の北西端の山で、岩手県盛岡市と岩手郡雫石町にまたがる。信仰の山とされ、山頂に獅子頭が安置されている。自然林が多く豊富なブナ林がある。林の深さを宮澤賢治が「箱ヶ森」で「みねの木立ちにふみ迷いさびしく原をふりかえり見る」と詠んでいる。

盛岡市の南西部には北から箱ヶ森、赤林山、毒ヶ森、南昌山、東根山と九〇〇m前後の山々が連なる。盛岡市、矢巾町、紫波町の三市町にまたがるという意味で「志波三山」という名称が定着しつつある。「志波」とは坂上田村麻呂が築城した志波城にちなむ。

登路　盛岡市猪去にある「ゆうあいの里」からのコース（約二時間四〇分）、盛岡市つなぎ温泉の繋小学校前からのコース（約二時間）、盛岡市飯岡沢からのコース（約一時間三〇分）がある。二〇〇二年一二月、「志波三山縦走路」の標識が設置された。標識では「ゆうあいの里」からの登山口を一番とし、箱ヶ森山頂が一〇番、赤林山付近が二〇番、南昌山が五〇番、東根山の「ラ・フランス館」の登山口が一〇〇番となっている。矢巾温泉から赤林山を経由して箱ヶ森に至ることもできる。

地図　二・五万図　南昌山

（高橋　耕）

毒ヶ森　どくがもり　　標高　七八二m

別称　ぶすがもり

岩手県盛岡市の南西一〇km程に、山容が坊主頭のようにかわいらしい山群が南北に連なっている。宮澤賢治が好んで跋渉《ばっしょう》し、また作品化した岩頸群である。その一角にある毒ヶ森は、盛岡市と雫石町にまたがるが、山頂は雫石町側にややずれる。周囲の山にくらべて標高が低いため盛岡市からは見えないが、北西の雫石町小岩井方面からは特徴あるドーム状を呈している（北上市と花巻市の境にも同名の山がある）。山名は、南部藩の居城を青森県田子《たっこ》から盛岡に移した際、城の真向かいにある毒ヶ森を不吉だから「南昌山」と改名し、その名を城からは見えない現在の毒ヶ森に転じたものといわれる。

登路　最近、地元山岳会の精力的な努力によって、岩頸群の北端、箱ヶ森から通称・西赤林山、南昌山を経て東根山《あづまねさん》に至る縦走路が整備された。箱ヶ森あるいは赤林山を起点に、南昌山への日帰り縦走を楽しむ途中に立ち寄るとよい。縦走路からは、不明瞭な踏み跡に注意してドームを急登する（約二時間三〇分）。山頂域には、腰を掛けたくなるように枝を横に伸ばしたシナノキの大木が群生する。

地図　二・五万図　南昌山

（松田和弘）

駒頭山　こまがしらやま　　標高　九四〇m

岩手県花巻市の西部、豊沢ダム（豊沢湖）南岸に高まる「毒ヶ森山塊」と呼ばれる山域の東縁部に位置し、北の松倉山（九六七m）とともに山塊を代表する山である。小倉山（八五〇m）、毒ヶ森、松倉山など標高八〇〇mを超える山々が鋭い尾根で連なるこの山域は、市街地近郊にありながら人を寄せ付けない深山幽谷の趣を示し、古くは山岳宗教の場であったといわれている。

また、宮澤賢治の童話『なめとこ山の熊』の舞台となっているのは、豊かなブナ林に囲まれたこの山塊の山や谷である。

登路　鉛温泉スキー場から尾根づたいに登る鉛コース（登山口から約三時間）、豊沢ダム上流の出洞沢林道終点から登る出羽沢コース（登山口から約二時間）がある。

地図　二・五万図　鉛

（小田島　博）

八方山　はっぽうざん

標高　七一六m

岩手県花巻市の西方、奥羽山脈の東縁部にあたる毒ヶ森山塊の主峰・松倉山から南に延びる尾根の末端に位置する。

ブナ林の広い山頂には、坂上田村麻呂が東征の際に、奥羽鎮護と戦死者の菩提を弔うために建立したと伝えられる観音堂跡の祠がある。当時は山頂から全方位を見渡せたことから山名になったという。

登路　太田山口の長根崎登山口から尾根づたいに山頂に達する登山道(登山口から約一時間三〇分)、尻平川集落から山頂に通じる登山道(登山口から約二時間)がある。

地図　二・五万図　尻平川

（小田島　博）

黒森　くろもり

別称　和賀黒森

標高　九四四m

岩手県和賀郡西和賀町湯田に位置する山である。岩手県には「黒森」と山名の付く山が数多くある。黒は針葉樹に覆われた山を示しているといわれている。

黒森は「和賀黒森」とも呼ばれ、ブナの原生林に囲まれているヤブ山である。奥羽山脈前衛の一稜をなし、北に荒沢森(九一七m)、南に仙人山(八八二m)、兎森山(一〇五四m)とつづいている。山頂には三角点があるが、展望は多くは望めない。

登路　北上市から国道一〇七号を西へ進む。和賀仙人を経て湯田ダム(錦秋湖)堰堤手前から山側北に当楽沢へと入る。沢沿いの林道を車で進むこと約一〇kmで終点となる。林道は荒れているため約一時間かかる。これより小沢を渡り、スギの植林帯の北尾根を登る。登山道は整備されていない、踏み跡がかすかに残されているだけで定かでない。ヤブこぎの連続で、約一時間一〇分の登りである。

地図　二・五万図　新町　尻平川　陸中川尻　和賀仙人

（諏訪　弘）

高下岳　こうげだけ

標高　一三二二m

岩手県和賀郡西和賀町沢内に位置する。県道一号盛岡横手線の山伏トンネルを出て旧沢内村側から登る和賀岳は、途中、徒渉などもあり、健脚向けのコースであるのに対し、高下岳は比較的容易に登ることができるところから近年、登山者が増えている。二〇〇〇年には西和賀町貝沢地区からの新コースが整備された。

登路　県道一号上の高下バス停から高下川に沿って約八kmの林道を入ると登山口がある。和賀岳登山口と同一である。

登山口から二〇分程スギの植林とブナ林の急坂を登る。さらに平坦なブナの原生林を行くと、和賀岳への分岐(高下分岐)に達する。ここからは樹林帯の緩い登りである。標高一一〇〇mを超えると灌木の尾根道となり、西側に和賀岳を見ながら山頂へ向かう。山頂は南北二つの峰からなり、北側の峰に三角点がある(登山口から約三時間、新コースは貝沢登山口から四～五時間の健脚コース)。

地図　二・五万図　北川舟　洞後朝日岳

（内山達雄・菊池修身）

和賀岳 わがたけ

標高 一四三九m

別称 阿弥陀岳 大鷲倉

岩手県和賀郡西和賀町沢内と秋田県仙北市角館地区の境に位置する。林道が開かれるまでは人里から遠く、訪れる人も少なく沢内マタギや仙北マタギの活躍の領域であった。奥羽脊梁山脈の真昼山地の最高峰で、岩手・秋田の県境のほぼ中央にあり、どっしりと聳える。真昼山地は非火山地域で、白亜紀の花崗岩類、新第三紀火山岩類・堆積岩類からなる。山頂域に広がる高茎草本・ハイマツ・ササの茂る緩斜面は、最終氷期や完新世中期に形成された周氷河性平滑斜面である。気候区分では日本海多雪地に含まれ、冬期には豪雪、梅雨期にはしばしば豪雨に見舞われる。

標高一〇〇〇m以下にはブナとチシマザサの群落があり、その上部は傾斜がきつくなってブナの育ちが悪い。一一〇〇m以上は亜高山帯で、ミヤマナラ・ミネカエデの灌木林となるが、近隣の山に見られるオオシラビソは分布しない。山頂稜線になるとハイマツ・ミヤマヤナギの灌木林やガンコウラン・コメバツガザクラ・ゼンテイカ・トウゲブキ群落となり、イワイチョウ・ヌマガヤ・チングルマの群落も見られる。山頂は展望がよく、八甲田山、森吉山、岩手山、反対側に鳥海山、月山が望まれる。

登路 西和賀町沢内からは登り口の貝沢集落から大荒沢岳を経て尾根沿いに登る貝沢コース。小坂集落から赤沢沿いに登り高下コースと合流する赤沢コースがあるが、刈払いなどの整備がなされていなかったり、車道が一部崩壊していたりするから注意する必要がある。

一般的なのは高下口である。高下集落から高下林道を七・五km程進んだ地点に登山口の標識がある。通常ここまでは車が入る。スギの植林地を過ぎてブナ林に入り、傾斜がきつくなると高下岳に至る登山道を分けて、少しの間平坦な道だが、まもなく急な下りとなって和賀川の徒渉地点に着く。融雪期や大雨の時は徒渉できないこともある。ここまでは前山であり、これから和賀岳の登りにかかり、一三三〇mのコケ平まではブナ林の中の急坂の登りである。これを

和賀岳（高下岳登山口から）

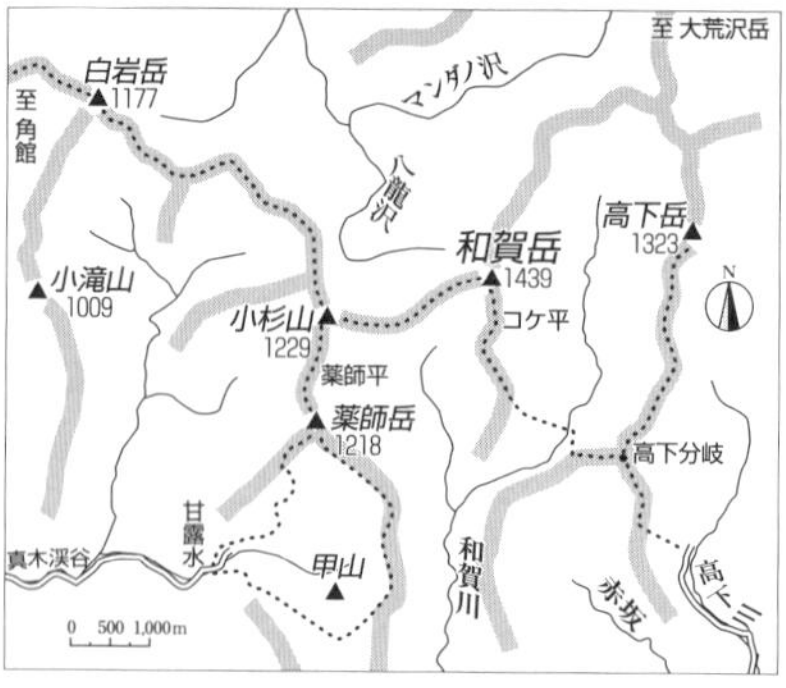

過ぎると樹高も低くなり、展望も開けて和賀岳の山頂も望まれ、振り返れば高下岳も見える。ひと登りで山頂で、片道約四時間である。このコースは北東北地方では見られない前山を越えて登るので、奥山に来た感を深くするので愛好者が多い。

　秋田県側からは二つのコースがある。横手盆地の真木集落から斉内川上流部の真木渓谷を辿り林道に入る。車で四〇分程で薬師橋の先の駐車場に到着。そのまま林道を進むと、甘露水の登山口に至る。樹林の中を登り滝倉を過ぎる辺りからブナが多くなる。灌木林となって眺望が開けて薬師岳山頂に至る。ここから先は高山植物の草原となるが、薬師平から先はササが多くなる。登り下りを繰り返しながら和賀岳山頂に達する(甘露水から約四時間)。

　もう一つのコースは角館地区の白岩から入角林道に入り、終点の登山口から登り始める。ブナ林の中を登り行太沢《いくたざわ》展望台に出たのち、さらに登ると白岩岳に着く。喜左エ門尾根を辿り錫杖の森を経て小杉山(一二二九m)から前のコースに合流するもので、かなりの時間を要する。

地図　二・五万図　北川舟　大神成　羽後朝日岳　陸中猿橋

(中谷　充)

薬師岳　やくしだけ

標高　一二一八m

秋田県大仙市太田町と岩手県和賀郡西和賀町沢内にまたがり、奥羽脊梁山脈の和賀・朝日山塊の南端に位置している。

　その懐にはV字谷の真木《まぎ》渓谷を造り、断崖と樹木が織りなす渓谷美はとくに優れ、真木真昼県立自然公園に指定されている。

　薬師堂のある山頂の北側には、高山植物の咲き乱れる雲上の楽園・薬師平が広がり、この先、小杉山を経て盟主・和賀岳や白岩岳へ縦走路が延びている。山名は薬師堂があることに由来する。

　この山域一帯は、かつてはマタギの領域であったが、造林事業による真木林道の開設によって隣接する和賀岳や甲山とともに、一躍登山の対象として注目されてきた山でもある。

登路　山麓の真木集落から延びる真木林道の終点・小路又の先にトイレ付きの休憩所や駐車場のある登山口がある。この先、林道を進むと水場・甘露水があり、ここから登る。すぐマタギ小屋跡の旧道と交わる。この先うっそうとしたブナの樹林と冷水の流れる滝倉《たつくら》を経て、山頂から延びた急な稜線を登ると、薬師如来を祀る小祠のある山頂に着く(約三時間)。

　薬師岳の肩から県境を南進する縦走路は、甲山(一〇一一m)を経て小路又に至る環状線(山頂から約三時間三〇分)。小杉山を経て和賀岳(山頂から約二時間)と錫杖の森を経て白岩岳(山頂から約四時間)への縦走路もあるが、後者は健脚者向きである。

地図　二・五万図　大神成

(佐々木民秀)

白岩岳　しらいわだけ

標高　一一七七m

秋田県仙北市角館地区と大仙市太田町にまたがる白岩岳は、和賀岳の主稜線から西に大きくはみ出し、国道四六号の角館方面からは、重量感あふれる山容が望まれる。山頂から延びた稜線の南端には白岩薬師が祀られている。

古来より山麓の人々から薬師信仰の「お山」として親まれ、北方の院内薬師、西方の山容薬師とともに角館地区の「峰の三薬師」として往時を偲ばせている。

登路 仙北市角館町白岩の広域農道から入角《いりすみ》林道に入り、林道の終点から登る。ここからスギの植林地を辿り、これを抜けると「しし小屋跡」の主稜線に出、右に道をとってブナ帯を進むと行太沢《いくたざわ》展望台に出る。このすぐ上が山頂である(約二時間三〇分)。近くには万年シャクナゲの大樹がある。

山頂は灌木に囲まれて眺望は利かないが、南端に位置する白岩薬師からは、対岸に和賀・朝日の山々、眼下には仙北平野が広がっている(白岩山頂から約二〇分)。

地図 二・五万図 抱返り渓谷 大神成

(柳田勇悦・佐々木民秀)

風鞍 かざくら

標高 一〇二三m

中ノ沢岳 なかのさわだけ

標高 一〇六一m

秋田県大仙市太田町と岩手県和賀郡西和賀町沢内にまたがる風鞍と中ノ沢岳は、奥羽脊梁山脈の和賀岳、薬師岳と真昼岳との間に位置する。

北側に隣接する薬師岳と連なって、その懐にはV字形の谷・真木渓谷を抱いており、断崖と樹木の織りなす渓谷美はとくに優れ、真木真昼県立自然公園に指定されている。

両山ともに、かつては狩猟、近年は造林業の場と生活色の濃い山として栄えてきた経緯を持っている。

風鞍と中ノ沢岳への登山道は、十数年前に新しく切り開かれたが、一時中断され、二〇〇二年になって再開、翌年になってようやく完成されている。これによって、和賀岳から真昼岳を経て女神山までの大縦走路が実現され、新鮮味のある山として注目されてきた。なお、ヤブが深い時期もあるので要注意。

中ノ沢岳から南風鞍(一〇二〇m)までは、とくにオサバグサの群生が見られ、和賀山塊の眺望も格別である。

登路 真木林道の分線・七瀬沢林道先の黒森山東面に登山口がある。ここから風鞍より延びた尾根筋づたいに直接風鞍山頂に至り(約一時間二〇分)、さらに南進すると南風鞍に着く(風鞍から約三〇分)。中ノ沢岳へは、小路又先の甘露水から崩壊した林道跡を辿り、すずみ長根を登って甲山分岐に至り、県境上の稜線を南進し山頂に至る(約一時間三〇分)。山頂からさらに南進すると風鞍山頂に至る(約一時間一〇分)。

地図 二・五万図 大神成

(佐々木民秀)

女神山 めがみやま

標高 九五五m

岩手県和賀郡西和賀町湯田と同町沢内、秋田県仙北郡美郷町の県境にあり、真昼山地の南部にあたる。ブナ原生林に覆われた渓谷には白糸の滝や姫滝、名瀑・降る滝と名水がわき出る女神霊泉がある。春の新緑、秋の紅葉は見事な渓谷美となる。冬は豪雪地帯で春先にかけてはマタギの活躍が見られる。西和賀町湯田地区は温泉の豊富な地で、至る所に施設がある。

登路　県道盛岡横手線の旧沢内村境の清水ヶ野バス停から県道花巻大曲線を西に進み、案内板のある林道入り口を進むと五km程で登山口駐車場に着く。コースは白糸の滝に向かって道標がある。尾根コースと県境コースがあるが、いずれのコースも道ははっきりしている（登山口から山頂まで約二時間）。

山頂からは東に早池峰山、西に鳥海山、北に真昼岳の山容、南に焼石岳の山々を望むことができる。

地図　二・五万図　左草　真昼岳

（菊池修身）

真昼岳　まひるだけ　標高　一〇五九ｍ

別称　真昼山

秋田県仙北郡美郷町と岩手県和賀郡西和賀町沢内にまたがる。大曲、仙北平野の東側に位置する奥羽山脈の中で、大曲から一番近く、存在感のある山である。初冬や春先も山頂付近が白くなっており、秋田新幹線の車窓からもよく見える。真木渓谷とともに、真木真昼県立自然公園に指定され、県内外の多くの登山者に親しまれている。山地の形成は、千屋断層と岩手県側の川舟断層によって造られた地塁山地である。

頂上には平成一八年に再建された祭神大国主命《おおくにぬしのみこと》を祀る三輪神社の奥社が鎮座している。頂上からは、北に和賀岳、秋田駒ヶ岳、岩手山、南に焼石岳、栗駒山、北西に太平山、男鹿半島、南西に鳥海山、東には早池峰山を望むことができる。

山名の由来として、坂上田村麻呂が東征の折、頂上に昼ごろ着いたので真昼岳となったとの伝説もある。

登路　赤倉口、善知鳥《うとう》口、峰越口、岩手県沢内口の四登山口がある。もっとも容易なのは、車で旧千畑町からの峰越林道を県境地点まで行き、道路わきの案内板から徒歩で北ノ又岳、音動岳を経て頂上に至るルートである（約一時間三〇分）。このルートは眺望のよい尾根歩きで、オサバグサの花も目を惹く。

昔からのコースは、赤倉登山口からである。一丈木公園、大坂集落を過ぎ、峰越林道に向かう途中、牧草地の中に道標や案内板のある十字路を右に曲がると、三〇〇m先のスギ林の中に鳥居があり、赤倉登山口になっている。鳥居をくぐり一五分ほど歩くと「真昼岳登山口」の小さな案内板がある。ここから右側の小沢を横切り、沢沿いに進むと、ほどなく甘露水の一合目。林の中を登り、二合目に「頂上まで三キロ」の案内板がある。やがてブナ林を一時間程進むとヤセズルの尾根に出る。ここから約三〇分で頂上であるが、頂上の少し手前で峰越口からのルートと合流する。

善知鳥口は急坂で健脚者向きであるため、下りのみ紹介する。山頂からの下りも急で足場も悪い。一時間程で兎平の広い草原に出る。この先で岩手県の沢内口や女神山ルートへ分かれる。松坂の急な尾根を下り、向沢の出合を経て、徒渉もあるが三つ沢の出合までは約一時間である。ここから、南部藩のキリシタンが逃げてきたといわれる善知鳥の集落まで四〇分程である。

地図　二・五万図　真昼岳

（今野昌雄）

黒森山　くろもりやま

標高　七六三m

秋田県仙北郡美郷町にあり、仙北平野の一部、同町の東部水田地帯の水源として、古来から「豊作の神」「雨乞いの山」として、地域住民に親しまれている。山頂には一九七九年、地元六郷山岳協会の有志により鳥居と鞘堂《さやどう》が設置され、さらに展望台、指導標も整備されて、潟尻沼の町民の森とともに親しまれている。

登路　黒森山中腹にある町民の森の潟尻沼駐車場から約三時間で山頂に着く。

この道は一九八一年に御嶽《みたけ》山頂の神社再建に際して、資材運搬の仮車道として造られたものを、一九九六年に若干の手入れをした山道である。黒森山の裾を巻きながら雑木林の道を登ると、黒森山山頂付近の杉林が見えてくる。この先を少し行くと御嶽山への道との分岐点に着く。ここから浅い沢状の地形のブッシュを切り開いた道を辿れば御嶽山縦走路に出る。一度登った後、左に下ればすぐ黒森山頂の神社である（黒森峠登山口から約三〇分）。

地図　二・五万図　左草　金沢本町

（長岩嘉悦）

御嶽山　みたけさん

標高　七五一m

秋田県横手市の旧横手市域と山内《さんない》地区にまたがり、奥羽山脈の西端に位置し、南北に連なる真昼山地の一部が緩い丘陵状の山地を形成する。

横手盆地のどこからでも眺望できるため、住民から尊崇される山として親しまれ、古来信仰の対象とされてきた由緒ある霊山である。正徳五年（一七一五）に佐竹氏によって神社が建立されたという記録も残されている。県立横手高等学校の全校登山の山として、また、地元の多くの岳人を育てた山でもある。

登路　横手市街から県道二七二号御所野安田線に入り、横手高校前から吉沢集落を経て、林道萱峠線をしばらく進むと、峰越し近くで追分の一本杉（巨木）に着く。案内板の立つ一の坂登山口である。

登山口から尾根を少し登ると林道に出て、さらに進むと白滝観音分岐に出る。この先尾根筋を巻くようにして山頂直下に入ると、清水が流れる井戸がある林道終点に着く。ここから四八〇段ほどの石段を登ると、県内三箇所にある延喜式内社のうちの一社である塩湯彦神社が鎮座する山頂に着く。三等三角点は右へ四〇〇m先にあるが廃道だ（一の坂登山口から約一時間一〇分）。

地図　二・五万図　左草　金沢本町

（長岩嘉悦）

白木峠　しろきとうげ

標高　六〇一m

別称　白木山　白木嶺

秋田県横手市山内《さんない》地区と岩手県和賀郡西和賀町湯田を結ぶ峠。古くから陸羽を結ぶ重要な道で、平和《ひらわ》街道が通じていた。いまは南麓を国道一〇七号、JR北上線が通る。

街道の役目は終えたがファミリー・ハイクのコースとして整備され、とくに紅葉の時期には多くの人が訪れる。峠名は旧湯田町白木野の地名に由来する。

登路　両コースのスタートは、ともに藩政期の番所跡が目印となる。秋田県側は国道一〇七号、小松川地区にある番所跡の標識わきからの林道を利用する(約一時間三〇分、林道終点から約二〇分)。

地図　二・五万図　羽後黒沢

(鈴木要三)

三森山　みつもりやま

標高　一一〇二m

別称　八方嶺

秋田県横手市山内《さんない》地区と岩手県和賀郡西和賀町湯田にまたがる焼石連峰北方の一〇〇〇m峰。旧山内村黒沢の国道一〇七号から南東にひときわ高く遠望される。山頂からは、山麓や焼石連峰などが美しく眺められることから、古くより「天下八方」の異名を持つ。北山麓一帯は、かつては広大なブナ林帯であったが、長年の間スギの造林地として開発。一九九八年にこれを利用して登山道が整備され、一般登山者も楽しむことのできる山となった。

登路　横手市山内上黒沢から林道三森線を行くと、スギの大造林地に至る。山頂直下の少し手前に登山口があり、この先の小沢を巻いて木段で整備された急斜面の連続を登ると県境上の主稜線に出る。左へ平坦な道を進むと山頂である(約一時間四〇分)。

地図　二・五万図　三界山　羽後黒沢　田子内

(佐々木民秀)

南郷岳　なんごうだけ

標高　六八〇m

秋田県横手市山内《さんない》地区にあり、山頂に金峰《きんぷ》神社が祀られ、明治末期までは子孫繁栄・武運長久を祈願したとされる女人禁制の山であった。麓の南郷集落では毎年五月に金峰神社の祭典が行われるほか、八月には神社周辺の下刈り、冬は社殿の雪降ろしなど、地区の人々の心の寄りどころとして、この山の果たす役割は大きい。

登路　南郷集落の南端から延びる林道赤渕線を利用してほぼ五合目まで車で入ることができる。五合目登山口から幅の広い歩道があり、樹間を一気に八合目のお隣堂を目ざす。女人禁制のころは女性はここまでしか登れなかったという。三五〇段の苔むした石段を登ると山頂の金峰神社に着く。神社を右に回り込むと南郷岳の山頂広場になっていて、石仏や三角点がある。眺望もよい(約一時間)。

地図　二・五万図　田子内

(鈴木要三)

真人山 まとやま

標高　三九〇m

秋田県横手市増田町のシンボルとなっている。西麓に真人公園を配し、一九九〇年「全国さくら名所百選」に選ばれている。公園より登山でき、町民の健康づくりのための散策の山として親しまれている。全山アカマツの老木の山である。

山名には麻当《まと》、的《まと》、真戸《まと》などの文字が当てられてきたが、前九年合戦(一〇五一～一〇六二)の際に、源頼義を助けた清原真人武則《きよはらのまひとたけのり》の居城跡と語り継がれていることから、真人山と名付けられたという。

登路　「リンゴの唄」の記念碑がある前から登山コースがある。フィールド・アスレチックのある場所を通り、三十三観音の石仏を拝みながら九十九折の山道を登っていくと、三吉《さんきち》神社のある台地に着く。

山頂への道端には、主としてチゴユリ、キバナノイカリソウ、ヒメシャガの群生がすばらしい。三吉神社の東側に少し下ってから登り返すと車道もあり、最高地点には三角点の標石もある。毎年九月七日、八日が祭典である(リンゴの唄記念碑から約三〇分)。平成に入ってからは、毎年五〇人以上の元旦登山で賑わっている。

(長岩嘉悦)

地図　二・五万図　十文字

金峰山 きんぽうざん

標高　四五〇m

別称　三角山

秋田県横手市平鹿町醍醐にある修験道の山として名高く、かつては女人禁制の山でもあった。頂上付近一帯がブナの原生林になっていることから、一九八一年、県の「自然環境保全地域」に指定され、頂上付近は厳重な保護を必要とする特別地区となっている。平鹿平野のどの位置から見ても三角形に見えることから、地元の人々からは「三角山《さんかくやま》」と呼ばれ親しまれている。

登路　登山道が二箇所ある。明沢集落の温泉保養地「ゆっぷる」から車で二・四㎞ほど先に登山道入り口があり、大鳥居から登る。道は整備されており、頂上には金峰山神社があり、天照大御神《あまてらすおおみかみ》、一言主神《ひとことぬしのかみ》、宇賀御魂神《うがのみたまのかみ》、大名持神《おおなむちのかみ》、大山祇神《おおやまつみのかみ》など多くの神を祀っている。環境保全地域の指定を受けた「ユキツバキの自然群落」と「ブナの原生林」が特色の山でもある。

頂上は樹木が大きく成長し展望は期待できない。頂上から反対方向に下りると一面の果樹園となり、そのまま果樹園内の農道を下って大杉のある所に出た後、農道を少し歩いて温泉「ゆっぷる」に着く。頂上の金峰山神社は明沢、釜の川、関合の三集落で維持管理されていて、毎年九月一九日に祭典がある(大鳥居から約三〇分)。

(長岩嘉悦)

地図　二・五万図　十文字

三界山 さんかいさん

標高　一三八一m

栗駒国定公園の焼石団地の西に位置し、岩手県奥州市胆沢区と和賀郡西和賀町湯田、秋田県雄勝郡東成瀬村にまたがる。山頂は三市町村の境となっているので、人によってはそれが三界山の名前の由来だというが、定かではない。また、秋田県側の成瀬川、岩手県側の南本内川(和賀川支流)、胆沢川の一部がこの山を分水界として源を発している。

主峰・焼石岳を含む一帯の山名は時によって変わってきており、国土地理院が地図を発行する以前は焼石岳で、三界山という呼び名はなかった。小学校校歌にも「横岳、駒ヶ岳」と歌われてはいるが焼石岳は出てこない。その駒ヶ岳であるが、残雪の形が駒のように見えるのでそう呼ばれるようになったといわれているが、ある資料では、円仁が胆沢郡内の一高山に馬頭観音を安置し、駒ヶ嶽としたとある。しかし、なぜか経塚山に「駒ヶ岳山頂」と記した古い石碑が立っている。

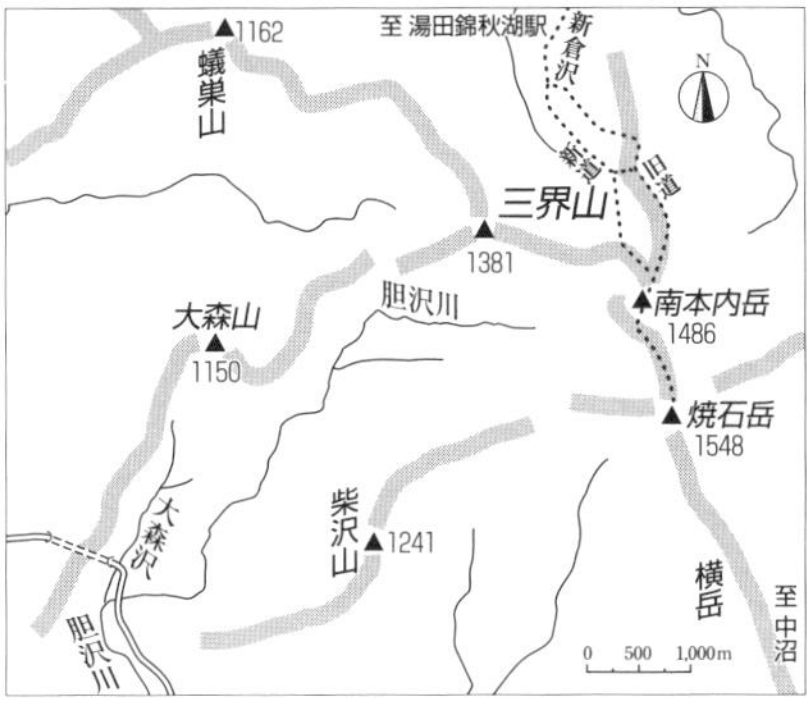

三界山周辺は古くから秋田側の生活圏内で、大森山、南の森、権四郎森、モッコ岳、東の森と呼ばれてマタギの領域であった。一九三三年前後、東北地方は凶作に見舞われ、国の救済事業として石淵～焼石間の巡視歩道(登山道)が造られてから、岩手県側が焼石岳周辺を管理整備している。奥深い三界山は人の手の入っていない山域の一つである。

登路　岩手・秋田側とも山全体がヤブに覆われており、登山コースのない山であるから一般には残雪期に登降している(残雪期は中沼コースから片道約六時間、秋田大森コースから片道約四時間。いずれも五月中旬ごろまでの残雪を利用した登りだが、急登である)。雪解けの早い年は胆沢川上流部よりヤブの伸びの遅い谷筋に取りつき、右の稜線に出てからはヤブこぎになる。山頂は腰を降ろす位の広さはある。

地図　二・五万図　焼石岳　三界山

（小野寺正英・菊地修身）

焼石岳　やけいしだけ　標高　一五四七m

岩手県和賀郡西和賀町湯田と奥州市胆沢区に位置する。栗駒国定公園は岩手・宮城・秋田三県にまたがる栗駒山を中心とする山域と岩手・秋田両県にまたがり、焼石岳を盟主とする焼石連峰からなる山岳公園である。この二つの山域は同じ奥羽山脈に位置し、距離も二十数km程の隔たりしかないが、積雪期を除いてこれらの山域を結ぶ縦走コースはなく、それぞれが独立している。なお、国定公園から外れた山域の一部が「栗駒山・栃ヶ森周辺森林生態系保護地域」に指定されている。

焼石連峰は栗駒山と同様火山であるが、噴火後の侵食が著しいことから、山容は火山の形態をほとんどとどめていない。地層は第三紀層から第四紀層で、侵食作用が活発で沢に沿って大きな崩壊地が目立つ。東面の尿前沢《しとまえ》などは中腹から谷筋が大きくえぐれて、凝灰岩や流紋岩の露出が見られ、深いゴルジュを形成して独特な渓谷美を呈している。

焼石岳（奥州市胆沢区若柳から）

主峰の焼石岳を中心に東から駒ヶ岳、経塚山、天竺山（一三一八ｍ）、六沢山（一四七〇ｍ）、東焼石岳（一五〇七ｍ）が緩やかな尾根で結ばれ、北から西に南本内岳と三界山を配し、南に横岳（一四七三ｍ）が長大な尾根を屏風のように連ねて、獅子ヶ鼻岳（一二九三ｍ）の懸崖に至る。

冬期、日本海を渡る偏西風が焼石岳から横岳にかけて南北に繋がる尾根にぶつかり、多量な降雪をもたらすが、尾根を乗り越える強風によって反対側の東斜面に降り積もり、大きな雪渓や雪田を形成する。本州東北部を日本海と太平洋の東西に分ける奥羽脊梁山脈の山々の中で、夏遅くまで緑の山肌を斑《まだら》模様に白く彩る焼石岳の豊かな残雪は、ほかに例を見ない。

それだけに焼石連峰は豊かな水系に恵まれている。経塚山と焼石岳を東西に結ぶ尾根を分水嶺として北面の沢を集めて南本内川となり、北上川支流の和賀川に注ぐ。西面は胆沢川の源流部を形成している。東面を発源とする尿前川は胆沢川本流に合流する。この胆沢川の流れは大量の土砂を運び出して、下流に典型的な胆沢扇状地を形成している。

冬の烈しい季節風と大量の積雪は焼石岳に独特な植生環境をもたらしている。その一つはブナ帯につづく針葉樹林帯がほとんど見られない。また、周辺の山々に比して森林限界が低い。中腹には池塘や湿原が数多く点在し、雪が消えるごとにミズバショウやリュウキンカ、タチギボウシ、ヒオウギアヤメ、ミヤマキンポウゲ、シナノキンバイ、オヤマノリンドウなどが、時期をずらして次々と花開く。

東焼石岳から山頂、そして横岳を結ぶ稜線から姥石平が高原状になだらかに広がって風衝草原を形成し、高山植物の群落が大きいことも特徴の一つとして挙げられる。固有種はないが、種類も湿性・乾性植物など多彩で豊富であり、三〇〇種以上を数える。

中腹から上部は沢と尾根の判別がつきにくく、積雪期の荒天候時など、視界が利かなくなるとルートを見失いやすい。四・五月は残雪が多く、登山道のほとんどがまだ雪に埋もれているので、下山時にはとくに注意が必要である。

登路　焼石岳山頂に至る岩手県側からの一般的な登路は、南面から登るツブ沼コースと中沼コースである。ほかに東面から夏油温泉、経塚山経由の縦走コース、北面から南本内岳経由のコースがある。西面の秋田県側からは、東成瀬村からの大森コースがある。

岩手県側のポピュラーな登路として古くから登られている胆沢ダムの上部にあるツブ沼コースと、比較的新しく切り開かれた蜂谷林道奥の中沼コースの二つを紹介する。

ツブ沼コース　現在オートキャンプ場などがあるツブ沼を登山口とする。登山道は金山沢、岳山、石沼を経て横岳の基部までほぼ尾根筋を辿る。途中で後述する中沼コースと出合う。銀明水は森林限界で避難小屋がある。ここからは灌木の中の切り通しを登る。山頂は姥石平近くになってやっと姿を現す。その辺りから地形は高原状に開け、経塚山から横岳にかけてさえぎるものはない。姥石平の独立標高点(一四二一m)には大きなケルンが積まれている。ここは経塚山・夏油温泉への縦走コースの分岐点である。まっすぐ進めば、泉水沼がドーム状に盛り上がって聳え立つ山頂を水面に映す。そこから頂上まで最後の登りが始まる(ツブ沼登山口から銀明水を経て山頂まで約四時間三〇分)。

中沼コース　登山口は駐車場が整備され、便所も設置されている。位置がツブ沼コースよりも高いために、最近ではほとんどの登山者が利用するようになった。中沼までが急な登りで、その上部は比較的緩やかになり、全コースを通じて沢、沼、湿原が散在し、シーズンにはより多くの花を楽しむことができるが、地形上、近年木道も整備されてきてはいるものの、悪路の連続で、足回りには配慮が必要である(駐車場から山頂まで約三時間三〇分)。

地図　二・五万図　石淵ダム　焼石岳　三界山

（佐藤英夫）

南本内岳　みなみほんないだけ　標高　一四九二m

焼石連峰の北、なだらかな尾根の上に三角の頂を載せているのが南本内岳である。岩手県和賀郡西和賀町湯田と奥州市胆沢区の郡市界稜線にある。昔呼ばれていた権四郎森(一四九二m)の北側に位置し、南本内川の源流にあることから南本内岳と昭和五〇年代になって命名された。

ブナの原生林と湿地や高山植物群落など雪田の周りの草原にはミズバショウ、リュウキンカ、シナノキンバイ、ヒナザクラなどが咲く。そのほかナナカマド、サラサドウダン、キヌガサソウ、コバイケイソウ、ユキワリコザクラ、ミヤマダイコンソウ、チングルマなどが豊富である。

登路　JR北上線の湯田錦秋湖駅から南本内川渓谷に沿う林道を登山口に向かう。登山口からスギの造林地を進むと急な尾根筋の登りがつづき、約一時間で新倉沢に出る。沢を渡りブナ林のなだらかな沢沿いを進むと湿原に出る。ここから左のブナ原生林の旧道と、右の沢沿いの新道と、どちらを登っても先で合流して一つの道になる。やがて南本内岳から派生する尾根へとつづき山頂へ至る(新倉沢出合から約一時間四〇分)。

眺望は北に岩手山、真昼山地の山々、東に牛形山、経塚山、遠く北上山地の早池峰山が、西に鳥海山、南に焼石岳や栗駒山など三六〇度楽しめる。

地図　二万五千図　三界山　焼石岳

（菊池修身）

牛形山　うしがたやま

標高　一三三九m

岩手県北上市と和賀郡西和賀町湯田の境に位置する。夏油《げとう》温泉を取り巻く山群を夏油山塊といい、その中で駒ヶ岳、経塚山、牛形山を「夏油三山」と呼んでいる。

夏油周辺は県内でも有数の豪雪地帯で豊富な残雪があり、山腹はブナ林に覆われ湿地や沼も多く、高山植物の宝庫である。登山者の数も少なく、静かな山旅を楽しめる。

山名は山の形と残雪から、寝そべった牛の背中に似ているところからきている。向かい側には駒ヶ岳があり、牛と馬が向かい合っていることになる。

登路　夏油温泉の裏手の薬師神社の横を通って経塚山のコースを行く。やがて林道を横切って牛形山へと進む。ブナの林を過ぎて、山頂直下の崩壊気味の斜面をトラバースして北側に回り込んで、白っこ森との分岐を左折して湿原に入る。この山ではめずらしいキヌガサソウに出会う。登り切った所でハイマツの尾根に出て、展望が開けると山頂である（夏油温泉から約三時間三〇分）。

地図　二・五万図　夏油温泉　三界山

（音石康一）

経塚山　きょうづかやま

標高　一三七二m

岩手県北上市和賀町と胆沢郡金ヶ崎町にまたがる。この山は円仁が経文を埋めたとか、寺を建てたとかいろいろ伝えられている。平安時代、平泉の中尊寺より二五〇年前に創建された北上の国見山極楽寺の学僧たちによって、西方に雪をいただいて聳え立つ聖なる山として「経文を埋めるべき山」と呼ばれたのではないかと、郷土史家の郡司直衛は『夏油の四季』の中で述べている。なお、地元ではこの山を「お経塚」と呼んでいる。

登路　夏油《げとう》温泉の裏山から特別天然記念物・石灰華ドームの道を辿り、途中から牛形山コースの分岐を左折して林道歩きとなる。やがて夏油川に架かる吊り橋を渡り、急峻な尾根をジグザグに登る。眺望が開けコメツガの林となり、周囲には累々たる奇岩、足元にはゴゼンタチバナの群落、風穴などがある、自然の造った庭園風の所に着く。その昔山岳仏教が盛んなころ、円仁が万徳山宝徳寺を建立したと伝えられる「オツボの松」といわれている所である。八合目の湿原のお花畑を過ぎると、東側が開けた草付の急斜面が出てくる。高山植物も増え眺望のよい頂上へと向かう（夏油温泉から約四時間）。

地図　二・五万図　夏油温泉

（音石康一）

駒ヶ岳　こまがだけ

標高　一一三〇m

岩手県胆沢郡金ヶ崎町の西端に位置し、北上市と境界を接する。

栗駒国定公園の焼石連峰の前衛峰として、ドーム状のピークがなだらかな裾野を広げている。山麓一帯は広大な牧野となっている。山の西側は夏油《げとう》川の深い渓谷を挟んで牛形山、経塚山とともに源流部を形成し、「夏油三山」とも呼ばれている。

谷底深くには、八五〇年前に発見されたという古い歴史を持つ夏油温泉がある。

全山がブナ林に覆われていたが、中腹から山麓にかけて、かなり伐採されてしまった。積雪期、四月末ごろまで日帰りで山スキーも手軽に楽しむことができる。

山頂には駒形神社奥宮の祠があり、毎年八月一日の祭日には氏子が参拝に訪れる。

登路　国道四号から金ヶ崎温泉を目ざす。「駒形神社奥社参道入口」の標識があり、舗装された林道がまっすぐに山に向かっている。赤い鳥居と掲示板のある場所が登山口。山頂までの所要時間は約二時間。山頂を越えて西側に下りれば、夏油温泉に至る。温泉をベースにして夏油三山の放射状登山を試みるのもよい。温泉から駒ヶ岳への登りは約二時間三〇分。

地図　二・五万図　夏油温泉　（佐藤英夫）

前塚見山

まえつかみやま　　標高　九一五m

岩手県北上市和賀町岩崎にあり、市内からもよく見える山である。永和元年（一三七五）の『夏油温泉由来書』の中には、「舞津神山」と書かれている。郷土史家の郡司直衛は、この山を神の山とするならば「前津神山」がふさわしいと述べている。

登路　以前には山口集落から山道があったが、現在ははっきりしたものはない。入畑ダムに架かっている橋を渡って、すぐ右折して林道に入る。この林道は前塚見山の下を通り山口に通じている。林道に入って五〇〇m程進んだ所から南面の尾根に取りつき、ヤブの中を尾根づたいに直登して山頂に立つ。三月の下旬に積雪が堅雪になり、雪崩の危険がなくなったころがヤブも抑えられて登りやすい（登山口から約一時間三〇分）。

地図　二・五万図　夏油温泉　（音石康一）

仙人山

せんにんやま　　標高　八八二m

岩手県北上市和賀町と和賀郡西和賀町湯田の境に位置し、湯田ダムの右岸にある。山名は仙人が棲んでいたという伝説に由来する。

登山道の途中にある和賀仙人峠（四七三m）は旧秀衡街道の峠であるが、一八八二年に秋田県平鹿郡と岩手県和賀郡を結ぶ平和街道（現国道一〇七号）ができて使われなくなった。峠には巨木「姥杉」が生え、道祖神を祀る久那斗《くなと》神社がある。

登路　北上市和賀町の日本化学工業㈱南岩手事業所の敷地内を通り過ぎると「仙人山登山口」の標識がある。旧街道の面影が残る山道を緩やかにジグザグを繰り返して進むと、仙人峠に着く（登山口から約四〇分）。峠からは急な尾根道で、きつい登りとなる。展望の開けた地点を過ぎると、登山道の傾斜は緩む。所々ブッシュに覆われているが、灌木帯を辿ると三角点のある山頂に達する（仙人峠から約一時間二〇分)。

地図　二・五万図　和賀仙人

(高橋慎一)

国見山　くにみやま　標高　二四四m

岩手県北上市立花と同市稲瀬町にまたがる。北上川の東側、展勝地につづく丘陵地帯で、三角点のある主峰珊瑚《さんご》岳(二六〇m)と小さな岩尾根で結ぶハイキングコースとなっている。なお、山麓にある極楽寺は平泉の中尊寺がつくられる二五〇年前に修験道とかかわりを持つ、歴史のある寺である。

登路　この山への登山口は何箇所かあるが、展勝地レストハウスを起点として南に向かい、男山グラスランドスキー場の下を通り、内門岡へと舗装道路を東に向かう。極楽寺の手前で左側の鳥居のある急な石段を登り、杉木立の中の国見神社の右の道を過ぎると、急な登りが待っている。ここには石仏が斜面のあちこちに立っている。やがて胎内くぐりの大岩を過ぎると頂上の展望台に着く(展勝地レストハウスから約四〇分)。なお、このハイキングコースを一周すると一二km、約二時間のコースになる。

地図　二・五万図　口内

(音石康一)

東山　とうざん　標高(上東山)一一一七m

別称　上東山　上東山《かみどや》森

秋田県雄勝郡東成瀬村と岩手県奥州市胆沢区にまたがる東山は、北栗駒山群の北端に位置する。東成瀬村天江《てんごう》の東に一段と高く聳え、山頂部がピラミッド型で望まれる。山名は同地区の東にあることから由来するという。三角点のある下東山(一一一七m)と山頂とみなす上東山が隣接し、上東山の山頂部には樹林はなく、低山ながらも高山的雰囲気をかもし出している。

古くから山麓の人々の領域の山で、登山者に知られてからの日はまだ浅い。

登路　天江からアンテナ塔までの林道を利用する。この先、ブナの稜線を辿るとササ原の登りとなり、県境上で道は二分する。東山が正面に見える左の道を降りて鞍部に出て、ガレ場の急坂を登り切ると眺望のよい山頂である(アンテナ塔から約一時間四〇分)。なお、北隣の下東山へは道はない。

地図　二・五万図　焼石岳　椿台

(佐々木民秀)

栗駒山　くりこまやま　標高　一六二七m

別称　酢川《すかわ》(須川《すがわ》)岳

宮城県栗原市、岩手県一関市および秋田県雄勝郡東成瀬村にまたがる。白河以北、東北地方のほぼ中央に位置する奥羽脊梁山脈上のコニトロイデ型火山。山頂の北側にある剣岳(一三九四m)が中央火口丘。その隣の昭和湖は火口湖で、一九四四年の爆裂によって生じた。もっとも高い尾根を形づくる栗駒山から御駒山(一五七三m)、秣《まぐさ》岳とつづく稜線が外輪山。山体の北側が広く開析され、磐井川となって流れ落ちている。このほか、山体の南側には大地森(一一五五ｍ)、揚石山《あぐろし》(八六九ｍ)の寄生火山、溶岩などで広く覆われた東栗駒山(一四三四ｍ)がある。

栗駒山の特徴の一つは、広い山腹緩斜面が連なっていることである。それらは東側より稀大《きだい》ヶ原、耕英開拓、世界谷地湿原、虚空蔵山南西斜面などとなる。かつてこれらの緩斜面の大半はブナ林で覆われていた所で、伐採で半減したが今でも広いブナ林が認められる。これらの中には湿原も点在している。ブナ林は標高一一〇〇ｍまで見られるが、その上一二五〇ｍまではブナ低木林となり、さらに上部は、ミヤマナラ、ミネカエデ、サラサドウダン、ナナカマド、アカミノイヌツゲ、ハクサンシャクナゲなどからなる高さ一ｍ前後の亜高山性の低木林となり、山頂部はハイマツ低木林、風衝草原や雪田植物群落などの高山帯に移行する。とくに栗駒山では、亜高山性の低木林が広く分布し、秋は色とりどりの絨毯状紅葉が鮮やかで、他山の追随を許さないといわれている。

栗駒山(栗原市志波姫から)

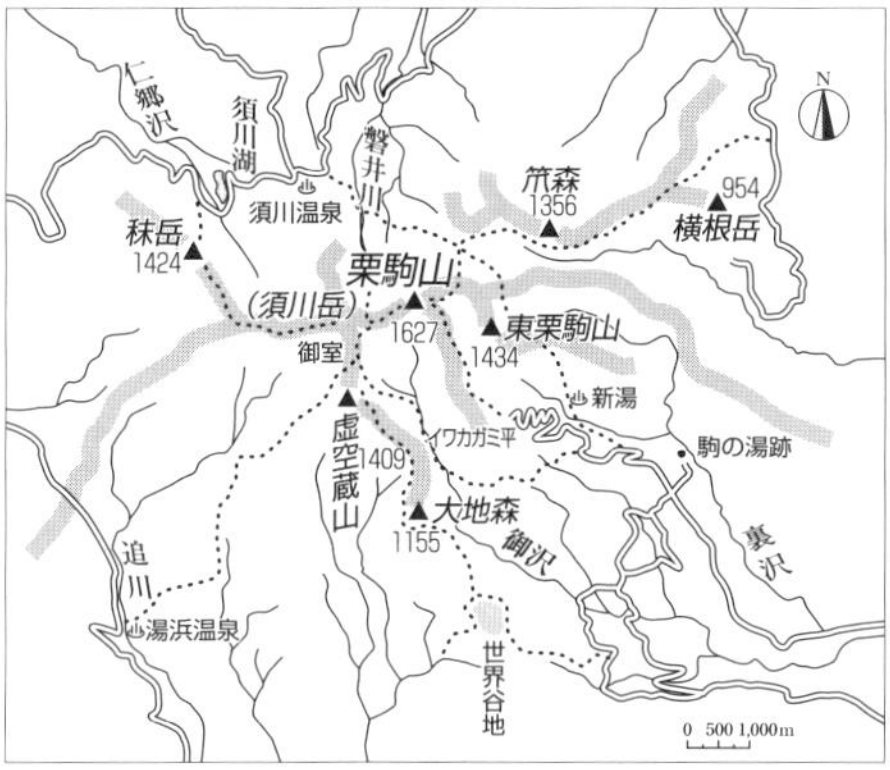

山名は山頂部の駒形雪渓による。御駒山の南面の御室《おむろ》にできる巨大な天馬で、春の田植えの指標になる。同じ時期、栗駒山に近い位置には種播き坊主もできる。東北一円は馬産地で、各地に駒ヶ岳があったので、栗原郡の駒ヶ岳という意の栗駒山となったとされている。御室には駒形根神社の奥の院が祀ってある。栗駒山の最高山巓を「大日岳」と呼ぶ。栗駒山を「酢川岳(須川岳)」と呼んできたのは、磐井川から一関にかけての人々である。江戸期の記録としては、菅江真澄の『駒形日記』(文化一一年・一八一四)と上遠野《かとうの》秀宣《ひでのぶ》の『栗駒山紀行』(文久二年・一八六二)が知られている。とくに後者は当時の栗駒山の様子を余す所なく描いている。

栗駒山一帯は二〇〇八年六月一四日、山頂から北西に八㎞の位置を震源とするマグニチュード七・二の岩手・宮城内陸地震に見舞われた。この直下型の大地震により、栗駒山の東面から南面にかけて巨大地滑り地を含む多数の地滑り崩壊地と堆積物による新たな堰止湖が生じ、従来の地形を変貌させるとともに、私たちの登山にも大きな影響を与えることとなった。

登路　地震の後遺症によって、安全に利用できる登山路として開放されているのは、宮城県側では、いずれもイワカガミ平からの中央コース(山頂まで約二時間)と東栗駒を経て山頂に至る東栗駒コース(約二時間三〇分)の二つ。古くから登路として利用されてきた駒の湯から御沢を遡行し御室から山頂に登る表掛けコース、駒の湯から新湯を経て東面を迂回して山頂に登る裏掛けコースは駒の湯の被災とコースそのものが崩壊地の中を通るため、現在閉鎖されている。さらに世界谷地湿原から大地森を通り、虚空蔵山に出て稜線を辿り山頂に達する大地森コース（約五時間三〇分）、湯浜温泉より虚空蔵山に出て山頂に向かう湯浜コース（約五時間三〇分）は、長丁場であることと、地震以後コースが荒れているので注意が必要である。

岩手県側では、須川を起点にして名残ヶ原、昭和湖を経て山頂に登る須川コース（約二時間三〇分）と、名残ヶ原から分かれて自然観察路を辿り笊森分岐点から山頂に登るコースもある。また、外輪の北西部に位置する秣森に登り、反時計回りに稜線を辿って山頂に達するコース（約六時間）もある。

地図　二・五万図　桂沢　栗駒山　軍沢　切留　（柴崎　徹）

大土ヶ森　おおどがもり　標高　五八〇m

別称　文字《もんじ》富士

栗駒山の南麓、宮城県栗原市の栗駒、鶯沢、花山地区にまたがり、新第三紀の安山岩からなる火山岩頸の山。北に連なる中ノ森（六一〇m）、櫃《ひつ》ヶ森（六一六m）とともに「文字三山」と呼ばれて親しまれている。とくに大土ヶ森は、その端正な姿から「文字富士」と呼ばれる。山頂から見る栗駒山の風景は、大土ヶ森ならではのもの。

登路　栗原市鶯沢南郷北の沢の登山口から約一時間で山頂に達する。コースは上部ほど急斜面になり、ミズナラ林に張り渡したロープをつたって登る。

地図　二・五万図　切留　花山湖　岩ヶ崎　（柴崎　徹）

秣岳　まぐさだけ　標高　一四二四m

別称　馬草岳　馬糞森

秋田県湯沢市皆瀬地区と雄勝郡東成瀬村にまたがる栗駒火山の外輪山で、栗駒山の主脈から北方に派生する支脈上の一峰である。山頂直下には、ブナ林に囲まれた火口原の須川湖（朱沼）や泥炭層のツンドラ地帯があり、東隣には人知れずの湿原・龍泉ヶ原がある。山名の秣とは、牛馬の食用にする枯れ草のことで、山頂付近一帯がその草刈場であったことに由来する。

登路　湯沢市皆瀬の小安温泉から須川温泉に至る県道二八二号の須川湖の近くに登山口がある。ブナ林の急登がしばらくつづき、眺望のよい緩い稜線を進むと視界の開けた山頂に着く（約一時間）。なお、山頂の南にある白金湿原と主稜線上の一五七三m峰を経て栗駒山に至る縦走路もある（山頂から約三時間）。

地図　二・五万図　栗駒山　桂沢　（柳田勇悦）

須金岳　すがねだけ　標高　一二五三m

別称　須金ヶ岳　菅根岳

宮城県大崎市鳴子と秋田県湯沢市皆瀬地区にまたがり、奥羽脊梁山脈上の鬼首火山を中心とした外輪山の一つである。

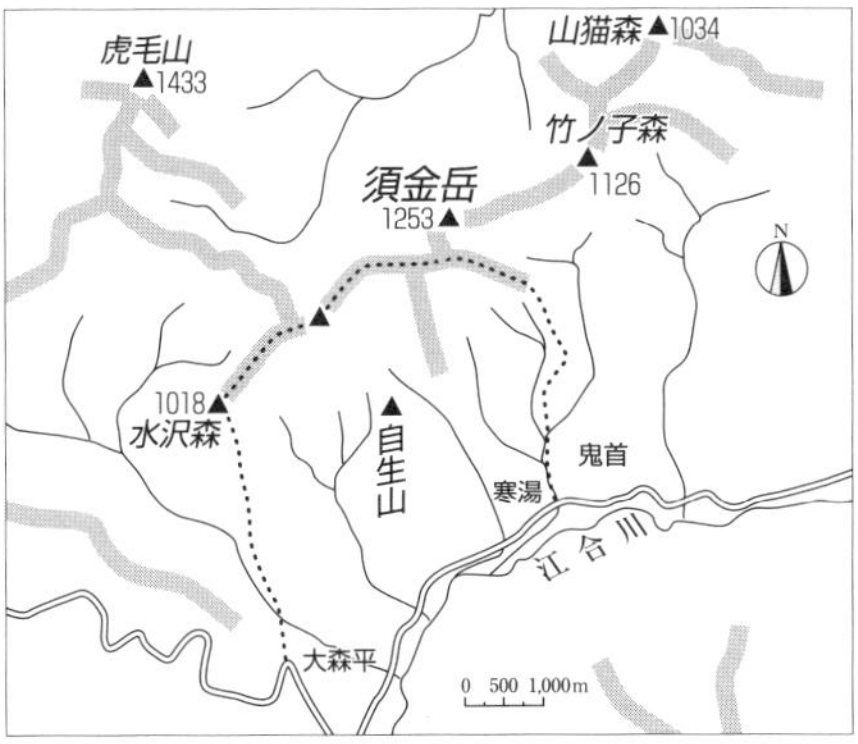

山体は、直径一五kmに及ぶ鬼首カルデラの環状盆地北側に位置し、正面から望む姿は東西になだらかな尾根が連なり、障壁状の山容を呈している。

南側には荒雄川が、北側には皆瀬川が流れ、頂上からの南西斜面には多雪地特有の大規模な雪崩地が連なっている。山腹にはブナ、ミズナラ、沢筋にはカツラやサワグルミ、寒湯《ぬるゆ》からの登山道沿いの尾根筋にはクロベの巨木が原生林に近い状態で生い茂っている。また、猪ノ倉沢を挟む登山道の対岸には、宮城県唯一のスギの天然林が自生する自生山がある。

頂上付近は亜高山性の落葉低木林で覆われているが、所々に小さな湿原が点在し、モウセンゴケやイワイチョウなどの湿生植物が見られる。

南面の杉の沢には、江戸時代に掘られた古い鉱山跡がある。

登路　登路上の最高点は一二四一ｍであるが、頂上の標識は一一九一ｍの地点にある。地形図上の最高点に達するためには、登路から右にそれてチシマザサのヤブをこがなければならない。登り口は寒湯からの寒湯沢コース（一一九一ｍ地点まで約四時間）と、大森平から仙北沢を渡り水沢森（一〇一八ｍ）を経る仙北沢コース（一一九一ｍ地点まで約五時間）がある。

地図　二・五万図　軍沢　（千田早苗）

虎毛山　とらげさん　標高　一四三三ｍ

秋田県湯沢市の雄勝地区と皆瀬地区の境にある虎毛山は、神室山地の東方、栗駒国定公園のほぼ中央部に位置し、周辺の山々にくらべると、ひときわ大柄なドーム状の山容で望まれる。避難小屋の建つ山頂のすぐ東側には美しい湿原があり、池塘が点在している。

その山名は、北山腹のいくつかの沢が縦に流れ落ち、それが虎の毛に見立てられることに由来する。

登路　国道一〇八号の秋ノ宮温泉郷を過ぎ、右手の林道に入って旧国道の赤倉橋の真下をくぐり、その先の林道終点にある砂防ダムが登山口。赤倉沢沿いの林道を辿り、橋を渡ると稜線まで急登の連続となる。ブナやナラの林からヒノキ林に変わり、さらにブナの急坂を登ると稜線上で高松岳への分岐点に出る。

右へ緩い稜線を進むと灌木帯の斜面の登りとなり、避難小屋が見えるとまもなく山頂に着く（登山口から約三時間三〇分）。なお、分岐点から北への長い稜線を辿ると高松岳へ至る（分岐点から約四時間）。

地図　二・五万図　鬼首峠　軍沢　（柳田勇悦）

高松岳　たかまつだけ

別称　焼山

標高　一三四八m

秋田県湯沢市の雄勝地区と皆瀬地区にまたがる。栗駒国定公園の北部に位置し、隣接の山伏岳や小安岳などを傘下に、神室山地の北方に派生して一つの山塊を形成している。

山容は緩やかではあるが、地質的には第四紀噴出の火山で、凝灰岩に覆われていて侵食が著しく、高松川や皆瀬川の源流部は峻険な渓谷を造り出している。

避難小屋の建つ平坦な山頂からの眺望はよくないが、少し南の大《おお》山祇神《やまつみのかみ》を祀る祠からは、南側の眺望が足元から大きく開け、ひときわ目立つ虎毛山をはじめ、神室や栗駒の山々、鳥海山、月山など雄大な眺めが広がる。ここは高松岳の最高地点でもある。

山名は、山麓の高松郷に由来するとされ、かつては「焼山」とも呼ばれていたという。

山麓には小安や秋ノ宮温泉郷として、泥湯や湯ノ又の鄙びた温泉を抱き、また、木地山こけしの里・木地山高原には桁倉沼や苔沼、川原毛地獄には湯滝などの景勝地がある。

登路　泥湯から秋ノ宮への車道の少し先に登山口があり、高松川の堰堤を見下ろしながら急斜面を巻くとスギ造林地に出る。この先、湯煙の立つ新湯、ブナ林の山腹を登って行くと小安岳西斜面を巻くようになり、崩壊跡地の急斜面を横切ると水場に出、すぐ稜線上の小安分岐に出る。左は高松岳と山伏岳の展望地・小安岳に至る(約一五分)。小安分岐から右へササ地帯の稜線を少し進むと、石神山分岐に着く。この先、左の石神山への道を辿って、鞍部・ダンプラに出、登ると巨石の間にツゲやナナカマド、ヒバなどの茂る石神山に着く(分岐より約一時間)。石神山分岐から直角に右折すると、主稜線上の高山風の道となる。前方に山頂を眺めながら痩せた稜線を登ると避難小屋の建つ山頂に着く(約三時間二〇分)。

湯ノ又側の登山口は、温泉先の林道終点にある。湯ノ又沢沿いに数箇所の橋を渡ってスギ造林地に出、鉱掘からわき出す冷泉を越すと水場に着く。ここからブナ林の急斜面となり、山頂から延びた眺望のよい稜線に出る。この先、急な痩せ尾根を登り切って高松岳最高地点に着く(約二時間)。

西隣の山伏岳へは鞍部へ下り、眺望の良好な一二六一m峰を越して行く縦走路がある(約一時間二〇分)。なお、高松岳から南へ延びる主稜線上に虎毛山への縦走路もある。人為的影響の少ない原生流域の山々を眺めながら、三滝森(一〇五六m)や上クワ沢森(一一七七m)を経て虎毛山に至る(約五時間)。

(佐々木民秀)

地図　二・五万図　秋ノ宮　桂沢

奥宮山　おくみやさん

標高　七六二m

秋田県湯沢市の雄勝地区と皆瀬地区にまたがる。高松山群の北方、湯沢市皆瀬地区板戸の奥に位置し、山頂部は三角点のある峰と急峻な岩稜の本峰との双耳峰からなる。

白鳳時代(七世紀後半)に行者の修験霊場として開山されたと伝えられる。春秋の縁日には、近隣の人々が登拝する信仰の山であり、山頂には太平山信仰の分霊社・三吉大神などが祀られている。近年まで女人禁制が守られた山でもある。

登路　湯沢市皆瀬若畑集落の入り口に登山口がある。若畑沼を経て板戸沼に出、沼に沿った道を辿って沼の南端に至る。この先、スギ林の中に祀られている山ノ神から左へ進んで尾根筋の急坂を登る。「ネコ岩」や「アバよばり」の奇岩がつづぎ、急斜面を登り切ると眺望のよい狭い山頂に着く(約二時間三〇分)。山頂から西への痩せ尾根・剣ヶ峰を越すと、岩室に祀られた奥宮本山がある(山頂から約一五分)。

地図　二・五万図　菅生

(佐々木民秀)

東鳥海山　ひがしちょうかいさん

標高　七七七m

別称　権現山《ごんげんさん》

秋田県湯沢市相川集落に聳える秀峰である。山名の由来は定かでないが、数々の伝説があり、とくに山形県境の鳥海山、神室山とともに三姉妹で、この山が「姉鳥海」と呼ばれる一番上の姉という話は興味深い。神秘の山、伝説の山としても人気がある。

麓の東鳥海山神社は、延暦二〇年(八〇一)に創建の由緒を持つ古い神社であり、山頂に奥宮が鎮座する。

登路　フルーツライン上の田畑集落から堰堤への林道に入り、同神社二の鳥居、拝殿のある所まで進むと、この先の堰堤上に駐車スペースのある登山口がある。九十九折の道を行くと背後に東鳥海山が見え隠れし、やがて尾根に出、石段の参道を登りつめると奥宮社殿と山門がある。社殿から少し離れた所が三角点のある山頂である(約一時間三〇分)。なお関口地区から山頂まで荒れた車道が延びている。

地図　二・五万図　稲庭　湯沢　菅生

(鈴木要三)

雄長子内岳　おちょうしないだけ

標高　四七〇m

別称　長子内山　源慶山

秋田県湯沢市の湯沢地区と稲川地区にまたがり、高松山群から北に延びる主稜線の末端近くに位置する。

湯沢市稲川地区からは、荒々しい岩肌のピラミッド型の美しい山姿を望むことができ、すぐ隣には雌《め》長《ちょう》子《し》内《ない》岳(四五三m)が並び、雌雄相対の山容をなしている。眺望のよい山頂には、太平山の分霊社・三吉大神を祀る神社があり、山里の信仰の篤さを物語る。

山名は、かつての長子(銚子)内村に由来する。

登路　稲川地区の宮田から山麓に向かった農道を行くと、前方に鳥居が見える。この少し先に登山口があり、小沢を横切って杉林の中の道を辿る。この先、急坂を登って尾根に出、露岩やマツの茂る尾根筋を登ると、稲川町を見下す山頂に着く（約一時間四〇分）。

地図　二・五万図　稲庭　（佐々木民秀）

山伏岳　やまぶしだけ　標高　一三一五m

秋田県湯沢市の湯沢地区と雄勝地区にまたがる。栗駒国定公園の北部に位置し、主峰の高松岳や小安岳などとともに神室山地の北方に張り出して一つの山塊を形成している。

山麓には小安や秋ノ宮などの有数の温泉郷を抱き、とくに山頂直下には、湯ノ又と泥湯の鄙びた温泉があり、登山のよきベースを提供してくれる。緩やかな山頂からの眺望はよく、栗駒山や神室山をはじめ、鳥海山や月山などの眺めが広がる。

山名は、山頂近くに山伏の修験場があったことに由来している。

登路　秋ノ宮温泉奥の矢地ノ沢集落から延びる高倉林道に登山口がある。林道終点先からブナの急斜面を登り、屏風岳の尾根に出る。この先、左への痩せ尾根を辿り、眺望の開けた尾根筋を登ると山頂に着く（約二時間四〇分）。

なお、泥湯側からは、山越えの車道・川原毛地獄の上部に登山口がある。スギ造林地の緩い道を辿り、カラマツやブナ林を登ると緩斜面が広がり、この先、尾根筋を登るとまもなく山頂に着く（約一時間三〇分）。東隣の高松岳へは鞍部へ下り、眺望のよい一二六一m峰を越して行く縦走路がある（約一時間二〇分）。

地図　二・五万図　秋ノ宮　（佐々木民秀）

荒雄岳　あらおだけ　標高　九八四m

宮城県の最北西、大崎市鳴子温泉鬼首地区の環状盆地の中央に聳える山。南側には鬼首火山の片山地獄、荒湯地獄、高日向《たかひなた》山などの活発な火山地帯が広がる。山頂部には荒雄岳以外にツクシ森（九八九m）や山王森（九三八m）が連なる。環状盆地外輪の山々の大柴山（一〇八三m）、禿《かむろ》岳（一二六二m）、須金岳（一二五三m）などに比較して標高は低いが、地域の中心として重みのある山である。

登路　宮沢温泉から林道を辿り、登山口より約一時間で山頂に達する。ほかに寒湯から山王森、ツクシ森を経て登るコースもある。

地図　二・五万図　鬼首　軍沢　（柴崎　徹）

片倉森　かたくらもり　標高　一〇四〇m

宮城県大崎市鳴子の鬼首環状盆地を取り巻く外輪山の一つで、新第三紀の緑色凝灰岩を基盤とする山である。開析の進んだ仙北沢と軍《いくさ》沢の間、環状盆地北部の須金岳（一二五三m）山群と、西部の禿《かむろ》岳（一二六二m）山群のちょうど中間に位置している。

倉という字があてがわれていることから分かるとおり、ゴツゴツとした岩に覆われ、片側（東側）が切れ落ちた山容を呈している。

大崎市鬼首地区にはこの地が産金地であったとの伝説が残されており、片倉森の片倉は金倉の訛であり、片倉森南西山麓の岩壁の下に、金蔵に使用された洞窟があると言い伝えられている。

登路　国道一〇八号の仙秋ラインから細径を辿って西側の肩に取りつき、山頂に至る（約一時間三〇分）。

地図　二・五万図　鬼首峠

（林田健治）

神室山　かむろさん

標高

神室山	一三六五m
水晶森《すいしょうもり》	一〇九七m
小又山《こまたやま》	一三六七m
火打岳《ひうちだけ》	一二三八m

神室山は、秋田・宮城・山形の三県にまたがる神室山地の主峰をなしている。山頂は、秋田県湯沢市雄勝地区、山形県最上郡金山町および新庄市にまたがるが、山体南面は山形県最上郡最上町となっている。

神室山地は、有屋峠（九三四m）を起点に奥羽脊梁山脈を南下し、水晶森を経て主峰・神室山に至る。宮城・山形県境となる脊梁分水界は、神室山からは南東の禿岳に向かう。一方、主脈は小又山、火打岳を経て杢蔵《もくぞう》山まで南に走っている。神室連峰という場合は、後者の主脈の方を指すことが多い。

神室山地は、奥羽山脈最大の花崗岩山地として、積雪量の多い西側が急峻な非対称尾根を有する地形で特色づけられ、栗駒国定公園に指定されている。

主峰・神室山の山名は、「神の宿る岩窟」に由来し、地域の信仰を集めてきたが、神室信仰の盛時は中世期といわれる。それ以降は、出羽三山信仰の隆盛とともに衰退し、水神・作神の宿る山として農村習俗、前山信仰に引き継がれてきた。とくに秋田県雄勝地域では、西の鳥海山に対し「東のお山」として畏敬されてきた。

神室山（右の奥、前神室から）

神室山を囲む秋田・宮城・山形県の村落からは、八方八口といわれる登拝路が発達したが、集落に近接している山形県最上地域からが多い。現在の登山路もほぼそれを踏襲している。

水晶森は、秋田県湯沢市雄勝地区と山形県最上郡金山町にまたがり、神室山地北端に位置する。水晶森から神室山までの主稜は、金山川の侵食営力と多積雪量から西斜面が急な非対称尾根となっている。

小又山は、神室山地の最高峰をなし、山形県最上郡最上町と新庄市との境界に位置する。端正な山姿を示すが、新庄盆地より最上町向町盆地からの方が眺望に恵まれている。山頂から一㎞西方の尾根上にニッコウキスゲが繁茂するサンショ平と呼ぶ湿原が存在している。

火打岳は、最上町と新庄市にまたがり、神室山から南下する主稜の中核を占めている。山頂東面は切れ落ちてピラミダルな山容を示す。

登路 神室山地では、主峰・神室山以外の多くの峰は、神室山への縦走路の途上的位置にあるのでここで一括して記す。山形県と秋田県側から登路があり、入山するにはそれぞれ国道一三号および一〇八号を利用する。

神室山地は、標高は一三〇〇m台ながら、ほかの脊梁山地に比較し東西の広がりが大きいのが特徴である。そのため、山岳道路が発達していないこともあり、登山路は四通していながら、主稜まではいずれからもかなりの登高時間が必要である。

山地北端の水晶森には、有屋口といわれる金山町の神室ダム湖北側上流が登山口となる。有屋峠を経て約三時間の行程である。

神室山へは、水晶森から主稜の縦走路となり、前神室山まで三時間、さらに一時間二〇分が必要である。また、有屋口の旧登拝路お沢掛けコースは、約三時間三〇分の最短時間で山頂に達することができる。新庄市土内コースは、南西に下る山脚を登るコースと、旧登拝路であった土内渓谷を行くコースがある(権八小屋跡で合流)。前者は約五時間三〇分、後者は約七時間を要する。

秋田県側からは、湯沢市役内口が存在する。雄物川支流である役内川流域は、羽後街道(国道一〇八号)によって宮城県鬼首方面からも通じ、神室信仰が盛んな地域であった。登山口からは、神室山に直登する旧登拝路・お沢掛け路であった西ノ又コースと、いったん前神室山に取りつくパノラマコースに分かれる。神室山までの所要時間は両コースともおよそ四時間二〇分程である。

主稜の縦走コースは、前山信仰の八森山(一〇九三m)が実際の起点となる。八森山へは最上町小国口の一つ薬師原から約二時間三〇分で達する。八森山~槍ヶ先(二時間)~火打岳(二時間)~小又山(四時間)~神室山(四時間三〇分)となる。

火打岳へは土内口、土内川吊橋を渡って約三時間で山頂に着く新道コースがある。小又山には最上町西ノ又沢から約三時間二〇分のコースが設定されている。また、最上町根ノ崎口は、約四時間で神室山南面を直登するコースとなっている。

地図 二・五万図 神室山 羽後川井

(菅原富喜)

杢蔵山 もくぞうさん

標高 一〇二六m

別称 杢葛山《もくずやま》(古名)

山形県新庄市に所在し、市民の山として親しまれている。神室山地主稜の南西端にあたっている。古名の「杢葛山」は、アイヌ語で「静かな、断崖と滝を有する山」の意といわれる。山頂付近には、地元でワッパ(曲物の食器)雪と呼ぶ残雪があり、農作業の目安にしたという。山頂付近は風衝草原で眺望に恵まれている。

登路 新庄市山屋地内、山屋キャンプ場跡から林道づたいに三〇〇mの地点が登山口である。一般的な登山コースは、一の滝、二の滝、三の滝と沢筋を進むと高原状の前杢蔵、杢蔵山荘を経て山頂に至る(約二時間三〇分)。なお、テレビ塔のある三角山までは車道(悪路)が延びている。

地図　二・五万図　瀬見　（菅原富喜）

亀割山　かめわりやま　標高　五九四m

秋田・山形県境の神室山から南西に下る支脈上にあって、山形県新庄市と最上郡最上町の境をなしている。山名は、大蛇と大亀が争い、敗れた亀が山を割って逃れたという伝説にちなむ。

源義経が奥州平泉に逃れる途上、いまの新庄市休場《やすんば》から亀割峠を越えて瀬見温泉に抜けたと『義経記』は記している。

登路　尾根を隔てた休場と瀬見温泉が登山口となる。瀬見口は小国川に架かる弁慶大橋のたもとにある亀割子安観音が起点となる。休場口は新田川沿いに道標がある(両コースとも約一時間三〇分)。また、最上郡舟形町長尾の国道四七号亀割バイパスからの登路もある(約二時間)。

地図　二・五万図　瀬見　（菅原富喜）

竜馬山　りゅうまさん　標高　五二一m

別称　妙寿ヶ岳　駒ヶ岳

山形県最上郡金山町の東部、金山川中流右岸に位置する安山岩の岩峰である。巨大な竜の牙を想像させる柱状節理の岩壁を有する。山名は、六〇年に一回、岩壁の中腹に巨大な竜馬が現れるという、竜馬伝説による。大洪水により岩壁が露出したとも伝える。

竜馬山は、地域の霊山としてあがめられ、江戸時代は「日本第一竜馬山」と称して新庄戸沢藩主の祈願所であった。岩壁直下には老杉の中に不動堂が佇んでおり、神秘的雰囲気をただよわせている。

登路　不動堂背後の掛所めぐりからは登頂できない。以前は正式な登山路はなかったが、近年、竜馬山西方の魚清水林道を経て未舗装林道終点の道標より登れるようになった(約四〇分)。

地図　二・五万図　羽前金山　（田宮良一）

薬師山　やくしやま　標高　四三七m

山形県最上郡金山町に所在する。国道一三号を北上して金山川に沿う段丘へ降りると、中心集落越しに左手から薬師山、中ノ森(四一五m)、くまたか森(三九〇m)と並ぶ「金山三山」の三角錐の端正な姿が目にとまる。岩質は安山岩の貫入岩と考えられる。三山中よく登られるのが、山頂に薬師如来を祀る薬師山である。

一八七八年、山形県内陸部を縦断して金山町を訪れた英国の女流旅行家イサベラ・バードは、金山三山のピラミダルな山姿の印象を『日本奥地紀行』に綴っている。

登路　薬師山南裾を迂回する国道一三号への付け根が登山口である。杉林の中に入り、山腹の大きな露岩を右手にして登ると、三〇分程で眺望が開けた山頂に達する。

地図　二・五万図　羽前金山　（田宮良一）

烏帽子山　えぼしやま　標高　九五四ｍ

秋田県湯沢市雄勝地区と山形県最上郡真室川町にまたがる神室《かむろ》山系・院内峠の東隣に位置し、雄勝地区横堀の国道一三号から山頂部の左肩がすり上がった山容で望まれる。

一等三角点のあることから注目された山で、一九九三年に登山道が整備され、登山者に利用されるようになってから日はまだ浅い。山頂からの眺望はよく、丁《ひのと》山地や神室山地が近くに望まれる。

登路　雄勝地区院内の湯ノ沢温泉前に登山口がある。右手の急斜面を登って尾根筋を辿ると林道に合流するが荒廃している。この先、急な尾根筋の道を登って休憩地・高清水に至り、ブナの茂るやや平坦な尾根道を辿ると山頂である（約二時間三〇分）。上院内林道を利用すると合流点から山頂まで約一時間三〇分。

地図　二・五万図　横堀

（佐々木民秀）

禿岳　かむろだけ　標高　一二六一ｍ

別称　小鏑《こかぶら》山

鬼首環状盆地の西側、宮城県大崎市鳴子と山形県最上郡最上町にまたがる外輪山の最高峰。環状盆地外輪山の北側に聳える須金岳（一二五三ｍ）の山頂部分が広大な緩斜面であるのとは対照的に、軍沢川を挟んだ大鏑山（一二二〇ｍ）から禿岳を経て大柴山に至る頂稜部はナイフリッジとなっている。とくに不動沢、火の沢、水上沢、中ノ沢によって侵食された禿岳東斜面には無数の露岩が見られ、東北の山としては珍しく北アルプスの山を彷彿《ほうふつ》とさせる険しい山容を呈している。また、特異な地形として、禿岳と小柴山（一〇五六ｍ）との鞍部の花立峠には、周氷河地形の一種「階段砂礫」がある。

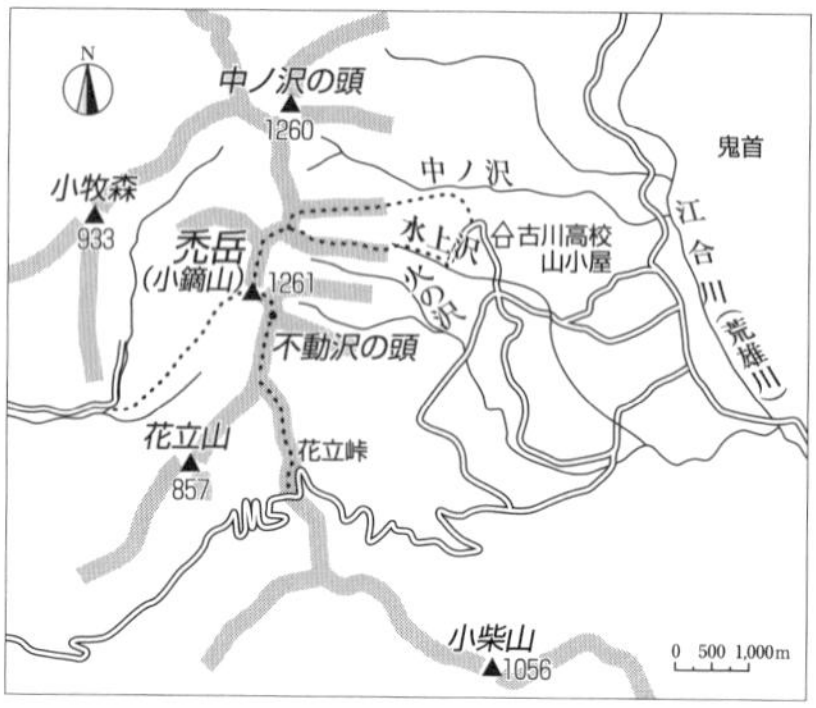

登路　登山ルートは三コース。その一つの中峰コースは、従来のコースが崩壊などによって通行不能となったため、新たに水上沢の北側の尾根に拓かれた。このコースは古川高等学校山岳部山小屋からＹ字路を右に進み、丁字路を左に曲がり、二・五万図鬼首西端の禿高原四五〇・一の三角点わきを通って北西方向に進むと登山口の標柱がある。登り始めはスギの植林がつづくが、やがてブナ林へと変わり、背丈の低い亜高山性落葉広葉樹林になると、やがて山頂に至る（約四時間）。山形県からは向町からダイレクトに山頂に登るコースが整備されている（約三時間三〇分）。このほか標高八〇〇ｍの花立峠から尾根を辿って登るコースがある（約二時間三〇分）。

地図　二・五万図　鬼首　向町

（高橋一義）

大柴山　おおしばやま

標高　一〇八三m

宮城県大崎市鳴子に位置し、鳴子や中山平と鬼首を隔てる山群の主峰。

かつての羽前街道中山道、すなわち『奥の細道』の北側に聳える山で、大柴山から西に連なる鍋倉山（一一〇〇m）や小柴山（一〇五六m）は山形との県境尾根。東には花渕山（九八五m）が連なる。

登路　鍋倉山や小柴山は鬼首スキー場のコースにあたり、ゴンドラやリフトで容易に登ることができる。また、花渕山は鳴子スキー場のコースにあたり、これも容易に登ることができる。大柴山はこれらの間にあって、尾根道を辿って登る（ゴンドラ終点から約一時間）。

地図　二・五万図　鬼首　鳴子

（柴崎　徹）

みみずく山

標高　八六二m

宮城県大崎市鳴子と山形県最上郡最上町にまたがり、中山峠（大崎市鳴子）と田代峠（宮城県加美郡加美町）間における最高峰である。

山名は、山頂部の鋭く尖った双耳峰が、ミミズクの耳のように見えることに由来して付けられたものと思われる。

低山ではあるが、多雪地帯の山に見られる西緩東急の非対称山稜の特徴を持った岩峰である。その特徴的な山容は、国道一〇八号の中山平から望むことができる。

登路　加美町の宮崎切込《きりごめ》から山形県最上町へと通じる林道から取りつき、山頂を目ざす。登山路はない。チシマザサのヤブがやや濃い（約一時間三〇分）。

地図　二・五万図　羽前赤倉　鳴子

（林田健治）

胡桃ヶ岳　くるみがだけ

標高　四六一m

宮城県大崎市鳴子の、温泉湯元から南東約一・五㎞に位置し、鳴子火山を構成している。

鳴子火山は、潟沼を火口湖とし、北東に胡桃ヶ岳、少し離れて南東に尾ヶ岳（四七〇m）、南に三六八mのピーク（間ノ岳）、北西に鳥屋ヶ森を持つ小鐘状火山を呈している。

潟沼は南北にやや長い円形で、長径約四五〇m、周囲約一三〇〇m、湖面高度三〇六mのすり鉢状で、強い酸性湖。湖底からは熱泉ガスや水蒸気がわき出している。また、斎藤茂吉が「みずうみの岸にせまりて硫黄ふくけむりの立つはひとところならず」と詠んでいるとおり、硫化水素ガスや亜硫酸ガスを噴出している噴気孔が点在している。

登路　JR陸羽東線鳴子温泉駅から湯元を経て潟沼と東鳴子を結ぶ車道に出る。そこから杉林の中の踏み跡を辿り、三角点のある山頂に至る(約三〇分)。

地図　二・五万図　鳴子

（佐々木国雄）

翁峠　おきなとうげ・翁山　おきなさん　標高　一〇七五m

宮城県加美郡加美町、山形県最上郡最上町および尾花沢市との境界に位置する。かつては霊地「東のお山」として賑わったといわれる。

一円の地質は、新第三紀の安山岩からなっている。主稜はキャラボクが目立つなだらかな風衝低木帯となっており、高原的雰囲気がただよっている。南東の山中に天然記念物テツギョの生育地・魚取《ゆとり》沼《ぬま》がある。

登路　県道尾花沢最上線の尾花沢市高橋から翁山小屋まで林道が延びている。小屋からは東と南東に向かう登山路があるが、東方コースが一般的である(約一時間)。また、県境尾根を吹越山まで縦走し、国道三四七号に抜けるコースも設定されている。

地図　二・五万図　魚取沼

（菅原富喜）

熊ノ返山　くまのかえしやま　標高　八二八m

山形県尾花沢市、最上郡最上町および舟形町にまたがる。神室山地主脈の南方延長上にあたり、カルデラといわれる向町盆地南西縁を取り囲む山地の最高峰である。新第三系下部の変質した火山噴出物からなり、山名の由来ともなった険しい山容を示している。

登路　かつて熊ノ返山北麓に大堀鉱山が盛大に稼動していたほか、山頂直下にも鉱山が所在(ともに金属鉱山)していたので、北側から急坂の登山路が存在していたが、最近は定かでない。

したがって、いまは積雪期に南東側の最上町杉の入からの登高が適当であるが、尾根には雪庇が発達しやすい。山スキー使用で三時間の記録がある(『山形百山』)。

地図　二・五万図　月楯

（菅原富喜）

猿羽根山　さばねやま　標高(三角点)　一七八m

山形県最上郡舟形町と尾花沢市に位置する。この山を越える羽州街道の猿羽根峠は、国道一三号となったのちも山形県の村山地方と最上地方を分ける重要な峠であったが、一九六一年、猿羽根トンネルが完成し公道としての役割を終えた。

猿羽根山には、山頂付近に日本三大地蔵の一つ、猿羽根山地蔵尊が祀られている。眼下に最上川を見下ろし、四囲の眺望に恵まれていることから「猿羽根山公園」として整備されている。

登路　舟形町のトンネル入り口から地蔵尊を経て尾花沢市の国道一三号バス停まで旧国道が通じているが、舟形町側からは、山形県が設定した東北自然歩道「舟形町・尾花沢市縁結びの道」の歩道がJR奥羽本線舟形駅前を起点に地蔵尊まで設定されている(約一時間)。

地図　二・五万図　舟形

（田宮良一）

薬莱山

やくらいさん　標高　五五三m

宮城県大崎平野の西方、加美郡加美町に位置し、その成因は第三紀時代の火山活動によってできた古い火山岩頸とされる。その姿から「加美富士」とも呼ばれる郷土富士の一つである。山頂は南峰と北峰に分かれ、南峰から北峰への途中に姥地蔵が祀られている。北峰には三角点がある。山頂からは金華山、月山、鳥海山などを見渡すことができる。

山の歴史は古く、奈良時代の慶雲年間(七〇四～八)に巨勢麿が山上に社殿を造営し、その後、天平年間(七二九～四九)に大野東人が山頂に大己貴神《おおなむちのかみ》と少彦名命《すくなびこのみこと》を奉祀し、薬師如来を祀ったと伝えられている。

登路　山の南側にある鳥居をくぐり、七一五段の丸木階段を経て山頂に至る(約四〇分)。このほか東側から直接北峰に登るコースもある(約四〇分)。

地図　二・五万図　薬莱山

（後藤邦慶）

荒神山

あらかみやま　標高　一二七〇m

船形連峰の北端、奥羽脊梁山脈上に聳える山。荒神山山群の主峰。宮城県加美郡加美町と山形県尾花沢市にまたがる。荒神山から北東に向かってケタクラ山、中ノ森、前森と連続し、南の船形山と対峙する一群を造っており、その風景は仙台平野からもよく眺めることができる。

船形山は西の山形側では古くから御所山と呼ばれてきたが、「御所」すなわち「五所」の一つがこの荒神山とされており、ほかの主要な峰とともに重要な登拝所に加えられていた。山頂を回り込んだ北側の岩場には三宝荒神が祀られており、奉納された品々とともに

荒神山(中央奥、加美町内唐府沢から)

長い修験の歴史を偲ばせている。荒神山は丹生《にう》川の谷を通して麓の鶴子（尾花沢市）一帯からも正面に眺めることができる。

荒神山は山脚部の伐採地を除いてほぼ全山がブナ林で覆われているが、山頂部だけは亜高山性落葉広葉低木林となっている。一つ北東にあるケタクラ山は大きな崩壊崖を持つ山で、下部はその堆積物で埋め尽くされている。さらに北東に突き出た前森は、崩壊崖の下に大きな凹地を持ち、そこには東北有数といわれる「前森風穴」が形成されている。

登路 山形側、丹生川沿いにある御所山荘の荒火原沢沿いにある登山道を辿る。この登山道はやがて県境に達して、南の船形山への縦走路になるが、県境に出る手前の辺りからブナ林に分け入り、荒神山に至る。三角点のある山頂付近はとくにヤブが濃く難儀する（御所山荘から約四時間）。一帯はニホンツキノワグマの頻繁な出没域。

（柴崎 徹）

地図 二・五万図 船形山

船形山 ふながたやま　標高 一五〇〇m

別称 御所山《ごしょざん》

奥羽山脈上に位置し、宮城県加美郡加美町、色麻《しかま》町、黒川郡大和《たいわ》町、仙台市青葉区、そして山形県尾花沢市にまたがる。船形連峰の主峰であると同時に、栗駒山と蔵王連峰間の最高峰でもある。船形連峰は新旧の火山で構成された広い山域を造っているが、北の荒神山（一二七〇m）に延びる稜線、南の楠峰（一二一一m）、白髪山（一二八四m）、奥戸立山（一〇九八m）、寒風山（一一一七m）に延びる稜線、西の仙台カゴ、最上カゴ（一二二〇m）、柴倉山、白森（一二六三m）、黒伏山、長谷山（一一二七m）、甑岳に延びる稜線、東の蛇《じゃ》ヶ岳（一四〇〇m）、三峰《みつみね》山（坊主岳、一四一八m）、北泉ヶ岳（一二五三m）、泉ヶ岳に延びる稜線の文字どおり交点に聳えているのが、この船形山である。

これら十文字に広がる山々に刻まれているのは、北西面からの丹《に》生《う》川（上流は層雲峡と呼ばれる）、南西面の野川、乱《みだれ》川、南東面の大倉川、横川、北東面の鳴瀬《なるせ》川、保野《ほの》川、荒川、吉田川などの水系である。

船形山（荒神山山頂から）

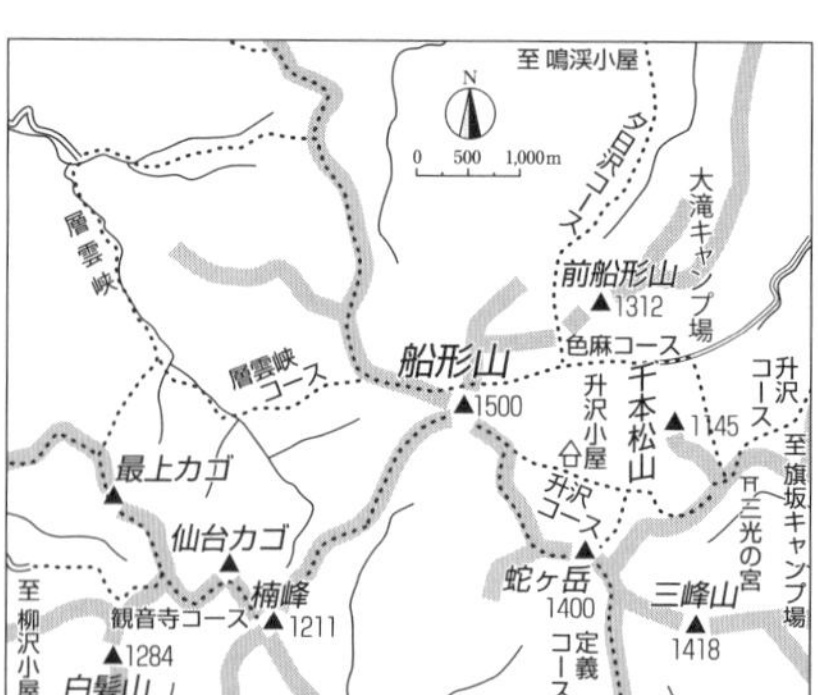

船形山の山頂部は南北に長い。東側の仙台平野から見ると、その長い山頂部はちょうど船を伏せた形になる。南の端が「舳先《へさき》の峰」、北の端が「艫《とも》の峰」である。

船形山を山形県側では「御所山」と呼ぶ。これは「五所」にちなむもので、「五所」とは、最上カゴ（月天森）、仙台カゴ（日天森）、楠峰（御前峰）、御所山（本峰）、荒神山を指す。また、承久の乱で佐渡に流刑された順徳上皇が、この地に落ち延びたとの伝説から御所山と呼ばれるようになったという言い伝えもある。

現在、宮城県側は県立自然公園船形連峰に、層雲峡を中心とした山形県側は御所山県立公園に指定されている。

登路　宮城側のコースとしては、升沢コース、色麻《しかま》コース、定義《じょうげ》コースなどが一般的。升沢コースは升沢の旗坂キャンプ場から三光の宮、升沢小屋を経由して山頂に登る古くからの登山路で、長く時間はかかるが、船形山の大きさを味わうことができる（山頂まで約四時間三〇分）。

色麻コースは、大滝キャンプ場まで車で入り、そこからダイレクトに山頂を目ざすコースで、もっとも短い登山道として知られる（山頂まで約二時間三〇分）。定義コースは、定義から横川林道を辿り、後白髪山《うしろしらひげ》、蛇《じゃ》ヶ岳を経由して登る（山頂まで約六時間）。また、横川林道を奥まで辿り、大倉川の源頭部から観音寺コースに出て山頂に登ることもできる。このほか北面には、夕日沢を辿って前船形山の鞍部から色麻コースの途中に出る夕日沢コースがある（鳴渓小屋から約三時間三〇分）。

山形側のコースとしては、観音寺コースおよび層雲峡コースが一般的。どちらも古くからの登山道である。観音寺コースは、黒伏山を仰ぐ柳沢小屋から粟畑を経て仙台カゴ、楠峰《くすみね》を巻き、山頂に至る（約三時間三〇分）。層雲峡コースは、大沢小屋から丹生川上流の層雲峡と呼ばれる渓谷の流れの縁を辿る沢コースで、御宝前から大滝、白糸滝、紫滝などを越して山頂に達する（約四時間三〇分）。また、丹生川の支流・火原《ひばら》沢から荒神山の南側に出て、御所山まで縦走するコースもある。

地図　二・五万図　船形山　升沢　関山峠　定義　（柴崎　徹）

後白髪山　うしろしらひげやま　標高　一四二二m

宮城県黒川郡大和《たいわ》町と仙台市青葉区にまたがり、北泉ヶ岳（一二五三m）や泉ヶ岳と並び、広大でおだやかな船形連峰の自然景観を形造っている。

『安永風土記』によると、「前白髭山、高さ六十丁ほど、外白髭山、高さ八十丁程に見え」とあり、後白髪山は外白髭山と呼ばれていたようである。

後白髪山と東側の三峰山（一四一八m）との間には横川が流れている。横川は侵食の激しい渓谷で、上流部は横川大滝、釜伏滝、矢櫃《やびつ》の滝など人を寄せ付けない厳しい沢となっている。横川の西を流れる大倉川は船形山に端を発し、赤倉沢、笹木沢、戸立沢、矢尽沢、横川と合流し、大倉ダムに注いでいる。山頂はハイマツ群落やハクサンシャクナゲ、ミネザクラ、ミネカエデなどの亜高山性の低木が生育している。

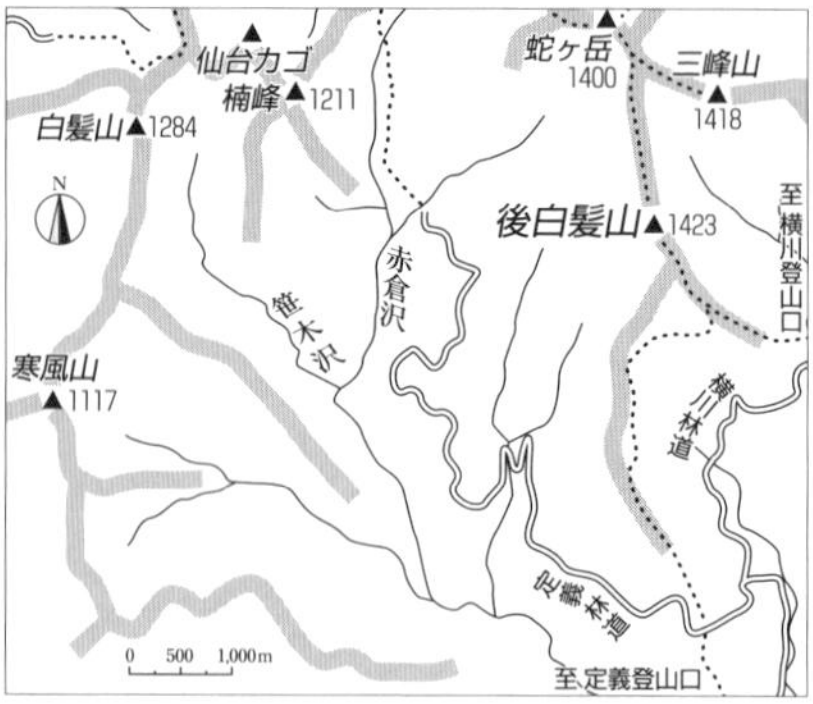

三峰山（別称・坊主岳）は、『遠見記』や『封内風土記』によれば、加美郡黒川では三森山、宮城郡定義では坊主岳と呼ばれ、小坊主、中坊主、大坊主などと区別されていた。

登路　後白髪山へは、麓の定義林道登山口から下空沢、上空沢を渡り、横川コースと合流し山頂に至るコース（約四時間三〇分）と、横川林道登山口からの横川コース（約二時間）がある。ただし、横川林道は現在状態が悪く、横川コース登山口まで車を乗り入れることは難しい。

三峰山へは、泉ヶ岳もしくは北泉ヶ岳から、長倉尾根を経て船形山に至る縦走路を辿る（北泉ヶ岳登山口から約三時間三〇分）。

地図　二・五万図升沢　定義

（庄司駒男）

泉ヶ岳　いずみがたけ

標高　一一七二m

別称　嶺白石嶽　南泉根山　幽泉嶽　萱野嶽　和泉ヶ嶽　白石嶽　根白石嶽　旭嶽　萱の平嶽

宮城県仙台市泉区にあり、奥羽脊梁山脈・船形連峰の東側に位置し、仙台市中心部より北西に望むことができる。

山頂部は北西に連なる広い頂稜からなり、南側は樋沢《ひざわ》川、東側は長谷倉川によって刻まれ、両者は合流して七北田川となる。

泉ヶ岳は、船形連峰に属する一火山である。登る途中（水神コース）には、溶岩が露出している賽の河原と呼ばれる場所がある。山頂からは仙台平野が一望できる見晴らしのよい山である。南東側、東側にスキー場が開発され山の景観は悪くなった。北側にはブナの原生林やミズナラの二次林が山頂付近まで生育し、山頂付近はドウダンツツジ、ヤマツツジ、ダケカンバなどが群生し、山頂はチシマザサなどの草原である。山頂には鉄製の祠があり、太平三吉神社（一九三一年ごろに奉納）と薬師石像（安政六年・一八五九）が見つかり、木造の堂に安置された。水神コースに一八九五年建立になる水神碑がある。

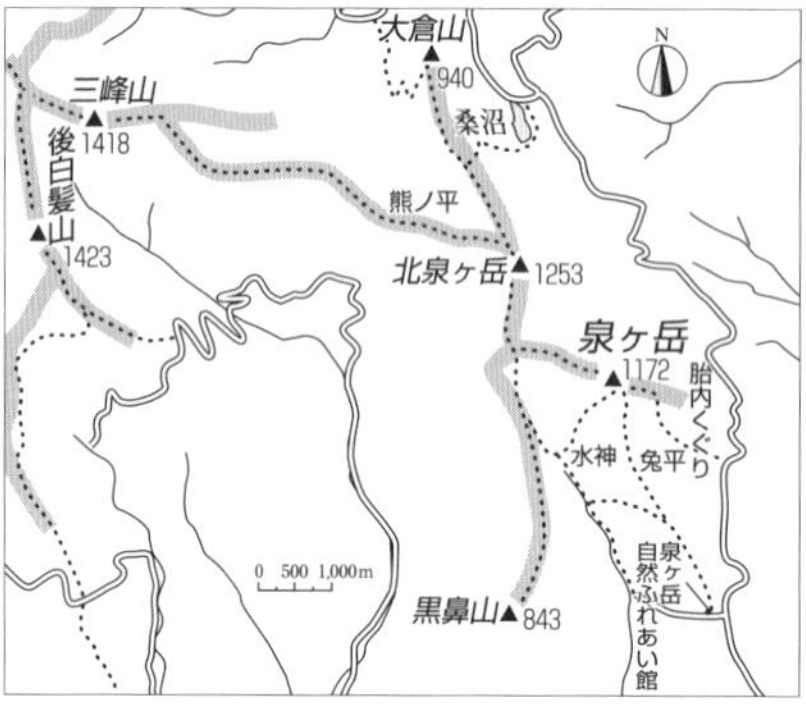

北泉ヶ岳（一二五三m）は、泉ヶ岳の西側にある。泉ヶ岳と北泉ヶ岳の中間には火口跡があり、山体はかつては山頂近くまでブナの原生林に包まれていた。山頂からの展望はなく、ナナカマド、ドウダンツツジなどに覆われた小さな頂である。

登路　もっとも一般的なコースとしては、山麓にある泉ヶ岳自然ふれあい館近くの登山口から水神、賽の河原を経て山頂に至る水神コース（登り約二時間）がある。また、古くからの登山道である表コースは、泉ヶ岳自然ふれあい館から泉ヶ岳東面の急斜面を登るもので、途中、胎内くぐりなどの見所がある（登り約二時間）。このほか正面のスキー場から兎平を経て山頂に至る「かもしかコース」などがある。北泉ヶ岳へは、水神コースから分かれて登るコース（水神コース登山口から約三時間三〇分）と、北泉ヶ岳東面のスキー場を過ぎ、桑沼の登山口から北面の尾根を登るコースがある（登り約三時間）。なお、泉ヶ岳から北泉ヶ岳、三峰山を経て船形山に至る縦走コースもある。

地図　二・五万図　定義　升沢

（千田早苗）

七ツ森　ななつもり

標高（笹倉山）　五〇六m

別称　七疑峰

宮城県仙台市の北西約一五km、黒川郡大和町の吉岡と宮床《みやとこ》にまたがって犬牙状に連なる山々の総称。景観的には船形連峰が東に延びる延長線上に眺めることができる。最高峰は笹倉山（別称・大森山）で、ほかの山を引き連れた母なる山とされている。その他の子供の山群は、笹倉山の北側に、南東から北西に帯状に分布している。それらは順に、松倉山（二九一m）、撫倉《なでくら》山（三五九m）、大倉山（三二七m）、鉢倉山（二八九m）、鎌倉山（三一三m）、遂倉《とがくら》山（三〇八m）、そして、たがら森（二三二m）となるが、たがら森は七ッ森に含まれない。

七ッ森の各山頂には薬師如来を祀る。子供の山群の薬師如来の石仏は、主峰・笹倉山の薬師堂に向けて立ててある。ここには薬師浄土の世界がつくられている。昔は成人を迎える証として、これらの薬師を一日のうちに巡拝する「七薬師掛け」の行事があった。山の北側の吉岡と南側の宮床では順路が異なるが、最後はいずれも笹倉山に登った。宮床には七ッ森修験の本拠地であった信楽《しんぎょう》寺跡、宮床伊達の菩提寺、中野地蔵、歌人の原阿佐緒記念館などがある。

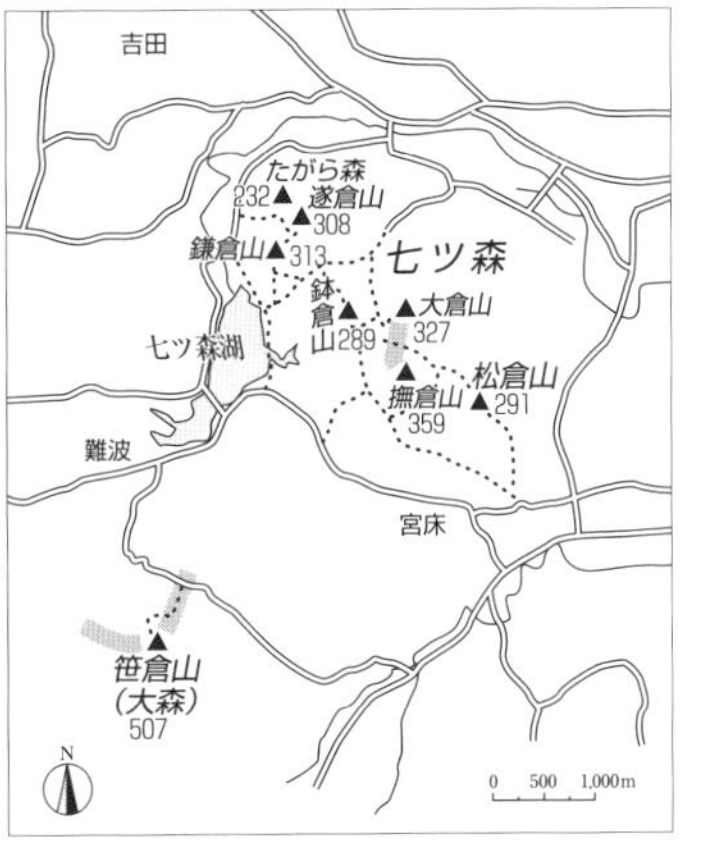

登路　七ッ森のそれぞれの峰には登山道が整備されている。また、山々の間を辿る遊歩道もよく整備されていて、いくつかの山をまとめて登ることもできる。主峰・笹倉山には、北東側の宮床登山口から登る（一時間強）。

地図　二・五万図　七ツ森　根白石

（柴崎　徹）

仙台カゴ　せんだいかご

標高　一二七〇m

宮城県仙台市青葉区と山形県尾花沢市、東根市にまたがり、船形山の南西に位置している。

船形山は、山形側では御所山と呼ばれるが、その「御所（五所）」

とは修験者の回峰修験に欠くことのできない五つの峰を指している。それらは、月天森、日天森、御前峰、大峰、荒神山であり、そのうち日天森は仙台カゴを示し、御前峰が楠峰（一二一一m）を指しているという。

登路　東根市原宿からの林道終点が登山口となる。登山口から約一時間で仙台カゴの直下に達する。ここからは道が切り開かれていないので、適当な踏み跡を辿って分け入り、灌木帯、露岩帯の急坂を登り頂上に至る（約一時間）。

楠峰には、仙台カゴ直下の登山道からさらに五〇〇mほど船形山方面に進み、そこから仙台カゴと同様、チシマザサや灌木帯の急斜面のヤブをこいで頂上に達する（直下の登山道から約三〇分）。

地図　二・五万図　船形山

（遠藤昭治）

黒伏山　くろぶしやま　標高　一二二七m

山形県東根市の村山野川上流右岸に位置し、比高差三〇〇m、延長五〇〇mに及ぶデイサイトの大断崖を有する。山形県では数少ない岩登りゲレンデであり、御所山県立自然公園に指定されている。往時は、沢渡黒伏山と並んで山岳修験道場として栄えた。

村山野川左岸には、「黒伏高原スノーパーク・ジャングルジャングル」が所在し、黒伏山や御所山（船形山）の登山基地となっている。

登路　スキー場の登山口から断崖下を西進して尾根へ取りつき、その尾根筋をV字形に折り返すコースが一般的である（二時間三〇分程度）。山頂を北進し、柴倉山手前の尾根を降ると登山口に戻る一周路となる（約四時間）。なお、遅沢林道からも沢渡黒伏山の登山口を経て西回りコースに取り付くことができる。

地図　二・五万図　船形山

（田宮良一）

沢渡黒伏山　さわたりくろぶしやま　標高　一二三五m

山形県東根市に所在する。船形火山と甑岳《こしきだけ》を結ぶ支脈の白森（一二六三m）から派出し、南東方向にある黒伏山と相対している。

五万図上では無名峰であるが、黒伏山とは二峰一山をなし、ともに御所山登拝の沢渡口の奥山として栄えたといわれる。登山路の標高八〇〇m付近に細長い洞穴があり、山麓の泉郷地区には、その洞穴にまつわる竜神伝説が多数伝えられている。

林相はブナやミズナラを主体とし、山頂部には風衝草原が発達している。一九二八年には山頂を含め山火事に見舞われている。

登路　遅沢林道（国道四八号から泉郷経由）奥の黒伏山神社鳥居が登山口である。鎖場のある岩山の険しい登りが待っている（約二時間）。白森には登山道はないが、ヤブをこぎながら行くことができる。

地図　二・五万図　船形山

（田宮良一）

甑岳　こしきだけ　標高　一〇一六m

船形山（御所山）から西方へ派出する支脈の末端にあたり、山形県村山市と東根市にまたがっている。奥羽山脈西縁に連なる流紋岩やデイサイトの山体群の北端でもある。平地側に突出した山体は、あたかも深鉢状の甑を伏せたような形態を見せている。近年、第四紀の火山カタログに加えられた。

登路　村山市林崎から林道を経てほぼ直登する新山口と、東沢公園手前からいったん尾根に取りつく東沢口が一般的である。どちらも車道終点から二時間程の行程である。また、東根市のハチカ沢コースは約二時間三〇分である。山頂手前尾根筋に江戸時代の当地の探検家・最上徳内を顕彰して建立した「青雲の志」の碑がある。

地図　二・五万図　楯岡　（田宮良一）

鎌倉山　かまくらやま　標高　五二〇m

宮城県仙台市青葉区に位置し、関山街道と並行して走るJR仙山線作並駅の北東に聳える岩山。

仙台市近郊の数少ない岩登りの訓練の場になっている山である。そそり立つ壁にはいくつかのルートが拓かれているが、オーバーハングやテラス、ガリー、フェースなどが確認できる。頂上からは眼下の眺めが実によい。とくに仙山線の列車を真下に見下ろす高度感は鎌倉山ならではのものである。また、正面に大東岳や二口山塊の連山、そして、蔵王連峰まで望むことができる。

登路　国道四八号を山形方面に向かい、作並駅手前の新川橋を左に見て八〇〇m程進み、右手に折れて一〇〇m程行った所に車数台分の空き地がある。ここから線路をまたぎ、スギ林の中の急登を二〇分ほど登ると岩壁の基部に到着する。いずれのルートも三ピッチもあれば上部に達する。

地図　二・五万図　熊ヶ根　（佐藤昭次郎）

水晶山　すいしょうざん　標高　六六八m

別称　水精山《すいせいやま》（東根市側）　聖鷲山《せいしゅうやま》（天童市側）

山形県東根市と天童市にまたがる。東根方面から望むと左手の黒伏山と相対して目立つ山である。そのため両山が争ったという伝説がある。山名のとおり、山中には水晶が晶出した石英脈が見受けられる。山頂には貞観一三年（八七一）、従五位下を授かった大和神社（出羽利神）が鎮座している。

登路　山頂には東麓の東根市猪野沢地区と南西麓の天童市川原子地区双方の鎮守があるところから、登路は尾根の東西両面に分かれる。東側コースは国道四八号から楯畑に向かう猪野沢川左岸の市道終点を登山口とする（約一時間）。また、西側は天童ゴルフ場入り口が登り口である（車道終点から約一時間）。

地図　二・五万図　天童　（田宮良一）

雨呼山　あまよばりやま　標高　九〇六m

山形県山形市と天童市にまたがる。南面にあたる山形市側は蔵王国定公園に含まれ、山中に多くの堂宇と雲形の奇岩を配した通称・山寺こと宝珠山立石《りっしゃく》寺が所在し、元禄二年（一六八九）に訪れた芭蕉は「閑《しづか》さや岩にしみ入《いる》蟬の声」と詠んだ。

登山道が集中する天童市側は天童高原県立自然公園に属し、その北中腹には、姥《うば》捨て伝説を秘める奇妙な名称の風穴「ジャガラモガラ」(山形県指定天然記念物)が存在している。

登路　平地部に近接した雨乞いの山のため、登山道は四通しているが、上貫津《うえぬくつ》起点のジャガラモガラと奈良沢不動尊コース(約一時間)がよく整備されている。上貫津には交流センターがあり、そこからジャガラモガラ手前まで車道が通じている。

(田宮良一)

地図　二・五万図　天童

舞鶴山　まいづるやま

標高　二四二m

別称　愛宕山　城山

山形県天童市に所在する。天童温泉南方の平地に基岩の珪質泥岩が頭をもたげた小孤峰で、その東側に国道一三号を隔てて横たわる八幡山(二一二m)および越王山(二二六m)とともに「出羽の三森《みつもり》」といわれる。山名は山の形に由来するが、舞鶴山という名称が定着したのは明治以降で、以前は「愛宕山」とか「城山」といわれた。当初、南朝方の北畠天童丸が山城を築いたと伝え、その後、天正一二年(一五八四)まで天童氏(北畠家とは別家)の居城であった。いまは舞鶴公園として人間将棋が行われるサクラの名所として知られる。

登路　山頂直下に広場と駐車場が整備され、山形盆地と月山など出羽山地を一望にできる。駐車場から愛宕神社を祀る山頂に足を延ばすと、静かな雑木林が待っている(山頂まで約一五分)。

(田宮良一)

地図　二・五万図　天童

面白山　おもしろやま

標高　一二六四m

南面白山　みなみおもしろやま

標高　一二二五m

面白山は、脊梁主脈の宮城・山形県境に沿い笹谷峠以北に連なる面白山火山(二口《ふたくち》山塊)の北隅にあたり、宮城県仙台市太白区と山形県東根市および山形市にまたがる。山名は残雪時の白い山面に由来する。また、黒伏山と水晶山が争った際、面白そうに眺めていたという伝説がある。山頂は風衝低木林からなり、眺望に恵まれている。面白山から県境分水界は、山形県側の紅葉川(立谷川支流)の源流部を湾曲しながら南面白山に至る。

南面白山は仙台市太白区と山形市にまたがり、南東にこの山塊の最高峰・大東岳への支脈を分ける。

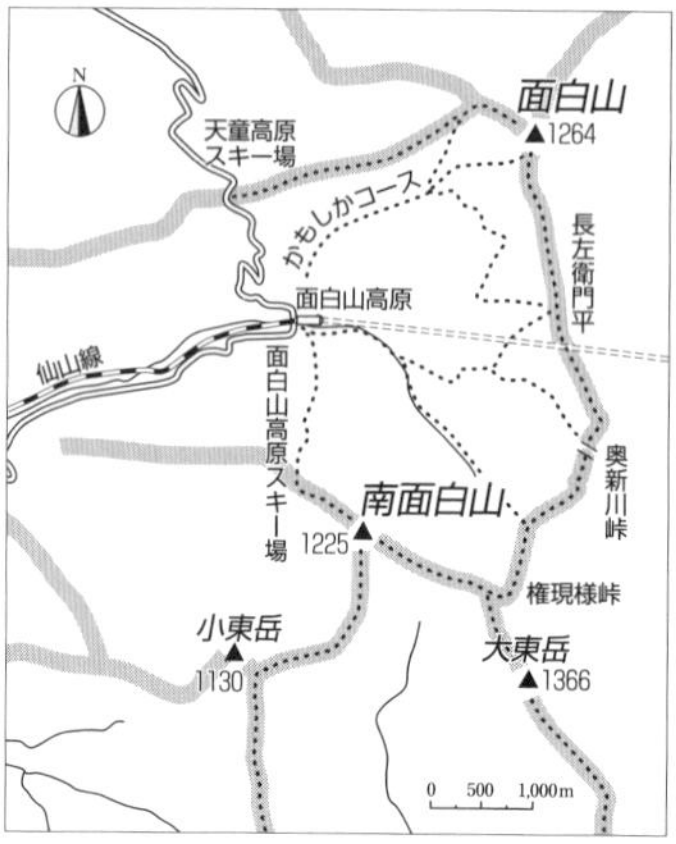

地域主部は蔵王国定公園、外縁部は県立自然公園二口峡(宮城県側)および天童高原県立自然公園に指定されている。

登路　この両山の登路は山形県側が主体になる。面白山には、天童高原スキー場が所在する天童高原口の西尾根コースが最短距離にある（約二時間）。
紅葉川が枝沢に分かれるＪＲ仙山線面白山高原駅からは、面白山と南面白山に多数の登路が設けられている。面白山には尾根を直登する「かもしかコース」がある（約二時間四〇分）。南面白山には、面白山高原スキー場を経て登る（約二時間一〇分）。また、主稜の奥新川峠（約二時間二〇分）と権現様峠（約二時間）に取りつくコースも存在する。大東岳から権現様峠は一時間三〇分程を要する。
縦走路は、面白山～長左衛門平（一時間一〇分）～奥新川峠（一時間）～権現様峠（五〇分）～南面白山（一時間三〇分）～小東岳（一時間三〇分）となる。小火山が多数集積しているため、アップダウンの激しいコースとなっている。

地図　二・五万図　関山峠（面白山）　作並（南面白山）（田宮良一）

小東岳　こあずまだけ　標高　一一三〇ｍ

宮城県仙台市太白区と山形県山形市にまたがって、二口山塊の中核部に位置する。樋ノ沢を隔てて東方に二口山塊の最高峰・大東岳が対峙している。小東岳から糸岳を経て二口峠までの山稜両翼の山腹には、磐司岩など火砕流堆積物特有の奇岩が屹立している。

登路　宮城県側は二口林道入口本小屋、山形県側は山寺所部集落東端がそれぞれ起点となる。名取川および立谷川とも上流で掌指状に分かれ、絶好の沢登りコースを提供している。本小屋から大行《おおなめ》沢コースは約三時間四〇分、大東岳からは約三時間を要する。奥山寺の所部沢コースは約二時間である。縦走路は、小東岳～石橋《しゃっきょう》峠（五〇分）～糸岳（二五分）、小東岳～南面白山（一時間二〇分）となる。

地図　二・五万図　山寺　（田宮良一）

大東岳　だいとうだけ　標高　一三六五ｍ

別称　大東岳《おおあずまだけ》

宮城県仙台市太白区に位置する。二口渓谷の最奥部にあり、北の船形連峰と南の蔵王連峰に挟まれた二口山塊における最高峰である。三角点のある山頂部は広い台地状であるが、斜面は急で、とくに南面の大行沢側と東面の穴道沢（穴戸沢）側は鋭く切れ落ちている。これらの沢は二口渓谷で合流し、名取川に注いでいる。
かつては、山全体がブナとミズナラの巨木に覆われていたが、いまも登山道沿いなどの一部は往時の姿を偲ばせている。山頂付近はシャクナゲの群落となっており、開花時期はすばらしい。
二口渓谷一帯は、磐司岩などの大岩壁、天然の石橋《しゃっきょう》や滝が多く、奇岩奇勝の名勝地である。そのため新緑、紅葉期には行楽客でにぎわう。

登路　本小屋を起点に、小行《こなめ》沢、立石沢を経由し、途中鼻こすり

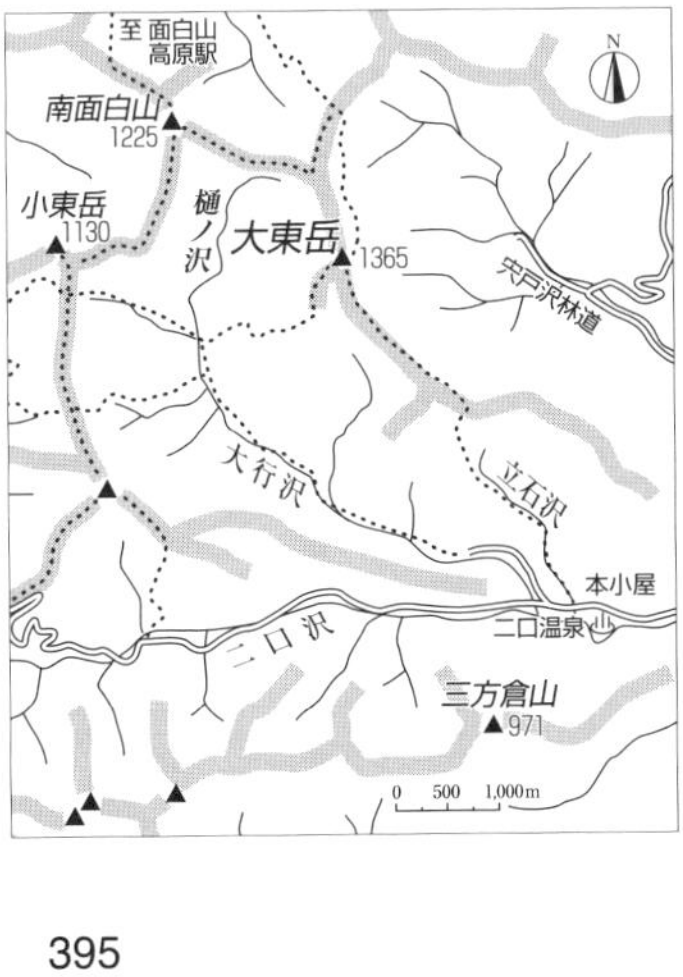

と呼ばれる急登を経て山頂に至るコースが一般的（山頂まで約三時間三〇分）。また、本小屋から大行沢をつめ、樋《とよ》ノ沢から標高差六〇〇ｍを一気に登るコースもある（約四時間）。このほか穴戸沢林道からの鹿打《ししうち》コースやJR仙山線の面白山高原駅から登るコースなどがある。

（太田　正）

地図　二・五万図　作並

山形神室岳　やまがたかむろだけ

標高　一三四四ｍ

別称　最上神室岳　ハマグリ山　蛤岳　禿山

面白山火山・二口山塊の南部を占め、宮城県仙台市と山形県山形市にまたがり、蔵王国定公園に属している。北方には主稜からやや西に寄って瀬ノ原山（一一八二ｍ）が位置し、南方にはカケス峰（トンガリ山、一二四一ｍ）およびヨモギ峰（ハマグリ山、一一四六ｍ）を経て笹谷峠に下っている。主稜はなだらかな火山原面を残しているのが特徴である。

この区域の峰の山名は、五万図に無記名のため混乱していた。まず、山頂付近の形態がハマグリに酷似しているところから「ハマグリ山」と呼ばれた本山は、登山者間で「山形神室」や「最上神室」といい慣らされてきていた。米地文夫（元岩手県立大学名誉教授）は、山形大学時代「ハマグリ山」が正しいと指摘していたが、二〇〇一年版の二・五万図「笹谷峠」では、「山形神室岳」と記名されているので、本稿の山名はそれに従った。

登路　山形神室岳は、面白山から来る長大な縦走路の途上にあるが、笹谷峠口（国道二八六号沿線、山形自動車道からも経由可能）が最短コースである。笹谷峠からはなだらかなヨモギ峰、カケス峰を経て所要時間およそ二時間四〇分である。北方縦走路からは、糸岳～二口峠（山伏峠）〈約四〇分、峠まで二口林道が通じているが車両通行不可のことも多い〉～清水峠（約一時間）～山形神室岳（約一時間二〇分）となる。北東の神室岳とは往路・復路とも五〇分程となる。旧二口街道の一つであった清水峠へは、山形市高沢からおよそ二時間二〇分を要する。峠から瀬ノ原山へヤブこぎになる（約四〇分）。面白山火山の縦走路は、標高のわりに風衝草原や低木林が発達しているので眺望には恵まれるが、高低差が比較的大きいコースである。

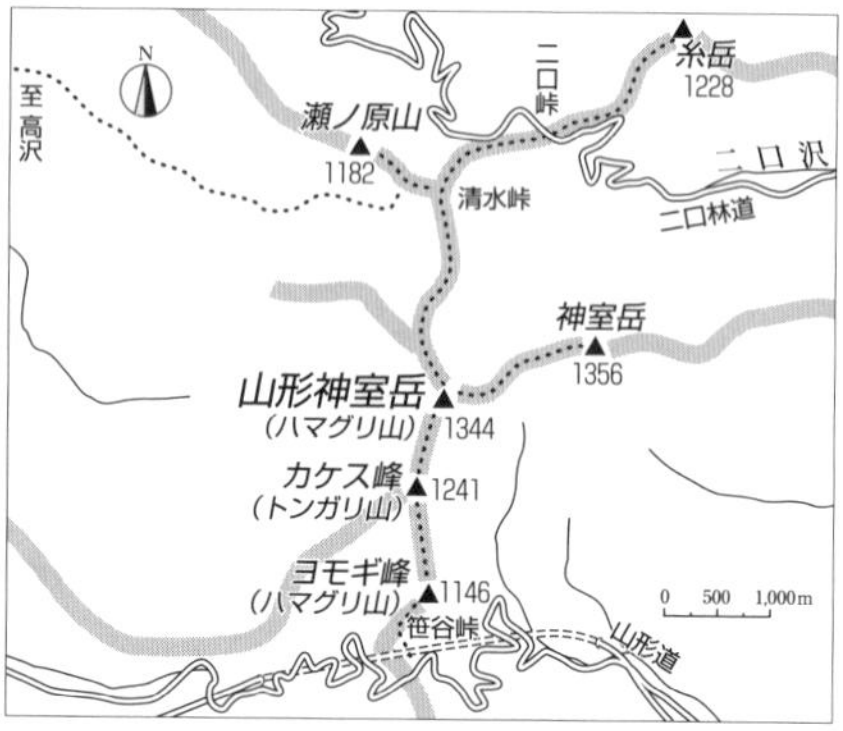

（田宮良一）

地図　二・五万図　笹谷峠

糸岳　いとだけ

標高　一二二八ｍ

二口山塊の大東岳と神室岳の間に聳える山。奥羽山脈の分水嶺上に位置し、宮城県仙台市と山形県山形市にまたがる。

一帯は第三紀の地層で覆われているが、開析が進んで深い谷が形成され、山腹斜面には露岩が著しい。とくに糸岳から東に派生した磐司尾根には、表磐司、裏磐司と呼ばれる見事な岩壁が連なっており、景観として特筆される。一方、西側の山形側にも屛風岩がある。また、周辺には巨大な天然の石橋の「北石橋」や白糸の滝などがある。

登路　二口峠から登ると歩きやすく、距離も短い（山頂まで約五〇分）。ほかに小東峠より南に縦走して登るコース、白糸の滝より望洋平を経て登るコース、大行沢より北石橋を経由して登るコースがある。

地図　二・五万図　山寺　作並　（中條俊一）

神室岳　かむろだけ　標高　一三五六m

別称　大鏑《おおかぶら》岳　神仙岳

神室岳の聳える山塊を二口《ふたくち》という。船形連峰と蔵王連峰に挟まれた山塊で、神室岳は大東岳と並ぶ二口の大峰である。

神室岳は「仙台神室」、「宮城神室」ともいい、奥羽山脈の脊梁から少し外れた東稜上に位置し、宮城県仙台市と柴田郡川崎町にまたがっている。一方、その西側の脊梁上には山形神室岳（最上神宝岳、一三四四m）があって、宮城県仙台市と山形県山形市にまたがる。

神室岳は、北側の二口沢と南側の太郎川や北川（仙人沢など）によって開析され、突兀とした山容が特徴である。東に延びる尾根はフク山・風ノ洞山とつづき、痩せ尾根になっている。これに対して山形神室岳の方は、重量感のあるどっしりとした山容で、その姿は山形市域からもよく眺めることができる。山形神室岳の北側には屛風岳、鎌沢の頭などの峰が連なり、二口峠の一つの高野峠になる。南側にはカケス峰（一二四一m）、ヨモギ峰（一一四六m）が連なり、下ると笹谷峠になる。

両神室とも山頂一帯は亜高山性落葉低木林で覆われており、両者の間に広がるダンコ平は、チシマザサの風衝《ふうしょう》草原になっている。

「かむろ」と呼ばれる山は、ここ二口以外に二つある。山形県新庄市の神室山と宮城県玉造郡鳴子町鬼首の禿岳《かむろ》で、お互い地理的に近く、関連のある山名と考えられるが、よく分かっていない。仙台藩の『奥羽観跡聞老志』などの地誌には、神仙嶽や神遷嶽と記されている。これは神室岳が仙台の青葉城の真西に位置することから、中国の崑崙山に見立てて恣意的に付された山名と考えられる。

登路　笹谷峠からハマグリ山、トンガリ山、山形神室岳を経て神室岳に登るのが一般的（約三時間三〇分）。そのほか北の高野峠から縦走するコース、山形市高瀬から鎌沢をつめてダンコ平に出る道、二口の姉滝から東稜に出て登る道などもあるが、現在は廃道同然である。

地図　二・五万図　山寺　作並　笹谷峠　今宿
（柴崎　徹）

三方倉山　さんぽうくらやま　標高　九七一m

宮城県仙台市太白区と柴田郡川崎町にまたがる。二口沢右岸にあって神室岳の東稜上に位置し、家形峰（八〇四m）からつづいている。三方倉山の「倉」は岩を表し、岩が露出している所が多い。

登路　二口のビジターセンターからさらに名取川上流へ、途中大東岳への登山路があるが、そこから三〇〇mも行くと橋が二つ続く大行沢《おおなめざわ》橋を渡った所にキャンプ場の駐車場があり、トイレも設備されている。そこを起点とした姉滝までの遊歩道に入り、対岸へと渡る。まもなく左への分岐点に着く。ここから東面を登る（ブナ平コース）。さらに奥へ一㎞ほど進んでから、スギ林の中に左手へ分岐するシロヤシオコースがあり、北斜面から山頂を踏むコースである。どちらのコースを選んでも、実質三時間程である。

地図　二・五万図　作並
（佐藤昭次郎）

鷹ノ巣山　たかのすやま　標高　七〇五m

宮城県仙台市太白区と柴田郡川崎町にまたがる。二口山塊の盟主・神室岳から東に派生する長大な尾根の末端の山が鷹ノ巣山である。

北側と南側には、それぞれ名取川と本砂金《もといさご》川が流れ、山容はいたって急峻、根を大きく張っているのが特徴。北側の山裾に名瀑・秋保大滝を抱き、付近にはニホンザルやニホンカモシカなどが生息する。

登路　一般の登山道はないが、頂上に設置されている無人の雨量観測所のための道が野尻の東、弘法清水からつづいている（頂上まで約一時間）。

地図　二・五万図　作並
（三宅　泰）

オボコンベ　標高　約五八〇m

別称　オボコベ山　オボコ山　産子負《うぶこぶ》山　茨山

二口山塊、神室岳を水源とする太郎川左岸に位置し、宮城県柴田郡川崎町にある。

山は小さいが、頂上部分が異常なほど尖ったところにこの山の特徴があり、その様子は、あたかも「小さな槍ヶ岳」といった感がある。同町本砂金地区から眺めると、山の形がちょうど、「おぼこ」（赤子の意）をおんぶした姥の姿に似ているため名付けられたとされるが、そのほかアイヌ語で槍の山を意味する「オプーコンブ」が和名に転じたとするなど諸説がある。頂上直下には、石橋（マンモス岩、天狗岩）があり、この山を一層魅力的なものにしている。

登路　鮮明な登路はない。本砂金地区栃原から本砂金川を渡河し、桐ノ目沢東側を遡るもの（約一時間四〇分）。桐ノ目沢東側の北尾根を辿って頂上に達するもの（約一時間）などが一般的である。なお、この山は地形図には名前が記されていない。

地図　二・五万図　今宿
（三宅　泰）

戸神山　とがみやま

標高　五〇四m

宮城県仙台市太白区秋保地区に位置し、奥羽山脈から東に派生する支稜の中程にある。山容は蕃山丘陵の太白山に似て、虚空を突く円錐形をなしている。山名の由来は「尖った」という意味から付けられたものであろう。近郷の里からよく望むことができ、魂が天に通じる架け橋にも映り、信仰の対象となっていた。ごく狭い山頂にはマツの低木が数本生え、小さな祠が南向きに置かれている。山頂からは脊梁山脈はもとより、三六〇度の展望が得られ、空に突き出た山であることを納得させられる山である。別名「オドガミ」とも称され、北方にメドガミなる一段低い円錐形の山を従え、一対の夫婦山として自然崇拝の対象となってきた。

登路　国道四五七号の白沢峠から廃棄された観光開発道路を西に辿り、南斜面の基部を巻くようにして西端に達したのち東へと向きを変え、雑木林のか細い踏み跡を登りつめると、オドガミとメドガミの鞍部に出る。右手に急勾配の尾根道を急登すると、ひょっこりと山頂に達する(峠から約一時間三〇分)。

地図　二・五万図　熊ヶ根　（佐々木郁男）

大倉山　おおくらやま

標高　四三一m

別称　羽山《はやま》

宮城県仙台市太白区秋保地区にあり、奥羽山脈からつづく山地帯の末端に位置している。

標高は低いが尖った山容を持つ。地元では「羽山さん」と呼んでおり、山形・宮城・福島に多い羽山(葉山)信仰の山で、山頂には羽山神社が祀られている。

登路　秋保温泉街を通り、奥神《おくかん》ヶ根《ね》温泉の先、名取川南側の鳥居をくぐって北面の細径を辿る(登山口から約五〇分)。南側の国久《くぬぎゆう》からは山頂に設置されている通信施設の管理用道路を辿る(約一時間二〇分)。

地図　二・五万図　陸前川崎　（遠藤昭治）

蕃山　ばんざん

標高　三五六m

宮城県仙台市の市街地の西方に連なる丘陵性の山。蕃山、西風《ならい》蕃山(三七三m)、蛇台蕃山(三六六m)、萱ヶ崎山(三七九m)などの三〇〇m級の山々が連なり、総称して蕃山と呼ぶ。最高峰の萱ヶ崎山は連山の南西部にある。全山がコナラ・クリ林、アカマツ林、モミ林に覆われ、ニホンツキノワグマやニホンカモシカなども生息し、都市近郊の山としては豊かな自然が保たれている。

東麓にある臨済宗大梅寺《だいばい》は、松島瑞巌寺の中興の祖・雲居《うんご》禅師の開山で、蕃山山頂の開山堂に磐司磐三郎を従えた雲居禅師を祀る。

登路　東の大梅寺口から蕃山まで約一時間。北の西花苑口や栗生西口より約五〇分。南の梨野口から萱ヶ崎山を経て全山を縦走すると半日の行程。

地図　二・五万図　仙台西北部　仙台西南部　（吉中　登）

太白山 たいはくさん 標高 三二一m

別称 生出森《おいでもり》

宮城県仙台市の市街西、青葉山丘陵に聳える新第三紀の火山岩頸（ネック）。鋭く尖った円錐形の山でよく目立ち、仙台のシンボル。仙台市太白区の区名もこの山による。

山名の太白山は、仙台開府の折、中国秦嶺山脈の太白山に模して付されたといわれ、韓国の太白山脈の太白山と併せて、中国から朝鮮、そして日本へと東漸してきた山名である。太白山とは宵の明星・太白星（金星）が没する山という意味。

古くは「生出森」と呼ばれ、山腹に生出森八幡を祀り、山頂に貴船神社を祀っている。

登路 南麓の鳥居をくぐって登り始めると、約三〇分で山頂に達する。北西麓にある仙台市太白の森自然観察センターからは約一時間のコース。

地図 二・五万図 仙台西南部

（柴崎 徹）

五社山 ごしゃざん 標高 二九五m

宮城県名取市と岩沼市、柴田郡村田町にまたがる高舘丘陵の中核をなし、南約二kmに位置する外山《そとやま》（袖山《そでやま》、三一四m）とおだやかな稜線で結ばれている。稜線はさらに西に延びて三方塚（三二六m）へとつづき、都市にきわめて近い低山ながら、多様な自然を有する地域を形造っている。高舘丘陵全体は標高二〇〇m程度であるが、この一帯だけは標高三〇〇m程度の小高い連峰となっている。山頂には天照大神、秋葉大神、山神、雷神、水神の祠が祀られていることが山名の由来である。なお、現在はこれらの祠に加えて三吉大神も祀られている。

登路 名取市愛島《めでしま》笠島地区から川内、中ノ沢を経て五社山自然観察路に入り、ここから約一時間で五社山山頂に到達する。五社山山頂からは約一時間で外山の山頂に、さらに約四〇分で三方塚に達する。三方塚から約一時間で大師温泉に下山できる。

地図 二・五万図 岩沼

（遠藤銀朗）

雁戸山 がんどさん 標高 一四八四m
南雁戸山 みなみがんどさん 標高 一四八六m

山形県山形市と宮城県柴田郡川崎町の境界をなして奥羽山脈主稜上に位置する。よく北蔵王火山と記されているが、地質的には蔵王火山と別個の第四紀の古期火山である。蔵王国定公園に属している。

山形市街地から真東に左から前山（一三九三m）、蟻の戸渡り、雁戸山、そして南雁戸山と鋸歯状に連なる山稜が眺望できる。山名の由来も、山岳修験の参拝所である「願所」の意と鋸《のこぎり》を意味する「ガンドウ」説がある。北方の笹谷峠までの八丁平および南雁戸山南方の八方平付近は、溶岩流地形を反映した緩斜面となっている。

同時代の火山ながら雁戸山が笹谷峠北方の山形神室岳などと対照的に侵食が進行しているのは、基盤が侵食に弱い花崗閃緑岩のため

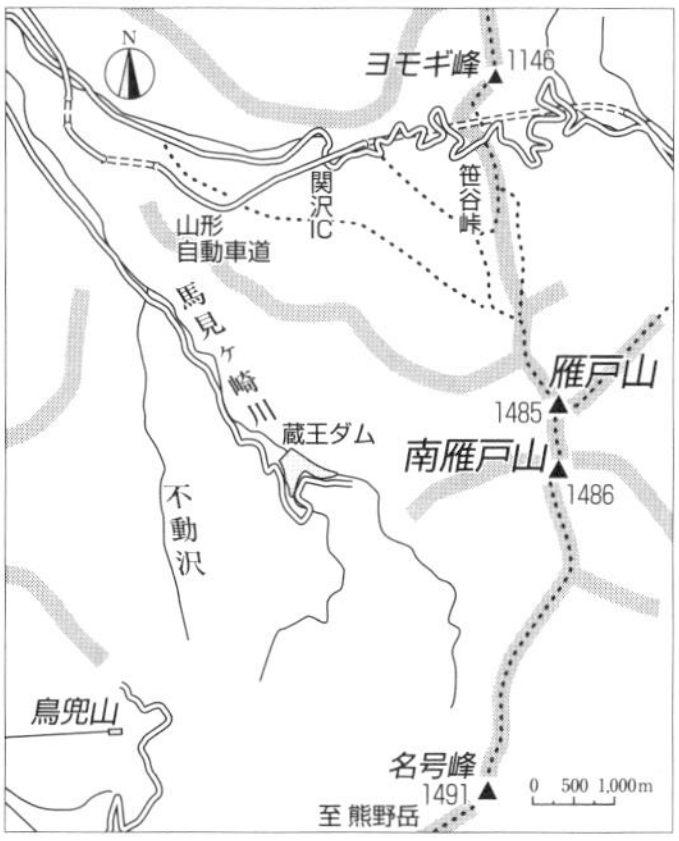

と考えられる。

雁戸山は、蔵王山に隣接しながら高度では当然存在しているはずのアオモリトドマツ林を欠き、山頂部は、高山帯に達していないにもかかわらずハイマツなどの風衝低木帯を形成している。

笹谷峠は、「延喜式」によれば延長五年(九二七)官道に指定され、旧道には「有耶無耶関跡」が所在している。一九八一年には峠直下に山形自動車道が貫通しており、笹谷・関沢両ＩＣから国道二八六号となった笹谷街道へ連絡している。ただし、国道の宮城県側は、土砂災害などで通行できないこともある。

登路　多くの登路が存在する。一般的なのは、笹谷峠から県境尾根筋を行く登路である(約二時間三〇分)。峠からは当初、県境を挟んで東西二コースに分かれるが、前山で合流し岩尾根となる。雁戸山から南雁戸山までは見晴らしのよい尾根路で結ばれ(約三〇分)、さらに南下すると名号峰を経て蔵王山の主峰・熊野岳へ達する。

地図　二・五万図　笹谷峠

(田宮良一)

蔵王山　ざおうさん

標高

〈中央蔵王〉	
名号峰《みょうごうほう》	一四九一m
鳥兜山《とりかぶとやま》	一三八七m
三宝荒神山《さんぽうこうじんやま》	一七〇三m
地蔵山《じぞうさん》	一七三六m
熊野岳《くまのだけ》	一八四一m
刈田岳《かっただけ》	一七五八m
五色岳《ごしきだけ》	一六七二m
〈南蔵王〉	
杉ヶ峰《すぎがみね》	一七四五m
屏風岳《びょうぶだけ》	一八二五m
後烏帽子岳《うしろえぼしだけ》	一六八一m
水引入道《みずひきにゅうどう》	一六五六m
不忘山《ふぼうさん》	一七〇五m

別称(古名)　不忘山《わすれずのやま》　刈田嶺《かったね》

蔵王山という名称は、特定の峰ではなく、熊野岳を主峰として宮城県と山形県にまたがる火山群の総称である。脊梁火山列の一員である蔵王火山は、南北に走る脊梁方向に斜交して北西—南東に配列している。成因的、地理的に北蔵王(瀧山《りゅうざん》)、中央蔵王(熊野岳・刈田岳など)および南蔵王(屏風岳・不忘山など)に区分される。単に蔵王という場合は中央蔵王を指すことが多い。本項では中央蔵王および南蔵王を一括し、北蔵王である瀧山は項を改めた。

中央蔵王は活火山とされ、宮城県側に火口湖・御釜と中央火口丘・五色岳を有する。有史以降の活動は、この御釜周辺を舞台とした。その北東部、丸山沢では噴気活動が継続し、強酸性泉も湧出しているので硫化水素ガスの発生に注意すべきである。

瀧山と鳥兜山に囲まれた高湯爆裂火口底から湧出する蔵王温泉は、一・五pHの強酸性を示す火山性温泉として知られている。

南蔵王は、中央蔵王より早期に活動を終えた火山群からなり、脊梁分水界の刈田峠から南東方向に配列している。山頂付近までアオモリトドマツの極相林に覆われているのが特徴である。

蔵王山主要部は、蔵王国定公園に指定されている。その景観的特徴は、熊野岳や馬の背、御釜、賽《さい》の河原などの荒涼とした火山地形と火山荒原植生、そして冬期には樹氷を形成して多くのスキーヤーを魅了してきたアオモリトドマツ林の存在が挙げられる。また、蔵王火山から流下する河川は、溶岩流を侵食して深い渓谷をなし、名瀑百選に選ばれた三階滝や不帰ノ滝など多数の滝が発達している。

蔵王山には、七世紀後半から修験者たちにより吉野の金峯山から蔵王権現が勧請されたと伝えるが、蔵王山という名称が確立したのは、修験道がこの地で体系化した鎌倉初期以降といわれる。なお、南蔵王は、地名などからも山岳宗教的雰囲気に乏しい地域である。

古代の蔵王山は「刈田嶺」と称され、陸奥の国では火を噴く山、農に恵みを与える山として、九世紀中ごろ、刈田嶺神に朝廷からたびたび神位が加授されている。また、清少納言の『枕草子』の山づくしには「わすれずの山」として挙げられている歌枕でもあった。

一方、出羽の国では、かつての高湯、いまの蔵王温泉の源泉への信仰が篤く、刈田嶺神と同時期、酢川温泉神に神位が授けられている。

蔵王山は一九五〇年、「毎日新聞」の「観光地百選」山岳の部第一位に選定された。以降、蔵王エコーライン（一九六二年）など交通施設やスキー場の整備が進み、馬の背付近の山岳観光、冬期のスキー利用に特化した。とくに山形側蔵王は、樹氷の魅力と恵まれた雪質、宿泊基地としての蔵王温泉の存在から本邦有数のスキー場に発

蔵王山の山並み。中央が熊野岳、右端は刈田岳、中景は上山市街（西方の白鷹山から）

展した。

〈中央蔵王地区〉

名号峰　宮城県柴田郡川崎町と山形県山形市にまたがる。中央蔵王の北端に位置付けられているが、火山主脈から外れ、脊梁分水界を占める花崗岩の峰である。山名は修験道から由来する。

鳥兜山　山形県山形市に所在、中央蔵王の北端に位置する。溶岩台地の溶岩円頂丘からなる突起で、その峰の形態が山名の由来であろう。山頂まで蔵王温泉から蔵王中央ロープウエーが通じ、周辺の樹氷地帯にはスキーコースが集中している。

火口湖・御釜と熊野岳〈左奥〉
（馬の背から）

三宝荒神山　山形県山形市に所在、地蔵山溶岩の北縁に位置し、西側から北側が急崖をなす。その荒々しい山容から、「かまどの神」でもある三宝荒神なる山名が与えられた。山岳宗教では中心の大峰からもっとも離れた山でもあるという。三宝荒神山に登る登山路は急坂なので「ざんげ坂」と名付けられている。

地蔵山　山形県山形市と上山市の境界に所在、三宝荒神山の南側に位置する溶岩円頂丘からなる。三宝荒神山との鞍部に蔵王ロープウエーの山頂駅があり、傍らに安永四年（一七七五）に建立された安山岩の地蔵尊を祀る。

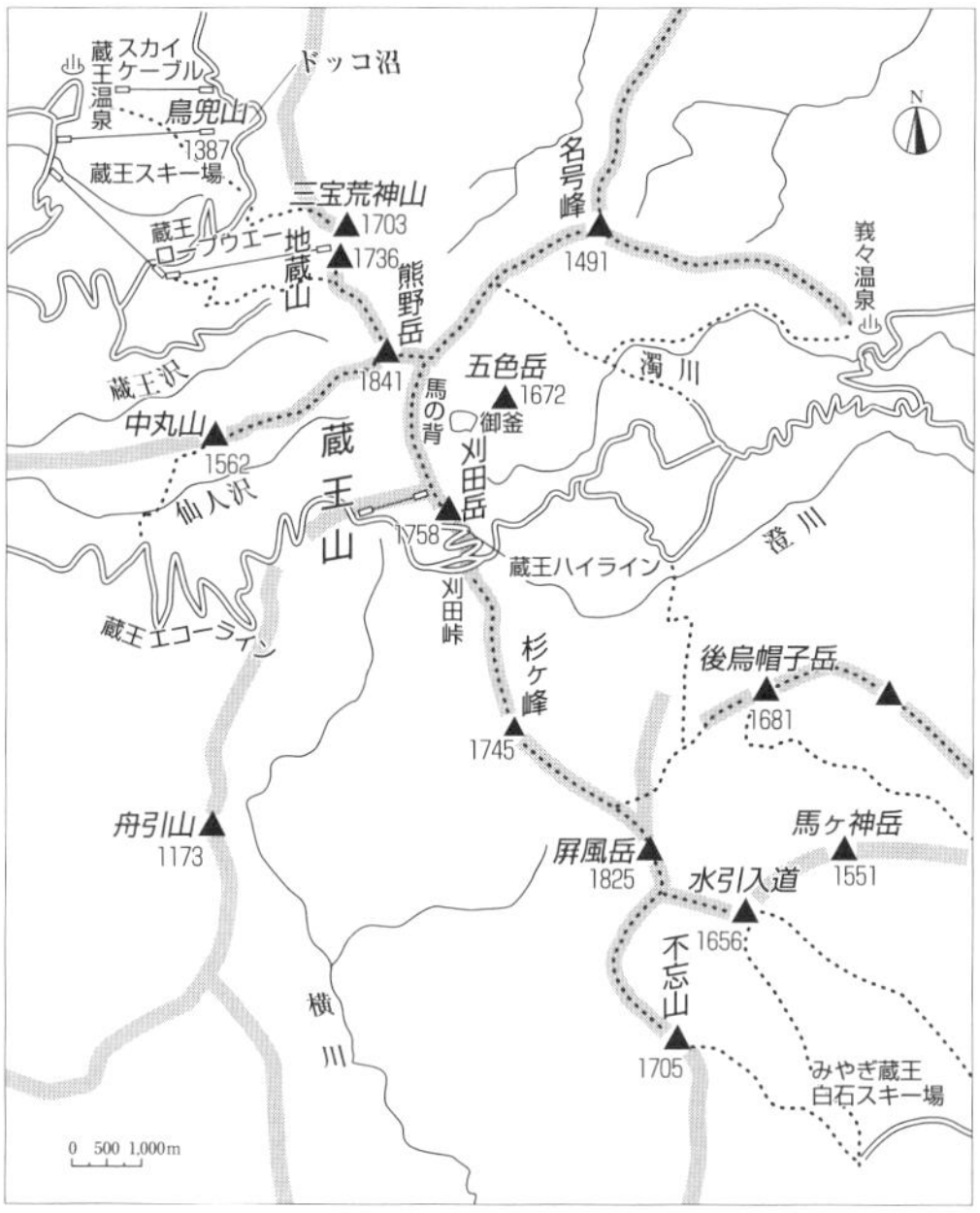

熊野岳　蔵王火山列と脊梁主脈の交点に位置する溶岩円頂丘からなり、蔵王火山の主峰に位置付けられている。宮城県柴田郡川崎町と山形県山形市および上山市にまたがるが、三角点は上山市側に寄っている。名称は、山頂に蔵王、熊野、白山の三権現を勧請して熊野山神社を祀ったのに由来する（一九六二年以降は蔵王山神社）。

　刈田岳に南下するまろやかな尾根を「馬の背」といい、火口湖・御釜と五色岳はその東側に位置している。熊野岳山頂部は溶岩の岩塊や火山弾が露出する火山荒原となっているが、馬の背にはコケモモやガンコウランなどのマット状群落が発達している。

一九一八年一〇月二三日、遠刈田温泉から登山中だった当時の仙台二中の生徒一五四名が遭難、熊野岳で職員二人、生徒七人が凍死するという悲劇があった。

刈田岳 宮城県刈田郡蔵王町と七ヶ宿町の境界に位置する。太平洋から眺めると、「馬の背」と呼ばれる部分がよく分かる。溶岩円頂丘からなる刈田岳の突起が馬の「き甲」といわれる部分に相当する。山名は蔵王山の古名である「刈田嶺」から与えられている。山頂には刈田嶺神社を祀り、直下には避難小屋がある。南方へは刈田峠を経て南蔵王に連なる。山頂直下まで有料道路蔵王ハイラインと夏山リフトが通じている。

五色岳は、馬の背東側の火口内に火山灰やスコリアが降り積もった噴石丘からなり、蔵王火山中もっとも新しい火山である。その直下には火口湖・御釜を有する。蔵王町地内に所在する。

登路 中央蔵王の主峰・熊野岳を目ざす修験者たちの登拝路としては、奥州(宮城)側からは遠刈田口、羽州(山形)側からは宝沢口、半郷口および中川口があり、それぞれの登拝口には当時の繁栄を偲ばせる古社寺が鎮座している。現在の登山路も、蔵王エコーラインや蔵王ライン、スキー場によって寸断されているものの、おおむね当時の登拝路を踏襲している。

遠刈田口(遠刈田温泉)からは、蔵王エコーラインが通じているが、表登山口、賽の磧、大黒天の各駐車場からそれぞれ名号峰(約二時間五〇分)、自然園(一五六〇m、約二時間四〇分、熊野岳への直登路は通行禁止)、刈田岳(約一時間)への登山路が分かれる。

宝沢口からのコースはもっとも往時の面影が残っている。山形市上宝沢から不動沢に沿って登ると、山小屋が集積しているドッコ(独鈷)沼に至る(約二時間四〇分)。

山形市半郷(高湯)口は、国道一三号の山形市半郷が起点であるが、いまは蔵王温泉である。温泉からドッコ沼まで約一時間二〇分(蔵王スカイケーブルが運行)、さらに地蔵山まで約一時間四〇分を要するが、三宝荒神山と鞍部まで蔵王温泉から樹氷高原駅で乗り継ぐ蔵王ロープウエーが結んでいる。地蔵山から熊野岳は火山荒原帯を行く(一時間)。さらに御釜を見下ろし、東西の眺望に恵まれる馬の背を通って刈田岳へ至る(往路・復路約四〇分)。

上山市中川口は、いまは蔵王エコーライン沿いの坊平高原が起点となる。従来の登拝路は、車道で分断されながら刈田岳まで通じている(約二時間三〇分)。また、仙人沢を渡り中丸山(一五六二m)を経て熊野岳に至るコースもある(約三時間二〇分)。

脊梁(県境)分水界の縦走路は、笹谷峠～雁戸山(二時間三〇分)～八方平(一時間一〇分)～名号峰(一時間四〇分)～自然園(二〇分)～熊野岳(一時間一〇分)～刈田岳(四〇分)となる。

なお、蔵王エコーライン刈田駐車場から馬の背までリフトが、刈田峠からは刈田岳直下まで有料道路蔵王ハイラインが通じている。

地図 二・五万図 蔵王山(中央蔵王共通) (田宮良一・千石信夫)

〈南蔵王地区〉

杉ヶ峰 宮城県刈田郡蔵王町と七ヶ宿町にまたがり、刈田峠南東を占める南蔵王の玄関口に聳えている。その名のように山頂付近まで針葉樹であるアオモリトドマツの極相林に覆われ、冬季には一帯に樹氷原が発達する。南西斜面には、芝草平など蔵王主稜部ではめずらしい湿原が点在している。（大橋克也）

屏風岳　宮城県刈田郡蔵王町と七ヶ宿町にまたがり、南蔵王の最高峰としてその中央に位置する。緩傾斜をなす西斜面に対し、東斜面は爆裂火口壁が険しい山容を造り、山名の由来となっている。宮城県を代表する山岳景観として讃えられてきた。（大橋克也）

後烏帽子岳　宮城県刈田郡蔵王町地内、屏風岳付近から北東に向かう爆裂火口壁上に位置する。南側の山頂直下が急傾斜をなす峰の形態が山名の根拠となっている。山頂付近までアオモリトドマツに覆われていることも山名の由来にかかわっている。（熊谷正志）

水引入道（水引入道山）　宮城県刈田郡蔵王町と白石市にまたがり、屏風岳付近から東に張り出した支脈に聳える。地元では「山」を付して呼ぶ。北東方には、カラマツの自生北限地である馬ノ神岳（一五五一m）が連なる。山名は昔、里人が五月初旬、東斜面に種まき入道の残雪模様が現れると、田植えのために苗代に水を引く作業にとりかかったことにちなむ。（飯塚とみ子）

不忘山（別称・御前岳）　南蔵王主稜の南端、宮城県白石市と刈田郡七ヶ宿町の境界に位置する。火山の名残を色濃く留め、山頂付近の斜面には火山荒原が広がる。ピラミダルな山頂から溶岩流の裾野が美しい山で、蔵王山の古名である「わすれずのやま」が与えられている。

登路　蔵王エコーラインの刈田峠から県道七ヶ宿白石線の硯石まで、およそ一二㎞に及ぶ南蔵王主稜の縦走路が設定されている。刈田峠～杉ヶ峰（一時間一〇分）～芝草平（四〇分）～屏風岳（二〇分）～不忘山（一時間一〇分）～硯石（二時間）。不忘山には白石スキー場からのコースも存在する。

後烏帽子岳へは、蔵王観光道路・聖山平～ろうづめ平（股窪沢経由・一時間二〇分、屏風岳からは四〇分）～山頂（三〇分）。ほかにみやぎ蔵王えぼしスキー場など東斜面からの登路が多数存在する。

水引入道は、白石スキー場からコガ沢コースと尾根を行くコースがある（ともに約三時間）。屏風岳へは往路約一時間、復路約四〇分。

地図（水引入道まで共通）　二・五万図　蔵王山
（不忘山）　二・五万図　不忘山

（大橋克也）

瀧山《りゅうざん》　標高　一三六二m

山形県山形市に所在する。蔵王火山の北西端を占め、熊野岳を中心とする中央蔵王に対し「北蔵王」と呼ばれる。中央蔵王よりは古期に形成されている。

瀧山は、山形市街地の東側に立ちはだかり、中央蔵王の眺望を妨げている。市街地側の西面および蔵王温泉側の南面は、火口壁をなして険しい山容を示している。中腹には多数の池沼が散らばる西蔵王高原を有し、野外レクリエーション基地、そして西行由来の大山桜の名所として市民に親しまれている。瀧山を訪れた西行は、「たぐひなきおもひいではのさくらかなうすくれなゐの花のにほひは」（『山家集』）と歌っている。

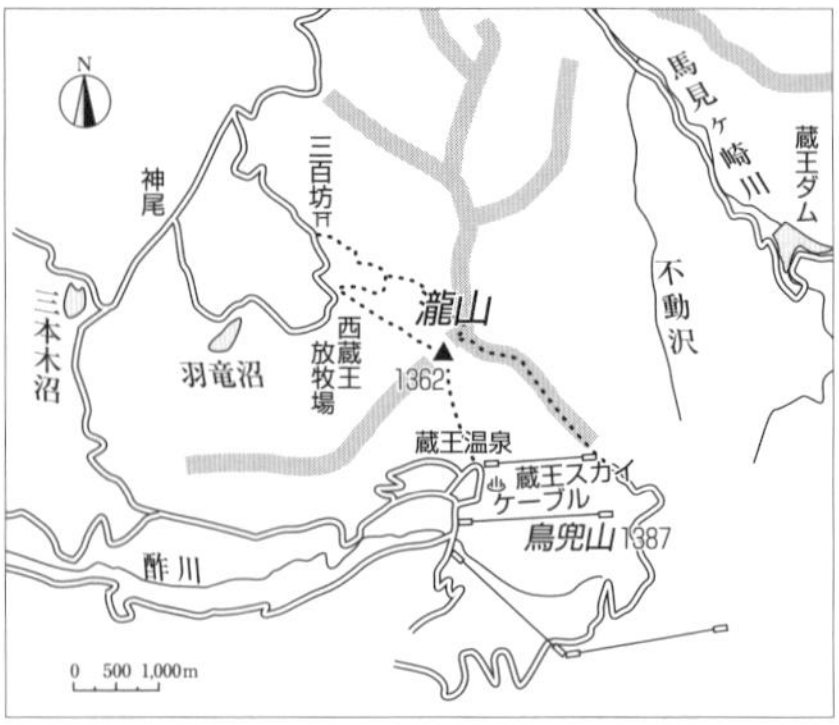

貞観九年(八六七)、最上郡の定額寺《じょうがくじ》に列せられた霊山寺は、瀧山に置かれたとする説が有力である。いま地名のみが残るが、三百坊周辺には三千に及ぶ坊が並び隆盛をきわめた。しかし、瀧山の山伏が北条時頼に反抗したことで閉山させられ、衰退に向かったという。

山名は霊山《りょうざん》、隴山《ろうざん》などを経て瀧山となったらしいが、いずれにしても水神信仰が名称の由来であろう。山形市東部の水田は、最大河川の須川が酸性河川のため水利に恵まれず、必然的に瀧山を源とする小河川に頼らざるを得ない土地柄にある。

登路　西蔵王放牧場入り口の三百坊からは、ロープを張った岩場も存在する手ごわい登りであるが、往時を偲ばせる多数の史跡をめぐる前滝コース(約二時間三〇分)と、急坂であるが一般的な姥神コース(約二時間一五分)がある。蔵王温泉口は、最短コースで瀧山ゲレンデ西端から登る(約一時間)。また、鳥兜山北麓のスカイケーブル蔵王中央駅付近からは、眺望に恵まれた尾根道もある(約二時間)。山頂からは間近な蔵王連山をはじめ眺望絶佳である。

地図　二・五万図　笹谷峠

(田宮良一)

千歳山　ちとせやま　標高　四七一m

山形県山形市の市街地の東部に近接し、自然休養林に指定され市民の山として親しまれている。山形盆地側の奥羽山脈前縁には、流紋岩やデイサイトからなる円錐形を示す山体が連なっている。とりわけ千歳山の秀麗な山姿は平安貴族をも魅了し、歌枕とされていた。

かつては全山アカマツに覆われていたが、近年は広葉樹の進出が目立つようになった。

千歳山は、いまから一三〇〇年前、陸奥の郡司であった中納言藤原豊充《とよみつ》の娘・阿古耶姫とマツの精・名取太郎との悲恋の舞台である。名取太郎が宮城県・名取川の橋材に運び出された後に結んだ阿古耶姫の庵が、千歳山北西麓に佇む名刹萬松寺の発祥である。阿古耶姫が若松を手植え「千歳千歳折ることなかれ伐ることなかれ、わが夫の宿木なり」と唱えたことから千歳山と名付けられたという。

南西麓には江戸時代の大仏殿跡地があり、現在はサクラの名所、千歳山公園となっている。また、南麓の平清水集落は、風致地区に指定され、文化年間(一八〇四〜一八一八)に開かれた平清水焼の窯場が軒を並べている。

登路　一般的には南部の千歳山公園口、中央の千年稲荷神社口、北部の萬松寺口の三箇所がある。山体は急勾配をなしているが、萬松寺口に岩場がある程度で、登山道は九十九折に広く切られて登降しやすい。ただし、山腹には浮石が多いので落石に注意し、直登はさけるべきである。なお、萬松寺～山頂～千歳山公園のコースは、東北自然歩道に編入されている。

どのコースを選択しても四〇分程で山頂に達する。山頂を含め登路を高木が覆って視界を妨げているが、中腹の善光寺岩からは山形市街地と出羽山地、朝日山地を一望にすることができる。

（田宮良一）

地図　二・五万図　山形南部

葉山　はやま　標高　六八七m
三吉山　さんきちやま　標高　五七四m

小型ながら第四紀に形成された独立峰的な成層火山である。山形県上山市に所在し、上山温泉から間近に望むことができる。葉山から西側に吊り尾根で結ばれた突起が三吉山である。葉山は、奥山に対する端山の意であり、三吉山は、秋田県・太平山から勧請した三吉神社を祀っているのにちなむ。

登路　三吉山西側標高三〇〇mまで車道がある。そこの案内板から参道を登り、安山岩の岩屑《がんせつ》のガレ場を過ぎると梵鐘のある三吉山山頂に着く（約四〇分）。さらに葉山までヤブ道がある（約三〇分）。なお、葉山は南麓の中生居が表登山口で、大金林道からガレ場の急坂を登る登路がある（林道駐車場から約一時間）。

地図　二・五万図　上山

（田宮良一）

青麻山　あおそやま　標高　七九九m

別称　大苅田《だいかつた》山　薬師山　からむし山

宮城県刈田郡蔵王町宮の北西五㎞に位置する。高さは低いが、蔵王火山の中でもっとも古い火山とされ、火山活動後の開析によって現在のような秀麗な姿になった。山頂は双耳で、西峰はあけら山（八二〇m）、東峰が青麻山だが、総称として青麻山と呼ぶことが多い。

山名については、江戸中期、仙台市岩切にある青麻神社（京都から麻の栽培をもたらした）から三光神を迎えて山頂に祀ったためといわれる。ほかに大苅田山、薬師山、からむし山などもある。からむしは青麻のことで、反物の素材として山麓一帯で広く栽培されていた。

登路　南東麓の沢内登山口から登るのが一般的。里山らしい趣を持つコナラの雑木林がつづく。山頂まで約一時間。山頂には立派な石祠がある。ここから東側の下別当《しもべっとう》に下るコースも辿ることができる。

（鈴木晃三）

地図　二・五万図　遠刈田　白石

花房山　はなぶさやま

標高　八一九m

蔵王連峰の南麓、宮城県白石市と刈田郡七ヶ宿町の間に聳える山。不忘山(一七〇五m)の火山泥流による被覆を免れた山地帯におけるもっとも高い山である。山容は鉢を伏せたような形で重厚、白石市一帯からよく目につき、青麻山とともに蔵王の前衛峰を形造る。

登路　白石市小原温泉から碧玉渓に沿って小久保平に入り、そこから登り始めるが、登山のための道はなく、所々ヤブをこぐ。約一時間三〇分で山頂に着く。

地図　二・五万図　白石　白石南部

（柴崎　徹）

フスベ山

標高　一二二二m

宮城県刈田郡七ヶ宿町の中央部、大深沢と小深沢の間に聳える山。かつては、全山がブナ林で覆われた静謐な山として知られ、老練な野生カモシカを執拗に追う猟師の姿を描いた話(「飴色角と三本指」戸川幸夫)の舞台となった山でもある。山名のフスベは、瘤《こぶ》の古称である。

登路　七ヶ宿町横川の青少年旅行村より伐採のための林道が山頂近くまで延びているが、これを辿って登ると一日コースである。

地図　五万図　上山　二・五万図　不忘山

（柴崎　徹）

蛤山　はまぐりやま

標高　九八一m

蔵王連峰の南、宮城県刈田郡七ヶ宿町横川の北西に位置し、文字どおり蛤貝を伏せたようなたおやかな峰。古くから木地師《きじし》の里として知られた横川集落とのかかわりが深く、葉山信仰の山としても知られている。山頂のスギ木立は山中七ヶ宿街道のそこここから眺めることができるが、内陸にありながら相馬沖、仙台湾を通る船の航行目標になる山でもある。

登路　横川から蛤山遊歩道(旧参道)を辿る。尾根に出て途中一〇一四mの峰を通るが、神社の祀られた三角点のある山頂は、それより五〇〇m南になる。山頂まで約二時間。

地図　二・五万図　不忘山　関

（熊谷藤子）

番城山　ばんじょうざん

標高　一三二三m

宮城県刈田郡七ヶ宿町と山形県上山市にまたがる。蔵王連峰の南西、脊梁山脈上に位置し、周辺には豊かなブナの原生林が広がっている。

山頂部は東西に長く、南側に緩やかな尾根を延ばしているが、北面の山形県側は急斜面となっている。

山名については、『七ヶ宿町史　歴史編』の番城山考に、「柳田國男は磐司岩は岩神として祀られる例が多いことから磐次は磐神であろう」としている。また、「神を助けた話」の中に、「万次郎山とい

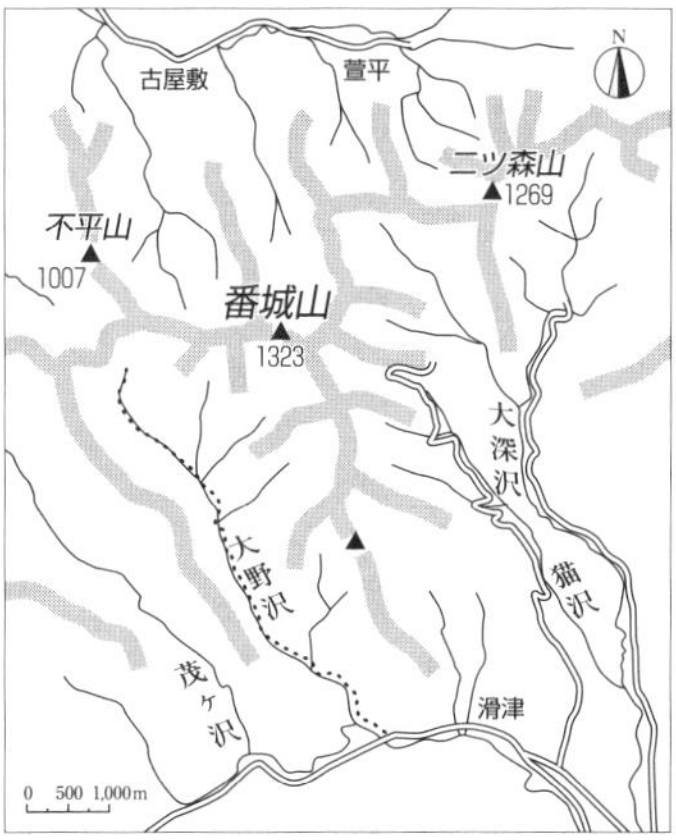

う山は名取郡の磐神山の南西十数里の県境にも一つある。又の名を万上山、或いは磐城山と謂う。前の磐神山も一名磐上山。これらはイワカガミを磐上と書いて僧侶などが音で読んだ結果だろうという人がいる」と記している。また「ここに登場する万上山は、明らかに当町の番城山のことである」と記されている。

登路　山頂には古い祠が祀られており、以前は山形側からの踏み跡があったが、現在は山頂に通じる登山道はない。山頂付近はチシマザサのヤブがきわめて濃く難儀するが、山頂から南南東に張り出している尾根の東側の猫沢沿いの林道から残雪を利用して登ることができる。また、同じようにして大野沢林道を使って登ることができる。無雪期に登る場合は、山形県側の古屋敷から南に通じる植林地の管理用林道から直接ヤブをこぐことになる。なお、宮城県側からは想像を絶するほどヤブが濃いので、これを登る場合は相当の覚悟が必要である(車止めから約四時間)。

地図　二・五万図　蔵王山　不忘山　上山　二井宿　（高橋二義）

小湯山　こようさん　標高　八〇〇m

山形県東置賜郡高畠町北部に位置し、県南県立自然公園に指定されている。小湯集落付近から小湯山を望むと、山頂から中腹までは弧を描いて急斜面をなし、中腹以下には上部中新統の塊状凝灰角礫岩特有の雲形侵食を有する奇岩が発達している。

そのため小湯山は、古来から信仰の山でもあった。とくに近世には神仏習合の信仰の対象となり、洞穴などに多数の神像・仏像が寄進されている。

登路　登り口まで車道が通じる。小湯キャンプ場から四七八体の石神・石仏めぐり一周コースが設定されているが、山頂へは別ルートとなり、東、西および南面から四ルートが存在するが(一時間ないし一時間三〇分)、踏み跡程度である。

地図　二・五万図　赤湯　（田宮良一）

龍ヶ岳　りゅうがだけ　標高　九九四m

宮城県刈田郡七ヶ宿町、福島県福島市、山形県東置賜郡高畠町の三県の市町の境に位置する奥羽山脈上の山。国道三九九号の鳩峰峠のすぐ北側に聳える山である。

山名の由来は、昇竜のごとく一気呵成にせり上がった山容のためといわれ、仙台市二口の龍ヶ峰や山形市東部の瀧《りゅう》山と共通する。

登路　鳩峰峠から牧場の端を登って上部に出、さらに九五二m地点を辿って草原状の斜面を登り、三県界から山頂に達する（約一時間）。

地図　二・五万図　名号

（柴崎　徹）

峠田岳　とうげだだけ　標高　一〇八二m

宮城県刈田郡七ヶ宿町のほぼ中央に聳える山。南西にある五郎山（九〇五m）とともに、第三紀の火山岩頸である。円錐形の屹立した山容のため、山形から福島に通じる古くからの街道・山中七ヶ宿街道のどこからでもよく眺めることができ、地域のランドマークになっている。かつては山頂までブナ林に覆われていたが、開発が進んで北斜面にはスキー場などができている。南西斜面に周氷河地形の階段砂礫がある。

登路　スキー場を登り、上部のガラ場を越して、さらにヤブをこぎ、稜線部に出て北東端の本峰に達する（約二時間）。

地図　二・五万図　関　不忘山

（西郡光昭）

弥太郎山　やたろうやま　標高　八一六m

宮城県白石市の南西部に位置し、山腹北部は刈田郡七ヶ宿町に、西部は福島県福島市に接している。

西隣にある小藤倉森（七六七m）やそれにつづく万歳楽山（八九八m）と同じく、流紋岩を基盤とした非火山性の山である。

『白石市史』には「安永風土記御用書出に弥太郎御林が出ている。弥太郎は人名で、山守人のことであろう」と書かれていることから、人名がそのまま山名になった山ではないかと思われる。

山腹には、宮城県の丘陵地における気候的極相林であるモミ・イヌブナ林がまとまった面積で残されており、天然針葉樹保護林に指定されている。

登路　国道一一三号から下戸沢《しもとざわ》宿に入り、入山沢沿いの林道から右に折れる林道を辿り、林道終点が登山口となる。登山口からはモミやアカマツの巨木の中の踏み跡を辿る（登山口から約一時間三〇分）。

地図　二・五万図　関

（林田健治）

豪士山　ごうしざん　標高　一〇二三m

山形県東置賜郡高畠町と福島県福島市にまたがり、吾妻火山に連なる豪士山地に位置する花崗岩山体である。三角点は、やや福島県側に寄っている。

豪士山山地の主稜部は、山形県側が急傾斜、福島県側が緩傾斜の非対称尾根をなしている。豪士山北方の豪士峠（九七〇m）は、江戸時代の間道であった。

登路　高畠町上和田から本宮川の林道を進むと本宮キャンプ場案内板を起点に三コースが選択できる。すぐ中ノ沢沿いに中ノ沢峠へ登り、豪士峠を経て山頂に南下するコース（約三時間三〇分）、花の沢出合から豪士峠へ直登のコース（約二時間二〇分）と、南方の「ひかば越え」から北上するコース（約二時間二〇分）である。

地図　二・五万図　稲子

（田宮良一）

駒ヶ岳　こまがたけ

標高　一〇六七m

山形県米沢市と東置賜郡高畠町にまたがり、福島県との県境から山形県側に派出した尾根上に位置する花崗岩の峰である。

東北日本の多雪地帯には、残雪の形に由来し農事と結び付いた「駒ヶ岳」が各地に所在する。いずれも地域では標高も高い著名な山が多い中で、この山はひっそりと佇む小さな駒ヶ岳である。

登路　本宮キャンプ場から三〇分先の豪士山ひかば越えコース口に案内板があり、登山口となる。登山道は荒廃していたが、一九九九年、「豪士山の会」が二コースを整備した。一つは豪士山のひかば越えから尾根筋を駒ヶ岳へ向かうコースである（信濃沢出合から約三時間四〇分）。二つめは、案内板から山頂の尾根の西側へ登るものである（信濃沢出合から約三時間）。

地図　二・五万図　稲子

（田宮良一）

一年峰　いちねんぼう

標高　四七〇m

山形県東置賜郡高畠町と米沢市にまたがる軽石質凝灰角礫岩からなる山体である。山中には、この岩石特有の合掌岩、屏風岩、獅子岩と名付けられた大小の雲形を呈する奇岩が発達している。周辺は、溺れ谷様の複雑な地形を呈している。

案内書などには「壱（一）念峰」と記されることが多いが、国土地理院の地形図では一年峰である。登山口の上海上《かみかいしょう》には、壱年坊という地名がある。

山名は、円仁が一年間この山に籠った後、山形市の山寺に向かったという伝説にちなんでいる。

登路　米沢市上海上が登山口で、九十九折に登ると一見カルスト地形のような景観が目に入る。山頂までは一投足の距離にあるが、梯子や鎖場もある（約四〇分）。

地図　二・五万図　糠野目

（田宮良一）

栗子山　くりこやま

標高　一二一七m

山形県米沢市と福島県福島市にまたがり奥羽山脈主脈上に位置する。奥羽山脈では数少ない先第三系の変成岩からなる山体である。栗子川、栗子峠、栗子変成岩と「栗子」を冠した地名などは多い。

栗子峠は、米沢市梓山《ずさやま》から栗子川に沿い、栗子山南の一一〇〇mの鞍部を越えて福島市大滝に下りる厳しい峠であった。一八七七年、当時の県令・三島通庸が標高九〇〇m地点に栗子トンネルを掘削、万世大路を整備して以来、一九六六年、国道一三号が整備されるまで山形県の幹線道路であった。

登路　現在は正式な登山路は存在しないが、栗子川に沿う旧国道一三号トンネル（通行不可）の米沢側の入り口から主稜に取りつき、稜線沿いに山頂に達することができる（約三時間）。

地図　二・五万図　栗子山

（田宮良一）

戸塚山　とづかやま　標高　三五七m

周囲を米沢盆地の沖積地に囲まれた低い丘陵からなり、山形県米沢市の市街地北東方に位置する。おおむね中部中新統の泥岩から構成されるが、北西端に基盤である花崗岩が小区域的に露出している。

この山の特徴は、山頂や南・西斜面を中心に一九五基に達する古墳が点在していることである。戸塚山は、生活範囲から至近距離にあり、古墳構築の好条件下にあったと考えられる。

登路　戸塚山北麓にある戸塚幼稚園か、南東麓の萩の森が起点となる。戸塚幼稚園ならJR奥羽本線置賜駅から歩いても一〇分程である。両コースとも、あまり眺望に恵まれないが、一時間三〇分程の森林浴を楽しむ歩きとなる。なお、置賜駅から萩の森までの山麓には、古刹を結ぶ「東北自然歩道」が設定されている。

地図　二・五万図　糠野目

（田宮良一）

半田山　はんだやま　標高　八六三m

福島県伊達郡桑折《こおり》町の北西方向にある山で、奥羽山脈南部に位置している。馬蹄形の急崖を東に向けて特異な山容を示している。東半分は崩壊しており、山麓はきわめて複雑な丘陵地を形成し、堰止めによる半田沼を持っている。この山崩れは古代に起こったもので、その後も崩壊を繰り返してきたが、現在は山崩れも終わったようで、崩壊地の山肌にも樹木が茂り、山容や地形にかつての面影を残すのみである。

山名は「田」が平らとか、尾根がたるんでいる所などの意味を持ち、半分しか平らな部分がないことから付けられたという説がある。

登路　半田沼管理センター（駐車場あり）を起点にして南側と北側に二つの登山コースがある。どちらもマツ林、雑木林の中を行く急坂道で尾根に出た後、山頂に達する（管理センターから約一時間二〇分）。

地図　二・五万図　中茂庭　桑折

（阿部穎二・深谷金之助）

川桁山　かわげたやま　標高　一四一三m

別称　大倉山

福島県耶麻郡猪苗代町にあり、北部は酸川、南は壺下から楊枝に至る谷で区切られる古期の花崗閃緑岩からなる川桁山系の最高峰である。また、猪苗代湖周辺山地に属している。この地は猪苗代湖の成因の一つと考えられ、北は山形県米沢市、南は福島県石川郡古殿町までつづく川桁活断層により地殻変動のもっとも激しい第三紀末ごろに形成されたものと推定される。

地元の川桁では川桁山と呼ばれているが、内野では古く大倉山と呼ばれ、明治以前の古図には大倉山と書かれている。ここには南大倉、北大倉と三つの峰があり、中腹に大倉地蔵と称される大きな岩塔があり、篤く信仰され、大倉滝では修行する行者もあったという。

登山道が開かれたのは比較的新しく、山麓にあった植林や山菜採りの山道と鉱山の作業道を利用し、地元の猪苗代高等学校山岳部が一九六六年から一九六八年にかけて切り開いたものである。

登路　観音寺口と内野口がある。観音寺口は観音寺川に沿う林道を進むが、出水による流出が多く終点まで行けないことが多い。終点から涸れ沢に入り、まもなく分かれて山道に入る。しばらくは緩やかな道が続き、急坂になってくれば小田峠となる。尾根を左に進み、ブナ林の急坂を登れば一三七二m地点に達し、右に行けば頂上である。

内野口は分譲地内の車道を進み、山の神の石祠前から歩く。カラマツの植林地内を進み、広葉樹林の中の「三八転び坂」を登って尾根に取りつき、登りつめれば頂上である（両コースともJR磐越西線川桁駅から三時間）。

地図　二・五万図　関都　　（鈴木琢美・江花俊和）

天狗角力取山　てんぐすもうとりやま　標高　一三二七m

福島県耶麻郡猪苗代町東部にある川桁山系の小田峠から東に延びる大滝山、二ツ森とつづく山並みの一峰で、郡山市との境となる。

小田集落から川桁へ通う小田峠越えの道が廃道になってからは入山する人もなく静かな山であったが、林道小田・三河沢線が開通してから大滝山付近は山菜採りに入る人が多くなってきている。かつては積雪期に小田峠から天狗角力取山、大滝山を経て北に達沢集落へ、南に三河沢から中山宿へのスキーツアー・コースとして利用されていたが、いまはほとんど見られない。

登路　入山する者はまれで、登山道はない。したがって、ヤブこぎするには小田峠から稜線を辿るか、林道小田・三河沢線の最高点から尾根通しに山頂を目ざす。後者は、踏み跡を見失わないように辿ると、三〇分程で山頂に立つことができる。ただし、車道は荒れていることがあるので、事前に確認した方がよい。

地図　二・五万図　関都　　（鈴木琢美・江花俊和）

額取山　ひたいとりやま　標高　一〇〇九m

別称　安積山《あさかやま》

福島県郡山市の北西端に位置し、猪苗代湖周辺山地の主峰的存在である。東西に横たわる尾根は、御霊櫃峠《これいびつ》から東に延び、風衝砂礫地、矮小化ブナ林、チシマザサの草原など、変化に富んで主峰に連なっている。安積地方を代表する山のためか、安積山とも呼ばれている。

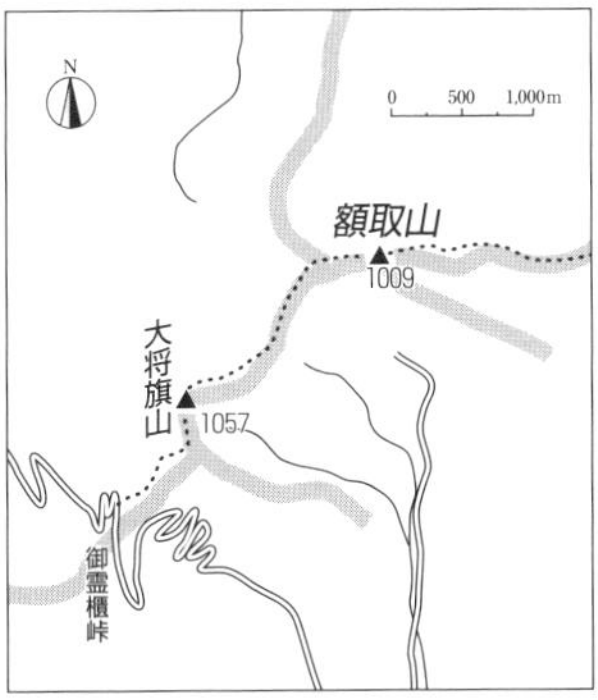

その昔、八幡太郎義家が前九年の役に父（源頼義）に従って東下、山頂で元服の儀式を行ったといわれ、前髪を切り落として額を剃ったという故事が山名となった。

額取山周辺には八幡太郎義家にまつわる伝説が多い。御霊櫃峠の名の由来も、八幡太郎義家が地方の賊徒を征伐し、この辺りの集落の多田野神社の御霊に祀ったことによるという。

また、御霊櫃峠と額取山の中間にある大将旗山の山名は、やはり八幡太郎義家が戦勝の祝宴に大将旗を掲げて神に報告したことが由来とされている。

山頂からは三六〇度の展望が得られる。猪苗代湖、磐梯山、安達太良山、さらには遠く飯豊連峰、那須や会津の山々などの眺めは、低山といいながら訪れる人を魅了する。

この山は気象の変化が激しく、霧が発生しやすく風も強い。しかし、植物の種類は多く、御霊櫃峠付近には四季折々の山野草が咲いて美しい。また、大将旗山手前の黒岩山付近は梅雨のころ、黄金色のイワキンバイの花で埋め尽される。

登路　郡山市から同市湖南町に通じる道路にある御霊櫃峠から稜線づたいに大将旗山を目ざす。最初の登りは少しきついが、登り終えると猪苗代湖、川桁山、吾妻連峰が見えてくる。岩峰の黒岩山を過ぎると、この辺りで唯一のブナ林に入る。矮小化したブナは、この辺りの風雪の強さの現れである。

御霊櫃峠から五〇分程で大将旗山に着く。山頂からの展望はよい。晴れていれば越後や日光の山々が遠望できるほか、額取山も間近に見える。この先からは小さなアップダウンを繰り返す尾根歩きとなる。やがて、ガレた急坂を登り切ると山頂である(約一時間三〇分)。

ほかに郡山市逢瀬町河内から滝集落を経由し、林道終点から稜線の急坂を登るコースがある(約二時間)。

地図　二・五万図　山潟

(水上　雅・熊谷鶴三)

高旗山　たかはたやま

標高　九六八m

福島県郡山市の南西端にあって、猪苗代湖周辺山地に位置している。山麓には林道が通り、容易に登ることができる山になった。

平安後期の武将・八幡太郎義家が奥州征伐の時、兵を従え軍旗を高く掲げて戦勝を祈願した故事が山名になった。祠と三角点のある山頂は周囲をさえぎるものはなく、眺めがよい。

登路　源田温泉から林道を約四km、案内板のある登山口から参道に導かれ、雑木林を進んで鳥居をくぐる。やや急坂を登り切ると山頂に達する(登山口から約一時間)。

地図　二・五万図　岩代中野

(水上　雅・菊池道彦)

笠ケ森山　かさがもりやま

標高　一〇一三m

福島県郡山市と須賀川市にまたがり、猪苗代湖周辺山地の南東に位置する。

山名には、後三年の役に敗れた八幡太郎義家が、退却の際にこの山で無数の木々に菅笠を結んだところ、敵軍はその笠を兵の数と勘違いして驚き、退散したとの言い伝えがある。山頂は一部反射板にさえぎられているが眺望はよい。

登路　県道六七号を金喰川《かねはみがわ》に沿って進み、砂防ダムから上流一・八kmの所に登山口がある。金喰川の壊れかけた丸太橋で対岸に渡る。さらに小径を鶏峠へと登る。峠から急坂を登りつめると山頂に達する(登山口から約一時間三〇分)。

地図　二・五万図　岩代中野

(水上　雅・菊池道彦)

八幡岳　はちまんだけ

標高　一一〇二m

別称　岩瀬山

福島県郡山市と須賀川市にまたがり、猪苗代湖周辺山地に位置する。

八幡太郎義家が東征の際に、この山の山頂に陣を布き、八幡大神を祀ったところから山名となった。山頂はクマザサに覆われ、周囲を眺めることはできない。

登路　県道六七号を金喰川《かねはみがわ》に沿って進み、その上流の砂防ダムに架かる橋を対岸に渡る。以前、地元愛好会が八幡岳から東に派生する尾根に踏み跡を付けたが、登る人もなく再びヤブに覆われてしまった。所々に付けられた目印のテープに導かれ、ヤブを分け、急坂を登ると山頂に着く(約二時間)。

地図　二・五万図　岩代中野　岩代長沼

(水上　雅・菊池道彦)

大戸岳　おおとだけ

標高　一四一六m

福島県会津若松市と南会津郡下郷町の境に位置し、猪苗代湖周辺山地に属している。大きな戸を立て掛けたような山容から大戸岳と名付けられたという。会津盆地の南端、阿賀川を挟んで独立峰の小野岳(一三八三m)と対峙しているが、大戸岳の大きな山塊は、存在感があってひときわ目立っている。

山頂からの展望はよく、磐梯山と猪苗代湖、吾妻山、安達太良山の連山、二岐山、那須連峰、日光の山々から尾瀬の燧ヶ岳、そして南会津と越後の山々、飯豊連峰まで一望できる。

登路　登山道は二本、闇川口が表なら、桑原口は裏といった感じである。どちらから登っても三時間程である。闇川の登山口は、橋を渡り、小荒俣沢の砂防堰堤を正面に見て、左手に置かれた山姥《やまんば》の石像から尾根につづく登山道を登る。左斜面に広がるスギの植林地を見ながら辿ると、やがて雑木林にブナが混ざり、さらにアスナロが混ざるようになる。尾根の右側をトラバースして行くと水場に着く。登山口からここまで約一時間四〇分である。さらに急坂を登って尾根に立てば、木々も小さくなって展望が広がる。「風の三郎」の小さな鞍部を越して岩交じりの狭い稜線を辿れば、小さな祠がある山頂広場に出る。

桑原口は、北の一三六七mピークから小尾根を一気に沢まで下る急坂がつづく。闇川口にくらべて道も荒れて険しいので、注意が必要である。

地図　二・五万図　上三寄　湯野上

(成田安弘・佐藤一夫)

磐梯・吾妻火山地域

家形山　いえがたやま　標高　一八七七m

福島県福島市と耶麻郡猪苗代町にまたがり、磐梯・吾妻火山地域(吾妻火山地域)の通称「県境尾根」の東に位置する。麓から眺める山容が、東屋造りの家に似ていることからこの山名が付けられた。

山頂は平坦で、一切経山と青々とした五色沼を見ることができる。また、近くにはネモトシャクナゲの発見地として知られる大根森がある。付近は五色・沼尻コースとして有名なツアーコースだった。しかし、かつて登山者でにぎわった家形ヒュッテは小さな避難小屋に建て替えられているが、訪れる人は少ない。

登路　古くから高湯温泉からの登山道があるが、磐梯吾妻スカイラインが開通中は不動沢橋から登ることができる。駐車場の北側の沢を越えれば登山道となり、すぐに高湯温泉からの道に出合う。湯ノ平までは緩やかな上りとなる。慶応吾妻山荘への分岐を過ぎると道は急になるが、五色沼の北側に出れば、わずかの時間で家形山に着く(約三時間)。

山形県側には滑川《なめかわ》温泉から霧ノ平を経由する道がある。四時間程を要する急登の連続だが、霧ノ平からの展望がよく、新緑や紅葉の時期はとくに惹き付けられる。

地図　二・五万図　吾妻山　天元台　土湯温泉

(逸見征勝)

一切経山　いっさいきょうさん　標高　一九四九m

福島県福島市の西方に位置し、山頂は福島市と耶麻郡猪苗代町の境界にある。東西約二〇km、南北約一五kmの磐梯・吾妻火山地域(吾妻火山地域)は、百数十万年前から火山活動を始めたといわれている。

先に西吾妻火山地域が生まれ、その後に東吾妻火山地域が生まれたとされているが、一切経山は東吾妻火山地域のもっとも東の位置にあり、東面の山腹からはいまでも水蒸気を吐き出している。平成二七年五月現在、噴火警戒レベル二で噴火口から半径五〇〇m以内を立ち入り禁止区域としている。北側には家形山との間に火口に水を溜めた五色沼がある。一切経山の山頂部は砂礫で、草木はなく、山名が示すように霊山らしく大きなケルンが積まれている。

火山活動のつづいている山だが、植物群は東面を除く西面、南面そして北面には、徐々にではあるが裾の方から山頂に向かって群落を延ばそうとしているようにも見受けられる。苛酷な環境ではあるが、ガンコウランやクロマメノキなど火山岩の地質でも生育できる植物が花を咲かせ、実を結んで生活している。北西面下の鎌沼や南面下の浄土平辺りには、キタゴヨウ、コメツガ、オオシラビソ、コバイケイソウ、チングルマなどが生育している。北東の尾根の北側にはハクサンシャクナゲの群落も見ることができる。

一九五九年に観光有料道路(現在は無料通行道として利用)が開通し、一切経山の裾一六〇〇mの浄土平には広大な駐車場ができたこ

一切経山（蓬莱山北側から）

ともあって、道路の除雪が完了し、開通すると同時に多くの老若男女が訪れ、登山はもちろん、春スキーをも楽しんでいる。無雪期は避暑や天体観測に訪れる人々でにぎわう。

有料道路閉鎖後の積雪期には、高湯温泉、土湯温泉方面から、あるいは山形県方面から登山客や山スキーを楽しむ人が入山し、冬山を満喫している。しかし、厳冬期は磐梯山や安達太良山と同様、日本海気候であるため厳しい冬山の様相を呈するのである。

昔、一切経山は名に示すとおり、信仰の対象とされた山で、飯豊山や月山と同様「奥州三大霊山」の一つとして地元の人々はもちろん、わが国の山岳信仰者からあがめられてきた。一八世紀末、成就院三五世諦信の記した『吾妻山山案内記』によると、「信夫、耶麻、置賜ノ三郡ニ跨リテアレド本ハコレ一体ニシテ諸仏集会ノ浄土ト申シ」といっている。諸仏集会の浄土とは、いわゆる一切経山を精神的中核として、南東の安達太良山と一切経山を結ぶ稜線と、西の磐梯山と西吾妻山を結ぶ稜線とを左右の縁とする広大な吾妻連峰の南斜面にわたり、とりわけ東部の大倉川、中部の中津川、西部の小野川の三つの渓谷の上流の谷地平、権現沢一帯が吾妻信仰の拠点であったともいわれている。吾妻山の伝説では、吾妻の「妻」は西方浄土を意味していたようである。一切経山の名に付く「一切経」は、一切の仏説を網羅した仏教界最高の経典であるように、一切の諸仏諸尊をこの聖域に招請して、浄土を観念させたのではなかろうか。

このような構想は、当時招請されたであろう諸仏諸尊はともかく、いまでも残る一切経山、大日岳、薬師森、そして先達山などの山名によってもうかがわれる。

登路　浄土平の駐車場を西に行くと登山口の標識がある。これを経てしばらく行くと、一切経山の直登コース（立ち入り禁止措置）と谷地平方面への分岐に出る。ここを左に進むと酸ヶ平避難小屋経由の登山道となる。

西吾妻山方面からは吾妻連峰の尾根づたいに家形山経由、あるいは五色温泉、高湯温泉から家形山を経由して登山する道がある。山頂へのいずれの道も荒涼とした岩と砂礫の登山道である。道の周辺には草木がなく、見晴らしはよい。

山頂に辿り着けば大きな石積みがあり、昔の信仰の跡がうかがわれる。晴れた日は、南東の眼下にすり鉢状の吾妻小富士の全容が目に入る。また、北面の足元には、周囲がコバルトブルーで中程に行くにしたがって濃いサップグリーンの、神秘的な色合いの五色沼が登山者の心をいやしてくれる。遠くには、飯豊連峰、蔵王連峰や磐梯山が眺望できる(浄土平から約一時間二〇分)。

積雪期は、一般に高湯温泉からか、西吾妻山から縦走するコースが選択されている。

地図 二・五万図 吾妻山 土湯温泉

(野地克也)

吾妻小富士 あづまこふじ

標高 一七〇七m

福島県福島市の西、磐梯・吾妻火山地域(吾妻火山地域)の最東端に位置し、幼年期のすり鉢状の美しい山容を見せている。約五〇〇〇年前の火山であったといわれ、すり鉢の直径は約六〇〇m、深さは約一二〇mで、その姿はあたかも富士山を縮小したような形で、吾妻連峰の中でもひときわ特徴のある山でもある。福島市近隣からも春夏秋冬美しい山容が遠望できる。山裾は、シラタマノキやミネヤナギ、あるいはハイマツなどが根を伸ばしている。

四月から六月にかけて北東側、山腹の斜面に白兎の形をした残雪を見せてくれる。麓の農家の人々は昔から「種蒔兎」と呼んで農作業の時期を判断する目安としてきた。

無雪期は浄土平の登山口から気軽に登山できることから、各地から来た観光客にも親しまれている。山頂からは一切経山、東吾妻山や高山はもちろん、東の眼下には福島盆地を眺めることができる。南西の眼下にはエメラルド色の水を溜めた桶沼を見ることができる。沼の南に六〇名ほど収容できる吾妻小舎がある。この小舎周辺にヤエハクサンシャクナゲが生育している。

登路 浄土平の登山口から階段状の「いろは坂」のようなジグザグ道を三〇分程登りつめてすり鉢の縁に出る。その縁を半周した東の端が山頂である(約一時間)。

地図 二・五万図 土湯温泉

(野地克也)

東吾妻山 ひがしあづまやま

標高 一九七五m

福島県福島市と耶麻郡猪苗代町の境に位置し、磐梯・吾妻火山地域(吾妻火山地域)の東部の最高峰である。山容はあたかもお椀を伏せたようにおだやかで、周囲の一切経山や吾妻小富士とは違ってオオシラビソやコメツガなどの樹林に覆われ、有料道路から気軽に自然林の中を登山できる山でもある。秋ともなると常緑樹林帯に点在する落葉樹が紅葉し、コントラストがすばらしい。なお、東の山腹には池塘の点在する湿地帯の景場平《けいばたいら》がある。

頂上には樹木がなく展望がよい。吾妻小富士、一切経山、谷地平や中吾妻山を手前に、西吾妻火山地区が一望できる。


登路 浄土平から姥ヶ原を経由して入山するコースと有料道路鳥子平入り口から登る二つのコースがある。

姥ヶ原からはもっぱら樹林の中を登り、突然開けると頂上に立つことになる(姥ヶ原から約四五分)。

鳥子平からの登山道の途中には湿地帯があり、池塘が点在し木道が施されている(鳥子平から一時間二〇分)。

地図　二・五万図　吾妻山

（野地克也）

烏帽子山　えぼしやま

標高　一八七九m

磐梯・吾妻火山地域（吾妻火山地域）にあって、福島県耶麻郡猪苗代町と山形県米沢市の境をなす通称「県境尾根」のほぼ中央に位置する。東西南北、どの方向からも烏帽子の形に見えることから山名が付けられた。

岩場の山頂からは東吾妻山方面の展望がよく、吾妻連峰で屈指の美しさを持つ湿原、谷地平を見下ろすことができる。

登路　福島県側からは、磐梯吾妻スカイラインの浄土平から一切経山を経て家形山に登る。林の中のぬかるんだ道を西へ行くと、右に兵子《ひょっこ》と呼ばれる岩場があり、山形県側からのコースに繋がる。兵子への分岐から一時間程歩くと烏帽子山に着く（約四時間）。

山形県側には、秘湯として知られた姥《うば》湯からの登山道がある。途中で姿がよい烏帽子山が見える。秋は山腹のダケカンバが色づき、黄色の衣装をまとったような烏帽子山がいっそう引き立つ時である。登り口から二時間程で前述の兵子に着き、県境尾根を経て烏帽子山へと向かう（約三時間）。

地図　二・五万図　吾妻山　天元台　土湯温泉

（逸見征勝）

東大巓　ひがしだいてん

標高　一九二八m

福島県耶麻郡猪苗代町と山形県米沢市の境にあって、磐梯・吾妻火山地域（吾妻火山地域）のほぼ中央に位置している。山名は、「巓」が頂上の意であることから、「東の大きな頂」という意味を持つ。

山容はなだらかで、西吾妻山方面からは丘のように見える。山頂は樹木に囲まれ展望は利かないが、付近からの眺めはよい。

山頂の北側にはオオシラビソの樹海が広がり、その向こうに広大な弥兵衛平湿原がある。弥兵衛平小屋から大沢方面に下るコースを行くと、この湿原を歩くことができる。

南に東大巓、西のかなたに西吾妻山などが見え、池塘が点在する明星湖までは吾妻連峰が誇る庭園的風景である。チングルマ、ミヤマリンドウ、ヒメシャクナゲなどが咲き、晩夏のころから色づき始める草紅葉も美しい。そして冬は、東大巓の樹海や湿原の樹木が風雪にさらされ、神々しいばかりの樹氷原になる。東大巓は、この山に寄り添う弥兵衛平湿原によって引き立てられている。

登路　福島県側からは、磐梯吾妻スカイラインの浄土平から谷地平を経由するコースが変化に富んでよい。

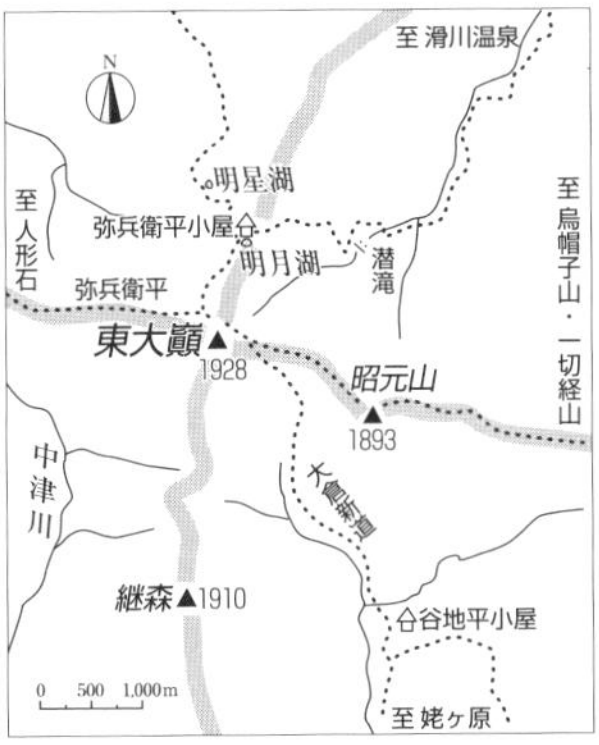

浄土平から姥ヶ原を西へ進むと、谷地平に下る道がある。約一時間三〇分下ると避難小屋に着く。この先で姥沢を渡り、木道を歩いて谷地平に出る。四方を山に囲まれた広い湿原で、ワ

タスゲの白い綿毛が揺れる夏や草紅葉の秋に真価を発揮する。

谷地平を過ぎて大倉深沢を渡ると、林の中の登り道となる。このコースは大倉新道と呼ばれ、二時間程で県境尾根のコースに合流し、まもなく東大巓に着く。山頂付近からは遠く朝日連峰や蔵王連峰が眺められ、吾妻連峰の奥深い所にいる思いがする(約五時間)。

山形県側のコースの一つに滑川《なめかわ》温泉からの登山道がある。時には大滝沢を見下ろしながら行くと潜《くぐり》滝に着く。道はその手前から右につづき、急坂を登り切ると湿原がある。雪田が痩せるころ、雪解け水が流れる原に吾妻連峰を南限とするヒナザクラが咲く。遠くから見ると残雪かと思うほどの群落である。アオノツガザクラも多い。

ここからまもなく弥兵衛平小屋に着く。林の中を西に向かうと分岐になり、左が東大巓へ通じる道である(約四時間三〇分)。

また、米沢市の天元台高原スキー場では登山用リフトを運行する。最終リフトから人形石を経由して湿原を歩けば、二時間三〇分程で東大巓に着く。

地図　二・五万図　天元台　吾妻山　土湯温泉

(逸見征勝)

中吾妻山　なかあづまやま

標高　一九三一m

福島県耶麻郡猪苗代町にあり、磐梯・吾妻火山地域(吾妻火山地域)に位置している。役小角の開基による山岳信仰の霊場で、奥の院のある山である。江戸時代中期以降にもっとも隆盛をきわめ、麓はもちろん、現在の会津若松市、福島市からも、お山開き中は参拝者が絶えなかった。

慶応四年(一八六八)の神仏判然(分離)令、一八七二年の修験道廃止令が出ると、山岳信仰そのものが廃れてしまい、一八七一年の上知令によって御神霊の土地二〇坪を残し、全山が官有地に編入されてしまった。登山する人は、いまではまったくいない。

登路　ネマガリダケが多く、ヤブこぎは不可能に近い。積雪期のみ登山が可能である。ルートの例としては、磐梯吾妻レークラインの金堀集落から林道を進んで唐松川を渡り、中吾妻山の尾根に取りつく方法がある。

地図　二・五万図　吾妻山

(大谷　司)

藤十郎　とうじゅうろう

標高　約一八三〇m

山形県米沢市、福島県耶麻郡猪苗代町および北塩原村との境に位置する。東大巓と中大巓間の主稜線上のおだやかな高まりで、東に弥兵衛平湿原、西に藤十郎平の池塘を散らす湿原を載せている。火山地形の特徴から東大巓とともに西吾妻火山群の東端を形成する第四紀の古い火山である。

登路　東の東大巓や浄土平(弥兵衛平小屋から約一時間)と、西の西吾妻山方面(人形石から約二五分、西吾妻山から約一時間三〇分)から来る縦走路の途上にある。山頂東の縦走路には山形県側の大平温泉方面から来るコース(避難小屋・不忘閣から約二時間三〇分)と、福島県側の吾妻山神社やヤケノママ経由の登路を合わせる。

地図　二・五万図　天元台　吾妻山

(木村喜代志)

中大巓　なかだいてん

標高　一九六四m

山形県米沢市と福島県耶麻郡北塩原村との境に位置する。北斜面は天元台吾妻国際スキー場として開発され、山頂近くまでリフトが延びている。この付近一帯は雪田の後退した跡にヒナザクラやイワイチョウ、そして人形石はチングルマと、高山植物が咲き誇る所で、山頂を取り囲むように散策路、登山路が整備されている。

高原状の緩斜面をなしている天元台や隣の若女平は、かつての尾根が谷に、谷が尾根へと変化したものといわれている。すなわち、西吾妻火山の古い溶岩が、当時の谷に沿って流れ谷底を埋めて固まった。溶岩は水の侵食に強いため、両側の花崗岩類の尾根が先に侵食され、溶岩の流れた谷の方が高くなった「地形の逆転」によるものとされている。そして、若女平から落ちる赤滝と黒滝、大平温泉の火焔滝《ひのほえのたき》は、流れ出た溶岩の先端に懸かるため、ほぼ同じ高度となっている。前者は大樽川、後者は松川（現在は最上川に編入）の源流にあたり、ともに山形県の母なる川・最上川の源流ともされている。

登路　本山は家形山から西吾妻山に向かう主稜縦走路に、主稜に取りつく最短コースである天元台リフトからの登路を合わせる要衝の地点にある。ただし、各登路とも山頂直下に位置する眺望に恵まれた人形石やかもしか展望台に取りつき、山頂を迂回するルートが設定されている。

縦走路では、山頂東肩の人形石まで、東の藤十郎からは約四〇分、南西の西吾妻山からは約一時間となっている。また、白布温泉から天元台高原ロープウエー、天元台高原スキー場の三本のリフトを乗り継ぐと、左手ルートは人形石まで約三五分、右手ルートはかもしか展望台を経て人形石・西吾妻山主稜に約二五分で達することができる。ロープウエー湯元駅からは、新高湯経由で徒歩およそ三時間を要する。

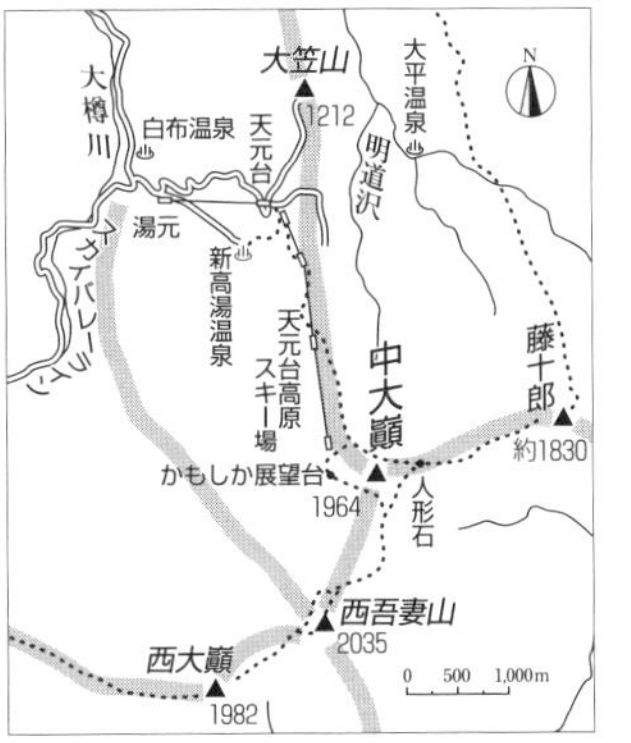

地図　二・五万図　天元台　吾妻山

（木村喜代志）

西吾妻山　にしあづまやま

標高　二〇三五m

磐梯・吾妻火山地域（吾妻火山地域）のほぼ西端に位置する吾妻連峰の最高峰で、福島県耶麻郡北塩原村と山形県米沢市の境にある。吾妻という山名は、吾妻《あづま》が東の意で、出羽国の東の外れにあるためという説、さらには同じ吾妻火山地域の家形山の山容が東屋《あずまや》造りに似ているためという説などがある。

コニーデ型のこの山は、更新世中期の終わりごろに活動が始まり、更新世末にはおおよその火山の原形が完成したものと推定されている。吾妻火山群は基盤岩（新第三紀層）が高く、一四〇〇～一五〇〇mまで見られ、花崗閃緑岩、石英閃緑岩を主体として黒雲母花崗岩、複黒雲母花崗岩などが分布する。

植物は、吾妻連峰全般にいえるが、西吾妻山も上部はオオシラビソ、コメツガなどの針葉樹林帯、下部はブナ、ミズナラなどの広葉樹林帯によって占められる。西大巓、西吾妻山、東大巓とつづく緩やかな尾根にはオオシラビソが多く生育し、冬は樹氷の原となる。この時期に西吾妻山に近い凡天岩付近に行くと、吾妻連峰のほぼ半分が樹氷に覆われている様子を見ることができる。

山頂付近には池塘が点在する湿原があり、夏期には吾妻山を南限とするヒナザクラをはじめ、ワタスゲ、チングルマ、コバイケイソウなどが花を咲かせる。また、人形石の東には弥兵衛平と呼ばれる広大な湿原があり、西吾妻山一帯は湿原をめぐる山旅となることが特徴になっている。

このような西吾妻山を源とする沢は、西大巓との鞍部に中ノ沢があって小野川湖に流れ込む。また、北側の小和須知沢、佐原沢などは、やがて最上川に合流して日本海に至る。

山の一部はスキー場や観光道路の開発によって傷められ、動物たちにとって快適な環境とはいえないが、ニホンカモシカ、ニホンザルなどが生息している。とくにサルは数多く生息し、白いサルがいることで知られている。直木賞作家の戸川幸夫の著書に、その白いサルをテーマにした『吾妻の白猿神』がある。サルと樵《きこり》の深いかかわりを描いた物語で、西吾妻山、弥兵衛平、中津川渓谷など馴染みの場所が舞台として現れる。登山の記録ではないものの、吾妻山を主にした文学的作品が少ないだけに貴重な作品といえよう。

かつて吾妻山は、月山、飯豊山と並んで奥州の三大霊場といわれ

西吾妻山(西大巓から)

ていた。吾妻山の縁起によれば、役小角が吾妻山を開いたという。天安二年(八五八)、藤原義円が唐松沢に吾妻山遥拝所を設けて成就院と称し、以後、吾妻山信仰が盛んになり入山修行する人が増えたのである。米沢藩領では西吾妻山を大日岳と呼んでいた。

吾妻山は諸仏集会の浄土とされ、寛政から天保年間(一七八九～一八四四)までがもっとも栄えたと伝えられている。福島県の猪苗代地方ではとくに信仰が広まった。ここには猪苗代湖に注ぐ長瀬川があり、七つの川が集まって注ぐので昔は七瀬川と呼ばれていた。これらの川は、すべて吾妻山から流れ出ていると思い、その水をいただくという気持ちで人々は農作物を育て

た。このような吾妻山に対する感謝の念が信仰の要因になったといわれる。

こうした先人の修行の道を辿り、登山者も登るようになったことはほかの山とも共通している。この山が本格的に登山の対象となった時期は不明であるが、大正の末から昭和の初期に白布温泉から西吾妻山近くの人形石に登った記録、一切経山から西大巓へ縦走した記録などが見られる。しかし、かつて全国的に有名なスキーツアー・コースだった五色・沼尻コースがある一切経山近辺にくらべれば、登山者は少なかったと思われる。

昭和三〇年代になり西吾妻小屋が建設された。資材は人力により若女《わかめ》平を経て運ばれた。このころは登山ブームで、増えていく登山者に応じて建設されたのだろう。そういう時期にあっても西吾妻山は静かな雰囲気を保っていた。

やがて天元台高原スキー場が造られ、ロープウエーやリフトが設置されると楽に登頂できるようになり、登山者は急増していった。

なお、西吾妻山の近くにある凡天岩を、「梵天岩」と書き表した著書もある。「梵天」とは「欲界を離れた所にある世界」という仏教の用語である。信仰のために登られた山にふさわしいと思うが、国土地理院をはじめ多くは「凡天岩」と表記している。

登路　福島県側からは、北塩原村のグランデコスキー場のロープウエー（夏・秋運行）の山頂駅を出発して西大巓に登り、山頂から東の鞍部に下る。そこに中ノ沢の源流があり、ヒナザクラ、シナノキンバイなどが咲き乱れる。ここから若干の登りとなり、湿原のわきを過ぎると西吾妻小屋に着く。西吾妻小屋からオオシラビソの林に入り一五分程で山頂に到着する（山頂駅から約二時間三〇分）。樹林に覆われた山頂からの展望は得られないが、近くの天狗岩まで行けば西吾妻山はもちろん、西大巓や飯豊連峰を眺めることができる。

山形県側からは、白布温泉の天元台高原スキー場から容易に登ることができる。ほぼ通年運行するリフトを利用すれば、標高一八〇〇mの北望台に着く。ここからは人形石を経由するコースもあるが、かもしか展望台を経由した方が近い。オオシラビソやダケカンバの交じる林を二〇分程登ると、かもしか展望台に着く。この辺りから木道となり、緩く下ると湿地帯に出る。ここは雪田ができる所でヒナザクラ、チングルマなどが咲いている。

やや急な道を登ると池塘が点在する湿原が現れ、その先が凡天岩である。東吾妻山方面はもちろん、東大巓、中吾妻山、西吾妻山など、吾妻連峰のほとんどを一望できる。凡天岩から西に進めば西吾妻山への道があり、山頂は近い（北望台から約一時間三〇分）。

このほかに、白布温泉から若女平を経由して登るコースがある。天元台高原スキー場ができるまでは西吾妻山へ登る一般的なコースだったが、標高差が相当あるため登る人は少ない。しかし、それだけに静寂である。若女平のダケカンバの林が薄緑になる春、あるいは針葉樹林の中にナナカマドが色づくころに登る時、いかにも深い山らしい雰囲気を与えてくれる（白布温泉から約四時間三〇分）。

地図　二・五万図　吾妻山　天元台　白布温泉　桧原湖

（逸見征勝）

西大巔　にしだいてん

標高　一九八二m

福島県耶麻郡北塩原村と山形県米沢市の境にあって、磐梯・吾妻火山地域（吾妻火山地域）の西端に位置している。山名は東大巔同様、「西の大きな頂」という意味を持つ。北、西と南の斜面はほぼ円錐形の急傾斜をなし、火口を持たないことから鐘状火山と見られる。

一五〇〇m以上は針葉樹林が分布し、山頂付近まで主にオオシラビソに覆われているが、東側の西吾妻山との鞍部は草付で、小野川湖に流れる中ノ沢の源流があり、夏はシナノキンバイのお花畑となる。また、登山口の山形県側の白布峠付近や、福島県側のデコ平の辺りには見事なブナ林がある。西大巔は展望に優れているばかりでなく、ブナ林とオオシラビソの林をめぐる登山も楽しめる。

冬期は西大巔や西吾妻山の稜線を覆う樹氷を見るため、グランデコスキー場から登るパーティーもあるが、天候が悪化するとルートの見定めは難しい。

登路　福島県側からは、北塩原村のグランデコスキー場から登る。ここでは夏から秋にかけてロープウエーが運行され、標高一四〇〇mの山頂駅を出ると登山道がある。ブナやオオシラビソの林中を登り、優美な曲線を描く尾根の西吾妻山が右手に見えると山頂は近い。山頂からは三六〇度の展望が開け、南の磐梯山や西の飯豊連峰など広大な風景が眺められる（約一時間四〇分）。

なお、北塩原村の早稲沢から吾妻川沿いに付けられた林道の終点からも登山道がある（約三時間）。

山形県側からは、西吾妻スカイバレーの白布峠から登ることができる。峠の駐車場から車道を横切ると登山道となり、ブナ林の中を歩く。緩やかなアップダウンの道は矢筈山までつづく。ここから少し下って小さな沢を越すと、馬場谷地と呼ばれる湿原が見える。木道がなく荒れてきたため立ち入りは禁止されているが、ワタスゲ、ミズバショウ、リュウキンカなどが生育している。

馬場谷地を過ぎると樹相は針葉樹に変わり、登りが急になってくる。岩が交じる道は登りにくい所もあるが、林が低くなると山頂である（約二時間四〇分）。

地図　二・五万図　吾妻山　天元台　白布温泉　桧原湖

（逸見征勝）

兜山　かぶとやま

標高　一一九九m

吾妻火山の西方に山形・福島県境をなして連なる東西隆起帯から、北方に大きく張り出した花崗岩山地の中核をなしている。山形県米沢市に位置する。山名は、鈍三角錐の山頂に由来すると思われる。

兜山の山塊は、東を米沢市と福島県裏磐梯を結ぶスカイバレーラインが通る大樽川に、西を綱木街道が沿う綱木川に限られている。綱木街道は、米沢と福島県会津地方を結ぶ街道で、県境（一〇九四m）が檜原峠である。登山口の綱木集落は宿場町であった。

登路　綱木集落南隅が登山口である。小グラウンドで丸木橋を渡って取りつくが、近年、登山者の減少などにより、途中に案内板は整備されているものの路形は不明瞭という（約二時間三〇分）。

地図　二・五万図　白布温泉

（田宮良一）

箕輪山　みのわやま

標高　一七二八m

別称　三国山《みくにやま》　わり嶽

福島県福島市と耶麻郡猪苗代町にまたがる安達太良火山地域の最高峰で鉄山の北方に位置する。箕輪山の三角点は最高点の東、約一〇〇mの所にあって標高は一七一八mである。

現在では「三国山、わり嶽」という山名は耳にしないが、『新編会津風土記』の白木城村の条、山川の項に「三国山(又わり嶽とも云)鉄城山の北にて、北は公領信夫郡土湯村に属し、東は二本松領深堀小屋村に属す、故に里俗かく称ふ」とあり、福島県立図書館蔵の『会津領地理之図』(一八六九年五月改正)の古絵図にも三国山と記されている。三領にまたがる山ということでそう呼んでいたのだろう。一方、二本松領には古い物語があり、箕輪山に塩沢村田地ヶ岡の二代目城主・安達治郎が、命の恩人、箕輪太夫の廟を建て箕輪権現として祀ったとされる。安達町の安達太良山円東寺がその箕輪権現の別当であると、天保一二年(一八四二)、南山商人、次右衛門が記した『安達の縁起』に残されている。この話は室町時代の奥州探題・畠山氏の実話を基に書かれたとされているが、その真偽は別として箕輪山の山名のみが残り、広く使われている。

安達太良火山群は大きく分けて三度の活動期によって形成されたとされている。箕輪山は、更新世末期の第一活動期に生まれた火山であり、活動を停止してから何万年という長い歳月を経ているだけに、植生も豊富でブナの原生林も見られ、クヌギ、ミズナラ、イロハカエデなどの落葉樹、春に花を付けるニオイコブシ、オオカメノキ、シャクナゲ、ナナカマド、白い樹肌のダケカンバ、そして一五〇〇m付近まで登ればオオシラビソも見ることができる。

登路　箕輪山登山で一般的なのが野地温泉コースである。県道三〇号沿いにある野地温泉の左側が登山口である。ブナと雑木の樹林をひと登りすれば送電線の鉄塔が建つ見晴らしのよい台地に出る。ここが旧土湯峠で、野地温泉と鷲倉温泉からとの合流地点である。ここから鬼面山への登りとなる。

鬼面山頂から急なガレ場に注意し、灌木の中を箕輪山との鞍部まで下る。背後に吾妻連峰、右手に磐梯山を眺めながらの登りである。ネマガリダケと灌木の間の単調な道をひたすら登れば大きな二つの石のある箕輪山頂である(登山口から約二時間三〇分)。

このほかに横向コースがある。県道七〇号の箕輪スキー場入り口から約一五〇〇mほど県道を登ると、右手に登山口がある。登山口から樹林帯に入るとすぐ急な登りとなる。木立はいつしかブナに変わり、このブナ林は一四〇〇mの辺りまでつづいている。オオシラビソの林を右に見送り、灌木帯の急坂まで来れば展望も開け、周囲の風景に励まされて登ると山頂である(登山口から約二時間)。

（大友　繁・小林正彦）

地図　二・五万図　安達太良山

鉄山　てつざん

別称　鉄ケ城《てつがじょう》　鉄ケ城山《てつがじょうやま》　くろがね山

標高　一七〇九m

福島県二本松市と耶麻郡猪苗代町にまたがる山である。安山岩、玄武岩の成層火山群の磐梯・吾妻火山地域(安達太良火山地域)にあり、安達太良連峰の中では箕輪山に次ぐ標高の山である。

南面は鉄山の形成期に高熱にさらされた安山岩が、何万年かの侵食により黒い鉄塊を積み上げて並べたような岩峰となり、まさにくろがね、鉄の城を連想させ、鉄山の名にふさわしい山姿である。

山頂は緩やかな溶岩台地で、弥陀ヶ原とも呼ばれ山頂らしいピークはない。この台地を形成している溶岩の隙間にはガンコウラン、クロマメノキ、シラタマノキなどの小低木、矮小のゴヨウマツが根付いており、砂礫地にはオンタデも見られる。

この広い台地の西側には直径一・二km、深さ一五〇mの沼ノ平と呼ばれる噴火口が大きく口を開けている。一九〇〇年七月には、この沼ノ平の一部が噴火して八十余名の犠牲者を出している。

沼ノ平には有毒ガスの発生している所もあり、火口、火口壁ともに植生はない。噴火の影響の少なかった北東の斜面は、ニオイコブシ、ナナカマド、シャクナゲなどのほか、灌木、そしてネマガリダケが密生している。

一般に鉄山だけに登ろうとする人は少なく、多くは僧悟台から安達太良登山の際の休憩場所、安達太良連峰縦走中の通過点ぐらいにしかとらえられていない不遇な山である。

山頂台地の北の外れに大きな石積みがある。その石積みの中に一体の石仏が祀られている。石仏が西向きに建立されているため、いつのころからか「西向き地蔵」と呼ばれるようになった。この石仏の背面には建立碑銘が彫られてあるが、欠字が多く不明瞭であったものを、地元の研究家の手により貞享四年(一六八七)七月の建立であることが判明し、「貞享の石仏」とも呼ばれている。往時、会津領白木城村と二本松領深堀小屋村を結ぶ標高一六〇〇m、鉄山直下の高地にあった沼尻峠(東嶽)を往来する人が、旅の安全を祈願して建立した石仏かもしれない。

登路　鉄山に直接登るコースは、沼尻温泉から登山口駐車場まで入り、ここから雑木林の登山道に入る。

白糸の滝を左に見てさらに登り、船明神山への分岐を湯ノ華採取場に下り、硫黄川沿いから左に急なガレ場を胎内岩まで登る。胎内岩をくぐり、少し登れば鉄山から派生した台地の一角で眺望もよくなる。「しゃくなげの塔」まで来れば箕輪山から鉄山への稜線は目前であり、稜線に出れば鉄山山頂はまもなくである(駐車場登山口から約二時間四〇分)。

このほか、湯ノ華採取場から硫黄川沿いを登り沼ノ平経由の鉄山、くろがね小屋から馬ノ背経由の鉄山コースがあるが、有毒ガス発生箇所があるため登山道は閉鎖されている。

地図　二・五万図　安達太良山　中ノ沢

(大友　繁・小林正彦)

安達太良山

あだたらやま

標高　一七〇〇m

別称　乳首山　甑《こしき》明神山　岳山　西岳　安達岳

安達太良山は福島県二本松市の西方、郡山市の北方に位置し、安達太良連峰の中の主峰であり、山頂は二本松市、安達郡大玉村、郡山市にまたがっている。連峰は鬼面山、箕輪山、鉄山、安達太良山、和尚山からなって安達太良火山群を形成し、磐梯・吾妻火山地域（安達太良火山地域）にある。

安達太良山主峰は古代「安達嶺」（『日本紀略』）、「安太多良の嶺」（『万葉集』）という呼び名もあり、五世紀ごろ安達太良山頂に安達嶺《あたちねの》神《かみ》を祀ったとされている。安達太良＝安太多良の語源は、「ア」は美称、「タタラ」は蹈鞴《たたら》・鑪《ろ》と解する説もある。このように安達太良山の名は、火の山の原始信仰から、また、古代の製鉄地名から生じた名であるともいわれる。

元禄六年（一六九三）、相応寺の記録には「岳山」、『松府来暦金華鈔』では「安達太良岳」、『相生集』には「安達太良山」、『安達郡誌』には「二本松岳、西岳、安達岳、安達太良峰、岳山又大華ともいえり」と記されている。

『万葉集』巻十四に「安太多良の嶺に伏す鹿猪の在りつつも吾は到らむ寝処な去りそね」、「陸奥の安太多良真弓弾きおきて反らしめ置なば弦着《は》かめかも」などと詠まれている。

『日本紀略』寛平九年（八九七年）九月七日条に、「授陸奥国坐正六位上飯豊別神、安達嶺禰宜大刀自神、安達嶺飯津賣神並正五位上、従五位下小湯日温泉神正五位下」と記されているのが山神のことであろう。これによると、当時の安積郡は現在の安積、安達郡の両地域が一緒であり、そこにある神々は安達太良に鎮座する祭神であった。飯豊別《いいとよわけの》神《かみ》は山頂に祀られ甑明神《こしきみょうじん》、禰《ね》宜《ぎ》大《おお》刀《と》自神《じのかみ》は船明神、飯《いい》津賣神《つめのかみ》は矢筈森明神《やはずもりみょうじん》、小《お》湯《ゆ》日《ひ》温《ゆ》泉神《せんのかみ》は鉄山に祀られ日《ひ》剣山明神《けんざんみょうじん》と称され、総称して安達嶺神といわれ、のちに安達太良明神と称されるようになった。

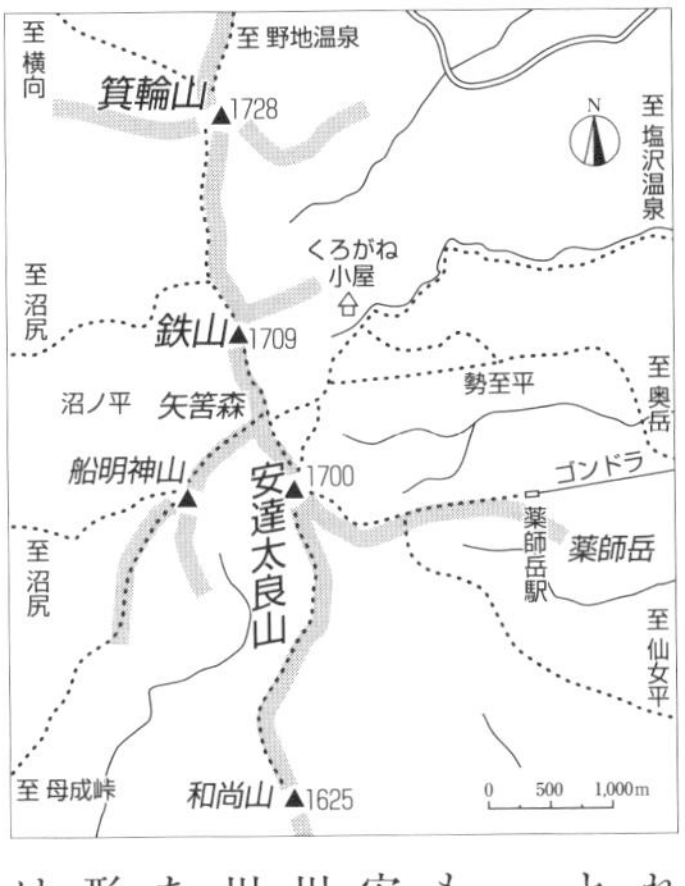

安達太良山（矢筈森から）

安達太良明神は豊穣をもたらす農業神であり、安達太良山を水源とした川には安達太良川、杉田川、原瀬川、石筵《いしむしろ》川がある。南北に長く連峰を形成しているため、水系は放射線状ではなく、東斜面に平行の流れを造り、火山帯は原瀬川上流や杉田川上流の谷に向かって急傾斜している。この東斜面に発する多くの河川は東流、あるいは南東流して阿武隈川に注いでいる。また、西斜面に発する石筵川にあっても阿武隈川に注いでいる。

安達太良火山群は、コニーデ型火山で、更新世活動期に鉄山火口から噴出した火山砕屑流により堆積した。活動度B級の活火山とされている稜線付近には、激しい火山活動とそれにつづく崩壊などの地形形成過程を物語る大規模な爆裂火口壁の崩壊斜面が多く見られ、山頂部にはいくつかの突起があり、主にカルクアルカリ岩系の両輝石安山岩や火山砕屑流などの噴出物から構成されている。

安達太良山から鉄山にかけては荒涼とした火山荒原であるが、苔の生えた溶岩の間にガンコウランやミネズオウなどの短小低木を見ることができる。山頂付近の東と西の斜面では、イワカガミ、コメツツジ、ミネズオウ、ヒナノガリヤス、シモフリゴケ、キタゴヨウ、ネバリノギラン、シラネニンジンなどを見ることができる。

動物では、大型哺乳類のニホンツキノワグマが中腹から下で、またニホンカモシカ、ホンドキツネ、ホンドタヌキ、小型のネズミ類が生息する。鳥類では亜高山帯に好んで生息するイワヒバリ、ビンズイが山頂部の岩場の隙間に営巣し、鞍部の灌木帯ではカヤクグリなども目撃されている。

登路　登山口は、塩沢、奥岳、大玉、野地、横向、石筵、母成《ぼなり》、沼尻があり、その一部では噴気活動や温泉の湧出が活発に行われており、温泉に恵まれた山でもある。

塩沢コース　スキー場の登山口から湯川渓谷の右岸の落葉広葉樹林の中を登る。途中に展望がよい屏風岩がある。八幡滝の分岐点から沢を何度か渡りながら登ると眺望が開け、奥岳コースと合流してくろがね小屋に着く。小屋の南を急登し、さらにガレ場を登ると籠山、矢筈森の尾根になる。この開けた尾根は峰の辻と呼ばれ、眼前には乳首のような山頂が見える。山頂へは直登するか、矢筈森の左から尾根に出て縦走コースを辿る（登山口から約三時間三〇分）。

奥岳登山口　途中までゴンドラを利用するコースと、スキー場から五葉松平を経て登るコースがあり、薬師岳で合流する。ナナカマド、シャクナゲ、キタゴヨウなどの樹林帯を登り、見晴らしのよい仙女平分岐を経て山頂へ達する（ゴンドラ利用約一時間三〇分、五葉松平経由約二時間四〇分）。

奥岳登山口から勢至平《せいしだいら》コース　烏川の橋を渡り、林道を横切りながら急登すると開けた勢至平に出る。前方に鉄山、矢筈森、安達太良山を見ながら平坦な道を行くと勢至平分岐となる。左のコースを登ると峰の辻に着き、くろがね小屋からのコースと合流する。ここから山頂までのコースは、塩沢コースと同じである（登山口から約二時間三〇分）。

大玉コース　「県民の森」入り口から岳グリーン牧場方面へ通じる林道を入ると登山口がある。仙女平を経て山頂まで四時間程である。また、野地温泉から箕輪山と鉄山を経る縦走コースがあり、約四時間で山頂に達することができる。

地図　二・五万図　安達太良山

（小林正彦）

和尚山　おしょうざん

標高　一六三〇m

別称　和尚岳

福島県郡山市と安達郡大玉村にまたがり、磐梯・吾妻火山地域（安達太良火山地域）の南端に位置している。標高のわりには山容が大きく、南に広く延びて放射谷となり、所々に大きな滝を造っている。南側斜面はコニーデ型火山の特色が出ており、裾野が長く広い溶岩台地状に平坦な赤木平ができ上がった。

火山活動の主活動後期に和尚火山において溶岩を流出したが、ほかに火砕や岩滓も流れ出て厚く堆積した。完新世に入って火山活動の末期に旧火口内に生じた前ヶ岳は、この時期に噴出した寄生火山である。その西を流れる石筵川上流では、同質の火山砕屑流堆積物が輝石安山岩質溶岩流に覆われている。その下流は阿武隈川に注いでいる。

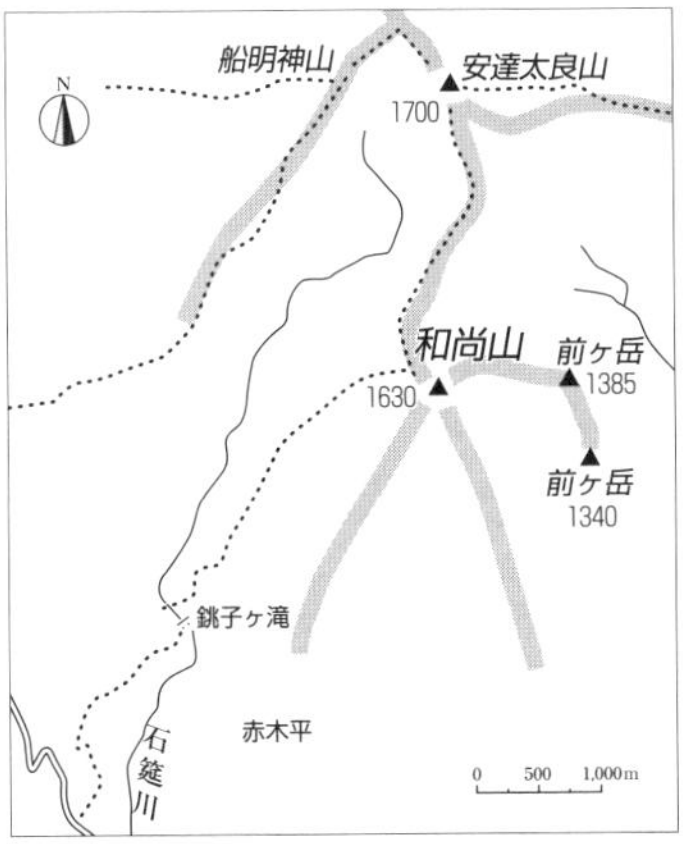

古い時代に火山活動を停止したため山頂まで植物によって覆われ、山頂周辺にはハイマツ、ゴゼンタチバナ、ウスユキソウ、ウラジロヨウラク、ミヤマホツツジ、ハクサンシャクナゲが見られる。

安達太良連峰においては、この和尚山だけに訪れる人はまれで、登山者は少なく、安達太良山頂への通過点に過ぎないが、静かな山歩きのできるコースである。連峰の山名は、ほとんど信仰に関連して付けられた地名であるため、和尚山も山中で修行する山伏によって名付けられたと思われる。ここにコースができたのは新しく、一九五七年から一九五九年にかけて郡山の職場山岳団体によって開かれ、その後一〇年間の刈り払いがつづけられていまの登山道になった。

登路　母成グリーンラインの石筵駐車場か、牧場からの登山口から銚子ヶ滝分岐を経て石筵川に架かる橋を渡る。川岸の急坂を登り終えると道は緩やかになり、カラマツとミズナラの林に入る。林を過ぎるとツツジ類が多く見られる長い登り道となる。

高度が上がるにつれ後方に磐梯山がくっきりと見え、前方には和尚山の山頂が望まれるようになる。やがて大きな岩がつづく岩場となり、そこを登り切ると和尚山の山頂に着く（銚子ヶ滝入り口から約二時間三〇分）。

地図　二・五万図　安達太良山　玉井

（小林正彦）

磐梯山　ばんだいさん

標高　一八一六m

別称　会津富士《あいづふじ》　会津嶺《あいづね》

磐梯山は独立峰で、福島県のほぼ中心にあり、猪苗代湖の北方に聳える。耶麻郡猪苗代町、磐梯町、北塩原村にまたがり、山頂でこの三町村が交わる。磐梯朝日国立公園に属し、那須火山帯の磐梯・

吾妻火山地域（磐梯火山地域）に属し、奥羽山脈の南部に位置する。

磐梯山は「会津富士」とも称されるが、『万葉集』には「会津嶺」として詠まれ広く知られた山であり、古くから磐梯明神として信仰され、修験の山となってきた。磐梯山は「天に懸かる岩の梯子」の意で、神の棲む山として多くの信仰を集めてきた。山麓の見禰山には会津を代表する磐椅《いわはし》神社があり、この磐椅の「椅」は磐梯山の「梯」と同じ意味であり、磐梯明神を遷座したといわれる。会津藩祖・保科正之も深くこれを信仰し、自ら末社となって土津神社に土津霊神として祀られている。

磐梯山は一八一六mの主峰と一六三六mの櫛ヶ峰、一四三〇mの赤埴《あかはに》山からなり、有名な一八八八年の噴火により現在の山容になった。磐梯山の火山活動は七〇万年前に始まり、その後の主な噴火活動は約二〇万年前に赤埴山、約四万年前の翁島《おきなしま》側の噴火が上げられる。この翁島岩屑《がんせつ》なだれによっていまの猪苗代湖が形造られたといわれる。

最も新しい噴火は、前述の明治二一年（一八八八）に主峰の北、櫛ヶ峰の西側にあった小磐梯が水蒸気爆発で山体崩壊して消失したもの。この時の岩屑なだれによって五村一一集落が埋没し、四七七名の犠牲者が出た。この岩屑なだれで河川が堰止められて、桧原湖・小野川湖・秋元湖や五色沼など大小三〇〇ともいわれる湖沼群ができ、現在の景勝地となった。昭和二五年に磐梯朝日国立公園に指定された。

独立峰である磐梯山は三六〇度の眺望が得られ、北方には裏磐梯湖沼群を隔てて吾妻連峰、遠くは朝日連峰、月山、鳥海山を望むことができるが、蔵王連峰は吾妻連峰の陰になって見えない。東方には長瀬川の向こうに川桁山の尾根、安達太良連峰、阿武隈の山々が見える。西方は眼下に猫魔ヶ岳と雄国沼、遠くに飯豊連峰と南会津の山々、越後県境の山々、南方には猪苗代湖と那須連峰、日光連山が見られる。植生では標高一三〇〇m地帯まではミズナラ、カエデなどの落葉広葉樹になっており、下生えは日本海性のチシマザサが多い。また、八方台付近にはブナの天然林がある。

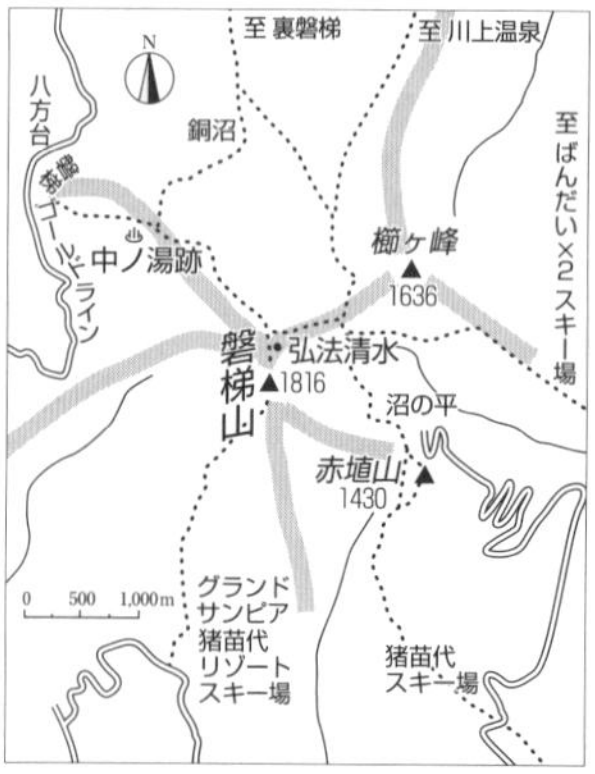

磐梯山（左）と櫛ヶ峰（右）
（猪苗代町大字三郷地内から）

明治の噴火跡地では、その二〇年後ごろから篤志家によるアカマツなどの植林がなされ、一二〇年経過したいまでは自然発生のミヤマハンノキ、ダケカンバ、ヤナギ類も繁茂して昔に返りつつある。沼の平などでも同様でミヤマハンノキ、ダケカンバなどが成長しつつあり、見通しが悪くなってきている。

標高一五〇〇m付近からは亜高山帯となり、ミネザクラ、マルバシモツケ、ミヤマホツツジ、ハクサンシャクナゲ、ミヤマハンノキなどの低木がある。山野草では砂礫地に磐梯山の固有種のバンダイクワガタがある。イワインチン、ウスユキソウ、ミヤマキンバイ、ハナイカリ、ミヤマシャジン、イブキジャコウソウなどがあり、草地にはエゾオヤマリンドウ、ネバリノギラン、ハクサンチドリ、ヤマハタザオ、ゴマナなどを見ることができる。

登路　磐梯山には六通りの登路があり、弘法清水に五登路が集まり、翁島口からのコースのみが直接山頂に至る。

翁島口　もっとも古い登路であり、グランドサンピア猪苗代リゾートスキー場から落葉広葉樹の樹林帯を登る。まもなく磐梯明神の遥拝所であった御拝殿跡に達し、よい休み場になっている。ここからは急な登りになり、尾根に取りつけば低木帯となり、ガレ場を過ぎればまもなく山頂となる(約三時間)。

猪苗代口　猪苗代スキー場の作業道が登路である。スキー場上部の急傾斜を過ぎれば天上の楽園「天の庭」となり、尾根上の低木や草花を眺めながら赤埴山の横を巻き、鏡沼を過ぎれば沼の平に入る。ここは平坦な旧噴火口でダケカンバやミヤマハンノキなどの低木が生育し、草花も豊富になってくる。火口壁に登る手前で渋谷口のコースと合流し、山頂まで急坂の連続となり、初めて裏磐梯を見渡すことのできる火口壁に着くと、川上口からのコースが合流する。

天狗岩を眺めながら急坂を登り黄金清水を過ぎると、もう少しで八方台からのコースと合流する弘法清水に着く。ここから急登を三〇分程で山頂に着く(約三時間)。

渋谷口　ばんだい×2スキー場から歩き出す。ゲレンデから古い林道を行き、右手の砂防ダムから流れる小沢を渡ると五〇m程先に登山口と古い標識がある。そこから樹林に入り、やがて琵琶沢上部の左岸を進むようになる。ガレ場を過ぎれば沼の平となり、猪苗代口のコースと合流する(約三時間)。

川上口　三〇分程のカラマツ植林地で合流する。なおも樹林帯を進めば急坂となり噴火口に着く。土石流が頻発しており、融雪時や降雨後は登路が流れて分かりにくい時があるので注意が必要。まもなく急な火口壁に取りついて登り切り、天狗岩の下部で猪苗代口のコースと合流する(約四時間)。

裏磐梯口　国道沿いの登山口より裏磐梯スキー場に入り、その上部で噴火口経由と銅沼《あかぬま》、中ノ湯跡経由に分かれ、一方は噴火口内で川上口コースに合流、他方は銅沼を経由して中ノ湯跡の上部で八方台からのコースと合流する(銅沼経由約四時間)。

八方台口　八方台駐車場よりブナ林の中を歩き、中ノ湯跡の上部で裏磐梯口コースと合流、火口壁に出てダケカンバなどの樹林帯に入り、上り下りを繰り返して弘法清水に至る(約一時間三〇分)。

地図　二・五万図　磐梯山　猪苗代　中ノ沢　(鈴木琢美・江花俊和)

猫魔ヶ岳　ねこまがたけ

標高　一四〇四m

猫魔ヶ岳は、磐梯火山地域に属し、磐梯山の西側に位置している。

また、福島県耶麻郡北塩原村と磐梯町の境にあってニッコウキスゲなどの群落で知られるカルデラ湖の雄国沼（標高一〇八九ｍ）を囲む外輪山の一角を占め、その中で標高のもっとも高いピークである。

『新編会津風土記』には「猫またありて人を食ひしとてこの名あり、北の方に猫石とてその面畳の如くなる大石あり、猫また住める故なり」とあり、化け猫伝説からきている名前だそうで、いかにも謎めいた山名である。最近、この山を挟んで北側および南側斜面とも大規模スキー場が開発され、山頂や主稜線付近まで山肌が至る所で切り刻まれてしまったのはなんとも痛々しい。

登路　猫魔ヶ岳に至る登山道は、裏磐梯に抜ける盤梯ゴールドラインの八方台から尾根づたいに登るルート、雄国沼から猫石を通って登るルートがある。夏の花のシーズンには雄国沼の近くの金沢峠までシャトルバスもあるが、桧原湖畔の雄子沢登山口から雄国沼に登り、山頂に至るルートが最良である。ただし、雄国沼経由で登山する場合、六月下旬から七月上旬の雄国沼には、ニッコウキスゲ、レンゲツツジなどの群花を目当てに観光客が押し寄せ、大変な混雑を引き起こして問題になっているので覚悟がいる。

三角点のある山頂は雄国沼の展望台であり、カルデラ湖を囲む外輪山の連なりは、かつての壮大な火山活動が偲ばれる景観である。また、裏磐梯、磐梯山、猪苗代湖、会津平野、遠くは吾妻連峰から飯豊連峰と見飽きることはない（雄子沢から約二時間三〇分）。

地図　二・五万図　磐梯山

（佐々木健臣・江花俊和）

厩岳山　うまやさん　標高　一二六一ｍ

福島県耶麻郡磐梯町にあり、磐梯山の西約五㎞に位置する。また、磐梯火山地域に属する。会津地方一円の農家の馬頭観音信仰の山で、「厩岳山」は「厩嶽山」で、地元では「まやさん」と呼んでいた。

天平年間（七二九〜七四九）に行基が馬頭観音像を安置して山号を厩嶽山と称したと伝えられている。参道には西国三十三所の石の観音像が並び、山頂直下に馬頭観音堂がある。旧暦六月一六日（前夜祭）、一七日、一八日（本祭）には馬を飼っている農家の人たちが行列をなしてにぎわっている。

この山は、猫魔ヶ岳火山の噴火でできた雄国沼を囲む外輪山の一峰である。参道のある南面は、参拝の起点であった源橋《げんばし》集落の「前《まえ》建《たて》」と呼ぶ参拝所から、「御賽前」と呼ぶ石塔まではスギの植林が進められているが、御賽前からはブナを主とした林がつづき、ニホンカモシカやニホンツキノワグマなどの野生動物の生息する山域である。山頂からの展望もよく、間近に磐梯山、猫魔ヶ岳、雄国沼湿原や猪苗代湖、会津盆地、遠く吾妻連峰、飯豊連峰を望むことができる。

登路　猫魔ヶ岳や雄国沼からも道があるが、参道は源橋集落の「前建」の参拝所（マツの大木があり、「厩嶽山」の大きな石碑と古い石塔がある）が起点だが、現在は源橋集落を過ぎた先の左に入った林道北堰赤枝線の案内板のある登山口から祓川沿いの林道を進み、水場と石塔のある「御賽前」から九十九折の参道に入る。

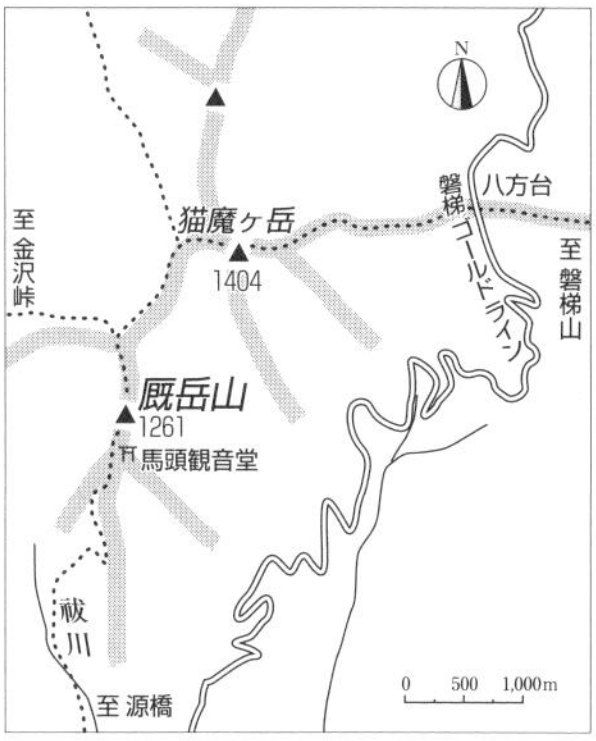

山腹の九十九折から尾根に出てブナ林の中を進むと山頂直下の馬頭観音堂に達する。このお堂から急傾斜をつめて山頂に至る(登山口の案内板から約二時間)。

地図　二・五万図　磐梯山　猪苗代　喜多方東部

(江花俊和)

雄国山　おぐにやま

標高　一二七一m

福島県耶麻郡北塩原村にあり、磐梯・吾妻火山地域(磐梯火山地域)に位置している。古い時代の猫魔火山のカルデラ湖、雄国沼が南に広がる。外輪山に囲まれた雄国沼と広大な湿原は、山上の花園のような小さな国に見えたことから、別天地の意味をこめて、オグニ(小国)の地名が生まれた。

地元の土屋元が湿原植物を研究し、一九四七年に発表したが、広く知られなかった。その後、武田久吉が一九四八年に貴重な湿原植物の群落があることを指摘して注目され、一九四九年に天然記念物の仮指定を受けた(本指定は一九五七年で、「泥炭地形成植物の発生する地域の代表的なもの」として)。

近年は湿原を訪ねる登山者が多く、山肌を紅色に染めるレンゲツツジの群落、湿原を黄金色に彩るニッコウキスゲ、ヒオウギアヤメ、ホロムイイチゴ(尾瀬にはない)などの花々が咲き競っている。

登路　登山道は三箇所あり、裏磐梯の雄子沢口と北塩原村ラビスパ口のほかに、磐梯町猫魔八方台口から猫魔ヶ岳を経て雄国沼に達するルートがある。雄国沼から雄国山までは標高差一七〇m、四〇分程の行程である。また、林道が三路線も整備されて、喜多方市や塩川町、北塩原村大塩温泉から外輪山の金沢峠まで車で登ることができるため、オーバーユースが指摘されている。山頂からは眼下に広がる裏磐梯の湖沼群をはじめ、磐梯山、飯豊連峰、吾妻連峰、燧ヶ岳、浅草岳などが眺望できる。

地図　二・五万図　磐梯山

(小荒井　実・深谷金之助)

那須火山地域

二岐山　ふたまたやま　標高　一五四四m

福島県岩瀬郡天栄村と南会津郡下郷町の境に位置し、那須火山地域(那須火山地)の鎌房山を中心に那須連峰の北部を形成している。二岐山は石英安山岩による急峻な山容で、トロイデ型を呈している。地元(二岐《ふたまた》温泉)では嶽山《だけやま》とあがめ、西岳の麓に大鳥居があり、東西の山頂は自然神として畏敬する聖域だった。近年になり二岐山(男岳・女岳)と呼ばれるようになった。

一九六七年に、地元の山岳会や有志の手で御鍋《おなべ》神社から男岳のルートが開削された。しかし、周辺の国有林のブナ原生林が伐採され始め、自然保護の立場から地元をはじめ天栄村挙げての反対運動に立ち上がり、全面伐採は免れたが昔の面影はない。

三角錐の男岳の展望はすばらしく、那須連峰の北部方面、大白森山、甲子山、旭岳と南に縦走コースがつづき、三本槍岳に隠れる。東に阿武隈山地が横たわり、北に向かえば磐梯山や飯豊連峰を遠望できる。山頂の三角点周辺までチシマザサに覆われ、草花は少ないがシャクナゲやサラサドウダンの灌木がブナ林の根元を飾っている。

登路　二岐温泉から二俣川に沿う林道の終点近くに御鍋神社があり、そこが駐車場になっている。右手の登山標識からアスナロの暗い林の八丁坂を急登する。古い林道に出て伐採されたブナ平の雑木の二次林を過ぎると男岳の直下に出る。一気に急登すると灌木が急に開け山頂に立つ(御鍋神社から約二時間三〇分)。

西へ急な鞍部を下り、登り返すと女岳山頂に出る。祠のある岩の上に立つと風に誘われそうな急斜面で、眼下に絶景が広がる。小野岳(一三八三m)と大戸岳(一四一六m)の山峡を流れる大川が阿賀野川と名前を変える会津盆地の辺りまで眺めることができ、その向こうに飯豊連峰が光る。眼下には村営の風力発電機がゆっくりと風に吹かれて回り、のんびりと別世界にひたることができる。

下りは一直線に地獄坂を下り、周辺がブナ林から雑木林に変わるころ、古い鳥居をくぐり林道に出る。

地図　二・五万図　湯野上　甲子山　(広瀬由昌・高田雅雄)

大白森山　おおじろもりやま　標高　一六四二m

別称　おじろもりやま

福島県南会津郡下郷町、岩瀬郡天栄村、西白河郡西郷《にしごう》村の三郡の境界が交わる所に山頂部が位置する。

那須火山地域(那須火山地)の最北部を占める鎌房火山群の一峰で、鎌房山火山形成後にその火口壁の一部より噴出した寄生火山とされる。山の名の由来に関し、麓の二岐温泉に古来からの言い伝えがある。御鍋《おなべ》神社の奥、二俣川の最上流に次郎右衛門という独り者の木地師が住んでいた。ある晩、若くてきれいな三人の女が突然訪れ、一人の女が「私は大白森に巣くっている主だ。お前はこの森の木を切り倒しているが、今回は許そう。しかし、今後伐採したら命はない」と戒めた。ほかの女は、一人が中の森(現在の甲子《かし》山)の主、もう一人は小白森の主だと言った。次郎右衛門は驚いて夜明けを待ち、二岐へ下って人々にそのことを話した。それは山の守神だろうということになり、以後、一帯の森を大白森山、小白森山と呼ぶようになったと伝えられている。北側に連なる小白森山(一五六三m)は鎌房火山の北東に開く五㎞に及ぶ馬蹄形カルデラが形成されたのちに、中央火口丘が形成されたものといわれ、二山まとめて大白《おおじろ》小白《こじろ》と親しく呼ばれている。

山体は輝石安山岩からなり、山頂付近は鐘状火山(トロイデ)の形態を示す。中腹(一四〇〇m)以下の渓谷は深く切れ込み、急斜面で南側を阿武隈川源流、西側を阿賀野川の源流とする分水嶺となっている。山頂はシャクナゲ、トリモチ、ヤマツゲなどの灌木に覆われているが、三六〇度の展望を得ることができる。北に小白森山の背景に二岐山、南西に甲子山、旭岳とつづき、その奥に三本槍岳の大きな稜線が広がる。遠くに飯豊・朝日連峰を望むことができる。

大白森山と甲子山を結ぶ鞍部に甲子峠がある。ここは南会津と白河を繋ぐ最短の山道として、江戸時代から白河の馬市にはせり駒と多くの馬喰たちが往来したといわれる。現在は甲子山の直下を四・三㎞の国道二八九号のトンネルが開通し、白河と南会津を結ぶ大動脈となっている。

登路　天栄村二岐温泉登山口は御鍋《おなべ》林道を進み、二岐橋を渡るとすぐ登山口となる。小白森山、一杯山、二杯山を経て山頂まで約四時間。ほかに西郷村甲子温泉を登山口として、奥甲子温泉の三段滝下に架かる橋を渡る。温泉神社を過ぎて九十九折を登って猿ヶ鼻で緩やかな尾根に出て、甲子山分岐を経て甲子峠まで約三時間。さらに山頂まで約一時間。甲子峠登山口は会津鉄道会津下郷駅から国道二八九号と甲子林道との出合が登山口。利右衛門谷地までの緩やかな尾根路を登って急な沢筋に取りつく(トク沢は通常水量はない)。山頂まで約一時間。

地図　二・五万図　甲子山

（藤井宗次・高田雅雄）

権太倉山　ごんたくらやま

標高　九七六m

福島県白河市大信地区と岩瀬郡天栄村にまたがり、大信地区の北西部に位置する。また、那須火山地域(那須火山地)に属している。地質は、前期那須火山群の鎌房山を中心とする甲子火山類と称される安山岩で形成される。聖ヶ岩は造山運動で隆起した花崗岩である。

康平年間(一〇五八〜一〇六五)、源義家が東征の折に従者が鞍を忘れて置いておいたところ石となった伝説、承安年間(一一七一〜一一七五)、源義経が都落ちの際の愛馬太夫黒《たゆうぐろ》の名前にかかわる伝説などがある。かつては「権太鞍山」とも記し、山頂と間ヶ岳(通称ざる山)の馬の背との関係から野生馬権太黒《ごんたぐろ》の伝説と結び付いたもの。ある人がこの山を訪ねて詠んだ「言の葉のかたく傳へし石もなく名のみなりけり権太鞍山」という歌もロマンがあって楽しい。

登路　白河市大信地区町屋《まちや》から県道矢吹天栄線を羽鳥湖に向かい、隈戸川上流の「聖ヶ岩ふるさとの森」からの林道経由と、聖ヶ岩風穴を経て馬の背分岐から山頂へ至るルートがある。また、県道から隈戸川の支流へ石橋を右折して沢づたいに登るルートがある。

山頂まで約二時間。北から西に磐梯山から羽鳥湖、二岐山から南に大白森山・小白森山や甲子山から旭岳と那須連峰、東に八溝山や阿武隈山地が遠望される。

地図　二・五万図　岩代長沼　上小屋

（広瀬由昌・高田雅雄）

甲子山　かしやま

標高　一五四九m

別称　かっしやま　かしざん

福島県南会津郡下郷町と西白河郡西郷《にしごう》村の境に位置する。那須火山地域の北部を構成する一峰で、花崗岩上に堆積した安山岩や砕屑岩からなる火山体で、ピラミッド状の尖峰をなし、急峻な渓谷を刻んでいる。東斜面は阿武隈川の源流で、麓の甲子温泉の源泉はこの渓谷の花崗岩の割れ目より湧出している。この一帯を通称・甲子高原と呼び、景観美と生物学的にも貴重な地域で、県の鳥キビタキが多く生息している。『白河古事考』によると、大白森山から甲子山、旭岳の連山を総称して「甲子三山」と呼んでいる。

甲子の名は、至徳元年（一三八四）甲子《きのえね》の年に鶴生村の班宗寺の州安和尚が温泉を発見、この年の干支にちなんで付けたという。江戸後期の白河藩主・松平定信は、『関の秋風』に「白河に至りて甲子の山を見ざらんは、孔子の門を過ぎて入らざるが如し、甲子の山に至りて楓葉を見ざらんは、堂に入りて室に入らざるが如し」と賛じている。甲子温泉には定信が湯治や遊山に使ったという勝花亭《しょうかてい》が現存している。

登路　甲子温泉の阿武隈川の橋を渡ると登山口である。温泉神社から急坂の猿ヶ鼻をつめるとおだやかな尾根になり、甲子峠からの道と合流する（分岐点まで約二時間）。これよりクロベの交じるブナ林から安山岩の急斜面を一気に山頂に出る（分岐より約二〇分。ほかに甲子峠より山頂まで約一時間二〇分）。

地図　二・五万図　甲子山

（藤井宗次・高田雅雄）

旭岳　あさひだけ

標高　一八三五m

別称　赤崩《あかくずれ》山　甲《か》子《し》旭《あさひ》

福島県南会津郡下郷町と西白河郡西郷《にしごう》村との境に位置する。那須火山地域の北部を構成する一峰で、最北部の鎌房山と南部の茶臼岳とのほぼ中間にある。

旭岳の名は、『白河風土記』に「甲子山の麓で鶏が時を告げるころ、すでにこの岳の頂には日の出をみると言い伝えられ名づけた」とある。この山の東側に高い山はなく、朝の陽光をまともに受け、日の出を拝むことができる山の意である。

山体は成層火山で輝石安山岩からなり、溶岩流と凝灰角礫層からできており、大規模な崩壊と侵食が進み、急峻な渓谷を造っている。山肌は茶褐色で別名を「赤崩山」と呼ばれる。東

に阿武隈川、北東に観音川、西に加藤谷川《かとだに》の源流があり分水嶺である。山頂近くまでシャクナゲやハイマツが主体の灌木林となり、狭い山頂の眼下に下郷町の町並みを俯瞰でき、南に北関東が白河の関に迫る那須塩原市も見ることができる。

旭岳の中腹(一五〇〇m付近)は緩やかな斜面となっていて、カルデラ湖の坊主沼がある。その周辺にはブナやダケカンバの樹林が散在していて、急峻な山容とは対象的に静寂なたたずまいを見せる。この沼のそばに無人避難小屋が建てられたのは一九五五年で、現在の小屋は三代目である。那須~甲子縦走の中継地となっている。

登路　甲子温泉の登山口と下郷町側の甲子峠登山口がある。いずれも甲子山山頂を経由する。温泉から約二時間、峠から約一時間。山頂から鞍部の水飲み場まで下り、急登して旭岳の中腹をトラバースすると坊主沼の避難小屋に出る。

旭岳の登山道は地図にはない。地元でも冬山や残雪期に登る程度で、山頂までの灌木と崩壊中の登路は危険である。最近、北東稜の灌木づたいに登る者も出てきた。甲子山から小屋まで約一時間。

地図　二・五万図　甲子山　(藤井宗次・高田雅雄)

赤面山　あかづらやま

標高　一七〇一m

福島県西白河郡西郷村《にしごう》の北西に位置している。また、那須火山地域に属し、三本槍岳東尾根につづく県境の前岳からの鞍部を隔てて那須連峰と対峙する。赤面山は那須火山後期の三本槍岳火山活動による安山岩と火山角礫岩からなり、山肌が赤褐色なことから赤面の名がある。一方、村人(赤面山は江戸時代、山根六箇村の共有地)はブナや雑木の広葉樹林に入り薪や炭を得て生活の糧にしており、麓から見る秋の紅葉を賞した呼び名ともいわれている。

山頂からは西の三本槍岳からカール状に旭岳、甲子《かし》山、大白森山、鎌房山と連なり、阿武隈川の源流はこれらの山稜より流れ、白河から北上して仙台湾に至る。村では山開きを催し、このパノラマや五月のシャクナゲ、シロヤシオの群生地を紹介している。

登路　新甲子と那須を結ぶ県道二九〇号の途中にある白河高原スキー場跡が登山口。スキー場から一時間程でブナ林の山道に入ると、那須甲子青少年自然の家からの登山道と合流する。自然の家登山口からこの八合目まで約三時間、これより灌木帯に入り山頂へ約一時間。東の眼下に、関東から白河の関跡の高原や阿武隈山地が長く重なっている。ほかに那須大丸登山口の清水平から約三時間。

地図　二・五万図　那須湯本　那須岳　(溝井力男)

那須岳　なすだけ

標高
茶臼岳《ちゃうすだけ》　一九一五m　三本槍岳《さんぼんやりだけ》　一九一七m
朝日岳《あさひだけ》　一八九六m　南月山《みなみがっさん》　一七七六m
白笹山《しらささやま》　一七一九m　黒尾谷岳《くろおやだけ》　一五八九m

栃木県那須郡那須町の北西部に位置する。那須火山脈は茶臼岳を盟主に、北へ朝日岳の岩峰を連ね、さらに三本槍岳を起こしている。南へは南月山、黒尾谷岳などの山稜を延ばしている。

茶臼岳は那須連峰の中心的存在になるところから、那須岳とも呼ばれる。那須の語源については、アイヌ語からきているという説や、那珂川の中州という説などあるが、定説はない。

　景行天皇の時代に「那須国」と呼ばれる国名がこの地方に置かれ、下って文武四年（七〇〇）に湯津上村（現大田原市）に立てた「那須国造碑」が残されているところからも、かなり古くから那須の地名は生まれていたものと思われる。那須国の高峰というところから那須岳（山）と呼ばれたと考えられる。

　江戸時代に入ると、奥州道中などの主要街道をはじめ、大田原日光街道、会津日光街道などの各道が整備されて旅人の往来も多くなる。松尾芭蕉が元禄二年（一六八九）に『奥の細道』の旅を行い、茶臼岳山裾の殺生石を句に残している。なお、殺生石近くには那須の温泉の起源にまつわる那須温泉神社がある。

那須岳（茶臼岳西面）

　茶臼岳の山頂は裂岩が積み重なったような裸山である。山腹にはコシキと呼ばれる岩壁がめぐらされ、その上を那須山麓駅からロープウエーが山頂直下の山稜上へつづいている。
　茶臼岳から山稜を北へ下ると峰の茶屋跡の鞍部、さらに岩尾根を登ると剣ヶ峰を経て露岩を突き立てたアルペン的風貌の朝日岳に達する。展望が広大な岩峰である。東へ延びた山稜は鬼面山を経て北温泉方面へ延び、一方、西へは熊見曽根の山稜が隠居倉を経て三斗小屋温泉へ延びている。北へ延びる主稜は清水平を経て三本槍岳に至る。

　三本槍岳は栃木・福島県境に位置する那須連峰の最高峰で、眺望のよい山である。南西面に多少の岩崖があるが、全体におおらかな山容で、ハイマツが多い。山名の由来は会津、白河、黒羽の三藩が境界確認のため、槍を立てたとの故事による。
　茶臼岳から南へつづく尾根は、日ノ出平を経て南月山を起こす。山頂には南月山神社の石碑があり、石の祠がある。南月山から尾根は二つに分かれ、西に向かうのが白笹山を経て沼ッ原の湿原へと広がり、南東へつづく尾根はさらに南への尾根を分けて、その先に黒尾谷岳がある。南月山や黒尾谷岳は南西の白笹山とともに小沢名川源流の旧火口壁を形成していたといわれている。
　那須連峰の樹木は、中腹周辺まではヒバ、ネズコなどの針葉樹林に、ブナ、ナラ、クリ、カンバなどの広葉樹林が混生する。茶臼岳山頂周辺は樹木はなく、山腹はツツジの名所になっている。紅葉はカエデをはじめ、ナナカマド、ドウダンツツジなどの赤色とナラの黄色が入り交じって鮮やかである。

初夏のツツジに次いでシャクナゲが高原地帯を彩る。七～八月の夏期には、コメバツガザクラ、シラタマノキ、ヒメイワカガミ、シモツケソウ、イワギキョウなどが可憐な花を咲かせる。

動物相も豊富で、奥那須から男鹿山塊にかけては、ニホンツキノワグマをはじめ、ニホンカモシカ、ホンドタヌキ、ニホンザル、ノウサギなどがいる。かつて三斗小屋に熊撃ちの老練者がいたが、いまはクマそのものが少なくなってしまった。イノシシも三、四〇年前までは多くいたが、これもいまはほとんど見ることができない。

登路　一般的な登山路は、表那須の大丸《おおまる》温泉から峰の茶屋跡を経由して登るコースだが、近年ではロープウエーで山頂駅まで行き、山頂を往復するのがメインになっている。人によっては山頂から峰の茶屋跡経由で下山、または峰の茶屋跡から朝日岳往復を加えてもよい。ほかに朝日岳～三本槍岳～中の大倉尾根～北温泉、朝日岳～隠居倉～三斗小屋温泉、茶臼岳～南月山～白笹山～沼ッ原湿原、南月山～黒尾谷岳～あけぼの平、三本槍岳～須立山～甲子温泉などの登山道がある。

地図　二・五万図　那須岳

（野口冬人・小島守夫）

高原山　たかはらやま

標高　釈迦ヶ岳《しゃかがだけ》　一七九五m
鶏頂山《けいちょうざん》　一七六五m

別称　金鶏山

栃木県日光市藤原地区と那須塩原市との境にあって、高原山火山の一角をなし、日光国立公園に属する。高原山とは一群の山の総称で、最高峰の釈迦ヶ岳と隣接する鶏頂山は東西に対峙し、その間には深い噴火口壁を形成している。この山を水源とする野沢は鬼怒川へ、スッカン沢は箒川へ流れている。

高原山は隣接する那須火山と同様に凝灰岩類が見られる脆い岩質である。ヒノキ、コメツガなどの黒木が茂り、東面の八方ヶ原はレンゲツツジに覆われている。山は昭和三〇年代に皆伐され、一時にぎわった鶏頂山スキー場も現在は閉鎖され、見るも無残な残骸だけが残されている。

鶏頂山は約一七〇〇年前に開山された霊山で、山頂には「道祖猿《さる》田彦《たひこ》大神」が祀られている。釈迦ヶ岳は高原山の最高峰で、白い釈迦如来像が安置されている。どちらの山にも古くから信仰登山が盛んであったことを偲ばせる石仏が散見できる。鶏頂山奥宮は伊勢神宮や日向国高千穂峰に向いて建てられている。神々の山といわれる所以だろう。

登路　日塩有料道路鶏頂山登山口から元鶏頂山スキー場のゲレンデを登る。弁天沼を通り右への急登で鶏頂山山頂へ。一度丁字路まで戻り、東への道を辿る。鞍部まで下り、八方ヶ原からの道と合う。シラビソの林を登りつめると展望が開け、釈迦ヶ岳山頂に着く（元鶏頂山スキー場から約三時間）。ほかに八方ヶ原（大間々台）から釈迦ヶ岳（約三時間）、鶏頂山（約四時間）。

地図　二・五万図　高原山　塩原　五十里湖　川治

（関根幸次・小島守夫）

出羽山地北部（白神山地）

阿闍羅山　あじゃらやま　標高　七〇九m

青森県南津軽郡大鰐町と平川市碇ヶ関地区にまたがり、津軽平野の南端に位置する。弘前、黒石方面からは釈尊の涅槃《ねはん》の姿に見え、古くから信仰の山であった。山名の由来には諸説あり、不動明王の梵語アシャラから転じた、五輪塔の五つの部分の梵語「ア、バ、ラ、カ、キャ」から転じた、また、阿闍梨（梵語で「アーチャリヤ」）から転じたなどといわれる。山頂からは津軽平野、八甲田連峰、岩木山が望める。

登路　国民宿舎おおわに山荘（現在休業中）前からスキー場に向かい、スキー神社のわきを通ってスキーコースの中を登っていく。第二リフトの終点にホテルがあり、ここで車道と合流する。ホテルの連絡通路の下をくぐり、ゴルフ場のわきを通る道を山頂に向かって登る（約一時間四〇分）。山頂には無線の中継施設があり、積雪期以外は車でも行くことができる。

地図　二・五万図　大鰐　阿闍羅山

（須々田秀美）

縫戸山　ぬいどやま　標高　七六九m

秋田県大館市の旧大館市域と田代地区とにまたがる縫戸山は、青森県との境に隣接し、大館市の真北を流れる粕田川の源頭に位置している。

山頂には、標柱と案内板があり、眺望も良好で、故郷の山として山麓の人々に登り親しまれている。

また、県境上の主稜線西方には、天から降ってきたと伝承される巨大石・石ノ塔があり、御神体でもあるこの巨大石の基部には薬師堂が祀られている。地元では古くから「石ノ塔を見ねで、大きだごど言うな」との諺があり、毎年、山麓の青森県南津軽郡大鰐町と大館市田代地区とで「万国ホラ吹き大会」を開催している。

登路　大館市粕田の岩本集落から粕田川沿いに延びる陣内林道の峰越地点に登山口（山瀬ダム分岐）がある。右手の道を登るとブナ林となり、この先、尾根筋の道を辿ってウグイス峠に出て、天然スギを回り込んで開けた山頂に着く（登山口より約一時間三〇分）。なお、山瀬ダムのある五色湖上流に延びる内町沢林道も峰越地点に至っている。

石ノ塔へは、内町沢林道の途中から分かれた林道終点に登山口があり、夏越を経て県境上の平坦な道を辿って山頂に至る（約一時間）。

地図　二・五万図　白沢　越山

（佐々木民秀）

田代岳　たしろだけ　標高　一一七八m

別称　田代山

秋田県大館市田代地区にある。秋田県には火山性地形に豪雪が作用して頂上付近に高層湿原を形成している山が多い。田代岳もその一つで、成層火山、溶岩円頂丘、カルデラ、火口のある火山であるが、頂上南東側の標高一一二〇m前後に二五ha程の高層湿原があり、大小一二〇余の池塘が点在している。山名はこの湿原を神の田と見なしたことに由来する。

主稜部は田代岳から西に延びる稜線上に雷岳（一一二八m）、烏帽子岳（一一三三m）、茶臼岳（一〇八六m）が並んでいる。その巨大な山体はほかの山々からも確認は容易である。頂上の北東側山麓に三菱重工業のロケット燃料試験場が建設され、そこへの道路を使えば日帰りの冬山登頂も可能になった。

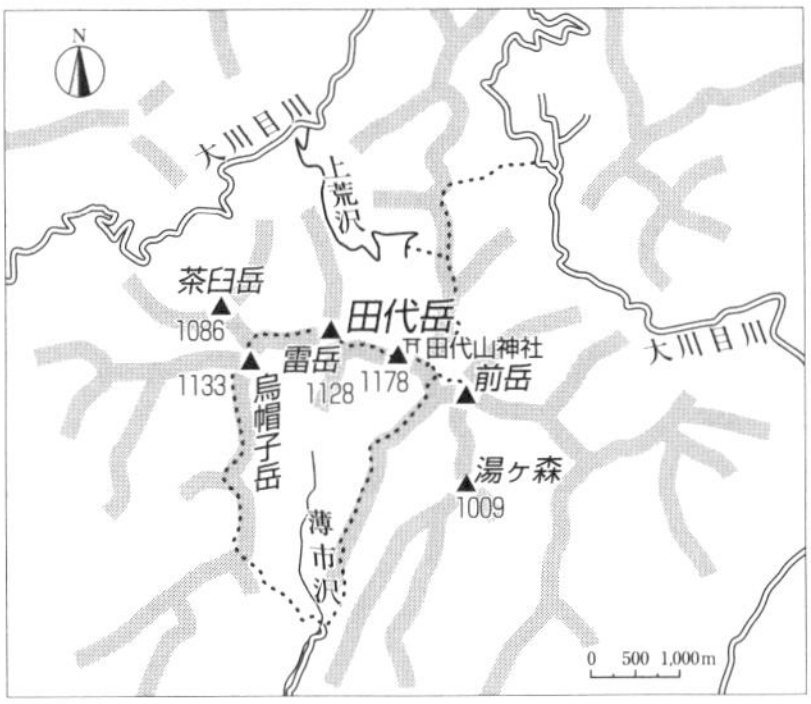

この山は昭和以前は「田代山」と呼ばれ、頂上に田代山神社がある霊峰であった。秋田県側の地元の農民のみならず、青森県津軽地方南部の農民も、毎年七月二日の半夏生《はんげしょう》（夏至から一一日目）に登頂して、ミツガシワをはじめ多くの高山植物の咲き具合から、その年の稲作の豊凶を占ってもらう行事が現在もつづいている。以前は農耕の仲間である馬とともに登ったという。また、女性が登れば半夏生に大雨が降るというので、長く女人禁制の山でもあった。

登路　荒沢コースと薄市沢コースの二つがある。どちらも大館市の西部に走る国道七号から入る。荒沢コースは岩瀬川を、薄市沢コースは早口川を遡る。どちらも中腹部の緩やかなブナ林の中の道を辿り、頂上下の田代湿原に飛び出す。荒沢コースはロケット燃料試験場の手前（六四〇m）からほぼ二時間。薄市沢コースは薄市沢林道終点の手前（四三〇m）からほぼ二時間。頂上には避難小屋も兼ねた神社が建っている。

地図　二・五万図　田代岳　越山

（奥村清明）

尾太岳　おっぷだけ　　標高　一〇八四m

青森県中津軽郡西目屋村に位置する。尾太岳は、白神岳の山頂から世界遺産に登録されている重畳とした山並みを遠望すると、最奥に正三角形の誰にでも説明しやすい形で確認できる山である。白神山地ののっぺりとした山群の中で、尾太岳は特別の風貌を持っている。鋭鋒は近くでは見上げるような、高山的な迫力があり、さながら「白神山地のマッターホルン」と称されている。山頂にはマタギの里を象徴する山岳信仰の証の古い石碑がある。

尾太岳は植生では、白神山地に見られない、特異な面を持っている。八合目から九合目付近に展開する針葉樹林である。コメツガ・キタゴヨウマツの群落が、山頂を取り囲むように生育し、落葉広葉樹林帯の白神山地の中で尾太岳だけは飛び抜けた異様感を放って見える。圧倒的にコメツガが多いが、どれも立派な成木で天を突いて伸びている。鋭峰の山頂は狭いが展望は申し分なく、白神山地が台座のように遠望される。

登路　西目屋村湯ノ沢林道を辿り尾太鉱山事務所の許可を得て施

設内を通過し登山口に取りつく。初めは急な尾根の石段を登り、かなり長い階段の終点からは獣道のような整備されていない道がつづく(夏期はヤブが濃い)。尾根といっても急斜面で、地形的には尾太岳を直登するのではなく、山頂直下の山中沢の左岸を登り尾太岳北西の支峰、薬師森を経て山頂に達する(残雪期で三時間強)。

地図　二・五万図　尾太岳

(西口正司)

駒ヶ岳　こまがたけ　　標高　一一五八m

別称　藤里駒ヶ岳　藤駒岳

白神山地の中の一峰で、頂上は秋田県山本郡藤里町に位置する。標高も高く、山容もすっきりしているので、秋田県側の山麓からは望見が容易である。残雪による駒形が農事暦となったことから山名は由来しており、古来、地元民の信仰の対象となってきた。ブナの樹海の中心部に位置していたが、伐採が進み、三〇年前、頂上に登った小学生が遥か遠くのブナの山々を見て「自然って遠いんだなぁ」とつぶやいたほどだった。このつぶやきは地元の人々に強い衝撃を与えた。北東の山麓にわずか一二haの岳岱《だけたい》ブナモデル林が残され、自然観察教育林として利用されている。

北面の標高八〇〇mには田苗代《たなしろ》湿原(一九ha)があり、高山植物が豊かである。頂稜部は一kmにわたってほぼ南北に連なっている。南端に前岳(一〇七八m)がある。東面は断崖となっているが、西面は緩やかな斜面となって粕毛川に繋がっている。頂上からの展望はよく、津軽海峡のかなたに北海道の山も望める。登山口は北側に黒石沢口、南側に樺岱《かばたい》口があるが、ともに町の中心部から三〇km近くあり、雨のためしばしば崩壊する林道を通る。黒石沢口へは藤琴川を遡るが、左岸には江戸時代から栄えていた太良《たいら》鉱山があった。享和二年(一八〇二)、菅江真澄も二度ここに足を運んでおり、鉱山の隆盛について書き残している。樺岱口へは粕毛川を遡るが、途中にある県営素《す》波里《ばり》ダム周辺からは、五〇〇〇年前の縄文時代の遺跡も発見され、古来、この山麓一帯のブナの森に人々が生かされてきたことを物語っている。

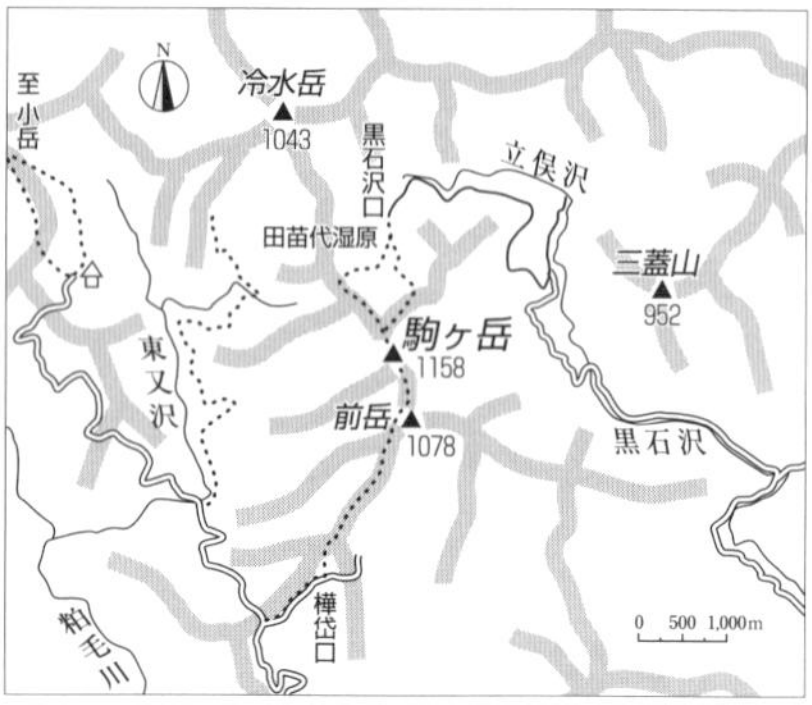

登路　南北に連なる頂稜部に登山道がある。黒石沢口の登山口は標高八二〇m、頂上まで約一時間二〇分。最初に田苗代湿原を歩いた後、ブナ林の急登となる。樺岱口の登山口は標高六〇〇m、頂上まではブナ林の中の緩やかな道で、前岳分岐を経て頂上に達する(約一時間五〇分)。二〇〇二年、黒石沢口の田苗代湿原から頂上まで新しい登山道が造られた。

地図　二・五万図　真名子　尾太岳　冷水岳　羽後焼山

(奥村清明)

小岳　こだけ

標高　一〇四三m

頂上は青森・秋田県境から二五〇m南側の秋田県山本郡藤里町に位置している。世界自然遺産地域である白神山地の東端にあたる。遺産地域の西側の展望地は二ツ森、東側は小岳として脚光を浴びた。本州でハイマツがもっとも低い標高約八〇〇mに生育している山としても知られている。白神山地の主稜にポツンと小さく突起していることから名称が由来している。

高山植物が豊かで、野生動物も多い。植物を踏みつけや盗難から守るため、頂上部には立ち入り禁止のロープも張られている。

登路　登山道は、素波里ダムから林道を二五km走った白神山地巡視管理棟前(標高六〇〇m)から始まる。尾根道でほぼ直線に近く、しっかり付けられている。頂上まで約二時間。頂上近くでブナ林を抜ける。二〇〇二年、尾根の途中から登山口まで新しい道が造られた。

地図　二・五万図　冷水岳　羽後焼山

(奥村清明)

青鹿岳　あおしかだけ

標高　一〇〇〇m

青森県中津軽郡西目屋村大川上流にある。秋田県境近くで、白神山地の世界遺産核心地域の東端に位置する山である。

本峰は、大川上部に本流と大滝又沢を分ける二股を形成し、脆い地層の崩落地帯を流れる渓谷上流部に、ブナを中心とした落葉広葉樹の原生林に覆われた円錐形の山である。

青鹿岳の東側標高七〇〇m付近に、鬼の坪といわれる周囲八〇m程のくぼ地があり、そこだけは空き地のように天に窓を開けている。地面は低いハイマツが密生している。石の隙間には無数の隙間穴ができて、そこから冷気が噴出している。

地元では山の神の棲む所として、行ってはならない場所といわれている。その周囲はシャクナゲが咲き乱れ、まさに山の神の棲む所にふさわしい絶景である。

鬼の坪は冬季に頂上から雪崩が流れて溜まる、蟻地獄のような地形となっているため、地下は凍土の状態で水はとくに冷たく、その下流はワキツボの沢といわれている。

青鹿沢に至る沢沿いはその冷気の作用で霧が発生し、苔が繁殖して芸術的な苔の渓谷を見せている。

登路　青森県西目屋村青秋谷林道跡終点から大川を遡行して二股へ到着し、本流のタカヘグリという渓谷の廊下を辿り、キュウベイダキの沢を直登するルートと、残雪期に二股から尾根を辿るルートの二つの指定ルートがある。一泊二日の山行となる。世界遺産の核心地域に入るので入山届が必要である。

地図　二・五万図　冷水岳

(西口正司)

雁森岳《がんもりだけ》

標高　九八七m

青森県中津軽郡西目屋村と秋田県山本郡藤里町にまたがる。世界遺産に登録されている白神山地核心部の県境分水嶺にあって秘境といえる山である。山頂から秋田県側の粕毛川流域の下沢に崩落している断崖は、眼下に白濁した激流を展望できる。こうした山頂部に目立つ断崖のある山は、白神山地ではまれで目標とされている。

国土地理院発行の地形図には、山名が記されていないが、白神山地の地元民にとって雁森岳はれっきとして存在する山である。山頂の地質は秋田県側下流に、かつて鉱山があった証なのか、緑銅色の表土が見られる。山頂は青森県側がブナ林の急傾斜地なので、片刃の刃物状の細長くて狭い地形になっている。そのため慎重な足どりで通過しなければならない。

山容は南北側からと東西側からとでは極端に異なる。残雪期に東側から雁森岳を見ると、ピラミダルな白い鋭峰となっており、白神山地の秀峰の一つであることが分かる。変わった地形と厳しい風雪が雁森岳の山頂の東側直下にハングした雪庇を造るため、登山者には難所になっている。

登路　青森県側では岩木川の源流を形成している山として、西目屋村大川を遡行し雁森岳に達した記録がある。

白神山地世界遺産核心地域になって、指定ルートのない山であるため、現在は規制されている地域である。

地図　二・五万図　二ツ森

(西口正司)

二ツ森《ふたつもり》

標高　一〇八六m

青森・秋田県境を東西に走る白神山地の主稜の西端にあり、頂上の北側は青森県西津軽郡鰺ヶ沢町、南側は秋田県山本郡藤里町である。広域基幹林道青秋線をめぐるブナ原生林保護運動のなかで、白神山地を一望できる容易な山として脚光を浴びた。ほぼ同じ標高の二つのピークが並んでいることに山名は由来する。県境上の北側のピークには登山道が通じているが、南側のピークにはない。

登路　登山道は一本で、往復登山となる。予定されていた青秋林道の秋田側中止地点(標高九四〇m)が登山口である。頂上まで四〇分あれば登頂できる。道はブナ林の中にあり、よく整備されている。頂上は狭い。登山口へは秋田県山本郡八峰町を通る国道一〇一号から林道を一八km登った地点にある。

地図　二・五万図　二ツ森　中浜

(奥村清明)

薬師山《やくしさん》

標高　三一二m

別称　大母爺

秋田県山本郡八峰町の八森地区南端、JR五能線東八森駅のすぐ東に位置する。国道一〇一号を能代方面から北上し、旧峰浜村との境に近づくと、右前方に母谷山と並んで望まれる小さな里山である。

その山名は、慈覚大師が大母爺社(薬師山)に薬師如来を祀ったことに由来する。

山頂には大己貴命《おおなむちのみこと》・少彦名命《すくなびこなのみこと》を祀る磯前《いそざき》神社があり、すぐ南に隣接する三吉大神などを祀る母谷山とともに、古くから山麓の人々の信仰が篤い。

登路　東八森駅の近くから入り、途中から左へ延びる林道の終点に鳥居の建つ登山口がある。マツと雑木林の坂道を登ると磯前神社があり、この先すぐ日本海を眼下に望む眺望のよい山頂である(約三〇分)。

地図　二・五万図　羽後水沢　中浜

(佐々木民秀)

摩須賀岳　ますがだけ

標高　一〇一二m

青森県西津軽郡鰺ヶ沢町にある。世界遺産に登録されている白神山地の青森県側の中央に位置する山である。そのため核心部の原始の奥深い森に囲まれ守られている城郭のような存在で、登頂した人は少ない。

本峰は鰺ヶ沢町赤石川を上流部で割って二股を形成して、右岸に本流、左岸に滝川を配置して、堂々とした三角形の整った山で、尾根は秋田県境の分水嶺まで達している。白神岳の頂上から世界遺産地域を眺めると、一番目立つ山が摩須賀岳である。ブナ原生林の樹海に浮かび上がった、清秀な山容からは、山深い渓谷に阻まれ何者も寄せ付けない威圧感が伝わってくる。

頂上は密生したチシマザサに覆われ、夏季の登山は猛烈なヤブこぎを覚悟しなければならない。残雪期の摩須賀岳頂上から眺める白神山地は大パノラマである。摩須賀岳の南東中腹の森の中にノロの沼といわれる神秘的な沼がある。この山は世界遺産の核心地域であることを示すとおり、ブナの原生林に覆われた、人間の匂いがしない野性的な山である。

登路　世界遺産登録核心部になっている。届け出による許可ルートとして赤石川二股から尾根を直登するルートと、ノロの沼を通過するルートがある。いずれも道のない原始の森であり、上部はブナやダケカンバの林の中にササが密生している、日帰り登山は無理であるために、時間の設定は困難である。

地図　二・五万図　二ツ森

(西口正司)

真瀬岳　ませだけ

標高　九八八m

別称　八森岳

青森・秋田県境の白神山地の主稜の西端に位置する。頂上の北側が青森県西津軽郡鰺ヶ沢町、南側が秋田県山本郡八峰町である。頂上南側の山麓のブナ林はほとんどスギ林に代えられたが、北側や東側は世界遺産地域の核心部にあたり、一望千里ブナの樹海である。頂上もブナ林の中にある。この山に源を発し、南西に下る真瀬川の急流が山麓に三十釜の奇勝地をうがち、八森港で日本海に流れ込んでいる。漁師が帰港の目印にしたという、端正なピラミッド型の山容が海から望見できる。

登路　登山道は一本で往復登山となる。八峰町を通る国道一〇一号から白神大橋に至り、ここで二ツ森への林道と分かれて、中ノ又沢林道に入り、登山口まで進む。林道は荒れている。登山口は標高二七〇m。すぐ沢を二つ渡るが季節によって水量は異なる。スギの造林地の急登を抜けて、標高六〇〇mからブナ林の尾根道となる（頂上まで約二時間三〇分）。

地図　二・五万図　二ツ森　　（奥村清明）

高山《たかやま》　標高　三八八m

秋田県山本郡藤里町に位置し、白神山地の一角にあり、古くは地元民の草刈場であった。平成一一年、標柱や東屋、登山道を整備し、峨瓏峡や寺屋布地区にある権現のイチョウなどと合わせて整備された里山である。

登路　白神世界遺産センター藤里館背後の温泉旅館前に登山口がある。登山標識に従って、ブナやナラの林の中をジグザグのやや急な歩道を登って行くと雑木林となる。急斜面に取り付けられた木階段を登ると緩やかなササ地となり、三等三角点や石仏のある高山の頂上に着く。

眺望の開けている広い頂上には展望盤があり、白神山地の山々、藤里駒ヶ岳や田代岳を確認することができる。下山は往路を下る（往復約二時間）。北側に歩道が延びており、峨瓏峡へ下るコースもある。

地図　二・五万図　藤琴　　（鈴木裕子）

天狗岳《てんぐだけ》　標高　九五八m

青森県西津軽郡深浦町と鰺ヶ沢町にまたがる。青森・秋田県境を分水嶺とする追良瀬川と赤石川に狭まれ、日本海まで達する長い稜線の奥部に位置している山である。頂上から南は世界遺産の核心地域となっているので、追良瀬川源流部のブナ林を主体とした原始の森を展望できる。天狗岳は、川の遡行を余儀なくされる青森県側の世界遺産核心部への到達では、白神岳を除いて唯一登山道が整備された山である。天狗岳に登る稜線行程では、赤石川方向のブナ林が伐採されてスギが植えられたアンバランスな景観と、追良瀬川方向に展開する白神山地の主峰である向白神岳の迫力ある原生地域の両方が見られる。

登路　登山口の天狗峠まで白神ラインの西側から車で一時間一五分程で到着する。峠の登山口から長いアップダウンのある稜線を辿ると、馬の背というガレ場になる。展望のよい断崖上のロープをつたいガレ場を乗り切る。さらに進んで天狗の沢を右に稜線へ登ると、稜線から西にずれた天狗岳の頂上に達する（全行程三時間強）。ほかに登山口の天狗峠までは白神ライン東側、西目屋村（車で約一時間三〇分）からと、鰺ヶ沢町から赤石川沿いに林道を辿り白神ラインに合流する（車で約一時間三〇分）ルートがある。

地図　二・五万図　白神岳　　（西口正司）

白神岳《しらかみだけ》　標高　一二三五m

青森県西津軽郡深浦町岩崎地区と深浦地区にまたがり、津軽を代表する霊峰である。「昔、船人が進路を失ったとき、白神大権現様を念ずれば白い旗を携えた神様が現れて、方向をお示しになる」という言い伝えが、山名の由来だといわれている。

　山岳信仰の対象として昔から近隣の人々に、お山参詣と称されて登られた山である。なお、女人禁制が解かれたのは第二次世界大戦後のことである。

　山頂から東側に展望する厖大で重畳とした山脈は、世界遺産の登録地域である。四季を彩る落葉広葉樹林帯の山肌は、ブナ原生林の豊穣な生態を見ることができる。西側には日本海が水平線まで遠望される。

　山頂付近に水場があるのは驚異であり、総ヒバ造りの無人避難小屋は地元有志によって建設された。一九九六年に建設された山頂トイレは、山岳界の模範的な環境を整えている。

白神岳（深浦町岩崎地区の海岸から）

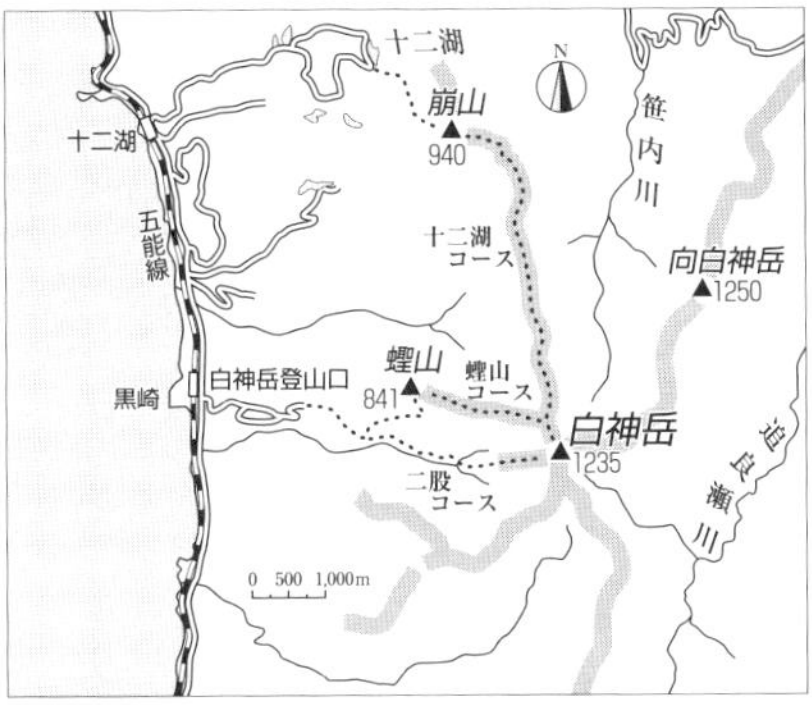

北側の草付には小祠があり、周辺には白神山地でも数少ないお花畑がある。ヒメイチゲ、チシマフウロ、ハクサンチドリ、ハクサンシャジン、エゾオヤマリンドウなどが咲く。
登路　JR五能線白神岳登山口駅から日野林道を四〇分程で登山口に着く。初めは約三〇分で二股コース分岐に到着。蟶山《まてやま》コースを登ると最後の水場、蟶山分岐を辿りブナ街道という尾根を登って稜線に出て、南へ七〇〇mで山頂（登山口から四時間弱）。ほかに昔から登られていた健脚者向きの二股コース（登山口から四時間弱）と、山頂から下る十二湖コース（六時間強）がある。
（西口正司）
地図　二・五万図　白神岳

崩山　くずれやま
標高　九四〇m

　青森県西津軽郡深浦町岩崎地区にある。白神岳から北西に延びる稜線先端の支峰になっている。白神岳から十二湖コースを辿って下山すると、最後の峰にあたる部分が崩山である。山の半分が崩れ落ちた形は、津軽国定公園十二湖を象徴する奇観の山である。十二湖は宝永元年（一七〇四）の大地震によって地面が陥没し、沢が堰止められ、崩山の大崩落などが発生して、三三の湖沼群が形成されて現在の景勝地を造ったといわれている。

　崩山の八合目から地滑りでできた大崩落は地肌を完全に削ぎ落として、山の半分を岩場にしている。地元では岩場を「大崩山」と称し、地震の後、大崩山に登って眼下の湖沼群を数えたところ、小さな池は森に隠れて見えなく、大きい沼だけが一二個確認されたことから「十二湖」という名称になったといわれている。森に囲まれた湖沼群の水面に映る崩山の岩峰は、日本的でない異様な風格がある。学術的にも日本最大の地滑り（山津波）ではないかともいわれている。

登路　JR五能線十二湖駅から路線バスで終点奥十二湖下車。徒歩一〇分程で青池に着く。湖畔の大町桂月句碑付近に登山口の看板がある。崩山の岩峰を裏から巻くように登山道はある。最初は沢を辿るが、突き当たりの尾根を急登し、ブナ林の台地を辿って岩峰の裏から肩に出る。さらにブナ林の尾根を登ると頂上（青池から約二時間三〇分）。ほかに白神岳からの下山ルートとして人気がある。

地図　二・五万図　白神岳　（西口正司）

向白神岳　むかいしらかみだけ　標高　一二五〇m

青森県西津軽郡深浦町の深浦地区と岩崎地区の境にある。世界遺産に登録されている白神山地の最高峰である。弟峰である白神岳と外れた鞍部を接点として、南北に連峰を形成している。山は世界遺産登録の主因であるブナ原生林に覆われ、森林限界上部はチシマザサやミヤマナラなどの密生した植生が稜線に展開して入山を拒んでいる。山容は牛の背のような長方形で、遠方から眺めると、どれが頂上であるか分からないほど稜線はなだらかに見える。頂上からは姉妹峰といわれる岩木山がよく遠望され、白神山地の盟主らしく世界遺産の山並みに囲まれた、人間界の見えない世界を満喫できる。

頂上付近の植生は、エゾハナシノブ、アオモリマンテマなどで、開花期は見事である。一九六五年、林野庁が白神ラインから頂上を辿って白神岳に至る縦走路を開設したことが、唯一の開山記録である。その後、登山道は維持管理されないためヤブ化が進み、白神山地の最高峰でありながら秘境になっている。

登路　白神ラインの西側から車で四五分程で一ツ森峠の登山口に達する。一ツ森流・太夫峰までは登山道が整備されている。

吉ヶ峰からは大きな下りで大鞍部を越え、登り返して最初のピークから程なく静御前といわれる岩場に達する。岩登りを終えて前に進むと激しいヤブがつづく。頂上手前は膝よりも低い草地になり頂上に到達する（登山口から六時間強）。

地図　二・五万図　白神岳　（西口正司）

岩木山　いわきさん　標高　一六二五m

別称　津軽富士

青森県弘前市、西津軽郡鰺ヶ沢町にまたがる県内一の高山である。古書『合浦《がっぱ》奇説』には「岩木山は当国の総鎮守にして東奥無双の名山なり。麓より嶺に至りて百五十余町峡裾の周囲四十一里、一山の形勢巍然として千巌競ひ秀で叢林鬱茂して白雲常山腰を繞り、世に奥富士又は津軽不二《ふじ》と云ふ」とある。独立峰ではあるが西・南端で白神山地と接している。

「岩木」のいわれには諸説があるが、その山容から「天然または人工の石の城」という意味を持つ「岩城山《いわきさん》」という文字に「岩木」を当てて、江戸時代ごろから使われていたらしい。また、岩の多い所を「イワーケ」、神の棲む所を「カムイ」というアイヌ語から

「カムイ・イワキ」と呼ばれていたものが「イワキ」になったとするアイヌ語説を採る者もあるが、いずれも定かではない。

岩木山信仰の発祥地は、北麓の十腰内《とこしない》にある巖鬼山神社であった。下居宮《おりいのみや》と呼ばれる遥拝所から登る人たちがよく遭難するので、のちにこれが百沢の岩木山神社に移され、そこが遥拝登山の中心となった。山頂奥宮は宝亀一一年（七八〇）に建立されたと記されている。

岩木山は薬師、阿弥陀、観世音仏を祀る三峰三位一体の霊山である。神として国常立命《くにとこたちのみこと》や顕国魂神《うつしくにたまのかみ》他四神を祀っており、その神事は南麓百沢の岩木山神社が司っている。

岩木山（弘前市撫牛子から）

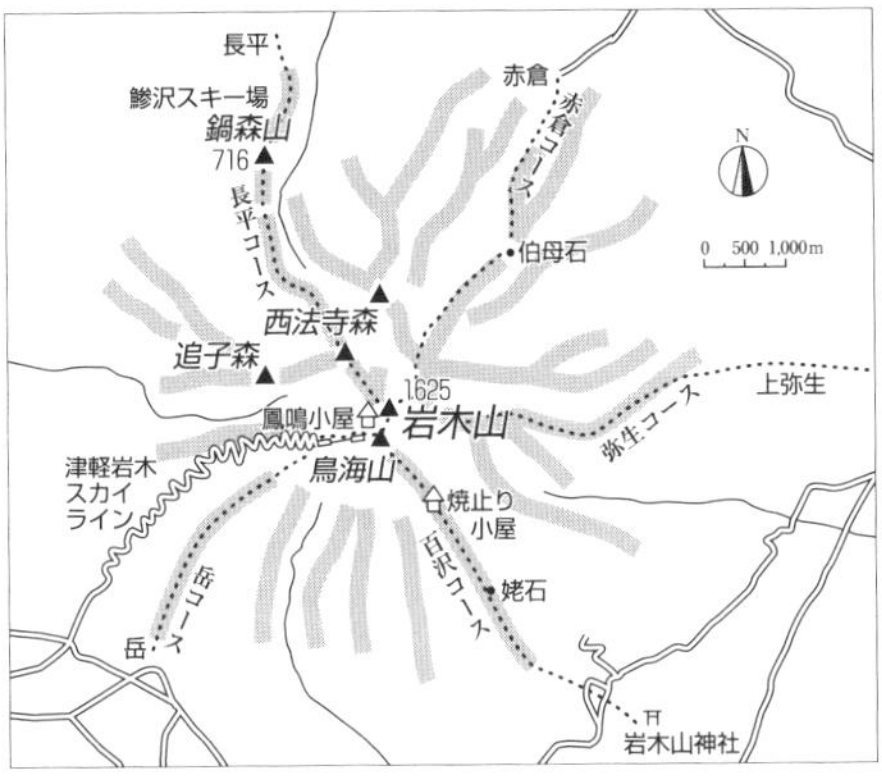

また、北東麓には坂上田村麻呂の蝦夷征伐にちなんだ赤倉神社がある。赤倉大権現を祀るもので、つい先年まで山伏が修行していた。
なお、津軽の人たちにとって岩木山は、先祖の霊が暮らし（居て）、春になると田の神や水神として里に降り、収穫が終わるとまた帰る（往来する）という「お居往来《いゆき》山」である。畏敬の念を込めて「お山」とか「お岩木山」と呼び、成人式の通過儀礼登山を含めたお山参詣が一〇〇〇年以上も前からつづけられている。「懺悔懺悔《ざんげざんげ》……南無《なむ》帰命頂礼《きみょうちょうらい》」と唱和しながら旧暦八月の「ついたち山」に近郷の村々から山頂を目ざし、五穀豊穣、家内安全を祈願してカンナガラの大きな御幣をかざして集団で登拝する。最近は登山形態や民間信仰の衰退で廃れているが、岩木山山岳信仰の一大行事である。
三条実美が「陸奥の国のしづめの岩木山うごかぬすがた見るがたのしさ」と詠んでいるように、高さはないが長い裾野を広げたその姿は富士山に似た円錐形で、平野に気高く君臨する独立・孤峰は、その質的美観から尊厳を印象づけるものとなっている。
ほぼ円錐形の山であるが、見る方向で山容は大きく変わる。それは岩木山が火山であり、その基盤が西と南側では数千万年前、東と北側では百万年から数千年前（縄文時代の早期）という地層の違いと爆裂火口が多数存在していることによる。一番大きな赤倉火口は長径六〇〇mの馬蹄形、深さは一〇〇mもある。それらは開析谷を形成し、一二の大きな沢を発達させ谷頭を絶壁とし、岩木川などに注いでいる。鳥ノ海噴火口跡や溶岩ドームは約三〇〇〇年前のもので、山頂部は中央火口丘である。この開析谷の発達により、岩木山には貧弱な高層湿原が北面に一箇所しかない。本州北端の独立峰という特殊性から、厳冬期は山頂部で体感温度は氷点下四〇度以下、風速も五〇mを超えるなど気象条件は厳しい。積雪も谷筋では一五m以上となる。

樹木は山麓下部にミズナラ、イタヤカエデ、ウダイカンバなどの混交林が広がり、次第にブナ、矮小なブナ林帯、ダケカンバ、ミヤマハンノキ、ハイマツ帯とつづいている。アオモリトドマツはない。北と北西面の高所尾根にはコメツガが生育しているが、南面尾根にはまったくない。北に延びる尾根の中腹だけにヒバも若干見られる。

特産種のミチノクコザクラ（安寿姫の簪《かんざし》と呼称している）は六月中旬ごろが見ごろ。ほかにナガバツガザクラ、ガクウラジロヨウラク。本州では早池峰山、月山と岩木山にしか咲かないエゾノツガザクラは激減している。ニホンツキノワグマ、ニホンカモシカ、最近はニホンザルも見られる。繁殖していないがイヌワシやクマゲラの生息は確認されている。

登路　もっとも歴史的で一般的な百沢道は岩木山神社からの登拝道である。温泉宿を門前にした岩木山神社から桜林、スキー場、姥石、焼止り小屋、錫杖清水（標高一三〇〇m付近の湧水）、鳳鳴小屋、急登の一の神坂、二の神坂を登り山頂へ（登山口から約四時間）。

三〇〇年の歴史を持つ岳温泉からの岳登山道は、標高から最短の距離であり、急斜面もなく快適なブナ帯を二時間でスカイラインターミナル。鳳鳴小屋で百沢道と合流して山頂へ（登山口から約三時間）。

松代登山道は松代石倉集落からブナ帯を抜け、コメツガに覆われた追子森を経て長平登山道分岐から山頂へ。追子森からは廃道に近い状態でヤブこぎを強いられる（登山口から強健な者で約七時間）。

長平登山道は岩木山北面の林道・スキー場敷設で登山口が標高五六〇mまで押し上げられた。羽黒清水、石神神社、スキーゲレンデ、大館鳳鳴高校慰霊碑、長平清水、松代分岐（ヤブこぎの部分あり）、山の神石、二の神坂を登り山頂へ（登山口から約四時間三〇分）。

赤倉登山道は石仏を辿る信仰の道である。ブナ林内の赤倉神社社殿群を抜けた尾根の石仏の一番から伯母石、鬼の土俵、コメツガ林、大開《おおびらき》を経て標高約一四〇〇mの巌鬼山直下の石仏三十三番に着き、大鳴沢源頭をまたいで山頂へ（登山口から約四時間三〇分）。

弥生登山道は標高一二〇〇m地点から登るので長い登山道となる。リンゴ園、ミズナラ林、大長峰、拡幅の少ない原生に近いブナ帯の道を抜け、森林限界からは踏み跡を丹念に辿って耳成岩下部から山頂へ（登山口から約五時間）。

地図　二・五万図　岩木山　十面沢　種里　枯木平　（三浦章男）

出羽山地中部

倉ノ山　くらのやま　　標高　三一五m

別称　鞍掛山

秋田県北秋田市米内沢《よないざわ》地区の南側に位置する。小沢に挟まれた小さな里山ではあるが、山頂には太平山の分霊社・三吉神社が祀られており、北斜面に露岩や累石もあるなど、古くから信仰の山として山麓の人々に登り親しまれている。山名は山頂部が馬の鞍に似ていることに由来する。

山頂からの眺望はよく、山里が広がり白神の山々も遠望できる。

登路　米内沢地区から倉ノ沢林道を行くと、正面に小さな倉ノ山が見える。山裾にある二俣の鳥居が登山口で、雑木林を登っていくと道は二分する。直進する道は東側の小尾根、右は北側の小尾根からともに山頂に至る(いずれも約三〇分)。

地図　二・五万図　米内沢　桂瀬

(佐々木民秀)

姫ヶ岳　ひめがだけ　　標高　六五一m

秋田県北秋田市と北秋田郡上小阿仁村にまたがり、北秋田市阿仁地区水無の西に位置している。

山名の由来については、文化元年(一八〇四)と翌年に旧阿仁町を訪れた菅江真澄の『ふでのまにまに』に姫ヶ岳のことが記載されている。それには、猟師がこの山中で、刀をくわえて山を登っていく大犬を見つけ矢を放って殺してしまった。山に入って岩窟に住む犬の妻だという美しい姫に逢うが、結局、この猟師はこの女性に返り討ちされてしまう。このことから姫ヶ岳と呼ばれるようになったという。山頂は六〇㎡ほどの平地に一等三角点と、安永七年(一七七八)に建立された愛宕権現が祀られている。

登路　北秋田市阿仁地区吉田からの吉田コースは二〇年ほど前に整備され、車道を進むと登山口がある。伐採地を横切って対岸の斜面に取りつき、スギやブナの混生林の中を登る。この後、稜線に出、五反沢からの道と合流すると、まもなく山頂である(山頂まで約一時間二〇分、五反沢コースは林道終点から約一時間)。

地図　二・五万図　阿仁合　阿仁前田　沖田面　八木沢

(加賀谷昭一)

白子森　しらこもり　　標高　一一七九m

秋田県秋田市河辺地区と北秋田市阿仁地区にまたがり、秋田県の中央部に位置する白子森は、西に太平山や馬場目岳、東に大仏岳や大石岳を起こした大きな山塊、太平山地を形成している。

この太平山地の最高峰が白子森で、太平山山頂から峰つづきとなって、東方にどっしりとした風格で遠望される。また、大仏岳や周辺の山々と同じく、営林によって栄えた山でもある。

一般登山者が登ることができるようになったのは一九八四年から

で、井出ノ舞林道が山頂近くまで延長され、その直後に起きた遭難がきっかけとなっている。その慰霊のため山頂直下に遭難碑を設置、併せて山頂まで歩道が整備されたことによる。また、藩政時代からの白子森鉱山跡や営林最盛期の分校跡の面影なども山麓に残されている。

ササと灌木の山頂からは、森吉山をはじめ北秋田市阿仁町側の山々を望むことができる。

登路　秋田市河辺地区の井出ノ舞園地から井出ノ舞林道に入り、林道崩壊地点から歩き始める。荒廃した林道の先に登山口があり、ここから急な小尾根を登り尾根分岐に出る。この先、尾根上の道を辿ると遭難碑に至り、再び急登すると山頂に着く(林道崩壊地点から約四時間三〇分)。

地図　二・五万図　番鳥森　太平山

(佐々木民秀)

大仏岳　だいぶつだけ

標高　一一六七m

秋田県仙北市西木地区と北秋田市阿仁地区にまたがり、太平山の東方、太平山地の東端に位置する。

白子森、太平山に次ぐ太平山地第三位の高さを持ち、山頂に一等三角点のあることから、近年、登山者に注目されてきた山である。山名は岩峰の形が大仏に似ていることに由来するともいわれている。

大仏岳の周辺一帯は、かつては狩猟、近年は造林業の場として、生活色の濃い山として栄えてきた経緯を持っている。

山頂の南隣には堀内《ほりない》明神の岩峰、すぐわきには太平山地ではめずしい池塘がある。

登路　以前は仙北市西木の浦子内側から登られていたが廃道となり、替わって二〇〇一年に新設された北秋田市阿仁側と、二〇〇三年に再開発された仙北市西木堀内側の登山道が利用されている。

阿仁側は、比立内から延びる小岱倉林道の終点が登山口。スギ造林地を登って山腹を巻き、この先、急な尾根筋の登りとなる。鞍部でもある堀内明神との分岐に出ると、すぐ山頂に着く(約三時間)。

堀内側はスーパー林道の途中に登山口がある。伐採地の先で二箇所の沢を渡り、平坦な山腹を辿って鞍部・牛首《うさくびれ》に至る。この先、山頂から延びた急な尾根筋の道を登って山頂に至る(約三時間)。なお、最奥の民家から二km程先に土砂崩れがある(復旧の見通しは立っていない)。

地図　二・五万図　上桧木内　此立内

(佐々木民秀)

大石岳　おおいしだけ

標高　一〇五九m

別称　西根岳

秋田県仙北市西木地区と秋田市河辺地区の市境にまたがり、太平山地の東端に大仏岳と並んで位置している。

国道一〇五号を北上し、仙北市西木地区の中心街に入ると、左前方に山頂部一帯が平坦に遠望される山である。山名は、坂上田村麻呂に滅ぼされた賊軍・大石丸の伝説によるといわれている。

大石岳の周辺一帯は、北隣に位置する大仏岳とともに、かつては林業や狩猟、近年は造林業の場として、生活色の濃い山として栄えてきた経緯を持っている。

　登山の対象としては、これまで残雪期以外は縁遠い存在であったが、二〇〇二年にかつての歩道が再整備され、一般的登山が可能になった。東斜面に広がるブナとササの二層林は定評がある。

登路　仙北市西木下檜木内の下田集落から延びる西ノ又林道終点に登山口があるが、林道終点の少し手前の橋が崩壊しており、ここが実際の登山口となる。

　スギ造林地の斜面を巻いて沢をまたぎ、この先の急な尾根筋を登って山頂から延びたブナ林の主尾根に出、この尾根をつめて山頂に至る（約二時間三〇分）。

地図　二・五万図　下桧木内　（佐々木民秀）

諏訪山　すわさん　標高　四五六m

別称　明神山　栖岳《すみかだけ》

秋田県大仙市西仙北地区と協和地区、仙北市角館町にまたがる。北山麓を走る国道四六号の西長野地区から台形の山容で望むことができ、とくに山頂に立つ反射板が目立つ。位置によってはピラミッド型にも望まれ、三吉大神を祀る鬼壁《おにかべ》山が隣接している。

　山頂からは駒ヶ岳や和賀・朝日の連山や出羽山地などが望まれるくらいだ。

　山頂近くには、栖《すみか》神社が祀られ、雨乞いとの関連のある明神ノ岩の小岩峰もある。古くから山麓の人々の信仰が篤い山でもある。

登路　大仙市西仙北地区の鬼首《おにこうべ》集落に登山口がある。鳥居のある民家の裏からスギ林の緩い小尾根を登ると、山頂から南に延びた尾根に出る。この先、雑木林の尾根筋を辿ると栖神社と明神ノ岩があり、これを越すとまもなく二等三角点と廃止された反射板が立つ山頂であるが、ヤブ化が進んでいる（約一時間三〇分）。なお、堰堤からの旧道は廃道。神社の少し上の分岐から鬼壁山へ縦走できるが道は廃道。

地図　二・五万図　刈和野東部　稲沢　（佐々木民秀）

大平山　たいへいざん　標高　一一七三m

別称　黒森山

秋田県大仙市の西仙北地区、ＪＲ奥羽本線刈和野駅の北方に位置する。国道一三号を旧神岡町方面から北上すると、正面に山頂部がとんがり、端正な山姿で望まれる小さな里山である。

　中腹から山頂近くまで放牧場となっており、山頂には太平山の分霊社・黒森三吉神社と無線中継所がある。

　登山口には「ぬく森温泉ユメリア」があり、市民のレクリエーションの森として親しまれている。

　その山名は、太平山信仰の分霊社を祀ったことに由来する。

登路　ユメリアの手前に登山口があり、旧放牧場の中の狭い車道を辿って前黒森山分岐に出、この先、雑木林と階段を登ると眺望のよい東屋があり、まもなく山頂である（ユメリアから約三〇分）。

地図　二・五万図　刈和野東部　（佐々木民秀）

七座山　ななくらやま

別称　七倉山　　標高　二八八m

秋田県能代市二ツ井町小繋《こつなぎ》にある。権現座・烏帽子座・箕座・柴座・三本杉座・大座・松座の一嶺七峰に分かれ、神山と仰がれるところに由来がある。座《くら》は断崖・岩場を意味し、東側斜面は断崖をなし、巨石が重なり合う。藩政期には御直山《おじきやま》として保護された、天然秋田杉を主体とした天然林の山である。

登路　国道七号から県道二ツ井森吉線に入り、米代川を渡って町道仁鮒《にぶな》天神線を利用する。主峰の権現座(七座山)へは森林管理署休養施設だった天神荘跡地・駐車場わきの天神登山口からのコースを利用する(約一時間)。末端にある松座までの縦走路もある(七座山から天神荘跡地まで約二時間三〇分)。ほかに仁鮒側と法華ノ岩屋経由のコースがある。

地図　二・五万図　鷹巣西部　二ツ井

(鈴木要三)

茂谷山　もやさん

別称　鶴形茂谷　薬師山　　標高　二四八m

秋田県能代市鶴形と同市二ツ井町富根との境に位置する。鶴形から大台野地区に向かうと、前方に富士山型の小さな山が望まれる。その山名は、山本郡八峰町の母谷山、薬師山とともに山頂に祀られていた茂谷権現薬師仏に由来する。

山頂には大名持《おおなむち》・少彦名命《すくなびこなのみこと》を祀る磯前《いそざき》神社があり、西隣には一等三角点とアンテナ塔の建つ幟山《のぼりやま》(二一一m)がある。

登路　鶴形近くの国道七号から大台野地区へ。この先の農道を少し行くと山頂直下の十字路に着く。すぐ先の鳥居が登山口であり、スギと雑木林の参道を登ると眺望のよい山頂である(約二五分)。

地図　二・五万図　二ツ井

(佐々木民秀)

房住山　ぼうじゅうさん

別称　梵字宇山　　標高　四〇九m

秋田県山本郡三種《みたね》町と能代市二ツ井町にまたがり、出羽丘陵の北端に位置しているが、平地からはその姿を眺めることは難しい。山の形状よりも大宝年間(七〇一～四年)に天台宗修験の山として開かれ、栄えた信仰の山として知られている。「ボンジュ」とも呼ばれ「梵字宇」の字が当てられた記録が残る。

登路　三種町琴丘の小新沢地区に大きな案内板やトイレ、駐車場などが整備された「井戸下田登山口」があり、房住神社を経て山頂に至る。現在一番多く利用されている(約一時間五〇分)。

このコースの途中稜線でかつてのメインコースである滝ノ上道(約二時間一〇分)と合流する。山頂までは三十三観音などの古い石仏が道標となる。

地図　二・五万図　小又口

(鈴木要三)

森山　もりやま

別称　飯盛《いいもり》山　森医《もりい》山

標高　三二六m

秋田県南秋田郡五城目町のシンボルとして親しまれている山で、秋田平野の北端に位置する出羽山地の独立峰のひとつである。西側一帯は大潟村(旧八郎潟干拓地)の水田で、北西に座する高岳山《たかおか》(二二一m)とともに旧八郎潟航路の目標となった山である。

森山、高岳山、三倉鼻(旧八郎潟に突き出た岩山)のラインが律令国家と蝦夷《えみし》との国界だったとされ、その郡衙《ぐんが》(郡の役所)は奈良時代に創建された石崎柵(一九六七年発掘調査)と推定されている。

登路　国道二八五号沿いの兎品《うしな》沢入り口から車道を登れば、電波塔、鐘楼、希望の塔の建つ第二高地(約二九〇m)に着く。薬師と山神の石祠のあるこの第二高地から急坂を下り、登り返すと三角点のある森山山頂(第一高地)に着く(約二〇分)。

登山路は、神明社前を経て岡本登山口から第二高地へ直登する道がある(約四〇分)。この一帯は森林公園となっており、スズムシの北限地(県指定)でもある。

地図　二・五万図　五城目

(保坂隆司)

高岳山　たかおかさん

標高　二三一m

秋田県南秋田郡八郎潟町に位置する信仰の山で、八郎潟干拓・東部承水路の西隣にある。山頂に鎮座する副川神社は、秋田県内の延喜式内社三社のうちの一社で、県内で最北に位置し、古くから人々の信仰が篤い。中の鳥居にある石灯籠(高さ二・五m)は常夜灯で、かつては湖だった八郎潟を往来する船の灯台の役割を果たしたという。

登路　浦大町にある浦城跡駐車場から福川神社里宮の前を通って鳥居をくぐり、さらに二つ目の鳥居を過ぎ、木段で整備されたスギ林の中を登って行くと、展望の開ける中の鳥居に着く。ここから緩い尾根を登り、さらに木段を登り切ると山頂に出る。山頂には立派な副川神社や太平山三吉神社の祠がある。また、「標高七三〇尺六寸、北緯、東経」等を彫り込んだ石の標柱がある。西側先に展望台があり、男鹿半島や八郎潟干拓地が望める。社殿裏から叢雲の滝への分岐に出る。そこから左方向に進むと、一本桜展望台に出る。そこに三等三角点がある。

下山は、叢雲の滝への分岐に戻り、そこから下る。近年、地域一帯は浦城跡地として整備されている(周回約一時間)。

地図　二・五万図　五城目

(鈴木裕子)

馬場目岳　ばばめだけ

標高　一〇三八m

秋田県秋田市と南秋田郡五城目町にまたがる馬場目岳は、太平山地の西側に位置している。対岸に隣接する太平山とで馬蹄型の山塊をなし、その北端に緩やかな山容を形成している。また、その懐には国が指定した仁別《にべつ》国民の森があり、太平山とともに県立自然公園に指定されている。

山名の「ババ」が崖、「メ」が広場を意味し、麓に注ぐ馬場目川に由来するという。

避難小屋の建つ山頂には、馬の守護神である相染神《あいぞめのかみ》の石祠があり、この山が馬の守護山として信仰を集めていた往時が偲ばれる。

登路　仁別国民の森への車道の終点・旭又に登山口がある。キャンプ場跡地を通り、橋を二箇所渡って進むとスギ林の尾根の登りとなる。この先、平坦な尾根を少し行くと再び登りとなり、ブナ帯の上部で分岐に出、太平山からの縦走路が右から合流する。分岐から左へ山腹を巻き、主稜線上を辿ると小湿原とハイマツ状に変形したスギの群生地に出、すぐ眺望のよい山頂に着く(約二時間四〇分)。

五城目町側からの銀ノ沢コースは、北ノ又集落先の光沢林道終点から登る。広いスギの造林地と幼齢のブナ林を登って山頂に至る(約二時間三〇分)。また、落合集落から大倉又林道を利用し、三階ノ滝を経て登る大倉又沢コースもあるが荒廃している(約四時間)。

地図　二・五万図　太平山　天上倉山　蓬内台　(佐々木民秀)

太平山　たいへいざん

標高(奥岳)　一一七〇m

別称　金峰山　薬師ノ峯　三本ヶ岳　大蛇《おろち》岳

秋田県秋田市と北秋田郡上小阿仁村にまたがる太平山(奥岳)は、太平山地の西側に位置する主峰であり、秀麗な山姿をもって秋田市郊外から望むことができる。

第三紀船川階後期以来の隆起山地で、前岳(神仙山、赤岳)、中岳(木曾吉山)、鶴ヶ岳、剣岳、奥岳などとの連峰からなる太平山は、対岸に隣接する馬場目岳とで馬蹄型の山塊を形造っている。その懐には国が指定した仁別《にべつ》国民の森がある。

太平山　前岳(左)・中岳(中央)
(秋田市太平地区から)

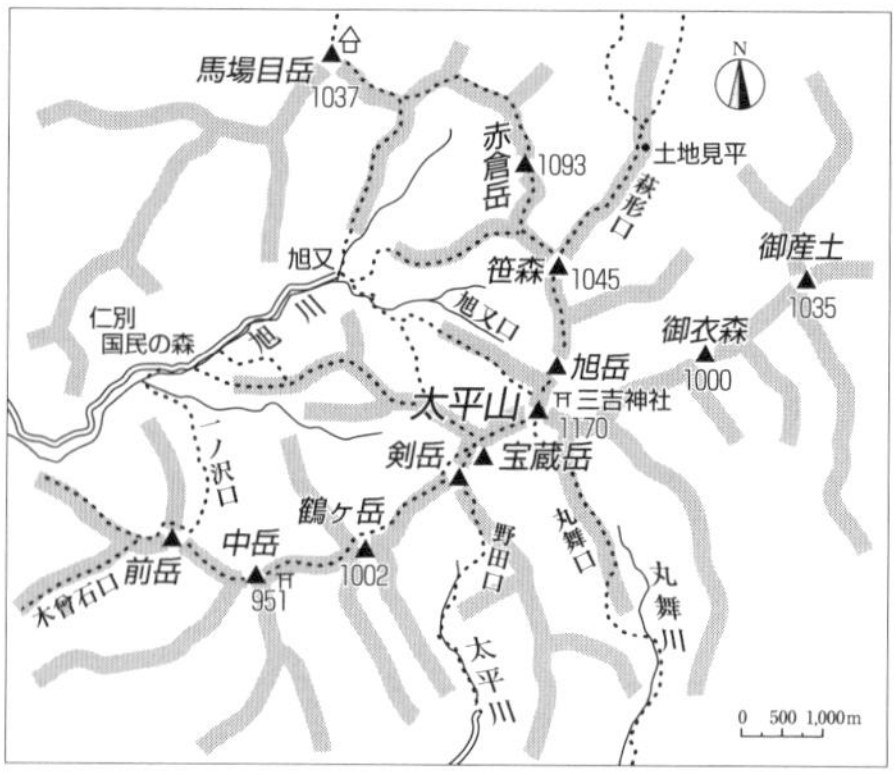

とくにうっそうと茂るブナと天然秋田杉の美林には定評があり、カモシカの生育地としても名高い。東方に位置する太平山地の最高峰・白子森を含めて「太平山県立自然公園」に指定されている。

太平山は役小角の創建と伝えられ、坂上田村麻呂の東夷征討の折、山頂に社殿を再興するなど、それを取り巻く歴史的背景は古い。修験の道場としての名は高く、高山的要素を持つ山頂には、大己貴大神《おおなむちのおおかみ》・少彦名大神《すくなひこなのおおかみ》と三吉霊神《みよしのおおかみ》を祀る三吉《みよし》神社奥社がある。開山中は全国各地からの参拝者や郷土の山として親しむ多くの登山者でにぎわう。

山名は中世に山麓一帯を支配した大江氏の領地・大江平に由来する説もある。また、奥岳を頭にして、山麓の手形山までの峰々が蛇のように連なることから大蛇岳の別称がある。

登路　圧倒的に利用者の多い旭又口は、秋田市仁別から国民の森を経て延びる林道の終点・旭又に登山口がある。左の馬場目岳への道を見送り、直進すると軌道跡の道となる。二つの橋を渡って御滝神社に出、ヒメシャガと天然スギの稜線を登ると御手洗《みたらし》の水場に出る。この先、定評のある見事なブナ帯の登りとなって主稜線上の分岐に出、右への道を進んで神社と参籠所のある眺望のよい一等三角点のある山頂に着く（旭又から約三時間）。

なお、二〇〇二年に矢源沢入り口から宝蔵岳、弟子還《かえ》りを経て山頂に至る登山道が新設された（旭又から約三時間三〇分）。

石仏が並び、往時の登拝を偲ぶ木曾石口から前岳・中岳・弟子還りの岩場を経て山頂に至る縦走路は健脚者向き（約五時間）。

天然スギやブナ林を楽しみながら、国民の森から登る一ノ沢口（廃道）とリゾート公園の仁別スキー場口は、いずれも前岳に至る（仁別スキー場・二手の又から約一時間）。

野田口（沢筋は荒廃）と河辺地区側の丸舞口は変化に富み、美しい渓谷と尾根筋からの眺望を楽しみながら山頂に至る（野田口より約四時間、丸舞口より約四時間三〇分）。また、上小阿仁村側の萩形《はぎなり》口は健脚者向き。深山の渓谷美を辿り、大滝と笹森経由で山頂に至るが、沢筋は荒廃（約五時間。二〇〇四年に大滝の上部で合流する尾根道が新設された）。

山頂より赤倉岳（約二時間）を経て馬場目《ばばめ》岳に至る縦走路はこの山の圧巻（山頂より約四時間）。ほかに国民の森から宝蔵岳を経て山頂に至る軽井沢口（約四時間三〇分。荒廃している）と旭又から赤倉岳に至る赤倉口がある（約二時間三〇分）。

地図　二・五万図　太平山　松原　天上倉山　　（佐々木民秀）

筑紫森　つくしもり　標高　三九二m

秋田県秋田市河辺の岩見三内地区にあり、低山ながら土筆《つくし》の形に似ており、全山岩山で奇観を呈している。山を形成する岩脈は大規模な横臥柱状節理と呼ばれ、一九三八年に国の天然記念物の指定を受けた。

登路　秋田市河辺の砂子淵集落東端近くに登山口があり、ここから車道を行くと、小沢の入り口に案内板の立つ登山口がある。小沢に沿ってしばらく登った後、林の中を進むと、台地上に立つ表参道と裏参道の分岐標に出る。この先が本格的な登りで、表参道の急な岩場を登り、天狗の油こぼしと呼ばれる大岩を巻くと筑紫森神社の鎮座する山頂に着く（約一時間）。表参道から分かれた三十三観音コースもある。

地図　二・五万図　岩見三内　　（土肥貞之）

岩谷山　いわやさん　標高　三六六m

秋田県秋田市河辺の岩見三内地区にある小さな山。太平山地の主峰・太平山の南に位置し、すぐ東隣には、柱状節理の岩脈を持つ天然記念物の筑紫森がある。

　山麓からは、山頂部に大きな岩を望むことができるが、その岩からの眺望はよく、三内地区が眼下に一望できる。山腹には、大名《おおな》持《もち》・少彦名《すくなびこな》の両神を祀る岩谷山神社があり、その山名は、山頂直下にある薬師如来を祀ったとされる窟《いわや》（胎内潜り）のあることに由来する。

登路　秋田市河辺の砂子渕集落に登山口があり、鳥居をくぐると岩谷山神社がある。この先、山腹を横切って急坂を登ると山頂の肩に出、少し進むと大岩、その先が三角点のある山頂である（約五〇分）。なお、二〇〇三年に西山麓の健康増進交流センター・ユフォーレ側に登山道が新設され、スギ林を経てマツの茂る急坂を登ると山頂に着く（ユフォーレから約四〇分）。

（佐々木民秀）

地図　二・五万図　岩見三内

神宮寺岳　じんぐうじだけ　標高　二七七m

別称　副川岳

　秋田県大仙市神岡地区にある神宮寺岳は、雄物川と玉川の合流地点に位置し、「だけやま」と呼ばれ、同町のシンボルとして昔から大切にされてきた山である。仙北平野から目立つピラミッド型の山で、標高は低いが聖なる山として親しまれてきた。

　頂上には、平安時代の『延喜式神名帳』に載っている県内式内社三社のうちの一つの副川神社があったが、いつのころからか秋田市近郊に移築された。現在は嶽六所の神が祀られているが、一九六一年ごろまでは、古い立派な神社であった。老朽化して倒壊したのちには、プレハブの小屋となっている。毎年三月には地元で梵天を奉納し、五穀豊穣を祈願している。

登路　JR奥羽本線神宮寺駅から国道一三号を横切り、岳見橋を渡るとすぐ左側に「新奥の細道」の大きな案内板があり、ここから左に入る。工房「又五郎こけし」の入り口から川沿いに岳の麓へ二〇〇m進むと、林道の右側に鳥居がある。これをくぐり、九十九折を登って尾根に出て、左に曲がると頂上である。裏側の長沢神社のある林道からも登ることができるが、夏は草で覆われて分かりにくい。頂上から、川を渡る梵天で有名な伊豆山神社への踏み跡もある。約四五分。神宮寺駅から鳥居まで約四〇分、鳥居から頂上まで約四〇分。

（今野昌雄）

地図　二・五万図　大曲

大平山　たいへいざん　標高　三八七m

別称　姫神山《ひめがみやま》　西山

　大平山は秋田県大仙市大曲地区の西に位置し、地元では「西山」と通称している。中腹には創建が康和二年（一一〇〇）ともいわれる古い薬師神社があり、その参道には西国三十三観音霊場が並び、源義家と安倍貞任の娘の悲恋伝説も残されている。

　山頂からは大曲市街、仙北平野、奥羽山脈として連なる秋田駒ヶ岳、和賀岳、真昼岳、焼石岳、栗駒山、さらに鳥海山、男鹿半島も眺めることができる。しかし、アンテナ塔の林立により、山頂にある三角点も三吉神社も影が薄くなってしまった。むしろ山頂から麓にある東側の姫神公園の方に少し下った階段の辺りが、春のカタクリの花の群落とともに展望が楽しめる。

登路　蛭川集落の石切り場から旧参道を通り、薬師神社を経由し足場の悪い急坂を登って約一時間で山頂に達する。姫神公園から尾根を辿るコースは、五箇所の急な階段もあるが約一時間で山頂に到達する。もっとも容易なコースは、車で石切り場から左の林道を進み、薬師神社の鳥居の前も過ぎて旧キャンプ場まで行き、そこから案内板に従って階段を進むと約三〇分で山頂である。

（今野昌雄）

地図　二・五万図　大曲

勝軍山　しょうぐんさん　標高　三三九m

秋田県横手市大森町と大仙市南外《なんがい》地区の境にある。低平な出羽山地の中、わずかに変化を見せるアスピーテ型の小丘で、南北に緩やかな稜線が延びる。山名は坂上田村麻呂が保呂羽山《ほろわさん》に住む夜叉鬼を征伐するためにこの山に陣を張ったことに由来するという。山頂には勝軍山神社が建ち摩利支天尊が祀られている。第二次大戦中は出征する兵士や家族たちが武運長久を祈願するために登拝した。

登路　横手市大森町八沢木字宮脇に大きな鳥居があり、その下を林道が延びている。スギの林から雑木林（伐採で不明瞭）に変わり、やがて小沢を徒渉、コンクリートの急な階段を登りつめると山頂の神社に着く（約三〇分）。

ほかに大仙市南外夏見沢と滝中田麦集落の林道最奥から登るコースもある（ともに約二五分）。なお、滝中田麦登山口の手前から山頂近くに林道が延長中。

（鈴木要三）

地図　二・五万図　角間川　八沢木

高尾山　たかおさん　標高　四二四m

別称　太平薬師

秋田県秋田市雄和女米木《めめぎ》地区に位置し、低山ながらも古くから「崇厳第一峯」の名の下に座す由緒のある山である。

北側の山頂には、霊亀元年（七一五）に創建されたと伝えられる高尾神社の奥宮が鎮座し、南側の山頂には、太平薬師や保食《うけもち》神社などが祀られている。

登路　山麓の石川集落から由利本荘市へ至る車道を行くと、休憩所や大駐車場のある広場に着く。すぐ先に鳥居の建つ神社入り口がある。ここには「自是不可登女」と刻字された女人禁制碑があり、石段を登るとすぐ高尾神社に着く（約二〇分）。また、鳥居の先の峠を少し下ると本峰（太平薬師）への登山口があり、雑木林を登って山頂に至る（約三〇分）。なお、高尾神社へは裏の遊歩道からも登れ、周遊可能である。

（土肥貞之・佐々木民秀）

地図　二・五万図　新波

保呂羽山　ほろわさん　標高　四三八m

秋田県横手市大森町の北西に位置し、低山ながらも古来からの山岳信仰の霊場である。保呂羽山の名は、アイヌ語の「尊い山」の意から由来し、天平宝字元年（七五七）に頂上に波宇志別《はうしわけ》神社奥社が開創されたと伝えられる修験の山で、いまも祈願のために多くの人が登る山である。

登路　大森町屋布台集落を過ぎた所に保呂羽山表参道がある。垢《こ》離《り》掛場から急坂を登り、女人禁制時代の遥拝所である下居堂に至り、そこから途中の鎖場を経て苔むした岩を踏んで、ひと登りすると山頂である（約一時間三〇分）。なお、山頂南直下のトイレや駐車場のある広場から下居堂に至って登るコースと、少し西側から登るコースもある。（ともに約三〇分）。

地図　五万図　大曲　二・五万図　八沢木

（土肥貞之）

笹森山　ささもりやま　標高　五九五m
東光山　とうこうざん　標高　五九四m

秋田県由利本荘市の東に連なる出羽丘陵の一角を「赤田五峰山」という。五九五mの笹森山が最高峰で、東光山、黒森山（五四一m）、仏洞山《ぶっとうさん》（四八八m）、傾《かたが》り如意山《にょいさん》（四〇五m）の五峰である。この五峰山は、赤田の大仏で知られる正法山長谷寺開基の是山《ぜざん》が、いまから約二三〇年前の安永年間（一七七二〜一七八〇）に開山したと伝えられる。

登路　由利本荘市赤田二夕又《ふたまた》を経て荒沢座川堰堤岸に「東光山入口」の標識があり、ここから登る。登山道は整備されており、一合目・賽ノ河原、二合目・鳥居の台、三合目・清水和泉流の滝、四合目・薬師を経て五合目毘沙門天の御堂に着く。ここから仏洞山への分岐までは急登になる。六合目・千餅《せんべい》倉、七合目・仏洞山分岐から八合目・黒森遥拝《ようはい》所、九合目・拝水を通って東光山の頂に着く（約一時間四〇分）。頂上には再建された社殿がスギに囲まれて建っている。眺望は由利本荘市側のみ、日本海がよく望まれる。

ここから笹森山まで道は荒れている。スギ林の中を急降下し、鞍部を経て急登すると一等三角点の笹森山頂上に着く（東光山山頂から約二五分）。ここからの展望はヤブで望むことはできない。

地図　二・五万図　岩野目沢

（安藤武俊）

日住山　ひすみさん　標高　六〇六m

秋田県由利本荘市の東に連なる出羽丘陵のほぼ中央に、ひときわ高く三角錐型の山が見えるのが日住山である。昔から日の住む山として土地の人々から信仰を集めている山で、頂上にある日住神社には、健康安全祈願、豊作祈願、合格祈願などの奉賀帳が備えられている。

登路　由利本荘市滝ノ沢集落から舗装された滝ノ沢・鬼倉林道を登っていく。標高四七〇m付近に駐車場があり、そのすぐ先が登山口になっている。道はよく整備された遊歩道で、ブナ、カエデ、ナラなどの混合林を抜けると明るく眺望の利く稜線に出る。ここから二〇〇段ほどある階段を登りつめると、再建された小さな日住神社のある頂上に着く(約三〇分)。頂上からの眺望はすばらしく、晴れた日には鳥海山、八塩山、日本海、鳥海高原が、また、すぐ近くには旧本荘市内、周辺の町や集落が手に取るように眺めることができる。

地図　二・五万図　岩野目沢　　（安藤武俊）

三ツ森山　みつもりやま　　標高　四一二m

秋田県横手市雄物川町と由利本荘市東由利の境に位置する。山麓の雄物川町大沢地区上法寺集落は、養老七年(七二三)開基の金峰神社・喜楽院の門前町で、信仰の盛衰はあったが、今日までつづく古く長い歴史を持つ。山名は山頂が三つの森の形になっていることに由来する。

登路　大沢地区を通る広域農道を行き、金峰神社参道前を通り登山口に至る。緩やかな山道を辿ると、程なく尾根筋に出、地元に伝わる中世の民話の中に出てくる「六郎岩」に至る。この先、金峰山奥宮への分岐に出、右折して進むと天測点や小祠のある山頂に着く(約一時間)。なお、林道一ツ森山線から山頂に至るコースもある(約二〇分)。

地図　二・五万図　浅舞　老方　　（鈴木要三）

白山　はくさん　　標高　二八九m

秋田県湯沢市郊外の松岡地区に位置する信仰の山である。この山に鎮座する白山姫神社の本尊である女神像は、平安時代末期(推定)に製作されたケヤキ材の一木造、像高一六五cm、足元には元の木根が残されている大変珍しいもので、秋田県指定有形文化財に指定されている。祭神は伊邪那美命《いざなみのみこと》、菊理媛命《くくりひめのみこと》。

明治時代初頭の廃仏毀釈により廃された、子安観音、薬師堂、弁財天、大日如来、毘沙門天、弥勒菩薩などが朽ちたまま、神仏混合の名残が随所に見受けられる。

登路　山裾の坊中集落に鳥居の立つ登山口があり、傍らに薬師堂がある。両わきの所々に古い社や朽ちた石像がある参道(林道)を進み、分岐を右に進むと石像と湧水のある仁王堂に着く。仁王堂からさらに右に進むと分岐に出る。分岐を左に進むと金峰山を祀る石祠と三等三角点のある白山頂上に着く。分岐に戻り、その先に進むと白山姫神社がある。神社からは東鳥海山を真正面に、眼下には坊中集落が望まれる。下山は往路を下る(往復約二時間)。

地図　二・五万図　湯沢　　（鈴木裕子）

月山　つきやま　　標高　六三九m

月山は秋田県由利本荘市鳥海町にある。平泉黄金文化の一翼を担ったといわれる金山跡のある姥井戸山《うばいとさん》(九二七m)の北西にある秀峰で、山頂に敏達天皇六年（五七七）、月読命《つきよみのみこと》を勧請したといわれる月山神社があり、古くから笹子《じねご》郷民の信仰の山として知られている。

登路 由利本荘市鳥海町上笹子の模澗《ぶなぶち》集落の東側を通る国道一〇八号の旧バス停の向かい側に登山口がある。コンクリートの階段を登り、スギ木立の中の九十九折の道を登ると車道に出る。登山道はこの作業道によって寸断されているのでそのまま車道を行く。車道は標高五二〇mまで登り、月山の中腹を巻くように北に延びているが、途中の分岐点で右折し一〇〇m程進むと左手に歩道がある。広葉樹林の中に時折、スギの古木が目につく急坂の山道を登りつめると、スギ木立の中に建つ月山神社の前に出る。そのまま直進すると山頂である（約一時間一〇分）。ほかに下笹子の落合集落から大沢を経て登る北側のルート（約二時間）と、同じ落合から月山林道が新設されていて、標高五二〇m付近まで車を使うことも可能となった。

地図 二・五万図　上笹子

（眞坂洋一）

八塩山　やしおやま

標高　七一三m

秋田県由利本荘市東由利を取り囲む出羽山地の中でひときわ高く聳えている。環状の登山路から眺める四方の景色は格別で、なかでも鳥海山の姿は一段と美しく迫る。ブナ原生林に覆われた山頂からは東方に雄勝、旧平鹿（現横手市）、仙北三郡の平野から奥羽山脈までが広がる。山頂付近にある八塩神社には千手観音があり、古くは矢島領三十三番札所巡りの第二十三番札所に数えられた霊山で、修験者のお山駆けが行われたといわれる。

登路 コースは三つあるが、いずれも八塩山麓の八塩ダムを通ると分かりやすい。深山《みやま》林道コースはダムから二㎞の林道終点付近に登山口があり、ブナの原生林の樹間越しに鳥海山、日本海が展開するもっとも楽なコースである（約一時間三〇分）。鳥居の沢登山口は朴ノ木沢牧場の一角から入るもっともポピュラーなコースで、ここからの登山道は途中から急坂が連続するものの眺望のよく利く鳥居長根コース（約一時間一〇分）と、緩急のある林の中を登る風《かざっ》ぴらコース（約一時間二〇分）に分岐する。山頂四〇〇m手前で深山林道コースと風ぴらコースが出合い、さらに二〇〇m手前付近で三コースが合流する。どのコースも案内標識はしっかりしている。

地図 二・五万図　矢島　大琴

（安藤武俊）

出羽山地南部

甑山（男甑・女甑）　こしきやま

標高　男甑　九八二m
　　　女甑　九七九m

甑山（男甑）は山形県最上郡真室川町にあって、丁《ひのと》山地の東端に位置する。江戸時代、矢島・亀田の各藩が参勤交代の折に往復したという峠の南西に女甑・男甑の二つのピークがあり、いずれも南面に岩壁を有し、かつてはクライマーのよきゲレンデとなっていた。

登路　秋田県由利本荘市鳥海町上笹子《かみじねこ》の皿川から奥に延びている車道から分岐する甑林道に入り、旧終点（駐車場）が登山口となる。スギの人工林の中の歩道に入って大深沢に下り、雑木林を登り切ると丁字路となる。左（北東）に入ると名勝沼を経て甑峠から女甑、または名勝沼の南岸から甑山の鞍部に登る歩道があるが、展望のよい男甑には右（南西）に入って県境稜線に開かれたルートから尾根道に登る。南へ二〇〇m進むと男甑山頂である（約一時間三〇分）。また最近、真室川町側の女甑の大カツラを経て甑山の鞍部へ登るルートができた。

地図　二・五万図　松ノ木峠

（眞坂洋一）

男加無山　おかぶやま
女加無山　めかぶやま

標高　九九七m
標高　九二四m

丁《ひのと》山地の秋田・山形県境主稜から南方に下る山脚を占め、山形県最上郡真室川町に位置する。両山とも、安山岩の溶岩とその火砕岩からなり、急峻な孤立した岩峰である。北側の男加無山は、女加無山に比較し山体の規模ははるかに大きい。両山は間に七六〇mの鞍部を有し、いわゆる双耳峰となっている。加無山県立自然公園の中核をなしている。

登路　一般的コース（といっても難路であるが）は甑《こしき》山と同じ加無林道を利用（登山口から男加無山まで約三時間二〇分）。南西の小又川の林道からのコースは一般的でない。女加無山には登路は存在しない。

地図　二・五万図　松ノ木峠（男加無山）　及位（女加無山）

（菅原富喜）

丁岳　ひのとだけ

標高　一一四六m

秋田県由利本荘市鳥海町と山形県最上郡真室川町にまたがる山。古くから幻の花「黒菊」の咲く山という伝説が残るこの山も、厳しい山容から登り口は秋田県側の北稜ルートだけであったが、地元の山岳会によって丁山地縦走ルート（登山口から約六時間）が開かれ、変化に富んだ登山を楽しむことができるようになった。

登路　由利本荘市鳥海町上笹子《かみじねご》の上野宅《かみのやけ》から奥に延びる車道を進み、大平キャンプ場を経て丁川沿いの水無林道を三㎞行った所に登山口がある。駐車場の右手前に丁川に下る歩道があり、すぐ橋を渡って（縦走ルートの下山口である）対岸の瘦せ尾根に取りつく。ブナやミズナラ、キタゴヨウなどの巨木の茂る尾根筋を行き、樹間から二段に落ちる荒倉滝を望むことができるようになると傾斜が急になり、本格的な登りが始まる。急坂に丸太造りの階段が設けられているが樹林帯の中の急登がつづき、登り口から一時間二〇分程でクロベの巨木が茂る観音岩に着く。小さな沢（盛夏は涸れる水場）を渡り、階段状の道を登って高度をかせぎ、ブナ林を抜け灌木林に入るとようやく傾斜も緩くなり、お花畑、地蔵岩への分岐を過ぎ東に巻き込むと山頂である（約二時間三〇分）。

地図　二・五万図　丁岳

（眞坂洋一）

鳥海山　ちょうかいさん　標高　二二三六m

別称　出羽富士　鳥海富士　秋田富士　飽海岳　羽山《うざん》

山形県飽海《あくみ》郡遊佐町、酒田市八幡地区および秋田県にかほ市象潟町、仁賀保地区、由利本荘市矢島町、鳥海町にまたがるが、山頂一帯は遊佐町に属する。

県境が地形を無視して人為的に直線で画されているのは、山岳宗教の進展とともに、山上の奉仕権が絡んだ庄内藩と矢島藩の藩境争いに対する江戸幕府の裁定がそのまま県境になったためである。

東北地方では、福島県南西部に聳える燧ヶ岳（二三五六m）に次ぐ高峰で、海岸からすっきりと聳え立つ秀麗な姿から「富士」の名を冠して親しまれている。鳥海の由来は、鳥海弥三郎の誕生地とその領地説、それにアイヌ語の「チュッカイ」（太陽の山）説などがある。

鳥海山は、日本海側を走る鳥海火山列では数少ない活火山であるばかりでなく、東北地方では最大規模の成層火山である。火山としては、およそ六〇万年前から数ステージに分けて活動が行われた。最高峰をなす新山を抱えた東鳥海馬蹄形カルデラや、中腹の猿穴から有耶無耶関があったと伝える県境の三崎海岸に流れた溶岩流をもたらしたのは、縄文中期以降の活動とされている。また、芭蕉が舟で探勝した象潟《きさがた》の島々は、二五〇〇年前、岩屑なだれで形成された流れ山群とされている（林信太郎ほか『鳥海火山』）。

鳥海山（庄内浜から）

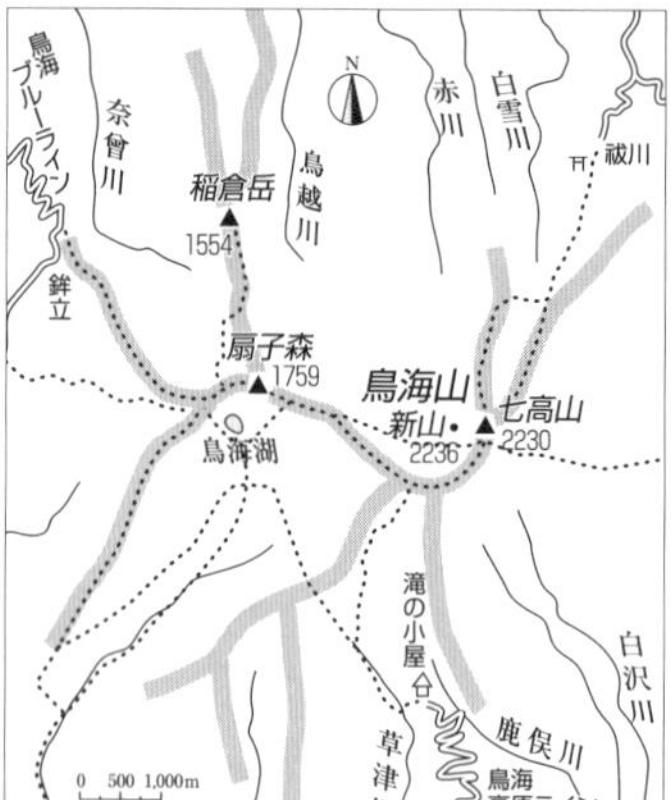

火山活動の記録は古くから多数存在し、敏達天皇六年(五七七)のものは、日本最古といわれる阿蘇山の欽明天皇一五年(五五四)に次ぐ記録である。山形県唯一の離島である飛島は、鳥海山の山頂部が吹き飛んで造られたという伝説がある。

鳥海山のたび重なる噴火は、裾野の住民にとって畏怖の的となり、山そのものが火を噴く荒ぶる神、大物忌《おおものいみ》の神としてあがめられてきた。享和元年(一八〇一)の噴火では、新山(享和岳)を形成し、死者八名を出す惨事があった。

また同時に、庄内、由利地域の生活用水や灌漑用水は、荒ぶる山の豊富な雪解け水がもたらす湧水と、それによって涵養される多数の河川に頼ってきた。したがって、鳥海山は母なる山として人々の日常生活に溶け込んでおり、その面からも信仰の対象となって遥拝登山、登拝登山といったかたちで山岳宗教が発達した。今日も農業の神として山麓の集落の信仰が篤く、山中に多数形成される雪田の形は、農事の目安とされてきた。

欽明天皇二五年(五六四)の創始と伝える大物忌神社は、山頂に本社が鎮座し、麓の吹浦と蕨岡に里宮・口の宮が置かれている。のちに出羽国一の宮となり、朝野の崇敬を受けた。中世以降は、明治時代の神仏分離まで神仏習合となり、鳥海山大権現が祀られた。

鳥海山から八方に下る河川はいずれも渓谷をなしている。そして溶岩流の末端に懸かる滝は、奈曾川下流にある奈曾の滝(奈曾の白瀑谷として国指定名勝)、玉田渓谷に落ちる法体の滝、月光川《がっこうがわ》上流の南ノコマイに連続する一の滝・二の滝・三の滝など名瀑が多い。

鳥海山の生物相は、二〇〇〇m級の高峰で、しかも新しい火山であることを反映して特徴的である。植生は、麓には暖地性のタブの原生林が繁茂する一方で、山頂付近にはチョウカイフスマやチョウカイアザミなど固有種を育んできた。植物の特異性については早くから注目されており、享保六年(一七二一)に江戸幕府による採取登山が数回行われた。

豊富で低温の湧泉を水源とする河川は、短距離で日本海に注ぐため、渓流から汽水に生息する魚類が共存している。また、深い原生林に覆われた山中にはイヌワシなど猛禽類が生息するなど、生物の多様性で知られている。

一九四七年、県立自然公園指定、一九五二年、国民体育大会会場、一九六三年、鳥海国定公園指定、一九七三年、鳥海ブルーラインの開通で山岳観光地として広く知られるようになった。恵まれた自然環境のなかでも、朝の陽光を受けた鳥海山が日本海に投影する影鳥海、外輪山を飾る岩氷や日本海に飛び込むように滑る春スキーなど多くの魅力が時代を超えて人々を惹き付けている。

登路　登山路はかつての登拝路を中心に秋田・山形両県側から数多く整備されている。なかでも、鳥海ブルーラインを利用する象潟口や吹浦口、鳥海高原ラインを利用する最短の滝の小屋コース、あるいは秋田県側の代表的な矢島口などが人気を呼んでいる(四時間ないし五時間)。

地図　二・五万図　鳥海山　湯ノ台

(木村喜代志)

鳳来山　ほうらいさん

標高　八五八m

鳥海山南麓の山形県飽海郡遊佐町にあり、古くから鳥海山登拝路として栄えた蕨岡口の中間地点に位置する。頂上本社の里宮である「口の宮」が置かれていた。登拝路わきに大沢神社が祀られていたが、今日では朽ち果ててしまい道標が立つのみである。ここで湯ノ台コースを合せ、ブナ巨木林へと登拝路は延びているが、鳥海高原ラインの開通で昔日の面影はない。

付近の溶岩台地上に整備されている「鳥海高原家族旅行村」には、温泉を有する鳥海山荘も設置され鳥海登山基地として好適である。また、同地内に環境省猛禽類保護センターもある。

登路　踏み跡が部分的にわずか残るだけである。

地図　二・五万図　湯ノ台

（木村喜代志）

弁慶山　べんけいやま

標高　八八七m

別称　飛口山《とびぐちやま》（最上地域での呼称）

山形県最上郡真室川町と酒田市八幡地区および平田地区にまたがる。この山は、出羽山地主稜部に「弁慶山地」という名称を与えながら、最近の五万図「大沢」から山名が消え失せている。

山名は、源義経主従がこの山を越えて庄内から最上に逃れたという伝説による。地質は玄武岩質海底火山噴出物からなり、山頂に「耳」と呼ぶ玄武岩の岩脈を有する（飛[鳶]口山の由来か）。

登路　弁慶山地は、複雑な谷系に刻まれ、主稜上までの登路は見当たらない。それだけに探検的登山を楽しむことができる、最上山岳会のメンバーは、日本海側酒田市八幡地区の日光川上流・白玉川からのルートを登降している（林道終点亀倉橋から約三時間）。

地図　二・五万図　差首鍋

（田宮良一）

経ヶ蔵山　きょうがくらさん

標高　四七四m

山形県酒田市平田地区にあり、鮮新世の凝灰岩からなる。一般に庄内平野東麓の出羽山地には、標高一〇〇〇m未満のピークが蝟《い》集《しゅう》し、登山対象の峰は少ない。そのなかで、山中諸所に凝灰岩の露岩が発達するこの経ヶ蔵山は、いまも登山者の多い山である。

山頂付近には、山名の由来となった平安後期の経甕《きょうがめ》を安置した窪みがある。相沢川の登山口には、木立の中に段々に落ちる十二滝の景勝地があり、中野俣川支流には、泥岩に玄武岩が貫入した奇岩・金剛蔵《こんごうはぎ》という隠れた名所が存在している。

登路　経ヶ塚山には南側の円能寺林道終点からと、北側の十二滝からのコースがある（約一時間一〇分）。十二滝コースは狭小で歩きにくい。

地図　二・五万図　中野俣

（田宮良一）

胎蔵山　たいぞうさん

標高　七二九m

山形県酒田市平田地区東部に位置する。周辺の出羽山地支脈ではもっとも標高が高く、酒田市方面からぬきんでて遠望される。最上川北部の出羽山地では、経ヶ蔵山とともに数少ない登山対象となっている。飽海地方ではめずらしい安山岩の山体からなる。

いまでは薬師神社を祀るが、かつては「大浄山」、「台蔵山」、「大蔵山」また「台上山」とも呼んだ修験の道場であった。また、「胎蔵越え」といわれる日本海側の庄内北部と内陸最上を結ぶ交易路が通じていた。また、この山は周辺村落の領域争いの中心であったともいわれる。

登路　県道田沢下新田線を進み、田沢地区で分かれた楯山の林道終点を登山口とする。薬師神社本殿(中の宮)を経て山頂の奥社まで参拝路を辿る(登山口から約二時間三〇分)。

地図　二・五万図　中野俣

（田宮良一）

外山　とやま

標高　二七八m

別称　眺海《ちょうかい》の森《もり》

山形県酒田市松山地区と平田地区の境に走る、庄内平野東縁をなす丘陵を外山丘陵と呼んでいる(丘陵の最高点は三〇九m)。奥山に対する外側という意味で名付けられた。名刹・総光寺が建立されている城下町、松山地区の背後から平田地区へかけての山稜は、「眺《ちょう》海《かい》の森」として自然学習の諸施設が整備されている。

眺海の森は、最上川が蛇行して日本海に注ぐ庄内平野と鳥海山の雄大な眺望、また、エビネやクマガイソウなど林間に咲く花々の探勝が特徴である。

登路　車道が整備されているが、多彩な遊歩道が設置されている。起点は、松山地区側では総光寺、平田地区側では田沢新田である。両者間には「東北自然歩道」が設定されている(約二時間三〇分)。

地図　二・五万図　余目

（田宮良一）

板敷山　いたじきやま

標高　六三〇m

山形県東田川郡庄内町立川地区と最上郡戸沢村にまたがり、出羽山地主稜に位置する。芭蕉が『奥の細道』に最上川を「板敷山の北を流れて」と記しており、板敷越えと称する最上川船運の脇街道が通じていた。

山名の由来は、急坂で板を敷いたからとか、「イタミツク」難所があったからといわれている。戸沢側の緩斜面は地滑り地である。

本山は歌枕の地であり、読人知らず「陸奥にちかき出羽《いでは》のいたじきの山に年ふる我ぞ侘しき」(『夫木《ふぼく》和歌抄』)がある。

登路　最上川沿いの国道四七号を戸沢村古口北方で分かれて肘折温泉に向かい、程なく三ツ沢川の林道を経て送電線の出合が登山口となっている。登路はほぼ送電線に沿い、山頂までおよそ一時間弱の行程である。

地図　二・五万図　木の沢

（田宮良一）

今熊山　いまくまやま

標高　五七三m

山形県最上郡戸沢村南部の今神自然環境保全地域内に位置する。

今熊山そのものは中部中新統に属する流紋岩からなるが、南側直下に第四紀に形成されたという火口湖の御池《おいけ》を有している。また、車道終点の登山口には、念仏を唱えながら長時間入浴する風習から一名、念仏温泉ともいう今神温泉が所在している。

今熊山、御池、そして今神温泉を中心とする地域は、自然信仰とともにうっそうとしたブナの原生林、およびトンボ類など豊富な昆虫相で特色付けられる。

登路 温泉手前の駐車場から山道を経ていったん御池へ下り、そこから改めて今熊山西尾根のブナ林を登る。南斜面は急崖なので注意が必要である（今神御池まで約二〇分、山頂までは約五〇分）。

地図 二・五万図 肘折

（田宮良一）

月山 がっさん

標高 一九八四m

別称 犂牛山《くろうしやま》 臥牛山《がぎゅうさん》

山形県のほぼ中央に位置し、山形県鶴岡市羽黒町、東田川郡庄内町立川地区と西村山郡西川町との境をなす。山名の由来は、山頂に祀られている農業の神・月読之尊《つきよみのみこと》によるとされている。その一方で、まろやかな稜線を月に例えた山容説も捨てがたい。また、山姿が牛の臥《ふ》しているのに似ているところが別名の由来となっている。

月山火山は、花崗岩や新第三系の地層からなる起伏の緩い隆起帯に形成されている。月山中央火山をはじめ、姥ヶ岳火山、湯殿山火山などからなる。月山中央火山は成層火山であるが、噴出物の量は標高や広がりの割には少ない。したがって、月山の形態は基盤の緩やかな地形を反映している。そのため、かつてはアスピーテ火山とされていた。しかし、楯状的な火山原型は東の山形盆地側には残しているが、西の庄内平野側では、多量の岩屑流を供給した爆裂火口の壁が主稜から切れ落ちている。したがって、月山は東西それぞれ異なった山容を見せている。

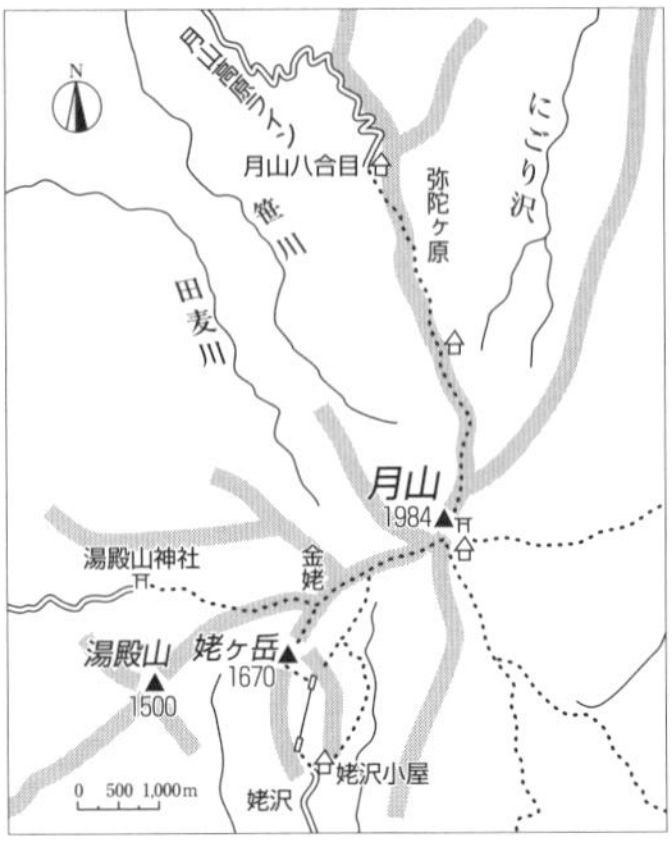

月山（東根市から）

月山は日本海に近いため、冬季の季節風が多量の降雪をもたらし、大雪城などの雪田や越年雪を残し、典型的な雪窪や階段状砂礫といった周氷河地形などを形成した。また、この多雪は亜高山帯針葉樹林を極度に貧相なものにしている。しかし同時に、溶岩台地上に高層湿原を造り、色とりどりの高山植物を育んできた。なかでも、山頂付近のクロユリや、弥陀ヶ原に咲くオゼコウホネをはじめ、ミヤマキンバイ、ハクサンイチゲやチングルマなどの群落は見どころ。

月山の開山は、羽黒山と同じく推古天皇時代(五九三〜六二八)に蜂子皇子によると伝えられる。羽黒山および湯殿山とともに平安時代から「出羽三山」と呼ばれ、修験道の中心として東国の総鎮守とされた霊山であった。

ここでの修験は羽黒派で、冬季でも登拝できる羽黒山を基盤に月山、湯殿山と回峰修験をした。羽黒山はこの世を表す観音浄土、その背後の月山はあの世を表す阿弥陀浄土とされ、胎蔵界大日如来である湯殿山は、寂光浄土としてこの世の生まれ変わりを具現するとされた。三山を巡るということは、この世を去ってあの世に行き、またこの世に生まれることを意味していた。

近年まで山形県内の男子は、成人を迎えると一週間ほど精進潔斎をして三山詣でをするのが慣わしであった。今日でも七月から八月にかけて、五穀豊穣、家内安全、海上安全を祈願する白衣に金剛杖姿の行者たちでにぎわう「行の山」、「浄めの山」である。また、出羽三山修験道の秘所として普陀落信仰がひっそりと息づいている。立谷沢川を遡ってきた修験者たちが、お浜のかなたに立つ奇岩を「西方湖のかなたの極楽浄土」と見立てた浄土思想から生まれたとされている。

元禄二年(一六八九)に、『奥の細道』の旅にあった松尾芭蕉は、出羽三山に詣で「雲の峯幾つ崩て月の山」の句を残している。

月山は変わらない信仰の山と同時に、豊富な残雪を利用した春・夏スキーでも広く知られている。出羽三山一帯は、一九五〇年に磐梯朝日国立公園に、さらに一九七二年に山頂部は天然記念物「月山」として指定されている。なお、羽黒口の月山八合目に通じる月山高原ラインの起点付近には磐梯朝日国立公園月山ビジターセンターが、西川町志津地区には県立自然博物園が設置されている。

登路　かつての登拝路は「八方七口」といわれ、八つのコースがあった。今日の登路もすべて往時の参拝路である。なかでも車道の月山高原ラインが八合目の弥陀ヶ原まで利用できる羽黒口と、山形自動車道・湯殿山有料道路経由の湯殿山口、それに西川町志津から車道・夏山リフトを利用する姥沢口が人気を呼んでいる(二時間三〇分から三時間三〇分)。

地図　二・五万図　月山　湯殿山

(木村喜代志)

姥ヶ岳　うばがだけ

標高　一六七〇m

山形県西村山郡西川町にあって、月山南西の中腹に位置する。月山中央火山の側火山の一つで、「姥」は主峰に付随して目立たない山に付けられた山名。この山の南、姥沢に沿ってリフトがあり、春・夏スキーでにぎわう。同時に、雪田草原の踏みつけによる破壊も見られ、観光と自然の両面からの課題を抱えている。

ここから流れ出た溶岩の末端部が弓張平で、第二次大戦後は高冷開拓地として開墾が進められたが、今日では大型レクリエーション基地として変貌を遂げている。

登路　リフト上駅から木道に導かれるものと、湯殿山口の金姥からが整備されている。

地図 二・五万図 月山

（木村喜代志）

湯殿山 ゆどのさん

標高 一五〇〇m

山形県鶴岡市朝日地区に所在し、磐梯朝日国立公園に属する湯殿山は、月山および羽黒山とともに「出羽三山」のひとつである。

火山学的には、鳥海火山列の南隅を占める月山火山の一員で、デイサイトからなる鐘状火山である。カルデラ内の仙人沢上流には、御神体である温度五〇度Cの湯殿山温泉が湧出している。

湯殿山は、空海によって開かれた真言秘法の山と伝えられるが、羽黒修験と深いかかわりの下で三山の奥の院とされてきた。現在日本にある即身仏の多くは、湯殿山仙人沢に籠った人たちといわれる。

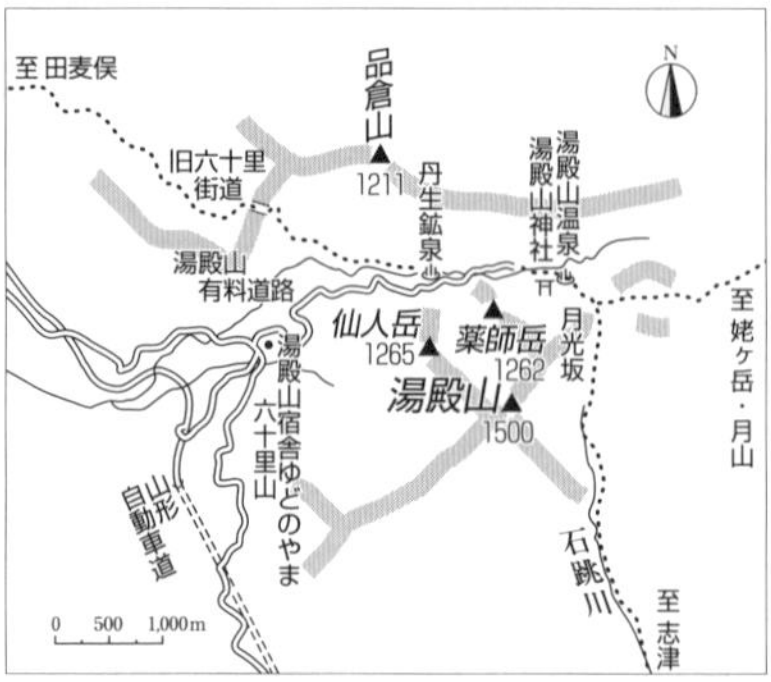

御神体は、赤褐色の温泉沈殿物ドームの頂部から湧く温泉そのもので、社殿は置かれていない。そして、ここは芭蕉の句「語られぬ湯殿にぬらす袂《たもと》かな」（『奥の細道』）のように人に語ってはならない秘所とされた。

なお、五万図「湯殿山」は一時「田麦俣」となり、湯殿山は無名峰となっていたこと、一時期、支峰・薬師岳（一二六二m）を湯殿山としたことを考慮すると、修験時代での湯殿山を冠した峰の存在が疑問視される。

登路 湯殿山は、山頂に参拝する形式をとらないため、山頂に至る登路は存在しない特異性がある。かつての湯殿山登拝路は、内陸からは西川町志津から石跳川を登り、月光坂で月山からの道に合流して神前である御宝前に至った。また、庄内側からは、宗教集落であった朝日村大網・七五三掛《しめかけ》を起点に旧六十里街道を利用した。

現在は、国道一一二号から入った湯殿山宿舎ゆどのやま（休業中）と参籠所間に有料道路が通じ、そこから本宮入り口まで専用バスが走っている。御神体に寄らないでそのまま登ると月山に至る。

なお、湯殿山へは通常、残雪期に西川町志津にある県立自然植物園を起点に石跳川東尾根コースを登っている。

（田宮良一）

地図 二・五万図 湯殿山

羽黒山 はぐろさん

標高 四一四m

山形県鶴岡市羽黒町東部の出羽山地の山麓に位置する。磐梯朝日国立公園に指定されている。地質は新第三系の泥岩と月山の火山泥流からなる。山頂にはブナ林が残存している。

羽黒山は、出羽山地の中でも平凡な小山に過ぎないが、月山、湯殿山とともに「出羽三山」の一山をなす信仰の山である。鎌倉時代以降、修験道が隆盛をきわめたなかで、全国的な道場として繁栄した。

一説には能除《のうじょ》太子ほか様々な異名を持ち、実は崇峻《すしゅん》天皇の皇子で怪奇な容貌を持つ蜂子皇子という人物が、推古元年（五九三）に開

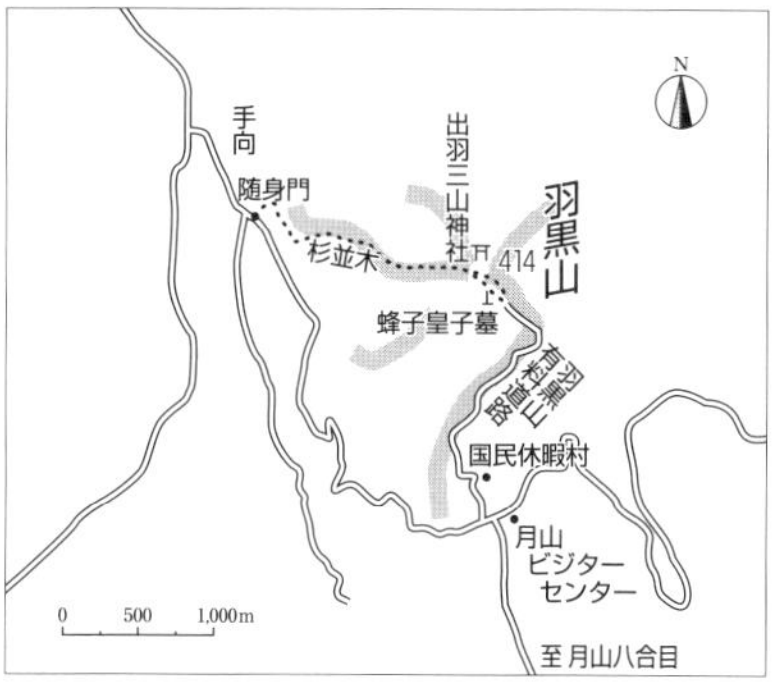

山したと伝える。その真偽はともかくとして、平安時代にはすでに有力な信仰団体が組織され、信仰を集めていたことは史実から明らかにされている。

山名の由来については、芭蕉が『奥の細道』に「羽州黒山を中略して羽黒山といふにや」と記している。山頂には、文政元年(一八一八)竣工の三神合祭殿や、広い駐車場が置かれている。

登路　いかにも門前町らしい羽黒町手向《とうげ》から随身門をくぐると、山頂まで一・七kmの距離にある。特別天然記念物に指定されているスギ並木に沿う二千数百段に及ぶ表参道は、辺りに厳粛な雰囲気を漂わせ、芭蕉が辿った往時のたたずまいを偲ぶことができる。

継子坂を降ると国宝五重塔があり、三の坂手前から右手に進んだ史跡・南谷には、芭蕉の「有難や雪をかほらす南谷」の句碑がある。随身門入り口にある文化記念館から表参道を登り三神合祭殿まで東北自然歩道となっている(約一時間二〇分)。

一方、南側の県道立川羽黒線から山頂までは有料道路が結んでいる。有料道路の起点には、国民休暇村、月山ビジターセンターが設置され、月山八合目への県道が分かれる。

地図　二・五万図　羽黒山

(田宮良一)

葉山　はやま

標高　一四六二m

鮮新世に形成されたので火山カタログから除かれている。北東面に開いた爆発カルデラの形成、山体崩壊や侵食により原型を留めていない。現在見る姿は、山頂部の溶岩円頂丘、カルデラ内の中央火口丘・丸森(一〇八〇m)、そして、火口壁である外輪山である。山頂のやや北に鎮座する葉山神社は、山形県村山市、最上郡大蔵村および寒河江市の境界となっている(三角点は村山市と寒河江市の境界)。

標高一四〇〇m付近までブナに覆われているが、山頂や外輪山の山稜部には、ミヤマナラやハイマツ林、お花畑、小池塘、岩尾根が出現して、変化に富む本格的登山を堪能させてくれる。

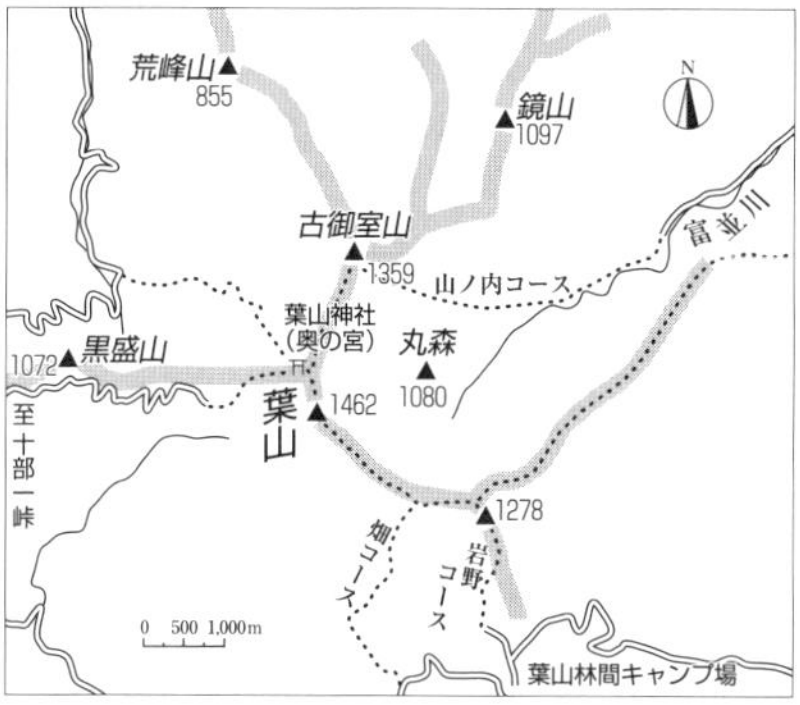

奥山に対する端の山の意である葉山は、東北地方南部では山の神、田の神の宿る山として地域の信仰を集めてきた。山形県内で五箇所ほど知られている葉山の中で、標高がもっとも高いこの葉山は、室町末期ごろまでは、月山、羽黒山と並んで「出羽三山」を構成していた。近世には、新庄

藩戸沢氏の庇護の下、南尾根中腹に置かれた大円院を中心に葉山信仰は栄え、奥の院まで参拝路が四通していた。

登路　表参道は大円院跡経由の村山市湯野沢口の七五三《しめ》掛けぶな道といわれているが、いまは葉山林間キャンプ場まで林道が延びている岩野コースが利用される(大円院跡から約三時間)。なお、標高八〇〇mの地点にあった大円院は、一九五五年に岩野に移転した。

寒河江市畑コースは、岩野コースと尾根上のお花畑で一緒になる(約二時間三〇分)。新庄方面の行者が利用した山ノ内コースは、富並川最奥の大鳥居から山ノ内林道が起点で、古御室山(一三五九m)を経て北回りで山頂に至るコースである(約四時間)。また、最短コースは、国道四五八号の十部一峠からのコースである(林道終点から約一時間)。

地図　二・五万図　葉山

(田宮良一)

大高根山　おおたかねやま

標高　五四三m

葉山火山の東北東、出羽山地東縁にあって、山形県北村山郡大石田町と村山市にまたがる。葉山同様、鮮新世の安山岩からなる。登山口の村山市下小屋では「小高根山《おだかねやま》」と呼ぶ。

周辺の地質は、鮮新統の亜炭を挟む固結度の低い砂岩からなり、丘陵地形を示している。一方、大高根山は開析が進み、三角錐の山容を呈している。尾根筋には葉山火山起源の火山泥流が分布している。

登路　葉山へのコースでもある県道新庄次年子村山線の下小屋集落西側から分かれた落沢沿いの農道が、標高四〇〇m付近まで敷設されている。農道終点から山頂まで三〇分程の道のりであるが、山頂部までスギの植林が行われたりしてルートを見いだしにくい。山頂からは葉山と尾花沢方面の眺望に恵まれている。

地図　二・五万図　富並

(田宮良一)

河島山　かわしまやま

標高　一九四m

山形県村山市に位置し、出羽山地から最上川によって隔離された中期中新世の火砕岩からなる小丘陵である。

山中には、室町時代から旧石器時代まで遡る複合遺跡が所在し、山形県指定史跡となっている。山頂は空堀で画された中世の館跡となっている。また、ニッコウキスゲなど北方系の植物が残存し、植物相も豊富である。

登路　主な登路は、南・北両コースがある。南の白山神社口は、鳥居まで車道が通じている社殿が登り口である。河島山遺跡を経て山頂まで四〇分程である。北の農村文化保存伝承館からも所要時間はほぼ同じである。

なお、最上川三難所の一つ碁点に沿う遊歩道、碁点温泉方面への吊り橋、古墳や板碑群めぐりなど多様なコースが設定されている。

地図　二・五万図　谷地

(田宮良一)

白鷹山　しらたかやま

標高　九九四m

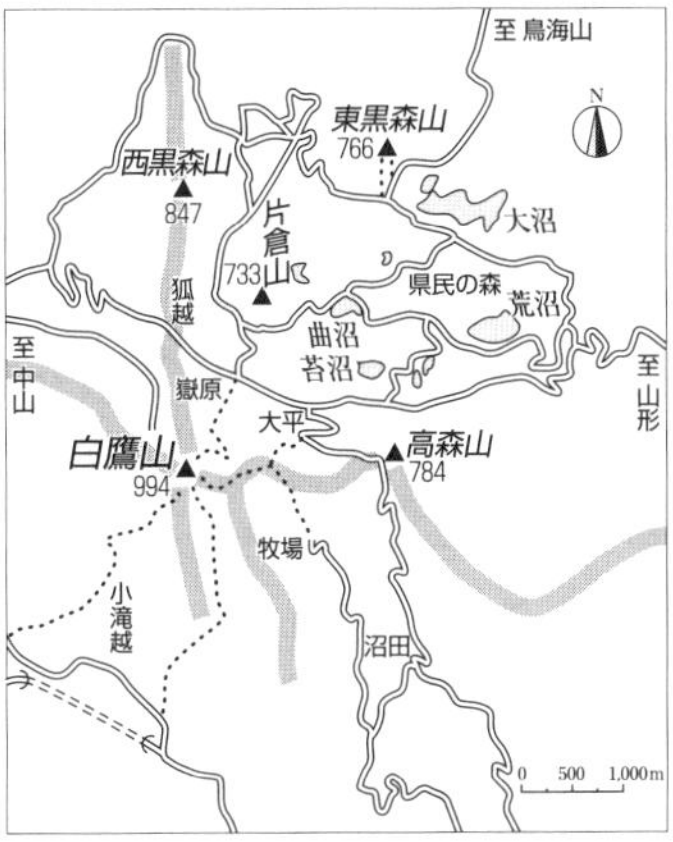

白鷹火山の主峰・白鷹山は、山形県東村山郡山辺《やまのべ》町、西置賜郡白鷹町および南陽市にまたがる。名称は、山麓から望んだ雪山のイメージから名付けられたという。白鷹山頂に祀られた虚空蔵尊は、「高い山」信仰が篤く、旧暦四月一七日（いまは五月一三日）には多くの参拝者を迎える。

白鷹火山は、第四紀の成層火山で、開析が進んでいる。地形的には東から高森山（七八四m）、白鷹山、西黒森山（八四七m）と馬蹄形に連なる外輪山をなす山稜と、その北東に開いた径三・五㎞の波状地形を示す凹地に大別される。山頂西方の尾根に一等三角点と気象観測レーダーが設置されている。

波状凹地には東黒森山（七六六m）、片倉山（七三三m）などの溶岩円頂丘、鳥海山（通称・小鳥海、五三一m）などの流山《ながれやま》と大沼などの湖沼が形成されている。湖沼区域には県民の森や山形市自然少年の家、山辺自然休暇村など森林学習やレクリエーション施設が整備されている。

登路　登路は、三市郡の境にふさわしく山形市大平、山辺町嶽原、上山市沼田、南陽市小滝および白鷹町細野、中山などから四通している。これらの登山口までは白鷹山北回りの県道山形白鷹線経由旧狐越街道、南回りの国道三四八号と白鷹山高原放牧場道が通じている。一般的なのは嶽原コースである（約一時間）。大平コースは、白鷹山高原放牧場口と合流し眺望のよい尾根を行く（約一時間三〇分）。東黒森山は、山頂に展望台があり、大沼西側の家族広場から東西二コースがある（約三〇分）。西黒森山は、狐越から尾根を行く（約四〇分）。北東の「小鳥海」といわれる鳥海山には、東北自然歩道が設定されている。

地図　二・五万図　白鷹山

（田宮良一）

富神山　とがみやま　標高　四〇二m

山形県山形市の市街地の西方、須川を隔てて白鷹火山東縁に目立つ三角錐の非火山である。その東方に対面する奥羽山脈側の戸神山とともに「トガリ山」が語源で、デイサイトから構成される。

富神山の山麓は、関ヶ原出羽合戦の古戦場として知られる。慶長五年（一六〇〇）、徳川方の最上義光勢と、豊臣秀頼方についた上杉景勝の家老、米沢城主・直江兼続勢が激戦を繰り広げた地である。

独立峰的存在なので、山頂は奥羽山脈の見晴台となる。山形市街地が載る馬見ヶ崎川扇状地地形の俯瞰にも好適である。

登路　登山口は三箇所所在する。県道山形白鷹線の新道口バス停から山頂（約二〇分）を経て、もっとも比高差の大きい柏倉口に降りる（約三〇分）コースが、東北自然歩道として設定されている。

地図　二・五万図　山形南部

（田宮良一）

経塚山　きょうづかやま　標高　三九八m

山形県上山市に位置し、市街地や上山温泉街に近接する。山形盆地東縁同様、流紋岩ないしデイサイト（火山岩の一種）の三角錐の山体は、上山盆地周辺にも多数並んでいる。経塚山はその代表といえ、山形市の千歳山同様、自然休養林に指定され、市民の山として親しまれている。

山中には斎藤茂吉の歌碑をはじめ一帯に十数基の文学碑が配置され、「文学の森」として整備されている。なお、山名の由来となった経塚はまだ発見されていない。

登路　国道四五八号上山温泉口付近より、県道狸森《むじな》上山線、管理道を経た中腹の広場が登り口である。そこから山頂まで遊歩道があり、二〇分程で達する。上山温泉からも散策できる距離にある。

地図　二・五万図　上山　（田宮良一）

高戸屋山　たかとややま　標高　三六八m

米沢盆地沖積平地の西を限る玉庭丘陵の中核に位置している。山形県東置賜郡川西町小松地区の最高峰となっている。

玉庭丘陵は、米沢盆地内の新第三紀層でもっとも新しい固結度の低い砂岩などからなり、定高性の丘陵地形で特色付けられている。侵食作用をあまり受けていないため、間氷期に形成された化石土壌である赤色土壌が残存するとともに、ニッコウキスゲなどの冷温性の植物が生育しているのが特徴である。

登路　山頂近くまで車道が通じているが、川西温泉があるダリア園から、広い谷を挟んで東西両尾根に遊歩道が設置されている（登り約一時間二〇分、一周約二時間）。山頂からは、米沢盆地や飯豊・朝日山地を一望にすることができる。

地図　二・五万図　米沢北部　（田宮良一）

笹野山　ささのやま　標高　六六〇m

山形県米沢市の市街地を隔てて西方に横たわる新第三紀の泥岩からなる丘陵の最高峰をなす。北から羽山《はやま》（五三四m）、愛宕山《あたごやま》（五五五m）、笹野山、栃窪山《とちくぼやま》（六〇五m）が連なる。典型的な丘陵地形を示し、「斜平山《なでらやま》」と総称されている。

市街地に面した山稜は直線的で直下は急傾斜をなし、山麓には上部から崩落した崖錐が堆積している。急崖部では雪崩が発生しやすいところから「なでらやま」となったといわれる。植生はユキツバキなど日本海要素が濃く、植物の種類の豊富さで知られる。西麓には小野川温泉の宿が軒を連ねている。

登路　笹野一刀彫の産地にある笹野観音から笹野山に登り、愛宕神社を祀る愛宕山、羽山神社の羽山をめぐり、国道一二一号の館山に下る「新奥の細道・東北自然歩道」が整備されている（約三時間）。

地図　二・五万図　米沢　（田宮良一）

男鹿半島

寒風山　かんぷうざん　標高　三五五m

別称　さむかぜやま　妻恋山《つまこいやま》　羽吹風山《はぶかぜやま》

秋田県男鹿《おが》市の男鹿半島東部に位置する寒風火山地の主峰であるこの山は、東に南秋田郡大潟村（旧八郎潟干拓地）の広大な水田、南に秋田市に沿って弓なりに延びる日本海と秀峰・鳥海山の雄姿、西に本山・真山・毛無山のいわゆる男鹿三山、北に日本海の汀線を越えて遥かに白神山地の山々を望む、小規模な成層火山である。

二万年以上前から何回かの火山活動によって形成された輝石安山岩を主体とする山で、大小二つの噴火口を残すなど火山地形をよくとどめている。全体が芝生に覆われ、大正時代からスキー登山のメッカであったが、一九六一年、寒風山パノラマラインが開通し、頂上まで車や観光バスが乗り入れるようになって、いまでは観光・レジャーの山として人気を高めている。

この一帯は一九七三年、男鹿三山と荒磯の西海岸を含めて男鹿国定公園に指定されている。

登路　旧登山道は、脇本口、羽立口、男鹿中口などがあったが、いまはパノラマラインで誰もが頂上の展望台からの大パノラマを楽しむことができる。（保坂隆司）

地図　二・五万図　寒風山　北浦

本山　ほんざん　標高　七一五m
真山　しんざん　標高　五六七m

秋田県男鹿市、男鹿半島の西部に位置する連山の主峰であるこの本山は、北に真山《しんざん》、南に毛無山《けなしやま》（六七七m）を連ね、古くから男鹿三山（別称・赤神《あかがみ》山、赤神権現）として信仰されてきた。平安末期から熊野詣でにちなみ、「大峰道」といわれて修験者の大道場となり、後世は庶民による「お山かけ」として各地からの登拝者でにぎわっている山である。この一帯は一九七三年、西海岸の荒磯と寒風山を含めて男鹿国定公園に指定されている。

登路　男鹿三山、お山かけの登山道は、北浦からの広域農道「なまはげライン」で真山神社へ向かい、拝殿のわきから巨大な秋田天然杉の立ち並ぶ急坂を二度ほど登って奥宮の建つ真山山頂に至る（約二時間二〇分）。山頂より少し下った鞍部から本山へ直登する急坂は廃道に近く危険なので、左の巻き道を進む。やがて自衛隊レーダー基地への車道に出るのでこれを左に進み、正門前から左の柵沿いに行くと本山山頂、赤神神社奥宮に着く（真山から約一時間一〇分）。この車道を戻り遊歩道を通って車道を横切り、保護柵の中の道を下ると毛無山のそばを経て、五社堂、長楽寺に着く（約二時間）。（保坂隆司）

地図　二・五万図　船川　北浦

朝日・飯豊《いいで》山地

金峰（峯）山　きんぼ（ぽ）うざん（さん）　標高　四五八m

別称　蓮華峰　八葉山

摩耶山地主稜が庄内平野に没する北縁に当たり、山形県鶴岡市南部に位置する。中世から金峯信仰として栄え、南へ連なる母狩山、摩耶山とともに「金峰三山」と称する山岳信仰の霊地であった。地元では親しみを込め「きんぼやま」と呼んでいる。

中腹から山頂に分布する花崗岩は「金峯石」と称され、鶴ヶ岡城の石垣をはじめ墓石などの石材として重宝がられた。一九四一年、文部省名勝地の指定を受け、庄内海浜県立公園に含まれている。

登路　門前町の雰囲気が残る青龍寺（金峯神社中の宮まで車道が通じている）、新山および湯田川温泉から山頂までと、山頂から母狩山までそれぞれ一時間三〇分程の行程である。

地図　二・五万図　鶴岡

（木村喜代志）

母狩山　ほかりさん　標高　七五一m

山形県鶴岡市の旧鶴岡市域と同市櫛引、朝日地域にまたがり、摩耶山地北部に位置する。花崗岩からなり険しい山容を示している。

康平年間（一〇五八～一〇六五）のころ、前九年の役で敗れた安倍宗任の母が隠れ住み、のちに宗任自身もこの地で平安を祈願、この山を「母狩山」、鎧《よろい》をおさめた北隣の山を「鎧ヶ峰」（五六六m）と名付けたと伝える。また、金峰山、鎧ヶ峰、母狩山、湯ノ沢岳および主峰・摩耶山の摩耶山地の五ピークは「五老峰」と呼ばれている。

登路　国道一一二号に近い鶴岡市谷定が登山口である。はじめ谷定川沿いに登り、物見台から急坂となる（登山口から約二時間四〇分、谷定集落からの徒歩は一時間追加。縦走は、鎧ヶ峰から約一時間二〇分、金峰山からは約二時間）。

地図　二・五万図　下名川

（田宮良一）

湯ノ沢岳　ゆのさわだけ　標高　九六四m

山形県鶴岡市朝日地区に位置し、摩耶山地の中程を占めている。高度では主峰・摩耶山に次いでいる。全山白亜紀の田川酸性岩類からなり、一〇〇〇mに満たない標高ながらアルプス的風貌で旧朝日村庁舎の正面に立ちはだかっている。湯ノ沢岳に限らず摩耶山地の東面は、山麓集落とは里山の距離にあるが、支脈や谷は短く急傾斜をなしている。一方、西斜面の支脈は緩く下り、間にV字谷を発達させている。

空海が湯殿山に先立って、まずこの山で修行したという伝説があり、往時は中腹の御宝前まで十数箇所の拝所がつづいていたという。

登路　国道一一二号から旧村役場を経て湯ノ沢林道終点が登山口となる。急坂が多く高度をかせぐ登路である（約二時間二〇分）。

地図　二・五万図　下名川

（田宮良一）

摩耶山　まやさん

標高　一〇二〇m

朝日山地の大鳥屋岳から日本海に沿って北に伸びる摩耶山地の南隅を占めて主峰をなし、山形県鶴岡市朝日地区と温海《あつみ》地区にまたがる。

山名の由来は、日本海を航行する船上から眺めた山姿による厩《うまや》山説と、仏母・摩耶《まや》夫人《ぶにん》信仰によるという説がある。兵庫県神戸市などほかの摩耶山も馬と摩耶夫人の信仰を共有している。

摩耶山は山頂に三峰が屹立するところから摩耶三所権現、または摩耶山上権現と仰がれ、金峯山修験の逆峰《ぎゃくぶ》修行の重要な聖地であった。金峯山、母狩山、摩耶山の三峰を「金峯三山」、さらに鎧ヶ峰、湯ノ沢岳を加えて「五老峰」と呼び、これらの山麓には金峯山支配の修験を配していた。

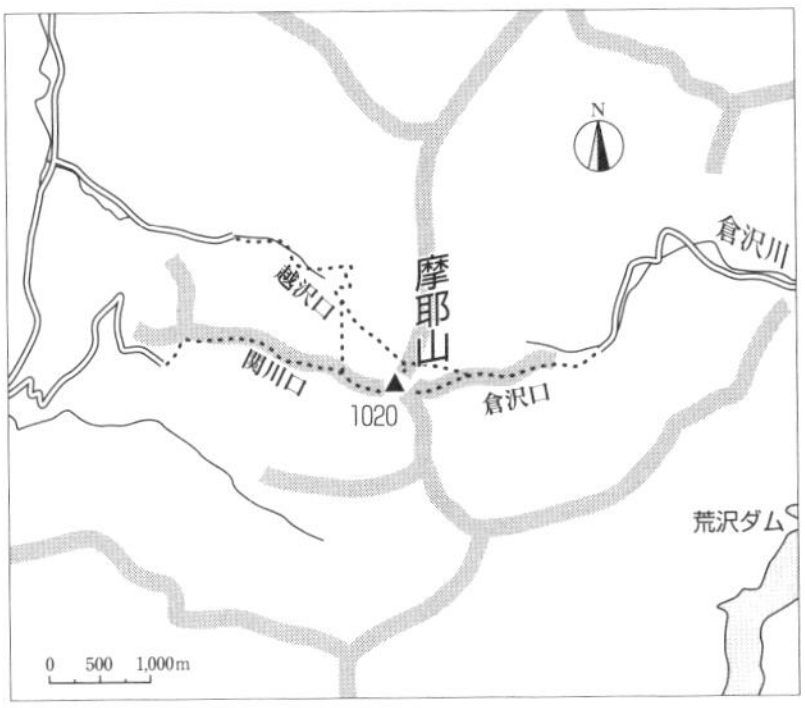

一方、「金峯三山」、とくに摩耶山は古代には辺境守護の山として位置付けられていたが、江戸時代に入ると山頂からの眺望が仇となり、軍略上の理由から入山はもとより地形、風景を描くことも禁止された要塞の地となった。

全山花崗岩類の岩山からなる。とりわけ東側斜面が雪食によって険しく、倉沢からの参道では墜落死に至った修験者もあったという。そのため、急峻な東側では山岳修験の色彩を帯びていたが、海に近く傾斜が緩やかな西側(旧温海町側)からは、馬匹繁栄、漁業満足、女人愛護、そして、雨乞いの霊験顕著な神として慕われてきた。

登路　庄内藩による山止め以降の摩耶山再興は、一九一二年、倉沢の大滝慶順によってなされた。さらに一九六一年、山形県の名勝地の指定を受けた古くて新しい山である。東の倉沢口は梯子や鎖場がつづく険しい登りで約三時間三〇分を要する。西側からは断層谷を行く国道三四五号沿線に、小国川の渓流を登る越沢口と尾根を行く関川口がある(ともに二時間三〇分程)。

地図　二・五万図　木野俣

（木村喜代志）

飯森山　いいもりやま

標高　四一m

最上川左岸の山形県酒田市に位置する。沖積平地の中に飯を盛ったようにこんもりとした砂丘砂からなる小山である、登山対象となるような山ではないが、庄内平野の日本海に沿って横たわる本邦有数規模である「庄内砂丘」の代表として取り上げた。

飯森山は、小規模ながら砂丘の主脈東側に孤峰として存在し、右岸側の日和山とともに庄内砂丘では数少ない山名を与えられている。周辺は、「飯森山公園」として土門拳記念館(酒田市写真展示館)などが整備されている。

登路　登路というほどではないが、山頂まで歩道がある。山頂の展望広場には、一九二八年に文部省が大陸移動説を実証するため「緯経度観測点」を設けている。

地図　二・五万図　酒田南部

（田宮良一）

高館山　たかだてやま　標高　二七三m

朝日山地から分岐して北に延びる二条の摩耶山地中、日本海寄りの山列の北端を占め、北方には庄内砂丘が連なる。山形県鶴岡市に所在する。山名は、戦国時代に物見のために館が置かれたのに由来する。江戸時代には天領で、そのまま国有林に引き継がれたため、山腹はブナなどの自然林で覆われている。一九七四年、東面が自然休養林の指定を受け、一九八六年、「森林浴の森一〇〇選」にも選ばれた。南東には上池・下池が広がり、自然学習交流館「ほとりあ」がある。サクラの名所・大山公園、北に漁業者の信仰が篤い善宝寺があり、これらを結んで散策路が整備されている。

登路　下池からどのコースを選択しても、所要時間は三〇分ないし四〇分であり、「東北自然歩道」が設定されている。

地図　二・五万図　湯野浜　鶴岡

（木村喜代志）

熊野長峰　くまのながみね　標高　四三〇m

山形県鶴岡市に所在、摩耶山地主脈とは断層谷で画された日本海に面した山列の北東部に位置する。古くは金峯山の霊場でもあり、長い稜線を持つ信仰の山という意味で「熊野」を冠したと思われる。

主に花崗岩から構成される。

山頂からは、鳥海山、男鹿半島まで見晴らすことができる。南隣する四四三m峰との間は、標高三九〇m前後のU字型をなす長い鞍部となっている。そこには大小八箇所、延べ二・五haに及ぶ湿原が横たわり、トキソウ、サワラン、カキツバタ、ミズバショウ、エゾリンドウなど氷河時代の遺存種を含む湿生植物が繁茂している。

登路　JR羽越本線羽前水沢駅から「東北自然歩道」が設定されている。車道終点の大谷貯水池からは湿原をめぐって往復約一時間。

地図　二・五万図　三瀬

（田宮良一）

藤倉山　ふじくらやま　標高　六五四m

高館山から熊野長峰を経て日本国方面に南下する山稜は、東方を連続して走る摩耶山地主脈と異なり、日本海に注ぐ東西性の河川により寸断されている。山形県鶴岡市の旧鶴岡市域と温海地区にまたがり、北端のブロックの中核をなしている。ガイドブックにはあまり登場しない隠れた名山といえる。山頂からは、眼下に日本海と庄内平野を見下ろし、遠く鳥海山を望む雄大な景観が楽しめる。

登路　登山コースは、北面の旧鶴岡市域から水無コースと中山コースが、南面の温海地区からも戸沢コースが存在する。水無コースは沢沿いで荒廃しやすく最後に急坂が待っている。一般的なのは途中まで林道が利用できる中山コースである(約一時間三〇分)。

地図　二・五万図　山五十川

（田宮良一）

温海岳　あつみだけ

標高　七三六m

山形県鶴岡市温海地区に所在、摩耶山地主稜とは断層谷で隔てられた西部山列の一角を占める。山列の西裾は日本海に面している。山体はトラカイトという堅固な火山岩から構成され、周囲の堆積岩山地からぬきんでている。芭蕉が酒田で「あつみ山や吹浦かけて夕すゞみ」(『奥の細道』)と詠んだ山である。南麓を洗う温海川に沿って情緒豊かな温海温泉が湯宿を連ねている。

登路　温海温泉の月見橋が登山口となる。山頂の無線塔までダートな林道が延びているが、登山道とは一ノ滝上で分かれるので、樹林の中を二ノ滝、三ノ滝が懸かる渓流美を堪能しながらの登高となる。尾根から山頂は林道と併用になる。眺望は山頂より途中の方が恵まれている(約一時間二〇分)。

地図　二・五万図　山五十川

(田宮良一)

日本国　にほんこく

標高　五五五m

別称　石鉢山

新潟県村上市山北《さんぽく》地区と山形県鶴岡市温海地区にまたがり、旧出羽街道の面影を残す小俣集落と温海地区の境に位置する。

この山には、いくつかの歴史的背景が残されている。山名の由来は、朝廷が蝦夷勢力の平定にいちおう成功し、日本国と蝦夷地との境としたとする説、タカを生け捕りして献上したことに由来するとする説などがある。

すり鉢を伏せたような形から地元では「石鉢山」とも呼ばれている。山体は日本国片麻岩からなる。山頂も広く、周辺に避難小屋、展望台がある。また、山頂からは朝日・飯豊連峰から鳥海山、摩耶山、粟島、佐渡島、笹川流れまで見渡すことができる。山麓付近には、急峻な地形にもかかわらず見事なスギの人工林が育っている。ラジウム清水、蛇逃峠、鷹待場、蔵王堂など歴史が豊富に残されている。

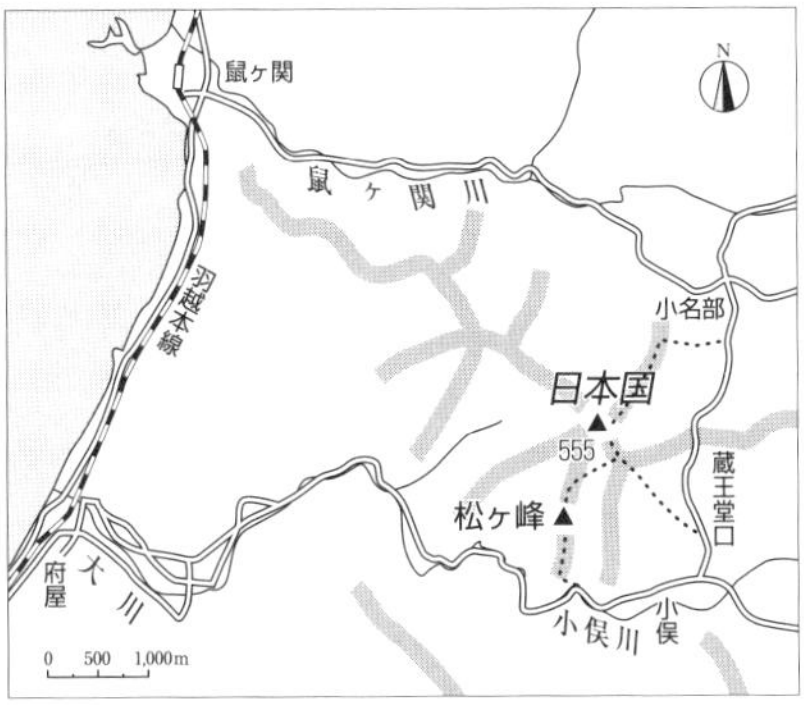

登路　小俣登山口から松ヶ峰を経由して約一時間三〇分、蔵王堂口からツバキ群生地を経由して約一時間二〇分。

地図　二・五万図　鼠ヶ関《ねずがせき》

(遠山　実)

新保岳　しんぼだけ

標高　八五二m

新潟県村上市朝日地区に位置する。市の下渡山から蒲萄山までの海岸線に沿ってつづく山稜(通称・西山)の最高峰である。

山頂は円形状で、西面に日本海、南面に飯豊連峰、東面に朝日連峰、遠くには月山、鳥海山を望むことができる。

山麓は、スギの人工林帯を過ぎるとブナ、ミズナラ、トチなどに覆われている。山頂直下にはブナ林があり、海からの気象の影響でめずらしい樹形が見られる。新保岳周辺は、木炭生産が盛んに行われた時代もあった。また、海岸に面する一帯は戦時中、ブナの伐採も行われた。林道沿線には、大津見神社、大山祇神社があり、一二月には「お里様」例祭が塩野町集落で行われている。

登路　国道七号、塩野町集落を過ぎて左折し、林道新保岳沿線、標高約六〇〇m地点に登山口がある。登山道は赤沢から尾根道を登るコースのみ(約一時間四〇分)。

地図　二・五万図　蒲萄

(遠山　実)

石黒山　いしぐろやま　標高　九六八m

新潟県村上市朝日地区に位置する。朝日スーパーライン(県道鶴岡村上線)沿線の石黒橋に登山口があり、山域全体がブナ林に覆われている。山頂部は平坦で灌木がうっそうと生えており、展望はよくない。山全体が原生林に覆われ、山麓から山の全体を望むことはできない。朝日スーパーラインは、例年六月下旬から七月上旬ごろ猿田川野営場まで開通する。沿線のブナ林の景観はすばらしい。

登路　国道七号古渡路交差点、または日本海東北自動車道朝日三面ICから朝日スーパーライン石黒山登山口まで約三五km。ここから山頂へ(約三時間)。

地図　二・五万図　円吾山

(遠山　実)

以東岳　いとうだけ　標高　一七七二m

山形県鶴岡市と新潟県村上市との境に位置する。主峰・大朝日岳から北上する朝日山地の北端を占める雄峰として重量感を誇り、大鳥池を抱き込むように座している。全山花崗岩類からなっている。

大鳥池は標高九六六m、面積三二四haを有する山形県最大の自然湖で、生息するイワナは下流と隔絶されて生き残った陸封魚である。タキタロウと呼ぶ巨大イワナが生息するともいわれ、それを追って訪れる釣り人も多い。一八九三～一九一四年にヒメマスを放流した記録がある。大鳥池の成因は大規模な山崩れによる堰止め湖とされている。

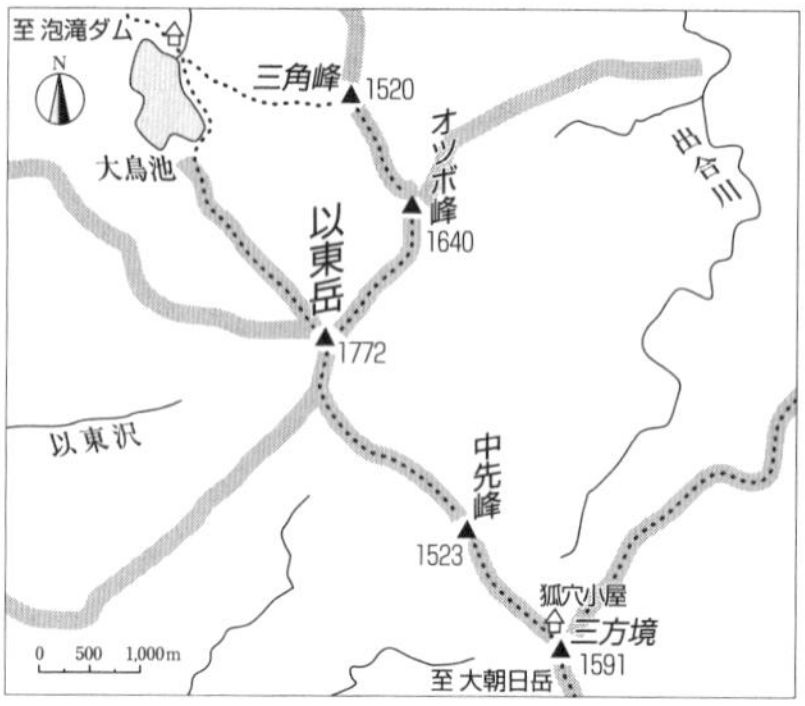

以東岳で特筆すべきことは「朝日軍道」である。上杉景勝の武将・直江兼続が当時、上杉領であった山形県置賜と庄内を連絡するため、宿敵最上義光が領する村山をさけて朝日山地に開削した。長井市草岡から葉山を経て大朝日岳から主稜上を以東岳に至り、東大鳥川と八久和川との尾根を庄内に下る、延長六〇kmに及ぶ山岳道路である。その軍

道の路形は、いまでも以東岳と狐穴の間の東斜面に電光形に残っている。

登路　庄内側から朝日山地へ唯一の登山路が泡滝ダム、大鳥池経由で以東岳へ登るコースである。大鳥池からのコースは樹林帯の中の急登から始まり、三角峰からオツボ峰の間はヒメサユリ、ヒナウスユキソウなどの群落で彩られたお花畑がつづく。もう一つは大鳥池を半周し、一気に山頂を目ざすコースである。所要時間は登山ハイヤー終点の泡滝ダムから大鳥池まで約三時間、そこから山頂まで約三時間三〇分を要する。以東岳からは狐穴小屋、三方境を経て大朝日岳まで雲表の縦走路が延びている(およそ六時間三〇分)。

地図　二・五万図　大鳥池

（木村喜代志）

天狗角力取山　てんぐすもうとりやま　標高　一三七六m

山形県鶴岡市朝日地区と西村山郡西川町にまたがる。朝日山地主稜線の三方境から北に延びる支尾根の一峰である。山名は天狗の相撲取り場があったという伝説にちなむ。土俵に見立てた平坦な山頂の縁には、天狗が羽根で掃き清めたという縞《しま》模様が見える。実は花崗岩の風化砂礫に生じた周氷河現象の一種の条線構造である。また、周囲に勝負検査役が座ったという、草が生えて盛り上がった四つの芝草丘の塊が見られる。山頂直下に天狗小屋がある。

登路　西川町大井沢のバカ平から焼峰を経て約三時間三〇分、東面に大スラブが発達している岩峰・障子ヶ岳(一四八一m)経由では約六時間四〇分を要する。主稜の狐穴小屋まではさらに約四時間五〇分が必要である。

地図　二・五万図　大井沢

（木村喜代志）

相模山　さがみやま　標高　一五九一m

新潟県村上市朝日地区の三面《みおもて》口コースの最高峰である。東面を急峻な岩井又沢に、西面を竹ノ沢に挟まれた、原生林の中を通るアプローチの長いルートを登りつめる。

山頂部は南東に緩やかに延びているため、うっかりすると通り過ぎてしまうが、北寒江山(県境)は近い。主稜線からの展望がよく、少し下るとヌマガヤの草原に相模池が神秘的な景観を現し、疲れをいやしてくれる。

岩井又沢(東面)側は、深い沢には遅くまで雪が残る。西面は、ブナ、ナラの低木となり、東面とは対照的である。かつて三面集落があったころ、相模大権現が祀られており、相模沢に逃げ込んだクマを「ゴメン」といって捕ることができた。

山頂は、三角点のほかには、相模大権現が祀られているというだけで広場もお堂もない。かつて三面の狩猟者たちが心の中であがめた山である。

登路　村上市朝日地区の奥三面ダムから八㎞まで車道がある。平四郎沢、深沢を経て三面小屋まで約二時間三〇分。道陸神峰《どうりくじんぼう》を経て大上戸山まで約四時間三〇分、主稜線の展望を見ながら山頂まで約三時間三〇分。近くに狐穴《きつねあな》小屋がある。

地図　二・五万図　相模山

（遠山　実）

寒江山 かんこうざん　標高　一六九五m

新潟県村上市朝日地区と山形県西村山郡西川町の境に位置する。南寒江山と北寒江山の三つのピークからなる。朝日連峰のほぼ中央を占め眺望に恵まれている。西面は岩井又沢の上流部、ガッコ沢、中俣沢に突き出した尾根があり、東面は見附川の源流となって、風格の漂う山である。山名は岩石がごろごろした険しい崩壊地を指す方言「がっこう」が転訛したといわれる。中腹付近の登山道沿いには階段状構造土が見られる。

この付近一帯は朝日連峰の中でも高山植物が多く、ヒナウスユキソウ、タカネマツムシソウなどの乾生高山植物が豊富である。北寒江山からは相模山を経由して新潟県側の三面《みおもて》コースが分かれる。

登路　主稜上の狐穴小屋(以東岳から約二時間)から約一時間、竜門小屋から約一時間三〇分、相模山からは約一時間三〇分で達する。

地図　二・五万図　朝日岳

(木村喜代志・遠山　実)

竜(龍)門山 りゅうもんざん　標高　一六八八m

山形県西村山郡西川町と新潟県村上市朝日地区にまたがり、寒江山の南東方向の主稜上に位置する。山名は竜門山を源流とする根子川に懸かる竜門の七滝に由来している。

山頂は低木に覆われ展望は利かない。山頂から北側に少し下った所に竜門小屋がある。ここは狐穴小屋の三方境や大朝日小屋同様、北西、北東、南の三方向に山稜を延ばしている南西斜面の緩やかな凹地に建っており、雪に埋まることはない。

登路　西川町大井沢の奥、根子川の日暮沢小屋から清太岩山を経て竜門山直下の竜門小屋に至るコースは、主稜線への最短コースとしてよく利用される(約四時間三〇分)。寒江山からは約一時間。

地図　二・五万図　朝日岳

(木村喜代志・遠山　実)

西朝日岳 にしあさひだけ　標高　一八一四m

山形県西村山郡西川町、西置賜《おきたま》郡小国町と新潟県村上市朝日地区との境に位置する。登山路は三角点からわずかに外れているが朝日山地第二の高峰で、イワウメ、コケモモ、そして、アオノツガザクラなどに覆われている。山頂から袖朝日岳(一六六五m)までの荒川源頭域東斜面は、雪庇崩落により岩肌がむき出しとなっている。また、この付近は天候の境目となり、ブロッケン現象の現れる所としても知られている。

以東岳から南東に向かってきた主稜線は、県境と一致していたが、この山から主稜線はそのまま主峰・大朝日岳に向かい、県境分水界は、袖朝日岳を経て南西方向に走っている。

登路　主稜の登山路から踏み跡がある(五分)。

地図　二・五万図　朝日岳

(木村喜代志・遠山　実)

大朝日岳　おおあさひだけ

別称　剣頭山

標高　一八七一m

朝日山地または朝日連峰の主峰として、古くは「剣頭山」とも称され、山形県西村山郡西川町、朝日町および西置賜郡小国町との境に位置する。「朝日岳」という名称は単独の峰としては存在しないが、大朝日岳や西朝日岳を中心とする山地主部を総括して呼んでいる。白銀の連山が朝の陽光に輝き出す時、人々が神々の座として「朝日」の名称を与えたことは容易に想像できる。山形盆地から遠望する大朝日岳は端正な三角錐をなしてひときわ目立ち、大を冠したにふさわしい山容を呈している。山頂東斜面をY字に刻むガンガラ沢を埋める残雪は、Y字雪渓と呼ばれて特徴的な山岳景観をなしている。

大朝日岳(左手)から竜門山(西川町大井沢上空から)

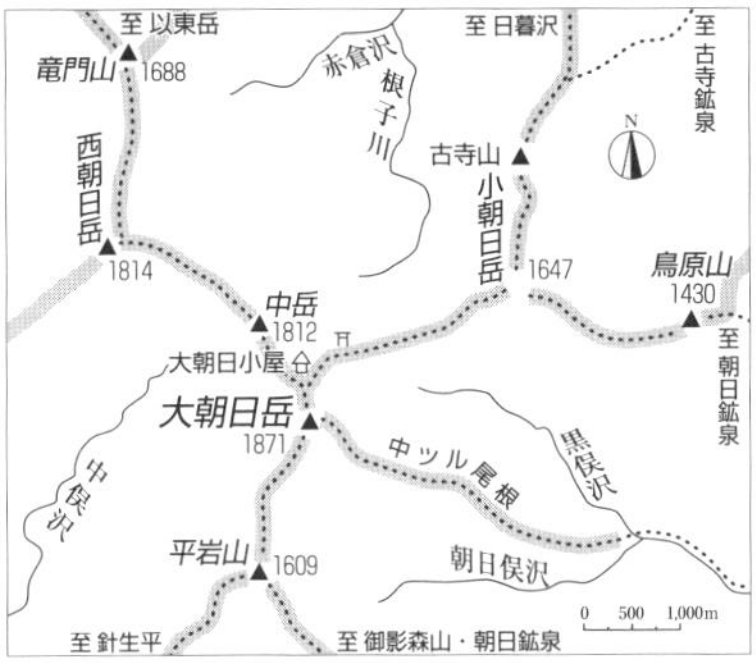

朝日山地は、狭義的には大朝日岳から西朝日岳を経て以東岳までの約一五㎞の中核山稜を指し、広義的には荒川以北、南北六〇㎞、東西三〇㎞に及ぶ新潟県と山形県にまたがる大きな花崗岩山地である。地理的には、越後山脈の北端として位置付けられているが、近年では飯豊山地とともに「朝日・飯豊山地」として摩耶山地を包括し、独立した山地として扱われることが多い。

日本海から主稜線までわずか四〇㎞の距離に聳える朝日山地一円、とくに山形県側は、偏東積雪の影響を受けて名だたる豪雪地帯となっている。そのため主稜は、西側の新潟県側にくらべ山形県側は雪田侵食と雪崩侵食によって急傾斜をなす非対称尾根となっている。

主稜や大きな支脈筋には、準平原遺物とも見られる山頂緩斜面が広く発達するとともに、砂礫階段、条線砂礫など周氷河現象が見られる。さらに凹部に湿原を形成する二重山稜が存在している。

このような地形的特徴をそなえる朝日山地は、懐深くゆったりとした山稜と彩り豊かな高山植物、深く刻まれた谷と岩を噛む激流、谷の斜面を覆い尽すブナの原生林とそこに生息する野生動物など、原始性が大きな特色であり魅力である。

朝日山地は、中世には信仰の山として栄えたとされているが、鎌倉幕府の弾圧で閉鎖されたとも、修験道組織間の争いで衰退したとも伝える。そのため宗教的色彩はきわめて薄く、現存の大朝日岳神社は、一九五五年に鳥原山の朝日岳神社から分祀したものである。

朝日山地の近代登山の幕開けは、沼井鉄太郎による驚異的足跡に端緒を求めることができるが、一九一五年、川崎浩良、大江平助らによる大朝日岳から以東岳への縦走、一九二二年、安斎徹らによる主稜縦走以来といえる。

大朝日岳への当初の登山路は、頭殿山の北側を巻いて朝日温泉（朝日鉱泉）に達するのが通常であった。一九五〇年の磐梯朝日国立公園指定後、急速に登山路や山小屋が整備され、山頂北に大朝日小屋がある。

登路　山頂から下る四方の尾根にそれぞれ特色のある登山路が整備され、変化に富んだコースの選択が可能である。朝日温泉（朝日鉱泉）から鳥原山、小朝日岳経由で約六時間。御影森山、平岩山経由で約七時間。古寺温泉（古寺鉱泉）からは、古寺山を経て約六時間の所要時間になる。

地図　二・五万図　朝日岳

（木村喜代志）

小朝日岳　こあさひだけ

標高　一六四七m

別称　黒倉山

大朝日岳から東に下る尾根上の一峰をなし、山形県西村山郡西川町、大江町および朝日町にまたがる。山名は大朝日岳に対する前山の呼称である。熊越断層に沿う黒倉沢は深い切れ込みで三角錐の山容を造り、厳しさを引き立てている。見晴しのよい山頂では鳥原山と古寺山（別称・三沢の頭、一五〇一m）からのコースが出合う。大朝日岳との間には熊越といわれる深い鞍部があり、岩塊が点在してハイマツ、ダケカンバの茂る断層崖がつづいている。

登路　鳥原山からは約二時間三〇分、古寺温泉からは古寺山を経て山頂（約三時間三〇分）。大井沢の日暮沢小屋経由は竜門滝・ハナヌキ峰間約二時間三〇分となる。大朝日岳からは約一時間四〇分。

地図　二・五万図　朝日岳

（木村喜代志）

鳥原山　とりはらやま

標高　一四三〇m

別称　鳥谷原　十谷ヶ原

小朝日岳の東方にあり、山形県西村山郡大江町と朝日町との境に位置する。準平原遺物らしい平坦面には、朝日山地ではまれな湿原が発達し、三日月沼、御田など高山性の池塘を載せている。かつて山麓の村人は、灌漑用水源としての朝日山地への感謝の念から、イネの苗を運び田植えを行って豊作を祈願する神事が営まれてきた。山頂直下にヒメコマツに囲まれて朝日岳神社と鳥原小屋があり、毎年山開き行事が行われている。南麓に朝日温泉、北麓に古寺温泉がある。

登路　大朝日岳登山の途中に位置し、朝日温泉、その手前の白滝、古寺温泉の三コースがあり、それぞれ所要時間は三時間程となる。鳥原山からの下りは約二時間を要する。

地図　二・五万図　朝日岳

（木村喜代志）

平岩山　ひらいわやま　標高　一六〇九m

大朝日岳南方の主稜上にあって、山形県西村山郡朝日町、長井市および西置賜郡小国町との境に位置する。山名のとおり扁平な山容を呈し、山頂西側に一見カール状の特異な凹地形からなる草原が広がっている。大朝日岳山頂までの広い尾根は、花崗岩の岩塊と砂礫、ハイマツで覆われ、ヒナウスユキソウの群落が見られる。山頂から御影森山経由で朝日温泉へのコースが分岐している。

山地主稜はこの平岩山から野川を挟んで、祝瓶山方向に南進する尾根と南東の葉山へ向かう尾根が分岐する。

登路　大朝日岳から一時間、祝瓶山から約一時間三〇分、御影森山からは二時間程となる。また、小国町荒川上流の針生《はんなり》小屋から約五時間四〇分を要する長いコースも設定されている。

地図　二・五万図　羽前葉山

（木村喜代志）

御影森山　みかげもりやま　標高　一五三四m

平岩山から南東に派生する尾根上で、山形県西村山郡朝日町と長井市との境に位置する。平岩山からは低木の中のコースとなり、登り下りが結構多い。山頂はすっきりとしたピークで、朝日俣沢を隔てた大朝日岳や南の祝瓶山の展望に恵まれている。ここから上倉山までは太く大きなブナ林がつづく。

登路　山麓からは朝日温泉が起点となり、上倉山経由で所要時間三時間三〇分。大朝日岳か祝瓶山経由の平岩山から一時間三〇分。

地図　二・五万図　羽前葉山

（木村喜代志）

葉山（長井葉山）　はやま（ながいはやま）　標高　一二三七m

朝日山地の南東端を占め、山形県西村山郡朝日町、西置賜郡白鷹町と長井市との境に位置する。山頂付近一帯は準平原遺物らしい地形で、祖先が眠る里山、養蚕の神として信仰を集めた葉山神社が祀られている。ブナ原生林に囲まれた湿原の先が奥社の山頂で、そのまま御影森山へとつづく。上杉家の重臣・直江兼続が慶長年間（一五九六～一六一五）に開いた庄内に抜ける「朝日軍道」は、登山口である長井市草岡から始まる。神社の近くに葉山山荘が建っている。

登路　草岡登山口の縄文村、白兎口の森林公園からそれぞれ約二時間三〇分を要する。葉山から大朝日岳まではおよそ一〇時間は必要である。

地図　二・五万図　羽前葉山

（木村喜代志）

頭殿山　とうどのさん　標高　一二〇三m

大きな朝日山地を構成する花崗岩体の東縁を占め、山形県西置賜郡白鷹《しらたか》町に所在する。葉山から下る支脈の北端にあたり、朝日川上流の谷を隔てて朝日山地主稜が走っている。登山口の白鷹町黒鴨は、湯殿山参拝の要衝にあった。地形学的にはワラビ野と称する山頂平坦面を有することで知られている。

登路　黒鴨林道経由の軽井沢キャンプ場が起点となる（多数の林道が分岐している）。まず、尖山の尾根に取りつき、東に延びる尾根を巻き気味に登ると、稜線で西に下る朝日温泉との道を分ける。後はブナ林の急坂を登り切ると山頂である（約二時間三〇分）。

山頂では、朝日山地主稜の雄大な景観が待っている。山頂から西に折れる稜線を下ると朝日温泉、そして、愛染峠から延びる林道に着く。

地図　二・五万図　荒砥　　（田宮良一）

祝瓶山　いわいがめやま　　標高　一四一七m

別称　岩井《いわい》上山《がみやま》　尖山《とがりやま》

平岩山から来る山稜の南端で、山形県長井市と西置賜郡小国町にまたがる。葉山とともに朝日山地南隅を占める。花崗岩が雪崩によって削り取られ、整った三角錐の山姿をしている。とくに東面のヌルミ沢の雪崩は、対岸まで乗り上げるほどで、辺り一面なぎ倒された倒木の異様な光景が見られる。天武天皇のころに隆盛を極めたという伝承のある霊山で、山頂に祈禱壇跡とされる小さな祠と鳥居が祀られていたが、風雪により崩壊し原形をとどめるものは存在しない。南東裾野に地元山岳会所有の祝瓶山荘がある。

登路　三本の登山コースはいずれも急登を強いられる。桑住平からヌルミ沢とコカクナラ沢間の痩せ尾根を直登するコース、赤鼻尾根を迂回するコースはともに約二時間三〇分。小国町針生平《はんなりたい》から鈴振り尾根経由で約三時間三〇分。

地図　二・五万図　羽前葉山　　（木村喜代志）

天狗山　てんぐやま　　標高　六一二m

山形県西置賜郡飯豊町西部に所在する。最上川水系と新潟県に流れる荒川水系との分水界をなす杉立峰（六六四m）の東肩にあたる。軽石凝灰岩からなり、中腹に突き出た岩の形から天狗山と呼ばれる。この山は、延暦七年（七八八）の開山と伝える古い信仰の山で、栃木県鹿沼市に鎮座している古峰《ふるみね》神社の奥の院といわれている。山頂には天狗山大権現が、参拝路には神仏習合の祠が祀られている。

登路　登山口まで車が入る（林道天狗山線）。五万図にはルートは記入されていないが、二の鳥居が徒歩起点となる。護摩壇を経て鎖場を越すと、四囲の眺めのよい山頂に着く（約一時間）。なお林道、登山道ともに崩れやすいので、通行の可否を町の観光協会に問い合わせたい。

地図　二・五万図　手ノ子　　（田宮良一）

鷲ケ巣山　わしがすやま　　標高　一〇九三m

別称　越後富士

新潟県村上市朝日地区の南端に位置し、サケの遡上で名高い三面川が裾野を流れる。建久年間（一一九〇～一一九九）に鎌倉五郎が開山したと伝えられる信仰の山で、薬師如来をはじめ、十二体の祭神が祀られている。山麓の岩崩集落には鷲巣神社があり、五月三日に例祭が行われる。女人禁制、祭礼の一週間前から精進潔斎などのしきたりがあったが、いまは失われてしまった。

前ノ岳・中ノ岳・奥ノ院（鷲ヶ巣山）の三峰から成り立つ山容は秀麗で、連続する急登は信仰の山にふさわしい難行苦行を体験させてくれる。国道七号・水明橋からの遠望がとくによい。西面からはワシが羽を広げたように三面ダム湖と山麓を包み込む形をしている。

登路　岩崩集落を過ぎ、朝日スーパーライン入り口から二〇〇m程進み、右の沼田林道を約五〇〇m入った所が登山口。三峰から成り立つ登山道は急登の連続である。林道は一般車の通行はできない（約五時間）。

地図　二・五万図　三面　（遠山　実）

光兎山　こうざきさん　標高　九六七m

別称　香鷺山　光鷺山　鴻鷺山　小兎山

新潟県岩船郡関川村の北東に位置し、山容が三角錐をなしており、遠くからでもそれと分かることから、昔、日本海を往来する北前船や沿岸漁船が、位置や方位確認に遠望したという。

貞観三年（八六一）、比叡山延暦寺天台宗座主・慈覚大師の開山といわれ、以来、修験者の道場としての歴史を秘めた山で、長く女人禁制であったが、一九四九年、高等学校体育連盟の登山の際、女子生徒の登山を許し今日に至っている。

登路　中東《なかまるけ》集落の先から林道を一・六km程入った所に登山口がある（登山口から約三時間三〇分）。

地図　二・五万図　越後下関　舟渡　（横山征平・平田大六）

朴坂山　ほうざかやま　標高　四三八m

別称　赤松山

新潟県岩船郡関川村の西端に位置する。信仰の形跡は見えないが、山腹には中世の山城跡が残っている。また、家屋の土台などに使う緑色凝灰岩を切り出した跡や、砂鉄掘りの歴史がある。

登路　桂集落からと朴坂集落の二箇所あるが、麓の朴坂集落口が整備されて一般的である（朴坂から約一時間四〇分）。

地図　二・五万図　坂町　越後下関　（横山征平・平田大六）

高坪山　たかつぼやま　標高　五七〇m

別称　蔵王山

新潟県村上市の蔵王山系の北端に位置する主峰である。中腹に蔵王権現が祀られており、山頂も信仰の対象であったと思われるが、それに繋がる形跡は見つからない。

登路　国道七号を荒川地区で国道一一三号に移り、山形県方面へ五〇〇mの所に総合運動公園への案内が出ている。これに沿って進み、途中の運動公園を過ぎれば登山口となる。ここで登路は左右に分かれるが、いずれも山頂に出る（運動公園から約一時間四五分）。

地図　二・五万図　坂町　中条　（横山征平・平田大六）

鳥坂山　とっさかやま　標高　四三八m

別称　鶏冠山

越後平野北部、胎内川の左岸、新潟県胎内市中条地区と黒川地区にまたがる。

鳥坂山は加治川と胎内川の間に連なる、直線距離でわずか一三km、平均標高三〇〇mにも満たない、日本一小さな櫛形山脈の北端に位置し、櫛形山、大峰山からの縦走者も多い。

南の櫛形山(五六八m)につづく山稜は平安から鎌倉時代にかけて豪族・城氏が築いた山城などの史跡が多く、県内外からのハイカーや研究者たちに親しまれてきた。胎内川に面した北面は峻険で、十三仏岩や金堀沢などがあり、女傑・板額《はんがく》御前が活躍した鳥坂城は、平野に面した白鳥山(二九八m)の平頂にあった。

登路　胎内市羽黒宮の登山口から白鳥山、マイクロ塔を経て山頂へ(約一時間二〇分)。

地図　二・五万図　中条　(五十嵐　力)

杁差岳　えぶりさしだけ　標高　一六三六m

新潟県岩船郡関川村の南端に位置し(飯豊連峰北端)、山岳信仰の跡は見えないが、クマ狩り(マタギ)衆の歴史は古い。毎年六月、前杁差岳直下の中ノ俣川源頭に、農具の杁《えぶり》を差す農夫の雪形が現れることから、農事暦の言い伝えがある。また、それが山名の由来ともいわれている。

登山道の開削は一九五〇年に国立公園に指定されてからで、一九六四年、第一九回国民体育大会の山岳競技会場となり、全国に知られるところとなった。山頂はたおやかな草原を呈し、飯豊連峰の中でも高山植物の宝庫として知られている。

登路　大石集落の先で大石川が西俣川と東俣川に二分する大石ダムから、登山道もそれぞれ川に沿って二分する。いずれも山頂に達することができる(東俣コースは大石ダムから約八時間)。

地図　二・五万図　杁差岳　安角　(横山征平・平田大六)

頼母木山　たもぎやま　標高　一七四〇m

山形県西置賜郡小国町および新潟県胎内市黒川と岩船郡関川村との境に位置する。山形・新潟県境分水界上では飯豊山地の北端にあたる。県境分水界は西俣ノ峰を経て北方に下り、山地主稜は大石山を経て杁差岳へと北西に向かっている。山頂と大石山との間に頼母木小屋がある。大石山西峰から西に延びる足ノ松尾根は、飯豊山地主稜への最短コースとして知られている。

登路　縦走コースでは地神山から約三〇分、大石山から一時間三〇分程の所要時間である。それに飯豊山荘へ向かう車道から西俣ノ峰へ取りつき、県境を南下するコースがあるが、整備はよくない。

地図　二・五万図　飯豊山　(木村喜代志・横山征平・筑木　力)

門内岳　もんないだけ

標高　一八八七m

飯豊山地主稜で北股岳の北西にあり、山形県西置賜郡小国町および新潟県新発田市と胎内市黒川の境に位置し、西に胎内尾根を延ばしている。

北股岳との鞍部ギルダ原は、花崗岩の風化した砂礫が分布し、ヒナウスユキソウなどの高山植物とハイマツやミネザクラなどの低木が交互に現れる。ハクサンイチゲやニッコウキスゲ、チングルマなどに覆われた山頂の北側に門内小屋と門内池がある。門内池は「雪(舟)窪」といわれ、氷河周辺部で見かけるものと同種で、自然条件の厳しさを物語っている

登路　飯豊山地中心部の縦走路の途上にあり、北股岳から約一時間、扇ノ地紙から約四〇分を要する。

地図　二・五万図　飯豊山

(木村喜代志・横山征平・筑木　力)

地神山　じがみやま

標高　一八五〇m

山形県西置賜郡小国町と新潟県胎内市黒川との境に位置し、飯豊山地主稜の北西部を占めている。地神北峰からは飯豊山荘へ下る丸森尾根を分岐し、南一㎞にある扇ノ地紙からは梶川尾根を延ばしている。そのため、この二つの尾根コースに石転ビ沢コースを組み合わせての周遊登山に利用されている。山頂付近はヒメサユリなどの草花が咲き競う所としても知られている。なお、扇ノ地紙に「紙」を当てているのは、「神」の誤記というより、扇紙＝地紙の意味かもしれない。

登山口のある小国町小玉川地区では、熊狩りの名残である熊祭りがいまにつづいている。丸森尾根は、獲物のニホンツキノワグマの搬出路であった。

登路　飯豊山地北部の縦走および山麓の飯豊山荘からの入・下山時に通る山である。所要時間は扇ノ地紙から約五〇分、飯豊山荘からは丸森尾根コースで約六時間三〇分、梶川尾根コースでは約七時間三〇分となる。

地図　二・五万図　飯豊山

(木村喜代志)

赤津山　あかつやま

標高　一四〇八m

新潟県新発田市と胎内市黒川にまたがり、飯豊連峰の前衛峰として二王子岳から見る姿は堂々たるものである。

『越後山岳』第七号で佐藤一栄は、飯豊川に落ち合う源頭の山で沢名の移行と見て、沢の両岸に露出した岩肌が風化・酸化して赤褐色を呈することから赤沢といわれたのがアカッゾウとなまり、本来は不要な津の字を挟んだもので、赤沢のある山の「赤沢山」であったと思われる。そして、地元語でアカソブと呼んでいるが、岩場の赤褐色と鉱分を含んだ沢水の渋味と結晶の赤色から命名されたに違いない、としている。

登路　はっきりした登山道がないまま現在に至っていて、残雪期に二王子岳から二本木山を経由して登るか、焼峰《やけみね》山を経由するかの

いずれかである。無雪期のルートは確立されていないため、訪れる登山者は少なく静かな山である。山頂にはロボット雨量計が設置され、傍らに豊栄山岳会・小池小三郎の遭難慰霊碑が立つ。

地図　二・五万図　二王子岳

（高橋正英）

二王子岳　におうじだけ　標高　一四二〇m

別称　地元では「にのおうじだけ」

新潟県新発田市と胎内市黒川にまたがる。飯豊連峰の前衛として蒲原平野に臨む最大最高の山で、南北に聳立している。東面は胎内川の大水源地域、西面は石川、三光川、姫田川、内ノ倉川の水系となっている。山頂から見る飯豊連峰の大パノラマは圧巻である。

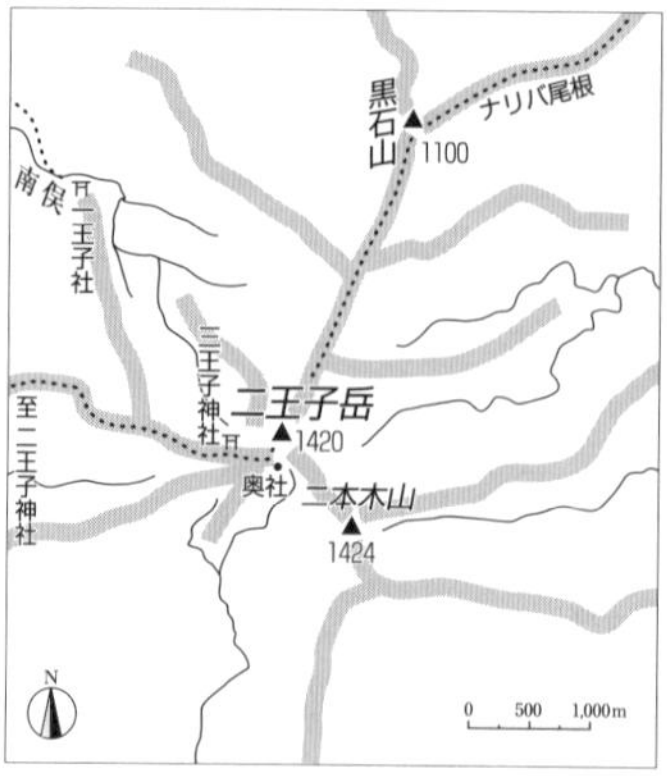

二王子神社は、大国主命《おおくにぬしのみこと》がお供の軍神を率いて北越に巡行して悪人を誅罰し、猛獣毒蛇を退治して山沢地沼を開拓、良民に産業を授けた時、二王子岳に登り国見をして、地理を究め国土経営の大業を成就した。その功徳を慕う民草が大国主命の祠をここに立て崇敬し、美久理《みくり》神社と称したのが創建の由来と伝えられている。二王子大権現は佐々木盛綱公以来、時の守護職の尊信篤く、代々加治の庄の氏神と崇敬され、村上城主の堀丹後守より神田、山林などが献納されたこともしばしばあった。二王子権現と称した当時は、三宝院定高寺と号し、菅谷不動尊をはじめ数十箇寺がことごとくその支配下に属し、十万石の格式を与えられていた。修験道の定高寺時代から、明治維新の神仏判然令により二王子神社となったが、農山村民は水の神、農耕の神、山の神の在《おは》す権現様として、いまなお年中行事の中に根強い信仰がつづいている。

奥社は二王子岳山頂の三角点から少し手前にあったが、いまは銅板張りの祠がすっかり崩壊し、礫石の石積みだけが往時の面影をとどめている。五穀豊穣の神・大国主命、豊受大神《とゆうけのおおかみ》、三王子に一言《ひとことの》主神《ぬしのかみ》、一王子に熊野加風呂大神《くまのかぶろのおおかみ》の四柱を二王子神社に祭祀してある。

登路　いまでは最奥集落の南俣からさらに二王子神社まで道路が開かれ、車で容易に入れるようになった（神社登山口から一王子社と三王子社［奥社］を経て頂上まで約四時間）。胎内側からのナリバ尾根は一般的ではない。

地図　二・五万図　二王子岳　上赤谷

（高橋正英）

風倉山　かざくらさん　標高　九三一m

新潟県胎内市黒川を流れる胎内川と支流・鹿ノ俣川に挟まれ、二王子岳へと連なる稜線上に位置する。標高こそ低いが堂々たる山容は古来から里人に敬われ、山岳信仰が盛んな時代もあった。

山名の由来は、山中に岩（倉）が点在し、風の悪戯による御神楽の集団幻聴の言い伝えなどからして明解である。

登路　胎内治水ダム駐車場から徒歩でダムを渡り、尾根道を直登する（治水ダムから約二時間三〇分）。

地図　二・五万図　杁差岳

（五十嵐　力）

焼峰山　やけみねやま　標高　一〇八五m

新潟県新発田市街地の南東に位置している。北に内ノ倉川、南に飯豊川が流れ、北の二王子岳と対峙しており、東赤谷からは、その端整な姿を仰望することができる。『赤谷村誌』の中で、東台山の東にあるピークを「焼峰のカッチ」と称していたのを、陸地測量部が五万図作成のため測量した時に、東台山を焼峰山にしてしまったというのが定説になっているとしている。『越後山岳』第三号に佐久間惇一が発表した「北蒲原郡山名覚書」によれば、焼峰山（トーダイ山）では雨乞いの際に山頂で火を燃した伝承もあるが、むしろ侵食によって広い部分に現れた岩石の露頭に硫化鉄が多く、そのヤケをとったのか、また、赤谷方面には赤谷、アカガル、アカソブなど、この種の岩の色彩による地名が多いことに由来するもののいずれか、としている。南西は飯豊川の侵食により深く切り込まれ、ウジノ沢、ソデノ沢（内ノ沢、外ノ沢が語源ではないかといわれている）は急峻で滝が多く、上部はほとんど岩盤になっている。北西も内ノ倉川の侵食で、四十八沢、ヤケミネ沢、エゾウ沢など南面と変わらない厳しい沢が多く、安易に入ることは避けたい。

登路　滝谷集落からのコースが一般的である（登山口から山頂まで約三時間）。加治川治水ダムからのコースは水場がないが、ダムサイトの駐車場が利用できる（登山口から山頂まで約三時間）。

地図　二・五万図　東赤谷　上赤谷

（高橋正英）

北股岳　きたまただけ　標高　二〇二五m

新潟県新発田市と山形県西置賜郡小国町にまたがり、東の梅花皮《かいらぎ》岳《だけ》と十文字鞍部を挟んで対峙する。その十文字鞍部には一九九九年に改築された近代的な二階建ての山小屋が建つ。西側は北股川、北側は石転ビ沢の大雪渓である。

ここは飯豊連峰でよく見られる非対称山稜の顕著な所でもある。飯豊連峰は、主稜がほぼ北西から南東方面に走るため、風下の北東側が急斜面、風上の南西側が緩斜面になっている。これは周氷河地形というよりも、冬季季節風の卓越する多雪地域の地形であり、稜線方向によっては東側が急斜面となる場合もある。

北股岳は一八九三年測量の二〇万図に「檜山」と記されているが、長者原の猟師たちはいまでも石転ビの頭（カッチ）といっている。赤谷の猟師は北股岳ま

たは三国山。胎内の猟師は加治川の北股と称していた。そのほかにも梅花皮山、大西山、フスマ岳など登山者や猟師たちが勝手に呼称していたものを、藤島玄が赤谷の猟師と協議のうえ北股岳と正称し、昭和初期、日本山岳会の機関誌『山岳』に発表し統一された。

山頂には飯豊型片状花崗閃緑岩が露出しており、かつてはガンコウランで覆い尽されていたというが、いまでは岩屑の上に、峡彩山岳会・下越山岳会有志が一九六二年に建立した石の祠と鳥居が建っているだけである。

登路　飯豊連峰の縦走路上にあり、山形県側の石転ビ沢の大雪渓をつめて、十文字鞍部経由で山頂（温身平から約六時間）。または、梶川尾根から門内岳経由か、丸森尾根から地神山、門内岳経由がある。いずれも約七時間の行程である。直登ルートは湯ノ平温泉からオオインの尾根（湯ノ平温泉から約六時間三〇分）。

地図　二・五万図　飯豊山

（高橋正英）

梅花皮岳　かいらぎだけ

標高　二〇〇〇m

新潟県新発田市と山形県西置賜郡小国町にまたがり、飯豊連峰のほぼ中央の縦走路上に位置する。北側には飯豊連峰最大の雪渓を有する石転ビ沢が白い帯となっている。以前は烏帽子岳の北にあることから北烏帽子と呼ばれていたが、飯豊連峰が国立公園に指定されたのを機会に梅花皮岳と改称された。国土地理院の地形図では隣の烏帽子岳の名に隠れているためか、地図上にその名はない。

山名はこの山を源頭とする玉川に流下する梅花皮沢に由来する。『地名と植物』に武田久吉は「カイラギに梅花皮という文字は、あて字に相違ないが、その元となるカイラギとは、どんな木であろう。恐らく羽前小国地方の方言であろう、しかしこれは樹木の名ではなく『清ら木』の転訛であろうと、柳田國男の『地名の研究』から思いついた」と説明している。『広辞苑』には「カイラギは硬い粒状凸起のある、アカエイに似た魚の背面中央部の皮。この魚は南シナ海・インド洋などの産で古くから輸入。俗にチョウザメの皮と伝えられたのは誤り。刀の柄や鞘を包むのに用いる」とある。つまり滝を懸ける花崗岩の肌合いから岩盤にせせらぐ水玉模様が、梅花皮魚の皮に似ていることから名付けられたというのが通説になっている。

登路　縦走路上にあるため、尾根から直接この峰に登る登山道はない。

地図　二・五万図　飯豊山

（高橋正英・木村喜代志）

烏帽子岳　えぼしだけ

標高　二〇一八m

御西岳のさらに北西方の主稜上にあり、山形県西置賜郡小国町と新潟県新発田市との境に位置する。山名は、山容が神官などが多く用いる黒い烏帽子に似ていることに由来し、信仰登山との強い結び付きの表れともいえる。山頂は眺望に優れ、両側に与四太郎ノ池と亮平ノ池を従え、北東に長大なクサイグラ尾根を延ばしている。

登路　飯豊山地中心部の縦走路の途中にあり、御西小屋から約三時間、十文字鞍部（梅花皮小屋）から約一時間を要する。

地図　二・五万図　飯豊山

（木村喜代志）

御西岳　おにしだけ

標高　二〇一三m

新潟県東蒲原郡阿賀町、山形県西置賜郡小国町と福島県喜多方市山都地区の境にあり、飯豊神社の奥社といわれるが社殿はない。山名の由来は、本山神社の西にある奥社としての「西岳」に、修験道にちなむ尊称の「御」を冠したものと思われる。御西岳の北西は檜山沢、西面は飯豊川、南面は実川の源頭をなす。三角点は縦走路から外れているため、その存在を知る登山者はいまでは少ない。山頂から広がる南東の山腹には、「御鏡雪」と称される大雪田が夏まで残り、そこから発する御鏡沢は底部が椀状になっていることから、冬季の積雪の強い影響がうかがわれる。

周辺一帯はハイマツと草原で覆われている。夏になると山頂付近には池塘が点在し、登山道周辺の草原は同一種の花の大群落が広がり、ハクサンイチゲ、ニッコウキスゲ、タカネマツムシソウなどが登山者の目を楽しませてくれる。緩やかに起伏する広大な斜面は、高山植物の大宝庫と相まって、まさに天上の楽園と呼ぶにふさわしい。

登路　山頂へは飯豊本山からほぼ稜線沿いに登山道を約二・五km歩いて、約一時間三〇分で到達する。道はさらに烏帽子岳、梅花皮岳、北股岳方面へと繋がる。

地図　二・五万図　飯豊山

（高橋正英）

大日岳　だいにちだけ

標高　二一二八m

新潟県新発田市と東蒲原郡阿賀町鹿瀬地区にまたがり、飯豊連峰の最高峰として君臨している。西面は飯豊川、東面は実川の分水嶺でもある。山頂の展望は、眼下に二重山稜から発生したとされる文平ノ池が美しく広がり、大パノラマは、越後三山、平ヶ岳、燧《ひうち》ヶ岳《がたけ》、那須連峰、吾妻連峰、そして、磐梯山から草履塚、飯豊本山と高まり、烏帽子岳、北股岳と波状に盛り上がり、蔵王連峰、朝日連峰や月山、鳥海山の孤高の姿、海上の佐渡島と広がり、さすがに飯豊連峰の名峰にふさわしい。

飯豊神社の古文書には「大日岳祭神は大己貴命《おおなむちのみこと》、本仏が大日如来、脇仏阿弥陀如来、薬師如来」とある。

登路　湯ノ島小屋からオンベ松尾根を一気に最高峰・大日岳まで登ることになる（山頂まで約七時間）。ＪＲ磐越西線日出谷駅から湯ノ島小屋まで車で行くと、途中のゲートまでしか入れず、そこからは徒歩となる（湯ノ島小屋まで約二時間三〇分）。

地図　二・五万図　大日岳　飯豊山

（高橋正英）

蒜場山　ひるばやま

標高　一三六三m

新潟県新発田市と東蒲原郡阿賀町にまたがる。北面に飯豊川を擁し、稜線は飯豊連峰の最高峰・大日岳へとつづいている。かつては登山道がなく、猛烈な密藪に覆われた近くて遠い山で、ごく少数の岳人の世界であったが、一九九九年に下越山岳会の手によって登山道が伐開された。会の先輩・岡田米平にちなんで「米平新道」と命名され、標柱が登山口に立っている。『越後野志』によれば、付近一帯は江戸時代から鉱山として栄え、東赤谷集落の人たちにとって生活の場であり、その恩恵を長い間受けてきた。現在はその鉱山も閉山となって、鉱石運搬に使用されたトロッコの残骸が、その面影をわずかに残すのみである。

　山名は、通俗的にはヤマビルやチスイビルが多い山からとされているが、ここは雨乞いの山で、残雪や降雨で水の溜る窪地が、晴天つづきには涸れ沼か谷地が乾いた状態となることから、干る場のある山という説や、山人たちの昼飯場という説などがあり、判然としていない。

登路　新発田市東赤谷から湯ノ平温泉への林道を行き、加治川治水ダムに着く。ダムの上を渡り切ると登山道入り口の標柱が立っている(登山口から山頂まで約四時間二〇分)。

地図　二・五万図　蒜場山　（高橋正英）

俎倉山　まないたぐらやま　標高　八五七m

新潟県新発田市と東蒲原郡阿賀町三川地区にまたがる。北は飯豊川を隔てて焼峰山に、南は新谷川を隔てて棒掛山(一〇二五m)と対峙している。周辺の高山に囲まれて昔から目立たぬ存在であったが、東赤谷からは堂々たる岩壁を立てた姿が見られ、新発田市からは「新発田富士」と呼ばれ仰望されている。『北蒲原郡山名覚書』によれば、「前山に平らな大きな岩壁が懸かっている」とある。『秋田マタギ資料』には「マナイタグラ山の岩場でそこにかかった熊は、捕獲に好都合なること恰も俎上にのせたるがようであるからとて、秋田のマタギの山村には処々にこの名がある」と記されている。この飯豊山一帯は秋田マタギが来往する所であるから、マタギの命名であろうといわれている。東赤谷ではクラは岩壁、岩場の意に使い、嵓、倉、鞍の字が当てられる。

登路　かつて旧国鉄の赤谷線が走っていた東赤谷から湯ノ平温泉への林道をしばらく行き、右手の遮断器より入る。入り口から六〇〇m程で琴沢を渡って、右下に見下ろしながら登ると、遭難慰霊碑手前で釜ヶ沢からの登山道と合して山頂に至る(登山口から約二時間)。

地図　二・五万図　東赤谷　（高橋正英）

五頭山　ごずさん　標高　九一三m

新潟県阿賀野市笹神地区と東蒲原郡阿賀町三川地区にまたがる。普段登られている山は、少し南から西に出ている尾根の五峰である。

　蒲原平野の東に連なる五頭山は、空海により信仰の山として開山。『越後野志』に「五月雨山　大室山の北方に在て、山連続す。五峰連り並び秀づ、故に里人五頭山《いつづむりやま》と称し、通名とす」とある。一ノ峰に観世者菩薩、二ノ峰に薬師如来、三ノ峰に不動明王、四ノ峰に毘沙門天、五ノ峰に地蔵菩薩がある。北にある金鉢山から南の宝珠山まで付近一帯は、五頭連峰県立自然公園、五頭山付近の国有林は五頭自然休養林となっている。西山麓には「やまびこ通り」があり多くの句碑がある。出湯、今板、村杉に温泉があり、東山麓には三川温泉がある。

登路　出湯口から出湯、烏帽子岩を経て五ノ峰に至る（登山路から約三時間）。村杉口から内ノ沢駐車場、どんぐりの森、長助清水を経て三ノ峰へ。同峰より一ノ峰を経て主稜線と合わさり、山頂に至る。阿賀町三川中ノ沢から五頭山へのコースもある。

地図　二・五万図　出湯

（本田文雄・坂井　厚）

菱ヶ岳　ひしがたけ

標高　九七四m

新潟県阿賀野市水原地区（飛地）・笹神地区と東蒲原郡阿賀町三川地区にまたがり、五頭連峰の中央よりやや南に位置する連峰の最高峰である。西麓に大日沢、ツベタ川などの大規模な土石流扇状地が形成され、その典型地とされている。北側は五頭連峰県立自然公園である。『新編会津風土記』にも記載されているが、『越後野志』には「宝珠山の連峰にて最も秀たる山なり。山足より峰まで二里半許り、頂に小池あり、木葉満て水を見ず」とある。

登路　阿賀野市笹神村杉東奥の内ノ沢駐車場より内ノ沢沿いに進み、左岸の尾根から主尾根へ、菱見平と杉端《すぎはな》の急登を経て頂上に至る（登山口から約三時間）。また、菱ヶ岳から五頭山へ縦走する道のほか、近年、東側の阿賀町三川石戸より野須張《のすばり》峰に上り、大日山（西山）を経て菱ヶ岳に至る主稜を辿る道も拓かれた（登山口より約四時間）。

地図　二・五万図　出湯　馬下

（松村　守・坂井　厚）

宝珠山　ほうしゅさん

標高　五五九m

新潟県阿賀野市安田地区と東蒲原郡阿賀町三川地区にまたがり、五頭連峰の西端に位置する一つの峰である。山頂は五頭連峰にはめずらしく岩場となり、宝珠地蔵が祀られている。

南方系のアカガシが高い所まで分布し、山頂より北東尾根には、ほとんど人手の加わっていないブナ林があり、ユキツバキなどの下層木、草本ともに典型的な日本海型のブナ林として県の宝珠山自然環境保全地域に指定されている。『新編会津風土記』には「•石間村　◦山川　◦宝珠山　村の北一里許にあり、雑木多し」とある。

登路　丸山集落の胎内くぐりと赤松山森林公園からの登路を八咫《やた》柄山《がらやま》（五一四m）で主稜線を合わせて山頂に達する（登山口から約二時間三〇分）。ほかに東面の三川地区石間より八咫柄山へ登る道もある（登山口から約二時間）。また、山頂からは主稜線を大蛇山《おおじやま》（七九九m）と野須張《のすばり》を経て菱ヶ岳に至る道が近年拓かれ、五頭山方面への縦走が可能となった（宝珠山から菱ヶ岳まで約三時間）。

地図　二・五万図　出湯　馬下

（松村　守・坂井　厚）

松平山　まつだいらやま

標高　九五四m

別称　大荒川山

新潟県阿賀野市笹神地区と東蒲原郡阿賀町三川地区にまたがり、

五頭連峰の北端に位置する。山体は花崗岩地質で、中腹には見事なミズナラ、ブナの原生林があり、上部は低い雑木林と若干の草原がある。ユキツバキ、シュンラン、カタクリの群生も多く見られる。大荒川源頭の山として、龍神に対する里人の雨乞い信仰の口伝があるが、山頂には神仏を祭祀した跡は見当らない。越後平野から佐渡島や飯豊連峰の眺望に恵まれた山である。

登路　県民憩いの森の少年自然の家に通じる車道の終点から、魚止ノ滝駐車場より山葵山（六九三m）経由で松平山頂へ約三時間で到達する。山頂からは五頭山、菱ヶ岳方面への縦走路がつづいている（松平山から五頭山まで約二時間）。

地図　二・五万図　出湯

（室賀輝男・坂井　厚）

諏訪峠　すわとうげ　標高　五一〇m

新潟県東蒲原郡阿賀町津川・三川地区の境にある。南に柳新田を経て阿賀野川右岸の京ノ瀬・角島、東は蛇行する阿賀野川、北は行地・新谷・綱木を経て新発田市上赤谷に、西は新谷川下流地域となっている。地層は新生代第三系の三川層・津川層といわれる緑色凝灰岩が見られる。

会津側からは越後街道または新発田街道、越後側からは会津街道と呼ばれ、近代まで利用されていた。永仁二年（一二九四）の『異本塔寺長帳』では、新谷・諏訪峠・角島などの諏訪大明神勧請行程が記してあるというが、それ以前にすでに利用されていることが推察される。元犬吠峠と称したといい、延慶三年（一三一〇）、祠を建ててこれを祀ったといわれる。『北越軍記』に「天正一〇年（一五八二）（中略）諏訪峠ニ着テ聞ハ（中略）諏訪峠ヨリ津川へ引返（後略）」とある。寛文年間（一六六一〜一六七三）、会津藩で石畳道の整備がなされた。また、参勤交代では村上・新発田の各藩が通った。

『新編会津風土記』には「越後街道の難所」とあり、十返舎一九の『諸国道中金草鞋』に狂歌とともに載り、諏訪嶺として吉田松陰の『東北紀行』、戊辰の戦でも辿っている。一八九七年、道路を東に移動したが、車馬通行困難で数年後廃して新道ができた。里道の改修開削とともに峠の利用は廃れた。一九七〇年ごろ、アンテナ建設の車道開削で峠南の街道が寸断されたが、柳新田北の一里塚は幸い残された。断続的に石畳跡も残り、当時の面影を残している。

地図　二・五万図　津川

（坂井　厚）

飯豊山　いいでさん　標高　二一〇五m

福島県喜多方市山都町にあって、朝日・飯豊山地に属している。標高こそ大日岳に及ばないものの、烏帽子岳、北股岳など二〇〇〇m級の山が連なる飯豊連峰にあって盟主といえよう。山名は、あたかも飯を豊かに盛ったような山容から飯豊山と名付けられたと『会津正統記』に記されている。

地図を見ると、飯豊山から御西《おにし》岳までの稜線に沿った細長い範囲が喜多方市と表示されている。明治時代、福島県一ノ木村（現在の喜多方市山都町一ノ木）と新潟県実川《さねがわ》村（現在の阿賀町）が、長年にわたって領有権を争った所である。最終的には山の管理者であった長野・宮城両大林区署、両村の代表者による現地査定、さらには一ノ木村にある藩政時代からの資料などに基づいて一ノ木村に帰属すると申し渡され、一九〇七年に現在の区域が確定した。

飯豊連峰は福島、新潟、山形の三県にまたがり、花崗岩や花崗閃緑岩などからなる山である。連峰の谷はいずれも深く、飯豊山の山頂近くを源とする沢のうち、新潟県側の実川は阿賀野川、山形県側の大又沢や檜山《ひやま》沢は荒川と名を変え日本海に注ぐ。

三国岳から北西に延びる飯豊連峰は日本海に近く、冬季の北西風は多量の積雪をもたらす。年間降水量の約三分の一を占めるといわれる雪は、風下の主稜の東側に積もり、偏東積雪の現象が起きる。風上側ではヒナウスユキソウなど乾地性高山植物、風下側では雪田が形成されてイワイチョウなど湿地性高山植物が分布している。

福島県の川入コースを例として代表的な植物を挙げれば、切合《きりあわせ》ではチングルマ、タカネマツムシソウ、ハクサンコザクラ、草履塚ではハクサンイチゲ、ハクサンフウロ、飯豊山付近ではニッコウキスゲ、それに特産種であるイイデリンドウなどが分布する。麓の登山口はいずれもブナが多いから、ブナの林を抜けるとお花畑が開けるというイメージを持つ山でもある。

動物は、ほぼ全域にニホンツキノワグマが生息し、古くからクマ狩りが行われていた。福島県側の登山口の弥平四郎（耶麻郡西会津町）は、クマ狩りが盛んな所であった。弥平四郎の猟師は、いったんクマを追い始めると仕留めるまで止めなかったという。県境の尾根を越え、実川を腰まで水につかって渡り、新潟県側まで追いつづけたそうである。山形県側の登山口である長者原では現在も五月の初め、山の神に感謝し、クマの成仏を祈るクマ祭りが行われる。豪雪の名残を見せて白一色の地神山や頼母木《たもぎ》山、散り急ぐサクラの花などを背景としたクマ祭りは、いかにもマタギの里らしい。

飯豊山は信仰の山で、白雉三年（六五二）、智道和尚と役小角によって道が開かれた。昔は先祖の霊は近くの高い山に宿り、子孫を見守ってくれると信じられていた。人々は山を拝むことによって幸福な生活ができると思い、困難を克服して山に登ったのである。この山岳信仰が仏教と習合したのが修験道の起こりで、飯豊山は修験者の霊場として登拝する人が多かった。山頂付近には飯豊山神社が祀られている。

飯豊山（七森付近から）

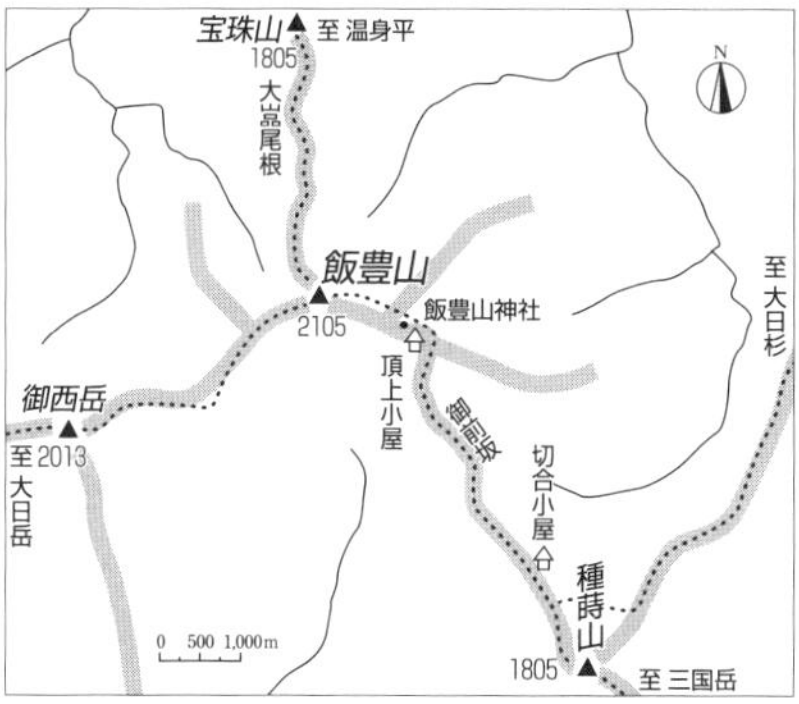

かつて会津では、男子が一三歳から一五歳の間に成人儀礼として講を組んで登拝した。頭に白布を巻き、白襦袢《じゅばん》、白足袋などの白装束、首には米と銭を入れた頭陀《ずだ》袋を掛けて登った。しかし、このような姿での登拝は第二次世界大戦ごろまでで、その後はごくまれになった。なお、大正の初期までは女人禁制が守られていたという。

武田久吉の『山への足跡』に飯豊山に登った時の随筆が掲載されている。この本は、大正から昭和にかけて登った山の随筆集で、「飯豊山に登る」という題の随筆は『山岳』にも発表されている。

それによると一九二二年夏、武田は現在の福島県喜多方市山都町一ノ木の先の集落、川入《かわいり》から登っている。川入の人々に、ようやく下駄が普及したという時代である。字数は約二万字もの長文で、植物の分布を実に詳細に記録している。八日間に及ぶ山行中、大日岳にも登頂し、弥平四郎に下山した武田は飯豊山を東北の名山と記した。

一九五〇年、飯豊連峰は磐梯朝日国立公園に指定された。これを機会に登山道や山小屋が整備されていった。一九六四年、新潟県国民体育大会で飯豊連峰が会場となったこともあって、多くの人が訪れるようになった。現在は林道の開発や整備によって一部ではアプローチが短くなり、比較的楽に登山できるようになったが、その原始性は依然として損なわれていない。

登路　福島県側では川入と弥平四郎、山形県側からは温身平《ぬくみだいら》や大日杉からのコースなどがある。どのコースも一泊を要する。

一般的な川入コースは集落の先の御沢《おさわ》が登山口となっている。武田久吉は御沢を飯豊山の境内と記した。ここから下十五里、中十五里などと呼ばれるきつい登りがつづく。しかし、辺りのブナは見事な林をなして登山者を惹き付ける。

ブナから灌木に変わると地蔵山に着く。岩場である剣ヶ峰を過ぎれば三国岳に着き、弥平四郎からのコースが合流する。その先が種蒔山(一八〇五m)でお花畑がつづくようになる。大日杉からのコースは種蒔山の先で合流する。

砂礫地帯の切合を過ぎ、草履塚、御秘所へと高度を上げると、実川の源流を隔てた櫛ヶ峰、大日岳、御西岳へかけての稜線の眺めがすばらしい。

御前坂を登るとようやく平坦になり、頂上小屋や飯豊山神社が見えてくる。山頂はその先五~六〇〇m程歩けば到着する。山頂ではさえぎるもののない大展望が得られる。西には大日岳、その手前からは北へ烏帽子岳、北股岳など長大な尾根がつづいている。遠く日本海や佐渡も見ることができる(御沢から約一〇時間)。

山形県の長者原からのコースの一つに大宮《だいぐら》尾根を辿るコースがある。長者原からの林道の終点が天狗平で飯豊山荘がある。その先の温身平から橋を渡って尾根に取りつく。この尾根はアップダウンが激しい。休場ノ峰まで来ると、眼前にノコギリの刃のように峰が重なり、ピラミッドの形をした宝珠山が見える。前途程遠しという感を否めない。しかし、次第に展望が開け、檜山沢を隔てた烏帽子岳や北股岳の眺めに心を奪われる。

宝珠山に着けば飯豊山へは二時間程で到着する。飯豊連峰でもっとも体力を要するコースであるが、山頂に立てばその苦労が洗い流されるところに飯豊山の魅力が秘められている(約一〇時間)。

なお、山形県の大日杉コースは切合を経て約一〇時間、新潟県の湯ノ島小屋からは大日岳を経て一二時間程要する。

地図　二・五万図　飯豊山　岩倉　大日岳　川入

（五十嵐昭市・高橋正英）

宝珠山　ほうじゅさん

標高　一八〇五m

飯豊山から北に延びる大嵓《だいぐら》尾根上の岩山で、山形県西置賜郡小国町に位置する。大嵓尾根は、凹凸の多い痩せ尾根をなすところから切歯尾根、または鋸《のこぎり》尾根とも呼ばれる。

飯豊山地の植生は、朝日山地とともに亜高山帯で針葉樹林を欠くのが特徴であるが、この尾根にはコメツガを主とする針葉樹林が発達している。また、飯豊山山麓は常緑のヤマグルマの自生地で知られ、大嵓尾根には一三〇〇mの休場峰まで分布している。

登路　飯豊山地でもっともきついコースとして知られるが、かつては山形県側では長者原口として、中津川口とともに参拝者に利用されていた。今日も飯豊山への直登コースとして残されている（檜山沢出合から宝珠山まで約七時間、飯豊山までは約九時間）。

地図　二・五万図　飯豊山

（木村喜代志）

三国岳　みくにだけ

標高　一六四四m

新潟県東蒲原郡阿賀町鹿瀬と福島県喜多方市山都町にまたがる。

一見、新潟県、福島県、山形県の三県の境界をなすように思われるが、本来は三県の境界が接するはずの三国岳から北西へ約八kmの間が盲腸のように福島県域が延びており、三国岳から御西岳までは北斜面が山形県、南斜面が新潟県、両者を隔てる稜線だけが福島県という複雑な県境となっている。修験道の山として山麓の人々、とくに会津の人々の信仰が篤く、主稜付近は会津の飯豊神社の神域である。

登路　このコースは飯豊連峰の中で唯一の尾根の斜面に造られたもので、もっとも楽な初級者向きのものといえる（登山口から約三時間四〇分）。福島県耶麻郡西会津町弥平四郎集落から登山口まで車で入ることもでき、林道終点には駐車場が用意されている。

地図　二・五万図　大日岳

（高橋正英）

大里峠　おおりとうげ

標高　約四七〇m

別称　大折峠

新潟県岩船郡関川村の東端、新潟県と山形県の県境に位置する。新潟県では米沢街道、山形県では越後街道（越後新発田城下や越後村上城下と羽前米沢城下を結ぶ）といい、街道十三峠中の難所といわれている。

大永元年（一五二一）、伊達稙宗《たねむね》（伊達政宗の曾祖父）が開削した。峠にまつわる「大里峠伝説」は十返舎一九の作（文化六年・一八〇九）といわれ、語り継がれて今日に至っている。関川村の「えちごせきかわ大したもん蛇まつり」で、引き回す大蛇はこの伝説に由来したもので、二〇〇一年にギネスブックに登録され、広く知られている。

現在は国道一一三号が整備されているが、一八八五年までは両県の人的交流、物資の運搬路として、また、越後からの飯豊山登拝路としてにぎわった。

街道は山形県の一部を除き通行可能で、部分的に史跡に指定したり、案内板を整備し保存に努めている（関川村沼集落から約二時間）。

地図　二・五万図　小国　（横山征平・平田大六）

疣岩山　いぼいわやま　標高　一六五四m

福島県耶麻郡西会津町と新潟県東蒲原郡阿賀町鹿瀬にまたがり、朝日・飯豊山地の三国岳から派生する尾根の一峰である。山名は、この山にイボのような岩があるためといわれている。

山頂からは飯豊山から大日岳へかけての長大な尾根を一望できる。登山口は西会津町の弥平四郎で、登山口近くに祓川《はらいがわ》山荘がある。この辺りは見事なブナ林となっている。また、六月中旬ごろ、疣岩山手前の松平峠付近ではシラネアオイの群落、疣岩山と三国岳の間では季節を追いかけるように咲く数々の高山植物を見ることができる。

登路　西会津町の弥平四郎から林道を約四km行った所が終点で、そこから登山道となる。沢を越してまもなく左側に祓川山荘がある。水が引かれた設備のよい小屋である。

ブナ林をしばらく登ると貴重な水場となっている十森に着く。どのコースをとっても厳しい登りとなる飯豊連峰にあって、比較的楽なコースといえよう。その先に松平峠がある。急登はここから疣岩山までで、痩せた尾根を辿ると山頂に到着する（約三時間三〇分）。

地図　二・五万図　大日岳　（五十嵐昭市・逸見征勝）

鏡山　かがみやま　標高　一三三九m

福島県耶麻郡西会津町と新潟県東蒲原郡阿賀町鹿瀬にまたがり、朝日・飯豊山地の三国岳から派生する尾根上にある。ブナの林が麓から山頂までつづき、飯豊連峰の眺望がすばらしい山である。

クマ狩りの時期となる春、鏡山の西側の残雪に夕日が映えると、太陽が鏡に写ったように見える。山名はそのような印象から付けられたと、弥平四郎集落のマタギの長老であった小椋作右衛門から聞いている。山が鏡のように光ったら、山を歩くことを止め、寝る準備に取りかかるというマタギの習わしもあったという。

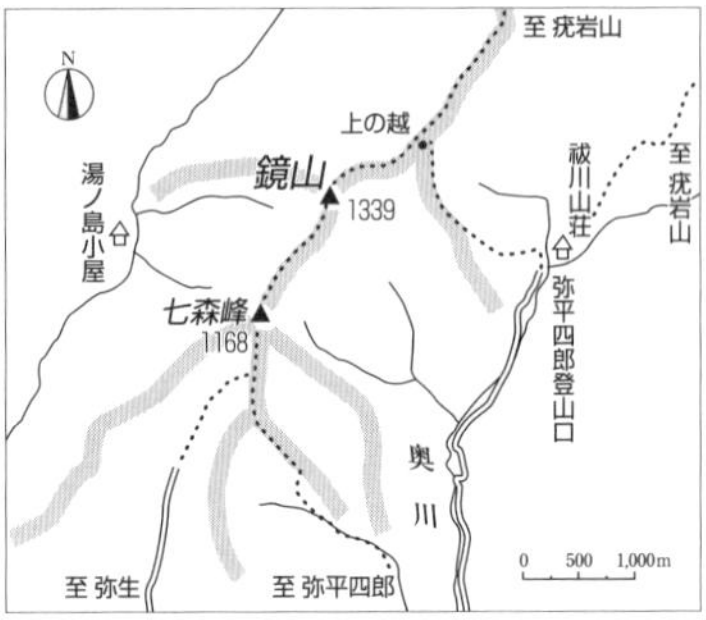

登山口のある集落、弥平四郎の名も珍しい。寛文年間（一六六一～七三）に木地師が移住して集落をつくったといわれる。延宝二年（一六七四）の古文書によると、その中に家兵衛という一家が出てくる。

「家兵衛」は、すなわち「弥平」である。「四郎」は元々苗代の「代」である。つまり、弥平四郎は「家兵衛の田んぼ」の意味という。なぜ家兵衛の田んぼでなければならないのか、どのような経緯で弥平四郎と変えられたのか、肝心なことは分からない。しかし、集落の名には秘境の雰囲気があり、重畳たる飯豊連峰の麓にふさわしい名になってしまうから不思議である。

登路　弥生、弥平四郎、それに弥平四郎から祓川《はらいがわ》山荘方面に延びる林道の終点から登ることができる。中では弥生コースが一般的でアクセスがよい。弥平四郎の手前、弥生集落から久良谷川沿いに付けられた林道を車で入る。管理ゲートを過ぎると沢の流れ、林のたたずまいに自然の息吹が感じられる。

終点の駐車場から案内板方向へ登ると弥平四郎からのコースと合流する。ここから左が鏡山への道となり、水場もある。尾根に行き着くと、すぐに飯豊連峰が見え始める。

標高一一六八mの七森峰の辺りまで来ると、ブナの巨木と飯豊連峰を見ることができる。登山道は良好で雰囲気は申し分ない。鏡山手前の急な尾根を登り切れば山頂である。眺望はすばらしく、とくに、目前に迫る飯豊連峰が休息のひと時を楽しませてくれる。遠く吾妻連峰や安達太良山も見えることがある（駐車場から約二時間）。

帰りは疣岩山《いぼいわやま》につづく尾根「上の越」を経て、弥平四郎から延びる林道の終点へと下ればよい。そこから弥平四郎までは約四㎞である。なお、疣岩山までの登山道も飯豊連峰を展望できる絶好のルートである。

地図　二・五万図　大日岳

（五十嵐昭市・逸見征勝）

高陽山　こうようざん

標高　一一二七m

福島県耶麻郡西会津町と新潟県東蒲原郡阿賀町鹿瀬にまたがり、朝日・飯豊山地の三国岳から派生する尾根が高度を下げた所にある。地元の人にとっては高く立派に見え、一日中、太陽の光が降り注いでいる山ということが山名となった。古くは「高陽根山《かやねさん》」と呼ばれていた。

道標や案内板のない静かな山で、山頂には祠が祀られ、古くから登られていた山である。四月中旬から五月中旬ごろの残雪期は、この山のブナの芽吹きに自然の生命力の強さを感じる。また、この時期は低木などが雪の下にあるので眺望が利き、飯豊連峰の大日岳を間近に望むことができる。

登路　国道四五九号から西会津町高陽根《かやね》地区に入り、中ノ沢集落の奥の砂防ダムが登山口である。砂防ダムの手前で左に沢を越して、沢に沿った道を登る。

スギを伐採した広い平地を十五夜沢を左にしながらスギ林を目ざす。人工林からブナ林になると道は急になってくる。やがてブナの巨木が現れると、まもなく山頂である（登山口から約二時間）。

地図　二・五万図　飯里

（五十嵐昭市・逸見征勝）

黒森山　くろもりやま

標高　九一七m

福島県喜多方市山都町にあり、朝日・飯豊山地に属している。麓の集落である一ノ木から見ると、飯を盛ったようにこんもりとしたユーモラスな山容を呈しているのですぐに黒森山と分かる。黒森山の名は針葉樹で黒ずんだ山、転じて深い森に覆われた山を黒森ということから付けられた。「モリ」は山という意味を持つ。山頂からは飯豊連峰や会津平野の展望がよい。

この山は、古くは金を産出したといわれている。天保一四年(一八四三)、幕府がこの地を訪れて状況を調査し、その時の記録が残っており、慶長年間(一五九六〜一六一五)に採掘した記録がある。

登路　国道四五九号から山都町一ノ木を経て林道ゲートまで、車で入ることができる。登山口は林道を通って五kmの所にある。そこから山頂まではミズナラなどの林の中を一・三km程登る。途中、急な箇所もあるが二時間弱で山頂に着く。

地図　二・五万図　加納

(五十嵐昭市・逸見征勝)

栂峰　つがみね

標高　一五四一m

北側の山形県と南側の新潟・福島県を分けて東西に走る飯豊山地東端に位置し、山形県米沢市、西置賜郡飯豊町および福島県喜多方市熱塩加納地区にまたがる。栂峰一帯は花崗岩に貫入されたジュラ系のホルンフェルスからなるが、山頂は新第三系下部の変質安山岩となっている。おそらく山形県の新第三系山地の最高峰である。

植生的には、アオモリトドマツの原生林を有するのが特徴である。東北地方南部の隔離された一五〇〇m台の山地では希有である。山名の由来は、アオモリトドマツをツガと見たのであろう。

登路　飯豊町小屋集落跡が起点となる。主脈とは小屋川を隔てた西支脈を県境の蔵王権現(一四七五m)へ登り、県境沿いに栂峰神社祠を祀る山頂に至る(約二時間四〇分)。

地図　二・五万図　飯森山

(田宮良一)

飯森山　いいもりやま

標高　一五九五m

福島県喜多方市熱塩《あつしお》加納地区と山形県西置賜郡飯豊町の境にあって朝日・飯豊山地に属し、飯豊連峰と吾妻連峰の中間に位置している。飯森山の名は、飯を盛ったような山容によるというから、飯豊山の山名と由来は同じである。標高は一五九五mで決して高くはない。しかし、尾根コースは登山口との標高差が一二〇〇mもあるため、健脚・上級者向きの山で、静かな登山を楽しむことができる。また、糸滝、黒滝など美しい滝がある大桧沢は沢コースとして登られてはいるが、途中一泊を要し熟達者向きである。

山頂からは、東には吾妻連峰や磐梯山、西には飯豊連峰が展望できる。なお、近くにある栂峰の山頂付近はオオシラビソに覆われているが、飯森山には生育していない。植生が変わる境界になっているのだろう。

冬季の登山は、豪雪地帯のため困難である。しかし、晴れた日の夕方、刻々と茜色を深めながら染まる吾妻連峰の眺めはすばらしく、その姿は「赤吾妻」と呼んで称賛されている。

登路　熱塩温泉の先、日中ダム管理所の前に駐車場があるので、ここまで車で入る。駐車場から林道方向に若干歩くと登山口がある。

石の祠があり鳥居も立っている。最初から急登となり、一時間三〇分程でようやく見晴らしが利く所に着く。

　これから先も道は急であるが、途中にヒメサユリやニッコウキスゲが咲く所があって苦労が慰められる。そして、登るにつれてブナの林が現れ、巨木が見られるようになる。

　登山口から約五時間で展望のよい鉢伏山に着く。この山を下ると湿地帯があり、高山植物が咲く。ここから最後の坂を登り切れば飯森山の山頂である。三角点のある先に飯森山神社が祀られている（約六時間）。

　沢登りとしては大桧沢のほか鉢伏沢、三河沢などが遡行されているが、この山に精通した地元の愛好者に限られている。

地図　二・五万図　飯森山　熱塩　（五十嵐昭市・逸見征勝）

高曾根山　こうぞねやま　標高　一四四三m

　朝日・飯豊山地に位置するこの山は、福島県喜多方市と耶麻郡北塩原村の境界上にあり、桧原湖の西に位置している。北西に飯豊連峰、東に吾妻・安達太良連峰、南東に磐梯山が控え、絶好の展望台である。天候に恵まれれば、はるか南会津の山々、会津盆地の広がり、そこを流れる阿賀野川まで光って見える。

　かつて檜原村は、会津五街道の一つ、米沢街道に沿った宿場で、大相撲の一行がここに泊まり、檜原峠を越して米沢城下に抜けたそうだが、一八八八年七月一五日の磐梯山の大噴火で五四、五戸の桧原村は、桧原湖の底に沈んでしまった。

登路　高曾根山に登山道はなく、無雪期にヤブを分けて登ることも可能だが、残雪期を利用すれば快適である。この地域は降雪量も多く、五月初旬ごろまで山スキーを楽しむことができる。

　桧原の集落を通って蘭《あららぎ》峠を越せば、右手の大塩川沿いにつづく林道が確認できる。ここに駐車して林道を辿って行くと高曾根山の裾まで導いてくれる。南東側から延びる尾根から山頂を目ざすか、または南の裾を巻いて、一三八九mの北東鞍部へ沢をつめて登るルートも捨てがたい。いずれも巨木のブナ林を抜ければ、三六〇度の展望が広がる頂に立つことができる（いずれのルートも三時間強）。

地図　二・五万図　桧原湖　熱塩　（成田安弘・佐々木秀雄）

大仏山　だいぶつやま　標高　七〇八m

　福島県喜多方市にあり、会津盆地から望めば三角形の秀麗な山容が特徴的である。『新編会津風土記』にも「会津富士」と呼ばれたとある。朝日・飯豊山地に位置している。

　山名の由来は喜多方市上三宮、願成寺に現存する会津大仏・阿弥陀如来の大仏堂が山中にあったからなどと伝わっているが定説はない。山頂には七〇八mと低いながら三角点標石と、新しく建立された盧舎那仏の高さ五〇cm程の石像が南を向いている。登山道の傍らにはオオバイワカガミ、クルマバハグマ、ノギランなど、植物の種類が多いのは、大仏山をなす岩石が他山と異なる故かもしれない。

登路　喜多方市の町並みを外れ、旧米沢街道（旧国道一二一号）を北進すると右手にレンガ造りの三津谷集落を見る。次の集落二軒在家で右折すると、喜多方温泉「おさらぎの宿」とトイレと大きな駐車場があり、ここが登山口となる。以前の沢沿いの道は改修され、立派な登山コースが新たに造成された。登山口は二箇所あり、標高が高い方をとる。七月には道端の草が刈られ、よく整備されている。道は尾根づたいにあり、標識のとおりに登れば四五分程で山頂に達する。下山路はそのまま南西の方に進めば、同じく四五分程でコンクリート舗装の車道の下側の登山口に出る。登山口の標高は四七〇mであり、一周したことになる。

地図 五万図　熱塩　二・五万図　熱塩　（森沢堅次・佐々木秀雄）

小柴山　こしばやま　標高　二六六m

新潟県岩船郡粟島浦村の南部に位置する。信仰に繋がるものは見当たらない。山頂は草原で、かつては粟島馬の放牧場であった。展望がよいことから、一九四四年に防空監視小屋が設置されたことがある。ここにある灯台は一九五三年設置、五四年四月送光開始で、到達距離が日本で三番目を誇っている。

登路 登山口は、港のある内浦から釜谷に通じる県道の中間地点（通称・背中平の峠）にある（登山口から約一時間）。

地図 二・五万図　粟島　（横山征平・平田大六）

阿武隈山地

深山　しんざん　標高　二八七m

阿武隈《あぶくま》山地から派生した亘理《わたり》地塁山地のほぼ中央付近に位置している。宮城県亘理郡山元町と角田《かくだ》市にまたがり、遠く仙台平野からも眺めることができる。山頂には、かつて深山大権現が祀られていたが、現在は養蚕神の祠があるのみである。周辺地域からとくに親しまれている山である。北限や南限の植物が多数出現する貴重な地域で、宮城県緑地環境保全地域に指定されている。

深山から明通峠を挟んだ北側には四方《しほう》山（二七二m）が、亘理町、山元町、角田市にまたがって聳えている。山頂からは、文字どおり四方向を展望できる。

登路 深山には、山元町の旧東街道から深山自然観察路が整備されている（全長三・四km、約一時間）。四方山には、明通峠から山頂付近まで車道が延びている。

地図 二・五万図　角田　山下　（千石信夫）

鹿狼山　かろうさん　標高　四二九m

宮城県伊具《いぐ》郡丸森町と福島県相馬郡新地町にまたがり、阿武隈山地の宮城県側の最南端に位置している。

尖った頂上のスギ木立が特徴的で、山名に二つの動物の名前を含んでいるが、現在は付近一帯(とくに丸森町側)にニホンイノシシが生息する。また、新地町側には新地貝塚があり、昔、この山の神様が手を長く伸ばして海から貝を捕って食べ、その貝殻を捨てた場所という言い伝えが残っている。

登路　近年は、太平洋上から昇る初日の出の参拝客など新地町側から登る登山客が多い。コースは新地町鹿狼鉱泉口(登り約四五分)と丸森町大内口(約一時間三〇分)がある。

地図　二・五万図　丸森　新地

(三宅　泰)

岩岳　いわだけ　標高　約四三〇m

宮城県の南、伊具郡丸森町にあり、東北地方には珍しい花崗閃緑岩の岩塔(トア)が連なる信仰の山で、山名は地形図に記されていない。山頂からはマツの自然林と岩塔群の景観が一望でき、連なる阿武隈山地の山々や、蔵王連峰、吾妻連峰を見渡すことができる。うっすらと雪のかぶった様は、水墨画のようで興趣は尽きない。山頂には三角点こそ置かれていないが、山頂の岩の上に羽(葉)山神社が、また、山中の登山道沿いにはいくつかの祠が祀られている。

昔、この地に多くの天狗たちが棲んでいて、岩場で相撲を取っているのを見た人がいたことから、その岩場を天狗の相撲取り場と呼ぶようになったとの伝説がある。

登路　登山口は筆甫《ひっぽ》地区に三つあるが、山の南側の鷲ノ平第一登山口から登るのが一般的である(約四〇分)。このほか同じく南側に鷲ノ平第二登山口(約四〇分)が、北側離森には第三登山口がある(登り約一時間)。

地図　二・五万図　丸森

(蓬田三枝子・佐藤昭次郎)

夫婦岩　めおといわ　標高　五七二m

宮城県の最南端、伊具郡丸森町筆甫《ひっぽ》、五福谷川の上流にある。高山ではないが、霊山層と呼ばれるごつごつした角礫凝灰岩で覆われた山である。山頂からは、眼下に阿武隈の山稜が連なり、北西方向には蔵王連峰を望み、気持ちのよい展望が開ける。

三角点のある主稜から西に辿った稜線上には、鋭く尖った男岩と対の女岩があり、西の夫婦岩が圧巻である。阿武隈山地の北端で、近くの岩岳(四三〇m)とともに地元の人々が気軽に楽しんでいる山である。

登路　駐車場のある登山口から、階段状に整備された道を辿る(約四〇分)。

地図　二・五万図　舟生　霊山

(高野笑美)

国見山　くにみやま　標高　五六三m

阿武隈山地太平洋側の北部、福島県南相馬市原町区のほぼ中央に位置する。天気のよい日は、太平洋の先に牡鹿半島や金華山を望むことができる。ここの国見山もほかと同様にどこから見ても山姿がよく、地元の多くの学校の校歌にも歌われている。

国有林である山中にはシロヤシオ(ゴヨウツツジ)、ミツバツツジも多く、足元にはエンレイソウ、イワウチワ、ニリンソウ、カタクリや、六月にはトウゲブキの群生も見られ、相双地区で低山としてはもっとも花の多い山である。また、どの沢にもハコネサンショウウオが生息しており、清らかな水は原町市の水源地としての役割を果たしている。

　山頂からの眺望がよく南相馬市を一望でき、その先には太平洋も広々と見渡すことができる。

登路　登山口は四箇所程あり、いずれも一時間から一時間三〇分程で登ることができる。雨乞滝のある高の倉ダム口、静かな山歩きができる押釜口や地切口(馬場口)、赤根口ではニホンザルが多く、横川ダム近くには相馬藩時代から由来のある赤根立石《たていし》も現存している。「福島百名山」にもなっており、学校の遠足登山や、家族登山でも親しまれている山である。　(鈴木千定)

地図　二・五万図　原町

懸の森　かけのもり　　標高　五三六m

福島県南相馬市原町区と南相馬市小高《おだか》地区にまたがり、阿武隈山地太平洋側の北部にある。なお、南相馬市の一部は、東京電力福島第一原子力発電所爆発事故による避難地域に指定されている(平成二六年一〇月一日現在)。山名の由来は、昔、山伏の修行の霊場でもあったと伝えられ、山頂にある巨石の形状からか「欠森山《かけがもりやま》」と称された。五六〇年程前の永享年間(一四二九〜一四四一)、小高城主・相馬《そうま》重胤《しげたね》が五台山に隠退していたある時、正室と側室の争いがあり、二人は欠森山を駆け登り五台山まで競争したことから、「駆け登り」が転訛して「かけのもり」と呼ぶようになったといわれている。

　一九三七年、日中戦争が勃《ぼっ》発し、出征兵士が武運長久を祈願し、参拝した山である。このころに神殿を再建、「欠」の文字を嫌い「懸の森」に書き替えられたと思われる。

登路　昔からの高木戸《たかぎど》口、ほかに羽倉《はのくら》口、一本杉林道口、横川ダム口の四箇所ある。いずれも一時間三〇分から二時間程の行程で、新吉井戸跡や「座頭ころがし」の急な所を見ながら大岩に着く。ここが「懸の森」と称され、昔から懸の森大山祇神社として親しまれてきた所である。この大岩からの眺めはよい。

　懸の森山頂から三〇分ほどで三角点があり、この先、大富《おおとみ》林道に出る周回コースもある。コース途中、右へ下れば上の滝、下の滝と呼ばれる滝平の滝を見ながら下るコースもある。一九九八年「うつくしま百名山」に選定され、山開きも毎年「みどりの日」に行われており、家族連れでも気軽に登ることができる山である。　(鈴木千定)

地図　二・五万図　小高

日隠山　ひがくれやま　　標高　六〇一m

福島県双葉郡大熊町にあり、阿武隈山地のほぼ中部の東端に位置している。なお、大熊町は、原発事故にともなう避難指示地域に指定されている(平成二六年一〇月一日現在)。晴天には海を隔てて牡鹿半島や金華山を望むこともできる。玉の湯温泉のある野上川沿いの都路《みやこじ》街道(国道二八八号)ができる明治時代までは旧会津街道として、熊川港、日隠山、中屋敷、都路村場々、二本松、猪苗代、会津城下へとつづいていた。

相馬藩の資金源である相馬塩、乾魚などの海産物や、地元の木炭を利用し製鉄された鉄などは馬や牛の背に積んで運び出され、会津などからは会津塗やほかの産品を運んできた流通路として、阿武隈山地は西街道と呼ばれ利用されていた。

その昔、延暦一九年(八〇〇)ごろ、坂上田村麻呂が大滝根山に棲む悪路王《あくじおう》を討伐するため、いまの板付観音の崖に差し掛かると、何かに驚いた田村麻呂の馬が脚を踏み外して転落、死んでしまった。以来、ここを通る馬が吸い込まれるように崖から転び落ち死んでしまうので、その近くの自然の岩石に「大同元年　馬頭観世音供養塔」と刻み、馬の霊を供養した所がある。

登路　熊川の支流・大川原《おおがわら》川の坂下ダムの少し先の駐車場より右の尾根(塩の道)をしばらく急登すれば、その後は緩やかな尾根歩きになる。静かなモミ林や福島百名水の参詣清水や伝説のある板付観音などを経て、「ロマンの広場」と呼ばれる所でひと休みした後、天狗岩を見て二時間三〇分程で山頂に立つことができる。帰路は姥《うば》懐《ふところ》より右へ、大川原川源流の「出合の滝」、「板付のせせらぎ」、「葉芹《はぜり》の滝」などがある葉芹渓谷の林道を戻れば坂下ダムへ出る。

地図　二・五万図　夜の森　(鈴木千定)

屹兎屋山　きつとやさん　標高　八七五m

福島県いわき市にあって、双葉郡広野町との境界近くに位置する。太平洋に注ぐ夏井川支流・加路川と浅見川の源流をなしている。付近にこれと比肩する高度の山がなく、阿武隈山地東部の盟主的存在である。

山名の由来は定かでないが、『石城郡誌』には「キットヤボッチ」とカタカナ名になっている。

登路　いわき市から双葉郡川内村へ通じる国道三九九号を北上、JR磐越東線を横切り、横川集落より約三㎞先、加路川に架かる茱《ぐ》萸《み》平一号橋を渡って右折する。流れに沿って林道を進み、加路川が二手に分かれる左の細径から尾根に取りつけば、三六〇度展望の山頂に達する(茱萸平一号橋から約一時間四〇分)。

地図　二・五万図　川前　(吉田　元)

三森山　みつもりやま　標高　六五六m

福島県いわき市の北部に位置する山で、阿武隈山地に属している。羽黒峰、月峰、湯殿峰と呼ばれる三つの峰からなっており、それが山名の由来となっている。

登路　国道六号より県道二四六号を大久川沿いに上流へ進むと滝見不動駐車場となり、ここから先の県道は東日本大震災(平成二三年三月)後に崩落して車両通行止めになっている。危険箇所もあるため十分に注意を要する。滝見不動から三森神社までの間は三森渓谷と呼ばれており、大久川の急流が岩を削ってできた渓谷で、両岸は急な斜面を造り、小さな滝が連続している。大久川を挟んで古い大鳥居の左側から登る。春にはアカヤシオやイワウチワが咲き乱れて疲れをいやしてくれるので、急登もあまり苦にならない。ミズナラ、モミ、イヌブナの巨木が茂り、いつまでも残したい原生林である。

　頂上からは、双葉郡広野町の発電所周辺と太平洋が見えるだけで、落葉期にしか展望は楽しめない。頂上からいわき市小川町の猫鳴山、同市四倉町の千軒平ダムなどのコースがあるが、どちらも交通機関がないので下山時には注意を要する。

地図　二・五万図　上浅見川

（金成　忠）

二ツ箭山　ふたつやさん　標高　七一〇m

　福島県南部、太平洋に面したいわき市の北方に位置し、阿武隈山地に属している。花崗岩からなる二つの岩峰が二本の箭(矢)を立てたように見えるところから山名になった。

　三角点のある山頂から南西に延びる稜線に点在する岩峰の中で、とくに屹立する二つの岩峰は男岩、女岩と呼ばれている。『磐城郡村誌』によれば「双峯對峙陰陽ニ神ノ如キヲ以テナリ、然モ絶嶺嶮隘神祠ヲ置クベカラズ。故ニ遥拝所ヲ山下ニ設ケ……二屋山全体ヲ以テ本社トス」とあり、古くから信仰の山として崇拝されてきた。いまも寛永通宝などの古銭が拾えるのはその証でもある。山麓の上小川に、治安三年(一〇二三)勧請の二屋神社が祀られている。拝殿には二ツ箭山、二ツ矢山、二屋山と時代とともに山名も変わった絵馬も奉納されている。

登路　根本、桐ヶ岡、国道三九九号に架かる茱萸《ぐみ》平橋の三箇所から登ることができ、登拝路でもあった根本口から登ることがもっとも多い。二屋神社横の国道三九九号を進み、根本集落の石碑「二ツ箭山」の前から沢沿いの登路となる。御滝の鎖場、〆張場からの急登、垂直に近い四〇mの鎖の岩場を登れば展望の利く男岩、女岩に立つことができる(石碑「二ツ箭山」登山口から約一時間四〇分)。三角点のある山頂へはさらに尾根道を進む(約一五分)。

地図　二・五万図　水石山　川前　上浅見　四倉

（吉田　元・鈴木千定）

鬼ヶ城山　おにがじょうやま　標高　八九二m

　関東北部から福島県東部に多い坂上田村麻呂の東征伝説と、山上の巨岩が絡んでこの山名が生まれた。福島県いわき市川前町北部に位置し、全山花崗岩からなり、東西に長い山頂の東部に三角点がある。阿武隈山地の特徴がよく現れ、ほぼ高さのそろった山々が大海原のように広がり、山頂まで樹木に覆われている。

登路　登山口までのアプローチは不便なので車を使用する。県道四一号の川前町から第三セクターの施設「いこいの里」まで行く。そこにはレクリエーション施設、キャンプ場などがあって野外活動のベースになっており、登山案内板もある。ここから舗装された道を進み、林道を横切って植林地やササの茂る道を登ると山頂に立つことができる（登山口から一時間）。

地図　二・五万図　小野新町

（大平元次・鈴木千定）

矢大臣山　やだいじんやま　　標高　九六四m

別称　篁《たかむら》山

福島県田村郡小野町、田村市滝根町といわき市にまたがり、阿武隈山地南部に位置している。平安時代に小野 篁《おののたかむら》が救民撫育使として当地の殖産興業に尽した遺徳を偲び、山頂に小祠を建立し「篁《たかむら》山」と称した。

山頂は広い芝生にヤマツツジが群生し、県の防災無線をはじめとして、各テレビ局、携帯電話の中継基地になっている。毎年五月の第三日曜日には、地元の小野町観光協会により山開きの行事が盛大に行われている。

登路　小白井口は無線中継所の管理道も兼ね山頂まで舗装されている（約四〇分）。湯沢口は小野町の新田集落から入り（山開きの際は臨時駐車場として五台の駐車スペースが確保される）、雑木林の中を歩く（約一時間）。ほかに田村市滝根町矢大臣集落から入る天狗沢登山口があり、原生林の中を歩く（約一時間）。

地図　二・五万図　小野新町

（小沢光意・橋本亮三）

一盃山　いっぱいやま　　標高　八五六m

福島県田村郡小野町と郡山市の境にあり、阿武隈山地に位置している。その山容がちょうど盃を伏せたようであるところから一盃山と呼ばれたといわれている。

登路　郡山市田母神集落に黒甫口と馬場口がある。地元の人たちが登山道をよく手入れしており案内板もある。コースは登山口からほとんど直登で、山頂近くの登りはちょっと手ごわい。ほかに小野町浮金の館集落からのコースもある。

山頂は広場になっていて地元の人たちが花の種子をまいて美化に心掛けている。また地質、環境が適しているのか樹種が豊富である（黒甫から約一時間三〇分）。

地図　二・五万図　田母神

（小沢光意・橋本亮三）

蓬田岳　よもぎだだけ　　標高　九五二m

福島県郡山市、須賀川市、石川郡平田村にまたがり、阿武隈山地の名山といわれ端正な容姿の山。高さ一m程になるキク科の多年草であるヨモギがたくさん生えていることが山名の由来とされる。

山頂には菅布禰《すがふね》神社があり、祭神として日本武尊《やまとたけるのみこと》、猿田彦命《さるたひこのみこと》を祀り、各地に勧請された神社が多く、地方農民の尊崇と信仰圏を持つ特異な存在である。山麓にあるジュピアランドは約一七haの敷地に各種施設が整備されていて、とくに春のシバザクラの開花期は一面ピンク、紅、白のじゅうたんを敷きつめたような光景が広がる。

山頂からの眺望はよく、南東に太平洋を望み、北に那須連峰、吾妻連峰、表磐梯、南西の八溝山系のかなたには、気象条件のよい時は富士山を見ることもある。
登路　表参道の石の大鳥居からマツ並木を進み、「酒類熟成試験所」を過ぎ、スギの並木道を経て打違内からの登山道と合流して稜線に出た後に沢又、銭神口からの登山道と出合い山頂に至る(登山口から約一時間)。
地図　二・五万図　田母神
(小沢光意・橋本亮三)

芝山　しばやま　標高　八一九m

別称　サルッコ平

山頂は福島県いわき市、石川郡古殿町、平田村の三市町村の境界をなし、阿武隈山地の南部に位置する。

この地域の山はその大部分がなだらかで、高さも山容も際立った変化が少ない。山名の由来は定かでないが、芝生の多いところからと思われる。

登路　いわき市上三坂市営牧場、平田村椚坂、古殿町竹貫田の三箇所から登ることができる。登山道は幅広く、いずれも明瞭。上三坂市営牧場側であれば、牧場越しに東面の展望を楽しみながら登ることになる。山頂は小さな双耳峰で、片方が猿子平(サルッコ平)と呼ばれる自生芝の広場。三角点のあるもう片方からは、三六〇度の展望を楽しむことができる(三方の登山口からいずれも約一時間)。

地図　二・五万図　竹貫　下市萱
(吉田　元・橋本亮三)

閼伽井嶽　あかいだけ　標高　六〇四m

福島県いわき市にあって、阿武隈山地の南部に位置している。大同二年(八〇七)、徳一の開基といわれる名刹閼伽井薬師(常福寺)が山頂直下に威容を誇り、広く内外の信仰を集めているが、この寺院とのかかわりによって山名が定まったものと思われる。山そのものは隣接する水石山の前衛峰的存在で、登山の対象とはなっていない。
登路　県立公園水石山への林道分岐から山道がある。山頂はモミの純林で昼なお暗く、平坦に近い円頂で、辺りの石を積んで山頂の標識としている(約二〇分)。
地図　二・五万図　水石山
(大平元次・鈴木千定)

鎌倉岳(竹貫)　かまくらだけ(たかぬき)　標高　六六九m

別称　鎌倉《かまくら》見《み》岳《だけ》　鎌倉《かまくら》御《み》岳《だけ》

福島県石川郡古殿町の中心部からすぐ南に望むことのできる山で、阿武隈山地の南部に位置する。

中世のころ、この地の竹貫城主に鎌倉から嫁いできた姫が故郷恋しさに鎌倉の方角を尋ねたので、前の山を指し鎌倉の方角を教えたというところから鎌倉岳と名付けたといわれているほか、姫がこの山に登り、故郷である鎌倉を偲び眺めていたからともいわれている。

また、山頂付近の柱状節理や板状節理を見せる岩山の地形は、昔は修験の行場ともされており、七合目の岩場には、十一面観音堂、駒形神社がある。

登路　古殿町役場前から鮫川を渡り、南に延びる林道石井草・大作線を登り、山頂近くの駐車場から遊歩道を辿って山頂に立つ(役場前から山頂まで約一時間三〇分。駐車場からは約三〇分)。ほかに役場近くの町体育館前から鮫川を対岸に渡り、下流に五〇〇m程進んだ地点から登り、鎌倉岳の東尾根へ延びる遊歩道に出る登山道もある(役場前から約二時間)。

地図　二・五万図　磐城新宿

(佐藤典子・鈴木千定)

明神山　みょうじんやま

標高　七五二m

福島県いわき市にあって、阿武隈山地の南部に位置している。わが国三古関の一つ、勿来《なこそ》の関に近く、坂上田村麻呂に絡んで山名が付けられたといわれる。山頂直下に多祁《たけ》神社奥社があり、付近には以前ブナ、スギの巨木が多数あったが近年激減した。低山ながら見る方向により特徴のある尖った山頂は、古来、常磐沖の漁船のよい目標となっていたといわれる。

登路　いわき市田人町荷路夫《にちぶ》の里宮(お仮屋)から、よく手入れされた参道を往復する。山頂は奥社のすぐ上である(約一時間)。

地図　二・五万図　上平石

(大平元次・鈴木千定)

霊山　りょうぜん

標高　八二五m

別称　不忘山

福島県伊達市霊山地区と相馬市にまたがる特異な地形、地質の山で、阿武隈山地の北部に位置する。いまから二五〇〇万年前の火山活動により溶岩が噴出し、その後の風化、侵食作用で集塊岩を中心に玄武岩と安山岩からなる切り立った山容を造り上げている。南・北の植物と高地の植物も分布している豊かな植物相を持つ山だ。

また、この地方の象徴的な存在である歴史の山でもあり、いまから一一〇〇年程昔の貞観元年(八五九)、比叡山延暦寺の座主・円仁(慈覚大師)の開山と伝えられる霊山寺跡が山中にある。かつては南陸奥の山岳仏教文化の中心地であったが、中世、南北朝の時代の延元二年(一三三七)、南朝の北畠顕家が後醍醐天皇の第七皇子・義良親王(後の後村上天皇)を奉じて、霊山山頂に陸奥の国府を開き、北朝と戦う拠点とした。しかし、この動乱により堂塔、伽藍などすべて焼失してしまい、現在は礎石を残すのみとなっている。

一九三四年に全山が文部省から国史跡名勝地に、さらに一九四八年には県立公園に指定された。

山名は釈迦が修行したインドの霊鷲山《りょうじゅせん》にちなんで霊山とし、移転された霊山寺は開山四百余年を経ている。

登路　国道一一五号沿いに登山口(霊山町行合道)があり、四～五時間で岩めぐり登山ができる。車利用で霊山こども村方向に進む。公衆トイレが整備された大きな駐車場から山道が始まる。登り始めは緩やかで歩きやすい。登るにしたがって奇岩が次々と現れ、三角点がある山頂からは太平洋などを眺めることができる(こどもの村から約一時間三〇分)。

地図　二・五万図　霊山

(阿部明義)

虎捕山 とらとりやま 標高 七〇六m

別称 佐須山《さすやま》

福島県相馬郡飯舘村と伊達市霊山地区にまたがり、阿武隈山地の北部に位置する信仰の山である。山容は花崗岩が各所に露出して急な斜面をなし、山頂も巨石からなり、鎖場もある。

伝説によると後冷泉天皇のころ、墨虎という豪の者が良民を苦しめていたのを源頼義が陸奥下向の途上、これを聞きつけ、この山に潜伏していた墨虎を捕らえた。このことからこの山を虎捕山と呼ぶようになったという。

登路 国道一一五号霊山町石田字行合道地内（霊山登山口の反対側）より南東へ五㎞、山津見神社境内（登山参拝道）から四〇～五〇分程で登ることができる。

地図 二・五万図 霊山 萩平

（阿部明義）

女神山 めがみやま 標高 五九九m

別称 水雲山

福島県伊達市月舘地区と伊達郡川俣町を境する山で、阿武隈山地の北部にあり、古来より里人の信仰の山である。

山頂には祭神・小手姫《おてひめ》、伊佐奈美命《いざなみのみこと》、小笹媛《こざさひめ》の三柱が祀られ、山麓にある女神神社の奥社になっている。山名も三姫が祀られていることに由来している。古文書によると建武年間（一三三四～一三三八）に目上山を女神山と改めたとある。

登路 国道一一四号川俣町福田地内、国道一一五号霊山町下小国地内のいずれからも入ることができる。月舘町上手渡《かみてど》地内より登山道（参道）があり、山頂へは五〇分程で達することができる。

地図 二・五万図 月舘

（阿部明義）

花塚山 はなつかやま 標高 九一九m

別称 放鹿山《はなしか》

福島県伊達郡川俣町と相馬郡飯舘村にまたがり、阿武隈山地の北部に位置する。

昔、京の公家と姫が恋に落ち、公家が命令により陸奥の国へと旅立つ。帰りを待った姫が待ち切れずに、シカを供に連れて陸奥の国へと向かう。公家が花塚山にいると聞いたが、その山は女人禁制のため入れず、シカに頼んで花塚山へと放した。そこでこの山の別名が「放鹿山」といわれるようになったという伝説がある。

登路 国道三九九号の萩平経由で「花塚の里」近くの放鹿神社の鳥居より雑木林の尾根道を辿る。登りつめると丁字路になり、右折して山頂に立つ（登山口から約一時間二五分）。ほかに峠の森自然公園のコースがある。

地図 二・五万図 飯樋 萩平

（伊藤義男）

野手上山　のてがみさん

標高　六二九m

別称　野手上森

福島県相馬郡飯舘村南東部にあり、阿武隈山地北部に位置する。一見すると森の形にも見え、野手上森ともいわれている。東北地方には「山」のことを「森」という例が多い。古くから天狗が棲む山として信仰され、行者の修行の場としても数々の逸話が残っている。

登路　野手上ダム（風兼ダム）の北湖畔に立つ大鳥居から歩き始め、雑木林を経て急坂を登り三基の祠のある山頂に着く（登山口から約四五分）。

地図　二・五万図　小宮

（伊藤義男）

口太山　くちぶとやま

標高　八四三m

福島県伊達郡川俣町と二本松市東和地域にまたがり、阿武隈山地北部に位置する。山名は朽ち人山に由来し、昔は姥捨山であったという。

登路　国道三四九号不動坂付近から林道を五分程民家のある所まで入る。クワ畑を通り抜けて小沢を渡り、スギ林を辿ると分岐になる。右に入り、雑木林尾根から笹平の平坦地を抜けた所が山頂（登山口から約一時間五〇分）。ほかに旧東和町針道コースがある。

地図　二・五万図　川俣

（伊藤義男）

麓山　はやま

標高　八九七m

別称　羽山

阿武隈山地北部に属し、福島県二本松市の東和地域と岩代地域、百目木《どうめき》の境界に位置している。戸沢では羽山、田沢では麓山と記してきたが、現在では麓山と表記する。山頂には麓山神社があり、東和町の最高峰で、円錐形の山姿のきれいな山である。『相生集』の南戸沢村、田沢村の項に「羽山」と記されているので、山頂に羽山神社を祠っていたことが知られる。

春には町の花・ヤマツツジやレンゲツツジ、スズランが参道から山頂にかけて見事に咲き誇る。

登路　登山道は、南口登山道と北口登山道の二コースがあり、いずれも半日で往復できる。旧東和町戸沢は北口登山道で、林道を歩いて登山口まで行く。石切り場の間を登って行くと急な所もあるが、緩やかになると展望のよい山頂に立てる（登山口から約三〇分）。

地図　二・五万図　岩代小浜　上移

（渡邊　久・小林正彦）

日山　ひやま

標高　一〇五五m

別称　天王山

福島県の二本松市岩代地域、双葉郡浪江町と葛尾村、伊達郡川俣町、田村市船引町にまたがる阿武隈山地の分水嶺に位置し、大滝根山に次ぐ高峰である。東に太平洋を眺め、西に蔵王山、吾妻山、磐梯山、安達太良山を望み、南西に那須の山並みが遠望できる。また、山頂付近にはヤマツツジの群生、山腹にはブナの原生林が広がっている。

山頂には日山神社(三社)と檜山牛頭天王宮が祀られ、信仰の山として知られている。毎年六月の春祭には、前述の市町村主催による山開きが盛大に行われる。一〇月の秋祭には田沢、茂原、葛尾から三匹獅子舞が奉納され、川俣町田代からは八年ごとに奉納されている。

登路　登山口は六コース(茂原口、田沢口、下田代口、岩下口、葛尾口、移口)あり、いずれも一日で往復できる。田沢口は便利がよく、田沢バス停留所付近から日山林道に入る。牧場付近まで車で行くことができる。はじめは牧場の柵に沿って進むが、やがて道は細くなり展望のよい尾根に出る。尾根の雑木林を抜けると眺めのよい山頂に着く(牧場から約五〇分)。

地図　二・五万図　上移

(渡邊　久・小林正彦)

五十人山　ごじゅうにんやま　標高　八八三m

福島県双葉郡葛尾村と田村市都路町の境にあり、阿武隈山地の隆起準平原地帯に位置している。また、阿武隈高原中部県立自然公園に属している。なお、葛尾村は東京電力福島第一原子力発電所爆発事故にともない、避難地域に指定されている(平成二六年一〇月一日現在)。

山名の由来は、平安時代に起こった蝦夷《えぞ》平定の総大将・坂上田村麻呂が山頂で五〇人の武将と軍議を開いたという伝説による。山頂は双耳峰で、マイクロウエーブの鉄塔が建つ北峰と大岩がゴロゴロしている南峰になっている。その間は約一haにわたる広大な芝生の緩傾斜地になっている。周辺にはヤマツツジ、スズランが群生し、近くの鎌倉岳、移ヶ岳の眺望があり、好天なら東方に太平洋も望見できる。

登路　南麓の持藤田、北麓の湯の平、西の内の三コースがあり、登山口からの標高差は三三〇m程であり、ハイキングに適している。西の内コースは、葛尾村西の内のバス停留所付近から五十人山方向に延びる林道を入る。途中の妙見神社付近に登山口がある。はじめはカラマツ林、次いで雑木林の中を登ると明るい広場のような山頂に着く(林道入り口から約一時間二〇分)。

地図　二・五万図　常葉　古道

(西関良光・佐藤一夫)

手倉山　てくらやま　標高　六三一m

山頂は福島県双葉郡葛尾村、浪江町の境界をなし、阿武隈山地に属して県の東部に位置する。小さいながらも山頂付近は東西が絶壁に挟まれて、社が建つ信仰の山である。なお、葛尾村と浪江町は東京電力福島第一原子力発電所爆発事故にともない、避難地域に指定されている(平成二六年一〇月一日現在)。『雙葉《ふたば》郡誌』には「奇岩壁立して群山を抜き地方の高山なり。頂上に手倉明神あり……信者の登山するもの多し」と記されている。手倉明神の祭事を司る浪江町の浪江神社によれば、手倉山と対峙する戸神山も海から見て漁船の位置を知る格好の山である故、漁師の信者も多かったという。

登路　三箇所から登られているが、葛尾村の手倉集落の鳥居のある西登山口から登ることが多い。小沢を渡り、急な尾根を登れば手倉明神の社。山頂は東西が切れ落ちているので狭いが展望はよい。三角点のある頂へは稜線を北に四〇〇mほど進む（西登山口から約一時間四〇分）。

（吉田　元・佐藤一夫）

地図　二・五万図　古道　浪江

鎌倉岳（常葉）　かまくらだけ（ときわ）　標高　九六七m

阿武隈山地には二つの鎌倉岳がある。ここで紹介するのは福島県田村市船引、常葉、都路町の境の「常葉」鎌倉岳だ。山頂は阿武隈山地の中央に位置する。もう一つは石川郡古殿町竹貫にある鎌倉岳である。

鎌倉岳は山岳崇拝から修行僧や修験者の行場で、女人禁制の霊場であった。山名の由来は、源頼朝の奥州征伐で鎌倉武士団の移住とともに僧侶や修験者も移住、やがて奥山に分け入って、霊峰・松森山が鎌倉修験者の行場となって鎌倉山（岳）になったと伝えられている。

鋭い岩峰の山容は阿武隈高地にはめずらしく、高さも相まってどの方角からも見分けることができる。

登路　三箇所から登られているが、田村市常葉町の天日鷲《あめひわし》神社の境内から登るのがもっとも多い。登るほどに傾斜を増し、石切り場跡から一気に急登に変わる。さえぎるもののない岩峰の山頂からは展望も圧巻（天日鷲神社登山口から約一時間五〇分）。

（吉田　元・石井洋子）

地図　二・五万図　常葉

移ヶ岳　うつしがたけ　標高　九九五m

別称　美岳《うつくしたけ》　美山《みやま》

福島県田村市船引町の北東に位置し、阿武隈山地の主稜線上の鎌倉岳から西に派生する尾根上にある。山頂部は奇岩が累々と重なり合っている。山頂からは阿武隈の山々のほか、那須連峰、安達太良山、吾妻連峰の山並みを見渡すことができる。

この移ヶ岳周辺の地形は「隆起準平原」といわれ、平らなスカイラインの上にいくつかのなだらかな山頂部が突き出ている。この突起部は岩が硬く、侵食が進まず削り残されたもので残丘と呼ばれ、山麓から見る山容は別称「美岳」、「美山」の名にふさわしく、優美である。山腹から山頂直下にかけ良質な花崗岩で、山頂近くに石切り場跡があり景観を損ねている。東日本大震災（平成二三年三月）後は、山頂付近の岩場が崩落し、危険なため、田村市教育委員会では入山禁止の立て看板を設置するなど、事故防止を呼びかけている。

登路　田村市船引町大山原から北に向かう舗装された林道を行くと登山口近くの瑞峰平駐車場に着く。登山口から山道に入り、移ヶ岳神社を経て山頂に達する。山頂から東側に下り、賽の河原を経て登山口に戻る周回コースもある（駐車場から約五〇分）。

（西関良光・石井洋子）

地図　二・五万図　船引

大滝根山　おおたきねやま　標高　一一九二m

別称　霧島岳

福島県田村市滝根町と常葉《ときわ》町、および双葉郡川内村にまたがり、阿武隈山地の最高峰である。山名の「大」は美称、「滝根」は集落の名で滝の根元が栄えた町ということである。滝とは入水鍾乳洞の中の数々の飛瀑を指す。それが山名に転訛したらしい。

山頂には立派な峰霊《みねたま》神社があり、品陀和気命《ほんだわけのみこと》を祀り、近郷近在の信仰の中心である。現在、山頂付近は自衛隊の基地になっているので、三角点に近づくには事前の許可が必要になる。

山容は雄大で、春のアズマシャクナゲ、ベニサラサドウダン、シロヤシオの開花期は見事である。西斜面には入水鍾乳洞、あぶくま洞、南東にはモリアオガエルの繁殖池の平伏沼、北にはカブトムシで有名な常葉町がある。

登路　一般的には田村市滝根町の仙台平口が利用され、登山口から撫《ぶな》平を経る。途中の痩せた尾根道の登りで鎖場が二箇所ある（登山口から約一時間）。ほかに早稲川口には鬼五郎渓谷と石楠花沢があり、ともに約一時間。川内村の高塚山口は緩やかな登りで約四〇分。また、入新田の集落から鉄塔の巡視路を辿るコースもある。

地図　二・五万図　上大越

（小沢光意・橋本亮三）

高柴山　たかしばやま　標高　八八四m

福島県田村郡小野町と田村市大越町、船引町にまたがり、阿武隈山地に位置している。地元の人にとって高く聳える山で、その上、全山が小さい柴で覆われていることが山名の由来といわれる。

山頂は広大で、約二万株といわれるヤマツツジの満開時は見事である。戦前は馬の放牧地となっていてツツジの新芽が食べられたり、根回りが蹄《ひづめ》で踏み固められたりと成育が抑制されていたが、馬の放牧がなくなったので成育は旺盛で、株も大きくなってきた。五月の第四日曜日には、山頂の高柴神社の祭礼と山開きの行事が地元の人たちと登山者で盛大に行われる。

登路　小野町浮金登山口から約三〇分、大越町牧野登山口から約三〇分、船引町門沢登山口から約四〇分で山頂に着く。それぞれの登山道は各町で整備しており、快適なハイキング・コースである。

地図　二・五万図　柳橋

（小沢光意・橋本亮三）

茶煎船山　ちゃせんふなやま　標高　七七二m

山頂は福島県東白川郡塙《はなわ》町にあって、東白川郡鮫川村との境界に近い。また、阿武隈山地南部に位置している。

山名の由来は定かでないが、昔は山頂の大きなブナがこんもりと茂っていて、茶筅《ちゃせん》の形に似て見えたことから山名になったと伝えられている。またその昔、八幡太郎義家がこの地方を平定してこの山に登り、のどが渇き飲み物を所望したところ、家来がブナの葉を煎じてお茶代りに差し上げたので山名になったともいわれる。

山頂は約八mの円形の土塁に囲まれ、南側一mが出入り口になって切れている。円の中心に三角点、内円北側に石の祠、円に沿って七本のヤマザクラ、ブナ、アカマツの大木。なんとも奇妙な配置である。山全体のブナは皆伐されてアカマツ林に変わっている。

登路　塙町より車道を田代・入猿畑に進み、鮫川村との境界に近い峠道を下った左からの細径が登路となる。送電塔の下を通り、雑木林を抜ければ山頂。樹木にさえぎられ二方向しか展望はない（登山口から約二〇分）。

地図　二・五万図　塙　橋場

（吉田　元・磯上　隆）

和尚山　おしょうやま　　標高　八〇四m

茨城県北茨城市の北西端に近く、茨城・福島の県境線が福島県側に突出した部分のほぼ中央部に位置する山で、北と東西の三方の山裾を四時《しどき》川源流部に囲まれて侵食が進んでいる。阿武隈、多賀の両山地は隆起準平原の残丘を示す丘陵性の山々が連なり、仏教に関連する山名が散見されるが、この山もその一つである。

和尚山は古書には「和尚壇山」とある。「壇」とは祭儀を行う高所を意味するから、台地状の頂稜を持つこの山も、古代人が祭儀を行った所かもしれない。

登路　山の南西側中腹を、県道二七号塙大津港線が越えている。車を利用し、二七号の峠付近にある駐車スペース（登山口との表示あり）から山道に入る。頂稜は広く、コナラやブナなどの落葉広葉樹に覆われて展望はない。山頂まで約二〇分である。

地図　二・五万図　磐城片貝

（中西　章・酒井國光）

花園山　はなぞのさん　　標高　七九八m

茨城県北茨城市の北西部、阿武隈山地南部の多賀山地に位置し、隆起準平原の侵食残丘であり、地質は緑色片岩からなる。渓谷美で知られる花園川の源流域で、山肌を落葉広葉樹が覆い、新緑や紅葉の季節に訪れる人が多い。

山麓の花園神社は延暦一四年（七九五）の創建で、境内の老杉、コウヤマキは県指定の天然記念物になっている。また、アズマシャクナゲの群落もあり、花園の地名はこれに由来するといわれている。奥ノ院めぐりで出合う七ツ滝は県の名勝に指定され、落差八五m、垂直に近い岩壁を七段になって流れ落ちている。

登路　花園神社を起点に一周二時間程の奥ノ院峰周回コースが設けられている。

標高七九八mの花園山へ登るには、車で県道二七号を花園渓谷に沿って登り、途中、左の猿ヶ城林道に入り、（栄蔵室）南登山口付近に駐車する。指導標に従って進み、山頂へは約四〇分である。展望はない。

地図　二・五万図　磐城片貝　川部

（中西　章・酒井國光）

土岳　つちだけ　　標高　五九九m

茨城県高萩市の西部、花貫川中流部の右岸に位置する山で、地形上は阿武隈変成帯の南端にあたる隆起準平原の侵食残丘であり、地質は石英斑岩、圧砕性花崗岩よりなる。花貫川に臨む東斜面の勾配は急だが、肩から山頂にかけての西斜面はなだらかで、馬の生産が盛んだったころは放牧地であった。中腹に土岳神社奥ノ院を祀る。
花貫川と中戸川との合流点から上流部約一㎞を花貫渓谷と称し、渓谷美が展開している。土岳と合わせて「茨城県の自然百選」の一つである。

登路 花貫渓谷の小滝沢キャンプ場の駐車場が起点となる。スギの植林地と続く広葉樹林帯を登り、途中、左に土岳神社奥ノ院への道を分ける。頂上まで約五〇分で、山頂の展望台からは雄大な眺望が得られる。

地図 二・五万図 堅破山

（山田哲郎・酒井國光）

堅破山 たつわれさん

標高 六五八m

別称 立割山 竪割山 三ツノ山 角枯山 黒前山

茨城県高萩市と日立市十王地区との境界上に位置し、阿武隈準平原の残丘として、神峯山、高鈴山へなだらかに連なっている。なお、『常陸国風土記』では角枯山を黒前山と名付けたとしている。
山頂には黒坂命《くろさかのみこと》を祭神とした黒前《くろさき》神社がある。大同元年（八〇六）、坂上田村麻呂が東夷征伐の折、社殿を再興。大山咋命《おおやまくひのみこと》を合祀して日吉山王権現と称し、別当・田村寺を置いた。康平三年（一〇六〇）、源義家が東征の途中、ここで戦勝を祈願した時に太刀で断ち割ったと伝えられる太刀割石という花崗岩の巨岩がある。この石の名前がのちに山名へと転じ、古くから信仰の山として知られてきた。天保年間（一八三〇～一八四四）に水戸藩の第九代藩主・徳川斉昭《なりあき》が仏像を廃棄して、主祭神を黒坂命とし社名を黒前神社と改称した。

登路 日立市十王町の鬼越集落から先の黒坂林道は一車線と狭い。一の鳥居の手前を左の堅破山林道に入ると、トイレも完備した広い駐車場がある。
山中には烏帽子石、畳石、神楽石、甲石、舟石、胎内石など、いわゆる七石の巨岩奇岩があり、中でも真半分に断ち割れて横倒しになった太刀割石が有名である。弁天池を見て神楽殿の広場から石段を登ると黒前神社のある山頂に出る（約一時間）。山頂には展望台が設けられており、かつては太平洋、高鈴山、筑波山、八溝山や日光・那須の連山を望むことができたが、現在は周囲の木が高くなり過ぎてしまった。

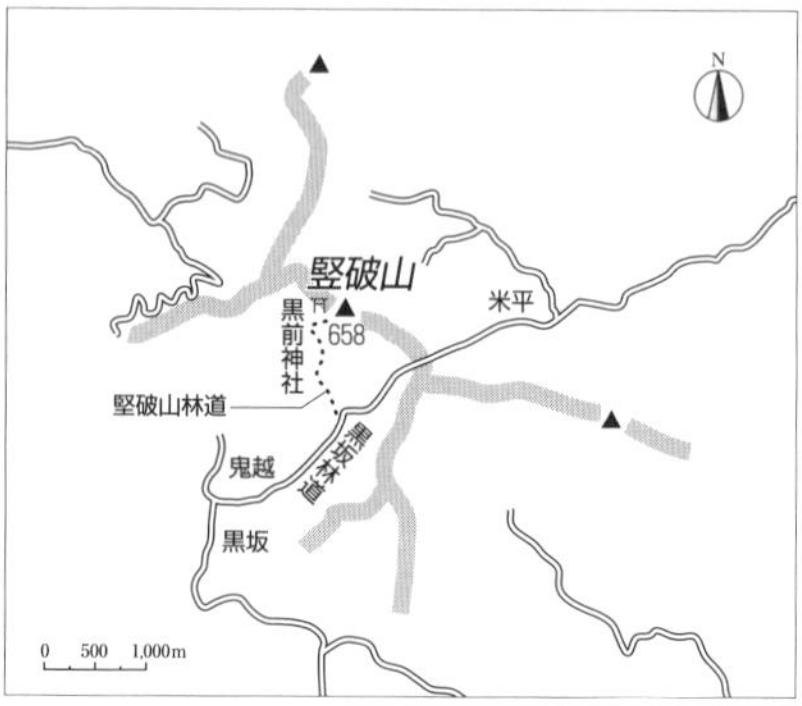

地図 二・五万図 堅破山

（祖父川精治・酒井國光）

神峯山 かみねさん

標高 五九七m

別称 占山（うらないやま）、かぶ山

茨城県日立市の北西に位置する山で、南は宮田川の浸食を受けて急斜面である。

この宮田川の流域は、日立鉱山による鉱山集落が明治末期から発達し、日立市の鉱工業発達の発祥の地である。元々の赤沢銅山は江戸時代初期に佐竹藩が初めて稼業したと伝えられ、その後、廃坑に近い状態で放置されていたものを、明治三八年（一九〇五）、久原房之助が買い取り、日立鉱山と名を改めて操業した。多額の資本を投入して発電所を三箇所も設置し、大雄院《だいおういん》には精錬所を設け電気鉄道も開通させた。最新鋭の機械や技術を導入した結果、事業は順調に伸びて操業わずか五年で銅の生産量が一三倍にもなり、小坂、足尾、別子とともにわが国の四大銅山の一つに数えられた。太平洋戦争から戦後にかけて最盛期を迎え、七千余人がこの山中で住み暮らしていたが、精錬量の増大にともなう亜硫酸ガスによる煙害で住民に被害が及んだため、一九八一年に閉山となった。

中腹にあった日立鉱山のシンボルで、当時、わが国最大の高さ一五六mの大煙突も一九九三年、約五四mを残して倒壊してしまった。山頂には現在は雨量の観測だけを行っている日立市気象観測所や、旧宮田、助川、会瀬村の鎮守で、漁民の信仰が篤い神峰神社がある。

登路　日立鉱山の歴史を展示した日鉱記念館から約一時間である。

地図　二・五万図　町屋

（祖父川精治・酒井國光）

高鈴山　たかすずやま

標高　六二三m

茨城県日立市と常陸太田市の境界上に位置する山で、多賀山地と呼ばれる山域がつづき、太平洋に面した東緩斜面には海岸近くまで日立市市街や大規模事業所が広がっている。

日立古生層といわれる変成岩類や花崗岩が複雑に分布し、山中から銅鉱石や石灰岩を産出する。

眺望のよい山頂には一等三角点や天測点が置かれ、建設省無線中継所や雨量観測所が建ち並んでいる。また、花の百名山としても知られている。

登路　四方から登山路が通じているが、御岩山から高鈴山に登り、金山の百体観音を経て日立市へのルートを説明する。

御岩山は、古くは加毘礼之高峯《かひれのたかみね》と呼ばれていたことが『常陸国風土記』に記されており、国之常立神《くにのとこたちのかみ》、伊邪那岐神《いざなぎのかみ》、伊邪那美神《いざなみのかみ》などを祀る御岩神社と立速日出命《たちはやひでのみこと》を祀る加毘禮神宮がある。

神社へはJR常磐線日立駅中央口から東河内行きのバスを利用し、入四間宿で下車する。高鈴山へは約一時間三〇分、全行程は約五時間である。

地図　二・五万図　町屋

（祖父川精治・酒井國光）

越後山脈

土埋山　つちうずみやま

別称　つちうめやま　つちうずめやま

標高　六九六m

新潟県東蒲原郡阿賀町津川地区と福島県耶麻郡西会津町にまたがり、国道四九号福取トンネルの南に位置する。

『新編会津風土記』の田沢村の項に、「もと田代岳地震にて崩れ民家を埋め、因つての名」。また、宝川村の項では、「奥越の界なる故、境岳といい、頂に境塚を築きしに土埋岳と号せし云々」とある。天正元年（一五七三）以前、山麓には「大峠」があった。福島県側では「すりばち山」という。

登路　阿賀町津川栄山八木山より田沢集落を経て、国道東寄り分岐から、約一九・七㎞の地点が登り口。付近の道路右側に電柱六三番、左側に道標があり、はじめは幅広い凹地で草ヤブがやや濃い中を登ったのち、尾根を辿るやや急な道で狭い山頂に至る（登り口より約一時間一〇分〈社有地〉）。

地図　二・五万図　徳沢

（坂井　厚）

鳥屋山　とやさん

標高　五八一m

福島県耶麻郡西会津町にあって、越後山脈北部に位置している。「鳥屋」は、「山中で鳥を捕える人の小屋」の意味を持つ。鳥屋山はいくつかのピークを連ねており、これらの鞍部は鳥を捕える絶好の場所だったと想像され、山名の由来に結び付いてくる。鳥屋山山頂は一等三角点がある。羽越三角網に属し、北の飯豊山と南の博士山を一直線で結ぶその中間点に位置している。

この山の魅力はカタクリの花と飯豊連峰の展望に尽きる。雪が消えてしばらくののち、この山にはカタクリの花が咲き、紫色のお花畑となる。そして、残雪の飯豊連峰を美しく眺めることができる。

登路　ＪＲ磐越西線荻野駅から歩く。阿賀川に架かる橋を渡って漆窪という集落を通り抜けると登山口の標識がある。畑を過ぎてスギ林に入り、しばらく行くと水場がある。この辺りからカタクリの群落を観賞しながら登ると太夫岳（五五二m）に着く。飯豊連峰、磐梯山などの展望は鳥屋山より優れている。

太夫岳から二〇分ほど登れば、伐採されて広々とした鳥屋山に着き、会津の北部を眺めることができる（約二時間三〇分）。

地図　二・五万図　野沢　柳津

（五十嵐昭市・伊藤尊仁）

飯谷山　いいたにさん

標高　七八三m

福島県河沼郡柳津町と耶麻郡西会津町にまたがり、越後山脈北部に位置する。飯を盛ったような山容からその名が付けられたという飯谷山は、山岳信仰の聖地として、山そのものが御神体である。

飯谷山頂を望む八合目に飯谷大明神の社が創建されたのは承平元年（九三一）である。山伏の修験の霊場、十八箇村の総鎮守として重きをなした神社であったが、一九八〇年冬の火災で焼失し、山麓の一の鳥居に再建された。

飯谷山はまた「雨乞いの山」でもある。嘉永六年（一八五三）、武士を含めた数百人の集団が登って雨乞いを祈願した記録がある。「飯谷山に霧が上がれば雨が降る」とは柳津地方に古くから伝わる諺《ことわざ》である。

登路　登山道は飯谷神社の裏手から延びている。スギ林と雑木林と巨大なブナの林を抜け、やがてまた道はスギの林に入り、飯谷神社の奥社に到着する。その昔は荘厳な社殿が建立されていた奥社も、いまはスギ木立の中に石灯籠や石祠が残されているだけで、粛として静まり返っている。

飯谷山の山頂は、痩せ尾根が途中で不意に途切れ、途切れたそこが山頂である。かなたの眼下には柳津虚空蔵尊を望むことができ、その遥か上方には磐梯山が屹立している。真っ白に雪化粧した飯豊連峰が、秀麗な姿を天空に悠然と浮かび上がらせている（約一時間四〇分）。

地図　二・五万図　柳津　（星　賢孝）

三坂山　みさかやま　標高　八三一m

福島県大沼郡三島町にあり、越後山脈北部に属している。山名にかかわりがある会津総鎮守の伊佐須美《いさすみ》神社は、当初は御神楽岳に祀られていたが、博士山へ奉遷されるとともにこの山に分祀された。そののち、大沼郡会津美里町の現在地に鎮座したのは欽明天皇一三年（五五二）と伝えられている。伊佐須美神社は鵲《かささぎ》大明神とも呼ばれ、「鵲」は「伊佐須美」の音韻の変化といわれている。和銅年間（七〇八〜七一五）に国中の山の名を定めた時、鵲大明神が鎮座していたことから御坂山（三坂山）と名付けたとされている。

ミズナラやブナの林があり、雪国の山らしく新緑のころはとくに美しい。山頂からは只見川や磐梯山を眺めることができる。

登路　国道二五二号と美坂高原から登ることができる。国道二五二号からは三島町町内を只見川沿いに進み、滝原集落の多目的運動広場から入る。登山道入り口の案内板もあり、スギ林の中を登ると山頂のほど近くの痩せ尾根、「見晴らし尾根」に着く。眼前には洞巌山が屹立し、遠くには伊佐須美神社が遷座した博士山と明神ヶ岳が望める。そこから一〇分程で山頂に着く（約一時間三〇分）。町営のレクリエーション施設がある美坂高原へは、約一時間で下ることができる。

地図　二・五万図　宮下　沼沢沼　（志田正美・星　賢孝）

御神楽岳　みかぐらだけ　標高　一三八七m

新潟県東蒲原郡阿賀町の上川地区にあり、越後山脈北部に位置する。かつて向《むかい》御神楽《みかぐら》といわれた。山頂を含む東面は北より常浪川、広谷川源流部を、北面は大蕎麦谷沢を山伏峰に至り、西面は室谷川、打出沢、ムサ沢で山頂と本名御神楽岳に至る。とくに東側の雪崩による雪食を受けた岩場は、「下越の谷川岳」といわれ、多くの人たちが登攀に興じた。

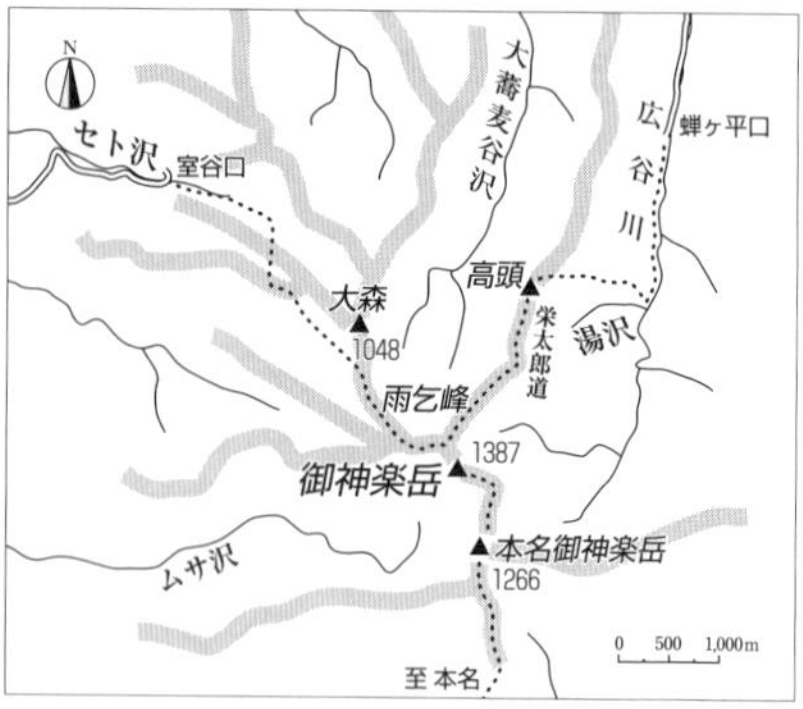

近年の自然環境悪化で、食物連鎖の頂点に立つ森林性のワシやタカ、フクロウなどや、水系性のカワセミの激減、非森林性のホオジロ、ムクドリの高密度化、ニホンカワウソの絶滅、ホンドキツネ、ニホンザルの激減となり、ニホンツキノワグマの減少も懸念される。

ブナを主とする温帯性広葉樹林の二次林と、キタゴヨウの針葉樹、オオバクロモジ、エゾユズリハ、ハイイヌガヤの灌木、林床はチシマザサ、ユキザサで覆われる。暖地系はネズ、フユイチゴ、北限に近いタマアジサイと、新潟、福島、山形、宮城に限られるヒメサユリがある。山足にモウセンゴケ、ミミカキグサの食虫水性植物も見られる。東面、南面ともに御神楽岳環境保全地域に指定されている。

御神楽岳は、明治時代初めまで会津領であった。古墳時代に開かれたとされ、大彦命《おおびこのみこと》の子孫が、伊弉諾尊《いざなぎのみこと》、伊弉冉尊《いざなみのみこと》、大彦命を奉祀し、神楽を奏したのが御神楽の起こりとされ、水晶ヶ峰の伊佐須美神社が博士山、明神ヶ岳、さらに現在の高田に遷座されたといわれるように信仰と結び付き、会津領で数多くの伝説がある。

一九三〇年八月四日、福島県側で佐治虎雄、斎藤知賢ら九名の調査登山が、また、翌日には旧津川農林学校・鈴木倉太郎ら一〇名が登山したとされ、一九五二年四月に笠原藤七ら三名のスキー登山が行われた。

北麓の栂山では、「大森の雪」として椀に飯を盛った雪形が現れると、四月下旬のゼンマイ採りの入りとし、三階原では、山頂の百丈岩付近に見られるサギ形の雪形で田植えの準備に入ったという農事暦があった。

登路　室谷口〜室谷集落奥で常浪川の橋を渡り、セト沢沿いに登山口がある。しばらくは左右の沢沿い、離れて鞍部の風越、水場を経て尾根路となり、雨乞峰で栄太郎道と合して山頂に至る(登山口から約三時間三〇分)。また、蝉ヶ平口〜広谷川沿いの林道終点が登山口で、慰霊碑のある鉱山跡を経て湯沢より栄太郎道を辿り、岩場の馬ノ背を経て湯沢峰で主稜となり、高頭《たかつむり》を越えて雨乞峰で室谷口の登山路と合する。東側は急斜面の岩場(登山口から約四時間三〇分)。

地図　二・五万図　御神楽岳　室谷

(坂井　厚)

本名御神楽岳　ほんなみかぐらだけ　標高　一二六六m

新潟県東蒲原郡阿賀町の上川地区と福島県大沼郡金山町にまたがり、御神楽岳の南南東一・二㎞に位置する。

南側東面は霧来沢支流・鞍掛沢源流部に、西側は室谷川支流・打出沢およびムサ沢源流部で、本名御神楽岳南肩の管理舎のある峰から御神楽岳、雨乞峰(一三五〇m)に至る山に囲まれる。北側は御神楽岳に至り、東面は広谷川源流部の急峻な岩場地形となっている。

三角点はない。三角点のある御神楽岳を会津地方では、「向《むかい》御神楽《みかぐら》」と称していた。付近は「越後山脈森林生物遺伝資源保存林」となっている。三条集落は廃村になったが、山麓の豊富な伝説はいまも金山町の人たちに伝承されている。

登路　金山町本名より霧来沢沿いの林道終点が登山口。沢沿いの道を八乙女滝を経て、モチイド沢合流付近より尾根に取りつき、杉山ヶ崎を経て本名御神楽岳に至る（登山口から約三時間三〇分、御神楽岳へはさらに四五分）。

地図　二・五万図　御神楽岳　貉ヶ森山　（坂井　厚）

日尊の倉山　ひそのくらやま　標高　一二六二m

新潟県東蒲原郡阿賀町の上川地区と福島県大沼郡金山町にまたがり、御神楽岳の南南西にあって、峰越峠を隔てて南の貉ヶ森山と相対する。江戸時代前期の貞享五年（一六八八）三月、奥州三郡との山境定むの文書、また、安永四年（一七七五）、上条組絵図面に山名記載の史料がある。

一九五二年四月七日から九日にかけて、笠原藤七、井本厳（ともにスキー）、藤島玄（徒歩）の三人による、室谷→御神楽岳→本名御神楽岳→日尊の倉山→貉ヶ森山→大渡り→三条→三条峠→本名村への記録がある。峰越林道の開通で日帰りが容易になり、貉ヶ森山とともに登られることが多い。

登路　峰越峠が登り口。峠より北へ、ブナ樹下のササとヤブが多い中に細径が稜線西側にある（登山口から約四〇分）。

地図　二・五万図　貉ヶ森山　（坂井　厚）

貉ヶ森山　むじながもりやま　標高　一三一五m

新潟県東蒲原郡阿賀町の上川地区と福島県大沼郡金山町との県境にあり、御神楽岳の南南西、直線距離約六・四kmに位置する。阿賀野川、只見川、叶津川、五十嵐川に囲まれた山域は、峰越林道の開通によって奥深い山々の一端が近くなり、車利用で貉ヶ森山、日尊の倉山も日帰りが可能となった。

登山口のある峰越林道周辺は、広大なブナの原生林が、日本海地域の特徴をよく表している。落葉樹のオオバクロモジ、マルバマンサクなど。常緑樹のツルシキミ、エゾユズリハ、ハイイヌツゲ、ヒメモチなど。草本では、ツルアリドオシ、オオイワウチワ、リョウメンシダ、ゴゼンタチバナ、ヤマトユキザサほか。北方系や亜高山性の植物が多い。山頂付近の樹木はやや矮小化している。西側中腹北向斜面に風穴があり、寒地性の植物が成育

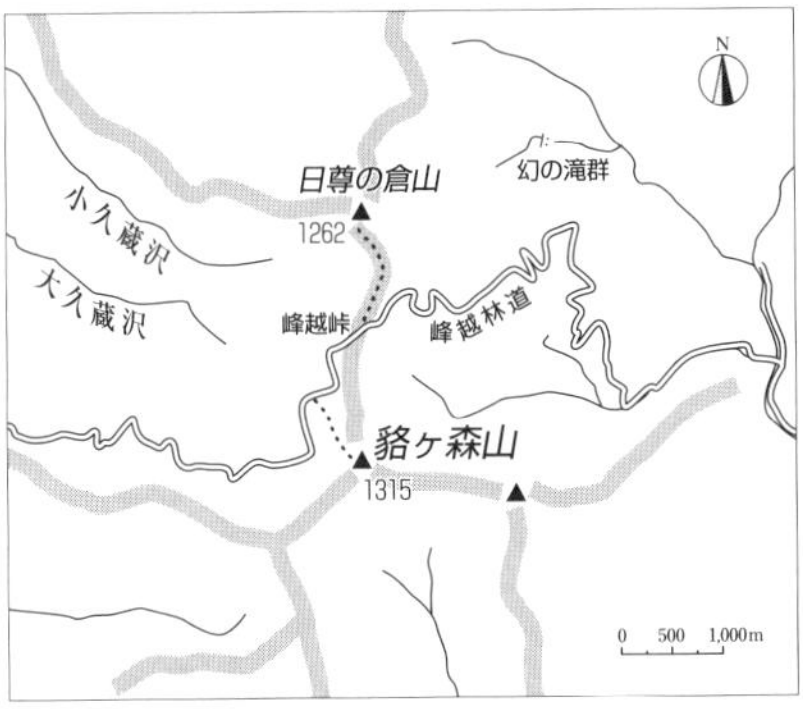

している。

『新編会津風土記』巻之八十四　陸奥国大沼郡五十三　龍澤村の項には「〇山川　狸々森　村上四里十八町にあり、高二百九十五丈一に十三嶽と稱ふ　近頃村民狸ヶ森と稱ふ字体の近きに因て訛れるなるべし」とあるので、転化したものと思われる。しかし、旧上川村教育委員会所蔵、村指定文化財第一号の「安政四年(一八五七)上条組絵図面」によれば、貉ヶ森山と思われる付近には「小葛山」と記入してある。昔、室谷から一泊で峠付近を越えて会津領へ塩、米を運んだという。

室谷川打出沢出合からムサ沢、幕岩峰、日尊の倉山、貉ヶ森山、雲河曾根山、東岐山各所に囲まれた区域は「新潟すぐれた自然」として保護を啓蒙している。

登路　峰越峠から一・一㎞の新潟県側が登り口であるが、目配りを要する。道ははじめえぐれている。ユキザサやヤブが濃く、喬木からやや矮小化した樹林の中を進んで山頂へ(登山口から約四五分)。

地図　二・五万図　貉ヶ森山

(坂井　厚)

笠倉山

かさくらやま

標高　九九四m

福島県南会津郡只見町塩沢地区にあり、越後山脈北部に位置する独立峰で急峻なヤブ山である。登山路はなく、山頂までヤブこぎを強いられる。裾野の塩沢川は、県境稜線を水源とし只見川に合流、下流には塩泉が湧出していたが、現在はダムによって水没している。

登路　只見川を本流とする支流の塩沢川河口の集落、高塩でJR只見線を渡る。塩沢神社を左手に見ながら塩沢川の左岸、右岸にと林道をつめ、途中の間欠泉の前を進み、約三・七㎞程で林道終点の清水平に着く。登路はないものの所々に踏み跡のあるコースで、林道終点からさらに北へ延びているゼンマイ採りの道を進み笠倉沢に入り、尾根筋に取りつく。いずれにしても急峻な上にヤブが濃く、コースどりは登山者の判断にゆだねられる(林道終点から約二時間一〇分)。

地図　二・五万図　駒形山　只見

(伊藤一弘・鈴木章一)

蒲生岳

がもうだけ

標高　八二八m

福島県南会津郡只見町蒲生地区にあって越後山脈北部に位置し、蒲生川が只見川に合流する蒲生集落の北側に一気に聳えている独立峰である。標高は低いがどの地点から眺めてもそれとすぐ分かる鋭い円錐形を示している。冬季はとくにその形から「会津のマッターホルン」とも呼ばれている。

『新編会津風土記』にも「蒲生岳　村北にあり。峻高にして他山に続かず」とあり、ゆったり流れる只見川に影を映して際立って目立つ存在である。

登路　一見、登るのが困難そうに見えるが、一九八二年に登山道が整備され一般的になった。それでも十分注意が必要である。JR只見線会津蒲生駅の近くの二荒山《ふたらさん》神社から登り始める。林の中を行くと小さな祠があり、そこから尾根を一直線の急坂となる。まもなく露岩帯となり、さらにマツ並木の岩稜を登ると、やがて覆い被さるような山頂の岩峰群の下部に着く。ここで道は二手に分かれ、一般には右手の急坂を登って山頂に至る。左手は岩場の登りとなるが鎖場が整備されている。約一時間三〇分で山頂に至る。

山頂からは眼下にゆったり流れる只見川、浅草岳、会津朝日岳、柴倉山、笠倉山などを一望におさめることができる。

地図　二・五万図　只見

（佐々木健臣・鈴木章一）

矢筈岳　やはずだけ　　標高　一二五七m

別称　闇見岳《くらみ》　霞《かすみ》ヶ岳

新潟県五泉市村松地区と三条市下田《しただ》地区にまたがり、川内山群の早出川、下田山群の五十嵐川の分水嶺をなす市界主稜に位置する。

矢筈岳(左)（室谷ルートから）

越後山脈北部にある川内山群の盟主で、山頂には三角点がある。古くから「闇見岳」と呼ばれ、頂稜の下矢筈岳(一二四一m)との山容が鞍に見え、あるいは北東面のガンガラシバナの岩壁(岩嵓《がんぐら》)が見える山などが由来とされる当て字とか、また、山奥で常に雲霧に覆われて見えないからともいわれる。山頂部の二峰が、矢の端の弦を受ける矢筈に似ていることからの命名とされる。

川内・下田山群を登る人が、最終的に目ざす山はすべて矢筈岳といわれるほど、越後に残った最後の秘奥の山である。登山道は木六山から銀太郎山までの一本だけで、この先はすべてヤブ。登頂は、残雪期以外は密藪のため、難渋を覚悟したごく一部の人たちだけに許された山で、夏の源流遡行もヘビやブヨ・蚊の襲来や険悪な谷で苦難がつづく。

登路　登山道がないため、残雪期の尾根筋を辿る。主なルートは、①銀太郎山から青里岳(一二一六m)を経て山頂。②毛石山(七九四m)から青里岳経由、③粟ヶ岳から青里岳へ、④笠堀湖からヒバコノ頭を経て山頂。⑤東蒲原・室谷から魚止山(一〇七九m)を三川分水峰経由の五本がある。最短は笠堀湖からで、笠堀川左岸の雨量観測所の尾根への徒渉が鍵。室谷からは三川分水峰上部までの痩せ尾根が要注意。ともに途中まで微かな踏み跡があるが当てにできない。往復に二日かかる。

記録に残る各ルートの初登頂は、一九二七年四月、五剣谷岳から笠原藤七ほか一名。一九三九年五月、毛石山から藤島玄・笠原藤七ほか一名。一九四九年五月、ガンガラシバナ大岩壁を明らかにした今早出沢源流遡行からの佐藤一栄兄弟。一九六〇年四月、粟ヶ岳からようやく下田側の宿願を果たした山田一男の単独踏破などが挙げられる。

地図　二・五万図　室谷　粟ヶ岳　光明山　駒形山　（山﨑幸和）

日本平山　にほんたいらやま　標高　一〇八一m

新潟県五泉市村松地区と東蒲原郡阿賀町三川地区にまたがり、川内山塊の中で北東部に位置する。

日本平山の北側は五十母川、東側に谷沢川がともに北流して阿賀野川に注ぐ。西は、南に奥深く矢筈岳に発した早出《はいで》川が、川内山塊の東寄りにあって、北西に流下し阿賀野川に注ぐ。

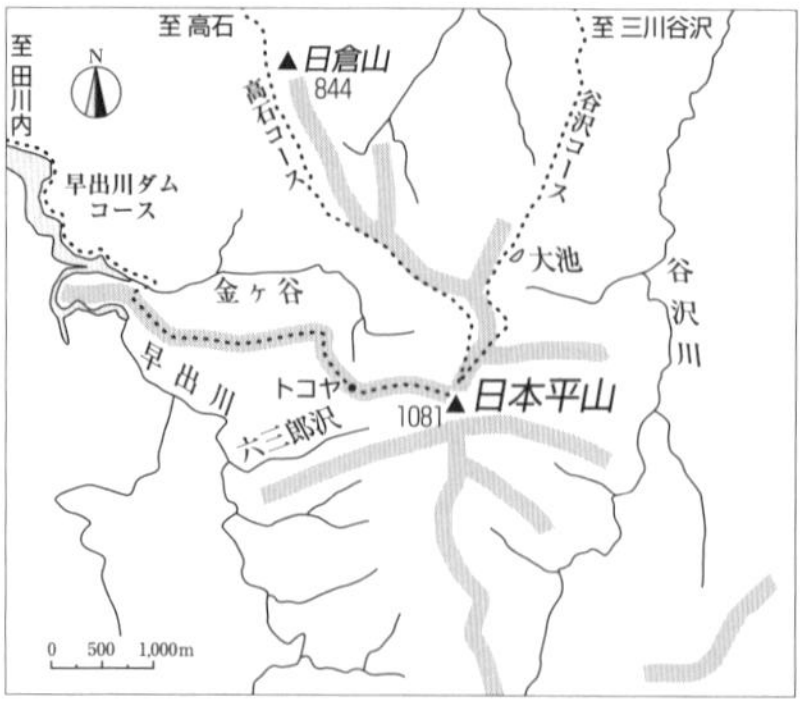

海中に堆積した石炭紀、二畳紀である古生代の地層が、北東から山頂方面に分布する。硬い砂岩、粘板岩、チャート、石灰岩などからなる。また、地層生成の過程で付近には銅などが生成され、大正から昭和中期にかけて産出した。

渓谷は急峻で、西側の金ヶ谷筋ではそれが顕著であるが、稜線の山容はおだやかで山スキーが盛んな時もあった。山頂の北、九合目付近の大池に浮島があり、県の「すぐれた自然」に選ばれており、大池と山頂を含む西側一帯は、「奥早出粟《おくはやであわ》守門《すもん》県立自然公園」に指定されている。

『新編会津風土記』では、谷沢村の項に「〇大村杉山　西北の方に俵積場、日本平《にっぽんたいら》の諸峯連なる」とあり、また別史料では、日本晴れが訛って日本平となったとされている。

北西に又六《まんだろく》山を従え、南に延びる山稜は、谷沢川源流を東へ巻きながら、鍋倉山、人ヶ谷山、カタガリ山などの山々の一群の盟主として君臨している。

登路　五泉市村松地区田川内《たこうじ》集落からの早出川道は、登り口のダムの縁を行き、金ヶ谷を徒渉して、トコヤを経て山頂（登山口から約四時三〇分）。同市高石集落登山口から日倉山（八四四m）を経て山頂（登山口から約六時間）。阿賀町三川谷沢集落奥の登山口から人《ひと》分《わけ》、浮島のある大池を経て山頂（登山口から約三時間三〇分）の三コースがある。

注　早出川の名称については、「ハヤデ」ではなく「ハイデ」だと笠原藤七（日本山岳会名誉会員）が指摘したことがある。

地図　二・五万図　高石　馬下　（樋口宗一・遠藤家之進正和）

菅名岳　すがなだけ　標高　九〇九m

新潟県五泉市、東蒲原郡阿賀町三川地区にまたがる。日本平山とは沼越峠で連なり、日本平山の北西方の前山に位置する。阿賀野川から南西へ鳴沢峰、菅名岳、三五郎山（九〇〇m）、兎平を経て早出川に至る小山脈をなしている。旧菅名村にあったところから山名となった。

西側の新江沢（幅沢）にはカツラの巨木林があり、県の「すぐれた自然」に指定保護されている。また、天然記念物「小山田のエドヒガンザクラ」、山頂付近のブナ林が山の魅力を高めている。菅名岳一帯は「郷土の森」として位置付けられ、保存されている。

登路　小山田沢沿いの林道の石橋を渡ると登山口。丸木橋を渡り、ジグザグの急登三〇分程で丸山尾根上に出、しばらく平坦、緩登を繰り返してブナの樹林帯となり、山頂に至る（登山口から約二時間）。ほかに五泉市中川新の「いづみの里」より大蔵岳を登り、三五郎山を経て菅名岳への縦走路がある（「いづみの里」から約三時間三〇分）。

地図　二・五万図　馬下　高石　村松

（梁取靜五・遠藤家之進正和）

五剣谷岳　ごけんやだけ

標高　一一八八m

別称　五軒屋岳　五剣屋岳

新潟県五泉市村松地区の川内山群中核部の主稜上に縦列する、木六山、七郎平山、銀次郎山、銀太郎山の奥南に位置している。里人も望めぬ山容が、越後平野のごく一部の地から指呼できる、異様で印象的な山容と山名、秘奥で明瞭な道もない長いアプローチなどで、秘境川内山群を憧憬する人が、せめて遂げたいと願う山である。

山容が特異な長屋風屋根型の平頂のため、間口の広い五間屋形、五軒長屋に例えられて命名されたとし、それに北西方向一〇km内にある白山の北支稜、神戸山に築かれた五剣嶽城の威厳ある名を山名に転換したとの伝承がある。

登路　一九九〇年代中ごろまでは、残雪期以外の登頂は密藪で非常な苦戦を強いられた。当時の登山道は銀次郎山までで、銀太郎山へは微かな踏み跡、鉈目《なた》程度だったが、いまは明瞭な道となった。さらに鉈目は五剣谷岳にも及び始めている。山頂の北側急斜面は五月中ごろまで残雪で登頂に好都合。ヤブをこぎ分けての山頂には三角点があり、粟ヶ岳から連なる矢筈岳までの川内山群秘奥の大パノラマに、改めて感動がわき起こってくる（銀太郎山から約一時間四〇分）。

地図　二・五万図　室谷　高石

（山﨑幸和）

銀次郎山　ぎんじろうやま

標高　一〇五二m

銀太郎山　ぎんたろうやま

標高　一一一二m

新潟県五泉市村松地区の川内山群の中央部主稜上に、木六山の奥南に位置し、越後山脈に属する。銀次郎山と銀太郎山は山名の由来から「銀兄弟山」などとも呼ばれ、一九五三年発行までの五万図には、双方の山名が逆に記されていた。

東蒲原地方の口碑に、平安末期の治承の乱で当地に都落ちしてきた高倉宮以仁王《たかくらのみやもちひとおう》を庇護した刈羽小国城主の右馬頭頼重《うまのかみよりしげ》との連絡に、家老の清野銀太郎貞永が弟の銀次郎貞行と世間を忍び、この山嶺を往復したので名が付いたとされている。高倉宮はこの地で薨去、阿賀町上川地区の中山に祀られたという。この周辺に多い清野姓は、家老兄弟が祖先であるともいわれている。

登路　木六山から銀太郎山までの道は明瞭になった。途中、草地の七郎平は流水もあり、幕営の適地で数本のスギが目印である。七郎平山から次第に植生も低くなり、銀次郎山が北峰と均整のとれた双耳峰となって至近距離に見える。岩のある銀次郎山頂は三六〇度の展望が広がる。ここより小一時間で着く銀太郎山は、意外にも特徴のないヤブの平頂であるが、登山道により川内山群最奥の頂に到達した実感はまた格別といえる（木六山から約三時間）。

地図　二・五万図　室谷　高石

（山﨑幸和）

木六山　きろくやま

標高　八二五m

新潟県五泉市村松地区にあって、川内山群中央主稜の前衛に位置している。越後山脈にある川内山群は、合併前の旧川内村の山の総称がいまも継承されているもので、標高はいずれも一三〇〇mにも満たないが、険悪な谷とヤブの主稜にはほとんど道がなく、まだ原生のままの姿が堅持されている。そんな中で、かつての山菜採り、炭焼き道が数少ない登山道として木六山から主稜中間部まで延びている。山名の由来は不詳。古文献にも記されないくらい注目されなかったが、背後に聳える五剣谷岳へはさけて通れない山である。

登路　杉川右岸の駐車場で登山道が二分する。上流へさらに南進し左折して急登すれば、展望が開けた岩稜のグシノ峰に出る。道は急だが尾根筋を辿るので明瞭。三角点のある山頂からは秘奥川内の峰々が指呼できる（登山口から約二時間三〇分）。もう一方は、東へ柴倉沢沿いに登ると山腹にある平地の水無平に着く。春秋は山の幸に恵まれるが、ヤブも濃い。最近は悪場峠から微かな踏み跡もある。九十九折の急登でミノサゲ峰（六七二m）からの尾根筋を南進して山頂に立つ（登山口から約二時間一五分）。

地図　二・五万図　高石　越後白山

（山﨑幸和）

粟ヶ岳　あわがたけ

標高　一二九三m

別称　淡ヶ岳　薬師山　三峰山　三頭山　青海岳　牛形山

新潟県三条市下田地区と加茂市にまたがり、越後山脈の下田・川内山群中の最高峰で盟主でもある。山頂部の主稜は、北から南東方向に白山、権ノ神岳（一一二二m）、堂ノ窪山（一〇八八m）、青里岳（一二一六m）、矢筈岳へと連なり、下田・川内山群との分水嶺をなす。西側は加茂川、南西側は五十嵐川となり信濃川へ、北東側は仙見・早出川となり阿賀野川へ合流する。

下田地区では、山容から三峰山、三頭山といわれていたが、四国阿波の国から仙真法師が携えてきた薬師如来を三峰山腹に祀ったことから、阿波の薬師様、阿波ヶ岳と称されたと伝承されている。また、淡ヶ岳、薬師山ともいわれる。さらに加茂七谷地区が延喜式内青海神社に縁のある青海郷発祥の地とされ、この地区の最高峰として青海岳と名付けられ、康平三年（一〇六〇）の越後の古地図「康平図」にも記されている。牛形山は残雪形から名付けたとされる。

標高約六〇〇mに祀られた粟薬師は、四間四面の大きく立派な御堂だったが、一九三三年三月炎上、いまは小さな石造の祠堂である。

登路　山頂へは五十嵐川流域の五百川口と加茂川貯水池口の二コースがあり、ともに登高差一一〇〇m余で途中に避難小屋もある。

五百川口へは奇勝・八木ヶ鼻の高度差一〇〇m余の大岩壁直下を通る。この岩壁がハヤブサの繁殖地として一九六五年七月、県の天然記念物に地域指定され、登攀禁止となった。南五百川集落より祓川沿いから尾根を急登すれば粟薬師。途中の約四五〇m地点には、かつて安産伝説の玉子型巨岩「粟石」があったが、一九六四年六月の新潟大地震で谷に落下した。薬師から東稜を辿り、痩せ尾根の牛ヶ背を過ぎれば山頂は目前。三角点と石祠のある山頂からは、雄大な展望と、ヤブの山稜と峡谷で一般登山者を寄せ付けない威風堂々たる下田・川内山群が幾重にも連なって見える（南五百川から約三時間三〇分）。

粟ヶ岳（下田山麓から）

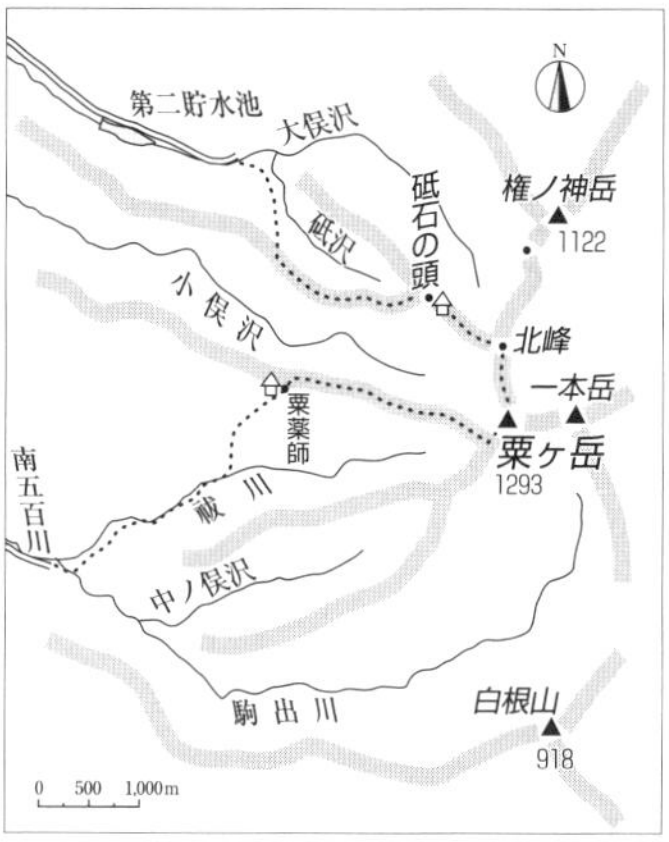

加茂川貯水池口は上水道水源池が二箇所完成後に整備された。道は終始尾根筋を登り、鉄梯子やロープ、鎖、岩場もあって変化に富み眺望もよい。頂稜の北峰には白山、権ノ神岳からの縦走路が接続し、中峰を越えて山頂へ（貯水池から約三時間四〇分）。

地図　二・五万図　粟ヶ岳　越後白山

（山崎幸和）

白山　はくさん

標高　一〇一二m

別称　滝谷山　寄草山　薬師岳

新潟県五泉市村松地区と加茂市にまたがり、越後山脈北部の川内山群西側を粟ヶ岳から連なる主稜の北端に位置する。

北山麓の旧十全《じゅうぜん》村が滝谷と称せられ滝谷山、東側仙見川の寄草沢の源流の山から寄草山とも呼ばれた。古くから麓の慈光寺とともに信仰され、山頂に薬師如来が祀られているところから薬師岳ともいわれた。慈光寺中興のころ、山中に白《しら》山比売《ひめ》を祀ってから白山と命名されたという。慈光寺は室町初期の応永一〇年（一四〇三）に中興されたが、創建年代不詳の名刹で、曹洞宗越後四箇道場の一つである。

登路　慈光寺を起点に東西二本ある。滝谷川を渡り、左岸の白山尾根へ急登し稜線に出ると、山名起因の白山祠がある。変化の乏しい樹林の主稜を緩急の登りで山頂に着く。避難小屋、三角点、峰ノ薬師の小祠があり広い。南側に粟ヶ岳への縦走路もあるが、歩く人は少ない(慈光寺から約二時間四五分)。慈光寺東側の袴腰道もやはり急登がつづき、主稜に出て緩急の繰り返しとなるが、圧倒的に下山利用者が多い。滝谷川を挟んで西側からの一周コースが一般的である(山頂から下山約二時間)。

地図 二・五万図 越後白山

(山﨑幸和)

光明山 こうみょうさん

標高 八七九m

別称 笠堀山 砥石山

新潟県三条市下田地区にある。山頂部は東南東に連なる長い頂稜からなり、越後山脈の下田山群中央部に位置する岩稜の山である。周囲には粟ヶ岳、矢筈岳、中の又山、守門の烏帽子山などの下田山群が半円形状をなしている。光明山の岩稜はここを水源とする笠堀川を北側に、大谷川を南側にして、五十嵐川の二大水系の分水嶺をなし、福島県境の主稜まで延びている。

江戸初期、越後高田城主・松平家の書上げに「砥石、笠堀山、五十嵐川」とあって、麓の笠堀集落が山名として呼ばれ、すでに砥石の山として有名であった。山頂まで数体の石仏や石祠が安置されているが、砥石の発見で山が開発され、次第に山奥へと採掘が進むにつれ、安全祈願に神仏が祭祀されていったという。この信仰がその後の山名の起因とされる。

明治時代の『温古之栞』に「頂上に光明堂と云ふあり」と記されている。この光明堂は江戸後期に越後、佐渡を二五年間行脚した僧・木喰上人の開基とある。光明供は真言宗で大日如来を本尊として行う修法で、光明真言を唱えると光明遍照《へんじょう》となって阿弥陀仏が現れ、山中での祈願礼拝が御来光信仰と結ばれて光明山の名が付いたとされる。旧七月二七日の朝は、光明山頂に阿弥陀仏七体が現れるという伝承が地区にある。

登路 かつて砥石運搬に歩かれた道を笠堀ダム手前山側から登る。ダム湖岸はニホンカモシカの密集生息地で、国の天然保護区域。豪雪に削られた山肌が岩壁の谷となっている。主稜に出て万之助山(前光明)を越えると岩稜の道は一層変化に富んでくる。中光明を過ぎ、さらに奥へと進む。奥光明の山頂には石祠があり、標高の割には奥深い山の趣が、眼前に大きく見える秘峰・矢筈岳で十分感じとれる(笠堀ダムから約三時間四〇分)。

地図 二・五万図 光明山 粟ヶ岳

(山﨑幸和)

番屋山 ばんやさん

標高 九三三m

新潟県三条市下田地区にあって、越後山脈の守門岳から烏帽子山へと延びる尾根筋の最北端に位置する。山名の由来は、この山の南側、椿尾根を横断している八十里越と関係がある。

治承四年(一一八〇)、平家討伐失敗の治承の乱で、都落ちした後白河法皇の第三皇子・高倉宮以仁王《たかくらのみやもちひとおう》に従って八十里越を会津から越えて来た源仲綱が、平家の来襲を見張る番屋を設けたところから、その名が付いたという伝承がある。叶津《かのうづ》、八十里越、吉ヶ平《よしがひら》には高倉宮主従にかかわる空堀《からぼり》、御所平、御所清水などの地名や史跡、子孫などの伝承も多く残っている。

登路　吉ヶ平樽井橋を渡り、八十里越からまもなく分かれ、左手雨生ヶ池《まおいがいけ》に向かう。ブナ林に囲まれ、いろいろな伝説を秘めて静寂なたたずまいを見せる雨生ヶ池を過ぎると、頂上へ一直線に尾根道を急登する。元吉ヶ平山荘(旧吉ヶ平分校)管理人が一九八九年に伐開した道で、三角点が置かれた頂上は、守門岳の迫力ある北面の全容を望む展望台である(吉ヶ平から約二時間)。

地図　二・五万図　光明山　栃堀

(山崎幸和)

八十里越　はちじゅうりごえ

標高　八四五m

新潟県三条市の下田地区吉ヶ平《よしがひら》と福島県南会津郡只見町叶津を結ぶ峠道で、越後山脈の守門岳と浅草岳からの尾根が接続する県境に位置する。諸説ある中で、この約八里(三二km)の峠越えが難路で、十倍もの苦労をともなう故の命名とする説が有力だ。この間には番屋、最高地九五二mの鞍掛、木ノ根の三峠があり、県境木ノ根峠の八四五mを八十里越の標高としている。

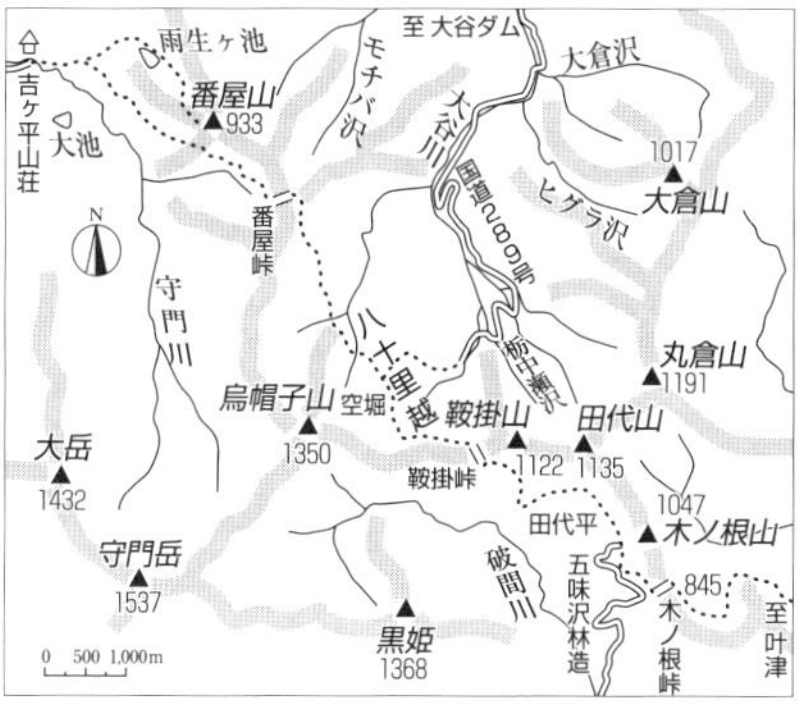

往古から越後と奥会津の近道として往来があったが、始まった時代は不詳。伝承に、平安末期の治承の乱に敗れ、都落ちした高倉宮以仁王《たかくらのみやもちひとおう》が会津から越えたといわれる。また史料では、安土桃山中期に会津山ノ内氏救援に越後上杉氏の援軍が通ったとある。

海と山の生活物資の輸送路として次第に栄え、最盛期の明治三〇年代の吉ヶ平は、多い日には一日二〇〇人もの通行人でにぎわったという。しかし一九一四年、岩越鉄道(現JR磐越西線)の開通でその使命は終わった。

往来が激減し、荒廃が進んで、一部の人以外からは忘れ去られようとしていたこの峠道が、広く世に知られるようになったのは司馬遼太郎の歴史小説『峠』(一九六八年)であった。

登路　いまは吉ヶ平の村も人も消え、草木は身の丈以上に茂り、倒木は道をふさぎ、路肩は欠けて廃道化が著しいが、番屋峠から木ノ根峠までの中央部には往時の面影が少しは残る。途中の空堀《からぼり》地点に大谷ダムからの小径が、湿原の田代平には五味沢林道が接続する。会津側も荒廃の道がつづき、下りも単調になると叶津川沿いの車道に出る。これが越後吉田から大谷ダム、八十里越をいわき勿来《なこそ》へとつづける計画の、幻の国道二八九号である(吉ヶ平から叶津まで約一一時間)。

地図　二・五万図　光明山　守門岳　只見

(山崎幸和)

守門岳　すもんだけ

標高(袴岳)　一五三七m

別称　蘇門　諏門嶽

新潟県魚沼市入広瀬・守門地区、三条市下田地区にまたがり、守

守門岳（大岳から主峰・袴岳）

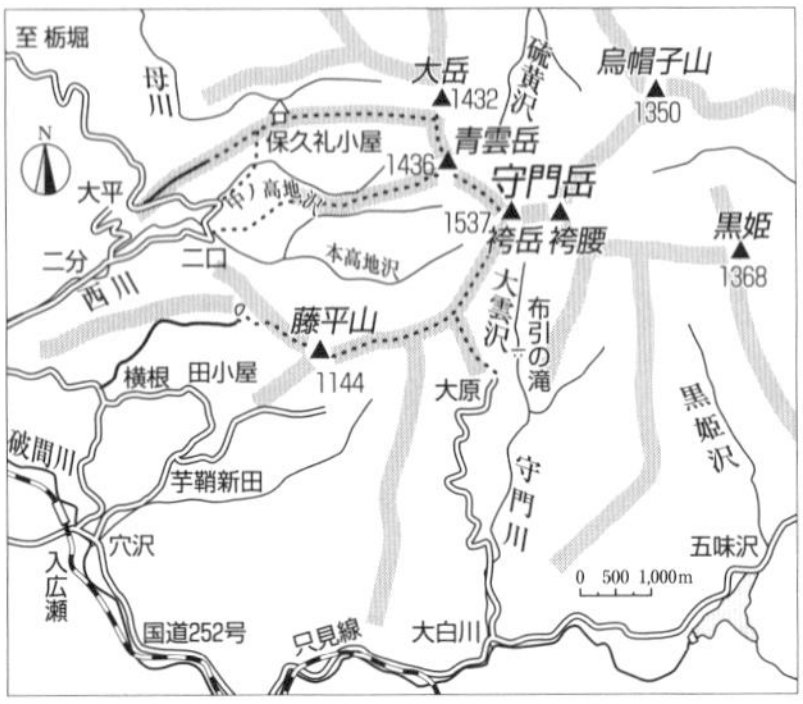

門山塊の主峰・袴岳を中心として、東に黒姫（一三六八m）、北に烏帽子山（一三五〇m）、南に藤平山（一一四四m）、西に大岳（一四三二m）を従えた第四紀成層コニーデ型火山特有の山容で、安山岩溶岩と火山噴出物からなる。山頂の袴岳から青雲岳《せいうんだけ》（一四三六m）、大岳につづく稜線からの南面は緩い傾斜の裾野を引く反面、旧下田村、大白川新田側は切り立っている。

北側の守門川は旧下田村を下って五十嵐川となる。袴腰を源頭とする破間《あぶるま》川は大白川で守門川、渋川地内で西川を集めて魚野川に注ぐ。大岳から発する母川は刈谷田川となり、これらの川はいずれも信濃川に注ぐ。

山名とかかわりを持つ信仰により、主峰の袴岳に天香語山命《あめのかごやまのみこと》、大岳に木花咲耶姫《このはなさくやひめ》（十二神社）などが祀られている。麓の各集落の鎮守に特徴があって、栃尾郷の生活に深い機業神として、刈谷田姫《かりやたひめ》命《みこと》を地神とする巣守神社が多い。山に依存する生活の多い入広瀬谷では、山ノ神を祀る守門神社が多く、修験道と結び付いた神道には発展しなかったが、地神としての神格化と、自然神的性格とが繋がった信仰の山である。

豪雪と大雪庇で有名なこの山には、日本海型気候による広大なブナ原生林が北側の田代平湿原周辺と黒姫、烏帽子岳周辺など一〇〇〇m以上に残っており、林床植物の種類も多い。また、残雪が多い急傾斜地の下田側には高茎草原が分布し、ニッコウキスゲ、ヒトツバヨモギなどが多く見られ、ヒメサユリのほぼ南限となっている。稜線付近の湿原には、ヌマガヤ、ミツバオウレン、コシジオウレンなどの分布が顕著である。

古くから信仰による登拝があったが、大正時代から著名な登山家の足跡があり、積雪期に槇有恒、深田久弥の記録が残されている。

登路　主な登山道は三箇所。大白川新田の大原の登山口から急登のエデシを登り、小烏帽子を経て袴岳に登る（登山口から約三時間）。旧守門村二分の二口《ふたくち》登山口から護神清水の尾根を登り、青雲岳を経て袴岳に登る（登山口から約四時間）。栃堀からは保久礼《ほっきゅれ》小屋手前の駐車場から保久礼小屋、キビタキ小屋を経て大岳経由で袴岳に登る（登山口から約四時間）。

地図　二・五万図　守門岳　穴沢

（桜井昭吉）

浅草岳　あさくさだけ

標高　一五八五m

日本有数の豪雪地帯である福島県南会津郡只見町と新潟県魚沼市入広瀬地区にまたがる山で、越後山脈北部（守門・浅草火山）に「毛猛山三山」として位置する。尾瀬に源を発する只見川と北側の叶《かのう》津《づ》川とに面し、西側は小出方面に流れる破《あぶる》間《ま》川に接している。この地は新潟側との交流が深く、会越国境を越え、浅草岳北側の八十里越、南側の六十里越など主要な交通路を持っていた。その昔、徳川幕府直轄の天領であり、各所に番所が置かれ、叶津にある番所跡は当時の面影をよく残している。入叶津からの登山道にある「山神杉」は八十里越のかつての峠であり、幕末の動乱で深傷を負った長岡藩の家老・河井継之助が戸板に乗せられて越えてきたことは有名な史実で、塩沢にある記念館に詳しい資料が残っている。近代になっては、只見川の相次ぐ電源開発によって只見地区も大きく変貌し、山頂から見られる巨大な田子倉ダムがその象徴である。

浅草岳の植生は、数多くのものを見ることができるが、中でも山腹のブナ林は見事であり、残雪に映える新緑がすばらしい。また、中間部まではユキツバキがブナ林の中に密生しており、特徴ある植生を見せている。山頂北面の草原は冬季の厳しい自然環境によるものでヌマガヤが多く、エゾリンドウ、イワカガミ、ミツバオウレン、チシマゼキショウ、ツマトリソウ、コバイケイソウ、トキソウ、ヒメサユリ、タテヤマスゲ、イワイチョウなどを見ることができる。

入叶津からの登路の途中の沼の平には湖沼群がある。イワナ沼、曲沼や笹沼、小三本沼、強清水沼など神秘的な青く澄んだ水で、モリアオガエルも多い。沼の平全体が軟弱な地盤で大きな地滑り地帯であり、その起伏に水を湛えて多くの沼ができているといわれているが、平成二三年の集中豪雨により、湖沼群の一部が崩落して消滅した箇所も見られる。

浅草岳の山体は安山岩からできている。只見地方はグリーンタフ地域で、第四紀になって、この基盤岩を破って噴出した火山が浅草岳であると考えられている。浅草岳、鬼ヶ面山、烏帽子岳を結ぶ半円形の稜線は、浅草岳の南方に形成していた円錐形の火山の、山頂部分が吹き飛んだ跡ではないかと想像される。

登路　山頂に至る登山道は四ルートある。

①入叶津集落の先からブナ林を登ると山神杉で二手に分かれ、一方は平石山に出てスダレ岩の縁沿いに「ぶなびきの尾根」を登る。他方は小三本沢を渡り沼の平の湖沼群に着く。

この湖沼群を通り過ぎ、急坂を登って「ぶなびきの尾根」に合流する。道はヤス沢の出合で小三本沢の源頭部を越すと避難小屋跡があり、さらにヌマガヤを中心とした広大な草原を登って約五時間で山頂に至る。

②JR只見線田子倉駅（廃駅）から登る中崎尾根（只見尾根）は幽の倉沢を渡ってからかなりの急坂がつづき、左手に鬼ヶ面山の大きく広がる圧倒的な岩壁と田子倉湖を見ながら約五時間で山頂に至る。

③魚沼市大白川からは、林道の条件がよければ終点から二時間程で山頂に至る。

④六十里越から鬼ヶ面山を経て山頂に至るルートは「鬼ヶ面山」

の項参照。

山頂からは田子倉湖を挟んで会津朝日岳から駒ヶ岳の山並みや荒々しい山容の越後の連山、毛猛山、平ヶ岳などの展望を楽しむことができる。

地図　二・五万図　只見　田子倉湖　守門岳　毛猛山

（佐々木健臣・鈴木章一）

鬼ヶ面山　おにがづらやま

標高　一四六五m

福島県南会津郡只見町と新潟県魚沼市入広瀬地区にまたがり、越後山脈北部に「毛猛三山」として位置している。浅草岳の南に連なってその一角をなしている。浅草岳の山頂から西に前岳があり、そこからほぼ南に大岩壁を連ねた稜線が延び、北岳、鬼ヶ面山、南岳と連なっている。また、浅草岳山頂への登山道である中崎尾根と対峙しており、只見沢から標高差約六〇〇mにも及ぶ東面の岩壁の連なりは圧巻で、多くの登山者を魅了している。『新編会津風土記』に「朝草山、鬼面山とも云ふ（中略）『ノコギリハ』と云處あり。峯尖鋸歯の如く、その勢恐るべし、遠方より望めば極て奇観なり」とあるが、いわゆる鬼ヶ面山の岩壁帯と針峰群を指しているものである。

稜線はさらに南に延び前毛猛山へと連なっているが、その鞍部には六十里越が通り、田子倉湖を望むことができる。かつては湖底に沈んだ田子倉の集落からこの峠を越え、小出方面と行き来し、数々の歴史を刻んできた所である。近年になっては、電源開発にともなって只見から国道二五二号が小出方面に通り、JR只見線も通っており、小出方面と南会津とを結ぶ重要な交通ルートとなっている。

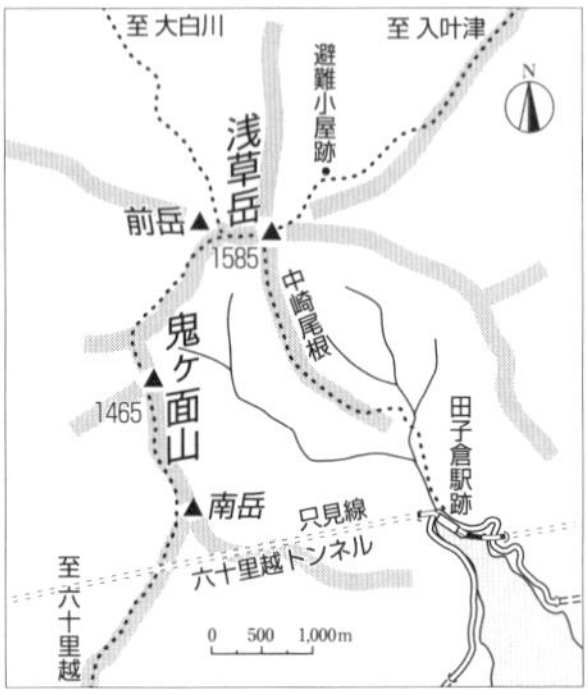

登路　国道二五二号六十里越トンネルの新潟県側の入り口近くに登山口がある。さらに登って標高一一二五m地点に高圧線見回り用の避難小屋があり、ここから尾根道を辿り、高圧線の下を通って南岳に向かう。やがて広い小灌木の斜面と変わり、道は西側を通って標高一三五四mの「代官下ろし」といわれる所を通過し、南岳に着く。ここは「横倉沢カッチ」ともいわれ、新潟県側の横倉沢の源頭部を意味している。ここから鬼ヶ面山の崖に沿って進むことになり、時折、切り立った断崖をのぞき込める所である。道ははっきりしているが、崖の縁のぎりぎりの所ではハイマツの根などにつまずかないよう、また、道が崖の方に少し傾いているのではないかと思われる部分もあるので、十分注意して歩くことが肝要である。さしたる登り下りもなく、三角点のある鬼ヶ面山の山頂到着である（登山口から約二時間三〇分）。

さらに浅草岳を目ざすには、北岳の横を巻き、前岳を通って山頂まで一時間三〇分程の行程で着くことができる。この間、登山道周辺に高山植物が豊富なことに驚かされる。稜線の大半はチシマザサであるが、ハクサンイチゲ、イワカガミ、ヒメサユリなど数多くの高山植物が見られる。
交通手段さえ確保できれば浅草岳の登山道と結んで縦走できるので、この山域とともに鬼ヶ面山の魅力を十分に味わうことができる。
地図　二・五万図　守門岳　毛猛山
（佐々木健臣・鈴木章一）

六十里越　ろくじゅうりこえ

標高　約八七〇m
別称　朝草峠

新潟県魚沼市入広瀬地区と福島県南会津郡只見町にまたがる。かつて越後と会津との交流の道であった。

名称の由来は、険しさで馬の使えない六里の峠道は、六十里にも相当する苦難の道という意味からとされている。越後側の大白川新田から峠までの四里は勾配が緩いが、会津側の田子倉からの二里が急坂であった。

大白川新田からのルートは、現在の末沢に沿う道とは異なり、破間川（旧平石川）と守門川が合流する大白川新田集落から入り、いまはダムに埋まった夕沢から一本松沢に沿って登り、裸山乗越から峠に至る古道である。

この峠はすでに戦国時代に人と物の交流があった。慶応四年（一八六八）の戊辰戦争では、会津軍が峠を越えて当時、会津藩領であった小出島陣屋を拠点に薩長と戦った結果敗れて、再び会津へ引き上げた道でもあった。

六十里越の会津側は田子倉湖で埋まり、越後側は末沢川に沿ったルートで一九七三年に国道二五二号として開通した。

登路　六十里越トンネルの魚沼市入広瀬側から只見町側までしか残っていない。峠までは鬼ヶ面山の登山道と同じで約一時間。

地図　二・五万図　毛猛山
（桜井昭吉）

毛猛山　けもうやま

標高　一五一七m

新潟県魚沼市入広瀬地区と福島県南会津郡只見町にまたがる。浅草岳から派生して未丈ヶ岳に至る長大な尾根のほぼ中間にあり、「毛猛山三山」の浅草岳、鬼ヶ面山と肩を並べて遜色のない山容である。

東に只見川、西に破間川水系の黒又川、北は末沢川の源頭をなしている。山体は粘板岩、砂岩からなる古生層で、麓の只見川沿いにはかつて毛猛鉱山があったが、田子倉ダム工事以後廃鉱となった。

毛猛山とその周辺は険しく、人里から隔絶していて、林業や山菜採りが入る余地がなかった。そのうえ豪雪地帯で植生はブナの原生林に覆われ、ニホンツキノワグマが多数生息する領域である。

登路　国土地理院の地形図に毛猛沢から登山道が百字ヶ岳（一四四三m）まで付いているが、実際には毛猛沢までしかない。登るとすれば県境稜線を六十里越から前毛猛山を経て毛猛山に登るか、逆に未丈ヶ岳から大鳥岳を縦走するか、末沢川から足沢に登り、太郎助山（一四一八m）、百字ヶ岳を経て登る三つのコースがとれる。しかし、猛烈なヤブで残雪期以外は一般登山者の領域ではない。いずれにしても、途中で最低でも一泊が必要である。

地図　二・五万図　毛猛山　未丈ヶ岳
（桜井昭吉）

檜岳　ひのきだけ　標高　一三八三m

新潟県魚沼市入広瀬地区にある。黒又川水系・檜沢の源流に位置する「黒又三山」は、中央が主峰の百字ヶ岳（一四四三m）、北が太郎助山（一四一八m）で、南西に聳える檜岳は高さこそ一番低いが、その鋭峰はどこから見ても美しい。地質は黒色泥岩で、露岩が黒く山容に威厳を添える。谷筋は、壮年期特有の急峻な山や谷が発達して近づきにくかったところに、一九六四年には黒又川第二ダムが完成してから、さらに難しい山となってしまった。

山菜で収入を得る地元の人たちは、羽根川水系の一〇〇〇m級の峠を越えるか、ダム湖を船で渡るかして入山している。

登路　登山道はない。登るとすれば、残雪期に国道二五二号から足沢山（一一〇七m）を経て太郎助山に登り、百字ヶ岳を経て檜岳に至る。結局、黒又三山を縦走することになるが、途中、かなりのヤブこぎと最低一泊が必要である。

地図　二・五万図　毛猛山　（桜井昭吉）

末丈ヶ岳　みじょうがたけ　標高　一五五三m

別称　大鳥《おおとり》末丈《みじょう》

かつては「大鳥末丈」と呼ばれていた。土地の人たちに尋ねても、いくつかの文献で調べてもなぜかその理由は定かでない。

新潟県魚沼市湯之谷地区と入広瀬地区にまたがり、只見川と黒又川を分ける毛猛山から大鳥岳（一三四八m）の県境の尾根を南に延び、明神峠に連なる稜線の最高峰である。

東斜面は只見川水系の大鳥沢に面し、西は破間川水系・黒又川の源流域で、只見川の巨大ダム田子倉湖、大鳥ダム、奥只見湖と黒又第一ダム、同第二ダムが見渡せる電源地帯の中央にある。山体の地質は下部は花崗岩、中腹から上部は粘板岩、砂岩からなる古い地層である。

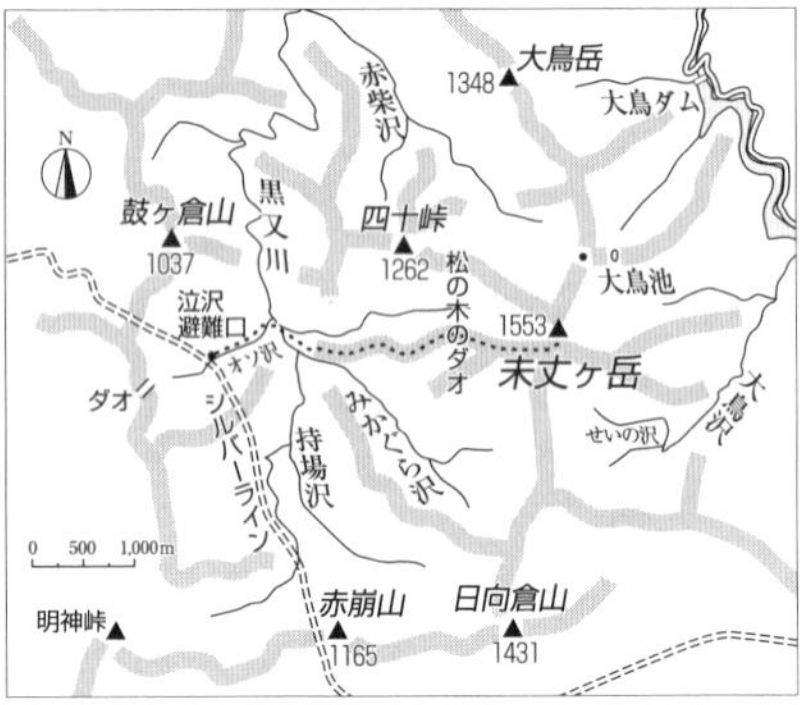

この地域は冬季、日本海型気候の影響を受ける豪雪地帯である。ブナの自然林にムラサキヤシオやマルバマンサク、オオバクロモジ、タムシバなどの樹木が育ち、頂上から東面の雪田には八月まで残雪があって、ニッコウキスゲ、コバイケイソウの草原が広がっている。また、ニホンカモシカ、ニホンツキノワグマなど大型哺乳動物の生息地でもある。

元々登山道は作業道の性格が濃かった。只見川のマス獲りやゼンマイ採り、大鳥鉱山、毛猛鉱山につづく作業道として、栃尾又からダオを経て三又口で黒又川を渡り、末丈ケ岳を越えて只見川のほとりの大鳥小屋に至るものであった。その後鉱山は廃鉱となり、下流の只見川にダムができてマスが遡上できなくなった。さらに一九六二年、奥只見ダム工事の完成にともない未丈ヶ岳を越える必要がなくなって、登山道はヤブに覆われてしまった。

廃道同然となっていた登山道は一九六八年一〇月、深田久弥、藤島敏男の一行が登るのを機に、地元有志により三又口から登山道の伐開が行われて今日に至っている。

登路　かつて奥只見ダム工事の輸送道路であった県道五〇号（シルバーライン）の一三号線トンネルと一四号線トンネルの間（トンネルはつづいている）にある泣沢避難口の大きなシャッターを開き、広場に出て車を置く。ここからオソ沢に沿って下り、黒又川の橋を渡るとまもなく尾根に取りつく。途中、松の木のダオを過ぎて頂上に至る（登山口から約四時間三〇分）。

地図　二・五万図　未丈ヶ岳　奥只見湖　（桜井昭吉）

鼓ヶ倉山　つづみがくらやま

標高　一〇三七m

新潟県魚沼市の黒又川水系の入広瀬、佐梨川水系の湯之谷、羽根川水系の広神地区の境にある。

この山系は、明神峠を頂点に黒又川を挟んで東の未丈ヶ岳に走る尾根と、西にダオを経て北の唐松山に連なる屋根上に、重厚な山容を見せるのが鼓ヶ倉山で、佐梨川の支流・湯ノ沢と、羽根川の源頭にある。頂上からの展望は未丈ヶ岳、毛猛山などに黒又川源流の山々が指呼の間に望まれてすばらしいが、元々登山対象の山ではなかったので、登山道はない。

この山の黒又川水系はブナの原生林に覆われているが、湯ノ沢、羽根川水系はブナの二次林で、ゼンマイなどの山菜が豊富である。

登路　頂上まで登山道はない。残雪期を利用してシルバーラインの一一号線トンネルの入り口から津久の岐山に登り、尾根を東に縦走して頂上に至る（登山口から約三時間）。もう一つは一三号線と一四号線トンネルの間の泣沢避難口から出て、オソ沢を渡り雪のつづいた尾根に取りつき、鼓ヶ倉山を目ざす。このコースは例年雪が多く、残雪の具合を見計らって登る必要がある。

地図　二・五万図　未丈ヶ岳　大湯　（桜井昭吉）

唐松山　からまつやま

標高　一〇七九m

新潟県魚沼市広神地区と守門地区の境にある。羽根川と松川川を分ける尾根上で、鼓ヶ倉山から権現堂山に至る稜線の中間に位置し、東西の双耳峰からなり、東峰が一〇七九m、西峰が約一〇六〇mでほぼ同じ高さに見える。北峰から約五〇〇m北の稜線上に猫岩（一〇〇八m）があり、魚沼の里から猫が座ったような形の露岩を望見できる。

付近の山は比較的里に近く、ブナ、ナラなど良質の薪炭の供給地であったが、一九五〇年代から薪炭の利用がなくなり、二次林として成長が進んでいる。

また、この山の中腹の珪石層は、羽根川鉱山として大正時代から採掘が行われていたが、一九六〇年代に廃鉱となった。

登路　元々登山道はなかったが、鉱山道を猫岩まで登るルートはあった。一九七〇年代前半以降、地元山岳会により手ノ又集落跡から上権現堂の南鞍部を経て猫岩、唐松山へのルートが整備された（手ノ又の登山口から唐松山まで約三時間）。もう一箇所、松川から松川川に沿う県道を行き、車道の終点となる高鼻橋から登る（登り約三時間）。

地図　二・五万図　須原　大湯

（桜井昭吉）

上権現堂山　かみごんげんどうやま　標高　九九八m

新潟県魚沼市広神地区と守門地区との境界をなす稜線上にあって、唐松山の西約三kmに位置する。さらに西の下権現堂山（八九七m）とともに魚沼盆地から北東に堂々と聳えているのを望むことができる。

広神側の稜線直下には、その昔「やさぶろう婆」が住み、吹雪の晩には里に出て嬰児をさらっていたという伝説がある。それが「鬼の穴」である。一九五七年の広神村公民館の調査によれば、この穴は安山岩質のチムニー状で、直径約九〇cm、深さ一六mまで測れたが、さらに深くつづいていて、それ以上測ることができなかったという。

この山域は人里に近く、ブナを主とする落葉広葉樹に覆われており、山菜が豊富で良質のゼンマイなどの採取が盛んである。

登路　上権現堂山への登山道は二箇所ある。西麓の長松の戸隠神社から本沢を登り、下権現堂からの稜線、中越から登る（登山口から約三時間）。南麓の中子沢温泉から手ノ又集落跡まで車を利用して直接登る（登山口から約二時間三〇分）。

地図　二・五万図　須原　大湯

（桜井昭吉）

明神峠　みょうじんとうげ　標高　一二三六m

別称　枝折峠《しおりとうげ》

新潟県魚沼市湯之谷地区にある。かつては村里と銀山を結ぶ唯一の道であった。里側の登り口は駒ノ湯に近い坂本、銀山側の登り口は石抱で、全長一二kmの行程である。現在は枝折峠の名称を車道に譲り、歴史を刻んだ峠道としての名称が明神峠に戻ったようである。「枝折峠」の名称は、尾瀬三郎房利らの一行が、都を逃れ尾瀬を目ざして山に迷い込んだ時、怪童が現れて木の枝を折りながら案内したという伝説からきている。この峠には別名「枝折大明神」という山の守護神である木花咲耶《このはなさくや》姫命《ひめのみこと》が祀られている。

寛永一八年（一六四一）、只見川で銀鉱の発見後、採掘から廃鉱（一八五九年）に至る約二〇〇年の間、この峠が人や物資の輸送を担っていた。第二次大戦中の一九四一年、銀山のブナ材を軍用木材に供給するため車道の建設が始まり、戦後の一九五〇年に石抱橋まで完成した。その後、一九五七年に奥只見電源開発の輸送道路が完工し、一九七一年県道（現国道三五二号）として一般供用している。このため明神峠の交通は車道の枝折峠に譲った形になり、廃道同然となっていたのを、一九八五年、旧湯之谷村が「銀の道」として整備し復活した。

登路　駒ノ湯側の登山口から明神峠まで約三時間、峠から石抱まで約一時間三〇分。国道の枝折峠から駒ヶ岳の登山道も利用できる。

地図　二・五万図　八海山　奥只見湖

（桜井昭吉）

与作岳　よさくだけ

標高　一九三三m

別称　松嵓高山《まつくらたかやま》

新潟県魚沼市湯之谷地区と群馬県利根郡片品村にまたがる。尾瀬ヶ原の北に位置して、全山がゴヨウマツやカラマツなどに覆われている。松山であることと、そこに断崖や岩場がたくさんある山というのが山名の由来である。また「与作」は、尾瀬の燧《ひうち》小屋の初代主人でクマ撃ちの名人であった平野与作の名をとったものとされる。

登路　なし。

地図　二・五万図　尾瀬ヶ原

（藤井　信・杉本　敏・根井康雄・加藤　仁）

景鶴山　けいづるさん

標高　二〇〇四m

別称　ニウ岩

群馬県利根郡片品村と新潟県魚沼市湯之谷地区にまたがる。景鶴山がある県境尾根は東西に長く、尾瀬ヶ原の北縁をなし、西に延びて大白沢山から北に向きを転じ平ヶ岳に連なる。木暮理太郎は景鶴の語源を頂上の南側が岩壁をあらわにしているので、そこをヘツリながら登るところからヘエヅル山の称が起こり、景鶴山となったと推測している。

山頂部は安山岩からなり、尾瀬ヶ原からは黒い岩峰となって見え、それが稲架のように見えるところから会津ではニウ(ヌウ)岩と呼ぶ。山頂部を除く斜面はブナ、ミズナラなどの原生林に覆われ、その南斜面は一九六六年に特別保護区となり、入山禁止となっている。

登路　なし。入山禁止だが、残雪期に東電小屋から与作岳を経て登るのが唯一のルートとなる(約四時間)。

地図　二・五万図　尾瀬ヶ原

（山田哲郎・根井康雄・加藤　仁）

大白沢山　おおしらさわやま

標高　一九四二m

新潟県魚沼市湯之谷地区と群馬県利根郡片品村にまたがり、尾瀬周辺の山域にあって、景鶴山の西方約二㎞にある。

この山は尾瀬ヶ原方面から見ると、全山、黒色の溶岩でできているので、白い感じはまったくない。いっぽう、北の湯之谷側から見上げると、白い花崗岩地域を侵食して流れる白沢の源流にあることから名付けられたという。湯之谷側では、沢を「ぞう」と発音するので、「おおしろぞうやま」、片品村側では、「おおしろさわやま」と呼んでいる。

登路　なし。

地図　二・五万図　尾瀬ヶ原

（藤井　信・杉本　敏・根井康雄・加藤　仁）

白沢山　しらさわやま

標高　一九五三m

新潟県魚沼市湯之谷地区と群馬県利根郡みなかみ町にまたがり、尾瀬周辺山域の平ヶ岳の南稜線上にある。「平ヶ岳から南に延びた尾根上の一隆起であるが、取り立て言う可き程の峰ではない」と木暮理太郎は『山の憶ひ出』上巻の中で述べている。山肌全体が白く、この山の渓谷にも白い岩肌が多いことからの山名である。

登路　なし。

地図　二・五万図　尾瀬ヶ原

（藤井　信・杉本　敏・根井康雄・加藤　仁）

平ヶ岳　ひらがたけ　　標高　二一四一m

別称　平岳《ひらだけ》　塗《ぬり》桶山

新潟県魚沼市湯之谷地区と群馬県利根郡みなかみ町にまたがる。三国山脈の大水上山から南東に分かれた山稜にあり、利根川源流地域の最高峰である。

「因に平ヶ岳は平岳《ひらだけ》の方が正しいのであるが、平ヶ岳の名を初めて紹介したものは、地理調査所発行の二〇万図日光図幅である。この名は越後方面の称呼であって、藤原では、之を塗《ぬり》桶山と呼んでいる。感服し難い名であるが……」（『山の憶ひ出』上巻、木暮理太郎）。

山頂は、その名のごとく広く平らで、おだやかな斜面には棚田状に池塘が点在する。周辺には、雪消えから初夏にかけて、イワイチョウ、ハクサンコザクラ、チングルマなどが次々と咲き競い、山の楽園さながらの風情を呈する。三角点の北にある奇妙な形の玉子石は、岩体の節理に水が染み込み、昼夜の温度差や風雨により長い歳月をかけてできた、自然の造形物である。

平ヶ岳を含む主稜線は、只見川水系と利根川水系の分水嶺をなして、山体は花崗岩からなり、北西面が平坦な緩斜面の地形なのに対して、東から南側にかけては、雪庇の侵食により急激に谷が落ち込み、非対称山稜となっている。

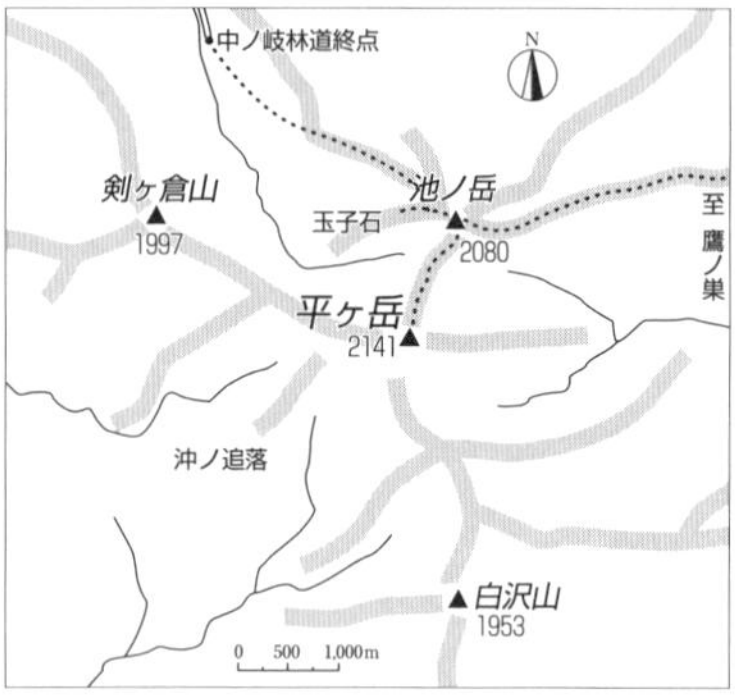

平ヶ岳山頂の姫の池（木道沿いの池塘から）

山麓から標高一六〇〇m位まではブナ林で、林床にはハクサンシャクナゲ、エゾユズリハ、チシマザサなどが見られ、越後山地にはめずらしくオオシラビソ林が発達して、広い面積を占めているのが特徴である。

登路　長い間、登山道はなかったが、奥只見ダムの建設により、交通アクセスの利便性が増したのにともない、一九六四年から一九六五年にかけて、旧湯之谷村の鷹ノ巣集落民によって、鷹ノ巣から下台倉山（一六一〇m）、台倉山（一六九五m）、池ノ岳（二〇八〇m）を経て山頂へ至る登山道が開かれた（鷹ノ巣登山口から約六時間三〇分）。もう一本は、銀山平の民宿に宿泊し、一般車通行禁止の中ノ岐林道をマイクロバス送迎で登山口まで入り、山頂を往復する。

地図　二・五万図　平ヶ岳　尾瀬ヶ原

（藤井　信・杉本　敏・根井康雄・加藤　仁）

大水上山　おおみなかみやま

標高　一八三一m（一八四〇mの説もある）

別称　利根岳　大利根岳　刀嶺岳

新潟県南魚沼市六日町地域、魚沼市湯之谷地区と群馬県利根郡みなかみ町とにまたがり、三国山脈に属する。越後三山の中ノ岳南東の奥深い山で、わが国最大の流域面積を誇る坂東太郎（利根川）の生まれ出る地点にあり、利根川水源の碑がある。なお、南二kmの地点が丹後山（一八〇九m）である。

山体は群馬県側は上部三畳系奥利根層群が分布し、新潟県側は細かい変輝緑岩質斑糲《はんれい》岩帯が接する。

『上野国利根郡村誌』によると、次のように記されている。「刀嶺岳　高一里拾九町、村の西北ニアリ、大利根岳、刀嶺岳トモ云。厳山利キコト刃ノ如シ、故ニ名ツクトイフ」。この描写は実際とは相反しており、「厳山利きこと刃の如し」ではなく、目立たない平頂で、六日町・五十沢では金掛の頂上《てっこう》と呼び捨てている。

登路　かつては人を寄せつけなかったこの山もいまでは登山道が整備され、登山口の十字峡からカモエダ尾根を登り、丹後山を経由して約七km、七時間程で到達できる。この山の先駆的登山者は木暮理太郎と藤島敏男で、一九二〇年七月に山頂に立っている。

地図　二・五万図　兎岳

（小倉　厚・熊木貞夫・宮崎幸司・根井康雄・加藤　仁）

兎岳　うさぎだけ

標高　一九二六m

新潟県魚沼市湯之谷地区と南魚沼市六日町地域との境界線上にあって、三国山脈に属している。

兎岳はかつて鬼岳または鬼が岳と誤記された文献が見られたが、それは筆跡によって鬼と兎が似ていたための誤字であり、この山の名前の由来は雪形によるものだと『新編会津風土記』は記している。名は優しいがその名に反し山容は厳しく、険しい岩壁を連ね、四方にその尾根を延ばし、東西に只見川と魚野川水系に分けている。

地質は稜線を挟み群馬県側は奥利根層群が谷にそぎ落ち、新潟県側は変輝緑岩質斑糲岩や片麻状角閃石変斑糲岩などで「ヤブ山」に覆われている。この山の先駆者は、一九二〇年七月の木暮理太郎、藤島敏男の二名、次いで一九二五年五月には藤島玄、富永重太郎など日本山岳会の先達たちである。

登路　兎岳はこの山地では重要拠点を占めている。すなわち、越後三山の中ノ岳から丹後山へと通じる縦走路上にあり、かつ荒沢岳への分岐点である。また、兎岳から大水上山へは下り二〇分程、中ノ岳へは一八五八mの小兎岳を経て登り二時間三〇分程の道のりである。

地図　二・五万図　兎岳

（小倉　厚・熊木貞夫・宮崎幸司）

灰ノ又山　はいのまたやま

標高　一八五二m

新潟県魚沼市湯之谷地区にある。越後山脈と三国山脈のジャンクションをなす兎岳から北東に延びる尾根上、荒沢岳とのほぼ中間に位置する。

山肌が石灰岩によって灰色に見えることから山名となった。山頂は特徴がなく、オオシラビソの樹林が強い季節風によって矮小化した下には、チシマザサが覆い眺望は得られない。

登路　荒沢岳の登山道が切り開かれた後、一九六一年に荒沢岳から兎岳間の登山道も開かれたが、いまは自然にまかされて跡形はなく、残雪期のコースとなった。

地図　二・五万図　奥只見湖　平ヶ岳　兎岳　八海山

（藤井　信・杉本　敏）

荒沢岳　あらさわだけ

標高　一九六九m

別称　猿ヶ城

新潟県魚沼市湯之谷地区、只見川源流の銀山平の南に位置している。山名は、山肌が削り取られ荒々しい山間の谷地を持つことから名付けられたという。ちょうどコウモリが大きく翼を広げたような特徴のある山容を呈している。

長い間、一般登山者を閉ざしていたが、奥只見ダムの建設により交通アクセスの利便性が増すとともに、一九五九年に銀山平から難所の前嵓《まえぐら》を経る登山道が伐開されて、ようやく荒沢岳の登山が可能となった。

山体は石英閃緑岩からなる。山腹はブナやナラの高木林に覆われているが、前嵓（一五三六m）上部はキタゴヨウマツ、ネズコ、ハクサンシャクナゲの低木帯と変わり、チシマザサやニッコウキスゲが現れると山頂で、三角点と荒沢岳表示の木柱がある。

登路　銀山平から前山、前嵓を経て山頂に達する登山道があるが、前嵓の中荒沢側基部の岩棚の横断は、雨天時の行動に注意が必要である（銀山平から約四時間二〇分）。

地図　二・五万図　奥只見湖

（藤井　信・杉本　敏）

中ノ岳　なかのたけ

標高　二〇八五m

別称　御月山　銀山

新潟県南魚沼市六日町地域、大和地域と魚沼市湯之谷地区にまたがり、越後山脈中部に位置する。西に八海山、北に駒ヶ岳を従えて、中央に聳立する「越後三山」の最高峰である。

北東側の谷は、北ノ又川となって奥只見湖（銀山湖）に注ぐ。北西側は、八海山、中ノ岳、駒ヶ岳の三山が連なる稜線がV字状の谷を造り、多くの小渓流を合わせた水無川が魚野川に合流する。南西側の谷は、黒又沢から三国川《さぐり》となり西流して魚野川に合流する。

山体は石英閃緑岩からなり、北面から北東面にかけては、植林によるスギ林のほか、ほとんどが雑木林で占められている。南西の山麓は、ブナ林を中心に高木で覆われているが、高木林の限界を過ぎると、雑木が混生する灌木帯となり、山頂に近くなるとチシマザサが現れる。

山頂には、霊神塔と小さな池塘があり、避難小屋もある。

登路　北から黒又沢、南から下津川の二つの川が三国川と十文字に落ち合う所が十字峡である。ここから日向山(一五六一m)を経て山頂に至る登山道がある(十字峡から約六時間三〇分)。

ほかに古くから、八海山、中ノ岳、駒ヶ岳の三山を縦走することを三山駈けといい、八海山からと駒ヶ岳の中間地点にこの山がある。

地図　二・五万図　兎岳　八海山

(藤井　信・杉本　敏)

駒ヶ岳　こまがたけ

標高　二〇〇三m

別称　越後駒ヶ岳

新潟県魚沼市の湯之谷地区と南魚沼市大和地域にまたがり、「越後三山」の盟主である。全国に存在する駒ヶ岳と呼ばれる山の共通点は、春の雪消えに残雪や黒い地肌により、駒の形が見られることから名付けられ、古くから農事暦の指標としてあがめられてきた。越後山脈の盟主の名に恥じない、豪快無比な堂々とした山容を呈している。

駒ヶ岳の一般登山口である枝折峠から約四〇分程登ると、銀の道と交差する地点に明神堂がある。山仕事や銀山普請の安全を願って、木花開耶姫命《このはなさくやひめのみこと》を祀った枝折大明神のお堂である。この道は、平安時代末期の長寛元年(一一六三)に尾瀬三郎房利が京を追われ、尾瀬へ逃げのびた道と伝えられている。それから約五〇〇年後、銀山が発見され銀を運ぶ唯一の道として栄え、銀山最盛期には一万数千人が往き来し、人馬の絶えることがなかったという。

駒ヶ岳(ダオから)

西の八海山、南の中ノ岳と北の駒ヶ岳からなる越後三山は、V字状の山稜を連ねて水無川の渓谷を造る。東側の谷は北ノ又川となって奥只見湖に注ぎ、北面は、雪崩による侵食作用で急峻な岩肌をむき出して大岩壁を造り、佐梨川となって魚野川に合流する。

山体は秩父古生層と、それに貫入した花崗岩類からなる壮年期の山である。北面と東面はブナ林であったが、伐採などで数が減ってしまった。駒ノ小屋周辺から山頂にかけて、雪消えを追いかけて高山植物が次々と咲き、見事なお花畑を展開する。

登路　中ノ岳からの縦走路を含めると五コースがある。一般的な登山道は、バスや車を利用して、枝折峠の駐車場を起点としたコースである。枝折峠の標高は一〇六五ｍあり、ほかのコースに比較して緩登のため、多くの登山者が利用している（枝折峠から約四時間三〇分）。

そのほか駒ノ湯から小倉山（一三七八ｍ）を経ての駒ヶ岳、銀山平から北ノ又川の左岸から道行山（一二九八ｍ）に登り、小倉山を経ての山頂。きつい登路である。西面の水無川を遡行し、グシガハナを経ての駒ヶ岳への登山道がある。

地図　二・五万図　駒ヶ岳

（藤井　信・杉本　敏）

八海山　はっかいさん

標高　一七七八ｍ

別称　入道岳

新潟県南魚沼市の大和地域と六日町地域にまたがり、山頂の八ツ峰の岩峰群の最高峰をなす大日岳は、八海大明神や大日仏の銅像が安置してある奥の院で、修験者たちの道場であり信仰の山である。

山名の由来には「山上に八湖あり、故に八海山と名付く」「連峰が八ツあり、その峰次第に高くして楷を登るが如し、八楷山という」などの諸説がある。

古来、信者や魚沼の里人から、八海山を中心に八海、銀山（中ノ岳）、駒ヶ岳と呼ばれ、三山一体としてあがめられてきた。

北面の多くの沢は水無川となる。南面は各峰から水を集めて、広堀川から名を宇田沢川と変え、各川とも魚野川へ合流する。

山体は、古秩父古生層とそれに貫入した花崗岩類からなる。山麓はスギ、ブナなどの樹木に覆われているが、高度を増すとともにハイマツやクマザサ、灌木と変わり山頂に至る。

登路　信仰の山で、北西面の大崎口里宮、北面の大倉口里宮からの登路のほか、南面の城内口里宮からは、阿寺山を経て五龍岳（一五九〇ｍ）から八ツ峰へ至る登路がある。

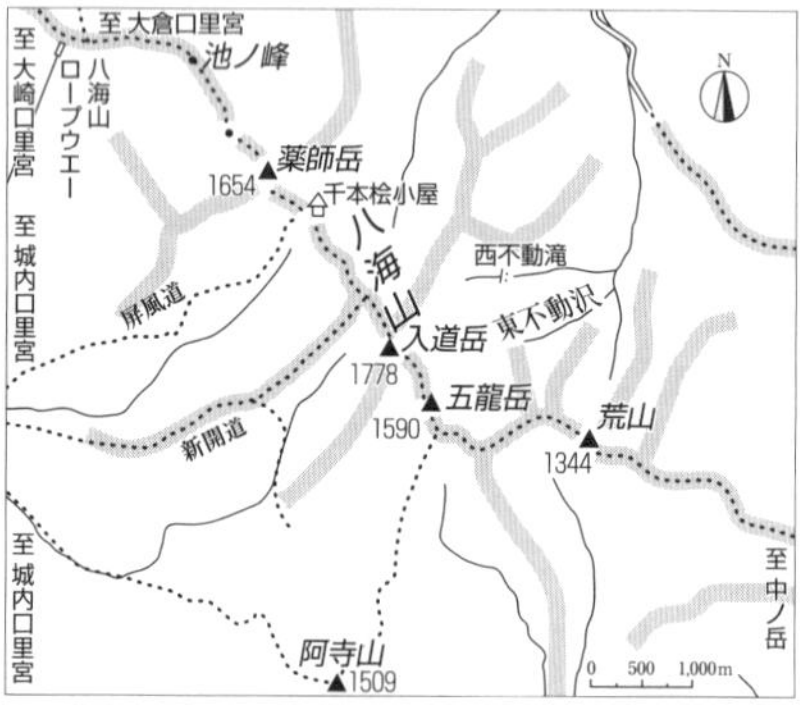

八海山尊神社の祭事と合わせて、大崎口が代表的なコースであったが、南面の城内口にスキー場が開発され、八海山ロープウエーが設置されてからは多くの登山者の利用が見られるようになった（八海山ロープウエー山頂駅から約三時間二〇分）。

地図　二・五万図　八海山　五日町

（藤井　信・宮崎幸司）

阿寺山　あでらやま

標高　一五〇九ｍ

新潟県南魚沼市六日町地域にあり、八海山の五龍岳から南に延びた主稜上にある。山頂への道はなく、北西側を巻くようになるため、この山を目的で山行する人は少ない。八海山の下降路として用いられる。

アテラは地形語で、明照（アテラ）のことをいう。周囲にこれといら山がなく、日当たりのよい山の意である。山体は石英閃緑岩からなる。

登路　阿寺山から五龍岳の間は、池のほかに湿原が広がり、初夏には可憐な花が咲き乱れて、八海山の登山道の中で、独特の雰囲気を味わうことができる（山口から約四時間五〇分）。

地図　二・五万図　八海山　五日町　兎岳　（藤井　信・宮崎幸司）

丹後山　たんごやま　標高　一八〇九ｍ

新潟県南魚沼市六日町地域と群馬県利根郡みなかみ町にまたがる。三国山脈に属し、魚野川の支流・三国川《さぐりがわ》の水源をなすこの山は、越後側よりむしろ、利根川の水源の山として古くから知られていたようだ。山名の由来を示すものは、越後側では皆無であるのに対し、上州側では丹後沢や丹後小洞《こぼら》などがあって、その源頭の山としての命名であろう。

山頂部の地質は変輝岩質斑糲《はんれい》岩が、細い帯状に南北に走り、群馬県側は奥利根層群、新潟県側は片麻状角閃石変斑糲岩が原生林で覆われる。

大正年間にこの山に登った木暮理太郎は、丹後山について次のように記している。「東の沢は丹後沢で、其雪渓は直ぐ北に隣る丹後小洞の雪渓と共に水源地に於ける最も大なる者の一つである。コボラという語は隣り合ってる沢に同じ名を命ずる際、小さいことを示す接尾語であって、利根の支流には其例に乏しくない。小沢《こざわ》と小沢コボラの如きは夫《それ》である……復《また》徐《おもむろ》に上りとなって、間もなく日光黄菅の咲き乱れた広やかな草地を展開する。其処が千八百八米の丹後山の頂上なのである」（『山の憶ひ出』上巻）。

とにかく、丹後山は幅の広い高原のような山頂で、ジンダケに覆われ高山植物の豊富な山で、とくにニッコウキスゲが有名な三角点峰である。長い間、岳人たちが訪れることの少なかった不遇であったこの山も、登山道の整備とともに山頂に避難小屋も建設され、脚光を浴びるようになった。しかし、かつて（一九八〇年九月）この避難小屋の位置をめぐって、新潟・群馬両県で物議をかもしたことは有名で、結局、両県関係者の立ち合いの下に協議は成立した。

小屋は四〇人ほどの収容能力があり、水は天水であるが、好位置にあるため、登山者のみならず天体観測などにも利用されている。

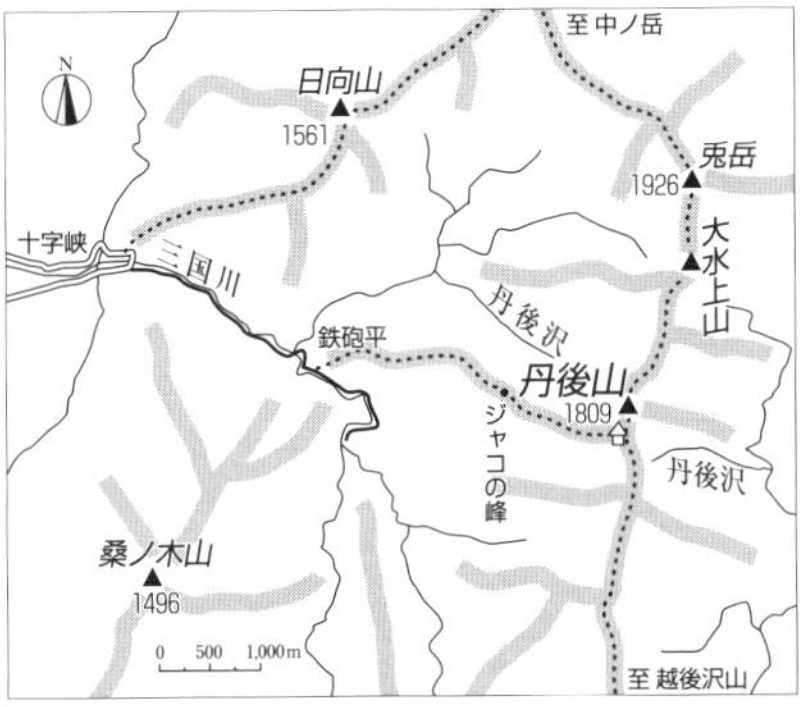

登路　このように丹後山はアプローチが長いこともあって、久しく訪れる人が少なかったが、近年、登山口の三国川上流に巨大なロックフィルダムが建設された。そこに「しゃくなげ湖」が出現したことにともない、奥の登山口の十字峡にも登山訓練センターが建設され、アプローチが容易となって多くの登山者を集めるようになった。

丹後山の直接の登山口は、十字峡を経て栃の木橋の先にあり、鉄砲平、ジャコの峰へと登り山頂に達する（約六時間）。

地図　二・五万図　兎岳　　　　（小倉　厚・熊木貞夫・宮崎幸司）

坂戸山　さかどやま　　　標高　六三四m

新潟県南魚沼市六日町地域の坂戸にあり、三国山脈の支脈にある巻機山、割引岳、金城山とつづく北西に延びる尾根の先端に位置する。東に五十沢《いかざわ》川、三国川、西に魚野川が流れ、山容はやや峻険である。山全体が黒色頁岩や凝灰質砂岩泥岩互層を主にした城内層で形成される。文化一四年（一八一七）、六日町村庄屋・今成慮呂は「金城山のつゝきにひとつの山あり鶏冠山と云峰の形松のたゝつまひ鶏の頭に似たるをもて名とす中古鳥坂山と書替今坂戸山と云ふ」と、『坂戸山記』の中で由来を述べている。魚野川対岸の六日町は古くから郡都として栄えた。そのうえ交通の要路として山は城として軍事上の重要な役割を担い、鎌倉時代にはすでに城郭が構築されていた。上田長尾氏、堀氏が約二五〇年居城したが、慶長一五年（一六一〇）、堀直寄が信濃・飯山転封にともない廃城となった。中世の典型的な山城の姿を留めているので一九七九年、国史跡に指定された。

登路　全部で四本ある。正面、六日町から薬師尾根コース、城坂コース、ともに山麓の坂戸集落にある市営駐車場から登り約一時間で山頂に達せられる。泉田側からは寺ヶ鼻コース（往復三時間）と五十沢（岩崎）側からは登り約一時間の裏坂戸コースがある。

地図　二・五万図　六日町　　　　（小倉厚・熊木貞夫・宮崎幸司）

越後沢山　えちごさわやま　　　標高　一八六一m

新潟県南魚沼市六日町地域と群馬県利根郡みなかみ町との県界にまたがる。三国山脈に属し、利根川を挟んで平ヶ岳と対峙する山で、南東の上州側では越後沢、北西の越後側では三国《さぐり》川の上流・内善沢がその源を発し、水域を東西に分けて、群馬県側へはそぎ切った谷が落下し、新潟県側は特有の「ヤブ山」である。位置的には主稜線上の丹後山と下津川山とのほぼ中間、やや丹後山寄りにある。

山体には白亜紀花崗岩類が入り組み、山容は見る所によっては円錐形であるが、山頂部は南西から北東にかけて延びた長い山頂を持ち、東西二峰に分かつことができ、三角点は東の峰の突端にある。山頂からは、利根水源の地形をきわめてよく観察することができる。そのため越後沢はむしろ群馬県側にあって、その源頭の山として命名されたと推測される。

登路　この山には一般登山道はないので、沢登りのバリエーション・ルートは別として、北の丹後山、南の本谷山（一八六〇m）までは登山道があるから、そのいずれかから主稜線上を辿り、山頂を目ざすことになるが、夏は強いヤブこぎをしなければならないので、登山の時期は残雪期がよいだろう。

地図　二・五万図　兎岳

（小倉　厚・熊木貞夫・宮崎幸司・根井康雄・加藤　仁）

下津川山　しもつごうやま

標高　一九二八m

新潟県南魚沼市六日町地域と群馬県利根郡みなかみ町との境に位置し、越後山脈に属し、地質的には上部三畳系奥利根層群である。南に小沢岳、北に本谷山があり、頂上から東に出る沢は北沢、南沢と合して小穂口川となって利根川の水源の一つとなっている。越後側の谷は下津川、魚野川、信濃川となって日本海に注いでいる。山名はこの下津川からきたものであろう。

一九二〇年七月、日本山岳会の木暮理太郎は、小沢岳から北上、約一時間で頂上に達しているが、頂上の様子を『山の憶ひ出』上巻に、次のように記している。「頂上は小沢岳より狭く且《かつ》高さも十六、七米低いが、二等三角点を取り巻いて岩塊の狼藉たる上に、偃松や石楠が枝を延し……山の植物も乏しくないので、確《たしか》に小沢岳よりも高山相を呈している」。

下津川山は、いまもその様子が少しも変わっていない人跡まれな山である。

登路　とても一般向きとはいい難く、登山は残雪期がよい。登路は六日町～十字峡～本谷山登山口～県境稜線、左に向かうと本谷山、右に向かうと下津川山。道の刈り払いは県境稜線までで、無雪期は強烈なヤブこぎとなる。無理すれば日帰りも可能だが、幕営の場合は、本谷山分岐辺りにわずかながらスペースがある。

地図　二・五万図　兎岳　奥利根湖

（小倉　厚・熊木貞夫・宮崎幸司・根井康雄・加藤　仁）

小沢岳　おざわだけ

標高　一九四六m

別称　月ヶ岳　幽ノ沢峰

新潟県南魚沼市六日町地域と群馬県利根郡みなかみ町との県境上に位置する。六日町、五十沢では「オザワ」でも「コザワ」でもなく「コゾウ」と発音する。JR上越線の東方二二kmにあって、三国山脈の中央部にあり、同一主稜上の北に下津川山《しもつごう》がある。群馬県側には幽ノ沢山（一七三〇m）、幽ノ沢を挟んでイラサワ山（一四六八m）があり、その南麓に東京都の水瓶・矢木沢ダム（奥利根湖）がある。山体は石英閃緑岩で、これに奥利根層群が県境を挟んで群馬県の花崗岩帯と接する。

木暮理太郎は藤島敏男とともに三人の手伝いをともない、一九二〇年七月一三日、打上から二日半を要してこの山に登っているが、山頂の模様を次のように描写している。「……見渡した所一面の笹原で少数の禾本《かほん》科植物の外には、岩石もなければ目を喜ばせる草花もない、下から眺めて想像したのとは打って変った至極平凡なものであった」（『山の憶ひ出』上巻）。

登路　木暮らは利根川源流から登ったが、いまでは「利根川源流部自然環境保全地域」に指定され立ち入り禁止であり、越後側も一般登山道はなく、稜線づたいに強烈なヤブこぎの末、ようやく山頂に立てる。

地図　二・五万図　奥利根湖

（小倉　厚・熊木貞夫・森　庄一・根井康雄・加藤　仁）

牛ヶ岳　うしがたけ

標高　一九六二m

別称　琴伏山　琴牛山

この山を広義に解釈すれば、割引岳と巻機山本峰と並立する巻機連山の一峰である。本峰とは伸びやかな平稜草原で繋がり、その境界は区別し難く、約六〇〇mしか離れていない。そのため三国山脈に属するこの山は巻機連山の最奥に位置するため、新潟県南魚沼市六日町、塩沢地域と群馬県利根郡みなかみ町藤原にまたがる。地質は巻機山と同様、中生代に地下深くにできた花崗閃緑岩が表面に出たものといわれる。

山名の由来は古来から「山容牛の背に似たり」とする山容説もあったが、これは誤りで、魚沼地方では比較的数少ない雪形によるものだという説がいまでは有力である。それも雪形は文字どおり残雪そのものの白牛型と、残雪に隈《くま》取られてできた黒牛型との二説がある。その雪形は八十八夜の種蒔きごろに現れ、それがもっともよく見える所は六日町地域の五十沢《いかざわ》、五日町方面からのものである。また、この山の別称については、猟師によって唱道され、いまでは沢名となって残っている。

登路　この山の主な登路は二本あるが、巻機山と同一ルートなので巻機山の項を参照。

地図　二・五万図　巻機山

（小倉　厚・熊木貞夫・森　庄一・根井康雄・加藤　仁）

巻機山　まきはたやま

標高　一九六七m

別称　割目山

巻機山は三国山脈に属し、現在の行政上は新潟県南魚沼市の六日町地域と塩沢地域にまたがる。ただし、牛ヶ岳も巻機山と見なせば、群馬県利根郡みなかみ町藤原ともその境を接していることになる。

不思議なことに高頭式編纂の『日本山嶽志』には「牛嶽」のみ簡単に紹介され、巻機山の名は存在していない。そこでここでは、六日町南魚沼郡教育会発行の『南魚沼郡誌』でこの山を紹介する。

「巻機山は上田村、五十沢村及び上野国利根郡に跨がり、山巓稍々平坦なり。牛が岳（標高六千五百五十七尺）は其東北に、割引山は其西北に聳ゆ。何れも五十沢村永松より登路あり約四里なり」。

山頂部は割引岳と巻機本峰、前巻機（ニセ巻機）、牛ヶ岳の各峰からなっている。地質は主に花崗岩などの深成岩からなり、場所によっては奥利根層群や石英閃緑岩類の貫入も見られる。信濃川の支流・魚野川の沖積層東端に聳え、さらに魚野川の支流・登川が多くの枝沢を造り、この山が水源となっている。巻機山はこの登川を挟んで西の谷川連峰と対峙し、東は越後三山（魚沼三山）、大水上山、丹後山、小沢岳、柄沢山（一九〇〇m）、清水峠へとつづく上越県境上の山々（三国山脈）とも接する位置にあり、眼下に魚沼盆地を睥睨《へいげい》する。

巻機山のシンボルは中腹に傲然と聳える天狗岩である。かつて巻機山は「割目山《われめき》」といわれていたという。鈴木牧之は著書『北越雪譜』で次のように記している。

「山の半は老樹条《えだ》をつらね半ばより上は岩石畳々として其《その》形竜躍り虎怒るが如く、奇々怪々と言《いふ》べからず。麓の左右に渓川あり合して滝をなす…」。

現在の名前と多少の混乱はあるが、これは明らかに天狗岩の描写である。また『越後山岳』第二号にある新井寛励の「巻機山遭難記」によれば、この岩のことを「黒潰《つぶ》し岩」と呼び、「黒潰しの大岩峰が朦朧として魔のように聳え立つ」とこの岩峰を形容している。一九四二年九月二七日のことである。いつからこの岩が天狗岩になったのか、その点は明確ではないが、恐らく戦後であることは間違いない。同氏は単独行、霧に巻かれ山頂付近から米子沢に迷い込み、遭難。二九日に至ってようやく救出されている。このように谷筋に入れば激しい滝と厳しい岩壁の連続で岳人たちもたじろがされる。

巻機山(南魚沼市栃窪から)

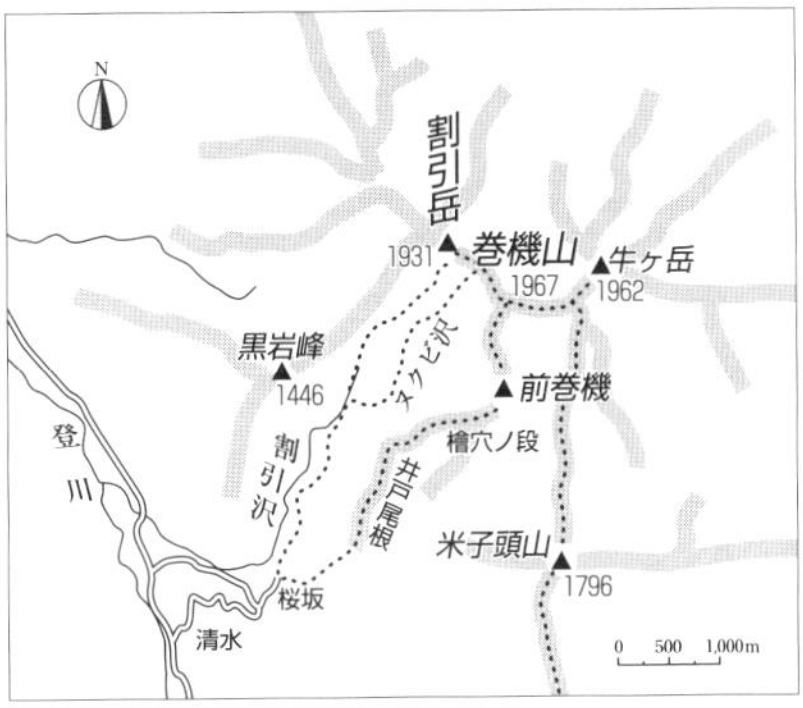

しかし、山頂部は隆起準平原の残した地形のため、ゆったりとした平頂、広い草原である。ハクサンコザクラ、ニッコウキスゲなどの美しい高山植物もここに多く見られ、豪雪のこの地には遅くまで雪田が残り、竜王ノ池、栂の池といったいくつもの池塘も加わり、ササ原に点在するオオシラビソが織りなす、繊細でしかも優美な景観が広がっている。

また、この山中には動物も多く棲み、ニホンツキノワグマや国の天然記念物のニホンカシモカ、ニホンザルなど村里近くまで出没することもしばしばである。この巻機山と切り離せないのが山麓の集落・清水であるが、清水の村人たちはクマ狩りをいまでもしており、毎年数頭のニホンツキノワグマを仕留めている。

巻機山は古くから機織《はた》・養蚕の神として魚沼の人たちの信仰を集めており、伝説も多く残されている。その中でも先程の『北越雪譜』の記述が有名であるが、山名の由来にまつわるものとして『越後野志』の次のような伝説を参考までに挙げておく。

「妻有ニ在テ信州ニ近シト。村人云、山中稀ニ美女ノ機ヲ織ルヲ見ル、因テ巻機ト名ヅクト云」。

清水はかつては、清水峠越えの旅人と巻機山の登拝者がわずかに訪れるに過ぎない寂しい寒村であったが、戦後、本格的な車道が開通するとともに、巻機山はいまでは春の山スキー、夏の登山や沢登り、清水峠への縦走やキャンプ、渓流釣り、そして秋の紅葉狩りとして人気を呼び、多くの人々が集まるようになった。それにともないこの集落一帯も民宿や大学や山岳会の山小屋、別荘などが増え活気に満ちている。

その反面、このようなブームの結果、巻機山の登山道が、登山者の踏み付けによる裸地化が進み、そのため植生破壊や池塘が干上がるといった憂慮すべき事態となった。この復元に立ち上がったのが（公財）日本ナショナルトラストの「巻機山景観保全ボランティアーズ」である。一九七六年のことであるが、九〇年代以降は一般ボランティアも加わるようになった。これらの人々の二〇年以上にわたる地道で献身的な活動によって、破壊された池塘や貴重な草原が見事に復元され、一九九九年、巻機山景観保全ボランティアーズは「朝日森林文化賞」に輝いた。

登路　登山口は清水からのルートを登り、夏にはかなりのにぎわいを見せている。清水からはバリエーション・ルートは別として、一般登山道は古くから檜穴ノ段と呼ばれる井戸尾根コースとヌクビ沢を遡行する沢コースの二本がある。いずれも登山口の清水から山頂までの標高差は一三七七ｍで、所要時間は五〜六時間である。沢コースの説明は「割引岳」の項に譲るとして、ここでは尾根コースの紹介にとどめる。

登山起点の清水までは、ＪＲ上越線の六日町駅から車で小一時間。清水集落からはまず桜坂駐車場を目ざす。桜坂からは本格的な登山となる。三合目までは灌木の下の緩登。その少し先からはいわゆる井戸の壁と呼ばれるジグザグの急登。約一時間ほどのアルバイトで五合目、焼松の小平地に着く。やがて尾根は広く緩い登りとなり、左手に天狗岩が見えてくると六合目の展望台。次いでコース名となった檜穴ノ段の急登が終わると七合目で、これを過ぎるとにわかに視界が開け、広い草原となり一気に高原の風致になると八合目である。そのすぐ上は、よく巻機山の山頂と間違えられるところからニセ巻機の異名のあるピーク（前巻機）となる。ここから先はいよいよ巻機山の核心部、お花畑の領域である。木道で鞍部へ下ると避難小屋のある九合目。小屋から緩く登るとボランティアーズが復元した所であり、もはや本峰の山頂は一投足である。

地図　二・五万図　巻機山

（小倉　厚・熊木貞夫・森　庄一・根井康雄・加藤　仁）

割引岳　わりびきだけ

標高　一九三一ｍ

別称　破目山《われめきやま》

新潟県南魚沼市六日町地域と塩沢地域にまたがる。巻機連山の一峰であり、三国山脈に属する。地質は割引岳から御機屋にかけて奥利根層群泥岩に覆われ、その周囲を石英閃緑岩が固めている。

魚沼盆地、魚野川畔から眺める巻機山は堂々たる山容をもって迫り、その山頂ははっきりと中央に本峰、右に牛ヶ岳、左に割引岳を望むことができる。そして、本峰と牛ヶ岳はいつまでも残雪をいだき茫洋とした平頂だが、割引岳はすっきりとした円錐型の山頂を持ち、明確に区別することができる。

この山はワリビキともワレメキとも地元の人から呼ばれ、その展望のよさから山頂には三角点の本点が置かれている。傍らにある小石祠は巻機権現を祀るもので、藤島玄は『越後の山旅』の下巻で次のように説明している。

「巻機権現、安政二年五月吉日の石祠は、清水の鎮守十二神社の横に安置したものを巻機権現社初代先達、平賀明心が明治二十年に神字《カンジ》山（約一八八〇メートル）に奉遷し、さらに五代先達の宮田霊観がこの山頂に、三度勧請した神社移遷の現代版だ」。

山名の由来については、鈴木牧之の『北越雪譜』によれば、まず次のように述べている。

「魚沼郡《うおぬまごおり》清水村の奥に山あり、高さ一里あまり、周囲《めぐり》一里あまりなり。山中すべて大小の破隙《われめ》あるをもつて山の名となす」。次いで牧之は、「山《やま》の半《なかば》は老樹条《えだ》をつらね半ばより上は岩石畳々として其《その》形竜躍《おどり》虎怒るがごとく奇々怪々言《いふ》べからず。麓の左右に渓川《たにがわ》あり、合して滝をなす。絶景又言べからず。云々」と記しているが、これは明らかに地形から見て現在の天狗岩を指しており、かつての破目《われめき》山は天狗岩であったに相違ない。

割引岳（手前は天狗岩，割引沢落合から）

ところが、現在の国土地理院の地図上には、この天狗岩の背後にある三角点峰が、割引岳と記されている。これは推測するに清水から見ると天狗岩と一直線上にあるための測量官の誤記に違いない。これについては深田久弥も『日本百名山』で同じような見解を示している。ともあれ、そんな経緯があったにもかかわらず、いまでは沢登りの山として岳人の間に割引の名は広く定着し、人気のある魚沼の名峰の一つになっている。

登路　「巻機山」で井戸尾根コースに触れたので、ここでは沢コースを記す。桜坂駐車場までは同項を参照していただきたい。沢コースは割引沢を遡る。割引沢は閃緑岩床をむき出しにした急流で、桜坂から山頂までの標準コースタイムは約四時間一〇分である。遡行は主として右岸の踏み跡を拾ったり、沢身の転石づたいに飛んだりして進む。吹上ノ滝、アイガメの滝とつづき落合に至る。その先は二分するが右のヌクビ沢を行く。ゴーロ状の河原を辿ると行者の滝、やがて源頭に達し草付の急登、稜線分岐に飛び出す。右に向かうと巻機山本峰、左に向かうと割引岳山頂である。

地図　二・五万図　巻機山

（小倉　厚・熊木貞夫・森　庄一）

金城山　きんじょうさん　標高　一三六九m

別称　金状山　金生山　金龍山

新潟県南魚沼市の六日町地域と塩沢地域にあって、両地域の中心より約七km東に聳立する。三国山脈に属するが、独立峰の観を呈し、魚沼盆地に突出し、急峻で堂々たる山容を誇り、あたかも巻機《まきはた》山の前衛の山となっている。地質は第三紀城内層の堆積物でできた比較的新しい山である。

山頂には三角点はないが、男天井岩、女天井岩の奇岩と五〇〜六〇人は収容可能な巨大な岩窟があり、奥に薬師十二神が祀られている。

山名の由来はいくつかあるが、山の形が「金」の字に似ているところからきているという説がもっとも有力であり、古くから郷土の信仰の山として多くの人に登られてきた。

登路 かつては登山道が四本あったが、現在では基本的には塩沢口、五十沢《いかざわ》口の二ルートしか残っていない。塩沢口は塩沢地域にある名刹・雲洞庵《うんとうあん》を登り口として、ほとんど片登りの登山道で山頂まで三時間三〇分から四時間の行程である。北の入り口、もう一つは五十沢からの登山道で、このコースはさらに滝入コースと水無コースに分かれているが、ともに所要時間は登り四時間程である。

地図 二・五万図 六日町　（小倉 厚・熊木貞夫・森 庄一）

檜倉山 ひのきくらやま　標高 一七四四m

新潟県南魚沼市清水集落と群馬県利根郡みなかみ町にまたがり、三国山脈に属する。いわゆる魚野川支流・登川と東京の水道水を賄うダム群が控える利根川源流に挟まれた山塊、あるいは上越国境の朝日岳から巻機山間の縦走路上に位置するといった方が分かりやすい。南方に大烏帽子山、北方に柄沢山がつづく。『利根郡村誌』には「山羊沢小繋沢東方に発す」や「白檜渓、大烏帽子岳の山脚ハモンザキの岩峡より発す」などと記されていて錯綜していた。清水阿部本家所蔵の「天保七年図」には「えつぼ山」「なる水山」の北に「檜木倉《ひのきがくら》」とある。山名の由来は檜倉沢の奥にヒノキが生えた嵓があり、清水の猟師は熊狩りの矢場として「ヒノキのオオクラ」と呼んでいることにちなむ。

登路 沢は残雪期を除けば岩がごろごろして歩きにくいが、この沢をつめた鞍部は利根の猟師の越後よりの越路として利用された。北のコルを越えれば小繋沢へ、南方のオオクラの南のコルを越えれば八十八沢へ出られるので古くから利用された。頂上は芝生で覆われ広々としている。小さな半月形の池のみがあり、高山植物も荒されていない、格好のピバーク地である。先に述べたように、残雪期か縦走時に立ち寄るほか登山路はない。

地図 二・五万図 茂倉岳　（小倉 厚・熊木貞夫・森 庄一）

朝日岳 あさひだけ　標高 一九四五m

別称 朝日嶽 旭岳 旭ヶ岳 広ヶ原岳(古名)

群馬県利根郡みなかみ町に位置する。中間にタルミを持ったラクダの背状の双耳峰で、北峰は清水山と呼ばれ、南峰の主峰に三角点が置かれ、北側の台地には朝日ノ原と呼ばれる湿原がある。

『上野国利根郡村誌』湯檜曾村の項に「朝日嶽 高弐百丈、村ノ東北ニアリ、嶺上ヨリ南方本村北方越後国魚沼郡清水村、東方藤原村ニ属ス」とあり、『藤原村誌』には「旭ヶ嶽 広ヶ原岳トモ云フ高二十九丁本村ノ西南ハ同郡湯檜曾村粟沢村ノ奥ニ属シ山脈東南ノ垂木沢峰ニ至リ利根川ニ限ル北ハ大烏帽子ニ連リ西ハ湯檜曾川ヲ隔テ谷川岳耳二ツ嶽ニ相対ス」とある。

朝日岳は旧地図の笠ヶ岳が長い間誤って伝えられていたため、登山界で山名の混乱が生じていたが、昭和三〇年代初めに訂正されている。江戸時代には越後と上州を結ぶ清水越(ゆのひそ越とも呼ばれた)があり、清水峠から朝日ノ原(朝日岳の肩)を越え、宝川から橋詰を経て沼田に出る古道があったと伝えられているが、近代登山の記録は一九二〇年、武田久吉が宝川から笠ヶ岳(朝日岳)に登頂したのが初めとされている。

登路　宝川温泉から約六時間、JR上越線土合駅から白毛門、笠ヶ岳を経て約五時間二〇分、清水峠から約二時間四〇分。

地図　二・五万図　茂倉岳　(岡田敏夫・根井康雄・加藤　仁)

朝日岳(大烏帽子山付近から)

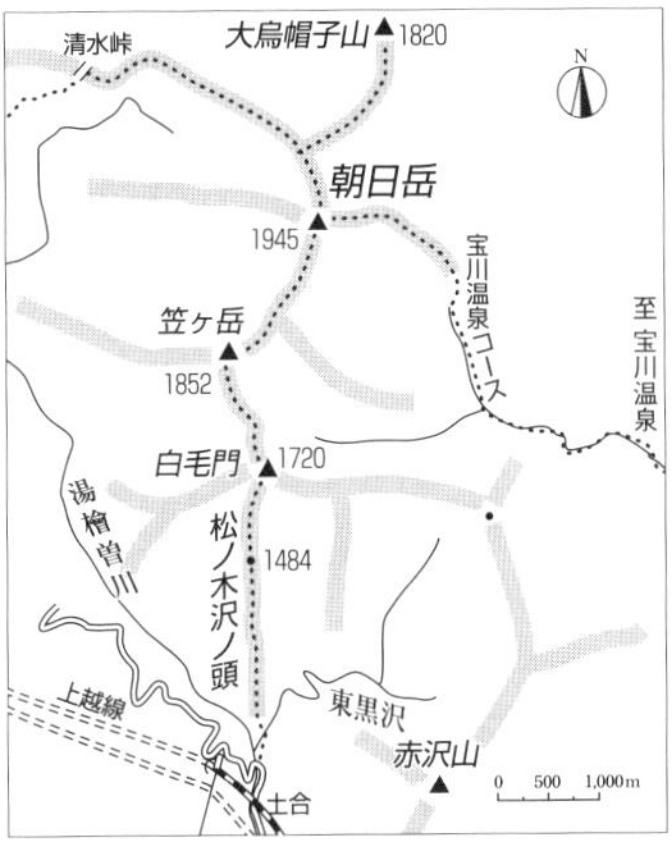

笠ヶ岳　かさがたけ

標高　一八五二m

別称　大倉山　大倉笠　赤倉山

群馬県利根郡みなかみ町に位置する。南に白毛門、北に朝日岳がある。山名の由来は笠形をした山容によるが、旧地図に誤って記載されたため、昭和三〇年代まで朝日岳と呼ばれていた。大倉沢と赤倉沢のツメにあたるところから大倉山、大倉笠、赤倉山とも呼ばれるが、現在は笠ヶ岳の名が定着している。円錐形の山頂は三六〇度の大展望に恵まれており、谷川岳東面のマチガ沢、一ノ倉沢、幽ノ沢、芝倉沢などを一望にできる。

山頂から西に延びる尾根は大倉尾根と呼ばれ、湯檜曾川から昭和一〇年代に登山道が開かれたが、現在は廃道化している。

登路　JR上越線土合駅から白毛門を経て約五時間。

地図　二・五万図　茂倉岳　(岡田敏夫・根井康雄・加藤　仁)

白毛門　しらがもん

標高　一七二〇m

別称　白毛門の頭　白毛門山

群馬県利根郡みなかみ町にある。土合から湯檜曾《ゆびそ》川を挟んで谷川岳と向かい合う位置にあり、谷川岳東面の岩場の展望に恵まれている。山名の由来は、南斜面に古来からマタギ衆にジジイ岩、ババア岩と呼ばれていた二つの岩峰があって、これが冬になると門柱のように見え、雪に覆われた山頂が白髪頭のように見えるところから、谷川岳の主といわれた中島喜代志によって命名されたと伝えられており、古くは無名の山だったようである。

土合から白毛門、笠ヶ岳を経て朝日岳につづく登山道は、『上越の山』に「幽ノ沢で遭難された福田一雄氏(慈大)の遺族が一雄氏の遭難を記念する意味で、昨年の秋にコースの開発が為されたものと仄聞する」とあるが、登山道の開拓に尽力したのは中島喜代志であろう。

登路　JR上越線土合駅から松ノ木沢ノ頭を経て約四時間。

地図　二・五万図　茂倉岳　(岡田敏夫・根井康雄・加藤　仁)

七ツ小屋山

ななつごややま　標高　一六七五m

新潟県南魚沼郡湯沢町と群馬県利根郡みなかみ町との境にまたがり、蓬峠の北方にあり、上越国境稜線が清水峠に向かって東にカーブしようとする地点に位置する。

一面ササに覆われ、まろやかな山容を呈している。越後側は七ツ小屋裏沢、シシゴヤ沢が大源太川を経て魚野川の支流となり、上州側は七ツ小屋沢、七ツ小屋前沢が湯檜曾川に通じている。

山名は陸地測量部の測量当時、この山の付近に七ツの天幕を張って長期間測量をしたことから付けられたともいわれるが、沢名が山名に転じたとの説もある。

登路　蓬峠から緩やかな草原状の尾根道を歩き、ひと登りすれば三角点のある山頂へ至る。山頂からは「東洋のマッターホルン」といわれる大源太山の、鋭く切り立った姿を望むことができる(蓬峠から約一時間)。

地図　二・五万図　茂倉岳　(南雲克良・根井康雄・加藤　仁)

大源太山

だいげんたさん　標高　一五九八m

別称　丸ノ大源太　万ノ大源太　大剣太山　弥助ノ頭

新潟県南魚沼郡湯沢町と南魚沼市塩沢地域とにまたがる。越後中里の東方にあり、谷川連峰北部の七ツ小屋山につづいている。東面は山頂から岩壁が切れ落ちており、特異な山姿から「東洋のマッターホルン」といわれる。同名の山が平標山と三国峠の国境尾根の間にあるので、丸ノ大源太、または万ノ大源太ともいう。雄大豪壮、険阻な山容に対する畏敬の念からこのように呼ばれたもので、江戸時代の文献にも記されている。西に開く谷は弥助沢(大源太沢)といい、大源太川の支流を形成し、飯士《いいじ》山の南方の立柄山(七三三m)の下で魚野川と合流している。

越後湯沢駅から約八km先に旭原集落があり、下ると人造湖に出て、キャンプ場に着く。この辺一帯を大源太キャニオンと称している。

登路　集落を過ぎ旅行村へ下る手前に指道標があり、大源太林道を通って橋を渡ると登山口に着く。北沢を渡り、樹林を急登して山頂に至る(約二時間三〇分)。大雨の時は徒渉が困難となり、また、山頂は狭く切り立っているので注意が必要である。

地図　二・五万図　茂倉岳　(南雲克良)

清水峠　しみずとうげ

別称　直越峠《すぐごえのとうげ》　湯之檜楚越《ゆのひそごえ》　馬峠《うまとうげ》

標高　一四四〇m

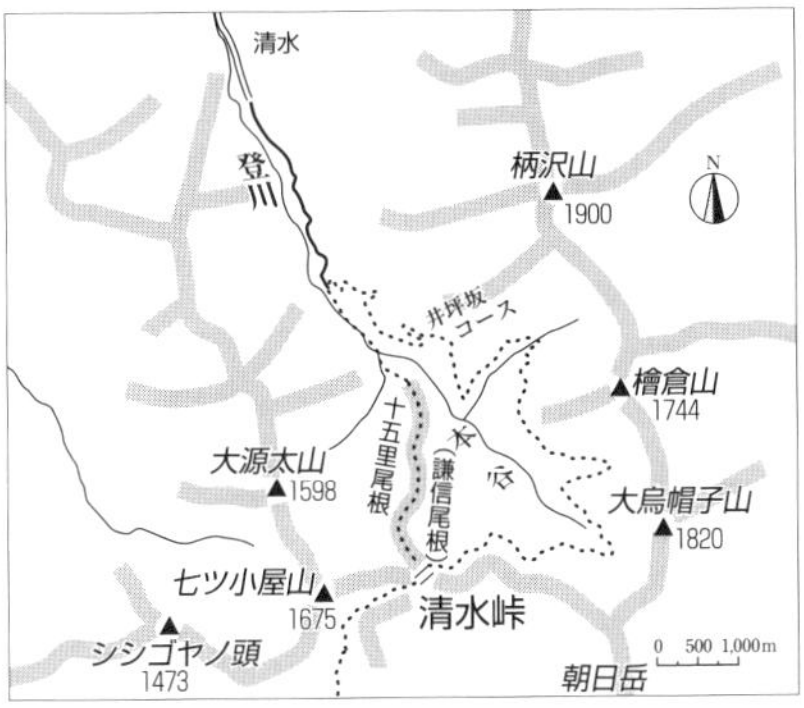

新潟県南魚沼市塩沢地域と群馬県利根郡みなかみ町との県境の峠で、JR上越線土合駅の北約七㎞に位置している。山系では三国山脈に属し、谷川岳の北北東にあって、越後側は魚野川に注ぐ登川、上州側は利根川の上流・湯檜曾川の水源、土地訛りでいう「水たらし」をなしている。

この峠は、かつて三国峠や蓬峠と並んで険阻な上越国境をまたぐ街道の拠点として利用され、中世末期には直越峠ともいわれ、軍事的にも交易路としても重要な役割を果たしていた。

軍事的に有名なのは、上杉謙信の軍勢がこの峠を越えて上州に攻め入ったといわれ、いまなお謙信尾根の名が残っている。また、国境警固の要衝として志水《しみず》城の遺跡もあり、現在の南魚沼市清水集落はその城下町であったともいわれる。交易的には、越後の豊富な米、酒、海産物などが、人馬の背によってこの峠を越して上州に運ばれたという。しかし、豪雪、地形が険阻なうえ、三国峠より標高が二〇〇mも高いので、江戸時代には一時廃道同然となった。

その後、この街道の重要性により、一八七四年に清水越道路が開かれ、さらに一八八五年には、群馬県の沼田、湯檜曾を経て峠を越えて清水、六日町に至る幅員五mの新国道が設けられ、三国峠より約二〇㎞も距離が短縮された。その開通式は華々しく挙行され、清水ではいまも国界と親しみを込めていうこともある。しかし、この新国道も雪害のため、早くも二年後は廃道と化し、一八八九年に六日町の佐藤良太郎がいまの井坪尾根のコースを開設、これが後々長く使われて馬道といわれ、現在の井坪坂登山道の前身である。

しかしながら、清水峠はいまはかつての生活のためのにぎわいはない。それは昭和に入ってからであるが、清水トンネルの開通がもっとも大きな原因となった。いまではこの峠には静寂が戻り、深いチシマザサに覆われ、赤い三角屋根のJRの送電線監視小屋、送電線工事記念碑、三〇㎾の風力発電の残骸、そして、白崩避難小屋などがひっそりと訪れる人を待っているのみである。

なお、この辺りを形成する岩石は閃緑岩と石英閃緑岩が主で、次いで花崗斑岩と花崗岩質アプライト・ペグマタイトだと新潟大学の杉山隆二は指摘している。

登路　清水峠の登山基地は清水集落。清水へはJR上越線六日町駅からバスまたはタクシーで三〇～五〇分。清水から登路は二本ある。十五里尾根(謙信尾根)と井坪坂コース(馬道)だが、いずれも十五里分岐までは同じで、追分を経て徒歩一時間強。ここ丸の沢で二本の登山道は分岐する。右の登川を徒渉し、尾根に取りつくのが前者で、井坪坂コースは直進する。尾根コースは上越県境の雄大な展望に恵まれるが、残念ながら先年の豪雨で登川の橋が流失、増水時の徒渉は危険。したがって、増水時はためらわずに井坪坂コースへ。峠へは分岐点より前者は約二時間一五分、後者は約三時間が標準コースタイムである。

地図 二・五万図 茂倉岳 巻機山

（小倉 厚・熊木貞夫・森 庄二）

飯士山 いいじさん

標高 一一一一m

別称 上田富士

新潟県南魚沼郡湯沢町と南魚沼市塩沢地域との境にまたがる。第四紀の初期に噴火を開始し、有史前すでに終息したと推定されるコニーデ式火山である。富士山に似たところから上田富士とも呼ばれるが、山中に食物を司る神仏が祀られ、また、その山容から見て飯士山という名が付けられたものといわれる（藤島玄『越後の山旅』下巻）。山頂から南面には、鋸歯状の鋸岩や風穴と称する岩窟、筍岩などがあり、これら一連の尾根を神ツルネと呼ぶ。また、山頂西面の中腹には十数mの大掛岩と称する巨岩がある。

飯士火山の活動により、東に奥添地の高台、南に岩原、北に大原の広野が形成され、いずれも冬期はスキー場としてにぎわっている。山頂には三角点標石と石仏群があり、上越連峰の山々の展望がよい。

登路 岩原スキー場からがもっとも近く約一時間、湯沢の東側から神弁橋を渡って登るコースが変化に富んでいる（約二時間四〇分）。また、塩沢側からも登ることができる。

地図 二・五万図 越後湯沢

（南雲克良）

足拍子岳 あしびょうしだけ

標高 一四〇八m

新潟県南魚沼郡湯沢町に位置する。蓬峠から七ツ小屋山に向かって、クロガネノ頭を経てこの山に至り、さらに北方に曲がって、荒沢山から土樽につづく尾根上に位置する。猟師がこの山中を踏破する際は、きわめて慎重に行動する必要があり、一歩誤まれば生命の危険をともなう。生死の境は足の拍子如何にかかるということから、足拍子と命名されたものである。

山頂は槍の穂先のように屹立し、荒沢山と並んで足拍子沢へ切れ落ちる絶壁で形成されている。土樽から大源太山へ向かう途中の、旭原集落手前からの展望は見事で、一見に値する。

登路 一般登山道はなく、登頂には十分な注意が必要である。

地図 二・五万図 茂倉岳 土樽

（南雲克良）

武能岳 ぶのうだけ

標高 一七六〇m

別称 檜又ノ頭 ススケの頭（越後側の呼称）

群馬県利根郡みなかみ町と新潟県南魚沼郡湯沢町との県境に位置し、湯檜曽《ゆびそ》川の奥にピラミッド型の山容を見せる。上州側では武能沢の源頭にあたるところから武能岳と呼ばれるが、越後側では檜又谷上流、ススケ沢のつめにあたるため、檜又ノ頭・檜又岳・ススケの頭などと呼ばれている。武能の語源は椈《ぶな》生《お》でブナ林のある所をいう。武能沢には武能という地名が残されており、『摘訳』に「嶺足武能村ニハ三四ノ貧羸セル旅宿アリ、上リ嶮峻ニシテ岩石多シ（後略）」とある。

谷川連峰に近代登山の目が向けられるようになったのは大正時代からだが、武能岳の登山記録としては一九二六年、松本善二ほか二名による蓬峠～三国峠縦走、一九三〇年、早稲田大学・吉田伍郎ほか四名による武能岳～茂倉岳～谷川岳～谷川温泉などが挙げられる。

登路　武能岳に直接登る登山道はないが、上越国境尾根に縦走路がある。蓬峠から約一時間、茂倉岳から約二時間。

地図　二・五万図　茂倉岳

（岡田敏夫・根井康雄・加藤　仁）

茂倉岳　しげくらだけ

標高　一九七八m

新潟県南魚沼郡湯沢町と群馬県利根郡みなかみ町との境にあり、谷川岳の北方に位置する。

古地図には芝倉岳と記入されているものもあり、上州側にある芝倉沢のつめにあたることから、本来は芝倉岳の転訛したものと思われる。芝倉とは岳芝と岩嵓を意味する。近くに一ノ倉沢からの一ノ倉岳、武能沢からの武能岳がある。一ノ倉岳から約七〇〇m離れているが、偉大なる平凡な山ともいわれる。三角点の置かれた山頂は緩やかに丸みを帯び、三方に広がる草原には小池が散在し、高山植物も豊かで、越後の山の特徴をよく表している。

登路　谷川岳から一ノ倉岳を経て約一時間三〇分、蓬峠から武能岳を経て約三時間、直接登るには、JR上越線土樽駅から橋を渡り、蓬峠への登山道と分かれて茂倉新道を登り、矢場ノ頭を経て山頂に達する（約四時間三〇分）。山頂手前に避難小屋と水場がある。

地図　二・五万図　茂倉岳

（南雲克良）

稲包山　いなつつみやま

標高　一五九八m

別称　稲裹山

群馬県利根郡みなかみ町新治地区、吾妻《あがつま》郡中之条町と新潟県南魚沼郡湯沢町にまたがる。三国山脈の中央に位置し、本峰（三角点峰）、東稲包（一五一〇m）、西稲包（一五二〇m）の三峰からなり、本峰は群馬県の郡界尾根上、ほかの二峰は県境尾根上にそれぞれピークをもたげる。本峰山頂にある神社は、『三代実録』によると、「元慶四年（八八〇）授上野国正六位上、稲包（裹）地神従五位下勲十二等」とあり、古来から地元民の信仰が篤かったことが分かる。

登路　みなかみ町法師温泉と中之条町四万《しま》温泉を結ぶ赤沢林道の、赤沢峠から尾根通しに登るコースがある（峠から約一時間三〇分）。赤沢峠までは四万温泉の日向見、法師温泉側は旧新治村の官行からいずれも徒歩約二時間。最近、四万の赤沢林道からのコースはヤマビルが多く、三国峠からのルートがよく使われている。山頂まで約三時間三〇分。

地図　二・五万図　四万

（中西　章・根井康雄・加藤　仁）

一ノ倉岳 いちのくらだけ

標高 一九七四m

新潟県南魚沼郡湯沢町と群馬県利根郡みなかみ町にまたがり、谷川岳と茂倉岳との間に位置する。

山名はこの山の東斜面にある一ノ倉沢によったもの。一ノ倉とは一ノ嵓《くら》で、嵓は岩をいい、この谷が日本三大岩場の一つに数えられる程の規模を有していて、そのうちの第一番の岩場の意味である。以前の地形図には谷川富士と記されていたが一ノ倉岳と改正された。

別の説によると、一ノ倉は市ノ倉で、かつて清水街道が栄えた時代、沢筋に三、四戸の民家(明治時代の陸地測量部の地形図には人家の記号がある)があり、上州と越後の交易の市場が開かれたところから命名されたともいう。一ノ倉尾根を隔てて北に幽ノ沢があり、この山の二大岩場として知られている。

登路 谷川岳から茂倉岳へ向かう稜線を行き、トマの耳(一九六三m)からオキの耳(一九七七m)を巻いて一ノ倉岳へ向かう。尾根は下りになり、オキの耳と一ノ倉岳の最低鞍部は覗きといわれ、眼下には一ノ倉本谷が深く切れ込んでいる。頂上は広く、なだらかである(谷川岳から約一時間一〇分)。

地図 二・五万図 茂倉岳

(南雲克良・根井康雄・加藤 仁)

谷川岳 たにがわだけ

標高(オキの耳) 一九七七m

群馬県利根郡みなかみ町と新潟県南魚沼郡湯沢町との境にある。上信越高原国立公園に属し、北方の一ノ倉岳、茂倉岳、東方の朝日岳、笠ヶ岳、西方の万太郎山、仙ノ倉山、平標山などを擁する谷川連峰の主峰である。周辺には群馬県側に利根川源流の湯檜曽《ゆびそ》川、赤《あか》谷《や》川、新潟県側は信濃川水系の魚野川、清津川などの流域がある。標高は二〇〇〇mに満たないながら東京から近く、わが国屈指の岩場を持ち、アルプス的風貌のこの山は、多くの登山者から親しまれている。また「魔の山」としてあまりにも有名である。

この連峰の地質は第三紀層の緑色凝灰岩、蛇紋岩とそれを貫く花崗岩、石英閃緑岩などからなり、山稜の上部は接触変成岩のきわめて硬い岩石からなる。

日本海側の多雪地帯に属するため、標高一四〇〇m位までが森林帯で、ブナ、ミズナラなどの落葉広葉樹が混生する。一七〇〇m位までがミヤマナラ帯、それ以上の稜線や斜面は、チシマザサが主体の高山性植物帯になっている。高山植物はおよそ一五〇種、動物は哺乳類二一種、鳥類九八種などで、特別天然記念物に指定されているニホンカモシカも生息している。

太平洋側と日本海側の境界の脊梁山脈にあるため気象変化が激しく、積雪と豪雨、強風などの侵食作用は地質の違いとともに、とくに群馬県側の東斜面と南斜面が複雑で急峻な地形を形成し、一ノ倉沢などの大岩壁は三〇〇〇m級の日本アルプスに匹敵する規模、条件をそなえている。

群馬県側の東・南面が、このように急峻な岩壁を形成しているのと対照的に、新潟県側は万太郎谷に代表されるように森林や叢《くさむら》で覆われて、まったく異なった様相を呈している。

谷川岳は古来「耳二つ」と呼ばれていた。これは北の「オキの耳」（一九七七m）と三角点のある南の「トマの耳」（一九六三m）の双耳峰の山容による。「オキ」とは奥または沖、「トマ」とは入り口（トバクチ）という意味らしい。谷川岳の名称は、本来は南西の谷川本谷奥の俎嵓《まないたぐら》を指していたといわれる。

信仰登山時代の名残として、浅間神社の奥社がこの山頂に祀られていたことから、オキの耳は「谷川富士」「越後富士」とも呼ばれる。この谷川富士の由来記である『谷川富士山縁年祭式』には「不限男女ニ絶頂迄登山相成」と、女人禁制が一般的な時代に男女にかかわらず絶頂まで参詣せよ、と興味ある記述がある。トマの耳は薬師如来が勧請されていたため「薬師岳」とも呼ばれていた。一ノ倉の岩室にあった鋳銅製の小さな懸仏には「本願弘心　富士浅間大菩薩十方旦那　永禄八年（一五六五）乙丑六月一日　良正作」の刻銘があり、登拝年代が分かる。

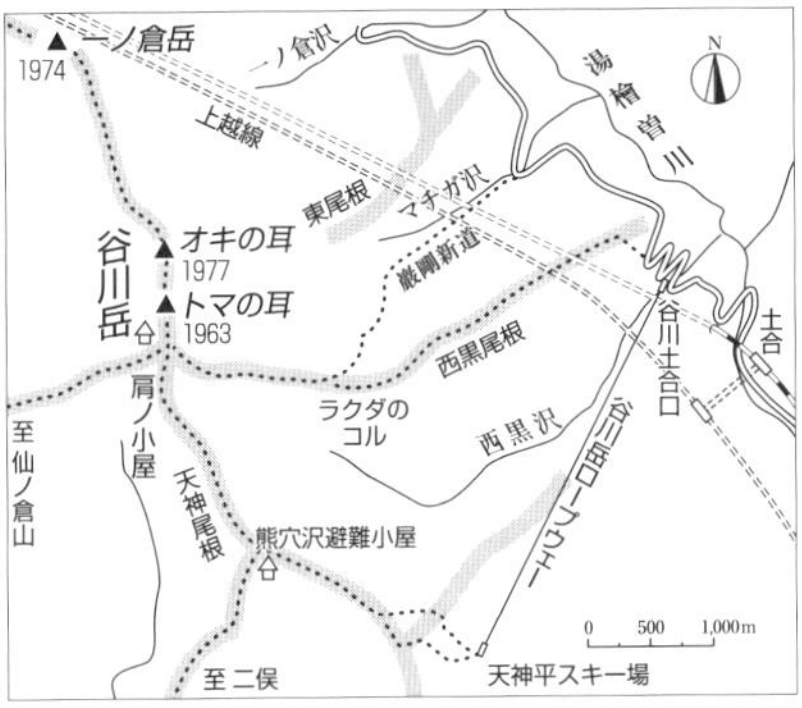

谷川岳（天神峠から）

「魔の山」といわれるほど多くの遭難者を出したため、一九六七年、群馬県は谷川岳遭難防止条例を制定、東面の一ノ倉沢、幽ノ沢、マチガ沢およびオジカ沢など南面の各沢を危険指定区域とし、登山届の提出が義務付けされている。

近代登山の先駆けとして、一九二〇年七月　藤島敏男、森喬が土樽の剣持政吉を伴って土樽から入り、谷川温泉側に下っている（藤島敏男『山に忘れたパイプ』および『山岳』第十六年第三号）。

一九二七年、慶応大学山岳部の大島亮吉が岩場としての一ノ倉沢の観察記を『登高行』に載せ、「近くてよい山なり」と報告している。一ノ倉沢の初登攀は一九三〇年七月、青山学院の小島隼太郎、松尾敏夫、立花勝郎の三人が、二ノ沢左俣を登り、マチガ沢との間の東尾根に出てオキの耳直下でビバーク、七月一四日オキの耳頂上に達している（『登山とスキー』Vol7 No9 昭和一一年九月一日発行）。一日遅れで入山した東北帝大の小川登喜男、田名部繁、高木力のパーティーが、第三ルンゼから右側のリッジを途中、大雷雨に見舞われながら七月一七日に登攀している（『山岳』第二十六年第三号)。

谷川岳には主《ぬし》といわれた二人の先達がいる。中島喜代志と高波吾策である。中島は、上越線の開通により建設された東鉄土合山の家の管理人として登山者のために尽くした。一九四九年、上信越高原国立公園指定後は同公園管理人を兼ね、激増する谷川岳遭難者の救助作業に尽力した。高波は、一九五〇年、国鉄土樽山の家管理人となり、谷川岳越後側登山道の開設に着手し、土樽から蓬峠に至る登山道の改修をはじめ、吾策新道、茂倉新道、平標新道、谷川新道(現在は廃道)などを完成する。また、避難小屋の建設にも尽力し、登山指導、遭難防止、遭難救助に精力的に活躍した。

登路　一九三一年、JR上越線清水トンネルが開通してからは、飛躍的に登山者が増え、一九六〇年に谷川岳ロープウエーができてからはさらに便利になった。このロープウエーを利用してのルートは、JR上越線土合駅から谷川土合口駅まで徒歩、ここからロープウエーを利用して天神平駅まで上がる。この後天神尾根を谷川岳山頂へ向かうが、熊穴沢避難小屋からは急な勾配がつづく(天神平駅から約三時間)。

西黒尾根コース　地元の水上山岳会によって開かれたコースで、土合駅からラクダのコル経由で山頂に至る。登り始めはブナやナラの樹林にチシマザサが群生する中を登るが、樹林帯を抜けると見晴らしのよいコースになる(土合駅から約四時間三〇分)。

巖剛《がんごう》新道　一九五四年、水上営林署(現水上森林事務所)の竹花巖、川中剛の二人によって開かれたので巖剛新道の名が付けられた。このコースはマチガ沢の眺めがよく、徒歩のコースでは最短距離。ラクダのコルで西黒尾根コースと合流する(土合駅から西黒尾根まで約三時間)。そのほかに南面二俣からのコースや、北方と西方に縦走コースなどいくつかのコースがある。

地図　二・五万図　茂倉岳　水上

(平野　彰・南雲克良・根井康雄・加藤　仁)

小出俣山　おいずまたさん　標高　一七四九m

群馬県利根郡みなかみ町新治地区の北東部(水上地区との境に沿った位置)にあり、谷川連峰の山のうちで登山路のないヤブ山の一峰である。深く切れ落ちた谷川本谷を隔てて谷川岳本峰や万太郎山など、谷川連峰の山々の望岳台として絶好の位置を占める。

登路　ヤブ山であるので登山の適期は四月後半から五月初めの残雪期だが、山頂から南南東に派生する山稜を辿るのが最短ルートである(約四時間)。登山口は旧新治村相俣から小出俣沢沿いの林道を入った千曲平で、ここからヒノキの老木も交じるブナ林の尾根づたいに標高差九〇〇mを登る。

地図　二・五万図　水上

(中西　章・根井康雄・加藤　仁)

阿能川岳　あのうがわだけ　標高　一六一一m

群馬県利根郡みなかみ町にある。山頂はササに覆われた台地が広がっており、谷川岳南面の展望に恵まれている。山頂の東端に数個の巨岩(割石)があり、山麓の湯原付近から見ると大小の岩が並んでいるため、子持岩とも呼ばれている。

初期の登山記録としては一九二二年、日本山岳会の武田久吉、木暮理太郎、松本善二の三人による残雪期の阿能川岳登頂、一九二八年、立教大学山岳部・木越信一による谷川温泉～谷川岳～俎嵓山稜～阿能川岳～谷川温泉などが挙げられる。阿能川岳の登山道は昭和三〇年代後半に水上営林署（現水上森林事務所）によって仏岩峠～阿能川岳～谷川温泉ルートが開かれたが、現在は廃道化している。

登路　通称・仏岩峠（地形図の赤谷越）から三岩山を経由する尾根に踏み跡があるが、無雪期の登山は困難をともなうため主に残雪期に歩かれている。仏岩峠から約四時間。

地図　二・五万図　水上　（岡田敏夫・根井康雄・加藤　仁）

吾妻耶山　あづまやさん　標高　一三四一m

群馬県利根郡みなかみ町水上地区と新治地区にまたがる。耶は湿地を表し、特異な台形状の山姿が四阿《あづまや》に似ているところから名付けられたとも伝わる。山頂には旧各町村へ向かって大きな石祠が三つ安置され、産土神《うぶすながみ》を祀る吾妻谷神社がある。昔から採草のための入会地であった。南の古沼はモリアオガエルの繁殖地として知られ、大峰沼にはわが国最大の高層湿原の浮き島がある。

登路　JR上越線上牧駅から水分不動尊、大峰沼を経て吾妻耶山頂に達し、ノルン水上スキー場を経て上牧駅へ下るコースがある（約五時間）。

地図　二・五万図　猿ヶ京　（祖父川精治・根井康雄・加藤　仁）

オジカ沢ノ頭　おじかざわのかしら　標高　一八九〇m

別称　越後富士　土樽富士　万太郎富士　富士山

新潟県南魚沼郡湯沢町と群馬県利根郡みなかみ町との境にある。谷川岳の西方約二㎞の距離に位置し、小障子ノ頭（一七三〇m）、大障子ノ頭（一八〇〇m）を経て万太郎山へとつづく上越国境稜線上にある。南方には俎嵓《まないたぐら》から川棚ノ頭へ俎嵓山稜と呼ばれる稜線が延びて、幕岩で代表される岩場を形成している。

山名は上州側のオジカ沢からの転名である。昔、この沢で猟師が巨大な雄のシカを撃ち取ったことからの命名という。越後側では山容が富士山に似ているところから越後富士、土樽富士、万太郎富士などと様々に呼ばれていた。単に富士山と記した古文献も多い。

登路　山頂へは谷川岳肩ノ小屋からクマザサの中につづく尾根道を下ると中ゴー尾根分岐に出る。この尾根はヒツゴー沢とオジカ沢の間に延びており、谷川温泉へとつづいている。痩せた稜線を歩き急登すると山頂に着く。

山頂は草原で、万太郎山、仙ノ倉山へと稜線がつづき、展望が絶景である。南に少し下るとカマボコ型のオジカ沢ノ頭避難小屋がある（肩ノ小屋から約一時間）。

地図　二・五万図　水上　茂倉岳　（南雲克良・根井康雄・加藤　仁）

万太郎山　まんたろうやま

別称　サゴーノ峰　サツゴノ峰　越後富士

標高　一九五四m

新潟県南魚沼郡湯沢町と群馬県利根郡みなかみ町新治地区との境にまたがり、谷川連峰の谷川岳と平標山の中間に位置する。岩峰が鋸歯状に聳え立っているが、山頂はその中央部である。土樽付近から望むと山頂から左右均等に稜線が広がり、「越後富士」と呼ばれるのにふさわしい風格がある。

山名は越後側の万太郎谷からとったものである。万太郎という名称の起源は、その昔、万太郎という名の猟師がこの谷と蓬沢との合流点にあるケサ丸淵で禁制の掟を破って投網漁を行い、神罰を受けて水死した故事にちなんだ命名という。

また、この山と仙ノ倉山との中間にあるエビス大黒ノ頭(一八八八m)は、群馬県側の赤谷川方面から見ると山頂の両巨岩がエビス、大黒の二神に似ているところからこの名が付された。

登路　JR上越線土樽駅前から橋を渡り、関越自動車道チェーン脱着所の横の車道を登り、吾策新道登山口に着く。スギ林からブナ林に変わり、急斜面を登ると次第に展望が開け、大ベタテ沢ノ頭(一四九九m)から岩稜に変わり山頂に至る(約五時間三〇分)。

地図　二・五万図　水上　茂倉岳　土樽　三国峠

(南雲克良・根井康雄・加藤　仁)

仙ノ倉山　せんのくらやま

別称　千ノ倉　三ノ字ノ頭　五ノ岳　大源太

標高　二〇二六m

新潟県南魚沼郡湯沢町と群馬県利根郡みなかみ町新治地区との境にまたがる三国山脈、谷川連峰の最高峰で、元橋と平標山を結ぶ直線の東方にあり、千ノ倉とも書く。

山名は多数の岩山を意味することに由来するものという。また、この山の北面が東ゼン、中ゼン、西ゼンといった巨瀑とスラブで形成されているところから、滝と岩を意味するセンと嵓をとって名付

仙ノ倉山(左のピーク、万太郎山から)

けられたともいう。一般的には三ノ字ノ頭という名称が通用している。山麓の土樽方面では、山頂付近に春遅く現れる三ノ字形の残雪を見て農作業を行う農事暦があったという。しかし、三国方面と上州方面では仙ノ倉山と平標山を大源太山と総称し、元橋から松手山(一六一四m)を経て平標山にかかる地点を大源太一ノ岳、平標山頂が三ノ岳、仙ノ倉山は五ノ岳と呼んでいる。東面の毛渡沢は、昔猟師が捕獲したクマなどを、この沢を利用して山の上から雪上を引きずり下ろしたため、途中に脱毛が点々と残ったところから名付けられた。北尾根西面のイイ沢はよい沢の方言で、山頂北面のシッケイノ頭は、シッケイつまりカモシカの現れる所からこの名となった。

　山頂はドーム状の平坦な広場で、三角点の標石と方位盤があり、谷川連峰の最高峰にふさわしく展望がよい。

登路　直接登る道はなく、平標山から登るのがもっとも近い。平標山から広々とした草原帯の稜線を行くと、アズマシャクナゲの群落が多く見られ、ひと登りすれば山頂に着く(平標山から約一時間)。

地図　二・五万図　三国峠　土樽（南雲克良・根井康雄・加藤　仁）

平標山　たいらっぴょうやま

標高　一九八四m

別称　大源太山　ヤカイ沢ノ頭

　新潟県南魚沼郡湯沢町と群馬県利根郡みなかみ町新治地区との境にまたがり、山麓の元橋の東方にある。谷川連峰の中でもっとも西方に位置し、三国山へとつづく国境稜線がこの山で直角にカーブする。また、湯沢町を二分する中央線上にも位置し、北方は日白山(一六三一m)、タカマタギにつづく稜線が延び、南方は三国山へ至り、西方は旧三国街道(現国道一七号)が走っている。魚野川、清津川の両水系のほか、赤谷川(上州)水系との分水嶺の一つにもなっている。

　平標山という山名は主に土樽方面の呼び名である。三国方面ではヤカイ沢ノ頭ともいうが、通常は仙ノ倉山を含めて大源太山と呼ぶ。また『新編会津風土記』にも「大源太山、浅貝村の寅の方、毛無山の奥にあり、頂上までに二里余り、北は土樽村ニ界ヒ東は沼田領利根郡ニ界フ」とあり、明らかに平標山付近を大源太山と指摘している。したがって、地図上の大源太山は誤りと思われる。

平標山(松手山付近から)

　山容はおだやかで、北方の斜面には大小の池があり、西方にはヤカイ沢が開けている。残雪が豊富で春スキーの山としても知られる。

登路　土樽から毛渡沢、仙ノ倉谷沿いに登る平標新道があるが、距離が長い(約七時間)。三国方面からは、三国峠経由の縦走コース、元橋から河内沢沿いの林道を行き、平標山ノ家を経て山頂へ登る平元新道、元橋から松手山への急登を経て、高山植物が豊富な草原状の尾根を登り、ガレ場を越えて山頂に至る松手山コースがある(元橋から約三時間)。山頂はその名のとおり平坦で、苗場山の眺めがよい。なお、平標山ノ家から山頂へ登り、仙ノ倉山へ至る鞍部は、ハクサンイチゲ、ハクサンコザクラ、チングルマなどのお花畑が多く見られる所である。

地図 二・五万図 三国峠 土樽 (南雲克良・根井康雄・加藤 仁)

三国山 みくにやま 標高 一六三六m

新潟県南魚沼郡湯沢町と群馬県利根郡みなかみ町新治地区との境にまたがる。三国峠の北北東に位置し、平標山から南下する国境稜線が、この山から白砂山に向かい西方へと方向を転じている。

山名は、三国峠に越後(新潟)の弥彦、上野(群馬)の赤城、信濃(長野)の諏訪と、三国を代表する神を祀ったことから名付けられた。

ドーム状のぼってりした山容が三国の安泰を念じるかのように、優しい姿を見せている。峠から山頂まで、コメツツジなどの灌木林から草原へと変わり、春から夏にかけて峠から山頂の間は、ウラジロヨウラクやイワハゼなど、様々な花が登山道を彩り、お花畑一面にはニッコウキスゲの大群落が見られる。

登路 道は峠から直登となる。喬木がないので視界はよい。ガレ場を登ると山頂に着く。標高は低いが山頂の眺望は広大で、南方には赤城山をはじめとする上州の山々、西方には白砂山、苗場山が望まれる。越後側は岩ノ沢が開け、二居川、清津川へとつづいている(三国峠から約四〇分)。

地図 二・五万図 三国峠 (南雲克良・根井康雄・加藤 仁)

三国峠 みくにとうげ 標高 一三〇〇m

新潟県南魚沼郡湯沢町と群馬県利根郡みなかみ町新治地区との境にまたがる。上越国境の中にあって、三国山の南鞍部のもっとも低い位置にある。清水峠とともに古来、上越国境の二大関門であった。その昔、上信越三国の国境と誤信されて、この名となったものといわれる。実際は峠からさらに西方にある白砂山が境である。古地図には三坂峠とあり、御坂ではないかと思われる。峠の頂上に三国権現の社があり、三坂神社ともいう。延暦(七八二〜八〇六)年中、坂上田村麻呂が峠の頂に祠を建てて、ここに越後、信濃、上野三国の弥彦、諏訪、赤城の大明神を勧請して祀ったとある。

この峠は交通や貿易だけでなく、軍事にも重要な役割を果たした。戦国時代から戊辰戦争まで太平洋と日本海を結ぶ日本の大動脈であった。上州側には永井宿、越後側には浅貝宿があり栄えた。

一九五九年、全長一二一八mの三国トンネルの完成以降、湯沢からの国道一七号が全面開通して交通の便がよくなった。

登路 上州側、越後側とも登路があるが、越後側からが登りやすい。トンネル口から、よく整備された道を登って約四〇分で峠に着く。

地図 二・五万図 三国峠 (南雲克良・根井康雄・加藤 仁)

子持山 こもちやま 標高 一二九六m

群馬県沼田市と渋川市子持地区、小野上《おのがみ》地区、吾妻《あがつま》郡高山村にまたがる古い円錐火山である。カルデラ内に溶岩ドームと考えられる山頂がある。山頂を周囲の尾根が子供を抱いているように見える形から名付けられたという。『万葉集』の東歌にも「児毛知夜麻」と万葉仮名で山名が記されている。

日本武尊《やまとたけるのみこと》が創建したという子持神社は子育てや安産の守り神として近在の信仰を集め、江戸期には大乗院という修験道の霊場であった。

登路　子持地区の子持神社から火山活動と侵食で造られた岩脈と岩頸の屏風岩、大黒岩(しし岩)を経て細長い山頂に着く。下山はカヤトの尾根から北に向かい、小峠から沼田市下川田町へ出る(約四時間三〇分)。

地図　二・五万図　鯉沢　沼田　上野中山

(祖父川精治・根井康雄・加藤　仁)

小野子山　おのこやま

標高　一二〇八m

群馬県吾妻《あがつま》郡高山村と渋川市小野上地区にまたがる。利根川支流・吾妻川の左岸にある。地形の成因は十二ヶ岳と同じ古い時代の火山で、その火口縁上の一峰である。奇石奇勝に富む岩井堂が南面にあり、北側には子持牧場がある。コース途中にある高山のゴヨウツツジは群馬県の天然記念物に指定されているが妹ツツジは枯れてしまった。

登路　高山村の林道小野子山線に登山口の道標がある。道が急になると枝尾根になり(林道から約三〇分)、ゴヨウツツジを過ぎて二、三の小ピークを越えると山頂に到着(枝尾根から約三〇分)。十二ヶ岳が近く見えるが健脚向き。JR吾妻線祖母島駅からの南尾根コースもある。

地図　二・五万図　上野中山　金井

(滝沢芳章・根井康雄・加藤　仁)

十二ヶ岳　じゅうにがたけ

標高　一二〇一m

群馬県吾妻《あがつま》郡中之条町、高山村と渋川市小野上地区にまたがる。利根川支流・吾妻川の左岸にある。十二ヶ岳から南東に、中ノ岳(一一八八m)、小野子山、雨乞山(九三一m)と半月状に連なる稜線は、古い時代の火山の火口縁の一部で、その内側となる南ないし南西面は火口谷となって急激に落ち込んでいる。これに対し北面は緩やかな斜面を拡げている。

山頂は展望がすこぶるよく、三角点がある。

登路　JR吾妻線小野上温泉駅北にある砕石場のわきを通り、「結婚の森」の看板の手前の林道を左に上がった終点が登山口。「見透し台」から緩かった道が一変して急登になり、ひと呼吸置いて山頂に着く(約一時間)。北側の林道小野子山線から小野子山のコルに出て中ノ岳経由のルート(約一時間)、小野上温泉駅から谷ノ口集落を経て登るコースもある(約三時間)。

地図　二・五万図　金井　上野中山

(滝沢芳章・根井康雄・加藤　仁)

嵩山　たけやま　標高　七八九m

別称　武山　嶽山

群馬県吾妻《あがつま》郡中之条町に位置し、利根川支流・吾妻川の左岸にある。『吾妻郡誌』には「東南面は一面の岩石にして巍然として聳立す」とある。登山コース以外の岩登りは全山禁止。戦国時代の嵩山城落城にともなう哀史から村人の手によって山全体に観音が建立され、嵩山三十三観世音菩薩として信仰を集めている。吾妻八景の一つで、山頂からの展望はよい。

登路　南麓の親都《ちかと》神社から左コースをとり、尾根に上がってから西の烏帽子岩にある笠松を往復して中天狗を過ぎると本丸跡がある。ここから岩稜を大天狗の山頂まで往復して右コースで親都神社に戻る（一周約一時間）。

地図　二・五万図　中之条

（滝沢芳章・根井康雄・加藤　仁）

高田山　たかだやま　標高　一二一二m

群馬県吾妻《あがつま》郡中之条町の北西にあり、四万《しま》川と反下《たんげ》川に挟まれた位置を占めている。山頂の東、駒岩からのルート上に石尊山の岩場があり、石祠が祀られている。山頂からは、北から北東にかけて上越国境の白砂山や谷川連峰、東から南にかけては上毛《じょうもう》三山が望まれ、南には中之条盆地を俯瞰できる。

登路　四万川に沿った駒岩から石尊山を経るルート（約二時間）。上反下と四万を結ぶ車道のわらび峠からのルート（約一時間一〇分）。

地図　二・五万図　中之条

（中西　章・根井康雄・加藤　仁）

岩櫃山　いわびつやま　標高　八〇三m

群馬県吾妻《あがつま》郡東吾妻町に位置し、利根川支流・吾妻川の左岸にある見事な岩峰。『吾妻郡誌』には「断巖絶壁奇嶽空に聳へ西南は屏風を立てたるが如し」と記している。戦国時代は武田領の岩櫃城として難攻不落を誇った。NHKのTV番組「真田太平記」の舞台となった。山頂の展望はすこぶるよい。

登路　JR吾妻線郷原駅の北西、古谷集落西端の浄水場が「密岩通り」コースの登り口。稜線に出て右に曲がると鎖場が随所にある。「天狗の架け橋」の細い岩稜は巻き道がある（山頂まで約一時間）。同線の群馬原町駅から平沢集落経由のコースと、古谷集落から右に回り込む「赤岩通り」コースもある。

地図　二・五万図　群馬原町

（滝沢芳章・根井康雄・加藤　仁）

王城山　おうじょうさん　標高　一一二三m

群馬県吾妻《あがつま》郡長野原町に位置し、利根川支流・吾妻川の左岸にある。山名は「みこしろ山神社」からとったといわれるが、現在は「おうじょう」と呼ばれている。溶岩流と火山噴出物の地層からなる双耳峰で、三角点のある東峰は古城、西峰は王城と呼ばれ王城神社の奥社がある。

登路　JR吾妻線長野原草津口駅から三〇分程にある林集落の最北にある民家から細い車道が唐傘松までつづく（約一時間）。ここから道が細くなり、ガレ場を通って小笹の中を進むと分岐となり、尾根道を辿って東峰に到着、西峰までは五分程（唐傘松から約一時間）。コルからトラバース道があり、分岐に戻ることができる。高間山とのコルに林道吾嬬山線が開通し、ここから稜線沿いの枝林道を南下すると、終点からウッドチップが敷かれた遊歩道が山頂まで整備されている。

地図　二・五万図　長野原　（滝沢芳章・根井康雄・加藤　仁）

上ノ間山　かみのあいやま

標高　二〇三三m

群馬県吾妻《あがつま》郡中之条町六合《くに》地区と新潟県南魚沼郡湯沢町にまたがる。北に清津川、南に白砂川を分ける上越国境山脈に位置し、白砂山と上ノ倉山のほぼ中間にピラミッド型の山容を見せる山である。山頂は三角点を中心に平らに開け、三六〇度の展望が広がっている。『上野国郡村誌』に上ノ間山の名は見られないが、白砂川源流には猟師の沢、猟師の岩洞などの地名が残されており、古くから六合地区入山《いりやま》の猟師や木地師が獣や原木を求めて入山し、かすかな登路が開かれていたものと思われる。

近代登山の記録としては一九三三年、奥村伝吉が案内人を伴って上ノ間山～白砂山の国境縦走を試みたのが最初とされており、一九三四年、吉田元をリーダーとする吾妻山岳会の田村、吉田、吉水の三人が案内人をともなって白砂川源流の赤沢から上ノ間山に登り、白砂山を経て野反湖に下山。一九三五年、中村謙、池田利久の二人が案内人をともなって白砂川本流から大黒ノ頭に登り、上ノ間山を経て白砂山に登頂している。これらが初期の登山記録で、一九三七年発行のガイドブックには、上ノ間山や大黒ノ頭などが紹介されているが、一般登山者に注目されることはなかった。その後、空白期間をおいて一九五七年、吾妻山岳会による白砂川～上越国境、一九六五年、上原柊造による残雪期の苗場山～白砂山～三国峠、一九六六年、入山山岳会による白砂川～忠治郎山～野反湖の縦走記録などがあり、最近では一九八四年、中島啓治らによる三国山脈の地質調査を目的とした野反湖～白砂山～上ノ間山～上ノ倉山の記録が目立つ。白砂山から三国峠につづく上越国境尾根の縦走路は現在でも踏み跡程度の難路で、年に数パーティーの入山を見る程度である。

登路　白砂山から三国峠につづく上越国境尾根は深いササに覆われているが、白砂山～上ノ間山間の距離は短く、短時間で登ることができる。野反湖バス停から白砂山まで約三時間三〇分、白砂山から上ノ間山まで約一時間三〇分。

地図　二・五万図　野反湖　（岡田敏夫・根井康雄・加藤　仁）

八間山　はちけんざん

標高　一九三五m

群馬県吾妻《あがつま》郡中之条町六合《くに》地区にある。三国山脈の西部に位置し、野反湖の東側にあって、明るいササ原には高山植物が豊富。

登路　野反湖入り口の野反峠からの南西尾根と、野反ダム手前の車道から樹林帯を通り、北西尾根に登山道が開かれている。どちらも一時間三〇分前後。山頂からは堂岩山(二〇五一m)への尾根にも道があり(約二時間)、さらにこの堂岩山から東へは白砂山、西へは野反湖に通じている。

地図 二・五万図　野反湖

(油谷次康・根井康雄・加藤　仁)

惣山　そうやま　標高　八一六m
前山　まえやま　標高　八三五m

二山とも福島県大沼郡金山町にあって、越後山脈(駒止高原山地)に位置する。惣山および前山は沼沢湖の内輪山である。

沼沢湖は標高四七五mの高原に位置するカルデラ湖で、五〇〇〇年から五五〇〇年前に沼沢火山の噴火によって形成された。その面積は三㎢、最深部は九六mもあり、透明度は日本有数を誇る美しく静かな湖である。

『新編会津風土記』によれば、「昔は霧ヶ窪と称へ大蛇住みて人を害す。何れの頃にか大蛇の為に誅せられ、其の後、此の辺りに人家営みしといふ。小山四方に囲みて、鏡水其の中に開け積翠鏡波の間に浮動し、山中に稀なる勝境なり」とあるが、二一世紀を迎えてなお、当時の姿を保って今日に伝えている。

その「小山四方に囲める」うちの三方が惣山・前山内輪山の縦走路となっている。

登路　登山口は北側の福沢集落の山祇《やまつみ》神社である。ミズナラやブナの樹間から沼沢湖の湖面が見え隠れし、赤岩の通過には鎖場もあって侮れない。まるで大きな箱庭に入り込んだような、ファンタジックな世界が展開している(登山口から約二時間)。惣山山頂に立つと、足元から赤岩の断崖がすっぱりと切れ落ち、眼下には満々と水を湛えた沼沢湖が悠然と広がって美しい。

下山は、山頂先の道標の分岐を太郎布にとり、前山に向かう。急坂を下ると、やがて「見えるヶ丘」のコルに到着する。そのコルの先に前山との分岐がある。右に下れば太郎布の集落が近い。前山へはそのまま急な登り坂を進む(惣山から前山まで約一時間三〇分)。

前山の山頂は平坦ではっきりしないが、東端部の岩場からは沼沢湖の大展望を楽しむことができる。そのまま急斜面を下ると沼沢湖岸に下り立ち、やがて向沼キャンプ場に到着する。

地図 二・五万図　沼沢沼

(星　賢孝)

高森山　たかもりやま　標高　一一〇〇m

福島県大沼郡金山町にあって、越後山脈(駒止高原山地)に位置する。火山湖の沼沢湖を囲む内輪山を「惣山・前山」と呼び、この高森山は高久原山と連なって外輪山を形成している。

沼沢湖はその昔、霧ヶ窪と称し、大蛇が棲んで人を害したという。その悪しき大蛇を成敗すべく出陣した佐原十郎義連は、激闘むなしく主従、筏もろとも大蛇に飲み込まれてしまうが、大蛇の腹をかき切って飛び出し、見事に大蛇の首をはねて成敗したという伝説がある。

毎年八月第一日曜日の湖水祭では、その大蛇退治絵巻が湖上で勇壮絢爛に再現され、大勢の観光客でにぎわっている。

登路　高森山登山口は、玉梨牧場の道標から入って尾根上に辿り着く。ブナやミズナラの快適な尾根からは、眼下に見え隠れする沼沢湖が神秘的に輝いて美しい。

最後の急な登りにひと汗かくと頂上である。狭い頂上には三角点があり、浅草岳、御神楽岳、博士山などを眺めることができる（登山口から約一時間四〇分）。

下山は沼沢集落に向けて北側の急な尾根を下る。その中腹に忽然と「丸山城址」の標柱が現れる。『四家合全』によると沼沢丸山城は、山内権大輔俊康が享禄四年（一五三一）に築城したものと伝えられている。

本丸は東西三三間、南北一九間。二の丸付きの大きな城であったが、いまその栄華を記憶に残しているものは、天を突くばかりのブナの巨木だけである。

地図　二・五万図　沼沢沼　（星　賢孝）

金石ヶ鳥屋山　かねいしがとやさん　標高　九七〇m

福島県南会津郡只見町と大沼郡金山町の境にあり、越後山脈（駒止高原山地）に位置する。近くにある俎倉山《まないたくら》（九六三m）山頂とともにテレビ中継用のアンテナが目立つ山である。また、近くに自然石が観音のように見える日宮沢《にっくさわ》観音がある。

『新編会津風土記』には「小川村○金石鳥屋山　村東二里十八町にあり、頂まで八町、形状さまで峻しからざれども諸山に秀て孤立の勢あり、山入村及和泉組小林村と峯を界ふ、雑木多し」と記載されている。

山名の由来は、「金石」はかつてこの山に鉱脈があったことを示し、「鳥屋」とは「山中で鳥を捕る人の小屋」の意味である。

登路　小林布沢別から伊南川沿いに進み、林道に入って日宮沢観音入り口で車を降りる。後は「のう沢」に沿って付けられた林道を登る。やがて道は俎倉山との鞍部に着き、林道を離れて右へ下り、ブナ林を登り返せば金石ヶ鳥屋山山頂に着く（日宮沢観音入り口から約二時間）。

地図　二・五万図　会津小林　（藤間道徳・星　賢孝）

明神ヶ岳　みょうじんがたけ　標高　一〇七四m

福島県大沼郡会津美里町高田地区と河沼郡柳津町にまたがり、越後山脈（駒止高原山地）に位置する。『新編会津風土記』には、「頂まで大岩村より十八町餘、博士山の北に並び、府下より西南に見ゆ、もと高田村伊佐須美《いさすみ》明神の鎮座ありし處にて」とあり、奥社が祀られている。創祀は大毘古《おおひこ》命が国土開発の祖神である伊弉諾《いざなぎ》、伊弉冉《いざなみ》の二神を会津と越後の境にある御神楽岳に祀り、のちに博士山、さらに明神ヶ岳に遷り、欽命天皇一三年（五五二）に現在の会津美里町宮林の伊佐須美神社に祀られたと伝えられている。

登路　冑《かぶと》集落の奥、会津三十三観音第二十七番札所の「大岩観音」が登山口となる。スギ林を抜けるとクルミの木が多く、狭間峠につづく道は、無理なく弧を描いて登っている。かつてここは会津の城下町と西会津を結ぶ道で、人馬の往来があったことが偲ばれる。

また、背後に広がる会津盆地と磐梯山が郷愁を誘う。

登りつめるとブナが現れ、正面に明神ヶ岳が姿を現す。スギやマツ、ミズナラの古木が見られる広い狭間峠を緩く下って、一本杉から雑木林をひと登りすると、赤鳥居の奥に大きな石祠がある伊佐須美神社奥社に着く。さらに急坂を登りつめて尾根に出れば、左のブナ林の中に登山道がつづいている。山頂はブナ林に包まれて展望は利かないが、静かなたたずまいがうれしい(登り約二時間、下り約一時間三〇分)。なお、登山道隣の沢沿いを滑る山スキーも面白い。

地図　二・五万図　会津高田　(成田安弘・渡部展雄)

小野岳　おのだけ　標高　一三八三m

福島県南会津郡下郷町にあり、越後山脈(駒止高原山地)に位置している。会津盆地から国道一二一号を南に約一五km山間に入った湯上温泉集落北方に、お椀を伏せたような山容を見せているのが小野岳である。第三セクター会津鉄道の湯野上温泉駅は木造茅葺で趣のある駅舎で、源泉から引き込んだ足湯が常時利用できる。また、ここから約六km沢沿いの道を上がった所が大内宿跡で、現在、国の重要保存地区に指定され、多くの観光客が訪れる場所になっている。

登路　登山道は小野観音口、大内登山口の二箇所があり、どちらから登っても二時間三〇分程で山頂に着く。急な小野観音から登って大内宿に下るコースが足への負担が少ない。

登山口から緩やかにスギ林を抜けて登っていく道は、山裾を巻きスギの植林された斜面から急登の連続となる。雑木林にクリの巨木を見ながら高度を上げるとブナ林に変わる。やがて太いダケカンバが現れ、ネマガリダケが多くなると山頂は近い。

石の祠がある頂は広く、北から東にかけて展望が広がっている。北東には磐梯山、吾妻・安達太良連峰、阿賀川を堰止めた若郷湖の東に、大きな山塊の大戸岳が立ちふさがっている。

大内宿への道は、右手下に沼尾沼を見下ろし、ブナの森を通り抜け、送電線の鉄塔目がけて尾根を下り、小沢沿いにスギ林を抜けると登山口である。

地図　二・五万図　湯野上　林中　上三寄　(成田安弘・渡部展雄)

博士山　はかせやま　標高　一四八二m

福島県大沼郡昭和村、会津美里町高田地区、河沼郡柳津町の境界に位置し、越後山脈(駒止高原山地)に属している。新第三紀のデイサイトよりなる旧火山体でコニーデ型の山容を呈し、近くの志津倉山と同時期の形成で地質も似ている。

博士山の名は、約一〇〇〇年前に尾根にあった近洞寺の山号がそのまま残ったといわれている。会津美里町宮林の伊佐須美《いさすみ》神社が、初め御神楽岳にあったのを博士山に遷され、さらに明神ヶ岳から現在の地に遷座されたという伝説がある。また、明神ヶ岳と博士山の背くらべという民話もある。実際、会津若松市の西端辺りから見ると、博士山の方が四〇八mも高いのに、明神ヶ岳が博士山より近くにあるため同じくらいの高さに見える。

一九九一～九二年ごろ、昭和村と大手建設会社が共同でスキー場、ゴルフ場を核とした「博士山リゾート開発事業」を立ち上げたが、「博士山ブナを守る会」などの自然保護団体の反対運動とバブルの崩壊によって計画は消滅した。近年、この山中にイヌワシが生息していることが確認された。

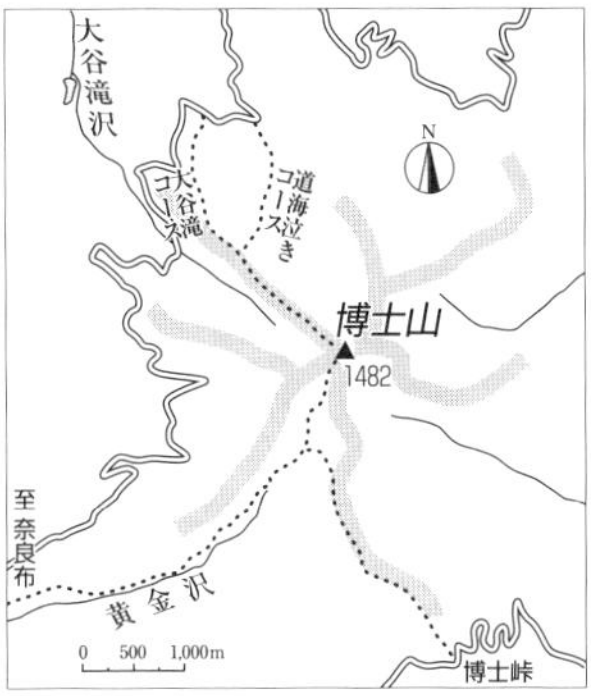

登路　柳津町大成沢からの「大谷滝コース」と「道海《どうかい》泣きコース」が一般的だが、近年、会津美里町と昭和村を結ぶ国道四〇一号の博士峠からの登山道が開かれた。博士峠の標高が一〇七三mあるので、標高差約四〇〇m登ると山頂に立つことができる。とくに四月から五月の残雪期の登山がすばらしい。なお、道路の除雪完了時期は四月中旬から下旬であるが、役場に確認してから入山するとよい。

博士峠から稜線を北に進む。はじめの急斜面を昭和村側から回り込んで登りつめるとロボット雨量計のあるピークに着く。さらに稜線を北に進むと登りとなり、やがて王博士《おうはかせ》と呼ばれる山頂となる。西側の大斜面はブナ林がほとんどといっていいほど伐採されてしまった。ここからいったん下降し、稜線の左側の緩斜面を登り、最後の急斜面を登りつめると大きな標識がある博士山の山頂に着く（博士峠から約二時間）。

山頂からは会津盆地を挟んで磐梯山、吾妻連峰、北に大きく飯豊連峰、東に大戸岳、二岐山、南に七ヶ岳、遠くに燧ヶ岳、会津駒ヶ岳、西に会越国境の山々をながめることができる。なお、昭和村の奈良布集落からはスキーで往復できる。

地図　二・五万図　博士山　大芦

（大竹幹衛）

志津倉山　しづくらやま

標高　一二三四m

福島県大沼郡三島町、昭和村、河沼郡柳津町にまたがり、越後山脈（駒止高原山地）に属している。「しづ」は「清水」、「くら」は地形語で崖の意味を持ち、大谷川の上流を源頭として聳える岩場を持つ山、ということが山名となったという説がある。

新第三紀のデイサイトよりなる旧火山体だが、侵食されて原形をとどめない。美しいブナ林があり、大きなスラブや岩を抱き、多くの伝説を持つ神秘的な山である。

登路　三島町宮下から大辺《おおべ》峠を経て昭和村へ通じる道路に入る。浅岐、間方などの集落を通り、最終の集落・入間方から二km先の大沢を渡る橋が登山口である。ここまで宮下から一六kmあるので、車かJR只見線会津宮下駅からタクシーを利用する。

登山道は西側の「細ヒドコース」と、東側の「シャクナゲ坂コース」の二つあるが、ここでは「シャクナゲ坂コース」を登り、「細ヒドコース」を下山する周回コースを記す。

橋を渡ってすぐ左の沢沿いの道を進むと右に「細ヒドコース」の分岐点がある。なおも沢沿いの道をつめていくと右側山腹に「雨乞岩」と呼ばれる巨大なスラブが見えてくる。降雨時には幾筋もの白い滝が出現し、見事な景観を見せてくれる。ここから「雨乞岩」の

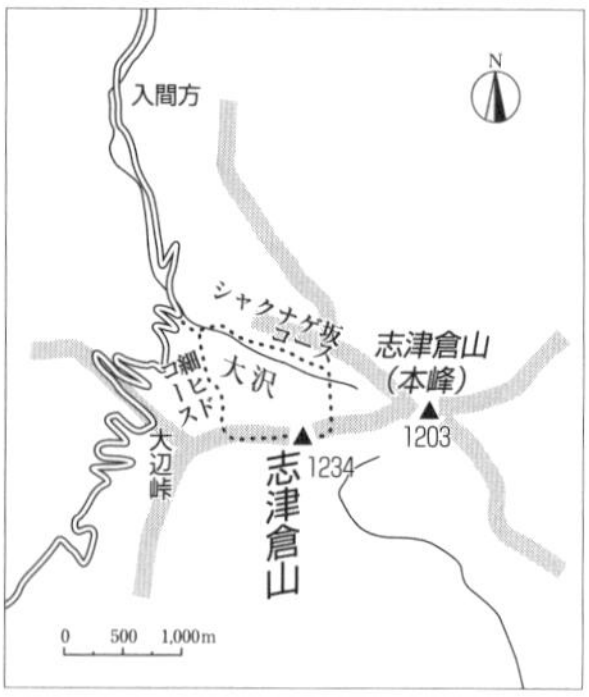

左尾根に取りつき、左側へ山腹を絡んで登るルートと、そのまま沢沿いに登るルートに分かれるが、取りつきより三〇分程で合流する。水場があり、ここから「シャクナゲ坂」の急な登りとなる。

鎖場を過ぎて「一の岩」、さらに痩せ尾根を登って屏風岩から三本松へと苦しい登りがつづくが、ブナ林になると緩やかな登りとなり、東西に連なる主稜線の一角に登りつめる。ここの道標に「左　志津倉山本峰　右　志津倉山」とあるが、国土地理院の二・五万図には東端のピーク（一二〇三m）が志津倉山と記載されている。実際は西側の三角点のあるピーク（一二三四m）が志津倉山の山頂である。山頂からは東隣に博士山、遠くに磐梯山、飯豊連峰、田代山、帝釈山、西に御神楽岳、鍋倉山などの会越国境の山々を眺めることができる（登山口から約二時間）。

下山は尾根を西に辿り「細ヒドコース」を下る。急な下りで雨天時には滑りやすく、糸滝付近の鎖場や鉄梯子を下る時は慎重に行動したい。この先は美しいブナ林を下り、大沢沿いの道と合流すればまもなく登山口に着く。

地図　二・五万図　野尻　博士山

（大竹幹衛）

俎倉山　まないたぐらやま

標高　一〇五六m

福島県大沼郡三島町と昭和村にまたがり、越後山脈（駒止高原山地）に属する山である。山名は「まないた」を立てたような岩場を持つ山から付けられたという説がある。

この山に登るには、昭和村野尻から林道を辿り、美女峠付近まで行く。めずらしい名前の峠であるが、平家の若武者・中野丹下と高姫との悲恋の物語から付けられた。高姫は旅に出てしまった丹下を、この峠に登っては偲んだといわれる。

古くは美女帰《びじょき》峠と呼ばれ、『新編会津風土記』にも「美女歸峠　村東にあり　登ること一里十八町間方村にゆく道なり」と記されている。こうした伝説を思い浮かべながら登る山である。

登路　昭和村野尻集落の野尻川に架かる岩本橋の手前が入り口だ。美女峠につづく道を進み、さらにスギ林の中の道を登って行くと、やがて俎倉山が見えてくる。美女峠を登り、美女清水下から右に登りつめると俎倉山への山道がある（登山口から約一時間三〇分）。

地図　二・五万図　野尻

（志田正美）

御前ヶ岳　ごぜんがたけ

標高　一二三三m

福島県大沼郡昭和村にあって、越後山脈（駒止高原山地）に位置する。

治承四年（一一八〇）六月、源三位入道頼政が、高倉宮以仁王《もちひとおう》を奉

じて平家を滅ぼそうと宇治川で一戦を交えたが利あらず平等院で自害。高倉宮以仁王は下郷の里を経て越後まで落ち延びた。高倉宮の妃・紅梅御前は王を慕って京よりはるばるこの地に辿り着いたところ、王はすでに旅立った後で身を置く所がなく、また、追っ手から逃れるためにもこの山中に仮住まいされたという伝説がある。その跡がいまに残され、以来この山を「御前ヶ岳」と呼ぶようになったといわれる。

　畑小屋集落の鎮守は、高倉宮以仁王の父君である後白河法皇の魂を祀ったものと伝えられている。その畑小屋が御前ヶ岳の登山口となる。

登路　畑沢川を渡って進むと道標の立つ分岐となり、右の御前ヶ岳コースに進路をとる。急登を終えると、やがて紅梅御前が住んでいたという場所に達する。さらに登るとやがて山頂に辿り着くことができる（約一時間二〇分）。

　下山は山の神コースを辿る。鎖場もある急な下降なので慎重に下りたい。やがて緩やかに山道を辿れば先の分岐に到着する。

地図　二・五万図　大芦

（星　賢孝）

唐倉山　からくらやま

標高　一一七六m

福島県南会津郡南会津町南郷地区にあり、越後山脈（駒止高原山地）に属している。昔、山頂に唐倉明神があったことから山名となった。

　山岳修験の山といわれ、毎年旧暦四月八日に法印と木伏集落の人たちが登っている。木伏集落の薬師堂に「唐倉山」と記した扁額があり、堂の中には唐倉山を描いた古い絵馬が上がっている。

　この山は標高は低いが、急峻な岩峰で屹立していて目立ち、江戸時代に編纂された『新編会津風土記』にも「高山ならざれども勢最嶮しく峯を伝ひてわずかに一路通ず、其間許多の奇岩あり佳観とす……」とあり、詳しい記述がつづく。

　痩せた尾根には下から裸岩、鑑《かがみ》岩、材木岩、烏帽子岩、展風岩、手掛岩、衣掛岩がつづいて山頂に至る。山頂からの展望は晴れていれば遠くの飯豊連峰や磐梯山、燧ヶ岳《ひうちがたけ》や会津駒ヶ岳を望むことができる。

登路　南会津町伊南地区の青柳集落への橋の手前の説明板のある所から八久保沢沿いの林道に入る。林道終点まで約四km、終点からは登山道が判然としないが、畑の中の細径を通って雑木林からカヤ野に出、左の鑑岩を目ざして尾根に出て、前述の岩の痩せ尾根を慎重に進んで山頂に至る（林道終点から約一時間三〇分）。

地図　二・五万図　会津山口

（江花俊和）

七ヶ岳　ななつがたけ

標高　一六三六m

福島県南会津郡南会津町田島地区にあり、越後山脈（駒止高原山地）に属している。大川支流の荒海川の西に位置し、南の上岳が主峰で、北東に向かって一番岳から五番岳（下岳）を経て七番岳まで七つの峰が連なっているところから山名となった。江戸時代に編纂された『新編会津風土記』には、「俗名を七嶽と云ひ、七森嶽、荒倉

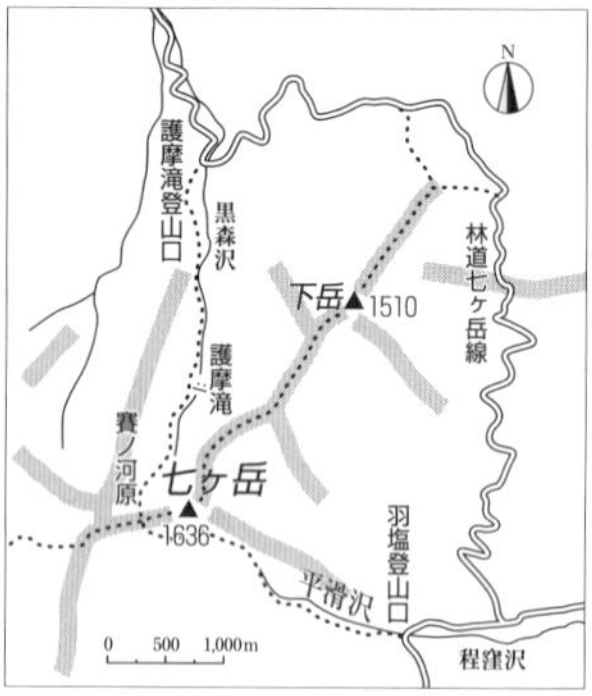

山と呼ばれていた」とある。

東面から望む山容は鋸形の七峰と稜線直下の急峻な断崖で迫力があり、豊かな植生と変化に富んだ地形が相まって南会津の名山に数えられている。

山頂は凝灰岩で、植生は山麓のミズナラやサワグルミ、トチなどの広葉樹林、山腹はブナ林がつづき、山頂直下の急峻な岩の多い斜面にはシャクナゲの群落が見られる。山頂手前の尾根は岩と砂礫で賽ノ河原と呼ばれ、山頂には三角点と石祠があり、那須の山々、荒海山、帝釈山脈、会津駒ヶ岳などが展望できる。

登路　東面の羽塩からと、反対側の針生から整備された登山道があるが、登山口までの林道が長い。

羽塩コース　程窪沢の章吾橋手前が登山口で道標がある。シラカンバ林や平滑沢と呼ばれるナメ状の沢を遡り、山腹のブナ林から急峻なシャクナゲ林を経て賽ノ河原と呼ばれる尾根に出た後、山頂に至る（羽塩登山口から約二時間三〇分）。

黒森沢コース（針生コースとも呼ぶ）　黒森沢沿いの林道に入って護摩滝登山口の道標から登山道に入る。階段状の護摩滝を登ってそのまま沢を遡行し、山頂手前の賽ノ河原から山頂に至る（護摩滝登山口から約二時間三〇分）。

なお、広域林道七ヶ岳線が七番岳の北側を乗っ越しているので山頂から縦走もできる。

地図　二・五万図　糸沢　松戸原

（江花俊和）

貝鳴山　かいなりやま　標高　一二二二m

福島県南会津郡南会津町田島地区と栃木県日光市藤原地区との県境近く、福島県側に位置する。また、越後山脈（帝釈山地）に属している。戦国時代、ほら貝を鳴らして敵の襲来を知らせた山として山名となった。貝鳴山は会津と日光を結ぶ会津西街道（国道一二一号）の要衝であり、山頂から西に進んだ所に狼煙《のろし》を上げたという見通しのよい岩場がある。

登路　国道沿いの萩野地区から「林道萩野釜沢線」の標識を少し入ると、右手に小さな祠や鳥居がある。ここが登山口で、カラマツ林を左手に見ながら登り始め、一直線に近い急登がつづく。山頂が近づくにつれて緩やかになり、三角点のある一一九七mのピークに着く。さらに五分程で山頂となる（登山口から約一時間二〇分）。

地図　二・五万図　糸沢

（伊藤一弘・渡部展雄）

高土山　たかつちやま　標高　一〇七八m

福島県南会津郡南会津町田島地区にある。野岩鉄道会津鬼怒川線の会津高原尾瀬口駅の南西側にあって、越後山脈（帝釈山地）に位置する。低いながらも北に鋸の歯形をしている七ヶ岳の展望台として知られ、また、コナラ、ミズナラ、ホオノキ、カエデなどの広葉樹林の中を、落ち葉を踏む音を聞きながら登る楽しさは里山ならではである。送電線用の巡視路があるので、この道を利用して登ることができる。

山名の由来はつまびらかでないが、「高土＝コード」とは渓谷や川の渡し場という意味で、近くを流れる荒海川と関係があるのかもしれない。

登路　野岩鉄道会津鬼怒川線会津高原尾瀬口駅から国道三五二号を中山峠の方面に歩くと、約一・五㎞の所から左へ荒海山登山口のある林道に入る。すぐに滝ノ原橋で、左たもとが巡視路入り口である。小道に入り、薄暗い広葉樹林の中をジグザグに登ると尾根上に№84鉄塔が立っている。さらに№85鉄塔から痩せ尾根を下り、なだらかになって、№86鉄塔へ下る道を右に見ながらトラバース気味に登って行くと№87鉄塔が右側下に立っている。ここから№87鉄塔を背にかすかな踏み跡を辿れば林の中に高土山山頂がある（巡視路入り口から約二時間）。ただし、展望が利かないので№87鉄塔直下まで下って休憩するとよい。ここは前方の視野が開けていて、七ヶ岳の全容を心ゆくまでながめることができる。下りは、№86鉄塔から会津高原オートキャンプ場へ下る。

地図　二・五万図　荒海山　糸沢

（藤間道徳・渡部展雄）

荒海山　あらかいさん

標高　一五八一m

別称　太郎岳　荒海太郎山

福島県南会津郡南会津町と栃木県日光市の県境にあり、帝釈山地に位置している。福島県側では荒海山、栃木県側では「太郎岳」と呼ばれている。合わせて「荒海太郎山」とも呼ぶ。

登山口は福島県側の八総《やそう》鉱山跡からの道しかない。南会津の秘峰であるが、距離が長く、視界が利かない樹林の中のコースは地味であるが、静かな山旅を味わうことができる。

東西にある双耳峰の頂からは那須連山、七ヶ岳、会津駒ヶ岳、燧ヶ岳、田代山、帝釈山、日光の山々などを眺めることができる。また、ここは分水嶺になっていて、「大河の一滴ここより生る」と刻んだ「阿賀野川水源之標石」が西峰山頂（一五八一m）に立っている。北側に降った雨は荒海川から阿賀川へ、そして日橋川や只見川と合流して阿賀野川に出て、日本海に注ぐ壮大な流れの源となっている。南側に降った雨は男鹿川から鬼怒川へ、そして、利根川から太平洋に運ばれる。

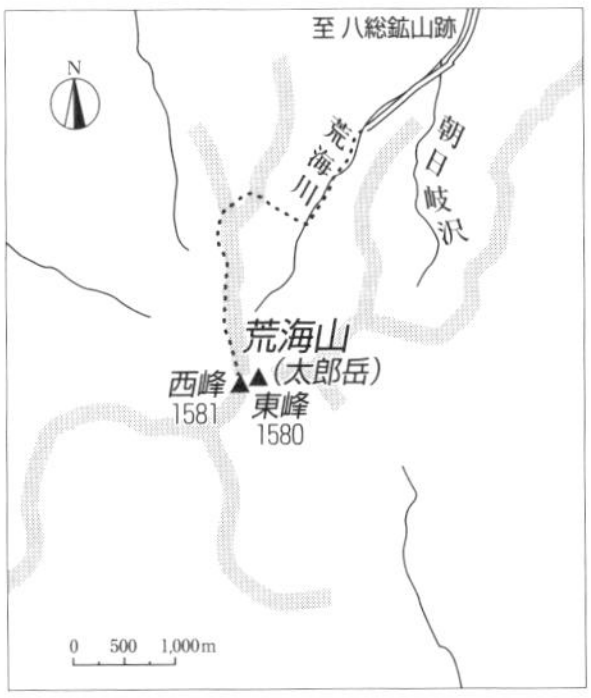

山名の由来は、「アラカイ」とは「荒々しく峡《はさま》れた山（谷）」の意味で、山々に囲まれた奥深い位置にあるので、そう呼ぶようになったと思われる。

『新編会津風土記』には、「會津郡　荒貝嶽　熨斗戸《のしと》組岩下村の東南にあり、頂まで二十町、北は本郡河島組瀧原村に属し、東は下野國鹽屋郡河島組芹澤村に属し、太郎嶽と云峯を以て界す」と記載されている。

登路　野岩鉄道会津鬼怒川線の会津高原尾瀬口駅から南西に五・五kmで八総鉱山跡に着く。さらに荒海川に沿って草が生い茂った荒れた林道を進むと、登山届を入れるボックスがあり、やがて林道を右へ入ると荒海山登山口となる。登山口から荒海川を渡るまでの間、昨今のゲリラ豪雨による登山道の崩落などがあるので注意が必要である。小沢にある砂防ダムを過ぎ、高巻きの後、滑りやすい涸れ沢に降りて急登すれば旧町村界尾根の鞍部に出る。ここから左に折れ、深い森林の中のアップダウンの激しい尾根となる。倒木や所々に木の根が出ているため、非常に歩きにくい。やっと大きな岩が現れ、瘦せ尾根の急な登りを終えると灌木帯の中に三畳ほどの南稜小屋がある。

小屋のわきからササの中の道を少し登った所が西峰山頂である。また、この先に丸みをおびた東峰山頂（一五八〇m）があって、三角点が置かれている（登山口から約三時間）。

地図　二・五万図　荒海山　糸沢

（藤間道徳・熊谷鶴三）

佐倉山　さくらやま

標高　一〇七三m

別称　八総《やそう》佐倉山

福島県南会津郡南会津町舘岩地区にあり、越後山脈（帝釈山地）に位置する。野岩鉄道会津鬼怒川線会津高原尾瀬口駅から中山峠を越えて約一五kmの井桁集落の南側に聳える。森戸付近から眺めると大小二つのピークを持った山容が登高欲をそそる、個性的な里山である。

この山は、村内に佐倉山が三山あるので、区別するために地区名を頭に冠して八総佐倉山とも呼ばれている。「八総」の名の起こりは、八総集落にある伊勢神社の氏子は昔、戸中より岩下まで八箇村の住民が占めていたので、「ヤソウ地区」になったという。佐倉の「サ」は接頭語で、「クラ」は断崖や岩場の意味である。山の中腹には屛風岩の巨岩があり、麓の井桁集落からも見ることができる。そのためか、佐倉山には昔、要害があったという説もある。

登路　井桁バス停から国道三五二号を約三〇〇m戻ると作業小屋のそばに佐倉山登山口がある。ここから暗い林の中の九十九折を登ると屛風岩の尾根に出る。さらに進むとテレビの中継用アンテナが立つピークがあり、いったん下って滑りやすい岩場を急登すれば佐倉山山頂に着く。荒海山、黒峠山、大嵐山、会津駒ヶ岳、七ヶ岳などを眺めることができる（登山口から約二時間）。

地図　二・五万図　松戸原　湯ノ花

（藤間道徳・渡部展雄）

大嵐山　おおあれやま

標高　一六三六m

福島県南会津郡南会津町舘岩地区湯ノ花集落の東側にあり、越後山脈（帝釈山地）に位置する。国道三五二号沿いの松戸原付近から眺めると、堂々とした山容は富士山に似た形で聳え立っている。

山頂は北東に細長く連なり、東側が岩峰になっていて鱒沢川側から眺めると、岩峰が切り立ち山容が一変する。山はブナやナラ、トチなど広葉樹に覆われ、とくにサワグルミの原生林はほかに見られない。また、滝沢にはハコネサンショウウオが生息している。

南会津の山並みを一望することができる山頂と、そこへ至る変化に富んだ道筋は新緑や紅葉の季節が一番よい。山頂からさらにヤブ尾根を進むと枯木山がある。

近年登山道も整備され、自治体による観光パンフレット地図の発行、町主催の山開きなどが行われ、一般に知られるようになった。しかし、近くにある田代山にくらべて登山者は少なく、異なった趣のある静かな山である。

山名の由来は、旧舘岩村は江戸時代には南山《なんざん》御蔵入《おくらいり》「立岩郷」と呼ばれていた。この二四箇村の中央部に聳える大嵐山は傍らに控える湯ノ倉山(一三四三m)とともにいつも見張っていて、悪魔を払いのけ、善神を迎えて郷を守っているといわれている。「悪魔払う山」から「オオアレヤマ」に転訛したという。

また、この郷に雨が降らない時、雨乞いの祈禱・行事を行ったと言い伝えられている。どうにも降らない時は大嵐山に登って騒ぐと雨が降るといわれ、山へ登って唱え言だけでなく、大きな岩石を山上から落として騒ぎ、祈願したという。「雨乞いをする山」から転訛したかもしれない。

登路　登山道は湯ノ花温泉からすぐ左手の滝沢林道を一km上った所が終点となり、後は滝沢に沿って忠実に登る。源頭から左の急斜面を急登すれば主稜線に出て、アップダウンを繰り返し進めば程なく大嵐山に着く。三角点がある山頂からの展望は燧ヶ岳、会津駒ヶ岳、七ヶ岳、田代山、荒海山、枯木山などを楽しむことができる(登山口から約三時間三〇分)。

地図　二・五万図　湯ノ花

（藤間道徳・渡部展雄）

枯木山

かれきやま

標高　一七五六m

福島県南会津郡南会津町舘岩地区にある。栃木県日光市栗山地区との県境に近く、同じ越後山脈(帝釈山地)にある田代山の東側に位置している。南会津のヤブ山を目ざす登山者にとって憧れの山である。しかし、稜線はものすごいヤブこぎを強いられ、沢は深く、ザイルも必要だから初心者だけの入山は避けた方がよい。

山名の由来について、『新編会津風土記』には枯木山の名は見られないが、枯木峠の名はある。『日光』輯製二十万図(一八八七)を見てもやはり枯木山はなく、栃木県との県境に枯木峠がある。その峠道は湯ノ岐川右岸から新道沢を渡り、一四八九mのピークに登り、尾根上をまっすぐ進むと枯木峠に出るようになっている。その後、明治末ごろに近くの低い所に万歳峠新道が開かれて枯木峠は廃道となるが、途中の一番高い所を何らかの事情で近くにあるこの枯木峠の名称を取って「大毛無《おおけなし》山」から「枯木山」に呼び名が変わったものと思われる。いまは万歳峠も廃道化し、近くに県道栗山舘岩線(車両通行不可)ができている。当時、この地に住む人々の物流拠点は栃木県今市であり、奥会津の特産品を背負い、ようやく県境のピークに立てた嬉しさからその名が付いた。切なくも心

温まる峠名である。

『新編会津風土記』には、「水引村　○枯木峠　村南一里餘にあり、登ると一里十八町計此を越て高手原村に往く、道殊に嶮しく牛馬通せず、高手原村と峯を界ふ。○大毛無山　村より辰巳の方一里二十町にあり、頂上まで一里三十町計高手原村と峯を界ふ、姫松黒檜桂多し」と記載されている。

「毛無」の漢字は当て字で、「ケナシ」とは「木の茂った山」の意味を持つという。

登路　登山道はない。ヤブコースは県道栗山舘岩線の県境稜線から北東へ忠実に進み、一七六〇mのピークから北へ延びている支稜線を辿れば枯木山山頂に着く。ただし、物凄いヤブこぎとアプローチの長さに注意されたい(県境から約七時間)。

沢コースは舘岩地区の水引集落から県道栗山舘岩線を約五km進み、左手に新道沢と赤岩沢の出合へ下る林道に入る。さらに崩れた林道を終点まで進み、赤岩沢に降りて河原を遡っていくが、段々きつくなってこの沢最大の一五mの滝が現れる。これを高巻きすると水量も少なくなり、急な沢は倒木や小枝がつまっている。沢水もなくなり、まっすぐ急斜面のネマガリダケをこぎながら登れば枯木山山頂に立つ。山頂からは燧ヶ岳、田代山、帝釈山、会津駒ヶ岳、さらに大嵐山までの稜線が見える(赤岩沢出合から約六時間)。

地図　二・五万図　湯西川　湯ノ花

(藤間道徳・渡部展雄)

明神ヶ岳　みょうじんがたけ

標高　一五九五m

明神ヶ岳(中央奥のピーク)(枯木山から)

栃木県日光市栗山地区にある。北方の枯木山から眺めると、その山容は大きく、しっかりと根を張り堂々としている。北の帝釈山地、南の日光連山の二〇〇〇m級の山脈に対峙するかのように屹立している。

山塊と呼ぶにふさわしい広範囲な山域の中央に位置する明神ヶ岳は、主峰(一五九五m)を中心に弓なりに延びて、北に湯西明神、やや南に日向明神と、三つのピークが中核をなしている。その西側には前沢を隔てて高倉山山稜(最高点一四四〇m)が岩とヤブの稜線を南北に連ね、東側には高土山(一一一八m)、葛老《かつろう》山(一一一三m)が、南には馬老山(一三三七m)がその前衛を形成している。

主な沢は明神ヶ岳に集中し、北側の川戸集落からは前沢、東の一ツ石集落(ダム建設により水没)からは栗山沢、南の日向集落からは大滝沢や稲ヶ沢が、いずれも明神ヶ岳を水源としている。沢は転石、花崗岩のスラブ、廊下、多くの飛瀑など変化に富んでいるが、つめは砂岩でガレが侵食されており、ヤブをこいで稜線に出ることになる。

稜線は全山ヤブに覆われササや樹木が茂り、山頂近くはシャクナゲ、コメツガ、ヒメコマツ、ダケカンバが目立つ。

明神ヶ岳の名称が地図上に現れたのは、一九一五年の陸地測量部の五万図からのようである。ちなみに日向明神(西川明神)には木祠(北根明神)が安置され、一九六三年まで日向集落の人たちが祭礼の日(旧盆八月一七日)に登拝した。一九四五年まで採鉱した日向鉱山の跡が大滝沢にあり、沢水は毒水で飲むなといわれてきた。

登路　前沢と支流の滝倉沢の合流点のある滝倉橋から滝倉沢左岸の尾根を往復するルートがある(滝倉橋から往復約五時間)。日向明神への登拝路はいまは廃道である。

地図　二・五万図　湯西川　五十里湖　川治　川俣湖

(橋本太郎・仙石富英)

田代山　たしろやま

標高　一九七一m

福島県南会津郡南会津町舘岩地区と日光市栗山地区との県境に位置し、越後山脈(帝釈山地)に属している。帝釈山と並んで聳える山で、両県の分水嶺となっている。福島県側の湯ノ岐川を本流とするオクラ沢、曲沢、くずれ沢、ウチノボリ沢、栃木県側の馬坂沢を本流とするサル沢を含む多くの枝沢を有し、急な渓谷を呈している。

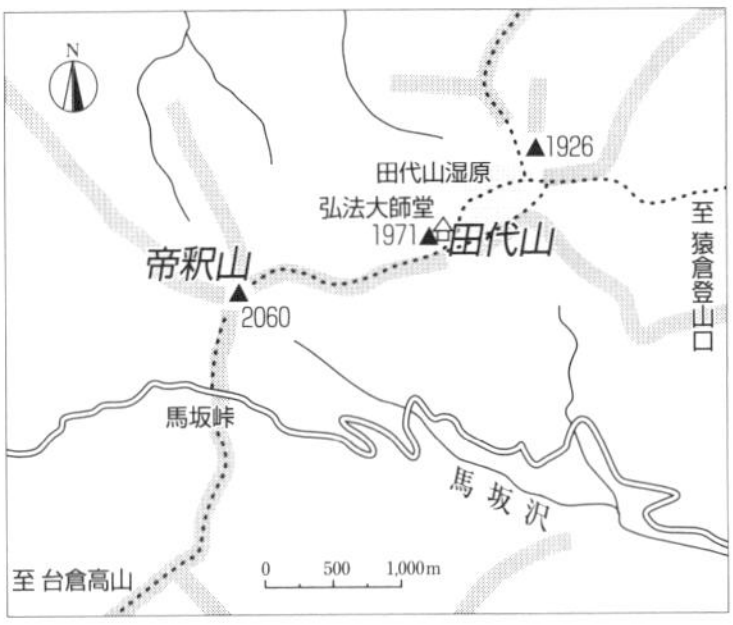

湯ノ岐川に沿ったスーパー林道は、全国のスーパー林道の第一陣として一九六八年に着工し、一九七三年に完成した。二〇〇一年に県道栗山舘岩線に格上げとなり、改良および修繕工事が行われてきたが、現在は車両通行止めの措置がとられている。

田代山は山裾から中腹にかけて急傾斜の山容を呈しているが、山頂部は広大な田代山湿原になっていて山名の由来とされている。東西約〇・七km、南北に約〇・四kmに広がり、面積はおおよそ二三haとなっている。湿原には大小の池塘が点在し、最大の池塘は弘法沼である。

湿原を取り巻く樹林は、オオシラビソ、コメツガなどの針葉樹が多く見られる。その一角に無人雨量観測所が設置されている。

最高点(一九七一m)の山頂は針・広葉の混合樹林となっていて、一角に高床式の弘法大師堂があり、「大山祇神《おおやまつみのかみ》・弘法大師・田代大明神」が祀られている。大師堂は避難小屋として二〇人程が宿泊することができ、すぐ目の前には水洗式トイレが完成した(平成二四年秋)。なお、三角点(一九二六m)は登路の外れにある。

登路　湯ノ花から一四・四kmで猿倉登山口の駐車場に達する。広葉樹林帯の中のジグザグの急登からオオシラビソ、コメツガなどの混合樹林帯を抜けると小田代に出る（約一時間）。標高差一〇〇ｍの急登で田代山湿原の一角に達した後、木道を約七〇〇ｍほど進むと山頂（約四五分）。

ほかの登山口は、帝釈山を経由する南会津郡檜枝岐村の馬坂峠がある。

地図　二・五万図　帝釈山　湯西川　湯ノ花

（伊藤一弘・佐藤一夫）

帝釈山　たいしゃくさん　標高　二〇六〇ｍ

別称　川衣山《かわぎぬやま》

福島県南会津郡南会津町舘岩地区および檜枝岐《ひのえまた》村と栃木県日光市栗山地区の境にあり、帝釈山は越後山脈（帝釈山地）の中央部の第二の高峰である。この山は新生代石英粗面岩と流紋岩からなり、三角点標石のある山頂にも露頭があり、三六〇度の展望が得られる。東に田代山の平坦で広い山容、南には台倉高山、さらに遠方に日光の連山、西に燧ヶ岳、北には会津駒ヶ岳から窓明山、坪入山など南会津の山々の核心部を望むことができる。

『新編会津風土記』には次のように述べられ、深く高い山であるのに藩政時代から道があり、よく登られていたことを知ることができる。「頂ニ大ナル岩アリ、土人駒神堂権現ト称シ、年々参詣シテ隕霜五稼ヲ害スルコト無ランコトヲ祈誓ス、山中ニツカ・黒檜・サハラノ木多シ」。また『日本地誌提要』には「山下川衣より二里余」とあって、舘岩地区木賊《とくさ》温泉の上流部の集落・川衣から登頂していたことが分かる。現在この登山道は廃道となっている。

標高一四〇〇ｍの辺りはブナ、ミズナラが多く、新緑と秋の紅葉が美しい。一六〇〇ｍ以上はオオシラビソ、コメツガ、ダケカンバ、トウヒ、ナナカマドなどからなる針葉樹林が広がる。林床には苔類が多いほか、登山道の近くにミツバオウレン、ゴゼンタチバナ、ユキザサ、オサバグサなどを見る。初夏に帝釈山に登れば、散り残ったアズマシャクナゲを追うようにウラジロヨウラクやベニサラサドウダンの赤花も見ることができる。

原始性の高い帝釈山を好んで登った異色の登山家・辻まことは、『山と森は私に語った』の「帝釈山」で次のように書いている。「苔に覆われた倒木とヤブを抜けると、引馬峠にでる。南へ下ると、孫兵ヱ山を越えて栗山へでる。すべて熊笹の路だ」。

現在は登山道が整備されているが、引馬峠に至ることも、黒岩山方面に縦走するのも、この文章のとおりである。

帝釈山に沢登りで登頂した記録は少ないが、二〇〇一年に『帝釈山脈の沢』が発刊され、ほとんどの帝釈山脈の沢筋の登高記録が発表された。ほぼ半世紀にわたる膨大な量の記録が沢筋ごとに整理されている。

登路　東側に位置する猿倉登山口から田代山を経由し県境尾根を辿り約三時間。また、帝釈山南部の馬坂峠から約五〇分。

地図　二・五万図　帝釈山

（森沢堅次・佐藤一夫）

大中子山　おおなごやま　標高　一八四四ｍ

福島県南会津郡檜枝岐《ひのえまた》村にあり、檜枝岐村本村の南東側に位置する。山地としては越後山脈(帝釈山地)の西端に属する。

山麓の檜枝岐村付近は檜枝岐川の左岸、右岸ともに檜枝岐層と呼ばれる独特の地層を形成しているのを見る。古生代末、二畳紀の硬砂岩を挟む粘板岩からなる。

大中子山は九〇〇mの比高をもって檜枝岐本村の東側に迫り、山腹はブナ、ナラ、カツラなどの落葉樹で覆われ、新緑と紅葉が美しい。標高一六〇〇mから平坦な山頂部にかけてはオオシラビソ、コメツガ、トウヒなどの常緑針樹林で覆われる。地元では樹林が黒く見えることから総称して「黒木《くろき》」とし、名産の曲げ物の材料とする。黒木にダケカンバが混生する景観は美しく、新緑のころとくに登高意欲を増す。

登路　無雪期は林床をなすネマガリダケのためにヤブこぎとなる。四月から五月にかけて、残雪を利用して登頂するのが一般的である。舟岐林道を本村から二km程車で走れば牛首橋があって、ここに駐車できる空地がある。一ノ岐戸沢の下流側に主稜から派生する尾根があり、この尾根を真東に向かって登って行く。舟岐林道は、六月中旬までは残雪のため車両通行止めとなるので、本村から牛首橋まで一時間程要する。牛首橋から大中子山頂最高地点までヤブこぎと残雪を利して登頂する(牛首橋から約二時間三〇分)。

地図　二・五万図　帝釈山

(森沢堅次・渡部展雄)

白身山　しろみやま　標高　一七六九m

別称　岩茸高山《いわたけたかやま》

福島県南会津郡檜枝岐《ひのえまた》村と南会津町舘岩地区にまたがり、帝釈山から派生する尾根の一角をなす。中生代白亜紀の黒雲母花崗岩からなり、三角点標石のある山頂には石英に富んだ露頭が白く見える。白身山の山名はこの白い岩石の様子による。また、地元檜枝岐村では藩政時代山中でイワタケを採って名産としたので、別称の「岩茸高山」の山名が伝わった。

標高一六〇〇m以高は常緑針葉樹が多く、林床が厚い苔類で覆われ、沢筋にはシラネアオイの群落を見ることができる。初夏に白身山から檜枝岐川の対岸に会津駒ヶ岳から三岩岳に至る純白の稜線を望めば、福島県最奥部の山岳地帯の大きさが感じられる。

登路　登山道がないためヤブこぎとなるが、大規模林道飯豊檜枝岐線を利用して小繋トンネルまで行けば標高一三一五mに達し、密《みっ》藪《そう》地帯を過ぎているので、比較的楽なヤブこぎで登頂できる。すなわち、檜枝岐本村の北側の入り口付近の追分橋を渡ると、大規模林道飯豊檜枝岐線の入り口がある。全線アスファルト舗装で、小繋トンネルの南側に駐車できる空地がある。見通川の源頭を登りつめると五〇分程で南会津町との町村界稜線に達する。さらに標高一五三〇mの最低鞍部から真南にヤブをこぐと白身山に達する。六月初旬であれば残雪を拾い、ヤブこぎをさけることもできる(小繋トンネルから約三時間)。

帰路は西側にある沢を選んでもよい。難場がないので一気に大規模林道飯豊檜枝岐線に下り立つことができる(山頂から約一時間三〇分)。

地図　二・五万図　檜枝岐　帝釈山

(森沢堅次・渡部展雄)

台倉高山　だいくらたかやま　標高　二〇六七m

福島県南会津郡檜枝岐《ひのえまた》村と栃木県日光市栗山地区にまたがり、帝釈山地の最高峰である。県境稜線の南北の方向から望めばクリの実の形をして一段と高く、山頂から三六〇度の展望を楽しむことができる。

中生界最新期花崗岩からなる山頂の東面は崖となっているので、台のようにぬきんでて高く崖を持つ山という意味になる。会津地方では崖をなす岩場を「クラ」と呼び「嵓」の字を当てることもある。

帝釈山の南側の一七八〇mの鞍部が県境の馬坂峠で、駐車場、公衆トイレ(水洗)があり、台倉高山と帝釈山の登山口となる。ここから栃木県と通じる林道は、六月中旬にゲートを開放し車両通行可となる。ただし栃木県側は悪路で、峠越えには情報を得る必要である。

峠から帝釈山と反対に南下すれば針葉樹林の山旅を楽しむことができる。林床は苔類に覆われて、縦走路はかつて遠く黒岩山を越えて奥鬼怒林道に通じていたが、現在は引馬《ひくば》峠の北側から越ノ沢に下り、檜枝岐村に出るようになっている。県境稜線を縦走して尾瀬沼に至るには、黒岩山までのヤブこぎを強いられる。

登路　馬坂峠まで檜枝岐本村から舟岐林道を遡り、トヤス沢合流点の辺りから馬坂峰越連絡林道となって高度を上げ、馬坂峠に至る(本村より一四・五km、車で約四〇分)。馬坂峠から台倉高山まで一本道で四回のアップダウンがあり、二〇三三m峰の手前に小湿原がある。針葉樹の中は静謐で、冷気に満ちた山旅を楽しむことができる。樹間からは帝釈山や田代山を望むことができ、クリの実の形をした台倉高山が近づき、二〇六〇m峰の東側を巻いて登頂する(馬坂峠から約二時間三〇分)。

山頂から黒岩山方面へのルートは現在廃道となっており、下山は同じルートを戻ることになる。

地図　二・五万図　帝釈山

(森沢堅次・渡部展雄)

長須ヶ玉山　ちょうすがたまやま　標高　一九一四m

福島県南会津郡檜枝岐《ひのえまた》村にあり、越後山脈(帝釈山地)に属する。檜枝岐川支流である舟岐《ふなまた》川と実《み》川を分ける尾根の北西部最高峰となっている。この尾根は福島・栃木県境稜線の孫兵衛山から派生し、中生界最新期花崗岩類からなる。山頂部はなだらかで、檜枝岐村七《なな》入《いり》の尾瀬駐車場から御池に向かって国道三五二号を登って行けば、車窓からクジラの背のように見えてくる。ネマガリダケを林床とする常緑針葉樹林は無雪期の登頂を許さず、残雪期が登りやすい。

地層が複雑なため長須ヶ玉山の山中には大丈《でいじょう》田代など湿原が多い。残雪を利用して登頂するため植物の楽しみはないが、再訪して確認するのも楽しみである。

登路　舟岐林道を檜枝岐本村から三・五km進めば舟岐オートキャ

ンプ場があり、上流側の左惣沢左岸には細径がある。残雪が現れたならば高みを目ざす。カラマツ、スギ、ブナ、オオシラビソと林相が変わり、勾配が緩くなれば山頂が近い。最高地点を山頂とする（左惣沢出合から約二時間三〇分）。

地図　二・五万図　帝釈山

（森沢堅次・渡部展雄）

大倉山　おおくらやま　標高　一八八五m

福島県南会津郡下郷町と栃木県那須塩原市黒磯地区の境に位置し、越後山脈（帝釈山地）に属している。大峠から流石《ながれいし》山、大倉山、三倉山とつづく稜線は県境をなし、加藤谷川と那珂川の水源があって分水嶺でもある。

地質は中生代白亜系の花崗岩とされ、北麓の一部は二畳系登米層の黒色粘板岩という。

大峠から西方に連なる流石山、大倉山、三倉山は、典型的な亜高山性の植生である。一五〇〇m付近の低木群落は、ササを主としながらもハクサンシャクナゲがきわめて多く、開花期は見事である。矮小化した低木群落とニッコウキスゲを含む草原の初夏の景観も見事である。アスナロやヒノキなどの針葉樹も点在し、とくに三倉山の山頂よりニゴリ沢の源流となる渓谷斜面はアスナロ、クロベなどの針葉樹にダケカンバが混生する高木群落を形成し、特異な植生を示している。

この県境の分水嶺は登山道になっていて、眺望はきわめてよい。東側には那須茶臼岳、朝日岳、三本槍岳。北には旭岳、二岐山、遠方には飯豊連峰が目を惹く。西方には男鹿山塊を間近にし、男鹿岳、大佐飛山、南会津の山々。眼下には流石山の山頂付近を源頭とする井戸沢、三本槍岳へ深く食い入った峠沢、さらには赤い屋根の三斗小屋温泉などを望むことができる。

大倉山（那須日ノ出平から）

登路　野際新田より林道大峠線を進み、終点から大峠を経て西へ急な傾斜を登りつめると、約一・五㎞の所に流石山（一八一三m）がある。さらに西に尾根を進むと東峰（一七九二m）、中峰（一八三一m）で、左手に小さい沼（キスゲの泉）を見て、次いでゴヨウマツの中に「五葉の泉」といわれる小さな池がある。さらに登り返し、勾配が増す稜線を辿れば主峰で西峰（一八八五m）の大倉山へ達する。大峠から約二時間を要する。

地図　二・五万図　那須岳

（高田雅雄）

大峠　おおとうげ

標高　約一四五〇m

福島県南会津郡下郷町野際新田と栃木県那須塩原市黒磯地区の三斗小屋との境にあり、標高の高い峠である。この峠は、三本槍岳と三倉山、大倉山の鞍部に位置し、日本海へ流れる阿賀野川の支流・加藤谷川の源流と、太平洋へ流れる那珂川の源流となり分水嶺でもある。会津藩の江戸への回米運搬は、勢至堂峠を越える白河街道と、山王峠を越える会津西街道(日光街道)が重要な街道であった。貞享元年(一六八四)九月の暴風雨により西街道が崩壊した。このため元禄八年(一六九五)に会津側から大峠を越えて三斗小屋に至る会津中街道が開かれ、会津側では松川新道、南山松川通り、宇都宮街道などと呼ばれていた。

この大峠は会津と関東を結ぶ街道となり、会津藩主の参勤交代に四回使用された。元禄一二年(一六九九)八月に会津地方を襲った暴風雨は中街道にかなりの被害を与え、修復の望みもなく開通後九年で脇街道にされ、明治末まで細々ながらも人馬の往来があったといわれている。野際新田は大峠を目前にした宿場であったが、現在は三戸。一方の三斗小屋宿は関東最奥の宿場で現在は無人となり、宿場の中心には大日如来像や石灯籠など白湯山信仰の遺物がある。

大峠や栃木県側を含めた大峠近辺からは、鏡沼経由三本槍岳、三斗小屋温泉経由那須岳、さらには大峠山、流石山、大倉山、三倉山を経由して音金集落へ至る登山コースがある。なお、大峠山や三本槍岳の登山道の斜面にはニッコウキスゲ、ハクサンフウロなどが咲き、那須連峰では数少ない高山植物のお花畑となる。

登路　現在では林道大峠線になり、日暮の滝の上部まで舗装道路で、鏡沼分岐近くまで車道が延び、駐車場となる林道終点より少し歩いた所に鏡沼への分岐があり、さらに直進すると会津中街道時代の石畳の道がある。道は細くなり、やや急斜面を登りひと汗かくころ、岩代と下野の国境の峠に着く。この峠を会津の交易品を背にした馬が越え、白湯山参りの行者が通り、江戸時代に再び脚光を浴びた。戊辰戦争では戦場と化し、塹壕跡を見ることができる。戦いで討ち死にした兵士の霊を祀る首なし地蔵が歴史を偲ばせている。

地図　二・五万図　那須岳

(高田雅雄)

三倉山　みくらやま

標高　一八八八m

福島県南会津郡下郷町と栃木県那須塩原市黒磯地区の境に位置している。また、越後山脈(帝釈山地)に属し、大峠より弓なりに流石山、大倉山へ延びる尾根筋で北方向の尾根の頂点に位置する。この尾根を分けるように、加藤谷川の三倉沢、番屋川が深い沢を刻んでいる。県境は大倉山山頂を過ぎた鞍部より西方へ赤柴山、上海岳を経て男鹿岳へつづく。また、日光国立公園自然地域として景観をそのまま保存している地域である。

地質は第三紀の花崗岩、安山岩質の砂礫層が覆って中腹以上は崩壊地が多い。沢は深く入り込み、山頂は尖峰をなして三倉山は三角錐状の峰をしている。山頂からは四方の眺望がよく、一帯は亜高山帯植物とシャクナゲが多く、登山道の両側にチシマザサが密生している。

登路　大倉山より北へのピークに三角点(一八五四m)がある。さらに約四〇〇m行った所が三倉山本峰である。山頂からは北東方向に、どの山よりも立派で堂々とした旭岳(赤崩山)が目に入る。北側はさえぎるものがなく、南会津の山々のほか飯豊連峰も遠望できる。眼下にはこれから行く唐沢山(一六九一m)、その先に下郷町の集落を望むことができる。

道は急傾斜の尾根を下り、灌木帯からコメツガの林に変わる。振り返れば奥のピーク、一八五四mの峰、本峰の頂が三つ、左より順に並んで聳えている。アスナロ、クロベ、カンバの交じる道を登り返せば、唐沢山へ達する。眼下には音金集落が見え、その前面には碁盤の目のように水田が広がる。二岐山を正面に見て急勾配の尾根を稲妻形のように下る。スギの植林地を抜けると、音金の三倉山登山口へ出る。大倉山山頂より約三時間を要する。

地図　二・五万図　那須岳

（高田雅雄）

斎藤山　さいとうさん

標高　一二七九m

福島県南会津郡南会津町田島地区の中心地から約四km東方向に位置し、那須連山と越後山脈(帝釈山地)の交わる中間部に属している。頂上部に無線中継塔やヘリポートが建設され、遠くからでも確認できる。標高九八三mまで無線中継塔管理車道になっている。

斎藤山の名の由来については、地元でも知る人はなく、語り継がれている民話もない。近年、地元では「全国のサイトウサン集まれ」と呼びかけ、秋に登山イベントを開催している。山裾には果樹園が多いことからニホンツキノワグマやニホンザル、ニホンカモシカなどが出没し、また会津地方にもめずらしいツチボタルが生息している。

裾野には阿賀川の支流・加藤谷川を東に、西には水無川が流れ、広大な田園の広がりを見ることができる。

登路　会津鉄道会津長野駅から東に農道を進み、約一kmで南に方向を変え、右手にあかまつ荘の建物を見ながら人工林の多い山道に入る。道幅が狭くジグザグの車道終点から一時間一〇分程で山頂へ。

地図　二・五万図　田島

（伊藤一弘・渡部展雄）

男鹿岳　おじかだけ

標高　一七七七m

別称　おがだけ　宇鹿岳《うかが》　オガワ岳

栃木県那須塩原市黒磯地区、日光市藤原地区と福島県南会津郡南会津町田島地区の境にあり、会津西街道横川から男鹿川を遡り、東へ一〇kmの地点。

地元では一般的に「おじか岳」と呼ばれているが、「オガ岳、オカガ岳、宇鹿岳、伯父(小父)ヶ岳」などの名が古文書に記されている。「伯父」は「小父」の転用で、「小父」に山男の意味があり、山名としてふさわしいという説もある。

信仰の山ではなく、一部に伝えられる阿倍貞任の伝説によると、阿倍一族は山深い男鹿岳に逃れたというが、そのような形跡は何も見つかっていない。山麓から仰ぎ見られる山ならば信仰の対象にな

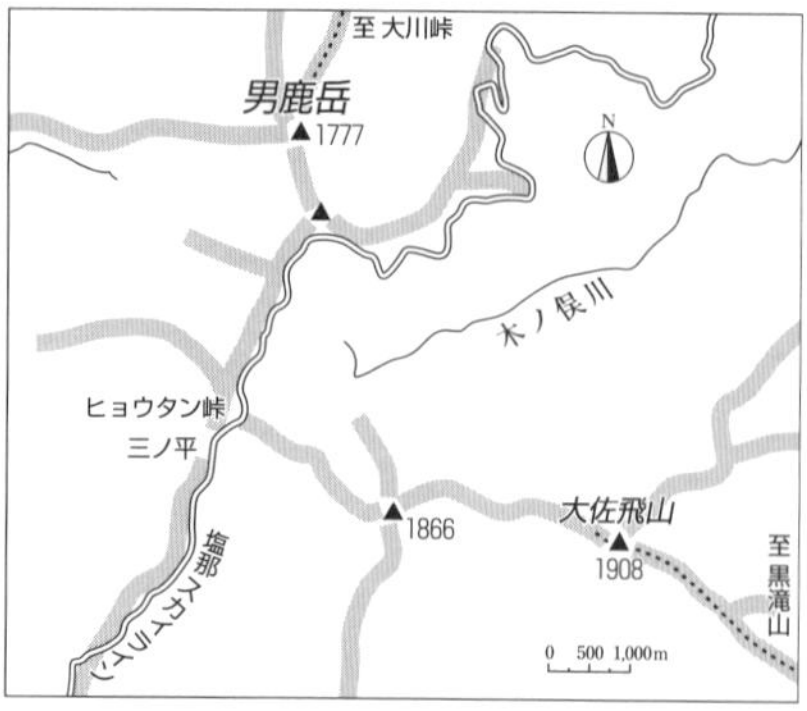

男鹿岳（1754峰ピークから）

るはずだが、なぜかそうはならなかった。

那須連峰と帝釈山地の間に位置し、昭和三〇年代までは未開の山域として注目された。一九七一年に塩原と那須を結ぶ塩那スカイライン工事への資材運搬のためのパイロット道路が横川～瓢箪《ひょうたん》沼間に完成したが、一般車は通行止めである。男鹿岳から日留賀岳の間は自然破壊がひどく、無残な姿で植生も変わってしまった。

水は、東面は矢沢から那珂川、西面は男鹿川から鬼怒川、北面は栗生沢から大川へと流れ落ちる。

『塩原郷土史』によれば、平安末期まで山麓に会津地方への街道があり、塩原元湯は奥州と関東との物資交流の場所だった。会津西街道横川には会津藩の関所があった。

男鹿川西岸および男鹿岳周辺の岩質は足尾石英斑岩、新期花崗岩、凝灰岩で、脆く崩れやすい。男鹿山塊は昭和二〇年代後半に伐採され、林相も変わってしまった。とくに日留賀岳、鹿ノ又岳、男鹿岳周辺の林相や植生などの自然は、塩那スカイラインの開発で完全に破壊されたが、男鹿岳の山頂付近だけは辛うじて自然のままに秘境として残されている。

登路 整備された登山道はない。かつては栃木県と福島県境の大川峠が登山口であったが、林道が廃道となり現在は福島県南会津郡南会津町田島地区からのルートが一般的である。栗生集落を通り、釜沢橋のゲートから林道を歩いて大川峠に出る。ここから県境尾根を南下して男鹿岳を往復する。峠からの尾根には踏み跡と、要所にテープなどの目印が付けられているが、尾根を外さないようにしたい（ゲートから約五時間）。

（関根幸次）

地図 二・五万図 日留賀岳 栗生沢

大佐飛山 おおさびさん 標高 一九〇八m

別称 蛇尾岳

栃木県那須塩原市百村の西方、黒滝山（一七五四m）の北西四㎞の所にある。一帯は大佐飛山自然環境保全地区に指定されている。男鹿山地の中では孤立した不遇の山である。

男鹿山地の瓢箪峠から東に連なる山稜上に目立つ姿を誇っている。山頂はシラビソと灌木に覆われ、展望はよくない。大佐飛山を囲む木ノ俣川、大蛇尾《おおさび》川は凝灰岩の谷で、岩質は脆い。

登路 那須塩原市百村から巻川林道を約五㎞進んだ所に黒滝山の

登山口がある。黒滝山までは登山道があるが、そこから先は踏み跡を辿っての長い尾根歩きになる。ヤブこぎを強いられる所もあるので、残雪期が適期となる(登山口から約五時間五〇分)。

地図　二・五万図　日留賀岳

(関根幸次・小島守夫)

日留賀岳　ひるがだけ

標高　一八四九m

別称　蛭ヶ岳

栃木県那須塩原市黒磯地区と塩原地区の境にあり、塩原温泉の北方に聳える。男鹿山地の南端にあって一見独立峰的な姿である。山名は「日の留まる山」で、塩原地方では一番高い山とされ、どの山よりも早く朝日に輝くからという。日留賀岳南面に「ヒル草」＝ギョウジャニンニクがたくさん自生していたが、いまはわずかである。

日留賀岳は一八七五年に宇都宮の篤志家が開山、日留賀岳神社を祀る。箒川、鬼怒川、大蛇尾川流域の雨乞い山でもあった。山頂は展望がよい。シラン沢、善知鳥川、男鹿川の水源でもある。

なお、鹿又岳(一八一七m)は男鹿岳と日留賀岳を結ぶ稜線上のピークで、山頂付近はなだらかなハイマツ帯である。

登路　塩原温泉から白戸集落の小山宅裏手を登り、少し林道を辿る。比津羅山(一二〇一m)の東面をトラバースし、シラン沢側の尾根を登る。山頂近くは急登(約六時間)。

地図　二・五万図　日留賀岳　塩原

(関根幸次・小島守夫)

駒ヶ岳　こまがたけ

標高　二一三三m

別称　会津駒ヶ岳　会津駒

福島県南会津郡檜枝岐《ひのえまた》村に位置し、越後山脈(会津駒・朝日山群)に属している。尾瀬の燧《ひうち》ヶ岳《がたけ》と対峙する大杉岳から始まって只見の会津朝日岳に連なっている山並みの中で、駒ヶ岳は中心的な存在である。東側は檜枝岐川水系、西側は只見川水系に挟まれた山塊である。なお、檜枝岐川は舘岩川と合流して伊南川となり、さらに只見川に合流している。

全国に駒ヶ岳という名称の付く山は多いが、その名の多くは山肌に残る雪形によるもので、『新編会津風土記』に「駒嶽、檜枝岐村の西北にあり、頂まで一里余五峯あり、南北に綿延すること八里余、(中略)夏秋の間残雪駒の形をなす處あり、故に此名あり」、また、村に残る「檜枝岐八景」にも駒嶽之暮雪と題して「夏かけて　峰に残れる白雪は　ぶち毛に似たる　駒嶽かな」と詠まれていることからも、同様であることがうかがえる。

駒ヶ岳は、平地のどこからもその全貌を見ることはできないが、深い谷間にある檜枝岐村に立てば、迫ってくる山肌からその山容の大きさを感じることができる。村民にとっては山そのものが信仰の対象であり、駒ヶ岳には駒嶽大明神が鎮守として祀られ、山麓の檜枝岐村にも駒形神社の社殿が建っている。また、この境内にある「檜枝岐の舞台」は鎮守社の駒形大明神、燧大権現の拝殿でもあり、この地方独特の形をした茅葺屋根を持ち、重要有形民俗文化財として国の指定を受けている。江戸時代から昭和にかけての南会津地方は、かつて多くの集落ごとに農村歌舞伎が村人によって演じられてきたが、現在では檜枝岐村のみがその伝統を守り、毎年上演をつづけ、二〇〇年以上の永い間、山深い里での娯楽として重要な役割を果たしてきた。檜枝岐村に隣接する旧伊南村の大桃集落には、いまでも回り舞台装置を有する演台が手厚く保存され、その存在は世の注目するところである。

駒ヶ岳は全山古生層からなり、山全体は緩やかであるが、谷は深く、壮年期の様相を見せている。中腹に広がる大規模なブナ林、稜線直下まで延びるオオシラビソの原生林、そして、山頂を形成する湿原とそこに点在する豊富な高山植物が駒ヶ岳の特徴であり、大きな魅力である。

駒ヶ岳(池の平湿原から)

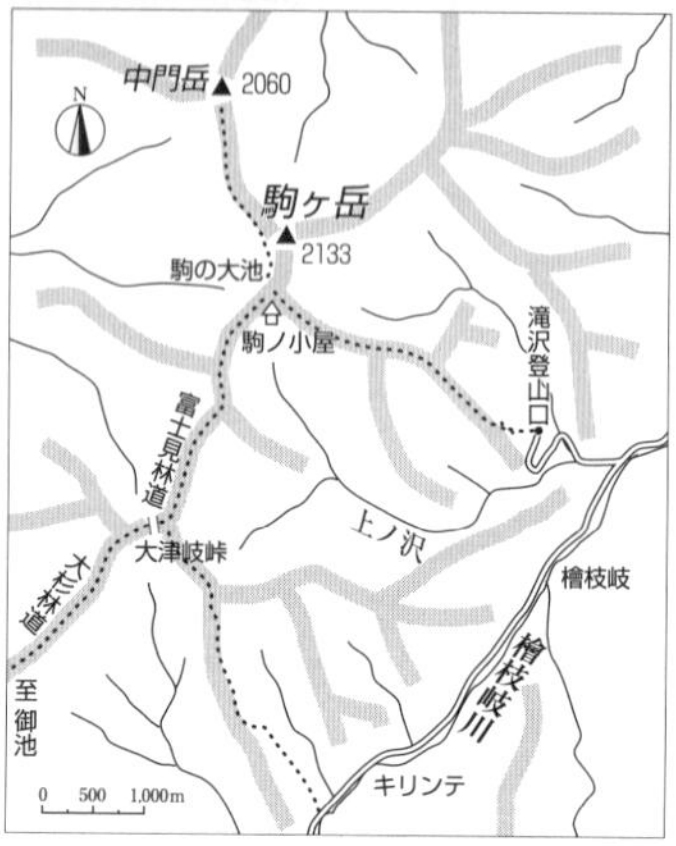

登路　村の下手にある滝沢橋から入るが、林道を約三km登った道路左側に駐車場があり、そこから少し歩いた所に木製の大きな階段が架かっており、そこが登山口となっている。カラマツやミズナラの林を急登すると、標高一六〇〇m付近に水場の表示とともにベンチが設置されている。この山では唯一の水場から上はブナの原生林で、さらに辿るとオオシラビソやダケカンバの混生した林に変わり、やがて森林限界を過ぎるとヤチカワズスゲ、ヌマガヤ、イワイチョウ、タテヤマリンドウ、ハクサンコザクラなどが生育する広大な湿原に出て、会津駒の全容が目前に飛び込んでくる。

ここから駒ノ小屋までは約三〇分。小屋前の大きな池塘「駒の大池」には山頂が映し出され、池塘の周りにはハクサンコザクラとイワイチョウが群生しており、道のわきに「駒嶽大明神」を祀った祠がある。ここからまもなく山頂に着く(登山口から約四時間三〇分)。山頂付近からの眺望はすばらしく、晴天の日には南方遥かに富士山を望むことができる。

そのほかのコースとしては、御池《みいけ》駐車場から大杉岳に登り、そこから大杉林道を経て山頂を目ざすコースや、キリンテから長い尾根を登り、約三時間で大津岐峠(一九四五m)に至り、富士見林道経由で山頂を目ざすコースがある。この峠は、かつて越後と会津を繋ぐ交易路であった。秋の晴れ渡った日には富士山が見えることから名が付いたといわれる。大津岐峠から約一時間三〇分で駒ノ小屋に着き、滝沢口と合流する。

地図　二・五万図　会津駒ヶ岳　檜枝岐　（佐々木健臣・渡辺健二）

中門岳　ちゅうもんだけ

標高　二〇六〇m

福島県南会津郡檜枝岐《ひのえまた》村にあって、越後山脈（会津駒・朝日山群）の一峰である。駒ヶ岳の山頂からほぼ北北西方向に延びる高低の少ない尾根上にあって、駒ヶ岳の一角を占めている山である。この尾根には典型的な高層湿原が広がり、高山植物の多さから「雲上の楽園」ともいわれている所である。とくに中門の大池はその広さもさることながら、えもいわれぬ美しさを秘め、訪れる人を魅了している。

登路　中門岳へは、駒ヶ岳山頂から約四〇分である。途中で低木帯を通るがアオモリトドマツのほかにハイマツも多い。そのほかハクサンシャクナゲ、ミネカエデなどが多く生育している。また、湿原の池塘群はトンボ類に格好な生息環境を提供しており、オオルリボシヤンマ、カオジロトンボなどを見ることができる。

中門岳はこの尾根の先端部分にあって、道は山頂平原に発達した湿原を一巡する。この先、草原はさらにつづくが、この尾根は只見川の支流・袖沢に向かって落ちており道はない。

地図　二・五万図　会津駒ヶ岳　檜枝岐　（佐々木健臣・渡辺健二）

三岩岳　みついわだけ

標高　二〇六五m

福島県南会津郡檜枝岐《ひのえまた》村と南会津町伊南地区の境に位置しているが、山頂部分は檜枝岐村にある。また、越後山脈（会津駒・朝日山群）に属している。駒ヶ岳から北東方面に延びる大きな山並みの一角にあり、西側のなだらかな斜面にくらべ、東側は黒檜沢や下大戸沢が切れ込み、さらに窓明山、高幽山、丸山岳から会津朝日岳へとつづく大きな山の連なりとなり、水系としては駒ヶ岳と同じで檜枝岐川が東に、西には只見川が流れている。

『新編会津風土記』には、南会津町大桃地区の項に「駒嶽村　西一里十八町にあり」、また「黒檜沢　源は駒嶽より出て東にながる」と記されているが、黒檜沢はいくつかに分かれて三岩岳に至ることから、かつては檜枝岐の「駒嶽」と同じ名称で呼ばれていたものと考えられる。混同をさけるため、山頂から東に派生する尾根上に顕著な岩が並んでいることから、現在の三岩岳の名称が与えられたものと思われる。

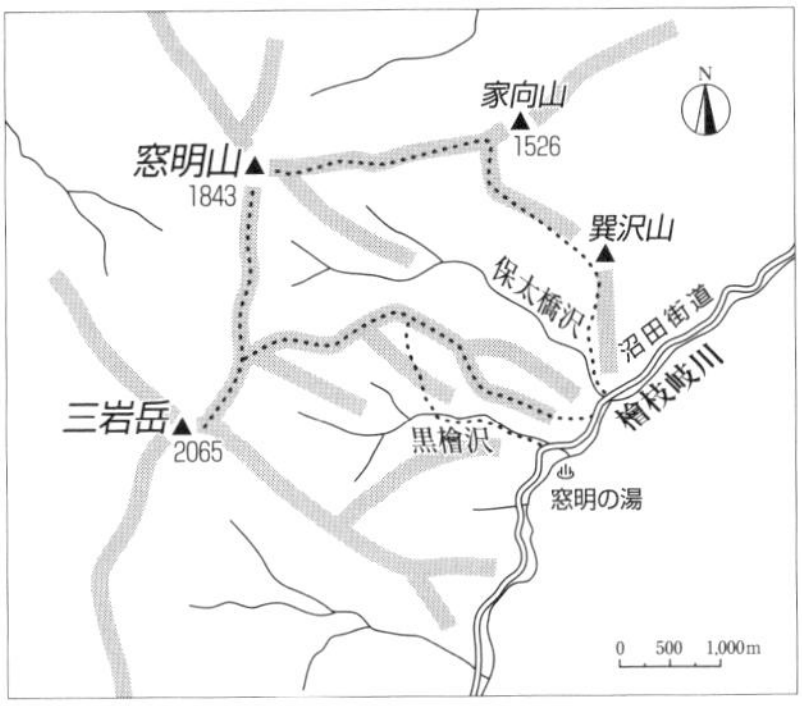

三岩岳は信仰の対象でもあり、山頂近くに駒嶽神社の祠があり、かつては信仰登山が盛んに行われていた。大桃集落にも駒嶽神社が祀られており、村の鎮守となっている。

三岩岳は、駒ヶ岳にも劣らぬ二〇〇〇mを超す堂々とした山容で、ブナの原生林、オオシラビソの樹林帯、山頂近くには高層湿原が点在する。

駒ヶ岳と違って訪れる登山者は少ないので、静かな山行を楽しむことができる。また、豪雪地帯でもあることから山スキーヤーが多く訪れ、残雪期には駒ヶ岳から会津朝日岳への縦走を試みるパーティーも見られる。

登山の起点は旧伊南村の「窓明の湯」で、かつて小豆《あずき》温泉と呼ばれ、檜枝岐川の谷間にひっそりとしたたたずまいを見せる昔ながらの村民の憩いの場であった。現在は大規模に開発され、「花木の宿」という大きな宿泊施設などを併せ持った一大温泉施設に変貌し、かつての小豆温泉の面影はまったくない。

登路　ブナ平を通って山頂に至るルートと、家向山の尾根を経由して窓明山に登り、主稜線を辿って前者のルートに合流する二通りがある。直接山頂に至るルートには、黒檜沢を辿るコースと尾根筋を登るコースがあって途中で合流する。

黒檜沢ルートは「窓明の湯」の入り口に架かるスノー・シェッドの屋根づたいに行って登山道に入る。黒檜沢に沿って右岸をしばらく進み、橋を渡る。急な斜面を登って支尾根に上がると三岩岳の稜線が見えてくる。ここから緩やかな斜面をトラバースし、小沢を越しながら進むと尾根ルートと合流する。

合流点からは急になるが道はよく整備され、ブナ平と呼ばれる見事なブナ林がある。窓明山への分岐点にログハウスの立派な小屋が建っており、水場もあって一五人程泊まることができる。ここから山頂までは緩やかな登りで小さな湿原もある。木道が丁字路になった湿原に出ると、正面に大きな岩が見えてくる。地図には「三ツ岩」と記されているが、その中腹の岩穴に駒嶽神社の祠が祀ってあり、三岩岳の名の由来といわれている。やがてササに覆われた山頂に着く。駒ヶ岳から会津朝日岳に至る景観がすばらしい（登山口から約四時間三〇分）。

地図　二・五万図　檜枝岐　内川

（佐々木健臣・渡辺健二）

窓明山　まどあけやま　標高　一八四三m

福島県南会津郡南会津町伊南地区と檜枝岐《ひのえまた》村の境界に位置し、北の一七七五m峰と南の一八四二m峰の二つの峰からなる山で、越後山脈（会津駒・朝日山群）に属している。東側の沼田街道から近く、日帰りできる山であるが、すぐ南に三岩岳があり、人気は三岩岳にかなわない。大方の登山者は三岩岳から坪入山方面へ、または坪入山から三岩岳方面への縦走で山頂を踏んでいる。

『新編会津風土記』によれば、会津駒ヶ岳、中門岳、三岩岳、窓明山、坪入山の五つの山を総称して「駒ヶ岳五峰」と呼んでいた。駒の形の雪形ができるのは、会津駒ヶ岳ではなく、三岩岳に六月の初旬にできるといわれている。

一九九五年に福島県において開催された国民体育大会山岳競技の縦走競技のため、沼田街道より家向山（一五二六m）を通り、窓明山へ直接登る登山道が開設された。

会津駒ヶ岳、三岩岳、窓明山、坪入山の稜線は、おっとりとした山容で積雪量は大変多く、山稜上には六月下旬まで豊富な残雪を見ることができる。冬期の強烈な北西の風雪は東面に巨大な雪庇を作り、春先、これの崩落によるためだろうか、東側には樹林が育っていない。山麓部から山の中腹にかけてはブナ、ミズナラの森が広がっている。

登路　三岩岳への保太橋沢と黒檜沢の中間稜、坪入山からのコース、前記の一九九五年の国体コースと三本ある。ここでは三岩岳へのコースから窓明山に至る道を記す。

旧伊南村の「窓明の湯」の入り口の広場に駐車し、沼田街道を少し戻ると三岩岳登山口である。コンクリートの階段を登りスノー・シェッドの上を行き、鉄骨の階段を登り切ると黒檜沢右岸の道になる。二〇分程で黒檜沢を左岸へ渡ると急登の連続でブナ林の稜線を登りつめる。この稜線は左の黒檜沢と右の保太橋沢との中間稜で、急登、緩登を繰り返しながら高度を上げている。

ブナ林からダケカンバ、さらにはオオシラビソが現れてくると、標高一七〇〇mから一八〇〇mで窓明山への分岐点は近い。分岐点の近くに丸太造りの避難小屋がある。これより窓明山まではいったん下り、鞍部より登り返すと山頂である。山頂の手前に湿地と小さな池がある。道はネマガリダケがかぶさり多少歩きづらい。山頂は広く眺望も申し分ない。南会津の山々、会越国境の山々などを望むことができ、また静かな山頂である(約四時間三〇分)。

春の山スキーのエリアとしても近年は人気がある。夏季の沢登りは東面の保太橋沢がよい。下流部から中流部にかけて、ナメ滝、滝が連続し、通過可能な美しいゴルジュもある渓谷である。

地図　二・五万図　内川　檜枝岐　会津駒ヶ岳

（大竹幹衛）

坪入山　つぼいりやま

標高　一七七四m

福島県南会津郡只見町と南会津町伊南地区、檜枝岐《ひのえまた》村との三町村の境界にあって、越後山脈(会津駒・朝日山群)に属する坪入山は、顕著な山稜を三方向に通している。すなわち会津駒ヶ岳から三岩岳、窓明山、坪入山までの山稜、坪入山から高幽山、丸山岳へと北に延びる山稜、さらに坪入山から北東に分岐して稲子山、山毛欅沢《ぶなざわ》山、小手沢山、城郭朝日山へ至る山稜である。

登路　坪入山も高幽山と同様に会津駒ヶ岳〜会津朝日岳の残雪期の縦走に登られることが多い。旧伊南村の小立岩より安越又川沿いに林道があるが、山毛欅沢以奥の林道は落石などで荒れている。林道は道行沢出合までで、登山者よりもイワナ釣り師の利用が多い。

道行沢出合からブナ林の中の本格的な登りとなる。一四四七mのピークに登りつめると窓明山を大きく望むことができる。だらだらした長い登りがつづき、オオシラビソが見えてくると山頂は近い。山頂は豊富な樹林のため、視界はない。これより窓明山、三岩岳方面へ縦走路がつづいている(小立岩より約五時間)。

窓明山への稜線は東側(左側)に雪庇ができるせいだろうか、樹木が少ないが、西側斜面はオオシラビソ、ダケカンバが多い。窓明山を越えて小豆温泉へ下る分岐点に小屋があるので、坪入山だけでなく窓明山〜三岩岳の縦走を勧める。小豆温泉からの逆コースもよい。ベストシーズンは五月、六月の残雪のある時がよいと思うが、紅葉のシーズンもまた捨てがたい。

地図　二・五万図　内川　檜枝岐

（大竹幹衛）

大博多山　だいはたやま

標高　一三一五m

別称　台畑山

福島県南会津郡南会津町南郷地区と伊南地区との境界にあって、越後山脈（会津駒・朝日山群）に属している。只見川の源流、伊南川左岸の第三紀層からなる山塊の主峰である。北に延びる主稜線上には辰巳山があり、北東に小牧岳、東に大窪山、南東に関の山、南に向かう稜線上には古町丸山（一四八八m）がある。

山名の由来については高い山とか高い所の畑といわれている。

登路　伊南地区の青柳集落から青柳林道へ入ると分岐があり、左の横向沢を見送ってまっすぐに辿ると堰堤があり、林道終点である。

尾根ルートは踏み跡を進み、左岸の尾根に取りつく。はじめは急登であるが、やがて下生えが少ない明るく広いブナやナラの混合林の緩い尾根登りとなる。村界稜線の鞍部に出ると、まもなく大博多山の頂上である。ブナ林と樹林帯とササに覆われた細長い頂上で、展望はよい（林道終点から約二時間）。

沢ルートは林道終点から縦向沢の踏み跡を本流沿いに登る。大きな岩が立ちはだかるが、踏み跡があるので容易に歩くことができる。平凡な沢がつづくと滝に突き当たるが、巻き道があるのでこれをつめる。大きな三段の滝を過ぎるとおだやかな沢となる。尾根に出るまでは急斜面であるが、木々をつかみながら登ると尾根ルートの村界稜線に合流する（林道終点から約二時間三〇分）。

地図　二・五万図　城郭朝日山　会津山口

（佐藤進英・大竹幹衛）

城郭朝日山　じょうかごあさひやま

標高　一四四九m

福島県南会津郡只見町にあって、越後山脈（会津駒・朝日山群）に属している。『会津の山々・尾瀬』の中で川崎隆章は、城郭朝日山の書き出しでこう記している。「その山裾を岩壁でめぐらし、朝はどの山よりも早く朝日に照り映える山。その名を城郭朝日山という。これだけで私を魅惑するのに十分だ」。

西に伊南川支流・黒谷川、東に黒谷川支流・倉谷川に挟まれ、南の山毛欅沢《ぶなざわ》山から倉谷の集落へ延ばしている山稜の北端に位置している。城郭朝日山の南東に位置する古町丸山（一四八八m）の山頂から望見すると、東面に黒々とした岩場とピラミダルな山姿が登高欲をそそる。

登路　一般的な登山道はないが、西面の城郭沢に沿った道が途中まであるので、この道を利用すればよい。只見町黒谷の集落より黒谷川林道へ車で入り、城郭沢の入り口に駐車する。城郭沢右岸の道を二俣まで入り右俣へ進む。源流部は城郭朝日山の南の鞍部を目ざして左の枝沢をつめていく。鞍部より稜線を北へ辿ると山頂は近い（約三時間三〇分）。山頂からの眺望は浅草岳をはじめ、会津朝日岳、会津駒ヶ岳の稜線が手に取るように見える。ベストシーズンは残雪がある四月末から六月中旬であろう。

地図　二・五万図　城郭朝日山

（大竹幹衛）

高幽山　たかゆうやま　標高　一七四七m

福島県南会津郡只見町と檜枝岐村の境界にあって、越後山脈(会津駒・朝日山群)に属している。南会津の山々の中核的存在となる会津駒ヶ岳～会津朝日岳の山稜上、坪入山と梵天岳の間に位置している。山深い南会津の山の中でももっとも人里離れた山の一つである。

登路　登山道はなく、稜線は身を没するヤブに覆われている。もっとも多く登山者を迎えるのは三～五月の残雪期であろう。それも高幽山を最終目的の山ととらえるのではなく、会津朝日岳から坪入山、会津駒ヶ岳への縦走、あるいはその逆コースで縦走の通過点として登られている。

無雪期においては東面の黒谷川流域、西面の只見川支流、袖沢流域の沢登りで山頂に立つ以外に考えられない。沢登りの記録を見ると、黒谷川から山頂往復、黒谷川から山頂を踏み、袖沢へ下って奥只見ダムへ抜けても、最低二泊三日の日数が必要である。また、もっとも労力が少ないコースとしては、残雪期に南会津郡南会津町伊南地区の小立岩より坪入山経由で山頂を往復しても、二泊三日の日数が必要である。

山頂からは北に大きな丸山岳、南に坪入山、窓明山、三岩岳、会津駒ヶ岳、西に越後駒ヶ岳、中ノ岳、荒沢岳と、山また山の重なりに、この山の奥深さがひしひしと伝わってくるのである。

地図　二・五万図　高幽山　内川　　（大竹幹衛）

丸山岳　まるやまだけ　標高　一八二〇m

福島県南会津郡只見町と檜枝岐《ひのえまた》村の境にあり、越後山脈(会津駒・朝日山群)に属している。東西南北どこから見ても、お椀を伏せたように丸い山容を見せているので丸山岳と山名が付いたのであろう。

南から北へ流れる大河、只見川と伊南川支流・黒谷川との中間に位置し、会津駒ヶ岳～会津朝日岳の大山稜の中にあって、会津朝日岳より約八km南にある。どこから入ってもアプローチが長く、南会津の懐深くに位置している。丸山岳は「山上の楽園」と形容され、

丸山岳(東峰から本峰)

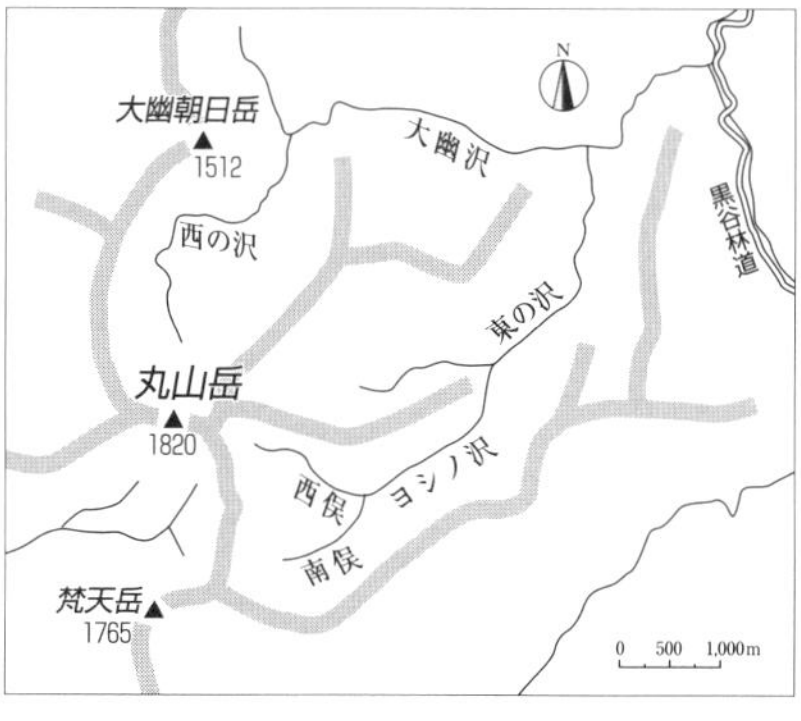

山頂部の広大な草田代と美しい湿原に池塘が点在している。その池塘にはコバルトブルーの青空が鏡のように映り、まるで宝石がちりばめられているようである。

一九七七年には会津朝日岳から丸山岳まで登山道が開設されて、その湿原が一m幅に掘り起こされてしまったのは残念である。現在でもその爪跡は残っている。

一九三〇年は南会津の登山史にとって画期的な年となる。この年に行われた成瀬岩雄と吉田喜久治の登山は、南会津への最初の探検的山行となった。

同年四月、成瀬は新潟県栃尾から守門岳を越え五味沢に至り、さらに八十里峠を越えて入叶津、黒谷を通り、そして、白沢から標高一三九一m峰を経て会津朝日岳に登っている。会津朝日岳登頂は四月二二日で、山で露営し翌日下山している。この時の同行者は小川登喜男であった。

成瀬に遅れることわずか半月、吉田はこの山地の最深部を縦断する驚くべき山行を実行している。すなわち奥日光の三本松から山王峠を越えて川俣に至り、さらに引馬峠を越え檜枝岐へ入る。ここで平野義八を案内に雇い、下大戸沢を遡行し三岩岳から御神楽と袖沢の出合に下り、滝沢出合まで袖沢に沿って下る。ここで平野と別れ、滝沢を遡行して尾根へ出て、尾根づたいに丸山岳、会津朝日岳を経て白沢へ下っている。

植生は山麓部はブナ、ミズナラ、サワグルミ、トチなどの原生林で、とくに渓流沿いにこれらの林があるのを渓畔林といい、国内でも類を見ないものである。ブナの森は山の麓より中腹にかけて南会津の山々に多く点在しており、冬期の積雪量が大いに影響していると考えられている。稜線にはキタゴヨウが列生し、丸山岳の山頂稜線にはアオモリトドマツが見られる。山頂部の草田代にはニッコウキスゲ、ハクサンコザクラ、イワイチョウ、イワカガミ、チングルマなど、七月から八月にかけて足の踏み場もないほど咲き乱れており、まさに「山上の楽園」というにふさわしい。

動物も豊富で渓流にはイワナ、ヤマメ、カジカ、ハコネサンショウウオ、サワガニ、アズマヒキガエル、ヘビ類ではシマヘビ、アオダイショウ、ヤマカガシ、マムシ、哺乳類ではニホンツキノワグマ、ニホンカモシカ、ニホンザル、ホンドイタチ、ホンドテン、ホンドタヌキ、ホンドキツネ、ニホンリス、ホンシュウモモンガ、ムササビ、ヤマネ、ホンドオコジョ、ハクビシンなどが生息している。山全体は泥岩、砂岩、チャート変質玄武岩である。

登路　一九七七年に会津朝日岳より開設された登山道は数年間は利用されていたが、その後はまったく整備されておらず、現在では再びヤブと灌木に埋もれ、道形はかすかに残っているものの利用できるものではない。

この山がもっとも多くの登山者を迎えるのは残雪期である。四月から五月にかけて、会津朝日岳から会津駒ヶ岳へ、あるいはその逆の縦走で通過点として登られている。無雪期にもっとも労少なく登頂するのなら、黒谷林道を大幽沢出合まで車で行く。これより大幽沢に沿った道を大幽沢、西の沢と東の沢の出合へ。大幽沢東の沢よりヨシノ沢を遡行して丸山岳山頂に至るコースである。それでも沢登りの身仕度とビバークの装備は必要である。林道終点から山頂往復を一泊二日で行うのは天候に恵まれた場合で、余裕を持って二泊三日の日程を見ておきたい。

丸山岳の魅力は、その山頂部の美景もさることながら、丸山岳に突き上げる渓谷の美しさにある。大幽沢西の沢、袖沢支流・北沢、白戸川支流・メルガ股沢と大幽沢東の沢を含め四本ある。これらの渓谷の遡行の終了点として山頂を踏んだ時、丸山岳はいっそう輝きを放つのである。

地図　二・五万図　会津朝日岳　高幽山

（大竹幹衛）

会津朝日岳　あいづあさひだけ　標高　一六二四m

福島県南会津郡只見町にあり、西の只見川支流の白戸川、東の伊南川支流の黒谷川に挟まれた山塊である。只見町はかつて本州では岩手県の岩泉町に次いで二番目に広かった町で、日本有数の豪雪地帯。会津朝日岳は南会津の山々の中核的存在となる越後山脈（会津駒・朝日山群）の北端に位置し、おっとりとした山容の多い南会津の山の中で、豪雪に磨かれた岩壁をめぐらせた峻険な山である。

『新編会津風土記』には「朝日山、黒谷組黒谷村の南にあり、頂まで一里二十四町餘、駒嶽の北に続く、半腹より上は山石多く草木生せず、四時雪消す、伊北郷の諸村は深山中に住する故、晏て後始て日を見る、只此山のみ詰朝に日を見る故に名とす、黒谷・石伏・楢戸・田子倉・四箇村に属す」とある。

特記すべきは楢戸沢の源流部に展開する会津朝日岳北壁の存在である。一九五八年、東雲山岳会は北壁A沢中央リッジを登攀。一九五九年七月、岡部一彦は北壁Aルンゼを登攀。一九六二年七月、東京経済大学山岳部は北壁Cルンゼ、第二北稜、第一北稜などを登攀。一九六六年八月、東電山の会がBルンゼなどを登攀、また、小戸沢東西両沢および楢戸沢の遡行。このように会津朝日岳の岩壁が一時期、関東のクライマーの熱い視線を浴びたのである。

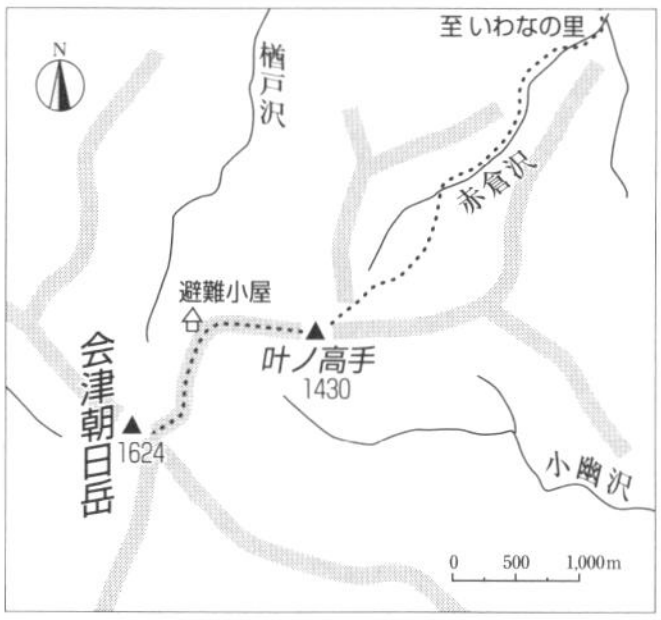

会津朝日岳（西面、向高倉付近から）

山体は古生層を貫く先第三紀花崗岩類が広く分布し、下刻作用が著しく、深いV字型の峡谷を形成している。

植生は赤倉沢の登山口から頂上直下の熊ノ平にかけて、ブナ、ミズナラ、サワグルミなどの原生林があり、稜線にはキタゴヨウが列生する。会津朝日岳の前衛峰である「叶《かのう》ノ高手《たかて》」を越えると見事なクロベの巨木が見られる。低木ではマルバマンサクとともにホツツジやアズマシャクナゲなどのツツジ科の植物が多い。林床にはウスノキ、アクシバなど矮小なツツジ科植物とともにオオイワカガミ、イワウチワ、ショウジョウバカマ、カタクリなどが地表を覆い、半寄生植物のミヤマママコナが生育する。

登山適期は、登山口の「いわなの里」という養魚場まで車が入る四月中旬から降雪が始まる一一月中旬までであろう。

登路　登山口までは車の利用か、JR只見線只見駅からタクシーを利用する。登山口からしばらくは赤倉沢左岸の林道がつづくが、やがて細径になり、沢を渡って緩やかに沢沿いに登って行く。ジグザグに登るようになると、「三吉ミチギ」の水場である。ここからはブナやミズナラの林の中を、さらにジグザグを繰り返して登って行く。水場から「叶ノ高手」へは急登の連続である。

浅草岳の展望が開けてくると尾根上に立つ。さらに「叶ノ高手」まで登ると、初めて会津朝日岳の東面を望むことができる。これより標高差一〇〇mほど下り、少し登り返すと熊ノ平避難小屋である。一〇名ほどは泊まることができる。小屋から「バイウチの高手」に急登すると会津朝日岳北壁の岩場がすごい迫力で屹立している。小幽沢カッチより草付の岩場を急登すると頂稜の一角に出る。そこから頂上までは一投足である。頂上には三角点標石と方位盤があり、飯豊連峰、会越の山々、上越、南会津、那須、尾瀬の山々の大展望台である(登山口から約四時間三〇分)。

地図　二・五万図　会津朝日岳　城郭朝日山　会津　小林

(大竹幹衛)

横山　よこやま　標高　一四一七m
猿倉山　さるくらやま　標高　一四五五m

横山、猿倉山ともに福島県南会津郡只見町にあり、越後山脈(会津駒・朝日山群)に属する山である。只見川を堰止めて造った田子倉湖の南に位置し、田子倉湖と東側の白戸川、西側の只見川の三方から挟まれ、横山や猿倉山から大川猿倉山、村杉岳が南につづく。

猿倉山は急峻な岩峰で、サルの住む岩山、横山は横臥したような山容であることから山名となったとも言われる。

この二山には登山道がない上に、三方を田子倉湖と沢に挟まれていることから入山しにくいために訪れる登山者は少なく、一部の地元の人が狩猟や山菜採りに入るだけである。

田子倉湖は一九六一年に只見川を堰止めて完成したダムで、水没した田子倉集落は田子倉マタギの里であった。付近一帯は越後三山只見国定公園に指定され、只見柳津《やないづ》県立自然公園にもなっている。

登路　登山道がないため残雪期に入るのがよい。田子倉湖をモーターボートで対岸に渡って送電線の下を辿り、ロボット雨量観測所から隠居沢山を経て尾根を行く。猿倉山は痩せた急な岩稜で、雪面は急峻なため注意を要する(所要時間は残雪の量により異なる)。下山ルートは高石沢にとるのがよいが、迎えのモーターボートの時間があるので慎重な計画が必要である。

地図　二・五万図　田子倉湖　会津朝日岳

(江花俊和)

八溝山地

関山　せきさん

標高　六一八m

福島県白河市の南東に位置し、那須連峰と八溝《やみぞ》山地の間の低地帯（盛岡〜白河構造線）にあって、この地方でもっとも小高くピラミッド型の独立峰である。この独立丘陵の南の眼下に、大和朝廷時代、蝦夷《えぞ》の南下を防ぐ柵（白河の関）があり、物見台や狼煙《のろし》台の存在から関山と呼ばれるようになった。

関山は八溝山地の最北縁にあたり、石英安山岩質凝灰岩の急峻な地形で、安山岩の節理は学術的にも貴重で、県の自然環境保全地域に指定されている。古くから山岳信仰が盛んな山で、山頂を中心に西の鳥岳《とりだけ》、東の音岳《おとだけ》の三山は、「烏天狗の道」を駆けめぐる修験の場所であった。奈良時代、聖武天皇の勅願で行基の開山といわれ、満願寺の本尊は聖観音像である。山頂の大部分は観音堂が占めている。梵鐘は国の文化財となり、芭蕉も曾良とともに登っている。

展望は西に白河市街地が阿武隈川の河岸段丘に広がり、その上に那須連峰の茶臼岳、三本槍岳、旭岳から二岐山が連なる。振り返れば八溝山地と阿武隈山地が長くつづいている。

登路　国道二八九号の関辺《せきべ》の登山口か、烏天狗の道を登れば山頂まで約一時間。ほかに白河市表郷の内松《ないまつ》登山口から山頂へ約四〇分。

地図　二・五万図　磐城金山　旗宿

（溝井力男・高田雅雄）

八溝山　やみぞさん

標高　一〇二二m

茨城県久慈郡大子《だいご》町、栃木県大田原市黒羽・川西地区、福島県東白川郡棚倉町にまたがる山で、茨城県の最高峰で、県内で唯一の一〇〇〇mを超える山である。古くは陸奥国白河郡に属していたが、のちに常陸国になった。八溝山地の主峰で、山頂は丸みを帯びて全体がなだらかな高原状の隆起準平原である。壮年期的開析を受けた侵食谷が発達して、八方に放射していることから八溝八峰の名がある。

八溝嶺神社は日本武尊《やまとたけるのみこと》の創建と伝えられる古社で、大同二年

八溝山（大子町浅川、遠鳥居から）

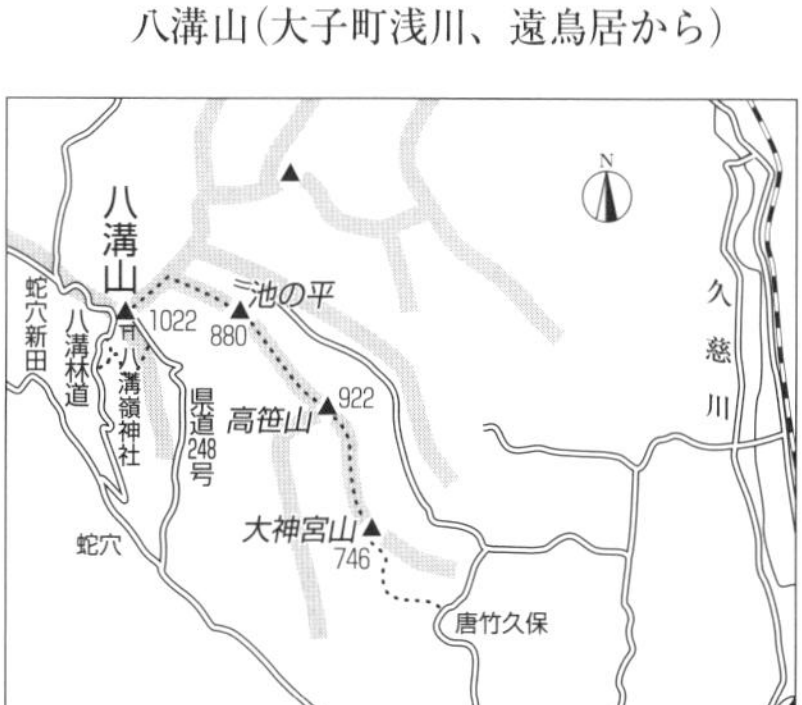

（八〇七）、空海が参籠、文治五年（一一八九）、奥州合戦の折に源頼朝が参拝している。八溝山から採れた砂金を朝廷に献上し、八溝嶺神社は八溝黄金社の神号を賜り、わき水を金性水、黄金水と呼んだ。その後、水戸藩に金山開発が受け継がれたが、生産量は少なかった。また、山岳修行の霊場で、山中には天台宗日輪寺がある。この寺は坂東三十三箇所観音霊場の第二十一番札所である。昔はこれが遥か遠い山奥にあったため、「八溝知らずのニセ坂東」という言い回しが巡礼者たちの間で交されたという。また、遠いために参詣できない人たちへ、各所に遥拝所として遠鳥居が設けられた。山岳信仰に関連して都々古別神社の信仰が波及して、八槻大勝院の支配下で修験道も盛んであった。

豊かな森林が清流を育み、山中には五泉、五滝、三池と呼ぶ涸れることのない湧水があって、現在では八溝湧水群と総称して親しまれている。環境庁が選定した「日本の名水百選」にも入っており、この名水を求めて訪れる人も多い。

山体は秩父古生層の堆積岩と花崗岩で構成され、砂岩を基盤とする中生層からなる。周辺で採掘される八溝石は庭石として珍重されてきた。山腹にはミヤコザサが生い茂り、ブナやミズナラなどの自然林のほか、国有林では明治以来植林も盛んに行われて、いまではスギやヒノキの大木が見事な景観をなしている。山火事の際の延焼を防止するために尾根が刈り払われた防火線が初めて採用され、小万里の長城と称した。江戸中期には水戸藩主よりワサビの苗を拝領してから栽培が始まり、のちに八溝山葵《わさび》として有名になった。

登路　昔、大蛇が棲んでいたことで地名となった大子町蛇穴《じゃけぢ》から現在は山頂に向かう車道が通じているが、途中から旧登山道も残されており、歩行を楽しむこともできる（蛇穴から約二時間三〇分）。山頂には城郭風の展望台が設けられている。また、腐沢沿いの県道二四八号八溝山公園線も通れるようになった。なお、唐竹久保から高笹山（九二二m）を経て池の平（八八〇m）へと県境尾根を辿ることができるが、距離が長いので下山路とした方がよい（約四時間）。

地図　二・五万図　八溝山

（祖父川精治・酒井國光）

月居山　つきおれさん　標高　四〇四m

茨城県久慈郡大子《だいご》町の東方に位置する山で、北嶺（前山とも山王山ともいう）と南嶺からなり、その鞍部は月居峠と呼ばれている。南嶺山頂には佐竹氏の一族である袋田氏が築いた月居城があったが、現在は袋田氏の一族の野内《やない》氏一族が建立した碑があるだけで、眺望は得られない。

北には生瀬盆地の水を集めた滝川が生瀬滝となり、緩流の後、幅五〇～七〇m、高さ一二〇mを四段で落下する日本三大瀑布の一つ、袋田の滝がある。西行がこの滝は四季ごとに訪れないと真の趣を味わうことができないといったことから「四度の滝」という。軟弱地層の岩石の節理や断層の割れ目の侵食崩壊が大きく進んでいる。

登路　袋田の滝はＪＲ水郡線袋田駅からバスで一〇分である。滝を見学の後、滝の右下の吊橋を渡り、鉄の梯子段を登ると前山に出る。いったん下って月居観音堂のわきを通って峠に立ち、反対側を急登すると山頂に出る。

地図　二・五万図　袋田

（祖父川精治・酒井國光）

男体山　なんたいさん

標高　六五四m

別称　鼻欠山　南台山　頂《いただき》富士《ふじ》

茨城県久慈郡大子《だいご》町と常陸太田市上高倉町の境界上に位置する山で、遠望すると、別称の鼻欠山と分かるような独特な尖峰である。山頂には大きな石があり、男体権現と称してきたが現在は祠もある。この山は屏風のような絶壁を連ね、地形が険しかったので古くは女人禁制の山であった。西方の長福山（四九六m）を女体山と呼んで、中腹には曹洞宗の長福山長福寺があり、一〇〇体の観音があるところから百観音と呼んで親しまれている。

文化七年（一八一〇）、山麓の上小川村と高倉村の間で境界論争が起き、その後、様々な経緯があって現在は山頂の男体神社は大子町で管理している。『点の記』では三角点の点名は「頃藤」となっている。

山体は第三紀の火山噴出物である男体山火山角礫岩の集塊岩層からなり、東面は傾斜が緩いのに対して西面は急崖になっている。凝灰質砂岩（滝倉層）からは巻き貝や二枚貝の化石が発見されている。植物ではフクロダガヤやミヤマスカシユリが有名である。

登路　登山路は四方から通じているが、JR水郡線西金駅から湯沢温泉、古分屋敷《こぶやしき》、大円地越《おおえんじごえ》を経て山頂へ達する表登山道がある（山頂まで約二時間三〇分）。また、途中の古分屋敷付近のパノラマラインにはトイレの完備した駐車場があり、ここから登山する人が多い（山頂まで約一時間三〇分）。また、山頂から北へ主尾根をつたって月居山から袋田の滝へ下る縦走路もある（山頂から約三時間）。

地図　二・五万図　大中宿

（祖父川精治・酒井國光）

鶏足山　けいそくさん

標高　四三一m

茨城県東茨城郡城里町と栃木県芳賀郡茂木町との県境に位置する山で、鶏足《とりあし》山塊の主峰である。山頂付近に鶏の足跡といわれる岩があり、それが山名の由来になった。また、弘法大師が護摩を焚いたという護摩石、厳しい修行の時に喉の渇きを潤したつる井戸・かめ井戸などがある。

登路　栃木県側からも山頂への登山路があるが、茨城県側からは県道二二六号沿いの上赤沢付近が起点となる。路肩の駐車可能地から登山道に入り、頂上までは約五〇分である。

地図　二・五万図　中飯

（平野　彰・酒井國光）

仏頂山　ぶっちょうざん

標高　四三一m

茨城県笠間市と栃木県芳賀郡茂木町との県境上に位置し、笠間盆地の北東に連なる標高四〇〇m前後の山並みの中心の山である。「首都圏自然歩道」の一部。山麓にある楞厳寺《りょうごんじ》は多数の文化財を擁し、山門の境堅門は茅葺屋根の四脚門で、国の重要文化財に指定されている。また、この付近はヒメハルゼミ（国指定の天然記念物）の発生地である。

登路　笠間市片庭から山門を通り、楞厳寺を経て山頂に至る。登山道は寺の階段の手前から左側の樹林を通るが、境内を通り抜けても登山道に合流する（片庭から約一時間三〇分）。

地図　二・五万図　羽黒

（平野　彰・酒井國光）

吾国山　わがくにさん　標高　五一八m

茨城県笠間市と石岡市八郷地区との境界上にある。吾国愛宕県立自然公園の北端にあたり、八溝山系の南端になる。端正な円錐形の山頂には田上神社の祠がある。南東方向には石岡市八郷地区の田園風景や霞ヶ浦などの眺望がよく、山の北東面はブナ林が広がり、カタクリの群生も見られる。

登路　主要地方道四二号笠間つくば線の道祖神峠が起点である。舗装された林道から登山道に入り、約三〇分で山頂に達する。ほかにJR水戸線福原駅から沢集落、太郎兵衛坂を経て山頂に達するルートもある。

地図　二・五万図　加波山　羽黒

（平野　彰・酒井國光）

雨引山　あまびきさん　標高　四〇九m

別称　龍蓋山

茨城県桜川市に位置し、筑波山塊では北の抑えとなる山である。山名の由来は、弘仁一三年（八二二）、雨乞いを祈願したことから雨彦山を雨引山に変えたという。中腹にある楽法寺（雨引観音）は坂東三十三箇所観音霊場第二十四番の札所で、国指定の重要文化財の延命観音菩薩をはじめ多数の文化財を擁する。

登路　JR水戸線岩瀬駅から不動滝を経て御嶽山（二三〇m）まで登る。尾根筋の道から採石場をさけて迂回し、NTT岩瀬無線中継所経由で山頂へ達するルートがある（岩瀬駅から約一時間二〇分）。また、雨引小学校から雨引観音を経て山頂に達することもできる。

地図　二・五万図　羽黒　岩瀬　加波山　真壁

（平野　彰・酒井國光）

加波山　かばさん　標高　七〇九m

別称　神庭山　神場山　神母山　樺山　蒲山　加葉山

茨城県桜川市真壁町と石岡市の境界上に位置する山で、筑波山、足尾山と合わせて「常陸三山」と呼ばれている。古くは「神母山」あるいは「神場山」、「神庭山」といわれ、神と結び付いた山を意味しており、常陸国を代表する修験道の霊場であった。また、天狗の山としても知られ、江戸時代の国学者・平田篤胤《ひらたあつたね》は「岩間山（現愛宕山）に一三天狗、筑波山に三六天狗、加波山に四八天狗、日光には数万の天狗がいる」と記している。山中には奇岩や岩窟が多く、加波山岩屋禅定と呼ばれる修行場が散在する。いまでも加波山禅定が行われ、白衣、わらじ履きの行者が金剛杖をつき、六根清浄を唱えながら山中の霊場をめぐる厳しい修行が行われている。

神社の縁起によると、第一二代景行天皇の御世、日本武尊がこの山に登り社を建てたと伝わっている。少なくとも江戸時代以前まで

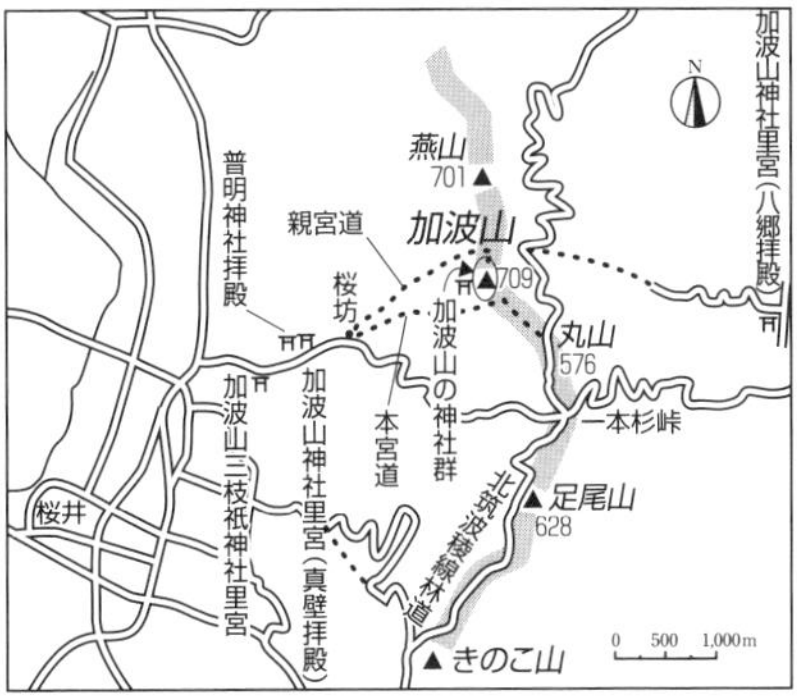

は、加波山大権現と称する一つの（神仏混合）神社であったが、江戸時代に三社に分立し三つの別当寺院が治めていた。明治時代になると廃仏毀釈の影響もあり、それぞれが三つの神社として独立した。現在ではそれぞれに本殿、拝殿、社務所を兼ねた宿坊、里宮などの社殿が設けられ、加波山神社、加波山三枝祇《さえなずみ》神社（本宮と親宮を合祀）の二社により管理され、行事なども独自に行われている。それらの中で、毎年九月の第一日曜日に加波山神社が行う「きせる祭」、冬至の日に加波山三枝祇神社が行う「火渉り祭」は有名である。

また明治一七年（一八八四）、自由民権運動の富安正安ら急進派の活動家たち一六人が爆弾を保持してこの山に立てこもり、「自由之魁《さきがけ》」などの幟《のぼり》を掲げて挙兵、政府転覆を謀った加波山事件は有名である。現在も山頂近くに、この幟を立てた旗立石が残っている。

南の筑波山とは断層で隔てられ、中生代の貫入と思われる黒雲母花崗岩からなり、山中の至る所に奇岩や岩場がある。足尾山につづく一帯は真壁御影石の名で知られる高級石材の産地で、中世のころから石工を生業とする者が存在していたという。

登路　加波山登山に利用されていた公共交通機関はすべて廃止されてしまったので車利用になる。桜川市側からの起点は加波山三枝祇神社里宮の駐車場となる。

一合目の石柱がある所に加波山神社里宮（真壁拝殿）と普明神社拝殿（たばこ神社も兼ねる）があり、さらに寝不動尊を経て三合目の桜坊で親宮道と本宮道が分かれる。左の親宮道は五合目から山道となり、七合目の山椒魚谷を渡って主尾根に立った後、数多くの石碑や社が建ち並ぶ尾根を登って山頂に到着する。三角点のあるピークに建つのは加波山三枝祇神社本宮本殿である。山頂からの眺望は得られない。

下山は山頂南側にある三枝祇神社本宮拝殿付近から西に本宮道を下り、桜坊に出る（往復約三時間）。

石岡側からの起点は、石岡市大塚にある加波山神社里宮（八郷拝殿）である。林道から登山道を三km登り、林道を横切りさらに〇・五km登ると拝殿に出る（往復約四時間）。

地図　二・五万図　加波山

（祖父川精治・酒井國光）

足尾山　あしおさん

標高　六二七m

別称　葦穂山　乎婆頭勢山《こばづせやま》　小泊瀬山《おはつせやま》

茨城県石岡市八郷地区と桜川市真壁町との境をなす山である。筑波山の北東に位置し、山体は中生層を貫いた花崗岩から成り立っている。しかし、筑波山とは断層によって断たれており、独立した一山である。山頂には奈良時代から知られる足尾神社の本殿（奥宮）があり、参詣をすると足が強健になるとして信仰を集めている。

登路　真壁町白井にあるみかげスポーツ公園を起点としてきのこ山に登り、北筑波稜線林道から足尾山を往復する(約四時間)。

地図　二・五万図　加波山

（中西　章・酒井國光）

筑波山　つくばさん

標高　八七七m

別称　筑波岳　筑波嶺　筑波禰　紫峰　紫の峰

茨城県つくば市と桜川市真壁町との境界上に位置する山で、加波山、足尾山を合わせて「常陸三山」と呼ばれている。古来、「西の富士、東の筑波」と並び称され、その秀麗な双耳峰は昔から関東の名山として尊崇されてきた。

西の男体山頂(八七一m)には男体山本殿があり筑波《つくば》男大神《おのおおかみ》として伊弉諾尊《いざなぎのみこと》が、東の女体山頂(八七七m)には女体山本殿があり筑波《つくば》女《め》大神《おおかみ》として伊弉冉尊《いざなみのみこと》が祀られて、広く信仰されている。この二峰の間には御幸ヶ原という小平坦地がある。

山名については、『景行紀』には「莵玖波《つくば》」とあり、『常陸国風土記』には国造として赴任した筑箪命《つくはのみこと》が自分の名にちなんで名付けたなどの諸説がある。この山名は『万葉集』をはじめ多くの歌書に書き記されてきたが、中でも『小倉百人一首』の「筑波嶺の峰より落つる男女川恋ぞ積もりて淵となりぬる　陽成院《ようぜいいん》」は有名である。

造山の歴史は富士山や日光の山より古く、孤立した独立峰である。山体は古生層に貫入した花崗岩で構成され、硬い斑糲《はんれい》岩を閉じ込めて隆起し侵食によって露出した残丘で、山腹は風化した岩屑で覆われている。植物相は山全体が神域として保護されてきたので、自然林が残り、明確な垂直分布を示している。

筑波山(筑波市沼田から)

山頂からは奈良期の古鏡や土師器、須恵器、陶器などが多数発見され、古代の信仰を証拠付けるものとして注目された。

延暦元年(七八二)、法相宗の学僧・徳一《とくいつ》が筑波山寺を開いて、関東における南都系仏教の中心地として、のちには真言宗知足院中禅寺と号し、神仏習合の筑波大権現として大いに栄えた。

江戸時代には江戸城鬼門の守護神として崇敬され、日光東照宮とともに幕府鎮護に重要な役割を果した。堂宇僧房が建ち並び、名物「ガマの油売り」で知られる門前町が形成され、御幸ヶ原には五亭と呼ばれる茶屋もあった。嘉永四年(一八五一)の大火で門前町は全焼、安政二年(一八五五)、慶応二年(一八六六)とつづいて山津波が発生し大きな被害を受けた。

明治維新後は神仏分離、廃仏毀釈により知足院は破却されたが、その跡地に筑波山神社として再興された。筑波山信仰はいまでも広い信仰圏を持ち、大当講、御六神講、筑波講などの講組織も残っている。神社の南西に再建された大御堂《おおみどう》は、坂東三十三箇所観音霊場の第二十五番札所として訪れる巡拝者も多い。

なお、元治元年(一八六四)には、水戸藩尊攘派の藤田小四郎らがこの山に拠って挙兵し、天狗党の乱を起こしたことでも有名であり、その顕彰碑が神社の境内にあり、小四郎の像も一九九〇年に建立された。

筑波山頂の帰属をめぐる境界紛争は明治以来つづいてきたが、一九八二年、東京高等裁判所の判決で旧筑波町が勝訴した。

明治三五年(一九〇二)、わが国最初の山岳気象山科宮筑波山測候所(中央気象台)が創設され、一九二一年に筑波山微動測候所(東京大学地震研究所)、さらに戦後は企業各社の無線中継所が次々と山頂に設置され、「電波銀座」とも揶揄されている。

大正一四年(一九二五)に筑波山鋼索鉄道のケーブルカーが開通し、一九六五年には表筑波スカイラインの整備が行われ、筑波山ロープウェイも開業した。さらに二〇〇五年に、東京都心の秋葉原駅からつくば市の中心部まで首都圏新都市鉄道つくばエクスプレス(略称・TX)が開通したため、多くの観光客やハイカーを迎えている。

登路　筑波山の登路はいろいろあるが、もっとも一般的なものは、TXを利用して終点で下車し、駅前からは筑波山シャトルバスに乗り「筑波山神社入口」で下車する。ここから筑波山神社を経由して御幸ヶ原に出る「御幸ヶ原コース」と女体山に出る「白雲橋コース」がある。いずれも山頂まで約二時間である。

シャトルバスを終点の「つつじヶ丘」まで乗ると「おたつ石コース」があり、女体山まで約一時間半である。

なお、男体山山頂部を一周する全長一・四㎞の自然研究路も整備されていて誰でも楽しむことができたが、二〇一四年三月に一部が崩落し、通行禁止となった。しかし、二〇一五年から崩落部分を男体山山頂を通る道で迂回し、通行可能となった。

地図　二・五万図　筑波

(祖父川精治・酒井國光)

根本山　ねもとやま

標高　一一九九m

群馬県桐生市と栃木県佐野市田沼地区にまたがり、桐生川の源頭をなす。江戸中期から幕末にかけて本山派大正院・大学院を別当とする修験道の聖地であった。根本山神社は中腹の巨石上に現存し、根本山神《ねもとやまかみ》と天狗を祀る。文化年間（一八〇四～一八一八）、この天狗が彦根藩井伊家の江戸藩邸を火災から護ったとの噂が元で、火伏の神として急速に信者を増した。その講は上野、武蔵、江戸まで及び、安政六年（一八五九）には江戸で『根本山参詣路飛渡里《ひとり》案内』というガイドブックが刊行されたほどであったが、一八七二年の修験道禁止令によって解散消滅を余儀なくされた。

登路　桐生市営おりひめバス終点の梅田ふるさとセンターから不死熊橋までは長い車道歩きとなる。根本沢沿いに根本山神社を経て鎖場を直登する沢ルート（約三時間三〇分）、不死熊橋から中尾根を経て山頂に至る中尾根ルート（二時間一〇分）、わたらせ渓谷鐵道沢入《そうり》駅から黒坂石川沿いに林道金山線終点から尾根に取りつく黒坂石川ルート（約三時間二〇分）の三ルートがある。

地図　二・五万図　沢入

（山田哲郎・小島守夫・根井康雄・加藤　仁）

熊鷹山　くまたかやま

標高　一一六九m

栃木県の西端、佐野市田沼地区にある。群馬県桐生市の桐生川、旧田沼町の小戸川の源頭部に位置し、栃木・群馬県境尾根の十二山（一二二八m）から南へ延びる支尾根の十二山寄りにある。

山頂には三角点の標石と展望櫓《やぐら》があり、三六〇度の展望が得られ、筑波山や秩父の山並みを望むことができる。山頂の西側直下に熊鷹神社の小祠があり、例年一一月に祭礼が行われている。

登路　根本山から十二山を回って山頂に達し、うすゆき新道を不死熊橋に下る巡回コース（約五時間三〇分）と、桐生川沿いの青少年野外活動センターから野峰（一〇一〇m）、丸岩岳（一一一七m）を経て山頂に達するルート（約四時間四〇分）、佐野市の林道小戸線の終点から小戸川沿いに上るルートがある（約二時間）。

地図　二・五万図　沢入《そうり》

（山田哲郎・小島守夫）

鳴神山　なるかみやま

標高（東峰）　九八〇m

別称　雷神岳《なるかみだけ》　嶽山《たけやま》　二つ岳

群馬県桐生市の北部、足尾山地の南端に近い、通称・鳴神山脈の主峰である。東に桐生川、西に山田川の谷を控える。山頂は東西二峰に分かれ、東峰を桐生岳、西峰を仁田山岳という。

藩政期は本山派の修験道の山で、東峰には桐生川筋の村、西峰には山田川筋の村がそれぞれ鳴神岳神社を奉祀していたが、西峰の鳴神岳神社は一九〇七年に山田赤城神社と合祀されていまはない。東峰の雷神岳神社は山頂の南側直下に社殿があり、山頂に石祠四基を祀る。

登路　東側は梅田から木品経由で約一時間五〇分、観音橋から金沢峠経由約二時間、西側は堂場、駒形経由で約一時間三〇分の三ルートがある。

地図　二・五万図　大間々　番場

（山田哲郎・小島守夫・根井康雄・加藤　仁）

仙人ヶ岳　せんにんがたけ

標高　六六三m

栃木県足利市と群馬県桐生市にまたがり、松田川源頭部の主峰。大同四年（八〇九）、東大寺の定恵が創建した世尊寺（のちに鶏足寺）や石尊不動尊の僧侶が荒行の地として不動明王を祀ったと伝えられる。

不動明王は岩切山生満《しょうまん》不動尊（俗称・生《なま》不動）といい、不動沢のつめにある。毎年四月と一一月に祭礼が行われにぎわう。

登路　足利市側は岩切登山口から不動沢沿いに生不動を経て仙人ヶ岳に登り、東尾根を犬帰りの岩場を経て猪子峠に下る回遊ルート（約四時間三〇分）が一般的。桐生市側は中尾根登山口から一色山、コンロン山、前仙人ヶ岳から仙人ヶ岳に至るコース（約三時間三〇分）などがある。

地図　二・五万図　番場

（山田哲郎・小島守夫・根井康雄・加藤　仁）

行道山　ぎょうどうさん

標高　四四二m

栃木県足利市の山。登山口にある行道山浄因寺は「関東の高野山」と呼ばれ、深山幽谷の趣があって、南画さながらの景勝は栃木県の名勝に指定されている。尾根筋には四十九院涅槃《ねはん》台、三角点のある石尊山見晴台（四四二m）、剣ヶ峰（大岩山、四一七m）、大岩毘沙門天、両崖山（二五一m）とつづく。この両崖山は藤原秀郷第七代の子孫・足利成行の築城による足利城跡で、石垣などが現存する。また、この付近に自生するタブノキは天然記念物に指定されている。道はさらに南に向かい織姫神社に至る。このコース全体が「関東ふれあいの道」「歴史のまちを望むみち」として整備されている。

登路　行道山浄因寺から急な石段を登って主稜線に出ると、南北に道が分かれる。北への道は行道峠、馬打峠に至る。南へは石尊山、剣ヶ峰を経ていったん車道に出て、大岩毘沙門天を通る。再度山道に入り、両崖山、織姫公園、織姫神社に出る（約三時間）。ここからJR両毛線足利駅までは二〇分程の行程。

地図　二・五万図　足利北部　足利南部

（平野　彰・小島守夫）

三毳山　みかもやま

標高　二二九m

別称　竜ヶ岳　青竜ヶ岳

栃木県佐野市と栃木市にまたがる、端麗な三角形の山である。三毳山の山頂を地元では竜ヶ岳（青竜ヶ岳）と呼んでいる。栃木自然百選の一つで、『万葉集』の東歌には「下つ毛野三毳の山のこ楢のすまぐはし子ろは誰《た》が笥《け》か持たむ」(巻一四)と詠まれ、南側山麓の三毳神社にはその歌碑がある。また、北側山麓のカタクリの群生地は見事である。

登路 国道五〇号バイパスから県営みかも山公園に向かい、三毳神社を経て奥社に向かう。ハンググライダーの基地のある台地を通り、三角点のあるピークに出る。尾根づたいにクヌギの道、ツツジの道を進むと三毳山の山頂に達する(三毳神社から約一時間三〇分)。北側には管理センターからの遊歩道が整備されており、カタクリの群生地を通って山頂へのルートがある(約五〇分)。

地図 二・五万図 佐野 下野藤岡

(平野 彰・小島守夫)

半月山 はんげつさん

標高 一七五三m

栃木県日光市の旧市域と同市足尾町との境界上にあり、中禅寺湖南岸尾根の東端に位置する。その近くの半月山展望台からは日光屈指の展望が得られる。

登路 奥日光・中禅寺温泉バス停から明智平への道路に入って墓地を右折。すぐ左わきが登山口。道標に従い登りつめた所が茶ノ木平である(バス停から約一時間)。かつてはロープウエーがあったが、いまは撤去されてその姿はない。ここからは半月山自然歩道を歩く。展望コースで高山植物園跡を通り、スカイラインを横切り、狸《むじな》山を経て半月山の頂上に着く(約一時間三〇分)。展望台はすぐ先にある。展望台から半月峠に出て狸窪《むじなくぼ》に下って行く。湖畔を歩き立木観音を経て中禅寺温泉バス停に戻る(展望台から約二時間)。

地図 二・五万図 中禅寺湖 日光南部

(室井正松・小島守夫)

社山 しゃざん

標高 一八二七m

栃木県日光市の旧市域と同市足尾町との境界上にあり、中禅寺湖南岸尾根の中央に位置する。その南側は足尾町で、鉱毒によってはげ山だった山々も緑が大分回復してきている。

日光修験の夏峰(男体禅定)は、死者も出るほどの難行だったといわれる。そのため中世末に廃止された。

登路 奥日光・中禅寺温泉バス停から歩き、湖畔に出て立木観音堂を経て狸窪を過ぎれば阿世潟に着く(約一時間二五分)。ここが登山口で、少し登ると阿世潟峠に出る。直進すれば足尾へ下る。右折して急坂を登りつめると社山の頂上である(阿世潟から約一時間二〇分)。男体山や中禅寺湖の眺めがすばらしい。

頂上から西へ、ササは深いがアルペンムードの稜線を歩き、黒檜岳を経て千手ヶ浜へ下るコースがある(社山から約三時間三〇分)。

地図 二・五万図 男体山 中禅寺湖 日光南部

(室井正松・小島守夫)

黒檜岳 くろびだけ

標高 一九七六m

別称 黒檜山

栃木県日光市の旧市域と同市足尾町との境界上にあり、中禅寺湖南岸尾根の最高峰で、千手ヶ浜の真南に位置する。

中世ごろからつづいた日光修験、夏峰の拝所に黒檜岳があった。山の本地仏は軍荼利明王を祀る。

登路　奥日光・戦場ヶ原の赤沼からバスで中禅寺湖の千手ヶ浜へ。湖畔を右にとり、千手堂跡のすぐ先が登山口である。登り始めるとアズマシャクナゲの群落がつづく。しかし頂上は樹林の中で、展望はまったくない（千手ヶ浜から約二時間一〇分）。

黒檜岳から社山を越して阿世潟、立木観音を経て中禅寺温泉バス停へは約五時間一〇分。黒檜岳〜社山間はササが深いので注意。黒檜岳から三俣方面は道が荒れて一般登山者の通行は不可能である。

地図　二・五万図　男体山　中禅寺湖　日光南部

（室井正松・小島守夫）

宿堂坊山　しゅくどうぼうやま　標高　一九六八m

別称　男嶽（古名）

栃木県日光市と群馬県沼田市利根町との境に位置する。山頂の東側は落葉樹、西側は針葉樹の原生林に覆われ、御料林制度の名残である御料局三角点と国土地理院の三角点が置かれている。

宿堂坊山は中世に夏峰ルート（三峰五禅頂と呼ばれる修験ルートの一つ）となった所で、山頂の西鞍部（ネギト沢のコル）に男嶽宿があったことが『補陀落順峯入峯次第私記』の中に記されており、西鞍部に現存する石祠の銅扉には、一三名の修験僧の名前と「奉新造男嶽金剛堂石社一宇所　弘治二丙辰六月日　入峯衆」という文字が刻まれているが、夏峰ルートは大難行のため犠牲者が続出し、天正年間に途絶えたと伝えられている。

近代登山の記録としては一九三三年、宇都宮市の浅野松蔵ほか二名による前白根山〜庚申山、一九五四年、佐野高等学校山岳部による庚申山〜日光白根山〜温泉ヶ岳〜太郎山〜女峰山、一九五六年、平岡静哉による汗川から宿堂坊山などが古い記録だが、栃木県山岳連盟に加入する山岳会の有志によって日光白根山と皇海山《すかいさん》を結ぶ群馬・栃木県境稜線に登山道が開かれたのは一九六四年のことである。

登路　日光白根山と皇海山を結ぶ群馬・栃木県境尾根に縦走路があるが、ササに覆われた難路。日光白根山から約九時間。皇海山から約六時間三〇分。そのほかにネギト沢（柳沢支流）から宿堂坊山の西鞍部に至るルートがある。中禅寺湖畔の千手ヶ浜から約三時間三〇分。

地図　二・五万図　中禅寺湖　皇海山　丸沼　男体山

（岡田敏夫・小島守夫）

皇海山　すかいさん　標高　二一四四m

栃木県日光市足尾町と群馬県沼田市利根町との県境を画する主稜線上に位置し、日光火山群の一峰である。この稜線には日光白根山をはじめ錫ヶ岳、宿堂坊山など二〇〇〇m級の山々が連なっているが、皇海山はその南端を占めている。

足尾山地の盟主といわれている山だが、山名の由来となると不明な点が多く、笄山《こうがいやま》が皇開山に変じ、それがさらに皇海に転化した

皇海山（庚甲山展望台から）

との説、また「さく山」「定顕坊山」などと呼称されたこともあった。

しかし開山は古く、江戸中期から庚申山の奥の院として信仰登山の人々によって登られていたようであるがつまびらかではない。ただ、皇海山頂直下に信仰登山の名残を思わせる「庚申二柱大神　当山開祖　木村惟一」と銘のある奉納の青銅の剣が立ててあり、江戸末期から明治にかけて講中を組み、盛んに登拝が行われたという地誌の記述を裏付けている。近代登山は、木暮理太郎と藤島敏男による一九一九年一一月のそれが始まりとされる。

山体は全山シラビソに覆われて鋭角の円錐形をしており、松木沢の源流域を形成する東面はとくに急峻で、鋭く切れ落ちて見応えがある。庚申山から十一にも及ぶ岩峰を辿り、仰ぎ見るその姿はまさしく足尾山塊の盟主といえる。深い森林に囲まれた頂は地表を小ザサと地衣類が覆い、展望こそ望めないが、静寂なたたずまいは訪れる者に森の山旅のよさを教えてくれる。

登路　栃木県側からは、わたらせ渓谷鐵道通洞駅または原向駅から庚申山荘（無人）に至り、ここを起点に鋸十峰・鋸山を経て山頂に向かう。帰路は六林班峠経由で下る。また鋸十峰を割愛し、六林班峠から登るのもよい（約八時間）。皇海山を単独で登るなら、群馬県側の栗原林道を車で辿り、皇海橋から不動沢を詰めて皇海山頂上に至るコースがある（山頂まで約二時間三〇分、往復四時間五〇分）。最短路として人気が高い。しかし、大雨の時は不動沢の増水に注意しなくてはならない。また栗原林道は狭い悪路なので慎重に走行のこと。

地図　二・五万図　皇海山　袈裟丸山

（中西　章・小島守夫・根井康雄・加藤　仁）

庚申山　こうしんざん　標高　一八九二m
鋸　山　のこぎりやま　標高　一九九八m

別称　剣ヶ峰（鋸山）

栃木県日光市足尾町の中西部に位置し、日光国立公園内にある。庚申山の山頂はほぼ東西に連なる頂稜で、中腹には岩場が連なり、鎖や梯子を伝う「お山巡りコース」がある。

鋸山はその頂稜の西にあり、十一峰の鋸《のこぎり》状の峰を連ね、最高峰は皇海山《すかいさん》から袈裟丸山《けさまるやま》に至る稜線上のピークである。北面に松木川、南面に庚申川が流れ、いずれも渡良瀬川に合流する。

山体は北と南に爆裂カルデラを形成する火山で、橄欖《かんらん》石輝石玄武岩、輝石安山岩質の溶岩などからなる。奇岩怪石が多く、食虫植物の一種で特別天然記念物のコウシンソウをはじめとして高山植物、ホンシュウジカ、ニホンザルなどの野生動物も多い。

開山は約一二〇〇年前に勝道上人によると伝えられ、庚申講信仰の総本山としての歴史を持つ霊山であり、山中に残る道標や石碑、行場や旧跡から往時が偲ばれる。また、江戸中期以降、奥の院の皇海山へ鋸十一峰から剣ヶ峰を経る三山駆け登山が行われたという。天保一三年(一八四二)に滝沢馬琴が書いた『南総里見八犬伝』の舞台としても知られる。

登路　日光市足尾町の銀山平から庚申山荘を経由して背後の岩壁の下を回り込み、奇岩怪石の中の登山道を登って、コメツガの樹林から稜線を行くと山頂である(銀山平から約三時間四〇分)。鋸山へは、頂稜を西に鋸十一峰といわれるピークを越えていく(庚申山から約二時間)。下山は六林班峠を経て庚申山荘へ戻る。

地図　二・五万図　足尾　袈裟丸山　皇海山　中禅寺湖

(仙石富英・根井康雄・加藤　仁)

備前楯山　びぜんたてやま　標高　一二七三m

栃木県日光市足尾町市街の西にあり、急峻な岩山を思わせるが「関東ふれあいの道(赤銅《あかがね》の道)」として整備されている。

山名の由来は、慶長一五年(一六一〇)、備前国出身の農民が山中で銅を発見し、その功績を記念して名付けられたといわれている。足尾銅山発祥の山である。

山体は主として溶結凝灰岩からなり、溶岩・凝灰岩などをともなう足尾流紋岩が分布している。また、この山域にはホンシュウジカ、ニホンカモシカなどの大型哺乳類が広く生息している。

登路　日光市足尾町銀山平の国民宿舎「かじか荘」前の広場から舟石林道を行き、舟石峠から右の登山道に入る(かじか荘から約一時間三〇分)。舟石峠には広い駐車場が整備され、車の場合はここを登山口とすることができる(舟石峠駐車場から約四五分)。

地図　二・五万図　足尾

(仙石富英)

袈裟丸山　けさまるやま　標高(北峰)　一九六一m

栃木県日光市足尾町と群馬県みどり市東地区との県境にまたがり、足尾山地の西部に位置する。白根山、錫《すず》ヶ岳、皇海山、鋸山からの稜線の南端にあり、日光火山群西部地域を構成している。

山名の由来は、「弘法大師が袈裟を丸めて、この山に置いて山を下りた」という弘法伝説による。

山頂部は六林班峠から連峰の形でほぼ南北に、北から奥袈裟丸、中袈裟丸、後袈裟丸、前袈裟丸などのピークを連ねている。最高峰は奥袈裟丸の北峰である。一般には一等三角点のある前袈裟丸(一八七八m)を袈裟丸山と称している。東側の谷は餅ヶ瀬川となり渡良瀬川に合流している。

基盤の上に袈裟丸火山噴出物が重なり、西側に成層火山の地形が

袈裟丸山(前袈裟丸山頂)

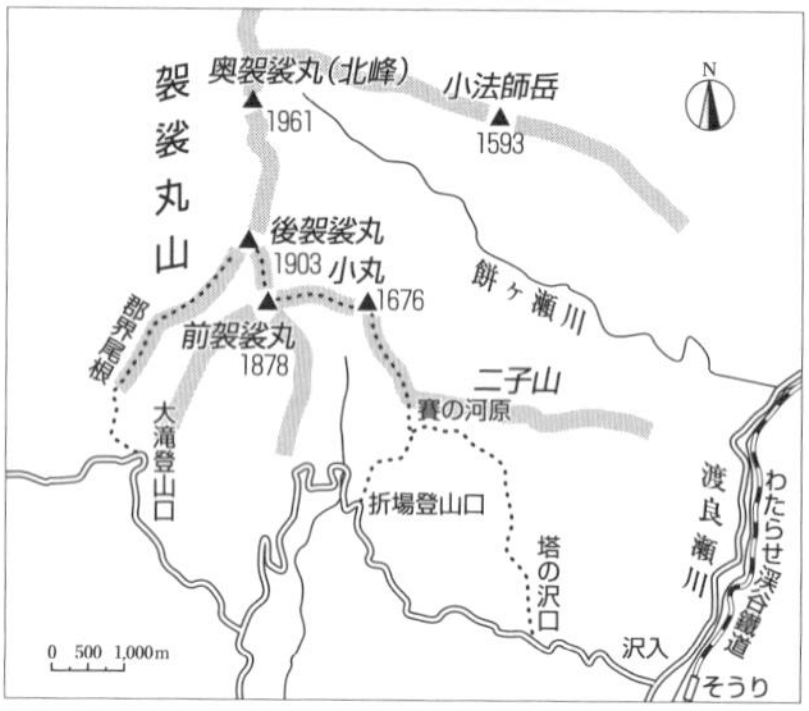

発達し、東側は爆裂カルデラが形成され、大きく侵食されている。袈裟丸山にはヤシオツツジなどツツジ類が多い。群馬県は一九六七年にホンシュウジカやイヌワシの生息地として、南面一帯を環境保全地域に指定した。袈裟丸山には相輪塔、寝釈迦像、溶岩台地の賽の河原などがあり、山岳修験の名残をとどめている。

登路　わたらせ渓谷鐵道沢入《そうり》駅から林道西山小中線に入り、西山集落を過ぎて右に塔の沢口で寝釈迦、賽の河原を経て山頂に達する(登山口から約四時間)。ほかに直接賽の河原に出る折場口コース(登山口から約三時間)、小中川の大滝からの郡界尾根コース(登山口から約三時間三〇分)がある。

地図　二・五万図　袈裟丸山　足尾　上野花輪　沢入

(仙石富英・小島守夫・根井康雄・加藤　仁)

鳴虫山　なきむしやま　標高　一一〇四m

別称　大繖法嶽《だいせんぼうだけ》

栃木県日光市の市街の真南に位置している。東武日光線東武日光駅とJR日光線日光駅から歩いて登ることのできる山として人気がある。春にはアカヤシオとカタクリの花、秋には紅葉を楽しむことができる。

山中には峰修行の跡が濃く、宿跡や石祠などが点在している。また、下山地の含満《がんまん》ヶ《が》淵《ふち》は清流が美しく、並び地蔵など史跡が多い。そのため江戸時代には日光八景に選ばれている。

登路　東武日光駅から中央公民館の裏に出て志渡淵川を渡ると、そこが登山口である(駅から約一五分)。天王山神社を右に見て、神ノ主山《こうのすやま》の頂に登ると日光連山の展望がよい。南西の尾根に入り、数個のピークを越せば鳴虫山の頂上に着く(登山口から約二時間)。頂上からは独標、含満ヶ淵を経て総合会館前のバス停に出る(頂上から約二時間)。

地図　二・五万図　日光北部　日光南部

(室井正松・小島守夫)

地蔵岳　じぞうだけ　標高　一四八三m
薬師岳　やくしだけ　標高　一四二〇m
夕日岳　ゆうひだけ　標高　一五二六m

地蔵岳は栃木県鹿沼《かぬま》市と日光市足尾町との境にある。この山から南西約一〇㎞に同名の山（一一七四m）がある。山名の由来は、山頂に地蔵菩薩を祀ってあることによる。

薬師岳は日光市と鹿沼市の境界にあり、山名の由来は山頂の石祠に薬師如来を祀って、山岳信仰の対象となったことによる。

夕日岳は鹿沼市の北西部にあり、地蔵岳と薬師岳を結ぶ稜線上の三ツ目（一四九一m）から東に派生する尾根上にある。山名の由来は、夕日の入る山という説と火山活動に関係して名付けられたとする説がある。

地蔵岳と夕日岳は前日光県立公園に属し、薬師岳は前日光県立公園と日光国立公園の境にある。

古峰原《こぶがはら》から地蔵岳を経て夕日岳、薬師岳から中禅寺、また横根山から三枚石を通り古峰原から地蔵岳に至るコースは、男体山開山の祖・勝道上人の修行地として、上人の弟子・教旻《きょうびん》が延暦年間（七八二～八〇六）に「入峰禅定」を定め、日光修験と呼ばれる入山修行がなされた所である。その経路は、出流山～古峰原～三枚石～地蔵岳～薬師岳～四本龍寺とされる。いわゆる禅頂行者の道である。したがって、コースには山岳信仰の遺跡が点在し、山麓には上人ゆかりの古峰神社や加蘇山神社がある。

これらの連山は足尾山地の北部にあたり、南東に緩傾斜した「傾動地塊」といわれ、石英斑岩、流紋岩からなっている。

登路　鹿沼市の古峰《ふるみね》神社西側の林道に入り北上、ハガタテ平（一二八一m）から稜線を東に入ると地蔵岳（約三時間）である。山頂の山祠に地蔵尊が祀ってある。地蔵岳からさらに北上すると三ツ目で、夕日岳は東へ約六〇〇mの位置にある。三ツ目から稜線を北上すると、薬師岳を経て細尾峠（一一九二m）に出る（地蔵岳～薬師岳間約二時間。細尾峠～薬師岳間約一時間）。

地図　二・五万図　古峰原　日光南部

（坂口三郎）

横根山　よこねやま　標高　一三七三m

栃木県鹿沼市にあり、前日光県立公園の雄峰。男体山開山の祖・勝道上人修行の場と言い伝えられ、出流《いずる》山～横根山～古峰原《こぶがはら》～四本龍寺の経路は、延暦年間（七八二～八〇六）から「入峰禅定」と定められ、日光修験により入山修行が行われた。

この山地は古生層と中生層が全般にわたって分布しており、花崗岩が多い。山頂の南面にある井戸湿原は標高一三〇〇mの高層湿原で、面積三ha、ミズバショウ、モウセンゴケ、コバイケイソウ、クルマユリ、トウゴクミツバツツジ、ヤマツツジなどが見られる。道路が粕尾峠から前日光ハイランドロッジまで通じており、容易に登山できるようになった。

登路　車の場合、鹿沼市粟野地区の前日光ハイランドロッジ前に駐車。山頂までは二〇分、井戸湿原まで二〇分、象の鼻まで四〇分、ハイランドロッジまで三〇分と半日のコース。バスを利用する場合は、鹿沼市の古峰《ふるみね》神社から古峰原峠、三枚石、方塞《ほうさい》山を経て横根山まで約三時間四〇分。また、粟野地区上粕尾の発光路《ほっこうじ》から山頂まで約三時間。

地図　二・五万図　古峰原

（坂口三郎）

石裂山　おざくさん

標高　八八〇m

別称　尾鑿山《おざくさん》

栃木県鹿沼市にあり、足尾山地の中央部にあって、前日光県立公園の東端に位置する。

古来、石裂山と尾鑿山の両方の表記があったが、明治以降、石裂山が一般的になった。石裂山は山の北東側の鹿沼市久我石裂にある加蘇山神社(祭神は磐裂命《いわさくのみこと》、根裂命《ねさくのみこと》、武甕槌男命《たけみかづちおのみこと》)側の表記であり、尾鑿山は南側の粟野地区入粟野尾ざくにある賀蘇山神社(祭神は天御中主大神《あめのみなかぬしのみこと》、月読命、武甕槌男命)側の表記。両社ともに宝亀年間(七七〇〜七八〇)、勝道上人によって創建されたという。

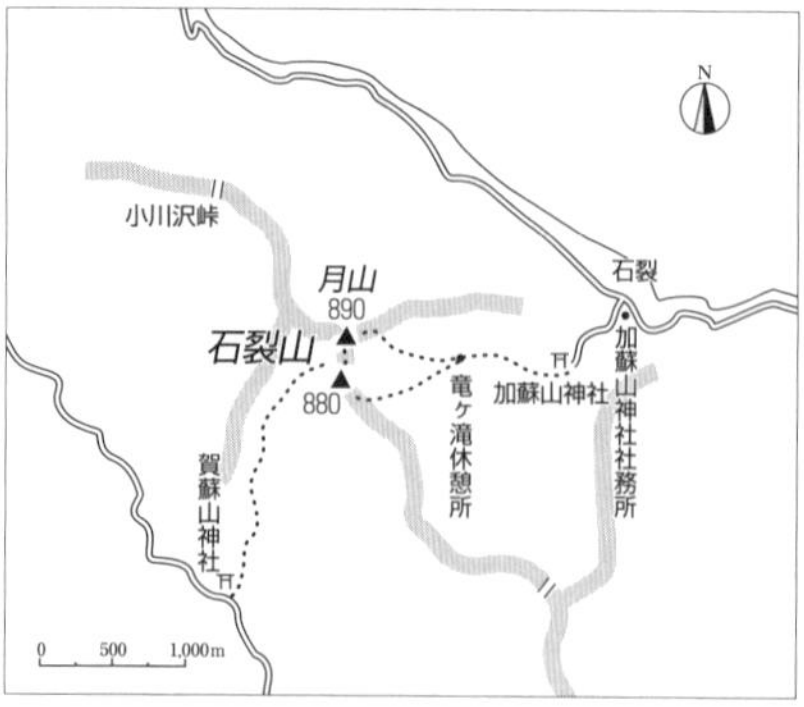

この山地は足尾帯と呼ばれる古生層、中生層に広く覆われ、珪質堆積岩(チャート)が登山コースにも出ている。

植生は杜叢が多く、スギやヒノキが主であるが、コースのわきに栃木県名木百選の千本桂があり、また、稜線付近は広葉樹林で、春先にはヤシオツツジやカタクリの花を見ることができる。

登路　鹿沼市石裂から入るのが一般的である。加蘇山神社社務所前の石裂山バス停(JR日光線鹿沼駅よりバス終点)から加蘇山神社を経て竜ヶ滝休憩所、千本桂、中の宮跡、行者帰し、ひげすり岩を過ぎて東剣の峰、西剣の峰を通り、御沢峠で粟野側からの道に合流、ほどなく石裂山山頂に達する(石裂山バス停から約二時間三〇分)。帰路は眺望のよい月山を通り、竜ヶ滝休憩所で登路と合流する(約一時間三〇分)。低山ではあるが梯子や鎖場があって変化に富んだコース。

地図　二・五万図　古峰原

(坂口三郎)

尾出山　おでやま

標高　九三三m

栃木県鹿沼市粟野地区と佐野市葛生地区の境にあり、日光火山群につづく足尾山地の南東に位置する三角錐の鋭峰である。

尾出山は麓の鹿沼市落合集落にある尾出山神社の御神体であり、かつて勝道上人修行の地で、信仰の山、霊峰として知られる。

ほぼ南東に長い頂上稜線の東側の谷は永野川から思川に、西側の谷は秋山川に注ぎ、いずれも渡良瀬川に合流している。

登路　永野川に沿って粟野地区永野与州集落手前から寺沢林道に入り、林道終点の二俣から左の沢沿いにヒノキ林の中をつめ、鞍部の尾出峠から右に進むと頂上である(与州から約二時間三〇分)。ほかに佐野市秋山町の秋山学寮から秋山川沿いに車道を進み、秋山川に架かる正ノ沢一号橋の先から右の林道に入って尾出峠で永野からの登路と合流するコースもある(林道終点から約二時間三〇分)。

地図　二・五万図　中粕尾

(仙石富英)

古賀志山　こがしやま

標高　五八三m

栃木県宇都宮市の北西にあって足尾山地の南東縁に位置し、古賀志山地をなしている。山体は中・古生層が基盤となり、層状チャート、頁岩《けつがん》などからなっている。古賀志山地の南東側には緑色凝灰岩（グリーンタフ）の変質した軽石層凝灰岩の石材の産地で知られる大谷《おおや》がある。

広くスギが植林されているが、シダ類や岩場にはイワヒバ、ダイモンジソウなど岩場の植物や深山性の植物が豊富である。

登路　赤川ダムを中心とする宇都宮市森林公園が整備されてからは、この公園を登山口とする人が多い。

ここでは北コースを示す。森林公園駐車場から林道を進み、先の分岐を右に分け、細野ダムの案内板から沢沿いの道を登り、富士見峠に出る。ここを左にとり稜線を行くと山頂である（駐車場から約一時間四〇分）。

ほかに南の城山西小学校から不動の滝を経由するコースもある（古賀志山入り口から約一時間一〇分）。

地図　二・五万図　大谷

（仙石富英）

太平山　おおひらさん

標高　三四一m

晃石山　てるいしやま

標高　四一九m

栃木県栃木市の市街南西にあり、日光火山群につづく足尾山地に属し、関東平野の北端に位置している。

「関東ふれあいの道」としても整備され、標高は低いが眺望はすばらしく、とくに謙信平からの眺めは志賀重昂が「陸の松島」とほめたたえたといわれている。謙信平は、小田原北条氏と戦った上杉謙信と皆川俊宗・広照父子が対面した所といわれ、その名がある。

晃石山は太平山の西に連なる山で、小田原北条氏が太平山に火を放ったところ、太平権現の御神体の鏡が飛び出し、晃石山の頂上にあった大石の上に止まり、光り輝いたという伝説が残っている。

登路　太平山には麓の連祥院六角堂から太平山神社の表参道を登るコース。南麓の客人《まろうど》神社、大中寺から登るコースなどが整備されている（六角堂から約三五分）。

晃石山へは太平山からの稜線上の道を縦走するのが一般的だが、山麓の清水寺《せいすいじ》から直接登るコースもある（太平山から約五〇分、清水寺から約三〇分）。

地図　二・五万図　栃木

（仙石富英）

深高山　しんこうざん

標高　五〇六m

栃木県足利市の西部にあり、南東に松田川、北に小俣川を控えた東西約三・五㎞の尾根の東端近くの頂稜。西端近くに梵天上げで知られる石尊山（四八六m）がある。尾根上からは北に日光連山、北西から南西にかけて上毛三山を望見できる。

石尊山の梵天上げは毎年八月一四日の早暁、幣束、俵、帝釈天と長さ約一五mのスギ丸太を担ぎ上げ、それぞれを丸太に結び付けて日の出とともに山頂に立て奪い合う行事で、足利市民俗文化財。

登路　足利市松田四丁目から猪子峠を経て深高山、石尊山へ縦走し、小俣川に架かる叶花橋に下る（約三時間一五分）。

地図　二・五万図　足利北部

（山田哲郎）

日光・赤城火山地域

黒岩山　くろいわやま

標高　二一六三m

群馬県利根郡片品村と栃木県日光市栗山地区にまたがり、日光・赤城火山地域に属する。行政的には福島県から外れているが、関東と東北の境界となる帝釈山地と日光・赤城火山地域とが接する地点となっている。一九二三年ごろに奥鬼怒林道が尾瀬から県境稜線をつたって鬼怒沼に至り、さらに南に鬼怒川へ下る道ができ、武田久吉は一九二四年七月に尾瀬を再探し、十一日目、帰京の際にこの林道を通っている。このころ『山岳』に尾瀬の紀行文が発表され、尾瀬をめぐる山々が登山の対象とされるようになり、また雑誌『みづえ』では臨時増刊「尾瀬沼」を発刊して世に知られるようになった。一九三四年、日光国立公園が制定された。黒岩山も同公園に含まれ、山頂近くには豊富な湧水「黒石清水」と自然のテント場があって、縦走路の重要なキャンプ地になっている。現在は入山者が少なく、尾瀬長蔵小屋が毎年秋口一回のみ刈り払いを行っているものの、道迷いに注意したい。

山体は新期安山岩類に属し、山頂をなす露頭も黒い。常緑針葉樹が標高一六〇〇m以上を覆い、この樹林帯からぬきんでて目立つ黒岩山山頂は、遠くからも黒い岩峰が認められ、山名となった。二〇〇七年に尾瀬一帯は尾瀬国立公園として独立指定された。

登路　尾瀬沼および大江湿原から鬼怒沼への縦走コースの途中にある。尾瀬沼ビジターセンターの裏手からの登路は、標高一七八〇mの小淵《こぶち》(渕)沢田代を通るのには、まず檜高山の北側の鞍部(一八八〇m)に登らねばならないので、大江湿原から小淵沢田代に登るコースを勧める。

大江湿原の木道分岐点に「小淵沢田代一・九㎞」の道標があり、小淵沢湿原に至る(分岐点から約五〇分)。湿原の木道に「鬼怒沼」の標識があり、針葉樹の中の奥鬼怒林道を行き黒岩山に至る(約三時間三〇分)。

地図　二・五万図　川俣温泉　三平峠

(森沢堅次・渡部展雄・根井康雄・加藤　仁)

鬼怒沼山　きぬぬまやま

標高　二一四一m

栃木県日光市の中心部から北西にあり、群馬県利根郡片品村との境界に位置する。日光火山群の北部、鬼怒川の源流部に聳える。

山頂部は双耳峰のように見える溶岩円頂丘で、南西側の標高二〇〇〇m付近には鬼怒沼山の溶岩流の窪地にできた高原状の台地が広がり、高層湿原の鬼怒沼を形成している。頂稜は北東に二〇〇〇m級の帝釈山地の山並みを連ね、東面の谷は鬼怒川に注ぎ、西面の谷は片品川を経て利根川に合流している。

山体は主として石英安山岩質の溶岩流からなり、湿原の周囲のコメツガ、トウヒ、オオシラビソなどの亜高山性自然林として、一九六六年に国の天然記念物に指定された。大小四〇を超える湿原にはモウセンゴケ、ワタスゲ、ヒメシャクナゲなどの湿原性の植物が豊富である。鬼怒沼は日光国立公園の特別保護地区に指定されている。また、ここには浦島太郎に似た乙姫伝説がある。鬼怒川源流の山麓には、奥鬼怒温泉郷をなす女夫淵《めおとぶち》、手白沢、八丁ノ湯、加仁《かに》湯、日光沢の温泉が並ぶ。

登路　鬼怒川上流の女夫淵から鬼怒川に沿って日光沢温泉、鬼怒沼を経て山頂に至る(女夫淵から約四時間三〇分)。ほかに群馬県側の片品村大清水から湯沢経由の物見山へ急登する道もある(大清水から約四時間三〇分)。

地図　二・五万図　川俣　三平峠

(仙石富英・根井康雄・加藤　仁)

燕巣山　つばくろすやま

標高　二二二二m

栃木県日光市栗山地区と群馬県利根郡片品村の境にあり、鬼怒沼山から湯沢峠に至る稜線上に位置している。

山名の由来は、山容がツバメの巣を逆様にした形をしていることから付いたという説と、残雪のころ、山肌にツバメの形が浮き出るからという説があるが、後者の確証は得られていない。

この山は、北東側が日光沢から鬼怒川へ、北西側が根羽沢から片品川へ、南側が四郎沢・湯沢から丸沼・大滝を経て鎌田で片品川に合流し、下って利根川となる。

山体は南西の四郎岳とともに、中新世黒雲母流紋岩質の火山噴出物を基盤とする火山で、石英安山岩が多い。植生はコメツガ、オオシラビソ、ウラジロカンバ、アスナロなどの大木が茂り、下草にはカニコウモリ、マイヅルソウ、ミヤマカタバミなど。なお、山頂付近はチマキザサに覆われている。

登路　片品村の丸沼温泉から四郎沢をつめて四郎峠に立ち（戦前の根羽鉱山への踏み跡あり）、稜線を北東に登れば山頂である（丸沼温泉から約三時間三〇分）。湯沢峠からの稜線は、ネマガリダケが茂って積雪期以外はルートとして不適当である。

地図　二・五万図　三平峠　丸沼

（坂口三郎）

四郎岳　しろうだけ　標高　二一五六m

群馬県利根郡片品村にあって、丸沼の北に四郎峠の鞍部を隔てて燕巣《つばくろす》山と向かい合う。尾瀬と日光白根山に挟まれて地味な存在であるが、黒木に覆われた円頂は北側から見るととくに美しい。

登路　かつて日光方面から尾瀬へ四郎峠を越え、沼田街道の大清水への道があったが、一九六五年に金精《こんせい》道路が開通して以後は廃道になった。その後も四郎沢を遡行して登られていたが、近年は丸沼高原ペンション村から丸沼林道を進み、山頂から南西に派生する稜線近くに東京電力の境界刈り払いができて登ることができるようになった（約四時間）。なお、この刈り払いは四郎峠から燕巣山山頂へと延びている。

地図　二・五万図　三平峠

（油谷次康・根井康雄・加藤　仁）

根名草山　ねなくさやま　標高　二三三〇m

栃木県日光市栗山地区の西部にあり、日光火山群の一峰で、南北に延びる山並みの北端に位置する。南には温泉《ゆせん》ヶ岳や白根山が連なっている。

山体は石英安山岩、輝石安山岩からできている。

登路　鬼怒川上流、女夫淵《めおとぶち》温泉から鬼怒川沿いを歩いて八丁ノ湯、加仁《かに》湯を経て日光沢温泉に着く（女夫淵から約二時間）。ここが根名草山への登山口である。急登がつづき、大嵐山をトラバースすると根名草山の山頂に出る（約二時間五〇分）。振り返れば、正面に燧ヶ岳、その前面には鬼怒沼の水面が輝いて見える。

日光側からは湯元温泉から金精峠、温泉ヶ岳、念仏平を経て山頂に立つ（約四時間四〇分）。金精トンネル駐車場から約三時間三〇分。

地図　二・五万図　川俣温泉　男体山

（室井正松・小島守夫）

温泉ヶ岳　ゆせんがたけ　標高　二三三三m

栃木県日光市と群馬県利根郡片品村の境界線上、根名草山、白根山の中間にあって、女峰山など東に派生する連山の要に位置する。山裾の湯元温泉は、日光開山の勝道上人が発見したといわれる。そこに温泉寺を建て、裏山を温泉ヶ岳と命名したという。

山体はコニーデ状で、黒雲母流紋岩で構成される。

登路　湯元温泉から金精道路に出て、金精峠トンネル入り口駐車場へ（湯元温泉から約一時間四〇分）。ここから急坂を登って金精峠に着く。群馬県側の菅沼から峠までは一時間程。峠を右へ一時間近く登ると、樹木に赤などのテープが付いている。そこが頂上への入り口である。はっきりした踏み跡はなく、テープを頼りに一〇分程進めばハイマツの茂る頂上に着く（駐車場から約二時間）。

テープのある入り口まで戻り、直進すれば根名草山を経て奥鬼怒温泉郷の日光沢温泉に出る（温泉ヶ岳から約三時間四〇分）。

地図　二・五万図　川俣温泉　男体山

（室井正松・小島守夫・根井康雄・加藤　仁）

太郎山　たろうさん

標高　二三六八m

別称　月山

栃木県日光市にあり、日光国立公園、奥日光の中央に位置する。戦場ヶ原を南面にはべらせ、小田代ヶ原、西ノ湖もその延長線に見下ろすことができる。日光の奥座敷・湯元温泉や湯ノ湖、光徳温泉も眼下に一望することができる。

太郎山は神仏習合の日光三社権現の一座で、男体山を父、女峰山を母、太郎山を子とする信仰がある。太郎山の神は味耜高彦根命《あじすきたかひこねのみこと》、本地仏は馬頭観音菩薩である。また、寛永年間には月山神社が勧請された。

山体は溶岩円頂丘の石英安山岩からなっている。火口跡は周囲四〇〇mの平地で、お花畑と呼ばれているが花は少ない。

なお、山王帽子山（二〇七七m）は太郎山の西に位置する円頂峰で、頂上にはコメツガとオオシラビソが多く、周辺はダケカンバの疎林と林床のササ原が美しい。

登路　一般的には奥日光・光徳温泉の売店裏から切込湖、刈込湖の道標に従い、登山道を登って行く。山王峠の道標を右折し、車道に出たら右へ。すぐに左側に太郎山への道標が立っている。この道は山王帽子山の頂上を踏み、いったんハガタテ薙の上部に下り、小太郎山（二三二八m）へ直登する。小太郎山は西峰とも呼ばれ、展望がよく高山植物も多い。ここからは岩稜を少しつたえば太郎山の頂上である（光徳温泉から約四時間三〇分）。

頂上からは少し戻って左折し、お花畑を下る。日光三険の一つ、新薙の先を下れば工事用道路に出る。長い道路を歩き、丁字路に出たら左折して三本松バス停に着く（頂上から約三時間四五分）。

地図　二・五万図　男体山

（室井正松・小島守夫）

太郎山（戦場ヶ原から）

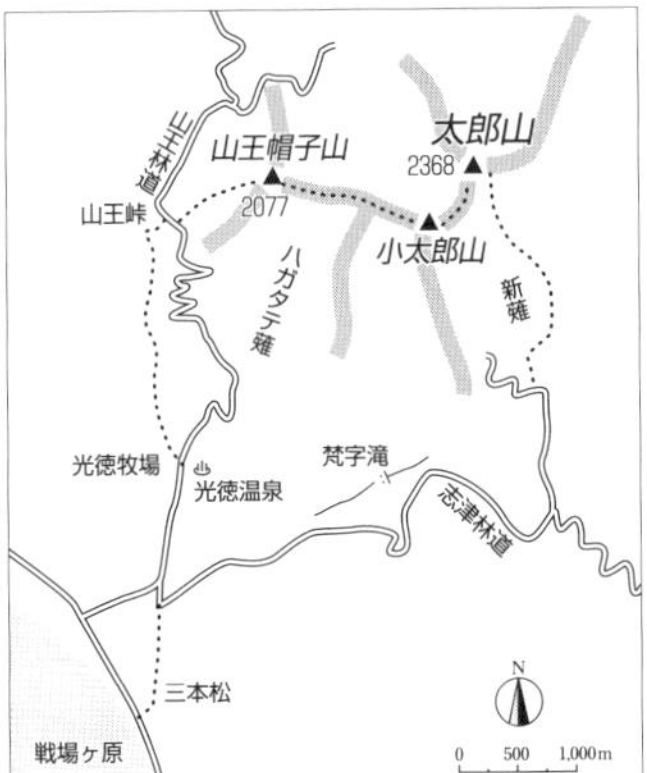

女峰山 にょほうさん

標高 二四八三m

別称 女体山

栃木県日光市にある。表日光連山のやや東部にあって、男体山《なんたい》とともに主峰的存在である。

一般に日光山と呼ぶ場合は、日光全体の山をいい、男体山を父、女峰山を母、太郎山を子として信仰されてきた（「男体山」の項参照）。

頂上にはハイマツに囲まれた約四m四方の社殿が建っている。日光二荒《ふたら》山《さん》神社の別宮・滝尾神社の奥社で、田心姫命《たごりひめのみこと》を祀る。日光三社権現の一社で、本地仏は阿弥陀如来である（「男体山」の項参照）。元々滝尾神社の御神体は女峰山そのものである。本殿の裏面には開閉扉があり、直接女峰山を遥拝することができる。この形式は日光独特のものといわれるが、いまは御神体を本殿に安置したため裏窓は閉じられている。

なお、赤薙《あかなぎ》山（二〇一〇m）は女峰山の東に位置し、表日光連山の東端にある山。その東尾根にはニッコウキスゲの大群落がある。西側の赤薙奥社跡（二二〇三m）よりも標高は低いが、三角点がある。

この女峰山と赤薙山に突き上げている七滝沢とアカナ沢は、合流して雲龍渓谷を造り、稲荷川となって大谷《だいや》川に流れ込む。この雲龍渓谷は氷の殿堂として名を馳せ、冬はアイスクライマーが多数入谷する。

帝釈山（二四五五m）は女峰山西稜線上に位置する突起で、頂上はハクサンシャクナゲに覆われ、展望もよい。

女峰山（日光市所野から）

山体は元々女峰山、赤薙山が一体の成層火山であったが、侵食、崩壊によって二つの峰に分かれたものである。噴火口は七滝付近であり、女峰山と赤薙山の稜線を結んだ山稜が火口壁といわれている。地質は複輝安山岩である。

登路 主登山路は、日光二荒山神社の西側から登る。石段の先に行者堂が建っており、堂の左側に女峰山への道標が立っている。ここが登山口。禁断殺生境石を過ぎると、いったん林道に出るが、すぐに右の登山道に入っていく。稚児ヶ墓、八風、遙拝石、箱石金剛を過ぎれば唐沢小屋に着く。その先のガレ場を登れば女峰山の頂上である（西参道バス停から約六時間一〇分）。

日光霧降高原から登るコースは、登山口まではバスかタクシーを利用する。霧降高原はリフトが運行されていたが、二〇一〇年に廃止された（登山口から約五時間一五分）。

奥日光・光徳入り口から車で志津峠に入る道もあるが、工事用道路で荒れていることが多く、また峠は駐車禁止のためにマイカーの場合は手前の梵字駐車場から歩く。志津峠へ車道を辿り、峠から工事用道路を馬立まで歩き、右下の登山道に下りる。右沢の右岸を登り、唐沢小屋を経てガレ場を直登すると頂上である（志津峠から約四時間。梵字駐車場から約五時間二〇分）。

頂上から西への狭い稜線にある道は、帝釈山を経て十字路の富士見峠に下る道。峠から右は日光市栗山地区の野門へ。ここは左折して工事用道路の廃道を歩き、馬立を経て志津峠に戻る（女峰山から約四時間）。

地図　二・五万図　日光北部　日光南部　（室井正松・小島守夫）

大真名子山　おおまなごさん　標高　二三七六m

別称　大愛児山《おおまなごさん》

栃木県日光市の北西にあり、表日光連山のほぼ中央に位置する信仰の山である。文久三年（一八六三）に木曽から御嶽山《おんたけさん》を勧請し、山頂に衣冠束帯姿の座王権現の銅像を祀った。

山体は溶岩円頂丘で、石英安山岩からできている。

なお、小真名子山（二三二三m）は大真名子山の北に位置する溶岩円頂丘で、東面はツガザクラが多い。

登路　戦場ヶ原の光徳入り口から志津林道を志津峠へ。峠で左折、ササの道を登り、一合目は八海山神、千鳥返しの三笠山神の銅像を見て山頂に立つ。途中に梯子や鎖場がある。また小真名子山、女峰山方面へ道が延びている（光徳入り口から志津峠まで約二時間四〇分、峠から山頂まで約二時間二〇分）。

地図　二・五万図　男体山　日光北部　（室井正松）

男体山　なんたいさん　標高　二四八六m

別称　補陀落山《ふだらくさん》　二荒山《ふたらさん》　黒髪山

栃木県日光市の北西にあり、日光連山の主峰である。関東平野からも望むことができる。その秀麗な姿は、古来、信仰の対象として

男体山（千手ヶ浜から）

あがめられてきた。

日光開山の祖・勝道上人は天応二年(七八二)に男体山の頂上を極め、観音浄土を見たという。その勝道上人は頂上で三柱の神を拝する。男体山の神「大己貴命《おおなむちのみこと》」、女峰山《にょほうさん》の神「田心姫命《たごりひめのみこと》」、太郎山の神「味耜高彦根命《あぢすきたかひこねのみこと》」の三神であった。この神々を家族と見立てて本地仏としてもあがめられた。その構成は左のとおりである。

家族	山	神社	神	仏(本地仏)
父	男体山	二荒山神社	大己貴命	千手観音菩薩
母	女峰山	滝尾神社	田心姫命	阿弥陀如来
子	太郎山	本宮神社	味耜高彦根命	馬頭観音菩薩

男体山にはこの三神が祀られているが、当然、女峰山と太郎山にもそれぞれ神が祀られている。

二荒山神社は山内に本社を祀り、中禅寺湖畔に中宮祠を祀っている。なお、男体山頂上には奥宮を奉祀している。

勝道上人の登頂以来、男体禅頂がつづいていたが、明治に入って途絶えてしまった。現在は男体山登拝祭としてその姿を残している。この登拝祭は八月一日から七日までで、多くの信者と登山者でにぎわう。

山体は安山岩、火山灰、火山砂礫からなり、火山の形態は成層火山である。

登路　正面の登山口は、中禅寺湖畔、二荒山神社中宮祠の境内から始まる。三合目から四合目までは工事用道路を歩くことになる。四合目の石鳥居をくぐると、春はシロヤシオとトウゴクミツバツツジが白と紫の花を見せてくれる。六合目からは危険箇所をさけるため、コメツガの樹林の中を迂回する。八合目からは緩傾斜になり、急な砂礫地を登れば頂上に着く(登山口から約三時間三〇分)。

下山は北側へ。九合目辺りから高山植物を見ながら志津小屋に向かって下りて行く。志津小屋からは長い工事用道路を歩き、三本松バス停に出る(頂上から約四時間三〇分)。また、奥日光・戦場ヶ原の三本松から志津小屋を経て登頂し、正面に下りてくる逆コースも人気がある(全コース約七時間五〇分)。

地図　二・五万図　男体山　中禅寺湖　日光北部　日光南部

(室井正松・小島守夫)

金精山　こんせいざん　標高　二二四四m

栃木県日光市と群馬県利根郡片品村の境界にあり、日光火山群の温泉《ゆせん》ヶ岳と白根山の間に位置する。

金精山の御神体は金精神で、金精峠には金精神社が建ち、男根が祀られている。

山体は溶岩円頂丘で、石英安山岩で構成される。南東部の岩は脆く、有名な笈吊岩《おいずるいわ》は崩壊をつづけている。

なお、金精峠は日光と丸沼(群馬県)を繋ぐ交通の要路となっていたが、トンネルの開通で登山者のみが通る所となった。

登路　奥日光・湯元温泉から歩く場合は、金精道路に出て金精トンネル入り口の駐車場まで行く(約一時間四〇分)。駐車場から急坂を登ると金精峠に着く。金精神社のわきから登り、右から巻けば金精山の頂上に立つ（駐車場から約一時間二〇分）。

頂上から五色山、奥白根山、前白根山、湯元スキー場を経て湯元温泉に出ることができる（頂上から約六時間一〇分）。

地図　二・五万図　男体山

（室井正松・小島守夫）

白根山　しらねさん

別称　奥白根山　日光白根山　　標高　二五七八m

栃木県日光市の最西部にあって、群馬県利根郡片品村との境界に位置している。火口湖の五色沼を挟んで前白根山（二三七三m）を擁することから一般には「奥白根山」と呼ばれている。また、草津白根山に対して日光白根山とも呼ばれる。関東以北の最高峰である。

山頂には、小さな白根山神社が建ち、大己貴命《おおなむちのみこと》が奉祀されている。また、神仏習合の日光山（日光全体の山）において、白根山は本地仏として十一面観音を祀っている。

白根山は北の根名草山から南の皇海《すかい》山に連なる日光火山群の中央にあって、毅然として聳えている。日光側には五色沼と弥陀ヶ池の火口湖を持ち、群馬県側には菅沼と丸沼の美しい堰止め湖を従えている。山体は溶岩円頂丘で、輝石石英安山岩からなる。

この山は日光きっての高山植物の宝庫である。ここで発見され、命名された植物に、シラネアオイ、シラネニンジンなどがある。しかし、これらの植物がいまニホンジカの食害で減少しつつあり、日光国立公園の中枢であるこの奥日光では、シカ対策に関係者が追われている。

五色山（二三七九m）と前白根山（二三七三m）は白根山の東に連なる峰で、前白根山山頂は禿げているが、周辺には高山植物が多い。

登路　一般には奥日光・湯元温泉の湯元スキー場から登る。スキー場から白根沢に出ると、外山《とやま》尾根コースと白根沢旧道コースに分かれる。白根沢旧道コースは廃道になっているので、外山尾根を登る。コメツガの根をまたぎながら急登する。天狗平から前白根山を経て白根山へ。山頂は関東の最高峰とあって眺望が絶佳。

下山は北側のガレ場を下り、弥陀ヶ池を経由して五色山へ登っていく。途中、六月中旬から下旬にかけてシラネアオイの花を見ることができる。五色山からは、国境平を経て中曾根、湯場見平を下れば湯元に到着する（全コース約八時間一〇分）。

白根山（前白根山から）

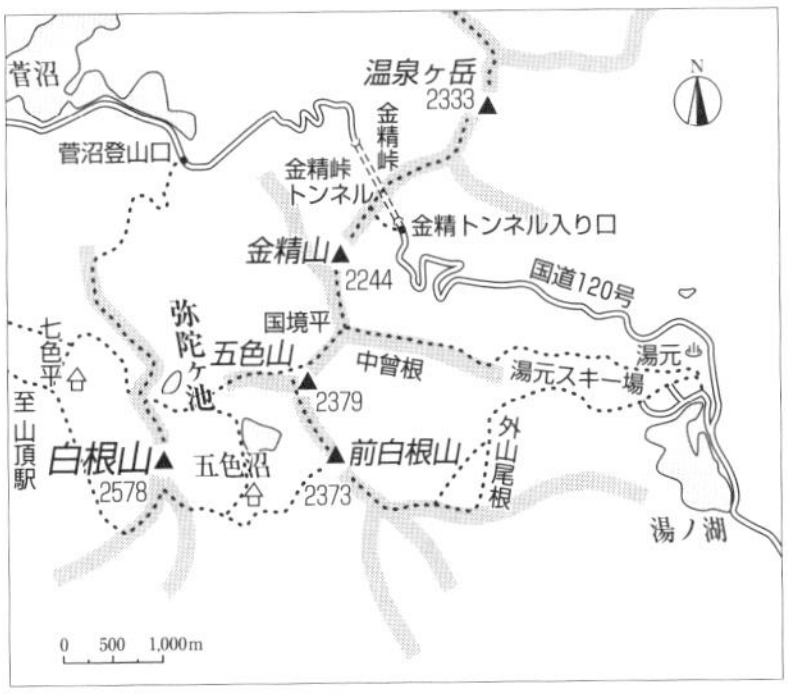

金精《こんせい》山コースは、金精道路のトンネル入り口から金精峠に登る。金精山、五色山、弥陀ヶ池を経て白根山に登頂。下山は前白根山、湯元スキー場を経て湯元に帰着する（トンネル入り口から約七時間一五分）。

群馬県側からは二つの登山コースがある。①菅沼登山口から弥陀ヶ池を経て白根山山頂へ（登山口から約三時間二〇分）。②丸沼スキー場からゴンドラが運行されていて、標高二〇〇〇mまで運んでくれる。この山頂駅から大日如来を経て白根山に登頂（山頂駅から約二時間五〇分）。

地図　二・五万図　男体山　丸沼

（室井正松・小島守夫）

錫ヶ岳　すずがたけ　標高　二三八八m

栃木県日光市と群馬県利根郡片品村、沼田市利根町との境界にあり、前白根山から笠ヶ岳と宿堂坊山に至る尾根の分岐点にある。

山名の由来は、この山に清水の湧き出る所があったことによるとする説と、スズタケが生い茂っていることによるとする説がある。

錫ヶ岳は、修験回峰行である三峰五禅頂の夏峰修行地として、享禄元年（一五二八）の記録が残っている。入山基地になったと思われる「錫宿」から山に入り、錫ヶ岳、小白根山（前白根山、二三七三m）、大日岳（五色山）、笈吊《おいずる》（金精山）を通り、温泉《ゆせん》ヶ岳、山王《さんのう》帽子山（二〇七七m）に出て、男体山を中心とする山々に入ったという。

錫ヶ岳は奥白根山、男体山などよりも火山活動が古く、中新世の黒雲母流紋岩類を基盤とする楯状火山で、岩質は輝石安山岩。山頂部は南東側はチシマザサに覆われ、ほかの部分はシラビソ（リュウセン）が多い。前白根山からの稜線の高山帯には、ガンコウラン、コケモモ、ウサギギクなどがある。

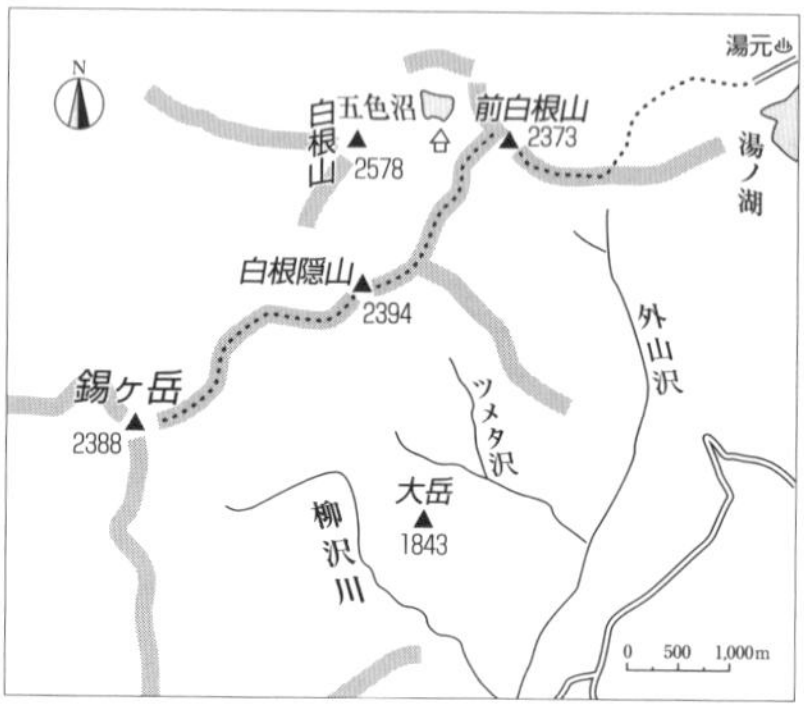

登路　栃木県山岳連盟が一九五六年から一〇年間、延べ二〇〇〇名を動員して、前白根山、錫ヶ岳、宿堂坊山、三俣山、皇海《すかい》山に登山道を切り開いたが、その後入山者が減少したため荒廃して元の姿に戻った。したがって登山道はなく、前白根避難小屋分岐（前白根山までは「白根山」の項参照）から白根隠山（二三九四m）を経て稜線上のヤブをこぐのが最短ルートである（前白根山～錫ヶ岳、約四～六時間）。ほかに篤志家向きの柳沢遡行ルートもある。

地図　二・五万図　男体山　丸沼

（坂口三郎・小島守夫）

赤安山　あかやすやま　標高　二〇五一m

福島県南会津郡檜枝岐《ひのえまた》村と群馬県利根郡片品村にまたがり、日光・赤城火山地域（尾瀬・武尊山地）に属する。尾瀬沼から鬼怒沼を結ぶ鬼怒沼林道の中間地点に鎮座する山である。平成一九年、日光国立公園のうち尾瀬地区が尾瀬国立公園として独立指定された。

『尾瀬と鬼怒沼』で武田久吉は、この辺りの縦走路について次のように記す。「此處から引馬峠に通ずる歩道のあることが記してある。さらばこの辺の国境通過は、今では大層楽になった訳で、終日密林の中を歩きたい人にとっては、たやすくその希望が実現出来るのは幸である。林道は西南を指して下り気味に行く。ヲサバグサは無限と言い度い位多量に生じて居る。オホシラビソの林中にヲガラバナの巨木もある。林中は恐ろしく陰湿で、黒土に足は折々奪はれる」。

登山道の様子は現在も同様であるが、黒岩山から引馬峠に至る縦走路は、一九七三年当時の縦走記録があるものの倒木に難渋している。現在は廃道となり、地形図からも抹消された。

登路　尾瀬沼の北東部に広がる大江湿原のほぼ中央部の木道を行くと、木製の標識「小淵沢田代一・九km」がある。小淵沢田代は中程に池塘を有する高層湿原で、白根山などが絵画のように形よく望むことができる(大江湿原より約四〇分)。湿原の木道もなくなり、針葉樹林の中を行くと袴腰山(高石山)の北斜面を通り、一八七八mの鞍部から赤安山の山頂に着く(小淵沢田代から約二時間)。

地図　二・五万図　川俣温泉　三平峠　(森沢堅次・渡部展雄)

燧ヶ岳　ひうちがたけ　　標高　二三五六m

福島県南会津郡檜枝岐《ひのえまた》村にある。福島県と群馬県の境界線は尾瀬沼を通っているが、藩政時代も境界争いが絶えなかったため、元禄一一年(一六九八)六月二日に沼田領土出村と会津領檜枝岐村の山守や名主が境界を尾瀬沼と定めた、と古文書にある。そのため尾瀬沼を「さかひ沼」とも呼んだ。

燧ヶ岳は尾瀬沼の北側に聳え、二三五六mの標高は東北以北の最高峰を誇っている。西南西一二kmに聳える至仏山との間に広がる尾瀬ヶ原は国指定の特別天然記念物である。高い標高のために植物の垂直分布も明確で、広大なブナ林の上部に常緑針葉樹林が千古不斧を誇り、二二〇〇mを超えれば森林限界となる。山頂までの高山帯には夏季にコケモモ、シロバナシャクナゲ、ガンコウランが開花し、コマクサが咲く限られた場所もある。山中に池塘を有する湿原も多く、御池コースは広沢田代と熊沢田代を通り高層湿原の花々を楽しむことができる。山中に湿原があるのは複雑な地層によるが、比較的新しい火山活動が変化に富む燧ヶ岳の現在の姿を形成する。

日光・赤城火山地域(尾瀬・武尊山地)に属し、火山の活動時期は第四紀初め(一〇〇万年前)とされ、最後の活動は一万年から二万年前の間と考えられている。この活動は只見川を堰止め、尾瀬沼と尾瀬ヶ原の成因となった。尾瀬ヶ原の泥炭層は一年間に一mmずつ堆積するが、ボーリングテストによれば三mから七mの測定値が得られている。水深一〇mの尾瀬沼が湿原に変わるのは数千年後といわれるが、尾瀬ヶ原の草原化も進みつつある。世界的にも有数な自然の財産である尾瀬が、特別天然記念物とされる理由であろう。

若い火山である燧ヶ岳は五峰よりなり、尾瀬沼から望めば、向かって左から赤ナグレ岳(二二四九m)、最高峰二三五六mの柴安嵓《しばやすぐら》、御池岳（二一七〇m）、ミノブチ岳（約二二一〇m）、爼嵓《まないたぐら》（二三四六m）である。古い火山であるが、山中に温泉も湧出し、渋沢《しぼさわ》温泉は山の温泉小屋として知られている。

長期間の火山活動の結果、火成岩の成層によるコニーデ型に分類され、山頂付近には紫蘇輝石、曹灰長石、安山岩の露頭を見る。溶岩流が山頂付近の地形を複雑にし、北麓である檜枝岐本村からは初夏に山名の由来となった火打鋏《ひうちばさみ》の白い雪形を明らかに望むことができる。雄大な山姿は古くから燧大権現としてあがめられ、星家に伝わる『家寳記』巻十三によれば次のようにあり、本村内の愛宕神社境内に社殿を建立して現在に至っていることが分かる。

「燧大権現　有会津郡檜枝倶山
　是ハ燧嶽ノ頂ニ天長九年壬子葛木一言主命ヲ祭村民為鎮守」

天長九年壬子は八三二年にあたり、駒形大明神は弘仁七丙申（八一六）に鎮守崇神と同書にあるので、平安時代初期に両山は開山されていたことを知ることができる。

近年になって平野長蔵が一八八九年八月二〇日に爼嵓に登頂し、同年九月二四日に石祠を建立した。平野長蔵は神官の資格を得て、自ら神事を司った。

木暮理太郎は『尾瀬雑記』で、尾瀬沼の名称について『会津風土記』（寛文六年・一六六六）には「只見川源出会津小瀬沼」とあり、それより約二〇年前には『正保図』に、単に「さかひ沼」とされてあると記している。

柳田國男は『会津の木地小屋』で高倉宮以仁王《もちひとおう》と惟喬《これたか》親王のことに触れており、尾瀬は古くから関東、越後、そして会津を結ぶ交通の要所であったことを示唆している。藩政時代になってからも上州沼田領と会津領の境が三平峠（小瀬峠とも呼んだ）、または沼山峠ともされ、山論《さんろん》があったと古文書にある。

燧ヶ岳（尾瀬沼南岸から）

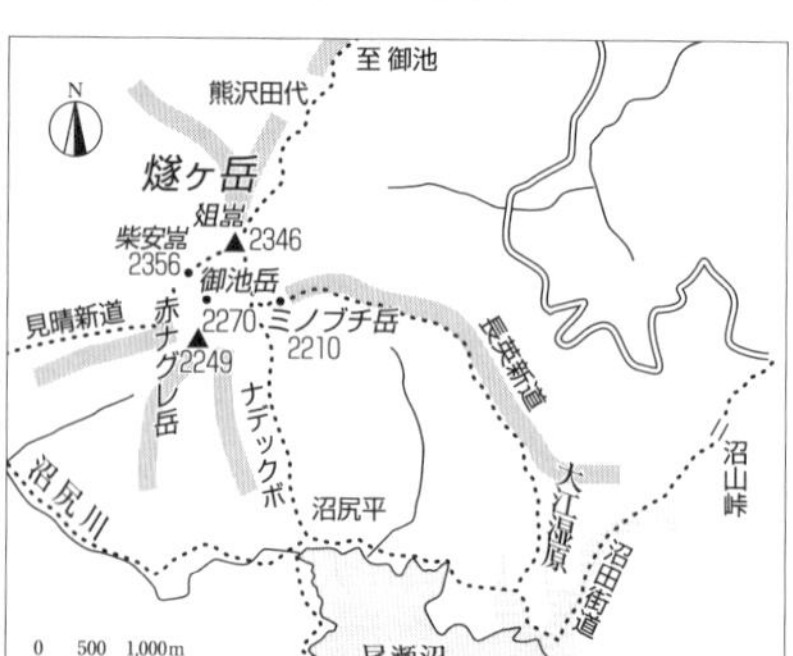

平野長蔵が一八八九年に沼尻《ぬしり》からナデックボの火口瀬を初登頂して燧ヶ岳は岳人に注目された。同年夏、一五歳だった木暮理太郎は父君に連れられて尾瀬の辺りを通過した。その前年に大爆発した磐梯山を見学した後の山旅であったが、これを『尾瀬の昔と今』として著したのは一九三九年のことであった。

一八九八年に早田文蔵、星大吉によりナガバノモウセンゴケの本州での発見があり、尾瀬は植物学界の耳目を集めた。尾瀬のすばらしさを世に紹介したのは、一八九四年に群馬県が行った利根水源探検を『太陽』に、渡辺千吉郎が「利根水源探検紀行」として発表したのが最初とされている。つづいて新潟県北魚沼郡役所は一九〇四年に『銀山平探検記』を発行したが、これは一九〇二年夏および一九〇三年秋の二回の探検記録である。探検の規模は「利根水源探検」に匹敵するが、この本は『太陽』創刊号にくらべて発行部数も少なく、ほとんど世に知られなかった。しかし、大津岐峠から望んだ燧ヶ岳の写真は最初のもので、貴重な資料となっている。

さらに一九〇五年七月に、武田久吉が鳩待峠から尾瀬に入り、植物の採集実記を『植物之友』に執筆したが、ちょうど日本山岳会が創立されたので、『山岳』創刊号に「尾瀬紀行」を寄稿した。これによって尾瀬の風光が登山界に知れ渡ることとなった。

登路　三角点標石のある俎嵓への登路は四ルートがある。長英新道、御池ルート、ナデックボ・ルート、見晴新道のうち、もっともよく登られるのは長英新道(約三時間)と御池ルート(約四時間)である。平野長蔵が初登を果たしたのはナデックボ・ルート(約三時間)で、岩に手を掛ける場所もあり、男性的な燧ヶ岳登山を楽しむことができる。

地図　二・五万図　燧ヶ岳　（森沢堅次・大谷　司）

大杉岳　おおすぎだけ

標高　一九二二m

大杉岳は福島県南会津郡檜枝岐《ひのえまた》村に位置し、日光・赤城火山地域(尾瀬・武尊山地)に属し、会津駒ヶ岳山塊の南端で燧《ひうち》ヶ岳《がたけ》と真っ正面に向き合っている山である。間には檜枝岐から銀山湖に至る国道三五二号が通り、尾瀬沼や尾瀬ヶ原への基地でもある広い御池駐車場があって混雑しており、深い山中とは思えない所である。

燧ヶ岳から見る大杉岳は、三角形の大きな山容に見え、下部はブナ林であるが山頂に向かってオオシラビソの原生林で覆われ、山全体が黒々としている。この山は、会津駒ヶ岳の縦走路の通過点であり、この山自体を登山目標に来る人は少ない。

登路　山頂へのルートは御池駐車場から大杉林道を経て山頂に至るコースと、会津駒ヶ岳・大津岐峠側との二つのルートがある。御池駐車場から国道三五二号に出ると登山口の標識がある。ブナ林を登ると駐車場の喧噪がうそのように静かになる。三〇分程で水場に着くが水場はここだけである。やがてオオシラビソの林となり、尾根を辿るとまもなく山頂となるが、樹林の中で展望が利かない。御池から約一時間三〇分。

この先へ縦走路を進むと展望が利き、湿原植物も多く見られる。

地図　二・五万図　会津駒ヶ岳　燧ヶ岳　（佐々木健臣・渡部展雄）

沼山峠　ぬまやまとうげ

標高　一七八一m

福島県南会津郡檜枝岐《ひのえまた》村にあり、藩政時代は沼田街道として会津と上州の山間部を結ぶ重要な峠であった。沼田街道は現在の福島県河沼郡会津坂下町から群馬県沼田市を結ぶ生活に密着した街道で、会津七街道の一つであった。檜枝岐本村には口留《くちどめ》番所が置かれ、幕府直轄「南山御蔵入《おくらいり》」の最奥の関所として取り締まられていた。

当時の沼山峠は檜枝岐端村の七入《なないり》から道行《みちぎ》沢沿いに高度を上げる歩道の最高地点で、歩道は現在も登山コースとして整備されている。

現在の沼山峠休憩所で旧道は合わさり、一般的には一九六八年に開通した「御池沼山峠線」(県道一号沼田檜枝岐線)をシャトルバスで沼山峠休憩所に至り、木道のみをつたって、尾瀬沼東岸の長蔵小屋や尾瀬沼ビジターセンターに行く。沼山峠は針葉樹林が廊下のようになっており、その中を快適に歩くことができる。沼山峠から高度を下げた所に展望台が設けられていて、眼前にチシマザサの原が広がり、大江湿原、尾瀬沼を見下ろすことができる。沼山峠を下れば木道に小淵沢田代、ヤナギランの丘(平野家墓所)、長英新道(尾瀬ヶ原に至る)など重要な分岐点が現れる。

登路　沼山峠休憩所から木道を歩き沼山峠へ(二〇分)。沼山峠展望台でひと息入れて大江湿原に下れば、尾瀬の花々を見ながら尾瀬沼ビジターセンターまでを楽しむことができる(展望台から五〇分)。

地図　二・五万図　燧ヶ岳

(森沢堅次・渡部展雄)

白尾山　しらおやま

標高　二〇〇三m

群馬県利根郡片品村にある。尾瀬沼からアヤメ平を経て鳩待峠に至る尾瀬の南を縁どる尾根上にあり、富士見峠の東に位置する。山頂西には電波施設がある。南に延びる尾根は荷鞍山につづく。北東尾根上の皿伏山(一九一七m)は「ぐんま百名山」に選ばれている。

富士見峠から白尾山、皿伏山を通り尾瀬沼へ抜ける道は、尾瀬の中でも静かな雰囲気を保っている。

登路　片品村戸倉から富士見下を経て富士見峠から登るルート(富士見下から約三時間三〇分、富士見下まではタクシー、バス利用可)。尾瀬沼から大清水平、皿伏山を経るルート(尾瀬沼から約三時間)。

地図　二・五万図　三平峠

(根井康雄・加藤　仁)

荷鞍山　にぐらやま

標高　二〇二四m

群馬県利根郡片品村にある。尾瀬ヶ原南をほぼ東西に走る尾根上の白尾山から南に延びる尾根上に位置し、主稜にある白尾山より二〇m以上高い。最高点には二等三角点がある。その名前のとおり、二つの峰が馬の荷鞍のような形に見えるために付いた山名と言われている。さらに南に延びる尾根の末端付近にスノーパーク尾瀬戸倉のスキー場がある。

登路　白尾山からヤブ尾根づたいだが、作業用の刈り払いがある。白尾山までは「白尾山」の項を参照。

地図　二・五万図　三平峠

(根井康雄・加藤　仁)

岳ヶ倉山　たけがくらやま(さん)

標高　一八一六m

別称　日崎山《ひさきやま》

群馬県利根郡片品村とみなかみ町にまたがり、尾瀬ヶ原の西を縁どる尾根上のピークである。利根川源流の一大支流の一つ楢俣川の源流部に位置し、東面は尾瀬ヶ原に面する。群馬県内の町村界尾根にあるピークだが、利根川と只見川を分ける大分水嶺である。

北に連なる尾根は白沢山から平ヶ岳を経て利根最源流の大水上山へ、南へ延びる尾根は至仏山から笠ヶ岳へとつづく。

登路　登山道はない。

地図　二・五万図　尾瀬ヶ原

（根井康雄・加藤　仁）

至仏山　しぶつさん

標高　二二二八m

別称　岳嵓《たけくら》　至仏岳

群馬県利根郡片品村とみなかみ町にまたがる。尾瀬ヶ原の外周を形成する尾根の南西部に位置し、北は岳ヶ倉山（日崎山）、白沢山（一九五三m）を経て平ヶ岳（二一四一m）に、南は悪沢岳（二〇四三m）を経て笠ヶ岳に連なる尾根上の最高峰であり、尾瀬国立公園尾瀬地区において燧《ひうち》ヶ岳と好一対をなす秀峰である。

至仏山の呼称は片品村側のもので、至仏山を源頭として猫又川に合流するムジナ沢が赤土色を呈する蛇紋岩の間を流下することから「渋ッ沢」の別称があり、至仏山はこれから導かれたといわれている。これに対して「岳嵓」はみなかみ町側の呼称で、「クラ（嵓）」は巌または岩壁を意味し、「タケ（岳）」は盛んな形をいうので、岩壁をなす至仏山西面の相貌によるものである。

地質の基盤は白亜紀の花崗岩からなり、その上に東西約三㎞、南北約七㎞のほぼ楕円形の蛇紋岩質の岩体が載っている。尾瀬ヶ原に面する東側は比較的緩斜面で冬季スキールートとなるが、利根川源流に面する西側は急崖をなし、非対称の山稜であり、笠ヶ岳にかけての西面は、「至仏山・笠ヶ岳西面県自然環境保全地域」に指定されている。

森林限界は標高一七〇〇mと比較的低く、山頂部はハイマツ帯や砂礫地帯となっている。多種の高山植物が生育し、とくに東斜面にはホソバヒナウスユキソウ、オゼソウ、ジョウシュウアズマギクなど、この山以外では限られた場所でしか見られない植物が多数生育し、七、八月の山頂と東斜面は花で埋まる。

標高一四〇〇mから一七〇〇mまではクロベ、ヒメコマツなどの針葉樹林に覆われ、標高一四〇〇m以下ではブナ、ミズナラなどの落葉広葉樹林が分布する。一九五三年三月に自然景観を保護する特別保護地区に指定された。

山頂は展望に優れ、尾瀬国立公園のほぼ西半分を占める燧ヶ岳、

至仏山と尾瀬ヶ原

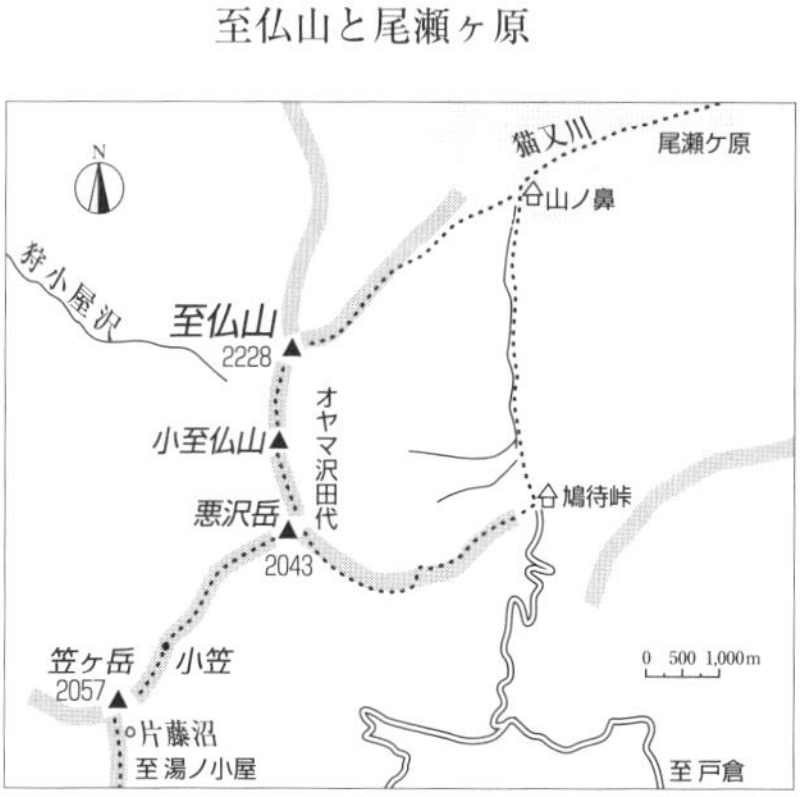

尾瀬ヶ原、並びに尾瀬ヶ原を囲む山々が一望できるのはもちろん、燧ヶ岳の左奥には大杉岳から会津駒ヶ岳を経て北に延びて丸山岳、会津朝日岳と連なる峰々、北から西にかけては平ヶ岳を盟主とする利根水源の山々と、その背後には越後三山を望むことができる。南には笠ヶ岳と上州武尊山が間近に聳え立っている。

登路 至仏山の登頂記録のうち、初めてのものは一九一四年八月の沼井鉄太郎によるもの(『山岳』第十一年第二号)だが、当時は登山路がなく、川上川左岸に注ぐオヤマ沢の北の沢に入り、当時の五万図の標高数字の記入された尾根に取りついて登ったとされている。利根川源流側からは一九二七年八月に渡辺公平が狩小屋沢の初登に成功した。

現在の登路は、片品村側からは戸倉から鳩待峠に上り(バス、タクシー)、ここから尾根上をオヤマ沢田代、小至仏山を経て山頂に至るルート(約三時間)と、鳩待峠からいったん尾瀬ヶ原上田代の山ノ鼻に下り、ここから登るルート(鳩待峠から約四時間)がある。鳩待峠からの登路は、残雪期(五月七日〜六月末日)は入山禁止。また、山ノ鼻からのルートは登り専用になっている。みなかみ町側からのルートには、湯ノ小屋から笠ヶ岳(二〇五八m)を経てオヤマ沢田代で鳩待峠からのルートに繋ぐルート(九時間)があるが、経験者向きである。

地図 二・五万図 至仏山

(中西 章・根井康雄・加藤 仁)

笠ヶ岳《かさがたけ》

標高 二〇五七m

別称 大高 笠品山 笠科山

群馬県利根郡片品村とみなかみ町にまたがる。至仏山から南西に延びる尾根上に位置する笠のような形をした目立つピーク。東面は片品川支流の笠品川水系、西面は利根川支流の楢俣川水系。山頂部は蛇紋岩からなり、特に西の楢俣川側は赤茶けた崖となっている。山頂北の稜線上に小笠の小ピークが聳え、南には片藤沼が水を湛えている。周辺は高山植物の宝庫で、群馬県の「至仏山・笠ヶ岳西面自然環境保全地域」に指定されている。

登路 尾瀬への入山口である片品村の鳩待峠から至仏山へのコース途中のオヤマ沢田代で分かれ、尾根を辿るルート(約三時間一五分)、みなかみ町・湯ノ小屋からのルート(約五時間三〇分)がある。

地図 二・五万図 至仏山 藤原

(根井康雄・加藤 仁)

武尊山《ほたかやま》

標高(沖武尊) 二一五八m

別称 穂高山 仏尊山 保高山 保鷹山 寳保高山(古名)

群馬県利根郡みなかみ町と川場村の境に位置する。主峰の沖武尊を中心として前武尊(二〇四〇m)、川場剣ヶ峰、家ノ串(二一〇三m)、中ノ岳(二一四四m)、剣ヶ峰山(二〇二〇m)などの諸峰を連ねるコニーデ型の火山で、同音の穂高岳(飛驒山脈)と区別するため「上州武尊山」とも呼ばれている。

山名の由来は日本武尊《やまとたけるのみこと》の伝説によると伝えられているが、これについては諸説があり、飯塚正人の『利根の神々』には「武尊山に最初に祭られた神はホタカミノミコト(穂高見命)で、弥生時代中期末頃と推定される」とある。日本武尊東征の伝説については『沼田根元記』に「そもそも武尊山は関東一の山なり。其の由来を尋ねるに神代の末いまだ関東恵比寿国にて、悪鬼悪蛇等住みける故、民の竄立こと不叶。時に武尊東国に下り給ひ、北の高山(現在の武尊山)に鎮座ましまして、悪鬼悪蛇を退治なさしめ給ふ」とあるが、武尊山の文字が使われるようになったのは後世のことで、穂高見命《ほたかみのみこと》が祀られていた穂高山に日本武尊が祭祀され、武尊山と呼ばれるようになったとされている。武尊を「ホタカ」と読ませるのは不自然だが、日本武尊に古名の読み方を被せた結果によると思われる。

武尊山(剣ヶ峰山から見る沖武尊)

武尊山の登山道は木曾御嶽山や八海山を中興開山したことで知られる普寛行者が、寛政六年(一七九四)、花咲から前武尊(当時は朝日嶽と呼んだ)まで開山したのが最初で、前武尊山頂にある日本武尊像は嘉永三年(一八五〇)に奉納されている。川場尾根から前武尊を経て沖武尊に通じる登山道は一八八八年に深沢心明師によって開かれ、沖武尊直下に日本武尊像が建立されている。藤原口は明治時代の中ごろに開かれたとされているが、当時の古道は武尊神社から武尊沢沿いに登り、氷沢(武尊沢の源流)から右岸尾根を経て藤原武尊に達するもので、昭和一〇年代の初めまで歩かれていたことがガイドブックや登山記録に記されている。上ノ原高原から須原尾根を経由する現在の藤原コースは、一九三七年発行のガイドブックに初めて紹介されている。また、武尊牧場コースは一九三一年に開かれ、武尊沢から剣ヶ峰山を経て沖武尊に登るコースは一九六八年ごろ、奥利根山岳会によって開かれている。

武尊山の近代登山は一九一六年一一月、日高信六郎が花咲から武尊山に登頂したのが最初とされており、一九三一年には吹原不二雄が山岳雑誌に武尊山の紀行文を発表、一九三一年、中村謙が藤原口から沖武尊に登り、前武尊まで縦走して花咲に下山。中村謙は同年一〇月、武尊牧場口から川籠岳(中ノ岳)に登っており、これらが開拓期の登山記録といえる。その後、上越線の開通(一九三一年)によって谷川岳が脚光を浴びるようになったが、昭和三〇年代の夜行登山全盛期にも武尊山は登山者にあまり注目されず、昭和四〇年代に入って各登山道が整備され、深田久弥の『日本百名山』などによってその名が広く知られるようになった。

登路　沖武尊を中心として多くのコースが開かれているが、交通の便が悪いためどのコースも公共交通機関を利用しての日帰り登山は難しい。藤原口は久保バス停から山頂まで約五時間、武尊沢コースは裏見ノ滝上にある駐車場から剣ヶ峰山を経て沖武尊まで約四時間、武尊牧場コースは東岐への林道が崩落により閉鎖。牧場駐車場より約四時間三〇分。川場口は川場尾根の岩稜を越えて前武尊に登り、沖武尊まで主稜線を縦走する健脚コースで、川場温泉口バス停から旭小屋（避難小屋）を経て、沖武尊まで約七時間四〇分。

地図　二・五万図　鎌田・藤原湖　（岡田敏夫・根井康雄・加藤　仁）

鹿俣山　かのまたやま　標高　一六三七m

群馬県沼田市と利根郡みなかみ町にまたがる。武尊山から剣ヶ峰山、獅子ヶ鼻山を経て西に延びる尾根上にある。山頂西に広がるブナの巨木に覆われた緩やかな斜面が玉原《たんばら》高原で、玉原スノーパークのスキー場が広がり、夏にはラベンダーの名所として知られる。高原の末端は人工湖の玉原湖があり、その北には小尾瀬とも呼ばれる玉原湿原がある。

玉原高原にはキャンプ場やペンション村があり、鹿俣山への登路のほか高原や湿原を巡る遊歩道も整備されている。

鹿俣山から剣ヶ峰山への尾根上に道はない。

登路　ラベンダーパークからほぼスキーゲレンデに沿って登るルート（約二時間）と玉原湖に近いセンターハウスから玉原湿原を経て山頂へのルート（約二時間三〇分）の二ルートがある。両コースの間には遊歩道も整備されている。

地図　二・五万図　藤原湖　（根井康雄・加藤　仁）

尼ヶ禿山　あまがはげやま　標高　一四六六m

群馬県沼田市と利根郡みなかみ町にまたがり、沼田市側は発知川の源頭部で、東麓に堰止め湖の玉原湖が水を湛える。玉原湖畔には玉原湿原があり、鹿俣山西斜面の玉原高原につづいている。

尼ヶ禿山へのコースはブナ林の中だが、山頂からの展望はよい。間近に武尊山を仰ぎ、至仏山から奥利根の山並み、そして榛名、赤城などの眺めがよい。登山口付近にある玉原湿原は小尾瀬と呼ばれ、一周三〇分程。春のミズバショウに始まり、玉原高原とともに手軽な自然観察のフィールドとしても親しまれている。

登路　センターハウスから玉原湿原、玉原越えを経由して山頂まで約一時間五〇分。

地図　二・五万図　藤原湖　（根井康雄・加藤　仁）

迦葉山　かしょうざん　標高　一三二二m

群馬県沼田市に位置する山で、北には玉原《たんばら》高原が広がる。山中には慈覚大師円仁が嘉祥年間（八四八～八五一）に開山した曹洞宗迦葉山竜華院弥勒寺がある。山頂に一宇を建立したのが始まりで、のちに現在の地に移転して迦葉山と号するようになった。中興の開山慶順の弟子・中峰は、釈迦十大弟子の一人・迦葉の化身といわれ、中峰の神通力を表徴した天狗信仰が盛んになった。歴代の沼田城主の信仰が篤く、寺領百石を与えられていた。数度の大火に遭い、現在の伽藍は一九三八年に再建されたものである。堂内には顔の長さ五・五m、鼻の高さ二・七mの大天狗面があり、関東三大天狗の一つに数えられる。また、養蚕や商売繁盛に霊験があらたかとされ、関東一円に講が組織されており、参詣者は年間数十万人に達する。

広い寺域には、市の天然記念物に指定されている幹回り一〇mの馬隠杉をはじめとして大木が林立している。そのうっそうたる様子は上田秋成の『雨月物語』にも記されている。

第三紀層からなる流紋岩質の台地状の山で、風化侵食による奇岩が多く景勝地になっている。

登路　迦葉山弥勒寺までは車道が通じているが、遙か下にある透門がかつての登山口である。見事なスギ並木の参道を歩いて弥勒寺に至る。本堂の後ろから登山道となり、胎内くぐり岩などの奇岩が現れた後、急な山道を登って行くと山頂に達する（約三時間）。

地図　二・五万図　後閑　藤原湖

（祖父川精治・根井康雄・加藤　仁）

迦葉山（沼田市上発知から）

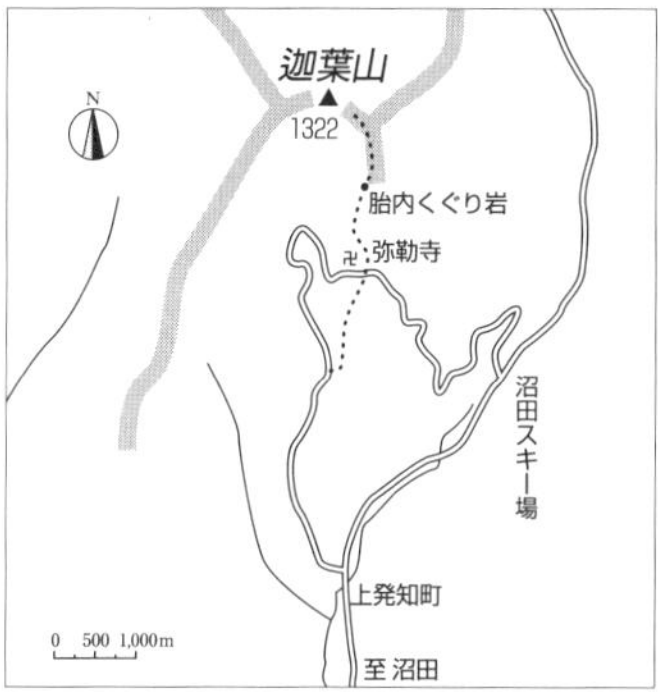

三峰山　みつみねやま　標高　一一二三m

群馬県利根郡みなかみ町月夜野地区と沼田市にまたがる山で、利根川の東にテーブル状の山容を見せ、周囲に切り立った崖をめぐらせている。各地に同名の山があるため、「上州三峰山」とも呼ばれている。

東西に険しい絶壁をめぐらす連嶺は、南から追母峰《おっぽ》（九四九m）、吹返峰《ふきかえし》（一〇一五m）、山頂近くの後閑峰《ごかんみね》（一一〇〇m）の三山を合わせて三峰山という。なお、追母峰の直下には日本武尊《やまとたけるのみこと》を祀る河内神社がある。

山全体は第三紀に活動した古い火山であり、基盤は猿ヶ京層群の軽石凝灰岩、緑色凝灰岩などで構成されおり、その上に石英安山岩、溶結凝灰岩が載っている。山体は著しく侵食されているが、山頂部では溶結凝灰岩が硬いために台地状のメサ地形になっている。高さ一〇〇mの崖には溶結凝灰岩特有の柱状節理が見られる。

登路　JR上越線後閑駅から河内神社表参道の七七〇m地点にある駐車場までは車道を利用できる。台地状の主稜へ出ると平坦な山道となり、三峰沼を経て最高峰の後閑峰に到着。付近にはカタクリの群生地があり、谷川連峰の眺望を楽しむことができる。帰路は吹返峠の手前から後閑林道を下り後閑駅に戻る（約六時間）。

地図　二・五万図　後閑　藤原湖

（祖父川精治・根井康雄・加藤　仁）

赤城山　あかぎやま（さん）

標高（黒檜山）一八二八m

群馬県沼田市利根町、利根郡昭和村、渋川市赤城地区、前橋市富士見町、同市粕川町、同市宮城地区、桐生市新里町、同市黒保根町にまたがる。榛名山、妙義山とともに「上毛《じょうもう》三山」の一つで、雄大な裾野の直径は約二五km程と広い。利根川を西隣の榛名山とともに挟み込み、関東平野の北端にあって、あたかも越後への門柱のような存在である。

那須火山帯に属し、大規模なコニーデ式成層火山で、複雑な形成史を持つが、大きな噴火活動は約三万年前に終わっている。安山岩質の山体頂部に小型のカルデラを造り、その中に溶岩ドームが噴出した複式二重火山である。主峰の黒檜山《くろびやま》をはじめ、小黒檜山（一六四四m）、駒ヶ岳（一六八五m）の外輪山、中央火口丘の地蔵岳（一六七四m）、長七郎山（一五七九m）、寄生火山の荒山（一五七二m）、鍋割山（一三三二m）、鈴ヶ岳（一五六五m）などを総称して赤城山という。標高一五〇〇m以上の峰九座を数える。

山名は山が赤く見えることによるともいう。『万葉集』では「久《く》路《ろ》保《ほ》の禰《ね》呂《ろ》」と黒檜山を詠んで赤城山を表している。語義は嵓《くろほ》秀とも黒い雷雲の立ち込める山ともいう。山岳信仰の神体山で、山頂の大沼《おの》の畔にある赤城神社は山と沼の神・赤城大明神が主祭神である。一〇世紀の『延喜式神名帳』にも大社として別格の処遇を受け、山頂の山宮と赤城神社（前橋市三夜沢《みよさわ》）、二之宮赤城神社（前橋市二ノ宮町）が一直線に南北に並び、この三社を中心に県内だけでも百数十社の赤城神社がある。

赤城山（大沼西岸から黒檜山と大沼）

三×四kmのカルデラ内に周囲四kmの火口原湖・大沼《おの》、周囲一kmの火口湖・小沼《この》、覚満淵の湿原を持ち、大沼から沼尾《ぬまお》川、小沼から粕川が利根川に注いでいる。裾野の北縁は片品川、西縁は利根川、東縁は渡良瀬川に接し、南は関東平野に没する。山腹は広葉樹林に覆われシラカバ林、レンゲツツジや紅葉でも知られる観光地である。

登路　八方から通じ、南は前橋から箕輪を経由する道、東は水沼から鳥居峠、西は敷島から深山経由の道が主なものであった。一九六六年、赤城白樺ラインの開通により、車ならJR両毛線前橋駅付近から白川沿いに一時間で大沼湖畔の大洞《だいどう》に達することができるようになった。ここを起点に周囲の山、高原、湖沼、湿原を結ぶコースが開かれている。独立峰だけにどの頂からも眺望はよい。かつて鳥居峠にあったケーブルカーや地蔵岳のロープウエーは廃止された。湖畔に迫ってそばだつ黒檜山から駒ヶ岳への周回コース、アンテナの立つ地蔵岳から長七郎山、西に離れて山容に特徴のある鈴ヶ岳、赤城白樺ラインの箕輪から荒山高原を挟む荒山と鍋割山などの代表的なコースは、どれも三〜四時間の行程である。

赤城山ゆかりの人では、スキー界の先駆者で猪谷千春を育てた父の猪谷六合雄が大洞に住んでいたことがある。また、国定忠治は山麓国定村(現伊勢崎市)の出身。

地図　二・五万図　赤城山　（油谷次康・根井康雄・加藤　仁）

榛名山　はるなさん

標高(掃部《かもん》ヶ岳《がたけ》)　一四四九m

「上毛《じょうもう》三山」の一つで、群馬県高崎市榛名、箕郷、倉渕町、渋川市伊香保地区、北群馬郡榛東《しんとう》村、吉岡町、吾妻《あがつま》郡東吾妻町の二郡二市にまたがっている。高崎市の北西、利根川を挟んで赤城山と対峙している。JR上越線の下りが高崎駅を過ぎると、左の車窓から見える複雑に重なり合い変化しながら展開するこの山の眺めは圧巻である。多くの峰が競って舞台の前方に押し出るような気配であるだけに、連山のスカイラインが遠方からでも容易に見分けられるゆえんである。

「伊香保呂《いかほろ》」、「伊香保嶺《いかほね》」と『万葉集』に詠われ、巻一四の東歌は九首にも及ぶ。語源は厳秀《いかほ》、雷《いかづち》の峰ともいい、また、榛名は榛《はん》の木(ハリノキ)の意味で、万葉歌の「伊香保呂の岨《そひ》の榛原《はりはら》ねもころに奥をなかねそまさかし善かば」の榛原との関連説もある。

南中腹には用明天皇元年(五八六)創設と伝え、一四〇〇年の歴史を持ち、『延喜式神名帳』の式内社である榛名神社が鎮座する。山岳信仰から天台修験行者による道場として栄え、伊香保山から榛名山への呼称の変化に影響を及ぼしたようである。江戸時代は農業、養蚕、雨乞いの神として信仰を集めた。社殿はスギの巨木と奇岩巨石に囲まれた幽邃境で、門前の社家町には榛名講の宿坊が並んでいる。

二〇を超えるピークの総称である榛名山は、赤城山に似た形成史を持つ複式成層火山である。輝石安山岩からなり、標高一三〇〇m以上の山が九座、最高峰の掃部《かもん》ヶ岳、鬢櫛《びんぐし》山(一三五〇m)、烏帽子ヶ岳(一三六三m)、臥牛《ねうし》山(一二三一m)、天目山(一三〇三m)などの外輪山は開析され、二×三kmの小型カルデラ内に中央火口丘の榛名富士(一三九一m)と蛇ヶ岳(一二二九m)を噴出する。榛名富士は均整のとれた富士山型で山頂に火口を持ち、高さこそこの山群では三番目だが、榛名山のシンボルといってよい。

『万葉集』に「伊香保の沼」と詠まれた榛名湖は周囲五km、勾玉形をなして水を湛える火口原湖で、明るい山上風景を造っている。二ツ岳(一三四三m)、浅間山(水沢山、一一九四m)、相馬山(一四一一m)に代表される寄生火山は十指に余る。二ツ岳は六世紀に二度の大噴火を起こして、火砕流が渋川市の子持山南麓(旧子持村地

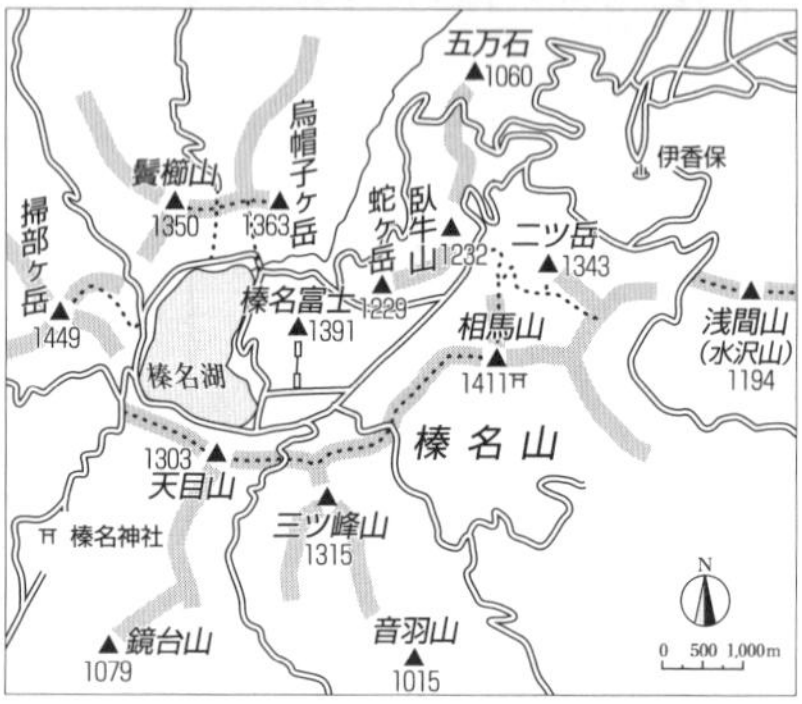

榛名山（硯岩から榛名富士と榛名湖）

区）に大災害をもたらし、黒井峯にその遺跡が残っている。

裾野は北に吾妻川、東に利根川、南に烏川がめぐり、南麓は梅の産地となっている。北東斜面にある伊香保温泉は四〇〇年の歴史を持つ名湯で、明治以来文人に愛され、徳富蘆花、竹久夢二の記念館や、石段の湯街で知られる。伊香保口、吾妻口、箕輪口、室田口から主に登られていたが、現在は渋川、伊香保、榛名湖畔と高崎、榛名神社、榛名湖畔がバス路線で結ばれている。また、榛名湖周辺は観光地化し、湖上遊覧やワカサギ釣りの名所になっている。

登路　最高峰の掃部ヶ岳は湖畔から硯岩経由で約一時間三〇分、谷川連峰や浅間山などの眺望に優れている。榛名富士には一九五八年に南側からロープウエーが架けられてにぎわい、天神峠、七曲峠、松の沢峠、ヤセオネ峠など外輪山を越える昔からの峠道は、すべて車道に変わった。湖を中心にしてほとんどの山には一～二時間程度で登ることができ、烏帽子ヶ岳や岩場を持つ相馬山以外は優しい姿の山が多い。しかし、すべての山に登山道があるわけではなく、登山者も少なく、霊場の名残の石像や石碑が草に埋もれている静寂境も、榛名神社周辺の峰をはじめ、まだまだ残されている。

地図　二・五万図　榛名湖　伊香保

（油谷次康・根井康雄・加藤　仁）

浅間隠山　あさまかくしやま

標高（北峰）　一七五七m

別称　矢筈山　川浦富士

群馬県吾妻《あがつま》郡東吾妻町、長野原町、高崎市倉渕《くらぶち》町にまたがる。別称に「矢筈山」とあるように山頂は二峰に分かれ、その一峰（北峰）に三角点があり、ほかの一峰（南峰、一七四〇m）はそこから南東に約三〇〇m離れた市郡界尾根上にある。

浅間山東方の群馬県西部を南北に走る尾根上の最高峰で、南は鼻曲山、留夫山を経て碓氷峠に、北は菅峰に連なる。南峰の南約二・一㎞に二度上《にどあげ》峠があり、高崎市と長野原町を結ぶ県道が越えている。この道は江戸時代には善光寺街道の間道で、倉渕町川浦と嬬恋《つまごい》村大笹を結ぶ交易路であった。登山口の近くには問屋場の跡が残っている。

山名はこの山の南西一三㎞にあって噴煙を上げる浅間山を隠すこ

とを意味することからで、この山の北東側の限られた地域での名称が元になって広がったものと考えられる。

山頂は展望に優れ、浅間山とその西に連なる諸峰はもちろんのこと、遠く北アルプス、上信、上越の山々、榛名山、赤城山ほか数多くの山々を指呼することができる。

登路　二度上峠の倉渕町側五〇〇m地点から登る二度上ルート(約一時間三〇分)、倉渕町わらび平・市倉尾根ルート(約二時間四五分)、東吾妻町浅間隠温泉郷からの温川・しゃくなげ尾根ルート(約四時間)がある。

地図　二・五万図　浅間隠山

(中西　章・根井康雄・加藤　仁)

浅間隠山(竜ヶ岳から)

角落山

つのおちやま

標高　一三九三m

群馬県高崎市倉渕《くらぶち》町に位置する。浅間山の東方に広がる一群の山々は「角落山塊」と呼ばれており、角落山はその中心に位置する。烏川の源流に三角錐の鋭鋒を見せる山容は特徴があり、『上野国郡村誌』川浦村の項に「角落山　高四十丈、周囲二十五町、本村ノ西方三里ニアリ、(中略)樹木茂生ス、登路一条アリ高一里嶮ニシテ遠シ」とある。山頂には「げん八(元和八年)」の年号が刻まれた石宮や角落大権現を祀るケヤキ造りの社があり、「碓氷貞光に角を切り落とされた鬼が逃げ込んだ」という伝説が伝えられている。

登路　古くから参道として歩かれていた男坂コース、赤沢林道から剣の峰(一四三〇m)との鞍部を経由する女坂コース、安中市松井田町霧積《きりづみ》温泉方面から剣の峰を越えて女坂を登るコースなどがある。男坂は不明瞭な部分や急峻な鎖場があり、上級者向きの難コース。女坂コースははまゆう山荘前から赤沢林道(悪路)終点まで約一時間二〇分、林道終点から山頂まで約一時間二〇分。

地図　二・五万図　浅間隠山　軽井沢

(岡田敏夫・根井康雄・加藤　仁)

角落山(二度上峠道から)

鼻曲山　はなまがりやま

標高　一六五五m

長野県北佐久郡軽井沢町と群馬県吾妻《あがつま》郡長野原町、高崎市倉渕《くらぶち》町の境にあり、山名どおりの特異な山容を見せている。山頂は東西二峰に分かれ、東の大天狗東面は断崖となって西の小天狗からは浅間山を始め、展望が大変よい。群馬県側の霧積《きりづみ》温泉からだと山頂部が天狗の鼻が曲がったような格好に見えるため、鼻曲山の山名が生まれたものと思われる。

また、この山には日本武尊《やまとたけるのみこと》の烏川の水源「烏口」の神話伝説が語られている。その昔、日本武尊の東征に際して、水に困って進むことができなくなった時に、ふと空を見上げると烏の群れが乱舞している。そこで尊は「烏は熊野権現の使者だという。あの下の崖を見てくるように」と探させると、果たしてそこに水がわき出していて、それが、いまにいう烏川の水源となる鼻曲山東側の断崖であると伝えられている。この山地一帯は浅間火山の軽石や火山灰があり、その下の岩類は凝灰角礫岩などからなっている。

登路　交通の便がよく、一般的なルートは長野県側の上越新幹線軽井沢駅から長日向の登山口まで車で入り、そこから鼻曲山の南西尾根を登るコースで約二時間の所要。東西二峰ある山頂のうちでは、西峰の展望がすばらしく、近くの浅間山をはじめ妙義山、八ヶ岳、草津の山々まで三六〇度の眺めを楽しむことができる。

また、北の二度上《にどあげ》峠から南につづく尾根をつたう道もあり、途中、日妻山(氷妻山)を経て西峰に達する。所要時間は約一時間三〇分と近いが、車の便がないと二度上峠までのアプローチが長い。ほかに霧積温泉～十六曲峠経由、一ノ字山～留夫山経由の道もあり、いずれもよく整備された一般向きの登山道となっている。なお、留夫山経由の道は登路としてよりも下山路として多く利用されている。

地図　二・五万図　浅間隠山　軽井沢　浅間山

(横山厚夫・根井康雄・加藤　仁)

関東山地

妙義山　みょうぎさん

別称　妙喜・明魏(古名)

標高(相馬岳)　一一〇四m

群馬県富岡市妙義町、甘楽郡下仁田《しもにた》町と安中市松井田町との境に位置する。古くは白雲山《はくうんざん》(一〇八四m)を妙喜または明魏と書いて「めうき」と呼んでいたが、今日では白雲山、金鶏山(八五六m)、金洞山(一〇八〇m)を総称して妙義山と呼んでおり、これら三山を中心とする山々を表妙義、北西に連なる山々を裏妙義、両者を総称して妙義山塊と呼んでいる。赤城山、榛名山とともに上毛《じょうもう》三山の一つ。

白雲山の山麓には宣化天皇二年(五三七)に創建されたと伝えられる妙義神社があるが、『日本三代実録』には波己曾《はこそ》神の名が記されており、古くは波己曾神社と呼ばれていた。妙義という名の始まりは定かではないが、元禄年間に記された『妙義大権現由来書』には、寛弘三年(一〇〇六)、悪魔降伏のために妙義権現と名付けて千手観音を祀り「ア」という梵字をうつして火難除け・国土安楽を願ったとあり、また『不問談』という書には「白雲山ハ妙義法師ヲ祀故ニ妙義山と云。妙義法師ハ叡山ノ法性房尊意ニテ元亨釈書ニクハシク見エタリ」と記されていることなどから、中世に土着の神(波己曾神)と仏教が結び付いた神仏習合の信仰が広まり、妙義という名が発生したのではないかとされている。

妙義山は奇岩を連ねる名勝として古くからその名を知られ、江戸時代の儒者・貝原益軒は紀行文『東路記』に「山上には草木なし。他所にはなき程の珍しき山なり」と記しており、滝沢馬琴の『南総里見八犬伝』、奈佐勝皐の『山吹日記』、漢学者・安積艮斎の『遊金洞山歌』、ブルーノ・タウトの『日本雑記』など、多くの文人墨客によって紹介されているが、当時は鋸歯《きょし》のような稜線を歩くのは困難を極めたため、山腹や山麓から眺める山であったようである。

近代登山の歴史としては、宣教師として来日した英国のウォルター・ウェストンが、地元の案内人・根本清蔵とともに、一九一二年、金鶏山・筆頭岩東南壁を初登攀したことが知られている。その後、

妙義山塊(安中市松井田町上増田から)

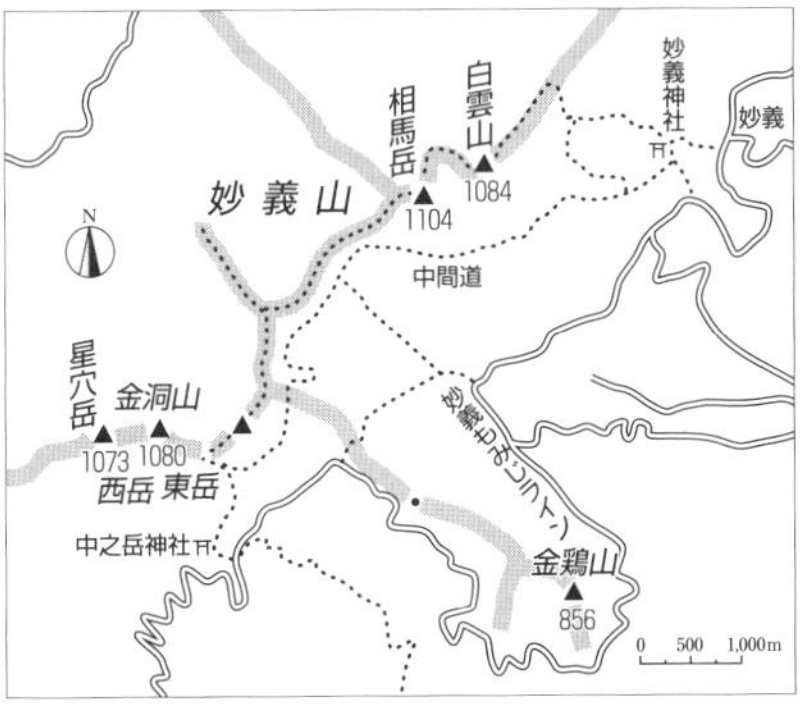

高崎登山倶楽部（高崎山岳会の前身）によって裏妙義・丁須ノ頭が登攀され、その成果を一九三二年、『山と溪谷』並びに『登山とスキー』誌上に「裏妙義」「岩場としての妙義」と題して吉田元が発表したことから登山界に注目されるようになり、昭和三〇年代には登山ブームの影響を受けて多くの登山者が押し寄せ、遭難が続発する山となった。

　妙義山塊は凝灰角礫岩、凝灰岩などからなる険しい岩山で、中木川を挟んで表妙義と裏妙義に分けられるが、表妙義は白雲山、相馬岳、金洞山、星穴岳などを連ねる主稜線と筆頭岩、金鶏山などがあり、裏妙義は御岳、丁須岩、赤岩、烏帽子岩、谷急山などの岩峰を連ねている。妙義山という固有の山はなく、白雲山、金洞山（中ノ岳）、金鶏山の三山を合わせて妙義山と呼んでいるが、表妙義の最高峰は相馬岳である。

登路　登山道は富岡市妙義町表妙義の山腹を辿る中間道や主稜線の縦走路などがあるが、一般向きの中間道以外は岩登りの経験を要する上級者向きのコースで、転落や滑落事故が発生しており、西岳、星穴岳、金鶏山は登山禁止となっている。中間道は妙義神社から中之岳神社まで約三時間。表妙義の縦走路は妙義神社から白雲山、相馬岳、鷹戻し、金洞山を経て中之岳神社まで約七時間。

地図　二・五万図　松井田　南軽井沢

（岡田敏夫・根井康雄・加藤　仁）

大桁山　おおげたさん（やま）　標高　八三六m

群馬県富岡市、甘楽郡下仁田《しもにた》町との境に位置する。林道が富岡市旧市域、同市妙義町、下仁田町の各方面から入っていて、山全体にスギ、ヒノキが植林され、よく手入れされている。登山にはこの林道を辿る。鍬柄岳からつづく尾根の辺りからは、木の階段のあるジグザグ道になる。頂上には三角点があり、東西に長い平坦地になっている。頂上からは妙義山、荒船山、佐久国定公園の山並みから秩父連山、八ヶ岳連峰、浅間山などの展望を楽しむことができる。「関東ふれあいの道」の一部になっている。

登路　上信電鉄千平駅から約二・五㎞に富岡市の「大桁やすらぎ小鳥がさえずる森」がある。ここから川後石《かわごいし》峠まで約四五分。林道の終点からは木の階段の登山道がほぼ頂上までつづいており、さらに頂上から虻田までのルートがある（やすらぎの森から虻田まで約四時間）。

地図　二・五万図　下仁田

（平野　彰・根井康雄・加藤　仁）

鍬柄岳　くわがらだけ　標高　五九八m

別称　石尊山

　群馬県富岡市にある。地元では石尊山とも呼ばれ、大桁山の南東約一㎞の地点に岩峰を突き出している。山頂には三基の石祠が祀られており、山麓の阿夫利神社には「鍬柄嶽阿夫利大神」と書かれた木剣が奉納されている。

登路　上信電鉄千平駅から車道を北上する。「石尊山」の標識が山頂までつづいている。駐車場手前の鍬柄岳登山口を左折、阿夫利神社右手のスギ林を辿って行くと岩壁が現れる。ここから長い鎖場を登る。山頂北面の岩壁を下れば大桁山の登山道と合流する（登山口から約五〇分）。

地図　二・五万図　下仁田

（平野　彰・根井康雄・加藤　仁）

荒船山　あらふねやま

標高（行塚山）　一四二三m

別称　砥山

長野県佐久市と群馬県甘楽《かんら》郡下仁田《しもにた》町、南牧《なんもく》村との境界にある。西上州を代表する山の一つで、妙義荒船佐久高原国定公園に属する。荒海に浮かぶ巨大な船のような山容から荒船山の名前が付いたといわれ、長野県側では、砥石にも似ているところから「砥石山」ともいう。頂上には荒船神社があり、建御名方命《たけみなかたのみこと》ほか一柱が祀られている。建御名方命は『古事記』の国譲りの段に現れる神で、科野国洲《しなののくにす》羽海《わのうみ》に封ぜられたと伝えられている。

　春の山錨おろして眺めけり　玉桂

　荒船の浮きてみえけり靄の海　雲淵

地質は安山岩や凝灰岩からなり、山頂部の荒船溶岩はおよそ七五〇万年前のもの。山頂部は東西約四〇〇m、南北一四〇〇mの長方形で、溶岩台地状の地形になっている。クマザサが密生しミズナラなどの林もあって、沢も流れている。

　その南端が最高峰の行塚山で、空海が経塚を築いたという伝説から経塚や京塚の文字が使われてきた。また、弘仁九年（八一八）、空海が彫ったと伝えられる荒船出世不動尊が祀られている。北端の艫《とも》岩《いわ》は頂が平坦で家のような形をしており、この荒船山を有名にした特異な形状の岩山で、幅八〇〇m、高さ二〇〇mの断崖となる。展望もよく展望方位盤も設置されており、近くには東屋（避難小屋）や便所もある。この岩壁はロッククライミングやアイスクライミングのゲレンデとなっている。

荒船山（物語山西峰から）

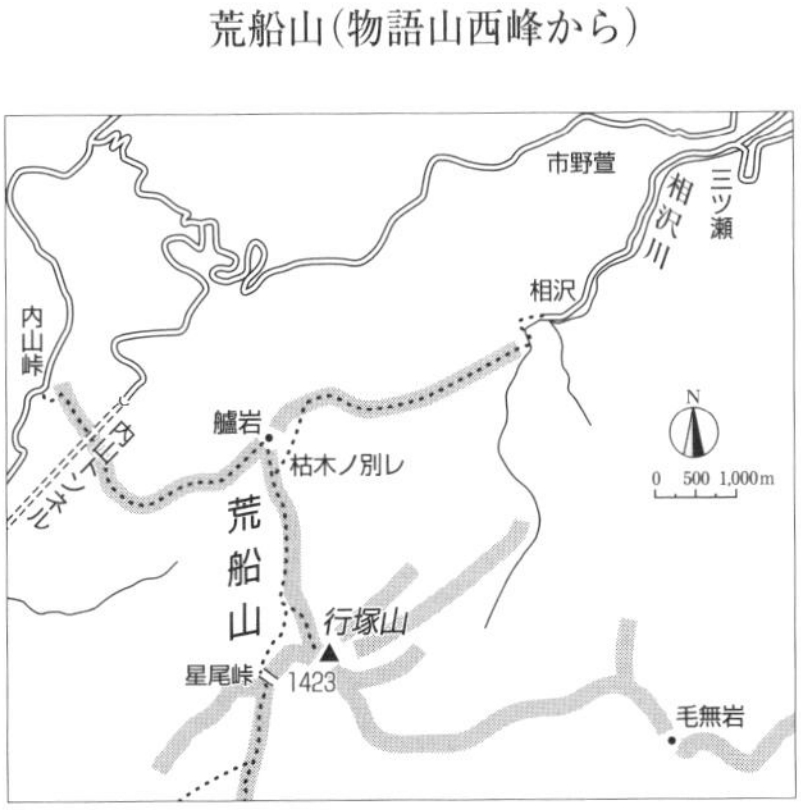

登路　荒船山への登山路はいくつかあり、かつては信州の内山鉱泉や初谷《しょや》鉱泉で一泊して登ったが、現在は道路が整備されて日帰り登山も容易になった。

内山峠登山口コース　バスの終点下仁田町市野萱《いちのかや》から内山峠までは三時間近くも歩くことになるので、峠までは車を利用する方がよい。峠からはよく踏み固められた道が山腹を巻きながら頂上までつづいている。一時間程で一杯水、ここからやや急な岩場の登りになるが、冬季以外はとくに危険はない。緩やかな山稜に出るとまもなく艫岩の展望台。足下は切れ落ちており、北側は神津牧場、その背後には浅間山、上越国境や北アルプスの山々を展望できる。艫岩から枯木ノ別レを経て溶岩台地の道を南に向かうと最高峰の行塚山に達する(内山峠から約三時間)。

三ツ瀬からのコース　バスを利用する場合は下仁田町三ツ瀬バス停で下車して、相沢川沿いの車道を相沢まで歩く。スギ林の中をしばらく歩き、沢の源頭に出る。さらに尾根づたいに登ると山の神が祀られている水場がある。木段や手すりのある急坂を登りつめると枯木ノ別レに達する(三ツ瀬から約二時間三〇分)。

地図　二・五万図　荒船山　信濃田口

(平野　彰・根井康雄・加藤　仁)

立岩　たついわ

標高　一二六五m

群馬県甘楽《かんら》郡南牧《なんもく》村にあって、星尾川筋にある大上集落の段々畑の上に城塞のごとく聳える西上州きっての岩山。山体は中・古生層および新生代第三紀中新世の堆積岩類を基盤とした安山岩質の溶岩からなり、それを覆う自然林ではナツツバキ、アオダモ、ヒカゲツツジを見ることができる。

星尾川の中流には三五mの落差を一線になって落ちる線ヶ滝が懸かる。その奥の絶壁の下にある威怒牟畿《いぬむき》不動は、寛延三年(一七五〇)、吉祥寺二七世光海阿闍梨の創建。堂宇が朽ち果てた現在は、本尊が下星尾の吉祥寺に安置されている。縁日は四月二八日。

登路　羽根沢から大上集落を経て線ヶ滝に至る。線ヶ滝の先で道は二分し、右は南登山道(山頂まで一時間三〇分)、左は威怒牟畿不動を通る北登山道(二時間三〇分)で、いずれも岩場の通過がある。

地図　二・五万図　荒船山

(松崎中正・根井康雄・加藤　仁)

物語山　ものがたりやま

標高　一〇一九m

群馬県甘楽《かんら》郡下仁田《しもにた》町にあって、荒船山から北東方に派生する尾根の脈端にある。標高はわずかに一〇〇〇mを超す岩山だが、山頂の西方に中世の落城にまつわる財宝埋蔵伝説が語り継がれきた奇岩頭、メンベ岩があるところからこの山名が生まれた。なお、メンベ岩はメンベ板(うどん打ちに用いる板)を立てかけたように切り立った山容から名付けられたという。

東面を流れる馬居沢、北西面の市ノ萱川のいずれも鏑《かぶら》川となって利根川に流下する。山麓はスギの植林、上部の岩の間にはアカヤシオ、ヤマツツジがあって四、五月ごろに山を彩る。東西二峰あるが、三角点は東峰にある。山頂からは間近に妙義山の奇峰群や浅間山を望むことができる。

登路　かつては国道二五四号の物語橋からの林道に車で入ることができたが、度重なる台風や雪害のため、洗掘、崩落、倒木があって通れない。したがって、物語橋の一つ上流の深山橋を渡ってすぐのサンスポーツランド(下仁田勤労者体育施設)の駐車場を利用し、荒れた林道を登山口まで歩く。登山口からは石ころ道の急登で東西二峰のコルに立った後、山頂に達する(約二時間)。

地図　二・五万図　荒船山　(佐藤　節・根井康雄・加藤　仁)

鹿岳　かなだけ　標高　約一〇一〇m

群馬県甘楽《かんら》郡下仁田《しもにた》町と南牧《なんもく》村にまたがる双耳峰である。二つの岩峰からなり、一ノ岳(雄岳)、二ノ岳(雌岳)と称して雌岳が本峰で最高点である。山名の由来は鉱山があった(鉱の山《あらがね》)からとも、シカが生息していたからとも伝えられ、二つの岩峰を生え始めたシカの袋角に見立てることもできる。

登路　南牧《なんもく》村小沢橋から下高原の鹿岳登山口へ。ここから沢沿いの山道を一ノ岳と二ノ岳のコルへ向かう。南の一ノ岳は比較的容易だが、二ノ岳は岩場とヤブの道で注意を要する(約二時間)。なお、下仁田富士として親しまれている四ツ又山(九〇〇m)へ向かって縦走路がある。

地図　二・五万図　荒船山　(祖父川精治・根井康雄・加藤　仁)

四ツ又山　よつまたやま　標高　九〇〇m

別称　下仁田富士

群馬県甘楽《かんら》郡下仁田《しもにた》町と南牧《なんもく》村にまたがる。荒船山から派生して、その町村界をなす山系の脈端に位置する山岳信仰の山であった。山頂部は南北につづく顕著な四頭を刻み、山名の由来となっている。第一峰に三角点、各峰に石仏を置くが、第二峰には多くの石仏と等身大の烏天狗像がある。

山容は険しく、頂稜部は主に石英閃緑岩で形成されているが、中生代末ごろに起きた地殻変動で基盤の緑色片岩の上に、異なった所でできた地層が断層運動によってのし上がってできた根なし地塊(クリッペ)と呼ばれる山である。南西の大塩沢川、東面の下郷谷は南牧川に注ぎ、鏑《かぶら》川となって利根川に合流する。

登路　北面の落沢、あるいは南西麓の大久保から大久保峠を経て第四峰へ約二時間。南面の小沢、東面の下郷から大天狗経由で第一峰へも約二時間を要し、第一峰から大久保峠へは急登降で約一時間を要する。ただし、下郷から大天狗までは洗掘、崩落、倒木があり、道が不明瞭で注意が必要。

地図　二・五万図　荒船山　下仁田　(佐藤　節・根井康雄・加藤　仁)

小沢岳　おざわだけ　標高　一〇八九m

群馬県甘楽《かんら》郡下仁田《しもにた》町と南牧《なんもく》村にまたがる鋭峰。南牧村小沢の上に急斜面をかかげる山容は、とくに下仁田町側から目を惹く。

山体は弱い変成作用を受けた中・古生層を構成する堆積岩類からなる。山頂には大日如来の石像などが安置され、展望は南面を除いてよい。山腹の大方はスギ、ヒノキの人工林に変わってしまっているが、山頂部にはナツツバキ、リョウブなどの交じる自然林が残っていて、アカヤシオやヒカゲツツジなどのツツジ類も見られる。

登路　下仁田町青倉川の奥、七久保橋の先から石仏の置かれている椚《くぬぎ》峠を経て約一時間三〇分。西側の南牧村椚から峠への山道もある。

地図 二・五万図 神ヶ原

（松崎中正・根井康雄・加藤 仁）

檜沢岳 ひさわだけ

標高 一一三四m

別称 御岳山《おたけさん》 根草岳《ねくさたけ》

群馬県甘楽《かんら》郡南牧《なんもく》村にあり、多野郡、甘楽郡界の一峰から派生する尾根上の岩峰で、地形図上では無名の三角点峰である。

山頂には愛宕神社の奥社を祀り、かつては女人禁制の修験の山であった。急な南西斜面にある根草集落には里宮があり、雨乞い祈願などをする村の守り山でもあった。西裾を南牧川に流下する檜沢川が刻み、川沿いに南牧の中心集落・磐戸《いわと》と神流《かんな》川十石街道を結んで塩ノ沢街道が通じている。

登路 磐戸から根草に登る（約一時間四〇分）と、村人が祭礼時に通る奥社登拝路が山頂まで通じている（約一時間一〇分）。山頂東面の岩壁下に古い籠り堂と祭りのための小広場があり、これを経由して東尾根から根草下への登降路が踏まれている（約一時間一〇分）。いずれの道も上部は岩交じりの急坂である。

地図 二・五万図 神ヶ原 十石峠

（佐藤 節・根井康雄・加藤 仁）

稲含山 いなふくみやま

標高 一三七〇m

群馬県甘楽《かんら》郡下仁田《しもにた》町と甘楽町にまたがり、兜形の山姿を見せている。この山から発生する雷雲はたちまち大きく広がって雷雨や落雷の被害を与え、恐怖の山として崇拝されてきた。八合目の稲含神社は上野国一宮・貫前神社の摂宮で、祭神は宇迦御魂神《うかのみたまのかみ》、経津主《ふつぬしの》命《みこと》ほか四柱。天竺から飛来した時に稲穂を口に含んでいたことから稲含大明神にちなむと伝えられている。

山体は秩父中・古生層で、山頂部は硬いチャートからなる。

登路 五月三日が山開きで、稲含神社と秋畑稲含神社の例大祭が行われ、この地方の人たちでにぎわう。甘楽町側の登山口・神の池公園から山頂までの間には、参道が設けられ整備されている（約一時間三〇分）。下仁田町側は茂垣を経て鳥居峠まで車道、鳥居峠から約一時間で山頂。

地図 二・五万図 下仁田 神ヶ原

（祖父川精治・根井康雄・加藤 仁）

御荷鉾山 みかぼやま

西御荷鉾山 標高 一二八七m
東御荷鉾山 標高 一二四六m

別称 三株山

東御荷鉾山と西御荷鉾山からなり、関東平野北西部からその特徴的な山容を望むことができる西上州前衛の名山。東・西御荷鉾山とも群馬県藤岡市と多野郡神流《かんな》町万場地区にまたがる。南の神流川と北の鏑川を分け東西に連なる西上州の分水嶺上にあり、西御荷鉾山のさらに西にあるオドケ山（一一九一m）を合わせてミカボ、ミカブと呼ばれる。

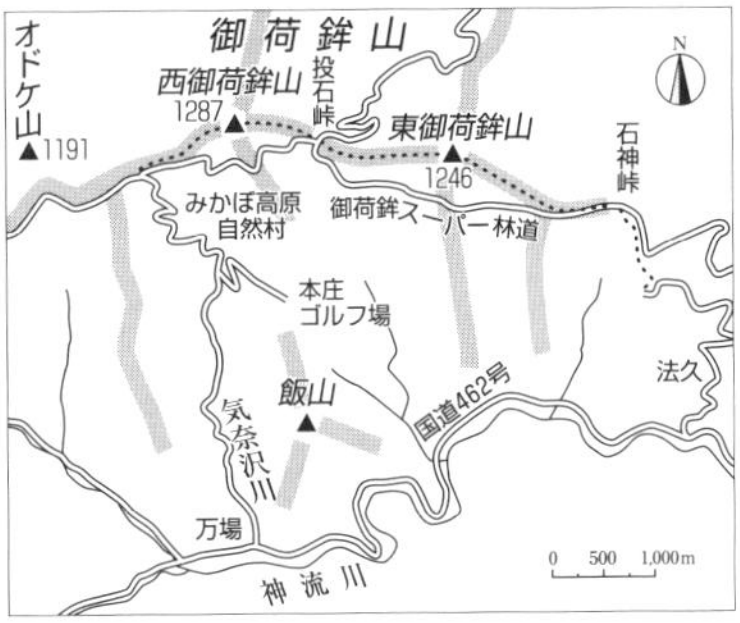

山体は中生代の海底火山噴出物からなる。両山頂からの展望はよく、東御荷鉾山頂からはとくに落葉後に南側の展望が開ける。また西御荷鉾山頂は東西に長い草原状で、初夏にはニッコウキスゲが咲く。南斜面には丸に大の字が刈り込まれている。

両山頂の南を巻くように主稜線に沿う御荷鉾スーパー林道を使えばアプローチは容易。

登路　スーパー林道をアプローチに使い、東・西御荷鉾山の中間にある投石峠から東御荷鉾山を往復し、再び投石峠から西御荷鉾山を登り、大の字を見ながら南登山口へ下り、スーパー林道を投石峠に戻るコース(約二時間五〇分)が一般的。神流町万場地区からのコースは投石峠の登山口まで往復約三時間を要する。

（根井康雄・加藤　仁）

地図　二・五万図　万場

赤久縄山　あかぐなやま

標高　一五二三m

群馬県藤岡市と多野郡神流町《かんな》万場地区、中里西地区にまたがり、この山域の主峰である。「赤」とは閼伽《あか》(仏に供える水)または赤土のことで、「久縄《くな》」は嵓《くら》の転訛で、大きな岩場をいい、山頂から東側にある白鳥岩がそれにあたると伝えられる。この山の森林は江戸幕府の御用炭焼き場であった。

登路　多野郡神流川流域開発として山々を結ぶ御荷鉾スーパー林道が一九八三年に完工した。この林道は山頂の北側近くを通過しているので、山頂直下まで車が利用できる。徒歩の場合は神流町万場地区から栗木平・赤久縄山登山口を経て山頂まで約五時間。

（祖父川精治・根井康雄・加藤　仁）

地図　二・五万図　神ヶ原

笠丸山　かさまるやま

標高　一一八九m

別称　笠丸嶽

群馬県多野郡上野村に位置し、住居附《すもうづく》の集落の上に聳える岩山である。『上野国郡村誌』の乙母《おとも》村の項に「笠丸山　高四拾丈、村ノ西北ニアリ、乙父村に接ス、巉岩峻嶮ニシテ多ク樹木ヲ生セス、登路北麓字唐沢ヨリ上ル長二十町」とあり、『上野村郷土誌』の笠丸嶽の項には「山勢峅然として中央に洞穴あり」と記されている。山頂は二つの岩峰からなり、西峰に三角点、東峰に祠が祀られている。山頂近くの岩穴に水が涸れない窪みがあって、その水を持ち帰って住居附の神社で拝んでもらうと、たちどころに雨が降ったという伝説があり、古くから雨乞いの山として地元の人の信仰を集めているが、近年まで地図に山名が記入されていなかった。

登山者の注目を浴びるようになったのは昭和四〇年代のことだが、地元有志によって道標の設置や登山道整備が行われ、ヒトツバナ(アカヤシオ)の花や岩峰からの大展望が楽しめる山として親しまれている。

登路　住居附の集落から笠丸山東峰に直登する登拝コースと、集落の外れにある新高橋から地蔵峠を経て、笠丸山西峰と東峰の鞍部に出るコースがある。藤沢バス停から住居附、地蔵峠を経て笠丸山西峰まで約二時間四〇分。

地図　二・五万図　神ヶ原　両神山

(岡田敏夫・根井康雄・加藤　仁)

烏帽子岳　えぼしだけ

標高　約一一八二m

群馬県甘楽郡南牧村にある。南に接する上野村との境の尾根上にあるマル(一二二〇m)と呼ばれるピークから北に派生する尾根上に聳える岩峰。北に流れる大仁田川沿いからその「烏帽子」のような特徴的な山容を望むことができる。

山頂からの展望もよく、とくに北側の浅間山から赤城山までの山並みを背景にした山村風景がすばらしい。ヒトツバナと呼ばれるアカヤシオツツジは四月末から五月初旬にかけてこの山を彩る。

登路　南牧村雨沢から車で大仁田川沿いに進み、大仁田ダム下から約六〇〇mでシボツ沢登山口。シボツ沢沿いにマルを経て山頂まで約二時間。下山はマルとの鞍部から急降下して往路へ戻り、さらにシボツ沢を登山口に戻る(約一時間)。

地図　二・五万図　十石峠　両神山

(根井康雄・加藤　仁)

父不見山　ててみえじやま(ててめえず　ててみずやま)

標高　一〇四七m

別称　三角山　長久保山　ザル平

埼玉県秩父郡小鹿野《おがの》町と群馬県多野郡神流《かんな》町万場地区にまたがる。山名は、平将門の子が父を捜し求める話、群馬県側からはこの山にさえぎられて秩父が見えないからなど、諸説がある。

山頂は二峰に分かれ、東峰が父不見山、三角点のある西峰は長久保ノ頭、ザル平ノ頭、三沢山ともいう。父不見山は山域一帯の草刈り場の総称で、秩父側では寺平山とも呼んでいた。古くは近在の村人が元旦に寺平の摩利支天へ登って五穀豊穣を祈った。南麓の寺平は、空海が東国の高野山にしようとされたという伝説の地である。

登路　長久保の林道をつめて、登山道を少し登ると杉ノ峠。ここから尾根道を辿って山頂へ(長久保口から約一時間四〇分)。山頂から長久保ノ頭を経て尾根を西に辿れば坂丸峠に達する。

地図　二・五万図　万場

(飯野頼治・根井康雄・加藤　仁)

二子山　ふたごやま

標高(西岳)　一一六六m

別称　東岳・西岳　子ノ鼻

埼玉県秩父郡小鹿野《おがの》町と群馬県多野郡神流《かんな》町中里地区にまたがる。古生代の石灰岩からなる岩峰は、高さ一五〇m、全長一六〇〇mにも及ぶ。

山頂部は名前のとおり、股峠を挟んで東岳(一一二六m)と西岳とに分かれている。かつては狭い股峠へ両側からクマを追い上げて落とし、穴で捕らえたという、珍しいクマ猟があったという。

山麓は「山中地溝帯」と呼び、中生代白亜紀の地層である。巻貝の一種やウミユリ、サンゴなどの化石を産する。石灰岩にはフズリナを含み、純粋の方解石の産地としても知られていた。また、二子山に近い群馬県側からは恐竜の足跡の化石が発見された。植物には石灰岩と結び付いた特殊なものが多い。

西峰が登山の対象で、その南壁が垂直の岩壁になっており、クライマーのゲレンデとして人気がある。なお、ローソク岩はロッククライミングの経験がある人ならば登ることができる。

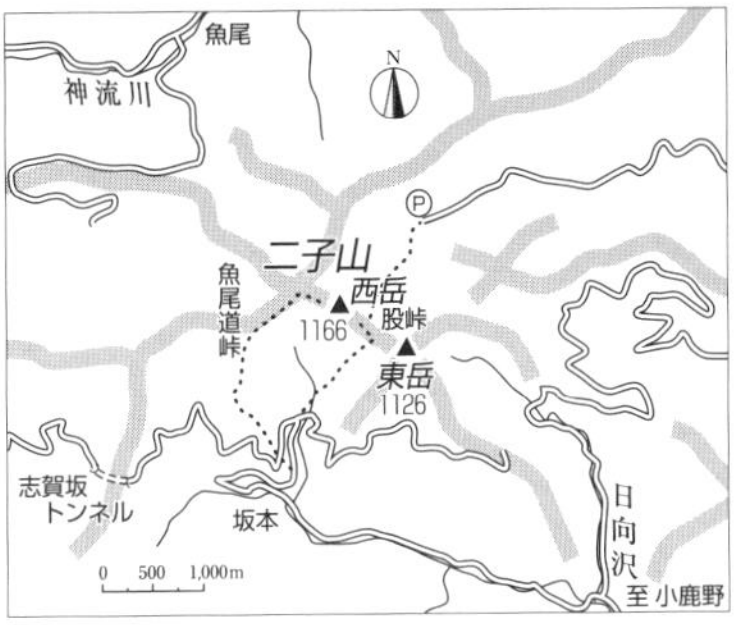

二子山（小鹿野町から）

登路　小鹿野からのバスの終点である坂本で下車。登山口から仁《に》平《へい》沢沿いに進み、急な登りで二峰の鞍部・股峠に着く。東岳は岩場に慣れていない人はさけた方がよい。西岳へは直登の道もあるが、右から回り込んで登ると展望の開けた山頂に立つことができる（坂本から約二時間）。山頂からは谷を隔てて両神山が間近に迫る。下山は石灰岩の痩せ尾根を行き、魚尾道《よのおみち》峠から坂本に戻る（西岳から約二時間）。

林道を北登山口まで入れば、股峠まで五分で達することができる。

地図　二・五万図　両神山

（飯野頼治・根井康雄・加藤　仁・富樫信樹）

叶山　かのうさん　　標高　九六二m

別称　叶嶽

群馬県多野郡神流《かんな》町中里地区にある。『多野郡誌』に「叶山　大字神ヶ原の東南に屹立する名山にして満山石灰岩より成る。（中略）山頂に琴平祠あり。祠前に三角点あり。海抜千十五米とす。」とあり、平将門が戦勝を祈願して「大願叶山」と祈ったことから、叶山と呼ばれるようになったという伝説がある。

叶山と二子山北稜に囲まれたすり鉢状の窪地にかつて人が住んでいた叶後《かのうじろ》（叶城）があり、昭和五〇年代まで神流《かんな》川沿いの宮地から叶後を経由するコースや、北西麓の瀬林《せばやし》から登るコース、埼玉県側の魚尾道《よのおみち》峠から叶後を経由するコースなどが歩かれていた。秩父セメントによる開発工事が一九八〇年から始まり、採掘した石灰石を秩父市まで輸送するため、総延長二三㎞の長距離ベルトコンベアラインが地下に設置されている。現在、山頂一帯は大きく削られ、三角点や石祠は山頂の南端に移されている。

登路　叶山は登山禁止となっているが、神ヶ原《かがはら》から神流川を隔てた対岸にある立処山《たところやま》(七三〇m)は叶山の展望に恵まれている。古鉄橋バス停から立処山まで約四〇分。

地図　二・五万図　神ヶ原　両神山

(岡田敏夫・根井康雄・加藤　仁)

諏訪山　すわやま

標高　一五五〇m

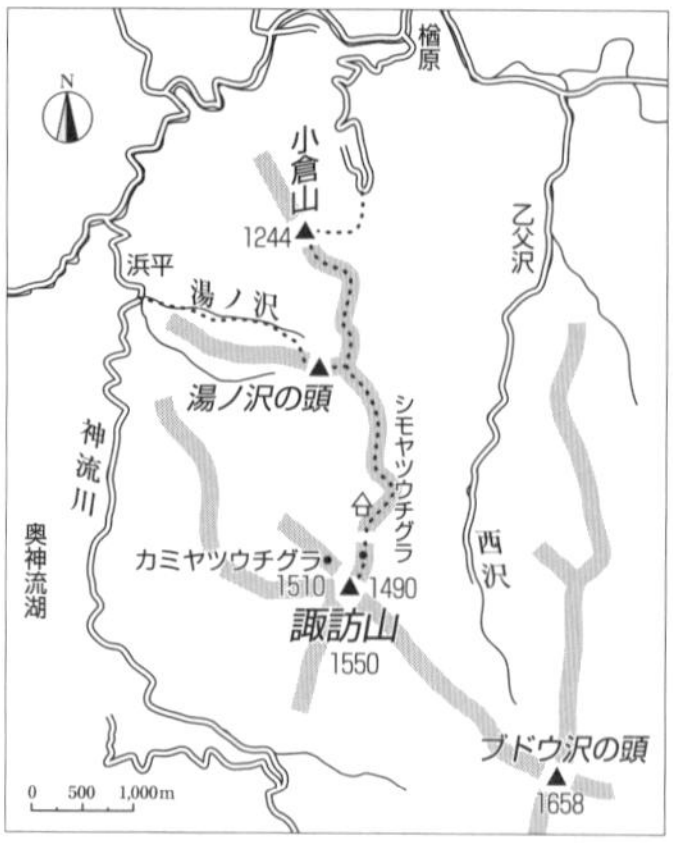

群馬県多野郡上野村にある。西上州の最奥部、神流川源流域に位置し、群馬・埼玉県境尾根のブドウ沢の頭(一六五八m)から北西に延びる尾根上に聳える。アプローチも長く不便で、しかも樹林に覆われた地味な山であるが、日本三百名山にも選ばれ、静かな人気を持っている。

西山麓の神流川はかつて深い渓谷であったが、揚水式発電のための上野ダムが築かれ、人造湖の奥神流湖が水を湛えている。

南西斜面には奥多野で最大という太平洋型のブナの自然林が残され、山頂付近にはヒノキやツガなどの針葉樹林がある。山頂は樹林に覆われ展望はない。一帯は中・古生代の堆積岩からなり、チャートの露岩、岩峰が目立つ。山頂北にある岩峰の三笠山(シモヤツウチグラ)からは好展望が得られる。この三笠山山頂には三笠山刀利天が祀られている。また楢原からの道沿いには小さな祠も多く、信仰の対象としていまも登られている山である。

登路　浜平から湯ノ沢沿いに湯ノ沢の頭に登り、三笠山を経て山頂に登るルート(約四時間)と、楢原から小倉山(一二四四m)を経て湯ノ沢の頭で湯ノ沢からのルートと合わさり山頂へ向かうルート(約四時間三〇分)がある。

湯ノ沢の頭からは南へ尾根を絡んで登っていく。1365mのピークを過ぎ、鞍部へと下ると弘法小屋着。さらに痩せた尾根をつめ上げていくとヤツウチグラの岩峰に辿り着く。ここから樹林に包まれた諏訪山頂上へは間近だ。

登山道は道幅が狭く外傾している。また、鎖や梯子の架かった急な岩場もあるので充分に注意したい。なお、湯ノ沢コースは増水時に注意。

地図　二・五万図　浜平

(根井康雄・加藤　仁)

赤岩　あかいわ

標高　約一五七〇m

別称　赤岩岳

群馬県多野郡上野村と埼玉県秩父市大滝にまたがる。『新篇武蔵風土記稿』にも記されている赤岩峠から、その東の八丁峠に至る上武国境稜線は赤岩尾根と呼ばれる。赤岩は、その中にチャートの絶壁をかかげて目を惹く。地質、山容ともに両神山によく似る赤岩の鋸歯《きょし》状に連なる岩稜には、ヒカゲツツジやハコネコメツツジが咲く。

赤岩と両神山に囲まれた小倉沢の谷間には、武田信玄ゆかりの赤岩鉱床があり、日窒鉱業の最盛期には従業員八〇〇人を数えたというが、現在はわずかに珪砂などを採取しているだけである。

登路　秩父市大滝の小倉沢または北面の上野村野栗沢から赤岩峠経由で登頂(峠から約四〇分)。赤岩尾根の縦走には六時間以上を要し、ザイルが必要である。

地図　二・五万図　両神山　　（松崎中正・根井康雄・加藤　仁）

両神山　りょうかみさん　　標高　一七二三m

別称　八日見山　竜神山　竜頭山《りょうかみさん》　鋸山

埼玉県秩父郡小鹿野町両神と秩父市大滝にまたがり、険しい主稜は上武国境の県界尾根へと延びている。山頂からの展望は三六〇度さえぎるものがない。

山名由来を『新篇武蔵風土記稿』に見ると、薄《すすき》村と小森村(現小鹿野町)は山頂近くに両神明神社と両神権現社を祀って伊弉諾尊《いざなぎのみこと》、伊弉冉尊《いざなみのみこと》を祀る故に両神山と称し、河原沢村(現小鹿野町)では山頂の北、東岳と西岳の間に竜頭神社を祀り八日見山という。八日見とは日本武尊《やまとたけるのみこと》が東夷征伐の折、筑波山に登り、この山を八日間見ていたと述べたとの所伝を元にしている。また、竜神社を祀るので竜神山ともいう。

このことについて木暮理太郎は、「両神山は竜神山《りゅうかみさん》もしくは竜頭山《りゅうかみさん》であって、伊弉諾・伊弉冉は関係なく竜神を祀ったのが正しい。竜神が両神となり、ここに伊弉諾・伊弉冉を奉祀したものであろう」と述べている(『山の憶ひ出』下巻)。

鋸山の名は山頂部を指して呼んだものであろう。役小角が開いたという伝承があり、修験の山、信仰の霊山として栄えてきた。江戸時代には一般人も講を組織して登るようになった。眷属としてのお犬信仰は、盗賊・火難除けの山犬を貸し出したのは三峰山よりも古く、この犬を借りる者が多かったので守護札として配符したのがいまにつづき、両神、御岳、竜頭の各社で配付している。

表参道の山頂部には両神神社と御岳《おんたけ》神社が祀られている。両神神

両神山(辺見ヶ岳方面から)

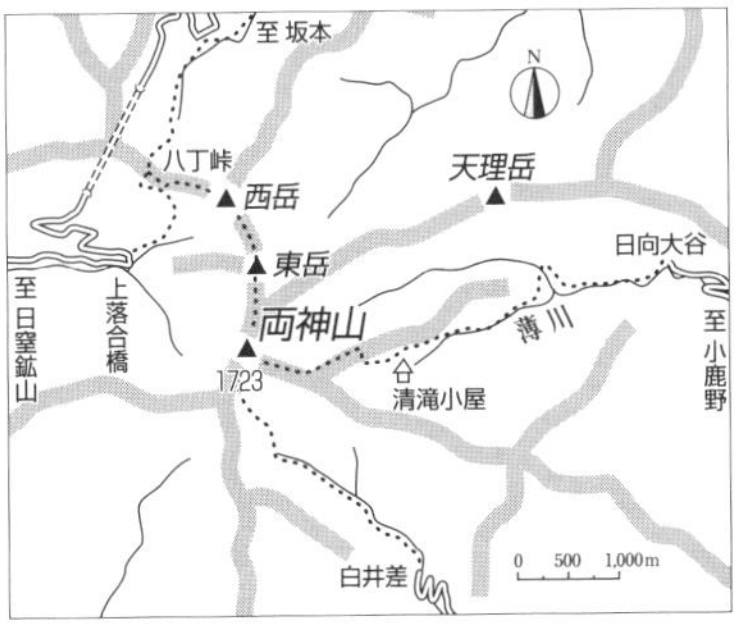

社の里宮は表参道口の日向大谷《ひなたおおや》にあり、山頂の剣ヶ峰の小社は奥社である。神仏習合時代は観蔵院と呼んで、安中《あんなか》の天照寺という修験の寺に属していた。御岳神社の里宮は浦島にあり、寺号を金剛院といい、越生《おごせ》の山本坊の配下にあった。金剛院順明《じゅんみょう》は木曾御嶽山を普寛行者《ふかんぎょうじゃ》とともに中興して両神山に御嶽信仰を広めたが、明治の神仏判然（分離）令で両社ともに本来の神社に戻った。また、竜頭神社の里宮は尾ノ内に、奥社は主稜に祀られている。竜神は水の支配者であり、雨乞い信仰の神として崇拝され、尾ノ内沢の油滝《あぶらたき》は雨乞い場であった。

　両神山を形成する主な岩石は、古生層のチャートと粘板岩である。チャートは硬く風化されにくいので険しい尾根や絶壁を造り、谷間では中津峡に見られるような深い峡谷を造っている。

　江戸時代には平賀源内がこの山塊で石綿を発見し、金山開発にも着手した。近代になると主に鉄鉱石の産地として繁栄した時期があった。露岩が多く土壌が浅いので、下草には独特の植物相が見られ、牧野富太郎も採集に訪れている。なお、両神山を代表する植物はヤシオツツジである。

　ニホンカモシカの生息地であるとともに、以前はワシやタカが舞う姿を見ることもあった。江戸時代までは御巣鷹山があり、日向大谷、白井差の鷹見衆が幕府にタカを献上していた。清滝《きよたき》小屋の付近はブッポウソウの営巣地である。

登路　登山道は旧両神村の日向大谷から薄川沿いに観蔵院～会所～清滝小屋～両神神社を経て山頂に至る表参道ルート（約三時間三〇分）、秩父市大滝にある日窒鉱山の上落合橋から八丁峠に登り、岩稜づたいに西岳・東岳を経て北から登るルート（約四時間）、小鹿野町の坂本から八丁峠に登り、上落合橋からのルートに合流するルート（約五時間）がある。

　また、白井差ルートは地主の山中豊彦氏が整備し、氏の許可が必要である。登山口から沢沿いに進み、大又から左俣に入り水晶坂で小尾根に出る。その上がブナ平で両神山頂に至る。

地図　二・五万図　両神山

（飯野頼治・富樫信樹）

南天山　なんてんやま

標高　一四八三m

埼玉県秩父市大滝の北西部にある山。上武国境稜線上の独標一六五九m（オキブドウノ頭）から東に張り出した支稜上に位置し、西上州の山の雰囲気を持つ。

　山体は中・古生層が石英閃緑岩体の貫入によって熱変成を受けたホルンフェルスからなる。山の南面の中津川側は比較的おだやかで、支流の鎌倉沢の中流に、季節にはハクウンボクの落花が流れる優美な法印ノ滝が懸かっている。一方、北面の広河原沢側は険しい岩稜やルンゼが目立ち、ブッシュに覆われた岩稜はまだ自然をよく保っている。

登路　紅葉の名所・中津峡の奥中津川集落には民宿もある。鎌倉沢に沿う登山道は、「体験の森」として整備されている（鎌倉橋から約二時間三〇分）。北面のコースは熟達者向きである。

地図　二・五万図　両神山　中津峡

（松崎中正）

天丸山　てんまるやま

標高　一五〇六m

群馬県多野郡上野村にあって、上武国境尾根の北側に位置する。『上野国郡村誌』に「天丸山　高二百丈、村ノ西方ニアリ、西南乙父川和の諸山ニ接シ東方大山ニ接ス、山中檜栂等ノ樹ヲ生ス、登路北麓字一小屋ヨリ上ル長三十五町」とあり、古くから西上州の秘峰として知られている。天丸山付近は一九七七年、群馬県自然環境保全地域に指定されているが、一九九五年に発生した山火事により山頂部の登山道が著しく荒廃し、危険な状態となっている。

登路　奥名郷林道から社壇乗越に登り、三つの岩峰を経て山頂に至る尾根コースは危険なため入山は控えたい。そのほか社壇乗越から馬道を経由するコース、川和から不二洞を経て社壇乗越に至るコース、天丸橋から倉門山(一五七二m)を経由するコースなどがあるが、いずれも経験者向きの難コースである。八幡バス停から奥名郷、社壇乗越を経て山頂まで約四時間二〇分。車利用の場合は天丸橋付近に駐車スペースがある。

地図　二・五万図　両神山　（岡田敏夫・根井康雄・加藤　仁）

帳付山　ちょうづけやま

標高　一六一九m

群馬県多野郡上野村と埼玉県秩父市大滝にまたがり、両県の県境尾根に位置し、天丸山の奥にどっしりとした山容を見せる。帳付山は廃藩置県の時に最初の測量が行われた所で、山名の由来は、木材の種類や大きさなどを記録する帳付作業が行われたところから名付けられたと伝えられている。天丸山北方の社壇乗越から馬道と呼ばれる山腹の道が県境尾根まで通じており、この道が帳付山の登路として利用されているが、伐り出した木材を馬で引いて武州(埼玉県)や信州(長野県)方面に搬出したことから「馬道」の名が残された。

登路　社壇乗越から県境尾根の広河原越(馬道のコルともいう)まで馬道を歩き、県境尾根を辿って山頂に立つが、馬道は近年、上野村により整備されている。岩峰を連ねる県境尾根は、ルート判断が要求される経験者向きの難コースである。上野村八幡バス停から奥名郷林道、社壇乗越を経て山頂まで約六時間三〇分。

地図　二・五万図　両神山　（岡田敏夫・根井康雄・加藤　仁）

諏訪山　すわやま

標高　一二〇七m

別称　志賀坂諏訪山

群馬県多野郡神流《かんな》町中里地区と埼玉県秩父郡小鹿野《おがの》町にまたがる。両県の県境尾根に位置し、志賀坂トンネルの南に広がる志賀坂高原森林公園内にある。『中里村の民俗』によると「諏訪山に住んでいた神子が里人にあやしまれ、カラムシで編んだ縄で檜の根方に縛られて殺されてしまった。後の日あわれに思った里人が山頂に祠を建てて祀ったが、それ以来諏訪山にはカラムシと檜が育たなくなった」という伝説が伝えられており、古くから地元の人々にお諏訪様と呼ばれている。叶山、二子山、両神山などの著名な山に囲まれているため目立たない山だが、木立に囲まれた山頂には三角点と諏訪神社を祀る祠がある。

登路　群馬・埼玉県境の志賀坂登山口を起点とする谷コースと尾根コース、神流町中里間物《まもの》集落から沢沿いに登るコースなどが整備されている。中里古鉄《こてつ》橋バス停から志賀坂登山口を経て山頂まで尾根コース経由で約三時間三〇分。車の場合は志賀坂登山口に駐車場がある。

地図　二・五万図　両神山

（岡田敏夫・根井康雄・加藤　仁・富樫信樹）

茂来山　もらいさん　標高　一七一八m

別称　貰井山

長野県南佐久郡にあって、佐久穂町の旧佐久町地域と小海町の境に位置する。広い佐久平のどこからでも見え、ピラミッドの稜角をおだやかにしたような山容は、ほかの山々の上にひときわ高く、たおやかなたたずまいを見せている。

地元に伝わる伝説では、八ヶ岳の命名の折に、峰が七つしかなかったので、川向こうから峰を一つもらい、「貰井山《もらいさん》」と呼ばれるようになったという。ほかに、八ヶ岳の硫黄岳から岩が飛んできたので、それを貰ったという話もある。

山頂は、樹林帯を抜けてすぐの所に狭い峰を造っているが、石尊権現の石祠があり、村人が雨乞いをしたとも伝えられ、水や草木を与えてくれる生活の守り神の山であった。霧久保沢の登山口から三〇分程登った所に、幹周り五・三一mもある橡《とち》の大木があり、林野庁の「森の巨人たち百選」に選ばれている。

登路　林道が山奥深く入っているので、車止めから短時間で登ることができる。クマの出没があり、秋から初冬にかけては注意を要する。佐久穂町武州街道（十国峠街道）からの霧久保沢（約二時間）。槙沢（約二時間三〇分）と、小海町親沢から通じている（約一時間）。

地図　二・五万図　海瀬

（柳沢勝輔）

御座山　おぐらさん　おぐらやま　標高　二一一二m

別称　小倉山　燕岳《つばくろ》

長野県南佐久郡の南相木・北相木の両村にまたがり、八ヶ岳、浅間連峰、秩父連峰に囲まれる佐久山地の最高峰である。

山頂は鋭く切れ落ちた塊状砂岩の断崖絶壁を擁した岩峰である。下から見上げると、いかにも神の御座としての風情があり、山名となったのではなかろうか。岩山であるために展望は開け、佐久の山々は一望のうちにあり、八ヶ岳が眼前に迫る。

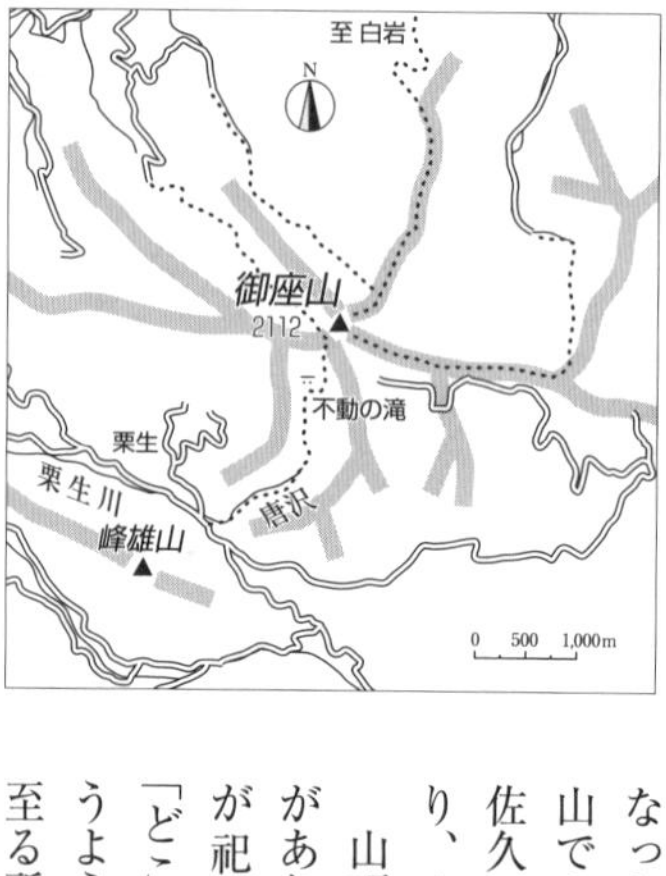

山頂には立派な石造りの祠があり、諏訪神社と浅間神社が祀られている。古老が、「どこからでも登れる」というように、登路は尾根、沢筋至る所にある。その昔は、入

会地として薪、馬草、肥草などを採集した生活のための大切な山であり、神の山として村人にあがめられ親しまれてきた。

山はモミ、コメツガ、シラビソ、トウヒなど常緑針葉樹の原生林で、うっそうと茂っているが、岩場ではアカマツ、ナナカマド、シャクナゲなどが見られる。山一帯は至る所に岩肌が露出し、岩稜の様相を呈しているが、登山道そのものはさして危険な所もなく、歩くことに支障はない。岩峰があり、石畳、石舞台というような所を眺めるだけで、変化のある山道を楽しませてくれる。

登山道の山頂直下の辺りは尾根が切れていて、どの尾根からでも急坂を大きく下り、また大きく登るようになっている。森林に覆われる尾根の岩稜構造が同じようにできているわけで、したがって、山頂部分は独立峰のように突き出している。山頂付近までは原生林の中を行く。

登路　南相木村栗生集落から唐沢林道を進み、林道登山口から不動の滝を経て山頂に達する(約二時間)。北相木村からは幾筋もの登路があるが、白岩からは高原野菜の畑を過ぎた登山口から、尾根道を進んで山頂に達する(約二時間三〇分)。

地図　二・五万図　信濃中島

(柳沢勝輔)

天狗山　てんぐやま

標高　一八八二m

別称　雷山

天狗山は長野・群馬・埼玉三県境の三国山《みくに》(一八三四m)から西に派生している尾根上にあり、長野県南佐久郡南相木村と川上村の境に位置する。明治初期まで、川上村では「雷山」と呼んでいた。

この三国山からの尾根は、秩父古生層からなり、硬い砂岩やチャートあるいは石英閃緑岩などでできている。尾根筋には灰白色の岩肌が随所に露出している。山頂部は硬砂岩で、屏風のように切り立っており、山頂からは尾根筋が見渡せる。東に御陵山《おみはかやま》(一八二二m)、西に男山があり、御座山も手にとるように見える。奥秩父の山々、南アルプス、八ヶ岳、浅間連峰とそれぞれの方向に展望を楽しむことができる。

尾根の北斜面にはシャクナゲの森があり、見上げるほどの大木となっていて、六月に花が咲く。南斜面は急崖を造って千曲川に下っているが、標高一三〇〇m台に平坦地があり、その中央西原台に大《おお》深山《みやま》遺跡がある。「長野県自然環境保全地域」指定の山である。

登路　村境の馬越峠から尾根沿いの道、川上村大深山遺跡から登る道、また、南相木村立原高原から稜線へ二つの登山道がある(いずれも約一時間三〇分)。なお、天狗山から男山への稜線の所要時間は約二時間である。

地図　二・五万図　御所平

(堀　邦昌・古幡開太郎)

男山　おとこやま

標高　一八五一m

長野・群馬・埼玉の三県の境界にある三国山(一八三四m)から西に派生している尾根の西端に位置し、長野県南佐久郡南牧村《みなみまき》と川上村の境にある。千曲川は川上村を西に流れ下り、この山の直下で北に向きを変える。対岸には、女山(一七三四m)がある。

八ヶ岳東面のなだらかな裾野を野辺山高原というが、その高原のどこからでもピラミッド型の男山の岩峰を指呼できる。侵食に耐えた灰白色の岩峰は、秩父古生層の非常に硬い砂岩層からできており、急峻な山容を形成している。

山頂には三角点があり、八ヶ岳およびその裾野の眺望に好適である。また、南に信州峠や瑞牆《みずがき》山の岩峰、金峰《きんぷ》山の五丈岩を肉眼で確認することができる。東方に尾根沿いの天狗山や御座《おぐら》山、北には茂《も》来《らい》山など佐久地方の山並み、また、佐久平を隔てて浅間連峰を望む。

登路 大蔵峠から川上村へ下った所に登山口がある。男山東方から南西に延びる尾根を越え、緩やかな林道を北東に向かう。作業道終点から山頂までは急坂である(約二時間三〇分)。また、南牧村川平集落より大蔵峠に至る途中から、村境に沿って尾根づたいに登ることができる(約二時間三〇分)。

地図 二・五万図 御所平

(堀 邦昌・古幡開太郎)

五郎山 ごろうやま

標高 二一三二m

長野県南佐久郡川上村の東部、千曲川の源流付近にある。山頂周辺にはいくつかの岩峰が目立ち、岩がゴロゴロしているから「ごろ山」と名付けられたという。

近くを十文字峠(二〇一〇m)越えの武州道と呼ばれる古い街道が通っており、この街道は川上村から秩父の三峰神社への参詣にも利用されていた。路傍には一町ごとに、石造りの観音像や馬頭観音像が置かれていた。山頂からの展望は、甲武信ヶ岳から金峰山まで、さらには南アルプスなどを望むことができる。

登路 これまであまり登山の対象とはなっていなかった模様で、登る人は多くはないが、自然休暇村から登るルートには標識もあり、途中には幻の滝と称される見事な滝もある。

休暇村からは二時間三〇分程で山頂に着く。川上村梓山から十文字峠への道を辿り、途中、戦場ヶ原から登るルートもある。戦場ヶ原から山頂までは約二時間三〇分である。

地図 二・五万図 居倉

(山浦源太郎)

十文字山 じゅうもんじやま

標高 二〇七二m

武信国境上、埼玉県秩父市大滝と長野県南佐久郡川上村との境をなす。山頂の展望はなく、一帯は奥秩父特有の苔むした原生林の只中にある。原全教『奥秩父』続編「中津川の山と谷」の項中に「中津川水源の最高峰ともいうべき」とあり、秩父側大滝村の栃本では「コクシ」と称するようだ、とある。

山頂から国境尾根(三国尾根ともいう)を北へ辿ると、車道が越す鞍部(新三国峠)を経て武州、信州を分ける三国山(中津川側では松尾坂ノ頭、梓山では二本木ノ頭、浜平側では小三国ともいう)、三国峠へとつづく。一方、十文字山から南に一〇分余下れば、大島亮吉らのエッセイでも知られる十文字峠がある。さらに武信国境尾根は、大山、武信白岩山、三宝山を連ね、甲武信ヶ岳で奥秩父主脈稜線に突き当たる。

十文字峠道は、秩父側の栃本から白泰《はくたい》山(一七九四m)を経て入川《いりかわ》左岸につづく長大な尾根を辿り、信州側の梓山を結ぶ。その歴史は、信州和田峠付近の黒曜石が、峠を越えて秩父に運ばれた古代に遡る。信州と秩父、さらに江戸を結ぶ最短路として、江戸時代には中山道や甲州街道の裏往還として重宝された。生活物資や信州馬なども越えたほか、秩父側から善光寺参り、信州側から三峰山詣でや札所巡りなど、信仰の道としても栄えた。栃本～梓山の六里六丁には、幕末期建立の里程観音が秩父側に四体、信州側に二体置かれている。

なお「十文字」について、原全教は「同名の二、三の地点から類推」として、呼んで字のごとく四辻をなすが故の名ではないかと述べている。峠上に建つ十文字小屋は、元埼玉県側の四里観音のそばにあったものを、埼玉県国民体育大会の一九六七年に移したもの。

十文字山(左)と三宝山(右)（慶岩付近から）

十文字峠周辺は「乙女の森」をはじめ、アズマシャクナゲの群生で知られる。このほか十文字山のわずか北にある一九二二m標高点付近もシャクナゲが多い。ここから五里観音付近へと森林管理の巡視路が下っており、柔らかな道の感触から「ふわふわ新道」とも名付けられている。

登路　埼玉県側から十文字峠へ登るには、栃本関所から十文字峠道を約六時間三〇分、入川谷沿いに柳小屋を経て股ノ沢林道を約八時間三〇分。長野県側の毛木平《もうきだいら》から約二時間。峠から十文字山へは約一五分の登り。新三国峠から十文字山は、悪石《あくいし》、梓白岩を経て約三時間三〇分。

地図　二・五万図　居倉　中津峡

（平田謙一・富樫信樹）

三宝山　さんぽうざん

標高　二四八四m

別称　眞澤山《しんのさわ》

埼玉県秩父市大滝と長野県南佐久郡川上村の境にある。奥秩父主脈のほぼ中心に位置する甲武信ヶ岳は、武信国境をなす大支脈を北へ張り出している。その甲武信ヶ岳から北へ約一kmの距離に三宝山はある。

東に荒川源流域、西に千曲川・信濃川源流域を抱く。近接する甲武信ヶ岳の存在があまりに大きい故に、やや印象希薄の不遇な山といえるが、「厖大な山体と穏和な山相は、洵に武蔵の主峰にふさわしい」と原全教も賛辞するように、標高もわずかに甲武信ヶ岳を上回って埼玉県の最高峰をなし、甲武信ヶ岳にはない三角点も与えられている。なお、他県と山頂を共有しない純然たる埼玉県内最高峰は、和名倉山(白石山)となる。

『武蔵通志(山岳篇)』に「高一萬尺西は信濃南佐久郡梓山村に至る」と記されている眞澤山もまた三宝山を指している。『甲斐の山旅・甲州百山』の「甲武信岳」の項で山村正光は、三宝は本来、「三峰」、「三方」であろうといい、これを嘉名に替えて「三宝山」と呼ぶようになったのではないか、とも推測している。

山頂はわりに広く平らで日当たりもよいが、周囲はツガやハクサンシャクナゲが繁茂し、樹林越しに甲武信ヶ岳をわずかに望む以外、視界は閉ざされている。展望に関しては、山頂南面に突出する露岩、三宝岩の頂に譲っている。

登路 十文字峠から大山(二二二五m)、武信白岩山(二二七〇m)を経て尻岩の鞍部に達し、三宝山北斜面の長い登りとなる。奥秩父の真骨頂たる苔むした深い針葉樹林に覆われて味わい深い(十文字峠から所要約三時間。峠までは「十文字山」の項参照)。甲武信ヶ岳からは約四〇分。甲武信小屋からは、甲武信ヶ岳山頂を経ずに北東面の巻き道経由でも達することができる。

一般登山道とはいいがたいが、荒川源流・真ノ沢林道を辿って甲武信ヶ岳との鞍部に出れば、北へわずかで三宝山の山頂である。

地図 二・五万図 金峰山

(平田謙一・富樫信樹)

和名倉山 わなぐらやま

標高 二〇三六m

別称 白石山《しろいしやま》

和名倉山(霧藻ヶ峰から)

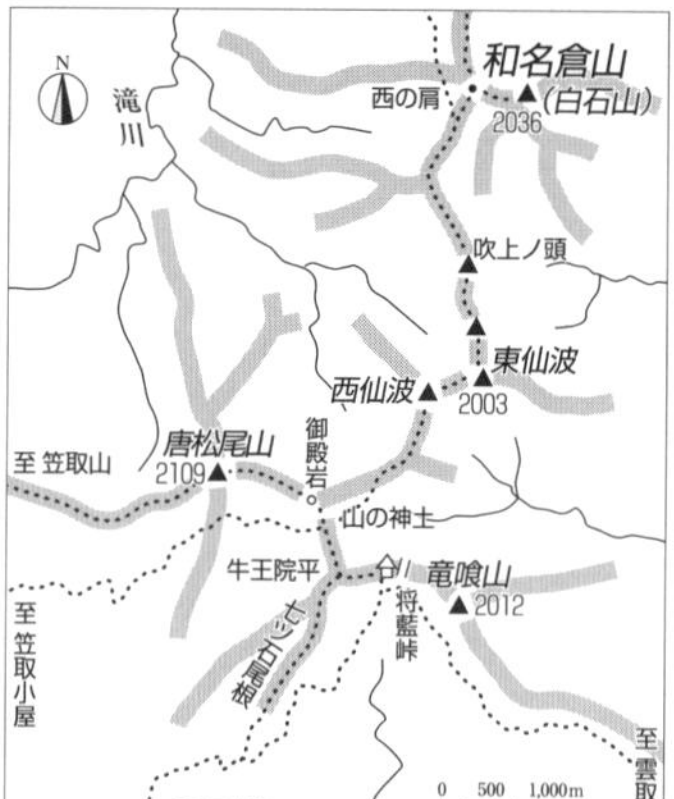

埼玉県秩父市大滝にある。奥秩父主脈上、多摩川源流域の最高峰・唐松尾山の東に位置する御殿岩から標高二〇〇〇m前後を保って北に派生する巨大な尾根の突端部にある。東に大洞《おおぼら》川、西に滝川という荒川源流を代表する二つのV字谷に挟まれ、周囲からは悠揚たる山容で望見される。埼玉県最高峰には長野県と頂を共有する三宝山があるものの、この和名倉山は純然たる県内最高峰として知られ、地質的には中生代大滝層群のチャートや砂岩、頁岩《けつがん》などからなっている。

山名の和名倉は秩父側の呼称で、地形図にある「白石」は甲州側の称。木暮理太郎は『山の憶ひ出』下巻の「秩父の奥山」で「白石神社の在る白石山や、又は白岩山などと紛れ易い。宜しく秩父は勿論甲州でも通用する広い名称の和名倉山に改むべきである」と述べ、「頂上付近には白い岩があるのだそうである」とも書いている。その白石は東仙波《ひがしせんば》の北東側斜面、芋ノ窪水源付近にあるようだ。

奥秩父の幽寂郷と謳われ、秘峰とも形容された好事家向きのこの山も、いまでは多くの登山者を迎えるに至り、登山道もほぼ明瞭。また、大洞川支流・和名倉沢や市ノ沢、滝川支流・金山沢をはじめ、周辺には遡行対象となる沢も多い。かつて和名倉山への尾根路は、奥秩父らしい深い原生林に覆われていたが、一九五七年ごろから一九六五年ごろまで行われた大規模な伐採により無残な坊主山にされてしまった。加えて、その後大規模な森林火災にも見舞われ、和名倉山東方、および東仙波の東側斜面を広範囲にわたり焼いてしまった。奥秩父主脈縦走路の山の神土《かんど》から和名倉山へは、現在もスズタケの原に低灌木が覆う見晴らしのよい尾根が主体で、針葉樹とカンバ類など広葉樹の混交林も残っている。

現在、登山道でもある甲州側一之瀬から将監峠~和名倉山を経て秩父側麻生を結ぶ道は、荒川源流域での金鉱採掘に力を入れた甲斐武田氏の時代から知られた間道である。現在の将監峠は、わずか下方に将監小屋が建ったためか、秩父市大滝、山梨県甲州市、北都留郡丹波山村の境界をなす鞍部を指すが、ここは古くから「井戸沢のタル」と呼ばれる。本を正せば、山の神土から牛王院平《ごおういんだいら》(護王院、御王院とも)にかけての一帯を将監峠と呼んでいたと思われ、牛王院平から南の三ノ瀬に下る七ツ石尾根こそが将監峠越えの旧道であった。牛王院平には、武田金にまつわる寺院があったといわれ、付近には牛蒡金採掘跡の竪坑が散在し、採金用の石臼も見つかっている。「将監」の名については、原全教は『奥秩父』正編に「丹波の守岡家の祖である芦沢将監と云う人が奥センバ(中略)に小屋がけして、飯櫃を作っていた」という伝聞も紹介している。

現在は稜線づたいに越える西仙波、東仙波(二〇〇三m)だが、古くは南面~東面には巻き道もあって、東仙波からは大洞林道支線が大洞川流域の惣小屋へ、仙波のタルからは滝川林道槇ノ沢線が滝川流域の釣橋小屋へと越えていた。「仙波のタル」とは秩父側の呼称だが、甲州側の呼称に盗伐木《とうばつぎ》ともあり、また、この地を将監峠と呼ぶ人もいた。西仙波は、古くは甲州側の呼称で前仙波と呼び、東仙波には甲武ともに奥仙波、仙波山(仙波の頭)の呼称がある。さらに東仙波の東、一九六〇m圏内の峰にも前仙波の名がある。いずれにせよ、古くから付近一帯を「仙波」と呼んだらしい。西仙波・東仙波の呼称は、混乱を避けるために田島勝太郎が提唱したもの。なお、大洞林道支線に対して、大洞川から飛竜山北面を巻いて牛王院平に通じる大洞林道本線が存在した。

登路　山梨県側の甲州市三之瀬が一般的な登山起点。牛王院平下を経て奥秩父主稜線上の将監峠(または七ツ石尾根を牛王院平)へと上がり、主稜線をわずかに西進した山の神土から御殿岩の北東斜面を巻いて和名倉山へとつづく尾根上へ。西仙波、東仙波の二つのピークで大きくクランクを描き、カンバ類に覆われた八百平を経て山頂西の肩から東に折れる。千代蔵ノ休場《やすんば》の草原から原生林に吸い込まれると、小空間に三角点の標石が置かれた山頂がある。三之瀬から往路約五時間、復路約四時間四〇分。健脚ならば三之瀬前夜泊の日帰り往復行程。

一般的には将監小屋で一泊、翌日山頂を往復する。小屋わきに竜《りゅう》喰《ばみ》谷の水源が湧く。山頂部からは秩父湖への二瀬尾根に踏み跡がつづくが、ヤブこぎや不明瞭な箇所があり、一般向きではない。このほか、大洞林道経由で荒沢橋の先に仁田小屋沢から仁田小屋ノ頭、松葉沢ノ頭経由で仁田小屋尾根などの登路が知られている。

地図　二・五万図　雲取山　雁坂峠　（平田謙一・富樫信樹）

秩父御嶽山　ちちぶおんたけさん　標高　一〇八〇m

秩父御嶽山は三峰神社北部の山峡を蛇行する荒川上流、埼玉県秩父市大滝の普寛神社の背後に立つ峰である。

秩父市大滝と小鹿野町の境をなして、ほぼ東西に走る稜線の一角を占めるピークだが、山名は木曾御嶽山王滝口登山道を開いた普寛が落合の地に生まれたことに由来し、普寛の開山と伝えている。普寛は三峰山に修行し、江戸に出て文武両道に精進したのち再び三峰山に入山。寛政四年（一七九二）、それまで精進潔斎が厳しく一部行者だけの世界であった木曾御嶽山に入るが、尾張の覚明が黒沢口を開いたのにつづき、迫害を受けながらも王滝口から登って軽精進の一般人を登拝させることに成功した。落合の普寛神社はこの大衆登山の先駆者を神として祀り、現在も子孫の木村普侯師が伝統を受け継いでいる。

登路　普寛神社からすぐに山に取りつき、きよめの滝、行場平、夫婦岩を経て稜線に達し、御嶽大神を祀る頂に立つ。展望に恵まれた山頂からの下りは杉ノ峠を経て強石《こわいし》か、タツミチを経て、秩父鉄道終点の三峰口駅に至るのが一般的（約三時間五〇分）。

地図　二・五万図　三峰　（伊佐九三四郎・富樫信樹）

四阿屋山　あずまやさん　標高　七七一m

別称　吾妻哉山　四阿山

埼玉県秩父郡小鹿野町両神を薄川と小森川とに分ける尾根の東端にある信仰の山。かつては天狗往来の山、魔所の山として恐れられていた。小森地区の雨乞い場でもあった。絶頂の大岳には天狗社、小岳には四阿屋神社が祀られている。当社は法養寺の奥の院であったが、麓の両神神社に合祀され、現在は奥社になっている。

登路　昔は桜本から登るのが表参道、柏沢からの道が裏参道、長又からの道が中参道だった。いまは秩父鉄道三峰口駅からバスに乗り、薬師堂から登る中参道が一般的。このコース沿いに中腹まで車道が通じている。途中、フクジュソウ園地があり、早春はこれを見る人でにぎわう。奥社を過ぎると山頂は近い（薬師堂から約一時間三〇分）。

地図　二・五万図　三峰　長又　（飯野頼治・富樫信樹）

鐘撞堂山　かねつきどうやま　標高　三三〇m

児玉丘陵などとも呼ばれる不動山、陣見山につづく山稜の東端、秩父路の入り口をなす埼玉県大里郡寄居町の荒川左岸にある低山。山頂部北東側に深谷市の境界が迫るものの、三角点の置かれた山頂は大里郡寄居町管内。南側眼下、荒川右岸の丘陵上には天然の要害として名城の誉れ高い武州鉢形城跡を俯瞰するが、ここ鐘撞堂山は平山城である鉢形城の物見山であり、事あらば鐘を撞いて急を知らせた所である。それだけに東に関東平野、南に外秩父の山並みと、広い眺望が得られる。なお鉢形城は、文明八年（一四七六）に関東管領山内家の長尾景春が築いたとされ、その後北条氏邦が改修、天正一八年（一五九〇）の落城まで北関東の守りの拠点としてその任を担っていた。

登路　JR八高線・東武東上線・秩父鉄道寄居駅から大正池先の登山口へ至り、馬騎《まき》ノ内を経て雑木の尾根を北上して山頂へ（約一時間一〇分）。山頂からは羅漢山（花園山、城山とも）を経て寄居駅へと周遊するか、秩父鉄道波久礼《はぐれ》駅へ出るコースが分かれている。鐘撞堂山～羅漢山～寄居駅で約三時間。羅漢山から少林寺への途上には、五百羅漢五一〇体と千体荒神の板碑が並び、その数と保存において関東一といわれている。

地図　二・五万図　寄居

（平田謙一・富樫信樹）

陣見山　じんみやま

標高　五三一m

荒川の北岸に小高い峰をもたげ、埼玉県秩父郡長瀞《ながとろ》町と本庄市児玉町、児玉郡美里町との町境に位置する。

戦国時代、豊臣勢の浅野長吉などが八幡山城や鉢形城を攻め込む際、山上に陣を張って城中を監視したところからこの山名が付いたという。現在は山頂近くを陣見山林道が通り、山頂にはテレビ中継アンテナが建っている。

登路　林道をできるだけさけて登ることのできるのが秩父鉄道波《は》久礼《ぐれ》駅を起点に虎ヶ岡城跡、大槻峠を経て山頂に達するコース（約二時間）。その際の下山路は西の山稜から秩父鉄道樋口駅へとる（約一時間三〇分）。

地図　二・五万図　寄居

（桑子　登・富樫信樹）

不動山　ふどうやま

標高　五四九m

長瀞《ながとろ》から波久礼《はぐれ》へと大きく屈曲する荒川の左岸、これを縁どるように連なる埼玉県本庄市児玉町と秩父郡長瀞町の境界尾根（俗に児玉丘陵ともいう）上にある。山頂は長瀞町の最高点である。尾根上に林道陣見山線が通されてしまった現在、登山の興味はやや薄れた感は否めないが、それだけに静かな山でもある。『新編武蔵風土記稿』秩父郡野上下郷に「不動山　村の西北にあり、登る事凡十八町嶮岨の山にて、山上に岩石立てり、此岩に不動の像あり」と記されている。山名は山頂直下に祀られている苔不動尊に由来する。元は青石採石の遺構であり、削り取った岩肌に苔が着いた様子を不動明王と見たもの。これを奥ノ院とする不動山洞昌院（長瀞七草寺の一つである萩の寺）が山麓にある。山頂からは広く北関東・西上州一帯が眺められる。古くはこの山の肩を介して秩父と児玉を結ぶ生活道路が不動峠を越えていた。榎《えのき》、間瀬《まぜ》、糠掃《ぬかばき》　出牛《じゅうし》をはじめ郡界尾根上にある近隣の峠もまた、同様の役割を担った峠路である。

登路　秩父鉄道野上駅から苔不動を経て、舗装林道が通る不動峠に上がる。北面を巻く林道と分かれ、稜線沿いに一投足で山頂(約二時間)。秩父鉄道樋口駅からは間瀬峠に上がり、稜線を西進する(約一時間四〇分)。陣見山からは榎峠、間瀬峠を経て二時間強。

(平田謙一・松本敏夫)

地図 二・五万図　鬼石

横隠山　よこがいやま

標高　五九四m

別称　神山

荒川水系と利根川(神流川《かんな》)水系を分ける山稜上、埼玉県本庄市児玉町と児玉郡神川町神泉地区の境界に位置する。地形図には山名の記載がないが児玉町の最高点。山頂部まで林道が延び、篤志家好みの山として静かなたたずまいを見せている。

山頂部には御嶽大神《おんたけおおがみ》国常立尊《くにとこたちのみこと》、武尊大権現、御嶽座王《おんたけざおう》大権現などの石碑が点在し、『武蔵通志(山岳編)』の鳳倉山の項中に「地元、太駄《おおだ》では之を神山と称す」とある。山頂は周囲の雑木に包まれ、わずかに北端の樹間に鬼石《おにし》方面が望まれる。

南東麓には江戸時代に中山道本庄と秩父を結ぶ往還の宿場町として栄えた出牛《じゅうし》がある。「出牛」の地名については、日本武尊《やまとたけるのみこと》伝説のほか、地元に住みついた隠れキリシタンによる「デウス」説が伝わっている。長らく秩父の玄関口として重要な使命を担った出牛峠だが、秩父事件の際、秩父困民党が児玉方面へ進軍した折に越えたことでもその名が知られる。

登路　東麓、小山川に沿う平沢集落からの登路が知られる。最寄りバス停から約一時間三〇分。秩父鉄道野上駅から出牛峠越えを加えれば計三時間弱。皆野町営バスで更木バス停へ、住居野峠、平沢峠から山頂に至る(約一時間三〇分)。山頂から北東に延びる尾根を沢戸へも歩かれている。

(平田謙一・松本敏夫)

地図 二・五万図　鬼石

城峯山　じょうみねさん

標高　一〇三八m

別称　石間《いさま》ヶ岳　城《じょう》山　高峯山　安房《あふさ》山

埼玉県秩父市吉田地区と秩父郡皆野町、児玉郡神川町神泉地区との境にあり、秩父盆地の北端に位置し、奥秩父や西上州の山々の展望に優れている。『新編武蔵風土記稿』の秩父郡石間村の条に「城峯山　村西北の間にあり、登ること凡一里余、此山土人城山と唱え、将門の弟御厨三郎将平の城跡なりと云」と記されている。山名は山頂付近に古城があったことによる。平将門の弟・将平の城跡という。

山頂には展望台と一等三角点がある。山頂直下には城峯神社があり、昔は修験道の道場があった。古くは城峯、武甲、日原を巡る修験の道もあったという。三峯神社や両神神社と同様に、お犬信仰があり、上州や信州にまで講があった。日照りの年には近在から雨乞いのお水を借りに来た。石間、阿熊、日野沢の集落は、皆この山から流れる水の恩恵を受けている。城峯公園から城峯山を経て門平に至る「関東ふれあいの道」が通る。

地質は古生代のチャート、輝緑凝灰岩で各種の植物が豊富。山麓にはフクジュソウの自生地、セツブンソウの群落地があり、山頂付近の岩場にはミツバツツジ、チチブドウダンツツジを見ることがで

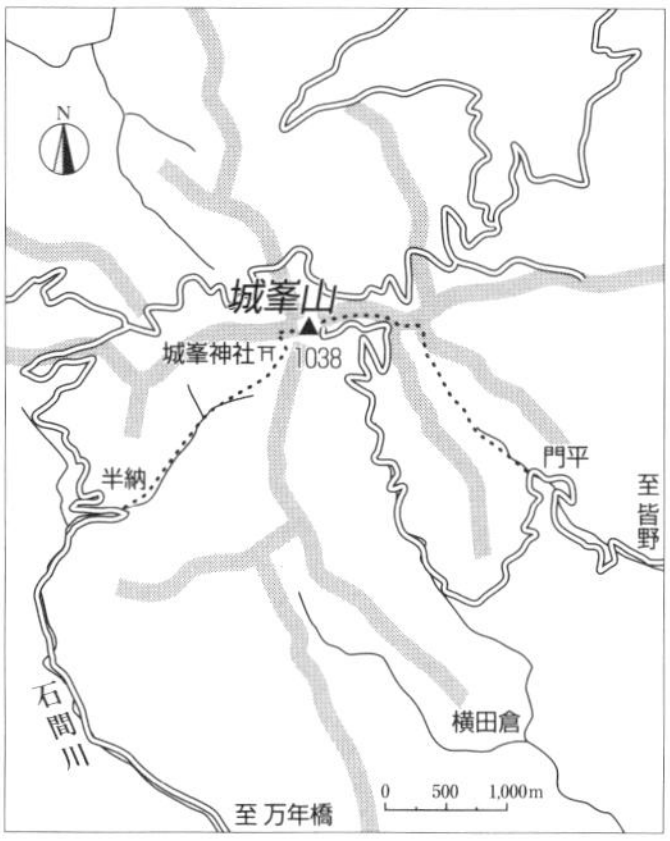

きる。天狗岩のムカデランは県指定の天然記念物になっている。城峯神社の近くには植物園がある。

登路　西武秩父駅からの西武バスを万年橋で下車。登山口までは石間川沿いの車道を進む（万年橋から約二時間）。半納《はんのう》で登山道に入り、男衾《おぶすま》神社を経てスギ林の中を登ると、城峯神社のスギ並木の参道口に到着。なお、この神社の東方、天狗岩の近くには将門隠れ岩がある。展望台のある山頂へは、神社から一五分程の急登で達する（半納から約一時間二〇分）。山頂を東へ下ればすぐ石間峠になり、阿熊と矢納とを結ぶ車道が乗っ越している。皆野町営バスで日野沢の門平バス停からも登山道が開かれている。

地図　二・五万図　鬼石

（飯野頼治・松本敏夫）

宝登山　ほどさん　標高　四九七m

別称　火止山

埼玉県秩父郡長瀞《ながとろ》町と皆野町との境にあり、国指定の天然記念物である長瀞に臨む低山。山頂部までロープウエーが架かり、登山よりも北秩父を代表する観光スポットとしてにぎわう。東麓の宝登山神社は、秩父神社、三峯神社とともに秩父三社のひとつで、山頂部に奥社を祀る。縁起によれば、第十二代景行天皇のみぎり、その皇子の日本武尊《やまとたけるのみこと》が神武天皇（神日本磐余彦命《かむやまといはれひこのみこと》）、大山祇命《おおやまつみのみこと》、火産霊《ほむすびの》神《かみ》を祀ったのが起源と伝わる。また、日本武尊が登嶺の折に猛火に襲われ、これを眷属である巨犬が消し止めたことから宝登は「火《ほ》止《と》」であるという。火災盗難除けの守護として篤い信仰を集めている。梅百花園および蠟梅園でつとに知られる山頂部からは、南面の秩父盆地を中心にすばらしい眺望が得られる。

登路　秩父鉄道長瀞駅から宝登山神社を経て表参道を約一時間三〇分。ロープウエー利用ならば長瀞駅～山頂間の歩きは計三〇分程。山頂から北西に延びる尾根を経て根古谷に通じる裏参道は、首都圏自然歩道「関東ふれあいの道」として設定されている。

地図　二・五万図　鬼石

（平田謙一・松本敏夫）

破風山　はっぷさん　標高　六二七m

別称　八峯山

皆野の市街から西方へ三・五km、埼玉県秩父郡皆野町と秩父市吉田地区の境界にある。山名はもちろん屋根の破風を思わせる山姿による。『武蔵通志』には、「破風山又は、八峯山と云」とも記されている。山頂からは秩父盆地をはじめ、東側に限る外秩父の山並みなどが一望できる。山頂のわずか西に、秩父三十四箇所観音霊場第三十三番札所・延命山菊水寺から第三十四番札所・日沢山《にったくさん》水潜寺への巡礼路を越す札立《ふだたて》峠がある。水潜寺は秩父三十四箇所および坂東、西国を合わせた日本百観音霊場の結願寺でもある。『新編武蔵風土記稿』によると、札立の名は大干魃《かんばつ》に苦しんでいると旅の僧が現れ、「澍甘露法雨」の札を立てて観音に祈るように説き、これに従うと雨を得たという伝承による。

登路　山頂への登路は五本あまり。札立峠経由は、北から水潜寺起点(山頂まで約一時間三〇分)、南は頼母《たのぶ》沢から(赤平川沿いから約二時間)の巡礼路。天狗山～大前山と尾根を辿る経路もある。北東の風戸《ふっと》入り口から山頂へ約一時間三〇分、南東側から赤平川沿いの野巻から約一時間三〇分。南側にはもう一本、桜ヶ谷集落を経て山頂部へ通じる車道経由がある。華厳の滝登山口から天狗山～札立峠～破風山～前原山～大渕登山口は「皆野アルプス」、風戸入り口から破風山～水潜寺の間は、首都圏自然歩道「関東ふれあいの道」としても設定されている。

地図　二・五万図　皆野　　　(平田謙一・松本敏夫)

釜伏山　かまぶせやま　　標高　五八二m

別称　雄釜　雌釜

埼玉県大里郡寄居町と秩父郡皆野町の町境にある。『新編武蔵風土記稿』秩父郡風布村に「釜伏峠の傍に釜を伏たる如くの山二つ相雙べり、是を釜伏山と云、秩父観音の順禮道にして、是を山通りと云」と記されている。男釜(五八二m)と女釜(五九一m)の二峰に分かれ、女釜は皆野町に、寄居町にある男釜に釜山神社の奥社がある。『武蔵通志(山岳編)』に「釜伏山、山頂に釜伏神社あり、日本武尊を祀る」とある。釜山神社は火事盗難除けとともに、農耕の神として深い信仰を集めている。山体は結晶片岩、蛇紋岩からなり、百畳敷岩からわき出す「日本水《やまとみず》」に人気がある。北側の中腹には天然記念物のゴヨウツツジの自生地がある。

登路　釜伏山へ四方から登ることができるのは、釜伏峠に道が集まっているからである。昔の旅人は、主にこの峠を越えて秩父へ出入りした。いまも三沢側に一里塚跡が三個残っている。山頂の男釜へは、車道の越す釜伏峠から釜山神社を経て約一五分の登りである。

地図　二・五万図　寄居　　　(飯野頼治・松本敏夫)

登谷山　とやさん　　標高　六六八m

埼玉県秩父郡東秩父村と皆野町にまたがる。外秩父北部、荒川右岸につづく山稜中の一峰。山体は御荷鉾《みかぶ》緑色岩類を構成する変成岩類、すなわち玄武岩質の溶岩および、その砕屑岩や斑糲岩が変質した岩石からなる。

山名は霞《かすみ》網猟の「鳥屋」から出たものであろう。日本武尊《やまとたけるのみこと》が東征の折に、夜この山に登られたので「登夜山」とするとの付会がある。マイクロウエーブ中継塔が建つ山頂は、上越、日光、秩父の山のよい展望台である。西側山腹は牧場になっており、車道が北の釜伏峠や南のグミノキ峠を越えて山稜の直下を走っている。

登路　東武東上線・JR八高線小川町駅前から打出までバス、そこから二本杉峠・皇鈴山《みすずやま》(六七九m)を経るルート(約二時間一〇分)、秩父鉄道波久礼駅から釜伏山・釜伏峠を経るルート(約四時間三〇分)がある。秩父鉄道長瀞駅から塞神峠～釜伏峠～登谷山～二本木峠に至る「関東ふれあいの道」が通る。

地図　二・五万図　安戸

(松崎中正・松本敏夫)

官ノ倉山　かんのくらやま

標高　三四四m

別称　神ノ倉山　神ノ蔵山(倉、蔵は「嵓《くら》」に由来する)

埼玉県比企郡小川町と秩父郡東秩父村にまたがる。『武蔵通志(山岳編)』には「神倉山」と記され、「木部の南にあり、南は秩父郡安戸、東は比企郡大河内村飯田に跨る。飯田にて三倉山と云ふ」とある。奥武蔵前衛、比企丘陵北西部の双耳峰。西峰の官ノ倉山直下には浅間神社の小祠が、東峰の石尊山(三四〇m)には石尊祠・阿夫利神社が祀られている。

古くは、渡辺渉園の『秩父日記』(嘉永六年・一八五三)に「かんのくら嶺」のスケッチが掲載されている。

山は南の槻《つき》川と北の兜川に挟まれ、中・古生層を構成する堆積岩類、すなわち泥質岩を主体とし、チャートや礫岩、塩基性火山岩類の岩体を含む堆積岩類からなる。ヤマツツジ、シュンランが咲く雑木の尾根筋の下部にはスギ、ヒノキの植林が広がっている。

登路　東武東上線竹沢駅から三光社・官ノ倉峠を経るルート(約一時間三〇分)と、JR八高線小川町駅から北向不動尊を経るルート(約二時間)がある。

地図　二・五万図　安戸

(松崎中正・松本敏夫)

大霧山　おおぎりやま

標高　七六七m

別称　高鳥山

笠山、堂平山と並んで比企《ひき》三山に挙げられるが、埼玉県比企郡にはなく、秩父郡東秩父村と皆野町の境に位置している。

『武蔵通志(山岳篇)』には「一名　高鳥山山頂雲霧恒に絶えず故に大霧の名あり」と山名の由来についての記述が見られる。東山麓に槻川、西山麓に三沢川が流れ、その間を南北に連なる山稜の中の一峰という立地から、この山ではとくに霧の出やすい気象条件が整っているのかもしれない。

山頂は北から南西までの眺望が開け、両神山をはじめ、秩父の山々、遠く西上州の山並みや浅間山、谷川連峰、奥日光連山などを望むことができる。山頂に近い東面一帯は秩父高原牧場になっていて、のどかな風景が広がっている。

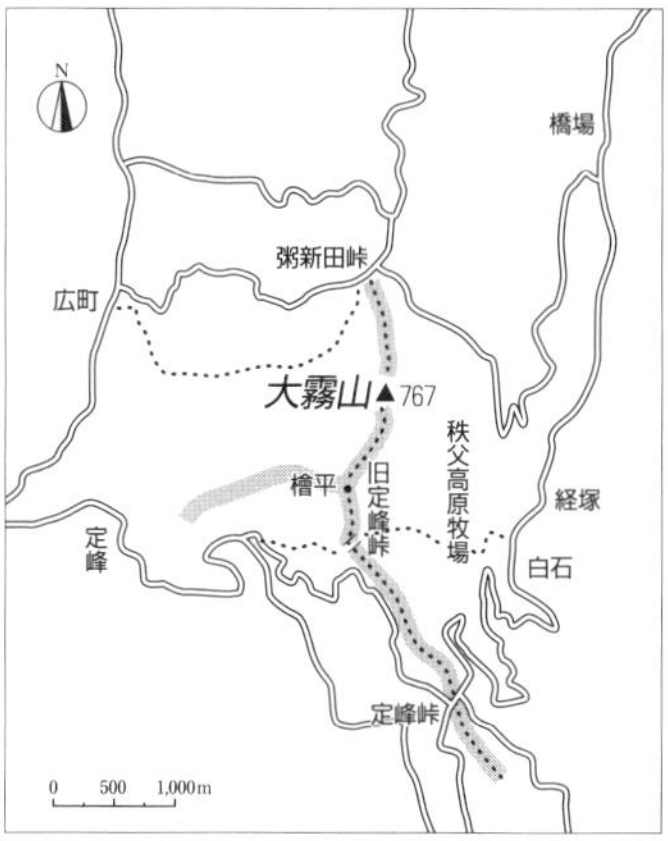

北中腹にある粥新田《かゆにた》(粥仁田)峠は、古くは日本武尊《やまとたけるのみこと》が東征の折に粥を煮た所と伝えられる。峠を越える道は、かつて小川と秩父を結ぶ要路で、小川米や小川和紙の原料となるコ

ウゾの樹皮などを積んだ馬が頻繁に往来していたという。南の旧定峰峠は東秩父郡新田《あらた》と秩父市定峰を結ぶ巡礼道であった。

登路　東秩父村側(JR八高線・東武東上線小川町駅下車)の橋場バス停から粥新田峠を経て山頂に達し、南下して定峰《さだみね》峠から白石車庫バス停へ下るコースが一般的である(約四時間)。定峰峠の手前、旧定峰峠から経塚バス停へ下るコースもあり、約四〇分で下りることができる。長瀞町の塞神峠から釜伏峠~二本木峠~粥新田峠~定峰峠~白石峠と大霧山頂を南北に「関東ふれあいの道」が通る。

地図　二・五万図　安戸

(桑子　登・松本敏夫)

二子山　ふたごやま　標高　八八三m

別称　物見平

西武秩父線芦ヶ久保駅の南一・六km、埼玉県秩父郡横瀬町にある。『新編武蔵風土記稿』の横瀬村には「二子山　武甲山の艮の方にあり、同じ峰二つ並び立てり」と特徴ある山容を記している。通常は武川岳から北に延びる尾根を蔦岩《つたいわ》山、焼山と縦走したのち(あるいはこれを逆行して)頂を踏む登山者が多い。その名のとおり南に雄岳、北に雌岳の二峰からなり、この間は直線距離でわずかに一五〇m足らずと近接している。戦国時代、西北西約二・五kmに位置する根古屋《ねこや》城の城主・北条氏邦がこの地に物見の櫓《やぐら》を置いたとも伝わり、物見平の一名がある。また古くは、秩父から二子山南肩を越えて初花へ降り、虚空蔵峠を越えて坂元へ出る峠路が通じていたともいう。わずかに高い雄岳には三角点が置かれ、秩父盆地方面の展望がある。雌岳から北西に延びる尾根上の突起は浅間山と呼ばれ、浅間神社が祀られている。

登路　西武秩父線芦ヶ久保駅から兵《ひょう》野《の》沢沿い、または浅間山を経る尾根ルートで、二子山雌岳まで約二時間。雌岳から二子山雄岳へは約五分。武川岳からの縦走は約一時間三〇分。名栗川沿いの名《な》郷《ごう》起点で武川岳~焼山~二子山~芦ヶ久保駅へは、健脚向きの定番コースとして人気がある。東麓、松枝から焼山への登路もある。

地図　二・五万図　正丸峠

(平田謙一・松本敏夫)

武甲山　ぶこうさん　標高　一二九五m

別称　秩父嶺《ね》　秩父嶽《ちちぶがたけ》　御嵩　嶽山　秩父山　蔵王山　妙見山　乳首山

埼玉県秩父市と秩父郡横瀬町にまたがり、秩父のどこからでも望むことのできる唯一の山。秩父の象徴とともに、秩父人の心の支えになっている。

山名については、日本武尊《やまとたけるのみこと》が登頂した折、武具甲冑を納めたことに由来するというのが通説である。そのほかに、武光の荘にあるので武光山、武蔵第一の山、向こう山など諸説がある。

古代より山頂に熊野・蔵王の両権現が祀られていて、里人は権現さまと呼んでいた。修験の道場として、山伏たちは春と秋に登拝が定められていた。山頂の旧社殿跡は、一九七七年から「武甲山山頂遺跡」として発掘、研究されたが、山岳祭祀遺跡の数少ない貴重な調査例である。現在は山頂には御嶽《みたけ》神社の奥社、麓の根古屋《ねこや》には里

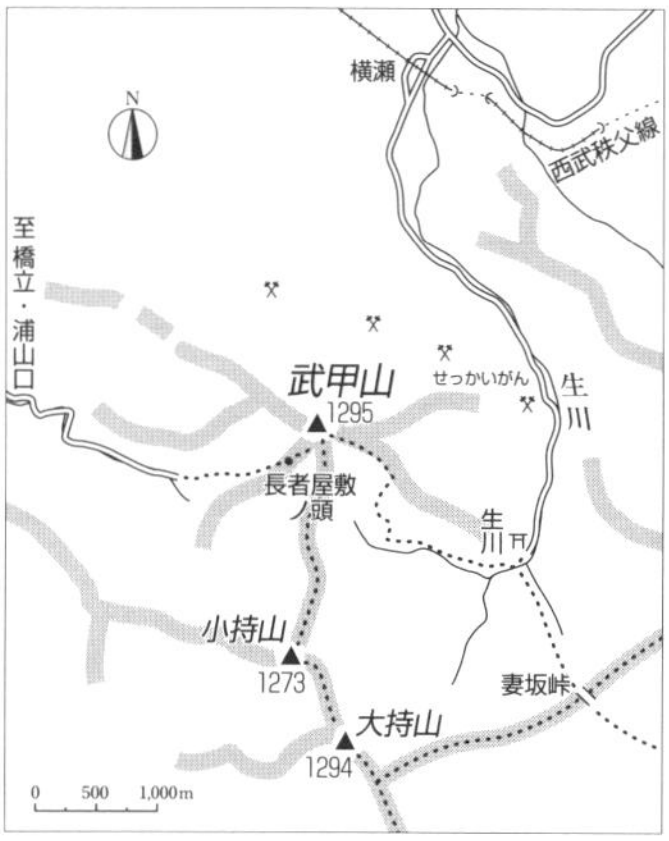

武甲山(久那方面から)

宮がある。

　山中には奇岩怪石が多く、雨乞い信仰の岩もあった。日照りがつづくと農民たちは里宮の神主とともに行列をつくり、太鼓や鉦《かね》を鳴らしながら登って雨乞い岩で祈願した。

　石灰岩の採掘は、一九一七年、石灰岩輸送の目的で秩父鉄道が影森まで延長されたのに始まる。一九二四年には秩父セメントが操業を開始。戦後の高度経済成長期には採掘が進み、一九七五年、山頂の御嶽神社を約八〇m下に移した。

　武甲山は、古生代に海底で堆積した地層が隆起してできた山で、中心は硅板岩や輝緑凝灰岩、その上を石灰岩が覆っている。各所に懸崖、洞窟、鍾乳洞などを見ることができる。

　北面の標高一〇〇〇m付近に自生する植物群落は、「武甲山石灰岩特殊植物群落」として国の天然記念物に指定されている。近年はチチブイワザクラなど絶滅に近いものが出てきた。

登路　登山道は生川《うぶ》からの表参道、浦山口から登る橋立コースなどがあり、浦山の武士平から小持山を経て登るコースもある。表参道の出発点は西武秩父線の横瀬駅。生川沿いの車道を歩くと一時間三〇分程で鳥居前に到着。対岸へ渡り、養魚場を過ぎると登山口(横瀬駅から約二時間)。ここから本格的な登りにかかる。丁石や巨杉などが参道の古い歴史を伝えている。急な階段を登って武甲山の南の肩に着く。浦山口と小持山からのコースと合流した後、わずかの直登で山頂へ(登山口から約二時間)。御嶽神社の裏手に展望台がある。眼下の採掘現場には興をそがれるが展望は良好。橋立コースは秩父鉄道浦山口駅から。左に橋立鍾乳洞の大岩壁を見て、しばらく橋立川沿いの林道を登山口まで進む。登山道に入り、急な登りで尾根に達した後、緩やかな尾根道を行き、長者屋敷ノ頭に出る。一度尾根から離れて登り、表参道と出合い山頂へ(浦山口駅から約三時間三〇分)。

地図　二・五万図　秩父

(飯野頼治・山﨑保夫)

熊倉山　くまくらやま

標高　一四二七m

　都県境をなす長沢背稜上、酉谷山《とりだに》(一七一八m)から北西に派生する埼玉県秩父市荒川と大滝の旧村界をなす尾根(俗に熊倉山稜ともいう）上にある。北麓の荒川からは距離四㎞余、標高差一〇〇〇m超で屹立し、どっしりとした山容に細かく峰頭を連ねた男性的な風貌で仰がれる。三本ある一般登山道はすべて北面からで、標高に比して手ごわい山と評される。山頂からは、わずかに開けた西方に和名倉山や三峰山を望むことができる。北面中腹の城山（六四八m）には、戦国時代、反乱を起こして秩父に落ち延びた上杉氏家臣・長尾景春が立てこもったという長倉城（日野城）跡がある。

登路　秩父鉄道武州日野駅起点が日野コース。同白久《しろく》駅から谷津川沿いに進んでいくと、林道コース、次いで城山コースの分岐がある。いずれも起点駅から山頂まで約三時間三〇分。なお、城山コースの登山口へは、白久駅～城山を結ぶ日野・白久自然研究路がある。熊倉山～西谷山間は、好事家向きのヤブ尾根として定評がある。熊倉山から西谷山へは約四時間。

（平田謙一・山﨑保夫）

地図　二・五万図　三峰　秩父

笠山　かさやま　標高　八三七m

別称　乳首山　乳房山

山頂は東峰と西峰の双耳峰をなしており、東峰は埼玉県比企郡小川町に属し、西峰は秩父郡東秩父村と小川町の境にある。東峰には笠山神社が建ち、西峰は北面が開けて見事な眺望が得られる。

木暮理太郎の著書『山の憶ひ出』下巻の冒頭を飾る「望岳都東京」は、東京から望見できる山々を多様な角度から詳述した論考で、その最初の章は「天城山より笠山まで」と題し、南限の天城山に始まって西から北へと視点を移した後、「武甲山を最後として、夫からは八、九百米の山が高原状を成して北走し、笠山に至り」と記している。『武蔵通志（山岳篇）』に「遠望する簦笠に似たり故に笠山と称す又乳首《チクビ》山と云亦形似を以て名く」とあるように、その顕著な山容は遠近の人たちの目を惹いたと思われる。大霧山、堂平山とともに比企三山に挙げられるのも首肯できる。

登路　南に連なる堂平山と合わせて歩かれることが多い。JR八高線・東武東上線小川町駅よりバス、白石車庫から七重峠まで約一時間三〇分、さらに山頂まで約三〇分。白石車庫の手前、皆谷バス停から萩平集落を経るコースは約二時間。笠山神社への表参道にあたる栗山集落からのコースは、切通しバス停を起点に山頂まで約三時間三〇分。

（桑子　登・山﨑保夫）

地図　二・五万図　安戸

堂平山　どうだいらさん　標高　八七六m

埼玉県秩父郡東秩父村と比企郡小川町、ときがわ町の境にあり、大霧山、笠山とともに「比企三山」に数えられる。『武蔵通志（山岳篇）』にもその名が見られるが、大霧山の項で、剣峯山（現在の剣ヶ峰）につづいて「東に堂平山あり高八百八十尺亦大野に界し東は比企郡大河村腰越に跨る」とのみ記述されているだけである。いまは山頂に東京天文台堂平観測所（二〇〇〇年三月に閉所、二〇〇五年四月からキャンプ場施設）の大きなドームの建つ山として知名度が高い。

登路　もっとも短時間で山頂に立つことのできるのは、ＪＲ八高線・東武東上線小川町駅よりバス、白石車庫から七重《ななえ》峠を経るコースで約二時間。七重峠からはときがわ町の西平バス停へ下る道が通じ、途中に坂東三十三箇所観音霊場第九番札所で県内最古という慈光寺がある。北に連なる笠山と結んで歩くハイカーも多い。

地図　二・五万図　安戸

（桑子　登・山崎保夫）

丸山　まるやま　標高　九六〇ｍ

別称　ブナ嶺

埼玉県秩父郡横瀬町の北東端に、その名がいかにもふさわしいおおらかな姿で聳える山。山頂一帯は県民の森として整備され、芝生広場や森林学習展示館などがあって遊歩道で結ばれている。山頂にはコンクリート製の展望台が建ち、台上に登ると奥武蔵でも随一の眺望が開ける。南西の山腹に広がる、あしがくぼ果樹公園村では初夏のイチゴに始まり、プラム、ブドウ、晩秋のリンゴまでフルーツ狩りを楽しむことができる。

登路　最短で山頂に立つことのできるのは西武秩父線芦ヶ久保駅から果樹公園村を経るコースで、約二時間。芦ヶ久保駅を起点に山頂の東側にある大野峠に出てから山頂へ行くコースもよく歩かれている。約三時間。下山路に歩かれることの多い金昌寺（新木寺）とを結ぶコースもある。山頂から金昌寺バス停まで約二時間三〇分。金昌寺は秩父三十四箇所観音霊場第四番札所の古刹で、千数百体に及ぶ石仏群が境内を埋める。

地図　二・五万図　正丸峠

（桑子　登・山崎保夫）

関八州見晴台　かんはっしゅうみはらしだい　標高　七七〇ｍ

別称　堂平山

高麗《こま》川の北を限る奥武蔵の山稜上の一角、北に埼玉県入間郡越生《おごせ》町、南に飯能《はんのう》市を分ける。奥武蔵グリーンラインの車道が稜線上を貫く現在、登山者よりもむしろドライブ客が立ち寄る展望台として名高い。その名のとおり、おおむね三六〇度の眺望がある。かつて関東鎮護の不動尊を祀った堂宇が置かれた頂は、正しくは堂平山という。また、付近を総称して関場《かんじょう》ヶ原《がっぱ》とも呼ばれた。現在、高山不動の奥の院がある。地形図で読む標高は七六〇ｍ圏内だが、現地には七七一・一ｍの案内標識が立つ。南側直下にある高山不動尊（正式には真言宗智山派高貴山常楽院）は、成田（千葉県）、高幡（東京都）と並んで関東三大不動尊に数えられる。白雉五年（六五四）の開山と伝わる奥武蔵随一の古刹で、国指定重要文化財である軍荼利《ぐんだり》明王《みょうおう》立像は行基の作。本堂は再度の火災で焼失、江戸末期に再建されたともいい、かつて龍ヶ谷川と越辺《おっぺ》川間の尾根には、表参道である高山街道（俗に四寸道ともいう）が通じていた。

登路　山麓からの代表的な登路は、高麗川に沿う西武秩父線西吾野駅から萩ノ平～高山不動を経て約二時間。東面の越生町側黒山からは、黒山三滝を経て約二時間三〇分。

地図　二・五万図　正丸峠

（平田謙一・山崎保夫）

大高取山　おおたかとりやま　　標高　三七六m

別称　神倉山

埼玉県入間郡越生《おごせ》町の市街の西部に桂木山（三七〇m）とともに小さな山塊を造っている。ヒノキやスギの覆う山頂、山麓から仰ぐ山容などに顕著な特徴はないが、周辺には古刹や名勝が点在する。行基の作という仁王門の建つ桂木観音、起源は南北朝時代まで遡るという越生梅林、行基創建と伝わる法恩寺など、見所は多い。なお、『武蔵通志（山岳篇）』に記述された高取山（要害山）は東尾根の一七〇m圏のピークである。

登路　JR八高線・東武越生線越生駅から東尾根をつめるコース（約一時間三〇分）、越生梅林わきの梅園神社から北尾根を登るコース（約一時間）、JR八高線毛呂駅または東武越生線東毛呂駅を起点にユズの里で知られる桂木集落から桂木観音を経るコース（約二時間）が主要なもの。桂木観音へは西麓の上大満バス停からも登路が通じている（約三〇分）。

地図　二・五万図　越生

（桑子　登・山﨑保夫）

越上山　おがみやま　　標高　五六六m

別称　拝み山　古諏訪山

高麗《こま》川北岸を限る奥武蔵の山稜東端にあり、北側は埼玉県飯能《はんのう》市、南側は入間郡越生《おごせ》町の境界に位置する。個性的なフォルムで稜線から突出した山頂部は、周辺からも際立って望見される。

河田羆《たけし》の『武蔵通志（山岳篇）』には、「越辺川の源なり故に越上の名あり」と記述があるが、「しかしこれは俚説であって、字づらにとらわれた附会であることは誰の目にも明らかであろう」と子息の河田楨《みき》は『武蔵野案内』の一稿で書いている。雨乞い信仰の地であることから推測して楨は、水をつかさどる闇龗《くらおかみ》か高龗《たかおかみ》を祀った「龗山」であろうと推測している。このほか諏訪明神にまつわる伝説により一名を古諏訪《ふるすわ》山とも呼ばれ、現在、越上山～顔振《かあぶり》峠間に諏訪神社が置かれている。眺めがよかったというその昔は、村人が盛んに登拝したといい、地元では「拝み山」ともいわれた。露岩を越えた先に樹林に包まれたこぢんまりとした山頂があり、三角点が置かれている。

越上山の西八〇〇mには、その昔、吾野《あがの》と越生を結ぶ要路が越えた顔振峠がある。茶屋の建ついまは奥武蔵グリーンラインのビューポイントのひとつで、日当たりのよい風影《ふかげ》の山上集落を足元に西面から南西面が大きく開けている。顔振の名の由来は、鎌倉を追われた源義経が展望のよさに顔を振り振り眺めたという俗説が広く知られ、弁慶や日本武尊《やまとたけるのみこと》にまつわる伝説も残る。『ものがたり奥武蔵』の中で神山弘は「地形から出た地名の冠峠か、被《かぶ》り峠だろう」とも推測している。古文書・古地図には、かぶり峠、かはぶり峠、面振（こーふり、かほふり）などの表記も見られる。顔振茶屋の裏手をわずかに登ると、標高五三八mの顔振峠展望台があり、新たに北面の大展望が加わる。

登路　定番は、高麗川沿いの西武池袋線吾野駅から「桃源郷のような」と比喩されるユガテの山上風景を経て、エビガ坂で稜線へ。これを西に辿って越上山山頂（約二時間三〇分）。さらに顔振峠から吾野駅に下るもの。吾野駅から越上山への逆行は、約一時間三〇分。そのほか東麓の鎌北湖や、北は黒山からも達することができる。

地図　二・五万図　越生　正丸峠　飯能　原市場

（平田謙一・山﨑保夫）

日和田山　ひわだやま

標高　三〇五m

埼玉県日高市にある低山。奥武蔵高原から東に延びる高麗《こま》川北岸の山並みが関東平野に出合う辺り、西武池袋線高麗駅の真北一・三kmにある。登山起点の高麗郷は、奈良時代、関東甲駿七箇国に住む高麗人（正しくは高句麗人）一七九九人を武蔵国に集めて高麗郡を置いたのが始まりといわれ、中心的役割を務めた高麗王・若光《じゃっこう》ゆかりの高麗神社や聖天院《しょうでんいん》が山麓に残る。

男坂をはじめ随所にチャート質の露岩を見る日和田山だが、南面中腹には男岩と女岩とでなる高距二〇～三〇mの岩塊を秘める。天覧山の岩場とともに古くからの岩登りのゲレンデとして知られ、わが国のフリークライミング勃興期（一九八〇年代初頭）に大きな役割を果たした記念碑的な岩場でもある。

男坂と女坂が合流する山頂直下には金刀比羅神社が祀られ、眼下には高麗川の蛇行でできた田園地帯・巾着田《きんちゃくだ》を俯瞰する。山頂中央には享保年間（一七一六～一七三六）の銘がある大きな宝篋印塔が建つ。北西につづく物見山（三七五m）は日高市の最高点である。

登路　西武池袋線高麗駅から山頂へ約一時間。山頂から高指《たかざす》山（高佐須山とも、三三〇m）、物見山へ向かう登山者が多い。北向地蔵の分岐を北にとれば、鎌北湖～JR八高線毛呂駅、南に下れば西武池袋線武蔵横手駅に出る。

地図　二・五万図　飯能

（平田謙一・山﨑保夫）

武川岳　たけかわだけ

標高　一〇五二m

別称　根古岳（横瀬町芦ヶ久保）ホウキ平　フウキ平（飯能市名栗）（ホウキ平、フウキ平は境木のある平らの意）

埼玉県秩父郡横瀬町と飯能市名栗地区とにまたがる、いわゆる奥武蔵の山。山名は、古くは別称のように呼ばれていたが、秩父の人・中畝徳治、清水大典らによって、武甲山の「武」と生《うぶ》川の「川」をとって武川岳とされたという。西武池袋線の前身・武蔵野電車が開通するに及んで、登山者の間に武川岳の呼称が広まった。

山体は中・古生層を構成する堆積岩からなる。

山頂から四方に延びる尾根のうち、西尾根は大持山との間に妻坂峠を置き、南尾根は途中で東に分岐するものが伊豆ヶ岳との間に山伏峠を置く。前者は鎌倉往還が、後者は秩父脇往還が越える歴史の峠である。南面の谷は名栗川の、北面のそれは横瀬川の源流となる。この辺りの山懐の谷は、たとえば白岩入のように土地の名に「入」を付けて呼ばれるものが多い。どっしりと根を張った武川岳の頂は、横瀬川支流の生川の谷を隔てて、奥武蔵の盟主・武甲山の絶好の展望台となっている。

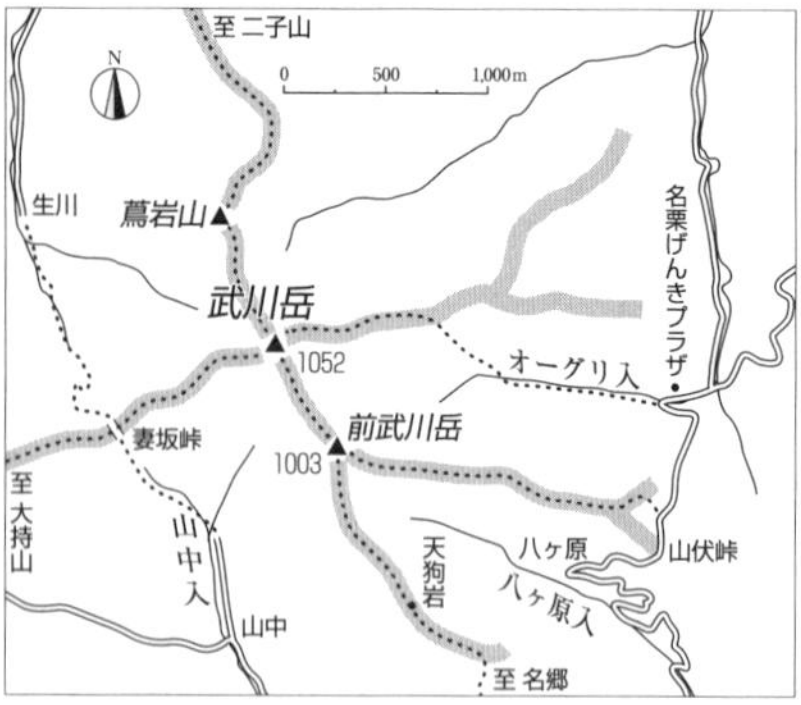

山腹はほとんどスギ、ヒノキの人工林に変わってしまったが、山中にはまだカタクリの群落が見られる所もある。山麓の横瀬町松枝、標高四八〇mのスギ林にザゼンソウの群落がある。花期は三月下旬。

登路　西武秩父線芦ヶ久保駅から二子山雄岳・蔦岩山を経るルート(約三時間三〇分)。ほかに西武池袋線飯能駅からは名郷までバスに乗り、天狗岩・前武川岳を経るルート(約二時間三〇分)と妻坂峠を経るルート(約二時間)などがある。

地図　二・五万図　正丸峠　秩父　原市場　(松崎中正・山﨑保夫)

大持山　おおもちやま　標高　一二九四m

別称　大䵩山《おおもち》(「持」は「䵩」の当て字)

埼玉県秩父市と秩父郡横瀬町の境界にあり、頂上直下の南東面は飯能市にも属する。山名の由来する䵩にはモチノキ(モチノキ科)とヤマグルマ(別名トリモチノキ、ヤマグルマ科)とがあり、ともに樹皮から鳥䵩を製する。後者が山名の由来する木であろう。

石灰岩採掘のため変容しつつある武甲山から南に延びる稜線は、シラジクボの鞍部を経て小持山、大持山の岩尾根に連なり、さらにウノタワ、鳥首峠に至る。小持山の北東中腹には持山寺(通称・阿弥陀山念仏寺)跡がある。

登路　西武池袋線飯能駅から名郷までバスに乗り、妻坂峠を経るルート(約三時間)と鳥首峠を経るルート(約三時間)の二本があり、武甲山からは尾根をつたって所要約二時間。

地図　二・五万図　秩父　(松崎中正・古川史典)

有間山　ありまやま　標高　一二一三m

別称　有馬山　タタラの頭

埼玉県秩父市と飯能市名栗地区の境にある。日向沢《ひなたざわ》ノ峰《うら》より北に分かれて武甲山を目ざす山稜上、奥多摩と奥武蔵を結ぶ位置にあり、一二一三m三角点峰を最高点に、橋小屋ノ頭(一一六三m)をはじめとする周辺一帯の総称である。なお、『新編武蔵風土記稿』にあるように、有間は「有馬」が正しい。最高点は逆川支流の小沢・タタラの入から「タタラの頭」と呼ばれる。橋小屋ノ頭、タタラの頭ともに展望に恵まれている。

東側は入間川の支流・有間川(『新編武蔵風土記稿』では有馬谷)を抱く。竜神が棲むという有馬の大淵を秘め、河又には大淵の雨乞い神事で知られる龍泉寺がある。一方、西側は荒川支流・浦山川の源流部で、越後の三面、遠州の京丸とともに、かつて日本三奇郷といわれた浦山郷となる。「深く山谷に囲まれ遠く四隣を隔てし一方口の僻地」と前掲書にあるように、独特の民俗、風習が育まれた。

登路　西武池袋線飯能駅からバスで入った名郷から蕨山〜逆川乗越を経て橋小屋ノ頭、タタラの頭へ。名郷から約二時間四〇分。名郷から鳥首峠経由で三時間強。日向沢ノ峰からは約三時間の長丁場。有間山の東側直下には山稜に沿うように広河原逆川林道が延び、秩父市側の浦山大日堂付近へ越えている（ほぼ完全舗装）。これを利用すれば、逆川乗越あるいはタタラの頭南の峠から有間山へは一投足。さらに有間峠から蕎麦粒山へ約二時間で達する。

地図　二・五万図　武蔵日原　原市場　（平田謙一・古川史典）

蕨山　わらびやま　標高　一〇四四m

埼玉県飯能《はんのう》市名栗地区の上名栗にあり、名郷《なごう》と有間山と名栗湖の三方に尾根を延ばす。とくに本谷と逆川などの水を集める有間谷に造られた名栗湖岸へ下る金比羅尾根は長く、藤棚山、大ヨケの頭、小ヨケの頭を通って金比羅山（六六〇m）へとつづいている。金比羅山の名は、その東下に金比羅神社（二〇〇〇年夏、社殿焼失）を祀ることによるが、蕨山の名は雑木林が美しい尾根で、ワラビの宝庫だったことによるものとか。

蕨山は二・五万図「原市場」に一〇四四m表記の西寄りの最高点と、名郷から登って稜線に立つ北寄りの分岐点と、現在、展望板があって眺望のよい東寄りの一〇三三m圏の三つのピークからなると考えられる（いずれも三角点はない）。竜神伝説がある河又の龍泉寺は、有間谷の雨乞い寺として知られてきた。

登路　西武池袋線飯能駅からバスで入った名郷から北面を急登し、一〇三三m圏の展望板のあるピークから金比羅尾根を名栗湖下の河又に下る（約五時間二〇分）。

地図　二・五万図　原市場　（伊佐九三四郎・古川史典）

伊豆ヶ岳　いずがたけ　標高　八五一m

別称　虚空蔵岳

最寄り駅である西武秩父線正丸《しょうまる》駅の南西一・三km、正丸峠の南一・六kmに位置し、東側に埼玉県飯能市、西側に同市名栗地区を分ける。

山容は破風形の特徴あるもので、南に隣接する古御岳《こみたけ》（八二〇m）とともに双耳峰のように望まれる。鉄道駅起点であること、山頂まで一時間三〇分程の手ごろな登高、三角点のある山頂は標高に比して展望に恵まれていることなどから非常に人気が高く、奥武蔵の盟主、象徴などとも評されてきた。

周辺域は秩父中・古生層の地層や岩石が分布し、山頂にも層状の赤色チャートが露出している。ことに山頂直下の男坂に見る大規模なチャートの露岩は有名。鎖場となった男坂の岩場の通過は、長らく伊豆ヶ岳登山の名物でもあったが、落石の危険性が増したために閉鎖され、現在の登路は岩場を巻く女坂に一本化されている。

伊豆ヶ岳といえばまず触れられるのが山名考である。突兀《とっこつ》とした山容のアイヌ語に起因しているとか、山頂にユズの木があった、あるいは付近にユズが多かった（柚子ヶ岳説）など、「イズ」の由来に関しては諸説がある。西面・湯ノ沢にわいていたという温泉に由来する湯津ヶ岳説や、山頂から伊豆の山々が見える（実際には見えない）などというものまである。これは神山弘の『ものがたり奥武蔵』や藤本一美が山頂から精緻なパノラマスケッチ（一九七七年）とともに著した「伊豆ヶ岳山名雑考」、あるいは同氏の『山岳ノート』（私家版）中の「伊豆ガ岳ノート」の論考などに詳しい。

伊豆ヶ岳山頂にはその昔、虚空蔵菩薩、大日如来、大山祇《おおやまつみ》の三体の仏像が安置されて里人には虚空蔵岳と呼ばれ、南の古（小）御岳と合わせて大山とあがめられていた。さらに子《ね》ノ権現の奥ノ院であったともいわれる信仰の山であった。

伊豆ヶ岳山頂を後に、ハイカーのほとんどは古御岳、高畑山（六九五m）、中ノ沢の頭（六二三m）と尾根路を辿って子ノ権現を目ざす。植林やアセビを主とする尾根道だが、古御岳付近のように落葉広葉樹が際立つ所もある。その途上に天目指峠《あまめざす》がある。「アマメ」とは豆柿を指すこの付近の方言で、「指」とは焼き畑のこと。鍛冶・製鉄をつかさどる天目一箇神からきているという説もある（大久根茂『秩父の峠』）。「子の聖」を祀る子ノ権現（正式名・天台宗特別寺大鱗山天龍寺）は、伊豆ヶ岳山頂から直線三・三km、標高六〇〇m超の山稜上にある。山岳信仰の霊場として栄え、徳川将軍家の帰依も篤かった。古くから火防、足腰を守る神として知られ、総門には鉄製二tの大草鞋と、下駄が寄進されている。子ノ権現の南二kmには、「竹寺」で親しまれている天台宗医王山薬寿院八王寺がある。江戸時代まで神仏習合をなし、一八六八年の神仏判然令を免れたため、いまもその遺構を見ることができる。

正丸峠　伊豆ヶ岳の北二・五km、奥武蔵の峠としてもっとも知られている正丸（小丸、庄丸とも）峠に触れておく。

秩父峠の古名もある旧正丸峠道は、西は横瀬川沿いの初花から、東は高麗川沿いの正丸を結んだ。ことに江戸時代、秩父と江戸を結ぶ最短路（秩父往還）として栄え、また、地元民の生活道としても要衝の地であった。一九三七年に峠の南約一kmの地点に車道が開通、その地点を「正丸峠」と呼ぶようになってからは、旧道の峠を旧正丸峠と呼んでいる。当時、秩父鉄道秩父駅から新峠を経て西武池袋線終点の吾野《あがの》駅を結ぶバスも運行されていた（西武鉄道の秩父乗り入れによりバス路線は廃止）。一九八二年には正丸トンネルが開通、正丸峠越えの道路は旧道になった。

登路　西武秩父線正丸駅を起点に五輪山経由の登路が一般的。伊豆ヶ岳からは古御岳、高畑山、子ノ権現へと起伏のある尾根路を辿り、高麗川に沿う芳延（吾野駅）に下る。正丸峠から約一時間三〇分で伊豆ヶ岳。吾野駅へはさらに約三時間四〇分。本コースは首都圏自然歩道「関東ふれあいの道」の「伊豆ヶ岳を越えるみち」にも設定されている。最短路は山頂西側、武川岳との鞍部を車道が越す山伏峠から約四〇分。

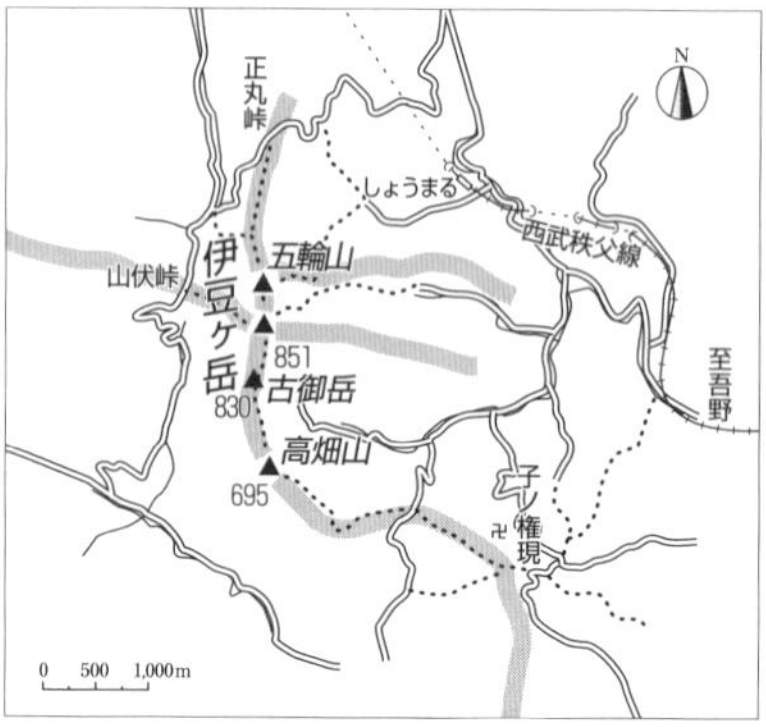

地図　二・五万図　正丸峠　原市場

（平田謙一・古川史典）

天覚山 てんかくさん

標高　四四五m

別称　高澤須山　天覚寺山

大高山 おおだかやま

標高　四九三m

埼玉県飯能市の東吾野《あがの》から吾野へ、西武池袋線南側の山地を北西に走る稜線上に天覚山と大高山がある。どちらも五〇〇mにも満たない低山だが、標高のわりにはアップダウンが激しく変化に富んだ縦走路が通じている。一帯は江戸時代から銘木西川材の産地らしく、ヒノキ、スギの見事な植林がつづくので展望には恵まれない。天覚山は四四五・四mの三角点峰で、『武蔵通志(山岳篇)』によると高《たか》澤須《さす》山とあり、さらに天覚寺山、道心者山ともいい、その昔、畠山重忠の母がここに庵を結んだと伝えられるとしている。山頂直下に両神神社を祀っていたが、現在社殿はなく、「両神神社跡」碑が立つのみである。大高山は四九三mの独立標高点で、山名そのもののように立派な山容を持っている。

登路　西武池袋線東吾野駅から天覚山に登り、大高山へ縦走して同線吾野駅に下る(約三時間四〇分)。

地図　二・五万図　飯能　原市場

(伊佐九三四郎・古川史典)

多峯主山 とうのすやま

標高　二七一m

埼玉県飯能市にある。天覧山と尾根筋で繋がる山で、この付近では一番高い。明るい山頂は展望に恵まれて、奥多摩、奥武蔵、丹沢、富士山の眺めがよい。山上には経塚供養塔、直下に領主・黒田直邦(老中、沼田藩主)の墓碑があり、その下に雨乞池がある。この山については『新編武蔵風土記稿』に載り、寛文八年(一六六八)の検地帳に「とふノす谷」「とふノスうら」などの記述があり、付近にはトウノスの類似地名がいくつかあるが、山名の由来は明らかではない。

天覧山から湿地に下りて登り返す坂は、源義経の母・常盤御前東下り伝説の見返り坂で、その墓という宝篋印塔が少し上にある。天覧山との鞍部付近に自生するハンノウザサは、牧野富太郎の命名による。

登路　天覧山から湿地または尾根筋の二ルートのほか、御嶽八幡神社からの道もある(天覧山から約一時間)。

地図　二・五万図　飯能

(伊佐九三四郎・古川史典)

天覧山 てんらんざん

標高　一九七m

別称　愛宕山　羅漢山

埼玉県飯能市内、入間川が市街地へ流れ出す渓口にある。山名は一八八三年に行われた陸軍大演習の時、明治天皇がここに立たれたことによる。それ以前の羅漢山の名は、五代将軍徳川綱吉の病気平癒祈願にまつわる山頂直下の羅漢像から、また、愛宕山の名はかつて山頂に愛宕権現を祀ったことによるという。一帯は秩父山地の東縁にあたり、秩父古生層に覆われているが、山頂付近には硬いチャートが露出してフリークライミングの小ゲレンデにもなっている。

登路　西武池袋線飯能駅の北西、山麓の名刹能仁寺門前からツツジ、カエデの中を登り、御駒繋ぎの松から二分するが、いずれも山頂に達する。武蔵野が一望で、新宿、池袋の高層ビルや富士山を望むことができる(能仁寺から約二〇分)。巾着田《きんちゃくだ》から物見山を経て鎌北湖に至る一一・三kmの奥武蔵自然歩道は、この天覧山を起点としている。

地図　二・五万図　飯能

(伊佐九三四郎・古川史典)

雲取山　くもとりやま

標高　二〇一七m

別称　雲採山　大雲取山

東京都西多摩郡奥多摩町、埼玉県秩父市大滝、山梨県北都留郡丹波山村にまたがり、西の金峰山からつづく長大な奥秩父主脈の東端に位置する最後の二〇〇〇m峰。秩父多摩甲斐国立公園のうちにあって、奥秩父の山であるとともに、多摩川に流入する後山川《うしろやま》や日原《にっぱら》川の谷を擁して奥多摩の山ともされている。かつて奥多摩研究の宮内敏雄は「奥多摩山系中唯一の一等三角点を有する巨峰、その盟主の名に背かぬ寛達なる展望、千波万波と押寄せる奥秩父連嶂を一気に踏んまえて大穹に君臨する六千六百尺の巨壘!　雲採山はありと凡ゆる賛辞をもつて謳はれていい名峰だ」とし、木暮理太郎、原全教などの先人もそろってこの山の重厚な山姿や闊達な展望を誉めたたえた。木暮は「東京方面から見た此山のくっきりした男性的の姿は、如何にも気持が好い」とも記すが、深田久弥は、こうした木暮の一文を引きつつ、この山を「日本百名山」の一山に選んだ。

『武蔵通志(山岳篇)』には大雲取山とあって、南南東に約八〇〇m離れた小峰、小雲取山に対しているが、現在は単に雲取山と呼ばれ、古くは雲採山とも書かれた表記も雲取山に定着している。そして、その雲取とは『新編武蔵風土記稿』に「たゞ雲をも手に取るばかりの山なればとてかく号せり」と説明されている。

山岳修験道隆盛の時代、妙法ヶ岳、白岩山、雲取山は三峰駆けの山伏によって開かれ、これがいまにいう三峰山の名の因となった。今日では妙法ヶ岳を奥社とする豪壮な三峯神社が北の秩父側、約一〇kmの標高約一一〇〇mの尾根上にあって、観光客や参詣者が多い。なお、かつての三峰駆けの奥社となるのは雲取山であったが、現在に至ると雲取山そのものの周辺には、そうした宗教的な遺構はなんら残されていない。

雲取山荘と雲取山頂の間には、奥秩父開拓の先駆者であり『山と溪谷』などの著書で知られる田部重治と、長く雲取山荘を守った富田治三郎の二つの顕彰碑が見られる。木暮と田部が最初にこの山に登ったのは一九〇九年五月のことであった。

山頂には、現在の国土地理院設置の一等三角点標石に並んで、一八八二年に内務省地理局が設けた「原三角測點」の標石が原形をとどめ、日本の測量史の貴重な史跡となっている。

秩父山地は秩父中・古生層や中生代の四万十層群のいろいろな岩石からなり、雲取山頂近くはチャートと玄武岩質の火山岩によって形造られている。林相は、コメツガ、トウヒ、シラビソ、オオシラビソなどのいわゆる黒木も多く、田部重治の言葉を借りれば「黒竜の尾をうつがごとき」奥秩父特有の美しさを見せ、また、日原《にっぱら》川や

雲取山（七ツ石山山頂から）

後山川流域は東京都の水源涵養林として広葉樹の原生林がよく保たれている。山頂から七ツ石山につづく石尾根には明るいカラマツ林が見られ、また、一部に草原状に開けた所があり、夏季にはヤナギラン、ギボウシなどが美しく咲いていたが、近年、そうした花の多くはシカの食害によってほとんど見られなくなってしまった。

登路　前記『武蔵通志』には「人跡殆ど絶して猟夫も至る希なりと云」とあるが、それはやや誇張に過ぎ、古来、この山域で生活の糧を得る釣人、猟師は多かった。周辺の小尾根や小谷に至るまで克明に名があるのも、長い時代にわたっていかに人が入り込んでいたかの証ともいえよう。山頂付近で縄文時代中期の打製石斧が発見された事例もあり、古くから主な尾根や谷筋には踏み跡程度の小道が付けられていたと見てよいであろう。現在の登山道の多くも、それら昔からの道をなぞるようにして付けられ、また、主な登山道は水源涵養林の巡視路を兼ねて、よく整備されている。一九二八年、山頂の北側に武州雲取小屋（現雲取山荘）が建てられたのをきっかけに、登山者は一段と多くなった。好紀行文を残している登山者には、前記の木暮、田部、深田のほかに、辻本満丸、大町桂月、小林秀雄、中西悟堂、河田楨《みき》、神谷恭《きょう》、日高信六郎などが数えられる。

普通、一泊二日で登る人がほとんどで、山小屋は山頂付近の雲取山荘、雲取奥多摩小屋、また各登山道途中には三条の湯、七ツ石小屋があり、行程に応じて宿泊する小屋を選ぶことができる。山頂の一隅には雲取山避難小屋もある。山それ自体の好さに加え、東京都の最高峰で、かつ一等三角点（補点）峰であること、さらに「日本百名山」の一山であることなどもあって、季節を問わずに登山者は多い。

秩父側は西武秩父線西武秩父駅よりバス。三峯神社から白岩山、雲取山荘経由の道（約五時間三〇分）のみに限られるが、奥多摩側の道は数多い。JR青梅線終点の奥多摩駅から多摩川に沿う青梅街道（国道四一一号）を走り、東京都から山梨県に入った鴨沢より七ツ石小屋経由（約五時間一五分）、お祭より三条ノ湯経由（約六時間三〇分）の二本が登路としてもよく利用されている。奥多摩町の日原からは日原川の上流・大雲取谷に沿う大ダワ林道があるが、土砂崩落のため平成二二年四月から全面通行止めになっている。日原林道を経て野陣尾根を富田新道で登ることができる（約六時間三〇分）。下山路としては奥多摩町氷川へ直接下る石尾根、あるいは日原川と小川谷の源頭の長沢背稜を辿って日原へ下るのも、歩きがいのある縦走コースとして人気がある。さらに石尾根の途中に結び付く道も何本かあり、それらも雲取山の登路・下山路として使われている。

地図　二・五万図　雲取山　三峰　丹波　武蔵日原

（横山厚夫・古川史典・石井秀典）

飛龍山　ひりゅうやま　標高　二〇七七m

別称　大洞山

山梨県北都留郡丹波山村と埼玉県秩父市大滝にまたがる。奥秩父主脈の東の端に近く、南東に丹波川の支流・後山川、北に荒川の支流・大洞川を発している。山頂の南西に飛龍権現の祠があり、文明年間（一四六九〜一四八六年）の創建という。明治時代の初めまで、祭りにはここから南東に延びるミサカ尾根（下部は天平《てんでえろ》尾根）を使って村人が登った。山頂の南側がわずかに開けていて大菩薩嶺や富士山を望むことができる。三角点標高は二〇六九m。シャクナゲが多い。

飛龍山の名は、山梨県側では飛龍権現にちなんだもので、大洞山は埼玉県側の大洞川による。

登路　丹波山村役場西方からサオラ峠に出てミサカ尾根を登り、前飛龍を経て山頂へ（約四時間一〇分）。後山林道は車両通行止め。林道を歩き三条の湯、北天のタルを経て山頂へ（約六時間）。埼玉県側から直接の登路はない。

地図　二・五万図　雲取山　丹波

（深沢健三・古川史典）

唐松尾山　からまつおやま　標高　二一〇九m

山梨県甲州市塩山と埼玉県秩父市大滝にまたがる。多摩川水源の最高峰。カラマツが多いのでこの名が付いた。山梨・埼玉両側とも同じ山名で呼んでいる。頂上の北側に切り開きがあり、上州方面の展望がよい。

南東に将監《しょうげん》峠がある。一帯には金山があり、武田の金山奉行・芦沢将監から付いた峠名という。峠の北面には和名倉山への分岐があり、かつては甲州から三峯神社参詣のルートになっていた。将監は北方・仙波の呼び名（東仙波の三角点名は将監）で、将監峠という地名はなかった。

登路　甲州市塩山三之瀬から将監峠へ。牛王院《ごおういん》平の北端で道は三つに分かれ、右は和名倉山（白石山、二〇三六m）、中央が唐松尾山、左が笠取山に行く。中央の道は稜線の南を巻きながら頂上に至る（三之瀬から約三時間三〇分）。埼玉県側から直接の登山道はない。

地図　二・五万図　雁坂峠

（深沢健三・高橋　努）

笠取山　かさとりやま　標高　一九五三m

山梨県甲州市塩山と埼玉県秩父市大滝にまたがる。山梨県側は東京都の水源林となっていて、この山の南面で生まれた一滴が多摩川の元となり、都民の生活を支える。埼玉県側は滝川の源流域で、荒川となっていく。

西の雁峠や南西の防火帯から見ると笠の形にそっくり。①「トリ」はなだらかさを指す「トオリ」の変化したもので、笠型のなだらかな尾根。②江戸時代に国境で会った役人が笠を取ってあいさつした。③笠が飛ばされるほど風が強い、などの諸説がある。雁峠は山梨県側はツバクロノタルと呼んでいた。原全教は『奥秩父研究』で、一九五三mは「腰袴」が正しいとしている。

山頂南面に水神社の祠がある。「ミズヒ」と呼ばれる場所で、多摩川の流れはここから始まる。ミズヒは水干、水樋の意味で、ここから先は水が干上がる、または水の口を指すという。

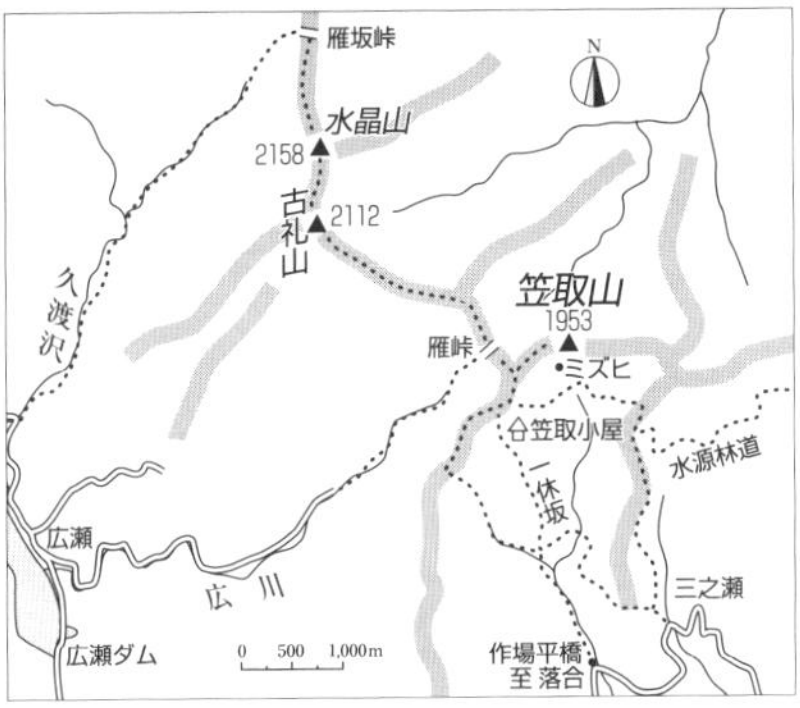

笠取山(雁峠側から)

東京都の水源林は甲州市、北都留郡丹波山村、小菅村にまたがり、約一万三〇〇〇haに及ぶ。多摩川水源域全体がこの中に入っている。明治の末までに都が購入したもので、東京市長・尾崎行雄がきっかけをつくったという。丹波山村には都の水源林管理事務所があって、山林の天然更新、針葉樹と広葉樹の混交林づくりの二本柱で水源林を管理している。遊歩道も整備し、水の大切さを知ってもらう場としてもPRしている。

山頂はアズマシャクナゲ、笠の基部にあたる草原や雁峠付近はレンゲツツジが多い。山頂の西が展望台で奥秩父主脈、大菩薩嶺などが一望できる。

登路　甲州市塩山一之瀬地区の作場平から東京都が設けた遊歩道に入る。一之瀬川本谷に沿って登り、途中から右に折れてミズナラの純林(山梨森林百選)を行く。一休坂を越え、小さな流れに沿って進むと笠取小屋に出る。この先で防火帯の中を行くと笠の姿が見えてくる。分水碑を過ぎ、最後の笠の部分は急登がつづく(林道から約二時間四〇分)。ミズヒへは笠の基部で右に行く。山梨市三富の広瀬湖近くから広川に沿って雁峠に出る登山道は約三時間一〇分。埼玉県側から直接の登路はない。

地図　二・五万図　雁坂峠　柳沢峠

(深沢健三・高橋　努)

半瀬の頭

はんぜのあたま

標高　一六八〇m

山梨県甲州市塩山に属し、国道四一一号柳沢峠の西にある。ツツジで知られる三窪高原にある山といった方が分かりやすい。三角点がある柳沢の頭（一六七一m）の北のなだらかな山で、等高線は一六八〇mまでしか記入がないが、数mは高いはず。北東にハンゼ、またはハンセイという沢がある。

三窪は、この山の周辺に三つの窪地があることから名付けられ、ヤマツツジやレンゲツツジが埋め尽くしている。柳沢峠が開かれたのは比較的新しく、一八七八年。丹波山と塩山を結んだ大菩薩峠の難路を解消するため、両側の村人が多大の資金と労力を費やして開削した。

登路　柳沢峠までは車で入る。ドライブイン北角の林道から歩き、三窪高原入り口の標識で山道へ。カラマツの植林地を行き、柳沢の頭に出たら北へ下り、草原の斜面を登れば山頂。展望はよい（柳沢峠から約四〇分）。

地図　二・五万図　柳沢峠

（深沢健三）

雁坂峠

かりさかとうげ　標高　二〇八二m

奥秩父を代表する峠。山梨県山梨市三富と埼玉県秩父市大滝の境にある。北アルプス・針ノ木峠、南アルプス・三伏峠と並び、日本三大峠の一つに挙げられている。峠と周辺は日本武尊《やまとたけるのみこと》東征伝説に彩られている。日本武尊が甲斐から武蔵に抜ける際、この峠を越えたという。峠を下った山中で道に迷った時、白いオオカミが現れて道案内し、いまの三峰山辺りで姿を消した。ミコトはここにオオカミを祀り、三峯神社となったという。その後、この峠道は秩父往還と呼ばれ、山梨・埼玉の交流路となった。「雁（カリ）」は罪人を追放した「駆る」、峠道を手入れする「刈る」など諸説がある。登路は「雁坂嶺」の項参照。

地図　二・五万図　雁坂峠

（深沢健三・高橋　努）

雁坂嶺

かりさかれい　標高　二二八九m

別称　雁坂ノ峰

山梨県山梨市三富と埼玉県秩父市大滝にまたがり、南東の鞍部は有名な雁坂峠。『甲斐国志』は「嶺」をトウゲと読ませ、「峠」の意味に使っている例が多い。現代の登山者がそのままレイと呼んで山名になったらしい。山頂の秩父側はシラベやダケカンバの高木で覆われていて展望は望めない。山梨県側は開けて展望が利き、峠周辺は草原状をなし高山植物も多い。破風山、木賊山、国師ヶ岳、金峰山とつづく奥秩父主脈、甲府盆地東部と富士山、毛無山などを見渡すことができる。

登路　山梨県側からは、国道一四〇号雁坂トンネル料金所手前の駐車場から登る。久渡沢に沿う高みの舗装道を右に巻くように進む。二つ目の大きな沢で舗装は終わり、登山道となる。広葉樹の道を抜け、峠から来る峠沢を対岸へ渡る。ここからまばらな樹林を過ぎると草原になる。夏はグンナイフウロやクガイソウが風に揺れる。ジグザグに登って峠へ（駐車場から二時間五〇分）。埼玉県側へ一五分程の場所に雁坂小屋がある。峠からは北西に背の低いササの尾根に入り、シラベやコメツガの中を行くと山頂（駐車場から三時間三〇分）。埼玉県側は国道一四〇号の豆焼橋から黒岩尾根経由で五時間、同国道の黒文字橋から岩道場、突出峠、地蔵岩を経て五時間三〇分。

地図　二・五万図　雁坂峠

（深沢健三・高橋　努）

破風山　はふさん　標高　二三一八m

別称　破不山

奥秩父のほぼ中央にあり、山梨県山梨市三富と埼玉県秩父市大滝にまたがる。東西に長い山稜の両端に東破風、西破風のピークがある。両肩をいからせている姿が屋根の破風に似ているため山名となった。国土地理院の表記は以前は「破不山」（三角点名は破不山）だった。やや標高の高い西破風は岩石に覆われ、周氷河地形という。一九一六年夏、甲武信ヶ岳を目ざした東大生ら四人が道に迷って遭難死。近代登山初期の悲劇として知られている。

登路　奥秩父縦走途中に通るのが一般的。この山だけを目ざす場合は①山梨市三富から雁坂峠、雁坂嶺経由。②三富から戸渡尾根経由。③秩父市大滝から雁坂峠経由の登山道がある（三富からはともに約七時間、秩父市大滝からは約八時間）。

地図　二・五万図　雁坂峠　金峰山

（深沢健三・高橋　努）

木賊山　とくさやま　標高　二四六九m

別称　木賊谷ノ頭、雲切山

山梨県山梨市三富と埼玉県秩父市大滝にまたがる。甲武信ヶ岳の南東にあり、北面・埼玉側に木賊谷がある。「雲切山」は長野県側の呼び名。山梨市三富の広瀬ダムからは立派な三角錐に見え、甲武信ヶ岳を隠している。山頂には三角点があるが、シラベに覆われていて展望はない。

一九四一年一〇月、東京商科大学山岳部の五人が、釜沢上部で木賊山側に迷い込んで遭難、三人が死亡している。

登路　縦走中に立ち寄るなら甲武信小屋から南東に一五分程。西沢渓谷入り口からのコースは、「甲武信ヶ岳」の項参照。

地図　二・五万図　金峰山　雁坂峠

（深沢健三）

鶏冠山　とさかやま　けいかんざん　標高　二一一五m

山梨県山梨市三富にある。木賊《とくさ》山から南に延びる尾根を鶏冠尾根と呼び、末端の岩峰群を指して鶏冠山という。

西沢渓谷入り口から怪異な全貌を見渡すことができる。連続する岩峰の姿がニワトリのトサカに似ていることからこの名が付いた。東を鶏冠谷、西を東沢の東のナメ沢が区切り、急峻な岩場を造っている。

登山口には、東沢を世に出した田部重治の碑が立つ。

武田信玄の隠し金山があったといわれ、村には鶏冠山のどこかに埋められているという「金の鳥」の伝説が残る。

登路　国道一四〇号の道の駅から西沢渓谷ハイキング・コースに入り、吊り橋を渡って東沢に下りる。鶏冠谷出合で徒渉して鶏冠山からの尾根に取りつく。「山梨百名山」に選定されてから入山者が増え、コースは以前より分かりやすくなった。しかし、岩登りの技術は必要。いくつかの岩峰を過ぎ、シャクナゲの林を過ぎると、見過ごしそうなピークになる。見通しは利かない。ここから木賊山には踏み跡がある。コース全体が難路(西沢入り口から約四時間四〇分)。

（深沢健三）

地図　二・五万図　金峰山

甲武信ヶ岳　こぶしがたけ　標高　二四七五m

別称　三国　三国山　三方山　拳ヶ岳

山梨県山梨市三富、長野県南佐久郡川上村、埼玉県秩父市大滝の三県にまたがり、信濃川、富士川、荒川の分水嶺として有名。東西に横たわる奥秩父主脈と、北の上州から南へ延びてきた山並みの結節点でもある。

古くは様々な呼び名があった。山梨側の三富地区では甲斐、武蔵、信濃の境であることから「三国《さんごく》」、大滝地区では姿が拳に似ていることから「拳《こぶし》ヶ岳」、長野県の川上村では「三方山」、遠く群馬県の西部では「三国《みくに》山」と呼んでいたという。『甲斐国志』は、「三州交界ノ処ヲ三国山ト云フ」としながらも、別の項では三国境を現在の国師ヶ岳付近に置いたり、国司岳と書いたりしていて混乱がある。『新編武蔵国風土記稿』は国師嶽、『信府統記』は大槌峠とした上で「武蔵甲斐両国ニテハ国師ヶ嶽と称フ」と書いている。

一帯を遠望すると、北の三宝山(二四八三m)、南東の木賊《とくさ》山がともに大きくどっしりと構え、甲武信ヶ岳は間に挟まれて尖ってはいるが小さなピークにすぎない。クシは「越す」から転じて小丘の意味を持つという。三宝山と木賊山の間の小丘、つまりコクシが転じてコブシになったと原全教は『奥秩父回帰』で分析している。木暮理太郎は、拳ヶ岳のコブシに初期の測量段階で甲武信の字を当てたとしている。

田部重治は『日本アルプスと秩父巡礼』で、奥秩父を渓谷と深林の美の代表格として挙げている。甲武信ヶ岳の南に降った雨は東沢、笛吹川、富士川と名を変えて駿河湾に注ぐ。北は千曲川から信濃川となって日本海へ。東の流れは真ノ沢、入川、荒川と名を変えて東京湾に入る。長野県側の源流には千曲川・信濃川水源地標、埼玉県側は甲武信小屋の東に荒川水源之碑が立つ。

東沢と真ノ沢の源流部は、飛沫を上げる滝の連続とコメツガやシラベ、オオシラビソ、シャクナゲのうっそうとした深い森に包まれている。田部は「見よ、驚くべき笛吹川の神秘。僅かに開けたと思った川の流域は、擂鉢のやうになつて、ここから見た川の上流は驚くべき奇観を呈して居る。(略)それから流れが藍のやうに凄い色に吐き出され」(「笛吹川を遡る」)と書き残している。

一帯の地質は花崗閃緑岩で、山頂は火山角礫岩、安山岩などからなっている。甲武信小屋付近はシラベ、オオシラビソの林。山頂に近づくにつれて、ダケカンバ、ナナカマド、ハクサンシャクナゲが交じる。山頂付近はヒメイワカガミ、コケモモ、ヒメシャジン、キバナノコマノツメなどが分布しているが、種類は少ない。

東を除いて展望が利く。北東から谷川岳、榛名山、浅間山、北アルプス、八ヶ岳、国師ヶ岳から金峰山の奥秩父主脈、中央アルプス、

甲武信ヶ岳（木賊山から）

南アルプス、天子山地、御坂山地と富士山など大パノラマが展開する。

登路　山梨県側は戸渡尾根に登山道がある。山梨市三富の西沢渓谷入り口が起点。左岸高みの舗装の道を行く。舗装が終わればネトリ橋の三叉路。トイレがある。未舗装の広い道を西沢方向へ少し進むと甲武信ヶ岳への登山道入り口がある。この登山道は上流でヌク沢を渡るが、増水時は通れなくなるため新しい道がこの先に付けられた。広い道を右へカーブしてヌク沢を過ぎると、西沢山荘（閉鎖中）に出る。山荘手前の右手が甲武信ヶ岳登山道入り口。樹林の広い尾根を緩やかに登るが次第に狭く急坂になる。カラマツが減りシャクナゲが目立ち始めると一八六九ｍピークに着く。ここでヌク沢からの道が右手から合流する。

　ここからはシャクナゲの密林を行く。展望のいい白いガレ場を過ぎ、シラベなどの針葉樹林帯に変わる。主稜線に出て左に登るとしばらくで木賊山の頂上。見通しは利かない。西へわずかで大きなガレの縁に出る。甲武信ヶ岳が目前にある。縁を下れば甲武信小屋。ここから山頂は一五分程の登りで着く（西沢渓谷入り口から約五時間四〇分）。

　長野県側は川上村の毛木平《もうきだいら》から歩き始める。六月ならベニバナイチヤクソウで埋まった中を行き、十文字峠への登山道と分かれ、千曲川の西沢に沿って緩い登りがつづく。水流が細くなると、暗い樹林の左岸に木製の水源地標がある。まもなく右の斜面を登るようになり主稜線へ。ここはミズシ（二三九六ｍ）と甲武信ヶ岳の中間位。東に登り切ると山頂に出る（毛木平から約四時間二〇分）。

　このほか十文字峠から約四時間二〇分、縦走路の国師ヶ岳から約五時間、雁坂峠から約五時間。

地図　二・五万図　金峰山　雁坂峠　居倉　中津峡

（深沢健三・高橋　努）

国師ヶ岳　こくしがたけ

標高　二五九二ｍ

別称　東股山

　山梨県山梨市三富と長野県南佐久郡川上村にまたがり、奥秩父の中でもっとも重量感にあふれた山容を誇っている。

『甲斐国志』は「国司」の漢字を当てているが、「国師」も含めて当て字。夢窓国師（疎石）がここで修行したからという伝説もあるが、小さな丘を意味するコクシが語源と見られる（甲武信ヶ岳の項参照）。国師ヶ岳のすぐ南には北奥千丈岳、西には前国師（二五七〇m）が小丘のように寄り添い、三峰の中央の凹地を三繋《みつなぎ》平と呼ぶ。東股山は川上側の呼び名。

北奥千丈岳の山頂には大嶽山奥ノ院があり、山岳信仰の跡をとどめている。原全教は、周辺三峰を総称して「国師ヶ岳、北奥千丈岳をコクシ頂上、あるいは大嶽山奥ノ院と呼んだらどうか」（『奥秩父回帰』）といっている。

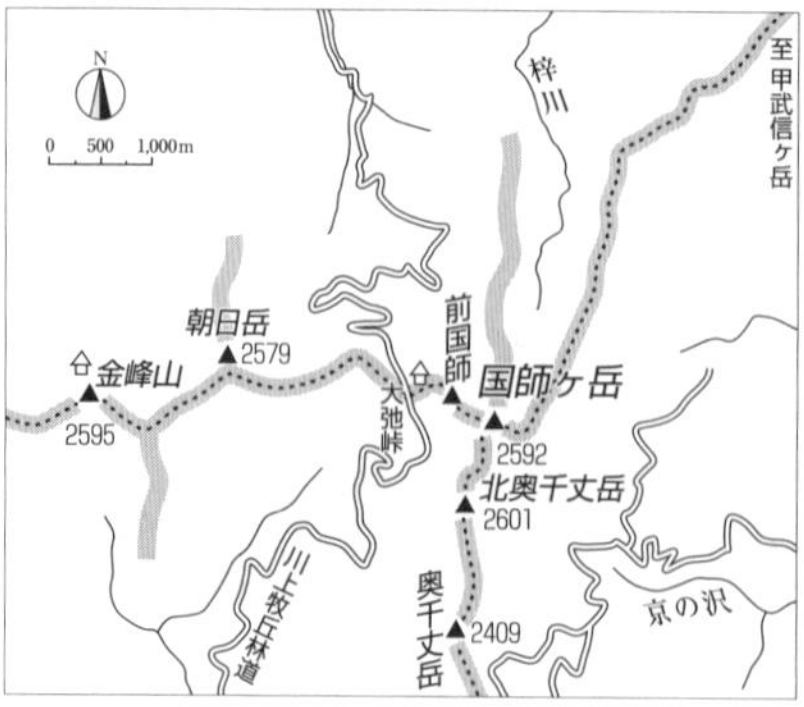

国師ヶ岳からは南に長大な尾根が延び、これを辿れば最南端は甲府市や甲斐市にまで至る。直線距離で二〇kmにも及び、荒川、琴川、鼓川、徳和川などが流れ出し、北は長野県の梓川の源頭となっている。

山頂付近はシラベ、オオシラビソの林で、前国師、北奥千丈岳にあるハイマツが、ここにはない。山頂は大岩が散在し、南東の展望がよい。京ノ沢から西沢、黒金山など尾根と沢の入り組んだ姿は、奥秩父の山深さを感じさせる。

登路　西にある大弛《おおだるみ》峠からが一般的。峠までは山梨・長野側とも車かタクシーを利用すると便利。峠の東一〇〇m程に大弛小屋がある。小屋前を通り樹林を抜けると、岩石帯にシャクナゲが密生している夢の庭園に出る。ここから東に登って前国師。下り気味に行くと窪地の三繋平。右に北奥千丈岳の道を分けて東へ行くと山頂に出る（大弛峠から約一時間）。山梨市徳和から黒金山西の大ダオを経てゴトメキ、奥千丈岳（二四〇九m）、北奥千丈岳を経る登山道もあるが約八時間二〇分かかる。縦走は金峰山から約三時間、甲武信ヶ岳から約五時間。

地図　二・五万図　金峰山

（深沢健三）

北奥千丈岳　きたおくせんじょうだけ　標高　二六〇一m

山梨県山梨市にある。奥秩父の最高峰。すぐ東に国師ヶ岳、北西に前国師（二五七〇m）があり、三つが小丘のように突き出ている。南へ五〇分程の位置に奥千丈岳（二四〇九m）があり、この山の北の意味で使われている。山頂に大嶽山奥ノ院が祀られていて、展望もよい。

登路　山梨市牧丘町と長野県南佐久郡川上村を結ぶ林道の大弛《おおだるみ》峠が起点。峠の東に大弛小屋がある。小屋の前を通り、シャクナゲと岩石帯の夢の庭園を抜け、急坂を登り切ると前国師。やや下って窪地東端から右に進むと、わずかでなだらかな山頂となる（大弛峠から約一時間）。

地図　二・五万図　金峰山

（深沢健三）

黒金山　くろがねやま

標高　二二三二m

山梨県山梨市三富にある。国師ヶ岳から南に延びる尾根は奥千丈岳（二四〇九m）南方で二つに分かれ、一つは東にカーブしていく。この最高点が黒金山。北に人気の西沢渓谷、南に知名度のある乾徳山に挟まれ、訪れる登山者は少ない。奥秩父主脈と笛吹川源流帯の展望がよい。

北側斜面に岩塊帯があり、ここにハイマツが生育している。これだけの低い場所の分布は珍しく、関東山地の南東限ともなっている。「黒」はシラベやトウヒといった黒木に覆われていることから、また「クロガネ」は鉱物を指すといわれ、西沢には鉱山があった。

登路　乾徳山から北へ約二km。乾徳山頂から一度下り、シラベなどの樹林を登る（乾徳山から約二時間二〇分）。西沢渓谷からは、ハイキング・コース最奥の七ツ釜五段ノ滝上から尾根に取りつく。シャクナゲの林が見事。牛首に出れば山頂は近い（西沢渓谷入り口から約四時間三〇分）。山梨市三富徳和から東奥山窪、大ダオを経て山頂へ約五時間二〇分のコースもあるが荒廃している。

地図　二・五万図　金峰山　川浦

（深沢健三）

乾徳山　けんとくさん

標高　二〇三一m

別称　けんとくざん

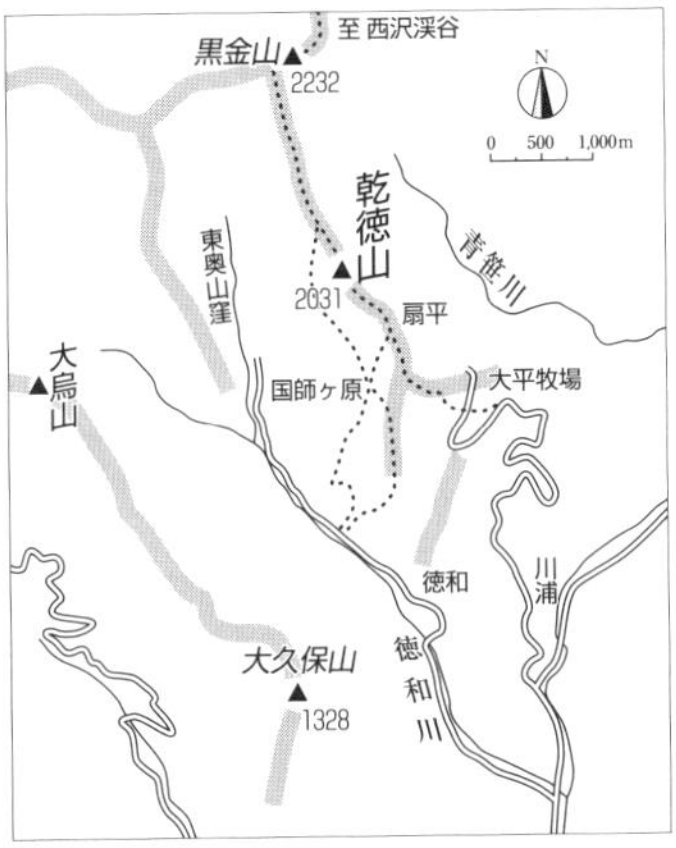

乾徳山（扇平から）

山梨県山梨市三富にある。山頂付近は変質性安山岩でできた尖った岩場になっていて、顕著な三角錐が特徴。晴れ渡った朝や夕、積み重なった岩の一つ一つを下界からもくっきりと見ることができる。

武田信玄の菩提寺・恵林寺を開いた夢窓疎石が、この岩場でひと夏修行をしたというのは有名な伝承。『甲斐国志』によると、夢窓は修行の後、笛吹川の左岸（現在の甲州市）に恵林寺を創建し、山号を乾徳山とした。「乾徳ヲ山号トナス蓋シ竜ノ乾徳ナリ柚木ノ竜山庵ニ本ヅク或ハ恵林ノ乾位ニ当リ徳和ノ域ナル故ニ乾徳ト名ヅクルトモ云フ」とある。これ以前は何らかの山名があったのだろうが、夢窓の名付けた山号からいまの山名になったと見られる。登山口の山梨市三富徳和には、乾徳山大権現の里宮、錦晶水の先・国師ヶ原に前宮がある。周辺には夢窓と「道満小僧」の伝説から付けられた道満尾根、手水水《ちょうずすい》(錦晶水)など、信仰の山をうかがわせる名残がある。

南東の中腹には大平の牧場がある。戦後まもない一九四七年三月、旧満州から引き揚げてきた二〇戸が入植。標高一三〇〇から一四〇〇mの高地で開拓の鍬を振った。三富徳和には、かつて登山者から「乾徳のおばあさん」と親しまれた坂本とよじがいた。若い時に女人禁制のこの山に登ってすばらしさに魅せられ、昭和の初めに山登旅館を開いた。昭和二〇年代の半ば、黒金山の西にある大ダオから西沢渓谷に下る登山道を開削したが、いまは廃道になっている。

山頂からは三六〇度の展望。モモの花の季節は笛吹川両岸がピンクに霞み、その上に残雪の富士山が浮かぶ。また、扇平はカヤトの原で南から西の展望がよい。

登路 三富徳和からは集落奥の林道を歩き、標識に沿って右の登山道へ。錦晶水を過ぎると国師ヶ原、さらに登り切って扇平。樹林帯に入り岩場を鎖に頼って登り、大きな岩場を越えると山頂(徳和から約三時間三〇分。大平牧場まで車で入れば約一時間三〇分)。

地図 二・五万図 川浦

(深沢健三)

小楢山 こならやま

標高 一七一三m

別称 権鉢山 古那羅山

山梨県山梨市牧丘町にある。国師ヶ岳からの長い尾根が乙女高原で東に分岐、焼山峠で南東に向きを変え笛吹川に落ち込んでいく。この尾根の最高点が小楢山。北を琴川、南を鼓川という美しい音色の川が流れる。

南東の山麓から見ると、半円形のこの山と鋭く尖った幕岩(左)が、対照的な姿で聳えている。山名にはいくつかの説がある。コナラやミズナラが多いこと、平ら・なだらかを指す「なら」から付いたという説、また、半円形の山容を、うどんをこねる大きなこね鉢(方言で「ごんばち」という)に見立てた説は、地元でいまも使われている。古那羅山は、ここで修行した夢窓疎石が名付け、恵林寺の住職が代々登るという伝統に基づいたもので、この山の整備をつづけている地元団体は、この字にこだわっている。

信仰の山で、登山道沿いには地蔵尊が点在し、このほか姫百合地蔵、薬石門、羅漢岩、錫杖ヶ原などの地名が残っている。また、焼山峠には子授け地蔵が並んでいる。なだらかな山頂には初夏にレンゲツツジやズミの花が咲き乱れ、秋にはズミが実を着ける。笛吹川や大菩薩連嶺、御坂山地、富士山が一望できる。乙女高原にはかつてスキー場があった。

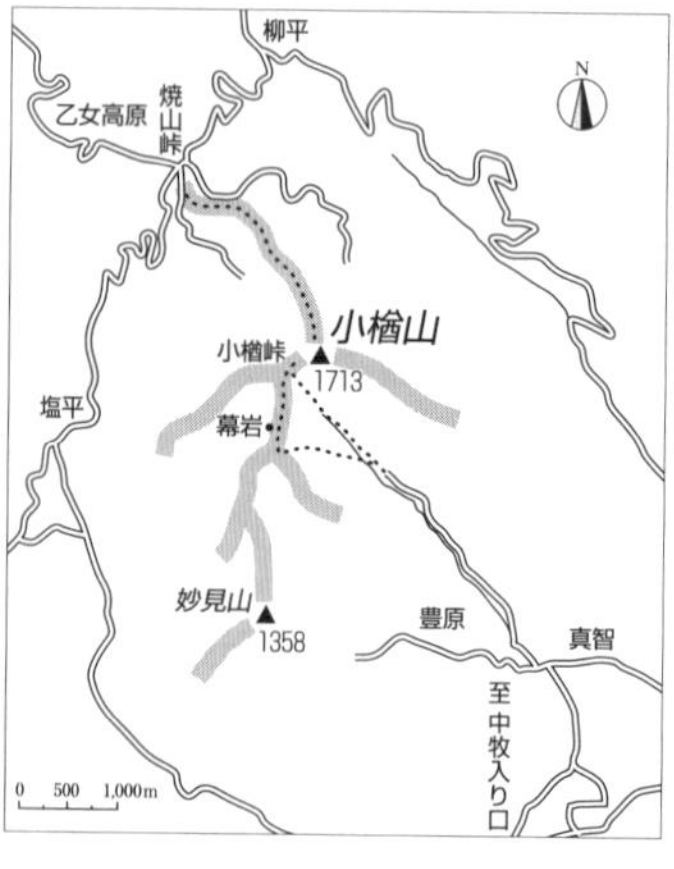

登路 山梨市牧丘町の中牧入り口から入って開山碑を過ぎ、林道終点で登山道が二つに分かれる。右が母恋し路と呼ばれ、小楢峠に直接登る。左は父恋し路で幕岩を経て小楢峠で二本が合流し、一五

分程で山頂に出る（林道終点から母恋し路が一時間四五分、父恋し路はやや険しく二時間二〇分）。焼山峠からは防火帯を登り下りしながら山頂へ（焼山峠から一時間一〇分）。

地図　二・五万図　川浦　（深沢健三）

八幡山　やわたやま　標高　一〇八八m

山梨県山梨市にある。頂稜が東西に長く、南東の笛吹川辺りから見ると左肩上がりの「へ」の字、西の切差地区から見ると鋭い三角形をしている。静かな山で訪れる人は少ない。頂稜はアカマツや雑木林に覆われて、展望は北に小楢山、国師ヶ岳などがわずかに見える。

南麓は東に向いて開けた兄川の扇状地で、八幡入り八郷と呼ばれていた。八郷（旧八村）の入会山であり、この名になった。地元では「おへえし（御林山）」ともいう。東の鞍部は西保（山梨市牧丘町）との峠道で桜峠と呼ぶ。

登路　山梨市水口の畑の中の道を登り桜峠へ。ここから西へ稜線通しに行くと西端が頂上（水口地区から約一時間三〇分）。

地図　二・五万図　塩山　（深沢健三）

帯那山　おびなやま　標高　一四二二m

山梨県甲府市と山梨市にまたがる。昭和初期の甲府市出身の登山家・細井吉造は一帯を「不遇な一角」と書き残したが、いまはハイキングの山として有名。三角点のある山頂は見通しが利かないが、東の一三七五mはアヤメ、マツムシソウ、リンドウなどが咲き乱れる草原になっていて、かつては芝スキーの山として知られた。正面に富士山を望むことができる。

三角点峰を奥帯那山、草原のピークを帯那山と分ける例もある。甲府市側の山麓に帯那地区がある。

「帯」は長いこと、「那」は「の」が転訛したもので、帯のように長い山の意。甲府盆地から見ると東西に長い山容をしている。

登路　車で甲府市と山梨市を結ぶ県道の太良ヶ峠から林道を使えば山頂まで一五分程。甲府市上帯那町から歩くと二時間程。山梨市の戸市地区から一時間三〇分程。

地図　五万図　御岳昇仙峡　二・五万図　甲府北部　（深沢健三）

棚山　たなやま　標高　一一七一m

山梨県山梨市、笛吹市と甲府市にまたがる。甲府市上積翠寺の北、山梨市との境にある太良ヶ峠から南東に延びる尾根を百合尾根と呼び、棚山はその尾根上にある。東側から見ると顕著なドーム状をしていて目立つ。

山頂はアカマツに囲まれていて展望は少ないが、木の間から南アルプスが見える。

登路　太良ヶ峠近くにあるＮＴＴの鉄塔から入る。「御料地境界点」の石標のピークから尾根沿いに進み、いったん下って、急登を登り切ると山頂（太良ヶ峠から約一時間）。山梨市のフルーツ公園上にある「ほったらかし温泉」からのコースもある（登り約二時間）。

地図 二・五万図 塩山 甲府北部

(深沢健三)

兜山 かぶとやま 標高 九一三m

山梨県笛吹市春日居町にある。『甲斐国志』に「大岩突出シテ黒《かぶ》鉄盔《とのはち》ニ似タリ山足ハ陵夷ニシテ頭鍪簾《しころ》ノ如シ」とある。大きな岩を兜の鉢、山裾を兜の鞆《しろこ》に見立てて、山名になった。山頂は木立に囲まれて展望はないが、途中の大岩から富士山が見える。

登山口の夕狩沢は、武田信玄の曾祖父・信昌が寛正六年(一四六五)、守護代・跡部景家と戦った古戦場の跡。

登路 夕狩沢は隣の山梨市との境を流れる。山裾のフルーツライン(広い農道)にある夕狩沢古戦場跡の看板から入る。沢沿いに進み花火工場の先で道路が終わり、大石の右に登山道がある(古戦場跡の看板から約一時間三〇分)。笛吹市側は、ゴルフ場の北を起点に何本もの登山道がある。山頂まで一時間から約一時間三〇分。

地図 二・五万図 塩山

(深沢健三)

要害山 ようがいざん 標高 七八〇m

山梨県甲府市にある。甲府城跡から北を見ると、くっきりとした扇状地があり、その扇の要の位置にこんもりと立っている。昔は石水寺丸山と呼ばれていた。戦国時代に武田信玄の父・信虎が城を築き、要害城と名付けたことから山名になった。

要害とは守るに堅く、攻めるに困難の意味。信虎が駿河の今川氏に甲府近郊まで攻め込まれた時、信玄がここで生まれたという。アカマツに囲まれた山頂には長方形の土塁が残り、東郷平八郎の書による「武田信玄公誕生之地」の石碑が立つ。山裾に積翠寺、南方に武田神社がある。

登路 積翠寺バス停から歩く。要害温泉裏手から遊歩道に入り、山梨県の森林百選「要害山のアカマツ」の中を登る。山頂は展望は利かない(バス停から約四〇分)。

地図 二・五万図 甲府北部

(深沢健三)

朝日岳 あさひだけ 標高 二五七九m

山梨県甲府市と長野県南佐久郡川上村にまたがる。金峰山から大弛峠の間には三つの顕著なピークがある。金峰山から東へ鉄山(二五三一m)、朝日岳、二四四七m峰の順に並び、朝日岳は金峰山から二つ目のピークになる。原全教は、『甲斐国志』や古図から鉄山と朝日岳が逆ではないかといっている。ガイドブックにある朝日峠は、山梨県側で川端下峠、川上村側で西保《にしぶ》峠と呼び、甲信交流の歴史を伝えている。朝日岳から大弛《おおだるみ》峠間の南面にはシラベの縞枯《しまが》れ現象が見られる。

登路 この山だけ目ざすなら大弛峠からが近い。峠から西へ向かう。急登で二四四七m峰を越え、下ると峠。樹林を登り返すと朝日岳山頂となる。西から南の展望が利く(大弛峠から約一時間)。縦走の場合は金峰山から約一時間。

地図 二・五万図 金峰山

(深沢健三)

金峰山　きんぷさん　　標高　二五九九m

別称　金峯山　きんぷうさん　きんぷうせん　きんぽうさん

山梨県甲府市、北杜市須玉町と長野県南佐久郡川上村にまたがる。標高は北奥千丈岳に二m譲るが、山容、品格、歴史ともに奥秩父の盟主。古くからの信仰の山で、『甲斐国志』も「本州(甲州)の北の鎮め」と位置付けている。

金峰山の名は全国に一〇以上ある。表記は金峰、金峯、読み方は、「きんぷ、きんぷう、きんぽうせん」など様々である。山頂に蔵王権現を祀り、信仰の山となっている場合が多い。奥秩父の金峰山も山頂の大岩(御像岩、五丈岩)に蔵王権現が祀られていて、『甲斐国志』は「きんぽうせん」が正しい呼び方としている。山を「せん」と読む例は関西以西に多い。奈良・吉野の金峯山《きんぷせん》寺の信仰が広がったことを示している。

吉野の金峯山寺開山は、天武天皇元年(六七二)といわれる。一千日の苦行を終えた役小角が、山を鳴動させて出現させた磐石が本尊の蔵王権現という。修験者が顕著な岩のある山を選び、その下に本尊を祀って金峰山と呼んだのもうなずける。奥秩父の金峰山開山は、『甲斐国志』は雄略天皇の一〇年(四六五)としているが、吉野の金峯山寺開山以降に信仰が全国に広がったと見られるので、平安時代以後に開山されたと見るのが妥当だろう。南北朝の動乱期に、吉野の混乱をさけて甲斐の金峰山に多くの山伏が集まったという。

江戸時代には信仰のための登山道が一〇箇所から付けられていた。山梨県側が吉沢《きっさわ》・塚原・亀沢(南口)、万力《まんりき》・西保《にしぶ》・杣口《そまぐち》(東口)、穂坂・江草・小尾《おび》(西口)の九つ、長野県側が川上の一つ。南口は昇仙峡の金桜神社で合流し荒川に沿って北上、御室から山頂を目ざした。東口は杣口の金桜神社で一本になり、六本楢を経て一度荒川に下り、御室で南口と一緒になった。西口は塩川に沿って登り、富士見平の里宮から一本になって山頂。川上口は川端下から金峰山川に沿って入った。

山頂から南に延びる八幡尾根と塩川の支流・本谷川の上流にかけては、金や水晶が採れた。戦国武田の時代には金鉱があり、金山平の地名はその名残ともいう。また、水晶は戦後まで掘られていた。

近代登山黎明期の金峰山登山者は一八八一年のアーネスト・サトウ、一八八八年の山本林五郎、一八九五年の木暮理太郎、一九〇四年のウォルター・ウェストン、一九〇六年の荻野音松らの記録がある。

山頂付近は花崗岩からできていて、奥秩父では少ないハイマツ帯が発達している。中腹はコメツガ、シラベを主とした亜高山帯の針葉樹で覆われ、御室小屋上部のネズコ(クロベ)の林はめずらしく、山梨県の森林百選に選ばれている。ハイマツ帯にはハクサンシャクナゲ、ヒメイワカガミ、コケモモ、ミネザクラ、ゴゼンタチバナ、キンプヒゴダイ、トウヤクリンドウなどが交じる。しかし、標高が低いため南アルプスや八ヶ岳のようにお花畑は発達していない。御室小屋〜山頂間は、下部がアズマシャクナゲ、上部がハクサンシャクナゲに分かれ、顕著なシャクナゲの垂直分布を示している。

ライチョウの分布域ではなかったが、一九六七年八月、南アルプス・北岳から一つがいと雛三羽を放した。しかし、一二年後の一九七九年に目撃情報とフンなどが確認されて以来、生息情報は途絶えた。外敵から身を隠すハイマツ帯や餌となる高山植物が貧弱だったことなどが原因と見られる。

奥秩父の父と呼ばれ木暮理太郎は、『山の憶ひ出』上巻の中で、この山を「世の中に男の中の男を稱へて裸百貫といふ諺があるが、金峯山も何處へ放り出しても百貫の貫禄を具へた山の中の山である」と絶賛した。金山平には木暮のレリーフがあり、秋に木暮祭が行われる。また、深田久弥も『日本百名山』で「その山容秀麗高雅な点では、やはり秩父山群の王者である」と誉めたたえている。

金峰山(川上牧丘林道から)

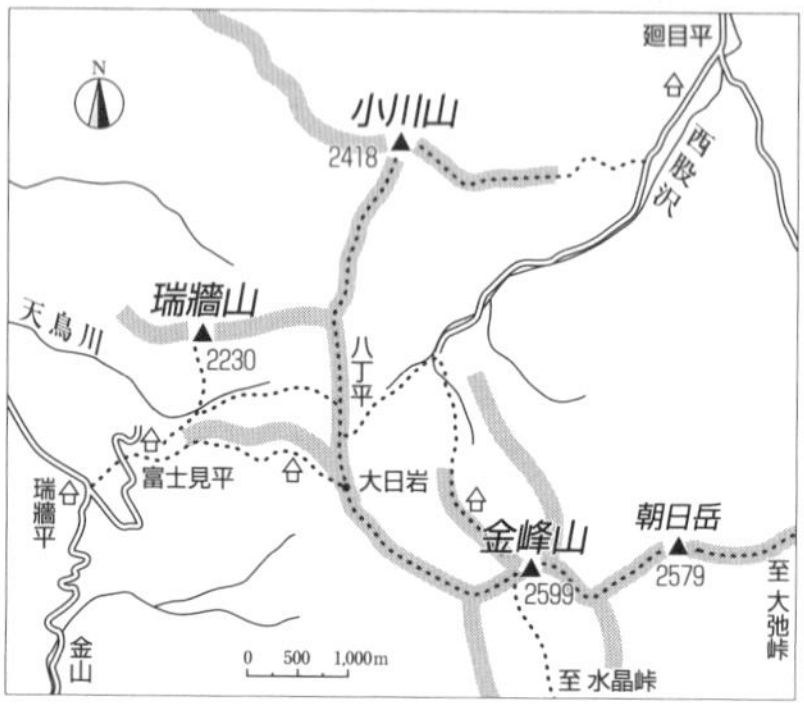

「北の鎮め」にふさわしく、山頂からの眺めは奥秩父随一。南・北アルプス、八ヶ岳、天子山地、御坂山地、富士山、奥秩父主脈、谷川連峰、妙義山、榛名山、浅間山と三六〇度の展望をほしいままにすることができる。

登路 山梨県側は、北杜市須玉町の瑞牆山荘前から富士見平、大日小屋、大日岩、千代ノ吹上を経て山頂へ(約四時間三〇分)。甲府市の上黒平から水晶峠、御室小屋(荒廃)を経て山頂へ約七時間三〇分。東の大弛《おおだるみ》峠から主脈縦走路を使えば約二時間三〇分。長野県側は川上村の川端下から廻目平を通って、金峰山川西股に沿って行き、沢の最奥部から尾根の急登、金峰山小屋を経て山頂(約三時間四〇分)。

地図 二・五万図 金峰山 瑞牆山 茅ヶ岳 川浦 (深沢健三)

瑞牆山 みずがきやま 標高 二二三〇m

別称 コブ山 コブ岩

山梨県北杜市須玉町に聳える巨大な花崗岩の山。東西に延びる奥秩父主脈から外れているが、奥深くなだらかな山容の多い奥秩父にあって、天を突く岩峰群は特異な存在として知られている。

目立つ山容でありながら『甲斐国志』では独立した山として記述されていない。塩川の項に「其ノ源ハ金峯山ノ西三奈宜《みつなぎ》(奈宜ハ方言山崩レタル処ヲ云)ニ発シ比志・小尾ノ間ヲ西流シテ」、また、矢竹山の項に「樫山浅川二村ノ間絶壁数十丈ノ処ヲ瑞籬《みずがき》山ト云」「古図ニ金峯ヲ玉塁《たまがき》トス(略) 里人コノ山ノ麓ヲ指シテ瑞塁《みずがき》ト呼ブ」と書かれている程度である。

瑞牆山（西方黒森集落から）

コブ山、コブ岩ともいう。瑞牆山の字を当てたのは第一六代山梨県知事・武田千代三郎だった。武田は古い日本山岳会員で、富士山の山小屋へ電話を導入するなど登山環境の整備にも尽くした。

岩峰群は花崗岩でできていて、一つ一つに鋸岩、大ヤスリ岩、小ヤスリ岩、小面岩、洞ノ岩、十一面岩などの名前が付けられている。また、洞ノ岩の下部には、岩壁の表面に梵字のように見える凹凸があり、「カンマンボロン」の岩と呼ばれている。空海が彫ったという伝説がある。アズマシャクナゲ、ミツバツツジなどが多い。

山頂は大きな岩が積み重なり、八ヶ岳、中央・南アルプス、茅ヶ岳、富士山、金峰山、小川山などを見渡すことができる。

登路　南麓のシラカバ林がある瑞牆山荘前から入る。広葉樹の中を登り富士見平へ。ここで金峰山への道と分かれ、富士見平小屋のわきを北へ向かう。下り気味に進み、天鳥川を渡って急登となる。シラベやコメツガ、アズマシャクナゲの中を登り切ると山頂（瑞牆平から約二時間四〇分）。

地図　二・五万図　瑞牆山

（深沢健三）

小川山　おがわやま

標高　二四一八m

別称　こがわやま

山梨県北杜市須玉町と長野県南佐久郡川上村にまたがる。金峰山の北に聳え、訪れる登山者は比較的少なく、奥秩父らしい静けさを保っている。一方、長野県側の山麓にある花崗岩の岩峰群はフリークライミングのゲレンデとして人気があり、静と動が対照的な山でもある。

北面の谷が小川と呼ばれている。川上村では「オガワヤマ」といい、北杜市須玉町小尾では「コガワヤマ」、または大双里山（現在は小川山の西方）ともいったという。

長野県側はカラマツの植林が目立つ。山梨県側は昔からの植生が残り、シラベやコメツガのうっそうとした樹林が広がり、林床は苔が覆っている。静かな山で、薄暗い林間に明るいアズマシャクナゲが印象的である。明治から大正時代にかけて奥秩父に足繁く通った田部重治、木暮理太郎、さらにこの山域に足を踏み入れること三五〇回余、入山一千日に及んだという原全教らの愛した奥秩父を彷彿《ほうふつ》とさせる。

山頂は樹林に囲まれて展望はない。西側に切り開きがあり、瑞牆山や甲信境の長い尾根を見通すことができる。

フリークライミングのゲレンデは川上村の廻目平にある。針峰群がひしめき、若い人たちは小川山といえばクライミングをイメージするほどである。それぞれには、おむすび山スラブ、お殿様岩、お姫様岩、イムジン河、リバーサイド、最高ルーフなどと現代的な名前が付いている。登攀ルートにも天まであがれ、クレイジー・ジャム、レタス畑でつかまって、コアラなどと名付けられている。谷川岳や穂高連峰の岩場に付けられた重厚で悲壮感さえある名前にくらべ、明るく楽しい。

登路　山梨県側は瑞牆山荘が起点。小屋前からシラカバなどの樹林を緩やかに登り、林道を横切って急登を過ぎると富士見平に着く。小屋に向かって左手の瑞牆山への登山道に入る（右手は金峰山へ）。針葉樹林の中を下り気味に進み、やや登り返した天鳥川手前で瑞牆への道と分かれて右に折れる。山腹を巻くようにダケカンバの多い林の中を抜けると視界が開け、小さな流れに沿うように緩やかに登ると八丁平のやや北に出る。黒木の樹林とシャクナゲの中の急登を経てなだらかな登りとなる。小さな上り下りを繰り返すが、登山道わきに展望のよい露岩が三箇所ある。金峰山が大きく見える。右から長野県側からの登山道が合流するとまもなく山頂だが、展望はよくない（瑞牆山荘から約三時間三〇分）。長野県側は廻目平キャンプ場トイレの反対側から登山道に入る。岩場を抜け、尾根を辿って左から八丁平のコースが合流するとまもなく山頂（約四時間二〇分）。

地図　二・五万図　瑞牆山　金峰山　（深沢健三）

横尾山　よこおやま　標高　一八一八m

山梨県北杜市須玉町と長野県南佐久郡川上村にまたがる。小川山から信州峠を経て八ヶ岳に向かって延びる長い尾根の西端近くにあって、南の山梨県側、北の長野県側から見ても東西に長い山容をしている。南側の谷に集まった流れは太平洋へ、北側の流れは日本海へ注ぐ。カヤトに覆われた中腹は奥秩父、南アルプス、富士山、山頂は八ヶ岳の展望台になっている。

登路　北杜市須玉町黒森と川上村御所平を繋ぐ信州峠（古くは川上峠、小尾峠）から登る。峠から西にミズナラの林を行き、急登を終えるとカヤトの原。レンゲツツジが多い。ここから一段登って岩の交じる登山道を進むと樹林の中の山頂に着く（信州峠から約一時間四〇分）。

地図　二・五万図　瑞牆山　御所平　（深沢健三）

飯盛山　めしもりやま　標高　一六四三m

長野県南佐久郡南牧村南部の独立した山である。山頂部は安山岩で構成される円錐形で、その名のとおりこんもりと飯を盛り上げたような山容をしている。

この山は八ヶ岳の全容を対斜面から見る絶好の展望所で、赤岳を中心とした八ヶ岳の東側をくまなく眺望できる場所である。また、三六〇度の展望もすばらしい。山の南斜面は牧場（平沢牧場）になっていて、灌木や茅戸《かやと》などの草地が多く、遠くからこの山を見ると赤岳のように見える。

三角点のある峰は、およそ五〇〇m北の平沢山（一六五三m）で、北西側中腹は獅子岩と平沢峠である。付近には平賀源心の胴塚、武田信玄ゆかりの「さかさ柏」などの史跡がある。山麓はJR小海線沿線で有数の観光地になってにぎわっている清里、野辺山高原である。

登路　登山道は、野辺山高原(平沢峠から約一時間)からと清里(平沢集落から約一時間三〇分)からのルートがある。

地図　二・五万図　谷戸　八ヶ岳東部

（米川正利）

笠無　かさなし

標高　一四七六m

山梨県北杜市須玉町と高根町の境にある。北の横尾山から南に延びる長い尾根は東の塩川、西の須玉川に挟まれて斑山までつづくが、その中間部分に立ち、西にやや小さな尾根を派生させる分岐点にもあたる。

『甲斐国志』には「津金山　津金ハ栂峯ナリ上下津金村ノ東北ニ在リ北ハ浅川村東ハ比志ト峯界ナリ蓋シ此ノ辺リノ一高山ニシテ山中分名多シ笠無ト称スル最モ高峯ナリ」とある。南面一帯を津金山と呼び、最高点を笠無としている。姿は笠に似ている。山頂は灌木に覆われて見通しはよくない。西の海岸寺は南北朝時代の創建といわれ、古い石仏群が残っている。

登路　海岸寺の裏手にある海岸寺峠から踏み跡を辿る。三角点のある海岸寺山を越えて急登を登り切ると山頂(海岸寺峠から約一時間)。林道比志海岸寺線の大尾根峠まで車で入れば、北上約一時間三〇分。

地図　二・五万図　谷戸

（深沢健三）

斑山　まだらやま

標高　一一一五m

別称　曼荼羅山　万鳥山　真鳥山

山梨県北杜市須玉町にある。釜無川支流の塩川とその支流・須玉川に挟まれている。粘板岩、泥岩、砂岩およびチャートなどからなる。『甲斐国志』によると、尖った山、黒い岩がまだらの模様をなしているのが山名の由来という。

「斑」を「曼荼羅」「万鳥」などに置き換えた呼び名もある。南麓に中尾城跡、山中に武田氏の金鉱跡といわれる廃鉱がある。マツタケ狩りでも有名だが、最近は荒らされているという。頂上にはアンテナ跡があり、マツや雑木で展望はよくないが、所々で八ヶ岳や南アルプスが見える。

登路　北杜市高根町箕輪から須玉川を渡って須玉町に入り、北の下津金から尾根を登るルート、南側の小倉《こごえ》から登るルートがある。里山で山菜採りが多いので、踏み跡が乱れている(いずれも一時間三〇分弱の登り)。

地図　二・五万図　若神子　谷戸

（高室陽二郎）

三峰山　みつみねさん

標高　一一〇一m

別称　横峰

埼玉県秩父市大滝の東部、荒川支流の大洞《おおぼら》川と大血《おおち》川に挟まれた山域。本来は雲取山、白岩山、妙法ヶ岳の三山を総称したもの。現在は、三山を遙拝できる峰に祀られている三峯神社の一帯をいう。縁起には日本武尊《やまとたけるのみこと》がこの山に登り、伊弉諾《いざなぎ》、伊弉冉《いざなみ》の二神を勧請、景行天皇が「三峯宮」の号を授けたという。役小角の修行、空海が十一面観音を安置、畠山重忠の社領寄進などがあり、山岳信仰の霊山として栄えた。

南北朝の動乱期には衰微したが、文亀二年(一五〇二)に道満が入山し再興を図った。別当観音院は三峯山高雲寺と称した。以来、当山は神仏習合の天台宗本山派の修験道場として、山伏たちは三山駆《が》けをした。享保五年(一七二〇)には日光《にちこう》法印が住職となり、お犬様のお札を発行して庶民の信仰を集めた。秩父観音の巡礼者も、三峰山を参拝に加えていた。

お札は野獣や害虫の被害を防ぐ農業神として、竹に挟み田畑に立てられたり、火難盗難除けの守護神として戸口に張られた。講中は関東一円から甲州、信州、東北地方にも及んだ。一般には代参講で、代表者が山犬のお札をいただき講員に配布した。これに対して江戸町人の講は物見遊山的な要素が強く、全員で登拝することが多かった。

三峰山の神領は、古くは雲取山にまで及んでいた。妙法ヶ岳に本社、白岩山に中社、雲取山に奥社が置かれていた。明暦元年(一六五五)の検地で神領は三里四方に縮小され、明治になり寺は廃され神社だけとなった。

大洞川の谷の斜面には、五〇戸余りの三峰集落がある。元は三六戸の三峯神領村で、年貢も神社に納めていた。集落では近年まで神社へ水や薪の運搬、神官たちの食べる野菜作りなどをしていた。三峰獅子舞は集落の若者たちが代々継承してきた。麓の神庭《かにわ》には裏参道から三峰山へ米や酒樽を運ぶ専門の馬方がいた。

一九三九年に大輪《おおわ》から山頂下までロープウエーを設置(現在は廃止)、一九六七年には二瀬《ふたせ》ダムから裏参道沿いに三峰観光道路が開通した。現在の交通手段は、西武秩父線西武秩父駅か秩父鉄道三峰口駅から三峯神社までのバスのみ。三峰山博物館には、修験道、三峰講、著名人の登拝資料などが展示されている。

三峰山一帯の地質は、古生層の粘板岩や砂岩である。表参道はスギとヒノキの並木、山腹はブナなどの落葉広葉樹、尾根はツガなどの針葉樹で、所々にスギやヒノキが植林されている。

登路 表参道は門前町の大輪から登竜橋を渡り、老杉の道に入る。

三峰山(三峯神社遙拝所前から)

丁石を数えつつ、十八丁目で清浄滝へ。信者たちは滝に打たれ、身を清めてから登った。ここから尾根を目ざして急登し、「施宿供養塔」の建つ薬師堂跡に着く。昔はここにお堂があって、疲れた参拝者や婦人たちを無料で泊めていた。供養塔は泊まった人が三〇〇〇人に達したのを記念して、明和九年(一七七二)に建てられた。

ここからは尾根づたいに行き、遙拝殿に登り着く。現在の奥社の祀られている妙法ヶ岳を遙拝してから、五十二丁目の随身門をくぐり本殿へ(大輪から約二時間三〇分)。三峯神社は雲取山を経て金峰山までの奥秩父縦走の玄関口にあたっている。五月三日は妙法ヶ岳の山開き、六月の第一日曜日が雲取山方面の奥秩父開山式で、本格的な夏山シーズンに入る。

地図　二・五万図　三峰　雲取山

(飯野頼治・高橋　努)

芋木ノドッケ　いもぎのどっけ

標高　一九四六m

別称　芋の木ドッケ

東京都西多摩郡奥多摩町と埼玉県秩父市大滝の境界にある。雲取山から真北に下ると雲取山荘、その先に大ダワがあって急登すると芋木ノドッケに達する。「イモギ」はコシアブラの異称で、この木が多いトッキ、トッケ(突起、尖峰)からきた山名である。

『武蔵通志(山岳篇)』はイモノキ、「多摩郡の山川」(『多摩郡村誌』)はイモギとしており、秩父地方ではイモノキというが、現在の二・五万図「雲取山」、五万図「三峰」は「芋木ノドッケ」と記載している。雲取山からの尾根はここで三分し、北に霧藻ヶ峰を経て三峯神社に通じる尾根、南東に二軒小屋尾根、東に長大な都県界尾根・長沢背稜が延びている。山頂は樹林が繁茂して眺望はない。

登路　この山のみを登る人はほとんどなく、雲取山方面から長沢背稜縦走の折の最初の山として頂を踏まれる場合が多い。雲取山荘から三峯神社へ通じる登山道を歩くと、大ダワの先にこの山へ登る、すなわち長沢背稜への分岐点がある(雲取山荘から約一時間)。

地図　二・五万図　雲取山

(伊佐九三四郎・高橋　努)

水松山　あららぎやま

標高　一六九九m

別称　水松谷ノ峰

芋木ノドッケから都県界尾根・長沢背稜上を東進し、桂谷ノ頭(秩父側呼称は石楠花ノ頭、一七〇八m)、長沢山(秩父側呼称は桶木沢ノ頭、一七三八m)を経て約四km、埼玉県秩父市大滝と東京都西多摩郡奥多摩町との境にある。日原《にっぱら》川に流れ込む孫惣《まごそ》谷の支谷・アララギ谷のつめにあたり、宮内敏雄の『奥多摩』には、「イチイ科の水松の大木を伐り出したのでこの名をえた」とある。西に約三〇〇mの峰頭(板小屋ノ頭)からは天祖山尾根が延びている。

登路　雲取山から芋木ノドッケを経て長沢背稜を約三時間三〇分。JR青梅線奥多摩駅よりバスで東日原から天祖山を経由して約五時間。東日原からの小川谷林道を経て西谷沿いの登山道は、小川谷林道が落石の危険で通行止めである。

地図　二・五万図　雲取山　武蔵日原

(平田謙一・高橋　努・石井秀典)

天祖山　てんそざん

別称　白石山　立岩山　鍋冠山

標高　一七二三m

東京都西多摩郡奥多摩町を流れる日原《にっぱら》川の上流にあり、東はその支谷・孫惣《まごそ》谷、西も支谷の長沢谷、そして、南は日原川本谷に囲まれた中央に立つ。登山者が少なく、奥多摩の秘峰といってよい。

雲取山から東へ延びる長沢背稜から南に派生する尾根の最高点にあたり、水松《あららぎ》山西肩から梯子坂ノクビレに下り、登り返した所が山頂で、天祖神社が祀られている。さらにここから南西に日原川と孫惣谷の合流点に向かって急下降する尾根を主稜としている。

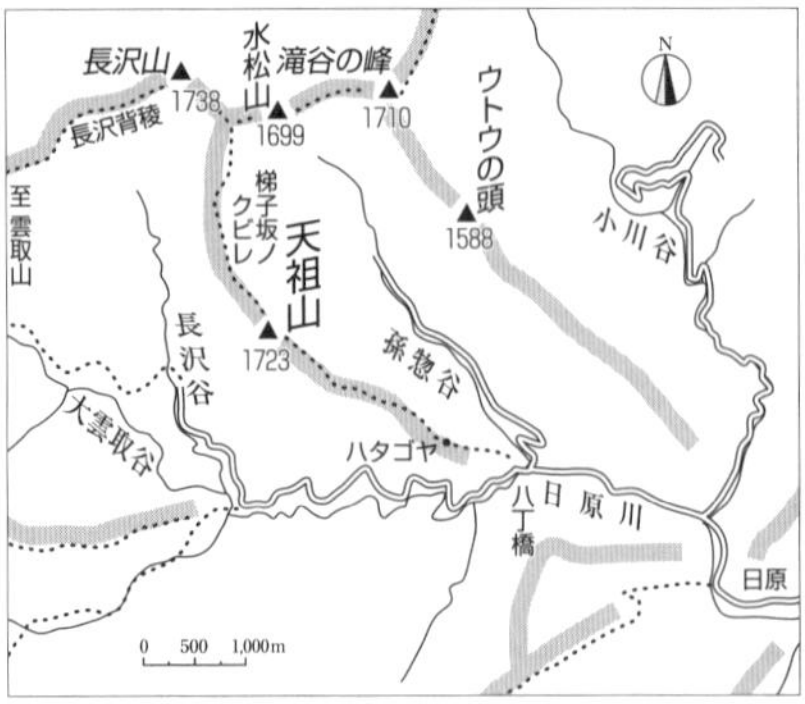

日原川流域は秩父古生層に属し、一帯は石灰岩に覆われている。その埋蔵量は数億tと推定され、一九七七年以降、天祖山鉱床の採掘が東面でつづいている。

山名については、その形から古くは鍋冠山といわれたが、白石《はくせき》山、立岩山とも呼ばれていた。白石山は文字どおり石灰岩の山からきたものだが、立岩山は孫惣谷など日原側から眺めると、右肩に立岩の奇峰が聳え立つのを望むことができるからである。

天祖山の名は山頂に天祖神社を祀ったことによる。一八七六年、服部国光が百日の大行の後スズタケの密生する山頂を開き、三年後、現在のような社殿を建立し、ここに天御中主神《あめのみなかぬしのかみ》ほか八百万神を祀って天祖神社とし、天学教の奥社としたのだが、一九一七年、それまで白石大権現とも呼ばれていたものを正式に天祖神社と改めた。本院は横浜市青葉区美しが丘にある。

本殿は神社建築にはめずらしい特異な六方開きの日開造《にっかいづくり》で、これも四方開きで日開造の覆舎の中に収まっている。境外に大日大神《おおひおおかみ》(日月社)を祀るほか、末社十数社がある。

登路　日原川、孫惣谷の出合付近、八丁橋の先から古い石積みの道を急登する。取りつき口は荒れているが、これが表参道である。七折れの急坂を行くと、ハタゴヤ坂の上にハタゴヤと呼ばれる場所があり、小平地と水場がある。いまでは地名だけが残っているが、流行神のころには旅籠《はたご》があって、信者たちが泊まった跡といわれる。

上に大日大神を祀る御堂があって、なおもブナ、コメツガの原生林を喘登《ぜんとう》する。勾配が緩むと社務所があるが、無人である。樹林の中に鎮まる山頂の奥社までは、もうひと登りである。山頂から北へ直進して急坂を下れば梯子坂ノ頭、その先が梯子坂ノクビレで、長沢背稜へ登り返せば、右へ水松山を経て天目山(三ツドッケ)、蕎麦粒山方面、左へ雲取山方面の分岐に出る。梯子坂ノクビレから右に下る道は旧御供所から八丁橋に至るが、現在は通行禁止になっている(JR青梅線奥多摩駅よりバス。東日原から山頂往復約六時間四〇分)。

地図　二・五万図　武蔵日原　雲取山　（伊佐九三四郎）

西谷山　とりだにやま

別称　西谷ノ峰　黒ドッケ　大黒《おおぐろ》　標高　一七一八m

東京都西多摩郡奥多摩町と埼玉県秩父市荒川、大滝にまたがる。奥多摩にあってはもっとも奥深い都県界尾根・長沢背稜最北部の山であり、北に熊倉山稜が延びている。四囲を木々に囲まれた静かな山頂だったが、いまでは南面が切り開かれて展望がよくなった。

山名は南面の小川谷の支流である西谷からだが、宮内敏雄は『奥多摩』の中で、西谷のトリとは「通り」であり、昔は日原《にっぱら》から秩父大血川へ越す山路があったのではないかと述べている。すなわち、西谷と日向谷ノ頭との鞍部(西谷峠)に上がり、西谷山と小黒《こぐろ》との鞍部(大血川峠、または大血川集落の呼称では日原峠)を越える。日原と秩父を結ぶ道は仙元峠を経る「浅間みち」が知られるが、地理的・宗教的に見ても、三峰山へは仙元峠越えよりも至近であることからも、西谷山を経るルートが利用されただろうと考察している。

なお、多摩側の西谷ノ峰の呼称に対して、秩父側では黒木をまとう山姿から黒ドッケ、または北の小黒に対して大黒の名がある(小丸、大丸の並称もある)。現在の地形図にはここに天目山の名があるが、これは誤記。天目山とはさらに南東に位置する三ツドッケを指す。この辺りの地名については、原全教の『奥秩父』(正編)の中の「天目山と黒ドッケに就て」という小論考にも詳述されている。

東の肩下方に建つ西谷山避難小屋は、一九九七年に新築されたもので、収容六人とこぢんまりしたものである。

登路　JR青梅線奥多摩駅よりバス。東日原からの小川谷林道を経て西谷沿いに西谷峠への道は、小川谷林道が落石の危険で二〇一五年現在、通行止めである。東日原から横篶《よこすず》尾根～天目山を経て約五時間一〇分。雲取山から芋木ノドッケを経て長沢背稜を辿れば約五時間三〇分。

地図　二・五万図　武蔵日原　（平田謙一・高橋　努・石井秀典）

天目山　てんもくざん

別称　天目ノ峰　三ツドッケ　標高　一五七六m

東京都西多摩郡奥多摩町と埼玉県秩父市とを分ける都県界尾根・長沢背稜上にある。秩父側の呼称に三ツドッケとあるとおり、顕著な三つの峰頭を連ね、もっとも高い中央の峰に三角点が置かれている。南には倉沢谷とカロウ谷を分ける横篶《よこすず》尾根を延ばすが、これが仙元峠を越えて多摩(日原)と秩父(浦山)を結ぶ古くからの交易路「浅間みち」(西谷山、蕎麦粒山の項参照)にあたる。

登路　天目山南面を巻く水源林道に横篶《よこすず》尾根が出合う明るい台地には、一九八〇年に造られた一杯水避難小屋が建ち、避難小屋から山肌を巻くように水源林道を五分程東進すると、一杯水(一口水ともいう)の細い流れがある。山頂へは水源林道を突っ切り、一杯水避難小屋の入り口わきから尾根上の踏み跡を急登する。小突起を越えると三角点峰がある。狭い山頂の南寄りは露岩が切れ落ちて開けており、石尾根上には富士山も望むことができる。三角点峰からなおもつづく踏み跡を西に辿ると再び水源林道に出る。

JR青梅線奥多摩駅よりバス。東日原から横篶尾根を一杯水へ約二時間、さらに三角点峰へ約三〇分。西谷山からは約二時間。蕎麦粒山からは約一時間三〇分。雲取山からは芋木ノドッケを経て長沢背稜を辿って約七時間三〇分。

地図 二・五万図 武蔵日原 （平田謙一・高橋 努・石井秀典）

蕎麦粒山 そばつぶやま 標高 一四七三m

別称 三角山 火打山

芋木ノドッケから長々と延びる都県界尾根の東寄り、東京都西多摩郡奥多摩町と埼玉県秩父市にまたがる。西谷《とりだに》山、天目《てんもく》山なども含めこの周辺は、ブナやミズナラ、カエデ類などの自然林が豊かで、南面にはカラマツが多い。三角山の別称どおり尖頂を載せたその山姿は、周辺からも特徴的に望見される。山頂には大小いくつかの露岩が散在するが、これが燧石質故、秩父側の呼称に火打山とある。

山頂から見下ろすと南東側斜面が裸地となり、これを隔てて展望が得られる。山頂から南には、倉沢谷と川苔谷を分かつ鳥屋戸《とやど》尾根を延ばし、笙《しょう》ノ岩山(庄ノ岩山、小ノ岩山ともいう、一二五五m)を経て、川苔谷が日原《にっぱら》川に合する川乗橋付近へと踏み跡がつづいている。東へつづく主稜線は明るい防火帯に変わり、日向沢《ひなたざわ》ノ峰《うら》(塩《しお》地《ち》谷山、御林《おはやし》山ともいう、一三五六m)に至る。なお、「峰(ウラ)」の読みは物の尖端を指す古語で、「頭」と同意語である。日向沢ノ峰で尾根が三分し、南方向に川苔《かわのり》山へ、東に棒ノ折山(棒ノ嶺)・高水三山へ、そして、北には有間山・鳥首峠を経て武甲山まで通じている。

蕎麦粒山の西に近接する仙元峠は、尾根上の小突起をなしている。古くは多摩(日原)と秩父(浦山)を結ぶ交易路である「浅間みち」が越えており、江戸時代までは秩父側からは富士講や一石山参りに、多摩側からは三峯参りなどに利用された。その「浅間みち」は、日原から横篶《よこすず》尾根を一杯水に登り、主稜線を東に向かう。仙元峠の峰頭へは、現在、南面を巻く水源林道から分かれてスズタケと自然林が覆う尾根筋をひと登りする。ブナの巨木を道わきに見ると木々に覆われた仙元峠に立つ。祀られた石祠は富士山を遙拝するために浅間大菩薩を勧請したもの。仙元峠から秩父側へ下る道は、細久保谷と広河原谷を分ける仙元尾根を北に辿り、大日堂を経て浦山へと通じている。なお、日原～浦山間は、仙元峠を通らずに行き来する近道も戦前からかなり利用されていたようだ。一杯水のわずか東側の主稜線上(細久保乗越)を越し、細久保谷に沿う道である。

登路 どこから山頂を目ざしても奥深く、日帰りでは健脚行程となる。一般的にはJR青梅線奥多摩駅よりバス乗車の東日原から一杯水を経て

「浅間みち」を約四時間。大丹波《おおたば》川側（同線川井駅下車）からは、清《せい》東《とう》橋から横《よこ》ヶ《が》谷平《やだいら》〜日向沢ノ峰を経て約五時間。川乗橋から鳥屋戸尾根は約四時間。鳥屋戸尾根の踏み跡は明瞭だが、ややルート・ファインディングを要する箇所があり、一般向けとはいい難い。このほか日原側からは川苔谷沿いの林道を辿って登れるし、秩父側からは「浅間みち」を経て登ることもできる。

地図　二・五万図　武蔵日原　（平田謙一・高橋　努・石井秀典）

川苔山　かわのりやま　標高　一三六三m

東京都西多摩郡奥多摩町にあり、多摩川の支流・日原《にっぱら》川に流入する川苔谷の上流に聳える。往時、この谷の流れにカワノリを産したことから川苔谷と呼ばれ、山名はそれに由来する。標高は一五〇〇mに満たないものの小尾根と小谷が錯綜し、その山容は決して凡庸なものではない。北は東京都と埼玉県境の日向沢《ひなたざわ》ノ峰《うら》（一三五六m）と結ばれ、南東に顕著な赤杭《あかぐな》尾根を張り出し、さらに南には本仁田《ほにた》山につづく尾根を延ばすなど、根張り豊かな山ともいえよう。かつて霧の旅会や日本山岳会にあって、この山域に詳しい神谷恭も「秀抜な姿」「地図の上だけでは一寸想像も及ばない程立派な山容」と、一九二五年の紀行「川乗山と其附近」に書き残している。

なお、宮内敏雄の著書『奥多摩』には、川苔山とは特定の峰に与えられた山名ではなく川苔谷を育む山全体をいい、一三六三mの三角点峰は横ヶ谷のつめにあるため横ヶ谷ノ頭、または横茅ノ頭と呼ぶのが正しいとあるが、現在では、そうした呼称の別をいう者はなく、川苔山とは一三六三m峰のみの山名となっている。

長く「川乗山」と表記されてきたが、その因は陸地測量部作成の地形図にある。当時の測量従事者がカワノリヤマ、カワノリダニの「ノリ」に乗の字を当ててしまったためで、それに基づく各種の地図も誤りを踏襲することが多かった。

岩質は脆い石灰岩質で、山頂の南西下のウスバ乗越付近には、その顕著な露出が見られる。林相はスギ、ヒノキの植林が多い。

山頂は小広く、丹沢や道志の山々、富士山をはじめ、奥多摩、ことに日原川水源の山々を見るには絶好の展望台となっている。春には山頂周辺のミツバツツジが美しい。一九九五年、この山を含む一帯が「奥多摩町川苔水源森」として林野庁の「水源の森百選」の一つに選定された。

登路　都心からちょうどよい日帰りの山であり、長短の別、また尾根道、谷沿いの道などと好みに応じて登路や下山路を選べるために登山者はまことに多い。川苔谷から登るには、JR青梅線終点の奥多摩駅から日原集落への途中、川乗橋から川苔谷に折れる林道を歩き、細倉橋から登山道に入る。途中、百尋ノ滝（落差四〇m）を見てから桟道や

梯子の急登を重ね、東の肩を経て登り着く(約三時間三〇分)。

青梅線の駅から直接登るには、川井駅から赤杭尾根経由(約四時間)、鳩ノ巣駅から大根《おおね》ノ山ノ神、舟井戸経由(約三時間三〇分)の二本の道が一般的な登路としてよく辿られ、下山路としては赤杭尾根、鋸尾根、または本仁田山経由の道などが考えられる。どの道も標識完備で、よく整備されている。

地図 二・五万図 武蔵日原 原市場 奥多摩湖 武蔵御岳

(舟橋栄子・横山厚夫・石井秀典)

本仁田山 ほにたやま

標高 一二二五m

別称 本荷駄山 高指山

東京都西多摩郡奥多摩町にあって、JR青梅線奥多摩駅の北に立つ独立峰。山名は昔、青梅街道がその山腹を走っていて荷駄が通ったから本荷駄山という説もあるが、山頂付近のイノシシのニタ、ヌタ場からきたものだろう。山頂の展望は東側が開ける。山頂からは北に瘤高山《こぶたか》(一〇一一m)を経て大ダワに下り、登り返して鋸尾根、川苔山へとつづく。南東はチクマ山(一〇四〇m)から二分して左は花折戸尾根が鳩ノ巣駅方面へ下り、右はゴンザス尾根が日向方面へ下っている。南面は大休場《おおやすんば》尾根が日原川と多摩川の合流点近くへ下っているが、登山路は途中の大休場から安寺沢に通じている。

登路 奥多摩駅から安寺沢に入り、大休場尾根を急登して山頂に至る。瘤高山から大根ノ山ノ神を経て鳩ノ巣へ下る(約四時間)。

地図 二・五万図 武蔵日原 奥多摩湖

(伊佐九三四郎・河野悠二)

棒ノ折山 ぼうのおれやま

標高 九六九m

別称 棒ノ嶺 坊ノ尾根

東京都と埼玉県を分かつ長沢背稜から東方に連なる山稜上の一峰である。東京都西多摩郡奥多摩町と埼玉県飯能市(旧入間郡名栗村)との境に位置する。岩根常太郎の『奥多摩溪谷』に「全山茅戸のあの特色的な山膚のいろ」、宮内敏雄の『奥多摩』に「昔からこの山が有名なカヤトの山だった」という記述が見られる。現在は多くをヒノキやスギの植林、またはコナラやクヌギなどの雑木が占め、往時の面影はほとんどない。のびやかに開けた山頂からは、奥武蔵の山稜から関東平野へと、見事なパノラマが一望できる。

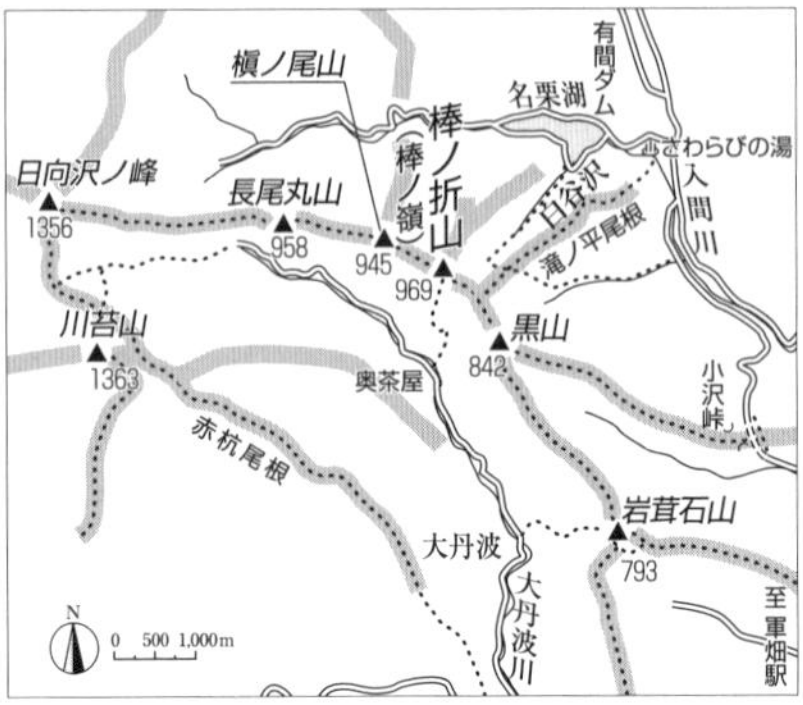

山名の由来については先の『奥多摩』でも触れている武田久吉の考証によって紹介された伝説がある。鎌倉時代の武蔵の武将・畠山重忠が愛用していた石棒の杖の折れから導かれたというもの。地形図の棒ノ嶺の表記についても「棒ノ折」を当時の役人が「棒ノ嶺」と訳したのだろう

と述べている。いまでも地形図には「棒ノ嶺」と表記され、「棒ノ折山」は括弧にくくって併記してある。

登路　奥多摩町の大丹波側（JR青梅線川井駅下車）からは清東橋バス停起点で奥茶屋を経て山頂へ登るのが一般的（約二時間）。高水三山の高水山、岩茸石《いわたけいし》山を越え北上するコースは、同線軍畑《いくさばた》駅から約五時間。東京都青梅市（同線青梅駅下車）の上成木バス停から小沢峠、黒山を経る趣のある登路は約三時間。名栗側（西武池袋線飯能駅下車）では、さわらびの湯バス停からロックフィルダムの有間ダムを経由し、白谷沢をつめるコースがある（約三時間）。飯能市営の「さわらびの湯」を目的に下山路にとる登山者が多い。ほかに滝の平尾根通しのコース、また名栗川橋バス停からのコースもある。ともに約三時間。

地図　二・五万図　原市場

（桑子　登・河野悠二）

高水三山　たかみずさんざん

標高　高水山　七五九m
岩茸石山《いわたけいしやま》　七九三m
惣岳山《そうがくさん》　七五六m

東京都青梅市のうち、多摩川の左岸にあり、その支流・平溝《ひらみぞ》川の源頭を囲む右記の三山を総称して一般に「高水三山」という。この高水三山の名は、昭和初期に低山趣味をかかげた高畑棟材の命名といわれている。三山とも標高は七〇〇m台の低山だが、それぞれに顕著な頂をもたげている。高水山山頂から東へわずかに下ると、平安時代、智證大師によって開かれた真言宗の名刹高水山常福院があり、また、惣岳山の山頂には青渭《あおい》神社奥ノ院がある。

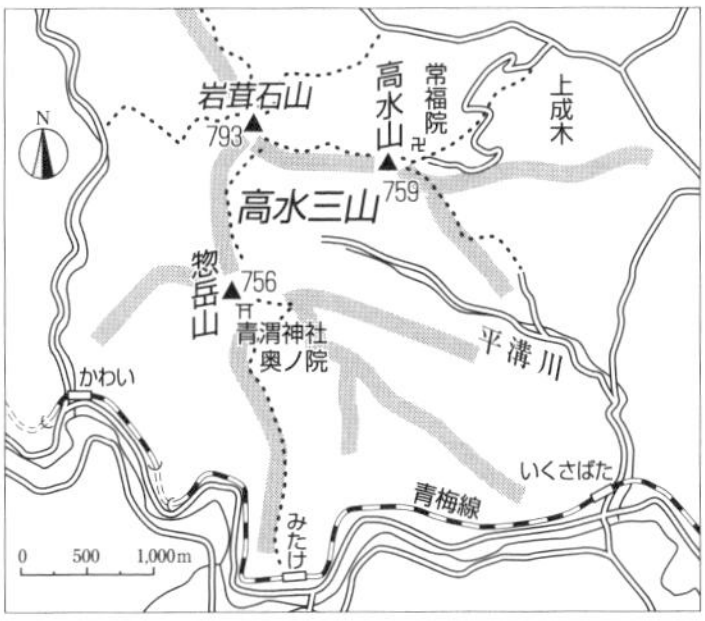

常福院不動堂には本尊として浪切白不動明王が祀られ、古くから近郷の人々の信仰を集めてきた。『新編武蔵風土記稿』によれば、この不動堂は「字高水山の頂より二町許り下にあり、前に鳥居を立つ、……本尊木の立像二尺許、智證大師の作、厨子に入る、浪切不動と云」とある。鎌倉時代は武将畠山重忠の信仰も篤く、寺宝には重忠の太刀、また、常盤御前使用の鏡などもある。本堂は東京都の重要文化財指定。

青渭神社は延喜式内社の格式を持ち、祭神は大国主命《おおくにぬしのみこと》。『新編武蔵風土記稿』には「昔は拝殿及び鳥居などありしも、先年火災にかかりしより今に至るまでなを再立に及ばず」とあり、現在の社殿は弘化二年（一八四五）の建立と伝えられる。

岩茸石山付近は、いわゆる御巣鷹山であり、江戸時代は鷹狩りに使うタカの幼鳥を捕え、飼育した所と伝えられている。

林相は三山とも主にスギ、ヒノキの植林に覆われ、所々に広葉樹林が見られる。

登路　高水山登拝の表参道は北東麓の上成木から登っているが、JR青梅線青梅駅からの便が悪いため、今日では同線軍畑駅で下車して南東の平溝川の谷から登る人が多い。いずれも低い山のため、三山をまとめ高水山、岩茸石山、惣岳山と歩くのが一般的で、下り着く御嶽駅までは約四時間の所要。

なお、昔の参道とは別に、車道が上成木から常福院の本堂裏まで上がっている。

地図　二・五万図　武蔵御岳

（横山厚夫・河野悠二）

七ツ石山　ななついしやま　標高　一七五七m

別称　唐松谷《からまつだに》ノ頭（奥多摩町日原側の呼称）

東京都西多摩郡奥多摩町、山梨県北都留郡丹波山村にまたがる。雲取山から南東に奥多摩町氷川まで延びる石尾根上に顕著な、そして好展望の山頂をもたげている。

山名の由来は『武蔵通志（山岳篇）』に「唐松谷峯　高六千七百六十一尺山南七巨巌駢立し下に七石社あり甲斐丹波山村之を七石山と称す」とあり、現在も通志の記述どおりに山頂よりわずか東に下った所にチャートの岩塊が数個ほど見られ、七ツ石明神の社もある。この明神は平将門を祀るともあり、奥多摩に多い将門伝説の一つを語っている。四月八日が祭日といい、昭和三〇年代初めまでは鴨沢道途中の堂所で賭博《とばく》の開帳もあったという。

登路　多摩川に沿う青梅街道（国道四一一号）の鴨沢からの道があり、これは雲取山の登路・下山路として多く辿られている（約四時間）。この山のみを目ざす登山者は少なく、雲取山と合わせて登られることが多い。山頂の約一〇〇m下、鴨沢道のきわに七ツ石小屋がある。

なお、石尾根の名は、この山と尾根つづきの、さらに約八㎞東方に六ツ石山（一四七九m）のあることによる。

地図　二・五万図　丹波　奥多摩湖

（横山厚夫・河野悠二）

鷹ノ巣山　たかのすやま　標高　一七三七m

東京都西多摩郡奥多摩町にあって、日原側では鷹ノ巣山、奥多摩湖側では入奥山とも呼んでいたが、現在は鷹ノ巣山の名が一般的である。

雲取山から氷川へつづく石尾根の一峰で、西に七ツ石山と高丸山（一七三三m）、東に六ツ石山（一四七九m）の中間に位置し、奥多摩、丹沢、富士の眺めが雄大で、独立峰の趣がある。山頂から北へは鷹ノ巣尾根が延び、その二分したのちの右の尾根は稲村岩の奇峰から日原に至る。南は榧《かや》ノ木山（一四八五m）から榧ノ木尾根が延び、倉戸山（一一六九m）を経て奥多摩湖に通じている。

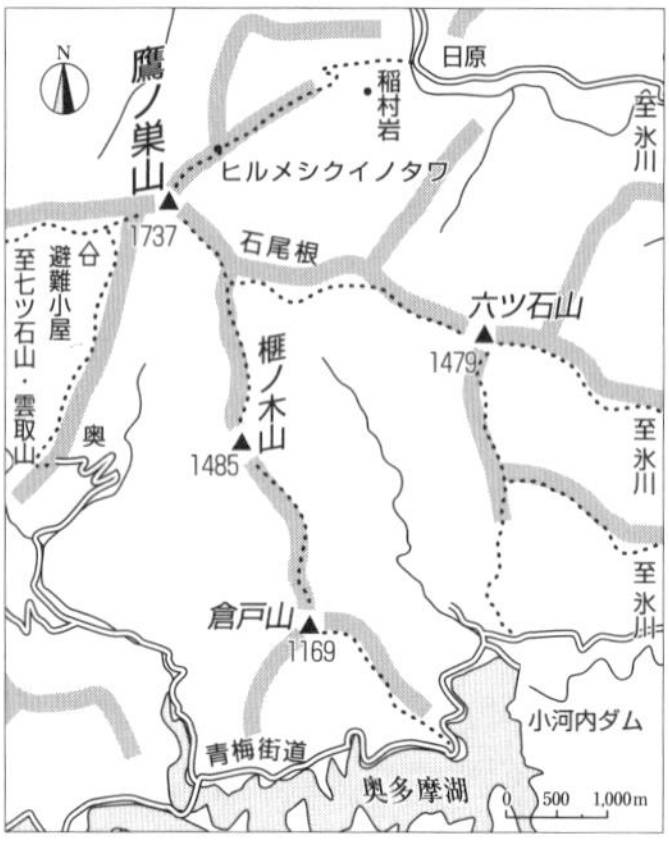

鷹ノ巣山の山名は、奥多摩町だけでも三四箇所、二千余町歩あったという御巣鷹山の一つからきたものである。小田原北条氏や徳川家の鷹狩り用のタカの巣と雛を保護育成するための場所で、常緑樹があって岩峰など急峻な

地形の所に多いが、とくにこの山の日原側は鷹ノ巣山の特徴をよく示している。

奥多摩北部は、秩父古生層に属するところから石灰岩が多く見られ、侵食作用で日原、倉沢の鍾乳洞や、稲村岩、梵天岩のような奇峰奇岩が残った。稲村岩は稲束を積み上げたイナムラの形からきたもので、山頂に小祠を祀り、旧一〇月二四日の祭礼には里人が登って収穫を感謝し、新しい年の豊凶を占ったという。

登路　JR青梅線奥多摩駅よりバス乗車の東日原から稲村岩下を通り、ヒルメシクイノタワを経て山頂へ。下山は倉戸山から奥多摩湖へ出る(約六時間)。

地図　二・五万図　武蔵日原　奥多摩湖

(伊佐九三四郎・河野悠二)

三頭山　みとうさん　標高　一五三一m

別称　御堂峠　御堂嶽　三頭御前

東京都西多摩郡奥多摩町と檜原《ひのはら》村、山梨県北都留郡小菅村と上野原市の境界にあり、南秋川の源流に位置している。大岳山、御前山とともに、「奥多摩三山」の一つに数えられており、その中ではもっとも高い。三頭山は、山麓の村落が別々に嶺上に祠を奉納し、毎年祭礼を行ってきたという記録からも、早くから庶民信仰の対象になっていたことが分かる。

山頂が三つの峰からなることから三頭山と呼ばれてきたが、どれが三つの峰であるかについては登山者や研究者の間で争われてきた。現在は三角点のある東京都側のピークに東峰、甲州、武州の国境ピークに中央峰の標識が立っている。

山梨県との境界をなす西峰の山頂からは富士山の展望がよい。また、山頂周辺ではブナの自然林を見ることもできる。

三頭山は檜原村の数馬《かずま》集落とともに、東京都の秘境として岳人や文人に親しまれていたが、一九七三年に山腹を奥多摩周遊道路が開通することによって観光開発が進んだ。また、一九九〇年には東京都が三頭山の南東部一帯を「檜原・都民の森」として整備し、自然観察や森林への理解を深める場所として活用されている。

登路　JR五日市線武蔵五日市駅からバス都民の森下車、鞘口峠を経由して登るコース(約一時間三〇分、都民の森では複数の観察路をつたって登ることが可能)。奥多摩湖から入小沢の峰を経由して登るコース(約四時間)などが主なものである。また、山梨県側は鶴川の上流、郷原から笹尾根上の西原《さいはら》峠を経て登るコース(約四時間)を選ぶ登山者も多い。

地図　二・五万図　猪丸

(松家　晋・河野悠二)

浅間嶺　せんげんれい

標高　九〇三m

東京都西多摩郡檜原《ひのはら》村の浅間尾根のやや東に位置している。浅間尾根は奥多摩の主稜線である風張峠から東に延びて、南・北秋川を分ける平坦で長大な尾根である。『武蔵通志(山岳篇)』によれば、かつては茅で覆われていたことから平茅尾根とも呼ばれていた。

浅間嶺は古くは仙元嶺《せんげんとうげ》ともいっていたが、江戸中期ごろから浅間嶺と記すようになった。浅間嶺、浅間尾根の名称は富士浅間信仰からきたものと考えられる。里人たちはこの尾根から富士山を拝し、信仰を深めていったのであろう。

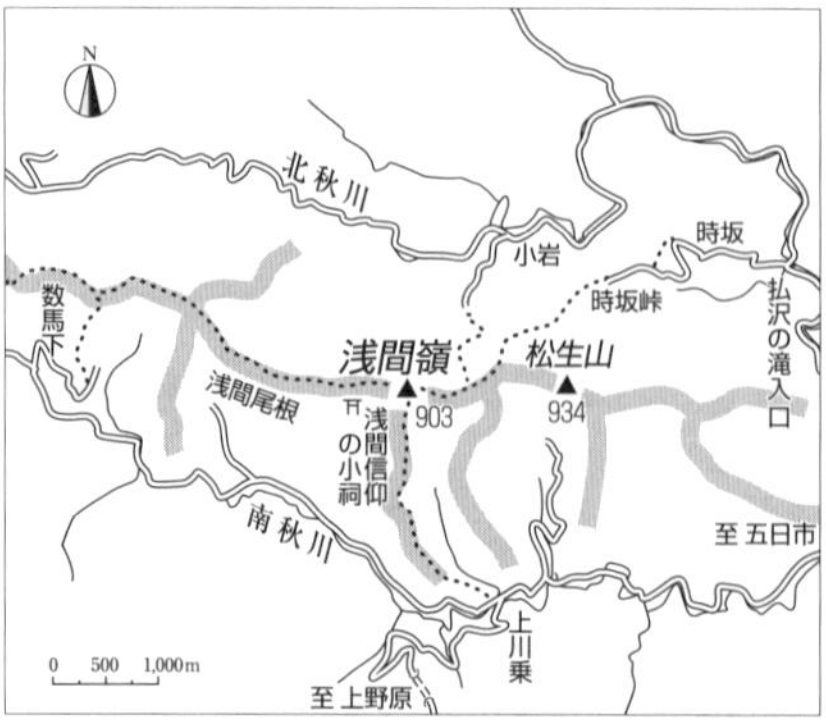

独立標高点の下に浅間信仰の小祠が祀ってあり、祭神は富士山の浅間神社と同じ木花咲耶姫命《このはなさくやひめのみこと》である。

この浅間尾根に古くから一本の道が通っていて、甲州街道の裏街道として重要な役割を果たしていた。また、昭和の初めまでは、檜原村の主産物である木炭を牛馬で本宿や五日市に運び、帰りには日用品を運び入れる生活道路として利用されてきた。

登路　JR五日市線武蔵五日市駅からバス払沢《ほっさわ》の滝入口で下車、時坂《とっさか》峠を経由して浅間尾根を登るコース(約二時間三〇分)、数馬《かずま》方面から登るコース(浅間尾根登山口から約二時間三〇分)、そのほか北秋川の小岩、南秋川の上川乗からそれぞれ直接登るコースがある(いずれも約一時間三〇分程)。なお、時坂峠から浅間嶺を経由して上川乗に至るコースは、「関東ふれあいの道(歴史の道)」として整備されている。

地図　二・五万図　猪丸

(松家　晋・河野悠二)

御前山　ごぜんやま

標高　一四〇五m

東京都西多摩郡のうち、奥多摩町と檜原《ひのはら》村の境界をなす尾根上にある。この尾根は北に多摩川、南にその支流・秋川を分け、西の三頭山から北東に御前山、大岳山、御岳山へとつづいていくが、御前山はそのほぼ中央にあって、三頭山に次ぐ高さを誇っている。

山名は、その形状に由来する。宮内敏雄著『奥多摩』では、山村民俗の会会員・加藤秀夫の説を引いて「御前は御膳で神供する飯を盛るかたちが尖《せん》頂三角形をなしてゐる、その形態から導かれたもの」と説明している。大岳山の山頂付近からは、この山の堂々とした東面がよく見え、なかなか見事なものである。そして、飯を盛った形からきたという山名が、いかにもとうなずけよう。

山頂付近にはカタクリが多く、近年、その花時に多くの人が登るようになった。北からも南からも何本かの登山道が通じて、楽しく登れる山だが、山頂は林に包まれて、それほどの展望が得られないのが残念である。山頂の約一〇〇m東下に避難小屋がある。

登路　北からの代表的な登路は、ＪＲ青梅線奥多摩駅からバスで青梅街道を走り、境橋から栃寄沢・奥多摩都民の森(体験の森)経由の道(約三時間二〇分)と、さらに奥の奥多摩湖から湖東端の堰堤を渡って大ブナ尾根に取りつきサス沢山(九四〇m)経由の道(約三時間)の二本がある。ことに後者の大ブナ尾根は、その名のとおりにブナの木も多く、奥多摩湖を見下ろすなどしてよい登路である。また、車などを利用すれば、奥多摩周遊道路の月夜見第二駐車場から小河内峠、惣岳山経由(約二時間)がもっとも近い登路である。南の北秋川からは、ＪＲ五日市線終点の武蔵五日市駅からバスで北秋川の藤原に入り、小河内峠で尾根に上がった後、惣岳山(一三四〇m)経由の道(約三時間)がある。また、山頂から南東に延びる湯久保尾根はやや長いために、下山路として辿る人がほとんどである。主な登山道は指導標完備のうえ、よく整備されている。

地図　二・五万図　奥多摩湖　猪丸

(舟橋栄子・横山厚夫・河野悠二)

御前山(大岳山山頂から)

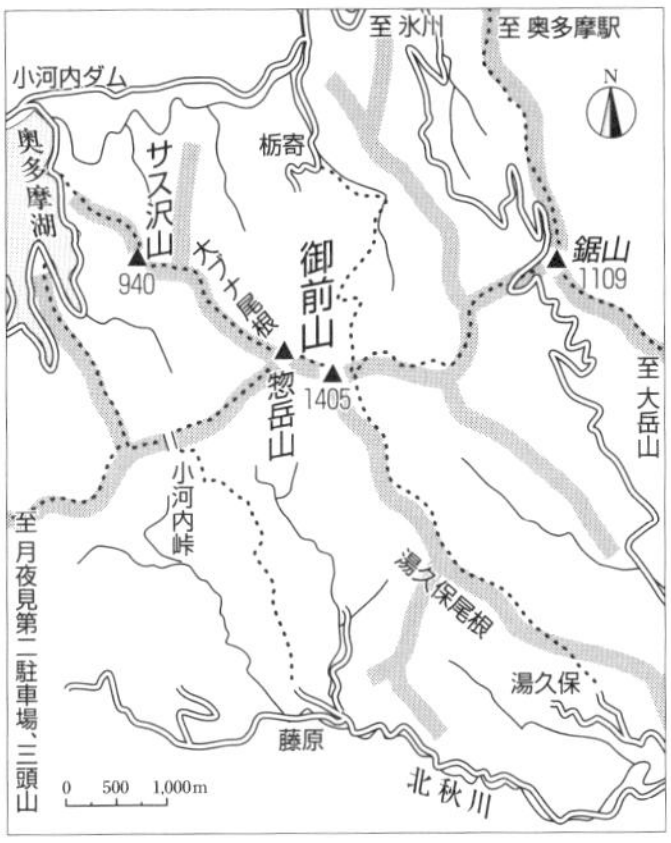

大岳山　おおだけさん

標高　一二六六m

山頂は東京都西多摩郡奥多摩町と檜原《ひのはら》村の境界上にある。山頂から北東、北西、南東の三方に尾根を派生し、北東尾根は御岳山につづき、北西尾根は鋸山を経て西多摩郡奥多摩町海沢《うなざわ》および同町氷川に下っている。また、南東尾根は馬頭刈《まずかり》尾根あるいは茅倉尾根と呼ばれ、馬頭刈山を経てあきる野市五日市へ下っている。

東面に大岳沢、北面に海沢谷が深く食い込み、前者は養沢川、秋川となって多摩川に注ぎ、後者は直接多摩川に注いでいる。

ずんぐりした山頂と顕著な肩を持つ山容は、奥多摩方面の山座を同定する際の好目標となっているが、『武蔵通志(山岳篇)』には「両総地方にて武蔵の鍋冠《なべかむり》山と称して海路の目標となす」とあり、昔から東京湾の船上からも航路の目標となっていた。

「多摩郡の山川」(『多摩郡村誌』)は、大岳山について「全山巉巌嵬峨、檜、杉、椴《とどまつ》、栂その他雑樹深茂、樹石みな蒼古、老蘚被帯して奇古言うべからず。頂上に大嶽神社の小社あり。これを奥宮という。その東南およそ四丁余り下りし所に本殿あり。その巉巌峭然攅

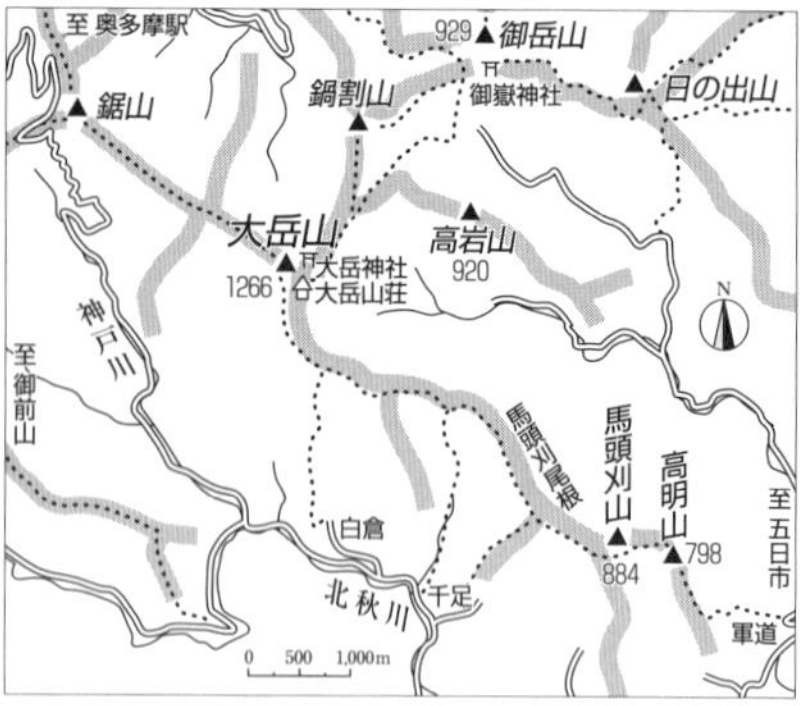

立して危険甚し」とあり、大岳神社については「大国主命《おおくにぬしのみこと》、日本武尊《やまとたけるのみこと》、広国押武金日尊《ひろくにおしたけかなひのみこと》及び東照宮を祀る」と記している。現在は山頂から東へ約一〇〇m下った所に社殿があるが、山頂の小祠はない。

昔の大岳山への表参道は、八割《やわり》(現在の地形図上では白倉)の里宮に参拝した後、馬頭刈尾根に登り、それを辿って山頂に達するものであった。また、光明山(馬頭刈山の項参照)、大岳山を経て御岳山に詣でることを三山がけと称した。

登路　もっともポピュラーなのは御岳山から登る北東尾根コースで、御岳神社から約二時間。馬頭刈尾根は、JR五日市線武蔵五日市駅より十里木に行き、あきる野市乙津《おつ》の軍道《ぐんどう》から馬頭刈山経由で山頂へ(約四時間)。北西尾根はJR青梅線奥多摩駅から鋸山経由で約四時間。

地図　二・五万図　武蔵御岳　五日市　奥多摩湖

(南川金一・小山義雄)

馬頭刈山　まずかりやま

標高　八八四m

別称　麻豆刈山　泉沢山《いずさわ》

東京都あきる野市にあって、大岳山から南東に派生する馬頭刈尾根上にある。「多摩郡の山川」(『多摩郡村誌』)には「同郡檜原村では泉沢山と呼び、養沢および乙津ではマヅカリ山という」と記している。

歴史的には、むしろこの山の東約〇・五kmにある光明山(地形図上では高明山、七九八m)が重視されてきた。頂上の東面一〇m程下にあった光明神社(現在は社殿跡に「高明神社跡」の石碑が立っている)について、「多摩郡の山川」は「天御中主尊《あめのみなかぬしのみこと》、伊弉冉尊《いざなみのみこと》、伊弉諾尊《いざなぎのみこと》を合祀す、大永六年(一五二六)創建に係る。……旧は熊野権現と称せしを、明治二年(一八六九)今の社号に改む」と記している。

この光明山、大岳山を経て御岳山に参詣することを三山がけと称した。

登路　JR五日市線武蔵五日市駅より十里木に行き、あきる野市乙津《おつ》の軍道《ぐんどう》から高明山を経て山頂へ(約二時間)。檜原村千足から約二時間三〇分。

地図　二・五万図　武蔵御岳　五日市　奥多摩湖

(南川金一・小山義雄)

御岳山　みたけさん

別称　御岳蔵王権現、武州金峰山

標高　九二九m

東京都青梅市、西多摩郡奥多摩町にまたがり、秩父多摩甲斐国立公園のほぼ東端に位置する。多摩川の右岸、三頭山に始まって御前《ごぜん》山、大岳山と東に延びてきた、いわゆる奥多摩主稜上にあり、古来、筑波山、三峰山、大山などと並んで関東有数の霊山として知られてきた。

山頂に鎮座する武蔵御嶽神社は歴史が古く、『延喜式神名帳』にある多摩八座の一つ大麻止乃豆乃《おおまとのつの》天神社《あまつかみのやしろ》がこれにあたるといわれ、境内から出土した布目瓦などからも平安時代の社殿建立が確かめられる。社伝では第十代崇神天皇七年の創建とし、主神は櫛真智命《くしまちのみこと》、相殿に大己貴命《おおなむちのみこと》、少彦名命《すくなひこなのみこと》を祀る。また、聖武天皇の天平八年（七三六）に行基がここに蔵王権現を安置したともいわれている。やがて広く民衆の信仰を集め、鎌倉・室町時代にはとくに武蔵武士の尊崇が篤かった。今日、御嶽神社所蔵品（宝物殿に展示・一般公開）のうちには、その時代のものが多く、畠山重忠奉納の赤糸威鎧（国宝）、惟康親王奉納の紫裾濃鎧（重文）などが見られる。

中世は壬生氏、関東管領、三田氏、近世は江戸幕府と、武蔵の地を支配したその時々の為政者によって社殿の造営がなされ、慶長一一年（一六〇六）の徳川幕府による造営では、社殿を東向きに変えて江戸鎮護の神と定め、かつ武運長久を祈願させた。

また、全国から山伏修行者が入山するようになると、その布教により、農耕神、火難盗難の守護神として民衆の信仰を集めるようになった。入山修行者の中で山に住みついた者が御師《おし》といわれ、彼らは神主の支配下にあって神事祭儀に奉仕すると同時に活発な布教活動を行い、関東一円にわたる信仰圏を成立させた。現在、山麓の滝本と山上に数十軒の御師の家が名残をとどめ、今日でも御岳講の団体などの宿泊、案内を業としている。

御岳山は、こうした信仰の山であると同時に、いまではその恵まれた自然環境を求めて登る人が多く、都心から近い山岳観光地の一つにも数えられている。交通の便もよく、山麓や山上の観光施設にも事欠かない。

御岳登山鉄道のケーブルが滝本から御岳平まで架けられたのが一九三五年であり、現在では、さらにその上の富士峰園地まで観光リフトが架けられている。御岳平から御嶽神社の間には御岳ビジターセンター、昔風の造りの御師の家、樹齢六〇〇年という国指定天然記念物の神代欅の大木などがあり、神社前の参道には土産物店、食堂が並ぶ。随身門をくぐって行くと、社殿、そして、その横に宝物殿と畠山重忠の銅像がある。なお、九二九mの標高点は社殿の一角にあり、一般には近づけない。

御嶽神社から西の大岳山につづく尾根上約七〇〇mの所に形よい三角峰（一〇七七m）が聳えている。『多摩郡村誌』にいう「甲籠山、一名男具名《おぐな》ノ峰」の御嶽神社奥の院であり、日本武尊《やまとたけるのみこと》の小祠が祀られている。

御岳山周辺は秩父層群といわれる中生代や古生代の地層ででき、中世代の砂岩、粘板岩、チャートなどの地層を見ることができる。

御岳山(日ノ出山から右に御岳山, 左に奥の院)

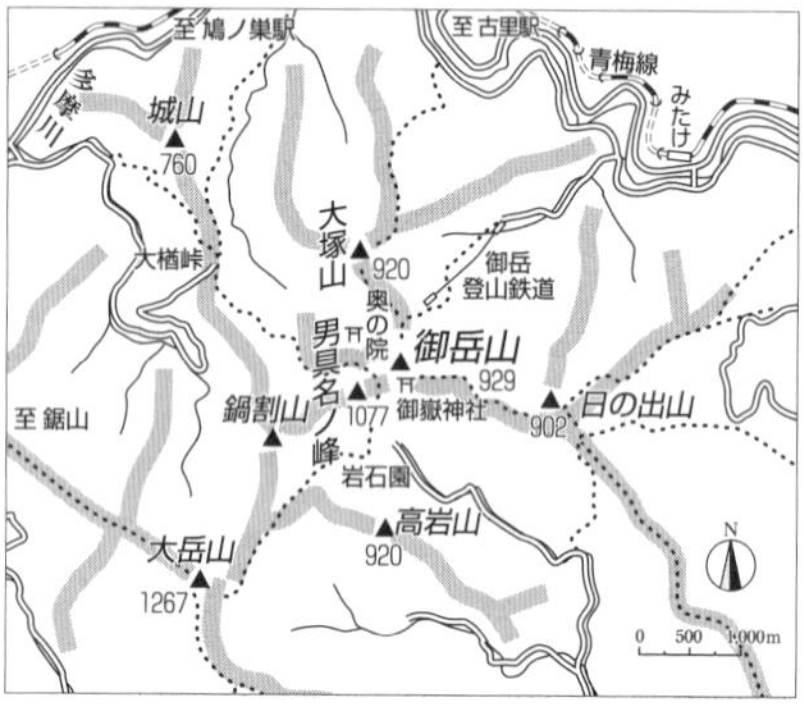

かつて御嶽神社の神域一帯は『武蔵通志(山岳篇)』に「山中老杉古檜森々として」とあるようにスギ、ヒノキの大樹にうっそうと覆われていたが、戦後の台風のために倒れ、いまはやや明るい感じになっている。植物、野鳥、昆虫の種類も多く、それぞれの観察会やブッポウソウ、カンタンを聞く会も催されている。

登路　一般にはJR青梅線御嶽駅に下車し、バスとケーブルを乗り継いで御岳平に上がり、そこから御嶽神社へと歩く(約一時間)。なお、滝本からの歩道は「関東ふれあいの道」となっている。山頂周辺には長尾平(御岳平とともに展望がよい)往復、岩石園一周などの散策コースがあり、男具名ノ峰の奥の院にも登れる(鎖場がある)。同線沿線の古里《こり》駅から大塚山(九二〇m)経由、鳩ノ巣駅からは大楢峠経由の道も上がっているが、これらは下山路としても好適。また、この山から大岳山へ、あるいは日の出山へと足を延ばす人も多い。

地図　二・五万図　武蔵御岳

(舟橋栄子・横山厚夫・小山義雄)

日の出山　ひのでやま　標高　九〇二m

別称　黒雲山　貧乏山

東京都あきる野市と青梅市の境界上に位置する。山頂は御岳山《みたけ》から東へ派生する尾根上にある。日の出山とは、御岳山の方から見て朝日の昇る方向にある山であり、一方、東麓の大久野辺りからはこの山のために御岳山が見えないので貧乏山と呼んだ。『新編武蔵風土記稿』は「山下一鳥居の辺にてはこの山にさいぎられて、御岳の山をのぞむことあたはず、故に里人あしざまに云はんとしてかく呼べり」と記している。

登路　御岳山から東へ約四〇分、JR青梅線日向和田駅または同線二俣尾駅から約三時間。また、JR五日市線武蔵五日市駅起点の登路もある。

地図　二・五万図　武蔵御岳

(南川金一・小山義雄)

金比羅山　こんぴらやま　標高　四六八m

東京都あきる野市五日市に山脚を落とす金比羅山は、山地と平地の物産の交換市場として秋川渓谷口に発達した五日市の町を南東の山懐に抱き、祈年、乞雨《きう》の地域の守り山として親しまれてきた。

山系としては奥多摩の盟主・三頭山から御前山、御岳山を経て日の出山から南東に延びる尾根の脈端のピークで、尾根は金比羅尾根と呼ばれる。南西を秋川が、北西を秋川支流の三内川が流れ、独標四六八mを置くピークが最高点。

山頂部一帯を金比羅山と呼び、山肩の台地四四〇m圏に岩を神座として祈念する祭祀の場があり、大物主神《おおものぬしのかみ》、崇徳天皇を祭神とする社殿が設けられている。付近にはサクラが多く、祭りでは古式の獅子舞が名高い。二三〇〜二六〇年前の獅子頭が用いられ、祭りの創始は四〇〇年前位と推定される。

登路　JR五日市線武蔵五日市駅より西に約三〇分の東山裾の栄町北寒寺《ほっかじ》からよい道を登って約四〇分、ほかに南の小中野から約三五分、南西の星竹から約三五分と、各集落から登拝路がある。また、尾根つづきを北西に登りつめれば日の出山、御岳山に至る。

地図　二・五万図　五日市　（佐藤　節・小山義雄）

槇（牧）寄山　まきよせやま　標高　一一八八m

東京都西多摩郡檜原《ひのはら》村と山梨県上野原市との境界をなす笹尾根上に位置している。一名・千間平《せんげんだいら》とも呼ばれており、千間は浅間からきたもので、富士を祀ったことを意味している。山頂は平坦で富士山の展望がよい。

山頂を東に下った所が西原《さいはら》峠（郡内峠）で、檜原村数馬《かずま》と上野原市郷原を結ぶ乗越である。

登路　JR五日市線武蔵五日市駅からバスで南秋川を遡って、数馬から登るコース（約一時間三〇分）、JR中央本線上野原駅からバスで郷原下車、西原峠経由で登るコース（約一時間四〇分）がある。

地図　二・五万図　猪丸　（松家　晋・小山義雄）

丸山　まるやま　標高　一〇九八m

東京都西多摩郡檜原《ひのはら》村と山梨県上野原市との境界である笹尾根上に位置している。山名はその形からきたものであろう。

植林が山頂近くまで進んでいて、見通しはよくない。山頂の北面にシダの群生を見る。

丸山の西側にある鞍部が笛吹《うずしき》峠（大日峠、丸山峠）で、檜原村笛吹と上野原市藤尾への乗越である。峠には「大日」と刻した古い石の道標があり、「みぎ　かつま　ひだり　さいはら」とかすかに読み取れる。

登路　南秋川を遡った檜原村笛吹から笛吹峠を経由するコース（約一時間四〇分）、上野原市藤尾から笛吹峠を経由するコース（約一時間三〇分）がある。

地図　二・五万図　猪丸　（松家　晋・小山義雄）

土俵岳　どひょうだけ　標高　一〇〇五m

東京都西多摩郡檜原《ひのはら》村と山梨県上野原市との境界である笹尾根上に位置している。かつては「笹平の尾根」と呼ばれていた地点である。直接峠として登り下りしていた痕跡がいまも残っている。

山頂は平坦な尾根で、スギ、カラマツ、クリなどの高木林で囲まれている。山頂の東、約七〇〇mの地点で日原《ひはら》峠が乗っ越している。峠には石仏などが残っていて、峠らしい雰囲気をとどめている。

登路 檜原村人里《へんぼり》から日原峠を経由して登るコース（約二時間一〇分）、上野原市日原から日原峠を経由するコース（約一時間五〇分）がある。

地図 二・五万図 猪丸

（松家 晋・小山義雄）

生藤山 しょうとうさん 標高 九九〇m

別称 きっとさん 三国山

東京都西多摩郡檜原《ひのはら》村、神奈川県相模原市緑区、山梨県上野原市の境に位置し、普通は九九〇・三mの三角点がある峰を生藤山、あるいは三国山といっているが、実際の都県境である三国山は生藤山のわずか南西にある、現在の地形図に三国峠と記されている峰が山頂である。

生藤山の山体は新生代古第三紀の地層で、小仏層群に属している。全体が雑木林で覆われているが、中腹はスギが植林されていたり、南側の登山道にはサクラの古木がスギ林の中にあったりでバラエティーに富んでいる。山頂は狭く、数人もとどまれば満員になってしまう。近年、樹木の一部が切られ展望もよくなった。この山からは神奈川県側は沢井川支流の鎌沢、山梨県側は鶴川支流の黒田川が流れ出し、ともに相模川に注ぐ。東京都側は南秋川の支流・矢沢の源頭にあたり、秋川に注いでいる。

なお、三国峠道は古くから甲州街道から武州御岳に抜ける「檜原御嶽道」や「井戸 棡原《ゆずりはら》道」として、御嶽信仰や甲州と武州の交易の道に利用されてきた。

三国山の山頂近くにある「甘草水《かんぞうすい》」は、日本武尊《やまとたけるのみこと》が東夷征伐の際にこの地で軍を休ませた時、山上のため水がなく、兵士が渇きに悩まされた。その時、尊が鉾先で岩をうがちわき水を掘り当てたので、突井《つくい》の甘草水という（いまは涸れかけているが、地元の有志が手入れをし蘇生に努力している。ただし飲用不適）。かつてこの辺りは津久井郡といっていたが、ここに「つくい」という言葉が出てくるのは興味深い。

山麓の上野原市からの登山口にあたる石楯尾《いわたておの》神社は式内社として格式の高い神社であるが、相模原市緑区の名倉にも同名の神社があってまぎらわしい。なお、現在は名倉の石楯尾神社が宗教法人法の神社として登録されている。

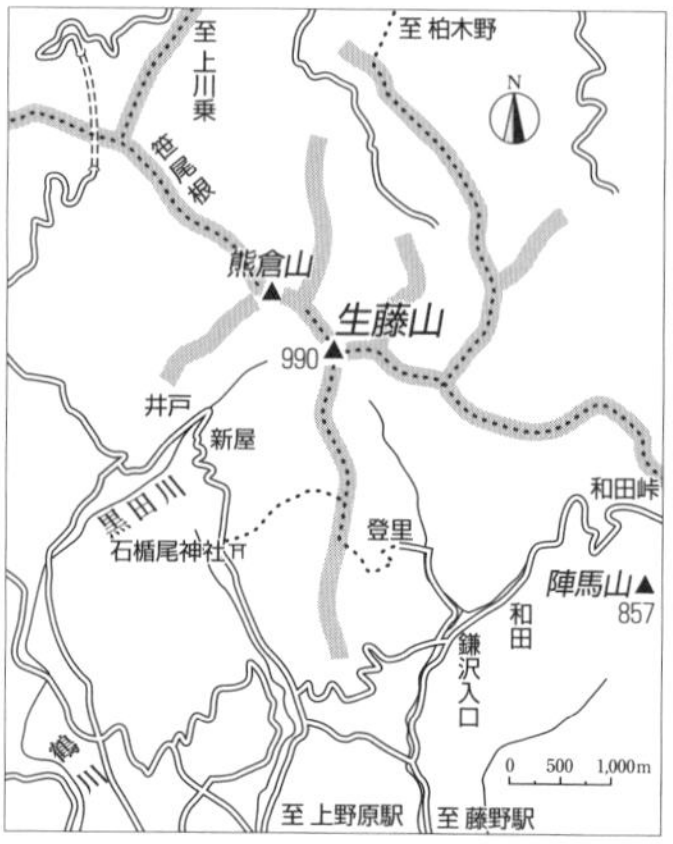

登路 神奈川県側からの登山道はJR中央本線藤野駅からバスで和田行きに乗り、鎌沢入口から登里《とうり》を経て約二時間。山梨県側からは中央本線上野原駅下車、バス井戸行きで石楯尾神社前下車、約一時間五〇分。東京都側

からは京王電鉄京王八王子駅から、夕やけ小やけで有名な陣馬高原下までバス、和田峠を経て山頂へ（峠から二時間三〇分）。JR五日市線武蔵五日市駅から数馬《かずま》方面行きバスで柏木野または上川乗下車、二時間三〇分から三時間。

地図　二・五万図　五日市　与瀬　上野原

（古谷聖司・守屋龍男）

戸倉三山　とくらさんざん

標高　臼杵山《うすきやま》（鹿丸《しかのまる》）　八四二m
市道山《いちみちやま》　七九五m
刈寄山《かりよせやま》　六八七m

東京都あきる野市、西多摩郡檜原《ひのはら》村、八王子市にまたがり、あきる野市戸倉で合流する秋川支流の盆堀川水源をめぐって鼎立《ていりつ》する山々で、戸倉三山とは昭和初期にハイキング・コースとして紹介した中村謙の仮称が定着したもの。

山系は、奥多摩の盟主・三頭山から南東に派生する笹尾根上の醍醐丸（八六七m）から、さらに北方へ分派する脈端にあたる。古くから開けた秋川渓谷口の町、五日市の南西に中生代地層の山体をわだかまらせて、木材や薪炭の供給地として活用されてきた山地であった。現在は山懐の一部が採石場となり、山体をむしばんでいる。

頂稜部は盆堀川の谷頭をめぐって輪走し、北の脈端に屹立する戸倉城山から西走して三山の主峰・臼杵山を起こす。この山は南北二峰に分かれ、北の山頂には狛犬（狼または猫と諸説がある）に守られた蚕の神を祀る臼杵神社の社があり、三角点は小鞍部を隔てた南の「鹿丸《しかの》」と呼ばれるピークにある。臼杵山から尾根は走向を南に転じ、市道山から小坂志川、醍醐川に挟まれた吊り尾根で主脈上の醍醐丸につづく。市道山からは盆堀川源頭をめぐって東方へ「峰見通り」の里称のある一脈が派生され、トッキリ（鳥切）場と呼ばれる小峰から北に走って刈寄山を隆起させている。すなわち、この三つの峰を総称して戸倉三山という。

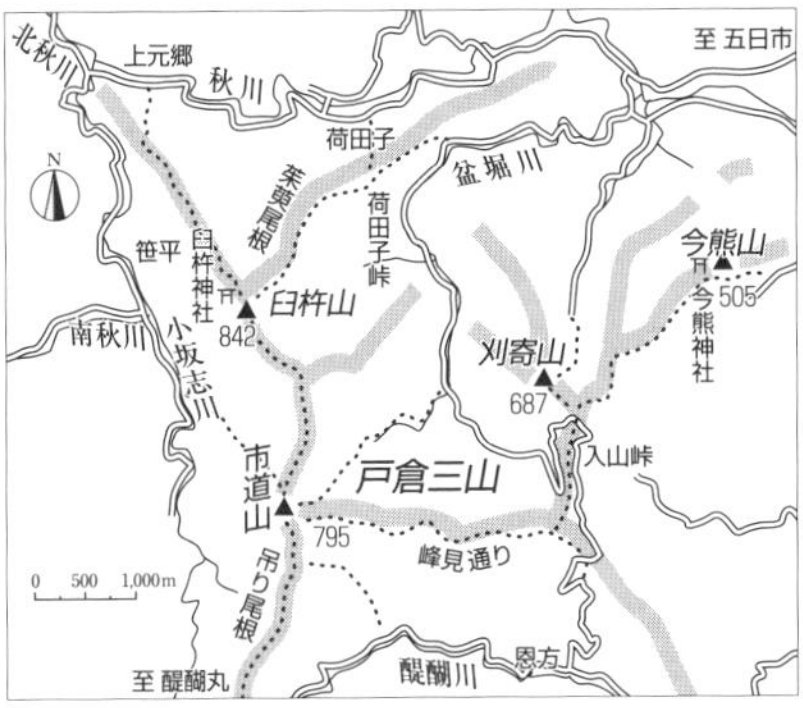

登路　各山ともJR五日市線武蔵五日市駅を起点とする。盆堀川からの登路のほかに外縁から登路があり、臼杵山へは元郷《もとごう》から山頂の臼杵神社へ古くからの登拝路がある（上元郷から約一時間三〇分）。また、市道山へは南秋川の笹平から秋川奥地の村里と八王子市恩方とを結んだ古い生活路が残り、嫁取り坂、市道などの名を伝えている（笹平から約一時間四〇分）。

三山を縦走するには、秋川畔の荷田子《にたご》から盆堀へ越える荷田子峠に登り（盆堀からも登路がある）、臼杵山と城山を繋いで東西に走る茱萸《ぐみ》尾根の小起伏を登りつめ、まず臼杵の宮峰を踏んで輪走する峰通しに刈寄山へ至る道が、ハイキング・コースとして踏まれている（アップダウンが多く距離の長い中級者向き。約九時間三〇分）。また、盆堀川の各沢は小規模ながら東京近郊の初心者沢登りコースとして人気がある。

地図　二・五万図　五日市

（佐藤　節・守屋龍男）

今熊山　いまくまやま

標高　五〇五m

別称　今熊野山　呼叫山《よばわりやま》

東京都八王子市上川町を流下する川口川の水源の山。戸倉三山の刈寄山から北東方に派生された尾根脈端の山で、山神にまつわる言い伝えがあり、山頂の社殿は麓の正福寺の重円が貞治三年（一三六四）、熊野本宮を勧請して造営したのに始まると伝える。再三火災に遭い、現在はコンクリート造りの社殿。別称の「よばわり山」は、安閑帝妃の行方不明の折に効験を現したという言い伝えに由来して、現在もなお失せ人、紛失物の探出に登拝祈願する人を見る。山体はおおむね深い樹林に包まれている。

登路　東麓の正福寺から今熊神社里宮経由で山頂奥の院に至る表参道（約一時間）、正福寺から北山腹を迂回する裏参道（約一時間二〇分）、裏参道の途中から行場にもなっている金剛の滝、棚沢経由で裏参道上部に合流するもの（現在、通行禁止）などがあり、山頂からは刈寄山へ尾根通しに縦走路がある（約一時間三〇分）。

地図　二・五万図　五日市

（佐藤　節・守屋龍男）

戸倉城山　とくらしろやま

標高　四三四m

東京都あきる野市戸倉に急な山脚を引く。多摩川支流・秋川の古い渓谷口の町、五日市の西にそそり立ち、山頂は東西二峰からなる。

中世、この辺りに勢力のあった大石定久が、養子の北条氏照に滝山城を譲り隠棲した山城跡とされる。山頂部に一の郭、本丸跡などが認められる都の指定史跡で、大手口には長くつづく石垣も見られる。

山容は南と東が急峻に切れ落ち、三角点のある東峰山頂が本丸跡で、一帯は樹林に覆われているが、東方が開けて五日市の町並みや立川の市街地を見渡すことができる。

登路　西戸倉の三島神社左手から登るのがかつての大手口で、左右に石垣がつづく（登山口から山頂まで約四〇分）。荷田子《にたご》峠からの尾根道（約一時間）と東麓の光厳寺から南尾根経由で、上部に急な岩間の登りがある道（約五〇分）がある。

地図　二・五万図　五日市

（佐藤　節・守屋龍男）

陣馬（場）山　じんばやま

標高　八五五m

東京都八王子市、神奈川県相模原市緑区の境となる山脈上、桂川を堰止めて造られた相模湖の北方にある。

山名は、戦国時代の故事に由来する。永禄一二年（一五六九）、武田信玄の小田原攻めと同時に、その子・勝頼が武州にも軍を進めて拝島に近い北条氏照の居城滝山城を攻めた折に、この山に陣を張ったことにより、陣場峯、陣場山、あるいは陣張山と呼ばれるようになったという。大正年間、武田久吉の「多摩川相模川の分水山脈」には陣場ヶ峰、河田楨《みき》の『一日二日山の旅』には陣場峯とあるが、

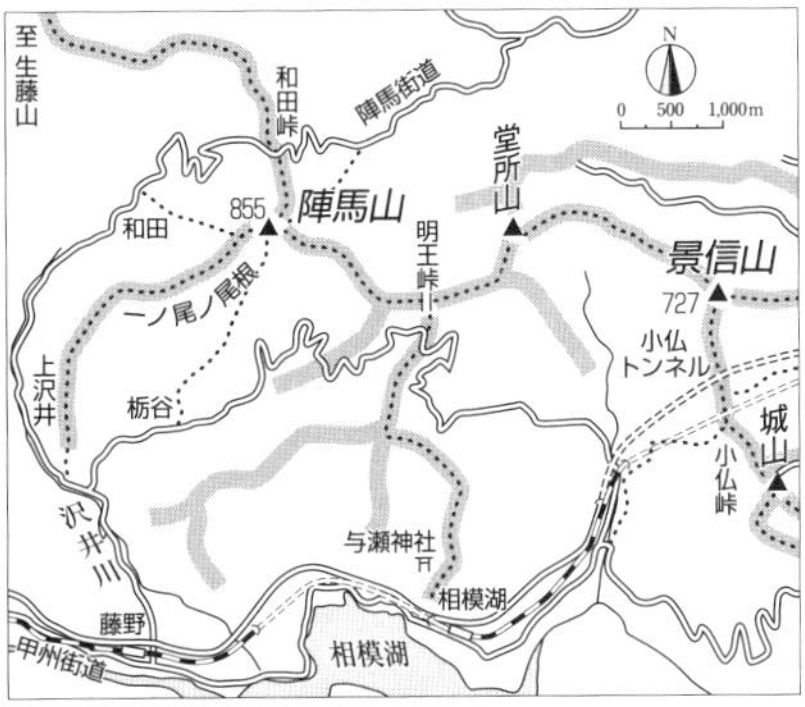

その後、陣場山が一般的になり、現在は陣馬山と多く表記されるようになった。現在の国土地理院の地形図には「陣馬山（陣場山）」と記されている。山頂には白馬像が立つ。

　スギ、ヒノキ、カシワの植林のほかに、新緑、紅葉の美しい広葉樹の林も多い。山頂は広い台地となり、三軒の茶屋がある。展望はほぼ三六〇度にわたり、好天に恵まれれば、富士山をはじめ南アルプス、丹沢、大菩薩、奥多摩、奥秩父、奥日光などの山々、さらに都心のビル群、相模湾に浮かぶ江ノ島、三浦半島や房総半島の連なりまでも望見することができ、まことにすばらしい展望台である。

　東の高尾山から始まる尾根上の城山、小仏峠辺りから、景信山、堂所山を経てこの陣馬山に至るまでを奥高尾とも称するが、その間の尾根道（いわゆる奥高尾縦走路）や峠道はハイキングに好適で、前記、武田や河田の早い時代から多くの人に歩かれている。

登路　山頂の北側約一km、標高七〇〇mに近い和田峠を車道が越している。この峠道は八王子市上恩方《かみおんがた》と相模原市緑区を結び、昔は甲州街道の間道とされてきた。ここまで車で上がり、以後、登山道を辿るのが陣馬山の最短路（約二五分）。JR中央本線藤野駅下車、沢井川に沿う落合（栃谷《とちや》集落経由、約一時間五〇分）、上沢井（一ノ尾ノ尾根経由、約一時間四〇分）、和田（約一時間三〇分）などからもよい登山道が通じている。ことに栃谷経由の道には途中に三軒の温泉宿があるので、下山道としても人気があるようだ。また、景信山につづく奥高尾縦走路の途中には奈良子峠、明王峠、底沢峠があり、それらの峠道を登路・下山路として組み合わせてもよい。中でも中央本線相模湖駅から与瀬神社・明王峠経由の道（約二時間一〇分）が一般的である。東京方面からはJR、もしくは京王電鉄高尾線高尾駅北口からバスで陣馬高原下まで行き、車道もしくは途中から左の尾根（新道）を行く（約二時間）。

地図　二・五万図　与瀬

（舟橋栄子・横山厚夫・守屋龍男）

景信山　かげのぶやま　標高　七二七m

東京都八王子市と神奈川県相模原市緑区とを分ける尾根上にある。この尾根は西は陣馬山へつづき、南東は小仏《こぼとけ》峠、小仏城山を介して高尾山に延びるものだが、景信山は、そのほぼ中間に小峰ながら顕著な頂を見せている。

　『新編相模国風土記稿』によると、小仏峠の項に「往昔は頂上に関ありしが、是を小仏関と呼ぶ、或は富士見関と称す。夫より少しく北に寄り、景信山と唱て、一区の地あり、北条氏照の家臣、横地監物景信が、警備せし構への跡なりと云ふ」と、その山名が説明され、『武蔵通志（山岳篇）』にも「元亀中北条氏照望遠台を此に設け横地景信将監をして之を戍らしむ因て景信山と称す」と同様の記述がある。また別に、その昔、桜町中納言景信という公家がこの地に流され、せめて富士山を見たいと願ってこの山に住むようになったが故の山名という口碑も残り、この山の北東を流れる小下《こげ》沢は公家沢の転化ともいうが、明確な史実はなく、言い伝えのみのようだ。山頂からの展望はすばらしく、東の東京都、日光、筑波山がよく見える。西の富士山、相模湖も手に取るように近く見える。茶店も営業している。

なお、小仏峠は旧甲州街道が武州から相州へ越す峠であり、笹子峠とともに街道一、二の難所とされていた。小仏の名は、奈良時代、僧行基が寺を建て、小さな仏を安置したことによるという(異説あり)。戦国から江戸時代にかけては関所が置かれ、富士山の見えるところから富士見関ともいわれていた。今日、峠には「明治天皇小佛峠御小休所阯及御野立所」の石碑と三条実美の歌碑が立つ。現在の甲州街道(国道二〇号)の車道は、この峠より南東約二kmの大垂水《おおだるみ》峠を越している。

登路　奥高尾縦走路上の一峰として登られている。西の陣馬山、南の小仏峠からの尾根道のほか、直接の登路としては、八王子市側からの三本があり、それらはJR中央本線、あるいは京王電鉄高尾線の高尾駅から小仏の集落に入り、その先から右手の尾根に取りつく道、また、さらに林道を進んで山道に入り、分岐から右手に直登するか、左手の山道に登り小仏峠を経て登る道である。いずれもバス終点より所要は約一時間三〇分。

地図　二・五万図　与瀬

(舟橋栄子・横山厚夫・守屋龍男)

高尾山　たかおさん

標高　五九九m

東京都八王子市にある。都心から西へ五〇kmに位置し、山頂から西へ二kmの大垂水《おおだるみ》峠〜景信《かげのぶ》山を結ぶ南北の稜線は、八王子市と神奈川県相模原市緑区の境となっている。

中腹(五一〇m)には、高尾山薬王院有喜寺があり、真言宗智山派に属し、天平一六年(七四四)、聖武天皇の勅願により行基が開基したと伝えられる。さらに、南北朝時代に京都醍醐山から俊源大徳が入山し、真言密教の修行の場とした。以後、飯縄大権現の霊場として戦国時代には武田信玄、上杉謙信も信奉した。とくに八王子城主・北条氏照は寺領を寄進したり、戦略上の目的もあり山内の森林の伐採を禁じた。江戸幕府が直轄の御林山とし、いまなお緑豊かな自然が残されている。江戸時代以降は、成田山新勝寺、川崎大師平間寺とともに、関東地方の真言宗智山派三大本山の一つとして多くの庶民信仰を集めている。明治の後半になると、国鉄中央東線が開通(一九〇三年)し、東京周辺在住者の日帰り登山、遠足の山として多くの人が訪れるようになった。元旦の「初詣開帳大護摩供」は、山頂で初日の出を迎える登山者と参拝者であふれ、三月の「火渡り祭り」など多くの祭礼が催される。二〇〇九年に『ミシュラン・グリーンガイドブック』(仏)で紹介されて以来、外国人ハイカーや登山者でにぎわうようになった。年間の参拝者は三〇〇万人に及ぶ。

東海自然歩道の起点であり、一九六七年には「明治の森高尾国定公園」に指定された。

地質年代は中生代白亜紀。周辺の山域を含めて小《こ》仏《ほとけ》層と呼ばれ、もろい頁岩が多い。山頂近くは火山灰が風化したローム層に覆われている。多くの修験者の集まる琵琶滝（落差五ｍ）を落とす前の沢は、小沢ではあるが年間を通して水が涸れることなく、東麓の案内川に注ぎ、多摩川支流の浅川に合流する。最近では開発と自然環境の変化が著しい高尾山中でも、哺乳動物は、タヌキ、テン、ヤマネなど三〇種近くの生息が確認されている。山頂付近の樹洞ではムササビが営巣しており、夜間に「ムササビ観察会」が開催されている。

　樹種が豊富で、しかも沢筋には水生昆虫が多いことから鳥類相が豊かであり、一五〇種近くが確認されている。中西悟堂は高尾山を野鳥観察の好適地として、昭和初期から探鳥会を催していた。現在

高尾山（背景は東京・横浜方面）
（城山から）

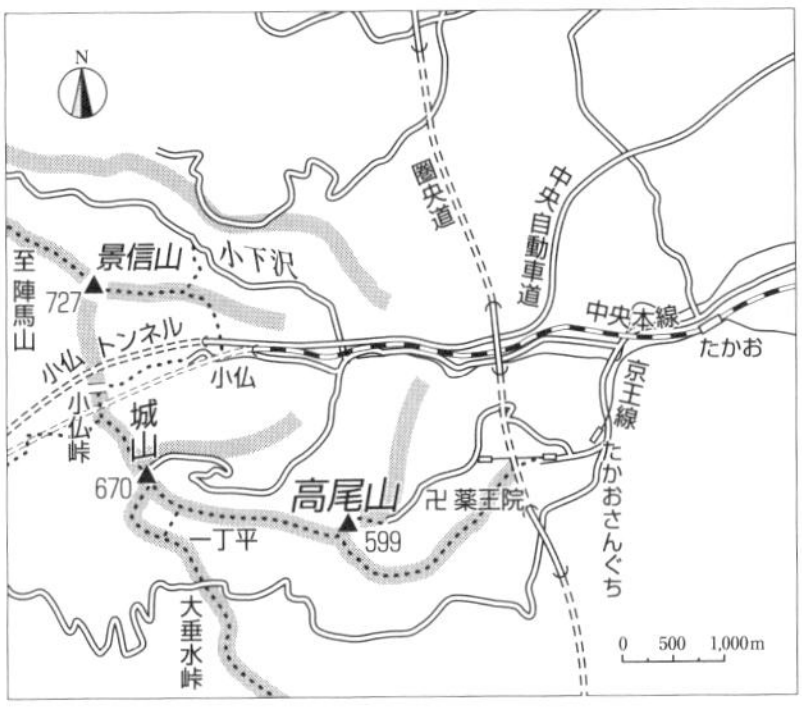

も日本野鳥の会が主催する定例探鳥会には、多くの愛鳥家が集まる。

　この山域はスケールこそ大きくはないが、変化に富んだ地形と豊かな林相のため、植物も多種多様で、四季を通じて登山者を楽しませる。この周辺で新しく発見された種も多い。

　一九七四年に建設省が首都圏中央自動車道（いわゆる圏央道）計画を発表した。首都圏周辺の開発と交通緩和を目的とした自動車専用道路で、高尾山中をトンネルで抜け、北面の裏高尾町に中央自動車道への八王子ＪＣＴを建設するものである。地元住民を中心に多くの自然保護団体が加わって大規模な反対運動が展開されたが、二〇一二年三月に高尾山ＩＣ～八王子ＪＣＴが開通した。

登路　京王電鉄高尾線高尾山口駅から山頂までは標高差四〇〇ｍ。樹齢五〇〇年といわれるタコ杉などのスギ並木を辿る表参道をはじめ、六本の登山道が「自然研究路」として整備されている。カシ、タブノキ、スダジイなどのうっそうとした常緑広葉樹林の中を登るコースや、コナラ、イタヤカエデの落葉広葉樹林の中を歩くものなど変化に富んでいる。野鳥や植物観察に好適なフィールドである。いずれのコースも、ゆっくり観察しながら登っても二時間足らずで山頂に達することができる。中腹（四八五ｍ）までケーブルカーまたはリフトを利用することもできる。

　山頂の展望は、「関八州」を見渡せるといわれ、富士山、丹沢山地はもとより、秩父、甲斐の山々、相模湾、新宿副都心の高層ビル群、房総半島までの眺望を堪能できる。

　山頂から西へ二㎞下ると、イロハモミジ、ヤマザクラ、ソメイヨシノが植えられた一丁平、ここで大垂水峠（甲州街道）から小仏峠を

経て景信山、陣馬山に向かって北西に続く稜線（通称・奥高尾縦走路）に合流する。山頂にある東京都の解説員常駐型「高尾ビジターセンター」は二〇一五年四月にリニューアルオープンした。各種標本、展示ともに充実し、登山コースの最新情報などが得られる。また、登山口の高尾山口駅周辺に日帰り入浴施設の京王高尾山温泉「極楽湯」が、その近くに高尾山の情報を発信する「599ミュージアム」が、ともに二〇一五年にオープンした。

地図　二・五万図　八王子　与瀬

（松澤節夫・守屋龍男）

鹿倉山　ししくらやま

標高　一二八八m

山梨県北都留郡丹波山村と小菅村にまたがり、大菩薩峠から奥多摩湖まで東に延びる長大な尾根の東端に聳える。尾根の北を流れる丹波川、南の小菅川は、この山の東の山裾で奥多摩湖に注ぐ。

西に大丹波峠があり、丹波山・小菅両村の交流路だった。『甲斐国志』によると、峠の北面に大きなサクラがあった。「往来ノ者必ズ此ノ木ノ樹下ニ休息ス因テ此ノ地ヲ両村ノ界ト定ム」という。さらに峠から東南東に「ウヅモノ大ヲネ」があるとあり、鹿倉山を指すと見られる。山頂は大菩薩嶺方面の展望がよい。

登路　丹波山村役場が起点。南に向かい高尾集落の上で林道に入る。マリコ川を渡ると登山道となり、沢沿いに大丹波峠へ。峠には小菅村からの林道が通じている。峠から東へ植林地の急坂を登って尾根に出る。右に折れて尾根を辿れば山頂（役場から二時間三〇分）。

地図　二・五万図　丹波

（深沢健三）

大菩薩嶺　だいぼさつれい

標高　二〇五七m

別称　大黒茂ノセリ　大黒茂山　鍋頭山

山梨県甲州市塩山と北都留郡丹波山村の境にあり、山腹は同郡小菅村にまたがる。甲府盆地と山梨県東部を分けて南北に延びる大菩薩連嶺の北部に位置し、連嶺の最高峰。富士川、多摩川、相模川の分水嶺でもある。南に有名な大菩薩峠がある。地質は古第三紀の小仏層群の砂岩や粘板岩からなっている。稜線などに石英閃緑岩や花崗岩が露出して、なだらかな山容に変化を付けている。

『甲斐国志』山川の部は「萩原山　東ノ方都留郡ニ界フ南ハ初鹿野山・牛奥山ナリ嶺ヲ大菩薩ト云フ（略）又残簡風土記ニ山梨郡東ハ限ル神部山トアルモ此ナルベシ」、古跡の部は「神部山　残簡風土記ニ山梨郡東ハ限ル神部山トアリ今其ノ山ハ適知スベカラズト雖モ疑ウラクハ大菩薩嶺是レナルベシ」とある（『甲斐国志』は嶺をほとんどトウゲと読ませている）。古代は神部山、近世は萩原山だった。ただ、これは西麓の旧塩山市辺りの呼び方で、東麓の丹波山村では、大黒茂谷の源頭にあることから「大黒茂ノセリ」、「大黒茂山」と呼んでいた。「鍋頭山」は塩山方面の呼称で、日川《ひかわ》の源流・ナベガワラのつめにあることからという。

大菩薩の山名は、①甲斐源氏の祖・新羅三郎義光が奥州出陣の際、この峠から振り返ると谷間に八本の白旗がなびくのが見えた。これこそ軍神のご加護と「南無八幡大菩薩」と唱えた。②旧塩山市側の神部神社山宮がこの山にあり、観音菩薩が祀られていた——などの説が伝わっている。直接には陸地測量部が三角点設置の際、大菩薩嶺と表記した。

　初期の登山者としては一九〇六年四月、武田久吉が小菅村側から登った。一九一二年三月三一日、田部重治、中村清太郎の二人が山頂に立った。しかし下山中、大黒茂谷に迷い込み遭難。一夜を雪の谷で明かしたが田部が意識不明になり、中村が里へ走って救出された。近代登山が始まって山梨県で初めての遭難と見られている。

　頂稜は丹波山、小菅村側がウラジロモミ、ツガ、トウヒなどの針葉樹とミズナラ、ブナといった広葉樹の混交林で覆われ、甲州市側はミヤコザサと高山植物の草原となっている。草原はテガタチドリ、コウリンカ、オオバギボウシ、アキノキリンソウ、ヤナギラン、ウメバチソウ、シモツケソウ、ノアザミなど、豊富なお花畑が広がる。

大菩薩嶺(大菩薩峠から)

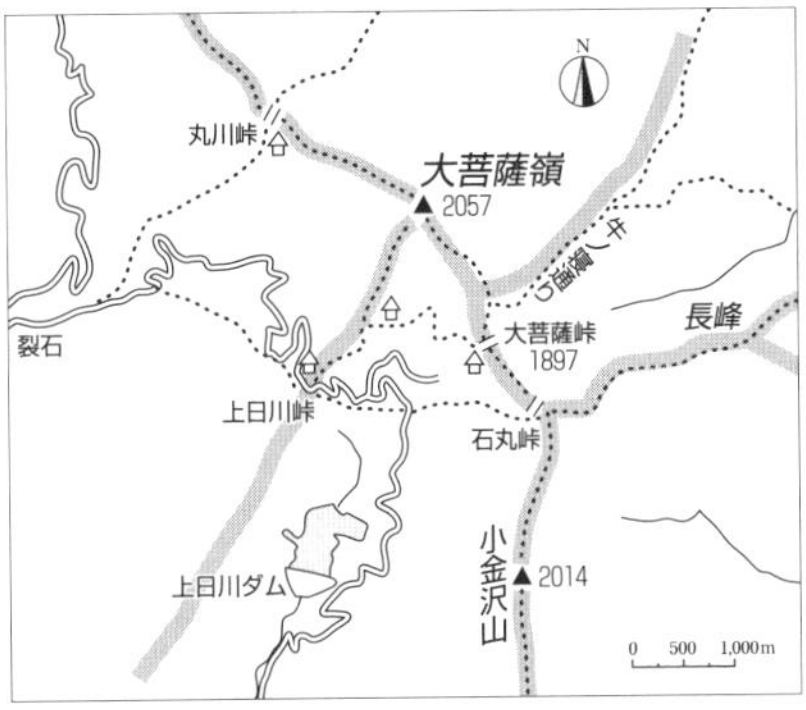

　山頂はうっそうとした針葉樹に囲まれて展望はない。雷岩から大菩薩峠間で西から南の大展望が得られる。

　北面から東面にかけては丹波川支流の大黒茂谷、小室川谷、小菅川が発して多摩川となる。東面から南面にかけては土室川、葛野川が流れ出して相模川へ注ぐ。西面、南面は笛吹川支流の重川、日川が流れ富士川となる。また、東へ丹波大菩薩道、牛ノ寝通り、長峰、南へ大菩薩連嶺、日川尾根、北は柳沢峠への尾根など、長い尾根を派生させ、山と谷の複雑な地形を造り出している。日川の上流には揚水式発電用の上日川ダムができ、ここから地中を通って大月市の葛野川にある地下の発電所に水を落として発電し、夜間は水を上日川ダムに戻している。

　大菩薩連嶺という呼び名は、大正の初めに中村清太郎、木暮理太郎によって唱えられ、一般化した。現在は、北は柳沢峠、東は鶴峠、南は笹子峠の範囲を指している。

登路　甲州市塩山の裂石がメインの登山口。重川の支流・芦倉沢に沿って登り、途中から尾根に入って林道が通る上日川《にっかわ》峠(近年ここまでバスが入るようになった)に出る。北に向かい、富士見平を経て介山荘のある大菩薩峠。尾根づたいに進み、賽の河原、神部岩、雷岩を通過、樹林の中を行くと山頂(裂石から上日川峠まで約一時間五〇分、上日川峠から山頂へ約二時間)。上日川峠までは車が入る。富士見平手前の福ちゃん荘裏から唐松尾根を登って山頂まで約一時間一〇分。このほか裂石から丸川峠経由で約三時間二〇分。

地図　二・五万図　大菩薩峠　柳沢峠

（深沢健三）

大菩薩峠　だいぼさつとうげ

標高　一八九七m

山梨県甲州市塩山と北都留郡小菅村の境にあり、大菩薩嶺の南にある。「山中上下八里人戸絶テ無シ甚ダ嶮難ナリ」(『甲斐国志』)、「大菩薩峠は江戸を西に距る三十里」(中里介山『大菩薩峠』)、「わが養家は大藤村の中萩原とて、見渡す限りは天目山、大菩薩峠の山々峰々垣をつくりて」(樋口一葉『ゆく雲』)などと書かれ、峠の険しさは古くから知られていた。

峠を有名にしたのは中里介山の長編小説『大菩薩峠』(一九一三年「都新聞」連載開始)で、昭和に入って登山者が急増した。

本来、峠は丹波・小菅と笛吹川筋の交流路で、上峠と下峠があった。上峠は丹波大菩薩道を経て現在の賽の河原へ出た。下峠は小菅から牛ノ寝通りを経て現在の石丸(石魔羅)峠に出た。その後、明治になっていまの峠に一本化した。荷渡し場など、地名に交流の名残をとどめている。

地図　二・五万図　大菩薩峠　柳沢峠　丹波　七保

(深沢健三)

鶏冠山　けいかんざん

標高　一七〇〇m

別称　黒川鶏冠山　黒川山・鶏冠山　とさか山

山梨県甲州市塩山に位置する。柳沢峠から東に張り出した尾根の最高ピーク北面をかつては「黒川山」と呼び、その中の顕著な岩峰を鶏冠山と呼んだ。また「とさか山」とも呼ぶ。黒川山の三角点は一七一〇mだが、すぐ西に最高点(一七一六m)がある。黒川山の東にある鶏冠山は一七〇〇mで山頂に鶏冠神社がある。国土地理院の二・五万図は鶏冠山(黒川山)としているが、本来は黒川山、鶏冠山は別。山名に混乱があり、いまは併せて「黒川鶏冠山」と呼ばれることが多い。『甲斐国志』は「黒川ニ在ル大嶽山ナリ(略)本州鬼門ノ鎮ニシテ霊山ナリ」としている。山梨県が選定した「山梨百名山」は、黒川山・鶏冠山としている。鶏冠山からの大菩薩嶺は大きく見える。

鶏冠山の東に黒川が食い込んでいて、武田氏の時代に盛んに金が掘られた。発掘調査で多くの遺物が出土している。丹波川上流にはおいらん淵、牛金淵など金山にかかわる伝説がある。

登路　甲州市と丹波山村を結ぶ国道四一一号の柳沢峠が起点。峠から東へ向かい六本木峠、横手峠を経て黒川山。鶏冠山はすぐ東になる(柳沢峠から鶏冠山まで約二時間一五分)。北の甲州市塩山落合から登るコースは約一時間三〇分。

地図　二・五万図　柳沢峠

(深沢健三)

源次郎岳　げんじろうだけ

標高　一四七七m

山梨県甲州市塩山にある。大菩薩嶺から南に向かって日川を挟み二つの長い尾根が派生している。左岸の尾根を大菩薩連嶺といい、右岸の尾根を日川尾根と呼ぶ。源次郎岳は日川尾根のほぼ中央にあり、主脈から西にやや張り出している。山頂は平らでミズナラなどに覆われている。南西に枡岩(畳岩)と呼ばれる平らな大きい岩がある。鎌倉時代、源頼朝に追われた岩竹源次郎が、この岩の上で自害したという伝説がある。

登路　地形図では破線が何本も入っているが、道は分かりにくい。甲州市大和町の日川沿いに遡り、嵯峨塩温泉の一・五km程先で林道嵯峨塩深沢線に入るのが分かりやすい。林道から緩斜面を登り、最初の一五四〇mピークで西に下ると山頂（林道始点から約一時間二〇分）。

嵯峨塩温泉から登って途中で林道に出るコースもあり、ほぼ同タイム。

地図　二・五万図　大菩薩峠　（深沢健三）

高尾山　たかおさん　標高　一〇九二m

別称　甲州高尾山

山梨県甲州市勝沼町にある。大菩薩嶺から南に延びる日川尾根の南端の山。山裾に広がるブドウ畑から聳え立っている。西側から見ると林道が鉢巻きのように通じているのでよく分かる。山頂からは富士山や南アルプスを望むことができる。

中腹では毎年一〇月、虫送り行事の名残をとどめる鳥居焼きが行われる。南麓に柏尾山大善寺があり、北西には大滝不動がある。大善寺付近では幕末、新選組の近藤勇らが官軍と戦い敗れた。大滝不動は近くに雄滝、雌滝がある。

登路　大善寺、鳥居焼きの鳥居平、深沢地区の三箇所から登山道があり、いずれも二時間前後。林道を車を使えば歩きは一〇分程。

地図　二・五万図　笹子　大菩薩峠　塩山　石和　（深沢健三）

塩ノ山　しおのやま　標高　五五三m

山梨県甲州市塩山にある。『古今和歌集』などにも登場し、「しほの山さしでの磯にすむ千鳥君が御代をば八千代とぞ鳴く」（巻七）と歌われた名山。笛吹川と重川に挟まれた市街地にこんもりと立っている。全山アカマツに覆われ、頂上からは南方の眺めがよく、富士山や御坂山地を望むことができる。『甲斐国志』には塩が採れた記述があり、それが由来と考えられるが、後世の科学的調査で採れない地質であることが分かった。

巨人ダイダラボッチが「もっこ」から落とした土くれでできたという伝説がある。周辺には恵林《えりん》寺、向嶽寺、放光寺などの名刹や塩山温泉がある。臨済宗向嶽寺派本山・向嶽寺の山号は塩山《えんざん》。旧市名、駅名、温泉も「えんざん」。

登路　温泉街から遊歩道があり山頂まで約二五分。

地図　二・五万図　塩山　（深沢健三）

小金沢山　こがねざわやま　標高　二〇一四m

別称　雨沢の頭　小金沢最高点

山梨県甲州市と大月市にまたがる。大菩薩連嶺の中で二〇〇〇mを超えるのは大菩薩嶺と、この小金沢山のみ。連嶺は次第に高度を下げ、滝子山を経て笹子峠で御坂山地に繋がる。南北に長い山体で針葉樹に覆われている。山頂は東側の展望がよく、長峰、牛ノ寝通りの長大な尾根と小金沢、土室川の谷を見渡すことができる。小金沢には金山伝説がある。

西に雨沢、東に小金沢があり、山名になった。岩科小一郎は二〇一四mの三角点峰を小金沢最高点、南隣の二〇〇〇mを雨沢の頭として区別している。

登路　大菩薩登山口の上日川峠から熊沢岳の南を巻いて石丸峠へ。ミヤコザサが茂る狼平を通り、一度下ってシラベの樹林を登り切ると山頂（上日川峠から約一時間三〇分）。

地図　二・五万図　大菩薩峠　七保　（深沢健三）

牛奥ノ雁ガ腹摺山　うしおくのがんがはらすりやま　標高　一九九〇m

山梨県大月市と甲州市塩山の境界。大菩薩嶺から南への尾根は緩やかな起伏を繰り返しながら小金沢山、黒岳、大蔵高丸、ハマイバ丸（一七五二m）、滝子山へとつづく。牛奥ノ雁ガ腹摺山は小金沢山のすぐ南で、クマザサとカヤトと黒木が交互に現れ、秀麗な富士山をはじめ、甲府盆地を隔てて南アルプス全山、丹沢の山々を見渡すことができる。東京の町並みの一部も遥かに見える。なだらかなので、山頂はうっかりすると通り過ぎてしまう。

雁は尾根を越える時、できるだけ低く飛ぶ。腹をするように飛ぶか歩いたと古記はいう。東方に五百円紙幣の雁ガ腹摺山（この山からの富士山）、南に笹子雁ガ腹摺山があり、この山系だけで三つも「雁ガ腹摺山」がある。牛奥ノ雁ガ腹摺山はすぐ西の嵯峨塩温泉近くに牛奥という小さな集落があり、尾根一つ向こうに牛奥村があったのでこの名が付いた。牛奥は牛を置く、つまり牛の牧場という意味もあるという。

登路　大菩薩登山道から行く場合はJR中央本線塩山駅発のバス終点から歩き始め、上日川峠、石丸峠を経て尾根歩きとなり、小金沢山から牛奥ノ雁ガ腹摺山に至る。ここから黒岳経由で湯ノ沢峠まで行き、長い林道をJR中央本線甲斐大和駅まで歩く。タクシーか車を利用する人が多い（バス終点から上日川峠まで約二時間、石丸峠まで約一時間三〇分、小金沢山まで約一時間、さらに山頂まで約四〇分）。山頂から黒岳経由で湯ノ沢峠まで約一時間四〇分、さらに甲斐大和駅まで林道歩きは三時間程かかる。

地図　二・五万図　大菩薩峠　笹子　大月　（高室陽二郎）

黒岳　くろだけ　標高　一九八八m

山梨県大月市と甲州市塩山にまたがる。大菩薩嶺から南に向かって登り下りを繰り返しながら石丸峠、狼平、小金沢山、牛奥ノ雁ガ腹摺山、そして黒岳、湯ノ沢峠に至る尾根筋を大菩薩連嶺、または小金沢連嶺という。西の日川、東の葛野《かずの》川に挟まれた長い主尾根は、シラベ、モミ、カラマツ、ヒノキなどの黒木、それが開けるとクマザサとカヤトが交互に現れて静かで壮大な展望を提供する。三角点がある黒岳は、その名のとおり頂上からの展望は樹林にさえぎられているが、南側は視界が開け、甲府盆地を隔てて南アルプス、奥秩父、丹沢の山々、富士山は秀麗そのものである。『甲斐国志』でも、すばらしい展望に触れ、東の海を往来する船が見えると記す程である。

二〇〇〇年に完成した東京電力の揚水発電所は、葛野川上流と日川をトンネルで繋ぎ、深夜の電力で日川のダムへ水を揚げて昼間に七一四mの落差のある葛野川へ落として発電する。発電所は地中にあって高さ五四m、わが国最大という。その日川のダムを尾根から見下ろすことができる。ダムの高さ八七m、長さ四九四m、発電量一六〇万kw。

山を下りると嵯峨塩温泉、田野温泉、真木《まぎ》温泉　金山温泉、そして甲州市営温泉もある。日川沿いには栖雲《せいうん》寺や景徳院があり、落ち延びた末ついに力尽きた武田氏滅亡の歴史を秘める。武田勝頼の盾となって奮戦した土屋惣三の「片手切り」の旧跡もある。日川は戦いのために三日間も血が流れたので三日血川ともいう。山の帰りに歴史探訪をする人が多い。

黒岳（雁ガ腹摺山から）

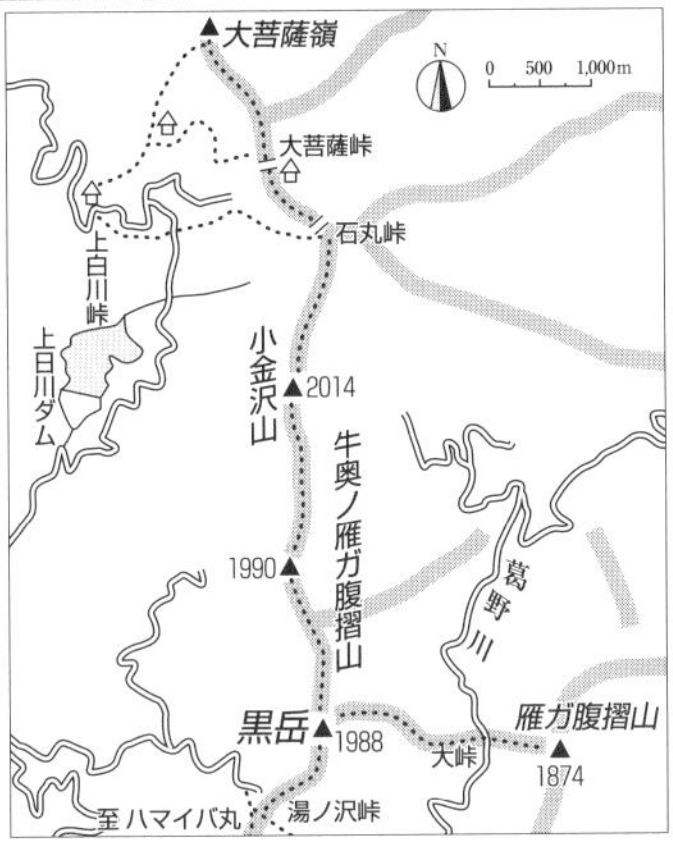

石丸峠は古くは石魔羅峠。子授け、安産祈願の石があったが、明治の改革の淫祠邪教の禁に触れ撤去された。牛奥ノ雁ガ腹摺山は東の雁ガ腹摺山、南の笹子雁ガ腹摺山と並ぶ「三腹摺山」の一つ。雁が尾根を越える時は、腹をするように低く飛ぶか、よちよち歩くという。

登路　大菩薩峠から縦走する場合は、湯ノ沢峠からJR中央本線甲斐大和駅までの長い林道を歩く必要がある。時間に余裕があったら大蔵高丸、ハマイバ丸（一七五二m）辺りを散策するのもよい。黒岳から東へ大峠までの下りは約四〇分。湯ノ沢峠まで車で来て黒岳往復を楽しむ人も少なくない。上日川峠から石丸峠まで約一時間三〇分、小金沢山まで約一時間、牛奥ノ雁ガ腹摺山まで約三〇分、黒岳まで約一時間、湯ノ沢峠まで約四〇分、甲斐大和駅まで約三時間。

地図　二・五万図　大菩薩峠　七保　（高室陽二郎）

雁ガ腹摺山　がんがはらすりやま　標高　一八七四m

山梨県大月市にある。甲府盆地と山梨県東部を分ける大菩薩連嶺から東に延びる支脈の最高峰。連嶺とは大峠で繋がっている。この峠は地元で雁ガ腹摺、鏡タル、大タルなどとも呼ばれ、雁が越える鞍部だった。丸みを帯びた山容。山頂の南面はカヤトの原で富士山と御坂山地の展望台となっている。北面はコメツガなどに覆われている。

一九五一年発行の五百円紙幣の絵柄に使われたのが、ここからの富士山だった。原画は戦時中の一九四二年一一月、埼玉県の国鉄職員・名取久作が撮影した。山頂の南にある標高点は一八五七mだが、山頂は一八七四m。

登路　大峠まで車で入ることができる。峠から東に向かい、山腹の南を巻くようにして登る。登山道が北に向かい、背の低い灌木に変わると、まもなく山頂手前のカヤトの原に出る（大峠から約一時間）。

地図　二・五万図　七保

（深沢健三）

大蔵高丸　おおくらたかまる　標高　一七八一m

山梨県甲州市大和町と大月市にまたがる。山梨県の中西部と東部を分ける大菩薩連嶺のほぼ中央にあり、すぐ北に白谷ヶ丸、南にハマイバ丸（一七五二m）、東に雁ガ腹摺山がある。標高は一七八一mとしている書もあるが、二・五万図の等高線は一七七〇mまでしか読み取れない。

甲州市大和町側の大蔵沢のつめにあたり、「大きなクラ（岩石）」が多い沢の上にある高い山の意味らしい。「マル」は朝鮮語の山を指す言葉。『甲斐国志』は「大倉」と表記している。また同書は、甲斐の北の鎮めを金峰山、西を白峯、南を蛾ヶ岳と書き、東は「初鹿野山」としている。時代が移って、どの山か特定が難しいが、前後の記述から大蔵高丸と大谷ヶ丸にかけての一帯を指していると見られる。

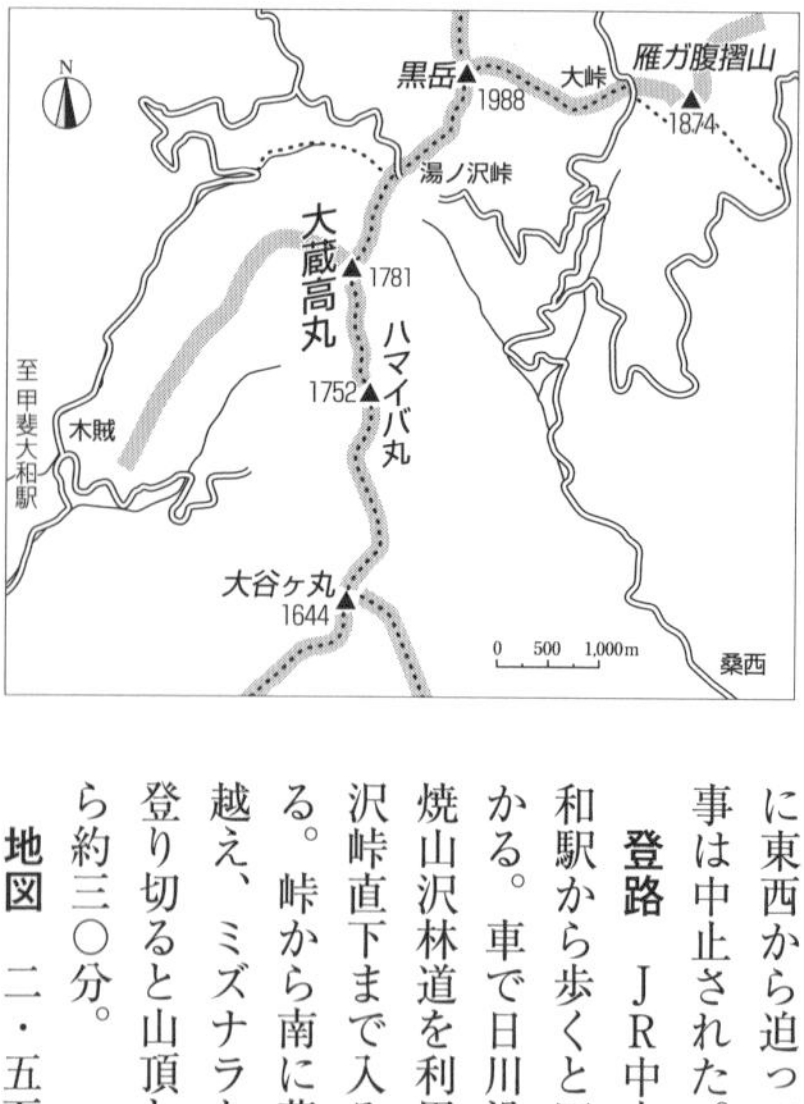

大蔵沢が日川に流れ込む辺りは甲州市大和町田野地区。ここは戦国の雄・武田氏終焉の地でもある。天正一〇年（一五八二）三月一一日、武田勝頼、北条夫人、信勝の親子三人ら主従数十人が、織田・徳川連合軍と最後の戦いを繰り広げた。勝頼三九歳、夫人一九歳、信長の姪を母に持つ信勝一六歳だった。この戦いで両軍が流した血は日川を三日間赤く染めたといわれ、別名を三日血川という。

山頂の北は湯ノ沢峠（焼山ノタル、雁ヶ腹摺）。カヤトと高山性草原の起伏が山頂までつづいている。西に広々とした甲府盆地と南アルプスの峰々、南に大菩薩連嶺の南半分、三ツ峠山や御坂山地と富士山、東に中央本線沿線の山々と、飽きることのない展望がある。山麓の武田氏悲話がさらに悲しみを帯びる明るさでもある。

一帯は山梨県の小金沢自然保存地区に指定されていて、湯ノ沢峠に東西から迫っていた林道工事は中止された。

登路　JR中央本線甲斐大和駅から歩くと四～五時間かかる。車で日川沿いに入り、焼山沢林道を利用すれば湯ノ沢峠直下まで入ることができる。峠から南に草原の起伏を越え、ミズナラなどの樹林を登り切ると山頂となる。峠から約三〇分。

地図　二・五万図　大菩薩

峠　笹子　大月　七保

（深沢健三）

滝子山　たきごやま

別称　三ツ丸、鎮西ヶ丸

標高　一六一〇m

山梨県大月市の西部に位置する。ＪＲ中央本線初狩駅と笹子駅間の北に聳え、山頂部分は三つのピークが並ぶ。線路沿いから見ると堂々として急峻、東西からだと三角形に見え、大菩薩連嶺の南端を飾る。三角点標高は一五九〇m。中央のピークがもっとも高く、地形図の等高線は一六一〇mまで入っている。

「三ツ丸」は山頂部分にある三つのピークから、「鎮西ヶ丸」は源鎮西為朝の伝説に由来する。滝子山は滝子沢のつめにあたること、滝が多いことからなどという。大菩薩連嶺の南から奥多摩、丹沢にかけては、マルの付く山名が集中している全国でもめずらしい山域。白谷ヶ丸、大蔵高丸、ハマイバ丸、大谷ヶ丸、コンドウ丸、本社ヶ丸、大丸、高ノ丸、犬目丸、莪ノ丸、檜洞丸、東沢丸、畦ヶ丸など。木暮理太郎らの研究によると、マルの語源は古い朝鮮語であるという。現代語の「峰」を指すマルが語源という。『続日本紀』などには、六〇〇年代に百済人数百人を甲斐に移す、といった記述がある。

山頂北側の日当たりのよい山襞《ひだ》に白縫神社と小さな鎮西ヶ池がある。為朝と白縫姫、侍女たちが自刃した場所という伝説が残る。また、池は鏡ヶ池とも呼ばれ、手鏡が池から出たとも伝わる。『甲斐国志』によると、雨乞いの山でもあった。鎮西ヶ池に鏡を沈めたり、沢の奥に隠しておいた玉を浸して降雨を祈ったという。

山頂からは富士山、御坂・道志・丹沢の山地、大菩薩連嶺、奥秩父などを望むことができる。南面の滝子沢からは江戸時代、石灰が採掘された。西面の「ずみ沢」上流はブナ、ミズナラの自然林が発達し、山梨県森林百選に入っている。

登路　ＪＲ中央本線笹子駅から東に国道二〇号を行き、吉久保地区で中央道を渡り桜公園へ。大鹿沢沿いの林道を行き、ずみ沢へ入る。いくつかの滝を見ながら登り、大谷ヶ丸からの登山道が合わさると南に向かう。鎮西ヶ池を過ぎると頂稜に出る（笹子駅から約三時間二〇分）。このほか南面に二本の登山道がある。

地図　二・五万図　笹子

（深沢健三）

お坊山　おぼうやま

別称　トクモリ

標高　一四三〇m

山梨県大月市と甲州市大和町の境に位置し、大谷ヶ丸から南西に延びる尾根の一角にある。大月市笹子町辺りでお坊山と呼んでいる。甲府盆地東部のＪＲ中央本線山梨市駅付近からは三つの三角形の峰が折り重なって見え、その左端がこの山。中央の一四一二m峰を門井沢の頭、右端を矢平(ヤダイロ、別称・米沢山、一三五七m)という。ただ、中央をお坊山と呼ぶ例もあるなど、一定していない。

昔、笹子側に住んでいた娘が恋に破れて池に身を投げた。その怨霊が大蛇となり、旅人を悩ませた。通りがかった親鸞が南無阿弥陀仏を百の小石に書いて池に投げ入れて鎮めたという伝説が残る。

登路 旧国道二〇号の旧笹子トンネルから笹子雁ヶ腹摺山を経て約三時間。JR中央本線笹子駅から滝子山の西の曲沢峠に出て大鹿山、大鹿峠を経て約二時間。

地図 二・五万図 笹子

(深沢健三)

笹子雁ガ腹摺山 ささごがんがはらすりやま

標高 一三五八m

別称 御殿

山梨県大月市と甲州市大和町にまたがり、江戸時代に整備された甲州街道最大の難所・笹子峠が南西にある。山体の下をJR中央本線、中央自動車道、国道二〇号の合計五本のトンネルが通っている。

東の大月市笹子、西の甲府盆地、どちらから見ても台形の姿をしていて分かりやすい。雁ガ腹摺山は笹子側、御殿は甲州市大和町側の呼称。大菩薩連嶺は笹子峠で終わり、御坂山地に繋がっていく。峠の大きな弛みは渡り鳥の通路でもあった。峠の大月市側には名物・笹子餅、山梨県指定の文化財・追分人形、矢立の杉などがある。

登路 旧道を使って古い笹子トンネルまで車で入る。トンネル両側から登山道が付いている。トンネルの上が旧街道の笹子峠。この上で登山道は合流し、北東へ進む。笹子側の山腹を巻いて二つ目の巨大な送電線鉄塔が建つ鞍部から登り切ると山頂。展望はよい(旧道トンネルから約一時間)。

地図 二・五万図 笹子

(深沢健三)

奈良倉山 ならくらやま

標高 一三四九m

山梨県大月市と北都留郡小菅村にまたがる。大菩薩嶺南方の石丸峠から東に延々とつづく尾根(牛ノ寝通り)は、大《おお》マテイ山(一四〇九m)で南東にカーブし、中央線沿いの権現山、扇山で終わる。奈良倉山は、この尾根のほぼ中央にあたり、東へ鶴峠を経て山梨・東京都境の奥多摩の山々に繋がる尾根を派生させている。大きな山体で西に松姫峠、東に鶴峠があり、相模川水系と多摩川水系を結ぶ交通の要衝となっている。北面・白沢川の支流に奈良倉沢がある。

天正一〇年(一五八二)三月、武田氏が滅んだ後、信玄の六女・松姫はこの辺りの山中から八王子に逃れたといわれる。山頂西を通る国道一三九号の峠は、伝承により開通時に松姫峠と命名された。

登路 国道一三九号松姫峠まで車で入れば、峠から広めの登山道があり、一三二一m峰を巻いて広葉樹林の中を行く。分岐があるが尾根通しに進むと山頂。西面に大菩薩連嶺を望むことができる(峠から約四〇分)。なお、二〇一四年秋、大月市と小菅村を結ぶ国道一三九号松姫峠に松姫トンネル三・四㎞が完成した。中央自動車道大月ICと小菅村中心部が一時間から三〇分に短縮された。

地図 二・五万図 七保

(深沢健三)

麻生山　あそうやま　標高　一二六八m

別称　尾名手山

山梨県大月市と上野原市の境界、権現山のすぐ西にある。扇山、奈良倉山、大《おお》マテイ山、松姫峠を経て、大菩薩嶺に向かって北西に延びる尾根上にある。東の上野原市を流れる鶴川、西の大月市を流れる葛野《かずの》川渓谷に挟まれている。鶴川支流の麻生川の源流にあるから麻生山といい、尾名手川上流だから尾名手山ともいう。五万、二・五万両図とも左下隅に位置しているので、読図は極めて不便である。

山頂は三つの頭になっており、雑木とマツの植林で展望はよくない。地元には北面一帯を尾名手山と呼ぶ人もいる。

登路　大月市七保町駒宮から東に向かって尾根を登る。山頂から北へ延びる北尾根を三〇分程行ってから駒宮の小姓へ下りることもできる。上野原市側は鶴川支流の麻生川、阿寺沢川沿いからもルートがあるが、ヤブで不明確(七保町から山頂まで約二時間三〇分)。

地図　二・五万図　猪丸　七保　上野原　大月　(高室陽二郎)

百蔵山　ももくらさん　標高　一〇〇三m

山梨県大月市にある。西から東に流れる桂川の両岸は山が迫っていて、南が秋山山系、北がこの百蔵山、扇山、権現山など。いずれもJR中央本線の駅から歩いて登ることのできる人気の山である。とくに桂川の河岸段丘の上に並んで立つ百蔵山と扇山の姿は印象的である。百蔵山頂はアカマツ、ソメイヨシノ、ナラ類に囲まれ、しっとりとした雰囲気がただよう。南は富士山や秋山・道志の山々、北は葛野川の谷と、折り重なる山並みに奥深さを感じさせる。

山麓は伝説の宝庫。犬目、鳥沢、猿橋、百蔵山、九鬼山と、桃太郎伝説の登場者がそろう。『曾我物語』で討たれた工藤祐経や平将門の弟・将武(相馬七郎)の子孫が住みついた地域という。

登路　猿橋駅から北の桂川を渡り、市営グラウンドを目ざす。Y字路を左へ行けば西側から、右へ行けば東側から山頂に着く。いずれも猿橋駅から二時間前後。

地図　二・五万図　大月　(深沢健三)

権現山　ごんげんやま　標高　一三一二m

別称　大室山《おおむれやま》

山梨県大月市と上野原市にまたがる。JR中央本線沿線では人気の山の一つ。上野原駅〜大月駅間の北にあり、扇山、百蔵山の奥に大きな山体で横たわっている。

山頂の東側直下に大室権現(大群権現とも書く)を祀る祠がある。『甲斐国志』には大室山、大室権現と書かれていて、信仰の山だった。丹沢の大室山は古くは大群山、鳥ノ胸山は殿群山。「群《むれ》」は古代朝鮮語で山を指す。山梨県の東部には古い日朝交流を偲ばせる山名が多い。

権現山ではかつて五月の祭礼時に公認の賭場《とば》が立ったという。山頂からは奥多摩の山と関東平野、奥秩父東部、富士山などを望むことができる。

登路　登山者が多いだけに何本もの登山道があるが、車を使う最短ルートは大月市浅川から。集落の終わりから歩き始めて植林地を抜け浅川峠へ。南に行けば扇山。北へ向かい、尾根通しの急な登りを行くと主稜線に出る。ここで東に折れるとまもなく山頂(浅川から約二時間)。

地図　二・五万図　上野原　猪丸　大月

(深沢健三)

扇山　おうぎやま

標高　一一三八m

山梨県大月市と上野原市にまたがる。百蔵山の東にあり、JR中央本線鳥沢駅辺りから見ると、山頂を要にして扇を下に向けて広げたように見える。広い山頂と展望がすばらしい。南側は富士山がゆったりと裾を引き、秋山・道志の山々の向こうに相模湾が光っている。東側は東京西郊の高尾山、陣馬山などがうねっている。東麓にはサクラと渡り鳥で知られた大野貯水池がある。

山頂の西に矢の音という字《あざ》がある。『北都留郡誌』は「神功皇后が九州で応神天皇を産んだとき、祝いの遠矢を武内宿禰が放ち、ここ(扇山)に落ちた。その矢は麓の富浜にある大木神社に祀られている」と書いている。

登路　何本もある。鳥沢駅からの場合、北に向かい、ゴルフ場の西を回って梨ノ木平へ。ここから登山道になり、大久保のコルに出たら東へ登って山頂(鳥沢駅から約二時間三〇分)。

地図　二・五万図　上野原

(深沢健三)

岩殿山　いわとのさん

標高　六三四m

山梨県大月市。JR中央本線大月駅のすぐ北に見上げる岩壁は鏡岩、大黒岩、兜岩などといわれる高度差一二〇mの大岩壁。仰ぎ見ても見下ろしても迫力がある。駅から歩き始めて市民公園を過ぎ、一時間あれば登ることができる。山頂からの展望は真下に大月市街や桂川流域、遠く富士山の眺めがすばらしい。

一六世紀、豪族小山田氏の居城で、駿河の久能山や上野の吾妻山と並ぶ名城として知られる。山頂付近に城門、兵舎、馬洗などの遺構がいくつかあり、乃木希典《まれすけ》の七言絶句「登ル㆓岩殿ノ古墟ニ㆒」の碑が立つ。山というよりは典型的な山城である。

武田信玄の死後、勝頼は天正三年(一五七五)、長篠の戦いで織田・徳川連合軍に大敗。七年後の天正一〇年(一五八二)、織田・徳川の攻撃を受けた。長野県高遠城で敗退したのち、築城したばかりの山梨県韮崎市の新府城に火を放ち、拠点である府中(現甲府市)も捨てて、岩殿城の小山田信茂を頼ろうとした。しかし、途中で信茂の謀反を知り、大菩薩嶺に向け日川を遡った。新府城では五～六〇〇人いた手勢も四〇人程になっていた。追う織田勢は、各地で徹底的な探索を行った。万策尽きた勝頼主従は、三月一一日、甲州市の天目山の麓、田野で互いに刺し違え自刃した。信茂の謀反について、甲斐の武田贔屓《ひいき》筋は後世まで苦々しい思いを持っていたが、『大月市史』によると、勝頼には勝算なく、むしろ戦いによる領土の荒廃をさけるための措置だったという。しかし、勝頼死後十日余り、信茂とその一族は織田信勝によって甲府市の善光寺で殺される。さらに二か月後、本能寺の変で信長が死んだ。

岩殿山頂の詩碑はこれら戦国の悲劇を語る。毎年夏、岩殿山を中心に行われる大月市の「かがり火祭り」では、無数の篝《かがり》火が夜空を焦がす。落日の武将たちへの鎮魂の祭りという。

登路　JR中央本線大月駅から東に向かって歩き出し、桂川を渡り市民公園経由で山頂を仰ぎながら登る。展望と史跡探訪の後、往路を帰らず稚児落とし経由で駅までハイキングを楽しむことができる（駅から登り一時間強、稚児落とし経由の下り約二時間）。

地図　五万図　都留　二・五万図　大月

（高室陽二郎）

岩殿山（南東方向から）

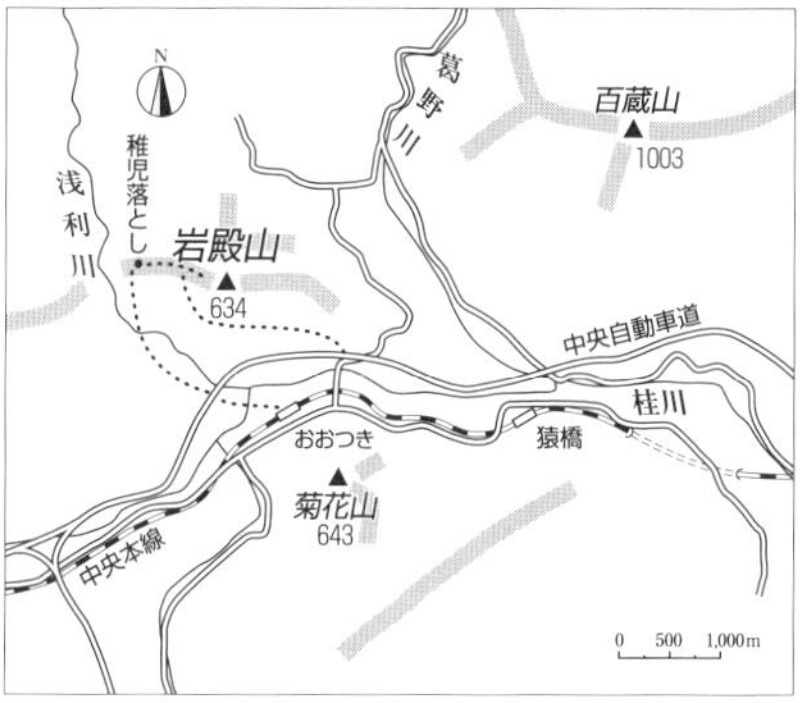

武蔵野台地

愛宕山　あたごやま　標高　二六m

東京都港区。都心部にある台地。

「むさしのは月の入るべき嶺もなし尾花が末にかかる白雲」と中院通方は『続古今和歌集』で歌っているが、一九〇〇年の鉄道唱歌の一番は「汽笛一声新橋を、はやわが汽車は離れたり、愛宕の山に入り残る、月を旅路の友として」と歌い、東京にも山はあるぞと気を吐いた。これを尊重してか、国土地理院二・五万図でも、東京都心部（二三区内）では唯一、山名付きで三角点（二五・七m）を標示している。

山上に愛宕神社がある。徳川家康が慶長八年（一六〇三）に勝軍地蔵像を安置して社殿を建てたのが創始と伝える。江戸時代の社寺書上、名所記や図会に愛宕権現別当円福寺とあるように、典型的な神仏習合の祭地で、御利益のありそうな神仏はなんでも祀ってあった。海に近いので格好の展望台になり、茶店なども並んで江戸市民の遊覧地になっていた。一八八六年に公園指定。「わが登る愛宕の森の木末よりはるかに見ゆる蜑《あま》のつり船」子規。

南北に延びる台地状の愛宕山の登路は東側にある石段で、八六段の男坂か、そのわきの一〇七段の女坂を登った。男坂は、三代将軍家光の社参の際に曲垣平九郎が騎馬で上下した講談で有名。この石段はかなり急峻で、高所や急坂に慣れていない人は上から見下ろすと目まいがするかもしれない。しかし、近代になっても馬術家や軍人が男坂を騎馬で上下しているので、曲垣伝説は嘘ではなかろう。

本書で、登山の対象にはならないこの愛宕山を採用した理由は、ここがいわば山岳展望の原点ともいえる所だからで、大正初期、中村清太郎や木暮理太郎は、この山上にあった塔から山々を探索、東京から赤石山脈の悪沢岳が見えることを確認した。『山岳』第九年第一号(一九一四年六月)には、木暮理太郎の「東京愛宕塔上より望める大井川奥山」のスケッチが掲載されているほか、木暮理太郎の『山の憶ひ出』(下巻)にもその詳細が記録されている。また、志賀重昂も『日本風景論』の中で山岳展望地点としての愛宕山に触れている。愛宕山は、飛鳥山や赤羽台、浅草にあった凌雲閣(通称十二階)などとともに、山岳展望の世界を開いた、日本の登山史に残る記念すべき場所といえる。

中村、木暮らが山岳展望に利用した塔は一九二三年の大地震で倒壊したが、一九二五年にはNHKがここからラジオ放送を開始した。その跡は放送博物館になっている。

現在は周辺に高層ビルが立ち並び、せっかくの「山」が巨塔群の中に埋没、歴史の中に残るだけで、山岳展望の場所も高層ビルの最上階に移ってしまった。

ちなみに東京は武蔵野段丘の先端で、そこを数条の谷が貫流していくつかの台地を形成しているので、意外に凸凹している。そのため古くから○○坂と呼ばれる所が都心部だけで八〇〇余りあり、その代表的なのが、富士山を望む富士見坂。山手線内に一八あるというが、建物にさえぎられて、二〇一五年現在で実際に見えるのは一つ(文京区・護国寺前の富士見坂)しかない。○○山という地名もいくつかあり、北区王子の飛鳥山は愛宕山より高くて二七m。都心部で一番高いのは新宿区戸山の箱根山で四二・七mあるが、これは尾張徳川家下屋敷の庭園に築かれた人工の山。二三区内の最高点は、世田谷区の小田急電鉄祖師谷大蔵駅の東にある大蔵給水場周辺で、海抜五四m、辺りは閑静な住宅街である。

(大森久雄・平井吉夫)

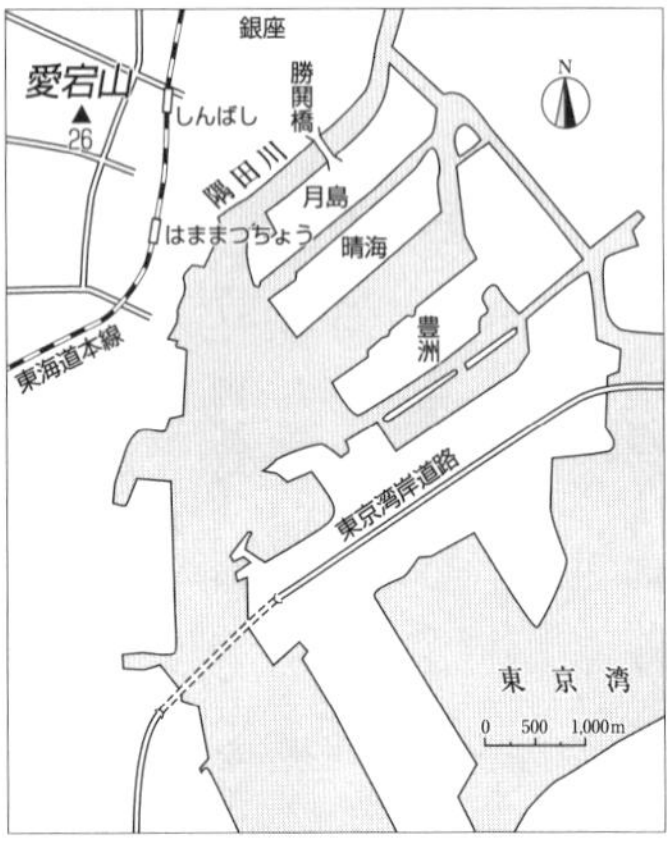

地図　二・五万図　東京南部

佐渡島

山毛欅ガ平山　ぶながひらやま　標高　九四七m

別称　ぶながだいらやま

新潟県佐渡市両津地区と相川地区の境にあり、大佐渡山脈のほぼ中央部に位置している。第三紀層の粗面岩質安山岩からなる。山中には、妙見大明神の天《あまの》御《み》中主《なかぬしの》命《みこと》を祀る。東の歌見《うたみ》戴《いただき》山、南の平松《ひらまつ》戴《いただき》山を前山とする。

登路　東側の林道歌見線から歌見川支流の中ノ沢沿いに開かれている(登り約四時間)。山頂周辺は平らな草原になっている。まだあまり一般に知られていない静かな山である。

地図　二・五万図　小田

（筑木　力）

金剛山　こんごうさん　標高　九六二m

新潟県佐渡市両津地区にあり、大佐渡山脈のほぼ中央に位置している。第三紀層の粗面岩質安山岩からなる。頂上には、津上大明神を祀り、金北山、檀特山《だんとくせん》とともに大佐渡の三霊山であったが、神仏分離以後、三山駈けの風習は廃れた。金剛山とドンデン山の間は尾根づたいに雪畑山を経てトレッキング・ルートが通じている。

登路　佐渡市白瀬から白瀬川沿いに林道がある。途中で標識に従い右折すると尾根に登山道があり、頂上まで三時間程で達する。

地図　二・五万図　小田　両津北部

（筑木　力）

檀特山　だんとくせん　標高　九〇六m

新潟県佐渡市両津地区と相川地区の境にある。金北山、金剛山とともに大佐渡山脈の三霊山の一つで、修験道の山伏の先導で三山駈けをした古い歴史がある。檀特山大権現(大日如来)を祀る。

登路　金剛山からの道は荒れているが、佐渡市和木から外海府石名を結ぶ全長二〇㎞の広域林道の開通により、峠の直下石名側から檀特山奥の院への登拝道は整備されている。季節風のため植生も変化に富み、山頂部には見事な巨木林がある。山頂から石名川の源頭に標高差一〇〇mほど下ると、奥の院の社がある。

地図　二・五万図　小田　両津北部

（室賀輝男・本間宏之）

タダラ峰　標高　九四〇m

別称　ドンデン山

新潟県佐渡市両津地区と高千地区との境にあり、大佐渡山脈のほぼ中央に位置する。山名は別称のドンデン山の方が知られているが、これは稜線上にあるドンデン池からとられたもの。最高点の尻立山(九四〇m)や蜂ヶ峰(九三四m)、大滝山(七八六m)、論天山(八七三m)などを合わせドンデン山と呼んでいる。タダラ峰の「タタラ」は大型のフイゴのことで、製鉄に関連する言葉だが由来は不明。

地質は第三紀層の粗面岩質安山岩からなる。四月のオオミスミソウ（ユキワリソウ）やカタクリ、五月のヤマツツジ、六月のドウダンツツジやハクサンシャクナゲなど、花の山として人気が高い。

尻立山の北東にはモリアオガエルが生息するドンデン池があり、夏期はキャンプ場となる。また、蜂ヶ峰にはドンデン山荘がある。

登路　両津港からドンデン山荘まで、春のシーズンには「ドンデン・ライナー」というバスが運行されている。山荘から尻立山を経てドンデン池まで約三〇分。なお、中腹の青粘《あおねば》登山口から青粘峠を経て山荘までは約二時間一〇分。春には花満開の人気コース。

地図　二・五万図　両津北部　金北山

（筑木　力）

金北山　きんぽくさん

標高　一一七二m

別称　越高嶺《こしのたかね》　雪高嶺《ゆきのたかね》

佐渡弥彦米山国定公園に属し、新潟県佐渡市両津地区と金井・相川地区にまたがって聳える。佐渡島の北半分を占める大佐渡山脈の主峰で、島の最高峰。元々は「北山」と呼ばれていたが、佐渡金山の初代奉行・大久保長安が「金北山」と命名したという。

山頂にある金北山神社には金北山大権現が祀られ、金剛山、檀特《だんとく》山とともに大佐渡三霊山に数えられる。かつて山伏（法印）の先導で「三山駈け」が行われていたが、神仏判然（分離）令以来廃れた。

地質は第三紀層の粗面安山岩で形成されている。頂稜周辺は冬季の強烈な季節風の影響で灌木や芝草が広がっており、その間にレンゲツツジやハクサンシャクナゲの群落が目立つ。そのほかドウダンツツジ、ハウチワカエデ、クロモジ、ナナカマド、ブナ、ヤマアジサイ、タムシバ、エンレイソウ、イワカガミなども見られる。

山頂からは佐渡島全島が箱庭のように広がって見え、本州の飯豊連峰や上越国境稜線、北アルプス北部の山並みを望むことができる。

登路　大佐渡スカイラインの白雲荘（売店のみ）から山頂まで防衛省管理道路が通じており、登り二時間弱（通行には事前の届け出が必要）。春のシーズンには「金北山ライナー」を運行。そのほか山麓の横山や栗ヶ沢からの登山道があり、どちらも登り約四時間。ドンデン山荘から青粘峠、マトネ（九三八m）、イモリ平、役の行者を経て金北山に登り、防衛道路を下って白雲荘に至る大佐渡山脈縦走は、七時間程を見ておきたい（逆コースもあり）。

地図　二・五万図　金北山

（筑木　力）

経塚山　きょうづかさん

標高　六三六m

新潟県佐渡市真野《まの》地区にある。国仲《くんなか》平野を隔てて大佐渡山脈と相対し、小佐渡山脈の南端に位置する。その名のとおり、古来から信仰の山である。平安時代に、未来仏である弥勒菩薩の世まで信仰を伝えようとする風習が起こり、妙法写経を地下に埋めたのが「経塚」であって、平安中期に始まり全国に広まったとされる。

登路　畑野から猿八《さるはし》を経由して取りつき、整備されている。登り二時間三〇分から三時間。ほかに女神山から小佐渡エコーラインを通るか、赤泊からも真野からも車で山頂に立つことができる。

地図　二・五万図　畑野

（筑木　力）

越後丘陵

鋸山　のこぎりやま　標高　七六五m

新潟県長岡市にある。北に大入峠、八方台憩いの森、森立峠、榎峠とつづき、南に花立峠、萱峠とつづく。長岡市街のどこからでも、鋸の歯のような稜線を望むことができる。

西側斜面は北西の季節風を受けるため、マンサク、ツバキ、ウツギ、スギなどの雑木林が広がり、稜線にはブナ、ナラ、ユキツバキ、ヤマブドウなどが茂り、亜高山性の植物も見られる。

山頂に設置された展望盤により、弥彦山、飯豊連峰、朝日連峰、川内山塊、守門岳、浅草岳、越後三山、谷川連峰、頸城連山などを一つ一つ眺めながら確認することができる。

登路　国道三五二号で栖吉バス停(終点)下車か、車で国道終点(駐車場あり)の花立峠登山口まで行き、川沿いの登山道をつめ、見晴しのよい花立峠を経て山頂に達する(約一時間三〇分)。真木林道の大入峠から登る道もある(約四〇分)。

地図　二・五万図　半藏金

(田中栄弘)

角田山　かくだやま　標高　四八〇m

別称　長者原山《ちょうじゃはらやま》

佐渡弥彦米山国定公園に属し、新潟県新潟市西蒲区巻にある。

南東面は蒲原平野に繋がり、わりに緩やかであるが、北西面は断崖となって日本海に落ち込み、奇岩・怪石に富んで岩登りのゲレンデにも利用されている。

古来、信仰登山の対象とされ、九合目に向陽観音堂(宿泊可能)や、山頂には健養亭(無人小屋)がある。また、二〇〇二年三月、バイオトイレが地元の篤志家の手により完成し、環境保全に寄与している。観音堂東側の広場からは、西蒲原穀倉地帯の田園、新潟市街、五頭山群、飯豊連峰までが一望できる。

山頂は広い平坦地であるが、樹木にさえぎられて眺望は利かない。四季を通じて、新潟市から日帰りできる手軽な山として、県内外の中高年や家族連れに親しまれている。

登路　東西南北へ放射状に延びている。稲島、湯ノ腰、五輪石、浦浜、五ヶ峠、福井ほたるの里、灯台と七コースがあり、地元関係者の努力で整備されている(いずれも一時間から二時間)。

地図　二・五万図　角田山

(筑木　力)

弥彦山　やひこやま　標高　六三四m

別称　神剣峰《みつるぎのみね》

佐渡弥彦米山国定公園内にあって、新潟県長岡市寺泊町と西蒲原郡弥彦村との境にまたがる。新潟平野の西縁に位置する、第三紀層を抜いた凝灰岩、石英粗岩などからなる火山である。隣接する多宝山(六三四m)には三角点が置かれ、両者は双耳峰をなしている。中

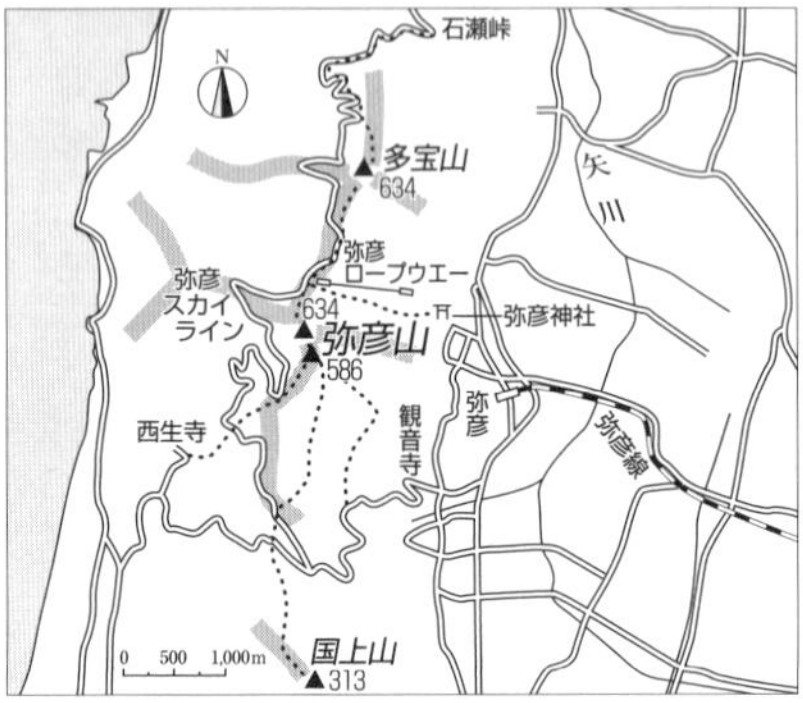

弥彦山(国上山蛇崩から)

間の鞍部は大平高原と呼ばれ、日本山岳会第二代会長・高頭仁兵衛の寿像がある。製作は羽下修三、頌文は武田久吉、頌文彫は亀倉蒲舟で、一九五〇年五月二〇日に完成したものである。

植生は豊富で、マルバマンサク、カタクリ、ショウジョウバカマ、ナガハシスミレ、タムシバ、キクザキイチリンソウ、ヤマザクラ、ヤマツツジ、ヤマモミジ、エノキ、ヤマウルシ、アケビ、イワガラミ、ヒトリシズカ、イタドリ、ギョウジャニンニク、アカマツ、ヒノキ、ガマズミ、ナツハゼ、サンショウなど枚挙にいとまがない。

弥彦山は、越後一ノ宮の「お弥彦様」が鎮座する神の山として信仰の対象とされ、『万葉集』にも詠まれ、いまも四季を通じて県民に親しまれている。弥彦神社では各種の神事が催されるが、「弥彦の燈籠押し」と呼ばれる夏の火祭りがとくに有名である。これに新潟県松明登山祭を、日本山岳会越後支部や地元山岳会が合同して行っている。さらに大平高原では高頭祭が毎年行われて、大先達の遺徳を偲んでいる。

山頂からは、信濃川を抱いた越後平野や佐渡島が浮かぶ日本海を、三六〇度のパノラマで眺望することができる。また遠く遥かには、朝日・飯豊連峰、守門岳、浅草岳などの山々も遠望できる。大平晟や高頭仁兵衛が少年時代に登頂して、この大眺望に感動し山岳趣味に目覚めたとされるのも、なるほどとうなずける。山頂には弥彦神社の奥社があり、そこからやや下った一帯には、新潟大学理学部弥彦環境調査施設、NHKや民放各放送局のテレビアンテナ、超短波無線中継所などがあって、山岳景観にふさわしい風情が損なわれているのが残念である。

弥彦山は、兵庫県の雪彦《せっぴこ》山、福岡県の英彦《ひこ》山とともに、「日本三彦山」の一つに数えられる。「深田百名山」には、「背が低すぎる」ため選ばれなかったが、山のよさはその高低とは関係ないであろう。日本山岳会員で地元に在住した高頭仁兵衛、藤島源太郎、花井馨らの尽力により、数多くの著名な岳人が来訪している。また、燕市在住の山崎幸和(日本山岳会)が、一四年かけて作成した展望図「弥彦山頂から見える越後・佐渡の山々」は、一七〇座の山岳を克明に描いた労作である。

登路　神社本殿からスギ並木の中の「万葉の径」を通り抜け、清水茶屋からジグザグに急登するものがある(約一時間三〇分)。日本海側の野積の西生寺から登るコースは、静かで最近人気が出ている。また、観音寺の八枚川コースも階段や標識が整備されている。しかし、日本海側の間瀬コースは、途中まで林道が入っているが、標識などの整備もなく歩く人も少ない。それから滝ノ沢は、沢登りの入門ルートとして興味深いものがある。

山麓の弥彦神社わきから山頂直下まで、ロープウエーが架設されている。また、一九七〇年に弥彦スカイラインが開通して、山全体が県下最大の観光地となった。それに山麓一帯には温泉が多く湧出し、酒呑童子や妙多羅天女などの伝説・史跡にも富んでいる。

地図　二・五万図　弥彦　（筑木　力）

国上山　くがみやま

標高　三一三m

別称　越の山　久我躬《くがみ》山

新潟県燕市と西蒲原郡弥彦村にまたがる。越後平野の西端に位置し、角田山・弥彦山・国上山と連なる弥彦山塊を「西蒲三山」と総称する。第三紀層に輝石安山岩が噴出堆積し、隆起した火山岩からなる。標高一六〇mの中腹に群生している、低地に残された稀少なブナ林は学術的価値が高く、県の天然記念物に指定されている。

山名の由来として、「国っ神」が「国上《くにつかみ》」となり、さらに「国《くにつ》上《がみ》」になったといわれている（『日本仏教史辞典』）。

山中には和銅二年（七〇九）に創建された、真言宗豊山派雲上山国上寺があり、越後の古刹として信仰を集め、本尊は上品上生阿弥陀如来木造座像で、弥彦大神の本地仏として鎮座している。

中世年代は寺の勢力が強大で、堂塔伽藍が連なり、十七坊を数え僧兵を擁して、黒滝城攻防の激しかった歴史を物語る。四季を通じて自然観察会、探島会、吟行会など、史跡や良寛遺跡、酒呑童子伝説などを求めるハイカーでにぎわっている。

登路　県道国上口のバス停から西参道、国上寺を経て山頂に達する（約一時間一五分）。蛇崩を回る一周コース（約一時間三〇分）。朶口から蛇崩を経て山頂へ（約一時間）。早春のカタクリ、オオミスミソウの咲くころと紅葉から落葉期は、西蒲三山縦走が人気である。

地図　二・五万図　寺泊　弥彦　（山田一男・山崎幸和）

八石山　はちこくさん

標高　五一八m

別称　八谷山　高見山

新潟県柏崎市と長岡市小国町にまたがり、渋海川の左岸側に位置する。姥石などの伝説や八谷城があったとする歴史の山である。米山を盟主にして、この山に黒姫山を合わせて「刈羽三山」と呼ぶ。

山体は頸城山地から分岐した大量の安山岩からなり、榎峠と松代背斜・八石背斜・関屋背斜の三背斜構造から成り立っている。

登路　県道田代小国線の湯沢から入り、離山と八王子本村の中間点で右折し、駐車してから登るコースが一般的で、途中に泡石の案内板や展望台があり、道も整備されている（約二時間）。

地図　二・五万図　法坂　（田中栄弘）

黒姫山　くろひめやま　標高　八九一m

別称　刈羽黒姫山

新潟県柏崎市の旧柏崎市域と高柳町との境にある。山道には石仏が祀られ、農業の五穀豊穣や機織りの技量上達を願う信仰とか、また山姥など、いろいろな伝説が麓に残っている。

登路　高柳方面は二コースがある。磯之辺の黒姫キャンプ場から急坂を登り、鬼殺し清水、鵜川神社を通り山頂へ至る（約二時間）。また、岡田から鬼沢川沿いに上流へ向かい、白倉集落の跡地、尾根分岐点、黒姫峠、鵜川神社を通り山頂へ至る（約三時間）。柏崎側は三コースがある。上向から折居川に沿って上流の東に向かい、左の尾根に取りつき、鶏冠嶺《とりかのつんね》（五九二m）を通り山頂へ至る（約二時間）。清水谷から山道を登り、林道の終点の右下にある池を過ぎ、白倉コースと合流して、黒姫峠経由で山頂へ至る（約二時間）。水上から林道終点の尾根分岐を経て、美麗なブナ林を通り抜け、黒姫峠を越えて山頂へ至る（約二時間）。

地図　二・五万図　石黒　越後野田　岡野町

（田中栄弘）

米山　よねやま　標高　九九三m

別称　胞衣山

新潟県柏崎市と上越市柿崎区の境にまたがる。米山甚句や三階節に詠われ、庶民に親しまれて信仰の篤い山である。周囲には、尾神山（七五七m）、兜巾山《とっきんさん》、刈羽黒姫山、八石山《はちこくさん》があって、米山山群を形成している。地形は急峻で、柿崎町の柿崎川に猿毛川、米山寺川、米山川が合流し、柏崎市側の払川、谷根川とともに海に注ぐ。

山名の由来は、山容が鉢に米を高盛りにした形からとする説と、山中の七、八割まで耕田し、米作ができたとする説などがある。山体は鮮新世の安山岩類が分布し、火山砕屑岩層で覆われている。

山頂には日本三大薬師の一つ・薬師如来を祀る。奈良朝の和銅年間に、越の大徳泰澄が登った時、白雲の中に生身の薬師如来を拝したという。地元の人たちにとって、農業と雨乞い、縁結びの山として、また海上交通の目標としても信仰が深い。

登路　柏崎方面は、JR信越本線米山駅から大平集落に入り、尾根に取りつきガンバレ岩を経て登るコースが一般的である（約三時間三〇分）。柿崎方面からは、野田崎を経て山頂に達するコース（約三時間）などがある。

地図　二・五万図　柿崎　越後野田

（田中栄弘）

菱ヶ岳　ひしがたけ　標高　一一二九m

新潟県上越市安塚区、大島区と長野県飯山市にまたがり、関田山塊の東端に近く、北に突き出た山である。

山名は、遠く上越市から美しい三角形に見えるところから、菱ヶ岳と名付けられたものらしい。和銅元年（七〇八）、裸形《らぎょう》上人が妙高山に登り、東方を望み三角形の山の形から菱ヶ岳と名付けたともいわれている（安塚町自然の会編『菱ヶ岳』）。ただ、地元安塚区から見ると台形に見えて、山名に相応しい形ではない。四方から望見できる気高い山容により、古くから山岳信仰が盛んだった。

山頂には薬師如来を祀り、山岳修験の霊山として明治初年ごろまで女人禁制であった。古来、久比岐《くびき》の須弥山《しゅみせん》といわれていた。菱ヶ岳は山寺薬師（上越市）、金谷薬師（上越市）、米山薬師（上越市）と並んで修験者の道場として栄えた。

白雉年間（六五〇〜六五四）、阿果が菱ヶ岳に登った。養老二年（七一八）、行基がこの地に化導を垂れ、結縁のため五尊の仏像を刻み、頂霊山華園寺を建てたともいわれている。和銅元年（七〇八）、裸形もこの地で心身の修練をしたとも伝えられている。

登路　グリーンパーク・ルートは、山頂を眺めるのに最適であるとして山開きが行われてきた。登山口から二〇分程歩くと、子授け地蔵として信仰を集めている赤はげ地蔵が迎えてくれる。そこから三〇分程でどんどん清水に着く。夏でも涸れることがない。初夏は登山道沿いにヤマアジサイが咲き、小学生でも気楽に登ることのできるコースである（登山口から約一時間三〇分）。

不動滝ルートは、不動滝の近くまで車で行くことができる。その先は急な登りが多いが、四〇分程で山頂に着く。不動滝の付近はブナの巨木が多い。滝の上部は安山岩の岩脈が露出して火炎石なるものがあり、眺めはよい。

山頂付近の地層から海産の貝の化石が発見されている。このことから菱ヶ岳は海底が隆起してできた山であることが証明される。

地図　二・五万図　柳島

（内藤　修・七沢恭四郎）

鍋倉山（大三角）　なべくらやま　標高　一二八九m
黒倉山　くろくらやま　標高　一二四二m
関田峠　せきだとうげ　標高　一一二九m

鍋倉山は長野県飯山市と新潟県上越市板倉区の境界をなす関田山塊の最高峰で、山頂は飯山市と新潟県妙高市の境にあり、黒倉山と双耳峰をなす。

鍋倉山の南西側の谷には、豊かなブナ林が残されていて、「森太郎」と呼ばれる巨木（樹高二五m、幹周り五・三四m、推定樹齢四〇〇年）が、林野庁の「日本の巨木一〇〇」に選定された。地元ボランティアによる、周辺一帯の保全活動やトレッキング案内なども活発である。

黒倉山は新潟県上越市板倉区と長野県飯山市にまたがり、越後丘陵の南端に位置する関田山塊にあって、鍋倉山と双耳峰をなす。

関田峠は上越市と飯山市との境にある。旧板倉町上関田と飯山市温井は、昔、関田街道として結ばれていた。川中島に駆けつけた上杉謙信もこの峠を通り、北信濃を眺望したと思われる。途中、旧板倉町の標高八〇〇mの所に、光ヶ原高原（板倉ファミリーパーク）があり、牧場になっている。また、黒倉山山麓の東山寺には山寺薬師があり、親鸞の内室・恵信尼ゆかりの地として有名な古刹である。薬師堂には薬師如来、釈迦如来、阿弥陀如来の三尊像が安置され、裏参道を下ると延命清水（新潟県名水）がある。

登路　双耳峠をなしている黒倉山、鍋倉山は関田峠から「黒倉山登山道」の案内板を見ながら入る。ブナ林の稜線を歩き筒方峠となる。緩登して黒倉山頂（登山口から約一時間三〇分）。鍋倉山へは左に下って、鞍部の柄山峠に立つ。少し急登となり鍋倉山頂に着く（登山口から約一時間五〇分）。

また、八〇㎞に及ぶ関田山塊の尾根上には「信越トレイル」と名付けられたロングトレイルがあり、六つのセクション（区間）に分けて設定されている。

地図　二・五万図　野沢温泉　柳島　新井　猿橋

（菊地俊朗・七沢恭四郎）

斑尾山　まだらおやま　標高　一三八二m

別称　薬師岳

長野県飯山市、上水内《かみみのち》郡信濃町、飯綱町三水《さみず》地区、中野市豊田地区と新潟県妙高市妙高地区にまたがる。通称「北信五岳」の一つ。この呼称は、五岳を一望できる信州中野市周辺でいわれ始めたと見られるが、斑尾山はほかの四岳よりかなり低い。にもかかわらず加えられているのは、独立峰であること、この山の火山活動で誕生した野尻湖との取り合わせの景観が優れていることなどによろう。

山体には特出したピークがない。いくつかの溶岩円頂丘と寄生火山が合体した山だが、五岳の中ではもっとも崩壊が進み、それだけになだらかな山体になっている。林道が山体を取り巻き、とくに新潟県の妙高市側は観光開発が進み、スキーリフトが山頂直下まで延びていて、ツアースキーにも格好の山。ペンションやゴルフ場などもある。ギフチョウの産地であるが、長野県側飯山市の山麓にはヒメギフチョウも生息する、めずらしい混生地である。

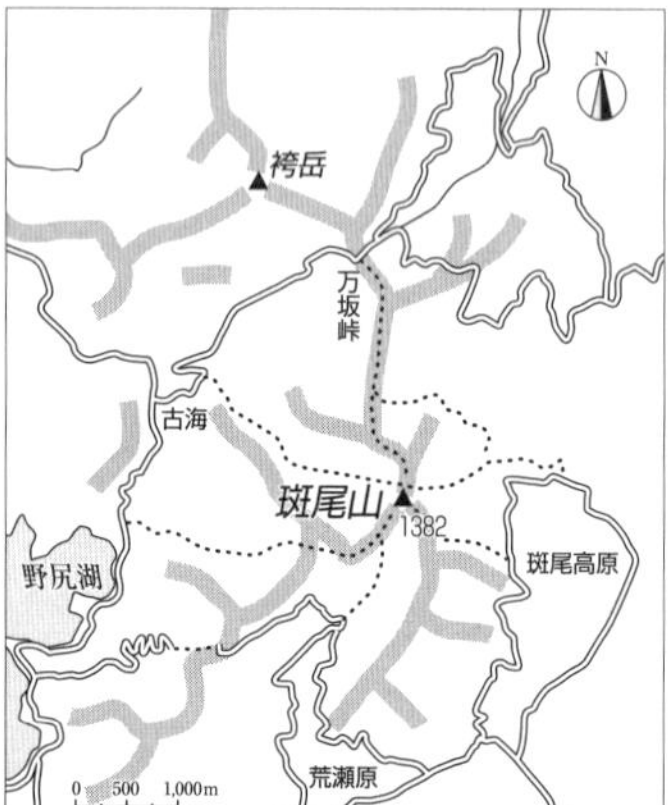

山名の由来は、残雪が斑模様であるから、ともいわれるが、往時は「斑男」と書き、対山の黒姫山と野尻湖でのデート伝承によるという説もある。別称が薬師岳なのは、山頂に十三の薬師石祠が祀られているからである。それを理由付けた昔話も伝わっている。

登路　登路は一番近い飯山市の斑尾高原からを含め五ルート。長野県側の信濃町古海、荒瀬口からだと二時間前後。

地図　二・五万図　飯山　中野

（菊地俊朗）

浅間火山地域

苗場山　なえばさん

標高　二一四五m

別称　幕山(元禄御国絵図)

長野県下水内《しもみのち》郡栄村と新潟県南魚沼郡湯沢町、中魚沼郡津南町にまたがる。信濃川の支流・中津川と清津川に挟まれ、高層湿原の頂上が信越境となっていて、かつては楯状火山(アスピーテ)といわれていたが、今日では、更新世に噴出した輝石安山岩の造る成層火山(コニーデ)説がもっぱらである。山頂から北へ神楽ヶ峰、日蔭山とつづく稜線の西側が侵食カルデラで、この位置に円錐火山の山頂部があったと推定されている。

上信越高原国立公園の最北端にあるため、地元はおろか多くの人々は古代から越後の名山だと思い込んでいた。山頂から南北約五km、東西約二km内には約六〇〇の小池が散在し、池はごく浅く、池中にはミヤマホタルイ、タテヤマスゲ、ミヤマアシが生え、水田の苗代の様相を呈し、秋、稲田の景観になることから苗場の名が付された。『大日本地名辞書』は、地震の古語「ナイ」からではないかともいう。

山頂には伊米《いまい》神社と呼ばれる社があり、保食神という女体の銅製神ほか六神が安置され、信州側の石の上に鎮座している。伊米神社は小千谷市の神社から熱烈なる行者によって分社されたという。

鈴木牧之《ぼくし》の著した『北越雪譜』(七巻、天保七～一三年・一八三六～四二)には、苗場山は越後の山で一番高いとある。山からは神楽ヶ峰の陰になって里は見えない。『北越雪譜』はあまりにも有名だが、日本山岳会越後支部の初代支部長だった藤島玄は、「鈴木牧之が苗場山に登ったのは、文化八年(一八一一)だが、小田島充武の『越後野志』は文政九年(一八二六)に出版された」(『山と渓谷』一三二号・一九五〇)といい、つづいて「一九〇七年に至っては、大日本地名辞典が出版され詳しく山のことが述べてある。なお吉田東伍は地学雑誌に苗場山の四季折々を記してある」(同)と書いた。

苗場山頂の山上池

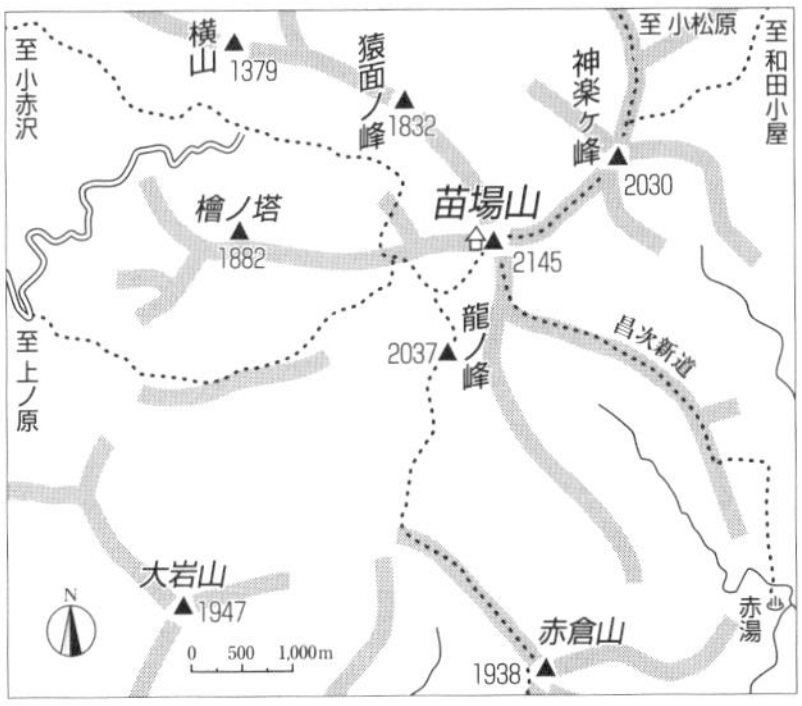

日本山岳会越後支部の発足は全国に先駆け、昭和二二年（一九四七）五月二八日に、苗場山頂宿舎に高頭仁兵衛、冠松次郎両翁を迎えて行われた。当時は飢餓時代で、混乱した列車が越後湯沢に到着した時、冠翁の持ち物は杖一本のほかは全部なくなっていたという殺伐とした世の中だった。翌年の『越後山岳』第二号に時の日本山岳会会長・武田久吉は「名山苗場」の中で「明治三十九年に高頭君の日本山嶽志が発兌されるに及んで　諸書を抄出引用して概念を記述してあるが　それでも普通の山嶽とは少なからず相違するあの苗場山を是等の記事から想像することは不可能であった」と書き、また「東京から直線距離一六〇㎞の彼方に苗場山を見出して喜んで居た木暮理太郎君が」とか「昔の人は田圃との関連を思はしめ　之に苗場の名を與へる動機を作らしめ　自然に田圃の生ずるは神のわざに由るものとの迷信から、この山を崇敬」などとある。

敗戦後の長野県側秋山郷全住民の悲願は、過疎からの脱却であって、秘境こそが唯一の観光資源であった。住民は観光来訪者が活用できる施設がほしいし、一日も早い実現が望ましいと主張した。ところが、当時強力などは飛騨山脈一帯にわずかに残るのみであった。担当者は前年、富士山頂に気象観測用の最新設備である、ドームの骨組みの六二〇kgを、風の抵抗の少ない早朝にヘリコプターに吊るして、空中輸送に成功したことを知っていた。時代は空からの物資輸送を必要としていたのである。苗場山でも山麓の八木沢辺りで高圧電線架設工事にヘリコプターが盛んに利用されていた。早速の活用によってスピーディーに工事は進行した。しかし、当時きわめて進歩的であったはずのドーム内における気象観測も、今日ではその役目が終わってしまった。昭和四三年（一九六五）八月、この山頂に待望のヒュッテが建立された。したがって、秋山郷の住民たちは強力の活躍も知らず、資材保管の体験もなしに、いきなり山小屋建設の宿願を果たしたのである。

昭和四〇年（一九六八）には、越後側にあって信仰を深めていた旧態依然の宿舎も改築され、信仰登山は完全に廃れてしまった。今日は、湿原帯に分厚い材木の木道が張り巡らされ、貴重な植物の宝庫、高層湿原の自然環境保護が行われるようになった。

登路　長野県側からは、下水内郡栄村小赤沢、または上ノ原から約四時間。新潟県側からは、祓川の和田小屋からだと、尾根道を神楽ヶ峰の快適なコースを辿っても、登りに約五時間はかかる。下りは両コースとも約四時間が必要である。

地図　二・五万図　苗場山

（早乙女緩次・古幡開太郎）

神楽ヶ峰　かぐらがみね

標高　二〇三〇m

新潟県中魚沼郡津南町と南魚沼郡湯沢町にまたがり、苗場山から北東へ吊り尾根で連なる。造山活動を同じくし、東面は清津川、北西面は硫黄川から中津川へと激しく侵食する。溶岩壁を残したまま稜線となり、カルデラを形成している。

山名は苗場山に祀る伊米神社の目前にある峰において神楽を舞い、祈りを奉じた遥拝所に由来する。この峰には『北越雪譜』の著者・鈴木牧之を讃えた「天下の霊観碑」が立ち、『日本山嶽志』の編者・高頭仁兵衛と太平晟の碑文により建立され、周囲を俯瞰している。

山体は針葉樹と落葉広葉樹で覆われる。中腹以外はスキー場に変貌してしまったが、それなりの植生が見られる。豊かな積雪は山岳スキーのメッカにしている。かぐらスキー場のリフトを利用し、ここ神楽ヶ峰を出発点としている。

登路　①三俣スキー場、湯沢町営第二リフト駐車場和田小屋より登山道を辿り登頂(約二時間)。冬期スキーリフト利用もできる。グリーンピア津南より登山道を辿り、小松原湿原を経て登頂(約五時間)。

地図　二・五万図　苗場山　赤沢

(桑原悌治・本間宏之)

赤倉山　あかくらやま　　標高　一九三九m

新潟県南魚沼郡湯沢町と長野県下水内郡栄村にまたがり、苗場山に隣接する。平らな山頂で稜線は佐武流山へと連なる。東面は清津川、西面は檜俣川を経て中津川へと水を分ける。侵食が激しく急谷を形成している。地質は輝石安山岩火山砕屑物である。

山名は、渓谷の岩嵓が赤色を呈するためとされる。山頂からの眺望は四季折々絶佳、とくに苗場山頂にかけて見られる樹海は圧巻である。山域は奥深く、渓谷は白砂山へと遡上する。

谷間にはこの山域を象徴する秘湯・赤湯温泉があり、七色の泉質を河床にわき分けている。苗場の「昌次新道」を伐り開いた山口館は、三代にわたりこの山域をランプとともに見守りつづけている。

棒沢の左岸に熊獲り衆が根城にする「岩窟《りゅうくつ》」がある。その利用は土器の発見により、縄文時代にまで遡るといわれる。

登路　国道一七号、元橋の登山口から徒歩で清津川沿いに辿り、赤湯温泉まで(約三時間三〇分)。赤倉山頂へは林道を経て急登、風倒木多し(約三時間三〇分)。ほかに浅貝、苗場スキー場から大栃沢出合まで車を利用し、赤湯温泉に至るのも便利である。

地図　二・五万図　佐武流山　切明　苗場山

(桑原悌治・本間宏之)

佐武流山　さぶりゅうやま　　標高　二一九二m

別称　西ノ沢岳　さぶりやま　さぶるやま

長野県下水内郡栄村と新潟県南魚沼郡湯沢町にまたがる。北に苗場山、南に白砂山を控え、上信越高原国立公園内にある。森林生態系保護地区指定の豊かな生物群と水系に恵まれた聖域といってもいい。山体は貫入岩類の花崗閃緑岩と石英閃緑岩からなる。東西の渓谷は豪雪と多雨による侵食作用でV字谷を形成し、河床は奇岩が露出、急流が瀑布を造って見事な景観を見せる。ことに下流の清津峡は、柱状節理の岩と硬質輝緑凝灰岩が特異な峡谷を形成して、天然記念物に指定されている。山の西面、中津川流域は魚類に恵まれているが、東面・西ノ沢下流域の一部は、水質不適合で魚は生息していない。

山名について、新潟県『南魚沼郡誌』は、「この山の信州側に巨大な岩窟あり、風穴作用で洞穴の奥より寒風が吹き出し、宿泊不能である。竜の棲む、寒い岩窟のある山という意味で『寒竜山』と書くべきが至当である」と記す。現在の表記は、おそらく地図作製時

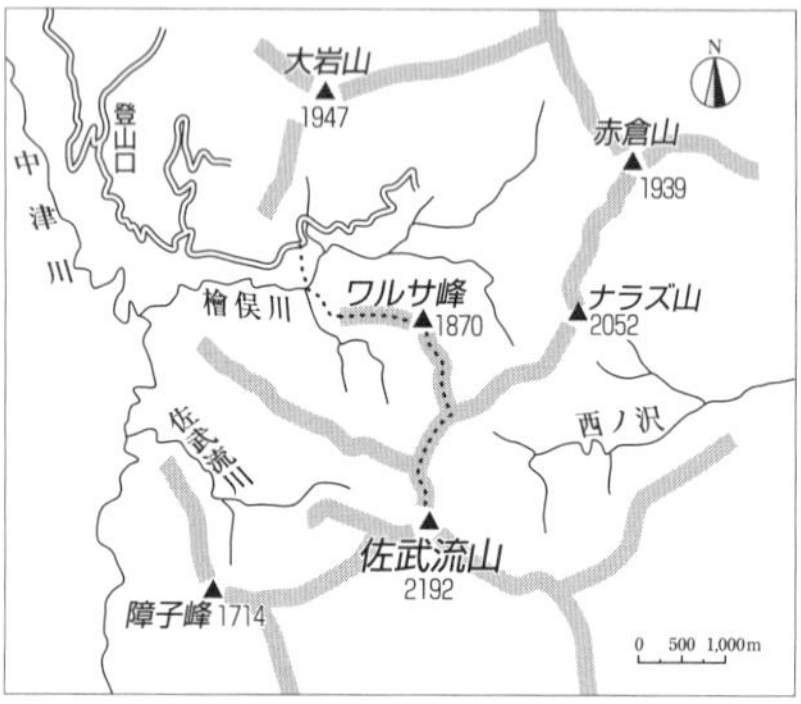

佐武流山（左）（白砂山山頂から）

の当て字と思われる。読みは「サブリュウ（サブリウ）」とある。ほかに「サブル、サブリ」などと記す向きもあるが、いかがなものか。ただし「サム」はない。湯沢側では「西ノ沢岳」と呼ぶ。

苗場山と違って滅多に人を寄せ付けなかった、ヤブ尾根づたいのこの山に踏み込んだ最初は、大正六年（一九一七）一〇月の旧制第一高等学校旅行部員・日高信六郎、森喬の一行と思われるが、詳細は分からない。次いで昭和四年（一九二九）の立教大学の逸見真雄、つづいて小林太刀夫の清津川遡行などがある。ちなみに日本山岳会信濃支部の「長野県境地帯一周踏査隊」の入山は昭和四〇年（一九六五）夏。越後支部の「新潟県境全山縦走踏査登山」は、翌年春のことである。

山頂三角点も埋もれ、廃道となっていたこの秘境の山唯一の登山道を、三年がかりで平成一四年（二〇〇二）秋に復活完成させたのは、地元の相沢博文「前進倶楽部」ほかボランティアの諸氏の熱意だった。二〇〇一年秋には二等三角点も掘り起こされた。

登路 山麓秋山郷の和山・切明温泉口から魚野川を遡り、中津川林道ゲートまでの車道を経て檜俣林道を歩く。檜俣川を左岸に渡り、物思平を経て急登してワルサ峰を辿り、西赤沢源頭の稜線に出て山頂に向かう（登り五時間三〇分～六時間。下り約五時間）。稜線までの眺望はともかく、深山の魅力は十分である。

地図 二・五万図 佐武流山

（早乙女緩次・古幡開太郎・桑原悌治・本間宏之）

白砂山 しらすなやま

標高 二一四〇m

別称 三峯山《みつみねやま》

新潟県南魚沼郡湯沢町、長野県下水内郡栄村、群馬県吾妻郡中之条町六合《くに》地区にまたがり、三県の境界をなす山である。北に苗場山を仰ぎ、東に上ノ間山（二〇三三m）、西に堂岩山（二〇五一m）を連ね、その中央に座す白砂山は、まさに三国境の盟主といえよう。

山名は南西面の地表が崩落し基盤岩が露出して、地質上山肌が白く見えるためといわれる。山頂からの展望は、四季折々絶景をきわめる。噴煙が上がる草津白根山と浅間山から棒名山へと山並みはつづく。秩父連山のかなたには富士山も望まれる。

地質は、山頂部は凝灰岩、凝灰質泥岩互層で、北稜線部は花崗閃緑岩および石英閃緑岩、西面はデイサイト溶結凝灰岩が占める。白砂川は利根川を経て大平洋へ、野反湖は貯水の後、支流を合わせて中津川、信濃川となって日本海へ注ぐ。白砂川の水質は花敷温泉から上部は真水で、酸性河川ではない。下流部は日本の強酸性河川として第一位の白根火山を源とする湯川が合流するため、吾妻川の下流は「死ノ川」となっていたが、中和工場とダムの完成により「甦える川」に変身した。

白砂山域の懐は深い。特有のどか雪、豊かな水と緑と風が育む多様な種がそれぞれ棲み分けている。野反湖は、かつて野反の池といわれた高層湿原で、周囲にはうっそうたる落葉広葉樹と針葉樹が混生する原生林があった。戦後にかけて、用材調達の乱伐で山容は様変わりしてしまった。傷ついた生態系は二次林としてササが山肌を覆い、ダケカンバやハンノキの小群落が点在している。

白砂山(堂岩山から)

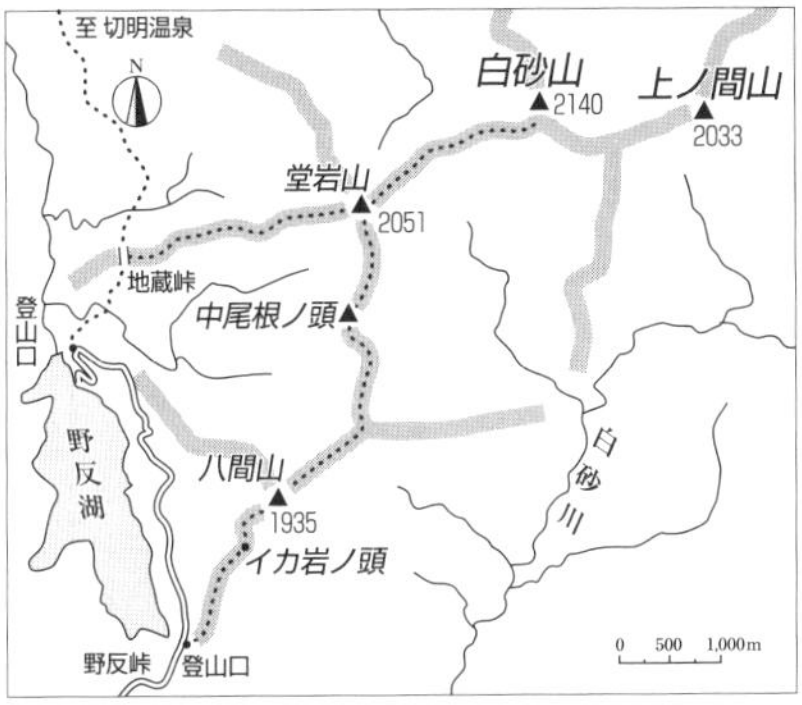

野反湖は四囲の水を集め、発電用水源、防災ダム、上信越高原国立公園、自然環境特別地域、観光事業の導入など多様な役割と機能を担っている。また、この山域は古くから信越の猟場でもあった。

白砂山登山の先駆者は森喬と日高信六郎(元日本山岳会会長)の一行で、大正六年一〇月に野反湖から初登頂した。その後大正一五年四月、藤島敏男らが登っている。一九三〇年代以降は多くの岳人が白砂山や白砂沢を訪れるようになった。昭和四〇年八月、日本山岳会信濃支部の長野県境地帯一周踏査隊が赤石山から白砂山を通り、佐武流山を越えて苗場山へ向かった。その翌年五月には、日本山岳会越後支部を中心とする新潟県境全山縦走踏査隊が三国峠から白砂山を越えて苗場山に達した。地蔵峠は信越の岐路である。東に登れば白砂山から三国峠に抜け、北に下れば秋山郷に至る、越後と草津を結ぶ古道「草津街道」である。人に出会うことが滅多にない、息が切れる長丁場である。古くから信越の文明と文化が往来した要路である。鈴木牧之は幽谷秘境の習俗を『秋山記行』に著している。

登路　野反湖登山口から地蔵峠、堂岩山を経て白砂山へ(約四〜五時間)。野反峠(富士見峠)から八間山、堂岩山を経て白砂山へ(約四時間)。地蔵峠から渋沢ダムを経て切明温泉まで(約六時間)。

(注)白砂山頂から苗場山方面および三国峠へ行くコースは、ヤブが深く廃道状態である。

地図　二・五万図　野反湖

（桑原悌治・金子誠吾・油谷次康・根井康雄・加藤　仁・筑木　力・古幡開太郎）

鳥甲山　とりかぶとやま

標高　二〇三八m

別称　巣鷹山　赤倉山（鈴木牧之）

長野県下《しも》水内《みのち》郡栄村秋山郷西部に、厳しい姿を見せる孤高の岩山である。元来は留山で必要に応じて入山を許した。登山家には「第二の谷川岳」として知られている。文政（一八一八～一八三〇年）の昔、鈴木牧之が「秋山郷随一の霊山」と激賞した山である。

南北に長い尾根東面は、深い中津川の清流まで三～四〇〇mの見事な断崖が迫り、上方は赤土がはみ出したガレ場が山頂までつづく。岩壁上部はデイサイト（白岩）、下部は輝石安山岩（赤岩）である。屏風を立てたような山容で、容易に登山者を寄せ付けぬ厳しい表情をしている。

屈指のブナ林とクロベ（ネズコ）、オオシラビソとミヤマナラの天然林が茂り、ニホンカモシカ、ニホンツキノワグマ、ニホンザル、あるいは鳥類が多数生息する。平家落人伝説もいまだにささやかれる。かつては岳人・中村謙や串田孫一らによって世の中に知られた山である。

また、この山は国立・国定・地方行政立公園の数ある中で、めずらしくそのどこにも属していない不思議な山であった。山の価値を早くから認識していた千葉高等園芸学校（現千葉大学）出の平林輝男が主導し、上信越高原国立公園外ではあったが、唯一原始景観を保存している地域として昭和五七（一九八二）年五月三一日、「厳正保護地区」（現長野県自然環境保全地域）に指定したのである。この素敵な環境を知ってか、横浜から移り住んで、中津川の狭い谷底で宿屋・仁成館を開業し、対岸の集落と鳥甲山に通じる登山道との間に架かる、昔ながらの「籠の渡し」を管理していた、日本山岳会の古い会員・関谷清がいた。大変なアイディアマンであった。例えば、春近い一面の雪上に、一斗缶の底に若干の蜂蜜と砂糖を塗って放置すると、クマが蜂蜜に誘われて首を突っ込む、そこを猟師または住民が仕留めるなど、仁成館には滑稽な写真が数多く保管されている。

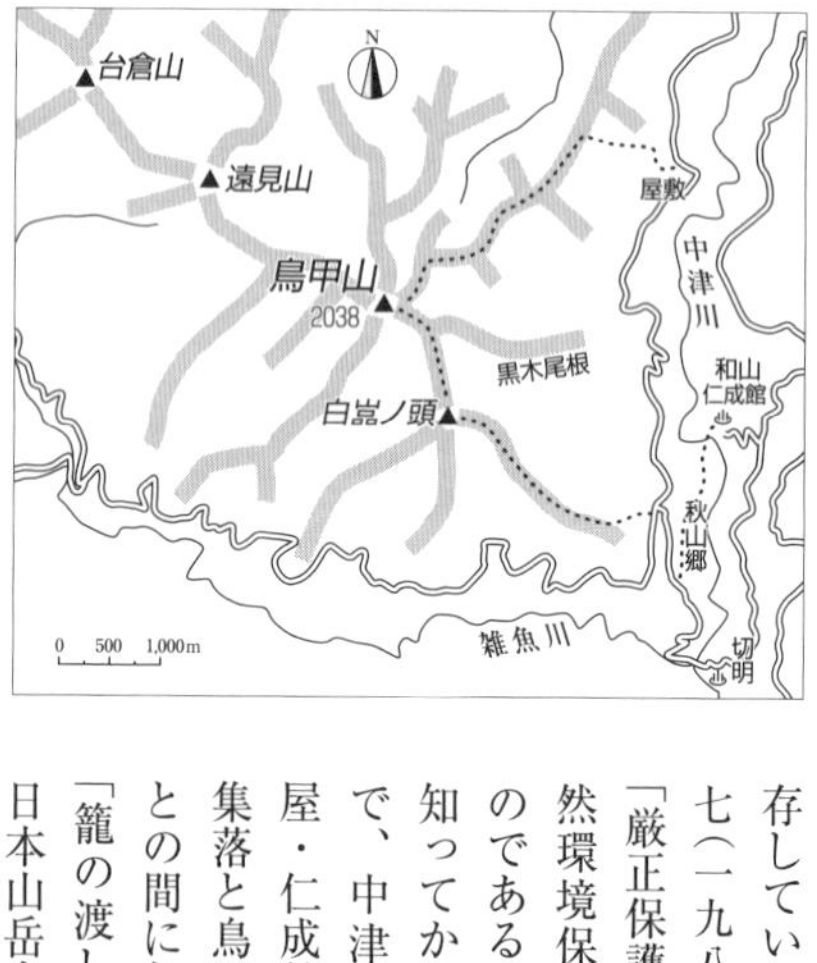

登路　和山の仁成館から取りつくのが一番の近道である。和山～白嵓ノ頭～山頂だが、登山道を辿っても、水は得られない。所要時間は、五時間は優に必要であろう。今日でも、容易に人を寄せ付けない厳しさが残っている。

地図　二・五万図　鳥甲山

（早乙女綴次）

岩菅山 いわすげやま

別称　岩巣護山　岩寥《すご》山　赤禿山(日本山嶽志)

標高　二二九五m

長野県下高井郡山ノ内町の東部に位置し、志賀高原十数山の中で三番目に高い山である。最高峰はこの山の北にふっくらとある裏岩菅山(二三四一m)だが、江戸末期にこの調査をした佐久間象山は、その著『鞜野《くつの》日記』に「沓野山その最も高きもの岩菅といい、これにつぐは横手といい……」と書き、両者を一括している。当時、志賀高原は「沓野山」といわれた。古くから木曾御嶽山の流れをくむ信仰の山として名高く、地元住民よりも上州人の参詣登山が多かったようである。

岩菅山(奥志賀から)

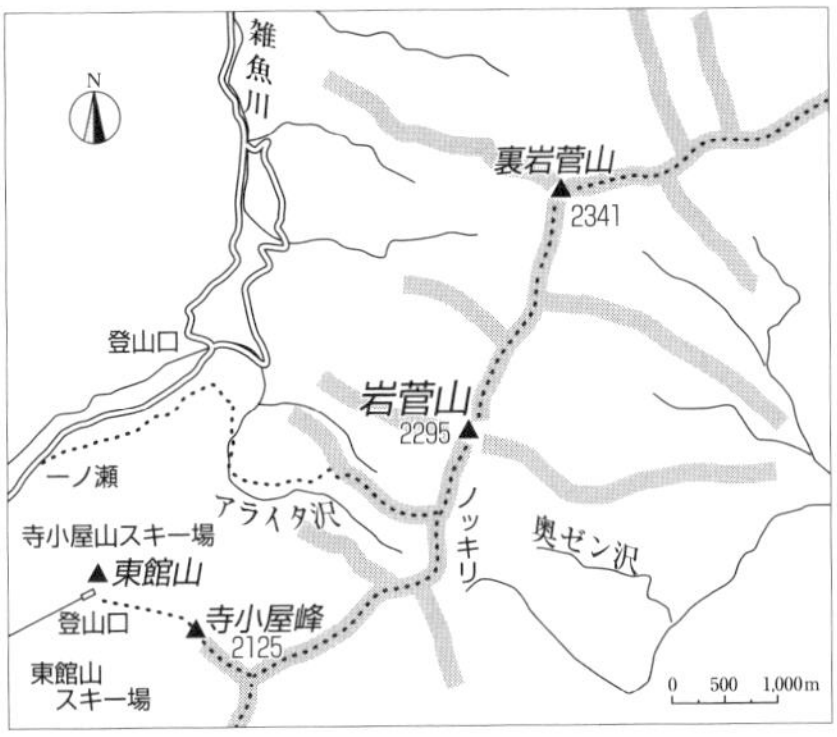

東面・魚野川寄りの山頂付近は、第三紀の終わりごろといわれる玄武岩質の真っ黒な輝石安山岩の岩場がつづき、裏岩菅山には一〇〇m以上の岩壁もある。別称の岩巣護は幕府にタカの雛を献じるため、タカの巣を管理する巣守衆がいたからだと伝えられる。山頂には志賀高原唯一の一等三角点があり、湯田中の湯宮神社、沓野の天川神社の奥社として岩菅大権現を祀る神社もある。

大正七(一九一八)年には二四㎡ほどの石室もできている。また昭和四(一九二九)年、ノルウェーのスキー家ヘルゼットの「志賀高原は東洋のサンモリッツ」との評価をきっかけにして、スキーの山としての名声が高い。いずれも沙汰止みになったが、一九六〇年代の冬季オリンピック招致運動も、平成一〇(一九九八)年の長野オリンピック滑降コース問題も、そのあたりに起源がある。かつての原生林の多くは伐採されて、その面影は消えつつあるが、それでもまだ観光地・志賀高原に残された自然豊かな山である。六合目辺りのシャクナゲの群落や、ムシトリスミレ、ナンキンコザクラ、ヒメコマツ、尾根筋に見るミツバオウレンの八重咲きなど貴重な植物も多い。そのほかニホンカモシカ、ニホンツキノワグマ、ホンドキツネ、ホンドオコジョ、ホンドテン、ニホンリスなどもおり、時折は二mほどの羽を持つイヌワシの姿を見ることもある。

山は北へ延びて烏帽子岳(二二三〇m)、笠法師山(一九一九m)とつづき、北西は雑魚川、東は深い谷を刻む魚野川の分水界になっているが、やがて二川は合流して中津川から信濃川へと流れ下る。山頂付近の展望はすばらしく、条件によっては佐渡島の島影も、東京の明かりも見ることができる。

二三〇〇mに近い標高だが、女性的山容で危険も少なく、手軽に登れる山として夏の林間学校の最盛期には、中・高校生の長い行列がつづく。

登路　発哺《ほっぽ》温泉からはゴンドラリフト、高天ヶ原からはリフトを乗り継いで東館山（一九九四m）山頂に登り、寺小屋峰を経て山頂に至るコース（約三時間三〇分）と、一ノ瀬から上条堰を通ってノッキリへ登り、山頂に至るコース（約三時間）がある。

地図　二・五万図　岩菅山

（小泉直隆・桑原悌治・本間宏之・古幡開太郎）

笠法師山　かさほうしやま　標高　一九一九m

長野県下高井郡山ノ内町に位置するこの山は、岩菅山から秋山郷へ縦走する時に通過する山である。下水内《しもみのち》郡栄村秋山郷の切明から登ることもできるが、急登で勧められない。縦走路は頂上の三角点を外れて、魚野川方面の斜面を絡んで切明発電所の導水管の上に出る。山の形は隣の烏帽子岳（二二三〇m）にくらべ見劣りするが、岩菅山とともに、西は雑魚川、東は谷深い魚野川の分水界になっており、新潟県で中津川から信濃川へ流れ下る。

登路　直接登るルートはなく、岩菅山から秋山郷への縦走路上にあり、岩菅山から約四時間である。残雪期に切明から魚野川を遡り、途中から尾根に取りついて登ったという記録がある。

地図　二・五万図　切明

（小泉直隆・古幡開太郎）

高社山　こうしゃさん　標高　一三五一m

別称　高井富士　たかもりやま　たかやしろ

長野県中野市と下高井郡山ノ内町、木島平村にまたがる。中野、下高井、飯山地方の人たちには「高井富士」と呼ばれ、親しまれている成層火山（コニーデ）で、三つの火山と三つの寄生火山が集合するこの山を、地元では「タカヤシロ」と呼ぶ。すなわち、北端の虚空蔵山に始まり、滝の沢山、主峰・高社山とつづき、その後三ッ子山、飯盛山、池の平山の寄生火山が噴出したと考えられる。地質は柔らかく複輝石安山岩が多い。小さいながら六つの山で形造るこの高社火山群は、水の乏しい、古くからの信仰の山で、山頂の岩屋（天狗岩、薬師岩）は、修験の地を偲ばせる。毎年五月八日に山開きが行われる。

いつのころかは不明だが、中高地域（中野市、下高井郡一帯）の中央に位置するこの山を挟んで、中野市や下高井郡山ノ内町を「岳南」、木島平村や野沢温泉村を「岳北」と呼ぶようになった。南の山麓から西斜面にはリンゴなどの果樹園。少雨の岳北は豪雪の日本海型。山を境に気候差は著しく、風土への影響は大きい。山頂からの展望は標高の低さにくらべてすばらしく、善光寺平や長野市街、北アルプスと北信五岳などが箱庭のように眺められる。

登路　夜間瀬《よませ》スキー場のリフト支柱に沿っての約二時間のコースが一般的である。中野市の赤岩集落からは急登で距離が長い（約三時間）。木島平村からは夏の間、時間を区切ってだが山頂までリフトの運行がある(約一〇分)。

地図　二・五万図　夜間瀬

(小泉直隆・古幡開太郎)

赤石山　あかいしやま　標高　二一〇〇m

赤石山は志賀山と同様に激しい火山活動で形成された山である。位置的には、志賀山から大沼池を挟んでほぼ対岸に位置し、上信越高原国立公園内の長野県下高井郡山ノ内町と群馬県吾妻《あがつま》郡中之条町六合《くに》地区の境界上にある。以前は、大沼池～赤石山～岩菅山～切明と登山道が通じていたが、一九八二と八三年の台風により荒れ果て、その後整備されないままである。

登路　現在の通常の登山ルートは、大沼池上～赤石山～金山沢ノ頭～寺子屋山～東館山～高天ヶ原バス停と、約四時間のコースである。大沼池から一気に赤石山の頂上に向かい、そこからは、大沼池をはじめとし、志賀高原の美しい山々が一望できる。

ここから東館山(一九九四m)までは、見晴らしのよい尾根を縦走し、また静かな深い森を抜ける快適なコースである。

地図　二・五万図　岩菅山

(鹿住共是)

志賀山　しがやま　標高　二〇三六m

長野県下高井郡山ノ内町にあり、上信越高原国立公園内特別保護地区に指定されている。

志賀高原の山々の歴史は古く、約一五〇〇万年前からの度重なる激しい火山活動の積み重ねにより現在の形となった。志賀山は、約二〇万年前の火山活動で形成されたといわれている。

二つの峰からなるこの山は、三角点のある西峰を志賀山、二〇四〇mの東峰を裏志賀山と呼ぶ。角間川と横湯川の間にできた陥没湖(カルデラ湖・旧志賀湖)内に形成された、高原中最新の火山である。この山から噴出した溶岩流は、北方および北西へ流れ、琵琶池、長池、大沼池など、多くの池沼を造り出した。

山名の「シガ」(スガ)は、池沼の多い地形のことをいうらしいが、『日本山名辞典』は霧氷の多い所と記している。志賀山の名は、開発者・佐久間象山の『鞜野《くつの》日記』に前志賀、外志賀として見える。

登路　志賀山への代表的な登山ルートは、硯川の前山リフトを使うもので、リフトで五分、徒歩で三〇分程行くと左へ分岐し登山道に入る。急登四五分程で山頂に着く。山頂からの志賀高原全域の眺望はすばらしい。山頂から裏志賀山へは三五分程。途中、爆裂火口跡にできたお釜池、鬼の相撲場の池、小池、黒姫池など神秘的な池がつづく。やがてルートは一時間程で大沼池へ下り、大沼池入り口(清水口)バス停までは一時間三〇分程である。

地図　二・五万図　岩菅山

(鹿住共是)

横手山　よこてやま　標高　二三〇七m

長野県下高井郡山ノ内町の南端にある志賀高原山群第二の高峰で、山ノ内町と群馬県吾妻《あがつま》郡中之条町六合《くに》地区の県境上にある。輝石安山岩からなる円頂火山で、東西に長い台型の非対称山稜。南西の長野県側はカルデラ壁と見られる急傾斜の断崖で、いまも崩落がつづくが、北面の群馬県側は緩斜面が広がっている。

山頂の東端に、大山祇神《おおやまつみのかみ》を祭神とする石尊《せきそん》神社の石祠があり、毎年七月一日に開山祭が行われる。西端には無線中継所があり、そのパラボラアンテナ群が目立つため、横手山は遠く善光寺平からも容易に識別できる。

植生は亜高山性で、トウヒ、シラビソ、コメツガが混生し、エゾリンドウ、イワカガミ、コケモモなどが見られる。山頂付近の針葉樹類の樹高は中腹辺りにくらべて低く、これに着雪したスキー場周辺の樹氷は、蔵王と並んで有名である。

南西の長野県側の山腹を巻いて走る志賀草津高原ルートは、白根山を経て草津温泉と山ノ内温泉を結んでいるが、おおよそ江戸時代末期に開削された草津道に沿っている。山名の由来は、山腹を絡む巻き道の方言の横手とも、草津道の横手にある山によるともいわれる。また、西側の長野県側の急斜面に五つの尾根が張り出し、それが拳骨の手を横にしたように眺められるからだとの説もあって、一定していない。

山頂からは三六〇度の眺望が楽しめ、ことに西から南にかけては、妙高山をはじめとする北信五岳から北アルプス、八ヶ岳、浅間の各連峰が一望でき、目前の笠ヶ岳の山容も見事なため、山腹からの通年リフトを利用して景観を楽しみに登る人が多い。

登路　現在の登山路は、北西方の志賀山方面から鉢山、草津峠を経由するもの(四十八池から約二時間一〇分)と、東の渋峠からの一般車両通行禁止の車道を行く(徒歩約二〇分)、それにノゾキ小屋から(約三〇分)の三本がある。

地図　二・五万図　岩菅山　上野草津

(平沢利夫・根井康雄・加藤　仁)

笠ヶ岳　かさがたけ　標高　二〇七六m

別称　信州飯盛山　御巣鷹山　笠岳

長野県上高井郡高山村と下高井郡山ノ内町の境界上にある火山で、上信越高原国立公園に属し、東方県境にある横手山に対峙する。市女笠のように急に山頂が高く聳える(溶岩円頂丘)ことからこの名が付けられた。山頂部からの展望はよく、日本海を望むこともできる。

粘土層溶岩の地質で覆われる山である。植物などこれといったためずらしいものはないが、岩場には、クマタカやイヌワシが繁殖するほか、高山植物のハイマツやコケモモ、イワカガミ、ミヤマダイコンソウなどの分布を見る。なかでも利尻島にいるオオドマリヒメバチの生息は特筆に値する。江戸期には幕府と松代藩の御巣鷹山でもあった。

山頂には石祠が南を向いて立ち、麓には修験道の名残の名称、不動沢や大門の名がある。この山を長野市や千曲川沿いから望むと、きわめて優美な風格をそなえているように見える。ところが一歩志賀高原に入り、日本一高所を走る国道二九二号(志賀草津高原ルート)で渋峠に向かい、「覗き」地点にさしかかると、車窓からは下方すぐ近くに望めるのである。志賀高原開発以前のシンボルとして、長い間人々から親しみの眼を注がれつづけた山を目のあたりにすると、南側の村道「南志賀パノラマコース」や山田牧場を中心とする観光開発の方法に疑問を抱かざるを得ない。見方によっては悲劇的な山なのである。開発のテンポの尺度を計るとすれば、兎と亀の競争の如しである。

山の東方一kmにある熊の湯は、江戸末期の嘉永元年（一八四八）、当時、松代藩の山役人だった佐久間象山の発見になる。彼が遺した『鞜《くつ》野日記』（志賀高原一帯のほぼ一箇月にわたる踏査記録）の今日的意味は大きい。現在、この山の高山村側は国有林、志賀高原側は和合会という法人の土地である。しかし幸いなことに、なぜか高原側も山頂部分のみは国有林なのである。昔は信仰の山として栄え、山田温泉側から一〇kmの道を汗を拭きながら登るのが当たり前であったが、いまでは志賀高原の目を見張る開発の影響もあって、昔ながらの登山者の姿はまったく見当たらなくなった。

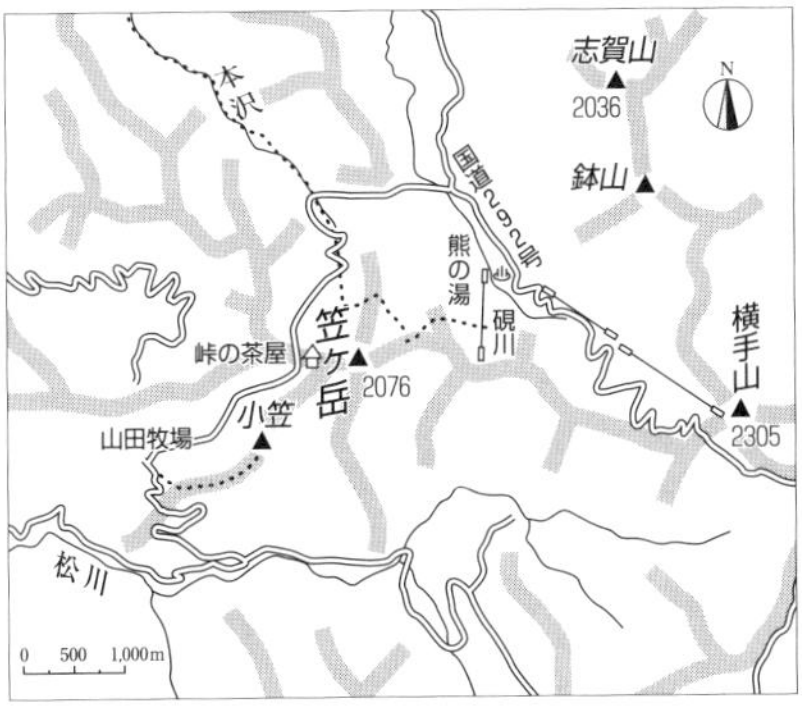

登路　今日では高山村からも、山ノ内町からも、まったく分別の用がなくなり、登るならば高山村の峠の茶屋駐車場口からだろう。登り時間も三〇分もあれば十分である。頂上近くに鎖に繋がるスリルに富んだ山登りの場所がある。登頂して岩上に座れば、東上方に有料国道を走る車に幻滅させられ、人間が長時間歩いた苦労の楽しみはいったい何であったろうか、と考えさせられる一瞬である。

地図　二・五万図　中野東部

（早乙女緩次・古幡開太郎）

白根山　しらねさん　　標高（本白根山《もとしらね》）二一七一m

別称　草津白根山

草津白根火山は、上信越高原国立公園内の群馬県吾妻《あがつま》郡草津町にあるが、現在も活動中の白根山（二一六〇m）と、その南の旧火山最高点、二一七一mの本《もと》白根山（草津白根山）、および二峰の中間にある逢ノ峰（二一一〇m）の総称としてある。広い山域は茫洋として、どこまでの範囲か、どこが山頂かは判然としない。火山灰や火山礫に覆われ、硫化水素の臭気漂う山肌は雪をいただいたように白く、強い日差しを受けてまぶしいほどに見える。「シラネ」という名称は、普通雪をまとった白い峰の意味だが、ここはその両要素を兼ねた山名のようである。また、これに草津を冠するのは、栃木・群馬県境の日光白根山に対しての呼称である。クサツは、「くさうづ（くそうず）」（くさみづ＝臭水の音便）から生まれた地名だという。

群馬県側に裾を引く山全体のほとんどを造ったのは、旧火山の本白根山で、有史以前の爆発で盛んに溶岩を流したからだと推測するが、溶岩を流さない活火山・白根山の爆裂活動では、火山灰、火山礫、火山弾など砕屑物の堆積が著しい。火山活動は、三つの爆裂火口の中央にある湯釜と、鞍部にある弓池で行われたといい、古くは

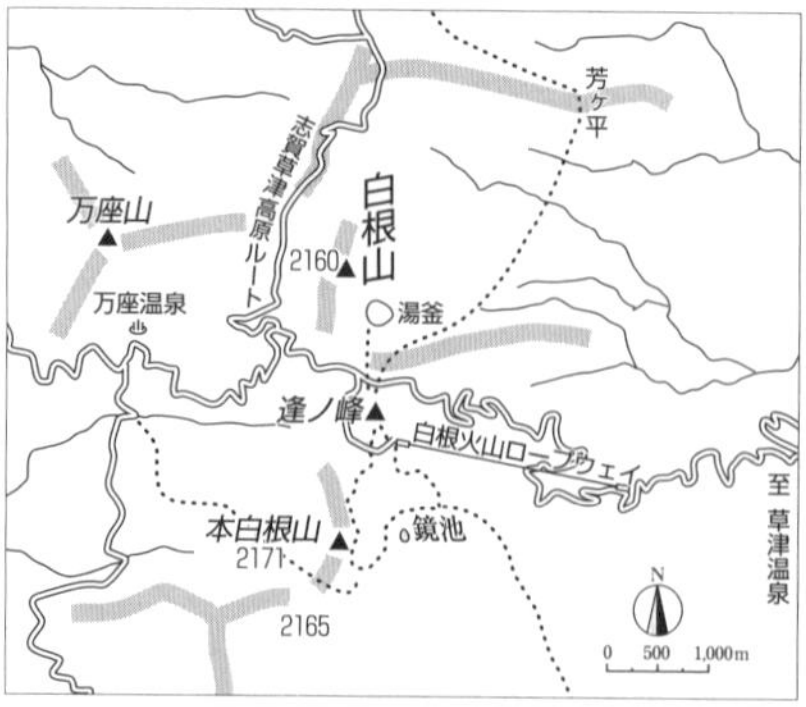

白根山(志賀草津道路・逢ノ峰から)

山頂からの噴煙が絶えなかったと伝えている。記録された最古の活動は文化二年(一八〇五)と比較的新しい。その後数十年は平穏だったが、明治一五年(一八八二)八月六日午後、再び轟音を立てて爆発したという。以後は一八九七年、一九〇二、二五、二七、三二、三九年と数回の爆発を繰り返し、その後も一九四二年まで何回かの割れ目噴火、一九八二年から翌年にかけても何度か爆発している。二〇一四年からも火山活動は活発になっている。この活動周期と、南の浅間山の活動周期との交代関係を指摘したものに『震災予防調査報告書』がある。

この草津白根火山を構成する南の本白根山と北の白根山の鞍部、かつての爆裂火口・弓池は直径約一二〇m、緑青色の水を池面いっぱいに湛える。この辺りから山頂を望むと、火山灰の堆積で白く輝く白根山と、モミやツガに覆われて深い緑を蓄える本白根山が、いかにも対照的で、新旧火山のありようを如実に語る。整備された登山道をおよそ五〇〇m進んだ活火山山頂部東側に、硫黄性の濃い黄青色の水を湛え、北東から南西にかけてほぼ一直線に並ぶ三つの爆裂火口池がある。直径約二〇〇mの水釜、二五〇mの湯釜、一五〇mの涸釜である。七〇~八〇mの急崖に囲まれる水釜。垂直に切り立つ壁と、わずかに亜硫酸ガスの白煙と臭気を漂わせる湯釜。西側に八〇mの火山噴出物の壁を抱える涸釜。その底は浅く、かつては名のとおりの火口池だったという。中に挟まれる最大の湯釜は、活火山・白根山の象徴でもある。草も木もない荒涼たる白い火山灰の世界である。時により毒ガス噴出の危険性もある。二一六〇mの地蔵岳はこの西側にある。

白根山の活火山としての厳しい環境条件によって、動植物の種類も数も少ない。ごくわずかながらガンコウラン、ナナカマド、イタドリなどが見られる程度だという。旧火山の本白根山では、ハイマツが群落をつくり、コメバツガザクラ、ヒメシャジン、ウラジロナナカマド、コメツガ、コミヤマカタバミ、ワタスゲ、コケモモ、ハクサンシャクナゲなどを見る。なお、本白根山周辺などには、人工的に播種・植裁された高山植物の女王・コマクサが見られる。動物は高山性のホシガラス、弓池南東の湿地に、ルリイトトンボ、ルリボシヤンマなど亜高山性のトンボ類が姿を見せる。ごくまれにミヤマモンキチョウを見かけることもある。

登路　群馬県草津町に位置する白根山だが、長野県の須坂市や上高井郡小布施町から高山村の山田温泉、五色温泉、七味温泉などを経て、群馬県吾妻郡嬬恋《つまごい》村の万座温泉や山麓の草津温泉への山越えの道が古く開けたことから、信州とは深い関係にあった。かつては牛馬やわらじがけで、二十七曲がりのジグザグ道を登って万座峠に出、下って万座温泉に宿る湯治客や、そこを拠点にして一日がかりで白根山に遊ぶ者も多かったと聞く。そのほかには志賀高原渋峠コース、草津温泉コースなどいくつかの難コースがあったが、登山者はごく限られていたという。それが昭和四一年(一九六六)の志賀草津高原ルート(国道二九二号)の開通によって大きく変貌した。加えて東の草津温泉と西の万座温泉の二方向から、山頂近くまで運ぶリフトやロープウエー、軽井沢から鬼押出しを経て嬬恋村を走る「浅間・白根火山ルート」が拍車をかけ、白根公園とでもいいたくなるほどの観光地となって今日に及んでいる。車時代に備えた山上のアスファルト道路が、山の環境を大きく変えた典型例の一つがここにある。少なくとも今日の草津白根山は、登山靴のふさわしくない山になってしまった。

火山活動によって国道二九二号の通行や山頂部への入山が規制されるので、噴火警戒レベルに注意(二〇一五年十月現在、噴火警戒レベル二)。

ちなみに本白根山へは、ロープウエー山頂駅から左山腹の山道に入り、池底に亀甲模様を見せる鏡池の台上、円形の火山跡をめぐり、展望のよいハイマツの尾根に出る。「本白根山頂」の標柱は近い。

地図　二・五万図　上野草津

(塚本茂樹・小林俊樹・古幡開太郎)

御飯岳　おめしだけ

標高　二一六〇m

別称　高井山、高位山、おぐし(上州)

長野県上高井郡高山村と群馬県吾妻《あがつま》郡嬬恋《つまごい》村の県境の火山。南の四阿山と北の横手山の中間にあり、この間の上信国境では一番高い山でありながら、その姿があまり登山者の目を惹かないのか登る人は少ない。山名は中野市方面からの遠望が、飯を盛った形に見えることからというが、定かでない。

山腹の西側は旧小串鉱山への道路が、北側には万座への道路が開いており、冬にはスキーツアー・コースとしても使われている。御飯岳南面の毛無峠周辺からは良質の硫黄が産出され、大正から昭和にかけて採掘が盛んに行われた。現在、鉱山はすべて閉鎖されているが、毛無峠周辺は、硫黄精錬などに使われて高木はすべて伐採され、荒れた地層がむき出しになっている。また、鉱山廃坑跡から流出する酸性水によって、下流河川は酸性化して魚も棲まない状態になっている。近年、修復事業も行われ、緑も回復されつつあるが、昔に戻るにはまだ時間がかかりそうである。

登路　南の毛無峠から毛無山を越えて御飯岳までの道は、最近刈り払いされ、山頂まで二時間程。

地図　二・五万図　御飯岳

(山浦源太郎)

四阿山　あずまやさん

別称　吾嬬山　吾妻山　東屋山

標高　二三五四m

根子岳（左）と四阿山（右）（烏帽子岳から）

長野・群馬両県の県境に連なる山々の中では浅間山、黒斑山に次ぐ高さを持つ山で、長野県須坂市と群馬県吾妻《あがつま》郡嬬恋《つまごい》村の境にある。

四阿山は信州側の呼び名で、上州では呼び名は同じだが吾嬬（妻）山となる。日本武尊《やまとたけるのみこと》が妻の弟橘《おとたちばな》姫《ひめ》を偲んで付けたとされているが、それにもかかわらず、一般には吾妻山ではなくて四阿山といわれている。山頂が四阿（東屋）の棟に似ているところから、そのように称されているともいわれている。いずれにしても古代からあがめられてきた神の山で、頂上には上州祠と信州祠の二つのお社があり、日本武尊は上州祠でなく、信州祠に祀られているのもおもしろい。

四阿山は、西の根子岳から四阿山、浦倉山（二〇九一m）、奇妙山（一六二九m）などの峰がほぼ円状に連なる四阿火山の外輪山の一つで、安山岩質溶岩流からなる主峰である。外輪山の内側は、直径約三・五kmのカルデラを形成し、急崖のカルデラ内壁には不動滝、権現滝があり、これらの水を集めた米子川が、カルデラ北西縁を破って須坂市方面へ流れ下っている。この付近では最近アイスクライミングが試みられている。カルデラ内部には硫黄鉱床があり、米子川上流の硫黄鉱山は、一〇世紀初めにすでに採掘の記録があるが、現在はまったく採掘されていない。旧米子鉱山跡からは強酸性水が流出するため、米子川は古くからの酸性河川である。四阿火山の南西側は一三〇〇mから一六〇〇mのなだらかな盆地状起伏を広げる菅平高原、東側も嬬恋村の高原地帯が広がり、いずれも市場性の高い高原野菜の産地で、スキー場としても利用されている。

昭和初期に開かれたスキー場は、年間数十万人が押し寄せるという。その名も「日本ダボス」。菅平からの登りは夏季約三時間、冬季約四時間三〇分。スキー登山と滑降の醍醐味はいうまでもない。冬、根子岳頂上から四阿山との間に横たわる爆裂火口の急峻なギャップ地形を見ると、あるいは登高意欲を萎えさせられるかもしれない。

登路　代表的な鳥居峠からのルートについて述べる。あるガイドブックでは、この鳥居峠に「ずらとだっぺのさかい」

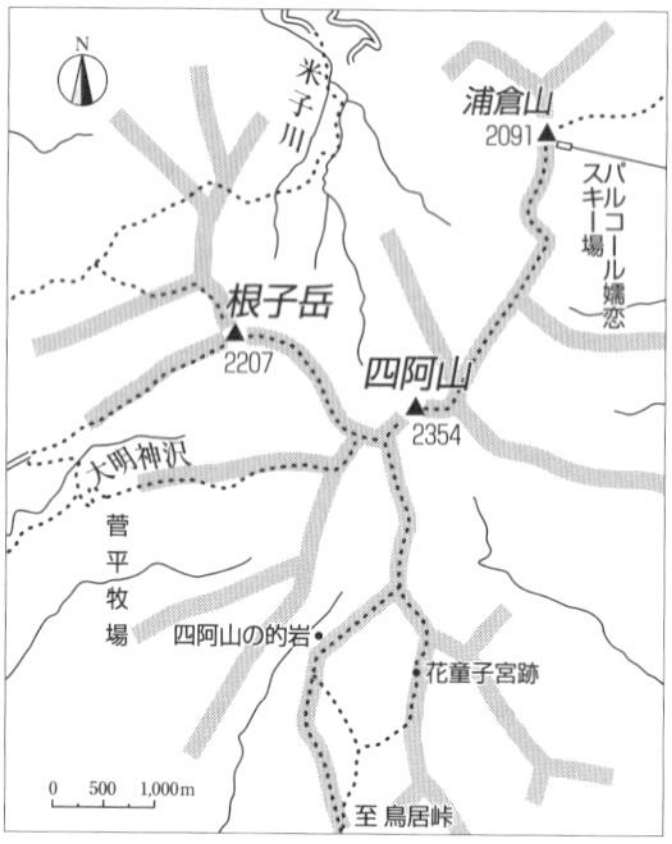

と書かれた看板があると記載されていたが、「だっぺ」は上州方言だろうが、この地域の信州側では「ずら」は使わない。鳥居峠から林道を三km程登ると分岐点に出る。右は途中に花童子宮跡《げどうじのみや》があり、信仰の道ともいわれているが、帰路に譲って、標高一七七〇m付近の的《まと》岩がある方を登る。的岩は国の天然記念物にもなっている。岩は幅二〜三m、高さ一〇m前後、樹木が邪魔して全容が見えないのが惜しまれる。長さ一〇〇mは超すと思われる岩上に登ってみると、かなりの迫力である。的岩を過ぎてしばらく登ると東屋のあるピーク(二一〇四〇m)で、信仰の道と再び合流する。そこからは比較的見通しのよい尾根を登り下りし、やがて菅平からのルートと合すると、まもなく頂上に達する。頂上からは延々と連なる北アルプスの山並みをはじめ、三六〇度の展望を楽しむことができる。三角点は頂上より群馬側へ一〇分程下がった地点にある。最近はこの群馬側からのコースを登る人が多くなっているが、浦倉山東斜面がパルコール嬬恋スキー場となって、頂上近くまでゴンドラリフトが架かったためである。以前、四阿山から上信国境を北へ踏破するのは、深いクマザサで大変難儀であったと聞いていたが、現在は毎年手入れされている。

頂上からの下りは二〇四〇mのピークまでは登路を戻り、そこから左に分かれて下ると、一八〇〇m付近に花童子宮跡があり、石段があったりして、ちょっと奇妙な雰囲気である。古い信仰の山故であろうか。

菅平牧場から登るルートもある。牧場事務所から右へ進み、大明神沢を越して四阿山の西尾根を登るが、一九一七mのピークを過ぎると展望が開ける。四阿山の頂上からは往路を少し戻り、根子岳との鞍部目がけて急斜面を下って、根子岳頂上に登って牧場へ戻る。出発する場所にもよるが、四阿山と根子岳の二つを日帰りで楽しむこともできる。

地図　二・五万図　四阿山　菅平　嬬恋田代　真田

（山浦源太郎・根井康雄・加藤　仁）

根子岳　ねこだけ

標高　二二〇七m

別称　猫岳　根固岳　禰固岳

長野県上田市真田町と須坂市の境にあり、菅平高原にはなくてはならない存在である。根子岳に四阿山《あずまやさん》が寄り添い、広大な裾野と一体となった開放的な風景が展開する。冬の晴れた日、雪に覆われた純白な根子岳が青空に映える姿は格段に美しく、菅平のシンボルというにふさわしい。

根子岳と四阿山のどちらが欠けてもその景観は平凡なものになってしまう。根子岳は四阿山の付録みたいなものだという向きもあるが、逆に四阿山が根子岳の付属物のようだという人もいる。長野市内から見ると、根子岳と四阿山が仲良く並び、優しい根子岳を無骨な四阿山がガードする風情である。やはり二つの山はお互いに必要なのであろう。

元々この二つの山は、四阿火山の外輪山として一体であったが、何回にもわたる爆裂活動によって分離したものといわれている。根子岳の北東面はカルデラ壁の断崖となって一挙に四〇〇〜五〇〇m

落ち込み、菅平高原のおだやかな表情とはまったく違う一面を見せている。

登路　菅平高原から登るのが一般的である。牧場事務所から右に四阿山への登山道を分け、そのまま草原地帯を頂上目ざして登る（菅平牧場から約二時間四〇分）。頂上からの展望はすばらしい。頸城連峰から北アルプスの連山が一望できる。帰りは頂上から右にほぼ須坂市との境界線沿いの道を下る。冬にスキーで滑降する際には、途中に避難小屋などもあり、利用者が多い。

菅平のヒュッテを利用しての冬季は、晴れてさえいれば、頂上からのなだらかな広い斜面の粉雪が、スキー滑降に最適な条件を提供する。

もう一つの道は、米子川を遡り四阿火山カルデラ底の台地から根子岳の北縁に登るのだが、荒れ気味の登路である（約三時間三〇分）。四阿山を経由して登るルートがあるが、「四阿山」の項を参照。

地図　二・五万図　四阿山

（山浦源太郎）

湯ノ丸山　ゆのまるやま　　標高　二一〇一m

長野県東御《とうみ》市東部地区と群馬県吾妻《あがつま》郡嬬恋《つまごい》村にまたがる。山名の由来ははっきりしないが、この山裾に鹿沢温泉が湧出しており、湯の谷から望まれる丸い大きな山という意味であろうか。

この山裾をめぐって、東御市新張《みはり》から地蔵峠を越え鹿沢温泉まで、百体の観音石仏が祀られ、一番から百番までの名で親しまれている。

なだらかな山頂は、烏帽子火山群を構成する溶岩円頂丘で、烏帽子岳の北東にある。山体は安山岩質溶岩であり、烏帽子岳東側の陥没カルデラ壁に沿って形成されたと考えられている。観光地で名高い湯ノ丸高原は、山の南東側に大きな広がりを見せる。山頂草原を過ぎると、板状に割れた岩がガラガラしていて、最高点もはっきりしない。

ここは初期の山スキーのメッカであり、危険も少なく登りやすい。六月ごろのレンゲツツジは、山全体が燃え出したかと思われるほどの見事さである。

登路　地蔵峠からは一時間少々で行くことができるが、鹿沢温泉からの道をゆっくり歩いて楽しむのもいいだろう（約二時間）。

地図　二・五万図　嬬恋田代

（柳沢勝輔・根井康雄・加藤　仁）

烏帽子岳　えぼしだけ　　標高　二〇六六m

長野県上田市と東御《とうみ》市の境にまたがる上田・小県《ちいさがた》地方随一の秀峰である。この地方のどこからでも望むことができ、地元高校の校歌に歌われているほど深く親しまれて、「心のすみか」とまでいわれる山である。コニーデ特有の雄大な裾野を南に長く引いて、大小二つの三角錐の山頂が大空に聳え立つ姿は美しい。標高では湯ノ丸山や篭ノ登山には及ばないが、烏帽子火山群の低き主峰であり、安山岩質溶岩と火砕岩からなる成層火山である。烏帽子火山群は、浅間山から苗場山に至る火山密集地帯「上信火山帯」の一角を占め、四阿火山と浅間火山との中間に位置し、その大きさは三火山体とも直径は一五km位でほぼ同じ座積だという。湯ノ丸山や篭ノ登山は、烏帽子火山群のカルデラ（湯ノ丸カルデラ）内に噴出したトロイデ火山である。

山頂付近一帯には、ヒカリゴケ、アズマシャクナゲ、コマクサをはじめ高山植物の種類が多く、ざっと一〇〇〇種を数えるという。コマクサの大群落を発見したという人もいる。近年、地蔵峠や池ノ平まで車が入るようになって、周辺の湯ノ丸山や三方ヶ峰（二〇四〇m）には入山者が増え、高山植物も荒らされているというが、三方ヶ峰のコマクサ群落には、盗掘を防ぐために頑丈な金網が張ってある。烏帽子岳は地蔵峠からはやや離れており、おまけに前山にあたる湯ノ丸山より標高が低いため、主峰とは気づかず登頂者が少ないのは幸いである。

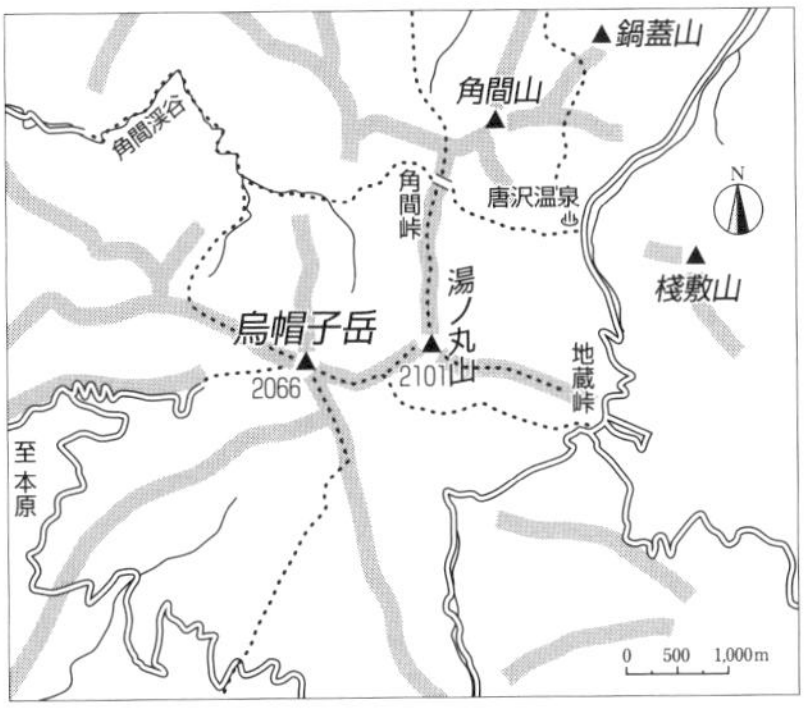

登路　上田市と東御市との境界になっている西尾根が昔からの表ルートで、なだらかな尾根で登りやすいが、やや退屈なルートではある。取りつきは本原辺りからでいくつもあるが、途中でいずれも一緒になる（約三時間）。標高一九〇〇m辺りで角間渓谷からの登山ルートと合すると、後ひと登りで山頂である。山頂からの眺めはいうまでもなくすばらしい。西尾根ルートは、下りで道を間違えたりすると同じ所に戻れないこともあるので、車で来た場合などは要注意である。そのほか角間ルートは、角間渓谷の奇岩・奇峰が見られ、好奇心をそそられるところであるが、やや荒れ気味である（角間温泉から約二時間四〇分）。

最近は車が入る地蔵峠からの登山者が多い（地蔵峠から湯ノ丸山を経て約一時間四〇分）。

地図　二・五万図　嬬恋田代　真田　車坂峠　上田

（山浦源太郎）

籠ノ登山　かごのとやま　標高　二二二八m

長野県東御《とうみ》市東部地区と群馬県吾妻《あがつま》郡嬬恋《つまごい》村の境界にある。上信越高原国立公園に属する、浅間連峰の主稜線上に座るドーム型の山で、酷似する東西二つの峰、東籠ノ登山と西籠ノ登山（二二一二m）からなる。両山ともに草付の山頂で立ち木はない。烏帽子火山群の北東部に生じた鍋状凹地（カルデラ）の東端に噴出した溶岩円頂丘（トロイデ）で、岩は含角閃石複輝石安山岩である。東籠ノ登山と尾根つづきの水ノ塔山（二二〇二m）の間の長野県側は、通称・赤ゾレ（ザレ）と呼ばれる古い火口壁で、急崖をなして切れ落ち、赤い岩肌をさらしている。これと対照的に群馬県側は一面の針葉樹林帯である。この狭い尾根には、レンゲツツジやアズマシャクナゲが多い。

東籠ノ登山の山頂には、岩のかけらが散乱し、三角点がある。俗に「七〇〇〇尺の展望台」といわれているほどで、北に白根山、四阿《あずまや》山をはじめ上信国境の山々、南に蓼科山、八ヶ岳ほか、南北の高峰のほとんどが遠望できる。直下の南斜面を、東の車坂峠（一九七三ｍ）と西の地蔵峠（一七三二ｍ）を結ぶ湯ノ丸高峰林道が走る。東方山麓一帯は高峰高原、西は地蔵峠一帯までなだらかに広がり、湯ノ丸高原につづく。南山麓の池ノ平はアヤメの群生湿原でもある。

登路　しなの鉄道小諸駅からバスで車坂峠、高峰温泉を経て水ノ塔山経由の縦走（約一時間五〇分）。東・西籠ノ登山間は約三〇分。ほかに兎平登山口から約五〇分。地蔵峠から二時間三〇分程かかる。

地図　二・五万図　車坂峠　嬬恋田代

（宮原岳子・古幡開太郎）

黒斑山　くろふやま

標高　二四〇四ｍ

黒斑山は浅間山の西約三㎞に位置し、長野県小諸市と群馬県吾妻《あがつま》郡嬬恋《つまごい》村の県境となっている。

トーミの頭《かしら》（二三二〇ｍ）、黒斑山、蛇骨岳《じゃこつだけ》（二三六六ｍ）、仙人岳（二三一九ｍ）、Ｊバンドなど二〇〇〇ｍ級の尾根が浅間山の西を半円状に囲むように南から北へと連なっている。南の剣ヶ峰（二二八〇ｍ）、牙山《ぎっぱやま》（二一〇〇ｍ）などとともに浅間山の第一外輪山である。

これらは、浅間火山地域の中でもっとも古い火山体で、安山岩質溶岩と凝灰角礫岩からなる。黒斑火山体は、数万年前まで富士山のような成層火山であり、その大きさは、現在の浅間山の約七倍であったと推定されている。その後、噴火活動などによって東半分が崩壊し、二万数千年前までには現在の火口壁（高さ約三〇〇～四〇〇ｍ）や火口原の湯の平の原形ができたと考えられている。稜線には、クロマメノキ（アサマブドウ）が多い。山域の岩場の斜面などに、ニホンカモシカを見かける。

登路　車坂峠から稜線へは三つのルートがある。表コースは、南に開けた登山道で変化がある。中コースは、明るい樹林帯を通る（いずれも約一時間四〇分）。裏コースは、背の低い針葉樹（シラビソ）林内を通る登山道である（約二時間）。また、湯の平から草すべりまたはＪバンドを登り、稜線へ出ることができる。

地図　二・五万図　車坂峠　浅間山

（堀　邦昌・根井康雄・加藤　仁・古幡開太郎）

浅間山　あさまやま

標高　二五六八ｍ

群馬県吾妻《あがつま》郡嬬恋《つまごい》村と長野県小諸市、北佐久郡軽井沢町、御代田町にまたがる三重式火山で、上信越高原国立公園内にある。烏帽子火山群を構成する高峰山（二一〇六ｍ）の東側に隣接し、いまなお活発な活動をつづける日本の代表的活火山である。第一外輪山は黒斑《くろふ》山・牙山《ぎっぱやま》（二一〇〇ｍ）・剣ヶ峰（二二八〇ｍ）、第二外輪山は前掛《まえかけ》山《やま》（二五二四ｍ）・東前掛山（二四九三ｍ）であり、その間の火口原を湯の平という。寄生火山としては小浅間山（一六五五ｍ）・石尊山《せきそんさん》（一六六八ｍ）・車坂山（二〇五〇ｍ）がある。最初に黒斑山が活動し、陥没して大きな火口（湯の平）ができたと思われる。長い休止期の後、この火口の中に第二外輪山の前掛山が噴火してできた。この噴火口は直径八〇〇ｍもあったと推定され、その中に中央火口丘ができ、天明三年（一七八三）の史上最大の噴火を契機に、急速に成長して現在の釜山となったのである。釜山の噴火口は、周囲が一・三km、直径約四五〇m、深さ約一五〇mといわれるが、常に変動し、現在も成長をつづけている。浅間山は富士山に近い円錐形をしているが、はじめに安山岩の薄い溶岩流と、火砕岩が噴出した。その後、黒斑山側の馬蹄形を残し、山体は大崩壊を起こしている。このため崩壊物質は南北に流下し、山麓に無数の流山を造ったのである。つづいて馬蹄形カルデラを埋めるように、粘性の大きなデイサイト質の厚い仏岩溶岩流が流出し、カルデラ内に低い成層（コニーデ）型の火山体を造った。これらの火山活動を見ると、第一期は薄い溶岩流やスコリア（黒色軽石）互層からなる成層火山体の形成。第二期は山体の大崩壊と厚い溶岩流の流失。第三期は火砕流堆積面の形成である。

浅間山噴火の初出記録は、『日本書紀』天武天皇一四年（六八五）三月と古いが、近世では前記、天明三年（一七八三）の大噴火が著明。

浅間山（黒斑山から）

この噴火によって北へ流出した火砕流が鎌原村《かんばら》（現群馬県吾妻郡嬬恋村鎌原）を破壊し、さらに吾妻川から利根川にかけて洪水が発生している。現在、観光名所になっている「鬼押出し」と呼ばれる長さ五km、幅一・五kmの塊状溶岩流は、この時の産物である。元々「鬼の押し出し」とは大噴火現象をいったものだという。

浅間山は本来修験の山であった。修験者による登山は古くから行われた。軽井沢町追分の浅間神社は浅間山遥拝の里宮であり、石尊山には座禅窟もある。また、浅間の煙に思いを託した詩歌も多い。

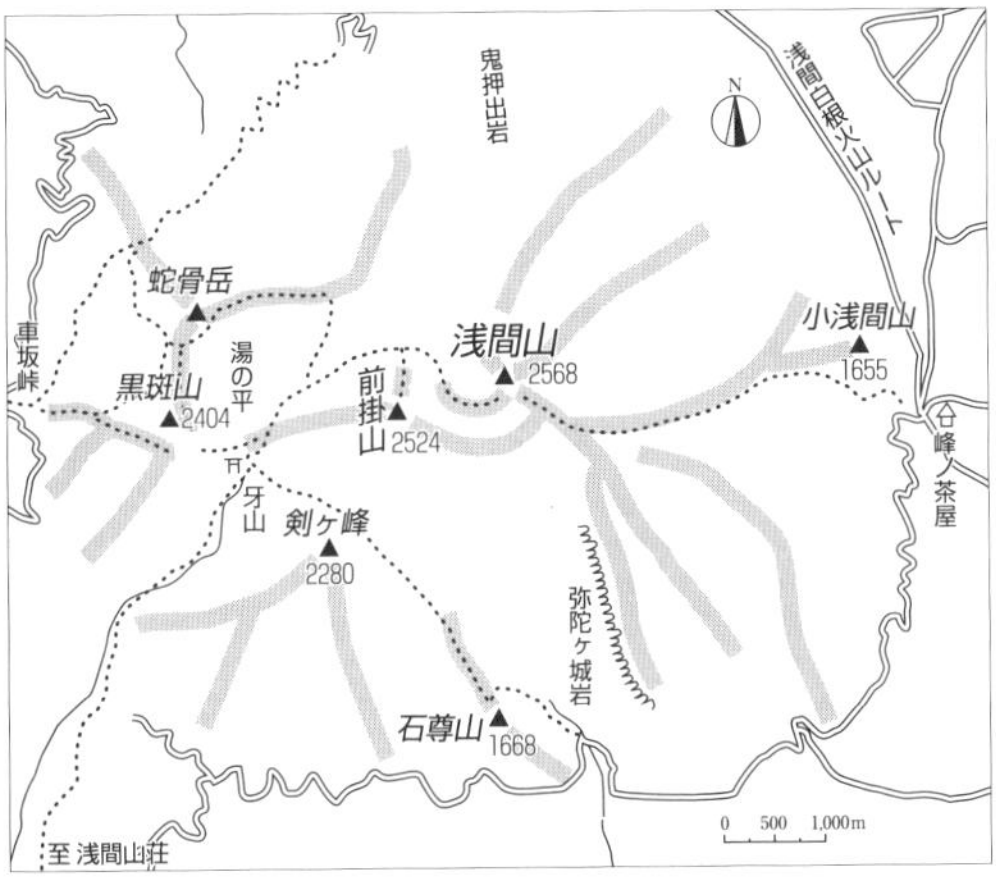

煙の絶えない浅間山は、中部山岳のどこからでも眺められる。それだけに、山頂の大展望はすばらしいの一語に尽きる。この浅間山にも造山に絡む巨人伝説がある。浅間山の鬼と、富士山の大太郎が、山の造りくらべをしたというのである。最初は調子よく運んだ浅間山は、つい油断してしまい、もうひとモッコというところで、居眠りをしてしまった。目が覚めて見ると、富士山はもうでき上がって

いて、自分のひとモッコだけが残って負けてしまった。そのひとモッコがいまも小浅間山として残っており、これを載せれば富士山よりも高くなるはずだったというのである。

山の伝説はどこでも似たり寄ったりだが、この火山にも動植物はいる。もっとも、標高一七〇〇mから上はまったくのハゲ山だが、裾野の森林原野は、富士山麓や奥日光と並ぶ日本有数の野鳥の繁殖地だという。ニホンリス、ヤマネなどの小動物とともに、北アルプス以外で見ることができる高山蝶ミヤマモンキチョウはことに名高い。特筆すべきは、明治四四(一九一一)年夏、東京大学の大森房吉博士らによって日本最初の火山観測がなされたことである。今日の軽井沢測候所の前身といってもいい。火山情報はここで発表されるが、昭和五八(一九八三)年に小噴火の後、平成一六(二〇〇四)年九月に再噴火し、いまなお登山規制がつづいている(浅間山への入山は、噴火警戒レベルに従わなくてはならない。二〇一五年十月現在、噴火警戒レベルは二・火口周辺規制)。

登路　軽井沢口は、峰ノ茶屋から小浅間山(一六五五m)までは登れる(約五〇分)。頂上は浅間山の最高の展望台である。小諸口は、浅間山荘から約三時間三〇分で前掛山まで登ることができる。車坂峠からは約一時間四〇分で黒斑山。黒斑山方面から草すべりを経て、前掛山まで約三時間。

地図　二・五万図　浅間山

(宮原岳子・根井康雄・加藤　仁・渡辺登司美)

西頸城山地

青田南葉山　あおたなんばやま

標高　九四九m

別称　青田難波山

南葉山は新潟県妙高市新井と上越市の境、高田平野の南西に位置し、三角点の標石がある。南二・一㎞の籠町南葉山(九〇九m)よりわずかに高い。南から青田南葉山(最高峰)、猿掛山(九〇一m)、籠町南葉山、猪山《いのやま》南葉山(九〇九m)、重倉山《しげくら》(一〇二九m)と並び、古くから「南葉五連山」と呼ばれている。

山容はカメの甲羅の形状を見せ、矢代川と桑取川の分水嶺をなしている。地質的には新第三紀系の硬質砂岩、礫岩、泥板岩など堆積岩を中心に形成されている。

頂上には南葉大明神が祀られ、麓の皆口集落の社殿には、約六㎝程の丸い銭形が三個奉納されているとの伝えがある。旱魃銭《ひでりぜに》、雨降銭、風吹銭といわれ、旱魃銭を動かすと旱魃となり、雨降銭を動かすと霖雨となり、風吹銭を動かすと暴風となり、さらに三個を動かすと凶変になるといって、手を触れることを固く禁じていた。残雪期には「種蒔き爺さん」といわれる雪形が現れ、農耕時期の目安とされている。

登路　車を利用して、青田線灰塚神社から舗装された林道を二〇分程走るとキャンプ場に着く。コースは木落坂《けおとし》コースと明神沢コースがあるが、登りに木落坂コース（約一時間三〇分）、下りに明神沢コース（約二時間三〇分）を利用するのがよい。明神沢コースの途中の分岐より左へ行くと、桑取の「ゆったり村温泉」に出る（頂上から約三時間）。

地図　二・五万図　重倉山

（橋本正巳）

権現岳　ごんげんたけ　標高　一一〇四m

別称　白山

新潟県糸魚川市能生《のう》に位置し、鉾ヶ岳の前衛峰となる。山頂は白山権現の奥の院といわれ、白山神社の祠がある。かつて能生白山神社の飛地であった。柵口《ませぐち》集落では、旧盆の一七日夜半に毎年、権現岳登山が行われている。

東面に広い崩壊壁のある岩峰で、登山道沿いに胎内洞窟、天狗屋敷、ハサミ岩、万歳岩といわれる奇岩が連続し、山頂の展望がよい。

一九八六年一月、権現岳東壁で発生した大雪崩が柵口集落を襲い、一三名が亡くなる大災害があった。

山頂周辺には北限といわれるホンシャクナゲや、サラサドウダンの大木があり、保護活動が行われている。

登路　柵口から湯沢沿いに、岩場の多いコースを登るので注意を要する（約二時間三〇分）。

地図　二・五万図　槙

（小野　健・靍本修一）

鉾ヶ岳　ほこがたけ　標高　一三一六m

別称　矛ノ峰　鉾峰

新潟県糸魚川市能生と糸魚川市旧市域の境にあり、頸城アルプスの最高峰・火打山より日本海に向かって北に延びる尾根上にある。北より大沢岳（一一四〇m）、金蓋山（金冠、一一〇〇m）、鉾ヶ岳、突鶏峰（一二八九m）、サワラ岳、権現岳を集団とする独立峰で、鉾ヶ岳と突鶏峰を双耳とする雄大な山容をなす。古くは「矛ノ峰」とも呼ばれていた。

鉾ヶ岳は、隣接する山群を含めて、雨飾山と同じ地質構造を示す。つまり第三紀層を貫く閃緑玢岩の急峻な地形をなしている。この貫入岩を熱源とした、西頸城層群の地下水が柵口源泉となって湧出している。北側の登山口となる島道鉱泉は、一八八九年、大沢岳山麓の鉱水を裏山の自噴天然ガスで沸かし、湯治場として開湯した。

登路　能生谷側には、島道・溝尾・柵口・西飛山の四つの登山道と、早川谷側には大平・寒谷のコースがあり、それぞれ異なったバリエーションが楽しめる。一般的には、島道鉱泉登山口から三重の滝～大沢岳コース（約三時間三〇分）、柵口から権現岳～突鶏コースが登られている（約四時間）。早川谷からの西コース（約四時間）は、北アルプスや海谷山塊の展望はよいが、急坂が長く、道も整備されていない。頂上には避難小屋がある。

地図　二・五万図　槙

（小野　健・靍本修一）

駒ヶ岳　こまがたけ

標高(北峰)　一四八七m

新潟県糸魚川市の南東、海川左岸稜線の北部に位置する。海谷山塊は、フォッサマグナ帯に堆積した基盤岩上にフローした海底火山の安山岩、玄武岩、集塊岩などが隆起して形成された。

駒ヶ岳は、山容全体が駒形に似て、山頂に小さな祠がある。北側の緩斜面帯にはブナの巨木が林立する。三角点のある北峰と、キレット越しの南峰(一四九八m)と二つのピークを持つ。駒ヶ岳の南東稜は、さらに鬼ヶ面山(一五九一m)、鋸岳(一六三一m)を経て、茂倉尾根から雨飾山の笹平に至る。海谷対岸には、烏帽子岳、阿弥陀山(一五一一m)、鉢山(一五七五m)、昼闇山《ひるくら》(一八四一m)の岩峰が対峙して、海谷山地を一層峻険な渓谷にしている。

登路　北側の三峡峠コース(海谷山峡パークから二時間三〇分)、西側大神堂口より溶岩バンドを通るコース(二時間三〇分)がある。駒ヶ岳から鋸岳までの三山縦走コースもあるが、鬼ヶ面山南部にキレットや岩場があるので注意が必要である。

地図　二・五万図　越後大野

(小野　健・霜本修一)

雨飾山　あまかざりやま

標高　一九六三m

別称　天飾山　天粧山　雨餝山　雨節山　両飾山　両粧山　荒菅山

新潟県糸魚川市、長野県北安曇郡小谷村との県境で、頸城山地の妙高火山群の西端に位置する(二〇一五年、妙高戸隠連山国立公園に再編入)。

山名の由来は、雨や天を祀る山、アマ火山、山頂が双耳峰なので両飾山、両粧山など多くの呼称があり、その後、両が雨になったともいわれている。文政年間(一八一八〜三〇)には雨飾山の記録があり、節が飾になったなど諸説がある。南峰には三角点と山神の石柱や、北峰に四体の石仏と祠がある。石仏は阿弥陀三尊、大日如来、薬師如来、不動明王で、北向横列に並んでいる。旱魃の時、山麓の農民が雨乞い祈願の厳修儀を行うと慈雨に恵まれたという。

山頂周辺から薬師尾根、西尾根、南東尾根、茂倉尾根が派生し、北から根知川、前沢、荒菅沢、海谷の源流となって姫川に注ぐ。

地質は、新生代第三紀中新世の砂泥質堆積岩に貫入した、半深成岩の安山岩、閃緑玢岩などよりなる。南西側には、フトンビシ(壁)や前沢奥壁の鏡肌状の衝立壁がある。雨飾山、大渚山(一五六六m)周辺の玢岩を熱源として、接触部の地下水が雨飾温泉、小谷温泉《おたり》となって湧出する。北東側のフォッサマグナ帯には、第三紀層を基盤として噴出した海底火山岩よりなる駒ヶ岳、鬼ヶ面山、鋸岳などの海谷山塊、現在も活動中の活火山の焼山がある。

山頂東面直下は、笹平といわれる平坦地形が広がり、クマザサに覆われている。登山道沿いには、ハクサンチドリ、ハクサンフウロ、ハクサンイチゲ、ニッコウキスゲや、まれにキバナノアツモリソウの開花も見られる。頂上付近には、ヤマハタザオ、ミヤママンネングサ、イブキジャコウソウが点在する。荒菅沢に至る南斜面には、ブナの原生林が広がり、南東尾根に出ると、キジムシロ、メタカラコウ、シラネアオイ、ギョウジャニンニク、カタクリ、ヒメキクザキイチゲ、ツマトリソウなど多彩である。ニホンカモシカ、ニホンツキノワグマ、ホンドオコジョなどの哺乳動物も生息している。

登路　戦後までは、登山道も整備されていなかったので登山者も少なかったが、百名山ブームで一気に有名になった。北側は、雨飾山荘まで車が入り、山荘を登山口として薬師尾根～中ノ池～笹平のコース(約三時間)となる。南側は、小谷温泉経由で管理棟のある登山口一一〇〇mまで車道がある。南斜面より荒菅沢を渡り南東尾根から笹平へ出て北道と合流する。登山者の多い小谷コースは、登山道の崩壊が進んでいる。大網登山口～前沢からの西尾根道は、北アルプスから日本海への展望もよく、登山者も少ないので静かな雨飾山が楽しめる(小谷口約三時間・雨飾温泉口約三時間三〇分)。

雨飾山(中央奥のピーク)
(海谷駒ヶ岳西コース〈大神道〉山腹から)

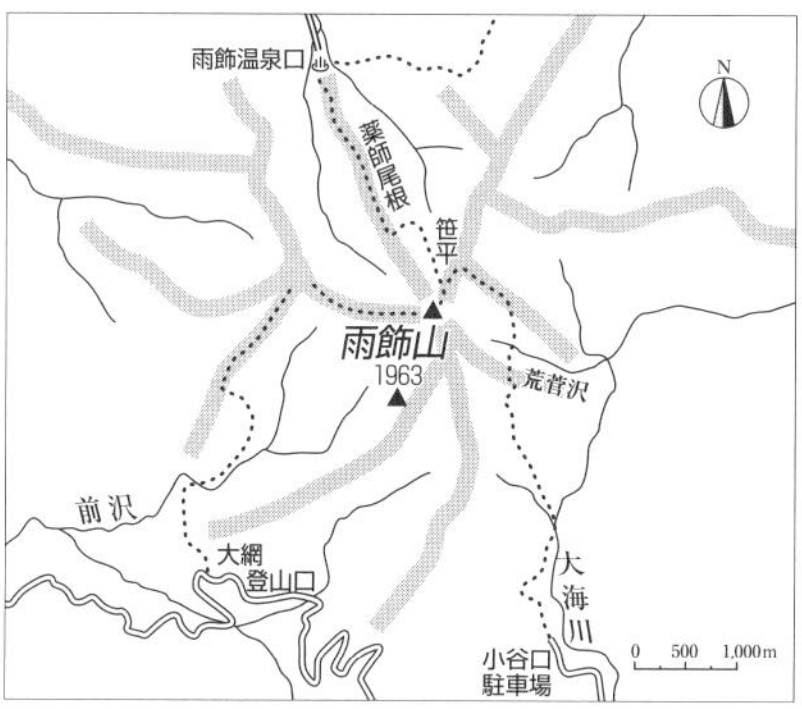

地図　二・五万図　雨飾山

(小野　健・靏本修一)

堂津岳　どうつだけ

標高　一九二七m

長野県長野市鬼無里《きなさ》と北安曇郡小谷村《おたり》、新潟県妙高市妙高高原地区にまたがり、妙高戸隠連山国立公園内に所属する。西頸城山地の北安曇郡小谷村と長野市鬼無里の境界尾根の最北端に位置し、地元の人たちによって道が造られ、二〇一五年から通れる予定。

五月の残雪期に、長野市鬼無里の奥裾花自然園のミズバショウ群生地の最奥に、残雪に輝く秘峰・堂津岳が望まれる。また、小谷村の国道一四八号中小谷《なかおたり》の下里瀬《くだりせ》から奉納《ぶのう》に向かう谷の奥に、鍋底を逆さにしたような丸い形の山頂を望むことができる。

昭和四〇年(一九六五)八月、日本山岳会信濃支部の長野県境地帯一周踏査隊が堂津岳を通過し、雨飾山に向かった。つづいて翌年四月の残雪期に日本山岳会越後支部を中心とした新潟県境全山縦走踏査登山隊が、乙見山峠から堂津岳を経て高妻山に到達した経緯がある。

妙高戸隠連山国立公園は、昭和三一年(一九五六)に長野、新潟、群馬の三県にまたがる上信越高原国立公園に追加指定された地域だが、環境省中央環境審議会は平成二七年(二〇一五)一月二〇日、上信越国立公園の妙高・戸隠地域を分離するとの答申を行い、これを受け同年三月二七日、三二番目の国立公園として指定された。

登路　一九六六年ごろに旧国鉄長野山岳連盟が、堂津岳を経て乙見山峠を越え、県境稜線を雨飾山手前の金山(二二四五m)へと登山道を切り開いたが、いまでは荒れて通行困難となっている。残雪期（五月）に、奥裾花自然園駐車場登山口から奥裾花自然園を経て北西へ稜線を辿り、奥西山を通過し堂津岳山頂に達する（登山口から約五時間三〇分）。

ここでいう金山は、乙見山峠～薬師岳（一八〇二m）～天狗原山（二一九七m）～金山～雨飾山で、雨飾山手前の湿原地帯の山をいう。金山から雨飾山へは大きく下り、起伏も多い。

地図　二・五万図　高妻山

（金子誠吾・古幡開太郎）

東山　ひがしやま　標高　一八四九m

長野県長野市鬼無里《きなさ》と北安曇郡小谷村《おたり》の境にあり、国立公園に含まれず西頸城山地に属する。山体は安山岩質の溶岩および凝灰角礫岩からなる。山腹はブナの原生林に覆われる。

山名は、白馬山麓に住む人たちが、西の白馬連峰に対し、東側に聳える連山を一括して東山と呼び、その最高峰を東山と名付けたようである。

この山の南約三〇km地点に、もう一つ標高一二〇〇m程の東山がある。東の裾花川の谷を隔て、戸隠連峰と対峙している。稜線は急峻な岩壁のある静かな山で、長野県外からの登山者にも好まれている。

登路　鬼無里の奥裾花自然園から西へ登路をとって稜線へ出、中西山（一七四一m）を経由して南へ一〇km進んだ所が頂上である。近年、地元の人たちによって登山路が開かれたため、容易に頂上へ行くことができるようになった（奥裾花自然園登山口から約五時間）。

地図　二・五万図　雨中

（原　謙一）

虫倉山　むしくらやま　標高　一三七八m

別称　大姥山

長野県の北部、長野市中条の北側に位置し、裾野は長野県鬼無里、上水内郡小川村にかけて広がる急峻な虫倉山塊の主峰。最高峰は長野市中条・鬼無里の境にあり、山塊は輝石安山岩と凝灰角礫岩からなり、南の山麓には土尻川、北の山麓には裾花川が流れる。崖あり、谷ありの手ごわい山里である。

弘化四年（一八四七）の「善光寺地震」はこの山塊付近を震源として発生し、山麓の家屋と住民を一瞬にして埋め尽くしたと松代藩の記録にある。虫倉山は古くから「山姥・大山姥様」の棲む山として伝説と信仰の山里として親しまれている。周辺の集落には「大姥様」や、その子供のことが民話として伝承され、これを祀る神社などが登山口になっている。動植物の数も多い豊かな自然に恵まれ、山麓に暮らす人々の心のふるさとなっている。

登路　登山道は、長野市中条太田集落から不動滝を経るもの、外《そと》小手屋《こてや》集落の虫倉神社からのもの、岩井堂峠から小虫倉山（大姥神社）を経るもののほか、小川村からの登山道もある。登山口から山頂まで、いずれも約二時間。

平成二六年（二〇一四）一一月に発生した長野県神城断層地震のため、山頂の一部と登山道の一部が崩落したため登山禁止になっている。事前に長野市のホームページの「虫倉山登山禁止のお知らせ」

を確認するか、長野市中条支所に問い合わせること。

地図　二・五万図　信濃中条

（松林のり子）

烏帽子岳　えぼしたけ

標高　一四五一m

新潟県糸魚川市の南東、早川と海川の間にある焼山北西尾根の延長上にあり、海谷山塊の北東側に位置する。

烏帽子岳は、山容が烏帽子に似た細稜で、東面が険しい崩壊岩壁となっている。頂上に石仏があり、信仰の対象として主に残雪期に登られてきた。隣接する阿彌陀山（一五一一m）は、南峰と北峰の間にキレットを持つ双耳峰の岩峰で、西側に鉢山がある。海谷右岸は対岸の海谷三山と同じ、西頸城層群を覆う集塊岩の岩峰よりなる。

登路　整備された登山道はなくナタ目程度で、残雪期に粟倉、砂場、焼山温泉側からスキー登山が行われている（焼山温泉から約三時間）。

地図　二・五万図　越後大野

（小野　健・霜本修一）

妙高火山地域

大毛無山　おおげなしやま

別称　扇梨山

標高　一四二九m

新潟県の南西部に位置し、妙高市新井地区と上越市中郷区、名立区にまたがる。

山名の由来は、全国各地にある毛無山と同じである。山の毛とは樹木のこと。冬の大毛無山は日本海からの冷たい季節風による雪雲を遮断して大雪をもたらし、山頂付近では一〇m近くもの積雪に覆われ真っ白になる。まさしく「けなしやま」と呼ばれるゆえんである。

なお、スキーに適した東斜面に、一九九三年、大規模なスキー場が完成した。新潟県内でも遅くまで滑れるスキー場として人気を集めていたが、経営破綻し二〇一五年現在、閉鎖状態になっている。

登路　登山口の両市境界手前の堀割へのアクセスは、妙高市西野谷から南葉林道線を辿る（林道の通行の可否は妙高市農林課に問い合わせること）。堀割の登山コース案内板のわきから登山道に入る。稜線（境界線）に沿った雑木林の緩やかな道を辿ると山頂に着く（掘割から約一時間三〇分）。山頂は狭いが妙高山、火打山、不動山などの美しい景観が望める。

なお、地図に両善寺から要山を経てリフト終点から山頂に至る登山道が載っているが、現在は廃道になっている。

地図　二・五万図　関山　重倉山　（山口徳明）

不動山　ふどうやま　標高　一四三〇m

別称　不動サン

新潟県上越市名立区の南西端に位置する。不動山は名立川、能生川、矢代川の源流となり、ドーム状の急峻な山容を形成している。

山体は、鉾ヶ岳と同じ新生代第三紀西頸城層群に貫入した角閃石玢岩で構成されている。山頂には不動明王を祀る祠があって、妙高山開山権現五山の一つで、古くから信仰の山として登られてきた。山麓に不動の集落があり、毎年四月下旬、不動山祭に不動山登山が行われている。

登路　古くは清水谷、大毛無、入向平大毛無、紫雲谷三峰粟立の四つの参拝コースがあった。現在は一九七四年、林道南葉山線が開通し、林道から分岐する清水谷道も一九八九年に整備されて一般登山道となった（林道登山口から約二時間四〇分）。

地図　二・五万図　湯川内　槙　（小野　健・鶴本修一）

火打山　ひうちやま　標高　二四六二m

火打山は新潟県南西部の妙高火山群に位置し、新潟県妙高市妙高高原地区、妙高地区と糸魚川市能生にまたがる。妙高山と焼山の中間にあり、同山群の最高峰である（二〇一五年、妙高戸隠連山国立公園に再編入）。

火打山の属する妙高火山群は新潟県上越地方の関川と姫川に挟まれた山域で、妙高山群（藤島玄）、頸城三山（深田久弥）、頸城山塊、妙高山塊（山と溪谷社）など、この山域の呼称はそれぞれの機関や個人で異なり、地元では妙高連峰、頸城連峰の呼称が多く使われている。山名の由来は『越後野志』によれば「火打山、難波山ノ南、妙高山ノ北ニテ両山ノ中間ニ在リ、数峰ノ嶮巖並ビ列ナリ宛モ燧石《ヒウチイシ》ヲ並べ立ルガ如シ、故ニ名ツクト云」とあり、ほかに『越後地名考』にも火打山の別称「赤倉山」、「赤芝山」など呼称が一定せず、赤倉山を妙高の里近くに移し、火打山を固定名称とする記述がある。

妙高火山群は、本州中央部を南北に切り裂いているフォッサマグナの東側の山域で、その割れ目から溶岩が噴出してできたものである。しかし、火打山は火山ではない。火打山層という泥岩や砂岩、玢岩で構成された基盤岩が隆起した山で、岩盤に貫入した溶岩が玢岩のような硬い岩石となり、長い年月の侵食作用で硬い部分だけが削り残されたものといわれている。

妙高火山群は笹ヶ峰を中心にして妙高山、火打山、金山、高妻山、黒姫山など、直径一五kmの円形の中に二〇〇〇m以上の高峰が一一座あり、国内でもっとも火山の密集している地域といえる。

火打山の名が世に知られた歴史は非常に浅い。深田久弥が『日本百名山』で触れているように、高頭式の『日本山嶽志』には火打山が載っていないことに遺憾の意が記されている。火打山は直江津や高田地区からその美しい姿が見られるが、ほかの所からは、妙高山やその前衛峰に隠れて見えない。江戸時代末期に高田藩の許可を得

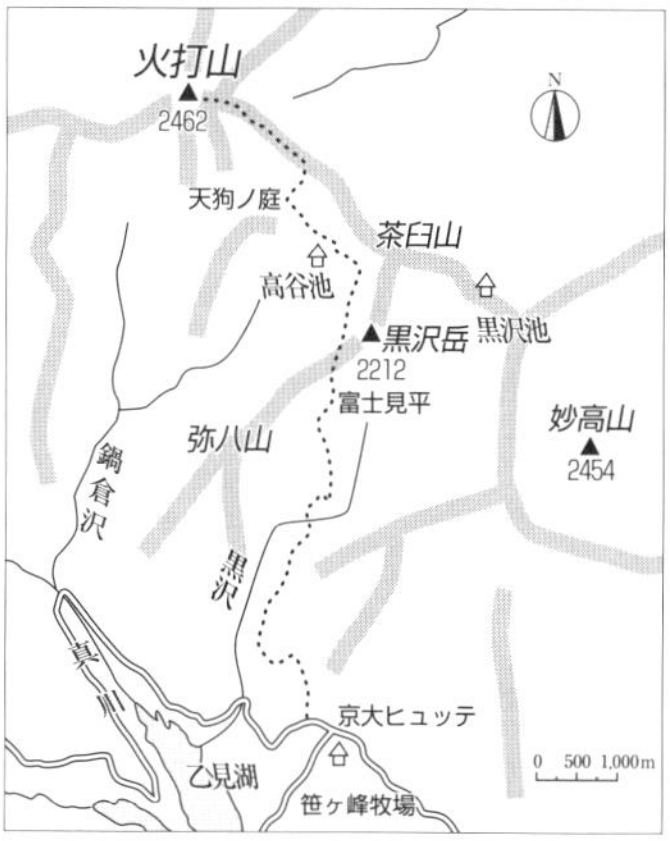

火打山（左）（高谷池ヒュッテから）

て、笹ヶ峰地区に開墾のためわずかに入植者が入った資料が残っている。

　近代登山の対象として火打山が注目され始めたのは一九二八年、笹ヶ峰地区に京大ヒュッテが建てられたころからで、旧制第三高等学校山岳部による、妙高火山群の厳冬期登山や山スキーが始まり、一九三〇年を中心に、営林署小屋（現高谷池ヒュッテ）、長助小屋が建てられ、四季を通じて脚光を浴びるようになった。

　妙高・火打山域は、典型的な日本海性気候による国内有数の積雪地帯で、標高二〇〇〇m以上では一〇月上旬に初冠雪し、一一月には根雪となる。山容は、南面は起伏が少なく緩やかな感じであるが、北面は尾根・谷とも峻険で荒々しさを呈している。豊富な雪が五月の連休ごろまで山スキーを楽しませてくれる。雪解け水は大地を潤し、多様な植生を育み、山麓から山頂近くまで、広葉樹、ハイマツ帯に至る樹林帯を形成している。それに大小の池塘が高層湿原を育て、群生する湿性植物や林床に咲く高山植物の種類はまことに豊富である。また、当山群に生息する主な動物は、ニホンカモシカ、ニホンツキノワグマ、ホンドオコジョ、オオタカ、ライチョウ（生息地の北限）が確認されている。

登路　笹ヶ峰から入るコースが主流（妙高山からの縦走路がある）である。笹ヶ峰牧場の登山口からブナ林の中を緩やかに登り、小沢を三つ渡ると水量豊かな黒沢に着く。その流れに架かる橋を渡り、左へ横切ると一気に十二曲りの急登となる。一時間程で狭い稜線に出る。やがてシラビソの林が現れ、滑り止めの付いた木道をしばらく進むと、標高二〇五〇mの富士見平の分岐点に出る。高谷池へは左の道を辿る。高山の雰囲気がただよう中を黒沢岳の西側を巻いて行くと、左手に火打山の頂が見える。

　三角屋根の高谷池ヒュッテはもう間近い。建物の前には、水を湛えた高谷池池塘群が広がる。山頂に向かう途中に妙高山・黒沢池方面への分岐がある。そこからまっすぐに進み、池畔を半周し、ハクサンコザクラの大群落を抜けて天狗ノ庭に着く。ここは七月中旬まで残雪があり、池塘も多い。湿原の北端から稜線に出る。正面には赤茶けた鬼ヶ城、左手に雷菱《かみなりびし》ノ頭の岩壁が見える。ダケカンバ、ハクサンシャクナゲの道を過ぎ、小さな急登を終えるとハイマツ帯に入る。最後の急斜面を登り山頂に立つ（笹ヶ峰牧場から約四時間三〇分)。妙高火山群の最高峰だけあって、眺望は抜群である。晴れた日には、富士山、八ヶ岳、後立山連峰から能登半島、佐渡島まで一望できる。

地図 二・五万図　湯川内　妙高山　赤倉

（永島賢司）

妙高山 みょうこうさん

標高(南峰)　二四五四m

別称　名香山　明香山　妙光山

新潟県の南西部、長野県境に近い妙高市妙高地区にあり、妙高火山群の主峰である(二〇一五年、妙高戸隠連山国立公園に再編入)。山名の由来は、古名を「越の中山」といい、中山を「名香山《なかやま》」と書き、これを音読して「みょうこうさん」と唱えた。仏教世界の最高峰「須弥山《しゅみせん》」は、「妙高山《せん》」の別名である。

山麓の関山には関山神社があり、社伝では、和銅元年(七〇八)に裸行上人が妙高山頂に登り、関山権現(明治以前の呼び名)を開基した。神体は国常立尊《くにとこたちのみこと》など三神あり、神社は妙高山信仰の中核である。神社の右に宝蔵院屋敷がある。かつては神社とともに栄えたが、明治の廃仏毀釈でなくなった。また、神社には県指定文化財である聖観音像(新羅仏)が祀られている。これは白鳳期の渡来仏であり、古代越後を考える上で貴重である。縁起伝承の中で、養和元年(一一八一)に一光三尊阿弥陀仏を木曾義仲が妙高山頂に祀ったと伝えられている。

新潟県の南西部を流れる主要な河川に関川がある。妙高山の南西を流れる、南地獄谷の水は白田切川となる。また、西側の大倉谷は北側の北地獄谷と合流して大田切川となり、ともに関川に注いでいる。

山体は二重式円錐状の成層火山である。中央火口丘を取り巻く山々は、外輪山(神奈山、大倉山、三田原山、赤倉山)であり、周りにはなだらかな裾野が広がる。

池ノ平から赤倉付近にシラカバ、カラマツ、ミズナラ、サワグルミ、ホオノキなどがある。関から燕付近にはトチ、ブナ、イタヤカエデ、ウリハダカエデ、オオバクロモジなどがある。上部に行くにしたがって、ダケカンバ、オガラバナ、ウラジロナナカマドなどが、また山頂付近には、タカネナナカマド、ミヤマハンノキ、シロバナシャクナゲ、チシマザクラなどがある。また、花については登山道入り口(燕温泉)から、サンカヨウ、ユキザサ、ヤグルマソウ、シモ

妙高山(高いピーク)（妙高市矢代から）

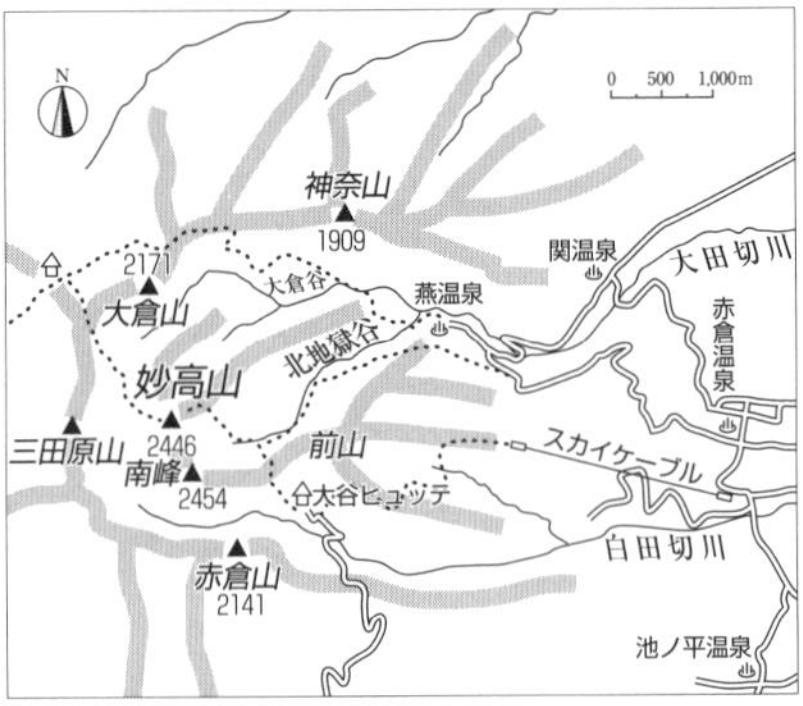

ツケソウなどがあり、北地獄谷上部では、マイヅルソウなどがある。光善寺池付近では、ウサギギク、アカモノ、山頂近くになると、ヨツバシオガマ、ウスユキソウ、トウヤクリンドウなどがある。また、火口原の湿原と長助池にはミズバショウ、コバイケイソウ、クルマユリ、ワタスゲ、ハクサンチドリ、イワイチョウなどがある。

登路　旧登山道は関山神社より発している。平安時代から信仰登山の場として親しまれており、また、登拝者数は江戸時代、多い年で正徳二年(一七一二)に一二〇〇人、少ない年で安永五年(一七七六)に八〇人と記録されている。現在の登路はもっともポピュラーなコースで、燕温泉、麻平を経て北地獄谷、天狗堂、おいずり、貝ずりの険を登り、山頂に達するものがある(登山口から約四時間三〇分)。下山は長助池、黄金清水を通り、妙泉橋を渡って燕温泉に着く(山頂から約三時間二〇分)。また、国際的に紹介されたのは、一八八一年にロンドンで発売された『中部及北方日本旅行案内』(アーネスト・サトウとホーズの共著)に妙高山が載っている。

地図　二・五万図　赤倉　妙高山　(七沢恭四郎)

焼山　やけやま　標高　二四〇一m

別称　茶臼岳

新潟県妙高市妙高高原地区と糸魚川市とにまたがり、妙高火山群の最北端に位置する活火山である(二〇一五年、妙高戸隠連山国立公園に再編入)。

標高二〇〇〇mの第三紀層を基盤とする安山岩溶岩の火山で、山頂部は溶岩ドームを形成し、主に北方に溶岩流、火砕流が流下している。成層火山としては小型の部類に入る。約三〇〇〇年前に噴火が始まり、康安元年(一三六一)の大噴火によって現在の山容が完成した。

山頂部には御鉢と呼ばれる中央火口がある。西隣に直径数十mの小さな爆裂火口が接している。周辺や山腹には、多数の硫気孔、噴気孔や割れ目が認められ、一部では現在も活発な噴気活動を行っている。

近年は水蒸気爆発がつづいている。一九四九年に噴火、降灰、泥流が発生し、その後一九六二～六三年と小噴火、降灰、異状音響があり、一九七四年七月二八日の噴火は上越地方に降灰をもたらし、千葉大生三名が高山植物の調査のため、泊り岩付近にキャンプ中に噴石を受け死亡している。その後数年おきに噴気活動が活発化し、時に軽微な噴火ととれる現象が現在もつづいている。

登路　早川谷笹倉温泉より火打山川に沿った工事用道路でアマナ平まで行き、賽の河原を通り、坊々抱岩、泊岩を経て山頂に至る(約七時間)。

ほかに火打山から雨飾山に至る縦走路、笹ヶ峰牧場より真川沿いの道と三登路がある。

活火山なのでヘルメット携行。火山活動に要注意。

地図　二・五万図　湯川内　妙高山　(小山長孝・七沢恭四郎)

金山　かなやま

標高　二二四五m

新潟県妙高市妙高高原地区、糸魚川市と長野県北安曇郡小谷《おたり》村にまたがる。雪田や雪渓が多く、残雪が豊かである。山体は第三紀層の上を角閃石安山岩と閃緑岩が覆っている。

交通が不便で訪れる人は少ない。いまなお太古の静けさと美しさを湛えて、妙高山群唯一のオアシスとなっている。お花畑は圧巻で、見る人の心をつかんで離さないものがある。

登路　登山口へのアプローチは非常に悪い。登山口は小谷温泉より四・五㎞程の所にある。いきなりの急登で高度をかせぎ、高妻《たかづま》山、乙妻《おとづま》山がよく見える小岩峰に達する。このピークを下り、沢状の道を行く。この辺りのブナ林は見応えがある。これから登山道を辿り、木製の梯子を登ればガレ場上部に出られる。登山道は天狗原《てんぐっぱら》山の東面に付いており、山頂には行けない。この近辺はミヤマキンポウゲ、チングルマ、ハクサンコザクラ、イワカガミなど見事である。急坂を下りて、少し登り返すと小さな池塘に出る。これが「神の田圃」である。

山頂までは笹ヶ峰側に細々と付いている道を辿る(登山口から約五時間)。山頂からは焼山、火打山、天候がよければ北アルプスが一望できる。

地図　二・五万図　雨飾山　妙高山

(橋本正巳)

黒姫山　くろひめやま

別称　御巣鷹山　信濃富士

標高　二〇五三m

長野県上水内《かみみのち》郡信濃町の北西に位置し、頸城山塊の南端にあたり妙高火山群の一角をなす。中央火口丘は小黒姫山と呼ばれている。

黒姫山にはいくつかの伝説があるが、山名は黒姫伝説に由来する。また、寛仁四年(一〇二〇)、源信という僧侶が、万民豊楽、仏法興隆を祈願して、黒姫弁財天の像を彫刻して奉納したところから、黒姫山と称するようになったともいわれる(雲竜寺由来)。さらに次のような伝説もある。

信州中野の城主・高梨政盛の娘黒姫に恋をした志賀大沼池の竜が、侍に姿を変えて城へ黒姫の嫁取りを願いにやってきた。政盛は難題を与え殺そうとしたが、竜は怒りに燃えて天へ逃れ、ほかの池の竜たちの助力を得て水を押し流し、城下は濁流に流されてしまう。黒姫が自らの命と引き換えに平安を天に祈ったところ、竜が現れて黒姫を西方の山へ連れ去ったという。その後、この山は黒姫山と呼ばれるようになった。伝説には、城主の名が政頼であったり、竜の軍隊との戦いがあったなど数々の異説がある。また、黒姫が身を投げ、その場所が黒姫山頂近くの池であったともいわれている。

黒姫山は、妙高山(越後富士)、飯縄山と連なる火山列に属し、典型的なコニーデ型の二重式火山で、「信濃富士」とも呼ばれている。北には関川が、南には鳥居川が流れ、西の中腹には大ダルミと呼ばれる湿原がある。火口原には七ツ池、峰ノ大池とともに湿原が広がる。

西側および南側の山腹にはブナの自然林がある。また、外輪山一帯のハイマツおよびキバナシャクナゲは、本州での分布と異なり、一八〇〇m辺りに群生している。オサバグサ、ミヤマツチトリモチなども見かけられる。峰ノ大池には、クロサンショウウオが生息している。

登路　登山道は、現在四本が通行可能である。黒姫高原スキー場のリフト終点からの小泉登山道は、越見尾根を黒姫乗越へと急登した後、外輪山に沿って山頂に至る（黒姫高原から約三時間四〇分）。東登山道は、東の山麓から七曲がりの急登の後、さらに山頂直下まで外輪山を直登する（しなの鉄道黒姫駅から約四時間四〇分）。南西方面からは、二本の登山道がクロスして山頂へ向かう。分岐点までは、種池経由と大橋林道経由の二本があり（大橋から大ダルミ分岐まで約一時間二〇分）、交差した後、大ダルミを経由する道と尾根をつめて外輪山を半周する道がある。大ダルミ経由は、後半の火口原を横断する登路が長い（大ダルミ分岐から西登山口、峰ノ大池を経て約三時間）。尾根をつめるいわゆる新道は、外輪山までの急登の後は、比較的高低の少ない景色に恵まれたトラバースとなる（大ダルミ分岐から尾根をつめ約二時間三〇分）。

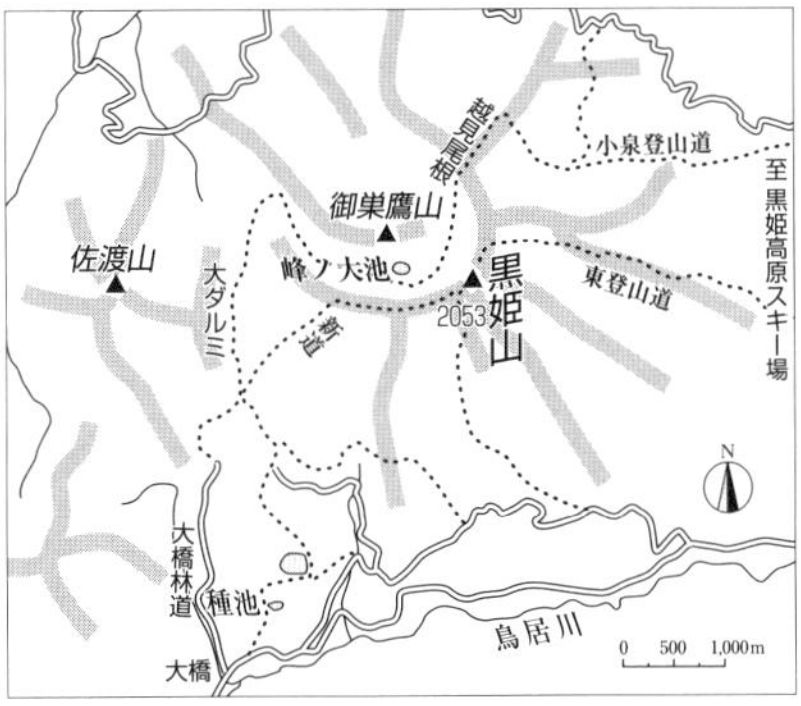

地図　二・五万図　信濃柏原　高妻山

（宮崎清之・古幡開太郎）

戸隠山　とがくしやま

標高　一九〇四m

長野県長野市の北西部、戸隠連峰の主峰。妙高戸隠連山国立公園（二〇一五年三月二七日、上信越高原国立公園より分離指定）に属する。戸隠山は広義には北部の乙妻山、高妻山の「裏山」と、中央部の「表山」および南部の「西岳」の三つの山塊の総称とされるが、一般には表山を指し、狭義には表山の最高部をいう。

表山と西岳は海底火山の噴火と隆起によってできた凝灰角礫岩を主とする山で、造山後の差別侵食により鋸歯状の険しい稜線と岩壁群が形成されている。特異な山容は古代から聖地として畏敬され、天ノ岩戸神話の岩戸を隠した山という伝承が山名の由来とされている（『戸隠本院昔事縁起』室町中期など）。

また、混在する砂岩層が侵食されてできた多くの洞窟や岩棚が、平安時代から山岳修験道の霊場として山伏の修行の場となり、山麓の戸隠神社への登拝とともに信仰の山として広く知られた。その起原は九頭竜神信仰に求められている。表山とその北につづく裏山は、天台宗の八峰練行の山であり、西岳は、中世真言宗の修験道場だったという。

東山麓の戸隠高原は野鳥の生息地として有名だが、年間一〇〇種を超える小鳥が確認される。植生はトガクシショウマなどトガクシ

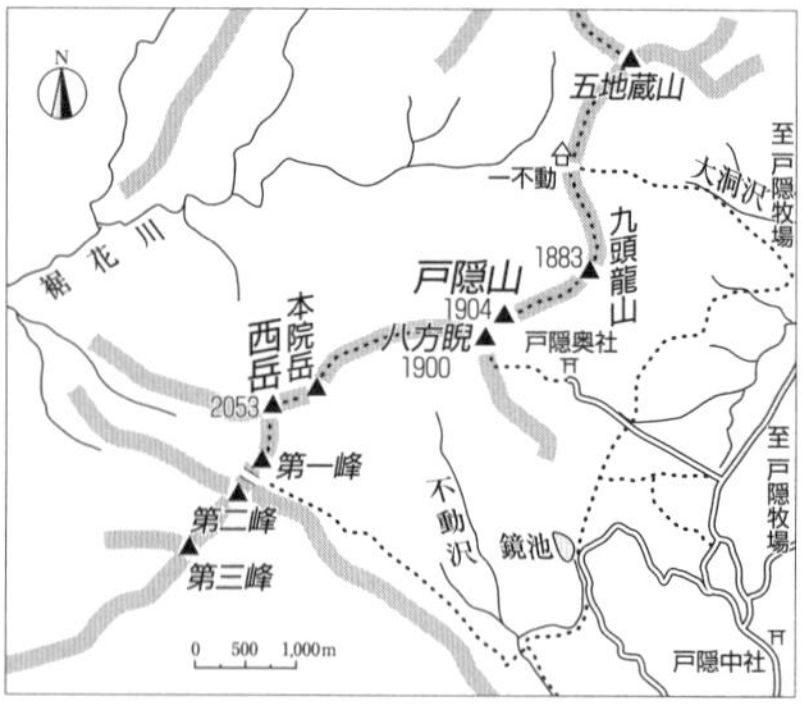

を冠した希少植物をはじめ、豊富な亜高山帯植物が分布する。戸隠神社奥社の社叢は聖域として維持されたため自然相が保たれ、参道の樹齢四〇〇年のスギ並木は七〇〇mに及ぶ。

西側は裾花川源流域で、深い谷をなす秘境といわれ、ブナの原生林が広がる。

登路　戸隠山は脆い岩質と急峻な岩壁が入り組むため登山路は稜線の東側に限られ、西側の裾花川源流からの道は付けられていない。一般ルートは戸隠神社のわきから八方睨《はっぽうにらみ》のピークを経て頂上に達し、稜線上を北へ一不動の高妻分岐に出て大洞沢を戸隠牧場に下る（戸隠奥社入り口から八方睨まで約二時間三〇分、八方睨から頂上へは約二〇分、頂上から九頭龍山、一不動を経て戸隠牧場へは約二時間五〇分）。途中は鎖場など整備されてはいるが、「蟻の戸渡り」「剣の刃渡り」の痩せ尾根や危険箇所が多いため、慎重な行動が必要である。この逆のコースを辿るルートもある（戸隠牧場から一不動、九頭龍山を経て頂上へは約三時間四〇分）。

南部の西岳方面は、積雪期中心の熟達者向きの険路で、一部を除き入山者は多くない（踏破に一〇時間以上かかり、山中泊が必要）。

地図　二・五万図　高妻山　（平沢利夫）

西岳　にしだけ　標高　二〇五三m

長野県長野市戸隠と鬼無里《きなさ》の境界にあり、戸隠山の八方睨から北側を「表山」と呼び、南西側を「西岳」という。

表山と同様に凝灰角礫集塊岩が構成する岩盤は脆く、侵食も激しい。それが特異な景観を形成している。北から本院岳（二〇三〇m）、西岳本峰とつづき、南は第一峰から第六峰までの鋸歯状の山稜が連なり、一夜山（一五六二m）へとつづく。縦走には危険が多い。

平安時代には、「戸隠三十三窟」といわれる修験道場として国内にその名を馳せ、表山の天台派に対し、西岳の麓では真言派が勢力を広めていった。

裾花川源流に落ち込む西斜面の原生林は、主にダケカンバやブナなどの広葉樹で覆われているが、東面の急峻な岩場の間にはニッコウキスゲの群落も見られる。

登路　表山・八方睨から最低鞍部、本院岳を経て、稜線づたいに登るルート（八方睨から約三時間）と、第一峰から東へ延びるPI（ピークワン）尾根を登るルートがある。このルートは鏡池手前より南へ下り、楠川を渡ってPI尾根に取りつき、いくつかの岩場を越え第一峰（一九八九m）に達する（鏡池から約四時間）。第一峰から西岳キレットを経て頂上へ約三〇分、一㎞である。ハイマツやネマガリダケのヤブを抜けると本峰である。西岳へのルートは、いずれも崩壊が激しく登山者も多くは登らないので、事前に確認を要する。

地図　二・五万図　戸隠・高妻山　（中島誠至・古幡開太郎）

乙妻山　おとつまやま

標高　二三一八m

別称　戸隠裏山　大日峰

長野県長野市戸隠と新潟県妙高市妙高高原地区の境界に連なる戸隠連峰の最北部に位置する。妙高戸隠連山国立公園（二〇一五年三月二七日指定）の北西部を占める。

乙妻山は南に連なる高妻山などとともに「戸隠裏山」と総称される。また、「大日峰」ともいわれている。乙妻山という山名の由来ははっきりしない。

戸隠連峰は、平安初期から山岳信仰の拠点として栄えた山岳霊場で、乙妻山は修行の最終の地であったといわれている。戸隠表山で練行を重ねた修験者は、最後に高妻山、乙妻山に登ることによって道を極めたという。

一不動から五地蔵を経て、十阿弥陀の高妻山頂に立った後、さらに北に尾根を辿り、十一阿閦《あしゅく》、十二大日と越え乙妻山頂に達する。頂には十三虚空蔵菩薩を祀った石祠が安置されている。高妻山から乙妻山へと足を延ばす登山者は少ないが、登山道ははっきりしている。東側は氷沢川支流へ、南西は地獄谷に落ち込む岩場が切り立っている。

地質は、高妻山と同じ生成過程を経た角閃石石英玢岩の塊状火山である。植物も高妻山と同様に、サラサドウダン、ウラゲハクサンシャクナゲなどが生育している。高妻山と乙妻山の鞍部の西側を中心にハイマツの群落も見られる。イワヒバリなど野鳥も多く生息しているが、原始林の減少にともない、数は少なくなっている。

登路　戸隠牧場から一不動、五地蔵を経て高妻山頂に達する。高妻山からさらに北へと尾根路を辿って、乙妻山頂に登るのが開山以来の登山路である（『戸隠案内』一九一六年）。五地蔵岳の宝丹小屋に一泊し、翌日、高妻山、乙妻山に登頂するのが一般的であったが、宝丹小屋がなくなってからは厳しい登山となった。深田久弥も著書『日本百名山』の中で「高妻山への長い登りは急峻で、実につらかった。ようやく頂上に達した私の喜びは無上であったが、もう乙妻山まで足を延ばす元気がなかった」と記している。高妻山から乙妻山往復は二時間以上を要する。

積雪期、笹ヶ峰からスキーで氷沢川沿いのブナ林帯を遡行し、高妻山と乙妻山の鞍部に達し登頂するルートは、大正一五（一九二六）年、旧制第三高等学校山岳部員の今西錦司らによって初登頂されている。

地図　二・五万図　高妻山

（田島　守・古幡開太郎）

高妻山　たかつまやま

標高　二三五三m

別称　戸隠裏山　剣峰　両界山　戸隠富士

長野県長野市の北西に連なる戸隠連峰の最高峰で、新潟県妙高市との境界、妙高戸隠連山国立公園（二〇一五年三月二七日指定）の北西部に位置する。西頸城山地のほぼ中央でもある。

高妻山は北に連なる乙妻山、東の五地蔵岳（一九九八m）などとともに、「戸隠裏山」と総称される。また、「剣峰」「両界山」ともい

高妻山（瑪瑙山山頂から）

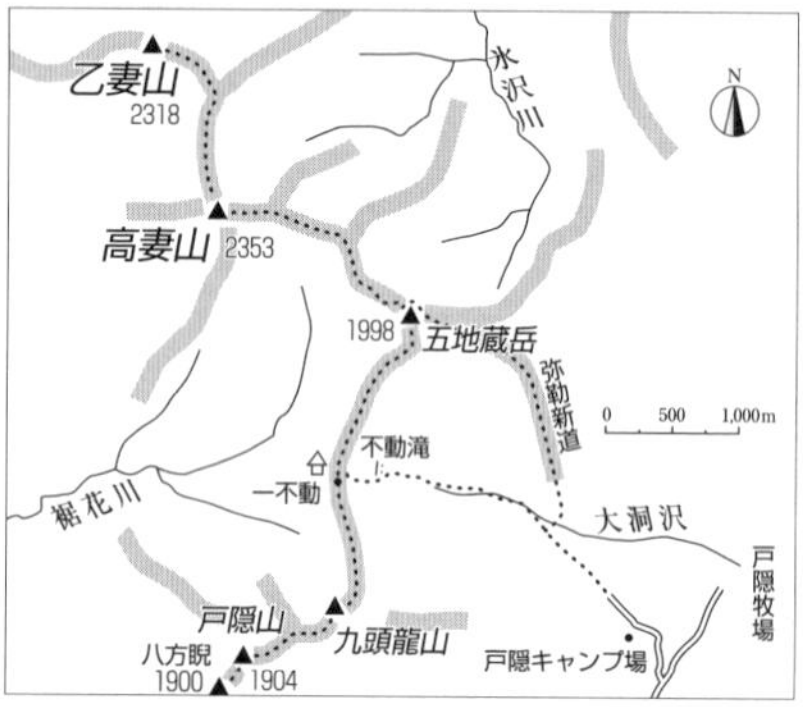

われている。「戸隠富士」という呼び方も一部にある。山名の由来ははっきりしないが、『善光寺道名所図会』によると、「金胎両部の曼陀羅を地に敷きたるを以て名とすとぞ」とある。善光寺平の南部から遙かに望む戸隠連山の右端に、ひときわ高く、秀麗な三角錐の山が高妻山で、鋭く尖った山容は周囲を圧倒している。

戸隠連峰は山岳信仰の拠点であり、全国的にも有名な山岳霊場として栄えた山群で、平安初期の嘉祥二年（八四九）ごろ、学問行者という修行者によって開かれた（『阿娑縛抄《あさばしょう》』『戸隠山顕光寺流記《とがくしやまけんこうじるき》』）といわれ、平安時代から江戸時代までは修験者の練行の山であった。戸隠表山の修行を経た僧が、高妻山・乙妻山に登ることによって道を極めたという。

表山と裏山を分ける鞍部の一不動から、順次二釈迦・三文珠・四普賢・五地蔵・六弥勒・七薬師・八観音・九勢至・十阿弥陀と石祠が安置されている。頂上（三角点のある頂上より東数十m）の十阿弥陀には、巨石に石祠と手洗鉢が奉安してあり、その後に「戸隠裏山」と陽鋳銘のある青銅鏡が奉納されている。青銅雲形で支えられた銅鏡の直径は六三cmあり、背面には奉納者、鋳物師、揮毫者の名と、「文久二年（一八六二）壬戌七月大吉」と鋳出されている。鏡は四〇kg以上あると思われ、当時の人々の信仰心や財力を物語っている。

五地蔵岳から北西につづく尾根から、一気に頂上に達する高妻山の北東は氷沢川支流へ、南西は裾花川源流に落ち込んでいる。氷沢川は笹ヶ峰を経て関川となり、地獄谷と合流した裾花川は鬼無里《きなさ》を経て長野市で犀川に注いでいる。

脆い第三紀層で形成されている戸隠連峰は、侵食と崩壊が進み奇怪な山容となった。しかし、一部は下からマグマが入り込み、冷えて硬い岩盤を造った。この岩盤を核としているのが高妻山・乙妻山で、角閃石石英玢岩の噴出した塊状火山である。

北東の氷沢川支流域も、南西の裾花川支流域も、ブナやミズナラを中心とした原生林に覆われていたが、昭和三〇（一九五五）年ごろからの開発により伐採が進んでいる。山頂につづく稜線沿いには、コメツガ、トウヒなどの針葉樹のほかに、ダケカンバ、ミヤマハンノキ、サラサドウダンなどの落葉樹も多く、植生は豊かである。また、ネマガリダケの群生域もある。山頂付近はシラタマノキ、コケモモ、ベニバナイチヤクソウなどが見られ、奥裾花川側の岩場は高山植物の宝庫といわれている。

登路　戸隠牧場から西、大洞沢に沿う登山道を遡り、帯岩を経て稜線上の一不動(一八二〇m)に達する。ここから北に急登し、稜線上の平地にコンクリートブロック製の避難小屋がある。ここから稜線上を北西に進むと五地蔵岳に至る。ここのやや開けた平地に三角点があり、標高は一九九八mである。かつてここには、東京の守田宝丹家が寄付した宝丹小屋があり、一泊して高妻山・乙妻山に登頂するのが一般的であった。しかし、第二次大戦中に荒廃してしまった。昭和一五年(一九四〇)ごろまでは泊まることができたという。一九四九年には土台の柱などが散乱しており、小屋のあったことを示していたが、現在はササなどに覆われ、小屋の面影はまったくない。五地蔵から北西に稜線を進み、二つの小峰を越えて高妻山頂に達する。九勢至から頂上までは二〇〇m以上の標高差があり、苦しい登りである。早朝、戸隠牧場を出発し、高妻山を往復するのが一般的で、登り五時間以上、下り四時間以上を要する。戸隠奥社から戸隠山を経て一不動に至り高妻山に登ることもできるが、一日では困難。

積雪期には、前述のコースや、雪崩の危険を避け、五地蔵岳の東の尾根からの登頂もできる。また、笹ヶ峰から氷沢川を遡行し、登頂することもできる。このルートは大正一五年(一九二六)年、旧制第三高等学校山岳部員の桑原武夫ほかによって初登頂されている。

(田島　守・古幡開太郎)

地図　二・五万図　高妻山

飯縄山　いいづなやま

標高　一九一七m

別称　飯綱山　飯砂山

長野市の北西にあり、上水内《かみみのち》郡信濃町、飯綱町、長野市にまたがる。上信越高原国立公園に属していたが、二〇一五年三月二七日より妙高戸隠連山国立公園として指定された。妙高火山群に属する二重式成層火山で、広い山麓の南東には飯綱高原、西側には戸隠高原が広がる。外輪山を構成する主峰と霊仙寺《りょうせんじ》山(一八七五m)は輝石安山岩からなる。山頂部北西には直径約二・二kmの馬蹄形のカルデラがあり、内部には成層火山玄武岩の瑪瑙《めのう》山(一七四八m)など角閃石安山岩の溶岩円頂丘が点在する。山麓の標高一〇〇〇m付近には、巨人伝説(ダイダラボッチ)にちなむ大座《だいざ》法師池をはじめ多数の沼沢地がある。水は北の鳥居川と南の裾花川に集まり、信濃川から日本海へ流れる。一九六四年の戸隠バードライン開通以来、山麓高原はスキー場、ゴルフ場、別荘地などのリゾート地となってにぎわう。

山名の由来は、明治の中ごろまで麦飯に似た菌類(和名・テングノムギメシ)が採れて、この山で行を積んだ修験者たちがこれを飯《いい》砂《ずな》と呼んで食べたことからだというが、確証はない。

山頂からの眺めは三六〇度。北は妙高山、黒姫山ほか信越の山々、南東方遥かに富士山、浅間山、東に志賀、菅平の諸山、北西をさえぎる戸隠連峰や飛騨山脈と枚挙にいとまがない。

登路　周辺からいくつかの登山道があるが、南の「一の鳥居」から、西側の戸隠中社からのルートが一般的。いずれも二時間三〇分程。東の霊仙寺湖からは霊仙寺山経由で三時間三〇分程かかる。

(原　謙一)

地図　二・五万図　若槻

筑摩山地

冠着山 かむりきやま

標高 一二五二m

別称 姨捨山 更級山 冠山(かんむり・かぶり・こうぶり)

長野県東筑摩郡筑北村と千曲市戸倉地区、上山田地区の境界に、兜形の円頂をもたげる特異な独立峰である。

『古今和歌集』の「わが心なぐさめかねつさらしなや姨捨山にてる月をみて」(巻一七)以来、歌枕の山として名高い。また、松尾芭蕉はその『更科紀行』に「俤《おもかげ》や姨《うば》ひとりなく月の友」の名句を遺している。この棄老伝説の初出は『大和物語』だが、歌に触発されたものか、院政期の『今昔物語集』(巻三〇)にも「姨母棄《をばすて》山」として書かれている。その最後に「其ノ前ニハ冠《かむり》山トゾ云ケル」とある。この古名が現在名に転じたのは明らかである。もっとも、近世江戸期の好事家などは、歌枕の姨捨山と冠着山は違うとして、現在のJR篠ノ井線姨捨駅直下で、「田毎の月」で名高い巨岩のある放光院長楽寺一帯をそれとしているが、その作為はあたらない。江戸末期の『善光寺道名所図会』も「冠《かぶり》着《き》嵩《だけ》」と書き、姨捨山より一里ほど離れた「荒山にて常に雲覆ひ、登る事あたはず。」などと記している。

山体は新第三紀層の基盤を貫く複輝石安山岩が、円丘状山頂部を構成する。月神を祀る祠わきの古木は切り株だけを遺す。山の南東に四十八曲峠、北東に一本松峠があり、峠越えの車道が両地区を結んでいる。千曲川を中に据える善光寺平の俯瞰はすばらしい。

登路 伝説の山も、いまは山頂直下まで車で行ける。

地図 二・五万図 麻績《おみ》

(小林俊樹)

聖山 ひじりやま

標高 一四四七m

別称 ひじりのお山 鷹の巣の嶺(古文書による)

長野県長野市大岡地区と東筑摩郡麻績《おみ》村の境にあり、筑摩山地の北部に位置する聖高原の最高峰である。西に槇原《たらはら》山(一三八九m)、東は猿ヶ馬場《さるがばんば》峠を経て三峯山(一一三一m)を配する。冠着《かむりき》山、四阿《あずま》屋《や》山とともに「筑北三山」といわれている。鎌倉時代に越後の高僧・学道が修験道場を建て、辺り一帯を霊場としたことから「ひじりのお山」(聖山)と呼ばれるようになった。氷地《ひじ》山、聖《ひじり》権現、樋知大神など、雨乞いや水に関する伝説も多く、この地方の重要な水源地となっていたことが分かる。北の山腹一二〇〇mの高所に高峰寺、樋知神社、南山麓に天台宗福満寺があり、平安・鎌倉時代の仏像が遺る。

山体は、新第三紀層の上に噴出した(鮮新世末〜更新世)火山岩類、輝石安山岩からなる。侵食を受けた山体は、南西の急崖に対し、北面一体には緩斜面が広がり、ブナの古木も残る。

登路 尾根筋に通信関係の中継塔が林立する。その工事のため、北側の長野市大岡地区から車道が頂上まで開通している。山歩きを望む人は、①JR篠ノ井線聖高原駅から麻績村根尾、坊平地区経由で約三時間。②県道聖高原瀬口線三ツ和峠から村界の防火帯兼登山道を尾根筋づたいに頂上まで約一時間。③長野市大岡地区高峰寺上部よりの登山は、車道から約五〇分。登山道標識がある。

地図　二・五万図　麻績　（宮坂　登）

四阿屋山　あずまやさん　標高　一三八七m

長野県東筑摩郡筑北村の坂井、坂北、本城の旧三村と麻績村にまたがり、「筑北四ヶ村」の盟主。いわゆる筑北三山（四阿屋山、聖山、冠着《かむりき》山）の一つである。JR篠ノ井線聖高原～西条間で、東側にその名のごとく台形の山容を望むことができる。筑摩山地といわれるこの一帯は、近くの北アルプスに目を奪われ、登山の対象とされていないが、一三〇〇～一四〇〇m級の里山が群がる。

筑北は国内有数の寡雨地帯である。四阿屋山はその水源の山であることから、住民がこの山を大切にする風潮は引き継がれている。山麓に水源ダムの整備が進み、水不足はかなり緩和されたが、旱魃《かんばつ》の年には、いまでも四阿屋山中で雨乞い行事が行われる。山頂には四阿屋大権現を祀る立派な社殿がある。八月末の日曜日を例祭日とし、氏子が一夜の参籠《こもり》をつづけている。「腹の神」ともいわれ、山麓地帯の一部では、元旦に餅を食べない風習がある。

戦後も山頂一帯は、ブナの天然林が残っていたが、いまは神社周辺にわずかに見られるのみ。サワグルミが多少あるものの、麻績累層といわれる砂岩や礫岩の山体は、アカマツ、カラマツに覆われるようになった。

登路　東筑摩郡筑北村坂井、坂北、本城、麻績村からそれぞれ登路がある。林道を利用すれば、筑北村坂北東山、筑北村坂井草湯温泉前の登山口から一時間三〇分程。山頂付近は北アルプスの格好の展望台である。

地図　二・五万図　信濃西条　（菊地俊朗）

子檀嶺岳　こまゆみだけ　標高　一二二三m

別称　お冠者《かじゃ》さま　冠者岳《かんじゃだけ》

上田市から眺めると片屋根状の山頂部分だけが鋭く、ひときわ目立つ長野県小県《ちいさがた》郡青木村の北部に聳える里山である。山麓田沢にある子檀嶺神社ほかの奥社三社が山頂に鎮座する。古代東山道の目標の山で、浦野川の源流・田沢川、阿鳥川の源を守る水神の山でもある。名称の由来は「駒斎《こまい》み」、つまり駒を祀る牧場（古代塩原牧）の守護神の鎮まる神の山を意味する。

この山はかつて、神社とともに「おかじゃさま」＝「お冠者さま」と呼ばれ、山麓住民の篤い信仰の対象であり、土産神であった。天正年間（一五〇〇年ごろ）、烏帽子形城、冠者城、子檀城などと呼ばれた中世の山城跡でもある。

登路　青木村の中心地、バスターミナル前から北に向かう村道に入る。西洞地区を通り過ぎると、左手に子檀嶺岳の標柱がある。しばらく草深い道を登って尾根に取りつくと、そこからにわかに胸突八丁の急坂となり、山の肩に出ると山頂は近い。山頂には三つの祠が並ぶ（登山口から約一時間三〇分）。ほかに当郷《とうごう》の里から畳石公園、岳の平を経て登る当郷管社コースもある(登山口から約二時間)。そのほか国道一四三号を経て修那羅峠《しょなら》(シュナラと書かれているものが多いが、地元ではショナラと呼ぶ)に行く途中から入る田沢嶺浦コースは、もっとも易しい最短コースだ(登山口から約五〇分)。

地図　二・五万図　信濃西條

(近藤敬子・古幡開太郎)

夫神岳　おがみだけ

標高　一二五〇m

別称　出浦富士

長野県小県《ちいさがた》郡青木村の南部にあって、上田市塩田平との境界に位置する。遠くからはこの地方の名をとって「出浦富士」ともいわれ、子檀嶺岳《こまゆみだけ》、十観山(一二八五m)とともに「青木三山」の一つである。

山名は昔、諏訪大明神がここを通りかかり、山を眺めて大きな山を夫神岳、南東にある小さいながら美しい三角形の山を女神岳と名付けたといわれている。また、秀嶺・夫神岳に朝夕の祈りを捧げた「拝み」であるといい、東山道の旅人たちが道中の安全を祈った「おがみ」によるとも伝えている。現在は塩田平の雨乞いの山として信仰を集めている。毎年七月一五日の「岳の幟《のぼり》」は、浴衣《ゆかた》、布団地などの反物の幟を、夫神岳山頂の九頭竜権現に奉納する行列で名高い。硬い玢岩が侵食に耐えて形造られた山容は、青木側はそそり立つように険しく、塩田側はなだらかな稜線を描いて優しい。山頂の眺めはよい。この山を囲むように東に塩田平の別所温泉、西に青木村の田沢、沓掛温泉がある。

登路　青木村の中心地から夫神地区に入り、オートキャンプ場を経て山頂まで約二時間。途中「月波の泉」という名水があり、湧水量は年中変わらない。道は山腹を巻いて登り、アカマツ、キブシ、スイカズラなどの間を登る。ほかに別所温泉を経て森林公園手前の林道を登ると最奥が山頂である(約四〇分)。

地図　二・五万図　別所温泉

(宮原岳子・古幡開太郎)

独鈷山　とっこさん

標高　一二六六m

別称　どっこさん　(古くは)殿城《でんじょう》山　鉄城《てつじょう》山　デッチョウ山

長野県上田市にあり、塩田平の南端をさえぎる形で鋸歯状の岩峰を連ねて聳えている。そのごつごつした山容には登高意欲をそそられるが、以前はあまり登る人もなく、かすかな踏み跡を辿って登ると、イワヒバが手の届く所に自生しており、簡単に採取することができた。最近は道がはっきりして迷うことなく頂上に達するが、イワヒバはほとんど見かけなくなった。頂上からは、のどかな田園風景が広がる塩田平を一望することができる。

山体を構成する地質は、ガラス質安山岩・デイサイトで、ちがい石(斜長石の結晶)、蛇骨石など特異な岩石を見ることもある。

古くから修験の山として山岳信仰の対象であり、山麓には塩野神社をはじめ、天台・真言の仏寺が多い。かつて水不足に悩まされた塩田平農民の雨乞いの山でもあった(千駄焚《せんだだき》)。また、空海にちなむ伝承や、巨人伝説、山頂にいた若い住持と美女に変身した大蛇伝説など、民話化した伝説も多い。山名の「独鈷」は、真言密教の修法に用いる法具の一つで、古代インドの武具でもある。弘法大師空海が山上修行の後、現在、弘法山と呼ぶ支峰にそれを埋めたところから命名されたというが、独鈷を連ねたようなその山容に由来があるようにも思う。

登路　上田市塩田平からは沢山湖から尾根筋を登るコース、中禅寺から不動滝を経て登るコース、上田市丸子側からは西内より登るコースがあるが、いずれも二時間少々で登ることができる。

地図　二・五万図　武石

（山浦源太郎）

戸谷峰　とやみね　標高　一六二九m

別称　三才山《みさやま》

長野県松本市の北東に巨大な怪獣のような姿を見せる。一般には「三才山《みさやま》」と呼ばれ、戸谷峰の名になじみはなかったが、近年ようやく日の目を見るようになった。古文献に鳥屋峰とあるのは由来を語る表記だろうか。かつては山麓の錦部《にしきべ》地区や三才山地区の薪炭材切り出しの山であり、炭焼きの窯跡もわずかに残る。クマと出遭った炭焼き人の話も多い。松本市の東方に連なる筑摩山地の西に張り出した雄峰だが、観光・高原美ヶ原などとは違って訪れる人は少ない。ハギ、ススキ、マツムシソウなどの生える狭い山頂には三角点があり、山麓住民の登頂記念標柱が立つ。松本市の北部を区切る低い尾根は西に走って犀川にせり落ち、東は六人坊（一六一九m）を経て一五二八mの三才山峠に至る。かつては人も馬も難儀した小県郡下への峠だが、昭和五一年（一九七六）開通の国道二五四号三才山トンネル（二四五〇m）で、わずか三分程で通り抜けられる。

山体の地質は海底火山噴出の堆積物で、安山岩やハリ質安山岩からなり、一部に玢岩の貫入が見られる。山を覆う草木の数は多い。登路途次のニリンソウ群やタガソデソウ、アイズシモツケなどをはじめ、ヤマツツジ、南斜面のイタヤカエデとコナラの混交林、冬枯れのアズキナシ、ブナの古木もわずかに残る。

登路　ルートは南北に二つある。南は国道二五四号の野間沢橋口から鉄梯子を登り、送電線巡視路を辿る（約一時間）。北は錦部保福寺町から林道を経て（車利用）、尾根道から鉄塔下を登る（約一時間）。

地図　二・五万図　三才山

（小林俊樹）

武石峰　たけしみね　標高　一九七三m

長野県上田市の南西部にあたり、同市武石地区と松本市入山辺地区の境にある。この山嶺より峰つづきの焼山（一九〇七m）を指呼の間に望み、さらにその南東に美ヶ原の高原が広がる。筑摩山地の主峰美ヶ原・王ヶ頭《おうがとう》を中心にした美ヶ原連峰の北に位置する。

江戸時代、武石峠（一八二一m）は、善光寺東・西街道の抜け道となっており、交通量も多かったことから、上田藩の番所（いまでも番所ヶ原という地名が峠をわずか南に下がった地籍に残っている）が設けられていたという。南斜面には焼山国有林が広がり、焼山滝がある。

登路　この峰の北にある武石峠から登る道が一般的な登山ルートであった。かつては、本郷村（現松本市）美鈴湖、入山辺駒越、上田市武石地区からの三本のルートがあったが、武石地区経由の県道六二号美ヶ原公園沖線、美鈴湖経由の林道美ヶ原公園線が開通したため、分断されてしまい使用不能である。現在はこの二本の道を車で入山する者がほとんどである(美ヶ原公園線から約一五分)。この武石峰を含む信濃路遊歩道〔茶臼山(二〇〇六m)～王ヶ頭～武石峰～思い出の丘〕は全長九・二kmあり、二〇〇〇m余りの台上から三六〇度の展望が開けている。茶臼山から美しの塔を経て王ヶ頭へ約一時間三〇分、美ヶ原高原へはさらに約三〇分、美ヶ原高原から武石峰へ約一時間。

地図　二・五万図　山辺

(中村行徳)

美ヶ原・王ヶ頭　うつくしがはら・おうがとう　標高　二〇三四m

長野県松本市と上田市武石《たけし》地区、小県郡長和町にまたがる。標高一九〇〇～二〇〇〇mの台上は、東西約四km、南北五kmに及ぶ広大な高原で、八ヶ岳中信高原国定公園の北端に位置する。標高二〇三四mの王ヶ頭を最高点として、北に武石峰・焼山(一九〇七m)、東に牛伏山《うしぶせ》(一九九〇m)・物見石山(一九八五m)、南に茶臼山(二〇〇六m)、西に王ヶ鼻《おうがはな》(二〇〇八m)などが起伏して連なる。人とのかかわりの歴史は知る由もないが、この高原を挟んで松本から上《じょう》小《しょう》地方(上田市と小県郡)に通じる峠が二つ開けている。南の扉峠と北の武石峠である。天保五年(一八三四)の『信濃奇勝録』は「山上は平なる原なり。北へ長く西へ曲がりて一里半もあり」云々と記し、その展望の見事さを称えている。

松本市周辺では美ヶ原を中心とする筑摩山地を東山、飛驒山脈を西山と呼んでいる。古くから東山の奇峰を「王ヶ鼻」と呼んだが、視界外にある「美ヶ原」の呼称はいつのころからだったかは分からない。文献の初出は、江戸時代中期、享保九年(一七二四)に編まれた松本藩の官撰地誌『信府統記』で、「東ノ方岡田山ニ続キテ、うつくしが原ト云アリ此原ハ山ノ上ノ平ニテ凡ソ二・三里ニ及ベリ」などとある。美ヶ原という名が一般的になったのは昭和の初期ごろのようである。台上の放牧時期の初めは明確ではないが、歴史家は古代六世紀に遡るという。山麓桐原牧に属する放牧地であり、少なくとも江戸時代には盛んに放牧されていたようである。明治三二年(一八九九)には、放牧場として開かれ、現在も多くの牛馬がのんびりと草を食む。頂上付近にはいまテレビ塔が目立つ。北西側の車道は、昭和二九年(一九五四)に松本市から浅間温泉を経て一九〇〇mの高さの天狗の露地まで通じ、東側は、昭和五六年(一九八一)にビーナスラインが山本小屋まで通じている。西と東は、牧柵の間の散策道で繋がる。

高原の地形は、緑色凝灰岩層の凹地に噴出した火山性堆積物が隆起し、侵食されて平坦化した一種の準平原であると考えられている。

かつて美ヶ原は溶岩台地と考えられていたが、火山そのものが造った台地ではないことが分かった。この地域の基盤は、緑色凝灰岩とそれを貫く石英閃緑岩で、その上を安山岩質溶岩が部分的に覆い、各所で発達した板状節理、柱状節理を見ることができる。王ヶ頭から西に張り出す尾根の突端が王ヶ鼻で、磁気を帯びて露出する安山岩は、板状節理を示し、南西に断崖を造っている。西山麓松本平からは巨人の鼻、あるいは伏せるビーナスのように見え、あたかも筑摩山地の主峰の観がある。

日本山岳会信濃支部第二代支部長・尾崎喜八は、その詩「美ヶ原熔岩台地」で「登リツイテ不意ニ開ケタ眼前ノ風景ニ、シバラクハ世界ノ天井ガ抜ケタカト思ウ。ヤガテ一歩ヲ踏ミコンデ岩ニマタガリナガラ、コノ高サニオケルコノ広ガリノ把握ニナオモクルシム。」と歌ったが（美しの塔銅板詩碑）、この広大さに三六〇度の大展望が加わる。槍・穂高連峰から白馬岳、乗鞍岳、御嶽山、中央アルプス、南アルプス、富士山、八ヶ岳等々が、一望のうちにある。さらに、レンゲツツジ、テガタチドリ、シャジクソウ、ヒメシャジン、ハクサンフウロ、ヤナギラン、マツムシソウなど多種類が咲き乱れるが、植物相の変化は乏しい。

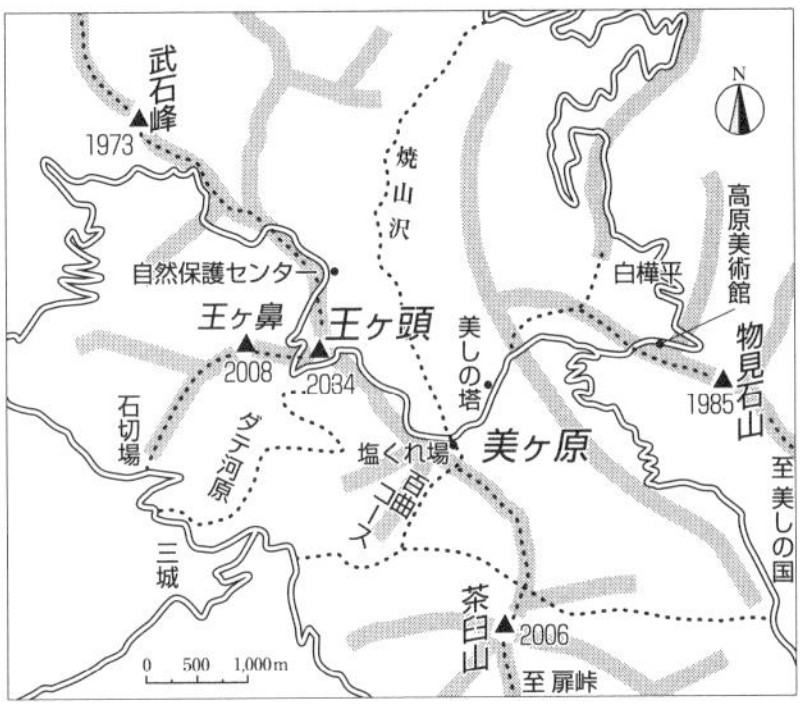

美ヶ原（塩くれ場付近）

中腹には、植林されたカラマツ林、その上にミズナラ、ダケカンバ、シラビソ、ウラジロモミ、コメツガなどが植生を広げる。台上の気温は、平成三年（一九九一）度調べで年平均三・二二度。同年の松本市は一一・九度。その差は八・七度である。特筆すべきは、山腹の三城《さんじろ》牧場から標高一七〇〇m一帯は蝶の楽園で、初春のヒメギフチョウをはじめ、ミヤマカラスアゲハ、アサギマダラ、コムラサキ、キベリタテハ。また、高山蝶といわれるミヤマシロチョウ、コヒオドシなど、長野県産約一四〇種のうち一二〇種ほどが見られることである。

登路　いくつかある登山路は、いずれも比較的急登だが、危険箇所は少ない。松本市側からは、標高一四〇〇m位からの登路になる。石切場から王ヶ鼻を経て王ヶ頭に至るコース。三城からのダテ河原コース。三城から広小場を経ての百曲コース。ほかに三城から茶臼山を経由するコース。扉峠から茶臼山を経てのコースがある。上田市武石、長和町和田からは、美しの国から物見石山を経てのコース。焼山滝のある焼山沢を登るコースがある。物見石山を登るコース以外は、所要時間二時間から四時間の行程で王ヶ頭に立つことができる。ダテ河原コース、百曲コースは地元の小学生が集団登山をしている。組み合わせで多様なコースを設定できる。

（補記）　王ヶ頭から二〇分程歩いた、百曲コースと茶臼山コースの合流する辺りが放牧牛用の「塩くれ場」で、高原のほぼ真ん中にあたる。ここから五分程で、高さ六mに及ぶ鉄平石の方尖塔「美しの塔」がある。壁面には前記尾崎の詩と、高原の開拓者・初代山本小屋の山本俊一のレリーフが嵌め込まれている。なお、東側ビーナスラインの終点には、美ヶ原高原美術館。西側松本平からの車道終点・天狗の露地には、美ヶ原自然保護センターがある。

地図　二・五万図　山辺・和田　（安藤幸明・古幡開太郎）

三峰山　みつみねやま　標高　一八八八m

長野県松本市北端の岡田地区から南東方、薄川《すすきがわ》渓谷の奥に三角の峰をのぞかせる山が見える(市の中南部からは見えない)。筑摩山地の南東端に位置し、松本市入山辺地区、諏訪郡下諏訪町、小県《ちいさがた》郡長和町の三市町にまたがる。

山名の由来は不詳。下諏訪方面では「三つ峰」と親しげに呼ぶ。松本市民にはなじみの薄い山だが、下諏訪町民にとっては北に連なる山の中での最高峰であり、この山を水源とする砥川《とがわ》とともに、忘れがたい故郷の山である。丈の低いクマザサとススキに覆われた吹きさらしの山体のあちこちに、わずかに残る疎林や散在する背の低い残木が、かつてのツガやダケモミの原生林を思わせる。山頂に立つ古びた「水源かん養保安林」の表示板はその名残だろうか。

山体を構成する岩石は、霧ヶ峰の火山活動に関係する溶岩で、デイサイトや角閃石安山岩の類だという。三方に行き交う登山道の一部に等しい山頂には、年代を経た古い標識と三角点。その南側に控えめに立つ四〇cmほどの不動明王の石造(大正一三年銘)が、長和町和田の修験道分教会の跡を語る。北側に建つ真新しい大案内板は里山ブームの産物に違いない。東対面には姉妹峰・鷲ヶ峰(一七九八m)が控え、近く遠くにおなじみの連山が並ぶ。山麓を走るビーナスライン西側にはお花畑もある。

登路　①扉峠から三km、約一時間三〇分。②和田峠からも同様。③三峰山展望台から直登約二五分。④鉢伏山から九km、五～六時間。

地図　二・五万図　霧ヶ峰　（小林俊樹）

鉢伏山　はちぶせやま　標高　一九二九m

別称　奥鉢伏山

長野県岡谷市、塩尻市、松本市の境界上にあり。八ヶ岳中信高原国定公園の西縁に属している。最高点は岡谷市にあり、「奥鉢伏山」ともいう。

筑摩山地の主峰・鉢伏山の山頂付近は、ちょうど鉢を伏せたようになだらかで、円い山体をしており、鉢伏山の語源になっている。北の松本側には標高一八三六mの前鉢伏山が控える。

山頂付近は雲がかかりやすく、春先には見事な雁の雪形も出現して、里の人々の生活の目安となっている。今日でも「鉢伏の雪が八の字に見えたら種まきを始めろ」とか、「鉢伏山に雲が懸かれば雨になる」などの諺が言い伝えられている。いわゆる「水分《みくまり》」信仰の山である。

山頂には鉢伏大権現(蔵王権現)が祀られ、雨乞いの山として山麓住民に親しまれているが、かつては真言宗金峰山牛伏寺《ごふくじ》の奥の院が置かれ、山岳仏教の霊場となっていた。

鉢伏山から東の二ツ山(一八二六m)、三峰山、南に延びる高ボッチへの尾根筋は、日本海に流れ下る犀川、信濃川水系と、太平洋に注ぐ天竜川水系の分水嶺になっている。この山は、西側の牛伏《うしぶせ》川、北側の薄《すすき》川、南東の横河川の水源であり、それらの川によって侵食された山体は、幼年期から壮年期に進みつつある。

山の西側は急斜面で松本盆地に臨み、山麓の上流には崖《がけ》(欠)ノ湯や扉《とびら》温泉がある。山頂部は高原状で、隆起準平原の地形を呈し、草原が広がり、構造土が見られる。地質は、第三紀中新世の堆積岩で、東斜面は緑色凝灰岩、山頂部より西斜面は粗粒砂岩からなっているが、中腹から下は、石英閃緑岩が広く分布する。

森林は幕末の乱伐で明治初年に荒廃したが、「フランス式階段流路」を造ったことで有名な牛伏川の改修工事の結果、美しさを回復した。

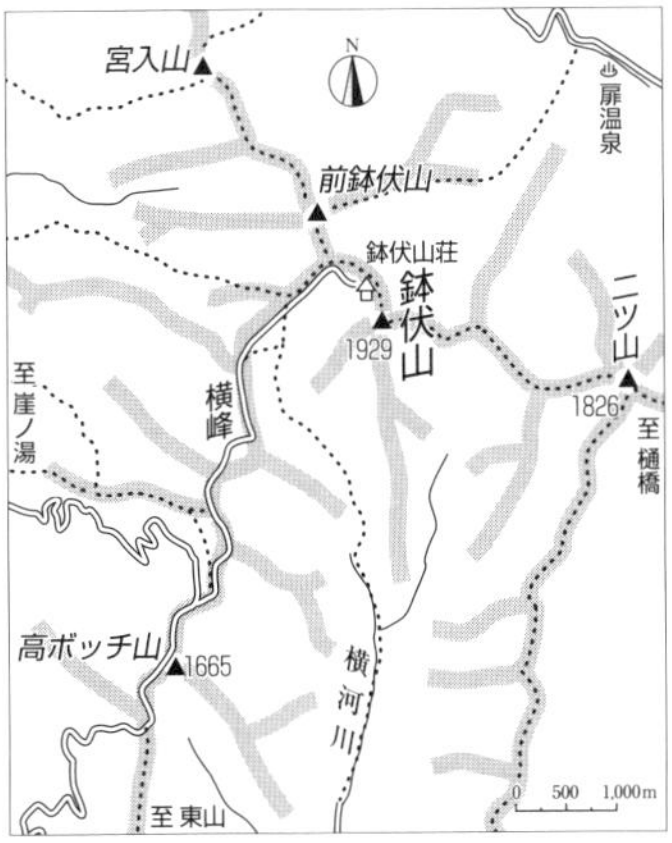

中部山岳のほとんどを見渡す草原は、レンゲツツジ、ニッコウキスゲ、マツムシソウなどが、花季に応じて一面に花開く。ことに夏のレンゲツツジ群落は、見ごたえがある。

登路　扉温泉からワサビ沢沿いに登り、沢から離れ尾根に上がり、前鉢伏山と鉢伏山を結ぶ稜線を経て山頂に達する登山道がある(登山口から約二時間三〇分)。ほかに和田峠沿いの下諏訪町樋橋《とよはし》から二ツ山経由の登山道もある(樋橋から約四時間)。現在、松本からは崖《がけ》(欠)ノ湯経由、塩尻からは東山経由で鉢伏山荘まで車道があり、約一五分で山頂に立つことができる。

地図　二・五万図　鉢伏山

(鳥橋祥子)

高ボッチ山　たかぼっちやま　標高　一六六五m

筑摩山地の南部、長野県岡谷市と塩尻市の境にある。諏訪盆地と松本盆地の中間、塩尻峠の北方にあたる。松本平から東を望むと、鉢伏山から塩尻峠に至る稜線がなだらかに連なり、その奥の隆起準平原を高ボッチ高原と呼ぶ。高ボッチの名は、明治四三年(一九一〇)、五万図作製時の命名といい、アイヌ語の名残とかで、所々に広い皿状の凹地ができていて、この凹地に由来するともいわれているが、不詳である。この凹地は、この地方で「ダイダラ坊」とか「デーラボッチ」とか呼ばれる巨人の踏み跡だとの伝説もある。

江戸時代までは地元北熊井集落で「熊井ぶどう」と呼ぶ山ぶどうの蔓のはびこる草原で、採草地となっていた。そのため岡谷の横川村との境界争いの場でもあった。次いで放牧場として利用されてきた。いまはレンゲツツジの名所として名高い。

地質は第三紀中新世の緑色凝灰岩泥岩互層からなり、山頂部にはこれを貫く角閃石玢岩が分布する。松本平側には二列の断層が走っているが、糸魚川静岡構造線(フォッサマグナの西縁)の一部である。

展望は広範囲だが、北アルプスと、諏訪湖を隔てる八ヶ岳連峰がことにすばらしい。山上草原で毎年八月に草競馬が開かれている。

登路　鎌倉時代に崖が崩れて湧いたという、崖《がけ》(欠)の湯からの登山道がある(約二時間)。ほかに塩尻峠から尾根沿いに登る登山道もある(約三時間)が、山頂近くまで車道が通じて歩く人は少ない。

地図　二・五万図　鉢伏山

(鳥橋祥子)

八ヶ岳火山地域

霧ヶ峰・車山

きりがみね・くるまやま　標高　一九二五m

鷲ヶ峰(一七九八m)や大笹峰(一八〇七m)などとともに、諏訪湖の北東に位置する霧ヶ峰高原の主峰。長野県諏訪市と茅野市の境界にあり、山麓は白樺湖と美ヶ原を結ぶビーナスラインが通る。諏訪湖方面から見ると、大八車の形に見えるというのが山名のいわれとされる。

この車山が東部に控える霧ヶ峰高原は、諏訪・小県・北佐久三郡の郡界にあたり、諏訪市と下諏訪町地籍にわたっている。北東の大門峠、北西の和田峠、南の北大塩峠に及ぶ、総面積三〇〇〇haの広大な自然草地で、標高一六〇〇～一八〇〇mの緩やかな高原である。名称のいわれは定かでないが、江戸時代後期の『信濃国一円並筑摩郡五千石之絵図』にはすでにその名がある。

北西山麓の旧御射山《もとみさやま》遺跡には、旧石器時代以降の遺跡を見ることもできる。昭和に入ってから付近の霧ヶ峰一帯は、グライダーの練習場やスキー場として利用され始め、戦後もビーナスラインが開削されるなど、観光地としての開発が進められてきた。

車山は第四紀火山の霧ヶ峰火山群に含まれ、盾状火山(アスピーテ型火山)の形をなすが、北側斜面は、断層によって崖を形造り、山全体を角閃石安山岩からなる溶岩が形成する。

周囲には湿地が数多くあり、とくに北西山麓の標高一六六五m地点にある八島ヶ原湿原は、泥炭層が八・五mも堆積していて国内有数の高層湿原として知られている。植生も豊かで五月〜一〇月は、ニッコウキスゲやレンゲツツジをはじめ数百もの草木植物が観察できる。これらをひと目見ようと訪れる観光客も多い。このほか周囲に点在する車山湿原や踊場湿原などを含めて、国の天然記念物の指定を受けた霧ヶ峰湿原植物群落を形造っている。近年、ニッコウキスゲがニホンジカの食害を受けたため、車山周辺に防御ネットが設置されている。

登路　山頂の周囲には散策ルートが多く、登路も豊富に選択できる。もし山頂を目ざすだけなら、車山の肩からのルート（約四〇分）か、山頂の東山麓に広がるスキー場経由のルートがよい（車山高原バス停から約一時間、大門峠から車山乗越経由約一時間四〇分）。ほかに、蝶々深山（一八三六m）を経て八島ヶ原湿原に至るルート（車山から蝶々深山へ約四〇分、さらに物見石を経て八島湿原の鎌ヶ池へ約五〇分）や、東の大門峠に至るルート（約一時間）などが選択できる。

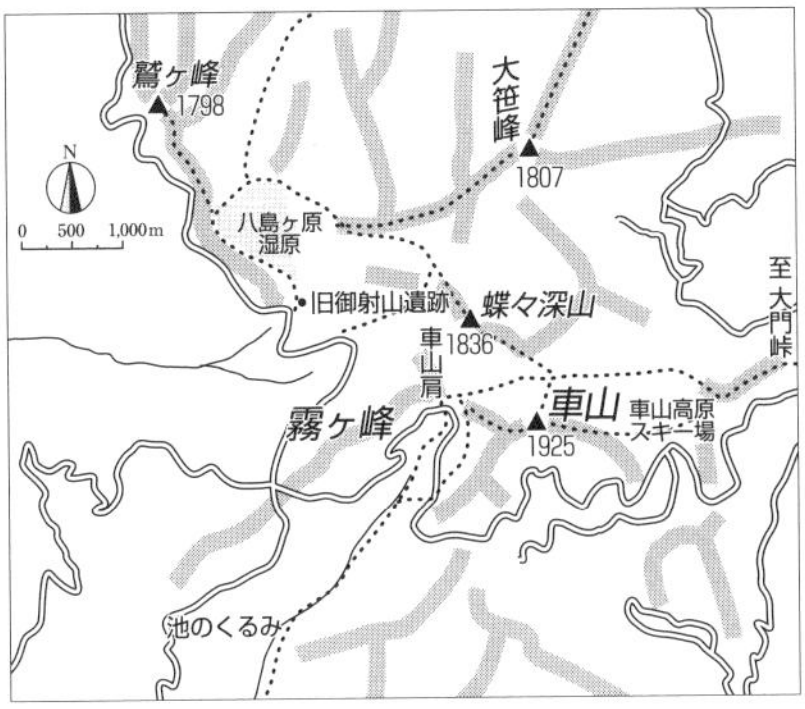

地図　二・五万図　霧ヶ峰

（堀金　裕・古幡開太郎）

八子ヶ峰　やしがみね

標高（東の峰）一八六九m

長野県茅野市と北佐久郡立科町との境にある。白樺湖から蓼科山に向かって東南東方向に延びる尾根状の山である。東の峰を最高峰に、中の峰（一八三三m）、西の峰（一七五七m）など数個の峰が直線的に並び、なだらかな稜線を形成している。

山名の由来は、いくつかの峰が並ぶこと、子供八ヶ岳、蓼科神社の神が八王子権現とされていることから、蓼科山を見上げる峰という意味で八子ヶ峰とされたなどの諸説がある。

かつては全山が草地で牧草の刈り取り場であったが、最近は低木も増えて、ズミ、レンゲツツジが多い。草原はニッコウキスゲ、ヤナギラン、マツムシソウの生育地でもある。

立科町側はスキー場、茅野市側は別荘地になっている。

登路　信濃路自然遊歩道に沿う登山道は、親湯に入山口があり、大石峠（すずらん峠）から頂上を経て白樺湖に至る（大石峠、白樺湖からいずれも約一時間）。

地図　二・五万図　蓼科山　東大塩

（米川正利）

蓼科山　たてしなやま

標高　二五三一m

別称　鉢伏山　立科山　諏訪富士　高井山　飯盛山　おそなえ山　青葉山

長野県茅野市と北佐久郡立科町にまたがり、八ヶ岳火山列の最北端に位置する。南に険しくそそり連なる八ヶ岳の山々とは対照的に、

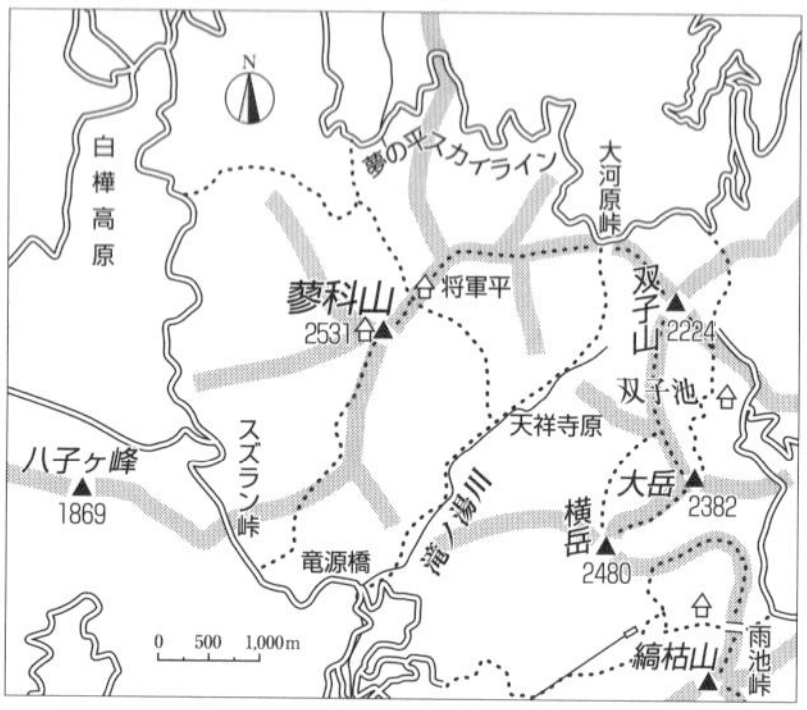

蓼科山(女神湖から)

優しい円錐形のユニトロイデ式二重火山である。蓼科山は南八ヶ岳の男性的な山と異なり女性的で、端正な山容に惹かれて崇拝し、山を神として奉祀する人々によって、信濃第一の名山と讃えられている。各地方によって山の形も異なって見え、いくつかの山名が付けられている。

『信濃奇勝録』によると「立科山」として、次のように記されている。「陽成天皇元慶二年叙位の事三代実録にみえたり、六月八日より廿八日まで登山す、就中一五日登山の人多し、何方より登るも五里程なり、故に山中に一夜をあかす、此山峰に雪の降り積る事外《と》山《やま》よりも早く春にいたり解くるも又遅し、遠く望めば飯を盛たるが如くなれば、飯盛《いいもり》山とも呼べり……」。頂上にある神祠は蓼科神社の奥社で、『三代実録』の元慶二年(八七八)には「授信濃国正六位上蓼科神従五位下」と叙位のことが記されている。

古くから佐久や諏訪地方の人々は、農耕神のいる霊山としてあがめていた。高井山と呼ばれたのは、高所からたくさんの泉水が流れ出して山麓の生活を潤す「水深の井」を意味している。この中腹からことことと わき出す水を人々は「ごと水」とも呼んだ。佐久側には武田信玄の家臣・市川五郎兵衛による五郎兵衛新田、塩沢堰、八重原堰、中山堰などがある。諏訪側は江戸時代、田沢村(現茅野市)出身の坂本良川の水回り用水の開発により、蓼科山麓から流れ出す滝ノ湯川、小斉川などの余水を順送りして、南側の水不足地帯に送り、茅野地域だけでも四三箇村もの新田村が開かれていた。この美しい山容は、北八ヶ岳の山稜を含めて山全体が大水ガメだったのである。朝廷が位を贈ったのも、農民が登拝した水分神《みくまりのかみ》を祀る峰であったことも納得できる。

八ヶ岳山麓周辺では、多くの古代遺跡が発見され発掘されている。冷山《れいざん》、蓼科山、霧ヶ峰、和田峠は黒曜石の原産地で、原始時代の黒曜石文化の中心地であった。この文化は旧石器、縄文、弥生式時代へと引き継がれ、各所で出土した土器や石器の豊富な出土品があり、古くからの文化隆盛の地であった。古代、古東山道による都からの文化が諏訪地方に入ってくると、山麓は牧馬の産地にもなり、戦国時代には武田信玄の棒道もあった。蓼科山は「諏訪富士」と呼ばれ、諏訪側からも佐久側からも特徴的な山容であることから、遠くからひと目で分かる山として、目印となり、行き交う人々の道標ともなって親しまれたのである。

山の頂上はほとんど円形をなしている。中央は周辺より一〇mばかり凹んでいて、一番低い所に蓼科神社が祀られている。積み重なる溶岩丘は角閃石を含む輝石安山岩からなっている。頂上に近い斜面は急峻で、ハイマツ、ダケカンバ、ミネザクラなどが茂っていて、岩の間にはコケモモ、ガンコウラン、クロウスゴなどが敷きつめたようにある。独立峰だけに風が強く、風の谷方向は大きな岩塊が波打っていて、広々とした海を思わせる。樹木も谷から吹き上げる風で、枝が片方にだけ伸びている。主に諏訪側(南西側)は風道なので岩肌が目立つが、風下の佐久側(北東側)は樹林になっている。ほとんどが針葉樹林で亜高山帯のコメツガ、トウヒ、シラビソなどが多いが、南西側斜面には縞枯現象も認められる。また、将軍平(二四〇〇m)から前掛山にかけてのダケカンバの林は、太く伸びていて美しい。将軍平辺りが森林限界で、これより一八〇〇m付近までは針葉樹林帯で、あまり人工的な手が入らない美しく深い林である。この辺りより下になると、カラマツ林などの人工林に変わっていく。頂上からの展望は日本の中央部「臍《へそ》」ともいわれ、大展望台の役目を果たし、信濃の各地の山々を楽しませてくれる。南・北八ヶ岳、霧ヶ峰、美ヶ原、南・中・北アルプス、浅間山、上越国境、秩父山地の山々と三六〇度の眺望である。

登路　近年になって、二〇〇〇m辺りの高原は別荘地やスキー場、ゴルフ場となり、観光地となって道路も奥地まで舗装され、登山口まで車で入ってくる人たちが多くなった。中・高校生たちの集団登山も急激に増えた。山小屋も頂上、将軍平と二軒ある。登山道は竜源橋から天祥寺原を経て(約三時間三〇分)と、大石峠(スズラン峠)から(約二時間三〇分)、夢の平スカイラインの七合目から(約二時間一〇分)、大河原峠から(約一時間五〇分)のルートがある。この山は雷の多い山で、夏は要注意である。

地図　二・五万図　蓼科山　東大塩

(米川正利)

双子山　ふたごやま　標高　二二二四m

長野県茅野市と南佐久郡佐久穂町にまたがり、大河原峠から南の大岳(二三八二m)に向かい、ほぼ南北に長い尾根になっている。頂上は大河原峠寄りの小高い丘であるが分かりにくい。この山名は、南の大岳との間にある雌池・雄池の双子池《ふたごいけ》と同じで、この双子からとったものか、あるいは、同じようなピークが二つあるので双子山のいずれかと思われる。

頂上は広い草原でマツムシソウ、ヤナギランなどが見られる。展望は西に蓼科山、南に北横岳、大岳が目前である。佐久側は別荘地に、諏訪側は国有林で天祥寺原の草原が開けている。この山から双子池周辺は、見事なカラマツ林が見物である。

登路　登山道は大河原峠からのルート(約三〇分)と、双子池からのルート(約五〇分)の二本である。

地図　二・五万図　蓼科山

(米川正利)

三ツ岳 みつだけ

標高　二三六〇m

長野県茅野市と南佐久郡佐久穂町にまたがる山で、その名前のとおり一峰、二峰、三峰と三つの岩峰からなっている。北八ヶ岳特有の森林に覆われた山とは違い、岩が多く、北横岳を中心として大岳、三ツ岳と連なる溶岩で形成された台地である。幾重にも重なる岩の間にハイマツやシャクナゲが密生して、南八ヶ岳的な雰囲気を醸し出している。三ツ岳の名前も昭和になって命名されたもので、展望のよい山である。

登路　登山道は雨池峠からのルート（雨池峠から約一時間）と、北八ヶ岳ロープウェイ〜北横岳間からの稜線ルート（約一時間一〇分）がある。

地図　二・五万図　蓼科・蓼科山

（米川正利）

横岳 よこだけ

標高（北峰）　二四八〇m

別称　北横岳

北八ヶ岳北辺に座るテーブル状の一峰で、長野県茅野市と南佐久郡佐久穂町との境界にある。山名は、横に長く峰が連なるという南八ヶ岳の横岳にちなんでのものか、それとも古来神の山と称えられる諏訪富士・蓼科山の横に控える山とでもいうところか。一般的には「北横岳」と呼ばれ、南八ヶ岳の「横岳」と区別される。

八ヶ岳の火山活動の中では、もっとも新しい溶岩を噴出した火山で、平成一五年（二〇〇三）一月「火山噴火予知連絡会」は、この山を活火山に指定している。もちろん緊急の危険性はないが、それだけに年代の新しい火山ということができる。平坦な山頂部には、北峰・南峰の二つの峰があるが、山頂三角点は二四七三mの南峰にある。山頂周辺二三七〇m付近に散在する七つの火口跡は小池となって水を湛え、七ツ池と呼ばれている。最大の池を古仙池などと呼ぶ。二四〇〇mの原生林の中に建つ北横岳ヒュッテはその入り口でもある。山頂から間近に見る南八ヶ岳の連山や、北西に富士型の山容を見せる蓼科山は指呼の間にある。

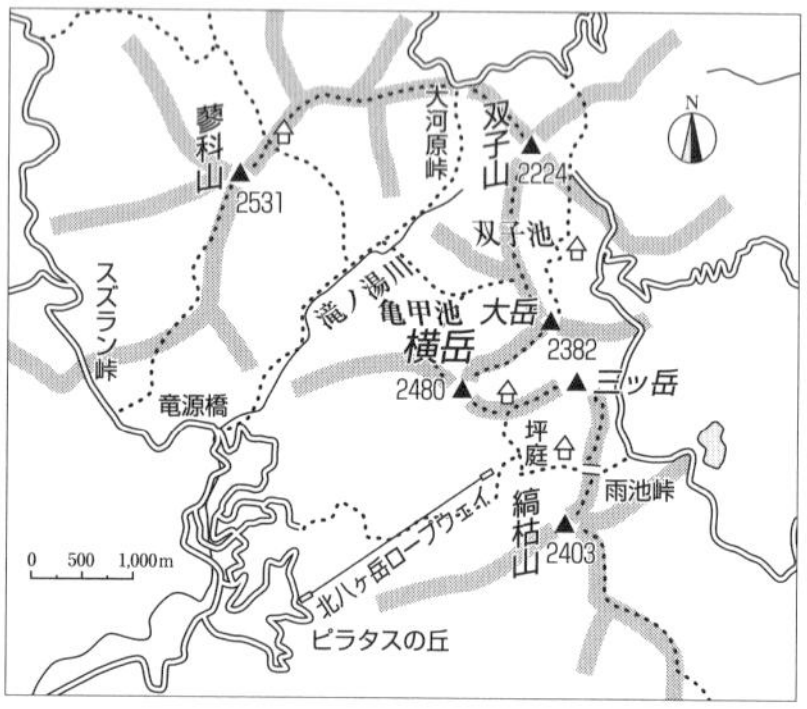

この山の登山口でもある、北八ヶ岳ロープウェイ山頂駅は、標高二二三〇m。そこから一〇mほどの高低差で、一般に坪庭といわれる、大小様々な岩石が特異な姿を見せる溶岩台地がある。総面積およそ三三ha（約一〇万坪）。いわゆる八丁平溶岩が集積した山上の別天地である。三〇分で一周できる観光用周遊路がある。標高は亜高山帯だが、坪庭からの登山道周辺には、ハイマツをはじめガンコウラン、ツガザクラ、ハクサンシャクナゲなどの高山帯低木群落が、岩塊の間に色調を競っている。

登路　登山路は、七分程のロープウエーから坪庭を経て、整備された樹林帯の坂道を登る、およそ一時間三〇分の一般者コース。あるいは、山頂駅から八丁平・雨池峠を経て三ツ岳に登り、岩稜縦走して山頂に至る二時間三〇分〜三時間の経験者向けコースである。なお、北峰からの北斜面を下れば、三〇〜四〇分で亀甲池に着くが、樹林帯の急降は注意を要する。標高二〇三〇m、周囲三〇〇mのこの池は、水量変化が著しく、水涸れ時には六角形の亀甲模様を池底に見ることができる。この池から四〇分程の標高二〇〇〇m地点にあるのが、雌池・雄池とつづく双子池。ロマン豊かな北八ツ池めぐりの一部である。

この双子池から急坂を直登し(約二時間)、縦走路を経て北横岳に至るコース(計三時間)もあるが、これは北八ヶ岳北端に、縦走路を外れて孤独なたたずまいを見せる岩峰、二三八二mの大岳へのルートといった方がいい。北横岳から一時間あまりの距離である。

地図　二・五万図　蓼科山　蓼科　（小林俊樹）

縞枯山　しまがれやま

標高(西峰)　二四〇三m

屹立する南八ヶ岳の諸峰にくらべて、夏沢峠からの北八ヶ岳の山々は、おおらかで優しい山容を見せ、「森と草原と湖」の山上彷徨を誘う。長野県茅野市と南佐久郡佐久穂町の境界にある縞枯山もその一峰だが、山頂部は東西にやや長く、二四〇三mの西峰と、三角点のある二三八七mの東峰とに分かれる。

山体はこの二峰の溶岩の噴出による安山岩で構成されているが、樹林に囲まれる西峰に眺望はない。隣の茶臼山へ下る縦走路からやや外れる、三角点のある東峰には展望台があり、岩塊の露出が目立つ。南斜面に広がるコメツガやシラビソの亜高山針葉樹林が、ほぼ一定の間隔で等高線に沿って立ち枯れるという、世界的にもめずらしい特異な「縞枯現象」が山名の由来でもある。原因については、目下まだ明確には説明されていないが、枯れ残った木々の白っぽい木肌と、下草の緑が縞になって見えるこの現象は、年ごとに上部へ移動するといい、その周期はおよそ五〇年といわれている。北八ヶ岳諸山の中でこの山ほどの景観はほかにはない。

登路　登山路は、北八ヶ岳ロープウェイ山頂駅から八丁平(ここには山名をとった「縞枯山荘」がある)を経て雨池峠に至り、山頂へ登るコース(約一時間二〇分)。ほかに、メルヘン街道といわれる国道二九九号麦草峠(二一二〇m)から、大石峠・茶臼山を経て至るもの(約二時間)とがある。

地図　二・五万図　蓼科　（小林俊樹）

茶臼山　ちゃうすやま

標高　二三八四m

長野県茅野市と南佐久郡佐久穂町との境にある。茅野市側は国有林、八千穂側は民有林となっている。

山の形は名前のとおり円錐形で、小さな茶臼を伏せたような山容の火山である。

頂上はシラベ(シラビソ)の樹林に覆われていて眺望は利かないが、西側にある展望台からは八ヶ岳の西側斜面が一望できる。とくに縞枯山の呼称の由来となった特有の立ち枯れ「縞枯現象」と、均斉のとれた円錐形の蓼科山を眺めるのによい場所である。

登路　登山道は、麦草峠から大石峠、中小場（二二三二m）を経て頂上に至るコース（麦草峠から約一時間）、五辻から稜線へ至るコース（約二時間二〇分）。雨池峠から縞枯山を経るルートもある（雨池峠から約一時間三〇分）。

地図　二・五万図　蓼科山　蓼科

（米川正利）

高見石　たかみいし

標高　約二二七〇m

別称　物《もの》見《み》石《いし》

北八ヶ岳・中山（二四九六m）と丸山（二三三〇m）の鞍部、長野県南佐久郡小海町側にある溶岩が重なった岩峰である。古くは「物見石」とも呼ばれていた。辺りはシラビソ、コメツガ、トウヒなどの針葉樹に覆われていて、岩頭が樹海の中に見えるだけであるが、岩の上に登ると展望はすこぶるよい。眼下の白駒池や遠くの雨池、北八ヶ岳の山々、佐久側の浅間山、秩父山地をも眺めることができる。この高見石の近くに白駒峠があり、佐久と諏訪の通り路として古くから使われていた。

登路　奥蓼科・渋ノ湯から登るコース（渋ノ湯から約一時間四〇分）、小海町稲子湯から白駒林道、白駒池を経るコース（稲子湯から約三時間四〇分）、麦草峠から丸山を経るコース（約一時間二〇分）、中山峠から中山を経るコースなど、いくつものルートがある。

ここには高見石小屋がある。またこの周辺には、麦草峠に麦草ヒュッテ、渋ノ湯に渋御殿湯、中山峠下に黒百合ヒュッテ、白駒池には青苔《せいたい》荘と白駒荘と山小屋が多く、登山者には便利である。

地図　二・五万図　蓼科　松原湖

（米川正利）

にゅう

標高　二三五二m

長野県南佐久郡小海町にあり、北八ヶ岳・中山（二四九六m）と天狗岳の稜線から北東に離れ、稲子岳の尾根の北端にあたる岩峰である。岩峰の南側は切り立った岩壁だが、北側はなだらかな斜面で、コメツガ、トウヒの林になっている。

「にゅう」の山名は、山容が「女性の乳房＝にゅう」、「刈穂で積み上げたにおの別名」、「にゅうと出ている」などから、佐久地方で最近になってこう呼ばれるようになった。

山頂からは、北八ヶ岳の山々を一望することができ、また、北八ヶ岳で富士山が見える山としても知られている。稜線から外れているので登山者も少なく、静かな山である。

登路　登山道は小海町松原湖、あるいは稲子湯（約三時間）、白駒池（一～二時間）、中山峠（約一時間）からである。

地図　二・五万図　蓼科

（米川正利）

冷山　れいざん

標高　二一九三m

別称　つめた山　嶺《みね》嵯《ざ》ケ《が》岳《だけ》

長野県茅野市奥蓼科温泉・渋ノ湯の北東にあり、北八ヶ岳・丸山

（二三三〇m）の西尾根先端にある独立峰である。頂上は森林に覆われ展望は利かない。

山の北西山麓には、古代人の石器の原石となった黒曜石の大露頭がある。丸山頂上から西尾根上に冷山歩道があったが、幾度かの台風で山が荒れ、倒木が多く廃道になっている。頂上を目ざす登山者は少ないが、黒曜石の大露頭の見学者は多い。この露頭は、石器時代では日本で一番の採集地だった。山麓には縄文中期の尖石《とがりいし》古墳をはじめとする遺跡が散在し、これらの遺跡からも数多くの黒曜石が発掘されている。

登路　登山道は、冷山・茶臼山歩道を国道二九九号メルヘン街道狭霧苑地《さぎりえんち》から冷山コルに至るコース（狭霧苑地から約三〇分）と、渋ノ湯から冷山歩道を経て頂上へ向かうルート（約一時間）がよい。

地図　二・五万図　蓼科山　蓼科

（米川正利）

稲子岳　いなごだけ

標高　二三八〇m

長野県南佐久郡小海町にあり、北八ヶ岳・天狗岳と中山（二四九六m）の稜線と外れて、東に並行して南北に尾根をなしている東端の山である。稲子岳とにゅうは、東天狗岳の噴火口の跡で、この山の南および東側は高く切り立った岩壁になっている。頂上は大半が砂礫地になっていて、ほとんど植物が生えていないが、コマクサだけは多い。絶えず頂上は侵食されて砂地だが、ほかはにゅうまで針葉樹の深い林になっている。

この山の麓の小海町に稲子という集落がある。稲子岳はこの稲子の村の名から稲子湯・稲子岳、あるいは稲子峠（中山峠）などとともに名付けられたものと思われる。稲子湯は天狗岳の北東山麓、大月川上流の標高一五二〇m地点にある。泉質は単純二酸化炭素の加熱泉で、神経痛、胃腸病に効能があるという。八ヶ岳への登山基地で、欧風の湯宿一軒がある。

登路　登山道はいまだはっきりしたルートはないが、この山の岩壁を登る人は多く、ロッククライミングのゲレンデでもある。

地図　二・五万図　蓼科　松原湖

（米川正利）

天狗岳　てんぐだけ

標高（西天狗岳）　二六四六m

別称　赤天狗岳（東天狗岳）　青天狗岳（西天狗岳）

長野県茅野市東端で南佐久郡小海町にまたがる位置にあり、八ヶ岳火山列のほぼ中央にある。

東天狗岳（二六四〇m）、西天狗岳の双耳峰で、二つを合わせて天狗岳という。三角点は西天狗岳にある。東天狗岳は、頂上近くが露出して赤い岩場をなしているので「赤天狗岳」、西天狗岳は頂上までハイマツに覆われて青いから「青天狗岳」とも呼ばれている。

この山は、森林と草原の中に山上池の点在する、北八ヶ岳の優しい女性的な面と、南八ヶ岳の険しくて豪快な面をともにそなえている。植生もコマクサ、ミヤマダイコンソウ、イワウメ、キバナシャクナゲ、トウヤクリンドウなど、岩肌に群生する植物と、森林の中のイワカガミ、クロユリ、オサバグサ、マイヅルソウなど、岩場の植物と森林内の植物を同時に見ることができる。

天狗岳（天狗ノ奥庭から）

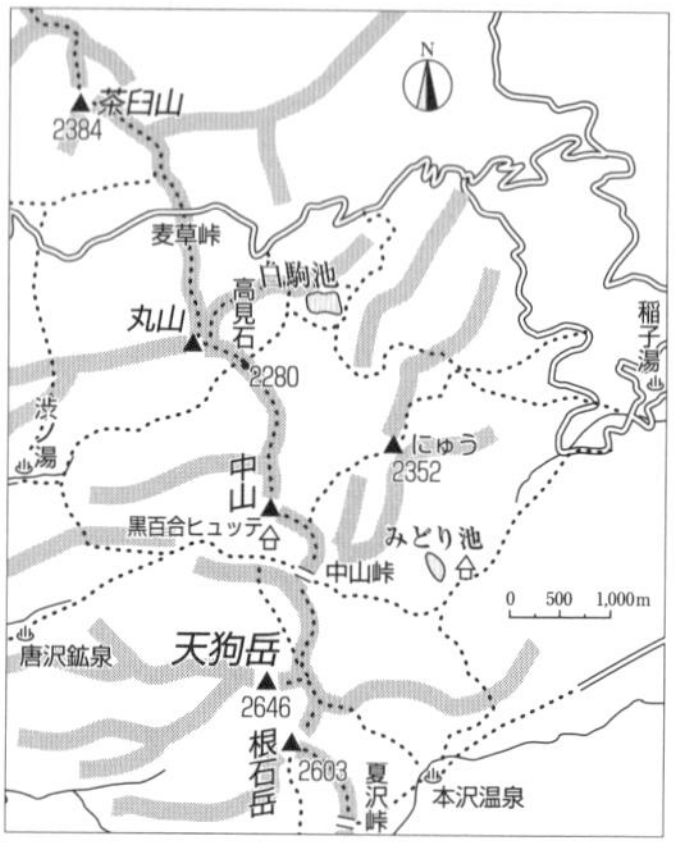

この山には北八ヶ岳火山群最高峰の東天狗岳、西天狗岳と根石岳（二六〇三ｍ）に囲まれたすり鉢状の火口跡がある。一方、東天狗岳の東側は稲子岳・硫黄岳に至る絶壁状の火山跡になっている。北側は天狗岳溶岩の流れた跡がつづき、黒百合平の手前で止まっている。天狗ノ奥庭、スリバチ池などの火口があり、溶岩丘を形造っている。

両天狗岳ともに眺望はよい。とくに硫黄岳の火口壁が近くにあり、つぶさに観察することができる。頂上から根石岳に向かっての西斜面は広く白砂になっていて、コマクサ、コケモモなどの高山の花々が群生している。黒百合平への下りは、天狗ノ奥庭、スリバチ池と小さな池が点在し、シャクナゲ、ガンコウランなどが密生している。この辺りは岩あり、森あり、草原あり、池ありで、ニホンカモシカ、ホンドテン、ホンドギツネと動物たちも多く見られて、ほかの山にない雰囲気を醸し出している。

登路　稲子湯口から本沢温泉～夏沢峠ルート（約六時間三〇分）。稲子湯～みどり池～中山峠ルート（約四時間三〇分）。渋ノ湯口～黒百合平ルート（約三時間）。唐沢鉱泉口～西天狗ルート（約三時間）。渋辰野館口～唐沢鉱泉ルート（約四時間三〇分）など、登路は多い。天狗岳への登路は温泉に恵まれ、各登山口にある。

地図　二・五万図　蓼科山　蓼科　南大塩

（米川正利）

硫黄岳　いおうだけ　　標高　二七六〇ｍ

長野県南佐久郡南牧村《みなみまき》と茅野市にまたがり、南八ヶ岳の最北端にある。頂上は広く、三角点は佐久側に寄っている。

古い爆裂火口が造り出した北東側は、高さ三〇〇ｍもの大岩壁となって切れ落ちる。この爆裂は硫黄岳、天狗岳、稲子岳などの東半分の大崩壊をもたらし、大月川泥流となって、松原湖および千曲川の海尻から小海町にわたって埋め尽くしたといわれている。この山は、八ヶ岳火山群の中でもっとも新期に形成された火山の一つで、硫黄岳火山岩類（溶岩、火砕岩）からできている。

八ヶ岳連峰では横岳とともにもっとも高山植物の豊富な山で、食虫植物のムシトリスミレやウルップソウ、チングルマ、ハクサンイチゲ、オヤマノエンドウ、ミヤマシオガマ、ミヤマダイコンソウ、チョウノスケソウなど、氷河時代からのめずらしい花々が、六月から七月に色とりどりの花を付ける。また、日当たりのよい砂礫地では、一面に敷きつめたようにコマクサが咲く。ほかにもウサギギク、ツガザクラ、クロマメノキなど多くの花を見ることができる。

硫黄岳の北に夏沢峠がある。この峠は数百年前に開かれた峠で、江戸時代、諏訪の人々はこの峠を越えて佐久に下り、千曲川を遡って、十文字峠から秩父の三峰神社へ参拝する習わしがあった。また、岩壁下の谷底にある標高二一五〇mの本沢温泉も古くから開け、佐久、諏訪の人々が利用していた。つまり、夏沢峠は佐久、諏訪の交易の峠であった。一方、山岳修験道の人々は、泉野から峰ノ松目〜硫黄岳〜横岳〜赤岳と歩き回って修行していた。

硫黄岳の頂上は風が強い。峰は丸くて広いので霧に巻かれると迷いやすい。雨の日や冬山は注意しなくてはならない。頂上からルートに沿って、大きなケルンが道標として立ててある。

登路　登山道は、夏沢峠からが近い（約一時間）。オーレン小屋か赤岳鉱泉から赤岩の頭（二六五六m）を経て硫黄岳へ（約二時間）。横岳から稜線ルートがある（約一時間三〇分）。

地図　二・五万図　八ヶ岳東部　八ヶ岳西部　（米川正利）

峰ノ松目　みねのまつめ　標高　二五六八m

別称　峰ノ待女

八ヶ岳の硫黄岳頂上から西側に大きく延びる尾根の先端にある独立峰であり、長野県茅野市に位置する。

頂上はあまり広くなく、針葉樹林に覆われ眺望は利かない。かつて山岳信仰の隆盛時には、赤岳に向かう尾根ルートとして多くの人々に登られた。そのルートは、登山口である泉野口から峰ノ松目〜硫黄岳〜横岳〜赤岳であった。

峰ノ松目は「峰《みね》ノ《の》待女《まつめ》」とも呼ばれた。その昔、八ヶ岳は女人禁制の山であった。信者が登る時、女性はこの峰で留まり、男性の帰りを待っていたということからこう呼ばれるようになったが、いつの日か峰ノ松目に変わっている。

登路　登山道は硫黄岳頂上からのコース（約一時間）と、夏沢峠または夏沢鉱泉からオーレン小屋を経て頂上に至るコース（夏沢峠から約一時間一〇分、夏沢鉱泉から約二時間）がある。下山道の泉野、峰ノ松目コースは、昔はにぎわっていたようだが、いまは廃道になっている。

地図　二・五万図　八ヶ岳西部　八ヶ岳東部　蓼科　（米川正利）

横岳　よこだけ　標高　二八二五m

長野県茅野市の北東端にあり、南佐久郡南牧村に位置する。主峰・赤岳の北側にあり、険しい岩峰が連なる八ヶ岳連峰随一の高山植物の群生地である。横岳の命名は明治以降と新しく、横に長く峰が連なることからだといわれている。硫黄岳側から数える各峰の名は修験道に絡む名称が多く、江戸時代から呼ばれていた。台座ノ頭、奥ノ院（主峰、二八二九m）、三叉《さんじゃ》峰、石尊峰、鉾岳、日ノ岳、二十三夜峰、地蔵ノ頭とあり、稜線から外れて西側には小同心、大同心ほか無名の岩峰が並び、鋭く切り立っている。各峰はそれぞれ形や仏や人体に見立てて呼ばれている。山岳信仰全盛期には佐久地方か

ら多くの修験者が石造物、鋳造物を背負い上げ、安置した仏像が各所に見られる。横岳、権現岳、赤岳、阿弥陀岳、硫黄岳などは、昔からの修験道の人々の山岳信仰の重要な道場であった。とりわけ諏訪側から望む大同心、小同心の岩壁と、横岳全体の山容が山岳信仰の対象となった。

　横岳の山容は佐久側と諏訪側では異なる。佐久側は頂上から山麓までなだらかな斜面で、ハイマツ、針葉樹林、麓の広葉樹林と美しい植生に覆われている。諏訪側は反対に険しい岩壁が露出している。

　赤岳、阿弥陀岳、硫黄岳と、恐ろしいほど大きな爆裂火口と、噴出物の成層構造が見られる。高山植物は日本の山では指折りの名所である。砂礫土の多い峰は、岩の間にお花畑が発達し、ツクモグサ、チョウノスケソウ、オヤマノエンドウ、キバナシャクナゲ、イワオオギなど花の種類も多い。八ヶ岳の名前が付いた花もまた多くある。ヤツガタケキンポウゲ、ヤツガタケタンポポ、ヤツガタケスミレなどが有名である。

　諏訪側には大同心、小同心を中心として、格好な岩登りのルートがあり、現在のクライマーにとって代表的な登攀ルートになっている。

登路　登山道は、赤岳から地蔵ノ頭を経るルート(約一時間三〇分)、八ヶ岳高原海ノ口自然郷の横岳登山口から杣添尾根を経るルート(約四時間)、行者小屋から地蔵尾根を登り、地蔵ノ頭を経由するルート(約二時間三〇分)がある。

地図　二・五万図　八ヶ岳東部

（米川正利）

赤岳　あかだけ

標高　二八九九m

長野県茅野市、諏訪郡富士見町、南佐久郡南牧村と山梨県北杜市大泉、高根町にまたがる山で、八ヶ岳連峰の主峰である。山頂は北峰と南峰に分かれている。山体は東西両側から侵食された岩峰で、ことに南西側は高さ四〇〇mに及ぶ岩壁を形成する。山頂周辺にはハイマツのほか、岩場に生きるタカネスミレ、ウラシマツツジ、イワウメなどが小さな群落をつくっている。

　山名は、山体を構成する溶岩と集塊岩が互層した成層構造で、山頂近くの山腹全体(火口壁の岩角一面)が酸化鉄のため赤褐色を呈することからとも、また「赤」という色が神性を有するために、主峰にふさわしく名付けられたともいわれている。

　八ヶ岳は南北三〇km、東西一五kmの独立した火山群で、フォッサマグナに沿って多くの小火山が噴火し、北八ヶ岳や蓼科山がそれに次ぎ、最後の硫黄岳が爆発して、今日に見る八ヶ岳の原型ができ上がったといわれている。赤岳は西方の阿弥陀岳、北方の横岳などとともに、八ヶ岳火山列の古八ヶ岳期山体の直上に載っており、新八ヶ岳期のもっとも古い噴出物によって形成されている山体である。

　山頂には、南峰に赤岳神社が祀られている。祭神は国常立命《くにのとこたちのみこと》、金山彦命《かなやまひこのみこと》、正力不動王である。この神社の里宮は茅野市泉野の中《なか》道《みち》と下槻木《しもつきのき》の二箇所にあり、それぞれ安永五年（一七七六）、寛政元年（一七八九）の建立とされている。室町時代から御柱《おんばしら》祭事が行われ、赤岳、阿弥陀岳、御小屋《おごや》山と辿り、諏訪大社上社に向かう一直線上の御小屋山上に、御小屋明神が祀られている。この山宮は天正一二年（一五八四）建立とあるので、山宮に先立ち、里宮が建立される山岳信仰の例を見ると、中世には諏訪一帯の人々から神体山としてあがめられていたことが分かる。赤岳講は佐久側には少なく、諏訪側に圧倒的に多い。諏訪側からの険しい山容が、山岳信仰の道場としての景観をそなえていたことが原因の一つである。江戸末期に槻木経由、立沢経由、柳沢経由など各方面から信仰登山をした記録がある。古くから御山始めを六月一日とし、行者たちは、里宮行屋に二、三日籠って精進潔斎して登山したという。その後、明治時代になってからは、明治二六年（一八九三）の陸地測量部による一等三角点の造標に始まり、九五年の地質学者・山崎直方《なおまさ》の学術調査、明治三六年の植物学者・武田久吉をはじめ、多くの人々が登るようになった。

赤岳（左）と阿弥陀岳（右）〈硫黄岳から〉

　八ヶ岳は本州のほぼ中央部に位置し、山頂部には赤岳頂上小屋がある。南アルプス、中央アルプス、北アルプス、秩父山地、浅間山、富士山と雄大な景観を一望する絶好の展望台になっている。険しい岩稜の南と、緩やかな森林の北と、山容の異なるこの両者を最近南北に分け、夏沢峠を境として南八ヶ岳、北八ヶ岳と区別する。

　優美な曲線を描いて東西に広がる山裾、広い高原地帯など多くの魅力をふくらませている山である。八ヶ岳はまた、日本でも屈指の花の山でもある。植物は大きく分けて、垂直分布上の低山帯、亜高山帯、高山帯の三段階に区別される。低山帯はシラカバ林、カラマツ林に代表され、春にはレンゲツツジ、ズミなどやスズラン、イチヤクソウが咲く。亜高山帯はコメツガ、シラビソ、モミを主体とする針葉樹林が広がり、ハクサンシャクナゲ、ドウダンツツジやオサバグサ、マイヅルソウなどが群生する。高山帯はハイマツ、ダケカンバ、ナナカマドの下にクロユリ、イワカガミなどが咲く。降雪量が少なく雪田ができないため、湿地を好む植物はあまり見られないが、それでも種類の豊かさでは屈指。ヤツガタケタンポポ、ヤツガタケキンポウゲ、ヤツガタケアザミ、ヤツガタケスミレ、ヤツガタケトウヒなど、この山で発見された花や特産種も少なくない。動物で目にする機会が多いのは、高原ではホンシュウジカ、ニホンイノシシ、ニホンザル、小さいものではホンドタヌキ、ホンドキツネ、エチゴウサギ、もっと小さなものではヤマネ、ホンドオコジョ、ホンドイタチ、ムササビなど。赤岳周辺ではニホンカモシカがよく見られる。小鳥もイワヒバリ、イワツバメ、ホシガラスなどや、森林帯に入るとコガラ、ヒガラ、メボソムシクイなど鳥類も多い。ライチョウはかつてたくさんいたが、残念ながらいまは絶滅していない。

八ヶ岳は前山がなく、山麓駅を起点として、だらだらと山稜直下まで山麓がつづく。この山麓部を登りつめると岩峰のそそり立つ山頂に達する。かつては苦しい山麓歩きが長々とつづき、あえぎあえぎの登山であったが、近年は観光開発や交通機関、道路網の整備で気軽に登れるようになった。

登路　権現岳からキレット経由のコース（権現岳から約四時間）、横岳から地蔵ノ頭経由のコース（横岳から約一時間三〇分）、行者小屋から地蔵尾根（石室道）コース（行者小屋から約一時間四〇分）、野辺山から県界尾根コース（野辺山から約六時間三〇分）。美し森から真教寺尾根コース（美ノ森から約五時間）のほか、文三郎コース、中岳コースなど多くの登山ルートがある。

地図　二・五万図　八ヶ岳西部　八ヶ岳東部

（米川正利）

阿弥陀岳　あみだだけ

標高　二八〇五m

長野県茅野市と諏訪郡原村の境界に位置し、主峰・赤岳の西方にあって諏訪側に突き出して屹立する独立峰である。赤岳とともに山容の険しさはいずれ劣らずの雄峰で、東西に並ぶ八ヶ岳連峰の両横綱というにふさわしい。

平安時代末期から山岳信仰の対象としての開山の歴史がある。修験道の山として修行者が入るようになり、それぞれの仏に似た岩峰に名を付けてあがめ、その場所を道場としていた。山頂には二十数基の石仏、石碑が祀られている。それぞれの講の人たちのものであり、にぎやかである。

この山は、前山に御小屋《おこや》山、立場岳（二三七〇m）などの信仰にかかわる由緒ある山を持ち、赤岳とともに奥の院として知られ、神体山で聖なる山域としてあがめられていた。とくに前山の御小屋山は御柱《おんばしら》山と呼ばれ、諏訪大社の山として知られる。七年に一度の御《おん》柱《ばしら》祭にはモミの柱を引き出し、諏訪大社上社まで曳行《えいこう》する祭事が行われる。

安山岩の頂上は意外に広いが、周囲は切り立った岩壁になっている。中岳から赤岳に延びる尾根、阿弥陀岳南稜と大きな尾根が出て、その間を立場沢本谷、広河原沢などの谷が入り込んでいて、どこも険しい。古くから信仰登山の修行の場であったが、現在は岩登りの登攀ルートとして岩壁が使われている。この山は八ヶ岳の稜線から外れて西側に飛び出しているため、八ヶ岳連峰を横から眺めるにはよい山である。とくに赤岳、横岳、硫黄岳などの山々の岩峰を見るには最高の山といえる。また、稜線から外れているので、静かな山でもある。高山植物も横岳、硫黄岳には劣るが、多くの種類を見ることができる。

阿弥陀岳の山容は、北側から望むといくぶん貧弱に見えるが、南側からは貫禄がある。茅野市側から眺めると阿弥陀岳が前面に出て、赤岳が裏側に隠れるため両山が重なり、誤って見られることもある。

登路　登山道は、赤岳頂上稜線からのルート(約一時間)と、行者小屋からの直登ルート(約一時間三〇分)、美濃戸口から御小屋山を経由するルート(約五時間)がある。

地図　二・五万図　八ヶ岳西部　八ヶ岳東部　(米川正利)

御小屋山　おごやさん　標高　二一三七m

別称　御柱山《おんばしらやま》

阿弥陀岳頂上から西に延びる御小屋尾根にある独立峰で、長野県茅野市に位置する。別名「御柱山」とも呼ばれ、平安時代、鎌倉時代から山岳信仰の山として人々に登られていた。この御小屋山は、日本三大奇祭の一つといわれる諏訪大社御柱祭の神木八本を、七年に一回伐り出す神木の山としても知られている。この山から諏訪大社まで五里五町(約二〇km)を、曳行《えいこう》する情景はすさまじく、全国的な呼び物となっている。「御小屋の山の樅の木は里へ下りて神となる」などと木遣《きやり》歌にある。この山を起点とした修験道は、阿弥陀岳、赤岳の奥の院などを修行の場としてきており、聖なる山域であった。

頂上はかなり広いが、展望は樹林に囲まれて利かない。

登路　登山道は美濃戸口(約一時間五〇分)と、美濃戸学林から(約二時間一〇分)である。

地図　二・五万図　八ヶ岳西部　八ヶ岳東部　小淵沢　(米川正利)

西岳　にしだけ　標高　二三九八m

長野県諏訪郡富士見町に位置して、八ヶ岳の権現岳西方にあり、編笠山と並ぶ独立峰である。

この山は平安時代から始まる修験道の山として多くの人たちに登られた。八ヶ岳の修験道は、赤岳を中心とした修験道場と権現岳を中心とした道場に分かれていて、西岳は権現岳の修験道場に属する神聖なる山であった。いまでも山岳信仰の行者の住んでいた岩穴などもあり、修行の場所が何箇所か地名として記されている。

頂上の半分は樹林だが、南西面はハイマツ帯になっている。山麓一帯の眺望は良好で、富士見町や山梨県北杜市小淵沢町を広範囲に俯瞰することができる。

登路　登路は富士見高原スキー場の不動清水からのコース(約二時間)と、観音平登山口から編笠山経由青年小屋のコース(約四時間)がある。

地図　二・五万図　八ヶ岳西部　八ヶ岳東部　小淵沢　(米川正利)

権現岳　ごんげんだけ　標高　二七一五m

長野県諏訪郡富士見町、山梨県北杜市に接している。八ヶ岳火山群の南部に位置する。二〇万年程前、現在の阿弥陀岳か赤岳付近に山頂があって、標高は四〇〇〇m以上もある山だったが、その後に起きた水蒸気爆発によって大崩壊し、いくつかの峰が生まれたといわれる。権現岳もその時に誕生した。岩質は輝石安山岩、凝灰角閃石である。山頂までハイマツが生育している。

山頂には二つの岩塔があり、その基部の祠は檜峰《ひみね》神社または八ヶ岳権現といわれた。権現岳の山名の起こりであるとともに、八ヶ岳の中心的存在であったことをうかがわせる。山頂付近からは鎌倉・室町期のものと思われる鎌や北宋銭が出土したことは、阿弥陀岳とともに中世以来、修験道と深いかかわりがあったことを裏付けている。山頂周辺の小岩峰には阿弥陀岳、虚空蔵《こくぞう》岳、地蔵岳などの名前も残り、権現岳は江戸末期までは薬師岳ともいわれた。

東面から見ると、地獄谷上部は巨人の爪で掻きむしったような縦縞の模様を呈している。ギザギザの稜線は山頂から一気にキレットに落ち込んで、赤岳に向けて再びのし上がっている。北面には二〇mもある梯子があるなど、権現岳~赤岳間は八ヶ岳縦走中のハイライトで、登山者は心地よいスリルと満足感を味わっている。

本州中央部の山らしく展望は圧巻で、なかでもすぐ北の赤岳は他を圧し、隣に阿弥陀岳を従えて異様な色彩と険しい造形である。奥秩父、南・北アルプス、甲府盆地と富士の展望はさえぎるものもなく、上越の山も見える。山梨県側から夏は日帰りも可能である。

登路 ①JR中央本線小淵沢、JR小海線甲斐小泉、甲斐大泉、どの駅からもルートがとれるが、大泉口の天女山からのコースが一般的である。大泉駅から北へ八ヶ岳横断道路を横切って天女山までだらだら登る。この辺りから急坂となり、前三ツ頭、次いで三ツ頭まで登るとハイマツが現れ権現岳山頂に至る(大泉から天女山まで約一時間四〇分、三ツ頭まで約二時間四〇分、山頂まで約一時間。下りは天女山まで三時間弱)。権現岳から赤岳へ縦走する場合キレットまでは慎重に下る(約一時間三〇分)。②甲斐小泉駅からも横断道路を横切って、しばらくすると苦しい登りが始まる。鐘掛松、早乙女河原展望台、さらに三ツ頭を経て山頂に至る(約六時間四〇分)。③小淵沢駅からは町並みを出た後、棒道と八ヶ岳横断道路を横切り、次第に傾斜を増して観音平、編笠山経由で登頂。編笠山は時間的余裕があれば帰りに登ることとして、押手川の巻き道を青年小屋経由で権現岳を目ざすのが効率的である(観音平まで約二時間三〇分、ここから権現岳まで約四時間)。山頂の権現小屋、青年小屋などを利用すると楽になる。一九二四年の大町

権現岳(右)(編笠山山頂から)

桂月らの転落遭難は有名だが、稜線ではちょっとした不注意で思わぬ事故が起きている。天女山、観音平とも駐車可。

地図　二・五万図　八ヶ岳西部　八ヶ岳東部

（高室陽二郎）

編笠山　あみがさやま　標高　二五二四m

八ヶ岳連峰南端の山で、山梨県北杜市小淵沢町と長野県諏訪郡富士見町にまたがる。広大な裾野の上に描かれる笠形の曲線は、赤岳や阿弥陀岳、横岳の荒々しさにくらべて優しさを感じさせる。

山頂は広く岩礫に覆われ、その間にコケモモ、シオガマ、ミネウスユキソウなどの高山植物が分布し、山頂直下はハイマツが取り巻いている。また西面、南面、北面は大きな岩が積み重なって広がり、北面は登山道がこの岩石帯を通っている。北東側の鞍部に青年小屋がある。山頂からの展望は八ヶ岳の峰々、北・中・南アルプス、天子山地、御坂山地、富士山、さらに甲府盆地や諏訪盆地まで見渡すことができる。山頂から一〇〇m程下った場所で、黒曜石で作った縄文時代の矢尻が見つかっている。

登路　山梨県側は、観音平と手前の展望台が起点。雲海展望台で一つになり、押手川までは樹林帯を行く（約二時間）。押手川で二手に分かれ、直接山頂への登山道はハイマツ帯の急登がつづく（分岐から約一時間）。押手川から山腹の右を巻き青年小屋経由のルートは約一時間三〇分。長野県側は富士見高原の不動清水から約三時間三〇分。

地図　二・五万図　八ヶ岳西部　小淵沢

（深沢健三）

三ツ頭　みつがしら　標高　二五八〇m

山梨県北杜市長坂町と大泉町の境にある。権現岳から南東に延びる尾根上のピークで、すぐ西の編笠山よりやや高く、南麓から見ると立派な一峰をなしている。「三ツ頭」は、山頂が三つに分かれていたり、三方からの尾根が合わさる山を指す例が多く、ここは主尾根から南東と南西に大きな尾根が派生している。また、すぐ南東にある前三ツ頭も同様の地形。南麓から見て三ツ頭の前にあるから前三ツ頭と呼んだ。

江戸時代の『甲斐国志』は、八ヶ岳の個々の呼称について「檜ガ岳、権現ガ岳、小岳、赤岳、麻姑岩、風ノ三郎ガ岳、編笠山、三ツ頭其ノ余種々ノ呼称アリ」と書いている。山梨県側から見える赤岳を頂点とした呼び方と見られる。

登路　JR小海線の甲斐小泉駅、甲斐大泉駅からの二ルートがある。甲斐小泉駅からは鐘懸松、八ヶ岳神社の石祠、延命水入り口、木戸口公園を経て山頂（約六時間）。甲斐大泉駅からは天女山、天ノ河原、前三ツ頭を経て山頂となる（約五時間）。車で八ヶ岳横断道路を使えば、それぞれ一時間短縮できる。

地図　二・五万図　八ヶ岳西部　八ヶ岳東部　谷戸　小淵沢

（深沢健三）

黒富士　くろふじ

標高　一六三三m

山梨県甲府市黒平町西方の荒川右岸にある。甲府市と甲斐市敷島地区を境する主尾根からやや東に分かれた尾根上の突起で、山頂そのものは甲府市である。南の太刀岡山、北西の曲岳、金ヶ岳、茅ヶ岳とともに黒富士火山群をなしている。黒富士の火砕流の規模がもっとも大きく、二二〇平方㎞も及んでいることから黒富士が代表名詞となっている。山頂東側の猫坂に沿って天然記念物・燕岩があるが、これは黒富士火山の側火山といわれる。全山樹木に覆われている。

南の甲府盆地から見ると、隣の太刀岡山がはっきり富士山形に見えるので、これと混同されることが多い。この辺り、地形も複雑だし富士の形を捜しても太刀岡山以外に見つけることは困難だが、北側の升形山(一六五〇m)や長窪峠辺りから見ると、はっきりと富士山形に見える。長窪峠は、かつて北杜市須玉町江草から黒平を経由して、甲府市や山梨市方面に抜ける道として利用された。また、金峰山信仰の盛んだったころの参道の一つでもあった。峠越えの途次、ここでひと休みし山並みのかなたに富士山を眺め、そのわきの近景として、樹木に覆われた逆光の黒富士を見たと思われる。

甲府市や御岳昇仙峡に近いわりには静かな山域だが、落葉樹が多く春には山菜採りに訪れる人が多い。尾根の上はミズナラやシラカンバに交じって、六月ごろはミツバツツジなど各種のツツジが鮮やかである。曲岳から黒富士までの稜線は所々樹林が途切れ、金峰山など奥秩父、南アルプス、富士山方面の展望がすばらしい。

この山だけを目標にする人はほとんどなく、多くは観音峠、曲岳から縦走して平見城《ひらみしろ》開拓地へ下りる人か、太刀岡山まで縦走する人が通過する。

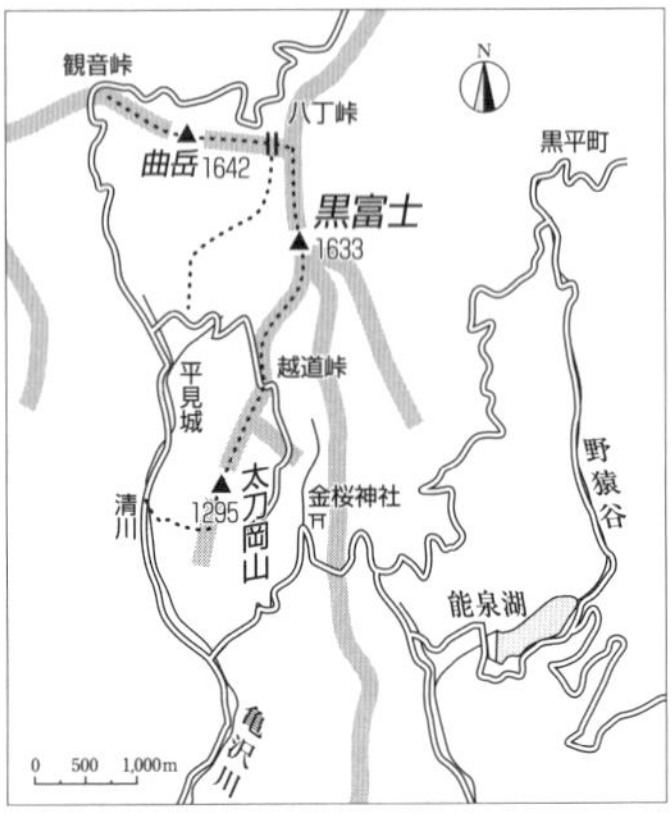

登路　アプローチが長いので、車を利用する人が多い。バス利用の場合は、JR中央本線甲府駅(甲斐市敷島乗り継ぎ)または同線竜王駅から平見城へ、徒歩で観音峠を目ざす。ここから曲岳、八丁峠を経由して黒富士山頂に着く。山頂南面は切り立った岩場になっているので注意(平見城から観音峠まで約一時間二〇分、曲岳まで約四〇分、八丁峠まで約三〇分、黒富士まで約三〇分)。平見城へは八丁峠まで戻り、南西に向かって下りる(一時間弱)。太刀岡山へは尾根通しに行き、越道峠で草鹿《そうか》沢林道と交わって一時間四〇分位かかる。

(高室陽二郎)

地図　二・五万図　茅ヶ岳

曲岳　まがりだけ

標高　一六四三m

山梨県甲斐市敷島地区と北杜市須玉町との境にある。甲府盆地方面から見ると、尖ったカラスの嘴《くちばし》か烏帽子のように見える。全面舗装の林道は曲岳と金ヶ岳(一七六四m)の鞍部の観音峠へ延び、ここから曲岳北面を巻くようにして増富温泉や金山平へ通じている。孫左右衛門という猟師が山の気に触れて仙人となり、目はらんらん髪はぼうぼう、山頂から大岩を落としていたという伝説をはじめ民話が多い。山頂手前の目まい岩からの展望はよい。

茅ヶ岳、金ヶ岳、黒富士、太刀岡山などの火山群が馬蹄形をなし、中央に平見城開拓地があるが、戦国時代はここには御岳衆《みたけしゅう》が狼煙《のろし》台を置いて古府中(現甲府市北部)の警護の地とした。縦走路は静かな山歩きが楽しめる。

登路　JR中央本線甲府駅(甲斐市敷島乗り継ぎ)または同線竜王駅からバスで平見城へ、徒歩で観音峠まで林道を歩く。峠には車数台は置くことができる(平見城から観音峠まで約一時間二〇分、曲岳まで約四〇分)。曲岳から黒富士、太刀岡山方面への縦走もできる。登山道は十分ではないので注意が必要。

地図　二・五万図・茅ヶ岳　　(高室陽二郎)

茅ヶ岳　かやがたけ　　標高　一七〇四m

山頂は北隣の金ヶ岳(一七六四m)とともに山梨県甲斐市敷島地区と北杜市須玉町に接しているが、登山口は韮崎市ならびに北杜市明野町、甲斐市である。富士火山帯の中にあって金ヶ岳、曲岳、黒富士、太刀岡山とともに黒富士火山群をなしている。各種安山岩で構成されるコニーデ型で、南西に広く裾を引く優美な姿である。

旅行者は八ヶ岳と見間違うので「ニセ八ツ」などと呼ばれる。また、北へ一kmしか離れていない金ヶ岳は茅ヶ岳より六〇m高く、山群ではこれが主峰だが、茅ヶ岳の方が有名なので誤って見られることが多い。

全山安山岩とその堆積物で、西麓の浅尾原、永井原など一帯は水に乏しく、朝穂堰、楯無堰、両村堰などの水路を開いたが水不足がつづき開拓も遅れた。その半面縄文の遺跡も多い。平安中期以来官営の牧場が置かれ、とくに裾野の小笠原の牧、穂坂の牧などは、甲斐の代表的な馬の産地として有名である。釜無川筋は氾濫の頻発地帯なので、高原状の地域は甲斐の古道の一つ、穂坂路として交通の要衝であった。このため中世から近世にかけての史跡も多く、伝説も多い。『甲斐国志』によると、山に入ってばかりいて仙人になってしまった樵夫《きこり》の話や、旅の僧(空海)に対し冷たい仕打ちをした百姓が戒めを受けた「まんじゅう石」の話などが伝えられる。

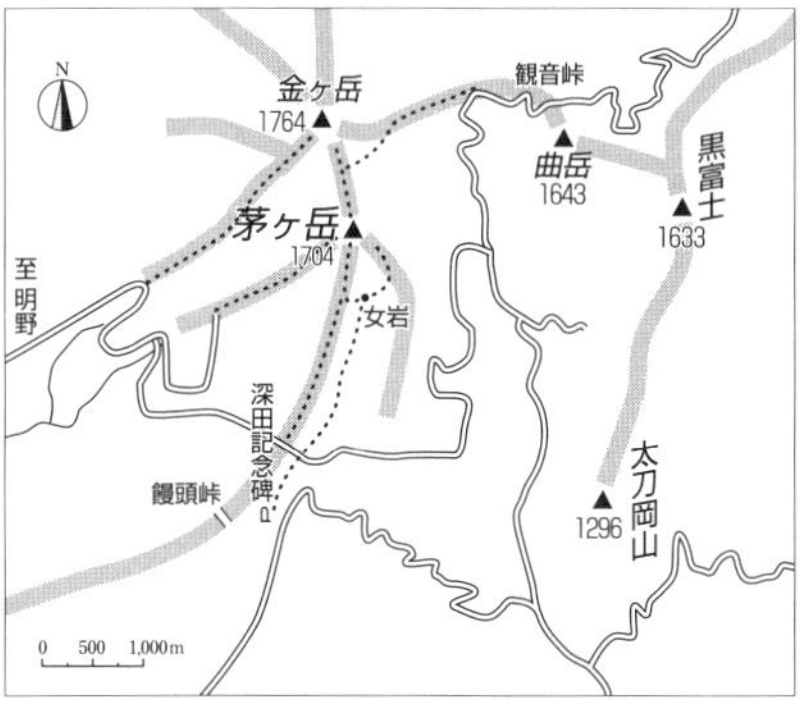

一九七一年三月一日、『日本百名山』の著者・深田久弥は友人たちとこの山を目ざしたが、山頂寸前の尾根で休憩中突然倒れ、死去した。深田にとって茅ヶ岳は「姿が美しく、品格のある山」であり、いつかは登りたい「宿題の山」「非流行の山」であった。韮崎市は登山口に深田記念公園を造成し、ここに自筆の「百の頂に百の喜びあり」

の碑を建立した。毎年四月第三日曜日に碑前祭が行われる。

登路　一般的には韮崎市から車かタクシーで深田記念公園まで行き、ここから女岩手前まで林道を歩いた後、ナラ林の斜面と尾根を急登して山頂に達する。金ヶ岳は尾根づたいにいったん下ってから登る(往復約一時間)。北杜市明野町から茅ヶ岳と金ヶ岳山頂をそれぞれ目ざす尾根のルートがある。東の甲斐市からは、観音峠を起点に金ヶ岳を経由するルートがある。いずれも山麓が長いのでバスの便はよく確かめる必要がある(深田記念公園から女岩まで約一時間、山頂まで約一時間。金ヶ岳への往復約一時間)。

地図　二・五万図　茅ヶ岳　若神子

(高室陽二郎)

太刀岡山　たちおかやま

標高　一二九六m

別称　太刀置山

山梨県甲府市と甲斐市敷島地区にまたがる。東に御岳昇仙峡が近い。北へ黒富士、曲岳、金ヶ岳(一七六四m)、茅ヶ岳へと尾根が連なり、いずれも黒富士火山群の古い火山である。南西面は一〇〇mを超える岩壁があり、クライマーに知られている。上部の鋏岩が奇形である。二・五万図はやや北の一三二二mに太刀岡山の表記があるが、一二九六mが本来の山頂。頂上からは南アルプス、甲府盆地、昇仙峡方面の展望がよい。

日本武尊《やまとたけるのみこと》が東征の帰りに太刀を祠に納めた、という言い伝え(太刀置山)や建岡神社の伝説がある。南の甲府盆地から見て、雲が太刀岡山の後ろに来ると富士山の形にはっきり浮かぶので、これを黒富士という人がいるが誤り。本当の黒富士はもう少し北奥の方にある。

登路　JR中央本線竜王駅または甲斐市敷島から甲斐市民バスで清川下車。登山道入り口の農家のわきから登り始める。岩壁の下から左へ巻いて頂上へ(清川から登山口まで約一〇分、頂上まで約一時間二〇分)。

地図　二・五万図　茅ヶ岳

(高室陽二郎)

弥三郎岳　やさぶろうだけ

標高　一〇五八m

別称　羅漢寺山

山梨県甲府市と甲斐市敷島地区との境界。御岳昇仙峡の仙娥《せんが》滝から見上げる覚円峰の裏手にあたる。仙娥滝北のロープウエーを利用すると、一〇分位で登頂できる。昇仙峡の谷を眼下に、金峰山、富士山、南アルプス、甲府盆地などの展望絶佳。

鷲ヶ岳、金剛峰、弥三郎岳と三つのこぶ山の総称を「羅漢寺山」という。最高峰は弥三郎岳。麓には滅罪の寺、羅漢寺がある。金峰山に至る九口の参道の一つがここを通過していたが、文政から天保(一八一八～四四年ごろ)にかけて、長田円右衛門によって谷底の御岳新道が開削されてから廃れた。

伝説によると、羅漢寺の寺男・弥三郎は酒造りの名人で、武田氏戦勝の酒造りを手がけていたが大酒飲み。住職からそれをとがめられ、禁酒を誓ったが、途端に天狗の姿になって消えてしまった。寺男は天狗の化身であった。いまも日本酒の醸造家たちは新酒を奉納して祈願している。

登路　昇仙峡ロープウェイで簡単に登れるが、甲斐市獅子平、同市宮沢橋からも登れる。ロープウエー沿いにも道が付いている。あるいは昇仙峡長潭《ながとろ》橋の南から尾根通しに登るなどのコースがある（獅子平から二時間、宮沢橋から約一時間四〇分、ロープウエー沿い約四〇分。長潭橋から尾根登り三時間程。これらは下りに歩くのがよい）。

地図　二・五万図　甲府北部

（高室陽二郎）

丹沢・道志山地

大室山　おおむろやま　標高　一五八七ｍ

別称　富士隠し

加入道山　かにゅうどうやま　標高　一四一八ｍ

大室山は神奈川県相模原市緑区と山梨県南都留《つる》郡道志《どうし》村にまたがり、南面は酒匂《さかわ》川の支流・中川《なかがわ》川の奥にあって、城塞のようにうずくまっている。北側は相模川の支流・道志川が山麓を流れている。

大室山は「富士隠し」の別称がある。『道志七里』（伊藤堅吉）の序文で柳田國男はこう記している。「富士見町ヨリ富士ヲ望見スルニ『富士隠シ』ト称シ、一座ノ青山ノ外線極メテ雄渾ナルモノアリテ其前面ニ横タハルヲ見ル。是レ陸地測量部ノ地図ニ所謂大群山（一五八八米）ニシテ其頂点ハ正シク相模ノ足柄・津久井甲斐ノ都留三郡ノ境ヲ為シ、道志ノ山村ハ即チ此連峯ノ北麓ニ拠レリ。大群ノ『牟礼』ハ古語ノ山ヲ意味ス。以テ其命名ノ久シキヲ知ルベシ」と。

また『甲斐国志』には「大群山　高山ナリ麓ヨリ登ルコト五十餘町頂ニ大群権現ノ社アリ此峰ハ富士ノ東面ヲ遮蔽フ故に武蔵ニテハ富士隠ト云、西ハ諸窪澤ニ續キ戌ノ方ニ椿澤北ニ大ザスアリ峰ヨリ北ヘ分ルヽヲネハ其末道志川ノ間ニ出ツ、ヲネヲ限リ東ハ相州青根村ニ属シ西ハ即チ道志村ナリ此ヨリ東ハ道志川ノ中点ヲ限リ月夜野

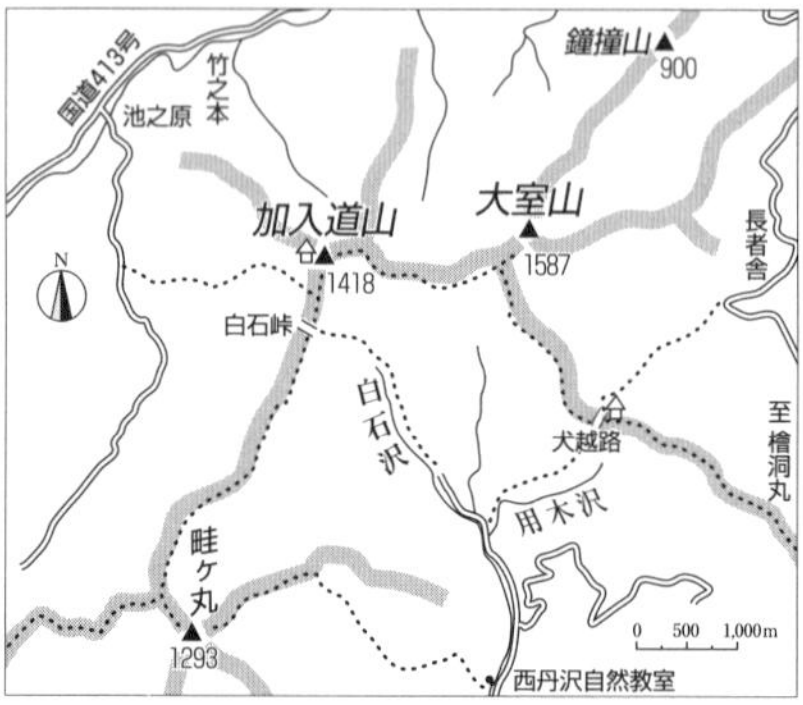

大室山（中央奥）（丹沢湖三保ダム展望台から）

ノ丑ノ方平野澤ノ岸ニ至リニ竝ニ甲相ノ分界ナリ此山ノ南ハ相州箒澤村、中川村、ヨズク村ト峰ヲ以テ境トス東南ハ峰續大山ニ至ル」とある。

山梨と神奈川の県境をなす大室山から菰釣《こもつるし》山につづく山稜の境界が決定するまで、歴史に残る大山論があったのである。

「甲州平野村名主勝之進が、国境は道志・神ノ川の合流点から長《ちょう》者舎《じゃごや》を経て犬越路を登り、中川川箒杉を進んで蔵骨峠、山神峠、さては三国山越に須走神社前までと主張した。これに対して相州側の中分は大室山峰続きとして、相互に譲るところを知らず、幕府へ上訴するに至った。甲州側役人は緊急指令を発し、村役人は鵜の目鷹の目で新国境を立証するに足る挙証固めに狂奔、神官は挙げて大室山に馳せ登り、頂上に鎮座されていた大室大権現の神躰〔大牟礼大権現〕古碑を背負出し、甲州側の不利な実証を消し去らんと、軽からざる碑石は小椿の神職若狭正の屋敷西南の土中五尺を掘下げて、隠匿すると云う大騒までやってのけた。………大検分の結果は、あるべき大室山山頂に社があって神躰はなく、之もあって敗訴の種を蒔く成行となり、遂に弘化四年（一八四七）老中一大評定の末、この山論は甲州側の大敗を以て大団円を告げたのであった」（大略）と『道志七里』は伝えている。

大室山の山頂は東西にやや長く樹林に包まれている。山頂のわずかに西寄りの主稜は犬越路に下って檜洞丸《ひのきぼらまる》へとつづいている。北東には三つの尾根があり、右は道志川と神《かん》ノ川の合流点に下る。途中に長者様の伝説にある鐘撞《かねつき》山（九〇〇ｍ）がある。中間は茅ノ尾根と称されて道志の久保に下る。途中に貝沢という枝沢があって貝の化石が採集されていた。左に雨乞石を見て道志の大室指に下っている。西は主稜が破風口という鞍部に下ってから前大室へ、ここから道志の竹之本へ尾根が下っている。かつては道志から箒沢へ花嫁が馬で越えて来た、と箒沢の古老が語った馬場峠である。

見事なブナ林に入ると、左に避難小屋があって加入道山となる。尾根は左に折れて白石峠に下る。中川川支流の白石沢は大理石のある沢で、峠の名もこの沢に起因している。白石沢の源流一帯は溶岩の熱変成によってめずらしい石を産出し、天然記念物に指定されている。

加入道山は神奈川県足柄上郡山北町と山梨県南部留郡道志村の境

に位置する。

山名について『かながわの山』（植木知司）はこう述べている。「シカが多く生息していたところから鹿（か）入道と呼ばれたのが、いつの間にか加入道と転化されたと話す人もいる」。別の説もあって、「この山の北側の草刈り場からの山名だ」と坂本光雄は『丹沢の山と渓』に記している。昔から草刈り場は生活に不可欠の場所であった。家の屋根を葺く茅や農耕馬の飼料としての草、その草刈り場を土地の人が、「加入道」と呼んでいたという説もうなずける。

明治時代になってから全国的に地形図の作成のために三角測量が広がった。丹沢の山々にも年を追って三角点が設置された。やがてこの山頂にも点標が造られるようになった。それに名前がないと測量はもちろんのこと、その後の地図作製にも影響する。そこで土地の人々による北側の呼称を利用して、この点標を加入道山と名付けたという。

登路　古くから歩かれているコースは、小田急線新松田駅からバス、西丹沢自然教室で下車、中川川沿いの車道を進み、用木沢《ようき》（かつて太鼓の胴ぐりをしていて、その用材があった）出合から東海自然歩道の犬越路へ、ここには避難小屋がある。犬越路は峠になっていて北に下れば神ノ川へ、東に登れば檜洞丸へ、大室山には西へ急登。西方の富士山などの展望を楽しみながら登れば、稜線に出てわずかで大室山頂である。稜線から西に尾根通しに辿れば加入道山である（西丹沢自然教室から約三時間三〇分）。

また、用木沢出合から左の白石沢沿いの登山道を辿れば、白石沢の大理石の大滝を見て白石峠に着く。右に登って加入道山。ここにも避難小屋がある。この付近は美しいブナ林があり、山頂にはキクザキイチリンソウの群生地がある。尾根は大室山へとつづく。

山梨県側からは富士急都留市駅でバスに乗換え、道志村の国道四一三号沿いに複数の登山口があるが、バスの運行が平日のみで、かつ一日一〜二便であるため利用しにくい。

地図　二・五万図　大室山　中川

（奥野幸道・古谷聖司）

畦ヶ丸　あぜがまる

標高　一二九二m

神奈川県足柄上郡山北町と山梨県南都留郡道志村との県境稜線からわずかに南に離れた所に位置している。この山をめぐる地形は複雑をきわめ、一八八八年測量の陸地測量部発行の二万分之一道志村図幅には大きな誤りがあった。これは畦ヶ丸周辺が猛烈なヤブと密林のため調査が困難であったことを物語っている。昭和初期ごろまでは、怪峰・畦ヶ丸として人を寄せ付けなかった。

山名の由来は、山頂付近にアセビが多いことがなまって畦ヶ丸と呼ばれるようになった。

畦ヶ丸をめぐる谷はいずれも急峻で、豪快な大滝を秘めている。北面のモロクボ沢には三〇mの大滝が、東面の西沢には下棚《しもんたな》沢に四〇mの美しい滝、本棚沢には豪快な五〇mの大滝がある。南の大滝沢には雨滝《あまんたな》という五〇mの大滝を秘めている。また、南西の大又沢からはバケモノ沢が迫っている。山頂は深い森林で展望はない。わずかに西へ離れた所に避難小屋があり、ここから梢越《こずえ》しに富士山を望むことができる。

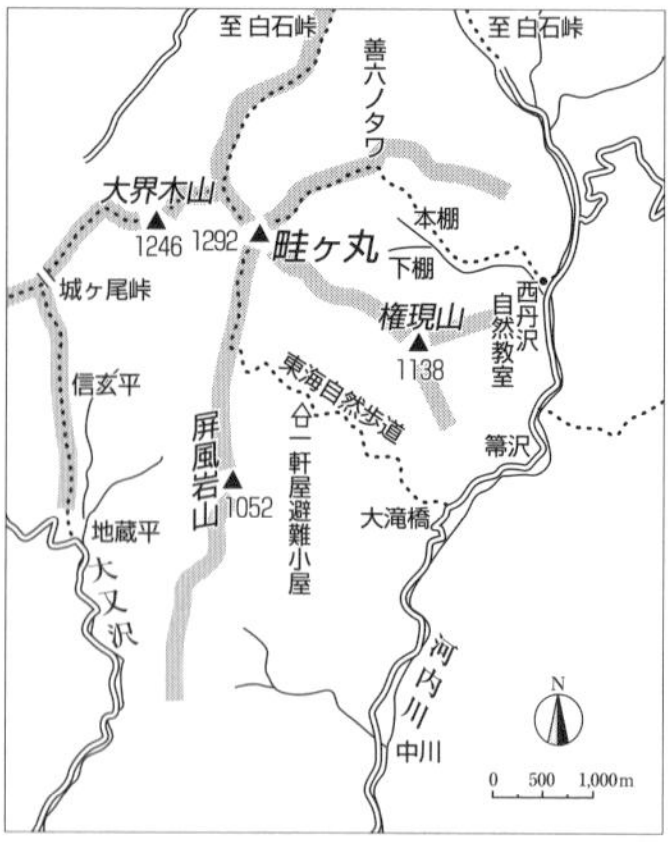

山頂から県境稜線に出て北東に辿ればシャガクチ丸（一一九一m）から水晶沢ノ頭（一二七八m）を越えて白石峠へつづく。西へ辿ると大界木《だいかいぎ》山（一二四六m）を越えて城ヶ尾峠へ。この峠は甲斐と相模を結ぶ重要な峠で、甲斐の武田信玄が小田原攻めの折、この峠を越えた時に宿営したと伝えられる信玄平が峠の南側にある。下り切ると地蔵平で、林業の盛んなころには分校までそなえた集落があったが、伐採が終わって無人になった。畦ヶ丸から南東に延びる尾根は権現山（一一三八m）へとつづくが、登山道になっていない。

登路　小田急線新松田駅からバスで西丹沢自然教室下車。西沢経由で下棚、本棚、善六ノタワを経て山頂へ（約三時間）。このコースは東海自然歩道のサブルートになっている。または、バスで西丹沢の大滝橋から東海自然歩道に入り、一軒屋避難小屋、大滝峠上経由で約三時間。

地図　二・五万図　中川

（奥野幸道・古谷聖司）

鳥ノ胸山　とんのむねやま　標高　一二〇八m

別称　殿群山

山梨県南都留郡道志村にある。丹沢山地の神奈川県境から北に延びた尾根上のピークで、道志川に迫《せ》り出している。山頂はやや広く平らで、ブナなどに囲まれている。西側は展望が利き、富士山や石割山、御正体山、今倉山などが見える。

『甲斐国志』には殿ムレ山と書かれている。「ムレ」は山の意味。東の大室山は大群山と書き、大群権現が祀られている。「トノムレ」は大きいものに従うなどの意味があり、オオムレに従うトノムレの意味という。トノムレがトンノムネとなまり、陸地測量部が鳥ノ胸山と誤記したといわれ、意味不明の山名になってしまった。

道志村は一〇〇年以上前から横浜市の水源林になっており、村内に横浜市の水源林事務所がある。

登路　道の駅・どうしから一周コースがよく使われている。道の駅の吊り橋で道志川を渡り、ムジナ沢コースを登る。グリーンロッジ先の車道終点から登山道となり山頂へ（約一時間五〇分）。下山は雑木ノ頭、道志の森キャンプ場を経て道の駅へ（約二時間）。

地図　二・五万図　中川　大室山　都留　御正体山

（深沢健三）

菰釣山　こもつるしやま　標高　一三七九m

別称　ブナノ丸

神奈川県足柄上郡山北町と山梨県南都留郡道志村との国境稜線上に、堂々とした貫禄を持つ西丹沢の名峰である。交通の便に恵まれず不遇の山といえる。東海自然歩道のコースとなって山頂近くに避難小屋が設けられ、登山道も整備された。

菰釣山は神奈川県側の呼び名であり、道志側ではブナの多いことからブナノ丸と呼んでいる。昔から相州側のみずみずしい樹林にくらべて、甲州側は地表近くにある火山灰のため樹林も荒涼たる地域であり、この両者の資源の相違をめぐって抗争が長い間つづいた。

『地方史研究論稿』(石田昇)によれば、「相甲国境紛争については、古くは延暦一六年(七九七)中央政府の裁定がある。しかし、往古は森林利用の経済性が弱く、広大な丹沢山系を巡る紛争は主として近世に入ってからであった。それも林野の毛上(柴、飼い草、林産物)の採集をめぐる争いであった。ここで述べようとする天保一二年(一八四一)の山論は、国境領有権の訴訟に発展したが、林野の毛上

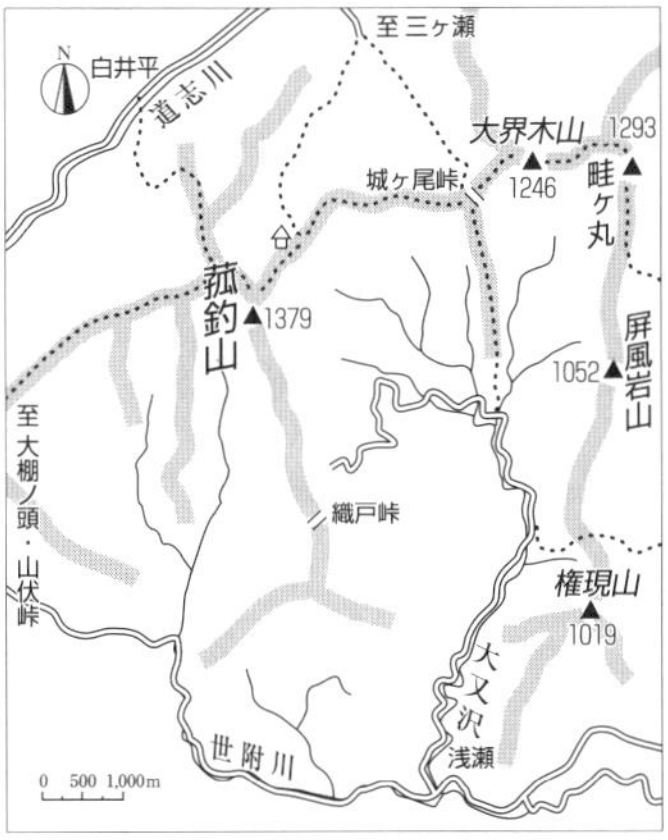

採取、入会についてはすでに安永・文化年間(一七七二〜一八一八)に紛争の端を発していた。天保一二年一〇月、甲州平野村名主勝之進は平野村小前並に村役人物代として訴訟人となり、相州・駿州の世附村ほか六ヶ村一八名を相手に国境押領出入として中央政府＝幕府に告訴するに至った。そして弘化四年(一八四七)幕府の判決まで約七年の歳月を経て、漸く集結した大裁判であった。単に大裁判であったというだけではなく、現在の神奈川、静岡、山梨の県境が初めて確定した歴史的な裁判であった」(大略)。

『相甲国境御裁許状』には「国境の儀は三国峠より菰釣し山迄都て峯通りにて……」とある。また戦国の代、甲斐の武田信玄が小田原攻めの時、この山頂に菰をつるして進軍の合図にした、あるいは県境確定のため、山頂に菰をつるして目印にしたなどという説もある。

菰釣山から主稜を東に向かえば避難小屋を右に見て、ブナ沢乗越で西沢からの道が登ってくる。ブナ沢ノ頭、中ノ丸を越えて城ヶ尾山(一一九九m)を下って城ヶ尾峠へ。主稜を南西に向かえばブナノ丸で前ノ岳への尾根を分け、油沢ノ頭から樅ノ木沢ノ頭(一三〇六m)、西沢ノ頭、石保土山(一二九七m)となって大棚ノ頭へつづき、三分して南へは西ノ丸から東丸(一〇二五m)へ、北へは山伏峠から御正体山(一六八一m)につづく。中央主稜は、三国山へとつづく。山頂から南に派生する尾根は、大ダルミに下って織戸峠を経て椿丸に至る。

この辺りは地形が複雑で、現在地点を定めるのはむずかしい。

登路　山中湖方面からは、平野からバスで山伏峠下車。大棚ノ頭から主稜の東海自然歩道を菰釣山へ(約三時間三〇分)。道志川からは富士急行線都留市駅からバスで道志村の唐沢で乗換え、白井平からブナノ丸を経て山頂へ(白井平から約二時間)。または三ヶ瀬から

ブナ沢乗越を経て山頂へ（三ヶ瀬から約二時間二〇分）、ただし、バスの便はきわめて悪い。

いずれから登るにしても日帰りは無理で、山麓に一泊するか、山頂下にある避難小屋を利用する。

地図　二・五万図　御正体山　中川　（奥野幸道・古谷聖司）

高指山　たかざすやま

標高　一一七四m

山梨県南都留郡山中湖村と神奈川県足柄上郡山北町の境界にある。山中湖を馬蹄形に囲んでいる山並みは、北から大平山（一二九六m）、石割山、東端に高指山《たかざす》、南へ鉄砲木ノ頭、三国山、大洞山（一四〇三m）、籠坂峠とつづく。石割山がいちばん高く、後はカヤトのなだらかな丘陵である。夏から秋にかけて、アザミ、マツムシソウ、ワレモコウなどの花が咲き乱れる。丹沢層に流れ込んだ石英閃緑岩からなるが、富士山の火山砕屑物が幾重にも厚く堆積し、このため美しく丸みを帯びた丘状になっている。

山梨県北都留郡小菅村にも同名の山（一〇五六m）がある。高座、高叉、高差などとともに、焼畑の行われた土地に共通した地名という。付近一帯には富士山にまつわる徐福伝説も残っており、また、籠坂峠は中世まで都から甲斐に入る玄関口であり、山伏峠もまた甲斐と相模を境する要衝で遺跡も多い。

登路　山中湖畔の平野を起点として山伏峠～高指山～鉄砲木ノ頭～三国峠～平野という回遊コースは人気がある。道志、丹沢、箱根の山々を望み、山中湖を眼下に富士山の展望は絶佳である。全部歩けば約六時間、山伏峠まで車を使えば一時間は短縮できる（平野から切通峠まで約一時間、さらに高指山まで四〇分程）。

地図　二・五万図　御正体山　駿河小山　（高室陽二郎）

鉄砲木ノ頭　てっぽうぎのあたま

標高　一二九一m

別称　明神山

山梨県南都留郡山中湖村と神奈川県足柄上郡山北町の境界。山中湖東面のなだらかな山というより優しい丘陵である。度重なる富士山噴火による火山灰の堆積と侵食によって生まれた。頂上に小さな祠がある。

山中湖を囲んで連なる山並みは、富士山に向かって馬蹄形に口を開けている。石割山、高指山《たかざす》、三国山、大洞山（一四〇三m）と、いずれも黒木や雑木やカヤトが交互に山肌を覆って柔らかい起伏である。頂上から眼下の山中湖と富士山は大景である。道志、箱根、丹沢、御坂の山々、南アルプスも連なって見える。最近はハンググライダーなどスポーツ愛好者が多い。

登路　北に切通峠、南に三国峠、ツナ坂などがあってすぐ近くまで車が入れるので、この山だけを目的としないで山中湖を見下ろしながら周遊する人が多い（平野から切通峠まで約一時間、鉄砲木ノ頭まで約三〇分、三国山まで約一時間、さらに平野まで一時間程）。手ごろなハイクに麓のレストラン、そば店、温泉などを組み合わせて楽しむ人が多い。

地図　二・五万図　御正体山　駿河小山　（高室陽二郎）

三国山　みくにやま

標高　一三二〇m

神奈川県足柄上郡山北町と静岡県駿東郡小山《おやま》町、山梨県南都留郡山中湖村の境に位置し、山中湖にその山姿を映している。

山名は相模、駿河、甲斐の国境だったことに由来する。『新編相模国風土記稿』世附《よづく》村の項に「三国山　西南の方にあたり当国と駿甲三州の間にある故、この唱あり」と記している。山頂から東へは不老山への山稜が延び、北東に向かう山稜は神奈川県・山梨県を境しながら丹沢山地に繋がっている。また、西に延びる尾根は篭坂峠で富士山に接している。

近くの明神峠付近のブナ林（静岡の自然百選）が知られているように、三国山も主としてブナ林で覆われているがカエデ類も多い。したがって、山頂からもそうした樹木のために展望は利かない。渡り鳥など鳥類が多いこともこの山の特徴になっている。

登路　いくつかある。JR御殿場線駿河小山駅からバス（季節運行）で明神峠下車。車道で明神峠を越えて約一時間三〇分。また、さらに篭坂峠から稜線を東進して約二時間。三国峠からは標高差一五〇m、約二五分。

地図　二・五万図　駿河小山

（竹端節次・奥野幸道）

不老山　ふろうさん

標高　九二八m

別称　山伏嶽

神奈川県足柄上郡山北町と静岡県駿東郡小山町の境に位置し、東西に流れる酒匂《さかわ》川本流とその支流の世附《よづく》川に挟まれた丹沢山地の前山で、山頂付近がのっぺりとした特徴のない山である。『新編相模国風土記稿』によると山伏嶽ともいう。

世附峠や不老山山頂近くまで林道が開削されているが、地質が脆いせいか、大雨が降ると崩壊が起きている。

山頂はかつて防火帯があったためか草地で明るく開けているが、立木に囲まれて見晴しは悪い。

登路　神奈川県側からは、小田急電鉄新松田駅からバスで棚沢キャンプ場前下車、河内川を渡り約二時間四〇分。静岡県小山町からはJR御殿場線駿河小山駅から金時神社または生土《いきど》経由で約二時間四〇分。

地図　二・五万図　山北　駿河小山

（古谷聖司）

檜洞丸　ひのきぼらまる

標高　一六〇〇m

別称　本棚裏　檜原丸　青ヶ丸　本棚ノ丸　青ヶ岳

神奈川県相模原市緑区と足柄上郡山北町にまたがり、丹沢山地のほぼ中央に位置する雄峰である。

檜洞（洞は沢と同意）の奥に聳えているから檜洞丸と呼ばれている。地域によってそれぞれ呼称が異なっており、北側の神ノ川方面では青ヶ岳または彦右衛門ノ頭と呼んでいる。また、南側の中川方面では本棚裏と呼んでいる。これは檜洞丸へ西面から食い込んでいる、東沢の支流である本棚沢の奥に聳えている山だからである。

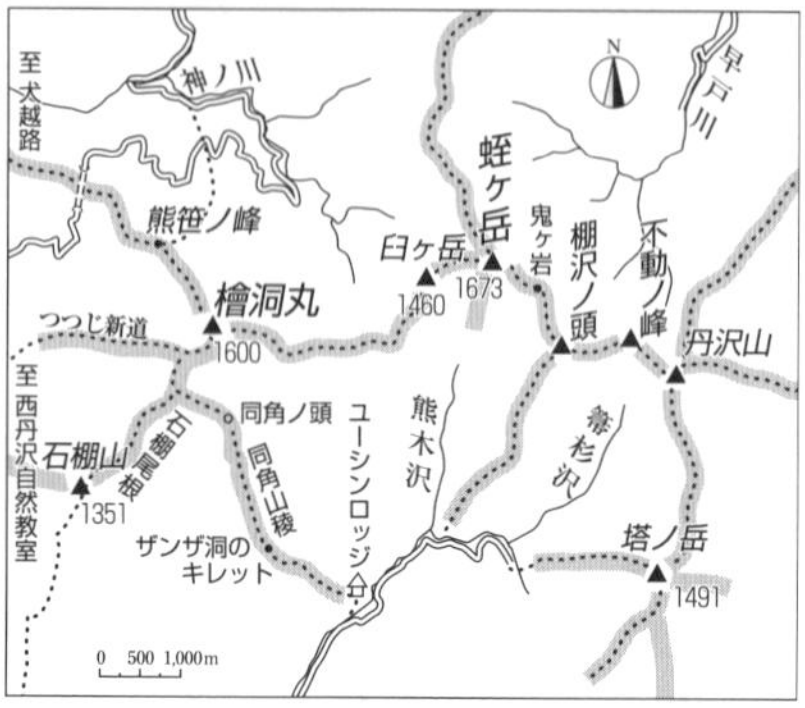

檜洞丸（右のピーク）（塔ノ岳山頂付近から）

かつては原生林にサルオガセ（霧藻）が揺らぐ秘境であり、中腹は錯綜した密叢《みっそう》に守られて一般登山者の訪れを許さず、長く秘峰として聖域を誇ってきたが、一九五五年秋に国民体育大会登山部門が開催され、最高峰の蛭ヶ岳から臼ヶ岳（一四六〇m）、檜洞丸の主稜線が切り開かれて、一般登山者にその門戸を開いた。

山頂からは三方に大きな尾根が延びている。東に向かう尾根は、ぐんと下がって金山谷乗越を経て神《かん》ノ川乗越から臼ヶ岳、ここで北東に折れてミカゲ沢ノ頭、再び東方に向かって蛭ヶ岳に繋がる。

北西方面に向かう主稜は、熊笹ノ峰に至り、大笄《おおこうげ》を経て小笄《ここうげ》に下り、武田信玄が小田原攻めの折に犬が先導して越えたという犬越路となる。

南方面へは同角山稜が派生し、テシロノ頭に至り、中ノ沢乗越から下駄小屋沢ノ頭を経て同角ノ頭に至る。ここで尾根が二分し、左はザンザ洞ノ頭を経て石小屋ノ頭から大石山に至り、ユーシンで終わる。右の尾根は東沢乗越からモチコシノ頭で左右に分かれ、左は裸山から向山に終わる。右は女郎小屋沢ノ頭から大タル丸を経て芋ノ沢ノ頭に至る。

南西に向かう尾根は石棚《いしだな》山で二分して、右はヤブ沢ノ頭から板小屋沢ノ頭を経て中川《なかがわ》川に至る。左は西丹沢県民の森へ下って終わる。

丹沢山地は、いまから二五〇〇万年前、海底火山の活動によってでき上がったグリーンタフ（緑色凝灰岩）がその基盤を造っており、その割れ目にマグマが貫入してドーム状構造が形成され、その中心が檜洞丸である。

長い間の侵食作用によって多くの谷が山頂に向かって食い込んでいる。北面、道志川の支流である神《かん》ノ川は、かつては関東の三大悪場と伝わっていたが、一九二三年の大地震によって荒廃した。しかし、この付近にはいまでも当時の面影を多く残しているヒワタ沢や彦右衛門谷がある。西面には中川川の東沢が大滝を落として流れ、東面は玄倉《くろくら》川の支流である檜洞や小川《こが》谷が美しいナメ滝を連続させている。

ブナ原生林の山頂も最近は酸性雨によってか、昔の姿が失われてきたが、林床のバイケイソウ、初夏のトウゴクミツバツジ、シロヤシオの花は多くの登山者を楽しませている。

檜洞丸には信仰や歴史を伝えるようなものはないが、山麓には古い歴史を伝えてくれる物語が多く語り継がれている。神ノ川には折花姫と長者の悲しい物語が残っている。戦いに破れた武田勝頼の家来・小山田八左衛門が織田勢に追われて丹沢に逃げのびてきた。その時、一行の中の折花姫という美女が翁と姥《うば》を伴って神ノ川に落ちのびる途中、旧津久井町の音《おん》久《ぐ》和《わ》まで来ると姥が追手のために倒された。そこに「ババア宮」を祀る。姫は悲しみのなかにも姥に手向けの念仏を唱えつつ、か弱い足で慣れぬ山道を登っていった。ここを「あみだ申し」という。頼みに思う翁もついに敵に倒された。ここに「ジジイ宮」を祀る。翁は宿命の姫の後ろ姿に手を合わせて「お可哀相な」とつぶやきつつ息を引き取った。そこを「カアイおね」という。姫は独り残され、さらに進むうちに、ついに追手の重囲に陥り、無念の最期を遂げた。ここには「折花宮」が祀ってある。

　また、上流の「山ノ神」には宝のカメが七つ埋められていると古文書が伝えているという。長者舎《ごや》には天野茂左衛門という長者が住んでいて、敵に備えて鐘をついたという鐘撞山もある。南面の中川川最奥に樹齢二〇〇〇年という箒杉に守られた箒沢《ほうきさわ》という集落がある。ここは昔、奥州平泉の藤原秀衡の家臣で佐藤鰐口伊賀守という者が、主家の没落後、安住の地を求めて道志から山を越えてこの地に居を構えたといわれ、小田原北条時代に川下に箒が流れ着いたので、川上に人が住んでいるに相違ないと川を遡って訪ねたら、集落があったという。このように檜洞丸の山麓には古くから人の営みがあった。集落の人々はいまも人情に篤く、地元の人が呼び合う屋号の「お方」は奥方が住んでいた家、「下の家」は家来が住んでいた、などが残っている。古文書などは二度の大火ですべてを失ったという。

登路　一般には小田急電鉄新松田駅前からバスで西丹沢自然教室下車。一九六二年に開かれたつつじ新道で、ミツバツツジ、トウゴクミツバツツジ、シロヤシオ、バイケイソウを観賞しつつ登るコース（登山口から約三時間二〇分）。

　同じく小田急電鉄新松田駅前からバスで玄倉《くろくら》下車、ユーシンロッジを経て行くのが同角山稜。白ザレに緑が映え、ザンザ洞のキレットには橋が架けられ、ワイヤーも張られている。同角ノ頭付近の樹林が見事である（玄倉から約六時間三〇分）。丹沢の主峰・蛭ヶ岳から臼ヶ岳を越えて山頂へ（約三時間）。

　帰路にはいろいろあり、犬越路に下るもの、石棚尾根を箒沢に下るもの、熊笹ノ峰から神ノ川に下るものなどがあるが、下山後のバスの便を考えたらつつじ新道を戻るのがよいだろう。とくに北側の神ノ川方面へは日帰りでは無理。

地図　二・五万図　中川　大山

（奥野幸道・古谷聖司）

蛭ヶ岳　ひるがたけ　　標高　一六七三m

別称　薬師岳　毘《び》盧《る》ケ《が》岳《だけ》

神奈川県相模原市緑区、足柄上郡山北町にまたがる。丹沢の最高峰であり、神奈川県の最高峰でもある。

　この山を中心に大きな尾根がほぼ南北と西に延びている。南東に鬼ヶ岩ノ頭、不動ノ峰、丹沢山から南に塔ノ岳へと延びるのが主脈。西のミカゲ沢ノ頭、臼ヶ岳から檜洞丸へとつづく尾根を主稜と呼び、

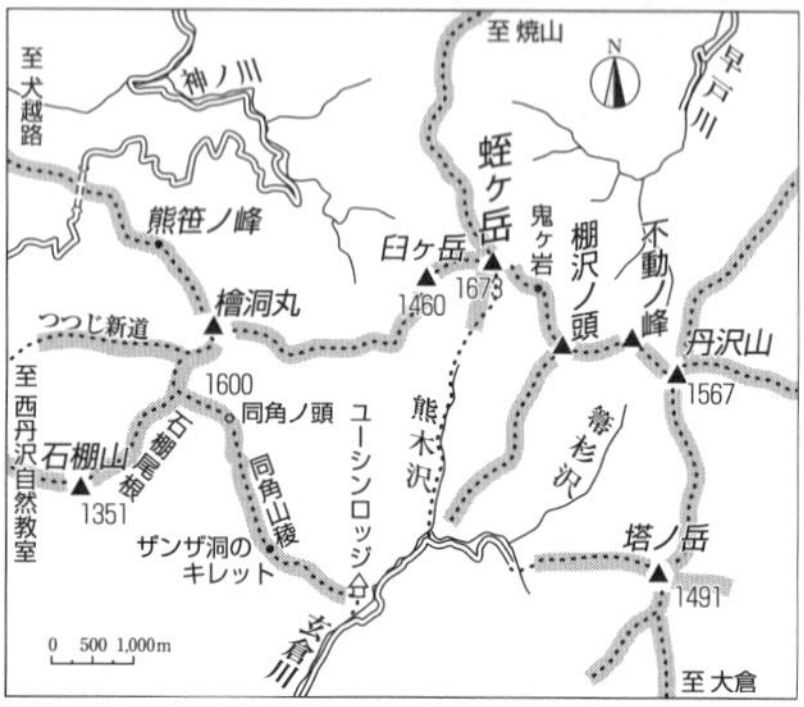

蛭ヶ岳（鍋割山北側冬山路から）

北へは地蔵岳、姫次から焼山へと尾根は延びている。

この山から流れ出る沢は、東に中ノ沢、早戸川に流れて宮ヶ瀬湖へ注ぐ。西には仏谷が神《かん》ノ川から道志川へ。南には熊木沢が玄倉川となって丹沢湖へとそれぞれ流れ込んでいる。

丹沢では塔ノ岳に次いで人気があり、山頂に薬師如来を祀っていたので別名を薬師岳とも呼んでおり、秦野山岳会発行の『丹沢』（一九三八年）に武田久吉撮影の「毘盧ヶ岳ノ薬師仏」と題した鮮明な写真がある。また、同書で漆原俊が「この石仏は武州国多摩郡柚木大沢の竹内富造老の寄進で、富造老は毘盧ヶ岳、不動ノ峰、孫仏山を丹沢三山とし、春の入峯三十五日の難行苦行を続けた。一九一二年、九十歳で他界するまで行の先達だった」と述べている。

江戸時代の地誌『新編相模国風土記稿』に「一に毘盧嶽に作る」と「びるが岳」を記録している。このように山頂に毘盧遮那仏《びるしゃなぶつ》を祀ったので「びるが岳」と呼んでいたという説がある。毘盧遮那仏は大日如来のことで、修験者の本尊とされてきた。丹沢は修験者によって開かれた山が多い。行者岳や不動ノ峰などのように山名に残されているものもある。尊仏岩で知られている塔ノ岳には、かつて大日如来が祀られていたというから、現存の薬師如来は後から祀ったものかもしれない。

「丹沢山塊の山名について」（坂本光雄『山と溪谷』四八号、一九三八年）には山頂に御岳神社をはじめ八海山神やほかの神仏が祀られていたと記されている。いずれもこの山の麓の集落の人たちの信仰によっている。同氏はまた「猟師が使った山頭巾をヒルと呼んで、山での仕事はもちろんのこと、物々交換で米などの穀物を計るのにも使い、猟師にとっては欠くことのできないものだった。この山頭巾の形が、この山の山容とよく似ていたので、この名がつけられたのであろう」と記している。また、丹沢には山蛭が多いため蛭ヶ岳となったという説もある。しかし、この説に従えば、丹沢のほとんどの山が蛭ヶ岳になってしまうことになる。

蛭ヶ岳を越えて、ほぼ南北に走る丹沢主脈と呼ばれている主尾根は、昔は修験者によって歩かれていた。日向山を中心に発展した日向修験の奥駆けのコースだけに、そのころは大変な難コースだったろう。

この山に登山者として最初に登ったのは、梅沢親光とされ、『山岳』第十一年第三号（一九一七年）掲載の「相州蛭ヶ岳」が最初の登山記録である。

全山がうっそうとしたブナの巨木やスズタケに覆われて登山者も少なかったが、大きく変貌したのは一九五五年に行われた第一〇回の国民体育大会登山部門が、この丹沢を会場としてからである。その時コースとなった尾根のスズタケが刈り払われた。とくに丹沢主稜と呼ばれる蛭ヶ岳～臼ヶ岳～檜洞丸～大室山のコースは大会後に多くの登山者に歩かれるようになった。その結果、登山者の安全を図るために、山荘の必要性が高まり、神奈川県が一九六一年に山頂に蛭ヶ岳山荘を建設し大いに利用されていた。しかし、山頂に建つ山荘だけに風雨や雪で老朽化が進み、利用者も減少した。加えて一九九四年と九五年の二回にわたって襲った台風により甚大な被害を受けた。その後、これを廃止するかどうかを検討、取り壊しと決めたが、多くの登山者から存続の要望が強く、再度検討して存続することとなり、全面的な改装が行われ、一九九七年一一月にオープンした。現在は四季を通してにぎわう丹沢の最高峰にある山荘だけに、大いに利用されている。

かつてはうっそうとブナの巨木に覆われて展望が得られなかった山頂だったが、近年、大気汚染のためかブナは立ち枯れ、スズタケも少なくなって裸地化が進んだ。その結果、展望が利くようになったという皮肉な現象を招いている。とくに富士山や南アルプスの眺めがよい。

登路　この山を頂点に南北と東西に延びる尾根には登山道が付けられているが、一般的なコースとしては丹沢を南北に辿る主脈の人気が高い。塔ノ岳から丹沢山を越えて不動ノ峰、棚沢ノ頭を経て山頂へ（小田急電鉄渋沢駅からバス。大倉から塔ノ岳、丹沢山を経て約六時間三〇分）。次いで人気があるのは檜洞丸《ひのきほらまる》からの主稜コース。西丹沢自然教室が起点で、つつじ新道と呼ばれるヤシオツツジの多い尾根を登るか、犬越路経由で熊笹ノ峰を越えてもよい。檜洞丸からは臼ヶ岳、ミカゲ沢の頭を経て山頂へ（登山口からつつじ新道経由で約六時間）。ほかにも丹沢主脈の北側から焼山、黍殻《きびがら》山を経て登るコース、玄倉川から熊木沢コースなどがある。沢登りでは神ノ川から伊勢沢や仏《ほとけ》谷、早戸川から原小屋沢などのコースがある。

地図　二・五万図　大山　秦野　青野原　大室山　中川

（植木知司・古谷聖司）

焼山　やけやま　標高　一〇六〇m

神奈川県相模原市緑区にあって、丹沢山地の北端に位置する。山頂は展望が開け、鳥屋《とや》、青野原、青根の三集落の境界となっている。そのために、それぞれの集落に向いて三つの焼山権現が祀られ、雨乞いの祈願などが行われてきたと伝えられる。三集落にまたがった入会地の山であったため古くから境界争いが多かったという。

山には生活に欠かせない茅場があって、山に入る人が多いだけに失火による山火事から「焼け山」と名付けられたという。また、異説もあって、良質な茅を育てるために積極的に山焼きをしたともいう。山頂付近はシラカンバの林が美しい。

登路　ＪＲ横浜線・京王電鉄相模原線橋本駅からバス。三ヶ木で乗り継いで西野々から東海自然歩道を登って山頂へ(約二時間三〇分)。三ヶ木からはバスの便が少ないので注意。

(植木知司・古谷聖司)

地図 二・五万図 青野原

不動ノ峰 ふどうのみね

標高 一六一四m

神奈川県相模原市緑区と足柄上郡山北町にまたがる。丹沢山地の中でも人気の高い丹沢主脈にあって、蛭ヶ岳と丹沢山のほぼ中央に聳える。この山地では蛭ヶ岳が最高峰であることはよく知られているが、第二位がこの不動ノ峰であることは意外と知られていない。

この山は文字どおり不動明王を祀っている山である。丹沢の厳しい山々を行場としていた修験道の一つ、日向修験の奥駆けを記した『峯中記略控』が日向坊中、常蓮坊で発見された。それによると「是ヨリ峰ニ登リ、神前ノ平地ナリ。此所ニ不動尊有リ、此所ニ一宿ス」と記されている。

荒々しいガレを山肌に抱き、峰頭を空に向ける男性的な山が多い丹沢で、この山ばかりは山頂付近が緩やかな明るい草地になっている。縦走路東側には少し下ると渇水期には涸れてしまうが水場もあり、休憩所も造られて、縦走してきた人、沢を登ってきた人には絶好の憩いの山といえる。

かつて山頂付近には二基の石祠があった。その辺りは夏でも草があまり茂らない一坪程の平地であった。不動尊を祀った跡とも伝えられているが、異説もあって、ホンシュウジカやニホンイノシシが砂を浴びる所ともいわれる。山中にはこれらの動物が多く、とくにシカの保護が進められた昨今では、登山道にまで姿を見せることがある。

この山の北面には早戸川の支流である本谷沢や大滝沢が流れ出し、宮ヶ瀬湖に流入している。大滝沢には大滝と呼ばれる落差五〇mの滝があって、古くから修験者の行場であったり、旱魃《かんばつ》の折には雨乞いの場であったと伝えられている。

そのころ、丹沢を行場として修行した修験者たちが、主峰の蛭ヶ岳に薬師如来を祀り、仙人の岩とあがめた難所の鬼ヶ岳がある。その手前の緩やかな山に修験者の守護者としての不動尊を祀ったこともうなずける。

登路 この山に登るコースとして大別すると四つある。大倉尾根を登って塔ノ岳～丹沢山～不動ノ峰。丹沢主脈を北から縦走して蛭ヶ岳から不動ノ峰。西丹沢自然教室～玄倉～ユーシン～弁当沢ノ頭～不動ノ峰。宮ヶ瀬湖～三ツ峰～丹沢山～不動ノ峰のコースである。一般的なのは大倉(小田急線渋沢駅からバス)を起点として大倉尾根を登り、塔ノ岳から日高～竜ヶ馬場～丹沢山～不動ノ峰のコースである。展望が開けており、カヤト、ササ原、ブナ林と植物相の変化が楽しい(大倉から約五時間)。

地図　二・五万図　大山　（植木知司・古谷聖司）

丹沢山　たんざわさん　標高　一五六七m

別称　三境《さんさかい》　三境の峰

神奈川県相模原市緑区、愛甲郡清川村、足柄上郡山北町にまたがり、丹沢山地のほぼ中央に位置する。

この山から大きな尾根が四つ延びている。南にはササ原で知られる竜ヶ馬場を通して塔ノ岳、東にはブナの多い天王寺尾根、北東には四つの峰頭を起こして宮ヶ瀬湖へとつづく丹沢三ツ峰尾根、そして、北西に不動ノ峰、鬼ヶ岩ノ頭など修験者たちの行場を越えて丹沢の最高峰である蛭ヶ岳へと連なる丹沢主脈である。山頂からの展望はあまり望めないが、深い樹林、とくにブナの原生林が美しい。

昔からこの山の頂上が愛甲、津久井、足柄上の三郡の境であったところから、三境あるいは三境の峰と呼ばれてきた。

そのころの丹沢(山)という地名は、広くない限られた山域を指していた。江戸時代の地誌『新編相模国風土記稿』によれば、丹沢(山)は山中を八つに区分して、同法、汐水、たらひごや、荒樫尾、長尾、八瀬尾、大洞、本谷とし、東西一二km、南北一六kmばかりの山域であった。現在の東丹沢の札掛周辺の山域を総称して呼んでいたようである。また、同書にある地図も現在の丹沢山より南東寄りの山域を指している。この山域は深い森林に覆われ良材に富んでいたので、小田原に本拠を置いた、後北条氏はこの山の森林保護に努め、さらにこれを踏襲した徳川幕府も、この山域を御留山《おとめやま》として厳しい管理と保護に努めた。とくにツガ、ケヤキ、モミ、スギ、カヤ、クリは「丹沢六木」として厳重な取り締まりがされた。山麓の札掛は、この山中を流れる布川のほとりの狭い平地にケヤキの大木があって、山林の監視にあたった山回り役人が巡回の折、その印として、この木に札を掛けたところから札掛と呼ぶようになった。この大ケヤキも一九三七年の大豪雨による山津波で押し倒されてしまったことは、惜しまれてならない。

三境あるいは三境の峰という山名があったにもかかわらず、一部の山域の地名だった丹沢山と名付けられたのは以下の理由による。明治政府による地図の作成時に、三角測量のために見通しのよい山

丹沢山（左奥）（箒杉沢出合から）

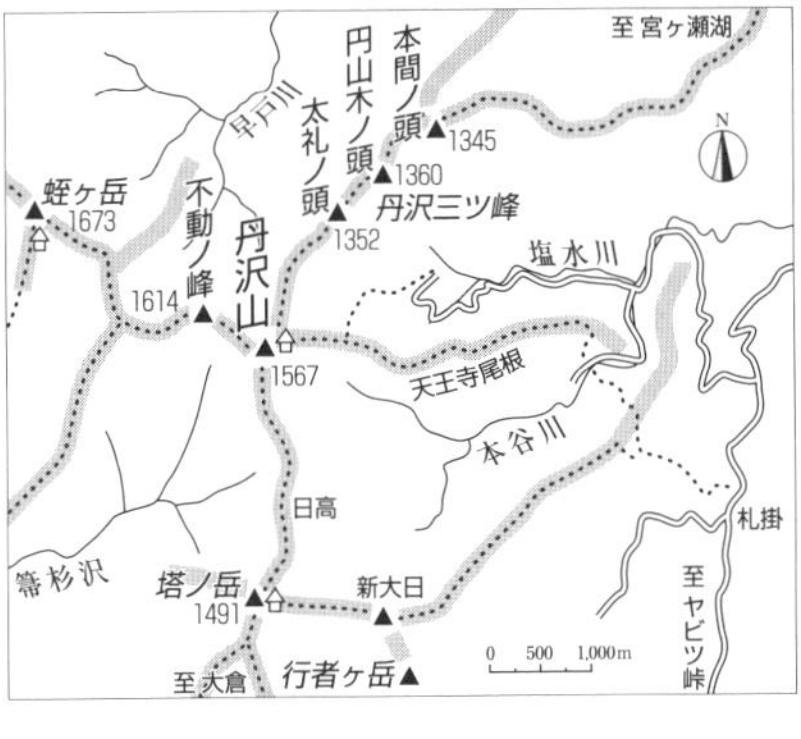

に三角点を設置した。一八七八年から一八七九年にかけてこの山にも一等三角点が設けられ、鹿野山、天城山、愛鷹山、筑波山などの間で測量が行われた。その折に、この山の三角点を「点の記」に丹沢山と記入したことにすべてが起因する。またその時、この測量に従事した作業員が主に札掛方面の人たちであったからという説もある。

この山の東から塩水川や本谷川のキュウハ沢が流れ、西には玄倉川の箒杉沢、北には早戸川の大滝沢が流れ出す。その中で丹沢特有の棚と呼ばれる美しい滝も多く、上部には大ガランという崩壊地がある。大滝沢には幻の大滝と呼ばれる垂直距離約五〇mの大滝があって、夏の沢登りは涼気に満ちた登攀が楽しめる。

一九五五年に第一〇回国民体育大会登山部門の会場となり、国体コースが開かれ、登山者が急増した。

一九五四年一一月、慶応高校山岳部の三人が、この山の北面で吹雪と疲労で遭難した。そのころの山頂付近には樹林の中に粗末な避難小屋があったが、それが分からず力尽きたと思われる。これを契機に、山頂付近に常設の山小屋の必要性を痛切に感じた恋峰山岳会の岩田伝三郎が、四年の歳月を費やしてみやま山荘を完成させた。現在でもこの山荘は尾根を縦走する人たちに利用されている。

丹沢の名が広く知られるようになったのは、一九二四年一月の相模地震である。震源地は丹沢。その前年には関東大地震があったばかりで、この二回にわたる地震で山容が一変した。深い谷は岩や石で埋まり、尾根には崩壊した爪跡が残された。

神奈川県には、平塚市の西にある高麗山の山名をはじめ古代朝鮮からの渡来人との結び付きが深い。丹沢のタンの語源にはいろいろの説がある。木暮理太郎や中野敬次郎などの「タンは朝鮮の古語から出ており、谷を意味する」がいまでは定説になっている。

登路　いくつかの登山コースがあるが、塔ノ岳からこの山を越えて蛭ヶ岳、焼山への丹沢主脈コースが一般的で人気が高い。ほかにブナ林の美しい天王寺尾根は展望には恵まれないが、静かな尾根歩きを楽しむことができる。ただ、アプローチに交通の便が悪い。四つの峰頭を持つ三ツ峰尾根は距離は長いが下山したところが宮ヶ瀬湖畔なので、主に下山のコースとして利用されている。

丹沢主脈はこの山の南に聳える塔ノ岳が起点(「塔ノ岳」の項参照)。塔ノ岳から北に延びる尾根を少し下って、再び登り返すと日高《ひったか》。近年、この辺りの稜線のブナが立ち枯れている様は痛々しい。展望のない深い樹林の尾根を登っていくと前面がパッと開ける。起伏の多い丹沢で、ここだけは緩やかなササ原で竜ヶ馬場という。昔、修験者が竜樹菩薩を祀って修行をしたと伝えられる。南東に大きく開け、西には南アルプスの連山を眺めることができる。再び樹林の中の登り下りを繰り返していくと、明るい丹沢山山頂に出る(塔ノ岳経由で約五時間)。

地図　二・五万図　大山　秦野　青野原

(植木知司・古谷聖司)

丹沢三ツ峰　たんざわみつみね　標高　一三七五m

神奈川県相模原市緑区と愛甲郡清川村にまたがる。丹沢山から宮ヶ瀬湖に向けて北東に延びる尾根は三ツ峰山稜や三ツ峰尾根と呼ばれ、途中に四つの顕著な峰頭をもたげている。

丹沢山に近い方から瀬戸沢ノ頭《あたま》（一三七五ｍ）、太礼《たれい》ノ頭（一三五二ｍ）、円山木《えんざんぎ》ノ頭（一三六〇ｍ）、本間ノ頭（一三四五ｍ）。これらを総称して丹沢三ツ峰と呼んでいる。丹沢には大山の北にも三峰山と呼ぶ山があって、これを区別して大山三峰という。

四峰あるのに三ツ峰の呼称は、「丹沢」の地名発祥の地ともいえる東丹沢の札掛《ふだかけ》集落での呼び名である。この札掛からは三つの峰を眺めることができるところからきており、いつしかこれが一般化したといえよう。

この山の北面には早戸川が流れ、宮ヶ瀬湖へと流れ込んでいる。この川のほぼ中流から上流にかけて本間沢、円山木沢、太礼沢、そして瀬戸沢が流れ込んでおり、瀬戸沢ノ頭をはじめ四つの峰頭の山名もこれらの沢の源頭に聳える山から名付けられた。これらのことから、以前は麓の鳥屋《とや》の人たちが、この山域を猟や山仕事の場としていたことがうかがえる。南面には塩水川が流れ、中津川に合流して早戸川と同じく宮ヶ瀬湖に流れ込んでいる。太礼ノ頭からはワサビ沢、円山木ノ頭や本間ノ頭からは弁天沢が流れ出ている。

丹沢三ツ峰（鬼ヶ岩南側から）

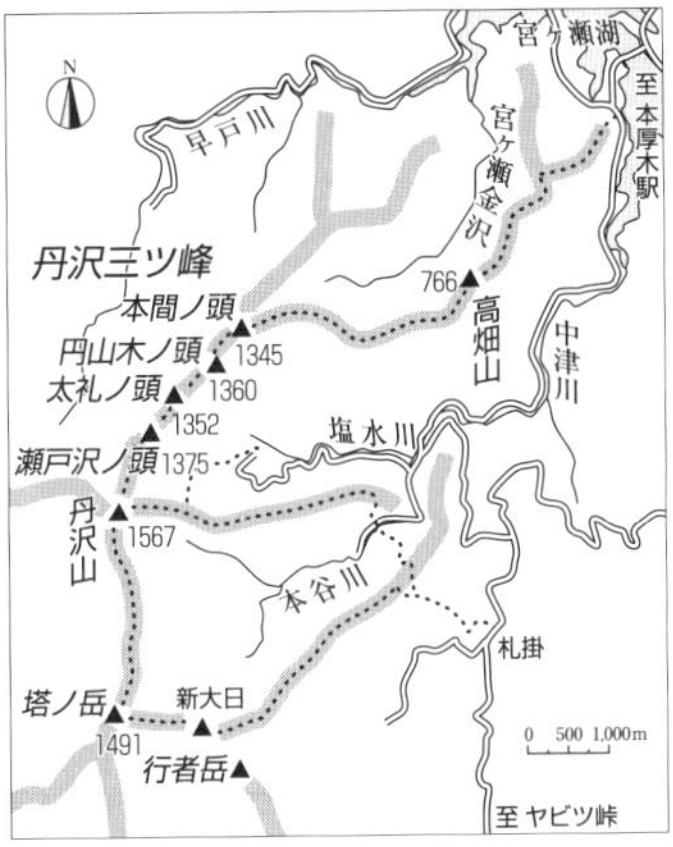

丹沢の雄峰・丹沢山が三境や三境の峰と呼ばれてきたことは知られているが、この三ツ峰にも三境と呼ぶ峰があったことは意外に知られていない。本間ノ頭をいう。宮ヶ瀬集落では、かつて官有林と鳥屋の集落との境を峰頭から三境と呼んだ。しかし、現在ではほとんど使われていない。この峰頭の東面に流れ出すのが宮ヶ瀬金沢。その源頭には夏でも冷たい水がわき出ている。山仕事をしていた人たちは「ヒャッケー水」が出る所をヒャッケー水ノ頭と呼んだという。また明治時代、円山木ノ頭を駒ヶ岳と呼んだこともあった。鳥屋の集落の一人が「お駒様」といわれた神を深く信仰し、この峰頭の北の尾根にお駒様を祀ったからだとも伝えられる。全山が樹林に覆われ展望こそ恵まれないが、ブナが多く、五月末から六月の初めにかけてはシロヤシオ、一一月の初めの紅葉が美しい。

登路　小田急電鉄本厚木駅からバス。宮ヶ瀬湖から登り始める。長者の姫の悲話のある御殿森ノ頭、高畑山、松小屋ノ頭を過ぎて最初の峰である本間ノ頭への登りは、この山で一番の急登がつづく。本間ノ頭、次の小さな峰と円山木ノ頭、太礼ノ頭を越えて最高峰の瀬戸沢ノ頭へ（登山口から約六時間）。

地図　二・五万図　青野原　大山

（植木知司・古谷聖司）

塔ノ岳　とうのだけ

別称　塔ヶ岳　尊仏山　孫仏山

標高　一四九一ｍ

神奈川県秦野市、愛甲郡清川村、足柄上郡山北町にまたがり、丹沢山地のほぼ中央にあって、山頂は三六〇度の展望が開け、東は大山から関東平野、房総半島まで、西は富士・箱根や遠く南アルプス南部、南は伊豆の山々から伊豆諸島まで、北は筑波山から近くは都心の夜景が美しく眺められることと、山頂には常駐管理人がいて一五〇人泊まれる山小屋があることから、もっとも人気のある山。

この山を中心に大きな尾根が東西南北に延びている。東に木ノ又大日や新大日などの峰のある表尾根。西に不動ノ水場を通って尊仏ノ土平へ。南には花立から堀山を越えて大倉への大倉尾根。北には竜ヶ馬場、丹沢山を越えて蛭ヶ岳へと丹沢主脈が延びている。

かつてこの山頂の北面に大きな立岩があった。形が仏の座像に似ているところから尊仏岩、孫仏岩と呼んだ。山麓の農民たちは「お塔」ともいって信仰の対象としてあがめてきた。とくに旱魃《かんばつ》の折雨乞いや岩に着く苔に薬効があると信じられていた。「お塔」のある山から塔ノ岳と呼ばれるようになった。江戸時代の地誌『新編相模国風土記稿』には、この巨岩の高さが五丈八尺ばかりと記されている。しかし、近代登山の黎明期にこの山に登った高野鷹蔵は、『山岳』第一年第一号（一九〇六年）に高さ三丈ばかりの大きな石と記している。また、武田久吉は一九一三年九月の記録「丹沢」で、高さ一丈（約三ｍ）ばかりもあろうかと述べており、尊仏岩の大きさには大きな差がある。江戸時代は尊仏信仰が篤いころであっただけに、「お塔」をより大きく見上げたことであろう。その尊仏岩も一九二三年九月の関東大震災で北面の大金沢に転落。長い間庶民の信仰を集めた「お塔」が山から姿を消してしまい、惜しまれてならない。現在はかつての尊仏岩の基部に石仏が安置され、往時をわずかに偲ばせてくれている。

登山家で最初にこの山に登ったのは、一八八九年の岡野金次郎とされている。母の実家が麓の秦野であって、信仰の山として知られていたからであろう。その後に小島久太（烏水）も登っている。

尊仏岩信仰の山として近隣の人たちだけの山だったのが、広く知

塔ノ岳（中央のピーク）（三ノ塔山頂から）

られるようになったのは、一九二四年一月の相模地震である。その震源地が丹沢だった。その前年には関東大震災があり、二度にわたる地震で山容が一変し、多くの人の注目を浴びるようになった。地震後の実態調査の必要性を説く声が高まり、その年の八月、武田久吉らを講師に招いて講演会と踏査が行われた。コースは札掛～新大日～塔ノ岳～玄倉であった。

丹沢への関心が高まる中、一九二七年に小田急線が開通し、都心から丹沢への入山が便利となり、登山者が急増した。

一九三〇年代の初めに地元で横浜山岳会、秦野山岳会が創立されて、丹沢への入山や踏査が進められた。この時の活動がその後丹沢の発展に大きく寄与した。登山者の急増にともなって遭難事故が起き、安全を確保するための山小屋の建設が急務となった。そこで横浜山岳会は、この山の頂に山小屋の建設を計画し、会員の奉仕活動や秦野山岳会、その他の山岳会の協力もあって一九三九年に落成し、「尊仏小屋」と名付け、以後は登山者に便を供与してきた。しかし、その後は日中戦争と太平洋戦争が相次ぎ、管理が行き届かず、終戦時には荒廃してしまった。一九四七年、横浜山岳会はこの小屋を小田急電鉄に譲渡し、この小屋の上に二代目の尊仏小屋が完成した。一九五五年の第一〇回国民体育大会登山部門が丹沢を会場として開催されるにあたり、神奈川県によって尊仏山荘が建設された。その際の建設資材の荷上げは、神奈川県山岳連盟の会員の奉仕活動によるところが大きかった。

この大会以後に全国的な登山ブームが起きて、丹沢もこの山を中心に大変なにぎわいを見せた。しかし、山荘は山頂に建っているだけに風雪による老朽化が進み、一九八七年に現在の尊仏山荘が建て替えられ、今日に至っている。さらに太陽光発電が地元・神奈川工科大学と日本山岳会丹水会の協力の下に、全国の山小屋に先駆けて設置された。

登路　この山の山頂から延びる大きな尾根にはそれぞれ登山道が付けられている。その中でももっとも人気の高いのが表尾根コースである。冬期を除いてヤビツ峠まで小田急電鉄秦野駅からバスの便があり(冬季運休)、二ノ塔(一一四〇m)、三ノ塔、烏《からす》尾《お》山(一一三六m)、行者ヶ岳、新大日、木ノ又大日(一三九六m)のそれぞれの山頂を越えて行く。岩場があり、起伏の多い尾根で変化に富んでいる上に、展望にも恵まれている(ヤビツ峠から約五時間)。山頂から南に延びる大倉尾根はもっとも所要時間が短いので、一般的には下山コースとして利用されている。なお大倉尾根では戦前、五月一五日に露天のチョボイチという賭博が公然と行われ、にぎわったという話が伝わっている。

沢登りでは、南面の水無川流域の各沢に人気が集まっている。

地図　二・五万図　大山　秦野

(植木知司・古谷聖司)

鍋割山　なべわりやま　標高　一二七二m

別称　三の萱

神奈川県秦野市、足柄上郡松田町および山北町にまたがっており、丹沢山地南面の山である。

鍋割山の山頂から南に派生する尾根は、かつて中津川沿いの集落である寄《やどろぎ》村(現在は松田町寄《やどりき》地区)の萱場《かやば》であり、下から一の萱、二の萱とあって、山頂が三の萱であった。昔時の住居はほとんどが茅葺きで、萱は住居のための重要な資材であり、村民が協力してこの萱場を育ててきた。

鍋割山の山名についてはいろいろの説があるが、北側の鍋割沢からきているものと思われる。

山頂から東に派生する尾根は小丸(一三四一m)やブナ林の美しい大丸(一三八六m)から金冷《きんひや》しで大倉尾根に合わさり、塔ノ岳へ繋がる。西に派生する尾根は下って鍋割峠へ。この峠は往時、寄村民が鍋割沢にあった作業場に通う重要な峠であり、昔を偲ばせる石垣が残っている。尾根は茅ノ木棚山稜となって、寄からユーシンに通う雨山《あまやま》峠となり、檜岳《ひのきだつか》へとつづく。南に派生する尾根は、かつて寄村の萱場として守られてきたが、その利用がなくなってスギやヒノキの植林地に変わってきた。四十八瀬川の二俣への道は後沢《うしろざわ》乗越へ。尾根はそこから下って表丹沢県民の森となり、栗の木洞《どう》(九〇八m)、櫟山《くぬぎ》(八一〇m)を越えて中山峠のゴルフ場の所で終わる。

南側には四十八瀬川の源流になるミズヒ沢が二〇mの大滝を懸けて流れ下り、西側には中津川の支流が鍋割峠の下から流れている。北側には山名の起こりとなる鍋割沢が裾を削っている。後沢乗越の東側には水源を守る立派なヒノキ林があり、林床にはフタリシズカの群生が見られる。また、後沢乗越付近にはシーズンになるとギンリョウソウの可憐な姿を見ることができるが、神奈川県花のヤマユリは盗掘されて、いまはほとんど見られなくなった。山頂北側のブナ林は山麓から近距離にあるにもかかわらず、これほど見事なものを見ることができるのは、東丹沢の登山道ではこの山だけとなっている。山頂には山小屋もある。

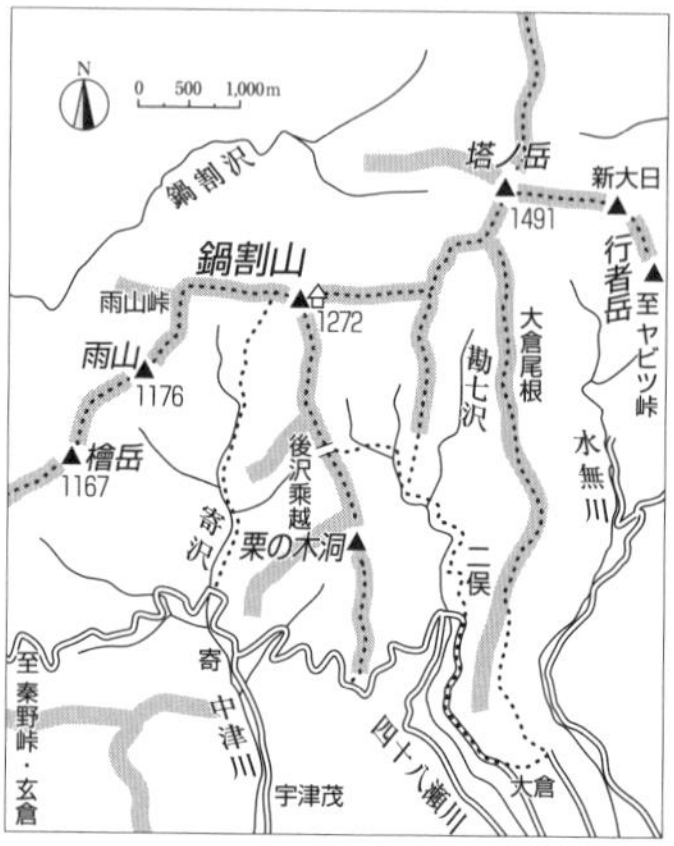

登路 小田急電鉄渋沢駅からバスで大倉下車。四十八瀬川左岸の西山林道を二俣に出て、後沢乗越を経て約三時間三〇分。また、同じ大倉から大倉尾根を登り金冷しを経て約三時間。変化に富んだコースとして、小田急電鉄新松田駅からバスで終点の寄下車。中津川沿いに鍋割峠を経て約三時間。同じ寄から櫟山、栗の木洞、後沢乗越を経て約三時間。

地図 二・五万図 大山 秦野

(奥野幸道・山本正基)

檜岳 ひのきだっか 標高 一一六七m

神奈川県足柄上郡松田町と山北町にまたがり、西丹沢の雨山峠から秦野峠へと南西に延びる主尾根のほぼ中間に位置する。この尾根には檜岳を挟んで、北に雨山(一一七六m)、南に伊勢沢の頭(一一七七m)が対峙している。

かつては東丹沢の沢で十分な登攀経験を積んでから西丹沢の沢に向かったものであった。その折に越えたのがこの山の北の雨山峠か、西に位置する山神峠であった。この主尾根の南にあるのが秦野峠。古くから中川《なかがわ》川流域の集落と寄《やどりき》（かつては「やどろぎ」といった）の集落とを結んだ交易路であった。時には花嫁の行列も越えて「はなじょろう」とも呼ばれてきた。水害などで荒廃した峠道が大きく変貌したのは、秦野峠林道の開削であった。工事は二五年の歳月を費やして一九九五年に完成した。

　江戸時代、東丹沢一帯は徳川幕府の直轄地だった。豊富な山林は「御林」と呼ばれ、特別な保護と厳しい管理下に置かれた。

　丹沢では山を岳や丸と呼んでいて、ダッカと呼ぶ例は少ないが、ダッカもタカ、タケ、ダケと同意語である。

　この山の源流として東面の寄沢に流れ込むのが、上流から水棚沢、滝郷沢、中ノ沢。とくに水棚沢や滝郷沢は沢登りに人気がある。

　この山の近くの鍋割山やシダンゴ山などは登山道が整備され、展望のよさもあって登山者が多い。しかし、この山の周辺は深い森林が頭上を覆い展望はなく、訪れる人も少ない。かつてこの山を中心とした尾根は樹林とヤブに覆われていたが、ここに登山道が開かれたのは、一九五五年の第一〇回国民体育大会登山部門のコース整備であった。

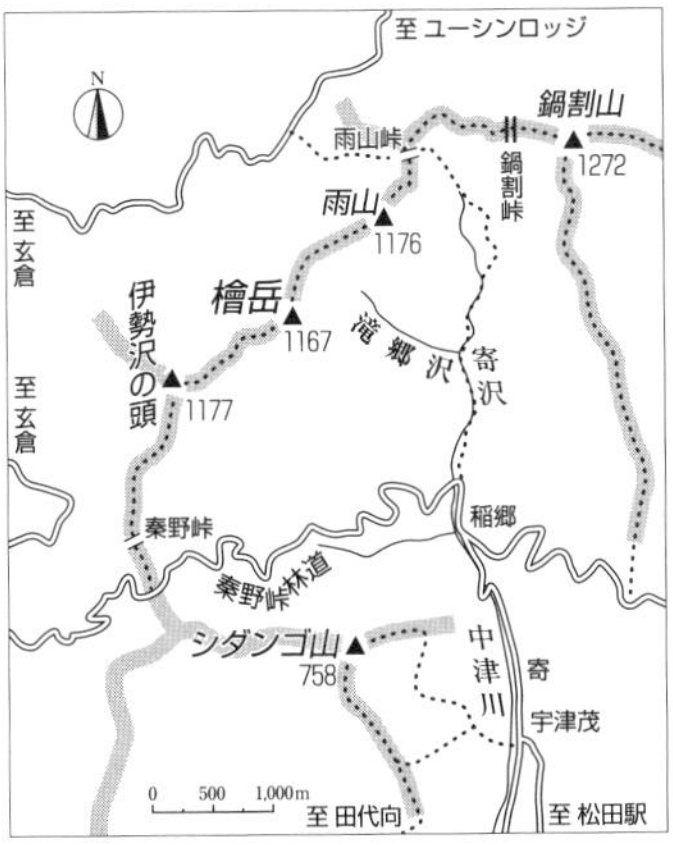

登路　小田急電鉄新松田駅からのバス終点、寄から北上して寄大橋で林道を離れ、キャンプ場となっている中の道を進み、清兵衛ノ沢を過ぎる辺りから登山道になるが、ガレが多く注意が必要。寄コシバ沢で鍋割峠への道と分かれ雨山峠に登る。峠から南西に延びる尾根を登るが、深い森林に包まれ展望はない。雨山を越えて一一四五mの峰を越せば檜岳である（登山口から約五時間三〇分）。帰路は稜線を南に下り、秦野峠林道に出て寄大橋まで林道歩きになる。

地図　二・五万図　大山　秦野　中川　山北

（植木知司・古谷聖司）

シダンゴ山　標高　七五八m

神奈川県足柄上郡松田町寄地区のほぼ中央に位置し、丹沢の南端から高松山につづく尾根筋の途中から東に派生したピークである。山頂は丹沢大山国定公園の南端にかかっている。

　山名の表記はカタカナで、その由来は『新編相模国風土記稿』では、震旦郷《しんたんごう》（志牟多牟加宇）と記されているが、古代インド人が中国を「震旦」と呼んだのに基づくとされている。

　地質は、新第三紀中新世のグリーンタフで足柄層といわれている。この辺りで丹沢層から足柄層に変わっているところから、丹沢山地ではなく、丹沢の前山と位置付けられている。

登路　山頂付近は人工林に覆われ、とくに東側は山頂近くまで茶畑やミカン畑のための農道が入っている。近年、南側も奥深くまで林道が開削、手前の宮地山からのハイキング・コース整備とも繋がり、家族連れのハイカーにも親しまれている。山頂付近はなだらかで眺めがよく、南は相模湾から北は西丹沢の山々を眺めることができる。
小田急電鉄新松田駅からバス寄行きで、田代向下車。ここから約一時間四〇分。または終点の寄から約一時間二〇分。

地図 二・五万図 秦野 山北

(古谷聖司)

高松山 たかまつやま

標高 八〇一m

神奈川県足柄上郡松田町と山北町の境に位置している。丹沢山地南部の鍋割山から南西に延びる尾根の一角であるが、丹沢大山国定公園には入っていない。

山名は、山頂付近までマツやヒノキで覆われているからという説がある。古くは「濱居場通」といったらしいが、いまこの山名は地元に伝わっていない。

山の東に中津川、西に皆瀬川が突き上げており、ともに麓のJR御殿場線近くで酒匂川に注いでいる。

山体は、新第三紀中新世のグリーンタフ地層で形成され、丹沢層群とは異なり、火山噴出物を多く含まない足柄層群に属している。

南東の山麓には太平洋戦争後の引揚者が入植した集落があって、その集落名も高松という。分校も置かれていた。

登路 JR御殿場線東山北駅から国道二四六号を尺里《ひさり》の集落を経て、ビリ堂経由で山頂まで約二時間。尺里峠経由で約二時間三〇分。コースは明瞭で迷う所もない。帰路は尺里峠経由で寄の田代に出てもよい。

なお、山頂付近はスギ、ヒノキに覆われているが、山頂は広く草原状になっている。木々の間からは、富士山や箱根、西丹沢の山々を眺めることができる。標高が低いので、四季を通じて家族連れのハイカーでにぎわっている。

地図 二・五万図 山北 秦野

(古谷聖司)

大野山 おおのやま

標高 七二三m

別称 王ノ山

神奈川県足柄上郡山北町の南部、東名高速道路都夫良野《つぶらの》トンネルのすぐ北側にまろやかな頭をもたげている山。山頂周辺は県営牧場となっている。

別称の王ノ山は後醍醐天皇を祀った所といい、南北朝の伝承が多く残されている。

登路 JR御殿場線山北駅から国道二四六号に出て、樋口橋を渡り安戸のトンネルを抜けると右へ登山道がある。深沢に沿って古宿経由の道を行く。共和小学校を経て地蔵岩観音から山道となって山頂の牧場に出る。イヌクビリと呼んでいる所で深沢から来る道に入って山頂へ(山北駅から約二時間三〇分)。

山頂の展望はすばらしく、足下に丹沢湖が光り、その上に西丹沢の峰々が聳えている。西方には富士山から箱根連山が連なっている。帰路はJR御殿場線谷峨《やが》駅へ下るコースと、熊沢林道から丹沢湖に下るコースなどがある。

地図 二・五万図 山北

(奥野幸道・山本正基)

三ノ塔　さんのとう

別称　菩提山　水沢の頭

標高　一二〇五m

神奈川県秦野市の北部、ヤビツ峠から塔ノ岳につづく山稜は、通称・丹沢の表尾根と呼ばれるが、そのほぼ中間にあるのが三ノ塔である。高さこそ塔ノ岳に譲るが、堂々たる山容と広闊な展望は、表尾根の雄峰の名に恥じない。南麓にある菩提集落の上に聳えているところから「菩提山」とも呼ばれている。また、札掛《ふだかけ》方面では藤熊川の支流である水沢のつめにあるので、水沢ノ頭とも呼ばれている。

三ノ塔の山名について『かながわの山』(植木知司)では、「山の麓横野集落にある唐子明神がともした灯火に山名を求めたい。二番に供された灯が二ノ塔に、三番目の灯が三ノ塔に転化したものと思われる」と記している。

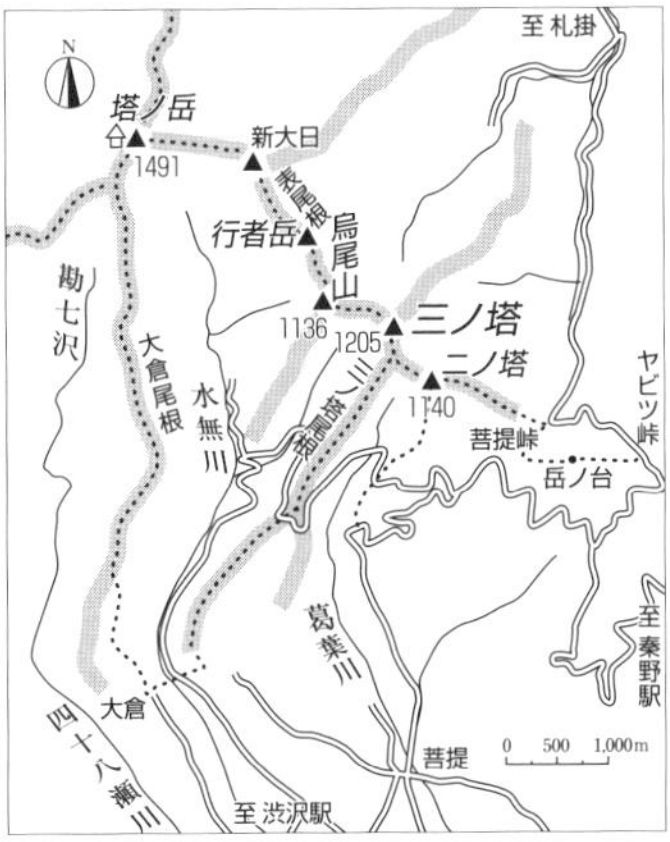

山頂は南北に長く、大山や塔ノ岳から望見すると、その堂々たる山容に目を見張るものがある。四方に張り出した尾根は、東へ二ノ塔(一一四〇m)から菩提峠、岳ノ台、ヤビツ峠へ。西へは烏尾山、行者岳、新大日、塔ノ岳へとつづく。この表尾根は山伏によって開かれた修験の道であって、そのことは、日向薬師の檀家から発見された『峯中記略控』によって明らかになった。山名も仏教語にちなんだものが多い。

行者岳には一九四〇年ごろまで役小角の石像が祀られてあったという。秦野山岳会の漆原俊所蔵の写真によれば前鬼、後鬼を従え、大きな破損もなく、「永禄十三年(一五七〇)三月十日権大僧都法印大泉坊尭真」の刻名があったという。

北方へは蓬尾根が札掛に下り、南へは大きな三ノ塔尾根が大倉に向かって下っている。この三ノ塔尾根には尊仏さんの賽路があったという。

登路　小田急電鉄秦野駅からヤビツ峠までバス(冬期運休)。峠からいったん車道を北へ下り、富士見橋で車道と分かれ、二ノ塔への急登を終えればすぐに三ノ塔である。山頂は裸地で、休憩所がある。富士山を中心に三六〇度の展望が得られる(峠から約一時間四〇分)。

地図　二・五万図　大山

(奥野幸道・山本正基)

大山　おおやま

別称　阿夫利山　阿倍利山　雨降山

標高　一二五二m

神奈川県秦野市、厚木市と伊勢原市にまたがる。県のほぼ中央に位置し、ピラミッド形の山姿は名山としての風格を持っている。

昔から相模の国御岳《くにみたけ》として農神や海神としての信仰も篤かった。相模国の神話に「国のみたまが吾路山命《おおやまのみこと》を生んだ」とある。山頂にある阿夫利《あぶり》神社は吾路山命である大山祇神《おおやまつみのかみ》を祀っている。

山が高く大きく、いつも雲を引き寄せ、山中に雨を降らせているところから大きな山「大山」に、また、雨を降らせるので「雨降山《あふり》」になったと考えられる。

丹沢にはもっと高い山があるのに、この山を「大山」としたのは山頂に祀った神、大山祇命の神名から由来したと考えるのが一番妥当と思われる。

大山が史料の中で最初に明記されたのは、『延喜式神名帳』といわれ、近隣の比々多神社とともに阿夫利神社の名がある。

この山の歴史、伝承は古くて深い。大山山頂から縄文時代の遺跡が発見されており、平安時代の壺や和鏡も発掘されている。山頂は聖地であり、天平勝宝四年(七五二)に僧良弁《ろうべん》によって開かれたといわれる。良弁は持統天皇三年(六八九)、鎌倉の染屋太郎時忠の子として生を享けた。誕生後五〇日目に金色の鷲にさらわれたという。その後、金鷲童子となり、数奇の運命を経て僧正となって父母に再会できた。山頂から房・総・相三国を照らす不思議な五色の光に魅せられてこの山に登り、不動明王を山頂で拝したという。この良弁によって大山寺が開かれ、時の為政者の庇護を受けて繁栄し、やがて庶民の信仰を篤くしてきた。曾我兄弟の仇討ち祈願、源頼朝の納太刀、足利尊氏の大山寺造営、徳川家康の造営や春日局の参詣などがあった。

この山が広く知られるようになったのは江戸時代からである。山頂の石尊大権現が石尊信仰となり、大山寺が不動明王信仰となって庶民に定着し、やがて大山講と呼ばれる講中登山を生み出すようになった。江戸から二、三泊で登拝できる行程にあるだけに、その輪は急速に広がった。富士山の浅間信仰が江戸八百八町に八百八講をつくった相乗効果もあったと思われる。これらの登拝を支えたのが御師《おし》の存在と活動といえる。最盛期の寛政九年(一七九七)には、御師は大山一五〇余、蓑毛一五、計一六五余を数えたという。

大山が神と仏が同居した神仏習合の山域であったのを大きく変貌させたのは、明治元年の太政官布告の神仏判然(分離)令である。山頂の石尊権現は阿夫利《あふり》神社本社、本堂不動堂は阿夫利神社下社に、信者をリードして登拝させてきた御師は先導師と名を変えて現在にきている。

大山信仰の隆盛時に造られた「大山道」と石に彫られた道標は県内あちこちで見ることができる。なかには上部に不動明王像を祀ったものまでも残されていて、大山信仰を現在まで伝える文化遺産である。その範囲は関東一円から山梨、静岡までと、広い信仰圏であった。

山麓の大山や伊勢原の町は、そのころ、俗に「大山千軒、須賀千軒」といわれたほどのにぎわいだった。なお、須賀は現在の平塚市馬入川河口で、舟を利用する信者の拠点であった。

山麓にはいくつかの滝がある。みそぎの大滝、愛宕滝、元滝など。いずれも信者が登拝する前の垢離《こり》場であった。中腹にある二重滝は良弁が開山の折、水がなく龍神に祈ったという故事から旱魃《かんばつ》の時の雨乞いの滝として知られている。この滝から山頂にかけてはモミの原生林となっているが、近年の大気汚染の影響でか立ち枯れが目立つようになった。

昔から名山とされる信仰の山には開山期があった。この山では、旧暦の六月二七日から七月一七日までが開山期で、その期間は固く守られてきた。初日には東京の「お花講」の人たちによって門が開かれた。しかし、現在では四季を通して登られ、かつての門はいつも半分開かれて「半開きの門」と呼ばれている。

この山を中心に、南にはかつての参道だった蓑毛越から浅間山(六八〇m)、不動越、鷹取山へと大山南尾根が延びている。北には西沢ノ頭、ミズヒノ頭を越えて一ノ沢峠へと北尾根が延びる。東はかつて雷《いかずち》ノ峰と呼ばれた見晴台、九十九曲を下って日向薬師へ。西には春岳山を越えてヤビツ峠。北東に唐沢峠を経て不動尻へと五つの大きな尾根が延びている。また、山頂近くを一巡する「お中道」ともいえる道は「おかりまわし」と呼ばれているが、訪れる人は少ない。

大山(三ノ塔への登り口から)

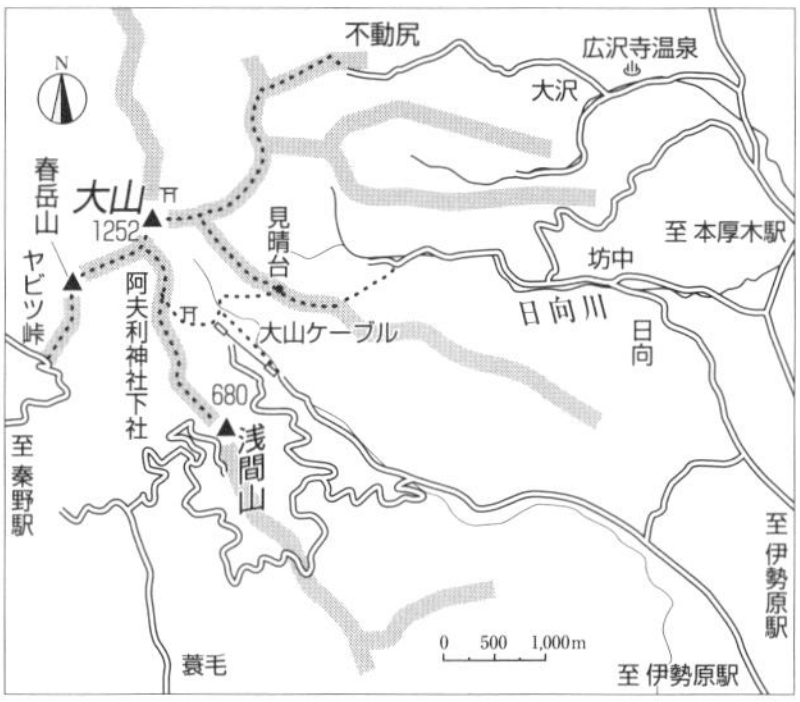

登路　名山だけに各尾根に登山道があるが、一般コースとして大山ケーブルまで小田急電鉄伊勢原駅からバスで行き、表参道から山頂へ。参道の両側には先導師の宿坊や土産店が軒を連ねている。登山ケーブルを利用すれば阿夫利神社下社駅まで六分。参道は追分駅の上から男坂、女坂に分かれる。女坂の方が登りやすい。女坂の石段を登ると、かつての大山信仰の不動尊が祀られており、もう少し登ると右から男坂が合して阿夫利神社下社へと登る石段がつづく。下社にはかつての大山不動への納太刀や湧清水などがあって参詣する人が多い。半開きの門をくぐってからも急な階段がつづく。尾根の所々で振り返ると展望が開ける場所がある。やがてヤビツ峠からの道を迎えて、急な石段を登り山頂へ(登り口から約二時間三〇分)。

下山はヤビツ峠や見晴台のコースがあるが、ヤビツ峠が便利(冬期以外、秦野駅までバスが出ている)。

地図　二・五万図　大山　厚木

(植木知司・古谷聖司)

三峰山　みつみねさん　　標高　九三五m

別称　大山三峰《おおやまみつみね》

神奈川県厚木市と愛甲郡清川村にまたがり、南北に延びる主尾根に顕著な三つの峰を持っている。

この山の西面は比較的平凡な沢の唐沢川が流れている。東面には谷《や》太《た》郎《ろう》川が流れ、不動沢、鳥屋《とや》待《まち》沢や大小屋ノ沢などには、途中に滝があったりして沢登りに適した沢が多い。しかし、丹沢南面の沢にくらべると登山者は極端に少ない。

山名は三つの峰が並んで聳えているところから三峰山と呼ばれるが、丹沢には三峰と呼ばれる山が二つある。一つは丹沢山から北東に延びる尾根の三ツ峰、もう一つがこの三峰山。丹沢三ツ峰と区別して、大山の近くにあるということから大山三峰と呼ぶ。

主尾根は起伏が多く、狭い縦走路にはロープ、鎖、桟道などが付けられているが、谷への転落事故も起きている。

昔、この山は八菅《はすげ》修験の行場として登られてきた。江戸時代の地誌『新編相模国風土記稿』には「三峰……三山並び立り……八菅山の修験回峯の行所なり」と書かれている。この山の北東に位置し、中津川河畔の集落、八菅では男子は一三歳になると先達に導かれてこの山に登ったという。

八菅修験は、八菅の集落の西に聳える八菅山に大宝三年（七〇三）、役小角が登拝したことから始まったと伝えられている。この修験は、まず八菅山で数々の神事が数日つづく。それからいよいよ登山。行場となるほどであるから安易なコースではなく、困難な行場を登り下りしながらの修行であった。その行場の数はこの山を含めて三〇箇所、七泊の修行であったという。とくに三峰山は厳しい山岳地帯だけに、もっとも困難な奥駆けであった。

『修験集落　八菅山』（宮家準研究室編）によれば、三峰山は奥駆け修行の中で一八番、一九番、二〇番に位置していたという。この山の北峰が一八番で阿弥陀岳と呼んだ。風が強く吹き抜けるので風吹き山とも呼ばれた。中央峰が最高峰で一九番の妙法岳。次いで南峰が二〇番で大日岳と呼んだという。

江戸時代まで隆盛を誇った八菅修験は、一八七二年の修験道廃止令によって幕を閉じてしまった。

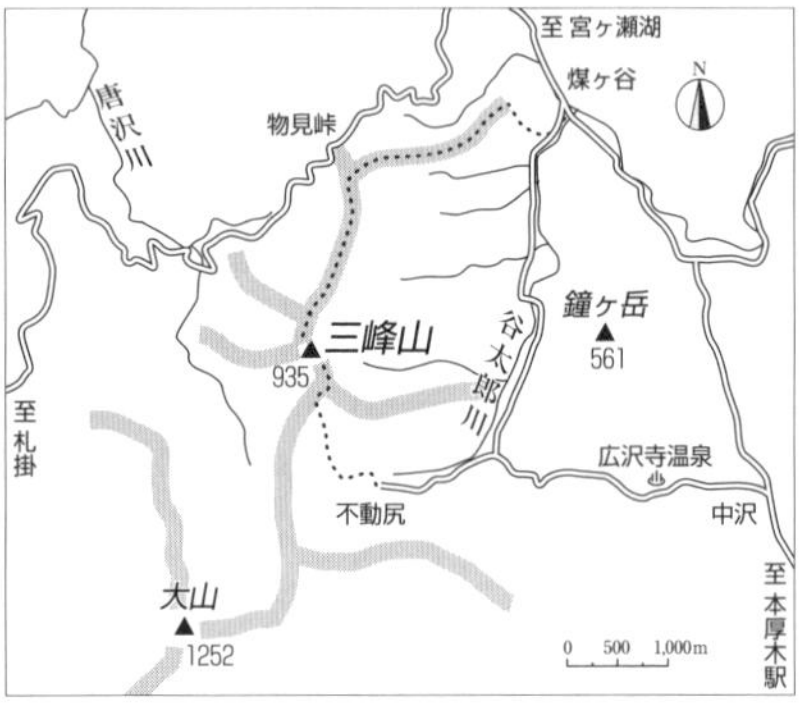

登路　小田急電鉄本厚木駅からバス。煤ヶ谷《すすがや》口と不動尻口の二つの登山口があるが、煤ヶ谷から登って不動尻に下るコースが一般的である。煤ヶ谷から古刹正住寺を右に見送って登り始める。江戸時代には盗伐を監視する道であった物見峠への道と山の神を過ぎると主尾根に出る。雑木の尾根は所々で展望が開ける。急坂を登って北峰を越え、中央峰の山頂へ（登山口から約三時間）。

地図　二・五万図　厚木　大山

（植木知司・古谷聖司）

鐘ヶ岳　かねがたけ（しょうがたけ）　標高　五六一m

別称　浅間山　大応山

神奈川県厚木市と愛甲郡清川村との境に位置し、大山から北東の七沢方面に派生する尾根に連なり、相模川に注ぐ玉川や谷太郎川の源流である。

山体はグリーンタフで、山頂付近までヒノキ、スギの人工林で覆われている。

この山が鐘ヶ岳といわれるのは、『新編相模国風土記稿』によると、昔、龍宮から上がった鐘を納めたところから名付けられた。また、古くから主要な場所には砦《とりで》を構え山頂に鐘を置いて合図することがあり、ここもその鐘を置く場所であったところから名付けられたと記している。なお、この山が近くの扇谷《おうぎがやつ》にあった上杉定正(太田道灌を殺害したことで知られる)の持城、七沢城の砦としての役割を担っていたこともうかがえる。

山頂にある七沢神社は、明治初年ごろまでは浅間神社といわれており(現在の国土地理院の地図でもそうなっている)、僧宥映の記した縁起によると、孝元天皇の時代に遡り、延宝八年(一六八〇)の修理の時には、御神体である銅の華鬘《けまん》三体や勢至の木像の出土を見ているという。『新編相模国風土記稿』の絵図によると、浅間神社の境内には仁王門、鐘楼、別当禅法寺、末社稲荷、本社奥の院と堂々たる構えの図が描かれており、いまでも白装束の信徒が参拝しているのに出会うことがある。

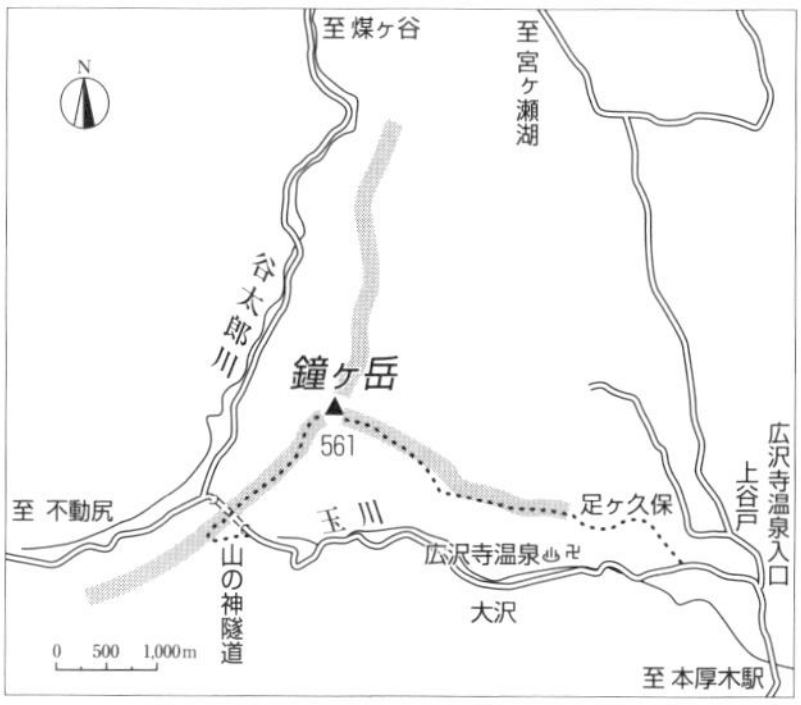

別称の浅間山は、この神社が山頂にあることから命名された。山麓の七沢にある大山不動道の道標にも「此方浅間山ミち」と刻んである。また、大応山の山名は建立当時、禅法寺の修行僧・木食空譽弾阿への神託によって名付けられたという。

二〇〇一年、この山の北側に首都圏では最後のダムといわれる宮ヶ瀬ダム(総貯水量一億九千万t)が完成し、宮ヶ瀬湖と名付けられた。

登路　小田急電鉄本厚木駅、または伊勢原駅からバスで広沢寺《こうたくじ》温泉入口下車、約一時間一〇分。帰路は山の神隧道経由で広沢寺まで。大山への直登路はない。

地図　二・五万図　厚木

(古谷聖司)

津久井城山　つくいしろやま

別称　宝ヶ峯　　標高　三七五m

神奈川県相模原市緑区、相模川上流の津久井湖南岸に位置する独立峰で、津久井城跡があったことから命名された。山頂は二峰に分かれる。東峰には飯縄神社があり、西峰には津久井城跡がある典型的な山城である。この山は北に相模川、南に串川とその支流の尻久保川に囲まれ、とくに北側の相模川側は切り立った断崖で、要塞には絶好の条件がそろっていたからであろう。

別称の宝ヶ峯については、この山頂から丹沢山地、甲州の連山、小仏峠などの歴史を秘めた山々を眺めることができ、火急の際の主要な連絡所、烽火場《のろしば》として役割を果たしてきたところから、烽《ほう》の峯

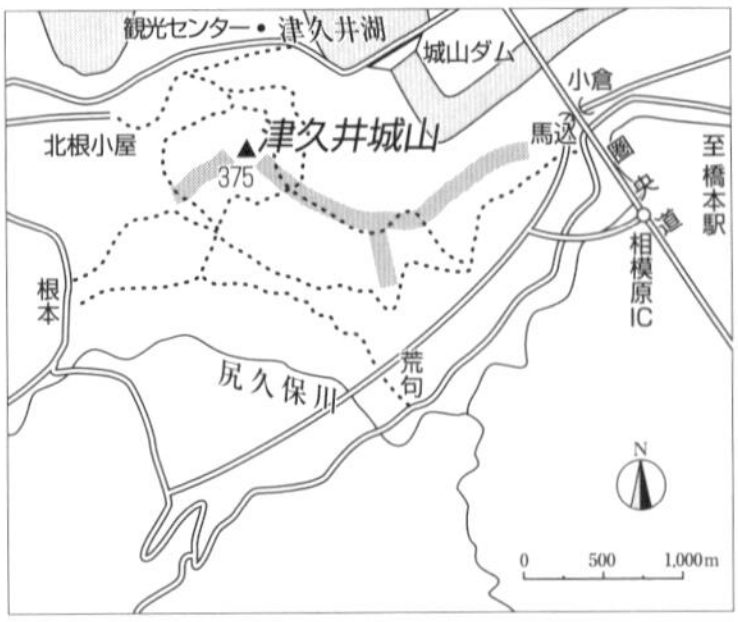

津久井城山（峰の薬師から）

だという説もある。

　築城は鎌倉時代初期、三浦氏の一族・筑井《つくい》太郎次郎義胤といわれ、津久井の地名もここからきたといわれる。築城当時から筑井城と呼び、永禄一二年（一五六九）、北条氏と武田信玄の戦いである三増《みませ》の合戦では、北条氏の出城として合戦の舞台の一つにもなったことでも知られている。その後、天正一八年（一五九〇）、小田原城が落城の時、この城も陥ち廃城となった。山中には現在も土塁、空堀、引橋跡などが残り、往時の面影を残す牢屋の沢、御屋敷、陣屋、馬場、馬屋敷、馬屋小屋などの地名が残っている。また山頂には、文化一三年（一八一六）、山麓の根小屋村名主・島崎律直《ただなお》が建てた「筑井古城記」の碑が立っている。

　山全体が国有林で、低山のわりには樹齢の高い古木に覆われている。また、北斜面には幕末に津久井の代官であった江川太郎左右衛門英龍《ひでたつ》が植林したヒノキ林（いまの林は当時植えられたものではない）が広がっている。

　東峰の飯縄神社の下には、日照りがつづいても涸れることのない水溜まりのような小さな池、宝ヶ池があり、雨乞いの行事に利用されてきた。

登路　山麓の三方に幹線道路が通っており、そのいずれからも登ることができるが、もっとも交通の便がよいのが北側の津久井湖観光センターからの登路である。地形的にはもっともきついコースであるが、バスの便のよさから勧めることができる。

　ほかに小倉登山口、荒句《あらく》登山口、城坂登山口、根本登山口、小網登山口の五箇所があり、いずれも登山口から山頂までの所要時間に大差はない（約一時間）。

地図　二・五万図　上溝

（古谷聖司）

仙洞寺山　せんとうじさん　標高　五八三m

神奈川県相模原市緑区、道志川が相模川に合流する三km上流に位置する独立峰で、山麓に人家の張り付いた山である。

　山名の由来は山麓にある曹洞宗毘盧山仙洞寺からきている。この山は、山頂直下を森林管理用の林道が鉢巻き状に走っているので、遠くからでも判別できる。ほとんどが国有林で、人家に近い山でありながらホンシュウジカが生息し、ホトトギスなどの野鳥も多い。山頂には烽火《のろし》台跡があり、甲州の武田勢に対する津久井城山への火急を知らせる役を担っていたといわれる。

登路　JR中央本線相模湖駅かJR横浜線・京王電鉄相模原線橋本駅で下車。バスを三ヶ木《みかげ》下車。国道四一二号を八坂神社の先にある林道を入っていく。かつてはほかに何本も登山路があったが、いまはこの林道が唯一の登路になっている。林道をしばらく登ると鉢巻き状の林道に出合う。右折して水源の森造成工事が行われている所から山頂に向かう。林道の途中や手前のピークまでは展望が利くが、その先本峰まではヤブがひどく、烽火台跡のある山頂も見晴らしはよくない(三ヶ木バス停から約一時間一五分)。

地図　二・五万図　青野原

（古谷聖司）

仏果山　ぶっかさん　標高　七四七m

別称　南山　半原富士　おおどんがり

神奈川県愛甲郡愛川町と清川村にまたがり、丹沢山地の東端の一峰である。

南北朝時代の天授六年(一三八〇)、南麓の煤ヶ谷《すすがや》に僧仏果によって金剛山正住寺が開基された。仏果が山上でよく座禅修行をしたことで、いつしか仏果山と呼ばれるようになった。この正住寺には一基の供養塔がある。慶安四年(一六五一)、由比正雪が幕府転覆を企てたが事前に発覚。世にいう「由比正雪の乱」である。その残党四人がこの近くで捕縛され、処刑された後の供養の証である。

仏果は旱魃《かんばつ》の折、祈禱によって雨を降らせたりして庶民の尊崇が篤かったという。江戸時代の地誌『新編鎌倉志』によれば、鎌倉五山第一の古刹・建長寺の宝泉庵は上人が開祖で、天鑑と号したと記されているが詳しいことは知られていない。また、同時代の地誌『新編相模国風土記稿』には「佛果山、高百五十間。半原村に跨り頂を界とす。僧佛果村内正住寺開山座禅せし處なれば名とす」と記されている。

ほぼ南北に長い主尾根は、北に宮ヶ瀬越を通して高取山(七〇五m)、南は半原越から経ヶ岳(六三三m)、そして、華厳山(六〇二m)が聳える。北西には丹沢の水を集めた宮ヶ瀬湖、東面には深沢が流れ出し、中津川、相模川へとつづいている。

この付近には仏教にかかわる名の付いた山が多く、この仏果山をはじめ空海が経石と呼ばれる巨岩に納経したといわれる経ヶ岳、また、華厳経を写経したといわれる華厳山などがある。これらを半原では総称して半原山とも呼んでいる。

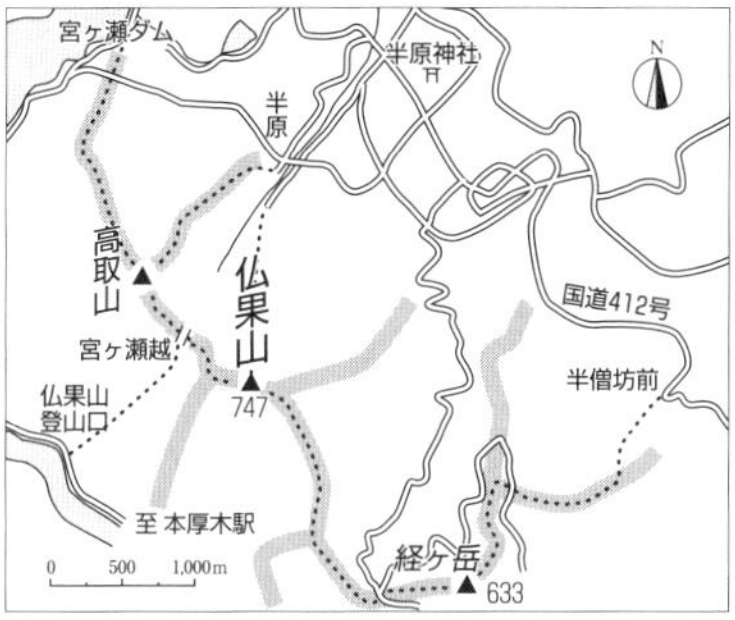

登路　小田急電鉄本厚木駅からバス。終点宮ヶ瀬の四つ手前の仏果山登山口から宮ヶ瀬越を目ざすコースがよく歩かれている。この峠道はかつては宮ヶ瀬と半原を結ぶ交易路であった。峠道には旅の安全を祈った古い石祠がモミの木の根元に祀られている。宮ヶ瀬越から主尾根を右に登って山頂へ(登山口から約一時間三〇分)。下山は高取山を経由して宮ヶ瀬湖ダムサイトに下る道があり、「水とエネルギー館」で宮ヶ瀬湖につい

て学んだり、ダムに埋まった中津渓谷の面影を味わうのもよいだろう（高取山から約一時間）。

地図　二・五万図　上溝　青野原

（植木知司・古谷聖司）

鳶尾山　とびおさん　標高　二三五m

別称　とんびょうさん

神奈川県厚木市と愛甲郡愛川町にまたがり、地元ではトンビョウサンと呼んでいる。

南側は整然と区画された住宅団地で、中に平安時代に愛甲郡家（郡役所）が置かれた跡とされている所がある。

山名の由来は、永禄一二年（一五六九）に武田信玄と北条氏康が丹沢を舞台にして三増《みませ》合戦を戦った。敗走する北条勢が兵の散失を防ぐために、ここの山頂で大きな火をかかげたところから「遠火山」という説や、トンビョウのトンは山頂、ビョウは境を意味し「境の山」とする説もある。

登路　小田急電鉄本厚木駅からバスで鳶尾団地へ。なだらかな山道を登って山頂へ（約一時間三〇分）。

地図　二・五万図　厚木　上溝

（植木知司・山本正基）

高麗山　こまやま　標高　一六八m

神奈川県平塚市と中郡大磯町にまたがり、主峰の大堂を中心に東に東天照（一三〇m）、西に八俵山（一五九m）の三山の総称である。

全山がうっそうとした臨海性常緑樹林で覆われている。中には樹齢三〜四百年の古木もあって、湘南に残された唯一、かつ貴重な自然林である。

山頂付近には高麗権現の堂宇があったが、いまは荒廃して礎石を残すのみ。堂宇への急な階段も所々が傾き、苔に覆われてしまっている。山麓の高来《たかく》神社は、明治の半ばまで高麗神社や権現さんと呼ばれあがめられてきたが、高麗神社を高来神社としたのは、その後外来の神を疎外したことによる。高麗をコウライと読ませ、コウライを高来と書いてタカクと読ませて、現在の社名となっている。ここにも不幸な日朝間の交渉史を見ることができる。

故国を追われた高麗王若光《こまのこきしじゃっこう》らが高度の文化を携えて神奈川県の大磯に上陸し、この地を足がかりに箱根や伊豆を開発していったと伝えられる。このことは高来神社の例祭の「船祭」で舟子たちの祝い歌の一節に「われらは日本の者にあらず、諸越《もろこし》の高麗国の守護なるが……」と歌われたり、箱根神社の『箱根権現縁起絵巻』に「国をいでて関東相模に大磯といふところに着かせ給ふ」とあるところからも理解できよう。

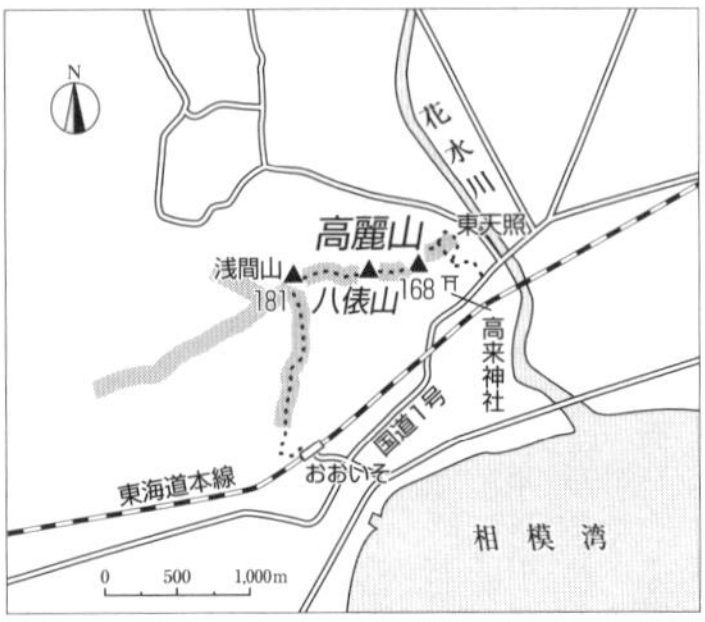

この山の北面には地獄沢や亀堀沢が流れ、南面に滝沢が流れる。

室町時代から戦国時代にかけては、この山も戦乱をさけることができず、室町幕府にとっては関東最初の山城があったという。山頂から八俵山にかけての空堀は、そのころの山城の跡とされる。北条早雲、上杉謙信、武田信玄も戦の跡を残す。北面の地獄沢の地名にも戦の凄惨さを感じさせられる。山麓には曾我兄弟の仇討ちで知られる兄十郎の恋人・虎女が住んでいたといわれる。いまもこれにちなむ虎御石や化粧井戸が残されている。

登路　JR東海道本線平塚駅からバス。国道一号の高来神社から男坂を登る。うっそうとした樹林の中、急な石段には苔むした石など昔からの信仰の篤さが感じられる。山頂直下の大堂跡を過ぎ、樹林に覆われた山頂へ(登山口から約三〇分)。別コースとして女坂から展望台、東天照を経由して登ることもできる。

地図　二・五万図　平塚　(植木知司・山本正基)

曾我山　そがやま

標高(不動山)　三二〇m

別称　やまびこやま　ろっぽんまつやま

神奈川県小田原市の東部、曽我にある。山名は曾我氏の居城があったことに由来する。この山は単独峰ではなく、北から浅間《せんげん》山(三一七m)、不動山(三二〇m)、高山(二四六m)の総称である。

山麓のJR御殿場線下曽我駅近くの曾我城土塁跡は墓所となっており、城前寺には曾我兄弟、義父の工藤祐信、母・満江御前の供養塔など曾我氏ゆかりのものが多く残っている。

登路　JR御殿場線下曽我駅下車、不動山まで約一時間二〇分。浅間山まで約三〇分。

地図　二・五万図　小田原北部　(川崎英憲・山本正基)

円海山　えんかいざん

標高　一五三m

別称　長野山

神奈川県横浜市の栄・港南・磯子の三区にまたがる。江戸時代には十国見、八州見と呼ばれていただけに、展望のよく利く山だったに違いない。かつては横浜市の最高峰とされていたが、いまは大丸山(一五七m)に代わった。

宝暦二年(一七五二)、円海上人と呼ばれた僧が、時の領主・星谷具久からこの山一帯の寄進を受けて中腹に護念寺を建てたといい、四方の山並みを海の波のように見られたところから、円海寺と呼ばれるようになったという。

かつて山頂付近は「馬かけ通り」と呼ばれ、草競馬が行われていたこともあった。

登路　JR根岸線の港南台駅や洋光台駅から整備されたコースを歩いて約一時間で山頂。

地図　二・五万図　戸塚　(植木知司・山本正基)

鎌倉アルプス　かまくら

標高(太平山)　一五九m

神奈川県横浜市栄区と鎌倉市にまたがり、鎌倉市の脊梁尾根の総称である。鎌倉は三方が山に囲まれ、南だけが海に開けている。その形が竈《かまど》に似ているところから「カマクラ」と呼ばれるようになったという。これらの尾根のうち、ほぼ東から西に延びる尾根を鎌倉アルプスと呼んでいる。日本の中ではもっとも低いアルプスであるが、起伏に富み、老杉の森、苔むした岩を踏む人が四季を通して訪れている。

この山々は東の天台山から六国ドッケが転化した六国峠へとつづき、峠は天園と呼ばれている。六国峠からはさらに最高峰の大平山、空海ゆかりの鷲峰山、そして、西の六国が見渡せた六国見山へと連なる。

登路　JR横須賀線の北鎌倉駅を起点として六国見山から鎌倉アルプスを縦走し、古刹の瑞泉寺を経由して大塔宮へ（登山口から約三時間三〇分）。

地図　二・五万図　戸塚　鎌倉

（植木知司・山本正基）

鷹取山　たかとりやま　標高　一三九m

神奈川県横須賀市内にあって、全山が岩山であるところから「湘南妙義」ともいわれた。

山名の鷹取は昔、太田道灌がこの山で鷹狩りをした故事によるという。また、タカットリーは高津鳥で、空を飛ぶ小鳥や猛禽類を指すという説もある。

明治から昭和にかけて、この山から建築用の石材が大量に切り出された。その跡地が岩登りに格好なゲレンデとなり、休日になると岩登りを楽しむ人たちでにぎわっている。山頂の展望は広大で、ここから西に延びる尾根に神武寺がある。

登路　京浜急行電鉄逗子線神武寺駅から神武寺を経て山頂へ（登山口から約一時間三〇分）。

地図　二・五万図　鎌倉　横須賀

（植木知司・山本正基）

大楠山　おおくすやま　標高　二四一m

別称　秋名山

神奈川県横須賀市にあって、横須賀市内や三浦半島の最高峰。

昔、この山上にクスの老樹があったので大楠山と呼ばれるようになったという。また、このクスは葛《くず》ではないかとか、葛の生い茂った大きな山ではないかという説もある。

山頂の展望は山が低いわりにはよく利き、伊豆や箱根の山々はもとより、富士山、丹沢、さらに南アルプスの山々まで眺めることができる。

登路　JR横須賀線横須賀駅または逗子駅からバス。国道一三四号の前田川を経て山頂へ（登山口から約一時間三〇分）。ほかに衣笠城跡を経て山頂へ（登山口から約一時間三〇分）や塚山公園・阿部倉温泉を経て山頂へ（登山口から約二時間三〇分）。

地図　二・五万図　秋谷　浦賀　横須賀

（植木知司・山本正基）

石老山　せきろうざん　標高　七〇二m

別称　せきりょうさん

神奈川県相模原市緑区にあり、相模川を堰止めた相模湖にその山姿を映している。

全山がうっそうとした樹林に覆われ、苔むした巨岩は屏風岩、仁王岩、文殊岩、大天狗岩、鐘岩、八方岩などと呼ばれている。

展望は山頂よりも途中の方がよい。融合平《びら》や大明神の展望台などは、眼下に広がる相模湖や神奈川県北部の山々の眺めがすばらしい。

山の中腹には真言宗高野山派の石老山顕鏡寺があり、古くから多くの人たちの信仰を集めてきた。境内の入り口にある岩窟虚空蔵は道志岩窟と呼ばれ、この山に大いにかかわっている。

寺の縁起によれば、仁寿元年(八五一)に大宮人の三条貴丞の若君武《む》庫《こ》の郎子《いらつこ》が八条殿の姫君と恋に落ちた。親が許さぬ恋のため、二人は京を出奔、相模国粕屋の里の能城太郎兵衛の家に泊まった。そこで相模川上流の山中に岩窟があることを教えられた。二人は石老山に登り、この岩窟で愛の巣を設け、やがて男子を出産、この岩窟にちなんで岩若丸と名付けた。

岩若丸が七歳になった年に父は僧になり、道志法師と号して、旅に出た。托鉢から帰ってみると母の姿がない。母を探すために父は全国行脚に出た。この時、岩若丸の養育を太郎兵衛に頼み、再会の際の父子の証として鏡を割って、一片を自分が、一片を岩若丸に渡した。その後、成長した岩若丸はこの鏡片のおかげで父母と再会。年が移って貞観一八年(八七六)、岩若丸は父にならって僧となり、「源海上人」と号した。父母の死後、石老山の道志岩窟に戻ってから一寺を建立して父母の菩提を弔ったという。寺は古い石の多いところから山号を石老山、鏡が機縁となっているところから顕鏡寺として開山し、今日に至っている。

このように寺の山号にもなり、苔むした巨岩が多い山であるところから石老山と呼ばれるようになった。

山中には一二の巨岩が立ち並び、その間を見上げながら登っていく。このように変化に富んだ、かつての参道が現在の登山道になっている。老杉が茂り、古刹の持つ荘厳な雰囲気がよい。

登路　JR中央本線相模湖駅からバス。石老山入口バス停から歩き出す。顕鏡寺の総門跡を石段で登ってスギ木立の下の参道を辿る。巨岩の間を通り、したたり落ちる清水を渡っていくと顕鏡寺。寺の起こりとなった「道志岩窟」のわきからは巨岩の間の急坂を喘登《ぜんとう》。八方岩で展望を楽しんだ後は緩やかな登りとなり、雑木の尾根を登って山頂へ(登山口から約一時間三〇分)。

地図　二・五万図　与瀬　青野原(植木知司・山本正基・古谷聖司)

石砂山　いしざれやま　標高　五七八m

神奈川県相模原市緑区にあって、道志川の左岸に顕著な尖った山姿を見せている。

東海自然歩道は高尾山、城山を越えて相模川を渡り、信仰の山・

石老山からこの山を過ぎて丹沢の山へと延びている。

石の名が付いた山は全国に多くあるが、いずれも顕著な岩や立岩があるところから付けられた山名である。この山は全山が樹林に覆われているが、南面にはいくつかの白い岩肌が見られる。岩は石でもある。また、ザレは各地で座連、佐礼、作礼、佐連などの文字が当てられているが、いずれも山が崩れ落ちた所をいう。これらの崩壊地はガレやガロなどとも呼ばれるが、この山の南面の山容から見て、上部に大きく岩(石)の崩壊した所があるので、石ザレ山と呼ばれるようになった。山頂からの展望は南東が大きく開けていて、道志川が脚下に、その上に丹沢主脈の北端にある焼山から黍殻《きびがら》山(一二七三m)、袖平山(一四三一m)を眺めることができる。

この山の一帯は神奈川県指定の天然記念物のギフチョウの生息地として知られており、県内では唯一だけに自然保全地域にも指定されている。一九九六年二月に山頂付近で山火事が発生し、二四haを焼失したが、その後の調査で食草のカンアオイには大きな被害がなかったことが分かり、幸いだった。

この山の北側の篠原《しのばら》集落には、天明の飢饉の際、飢えに苦しむ農民たちが立ち上がった百姓一揆の指導者・土平治の生家がある。なお、土平治は騒動後に死罪となった。

石砂山(小舟集落から)

登路　伏馬田《ふすまだ》口と篠原口の二つの登山口があるが、伏馬田から登って篠原に下るのが一般的。伏馬田の入り口から梶ヶ原の集落を過ぎて道志川を渡り、伏馬田から登り始める。主尾根に出てから送電線の鉄塔台地へ。急坂を登って鞍部。左の踏み跡を辿れば五七二m峰。ここから右へ急登し山頂へ(登山口から約一時間三〇分)。両登山口へのバスの便は極めて悪いので事前調査が必要。

地図　二・五万図　与瀬　青野原　(植木知司・古谷聖司)

高柄山　たかつかやま　標高　七三三m

山梨県上野原市秋山と四方津《しおつ》の境にある。桂川(相模川)の右岸で東西に連なる秋山山系の東端にあり、JR中央本線から見ると台形の姿をしているので分かりやすい。山頂の西側はヒノキの植林地。山頂は雑木に囲まれているが、南は道志と丹沢、北は奥多摩の山々を見ることができる。北には上野原の町並みが間近。隆起と桂川の侵食でできた三段の河岸段丘がよく分かる。

登路　JR中央本線上野原駅から歩き同線四方津駅へ下るコースは、桂川橋を渡り駒門集落から登山道へ。御前山(四八四m)、新矢ノ根峠を経て山頂。下りは大丸(大地峠)に登り返して北に折れ、桂川南岸の川合集落に向かって下る(上野原駅から山頂まで約三時間一〇分。四方津駅から山頂まで約二時間三〇分)。

地図　二・五万図　上野原　(深沢健三)

倉岳山　くらたけやま

標高　九九〇m

山梨県大月市と上野原市秋山にまたがる。秋山山系のほぼ中央にあり、山系の最高峰。山頂は東西に長く、東の端が最高点。南東に秋山二十六夜山(九七二m)と秋山の家並み、北は木の間越しに大月の市街地を望むことができる。『甲斐国志』は鞍岳山とも書き、JR中央本線の四方津駅辺りから見ると鞍の形をしている。

山頂西の鞍部は穴路《あなじ》峠、東の鞍部は立野峠。穴路峠は大月市の鳥沢と秋山村を結ぶ古い峠で、この辺りでは北西の季節風を「アナジ」「アナシ」と呼んだという。峠一帯は山梨県の「峠道文化の森」に指定されている。峠の南、旧秋山村の無生野《むしょうの》には、南朝の親王と雛鶴姫の伝説と結び付いた念仏踊りがいまもつづいている。

登路　JR中央本線鳥沢駅から国道二〇号を東に進み、途中で桂川に下り虹吹橋を渡る。貯水池を過ぎると登山道となり、石仏のある場所で高畑山の道と分かれて穴路峠へ。ここから東へ登れば山頂(鳥沢駅から約二時間三〇分)。同線の梁川駅からは、桂川を渡り立野地区を抜けて月夜根沢に沿って立野峠へ。峠を右折して主稜線を行けば山頂(梁川駅から約二時間一〇分)。

地図　二・五万図　大室山　上野原

(深沢健三)

高畑山　たかはたやま

標高　九八二m

別称　楢山　不死峰

山梨県大月市と都留市の境界だが、山頂から少し東に上野原市秋山の地籍が入り込んでいるので、実質的には三市の境界。東の倉岳山と、南の雛鶴《ひなづる》峠を隔てた赤鞍ヶ岳などの名前が混ざり合って「高畑倉山」とか「高畑鞍山」などと呼ばれ混乱したが、いまは倉岳山、高畑山、赤鞍ヶ岳(朝日山)とそれぞれ名が定着している。

高畑山、高畠山、高鉢山、高旗山などという名の山は全国に二〇以上分布している。焼畑の別称ともいわれる。この山には「死なずが峰(不死峰)」などという変わった名前もある。

登路　首都圏での日帰りの山として人気がある。JR中央本線梁川駅から月屋根沢を遡って立野峠から倉岳山へ登り、いったん穴路峠へ下りて高畑山へ登って鳥沢駅へ下りる。穴路峠から反対側の上野原市秋山の無生野《むしょうの》へも下りることができる。道はよく整備されているが、里山にありがちな、伐採や植林などによる変化が激しいので注意が必要(梁川駅から立野峠経由で倉岳山まで二時間二〇分程。ここから穴路峠経由で高畑山まで約四〇分、さらにJR中央本線鳥沢駅まで二時間弱)。

地図　二・五万図　大室山　上野原

(高室陽二郎)

九鬼山　くきやま

標高　九七〇m

山梨県都留市と大月市にまたがる。富士山麓から北へ流れてきた桂川(相模川)は、大月市街で東に向きを変える。この屈曲点近くにあるのが九鬼山。ここから桂川右岸沿いに神奈川県境までつづく峰々が、JR中央本線から登る山として知られている秋山山系である。

山頂は樹林に囲まれているが北から西の眺めがよい。山頂から北西に一段下がったピークは富士山の展望台。足下をリニアモーターカー実験線のトンネルが貫いている。江戸時代中ごろまでの「井倉村絵図」、九鬼神社石灯籠は「九喜」と書き、末期の「田之倉村絵図」と『甲斐国志』は「九鬼」と書いている。桂川沿いに残る伝説では、九匹の鬼の本拠地ということになっている。

登路　富士急行線禾生《かせい》駅で下車。九鬼集落の九鬼神社から二本の登山道があり、直登コースは約一時間五〇分。緩やかな杉山新道のコースは約二時間、富士急行線田野倉駅からの池ノ山コースは約二時間一〇分。

地図　二・五万図　都留　大月

（深沢健三）

菊花山　きっかやま　標高　六四四m

別称　貧乏山　林宝山

山梨県大月市の中心街のすぐ南にある、こんもりとした小さな山。地図に山名の記載はない。町を日陰にしたり、崖崩れがあるので「貧乏山」ともいう。割ると菊の花模様が現れる化石「レピドシクリナ」が産出したことで「宝のある山」、あるいは「菊の花の山」という。歴史は古く、『風土記逸文』の甲斐国の項にこの名が見え、また『甲斐国志』でも権大納言長家の「雲の上に菊ほり植て甲斐の国鶴の郡を移してぞ見る」（『夫木和歌抄』）などの歌を挙げて、山名のいわれを説明している。頂上付近からは北には百蔵山、扇山、滝子山、南大菩薩、西に高川山、鶴ヶ鳥屋山《つるがとや》、そして富士山、道志の山々を指呼することができる。

登路　大月市の国道二〇号と国道一三九号の三叉路から富士吉田方向へ一㎞行って左折、沢井という集落から入る。西側を巻いて南から頂上を目ざすが、個人所有の山で道は整備されていない。また北側の無辺寺から登ることもできる。いずれも、ルートを失っても登り始めて一時間程である。

地図　二・五万図　大月

（高室陽二郎）

赤鞍ヶ岳　あかくらがたけ　標高　一二九九m

別称　朝日山　ぶなたつま

山梨県都留市、上野原市秋山、南都留郡道志村に接する。道志川と秋山川に挟まれたこの尾根を西に辿れば道志山地の主峰・御正体山《みしょうたい》に至る。山地のほぼ中間だが、五万図に表記されている赤鞍ヶ岳は本当は朝日山で、一二五七m三角点の山が赤鞍ヶ岳であるともいわれるが、ここでは五万図の表記に従った。

この辺り、道志村・上野原市秋山を繫ぐ峠、都留市・山中湖村を繫ぐ峠、あるいはまた道志村と神奈川県山北町を繫ぐ峠は厳道峠《がんどう》、道志口峠、道坂峠《どうさか》、雛鶴峠《ひなづる》、山伏峠など古道がきわめて多く、歴史的背景は深く多い。

頂上付近は奥秩父、南アルプス、大菩薩連嶺、丹沢山地などの展望がよいが、伐採植林事業の進展でルートの変化が激しい。

登路　富士急行線禾生駅から車利用で古い雛鶴トンネルまで行き、ここから登り始めて雛鶴峠へ。さらに境界尾根を辿って棚ノ入山《たん》、さらに赤鞍ヶ岳に至る。頂上から西へ岩戸ノ峰、本坂峠を経て都留市の曽雌《そし》へ行くこともできる。バスは少ない(禾生駅から雛鶴トンネルまで車で約三〇分、雛鶴峠まで約一五分、棚ノ入山まで約二時間、赤鞍ヶ岳まで三〇分程。頂上から岩戸ノ峰、本坂峠、曽雌まで二時間三〇分程)。

地図　五万図　上野原　二・五万図　大室山　(高室陽二郎)

菜畑山　なばたけうら　標高　一二八三m

山梨県南都留郡道志村と都留市にまたがる。道志山地のほぼ中央に位置し、富士山や丹沢の展望台。山頂に東屋があり、眼下には西から東に下る道志川の流れ、正面にどっしりとした加入道山と大室山、西に今倉山、御正体山、富士山、東には神奈川県の町並みを見ることができる。

山名の「山」は「ウラ」が正しい。ウラは先端や末端を示す言葉で、奥多摩の日向沢ノ峰、真名井沢ノ峰などは「峰」をウラと読ませている。ウラと呼んでいたものに山、峰、浦、裏などの漢字を当てたらしい。菜畑の場合は、沢の先端の説もあるが、似た沢名は見当たらない。「な」は平を意味し、山畑が多かったことからという見方もある。

登路　道志側から二本の登山道がある。川原畑地区からの場合、ノタケ沢に沿ってテレビ中継塔まで車道を歩き、ここから一直線に山頂へ(川原畑から約一時間三五分)。

地図　二・五万図　大室山　都留　(深沢健三)

今倉山　いまくらやま　標高　一四七〇m

別称　ナイダイ山　ゴゼリ(御座入)山

山梨県都留市と南都留郡道志村にまたがる。東西の二峰に分かれていて、東側から見ると典型的な双耳峰。東峰に三角点(一四七〇m)があり、西峰の方が一〇m程高い。山頂は樹木に覆われていて展望はないが、南西側は背の低い植林地で、御正体山の上に富士山が見え、その左手には天気がよければ遙かかなたに相模湾を望むことができる。

『甲斐国志』はナイダイ山、または北麓では御座入山と呼んでいると書いている。いまの山名が一般的になったのは昭和一〇年代からで、今倉沢の源頭にあるからだという。

登路　都留市と道志村境の道坂トンネルが登山口。トンネルの西側(都留市側)から登り始め、トンネルの上に出たら北に向かう。植林地を過ぎるとまもなく山頂に出る(トンネルから約一時間二〇分)。

地図　二・五万図　都留　(深沢健三)

道志二十六夜山　どうしにじゅうろくやさん　標高　一二九七m

別称　立山　高がね山

山梨県都留市にある。桂川の支流・菅野川と戸沢川に挟まれ、御正体山から北東へ派生する道志尾根の支尾根に位置している。今倉山の西方にあたる。すぐ近くにも秋山二十六夜山(九七二m)があって、「道志」に対して旧村名の「秋山」の名を冠している。両者とも「高がね山」という人もいる。道志の方は地籍は都留市だが、一帯がいわゆる道志山地であること、南都留郡道志村の人たちが古くから登っていたこと、などから呼び名が固定した。スミレ、フジザクラ、ツツジが美しい。

二つの「二十六夜山」に共通しているのは、陰暦の一月と七月の二十六日の夜、地元の人たちが山頂で、山の端から昇る月を拝する伝統があることである。月の光の中から阿弥陀如来、観音菩薩、勢至菩薩が現れる。人々は餅や米や野菜などを供え、諸悪を払い災害から村人を守り、そして養蚕はじめ農業守護を祈った。

登路　都留市と道志村を繋ぐ道坂峠（トンネル）から今倉山を経て尾根を辿るコースと、戸沢から直接登るコースがある。どちらも途中で林道が横切っている（道坂トンネルから今倉山まで約一時間二〇分、山頂まで約一時間三〇分。戸沢からだと登り約二時間三〇分、下り約一時間四〇分）。バスは少ないので車利用となる。

地図　二・五万図　都留

（高室陽二郎）

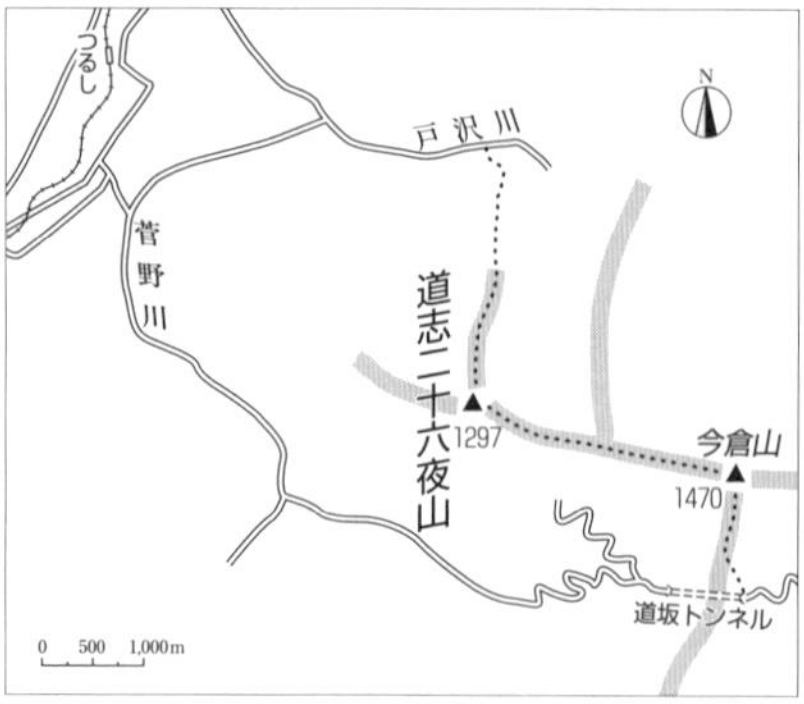

御正体山　みしょうたいやま　標高　一六八一m

山梨県都留市と南都留郡道志村にまたがる。道志山地の最高峰で、古くからの信仰の山である。

山頂に御正体権現が祀られている。「正体」は「神体」。『甲斐国志』には「農民旱天ニ雨ヲ祈リ霖雨ニ晴ヲ祈ルニ必ズ其験アリトテ皆信仰ス」とある。雨乞いだけでなく雨がつづく時に晴天を祈るのが特徴といえる。北麓の都留市細野地区では「お刈り分け」という行事が伝えられている。麦の刈り入れ時に長雨がつづくと、村人総出で山道の草刈りをしながら登拝し、晴天を祈った。また、反対の山中湖側では、雨を願う時は権現様の前で神楽を舞い、晴れを願う時は念仏を唱えてお上人にお参りして、神と仏を使い分けていた。

お上人は妙心という。この山の信仰は御正体権現の方が古く、新たな信仰を加えたのが妙心だった。妙心は岐阜県の出身。江戸時代後期に富士山で修行中、「御正体権現の神霊がいる所に行き、そこを開け」とのお告げを受けた。文化一一年（一八一四）に御正体山に入山。翌年四月、入定《にゅうじょう》して即身仏となった。

妙心を慕う人たちが講をつくって登山した。信者は近隣の村々だけでなく、遠く相模や武蔵、江戸にまで及んだという。妙心のミイラは山中の上人堂に安置されていたが、一八九〇年、生まれ故郷の岐阜県揖斐郡揖斐川町の横蔵寺に移された。

『都留市史』によると、信仰登山のコースは三本あり、鹿留《ししどめ》からが一般的だった。かつては沿道に三十三の観音像があったといわれるが、いまはほとんどなくなってしまった。最近は南都留郡山中湖村と道志村の境にある山伏峠(トンネル)から登る人が多い。南から山頂に向かって奥ノ岳、中ノ岳、前ノ岳と越えて行く。

山頂は、赤い屋根の小さな祠と三角点を囲んでハリモミ、ツガ、モミ、ブナ、ミズナラの古木が茂っている。御正体山自然保全地区、山梨森林百選に指定されている。展望はない。

登路　富士急行線谷村《やむら》町駅から菅野川沿いに行き、都留市大野の大平地区で三輪神社から登山道に入る。北面の尾根をひたすら登ると山頂(三輪神社から約三時間)。都留市鹿留の池ノ平から約三時間。山中湖側からだと山伏トンネルから約三時間一〇分。東の道坂トンネルから約三時間五〇分。

御正体山(今倉山中腹から)

地図　二・五万図　御正体山　都留

（深沢健三）

文台山　ぶんだいやま

標高　一一九九m

別称　大野山　ぶんじゃ　大シュラ　けつ山

山梨県都留市にある。桂川支流の菅野川と鹿留《ししどめ》川に挟まれ、御正体山頂上から北西に派生した尾根の末端である。菅野川、鹿留川両方の谷に大野という地名があり「大野山」ともいわれるが、西側には丸太や薪を落とす「スラ」があったため「大シュラ」ともいう。見る方向によっては丸みを帯びた双耳峰になっているので「けつ山」といわれるなどたくさんの名前がある。「文台山」というのは「仏躰山」が変化したものだと『甲斐国志』にある。雑木の合間に御正体山、鹿留山(一六三二m)、遠く南アルプスが見える。

登路　富士急行線の駅やバス停も近いので気軽に登る人が多い。菅野川から東尾根を登る場合、細野へ回り込んで矢花山(八八〇m)との鞍部の矢花峠に出てそこから頂上を目ざす(富士急行線谷村町駅から細野まで約四〇分、矢花峠まで約四〇分、そこから頂上まで一時間強。下りは北への尾根を尾崎山まで約一時間二〇分、さらに東桂駅か十日市場駅まで三〇分程)。

地図　二・五万図　都留

（高室陽二郎）

倉見山　くらみやま

標高　一二五六m

別称　庫見山　高叉峰《たかざすみね》

山梨県都留市と南都留郡西桂町の境界。南西面近くに富士吉田市の地籍が迫っている。杓子山北尾根の北端、庫見山ともいわれる。中世には北麓一帯を倉見郷といい、近世になって倉見村と呼ばれた。桂川の谷を隔てて三ツ峠山が真向かいに見え、登るにつれて遥か奥秩父、御坂の山々、南アルプスの眺めがよい。富士山は吉田大沢を真正面にしてすばらしい。里山らしく施業地が多いので、道は所々はっきりしないが、近ごろ手軽な展望の山として人気がある。鹿留《ししどめ》川上流には芝スキー場などレクリエーション施設がある。

登路　ルートは北東の発電所わきの今村神社から尾根に取りつくが、伐採や植林の跡はルートが分かりにくい。しかし、春はツツジが咲き展望はよい。このほか鹿留川支流の大沢川沿いのもの、西側の尾根を辿るもの、南の向原峠から行くルートがあるが、はっきりしない所がある（富士急行線東桂駅から宮下まで約二〇分、山頂まで二時間程）。

地図　二・五万図　河口湖東部　都留

（高室陽二郎）

杓子山　しゃくしやま

標高　一五九八m

頂上は山梨県富士吉田市、都留市、南都留郡忍野《おしの》村に接している。眼下に山中湖、河口湖があり、箱根、道志、御坂、奥秩父、南アルプス、富士山の展望はさえぎるものがない。フジザクラ、ミツバツツジ、フジアザミ、ツリガネニンジン、ハギなど季節ごとの彩りを楽しむことができる。展望の山、花の山だが、カヤトの多い一帯なので、最近はハンググライダーやパラグライダーのメッカともなっている。

ガレ場のことをジャレ、スラ、ザレ、シャクシともいう。富士吉田側に大きなガレが落ちているので、この方面から付けられた名前だという。

登路　富士急行線富士山駅から忍野村役場前までバス。鳥居地峠から尾根通しに高座山《たかざす》を経て頂上に至る。頂上から鹿留山《ししどめ》（一六三二m）、立ノ塚峠を経て忍野村へ下るか、あるいは二十曲峠、石割山と大きく巻いて忍野村へ下りる人もいるが、距離はかなり長くなる。逆に立ノ塚峠から鹿留山〜杓子山〜高座山〜鳥居地峠と歩いてもよい（バス停から鳥居地峠まで約五〇分、頂上まで一時間四〇分前後。頂上から鹿留山経由で忍野村まではかなり長い。立ノ塚峠から鹿留山〜杓子山〜高座山〜鳥居地峠の逆コースは四時間程）。

地図　二・五万図　富士吉田　御正体山

（高室陽二郎）

高座山　たかざすやま

標高　一三〇四m

別称　たかざっさん　たかくらやま

山梨県富士吉田市と南都留郡忍野《おしの》村の境界にある。杓子山へ登る尾根の一つの隆起のようなものだが、下から見ると結構な貫禄がある。大化改新の際、相模の高座郡から甲州に編入されたという説もある。高指、高差、高叉、高坐などの同音の山名があるが、いずれも焼畑を行った地といわれる。

北面は広葉樹に覆われているが、南の忍野側は一面のカヤトで、これが冬は黄茶色となり雪の白い斜面となる。山頂からは眼下に山中湖、箱根・伊豆連山、北は富士吉田市を前景に御坂の山々、南アルプスまで望むことができる。富士山はさえぎるものもなく、千変万化の姿をとらえるカメラマンたちでにぎわう。ハンググライダーにも利用されている。

登路　富士急行線富士山駅からバスで忍野まで行き、鳥居地峠を経由し山頂に着く。ここから杓子山まで往復するか、大ザス峠から忍野、富士吉田いずれかへ回るハイクも人気がある（鳥居地峠から高座山まで約四〇分、さらに杓子山まで一時間強）。

地図　五万図　山中湖　二・五万図　富士吉田　（高室陽二郎）

石割山　いしわりやま

標高　一四一二m

山梨県都留市と南都留郡山中湖村、忍野《おしの》村の境。新第三紀の丹沢型石英閃緑岩からなる。東は御正体山並びに道志山地に繋がり、北西に杓子山への尾根を派生している。真北から鹿留《ししどめ》川が食い込み、南の眼下に山中湖が横たわる。西には忍野村の盆地、そして、富士山が裾野から大きく聳える。地元には「いしわれ」と呼ぶ人もいる。

登山口に石割権現の里宮の赤鳥居がある。山頂南にある縦に一刀両断されたような高さ一五mの大岩が石割神社の御神体である。穢れのある人はこの割れ目に入ることができない、岩から出る水は万病に効く、などの伝説がある。最近、林道はこの辺りまで延びている。

登路　山中湖村平野の赤鳥居の先まで車で行ける。ここから登り始め、一部林道も歩いて石割神社までひと登り。山頂までひと呼吸である。大展望を楽しんだら往路を下るか、山中湖を左下に眺めながら大平山（一二九六m）を経由してホテルマウント富士へ下りる（鳥居から石割神社まで約一時間、そこから山頂まで約二〇分、ホテルマウント富士までゆっくりでも一時間三〇分程）。山頂から東へ山伏峠、高指《たかざす》山、鉄砲木ノ頭と、山中湖の南東岸沿いに縦走するのは距離はだいぶ長くなるが、樹林とカヤトが交互に現れ、富士山をはじめ御坂、道志、丹沢、箱根の山々などの展望を楽しむことができる。なお、登山口に山中湖村営の温泉、富士山展望の石割の湯がある。

地図　二・五万図　御正体山　（高室陽二郎）

御坂・天子山地

高川山 たかがわやま

別称　高尾山　高山

標高　九七六m

山梨県大月市と都留市にまたがる。北を笹子川、南を桂川が流れ、御坂山地の北東端、清八《せいはち》山(一五九三m)から東に延びる長い尾根が終わる辺りで頭をもたげているピーク。JR中央本線初狩駅から近く、山頂から富士山をはじめ道志、秋山、御坂、中央本線沿いの山々を見渡すことができるため人気が高い。

高川が流れ出していることからこの名で呼ばれているが、地元では大月市側で高尾山、都留市側で高山という。『甲斐国志』は高尾山で記述している。作家の山本周五郎はこの山の北側、初狩が生地。高川山からの山津波で親族を失っている。山の真下をリニアモーターカーの実験線が走っている。

登路　大月市側からは、JR中央本線初狩駅前を東に曲がり、中央本線のガードをくぐって集落を抜け、林道を少し歩いて登山道へ。途中で分かれるが、どちらをとっても山頂手前で一緒になる(初狩駅から約一時間三〇分)。都留市側からは、富士急行線禾生駅で降りて大幡川を渡り、古宿、大棚の集落を過ぎて、小形山からの登山道と合流。主稜線に出たら南に折れてまもなく山頂(禾生駅から約一時間四〇分)。同線の田野倉駅から約二時間のコースもある。

地図　二・五万図　都留　大月

(深沢健三)

鶴ヶ鳥屋山 つるがとややま

別称　つるがとやさん

標高　一三七四m

山梨県大月市と都留市の境界。JR中央本線と並行して流れる笹子川北岸の滝子《たきご》山(一六一〇m)と対峙する立派な山容である。鶴(都留)の名前は天平時代から見られ、長唄「鶴の舞い」としていまに残る。都留郡、都留市をはじめこの付近は雛鶴峠、鶴川、鶴島御前山、大鶴村などのほか鳥ノ胸山、雁ヶ腹摺《がんがはらすり》山、御巣鷹《おすたか》山など鶴や鳥にまつわる伝説や地名が多い。「トヤ」は羽の生え代わり、ねぐら、休む部屋のこと。

頂上そのものは平らで雑木に覆われているが、所々すばらしい展望に恵まれる。

登路　高川山との鞍部・大幡峠まで車で入る。ここから尾根通しに頂上を目ざすのが一般的。途中、林道を横切り頂上までひたすら登る。本社ヶ丸、清八《せいはち》峠まで縦走してJR中央本線笹子駅へ下りることもできるが、距離は非常に長く、時間もかかる(大幡峠から頂上まで約三時間)。季節によってはある程度のヤブこぎを覚悟しなければならない。

地図　二・五万図　河口湖東部

(高室陽二郎)

本社ヶ丸　ほんじゃがまる　標高　一六三一m

山梨県大月市と都留市にまたがる。鶴ヶ鳥屋山、高川山とつづく尾根の西端に近く、三ツ峠山、富士山、道志、秋山、御坂山地、南アルプス、八ヶ岳、奥秩父、大菩薩連嶺と三六〇度の展望が広がる。「マル」は古い朝鮮語と深いかかわりがあり、『持統天皇紀』、『続日本紀』には甲斐の桂川流域に百済人を移すとある。江戸時代の「大幡村絵図」には山麓に本社明神の記載があるので、本社明神のかかわりが山名の由来か。

登路　御坂峠側の三ツ峠山登山口が起点。三ツ峠山に向かわず林道を清八峠へ歩く。無線中継塔を左に見て進むと清八峠。ここから東へ折れ、展望台の岩場を越えると山頂(三ツ峠分岐から約一時間三〇分)。

地図　二・五万図　河口湖東部　笹子

(深沢健三)

達沢山　たつざわやま　標高　一三五八m

甲府盆地の東部、山梨県笛吹市にある。盆地と富士北麓を分ける御坂山地から北西に延びる支脈上にあり、南を金川、北を日川が区切る。中央自動車道釈迦堂PAの裏山(南東)にあたる。

金川の支流・立沢源流から山名になった。鞍部を隔てて京戸《きょうど》山(一四一三m)と繋がり、二つの山の間から京戸川が西に流れる。盆地の端に出た所で形造られたのが、教科書にも載っている京戸川扇状地。有数の桃の産地で、春はピンクの花が一面を埋め尽くす桃源郷となる。また、扇状地は至る所で湧水を生み、古代から人が住みつき、縄文時代から平安時代までの遺跡が見つかっている。

山頂の北面は樹林だが、南面は御坂山地と富士山の展望がよい。

登路　笛吹市の国道一三七号沿いにある笛吹市御坂町立沢地区から入る。金川を渡り林道の終点から登山道がある。ヒノキの植林地を登り切ると京戸山との鞍部。西にわずかで山頂となる(国道から約一時間二〇分)。

地図　二・五万図　石和　笹子

(深沢健三)

三ツ峠山　みつとうげやま　標高　一七八五m

別称　三ッ峠　三嶺　三峰山　三ツドッケ

首都圏域では屈指のハイキングのメッカ。山梨県南都留郡富士河口湖町、西桂町、都留市に接している。『甲斐国志』によると「峰ハ奇岩峨々トシテ三峰ニ秀ヅ故ニ三峠ト云フ」とある。三つの峰とは開運山(一七八五m)、御巣鷹山《おすたかやま》(一七七五m)、木無山(一七三二m)である。御巣鷹山は樹林が多くて地味な存在だが、木無山はカヤトや小灌木に覆われ富士が足元から見え、南アルプス、八ヶ岳、奥秩父、丹沢の山々を眺める一級の展望である。最高峰の開運山南西面の屏風岩はロッククライミングのゲレンデとして知られる。展望もすばらしいが、山頂は放送、防災、警察などのアンテナや反射板が林立している。

奥秩父に芋木ノドッケ(または芋ノ木ドッケ)があり、山梨・静岡県境、富士川右岸に高ドッキョウがある。どちらも一般的な峠というよりは、山そのものを指している。つまり「突起」である。三ツ峠は「三ツドッケ」つまり「三つの山」という意味。三ツ峠山の「山」は重複の表現である。御巣鷹山の山頂付近には、かつてめずらしいことに水が湧いたので、「水峠」という説もある。

三つのうち山名の発祥では御巣鷹山が一番古いらしく、記録によると、甲斐の武田氏は延徳元年(一四八九)以来、足利将軍に鷹狩り用として白鷹を献上したといわれ、捕えたタカを飼育し、訓練したのがこの辺りの村人だったという。

三ツ峠の岩場は昭和初年から戦前戦後にかけて、谷川岳とともにクライマーに親しまれた。屏風岩は南面が地蔵ルート、西面に向かって十字クラック、中央ルンゼ、権兵衛チムニーなどの名称が付いた。さらにその北につづいて垂直またはオーバーハングの中央カンテがある。高度差一三〇m、幅七五〇m。ただ、ここでの訓練中に墜落事故で命を落とした若者も少なくない。登り終えた山頂には多くの慰霊碑が立てられている。

三ツ峠山は信仰の山でもある。文政七年(一八二四)から空観上人が数回にわたって参籠し、開山したという。富士急行線の三つ峠駅から登ると大山祇《おおやまづみ》神社、達磨石、八十八大師をお参りしながら行くことになる。屏風岩の下を通り、開運山と木無山の鞍部に出ると、石尊大権現、不動明王などの仏像のほか様々な石碑が立っている。

山頂一帯は四季を通じて高山植物の宝庫である。アツモリソウ、ミツトウゲヒョウタンボク、カイフウロ、コウシュウヒゴタイ、グンナイキンポウゲ、クサタチバナ、シモツケソウなど貴重な植物が多く、季節になるとフジザクラも咲くが、最近の踏み荒らしや盗掘は目にあまる。小屋の管理人や山梨県山岳レンジャー、自然監視員が監視している。

三ツ峠山(御坂山付近から)

登路 大月市笹子から清八《せいはち》峠経由のルート、都留市から大幡川沿いに御巣鷹山に至るルートのほか、富士河口湖町河口から母の白滝経由で木無山に至るルート、カチカチ山ロープウェイ富士見台駅から府戸尾根経由で木無山へのルートなど多くのコースがある。近年、車を利用して旧国道一三七号の御坂峠近くから短時間で登る人も多い。天下茶屋から河口湖側へ旧国道を少し下った後、しばらく林道を登ってから登山道を辿る(約一時間二〇分)。

しかし、富士急行線三つ峠駅からのオーソドックスなルートが一番多い。時間はかかるが変化があってよい（駅から達磨石まで約一時間、八十八大師まで約一時間四〇分、山頂まで約一時間）。河口湖のロープウエーからの府戸尾根は、長いが景色はよいので下りに利用する人が多い。清八峠からJR中央本線笹子駅へ下るのも渋味のあるルートとされる。

地図　二・五万図　河口湖東部

（高室陽二郎）

黒岳　くろだけ　　標高　一七九三m

別称　御坂黒岳

山梨県南都留郡富士河口湖町、笛吹市御坂町、同市芦川町に接している。大菩薩連嶺の黒岳と区別して「御坂黒岳」と呼ばれることもある。富士山を裾野から眺める御坂山地の最高峰である。頂上近くまでブナ、モミなどに覆われているが、北面はスズラン、イチヤクソウ、カタクリの群落をはじめフジザクラ、オオカメノキ、ニシキウツギ、ヤマトリカブト、レンゲショウマなど多彩な植物の宝庫である。山梨県から保護林、鳥獣保護区に指定されているほか、二六〇haのスズラン群生地は天然記念物になっている。三角点のある頂上の展望は樹林が邪魔しているが、すぐ南の切り開きからは富士山の大景を楽しむことができる。主脈の縦走路からは富士はもちろん、北に甲府盆地を隔てて八ヶ岳、奥秩父、南アルプスの展望が歩くごとに姿を変えてくれる。

東の御坂山（一五九六m）との間にある御坂峠は、古くは日本武尊《やまとたけるのみこと》が越えた峠道という。律令時代は官道、鎌倉時代は甲府方面から鎌倉に通じる鎌倉往還で、軍事的、経済的要衝であった。北条勢が築いた砦跡といわれる長い石垣が残っている。峠には茶屋があり、ひところ宿泊も可能で月見客も多かったようだ。写真家の岡田紅陽もここに滞在して四季の富士と対峙した。その御坂の峠越えも、一九三一年に現在の「天下茶屋」のある御坂トンネルが貫通、さらに一九六七年には現在の国道一三七号の新御坂トンネルに姿を変えた。御坂越えは栄枯盛衰の世を感じさせる。

天下茶屋は御坂山や三ツ峠山の登山口でもあり、太宰治が滞在して『富嶽百景』を書いたことで有名。近くには「富士には月見草が

黒岳（河口湖から）

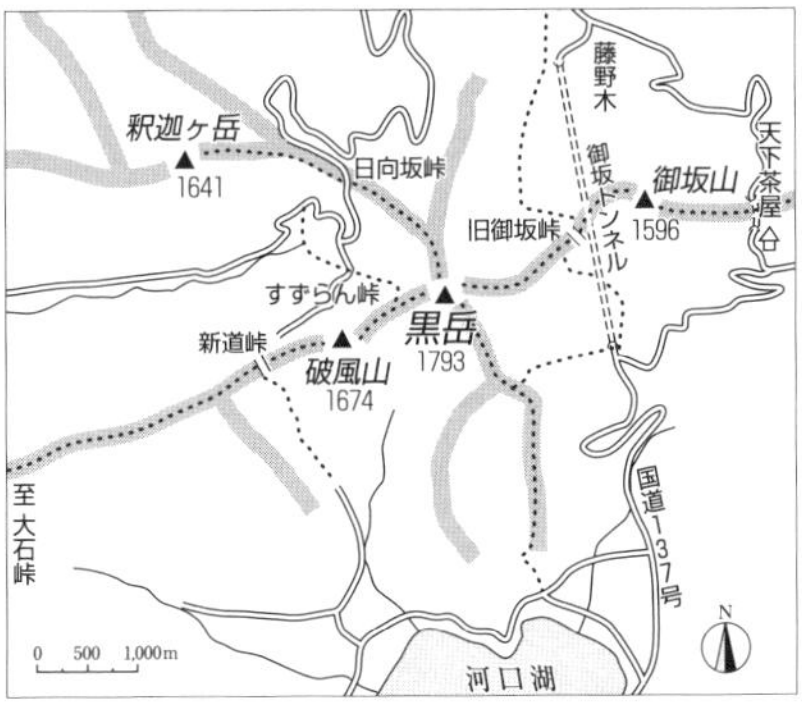

よく似合ふ」の碑が立っている。撰文は井伏鱒二。

登路　黒岳を目ざすルートは東西南北いずれからもとれる。鎌倉往還を歩くなら国道一三七号・笛吹市御坂町藤野木から旧御坂峠まで登り(約二時間)、そこから黒岳に至る(約一時間)。また、釈迦ヶ岳との鞍部の日向坂峠(どんべえ峠ともいう)から黒岳へ直登するのもよい(約一時間)。芦川町からすずらん峠または新道峠へ出て主尾根を辿るのもよいし、東の天下茶屋から御坂山経由で行くのもよい(御坂山までの登り約一時間、黒岳まで約一時間三〇分)。南の国道・新御坂トンネルわきから旧国道御坂峠経由で登るコース、河口湖畔から新道峠、すずらん峠、大石峠などは登り下りいろいろな組み合わせで尾根歩きを楽しむことができる。ただ、いずれの場合もタクシーか車を利用しないと、下りてから長い歩きとなる。

(高室陽二郎)

地図　二・五万図　河口湖東部　河口湖西部

釈迦ヶ岳　しゃかがたけ　標高　一六四一m

別称　檜峰　嵯峨岳　神座山

山梨県笛吹市御坂町と同市芦川町の境にある。御坂山地の主峰・黒岳から北に派生するいわば「御坂北山地」の重鎮である。黒岳との鞍部(日向坂峠またはどんべえ峠)まで舗装の林道が通じており、頂上は南西面に屏風岩があって、樹木も低いので展望がよく人気の山である。

　笛吹市御坂町側の登山口に檜峰《ひみね》神社があり、付近は見事なヒノキの自然林があるほか、フジザクラをはじめ貴重な植物の宝庫として知られる。また、中村幸雄のコノハズクとブッポウソウの違い(ブッポウソウと鳴くのはコノハズク)を発見した場所としても知られ、記念碑が立っている。頂上にはこの檜峰神社の山宮が祀られているので、檜峰ともいわれた。

　御坂山地では、節刀ヶ岳とともに鋭角的で個性的な山容なので、「嵯峨岳」ともいわれ、これが変化して「釈迦ヶ岳」となったという説もある。また、北西にある大栃山も釈迦ヶ岳もそれぞれ「神座山」と呼ぶ説がある。また、山頂西の一般に神座山といわれる一四七四mの山を「黒内ノ頭」と呼ぶなど、この辺りの山名は地元でも複雑だが、いずれも檜峰神社への崇敬によるものらしい。

　地蔵二体が並ぶ頂上はコメツガ、ヒノキの矮樹が少し生えているだけの岩山なので、御坂山地では最高の展望。甲府盆地を眼下にして北に奥秩父、八ヶ岳、遥か北アルプス、西は足下に芦川の谷が大きく広がり、その向こうに南アルプス南部の山々が全部見える。南には黒岳、節刀ヶ岳、王岳など御坂山地主稜の山が連なり、その後ろに富士山が大きい。東には大菩薩連嶺がある。

登路　芦川の谷の林道の途中から釈迦ヶ岳西方の鞍部へ出る登山

道があり、道標がある。雑木林の中の緩い登りを鞍部へ出、最後に岩場交じりの急な西斜面を攀じるようにして頂上に立つ。下りは頂上から樹林の中の急な岩場を東に下り、尾根通しに府駒山を経て日向坂峠（どんべえ峠）の林道へ出る。林道は舗装で、先程の登山口まで下る（林道から登山道に入って頂上まで約二時間。下りは日向坂峠まで約一時間、林道を登山口まで一時間程）。笛吹市御坂町の国道一三七号檜峰神社前バス停から檜峰神社を経由して西の鞍部へ出るルートや、大栃山、あるいは黒岳などを組み合わせてもよい。が、いずれも交通手段の確保が必要。

地図　二・五万図　河口湖西部　（高室陽二郎）

大栃山　おおとちやま　標高　一四一五m

別称　神座山　黒駒富士　富士隠し

山梨県笛吹市御坂町と同市八代町の境にある。北西側の御坂町黒駒から見ると長い裾を引いた端正な姿であることから「黒駒富士」、また富士山をさえぎるため「富士隠し」とも呼ばれる。

山裾の御坂町黒駒地区は、古代の名馬「甲斐の黒駒」の牧があった場所といわれている。甲斐の黒毛の馬は大化年間（六四五－六五〇）以前から都に知られていた。名馬ぶりは、黒駒に乗って空を駆けめぐった聖徳太子の伝説を生んだ。また、山麓は江戸時代末期、二人の侠客が生まれた。北麓の御坂町黒駒に黒駒の勝蔵、西麓の八代町竹居に竹居の吃安《どもやす》。吃安の子分になった勝蔵は、謀られて獄死した吃安の仇を討って大栃山東方にある唐沢山にこもった。明治維新には池田勝馬と名を変え、官軍に加わった。

山頂はミズナラなどに囲まれていて、北と西側だけを望むことができる。春は裾野のモモの花と残雪の南アルプスがすばらしい。

大栃山～一四七四m峰～釈迦ヶ岳にかけては山名が錯綜していて、神座《じんざ》山という名前がこの三つの峰のいずれにも使われる場合がある。古くは一帯が神座山権現の御朱印地であり、特定の峰を指すものではなかった。江戸時代の山境争いや現代の登山ブームが、山名の特定を必要としたため混乱が起きたものと見られる。

登路　国道一三七号の檜峰《ひみね》神社前バス停から同神社へ。ここから西の鳶巣《とびす》峠に出て、稜線を北西に進めば山頂（神社から一時間強）。

地図　五万図　甲府　二・五万図　河口湖西部　石和　（深沢健三）

春日山　かすがやま　標高　一一五八m

山梨県笛吹市境川町と同市芦川町の境にある。御坂山地の黒岳から西に二つの山並みが延びるが、南側が御坂山地の主脈をなし、北側が春日山を含む山並み。間を芦川が区切っている。笛吹市境川町では一帯を春日山と呼ぶ。この山域は山名に混乱が見られ、一二三五mの三角点峰を春日山、あるいは春日沢の頭、崩山と呼んだり、地元では滝戸山北面の呼称である名所山が、地形図ではずっと東の一二三六m峰となっている。

西麓の境川町小黒坂は、甲府盆地に向かって開けていて、俳人の飯田蛇笏・龍太の里。また、深沢七郎『楢山節考』の舞台ともなっている。地形図の春日山は樹林に囲まれ、甲府盆地をかろうじて望むことができる。

登路　境川町から車で入り黒坂峠へ。ここから北西へアカマツの多い登山道を辿って山頂(約二〇分)。

地図　二・五万図　河口湖西部

（深沢健三）

節刀ヶ岳　せっとうがたけ　標高　一七三六m

別称　雪塔ヶ岳　出頂ヶ岳

北は山梨県笛吹市芦川町、南は南都留郡富士河口湖町に接している。どの方角から見ても先が尖っていて、御坂山地では北東にある釈迦ヶ岳とともに盟主に恥じない。すぐ東の大石峠は、日本武尊《やまとたけるのみこと》の東征以来の重要な街道であり、「若彦路」といわれる。「若彦」の名は日本武尊の王子・稚武彦尊《わかたけひこのみこと》からきているともいわれる。最近、この下にトンネルが開通して河口湖と芦川上流を結んだ。東は鎌倉街道の旧御坂峠である。これも古代から甲斐と都、あるいは鎌倉を結ぶ街道の中継地で、峠には戦略上使われたといわれる長い石垣の遺構がある。

主尾根は西へ鬼ヶ岳(一七三八m)、鍵掛峠、王岳、そして阿難坂(女坂)とつづく。阿難坂は古くは中道往還で、この下を国道三五八号の精進湖線が通る。御坂山地は険しく堂々たる山々の連なりだが、節刀ヶ岳を挟んで歴史上重要な往還がいくつも横断している。鬼ヶ岳、十二ヶ岳にかけて尾根は痩せているので、冬の北面は凍って厳しい。

山名については、ホオジロのことをセッチョウというとか、平安時代の恩賜の軍刀を節刀というなどの説がある。雪塔ヶ岳、または出頂(絶頂)が変化したもの、などもあるが定説はない。

節刀ヶ岳(黒坂峠から)

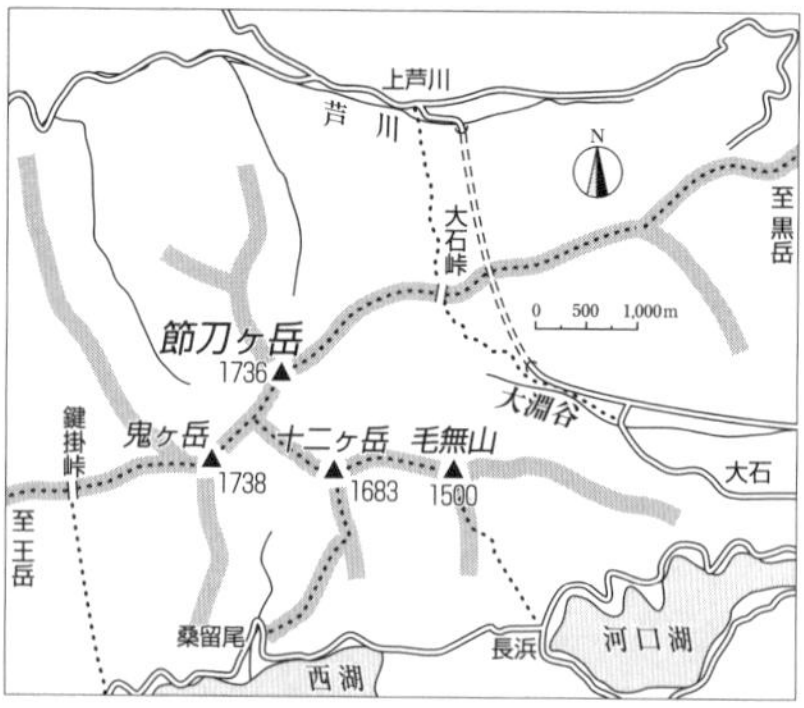

登路　大石峠から登って尾根を辿るのが一番近い。北側からだと芦川町上芦川から登り、南側は河口湖北岸の大石から大石峠に出て頂上へ。いずれも車またはタクシーを利用すると便利(芦川から峠まで約二時間、大石からは約一時間二〇分)。東の黒岳、毛無山、十二ヶ岳などを組み合わせて、変化のあるコースが設定できる。

地図　二・五万図　河口湖西部

（高室陽二郎）

十二ヶ岳　じゅうにがたけ　　標高　一六八三m

別称　鋸岳

山梨県南都留郡富士河口湖町にある。御坂山地のほぼ中央で西湖の北に位置し、鋸《のこぎり》の歯のような鋭峰が連なる。『甲斐国志』に「十二峯櫛ノ如クニ立テリ故ニ名トス十二ヶ岳権現ノ小祠アリ」と出ている。

役小角が登ったという伝説があり、かつては雨乞いが行われていたという。山頂からは見事な富士山を望むことができる。

登路　登山道は二つ。一つは西湖畔の足和田地区にある桑留尾《くわるび》から急な尾根をつめる。もう一つは河口湖西岸の長浜から北の毛無山（一五〇〇m）に出て西進する。このコースは一ヶ岳、二ヶ岳……と十一の岩峰を次々と越えて行く（桑留尾からは約二時間三〇分、長浜からは約三時間一〇分）。

地図　二・五万図　河口湖西部

（深沢健三）

足和田山　あしわだやま　　標高　一三五五m

富士五湖の一つ西湖の南にあり、山梨県南都留郡富士河口湖町と鳴沢村にまたがる。富士山裾野の独立峰で、富士山と青木ヶ原樹海の雄大な眺めを楽しむことができる。山頂は五湖台とも呼ばれ、富士五湖の展望台（いまは木が茂って五つは見えない）。西の稜線上には三湖台、紅葉台などの展望名所もある。

『甲斐国志』は山全体をダンノ山、壇ノ山と表記。ピークを雨乞山、足和田山などとしている。山中の東側に行者屋敷と呼ばれる場所と小さな池があり、山岳信仰と雨乞いの名残をとどめている。愛鷹（足高）山（一五〇四m）、足柄山を合わせて「富士の三足」という。

登路　東海自然歩道が山頂を通っている。鳴沢村の大田和地区から自然歩道に入り、アカマツと雑木の坂を登る。モミの木が点在するようになるとまもなく山頂（約一時間三〇分）。

地図　二・五万図　鳴沢　河口湖西部

（深沢健三）

王岳　おうだけ　　標高　一六二三m

別称　大岳

山梨県甲府市と南都留郡富士河口湖町の間にある。鉄兜のような形に見え、御坂山地の中では節刀ヶ岳、釈迦ヶ岳とともに個性的な風貌で知られる。主脈の尾根は、刈り込みがしてあっておおむね歩きやすい。山頂は樹林に覆われているが、前後は富士山をはじめ奥秩父、南アルプスの展望がよい。とくに精進湖への下りは御坂山地中屈指の展望が開ける。山頂付近はミヤマウズラ、ミヤマモジズリなど高山植物も多い。山頂には「妙見様」の石仏があり、夏は山麓の人たちが詣でる。

一九六六年、台風による豪雨で、四一戸の当時の足和田村根場《ねんば》は土砂崩れのため全戸全壊、東の西湖集落も合わせると一夜にして一〇〇人の死者が出た。北の芦川筋でも一六人の死者を出した。根場、西湖、精進の各地区は村ごと西湖、精進湖の南岸へ移転した。

登路　節刀ヶ岳から鍵掛山、王岳、三方分山と縦走、または精進湖畔へ下りる。あるいは、根場から鍵掛山経由で往復する（根場から鍵掛峠までの登り約一時間四〇分、王岳まで約一時間三〇分。ここから五湖山を経て精進湖まで約二時間三〇分の下り）。

地図　二・五万図　河口湖西部　鳴沢

（高室陽二郎）

三方分山　さんぽうぶんざん　標高　一四二二m

山梨県甲府市と南都留郡富士河口湖町、南巨摩郡身延町にまたがり、富士五湖の一つ精進湖の北に大きく聳え、存在感を示している。山頂から北、東、南の三方に尾根が張り出し、かつて古関、八坂《はっさか》、精進三村の境界になっていたことが山名の由来といわれる。「みかたわけやま」と呼ぶ例もある。山頂の南東側に切り開きがあり、精進湖や大室山、富士山の眺めがよい。

東にある峠は女坂、あるいは阿難坂といい、甲州と駿河の国を最短距離で結んだ中道往還の最大の難所だった。高貴な女性が坂の途中で亡くなり、村人が地蔵を建てて供養したという伝説がある。峠にはいまも首の欠けた三体の地蔵が並んでいる。

登路　精進湖側から登るのが一般的。北岸の精進集落から往時を偲ばせる中道往還の峠道を登り女坂の峠へ。街道の跡らしく歩きやすい道がつづく。峠からは西へ一度下って急坂を登り返すと山頂（約一時間四五分）。精進湖西岸のパノラマ台を経由して山頂までは約二時間一〇分。

地図　二・五万図　市川大門　精進　河口湖西部　鳴沢（深沢健三）

大平山　おおひらやま　標高　一一八八m

山梨県西八代郡市川三郷町と南巨摩郡身延町の境にある。甲府盆地の南、蛾《ひる》ヶ岳と釈迦ヶ岳（一二七一m、御坂山地の釈迦ヶ岳とは別）を結ぶ東西に延びる稜線のやや西寄りに位置し、頂稜は東西になだらかで長い。北側は眺めがよく、足下に芦川の流れ、遠く甲府盆地や奥秩父の山並みを見渡すことができる。南側はアカマツなどが立ち、その間から富士山と竜ヶ岳が頭をのぞかせる。

山頂の東には折門峠、地蔵峠、アンバ峠、八坂《はっさか》峠など、山並みの北（芦川側）と南（反木川側）の村々を結ぶ古い峠道が数多くあるが、いまは一部がハイキング・コースに組み込まれている。

登路　四尾連《しびれ》湖から蛾ヶ岳経由で約二時間一〇分。芦川沿いの市川三郷町向島から八坂峠に登って西へ稜線を辿ると約三時間。

地図　二・五万図　市川大門　精進

（深沢健三）

蛾ヶ岳　ひるがたけ　標高　一二七九m

別称　蛭ヶ岳　昼ヶ岳　蛾眉の山

山梨県西八代郡市川三郷町と、南巨摩郡身延町にまたがっている。第三紀の御坂層からなる。甲府盆地の南の縁にあって、盆地の反対側の奥秩父、八ヶ岳、西の南アルプスをはじめ、南東の富士山の眺望もすばらしい。中腹に富士八湖の一つ四尾連《しびれ》湖があり、付近は史跡も豊富、交通の便もよい。

『甲斐国志』によると、蛾ヶ岳は「南の鎮め」といい、武田信虎の居城である甲府市の要害城から見て、この山の真上に太陽が来る時が正午であったことから「昼ヶ岳」といった。また、山頂北面に山蛭が多いことから「蛭ヶ岳」ともいわれた。見る場所によっては、中国の峨(蛾)眉山に似ていることから「蛾眉の山」ともいわれる。現在は「蛾ヶ岳」が定着している。

山頂から東へ大平山、三方分山を経て精進湖に至るルートは、古く富士登山道に通じていた。山頂西側の四尾連湖は周囲二km、裂開陥没湖(または火山マール)で、竜が棲んでいたという伝説があり、湖畔に竜神堂が建っている。近くには子安神社や天然記念物の大檜がある。湖は静寂で水は透明、地元では、冷たくて手がしびれるのでこの名が生まれたという。周辺は山梨県立自然公園に指定されている。戦国時代の狼煙《のろし》場跡もあり、一帯は史跡が多い。湖の西には人工降雨実験施設がある。

南面は秘境といわれるいくつかの集落が点在し、戦時中は山頂直下まで開拓が行われたが、現在は記念碑が残るのみである。

登路　市川三郷町市川大門から四尾連湖までの車道は全部舗装で、湖畔の駐車場から歩きやすい登山道が山頂に通じている(約一時間四〇分)。市川大門の本町から途中の烽火台跡での展望を楽しみながら四尾連湖までは、手入れされていて歩きやすい(約二時間三〇分)。山頂から釈迦ヶ岳(約一二七一m)、三方分山を経て精進湖への道は距離が長いし、帰りの交通手段の手当も必要。JR身延線久那土《くなど》駅までは、これも距離が長い。

地図　二・五万図　市川大門

（高室陽二郎）

烏帽子岳　えぼしだけ　標高　一二五七m

山梨県南都留郡富士河口湖町にある。富士五湖のうち精進湖と本栖湖をこの山が区切っている。『甲斐国志』には「本栖村ノ北ニアリ形ニ因リテ名ヲ得タリ」と書かれ、尖った山容が烏帽子に似ていることから山名になった。

なお、三方分山の北東にも烏帽子山(一一六一m)がある。

御坂山地は三方分山で九〇度曲がり、南に向きを変えて天子山地に繋がっていく。烏帽子岳はその支脈上にあり、北のパノラマ台と並んで富士山や湖の展望に優れている。また南東の城山は、中世に造られた砦の跡。中道往還を俯瞰する位置にあり、石塁や堀の遺構が残っている。

登路　精進湖西岸からパノラマ台、烏帽子岳を経て本栖湖北岸の国道三〇〇号中之倉トンネル東口に出るのが一般的である(精進湖から烏帽子岳まで約一時間二〇分、烏帽子岳から本栖トンネルまで約四〇分。逆コースは約二時間二〇分)。

地図　二・五万図　精進

（深沢健三）

竜ヶ岳　りゅうがたけ

標高　一四八五m

山梨県南巨摩郡身延町と南都留郡富士河口湖町の境界。山頂のすぐ南西は静岡県富士宮市と身延町との境界。元旦にはこの山頂と富士山頂の延長線上から太陽が昇るので「ダイヤモンド富士」として知られる。二〇〇〇年を機に登山道が大々的に整備され、登り始めの森林帯も上部のスズタケの斜面も、ヤブこぎの苦しさはなくなった。朝霧高原からせり上がる富士山の美しい雄大さは息をのむばかりである。途中に休憩所もあり、北に御坂の山から西へ南アルプス、南は箱根の山、駿河湾の大展望が開ける。

この辺り一帯、霧が多く湿度が高く隣に雨ヶ岳がある。竜ヶ岳は昔、本栖湖に棲んでいた竜が富士の噴火による熱さのため逃げ出して来たという伝説がある。

登路　本栖湖南東の岸辺から登る。前半の森林帯、後半のスズタケのジグザグを根気よく登る（二時間三〇分程）。南西岸からの端足《はした》峠経由でもほぼ同じ時間。南の富士宮市根原のA沢貯水池からは東海自然歩道と林道を使い分けながら端足峠経由でこれもほぼ同じ。ただ、積雪や霜の時はスリップに注意。

（高室陽二郎）

地図　二・五万図　精進

雨ヶ岳　あまがたけ

標高　一七七二m

静岡県富士宮市と山梨県南巨摩郡身延町にまたがる。富士山の西側に連なる天子山地の北に位置する。本栖湖の南の竜ヶ岳から延びる尾根が本栖湖の西岸から南に延びる尾根と合流する地点である。ここからほぼ南へ高デッキ、毛無山と天子山地がつづいている。

山名は、山頂に雲が懸かっていることが多いことや、隣の竜ヶ岳とともに雨乞い信仰による命名などの諸説がある。

雨ヶ岳の北の沢は本栖湖に注ぎ、東の沢は富士山の火山灰や溶岩の下に入って伏流水となり、やがて芝川となる。西ノ沢は栃代川、常葉川、下部川と合流して富士川へ注ぐ。静岡県側が短い沢で、しかも末無川のような形で標高九〇〇mくらいで地表上は終わるのに対して、山梨県側では深い谷となって標高一五〇〇mくらいまで落ちていっている。

東麓は、東から富士山や寄生火山の溶岩が押し寄せ、その上に火山灰（ローム層）が積もっているが、雨ヶ岳を含む天子山地はフォッサマグナの南部に属するもっとも古い地層・古関《ふるせき》川層であり、山体はその上に載った火山とされる。

東麓の富士宮市根原の集落から端足《はした》峠を経て登っていくと、フジザクラ、ミツバツツジなどが見られる。途中の急傾斜地ではブナやミネカエデの大木の群生もあり、山頂付近から南の高デッキにかけてササとダケカンバが多い。

登路　東麓の根原の集落からA沢貯水池を経て端足峠に出て登るか、静岡・山梨県境の割石峠から東海自然歩道を経て端足峠に出る。ここからは竜ヶ岳から来る尾根に出た後、尾根歩きで、所々深いササを分けながら緩く広い山頂に至る（根原から約三時間、隣の高デッキまでは往復約一時間三〇分）。山頂からは正面の富士山の展望がよい。

また、南の毛無山から県境尾根を辿り、高デッキ経由で山頂に達することも可能である。山梨県側からは本栖湖の南西岸から端足峠に出て、静岡県側のルートと合流して登ることができる。

地図　二・五万図　精進

（有元利通）

毛無山　けなしやま

標高　一九六四m

別称　大方山《おおがたやま》

静岡県富士宮市と山梨県南巨摩郡身延町下部との境に位置し、天子山地の最高峰である。山名は、山頂や山稜がササやカヤトに覆われ、樹木がないように見えるところにちなむ。富士宮市側の麓集落から金山沢沿いに、また身延町下部側の湯之奥集落から地蔵峠に至る途中には、戦国時代（今川家や武田家による統治）から江戸時代にかけて盛んだった金採掘跡があり、現在、下部には湯之奥金山資料館がある。

山頂から北東への稜線は雨ヶ岳へ、そして南へは長者ヶ岳、天子ヶ岳方面へ繋がり、静岡・山梨両県の境をなしている。山地からの主な沢筋は下部側に多く、栃代川や雨河内川などに集まった水は温泉場で合流し、下部川となって富士川に注ぐ。

毛無山地は、第三紀中新世前期の西八代層群古関川累層（二五〇〇万年前〜一五〇〇万年前）と一之瀬累層からなる古い地層である。岩石としては、凝灰角礫《ぎょうかいかくれき》岩や凝灰質砂岩が多い。

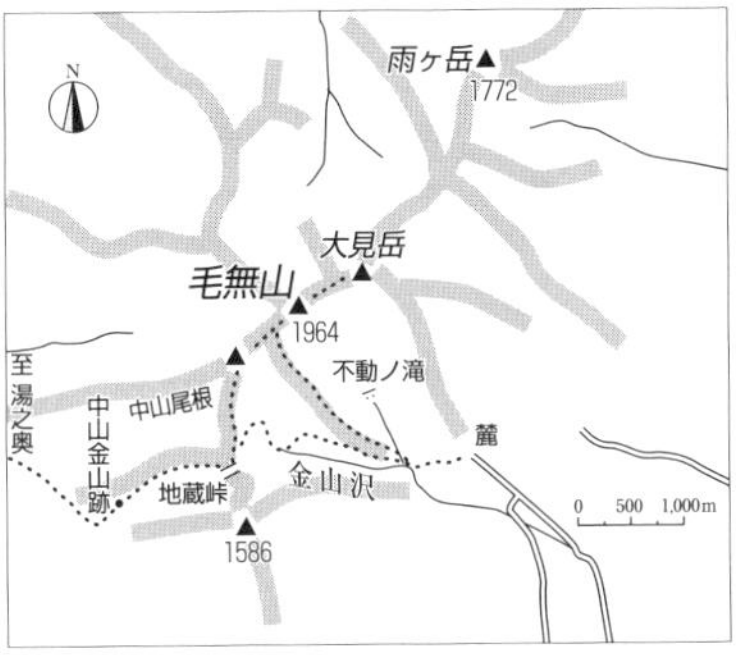

毛無山（中央）（富士宮市内から）

おおむね一〇〇〇m以上は自然林で、林床は比較的明るい。落葉広葉樹ではミズナラ、カエデ類、ブナ、ダケカンバ、ナナカマドなどが、針葉樹ではコメツガ、ウラジロモミなどが混在する。春はトウゴクミツバツツジなどのツツジ類やヤマボウシなどが、また夏から秋にはイワカガミ、コオニユリ、シシウド、シモツケ、マルバダケブキ、メタカラコウ、ヤマトリカブト、アキノキリンソウ、フジアザミなど、数十種類の花を楽しむことができる。

登路　富士宮市側の麓集落からは、金山沢沿い（増水時注意。また小崩れ多く足元にも注意）に地蔵峠を経て頂上へ至るコースと、急登であるが不動ノ滝展望台のある小尾根コースが一般的である（頂上までいずれも約三時間三〇分）。

身延町湯之奥集落からは、林道から山の神や中山金山跡を経て地蔵峠に至り、そこから頂上を目ざす約四時間のコースがある。頂上では、東側に開ける小草原の草花や富士山の眺望がよい。林道は冬期間閉鎖することがあるので、下部支所に問合せを要す。

（若林和司）

地図　二・五万図　人穴

天子ヶ岳　てんしがたけ　標高　一三三〇m

別称　天守《てんしゅ》ヶ岳　きりう山

長者ヶ岳　ちょうじゃがたけ　標高　一三三六m

静岡県富士宮市と山梨県南巨摩郡南部町の境界をなす天子山地に位置する。天子ヶ岳の北に長者ヶ岳が繋がる。

二つの山名の由来は、山麓に伝わる炭焼長者伝説による。すなわち「都の高貴な（天子の）姫が、夢のお告げで猪之頭に住む炭焼の藤次郎の妻になった。仕事に精を出した藤次郎の家は盛え、炭焼長者といわれた。晩年、姫が亡くなった時、遺言どおり現在の天子ヶ岳山頂に冠とともに埋葬された」といわれることによる。また天子ヶ岳には、南方からの山の姿が天守閣に似ているので「天守ヶ岳」という別称があり、それが天子ヶ岳に転訛したとの説もある。

山体は第三紀中新世、中・後期の海底火山噴出物の安山岩、玄武岩、凝灰岩などを主体に、砂岩や頁岩などの堆積岩層と互層をなしている。しかし、天子ヶ岳と長者ヶ岳の尾根筋は、貫入してきた石英閃緑岩が現れている。

天子山地は地層が古く植物種も多い。ユキザサ、エンレイソウ、バイケイソウ、モミジガサなども多く見られる。標高九〇〇m位から上部は自然林で、伝説に絡むヨウラクツツジ（サラサドウダン）やシロヤシオ（ゴヨウツツジ）などのツツジ類が多く見られ、春の花期は見事である。また、尾根を中心にブナ、ヒメシャラ、ミズナラも見られ、新緑や紅葉が美しい。山頂からの眺望は、長者ヶ岳では富士山側が優れていて、大沢崩れを正面に見ることができる。天子ヶ岳では高木が多く、眺望はよくない。山頂から少し南へ下った所に石祠がある。

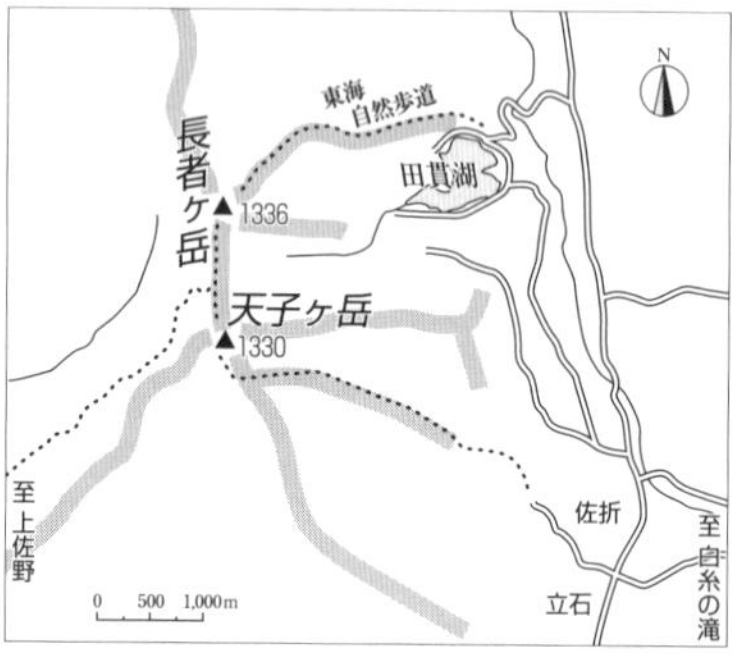

登路　田貫湖北側の尾根上にある東海自然歩道を登り、約二時間で長者ヶ岳山頂に到着する。南へつづく尾根を少し下り、次に登り切った所が天子ヶ岳である。約四五分を要す。白糸の滝に近い立石から天子ヶ岳を経て長者ヶ岳へ、また、山梨県側の南部町上佐野から天子ヶ岳の登路もある。

（若林和司）

地図　二・五万図　富士宮　人穴　上井出

三石山　みついしやま　標高　一一七三m

山梨県南巨摩郡身延町と南部町にまたがる。富士川南部の左岸は、天子山地の毛無山から派生した一〇〇〇m台の山並みが富士川と並行して南に延びている。三石山は、その北部にひっそりとたたずんでいる。

　山頂に三つの大きな岩があり、山名となった。これを信仰の対象とした三石大明神を祀った奥社が建っている。地形図にも鳥居と建物の記号がある。江戸時代には雨乞いに山麓の人たちが登った。登山道はいまも地域の人たちが毎年、手入れをしていて整備されている。

登路　JR身延線身延駅の北から桑柄《かがえ》川に沿って大崩《おおくずれ》集落へ。ここから登山道となり、尾根に出たら稜線沿いに進む。三石峠に展望台があり、富士山、南アルプスを望むことができる。岩が多くなり、最後のやや長い登りを終えると奥社に出る（身延駅から約三時間二〇分。大崩まで車で入れば約一時間五〇分）。

地図　二・五万図　身延　南部　上井出　人穴

（深沢健三）

思親山　ししんざん

標高　一〇三一m

別称　牛山

山梨県南巨摩郡南部町にあり、富士川左岸に南北に長い姿で横たわっている。西面は県有地でスギやヒノキの植林地。林業の盛んな山梨県南部にあって有数の美林を誇っている。

　鎌倉時代、身延山に籠った日蓮が、山頂から父母の住む安房小湊の方角を日夜拝んでいた。その方向に聳える山があり、「思親山」と呼ぶようになったという。別称の「牛山」はのっそりした山の姿から付いた。山頂は広く野芝に覆われ、富士山や静岡県富士市の製紙工場群、沼津市の千本松原、駿河湾、伊豆半島が一望できる。

　登山口の南部町内船、JR身延線内船駅は「うつぶな」と読み、古刹の内船寺は「ないせん」と読む。

登路　JR身延線内船駅から歩く。内船寺の先で右の林道に入り、竹林や植林地の舗装道路を長い時間行く。佐野峠に出たら南に折れて東海自然歩道を南下。登下降を繰り返して山頂に着く（内船駅から約三時間一〇分。佐野峠まで車で入れば四五分程）。

地図　二・五万図　南部　上井出

（深沢健三）

房総丘陵

大福山　だいふくやま(ざん)　　標高　二九二m

別称　冑山《かぶとやま》　権現山

千葉県市原市に位置する。山名は大福餅に似た山容にちなむ。

登路　もっとも一般的なのは、小湊鉄道の上総大久保駅を起点とし、西方向に約一・二km歩いて大久保線を辿る(登る)ルートである。上古屋敷で林道女ヶ倉線に合すれば、まもなく展望塔、また休憩舎や日高誠実顕彰碑がある。少し先で右に登ると日本武尊《やまとたけるのみこと》を祭神とする白鳥神社が鎮座する山頂である(駅から約二時間)。

帰路は、新緑、紅葉いずれの時期も梅ヶ瀬渓谷に下ると、景勝を楽しみながら小湊鉄道養老渓谷駅に向かうことができる。

地図　二・五万図　大多喜　久留里　　(山本佗介・高橋琢子)

石尊山　せきそんざん(さん)　　標高　三四八m

千葉県君津市と夷隅郡大多喜町にまたがる。山頂には山名の由緒をうなずかせる大小三つの阿夫利神社の石祠、参道の石段、三角点があり、東側の肩には二本の電波塔がある。

登路　JR久留里線上総亀山駅からデマンドタクシー(土・日・祝日休み、要予約)か車で七里川温泉へ。温泉のわきが登山道入口で、農道から樹林帯の窪んだ道を登る。傾斜が緩くなり、「石尊山表登山道」の標識に従い左に行く。山頂方面への標識上部の古びた参道を登ると木々に囲まれた山頂に達する(約四〇分)。

地図　二・五万図　上総中野　　(山本佗介・山本哲夫)

三石山　みついしやま　　標高　二八二m

千葉県君津市草川原に位置し、山名は山頂の巨岩に由来する。植生も豊富で、「養老渓谷・奥清澄自然公園」として県指定を受けている。

登路　JR久留里線上総亀山駅が起点で、登山口まで約二〇分である。後は舗装された単調な表参道を一時間余辿ると三石山観音寺に着く。本堂にのしかかる巨岩はたしかに奇景で、海運や縁結びに霊験あらたかな十一面観音を本尊とする。背後の狭い岩道を登りつめると奥の院の小祠がある山頂に出る。眺望はなかなかよい。

帰途は片倉ダム(笹川湖)に下り、亀山湖からJR上総亀山駅に戻るコースを勧めたい。周辺はシダ類の宝庫である。

地図　二・五万図　坂畑　　(山本佗介・山崎完治)

清澄山　きよすみやま　　標高(妙見山)　三七七m

千葉県鴨川市清澄に位置する。単独の一峰ではなく、妙見山(摩尼山、天富山)、露地山、金剛山、富士山(浅間山、仙元山)、独鈷《とっこ》山《さん》、如意山、宝珠山、鶏莽山《けいもうさん》(鶏毛山)の、いわゆる「清澄八山」の総称である。

この山の名があまねく知られているのは、山上に名刹千光山清澄寺があることによってである。

縁起によると、奈良時代の宝亀二年(七七一)に旅僧が柏の老木で自刻した虚空蔵菩薩像を小祠に安置したのが開創とされる。平安時代には慈覚大師が天台密教を伝えて中興の祖となった。江戸時代になり、元和二年(一六一六)、徳川家康の帰依を受け、寺領を与えられて再興し、真言宗に改宗した。また、醍醐寺三宝院の別院となり、菊花の紋章が許され、関東三門跡の一つとなった。

日蓮は天福元年(一二三三)、一二歳の時この寺に入り、道善阿闍梨を師として一六歳で出家得度し、延応元年(一二三九)まで勉学と修行に励んだ。その後、鎌倉に、次いで比叡山、京都、高野山、奈良に十余年遊学したが、ついに法華経こそ真実の仏法であるという結論に到達して清澄寺に戻り、三二歳の建長五年(一二五三)四月二八日、寺内で初めて立教開宗を説いた。ただし、清澄寺が日蓮宗に帰属したのは意外に遅く、昭和二四(一九四九)年である。

清澄山(妙見山山頂)

文化財も多く、明徳三年(一三九二)在銘の梵鐘、応永一四年(一四〇七)在銘の石造宝篋印塔、同三一年(一四二四)在銘の石幢、正保四年(一六四七)創建と伝えられる中門、一九二三年に日蓮銅像の建立工事中に発見された旭森経塚遺物は県指定を受けている。

清澄山には、東京大学農学部付属千葉演習林(二一七一ha)がある。南面の山林は、以前は寺領だったが一八七一年に境内を残して官林となり、一八九四年に演習林となった。また、北面の山林も川越藩の所領から一八七一年に県有林となり、一八九八年に演習林に編入された。高温多湿のため、天然林、人工林、見本林、展示林、試験林では木々がよく成長している。

登路　JR外房線安房天津駅が起点で、駅前からバスを利用すれば、二〇分足らずで清澄寺参道口の停留場に着く。しかし、徒歩で登りたい場合は、初めから県道八一号を歩くことになる。かつては坂本集落から本沢林道を登るルートもあったが、現在は荒廃している。

清澄寺の寺域に入り、左側の石段を旭が森へ登れば日蓮の巨像が立ち、東に太平洋を望むことができる。広い境内に下ると、「千年杉」と呼ばれ、国指定の天然記念物の大スギ(樹高約四七m、根回り約一七・五m)が聳える。また、県指定の天然記念物のモリアオガエルが生息する池も一隅にある。

大堂（摩尼殿）左奥の坂道を一〇分程登ると妙見山頂上で、清澄全山の最高所でもある。妙見宮があるが、眺望は利かない。

地図　二・五万図　安房小湊　（山本佗介・吉野　聡）

元清澄山　もときよすみやま

標高　三四四m

千葉県鴨川市と君津市にまたがり、清澄寺発祥の地といわれる。

登路　清澄山と同じくJR外房線安房天津駅からバスに乗り、清澄バス停で下車する。四〇〇m程戻り、関東ふれあいの道に入る。まず郷台畑への平坦な林道を四・七km歩くと登山口があり、元清澄山まで二・七kmの標示がある。モミ、ツガの多い自然林の中を辿る。急な階段や痩せ尾根を進めば山頂に到着。眺望はないが、三角点、大山神社の石祠、関東ふれあいの道の碑などがある。下山路は金山ダムのバス停まで五・五kmであるが、登り下りの繰り返しで意外と時間がかかる。二〇一五年三月現在、崩壊で通行困難。

地図　二・五万図　安房小湊　上総中野　坂畑　鴨川　（山本佗介・吉野　聡）

鹿野山　かのうざん

標高　三五二m
最高点　三七〇m

千葉県富津市、一部は君津市に属する。千葉県で三番目に高い山で、上総地方の最高峰である。鹿野山とは白鳥峰《しらとり》、熊野峰、春日峰の三峰の総称である。山上には聖徳太子創建とされる鹿野山神野寺《じんやじ》、日本武尊《やまとたけるのみこと》を祀る白鳥神社があり、また、文人墨客の訪れも多く、紀行文や詩歌を残している。一九六六年に国土地理院の鹿野山観測所が設置され、地磁気、天文、重力などの常時測定と調査研究が行われている。地域内には一等三角点、一等水準点もある。

登路　JR内房線佐貫町駅からバスが神野寺まで通じているので、歩かずに登ることができる（約三〇分）。

地図　二・五万図　鹿野山　鬼泪山　（山本佗介・諏訪吉春）

高宕山　たかごやま

標高　三三〇m

千葉県富津市と君津市との境にある。国指定天然記念物の野生ニホンザルの生息地として知られる。県立「清和県民の森」に属しているわりには交通の便がかなり悪い。

登路　高宕第一トンネルの手前に登り口がある。約二〇分で石射《いしい》太郎の肩に出る。市界尾根を一時間余り辿った後、岩壁直下の高宕観音堂に着く。さらに奥の院（山頂）へは約二〇分を要するが、最後は梯子を使ってよじ登る。下山は国道四一〇号の奥畑を目ざす。木更津、君津からもバスの便は悪く、往路の植畑上郷、復路の奥畑ともにマイカーが便利。

地図　二・五万図　鬼泪山　坂畑　（山本佗介・三木雄三）

三郡山　みこおりやま

標高　三三〇m

千葉県鴨川市（旧長狭郡）、君津市（旧周淮《すえ》郡）、富津市（旧天羽郡）にまたがるところから三郡山と呼ばれるが、地図には山名も標高も記載されていない。

登路　安房高山と同じく、長狭《ながさ》街道の十字路から国道四一〇号を北上し、旧三島トンネル口から左へ林道横尾線を歩く。約四〇分で大幡線の分岐を過ぎるとすぐに登り口がある。一〇分程で南斜面にスギの植林された明るい稜線に出る。少し進んでから右手の林の中へ踏み跡を辿ると、山頂を示す標識が立てられている。

地図　二・五万図　鴨川　金束

（山本佗介・岩尾富士夫）

安房高山　あわたかやま（あわんたやま）　標高　三六五m

千葉県鴨川市と君津市にまたがる。県内では第五位の標高を持ち、長狭《ながさ》平野からもよく眺めることができる山であるのに、地図には山名が記載されていない。

登路　国道四一〇号の長狭中学校（長狭学園）側から北上し、途中、右にそれて旧三島トンネル（閉鎖）南口まで登る。右手へ林道高山線を約三〇分辿ると、梵《ぼん》字を刻んだ石碑が数基並び、そのわきに登山口がある。一〇分程で三つの石祠に出て、尾根道を進むと山頂に着く。山頂はNTTの電波反射板に占められているが、後ろの高みに三角点の標石がある。南方には嶺岡浅間、愛宕山、二ツ山（三七六m）が指呼される。

地図　二・五万図　鴨川

（山本佗介・岩尾富士夫）

愛宕山　あたごやま　標高　四〇八m

千葉県鴨川市平塚に位置する。千葉県でただ一つ四〇〇m台の標高を持ち、県内の最高峰である。山上には愛宕神社が祀られているところから愛宕山と呼ばれる。南麓一帯は古くから軍馬や乳牛の牧場が開かれ、県史跡「日本酪農発祥の地」に指定され、現在も「千葉県酪農のさと」がある。

登路　国道四一〇号の大井分岐から、さらに林道嶺岡中央一号線を約二㎞歩く。ただし、山上は航空自衛隊が基地として占有しているため、あらかじめ許可を得ていないと立ち入ることができない。

地図　二・五万図　鴨川　金束

（山本佗介・柳川しげよ）

嶺岡浅間　みねおかせんげん　標高　三三五m

千葉県鴨川市に位置する。嶺岡山系の主峰といってよい山であった。しかし、北面が採石のために大きく削り取られてしまって、かつての標高（三六一m）を失い、南側も通称「嶺岡スカイライン」（林道嶺岡二号線）が山頂のすぐ近くを走っている。

登路　長狭《ながさ》街道の主基《すき》から入り、まず白滝不動尊を目ざす。境内の奥からしばらく急登すると、三つの石尊祠に納まった異様な石の天狗面に出合う。さらに登りつづけて山頂に達すれば、浅間神社と傍らに三角点の標石がある（主基から約二時間）。

地図　二・五万図　鴨川

（山本佗介・山口文嗣）

高鶴山 たかつるやま

標高　三二六m

千葉県鴨川市畑、曽呂谷の奥に位置する独立峰である。高鶴の「鶴」は、湿地や流水を意味する「つる」の当て字らしい。

登路　南西麓の橋本の東善寺わきからのルートがもっともよく使われている。ナツミカン畑を後に、急坂を登り切ると三〇分程で竹の茂る鞍部の十字路に出る。左手の鳥居を少し行けば、焼失した古峰神社跡があるが、山頂へは右手の道をとる。倒木の多い道を約二〇分登ると山頂である。小さな石尊祠があり、天狗の面が奉納されている。南は烏場山、後ろの土手の上からは嶺岡山系や富山方面を望むことができる。帰途は鞍部まで戻り、北側に下れば貯水池を経て風早に出られる。

地図　二・五万図　鴨川

（山本佗介・三木雄三）

鋸山 のこぎりやま

標高　三二九m

別称　妙金《みょうかね》山　明金《みょうがね》山　元名《もとな》山　保大《ほた》山　限《かぎり》山

千葉県富津市と安房郡鋸南町にまたがる。上総、安房両国を境する房総丘陵の西端に聳え、鹿野山、清澄山とともに千葉県の代表的な名山として、「房総三山」の一つに数えられている。

山名はそばだつ山稜が鋸《のこぎり》の歯のように見える特異な山容による。浦賀水道を行き交う船上からも絶好の目印となる。

また、硬い凝灰角礫岩からできているので、江戸時代から長年にわたって「房州石」、または「金谷石」と呼ばれて建築用石材として切り出されたため、その跡が大絶壁として残り、奇観を呈している。

保田側には乾坤山日本寺がある。聖武天皇の勅願により神亀二年(七二五)、行基が開創したと伝えられる寺で、本尊は薬師瑠璃光如来、宗派は法相、天台、真言を経て、寛永以後は曹洞禅寺となった。往時は七堂十二院百坊が建ち並び、壮大な規模を誇ったというが、南北朝時代に兵火で焼け、天明ごろに再建された本堂も一九三九年に失火で焼け、現在は再建中である。

山上から南面にかけては日本寺の境内で、第九世高雅愚伝禅師が安永九年(一七八〇)に発願し、上総の名工大野甚五郎とその門弟たちが二〇年前後を費やして刻んだといわれる千五百羅漢の石像群が風食洞窟に安置されている。また、四年にわたる工事で一九六九年に復元された日本最大の大仏(総高三一・〇五m、石造)もある。

鋸山(地獄のぞき)

登路　JR内房線で浜金谷駅、または東京湾フェリーで金谷港に着き、金谷側から登る時はロープウエーが利用できる。山麓駅からわずか三分余で山頂駅に達し、後は山頂展望台に向かえばよい。また、保田側からは山上まで有料車道が通じている。

徒歩で登ろうとするには、JR内房線保田駅から行く日本寺の表参道もあるが、浜金谷駅からの二つの登山路をすすめたい。

(1)　ロープウエー山麓駅の少し先の右手に登り口があり、ほとんど石段ばかりがつづく坂道で、最後に山頂駅のすぐ横に出る。一本調子の急な登りで、近ごろは使う人の少ない古い道であるが、それだけに静かで気分がよい(登り口から約一時間二〇分)。

(2)　浜金谷駅から金谷川を渡り、内房線の下をくぐった後、標示に従って登山口から取りつく。急な階段を登り切ると観月台である。少し下ってまた登り返し、丁字路で左に石切場(約一〇分)への道を分け、右へ進むと石切り跡の絶壁が眼前にそそり立つ。北口管理所で拝観料(鋸山は日本寺の境内のため入山は有料)を納める。百尺観音が左側にあり、その先で切り通しを抜けると明るい稜線に出る(登山口から約一時間三〇分)。

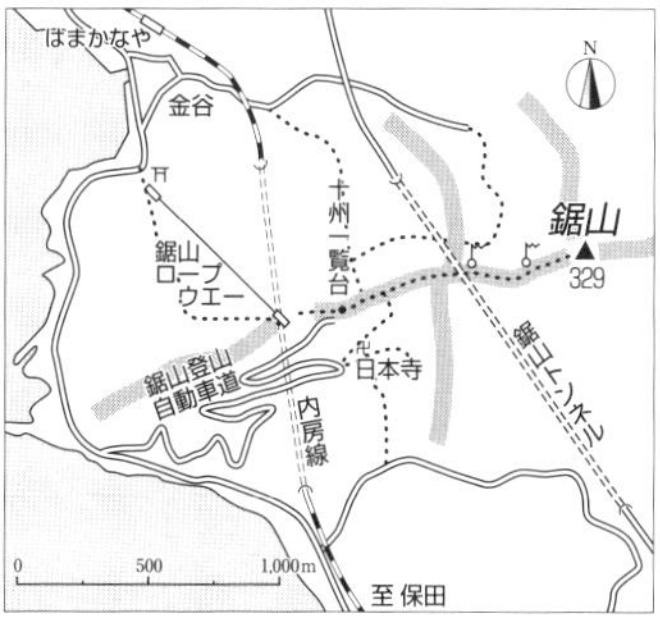

右の道を行き、石段を登れば浅間神社のある十州一覧台である。逆戻りして階段をひと登りすると山頂展望台に着き、休憩所がある。すぐ前の「地獄のぞき」という空中に突出した岩場は、スリルがあり、鋸山随一の名所といえよう。

この後、一般ルートではないが、東京電力の巡視路を辿り、NTT、次に千葉テレビのアンテナを過ぎると、その少し先の高みに三角点、菱形基線測点が置かれた山頂に着く(往復約一時間四〇分)。帰途は日本寺を経て、そのまま保田駅に出ればよい。

地図　二・五万図　保田

(山本佗介・諏訪吉春)

富山　とみさん　標高　三四九m

千葉県南房総市富山《とみやま》地区に位置する。山名は古代に阿波忌部《いんべ》の一族を率いて東上し、総《ふさ》の国を開拓した天富命《あめのとみのみこと》がこの地で逝去したという伝承にちなむという。

なによりも富山の名を広く世間に知らせたのは、曲亭馬琴の大作『南総里見八犬伝』が発端で、父里見義実の戯れ言から伏姫が飼い犬の八房とともにこの山(作中では「富山《とやま》」)にこもったことによる。

どこから遠望しても、すぐに分かる特色のある双耳峰で、それぞれに観音堂、金比羅堂があることから、南峰は観音(峰)、北峰は金比羅(峰)とも通称されている。

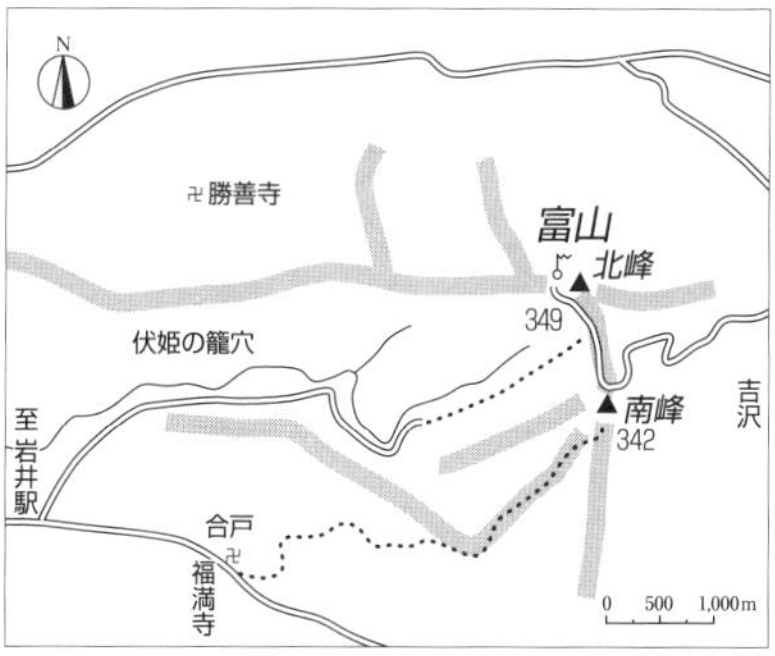

登路　JR内房線の岩井駅が起点で、県道二五八号を約二km歩くと、「富山表参道」の古い石標があり、その奥の福満寺の右手から登る。約一時間で南峰に着く。仁王門は礎石だけが残り、観音堂も仮堂が建つのみである。かたわらに巖谷小波の

「山高きが故に尊からず、この山馬琴の麗筆によりてその名永《とこしえ》に高く尊し」の詞碑が立つ。

南峰の東側を巻き、吉沢からの舗装路を右に合わせる鞍部から階段をひと登りすれば北峰である(約一五分)。金比羅堂の背後の茂みに三角点がある。十州一覧台と呼ばれる広々とした明るい草地は眺望が利き、展望台やベンチもあって休憩や食事に適する。

帰路は鞍部まで戻り、西側へ急な坂道を下ると、やがて舗装された車道となり、途中で伝説の「伏姫の籠穴《こもりあな》」にも立ち寄ることができる。

地図 二・五万図　保田　金東　（山本佗介・諏訪吉春）

伊予ヶ岳　いよがたけ　標高　三三六m

千葉県南房総市富山《とみやま》地区の平群《へぐり》に位置し、富山《とみさん》とは約三kmを隔てて東西に対峙している。山頂は房総の山としては数少ない岩峰で、そのためか、千葉県内では珍しい「岳」の付いた山名を持っている。

山裾の平群天神社は南北朝時代の文和二年(一三五三)に京都の北野天神を勧請し、この地の鎮守としたものとされるが、社殿の背後に伊予ヶ岳が聳えていることや、天狗の伝説も多いことからも山岳信仰の名残がうかがえる。また、参道の樹齢千年といわれる「夫婦楠」の老大木も、この神社の歴史の古さを偲ばせる。

登路　JR内房線岩井駅から登山口の天神郷《てんじんごう》までは徒歩で約二時間かかる。市営バスも走っている。ダイヤを確認のこと。大鳥居をくぐり、平群天神社の左手の道を辿る。次第に登りになり、途中、富山方向への道が左に分岐する。約四〇分で尾根筋に出ると、休憩用のベンチがあり、嶺岡中央林道と分かれる。ここから鎖やロープが取りつけられた急坂となるが、一〇分程の登りで山頂(南峰)に着く。西側が直壁となってそそり立つ露岩の山頂は、眺望を遮るものがまったくない。ことに富山の双耳峰は眼前である。三角点の標石は細い道を一〇分程で行くことのできる北峰にある。

下山は同じ道を戻ることになるが、前記の分岐からいったん下り、吉沢側からの富山の登山を兼ねてもよい。

地図 二・五万図　金東　（山本佗介・三木雄二）

御殿山　ごてんやま　標高　三六四m

千葉県南房総市富山、丸山、三芳地区にまたがる。日本武尊《やまとたけるのみこと》がここに御殿を構えたという山名の伝承がある。頂上のマテバシイの樹冠が、遠望すると乳房のような特異な山容に見える。

登路　北側の山田中から登るルートが一般的といえる。畑塩井戸線、林道御子神線を利用するルートもあるが、南側ルートは公共交通機関が廃止されたため不便。頂上は前記の大木、二つの石祠、三角点、東屋があり、南方の展望がよい(いずれも約二時間)。

地図 二・五万図　金東　安房古川　（山本佗介・三木雄二）

矢倉岳　やぐらだけ　　標高　八七〇m

別称　和《わ》乎《お》可《か》鶏《け》山《やま》

神奈川県の西部、南足柄市、足柄上郡山北町と静岡県駿東郡小山《おやま》町との境に位置する。

山体は足柄層群に貫入した石英閃緑岩からなっている。尾根つづきで箱根外輪山の金時山に連なっている。

植生はスギ、ヒノキの植林が山頂付近までつづき、尾根筋はアカマツ林、谷沿いの斜面にはイロハモミジ、ケヤキなどの夏緑林が分布する。山頂部は平坦で、北東側にはススキの中にノリウツギ、ガマズミ、マユミなどの低木が混生し、南西側はススキ、メドハギが優占する草原となっている。

山名は、足柄道を往来する旅人が足柄峠にさしかかると目前に山容が現れて、その形が旅人を見張っている櫓《やぐら》の形に似ていることから付いたとされる。また、山容が矢倉に似ているので矢倉岳と呼ばれてきたという説もある。山頂には足柄神社の前身である足柄明神の小さな祠があり、石塔が祀られている。

『更級日記』では、「足柄山といふは四五日かねて、おそろしげに暗がりわたれり。やうやう入りたつふもとのほどだに空のけしき、はかばかしくも見へず。えもいはず茂りわたりて、いとおそろしげなり」と、草木が繁茂し暗い恐ろしげな細道であった様子を述べている。峠には関所跡があり、『類聚三代格』には、昌泰二年(八九九)九月一九日付けの太政官符に、貢納物を略奪する盗賊が跋扈《ばっこ》しているので、相模国足柄坂、上野国碓氷坂に関所を設けると記載されている。『将門記』には、天慶二年(九三九)に平将門が、朝廷の大軍に対して足柄、碓氷の二関所で守ると述べている。

峠には、新羅三郎義光の笛吹き石があり、『古今著聞集』に寛治元年(一〇八七)後三年の役に、義光が兄義家の救援に奥州に赴く際、東国との境の足柄山の関所の直前に来て、後を追ってきた御所の雅楽士である弟子の豊原時秋に対し、都に帰って笙《しょう》の家元を継ぐように諭《さと》し、足柄峠の草原で笙の極意の「大食調入調曲」を伝授したと記されている。また、『源平盛衰記』では治承四年(一一八〇)、源頼朝の挙兵の時、土屋三郎宗遠が甲斐に逃れようと通過した際、「峠に仮屋を建ててかがり火を焚き四、五十人が守っていた」と記載されている。この足柄峠の一番高い尾根(七五九m)には足柄城跡がある。戦国時代、後北条氏が武田、今川に備えて天文五年(一五三六)ごろに築城したとされている。この

足柄城は、天正一八年(一五九〇)、豊臣秀吉の小田原攻めの際、井伊直政の攻撃で落城。現在は城址公園として整備されている。

足柄峠は『万葉集』にも多く登場し、尾根つづきの城跡の東端に万葉公園が整備され、散策路に万葉歌碑が点在している。

足柄の御坂畏み曇り夜の吾《あ》が下延《ほ》へを言出《こち》つるかも(巻一四)

足柄の御坂に立して袖振らば家なる妹は清《さや》に見もかも(巻二〇)

登路 小田急電鉄新松田駅からバス、またはJR東海道本線小田原駅から伊豆箱根鉄道大雄山駅下車、バスで矢倉沢。そこから約一時間五〇分。または地蔵堂から約二時間。

静岡県側からは、JR御殿場線足柄駅下車、足柄峠まで約二時間二〇分、峠から矢倉岳まで約一時間二〇分。

帰路は、万葉公園、足柄関所経由で地蔵堂まで約二時間。地蔵堂からバスで伊豆箱根鉄道大雄山駅へ。

地図 二・五万図 関本

(川崎英憲)

金時山 きんときやま

標高 一二一二m

別称 猪鼻ヶ嶽《いのはながだけ》

神奈川県の西部、足柄下郡箱根町、南足柄市と静岡県駿東郡小山《おやま》町の境に位置している。

箱根第三位の高さの金時山は山頂からの眺望がよく、カルデラを見下ろすと芦ノ湖や仙石原、神山、駒ヶ岳、大涌谷《おおわく》の噴煙、さらには丹沢の山々や富士山の全姿、遠くには南アルプスが展望できる。

金時山(左の奥)(足坂峠城跡から)

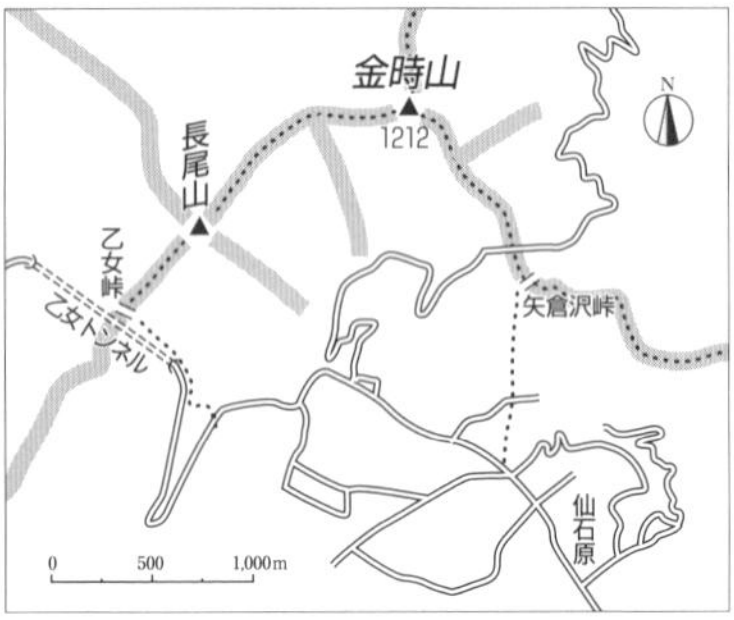

この山の成り立ちは、約四〇万年前、箱根三重火山の第一期の活動期に、箱根火山の北西~南東方向に延びる構造線が活動を始め、二つの大きな寄生火山が誕生した。北西の金時山と南東の幕山の辺りで、さらに粘性の大きな溶岩が噴出し、盛り上がって火山体が形成されたのである。現在、一見すると古期外輪山の一角を占めているかのように見えるが、カルデラ陥没の断層が金時山上を通っており、元の金時山の半分が外輪山上に顔を出したものである。

山体は金時山溶岩からなる。山頂付近は秋にはオミナエシ、マツムシソウ、フォッサマグナ要素の一つである大型のフジアザミなどが見られる。麓はヒノキの人工林、中腹はハコネダケ、標高が増すと風衝低木、山頂付近は植生が少なくなり、溶岩台地になっている。山頂付近の尾根筋にはシロヤシオやブナ林を見ることができる。

この山が金時山、猪鼻ヶ嶽と呼ばれるのは、『新編相模国風土記稿』によると、「猪鼻ヶ嶽　或は公時山とも云、登凡一里　北にありて、矢倉澤村及び駿州駿東郡桑木村に跨り、頂上を三村の堺とす、往昔源頼光の臣、坂田公時が出し山なりと云ふ……」、矢倉澤村の項には「(矢倉澤村の)西南にあり、或は公時山とも唱ふ……爰に猪鼻権現の小祠あり」とある。山姥《やまうば》の子、怪力の持ち主として育った金太郎は、奥州より上洛途中の武将、源頼光に見出され、坂田公時の名前で渡辺綱、碓井貞光、卜部季武とともに頼光の四天王として、大江山の酒呑童子を討つなど「金太郎伝説」で有名である。しかし「公時」という人物は実在したが、その両親は京の役人で、公時は摂関政治の栄華を極めた権力者・藤原道長の随臣を務め、寛仁元年(一〇一七)に一八歳で死亡しているので、金時山と縁があるとは考えにくい。説話集、謡曲、浄瑠璃に採り入れられ、各地の山姥伝説と結びつき、江戸時代に「公時」のふるさとが足柄山とした「金太郎伝説」ができ、明治二〇年代に童謡「足柄山の金太郎　熊にまたがり　お馬の稽古……」が作られた。

別称の「猪鼻ヶ嶽」は、独特の形をしている金時山の形と成り立ちを表している。周辺の山が一〇〇〇m内外のなだらかな山容を呈しているのに対して、外輪山の上から抜きん出て傾斜の強い山頂部を持つ形が、顔から急に突き出ている猪の鼻に似ていることによる。その「鼻」は登山をするとよく分かる。急峻な部分に鉄鎖が掛けられているが、転落事故もあって注意が必要である。

登路　JR東海道本線小田原駅から湖尻行きか、桃源台行きのバスで仙石バス停下車(四五分)。国道に沿って三〇〇mで金時山登山口の道標がある。登山口から矢倉沢峠を経て山頂に立つことができる(バス停から矢倉沢峠まで約四〇分、峠から山頂まで約四〇分)。帰路は山頂から長尾山(一一五〇m)、乙女峠を経て乙女口バス停へ(約一時間一〇分)。

地図　二・五万図　関本　御殿場

(川崎英憲)

明神ヶ岳　みょうじんがたけ

標高　一一六九m

別称　狩野山

神奈川県の西部、足柄下郡箱根町と南足柄市の境に位置し、箱根火山古期外輪山の北側にある峰の一つ。東麓はなだらかだが、西側は急傾斜のカルデラ壁となり様相を一変する。成層火山だったことを示す多孔質の凝灰岩岩石と緻密な溶岩岩石の地層が山頂近くに見られる。山頂は平坦で広く、展望はすばらしいが、強い風が吹く所として有名。

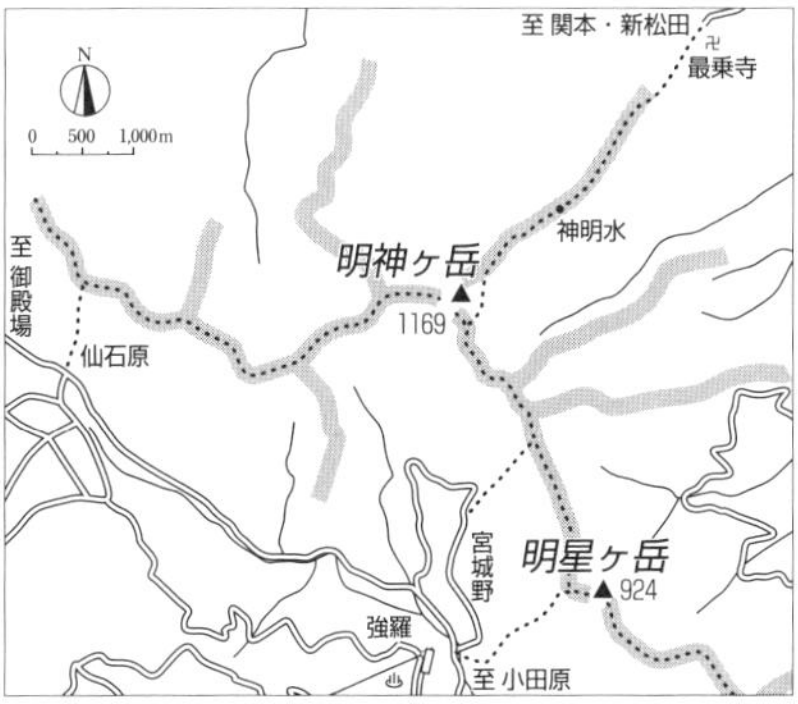

山頂に旅の安全を願った明神を祀ってあるところから明神ヶ岳と呼ばれるようになった。箱根を越える最古の道は、箱根外輪山を二度登り下りするもので、御殿場から乙女峠に登り、下って仙石原から碓

氷峠を越え、早川渓谷に出て宮城野に行き、そこから明神ヶ岳に登り、下って関本に行くという厳しいものだった。

別称の「狩野山」は、東麓にある狩野という集落による。『新編相模国風土記稿』によると、「狩野山　或は明神ヶ嶽と號す。西南に在て数村に跨る」とあり、狩野村(現南足柄市)は当地苅野庄三十六村の中心で、その村の南西に聳える山という意味がある。

登路　明神ヶ岳へは、北の道了尊側からと南の宮城野からの二ルートがある。

JR東海道本線小田原駅から伊豆箱根鉄道大雄山線の終点大雄山駅へ。駅前の関本で道了尊行きバスに乗り換えて終点で下車。見晴小屋、銀明水、神明水を経て山頂へ(約三時間)。

地図　二・五万図　関本　箱根

(川崎英憲)

明星ヶ岳　みょうじょうがたけ

標高　九二四m

別称　箱根御嶽　大文字山

神奈川県の西部、小田原市と足柄下郡箱根町の境に位置し、箱根火山古期外輪山の峰の一つ。

山名の由来は、宵の明星、金星がこの上に輝くところから付けられたという。「箱根御嶽」は、山頂に御嶽大神の祠があることから呼ばれてきた。また、「大文字山」は山頂近くで大文字焼きが行われるためである。

箱根の古期外輪山の高さは、カルデラ内を侵食して外輪山外に流れ出す川の下流、早川と須雲川が合流する方向に向けて標高が下がる。そのため、明神ヶ岳までは一〇〇〇m以上だが、明星ヶ岳になると九二四m、塔ノ峰は五六六mになる。ただ、市街地に近いために標高のわりには立派に見える。山頂の展望はよくないが、古くから御嶽大神の祠と鳥居が祀られて人気の高い山である。成因は明神ヶ岳と同じ。縦走もできるので「明神と明星」といっしょに呼ばれることが多い。

明星ヶ岳の大文字(強羅付近から)

登路　国道一三八号の宮城野橋からの登りはカルデラ壁の急崖を登ることになるため、ひたすらジグザグを繰り返すが、やがて突然眺望が開け、大文字の大の字の右肩に出る。防火帯のような刈り払われた空き地の見通しの利く地点で、大の字は一辺の長さが最長で一六二m、幅七m。大文字焼きが行われるのは盂蘭盆会《うらぼんえ》の八月一六日夜。この大文字焼きは観光客の旅情を慰めようと、一九二一年から始められた行事で、京都五山の送り火行事を真似たとも、「大箱根」にしようと始めたともいわれている。ここからヒノキの植林地を抜けると山頂はすぐである。山頂は草原で南から西側が開けているが、眺めはよくない。

下山は山頂から宮城野分岐鞍部を経て一時間三〇分。宮城野橋への下りは宮城野分岐鞍部から一時間。なお、塔ノ峰から塔之沢に下るコースもよい(塔ノ峰へは約二時間、塔之沢へはさらに五〇分)。

地図　二・五万図　関本　箱根

（川崎英憲）

神山　かみやま

標高　一四三八m

神奈川県の西部、足柄下郡箱根町のほぼ中央、元箱根に位置し、箱根火山のカルデラ内中央火口丘の一つ。山頂には三角点が設置されている。

箱根三重式火山の最高峰で、南の駒ヶ岳とともに中央火口丘をなす山。箱根の火山活動の第三期、いまから約二万年前に金時山～幕山を結ぶ構造線が再び活動し、その線の北から南へ、七個の中央火口丘を噴出させた。神山と駒ヶ岳を除く中央火口丘は、すべて溶岩が盛り上がってできた溶岩円頂丘であるが、神山は急傾斜の成層火山で、箱根中央火口丘の中でもっとも古く、成因的にもほかとは異なる特徴を持っている。神山の山腹には、二つの大きな馬蹄形の凹地ができている。北東には早雲山の噴気孔があり、北西には大涌《おおわく》谷があって、硫化水素を含んだ火山ガスを噴出している。これは約三一〇〇年前、神山の北部で大規模な水蒸気爆発が起き、山体を吹き飛ばし、大きな山崩れを起こして現在の仙石原湿原や芦ノ湖を造った。いまでは大涌谷と呼ばれているが、かつては地獄谷と呼んでいた。

神山山頂のすぐ北には烏帽子のような尖った山があり、冠ヶ岳（一四〇九m）と呼ばれている。この山は水蒸気爆発の後、爆裂火口内のマグマが押し上げられて直径数百mのドームができ、やがて冷えかかった粘性の高い溶岩がドームを突き破って尖塔となった。

山名は、昔から古代山岳信仰の聖地とされ、尊崇されてきた「神の住む山」から由来する。

冠ヶ岳（左）と神山（中央）
（芦ノ湖湖尻から）

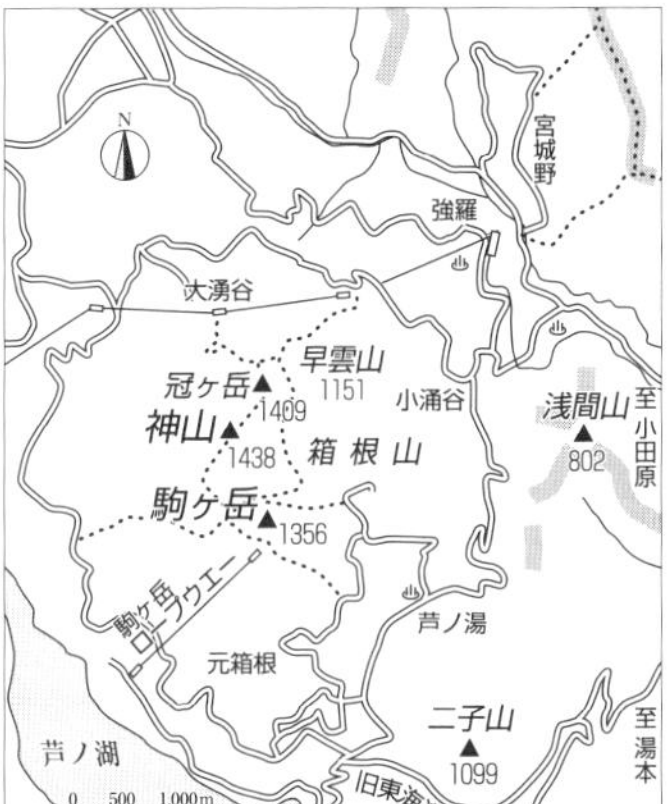

登路　JR東海道本線小田原駅から箱根登山鉄道で小涌谷駅へ、そこからバスで箱根園か、小田原駅からバスで箱根園まで行き、箱根園からは駒ヶ岳ロープウエーで駒ヶ岳へ。

駒ヶ岳から展望のよい風衝植生の登山道を行くと、箱根山の自然を代表するブナ林（ヤマボウシ、ブナ群集）が分布して特別保護地区となっている。神山からの眺望は少しずれて、南、東、西によいポイントがある（駒ヶ岳頂上駅から約一時間二〇分）。

大涌谷への下りは、爆裂火口壁の下りとなる。早雲山分岐までが特別保護地区、早雲山分岐から大涌谷までは第一種特別地域。酸性土壌に強いアセビ、リョウブ、ナナカマドなどの低木が優占する林を抜けると、ススキ、ヒメノガリヤスなどの硫気荒原植生が分布する大涌谷自然観察路に出る(大涌谷までは約一時間。火山ガス噴出の激しい時には通行止めとなる)。

地図　二・五万図　箱根

(川崎英憲)

駒ヶ岳　こまがたけ

標高　一三五六m

別称　般若峰

神奈川県の西部、足柄下郡箱根町の中心、元箱根に位置している。

駒ヶ岳と芦ノ湖(芦ノ湖南岸から)

三角点は廃止されたケーブルカー駅舎の下にあって一三二七mだが、箱根神社奥社がある山頂は一三五六m。

箱根火山のカルデラ内に噴出した中央火口丘の一つ。神山に次ぐ箱根第二の高さで、この溶岩円頂丘の山頂一帯は強風のため背丈の低い草本群落の風衝植生が分布している。急傾斜面の岩礫地にはハコネコメツツジやオノエランなどが、山頂付近ではミヤマクマザサ、ウラハグサが優占する草原に、ハコネトリカブト、シモツケソウ、フジアカショウマ、ハコネギクなどが彩りを添える。

山名の由来は、箱根神社の奥社である駒形権現が山頂に奉ぜられたことによる。『吾妻鏡』によれば、仁治二年(一二四一)七月三日、僧隆弁が将軍九条頼経の使いとして般若峰を訪れて二十六日間参籠し、大般若経六百巻を転読している。また『筥根山縁起并序』は、聖占仙人がこの山の頂に権現を拝して神仙宮を営んだと伝える。山頂の駒形権現周辺からは古銭や土器などが出土している。奈良時代となって、万巻上人が山頂の駒形明神をはじめ三箇所の社寺を一箇所にまとめたのが、いまの箱根神社である。

登路　山頂へは芦ノ湖畔の箱根園から駒ヶ岳ロープウエーが山頂まで運んでくれる。登山道は芦ノ湖東岸の九頭竜神社近くの防ヶ沢登山口から鞍部を経て山頂へ(約二時間)。

地図　二・五万図　箱根

(川崎英憲)

二子山　ふたごやま

標高(上二子山最高点)　一〇九九m

神奈川県の西部、足柄下郡箱根町芦ノ湯、元箱根、畑宿の境に位置している。

山体は箱根火山カルデラ内の七つある中央火口丘の一つ。約五〇〇〇年前に噴出した溶岩円頂丘である。上二子山(表二子山)は一〇九九m(三角点は一〇九一m)、下二子山(裏二子山)は一〇六五mで、上二子山には現在、無線中継所がある。

下二子山は風衝低木植物群落が分布している。中腹まではスギ、ヒノキの植林になっている。標高八〇〇ｍから上は特別保護地区に指定、山頂付近には箱根町天然記念物のハコネコメツツジやオノエラン、ムラサキツリガネツツジ、ヒメイワカガミなどが生育している。しかし盗掘がひどく、現在は全山を柵で囲み施錠されており、入山禁止である。年一回、町教育委員会が植生調査に入るが、なお盗掘の痕跡が散見される。

山名の由来は、お椀を二つ並べて伏せたように見えるところからという。裏から見ると山頂が四つに見えるため表二子に裏四つ子と呼ばれる。また『筥根山略縁起』には「長生妙術の霊薬之に篭る、或はハコにし、或は蓋にす、故に蓋子塚と号す」とあり、山名の由来を示している。

登路　二子山は登山禁止であるが、右手に二子山を見上げながら甘酒茶屋から旧東海道の石畳、お玉ヶ池を経て芦ノ湯の史跡探勝路までのハイキングコースは人気が高い。

ＪＲ東海道本線小田原駅からバスで甘酒茶屋下車。お玉ヶ池まで約三〇分、精進池まで約四五分、芦ノ湯まで約三〇分。

地図　二・五万図　箱根

（川崎英憲）

鷹巣山　たかのすやま

標高　八三四ｍ

神奈川県の西部、足柄下郡箱根町芦ノ湯の北東約一㎞に位置する。山体は箱根火山のカルデラ内、新期外輪山の一つで、安山岩質の溶岩が台地状に広がる楯状火山である。登山道は低茎草本の草原が広がっており、展望もよく、秋にはアキノキリンソウ、ノギラン、シモツケソウ、オミナエシ、ワレモコウなどを楽しむことができる。

山名の由来は、鷹が多く生息していたから。江戸時代は将軍の鷹狩り用の雛を捕った山と伝えられている。

古くは箱根を越える街道は、駿河小山から足柄峠を越え地蔵堂を経て関本に至る道であったが、延暦二一年（八〇二）の富士山の噴火で一時閉鎖され、代わって湯坂路が開かれたという。この湯坂路は湯坂山（五四七ｍ）、浅間山、鷹巣山を経て芦ノ湯に抜ける街道であった。小田原北条氏は当時、重要街道であった鷹巣山に山城の鷹巣城を築き、豊臣秀吉勢と対峙したが、天正一八年（一五九〇）、豊臣方の徳川勢が攻め落とした。『新編相模国風土記稿』には、鷹巣城の規模を「濶さ南北四町三十七間、其内一町五間に三十五間の所を本城の跡と云、廻りに高四五尺許の土手の形残れり、東西は三十五間、南方を大手とし、東北を搦手とす。小田原落城の後、廃蹟となりしなるべし」と述べている。現在、城跡ははっきりしない。この湯坂道は江戸時代になってから幕府が須雲川沿いに官道として整備し、元和五年（一六一九）、箱根関所の設置などにより利用されなくなった。

登路　登山道は芦ノ湯から鷹巣山、浅間山を経て小涌谷駅、または浅間山から大平台への分岐を経て大平台駅、鷹巣山から浅間山、湯坂山を経て湯本駅に至る。

ＪＲ東海道本線小田原駅からバス湯坂路入口下車（約四五分）、または小田原駅から箱根登山鉄道小涌谷駅で下車。バスで湯坂路入口下車（約一時間）。

地図　二・五万図　箱根

（川崎英憲）

幕山　まくやま

標高　六二六m

神奈川県の西部、足柄下郡湯河原町に位置する。

この山は箱根火山の古期外輪山に噴出した寄生火山の一つで、溶岩円頂丘。幕山は箱根火山の母体となる成層火山形成期の最後にできた山で、成層火山を北西から南東方向に走る金時山～幕山構造線の南東部にある。幕山、二子山、駒ヶ岳、神山、台ヶ岳（一〇五〇m）、金時山を結ぶ直線は北西～南東方向に配列している。山体は安山岩とデイサイトからなる縞状構造の火山岩が特徴。

山名の由来は、幕を張ったように直立する岩壁が連なっていることから、また地元では「まつやま」とも呼ぶ。この岩壁は「幕岩」ともいわれ、フリークライミングのゲレンデとして名高く、週末には多くのクライマーを迎える。また、岩壁下の斜面は四〇〇〇本を超えるウメやツバキが植えられた公園（幕山公園）になっていて、花の季節には観光客でにぎわう。

登路　JR東海道本線湯河原駅からバスで鍛冶屋バス停下車。山頂まで約一時間三〇分。山頂は丸い草原で三六〇度の眺望が得られる。秋にはオミナエシ、マツムシソウ、ハコネトリカブト、リュウノウギク、ナンバンギセルなどが見られる。

地図　二・五万図　箱根　熱海

（川崎英憲）

富士山　ふじさん

標高（剣ヶ峰）　三七七六m

別称　不二山　不死山　不尽山　布士山　福慈山　芙蓉の峰

山梨県と静岡県の境に位置する。山梨県側は富士吉田市、南都留郡富士河口湖町、忍野村、山中湖村、鳴沢村、静岡県側は富士宮市、御殿場市、駿東郡小山町の各市町村が接しているが、八合目付近から上部は境界がはっきりしていない。典型的なコニーデ型で、円錐形の優美な火山。全国各地に「ふるさとの富士」があり、これほど国民的象徴として崇敬を集めている山は世界に類がない。

山頂火口の直径は約七〇〇m。大内院といわれる噴火口の深さは二四〇m。海抜二五〇〇m以上は円錐形だが、裾野は側火山の影響で北西から南東にかけて楕円形となっている。基底部は直径四〇㎞内外あり、海面からの高差三七七六mという高さは、火山としてはまれに見る規模である。

いまから一〇万年以上前に噴火が発生、富士山の原形を形成した。初め小御岳火山、次いで古富士火山の噴火が起こり、多量のテフラ（火山灰、軽石、火山弾、スコリア＝岩滓）を噴出した。上空に打ち上げられたテフラは、西風に乗って東に運ばれ、静岡県小山町付近では一五〇m以上の厚いスコリアの層が認められた。新富士は、一万年前、大量の溶岩を噴出して古富士を覆い尽くした。三島市まで流れた「三島溶岩」、富士宮市の「大宮溶岩」、桂川に沿って遠く大月市まで流れた「猿橋溶岩」など、その量は三九万立方㎞といわれる。関東地方の「関東ローム層」は、この新富士から噴出した火山灰などが西風に乗って関東平野に降った堆積物である。

流動性の高い玄武岩質の火山なので、溶岩流は四方に平等に流れ、中腹以下では五度から四度、さらに三度、二度と次第に緩やかに美しい二次曲線となって遠く裾を引く。しかし、山頂部分はテフラやそれを固める溶岩流などが繰り返し噴出したため三〇度以上の急傾斜となり、円錐形部分が造られた。

溶岩が山麓に流れた跡を「丸尾《まるび》」といい、裾野には剣丸尾、檜丸尾、鷹丸尾などの地名が残っている。山中湖は鷹丸尾の、河口湖は剣丸尾の末端で堰止められて誕生した。現在に残る数多くの大小の洞穴は、溶岩流が固形化する前にガスや水蒸気が噴出した跡で、樹海などに残る溶岩樹型は、この粘り気の少ない溶岩流が樹木を「鋳型」として固まり、樹木が焼失した結果によるものである。

一万年前以降、四五〇〇年前ごろまでは山頂火口から大量なテフラをたびたび噴出した。寄生火山は山体の北西方向から南東方向に向かって集中しており、太平洋プレートやフィリピン・プレート、そしてフォッサマグナつまり、地震発生と密接に関連し合っている。

貞観六年（八六四）を中心とする大噴火では、寄生火山の長尾山の噴出もあって、当時の「剗《せ》の海」を分断し、現在の西湖、精進《しょうじ》湖、本栖湖を造った。青木ヶ原樹海の緩傾斜帯もその時の名残である。最後の大噴火は宝永四年（一七〇七）の側火山噴火である。初期はデイサイト質の軽石と大量の火山灰を噴出する激しいもので、江戸では昼も行燈《あんどん》を灯すほど暗くなったと伝えられる。噴火の可能性は現在もなおつづいており、防災体制づくりが急がれている。

「火の山」を畏怖する人々は、様々な伝説や物語を生んだ。筑波山、愛鷹山、八ヶ岳との背比べ、琵琶湖や諏訪湖に見られる巨人伝説などのほか、木花咲耶姫《このはなさくや》、日本武尊《やまとたけるのみこと》、徐福、聖徳太子、役小角、桓武天皇、弘法大師の物語など枚挙にいとまがない。

『常陸国風土記』では、富士はとても登れない山といい、『万葉集』でも山部赤人は「富士山は美しく、雲さえ行きはばかる」と歌っている。平安時代の『竹取物語』では、かぐや姫に恋した帝が不老不死の薬を富士山頂で燃し、その煙がいまも立ち昇っていると述べているが、登頂の現実味は乏しい。しかし、都良香《みやこのよしか》の「富士山記」（『本朝文粋《ほんちょうもんずい》』巻一二）では、山頂の模様や火口の虎岩の描写があり、平安末期には僧・末代が山頂に大日寺を建てた（久安五年・一一四九ごろ）と伝えられるなど、登頂は現実的なものとなった。モン・ブランの初登頂より二世紀以上も先立っている。

戦国大名も戦勝祈願の登拝（禅定ともいう）をしたと伝えられる。しかし、登山の中心は修験者たちで、その源といわれる長谷川角行は「富士山は父と母、つまり根本神である」とした。正保三年（一六四六）に富士宮市の人穴で一〇六歳で死んだが、これがのちの「富士講」の基礎となった。

富士講は、吉田、川口、大宮、村山、須山、須走などには、浅間神社を中心に、神職も宿坊も案内人も兼ねた「御師《おし》」が置かれ、富士講集団の登頂を積極的に受け入れた。いずれも本地垂迹説による神仏混淆である。とくに吉田（山梨県富士吉田市）、川口（南都留郡富士河口湖町）、須走（静岡県駿東郡小山町）が盛んとなったが、なかでも吉田は八六軒もの御師が軒を連ね、八〇〇〇人が登拝した年もあった。御師は自宅にお祓《はら》いをする神殿や清めの滝を設置し、登

富士山(足和田山から)

拝者は大広間に宿泊し、身の一斉に唱和をし、身の回りを整えてから神社に参拝し、そこから先《せん》達《だつ》に従い強力《ごうりき》とともに山頂に向かった。

富士講の組織は関東一円から関西地方にまで普及したが、江戸が圧倒的に多く、数十箇所に富士塚(富士山の模型)が建造され、富士信仰の拠点となった。全員白装束で、山麓まで二泊三日をかけた。登拝者が増えるに従って組織力も強まり、このため幕府による弾圧を受けた。その後明治新政府による神仏分離政策は廃仏棄釈運動となり、御師の宿からは仏像・仏具が消え、明治七年前後には噴火口周辺の山名の釈迦、観音、薬師などの名が消え、山頂の仏像はことごとく撤去された。やがて、第二次世界大戦後の社会構造の変化などで、富士講の行動は変化し、御師の宿も一部を除き大半は廃業または「御師民宿」に衣替えしている。

修験者中心の登山は当初、女人禁制とされていたが、富士講の普及とともに次第に女性の登拝規制が緩和された。二合目を限界とする「女人籠り堂」は四合目に引き上げられて「女人追い落とし」となり、さらに五・五合目の「経ヶ岳」、八合目の「結界《けっかい》」となった。しかし、天保三年(一八三二)小谷三志に伴われた江戸屋敷の奥女中・たつ(二五歳)は男に身を変えて登頂。これがきっかけとなって明治五年(一八七二)には禁制が解かれた。

富士講をめぐる情勢が次第に変貌していくなかで、万延元年(一八六〇)、初代イギリス駐日公使オールコックは西洋人として初めて登り、一八六七年、第二代駐日公使パークス夫人も外国人女性として初登頂した。イギリスのウォルター・ウェストンは一八九〇年、小泉八雲として知られるラフカディオ・ハーンも一八九八年に登頂した。外国人の旅行制限の緩和とともに標高測量、重力実験、気象調査なども活発化した。

富士山頂における本格的な気象観測は一八八〇年、富士宮口に近い東安河原で行われた。自費で観測所を建設した野中至の一八九五年二月の厳冬期初登頂と、山頂観測は、その後の常設の観測所建設の契機となった。通年観測が始まったのは一九三二年で、その四年後、剣ヶ峰に移設され近代的観測業務が始まった。しかし、「宇宙衛星の時代、すでに任務を終えた」として一九九九年、VHF無線中継業務を廃止、次いで富士山レーダーを廃止、二〇〇一年には測候所のシンボルであった白いレーダードームが撤去され、二〇〇四年には山頂での有人観測業務を終えた。これらの機器は現在、富士吉田市に運ばれ展示されている。

第二次世界大戦以降の登山ブームを反映して、夏ばかりでなく冬も登山者が増えつづけ、毎年正月には五合目付近にテント村が出現する。また、四〇〇〇m近い標高は、わが国唯一の高所順応の場としても脚光を浴びており、ヒマラヤ登山の前提として活用されている。

山頂の冬の気温は最低マイナス三八度、風速は平均でも夏一〇m、冬二二・八m、瞬間最大風速九一mの記録がある。風向きはきわめて不規則で、滑落の原因ともなっている。

また一九五四年一一月には吉田大沢で大学山岳部学生一五人が死亡、一九六〇年一一月にも山岳部学生ら一〇人が死亡、一九七二年三月には御殿場口でいずれも雪崩のため一八人死亡の惨事が発生した。一九八〇年八月には吉田大沢上部の久須志岳の一部が崩壊して六合目付近まで岩なだれを起こし、多数の登山者が巻き込まれ一二人死亡という事故もあったが、遭難は圧倒的に冬が多い。

噴火が一段落すると動植物の繁殖は急速に進み、とくに明治以降、植物の垂直分布の研究の舞台となった。標高による区分は、①低地帯(カシ、ヤブツバキなど)、②二合目付近の低山帯(アカマツ、ミズナラ、ブナなど)、③二～六合目の亜高山帯(コメツガ、シラビソ、オオシラビソ、ダケカンバ、カラマツなど)、④六合目以上の高山帯(オンタデなど)である。二三〇〇～二四〇〇mの御庭付近はシロバナシャクナゲ、コケモモ、カラマツの変形樹が多い。高山帯は普通ハイマツ帯といわれる地帯だが、富士山は若い火山であるため、氷河期の遺存植物としての高山植物とともにハイマツもない。イワスゲ、亜高山帯の天然カラマツ林、青木ヶ原のレンゲツツジ、フジザクラの大群落、東山麓のハリモミ純林は貴重である。

鳥類は二〇〇種類以上といわれる。とくに北面の富士五湖周辺、青木ヶ原、五～六合目の御庭付近は豊富である。一九六〇年、北アルプスから七羽のライチョウが実験的に放されたが死滅した。動物類はエチゴウサギ、ホンドキツネ、ホンドタヌキ、ニホンカモシカ、ニホンツキノワグマなどが生息している。洞穴にはコウモリをはじめクモ、トビムシなど目の退化した動物がおり、生物研究上注目されている。

富士山全域にわたる環境の悪化は第二次大戦後表面化し、一九六二年、まず山梨日日新聞社・山梨放送、新生活運動協会、観光諸団体、関係市町村、青年・婦人・山岳団体などを網羅して「富士山をきれいにする会」が発足、静岡、関東各都県に輪を広げた。しかし、道路事情の発達と登山者激増の半面、行政も手遅れの状態がつづいた。とくにゴミとともに屎尿処理対策の遅れが深刻化したため、一九九六年、環境省は山梨県とともに吉田口六合目に実験的に焼却式トイレを設置した。また、一九九八年、山梨・静岡両県が富士山憲章を制定し、環境対策はようやく政治・行政の場に移ってきた。二〇一四年、世界遺産登録とともに環境対策は再び新しい展開期を迎えている。

陸上自衛隊の富士演習場は現在、東富士演習場(静岡県)八八〇八万平方m、北富士演習場(山梨県)四六七二万平方mで、わが国最大の軍事演習場である。旧陸軍に接収された後、米軍の管轄になり、さらに自衛隊に移った。北富士演習場問題については論議は弱まったとはいえ、依然としてくすぶりつづけている。

登路 ①河口湖口・吉田口　五合目までスバルライン経由のバス

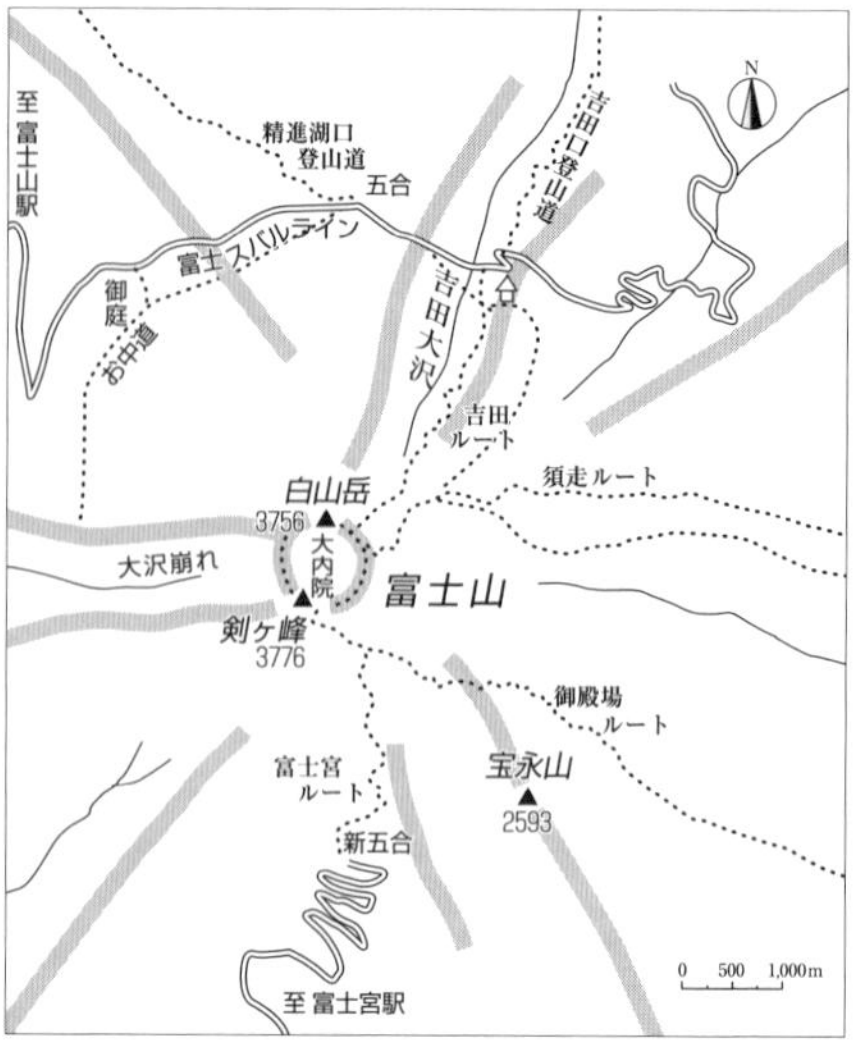

か車を利用。五合目から八合目まで四時間、さらに山頂までの胸突き八丁を一時間二〇分。下りは落石事故と混雑を避けるため造られた専用下山道を利用する（三時間）。吉田口の旧道を歩く場合、北口富士浅間神社から中ノ茶屋、馬返しなど旧跡を楽しみながらゆっくり登る。登山の下りルートとする人も多い（浅間神社から旧五合目まで五時間強、下りは四時間）。

②富士宮口・三島口　富士宮口は浅間神社、三島口は駅前からバスで新五合目まで。宝永山に立ち寄って行くのがよい。八合目からは辛い急登である（山頂の浅間神社奥宮まで四時間三〇分、下りは二時間三〇分）。

③御殿場口　新五合目までバス。辛く長い登りだが独特な大規模の風景に出会える（登り七時間、下りは快適な砂走りを二時間三〇分）。

④須走口　御殿場から新五合目までバス。八合目で吉田・河口湖コースと合流して山頂へ。下りは久須志岳と大日岳の間から。吉田口の八合目まで下り、ここから砂走りを下る（登り五時間三〇分、下り二時間三〇分）。

⑤精進湖口　静かな樹海、動植物、寄生火山などの観察を楽しむことができる。小御岳のバス終点で吉田口登山道と合流して山頂へ（精進湖畔から五合目まで七時間、下り四時間三〇分）。

⑥お鉢巡り　吉田口を登り切った所は神社、山小屋、売店があり登山者でにぎわう。ここから時計回りに起伏を繰り返して行く。まず大日岳、伊豆岳（旧阿弥陀岳）、成就岳（旧勢至ヶ岳）、そして銀明水、夏山郵便局。ここで御殿場口のコースと合流する。火口が大きく口を開け、虎岩もすぐ下に見える。三島岳（旧文殊岳）を過ぎ、剣ヶ峰に登ると文字どおり日本一の展望である。すぐ下の環境省の休憩所から、金明水経由の内院コースと第二の高峰・白山岳（旧釈迦ヶ岳）から久須志岳（旧薬師ヶ岳）、吉田口へ行く外院コースに分かれる。天気がよければ、時間に余裕をつくって一周するべきだろう（一時間三〇分は予定したい）。

⑦お中道　剣ヶ峰から西に大きく崩れ落ちる大沢崩れは間断なく落石があり、きわめて危険で通行止め。小御岳バス終点手前の御庭バス停から大沢崩れの縁まで往復する（四時間）。季節の花もよい。見上げる大沢崩れの眺めは息を飲む。逆巡りで小御岳から須走口、御殿場口コースを横切って宝永山火口を経由し、富士宮口新五合目までは起伏もあるが、展望の変化と宝永山火口の異様な風景を楽しむことができる（小御岳から新五合目まで四時間以上が必要）。

地図　二・五万図　富士山　須走　天母山　印野

（高室陽二郎）

愛鷹連峰　あしたかれんぽう　最高峰(越前岳)　一五〇四m

富士山の南東に位置し、北から裾野市、富士市、駿東郡長泉町、沼津市にまたがる。黒岳(一〇八六m)~越前岳(一五〇四m)~呼子岳(一三一〇m)~蓬莱山(一二九四)~鋸岳(一二九六m)~位牌岳(一四五八m)~袴越岳(一二四八m)~愛鷹山(一一八七m)と、峰々はS字形に連なっている。一般的に、山容全体を愛鷹山と呼んでいる。

愛鷹火山は、昭和三七年(一九六七)、吉原教育委員会発行『愛鷹山』によると、いまから十数万年前の洪積世の中頃に噴火を始め、洪積世の末期、今から一〇万年前には標高二三〇〇m程の富士山と同じ形をした雄姿を駿河湾に写していた。その後隆起と侵食を繰り返し、侵食が進んで噴火口は熊ケ谷火口底を成し、下流の須津渓谷には河岸段丘が見られる、と記述されている。一方、昭和三七年ごろ、十里木付近で多くの神代ヒノキやスギが出土し、小山町生土で愛鷹の溶岩も発見された。埋もれ木を年代測定すると、二一〇〇年前のものと判明し、この時噴火口の北側で水蒸気爆発があったものと推測された。現在火口底にはマグマ道とマグマ溜まりも見られる。鋸岳は水蒸気爆裂火口と噴火口の中間に位置する。

愛鷹連峰の北側は、富士山の噴出物で裾野が埋まり低山のように見えるが、南と南西斜面の裾野は長く、放射谷が発達して浮島沼に接している。駿河湾から湿った空気が流れ込むので比較的雨量は多いが、山体が古いために雨水はほとんど地中に浸み込み、川の水量は少ない。ただ、集中豪雨の大雨時には沢の流れが変わるほど荒れてしまうので、台風後の登山は気をつけたい。

愛鷹連峰の自然は豊かである。植物と野鳥は、地元、日本野鳥の会、滝道雄氏の最近の調査データを記述する。代表的な植物として、愛鷹山で初めて発見されたアシタカジャコウソウ。沢にはイワタバコ、ダイモンジソウ、シラヒゲソウ、イワシャジン、イワシバ等が、尾根筋にはイワカガミ、ノギラン、テンニンソウ、シダ類ではシシガシラが見られる。「天狗の畑」にはオヤマボクチ、ハクサンフウロが見られる。

樹木は、駿河湾からの強風の吹きつけで、愛鷹山では珍しいアシタカコメツツジ(ハコネコメツツジと同系)や、固有種で絶滅危惧種に指定されたアシタカツツジは、五月半ばから六月初旬に紅紫色の花を付ける。とくに目立つ樹木はアセビ、ブナ、ヒメシャラ、ヤマグルマ、リョウブ、トウゴクミツバツツジ、ドウダンツツジ。コウヤボウキやコアジサイは、愛鷹連峰尾根道のなじみの低木である。最近のブナ事情を記すと、昭和三七年ごろにはどこの尾根筋にも大木が生い茂り、ブナ林の山といっても過言ではなかった。しかし高度経済成長の時代に製紙工場の煙や自動車排気ガスで酸性雨が降り注ぎ、多くが枯れて越前岳山頂は皆無になってしまった。

野鳥は年間四四種類が確認されている。留鳥は、沢でミソサザイ、早春にはルリビタキ、アカゲラ、ウグイス、ウソ、ビンズイなど。夏鳥では姿と囀りが美しいキビタキ、オオルリ、コマドリが見られる。絞り出すような囀りのジュウイチ、ポッポと遠くから聞こえるツツドリの囀りは、深山を思わせ、不気味にホエーホエヨーと鳴くアオバトは、塩水を飲みに行くことから、海の近さを思わせる。

三島市末広山から望む愛鷹連峰。右端は富士山

哺乳動物で一番目に付きやすいものは、ニホンザルとニホンジカ。ツキノワグマやニホンカモシカも生息するが、個体数は減少しているので出会うことは稀である。文献にはニホンオオカミがいたとされるが、絶滅。これがためにニホンジカが繁殖、食害が進み自然環境が危惧されている。

登路　登山ルートはいくつかある。富士山の眺望のもっともよい、十里木駐車場(三六台)から富士山を振り向き、仰ぎながら越前岳に登るコースがある(登り約二時間、下り約一時間三〇分)。

須山の愛鷹登山口から、山神社駐車場(二二台)から松永塚碑を左に見てスタート。黒岳に立ち寄り、越前岳に登るこのコースは富士山の眺望がよい。位牌岳や鋸岳を望みながら三時間もかければ越前岳である。山神社駐車場から須山大沢沿いに大沢入り林道を行くと林道終点で「出会い」と名が付く火口底に着く。そのまま登ると、松永君の遭難場所の「松永沢の出会い」を左に見、登り詰めると割石峠に到着。火口底の出会いから、左の沢(北沢)に入ると位牌岳方面に登ることができるが、沢筋が荒れている。位牌岳直下には鎖場もある。

須山田向～前岳～位牌岳のコースは比較的に安全に位牌岳に登ることができる約三時間のコース。

富士市の須津渓谷を行くと、頭上に大きな橋が掛かっていて、橋上から見る大棚の滝が壮観。手前に駐車場が二箇所、橋の上に一箇所ある。須津山荘までの道脇にトイレが完備されている。さらに渓谷沿いに登ると、熊谷火口底に到着。割石沢を登れば天狗の畑や蓬莱山に行ける。須山に下ればS字の山脈を横断したことになる。須津山荘から、袴腰岳へ二時間、大岳へ三時間程のコースもある。

沼津からの登山は柳沢から、六百ゴルフ場の北側(駐車スペース三台)に車を置き、愛鷹山へ約二時間半。長泉町の森林公園駐車場または、水神社駐車場に車を置くと、池の平へ三〇分、つるべ落としの滝へ約一時間、愛鷹山へは約二時間で手軽なハイキングコースとなる。下りに要す時間はそれぞれ登りの三割引いたタイムとなる。

(勝又一歩)

地図　二・五万図　印野　愛鷹山　沼津　吉原

玄岳　くろだけ　　標高　七九九m

静岡県熱海市と田方郡函南町、伊豆の国市韮山などにまたがる多賀火山の最高峰である。安山岩などからなる成層火山で西側に裾野を残している。

山頂付近はササに覆われ、樹木がないため三六〇度の展望が得られる。とくに富士山が美しく、南アルプス、駿河湾、相模湾、そして眼下には熱海、三島、函南などの市街地、遠くには房総半島を眺めることができる。

山頂の北西直下には氷ヶ池がある。また、その間に伊豆スカイラインが通り、北の箱根方面と南の天城山方面につづく尾根筋を結んでいる。山麓の開発は進み、ゴルフ場や住宅地がひしめき合っている。最近ではパラグライダーの利用者も多い。

登路　熱海市ひばりヶ丘の玄岳ハイキングコース入り口（バス停）から奥ノ沢沿いにつけられた登山道を登る（約一時間三〇分）。函南町丹那盆地からも登ることができる。丹那断層跡（一九三〇年、北伊豆地震）、辻牧場、氷ヶ池を経由して山頂に至る。標高差五六〇m、二時間余りの行程である。西側のスカイライン駐車場からは二〇分で登ることができる。

地図　二・五万図　網代　熱海

（竹端節次）

巣雲山　すくもさん

標高　五八一m

別称　牟礼《すくも》山

静岡県伊豆市（中伊豆地区）と伊東市などにまたがる宇佐美火山のほぼ中心に位置する玄武岩質のドーム状火山である。「スクモ」とは、この地方の方言でイネのモミガラのこと。その昔、巣雲山の西にある長者ヶ原（現伊豆の国市）の富農が、この地にモミガラをたくさん捨て、それが積り積って塚となり、ついには山になったと伝えられている。

山頂には三角点とコンクリート製の展望所がある。ここからは富士山、南アルプス、相模湾がよく見えるが、太陽が水平線から昇るので日の出拝観には好都合である。山頂付近の植生はススキで、樹木はほとんどない。

山頂の西側には伊豆スカイラインがこの山を迂回して走り、北方は箱根方面、南方は天城山方面につづいている。山頂の南肩には「生仏の墓」という小さな祠がある。

登路　JR伊東線宇佐美駅から阿原田峠まで山腹を登り、そこから稜線沿いに山頂に至る（約二時間）。西肩の伊豆スカイラインからはわずか一〇分で登ることができる。

地図　二・五万図　網代　伊東

（竹端節次）

大室山　おおむろやま

標高　五八〇m

静岡県伊東市にある火山による独立の円錐形噴石丘（直径一㎞、比高二二〇m）で、玄武岩質の軽石からなる。成立は縄文時代で新しい。

山頂には直径三〇〇m、深さ約四〇mの噴火口がある。三角点のある最高点からは三六〇度の展望が得られる。富士山、相模湾、伊豆諸島、丹沢の山々などを眺めることができる。西側には真近に天城山と矢筈山が見える。

大室山（矢筈山山頂から）

植生は全山が主としてススキに覆われ、毎年二月第二日曜日に大室山山焼き保存会による山焼きが行われ観光客でにぎわう。大室山は植物が豊富で、秋が訪れると、ススキの中にワレモコウ、ツリガネニンジン、オミナエシ、マツムシソウ、ナンバンギセルなど多くの草花を見ることができる。

山麓の森林は開発され、別荘地や観光施設となっており、シャボテン公園と桜の里が有名である。桜の里公園内には陥没して生じた溶岩洞がある。

登路 西側に唯一、登山道がある。浅間神社の鳥居から標高差二〇m、三〇分程の急登で山頂の一端に出る。お鉢めぐりは約三〇分かかる。北側には観光客用のリフトが山麓と山頂を結んでいる。

地図 二・五万図 天城山

（竹端節次）

万三郎岳（天城山）

ばんざぶろうだけ（あまぎさん） 標高 一四〇六m

別称 天城山 甘木山 狩野山

万三郎岳は静岡県伊豆市と賀茂郡東伊豆町の境界に位置し、狩野川と白田川の源頭となっている。

伊豆半島の最高峰は天城山系の万三郎岳であり、山頂には三角点名「万城岳《ばんじょうだけ》」の標石が敷設されている。天城山は伊豆半島を東西南北と四つの文化圏に分け、地理的にも重要な位置にある。

天城峠があり、天城路、天城トンネルはあるが、天城山と呼ばれる固有の山はない。一般的には主峰の万三郎岳、万二郎岳《ばんじろうだけ》を指し、広義には天城西山稜の達磨山《だるまやま》（万太郎山《ばんたろうやま》、番太郎山）や猫越岳《ねっこだけ》はじめ南豆の猿山、長九郎山、婆娑羅山《ばさらやま》などすべて天城山でもある。

天城山の山名は、「高く聳える天の城」からともいわれ、甘木山は甘茶を製するアマギアマチャを多く産するためと伝えられる（『豆州志稿』）。『吾妻鏡』に記載されている狩野山は、伊豆の豪族であった狩野氏に由来し、天城から駿河湾に流れるのは狩野川であり、いまにその名が残っている。万二郎岳と万三郎岳は、マタギの祖先と伝えられる磐司磐三郎に関連があるとされるが、詳細は不明である。

万三郎岳は、富士火山帯の天城火山である。岩質は安山岩だが、玄武岩やデイサイトも混じる。成層火山が爆発し、側火口の八丁池や寄生火山の遠笠山、矢筈山、大室山、登り尾などがある。天城峠を隔て、西へ猫越火山、達磨火山と連なる。

天城山は「富士箱根伊豆国立公園」にあり、自然は保護されている。国有林としてスギ、ヒノキをはじめブナなどの原生林がいまも残り、天城山系随一の巨木・天城の太郎杉（樹高五四m）は、天城峠の北にあり、滑沢《なめさわ》渓谷の散策コースとなっている。

天城山は古くから良材を産する地で、文治二年（一一八六）に源頼朝は寺院建立のため、狩野山に木材を求めた。『吾妻鏡』に「武衛（源頼朝）令赴伊豆国給、是為建立伽藍、於狩野山日来被求材木、為監臨也」とある。また、戦国期の弘治二年（一五五六）には、北条氏

万三郎岳（左奥の山。万二郎岳側から）

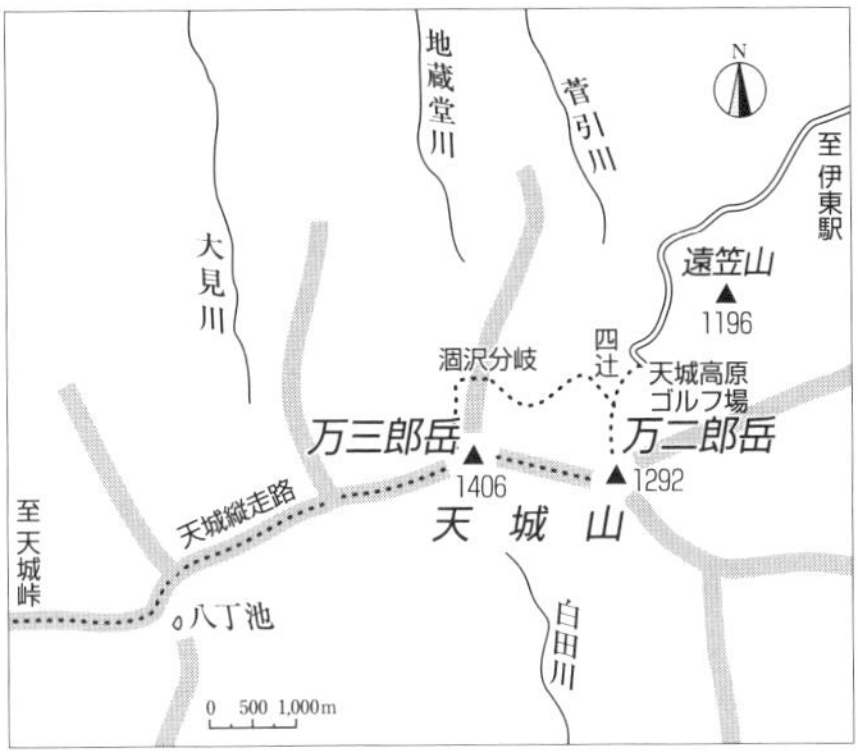

が「豆州狩野山檜奉行」を置き、普請人足の供出、伐採した木の数および山林の状況の報告を義務付けたとされる。

徳川幕府は天城山を天領とし、木材の伐採を制限して、「天城七木制（松、杉、檜、樅《もみ》、栂《つが》、欅《けやき》、椹《さわら》）」を布いた。

天城山のブナ林は、猫越岳から天城峠～八丁池を経て、万三郎岳～万二郎岳に至る稜線沿い、支脈の婆娑羅山系の猿山～長九郎山へ帯状の広い範囲に分布し、山地植生を特徴付けるとされる。

そのほかに植生も豊かで、山名の由来ともなったアマギアマチャをはじめ、アマギツツジ、アマギカンアオイ、アマギベニウツギ、イズカニコウモリなど伊豆半島の固有種も多く、アマギシャクナゲ、アマギイワボウシ、アマギザサ、アマギシダと冠名の付いた植物も多い。天城山が北限、南限、東限とされるのも誇りといえる。

動物はニホンカモシカを除き、ニホンツキノワグマ、ホンシュウジカ、ニホンイノシシ、ホンドタヌキ、ニホンリスなどが生息する。とくにシカ、イノシシが多い。

鳥類はコマドリ、ヒガラ、シジュウカラ、クロツグミ、カケス、ヤマガラ、キビタキ、ホオジロなど。天城峠付近にはオオルリが多く、渓谷にはキセキレイ、カワガラスも見られ、登山者に憩いを与えてくれる。猛禽類のオオタカなどの営巣も確認されている。

伊豆半島のイワナは放流されたものだが、アマゴは生息し、アユ釣りのファンも多い。狩野川はアユの友釣りの発祥の地である。

伊豆の天城はワサビの名産地として知られる。江戸時代に天城の山林見廻役であった板垣勘四郎が、シイタケ栽培を駿河に伝えた帰りに、有東木《うとうぎ》村（現静岡市葵区）からワサビ栽培の技術と苗を持ち帰り伊豆に伝えたという。

登路　万三郎岳に登頂するには、ＪＲ伊東線伊東駅から天城高原ゴルフ場行きのバスに乗り終点で下車。四辻～万二郎岳～万三郎岳～涸沢分岐～四辻の周遊コースを薦める。万二郎岳を目ざし、新緑とツツジ、シャクナゲの美しいハイキングコースを行く。紅葉の季節もよく、登山道沿いの木々に名札が付けられ、自然観察の参考になる。

万二郎岳の山頂は樹林のため展望はないが、ドウダンツツジの小さな花が咲く。少し下ると眺めのよい岩場となり、正面に馬の背、その奥に万三郎岳、北西に富士山、南には下田市の須崎半島とスイセン群生地の爪木崎などを望むことができる。

鞍部へ下り馬の背に出ると再び展望が開け、遠笠山や伊豆七島が見える。馬の背はアセビの群落となり、最盛期には白いトンネルの中を歩いているようである。石楠立《はなたて》を過ぎると万三郎岳への登りとなり、ブナの原生林とシャクナゲ、ツツジが多くなる。

　万三郎岳の山頂は明るい平坦地となり、自然林に囲まれ心もなごむ。展望はない。四辻から万三郎岳まで約二時間三〇分。下山コースは、北へ涸沢分岐への道を下り、シャクナゲの群落とブナの原生林をスタートの四辻へ戻る。冬季は暖国・伊豆とはいえ、積雪は深いので注意して登り、装備は十分に整えたい。

　天城峠からの縦走コースは、約四時間三〇分の健脚者向きとなる。旧天城トンネルから天城峠に出て、二本杉峠（旧天城峠、天城峠の項参照）への道を右に見送り、八丁池〜万三郎岳を目ざす。樹林とササに囲まれた天城の瞳ともいうべき静かな八丁池は、古くはアオスズの池とも呼ばれたという。八丁池にはモリアオガエルも生息する。新緑の天城山はブナ、シャクナゲやツツジなどの花々が咲き誇っている。紅葉の季節もすばらしい。

（森　博・諏訪部　豊）

地図　二・五万図　天城山

天城峠　あまぎとうげ　標高　八三〇m

　天城峠は伊豆半島の中央に位置し、天城火山と猫越《ねっこ》火山の鞍部にあたる。狩野川と河津川を分け、行政的には静岡県伊豆市と賀茂郡河津町の境界となっている。天城越えの歴史は古く、日本の歴史や文学などとも深く関わってきた。

天城峠

　「天城」の由来は、高く聳える「天の城」から、甘茶を製する樹木のアマギアマチャを多く産したから「甘木」などの説がある。

　・古峠＝フルトウゲが天城越えの最も古い峠である。奈良、平安時代とも伝えられ、八〇〇年以上の昔から四〇〇年位前まで利用されていた。源頼朝や文覚上人らが越えたとされる峠である。

　・中間業峠＝江戸時代の中ごろまで使われた峠で、谷文晁や滝沢馬琴、三島代官、下田奉行らもこの峠を越えた。

　・二本杉峠＝江戸中期の文政二年（一八一九）に、梨本村（現河津町）の板垣仙蔵が自費をかけて造った峠である。幕末から明治にかけて日本の歴史に登場する天城峠は二本杉峠であり、吉田松陰や林大学頭、ハリスらも越えた「日本開国の峠」といえる。

　・天城峠＝現在の天城峠は峠越えとしてではなく、八丁池を経て万三郎岳《ばんざぶろうだけ》への天城山主脈縦走コースと、二本杉峠〜猫越岳〜達磨山《だるまやま》への西伊豆山稜歩道の分岐点となっている。

　・天城山隧道＝一九〇五年（明治三八）三月に開通。長さ四四六m、標高七〇八m。「伊豆の踊子」も越え、旧天城街道の踊子コースとしてハイカーらに人気がある。一九八六年には「日本の道百選」にも選定されている。石造りの「天城山隧道」は、二〇〇一年四月に国の重要文化財に指定された。

・新天城トンネル＝一九七〇年に完工。長さ八〇〇ｍ、標高六二七ｍを抜ける国道四一四号の快適なドライブコースである。

登路　踊子歩道～天城山隧道～天城峠～二本杉峠～河津七滝《ななだる》へのコースを紹介する。ＪＲ東海道本線三島駅で伊豆箱根鉄道に乗り換え、終点の修善寺駅で東海バスの河津行きに乗る。天城峠バス停の手前である「水生地下」から踊子歩道へのコースをとる。

旧天城街道を一時間程行くと、川端康成の『伊豆の踊子』や歌謡曲「天城越え」の舞台ともなった〝天城山隧道〟に着く。石造りのトンネルは明治の雰囲気を味わえ、訪れて悔いのない所といえる。

天城峠へは隧道入り口から三〇分の登り。左の八丁池～万三郎岳への天城山縦走コースを見送り、二本杉峠への道を行く。天城山稜はブナ、アセビ、ヒメシャラなどの自然林が多い。古峠、中間業峠を経て天城峠から約一時間二〇分で、二本杉峠（八一四ｍ）に着く。二本の大スギと東屋があり、広場で一服して天城峠の変遷と歴史を振り返ってほしい。二本杉峠へ直登するなら大川端キャンプ場から約一時間四〇分の登りとなる。大川端キャンプ場～二本杉峠～河津七滝のハイキングコースは静岡県の「歴史の道百選」に選ばれている。

二本杉峠から河津七滝へは約四〇分の下り。踊子歩道に入ると観光客らでにぎわう。

踊り子歩道（水生地付近）

天城山隧道

地図　二・五万図　湯ヶ野　（森　博・諏訪部　豊）

登り尾　のぼりお

標高　一〇五七ｍ

静岡県賀茂郡河津町にある。下田から北上する天城街道（下田街道）の最深部に位置するため、この山名となったと思われる。河津川と支流の奥原川とを分けている。登り尾には「山」を付けない。

登り尾は安山岩質溶岩であり、白浜層群も広く分布している。

天城街道は川端康成の『伊豆の踊子』の舞台ともなり、『曾我物語』の曾我十郎祐成・五郎時致兄弟の父、河津三郎祐泰は河津庄の領主だった。力自慢で相撲が強く、「河津掛け」の決まり手がいまに残る。

源頼朝が天城を訪れた際に、登り尾の山麓にあった各集落で大小の鍋などを借りたが、鍋の一つを川に流してしまったという。そのため大鍋、小鍋、鍋失《なべうしない》が地名としていまに伝わると『南豆風土誌』に記されている。

登路　新天城トンネルを河津町に入り、登尾バス停から少し戻って林道を終点まで一時間ほど歩く。駐車は数台可能。伐採された山道を左に登れば稜線に出る。猿山や長九郎山など南伊豆の山々を眺めながら行く。山頂付近は広く、ササとアセビ、ヒメシャラの林となり、明るく気持ちがよい。やがて三角点標石が置かれた山頂に着く。林道終点から約一時間。樹間から北東方向に天城山の主峰・万三郎岳、南東には下田・須崎の爪木崎などが見える。登り尾は、天城山系の中でも登山者は少なく、静かな山である。

地図　二・五万図　湯ヶ野

（森　博・諏訪部　豊）

猫越岳　ねっこだけ

標高　一〇三五m

静岡県伊豆市天城湯ヶ島地区と賀茂郡西伊豆町にまたがる西天城山系の最高峰である。第三紀（二五〇〇万年前）の成立で、輝石安山岩と凝灰角礫岩からなる。

山頂には同標高の三角点があるが樹木が茂り展望はまったくない。山体表面の侵食が進まないため、山頂一帯は広々とした平坦面が残っており、ほとんどがブナの原生林に覆われているのは貴重な存在である。唯一、三角点の五〇〇m西方登山道沿いに展望台があり、駿河湾や周囲を見ることができる。しかし、登山口の仁科峠ナベ石の方が展望が優れている。

猫越岳の名の起こりは定かではない。稜線上一㎞南東に猫越峠があり、その麓には猫越集落がある。猫越峠を越す往還は昔は狩野川流域と西伊豆を結ぶ重要な道であったが、いまはすたれている。現在は猫越岳の西方二㎞の仁科峠に両地方を結ぶ車道が通っている。

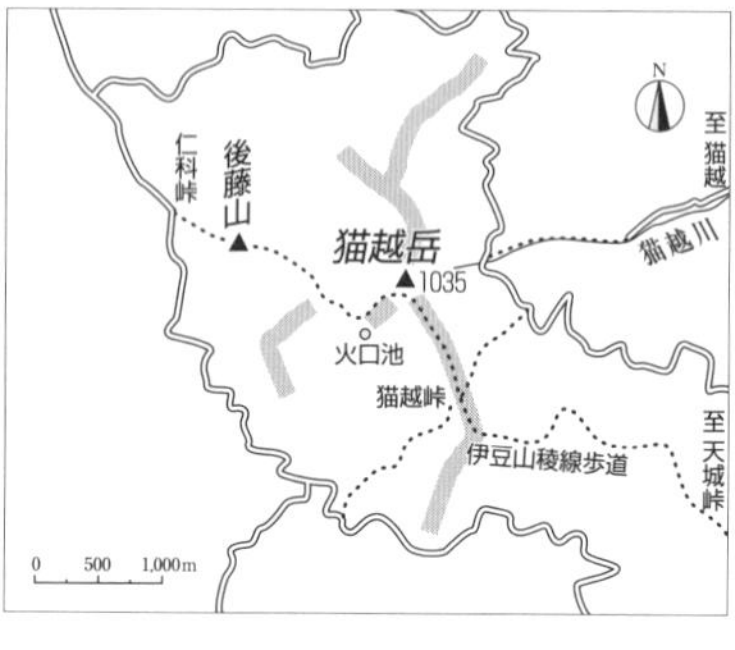

猫越岳の北側は狩野川支流の持越川と猫越川、南側には仁科川の源流部で、いずれもかなり険しく滝なども存在するが、沢登りの対象にはなっていない。

仁科峠から猫越岳を経て天城峠に通ずる伊豆山稜線には天城森林管理署が管理する歩道がある。ここからはブナやヒメシャラの見事な大木を観察することができる。四月下旬にはヤマザクラもよく咲き、シャクナゲも所々に見られる。森林が広大なためホンシュウジカやニホンイノシシなどの動物の頭数が多いのもこの山域の特徴である。毎年これらを対象とした狩猟が晩秋から冬にかけて行われている。

登路　仁科峠から後藤山を経由して猫越岳に至る（約一時間）。山頂の手前、右に入った所に火口池と呼んでいる小湿地帯がある。仁科峠までは湯ヶ島と船原峠から道路が通じているがバス路線はない。天城峠から伊豆山稜線歩道を縦走すると三時間三〇分を要する。天城峠へは天城峠バス停から約三〇分の急登である。猫越集落から猫越峠までの昔からの道は残っているが、ヤブの多い道である。

地図　二・五万図　土肥　湯ヶ島

（竹端節次）

達磨山　だるまやま

別称　万太郎(番太郎岳)

標高　九八二m

静岡県伊豆市修善寺地区、沼津市戸田《へだ》地区などにまたがる、裾野を大きく広げたアスピーテ型の火山である。更新世の成立で、岩質は輝石安山岩を主体とする。

達磨山の名の起こりは、その裾野を広げた姿が立派で、座禅する達磨大師の姿に似ていることによる。伝説により天城の万《ばん》二郎、万三郎に対して「万《ばん》太郎(番太郎)」との別称がある。

山頂には三角点標石、達磨石と呼ばれる直径一m前後の数個の岩石、達磨山を説明した「山岳の誌」の石碑がある。山頂付近はササで覆われ、樹木がないため三六〇度の展望に恵まれている。ことに富士山、南アルプスが美しい。

達磨山は伊豆山稜線の北部に位置し、北方には金冠《きんかん》山(八一六m)があり、南方に向かって船原峠・棚場山(七五三m)・魂《こん》の山(九三三)・仁科峠へと山稜がつづいている。この山稜に沿って西伊豆スカイラインとその延長道路が通じている。

達磨山の東側は狩野川支流の桂川や柿木川が裾野を刻んでいるが、いずれも緩やかで滝はほとんどなく沢登りの対象とはならない。西側の戸田大川はやや急流であるが、やはり沢登りの対象ではない。

山腹に見られる樹木のなかで特筆すべきはマメザクラ(フジザクラ)である。達磨山を中心に北は金冠山、南は棚場山、魂の山にかけて分布し、四月中旬から下旬にかけての開花は見事である。登山道を歩くとそのほかにアセビ、ツゲ、リョウブ、ドウダンツツジなどの樹木が見られる。

登路　金冠山との鞍部、戸田峠から南に向かって稜線を小達磨山を経由して縦走する。約五〇分の行程である。戸田峠までは伊豆箱根鉄道修善寺駅からバス(戸田行き)を利用する。手前のだるま山高原キャンプ場(レストハウス)からの登山道(幅の広い芝生の道)を歩くと戸田峠まで四〇分程かかる。南側の大曲茶屋(土肥行きバス停)から船原峠を経由しても山頂まで辿ることができる。こちらは約二時間五〇分の行程である。山頂を迂回する西伊豆スカイラインの戸田駐車場(南肩)からはわずか二〇分の登りである。

地図　二・五万図　達磨山

(竹端節次)

達磨山(金冠山から)

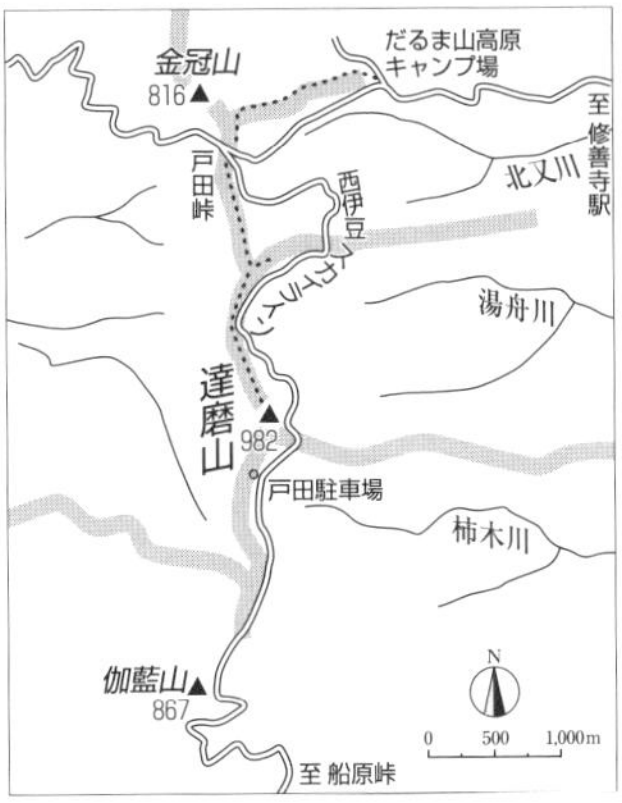

葛城山　かつらぎさん

別称　寝釈迦《ねしゃか》山

標高　四五二m

静岡県伊豆の国市伊豆長岡地区と大仁地区の境にある。伊豆長岡温泉から山頂までロープウエーが架けられているが、ハイキングコースもいくつか整備されている。この山だけを登るというより、隣接する城山《じょうやま》（三四二m）や発端丈山《ほったんじょうざん》（四一〇m）などを繋げて登ることが多い。山頂には山名の起因となった葛城神社がある。また、別名寝釈迦山とも呼ばれているが、これは横臥した涅槃仏に似るところから付けられた名である。戦国時代、小田原城の北条氏に武田軍の進軍をいち早く知らせるために、城山、葛城山、発端丈山に狼煙《のろし》台を設けたと伝えられる。伊豆地方に多いウバメガシやヤブニッケイの樹木が見られる。

山頂からは富士山、箱根、伊豆半島の山々や駿河湾が望まれる。

登路　伊豆箱根鉄道田京駅から大門橋を渡り、小坂集落の外れが登山口。サクラ並木の林道を登り、途中登山道に入る。山道は南に巻いており、途中ロープウエー下を抜ける。尾根に出た所で直上すれば山頂に出る（田京駅から約一時間四〇分）。

地図　二・五万図　韮山

（永野敏夫）

鷲頭山　わしずさん

標高　三九二m

静岡県沼津市の駿河湾沿いに聳える静浦山地の最高峰である。第三紀層からなる静浦山地は標高が低いわりには起伏に富み近年、「沼津アルプス」と呼ぶようになった。鷲頭山を中心に北方の徳倉山（二五六m）、香貫《かぬき》山（一九三m）、東方の大平山（三五六m）などと山稜線で結ばれている。

山頂からの展望はきわめて良好である。富士山、箱根、南アルプス、眼下に駿河湾を望むことができる。山頂には小さな祠が祀られている。また、大平山頂とともにサクラの木が茂っている。植生は海岸付近の暖帯林帯に属するのを反映してアオキ、ヤブツバキ、トベラ、ヤブニッケイなど常緑広葉樹が見られるが、とくに峠からの登りと大平山への稜線に茂るウバメガシは一見に値する。

北側の志下峠付近には平重衡にまつわる「中将宮」と呼ばれている岩屋がある。また、同じく志下峠付近には小規模ながら岩登りのゲレンデがある。

登路　沼津アルプスの縦走は五峰七峠の長コースで六時間以上を要する。その中心に鷲頭山がある。出発地は山麓に霊山寺、山腹には若山牧水歌碑のある香貫山である。徳倉山を経て山頂に至り、大平山経由で大平または多比に下山する。しかし、香貫山を省いて横山峠から縦走するのが一般的である。鷲頭山山麓の志下と大平からは直接登ることもできる。どちらからも一時間前後の行程である。各登山口までは沼津、三島両JR駅からバスの便がある。

地図　二・五万図　韮山

（竹端節次）

猿山　さるやま

標高　一〇〇〇m

別称　本ノ岳

静岡県賀茂郡河津町と西伊豆町にまたがり、河津川支流の萩ノ入川と仁科川・本谷の分水嶺となっている。

伊豆半島のほぼ中央に位置し、古くは「本ノ岳」とも呼ばれていた。天城の主稜や南に派生する婆娑羅《ばさら》山脈の十郎左ェ門(九五三m)～長九郎山(九九六m)～大鍋越(六二〇m)～婆娑羅山(六〇八m)から主峰と仰ぎ見られたのであろう。

『南豆風土誌』に「西南方仁科村大沢里の辺に向かひて一支峰を出し……天城猿山は又本ノ岳とも称せられ」の記述がある。

登路　天城峠から二本杉峠(旧天城峠、「天城峠」の項参照)を経て、猫越《ねっこ》岳～仁科峠～達磨山《だるまやま》と延びる西天城山稜はスギ、ヒノキ、ブナなどの林で歩きやすいが、滑沢《なめさわ》峠の西で分かれる婆娑羅山脈の猿山～長九郎山へのコースは一転して道が不明瞭となる。強引にヤブこぎをつづけ猿山を目ざす。山頂は明るいアセビの林となり気持ちがよい。一〇〇〇mに二〇cm足りない標高であるが、健脚者にのみ推薦する。

猿山へは天城峠からの縦走より沼ノ川や諸坪峠から近いが、林道は荒れている。狩野川支流の滑沢川から滑沢峠～猿山往復のコースもあるが、くれぐれも注意して入山してほしい(約三時間三〇分)。

(森　博)

地図　二・五万図　湯ヶ野

長九郎山　ちょうくろうやま

標高　九九六m

静岡県賀茂郡松崎町と西伊豆町の境界にあり、河津川と那賀川、仁科川の分水嶺である。伊豆半島の中央に位置する天城峠からU字型に延びた天城山稜の主脈は、旧天城峠であった二本杉峠(天城峠の項参照)の南西に派生し、長九郎山～婆娑羅山《ばさらやま》(六〇八m)などの婆娑羅山脈を起こしている。

長九郎山の頂上付近から北は、伊豆半島南部に広がる白浜層群の地層からなる。南東から東、および西尾根にはかなり厚い安山岩溶岩があり、白浜層群を覆っているという。

長九郎山はアズマシャクナゲの群生地、キョウマルシャクナゲの南限、ツクシシャクナゲの東限地とされ、ドウダンツツジなども美しい。アセビ、ヒメシャラ、ブナなどを含めて「長九郎山学術参考保護林」に指定され、植生は豊かで貴重とされる。

『伊豆の伝説』などによると、「長九郎は万《ばん》二郎、万《ばん》三郎と共に天城の暴れん坊だった。美女をめぐり兄弟で争ったが、娘は力の強い万三郎(長兄)に嫁いだ。しかし娘は長九郎を愛していたため、シャクナゲとなって花を咲かせるのだ」という。

長九郎山は南伊豆の名山であるが、古い文献などには紹介されていない。この付近の山としては『文政・天保　國郡全図並大名武鑑』に「フキ山」が記載されているのみである。『豆州志稿』『南豆風土誌』にある「檜原山」が長九郎山と思われる。

登路　下田市と松崎町を結ぶ東海バスの大沢温泉口が起点となり、

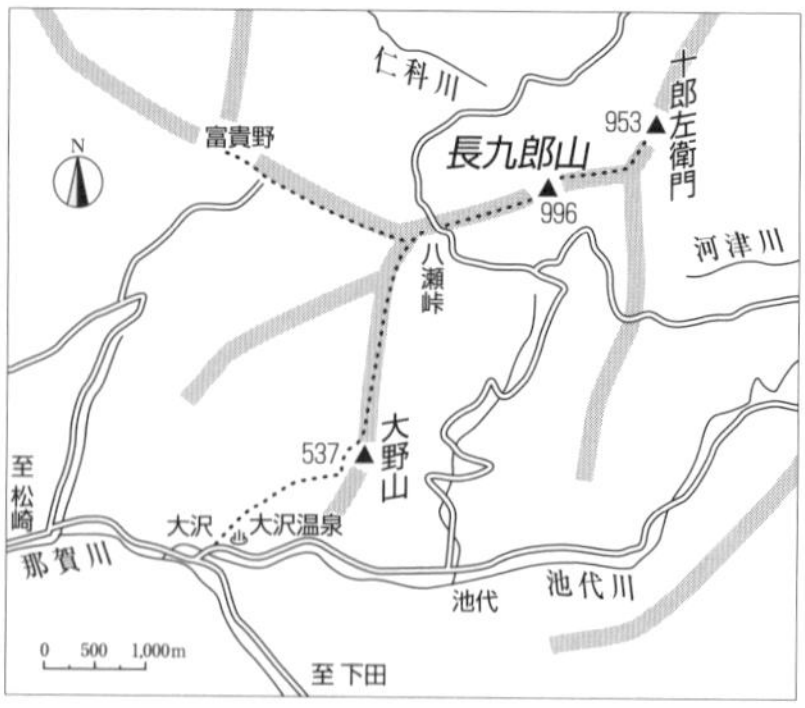

一〇分程歩くと登山口の大沢温泉に長九郎山への案内板がある。大沢温泉から尾根通しに登り、大野山を巻くころ松崎の町と西伊豆の海岸線が見えてくる。やがて左から富貴野のコースが合流し、八瀬峠で池代からの林道に出ると山頂は近い。池代からの林道を利用すれば長九郎山へ約三〇分の登りだが、道路は荒れている。

山頂への登りはシャクナゲ、ツツジなどの中を進むが、花の最盛期には見事な群落となる。ブナやヒメシャラの林を過ぎれば長九郎山に着く（大沢温泉口から約三時間二〇分）。頂上にある櫓《やぐら》に登れば富士山、南アルプスも望める。南には姥《うば》捨て伝説の婆娑羅山が近く、南西に延びた稜線は大峠に至り、東から南にかけて馬夫石《まぶいし》～大段を経て下田富士へと南伊豆の山々が幾重にも重なっている。はるか洋上には伊豆七島も浮かぶなど、予想以上の展望が得られる。

地図　二・五万図　仁科

（森　博・諏訪部　豊）

寝姿山　ねすがたやま

標高　二〇〇m

別称　武山　武峰山　万蔵山　万像山

静岡県下田市にあって、下田港に流れる稲生沢《いのうざわ》川の東岸に位置する。女性が仰向けに寝ているような山容から山名となった。頭部は武山《たけさん》（一八一m）と呼ばれる岩峰（涎《よだれ》岩＝流紋岩火山塊）で、山麓に武山神社がある。万蔵山は、稲生山万蔵院に由来する。

登路　寝姿山へはロープウエーを利用する。山頂駅の展望台から波静かな下田港、須崎半島とスイセン群落の爪木崎、伊豆七島と神《み》子元《こもと》島の灯台（一八七〇年建設、現役最古の洋式灯台）の眺めがよい。黒船の見張所や大砲も復元され、写真の開祖・下岡蓮杖の記念館などがある。武山の岩峰への登頂は注意したい。

山頂駅から寝姿山へ約二〇分。サクラやツツジ、ツワブキなどの花々が咲く自然公園となっている。稲生沢川を隔て下田富士、相ノ山、恵比寿ヶ所、大段、安城山、堀ノ内山などの山々と、天城連山の奥に富士山が望める。

寝姿山から北へ女郎山などを経て約一時間三〇分で高根山（三四三m）に着く。山頂の地蔵尊は漁師の守り神。下山は伊豆急行線蓮台寺駅へ約五〇分の竹林と丁仏のコース。

下田富士（本郷富士、一岩山　一九一m）へは伊豆急行線の伊豆急下田駅から浅間神社のある山頂まで約三〇分。「下田富士は、妹の駿河富士が美人のため天城山を屏風に隠れてしまった」（下田富士の伝説）という。

地図　二・五万図　下田

（森　博・諏訪部　豊）

伊豆諸島

三原山　みはらやま

標高　七五八m

別称　三原新山

東京都大島支庁大島町。東京の都心から南へ一〇五km、菱形に近い平行四辺形の大島は、伊豆諸島中最大の面積（九一平方km）があり、島名もそれに由来している。

全体が玄武岩で構成される三原山は、頂を欠くなだらかな円錐形の成層火山で、カルデラの窪みの中に中央火口丘があり、剣ヶ峰を最高点とする。島の人たちは「お山」を崇めて、噴火を「御神火」、溶岩流を「お流れ」、火口を「お穴」と呼んできた。有史以前から活動をつづけており、古い火山の上を若い大島火山が覆っていて、七十余の側火山を持っている。戦後だけでも一九五一年と一九八六年に噴火し、一九八六年には全島民が避難した。現在は中央火口丘付近にハチジョウイタドリの植生回復も見られ、カルデラ周回線二二〇〇mのお鉢めぐりや、裏砂漠ルートなどのハイキングルートが復活している。利島同様ツバキが有名だが、南斜面の二次林を彩るオオシマザクラの花も見事である。

登路　三原山山頂口バス停から山頂遊歩道を登ってお鉢めぐりをするのが一般的（約二時間二〇分）。ほかに大島温泉ホテルから裏砂漠ルートを経てお鉢めぐり、三原山登山口に至るルートもある（約二時間三〇分）。

地図　二・五万図　大島北部　大島南部

（伊佐九三四郎）

宮塚山　みやづかやま

標高　五〇八m

東京都大島支庁利島《としま》村。古くから美津計《みつけ》の島などと呼ばれて海上を行く船の目印となってきた利島は、大島の南西二五・五kmの海上に浮かび、円錐形の宮塚山が島全体を形造っている。

主体が玄武岩の溶岩流からなり、山頂付近北側にカジアナ、北東側にミアナの旧火口を持つが、約八〇〇〇年以前にこの二つの爆裂口を造った大噴火以来、火山活動は見られない。

南斜面はシイ、タブの常緑照葉樹林に覆われて巨樹が生育するが、もっとも多いのがツバキで、一部は山頂付近まで椿畑が拓かれている。大島椿油の大部分が、この島の実を原料としていることはあまり知られていない。

登路　山腹を一周する都道に沿い、南面の一番神社（阿豆佐和気《あずさわけの》命《みこと》神社本宮）、二番神社（大山小山神社）から山道に入り、神代椿《かみよつばき》からの道を合わせて山頂に達する。樹木に囲まれて展望はまったく利かないが、神奈備《かんなび》の山にふさわしい静けさがある。三番神社（下上《おりのぼり》神社）へ下る（約三時間三〇分）。

地図　二・五万図　利島

（伊佐九三四郎）

天上山　てんじょうざん　標高　五七二m

東京都大島支庁神津島《こうづしま》村。神津島は東京都心から南へ一七〇㎞、伊豆下田から南南東五三・八㎞の海上に浮かんでいる。

富士火山帯に属し、流紋岩質の火山噴出物からなる天上山は、島のほぼ中央部にあって、山全体が島の半ばを占めている。山頂付近は四十余りの小丘が緩やかに起伏する約八〇haの広大な平坦地を持ち、大小の噴火口跡や池が点在する。その一つ、不動池には不動尊を祀るなど信仰の対象にもなっている。山頂付近には固有種のコウヅシマツツジやイズノシマホシクサが見られる。

砂糖崎付近の断崖上部にある黒曜石の厚い層は、石器時代に鏃《やじり》の原料となり、御蔵島など近隣の島へも運ばれているが、伊豆七島の神々が天上山に集まって水分け会議を開いたという伝説も、周辺との交流の島になっていたことを物語る。

登路　黒島登山道から石塁跡、展望台、不動池などをめぐる。山上からは新島、利島、大島のほか富士山も望見される。山頂からは白島コースを下るのが一般的(約五時間)。

地図　二・五万図　神津島

(伊佐九三四郎)

雄山　おやま　標高　八一三m

東京都三宅支庁三宅村。三宅島は東京都心から南方洋上一七五㎞にあって、伊豆諸島のほぼ中央に位置する円形の島である。

雄山を頂点とする複式成層火山で、中央火口丘と外輪山からなり、海岸線に沿って坪田、阿古、伊ヶ谷、伊豆、神着の五つの集落が点在している。火口丘が玄武岩、外輪山が玄武岩、安山岩の山で、火口北壁の最高点が二〇〇〇年の噴火まで八四一mであった。

全島が火山博物館といわれるように、火山活動が活発で、有史以前から噴火を繰り返しているが、戦後でも一九六二年に三七山(九三m)が出現する噴火があり、島民三六〇〇人が島外に避難。一九八三年には二男山付近が割れ目噴火、海中爆発、水蒸気爆発があって阿古地区四〇〇戸が埋没している。二〇〇〇年には大噴火があり、全島民が本土に避難したが、火山活動がようやく静まり、二〇〇五年一月から島民の復帰が始まった。

黒潮の影響で、スダジイ、タブノキ、ヤブツバキの原生林やオオバヤシャブシ、ガクアジサイなどの二次林に恵まれていることもあって、アカコッコなど約二三〇種の野鳥が生息する楽園になっているところから、バードアイランドの愛称もある。

全島民の復帰はもちろん、豊かな自然に包まれた雄山登山道が回復する日が一日も早く来ることが望まれる。

登路　登山はできないが、標高三五〇mの環状林道(一部不通)まで登れば、海の展望が得られる。

地図　二・五万図　三宅島

(伊佐九三四郎)

御山　おやま　標高　八五一m

東京都三宅支庁御蔵島《みくらじま》村。御蔵島は東京都心から南方洋上一九五

km、三宅島の南方一八kmの洋上に浮かぶ島である。

島はほぼ円形のお椀を伏せたような形で、四八〇mに及ぶわが国最大の黒崎高尾の海食崖をはじめとする絶壁に囲まれている。安山岩、玄武岩が主体で、南東部原生林の中に火口湖・御代ヶ池があるが、有史以来噴火の記録はない。平清水川、大島分川など伊豆諸島随一の豊富な水に恵まれ、八〇mの白滝など大量の水を断崖から海に落としている。植生は豊かで、スダジイを主体とする照葉樹の原生林、ツゲ、ハチジョウグワの天然林、植林を育み、五百九十余本の巨樹が林立している。

島の中央部に位置する御山は八丈富士に次ぐ高さだが、黒潮が流れる急峻な地形からほかの島と異なった気象条件を生み出し、亜熱帯性、暖温帯性、亜寒帯性、高山性植物の垂直分布が見られる。六〇〇～八〇〇m付近はミクラコザサに覆われ、鈴原湿原には湿生植物のモウセンゴケ、周辺にはサクユリ、ハコネコメツツジの群落も見られる。このほかニオイエビネの純粋種、ミクラミヤマクワガタ、ミクラビロウドカミキリなど貴重な植物、昆虫が生育。断崖に営巣するオオミズナギドリは数百万羽といわれる。

登路　村の中心から車道をしばらく行き、山道に取りつく。鈴原湿原を経て山頂を往復(約三時間四〇分)。登山には東京都認定ガイドの同行が義務付けられている(有料)。

地図　二・五万図　御蔵島

(伊佐九三四郎)

西山　にしやま

標高　八五四m

別称　八丈富士

東京都八丈支庁八丈町。八丈島は東京都心から南へ二九〇km、黒潮圏の海上に浮かぶ瓢簞《ひょうたん》形の島である。富士火山帯に属する火山島だが、宝永四年(一七〇七)以後は噴火活動を休止している。

島の北西部にある西山は、八丈富士と呼ばれるように円錐形成層火山で、神止山《かんど》、大凸部《おおとんぶ》、中凸部、護神山、弁天山などの寄生火山を持っている。火口は直径四〇〇m、深さ五〇mにも及び、中央火口丘の頂には直径八〇m、深さ六〇mの噴火口があり、八丈富士の奥社浅間神社が祀ってある。八五四・三mの標高は、伊豆諸島中の最高峰である。

植物は暖帯に属し、スダジイ、タブのほかオオバヤシャブシなどの二次林が見られるが、カルデラ内にはヤマグルマの純林、南斜面にはツゲの純林、山頂の神社付近にはツゲの古木がある。

登路　車道が五五〇mまで上がっている。鉢巻き道路から登山口に入り、自然石の階段を登って稜線へ。火口壁に沿って一周コースをめぐる(登山口から約二時間三〇分)。

地図　二・五万図　八丈島　八丈島南部

(伊佐九三四郎)

東山　ひがしやま　標高　七〇一m

別称　三原山

東京都八丈支庁八丈町。八丈島の南東部に位置する東山は、三原山とも呼ばれる。

直径四㎞のカルデラに沿って東台子山《とうだいし》（五七〇m）をはじめとする外輪山があり、中央部にススキが生い茂り、四界が開けた小尖峰・三原山の頂がある。西山（八丈富士）同様に地質は玄武岩系、安山岩系で水脈に恵まれ、東山山頂を水源とする滝を、末吉（名古ノ滝）、三根（不動ノ滝）、大賀郷（大滝）、樫立（唐滝）の各地区に落としている。

登路　車道が山頂付近まで延びており、ゲートから山頂まで約二〇分。直下に海上保安庁管理のロラン局、テレビ中継塔、東京都防災行政無線中継所などの施設がある。山頂から八丈富士の左手に八丈小島を望むことができる。

地図　二・五万図　八丈島　八丈島南部

（伊佐九三四郎）

飛驒山脈

白鳥山　しらとりやま　標高　一二八七m

別称　山姥山　上路山　寺山　橋立山　上計呂山

新潟県糸魚川市青海、富山県下新川郡朝日町の県境にある。飛驒山脈最北の一〇〇〇m峰の白鳥山は、南・西の県境尾根と北尾根の源頭で、北延主稜の終端が親不知となる。

山名は、山頂部に現れる白鳥の残雪模様からといわれている。山麓には、謡曲で有名な「山姥」の洞窟や伝説が残されている。坂田峠は、海岸道が不通の時は橋立金山経由の迂回道となった峠で、地蔵が安置されてその名残を留めている。

白鳥山周辺には、上路金山、橋立金山、ヒスイ採掘跡があり、榀《しな》谷はトクサ、シダ類、アンモナイト、リンボクなどの化石産地でもある。

登路　親不知海岸から坂田峠経由（約六時間）、坂田峠口（約三時間）、二〇〇二年開通の林道山姥線口（約二時間）、山頂には糸魚川市の白鳥小屋がある。

地図　二・五万図　親不知

（小野　健・靍本修一）

犬ヶ岳　いぬがたけ

標高　一五九三m

別称　犬駒ヶ嶽　下犬ヶ嶽　犬嶽

新潟県糸魚川市と富山県下新川郡朝日町の県境で、山頂直下の東と北尾根の合点が境界となる。犬ヶ岳は、小滝川西俣谷、青海川アイサワ谷、大平川似虎谷《ねこや》、黒薙川北又谷の分水源頭となる。山容は、西面が犬歯状の鋭峰となり、南東側はおだやかな台形をなす。

加賀藩は、北部国境の鬼門として、この山域を下狛下犬の名称で奥山見廻り役が巡視していた。犬ヶ岳以北の下駒ヶ岳(下駒山、一二四一m)、白鳥山(寺山)を合わせて「下駒三山」と呼んだ。ジュラ紀来馬層群の中央部に位置する。

登路　一九七一年、栂海《つがみ》新道の開通により無雪期の登山が可能となった。林道坂田峠より約七時間の行程で、山頂鞍部に無人小屋の栂海山荘がある。

地図　二・五万図　小川温泉

(小野　健・鶴本修一)

菊石山　きくいしやま

標高　一二一〇m

新潟県糸魚川市青海、富山県下新川郡朝日町の県境で、白鳥山、犬ヶ岳の中間、三俣倉からの東尾根との合点に位置する。青海川上流のアイサワ谷、金山谷と大平川北沢の源頭となる。一九六六年、日本山岳会越後支部の県境踏査で、山頂からアンモナイト(菊石)の化石を最初に発見したので、一九七一年、栂海《つがみ》新道の開設に合わせて菊石山とした。加賀藩奥山見廻り記録にある下駒山(下駒ヶ岳)との説もあるが、山容から見ても該当しない。北側の無名峰を下駒山とした方が妥当であろう。

黒岩山から白鳥山までの県境は来馬層群の堆積岩と小規模な貫入岩からなり、各所にシダ植物やイチョウ類、ニマイガイ、アンモナイトなどの化石を産し、南斜面にはブナの原生林が広がっている。

登路　栂海新道開設時に作業道として伐開した三保倉山(九七二m)経由の東尾根道は廃道になり、栂海新道の通過点となる(坂田峠から約四時間三〇分)。

地図　二・五万図　親不知

(小野　健・鶴本修一)

黒岩山　くろいわやま

標高　一六二四m

別称　袴越山　黒岩ヶ嶽　黒岩嶽　蓮華浦

新潟県糸魚川市、富山県下新川郡朝日町の県境で、朝日岳〜長栂山の北延主稜と中又尾根との合点に位置する。北又谷の支流・黒岩谷と、小滝川西俣沢・東俣沢の源頭でもある。山名は、黒岩山以北に広く分布する来馬層群の黒色頁岩に由来している。加賀藩の黒部奥山見廻り役巡視経路は、小川相又谷、北又谷吹沢、黒岩谷と沢を繋ぎ、黒岩山に出て朝日岳〜白馬岳のコースを辿っている。

黒岩山は、飛驒外縁帯の古生界から、中生代ジュラ紀の地層となる断層帯で、地形が北に向かって一気に細稜となる変位点である。広大な黒岩平、アヤメ平の高層湿原植生は、白馬連山高山植物帯として天然記念物に指定され、黒岩山以北の県境細稜は、非対称山稜となって日本海へ向かう。中俣新道登口に中俣小屋がある。

登路　小滝川林道の両俣出合から、中俣新道を碁盤平経由で登る。黒岩山で栂海新道に合流する（林道ゲートより約五時間三〇分）。

地図　二・五万図　小川温泉

（小野　健・靍本修一）

長栂山　ながつがやま　標高　二二六七m

別称　ながとが山

新潟県糸魚川市、富山県下新川郡朝日町の県境で、朝日岳の北部に位置する。飛騨山脈後立山連峰北延主稜上にあり、小滝川、白高地沢、北又谷の源頭で、山頂部は平坦でおだやかな地形になっている。山頂北側には、周氷河地形の風衝岩屑原の裸地が広がって乾性植物が点在し、北東斜面に吹きだまった雪渓は、多くの湿性植物を育んでいる。

尾根筋は、亜高山性の樹林帯が占めて、長栂山北東斜面全域に、多種類の乾湿両性の植生群落がある。

登路　一九七一年、栂海《つがみ》新道の開通により入山が容易となった。小滝川登山口より、中俣新道・黒岩山経由では、黒岩平～アヤメ平の植物を観賞する登山者が多い（林道口～長栂山間約七時間）。

地図　二・五万図　小川温泉

（小野　健・靍本修一）

明星山　みょうじょうさん　標高　一一八九m

別称　明神ヶ嶽　名字ヶ岳　明神岳

新潟県糸魚川市南西部の小滝川沿いにある全山石灰岩の岩峰である。明星は古名の明神（ミョウジン）から変わったものといわれ、地元では「みょうじ」と呼ばれている。黒姫山と同時代の石灰岩で、大岩壁を露出したドーム状山容をなす。とくに南壁は、八〇〇mの衝立状岩壁で、かつては糸魚川柏槙（ミヤマビャクシン）を産し、現在はロッククライミングのゲレンデとして有名になっている。

明星山南側の小滝川沿いには、国定天然記念物のヒスイ原石があり、石灰岩南壁とともに観光地となっている。全国の縄文遺跡から出土するヒスイは、すべて当地産で、古代ヒスイ文化発祥の地としても知られている。

登路　岡集落から林道を歩く北回りと、ヒスイ峡から登る西壁下回りコースがある（岡集落から約二時間四〇分。ヒスイ峡から約三時間三〇分）。

地図　二・五万図　小滝

（小野　健・靍本修一）

黒姫山　くろひめやま　標高　一二二二m

別称　権現山　古志峰

新潟県糸魚川市青海の中央部、日本海から南西四・五㎞に位置する。全山石灰岩よりなる独立峰で、奴奈川《ぬなかわ》姫の伝説で知られた女人禁制の山であった。山頂は、岩峰や灌木のため山海の展望がよく、黒姫権現を祀る大きな祠がある。

黒姫山は、日本海側最大の石灰石鉱床で、古くから石灰資源として採掘され、現在も化学工業の原料として利用されている。黒姫山石灰岩は、古生代の石炭紀～ペルム紀に生成され、多種類の古生物化石が豊富で、山頂付近にはフズリナの化石が多い。西壁は岩登りのゲレンデとなり、南部のマイコミ平には山岳カルストといわれる溶食地形が発達する。わが国最深の竪型洞窟「白蓮洞」（五一三m）・千里洞（四〇五m）・奴奈川洞（三四五m）や、延長三㎞に及ぶ福来口鍾乳洞も未開のまま残されている。千里洞の開口部周辺は、洞内の万年雪で冷やされた七～八度の冷気によって、氷河時代の環境が遺存されている。つまり、植生が逆転し、海抜六八〇mの洞口にミヤマアカバナ・ウサギギク・ムシトリスミレなど標高二五〇〇m級の高山植物が群生する特異な地域である。

登路　登山道はかつて大沢、田海、清水倉の三コースがあったが、石灰石採掘のため廃道となり、近年復活した清水倉コースのみとなった。青海川沿いの道を経て清水倉橋を渡ると登山口がある。登山者が少なくあまり整備されていない（登山口からおよそ四時間）。

地図　五万図　小滝　二・五万図　小滝　（小野　健・霜本修二）

大鷲山　おおわしやま　標高　八一七m

富山県下新川郡朝日町に位置する。飛騨山脈後立山連峰から続く北延主稜は犬ヶ岳で境川を挟むように新潟県親不知海岸へ真北に向かう尾根（栂海新道）と、北西に分岐し初雪山、黒菱山などを経て富山県宮崎海岸に向かう尾根に分かれ日本海に落ち込んでいる。後者の尾根上の最後の顕著なピークが大鷲山で、三等三角点が設置されながら地形図では山名の記載がない。点名は頂上より南西面に下る谷の名前「大鷲谷」から。登山者が頻繁に登る平成になり「大鷲山と名付けたらどうか」との提案があり現在に至っている。この山域には絶滅危惧種のイヌワシが生息しており的を射た山名といえる。

登山道がなく残雪期に登られたが、近年、地元有志が完成させて通年登山が可能になった。登山口が県境の境川河口付近にあり、海抜ゼロmから登る山として人気を集めている。また、麓の集落笹川と大平を繋ぐ林道烏帽子山線の完成（平成十二年）により、登山道と交差する標高五〇〇m地点に展望広場が設置された。秋にはクマタカ・サシバ・ハチクマなどの猛禽類の渡りの絶好の観察ポイントとなり、多勢の愛好家でにぎわう。一帯は朝日県立自然公園に指定。

頂上から南を望めば右手に剱岳からの北方稜線や加賀白山、左手は白馬岳、そして朝日岳からの栂海新道の山並み、北を向けば日本海越しの能登半島、そして眼下には親不知海岸や宮崎ヒスイ海岸が見渡せ、佐渡島が見えることもある。

登路　登山口は北面で県境の境川河口を通る国道八号横から波音を背中に始まり頂上に達する（約三時間）。車を使い林道展望広場から登れば半分の所要時間となる。

地図　二・五万図　親不知　泊　（藤條好夫）

南保富士　なんぼふじ　標高　七二七m

富山県下新川郡朝日町にあり、二王山（七八四m）の北西およそ五〇〇mに位置する。小川支流・石谷《いしたん》川、笹川支流・七重《しっちゃ》谷川などの源頭。三角点はあるが五万図にも二・五万図にも山名の記載がない。

山名はいわゆる富士型の山に由来する。麓の南保地区からの眺めはそれを連想させる。ことに高畠地区からの山姿は裾を取り払った富士山に酷似している。西面の池ノ原集落(いまは廃村)ではかつて「大天厳」とも称したらしいが、その由来は不詳。

山頂には石仏が一体、北を向いて立っている。近年になって登山道を再整備した折に安置したもので、往古からのいわゆる山岳信仰とは無縁である。

北面の七重谷川源流部は広範囲に崩壊している。この谷の中流部に朝日町の名勝に指定され、「とやまの滝」にも選定された七重滝《しっちゃだき》がある。黒菱山断層崖に懸かるこの滝はその名のとおり七段で、落差五〇〜六〇m。

登路　南保、笹川地区を結ぶ林道の峠から標高点三七七mの西面を通る林道に入る。「朝日ふるさと歩道」を兼ねたこの道は、三峰《みつぼ》グリーンランドの上部を横断、「中部北陸自然歩道・七重滝」(環境庁・富山県)の標識の前で分岐する。ここから二〇mほど南下した地点が登山口。初めは平坦なスギ林の中を行く。途中、カラマツの疎林が右側に二箇所交じる。富山県造林公社の黒塗りの標柱を通過する辺りから急な尾根筋を登る。右手に背丈の低い灌木が現れるとまもなく頂上である(登山口からおよそ一時間)。

(湯口康雄・藤條好夫)

地図　二・五万図　泊

負釣山　おいつりやま　　標高　九五九m

別称　おいつるしやま　中谷《なかたん》ノ頭《ずこ》、打谷山《うつだんやま》

富山県下新川郡朝日町と入善町にまたがる山で、小川支流・打谷、下若狭谷および舟川の源頭に位置する。

「おいつるしやま」という人たちもいる。この背景には、五万図「泊」の振り仮名があるように思える。ちなみに五万図のルビの変遷を概観すると、初刷(一九一三年)では「釣」に「ツルシ」とあり、一九三〇年の図幅では「負釣」に「オヒツルシ」、一九六二年のものでは「オイツル」、一九七〇年以降はルビなしになっている。

山名の由来については、修験者が背負う笈《おい》や着用する笈摺《おいずる》などとのかかわりを云々する人もいるが、定説はない。

北面の羽入集落(朝日町)近郷からの呼称は、「中谷ノ頭」または「打谷山」。いずれも北面の谷名に由来する。山頂直下に突き上げているのが中谷であり、この谷を含む北面の谷の総称が打谷だからである。かつての五万図「泊」には「打谷」の記名があったがいまはない。本谷の中谷は急峻で、滝が連続する。

登路　入善町側から登山道が二本ある。舟川支流オコ谷《たん》右岸の林道を行き、朝日町との境界をなす尾根を辿る展望コースと、舟川ダムを通り六谷《むたん》沿いの林道から回り込む西尾根コースである。いずれも近年開かれたもので、前者はおよそ二時間。後者は約三〇分。それまでは途中まで伐り開きがある打谷の中谷と東谷との間の痩せ尾根から、主に残雪期に登るのが一般的であった。

(湯口康雄・藤條好夫)

地図　二・五万図　舟見　小川温泉

朝日岳　あさひだけ　　標高　二四一八m

富山県下新川郡朝日町と新潟県糸魚川市にまたがり、白馬岳から犬ヶ岳に延びる稜線の中程に位置する。丸みのある変哲のない山だが、西面の朝日町から見ると端正でピラミダルな山姿をしている。一九五四年に発足した朝日町の町名はこの山に由来する。

古称は「ヱブリヶ嶽」。江戸時代の越中の絵図には、これに「恵夫理ヶ嶽、杁ヶ嶽、恵振ヶ嶽」と当てたものもある。この山が一般に朝日岳と称されるようになったのは、五万図「黒部」（一九一三年）の刊行以降であろう。

ヱブリヶ嶽という山名は四、五月ころに現れる柄振《えぶり》（杁《えぶり》とも書く、田をならす農具）の雪形に由来するともいう。剱岳北方の駒ヶ岳の駒や鼻取りの雪形と対をなすとの口碑がある。しかし、その形も出現箇所もいまだに確認されていない。

古称のヱブリヶ嶽は五万図「黒部」の刊行以後、西面の一七九一m峰にイブリ山と転訛してその名残を留めている。

朝日岳の山名については塚本繁松の「白馬嶽以北の處女境（六）」（『旅』第八巻第十二号・一九三一年）に、越後側からの呼称で、「蓮華の湯附近で最初に朝日の光の當たるのが見えるのは朝日岳であるから此の名がついた」とある。

江戸時代の一時期、加賀藩黒部下奥山廻りにたずさわる人たちが朝日岳周辺をも巡視の対象にしていたらしい。奥山廻り役だった浮田家（富山市）にはその道筋を描いた『黒部奥山廻繪圖』（文化六年・一八〇九）が伝えられている。それによると、小川支流・相ノ又谷～北又谷支流・吹沢谷～北又谷と辿り、黒岩谷から越後との国境稜線に出て、この山経由で現在の白馬岳に達している。

四周には高原状の所が散在、高山植物の群落が見られる。とりわけ前朝日西面の夕日ヶ原は広大で、お花畑としてつとに知られる。夕日ヶ原は大正から昭和の初めころにかけて、白馬岳以北の富山県側の山と谷にあまねく足跡を印した塚本繁松の命名。塚本は一九二三年、黒部の山案内人・佐々木助七とイブリ尾根を登ってここを発見。山友鈴木弘の発案で一九二六年に命名したのである。

朝日小屋がある朝日平には、高山植物の保護等を目的とした富山県の白馬管理センターがある。

初期の登山としては、一九一七年七月の木暮理太郎、田部重治らによる黒部・黒薙川・北又谷支流・恵振谷《えぶりたん》からの登頂が挙げられる。

朝日岳（越道峠東方1084 m峰から）

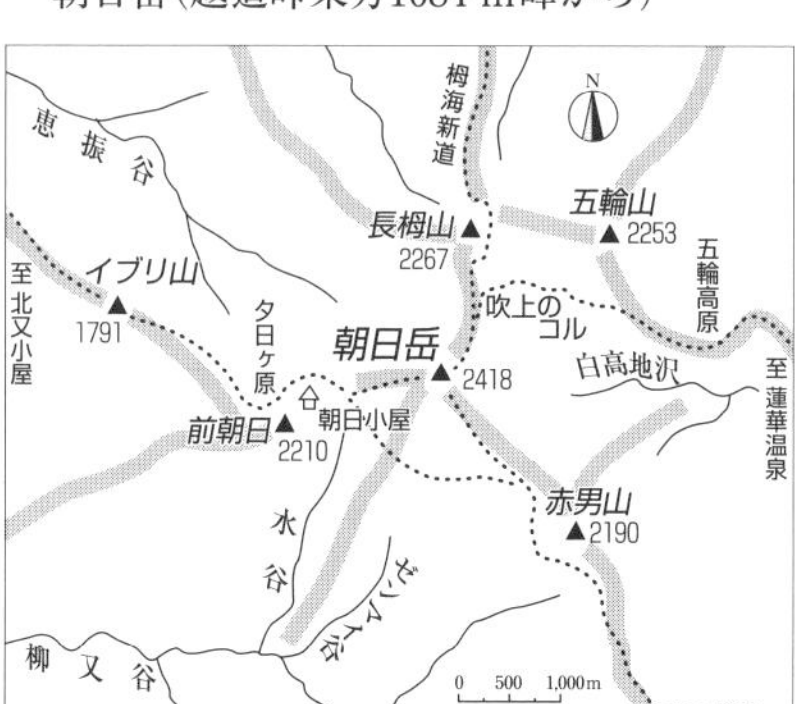

一行はこの後、後立山連峰を縦走して鉢ノ木岳から大町に下っている。木暮による「山の憶ひ出を辿りて」（『改造』第十一巻第七号・一九二九年）は、朝日岳を中心とした前半の紀行である。

富山県側、イブリ山経由の道が開かれたのは一九二八年。新潟県側、蓮華温泉からのそれは翌一九二九年である。この道は、白高地沢右岸沿いに赤男山との鞍部に出てから山頂に向かうものであったが、やがて廃れた。今日、蓮華温泉からは五輪高原、吹上ノコル経由で登るが、『新潟県山岳案内』（新潟県観光課・一九五二年）はこの道の開削を一九五一年としている。

登路　小川温泉元湯から北又谷、イブリ山経由では北又小屋からおよそ六時間五〇分。蓮華温泉から瀬戸川、白高地沢、吹上ノコル経由でおよそ六時間三〇分。白馬岳から縦走路を約六時間三〇分。親不知から栂海《つがみ》新道を辿る場合は、途中一泊を要する。なお、栂海新道へは坂田峠、白鳥山、黒岩山などで合する道が開かれている。

地図　二・五万図　黒薙温泉　白馬岳　小川温泉　越後平岩

（湯口康雄・渋谷　茂）

雪倉岳　ゆきくらだけ　標高　二六一一m

富山県下新川郡朝日町と新潟県糸魚川市にまたがり、白馬岳北方に位置する重量感のある山。

越中側からの古称は鉢ヶ嶽。江戸時代の越中の絵図や地誌類の多くは、いまの鉢ヶ岳以北の山々を「雪倉ヶ嶽、鉢ヶ嶽、赤男山」の順に記している。つまり、今日の鉢ヶ岳と雪倉岳の呼称は、古称の逆順になっている。中島正文は、「白馬岳志雑攷（中）」（『山岳』第四十五年・一九五一年）でこれに触れ、陸地測量部が越後の呼称を採用したからである、としている。

越後側からは、瀬戸川源頭の山々を蓮華に見立てて蓮華山と称していた。雪倉岳もその一峰で、『訂正越後頸城郡誌稿』（越後頸城郡誌稿刊行会編・一九六九年）は「蓮華山ハ当郡ノ大山ニシテ、大蓮華・乗鞍・雪倉・風吹等ノ数峰集ツテ蓮華ノ形ヲ為ス故ニ此名アリ」と記している。

銀の産出地としても知られ、同書に「此山往古ヨリ銀山ト称ス。天保年間鉱業ヲ試ルト雖モ今ハ廃鉱タリ」云々とある。天保以後も採鉱が試みられたが長続きせず、いまは痕跡を残すのみ。一八八九年、大塚専一は地質調査の公用でここを巡見している。その詳細は『地學雑誌』第二集第二十巻（一八九〇年）に「信飛越山間旅行談二」として載っている。

山頂は岩石に覆われているが、周辺はコマクサをはじめとする高山植物が豊富。山頂北面の雪倉ノ池は一九一七年に木暮理太郎らが命名したものである。

登路　白馬岳から三国境、鉢ヶ岳の東斜面の巻き道を辿って約三時間。

地図　二・五万図　白馬岳　黒薙温泉

（湯口康雄・渋谷　茂）

鉢ヶ岳　はちがたけ　標高　二五六三m

別称　鉢岳　雪倉ヶ嶽　白倉岳　鉢ヶ嶽山

新潟県糸魚川市と富山県下新川郡朝日町との県境にあって、白馬岳北部の三国境と雪倉岳の間に位置する。黒薙川柳又谷と大所川支流・瀬戸川の源頭となる。

山名は、鉢を伏せたようなおやかな山容から付けられた。山体は、飛騨外縁帯の古生層に貫入した新期流紋岩で、南と北の鞍部には、蛇紋岩と石灰岩が介在している。

登路　かつて登山道は頂上を通っていたが、一九三一年に新潟県側の山腹に横断道が開設された。東斜面や長池周辺にはお花畑が広がり、三国境と鉢ヶ岳間の東部岩屑帯にコマクサの大群落がある。明治時代の白馬登山は、蓮華鉱山道が利用され、瀬戸川から鉢ヶ岳沢沿いに登られた。鉱山道には、飯場や精錬所跡があり、ウォルター・ウェストンもこの道を登っている(蓮華温泉から五時間三〇分)。

地図　二・五万図　白馬岳

（小野　健・靏本修一）

小蓮華山　これんげさん

標高　二七六六m

別称　大日岳

新潟県糸魚川市と長野県北安曇郡小谷村との県境で、新潟県の最高峰となる。北アルプス北部の白馬岳から、越中・越後・信州の三国境を経て東延する稜線上に位置する。東尾根は、さらに白馬大池、風吹大池の火山湖を辿って姫川に達する。

白馬岳を大蓮華と呼び、周辺の山を蓮華山群といったが、小蓮華山もその一峰となる。山頂には、享和元年(一八〇一)に建立された大日如来像が安置され、信仰の山として登られてきた。

山体は、飛騨外縁帯の古生層や蛇紋岩を基盤とし、白亜紀花崗岩類・新期火山岩が貫入している。三国境以東には、珪長岩・流紋岩の破砕された大量の崖錐帯と二重山稜が存在する。東稜は信州側が急峻な崩壊岩壁をなし、越後側が緩斜面の非対称山稜を形成する。東部に、白馬乗鞍火山の溶岩により堰止められた白馬大池がある。湖面には盛夏まで雪渓が残り、白馬大池山荘周辺には、ハクサンコザクラ・チングルマ・コイワカガミ・イワイチョウなどの湿性植物が群生する。小蓮華山周辺には、コマクサ・トウヤクリンドウ・ツクモグサ・オヤマノエンドウなど乾性植物が多い。なお、二〇〇七年夏に山頂周辺の崩落によって標高が三m低くなった。

登路　栂池自然園から乗鞍岳経由と、蓮華温泉コースがあり、白馬大池で合流する。小蓮華山は稜線上のピークのため、白馬岳への通過点となり、大日如来像を確認する人は少ない(栂池自然園・蓮華温泉から約四時間)。

地図　二・五万図　白馬岳

（小野　健・靏本修一）

乗鞍岳　のりくらだけ

標高　二四三七m

別称　白馬乗鞍岳

長野県北安曇郡小谷村と新潟県糸魚川市の県境近くに位置し、小谷村に属する。スキー場で有名な栂池《つがいけ》高原の上部に、大きく横たわる山である。山頂は平坦で三角点が置かれている。乗鞍岳の西には小蓮華山《これんげさん》(二七六六m)があり、小蓮華山と乗鞍岳の鞍部には白馬大池がある。池の北西畔に白馬大池山荘が控える。

雪解けのころになると、この山の南斜面に白い鶏の雪形が出現する。同じころ、隣の小蓮華山に出現する黒い子馬の雪形や白馬岳の代掻《しろか》き馬とともに、白馬山麓に春を告げる農事暦である。

登路　栂池高原から乗鞍岳、小蓮華山を経て白馬岳への登山道の中間点に位置しており、これが主な登山道となる。また、天狗の庭を経て蓮華温泉へ下る道もある。このほかに頂上から風吹岳を経由し、JR大糸線中土駅へ通ずるルートもある。

栂池高原へは麓からロープウエーが設けられており、終点にはビジターセンターなどの建物が並んでいる。ここから山上池が点在する天狗原の湿原を経由し(約一時間三〇分)、岩場の登山道を登れば上はなだらかな頂上である(約二時間三〇分)。

地図　二・五万図　白馬岳　(青木保良・小野　健・靏本修一)

風吹岳　かざふきだけ　標高　一八八八m

長野県北安曇郡小谷村と新潟県糸魚川市との県境近くに位置し、小谷村に属する。頂上直下には風吹大池、小敷池などがあり、風吹天狗原と呼ばれる湿地草原が広がり、静かな雰囲気を醸している。風吹大池の畔には風吹山荘がある。

登路　風吹岳へ直接登るには、姫川沿いのJR大糸線北小谷駅からのルート、中土駅からのルートがある。北小谷駅前を車で北へ旧道を進み、姫川を渡って(国道一四八号沿いの道の駅小谷の西側を通るのもよい)来馬《くるま》温泉風吹荘の前を通り、狭い林道を進むと土沢登山口となる。中土駅からは池原地区、北野地区を通り、車で中腹の北野登山口まで入ることができる。いずれの登山口も駐車可能で、中土駅前にはタクシーもある。両ルートとも登山口から二時間三〇分から三時間程で風吹山荘に到着する。山荘の北側は風吹大池で、頂上へはわずかな登りである。どちらのルートも特段危険箇所もなく静かな登山道が楽しめる。ここからは、さらに「千国揚げ」と呼ばれる道を登ってフスブリ山(一九四四m)を経由し、乗鞍岳へ通じるコース、蓮華温泉へ下るコースがある。

地図　二・五万図　白馬岳　(青木保良)

白馬岳　しろうまだけ　標高　二九三二m

別称　大蓮華岳　蓮華岳　上駒ヶ岳　両界岳　鳥越岳　朝日岳

長野県北安曇郡白馬村、富山県下新川郡朝日町、新潟県糸魚川市にまたがる。飛騨山脈の北端にあり、後《うしろ》立山連峰を代表する高峰である。

山名の由来は、雪解けのころ山の右手に出る黒い「代掻《しろか》き馬」の雪形による。この雪形が現れると、農家は代掻きや田植えを始めたといわれる。北城(白馬地域)の農民は、長い経験の中から生活の知恵として、暦よりも山の雪の消え具合に合わせて農作業を行ってきた。このように雪形から山の名前が付けられた例は全国に多い。

古来、信州側山麓の人々はこの山を単に「タケ(嶽)」あるいは「西山」とだけ呼びならわしていた。それが代掻き馬の「シロウマ」になったのがいつのことかは分からない。松本藩の官撰地誌『信府統記』(享保九年・一七二四)にも、代馬や白馬はない。ただ「越後越中信濃三国境、此所モ山ノ名ナク亦通路モナシ云々」とあるだけである。越中側では開発も呼称も古く、その山容の特徴から「上駒ヶ岳」であり、越後では「大蓮華岳」であった。それがやがて日本海側の呼称として定着した。明治二七年(一八九四)のウォルター・ウェストンも「オオレンゲ」と記している。

由来にいう雪形説からすれば、表記は「代馬《しろうま》」でなくてはならないが、明治以来の文字は「白馬」である。その最初と思われるものに、明治一六年(一八八三)夏の、時の郡長窪田畔夫と大町小学校長渡辺敏の「白馬登山記」がある。次いで一八九八年、大町小学校長・植物学者河野齢蔵はその登頂記録に「白馬岳」の文字をはっきりと記している。おそらく明治以後、これら高山への関心が高まるにつれて「シロウマ」が登場し、本来の意味よりもイメージが先行して、好字の白馬表記が定着したのではなかろうか。一般的には、明治二六年(一八九三)の三角点の選点(館潔彦)に基づく、陸地測量部の五万図(一九一三年)での当て字というが、発音はあくまで「シロウマ」であった。そのシロウマが「ハクバ」に変わったのは、趣味的な音読みはともかく、定着したのは戦後になってからである。村名自体の改称が、山までも巻き込んでしまった感が強い。一つの山の呼び名が地域により時代によって異なるのは全国的傾向で、白馬岳もその一つに過ぎないかもしれない。

白馬岳(鑓ヶ岳山頂から)

明治以来、白馬岳は学校登山の山として知られ、富士山や槍・穂高連峰と並んで登山者の数はきわめて多い。三角点のある山頂からは、能登半島をはじめ、富士山、浅間山など、中部高地のほとんどの山を望むことができる。

近代登山の最初は、明治二七年(一八九四)にウェストンが越後側から頂上に立ち、日本の登山家では翌九五年に、富山の小杉復堂が小川温泉から黒薙《くろなぎ》谷を経る古道を辿った。一八九八年には、植物採集を目的とした河野齢蔵、岡田邦松、吉沢秀吉が大雪渓を経て登頂している。

また、明治四〇年(一九〇七)には、山頂の石室を改造して二間四方の山小屋が建てられた。これは白馬の開発と発展のために力を尽くした松沢貞逸が、地元の青年たちと図って造ったもので、今日の白馬山荘の原形である。

地質は、山頂部に古生層と思われる岩相の古期堆積岩が見られ、飛驒変成帯の外縁帯として位置付けられている。これら古生層のうち、泥岩、砂岩、頁《けつ》岩などが山頂部に見られる。

地形的には、東の信州側は、フォッサマグナ西縁の断層群によって急激に隆起した上に、氷河の侵食もあって急崖化している。一方、西側には氷食地形が残っているが、緩斜面になっており、非対称山

稜をなしている。また、日本海に近い高峰のため、積雪量が多く、東面の大雪渓は全長三・五km、幅一〇〇m、標高差六〇〇mにも及び、剱沢、針ノ木と並ぶ日本三大雪渓の一つに選ばれている。また、周氷河地形の構造土のため、高層湿原をなしており、周辺湿地群は日本の重要湿地五〇〇の一つである。

そのため、赤石山脈の北岳と並んで、花の名山と呼ばれるほど高山植物が多く、その種類は数百種にものぼるといわれる。氷河期の遺存種である植物が残っているので、日本の氷河期を裏付ける証明になり、学術的に貴重であるとされたため、大正一一年（一九二二）には国の天然記念物に、昭和二七年（一九五二）には特別天然記念物に指定された。日本にある高山植物の八割が見られるといわれており、今日でも時々新種が見つかることがあり、高山植物基準標本産地にも指定されている。大雪渓上部 葱平《ねぶかっぴら》のお花畑はその代表でもある。

これらの植物には、シロウマの名前が付けられているものも多く、シロウマアサツキ、シロウマオウギ、シロウマタンポポ、シロウマチドリ、シロウマヒメスゲ、シロウマリンドウなど、十数種あるいは二十数種に及ぶと聞く。乾性草本、湿性草本ともに多い。

登路 登路は大雪渓登高が一般的（猿倉から約六時間三〇分）だが、糸魚川市の蓮華温泉から白馬大池、小蓮華山、三国境を経るコース（蓮華温泉から白馬大池約三時間、白馬大池から三国境経由山頂約二時間二〇分）。黒部峡谷祖母谷《ばばだに》温泉から清水《しょうず》尾根を経るコース（祖母谷温泉から清水岳約七時間、清水岳から山頂二時間程）などがある。

山頂からは南北に延びる主稜に縦走路があり、西に欅平への清水尾根が派生している。北方の三国境二七五一m地点から、北東の小蓮華山二七六九m地点へ支稜が分かれており、いずれも登山道がある。山頂南下方には、八〇〇人収容できる日本最大の白馬山荘と、白馬村村営の頂上宿舎がある。山頂には山名案内盤があり、大正五年（一九一六）に新田次郎の小説『強力伝』のモデルになった強力たちが持ち上げたとされている。

地図 二・五万図 白馬岳

（北林幹男・小林俊樹）

杓子岳 しゃくしだけ

標高 二八一二m

別称 白馬杓子岳 釈子岳 薬師岳

長野県北安曇郡白馬村と富山県黒部市にまたがる。白馬岳と白馬鑓《やり》ヶ《が》岳《たけ》の間にあり、「白馬三山」の一つである。

名称の由来は、五万図製作の際の信州側の呼称である。西からの眺めは平凡な台形だが、北東の大雪渓からは、鋭い岩峰が峻立する。

JR大糸線白馬駅付近からだと、鍋物料理に使うスプーン(杓子)を伏せた形に見えるからである。また、木地師との関連をいうものや、杓子を女性に、南隣の鑓ヶ岳を男性にたとえる両山対偶説などもある。

尾根型の頂稜部の東側は杓子沢のカール壁が切り立ち、西側は珪長質流紋岩の岩屑が緩斜面を覆っている。非対称山稜の典型でもある。この岩のガラガラしたガレ(ザレ)場を「シャクシ」と呼ぶという山名説もある。山頂部のコマクサ群落は見ごたえがある。

登路　直接登るルートに、猿倉から鑓温泉経由の登山路がある(猿倉から鑓温泉約五時間三〇分、鑓温泉から白馬鑓ヶ岳経由山頂約四時間二〇分)。冬期は小日向山(一九〇八m)から双子尾根を経て山頂に至るコースがとられている。

また、白馬岳から白馬鑓ヶ岳への縦走路は、富山県側の山腹を横切るため山頂を見過ごすことが多い(約二時間)。

地図　二・五万図　白馬町

（北林幹男）

白馬鑓ヶ岳　しろうまやりがたけ

標高　二九〇三m

別称　北鑓ヶ岳　鑓ヶ岳

長野県北安曇郡白馬村と富山県黒部市にまたがり、「白馬三山」の中で一番南に位置する、後《うしろ》立山連峰第二の高峰である。

この山の東面に二本の岩稜が派生し、岩登りの対象とされている。測量登山は明治四〇年(一九〇七)、吉野半平が行い、三角点が設けられた。山名の由来は、山頂がヤリのように尖っているからだが、槍ヶ岳の「槍」との違いは、「鑓」は矢先が三本で、漁に使うヤリが由来である点である。海人の出雲族が住んでいたため、そのように名付けられたと考えられる。

五月には、花立岩と呼ばれる、花瓶を逆さにした形の雪形が現れる。ほかに鶴の首や、つがいのニワトリの頭の部分の形の雪形もある。これらの雪形は、ほかの山同様、農作業を行う時期の目安にされていたようである。

マッチのなかった昔は、火打ちなどで熾《おこ》した火を移す時、硫黄の付いた火付け木を使い、硫黄は生活になくてはならないものであった。山の西側には、朱殿坊という硫黄を産出する山があり、そのため、生活に不可欠だった硫黄を採集するために里人が入山、鑓温泉への入湯者、三次朗方面への山菜採りの入山者も多かったようである。明治三一年(一八九八)八月の、河野齢蔵の手記「白馬岳に登る記」からもそのことがうかがえる。そのころ鑓温泉にはすでに浴槽があった。東斜面標高二一〇〇m地点には温泉が湧き出ており、これが鑓温泉である。日本有数の高い位置にある温泉として知られている。泉質

鑓ヶ岳(鑓温泉分岐から)

は含食塩土類硫化水素泉（硫黄泉）で、露天の浴槽からは妙高山や戸隠連山を望むことができる。この温泉では明治九年（一八七六）九月に、温泉引湯工事中に新雪雪崩による大事故が起きている。二一名もの犠牲者を出した大惨事であった。

元禄一二年（一六九九）に加賀藩の奥山廻り役が、三国境の山として、毎年検分の主点にしたという記録もある。大正八年（一九一九）の「白馬登山案内」には「ヤリ山頂に大日如来の座像ありたるを天狗池の岩穴に移し祀る」とある。この石仏は慶応三年（一八六七）に作られたものなので、開山は古いと見られる。

山頂は白馬層群を貫く中生代白亜紀の珪長質流紋岩で、杓子岳と同一岩体である。鑓ヶ岳北の小鑓の石灰岩は、灰白色でウミユリやサンゴなどの化石を含んでいる。東斜面の大出原はカール地形で、広いお花畑がある。

登路　登路は白馬山頂で一泊してから、約二時間縦走して頂上に達し、鑓温泉を経由して猿倉へ下る温泉回りコース（頂上から鑓温泉約二時間二〇分、鑓温泉から猿倉約四時間）と、猿倉から鑓温泉（約五時間三〇分）を経由して山頂に立ち（鑓温泉から約三時間三〇分）、天狗山荘に泊まるコースがある（山頂から約四〇分）。

大正時代までは、白馬岳への道と分かれ南股川沿いに登り、右岸に渡って六左衛門の滝の上部で再び左岸に出るコースがあったが、昭和になってからはすべて左岸沿いを通るようになった。バスが猿倉まで入るようになってからは、双子岩経由の道が利用されている。

富山側からの、祖母谷《ばばだに》温泉から中背尾根を直登するコースは、戦後廃道になってしまった。

（北林幹男・古幡開太郎）

唐松岳　からまつだけ　標高　二六九六m

別称　上《かみ》犬ケ嶽

地図　二・五万図　白馬町

長野県北安曇郡白馬村と富山県黒部市の県境で、後《うしろ》立山連峰のほぼ中央に位置し、東に八方尾根、西は餓鬼山《がきやま》（二一二八m）から黒部川へと支脈を形成している。唐松岳はおだやかな山容の山だが、北方は不帰嶮《かえらずのけん》（二六一四m）、不帰キレットから天狗ノ頭へとつづく。稜線の登山道は、侵食していて険しい。南は大黒岳から白岳《しらたけ》（二五四一m）へとつづいている。唐松岳北側の不帰嶮岩峰群は、北からⅠ峰・Ⅱ峰・Ⅲ峰に分かれる。Ⅱ峰は北峰・南峰の双耳峰で、北峰の北稜はとくに厳しい。Ⅲ峰は北からA・B・Cの小ピークからなっている。

山名の由来は定かでなく、信州の絵図や文献にもこの山名は見当たらない。一説には昔話にあるデイラボッチという巨人が、夜歩き回って仕事をしていたが、仕事半ばで夜が明け、朝日が射してきたので、側にあった唐松の木を引き抜いて空高く投げたらこの山に落ちたので、この名が付いたといわれる。

地質は、石英斑岩、流紋岩で、その中に輝緑岩や安山岩質の岩脈が貫入して頂稜部を形成している。

この山から東北東に派生して下る八方尾根には、一二〇〇m付近からハイマツが見られる。黒菱小屋（一六〇〇m）付近は比較的平坦地が多く積雪も多いので、ミズバショウなどの湿性植物も見られる。

また、上部に森林帯があり、稜線にダケカンバが並び、高山・亜高山帯の植物の垂直分布が逆転している。斜面は低木や草木が覆っている。頂上付近はハイマツで覆われ、砂礫地にはコマクサ、タカネスミレなどが可憐な花を付ける。また、尾根の中間二一二〇mにある八方池には、クロサンショウウオ、ルリボシヤンマが生息している。

八方尾根南側の谷は、平沢の支流をなして姫川へと注ぎ、北側の谷も、南股入から松川となり姫川に注いでいる。唐松岳西側は西唐松沢、猿猴沢、祖父谷と流れ黒部川へ、また、餓鬼谷から黒部川へと注いでいる。

唐松岳、五龍岳、鹿島槍ヶ岳（白馬鑓ヶ岳から、前方中央左寄りから後方へ同列に並ぶ）

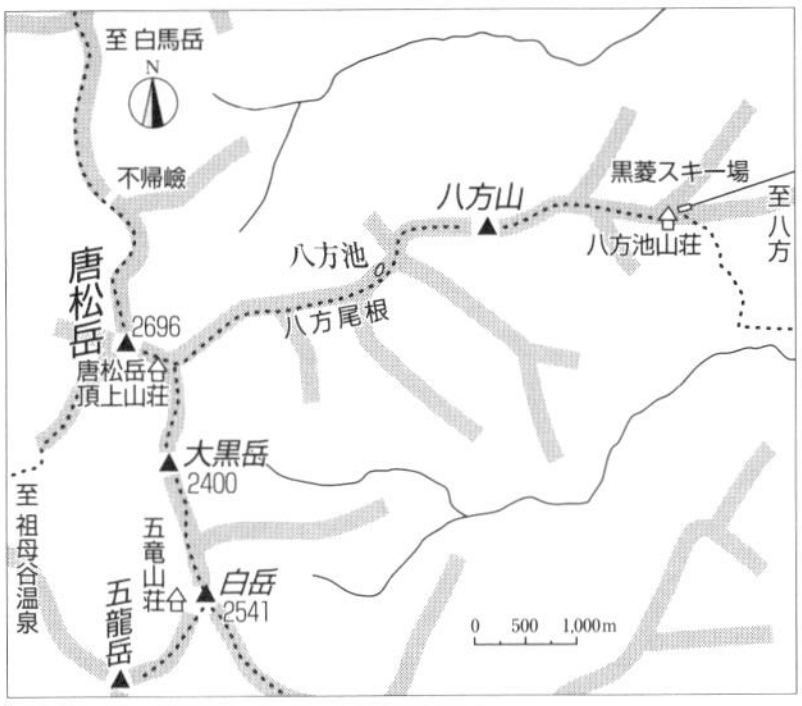

この山と人とのかかわりは、江戸時代に猟師がカモシカ捕りに、餓鬼山や五龍岳の西の東谷山《ひがしだんやま》（二三八〇m）に足を踏み入れた話が残るくらいであったが、明治の初めごろ、この山の南、大黒岳富山県側に良質の銅鉱脈が発見され、明治四〇年（一九〇七）、大黒鉱山が創業した。鉱山の最盛期には八方尾根に牛が通れるほどの道が拓かれて、下《した》ノ樺《かんば》にはその時中継点として使われた石室跡が遺っている。大正時代に入り、スキーが普及するにつれ入山者が増え、昭和三三年（一九五八）、八方尾根に空中ケーブルが架けられてからは山スキーでもにぎわうようになった。麓の八方尾根スキー場は、平成一〇年（一九九八）に開催された長野冬季オリンピックの滑降会場になった。また、昭和の初めには日本電力が黒部川の電源開発を計画し調査を行った。頂上の南西下方にはその時宿舎として使われた石室跡がある。頂上直下には唐松岳頂上山荘がある。この小屋は、昭和七年（一九三二）、四ッ谷に登山案内人組合を組織した初代白馬館主・松沢貞逸の甥である下川富男により唐松小屋として建設され、現在に至っている。

登路　麓の八方からゴンドラ・リフトを乗り継ぎ、八方池山荘まで三〇分足らず、海抜七〇〇mから一八〇〇mまで一挙に高度をかせぐ。夏場はスカートにサンダル姿の観光客もいる。八方池山荘を過ぎるとようやく登山路になり、第二ケルン、第三ケルン、八方池を見ながら登ると、下ノ樺、上ノ樺を過ぎ、丸山雪渓近くの二重山稜のくぼ地に、遅くまで雪が残っている。通称ジャンクションピーク（二六五〇m）にある唐松岳頂上山荘を経て頂上に至る。八方池山荘から約四時間である。健脚者は、白馬岳方面から白馬鑓ヶ岳、天狗山荘、不帰嶮、不帰キレットを越えて頂上に至るコース(白馬鑓ヶ岳から約五時間、不帰キレットから約三時間)、五龍岳から五竜山荘を経て頂上に至るコースをとるのもよい(五龍岳から約三時間三〇分、五竜山荘から約二時間強)。稜線の登山道は、侵食していて険しい。

富山側からは、宇奈月から欅平《けやきだいら》まで黒部峡谷鉄道で入り、祖母《ばば》谷《だに》温泉から南越の峠まで急登し、餓鬼ノ田圃から餓鬼山を巻くようになだらかに登り、唐松岳頂上山荘に達するルートがある。祖母谷温泉から八時間程かかる。

地図　二・五万図　白馬町

(小松正志・古幡開太郎)

奥鐘山　おくかねやま

標高　一五四三m

富山県黒部市宇奈月町にあって、後《うしろ》立山連峰の唐松岳から西に延びる長大な餓鬼山尾根の末端ピークである。頂上の西面は一気に黒部川へ切れ落ち、国内最大の岩壁を形成させている。

黒部峡谷鉄道の終点・欅平《けやきだいら》から高度差三〇〇mほど登り、そこからほぼ水平に上流へ向かうのが「水平歩道」。黒部川左岸の岩壁をくりぬいて造られた登山道で、元は電源開発のための作業道である。水平歩道を上流に向かって歩くと、黒部川の対岸に奥鐘山の山容が、北面から西面、そして南面へと移り変わりながら望むことができる。志合谷前後からは、奥鐘山西壁が視界一杯に広がり、そこを攀じるクライマーの姿を確認できることもある。

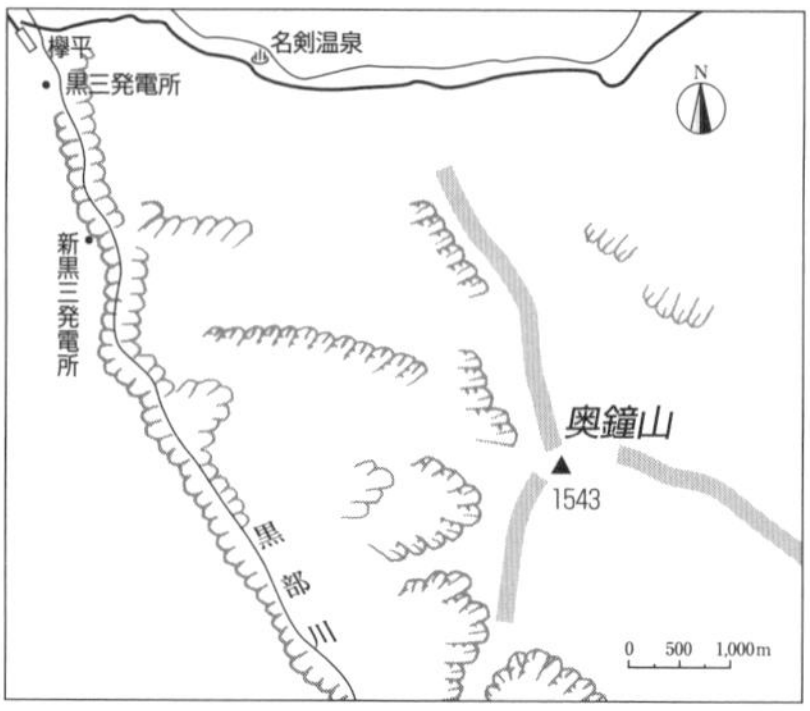

奥鍾山西壁(水平歩道付近から)

奥鐘山には一般登山道は付けられてはいない。登るとしたら、祖母谷温泉から唐松岳に上がる登山道の南越乗越から、ヤブの中、踏み跡や獣道などを探しつつ、顕著な尾根を約一kmほど辿れば、奥鐘山に達することができる。

奥鐘山の名は加賀藩奥山廻りのころの古図には、「河内鐘釣」などと記されているが、それは奥鐘山より下流約一〇kmに屹立する鐘釣山(現在の東鐘釣山)に対する名称で、どちらもその名のとおり、釣り鐘のような山容であり、奥鐘釣山が略されて奥鐘山となった。

奥鐘山西壁は高度差八〇〇mを有し、上ノ廊下、下ノ廊下、剱沢大滝などとともに黒部川の象徴の一つである。わが国最大の岩壁としても知られ、全国から年間二〇パーティー程のクライマーが取りついている。近年のクライマーは灌木が多い上半の登攀を敬遠する傾向にあり、頂上まで上がることなく、西壁の下半のみで登攀を終わらせ、ほぼ同じラインを懸垂下降する場合が多い。

奥鐘山西壁の上半はナナカマドやシャクナゲなどの灌木が岩壁を覆うように生えているが、下半は岩溝や岩の層に灌木が生えることをわずかに許すぐらいで、花崗岩の灰色の岩壁がただただ大きく広がっている。

幾重ものオーバーハングを有する奥鐘山西壁が初めて登られたのは一九六三年、大阪の紫岳会による。以降、主に人工登攀中心のルートから登られ、一九九〇年代には下流側の高度差二〇〇m程の奥鐘山西壁前衛壁も登られるようになり、奥鐘山西壁全体には三〇本余りのルートが刻まれた。また、積雪期や残雪期には、強靱なパーティーがいくつか奥鐘山西壁を攀じり、そのまま餓鬼山尾根を登って唐松岳へ抜けている。

木暮理太郎の「黒部川を遡る」(『山の憶ひ出』上巻)は、戦前の黒部川下ノ廊下探査の記録として、また、登山紀行文学として著名である。そこに記されるように、大雨の後、黒部川の川底から奥鐘山西壁を見上げると、岩壁と雲の間に、幾条もの「幻の滝」が懸かり、すさまじい光景である。

地図　二・五万図　欅平

(志水哲也)

大黒岳　だいこくだけ

標高　二三九三m

別称　赤鬼ケ岳

長野県北安曇郡白馬村と富山県黒部市にまたがる山である。唐松岳と五龍岳の間にあって、白岳(二五四一m)から北へ一・五㎞の所にある。

信州側から見ると、大黒天が俵の上に座っている姿に似ているからだとも、山全体が黒々した岩山だからこの名が付いたともいわれている。

大黒岳から富山県側へ少し下がった餓鬼谷で、明治三九年(一九〇六)、白馬山麓堀之内の探鉱師・中村兼松により良質な銅の鉱脈が発見され、翌一九〇七年、大黒鉱山が開業された。ここで精錬された銅は、牛によって唐松岳・八方尾根経由で搬出されていた。だが、半年以上雪に埋もれ、また厳しい高山という悪条件や野菜不足による壊血病のため四人の坑夫が死亡するという事件があり、創業わずか二〇年、大正七年(一九一八)に閉鎖された。鉱山跡には残りかすが散乱し、赤茶けた台地が残っている。

植生はハイマツ、コマクサなどがあり、動物はイワヒバリ、カヤクグリ、ルリビタキなどを見ることができる。

登路　唐松岳と五龍岳の間の稜線上にあって、直接登るルートはない。唐松岳から約一時間、五竜山荘のある白岳から一時間三〇分程かかる。

地図　二・五万図　白馬町

(北林幹男)

五龍(竜)岳　ごりゅうだけ　標高　二八一四m

別称　餓鬼ヶ岳　割菱の頭　御菱岳

長野県大町市と富山県黒部市との県境に位置する後《うしろ》立山連峰の名峰。名峰鹿島槍ヶ岳の北に位置し、北側には八方尾根を従える唐松岳、さらに白馬岳へとつづく。最高点は富山県側にある。

北安曇郡白馬村から五龍岳の頂上直下を見ると、その東面に黒々としたX型の割れ目を持つ菱形の岩面(割菱)が見られる。この形が戦国武将武田信玄の家紋武田菱に似ていることから「御菱岳《ごりょうだけ》」などと呼ばれ、転じて五龍岳となったという山名説がある。なお「菱(ヒシ、リョウ)」とは、山麓の方言で、断崖や絶壁を意味する。また、越中側でいう後立山を音読みして「ゴリュウ」とも読んだが、その後、後立山は鹿島槍ヶ岳のことを指すのが定説となっている(鹿島槍ヶ岳の項参照)。なお、五龍という字は後述の三枝威之助がこの山に登った折、「五龍」と当て字をしたことによる(『山岳』第四年第一号)。

越中側の古称は本来、餓鬼ヶ嶽であった。信州側においても、享保九年(一七二四)に編纂された松本藩の『信府統記』には「餓鬼岳」と載っている。

近代登山は、明治四年(一九〇八)、三枝威之助が白馬岳から後立山を縦走してこの山に登り、鹿島槍ヶ岳の北にあるカクネ里(鹿島槍ヶ岳の項参照)を下って大町へ出たのが最初といわれる。これはカクネ里に足を踏み入れた初めての記録でもある。昭和六年(一九三一)三月には、京都大学隊が積雪期初の唐松岳から五龍岳、鹿島槍ヶ岳の縦走を果たし、立教大学隊では堀田弥一らが宇奈月から入り鹿島槍ヶ岳、五龍岳の越中側からの積雪期の初登頂を果たしている。

五龍岳の地質は、頂稜部が濃飛流紋岩型の溶結凝灰岩、山腹は黒雲母花崗岩からなる。唐松岳から五龍岳、鹿島槍ヶ岳付近までは急峻な岩稜がつづく。この急峻な地形は、フォッサマグナの西縁、糸魚川—静岡構造線の大断層となっていることによる。頂上から西へ黒部川方向に稜線が延びている。

五龍岳の北側にある白岳(二五四一m)から東に延びる遠見尾根は分水嶺で、尾根の北側と八方尾根との間の谷、平川が姫川の源流となり、新潟県糸魚川市で日本海へ注ぐ。尾根の南側は、白岳沢から鹿島川、高瀬川となり、信濃川となって日本海へ注いでいる。

登路　登山ルートは、遠見尾根、白岳を経て頂上に至るコースと、後立山連峰の縦走コースである。

遠見尾根から五龍岳へは、白馬五竜スキー場からテレキャビン、リフトを乗り継いで地蔵の頭(一六七三m)へ出た後、一時間三〇分程で小遠見山(二〇〇七m)に着く。そこから南東に、天狗岳(一九四〇m)を経て尾根づたいに鹿島槍スキー場方面への道もあるが、一般的ではない。小遠見山から中遠見山、大遠見山、西遠見山と進み、白岳を通って稜線にある五竜山荘に着く。白岳はその名のとおり積雪期には真っ白に雪で覆われ、雪崩の危険があるのでトラバースには注意したい。昔は、遠見尾根の取りつきは地蔵の頭まで一日がかりであったが、昭和四八年(一九七三)に白馬五竜スキー場にテ

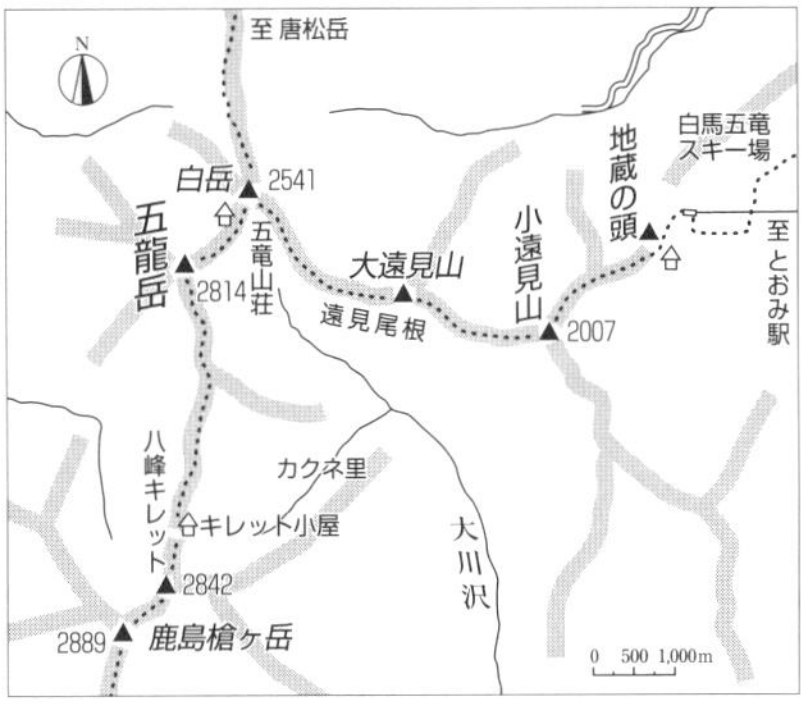

レキャビンが設置されたことから、取りつきが楽になった。遠見尾根からはカクネ里のU字谷、鹿島槍ヶ岳北壁の姿がすばらしい。テレキャビン終点から小遠見山まで約一時間三〇分、小遠見山から五竜山荘まで四～五時間程度、山荘から頂上までは一時間程である。

もう一方の稜線コース、五龍岳と鹿島槍ヶ岳との中間には難所、八峰《はちみね》キレット(約二五一四m)がある。八(ハチ)という猟師が越えたとも、墜死したとも伝えられる。八峰キレットの北側、五龍岳側稜線上にはキレット小屋が建っている。なお、キレットは「切れっ所」を意味する。

地図　二・五万図　神城

(青木保良・古幡開太郎)

鹿島槍ヶ岳　かしまやりがたけ

標高(南峰)　二八八九m

別称　背比べ岳　後立山《ごりゅうざん》　羚岳《しし》　鶴ヶ岳

長野県大町市と富山県黒部市、中新川郡立山町にまたがる。後《うしろ》立山連峰の中心に位置し、南峰、北峰を有する双耳峰である。北峰は標高二八四二m、両峰は吊り尾根と呼ぶなだらかな稜線で結ばれている。北峰から北は、稜線沿いに八峰《はちみね》キレット、五龍岳、唐松岳へとつづき、南峰から南へ布引山(二六八三m)、爺ヶ岳、針ノ木岳へと縦走路がつづく。

鹿島の名は昔、大町をはじめこの付近を襲った大地震や水害を避けるため、地震の神として知られる常陸の鹿島明神をこの地へ勧請したことによっている。享保九年(一七二四)に編纂された松本藩の『信府統記』には「鹿島山ト號ケタルハ昔シ鹿島明神出現アリシテ此所ニ祭リシヨリ今ニ此名アルナリ」と記載されている。この地名に由来し大正初期の陸地測量部が、南の槍ヶ岳に対して鹿島の槍ヶ岳と名付けたといわれている。

鹿島槍ヶ岳(黒沢高原・鹿島槍スキー場から)

後立山とは富山県側から見て立山の後ろにある山の意で、江戸時代の絵図には一個の山体に「後立山《ごりゅうざん》」とある。五龍岳をはじめどの山を指すか議論のあったところだが、木暮理太郎の『山岳』第十一年第三〇号(大正六・一九一七年)誌上での「後立山は鹿島槍ヶ岳に非ざる乎」で、後立山は鹿島槍ヶ岳を指すと結論付け、今日それが定説となっている。

そのほかの呼び方では、安曇平から春先に雪形として、南峰直下に鶴、吊り尾根直下に羚《しし》の形が見られることから「鶴ヶ岳」、「羚岳」の名前も知られている。

また、山体の地質は、大部分が角閃石黒雲母花崗岩からなり（山頂部はアダメロ斑岩）、東側が急に切れ落ち、西側がなだらかな非対称山稜をなしているため、縦走路は稜線の西側に設けられている。この地形は、北部フォッサマグナの西縁、糸魚川―静岡構造線の大断層となっていることによる。さらに、東面は北西からの季節風の影響で多量の積雪があり、氷河期には氷河が発達し、氷食作用により急峻な斜面が形成された。信州側直下、大川沢源頭のカクネ里は、U字谷で多年性雪渓が見られる。

南峰から東へはダイレクト尾根が、西、黒部側へは牛首山（二五五三m）へつづく稜線が延びている。この稜線の南側の沢は棒小屋沢で、黒部川下ノ廊下十字峡となり、北側の沢は東谷で、黒部川S字峡に注ぐ。南峰の南には布引山の先から赤岩尾根が信州側に延び、登山ルートとなっている。いわゆる「長ザク尾根」である。

北峰からは、信州側に天狗尾根、東尾根が延びており、天狗尾根の北側、五龍岳の東の白岳沢との間の谷は「カクネ里」と呼ばれ、「隠れ里」から転じたものともいわれる。昔、平家の落人が隠れて住み着いたとの伝説もある。近代における登山記録は、明治二二年（一八八九）九月、農商務省地質調査所の理学博士・大塚専一が記録した『信飛越山間旅行談』に後立山縦走が記録されており、鹿島槍ヶ岳も踏破している。また一九〇九年、三枝威之助が黒部側から頂上を極め、大冷沢《おおつべたざわ》を下っている。積雪期は大正五年（一九一六）四月、旧制第一高等学校旅行部により初登頂。厳冬期の初登頂は昭和五年（一九三〇）一二月、立教大学山岳部によるものである。一九三一年三月には立教大学の堀田弥一らが宇奈月から入り鹿島槍ヶ岳、五龍岳の登頂を果たしている。越中側からの積雪期の初登頂といわれている。

一九三一年秋には、京都大学隊がカクネ里から北壁に取りつき北峰に登頂するなど、鹿島槍ヶ岳東面の岩場が注目され始めるのはこのころからである。その後、北壁、東尾根、天狗尾根一帯のバリエーション・ルートが数多く開拓されている。

それら登高者たちの多くは、大谷原《おおたんばら》からの登山口鹿島地区の鹿島山荘・狩野家の「鹿島のおばば」こと狩野きく能《の》を慕って訪れ、その「登高記念帳」は、鹿島槍ヶ岳登山史の重要な資料となっている。

登路　一般的な登山ルートは、鹿島地区を通り大谷原から大冷沢沿いに赤岩尾根を登り、途中、高千穂平を経て稜線へ出、後は後立山連峰の縦走路に沿って行くコースである（登山口から約八時間）。

このほかは、後立山連峰の縦走路の一峰としてである。五龍岳から八峰キレットを経て北峰、南峰、布引山、冷池山荘、赤岩尾根の分岐点、爺ヶ岳へのコースか、その逆コースである。

地図　二・五万図　神城

（青木保良・小林俊樹）

爺ヶ岳　じいがたけ

標高（本峰）　二六七〇m

別称　栂山　栂谷ノ峯　後立山　五六ヶ岳　爺岳　爺子岳

長野県大町市と富山県中新川郡立山町にまたがる。

山名の由来は、雪解けのころ頂上付近に現れる雪形が、種を蒔く爺さんの姿に見えるところからきているといわれている。春になり「種蒔き爺さん」の雪形が現れると、麓の農民が種蒔きをしたという。これは農民たちの生活の知恵で、雪形は大町地方だけでなく安曇野からも見ることができるので、農作業の目安とされ、親しまれているお馴染みの山である。

後立《うしろ》山連峰南部に位置する女性的山容のこの山は、北峰（二六三〇m）、本峰、南峰（二六六〇m）の三つの峰を持つ。後立山連峰はここで西に向きを変えて大きく湾曲する。南峰の西側には三本の線状凹地があり、多重山稜が確認できる。種池はその底にある小さな池である。この山上池には、クロサンショウウオやルリボシヤンマが生息する。

頂上からの展望はすばらしく、とくに黒部別山越しに見る剱岳は、小窓雪渓、小窓ノ王、三ノ窓雪渓、八《や》ツ峰《みね》、長次郎谷《たん》、源次郎尾根、平蔵谷《たん》など頂上東面に展開する氷河期の遺跡が真正面に、余すところなく展開する。さらに、北には緩やかに右手東方に傾く双耳峰の鹿島槍ヶ岳、東に戸隠連山、南には安曇野と蓮華岳、針ノ木岳が指呼の間にある。

かつて山体地質のほとんどはアダメロ斑岩といわれていたが、近年の研究で、「濃飛流紋岩」の仲間の「溶結凝灰岩」であることが分かった。溶結凝灰岩は熱した火山灰流が火山灰や軽石を固結させたものであるが、固結時に中生代白亜紀の堆積岩を挟んでいるため、放散虫や植物の化石が出ることもあるといわれる。

植生は、コメツガ、オオシラビソ、クロベ、ハイマツなどの針葉樹のほか、ダケカンバ、ハンノキ、タカネナナカマドなど落葉樹も見られる。花はツマトリソウ、コイワカガミ、ゴゼンタチバナ、ハクサンフウロ、ハクサンシャクナゲなどがある。動物は、ニホンカモシカ、ホンドギツネ、ホンドテン、鳥類はライチョウをはじめ、ウグイス、メボソムシクイ、ホシガラス、イワヒバリ、コマドリなどと多い。

登路　登山口は一三五〇m地点の扇沢にある。登路はすぐ樹林帯の尾根道となり、二一二〇

爺ヶ岳（大町山岳博物館から）

m付近で尾根から外れ巻き道となる。柏原新道である。右からの小沢を渡って広い道になると種池山荘に達する（登山口から約三時間三〇分）。これは大正八年（一九一九）に村営として建設され、戦後、柏原長寿がこれを譲り受けたもの。そこから県境尾根を登りつめると、南峰を経て主峰に出る（種池小屋から約四〇分）。

昭和八年（一九三三）建設された冷池山荘と種池山荘の二代目・柏原正泰が、昭和四〇年代の初めごろ南尾根に開いた安全な道が柏原新道である。これにより爺ヶ岳は登りやすい山になった。なお、北アルプスの山小屋で物資輸送にヘリコプターを使ったのは、この小屋が最初で、一九六二年ごろのことである。

地図　二・五万図　神城　（北林幹男）

岩小屋沢岳　いわごやざわだけ　標高　二六三一m

長野県大町市と富山県中新川郡立山町の県境に連なる後《うしろ》立山連峰の南部、爺ヶ岳から針ノ木岳への稜線上にある。大町側から見ると、この稜線はきわめて単調で特徴ある頂がないため、かつては単に「屏風」と呼ばれていた。この尾根の黒部川寄り地下深くには、黒部川下ノ廊下の下部、欅平《けやきだいら》に通ずる黒部ダム管理用の巨大トンネル（黒部トンネル）が眠っている。

この山から新越乗越にかけての稜線は、ハイマツに覆われているだけで視界をさえぎるものがなく、黒部峡谷下ノ廊下を挟み、黒部別山越しに屹立する劔岳がすばらしい。

山体は金沢型花崗岩で、白色のカリ長石を含む。花崗岩は風化しやすく侵食を受けやすいため尾根には嶮しい峰がなく、尾根から流れる岩小屋沢や扇沢は、多量の岩屑で埋め尽くされている。また、黒部渓谷から吹き上げる季節風の影響で、東斜面は雪が溜まり侵食を受けやすいため、西斜面にくらべて嶮しく、非対称山稜となっている。

登路　直接登るルートはなく、種池山荘から種池乗越を経由して岩小屋沢岳頂上に至るコース（種池山荘から約一時間三〇分）か、針ノ木岳から赤沢岳、鳴沢岳、新越乗越を縦走して頂上に至るコース（針ノ木岳から約四時間三〇分）のいずれかである。

地図　二・五万図　黒部湖　（古幡開太郎）

鳴沢岳　なるさわだけ　標高　二六四一m

後《うしろ》立山連峰の稜線上にあるピークで、長野県大町市と富山県中新川郡立山町の県境にある。針ノ木岳と爺ヶ岳の間の主稜線は、アルファベットのC型に湾曲しているが、その中央部に位置している。

山頂は黒部側と長野県側の双方に付けられた鳴沢の源頭にあり、西尾根は、岩峰を連ねて黒部峡谷下ノ廊下へと落ち下る。この辺りの頂稜は、かつては濃飛流紋岩と呼ばれていた溶結凝灰岩が構成している。

山名は山頂から長野県側に落ち、篭川に合流する鳴沢による。

立山黒部アルペンルートの関西電力針ノ木隧道（関電トンネル）は、南隣の赤沢岳との鞍部の地下深くにある。春から秋にかけては、トロリーバスが黒部ダムと扇沢を結び、多くの観光客を運ぶ。

この峰の北、岩小屋沢岳との稜線には新越乗越があり、新越山荘がある。また、この山と岩小屋沢岳に源を発し黒部川下ノ廊下に下る新越沢と黒部川との出合近くには、見事な新越の滝がある。

登路　登山コースは、後立山連峰の縦走路を針ノ木峠からスバリ岳、赤沢岳を経て至るコース(針ノ木岳から約三時間)と、爺ヶ岳から岩小屋沢岳を経て稜線を辿るコース(種池から新越乗越を経て約三時間)がある。

山頂からは、黒部峡谷下ノ廊下を挟み、剱・立山を真正面に眺めることができる。

地図　二・五万図　黒部湖

(角田啓蔵・古幡開太郎)

赤沢岳　あかざわだけ

標高　二六七八m

後《うしろ》立山連峰の稜線上にあるピークで、長野県大町市と富山県中新川郡立山町の県境にあり、針ノ木岳と爺ヶ岳の間に位置している。

山頂は、黒部側の赤沢、大スバリ沢、長野県側の赤沢源流にあり、黒部ダム湖につづく西尾根は「猫ノ耳」と呼ばれ、岩峰を連ねて黒部渓谷へと落ち下り、岩登りのルートにもなっている。隣の鳴沢岳との間の地下に立山黒部アルペンルートの針ノ木隧道(関電トンネル)が穿たれ、トロリーバスが観光客を運んでいる。黒部湖から望む赤沢岳は、夕暮れ時に岩壁全体が赤く染まり圧巻である。

山名はこの山を源とする赤沢にちなむ。赤沢岳から針ノ木岳にかけた稜線は、硬質の溶結凝灰岩が風化作用に抵抗して残ったものといわれ、赤沢は風化変質した赤褐色の岩屑が多いことによる。

初登山記録は明治四三年(一九一〇)七月中旬である(『山岳』第六年第一号)。この時、三枝威之助、辻本満丸、中村清太郎は、北安曇郡大出(現大町市大出)の猟師・遠山兵三郎ら五人を案内として篭川から扇沢雪渓を登り稜線に出て、祖父岳(爺ヶ岳)、鹿島槍ヶ岳を往復、岩小屋沢岳～鳴沢岳～赤沢岳～針ノ木岳と縦走している。

登路　登山コースは、後立山連峰の縦走路を、針ノ木峠からスバリ岳を経て至るか(針ノ木岳から約二時間三〇分)、爺ヶ岳からのコースを辿ることとなる(種池から新越乗越、鳴沢岳を経て約四時間)。残雪期の初夏には、針ノ木谷から赤沢岳へ快適な登攀もできる。

地図　二・五万図　黒部湖

(角田啓蔵・古幡開太郎)

スバリ岳

標高　二七五二m

長野県大町市と富山県中新川郡立山町の県境で、南に針ノ木岳、北の赤沢岳と南北に連なる。東に針ノ木雪渓、西に黒部湖があり、馬の背状をなしている。輝石安山岩の貫入岩体(最近の研究では、濃飛流紋岩型の「溶結凝灰岩」といわれている)の山は二つの峰からなり、北の峰を「大スバリ」、南の峰を「小スバリ」と呼んでいる。

「スバリ」という珍しい山名は、この山が大きな岩が重なり合ってできていることから、地元の人々はこれらの岩の間をイワツバメなどが巣としていると考えており、このような所を「岩巣」といった。この岩巣の多い地帯が「岩巣張り」であり、スバリの語源とされる。また、一説には狭くなる所を「すぼまる」というので、そこから名付けられたともいう。針ノ木岳との間には、黒部湖と立山の展望が美しい厩窪《まやくぼ》のコルと呼ばれる静かな鞍部がある。

登路 麓から直接登るルートはなく、北隣の赤沢岳を経由するコースか、南の針ノ木岳を経由するコースかの二つである。

赤沢岳コースは、扇沢から柏原新道、種池山荘を経て稜線づたいに約九時間三〇分を要する。針ノ木雪渓から針ノ木岳を経由すれば約七時間。残雪期には針ノ木雪渓から雪上を直登でき、六時間程で登ることができる。

地図 二・五万図 黒部湖

（小松正志・古幡開太郎）

針ノ木岳　はりのきだけ　標高 二八二一m
針ノ木峠　はりのきとうげ　標高 二五三六m

別称 厩窪《まやくぼ》の頭《あたま》 地蔵岳 信濃峠 はんのき峠

針ノ木岳は長野県大町市と富山県中新川郡立山町の県境で、後《うしろ》立山連峰の南部、飛驒山脈のほぼ中央に位置する高峰で、ピラミッド型の端正な山容を見せる。北にスバリ岳、東に針ノ木峠を経て蓮華岳がある。

山名は明治四三年（一九一〇）、登山家として最初にこの山へ登った辻本満丸、中村清太郎、三枝威之介によって名付けられた。峠の名にちなんだ山名である。針ノ木は、この谷に繁茂するミヤマハンノキのことで、ハンノキ、ハリノキ、ハルノキなどと呼び、この山域に多い。

信州側では蓮華岳の後ろにあって見えないため、長らく山名がなく「厩窪《まやくぼ》の頭」と呼んでいた。「まやくぼ」は針ノ木岳東面のカール地形を指していい、ポケット形になった馬屋を思わせる。また、越中では「地蔵岳」と呼ぶが、これは峠道の傍らに聳える山を、峠越えの守神に見立てたものであろう。

針ノ木岳から西の黒部川へ向かう谷が針ノ木谷、東の籠川へ向かう谷が針ノ木雪渓で、日本三大雪渓の一つに数えられている。針ノ木岳と蓮華岳の鞍部針ノ木峠は、日本屈指の高峻な峠である。

長野・富山、岐阜三県の県境に聳える飛驒山脈は、昔から地域交通の大きな障壁であり、とくに越中と信州を旅する人には立山、黒部川、後立山連峰が高く険しくのしかかっていた。しかし、密売商人

針ノ木岳（後方中央）とスバリ岳（前方右）
（柏原新道から）

や盗伐者、立山参りや岩魚《いわな》釣りの人々はこの道を知っており、日本海沿岸を回る本街道を敬遠して、危険を伴うこの道を通る者も少なくなかった。

天正一二年(一五八四)一二月、羽柴秀吉、前田利家、上杉景勝に囲まれ窮地に陥った富山城主・佐々成政が、雪の立山、黒部川を越え、針ノ木峠を野口村(現大町市野口)に下り、浜松の徳川家康に救援を頼んだが受け入れられず、再び雪深い針ノ木峠を越えて帰城したという伝承もある。針ノ木峠には成政が埋めたという黄金伝説が残っている。

成政の富山城落城後、越中の大部分は加賀前田藩の領地となった。寛永一七年(一六四〇)ごろ、加賀藩の内役として始まった黒部奥山廻り役(加・越・能三州にわたる林制上の役職)も、寛文五年(一六六五)一〇月の山廻り役の設置によって正式なものとなり、明治に至るまで毎年巡視が行われた(『黒部奥山と奥山廻り役』中島正文による)。このため黒部谷一帯は「お縮山《しまりやま》」として一般人の入山が禁止されていた。

明治三年(一八七〇)、加賀藩山廻り役が廃止され、通行解除の運動が起こる中、一八七五年、ようやく「越中の嶽越えの道改修申請」が県知事から許可され、一八七八年の夏、富山までの牛道が完成、秋に開通式が行われた。しかし、この道は期待ほど通行がなく、維持費が重なって、わずか五年ほどで閉鎖されてしまった。

このころがちょうど近代登山の黎明期で、山好きの外国人がこの道を聞き知って、登山に利用するようになった。ダイバース、パークス、サトウ、アトキンソンなどがそれである。バジル・ホール・チェンバレンはこの峠を「悪絶嶮絶天下無比」と評している。

登山家としては、ウォルター・ウェストンが明治二六年(一八九三)、この峠から立山に登っている。日本人では木暮理太郎、小島烏水らが一帯の山を目指している。

大正一一年(一九二二)、平《たいら》村(現大町市平)は村営の大沢小屋を雪渓下部に建てた。つづいて一九二五年、針ノ木岳登山の開拓者、「山を想えば人恋し」の山岳詩人・百瀬慎太郎も大沢小屋を建て、さらに昭和四年(一九二九)、針ノ木小屋を開設、登山道を改修するなど大町の観光発展に尽力した。彼の遺徳を偲んで毎年六月、針ノ木雪渓で「慎太郎祭」が行われている。

昭和三八年(一九六三)に黒四《くろよん》ダムが完成し、昭和四六年(一九七一)、アルペンルートが開通するとともに登山の波も大きく変わり、峠登山の山人も少なくなった。東側へ開く谷は籠川から高瀬川、犀川となり信濃川に注いでいる。西側は、針ノ木谷から黒部湖を経て黒部川が日本海へ注ぐ。

山体は輝石安山岩の貫入岩体からなり(最近の研究では、濃飛流紋岩型の「溶結凝灰岩」といわれている)、北部には角閃石と斜長石の目立つ岩類が多い。

大沢小屋周辺にはダケカンバやブナがあり、その下にはオオイタドリ、チシマザサの大群落も見られる。砂礫地にはミソガワソウが群落をなし、夏から初秋にかけて紫の花を開く。針ノ木峠付近は狭く植物の種類は少ないが、タカネウスユキソウ、ミヤマダイコンソウ、キオンが見られる。峠から頂上までの尾根筋には小規模のお花畑があり、ハクサンフウロ、シナノキンバイ、イワギキョウなどが咲き、砂礫地にはコマクサを見ることもある。

登路　扇沢からの登山路は大沢小屋を経てしばらく登ると雪渓に出る。雪渓を登り約四時間三〇分で針ノ木峠に着き、約一時間で頂上に達する。黒部湖からは、平の小屋から渡し船に一五分程乗り、針ノ木谷を辿り、七時間程で峠に達する(整備なく荒廃)。

(小松正志・古幡開太郎)

地図　二・五万図　黒部湖

蓮華岳　れんげだけ

標高　二七九九m

別称　烏帽子岳　北針ノ木岳

長野県大町市と富山県中新川郡立山町の県境で、烏帽子・鷲羽連峰の北端、針ノ木峠の東に位置している。西の針ノ木岳、南の北葛岳・七倉岳・船窪岳などの山並みを蓮華の花に見立て、その中心的位置にあることから名付けられたものであろう。東西に長い頂稜は、アダメロ斑岩に貫入した輝石安山岩よりなると見られていたが、最近の研究では濃飛流紋岩型の「溶結凝灰岩」といわれている。

蓮華岳は大町方面から眺めると、底面積の広い円錐型のどっしりした山である。頂上の三角点は明治三五年(一九〇二)に選点された。頂上付近はなだらかで風化した白い砂礫(ザク=砕石)で歩きやすい。このことから、記録にはないが地元の猟師や薬草採りが古い時代に頂上を踏んでいたことは間違いないであろう。

頂上付近の砂礫地はコマクサの群生地で、夏の最盛期には、淡いピンクの絨毯が敷かれたかのような情景が見られる。

登路　扇沢から針ノ木峠を経て頂上に至る。登山口から約五時間三〇分、針ノ木峠からだと一時間足らずで頂上に到着する。葛《くず》温泉から船窪新道を登り、七倉岳を経て蓮華岳へは途中の船窪小屋から四時間三〇分程かかる。

(小松正志・古幡開太郎)

地図　二・五万図　黒部湖

北葛岳　きたくずだけ

標高　二五五一m

長野県大町市と富山県富山市の県境にあり、大町市側の北葛沢源流が北葛岳で、山名の由来といわれている。

北葛岳は、とくに特徴のある山ではないが、大町市側からは形の整ったピラミッド型の山容を望むことができる。山体は、後《うしろ》立山連峰一帯に広く分布する溶結凝灰岩からなる。

北葛岳周辺は、戦国武将、佐々成政による冬の北アルプス越えが有名で、佐々成政は針ノ木峠を越えたのではなく、北葛岳と蓮華岳の最低鞍部である北葛乗越から北葛沢を下降したという説や、北葛岳を登って北葛尾根を下ったとする説、七倉岳を登り七倉沢を下ったという説などあるが、平ノ渡場から大町市に至る冬季ルートはいずれにしろ難路であることに変わりない。

登路　登山コースは、蓮華岳か七倉岳から辿ることになるが、通常は針ノ木岳から蓮華岳の大下りを経て、北葛乗越から登るのが一般的。蓮華岳から約二時間三〇分、七倉岳から約一時間四〇分。

(角田啓蔵)

地図　二・五万図　黒部湖

七倉岳　ななくらだけ

標高　二五〇九m

長野県大町市と富山県富山市の県境にあり、北葛岳と船窪岳の間に位置する。山頂は七倉尾根へ連なり、南北に細長く三角点のある北端が最高地点となっている。

登路　登山コースは、標高が低いにもかかわらず、北からも南からも険路の連続で、北側の北葛岳を経て至るコースは、崩壊の激しい緊張する場所を通過しなければならない。南側の烏帽子岳からのコースにしても、不動沢源頭部にある日本有数の崩落地帯を慎重に通過する必要がある。一番容易なのは、七倉尾根を登りつめるコースだが、標高差約一〇〇〇mの登りを強いられる（大町市七倉から船窪新道経由約六時間三〇分）。蓮華岳から北葛岳を経るコース（北葛岳から約一時間四〇分）、船窪岳から船窪乗越を経るコース（船窪乗越から約一時間三〇分）がある。どのコースにしても容易に登れる山ではないが、後《うしろ》立山連峰と裏銀座の山々を結ぶ七倉岳周辺は、訪れる登山者も少なく、静かな山登りを楽しむことができる。

地図　二・五万図　黒部湖

（角田啓蔵）

船窪岳　ふなくぼだけ

標高　二三〇〇m

別称　矢筈《やはず》岳

長野県大町市と富山県富山市の県境にあり、七倉岳、不動岳の間に位置し、山の形が二重山稜地形で、船底型に窪んだ様子から山名になったといわれている。また、長野県北安曇郡一帯からは山が矢筈の形に見えるので、矢筈岳と呼ばれていたといわれる。山体は粗粒花崗岩からなり、頂上付近は風化による崩壊が激しい。

登路　登山コースは、七倉尾根を登り、七倉岳山頂から西に針ノ木岳からの縦走路を辿るか、烏帽子岳から南沢岳、不動岳などを経て至るかである（七倉岳から船窪乗越経由約二時間三〇分、大町市七倉から舟窪新道を通り七倉経由だと約九時間コースである。南沢岳から約三時間二〇分）。

いずれのコースも難路で、とくに不動岳と船窪岳との稜線は、不動沢側の崩落が激しく、風化した登山道は危険なコースが連続しており、細心の注意を払わなくてはならない。

この山域は、北アルプスの主綾線にもかかわらず難路がつづくためか、最後に残る縦走路となってしまうことが多いが、針ノ木岳から烏帽子岳へと、一度は走破してみたい山々である。

地図　五万図　立山　二・五万図　黒部湖

（角田啓蔵）

不動岳　ふどうだけ

標高　二六〇一m

別称　扇岳　南針ノ木岳　折岳

長野県大町市と富山県富山市にまたがり、船窪岳と南沢岳の間にある。山名は、この山から流れる不動沢の下流で、現在は高瀬ダム湖底に沈んだ高さ約二〇mの不動滝に由来するという。山体は風化した粗粒花崗岩からなる。

江戸時代、越中側ではこの山を「南針ノ木」あるいは「折岳」と呼び、また、明治時代の信州側では山頂に残る扇の雪形から「扇岳」と呼んでいた。

蓮華岳につづく北葛岳、船窪岳、不動岳、南沢岳の山々は、登山者も少なく、残された記録も少ない。初めて諸峰を踏破したのは、明治四四年（一九一一）の榎谷徹蔵で、『後立山山脈峰伝ひの記』を記している。

登路　麓からこの山への登山道はなく、北側の船窪岳、南側の南沢岳からの縦走路のみである。信州側は不動沢と濁沢への崩落が稜線からつづいているため、縦走路は越中側の森林帯に設けられ、頂上直下で急登する（船窪岳から約三時間。南沢岳から約一時間三〇分）。

地図　二・五万図　烏帽子岳

（金井　伸）

南沢岳　みなみざわだけ　標高　二六二六m

別称　硫黄岳　真砂岳

長野県大町市と富山県富山市にまたがり、不動岳と烏帽子岳の中間にある。山名はこの山から針ノ木谷へ流れる沢の南沢に由来する。

明治時代、信州側ではこの山の硫黄を採取したことから「硫黄岳」と呼び、越中側では花崗岩の風化した様から「真砂岳」と呼んでいた。

この山一帯は、風化や侵食に弱い北葛型花崗岩から構成されている。山頂付近にはコマクサが見られる。

登路　麓からこの山への登山道はなく、北側の不動岳、南側の烏帽子岳からの縦走路のみである。北の不動岳からの縦走路は、信州側の濁沢の崩落を見ながらザラザラの急斜面を登るのに対し、南の烏帽子岳からは、烏帽子四十八池やお花畑を見ながら平坦な道を辿る（不動岳から約一時間三〇分、烏帽子岳から約一時間）。

地図　二・五万図　烏帽子岳

（金井　伸）

烏帽子岳　えぼしだけ　標高　二六二八m

別称　折岳　三吉岳（江戸時代越中の絵図）

長野県大町市と富山県富山市にまたがり、いわゆる裏銀座コースの北の起点となる山である。山名は、山頂部の花崗岩が鋭く突き出したおよそ八〇mの烏帽子状の山容であることから名付けられた。全国にある五四座の「烏帽子」が付く山の三番目の標高の山である。越中の古名「折岳」は、折って立てたような峻鋭な岩峰に由来するという。また江戸時代、越中の絵図にある「三吉岳」は、黒部の木材盗伐の人名に由来するといわれる。

この山の近代登山は、明治四〇年（一九〇七）、植物学者・志村寛（烏嶺《うれい》）の初登山に始まる。一九〇九年には、辻村伊助が上條嘉門次とともに槍ヶ岳・烏帽子岳を初縦走している。また、大正四年（一九一五）七月、針ノ木岳から蓮華岳、北葛岳、七倉岳、船窪岳、不動岳、南沢岳と辿って烏帽子岳を踏み越えた、河東碧梧桐、一戸直蔵、長谷川如是閑の一行は、のちに『日本アルプス縦断記』を著し、その中で碧梧桐は「烏帽子公園」の文字を遺している。

烏帽子岳周辺は長野・富山県境の分水嶺で、東の長野県側の谷は濁沢から高瀬川を経て日本海へ流れる。西の富山県側の谷は二ノ沢から東沢谷に流れ、黒部川となって北流して日本海に注ぐ。この山の登山口の高瀬渓谷には、昭和五七年(一九八二)に建設されたロックフィルタイプの高瀬ダムと調整池としての七倉ダムがある。七倉ダムの下流には慶長年間(一五九六〜一六一五)に発見されたといわれる葛温泉がある。

山体は主として北葛型花崗岩で、濁沢の崩落崖に見られるように風化や侵食に対して弱い。烏帽子小屋から山頂までの稜線は、ハイマツと花崗岩が風化した砂礫で覆われた緩やかな地形で、砂礫の中にコマクサを見ることもある。山頂の北側は船窪地形が多く見られ、烏帽子四十八池と呼ばれる小さな山上池が点在し、ウサギギクやクルマユリなどの湿性高山植物がお花畑をつくる。

登山口から濁沢を渡り、ブナ立尾根を登り切った稜線に烏帽子小屋がある。この小屋は、安曇村稲核《いねこき》(現松本市)の住人で裏銀座縦走路の開発に尽力した上條文一が、大正一三年(一九二四)、トウヒやシラビソなどの払い下げを受けて建設した歴史ある山小屋である。

登路　信州側高瀬ダムの堰堤上から登山道となる。堰堤につづく不動沢トンネルを抜け、不動沢の河原(ダム完成当時は湖面であった)に架かった吊り橋を渡り、さらに濁沢を渡るとブナ立尾根登山口に至る。ここからブナの巨木が林立するジグザグの登山道(鹿島槍ヶ岳の赤岩尾根、燕岳の合戦尾根とともに日本三大急登の一つ)を登る。ブナ林から針葉樹林、さらにナナカマドなどの灌木帯に変わると、烏帽子小屋のある稜線に着く。烏帽子小屋からは平坦な稜線上の縦走路となり、山頂の尖塔へは鎖を頼りに登る(高瀬ダム堰堤から烏帽子小屋まで約六時間、さらに烏帽子岳山頂まで約一時間)。

北側の南沢岳からは縦走路を歩き、一時間程で烏帽子岳に立つ。

地図　二・五万図　烏帽子岳

(金井　伸・古幡開太郎)

三ツ岳　みつだけ

標高　二八四五m

別称　真砂岳

長野県大町市と富山県富山市との県境の山で、後《うしろ》立山連峰の南につづく烏帽子岳から三俣蓮華岳への山稜上に位置する。

北葛型花崗岩からなる三つの岩峰よりなっていることから、三ツ岳という山名が付いたといわれている。越中では「真砂岳」ともいわれていた。

縦走路は山頂を通らずに直下を巻いているため、ほとんどの登山者は素通りしてしまうが、山頂付近は粗粒花崗岩の白砂に咲くコマクサが美しい。

登路　烏帽子小屋から南に少し下ってから、小さな池やキャンプ場を通り、緩やかな登りとなる。見晴らしのよい広い尾根を歩き、まず北峰に出てから本峰へ。三角点のある山頂へは南東方向の岩礫を登る（烏帽子小屋から約一時間三〇分、野口五郎小屋から約一時間二〇分）。

地図　二・五万図　烏帽子岳

（田中　聡）

野口五郎岳　のぐちごろうだけ　標高　二九二五m

別称　火打ヶ岳（越中側）　五六岳（信州側絵図）

長野県大町市と富山県富山市にまたがり、飛驒山脈中央部に位置する。信州側では、岩のゴロゴロした様の「ごーろ」山を五郎岳と称し、「黒部のゴロウ岳」と区別するため、野口村の五郎岳と称した。大町市野口集落から見えるからである。日本中の五郎という名の付く山の最高峰である。

越中側の古名は「火打ヶ岳」である。黒部奥山廻り役の巡視コースにあたっていたため、その名が見える。五郎岳のカールとカール底の五郎池を火口と誤解しての命名だったと考えられている。この五郎池の命名は、明治四〇年（一九〇七）、この稜線を踏破した植物学者・志村寛（烏嶺《うれい》）であるといわれる。花崗岩の風化砂礫が山全体を覆っているため、立山辺りからは白っぽく見える。

頂上北直下に野口五郎小屋が建つ。この小屋は、烏帽子小屋の創設者・上條文一の孫たちにより昭和三九年（一九六四）建設され、翌四〇年開業した。

登路　麓からこの山へ直接登る登山道はなく、北側の三ツ岳、南側の真砂岳からの縦走路のみである。南沢岳から真砂岳までの縦走路は、起伏の少ない花崗岩が風化したざらざらの登山道を歩く。頂上から南西の水晶岳方向のカール底に五郎池が見える。三ツ岳から約二時間、真砂岳から三〇分程かかる。

地図　二・五万図　烏帽子岳

（金井　伸・古幡開太郎）

真砂岳　まさごだけ　標高　二八六二m

別称　真砂《まなご》岳《だけ》

長野県大町市と富山県富山市との県境の山で、後《うしろ》立山連峰の南につづく烏帽子岳から槍ヶ岳への北アルプス裏銀座コースの山稜上にあり、野口五郎岳と赤岳（水晶岳への分岐の山、二九一〇m）の中間に位置する。

湯俣から真砂岳へ通ずる竹村新道は、近年、伊藤新道が通行できなくなったので再整備された。真砂岳からは、水晶岳から赤牛岳へとつづく読売新道の峰々と立山連峰の展望が見事である。

この山への最初の登山者は、明治四〇年（一九〇七）、烏帽子岳〜鷲羽岳を縦走した志村寛（烏嶺）。積雪期では昭和六年（一九三一）一月、上ノ岳〜黒部五郎岳〜鷲羽岳〜烏帽子岳を単独縦走した加藤文太郎であった。

裏銀座の山々を構成している北葛型花崗岩はこの辺りで木ノ本型（葛型）花崗岩に変わる。山頂部は溶結凝灰岩で構成されている。

登路　高瀬ダムから平坦な車道を歩くと湯俣温泉に着く。ここから急な登りとなり、途中の展望台からは北鎌尾根越しの槍ヶ岳が壮観である。灌木に覆われた湯俣岳を過ぎ、尾根づたいに南真砂岳

(二七一三m)に着く。ここから先、痩せ尾根とガレ場があるので注意。山頂直下を巻き、主稜線の登山道に合流する(高瀬ダムから約九時間、野口五郎小屋まで約一時間、水晶小屋まで約二時間)。

(田中　聡)

地図　二・五万図　烏帽子岳

水晶岳 すいしょうだけ

標高　二九八六m

別称　黒岳

富山県富山市大山地域に位置する。黒部川源流域を取り巻く山群の最高峰であり、富山市の最高地点でもある。黒部川上流部は赤牛岳、水晶岳、ワリモ岳へと南北に二〇km程つづく山稜によって鋭く二分される。東側の支流が東沢谷であり、西側本流が「上ノ廊下」を造る。この山稜は北アルプスの最奥部にあり、かつ独立した存在を示す。それだけに安易に人を寄せつけない魅力を持つ。その頂点になる水晶岳は、まさに北アルプスの至宝にふさわしい。

山名は上部の岩塊に水晶を産したところから生じており、古くは「六方石山」の記録もある。また、山体が黒々としているので「黒岳」とも称される。一方、江戸中期の奥山廻りの記録では、「中岳剱」および「中劔岳」と記されている。北西面の上部は岩稜なので剱に見立てたものか。

山容は東・西両面で異なる。東面は裏銀座コースの真砂岳辺りから眺めるのがよい。北にまっすぐ延び、広々とした東沢谷を眼下に見て水晶岳を仰げば、双耳の岩峰が空に向けて突き上げている。その間にすり鉢型のカールが望まれる。西面は雲ノ平からがよい。ここは眼前に岩苔小谷を挟んでどっしりと構えた水晶岳が重量感を持って迫る。深田久弥は『日本百名山』で「一番まとまりのある堂々とした山」、加藤文太郎は縦走記録の中で「山らしい山」と賞賛している。それだけ魅力的な光景を登山者に与えてくれる。また、温泉沢ノ頭から見る北面は、剱岳のように大きな岩塊になって見える。

山頂は南北に二つのピークを持つ。南峰が二九八六mで、三角点のある北峰より少し高い。北アルプスの中央に座しているので展望はすばらしい。黒部川・高瀬川源流域から槍・穂高連峰を遠望し、巨大な薬師岳と赤牛岳を目前にする。または温泉沢の麓には秘境高天ヶ原の湿原があり、温泉が湧き出ている。

水晶岳(岩苔乗越から、左奥に赤牛岳)

登路　太郎平・雲ノ平を経て水晶小屋より山頂に至る。烏帽子岳から裏銀座コースを通って東沢乗越より水晶小屋へ、また、奥黒部ヒュッテから赤牛岳を経て読売新道を通るか、温泉沢を利用して読売新道へ出るコースがある。どのコースを選んでも、一番奥深い山であるため三泊は要する。

地図　二・五万図　薬師岳　三俣蓮華岳　烏帽子岳

（本多秀雄・金尾誠一）

赤牛岳　あかうしだけ　標高　二八六四m

富山県富山市大山地域にある。黒部川源流の谷に聳える山稜の突端の山。黒部峡谷は黒部湖の入り口でこの山稜により左右に分かれる。南の水晶岳へとつづく山稜は、北アルプスの最奥部をなす。山名は山肌が赤く、牛が足を踏ん張ったような山容から由来している。古くは「赤牛三吉」とも呼称された。

登山道は、一九六一年に読売新聞北陸支社が開設された時の記念行事の一環として開通されたので「読売新道」と呼ばれる。二〇〇一年には前記の四〇周年記念事業として、立山山岳ガイドによって登山道が改修された。

登路　奥黒部ヒュッテから原生林に覆われた急坂を一時間程登れば、左に後《うしろ》立山連峰、烏帽子岳付近の稜線が顔を出す。二三〇〇mの小湿原を過ぎると、奥黒部の深い谷を挟んで左右に立山連峰および後立山連峰の山々が遠近して連座し始める。頂上手前には口元ノタル沢が突き上げ険しい表情を見せるが、上ノ廊下側から来る尾根と合流し頂上に出る。頂上は薬師岳東面のカール群を眼前に見て、北アルプスの山群を余すところなく眺望できる絶景地点であり、かつ静寂そのものである。黒部湖からの急尾根はなだらかな稜線へと変わり、南方へ長く延びて温泉沢ノ頭を経て水晶岳までつづく。頂上まで登り約七時間、水晶小屋まではさらに四時間程を要する。それに相応する登山経験を要する山である。

地図　二・五万図　薬師岳　烏帽子岳

（本多秀雄・金尾誠一）

ワリモ岳　標高　二八八八m

別称　小鷲岳　獅子岳

長野県大町市と富山県富山市との県境で、後《うしろ》立山連峰の南につづく烏帽子岳から槍ヶ岳への裏銀座コースの山稜上に位置する。鷲羽岳のすぐ近くに聳え立つ尖鋒だが、水晶岳や鷲羽岳などの山々があまりにも有名なため、目立たない山である。

ワリモ岳とは割物岳がなまったものとされ、「小鷲岳」とも称された。また「獅子岳」と記した古図もある。

山体は木ノ本型（葛型）花崗岩からなる。山頂部は、長野県側が険しく落ち込む反面、富山県側は緩やかな斜面を形成する、いわゆる非対称山稜となっている。

登路　水晶小屋よりジグザグに下り、ハイマツ帯を抜けて少し行くと尾根から分かれ、右斜面の草地を下るとワリモ岳分岐に出る。すぐ近くに岩苔乗越が見え、黒部五郎岳や黒部源流の眺めがよい。稜線の西側を登ると山頂に出る（水晶小屋から約一時間、三俣山荘から約二時間)。

地図　二・五万図　三俣蓮華岳

(田中　聡)

鷲羽岳　わしばだけ

標高　二九二四m

別称　東鷲羽岳　竜池ヶ岳

長野県大町市と富山県富山市との県境に位置する。山体は花崗岩からなる非火山性の峰で、黒部川の源流域に控えている。

黒部川は全長約八六km。飛騨山脈の北部を、立山連峰と後《うしろ》立山連峰とに二分して流れる国内で最も深い渓谷で、鷲羽岳は黒部川源流の最奥部に雄々しく聳えている。

山名は鷲が羽ばたく姿に似ていることから付いたといわれているが、古くは三俣蓮華岳が鷲羽岳で、この山は「東鷲羽岳」と呼ばれていたという。鷲羽岳は裏銀座に三〇〇〇m級の峰々が連なる中、風格と高度感を兼ね備えた見応えのある山で、三俣蓮華岳から見る山容は、その名のとおりいまにも鷲が飛び立とうとする仕種を表していて、山名の由来としてはこの方が納得できる。

山頂は三六〇度さえぎるものはなく、周囲に様々な名山が控え、北アルプス全山を見渡すことができ、一級の展望台となっている。鷲羽岳の南東直下、標高二七四〇mには、神秘的な水を湛える鷲羽池があり、池の向こうには硫黄尾根、槍ヶ岳から延びる北鎌尾根、穂高連峰、さらには遠く富士山も望むことができる。この池はかつての水蒸気爆発の跡で、竜池と呼ばれていた。西に連なる祖父岳や雲ノ平の火山活動に関係するものと思われる。

鷲羽岳(左後方)とワリモ岳(右後方)
(真砂岳中腹から)

初めて鷲羽岳へ登ると、この山に火口池があること自体、周辺の山容からして不思議な感動を覚えるが、池の存在を知らない人も意外と多いのかもしれない。時間に余裕があれば稜線から下って鷲羽池の周辺を散策することもできるが、環境には十分注意したい。初登頂は明治四〇年(一九〇七)、志村寛(烏嶺《うれい》)である。鷲羽岳周辺の山々は、「黒部の山賊」たちが「イヌワシ」のように縦横無尽に飛び回った夢の舞台としてもよく知られている。心優しい「山賊」たちの武勇伝が数多く残っていることもこの山の魅力である。

登路　登山コースは、有峰から入山し、太郎兵衛平や、黒部五郎岳を経て三俣乗越から至るもの（三俣山荘から約一時間三〇分）、雲ノ平から岩苔乗越を経て至るもの（岩苔乗越から約一時間三〇分）、槍ヶ岳から双六岳を経て至る裏銀座コース（槍岳山荘から双六岳を経由して約九時間）などがある。

一般の登山道ではないが、薬師沢の出合から祖父平を経て、雲ノ平を左に巻き、黒部川源流を遡行して最後に控える鷲羽岳へと登るルートは、黒部川が激流となって下る「上ノ廊下」や「下ノ廊下」とはくらべようがないほど開放的で、緑豊かな日本の山のよさを十分に味わうことができる。鷲羽岳は、どのコースからも長い日数と体力を要する飛騨山脈の最奥部にあるにもかかわらず、多くの登山者を魅了しつづけてやまない山域にある。

大町市からの登山コースであった伊藤新道は残念なことに廃道となり、熟達者のみがそれなりの覚悟と装備で入山できる難コースとなってしまった。「山人」の歴史が刻まれている、この山域に至る最短コースとして、登山道の復興が望まれている。

地図　二・五万図　三俣蓮華岳

（角田啓蔵・古幡開太郎）

僧ヶ岳　そうがだけ

標高　一八五六m

別称　僧馬岳　仏ヶ岳

富山県魚津市と黒部市宇奈月町の境に位置する。剱岳北方稜線から北に連なる尾根の末端に弓なりの弧を描く大きな山容で、富山県東部の名山といえる山である。山名の由来は別又谷上部に現れる雪形からと伝えられている。その雪形は四月上旬から現れ雪解けとともに変化し、袋を担いだ僧、そして僧が尺八を吹き猫や馬などが現れるという複雑なものであり、それを麓の農家の農事暦や豊凶の占いに使ったという。魚津市小川寺の千光寺の奥の院として崇められ、山頂に大蔵徳明王像を祀り秋に担ぎ下ろしていた。

僧ヶ岳はその大きな山容に従属する衛星峰がいくつも取り巻いている。山頂から一番近いのが前僧ヶ岳（一七七五m）、そこから北に延びる尾根に烏帽子山（一二七四m）、鋲ヶ岳（八六一m）、南側には成谷山（一六〇〇m）、伊折山（一三七〇m）、西側には三ツ倉山（一四八〇m）、高倉山（一〇五三m）といった峰々から平地の里山までを含めて僧ヶ岳と呼んでいる。

この山に登った登山家としての最初の記録は吉澤庄作であり、明治二五年（一八九二年）八月九日、仲間四人と宇奈月谷を遡る。その日は杣人の小屋に泊まり、次の日に頂上に着いた。下山は駒ヶ岳方向から尾沼谷を下る。この時代すでに鉱物採掘の人たちと出会っていた（日本山岳会会報一二五号「僧山獄紀行」昭和一八年八月）。

産出する鉱物はモリブデンで、第一次世界大戦のころから注目され、第二次世界大戦を期に兵器の強度を高める重要な金属であった。

百名以上の抗夫が集められ、長い牛車道が内山村(現黒部市宇奈月町)の「荷上がり」と呼ばれる所から多くの折り返しを重ねて一七〇〇mまで進み、僧ヶ岳山頂の黒部川斜面を横切って北駒ヶ岳から派生する尾根へと掘削された。大規模な開発であったが、採算が悪く昭和二〇年春、敗戦を待たずして幕を閉じた。

僧ヶ岳の山頂周辺はササ原で眺望は広大、富山平野が広く見渡され、南方には威風堂々たる毛勝山を望むことができる。その東側には鹿島槍ヶ岳から後立山連峰、さらに栂海新道の山々が海に没するところまで望める。

頂上直下の仏ヶ平は別又谷から吹き上げる風が強く、真冬でも雪が積もらないので樹木が生育できず、風衝草原となっている。ニッコウキスゲ、シモツケソウなどの群生地である。前僧ヶ岳にもニッコウキスゲが群生する。中腹にはユキツバキも多い。また、別又谷の林道から少し登った所の池尻ノ池にはミズバショウ群生地がある。その多様な自然が多くの人に親しまれるよう富山県は一帯を県立自然公園に指定(平成二三年)し、近年、道標などが整えられている。

登路　整備された登山道は三コースある。①一番古くから開かれたのは宇奈月尾根コースで、元は宇奈月温泉から登っていた。いまは林道を車で進み、一〇四三mの広場に駐車。宇奈月尾根を登り、鉱山道の一部を利用して仏ヶ平を経て頂上に至る。所要は約三時間二〇分。②一番人気は烏帽子尾根コース。林道の最高地点一二八〇mに駐車して、烏帽子尾根を登る。前僧ヶ岳、仏ヶ平を経て頂上まで約二時間二〇分である。③三つ目は魚津市側からの東又コースということになる。これは魚津市から片貝川東又の林道を車で進み、阿部木谷出合に駐車。急な尾根を伊折山、成谷山と進んで、頂上まで約四時間を要する。

なお、先の牛車道の一部を使って黒部市宇奈月温泉から烏帽子尾根を越え、魚津市東蔵に至る約二四㎞の林道別又僧ヶ岳線の工事は昭和三五年から進められ、六〇年に全線開通はしたものの至る所で崩壊が発生し、全線通行できたのはわずか数年のみ、いまも工事中である。ただ、その一部分である宇奈月温泉〜烏帽子尾根一二八〇mの間は、一応舗装もされ、僧ヶ岳に登る登山者にとってはありがたい林道となっている。積雪期、残雪期の林道は通行止め。

なお、前版でこの項を担当した故森丘實氏は戦中、早稲田大学時代に「学徒戦時動員」で鉱山の荷上がりに勤めていた。

地図　二・五万図　宇奈月　毛勝山　　　（佐伯郁夫）

駒ヶ岳　こまがだけ　　標高　二〇〇三m

富山県魚津市と黒部市宇奈月町の境にある。魚津市や宇奈月町からは手前に聳える僧ヶ岳にさえぎられて見ることはできないが、入善町や滑川市以西からは望むことができる。

山名は、北駒ヶ岳と呼ばれる前衛峰から北に派生する尾根に馬の雪形が現れることからきている。この尾根の標高一七〇〇mに太平洋戦争中、モリブデン鉱山が操業していた。資材運搬用の牛車道は僧ヶ岳の宇奈月尾根にあり、人員の往来は尾沼谷から右岸側の尾根を通っていた。産出した鉱石はあいの風とやま鉄道黒部駅裏の工場で精錬していたが、雪深い高所にあり、採算も悪く終戦を前にして閉鉱している。

駒ヶ岳に登山道が開かれたのは二〇〇一年秋であり、供用は翌年の夏から。登山道の切り開きは、水口武彬を中心としたメンバーがボランティアで行った。

山頂からの展望はよく、南側に毛勝山《けかつやま》と並んで剱岳《つるぎだけ》が望まれる。剱岳の左側に黒部川を隔てた針ノ木岳が見え、それから連なる後立山の山並み、白馬連峰、日本海までつづく栂海《つがみ》新道の山々と、実に壮大な眺めである。

登路　僧ヶ岳からの主稜上に登山道がある。僧ヶ岳から一時間三〇分程で山頂に立つ。

地図　二・五万図　宇奈月　毛勝山

(佐伯郁夫)

毛勝山　けかつやま　標高　二四一五m

富山県魚津市と黒部市宇奈月町の境にある。片貝川上流の山であり、釜谷山、猫又山を合わせて「毛勝三山」と呼んでいる。三山を連ねる稜線が黒部川と片貝川の分水嶺であり、黒部川側が黒部市、片貝川側が魚津市である。毛勝山から北へ滝倉山(二〇二九m)、駒ヶ岳、僧ヶ岳とつづき、南に赤谷山、赤ハゲ(二二三〇m)、白ハゲ(二三八八m)、池ノ平山と剱岳北方稜線を形成している。

毛勝山は釜谷山と同じ標高だが、その美しい山容は盟主としての貫禄を感じさせる。均整のとれた双耳峰で、南峰からは大明神尾根が派生し、北峰(主峰)から西北尾根が派生している。南峰と北峰を割るようにして急傾斜の長大な雪渓がある。それはこの高さの山としては日本最長のものであろう。登路は主としてこの雪渓を利用する。『日本百名山』を編んだ深田久弥は「当然選ぶべきもの」と後記に書き、当人はこの山に登ったことがないので割愛している。

毛勝山の古名は瀧倉ヶ岳といい、陸地測量部の地図も「滝倉岳」であったが、大正時代から毛勝山となった。

この山の登山記録は一九一〇年、南日重治(後に田部姓となる)が著書『山と渓谷』に載せたのが最初である。

東又谷左岸の東又発電所前に魚津市の管理する片貝山荘(無人)があり、無料で宿泊できる。

毛勝山(中央奥)(魚津市佐伯地内から)

登路　六月下旬までは阿部木谷から毛勝谷へとつづく長大な雪渓

を登る。上部は急傾斜でピッケル・アイゼンが必要。七月以降は雪渓の状態が悪くなり危険。

そこで通年登山を可能にするため、池原等らが二〇〇一年、西北尾根に山頂まで刈り開けを行った。登山道として認知されたものではないが、ヤブを分けることなく山頂に立てるようになった。尾根上とはいえ、七月までは途中に急傾斜の雪渓が残り、ピッケルやアイゼンを要する。二〇〇〇m周辺は、東又谷側の斜面にチングルマの咲く大きなお花畑やいくつもの池があり美しい。ただ、体力的にきついコースで、十分にトレーニングを積んだ人が対象。阿部木谷出合付近の登山口から山頂まで約六時間。

地図　二・五万図　毛勝山　（佐伯郁夫）

釜谷山　かまたにやま　標高　二四一五m

富山県魚津市と黒部市宇奈月町にまたがる。毛勝三山中央の山で、毛勝山とともに魚津市の最高地点である。

片貝川南又谷の支流に釜谷がある。大きな一枚岩に五右衛門風呂のような甌穴《おうけつ》が二箇所ある。硬い石が水流によって回転し、岩盤にポットホールを削り出したもので、この釜が谷名となっている。一九一五年七月に、この谷を登り毛勝山から剱岳に縦走した木暮理太郎が著書『山の憶ひ出（上巻）』に釜谷山と命名したと記している。

登路　釜谷山に登山道はないが、毛勝山または猫又山から縦走は可能である。毛勝三山の主稜の黒部川側は主として草付であり、所々にハイマツ帯はあるが難所はない。七月ごろまではかなり残雪を利用することができる。猫又山、毛勝山いずれからも一時間程。

なお、釜谷は明るく美しい谷であるが滝が連続するので、釜谷から登るには登攀技術が必要である。

地図　二・五万図　毛勝山　（佐伯郁夫）

猫又山　ねこまたやま　標高　二三七八m

富山県魚津市、黒部市宇奈月町、中新川郡上市町にまたがる。毛勝三山の南端の山で、三山中もっとも山容がおだやか。南側の尾根はブナグラ峠を隔てて赤谷山へとつづく。山頂から西に長大な東芦見尾根を派生し、それが早月川と片貝川の分水嶺をなす。東芦見尾根には、大猫山、大倉山、濁谷山、大杉山（七三四m）などを連ねている。猫又山は古名を「船倉ヶ岳・船峅ヶ岳」といったが、いまでは早月川上流のブナグラ谷やブナグラ峠にその名をとどめるのみである。

猫又山山頂からの展望はすばらしく、剱岳北面の荒々しい様子が眺められ、また、後《うしろ》立山連峰が黒部川の谷を隔てて大きく広がる。

登路　この山には最近まで登山道はなく、残雪期に剱岳北方稜線縦走の途中に通過する山であった。赤谷山への登山道が開通した後、一九九八年、ブナグラ峠から猫又山山頂へも水口武彬が刈り開けを完了し、多くの登山者を迎えるようになった。ブナグラ谷取水堰堤からブナグラ峠を経て山頂に達する（約五時間三〇分）。

なお、片貝川上流の南又谷から入る場合、林道も延びたので、格別危険箇所もない谷であり、登山路はないが登降は容易である。

地図　二・五万図　毛勝山　剱岳

（佐伯郁夫）

大猫山　おおねこやま

標高　二〇七〇m

富山県魚津市と中新川郡上市町の境に位置し、猫又山から西に延びる東芦見尾根の一角にある。東芦見尾根は片貝川と早月川の分水嶺である。この山への登山道が開かれたのは二〇〇〇年で、赤谷山や猫又山に登山道を開いた同じグループによってなされた。大猫新道と呼んでいる。

この山の特徴は、途中の標高一八〇〇mにある大猫平である。草原の中に大小一〇余りの池や池塘が散在していて美しい。細い急な尾根を登ってきて大猫平に出ると、異次元の世界に飛び込んだような錯覚を覚える。

登路　馬場島から白萩川沿いの林道を進みブナグラ谷に入ると、林道は発電用の取水堰堤に着く。登り口はその広場にある。コースは概して急傾斜で、効率よく標高をかせげる。一五〇〇mの小ピークの下りに一枚岩がある。一七〇〇mで屏風岩と呼んでいる岩が正面に立ちはだかる。これを右側にからんで越えると細い尾根となる。その先、傾斜が緩くなると大猫平である。大猫平の東端から一ピッチで山頂に着く。大猫山山頂周辺は草原で、視界をさえぎるものはなく、大日岳から立山、剱岳、そして毛勝三山が指呼の間にある。取水堰堤から山頂まで約四時間。

地図　二・五万図　毛勝山　剱岳

（佐伯克美・佐伯郁夫）

濁谷山　にごりだにやま

標高　一二三八m

富山県魚津市と中新川郡上市町にまたがる。猫又山を頂点として西に長く延びる東芦見尾根は、大倉山辺りで北に向きを変える。大倉山の次のピークが濁谷山である。その先、大平山（一〇八五m）、大杉山（七三四m）と尾根は連なる。早月川の支流・小早月川のそのまた支流・濁谷の源頭にあり、山名はその谷名をとったもの。無雪期には目立たない山だが、雪が降るとその西面が白い大きな斜面となって、山容が判然としてくる。

登路　この山への道は、境界のかすかな刈り開けを利用して二〇〇二年に山頂まで整備された。林道虎谷・坪野線から分かれる造林作業路の終点が登山口となる。はじめはスギの植林地、次いで広葉樹林帯となり、大平山からのコースと出合って山腹をしばらく登ると主稜の砦跡に出る。後は尾根通しに山頂に至る。登山口から約一時間一〇分。山頂からは東面に毛勝山が見え、南東には東芦見尾根の上に剱岳が望まれる。

ほかのコースとして大平山からの縦走路もある。林道島尻・坪野線の最高地点から大平山山頂にかけて、古い炭焼き道をチロル山の会が一九九八年に修復した。大平山頂部は広い平坦地になっている。その南端から濁谷山の砦跡へと繋がっている（大平山登山口から約一時間五〇分）。

地図　二・五万図　毛勝山　越中大浦

（佐伯克美・佐伯郁夫）

大倉山　おおくらやま

標高　一四四三m

富山県魚津市と中新川郡上市町にまたがる。猫又山を起点に早月川と片貝川の分水嶺をなす長大な東芦見尾根が富山湾に向かって派生している。その中間部で蓬沢集落の背後に、編み笠のようなひときわ目立つのが大倉山で、剱岳、毛勝三山の前衛峰をなしている。

上市町周辺から見ると端正な三角錐の山容で、大辻山とともに存在感を二分している。地元の蓬沢や折戸集落では、この山の形状から「笠」、「笠ヶ岳」、「笠ヶ頭」などと呼ばれている。魚津市の片貝谷側では「青石山」。大倉山の呼び名は小早月川流域・虎谷地区の人たちのものが、地形図作成の過程で採用された。近年、この山の中腹を横切るように伊折～虎谷間の林道が開削され、富山市内からもよく見える。

この山の早月川沿いの山麓部には広くスギが植林されている。その上部は薪炭林としてコナラを主とした広葉樹林帯が広がり、地元集落の生活を支える山であった。山は全体に急峻で岩は脆い。とくに早月川側は火山質(岩稲層)のため脆くて崩壊しやすい。

この山に登山道が開かれたのは一九九〇年である。それまでは積雪期が登山対象の山で、蓬沢集落から尻高山を連ねる尻高尾根を辿るルート、桑首谷の左岸側の尾根を辿るルート、残雪期の桑首谷を登りつめるルートがとられていた。

登路　桑首谷右岸沿いの林道を二km進んだ所から登る。約二時間三〇分で広大な山頂台地に着く。眺望を求めて切り開かれた林の合間から山塊の盟主・剱岳が見える。東端へ行くと毛勝三山が至近に望まれる。

地図　二・五万図　毛勝山　越中大浦

（村上清光）

赤谷山　あかたにやま

標高　二二六〇m

剱岳北方稜線上の山であり、剱岳より北約四kmに位置する。小黒部谷と白萩川の分水嶺で、小黒部谷側は富山県黒部市宇奈月町、白萩川側は中新川郡上市町となる。北西側にブナグラ峠を隔てて毛勝三山と対峙している。南側の尾根は白萩山(二二六九m)、赤ハゲ山(二二二〇m)、白ハゲ山(二三八八m)と連なり、大窓を隔てて池ノ平山となる。

登頂は一九一五年七月、木暮理太郎、南日重治(後に田部姓となる)、南日実らが、毛勝山から剱岳への縦走の際に登ったものが記録に現れる最初である。

積雪期登山では一九三三年三月、立教大学・奥平正英、須賀幹夫が馬場島を出てブナグラ谷から赤谷山を経て剱岳に登頂し、早月尾根を下降している。一九四九年、早稲田大学・碓井弘をリーダーとするパーティーによって赤谷尾根から剱岳が登られた。この時に赤谷尾根と命名される。一九六〇年一月、赤谷尾根を登った富山大学山岳部のパーティーは山頂付近で風雪に閉じ込められ、六名全員が死亡している。

ブナグラ谷に登山道を開いたのは水口武彬を中心としたグループで、一九九三年以降、多くの登山者を迎えている。

登路　馬場島からブナグラ谷取水堰堤まで林道がある。堰堤下の広場に駐車して登り始める。右岸に刈り開けがある。ブナグラ峠まで二時間三〇分、峠から山頂まで二時間三〇分。途中の沢に橋はない。

地図　二・五万図　剱岳　毛勝山

〈注〉富山県では谷を「タン」と読むが、それは山村の人たちの訛りであり、本書では多くの人に読みやすい「タニ」とした。　（佐伯郁夫）

池ノ平山　いけのたいらやま

標高　二五六一m

富山県中新川郡上市町と黒部市宇奈月町にまたがる剱岳北方稜線上のピークの一つ。大窓と小窓の間に聳え、剱岳の山窓を形成する重要な位置を占める。

以前は「西仙人谷山」と呼ばれていたが、現在の国土地理院発行の地図は「池平山」となっている。この山の東下方にある池ノ平の名を当てたのであろう。

池ノ平（小黒部川源頭部）は、かつてモリブデン鉱採掘でにぎわった。特殊合金の原材料モリブデン鉱は第一次世界大戦下に採掘が開始され、第二次大戦下の一九四一年には海軍の支援によって本格的に採掘、そして終戦とともに閉山した。これらの端緒は、一九〇二年、陸地測量部が白ハゲ山（大窓北方側ピーク）に三角点を設置したことに始まる。三角標を建てるため登山し、このときの一人が鉛のような塊が散乱しているのを拾い持ち帰った。回り回って、当時横浜にいたドイツ人が薬品の原料と偽って安く買い取り、地元の鉱夫に年間約三トンを採掘させ、それを自国へ送り、耐久力のある優れた大砲を製造していた。のちにわが国も重要な金属であることを知り、戦時中にぎわったのである。

池ノ平山近辺に仙人の地名が多い。それはかつて剱岳の霊験を求めて修験者が回行したからである。もっとも奥地にある仙人湯の近くには仙人窟があり、南北朝時代の石仏が安置してある。

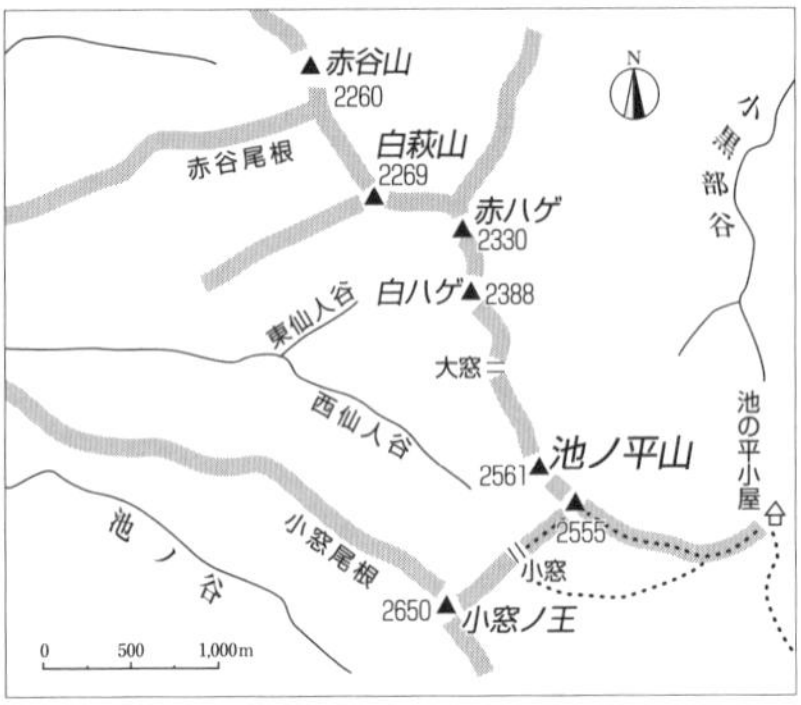

この山の東面はハイマツと萎縮したダケカンバやミヤマナラの木に覆われておだやかであるが、西面は対照的に鉈で切ったような荒々しい岩肌をむき出しにしている。

登山の対象としてこの山だけを目ざす者はまれで、主に積雪期の剱岳への北方稜線コースの通過点である。また、同コースの難所の一つでもあり、熟達者に限られる。

山頂に石仏があるが、昔の山岳信仰のものではない。近年立てられたものであり、類似のものが大窓や赤谷山にある。

登路　池の平小屋から山頂まで踏み跡がある（小屋より山頂まで約一時間）。

地図　二・五万図　十字峡　剱岳

（村上清光）

剱岳　つるぎだけ

標高　二九九九m

富山県中新川郡上市町と立山町にまたがる。この山を特定するなら南を別山乗越で立山の境とし、北は小窓まで、西は馬場島《ばんばじま》まで、東面は剱沢の左岸側となる。

昔は立山連峰を総称して「たちやま」と呼び、いつのころからか雄山を中心として「立山」、厳しい山容から鋭い武具を示す「太刀」すなわち「剱」へと分化していったといわれる。

全山花崗岩の硬い岩からなるが、激しい浸食により深くえぐられた谷底から高度差の大きな岩壁が至る所にあり、岩壁登攀の舞台となっている。それは、わが国の登山がスポーツとして発展する上で重要な存在であった。

山頂から尾根は東西南北四方に派生している。南側のものを別山《べっさん》尾根と呼び前剱、一服剱、剱御前と小ピークを連ねている。北へは早月川と黒部川に分水する尾根を北方稜線と呼び、途中から日本一美しいと評される鋸歯状に岩峰を連ねる八ッ峰を分ける。東側に源次郎尾根、西側には標高差二二〇〇mの早月尾根がある。

剱岳の初登頂はいまだに不明である。記録に現れる最初のものは、一九〇七年、陸地測量部の柴崎芳太郎らが宇治長次郎らを案内人として測量櫓を立てるために登った。その時、奈良時代のものと推定される錫状頭と鉄剣を頂上で発見している。

登山者による初登頂は一九〇九年、吉田孫四郎、石崎光瑶、河合良成、野村義重らによる。先の案内人と同じ宇治長次郎をともなっている。この時登頂コースとなった谷は長次郎谷と命名された。次の登頂者は近藤茂吉であり、つづいて田部重治、木暮理太郎、吉澤庄作らとなる。

大正半ばから学校山岳部の活動が盛んになり、早稲田、慶応、明治、大阪商科大、関西学院の各大学と旧制第三高等学校などの活躍によって主たる尾根や岩稜のトレースがなされた。それらは主として東面やチンネである。西面からの登山は一九一七年、冠松次郎によって早月尾根が登られ、池ノ谷や東大谷が登られるのは昭和に入っ

剱岳(大猫新道から)

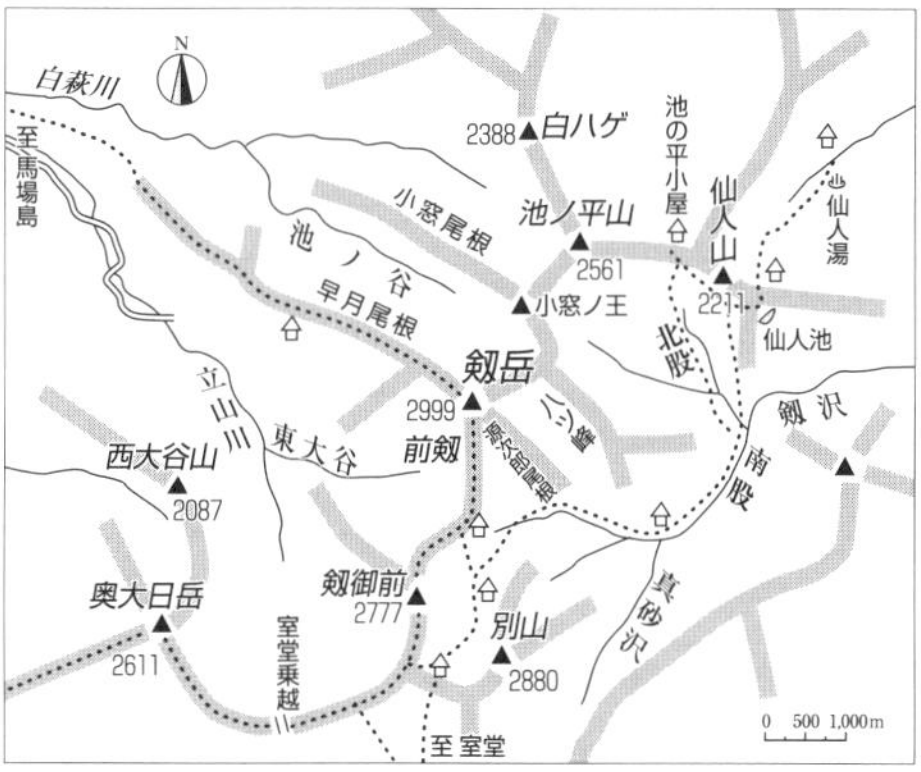

てからである。なお、厳冬期の剱岳初登頂は一九二六年、別山尾根から慶応大学・青木勝らのパーティーによってなされている。

剱岳は日本海に面する三〇〇〇m級の山であり、その降雪量は世界的にもまれなほど多い。どの谷にも越年する大きな雪渓があり、一番多い所は池ノ谷右俣で、秋になっても三〇mの厚さがある。降雪量の多さは冬山登山を困難なものにしている。それに起因する事故も多い。一九三〇年、東京大学の学生窪田他吉郎ら五名が剱沢小屋を直撃した雪崩で圧死した。以来、冬の剱岳では多くの事故が発生している。富山県は一九六六年、登山届出条例を制定し、池ノ谷と東大谷を登山禁止区域とした。しかし、折からの登山ブームで一九六九年には吹雪の剱岳一帯で一五隊八一名が立往生、うち一九名死亡という大量遭難の悲しい歴史を刻んだ。

登路　登山道として整備されているのは別山尾根と早月尾根のみである。登山者の大多数は別山尾根を登る。剱沢上部のモレーン台地が別山平で、ここには剱沢小屋や剱沢野営管理所、山岳警備隊派出所があり、剱岳登山の根拠地となっている。同じ台地の対岸にある剣山荘、別山乗越の剱御前小舎はいずれも剱岳登山の基地となる。ここに至るコースはアルペンルートの室堂ターミナルから約二時間三〇分。ほかに黒部ダムからハシゴ谷乗越を越えるもの、称名滝から大日岳を越えるものなどがある。剱沢キャンプ場から別山尾根経由で剱岳頂上まで約五時間。

早月尾根は登山口の馬場島から頂上まで標高差二二〇〇m、日本一大きな登りである。途中に早月小屋があるがきついコースであり、このコースの利用者は剱岳登山者の一割にも満たない。したがって、静かな登山ができる。馬場島から剱岳頂上まで約一〇時間。

（佐伯郁夫）

地図　二・五万図　剱岳　十字峡

大日岳　だいにちだけ

標高　二五〇一m

別称　大日山　金峰山　ミトロヤマ

奥大日岳　おくだいにちだけ

標高　二六一一m

別称　大大日岳

富山県中新川郡上市町と立山町にまたがっている。立山連峰から分岐し、別山から西に延びる稜線が大日連山。山端から前大日岳（一七七九m）、早乙女岳（二〇五〇m）、大日岳、中大日岳（二五〇〇m）、奥大日岳とつづく。大日岳は大日連山の中枢の山で、早月川と称名川との分水嶺となっている。

富山平野から眺めた大日岳は、丸みを帯びた優雅な姿を見せる。それと対峙する剱岳の岩峰と対照的で好一対。立山信仰の源流である立山修験では、大日岳の山頂にあった大日堂に参籠した。その峰入りの順峰は、岩峅寺〜尖山〜来拝殿山〜大辻山〜早乙女岳〜大日岳であった。一部の行者は、さらに別山〜立山〜浄土山〜ザラ峠〜薬師岳〜太郎山〜北ノ俣岳〜寺地山〜大多和峠〜西笠山〜熊尾山〜高杉山〜花崎と、鍬崎山を中心に馬蹄形を描いて回ったという。

一八九三年に温泉探査に訪れた河合磯太郎らは、大日岳から平安時代の双龍飾錫杖頭を発見している。また、中大日岳の岩屋から須恵器、土師器、刀剣などが発見され、奥大日岳には「護摩平」「護摩堂谷」「行者溜り」などの地名が残り、この山塊は修験の遺構や面影が色濃い。

大日岳一帯は花崗閃緑岩などの変成岩で形成され、尾根の北側は雪による侵食によって急崖となっている。それは冬季北西の季節風が卓越し、北側に巨大な雪庇や雪の吹き溜まりを造ることによる。

大日連山の最高点は奥大日岳の東にあるピーク、標高二六一一mであるが、登山道はその下方を巻く。

大日連山の稜線の一部は、断層などによる二重山稜となっている。その窪地の水溜りで一九六一年、藤平彬文によってクロサンショウウオが発見されている。山肌の至る所にお花畑が見られる。湿潤な場所にはコバイケイソウやキヌガサソウ、シラネアオイ、ミゾホウズキが群生し、雪田の周辺にはハクサンイチゲやシナノキンバイ、ハクサンフウロなどが咲く。特筆されるのはカライトソウやオオレイジンソウなどの高茎植物群落。また、ハイマツ帯のお花畑にはライチョウの姿が見られ、富山県による一九七五年度の大日岳ライチョウ生息数調査では、標高二三〇〇m以上の生息地七四〇haに五四羽の推定生息数を報告している。

右から大日岳、中大日、奥大日岳（早月尾根二四〇〇m地点から）

中大日岳にある七福園は花崗岩の巨岩累々とした自然庭園であるが、立山の主と呼ばれた牧野平五郎が、中野峻陽らとこの山に遊んだ時、女性一人を伴っていたため、一行の七名を七福神になぞらえて、この地を七福園と命名したもの。行者窟とか方丈窟とか呼ぶ岩屋がある。

木暮理太郎は『山の憶ひ出（下巻）』に、日本アルプスの五仙境の一つとして大日平を挙げ、カモシカやクマの産地であること、弥陀ヶ原と連続していた溶岩台地が称名川によって切り離された平原で、大日岳に付属した仙境として「大日平」と命名したことを述べている。この大日平は弥陀ヶ原とともに二〇一二年、ラムサール条約湿地に登録された。

登路　大日岳へは称名滝から、または室堂平からとなるが、どちらも所要時間は往復で一〇時間以上も必要で、山荘泊まりのゆっくりした山行を勧めたい。稜線の登山道からは間近に剱岳が眺められ、遠く白山、槍ヶ岳、眼下に弥陀ヶ原が広がる。初夏にはメボソムシクイやルリビタキ、時にはコマドリの声が谷間から響き、俗界を離れた山旅を楽しむことができる。

地図　二・五万図　剱岳　立山

（佐藤武彦）

中山　なかやま

標高　一二五五m

富山県中新川郡上市町にある。奥大日岳(二六一一m)から派生する尾根はクズバ山(一八七六m)で一挙に高度を落とし、末端部で再度高くなる。その高く盛り上がった部分が中山である。馬場島から至近距離にあり、剱岳を眺める展望台として人気がある。標高差も取りつきから五〇〇mと小さいので、登山というよりファミリー・ハイキングの山として親しまれている。

登路　馬場島へ入る直前に立山川の馬場島橋があり、そのわきに駐車場広場がある。そこが登山道入り口。一九七九年から三年がかりで中山遊歩道として付けられ、その後も毎年整備が行き届いているので、安心して歩くことができる。

その後、立山川の支流・東小糸谷からのコースも開かれ、周遊できるようになり、ますます人気の高い山となった。

山頂の展望はよく、剱岳西面を正面に望み、北方稜線の山並みが猫又山まで、そこから延びる東芦見尾根の山々も見ることができる。山頂まで約一時間三〇分。

地図　二・五万図　剱岳

(佐伯克美・佐伯郁夫)

大辻山　おおつじやま

標高　一三六一m

富山県中新川郡上市町と立山町にまたがる。富山市内から立山連峰を見る時、弥陀ヶ原の中央の下にピラミッドのような山容を呈している。天候が崩れた後の高い山々(立山、大日岳など)に雲が懸かっている時は黒く浮き立ち、その山姿がさえてくる。

富山平野を流れて日本海に注ぐ白岩川、上市川の源流はこの大辻山である。国立立山青少年自然の家ができる前は、一般向きの山ではなかったが、その後、自然の家研修登山道として整備されてからは、多くの登山者でにぎわうようになった。

登路　立山町芦峅寺《あしくらじ》の雄山神社の横の林道を、国立立山青少年自然の家に向かう。自然の家から四・七㎞で長尾(長倉)峠(九三〇m)に着く。ここは見晴らしがよく(簡易トイレ有)、駐車できる広場もある。この林道沿いに長尾・大辻本道・白岩川又蔵・中尾根・北尾根と五つのルートを取ることができる。

ここでは長尾ルートを紹介する。駐車場広場から林道標識⑧を長尾山登山口に入る。一〇分位で一〇〇一mの長尾山に着く。スギ林を下ると本道との合流点に②の標識があり、標識⑩までつづく。奥長尾山(一〇二五m)に③、やがてカンバ平の広場に着く。白岩川ルートの合流点には⑤があり、登山口から約一時間である。ややきつい登りを行くとブナ平である。⑥～⑧を越せば北尾根、中尾根ルート⑨に着く。右に折れて広く刈り開かれた尾根道を登りつめると⑩があり、右に回り込むと広く開かれた山頂に着く(カンバ平から一時間位)。山頂は展望もよく、広大な弥陀ヶ原、その端に三段に折れた称名滝、その奥に立山連峰が展開する(①～⑩の標識は立山青少年自然の家が受講者や宿泊者の登山用に取りつけた標識)。

下りに又蔵・白岩川ルートをとると、可憐なシラネアオイの花に出会える。

地図　二・五万図　大岩　小見

（木戸繁良）

高峰山　たかみねやま　　標高　九五八m

富山県中新川郡上市町と立山町との境界に位置し、大日岳から富山平野に向けて延びる長大な稜線の西端に、つつましく目立たない頂がある。

高峰山の東縁は上市川支流の小又川、南縁は立山町を流れる白岩川に臨み、本峰を要とした扇形の地形地域は複雑な小起伏に富んだ原地形を残している。この成因は高峰山火山の爆裂火口、あるいは噴出物の押し出しによってできた凹地であり、標高七〇〇m地域内には釜池、ナガラ池、ツブラ池などの池沼群が展開している。この原地形の環境条件の変化に応じて、各種の湿原植物が生育し、また、植生遷移の過程を示す典型的な相観を示すなど特色ある池沼群が点在する。

山頂からは大日岳、剱岳、毛勝三山などが展望される。

登路　上市町西種集落からと、立山町芦峅寺集落から鳥越峠経由のコースが一般的である。

上市町からのコースは、西種を過ぎ骨原《こつはら》集落より林道を登りつめ、車止め手前より約一時間で二等三角点のある高峰山に着く。もう一つの芦峅寺集落からのコースは、芦峅寺集落の中程にある雄山神社手前で左折し、国立立山青少年自然の家を目ざす。立山青少年自然の家からは鳥越峠を経由して山頂に立つ（鳥越峠登山口から約一時間）。

地図　二・五万図　越中大浦　大岩

（村上清光）

別山　べっさん　　標高　二八八〇m

富山県中新川郡立山町に位置する。立山本峰から真砂岳を隔てて、根張り大きく聳え立っている。雄山・浄土山とともに「立山三山」の一つ。別山というのは伊勢神宮の別宮、本願寺の別院と同じ名で、格の高さを示す山名。頂上の祠に帝釈天《たいしゃくてん》を祀る。平安時代の『今昔物語』に帝釈ノ岳と記され、立山の個々の山名中最古。頂上の硯《すずり》ヶ池は別名を経ヶ池ともいい、山麓の芦峅《あしくら》寺で経帷子を作製するとき、この池の水で経を書いたという。この山から仰ぐ剱岳の姿は豪快。古来、文人に称賛された。

登路　雄山から大汝山、富士ノ折立、真砂岳へと縦走路を辿る。大日連峰や室堂平の景観を眺めながらの稜線漫歩である。

下山路は、昔は大走り小走りの砂礫道から賽の川原へ下ったが、現在は剱御前小屋を経て雷鳥沢から下山するコースが一般化している。雄山より約二時間。雷鳥沢経由の場合、室堂ターミナルより約三時間。

地図　二・五万図　立山　剱岳

（廣瀬　誠・渋谷　茂）

黒部別山　くろべべっさん　　標高　二三五三m

富山県中新川郡立山町にあって、黒部川のほぼ中央、左岸に位置する立山連峰の前衛峰である。黒部ダムから黒部川下流を眺めると、

黒部別山南鋒と南尾根
(黒部ダムから)

黒部別山南尾根のガンドウのような尾根がひときわ目を引く。立山・真砂岳から東側へ真砂尾根を三km下降すると標高二〇一〇mのハシゴ谷乗越。ここから再び高度を三五〇m上げて黒部別山となる。南北に長く、南峰、主峰、北峰がある。黒部川筋に多い典型的な台形の山並みが、氷河時代の名残をとどめている。

東面の別山谷流域は、黒部川までの標高差が一〇〇〇mから一三〇〇mあって、おびただしい数の岩壁、岩稜、ルンゼが複雑に入り組み、黒部川に落ち込むにつれて、さらに急峻となって、下ノ廊下の左岸を形成し、黒部川の侵食のすごさがうかがえる。それとは対照的に、西面、内蔵助平《くらのすけだいら》や剱沢二股から見た黒部別山は高度差も小さく、傾斜も緩いヤブ山となっている。

加賀藩奥山廻り役にかかわる黒部の絵図(天保一一年・一八四〇から天保一二年・一八四一作と推定される)には、「内蔵助平」、「内蔵助谷」、「剣谷」に囲まれて「黒部別山」が描かれている。初めての「黒部別山」の記載は、一九二三年の陸地測量部の地形図である。黒部別山の南峰と北峰の名は大正時代、旧制第三高等学校山岳部の概念図が最初であろう。立山・別山に対する名称として黒部別山と呼ばれる。

黒部別山南尾根はギャップが多い長大な岩稜で、その黒部川側は「大タテガビン」といわれる。「タテガビン」とは巨大な岩壁が頂までそそり立つ地形の意味で、昔、信州の猟師や釣師がそういっていた。大タテガビン南東壁は、丸山東壁、奥鐘山西壁とともに「黒部三壁」、「黒部の三つの巨人」などといわれ、クライマーの目標となっているが、丸山東壁や奥鐘山西壁とくらべ岩が脆く、登攀者は少ない。

登路　黒部別山には登山道はないが、ハシゴ谷乗越から黒部別山主峰を経て北峰まで踏み跡がつづいている。

黒部別山東面の吸水能力に乏しい岩場ばかりを流域にする別山谷は、大雨が降るとすぐ鉄砲水を発生させる。日電歩道が横切る出合のすぐ上で二分。右俣は黒部川流域でももっとも残雪が多い谷の一つで、雪が多い夏は容易に登下降できるが、秋は雪渓がズタズタに切れていて危険。一方、左俣は巨大滝が連続する登攀的要素が濃い沢登りのコースである。

積雪期、残雪期ルートとして北峰から剱沢大滝の右岸の大岩壁に下りるのが「トサカ尾根」。十字峡に下りるのは「北尾根」。白竜峡に下りるのが「壁尾根」。主峰から別山谷二俣に下りるのが「中尾根」。南峰から内蔵助谷出合に下りるのが「南尾根」。内蔵助平に下りるのが「南西尾根」。いずれも積雪期に後立山連峰を越えてくる強靱な登山家などにより登られた記録がある。そのほとんどをトレースした和田城志は記録を山岳雑誌に発表。総括として『剱沢幻視行―山恋いの記』（東京新聞、二〇一四年）にまとめている。

また、黒部別山の登山記録（主に岩登り）を集大成し、概念を解説した書に『黒部別山』（一九八六年）、『黒部別山―積雪期』（二〇〇五年）があり詳しい（どちらも黒部の衆の私家本）。

地図　二・五万図　十字峡

（志水哲也）

丸山　まるやま

標高　二〇四八m

富山県中新川郡立山町にある。黒部ダムの展望台から黒部川対岸正面を望むと、滝を連続させた御前谷が、高々とした立山連峰に向かって突き上げている。その右に黒々としてヌッと聳え立つのが丸山（南峰）である。

丸山は立山連峰の前衛峰だが、標高は立山よりも一〇〇〇mも低い。立山連峰の富士ノ折立から派生し、黒部川へ下りるのが「丸山中央山稜」。富士ノ折立から内蔵助《くらのすけ》乗越、内蔵助峰と高度を落とし、御前谷乗越（丸山乗越）から再び高度を上げて丸山主峰となっている。南北に長く、台形の山並み。その上辺部は北峰、主峰、南峰の三峰で構成される。西面の内蔵助谷や御前谷の上部は高度差四〇〇m程だが、東面は黒部川の浸食で八〇〇mも急峻に切れ落ち、北峰の黒部川側は、丸山東壁という大岩壁を形成している。

一九〇七年、陸地測量部の柴崎芳太郎らが黒部別山とともに丸山主峰に登った。丸山の名称はその後、冠松次郎が下ノ廊下下降の時に付けたもの。黒部の丸山を有名にしているのは、なんといっても高度差五〇〇mに及ぶ大岩壁・丸山東壁の存在による。

一九六三年に大町ルートからトンネルが貫通し、黒部ダムが完成すると、後《うしろ》立山連峰を越えなくても黒部湖周辺に入れるようになり、丸山東壁には昭和四〇年代前半を中心に約三〇本の登攀ルートが開拓された。近年では、黒部川筋でもっとも登攀者を迎えている岩壁である（年間五〇パーティーぐらい）。丸山東壁は全体に硬質の花崗岩で、リスに乏しく、登攀ルートは埋め込みボルトを多用した人工登攀が主体。とくに東壁の中央壁は見事な岩塔状をなし、上部は庇状となって聳え立つ。その中間バンドにはクライマーが「ホテル丸山」と呼ぶ、テントが数張張れる位のテラスがある。

登路　丸山主峰の頂を目的に登るとしたら、内蔵助平から北峰、主峰間の鞍部に上がるのが最良。丸山東壁に取りつくクライマーは丸山主峰はおろか、北峰すら登らないことが多く、実際に主峰へ登るのは、丸山東壁から北峰、そして立山連峰へ登る強靱なパーティーが一冬に一

〜二パーティー通過するぐらいであろう（数年前から黒部ダムの徒歩通行が禁止となり、丸山東壁を冬期に登攀するパーティーは皆無と思われる）。

日電歩道の内蔵助谷出合から見上げると、丸山東壁を鎧のようにまとった丸山北峰が堂々と聳えている。丸山を縁取る二つの谷。御前谷は下流で滝場が連続、悪い草付のトラバースを延々と強いられ、上流部はサル又のカールの大雪渓となっている。沢登りのコースとしては中級。内蔵助谷はゴーロ帯ばかりで滝場はない。登山道も並行しており、沢登りの対象としての興味は薄いだろう。

地図　二・五万図　十字峡

（志水哲也）

立山　たてやま
雄山　おやま　　標高　三〇〇三m
大汝山　おおなんじやま　　標高　三〇一五m
富士ノ折立　ふじのおりたて　　標高　二九九九m

富山県中新川郡立山町にあって、富山県東部の大山脈を立山と総称した（古代にはタチヤマ、中世以降タテヤマ）。聳え立つ山、神の顕《た》つ山の意。近世、太刀山の意と解し、漢詩文では刀山・立岳とも称した。狭義の立山は立山本峰（雄山・大汝山・富士ノ折立の三ピーク）を指し、最狭義には雄山を指し、立山御前と尊称した。

立山の登場する最古の文学は『万葉集』で大伴家持・大伴池主の大作「立山賦」。平安時代には立山の自然美は歌わず、「生き地獄」の山として畏怖し、亡霊説話の舞台とした。南北朝の宗良《むねよし》親王につづいて近世近代には立山讃歌（和歌・俳句・漢詩）が数多く歌われ、優れた紀行文学も続出した。記録文学の白眉は槇有恒の遭難記。

立山開山伝説は数種あったが、最終的には少年有頼《ありより》伝説に集約された。佐伯有頼は白鷹と熊に導かれて登ったという。この話は越中男子の魂をはぐくみ、少年が立山に登拝し、これを成人式とする社会慣習となった（二〇〇一年、富山市呉羽山上に立山を指さす有頼少年像が建立され、その伝統はいまも息づく）。

芦峅寺《あしくらじ》の衆徒は「立山曼荼羅」を絵解きして全国に布教し、岩峅《いわくら》寺の衆徒は主に山上山中を管理して立山信仰を護持宣布した。布橋《ぬのはし》灌頂・血ノ池に納経して女人救済にも努めた。女人禁制解除は一八七二年。その翌年、深見チエが女性で立山に初登頂したと言い伝えられている。一八九一年にはデレーケの娘ヤコバが、外国人女性として立山初登頂を成し遂げた。

明治時代、外国人の立山登山も相次ぎ、ウォルター・ウェストンは一八九三年、一九一四年に登山、『日本アルプスの登山と探険』、『極東の遊歩場』をロンドンで出版、立山を世界に紹介した。

立山群峰の主体は飛驒片麻岩からなり、造山運動によって形成されたが、後次的に火山も噴出、さらに氷河が山体を侵食し、複雑な山容を構成した。東面には大カール群、西面には山崎カール。これは山崎直方によって日本で初めて発見された氷河地形である。湯川谷には大カルデラ。称名谷には落差日本一の称名ノ滝がたぎり落つ。ライチョウは山域一帯に多く生息し、弥陀ヶ原、五色ヶ原は高山植物の宝庫。

安政五年(一八五八)、飛越大地震によって大鳶山が崩壊し、真川・湯川から泥洪水を押し出し大災害となり、砂防工事はいまもつづいている。

古来の登路は常願寺川を溯り、材木坂・弥陀ヶ原の道。一九二四年新たに八郎坂道が開削された。信州側からは針ノ木峠・佐良峠・立山温泉・松尾峠経由の道であった。一九五四年から立山黒部アルペンルート開削に着工、ケーブルカー、バス登山の時代となる。

雄山　立山信仰上、立山全山域の主峰として崇敬された。山容は仏の姿といわれ、頂上を仏頂として、雄山を烏瑟《うしつ》ノ峯とも称した。国家神道時代は富山県知事が登頂奉幣した。絶頂には雄山神社の峰本社が建つ。昭和天皇の「立山の空にそびゆるをを(雄々)しさにならへとぞ思ふみよのすがたも」の歌碑は三ノ越に立つ。一九七〇年、エドモンド・ヒラリー卿は碑前で日本山岳会員の御歌斉唱を不動の姿勢で聴き、敬意を表した。

大汝山　立山本峰の中央の峰。オオナンジは神名に由来。雄山の社殿を改築する時は大汝山に仮殿を設けて神体を遷座安置し、両峰の間で峰伝いの遷宮が営まれた。三〇〇〇mの雲表岩上の遷宮式はほかに例がないであろう。大汝山からは黒部峡谷御《お》山谷出合の青い円潭が見え、これが冠松次郎を魅きつけて黒部探険の端緒となった(潭は現在黒部湖底に水没)。「頂は霧立つ巌ぞ大汝」(水原秋桜子)。

立山(奥大日岳から)

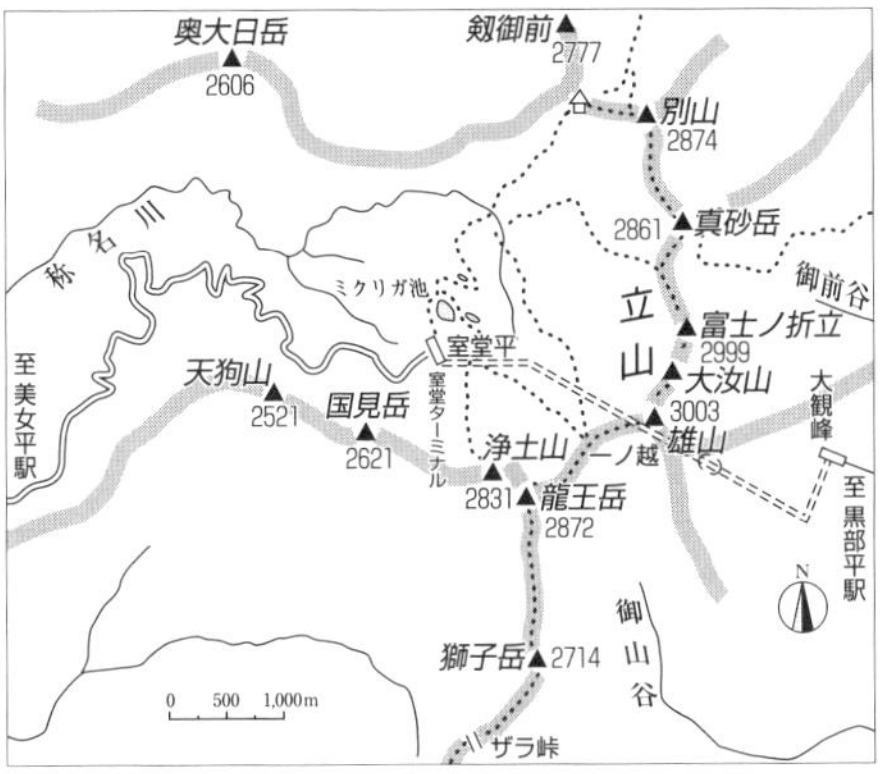

富士ノ折立　立山本峰の北端の峰。別名、富士ノ折戸。折立とは岩を折って立てたような山容の意。雄山には立山本来の神を祀り、大汝山には白山の神を祀り、折立には富士の山霊を祀り、三ピークで日本三霊山を表現した。折立の北東側には内蔵助《くらのすけ》カールが口を開き、その底には二〇〇〇年以上前の日本最古の氷があって、「生きた氷河」として注目された。内蔵助谷には佐々内蔵助成政の通過伝説・埋蔵金伝説がある。

登路　現在は通常、室堂ターミナルから一ノ越を目ざして歩くが、古くは室堂(小屋)が出発点であった。室堂はターミナル東側の程近い地点にいまも立つ。室堂は佐々成政の古文書にも記載され、戦国時代すでに存在、元和三年(一六一七)以降、加賀藩によって造営維持されてきた。現在の建物は二〇〇〇年以上経過した古建築で、日本最古の山小屋として国の重文に指定された。昔、宿泊登山者は神職に引率されて未明室堂を出発し、山頂でご来光を拝む習慣であった。室堂からの坂道を懺悔《ざんげ》坂といい、急な雪渓をいくつか横切って祓堂に着く。祓堂の背後、高山植物の茂みにせせらぐ水は浄土沢の水源である。祓堂からひとしきり登ると一ノ越（二七〇〇m）の鞍部で、展望にわかに開け、後立山の峰々が眼前に聳え、遙か富士・浅間も見え、心躍る。現在ここに一ノ越山荘が立つ。二ノ越・三ノ越・四ノ越・五ノ越と急峻な岩石道を踏み登る。各越に小祠がある。雄山は古来、人間の宿泊を許さぬ聖地とされたが、一九二七年、五ノ越（二九九二m）に社務所が建った。五ノ越から岩角を踏んで峰本社のある絶頂に着く。峰本社の太鼓の音は七十二峰八千八谷に響き渡って壮快。室堂から一ノ越まで一時間二〇分。一ノ越から山頂まで五〇分。そこから大汝山へ二〇分、さらに富士ノ折立へ一〇分。

地図　二・五万図　立山　劔岳　十字峡　黒部湖

（廣瀬　誠・渋谷　茂）

浄土山　じょうどさん

別称　日向《ひむか》山

標高　二八三一m

富山県中新川郡立山町にある。「立山縁起」では、この山で一光三尊二十五菩薩を拝したといい、立山信仰上重要な山。「立山曼荼羅」には諸仏来迎の姿のほか、劔岳の月輪に対して浄土山上空に日輪を描く。別名の日向山はこれに由来する。

頂上のお花畑には阿弥陀堂跡と浄土山社跡があり、軍人霊碑（日露戦争郷土戦死者の忠魂碑）が立つ。高山植物は豊富で、珍草チョウノスケソウも一八九九年、ここで発見された（発見者はマキシモヴィッチ）。

浄土山の東側は黒部の御山谷に面してカール地形を並べ、西側には湯川谷（立山カルデラ）が口を開き、その一隅に新湯地獄が湯煙りを噴き上げ、刈込池は紺碧に澄む。

浄土山から張り出した高峻な岩峰が龍王岳（二八七二m）で、竜王の御座所として畏怖された。川田順は「大鷲の下りかくろひし向かつ山龍王岳弥高く見ゆ」と歌った。

さらに南へ鬼岳（二七五〇m）、獅子岳（二七一四m）と連なる。聖なる浄土山に対して畏怖すべき龍王・鬼・獅子をその南に配置したのであろう。古記録古絵図に鬼・獅子の名はあまり記載されず、近代の書籍・地図も、鬼と獅子の位置はまちまちで、さらに餓鬼岳という出所不明の山名も加わって混乱していたが、一九五九年、国土地理院地図で北の三角形の峰を鬼岳、南の台形の峰を獅子岳として混乱を収拾した。

登路　室堂山展望台分岐から登るコースと一ノ越を経由するコースがある。いずれも約一時間三〇分。浄土山から鬼岳・獅子岳を経てザラ峠まで約二時間二〇分。

地図　二・五万図　立山

（廣瀬　誠・渋谷　茂）

鳶山　とんびやま

標高　二六一六m

富山県富山市大山地域の立山火山にある浸食カルデラを取り巻く

火口壁上の一ピーク。すぐ北に位置する鷲岳（二六一七m）とともに北西面はカルデラの断崖となって常願寺川源流の湯川谷に切れ落ちており、その荒々しくえぐられた山容は富山平野からも遠望できる。北東面は対照的に五色ヶ原の大草原が広がり、黒部川に向かってなだらかに傾斜している。五色ヶ原は立山火山の爆発によってできた広大な溶岩台地である。南西面は真川の支流・鳶谷、南東面は黒部川の支流・ヌクイ谷のそれぞれ源流をなす。鳶山の山名はその山容から名付けられたものといわれる一方で、「火山地形をトンブ・トンビ・トンベなどと称し、トンビに鳶の字を当てたのであろう」（廣瀬誠『立山のいぶき』）との説もある。別名を「奥大鳶山」という。

　安政五年（一八五八）二月の大地震の際に、この山の一角が大崩壊し、大量の土砂が雪崩とともに湯川谷・真川谷を堰止め、これが雪解けとともに土石流となって常願寺川下流に二回にわたって大洪水をもたらした。これが世にいう「立山大鳶崩れ」で、富山県の水害史上最大の被害とされている。この時全山崩壊したといわれる大鳶、小鳶は現在の鳶山から西に派生した尾根の一角にあって、旧立山温泉の背後に聳えていたという（平凡社『富山県の地名』）。また、古絵図にこの山辺りに「鯉鮒《こいぶな》岳」という名前が残っているのは、残雪の雪形が現れたことに由来するという（同書）。安政の大地震以降、暴れ川として土砂の流出が著しいことから、一九〇六年以来、カルデラ内部では砂防工事が現在も営々とつづけられている。一九九八年には、中新川郡立山町千寿ヶ原に立山カルデラ砂防博物館がオープンした。同時に立山カルデラ体験学習会も毎年開催されている。

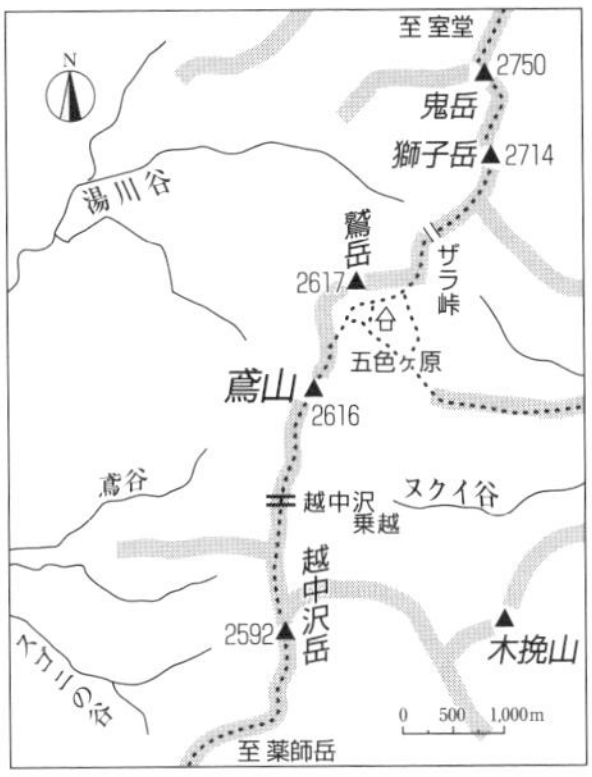

　五色ヶ原山荘から山頂まで豊富な高山植物を楽しみながらゆっくり散策できる。山頂からは五色ヶ原全体を見渡せ、草原に散在する多くの池塘が目に入る。縦走路上の山々や槍・穂高、後立山連峰を一望できるぜいたくな展望台である。

登路　立山から五色ヶ原を経て薬師岳へ向かう縦走路が山頂を通っており、五色ヶ原山荘からは山頂まで約五〇分。室堂から五色ヶ原までは浄土山、龍王岳、鬼岳、獅子岳、ザラ峠を経由して約五時間の行程。五色ヶ原山荘の東方向にはキャンプ場がある。

地図　二・五万図　立山

（山田信明）

越中沢岳　えっちゅうさわだけ　標高　二五九二m

　富山県富山市大山地域にあり、立山から薬師岳へ連なる稜線上の山。富山平野からのスカイライン上に顕著な姿を見せているが、その知名度は北アルプスの中でも非常に低い。山頂には二等三角点がある。点名は「栂山《つがやま》」で一九〇二年に立山温泉経由で埋設された。標石は半分位露出している。東に派生する尾根上には木挽山《こびきやま》（二三〇一m）があり、この尾根の北側にヌクイ谷、南側に廊下沢と黒部川の二つの支流が食い込んでいる。ヌクイ谷の信州側呼称が越中沢で、その谷の源頭に位置することが山名の由来。一方、西面は真川の支流・スゴ谷のスゴ二の谷に落ち込んでいる。山体は黒部型花崗岩といわれる後期中生代の岩石で形成される。北には越中沢乗越（二三五六m）を隔てて鳶山がほぼ同じ高さで聳え、その先に広大な五色ヶ原が横たわる。越中沢岳の北斜面は広くて緩やかな草原状の斜面で、ハイマツと高山植物を楽しむことができる。南面は対照的に急傾斜で、深く切れ落ちたスゴ乗越（二一四〇m）を隔てて薬師岳の雄大で優美な山塊を望む。

登路　この山に達する道は五色ヶ原～薬師岳の縦走路のみである（五色ヶ原山荘から約三時間）。五色ヶ原方向から縦走する場合、北面はなだらかであるが、南面の下りはかなりの急傾斜で岩や灌木につかまりながら一気に三〇〇mほど高度を下げる。最低鞍部からスゴの頭（二四三一m）の肩まで少し登り返した後、さらにスゴ乗越まで約二五〇mの急降下となる。少し登ったオオシラビソの樹林帯にスゴ乗越小屋とキャンプ地がある。

地図　二・五万図　立山・薬師岳

（山田信明）

薬師岳　やくしだけ

標高　二九二六m

富山県富山市大山地域の立山連峰南部に位置し、北アルプス中で最大の山容を誇る壮麗な山である。富山平野からの立山連峰のスカイラインでは、越中沢岳の右に雄大でおだやかな山体が望まれ、夕日に赤く染まった時はひときわ美しい。山の中腹辺りは石英安山岩で、山頂付近は石英斑岩からなる。

東は黒部川上ノ廊下の深い谷を隔てて赤牛岳、水晶岳、鷲羽《わしば》岳（二九二四m）の山並みや雲ノ平に対し、西は常願寺川上流の真川の源流域で、その支流・鳶《とんび》谷と岩井谷が山裾に食い込んでいる。東面には、氷河によって削られたカールが並び、「薬師岳の圏谷群」として特別天然記念物に指定されている。南から南稜カール、中央カール、金作谷カール、北カール（これは圏谷壁が崩壊して不明瞭）と呼ばれるが、薬師岳山頂は中央カールと金作谷カールの中間に位置し、金作谷カールの北端が北薬師岳（二九〇〇m）にあたる。山頂の二等三角点は祠の傍らに埋められている。

薬師岳山麓の隔絶した盆地にかつて居住した有峰の村人は、薬師岳を聖なる山として深く信仰し、山頂の薬師堂に薬師如来を祀った。毎年旧暦の六月一五日には、村の男子が総出で登拝し祠に鉄剣を奉納した。登山の途中では三度も禊ぎを行い、山頂の手前からは裸足になって参拝したという。厳重な女人禁制の山であったため女性は真川谷までしか行けなかった。有峰ダムの建設によって有峰集落の解散、水没によりこれらの祭祀は途絶え、山頂の剣塚も消滅した。のちに祠は旧大山町観光協会によって再建された。「古い絵図には、しばしば薬師岳に神崎山と書き添えたものがある。これが古名で、薬師如来を祀ってから薬師岳と呼ぶようになったのであろう」（廣瀬誠『立山のいぶき』）。

常願寺川支流の和田川上流に位置する有峰に至る道は、古くは大山町水須から高杉山、東笠山を越えて入るもので有嶺《うれ》往来と呼ばれた。有峰から小畑尾《おばたお》峠（一八〇〇m）を経て薬師岳に登るのが昭和初

薬師岳(中央)と東面のカール
(北薬師頂上から)

年までの通常ルートであったが現在は廃道。有峰ダム(一九六一年に完成した重力式ダム。これにより一九二一年の買収、廃村以来長く放置された有峰盆地は湖底に水没した)の工事にともなって開かれた折立峠から太郎坂、太郎兵衛平を経て登る現在のルートに変わった。かつてはアプローチの長さから登山者はきわめて少なかったが、この折立(一三五〇m)からの登山道が開通して登山者が飛躍的に増加することになった。

　近代登山は一九〇七年ごろから記録が残っている。積雪期初登頂は大正一三年二月、伊藤孝一の組織した映画撮影隊によるもの。上ノ岳付近に建てた小屋をベースに二月四日に登頂。一行には多くの芦峅ガイドが同行した(瓜生卓造『雪嶺秘話—伊藤孝一の生涯』一九八二年、東京新聞出版局)。一九六三年一月の愛知大学山岳部員一三名の全員遭難死は、山岳遭難史上に残る大事件として語り継がれている。同パーティーは薬師平の第三キャンプから山頂を目ざしたが、猛吹雪のため下山ルートを間違えて東南尾根に迷い込んだものである。折立の登山口を少し入った所に慰霊の十三重《とみえ》之塔や歌碑が立っている。東南尾根分岐点には遭難防止のため避難小屋が建てられたが、現在破損して使えない。

　太郎兵衛平は標高二三〇〇m前後の広く平坦な高原状の草原で、高山植物も豊富な所。北アルプス縦走路の十字路にあたり、東は薬師沢小屋を経て雲ノ平から高天原《たかまがはら》や奥黒部へ、南は北ノ俣岳から黒部五郎岳、三俣蓮華岳を経て槍ヶ岳方面へ、北は薬師岳から五色ヶ原を経て立山・剱岳方面へと、長い縦走路の起点となっている。

　地名の由来は、「江戸時代、有峰の鉱山が栄えた頃、鉱山師《やまし》の太郎兵衛が、この平の高山植物の化身の美女に惑わされたという伝承から命名された」(『富山県山名録』)と伝えられている。ここに建つ太郎平小屋は薬師岳や奥黒部登山の要の位置にあり、シーズン中は診療所が開設され、富山県警山岳警備隊員が常駐する。一五〇人収容の大きな小屋だが、最盛期には大混雑する。薬師岳の山開きは、例年六月の第三土・日曜日に富山市亀谷《かめがい》で神事の後、山小屋一泊で残雪を踏んで山頂を目ざす。薬師平の先、二七〇一m地点には薬師岳山荘がある。こちらは営業期間が短いが山頂に近い分、御来光を拝むには便利である。

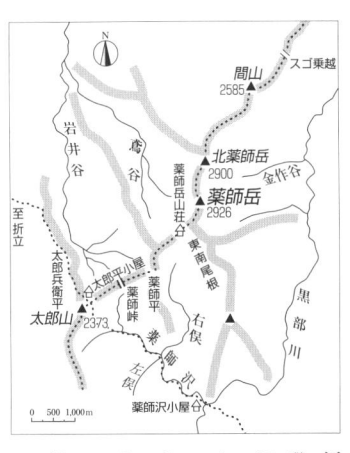

太郎平小屋のすぐ南にある小さなピークは太郎山で標高二三七三m。太郎平小屋泊まりの朝夕に散歩するのに手頃の山で、草原にはイワイチョウ、コバイケイソウなどが多い。太郎山から先の北ノ俣岳にかけては踏み荒らしによる裸地化や浸食が進んだため、登山道の木道化と植生回復の手だてが施されている。

　一方、薬師岳山頂から一歩北の縦走路に入ると、途端に登山者の人影が少なくなる。岩礫の痩せた尾根が北薬師岳まで延々とつづき、薬師岳の山体の大きさを実感する。金作谷カールの底には雪が消えるとS字状堆石堤（モレーン）がはっきり認められる。北薬師岳からの下りの縦走路は気持ちのよい岩尾根で、ハイマツ帯が広がりお花畑も見られ、やがて二重山稜が三角点のある間山《まやま》山頂（二五八五m）につづく。スゴ乗越小屋方向に少し下ると小さな間山池がある。

登路　西麓の折立から入山するのが一般的。富山市亀谷温泉から有峰林道（有料　6時～20時）を使って有峰ダム、折立隧道を経て登山口の折立ヒュッテまで車で入ることができる。登山シーズンには富山地鉄有峰口駅からバスも運行している。駐車場、キャンプ場完備。ブナからオオシラビソへと変化する深い樹林帯の中のよく整備された登山道を、一八七〇mの三角点まで登ると展望が開ける。小さなコブを一つ越すと、その先はお花畑や池塘の点在する広い草原状の尾根となり、薬師岳の西面や背後の有峰湖を見ながらの石畳の道。途中、二一九六mの標高点にはベンチがあり、北東方向に五光岩が見える（折立より太郎平小屋まで約四時間三〇分）。

　太郎平小屋に到着後は、木道を薬師峠（二二九四m）に下り、水の流れる小沢沿いに灌木帯を登っていくと展望のすばらしい薬師平に出る。大きなケルンがあり、そこにはベンチもあって高山植物の宝庫である。豊富な高山植物を愛でながら薬師岳山荘に着くと、以後はザクザクした砂礫のジグザグ道を山頂尾根まで登りつめる（太郎平小屋から山頂まで約三時間）。健脚者は日帰り登山も可能であるが、太郎平小屋または薬師岳山荘一泊が一般的。幕営の場合は薬師峠がキャンプ指定地になっている。

地図　二・五万図　小見　薬師岳　有峰湖

（山田信明）

北ノ俣岳　きたのまただけ　標高　二六六二m

別称　上ノ岳

岐阜県飛驒市と富山県富山市にまたがる山。立山から槍ヶ岳への縦走路、いわゆる北アルプスのダイヤモンド・コースの中央部に位置し、北は太郎山から薬師岳、南は黒部五郎岳から三俣蓮華岳へとつづく岐阜県北端の山である。

　北ノ俣岳は飛驒側の呼称で、越中側では上ノ岳とも呼ばれている。山容はなだらかな高原状をなし、立山からの縦走路が激しい登り下りのつづく中で、少しゆとりを感じさせる山である。

　山頂はハイマツと岩礫に覆われているが、随所に高山植物の群落が見られ、とくに太郎山側には一面のお花畑が広がっている。しかし、近年はこの辺りの登山道が雨水の流路となることも影響して荒廃が目立ってきた。

　ここを北側に下れば、太郎山を経て太郎兵衛平の台地となり太郎平小屋がある。有峰湖を経て折立からの登山道や薬師岳からの縦走路が合流する所、また、薬師沢を下って雲ノ平への分岐点となる所で、いわば北アルプス北西部の要衝となっている。

登路　北ノ俣岳へ直接登るコースとして、一九六二年に飛騨市神岡町山之村地区を経て神岡新道が開かれた。しかし近年、山之村から県境を越えて有峰湖へ通じる大規模林道ができたことにより、これの飛越トンネル横から県境尾根へ登り、神岡新道に合流する飛越新道が多く利用されるようになった。

神岡新道コース　山之村最奥の集落、打保まで車利用。その後林道を千ノ沢の登山道入り口まで歩く。登山道に入り、打保乗越まで樹林帯の登りがつづき、やがて水ノ平である。水ノ平周辺は、小さな水流とミズバショウ、モウセンゴケ、ニッコウキスゲなど湿性植物の多い湿原帯で、この水ノ平から寺地山への一帯は湿原とブナの天然林が発達し、「北ノ俣・水ノ平自然環境保全地域」に指定されている。さらに樹林帯を登り、傾斜が緩くなると県境尾根に出て飛越新道に合流する。

北ノ俣岳(飛騨市神岡町森茂から)

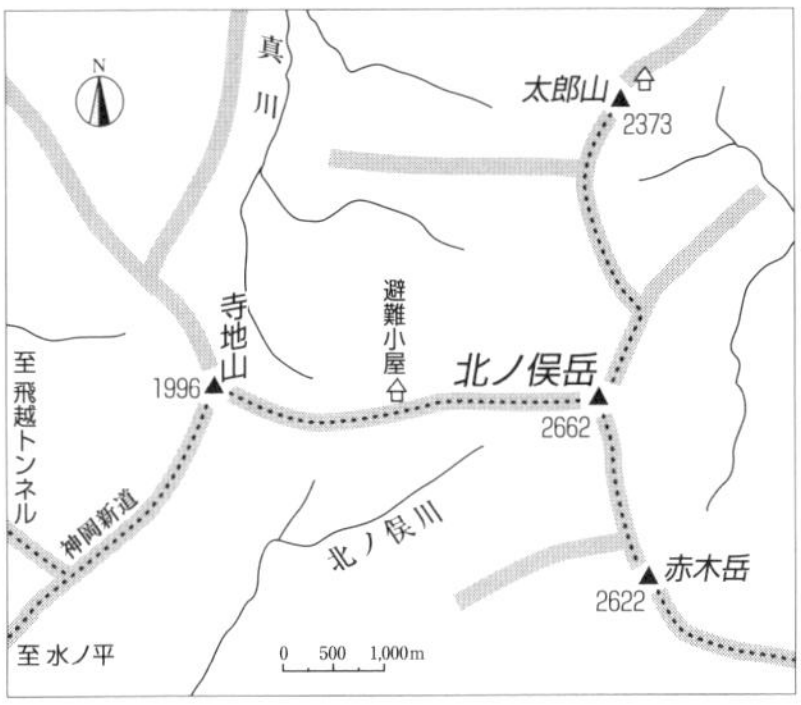

飛越新道コース　山之村から大規模林道を富山県境の飛越トンネルまで車利用。トンネルの上から登山道が始まる。しばらく明るい樹林帯を所々で有峰湖を俯瞰しながら登れば、標高一八四二m地点で神岡新道に合流する。

合流した後、キンコウカ、イワイチョウなどの咲き乱れる鏡池平の湿地帯を通り過ぎて、ネズコ、シラビソなどの樹林帯を一気に急登すれば、なだらかな寺地山の山頂台地である。山頂からの北ノ俣岳や黒部五郎岳の遠望はすばらしい。

寺地山からは、少し下りながら起伏を越え樹林帯を抜けると、池塘の見られる草地に着く。水場があり市営の避難小屋もあって、心の安らぐ所である(打保から約七時間)。

この草地からは、岩礫と草原帯、さらにハイマツ帯とお花畑を縫って登りつめれば北ノ俣岳の山頂で、縦走路と合流する(避難小屋から約二時間)。

山頂からの展望はすばらしく、北側には薬師岳、東側には眼下に黒部川の源流が深く切れ込み、その向こうに雲ノ平、黒部源流を取り巻く黒部五郎岳、三俣蓮華岳、鷲羽岳、黒岳、赤牛岳とつづく。さらに南方はるかに笠ヶ岳、槍・穂高連峰も望むことができる。

地図　二・五万図　薬師岳　三俣蓮華岳　有峰湖　下之本

（伊藤　茂）

寺地山　てらじやま　　標高　一九九六m

岐阜県飛騨市と富山県富山市にまたがり、北ノ俣岳から富山・岐阜県境に沿って西方に延びる尾根上のピーク。岐阜県側の神岡新道から北ノ俣岳へ登るために必ず通過する山で、山頂は樹林に囲まれたなだらかな台地状になっている。標高が一九九六mであることから、一九九六年には全国の登山者に人気があった。

登路　飛騨市神岡町山之村からの神岡新道が主なルートであった（約五時間）が、近年、富山県有峰湖方面に通じる大規模林道が開設されてからは県境の飛越トンネルまで車で行き、県境尾根を登る飛越新道が多く利用されるようになった。飛越トンネルのわきには駐車場と展望台があり、トンネルの上部から登山道が始まる。ネズコ、シラビソ、コメツガなどの樹林帯の起伏をいくつか越えて、所々で富山県側に有峰湖を俯瞰しながら登る。途中、樹高二十数mに及ぶダケカンバの大群落が見事である。一八四二m地点で神岡新道と合流すると、やがて鏡池平で、この辺りは水生植物や湿性植物が多い。ここから一気に急登すればキタゴヨウ、ネズコなどの樹林帯の寺地山山頂台地である（飛越トンネルから約三時間三〇分）。

地図　二・五万図　有峰湖　下之本

（伊藤　茂）

桑崎山　くわさきやま　　標高　一七二八m

岐阜県飛騨市と高山市にまたがり、寺地山から南西に派生する尾根の一峰。

山名の由来は、昔は「桑咲山」または「鍬先山」と表記されたようだが、この辺りにはクワの木は見当たらないので、土地の人が農耕に使う鍬の先にある山というところからきているようである。

この山の北側、飛騨市深洞《ふかどう》地区一帯は金木戸川の支流・洞の源流にあたり、地形は平原状でブナ、トチ、ミズナラ、トウヒなどの高木林や広々とした湿地帯があり、森林管理局の深洞自然観察教育林になっている。また、桑崎山から北の大鼠山《おおねずやま》にかけてはニホンツキノワグマ、ニホンカモシカ、ムササビ、ヤマネなどの野生動物が生息し、自然が多く残されている。

登路　登山道は整備されていない。近年、双六谷から富山県有峰湖方面に通じる大規模林道が山吹峠を通ったことにより、山吹峠を登山口として利用できるようになった。残雪期ならば山吹峠から高山市上宝町と飛騨市神岡町の境界の尾根を辿って登頂できる（山吹峠から約二時間三〇分）。無雪期には山吹峠北側の森茂北ノ俣林道を利用して桑崎山西尾根を国有林境界に沿って登ることができる（約二時間）。この国有林境界は二〜三年ごとに刈り払いが行われている。

地図　二・五万図　下之本

（伊藤　茂）

天蓋山　てんがいさん　　標高　一五二七m

岐阜県飛騨市神岡町山之村に聳える名山。山名は、山容が仏像の上をかざす絹笠である天蓋に似ていることに由来するといわれる。

山之村は神岡町の中心部から隔絶された山間地でありながら地形が緩やかで、眼前に薬師岳、北ノ俣岳、黒部五郎岳などの連峰を仰ぎ、かつては豊かな自然に恵まれ独特の風土を持った秘境とされてきた。一九二四年に発表された中河与一の悲恋小説『天の夕顔』の舞台となったことでも知られ、飛騨市神岡町森茂地区には薬師岳を望む高台に記念碑が立てられている。

山之村へは、以前は神岡町の市街地から山之村隧道を通る道しかなく不便だったが、近年、高山市上宝町双六谷から山吹峠を越えて富山県有峰湖方面に通じる大規模林道が整備されたことで便利になり、山之村地区では農業公園構想に基づいた開発も計画され、原風景が大きく変わろうとしている。

登路　近年、森茂地区には設備が整ったキャンプ場が造られ、天蓋山への登山道も整備されたので訪れる人も多くなった。

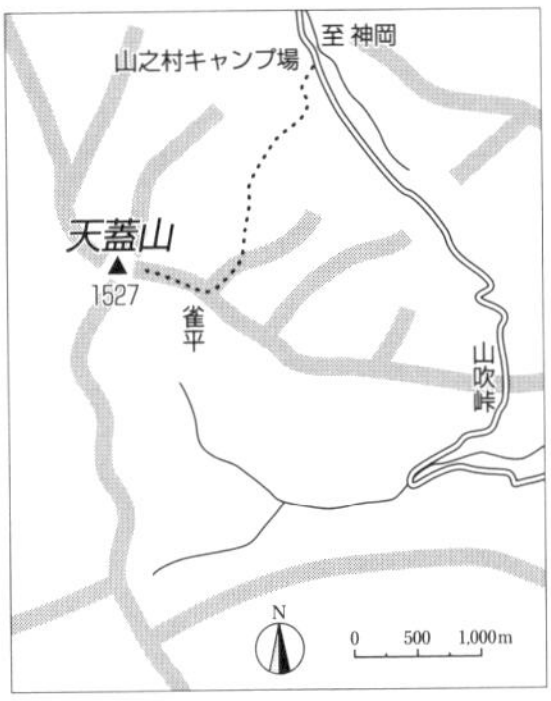

登山道は、大規模林道沿いにある山之村キャンプ場から始まる。渓流沿いの樹林帯を行き、ジグザグ道を登って尾根に出る。しばらく急登がつづきコブを二つ越せば雀平で、北アルプスの展望が開けてくる。足元のショウジョウバカマ、ノギラン、アカモノ、イワナシなどの草花を観察しながらブナの樹林帯を抜ければ、一気に眺望が開けて山頂に達する(登山口から約二時間三〇分)。

地図　二・五万図　鹿間　下之本

(伊藤　茂)

赤木岳　あかぎだけ

標高　二六二二m

富山県富山市と岐阜県飛騨市にまたがる。黒部川源流域の北ノ俣岳から黒部五郎岳へとつづく県境稜線の中間に位置する山。山名は岐阜県側の北ノ俣川の支流・赤木谷から由来する。

山容はなだらかで、山頂は黒部五郎岳や雲ノ平を望む縦走路上にあり、頂上付近はハイマツに覆われており、眼下二〇〇mには赤木平が扇状に広がる。夏には芝を敷きつめたように見え、草原情歌の雰囲気を醸し出す別天地である。

赤木平は黒部川でもっとも美しい支流と称される赤木沢と、薬師沢左俣の上部にある草原である。赤木沢には変化に富む美しい滝が大小二〇余り連なっている。最後の大滝を登り切った落ち口からは眼前に水晶岳が見える。薬師沢コース第二徒渉点から左俣に入り、緩く、明るい谷を登りつめれば、お花畑の美しい赤木平に出る。

登路　黒部五郎小舎から四時間。太郎平小屋から約二時間三〇分。大規模林道飛越トンネルより神岡新道を登って北ノ俣岳からのコースもある(約六時間)。

赤木沢・薬師沢左俣は一般コースではないが、沢登り愛好者に多く歩かれている。

地図　二・五万図　薬師岳　三俣蓮華岳

(本多秀雄)

黒部五郎岳 くろべごろうだけ

標高 二八四〇m

別称 中ノ俣岳

富山県富山市と岐阜県飛騨市、高山市の境に位置する。かつては、地図に黒部五郎岳と中ノ俣岳の二つの山名が併記されていた。「中ノ俣岳」は飛騨側の中ノ俣川からくる呼称であるが、いまは黒部五郎岳に統一された。これは信州側の呼称であり、一九〇九年、中村清太郎が登山した折、上高地の案内人・上條嘉門次から黒部五郎岳と聞き、『越中アルプス縦断記』に記載して、この名が定着したといわれる。

この山の積雪期登山は、一九二四年三月、名古屋の富豪・伊藤孝一の映画撮影隊が真川の別荘をベースにして入山、上ノ岳・黒部五郎岳と二つの山小屋を経て縦走し、槍ヶ岳を登頂後、四月二一日上高地へと下っている。

厳冬期は、一九三〇年一二月、青山学院大学の小島隼太郎(日本山岳会初代会長・小島烏水の長男)が信州の案内人二名(中房の塚田由政と有明の塚田清作)をともなって葛温泉から烏帽子岳に登り、黒部五郎岳を越え大多和に下っている。ひと足遅れて一九三一年一月、加藤文太郎は猪谷から大多和を経て上ノ岳小屋(伊藤孝一が建てたもので、現在は土台の石積だけが残っている)に入る。そこから薬師岳を往復。その後黒部五郎岳の山頂に立ち、烏帽子岳から大町へと下山、単独で驚異的な長駆の縦走をしている。

登路 大規模林道高山・大山線の飛越トンネルから寺地山、北ノ俣岳を経る飛越新道・神岡新道コースが黒部五郎岳への最短距離だが、一〇時間程を要し、途中には北ノ俣避難小屋のみである。

黒部五郎岳は、それを目ざすというよりは、縦走の途中で通る山である。太郎平小屋から黒部五郎岳を経て黒部五郎小舎または三俣山荘に至るなどという歩き方が多い。黒部五郎岳の肩に着いて、そこから山頂を往復する。カールの中の美しいお花畑を横切っていくと、黒部五郎小舎に至る。

地図 二・五万図 三俣蓮華岳

黒部五郎岳(雲ノ平から)

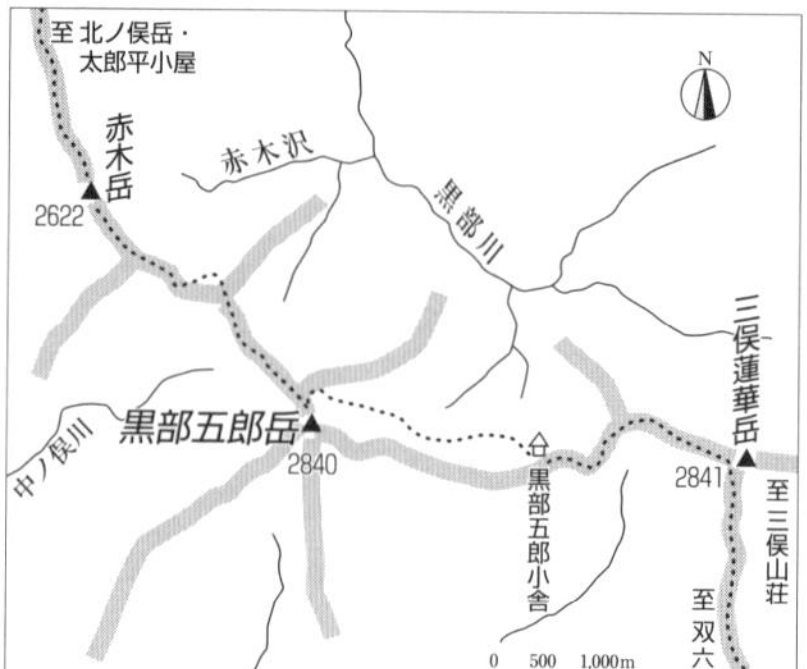

(佐伯郁夫)

三俣蓮華岳　みつまたれんげだけ

別称　鷲羽ヶ岳（越中）

標高　二八四一m

長野県大町市、富山県富山市、岐阜県高山市の三県にまたがり、飛騨山脈の重要な分岐点となっている。

山頂部は平坦で、北・北東・南東の三方面に底の浅いカールが発達し、緩やかに傾斜する。台地状に広がる山体は、中生代の花崗岩からなり、白い露石とハイマツの緑が鮮やかなコントラストをつくる。飛騨山脈の主稜線を三つに分ける蓮華岳というのが山名の由来だが、蓮華と呼んだ根拠は分かっていない。ただし、複雑な氷食地形からくる独特な山容が、蓮の花を連想させたとの一説もある。

三俣蓮華岳（後方中央より右），後方左は西鎌尾根と双六岳（槍ヶ岳肩から）

三方に分かれる尾根は、黒部五郎岳から薬師岳、鷲羽岳から野口五郎岳、双六岳から槍ヶ岳へと連なり、黒部川、高瀬川、神通川の源にもなっている。

山頂からは、鷲羽岳の勇姿をはじめ、黒部川源流域の大パノラマや雲ノ平など、憧れの山々や渓谷を眺めることができ、眼下に広がる奥黒部の風景を楽しみながら稜線沿いに黒部五郎岳周辺へと縦走してみたくなる。

この山の周辺は、日本の山の原風景を満喫することができ、多くの登山者を魅了してやまない。いずれにしても、余裕のある日程で訪れてこそ価値のある山域である。

登路　山頂への登山コースは、黒部五郎岳をはじめ双六岳、三俣乗越などから行くことができる。黒部五郎岳から約三時間四〇分、双六岳から約一時間三〇分、三俣山荘がある三俣乗越から約五〇分。

東側には氷河によって削られた地形も残っている。三俣乗越から双六岳につづく稜線は、広々とした草原状の山容が広がり、初夏から夏にかけ登山道の至る所にお花畑が点在し、雪渓から流れ出す水も豊富で、北アルプスの最奥部にこんなオアシスがあったのかと、思わず感動する。鷲羽岳との鞍部、三俣乗越には三俣山荘がある。三俣山荘の経営者・伊藤正一は、戦後三俣山荘に入ったころのエピソードを『黒部の山賊』に著した。

三俣山荘の経営者・伊藤正一が昭和三一年（一九五六）九月、物資の補給路として切り開いた湯俣川を遡る伊藤新道は、双六沢から三俣乗越までの山道は踏み跡があるが、湯俣からの沢筋の登山道は高瀬ダムの建設中、桟橋の維持管理ができなかったため、吊り橋の鉄線が亜硫酸ガスにより腐食し、すべて崩れ落ちて使えなくなった。そのため沢道は三〇箇所以上の徒渉が必要となり、登山道としては勧められない。

地図　二・五万図　三俣蓮華岳

（角田啓蔵）

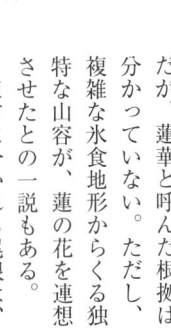

双六岳　すごろくだけ

標高　二八六〇m

岐阜県高山市奥飛騨温泉郷と長野県大町市にまたがり、岐阜県北部から日本海に注ぐ神通川最奥の谷・双六谷の源頭にある、ゆったりとした山容の山である。山名の由来は双六谷に双六の盤面に似た盤の石があるところから名付けられたといわれる。また「四五六谷」が転訛して双六谷になったという説もある。

頂上付近は広い砂礫台地となり、氷河期の跡を残す階段状構造土や条線構造土が見られることでも知られている。また、頂上から大きく張り出した南稜を少し下れば、ひっそりとした池がある。

双六岳から北への稜線は、高原状となって三俣蓮華岳へとつづく。この辺りはハイマツ帯が発達し、また、中腹から沢筋にかけてはカール地形となり、登山道に沿って高山植物の群落が多く見られる。

この双六岳と樅沢岳への鞍部に双六小屋があり、立山から槍ヶ岳へ、あるいは笠ヶ岳へと北アルプスの主要縦走路の要衝となり、各ルートの起点ともなっている。また、双六小屋の下にある双六池は常に水を湛え、池畔はキャンプ場となっている。

双六小屋は一九三五年、旧上宝村の村営小屋として出発した。経営を始めてわずか数年で戦争の余波を受けて利用者が少なくなり、さらに無人のまま放置されていたものを、一九五〇年、小池義清が引き継ぎ再建した。現在は次男の小池潜が経営にあたっている。

双六岳に源を発する双六谷の完全遡行は一九一四年八月、小島烏水らによって行われ、日本アルプスにおける探検登山の掉尾《とうび》を飾った。その後もこのルートで登られていたが、途中に吊り橋や籠の渡しがあったり、沢登りとヤブこぎを余儀なくされる難路で、十数時間を要した。このため、一九五五年、小池義清が新道開拓に乗り出し、蒲田川左俣から大ノマ乗越を経由して双六小屋に至る「小池新道」を完成させた。その後、途中にワサビ平小屋と鏡平山荘が建設されたことによりルートの一部が変わり、これを経由するのが小池新道のメイン・ルートとなった。

双六岳（樅沢岳から小池潜撮影）

登路　登山道は、高山市の新穂高温泉から蒲田川左俣林道に入る。ブナの巨木が林立する樹林帯の中のワサビ平小屋を過ぎて、しばらくすると車道の分岐点に到着、ここが小池新道の入り口である。広い沢筋に沿って岩礫の登山道を登り秩父沢を渡る。さらにイタドリヶ原、シシウドヶ原を経て弓折岳からの尾根を回り込んで草原帯を登りつめると鏡平で、大小いくつかの池塘が散在し、オオシラビソやダケカンバの樹林に囲まれた鏡平山荘がある。

　ここから一気に稜線に向かって急登した後は、槍・穂高連峰を眺めながらハイマツと草原の稜線を辿る。樅沢岳の手前からハイマツ帯を横切って双六池畔に出れば、すぐに双六小屋に到着する（新穂高温泉から約七時間）。

　ここから双六岳頂上へはハイマツ帯の急登約一時間である。山頂からは三六〇度の展望を楽しむことができるが、ことに双六砂礫台地を隔てて北鎌尾根の鋸歯状の鋭い岩稜を従えた槍ヶ岳、そして穂高連峰の雄姿は卓越した景観といえよう。

地図　二・五万図　三俣蓮華岳　笠ヶ岳　（伊藤　茂）

弓折岳　ゆみおれ（り）だけ

標高　二五九二m

岐阜県高山市奥飛騨温泉郷にあり、樅沢岳から派生した笠ヶ岳への支脈上に位置する山。

　山頂は台地状で、その山名の由来は不明である。陸地測量部当時の便宜上の呼び名とする説もあるが、穴毛谷大滝を弓折の滝ともいわれることと関連があるかもしれない。作家の田中澄江は『花の百名山』で「この頂きにくるまでにはかなりな労働が必要とされる。まさに、弾も尽き、弓も折れた形で、どさりと草のしとねの上に、大の字なりに引っくりかえりたい地点である」と記している。

　山頂付近にはムシトリスミレが見られる。また、弓折岳南尾根を下ると鏡平があり、湿原や池塘群が見られ、鏡平山荘が建っている。

登路　高山市の新穂高温泉から小池新道を登り、稜線に出た所の弓折岳の肩の広場は弓折乗越と命名され、標識が立っている。山頂へはここから一〇分程である（新穂高温泉から約六時間二〇分）。また、双六小屋から笠ヶ岳への縦走路の通過点でもある。

地図　二・五万図　三俣蓮華岳　笠ヶ岳　（島田　靖）

抜戸岳　ぬけどだけ

標高　二八一三m

岐阜県高山市奥飛騨温泉郷にあり、樅沢岳から南に派生する支脈上の一峰。

　西面は双六谷へ緩やかな尾根を延ばしているのに対し、東面は下抜戸沢、奥抜戸沢、秩父沢など急峻な崩壊壁を持ち、非対称山稜となっている。

　抜戸岳の「抜け」は方言で、山が崩壊した痕跡を表し、名のとおり山頂一帯に大きな雨裂崩壊跡が見られ、いまでも落石が絶えない。

　山頂の南西には杓子平、稜線の北部には秩父平があり、ともにカール状でお花畑となっている。また、笠ヶ岳の縦走路の途中に両側が切り立った抜戸岩がある。

登路　左俣林道からの笠新道は、近年、杓子平から抜戸岳経由となったので、登り切った所が抜戸岳である（新穂高温泉から約七時間）。なお、主稜線上は双六池方面から笠ヶ岳への縦走路となっており、槍・穂高の展望コースとして大きな意義を持っている。

地図　二・五万図　三俣蓮華岳　笠ヶ岳　（島田　靖）

笠ヶ岳 かさがたけ

別称 傘ヶ嶽 迦《か》多《た》賀《が》嶽《たけ》 肩ヶ嶽 大《かさ》ヶ《が》嶽《たけ》

標高 二八九八m

岐阜県高山市奥飛騨温泉郷にあり、樅沢岳から南に派生する支脈上の主峰である。

多くの高山が県境上に位置している岐阜県にあって、山体のすべてが県内に存在する山の最高峰である。

その山名は、高山市上宝町本郷の本覚寺にある椿宗《ちんじゅう》和尚が『大《かさ》ヶ《が》嶽《たけ》の記』に「往古は傘ヶ嶽と称したが、傘の字は天恵を避ける道具である為、登山の際、雨雪の難あり、今後は迦多賀嶽と改める」と記している。また、山容があまりにも人の肩に似ているところから「肩ヶ嶽」としたとする説もある。近代の呼称である笠ヶ岳は、やはりその端正な山容を表すもっとも自然な名称といえる。

山容の美しさ故に信仰の山としての笠ヶ岳の歴史は古い。修行僧播隆が諸国を巡錫《じゅんしゃく》したのち、文政五年(一八二二)、上宝町岩井戸の釈氏窟に籠り、笠ヶ岳登拝を発願した。翌年、苦難の末に登頂を果たした。ところが、初登頂とばかり思っていた播隆は山頂で二枚の鉄札を発見する。下山して本覚寺を訪ねると、大永年間(一五二一~一五二八)に同寺の道泉が登っていること、その後、元禄年間(一六八八~一七〇四)に円空が阿観百日密行満願で登拝していること、さらに天明二年(一七八二)に高山市宗猷寺の南裔が登山、阿弥陀、薬師、不動、大日の四尊を奉納したことなどを告げられる。播隆は折角の霊山登拝が廃れていることを嘆いて登山道の開削を志願する。そしてこの年の夏、村の信者たちによって五〇日を要して登山道は完成したとされている。その後、文政七年(一八二四)、六六人の村人を率いて登山し、阿弥陀仏銅座像を山頂に安置した。この阿弥陀仏はいまは新平湯村上にある村上神社境内の播隆塔に安置されている。

毎年行われる飛騨側の開山祭は播隆祭と名付けられ、五月上旬に村上神社播隆塔の前で行われている。

笠ヶ岳(中央左のピーク)(槍ヶ岳山頂から)

近代になってからは、一八九三年八月にウォルター・ウェストン一行が穴毛谷から登っている。その後、一九一四年八月に小島烏水が双六谷から登り、穴毛谷を下ったという記録がある。

笠ヶ岳東面は急峻な穴毛谷となって蒲田川に落ち込んでいるのに対して、西面は樹林に覆われた緩やかな尾根が双六谷に向かって延び、著しい非対称地形がこの山の特徴である。そのため冬は東面に巨大な雪庇を発達させることになる。

夏になれば杓子平や播隆平などのカール地形にはガンコウラン、ツガザクラ、コケモモ、チングルマ、コイワカガミなどの高山植物の群生が見られる。また、下部の穴毛谷には多量の残雪があり、万年雪となっている。一方、西面の上部はハイマツの絨毯《じゅうたん》が広がり、下部の樹林帯へと緩やかにつづいている。

山体は古生層や花崗岩台地を貫いて噴出した石英斑岩の山で、対面する槍や穂高などとは性質が違っている。

登路　笠ヶ岳への登山道は歴史とともに変遷しており、円空、南裔、播隆たちはすべて高山市奥飛騨温泉郷笹嶋から笠谷を登ったとされている。とくに播隆が五〇日もの労力をかけて完成させた道には、一里ごとに石仏を安置したと伝えられているが、現在はまったく痕跡を残していない。その後は穴毛谷、クリヤ谷、双六谷を遡って打込谷、小倉谷などの道が付けられたが、これらのなかで現在も使われているのはクリヤ谷と主稜線の道だけである。

一九六五年、国民体育大会山岳競技が笠ヶ岳、双六岳、槍・穂高岳で開催された際、新設されたのが笠新道で、現在もっとも利用されている道である。蒲田川左俣谷からブナ林の中をジグザグに登り、抜戸南尾根を乗り越して杓子平に出る。右寄りの尾根を抜戸岳の山頂近くへと登って主稜線の道と合流する。左に折れて緩やかな稜線上を歩き、ひと登りすると笠ヶ岳の山頂である（笠新道の入り口から約七時間三〇分）。

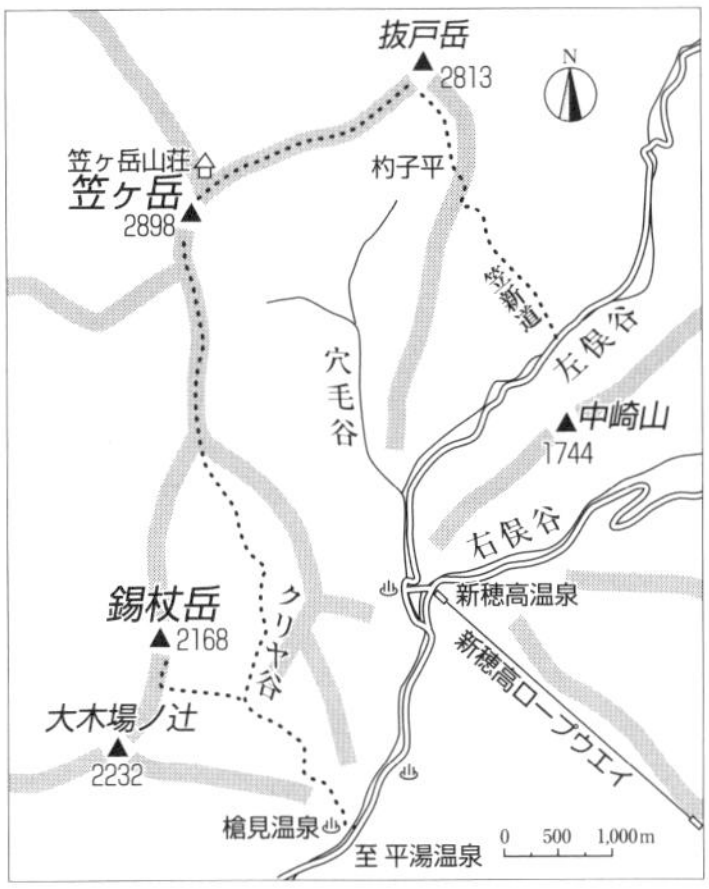

なお、途中の小笠との鞍部には笠ヶ岳山荘が建っている。

クリヤ谷からの道は槍見温泉からクリヤ谷に沿って登るが、クリヤの頭からは尾根づたいに登ることになる（約七時間）。

地図　二・五万図　笠ヶ岳

（島田　靖）

錫杖岳　しゃくじょうだけ

標高　二一六八ｍ

岐阜県高山市奥飛騨温泉郷にあり、笠ヶ岳からの尾根が南に折れて、大木場の辻につづく主稜上の岩峰である。

クリヤ谷側に面した南東面は特異な風貌を呈している。山名は幾重にも重なる垂壁部が錫杖の形に似ているところからきているとされる。とくにその山麓から眺めると、烏帽子岩が僧侶の持つ錫杖を連想させる。

山体は主として石英斑岩と玢《ひん》岩からなり、高度では劣るものの岩登りの対象として古くからクライマーたちに親しまれている。

烏帽子岩の名称は、初めて錫杖岳の岩場を紹介した藤木九三によって名付けられたもので、その初登攀は一九二七年七月、神戸高等商業学校の三好毅一によってなされた。

岩峰群は、錫杖沢を挟んで左に南峰、三本槍、右に本峰、烏帽子岩、前衛フェースに分かれる。とくに前衛フェースはわが国でも有数のスケールがあるとされ、何本ものクラシック・ルートがある。

この山の西面は緩やかな尾根が笠谷に入り、針葉樹林に覆われているが、東面の下部はブナの原生林が取り巻き、岩壁部にはコメツツジやタカネバラなどが見られる。

錫杖岳(中尾大橋付近から)

登路　蒲田川右岸の槍見温泉から笠ヶ岳へのクリヤ谷登山道を登る。大木場の辻の東斜面を斜上して第一飯場といわれる台地からクリヤ谷右岸の上部を横切るように進む。第二飯場を過ぎてすぐにクリヤ谷を渡る。左岸をしばらく登るとブナ林となり、錫杖沢出合で登山道と分かれて錫杖沢に入り本谷をつめる(出合から登山道はない)。沢は上部がササで覆われているが、鞍部に出たら南尾根上の踏み跡を辿って登頂(槍見温泉から約五時間)。

(島田　靖)

地図　二・五万図　笠ヶ岳

樅沢岳　もみさわだけ

標高　二七五五m

岐阜県高山市奥飛騨温泉郷と長野県大町市にまたがる。いわゆる槍ヶ岳西鎌尾根の末端にあたり、笠ヶ岳への支稜を分かつ重要な存在である。

南面は蒲田川左俣谷、西面は金木戸川の双六谷の源流をつくり、北面には樅沢とモミ沢が湯俣川に流れ込んでいる。

山頂付近にはお花畑が広がり、とくにオオサクラソウは北アルプス南部では貴重な存在である。山名は樅沢の源頭の山の意。

登路　槍ヶ岳への裏銀座コースであるため、縦走途中に通過する山であるが、双六小屋に泊まって槍ヶ岳撮影のために登る人が多い。この山は、高山市の新穂高温泉から小池新道を登り、双六小屋を経由するのが最短ルートである(新穂高温泉から約七時間四〇分)。

(島田　靖)

地図　二・五万図　三俣蓮華岳

硫黄岳　いおうだけ

標高　二五五四m

長野県大町市の南端、高瀬川源流に位置し、槍ヶ岳西鎌尾根から北に派生する硫黄尾根の主峰である。西側の硫黄沢では、現在でも硫黄分を含んだガスの噴出がある。

硫黄尾根の初登攀は、昭和二年(一九二七)夏、信濃山岳会・土橋荘三一行により、千丈沢側から西鎌尾根に近い赤岳に登られたが、硫黄岳への初登攀は、同年に明治大学山岳部・馬場忠三郎一行が、赤岳から硫黄岳まで縦走することによってなされた。

『風雪のビバーク』を遺した松濤《まつなみ》明は、ニホンカモシカが実に多いと記している。

登路　湯俣から水俣川に入り、二〇分程行った支稜に取りつき尾根に出る。尾根まではクマザサの中の急登となる。樹林帯を越えて硫黄岳前衛峰群を越すが、懸垂下降が必要な場合もある。小次郎のコルから本峰までは急登である。また、山川淳は千天出合から千丈沢に入り、出合から数えて二本目の小次郎沢の急なガレをつめて、小次郎のコルに出るコースも紹介している。硫黄尾根は、自然崩壊が進んでおり脆く、現在では無雪期に登る人は、ごくまれである。

ただ積雪期のそれは、北鎌尾根をしのぐ名コースといわれている。

地図　二・五万図　槍ヶ岳　（穂苅康治）

奥丸山　おくまるやま

標高　二四四〇m

岐阜県高山市奥飛騨温泉郷にあり、槍ヶ岳の西鎌尾根から南に派生した支稜上のピーク。この支稜を中崎尾根と呼び、蒲田川を右俣、左俣に二分している尾根である。

山頂部は丸みを帯び樹林に覆われており、山名にふさわしい山容を示している。西面は岩壁帯となって、いまなお崩壊が進んでいる。東側の眺望はすばらしく、北穂高岳・滝谷の全容を見ることができる。東山麓を槍平と呼び、右俣谷がここで広河原となり、その左岸に槍平小屋がある。

登路　右俣谷の登山道を槍平まで行き、ここから急峻な尾根を登るのが一般的である（高山市の新穂高温泉から約六時間）。また、国民体育大会が一九六五年に岐阜県で行われたとき、中崎尾根に新穂高温泉から登山道が開設された（新穂高温泉から約七時間）。

地図　二・五万図　笠ヶ岳　穂高岳　（島田　靖）

槍ヶ岳　やりがたけ

標高　三一八〇m

長野県松本市安曇地区、大町市高瀬入と岐阜県高山市奥飛騨温泉郷に接する。山容が槍の穂先のように尖って見えることから命名された。長野県から新潟県に流れる信濃川支流の梓川、高瀬川および岐阜県から富山県に流れる神通川の源流となっている。富士山、白山、木曽山脈、赤石山脈その他の中部地域の山岳からも、その特異な山容で即座に識別できるため、飛騨山脈の象徴あるいは盟主とも呼ばれている。

文政一一年（一八二八）旧七月二〇日、富山県富山市大山地域出身の念仏僧播隆が、長野県三郷村小倉の中田又重郎らの協力によって登っている。最初の槍ヶ岳登山である。その後、穂先の岩峰七十間に善の綱が、のちには鎖が設置され槍ヶ岳講も組織された。講中による槍ヶ岳登拝は、その後、慶応四年（一八六八）三月の神仏判然（分離）令によりいったんは途絶えたが、のちに復活し、昭和一〇年（一九三五）ごろまで断続的につづいたと伝えられている。

明治一一年（一八七八）七月、日本アルプスの名付け親、大坂造幣局顧問英国人ウィリアム・ガウランドが、外国人として初めて登頂した。さらに、一八九二年八月、英国人宣教師ウォルター・ウェストンが槍沢から登頂し、槍ヶ岳を「日本のマッターホルン」と紹介した。師が一八九六年にロンドンで出版した『日本アルプスの登山と探検』は、明治三五年（一九〇二）に槍ヶ岳に登った小島烏水と岡野金次郎がウェストンを知るきっかけとなり、日本山岳会が生まれたことは周知のことである。

山頂付近には、チョウノスケソウ、チシマイワブキ、ミヤマツメクサ、チシマアマナ、ジムカデ、ミヤマシオガマなど氷河時代から残る、本州では珍しい植物のほか、ライチョウ、アマツバメも見られる。古生層より古い結晶片岩や中生層の安山岩、石英斑岩など様々な時代の岩石の露頭があり、地質学的にも貴重である。槍沢は、

槍ヶ岳(氷河公園天狗原から)

本州の典型的氷河地形(U字谷)であり、多くのモレーンのほか、天狗原の羊背岩、円頂丘、氷河擦痕などの遺跡がある。また夏には、槍沢にしか生息しないアサマシジミの高山型亜種であるヤリガタケシジミも見ることができる。

登路　槍ヶ岳の四つの尾根、四つの谷に登路はあると考えてよいが、千丈沢のルートは昭和四六年(一九七一)から建設された高瀬ダムの影響で現在、ほとんど使用されていない(ただし近年、大町市から槍ヶ岳に至る湯俣から千天の出合、千丈沢乗越への登山道について再整備をする計画が、大町山案内人組合を中心に持ち上がっている)。

もっとも多くの登山者が利用しているルートは、次のとおりである。

①上高地から明神、徳沢、横尾、槍沢と登る梓川渓谷のルートである(上高地河童橋から横尾まで約三時間、横尾から槍沢ロッヂ約二時間、さらに天狗原分岐を経て約四時間三〇分で槍ヶ岳山荘がある槍の肩、ここから三〇分程で頂上に至る)。上高地から槍沢まで各地区に山小屋があり、日程によって宿泊場所を選ぶことができる。とくに槍沢ロッヂは、大正六年(一九一七)創業で槍ヶ岳への中間点にあり、平成一〇年(一九九八)に設置された、この地域初めての自然の力だけで運転する汚水処理装置付き簡易水洗トイレがある。穂高岳、岳沢、明神岳、前穂高岳北尾根、屛風岩、南岳など山岳景観に恵まれていること、さらに、横尾から槍沢にかけては、梓川の渓流や木立の中の森林浴を楽しんでゆっくりと歩くことができる。槍沢から槍ヶ岳にかけては、途中の大曲から水俣乗越へ登り、東鎌尾根から槍ヶ岳に向かうことも、西岳に登って槍ヶ岳や穂高の景観を楽しむこともできる。そのほか、通称グリーンバンドの丸山モレーン上部からは、氷河遺跡のある天狗原に登り、さらに南岳の稜線に出ることができる。夏の天狗原は、天狗の池に映る「逆さ槍」が残雪とともに美しく、付近の高山植物と相まって登山者を惹き付ける。秋には、天狗原への分岐付近で、涸沢に勝るとも劣らないナナカマドの紅葉が楽しめる。東鎌尾根や横尾尾根のダケカンバの黄葉と、西岳周辺の錦秋も絵になるので、ここでは秋の日は短すぎる嫌いがある。分岐からさらに登って、旧大槍小屋跡、播隆窟に至ると、美しいお花畑の中で槍ヶ岳の穂先が眼前に迫り、往時、播隆が万人に

見せたいと思った光景に出会う。殺生平と槍ヶ岳の肩には、殺生ヒュッテ、ヒュッテ大槍、槍ヶ岳山荘があるので、翌日の行程、景観などを考えて宿泊先を選定することができる(平成一二年には槍ヶ岳山荘に、汚水処理装置付トイレが設置された)。

②新穂高温泉から穂高平、白出沢出合、滝谷出合、槍平を経て、飛騨沢をつめるルートも、一九九七年の安房トンネル開通以来、中京・阪神・北陸方面を中心に登山者が増加しつつある(白出沢出合から槍平小屋まで約二時間三〇分、槍平小屋から槍の肩まで約四時間三〇分)。途中宿泊できる山小屋は、穂高平小屋と槍平小屋である。二〇〇〇年には、岐阜県高校総合体育大会山岳競技の開催地に、槍ヶ岳、双六岳、笠ヶ岳山系が利用されたため、登山道も大幅に整備された。だが、槍平から下の沢の出合については、大雨が降ると徒渉を要することがあるので要注意である。もっともこの辺りでは、雨がやむと数時間で水が引くので、槍平小屋、穂高平小屋で情報を得ながら、雨宿りをすることも考えられる。槍平から南岳に至る登山道も尾根上に再整備され大変景色はよくなったが、細い尾根の部分には注意が必要である。槍平から奥丸山、そして中崎尾根から西鎌尾根、槍ヶ岳へのルートも近年再整備され、危険箇所もなく槍ヶ岳、穂高岳の景観がすばらしい穴場である。槍平から樹林帯を登る森林限界付近にはナナカマドの群生があり、紅葉時は美しい。さらに上部は、毎年期待を裏切らないお花畑である。新穂高温泉からのルートは、上高地からよりも短距離だが、標高差は大きい。

③中房温泉から燕岳、大天井岳、赤岩岳、西岳、東鎌尾根を縦走する通称表銀座コースがある。高山植物と槍ヶ岳を見ながら歩くことができる人気の縦走路である。大天井岳から東鎌尾根、槍ヶ岳の部分は、喜作新道と呼ばれ、穂高町牧(現安曇野市穂高)のガイド・小林喜作が開いた道である(燕山荘から切通岩を経てヒュッテ西岳まで約五時間三〇分、水俣乗越に下り東鎌尾根を登ること約三時間三〇分で槍の肩に至る)。平成一〇年(一九九八)の上高地群発地震で、東鎌尾根の窓付近に崩落があり、登山道の再整備が行われた。燕山荘、大天荘、大天井ヒュッテ、ヒュッテ西岳、ヒュッテ大槍、槍ヶ岳山荘と随所に山小屋があり、日程によって宿泊場所を選べるのも、古くからの名コースの利点である。

④大町市の葛温泉から入り、烏帽子岳、野口五郎岳、水晶岳、三俣蓮華岳、双六岳、そして樅沢岳、左俣岳(二六七四m)とつづく西鎌尾根、槍ヶ岳と歩く通称裏銀座コースも、槍ヶ岳や立山、薬師岳の眺望もよく、コマクサの群生にも出会うことができる三泊四日の静かな名コースである(三俣蓮華岳から双六小屋、樅沢岳を経て槍の肩まで約七時間)。山小屋も烏帽子小屋、野口五郎小屋、水晶小屋、三俣山荘、双六小屋、槍ヶ岳山荘と随所にある。加えて西鎌尾根には、室堂から立山経由、あるいは有峰から太郎平経由、または黒部湖方面からも入ることができる。新穂高温泉からの笠ヶ岳、鏡平経由双六、西鎌尾根コースもある。

⑤また、穂高連峰方面からの縦走路もあるが、むしろ槍ヶ岳から大喰《おおばみ》岳、中岳、南岳、大キレットと穂高岳方面に向かうと地層が順目になるため歩きやすい。このコースの大キレットから先は、岩登りの初歩的な技術が必須であり、霧が出やすくルートを間違えると大変なことになるので注意を要する。

山小屋は、槍ヶ岳山荘、南岳小屋、北穂高小屋、穂高岳山荘と整備されている（北穂高岳から大キレット、南岳を経て槍の肩まで約六時間）。

⑥最後に、北鎌尾根から槍ヶ岳に至るコースであるが、槍ヶ岳の多くのエピソードを生み出した難コースであり、一般的ではない。

地図　二・五万図　槍ヶ岳

（穂苅康治）

餓鬼岳　がきだけ

標高　二六四七m

長野県大町市の南西部にあり、高瀬ダムの東側、常念山脈の北端に位置する。餓鬼という怪しい名前からその山名は広く知られているが、その由来は二説ある。ひとつに子どものことを指す「がき」で、北アルプス裏銀座コースに連なる鹿島槍ヶ岳や爺ヶ岳から見て前山で低く、子どものようなものだからという。もうひとつには、急峻な山なので、「がけ」がなまって「がき」になったのではないかというものである。

昭和七年（一九三二）、頂上直下南面に大谷弥久次と大蔵長吉によって小屋が建てられたが、戦争により閉鎖。登山道も一時は廃道のようになってしまった。これを地元常盤村（現大町市常盤区）の青年有志が集まり、寄付金を募って小屋を改修し、白沢からの登山道を切り開いて昭和二六年（一九五一）に再び山開きされた。当時は終戦後の食糧難だったため、餓鬼岳小屋で振る舞った特大握り飯の話が登山者の間ですぐに広まり、特大握り飯を食べるためにわざわざ餓鬼岳に登ったとか、縦走を断念して何日も滞在したという話もある。

南は東沢岳（二四九七m）、燕岳とつづき、北は滝ノ沢が高瀬川へ注ぎ、北西は唐沢岳の幕岩が高瀬川に切り立っている。北東に延びる尾根は大凪山《おおなぎ》（二〇七九m）へつづいている。槍ヶ岳を源頭とする高瀬川は餓鬼岳、唐沢岳を巻いて向きを変え、北から北東へ流れる。

山体は中生代白亜紀末に貫入した新期花崗岩の山である。山頂周辺とその南東部は紅色粗粒黒雲母花崗岩で、北部は灰色粗粒花崗岩が分布する。山体の至る所に角閃石安山岩、輝緑岩、ペグマタイト、アプライトなどの岩脈が見られる。

二五〇〇m以上はハイマツ群落で、小屋付近にはコマクサ、クロマメノキ、コケモモ、岩場にはイワヒゲ、イワウメなどが生育している。この辺りはニホンカモシカやニホンザルも多い。

登路　大町市常盤の白沢登山口から登るのが一般的である。白沢堰堤から沢沿いに歩き出し、紅葉の滝、魚止めの滝を見ながら、よく整備された梯子や橋を通過し、大凪山に登る。コメツガなどの樹林帯の尾根を登り、百曲がりを経て小屋に達する（約六時間三〇分）。

中房温泉からは東沢乗越を経て、稜線づたいに剣ズリという難所を通って山頂へ（約八時間）。

表銀座コースから一歩北へ離れただけで、昔のままの静けさが残っている山である。

地図　二・五万図　烏帽子岳　（田中　聡）

唐沢岳　からさわだけ　標高　二六三三ｍ

長野県大町市にあり、餓鬼岳と高瀬ダムのほぼ中間に位置し、高瀬川を挟み後《うしろ》立山連峰の烏帽子岳や不動岳と対峙している。

北アルプスの展望台と別称を持つほどに、頂上からの眺めは絶景である。高瀬ダムから仰ぎ見る大岩壁、唐沢岳を取り巻く岩は、一九六〇年代後半から七〇年代にかけて、多くの山男たちの挑戦によってルートが開拓された。

登路　餓鬼岳山頂から北西へしばらくはなだらかな道だが、西餓鬼岳から急な下りとなる。小ピークの餓鬼のコブ（二五〇八ｍ）を越えて痩せ尾根を下り、鞍部からきつい上りで頂上に出る（餓鬼岳から約二時間三〇分、餓鬼岳への帰路は約三時間）。

地図　二・五万図　烏帽子岳　（田中　聡）

有明山　ありあけやま（ざん）　標高　（北岳）二二六八ｍ

別称　戸放《とばなし》ヶ岳　取《と》（鳥）放山《ばなちやま》　信濃富士　有明富士

長野県安曇野市穂高と北安曇郡松川村にまたがり、燕岳《つばくろだけ》の前にどっしりと座る古来の名山である。

享保九年（一七二四）の松本藩の地誌『信府統記』（第十七旧俗伝）は、天の岩戸神話を引いて「手力雄命岩戸ヲ取リテ投ゲタマヒシカバ、岩戸此処ニ落チ止レリ、夫ヨリ天下又明カニナリケル故ニ、此山ヲ有明山トモ、戸放ヶ嶽トモ伝フナリ、又鳥放ヶ嶽トモ伝フ子細ハ、此ノ山ニ鶏ニ似タル鳥アリテ、時ヲ作ルユエトカヤ、一説ニ此山月ノ比ハイツモ陰ナク照ラスニ依テ、有明山ト伝フト見ヘタリ」と山名の由来を述べている。神話説はともかく最後の一説あたりに由来の真実がありそうに思える。また、別に「中房辺ニアル山ニテ今ニ有明山ト伝ヘルハ古ヘ此地ニ鬼神住ミシトキ雲霧オホヒテ暗カリシガ神力ニテ鬼神モ滅ビ雲晴レシガ故ニ有明山トハ称ヘシトナリ」などともある。そのほか安曇平や松本側から見る富士型の山容から「信濃富士、有明富士」などとも呼ばれている。詠み人は分からないが「駿河なる富士を信濃にとりはなし煙にまがふ秋の夕霧」（『信府統記』）とか、西行の「信濃なる有明山を西に見て心細野の道を行くなり」など、地名をからめた歌は多い。いずれにせよ、古くから神話・伝説の舞台となり、神霊宿る山として崇められたことに間違いはない。

だが、同じ富士型でも有明山の場合は裾野を引く本物とは違い、地質年代でいう新生代の隆起活動によってできた比較的新しい山である。山体は黒雲母花崗岩に覆われ、急速に風化が進んだため、断崖あり絶壁ありの急峻な山容になっている。山道をさえぎる滝や奇岩怪石が多いのはそのためである。

古来修験の山として崇められたとはいっても、史実に現れる最初の登山は、享保六年（一七二一）閏七月八日、板取村（現松川村板取）の行者・宝重院宥快と高橋太兵衛（破顔見笑居士）など一七名が板取

安曇野に浮かぶ有明山(左のピーク)(燕山荘から)

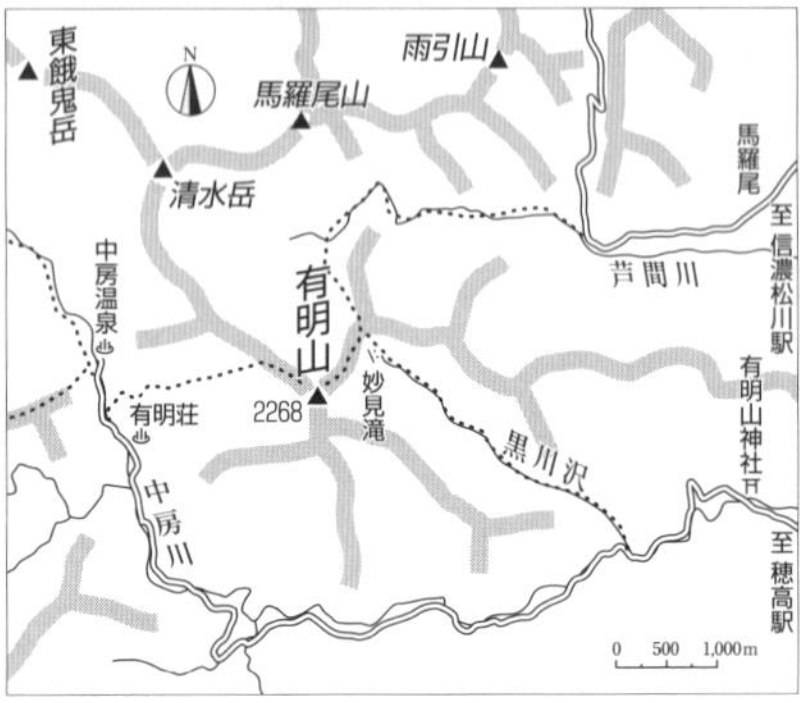

区滝の沢口から登ったことから始まったという。その時の様子を『有明開山略記』は「漸く馬羅尾《ばらお》山の麓・滝の沢口につき、四方の景色を見渡すに、中々本山に登るべき道なし。岩石屏風を立てたるがごとく、人倫の及所にあらず」などと、その困難な行程が記されているが、山頂まで登ったかどうか明確ではない。

この険阻な登路の一つ安曇野市穂高宮城《みやしろ》からの表山ルートを開いたのは、木喰天明行者と名乗る修験者で、明治六年(一八七三)一〇月八日と伝えられている。その翌年、天明行者は有明教を自立して有明講社を結成し、里宮を建立して有明山大神と号している。この行者の開いた登山道の黒川沢口周辺は昔の行場でもあり、多くの石碑が立ち並んでいる。行者の俗名は倉田為吉といい安曇野市堀金の生まれ。若くして羽黒の行法を学んだ荒くれ者だったという。

黒川沢沿いのこの登路の途次にある荒崎滝、妙見滝、白河滝は、いずれも一〇〇m前後で、水行の地である。『有明山開山伝記』はその上の「行かず帰らずの谷」(鎖場)から石門へと辿り、松川村からのルートと落ち合う「落合」上部にある巨岩怪石の命名由来を語っている。剣の刃渡り(剣岩)、獅子岩、屏風岩、そして中岳山頂に近い大烏帽子岩である。現在もその名称は踏襲されている。今日このルートはもっとも一般的になっているが、修験の山とはいえ、登高不可能とされていたのがそれまでの実情だったようである。

『有明開山略記』の記した松川村からの道は、戦後登る者も少なく廃道となっていたが、昭和六〇年(一九八五)九月、故郷の山を思う池田工業高等学校山岳部員によって復活の端緒が開かれている。改修作業は七年にわたった。毎年九月半ばの土・日、幕営訓練を兼ねての労役だった。使用した道具は、エンジン付き草刈機二台、鎌《かま》一〇丁、鉈《なた》、鋸《のこぎり》など。参加人員延べ九一名。丈なすクマザサや灌木との格闘だったと聞く。その後道標を設置し、距離の測定までして標高差約一三〇〇m、登高距離七・五kmの登山道改修整備を完了している。いわば開山行に等しい現代高校生の苦行だったといっても過言ではない。有明山はやはり修験の山だったのである。

大正元年(一九一二)八月一四日、中房温泉に宿った五人の登山者が、なだらかな尾根筋をゆっくりと登っていた。裏道である。ウォルター・ウェストンを案内した温泉主の百瀬彦一郎、画家・石田吟松、信濃日報記者・二木亀一とウェストン付きの強力である。吟松はその時の戯画をいまに遺す。

南北に延びる山頂は北岳・中岳・南岳に分かれる。その山頂に祀られる祭神は講中によって異なるが、いずれも高天ヶ原神話の男女神である。石神の数も多い。山体はコメツガやシラビソの原生林に覆われる。初夏のイワナシ、シラタマノキ、丈高いシャクナゲほか亜高山植物。秋のイワハゼ、サルナシ、コケモモ、クロマメノキ。動物はニホンツキノワグマ、ニホンザル、ニホンカモシカ、ニホンリス、エチゴウサギ。クマには注意を要する。

登路　①黒川沢コース　妙見滝までは沢沿いの一本道。白河滝上部から急登。鎖場、落合から山頂(七～八時間)。

②馬羅尾・芦間川コース　馬羅尾から芦間川沿いに登り、不動滝を経て取りつき点。落合、北岳、中岳七・五km(五～六時間)。

③中房温泉コース　有明荘裏散策路の先から登山路に入る(登路不整備、四～五時間)。

地図　二・五万図　有明

(小林俊樹・古幡開太郎)

燕岳　つばくろだけ

標高　二七六三m

別称　屏風岳(燕岳から大天井岳にかけての尾根の古い呼称)　燕岩《つばめいわ》

長野県安曇野市と大町市の境にある。この山は東鎌尾根を経て槍ヶ岳に至るいわゆる「表銀座コース」と、大天井岳を経由し常念岳・蝶ヶ岳を回り上高地に至る「常念山脈縦走コース」それぞれの一方の起点であり、国内でもっとも登山者の多い山の一つである。早くは大正時代に始まり戦後盛んになった学校登山の対象として、多くの小・中学生に登られていることもあり、そのにぎわいはいまも変わらない。

山頂からの展望はすばらしく、東に霞む安曇野をさえぎるような有明山の青い影、その向こうに聖山、戸隠山、妙高山など北信濃の峰々、北は雨飾山や白馬岳に始まる後《うしろ》立山連峰、北西には剱岳を盟主とする剱・立山連峰、西には高瀬渓谷を挟み烏帽子岳から三俣蓮華岳への裏銀座の山々、そして南西から南にかけては小槍を背負った槍ヶ岳の雄姿の左に、どっしりとした穂高連峰と大天井岳が遠く近く見える。大天井岳から東に延びる尾根の先には薄墨の北岳、甲斐駒ヶ岳、さらに芙蓉峰富士山が雲上に浮かぶ。いずれも憧憬の峰々である。

山名の由来は、山容が羽を広げた燕のように見えるからとも、「くら」には岩の意味があり、岩が多い山であるからともいわれているが、定説はない。また、山の呼び方も「つばくら」と「つばくろ」の二つがあるが、現在は「つばくろ」の呼称が定着し、「つばくら」は山頂近くの燕山荘の土産物にTSUBAKURAとして残っているのみである。

この山の最初の登頂者は定かでないが、明治三九年(一九〇六)に高頭仁兵衛、小島烏水がそれぞれ燕岳から大天井岳を縦走、一九〇九年には鵜殿正雄が常念岳から燕岳、さらに大正元年(一九一二)には辻村伊助の登山記録があり、その後、日本山岳会創立期のメンバーが続々と訪れている。大正一〇年(一九二一)一月には、松方三郎が中房温泉からスキーで厳冬期の登頂を果たした。登山者の増加に

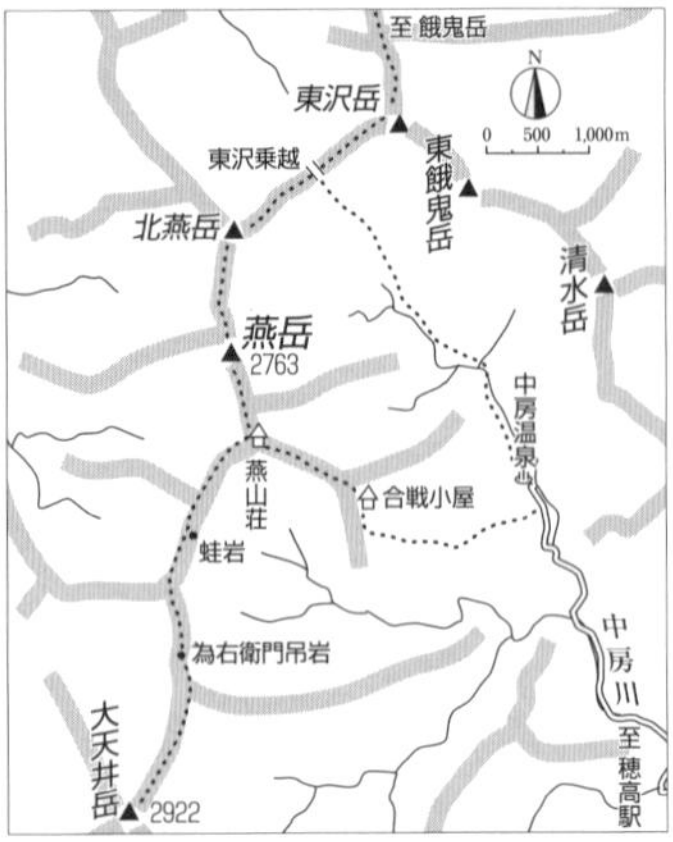

燕岳(燕山荘から)

呼応するように一九一八年、地元有明村(現安曇野市穂高)の赤沼千尋《あかぬまちひろ》が有明登山案内人組合を設立した。赤沼の山友だちであった百瀬慎太郎が大町登山案内人組合を作った翌年である。これらが契機となり、常念岳への登山口には烏川口案内人組合、上高地の登山口に島々口案内人組合が設立された。

一九二〇年秋には、穂高町牧(現安曇野市穂高)の猟師であり山案内人であった小林喜作が、大天井岳直下の切通岩から西岳、東鎌尾根を通り槍ヶ岳に達する喜作新道を開いた。これによりそれまで東天井岳から一ノ俣を下った後、西岳から東鎌尾根を経由するルートで三、四日かかった槍ヶ岳への行程が、安全な尾根路をしかも二日間に短縮された。これにより槍ヶ岳を目ざす登山者が増え、燕岳のにぎわいも本格化した。登山組合を創った赤沼は、一九二一年七月一五日、かねてからの夢であった「燕の小屋」を頂上手前のピークに開設した。この小屋の広さは二四坪(七九㎡)、五〇人を泊めるのが精々であったが、二段ベッドを備えた白塗りのモダンなものであった。一九二八年には「燕山荘《えんざんそう》」と改称し、現在は六〇〇人を受け入れるほどに充実している。

登山口にある中房温泉は、標高一五〇〇mの中房渓谷に湧出する八〇・九五度の単純硫黄泉で、文政四年(一八二一年)に開湯された名湯である。中房温泉から燕岳への登山路は、燕山荘のあるピークから東に延びる合戦《かっせん》尾根に付けられている。この尾根の名は、平安時代初期、坂上田村麻呂の東征の折、この地の豪族であった魏石鬼《ぎしき》八面大王《はちめんだいおう》を退治した古戦場がこの付近にあったという伝説にちなむ。八面大王の岩屋と伝える岩窟(魏石鬼の岩屋)が、前山である有明山の麓に遺っている。

この山は中生代白亜紀に貫入した酸性花崗岩が侵食を受け、いくつもの奇岩となって露出した特異な山容を呈している。山頂から北に延びる尾根には北燕岳《きたつばくろ》(二七五〇m)があるが訪れる人は少なく、東沢乗越《のっこし》を経て餓鬼岳まで静かな稜線が楽しめる。頂上から南、大天井岳へつづく尾根の途中には、蛙岩《げえろいわ》、為衛門《ためえもん》吊岩などの奇岩があり登山者を楽しませる。これらは輝緑岩、巨晶花崗岩(ペグマタイト)、細粒花崗岩(アプライト)が侵食されてできたものである。登山口から合戦小屋辺りまではコメツガ、ゴヨウマツ(チョウセンゴヨウ)、クロベ(ネズコ)、トウヒ、シラベ(シラビソ)などの針葉樹林に覆われている。木々の枝にはサルオガセが垂れ下がり、うっそうとした尾根路を形成している。三角点のある合戦沢の頭、標高二六〇〇m付近は森林限界で、樹相はダケカンバに変わり、その上はハイマツに覆われる。合戦尾根上部の登山道周辺はお花畑で、梅雨明けの前後にはシナノキンバイ、コバイケイソウ、ヨツバシオガマ、ベニバナイチゴ、サンカヨウ、ヤマトリカブトなどの高山植物の花が楽しめる。山頂を挟み北燕岳までの西側斜面にはコマクサの群落があり、花の季節の一面ピンクは、白の奇岩と見事に調和して圧巻である。稜線ではライチョウの親子を見ることができる。ときにニホンザルの群れやニホンカモシカに出くわす。ニホンツキノワグマも出没する。

登路　もっとも代表的な登山路は中房温泉から登るコースである。いわゆる表銀座コースの始まりにあたるため、夏の最盛期には登山者の行列ができる。登山路は、中房温泉入り口にある合戦沢に架かった橋の手前を左に入り、急峻な「鉄砲登り」を尾根の途中の合戦小屋まで一気に登る(約三時間)。登路途中には、樹林帯の中の第一ベンチから第三ベンチと、展望が開ける富士見ベンチの四つの休憩所があり、登高の目安となっていて登りやすい。第一ベンチの下方にはこの尾根唯一の水場がある。合戦小屋から約一時間で燕山荘に着く。燕山荘から頂上まではおよそ一km、三〇分程の距離である。

　このほか、槍ヶ岳または常念岳方面から大天井岳を経て縦走するルート(大天井岳から約二時間三〇分)。餓鬼岳から東沢乗越を通り、北燕岳を経て頂上に至るルート(約五時間)。中房温泉から東沢乗越に出て北燕岳を経由して頂上に至るルート(約五時間三〇分)がある。高瀬渓谷の湯俣から燕山荘へのルート(かもしか新道)があったが、荒れているため登山道としては使われていない。注意を要する。

(古幡開太郎)

地図　二・五万図　槍ヶ岳

大天井岳　おてんしょうだけ

標高　二九二二m

別称　神明岳　御天照　御天璋　御天上　おおてんじょうだけ

長野県大町市、安曇野市、松本市にまたがる常念山脈の最高峰で、槍ヶ岳、穂高連峰をはじめ、飛驒山脈全体を眺望できる山である。

　山名の由来については、『南安曇郡誌』におおよそ次のように書かれている。「江戸時代の絵図には、神明岳と書かれているが、その由来など詳細は定かでない。その後、山自体の巨大な風貌が常念山脈の盟主たる貫禄を示し、天井のように高い堂々たる姿から大天井の名がつけられたといわれている。明治末期から大正にかけては御天照、御天璋、御天上等の文字が使われていた。岩波写真文庫『上高地』の中には御天上(俗称　大天井)と記されている」。最近は、オテンショウがオオテンジョウに、さらにダイテンジョウにと転訛して誤称されている。

　山体の構成は主に中生代に貫入した花崗岩だが、頂上部には古生層との接触による輝緑岩脈もある。稜線上には乾地性のチョウノスケソウ、シコタンソウ、イワヒゲなどが生え、西斜面の砂礫地では、コマクサやタカネスミレの小群落が見られる。

登路　安曇野市穂高の中房温泉から合戦《かっせん》尾根を登る。飛驒山脈の

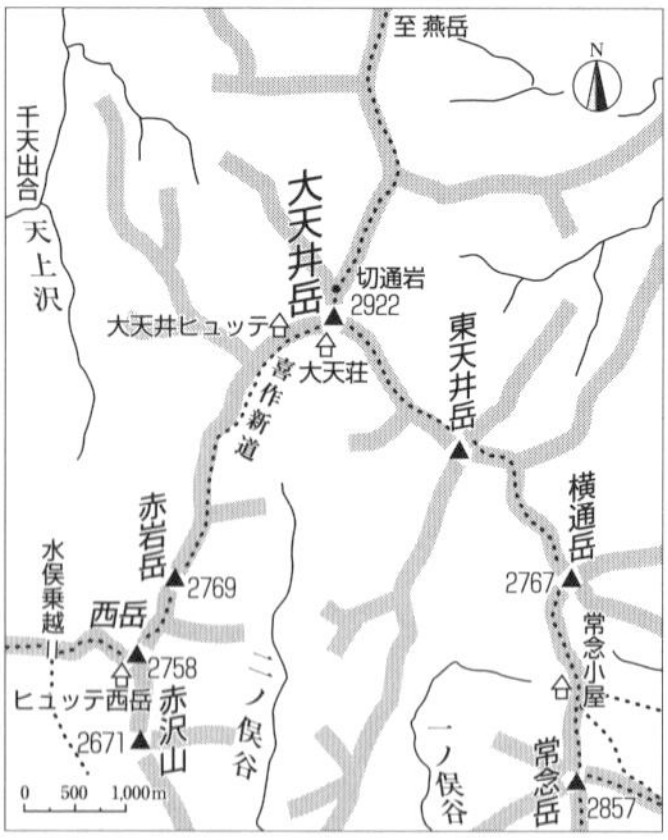

三大急登のひとつであるが、合戦小屋からは、わりあい楽に登ることができ、天気のよい日は尾根筋から大天井岳が遠望でき、頂上近くにある大天荘も確認することができる。尾根筋からはお花畑がたくさん見られ、燕山荘に着く。燕山荘からは、南へ尾根道を辿る。東側は安曇野が遠望でき、槍ヶ岳、穂高岳、餓鬼岳などの展望を楽しみながら尾根歩きができる。いわゆる表銀座コースである。

最低鞍部の切通岩が大天井岳と槍ヶ岳への分岐となり、西岳を経由して東鎌尾根へとつづく喜作新道である。分岐を左にトラバースぎみに登ると大天荘に着くが、頂上へは、さらに五分程登る。積雪期には、最低鞍部から頂上に向かって直登する（中房温泉から約七時間）。大天荘は安曇野市の指定を受け、平成二〇年（二〇〇八）年度より燕山荘が運営している。

常念岳からのコースは、横通岳、東天井岳（二八一四m）、中天井岳（二八九〇m）を経由し頂上に達することができる（常念小屋から約三時間三〇分）。槍ヶ岳からは、西岳経由で約七時間を要する。いまは廃道となってしまった中房温泉へ行く途中の信濃坂から、南中川谷と糠川谷に挟まれた尾根を登ると、東天井岳経由で大天井岳に達する。以前は所々に踏み跡が確認できたが、いまは登られていない。

地図　二・五万図　槍ヶ岳

（宮島順一・古幡開太郎）

赤岩岳　あかいわだけ　標高　二七六九m

別称　屏風岳（大町側からは、この一連の山をまとめて「びょうぶだけ」と呼んでいた記述がある）　筆喰《ふでばみ》の頭

長野県大町市と松本市にまたがり、常念山脈から槍ヶ岳に至る通称表銀座コースのうち、大天井岳から牛首岳、赤岩岳、西岳に至る尾根上の山の一つ。山肌全体が赤褐色の岩と土でできていることから山名となった。

槍ヶ岳山荘を建てた穂苅三寿雄は、名ガイドの小林喜作から「この筆喰という草付には熊やクラシシ（羚羊）がよく出るので、二の俣の小屋から通って来て獣を待ち猟をする」と聞いている。

明治三七年（一九〇四）八月、農商務省山林局技手・神田省三らによって測量が完了した。

登路　通称表銀座コース、喜作新道を利用して、西岳側、あるいは大天井岳側から向かうことになる（ヒュッテ西岳から約三〇分、大天井ヒュッテから約一時間）。付近は、夏には高山植物、高山蝶が多く、槍ヶ岳、北鎌尾根の眺望もすばらしいため、表銀座コースの核心部の一つになっている。夏は容易なこのルートも、冬期は頂上から西岳にかけて急峻な尾根道となり、しっかりとしたザイルワークが要求される。

地図　二・五万図　槍ヶ岳

（穂苅康治）

西岳　にしだけ

標高　二七五八m

長野県大町市と松本市にまたがり、飛騨山脈の表銀座縦走路の中間点に位置する。槍・穂高連峰と常念岳、蝶ヶ岳の稜線の中間に位置するこの山は、北アルプス南部屈指の展望台である。

明治から大正初期にかけて、槍ヶ岳を目ざすには常念乗越から東天井岳を経て中山のコルから二ノ俣へ下り、槍沢を登りつめるのが一般的だったが、大正一一年（一九二二）に小林喜作によって大天井岳を経由する喜作新道が開かれ、大幅に所要時間が短縮された結果、多くの人が通るようになった。

山頂南直下には大正一四年に開業したヒュッテ西岳がある。小屋付近には草原性のお花畑も見られるが、風化礫質の山頂部はハイマツが優占し、ほかの灌木と混生した島状隔離分布の植生が見られる。

登路　表銀座縦走路のルートしかなく、北側は大天井岳（大天井ヒュッテから約二時間三〇分）、西側は水俣乗越、東鎌尾根を経て槍ヶ岳に至る（登り約四時間、下り約三時間三〇分）。東鎌尾根は長い梯子、鎖場がある難所である。

地図　二・五万図　槍ヶ岳

（田中　聡）

赤沢山　あかざわやま

標高　二六七一m

別称　赤沢岳

長野県松本市安曇の、通称表銀座コースの南端・西岳の南にある。山肌全体が火山性の赤褐色を呈しており、山の東西に沢（谷）が入り組んでいることから山名となった。

赤沢山直下のババ平には、大正六年（一九一七）秋、この地域で一番古い山小屋「アルプス旅館」（現槍沢ロッヂ）が建設された。

昭和五年（一九三〇）九月二七日、赤沢山西南稜、猫ノ耳登攀の記録が河内嘉吉により記されているほか、いくつかの登攀記録がある。

平成一〇年（一九九八）に発生した上高地群発地震の折には、秋の連続台風の影響もあり、この周辺の崩落が激しく、槍沢大曲《おおまがり》からババ平、槍沢ロッヂ周辺にかけて、その入り込んだ沢から土石流がいくつも発生し、登山道に多くの被害をもたらした。

登路　西岳から尾根上を南へヤブこぎをして行くことが、もっとも容易である（ヒュッテ西岳から約一時間）。かつては、赤沢山南面の登攀者が多く、尾根上にしっかりとした道が付いていたが、現在は踏み跡もなくヤブこぎが必要である。

地図　二・五万図　穂高岳

（穂苅康治）

横通岳　よこどおしだけ

標高　二七六七m

長野県安曇野市と松本市の境にあり、安曇野から見ると、常念岳の北隣に常念乗越を挟んで聳える山が横通岳である。その山容も常念岳と同様ピラミッド型で、安曇野一帯からは常念岳に寄り添うように並んで見える。

コマクサの咲く山として知られ、山頂付近の西斜面には見事なコマクサ群落がある。登山道はその山名のとおり山の中腹を横切り、東天井岳（二八一四m）につづいているため、山頂へは稜線の踏み跡を辿る。山頂からは、槍ヶ岳から穂高連峰までの峰々と、常念岳のどっしりした山容を一度に楽しむことができる。

安曇野市穂高牧地区の大助小屋付近（九一一m）を起点に、大峠付近の尾根まで標高差一〇六四m、全長四三五〇mを結ぶロープウエー計画が昭和六二年（一九八七）にスタートした。ロープウエー構想は、かつて高度経済成長期の昭和三〇年代後半から四〇年代にかけて検討されたが、立ち消えとなった経緯がある。再浮上した構想も、自然保護などの観点から話題となり論議されたが、不発に終わっている。

登路　直接登るルートはなく、一ノ沢から常念乗越経由のコースと、燕岳から大天井岳を経るコースがある（常念乗越から約一時間、大天井岳から約二時間）。

地図　二・五万図　槍ヶ岳

（財津達弥）

常念岳　じょうねんだけ

標高　二八五七m

別称　常念坊

長野県安曇野市と松本市の境界に位置し、ひときわ目立つピラミッド型の山である。頂上から南北に稜線がつづいており、南には蝶ヶ岳が、また北には常念小屋の建つ常念乗越《のっこし》を挟んで横通岳がある。西には、槍・穂高連峰が平行して連なり、頂上から東に前常念岳（二六六二m）へ尾根が張り出している。山頂からの槍・穂高連峰の眺めは格別である。

「常念岳」という名は、雪形「常念坊」に由来するといわれている。この雪形は毎年四月雪解けの時期になると、徳利を持ち法衣を纏った僧侶の姿となって前常念岳の東面に出現する。残雪の間から現れた黒い山肌が像を描くのであるが、この雪形「常念坊」にまつわる民話は、いまも松本・安曇野一帯で語り継がれている。

明治になると、英国人宣教師ウォルター・ウェストンが、明治二四年（一八九一）に松本市四賀の保福寺峠の山頂で常念岳を目にし、登山することを決意、その三年後の明治二七年八月八日早朝に、ほか五名と頂上に立っている。その後、明治三九年には、日本山岳会の前身、山嶽会の創設メンバー、小島久太（烏水）も登山、その印象を明治四〇年に「信州常念岳」（『中学世界』十巻七号）に書き、さらにその一〇年後の大正六年には山麓の堀金小学校校長・佐藤嘉市が「常念岳研究会」を発足させ、常念岳への団体登山や登山路、石室の建設などの事業を行った。大正八年（一九一九）には山田利一が常念乗越に「常念坊乗越小屋」（現常念小屋）の営業を開始、常念岳に登山する人々の数は次第に増えていった。

地質的には常念岳頂上から北は黒雲母花崗岩、南は不変成古生層と分かれ、花崗岩の風化砂礫地を好むコマクサも、常念乗越や横通岳から北に限られている。前常念岳の東側は、北と南の尾根に囲まれた急斜面になっている。斜面は烏川の二ノ沢の上流で、北沢と南沢の侵食や花崗岩特有の節理によって凸凹しているが、この凸凹が雪形にも関係している。「常念坊」は二ノ沢上流の北沢に、また「常念坊」が消えると出現する白色（ポジ形）雪形「万能クワ」は、南沢の侵食岩壁に現れる。

常念岳の植物相は、乗鞍岳、木曾山脈、穂高岳や槍ヶ岳とともに、純太平洋型のハイマツ帯植物層と、純日本海型のハイマツ層の移行帯にあたるものと考えられる。垂直分布は、東側の烏川流域は低所から高所に向かってクリ帯、ブナ帯、シラビソ帯、ハイマツ帯の四帯に区分できる。

一ノ沢から常念乗越、常念岳、蝶ヶ岳、大滝山を経て徳沢、上高地へと辿るコースでは、日本アルプスの多くの種の高山蝶が生息している。わが国高山蝶研究の第一人者で、優れた山岳写真家でもある田淵行男のフィールドが、この常念乗越を中心にした岩礫地帯で、ここに生息するタカネヒカゲ、ミヤマモンキチョウなどの高山蝶の卵から羽化までの生態を、四季にわたって研究し、生態写真集『高山蝶』として昭和三四年（一九五九）に出版した。

常念岳（横通岳下りから）

登路　登山道はJR大糸線豊科駅、または柏矢町駅からの一ノ沢コースがもっとも一般的で、タクシーを使えば終点から約四時間で常念乗越、後約一時間三〇分で常念岳頂上に着く。同じく豊科駅から三股までタクシーを使い、前常念岳を経由し約五時間で登り着く。

とくに一ノ沢ルートは、変化に富んだ沢筋の道で、登山口から一五分程で着く山の神から始まり、王滝ベンチ、烏帽子沢、笠原沢、胸突八丁と、常念乗越まで小刻みに休憩ポイントが設けられている。一ノ沢源頭にある最後の水場を過ぎると、登山道は樹林帯の中を急登する。この登山路には第一ベンチから第三ベンチまで三箇所の休憩所が設けられている。第三ベンチからは安曇野が一望でき、乗越までわずかである。

地図　二・五万図　穂高岳

（財津達弥・古幡開太郎）

蝶ヶ岳　ちょうがたけ

別称　頂嶽(播隆絵図)

標高　二六六五m

　長野県松本市と安曇野市の境にある。安曇野市の穂高や豊科からは、どっしりとした三角形の常念岳とお椀を伏せたような大滝山の間に、南北に延びた蝶ヶ岳の稜線が衝立のように見える。稜線は起伏が少なく、どこが頂上か分かりにくいが、北端の蝶槍《ちょうやり》と呼ばれる尖峰の隣にある二六六五mの三角点が頂上である。最高点は蝶ヶ岳ヒュッテ近くの長塀《ちょうべい》ノ頭(二六七七m)で、この稜線の最南端にあたる。

　山名の蝶ヶ岳は、江戸時代前期、正保(一六四〇年代)の絵図にもあるといい、その由来は安曇野から見て稜線左端の雪が、春先四月半ばごろから白い蝶が羽根を広げたように残ることによる。江戸中期、享保九年(一七二四)に著された松本藩の地誌『信府統記』には、「蝶ヶ嶽ハ春季ニ至リ積雪漸ク消ユル時其形恰モ蝶羽ノ形ニ似タレバ因テ此名ヲ付シタルモノナリ」と記されている。安曇野では、この蝶の背にあたる部分の雪解けが進むと「蝶の背が割れた」と称し、苗代の種蒔き時季の指標となっていた。田淵行男は著書『山の紋章―雪形』の中で「雪の蝶舞う」と題し、この真っ白な蝶の消長を記録し、「形が極めて明快優美」と賞賛した。雪の蝶は六月下旬から七月初旬には消え、その跡に広大なお花畑が出現する。

　稜線からの眺望はことのほかすばらしい。稜線の西側は梓川の河床に向かってなだらかな斜面が延び、さえぎるものが何もないため槍・穂高連峰が余すところなく眼前に展開する。とくに正面の奥又《おくまた》白谷《じろだに》の上部に広がる前穂の東壁と、前穂高岳から屛風ノ頭に向かって延びる北尾根は、険しい岩壁の一枚一枚を見る者の前にさらけ出す。涸沢圏谷(カール)を挟む奥穂高岳と涸沢岳の相似した三角形も見事だが、ここから北穂高岳と南岳の間の大キレットを源とする横尾本谷と、右奥槍ヶ岳から流れ下る槍沢の典型的なU字谷を見ることができ、確かにここに氷河があったことが実感できる。蝶槍の北には、右肩下がりのどっしりとした台形の常念岳が立ち塞がり、東側眼下に安曇野が広がる。その向こうに美ヶ原から霧ヶ峰の台地、さらに八ヶ岳、富士山と南アルプスから中央アルプスの青い峰々がつづく。

　この山は古くから麓の猟師や杣人《そまびと》に登られていたと思われるが、記録として初めて登場するのは槍ヶ岳を目ざしていた播隆である。播隆は文政九年(一八二六)、麓の小倉《おぐら》村(現安曇野市三郷)の中田又重郎を案内として小倉から鍋冠山、大滝山を経由し蝶ヶ岳に登り、ワサビ沢を下って槍沢をつめ、坊主岩小屋を経て槍の肩に至った。

　頂上には神社があることを示す鳥居があったが、昭和四一年(一九六六)取り壊された。冠松次郎が昭和七年(一九三二)一〇月に撮影した「蝶ヶ岳山頂から望む槍ヶ岳」と題する写真には、鳥居と登山者の間に槍ヶ岳が写っている。神社の存在については定かでないが、麓の穂高神社の祭神穂高見命《ほたかみのみこと》を祀った奥社が明神池にあり、蝶ヶ岳の稜線から見えることを考えれば、奥社を拝する地に鳥居があっても不思議ではない。あるいは播隆講中が槍ヶ岳を遥拝するためのものか、謎である。

山体は秩父古生層の黒雲母を含んだ黒色粘板岩と硬砂岩、チャートからなる。稜線を歩くと薄く剥がれた黒い礫岩の堆積が見られる。また、蝶ヶ岳から大滝山にかけての稜線には二重山稜あるいは三重の稜線が見られる。かつて二重山稜は周氷河地形と考えられていたが、近年、山が隆起するときに生ずる断層によってできるという新しい考え方もある。二重の稜線の間には船窪(雪濠)と呼ばれる窪地ができ、雪が残りやすいため植物が豊富で、ハイマツやキバナシャクナゲのほか、シナノキンバイやチングルマなどが花を付ける。ライチョウの餌場にもなりにぎやかである。蝶ヶ池は蝶ヶ窪と呼ばれた船窪に雪解け水や雨水が溜まった山上池である。このような池は、蝶ヶ岳ヒュッテから南西に延びる長塀尾根の上部にある妖精の池や大滝山にかけての稜線上にも点在する。いずれも季節の色を映す小さな池である。

蝶ヶ岳(安曇野市穂高牧から)

　大滝山への分岐がある蝶の雪形が残る雪田は、雪が消えるとともにお花畑となり、コバイケイソウ、ミヤマキンポウゲ、ハクサンフウロ、オオサクラソウ、ハクサンチドリ、イブキトラノオなどが咲く。ハイマツの陰の湿地にはキヌガサソウが大輪の花を付ける。

　蝶ヶ岳から常念岳にかけての稜線には高山蝶が多く、田淵行男はここを舞台に大著『高山蝶』を著した。稜線を舞うタカネヒカゲ、ミヤマモンキチョウ、コヒオドシ、お花畑で出合うベニヒカゲ、クモマベニヒカゲ、沢筋にはタカネキマダラセセリと梅雨の晴れ間に飛ぶクモマツマキチョウが生息する。いずれも貴重な地史の落とし子たちである。

　蝶ヶ岳ヒュッテの創建は、大滝山荘の経営者である先代中村喜代三郎の子息義親《よしちか》で、昭和三四年(一九五九)にオープンした。

登路　登山路は五つある。もっとも一般的なものはJR大糸線豊科駅から須砂渡《すさど》経由三股《みつまた》に入り、蝶ヶ岳新道を登るルートである。このルートは、常念岳の登山口でもある須砂渡から烏川《からすがわ》本沢の林道が三股まで延長されたのを機に、蝶ヶ岳を源とする蝶沢の南の尾根に昭和四二年(一九六七)開かれた。その結果、烏川本沢から崩沢を登り大滝山、鍋冠山間の八丁ダルミ経由のルートは廃道となっており、注意を要する。

　蝶ヶ岳新道は、三股で前常念岳への道と分かれ本沢を渡り、左の尾根に取りつく。急登してコメツガやシラビソに囲まれる豆打平《まめうちだいら》を過ぎると、シラビソ平と呼ばれるオシダが茂る湿地帯がある。この辺りの林床には、初夏にオサバグサやゴゼンタチバナの白い花に混じりギンリョウソウが見られる。さらに山体をなぞるように右上に辿り、樹林帯を抜けると展望が開けた広いお花畑に出る。大滝山への分岐地点である。この辺りの雪田に蝶の雪形が残る。ここからハイマツの間をくぐると蝶ヶ岳ヒュッテである(三股から約四時間三〇分）。頂上はさらに一・五㎞、約三〇分かかる。このほか常念岳からの縦走コース（常念岳頂上から約四時間）。大滝山からの縦走コース（大滝山から約一時間四〇分）。梓川沿いの徳沢から長塀尾根を登るコース（徳沢から蝶ヶ岳ヒュッテ約四時間四〇分）と、横尾山荘裏手から稜線上の横尾分岐に登るコース（約三時間一〇分）がある。

蝶ヶ岳の稜線は天候が荒れると梓川の谷から強い風が吹き上がる。とくに雨で濡れたままこの強風に煽られると、急激に体温を奪われ動けなくなることもある。稜線上であえなく命を断った遭難もあった。天候の悪化に備えた雨対策と防寒対策には注意したい。

地図　二・五万図　穂高岳

（古幡開太郎）

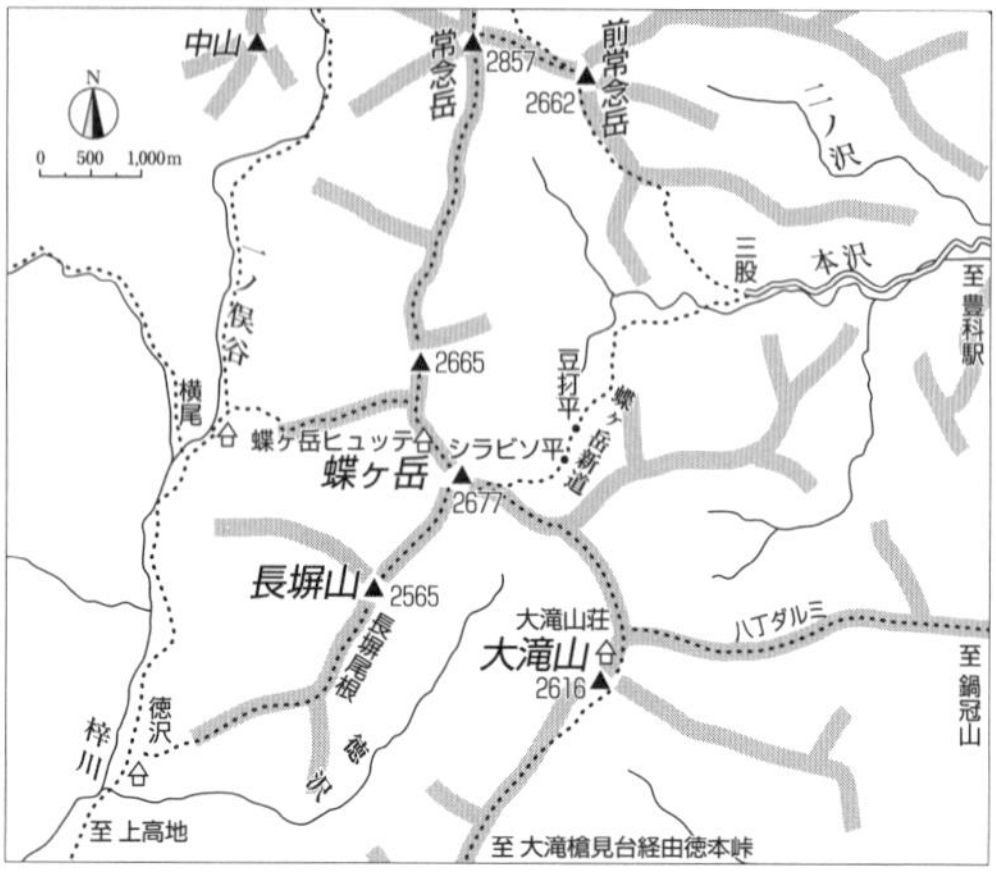

長塀山　ちょうべいやま

標高　二五六五m

別称　ながかべやま　ながへいやま

長野県松本市安曇地区と安曇野市との境にある、蝶ヶ岳の稜線から南西に大きく張り出す長塀尾根の中間にある。大滝山から見ると、槍ヶ岳、穂高岳の前に立ちはだかる長い塀のように見える。この山の名は、多くの山岳書やガイドブックが「ながかべやま」と読ませているが、その呼び名は一考を要するところである。上高地開発史などを著し、郷土の歴史探索研究家であった横山篤美の著書『上高地物語』によれば、この山の名は、幕末のころ上高地から梓川に沿ってあった、伐採作業を行う杣人《そまびと》が寝泊まりした小屋の一つ、長《ちょう》平《べい》に由来するという。

当時、梓川に沿って十二の常設杣小屋があったと古文書に記され、現在の明神付近にあって徳本峠の名の由来となった杣小屋「徳吾《とくご》」から、梓川に沿って川上に、古池、とくさ沢（現在の徳沢）、長平、横尾、熊倉沢、一ノ俣、二ノ俣の各杣小屋があったといわれている。これらの中で人の名が付けられたものは、その地で事故死した杣の名を付けたといわれ、前穂の東壁から流れ落ちる奥又白谷は又四郎《またしろう》という杣の名から、また、長平は長兵衛《ちょうべえ》という杣の名であり、同じ発音で書きやすい長平の文字が使われたと思われる。そして、長平の杣小屋の近くを流れる沢を長平沢《ちょうべいざわ》と呼ぶようになり、その川上にある頂を長平山《ちょうべいやま》と呼んだと想像される。しかし、明治二〇年代陸地測量部が行った大規模な測量事業で、見方によっては長い塀《へい》のように見えることから、「長塀山」の文字が当てられ、「ながへいやま」と呼ばれるようになったものと思われる。

「塀《へい》」と「壁《かべ》」は、空間を仕切るという意味は同じであるが、前者は板からなる板塀《いたべい》であり、後者は土でできた土壁《つちかべ》の意が強い。長塀山は土からできているから「壁」には違いないが、その名の由来を訪ねれば「塀《へい》」が相応しく、本来は「ちょうべいやま」と呼ぶべきではなかろうか。「白馬《はくば》」のように、すでに世間で広く用いられている名を正すのは難しいが、その由来は知らしめるべきである。

さて、この山は頂上までダケカンバ、トウヒ、シラビソなどに覆われた黒い山であるが、秋には、この尾根の針葉樹と混交したダケカンバ、ナナカマド、カエデなどが紅葉する。明神橋の上から見ると、梓川の広い河原越しに見事な錦絵が展開する。

この山の蝶ヶ岳寄りにはいくつもの山上池があり、その一つは「妖精の池」と呼ばれ、ニッコウキスゲが咲く夏は、神秘的な上に優雅さを漂わせる不思議な池である。

登路　この山へは、徳沢から蝶ヶ岳に向かう長塀尾根に付いたルートを登るか、蝶ヶ岳からこの尾根を下るかの二つのコースがある。

徳沢からは、徳沢園の奥から左の尾根に取りつき頂上まで約三時間、四㎞の登高である。樹林帯の中を歩くため眺望は期待できない。

蝶ヶ岳からは、妖精の池を通り起伏のある緩やかな尾根を下ること約一時間で頂上に至る。この路は途中までハイマツ帯で、槍ヶ岳、穂高岳の眺望もすばらしい。

（古幡開太郎）

地図　二・五万図　穂高岳

大滝山　おおたきやま　標高　二六一六m

別称　大嶽《おおだけ》（信府統記）　崩岳《くずれだけ》（安曇郡誌）　手水嶽《ちょうず》（播隆絵図）

長野県松本市の北東部、安曇野市との境からわずかに旧安曇村に入った位置にある。常念山脈の南端にあたるが、頂上近くまで針葉樹に覆われた尾根は南へ延び、徳本峠を越し霞沢岳、六百山へとつづいている。古くは修験道場であったこの山は、安曇野から見るとお椀を伏せたように均斉がとれた広い山頂部を持つため「大嶽」と呼ばれていた。江戸時代中期の松本藩の地誌『信府統記』には「大嶽ハ上野組ノ山ニテ此裏通リハ上河内或ハ神合地」とあり、古い絵図にもその名が見える。しかし、明治九年（一八七六）に発刊された『安曇郡誌』の「烏川《からすがわ》村山の部」には「崩岳」と記され、そのころ安曇野ではこの山から流れ出て烏川本沢に合流する崩沢《くずれさわ》の名をとってこう呼ばれたと思われる。その後、「おおだけ」の呼称とこの山に流れを発し東隣の鍋冠山から流れ出る小滝沢、北沢と合流する島々谷川の支流・大滝沢の呼称とが合体し「おおたき」と呼ばれ、現在の大滝山になったと考えられる。

登山記録として初めて登場するのは文政九年（一八二六）、槍ヶ岳を目ざしていた僧播隆である。播隆はこの年以来、麓の小倉村の中田又重郎を案内にともない、上野組小倉《おぐら》村（現安曇野市三郷小倉）から冷沢《つめたざわ》、鍋冠山を経てこの山を通り蝶ヶ岳に向かい、文政一一年（一八二八）旧暦七月二〇日、ついに槍ヶ岳登頂を果たした。寛政二年（一七九〇）、幕命により安房峠越えが閉鎖され信飛の交通が途絶えたため、寛政九年（一七九七）、上野組岩岡村（現松本市）で石門心学の講社「有敬舎」を開講していた岩岡勘左衛門英信《かんざえもんてるのぶ》は、この山を越えて信州と飛騨を結ぶ飛騨新道（信飛新道、伴次郎新道、小倉新道とも呼ばれた）の開削を思い立ったが果たさず、孫の英總《てるとし》（二代目伴次郎）が天保六年（一八三五）これを完成させた。この街道は小倉村（現安曇野市）から黒沢を登り、鍋冠山からこの山を経て徳沢沿いに古池（現在の徳沢園付近）に下り、御手洗（明神池）近くにあった与九郎橋で梓川の右岸に渡り、さらに下って焼岳の北にある中尾峠を越して飛騨中尾村（現高山市）に至る牛馬が通る道であった。その当時、松本平と北陸を結ぶ街道は野麦街道と糸魚川街道の二つであったが、飛騨新道は大幅に距離を短縮することができ、信州からは米、酒などを、飛騨からはブリや塩など日本海の産物が運ばれた。しかし、山岳地帯を通るため冬期の閉鎖により利用期間が短く、文久元年（一八六一）、開道からわずか二五年で閉鎖された。

山頂近くには大滝山荘がある。大正一四年（一九二五）、麓の三郷村小倉（現安曇野市）の有志によって「大滝小屋」として建設された歴史のある山小屋である。昭和六年（一九三一）、三郷村の中村喜代三郎が小屋を買い取った後、昭和一一年には大滝山荘が新築された。現在は営業期間が限られているので、事前の確認が必要である。

山体は秩父古生層の黒色粘板岩が主体で、硬砂岩とチャートを含んでいる。山頂部から北にかけては硬砂岩が多い。山頂部には二重山稜が見られ、山上池が点在する。山頂付近は森林限界をわずかに抜け出しハイマツ帯となっている。この山からは、蝶ヶ岳から西に延びる長塀《ちょうべい》尾根越しに槍・穂高の峰々が眺望できる。長塀尾根のハイマツの緑と対照的な岩だらけの槍ヶ岳、穂高岳の姿を好む人も多い。山頂から南へ長く延びる尾根には針葉樹の中を徳本峠へ通じる登山道（中村新道）がある。おだやかな起伏のある尾根路は通る人も少なく静かである。途中、大滝槍見台（二三六四m）からは前穂高岳、明神岳の東面と遠く槍の穂を見る。

山荘付近の樹林帯はオオシラビソ、コメツガ、トウヒからなり、林床にはカニコウモリ、イワカガミ、ヒメタケシマランなどが見られ、その上部はわずかにハイマツ帯である。山荘周辺と蝶ヶ岳に向かう登山路にはお花畑があり、コバイケイソウ、ミヤマキンポウゲ、ハクサンフウロ、シナノキンバイ、ベニバナイチゴなどが花を付ける。盛夏には、ミヤマモンキチョウ、ベニヒカゲ、コヒオドシなどの高山蝶が飛び交う楽園となる。

登路　この山へは三つのコースがある。一番簡単なものは、蝶ヶ岳から広いおだやかな尾根を辿るコースで、大滝山荘までは蝶ヶ岳ヒュッテから約一時間三〇分、山頂は小屋の裏手にあり約五分である。徳本峠から尾根づたいに大滝槍見台を経由して山頂に至るコースがある（徳本峠から一二km、五時間強）。かつては台風の被害を受け荒れていたところもあったが、最近整備され通る登山者も増えている。安曇平からは、三郷スカイラインコース（飛騨新道コース）がある（車は観音木場《こば》展望台まで）。ゲートのある林道を歩き冷沢で山道に入る。鍋冠山、八丁ダルミを経て急登して山頂（展望台から約五時間）。このほか徳沢園から徳沢をつめ、右手の斜面を大滝山荘に登るコースがあったが、荒れているため現在は使われていない。

（古幡開太郎）

地図　二・五万図　穂高岳

徳本峠　とくごうとうげ

標高　二一三〇m

長野県松本市、霞沢岳から大滝山に延びる尾根上の鞍部にあり、かつては、松本平から上高地に入るほとんどの人々が越えた峠である。昭和八年(一九三三)、梓川が上高地から流れ出る極端に狭まった釜ヶ淵の難所を避ける目的で掘削された釜トンネルが開通し、車が上高地に入るようになってからこの峠の役割は変わったが、トンネルが拡張され大形バスが簡単に上高地まで入るようになった現在でも、四季を通じて多くの登山者が訪れる。

峠の名の由来には諸説あるが、幕末の弘化のころ(一八四〇年代)、上高地から横尾にかけて梓川の川辺にあった一二の杣《そま》小屋の一つで、現在の明神池に近い白沢出合にあった「徳吾《とくご》」という杣小屋にちなむという説が定着している。そのころ島々の人々は徳吾へ向かう峠の意味から「とくごとうげ」と呼んでいたが、明治二〇年代、陸地測量部が行った大規模な測量事業で、藩政時代の検地帳に名前のないこの地に、土地の物識りから得た漢字を当てはめた結果、「徳本」と書いて「とくごう」と読ませる間違いが生じたというのが真相らしい。

この峠の歴史は古く、天正一三年(一五八五)、飛騨松倉城主・三木秀綱が羽柴秀吉による越中の佐々成政攻めのあおりを受けて落城し、中尾峠を越えて信州に落ちる途次、別路をとった奥方は、この峠を越えて島々谷を下ったが、郷民の手に掛かり非業の死を遂げたという伝承がある。この悲劇をのちに歌人釈迢空(折口信夫)は「おとめごのこころさびしも清き瀬に身は流れつつひとこひにけむ」と詠んだ。歌碑はいま島々谷二股の地に立つ。

近代に入り純粋な登山を目的にこの峠を越えたのはウォルター・ウェストンである。以下、小島烏水、志賀重昂《しげたか》、芥川龍之介、高村光太郎らの文人も峠を越えた。また、ウィリアム・ガウランドが名付けた「日本アルプス」の名を世界に広めたのが、ウォルター・ウェストンである。日本山岳会はその偉業を記念し、霞沢岳を望む梓川右岸の岩にレリーフを刻み、毎年六月第一日曜日の朝、この地でウェストン祭を催している。この祭に集う登山者は祭りの前日早朝島々を発ち、峠を越える記念山行でウェストンの昔を偲ぶことが習わしとなっている。島々から徳本峠を越え上高地に至る全長二四㎞余りのコースは、槍・穂高へのアプローチの名門コースとして、いまなお多くの登山者に愛されている。

登路　この峠への路は三つあるが、何といっても、島々宿から島々谷を遡る路が一番である。二股で車道と分かれ南沢に沿って木立の中を歩く爽快感は、いつ訪れても変わることはない。ヒロハノカツラの巨木がある明治二四年(一八九一)創建の傾きかけた岩魚留《いわなどめ》小屋で一服し、さらに沢をつめて峠沢の登りにかかる。ダケカンバやコメツガの巨木がまばらに立つ峠路を、幾重にも曲がりながら登ると峠に出る。峠の上にある展望台からの穂高連峰は、まさに絶景。明治三六年(一九〇三)、明治末期の地元旧制中学校の一生徒が「無名大峠の絶景」と記したそのままがそこにある。とくに鋭くそそり立つ前穂高岳、明神岳の岩峰や、奥穂高岳から間ノ岳、西穂高岳とつづく稜線の美しさは見る者を魅了する。

島々宿から岩魚留小屋まで一二km、約四時間。岩魚留小屋から峠まで六km、約三時間である。このほか上高地側の明神から白沢を登るコース（約二時間四〇分）。大滝山から大滝槍見台を経て尾根路を辿るコース（一二km、約四時間）がある。

地図　二・五万図　上高地

（古幡開太郎）

六百山　ろっぴゃくさん

標高　二四七〇m

長野県松本市安曇地区にあり、常念山脈の南端にある。

江戸時代から伐採が行われ、ある年、杣《そま》が松本藩の山役人が行う製材検査に間に合わず、玉（ほだ・これから規定の長さにする木切れ）のまま引き取ってもらう時に、数を数えたら六六六玉で、縁起がいいとして谷の名前にし、それが長い間に六百とだけ呼ばれるようになり、そのまま山名になったものである。

直線距離で河童橋から一番近い頂上は、徳本《とくごう》峠から霞沢岳へとつづく山稜から上高地に向かって分かれて突き出し、梓川へ合流する中畑沢、六百沢、白沢に挟まれている。

山体は、閃緑斑岩、南岳溶結凝灰岩層、前穂高岳溶結凝灰岩層などの穂高安山岩類より構成されている。

コメツガ、アカミノイヌツゲ、クロベなどの林のほかに、頂上近くなるとダケカンバやハイマツが目立つようになる。頂上や霞沢岳につづく稜線は、ハイマツの発達が顕著である。

登路　六百山には一般の登山道はないが、河童橋近くの中畑沢を辿って稜線に出、頂上直下の岩場を上高地側から巻いて登るルートと、徳本峠から霞沢岳への登山道のK1ピークから分かれて、ハイマツこぎを強いられながら稜線を辿るルートがある。いずれも踏み跡程度なので容易ではない。雪崩の危険がなく、ハイマツが残雪で隠されている状態の時に登ることを勧める。

地図　二・五万図　上高地

（奥原　宰）

霞沢岳　かすみざわだけ

標高　二六四六m

別称　八右衛門岳

長野県松本市安曇地区にあり、六百山とともに常念山脈の南端に位置する。沢渡《さわんど》側には霞沢が、そして、上高地側には八右衛門沢などが梓川に注いでいる。山体は複雑で、美濃中生層の砂岩、白亜紀末期の奥又白花崗岩、穂高安山岩類の八右衛門沢溶岩層および千丈沢角礫岩層により構成されている。上高地側の一七〇〇m以下はシラビソ、ウラジロモミ群落が多く、上部はコメツガ、ダケカンバなどで、稜線では背の高いハイマツとなる。

あまり知られていないことだが、霞沢岳から沢渡に向かって延びる西尾根の梓川側には、大正池から取水し、沢渡の東京電力霞沢発電所（昭和三年・一九二八完成）に至る水路が掘られ、有効落差四五四mで発電の用に供されている。

隣の六百山が、隔てるものがなく穂高岳と向かい合っているのに対し、霞沢岳の頂上付近からは、穂高岳の中景として花崗岩の岩峰（三本槍）が存在感を示し、一種独特な景観を造り出している。

登路　昭和五九年（一九八四）、徳本《とくごう》峠からの登山道が完成するま

六百山(左端)と霞沢岳(右端)
(上高地ウェストン広場から)

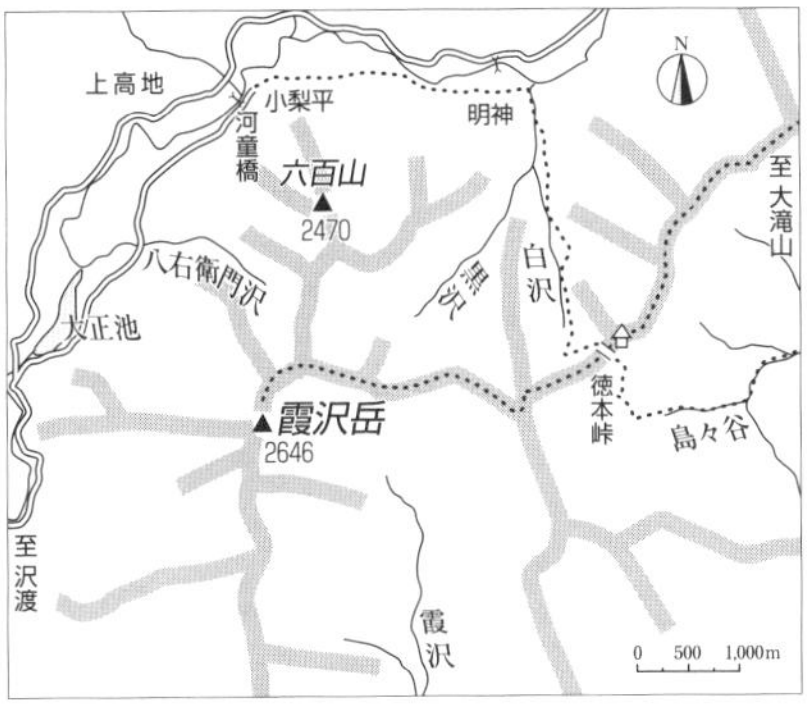

では、上高地帝国ホテル近くの八右衛門沢から登るのが唯一のルートだったが、少々登攀技術を要し、落石の危険性もあったので、あまり一般的ではなく、静かな山であった。一時期、花崗岩の壁に岩登りのルートが拓かれたり、各沢が開拓された時代もあったが、壁は脆くてあまり快適とはいえず、現在ではほとんど登られていない。

深田久弥は、穂高の展望台として霞沢岳を百名山に入れるかどうか迷ったという。

徳本峠からの登山道ができてからは、非常に長く、水も得られないルートにもかかわらず、多くの登山者を迎えている(約三時間三〇分)。八右衛門沢の登路は、平成一〇年(一九九八)の地震によって岩が不安定になり危険なので、ルートとしては勧められない。

(奥原　宰)

地図　二・五万図　上高地

鍋冠山

なべか(ん)むりやま

標高　二一九四m

長野県安曇野市と松本市の境にある、頂上まで針葉樹林で覆われた山である。山麓各地からは、均斉がとれた円頂の大滝山の左に、黒い底の鍋を逆さにして冠ったように見える。それが山名の由来であることは間違いない。

この山は、江戸末期に小倉村(現安曇野市三郷小倉)から大滝山、上高地を経て、焼岳北側の中尾峠を越え飛騨に通じていた飛騨新道(信飛新道、伴次郎新道)の中継点であった。標高二〇〇〇mを超す山を二度越えるこの街道は、開通からわずか二五年余りで閉鎖されたが、その間多くの人や牛の背の荷駄が山を越えた。安曇野の米や酒であり、また、富山湾でとれたブリが飛騨鰤《ひだぶり》と名を変え松本平に運ばれもした。昭和二八年(一九五三)、これに似た計画が旧三郷村により実行された。三郷スカイラインとしていまも残る展望道路である。

山体は、隣接する大滝山、蝶ヶ岳と同じ秩父古生層で、黒色粘板岩、硬砂岩と層状チャートからなる。山の南に小滝沢、冷沢が、北に大水沢、小野沢が流れ出している。大水沢が烏川に合流する地点には大水沢の滝がある。山の北斜面にまばらに分布するコブシは五月下旬、点在するダケカンバの白い幹とともに針葉樹の濃い緑の中に淡い水玉模様をつくり出す。

登路　ルートは二つしかない。一つは三郷スカイラインの終点展望台から冷沢を経て頂上に至るコース(約二時間五〇分)。もう一つは、大滝山から下る八丁ダルミと呼ばれる尾根づたいのコースで、三時間程である。

地図　二・五万図　信濃小倉　(古幡開太郎)

黒沢山　くろさわやま　標高　二〇五一m

長野県松本市と安曇野市の境界にある。この山稜は、常念山脈の南部に位置する大滝山から分岐し、鍋冠山で南に向きを変えた二〇〇〇m級の山稜(いわゆる前山)である。稜線部は比較的平らで丸みを帯び、侵食平坦面を形成している。尾根の東、松本側の急斜面に対し、西側、島々谷北沢側は緩斜面で、非対称山稜をなしている。この山稜の最高峰で、椀を伏せたように見える黒沢山は、針葉樹に覆われる古生層の残存山塊である。山名はその岩石(チャート・粘板岩)の黒さからと思われる。この山を源流とする黒沢川は、山腹に古生層のチャートと粘板岩からなる三〇mの二段滝「黒沢の滝」を造り、安曇平扇状地に伏流している。稜線の南には、天狗岩(一九六四m)や金松寺山《きんしょうじやま》(一六二五m)がある。

金松寺山は、その名のとおり山麓に金松寺(曹洞宗)という寺があり、登山道の入り口ともなっている。天狗岩へは、金松寺山から西に延びる尾根を辿る。この稜線からは黒沢山の奥に大滝山、常念岳を望むことができる。天狗岩頂上からは穂高連峰、乗鞍岳を眼前に望み、御岳から南へ経ヶ岳を従えた中央アルプス、甲斐駒ヶ岳から塩見岳、赤石岳などの南アルプスの山々、さらに富士山、八ヶ岳、美ヶ原山系、東筑摩の山々から浅間山へと、大パノラマが展開する。眼下には松本盆地が広がり、訪れる登山者も少なくない。

頂上直下のわずかな草地にはシラタマノキやコケモモなどの高山植物が見られ、夏にはマツムシソウが可憐な花を付ける。ニホンザルの群れやニホンカモシカに出会うこともある。

JR中央本線松本駅から松本電鉄上高地線で新島々に向かう電車で、新村駅の辺りからこれらの山を間近に確認することができる。

登路　登山ルートは、南側の天狗岩から木々の生い茂る稜線を、踏み外すことのないよう辿るのが一般的なコースで(約二時間)、静かな山ではあるが登山道が整備されていないことや、頂上からの展望があまりよくないためか、登山者が訪れるのは天狗岩までである。

天狗岩へは、金松寺奥の林道ゲートから約四〇分で登山口の林道終点に至る。ここから約二時間で金松寺山分岐、天狗岩頂上までは見晴しのよい尾根筋をさらに約一時間三〇分である。

地図　二・五万図　波田　(角田啓蔵)

大喰岳　おおばみだけ　標高　三一〇一m

長野県松本市と岐阜県高山市の境にあり、槍ヶ岳から穂高連峰に延びる尾根上で、槍ヶ岳のすぐ南にある。梓川と神通川の源流となっている。明治四二年(一九〇九)、鵜殿正雄の穂高・槍初縦走の際、上條嘉門次に猟師たちが付近を「大喰」と呼んでいたことを聞いて、そのまま名付けられた。山獣が集まり山草を食べあさる山という意味である。

頂上は広く、積雪期とくに霧の出た時は迷いやすい。下山路を間違えて東尾根に入り込んでしまうと、下部が急峻であり事故に繋がった例がいくつかある。

付近はライチョウの生息地であり、高山植物の種類が多く、チョウノスケソウ、チシマイワブキ、ミヤマツメクサ、チシマアマナ、ジムカデ、ミヤマシオガマなど、この付近にしか見られないものもある。頂上直下の槍沢上部、飛騨沢のお花畑も美しい。

頂上からの景観もよく、槍ヶ岳の展望台であり、穂高連峰、笠ヶ岳、蝶ヶ岳、常念岳など三六〇度の山岳景観が楽しめる。

登路　登路は、槍ヶ岳より槍・穂高縦走の途次通過することが多いが、槍ヶ岳山荘から往復して、景色や花を楽しみに散策する人もいる（槍ヶ岳山荘から約四〇分）。

冬期は、雪崩を避けて大喰岳西尾根を槍平から登り、槍ヶ岳に向かうのがよい。

地図　二・五万図　穂高岳

（穂苅康治）

中岳　なかだけ

標高　三〇八四m

別称　小槍ヶ岳

長野県松本市と岐阜県高山市の県境にあり、槍ヶ岳から穂高連峰に延びる尾根上で、槍ヶ岳と南岳のちょうど中間に位置することから、明治四二年（一九〇九）、穂高・槍初縦走の鵜殿正雄により命名された。小島烏水の『日本アルプス』第三巻では、「小槍ヶ岳」と呼んでいる。

頂上直下の雪渓からは、七月下旬から八月上旬にかけて雪解け水が流れ出す。梓川源流・槍沢、神通川支流・蒲田川右俣の源頭となっている。

頂上付近からは三六〇度の景観が楽しめ、とくに槍ヶ岳、穂高岳の景観はすばらしい。ライチョウ、オコジョ、高山植物など道すがら楽しむものには事欠かない。

中岳の雪形「舞姫」（撮影・田淵行男）（常念岳中腹から）

山岳写真家・田淵行男は、頂上から氷河公園に延びる尾根上に巨大な「舞い姫」の雪形を発見し、著書『山の紋章—雪形』に記録した。この雪形は六月中旬から七月上旬にかけて現れ、常念岳頂上付近から横通岳までの稜線から見ることができる。平成一〇年（一九九八）に発生した上高地群発地震の際、北西側頂上直下が崩落し、登山道に危険が出てきたため、二〇〇一年、登山道を頂上から南の冬道上に付け替えた。

登路　槍・穂高縦走路を槍ヶ岳から南下して、大喰岳、中岳とつづいている（槍ヶ岳から約一時間）。冬期には中岳西尾根が使われる。

地図　二・五万図　穂高岳

（穂苅康治・古幡開太郎）

南岳 みなみだけ

標高 三〇三三m

長野県松本市と岐阜県高山市の県境にあり、槍ヶ岳から穂高連峰に延びる尾根の南端にあることから、明治四二年(一九〇九)、鵜殿正雄により命名された。北穂高岳に通じる通称大キレットへの下降路の入り口に位置し、梓川と神通川の源流の一つとなっている。

穂高連峰の急峻な山容と打って変わって南岳は、岩山の中では特異な丸い山稜をしている。横尾から横尾本谷に向かって屛風岩の右横奥に見えるのがこの山である。

南岳南端の通称獅子鼻からの北穂高岳・滝谷の景観は迫力がある。とくに朝日、夕日の時間帯はすばらしく、写真撮影のよいポイントである。現在は南岳南直下に南岳小屋があり、穂高連峰の写真撮影には好都合である。

登路 南岳の最高峰は南峰であるが、北峰から東に下りる横尾尾根は、天狗原経由槍沢への下降路であり、冬期の上高地側からの登路にもなっている(天狗原経由槍沢ロッヂから約五時間)。平成一〇年(一九九八)、上高地群発地震により南岳から槍平へ下りる、かつての南岳新道は崩落が激しくなり、一九九九年に登山路を西尾根に切り替えた(槍平から約四時間)。冬期は横尾尾根、西尾根などが登られている。

地図 二・五万図 穂高岳

(穂苅康治)

北穂高岳 きたほたかだけ

標高 三一〇六m

北穂高岳は槍・穂高連峰のほぼ中間にあって、穂高連峰の中ではその名のとおりいちばん北に位置している。山頂は長野県松本市と岐阜県高山市の県境となっている。

穂高連峰は、かつてその全域を総称して穂高岳(古くは祭祀用具にたとえて御幣岳《ごへいだけ》ともいわれた)と呼ばれていた。現在のように固有の山名で呼ばれるようになったのは、明治四二年(一九〇九)に穂高・槍連峰の初縦走を行った鵜殿正雄の命名がきっかけである。しかし、当時は記録により呼称がまちまちで、今日の山名に定着するのには相当の曲折があった。ちなみに鵜殿の記録では北穂高岳は東穂高岳とされ、現在の涸沢岳が北穂高岳となっている。

前述したように、連峰を総称して穂高岳と呼ばれ、全山が霊岳(穂高神社の御神体)として崇められていた。前穂高岳や明神岳にくらべ、北穂高岳は一般に望見されにくく、穂高岳の中でも密やかな存在だった。しかし、上條嘉門次をして「鳥もとまらぬ」といわせた滝谷の壮絶な鳥瞰は、この山に近づく者に強烈な印象を与えたに違いない。前述の鵜殿は、「この偉観に接した自分は、一種の魔力に魅せられてか、覚えずあっとしたまま暫時声も出なかった。」とその驚きを記している。

山の東面・長野県側は南に涸沢、北に横尾本谷の大きなカール(圏谷)を擁し、頂上から派生する顕著な岩尾根(東稜)がこの二つのカールを画している。北西の季節風により大量の雪が東面に吹きだ

奥穂高岳(左)，涸沢岳(中)，北穂高岳(右)
(屏風ノ耳から)

まるため、こうした氷河の痕跡が残されているのだが、このことが東西の景観を大きく変える要素となっている。カールから流れ出る横尾本谷、涸沢の二つの沢は、北穂高岳東稜の末端下で合流し、さらに下って梓川となる。西面・岐阜県側の滝谷は日本屈指の岩場で、急峻な岩稜、岩壁、ルンゼで形成されている。岩角の間をえぐるルンゼ(A沢からF沢)は中流部で合流し、その名の由来となった雄滝を流れ落ちて蒲田川右俣に注いでいる。南北の稜線は槍・穂高連峰の主稜線で、両側に深く切れ落ちた鋭いナイフリッジとなっている。槍ヶ岳に向かう北側の稜線は、南岳との間に高度差四〇〇mの大鞍部を形成し、大キレット(切戸)と呼ばれている。北穂高小屋のある主峰・北峰のほかに南峰、ドームなど硬い玢岩の岩峰が頂稜部を形成している。

　北穂高岳は、その峻険さゆえに近代アルピニズムの脚光を浴びることとなった。とくに滝谷は大正一四年(一九二五)八月の早稲田とRCCの両パーティーによる同時初登攀以来、幾多のクライマーの開拓の歴史が刻まれている。西面のため、前穂高岳東面のような明るさはないが、逆にハイマツや草付は少なく、岩場としてはすっきりしている。しかし、落石が多く、とくに各ルンゼにつまった岩屑は極めて不安定で、岩場そのものより危険といえる。また、霧の発生も多く、涸沢側が晴れていても滝谷はガスの中という場合も多い。

登路　北穂高岳への登路は涸沢から南稜を辿るのが一般的である。南稜は北穂高岳南峰から派生する短く急峻な尾根で、涸沢小屋の横から北穂沢の左岸沿いを辿り、ガラ場を渡って南稜に取りつき一気に登るものである。南峰直下は南稜テラスと呼ばれるキャンプ指定地となって

いる。南峰を巻き北穂沢最上部をトラバースして頂上に至る（所要時間は登り約三時間、下り約二時間）。

北穂沢を隔てて南稜と対峙する東稜は、一般路ではないが、明瞭な道があり、爽快な岩稜登高を楽しめる。さらに東稜から本谷側にルンゼを下ると北穂池に出る。北穂高小屋の灯を天空に仰ぐ静かなカールで味わい深い。モレーン沿いに横尾本谷上部に出て本谷橋へ下る。ただし一般路ではないので十分に注意する。岐阜県側（滝谷）はすべてバリエーション・ルートで、一般登山路はない。

地図　二・五万図　穂高岳

（米倉逸生）

涸沢岳　からさわだけ　標高　三一一〇m

長野県松本市と岐阜県高山市の県境稜線上にある。二・五万図では三一〇三mのピークを涸沢岳としているが、地元では、その南の三一一〇mを頂上とし、そこに頂点標識を立てている。

穂高連峰の登山で、この山を登頂の第一目標にやって来る人は少ない。涸沢岳の名が出るのは、涸沢カールの基部から穂高岳を象徴するU字形の氷河圏谷を望んだ時、特徴ある涸沢槍を脇に従え、中央に〝主人顔〟して存在感を示していること、加えて人気の北穂高岳より高く、奥穂高岳に次いで二番目の高峰ということもあろう。しかし、登山者からすれば、北穂高岳から奥穂高岳の縦走路の途中にある「添え物」の感がなくもない。

涸沢は、かつては「唐沢、空沢」とも記した。水がないかわりに八月末まで残雪がたっぷりある。それに抜群の眺望の故に登山ドラマの最高の舞台となった。登山者の姿は絶えないが、中高年登山全盛の昨今は、〝三段紅葉〟が見られる初・中秋はラッシュである。このため屎尿汚染が深刻になり、環境省と山小屋が協力して「空輸トイレ」を設置。利用者の評判もよい。

登路　登路は奥穂高岳または北穂高岳からの縦走路のみ、といっていい（穂高岳山荘から約三〇分、北穂高岳から約二時間）。とくに北穂高岳寄りは悪場が多く、遭難が相次ぐ。岐阜県側への西尾根は、積雪期のアプローチとして熟達者に利用される。

地図　二・五万図　穂高岳

（菊地俊朗）

奥穂高岳　おくほたかだけ　標高　三一九〇m

別称　御幣岳　穂高嶽（保高嶽）　奥岳

上高地を訪れる人は、車が入る半年ほどの間に一三〇万前後。その八割方は日帰りの観光客だが、穂高連峰は富士山と並び、日本の「登りたい山」「一望したい山」の人気ナンバーワンを分け合うまでになった。

奥穂高岳は、三〇〇〇m峰を四つ数える穂高連峰の主峰。北アルプスで一番高い。長野県松本市安曇地区と岐阜県高山市奥飛騨温泉郷にまたがり、奥穂高岳を頂点に北へ涸沢岳、北穂高岳、東へ前穂高岳、南西へ西穂高岳と、三方へ岩稜を張り出す。その直下には大、小約一〇の氷河の痕跡、カール地形が展開し、〈岩の殿堂〉にふさわしい景観を見せる。

厳冬の穂高連峰(左から前穂高岳、奥穂高岳、涸沢岳、北穂高岳)(常念岳山頂から)

穂高の山名が初見されるのは正保三年(一六四六)の国絵図。そこには「保高嶽」とあり「上河内川」の記入もある。下って元禄六年(一六九三)、穂高神社の宮司による『穂高三之宮記』には「穂高嶽」とあり、この山は清浄で神を祀る幣《へい》帛《はく》のごとく、麓には鏡山と宮川の御手洗があり、その場所を「神合地」などと述べている。

また、嘉永二年(一八四九)の『善光寺道名所図会』で紹介された地元穂高の医師・高島章貞が、一二、三歳の時、上高地を探訪した紀行文には「秀高嶽」の一節がある。このことから、秀は卓越の意で穂に通じるので、古代は山体をご神体とする穂高神社が、常念岳などを含む広範な連峰を意味して使っていた「普通名辞」が、特定の穂高に固定していったのではないかとの仮説もある。

いわゆる近代登山の幕開けとともに、初めて穂高連峰のベールがはがされていったかのように伝えられることがあるが、誤解である。一六世紀の戦国時代には、上高地は落武者の通過があり、明神池畔にある穂高神社奥宮の二〇年に一度の遷宮行事も、明和七年(一七七〇)からしっかりした記録がある。

往時、氏子らは、往路は大滝山越えで山中一泊、造営に二、三日滞在し、帰路は徳本峠から島々経由で夜には帰宅している。播隆が槍ヶ岳を開山したのは文政一一年(一八二八)。そのはるか以前からつづいている行事である。播隆自身も「穂高嶽の最頂点に南無阿弥陀仏の名号石一柱を安置した」と伝えている。ただ、播隆がどこの峰へ登ったのかは不明で、名号石も確認されていない。

頂稜部の記録がはっきりするのは明治以降である。明治二三年(一八九〇)、前穂高岳に一等三角点が設置され、その直後に上條嘉門次を連れたウォルター・ウェストンが登頂したのはよく知られる。しかし、奥穂高岳についてはその後もしばらく記録がなかった。ようやく明治三九年(一九〇六)、測量官・阿部郡治が岐阜県側の白出沢から登り、その三年後、嘉門次、嘉代吉親子をガイドにした鵜殿正雄、G・M・フィッシャーのにわか合流パーティーが登頂した。

これを機に奥穂高岳周辺には登山者の姿が目立ち始め、地形図の発行と相まって、それまで登山者らが勝手に付けていた山名も現在の名称に統一されていった。ちなみに奥穂高岳の西稜にある奇峰「ジャンダルム」は三田幸夫が〈護衛峰〉の意味で使い出し、「ロバの耳」はその形に似ているからである。

こうした特異な岩峰ができたのは、崩壊しにくい、節理の発達した溶結凝灰岩が山体の基盤になっているからである。信州大学地質科学科の原山智教授の調査と学説によると、穂高岳から槍ヶ岳にかけては一七六万年前に大噴火が起こり、巨大なカルデラが誕生した。それが固まり、厚さ一五〇〇mを超える溶結凝灰岩となった後、一〇〇万年ぐらい前から隆起活動を始めた。以来、隆起、侵食、削剝の激しい活動を繰り返し、最後は二万年前の氷河が現在の山型に仕上げをした、ということである。

森林限界は標高二五〇〇m前後。その上部は岩とわずかな高山植物の世界だが、下部はコメツガ、ウラジロモミ、カンバ類に覆われている。上高地のカラマツは印象的だが、いまや天然木は少なく、バスターミナル周辺は大正期の植林木である。梓川べりで目立つ幼木や新枝が白蠟質で白く見えるケショウヤナギは、北海道と上高地にほぼ分布が限定された珍しい品種とされる。

登路　一般登路はそれぞれの岩稜よりある。人気は上高地～横尾～涸沢～ザイテングラート（支尾根）～白出のコル経由（八～一〇時間）。岐阜県側の新穂高温泉～白出沢経由はこれよりやや短い（七～八時間）。上高地から岳沢～吊尾根コースは七～八時間だが、下りに利用する方が楽である。

かつては熟達者ルートとされていた西穂～間ノ岳～天狗のコルからのルートは、年々鎖や足場が整備され、最近は中高年の姿も目につくようになった。しかし、間ノ岳周辺、ジャンダルム～馬ノ背など高度感のある痩せ尾根の通過があるので慎重に。西穂山荘から奥穂高岳までは、九時間は見ておいた方がいい。

登山路も山小屋も整備されてきたとはいえ、穂高はほかの山岳より急峻で、標高二五〇〇mを越えると岩稜つづきで高度感がある。天候の影響も厳しい。この半世紀、穂高で逝った登山者は三〇〇人を超えている。

地図　二・五万図　穂高岳

（菊地俊朗）

前穂高岳　まえほたかだけ

標高　三〇九一m

別称　御幣岳　又四郎岳（猟師仲間の呼称）　宝高明神岳　明神岳御岳

前穂高岳は長野県松本市安曇地区に位置するが、穂高連峰のほとんどが旧安曇村と岐阜県高山市奥飛驒温泉郷にまたがり、中部山岳国立公園（北アルプス）最大の山塊である。

穂高連峰の峰や谷に付けられた現在の名称は、一九三〇年、陸地測量部の修正地図によるものである。古くは一七世紀中ごろの正保の古絵図に「保高」とある。また、奥宮が明神池畔にあって、山と関係深い穂高神社の縁起には「穂高とは命（ホタカノミコト）の御名に因みたるものとして……」とあり、宝高明神岳、明神岳御岳と書かれている。さらに山容が似ているところから御幣岳、白幣岳と呼ばれていたとされている。近代以後も、現在の前穂周辺を主として穂高岳と呼んでいたのが、のちに現在の名称に変わったのである。

通称穂高岳は、北アルプス最高峰・奥穂高岳を中心に、標高三〇〇〇mを超す岩峰を三方向に従えて豪快な山容を誇っている。前穂高岳からつづく吊尾根は、西に延びて奥穂高岳となり、その大懸崖の直下を梓川が洗っている。一方、その鋭鋒は北に派生する北尾根となり、南には明神岳の諸峰が聳える。奥穂高岳から西に延びる山稜は、ジャンダルムの奇峰と独立標高点を持つ峰などいくつかの岩峰を起こしながら、割谷山（悪谷山、二二二四m）から中尾峠まで延びている。北方には風化の進んだ岩稜が涸沢岳、北穂高岳とつづき、大キレットの向こうに南、中、大喰の三岳を経て、やがて槍ヶ岳の

前穂高岳(中央)と奥又白谷(蝶ヶ岳稜線から)

穂先へとつづく。この諸峰は西に深く蒲田川の谷を刻み、彼方の錫杖岳、笠ヶ岳、抜戸岳の諸峰と対峙する。

穂高岳の懐の涸沢は前穂高岳、奥穂高岳、涸沢岳、北穂高岳の諸峰に囲まれた氷河圏谷で、ここから登るルートが放射状に開拓され、絶好の登山基地となっている。

前穂高岳には初級から中級、上級の岩登りコースがそろっている。北尾根の五峰・六峰のコル(五・六のコル)から頂上に通じるコースは、バランス養成の格好の場で、さしずめ岩登りの登竜門といえるだろう。三峰フェースや涸沢岳東稜、北穂岳東稜も足慣らし場として最適である。

奥又白谷からの前穂高岳東壁は、ハングの交じった二五〇mの岩壁で、中級以上の力が必要である。また、北尾根の末端・屏風岩の大岩壁は六〇〇mの一枚岩で、斜度七〇度。昭和二七年(一九五二)の正面岩壁の初登以来ルートが開拓され、精鋭のクライマーの憧れの場である。もちろん上級者向きである。

日本アルプスの中心ともいえる穂高連峰は、日本の背骨を造っている。古生層などに貫入した節理の発生した角閃玢岩からできていて、これらは槍ヶ岳や奥穂高岳、前穂高岳に見られる緑色斑状のもので、柱状、板状の節理がよく発達し、鋭い岩壁を造っている。

植生はオオシラビソ、コメツガ、トウヒなどの針葉樹林にオオカメノキ、ウラジロナナカマド、ダケカンバなどの広葉樹が交じり、林床にはカニコウモリ、モミジカラマツ、タケシマランなどが見られる。およそ二〇〇〇m以上ではこれらのほかにハイマツ、シャクナゲが点在し、コメススキ、タカネスズメノヒエ、コケモモ、アオノツガザクラ、ガンコウラン、イワスゲ、イワツメクサが生育し、ウサギギク、ハクサンイチゲ、チングルマ、シナノキンバイ、クモマグサ、ミヤマキンポウゲなどの高山植物もよく見られる。

近代登山史における前穂高岳は、陸地測量部の館潔彦と案内の上條嘉門次に始まる。彼らが明神岳東稜を越して前穂高岳に登り、山頂に三角点を設けたのが明治二六年(一八九三)八月。その三週間後にはウォルター・ウェストンと嘉門次がこの頂に立った。日本人登山家として初めてこの山に登ったのは、信州の岳人・鵜殿正雄で、明治三九年(一九〇五)に館らと同じルートから登っている。大正一三年(一九二四)には、慶応義塾大学隊が奥明神沢から積雪期初登頂を成し遂げている。北尾根初登攀は同年、慶応義塾大学の大賀道昮《とうへい》、佐藤久一朗、青木勝の三名が涸沢から六峰を経て前穂高岳へ。同年、信濃山岳会の寺島今朝一、熊井博人が屏風岩から山頂へ。旧制松本高等学校山岳部は昭和七年(一九三二)、前穂高岳東壁の初登攀をはじめ、奥又白池をベースにいくつもの記録を持つが、戦前、ここは彼らの独壇場だった。

登路　一九三〇年に中の湯、一九三三年に上高地へバスが入るまでは穂高岳、槍ヶ岳登山は徳本峠《とくごう》を越えなければならなかった。

岩登りの要素が強くて一般向きではないが、涸沢から直接北尾根の五・六のコルに出て、前穂高岳頂上へ登るルートがある（涸沢から頂上まで約六時間）。北尾根に取りつくのに、以前は徳沢から中畑新道を登って、奥又白池から奥又白谷を横断して、五・六のコルに達するルートもとられていたが、近年は行く人も少なくなり、荒れている模様である。一般的ルートは、岳沢から重太郎新道を辿り、頂上に出るコースである。前穂高岳には小屋がないので、岳沢小屋へ戻るか、穂高岳山荘まで足を延ばさなければならない（岳沢小屋から穂高岳山荘まで約八時間）。

また、上高地から横尾を回って涸沢に入り、奥穂高岳を経由して吊尾根から前穂高岳に登るオーソドックスなコースが、いまはメインコースになっている（上高地から二日行程）。

地図　二・五万図　穂高岳

（中野和郎・米倉逸生）

屏風岩　びょうぶいわ

標高（屏風ノ頭）　二五六六m

別称　屏風ノ頭《あたま》

長野県松本市安曇地区にある。前穂高岳山頂から北東に延びる北尾根（初期の記録には屏風連峰とある）は、頂上から八つの峰を数えながら次第に高度を下げ、最低鞍部に至り、ここから再び高度を上げ屏風ノ頭となっている。

尾根はここから急激にその形態をなくし、大断崖となって横尾谷に消えている。その末端部、玢岩質の岩壁帯が屏風岩である。横尾や本谷沿いから眺めると、それはまさに屏風を立て掛けたようである。

屏風岩（蝶ヶ岳から）

屏風岩の壁の高さは約六〇〇m、斜度七〇度、幅は一五〇〇mに及ぶ。岩壁には三本のルンゼが刻まれているが、中央を深くえぐる第二ルンゼにより大きく二つに分けられる。第二ルンゼの向かって左側、東端の第一ルンゼまでの間には、北壁、中央壁、東壁が屏風の象徴のように垂直な面を連ねている。また、第二ルンゼ右側（西側）には、やや傾斜の落ちた広大なスラブ・右岩壁が広がっている。

屏風岩が登山史に登場するのは、大正一三年（一九二四）の慶応稜の登攀からだが、この壁の本格的な登攀の始まりは、一九三一年の東京大学・小川パーティーによる第一ルンゼの登攀である。しかし、花崗岩のスラブは手掛かりに乏しく岩壁は長らく難攻不落を誇っていた。一九四七年、三重岩稜会によって北壁と中央壁を画す中央カンテが突破されたが、壁に生える灌木に投げ縄を掛けて突破したエピソードには、屏風岩の特質が顕著に表れている。その後、賛否両論を巻き起こした埋め込みボルトが登場し、一九五九年、東京雲稜会が東壁にルートを拓くと、壁は一気に人工登攀のラッシュを迎えた。また、近年では右岩壁を中心にフリー化も行われている。

登路　屏風岩の頂点である屏風ノ頭へは、涸沢からほぼ水平に北尾根最低鞍部に向かう。鞍部からひと登りで三角点のある屏風ノ耳に達する。屏風ノ頭はさらにその先のピークである。頭からはすばらしい高度感で槍・穂高の山々が見渡せ、絶好の展望台となっている。最低鞍部に戻り奥又白側への道を辿ると、慶応尾根を越えて奥又白本谷へ下り、又白池からの中畠新道と合流し、新村橋を経由して徳沢に至る。涸沢から北尾根最低鞍部まで約一時間、屏風ノ頭まで約四〇分、最低鞍部から徳沢まで約三時間の行程である。

地図　二・五万図　穂高岳

（米倉逸生）

明神岳　みょうじんだけ

標高　二九三一m

長野県松本市安曇地区に位置し、穂高岳の前衛的存在である。主峰東稜と二・三・四の各峰に、長丁場で困難な登高を要求されるいくつかの壁があり、多くのルートが開かれている。西面はA・B尾根、B・C尾根を持ち、涸沢に次ぐ中・上級者向きゲレンデといえる。急峻な尾根と深い谷は高山植物の生育に適さず、岩肌が剝き出しになっている。穂高連峰のわきに位置しながら登山者が少ないのは、ルート開拓の困難さだろうか。岩登りには隠れた聖地である。

明治四二年（一九〇九）夏、鵜殿正男と上條嘉門次が明神池からひょうたん池を経由し、前穂～奥穂～槍と初縦走に成功した。また、一九五四年一二月には、法政大学山岳部・大屋悌二、田中温夫が極地法により、S字状赤ルンゼから北穂高岳往復を行っている。

登路　明神岳には一般登山路はない。比較的容易なルートとして、前穂高岳から奥明神沢をつめてコルに達することもできるが、雪のつまった残雪期の方が登りやすい。

また、明神池北側の養魚場跡（現信州大学山岳科学総合研究所）から宮川のコル、ひょうたん池を経て主峰東稜を辿るルートも、クライミングの入門コースとして比較的よく登られている。岳沢下部から南西稜を辿り五峰を経て主稜に至るルートは、積雪期に多く登られている。主稜線の縦走は二峰、三峰の通過がポイントで、五峰主峰に向かう場合は、二峰の下りで懸垂下降を要す（前穂高岳から主峰まで一時間三〇分～二時間）。

地図　二・五万図　穂高岳

（中野和郎）

西穂高岳　にしほたかだけ

標高　二九〇九m

長野県松本市と岐阜県高山市の境にあり、奥穂高岳、前穂高岳、北穂高岳とともに穂高岳と呼ばれ、西端に位置する。実際には、最高峰・奥穂高岳の南西にあるのだが、西穂高岳の名前が定着した。飛驒山脈の南端である活火山の焼岳の手前にあって、信州側の谷は梓川へ、飛驒側の谷は蒲田川へと注いでいる。

上高地の河童橋から左に乱杭歯のような山容を連ねる西穂高岳の岩稜を見ることができる。その岩峰から穂高連峰の南側中央を白くえぐっている岳沢に、崩れ込む幾筋もの沢が流れ落ちる。天狗沢で

厳冬の西穂高岳(上高地大正池畔から)

あり、間ノ沢であり、西穂高沢であり、独標沢である。これらを集める岳沢は岩礫で埋まった涸れ沢だが、水は伏流して梓川へと流れ出る。その連嶺の中央、奥穂高岳から南二kmの地点に西穂高岳はある。そしてさらに一kmの間に連なる岩峰は、二七〇一mの独立標高点(独標)まで徐々に高度を落とす。

山体は古第三紀～後期花崗岩類である滝谷花崗閃緑岩よりなる。

信州側の二〇〇〇m以下は、シラビソやウラジロモミが多く、森林限界まではコメツガやダケカンバなどの樹下に、キヌガサソウの白花やクルマユリが可憐な姿を見せる。

戦中の一九四一年秋、旧安曇村島々の山案内人・村上守が独力で作った西穂山荘から少し登った丸山からは、ハイマツと高山植物のみの世界となり、ニッコウキスゲ、シナノキンバイ、ハクサンフウロ、ハクサンシャクナゲなどが、それぞれに時を選ぶ。

山稜の東は、梓川の流れを中心にする赤い屋根の旅宿の上に、霞沢岳や六百山の峰が屏風のように立ちふさがる。焼岳の噴煙は南下方になびき、乗鞍岳が墨絵のように沈む。遠い白山も近い笠ヶ岳も、裏銀座の山々も、間近の前穂高岳も明神岳も、眼下の岳沢も、岳沢小屋も、視界はめまぐるしく移る。

山稜からの展望は楽しいが、この山には悲しい歴史がある。昭和四二年(一九六七)八月一日、松本深志高等学校の生徒一一人が落雷に打たれて亡くなった事故は、多くの人の胸に雷に対する警鐘を鳴らした。多くの人が穂高を楽しめるという登山の大衆化と、それ故の遭難の多発というジレンマを抱えた山でもある。

登路　昭和四五年(一九七〇)に、新穂高温泉から千石尾根にロープウエーが架かる前は、上高地から中尾根を経て西穂山荘に至るルートが主流だったが(山頂まで約五時間三〇分)、現在では、新穂高ロープウエイの終点から山荘まで登り、独標を経て頂上を往復し(約四時間)、往路を引き返すか、上高地へ下るのが一般的になっている。一方、槍・穂高縦走の出発点、または終点として重要な位置も占めている。山荘上部には東邦大学医学部の夏期診療所がある。

ロープウエーと西穂山荘は通年営業をしているので、冬山の入門コースとして、とくに年末年始には多くの登山者を迎え、すばらしい展望を提供しているが、冬の穂高岳の稜線であることには変わりはなく、毎年遭難者を出している。無雪期も独立標高点より山頂へは岩が脆いし、上高地へは急降なので、甘く見てはならない。

(奥原　宰・小林俊樹)

地図　二・五万図　穂高岳

中尾峠　なかおとうげ　　標高　二一〇〇m

別称　蒲田峠　焼山峠

長野県松本市安曇地区と岐阜県高山市奥飛騨温泉郷中尾を結ぶ古くからの峠で、焼岳北側の鞍部を越える。おそらくは奈良・平安の昔、信濃の国府と都との通路として開かれ、梓材などの搬出の道としてあったであろうことは想像に難くない。鎌倉時代の越中、飛騨からの鎌倉街道もこの峠を越えた。江戸時代に入ると、諸本の記録が「飛騨道」と記してこの峠を伝えている。松本藩の地誌『信府統記』は「飛騨越」であり「是ヨリ細尾村（中尾村か）マデ一里半余アリ但シ杣路ナリ」と記している。『斐太後風土記』は「蒲田中尾を経て焼岳間の鞍部を乗越し信州湯屋へ出る」と付図の解説に述べる。湯屋とは文政・天保（一八一八～四四）のころ山麓上湯沢地籍に開発され、飛騨道の憩場として繁盛した湯治場だが、飛騨新道の廃絶とともに閉鎖されている。飛騨新道は天保六年（一八三五）に完成したが、寿命は短かかった。中尾道は狭い杣道を幅六尺（約一八二cm）に改修したに過ぎない。江戸以前の峠道には、天正一三年（一五八五）、豊臣軍に敗れた飛騨の武将・三木秀綱夫妻の秘話が遺る。中尾側山腹にある秀綱神社である。また慶長三年（一五九八）、上州草津の湯で病を癒した前田利家も、金沢への帰路この峠を越えたと『神岡町史』は伝えている。明治二七年（一八九四）、笠ヶ岳試登をようやくの思いで成し遂げたウォルター・ウェストンは「木こりが通る道」と記し、中尾からの道程を楽しげに綴っている。以来一〇〇年を超えて峠道も大きく変わった。昭和三七年（一九六二）の大爆発で旧峠の道は途絶え、北東五〇〇m程に新中尾峠が開かれている。峠とはいえ、その認識は現代にはない。すでに焼岳登山道となって久しい中尾峠である。

地図　二・五万図　焼岳

（小林俊樹）

焼岳《やけだけ》

別称　硫黄岳

標高　南峰　二四五六m
　　　北峰　二三九三m

長野県松本市と岐阜県高山市にまたがる。飛騨山脈の主稜線上を貫く乗鞍火山帯を代表する活火山で、名勝上高地の前衛峰として異端の山容をさらしている。山体を覆う溶岩は、黒雲母安山岩、輝石安山岩、角閃石安山岩などからなる鐘状火山（溶岩円頂丘）である。旧噴火口は山頂のほぼ全域を占める東西に長い楕円形で、火口壁は、

焼岳（上高地田代池から）

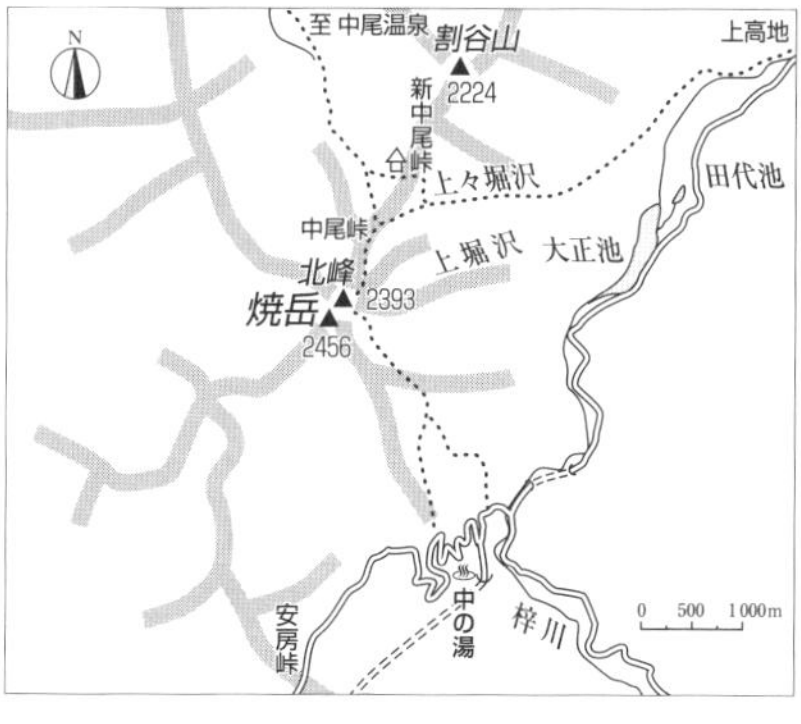

北・北東・南の三つに分かれ、三角点のある南がもっとも高い標高二四五五mの南峰である。火口底には小火口湖・正賀池がある。古生層の堆積岩や花崗岩が標高二〇〇〇m付近まで露出し、ドーム状火山そのものは五〇〇mに満たない。中尾峠を隔てた北側には古い火山の割谷《わりたに》山(二二二四m)がある。

焼岳の噴火記録は、天正一三年(一五八五)以来優に一〇〇回を超える。ことに明治四〇年(一九〇七)から一二年にわたっての頻度は高く、明治四四年(一九一一)の一年間で二十数回を数えている。明治末年から大正初年にかけての予兆的爆発の結末ともいえる山頂南東部の大爆発は、大正四年(一九一五)六月六日午前七時三〇分に起こった。この噴火によって中堀沢に大亀裂が起こり、上高地側に押し出した大量の泥流は梓川を堰止め、長さ一・五km、最長幅一kmに及ぶ大貯水湖を造り出したのである。のちに命名した大正池である。その惨状を松本測候所の記録(大正一二年発行)に見ると、「焼岳南東ノ一角俄然爆発シ多大ノ泥土ヲ吐キ無数ノ土砂岩石ヲ押シ流シ遠ク六百山ニ衝突シ其ノ余波反射シテ梓川ヲ堰《せ》キ止メ一大瀦《ちょ》水ヲ形作レリ名ヅケテ大正池ト云フ其深サ尋余以テ舟筏ヲ浮ブベク亦以テ釣ヲ垂レルニ足ル数十年ノ古木多ク毀損シテ倒レ倒レザルモノハ悉《ことごと》ク泥土ヲ浴ビテ満目荒涼人ヲシテ轉《うた》タ冷血ナラシムルモノアリ……」とある。その後も小爆発を繰り返していた火山は、四七年後の昭和三七年(一九六二)六月一七日午後九時五〇分ごろ再び大爆発を起こし、それまでの上堀沢、中堀沢、下堀沢に加え、小さなガリーに過ぎなかった峠沢を上々堀沢という厄介な沢に変え、皮肉にも上高地の景観形成に重要な役割を果たしていた大正池を埋め立てる結果となったのである。林立していた枯木風景もすでになく、面積も出現当時の数分の一以下となった大正池に押し出される土砂は、年間数十万立方mに及ぶという。この膨大な土砂流を食い止めるため、工事事務所は二〇〇二年秋、コンクリートダムに変わるワイヤーネット式新型砂防施設を設置して運用を始めている。大正池はすでに元の梓川に戻ったといってもいい。

文献上は正保年間(一六四四〜四八)の国絵図に初めて登場する焼岳だが、名称はまちまち。松本藩の『信府統記』には「焼岳峰通国境、飛騨国ニテハ硫黄岳ト云フ」とあり、嘉永二年(一八四九)刊の『善光寺道名所図会』も「焼岳は、常に所々烟を立て、寒天にも雪を不レ置。」などと記す。一方、『斐太後風土記』や陸地測量部初期の地図は硫黄岳を用いている。統一されたのは昭和五年(一九三〇)の修正測図以後のことである。昭和一三年(一九三八)一〇月、この山に登った作家・尾崎一雄は、「ここは地獄みたいだ。こんなところを見て、人は地獄というものを想像したのだろう」と記し「まるで悪夢の中の景色のように晒された岩ばかりの奇怪な眺め、生きて動くものは何一つ無い。虫すらいない」とつづけている。昭和三七年の大爆発以来、二八年間の登山禁止期間(平成二年一〇月解除)を過ぎた今日でも、その状況は変わっていない。いまも北峰南側付近から噴き出す硫黄臭のきつい白煙(主に水蒸気)は絶えない。温度は一〇〇度を超えると聞く。

飛騨の名峰・笠ヶ岳を対面に置く山上の展望は飽きない。風の強い山頂を避け、直下の展望台(硫黄岳)で楽しむのもいい。巨岩を背にしてあったかつての焼岳小屋は跡形もないが、火山弾をまともに受けて傷つき九死に一生を得た小屋番の惨事が、この山の恐ろしさを物語る。小さな新しい山小屋は新中尾峠にある。

この展望台周辺に、焼岳に生きる動物や植物の世界がある。アキアカネを主にするトンボの群れ、めったにあうことはないが、爆発の予兆として現れたというシマヘビ、上空を飛ぶアマツバメ、イワツバメ、眼下の森に住むホンドキツネ、ニホンノウサギ、ニホンリス、オコジョ。ニホンカモシカやニホンツキノワグマも時折出没する。かつてこの辺りに林立していたダケモミ、シラベ、コメツガなどの針葉樹はすべて枯れて、クマザサの中にあったオブジェもほとんどない。爆発後調査された草木を挙げれば、コイチョウラン、タケシマラン、ゴゼンタチバナ、イワカガミ、マイヅルソウ、ミヤマシダ、ハリブキ、アキノキリンソウ、ヤナギランなど。ほかに背の低いミヤコザサ、オンクマザサ、ミヤマコメススキ、クロマメノキ、コケモモなど。酸性に強い植物がほとんどである。

登路　①上高地から上々堀沢左岸を新中尾峠へと辿り(約三時間)、展望台を経て、荒れたドーム状の礫地を急登する(約一時間)。天候や浮石に注意(古典的一般ルート。ただし北峰まで)。

②飛騨側中尾温泉から林道を経て、樹林の中の登山道を約三時間で新中尾峠。途中、右手山峡に白水《しらみず》の滝、登りつめた平地左手に岩体の秀綱神社がある。

③国道一五八号安房峠入り口手前の沢に沿って、ブナ林の尾根を急登する(旧中ノ湯直登ルート)。りんどう平までは難路。アカゲラ、コガラ、ウグイスなどが疲れを癒す。ツガやモミの針葉樹からダケカンバやナナカマドの林を経て、南峰を左に見ての直登。南・北のコルに出る(四〜五時間)。

④国道一五八号安房峠ルートを第一〇カーブまで登る(新中ノ湯上部・標高一六〇〇m地点)。旧林道登山口から一九九八年開削の新中ノ湯ルートに入る。コメツガやシラビソ、ダケモミの原生林の尾根を行く。標高二〇〇〇m地点で旧中ノ湯ルートと出合う(約三時間)。

⑤西穂山荘から尾根づたい(約三時間三〇分)。

地図　二・五万図　焼岳

(小林俊樹)

安房山　あぼうざん　標高　二二二〇m
安房峠　あぼうとうげ　標高　一七九〇m

安房山は長野県松本市と岐阜県高山市にまたがり、乗鞍火山群の最北部に位置する。この山の北西側鞍部に古くから交通の要衝であった安房峠がある。日本アルプスを世界に紹介したウォルター・ウェストンは、明治二五年(一八九二)に岐阜県平湯側から安房峠を越えた。その時の峠道からの風景を「中部日本随一の眺め」と激賞したことが著書『日本アルプスの登山と探検』に記されている。

古く戦国時代には、甲州武田勢の飛騨侵攻ルートであり、その後昭和初年までは、越中富山から信州への魚介類の移入ルートでもあった峠である(富山〜平湯〜安房峠〜白骨温泉〜檜峠〜大野川〜神《ほ》祠《こら》峠〜角ヶ平〜入山〜島々〜松本)。だが一九二九年、梓川沿いに自動車道が開通。追って昭和一三年(一九三八)の峠車道の開通(中ノ湯〜平湯間)によって古いルートは廃れ、峠の交通は徐々に激しくなったが、ヘアピンカーブのつづく峠路は、国道一五八号の最大難所でもあった。しかし、平成一〇年（一九九八）、安房トンネル四・三kmの開通にともない峠も寂しくなり、安房山もますます静かな山となっている。

登路　安房峠から尾根に沿って細い道はあるが、通る人はほとんどいない。松本市役所安曇支所あるいは中ノ湯辺りで、道の状況を聞いた方がよい（峠から山頂まで約一時間）。山頂近くには国土交通省松本砂防事務所の安房山中継所が建設された。安房山山頂から尾根づたいに十石山（約三時間三〇分）、乗鞍岳へと道はつづくが、利用する人は少なく分かりにくい。細心の注意が必要である。

（田中　聡）

地図　二・五万図　焼岳

十石山　じゅっこくやま　標高　二五二五m

長野県松本市と岐阜県高山市にまたがり、乗鞍岳から安房峠への稜線のほぼ中間に位置する。湯川上流のタルノ沢によって乗鞍岳と隔てられてはいるが、乗鞍岳から焼岳までの乗鞍火山群の一部と考えられている。主として含角閃石、複輝石安山岩からなり、山頂付近の飛騨側では崩落が著しく、火山活動の休止期に堆積した火山噴出物の地層を見ることができる。また、白骨温泉方面に流出した溶岩は、スーパー林道で削られた山肌を見ると、古生層の上に不整合に重なっていたり、断層で接する所も見られる。

山頂には十石小屋という立派な無人小屋があり、自由に利用できる。この山小屋は、乗鞍高原に住む青年有志が集まって昭和二六年（一九五二）に建てられた初代の小屋が倒壊して、数十年間利用できなかったものを昭和六三年（一九八八）から三年がかりで再建したもの。

山頂からは乗鞍岳、焼岳はもちろん、槍・穂高の絶景を楽しめる。

登路　白骨温泉北側の幅広い尾根をつめる。登山口は白骨温泉の旅館で聞くとよい（登山口から約四時間）。ほかに稜線づたいに安房峠から尾根を登りつめる道（起伏とヤブこぎの連続で約四時間三〇分）と、乗鞍連峰の大丹生岳（二六九八m）から下る道（約二時間三〇分）があるが、どちらもササで覆われているので注意が肝要である。

（田中　聡）

地図　二・五万図　乗鞍岳

輝（照）山　てらしやま　標高　二〇六三m

岐阜県高山市奥飛騨温泉郷と丹生川町の境にあり、平湯峠から西に向かって大きく延びる尾根上の最高点。平湯温泉の西に聳える山である。

かつては地元の山岳会が主催して、この山の北側斜面から平湯温泉までの乗鞍大滑降が行われていた。

山名は平湯側から見ると、この山の東斜面に朝陽が輝くように当たるところから由来すると思われる。

登路　登山道はなく、無雪期にはササが密生しており、ヤブこぎが厳しい。登山の適期は残雪のある四月ごろ、平湯峠から高山市奥飛騨温泉郷と丹生川町の町境尾根を登る（平湯峠から約二時間）。

（島田　靖）

地図　二・五万図　焼岳

十二ヶ岳　じゅうにがたけ

標高　一三二七m

岐阜県高山市丹生川町のほぼ中央にある。平湯峠から西に長く延びた台地状の尾根は、宮川の支流である荒城川と小八賀川に挟まれており、途中の八本原と呼ばれる台地の西端にこの山は位置する。山頂一帯は市立公園として整備され、展望台も設けられている。山頂の笹山神社は養蚕の神で、北側の高山市丹生川町折敷地集落の住人によって毎年神事が行われている。

山名は尾根や谷が複雑に入り込み、十二の山襞《ひだ》を造っていることに由来する。

登路　丹生川町瓜田から林道が山頂直下まで延びており、急な尾根を登って登頂(林道終点から約三〇分)。ほかに折敷地からの登路もある。

地図　二・五万図　旗鉾　町方

(島田　靖)

乗鞍岳　のりくらだけ

標高　三〇二六m

別称　愛宝《あぼう》山　位《くらい》山　朝日岳　鞍ヶ嶺　権現岳

岐阜県高山市丹生川町、高根町と長野県松本市安曇地区にまたがる。なお、山腹は高山市(旧吉城郡上宝村と旧大野郡朝日村)、長野県松本市(旧南安曇郡奈川村)にまで広がっている。

『日本三代実録』(貞観一五年・八七三)に、飛騨国司が「大野郡愛宝山に三度紫雲がたなびくのを見たとの瑞兆を朝廷に言上した」とあり、この愛宝山とは乗鞍岳のことで、当時より霊山として崇められていたことが分かる。また、古歌などによると、平安から室町時代にかけては位山と呼ばれていたことがうかがわれる。信州側では朝一番に朝日がさす山として朝日岳と呼ばれたが、朝日岳の名称はいまでも山頂八峰の一つに残っている。

乗鞍岳という山名は、正保二年(一六四五)に作られ幕府に提出された国絵図に載ったのが最初の記録とされる。頂がたるんで騎鞍《のりくら》の形をしているところから乗鞍の山名となったのは、飛騨側からの山姿によるとされている。全国に鞍の名が付く山は多く、乗鞍岳はその代表である。

乗鞍岳の開山については確かな記録はない。『乗鞍岳縁起』に大同二年(八〇七)、坂上田村麻呂が乗鞍三座の神に祈願をこめ、その後、建暦二年(一二一二)に社殿が造営されたが、応仁年間(一四六七〜一四六八)以後、次第に荒廃したと伝えている。

乗鞍岳(高山市街から)

寿永二年(一一八三)、木曾義仲の手の者・太夫坊覚明が乗鞍岳奥ノ院に大日如来を安置したことは、大日如来像の蓮台に刻まれた銘に表れている。

その後、鉈《なた》彫りで知られる僧円空が、天和三年(一六八三)、乗鞍山頂の大丹生池に魔神が棲むと恐れられていた言い伝えを払拭するために千体仏を彫り、池に沈め祈禱して迷信を封じたといわれている。またこのとき、魔王岳や摩利支天岳は円空が開山して命名したと伝えられている。その後も修験の山として各所から道が開かれ、多くの行者たちによって登られてきた。

信州側では現在の松本市安曇鈴蘭付近にあった大樋《おおび》鉱山にともなう信仰がある。この鉱山は寛永一七年（一六四〇）から元禄一〇年（一六九七）にかけてもっとも盛んだったとされる。鉱山では金山様の祭りも行われ、朝日大権現を奉斎して毎年七月二日の祭日には乗鞍岳に登って参拝したといわれている。この道が現在の信州側に残る唯一の道である。

戦争中には、旧陸軍が畳平に航空研究所を造るために一九四二年、軍用道路を完成させた。戦後この道路は観光道路となり、一九七三年、岐阜県が乗鞍スカイラインとして二車線の舗装道路を完成させた。また、長野県側でもエコーラインとして一九六三年に畳平まで完成させた。

高山市の歌人・福田夕咲が、「み仏の思惟の姿に似たらずや静けきかもよ岳の夕ばえ」と詠み、乗鞍岳を仏の仰臥の姿に見立てているが、山麓に住む人たちにとって朝な夕なに眺める乗鞍岳は、生活の中に深く溶け込んできた山といえる。

乗鞍岳は山頂部だけでも南北六km余に及び、山名のある山だけでも二三座を数え、七箇所の湖、八箇所の平原が包含されている。北の安房峠から南の野麦峠まで一五km、東西は三〇kmにも及ぶ巨大な山体からなっている。これより流下する谷は、木曾川、神通川、信濃川の源流をなし、南北で分水嶺を形造っている。

乗鞍岳は四つの火山体がほぼ一列に並んだ複合火山体で、山頂部には火口湖や溶岩流によって閉塞された池がいくつもある。主に安山岩質、デイサイト質の溶岩からできていることも特徴の一つである。山頂付近には亀甲砂礫、条線砂礫などの構造土が見られ、日本で最初に発見された山でもある。

独立峰的な山体のため、植物の垂直分布が顕著で、一五〇〇m以下は山地帯のブナやミズナラなどの落葉広葉樹林、一五〇〇～二五〇〇mまではオオシラビソ、トウヒ、コメツガなどの亜高山帯の針葉樹林に覆われ、二五〇〇m以上の高山帯ではハイマツが発達し、高山性の草本、木本性の花が多い。とくにコマクサの群落は二五〇〇mから上部の風衝性荒原などに広く分布しており、この山を代表する花である。

高山市朝日町の行者・上牧太郎之助は一八九五年から一九〇七年にかけて青屋口を開き、石仏百八十余体を安置したとされているが、こうした修験者などによって開かれた道は周辺の各所から通じており、その数は実に一四本にも上る。その中で現在まで残り、利用されている登山道は八本あるが、そのほとんどが飛驒側からである。

一八七七年、英国人技師ウィリアム・ガウランドが、一八九二年にはウォルター・ウェストンが登っているが、いずれも飛驒側の平湯大滝口からの登山であった。なお、一八八九年に陸地測量部が三角点を選点するために登ったルートは、南麓の高山市高根町野麦からであったといわれている。

登路　現在では、乗鞍スカイライン、乗鞍エコーラインを利用する登山者がほとんどで、畳平からのコースが乗鞍登山を代表している。

この道は二七〇二mの畳平から観測用の車道を室堂ヶ原の肩ノ小屋まで歩き、ここから朝日岳の東斜面に付けられた登山道を登る。稜線に出たら蚕玉《こだま》岳を越えて剣ヶ峰まではすぐである（畳平から登り約一時間三〇分）。そのほかに次のコースがある。

野麦口　高根町野麦から牧場を登り、シラカンバ林を進む。樹林の尾根に入って岳谷滝の音を聞いたら沢を渡って左岸に移り、沢の中の道を辿って高天ヶ原を経て剣ヶ峰へ（約六時間）。現在は地元有志の管理ができなくなり、廃道になっている。

阿多野口　高根町のアイミックス・キャンプ場から林道を歩き、終点から尾根に取りつく。樹林帯から高山帯に出て中洞権現で日影平口の道と合流する（約五時間三〇分）。

子《ね》ノ原口　高根町子ノ原の南乗鞍キャンプ場から林道を歩き、終点から尾根を登って奥千町ヶ原（田ノ原）で日影平口の道に合流する（約五時間三〇分）。なお、千町ヶ原には奥千町避難小屋がある。

青屋口　上牧太郎之助が拓いた道で、近年整備された。朝日町青屋から九蔵本谷をつめ、稜線を登り上げて千町ヶ原で日影平からの道に合流する。

日影平口　国立乗鞍青少年交流の家（岐阜県高山市）から分水嶺尾根を歩く。日影峠を越えて枯松平避難小屋へ。ここから丸黒山に登り、いったん桜ヶ根に下ってから丸黒尾根を千町ヶ原へ。中千町を経て奥千町で子ノ原口からの登山道と合流、さらに中洞権現で阿多野口からの道と合流した後、屏風岳の南西を巻いて大日岳との鞍部から剣ヶ峰へ（約七時間五〇分）。

平湯口　高山市奥飛騨温泉郷平湯にある平湯大滝から登ったが、途中、猿飛八丁辺りの崩壊が進み、維持困難となったため平湯スキー場から金山岩に登り、稜線から土俵ヶ原上部の車道に取りつく道に変わった（約七時間）。

番所口　乗鞍高原の鈴蘭橋から鳥居尾根の南面を巻いて登る。県道に出たら、車道を縫うように登って冷泉小屋へ。さらに位ヶ原山荘を経て大雪渓の駐車場からは室堂ヶ原へ直上して畳平からの道に合流する（約五時間二〇分）。

白骨口　長野県松本市にある白骨温泉の遊歩道から登山道に入る。樹林の尾根を登り森林限界に出たらまもなく十石小屋に着く。十石山は小屋から五分。これより剣ヶ峰へのコースは現在廃道となっている。

地図　二・五万図　乗鞍岳　飛驒青屋　朝日貯水池　野麦

（島田　靖）

丸黒山　まるくろやま

標高　一九五六m

岐阜県高山市丹生川町と朝日町の境にある山。乗鞍岳の山頂から西に派生した尾根は、千町尾根、丸黒尾根、そして大尾根と三回も名称を変えて高山市まで延びる長大な尾根である。丸黒山はその尾根にあって、もっとも顕著なピークである。なお、この尾根は飛驒川と神通川の源流に挟まれており、両川の分水嶺となっている。

山名の由来は、その山姿からきているとされる。

登路　国立乗鞍青少年交流の家が登山の起点となる。ここから日影峠経由で分水嶺の尾根を登るが、交流の家の利用者が集団登山をするため登山道の整備は行き届いている（交流の家から約二時間三〇分）。なお、この登山道は乗鞍岳の山頂までつづいており、丸黒山までは交流の家の集団登山が行われるため、よく整備されている。途中、枯松平に避難小屋がある。

地図　二・五万図　飛驒青屋　乗鞍岳

（島田　靖）

野麦峠　のむぎとうげ

標高　一六七三m

岐阜県高山市高根町と長野県松本市奈川地区を結ぶ峠である。元禄五年（一六九二）、飛驒が天領になると、江戸との連絡がいっそう緊密になり、野麦峠の道が重要さを増してきたとされる。のちには江戸街道と呼ばれ、人や物の交流がさらに盛んに行われるようになった。信州へ寒鰤《かんぶり》を運んだのもこの峠であり、また明治から大正にかけて飛驒から多くの女性が岡谷市など信州各地の紡績工場へ働きに出たが、その往復にはこの峠を通った。歳末に雪の峠を越えて郷里に帰る女性たちの列は数百人にもなったという。松本出身の山本茂美は、この女性たちの物語を『あゝ野麦峠―ある製糸工女哀史』に著し、ベストセラーとなった。

このように往来の激しかった野麦街道も一九一一年、中央本線全通、一九三四年、高山本線開通によって交通路としての価値はほとんど失われた。現在は車道が通り、夏には観光客でにぎわうが、昔ながらの旧街道も一部残されており、昔日を偲ぶことができる。峠にはお助け小屋、展望台、ビジターセンターなどがある。

なお、野麦とは峠付近を一面に覆うクマザサのことである。

地図　二・五万図　野麦

（島田　靖）

日影平山　ひかげだいらやま

標高　一五九六m

岐阜県高山市の旧市域と同市丹生川町、朝日町にまたがっている。乗鞍岳山頂からの尾根は千町尾根、丸黒尾根とつづき、日影平山から大尾根となる。飛驒川と神通川の分水嶺はこの山から南に分岐する尾根へと変わる。山頂部は平坦で、イチイなどの大木が立っている。

この山の西側一帯には国立乗鞍青少年交流の家、飛驒高山スキー場、岐阜大学流域環境研究センターなどがある。古くはこの地を日影平と呼び、山名もそこからきているが、現在は飛驒乗鞍高原と称している。

登路　交流の家から林道を歩いて日影峠へ(三〇分)。ここから林道を北へ歩いて一〇分で山頂に達する。

地図　二・五万図　飛騨青屋　（島田　靖）

鎌ヶ峰　かまがみね

標高　二一二一m

岐阜県高山市高根町と長野県松本市奈川地区、木曽郡木曽町開田地区にまたがり、乗鞍岳と御嶽山を結ぶ飛騨山脈主稜線の県境尾根上の一峰である。

山名の由来は、その山姿が釜の底のような形をした双耳峰であるところから「釜ヶ峰」と呼ばれたが、のちにこれが転訛したものとされる。

かつてはうっそうとした樹林に覆われていたが、いまは皆伐されて昔日の面影は山頂部に残すのみとなった。

登路　登山道はなく、野麦峠から県境稜線のヤブをこいで登頂することになる(野麦峠から約五時間)ので残雪期が登りやすい。ほかに高山市高根町野麦から塩蔵谷をつめて登ることもできる。

地図　二・五万図　野麦　（島田　靖）

鉢盛山　はちもりやま

標高　二四四七m

別称　八森山

長野県松本市周辺から南西方向に、鉢に物を盛り付けたような、丸いどっしりした山容を見せる、東筑摩郡第一の高峰である。山頂は長野県木曽郡木祖村、松本市波田地区、東筑摩郡朝日村および松本市奈川地区にまたがる市郡村界であり、山頂直下北北西斜面は松本市安曇地区に属する。

かつては山麓各村の入会地であり、「八森山」の記述も見える。山の中腹一帯を中心に、よく樹木が育ち、多くの森のある山というのが山名の由来である。それが「鉢盛」に変わったのは、山の形からだが、東の鉢伏との釣り合いを考えたのかもしれない。複数の尾根を従えるこの山を水源とする川は、太平洋に流れ込む木曽川の支流・味噌川(木祖村には味噌川ダムがある)と、松本市波田地区に落ちる黒川、旧奈川村への大白川、そして朝日村を下る鎖川の分水嶺で、それぞれが梓川や奈良井川と合流し、やがては信濃川となり日本海に注ぐ。水源涵養保安林でもある。

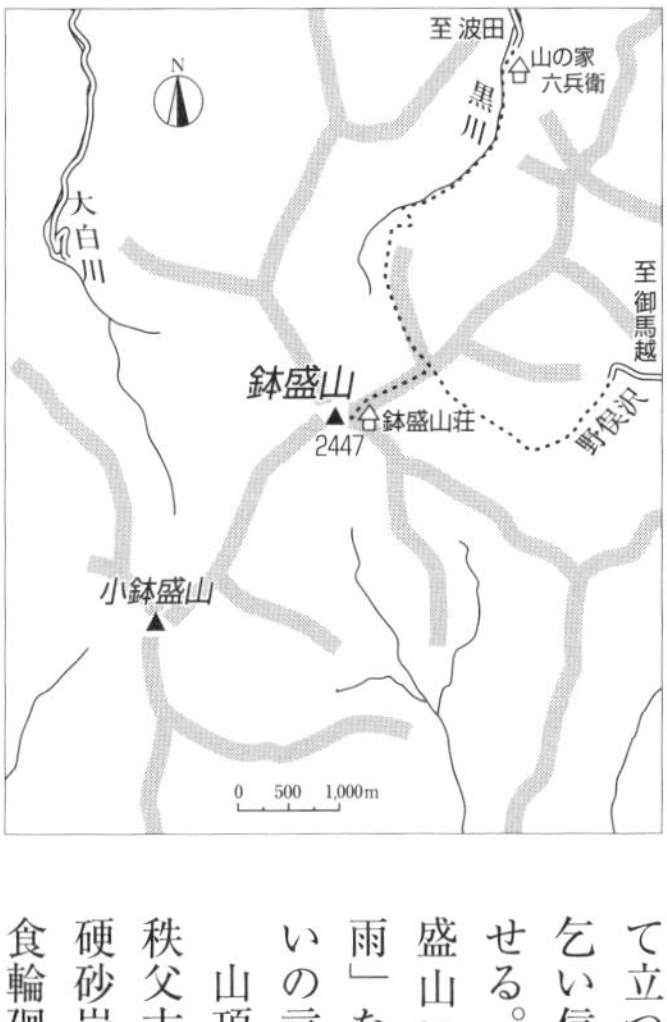

準平原状のなだらかな山頂には、鉢盛権現(蔵王権現)が祀られ、それぞれの村に向かって立つ複数の祠が、雨乞い信仰の往時を偲ばせる。松本平には「鉢盛山に雲が懸かると雨」などという天気占いの言い伝えもある。

山頂一帯の地質は、秩父古生層の粘板岩や硬砂岩で構成され、侵食輪廻の初期の地形を残す。山頂自体の眺望は芳しくないが、反射板のある西寄りからは、乗鞍岳や御嶽、槍・穂高の峰々を心ゆくまで望むことができる。

植生はオオシラビソ、コメツガなどが山頂付近にまで分布し、亜高山帯林の様相を示す。また、山頂北西尾根上には湿地があり、ワタスゲ、アオノツガザクラ、シラタマノキ、エゾリンドウなどが育つ。

登路　東の朝日村御馬越《おんまごえ》から野俣《のまた》沢林道(木祖村と通じていたころは、峰越林道と呼ばれた)をつめるルートと、北西の波田町から黒川沿いに遡上する二つのルートが一般的。野俣沢沿いの鉢盛林道のルートは、朝日村から許可証をもらう必要がある。登山口から約二時間三〇分。一方、松本市波田地区の黒川沿いの林道は、土砂崩れにより平成二六年(二〇一四)七月から新ルートが開通した。登山口手前数百mには山の家六兵衛がある(約三時間三〇分)。このほか冬期には、南西側のスキー場のリフトで高度をかせぎ、ゲレンデトップから小鉢盛山の尾根筋に取りつき、尾根づたいで山頂にアプローチするルートも使われる。朝日村ルートの山頂直前にある村営鉢盛山荘が避難小屋として利用可能である。

地図　二・五万図　古見

(堀金　裕・古幡開太郎)

御嶽・剣ヶ峰

おんたけ・けんがみね　標高　三〇六七m

別称　御嶽山、王嶽《おうだけ》

長野県木曽郡木曽町開田地区、三岳地区、王滝村と岐阜県下呂市、高山市にまたがる半径一〇km以上に及ぶ山群。最高峰は木曽町と王滝村の境に位置する剣ヶ峰で、この周囲に摩利支天山(二九五九m)、継子岳《ままこだけ》(二八五九m)、継母岳《ままははだけ》(二八六七m)、王滝頂上(二九三六m)などの外輪山を配する、乗鞍火山帯最南部に位置する複合成層火山(コニーデ)である。

火山灰土の堆積した裾野は広遠で、とくに長野県側に顕著である。麓の傾斜地には濃い色の火山灰が耕地を覆い、この地で生産されるソバは国内でも有数の良品という。山麓は天然美林でもよく知られ、山の中腹、標高一五〇〇mより低い山麓では、ヒノキをはじめとする木曾五木が多く見られる。その上はネズコ、コメツガとなり、やがて亜高山帯のシラビソ、オオシラビソの森がつづく。山頂から西側の岐阜県側の裾野は、長野県側と比較するとより複雑な地形になっており、平地が少なく、尾根筋は屈曲している。このため岐阜県側では裾野を通る道路の本数も少なく、登山口も限られている。

山名の由来は、修験道の存在と切り離せない。古く修験者たちがこの山に対して使った尊称の「王の御嶽」が「王嶽《おうだけ》」となったことが起源とされる。これがさらに「御嶽」に変わったというのが一般的な説である。現在多く使用される「御岳山」という表記とは別に、ただ単に「御嶽」とする表記がある。これは、「おんたけさん」の「さん」が「山」ではなくて「・・さん」という接尾語だとする考えに基づいたものである。

蔵王権現を祀る御嶽は古くから庶民に広く浸透していた、御嶽信仰の中心地でもあった。数多くの信者がいて、遠く離れていても御嶽が見える峠や山頂には、御嶽信仰の石碑や祠が設けられた。これは遙拝所と呼ばれ、御嶽から遠く離れた場所であっても、その姿を拝もうと信者が作り上げたもので、よく知られているのは、木曾街道の奈良井宿と薮原宿の間を繋ぐ鳥居峠。さらに遠くには、中山道中最大の難所として知られた、和田宿と下諏訪宿の間の和田峠である。

鎌倉時代、御嶽一帯は修験者の修行の場だったが、近世中期からは覚明・普寛の二行者による登山道の整備や、潔斎制度の簡素化により、一般の御嶽講信者も登拝するようになった。こうして御嶽信仰は民間信仰への浸透を契機にますます発展したようである。さらに発展の理由に、国内のほかの山に比較して女性への解放が早かったということが挙げられる。女性の立ち入りが許された数少ない霊場として、多くの信者を獲得していったといわれる。これは現在でも変わらない。夏になると、大型バスで全国から集まってくる登拝者の数の多さは、御嶽の風物詩として全国によく知られている。

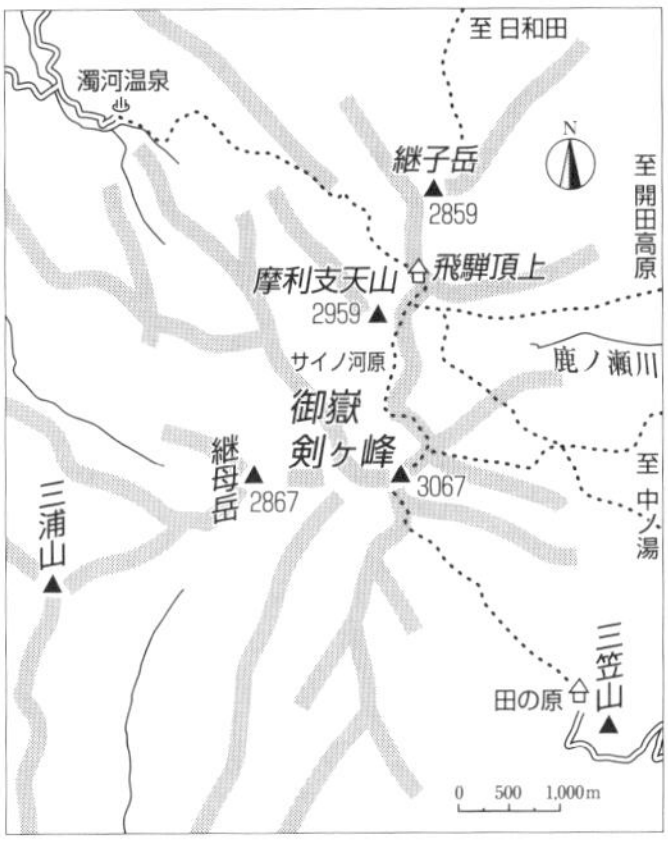

御嶽・摩利支天山(左端)と継子岳(右端)
(御岳ロープウェイ上部から)

鎌倉時代には修験者が、それ以降も御嶽講の信者たちが御嶽に登拝してきた。それ故登頂の歴史は古いが、あくまで登拝であり登山とは異なる。近代史上で最初にここを登山した、もっとも広く知られた人物といえば、ウォルター・ウェストンだろう。ウェストンの登頂は一八九五年八月一三日のこと。ルートは黒沢口を選び、下山は翌一四日。王滝口へと下っている。

御嶽は裾野が広いだけに地理的な特性も、場所によって大きく異なる。標高一五〇〇m付近の裾野では岐阜側でやや急峻な谷筋が延びており、河川の流れも複雑である。水系は、岐阜県側では初め飛騨川へ流れ込むが、やがて木曽川へと合流する。信州側はすべて木曽川が集める。山頂付近には、大小五つの池が点在する。なかでも剣ヶ峰の北にある二ノ池は、水中含有物の作用でエメラルド色に輝く、日本最高地点(二九〇五m)の火口湖である。このほか四つの池もそれぞれ地質的に個性豊かで、ガレ場あるいは発達した湿原などと、それぞれに独特の地形が広がっている。池の周囲の砂礫が多い場所では、イワカガミやイワギキョウが、湿地にはコバイケイソウ、クロユリなど、多種・多数の高山植物が見られ、御嶽の植生の懐深さを示している。

一九七九年一〇月二八日、御嶽は有史以来初めて噴火し、地獄谷に新火口を開いた。さらに五年後の一九八四年九月一四日には、御嶽南東麓を震源とするマグニチュード六・九の地震が発生する。これにより崩落した土砂が王滝川を堰止め、その後復興までに長い歳月を費やした。

その後小規模な噴火が発生し降灰などがあったが、二〇一四年九月二七日に起きた噴火では、剣ヶ峰山頂周辺にいた多くの登山者が犠牲となった。水蒸気爆発による噴石の直撃などで死者・行方不明者は六三名に及び、山岳地の自然災害としては戦後最大の惨事となった。この噴火により御嶽山の噴火警戒レベルを3（入山規制）とした。二〇一五年六月に活動が収まりつつあるとしてレベル2（火口周辺規制）に下げたが、地元の自治体では防災対応として実質的に「入山規制」を継続している。

登路　登路は数多くの選択肢を持つ。長野県側からは、信仰登拝路として古くから拓けていたのが王滝口と黒沢口の二つ。御岳ロープウエイを利用する、鹿ノ瀬口と中ノ湯口が一般に黒沢口と呼ばれ（六合目から約四時間）、田の原口が王滝口と呼ばれている（田の原から約二時間三〇分で王滝頂上、さらに三〇分で剣ヶ峰）。東の開田口からは約七時間かかる。

岐阜県側なら、濁河《にごりご》温泉七合目登山口から飛騨頂上を経て、剣ヶ峰に至るルートが一般的（登山口から約四時間三〇分）。日和田口からのルートは、継子岳に直接アプローチできる。

二〇一五年六月現在、「入山規制」により（現段階では）登山できない。

地図　二・五万図　御嶽山　（堀金　裕・小林俊樹・古幡開太郎）

六郎洞山　ろくろうぼらやま　標高　一四七九m

岐阜県高山市久々野町にある山。山名は山麓の地名からきている。六郎を冠した山は全国に多数あるうちの一つであるが、目立たず訪れる人も少ない山である。

山の南側は広く開けて、以前は秋神牧場としてスズランやレンゲツツジが咲く美しく静かな高原であったが、現在は鈴蘭高原スキー場となり、近くにゴルフ場や別荘分譲地もできて、かつての鈴蘭高原の面影はない。

登路　鈴蘭高原スキー場から高山市朝日町と久々野町の境界尾根に沿う昔からの道は、いまはヤブが濃く荒れているため踏み跡を辿る厳しい登高になる（鈴蘭高原スキー場から約二時間）。

別のルートとして、国道四一号沿いの久々野町大坊から入ることもできる。大坊から長い林道を遡り、ゲートのわきに車を止める。ここから境界標示に従って踏み跡を辿ればよい。ブナ、ミズナラなどの樹林帯を通り、ササの切り開きを抜ければ頂上である（登山道入り口から約二時間）。頂上からは乗鞍岳の展望がすばらしい。

地図　二・五万図　久々野　（伊藤　茂）

高屹山　たかたわやま　標高　一三〇三m

別称　高と山

岐阜県高山市久々野町と朝日町にまたがる。古くは御料林の山であったが、現在は区有林となり、スギ、ヒノキ、カラマツなどの造林がなされている。

山頂は開けて展望がよい。地元では「高と山」と呼ばれており、

「屹」が訛ったものかとも思われる。いずれにしろ、山名は屹然としたその山姿からきている。位山三山(霊山)の遙拝の山である。

登路　高山市久々野町久須母から飛騨川の橋を渡り、林道の終点から尾根へと登る。道はよく整備されている(林道終点から約二時間)。近年、地元有志により道が整備された。

地図　二・五万図　久々野

(島田　靖)

若栃山　わかとちやま　標高　一五九三m

岐阜県下呂市小坂町にある。大洞国有林内にあるこの山はかつては優秀なヒノキ材を産出したが、いまは皆伐されて造林地となっている。この大洞林道わきにある県指定の天然記念樹「大洞の栗の木」は一見の価値がある。

登路　登山道はなく、下呂市小坂町の湯屋温泉から一ノ谷をつめて稜線に上がり、この尾根を辿って登頂(湯屋温泉から約五時間)するか、尾根を挟んで反対側のカラ谷から丈余のヤブをこいで登頂(カラ谷入り口から約三時間)。

地図　二・五万図　湯屋

(島田　靖)

寺田小屋山　てらだごややま　標高　一五〇五m

岐阜県下呂市旧下呂町地域と小坂町の境にある山で、山名の由来は、『益田郡誌』に「昔、寺田小屋という小屋があり、登山者に粥を食べさせた」とあることからきているらしい。

頂上付近には各官公庁の無線塔や反射板が立ち並んでいたが、近年これが衛星通信に取って代わられ、その数が減った。そのため保守点検路の整備が行われず、登山路はヤブが次第に濃くなってきている。

登路　下呂市宮地から乗政川沿いの県道を北上する。乗政鉱泉からさらに最奥の新開集落を過ぎるとキャンプ場があり、付近に乗政大滝がある。原生林に囲まれた落差二一mの立派な滝で、岐阜県の名水五〇選にも選ばれている。林道は谷の最奥で左に曲がってさらに延びているが、この辺りに車を止める。登山道は最初谷に沿って行くが、やがて山腹を巻き、ジグザグを繰り返す尾根道となる。頂上稜線は東西に延びており、これを西進すると頂上である(登山口から約一時間三〇分)。

地図　二・五万図　宮地

(伊藤　茂)

湯ヶ峰　ゆがみね　標高　一〇六七m

岐阜県下呂市旧下呂町地域の東方にあって、山頂直下が崩壊した山肌をさらした山容が目立つ山である。

天暦年間(九四七〜九五七)に山中で温泉の湧出があり、その場所を湯ヶ峰と称した。ところが、文永二年(一二六五)一〇月、この山が噴火し一夜のうちに温泉が止まってしまったが、奇跡的に益田川の湯ヶ淵で湯が湧いているのが分かり、今日の下呂温泉になったと伝えられている。

登路　西側の下呂市大林からと、東側の乗政川沿いの同市長洞口からの二つがある。いずれもしっかりした山道が付いている。大林からは、林道の車止めからスギ林を過ぎて樹林帯の尾根道へ出ればすぐに山頂である。長洞口からは車止めから山道に入り、登りつめた尾根からヒノキ林を抜けて旧火口の崩壊壁の上を辿って山頂に至る（いずれも車止めから約五〇分）。

地図　二・五万図　宮地

（伊藤　茂）

下呂御前山　げろごぜんやま

標高　一四一二m

岐阜県下呂市旧下呂町地域から見ると北東方向にピラミダルな山容を見せている山。旧下呂町地域と下呂市小坂町の境界にあって、阿寺山地の北方に位置している。国土地理院の古い地図には「空谷山」と記載されているが、現在は下呂御前山と変更された。空谷山の山名の由来ははっきりしない。

同じ山地の下呂市萩原町にも御前山があるが、こちらは「萩原御前」と呼び、下呂御前山と区別されている。「御前」と名付けられた山は各地にあるが、主峰に祀られた神仏の遥拝所となる前山という意味があり、下呂御前山は御嶽山を遥拝する山の意である。

登路　下呂市下呂の温泉街から飛騨川支流の阿多野谷の車道を遡り、大洞集落を通り抜ける。さらに倉ヶ洞林道を北上して、山林管理小屋の前に車を止める。ここから登山道となる。スギの造林地をジグザグの急登で四合目まで。いったん林道に出てからコナラやナツツバキなどの樹林の中の本格的な登りがつづく。六合目付近でアセビの大群落を通り抜け、さらに登れば広い主稜線の台地に出る。

ここが九合目の遥拝所跡（一二二三m）で、雨乞いや日和乞いが行われた所である。ここからササを切り開いた登山道となり、山頂直下の高岩権現堂のわきを通り抜ければ、突き出た岩峰の山頂はすぐそこである（登山口から約二時間三〇分）。

山頂には巨岩で造られた祠があり、記念碑も建っている。眼前には泰然とした御嶽山を、さらに乗鞍岳や槍・穂高などの山々、振り向けば白山から伊吹山までを望むことができる。

地図　二・五万図　湯屋　宮地

（伊藤　茂）

御前山　ごぜんやま

標高　一六四七m

別称　五善山

岐阜県下呂市萩原町と小坂町にまたがり、阿寺山地の北方に位置している。萩原町から見ると飛騨川の河岸段丘の南東に聳える山で、同町の最高峰。信仰の山でもある。

東面の小坂川は北に向かって流れ、小坂町で飛騨川に合流して御前山を半周するようにして南流し、木曾川へと注いでいる。

萩原町側は御前山国有林で、かつてはヒノキなど良材の産地であったが、現在は上部にわずかに原生林を残すのみとなり、ほとんどがヒノキやスギの造林地となっている。

「御前」とは、霊山に対するお前立ちを意味し、かつては御嶽教の遙拝所であった。覚明行者がこの山に登って開山を祈願したという言い伝えがある。

山頂には十一面観音の五善観音が祀られているが、織田信長が岐阜城に在城の折、この山が鬼門にあたるとして建立したものとされている。登山口から山頂までの間に三十三体の石仏観音が祀られていたが、いまはわずかしか残っていない。

また、山頂付近にはいくつもの巨石があり、弥生時代の石神信仰の遺物ではないかとする説もある。

登路　西山麓の萩原町上村からと桜洞からの二ルートがあるが、一般的に登られているのは後者である。桜洞林道の終点から桜洞谷に沿って登っていく。途中には「屛風岩」と呼ばれている岩壁があり、これを過ぎた辺りから急登を重ねて山頂に登り着く（林道終点から約三時間）。

地図　二・五万図　湯屋　萩原

（島田　靖）

白草山　しらくさやま

標高　一六四一m

岐阜県下呂市と長野県木曽郡王滝村の境にあって、頂上が緩やかな円丘状をした山である。人気があって登山者も多いが、この山には三角点がなく、すぐ北の箱岩山（一六六九m）にある。

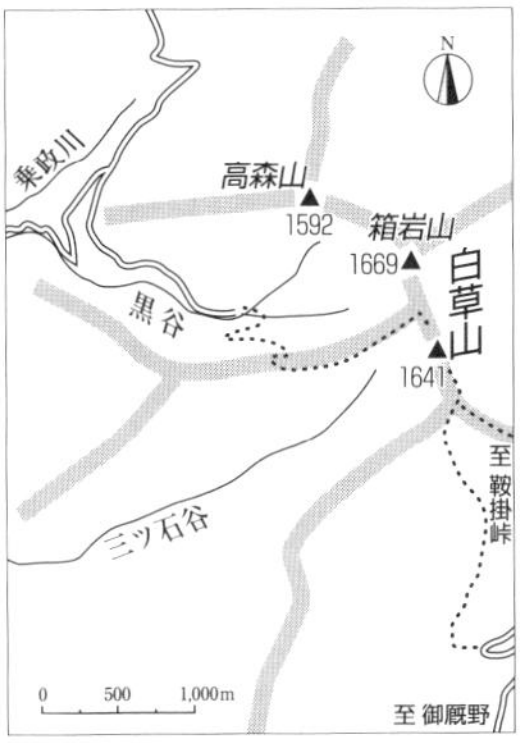

登路　東面の下呂市御厩野《みまやの》からは、御厩野川沿いに県道白草山公園線を北上し、鞍掛林道に入った途中に登山道の入り口がある。ここからヒノキの植林地を急登し、ササの切り開きから樹林帯を過ぎて草原に出れば頂上は近い（登山口から約二時間三〇分）。
別に鞍掛林道を鞍掛峠まで上がり、峠から左へ県境稜線に沿って登山道がある。なお、この鞍掛林道には途中にゲートがあり、一般車輌は通り抜けできない（ゲートから峠まで徒歩で約二時間、峠から山頂まで約一時間）。
西面の下呂市乗政側からは、湯谷温泉から乗政川に沿って北上し、新開集落を経て寺田小屋山方面へ行く林道との分岐点から右の黒谷林道のゲート前まで入る。この林道を約三〇分程歩くと登山道の入り口である。橋を渡り樹林帯の中のジグザグ道を登ってクマザサの尾根に立つと、白草山を望むことができるようになる。やがてモミやコメツガが見られる県境尾根に出る。ここからは御嶽山の雄大な山姿を望むことができる。左に行けば箱岩山、右にとってなだらかな草原の尾根道を行けば広いドーム状の頂上である（登山口から約二時間)。

地図　二・五万図　宮地

(伊藤　茂)

三国山　みくにやま　標高　一六一一m

別称　鞍掛山　さんごくさん

岐阜県下呂市旧下呂町地域、中津川市加子母と長野県木曽郡王滝村との境、すなわちその名のとおり飛騨、美濃、信濃の三国にまたがる山である。

登路　登山口にあたる下呂市御厩野には、元禄のころに関所が設けられて、高山役所から交代で関守役人が来て通行人を調べた所。一九六三年、王滝国有林の材木を運び出すため、御厩野から鞍掛峠を越えて三浦貯水池に至る鞍掛林道が開設され、木曾檜の運搬が盛んに行われた。しかし、この林道は断崖と急カーブの連続で危険なため、一九七四年以降は一般車輛の通行はできなくなった(ゲートから峠まで約二時間)。

鞍掛峠付近一帯は広く伐採されて、ヒノキの植林が行われているものの一面深いササが波打っている。この峠からの御嶽山の展望はすばらしい。ここから左へ伐採跡を行けば白草山へ(約一時間)。三国山へは右の県境尾根を行くことになるが、登山道はササに没してはっきりしない。ヤブこぎを重ねて頂上へ出る(約一時間)。

地図　二・五万図　宮地

(伊藤　茂)

小秀山　こひでやま　標高　一九八二m

岐阜県中津川市加子母と長野県木曽郡王滝村にまたがる。阿寺山地の最高峰で、山頂から御嶽山の展望が非常によい。全山が針葉樹によって覆われているが、稜線付近は風衝性の矮樹林とササ草原となっている所が多い。

登路　この山の西麓にある乙女渓谷のキャンプ場付近に流下してくる二ノ谷沿いに架かる桟道を登る。長い桟道を歩き、その先にある夫婦滝は雄滝の左側を登る。その先の孫滝の所で右岸に渡り、急登して尾根上に立つ。兜岩からは緩い起伏の稜線がつづいており、いくつもの小ピークを越えて登頂(乙女渓谷キャンプ場から約四時間三〇分)。よく帰路に使われている三ノ谷コースは二ノ谷と三ノ谷の間の尾根に付けられており、安全だが単調(乙女渓谷キャンプ場から約四時間二〇分)。長野県側では、山頂から東に派生している尾根を直登するコースが開かれている(登山口から約二時間四〇分)。

地図　二・五万図　滝越　宮地

(高木泰夫・堀　義博)

高時山　たかときやま　標高　一五六四m

岐阜県中津川市加子母にある山。阿寺山地の小秀山から南西に派生する尾根は唐塩山(一六〇九m)で南東に方向を変え、その末端にこの山が位置している。唐塩山との鞍部を木曾越峠といい、かつては御嶽山への美濃側からの登拝路として人の往来が盛んだった。

登路　北麓の渡合《どあい》温泉から木曾越峠へ向かっている谷に沿った林道を遡り、途中の標高一一〇〇m付近でこの林道と分かれて木曾越峠への道を辿る。峠に立った後は稜線を東進して登頂（渡合温泉から約二時間三〇分）。木曾越峠へは西の小和知から林道が通じており、車で入ることができる（木曾越峠から約一時間）。

地図　二・五万図　加子母

（高木泰夫・堀　義博）

高樽山　たかたるやま　標高　一六七三m

岐阜県中津川市加子母と長野県木曽郡王滝村にまたがる。王滝川支流の鯎《うぐい》川と付知川支流の高樽谷の間の山。山名は高樽谷にかかる大滝「高樽の大滝」に由来するものと思われる。

登路　井出ノ小路谷右岸の同名の林道から入り、途中で左に分岐している高樽林道を真弓峠まで辿る。後は県境を南下して登頂。ただし、稜線上はヤブが濃いので一度長野県側の林道を歩いて最初に出合う浅い谷をつめた後、県境に戻るのも一法である。ほかに真弓峠の手前で山頂へ突き上げている谷（樽洞）を遡って登頂するのもよい（井出ノ小路谷林道の起点から約四時間）。

地図　二・五万図　加子母　滝越

（高木泰夫・堀　義博）

井出ノ小路山　いでのこうじやま　標高　約一八四〇m

岐阜県中津川市加子母と長野県木曽郡大桑村、王滝村にまたがる。

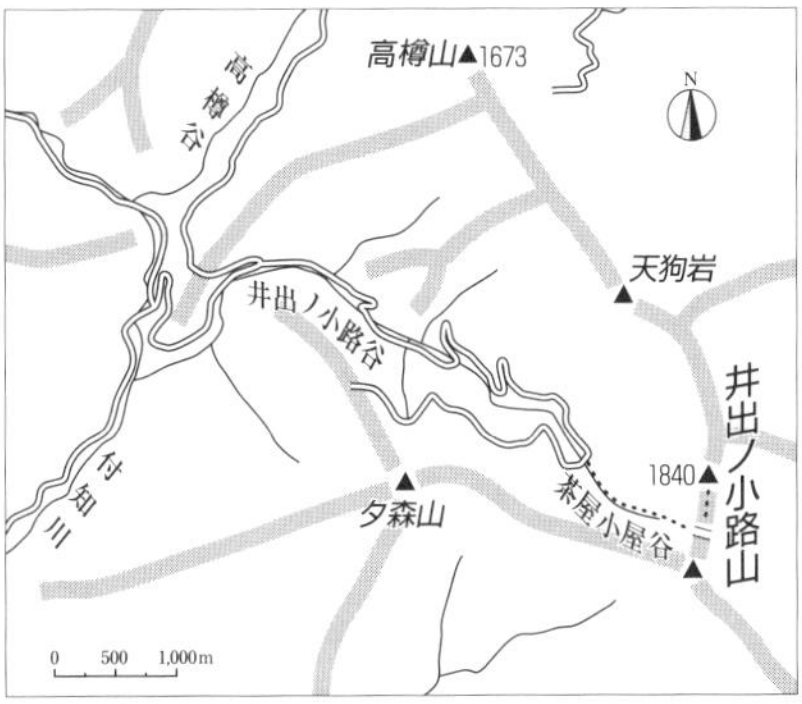

天保九年（一八三八）、江戸城西の丸が炎上したとき、再建のための用材がこの山から伐り出されることとなった。その折、勘定吟味役であった川路《かわじ》聖謨《としあきら》（のちの勘定奉行）がこの山を訪れている。その時したためた『岐阻日記』には「七日晴、五時ヨリ出之小路山江登ル。場所殊ノ外難所ニテ中々以テソバダツノ沙汰」云々と記しているが、どの辺りまで登ったかは不明。

今日なお、全山ヒノキ、サワラなど、いわゆる木曾五木に覆われているが、上部はミヤコザサが優占して登山を困難にしている。

登路　井出ノ小路谷に沿っている林道を辿る。この林道が奥で右岸から左岸に移ろうしている所へ上部から流入してくる谷が茶屋小屋谷で、これを遡る。最初は巨岩の積み重なった谷だが、やがて細い涸れ谷となり鞍部までつめて県境稜線に立つ。後はこの稜線を辿って登頂（井出ノ小路林道起点から約四時間三〇分）。

地図　二・五万図　加子母

（高木泰夫・堀　義博）

奥三界山(岳)　おくさんがいさん(だけ)　標高　一八一一m

岐阜県中津川市川上《かわうえ》、同市付知町、長野県木曽郡大桑村と南木曽町にまたがる阿寺山地南端の山。国土地理院発行の地図では山名が「奥三界岳」となっているが、地元では古くから奥三界山と呼んでいる。かつては全山がヒノキで覆われていたが、皆伐されて以来植生が回復しないままササのみが茂って今日に至っている。

登路　中津川市川上の夕森公園から川上川に沿って遡り、銅穴《どうこ》の滝の先で吊橋を渡って登山道に入り上部の丸野林道に出る。しばらくこれを辿り、イセ谷の源頭を横切る所で古い林道に入る。林道は落石などで非常に荒れており、歩行には注意を要する。尾根を回り込んで行くと小屋がある。ここからはしっかりした登山道になる。県境稜線に出て左折し、県境を辿って登頂。頂上付近にあった湿原や池塘はほとんど干上がっている。(夕森公園より約四時間三〇分)。

地図　二・五万図　奥三界岳　三留野　加子母　付知

(高木泰夫・堀　義博)

雨乞棚山　あまごいだなやま　標高　一三九一m

岐阜県中津川市付知町にあって、阿寺山地の奥三界山(岳)から南に派生し、途中から西に向かう尾根上の山。その山名からして雨乞い神事が行われたと思われるが、現在はこれにかかわる伝承も遺跡もない。

登路　山頂までつづく登山路はない。中津川市付知町尾ヶ平から始まる林道は熊倉谷上部をトラバースぎみに東進して、雨乞棚山山頂の西から南西に派生する尾根の鞍部(標高一一四〇m付近)を越えてさらに東へとつづいている。この鞍部が登山の起点で、南西尾根を辿って登頂。登山道や作業道がないので全行程ヤブこぎを強いられるが、ヤブ自体は大したことはない。(鞍部より約一時間)。

地図　二・五万図　加子母　付知

(高木泰夫・堀　義博)

霧訪山　きりとうやま

別称　きりどん　キリドン山

標高　一三〇六m

木曾山脈の北端・経ヶ岳に連なり、長野県塩尻市の下西条と北小野地区にまたがる山頂は、上伊那郡辰野町との境界でもある。誰が付けたか「霧の訪れる山」とは心憎いが、地元では「キリドン山」とも呼ばれ、近年の里山人気で一躍脚光を浴びた山である。戦国の昔、甲州武田勢の信濃攻略の際は狼煙《のろし》台に使われたといい、松本平は一望の下にある。二〇〇〇年記念の山頂標識には「日本の中心地・分水嶺・名峰三六〇度の展望」などの文字が並ぶ。同時に設置された高さ一mの御影石上の直径五五cmの銅製展望盤が、山頂から望む周辺の山や峠、湖や町や村のおおよそを教えてくれる。古くは山麓 憑《たのめ》(頼母《たのも》＝田の実・稲の実)の里の鎮護・小野神社(信濃二の宮)の境外社(会地社《おうちしゃ》)であり、雨乞いの山でもあった。地元小野小・中学校の校歌に歌う「ふるさとの山」でもある。山体を構成する古生層の地質は、主として粘板岩、硬砂岩の互層で、中に石灰岩が介在している。山頂平坦地に自生するオキナグサ(チゴチゴ)は、縄張りの中に保護されているが、一般に植物保護は行き届いている。登山道沿いの四十数種の樹種のほとんどには、莢蒾(ガマズミ)、瓜膚楓(ウリハダカエデ)、夜叉五倍子(ヤシャブシ)、小葉梣(コバノトネリコ)などと難しい漢字名プレートが取り付けられていて楽しい。

登路　東山麓北小野側からは、小野神社・中学校わきを経て登山口からの急坂を登り、約一時間で「かつとり城趾」に着く。マツ林の中、捩木(ネジキ)、漉油(コシアブラ)、萬作(マンサク)、冬青(ソヨゴ)、令法(リョウブ)などプレートの付いた尾根を抜けて見晴台に出、低灌木の中をひとこぎで山頂に立つ。三〇～四〇分。北山麓下西条側も洞峰、大芝山経由でほぼ同時間で着く。

地図　二・五万図　北小野

(小林俊樹)

経ヶ岳　きょうがたけ

標高　二二九六m

長野県上伊那郡辰野町と南箕輪村の境界にあり、木曾山脈の最北端に位置する。頂上からの南北の尾根は、南は権兵衛峠(一五二二m)の鞍部と交わり、北は塩尻市に至るたおやかな山である。古くから神仏習合の信仰の山で、山頂の石仏、祠、九合目奥の院跡の石組みや、麓の神社、寺院にその痕跡をとどめている。山頂の小社経ヶ岳神社の祭神はつまびらかでないが、伊弉諾、伊弉冉の二神だとの伝承もある。北側の登山道は原生林に覆われ、シラビソやダケカンバの老木で昼なお暗い。

山体は粘板岩やチャートなどからなる。伊那市からの登路八合目の蔵鹿《ぞうろく》の頭《かしら》は、伊那谷一望の地である。

山名は、慈覚大師円仁が登山口である天台宗仲仙寺の観音像を彫り、残りの木片に『如法経』を書き写し、経塚に納めたことによるという。経ヶ岳を源流とする辰野町横川渓谷は、新緑、紅葉が美しい。一九九二年に、横川渓谷の三級の滝から経ヶ岳への登路が開かれ、毎年開山祭を七月二〇日ごろに行い、登山道維持に努めている。

登路　伊那市羽広バス停上の仲仙寺本堂を右にマツ林の中を登る。九合目下の分岐で三級の滝からの登路と合わせ頂上へ（羽広登山口から約五時間三〇分）。別に辰野町横川渓谷登山口三級の滝から黒沢谷、黒沢山（二一二七m）を経て、九合目下の分岐で羽広からの登路と合わせ頂上へ（三級の滝から一〇時間）。三級の滝から上部は台風による倒木があり荒れているので注意を要す。ほかに羽広からの登山路に四合目で合流する。南箕輪村大泉ダムから約四時間四〇分。

地図　二・五万図　宮の越

（徳武裕二）

将棊頭山　しょうぎがしらやま

標高　二七三〇m

別称　しょういがしらやま

長野県伊那市、木曽郡木曽町、上伊那郡宮田《みやだ》村にまたがる。木曽山脈はさらに三十数km北までつづくが、北側の一区切りの山である。長野県伊那市方面から見ると、頂から左右への尾根の形が、将棋の駒の頭の部分に似ているところから名付けられたといわれている。伊那市からの登山道に、牛頭天王《ごずてんのう》と素戔嗚尊《すさのおのみこと》を一体として祀っている津島社祠がある。祠といっても小さな石づくりの祠であるが、地元で古くは飢饉の解消を津島神社に祈願したというから、それと関係があるのだろう。また、山の中のすべてを司るという大山祇《おおやまつみ》神《かみ》も各所にある。人里に近い山で、昔から多くの人がかかわり合った、案外人くさい山だったのかもしれない。

昭和三〇年代の登山ブームのころは、伊那市桂小場から将棊頭山を経由して駒ヶ岳へ、駒ヶ岳からここを経由して下山する人の切れ目がなかったが、千畳敷へのロープウエーができてからは、すっかり静かな山になった。頂上近くには以前、伊那小屋といった新田次郎の『聖職の碑』にも登場する、二〇一二年改築した伊那市営西駒山荘がある。

登路　登山路は北方の権兵衛《ごんべえ》峠からのルート、伊那市横山からのルートもあるが、桂小場からのルート（桂小場から大樽避難小屋を経て約五時間三〇分）と駒ヶ岳から馬ノ背分岐を経て縦走するルート（駒ヶ岳から約一時間三〇分）以外はほとんど使用されていない。

地図　二・五万図　木曾駒ヶ岳

（垣内雄治）

木曾駒ヶ岳　きそこまがたけ

標高　二九五六m

別称　西駒ヶ岳　駒ヶ岳

山頂は長野県上伊那郡宮田村と木曽郡木曽町、上松《あげまつ》町の三町村の境界をなす。木曾山脈の最高峰である。木曾山脈は「中央アルプス」とも呼ばれ、木曾谷では「木曾駒ヶ岳」、伊那谷では「西駒ヶ岳」という。通常「駒ヶ岳」と呼ばれている。

山名は、木曾の自然に育まれた馬「木曾駒」を産する山、また、その山容が駒に似ているところから付けられたともいわれている。伊那谷の人々は、この山に住む神が春耕を告げるため、雪解けとともに現れる「駒形」に乗って里に下る、その「駒」の棲む山だともいう。農事暦である。

人々は常々この山に生活の糧を求めてきた。山仕事、薪とり、山菜、薬草、狩猟、放牧、焼畑、刈敷《かりしき》採取など暮らしと深く繋がっていた。その山の恵みは敬意となり、しばしば起こる天災や人の死が「おそれ」として人心に宿り、敬虔なる山への信仰心が生まれた。いわゆる駒ヶ岳信仰である。

天文元年（一五三二）に木曾上松徳原の神官により、頂上に駒ヶ岳神社が奉祀された。徳原の駒ヶ岳神社では、現在でも七月の開山式に、登山の安全を祈願して神楽が奉納されている。

天明四年（一七八四）に行われた高遠藩の坂本天山による領内検分では、伊那前岳（二九一一m）にある石英玢《ひん》岩に銘文を刻んでいる。「霊育神駿（霊は神駿を育み）、高逼天門（高く天門に逼《せま》る）、長鎮封域（長く封域を鎮め）、維岳以尊（これ岳はなはだ尊し）」。この銘文はいまでも「勒銘《ろくめい》石」として人々に親しまれ、二〇〇年前の登山の感慨を現代に伝えている。

明治三〇年代から心身の鍛練の場として学校生徒による集団登山が始まった。大正二年（一九一三）には中箕輪小学校生徒三七名による登山が行われ、校長とともに一一名が遭難死する事件があった。遭難現場には当時、上伊那教育会が建てた「遭難記念碑」がある。これは「慰霊碑」や「殉難碑」ではなく、「事実を謙虚に受け留め、万難を排して高きを求めるべし」という高邁な教育信条として、今日の集団登山に受け継がれている。現在でも伊那谷と木曾谷の中学校では、綿密な計画と周到な準備の下、毎年の行事として定着している。平成一三年（二〇〇一）度における両地区の中学生による集団登山は、上・下伊那郡内で、駒ヶ岳二七校三六六九名、仙丈ヶ岳七校二四六名、御嶽山一校二一名となっており、木曽郡内では駒ヶ岳一校七〇名、御嶽山六校二四八名となっている。長年にわたり大きな事故もなく継続されているこの一連の行事は、特筆に価する事実である。

昭和四二年（一九六七）に開通した駒ヶ岳ロープウェイは、JR飯田線駒ヶ根駅から一時間程で標高二六一二mの千畳敷カールまで人を運ぶ。いまや各地から観光コースに組み入れられ、多くの観光客が押し寄せており、動植物の生態系維持が懸念されている。四〇年前の千畳敷カールは秘境であり、氷河期より生き延びた動植物には安住の地であった。

右から木曾駒ヶ岳，中岳，伊那前岳，宝剣岳
（高烏谷山から）

いまこの山は、観光登山と自然保護との狭間に立たされている。地質は動物の化石などを含む堆積岩の地下から花崗岩が隆起し、数次にわたる氷河期の侵食により現在の山体が造成された。中粒花崗閃緑岩（木曾駒花崗岩）で山が急峻なため、植物の垂直分布の変化が、狭い範囲で観察できる。

標高一五〇〇mまでの

山地帯はクリ、クヌギ、ケヤキなどの広葉樹と、モミ、ヒノキ、アカマツなどの針葉樹が混生している。

一五〇〇m以上の亜高山帯では大形の針葉樹が主となり、トウヒ、コメツガ、シラビソ、ダケカンバなどがある。

二五〇〇m以上の高山帯にはハイマツ、ダケカンバ、クロユリ、シナノキンバイなどがあり、花崗岩の砂や岩の間にはイワヒゲ、イワツメクサ、オヤマノエンドウ、コケモモ、キバナシャクナゲなどがある。また、エーデルワイスに近いといわれるヒメウスユキソウ(コマウスユキソウ)もある。

動物はアナグマ、ニホンツキノワグマ、ニホンカモシカ、ニホンザル、ホンドイタチ、ホンドオコジョ、ホンドタヌキ、ホンドテン、ムササビなどが生息している。鳥類はミソサザイ、オオルリ、ウグイス、ホシガラス、イワヒバリ、イワツバメなどが生息している。昭和三〇年代まで活動していたライチョウは現在確認されていない。

登路　**内ノ萱コース**　古くから開け、一九一三年に遭難した中箕輪小学校パーティーもこのコースを往復した。伊那市から桂小場経由将棊頭山、遭難記念碑を通り頂上に至る(桂小場から約八時間)。

北御所コース　地元中学生の集団登山が多く利用している。JR飯田線駒ヶ根駅または駒ヶ根高原からバスを利用。北御所登山口から登り、勒銘石、伊那前岳(二九一一m)、中岳(二九二五m)を経由して頂上に至る(北御所登山口から約七時間三〇分)。

伊勢滝コース　宮田村か駒ヶ根市から寺沢林道利用。宮田高原、伊勢滝を通り濃ヶ池経由のコース。駒飼ノ池経由のコース。また北御所コースと合流するルートもある(宮田高原から約七時間三〇分)。

駒ヶ岳ロープウェイコース　JR駒ヶ根駅または駒ヶ根高原からバスにてしらび平まで入り、ロープウェイで千畳敷に登り、乗越浄土、中岳を経由して頂上に至る(千畳敷カールから約一時間三〇分)。

中御所コース　しらび平から中御所谷を千畳敷まで直登し、乗越浄土、中岳を経由して頂上に至る(しらび平から約六時間)。

木曽福島Aコース　木曽福島から駒ノ湯を通り、木曾前岳と駒ヶ岳の鞍部・玉ノ窪を経由し頂上に至る(木曽福島から約七時間)。

木曽福島Bコース　木曽福島から木曾高原新和スキー場を通り、玉ノ窪でAコースと合流し頂上に至る(スキー場から約六時間)。

上松Aコース　上松町から敬神の滝下を通り、金懸小屋から玉ノ窪を経由して頂上に至る(敬神の滝から約六時間)。

上松Bコース　上松町より芦島高原キャンプ場を通り、麦草岳頂上、玉ノ窪を経由して頂上に至る(キャンプ場から約六時間三〇分)。

奈良井口コース　塩尻市奈良井から白川林道に入り、四合目から登り伊那側の桂小場コースと合流する（四合目から約六時間三〇分）。

地図　二・五万図　木曾駒ヶ岳

（瀬戸堯穂・古幡開太郎）

宝剣岳　ほうけんだけ

標高　二九三一m

別称　剣ヶ峰　錫杖《しやくじよう》ヶ岳《がだけ》　尺丈岳

山頂は長野県駒ヶ根市、上伊那郡宮田村、木曽郡上松町の三市町村の境界である。比較的なだらかな山容を持つ木曾山脈の中にあって、唯一アルペン的な風貌を持ち、伊那側は千畳敷カール壁から突き上げ、木曾側は滑川の源流に一気に落ち込む巨大な花崗岩の岩峰。別称「剣ヶ峰、錫杖ヶ岳または尺丈岳」とも呼ばれ、下から見上げた形が錫杖に似ているからともいわれている。

古くから信仰登山の霊峰として開山し、寛政七年（一七九五）には宮田村の小町谷文五郎と唐木五郎右衛門により山頂に不動尊が奉納された。また、文化八年（一八一一）には下諏訪の行者寂本が、山頂に重さ七貫目の錫杖を奉納した。

地質はマグマの固まりが隆起してできた木曾駒花崗岩からなり、数次にわたる氷河期の侵食により現在の岩峰が形成された。

宝剣岳の東側に展開する千畳敷カールは、底面の標高が約二六〇〇m、東西約一七〇m、南北約一五〇m、宝剣岳山頂から三〇〇m余りの標高差を持つ典型的な氷河地形であり、周囲の氷堆石の上にはホテルとロープウエー駅が建っている。夏にはカールの底面にコバイケイソウなどの湿地性植物が群生し、周囲からカール壁にかけて高山植物が咲き乱れる。

宝剣岳周辺はロッククライミングの聖地である。宝剣岳東壁、西面の滑川源流に派生する各尾根や天狗岩などに格好のルートをとることができる。東壁では運がよければヒメウスユキソウと鼻先で対面できる。しかし、ロープウエーの開通以来観光客が多くなり、植物の踏み荒らしや、落石事故防止のために規制が厳しくなった。地元の森林管理署では、現在の規制のあり方を検討中である。シーズンオフの積雪期に登れば千畳敷カール内を自由に歩くことができるが、雪崩には十分な注意を要する。砂だまりや岩の割れ目には、イワベンケイ、チシマギキョウ、コイワカガミ、ハイマツなどが見られる。

登路　JR飯田線駒ヶ根駅と駒ヶ根高原から、しらび平を経由して千畳敷までバスとロープウエーが通年運行している。ここから千畳敷を横断してカール壁を直登、宝剣岳直下の乗越浄土に出て北稜から登頂するのが一般的なコースである。さらに南稜を極楽平から千畳敷に下ることができるが、険しい岩場の連続であり、十分な注意が必要である（千畳敷カールから一周二時間三〇分）。また、この逆のコースもほぼ同じコースタイムで一周できる。ほかにもルー

宝剣岳新雪（千畳敷カールから）

トはいくつかある(木曾駒ヶ岳の項参照)。
毎年元旦にこの付近一帯から見ることができる、富士山の真上から昇る初日の出は絶景である。千畳敷カール内は、四月下旬から五月下旬までTバーリフトが設置され、スキーゲレンデになる。

地図　二・五万図　木曾駒ヶ岳

(瀬戸堯穂)

三ノ沢岳　さんのさわだけ

標高　二八四七m

長野県木曽郡上松町と大桑村の境に位置し、宝剣岳の南西に延びる主脈から分かれた尾根上にある、木曾山脈の独立峰である。
山名は、この山の麓を流れる滑川の支流に一ノ沢、二ノ沢、三ノ沢と奥三ノ沢と名前が付けられているが、このうち三ノ沢が山頂に突き上げていることによるという。高山植物が豊富で展望も抜群である。山頂は巨岩が重なり合う花崗岩の山である。山頂の東側にはカール地形も見られる。

登路　駒ヶ岳ロープウェイで千畳敷駅下車。左側の登山路を辿り、九十九折りの急登で主稜線の極楽平に出て、宝剣岳方面に向かう。ケルンのある三ノ沢岳分岐で、道標に沿って最低鞍部まで下り、再び登って大きな岩を乗り越えると遭難碑がある。さらに左に回り込みお花畑に出ると、その先に山頂がある(千畳敷から約四〇分で極楽平、山頂へはさらに一時間余)。

地図　二・五万図　木曾駒ケ岳

(徳武裕二)

檜尾岳　ひのきおだけ

標高　二七二八m

別称　檜王

長野県駒ヶ根市と木曽郡大桑村の境界に山頂はあり、木曾山脈(中央アルプス)宝剣岳から空木岳に至る稜線上の、ほぼ中間部に位置する。その昔、といっても戦前ころまでだが、伊那谷の猟師仲間では「檜王」と呼ばれていたが、昭和四七年(一九七二)発行の五万図には檜尾岳とある。おそらく檜尾尾根のどこかに、立派なヒノキの大木があったのではないか、とは地元の人たちの話である。
特徴ある山体は中粒花崗閃緑岩(木曾駒花崗岩)からなる。北側と東側を大きな断層で限られた稜線周辺には、周氷河地形(最終氷期の氷河)が残っている。濁沢上流部をはじめ周辺の大きな谷は、いずれも氷食谷であり、山頂の南側には、木曾山脈最大級の二重山稜(線状凹地)が見られる。

登路　直接登る登山道は、伊那側からの檜尾尾根である。檜尾橋を渡り、大きくカーブを曲がった少し先の左手に、登山道の標識がある。設置されたコンクリート階段から山頂まで標高差一六五〇m。かなりの急勾配である。一般登山者の数は少ない。それだけに踏み荒らされず、静かな魅力あるコースである。秋には赤沢ノ頭から上での紅葉が美しい。
昭和四二年(一九六七)夏に営業を開始した駒ヶ岳ロープウェイを使い、極楽平、濁沢大峰を経由して檜尾岳から檜尾尾根を下山路に利用する登山者もいる(檜尾橋登山口から約六時間)。

地図　二・五万図　木曾駒ヶ岳　空木岳

（若尾巻広）

熊沢岳　くまざわだけ

標高　二七七八m

別称　熊沢ノ頭《かしら》

長野県木曽郡大桑村と駒ヶ根市の境界に山頂はあり、木曾山脈（中央アルプス）主稜線のほぼ中間部に位置する。

熊沢岳は以前「熊沢ノ頭」といい、巨岩の積み重なった山頂である。この地域には、いわゆる二重山稜（線状凹地）に代表される断層変位地形が見られる。熊沢岳から南の、本谷《ほんだに》山、伊奈川岳、殿ヶ岳、鞍ヶ岳、本岳山の五山を、駒ヶ根市近辺では通称「熊沢五峰」と呼んでいる。昭和三五年（一九六〇）ごろまでは、三ノ沢岳、檜尾岳、空木岳《うつぎだけ》付近にライチョウの姿が見られたが、近年確認された様子はない。

登路　檜尾岳南稜を下り、大滝山（二七〇八m）への急な岩稜を登る。山頂はおだやかな稜線上にある（檜尾岳から約一時間三〇分）。東川岳からは、熊沢五峰の五つのピークを伊那側、木曾側を巻きながら、全体的には高度を上げながら登る（東川岳から約二時間）。

地図　二・五万図　空木岳

（若尾巻広）

東川岳　ひがしかわだけ

標高　二六七一m

別称　本岳山

長野県駒ヶ根市、木曽郡大桑村の境界に山頂はあり、木曾山脈（中央アルプス）主稜線のほぼ中間部に位置する。木曾の人たちにとって、「東の方から流れる川の奥にある山」ということで山名になったといわれる。東川岳は「熊沢五峰」の一つ、本岳山と思われる。

登路　熊沢岳からは、古くから熊沢五峰と呼ばれる五つのピークを越えて南下する。伊那側や木曾側を巻いていくので高低差は少なく、楽しい稜線歩きである。残念なことは、ハイマツの枯れが目立つ。地球の温暖化によるものか、登山者の踏み荒らしのせいか、白骨をまき散らしたようなすごい所もある。最後のピークは、ガレ場の直登から緩やかな登りで山頂に着く。眼前に空木岳《うつぎだけ》が荒々しく、独立峰のように見える（熊沢岳から約二時間）。木曾殿越（二四八〇m）からガレた急斜面を足元に注意して登ると、約一時間で山頂に着く。この山と空木岳の間に木曾義仲が越えた木曾殿越があり、木曽殿山荘が利用できる。

地図　二・五万図　空木岳

（若尾巻広）

空木岳　うつぎだけ

標高　二八六四m

別称　前駒ヶ岳　ウツギ岳　空木ヶ岳

長野県駒ヶ根市と木曽郡大桑村にまたがり、東側の伊那谷と西側の木曽谷に挟まれてそびえている。

木曾山脈（中央アルプス）を木曾殿越（二四八〇m）で南北に二分すれば、南部の最高峰でもある。

春、伊那谷から見上げると、南東側の沢筋に残雪があり、その雪模様はちょうどウツギの花が咲き乱れるのに似ている。折しも時季

空木岳（空木岳駒石から）

を合わせるように、山麓の三本地蔵界隈《かいわい》のウツギが真っ白に咲き誇る。山名由来には諸説あるが、このあたりが妥当であろうか。

元々明治初期までは、木曾駒ヶ岳から南へ南越百山《みなみこすもやま》（二五六九m）辺りまでを総称して「駒ヶ岳」と呼んでいた（『下信濃国上伊那郡図』）。しかし、木曾駒ヶ岳の名が確定したころから、「前駒ヶ岳」（一九一一年陸測図一／五万図「赤穂」）、のちに「ウツギヶ岳」（上伊那郡町村誌『宮田村』）などと呼ばれてきたが、大正期以降は空木岳に統一された。

この山の北西側に木曾殿越と呼ばれる鞍部がある。伝説によると、治承四年（一一八〇年）、木曾義仲主従がここを越えて大田切城を落とし、さらに美篶《みすず》の笠原頼直を攻めたのが名の起こりだというが、木曾谷側からの入山にはしごく好都合な鞍部である。ここから北方は、東川岳、熊沢岳、檜尾岳を経て木曾駒ヶ岳へとつづいている。

空木岳山頂から東斜面は、空木平と呼ばれる広大な窪地になっており、その中央部はダケカンバ、ナナカマドの林が繁茂する小荒井沢源頭である。この沢は中田切本谷と合して中田切川となる。「たぎり」とは川水が山からほとばしるように勢いよく落ちる意で、この荒れ川の急流は、花崗岩の石や礫を絶えず天竜川に向かって運び落としている。

空木平の北側のへりは池山尾根で、二六五〇m付近には駒石と呼ばれる巨大な塔状花崗岩塊があり、伊那谷に向かって小地獄、大地獄などというおどろおどろしい、痩せた岩尾根へとつづいている。

空木岳山頂から南へは赤椰《あかなぎ》岳（二七九八m）、南駒ヶ岳、仙涯嶺、越百山《こすもやま》へとつづき、西側へは、木曾谷に向かって無数の支稜が張り出し、いずれも急峻で険しい。

この地域は、中央構造帯の内帯に属し、「領《りょう》家《け》帯」と呼ばれる。木曾山脈主要部稜線は全体が花崗岩であるが、北部は木曾駒花崗岩帯、南部は伊奈川花崗岩帯（粗粒花崗閃緑岩）に分かれる。その両者の境界が空木岳である。

境界部では、伊奈川花崗岩に木曾駒花崗岩が貫入しており、黒雲母片麻岩が見られる。花崗岩は風化しやすい特徴があり、山頂付近は、とくに脆い砂礫で覆われている。

高山植物はすこぶる豊富で、山頂から北稜一帯にはツガザクラ、タカネツメクサ、オヤマノエンドウ、ミヤマキンバイ、チングルマ、イワギキョウ、チシマギキョウ、トウヤクリンドウなどが、また、南稜一帯にはタカネツメクサ、イワツメクサ、ミネウスユキソウなどが咲き誇る。

空木平にはクロユリが群生し、ハクサンチドリ、ヨツバシオガマ、ウサギギク、チングルマなどが見られ、さらにクモマベニヒカゲ、ベニヒカゲ、コヒオドシなどの高山蝶も見られる。

しかし、ライチョウの姿は一九六〇年ころからまったく見られなくなった。

登路　伊那谷側からは、駒ヶ根市菅の台(JR飯田線駒ヶ根駅下車後バス一二分、駒ヶ池下車)の空木岳登山口から入山するが、三本木地蔵下の駐車場(一三六五m)までは車が入る。池山避難小屋、新池山避難小屋(ルートから北西へ一〇〇m程入る。二〇〇〇年完成)、マセナギを経て大地獄、小地獄などの尾根に取りつく。迷尾根ノ頭から再び池山尾根の主稜を忠実に辿れば、空木平への分岐点や駒石を経て山頂に至る。所要時間は登山口から七時間余、駐車場からはおよそ六時間。木曾谷側からは、JR中央本線倉本駅から徒歩となるが、二合目笛掛までは車が入る。いくつかの支稜を越え、ウサギ平、北沢を経て木曾殿越に至る。ここからさらに南東に標高差四〇〇mの壁をつめて山頂に至る。所要時間は二合目からおよそ八時間。

地図　二・五万図　空木岳　赤穂　木曾須原

(伊藤　敦)

南駒ヶ岳　みなみこまがたけ

標高　二八四一m

別称　駒ヶ岳

長野県上伊那郡飯島町と木曽郡大桑村にまたがる。

木曾山脈南部では、標高・山容ともに空木岳につぐ第二の高峰。この山名の由来は、木曾駒ヶ岳のように駒の雪形からきた命名ではない。元々「駒ヶ岳」と呼ばれていたが、伊那谷を挟んで東方にある甲斐駒ヶ岳を「東駒ヶ岳」、西方にある木曾駒ヶ岳を「西駒ヶ岳」と言うに及んで、「南駒ヶ岳」と呼ぶようになった。

南駒ヶ岳(後方左)と仙涯嶺(前方右)
(越百山から)

明治四四年(一九一一)、陸地測量部の作図に同行した、当時の飯島村収入役・小林義夫の命名による。爾来、木曾殿越以北を「木曾駒連峰」、以南を「南駒連峰」と呼ぶようになった。

威風堂々、威厳に満ちたこの山一帯は、中央構造帯の内帯、領家帯に属する。美濃三河高原一帯に展開する、連続した一つの岩体としては、わが国最大の規模である。

北側の赤梛岳《あかなぎだけ》(二七九八m)

辺りは石が不均質で、暗灰色の変輝緑岩、白色細粒の花崗岩、複雑に交じり合う片麻岩などで構成される。

東面に張り出す尾根の田切岳から、オンボロ沢源頭にあたる百間ナギ一帯にかけては、赤褐色を呈する珪線石片麻岩を主とする変成岩が露出し、これを貫く灰白色の花崗岩が縞状に重なり合っている。頂上の南東直下に広がる摺鉢窪カールは、新旧二つの氷河地形を有するが、そのモレーン部は大崩落が急速に進み、礫層をむき出しにしている。摺鉢窪カールには避難小屋がある。

春先この稜線一帯の露岩部分の雪が早く溶け、伊那谷側から見ると、横に五人の坊さんが等間隔に並んで見えるところから、「五人坊主」といわれ、大豆の種まきの目安などとして親しまれてきた。

頂上付近にはハイマツ、シャクナゲ、クロユリ、ミヤマウスユキソウ、チングルマ、アオノツガザクラ、ハクサンフウロ、エゾシオガマなどが、また、カールにはウサギギク、ハクサンチドリ、ヨツバシオガマ、クルマユリなど、多種の植物が観察される。さらにベニヒカゲやクモマベニヒカゲなどの高山蝶も見られる。このように動植物の多くの種が保存されているのは、峻険な地形と大衆観光化の遅れのせいであるが、ぜひとも残しつづけたいものである。

登路　伊那谷側からは、JR飯田線飯島駅から市ノ瀬橋まで車が入る。イド沢出合、黒覆山《くろおおいやま》(一九〇六m)を経て摺鉢窪カール、頂上に至る。現在はかなり荒れて険しく、落石も多いので勧められない。所要時間は市ノ瀬橋からおよそ一二時間。

木曾谷側からはJR中央本線須原駅から伊奈川ダムまで車が入る。ニワトリ小屋橋登山口から頂上に至る。所要時間は伊奈川ダムからおよそ七時間。

地図　二・五万図　空木岳　赤穂

(伊藤　敦・古幡開太郎)

仙涯嶺　せんがいれい　標高　二七三四m

別称　檜尾岳

長野県上伊那郡飯島町と木曽郡大桑村にまたがる。木曾山脈(中央アルプス)は古来、三六峰八千渓と呼ばれるように、ピークも多く、谷も深い。

仙涯嶺は、南駒ヶ岳と越百山《こすもやま》を繋ぐ痩せた岩尾根であり、この縦走路以外、直接到達するためのルートはない。

山名の由来は不明であるが、断崖を見下ろす峻険な岩峰は、その頂点に立ってみても、また遠く眺めてみても、いかにも仙人の棲みそうな地の涯《はて》の嶺である。

鋭く天を指す岩塔が連続する痩せ尾根は、風化しやすい伊奈川花崗岩(粗粒花崗閃緑岩)である。そのわりに登山ルートは硬い岩質で形成されており、歩きやすい。山頂から東面にやや張り出した尾根があるが、それも急峻で、西面は今朝沢《けさざわ》谷に向かってすっぱり切れ落ちた、スリリングな断崖絶壁である。

登路　南駒ヶ岳と越百山を繋ぐ縦走路上にあって、ほかに独立した登山路はない。南駒ヶ岳から頂上までは約三・五km、およそ一時間。また、越百山からは約五km、約一時間三〇分の行程である。

(伊藤　敦)

地図　二・五万図　空木岳

越百山　こすもやま

標高　二六一四m

別称　越百山《こしもやま》　越百岳《こしもだけ》

長野県上伊那郡飯島町と木曽郡大桑村にまたがる。木曾山脈南部は空木岳《うつぎだけ》から南へ、南駒ヶ岳、仙涯嶺、越百山と、次第に高度を落としつつ、大平峠、御坂峠《みさかとうげ》などの鞍部を経て、最南端の恵那山で終わっている。

「越百」とは木曾山脈を北から縦走してくると、百もの山々を越えてはるばる到達した感慨深い山の意と思われるが、命名の由来は明らかではない。

稜線一帯は領家帯《りょうけ》に属し、灰白色の伊奈川花崗岩(粗粒花崗閃緑岩)で構成されている。山頂は風化した砂礫帯で植生は少なく、ヒメウスユキソウ、イワツメクサ、トウヤクリンドウなどが散見される。直下はハイマツに覆われているが、ここから南越百山にかけての一帯(二四五〇〜二五〇〇m付近)が、ハイマツ群落の南限とされている。少し下がると針葉樹林にダケカンバが混生し、林床をクマザサが覆う。クマザサの群生のない所には、カニコウモリ、ヤマブキショウマ、オガラバナ、タケシマラン、サラサドウダンなど亜高山植物が生育している。この辺りの冷気は、南からの暖気とぶつかり、霧や雨を発生させ雨量も多い。

山頂から伊那谷側に流れる沢は、飛竜の滝、相生の滝を経て中小《なかご》川となり、与田切渓谷に合流する。この渓谷は急流できわめて険しい。登山路には「かもしか落し」と呼ばれる岩場の難所がある。

登路　伊那谷側は与田切渓谷ルートをつめるが、急峻でガレ場、高巻き、梯子場などがあり、雨後の徒渉には難渋することもある。JR飯田線飯島駅からシオジ平自然園までは車が入る。所要時間はシオジ平自然園からおよそ七時間(二〇一五年現在通行止め)。木曾谷側は、伊奈川ダムから福栃橋登山口を経ておよそ六時間三〇分。山頂手前の稜線上に越百小屋がある。

地図　二・五万図　空木岳　赤穂　木曾須原

(伊藤　敦)

烏帽子ヶ岳　えぼしがたけ

標高　二一九五m

別称　烏帽子岳(地元での通称、国有林地名でもある)

全国には、「烏帽子」と名の付く山は五〇ほどある。その中でも、中央アルプス奥念丈岳(二三〇三m)から派生する支脈の先端に際立つこの烏帽子ヶ岳は、長野県上伊那郡飯島町と下伊那郡松川町の境にあり、形、高度感ともその名にふさわしい一峰だろう。とくに松川町方面からの眺めはよく、地元で親しみを持たれている山である。

登路　登路は下伊那郡松川町側の鳩打峠からだけだったが、飯島町側から横沢林道経由の新道が、二〇〇一年秋に開かれた。飯島ルートは七合目(一八四五mピーク)で松川ルートと合流するが、岩場も多くやや難路。ともに山頂まで約三時間三〇分である。

(補記)　松川ルートには鳩打峠から一時間程の地点に小八郎岳(一四七〇m)があって、伊那谷と南アルプスの大展望台である。山名の由来となった当地の豪族・片桐小八郎にはいろいろな伝承がある。烏帽子から先の池ノ平山(二三二七m)、奥念丈岳にかけては、いまも訪れる登山者は少ない。深いクマザサの中に踏み跡がつづくが、一帯の最高峰・池ノ平山には山上池がいくつか散在し、周辺のシラビソなどと幽玄の雰囲気を醸し出している。近年、ササ刈りの地元ボランティア・念丈倶楽部が登山道整備を進め、念丈岳から大島山（二一四三m）、本高森山（一八九〇m）経由で高森ゴルフ場まで周回コースを利用できるようになった。

（菊地俊朗）

地図 二・五万図　安平路山

風越山　かざこしやま　標高　一五三六m

別称　風越嶺《かざこしみね》　ふうえつざん　権現山

長野県飯田市街地の背後に、形よく盛り上がった木曾山脈（中央アルプス）南端の一峰。飯田市のシンボル的存在で、広く市民に親しまれている。毎年、体育の日に行われる登山マラソンは伝統がある。

この山の前山、虚空蔵《こくぞう》山（一一三〇m）の西方一帯は、ベニマンサクの自生地で知られる。葉の形が丸いので別名マルバノキともいい、紅葉と同じ時期の一〇月に、紅色の星形の花を咲かせる。しかも前年結実した実がこのころになって熟し、種子を落とす。ひと秋に、散る、咲く、実るの三役を演じるベニマンサクは一属一種の落葉灌木。日本列島での分布は、飯田が北限と見られ、全山を真紅に染める見事さから、長野県は天然記念物に指定している。山頂付近にはブナ林も残る。山体は粗粒花崗閃緑岩（伊奈川花崗岩）からなる。

山頂近くにある白山権現奥宮は室町時代の造営で、本殿は国の重要文化財。また、南麓の大休《おおやすみ》からの登山口にある「猿庫《さるくら》の泉」は、日本の名水百選に指定されている。白山神社の例祭とベニマンサクの花が重なる一〇月は、花見と参拝を兼ねたハイカーらでにぎわう。

登路　登路は六つあるが、表参道押洞コースと白山神社コースの利用者が多い（いずれのコースも山頂まで約二時間三〇分）。登山口から一時間程の虚空蔵山は南アルプスの展望がよい。

（菊地俊朗）

地図 二・五万図　飯田

安平路山　あんぺいじやま　標高　二三六四m

別称　あびろじやま

長野県飯田市と木曽郡大桑村にまたがる。国道一五三号や中央自動車道からはほとんど見えない。飯田市郊外の天竜川東側の高台に立てば、前衛の山々の向こうに見えるが、奥深い山である。

摺古木山と越百《こすも》山、念丈岳（二二九一m）の間に位置する。派手ではないが、海抜から見ると木曾山脈南部の中では主要な山である。北側の念丈岳方面から行っても、南側の摺古木山から行っても深いササに悩まされる。頂上はかなり広く、周囲は巨大なツガが生え、地面は背丈を超えるようなクマザサで一面が覆われていて、どこが頂上かはよく分からないが、頂上の石の標識はササをきれいに刈り払った広場にある。朽ち果てた倒木が多いことから、かつては濃い樹林帯だったことが分かる。そのころはその名のとおり、樹林帯の中のすばらしい広場だったのではないだろうか。

登路　頂上は、北部から越百山、念丈岳を経由するか、大平宿から摺古木山を経由することになるが、後者が最短コースである。

どちらのコースも、ササが深くルートが不明瞭である。かつては東側の沢筋からのルートもあったというが、いまは廃道となっている。南東およそ二㎞のピークにマイクロ波の反射板があり、標識もそうなっているが、ササに占領されているためルートを見つけることは不可能である。

（垣内雄治）

地図　二・五万図　安平路山

摺古木山　すりこぎやま　標高　二一六九m

長野県飯田市と長野県木曽郡大桑村にまたがる。もっと南には恵那山があるが、大平峠、清内路《せいないじ》峠が間にあるため　木曾山脈の主脈を一区切りする山である。「御料局」と記された三角点標識がある。前衛峰が多く、奥の深い山であるから飯田市郊外の天竜川東側の高台に立たなければ、眺めることはできない。

この山は黒雲母花崗岩よりなり、木曾谷南部と同様雨量が多いため、風化が激しく砂状の山で、崩落地が多い。

北部木曾山脈の山容と異なり、緑豊かな中にたくさんの崩落地を見て、その形から地元では「すりこぎ」と命名したのだという。

すぐ南側の大平峠や清内路峠は、江戸時代には幕府の命令で動員された伊那三〇箇村の農民が、木曾の中山道を通る参勤交代の荷物運搬の助郷人夫として往来した峠である。また、登山口の大平宿は木地師の集落として始まり、炭焼き、旅籠、茶店など最盛期には三〇〇人くらいの人々が住んでいたというが、経済構造の変化、定期バスの廃止などが重なり、昭和四五年（一九七〇）に二五〇年の幕を閉じた。

山稜一帯は長野県の自然園に指定されており、休憩舎や指導標が十分ある。春はシャクナゲの花がハイマツやササの中に美しい。

登路　登山ルートは大平宿から黒川を遡るルートがある（林道終点から頂上まで約一時間三〇分）。頂上からは木曾山脈南部から北部までの眺めがよい。

（垣内雄治）

地図　二・五万図　南木曾岳

南木曾岳　なぎそだけ　標高　一六七九m

別称　金時山　泣きびそ岳　あげろうやま（揚籠山）

長野県木曽郡南木曽町にある。「木曾三岳」の一つ。御嶽や木曾駒ヶ岳より一〇〇〇m以上も低いのに三岳に数えられるのは、木曾山脈（中央アルプス）の主脈から離れて、峻険な岩場に囲まれた特色のある山容が、近くの馬籠峠や妻籠宿を往来する中山道の旅人に強い印象を与えたせいでもあろう。

坂田金時伝説は箱根の足柄山が舞台と思われているが、地元では南木曾岳こそ本家といってはばからない。巨岩の一つに「金時岩」の名があり、「金時山」の別称もある。

この山は「蛇抜け」と呼ばれる土石流災害に再三見舞われている（二〇一四年にも発生）。年平均二五〇〇㎜に達する多雨と急崖が相まって、集中豪雨の都度、土石が押し出す。その逆作用で傾斜地に強いネズコ（クロベ）などが生き残って群生し、サワラ、コウヤマキの巨木とともに、いまでは数少なくなった木曾五木の天然見本林でもある。ブッポウソウの棲む深山としても知られる。

登路　江戸期から修験者は入っていたが、一般登山道が整備されたのは昭和も四〇年代になってからである。長い鎖場、梯子が各所にある。利用者が多いのは蘭《あららぎ》からの周回コースで、登り約三時間。JR中央本線南木曽駅近くの上野原コースは約四時間。晴れた日は伊勢湾や中央アルプスの展望がすばらしい。

地図　二・五万図　南木曾岳

（菊地俊朗）

富士見台　ふじみだい

標高　一七三九m

岐阜県中津川市神坂と長野県下伊那郡阿智村にまたがる。山頂部はスズタケが優占する草原で、かつて夏期には放牧も行われていた。

なお、この山の南を通る神坂《みさか》峠は、古くから東山道の難所として知られていた。「恵那山」の項で詳述。

登路　神坂峠からほぼ県境稜線を北上して登頂。山頂付近は夏期キャンプ場としてにぎわっている。

なお、この稜線上には中津川市所有の神坂小屋、神坂山（一六八五m）の西には阿智村が管理する万岳荘と二つの山小屋がある（神坂峠から約五〇分）。

地図　二・五万図　伊那駒場　中津川

（高木泰夫・堀　義博）

恵那山　えなさん

標高　二一九一m

別称　胞山　覆舟山　野熊山

岐阜県中津川市中津川と長野県下伊那郡阿智村にまたがる美濃第一の高峰で、木曾山脈の南端に位置する。

恵那山は「胞山《えなさん》」とも表記し、その起こりは天照大神《あまてらすおおみかみ》ご降誕の折に胞衣（えな・胎盤の意）を埋めたことによるとされている（『吉蘇志畧』）。覆舟山《ふなふせ》は伊勢湾から望むと山姿が船を伏せたように見えるところから名付けられたものであり、野熊山は信州側の呼称。

山麓の中津川市川上《かおれ》には恵那神社があり、『延喜式神名帳』にも挙げられ、明治維新前は恵那郡の総社として勢威を振るったが、一八七三年以降は郷社と定められた。山頂にはその奥社である恵那神社本社がある。

この山の北肩を通る神坂峠《みさか》は、中津川市落合と阿智村園原を結ぶ東山道の難所として知られていた。記紀の英雄・日本武尊《やまとたけるのみこと》も東征の帰途にこの峠を越えたとされている。『万葉集』では西国に赴く防人が、「ちはやふる神の御坂に幣奉《ぬさまつ》り斎《いは》ふ命は母父《おもちち》がため」（巻二〇）と歌っているほか、藤原俊成、宗良親王、能因法師などの歌人もこの峠の険難さを詠んでいる。

ほぼ南北に連なる山頂稜線の西側の谷はいずれも木曾川に注ぎ、東側の谷は阿知川となって天竜川に流入している。

山体は中・古生層が基盤となり、その上に蛇紋岩（濃飛流紋岩）が覆っている。

西面は江戸初期まではヒノキやモミの美林で覆われていたが、以後、略奪的な乱伐が重ねられて荒廃したまま今日に至っている。山頂付近ではトウヒやウラジロモミ、コメツガなどの針葉樹のほか、ベニドウダン、サラサドウダンなどの落葉小灌木も見ることができるが、冬の季節風が強いため樹木の生育が三～四m程度に抑えられている。標高二〇〇〇m付近のトウヒ林ではバイカオウレンが林床を覆っており、五月下旬の花期は見事である。山頂付近に見られるオサバグサは、この恵那山が南限とされている。

登路　旧登山道は中津川市川上から正ヶ根谷を遡り、地形図上の一八〇一m（八右衛門の頭）から西に垂下する尾根を急登した後、北東へ稜線を辿って神坂峠から来る登山路と合流するものであったが、

恵那山（中津川市街から）

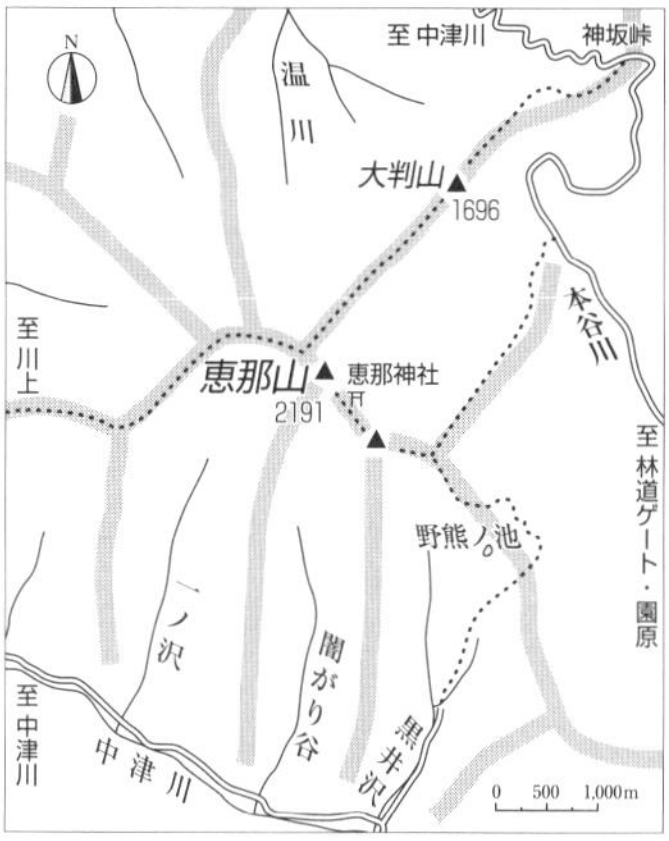

著しい難路で登頂には長時間を要した。一八九三年五月一〇日、ウォルター・ウェストンが在日英国人二人とともにこのルートで登っている。

なお、『日本アルプスの登山と探検』にある「しょうがに谷」は「正ヶ根谷」の誤りである。一九〇二年に中央線が中津川市まで開通すると登山ブームが起こり、中津川駅前には登山案内所ができて案内人が常駐するほどになった。

この旧登山道は危険な箇所があり、時間もかかるので一九五九年に新しく中津川支流の黒井沢から登るルートが開発され、旧登山道は廃道となった。近年、ウェストンが恵那山登山の出発点とした川上に記念公園ができ、それを機会に地元山岳会によって旧道も現在は復活されている（川上から山頂まで約七時間）。

新しいルートは当初は黒井沢をつめて尾根に出ていたが、その後東寄りの野熊谷から野熊ノ池を経由するコースに変わった。

黒井沢の出合にはゲートがあって自動車を乗り入れることはできない。この沢に沿った林道を歩いた後、途中で登山道に入る。沢沿いの道から急登して尾根の上に出ると野熊ノ池。ここからカラマツ林のジグザグ道を登り切ると眺望が開ける。やがて道は山頂の南面を巻くようになり、トウヒなどの針葉樹林帯に入る。これを巻き切って避難小屋の前に出た後、南下して登頂（登山口から約四時間）。

また、神坂峠からも県境稜線上に登路がある。この峠へは中津川市霧ヶ原から長野県下伊那郡阿智村園原に通じる林道を利用するが、峠にはゲートがあって、長野県側には通過できない。長野県側には一一五〇m付近にゲートがある。峠からは鳥越峠、ウバナギ（ナギ

は崩壊地の意)、大判山、天狗ナギを経た後、旧登山道と合流して山頂に達する(神坂峠から約四時間三〇分)。

なお、信州側にも神坂峠越えの林道の長野県側のゲートを起点とした登山道が開設されている。林道を約三〇分歩き、一二六六m付近で本谷川を渡り、恵那山南東稜線上の二〇七一m地点から北東に垂下する支尾根を直登するルートである(登山口から約三時間三〇分)。

地図　二・五万図　中津川　美濃焼山　伊那駒場

(高木泰夫・堀　義博)

三階山　さんかいさん

標高　一九四三m＊

別称　恩田大川入山

岐阜県中津川市阿木、長野県下伊那郡阿智村、平谷村にまたがる。大川入山の北方の県境稜線上にある。

登路　あららぎ高原スキー場(下伊那郡阿智村)が起点である。これより三階山と大川入山を繋ぐ稜線から東に派生する尾根上の登山道を辿る。この稜線に出た所で右折して阿智村と平谷村の境界尾根を北進して登頂。なお、この間は登山道がないので、ヤブこぎを強いられる(あららぎ高原スキー場から約三時間四〇分)。

地図　二・五万図　浪合

(高木泰夫・堀　義博)

＊本標高は旧名古屋営林支局が平成四年に作成した地図による。

大川入山　おおかわいりやま

標高　一九〇八m

長野県下伊那郡平谷村と阿智村にまたがる。木曾山脈南部の恵那山のさらに南に位置し、一九〇〇mの高さをわずかに超える。山頂部はトウヒ、ツガの大木が残り、亜高山帯の植生を留める。平谷村側の柳川は矢作川の源流をなし、旧浪合村側の大川入川は天竜川の支流・和知野川の源流となっている。山頂の南と西は原生林を伐採した後に生えたササに覆われて、さえぎるもののない展望が得られる。北西の季節風に痛めつけられて矮小化した木が高山の趣を醸し出している。主に中京や三河、浜松方面からの登山者が多い。

昭和四〇年代半ばに治部坂峠から横岳(一五七四m)、大川入山を経て蘭《あららぎ》平へと村境を切り開いたことで一般に知られるようになった。奥山のさらに奥深く、人々の生活に馴染みのない山として扱われていたようである。

山名の「入」は谷の奥、山寄りの意味があり、木曾の大棚入山など各地に見られる。山名は実態そのままを名付けたものだろう。南の蛇峠山の一角から見る山容は秀麗で、名山の風格がある。

登路　治部坂峠から横岳を経由して稜線づたいに登るコースと、あららぎ高原スキー場からのコースが一般的である。治部坂峠コースで登り約三時間弱を見たい。公共交通が不便なので車が便利。

地図　二・五万図　浪合

(中村庸男)

焼山　やけやま

標高　一七一〇m

岐阜県中津川市阿木と恵那市上矢作町にまたがる。恵那山と中津川を挟んで対峙する山。皆伐後植生が回復せず、全山ササに覆われている。

登路　以前は東の上手山峠から稜線上に切り開きがあったが、それも廃れて再び激しいヤブに戻った。近年、恵那市上矢作町の阿岳本谷から登るルートが拓かれたのでこれを紹介する。ゲートから阿岳本谷に沿った林道を約六km辿った先に砕石場跡がある。その先が登山口で、一六七〇mのピークから南東へ派生している尾根を直登する。頂上までササは刈り払われている（ゲートから約三時間四〇分）。

地図　二・五万図　美濃焼山

（高木泰夫・堀　義博）

蛇峠山　じゃとうげやま

標高　一六六四m

長野県下伊那郡阿智村、平谷村、阿南町の三町村にまたがる。珍しい山名である。その昔、地元蛇出《じゃで》という屋号の農家にいた大蛇が、体が大きくなったので、山頂付近にあった池に引っ越したという伝説から名付けたらしい。登山の起点となる治部坂《じぶさか》峠は、飯田・岡崎を結ぶ旧伊那街道の要衝。長い間、関所も設けられていた。しかし、いまやこの山の山頂部に通信施設を建設したのに合わせて開削された車道が、ほぼ山頂にまで達している。途中の馬の背（一四五七m）で一般車は乗り入れ禁止だが、遊歩道経由で山頂まで四〇～五〇分。軽いハイキングの山になった。

「ツツジ踏み分け蛇峠山へ登れば見えます伊勢の海」は浪合音頭の一節。実際に伊勢の海が見えるのは、気象条件の極めてよい日に限られるようだが、眺望のよさがこの山の「売り」である。山頂に鉄板で展望台を組んであり、御嶽から赤石山脈、三河、浜松方面も一望である。

というわけで、山頂一帯は通信、テレビのアンテナが林立している。もっとも戦国時代、武田信玄が造ったといわれる狼煙《のろし》台跡もあるので、往時から通信の山であった。「南信の軽井沢」ともいわれ、山腹には別荘や観光施設が目立つ。シラカンバの下にレンゲツツジが咲き乱れる六月と紅葉時は、中京方面からの観光客がこの山を埋める。

地図　二・五万図　浪合

（菊地俊朗・中村庸男）

天狗棚　てんぐだな

標高　一二四〇m

愛知県北設楽《したら》郡設楽町津具と豊田市稲武町の境界にまたがる。三角点は最高点になく、北部の長野県下伊那郡根羽村との境界の一二二九・七mの低まったピークにある。標柱には「一二〇〇高地」とあるが、古くからの登山者は「天狗棚の奥山」と呼ぶ。どちらも短時間で登ることができるため、面ノ木峠を拠点に両方を組んで歩かれることが多い。

愛知県の山はすべて低く、標高一二〇〇mを超える山はわずかに茶臼山周辺と天狗棚周辺に限られる。冷温帯という気候から植生にも特徴が見られる。愛知県では珍しくなったブナの天然林が残されていることである。ブナとスズタケが優先する太平洋型ブナ林といわれる。環境省の調査では、樹高が尾根筋で一六m、沢筋で二六mにも達するとの報告がある。ブナの巨木の樹齢は二百年から三百年にもなっている。このため天龍奥三河国定公園の特別地域に指定されている。

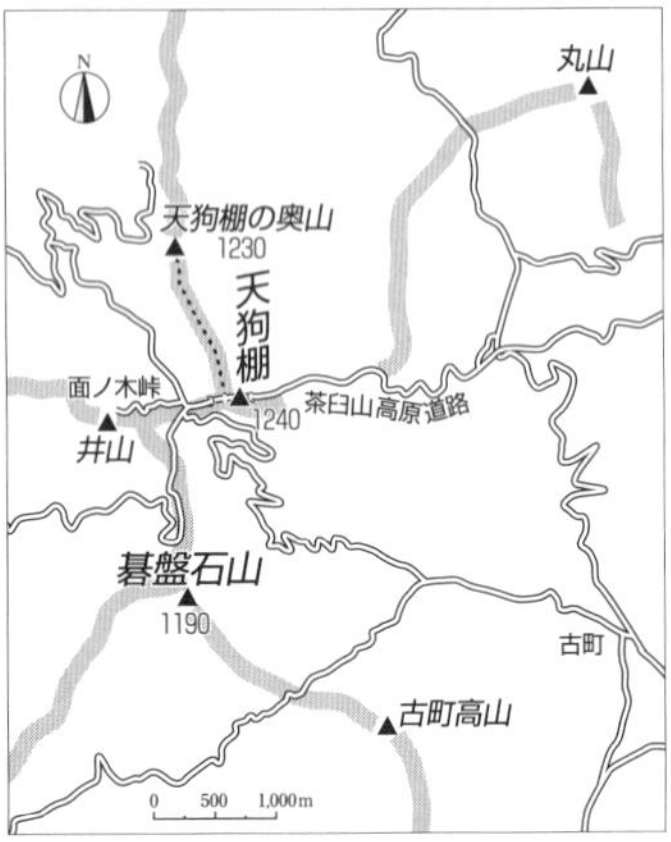

　面ノ木峠一帯は江戸中期から大正にかけて、ケヤキ、モミ、ツガ、トチなどの原生林を目当てに、近江から木地師の一団が移住して居を構え、椀、盆などを生産した。大木の幹に大きな面が彫られていたところから面ノ木峠の地名が付いたといわれている。峠の北西には木地山や月ヶ平(槻《つき》・ケヤキの一種)の地名が散見されて往時を偲ばせる。

　登路　茶臼山高原道路の面ノ木駐車場から園地を横切り、ブナ、ミズナラの樹林帯を通り抜けて約二〇分で大岩峰上の展望台に着く。眺望が開け、碁盤石山、茶臼山など奥三河の山々と津具盆地を望むことができる。展望台からは稜線の道を急登すると約一〇分で天狗棚山頂に着く。さらにブナ、ミズナラの稜線を北に行くと約三〇分で三角点に着く。

地図　二・五万図　根羽

（出原　朗）

碁盤石山　ごばんいしやま　標高　一一九〇m

愛知県北設楽《したら》郡設楽町の旧設楽町地域と同町津具にまたがる。山麓はスギ、ヒノキが植林されているが、三角点の埋まる山頂付近は雑木林が残り、往時の雰囲気を保っている。

　登山口のある設楽町納庫《なぐら》は標高六〇〇m前後の高原の村で、田園風景が美しい。中央部を名倉川が流れ、矢作川に注ぐ。東の旧津具村側は急峻な地形となっており、天竜川水系の支流・津具川に流入する。県下の一〇〇〇m超の山は北設楽郡内に集中しており、ほぼ中心にある。展望は磐座《いわくら》付近からと山頂から木戸洞峠に向かっていったん下り、登り返すと眺めのよいピークに立つことができる。

　山名の由来はここに棲んでいた碁の強い天狗が、村の碁名人に負けた悔しさから碁盤の大石をひっくり返し、その石が散乱したことに由来するという。碁盤石は縦横高さとも約二mの花崗岩である。しかし、史実(平安時代から鎌倉時代)では山伏の修行の山で、山頂近くの大石は上代祭祀の遺跡で、碁盤石は祭りの中心の磐座であり、「天狗のお屋敷」は祭りの場であった。設楽町では一九六八年二月一日「町指定史跡碁盤石山の磐座」として有形文化財の存在を広く一般に紹介した。

　登路　設楽町納庫から笹暮峠への途中から登山道が通じている。約一時間三〇分。ほかに西納庫から茶臼山高原道路途中から木戸洞峠経由で登ることができる。約四〇分。

地図　二・五万図　根羽

（磯村義宣）

茶臼山　ちゃうすやま

標高　一四一六m

別称　ブナ立山

愛知県北設楽《したら》郡豊根村と長野県下伊那郡根羽村にまたがる。長野県最南端の山であり、愛知県の最高峰である。

山頂付近一帯は茶臼山高原と呼ばれ、愛知県の屋根ともいわれている。一九六六年に天龍奥三河国定公園に指定され、四季を通じてレクリエーションの場となっている。とくに茶臼山高原道路が一九八一年に開通して以来、名古屋、三河近郊からの観光客が増えた。バンガロー、キャンプ場、愛知県下唯一のスキー場も開設されて愛知県側の開発が進められている。古く戦前から放牧地としても知られている。このような事情から天然林はきわめて少なく、全体として二次林である。ブナ林はサワラ、ミズナラの混交林となっている。

一方の長野県側では自然観察に重点を置いた整備が進められている。下伊那郡売木村には茶臼山湖を拠点にアテビ平小鳥の森（約六〇haの原生林）には自然探索の四㎞の道が整備されている。この地域は長野県でも一番雨が多く、アテビ平小鳥の森への探索路には蘚苔類の名前が付けられている。イヌブナとシロモジが特徴である。シロモジは中部地方以西の表日本型のブナ林と混生して分布し、この辺りが東限となっている。鳥類はコマドリ、クロツグミ、ヤマガラなど六〇種以上の小鳥が観察されている。

なお、アテビとはアスナロの一方言（ほかにアテ、アスヒ、アスダロ）で、よく似たネズコ（クロベ）と間違えて名付けられたという。茶臼山湖から茶臼山への約三〇分の間には岩の上に根を張ったサワラが多い。雨の多いこの地域では、岩の上のコケに種子が落ちて芽を出して根を伸ばしたものという。

山名は茶を挽く茶臼に似ていることに由来するという。愛知県下のほかにも全国に多い。これは愛知県側からの命名らしいが、長野県側では『長野県町村誌』によれば、一八七七年ごろは、「ブナ立山」と呼ばれたらしい。新野峠に近い三角点一一九八・三mの直下の牧場はブナの峰牧場の名称が当てられる。こんな状況から類推して、かつてはうっそうとしたブナの原生林に覆われた山岳地帯であったに違いない。

登路　国道二五七号から茶臼山高原道路に入り、終点のゲートの先にある第四駐車場へ。駐車場から矢筈池を眺めながら尾根の登山道を登る。約三〇分で山頂。山頂展望台からは南アルプスの大パノラマが楽しめる。奥三河の山々も一望の下で、遙か三河湾なども見える第一級の展望である。長野県側からは茶臼山湖から歩道を約三〇分で登れる。車道で繋がっているので周遊しても面白い。

地図　二・五万図　茶臼山

（田中太門）

萩太郎山　はぎたろうやま　標高　一三五九ｍ

別称　萩垂山　ハケタロウ山

愛知県北設楽《したら》郡豊根村と設楽町津具にまたがる。茶臼山と並んで茶臼山高原の一角を占める。茶臼山に次いで愛知県の第二の高さを持つ。山頂の全部が県内に入る山では県内の最高峰である。茶臼山に隣接しているためかこの山だけを目ざす人は少ない。萩太郎山の北面に開設されたスキー場の名称も茶臼山高原スキー場と、あくまで茶臼山の一部として不遇な扱いを受けている。

山名の萩太郎山は、一八七七年ごろの『長野県町村誌』がブナ立山（茶臼山）を紹介する文中に「山脈、東は売木山に連り、南は上津具村ハケタロウ山に連る」とあり、かつてはハゲ山だったことがうかがえる。一九二一年の『山と人とを想ひて』（依田秋圃）の文中には萩太郎の項目で「古来入会山であったから長い間の山焼きで樹木は殆どない。萩太郎を一に萩垂山と書く」と述べる。

「萩垂を今日は刈らむと村人は朝出づらしも秋そらのもと」（秋圃）

この一首からもかつては草刈山であったことは明白である。

古くから利用され開発されて来た萩太郎山ではあるが、一部には自然が残り、西側の斜面にはブナとカエデの天然林を見ることができる。局部的にレンゲショウマの自生地が環境庁の調査によって明らかになった。東海地方の南限といわれる。

登路　茶臼山高原道路の終点の第四駐車場からスキー場を横切って登れば三〇分で山頂に着く。三角点はやや低い所に埋設されている。眺望は茶臼山に匹敵する。

地図　二・五万図　茶臼山

（田中太門）

白鳥山　しらとりやま　標高　九六八ｍ

別称　水晶山

山全体が愛知県北設楽《したら》郡設楽町津具にある。山体は領家変成岩からなり、山容は険しい。東西に走る主稜線の両側には露出した岩壁が連なっている。また、至る所に「晶洞」があって、その中に水晶を産するという珍しい地質である。

山の広い区域が一九七九年に愛知県の白鳥山自然環境保全地域に指定されている。そのため、いわゆる奥三河の中でも抜群に豊かな自然が残っている。主な植生はモミ、ツガなどの常緑針葉樹とアカシデ、コハウチワカエデなどの落葉広葉樹の混交林である。山頂付近には県下では珍しいヒメコマツ、コウヤマキの群落がある。チチブドウダン、コアブラツツジ、ホツツジ、ヒカゲツツジ、コバノミツバツツジ、アセビ、バイカツツジなどのツツジ科の植物も多い。

山頂は狭い岩盤で、北面は絶壁である。山頂部は東西に長く、平坦で、東端部の方が山頂よりもわずかに高いようである。付近には三ｍ×五ｍくらいの池がある。「ぬたば」といわれ、昔はここで雨乞いが行われていた。池の先には富士見岩と名付けられた天然の展望台がある。

旧津具村の花祭りは登山口の白鳥神社で行われる。一九七六年に国の重要無形民俗文化財に指定されていて、毎年正月二日の昼から三日の夜明けまで徹夜で舞いつづけられる。山名もこの神社に由来する。村のシンボルとして親しまれている。

登路　登山道は白鳥神社のわきから通じている。神社の下まで町道・白鳥線が登っているが、途中の「花祭り」の舞台広場から参道を歩く。社殿の背後に当たる所で道が分かれる。どちらも頂上に通じているが、左の道をとり、山頂を経て右の道を降りてくるというのが一般的である(白鳥神社の駐車場から約一時間)。

地図　二・五万図　見出

（上田　正）

赤石山脈

アサヨ峰　あさよみね

標高　二七九九m

別称　朝日岳　朝ヨ峰　朝夜峰　朝与峰　浅与峰　浅夜峰

山梨県北杜市武川町と南アルプス市の境。甲斐駒ヶ岳と鳳凰山を結ぶ早川尾根の最高峰で、森林限界は高いが重量感のある独立峰。稜線は一級の展望を誇る。朝早くから日の光が当たる山というのが語源のようだが、同音表記が非常に多い。ひところ「浅夜」が多かったが「アサヨ」が定着している。

一九三八年八月、案内人が同行した東京商業学校の一行七人のうち教師と少年四人が遭難死した悲話を秘めている。

登路　ＪＲ中央本線甲府駅から山交バスで広河原。北沢峠まで南アルプス市営バス。またはＪＲ飯田線伊那北駅からＪＲバスと伊那市営バスで戸台口へ、さらに伊那市営バスで北沢峠へ。峠から仙水峠まではゆったり登るが、栗沢の頭へは急登、アサヨ峰を越えて早川尾根小屋まではさらに長い尾根歩きである。この早川尾根の縦走は、展望の尾根としても人気が高い(北沢峠から仙水峠まで約一時間二〇分、栗沢の頭まで約一時間三〇分、アサヨ峰まで約一時間、さらに早川尾根小屋まで約二時間)。

地図　二・五万図　仙丈ヶ岳

（高室陽二郎）

高嶺 たかね

標高　二七七九m

別称　天狗岳　ゴーロ沢の頭

山梨県北杜市武川町と南アルプス市の境界。鳳凰山と甲斐駒ヶ岳を結ぶ早川尾根縦走路の通過点。白鳳峠、広河原峠どちらからも鳳凰山を目ざすとき通過する。高嶺だけを目的とする人はほとんどいないが、北岳方面から見ると驚くほど堂々とした山容である。その頂上から野呂川の大峡谷を隔てて、大樺沢を真正面にした北岳が絶景。地蔵ヶ岳のオベリスクも裏側から見ると意外に威圧的である。

甲斐駒ヶ岳、鳳凰山と同様全山花崗岩で、ハイマツの緑と白のコントラストが見事である。六種類程しかないというビランジのうち、この山が原産地といわれるタカネビランジに出合うこともできる。一九五五年の命名である。高嶺の花とは「手の届かない美しさ」を指すとすれば、高嶺は遠くから見て美しい山だが足元の花も美しい。展望も一級。

登路　早川尾根を甲斐駒ヶ岳方面から鳳凰山へ縦走する場合、早川尾根小屋に泊まる必要がある(仙水峠から小屋まで約五時間、小屋から高嶺まで約三時間三〇分。白鳳峠へ引き返し広河原へ約二時間三〇分の下り。鳳凰小屋へ行くにはアカヌケ沢ノ頭、賽の河原経由で一時間強)。

地図　二・五万図　鳳凰山

(高室陽二郎)

鳳凰山(鳳凰三山) ほうおうざん(ほうおうさんざん)

標高(観音岳)　二八四一m

別称　地蔵仏　大鳥ヶ岳(現　地蔵ヶ岳)
農牛岳(現　観音岳)　乗鞍岳(現　薬師岳)

山梨県韮崎市、北杜市武川町、南アルプス市にまたがり、南アルプス主脈の東の前衛として甲府盆地の西に聳える。顕著な三つの峰があり、現在は北から岩塔がある地蔵ヶ岳(二七六四m)、牛の雪形が現れる観音岳(二八四一m)、双耳峰の薬師岳(二七八〇m)と呼んでいる。このほか地蔵ヶ岳と観音岳の間にアカヌケ沢ノ頭(二七五〇m)、薬師岳の南に砂払岳などのピークがある。甲斐駒ヶ岳の南西にある駒津峰(二七四〇m)から南東に曲線を描いて延びる支脈の核心部をなし、巨摩山地へ繋がっていく。東面は小武川、大武川が流れ出し釜無川へ、西面を富士川に注ぐ野呂川が区切っている。稜線は花崗岩が露出し、ハイマツの緑と白い砂のコントラストが美しく、「白砂青松」の山としても人気がある。植物は固有種であるホウオウシャジンをはじめ、タカネビランジ、ハクサンイチゲ、コケモモ、ウサギギク、クルマユリ、ミヤマダイコンソウ、トウヤクリンドウなど高山植物が豊富。ホウオウシャジンは一九〇六年に辻本満丸が発見した。いずれの山頂からも三六〇度の展望が利き、甲府盆地を挟んでの富士山、野呂川の谷を隔てた北岳、荒々しい赤石沢を抱いた甲斐駒ヶ岳、裾を長く引いた八ヶ岳など、眺めは飽きない。

古くから信仰の山である。起源は奈良時代または平安時代初期の密教信者により開山されたといわれる。『甲斐国志』は、麓の清水山法雲寺の寺記として「養老六年行基子庵ヲ結ビ観音地蔵薬師三体ヲ刻ミ安置スト棟札ニアリト云」と書いている。仏教から始まった信仰は、一三〇〇年代から鳳凰山大神の信仰が加わり、江戸時代には盛んに登られた。地蔵ヶ岳の賽の河原には子授け地蔵が並ぶ。地蔵を借りて帰り、子供が産まれたら二体にして返す風習がある。

山名の由来は、奈良田に下ってきた孝謙天皇にちなんで「法王」「法皇」を語源とする説があるが、これは伝説。地蔵仏が鳥のくちばし、山稜が鳥の羽を広げた姿に見えることから仏教上の「おおとり」「鳳凰」になっていったとする説が有力である。江戸時代に登った韮崎の神官は、紀行文に『大鳥ヶ岳に遊ぶ記』の題名を付けている。

鳳凰山(「農牛」の雲形が現れた観音岳)(右から地蔵ヶ岳, アカヌケ沢ノ頭, 観音岳, 薬師岳)(東方上空から)

地蔵ヶ岳の岩峰を地元では昔から「地蔵仏」「おおとんがり(大尖り)」と呼んでいたが、最近はオベリスクということもある。岩峰は高さ二四mあり、二つの巨大な花崗岩が合わさってできている。この岩に最初に登ったのがイギリス人宣教師のウォルター・ウェストンで、一九〇四年七月一五日だった。芦安の案内人の制止を振り切り、ロープの先に石をくくりつけて岩の合わせ目に投げ、引っ掛けて登った。日本人の初登攀は一九一〇年の夏か秋、旧制甲府中学生徒の大島隣三、内藤安城によってなされた。

現在、地蔵ヶ岳、観音岳、薬師岳を総称して「鳳凰三山」と呼ぶのが一般的になっている。しかし、地形図にあいまいに記されている「鳳凰山」はどの峰にあたるのかを巡って山名論争がいまもつづいている。大きく三つに分かれる。①地蔵ヶ岳を鳳凰山とし、別に地蔵、観音、薬師があるとする鳳凰一山説。②地蔵ヶ岳は地蔵ヶ岳、観音・薬師を鳳凰山とする鳳凰二山説。③地蔵、観音、薬師の総称として鳳凰三山とする三山説である。高頭式、辻本満丸、鵜殿正雄、野尻抱影、今西錦司、白簱史朗、地元の平賀文男、池田光一郎らが、それぞれに論拠を挙げて持論を展開した。

二八四〇m(当時)峰に三角点が設置されたのは一九〇二年。陸地測量部はここを観音岳とした。しかし、測量調査にあたった山本米三郎自身、「点の記」に次のように書いている。「清哲村役場で調べた結果だが、薬師岳と呼ぶ者もいて、いずれが本当だろうか。入戸野では中ノ岳、農牛ノ岳と呼ぶ」。測量部が名付けた山名によって一般に現在の呼称が定着したが、論争は百年を経たいまもつづいている。

登路　多くの登山道がある。韮崎からは四本。御座石鉱泉からは、鉱泉のわきから登山道に入り、樹林の急斜面を登り燕頭山に出て鳳凰小屋へ。青木鉱泉からはドンドコ沢沿いに行き、五色滝などいくつかの滝を見ながら鳳凰小屋へ(どちらも鳳凰小屋まで六時間。小屋から地蔵ヶ岳まで五〇分)。青木鉱泉の南方、小武川の広河原か

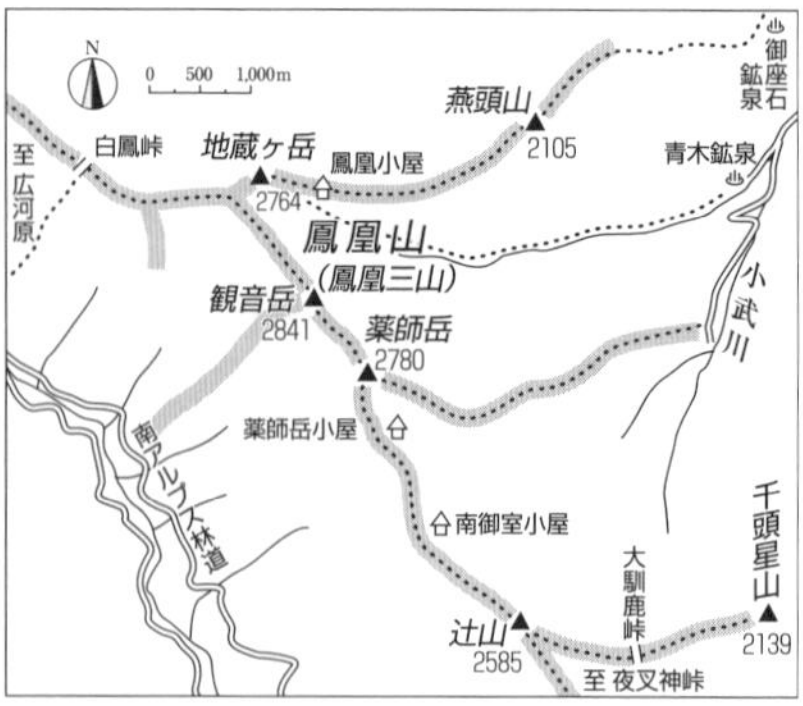

らは、中道と呼ばれる登山道がある。尾根道を辿って薬師岳へ最短時間(四時間三〇分)で至る。甘利山からは千頭星山に登り、大駒鹿峠《おおなじか》に下って辻山の南の苺平に出る。ここから北に向かい南御室小屋、砂払岳、薬師岳小屋を経て薬師岳へ(甘利山から八時間)。

南アルプス市からは夜叉神峠入口バス停が起点。白根三山の展望台である夜叉神峠、杖立峠を経て苺平へ。ここから下りぎみになって南御室小屋。樹林を登り切ると砂払岳で、下って薬師岳小屋。薬師岳までわずかである(夜叉神峠入り口バス停から七時間)。また、北岳登山口の広河原からは、林道ゲートから北沢方向へ一五分程歩き、右の急斜面を登る。樹林が終わり岩石帯を越えて白鳳峠。ここは韮崎の山岳会・白鳳会が一九二五年七月に韮崎から北岳へのルートとして命名した。峠から南東に登り高嶺へ。一度下ってアカヌケ沢ノ頭に登り返し、地蔵ヶ岳に至る(広河原から六時間四〇分)。地蔵ヶ岳から薬師岳間は二時間、逆は二時間二〇分。地蔵ヶ岳の岩塔に登るには岩登りの技術が必要。

地図　二・五万図　鳳凰山

(深沢健三)

辻山　つじやま

標高　二五八五m

山梨県南アルプス市と韮崎市の境界にある。鳳凰山の薬師岳と夜叉神峠のほぼ中間。薬師岳の花崗岩の明るさとは変わって粘板岩、千枚岩に黒木が茂って緩やかな山容。登山道は東側の腹を巻いている。山頂東側で大駒鹿峠《おおなじか》を経て千頭星山、甘利山へ通じる尾根道と分かれる。かつてこの付近から青木鉱泉へ通じる道や、西側には杖立峠から野呂川の広河原へ通じる巻き道もあった。辻山とは分かれ道の多い所という意味か。しかし、これらの道は鳳凰山への登山道を除き廃道同然となっている。

シラベ、トウヒなどの古木がうっそうと茂っていて、西面は一時代激しい伐採があり、一九六五年には大規模な山火事もあって、この山は悲運がつづいた。山頂付近の展望は樹間越しに白根三山が見える程度だったが、山火事の跡地からは白根、富士山の展望などさえぎるものがなくなった。

登路　JR中央本線甲府駅からバスで夜叉神トンネル手前の停留所で下車。夜叉神峠、杖立峠、苺平を経て辻山に至る。辻山は知らぬ間に巻いて南御室小屋に着いてしまう(夜叉神峠への登り約一時間、杖立峠まで約二時間、苺平まで約二時間、南小室小屋まで約三〇分、巻き道途中から辻山まで一五分位)。

地図　二・五万図　夜叉神峠　鳳凰山

(高室陽二郎)

千頭星山　せんとうぼしやま

標高　二一三九m

山梨県韮崎市、南アルプス市に接している。静岡県の井川などに「せんず」あるいは「せんじゅ」という所もあるが、ここでは「せんとうぼし」という。ニホンザル、ニホンイノシシ、ニホンツキノワグマ、ホンシュウジカなど、韮崎や芦安の人たちの格好な猟場だったことを意味する。

近代登山が始まったころ、まず韮崎市からの甘利山が学生などの集団登山の対象となり、次いで余力のある人たちがここまで登った。頂上自体の展望はよくないが、途中の尾根筋のレンゲツツジ、スズラン、クマザサは美しく、とくに春のツツジは遠くから見ても山の色が変わったかのように咲き誇る。鳳凰山、八ヶ岳、奥秩父連山、甲府盆地の展望はすばらしい。

登路　甘利山展望台・広河原まで車かタクシーを利用。ここから大西裏（地図上では大西峰《おおにしうら》）、千頭星山へと尾根を辿る（大西裏まで一時間三〇分、千頭星山まで三〇分位）。韮崎から歩くと甘利山展望台まで四時間以上かかる。甘利山から千頭星山を越え、大馴鹿《おおなじか》に下りて鳳凰山へ登るルートは、最近ほとんど利用されていない。

地図　二・五万図　鳳凰山　韮崎

（高室陽二郎）

甘利山　あまりやま

標高　一七四〇m

山梨県韮崎市中心街から西へ八㎞。北は韮崎市、南は南アルプス市に接している。甲府盆地から見ると、鳳凰山の前山で注意しないとよく分からないが、近づくとボリュームのある山である。

山麓は律令国家時代の余戸郷《あまりべ》であった。武田氏の勢力下になってから一帯は甘利左衛門尉昌忠に与えられたという。中腹の椹池に棲む毒蛇を退治した報奨という伝説もある。池は神秘的で小さな高層湿原である。山頂付近はレンゲツツジが密生し、千頭星山への尾根は展望に優れ、春はハイカーでにぎわう。有名だったスズランは極端に減った。

明治期には山梨師範学校の学生たちの登山や植物研究が始まり、大正期には中学、女学校の集団登山があり、地域山岳会が誕生して甘利山を世に出そうとした。山頂近くまで県道が通じている。

登路　JR中央本線韮崎駅から舗装された県道を歩くと四時間以上かかる。大半の人は車で展望台の広河原まで行き、山頂を往復したり付近を散策する（韮崎市から展望台まで車で約四〇分、ここから山頂まで約二〇分。千頭星山まで展望を楽しみながら約二時間）。

地図　二・五万図　鳳凰山　韮崎

（高室陽二郎）

苗敷山　なえしきさん

標高　一〇三七m

別称　旭山

山梨県韮崎市にある。市街と甘利山を結ぶ線のほぼ中間の位置にある。韮崎市旭町の背後にあるので「旭山」と呼ぶ人もあり、国土地理院も旭山と表記しているが、地元のほとんどは古くから「なえしきさん」と言っている。山頂南方に穂見神社があり、一帯にはアスナロ、ヒノキの古木のほか県指定の天然記念物モミの純林、市指定のコウヤマキがある。

穂見神社は創建後、神仏習合の寺院となり、明治の神仏分離政策と廃仏毀釈で神社に復した。かつては山全体が境内といえるほど大規模なものだった。境内には随身門跡、三門跡、宝生寺跡があるほか、『甲斐国志』は客殿、庫裏、鐘楼、虚空蔵《こくうぞう》堂などが備わっていたと述べ、「虚空蔵堂ト称スレド宮作リ也」と記している。穂見ノ神社、苗敷山権現、宝生寺などの名も残っている。付近一帯の集落は詩歌、とくに江戸時代末期以降は月並俳句も盛んで、山頂には西行の歌と伝えられる歌碑がある。

登路　甘利山への車道の、最初の急勾配を登り切った所から左に分かれ、山頂近くまで作業道が通じている。しかし、東面の韮崎市旭町上条南割から穂見神社を経て登るのが本来の登山道。かつての登拝路らしく丁石や石鳥居がある。山頂一帯はアカマツ、ヒノキ、カラマツが植林され、展望は芳しくないが静寂な神域である（旭町から約一時間四〇分）。

地図　二・五万図　韮崎　（高室陽二郎）

高谷山　たかたにやま　標高　一八四二m

山梨県南アルプス市、鳳凰山から辻山、大崖頭山《おおがれあたま》（二二〇〇m）を経て南に派生した尾根が夜叉神峠まで高度を下げ、再び登り返した所にある。

夜叉神峠は白根三山（北岳、間ノ岳、農鳥岳）を眼前にする大展望で、ハイカーが多い。かつて木材搬出や炭焼きで芦安と早川両地区を結ぶ通路であった。フォッサマグナに沿っているため地盤が脆く、昔の人は荒ぶれる夜叉神《やしゃじん》を鎮めようと祠を建てた。その峠から高谷山へは高差五〇mなのであっという間の登りである。

頂上では白根三山が峠とは違った形で望まれるが、ヒノキ、ツガ、シラベなどに邪魔されて展望は芳しくない。東西両面とも傾斜はきつく、桃ノ木鉱泉へ下りる道は、踏み外したり転倒する例があるので注意が必要。峠と高谷山のほぼ中間辺りの真下を、一九五一年から一〇年をかけて完成した夜叉神トンネル（長さ一一四八m）が通っている。南アルプス林道の難工事中の難工事であった。桃ノ木鉱泉はアルカリ性単純泉で、孝謙天皇が地蔵ヶ岳の帰りにヤマモモの群生を見つけたという伝説がある。

登路　JR中央本線甲府駅からのバスでトンネル手前の停留所で下車。ここから夜叉神峠まで登り、尾根通しに高谷山に至る（夜叉神の森から夜叉神峠まで約一時間、高谷山まで約三〇分）。帰りは往路が無難。桃ノ木鉱泉まで下り二時間程。

地図　二・五万図　夜叉神峠　（高室陽二郎）

櫛形山　くしがたやま　標高　二〇五二m

別称　鋸山

南アルプスの前衛にあって独立峰の趣を持つ山である。山梨県南アルプス市、南巨摩郡富士川町、早川町にまたがる。西面は早川町になる。長さ四kmにも及ぶ頂稜が和櫛の背のように見えることからこの名が付いた。古くは鋸《のこぎり》の峰に見立てて鋸山とも呼んだ。『甲斐国志』では「西山」として「此ノ山早河ヲ隔テ白峯ノ東ニ横タハリ連綿タル一大山ニシテ（略）高サ鳳凰山ト伯仲ス」と記載されている。村落の西にあるから、総称として西山と呼んでいた。頂稜には三つの三角点ピークがあり、北から唐松岳（一八五六ｍ）、裸山（二〇〇三ｍ）、奥仙重（二〇五二ｍ）と並ぶ。地形図では奥仙重を櫛形山としているが、一般的には大きな山全体を櫛形山と呼ぶ。山梨県立南アルプス巨摩自然公園に指定されている。

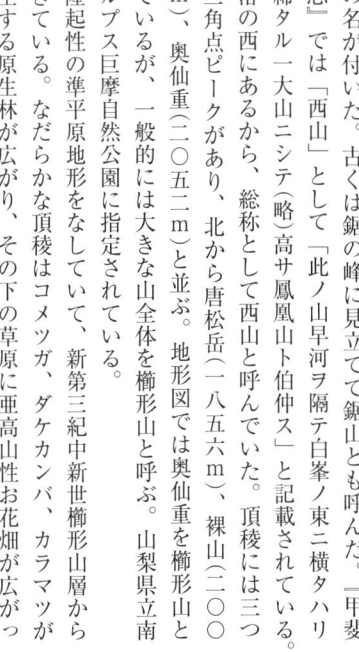

　隆起性の準平原地形をなしていて、新第三紀中新世櫛形山層からできている。なだらかな頂稜はコメツガ、ダケカンバ、カラマツが混生する原生林が広がり、その下の草原に亜高山性お花畑が広がっていた。お花畑のメインが、この山を有名にしたアヤメだった。アヤメ平、裸山を中心にして、山稜に咲き誇った。その数二八三〇万株といわれ、七月には紫の花が斜面を埋め尽くしていた。

櫛形山（甲府盆地南部から）

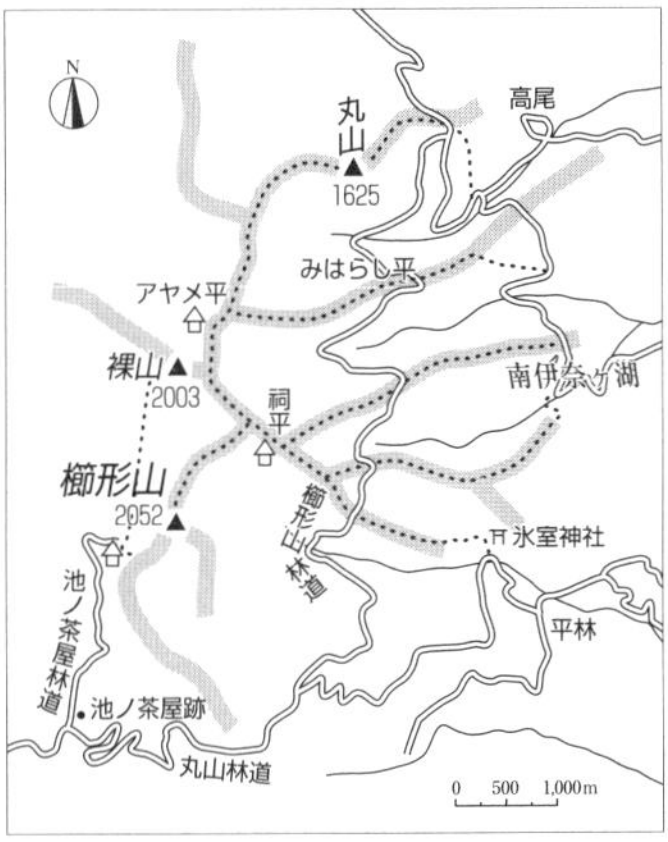

　麓の県立巨摩高等学校自然科学部が、一九六〇～八〇年代にアヤメの総合調査を行った。その結果、この大群落は地形、地質・土壌、気温、降水量、日照時間などの条件が微妙にからみ合い、氷河期からの長い年月を経てでき上がっていることが分かった。やや南に傾いた斜面の多い準平原地形。上部がローム交じりの砂礫、下部が保水性の高い粘土で構成され、その厚さは一一～五二ｍもあること。山頂付近の気温は年平均三・八度で、北海道の原生花園に似ていること。甲府盆地より多い年平均一六〇〇㎜を超す多雨冷涼気候。発芽と成長期のそれぞれに適合した気温。アヤメ平付近の一〇〇％近い相対照度が示す豊かな日照量。どれが欠けても大群落は成り立たないものだった。さらにボーリングによる花粉調査から、ここのアヤメはリス氷期、ウルム氷期の間氷期からウルム氷期を経て現在まで数万年を生きつづけてきたことも明らかになった。

　櫛形山のアヤメに魅せられたのが脚本家であり作家の田中澄江。「櫛形山のアヤメは、まるで花に心があって、ここにきて憩えとささやきかけてくるようである」「私ははじめて来た時、櫛形山のアヤメに埋もれてこの世に別れたいと思ったが、今回はちがって、四つん這いになってでも急坂を登って見に来たいと思った」（『花と歴史の山旅』）と書いた。しかし、そのアヤメは、初版発行から数年の間に絶滅に近い状態に陥ってしまった。一時は花を探すのさえままならなかった。シカの食害によるものだった。学術的にも貴重なアヤメの草原は、裸地も増え、雑草が勢力を広げてしまった。何箇所かで鹿除けの柵を設けて再生を促しているが、再生には時間がかかりそうだ。

アツモリソウやキバナノアツモリソウも盗掘で絶滅の危機に瀕している状態は変わりない。山梨県は高山植物保護条例でアツモリソウなどを保護対象に指定して保護し、櫛形山でも各種団体による保護・再生活動が続いている。

最高点の奥仙重は、東西が樹林だが南に少し下ると富士山や御坂山地を見ることができる。裸山は笊ヶ岳、聖岳、赤石岳、悪沢岳など南アルプス南部の山々、富士山の展望台でもある。

東麓には古い寺社がある。南アルプス市高尾にある穂見神社は、天福元年（一二三三）の銘がある社宝の懸仏、寛文五年（一六六五）建立の社殿、ともに山梨県文化財に指定されている。富士川町平林の氷室神社は、宝亀年間（七七〇—七八〇）に僧儀丹が鷹尾寺として開基。明治維新によって神社に生まれ変わった。氷室は、近くに天然氷の貯蔵場所があったからという。また、登山の拠点となっている県民の森は、南・北伊奈ヶ湖やキャンプ場があり憩いの場として知られる。

登路　尾根に沿って五本の登山道がある。登山口までは車利用が便利だ。よく使われるのは北尾根登山道と中尾根登山道。北尾根登山道は、櫛形山林道の「みはらし平」に車を置いて登る人が多い。広い駐車場と田中澄江さんの記念碑がある。樹林帯を登りサルオガセが目立つようになると、まもなくアヤメ平の休憩舎に出る（途中、儀丹の滝などがある平成峡を迂回するコースもある）。かつては見渡す限りがアヤメだった。ここから南へ稜線を歩いて、こんもりとした裸山。さらに南下して一番高い奥仙重に登り着く（みはらし平から約四時間）。中尾根登山道は、南伊奈ヶ湖の北にある森林科学館周辺の駐車場から歩く。樹林帯を登り、櫛形山林道を横切って祠小屋に出る。ここから頂稜に出ると裸山からの登山道に合流する（駐車場から奥仙重まで約四時間。途中の櫛形山林道からだと約二時間三〇分）。

最近は池の茶屋林道終点から山頂まで約一時間の池の茶屋コースの利用が増えている。また、同林道終点から新道も開発された。これまでの登山道はすべて櫛形山の東面に付けられていたが、新道は西面に付けられた。林道終点から標高一八〇〇mの等高線沿いにアヤメ平に繋げた（四時間程）。最初の三〇分程は車椅子で登ることができ、展望デッキも設けられている。

地図　二・五万図　夜叉神峠　小笠原　鰍沢　奈良田　（深沢健三）

大峠　おおとうげ　標高　一九〇八m

別称　大峠ノ峰　大峠山　烏森山

山梨県南巨摩郡富士川町増穂地区にある。櫛形山から南に連なる山並みは、富士川の右岸に聳えて一つの山系を形造っている。この北端に近く、源氏山のすぐ北にある。

『甲斐国志』には大嶺と書かれ、三角点名は大峠。また烏森山、大峠ノ峰としている本もある。「大嶺」は現在の足馴峠（源氏山の南）を指すと見られ、混乱がある。山頂は小さな広場になっているが、樹林にさえぎられて展望は少ない(一等三角点の補点がある)。西に白根三山、悪沢岳、赤石岳など、東に富士山を垣間見ることができる。

登路　丸山林道の池ノ茶屋跡から五〇〇m程で林道最高点になる。ここから南へ源氏山への登山道がある。最初は西斜面を巻き、尾根の鞍部へ出たら、源氏山への道と分かれて左へ折れ、踏み跡を辿れば山頂(林道最高点から約一時間三〇分)。

地図　二・五万図　奈良田　鰍沢

(深沢健三)

源氏山　げんじやま

標高　一八二七m

山梨県南巨摩郡富士川町鰍沢《かじかざわ》の富士川右岸にあり、ドーム状の山頂は黒木やアセビに覆われている。甲斐源氏の祖・新羅三郎義光が麓に屋敷を構えたことから源氏嶽と呼んだといわれるが、史実ではない。ただ、山頂には二の曲輪、矢とぎ石、馬責め場などの名が残っている。

山腹には、かつて富士川筋の人たちが、山越えをして西山温泉(早川町)に通った「湯道」がいくつかある。その道はまた、早川町の奈良田や西山の人たちが、富士川で運ばれた生活物資を手に入れる峠道でもあった。

登路　国道五二号から十谷温泉へ。さらに十谷林道を辿り、途中から登山道に入る。登山道は湯島道という湯道の一つ(十谷林道の登山口から約二時間四〇分)。山の北側・富士川町平林と早川町奈良田を結ぶ丸山林道を使うと、大峠と同じ林道最高点から登山道が山腹を巻くように付いている(林道最高点から約一時間三〇分)。

地図　二・五万図　奈良田　鰍沢

(深沢健三)

富士見山　ふじみやま

標高　一六四〇m

山梨県南巨摩郡身延町と早川町にまたがり、櫛形山から南に延びた山稜の南端の峰。南北に長い山容でピークが四つ程ある。通常は一六三〇m強の石祠のピークが山頂とされ、三角点のある一六四〇mはその南にある。

江戸時代までは鈴ヶ森山と呼ばれていた。足下に富士川を置いた富士山の眺めがすばらしく、現在の山名になったといわれる。山頂は念力講の奥の院となっていて、石祠がある。ニホンザルが多く、姿を見せたり鳴き声を聞く。身延町側からの登山道沿いには講の鳥居や祠が点在する。戦時中は「不死身」にあやかって出征兵士が盛んに登った。山麓には一〇九六の句碑が立つ「句碑の里」公園がある。

登路　国道五二号から西に入った身延町平須が登山道の入り口。石段を登りヒノキの植林地からミズナラの樹林に入ると傾斜が増す。ブナの大木もある。主稜線に出て南に折れ、一〇分程で石祠のあるピークに着く。三角点はさらに二〇分程南になる(平須から二時間四〇分)

地図　二・五万図　切石　新倉

(深沢健三)

守屋山　もりやさん

標高（西峰）　一六五一m

長野県諏訪市と伊那市高遠町にまたがり、赤石山脈の北端に位置する。諏訪地方で西山と呼ぶ独立峰で、「この山に雲が懸かると天気が崩れる」と言い伝えるお天気占いの山でもある。JR中央本線沿線からは、そのどっしりとした山体の全容を見ることができる。

山頂は東峰（一六三一m）と三角点のある西峰に分かれている。信仰と展望の山である。鎌倉時代までこの地を鎮めていた守矢一族の守護神、国津の神を祀ったことに守屋の山名の由来があるという。古くから諏訪地方では、諏訪大社上社の御神体として、また高遠の人々は、守屋神社の奥社として崇拝している。いまも当地の古老は「モリヤサマ」と敬称を用いる雨乞い祈願の山である。

緑色凝灰岩の岩峰、東峰山頂の眺望は、眼下の湖はもとより南・北・中央アルプス、八ヶ岳連峰など、三六〇度をほしいままにする。

登路　登山口は、国道一五二号の杖突《つえつき》峠周辺に多い。杖突峠バス停登山口からカラマツ林の細径を登り、林道を経て鳥居の所から急登で東峰に（登山口から約二時間、鳥居から約一時間）。なお、峠登山口から高遠寄り一五〇mに鳥居まで入る車道がある。別に立石バス停上からの登路（登山口駐車場から東峰約一時間三〇分）。古屋敷バス停の守屋神社際の登路（神社から東峰約一時間四五分）。また、高遠町片倉集落外れの日影林道沿いの登路（林道登山口から西峰約一時間二〇分）。東峰と西峰間はいずれも約二〇分。

地図　二・五万図　辰野

（徳武裕二）

入笠山　にゅうかさやま

標高　一九五五m

長野県諏訪郡富士見町、伊那市高遠町と長谷地区にまたがり、赤石山脈の北端、釜無山地の中央部に位置する。急な東斜面にはフォッサマグナの西縁を限る富士見断層が走る。山頂部はなだらかな斜面の隆起準平原だが、山頂は一〇〇mほどの円錐状残丘である。

山名の由来は、その形が刈り取った稲の束を積み重ねた「にお」に似ているところから、「にお笠山」と呼ばれていたのがなまって、「入《にゅう》笠山」と言われるようになったという。

またこの山は、頂に秩父古生層の岩が露出しているのみで、山全体が深い針葉樹に覆われており、ずいぶん水の多い山で、大きな湿原がいくつかある。高遠藩の金奉行が水を飲んでいるところを、賊に首を切られた「首切り清水」とか、武田晴信と戦って敗れた諏訪頼重が水を飲んだという「頼重水」など、湧き水があちこちにある。

標高はそれほど高くないが、普通は比較的高地にあるはずの植物が多く、山頂直下のいくつかの湿原には、亜高山湿地帯植物が多い。

登路　無雪期ならば車で諏訪郡富士見町、伊那市長谷戸台、同市高遠三義、国道一五二号杖突峠からのルートがある。観光の山でもあり、近くの富士見パノラマスキー場のゴンドラを利用すれば、四季いつでも簡単に登ることができる。どのコースから登るにしても五所平登山口経由四〇分程で頂上に立てる。ほかにJR中央本線青柳駅から鐘打平《かねうちだいら》経由（徒歩約三時間三〇分）で頂上に登るコースがある。

地図　二・五万図　信濃富士見

（垣内雄治）

釜無山《かまなしやま》

標高　二一一七m

長野県伊那市長谷地区と諏訪郡富士見町の境にあり、守屋山などとともに赤石山脈最北部に属し、南に連なった鋸岳や甲斐駒ヶ岳とで小山脈を形成する。

富士川の源流は笛吹川と釜無川であるが、前者の地位にくらべると、もう一方の名前の由来であるこの山も、そこを源とした川も、その存在が年々薄れつつあるのは残念である。

守屋山の南にある入笠山から甲斐駒ヶ岳を望むと、その手前になだらかな広がりを見せて、木々に覆われている谷が釜無川である。甲斐駒ヶ岳を水源とする釜無川の上流部は、釜無山から流下する白川、白谷川を合わせて、山梨県境を北東流し、フォッサマグナの西縁に沿って南流する急峻なV字峡谷を形成している。

登路　JR中央本線富士見駅から入笠山行きのバス（二〇一五年現在未運行）で大阿原湿原で下車し、林道を約二・五km南下した後、尾根道を約二km登ると山頂に着く。山頂の南にササ原があって南アルプスの展望が得られる（大阿原湿原から約二時間）。

もう一つは、富士見駅からタクシーで富士見パノラマスキー場に行き、ゴンドラを利用して入笠山での眺望を楽しむコースである（ゴンドラ終点から入笠山まで約一時間、入笠山から大阿原湿原を経て約三時間）。三kmほど行程は延びるが、その労苦は十分に癒してくれるはずである。

地図　二・五万図　信濃富士見

（河西彌一）

鋸岳《のこぎりだけ》

標高　二六八五m

別称　鋸山

甲斐駒ヶ岳の北西方にあり、直線で約一・五kmにわたって岩峰群がつづく。稜線の北側は山梨県北杜市白州町、南側は長野県伊那市長谷地区に属する。岩峰のギザギザを鋸の歯に見立ててこの名が付いた。国土地理院の地形図は、かつて鋸山だったが現在は鋸岳としている。

隣の甲斐駒ヶ岳が花崗岩なのに対し、崩れやすい粘板岩が主体。とくに長野県側の角兵衛沢、熊穴沢は崩落が激しい。南東から北西に向かって熊穴沢ノ頭、中ノ川乗越、第二高点（二六七五m）、大ギャップ、鹿ノ窓、小ギャップ、第一高点（二六八五m）、角兵衛沢ノ頭、三角点ピーク（二六〇七m）と岩場がつづく。鹿ノ窓は岩稜にぽっかりと開いた穴で、縦走の際はこの穴をくぐり抜ける。岩ばかりの荒涼とした風景に、ハクサンシャクナゲやタカネビランジ、ヒメシャジンなどが変化をつけている。各ピークとも展望はよい。

第二高点は山頂に石垣が積まれ、鉄剣が立っている。一九一一年七月、第二高点に初めて登頂した星忠芳は、山容の厳しさを「頂上は岩場多くて狭し、中央に石塊を積み、高さ二、三尺、径二、三尺の石垣ありてはなはだ意外なり。（略）北西方直ちに見ゆる連山は鋸の最高点なれど、巌壁深く、山背を刻み、しかもいささかの崩巌もなく、絶壁なれば登攀の望みさらになし」（『山岳』第六年第三号）

と書いている。第一高点は翌一九一二年七月、小島烏水と岡野金次郎が横岳峠から登った。

日本三大急流の一つ富士川は、三角点ピークの西山腹を源流としている。国土交通省が一六九五m地点に水源碑を立てた。鋸岳で生まれた流れは釜無川となり、甲府盆地の南で富士川と名前を変えて駿河湾に注ぐ。

登路　鋸岳は南面が長野、北面が山梨県で、主な登山道は南面に、縦走路は主に県境に付けられている。岩登りとルート・ファインディングの力が必要になる。メインのルートは南面。山梨側からならシーズン中は北沢峠まで南アルプス市営バスで入る。峠からは長野県側に向かい、大平山荘前から戸台への登山道を下る。一時間程で戸台川。川沿いに二〇分程で熊ノ穴沢出合、さらに一〇分で角兵衛沢に着く。角兵衛沢ルートは、角兵衛沢のコルを経て第一高点まで約五時間(下り約三時間三〇分)。熊ノ穴沢は中ノ川乗越まで約五時間、そこから第二高点、大ギャップ、小ギャップを経て第一高点まで約二時間四〇分(角兵衛沢下降約三時間三〇分)。長野県側の入山は戸台から角兵衛沢出合まで約二時間二〇分、熊穴沢出合まで約二時間三〇分。山梨県側の釜無川沿いのロングコースもある。富士見町のたけち温泉泉先の国土交通省工事用道路(歩行者侵入禁止)を早朝か夕刻に使わせてもらう。川沿いに進み工事用道路終点—水源碑—横岳峠—三角点ピーク—第一高点で八~九時間。

地図　二・五万図　甲斐駒ヶ岳

(深沢健三)

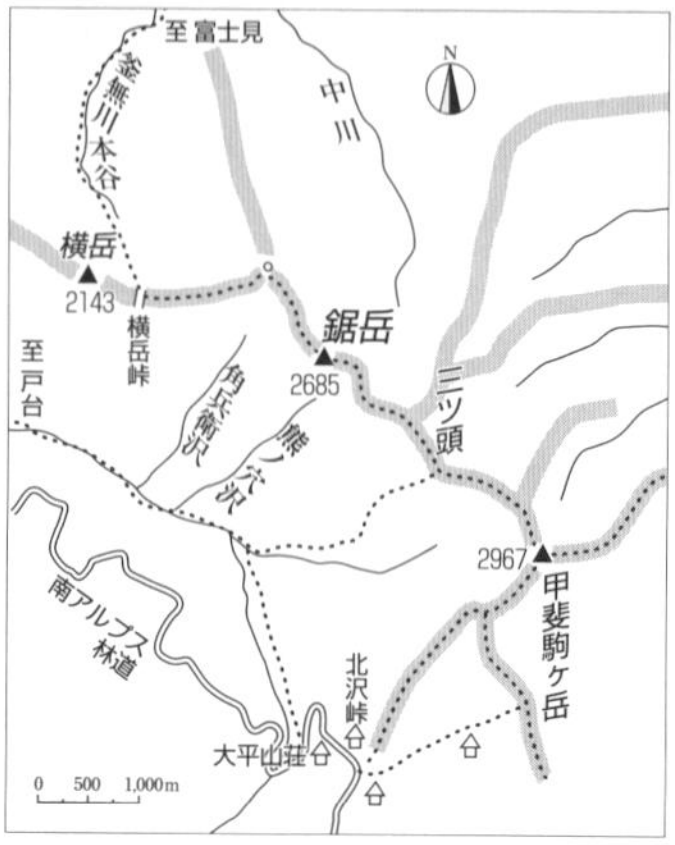

鋸岳(小仙丈ケ岳から)

雨乞岳

あまごいだけ

標高　二〇三七m

山梨県北杜市白州町にある。甲斐駒ヶ岳、鋸岳を源流とする釜無川本流は雨乞岳の西を北に向かって流れ、雨乞岳の山体を大きく巻いて、今度は東側を南に向かって流れる。南アルプスでは最北端の山群に属する。甲斐駒ヶ岳から日向山に向けて派生する尾根と並行している尾根で、神宮川と流川に挟まれ、どっしりとした尾根である。甲斐駒ヶ岳と同様、全山が花崗岩からなる。

あまり知られていない山だが、山容は大きく、登山も簡単ではない。古くは雨乞い信仰の山であった。東麓の登山口に石尊神社があり、ここで祈願してから山頂での祈りに向かった。全国各地に散在する雨乞い信仰の山の中では標高も高く登降労働もきつい方である。

往復するのにたっぷり一日かかるが、昔は山頂で夜を徹して祈った。

登路　北杜市白州町鳥原の国道から西に入る。集落を出外れた所に石尊神社があり、そこから二〇〇m程南に行った所から登山道に入る。サントリー・ウイスキー白州蒸溜所の真西にあたる。コースは手入れが不十分なので、クマザサに覆われている所があり、時にはルートが判然としない。かつて水晶を採掘したという「水晶ナギ」への分岐点、一八〇〇m付近はルート選択に迷う(鳥原のバス停から石尊神社まで約三〇分、ここから山頂まで約四時間)。

地図　二・五万図　長坂上条　甲斐駒ヶ岳　(高室陽二郎)

鞍掛山　くらかけやま

標高(南峰)　二〇三七m

山梨県北杜市白州町にある。甲斐駒ヶ岳と鋸岳との中間にある烏帽子岳(二五九四m)から北東に派生する尾根の中間に位置している。尾白川はこの山の南側で本谷と鞍掛沢が合流する。全山花崗岩で成り立っているが、隣の日向《ひなた》山が山肌を白く露出して明るいのと対照的に樹林に覆われている。遠くから見て、二つの峰が馬の鞍に似ているから鞍掛山という。また、断崖のことを「クラカケ」と呼ぶことから鞍掛山という説もある。各地に同名の山があるが、この鞍掛山が一番標高が高いと地元は誇っている。

一般に鞍掛山といわれるのは、登山道のある二〇二九mの北峰だが、地元では二〇三七mの南峰のことをいう。その場合、北峰は駒薙の頭という。

かつて鞍掛山から大岩山経由で、または鞍掛沢を遡行して甲斐駒ヶ岳や鋸岳方面へ行くルートがあったが、いまは痕跡をとどめない。もちろん、沢沿いの鞍掛小屋もなくなっている。

登路　北杜市白州町竹宇から尾白川林道を登る。途中で右手の登山道に入り日向山へ。雁ヶ原の展望を満喫した後、尾根通しに頂上を目ざす。道は次第に明瞭さがなくなり、樹林のため展望はあまりよくない(竹宇から林道を行き登山道入り口まで約一時間三〇分、日向山まで約一時間三〇分。鞍掛山まで約一時間三〇分)。

地図　二・五万図　長坂上条　(高室陽二郎)

日向山　ひなたやま

標高　一六六〇m

別称　白禿山　濁山

山梨県北杜市白州町にある。甲斐駒ヶ岳北方の三ツ頭から派生し大岩山、鞍掛山とつづく尾根の末端。北には神宮川を隔てて雨乞岳の尾根が横たわり、南は尾白川の深い谷の向こうに甲斐駒ヶ岳の黒戸尾根が黒々とスカイラインを描いている。

南東方面からは単純な黒木の山に見えるが、北から見ると山頂部は神宮川に向かって白く大きく禿げている。この部分は雁ヶ原といわれているが「原」とはいいながらかなりの傾斜で、しかも白砂の斜面から無数の花崗岩がニョキニョキ立っていて異様な風景である。晴れていればまばゆいばかりの照り返しである。

『甲斐国志』によると、神宮川のことを濁川といい、日向山のことを濁山としている。遠くから見て、白く禿げた部分の色合いによって晴れか雨かを知ったという。近年、この川の花崗岩の玉砂利が

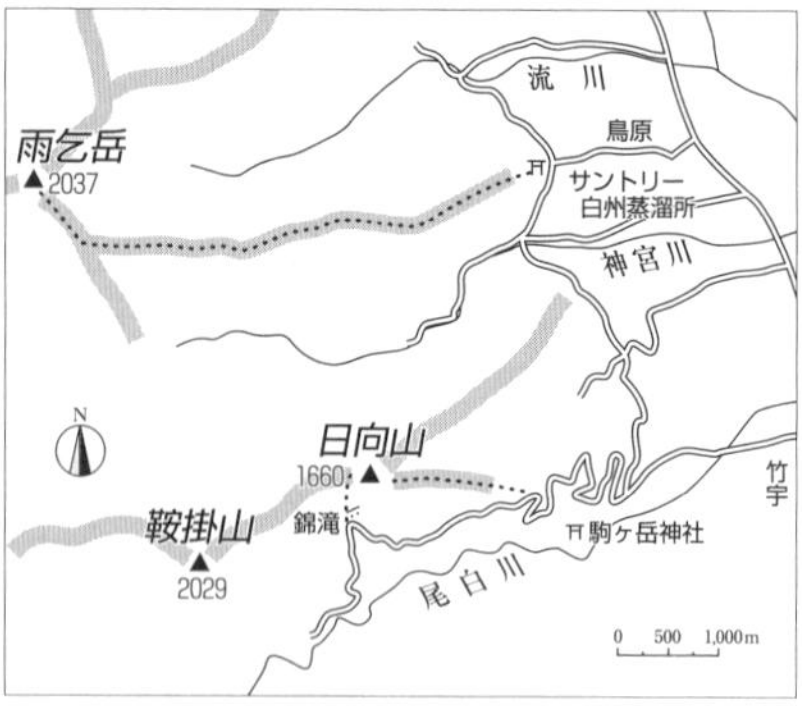

美しいので明治神宮に奉納をつづけ、それにより「濁」から「神宮」に名前が変わった。下流にウイスキーの蒸溜所や日本酒の酒蔵があり、いずれもこの花崗岩で自然に濾過された地下水を使っている。流水は雨で濁っても、やめばすぐに透き通った美しい水となる。

山頂からの眺めは甲斐駒ヶ岳が山麓から見るのと違った形で迫っており、東には釜無川の向こうに八ヶ岳、奥秩父連山が連なり、申し分のない展望である。鞍掛山方面への尾根には亜高山帯の植物も豊富で、ユキワリソウの見事な群落もある。

登路 北杜市白州町竹宇を過ぎ駒ヶ岳神社の二kmほど手前で右手の尾白川林道に入り、いくつかのカーブを登った所で、標識に従い右の登山道に入る。カラマツと雑木林の尾根を登り、ひと汗かいた所で突然、白砂の雁ヶ原に飛び出す(竹宇から登山道入り口までの林道歩き一時間三〇分、雁ヶ原まで一時間三〇分)。大展望を満喫したら帰りは往路を下る。あるいは、山頂から鞍掛山方面へ少し行った所で左へ下り、尾白川左岸を高く巻いている尾白川林道にぶつかる。ここに錦滝がある。林道をだらだらと下ると先程の登り口に着く。林道を竹宇まで下り、さらに国道のバス停までひと息である(雁ヶ原から林道までの下り四〇分、登山道入り口まで三〇分、往路を竹宇まで四〇分、国道まで二〇分)。大方の登山者は車で登山口まで行き、山頂から錦滝経由で登山口に戻ってくる。竹宇の駒ヶ岳神社から尾白川に入って登るルートは廃道同然である。

(高室陽二郎)

地図 二・五万図 長坂上条

甲斐駒ヶ岳 かいこまがたけ　標高 二九六七m

別称 東駒ヶ岳 白崩山

山頂は山梨県北杜市白州町、長野県伊那市長谷地区に接しているが、すぐ隣の駒津峰は山梨県南アルプス市である。急傾斜の美しいピラミッド型で、駒ヶ岳神社の登山口から一気に二二〇〇m程を登るのは、わが国屈指の急登ルートである。全山花崗岩に覆われ、森林限界から上は夏でも雪かと見まがう。甲斐駒ヶ岳という呼称が一般的だが、長野県伊那地方では中央アルプスの西駒ヶ岳に対して「東駒ヶ岳」、または「白崩山《しろくずれやま》」という。この場合、仙丈ヶ岳は東駒ヶ岳の前衛の山という意味から、前山または前岳という。

古くから信仰の山として知られ、山梨県側の黒戸尾根、長野県側の赤河原コースにはおびただしい数の石碑が残る。山麓一帯は名馬の産地で、山梨県側の中巨摩、南巨摩郡の巨摩は「駒」に通じる。また、高麗からの渡来人が多かった土地であることなどが、山名の由来として挙げられている。聖徳太子の乗馬はここで生まれたという言い伝えもある。山頂には神や仙人が棲んでいて、夜になると翼の大きい神馬に乗って空を駆け回り、夜明けには戻って来る、などの伝説も残っている。
『甲斐国志』によると「上部は絶壁数千丈もあってよじ登ることはできず、樵夫でも行くことが出来ない」といい、遠く望めば山頂に駒形権現が安置してあると述べている。北杜市白州町白須と同町横手にも駒ヶ岳神社がある。社伝によると祭神は大国主命《おおくにぬしのみこと》、少彦名命《すくなびこなのみこと》で、雄略天皇の代に出雲の国から遷座したという。文化一三年(一八一六)、諏訪の弘幡行者(延命行者)が三年がかりで黒戸尾根から山頂への登山道を整備した。これをきっかけに信仰登山の最盛期を迎え、長野県側に白崩講、山梨県側に甲斐駒講が広がり、夏は白装束の信者でにぎわった。八合目の石鳥居(二〇〇三年倒壊)、山頂の花崗岩の祠などは、登山道沿いの石碑群とともに願いを込めた信者の奉納によるものである。

甲斐駒ヶ岳(小仙丈ヶ岳から)

江戸時代末期から明治にかけて、講の集団登山の増加につれて施設の建設が必要となり、一八八四年、行者の植松嘉衛は黒戸尾根五合目に宿泊と修行の場を兼ねた山小屋を建てた。次いで七丈小屋、赤河原口に六合目小屋が建てられた。このころになると、信仰登山者に交じって学術研究者や登山者の姿も見え始め、一八九五年には木暮理太郎、一九〇三年には武田久吉、ウォルター・ウェストンなどが訪れている。一八七四年、内務省地理局による三角測量が各地で始まり、甲斐駒ヶ岳では一八九一年、三か月間山頂に滞在して測量を終えた。

信仰登山からスポーツ登山の普及段階で、多数の遭難も発生。大正末から昭和にかけて駒津峰で大学生の転落死、摩利支天峰下部での行方不明、歯科医父娘の遭難、中学生の山頂での疲労凍死などと悲劇がつづいた。

一九二五年三月、平賀文男の積雪期初登頂を皮切りにバリエーション・ルートの開拓が進んだ。初登攀は一九三〇年黄蓮谷右俣、三一年摩利支天峰南山稜、四〇年摩利支天峰東壁、戦後の無雪期では黄蓮谷左俣、同奥千丈滝芯完登、北坊主岩、赤石沢、同S状ルンゼ、摩利支天南山稜サデの大岩、赤石沢奥壁、北坊主岩北壁ダイレクト・ルートなど華々しいものがある。そして、積雪期では四九年の赤石沢奥壁中央稜、五六年結氷期の黄蓮谷右俣、六三年篠沢七丈滝氷瀑、七〇年赤石沢ダイレクト、七二年同左岸ダイヤモンド・フランケなどなどである。これら記録を残した何人かは、その後日本各地で活躍し、世界に羽ばたいていったが、国内の冬山やヒマラヤで命を失った人も少なくない。東京白稜会は甲斐駒各ルートに歴史的な足跡を残したが六二年正月、赤石沢奥壁左ルンゼで三人が転落死するなどの遭難もあった。

登路　黒戸山経由と南西の駒津峰経由が代表的である。県境の北沢峠まで長野・山梨両県側の公営バスが乗り入れてから北沢峠〜仙水峠〜駒津峰コースをとる人が圧倒的に多い(北沢峠から仙水峠まで約一時間二〇分、駒津峰まで約一時間三〇分、山頂まで約一時間三〇分)。北沢峠から双子山への尾根を登って駒津峰へ行くルートは、急登だが時間が若干短縮される。そこへいくと、北東面の黒戸尾根は北杜市白州町の駒ヶ岳神社から五合目、七合目を経て山頂に至る道は伝統的なルートではあるが、たっぷり九〜一〇時間かかり、二日間を予定しないと無理。しかし、駒ヶ岳の魅力を知る上で格別のルートである(駒ヶ岳神社から登り始め五合目まで約五時間、七合目まで約一時間三〇分、山頂まで約二時間三〇分)。戸台川から六合目石室を経て山頂に至る道はあまり利用されていない。

地図　二・五万図　甲斐駒ヶ岳　仙丈ヶ岳　長坂上条

(高室陽二郎)

北沢峠　きたざわとうげ

標高　二〇三六m

南アルプス林道は、長野県伊那市長谷地区と南アルプス市芦安地区とを結ぶ。延長五九km、幅四・六mの林道は、この峠で甲斐駒ヶ岳と仙丈ヶ岳を繋ぐ登山道と十文字に交差している。野呂川支流の北沢の上流にあるからこの名前となった。通称「駒・仙」を始め白根三山、塩見、赤石など南アルプス縦走の重要な拠点ともなっている。

昭和四二年(一九六七)に着工したが、激しい自然保護運動のため七年間もの凍結期間を経て、諸種の条件を付けながら昭和五四年に開通した。計画段階ではスーパー林道と称したが後日変更した。大地溝帯の地質による難工事に悩まされ、現在も管理に手を焼いている。

竹沢長衛は長野県伊那市戸台の出身。冬期も「長衛小屋」に滞在、また広範囲にわたって多くのルートを開き、登山者から「南アルプスの祖」といわれた。猟師としても腕利きで「熊長サ」と慕われた。長衛小屋(南アルプス市長衛小屋)のすぐ近くに伊那の彫刻家・瀬戸団治制作のレリーフが自然石に埋め込まれている。毎年長衛顕彰の祭典が行われている。

峠を挟んで山小屋が多い。林道から北沢本流に入ると幕営指定地を前に長衛小屋がある。その上流に仙水小屋、峠の林道沿いには大平山荘、こもれび山荘、藪沢を上流に辿ると藪沢小屋、馬の背ヒュッテなど。

登路　山梨県側の甲斐駒ケ岳・黒戸尾根と同じように、長野県側でも古くから戸台側を遡り赤河原を経て甲斐駒ケ岳を目ざす人が多かったが、今はきわめて少なく、ほとんどが伊那市の仙流荘から市営バスで一時間足らずで北沢峠に達する。山梨県側からだと広河原で市営バスに乗換え、三〇分程で峠に着く。アプローチの短縮でシーズンの北沢峠はにぎやかになった。

地図　二・五万図　仙丈ヶ岳

(小林俊樹・高室陽二郎)

仙丈ヶ岳　せんじょうがたけ

標高　三〇三三m

別称　仙丈岳　前岳　前山　御鉢岳

山頂の西が長野県伊那市長谷地区、東が山梨県南アルプス市。南アルプスの三〇〇〇m級では最北端に位置している。全山赤石層群の硬砂岩、粘板岩、チャートによって構成されている。山頂部分では北の馬の背、南の仙塩尾根（通称馬鹿尾根）、東の小仙丈尾根、西の地蔵尾根の四つの大きな尾根がほぼ十字形に交差している。

東方向から見ると大・小仙丈沢、藪沢の上部には典型的な三つのカール（圏谷）が大きく口を開けており、これが仙丈ヶ岳をより優美な姿に仕立てている。とくに藪沢は穂高岳の涸沢カール、立山の山崎カールとともにわが国の三大カールといわれ、モレーン（堆石）も数段あって典型的な「お釜」または「お鉢」として知られている。残雪が遅くまで残るので、夏の水場もほかにくらべて標高が高く、下部の水量も豊富である。

このため、カールの底は稜線とくらべて初夏から秋まで、文字どおり高山植物の宝庫となる。稜線にかけての傾斜地はセンジョウアザミ、センジョウナズナ、センジョウチドリなど固有のもののほか、シナノキンバイ、ハクサンイチゲ、ウサギギク、イワギキョウなどがハイマツ帯と交互に美しいお花畑を現出する。とくに規模の大きい小仙丈沢のカールの底から稜線にかけての斜面は見事であり、クロユリやクルマユリの群落もある。高山蝶にも貴重なものがある。北沢峠付近のブナやツガの純林が、二五〇〇m付近から次第にダケカンバとハイマツとなり、お花畑に変わっていくのは比類なく美しい。仙丈ヶ岳は「南アルプスの女王」という名にふさわしいものがある。

「仙丈」というのは、奥秩父の奥千丈ヶ岳、中央アルプス・宝剣岳の千畳敷に共通して「非常に高い」「広い」の意味を持つ。しかし、山梨県側の甲府盆地方面からはなかなか見えない存在で、長野県伊那地方からも奥まっていてこれも目立たない。美しいカールも見えないので、長野県側では東駒ヶ岳（甲斐駒ヶ岳）を守護する山、あるいはその前衛的存在として前山あるいは前岳という。恵まれない、というより謙虚である。

山全体は傾斜が比較的緩いこと、南アルプス林道が開通して長野

仙丈ヶ岳（間ノ岳から）

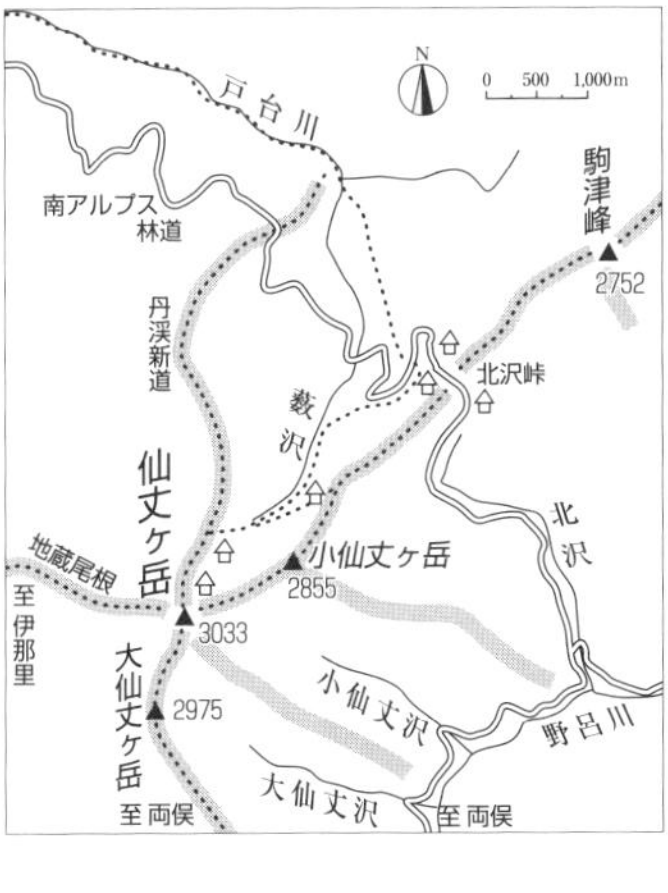

県側の伊那市と山梨県側の南アルプス市両方から公営バスが運行されたことなどから、夏なら日帰り登山も可能となった。冬も比較的早い時期に長野県側から登られている。一九二五年三月、旧制第三高等学校の山岳部がスキーを使って登ったのが積雪期の初登頂という。四方からの尾根にはそれぞれ登山道が付いているが、登山道のない三峰川、小仙丈沢、尾勝谷などの沢筋もエキスパートによって登られている。

　近代登山が盛んになるとともに遭難発生も少なくない。山頂付近で霧に巻かれ、ルートを失うケースが多い。一九一六年七月、海軍軍属の一人が鋸岳で消息を絶ち、翌年四月、仙丈ヶ岳山頂付近で遺体が発見されたのが遭難の走りとなった。一九五二年七月、千葉県のパーティーは仙塩尾根に迷い込み、寒気と疲労のため三人が死亡した。山頂にある方位盤はこれをきっかけに設置された。

登路　一般的なのは北沢峠まで公営バスを利用、ここから山頂を往復する。北沢峠から大滝の頭、小仙丈ヶ岳を経て山頂。あるいは大平山荘から藪沢沿いに登り、馬ノ背ヒュッテから山頂に至る。下りは藪沢カールを見下ろしながら小仙丈尾根を北沢峠へ下る（いずれも登り四時間、下り二時間四〇分程）。長野県側の戸台川の丹渓山荘跡から登る丹渓新道の馬ノ背ルートは、展望はないが静かな森林帯と高山植物のプロムナードの両方が味わえる（八時間はかかる）。西からの地蔵尾根は道のはっきりしない所もあり、長時間かかる難コース（登り約九時間、下り約六時間）。両俣小屋から仙丈ヶ岳までの仙塩尾根（通称馬鹿尾根）はアップダウンが多く、倒木もひどく難儀の象徴だったが、最近は倒木も整理された（両俣小屋から山頂までの登りは七時間、下りも五時間程）。小仙丈沢、三峰川、尾勝谷などの沢筋はよきリーダーと万全な調査、準備が必要である。

（高室陽二郎）

地図　二・五万図　仙丈ヶ岳

間ノ岳　あいのだけ　標高　三一九〇m

別称　農鳥山　中峯　中ノ岳

北面と東面が山梨県南アルプス市と南巨摩郡早川町、南西面が静岡県静岡市葵区に接している。北岳、間ノ岳、農鳥岳を経て南へつづく白峰南嶺と、仙丈ヶ岳から仙塩尾根を経て荒川岳、赤石岳、聖岳とつづく赤石山脈主稜との分岐点をなしている。「白根三山」の中間に位置しているため「間」という名称となっているが、富士山、北岳に次ぐわが国第三の高峰で、北の鞍部からは二四〇〇m、南の鞍部からは四〇〇m近い高度差があり、ボリュームのある堂々たる独立峰である。全山粘板岩、輝緑凝灰岩、石灰岩など古生層で、上部は岩屑の堆積で歩きにくい。

　山梨県側では地域によっては残雪が鳥の形となり、農耕の季節を告げることから「農鳥山」と呼んだ。その場合、農鳥岳は別当代《しろ》と呼んで、鳳凰山とともにかつて山名論争が交わされたことがある。現在は完全に間ノ岳が定着している。雪形は五、六月ごろ東面の細沢に現れる。

　東側は南西の大井川側より傾斜がきつく、荒川支流の北沢、細沢、アレ沢、そして荒川本谷の各支流が食い込んで独特の容貌である。とくに大崩壊となっているアレ沢は落石が多く、文字どおり荒々しく近寄りがたい沢だが、隣の細沢の上部は典型的なカール地形を形成し、残雪が多く高山植物の宝庫となっている。七月ごろのシナノキンバイの群落は見事である。沢の上部から稜線にかけてハクサンイチゲ、オヤマノエンドウ、ミネウスユキソウ、トウヤクリンドウ、シオガマ類が多い。

各沢筋や尾根筋は一部のエキスパートがたまに訪れている程度で、一般登山ルートとしては南北に延びる主尾根と、仙塩尾根の三峰岳を結ぶ尾根筋だけである。

山全体の傾斜は比較的緩やかで茫洋としているが、ひとたび濃霧や吹雪に遭遇すると、とくに南面は小さな尾根が入り組んだ多重山稜となっていて、ルートが分からなくなり方向を見失いやすい。身を隠すこともできない地形なので、季節に関係なく遭難事故が発生している。ほとんどが疲労と低体温症によるものだが、落雷の危険もはらんでいる。昭和初年、間ノ岳頂上付近で風で飛ばされた登山者の帽子を、案内人が濃霧の中で捜している間に登山者の姿が見えなくなり、その後遺体で発見された。間ノ岳遭難の典型である。一九六二年一一月、五人パーティーが間ノ岳南面でみぞれと寒さと風の中で力尽きたのも同様の事例である。

間ノ岳（北岳から）

登路　北岳、仙丈ヶ岳、農鳥岳、あるいは塩見岳方面からの縦走ルートとして頂上が踏まれている。最近は交通の便がよくなったため、広河原から北岳経由で往復する人も多い。また、農鳥岳から塩見岳方面へ縦走する場合、農鳥小屋付近から井川越への大きな巻き道を利用する人も少なくない（北岳山荘から中白根経由間ノ岳まで約一時間四〇分、農鳥小屋からは約一時間三〇分、井川越・熊ノ平から三峰岳を通って三時間程）。

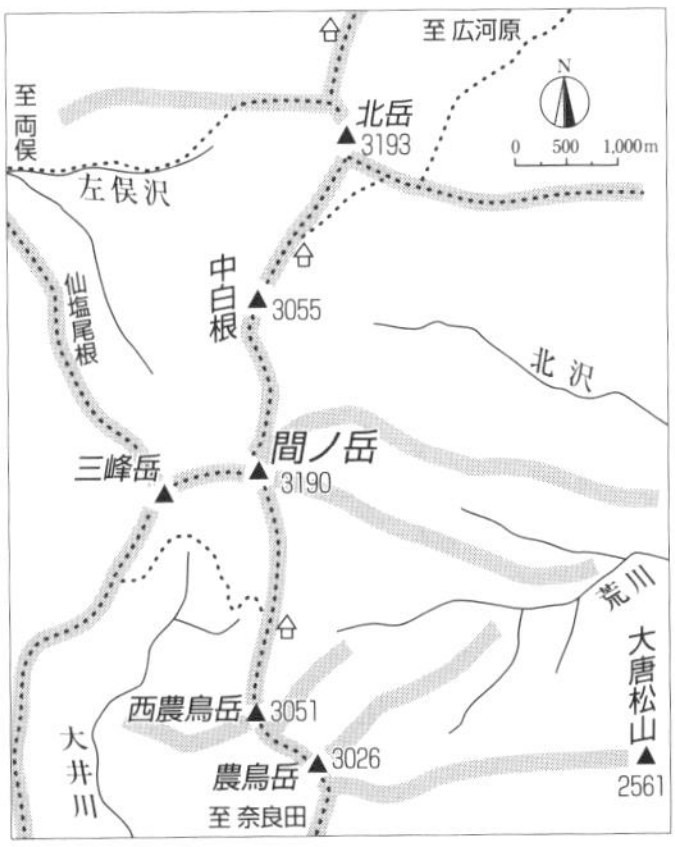

地図　二・五万図　間ノ岳　夜叉神峠

（高室陽二郎）

北岳　きただけ

標高　三一九三m

別称　甲斐ガ根　白峰　白根

山梨県南アルプス市にある。山域全部が同一の行政区域に入っている。「白根三山」の主峰で、富士山に次ぐわが国第二の高峰。西側の野呂川は北に向かって流れ、さらに東面を南に向かって流れる。全山が粘板岩、輝緑凝灰岩、石灰岩、千枚岩、チャート、砂岩など古生層で構成されている。北に小太郎山への尾根、南東に池山吊尾根が大きく張り出しているが、東面には高差六〇〇mを超える岩壁・北岳バットレスを擁している。このため、南北から見ると膨大な尾根の上に鋭角的な頂上があって、いかにも四囲を睥睨《へいげい》するといった風貌である。

有名な『平家物語』巻一〇「海道下り」には「宇津の山辺の蔦の道、心細くも打越へて、手越《てごし》を過ぎて行けば、北に遠ざかつて雪白き山あり。問へば甲斐の白峰といふ。その時三位の中将落つる涙を抑えつつ　惜しからぬ命なれども今日迄につれなき甲斐の白ねをも見つ」とある。

『甲斐国志』では「本州第一の高山にして西方の鎮《しずめ》たり」といい、八景の一つ「白根の夕照」というのはこの北岳のことで、白峰というのも北岳のことであるという。深田久弥も『日本百名山』の中で「凛とした気概」あるいは「颯爽として軽薄でなく、ピラミッドでありながら俗っぽくない。惚れ惚れするくらい高等な美しさである」と表現している。古くから崇敬の対象となっていた山である。

『甲斐国志』によると、北岳は「甲斐ヶ根」ともいい、頂上に日の神(大日如来、天照大神ともいう)を安置する。二〇cm程の黄金の像が高さ七〇cm程の銅室に納められ、四隅に鈴が掛けてあって「風吹ケバ声アリ」と書いている。この祠は明治までは存在していて、小島烏水は「寛政七年乙卯と書かれた鉄板を見た」といっている。一方では、明治四年(一八七一)、旧芦安村の名取直衛が郡役所に「開闢願書」を提出している。その後の祠の行方の言い伝えなどから、当時の廃仏棄釈と深い関係があると思われる。

明治年間には牧野富太郎、武田久吉ら植物学者、政府の森林調査、測量官をはじめウォルター・ウェストンら外国人の登山家も相次いでこの山域を訪れた。とくに明治中期以降は地元師範学校や旧制中学校の自然科学関係の教諭、学生生徒らの登山も活発化し、これに芦安、早川、白州など地元からの案内人も加わってくる。「北岳バットレス」の命名は小島烏水という。外国人の北岳初登頂はウェストンで、一九〇二年八月である。

一九一七年四月、早稲田大学の舟田三郎がガイドなしで北岳へ登って以来、一般の登山が増え始めた。冬期北岳の初登頂は一九二五年三月、旧制第三高等学校の西堀栄三郎、桑原武夫らによって行われ、地元の平賀文男らも六日遅れて登った。大正から昭和にかけて各沢筋からのバリエーション・ルートや北岳バットレスの登攀が行

北岳(左手前)と鳳凰山(右奥)

われ、冬期の登攀も含め北岳は近代登山の舞台として注目された。一九二七年から四二年ごろまで第一、二、三、四、五尾根、中央稜などが京都大学、東京商科大学、立教大学、徒歩渓流会、独標登高会の会員たちによってほとんどの稜が登られ、次いで主な側壁、ガリーなどが初登攀された。厳冬期も一九五五年前後にはほとんどのルートが初登攀された。

戦後、登山者の急増で遭難が増えた。一九五二年六月は両俣小屋を朝出発した高校生一〇人が北岳を通過した後、風雨の中で三人が死亡、一九六二年秋には広河原を早朝出発した一〇人が北岳を通過するころ風雨と寒気のため二人が疲労凍死した。近年言われる低体温症によるものであろう。北岳バットレスでも一九五三年にはザイルが切れて墜落死、一九五九年にはハーケンが抜けて墜落死する遭難もあった。特異な遭難としては一九三九年八月、学生四人が北岳南の稜線を一列で歩いていたところ突如被雷して全員がはね飛ばされ、そのうちの二人が即死した。西穂高岳で高校生一一人が被雷して死亡した二八年前である。

天然記念物のライチョウ、ニホンカモシカをはじめ貴重な動物、植物も多い。キタダケソウが世に出たのは一九三四年。しかし、昭和から平成にかけての登山ブームと並行して悪質な自然破壊が進み、とくにキタダケソウを中心とする高山植物の保護について、山梨県は保護条例を制定して罰則を設け、山岳・自然保護団体などと監視している。

登路　夏のシーズンはJR中央本線甲府駅から広河原まで山梨交通バスが出ている。一般的には、広河原から大樺沢左俣を登って八本歯の稜線へ登るか、右俣または草すべり経由で肩の小屋のある小太郎尾根に出て北岳山頂に至るルートが多い（広河原から大樺沢二俣まで約二時間三〇分、八本歯のコルまで約二時間、頂上まで約五〇分。二俣から右俣経由で小太郎尾根の肩ノ小屋まで約二時間三〇分、頂上まで約五〇分。広河原から白根御池小屋、草すべり経由で肩ノ小屋まで六時間程）。広河原から北沢峠行きバスで北沢橋（野呂川出合）で下車し、ここから野呂川沿いに林道を両俣小屋まで行き、野呂川左俣に入って、大滝から北岳を西から東へ横断する人も少なくない（北沢橋から両俣小屋まで約四時間、左俣の大滝まで約一時間、北岳頂上まで約四時間）。頂上から北岳山荘まで約五〇分。かつて北岳を目ざす主たるルートだった池山吊尾根は、鷲ノ住山から急坂をいったん野呂川に下りてから車道の「あるき沢橋」まで行き、ここから急登にかかる。このルートは利用者が少なく、道は荒れている。ほとんど冬に利用されている。なお、南アルプス市芦安から広河原、早川町奈良田から広河原の道路は、二〇〇五年七月から全面マイカー規制となった。

地図　二・五万図　間ノ岳　仙丈ヶ岳　鳳凰山　夜叉神峠

（高室陽二郎）

小太郎山　こたろうやま

標高　二七二五m

山梨県南アルプス市に位置し、南アルプスの雄・北岳のすぐ北に、北岳に従うように立っている。二七〇〇mを超えていながら、北岳からだと見下ろす形となり、高さのわりに損をしている。頂上はハイマツに囲まれたドーム状で北岳や甲斐駒ヶ岳、鳳凰山などの展望台。「太郎」は「最も優れたもの」「最大の事物」などの意味で、利根川の板東太郎のように使われる。大きな北岳に対して「小太郎」となったといわれる。

登路 途中までは広河原からの北岳登山道を利用する。草すべりを登り切ると小太郎尾根の稜線に出る。ここで北岳と反対の北へ向かう。途中、踏み跡程度の場所もある(小太郎尾根の北岳分岐から約一時間二〇分)。

地図 二・五万図 仙丈ヶ岳 鳳凰山

(深沢健三)

農鳥岳 のうとりだけ 標高 三〇二六m
西農鳥岳 にしのうとりだけ 標高 三〇五一m

別称 別当代

「白根(白峰)三山」の南端。西側は静岡県静岡市葵区、東側は山梨県南巨摩郡早川町に接している。東西二峰で西農鳥岳は三〇五一m、東農鳥岳(農鳥岳)は三〇二六mだが、三角点は低い方の東農鳥岳にある。広河原を拠点として人気のある北岳と、これに次ぐ間ノ岳からは距離もあり、かといって奈良田からの大門沢ルートは登りがきつく敬遠されている。このため白根三山縦走の通過点となって取り残された感じだが、個性的な山容を魅力としながら静かな山歩きを楽しむ人も多い。

全山粘板岩を主とする古生層で、東西ともに岩は脆い。西側は大井川支流の滝ノ沢、東側は中央稜を挟んで荒川本谷の左俣と右俣が

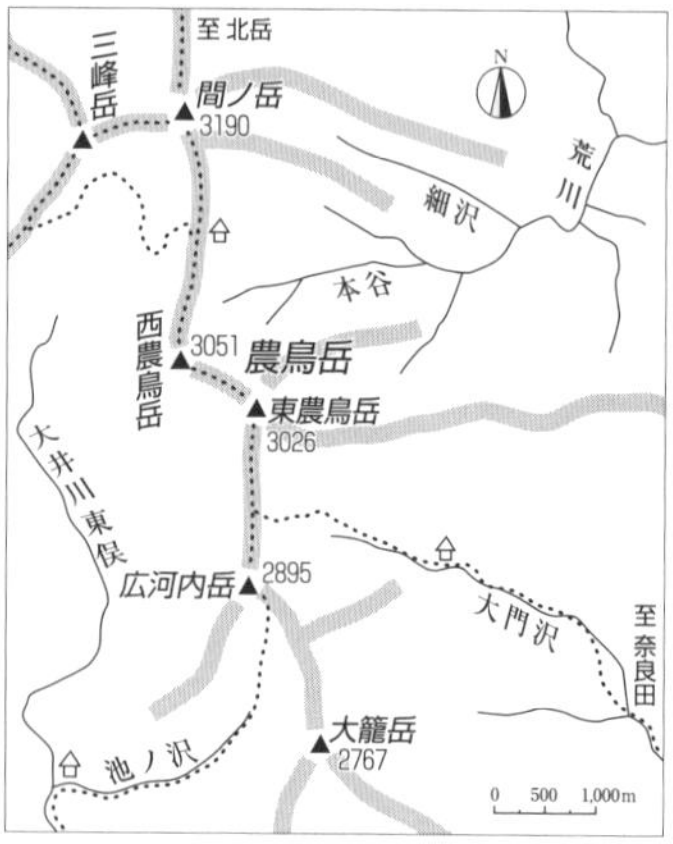

農鳥岳(左)と西農鳥岳(農鳥小屋付近から)

食い込み、強いアクセントをつくっている。左俣奥は農鳥バットレスともいわれるが、第二次大戦前から地元山岳会員らによって登られた。大唐松尾根にはアスナロ沢、農鳥沢が深く食い込んで、本谷などとともに時折クライマーが訪れている。大唐松尾根は、荒川と野呂川合流点から大唐松山目がけてせり上がり、さらに東農鳥岳まで高度差二〇〇〇mと規模の大きい尾根で、登山道はないが、いわゆる南アルプス党のベテランに知られている。

春になると東農鳥岳の南東面に、農耕を告げる鳥の形をした雪形が現れるので農鳥岳という。しかし、『甲斐国志』によると、「五

月ニ至リテ雪漸ク融テ鳥ノ形ヲナス所アリ、土人見テ農候トナス、故ニ農鳥山トモ呼ブ、其ノ南ヲ別当代ト云」としているが、雪形は間ノ岳の細沢にも出るので、間ノ岳を農鳥山といい、その際、農鳥岳を別当代《しろ》という、と述べているから、ここでいう農鳥岳は間ノ岳のことであろうか。ひところ、この別当代、間ノ岳、農鳥岳の三つの山名をめぐって論争があり、アスナロ沢と農鳥沢の名称についても論争が交わされたことがある。鳳凰山の山名論争とともに岳界ににぎやかな話題を提供した。『甲斐国志』は大要「間ノ岳も農鳥岳も別当代も、モトは皆一脚の同じ白峰である」と述べ、北岳も含めて全体を白峰と考えてよい、という表現をしている。

奈良田から大門沢を経由して農鳥岳を目ざす場合、きつい登りに耐えてたっぷり一日かかるので、大門沢小屋泊まりで登るのが一般的。ひところはざらざら崩れる沢筋の中央を登ったので「泣き坂」といわれたが、いまはこのザレの北側の尾根の樹林帯に道が付けられた。静かだが岩と根が露出して歩きにくく、登りも下りも長く辛い行程。しかし、東農鳥岳山頂に着いた気分は最高である。大井川を隔てて塩見岳、赤石岳方面の展望はすばらしく、ボリュームのある間ノ岳を前景にして北岳のすっくと立った姿には息を飲む。山頂には一九二四年、この付近に野営した大町桂月の歌碑「酒飲みて高根の上に吐く息は散りて下界の雨となるらん」がある。

静かな山域だけに、樹林帯も高山帯も植物や鳥類の楽園である。樹林帯ではキクイタダキ、コガラ、ビンズイ、オオルリ、コマドリ、ミソサザイと豊富で、稜線に出ればイワヒバリ、ホシガラス。一九五五年、天然記念物に指定されたライチョウは、生態系変化などで危機的状況が伝えられている。

白根三山での山岳遭難は圧倒的に北岳が多く、間ノ岳、農鳥岳は登山者の数に比例して少ないが、一九四〇年、行方不明になった神戸市の青年は十年後、農鳥岳中央稜で白骨となって発見された。下流で身元不明の遺体が発見され、これをこの青年と断定したため葬儀も行われた特異なケースであった。農鳥小屋北方に遭難碑がある。

登路　北岳山荘から間ノ岳、農鳥小屋を経て東西農鳥岳までのコースは晴れていれば問題はなく、農鳥小屋から東西に甲府盆地と伊那平を見下ろす夜景は絶景。しかし、霧や風雨にさらされると慎重な行動が要求される（北岳山荘から西農鳥岳まで約四時間、ここから東農鳥岳まで四〇分。大門沢下降点まで四〇分、さらに大門沢小屋まで約二時間四〇分。ここから奈良田まで三時間はかかる）。逆の場合、奈良田から大門沢小屋まで結構長いし、大門沢の登りもきつい（奈良田から大門沢小屋まで四時間強、ここから急登五時間程で東農鳥岳。西農鳥岳まで四〇分、農鳥小屋まで三〇分）。

地図　二・五万図　間ノ岳　夜叉神峠

（高室陽二郎）

大唐松山

おおからまつやま　　標高　二五六一m

山梨県南巨摩郡早川町にある。東農鳥岳（三〇二六m）から東に延びる大きな尾根を大唐松尾根といい、末端は一気に早川に落ち込んでいく。南アルプス林道の鷲ノ住山広場で正面に見ることができる。全山シラベやツガに覆われ、頂稜はハイマツもある。この尾根の中央にあるピークが大唐松山で、北面に大唐松谷が食い込んでいる。

早川からの標高差が大きいことと、急な登高がつづくため、戦後の一時期、厳冬期に極地法の訓練に使われた。

登路　開運トンネル手前を左折して右手の山ノ神が登山口。発電所の導水管巡視路を登った後、雨量計のケーブル沿いに直登。雨池山まではヤブも薄い。少ないテープを追うと滝ノ沢頭との分岐に到達。コルから急登すると大唐松山の三角点から頂上は近い（山ノ神から頂上まで七〜一〇時間）。

地図　二・五万図　夜叉神峠、間ノ岳　（深沢健三）

広河内岳　ひろこうちだけ

標高　二八九五m

山梨県南巨摩郡早川町と静岡県静岡市葵区に接している。北岳、間ノ岳、農鳥岳の白根三山の南へ広河内岳、大籠岳、笹山、笊ヶ岳《ざるがだけ》、青笹山とつづく山脈は「白峰（根）南嶺」といわれる。三〇〇〇m級の三山から二〇〇〇m級となり、小さな起伏を重ねながら次第に標高を下げて遠く井川奥まで延びる。広河内岳は、これら南嶺のスタート台の役目を持っている。東面から見ると、農鳥岳左肩の小さなピークに過ぎないが、正面に広河内上流の大門沢があって存在感がある。白根三山を締めくくる役割をも持っている。

稜線は幅広く、岩片が敷きつめられたようになっている。大門沢下り口付近には舟窪があり、高山植物が豊富である。大井川東俣を隔てて塩見岳（三〇四七m）が眼前に迫ってすばらしい展望。頂上南側から池ノ沢へ下り、塩見岳へ雪投沢《ゆきなでさわ》のルートがある。ここからの南嶺主脈は訪れる人もまれで、踏み跡は時々消える。山小屋もなく、水を求めるのも困難である。

登路　塩見岳に向かう時、または白峰南嶺方面へ縦走する時は広河内岳頂上を通過する。しかし、農鳥岳から大門沢へ下る際は、広河内岳手前の肩から下り道に入る。下り口には櫓《やぐら》があり、鐘が吊り下げられ、濃霧に巻かれた時など通過者が鳴らして場所を知らせる（大門沢小屋から広河内岳の肩まで急な登り約五時間、下り約三時間三〇分。下りの場合は東農鳥岳から大門沢下降点まで四〇分。広河内岳まで二〇分。池ノ沢を下る場合は大井川東俣合流点まで約三時間三〇分、登り約五時間）。

地図　二・五万図　間ノ岳　夜叉神峠　（高室陽二郎）

大籠岳　おおこもりだけ

標高　二七六七m

別称　大古森岳

山梨県南巨摩郡早川町と静岡県静岡市葵区にまたがる。農鳥岳から南に延び、笊《ざる》ヶ岳に至る長大な山脈を「白峰南嶺」と呼び、東の早川、西の大井川から多くの深い谷が食い入っている。大籠岳はその北端に近く、山頂付近はハイマツに覆われている。

早川の支流・大ゴモリ沢、小ゴモリ沢の源頭にあたるので山名になった。「おおかごだけ」は誤り。

登路　主稜線に登山道はなく踏み跡程度。山梨県側は、早川町奈良田から大門沢に沿った登山道を利用して稜線の大門沢下降点へ。ここから南へ向かうが、広河内岳を越え、踏み跡を拾いながら稜線を外さないように行くと、なだらかな山頂に着く。静岡県側は、大井川東俣の池ノ沢小屋から池ノ沢沿いに大門沢下降点に登るが不明瞭(奈良田から約一〇時間三〇分。池ノ沢小屋から約七時間三〇分)。

地図　二・五万図　間ノ岳　夜叉神峠　奈良田　塩見岳

(深沢健三)

笹山　ささやま

標高　二七三三m

別称　黒河内岳、黒河内北俣岳

山梨県南巨摩郡早川町と静岡県静岡市葵区にまたがる。大籠岳《おおこもりだけ》の南方。山頂から早川町奈良田に延びる尾根を笹山尾根といい、南の谷を黒河内北俣と呼ぶ。北峰と南峰に分かれ、南峰に三角点(二七一八m)がある。展望は北峰が優れ、南峰西面は背丈の高いハイマツに覆われている。南アルプスでは、谷を「河内《こうち》」と呼ぶ例が白峰南嶺の山梨県側に集中している。

登路　山頂から東の奈良田湖に延びる長い尾根に新しいルートが開かれた。標高差は約一九〇〇m。一泊二日の行程となる。起点は奈良田湖に架かる吊り橋。東のたもとに大きな駐車場がある。吊り橋で岸に渡り左折。第二発電所、第三発電所を過ぎ、手すりの付いた管理道を登る。尾根通しに行けば山の神の祠に着く。アセビの多い樹林を登り一三四四mの標高点。明るい尾根で右斜面はカラマツの植林地になっている。一六〇三m標高点辺りからツガが多くなり、二二〇〇mでガレ場に出て、これがルート中唯一の展望場所。さらに尾根状をつめると二三二〇m辺りが二重山稜になっていて、テントサイトに有効だ。平坦地を抜け、ハイマツが現れると笹山南峰に出る。北に一五分で二七三三mの北峰に着く(吊り橋から八時間強)。北峰の方が見晴らしがよい。

地図　二・五万図　塩見岳　間ノ岳　夜叉神峠　奈良田　新倉

(深沢健三)

転付峠　でんつくとうげ

標高　一九八〇m

別称　伝付峠

静岡県静岡市葵区と山梨県南巨摩郡早川町の境にあり、南アルプス白峰南嶺に属する峠である。一九二三〜四年ごろ、猪瀬延次によって選定され、東海パルプが開削した。一時期、東海パルプ林業従業員の物資輸送道として利用されたが、近年は南アルプスの早川登山口となっている。峠を挟んで南北に稜線上に林道が開け、北は奈良田越に達し、そこから西の大井川側に下り、東俣林道に合している。峠には山の神を祀る祠があり、樹間に富士山が望まれる。又峰林道を南に入ると赤石山脈主峰群の眺望も得られる。

登路　早川の田代入口バス停が登山口。橋を渡り内河内沢沿いに開けた作業道を進み、田代川発電所に出る。ここで山道に変わり、途中、東電保利沢小屋を経て水場に出て峠に達する(田代入口バス停から転付峠まで登り約六時間三〇分)。大井川二軒小屋から転付峠までは約二時間。

地図　二・五万図　新倉

(永野敏夫)

生木割 なまきわり

標高　二五四〇m

別称　黒桂岳《つづらたけ》

静岡県静岡市葵区と山梨県南巨摩郡早川町との境に位置する。早川の支流の黒桂河内川《つづらこうち》の源頭であるところから、「黒桂岳」と呼ばれていた。東側に黒桂河内川が下り早川に注いでいる。現在は「生木割」の名が定着しているが、そのいきさつは分からない。

昔、保利沢山(二三七九m)付近の小広い尾根は「上ノ切」と呼ばれ、新倉、早川、黒桂などの早川流域の山の民がそこから大井川側の木賊《とくさ》に下って、山畑として開墾した。樹皮葺きの屋根の仮小屋で、毎年初夏から秋にかけてキビ、ソバ、ヒエなどの雑穀を作り、収穫物を上ノ切を越えて持ち帰る暮らしが長年つづけられていたらしい。近くに天井小屋山(二四二九m)という名の山があり、生木割もその辺りからきた山名ではないかと思われる。あるいは、この付近は雷の発生が多く、立木によく落ちたことに由来したのかもしれない。

東南東に約六〇〇m離れて這松尾《はいまつお》(保の笊、二五四五m)があるが、近い上に高さも同じ位で、よく生木割と間違えられる山である。保利沢山付近から見るとなだらかな双耳峰に見える。

登路　転付峠から尾根づたいが一般的(伝付峠から約六時間)。直接の登路は椹島《さわらじま》から生木割西尾根を登る(椹島から約七時間)。

地図　二・五万図　新倉　（大石　惇）

笊ヶ岳 ざるがたけ

標高　二六二九m

静岡県静岡市葵区と山梨県南巨摩郡早川町との境に聳える南アルプス南部の高峰で、山頂は大笊(西峰)、小笊(東峰)の二峰からなる双耳峰である。

北岳から南下する南アルプスの主稜線は間ノ岳で東西に分かれる。西に分かれる静岡県と長野県の県境は、塩見岳、荒川岳、赤石岳、聖岳とつづく、いわゆる南アルプスの主稜線である。東に分かれる白峰南嶺は、農鳥岳のほかに三〇〇〇mを超える山はないが、静岡県と山梨県の県境をなし、安倍奥の山々に連なる。転付《でんつく》峠以南の南嶺ではもっとも高く姿のよい白峰南嶺の盟主である。この山は静岡市内の高いビルや日本平の西側中腹からも眺められる。

山名の由来は『甲斐国志』に淘籭《いざる》岳と記されているように、麓の集落から見える、笊を伏せたような山容によるものであろう。

白峰南嶺は峠の多いことも特徴で、富士川支流の早川沿いは平地が少なく、早川沿いの住民は峠を越えて大井川流域に下り農林業を営み、南嶺の峠越えは日常のことであったらしい。さらに井川から山を越えて伊那方面にまで商業活動を行っていたともいわれている。この山の南約三・五kmに所の沢越(西沢峠)があり、古くから甲斐の国と駿河の国との通商路(塩の道)として利用され、また、武田信玄が軍用路として利用したともいわれる。

山頂には三角点が置かれていて展望は抜群である。大井川を挟んで目の前には聖岳、赤石岳、悪沢岳が聳え、北に北岳や農鳥岳や塩

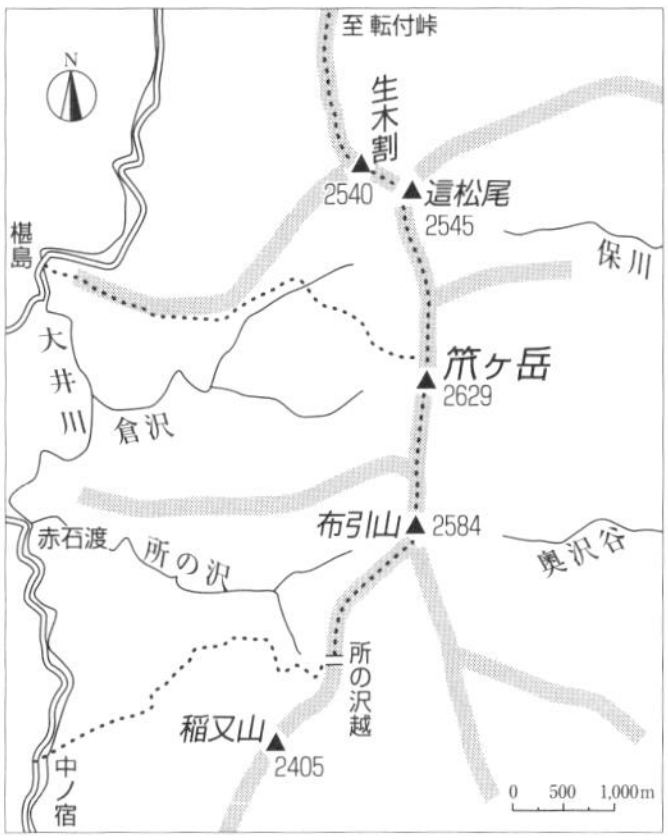

笊ヶ岳大笊(左)と小笊(右)（布引のコルから)

見岳が、南には南アルプス深南部および南嶺の山々が見渡せ、甲斐駒ヶ岳を除く南アルプスの主な山が全部見ることができる。東には富士山が浮かんでいる。おそらく夜叉神峠からの白峰三山、笠ヶ岳からの穂高連峰の展望に勝るとも劣らない日本でも第一級の景観である。積雪期はさらに豪壮である。

この山は、大井川側の倉沢の、富士川側の保川と奥沢谷の源頭となっている。

笊ヶ岳の山頂近くには少しではあるがウラジロナナカマドやハイマツが見られる。稜線のガレ場や岩場にミヤマシャジンやタカネナデシコなど、沢沿いにヤグルマソウ、オタカラコウ、ソバナ、トリカブト、ヤマハハコなどが見られるが、山全体が天然林で覆われており、高山植物は多くない。

登路　現在は転付峠から県境を南下して、保利沢山(二三七九m)、生木割(二五三九m)、這松尾(二五四五m)を越えるか、布引山から北上して笊ヶ岳に達するのが一般的である(転付峠から約一〇時間)。直接登るには、畑薙第一ダムから大井川沿いに中ノ宿を経て、所の沢越、布引山を経て登るコースが使われている(中ノ宿から約一二時間)。

また、新しいルートとして、椹《さわら》島《じま》から生木割西尾根から倉沢沿いに笊ヶ岳へ向かうコースもできた(椹島から約七時間)。富士川側からは、雨畑湖の老平《おいだいら》から奥沢谷をつめて、布引山からの千挺木尾根を登り笊に至るコース。また、雨畑湖の鳥屋《とや》からダイレクトにランカン尾根を登り笊ヶ岳に向かうコースも、バリエーション・ルートとして昔から親しまれている。さらに白石集落から保川をつめて大武刀尾根を登り、やや北側の稜線に出て笊ヶ岳に至るコースがある。しかし、コースが荒れているので熟達者以外は通らない方がよい。

地図　五万図　身延　二・五万図　新倉

（大石　惇）

布引山　ぬのびきやま

標高　二五八四m

別称　千挺《せんちょう》(梃)木《ぎ》山

静岡県静岡市葵区と山梨県南巨摩郡早川町との境にある。

山名は布引山直下東面の大崩壊を東側から眺めて、広げた布に見立てたためであろう。布引山は高さと展望の点で笊ヶ岳に劣るが、山の大きさや重量感では遥かにしのいでいる。頂上にはシラビソとダケカンバが混生する明るい広場があり、水があれば快適な幕営地である。

古名の「挺(梃)」の意味を漢和辞典で見ると、物を動かすのに使う梃子《てこ》、まっすぐな丸い棒、杖などで、それを数えるのに使う単位詞ということでもある。いずれにしても、江戸時代に紀伊国屋文左衛門が大井川の奥深くに入り、大規模な伐採を行っていることなどから、たくさんの伐採木を運び出すコロや梃子棒を使ったり伐り出したり、木材伐採に関係した名前が付いたのであろう。転付峠からの南嶺の山々は、頂まで密に生えている針葉樹に覆われて歩行が困難な所が多い。

登路　雨畑湖から奥沢谷を遡行し、布引山からの千挺木尾根を登るコースと、大井川側からは、中ノ宿から所の沢越経由で登るコースが一般的(中ノ宿から約一〇時間)であるが、この山だけではもったいない。笊ヶ岳を経て転付峠まで縦走することになろう。

地図　二・五万図　七面山

(大石　惇)

青薙山　あおなぎやま

標高　二四〇六m

静岡県静岡市葵区と山梨県南巨摩郡早川町にまたがる。山頂(三角点)は静岡市に含まれる。山頂部は南西から北東に緩く延びた尾根上にある。青薙山は白峰南嶺の一部をなし、北に稲又山《いなまたやま》(二四〇五m)、南西に通称ロボット(無岳山・二一〇五m)を従え、尾根は畑薙第二ダムに没する。山頂のすぐ北から南東に主稜線が延び、イタドリ山(二〇五九m)、青笹山を経て安倍奥・山伏《やんぶし》に至る。東側の山梨の谷は稲又谷、雨畑川、早川となって富士川に注ぐ。西側は眼下に大井川の本流が流れる。南東の谷は東河内で、畑薙第二ダムの下で大井川本流に合流する。

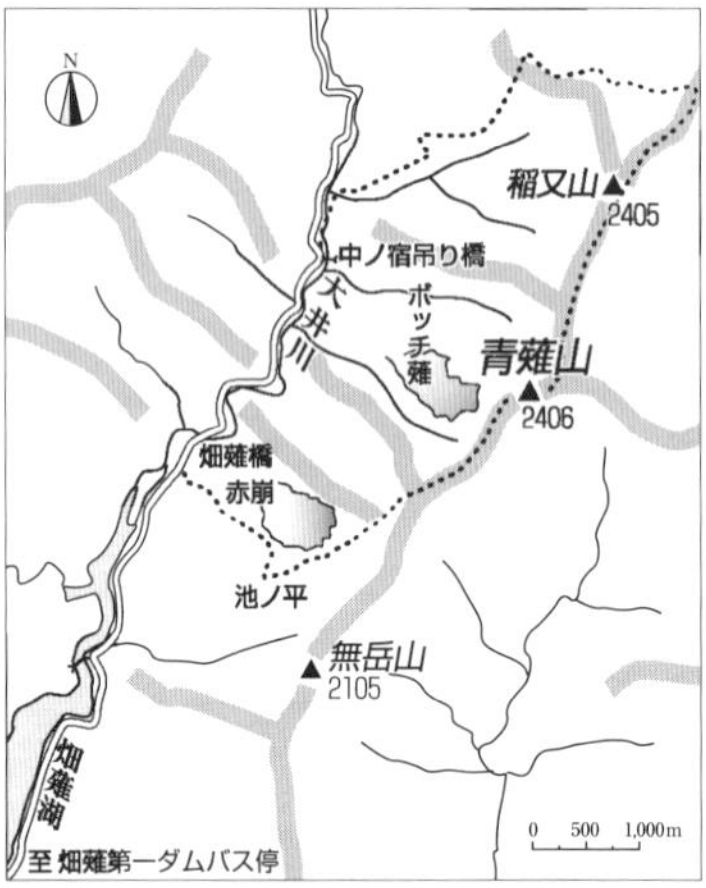

西側、大井川水系の治山は林野庁大井川治山センターで管理し、青薙山を三角形の頂点とした南東側は、筑波大学の演習林として大学が管理している。

山名の由来を『静岡市の山々』では、この山の西側に広がるボッチ薙の色が青いからだとする説と、山伏から見て山頂付近がササ(スズタケ)で青く見えるからだという二説を挙げている。薙は山崩れを表しており、この山は大井川側にボッチ薙とその南に赤崩を持っている。この薙から見て前者が有力と思われる。

この付近は千枚岩、粘板岩、頁岩など崩れやすくはがれやすい岩からなっており、さらに急傾斜地であるため崩壊が激しい。

山頂部は針葉樹とスズタケ、池ノ平から二〇一四m付近にかけてはトリカブト、カニコウモリ、キスミレなどが繁茂している。

登路　通常コースは、畑薙第一ダムから湖岸を歩いて池ノ平を目ざして登る。池ノ平は突然冷水がわき出し、わいたと思えばすぐ滝となって落ちていく感動的な水場である。ここからは、すぐ先の赤崩の縁を巻いて比較的緩やかな尾根を行く。山頂手前から多少分かりにくい。赤崩の上や山頂からは南アルプス南部の展望がよい（畑薙第一ダムから約六時間三〇分）。

もう一つのルートは、畑薙第一ダムの先の登山口を見送り、さらに先へ進んで、中ノ宿の吊り橋を渡って所の沢越に出て、ここから稜線を南下して北の稲又山を経由して山頂に至るものである。このコースでは稲又山から青薙山山頂にかけてのルートがやや判然としない所がある。さらに熟達者は、筑波大学の演習林の林道を経て、東河内からボッチ沢や押出沢沿いに獣道や森林伐採跡の踏み跡などを辿って主稜線に出て、池ノ平からのコースに合流して登るという方法もある（畑薙第一ダムから約七時間）。

地図　二・五万図　上河内岳

（有元利通）

青笹山　あおざさやま　標高　二二〇九m

静岡県静岡市葵区と山梨県南巨摩郡早川町にまたがる白峰南嶺南部の一峰。

一帯は、ササヤブが深く秘峰色の濃い未開の山である。山頂はシラビソ、オオシラビソに囲まれ展望はない。しかし、山頂を西に下った日影沢のつめからは北に一八〇度の展望が得られる。

主稜線は雨畑川と東河内に挟まれ、雨畑川源流は武田家が金を採掘した所。また、硯石で名高い雨畑硯の原石の産地である。

登路　登山の起点は大笹峠、林道井川・雨畑線が通じている。山伏からつづく主稜を北に登る。ササと灌木の尾根で踏み跡は浅い。初めの山が小河内山で、三つのピークからなり、中央のピークに三角点がある。この先、ササは一段と密になる。水無峠山（二〇八〇m）は原生林とササの覆う広い頂で迷いやすい。東河内に峠尾根を下ろしている。次の三ノ沢は直下を東に巻く。ササは引きつづき深く、ガレの懸かる青枯山を越すと、主稜はやや細くなる。つづくササの峰が日影沢左岸稜の頭。これを越えると日影沢ガレに出る。正面に青薙山、その後ろに赤石山脈主峰群を望むことができる。二重山稜を左にとり、シラビソの密林を登れば青笹山に出る（大笹峠から約六時間三〇分）。

地図　二・五万図　七面山　上河内岳　畑薙湖　梅ヶ島

（永野敏夫）

小河内山　こごうちやま　標高　二〇七六m

静岡県静岡市葵区と山梨県南巨摩郡早川町の境にあり、白峰南嶺南端の山である。

山頂は三つのピークからなり、最高峰は南端のピーク、三角点は中央のピークにある。主稜は南に大笹峠（山伏峠）を経て、安倍奥の最高峰・山伏《やんぶし》へとつづいている。また、南南西に長大な支稜を下ろし、その先端に山名の由来となった小河内集落がある。

小河内は金の採掘が盛んであった所。その初めは古く、享禄四年

(一五三一)と伝えられる。小河内山を水源とするネジギリ沢は、金をネジリ取ったとの言い伝えがある。

登路　登山口は大笹峠。ここは林道井川・雨畑線が通じている。切土を上がり、白峰南嶺主稜を北上する。灌木林とササの登りでかすかに踏み跡がある。左手の小河内川源流ネジギリ沢が近づくに従ってササが深くなる。ひと足登るごとに視界は開け、最後の急坂を登ると小河内山南端ピークに出る。展望が開け富士山、山伏を望むことができる。小さなコルを越して三角点の立つ中央ピークに出る。雑然とした小頂で展望はない(大笹峠から約二時間三〇分)。

地図　二・五万図　梅ヶ島

(永野敏夫)

山伏　やんぶし

標高　二〇一三m

静岡県静岡市葵区と山梨県南巨摩郡早川町の境界にあり、安倍川の西源流ともいえる大谷《おおや》川の蓬沢と西日影沢、大井川支流の小河内《こごうち》川、富士川・早川支流の雨畑川の源頭に位置する。安倍奥の山と赤石山脈の白峰南嶺との結接点でもある。一九六八年に、「奥大井県立自然公園」に指定され、その自然は保護されている。山伏には「岳」を付けない。地元の呼称は尊重したい。

山伏の山名由来は、かつて婦人の「お歯黒」に使われたカバノキ科の落葉小高木であるヤシャブシ(夜叉五倍子)が多くあったからとされるが詳細は不明であり、山容からとも思える。駿河と甲斐を結ぶ山道は古くからあったらしく、三角点名は「山伏峠」である。

山伏の東にはフォッサマグナ(糸魚川—静岡構造線)が、西には中央構造線がいずれも南北に走り、山頂付近は四万十層群と瀬戸川層群との断層である笹山構造線が通過している。山伏は地質的には頁岩の山である。安倍奥の山々は頁岩や粘板岩が多く、崩れやすい山域とされる。東隣の大谷崩は日本三大崩の一つに数えられる。

安倍奥の盟主・山伏は安倍川流域の最高峰で、唯一の二〇〇〇m峰である。山頂は平坦な高原状の稜線で、広々とした明るいササ原にコメツガ、トウヒ、ウラジロモミなどの疎林と立ち枯れた木々が、山頂の風情を醸し出している。安倍東稜の奥に富士山、北西方面に南アルプスの赤石岳など三〇〇〇m峰が指呼の間にある。

山伏の春は、新緑とツツジ、ズミなどの花が美しい。夏にはヤナギラン、クルマユリ、クガイソウ、シモツケソウなどのお花畑が広

山伏(笹山方面から)

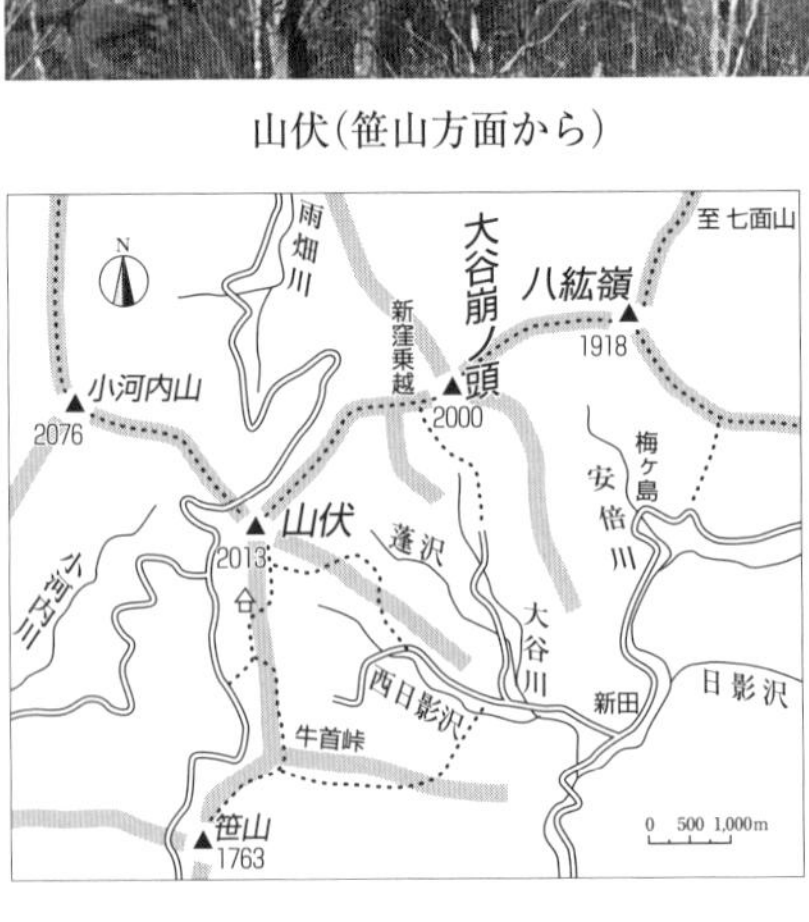

がる。秋は紅葉とリンドウ、トリカブトやキノコ類。冬は暖国・静岡とは思えぬ腰以上の雪を楽しむことができる。

山伏にはニホンカモシカやホンドオコジョも生息し、登山者の前に現れることもある。山伏小屋の南には「猪ノ段」があり、北東の大谷崩との間には「鹿ノ踊場」という地名が残る。山伏の周辺は野生動物も多く、いわば自然環境が豊かということであろう。

安倍川にはアマゴが多く、尺物が釣れている。源流にはイワナも放流され、釣り人たちでにぎわう。サンショウウオも生息し、愛嬌ある姿を見せてくれる。

鳥類はオオルリ、コルリをはじめ、ツグミ、ヤマガラ、メジロ、ウグイス、ヤマセミなどが登山者の心を和ませる。

登路　山伏へはJR東海道本線静岡駅から安倍線梅ヶ島温泉行きのバスに乗る。安倍川沿いに北上し、終点手前の新田で下車する。集落の茶畑の間を歩き始める。しばらく行くと大谷崩との分岐に着き、左の山伏への西日影沢コースをとる。やがて堰堤を過ぎれば登山口となる。新田から約五〇分。登山口の手前に駐車スペースがあり、車は数台駐車できる。

西日影沢沿いの道は新緑、紅葉ともに楽しむことができるハイキング・コースとなっている。沢を渡ると大きな岩(キヌハタ岩)があり、道標と矢印に従って右に進む。しばらく登って沢から離れ、山腹を巻くと、安倍東稜の十枚山などが見えてくる。最後の水場を過ぎると静かな林となり、ガレ場を通れば通称ヨモギ峠(キノコ岩)の広場に着く。蓬沢の向こうに大谷崩が顔をのぞかせる。山伏への中間点であり、冬季はこの先から北斜面に入り凍結路となる。

ササ尾根を登ると富士山が見えてくる。やがて立ち枯れた木々の奥に大無間山《だいむげんざん》など南アルプス深南部の山々が姿を現す。山伏小屋(無人)への道を左に分けると、山伏へ緩やかな登りとなる。

山頂のササ原一帯はヤナギラン、クルマユリなどの植物を守るため木道が設置され、防鹿ネットが張られている。

山伏の山頂からササ原と大谷崩を前景にして、雲海の上に富士山が美しい。南アルプスの上河内岳、聖岳、赤石岳、荒川三山などが眼前に迫るすばらしい大展望。北岳と塩見岳の鋭峰も白峰南嶺の笊《ざる》ヶ岳《がたけ》～青薙山の奥に指摘できる。新田のバス停から約三時間三〇分。

山伏で展望を楽しんだ後、時間に余裕があれば山伏小屋に立ち寄ってみるのもよい。往復約三〇分である。山伏小屋は一九七一年秋に静岡市営の山小屋として、南アルプス上河内沢コースのウソッコ沢小屋に次いで建設された。

小屋の近くには安倍稜線で唯一の水場があり、南アルプス南端の光岳、南アルプス深南部の信濃俣や大無間山、小無間山、白峰南嶺の小河内山《こごうちやま》などの山々を望むことができる。

健脚者は山伏から大谷崩～八紘嶺、または牛首峠～笹山への縦走は充実した山行となる。ともに稜線が広く、一部はササの深い所があるものの道はしっかりしている。冬季は積雪が腰から胸近くまで達することもあり、吹雪になると方向を見失いやすいので、縦走には細心の注意を払ってほしい。

井川側からのコースは、富士見峠～県民の森を経由し林道が延びているので車を利用するとよい。笹山登山口のゲートを過ぎると牛首峠からの登山口、その先には猪ノ段経由の入山口がある。最短コースの百畳平の駐車場からは、山伏小屋に近い南側の稜線に出て山頂まで約四〇分の登りである。
山梨側は雨畑より林道を大笹峠まで入り、峠からは三〇分程の登りで山頂に達する。
地図　二・五万図　梅ヶ島
（森　博・有元利通）

大谷崩ノ頭　おおやくずれのあたま（かしら）　標高　二〇〇〇m

別称　大谷嶺《おおやれい》　行田山《ぎょうだやま》

静岡県静岡市葵区と山梨県南巨摩郡早川町の境界にあり、安倍川の西源流ともいえる大谷川と富士川・早川支流の雨畑川の源頭に位置する。日本三大崩の一つとされる「大谷崩」は、静岡側の山全体が大崩壊している。

「大谷嶺」は日本山岳会の冠松次郎と梅ヶ島温泉・梅薫楼の先代主人の命名による。静岡県で嶺の付く著名な山は、八紘嶺と大谷嶺のみである。「行田山」は山梨県側の呼称である。三角点標石（一九九九・七m）は、一九六八年ごろに崩壊のため消失した。

安倍川流域の山は、中央構造線の外帯（南側）最東端に位置し、フォッサマグナ（糸魚川―静岡構造線）が大谷崩の東方七km付近を南に走り、西方二kmには笹山構造線がある。大谷崩の地質は、瀬戸川層群に属する暗灰色の頁岩を主に砂岩、粘板岩を含み、断層の影響などで岩石中に亀裂が多く、崩れやすい原因となっている。

大谷崩の崩壊面積は一〇四・八ha、崩壊量は一億二〇〇〇万立方m、水平方向約二km、比高八〇〇mに及ぶ。享禄三年（一五三〇）から宝永四年（一七〇七）の間に数回にわたって大規模な崩壊があり、安倍川上流の谷を埋め尽くしたとされる。

戦後、崩落防止と植生の回復工事が左岸を中心に現在まで営々として進められている。

大谷崩ノ頭（中央奥，大谷崩から）

登路　JR東海道本線静岡駅から梅ヶ島温泉行きのバスに乗る。温泉手前の新田が登山口となる。山頂まで約四時間。茶畑を見ながら集落の中を緩やかに登っていく。大谷川に架かる橋を渡り、山伏《やんぶし》への分岐を見送り、右の道をとる。やがて大谷崩が姿を現し、林道も終わりが近い。車は数台駐車できる。

シラカバ、ミズナラなどの樹林帯に入り、扇ノ要に着く。沢沿いに登ると大谷崩の崩壊面が圧倒的な迫力で両側からのしかかってくる。落石が頻繁にあるので注意しながら新窪乗越を目ざす。

新窪乗越は小広く、北面は深い樹林帯である。左は山伏への道、右へコースをとるが崩れの縁を登る時は、とくに注意が必要である。春の稜線はイワカガミが目立つ。大谷崩ノ頭はササに覆われ明るい。南アルプスの赤石岳や聖岳、安倍奥の山伏や竜爪山《りゅうそうざん》、駿河湾も望める。

地図　二・五万図　梅ヶ島
（森　博・有元利通）

八紘嶺　はっこうれい

標高　一九一八m

別称　白崩《しらくずれ》

静岡県静岡市葵区と山梨県南巨摩郡身延町、早川町との境界にあり、安倍川と富士川水系の分水嶺となっている。安倍山系の最北端に位置し、山頂一帯は瀬戸川層群の砂岩や頁岩からなる。褶曲構造が発達し、北の七面山とを結ぶ稜線はその背斜軸に相当する。南斜面は安倍川支谷の谷頭侵食による崩壊地が多い。

「八紘嶺」の山名は、日本山岳会の冠松次郎と梅ヶ島温泉・梅薫楼の先代主人の命名による。八紘は第二次大戦の「八紘一宇」にも由来するが、紘には大綱、境界の意味もある。甲駿国境に聳え八方に眺めの利く山でもあり、七面山―八紘嶺―草木峠―十枚山と頭字の数合わせでもある。白崩は梅ヶ島の奥山一帯に多い崩れに由来する。

登路　ＪＲ東海道本線静岡駅から安倍川沿いに北上して、梅ヶ島温泉のバス停から約三時間の登り。安倍峠との分岐を左に行くとブナやササのコースとなり、富士山と毛無山の展望台(富士見台)に着く。六月ごろは富士見台の下辺りからシロヤシオやトウゴクミツバツツジが目を楽しませてくれる。ひと汗かけば八紘沢の頭を経て八紘嶺の山頂となり、富士山や南アルプスの赤石岳などを望むことができる。

三角点名は「白崩」であり、標石付近の土は洗われて三〇cm程頭が露出している。七面山、山伏へは約三時間。

（森　博・有元利通）

地図　二・五万図　梅ヶ島

七面山　しちめんざん

標高　一九八九m

山梨県南巨摩郡早川町にあるが、山頂付近が身延町の飛び地となっている。信仰と伝説に彩られた山で、身延山とは春木川を挟んで向かい合っている。参道が登山道となっていて、登・下山の信者が多い。交わすあいさつは「こんにちは」ではなく「ご苦労様」。ごみ一つなく、神聖な気持ちで登山できる。

この山は初め真言宗の七面山修験によって開かれた。その後、身延山が日蓮宗の聖地となったことで、七面明神が法華経と日蓮宗の守護神として信仰された。山頂から北に下った平地に敬慎院(七面山本社)があり、大きな伽藍が建っている。ここにある随身門前は、春秋の彼岸に富士山頂からのご来光を遙拝できる場所として知られている。ご来光は随身門から本堂に安置されている七面大明神に射し込むという。千人程収容できる宿坊もあり、登山者も泊まることができる。

春木川の登山口には、支流に懸かる白糸の滝がある。この山の女人禁制を解いたと伝えられる徳川家康の側室「お万の方」の像が立つ。春木川は、フォッサマグナの西縁を走る糸魚川―静岡構造線と呼ばれる大断層が通っている場所としても知られている。川の西側、七面山や静岡県・安倍川奥の八紘嶺などは三〇〇〇万年以上前の古い地層。川の東、身延山側は二〇〇〇万年から九〇〇〇万年前の比較的新しい地層からできている。

登山口から山頂までの標高差は約一五〇〇m。山梨県南部は暖かく暖帯林、温帯林、亜高山帯林の垂直分布がはっきりしている。

登路　春木川の羽衣地区から歩く。入り口に若山牧水の歌碑が立つ。一丁ごとに石灯籠が立ち、敬慎院まで五〇丁。歩きやすい参道がつづく。途中、宿坊がいくつかある。随身門から先が登山道となり、ナナイタナガレと呼ばれる大崩壊地の縁を通って三角点(一九八二m)のある広い山頂に着く(すぐ南西に一九八九mの標高点がある)。ウラジロモミなどに囲まれ展望はよくない(羽衣地区から約四時間二〇分)。北方の角瀬《すみせ》からも参道が整っていて、こちらは山頂まで約四時間五〇分。

地図　五万図　身延　二・五万図　七面山　身延　（深沢健三）

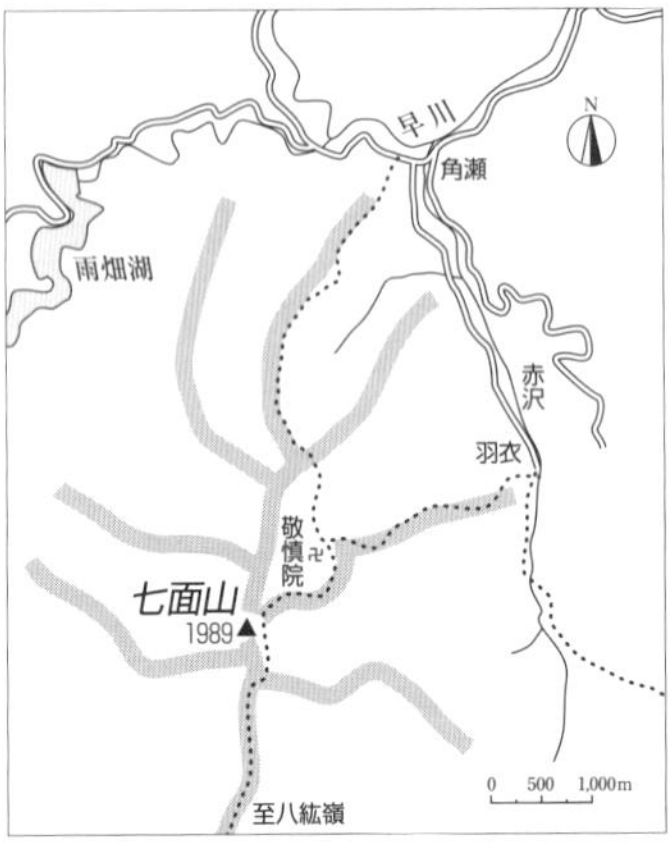

身延山

みのぶさん

標高　一一五三m

山梨県南巨摩郡身延町に位置し、日蓮宗総本山の久遠寺《くおんじ》がある。北を早川、東を富士川、南を波木井川、西を春木川に囲まれ、八紘嶺から北に延びる稜線の北端にありながら独立峰の趣がある。久遠寺は年間一七〇万人が訪れる聖地であり、山頂までロープウエーが架けられている。

古くは「蓑夫」と表記されていたが、日蓮が「身延」を使い始めて定着したという。日蓮がこの山に入ったのは文永一一年(一二七四)五月一七日だった。日蓮五三歳。佐渡流罪を許されて二か月後のことである。一帯の豪族・波木井実長が出迎え、以後庇護《ひご》した。『甲斐国志』によると、ここに庵を結んだ理由として、「北に身延山がそびえ、南には鷹取山があって鶏足山のようだ。西は七面山が鉄門に似ている。東は天子ヶ岳があり富士山の太子である。また四囲を激流の川に囲まれ修行にふさわしいからだ」という。

日蓮はここで八年三か月、修行と布教、弟子の育成に努めた。蒙

身延山(富士川付近から)

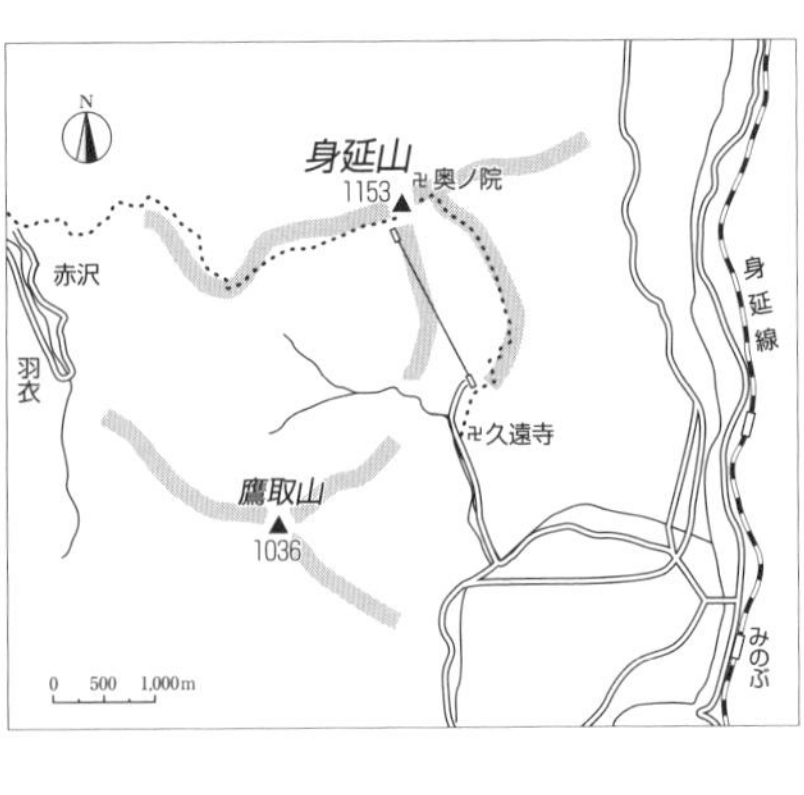

古来襲を予言し、入山の四か月後には蒙古・高麗軍が対馬、壱岐、博多へ。身延を去る前年にも博多に襲来した。文永・弘安の役(一二七四・一二八一)である。

山頂には思親閣があり、日蓮がここに立って安房の方向を望み、父母を思ったことから名付けられた。山腹から山頂にかけては、大正から昭和にかけて信者が植林したスギ、ヒノキ約六〇万本がうっそうとした森をつくっている。

思親閣からは、南東に思親山や天子ヶ岳、富士山を望むことができる。遊歩道で反対の西側に行けば、北から西にかけて茅ヶ岳、赤岳、鳳凰山、富士見山、北岳、間ノ岳、農鳥岳、塩見岳、荒川三山、笊ヶ岳などの展望が広がる。

登路　久遠寺山門からスタート。菩提梯《ぼていだい》と呼ばれる二八七段の石段を登り切ると本堂前。この左裏手から山頂参道に入り、ナンテンやスギなどの中を行く(山門から約三時間)。

地図　二・五万図　身延

(深沢健三)

安倍峠　あべとうげ

標高　約一四二〇m

静岡県静岡市葵区と山梨県南巨摩郡身延町にまたがる。以前は山梨側の身延町や南部町から梅ヶ島温泉への湯治客が、静岡側からは日蓮宗本山久遠寺に赴く参拝客でにぎわった峠であり、往還道であった。いまでは舗装された林道が通じている。峠にはオオイタヤメイゲツ、スルガスゲ、アベトウヒレン、マネキザクラなどが群生していた。

登路　ＪＲ東海道本線静岡駅からバス約一時間四五分で梅ヶ島温泉に到着。ここから逆川沿いに約五〇分歩いて峠に立った後、富士川支流の大城川への下りに入る。

入島、日影沢、梅ヶ島本村など安倍川上流には、徳川時代から秘匿された金山が多くあり、一八八七年秋、本邦最大五百グラムの金塊を、日影沢下の川原で秋山善次郎が拾った記録が残っている。

なお、峠から左へ八紘嶺、七面山に抜けることができる。

地図　二・五万図　梅ヶ島

(大村武敬)

大光山　おおぴっかりやま

標高　一六六一m

静岡県静岡市葵区と山梨県南巨摩郡南部町との境界上の山。富士川・戸栗川と安倍川支流の日影沢の源頭にあり、大光山の東にはフォッサマグナが走る。安倍峠〜大光山の安倍東稜は、ブナやカエデなど自然も豊かで野鳥も多く、ニホンカモシカも生息している。

大光山の山名は、山麓の新田集落から陽を浴びて高く輝いて見えるからだろう。駿河の日影沢は名高い慶長大判の産地である。日影沢金山衆に下した徳川家康の「山例五十三ヶ條」は、全国の金銀鉱山などに回送されたという。山名は金山とかかわりがあるのだろうか。日影沢金山跡は整備されて、散策コースとなっている。

梅ヶ島新田の「初午祭」は四年に一度、安倍川の河原で神楽が奉納される。

登路　ＪＲ東海道本線静岡駅から梅ヶ島温泉行きのバスに乗り、安倍川沿いに北上し終点で下車。梅ヶ島から約一時間三〇分で安倍峠に着く。峠に展望はないものの、ササとブナ、オオイタヤメイゲツ（カエデ）の群生が見られる。峠を右へ登ると富士山の眺めがすばらしい。バラの段、奥大光山（一六二〇m）を過ぎるとカラマツの林となり、三角点「大光」（一六六一m）のピークを経て、やがて大光山に着く。北方の眺めはよい。梅ヶ島から約三時間四〇分。

地図　二・五万図　梅ヶ島

（森　博・有元利通）

十枚山　じゅうまいさん　標高　一七二六m

別称　上十枚　萩原山（山梨側、十枚山）

下十枚山　しもじゅうまいさん　標高　一七三二m

別称　天津山　高峰（下十枚山）

静岡市葵区と山梨県南巨摩郡南部町にまたがる。西麓に安倍川の支流が二本、東に富士川の支流・西俣川と東俣川が入り込んでいる。北に駿河と甲斐を結ぶ安倍峠、南に同じく地蔵峠があって中世、近世の交通の要衝の狭間のピークであり、十枚山と下十枚山の間にも十枚峠を持つ。安倍川東山稜にあって安倍峠以南の最高峰である。

『角川日本地名大辞典　静岡』によれば、「山名は、山頂付近と西側の瀬戸川層群と東側の新第三系竜爪層群との間の十枚構造線が南北方向に通過しており、岩石が変質を受けやすく剝離しやすいことに起因すると言われている」としている。また、「枚」が滝の数え方で、滝がいくつもつづくような急斜面という意味だとするものもあるが、山の稜線寄りの東側を走る、糸魚川—静岡構造線の地質・地形に由来するもののようである。石間信夫は「山好きの者が安倍川の本流に沿って梅ヶ島温泉に向かう途中、湯の森のトンネルを出た辺りからこの見上げるように高い美しい笹山の姿を眺めては誰しも一度はその頂に立ってみたいという衝動にかられぬものはないであろう」（『孤高の先蹤者』）と記している。

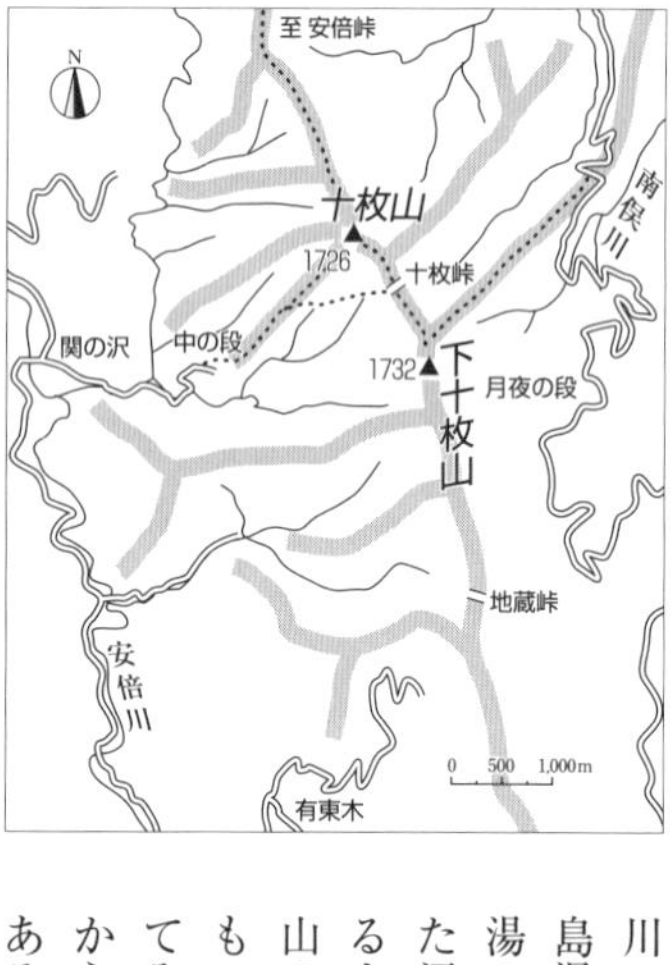

十枚山の山頂はササに覆われて展望は良好で、西に南アルプスの主脈、東には富士山、箱根、愛鷹連峰、天子山塊、伊豆半島までが眺めることができる。山頂から南西面にかけてはカラマツ林になっている。一方、十枚峠を挟んで南側に位置する下十枚山の山頂には、三角点が置かれている。安倍峠からの山頂北面はブナやダケカンバが茂り、山頂付近にはイワカガミやマイヅルソウが見られる。

登路　代表的な登路は静岡側は梅ヶ島・関の沢、中の段を経て十枚峠に出て各山頂に至るもの。山梨側からも南部町成島から林道・安倍峠経由で入ることができる（林道登山口からは約二時間二〇分）。そのほか、静岡側からは、中の段を過ぎてから十枚山直登コースを登るのが最短ルートになる。また、梅ヶ島・有東木から地蔵峠に出て、稜線を北上して下十枚、上十枚と縦走するコースもある。北側の安倍峠から南下して関の沢に出るコース、草木や東峰から大光《おおびっかり》山近くの稜線まで出て稜線を南下するルートもある(関の沢から十枚峠経由で十枚山まで約三時間四〇分、下十枚山へは峠から三〇分、直登コースからの十枚山は二五分)。

地図　二・五万図　南部　篠井山

(有元利通)

篠井山　しのいやま　標高　一三九四m

山梨県南巨摩郡南部町に聳える。富士川の河岸から西を望むと、高度のわりには堂々とした山容である。南アルプス・白峰(根)南嶺の主脈から外れているが、貫禄があり奥深い感じである。山頂には篠井大明神が祀ってあり、古くから南北三つのルートがある。ご神体は、奈良時代この地に移ったといわれる天皇の第四皇子「四の宮」ともいわれるし、従四位の凡河内《おうしこうちの》躬恒《みつね》ともいわれる。

山麓の南部町は奥州南部氏と深いかかわり合いがあった。すぐ北の身延町には日蓮宗総本山の身延山久遠寺があり、史跡が豊富である。また、南部町にはかつて富士川舟運を利用して、上方と江戸を頻繁に往復した役者が教えた歌舞伎が、「内船《うつぶな》歌舞伎」として伝わり、いまも定期的に上演される。盆には富士川の川原で勇壮華麗な「投げたいまつ」の祭りがある。

登路　古くからの登路は、北の成島から南俣川を遡るもの、東の馬込から、御堂からの三つがあり、それぞれ山頂に祠が建つ。しかし、いずれも四~五時間はかかるので、最近は福士川沿いの剣抜大洞林道を車で一時間程遡り、東屋のある広場に車を置き、大洞川を滝を見ながら登る人が多い。林道ドライブが長いが、途中休憩所もあり、道も整備されている(林道の東屋から一時間四〇分)。

地図　二・五万図　篠井山　南部

(高室陽二郎)

青笹　あおざさ　標高　一五五八m

静岡県静岡市葵区および清水区と山梨県南巨摩郡南部町富沢の境にあり、安倍川と興津川、富士川の分水嶺となっている。地形図には「青笹山」となっているが、この安倍奥の青笹には「山」が付かず、白峰南嶺の井川深山である青笹山(二二〇九m)には「山」が付く。いずれも静岡市の北に聳える高峰である。

青笹はじめ安倍奥の山々は頁岩と粘板岩が多い。東にはフォッサマグナ(糸魚川—静岡構造線)が南北に走っている。

青笹の登山口である有東木《うとうぎ》は、「ワサビ栽培発祥の地」として知られる。伊豆もワサビ栽培が盛んだが、江戸時代に天城の山林見廻役であった板垣勘四郎がシイタケ栽培の技術を駿河に伝えた折、有東木からワサビの苗を持ち帰ったのが始まりという。

登路　JR東海道本線静岡駅から安倍線・有東木行きのバスに乗り、終点で下車する。有東木から葵高原を経て地蔵峠へのコースをとる。静かな地蔵峠の樹間から南アルプス、安倍奥の山々が望める。峠から仏谷山(一五〇四m)に登ると富士山が見えてくる。急坂を下り、アセビの林を抜けてササの中を高度を上げる。やがて青笹の山頂となる。有東木から約三時間四〇分。南峰はササが刈られて富士山、南アルプス、安倍奥の山々の大パノラマが望める。

地図　二・五万図　篠井山

(森　博・有元利通)

高《たか》ドッキョウ

標高　一一三三m

静岡県静岡市清水区と山梨県南巨摩郡南部町富沢にまたがり、安倍川東山稜の青笹から南東に派生した支脈上に位置している。三角点峰だが地形図に山名の記載はない。「ドッキョウ」とは、「ドッケ」、「ドッケン」などと同様、尖った山容を表す言葉で、興津川の奥に高く聳え立った三角錐が、この山名をなるほどと納得させる。別説に昔、この山は修行の場で、高々とお経を読む声が山上から聞こえてきたため、「高読経」からきたというのがある。

この峰を挟む樽峠と徳間峠には、それぞれ文化六年（一八〇九）、文久三年（一八六三）と紀年銘の読める石仏が安置され、当時は甲駿交流の道として利用度の高かったことが推測できる。樽峠は武田信玄の駿河侵攻の道としての歴史を持つほか、塩の道に関連した静岡の民話「送り狼」がある。

登路　静岡市清水区樽の登山口へは、JR東海道本線興津駅から但沼経由板井沢までの路線バスがあり、登山口付近に数台の駐車スペースもある。樽川上流の大橇沢《おおぞりさわ》を遡って樽峠に至り、県境稜上を西進して頂上に達する（登山口から約二時間三〇分）。ほかに興津川上流の湯野集落を経て徳間峠に登り東進する登山道（徳間峠から約一時間三〇分）や、山梨県側から樽峠、あるいは徳間峠に至る細径もある。

地図　二・五万図　篠井山　和田島　（照内　豊）

貫ヶ岳　かんがたけ

標高　八九七m

山梨県最南の南巨摩郡南部町にある。静岡県静岡市清水区との境から山梨県側に延びた長い尾根の北端のピーク。北の福士川下流から見ると鋭角の立派な山容だが、東の方からだと横に長く変化に乏しい姿をしている。しかし、晴海展望台、十国展望台からは富士山、駿河湾、伊豆半島まで見渡すことができる。周辺は元禄時代から始まったとされる造林地帯で、植林されたスギやヒノキが美しい。

登路　中沢地区が登山口。国道五二号の県境から西に入り、中沢地区の公民館へ。狭い林道を一〇分程歩くと登山道がある。樹林をひたすら登り切ったピークが中沢焼山で、ここから北へ稜線を辿ると山頂。中沢焼山から南に行くと二つの展望台を経て県境の平治の段に出て、県境尾根を中沢峠まで辿り、下って林道に出る（中沢公民館から約二時間一五分）。

地図　二・五万図　篠井山　富士宮　（深沢健三）

白鳥山　しらとりやま

標高　五六七m

別称　城取《しろとり》山（『駿国雑志』）

静岡県富士宮市芝川と山梨県南巨摩郡南部町富沢にまたがる、県境上の山である。北麓から東麓にかけ富士川がS字形に曲流し、南側には稲瀬川支流・境川が東流して北・東・南の三方を河食崖に囲まれた独立峰である。

富士川下流右岸・赤石山脈南東部の庵原丘陵北端に位置するが、地質的には御坂・天子山地を形成する富士川層群の砂岩・頁岩互層よりなり、山頂付近では、石英閃緑岩脈が南北に貫いて分布する。

山頂から北に延びる吊り尾根の東側斜面は宝永四年(一七〇七)の宝永東南海地震(M＝八・四)で大規模崩壊を起こした跡である。この大崩壊は幅約三〇〇mの富士川を堰止め、さらに対岸の芝川町上長貫の村落を襲い、二二人を圧死させた。三日後、地震による天然ダムは決壊し、下流の富士川扇状地は大洪水に見舞われたという。

さらに安政元年(一八五四)の安政東海地震(M＝八・四)で再び東斜面が崩壊し、崩土が富士川を堰止め、すぐ上流の橋上集落を水没させたという。

また、白鳥山の北斜面にも山頂直下を頭部崩落崖とする大規模な地滑り地形があり、溝状の窪地が北北西に向かって二列連なっている。すなわち、富士川の側方侵食で白鳥山の斜面が不安定化し、大地震を契機として大規模な崩壊や地滑りが発生し、山頂や尾根の争奪を行っている事実が見てとれる。

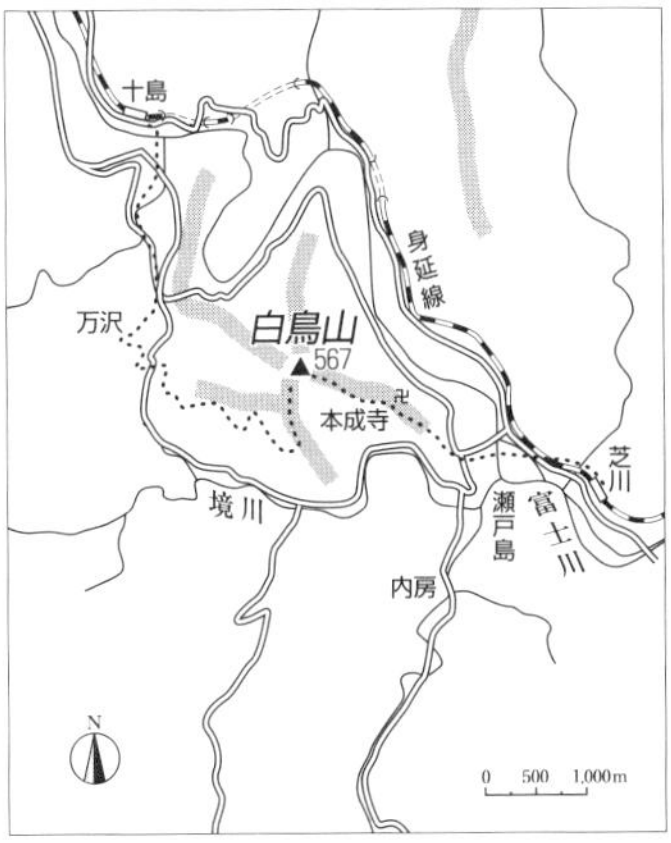

山腹斜面はおおむね急で、崩落崖や河食崖は天然林(夏緑広葉樹林)となっているが、斜面の大半はスギ、ヒノキの植林地となっている。

白鳥山南麓の境川沿いに「塩出《しおで》」という地名がある。ここは駿河湾奥の蒲原浜、由比浜で作られた塩を甲州、信濃に運ぶ塩の道の重要な交易中継点であった。南北朝時代の観応の擾乱では、足利尊氏と弟直義が薩埵《さった》山から内房にかけてのこの地で激戦を交えている。

戦国時代、甲駿国境にあって身延道と富士川谷を見渡せる白鳥山山頂に物見・狼煙《のろし》場を具えた山城を築いたのは今川氏輝といわれ、天文四年(一五三五)、万沢口での合戦では今川方の前線基地となった。永禄一一年(一五六八)、武田方の駿河侵攻で城将萩清誉の奮戦むなしく落城し、以後は穴山信君(梅雪)の支配下となり、狼煙場として使われたらしい。『駿国雑志』によれば「今猶城跡有り。陣場、鞍掛、馬の背、太鼓打場等の小地名存せり」とある。現在、山頂部付近にはわずかに城砦の痕跡が認められるものの、大半は宝永の大崩壊で失われたものと思われる。

山名は別称の「城取山」が元で、甲駿国境の要害城であって争奪の場となったためであろう。

登路　戦国時代からの白鳥山城の補給路は、山梨県側の万沢口にあったと推定されている。現在は山頂を含む一帯は白鳥山森林公園として整備され、国道五二号万沢トンネル上方から山頂西方まで林道が通じている。JR身延線十島駅から万沢集落、ゴルフ場横を通り山頂まで歩いて約二時間。内房口から登る場合はJR身延線芝川駅から瀬戸島を経由して内房へ二〇分、本成寺門前あるいは内房トンネル入り口北方の坂を登って峯集落を通り大日堂跡の展望台、さらに尾根道を直登して山頂に達する(約一時間二〇分)。暗いスギ、ヒノキ林の中の道で途中の眺望はよくないが、山頂に達すると、富士川の谷越しに富士山から南アルプスまで遠望できる。

（安間　荘）

地図　二・五万図　富士宮

浜石岳　はまいしだけ　　標高　七〇七m

別称　西山

静岡県静岡市清水区小河内町と清水区由比町との境にあり、駿河湾に面した薩埵《さった》峠から北に向かう稜線上に位置する。西の興津《おきつ》川、小河内川と東の由比川、和瀬川の分水界をなすこの稜線は、観応二年（一三五一）一二月、足利尊氏と弟直義との一か月に及ぶ戦いの舞台（薩埵山合戦、櫻野合戦など）となった所である。

浜石岳は山頂部に円礫（浜石）があることから名付けられたようであるが、由比町では西山と呼ばれていた。

興津川と由比川に挟まれた山塊は、新第三紀鮮新世の浜石岳層群よりなり、下部は火山砕屑岩・泥岩、上部は砂岩・礫岩が卓越する。山麓部には脆弱《ぜいじゃく》な泥質岩層が分布していること、興津川、由比川などによる河川侵食あるいは駿河湾沿いの波浪侵食が激しい所では、しばしば大規模な地滑りを起こす（由比寺尾地滑りなど）。

浜石岳の山麓緩斜面はミカンを主とした果樹園となっているが、中・上部の急斜面部はスギ、ヒノキの植林地となっている。浜石岳山頂部は低木林でアセビの群落が見られる。山頂は草地となっており眺望はよい。東に富士山・愛鷹山、南に駿河湾越しの天城山・伊豆半島・三保半島・有度山・高草山、西に竜爪山・真富士山・十枚山、北に南アルプスの山並みすべてを見晴らすことができる。秋の終わりから冬にかけて快晴の日が多く、眺めがよい。

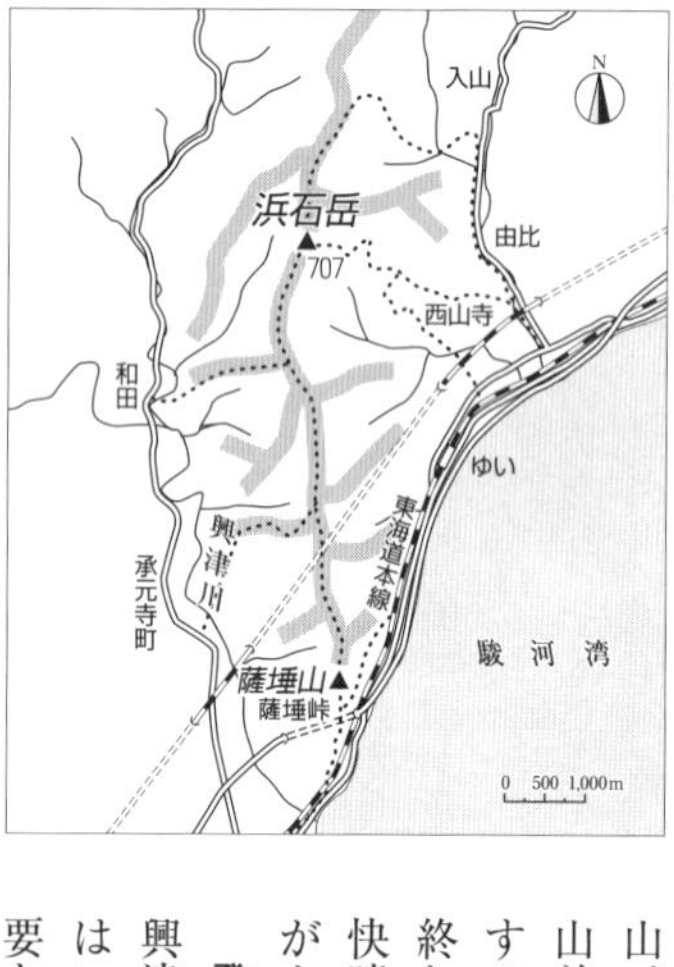

登路　静岡市清水区興津側から登るルートはいくつかあるが、主要なものは次の三つである。①JR東海道本線興津駅から薩埵峠を経由して尾根道を北上して山頂に至る。②興津駅から清水承元寺を通り西から尾根道に登り山頂。③清水和田島から尾根道へ登り山頂。いずれも三～五時間の行程である。

清水区由比町側から登るルートは、①JR東海道本線由比駅から薩埵峠まで旧東海道を歩き、峠から尾根を北上し山頂に至る。②由比駅から西山寺を経由し、農道を三本松の浜石岳野外活動センターまで登り山頂。③由比駅から旧東海道を東へ進み、町野原、阿僧、白井沢、三本松を経由して山頂。④由比町入山から槍野《うつぎの》経由で林道を通って北から山頂へ至る道などがある。

②が最短で約二時間三〇分、そのほかは三～五時間かかる。登りは道を間違えることは少ないが、下りは分岐する農道が多く、道標を見過ごすと迷いやすい。

（安間　荘）

地図　二・五万図　蒲原　興津

真富士山　まふじやま

標高（第一）　一三四三m

別称　第一真富士山　第二真富士山

静岡県静岡市葵区と清水区の境にあり、安倍川左岸山稜のほぼ中央に位置する。第一真富士山と第二真富士山の双耳峰を総じて真富士山と呼ぶ。地図上の真富士山は第一真富士山を指す。

山頂部は南北に連なる長い頂稜からなり、新生代第三紀の砂岩、泥岩、凝灰岩からなる。東側の雨水は興津川へ。なお、安政地震の時、真富士山から落下したといわれる大石が静岡市清水区河内集落にある。西側・静岡市葵区側は安倍川の支流の黒部川の源流部である。第一真富士山の山頂の西稜にある岩山を燕岩と呼び、天神社を祀る真富士神社がある。

北面にはヤマイワカガミの群落があり、四月中旬に白い花が開花する。山頂付近はミズナラ、ブナの自然林となっている。第一真富士山と第二真富士山の間は急峻で、積雪期には滑落事故が起きている。

山名の由来については諸説があるが、もっとも有力な説は第一真富士山の山頂から富士山を眺めると、剣ヶ峰が中央に見えるところから、真富士山と呼称されるようになったといわれる。安倍川対岸の見月山から真富士山の上に富士山が見えるところから、真正面に富士山を見る山という説もある。

黒部川沿いの平野集落から信仰登山の名残の石仏が各丁目ごとに安置されている。かつては静岡市清水区河内集落と静岡市葵区平野集落を結ぶ重要な生活道路であって安倍峠と呼ばれていたが、現在は真富士峠と呼んでいる。この道は両側ともにかなり急峻で、険しい峠越えであった。

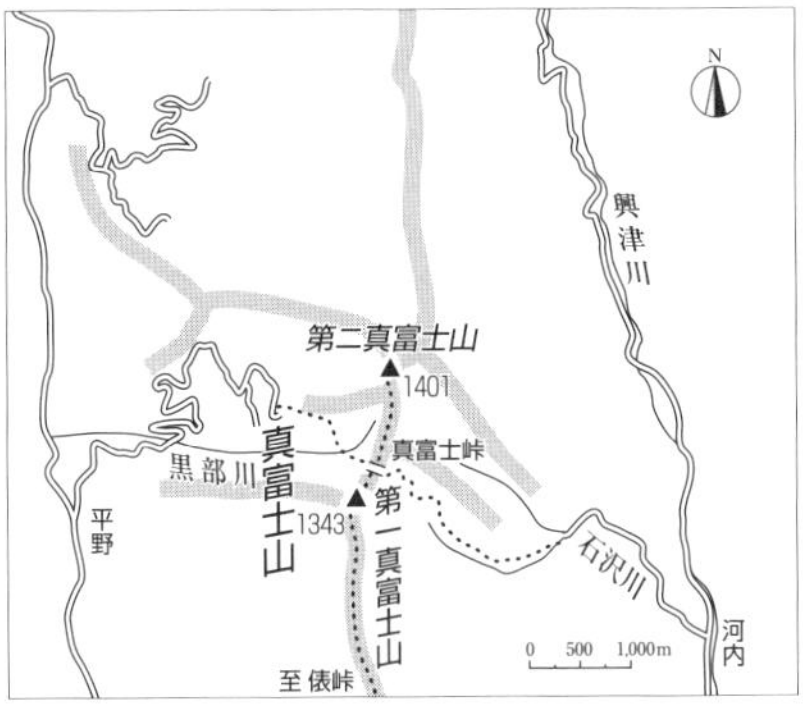

登路　静岡市側から二コース、静岡市清水区側から一コースある。

静岡市葵区側は、安倍川沿いの俵沢から車道を俵峰集落に向かって進む。同集落内にある水月院のわきの林道から第一真富士山に達する登山路がある（登山口から約三時間）。ほかに安倍川のさらに上流にある平野集落から黒部川に沿って林道平野線を行き、標高八〇〇m地点からスギ、ヒノキの植林地を通って、真富士峠から第一・第二真富士山を往復するコースがあり、一般的である（林道平野線の登山口から約三時間）。なお、冬期は真富士山から富士山を眺めるにはよい時期であるが、林道が凍結しているために平野集落から歩かなければならない。

静岡市清水区の興津川上流の河内集落から支流の石沢川沿いの林道は狭い上に、舗装が崩れている所もあって、通過が困難なため訪れるハイカーは少ない。また、石沢川沿いの登山道は台風や大雨の後は荒れていて危険。急峻な上に、ヒノキやスギの植林地の手入れがされていないので倒木や流木が散乱していて通過が困難である(二〇一五年現在通行止めになっている)。

なお、戦後に植林されたヒノキやスギの伐採が各地で行われているので、林道が延長されたり、登山道も変わる場合がある。

地図　二・五万図　和田島　篠井山

(廣澤和嘉)

竜爪山　りゅうそうざん

標高(薬師岳)　一〇五一m

静岡県静岡市葵区と清水区の境にあり、文珠岳(一〇四一m)、薬師岳からなる双耳峰の総称。三角点は標高で一〇m劣る南方の文珠岳に埋設されている。

竜が降り立ち、誤って木の枝で爪を落としたという民話伝承からくる説。または時雨が常に山を覆っていることから呼ばれた古名の時雨匝山《じうそうざん》が転訛した、という説など、山名の由来には種々ある。あるいは東南アジア一帯の竜蛇信仰圏で、霊地・霊山の名称として発生し、呼称された「竜爪」の名が中国などから移入されたのではないか、と推察する最近の研究もある。

山頂に薬師如来、文珠菩薩の石像が祀られたことからもうかがえるとおり、竜爪山は古くから山岳霊場として栄えた。修験道の行場としての時代、さらには甲斐・武田軍の山城として機能した一時期を経て慶長年間(一五九六～一六一五)、山頂に竜爪権現が祀られた。

江戸期になると駿河の地の近郷近在から広く信仰を集め、お山は善男善女の参詣でにぎわった。『修訂駿河国新風土記』には、「此社の事古くは何といひし社にや、奥の院といふは大名持命祭りしといふ、其所より四・五丁下の方に本社あり、此神、元禄年中のころより異霊ありしとて、此郡の人はさうにもいはず、国中の人詣るもの多し、三月十七日に神事あり」とある。庶民の物見遊山的参拝の地として、この時代にすでに竜爪山が名所化していたことがうかがえる。

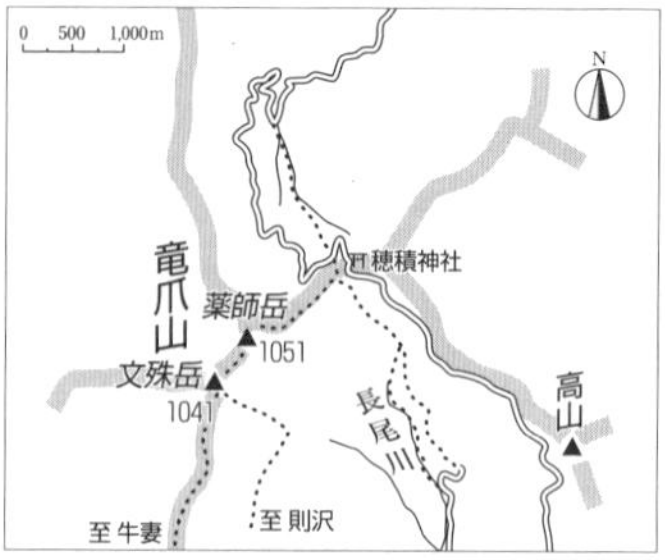

竜爪山(左奥が文珠岳，右奥が薬師岳)(静岡市街地から)

明治になると仏教色を廃した穂積神社として神主が任命され、人々の信仰はいよいよ高まった。駿河湾を基地とする漁船からも豊漁を約束する神として崇められた。一方、兎や山鳥を打つ山麓の猟師の信仰は、権現さんの祭礼を「鉄砲まつり」として定着させ、それが「弾除け信仰」となり、戦時中は出征者の武運長久を願う留守家族の参詣が引きも切らなかった。

山頂直下の拝殿は終戦後、不審火によって焼失したが、一九八八年、篤志家の寄進によってコンクリート造りの頑強な建物に生まれ変わった。

山頂付近の地質は竜爪層群のアルカリ岩系に属する玄武岩、粗安山岩からなり、きわめて脆い。薬師岳の東側を糸魚川―静岡構造線が走り、アルカリ火山岩と静岡層群の泥岩の境となっている。

全山、シダ類をはじめ、タニジャコウソウ、ランヨウアオイなど珍種に富む植物の宝庫として知られる。神社参道の両側にはスギの巨木がうっそうとした緑陰をつくり、登山道とは異質な神域を形造っている。

登路　古い参道は長尾川の源流を遡り、垢離《こり》取り場と呼ばれた淵から斜面に取りついた。善男善女はここで手足を清め、口をすすいだ。この参道は「室町道」とも呼ばれ、明治になって新道が開削されるまで唯一の登山道であった。垢離取り場付近から山頂直下の拝殿まで三六の丁石があったといわれる。近年、地元の有志たちの手で室町道が復活し、再びこのルートで登るハイカーが増えている。

新道は高山(八三六m)に繋がる稜線の山腹を縫う形で開かれ、旧山道にくらべて広く快適である。ハイキング・コースとしてもっとも親しまれる登山道となっている。現在は三本桜の竜爪茶屋から茶畑の間を抜け、林道を横切って取りつく。伐採地の登路を行くと左手に文珠、薬師のピークを望み、やがて水場に出る。さらに進んで旧参道と合流すると、もうひと登りで拝殿に達する。

山頂へはスギ林の中に設けられた階段を行く。味気ない梯子状の登山道でハイカーには不評だが、押し寄せる登山者と多雨という気象的特殊事情を抱えるなかで、崩れやすい地質の急坂を守るにはほかに手立てはないともいえる。

稜線に出て、後ろを振り返ると雄大に裾野を引く富士山に対峙する。初めての人には思わず歓声の上がる瞬間である。急登で吹き出た玉の汗も尾根を吹き渡る涼風にさらされて、またたく間に引いてしまう。

平坦なスギ林を進むとすぐに薬師岳に達する。ベンチもあり、小広いピークだが、眺望はいまひとつ。早々に文珠岳へ急ぐ。鞍部に下って登り返すとほどなく文珠岳山頂である(拝殿から約五〇分)。樹間から北を望めば南アルプスの連山、南面はスギの人工林の頭越しに静岡の市街地が広がる。冬晴れの日には駿河湾の向こうに伊豆半島も望める。

下山は来たコースをそのまま戻るほかに、南へ下って東海自然歩道沿いに若山を経て牛妻へ下るか、文珠岳直下から左へ折れ、則沢へ向かうコースがある。則沢の登・下山路は近年利用者が少なく、一部が荒れているので注意が必要(平山バス停から牛妻坂下バス停まで約五時間)。

地図　二・五万図　和田島　清水

(児平隆一)

帆掛山　ほかけやま　標高　三〇四m
梶原山　かじわらやま　標高　二一六m

静岡県静岡市の清水区と葵区の境にあり、近年、山の公園として整備され市民から気軽なハイキング・コースとして親しまれている。

帆掛山の由来は、駿河湾を航行する舟から山頂を見上げると、マツが帆を張ったように山全体が帆掛舟のように見えたことから名付けられたが、一般的には「一本松」と呼ばれている。

梶原山の由来は、この付近で鎌倉時代の名将・梶原景時親子が自害した終焉の地といういわれが残されているところからきている。

登路　静岡市葵区瀬名の集落の農業用道路からよく整備された登山道を登る(農道取りつけ登山口から約三〇分)。また、静岡市清水区鳥坂から妙立寺への車道の終点が登山口で、雑木林に入り、程なく左手、瀬名からの登山道に交わり、しばらくすると梶原山の頂に立つことができる(約三〇分)。

歴史や重要文化財散策コースとしては、静岡市清水区大内から急な門前道を登り、汗ばむころに名刹霊山寺の山門が目の前に現れ、さらに急登の九十九折道を登りつめると梶原山からの尾根道に交わり、帆掛山まで後ひと息となる。山頂からはパノラマ的に市街地や富士山などが一望できる。　(平野雅俊)

地図　二・五万図　清水

有度山(日本平)　うどさん　標高　三〇七m

静岡県静岡市の南部、駿河湾に急崖をもって接する半ドーム状の丘陵全体を有度山と呼んでいる。山頂の平坦地が日本平《にほんだいら》である。

有度丘陵の東側と北側は巴《ともえ》川低地、西側は安倍川三角州、南側は駿河湾の激しい波浪侵食で削られた海食崖となっている。ここで削剥された土砂は東に運ばれ、三保半島の砂州を造っている。

有度山を造る地質は、第四紀更新世の根古屋累層、久能山礫層、小鹿礫層、草薙泥層などからなる。山頂部の日本平から北の草薙《くさなぎ》方面に向かって緩く傾く地形面は、旧堆積面が有度山丘陵の曲隆とともに持ち上げられたものである。堆積物の起源から見て古い安倍川扇状地・三角州が隆起したものと考えられる。

有度山(右手前の丘陵)(駿河湾上空から)

有度山一帯は県立公園に指定されており、東北側～北側～北西側の緩傾斜は茶畑、南西側～南側～南東側の急斜面は照葉樹林となっている。山頂の日本平には多数の観光施設が立地し、西の静岡市駿河区側から日本平を経由して東の静岡市清水区側まで有料道路が通じている。

日本平は、駿河湾越しに見る富士山の眺望で多くの人に知られ、久能山東照宮とともに観光の目玉となっている。

登路　昔からある歩行路は、JR東海道本線草薙駅から南に向かい、大鳥居をくぐって草薙神社(日本武尊《やまとたけるのみこと》東征の折、草薙の剣で野火の難を防いだ故事がある)へ、さらに草薙川沿いに登ってゴルフ場わきの道を通って山頂に至る。このほか西側では静岡大学付近からの道、谷田から平沢経由で山頂へ至る道、東側からは馬走《まばせ》道、船越道、村松道などがある。いずれも一時間三〇分程で山頂へ達することができる。

有度山頂の南側は高さ数十mの礫層の急崖となっている。山頂から南出尾根上にある久能山(二一六m)までロープウエーで結ばれているが歩道はない。

久能山には徳川家康の廟所である久能山東照宮がある。付属博物館には家康ゆかりの品々が展示されている。東照宮から海沿いの根古屋まで急な石段を下り、三〇分程で達する。

地図　二・五万図　静岡東部　(安間　荘)

賤機山　しずはたやま　標高　一七一m

別称　城山

静岡県静岡市葵区の駿府城址の背後に位置し、麓には徳川家康が幼少のころ勉学に勤しんだ臨済宗の名刹臨済寺、倭文《しとり》幡神社、大市《おおいち》比売命《ひめのみこと》を祀る大歳《おおとし》御《み》祖《おや》神社が鎮座している。

山頂は今川氏が築城した賤機山城跡で、堀切跡も残っている。

賤機山を中心に北へ福成山から鯨ヶ池まで、南へ浅間山から浅間神社までの標高二〇〇mそこその尾根上、約八㎞程のコースを賤機連山と呼んで、ファミリーで楽しむ人も多い。

登路　尾根道はハイキング・コースとしてよく整備されているので危険な箇所はないが、市街地に囲まれているため地図にない道が多く、あらゆる所から登山することができる(浅間神社から四五分)。

地図　二・五万図　静岡東部　清水　静岡西部　牛妻　(平野雅俊)

笹山　ささやま　標高　一七六三m

静岡県静岡市葵区に属し、大井川と安倍川の分水嶺である安倍川西山稜の一峰。北一㎞に牛首峠、南二㎞に井川峠がある。これらを含めて山伏から勘行峰間は、一九七六年に県政百年記念事業として県民の森に指定され、山小屋、バンガロー、キャンプ場などが設備され、またハイキング・コースが整備された。

山域にはブナ、モミ、カエデ、ダケカンバなどの原生林が一部残されている。

笹山は名のごとくササに覆われた山で、狭い山頂は明るく開け、遠く南アルプスの主峰群も眺望の内にある。主稜に沿って西側に林道が開けて、ここからいくつかのコースが整備されている。

登路　井川峠登山口から主稜に向かって樹林を登ると井川峠に出る。ここから主稜を北上すれば山頂に出る(井川峠登山口から約一時間)。そのほかに牛首峠から山頂へ(約三〇分)。山頂西側の登山口から山頂へ(約二〇分)。

地図　二・五万図　梅ヶ島　湯の森　畑薙湖　井川　(永野敏夫)

二王山　におうさん　標高　一二〇八m

静岡県静岡市葵区に位置する。安倍川本流と支流の仙俣川に挟まった山域にあって、安倍川西岸の山々の中でも山容の立派な山である。

山名については、「稲穂《にほ》」すなわち刈り穂を円錐状に高く積み上げたものに似ていることに由来する説、二王山の南に位置する二王峠からきているとする説がある。かつての安倍川の湯の森集落から奥仙俣集落へのボッカたちにとってはあまりにも大変な峠だったが、現在は県道が通っているので、二王峠越えは使われていない。

登路　安倍川側からは、湯の森集落から登山路がある（いずれも約二時間三〇分）。仙俣川側からは、奥仙俣集落のはしづめ橋から荷物運搬用のレール沿いの登路があるが、スギの植林が成長してヤブ道になっている（登山口から約二時間三〇分）。

地図　五万図　南部　二・五万図　湯の森

（廣澤和嘉）

見月山　みつきやま　標高　一〇四七m

静岡県静岡市葵区にあって、市街を貫通する安倍川中流域の右岸の山で、左岸の真富士山に対峙する。

三星峠から南に尾根が尽きる安倍川と中河内川の出合までを「見月山塊」と呼ぶ。山塊の主峰が見月山で、唯一の一〇〇〇mを堅持している。

山頂は山名に似合わず、樹林とヤブに覆われ展望がない。しかし、中平コースからは安倍川東山稜全容を見渡すことができる。

登路　静岡市の安倍川中流、中平バス停が起点となる。階段を登り車道に出る。車道は集落を縫うように上っている。これを横断する旧道を登る。最上段に出た所で車道を辿る。車道は大きく北に延び、送電線をくぐり広い茶畑に出た所で分岐する。右手をとってすぐ先が登山道入り口で、鉄塔巡視道となっている。伐り払われた巡視道が鉄塔から鉄塔へと渡っている。上段部の鉄塔は一八〇度の展望台で、安倍川東山稜を見渡すことができる。主稜に出たら南下する。途中、ササヤブが密になるが踏み跡とテープがある。見月茶屋分岐を見送ったすぐ先が山頂である（中平バス停から三時間一五分）。

地図　五万図　清水　二・五万図　駿河落合

（永野敏夫）

大日峠　だいにちとうげ　標高　一一六〇m

静岡県静岡市葵区にあって、以前は同市の口坂本と井川を結ぶ重要な峠であったが、いまでは歩いて越える人も少なくなった。かつてはケーブルによって物資の輸送を図ったこともある。峠には「大日如来之碑」と彫った石碑が立っており、一町ごとの観音の石仏も復活しているというが、いまはない。

登路　静岡鉄道新静岡駅からバスで上落合に行き、そこから徒歩約一時間三〇分で口坂本に着く。登山口から林道を三回、水呑み茶屋手前で一回、計四回林道を横断して峠に到着する（口坂本から約一時間三〇分）。左に行けば徳川時代の御茶壺屋敷跡、大日山、避難小屋を経て富士見峠に四〇分程で着く。峠からそのまま下れば、大日集落を通って井川本村に出る。

御茶壺屋敷跡は、寒冷な土地柄を利用して献上茶の保管庫があった場所である。水呑み茶屋跡の水は実に美味だが、小屋は基礎を残すのみだ。

由緒のあるこの峠を訪れるのは四月から五月、一一月中旬がよく、峠から右へ勘行峰（一四五〇m）へ行くコースか、前記の富士見峠へのコースを勧めたい。新緑や紅葉の時期には井川湖の向こうに雄大な南アルプスの眺望を楽しむことができる。

地図　二・五万図　湯の森　井川　（大村武敬）

七ツ峰　ななつみね　標高　一五三三m

静岡県静岡市葵区と榛原郡川根本町にまたがり、安倍川水系最大の支流・藁科《わらしな》川の源頭にあたる。

藁科川流域の最高峰であり、藁科川の清流を守る守護神のように偉容を誇示し、北に三ツ峰、南に天狗石山を従えている。

頂稜から放射状に七つの、多くの尾根を放出しているのが山名の起こり。

山頂は灌木林が覆うが北面がわずかに開け、南アルプス深南部の山々が望まれる。地質は四万十帯に属し、新生代古第三紀の犬居層からなる。

山頂の南、藁科川源流に福養の滝がある。幅三・三m、落差一二五mの二段滝で、上段を雄滝、下段を雌滝と呼び、別名・御馬ヶ滝といわれる。五月五日の早朝に馬をこの滝に浴びさせると一年は無病で過ごすことができるとの伝承がある。

藁科川最奥の集落大間は標高七〇〇m、起源は信州から山を越えてきた人々がこの地に住みつき開墾したとの説がある。よく晴れた日には駿河湾や伊豆半島が望見できる。西麓に大井川が流れ、それに沿って集落が点在する。一帯の渓谷は接岨《せっそ》峡と呼ばれ、穿入蛇行の壮大な景観を見せる。梅地は梅津神楽で知られる。隔年の一月一四日、谺谹石《こだまいし》神社で催される一五の舞は、伊勢神宮系に属する県の無形文化財である。

登路　大井川鐵道井川線の接岨峡温泉駅で下車。接岨峡大橋を渡り直進して林道に入る。谺谹石神社の先で林道が分かれ、左手を取ればまもなく登山口。尾根に沿って登ると最初の鉄塔に出る。大無間山が見える。次の鉄塔が見えたら鉄塔を目ざして上がる。高圧線に沿って登り、三つ目の鉄塔に出ると大無間山方面が広く望まれる。四辻に出たら左手上段の道に入る。途中二つのコブを各々北に巻く。灌木林のなだらかな尾根を登りつめれば主稜線、ここを右に入ればすぐ先が七ヶ峰である（接岨峡温泉駅から約四時間）。

地図　二・五万図　千頭　井川　（永野敏夫）

突先山　とっさきやま

標高　一〇二二m

静岡県静岡市葵区の安倍川支流・藁科《わらしな》川の栃沢集落と、足久保川の奥長島集落を隔てる山である。

突先山の北約一kmに釜石峠があり、古くは藁科川上流部には府中(現静岡市中心部)に下る道がなく、栃沢集落の人たちは釜石峠を越えて府中への交易路としてよく利用した。

また、両地区は茶に深い関係があり、栃沢は栄西が中国から招来した茶を栽培した、静岡茶の元祖・聖一国師(円爾)の生誕の地である。釜石峠を越えた足久保地区は、その聖一国師が栽培を広めた日本最古の茶所として有名であり、「本山茶」としての銘柄を保っている。

山名は頂上が尖っており、そこから名付けられたものであろう。

登路　足久保川の最奥の集落、しずてつジャストライン奥長島バス停から川に沿って林道を進む。登山口のめがね橋から右手の山道に入り、急坂を釜石峠目ざして登る。峠から南の尾根を進むと突先山である(登山口から約一時間三〇分)。日向行き立石バス停から栃沢集落へ、さらに釜石峠に向かって登る(約二時間三〇分)。

地図　二・五万図　牛妻

(大石　惇)

高山　たかやま

標高　七一七m

別称　牛ケ峰

静岡県静岡市葵区の北西約一〇kmに位置し、静岡市街から見ると安倍川の対岸にひときわ高く見える山で、麓の足久保では古くから高山と呼んでいた。

山頂の東側は広い草原で眺望もよく、安倍川、藁科川、足久保川が眼下に見え、突先山、大棚山、奥藁科の山々、冬の晴れた日には安倍奥の山々や富士山の眺めもよい。登路もよく整備されていて、春夏秋冬楽しめる山として、中高年や小学生たちの手ごろなハイキングの山として人気があり、休日には客も多くかなりのにぎわいを見せている。

水見色集落から山頂まで舗装道路が通じており、障がい者や幼児を連れて行くのも可能だ。

登路　しずてつジャストライン奥長島行き八十岡バス停から団子石を経て稜線から山頂(約二時間四〇分)。奥長島行き敷地バス停から谷沢分岐点を経て山頂(約二時間)。奥長島行き谷沢バス停から敷地分岐点を経て山頂(約二時間)。水見色バス終点から八十岡分岐点を経て山頂(約一時間)。

地図　二・五万図　牛妻

(大石　惇)

安倍城　あべじょう

標高　四三五m

静岡県静岡市の中心を流れる安倍川の右岸に位置し、山名はとくにないが、南北朝時代に南朝方の武将として活躍した狩野介貞長の根拠地として頂上に安倍城があった。安倍川を挟んで賤機《しずはた》山城と対峙していたが、永享五年(一四三三)に攻め落とされてしまった。歴史的な山城であったことから「安倍城」と呼ばれている。頂上は広い平坦地で、大きな石碑には「芙蓉白雪放霊光」と書かれているが、ここが本丸跡と気がつく人は少ない。

市街地と駿河湾が間近に、北東方面に富士山を望むことができる山頂である。

登路　四箇所あるそれぞれの登山道は、バリエーションに富んだコースである。内牧下コースは、道もしっかりして登山口から約四五分で比較的早く頂上に達することができる。西ヶ谷コースは、登山道が少し分かりにくく、砂防ダムからの登り始めは荒れており、子供連れには不向きであるが、途中から内牧コースと合流する（登山口から約一時間）。

慈悲尾の今川氏の菩提寺・増善寺コースは、急な登りで、約五〇分で頂上に達するが、やはり下りコースにとることをお勧めしたい。羽鳥の曹洞宗の名刹・洞慶院石仏コースは、展望もよく変化に富み、約一時間三〇分で頂上に立つことができる。

地図　二・五万図　静岡西部　牛妻

（平野雅俊）

天狗石山　てんぐいしやま　標高　一三六六m
智者山　ちしゃやま　標高　一二九一m

静岡県静岡市葵区と榛原郡川根本町にまたがる。奥大井接岨峡《せっそきょう》の渓谷に近年、長嶋ダムが完成したが、この接岨峡の左岸に両山がある。天狗石山には古来、地元の人たちからの言い伝えで、天狗が一夜にして運び上げたといわれる石群がある。

智者山については、「当山天地神十二神を祭る所也。観音の道場あり、藤川より登り七八町許、安倍郡八草よりは、登凡二十四五丁許、高地也」と『修訂駿河国新風土記』に出ている。智者山は雨乞の山として日照りつづきの時、地元の人たちが登り祈願するといわれている。

登路　大井川鐵道奥大井湖上駅から左岸林道ガレの縁より尾根に出て、主稜線に入り登頂（登山口から約二時間四〇分）。さらに智者山までは尾根づたいに約三〇分。ほかに車で智者山神社へ。ここから約一時間三〇分。

地図　二・五万図　千頭

（青野興喜）

ビク石　標高　五二六m

別称　石谷山

静岡県藤枝市の瀬戸川と同市岡部町の朝比奈川との分水嶺をなし、山頂一帯には水成岩の巨石群が奇観を呈している。山頂はスギ林に覆われているが、東面の切り開きからは富士山を配した山並みが美しい。山名のビク石は巨石の一つが茶摘みに使う「びく」に似た形をしていることから名付けられたという。

山頂を東海自然歩道のバイパスコースが通り、市之瀬から山頂直下まで車で行くこともできる。一帯は「藤枝市民の森」として自然教育の施設が整っており、休日は家族連れのハイカーがよく訪れる。

登路　朝比奈川沿いの新船《にゅうふね》からの登山道は「笹川八十八石」と呼ばれる奇岩、巨石が累々と横たわる斜面を登るので、変化に富んだ景色を楽しめる（登り約一時間三〇分）。

瀬戸川沿いの市之瀬からは約一時間で登ることができる。どちらのコースも藤枝市自主運行バスを利用できる。

地図　二・五万図　伊久美

（大島康弘）

ダイラボウ

標高　五六一m

静岡県静岡市葵区の藁科川と藤枝市の朝比奈川を隔てている市境にある山である。山の名は全国各地にある「だいだらぼっち（でえでらぼっち）」という巨人がいたずらして、土を落としてできたとされる伝説からきている。

ダイラボウは、静岡市の中心街からほぼ真西の約一〇kmに位置し、なだらかな山容はジャンボジェット機の前頭部を思わせる。真西に位置するため秋の夕暮れには、市街地から山が紫色に輝いて見える。旧制静岡高等学校山岳部は、朝な夕なにこのダイラボウを眺め、三〇〇〇mの日本アルプスやヒマラヤへと、遥かなる高山に思いを馳せていたという。また、OB会が紫岳会と名付けられ、部報が『紫岳』の名で発刊されてきたのも、この山が秋の黄昏時に紫に輝くところから由来している。

登路　しずてつジャストライン藁科線富厚里《ふこうり》バス停から西へ朝比奈川方面に抜ける旧道を沢沿いに登り、コル（富厚里峠）へ出る。尾根を南に辿れば頂上である（約一時間四〇分）。

地図　二・五万図　静岡西部

（大石　惇）

宇津の谷峠　うつのやとうげ

標高　一七〇m

静岡県静岡市の南西に位置する。平安時代からの蔦の細道の古道で、その横に現代の国道一号が通り、トンネルで静岡市と志太郡岡部町を結んでいる。峠の頂上に『伊勢物語』で有名な在原業平の「駿河なる宇津の山べのうつつにも夢にも人の逢はぬなりけり」の歌碑が立つ。富士山の見える、明るい歴史ある峠である。

登路　しずてつジャストライン中部国道線宇津の谷下車。峠まで三〇分、下りは岡部町側登山口へ一五分。

地図　二・五万図　静岡西部

（青野興喜）

満観峰　まんかんほう

標高　四七〇m

静岡県静岡市駿河区と焼津市にまたがり、静岡市の南西方に見える小高い山。南に駿府と焼津を結ぶ古峠・日本坂峠がある、明るい里山である。静岡市民をはじめ近隣の人々のハイキングの山として人気が高く、登路も静岡、焼津、藤枝などいくつもある。

登路　JR東海道本線静岡駅からしずてつジャストライン終点、丸子より小野薬師寺参道を辿って山頂へ（約二時間四〇分）。ほかに小坂バス停から日本坂峠を経て山頂へ（約二時間）。

地図　二・五万図　静岡西部

（青野興喜）

高草山　たかくさやま　標高　五〇一m

静岡県焼津市の北に位置する。北麓に旧東海道、南麓に奈良時代の官道「やきつべの小径」が通る。また、東の日本坂峠は日本武尊《やまとたけるのみこと》が東征の際に越えた峠とされる。山中は茶畑やミカン畑が多く、山野草や野鳥が多く、キスミレはここが東限とされる。双耳峰の頂上からは富士山や南アルプスなどが望まれる。

登路　焼津市坂本から高草山林叟院参道を沢に向かって進むと登山道に出る。雑木林を抜けると一面の茶畑である（頂上まで約一時間二〇分）。

地図　二・五万図　焼津

（青野興喜）

高根山　たかねさん　標高　八七一m

静岡県藤枝市の最高峰。志太平野から北方を眺めると、平坦な山頂がスカイラインを画している。どっしりした山容は高根の名にふさわしい。

中腹には約八〇〇年前に創建された高根白山神社があり、地元では「お高根さん」と呼ぶ。参道の入り口には「鼻崎の大杉」（目通り八m、樹高二七・五m）が聳え、社殿の横にある御神木のスギは四七mの樹高を誇る。

高根山は東海自然歩道上のピークで、歩道は「宇峠の滝」より蔵田を経て高根山頂を踏み、西に延びる尾根を辿って大井川に下る。山頂は南西方向が切り開かれて展望が楽しめる。

登路　蔵田バス停より鼻崎の大杉を経て高根白山神社に詣で、山頂に至るコース（蔵田から約一時間一五分）と蔵田から宇峠の滝を経由するコース（約一時間四〇分）がある。

地図　二・五万図　伊久美

（大島康弘）

千葉山　ちばさん　標高　四九六m

静岡県島田市の北方にある五〇〇mに満たない低山だが、千葉山は多くの文化財と豊かな自然を併せ持つ魅力に富んだ山である。

山頂まで二〇分程の位置にある千葉山智満寺は宝亀二年（七七一）に広智菩薩により開創され、源頼朝、今川義元、徳川家康などの寄進を受け、一〇件に及ぶ重要文化財をいまに伝える天台宗の古刹。

境内には樹齢八〇〇年の大イチョウがあったが、二〇〇〇年に倒れ、二〇一二年には「頼朝杉」（目通り九・七m、樹高三六m）が空洞化により倒れた。山頂まで点在する樹齢八〇〇～一二〇〇年の「千葉山の十本杉」は現在七本を残すのみである。山頂はスギの巨木とアオキの群落に覆われ、展望は全くない。千葉山から派生し大井川に没する稜線上には「どうだん原」と呼ばれるヒロハドウダンツツジの群生地があり、五～六月が花の最盛期である。

登路　千葉山登山は眺めのよいどうだん原コース（大井川河畔より約二時間）と、三三の石仏を辿る尾川丁仏参道がある（島田市落合から約一時間三〇分）。

地図　二・五万図　向谷

（大島康弘）

無双連山　むそうれさん

標高　一一一〇m

別称　本城山《ほんじょうさん》

静岡県榛原郡川根本町と島田市にまたがる山域にあって、大井川の支流・笹間川の無双連沢の源頭に位置する山である。旧中川根町では、南北朝時代に一帯を治めた土岐氏の駿河徳山の山城があったところから「本城山」と呼んでいる。

山容は大井川側の駿河徳山集落から見ると、全山がスギ、ヒノキの植林で覆われているが、ゆったりとして立派である。東側の旧川根町側は、ブナ、カエデの自然林が残り、急峻である。

山頂は南北に四つのピークが連なり、最高点は一一一〇mで、ヒノキの植林地になっている。反射板跡がある広場を山頂と呼び、西方の展望がよい。三角点（一〇八三m）は南側のピークにあって、測量のために切り開かれているが、それが終わればヤブに戻る。また、南北朝時代から戦国時代にかけて存在した山城の遺構には、「犬戻り、清水砦、殿屋敷跡」などの地名が残り、一部ではあるが石垣も残っている。山頂には南麓の笠間集落が祀った祠があるほか、昭和三二年（一九五七）に笠間中学校の学校登山が行われ、卒業記念の記念碑もある。

登路　静岡市側からは国道三六二号を千頭方面に進み、川根本町の町境の洗沢峠に上がる。富士城集落から高山林道に入り、幡住集落を左に見て右の高山・無双連山に入る。林道の途中から旧本川根町と旧中川根町の境界尾根を登り、大井川側の青部集落からの道と合して山頂に立つ（登山口から約三〇分）。

青部集落からは旧中川根町が付けた道標に従って登る。山頂近くまで荒れた林道歩きである（青部集落から約三時間）。

西麓の文沢集落から東方へ文沢林道を行き、青部集落から来る林道との合流点から登ることができる（文沢林道終点から約一時間三〇分）。南麓の笹間川上流の日掛、二俣、久野の各集落から登路があるが、夏期はヤブが茂って歩きづらい（各登山口から約二時間）。

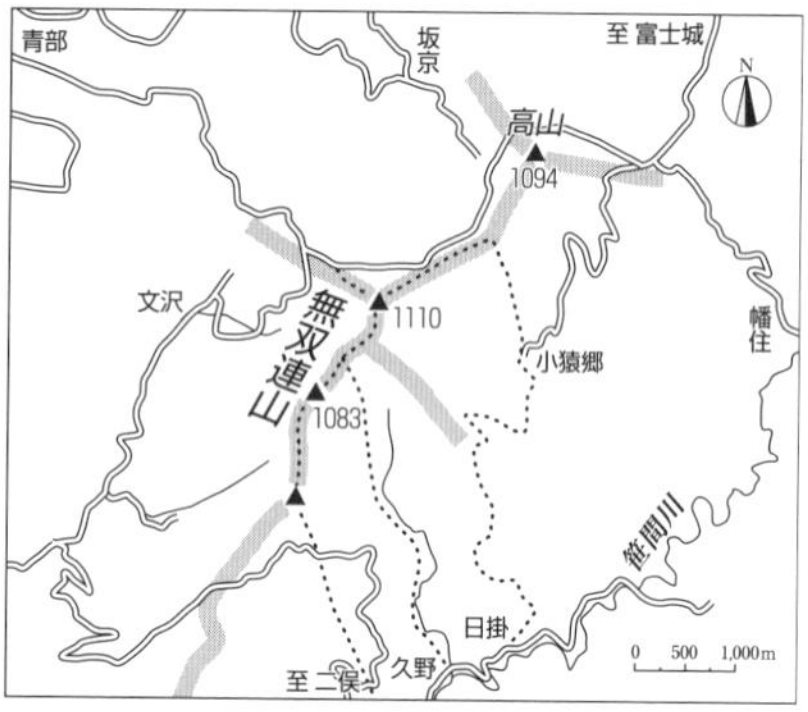

地図　二・五万図　石上

（廣澤和嘉）

三峰岳　みぶだけ

標高　二九九九m

別称　三峰岳《みつみねだけ》　三棟岳　三国岳

長野県伊那市長谷地区、山梨県南アルプス市芦安地区、静岡県静岡市葵区にまたがっており「みつみねだけ」ともいう。山名は、この山から長野県側に流れ下る三峰《みぶ》川の源の山という意味からであろう。あと一mで三〇〇〇m峰になる山で、東側の巨大な間ノ岳に連なっている。位置は赤石山脈北部にあり、仙塩《せんしお》尾根の中央に位置するピークである。山頂部は岩峰状で小さい。ここから南に大井川の源流・東俣の支流・三国沢がある。稜線を三国平を経て下ると熊ノ平小屋がある。

登路　ＪＲ中央本線甲府駅（バス）広河原～野呂川出合～両俣小屋、野呂川越を経て約六時間。北岳、間ノ岳経由でもよい。

静岡県側からは、大井川東俣・二軒小屋から徳右衛門岳、蝙蝠岳を経て塩見岳に登り、仙塩尾根を北に辿り北荒川岳、新蛇抜山、安倍荒倉岳を経由して頂上に至るルートもある。東俣をつめ熊ノ平小屋に至る沢筋のコースは、一九八二年の台風以降整備が十分されていないため、登山道としては勧められない。

地図　二・五万図　間ノ岳

（渡辺登司美・古幡開太郎）

安倍荒倉岳　あべあらくらだけ　標高　二六九三ｍ

別称　あべくらだけ

長野県伊那市長谷地区と静岡県静岡市葵区にまたがる仙塩《せんしお》尾根の一角に位置する峰。この尾根は赤石山脈北部の仙丈ヶ岳から塩見岳に延びる大きな尾根で、稜線上にはこの山を挟み三峰《みぶ》岳、新蛇抜山《しんじゃぬけやま》、北荒川岳などが並ぶ。頂上は縦走路からわずかに登った樹林帯の中にあり、うっかり通り過ぎてしまうおそれのある山で、新蛇抜山同様不遇な山ともいえる。この山の北側のコル、井川越の間に熊ノ平小屋がある。

登路　甲州側からは、ＪＲ中央本線甲府駅（バス）広河原～大樺沢～北岳～間ノ岳～三峰岳を経て徒歩約一〇時間。

信州側からは、ＪＲ飯田線伊那大島駅（バス）塩川土場～三伏峠～塩見岳を経て徒歩約一四時間。

静岡県側からは、大井川東俣・二軒小屋から徳右衛門岳（二五九九ｍ）、蝙蝠岳（二八六五ｍ）を経て塩見岳に登り、仙塩尾根を北に北荒川岳、新蛇抜山と辿って頂上に至るコースがある。かつては大井川源流東俣をつめ熊ノ平小屋に至る沢筋のコースがあったが、一九八二年の台風以降整備が十分されていないため、登山道としては勧められない。

地図　二・五万図　間ノ岳

（渡辺登司美・古幡開太郎）

新蛇抜山　しんじゃぬけやま　標高　二六六七ｍ

長野県伊那市長谷地区と静岡県静岡市葵区にまたがる。赤石山脈北部仙塩《せんしお》尾根上に位置する小さなピークで、北荒川岳の北、安倍荒《あべあら》倉岳《くらだけ》の南に位置する。この辺りは樹林に覆われた尾根がつづき、北には竜尾見晴と呼ばれる小岩峰がある。縦走路は頂上を巻くように付いているため、見過ごしてしまうことが多い。北方には熊ノ平小屋がある。

登路　甲州側からは、ＪＲ中央本線甲府駅からバスで広河原に入り、大樺沢から北岳、間ノ岳、三峰岳を経て頂上へ。約一一時間を要する。

信州側からは、ＪＲ飯田線伊那大島駅からバスで塩川土場へ（二〇一五年現在鹿塩止まり）、塩川沿いに三伏峠《さんぶくとうげ》から塩見岳を経て約一三時間で頂上に至る。

静岡県側からは、大井川東俣・二軒小屋から徳右衛門岳（二五九九ｍ）、蝙蝠岳（二八六五ｍ）を経て塩見岳に登り、仙塩尾根を北に辿り北荒川岳を経て頂上に至るコースがある。大井川源流東俣から直接頂上に至るルートもあったが、一九八二年の台風以降登山道の整備は十分されていない。

地図　二・五万図　間ノ岳

（渡辺登司美・古幡開太郎）

北荒川岳　きたあらかわだけ　標高　二六九八ｍ

長野県伊那市長谷地区と静岡県静岡市葵区にまたがり、赤石山脈中央部の塩見岳から北に延びる仙塩《せんしお》尾根の稜線上にある。山頂は砂礫の小広い平坦地で、南側が大きく崩壊して農鳥岳や塩見岳が望まれ、三峰川支流の南荒川源流が俯瞰される。

頂上付近にはお花畑があり、タカネビランジ、ミヤマジャコウソウ、タイツリオウギ、ミヤマシシウドなどが分布している。

登路　信州側は、ＪＲ飯田線伊那大島駅からバスで塩川土場に入り（二〇一五年現在鹿塩止まり）、塩川を辿り三伏峠、塩見岳経由で頂上に至る（約一二時間）。

静岡県側からは、大井川東俣・二軒小屋から徳右衛門岳（二五九九ｍ）、蝙蝠岳（二八六五ｍ）、塩見岳を経て頂上に至るコースがあり一〇時間以上の登高を要する。かつては東俣の池ノ沢小屋から熊ノ平小屋または新蛇抜山経由で頂上に至るコースもあったが、十分な整備がされていないため確認を要する。

地図　二・五万図　間ノ岳

（渡辺登司美・永野敏夫）

塩見岳　しおみだけ　標高　三〇四七ｍ

静岡県静岡市葵区と長野県伊那市長谷地区の境に位置し、大井川源流西俣の源頭にあたる。三角点が西峰にあり、東峰がわずかに高い。

塩見岳の名が中央に定着したのは大正に入ってからとされ、それだけこの山岳は駿河からはもちろん、甲斐からも信濃からも遠い存在であった。一九〇九年夏、日本山岳会の創立メンバーである小島烏水、高野鷹蔵らの一行が企てた荒川岳、赤石岳縦走の記録では、遠望する塩見岳を「間ノ岳」と呼んでおり、白根三山の間ノ岳と区別して一方を「白根山脈の間ノ岳」、対して塩見岳を「赤石山脈の間ノ岳」として使い分けていた。さらに紛らわしいことに塩見岳が三峰川の支流・荒川の源頭に位置することから、信州側からは「荒川岳」と称されていた時期もあるようだ。塩見岳北方の二六九八ｍ峰がいまも「北荒川岳」と呼ばれているのはその名残であろう。

信州側の山麓には塩河、鹿塩、塩原など塩の付く地名が多く、この地方が古くから塩の産地であったことをうかがわせる。明治になると本格的な製塩施設が設けられ、鹿塩産の塩が各地に出荷された。一方で鹿塩には建御名方命《たけみなかたのみこと》や弘法大師にまつわる塩泉伝説が残されており、この地域は昔から塩とは切っても切れない縁があった。地元の人たちが早くから「塩見岳」という呼称を使っていたというのは、ある意味で当然といえようか。

大井川上流部の東俣、西俣両岸の尾根筋、つまり南アルプスの静岡県側は東海紙料（特種東海製紙㈱の前身）の社有林として明治末期から人の手が入り、シラベ、トウヒ、ツガなどのパルプ材が盛んに伐り出された。したがって、天然林は少ないが、その再生林は標高二六〇〇m付近まで発達している。塩見岳西方の本谷山（二六五八m）では頂上までこうした針葉樹が覆い、南アルプス特有の黒い森を形成している。樹林帯を抜けた稜線一帯の岩稜に岩場は少ないが、塩見岳北面は冬期になると雪稜ができ、塩見岳バットレスとして知られている。

南アルプスを甲斐駒や北岳を中心とする北部と赤石岳を盟主とする南部とに分けると、塩見岳はちょうどその境界にあたる。それぞれの地域の中心的な山岳にくらべるといかにも地味な存在で、塩見岳に初めて小屋ができたのは一九六〇年のことである。乗鞍生まれで塩見に魅せられた岳人・斉藤岩男の孤軍奮闘の努力によるもので、熊ノ平から三伏峠を結ぶ長い縦走路中に完成した待望の山小屋を、登山者は大いなる喜びをもって迎えた。

塩見岳（中央左のピーク）（烏帽子岳から）

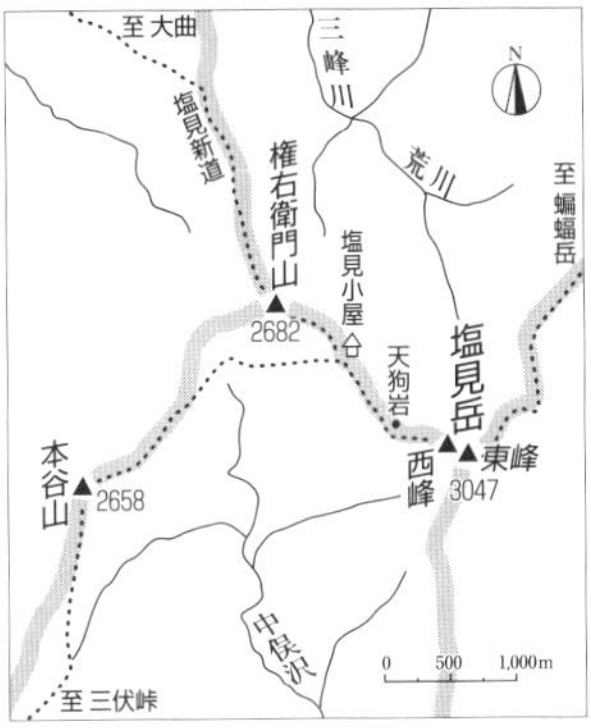

登路　もっとも一般的で古典的なコースは、長野県下伊那郡大鹿村塩川方面から三伏峠（二六〇七m）を経て入山するルートである。三伏峠は日本一高い峠とされ、伊那谷からこの峠を越えて大井川に下り、さらに転付峠周辺の尾根を登って甲州の新倉に出る山深い道を、かつて「伊那街道」と呼ぶ時代があった。

峠近くにはお花畑が広がり、ここから望む塩見岳は堂々たる山体を惜しげもなくさらし、力強い上に品格を漂わせている。深田久弥は『日本百名山』の中で、「この峠からの塩見岳は天下一品である」と述べ、短い言葉で絶賛している。

塩見岳へは峠から北へ向かう。本谷山のピークを踏み、権右衛門沢の源流部（涸沢）を渡る辺りは暗い樹林帯の歩行で、冬季は雪が深い。塩見小屋を間近にする登りでハイマツ帯に抜け出ると、やがて天狗岩。このジャンダルムを巻いて鞍部に出て最後の急登を終えると、四囲の眺望が絶景の頂上である（三伏峠から約四時間三〇分）。

大鹿村からは近年、御所平を経て鳥倉林道が延び、豊口山山腹の終点までバスや車を利用すれば、三伏峠まで三時間余で着く。塩川ルートに代わってこちらが峠への主要ルートになっている。

三伏峠を経ないで塩見岳へ直接入山するには塩見新道がある。三峰川と荒川の出合から権右衛門山へ突き上げる南北の尾根を辿るコースで一九八五年、地元の旧長谷村が開削した。三伏ルートのような華やかさはないが、静かな山歩きを楽しむことができる（林道終点の大曲から塩見山頂まで約九時間）。

静岡側からのアプローチは時間もかかり、一般的でない。大井川西俣、東俣の出合・二軒小屋からしばらく東俣林道を辿り、道標に従って尾根に取りつく。東俣、西俣を分ける長い蝙蝠尾根の始まりで、途中、中部電力の取水施設を横目にしながらひたすら樹林の中を登りつづける。蝙蝠岳の登りでようやく森林限界に達し、眺望が開ける。ここからは稜線上のお花畑などを楽しみながらの快適な登高となる。北俣岳（二九二〇m）を越すとまもなく縦走路で、ここから馬の背の急登をひと息がんばれば、ひょっこりと塩見岳東峰に抜け出る（二軒小屋から約八時間）。

このほか西俣林道をつめて中俣、三伏沢を遡行し、峠に達する伊那街道の逆コース、東俣の池ノ沢との分岐を逆に西に折れ、雪投沢を経て北荒川岳南寄りの鞍部に出るルートなどがあるが、いずれも一部登路が不明瞭で、入山には注意が必要である。

地図　二・五万図　間ノ岳　塩見岳

（児平隆一）

蝙蝠岳　こうもりだけ

標高　二八六五m

静岡県静岡市葵区にある。塩見岳北東の北俣岳（二九二〇m）から南東へ向かい、大井川の東俣と西俣の合流点へ下る蝙蝠尾根の途中に位置する。

山名の由来については明記した文献も見当たらないが、農鳥岳（三〇二六m）から南下した広河内岳（二八九五m）方面から見たとき、コウモリが両翼を広げたように見える山容から呼ばれたと思われる。

蝙蝠尾根の南東には徳右衛門岳（二五九九m）が聳えている。近年、この尾根末端の一七五〇m付近に電源開発によるコンクリートの巨大な水槽が造られた。登る人も少なく、南アルプスらしい静かで奥深い山並みである。

製紙会社の社有地であり、以前は大井川東俣から蝙蝠岳山頂付近まで林道が付けられ、伐採が盛んに行われていた。

登路　塩見岳から北俣岳を経由して下るルートと、大井川源流の二軒小屋から蝙蝠尾根を末端から登るルートがある。塩見岳からは約二時間二〇分。途中に登山小屋がないことからあまり登られてはいないが、二軒小屋からは約七時間の行程である。

地図　二・五万図　塩見岳

（加藤弘司）

三伏峠　さんぷくとうげ

標高　二五八〇m（二六〇七m）

南アルプス中央に位置する三伏峠は、長野県下伊那郡大鹿村と静岡県静岡市の境界にある。南に小河内岳（二八〇二m）、北に本谷山（二六五八m）、東に烏帽子岳（二七二六m）が控える、日本最高標高の峠である。標高の二五八〇mは、南アルプス観光連絡協議会の地図には二六〇七mとある。この標高は角川書店の『日本地名大辞典』では、「三伏峠小屋」の標高になっている。また、峠に立つ標識は二六一五mと記す。峠標高表示の問題点といえようか。森林限界が二七〇〇m前後と高く、南北一二〇kmに及ぶ赤石山脈の中央を横切るこの峠は、ツガやシラビソの樹林に囲まれ、大きな切り株を見るのも珍しくない。付近のお花畑には、フウロの類、チングルマ、クロユリなどが咲く。

峠の名「三伏」の由来はつまびらかではないが、地元大鹿村の郷土資料館「ろくべん館」によれば、「三方(大鹿村・長谷村・静岡市)に尾根を伏せたような、地形上の理由からではないか」という。あるいは、開山説など古い言い伝えの遺る「三正坊」といわれた三人の山伏(修験道の行者)にちなんだのでは、ともいうが、真偽は謎に近いとのことである。いずれにせよ、江戸後期の地図にも記載はなく、おそらくは江戸末期か明治も初めごろ付けられた呼び名ではないか、というにとどまる。

この高い峠は、大鹿村大河原から小渋川に沿って登る小河内岳と、塩川を遡行する本谷山の鞍部を越えて、静岡を流れる大井川上流域に出るもので、かつては赤石構造谷への塩の移入路として利用されたらしいが、それも定かではない。

峠には三伏峠小屋(七月一日~九月三〇日、冬期は避難小屋利用可)がありテント場も利用できる。かつては峠東方の三伏沢源流に三伏小屋があったが、南アルプス環境保全のため閉鎖され、利用できない。山麓の大鹿村鹿塩には、海水並みの塩分濃度の温泉が湧き、三軒の旅館がある。村は鎌倉末期、後醍醐帝の皇子・宗良《むねよし》親王が三〇年間隠棲された地であり、史跡の数も多い。

登路　峠への直接の登路である塩川渓谷は、中央構造線外帯の様々な地質を横断するため、岩石の種類も多く、水石や飾り石として珍重されている。この塩川に沿う登山口の塩川小屋(一三一八m)までは登山バスが通う(JR飯田線伊那大島駅から一日二回。二〇一五年現在手前の鹿塩止まり)。そこからおよそ五km、うっそうとした広葉樹林の中、四~五時間の行程で峠に着く。また、近年開発された大河原からの林道鳥倉線を行けば(林道終点手前三kmまでバスや車など利用。冬期閉鎖)およそ三~四時間の行程である。峠の北東には、西峰や天狗岩を抱える塩見岳(三〇四七m)が、白根三山を背後にして聳える(行程およそ四時間三〇分)。

(小林俊樹)

地図　二・五万図　塩見岳

小河内岳　おごうちだけ

標高　二八〇二m

塩見岳と荒川岳の中間にあり、三伏峠の南に位置する。行政区分上は長野県下伊那郡大鹿村と静岡県静岡市葵区の境界にある。長野県側は小渋川の支流の小河内沢の源流となっており、急斜面で崩壊・風化が激しく荒々しい様相を見せているが、静岡県側は傾斜も緩くおだやかな地形をなしている。大井川西俣の支流の小西俣源流となっていて、製紙会社の所有地のため古くから伐採などで人の手が入っていた。

山名の由来は大鹿村側の小渋川支流の小河内沢から付けられている。古い史料では釜沢岳の古称でもあったといわれる。古来、村民から奥地山岳には恐怖こそ覚え、究めるものもなく、山岳名の呼称も明確ではなかったであろうと『大鹿村誌』に記されている。

この山はピークとしての特徴には乏しいものの、砂礫とハイマツと新しい避難小屋がよく調和している。さらには南の荒川岳、東の富士山、そして北には塩見岳が聳えて景観に恵まれ、ただ通り過ぎてしまうには惜しい峰である。

登路　三伏峠から烏帽子岳を経て南へ二時間二〇分、荒川前岳から高山裏避難小屋を経て主稜線を北へ約六時間三〇分の行程である。

（加藤弘司）

地図　二・五万図　塩見岳

荒川岳　あらかわだけ

標高（荒川中岳）　三〇八四m

別称　荒川前岳　荒川中岳　魚無河内岳　奥西河内岳

静岡県静岡市葵区と長野県下伊那郡大鹿村にまたがり、赤石山脈の中央部に位置する。天竜川支流の小渋川の源流部は大崩壊地で、中央アルプスの山々から眺めると荒々しい様相を呈していることが分かる。

荒川中岳には、明治一五年（一八八二）に大鹿村の敬神講の先達・堀本丈吉が、大河原から道を開いて講中登山を開始した。昭和五〇年代までは中岳の山頂に木札が残っており、祠が祀ってあった。以上のように荒川岳の登山は伊那側から始まったものと思われる。

荒川岳の前岳（三〇六八m）、中岳は森林限界を脱して岩礫帯となっているので貴重な植物が多く、七月中旬には南面がお花畑となる。六月下旬から八月下旬まで様々な花が咲き競い、訪れるものを楽しませてくれる。また、ハイマツ帯の間にも高山植物が大きな規模の群落をつくって咲くのは、南アルプスの中でも特異な場所である。また、シカ食害防止のために防護ネットが張られ、高山植物は保護されている。

山名は小渋川上流の荒川岳西面の大崩壊地に由来し、大鹿村側の呼称で、地形図作成時の命名が定着して今日に至っている。

荒川岳（奥茶臼岳から）

登路　北側の三伏峠から静岡、長野両県の県境尾根に縦走路がある（三伏峠から約五時間、南アルプス屈指の登下降があり、登りがいのあるコース）。大鹿村の小渋川から広河原まで徒渉した後（大雨後の徒渉は危険）、大聖寺平を経て荒川前岳へ北上する登山道がある（登山口から約七時間）。

静岡市側からは赤石岳を越えるコースがある（椹島登山口から約八時間）。大井川上流の二軒小屋から悪沢岳を越える登山道がある（二軒小屋から約八時間）。椹島から千枚岳、悪沢岳を越える登山道がある（椹島登山口から約八時間）。ほかに沢登りの技術を必要とするが、大井川の西俣から魚無沢を遡行して中岳へ至るルートは、滝が比較的少ないので、経験者なら短時間で登ることができる（西俣から約六時間）。

（廣澤和嘉）

地図　二・五万図　赤石岳

悪沢岳　わるさわだけ

標高　三一四一m

別称　東岳　地蔵ヶ岳

静岡県静岡市葵区にあって、南アルプスの三〇〇〇m峰の中で、長野県や山梨県とは境を接していない唯一の静岡県の山である。赤石山脈の中心に位置し、荒川岳に包含されている前岳、中岳、悪沢岳の三山の中ではもっとも高く、静岡市が全国でもっとも多く三〇〇〇m峰(一〇山)を持っている中でも、第一級の山として誇ることができる山である。

『山岳』第一年第三号で荻野音松が「駿州田代山奥横断記」に、明治三九年(一九〇六)九月、甲州の猟師で案内人の大村晃平の「此の山より出づる溪流の西俣に注ぐもの甚険悪なれば之を悪沢と呼び、此の山すなわち悪沢岳と云ふなり」を紹介している。以上のように悪沢岳は山梨県側の呼称である。一方、静岡県側では、井川地区の田代集落の猟師たちは、遠くに見える山を「地蔵ヶ岳」と呼んだといわれ、長野県側では、敬神講の先達・堀本丈吉が明治一九年(一八八六)に長野県下伊那郡大鹿村から広河原を経て県境稜線に登り、荒川岳の東にこの山があるところから「東岳」と呼んだ。五万図にはいまだに荒川岳・東岳となっている。

悪沢岳(荒川岳中岳から)

悪沢岳は日本列島がユーラシア大陸から分離されていないころ、海底にあったものが中生代末期から新生代にかけて隆起、褶曲して造られたと考えられている。この山の周辺では、幾多の変動がつづき、侵食や風化、地震活動などによって現在の満壮年期の地形となった。北面の小さなカールは雪食地形として雪窪が見られ、南アルプスでは珍しく九月ごろまで雪が残っていたが、現在は温暖化によって二〇年ほど前から姿を消してしまった。

大井川の奥西河内の源流部の北沢付近の高山植物は、ほかに類を見ないほど見事で、七月上旬にはクロユリが多く咲き、悪沢岳へ直接登る倒木沢と呼ばれるつめ、つまり荒川中岳と悪沢岳の鞍部までがすばらしい。大井川西俣の源流部から悪沢岳までの間も大きな滝がなく、ハイマツ帯もない草原で、高山植物の宝庫だけに後世に残したい地域である。現在は高山植物保護のために防護ネットが張られている。また、大井川源流の山々は、江戸時代から伐採が行われていたことから大木を目にすることは少ない代わりに、悪沢岳の山頂付近のように、森林限界から上の山域には貴重な植物が残っている。

また、悪沢岳南面のハイマツ帯にはライチョウやニホンカモシカを見る秋から冬にはニホンツキノワグマが確認されている。

一九〇六年には荻野音松が前記のようにこの山を望見しているし、一九一〇年の『山岳』第五年第一号には高頭式、高野鷹蔵、中村清太郎、三枝威之介、小島烏水による悪沢岳、赤石岳の登頂報告「白峰及び赤石山脈縦横記」が掲載されている。積雪期は昭和三年(一九二八)に国分貫一らによる慶応大学パーティーが登っている。

悪沢岳の北東面のカールに神部満之介が石小屋を作り、満之助小屋として避難用に一九六〇年代まで存在していたが、現在では囲い

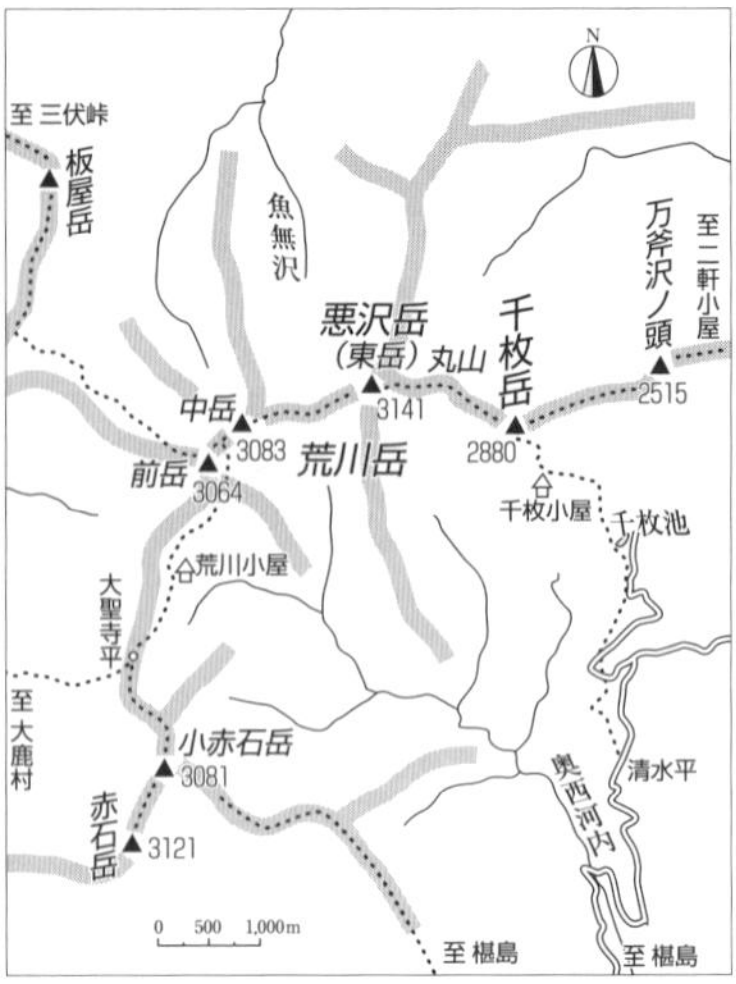

の石組みだけが残っている。

登路　長野県下伊那郡大鹿村からは、小渋川に沿って広河原を経て大聖寺平の県境稜線に達し、荒川小屋から荒川岳の前岳、中岳を登り、悪沢岳に達する登山道がある（小渋川から約八時間、途中の広河原小屋〈荒廃が進み、秋・冬は使用不可〉か荒川小屋で一泊を要する。また、沢登り技術を必要とした経験者向コースである。とくに高巻きは危険だ）。また、大河原から三伏峠、高山裏、荒川岳を経て悪沢岳に至る縦走路がある。南アルプスの中央部を縦走する登下降の激しい屈指のハードなコースである（三伏峠から約六時間）。

静岡県の大井川側の二軒小屋から千枚岳を越えて悪沢岳に至る登山道がある（二軒小屋から約七時間。途中の千枚小屋か中岳避難小屋で、悪沢岳からは荒川小屋で一泊しなければならない）。椹島から千枚岳への登山道がある（椹島から悪沢岳まで約七時間）。ほかに椹島から赤石岳を経て荒川岳を越えて悪沢岳に達する縦走路がある（椹島から荒川小屋まで約七時間、荒川小屋から悪沢岳まで約三時間、悪沢岳から千枚小屋まで約三時間、千枚小屋から椹島まで約四時間三〇分）。

一般的なコースである椹島から千枚岳を経て悪沢岳に登るルートを簡単に紹介する。JR東海道本線静岡駅から季節運行のバスに乗り、畑薙第一ダムまで入る。ここで特種東海フォレストの送迎用バスに乗り換えて椹島ロッジまで行って一泊。翌日は健脚者ならば荒川小屋まで入ることができるが、ゆっくり山を楽しむには千枚小屋に泊まる。途中の清水《しょうず》平と呼ばれる所の名水は最高である。清水平、蕨ノ段、千枚池、小石下までは特種東海フォレストの社有林で、林道が開削されている。

千枚池から千枚小屋までは、シラベの中の静かな樹林帯を登る。千枚沢は嘉永四年（一八五一）〜文久三年（一八六三）にかけて信濃屋庄三郎が千枚の修羅を構築したとされ、紀伊国屋文左衛門の再来といわれた。

千枚岳からは急峻なガレ場を下り、大きな丸山を越すと累々と重なる蛇紋岩の岩稜帯を縫って登り、悪沢岳の山頂に立つ。この山の山頂からは、日本中の三〇〇〇m峰のほとんどを見ることができる。このように、北アルプス、中央アルプス、南アルプスの高峰のすべてを見渡すことのできる山はほかにはない。

（廣澤和嘉）

地図　二・五万図　赤石岳

千枚岳　せんまいだけ　標高　二八八〇m

静岡県静岡市葵区にあり、悪沢岳の東に位置している。東側は大井川支流・上千枚沢の源頭の千枚ガレを有し、崩壊が進んでいる。西側の丸山（三〇三二m）へつづく稜線も奥西河内の源頭となって、崩壊のため急な岩稜を形成している。

山名は千枚沢から付けられたようである。その千枚沢の由来は、伐採した木材を川へ降ろすために半円形に多数並べ、滑り台のようにして伐木を落としたが、これを修羅千枚と呼んだためとされる。

登路　主峰の悪沢岳から丸山経由で約一時間。このコースは高山植物が多く、適期は見ごたえがある。大井川上流の椹島から清水《しょうず》平を通る尾根コースは約七時間、また、二軒小屋からのコースは万斧《まんのう》沢《さわ》ノ頭《かしら》を経るコースだが、六時間三〇分程の急登である。

地図　二・五万図　赤石岳　（加藤弘司）

小赤石岳　こあかいしだけ　標高　三〇八一m

長野県下伊那郡大鹿村と静岡県静岡市葵区にまたがり、南アルプス国立公園内にある。山名は小赤石岳だが、三〇〇〇mを超える。

赤石山脈の盟主・赤石岳の北約一kmに位置するが、赤石岳と荒川岳を結ぶ縦走路の通過点であり目立たない。山頂付近は痩せた岩稜である。この辺りは赤石の名称の由来である、赤いラジオラリア板岩の露頭が見られる。

登路　JR東海道本線静岡駅からの路線バスと、夏山シーズンだけ運行する特種東海フォレストの送迎用バスを乗り継いで大井川上流の椹島《さわらじま》で下車し、大倉尾根を登るのが時間的に早い。この尾根の名は、一九二六年夏、赤石岳に登頂した大倉財閥を築いた大倉喜八郎に由来する。よく踏まれているので迷うことはない。途中の赤石小屋からは赤石沢の支流の北沢上部のカールがよく見える。これを忍耐強く登り切れば主脈の縦走路に出る。小赤石岳は、ここから稜線を約五〇〇m北に登る（椹島から赤石小屋約五時間、赤石小屋から小赤石岳約三時間）。

長野県の伊那側からは、JR飯田線伊那大島駅から大河原に入り、湯折、小渋ノ湯、広河原小屋（荒廃）を経て大聖寺平に出て山頂に至るコースがある（湯折から広河原小屋約五時間三〇分、さらに約五時間三〇分で山頂）。縦走路では、北の荒川岳から大聖寺平を経て約二時間、南の赤石岳からは四〇分程である。

地図　二・五万図　赤石岳　（河西彌一）

赤石岳　あかいしだけ　標高　三一二一m

別称　駿河岳　本岳　大河原ノ岳　大河内岳　釜沢岳

静岡県静岡市葵区と長野県下伊那郡大鹿村の県境に位置し、南アルプスを代表する名山である。重量感あふれる堂々とした山容、風格と威厳を兼ね備えた山脈の盟主は、山頂に日本一高い一等三角点（本点）の標石が敷設されている。

大井川の支流・赤石沢と奥西河内、天竜川・小渋川源流の本岳沢とを分ける。太平洋に流れる大河川は奥深く、尾根も険しい。

赤石岳の山名は静岡側からの命名であり、赤石沢に多く見られる玄武岩質火砕岩の赤石チャート、赤紫色のラジオラリア（放散虫化石）粘板岩に由来することは広く知られる。駿河岳、本岳、釜沢岳などは、いずれも長野県側からの地理的な呼称である。

「上河内嶽、聖嶺、赤石嶽、西河内嶽、奥西河内嶽、中河内嶽、以上大険岨高山……井川奥の深山にて信濃國に隣れる山々なり」と文政三年（一八二〇）の『駿河志料』にも赤石岳は記載されている。

　赤石山脈は、本州中央部から九州にまで達するという中央構造線の外帯（南側）に位置する褶曲山脈であり、地質構造上も特色を持つとされる。東には日本海と太平洋を結ぶフォッサマグナ（糸魚川―静岡構造線）、南西部には光明断層、さらに赤石楔状地（赤石スフェノイド）がある。

　赤石山脈は砂岩、頁岩、泥質粘板岩など地域的に多様であるが、中軸部の赤石岳などには輝緑凝灰岩、火砕岩が多く見られる。

赤石岳（左のピーク）（赤石小屋から）

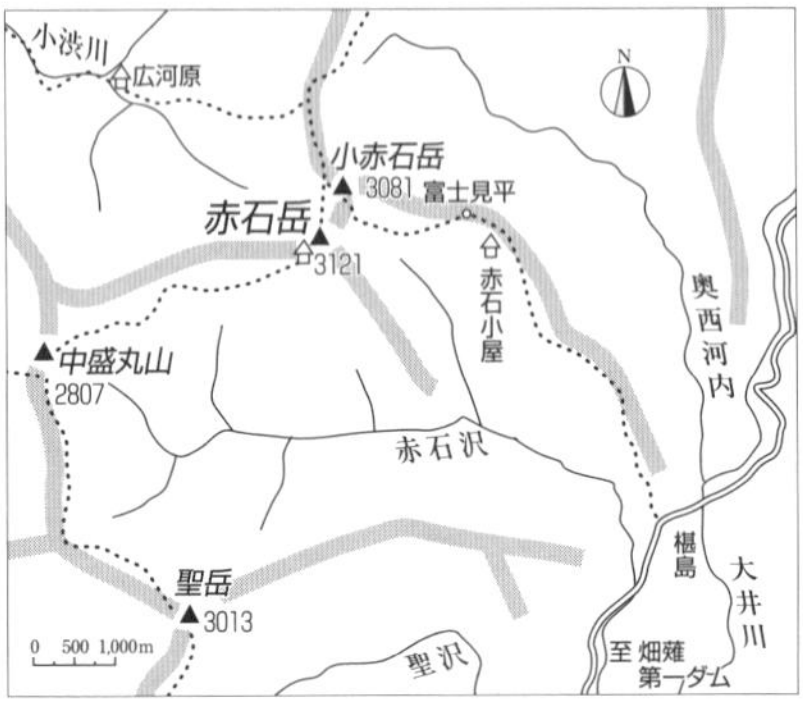

静岡・長野・山梨の県境をなす赤石山脈は、三〇〇〇mを超える高山が一三山（静岡市＝一〇山）、二〇〇〇m以上の山は実に七十数山にも及ぶ。雄大な山岳景観、奥深い渓谷、豊富な高山植物などが登山者を迎えてくれる。赤石山脈の主峰山域は、昭和三九年（一九六四）六月一日に「南アルプス国立公園」に制定された。

　高山帯のハイマツ、亜高山帯などのダケカンバ、シラビソ、ウラジロモミ、トウヒ、ツガに代表される広大な自然林。南アルプスを特徴づける高山植物は約二〇〇種にものぼり、その豊かさと変化の多い植生は、日本列島でも特筆される山域といわれる。タカネマンテマ、ムカゴユキノシタ、チョウノスケソウ、ツガザクラ、コケモモなどが咲き誇る。静岡県のリンドウ科は二〇種で、アカイシリンドウ、アラカワリンドウ、サンプクリンドウなどは赤石山脈に由来し、学術的にも貴重な植物とされる。

　動物はニホンカモシカ、ニホンツキノワグマ、ホンシュウジカなど三六種類の哺乳類と多くの昆虫、爬虫類、両生類も確認されている。渓谷にはイワナ、アマゴの超尺物が生息する。イヌワシ、クマタカなどの猛禽類、ライチョウやイワヒバリ、ホシガラス、メボソムシクイ、センダイムシクイ、オオルリ、コルリなど数多くの野鳥も見られる。

　南アルプスは開発が遅れたことが幸いし、広大な自然林と野生の動植物を擁した自然環境が多く残されている。今後は調和のとれた環境保全が大きなテーマとされ、検討委員会が開かれている。

登路　赤石岳へは主脈縦走のほかに、静岡県側からは大井川の畑薙第一ダムから特種東海フォレストの送迎用バスに乗り換え、椹《さわら》島《じま》が登山口となる。山頂までの標高差は実に約二〇〇〇m、日本有数の登りである。

赤石東尾根はいきなりの急登であるが、大井川の瀬音が遠くなると平坦地の樺段に着く。ダケカンバ、ツツジの美しい所である。やがてシラベ林となり笊ヶ岳《ざるがたけ》なども見えてくる。急登がつづいた後、赤石小屋に着く。赤石岳はもとより荒川三山、聖岳の三〇〇〇m峰が指呼の間にある。まさに南アルプスの核心部にいるという実感を味わう時である。椹島から約六時間の急登。

赤石小屋から約四〇分、ハイマツ帯を抜けると富士見平(大倉平、若尾平ともいう。大倉平は特種東海製紙㈱の創設者・大倉喜八郎に由来する。若尾平はハイマツを若草が萌える様に見立てた呼び名)に着く。大井川を隔てた白峰南嶺の奥には、富士山が雲海の上に浮かぶ。目ざす赤石岳は朝日に映え、屛風のように高く聳える。

「赤石ヶ嶽、この山は四時雪あり。唐松丈のびず這廻り、枝地中に入。又其の枝延たるもあり。其木陰に鶆鳥住めり。鶏に似て鶏冠あり、里人稀に見る、春松の緑を食すと云」とハイマツとライチョウを紹介した『駿河志料』(文久元年・一八六一)の記録がある。

富士見平から赤石岳まで約三時間。赤石沢・北沢の水場は、高山植物が美しい。県境稜線まで最後の急登となる。

赤石岳の山頂からは、北アルプス、中央アルプス、南アルプスの主峰群、深南部、白峰南嶺、富士山、安倍奥の山とすばらしい展望である。南側には敬神講など山岳信仰の名残りの石剣、鉄剣と祠がある。

赤石岳の山頂に明治一二年(一八七九)、旧内務省地理局の測量官が登頂、地形図作りが本格的に始まった。『點ノ記』によると、一等三角点「赤石岳」の標石が敷設されたのは明治二四年(一八九一)九月二日で、「大河原ヨリ釜沢ヲ経テ……谷川ヲ四十三度渡リ、赤石ヶ嶽麓ノ広河原ト云フニ至ル」と記録されている。

一等三角点の標石は一辺が一八㎝角、長さ八二㎝、重さ九〇kgの小豆島産の四国御影石(花崗岩)である。標石と測量に必要な櫓《やぐら》などを担ぎ上げた明治の先達たち――。その労苦と意気に敬意を表し、改めて地形図「赤石岳」を広げたい。

地図　二・五万図　赤石岳

(森　博・廣澤和嘉)

鳥森山　とりもりやま

標高　一五七一m

静岡県静岡市葵区にあり、大井川とその支流・赤石沢に挟まれ、南アルプス南部の登山基地、椹島《さわらじま》の南に位置している。

山名の由来は確かではないが、静岡市井川の昔話には次のように記されている。「春から秋にかけて井川より椹島へ耕作に来る農民が、ある年大豊作のため、飼っていた鶏を山に置き去りにして下山してしまった。翌春たいそう気になって入山してみると、その鶏は一瞬高く羽ばたいて死んでしまい、それを哀れに思って手厚く葬ったことから鳥森山と名付けたことによる」という。

登路　椹島の南アルプスふれあいセンター前の道標に従って、よく整備された登山道を登れば約一時間一〇分で東屋のある頂上に立つことができる。頂上は赤石岳、聖岳の眺望に富んでいる。

地図　二・五万図　赤石岳

(加藤弘司)

大沢岳　おおさわたけ

標高　二八二〇m

長野県飯田市上村と静岡県静岡市葵区の境にあり、南アルプス・赤石岳と聖岳の間に位置する。長野県側・南西方向に北又沢支流の大沢という渓流があり、これから大沢岳と呼ばれるようになったという。この北又沢は遠山川となって天竜川に注ぐ。

長野県側は崩壊が激しく深ヶ沢源流までガレが垂直に落下し、その絶景は四囲を圧するという。

登路　赤石岳または聖岳からの縦走コースと、長野県大沢渡から唐松岳を経由する尾根コースがある。赤石岳から約三時間、聖岳から約四時間、しらびそ峠経由の大沢渡からは約七時間の行程である。縦走コースでは百間洞山の家経由の方が人気があるため、頂上を踏まずに通過していく登山者も多く、不遇の山である。

地図　二・五万図　大沢岳

（加藤弘司・河西彌一）

奥茶臼山　おくちゃうすやま

標高　二四七四m

別称　上沢山　中山日向　お昼山　キダル前山（江戸時代）

赤石山脈（南アルプス）の内懐、「歌舞伎の里」として知られる長野県下伊那郡大鹿村にある。赤石岳を源流とする小渋川沿いの大河原集落の東南に、一見して分かる、その名のとおりの二峰が、奥茶臼山、前茶臼山（一三三一m）である。赤石山脈の主脈、大沢岳から分岐する尾高尾根の最高峰。奥茶臼山からさらに北西へ派出する前茶臼山、青田山（一七〇八m）を「茶臼山塊」ともいう。東側は急斜面で朝は陽が当たらず、山に陽が当たるのは昼ごろになるので、地元の釜沢では「お昼山」ともいっている。山麓の大河原は、一四世紀中葉、後醍醐天皇の皇子・宗良親王が、南朝勢力の挽回のために、三〇年にわたって籠った奥地として知られる。

かつてはオオシラビソ、コメツガなど針葉樹林に覆われていたが、林道が頂上近くまで延びるにつれて国有林の伐採が進み、無残なまでに伐り尽くされている。とはいえ、いまはホンシュウジカの楽園で、その鳴き声、飛び回る姿は随所で見られる。

登路　青木川沿いに林道が延びるまでは、小渋の湯から急斜面の尾根を登るか、しらびそ峠から尾高山経由の稜線沿いを辿ったが、いまでは一二～一三kmに及ぶ青木林道の終点からが一般的。林道は標高二〇〇〇m地点にまで達し、そこから約一時間三〇分。ただし、林道は一般車の乗り入れはできない。林道歩きは三時間以上。

地図　二・五万図　大沢岳

（菊地俊朗）

尾高山　おたかやま

標高　二二一二m

長野県下伊那郡大鹿村、飯田市上村の境をなす赤石山脈（南アルプス）の支脈、尾高尾根中間部のピーク。この一帯は、南隣の旧南信濃村（現飯田市）を含め「遠山郷」と呼ばれる。かつては静岡、岐阜境の山域までも含めた呼称だったようだが、いまでは遠山川、上村川流域の、とくに谷深い一帯だけをいうようになった。

山名は陸地測量部が五万図に記して以来らしい。南面は遠山川北又沢の源頭、北西面は青木川へつづく湿地帯である。

登路　江戸期までは、尾高山の大鹿村側にある天子岩、燕岩の滝場で、修験者が荒行を行っていたといわれるが、杣《そま》や猟師らを除き、忘れられた存在だった。それが世に出たのは、国有林の伐採で、しらびそ峠への車道が開き、峠からの南アルプス南部の山々の展望を売り物にして宿泊施設を建て、旧上村が観光客誘致に乗り出したからである。その一環として、峠から前尾高山（二〇八二m）を経て頂上まで約二時間三〇分の遊歩道が整備された。

登山コースは、赤石岳から光岳にかけての主脈と対峙しているとはいえ、展望のよい場所は二箇所ほど。シラビソ、トウヒ、コメツガなどの原生林の中を行く。足元には緑濃い苔類がびっしり。この幻想的雰囲気が受けている。伊勢湾台風で一時、風倒木の山になったが、天然更新も進み、いまは傷跡も消えかけている。マイヅルソウ、オサバグサなども見られる。

（菊地俊朗）

地図　二・五万図　大沢岳

御池山　おいけやま　標高　一九〇六m

長野県飯田市上村の東部に位置する。二重山稜には、舟窪などといわれる窪地ができる。大沢岳付近で分岐する赤石山脈（南アルプス）の支脈、尾高尾根の末端にも、五つ六つの窪地がある。その一つ、周囲一六〇mほどの細長い御池だけは、年中水を湛えているところから、旧上村では雨乞いの池とした。

御池山は、その御池の直上、二〇分ほどの所にあることから命名されたらしい。南東面が開けた小岩峰に三角点がある。頂上から赤石岳、聖岳とつづく南アルプス南部が一望できるが、とくに眼下の遠山川の流れを挟み、正面の加々森山、池口岳の間に展開する遠山郷の原生林地帯は神秘的である。

頂上から南東、南西の二方面に尾根が分かれる。南西は炭焼山（一五五四m）経由で「日本のチロル」ともいわれる遠山郷下栗集落へとつづく。このルートを深田久弥らが昭和四三年（一九六八）の正月に登ったころは、遠山川一帯はまだ仙境だった。しかし、いまは下栗からしらびそ峠へと抜けられるエコーラインが開通し、観光のマイカーが目立ってきた。

登路　最近は、深田久弥らが辿った炭焼山経由の三時間三〇分程のコースを登る人は少ない。大半は、エコーラインの扇子平から四〇～五〇分の遊歩道利用である。遊歩道はしらびそ高原まで整備されている。

（菊地俊朗）

地図　二・五万図　光《てかり》岳

中盛丸山　なかもりまるやま　標高　二八〇七m

赤石山脈南部の長野県飯田市上村と静岡県静岡市葵区にまたがる。赤石山脈南部の巨峰である赤石岳と聖岳とを結ぶ縦走路のほぼ中間に位置して、その景観をほしいままにできる場所である。大沢岳の南隣にある中盛丸山の山頂はハイマツに覆われていて、その名のとおり円錐形で狭い。

近代登山としては大正三年（一九一四）夏、木暮理太郎らは、イザルガ岳から中盛丸山、大沢岳を経て赤石岳、荒川岳まで縦走し、小渋川に下ったとの記録がある。

登路　JR飯田線の平岡駅から路線バスで上村の程野まで入り、タクシーでしらびそ峠まで登った後、荷を担いで北又沢に下り　沢沿いに大沢渡へと向かう。ここより縦走路から西に延びている尾根を登る。樹林帯の中を登るにつれて登山路は急になり、広場状ながら凹凸がある稜線に出る。稜線を南に辿ると約三〇分で中盛丸山に至る。大沢岳から赤石岳寄りに下ると百間平と呼ばれる平地があり、百間洞《ひゃくけんぼら》山の家がある。幕営地にもなっている。

地図　二・五万図　赤石岳　大沢岳　（河西彌一・加藤弘司）

兎岳　うさぎだけ　標高　二八一八m

静岡県静岡市葵区と長野県飯田市上村、同市南信濃地区の境に位置する南アルプス南部の一峰。天竜川支流の遠山川が上流で西沢に名を変え、遠山川支流の兎洞《うさぎぼら》の源流および大井川上流の奥赤石沢の源流にある。聖岳から赤石岳の縦走路の通過点として比較的地味な存在であるが、山容は名前に似ず堂々とした威厳のある第一級の山である。山名は兎洞の源流にあることから付けられたようだ。

三角点は、頂上から南西方面にやや下った二七九九mの肩にある。近くに兎岳避難小屋がある。この一帯は高山植物が豊富であり、聖岳への尾根と西沢の大崩壊の景観とともに見どころのポイントの一つである。また、兎岳の北約八〇〇mに二七三八mの山があり、俗に小兎岳と呼ばれているが、地図には山名が記載されていない。

登路　兎岳に直接登る道は見当たらない（聖平から約五時間、百間洞山の家から約三時間）。直接登るとすれば易老渡から笠松山を経て兎岳に達する南西尾根を辿るか、北又渡から平谷山、立俣山を経る西尾根を辿るかであろう。いずれも長大な尾根で、水もなく、ブッシュに悩まされることは覚悟せねばならない。冬期のバリエーションとしては興味あるコースといえよう。

地図　二・五万図　大沢岳　赤石岳　（大石　惇・河西彌一）

聖岳　ひじりだけ　標高　三〇一三m

別称　日知ヶ岳《ひじりがたけ》

静岡県静岡市葵区と長野県飯田市南信濃地区にまたがり、大井川および天竜川の支流である遠山川の源流部にある。南アルプスにおける三〇〇〇m峰の最南の山である。

山名の由来は、大井川支流の聖沢を沢登りする時、ヘツルすなわちへヅル、あるいは聖沢の形状が肘を曲げたヒジに似ているところからとする説があるほかに、大井川と赤石沢との合流点・赤石渡から見て、早朝に陽が当たるため「日知ヶ岳」と呼ばれ聖岳となった。『駿河志料』に「上河内岳、日知ヶ岳、奥西河内岳…（略）…井河奥ノ深山、信濃国境ノ山ナリ」とある。長野県側では「西沢ノ頭、西沢岳」とかつて呼ばれた。愛知県新城市にある鳳来寺山から冬に見ると、鋭く尖った秀峰で、その名にふさわしい山姿を呈している。

森林限界から上の山頂部は花崗岩で覆われた岩山である。多くの高山植物が残っている。とくに聖岳から奥聖岳（二九八二m＝三角点・聖ノ岳）、白蓬《しらよもぎ》ノ頭（二六三二ｍ）までは貴重な植物が多い。

無雪期では、明治四四年（一九一一）に中村清太郎が井川地区の田代集落から易老岳、茶臼岳を越えて登った記録を『山岳渇仰』の文中に見ることができる。積雪期は昭和三年（一九二八）に早稲田大学の国分貫一らの一行によるものが、部報の『リュックサック』に掲載されている。

信仰登山の記録は、伊那側の旧南信濃村から兎岳までは残っているが、聖岳に関するものはない。静岡市側の猟師や川狩りの人夫も聖沢の大滝までしか入っていない。一般者の入山は戦後になって聖平までの木材伐採が行われた後に始まった。ことに昭和三二年（一九五七）に国民体育大会が赤石山脈で行われたこと、同時に井川ダムが完成してバスが運行されるようになってからである。

聖岳（上河内岳から）

聖岳の南に聖平と呼ばれる平坦地があるが、この聖平までおよび東尾根の白蓬ノ頭までも特種東海フォレストの社有林となっており、シラベが植林されているが、聖沢や大井川の近くはこの地に不向きな木が植えられている上、手入れがされていないため荒廃している（現在はシラベが成長している）。山頂部のハイマツ帯にはライチョウが生息しているが、最近は登山者が増加したためその数が激減している。さらに東尾根への下山路が開削されたため生息地が減っている。

大井川上流の赤石沢にダムができたため東尾根に変化が生じている。聖沢流域は戦後の皆伐で荒れており、植生も乱れている。

登路　静岡県側は、大井川に沿って畑薙第一ダムから特種東海フォレストの送迎用バスを利用して、聖沢から登る。一日目、上流の椹島《さわらじま》ロッジに泊まる。二日目、聖岳の登山口まで戻った後、聖沢に沿って戦後の伐採道を登る。コースは登り下りが多く、聖平までのアプローチが長い。聖平には聖平小屋がある。

聖平から飯田市との県境に出て、薊畑《あざみばた》と呼ばれる高山植物が多く咲いている平坦地に出る。ここはニッコウキスゲの群落地であったが、ホンシュウジカの食害でほとんど見られなくなった。以前ニホンカモシカの生息地であった所が、今日ではホンシュウジカの領域に変わっている。所々防護ネットが乱立している。

ここは積雪期にはラッセルで苦労する所でもある。ダケカンバ林を抜けると伊那側の展望が利き、聖岳の西壁を見渡すことができる。小聖岳を越えると岩礫帯となり、ジグザグ道を登って森林限界を脱した後、登高を重ねて、かつて前聖岳と呼ばれた聖岳に着く（聖沢登山口から約七時間）。さらにこの山頂から奥聖岳まではおだやかな下りで、少し登り返すと奥聖岳山頂に立つ（聖岳から約四〇分）。

伊那側からは遠山川に沿って登る。遠山川側から聖平まで入る方

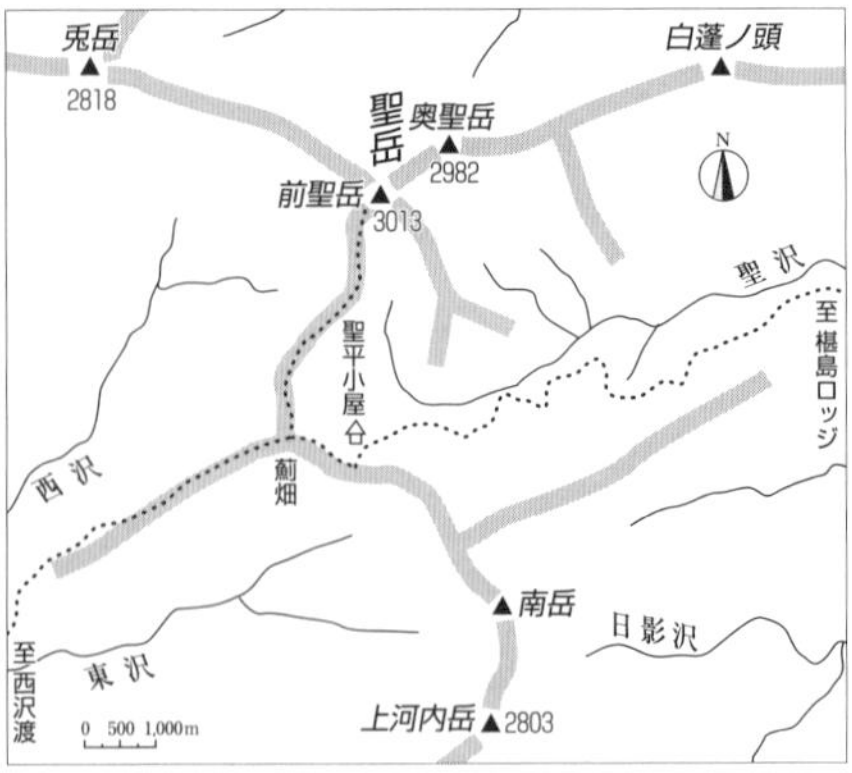

が楽で、多くは便ヶ島から登る。ＪＲ飯田線の飯田駅からタクシーで遠山川沿いの便ヶ島まで入る。または飯田線の平岡駅からも数少ないタクシーを利用してここまで入ることができる。便ヶ島からは軌道跡を辿って西沢渡まで入り、聖岳の南西尾根を登る。この尾根は戦後植えたシラベの植林地となっているが、急坂で展望のないシラベの林を登る。薊畑で静岡市側からの登山路と合わさり、聖岳へ向かう（便ヶ島登山口から薊畑まで約五時間。薊畑から聖岳まで約二時間。便ヶ島まで夜間のマイカー通行規制中）。

冬期は遠山川沿いの西沢渡まで凍結した危険な道である。薊畑から小聖岳、聖岳の南面は昼間、積雪が溶け夜間に凍結するため再三にわたって滑落事故が起きている。聖岳の山頂から聖平までの滑落距離は一〇〇〇ｍもあるので、転倒予防には十分な注意が必要である（下栗から西沢渡まで約四時間。西沢渡から聖岳まで約七時間）。

地図　二・五万図　赤石岳

（廣澤和嘉）

上河内岳

かみこうちだけ　標高　二八〇三ｍ

静岡県静岡市葵区と長野県飯田市南信濃地区にまたがり、赤石岳の南方に位置する。頂稜部は静岡市にある。南から仰ぐ山容はピラミダルで、堂々とした姿である。

北側の谷は西流して奥燕沢となり、遠山川と合流して天竜川へ流れ下る。南側の谷は上河内沢が東流して畑薙《はたなぎ》湖に流入し、大井川へ流れ下る。

上河内岳は展望がよく、北方には南岳の肩越しに聖岳、赤石岳、悪沢岳が見える。東方には白峰南嶺南部の笊ヶ岳、布引山、稲又山、青薙山のほか、遠く富士山を望むことができる。南方には茶臼岳、仁田岳、易老岳、光岳《てかりだけ》と赤石岳以南の山々が連なり、南アルプス深南部の大無間山、小無間山も望見できる。

山頂下南側の縦走路に竹内門と呼ばれるチャートの岩塔がある。近づくと岩の表面には縞模様の浮き彫りが見える。チャートは元来、二酸化珪素に富む部分と泥質の部分が層をなしているが、高山という苛酷な条件下で強い風化と侵食を受け、泥質の部分が削られて珪質の硬い部分のみが浮き上がった結果である。竹内門のチャートは、一枚の地層が厚くなったり薄くなったりしていることから、堆積後、十分に固結する前に褶曲したようである。

地形図に「お花畑」と記載されている場所は、規模の大きな線状凹地で二重山稜になっている。植生のない所を探すと、砂礫が亀の甲のような模様をつくっている所がある。中心に小さな礫が、周辺

上河内岳（お花畑から）

に大きな礫が集まる。いわゆる亀甲状土とか淘汰円形土と呼ばれる構造土の一種で、土壌水が凍結と融解を繰り返すことによってできた周氷河地形である。ここの淘汰円形土は植生に覆われているので、化石周氷河地形ともいうべきものである。登山道はこの亀甲浄土のあるお花畑の真ん中を通っているため、踏みつけによって構造土の形状が変わったりしている。

登路　静岡市井川から東俣林道を北上して畑薙湖に架かる大吊り橋を渡り、ヤレヤレ峠を越えてウソッコ沢までつめた後、左岸の尾根に上がり横窪沢小屋を経て稜線に出る。右上してハイマツの中をしばらく進むとお花畑、つづいてその上の岩稜に出た後、竹内門を通り、すぐ上を右に登れば山頂である（登山口から約九時間三〇分）。ほかに長野県側の便ヶ島から遠山川を遡り、聖平を経て山頂に達する登山道もある（登山口から約九時間）。

（高須梧郎）

地図　二・五万図　上河内岳

茶臼岳　ちゃうすだけ　標高　二六〇四m

静岡県静岡市葵区と長野県飯田市南信濃地区にまたがり、上河内岳の南に位置する。

山頂部は巨岩が累積する岩峰で、南の稜線上には二重山稜と呼ばれる舟窪地形が二kmもつづいている。北側の谷は北流して燕沢となり、遠山川に合流した後、天竜川へ流れ下る。山名は山容が茶臼に似ていることによるものである。

山体は主としてチャートと緑色岩からなる。山頂部にはハイマツとダケカンバが点在している。方向指示盤から県境尾根を南西に進むと仁田池がある。夏に高山植物が多く咲き、秋にはダケカンバの黄葉が美しい。仁田池のわきには、かつて小屋があったが、現在は完全に崩壊してしまっている。なお、この池の水は飲料として使用できない。

登路　静岡市井川から東俣林道を北上して畑薙湖に架かる大吊り橋を渡り、ヤレヤレ峠を越えてウソッコ沢までつめた後、左岸の尾根に上がり、横窪沢小屋を経て稜線に出る。左上すると茶臼岳の山頂である（登山口から約八時間）。ほかに長野県側の遠山川から易老渡に入り、易老岳から稜線を東に進み、希望峰を越えて山頂に至ることができる（易老渡から約八時間二〇分）。

地図　二・五万図　上河内岳　（高須梧郎・河西彌一）

仁田岳　にっただけ　標高　二五二四m

静岡県静岡市葵区にあって、赤石山脈南部に位置している。主稜線上の希望峰から南下した後、緩やかに登り着いたハイマツの中の最高点が仁田岳である。山頂からは三六〇度の展望が楽しめる。

山名は仁田岳の南尾根にヌタ場が多いことに由来するとする説と、仁田河内沢の源流であることによるとする二説が伝えられている。

登路　静岡市井川から東俣林道を北上して畑薙《はたなぎ》湖に架かる大吊り橋を渡り、ヤレヤレ峠を越えてウソッコ沢までつめた後、左岸の尾根に上がり横窪沢小屋を経て稜線に出る。左上して茶臼岳を越えて山頂に至る（登山口から約九時間）。ほかに長野県側の遠山川から易老渡に入り、易老岳から稜線を北上して山頂に達する（易老渡から約七時間二〇分）。

地図　二・五万図　上河内岳　（高須梧郎）

易老岳　いろうだけ　標高　二三五四m

長野県飯田市南信濃地区と静岡県静岡市葵区にまたがり、南アルプス国立公園内にある。平賀文男が一九二九年に刊行した『日本南アルプス』の中にこの山の記述がある。山頂は平坦だが　森林限界以下のためシラベ（シラビソ）が生い茂っている。

登路　昔は大井川支流の信濃俣河内にも登山路があったが、現在ではJR飯田線の平岡駅から車で南信濃地区の上島に至り、秋葉街道（国道一五二号）から分かれ、飯田市上村南部に散らばる遠山郷下栗集落の間を走ってから遠山川を易老渡に着き、登山開始となる。登山ルートは一本で、樹林帯の中を登り切ると山頂である（易老渡から約五時間）。台風の後などで風倒木がある時は注意が必要である。

このほか稜線上を光岳から縦走するコース（光岳から約二時間三〇分）、逆に茶臼岳から希望峰を経て縦走するコース（茶臼岳から約二時間）がある。

地図　二・五万図　光岳　（河西彌一・永野敏夫）

イザルガ岳《たけ》　標高　二五四〇m

赤石山脈南部の光《てかり》岳の東北東一・二km、長野県飯田市南信濃地区と静岡県静岡市葵区の境に位置し、南アルプス国立公園内にある。なだらかな山容が笊《ざる》を伏せたように見えるからで、笊のことを信州の方言で「イザル」と呼ぶことが山名の由来らしい。しかし戦前、陸地測量部が作成した五万図には名前が記載されていない。山頂はハイマツと砂利に覆われ、眺望はよい。

登路　直接この山に登るルートはない。主脈の縦走路は山頂の西側の準平原に付いているが、自然保護のため木道以外には立ち入ることができない。強いていうことになれば　山頂から遠く離れた稜線からのヤブこぎとなろう（光小屋から三〇分程であるが、積雪期以外は勧められない）。

地図　二・五万図　光岳　池口岳

（河西彌一）

光岳　てかりだけ

標高　二五九二m

別称　三隅嶽

静岡県榛原郡川根本町本川根地区と長野県飯田市南信濃地区にまたがり、寸又川支流のリンチョウ沢と遠山川支流の易老沢の源頭にあたる。また、南アルプス南端に位置し、二五〇〇m峰のわが国最南の山でもある。

山頂から主稜を北にイザルガ岳・易老岳、西に加加森山・池口岳、南の支稜に信濃俣・大根沢山へと通じる。

東西に細長い山頂は三角点が置かれ、周辺は木立に囲まれて展望はない。しかし、西の端に入ると南と西に展望が開け、密林に覆われた南アルプス深南部の山々を俯瞰することができる。

山名の由来は山頂の西、寸又川側に突起した石灰岩の岩塔が夕日に照らされテカリと光ることから付けられた。

「三隅嶽ハ安倍、榛原、下伊那三郡ノ間ニ在リ」（『井川村史』）と、かつては「三隅嶽」と呼ばれていた。また『山岳』第五年第一号に赤石岳から縦走した高頭仁兵衛一行の記録が掲載されているが、ここでも三隅嶽としている。このことから、光岳と転名されたのは一九一一年以降、比較的新しい時期と推定される。

山頂から東に一五分程下ると県営の光小屋がある。二〇〇〇年に建てられた三代目の小屋であり、営業期以外は避難小屋として一部開放されている。

南に派出した支稜上にハイマツの群落がある。日本南限の群落地であり、かつハイマツ帯に依拠するライチョウの南限生息地でもある。

光小屋の東には周氷河期遺跡とされる湿原、センジヶ原が広がる。ここに構造土の一種であるアースハンモックが見られる。

センジヶ原の東端に静高平がある。これは旧制静岡高等学校山岳部が野営した記念に付けた名である。ここからイザルガ岳に登るコースがある。ダケカンバの樹林を登り、つづくハイマツ帯を抜けると砂礫の山頂に出る。展望は三六〇度、赤石山脈や白峰山脈、富士山などが望まれる。

由来となったテカリ岩周辺は貴重なお花畑で、チョウノスケソウの群落や南アルプス固有種のミヤマムラサキの群落がある。ともにここが南限地である。岩塔上からは黒木に深々と覆われた南アルプス深南部の山々が望まれる。

山頂一帯は中央構造線とフォッサマグナに挟まれた四万十帯に属し、中生代白亜紀の地層に覆われ、部分的に石灰岩が露出している。

光岳から池口岳の主稜線を結び、寸又川の柴沢、リンチョウ沢落合を結んだ一一一五haの三角帯は、原生自然環境保全地域（環境省）であり、全国で五箇所、本州では唯一の指定地域である。また、この地域を含め中ノ尾根山辺りまで延長した稜線の両側四六〇〇haは林野庁の森林生態系保護地域でもあり、手厚い保護の下に置かれている。

リンチョウ沢の源流・雄作沢は、寸又川の名ガイド・榎田雄作の

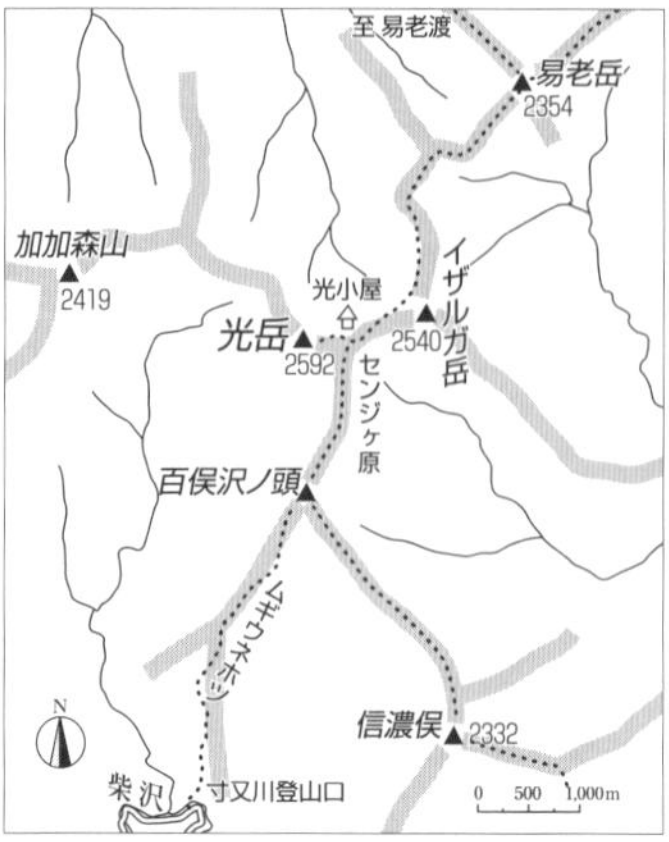

光岳（南尾根方面から）

名をとって付けられた。一九三〇年九月、田中喜左右衛門、工藤英司らは榎田雄作、宇治長治郎を案内につけ、リンチョウ沢を初遡行した。この時の功績を讃えて源流を雄作沢と名付けた。

登路　遠山川易老渡が登山口で、ここまでは車を使うことができる。橋を渡り易老岳に直接突き上げる尾根に取りつく。植林から自然林に変わるとまもなく面平、原生林がうっそうと茂っている。しばらくは緩急交互の登りがつづく。相変わらず原生林が覆い展望はない。尾根が痩せてくると三角点のあるコブに出る。露岩の出た尾根を登り切れば易老岳。木立が囲み展望はない。主稜を西に下る。三吉ガレの淵に出ると北面が開け、遠山川を隔てて兎岳から派生する二つの尾根と、大沢岳に懸かるシラビソ尾根が三重に並走しているのが見える。立枯れ木帯を抜け三吉平に下る。原生林が覆う湿潤地で、ヌタ場がそこここに見られる。信濃俣河内が主稜の反対側に食い込むように延びている。この谷窪に沿ってお花畑が展開する。水場に出た先がセンジヶ原で東端が静高平、左手にイザルガ岳の道が分岐する。木道が敷かれた明るい草原状のセンジヶ原を抜けると光小屋に出る。南面のガレの縁からは広く展望が開け、富士山が美しく望まれる。引きつづき西に進んで、百俣沢ノ頭への分岐を見送り、木立の中を登り切れば光岳に出る（易老渡から約七時間五〇分）。

寸又川登山口は左岸林道起点の寸又峡橋。ここから四〇km、柴沢出合の吊り橋に出る。吊り橋を渡りムギウネホツを登る。百俣沢ノ頭に出て支稜を北に進む。南限のハイマツ帯を抜け、主稜の分岐に出て左に入れば光岳である（林道起点から約一七時間）。

地図　二・五万図　光岳　池口岳

（永野敏夫）

信濃俣　しなのまた　標高　二三三二m

静岡県静岡市葵区と榛原郡川根本町本川根地区の境。南アルプス南端の光《てかり》岳《だけ》から南に派生する寸又川左岸稜の一峰で、南アルプス深南部に属する。

大井川の支流である信濃俣河内の源頭に当たるところからこの名が付いた。山頂は南峰、北峰の双耳峰からなり、北峰がわずかに高く三角点がある。南峰を独立させて椹沢山《さわらさわやま》の名称があるが、両峰合わせて信濃俣と呼ぶのが正しい。南峰から南下する支尾根は一時期登路に使われたが、現在は踏み跡も浅く難路である。

大井川の田代集落には、諏訪神社があるが、これは信州から山を越えてきた焼畑農民たちが背負神《しょいかみ》として移動した後に奉納されたと推考される。その時の経路の一説が遠山川～易老渡～光岳の肩～信濃俣～大井川～田代とされる。

山頂は黒木が覆うが梢越しに富士山が望まれ、西側に入ったガレの縁からは赤石山脈主稜の深南部の連山を見渡すことができる。

登路　易老渡で橋を渡り、易老岳に直接懸かる北西尾根を登る。黒木の密林の急な尾根で、登りつめた所が南アルプス主稜線上の易老岳。これより主稜線を南下してセンジヶ原の光小屋に出る。光岳に向かう途中から大無間山に通じる支稜に入り、百俣沢ノ頭を経て信濃俣に達する(易老渡から約一二時間)。

地図　二・五万図　池口岳　光岳

(永野敏夫)

大根沢山　おおねさわやま

標高　二二四〇m

静岡県静岡市葵区と榛原郡川根本町本川根地区にまたがり、大井川とその支流・寸又川の分水嶺上の一峰。光岳《てかりだけ》から南に派出した一大支稜上のほぼ中間に位置し、北に信濃俣、南に大無間山塊へ通じる。赤石山脈深南部に属するこの一帯は有数の原生林地帯で、秘峰色の濃い山域となっている。

山頂はシラビソの密林が覆う円頂で、展望の一切を覆い隠している。三角点埋設地点に山名標識があるが、最高地点は北東側に少し入った所にある。鍋を伏せたような均整のとれた山容はどこから見ても容易に判別でき、山座同定のよき指針になっている。

山名は寸又川の支流・大根沢の源頭にあたるのが起因。昔は寸又川流域の山を総じて千頭山といったが、この山の伐採の歴史は本流の大井川よりも古く、記録に残された最初の伐採は慶長九年(一六〇四)、駿府城本丸築城用として二万五千本。その後浅間神社用材、江戸城本丸築城用材など、度重ねての大量伐採が行われてきた。

戦後、皇室財産の御料林が開放されて国有林となるとともに、この地域の山は千頭営林署の管轄となった。木材搬出の主役となったのが森林鉄道であったが、これも一九六八年に廃止され、林道によるトラック輸送に変わる。現在、寸又川沿いに開かれた林道は全長四一km、柴沢出合先まで延びている。しかし、この林道も一般車の通行は禁止されている。

登路　寸又川左岸林道を辿り大垂沢橋へ。渡った橋のたもとが大無間山登山口で三方嶺までは同コースをとる。三方嶺が大無間山との分岐、ここを北に主稜を辿る。ササ地を下り小尾根を越えアザミ沢のコルに出る。左に下れば五分程で水を取ることができる。主稜の西面はシロヤシオが目立つ。二一二七mの標高点は西に支稜を分ける。小根沢小屋へ下るコースだが、一般的ではない。ガレ縁二つを通り、草地を登れば大根沢山である(左岸林道起点から約一三時間)。

地図　二・五万図　畑薙湖　井川　寸又峡温泉

(永野敏夫)

大無間山 だいむげんさん

標高 二三三〇m

別称 三隅ヶ嶽 三住ヶ嶽 大無限山

静岡県静岡市葵区と榛原郡川根本町本川根地区にまたがり、大井川とその支流である寸又川の分水嶺上の一峰。南アルプス南端の光《てかり》岳《だけ》は、南に長大な支稜を派出させており、その端に陣取るのが大無間山塊で、大無間山、小無間山(二一五〇m)、中無間山(二一〇九m)、前無間山(二三〇〇m)、唐松谷ノ頭(二一五〇m)、風イラズ(一九九〇m)の六つの峰からなる。

南北に楕円形に広がる頂には三角点が置かれ、周辺をオオシラビソ、シラビソが覆い展望はない。かつて天祖三神を祀る小祠と鳥居があったが、現在は取り払われている。

山名の由来は井川の方言で、「眉間」を「ムクン」というが、これが「ムケン」に転訛したとされる。別に仏教用語の無限地獄からきたとの説がある。大井川を挟んだ大日峠方面から見ると、中央に大無間山、右に小無間山、左に風イラズを並べ、各山を吊り尾根状に結んだ山容はまさに眉間に似る。

「三住ヶ嶽は村落より凡三里、嶺上に池あり、人跡絶たる所なり、此池に至り、諏訪祭の時鱒《やまめ》を釣て神前に備ふ、常は里人捕へずとぞ」(『駿河記』)。大無間山を西に二〇分程下ると明神谷の水源である三隅池がある。神の棲む池もいまは水量もめっきり減り、昔の面影はなく、かすかに水を溜めた池はヌタ場と化し、シカがのたうつ痕跡がそこここに見られる。

大無間山(中央),風イラズ(左),小無間山(右)
(大日峠方面から)

山塊一帯は中央構造線と糸魚川―静岡構造線に囲まれ、四万十帯にあり、中生代白亜紀、寸又層群の地層からなる。

山塊の主尾根はシラビソが優先し、アオモリトドマツ、コメツガなどが混入し、林下にはイワカガミ、マイヅルソウ、セリバシオガマなどが群生する。六月中旬が開花期のイワカガミの群生は見応えがある。また、原生林など植生が豊かな山域だけに大型野生動物の生息数も多く、ホンシュウジカ、ニホンツキノワグマなどの生活痕は至る所で見られる。

井川側の登山口である田代には嘉禎三年(一二三七)に勧請されたといわれる諏訪神社がある。例祭は八月二六日、二七日。禁足地の明神谷で釣ったヤマメにヒエメシをつめた山女寿司が献上される。

慶長一〇年（一六〇五）、駿府の命を受けて海野本定、本重（ともに井川）と朝倉六兵衛（玉川村柿島）は奥山の木立調査を敢行する。赤石山脈を越え、高堂（高遠）、飯田に出る。残念ながらその時辿ったコースの詳細は残されていないが、高堂に出るまで一一日間をかけている。田代から大無間山に登り大根沢山、信濃俣を越え光岳東わきの主稜に出て、そこから北上し聖岳、赤石岳を経て小渋川沿いに下ったとも推測される。

大無間山塊を挟んだ井川側の上田村と寸又川側の千頭村間で長い間国境争いがあった。寛文六年（一六六六）、元禄三年（一六九〇）に各々判決が下ったが決着がつかず、元禄一五年（一七〇二）に最終判決が下り終止符が打たれた。判決は絵図が示され、「寸又百姓八年以前、上田村高に結ぶの家数二十五軒これあり、然れば即ち、これを荒らすに及ばず、有り来りの外、向後新開焼畑はこれを致さず、年貢等千頭村高に結び、遠州お代官へこれを収納すべし」と千頭村の勝利を示している。

一九二〇年七月、先に黒帽子（黒法師岳）に登った杉本良らは新たに僚友の関本泰を加え、勇作を案内に立て二七日四時に日向を発つ。コナラホツを登って日向山に上がり、稜線を北進し、三方嶺を経て一〇時三〇分、大無間山に立つ。ここで勇作と別れる。一行は勇作の教えに従って南東尾根を下るが途中で関ノ沢に迷い、夜暗くなって井川から一里奥のマミノオという小屋に辿り着いている。この時の記録が「静岡民友新聞」に九回に分けて連載されている。

登路　大井川側の登山口は田代で、ここまではバスが利用できる。田代上バス停の先に諏訪神社の鳥居がある。わきには豊富な水がわき出ている。参詣道を登る途中に登山道がある。植林下の道を登り、鉄塔に出てひと登りすると雷段と呼ぶ平坦地に出る。しばらくすると自然林に変わる。緩い道がにわかに急になる。ザレぎみのいやな登りである。尾根の分岐を見送ればいくばくもなく三角点の立つ五葉沢ノ頭。ここに小無間山小屋がある。一〇人も入れぬ小さな小屋で、静岡市が管理している。これより鋸歯に取りつく。三つのコブを上下するが最近はよく踏まれ、危険という程の箇所もない。最後の急坂を登り切れば小無間山。シラビソに囲まれ展望はない。テントは三つほど張ることができる。

これより吊り尾根状の長い登りに入る。最初のピークが唐松谷ノ頭で、ガレ縁からそそり立つ大無間山が望まれる。中無間山を越えると遭難碑があり、その先に南アルプス主峰群を見渡せる貴重な展望所がある。主稜に継ぐ分岐の先が大無間山である。裸地と草地の広い頂で、南端近くに三角点が置かれている。周囲を黒木が囲み展望はない。南面の前無間山のコルから関ノ沢側に下った所で水を取ることができる（田代から約七時間四〇分）。

地図　二・五万図　畑薙湖　井川　寸又峡温泉

（永野敏夫）

朝日岳　あさひだけ

標高　一八二七m

別称　朝日山　朝日ヶ嶽　川根富士

静岡県榛原郡川根本町本川根地区にあり、南アルプス南部の山に属す。寸又《すまた》川を挟んだ前黒法師岳、沢口山と合わせて「寸又三山」

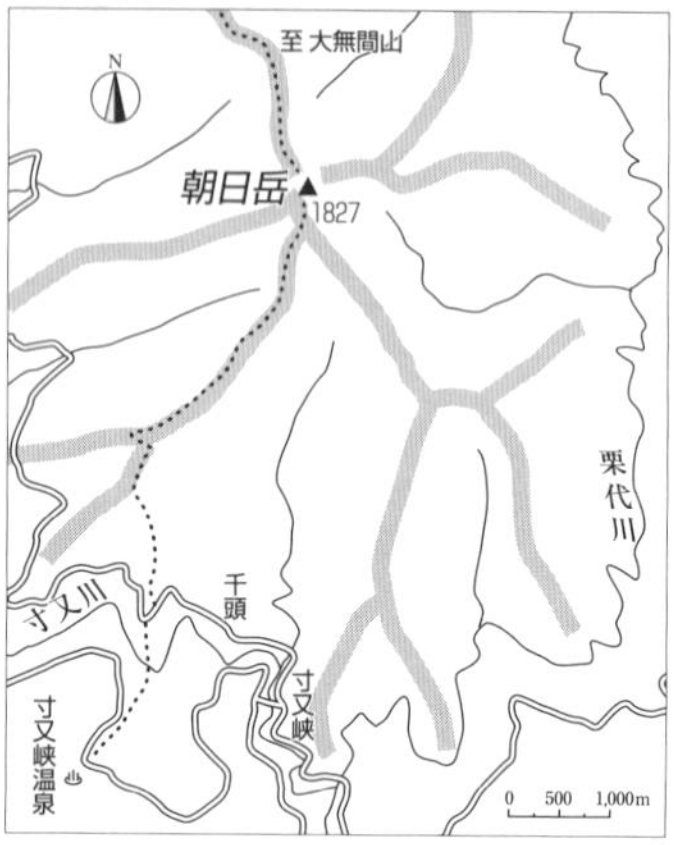

朝日岳(沢口山から)

と称されているが、この山はその盟主といってよい。尾根はほぼ南北に延びており、西側には寸又川の本流が、また、東側にはその支流の栗代川が流れている。千頭方面から見て最初に朝日が当たる山ということでこの山名が付いたと思われる。

『静岡の百山』などによれば、大井川上流部の井川が駿河国で、下流が遠江国榛原郡であることから、山林の伐り出しについて国境争いがあり、徳川幕府に対して出された訴状に朝日岳の名が登場するという。いまも北の大無間山の南東側では市郡境が未確定だが、この山については、幕末の史料では遠江領で確定していたようである。『静岡県史』では、幕府の御《お》林《はやし》についての史料が見られ、大井川上流部の千頭、奥泉、大間に広大な御林があり、ここは紀伊国屋文左衛門の活躍の舞台であったと記す。さらに元禄一一年(一六九八)から同一四年まで御林木の伐り出しを請け負っていたことが、井川の海野家文書に残っているとしている。また、宝永四年(一七〇七)には伐り出したまま放置した木が五万五一〇〇本にのぼったともある。こうした伐採の史料の中に、享保二年(一七一七)に伐採した山と樹木の種類、本数を記したものがあり、同文書に「栗代河内入こつは沢山、そうむけん山、栗代山、大むけん山、朝日嶽山北方」とあり、朝日岳の山名が記されている。なお、この時伐り出された木はヒノキ七〇本、ツガ一万九三〇〇本、モミ三〇〇本、クロマツ二二〇〇本、ゴヨウマツ七〇本ほかとあり、当時の植生が分かる。現在は山頂付近にわずかに常緑の針葉樹が茂り、南アルプスの山らしい景観が見られるが、山頂の東側が伐り開かれており、正面に富士山が見える。山頂付近の常緑針葉樹の下(寸又峡側)はカラマツの植林地になっている。その下の登路の南側は植林地、北側は落葉広葉樹の自然林になっている。

登路 寸又峡温泉から寸又川を吊り橋で左岸に渡って登るルートが一般的である(約四時間一五分)。ほかに静岡市井川田代から小無間山、大無間山を経て南下して朝日岳まで縦走するルート、また、寸又川を千頭ダムまで遡って、大樽沢小屋を経て大無間山からのルートに合流して山頂に至ることも可能である。

地図 二・五万図 井川 寸又峡温泉

(有元利通)

加加森山 かがもりやま

標高 二四一九m

静岡県榛原郡川根本町本川根地区と長野県飯田市南信濃地区にまたがり、光岳《てかりだけ》の西方に位置する。いくつもの峰頭が重なり合い、大原生林をまとって立つ、人跡まれの遥かなる山、奥深い山である。そのためいつとはなく「加加森」と呼ばれるようになったという。西面の長大な渓谷、加加良沢の困難なゴルジュを越えた上部に加加良銅山跡がある。

登路　一般には、光岳から主脈沿いに西進して山頂に至る(光岳から約二時間三〇分)。この道はかなり歩かれていて、踏み跡がはっきりしている。ほかに池口岳から北東に進むルートがある(池口岳から約二時間二〇分)が、風倒木が多く不明瞭である。いずれにしても、短時間で山頂に立つことのできる山ではない。なお、三角点は縦走路から北へ三分程の所にある。

地図　二・五万図　光岳　池口岳

(古田徹司)

池口岳　いけぐちだけ　標高(北峰)　二三九二m

別称　十釈迦山《としゃかやま》

長野県飯田市南信濃地区と静岡県榛原郡川根本町本川根地区にまたがり、南アルプス深南部を代表する山の一つ。

池口岳とは南信濃地区の池口集落からの呼び名で、いつの時代か池口川の上流に大きな池があって、この一帯を池口というようになり、その水源がこの山から流れ出ているので自然と池口岳と呼ばれるようになったという。また、川根本町(旧本川根町)側では山容が双耳峰に見えて鶏の「トサカ」に似ているので「十釈迦山」とも呼んでいる。

池口岳への登山口がある遠山郷は平家の落武者の集落として知られ、一二月から翌一月にかけて郷内の集落で順次催される霜月祭りは有名で、池口集落もその一つである。この地域に多い遠山姓は和田城主・遠山氏によるもので、その子孫の一人、遠山要は池口岳登山道整備に多大の貢献をしたが、二〇〇二年に逝去した。

天竜川の一大支流・遠山川から池口川が上り、双耳峰間の源頭は垂直の岩壁で構成されている。南へは柴沢、ダルマ沢を落とし、寸又川源流域を構成しており大井川へ注いでいる。

遠山地方は赤石山地西麓の山間部に位置しており、中央構造線によって発達した谷沿いに主要な集落が分布している。大部分は外帯に属し領家帯(静岡県浜松市水窪町奥領家がこの由来)となっている。遠山川流域一帯は花崗岩類、生田花崗岩、角閃石黒雲母花崗岩〜石英閃緑岩に分類されている。亜高山帯に属し、オオシラビソ、シラビソ、コメツガのシラビソ群集、イヌツゲのクロベ群集、高度を落としてミズナラを主とする落葉広葉樹林のヤマブドウ―ミズナラ群集、ハルニレ群集、ハンノキ群集の植生を見る。草本は東面に小規模なお花畑を有し、シロバナビランジ、オオヤマオダマキ、エゾタチカタバミ、ホソバツルリンドウなどが挙げられ、南峰柴沢側にはニッコウキスゲも咲く。また、わずかながらハイマツ、アズマシャクナゲの群生地も見られる。

動物ではニホンカモシカ、ホンシュウジカが稜線上に多く生息し、ニホンイノシシは山麓に多い。南信濃地区で獣の肉専門店があるのもうなずける。

池口岳南峰（手前），北峰（奥）
（鶏冠山北方から）

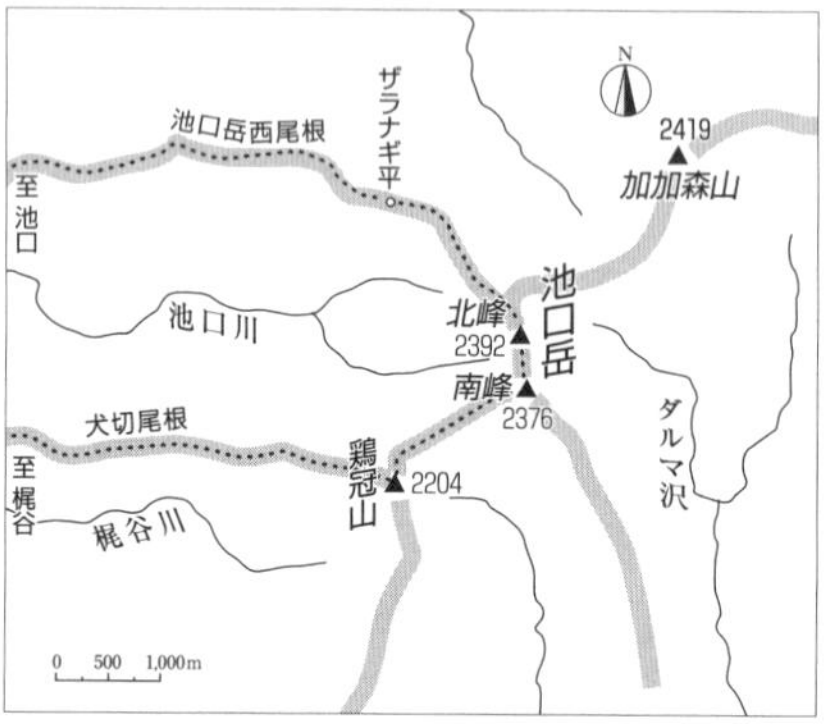

池口岳への登山路は猟師を生業とする案内人によって開かれた。昭和十数年代までの登山者はほとんど案内人を付けた。和田の高根鶴平、熊谷伍吉、梶谷の鎌倉福次郎らが知られている。また、陸地測量部（現在の国土地理院）が果たした役割も大きく、南アルプス南部山系へ測量官が最初に入ったのは一九〇五年ごろで、遠山川水系山地の測量は兎洞出合に休泊所を設け、ここを基地として行われたのである。その当時に設けられた三角点の一つに池口岳南峰がある。測量官の案内役は前記案内人があたった。

登路　国道一五二号を大島集落から池口岳登山口に入り池口集落を通過。幹線道を右へ池口川を分け、九〇〇m付近まで林道が上がっている（二〇〇二年からさらに奥へ工事中）。ここから長大な西尾根を登り、ザラナギ平からは急登で北峰へ達する（登山口から約七時間）。南峰へは往復一時間三〇分程。往路を引き返す。

地図　二・五万図　伊那和田　上町　光岳　池口岳　（小川正育）

鶏冠山　とさかやま　標高（南峰）二二四八m

別称　梶ヶ岳（南峰）

南アルプス南部の前衛を構成する深南部の代表の一つで、静岡県榛原郡川根本町本川根地区と長野県飯田市南信濃地区の県境に位置し、北は池口岳、加加森山を経て光岳《てかりだけ》へ達し、南は中ノ尾根山、黒沢山を経て黒法師岳に達する中枢にある。双耳峰となっており、北峰（二二〇四m）との間に顕著な岩峰・鶏冠岩を有する。梶谷集落から見ると鶏冠のごとく聳え立っており、鶏冠岩と命名された。とくに秋には紅葉した低木が岩を覆い、その呼称を強く感じることができる。南峰の梶ヶ岳は梶谷集落から得られたものと思われる。

登路　明確に標示された登山道はないが、池口集落入り口に牧場がある。その手前の橋の左岸、植林帯の入り口にモノレール発着場がある。これを伝って一四四〇m峰へ出る。さらに広い尾根を東進すると大きな岩に阻まれる。標高一六〇〇m辺りである。これを左から巻き終えると尾根は傾斜を増し北峰へ達する。主尾根（西尾根）へ出てからは、獣道が交錯するので正確なルート・ファインディングが必要（池口橋から一四四〇mまで約二時間、さらに鶏冠山北峰まで約四時間）、南峰へは往復約一時間三〇分は要する。なお、梶谷集落から神社奥の細い北尾根を辿り主尾根へも達することができるが急峻。

地図　二・五万図　伊那和田　上町　池口岳

（小川正育）

中ノ尾根山　なかのおねやま

標高　二二九七m

別称　中ノ岳

静岡県榛原郡川根本町本川根地区と浜松市天竜区水窪《みさくぼ》町の境にあり、大井川支流の寸又《すまた》川と逆河内《さかさごうち》、天竜川支流の水窪川・白倉川源頭に位置する。

山頂は黒々とした針葉樹に覆われ展望はないが、深南部の山らしい落ち着きと重厚さを兼ね備えた静かな山である。山名は尾根の連なる奥山の意と思われ、地理的な呼称であろう。

「南アルプス国立公園」の南端である光岳《てかりだけ》から池口岳に至る寸又川源流部は、本州で唯一の原生自然公園「大井川源流部原生自然環境保全地域」に指定され、中ノ尾根山は「光岳・中ノ尾根山学術参考保護林」となり、自然が保護されている。

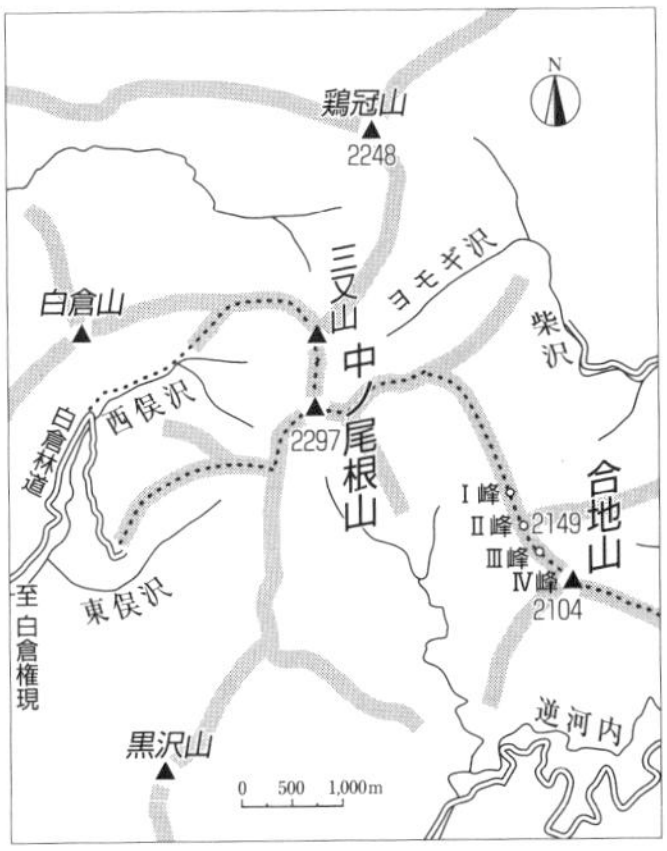

中ノ尾根山は高山植物の飛地として知られる。ニッコウキスゲ、ハクサンイチゲ、イワオウギなどの群落は、植物学的にも注目すべき山といわれる。「中ノ尾根山から北にのびる稜線部に岩石の露出した一角があり…、この岩場と、ここから発する西俣沢の源流部の斜面にいわゆる〝お花畑〟が展開する」（『静岡県の植物群落』）。

深南部にはニホンカモシカ、ホンシュウジカ、ニホンツキノワグマなども生息する。鳥類はヒガラ、ゴジュウカラ、ルリビタキ、ヤマガラなど。寸又川源流はイワナ、アマゴの宝庫で、林道が開通する前は四〇cm超級の大物が何匹も釣れたという。

中ノ尾根山は中央構造線外帯（南側）の赤石山地にあり、南北に延びる帯状の地質構造をなす。深南部の山の大半は砂岩や頁岩などで構成されているとされる。

登路　水窪から白倉林道を車で行き、白倉権現のゲートから歩き始める。白い巨岩の下に白倉権現の祠と鳥居がある。林道を三時間、終点手前の森林管理署休憩小屋に出る。ここが支尾根の取付点。やや不明瞭であるがトレースが付いている。主稜に出て左へ北上すれば中ノ尾根山に出る。帰路三又山を回り、西俣沢に下るコースもあるが、熟達者向きである。ゲートから中ノ尾根山まで約七時間。

地図　二・五万図　池口岳

（森　博・小川正育）

合地山　がっちさん

標高（Ⅱ峰）　二一四九m

別称　四ツコブ山　鋸山

静岡県榛原郡川根本町本川根地区にあり、大井川の一大支流である寸又《すまた》川と逆河内《さかさごうち》の源頭に位置する。南アルプス国立公園の南端である光岳《てかりだけ》から南西に延びる深南部の池口岳～中ノ尾根山～黒法師岳。合地山は中ノ尾根山の南東にあり、原生林に覆われた静かな山である。山名は四つの峰が合わさった山の意であろう。

合地山などの寸又川源流の山は、昔から良材を産する地であった。元禄一一年(一六九八)、徳川幕府は上野・寛永寺の根本中堂造営に要する木材を寸又の奥山、幕府領だった千頭山《せんずやま》(寸又川の流域一帯)から伐り出した。この事業を紀国屋文左衛門が請け負い、駿府の豪商・松木新左衛門と組んで巨木を伐り出し、江戸に搬送したという。徳川幕府の天領から明治の御料林、戦後は国有林となり、高度経済成長時代には、千頭営林署によって原生林が伐採された。しかし、約二万haにも及ぶ寸又川流域の約七〇%にあたる一万四〇〇〇haという広大な〝深南部〟と呼ばれる山域に原生林が広がる。

合地山(源流尾根から)

登路　中ノ尾根山までは同項を参照。中ノ尾根山から東へ支稜を下る。コメツガの覆うササの深い尾根である。かすかなトレースを辿り、数個のコブを越えると、一九四〇mの最低コルに出る。ここから合地山の登りとなる。最初のピークがⅠ峰、次が合地山最高峰のⅡ峰で、小広い平頂である。Ⅲ峰の小頂は右に巻き、わずかに登り返せば三角点のあるⅣ峰に着く(中ノ尾根山から約四時間)。

地図　二・五万図　池口岳

(森　博・古田徹司)

黒沢山　くろさわやま

標高　二一二三m

静岡県浜松市天竜区水窪町と榛原郡川根本町本川根地区にまたがり、南アルプス深南部の一峰で、黒法師岳へとつづく尾根上に位置している。

浜松市水窪側の白倉川支流の黒沢が西面に突き上げているのが山名の由来である。その名のとおり黒い礫岩の多い沢である。

登路　全山が深いスズタケに覆われた山であるが、近年、水窪ダムから奈良代林道が開かれ、これを使って黒沢山を往復するコースが便利。林道終点から栃生山(白倉山、一八五一m)までは刈り払い道がある。その先はスズタケのヤブが濃密で、ルートがはっきりしなくなり迷いやすい。六呂場峠からの道が合流してからはササも薄く、平凡な山頂に着く(林道終点から約四時間三〇分)。前述の六呂場峠からスズタケの密生するヤブを行くルート(六呂場峠から約四時間)、中ノ尾根山から主稜線を南下するルート(中ノ尾根山から約三時間三〇分)もある。

地図　二・五万図　池口岳　伊那和田

(古田徹司)

不動岳　ふどうだけ

標高　二一七二m

別称　不動ヶ岳

静岡県榛原郡川根本町にある。南アルプスの光岳《てかりだけ》以南を深南部と呼び、池口岳～黒法師岳を結ぶ稜線の東に不動岳がある。大井川の一大支流の寸又川の上西河内と逆河内の源流部に位置している。

不動岳の山名は仏教の不動明王に由来し、白沢に不動ノ滝がある。ほかの市町村との境界を持たない、旧本川根町のみにあって、寸又川流域の大間集落では古くからよく知られていた山である。

山頂はシラベ、トウヒの立ち枯れ木とササ原の広がる特異な景観を呈していて、展望は極めてよい。山頂の南側には、「鹿ノ平」「飛行機平」と呼ばれるササ原があって、深南部では珍しく高原状で気分のよい場所である。この鹿ノ平近くのガレ場にはイワカガミやイワザクラが咲き、冬期にはホンシュウジカの群れを見かける。

不動岳の西方には六呂場峠があり、かつて木地師が入山していたことを物語っている。

不動岳（鹿ノ平から）

登路　旧本川根町側から逆河内の白沢コースや北東尾根コースがあった。以前、伐採が行われていた時には飯場や架線を利用できたが、現在、吊り橋が落ちて立ち入り禁止である。

一般には浜松市天竜区水窪側から戸中川の国有林の林道を進み、鎌崩《かまなぎ》ノ頭から西に下りている尾根を登り、鎌崩ノ頭、鹿ノ平を経て不動岳を往復している（戸中川林道ゲートから鎌崩ノ頭西尾根の取りつきまで約二時間三〇分、ここから不動岳までは約四時間）。戸中川林道は大雨や台風の後は荒れているので注意。また、ゲートから不動岳登山口まで七・五㎞の林道歩きはつらい。

地図　二・五万図　寸又峡温泉

（廣澤和嘉）

丸盆岳

まるぼんだけ　　標高　二〇六六ｍ

かつての駿遠国境である静岡県榛原郡川根本町本川根地区と浜松市天竜区水窪町を分ける、いわゆる南アルプス深南部の市郡界尾根上に位置する一ピーク。駿河側は緩やかな斜面のツガやシラベに覆われた天然林の黒い森。一方、西方の遠州側はガレた急斜面という非対称な成り立ちだが、東から望めば丸いお盆のようななだらかな山容である。

東面は寸又《すまた》川を経て大井川に注ぐ上西河内、下西河内の二つの沢、西面は水窪川から天竜川に注ぐ戸中川の枝沢である葵沢で、本州有数の大河の分水嶺でもある。同じ深南部でも稜線の北に位置する不動岳、南方の黒法師岳がその姿、形や神秘性からひとかたならぬ人気と名声を得ているのとは対照的に、およそ岳人の話題にのぼることのまれな、地味な存在の山である。

寸又川沿いの深南部の山々に足を踏み入れた近代登山のおそらく最初の記録は、一九〇九年、遠州出身の旧制第一高等学校の杉本良をリーダーとする山行で、ほぼ探検といってもいい快挙であった。といっても、この山行は黒法師岳と大無間山の踏破が目的で、膨大で詳細な山行記録を眺めてみても、丸盆岳に触れた記述はどこにも

丸盆岳(カモシカ平方向から)

見当たらない。深南部の先達といっていい杉本良にとってさえ、丸盆岳はおよそ関心の外であったろうか。

　丸盆岳の名は深南部縦走中最大の難関、鎌崩《かまなぎ》ノ頭《あたま》(二〇七五m)の登高とともに語られる時にのみ、その存在がわずかに知れる。丸盆岳から縦走路を一㎞程北へ上ると、ササに覆われた稜線が突然、荒々しい岩稜に変わり、一〇〇m程にわたって東西の谷に崩れ落ちている。これが鎌崩で、同行者の技量次第ではザイルの使用が必須である。一九二九年、甲府の岳人・平賀文男が著した『日本南アルプス』に掲載の登高記が丸盆、鎌崩の山行記録としてはもっとも古いものと思われるので紹介する。「直ぐ古成層の黝灰色の山肌をさらして両側からボロボロに崩壊し、鋸の歯のやうに薄く脆くなつてゐる大鎌崩の山稜となつた。手足を懸ける岩石は僅かの力でくづれかゝり、双方の谿間へ砂煙を立てゝ落ちてゆく。極度の緊張を覚え乍ら廿分を費し、次ぎの笹のある尾根へ越えた」。

登路　戸中川林道から等高尾根を登るのが一般的。林道ゲートで自動車を捨て、六㎞余で尾根に取りつく。ササヤブの急登をあえぐと稜線に出る。ここから北にコルへ下り、ササ尾根を登り返すと丸盆岳(取りつきから約四時間三〇分)。

　等高尾根に戻らず鎌崩を越えるなら、鎌崩ノ頭から葵沢に落ちる鎌崩尾根を下山する。原生林のヤブ尾根で、トレースを見失わないようにしたい(林道まで約四時間)。

地図　二・五万図　寸又峡温泉

(児平隆一)

黒法師岳　くろほうしたけ

標高　二〇六八m

別称　奥黒法師岳　奥黒帽子

静岡県浜松市天竜区水窪町と榛原郡川根本町本川根地区にまたがり、南アルプス深南部と呼ばれる山域の一峰。山頂に×印の変形三角点があり、三角点マニアの注目の山である。

　山頂一帯はコメツガが優占し、ダケカンバが散在する。三角点の付近は間伐されたが、これらの樹林によって囲まれ展望はない。しかし、西端に入ったガレ縁からは南アルプス深南部や遠州の山々を望むことができる。

　赤石山脈の主稜はなおも南走してバラ谷ノ頭、房小山へとつづく。一方、支稜は東方に走り、二ツ山、前黒法師岳を起こして寸又川に没する。いずれの山稜も、この山域特有のスズタケが通行を著しく困難なものにしている(最近は枯れ始めている)。

　山頂付近には中央構造線から分岐した光明断層(遠山赤石裂線)が南北に走っている。断層の西側には秩父古生層のチャート、東側には四万十帯の砂岩・泥岩層が分布している。

　山名の由来は、黒い編笠を被った法師の姿に似ているところから

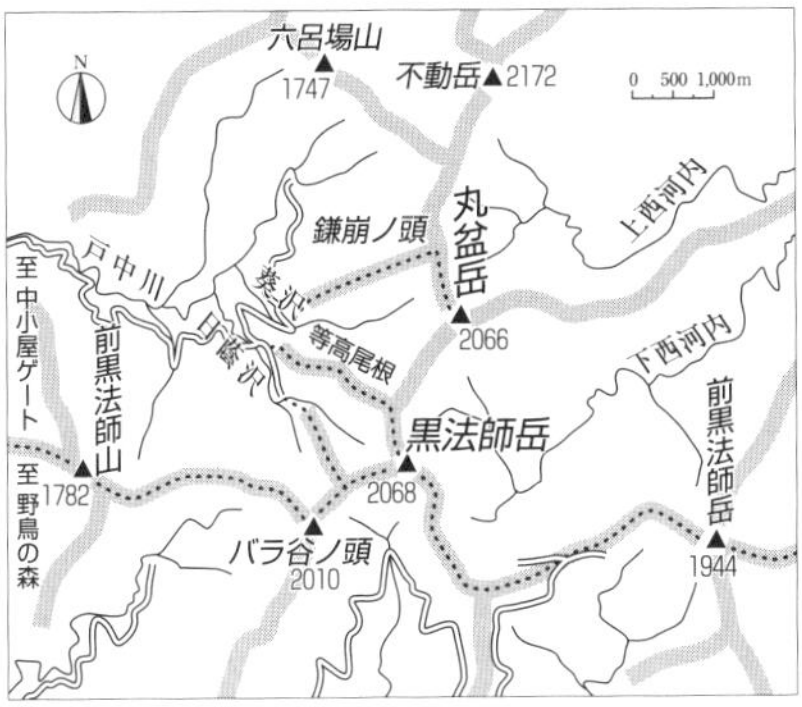

黒法師岳（二ツ山と1706 m 峰間の林道から）

付けられた。端正な三角錐の山だけに、遥か遠州の彼方からでも判別できる。

山塊の南に山住神社がある。祭神は山を司る大山祇命《おおやまつみのみこと》で永正一〇年（一五一三）六月七日造営。しかし、いかにもご神体にふさわしい山姿の黒法師岳だが、神を祀ったという記録はない。人里遥かに離れた峻険の山だけに、想像するにも及ばなかったからであろう。

明治四二年（一九〇九）七月、杉本良らが寸又川側から登った。「二四日、菅笠、被り蓙《ござ》、足袋、脚絆《はん》の下にヒル避けの包帯を巻いて出立」。「湯山より大間川沿いの山径をり、青薙山（一七二一m）を越えて猟師小屋の大久保小屋で一泊。翌朝、カワウソの声に起こされ、ウダイカンバの樹皮を松《たい》明《まつ》に午前四時半出発。支尾根を登り、黒法師岳と二ツ山の間に出て、深いササヤブを分けて黒法師岳山頂に立つ」（「静岡民友新聞」一九〇九年）。帰路は東下して前黒法師岳に登り、南東尾根を下って湯山に戻っている。これが黒法師岳登山の最初の記録であろう。

登路　水窪ダムから戸中川林道を一〇km進むと中小屋ゲートに出る。車はここまで入ることができる。林道は二手に分かれていて、右の東俣林道を進む。二時間程で荒廃した日影沢林道の出合に着く。ここから等高尾根に取りつく。ツガやブナの混じる原生林の尾根である。南アルプス深南部ではポピュラーなコースで、比較的踏み跡も明瞭である。主稜線に出たら右手に向かう。二、三のコブを越えて地肌の露出した急斜面を登って黒法師岳の山頂に着く（中小屋ゲートから約五時間）。

ほかに天竜スーパー林道の野鳥の森広場を起点とするコースがある。麻布山（一六八五m）、前黒法師山を越えてバラ谷ノ頭に出る。主稜線を北に下り、水場のコルからヌタ場の点在する疎林とササの緩傾斜地を経て、ササの密生する急坂を登り切れば黒法師岳である（野鳥の森広場から約六時間）。

地図　二・五万図　水窪湖　寸又峡温泉

（古田徹司）

前黒法師岳　まえくろぼうしだけ　標高　一九四四m

静岡県榛原郡川根本町本川根地区にあって、大井川の一大支流である寸又《すまた》川の大間川、下西河内の間に位置する。奥大井の観光地、寸又峡温泉の北西にある。「寸又三山」は朝日岳、沢口山、前黒法師岳をいう。普通は〇〇三山というと連峰だが、寸又三山の場合は寸又峡温泉を囲む山々を指している。「嵌入《がんにゅう》蛇行《だこう》の寸又峡」と呼ばれ地形が険しく、それぞれ個性のある山である。

前黒法師岳は地質的には頁岩の山で、全山がシラベ、コメツガなどに覆われている。いわゆる南アルプス深南部と呼ばれる山々の先鋒的な存在として登山者を魅了する。黒法師三山（前黒法師岳、黒法師岳、前黒法師山）の一峰でもある。

山名は黒法師岳（一等三角点＝全国でも珍しい×印標石）に対し寸又側から前衛となるためである。均整のとれた三角錐の風格ある山容は、東名高速道路やJR東海道本線が安倍川を渡る時に遠望できる。右が前黒法師岳、左は黒法師岳である。

登路　前黒法師岳は寸又峡温泉からも近く取りつきやすい山である。地元では登山コースの整備をしているが、下山の際に注意が必要である。寸又峡温泉から山頂まで約四時間三〇分。

温泉街から遊歩道を行き、かつて軌道であった飛竜橋を渡り左の大間川林道に入ると、五分程で登山口となる。湯山集落の屋敷跡、社殿を経て尾根に出る。北側が伐採され池口岳、合地山、信濃俣など深南部の山々が見える。林道を横切り、栗ノ木段に着く。やがて右から支尾根が合流し、コメツガの大木林を登ると白ガレの頭に出る。ササヤブを行き、少し下ると黒灰色の衣をまとったような前黒法師岳が姿を現す。

この付近から山頂への道はシラベが密生していて登りづらい。それも稜線の平地に出れば前黒法師岳は近い。

山頂はシラベの林に囲まれ、深南部の山らしい静かな雰囲気を味わえる。南面は明るく蕎麦粒山、山犬ノ段、板取山などが望める。

地図　二・五万図　寸又峡温泉

（森　博・廣澤和嘉）

バラ谷ノ頭　ばらたにのあたま

標高　二〇一〇m

静岡県浜松市天竜区水窪町と榛原郡川根本町本川根地区にまたがり、南アルプス深南部の盟主である黒法師岳の南西に位置する。目立たない存在であるが、日本で最南の二〇〇〇m峰である。

山頂は眺望が利かないが、平らな気持ちのよい所である。

登路　水窪ダムから天竜スーパー林道を行き、野鳥の森公園が登山口となる。コメツガ、トウヒ、ミズナラの樹林の中の明瞭な道を辿れば麻布山（一六八五m）、前黒法師山を経て山頂に至る（野鳥の森公園から約四時間二〇分）。川根本町の山犬ノ段から南赤石開発幹線林道を歩き、千石沢コルから登山道に入り、鋸山、房小山を経て北上するコースがある（山犬ノ段から約七時間）。ほかに水窪ダムから戸中川林道を行き、黒法師岳登山口の日影沢林道を最後までつめる上西平尾根コースがあり、主稜線に出た所が上西平で、ここから南に行けばバラ谷ノ頭である（戸中川小屋から約五時間）。

地図　二・五万図　寸又峡温泉

（古田徹司）

房小山　ふさこやま

標高　一八六九m

別称　青笹山《あおざさやま》

静岡県浜松市天竜区水窪町と榛原郡川根本町本川根地区の境界稜

線上にある山で、赤石山脈の光岳を経て黒法師岳へつづく尾根のほぼ南側に位置し、訪れる人が皆無の静寂な山である。

山頂は腰下ほどの枯れたミヤコザサ、スズタケのヤブを行く、経験者向きの山である。近くを通る南赤石林道が今後整備されれば簡単に登ることのできる山になる。現在はこの林道が南の蕎麦粒山、山犬ノ段で閉鎖されているため、歩行距離の長い困難な山の一つ。

登路　南赤石林道の山犬ノ段ゲートから歩き、千石平への道標が立っている所から沢状を登り、浜松市と川根本町の境界尾根に取りつき、ササヤブをこいで山頂に立つ（林道歩き約二時間の後、登山口からササをこいで約二時間）。下山時はルートを見失わないように赤布の目印を取りつけておくこと。山犬ノ段、蕎麦粒山から三ツ合山、鋸山を経るルートはアップダウンがある。測量のための刈り払い直後ならば簡単に登ることができる（山犬ノ段から約三時間）。

地図　二・五万図　蕎麦粒山

（廣澤和嘉）

蕎麦粒山　そばつぶやま　標高　一六二八m

静岡県榛原郡川根本町本川根地区と中川根地区、浜松市天竜区春野町の境界にあり、大井川の支流の寸又《すまた》川、大間川、榛原《はいばら》川と天竜川支流の気田《けた》川、杉川の源頭に位置する。砂岩と頁岩からなる四万十層群の地域で、凝灰岩の褶曲構造にも特色があるとされる。蕎麦粒山はブナとササに覆われた山で、一九六八年に「奥大井県立自然公園」として指定され「静岡県の自然百選」にもなり、自然環境は保護されている。

山名はソバノキ（ブナの古名）の実の形に山容が似ていることに由来する。この山域を初めて紹介した平賀文男の『日本南アルプス』によると「ソバッツボ山」と記載され、いまでも地元の古老はソバッボと呼んでいる。登山口近くの山犬ノ段は、オオカミに由来する。

蕎麦粒山の魅力はブナ、カエデなどの樹木とササにあり、シロヤシオ、アカヤシオも美しい。新緑と紅葉の季節はハイカーらでにぎわう。

皇太子殿下ご夫妻の長女・愛子内親王の身の回り品に付ける御印であるゴヨウツツジ（シロヤシオ）の咲く山として注目され、人気は高い。近くの板取山や大札山と一緒に登るとよい。五月から六月にかけてアカヤシオ、シロヤシオを楽しむことができる。

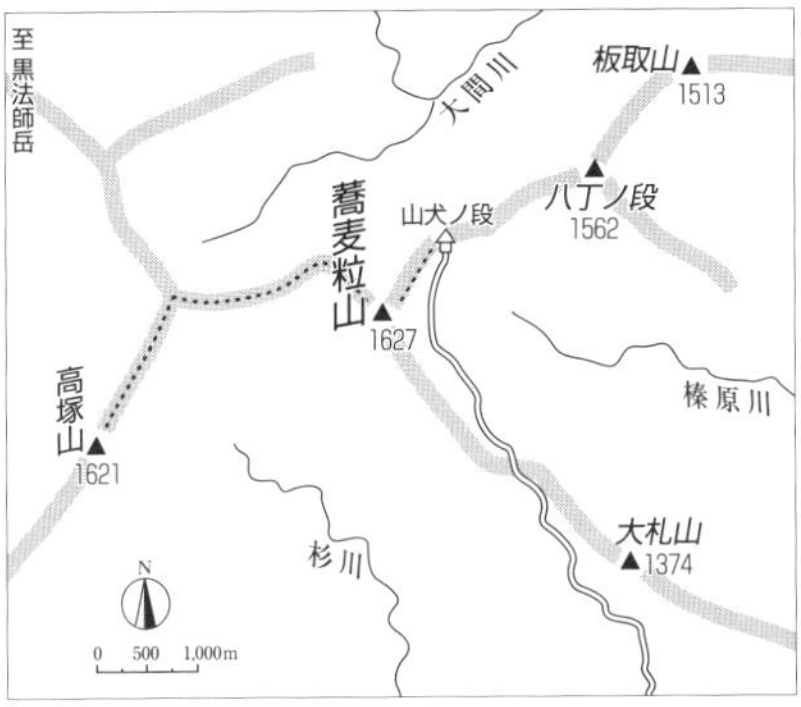

登路　蕎麦粒山へは、南赤石幹線林道を山犬ノ段までマイカー、または大井川鐵道の千頭《せんず》駅からタクシーで入る。山犬ノ段の駐車場には川根本町町営の無人小屋があり、宿泊もできる。水は山犬ノ段手前の林道わきにある。蕎麦粒山まで登り約四〇分。ブナやカエデ、ササの登山道は整備され歩きやすい。振り返れば黒法師岳などの深南部と奥大井の山々を木立ち越しに望むことができる。

山頂には三角点の標石が敷設され、広場となっている、南アルプス方向は樹林に覆われているが、東側は切り開かれて明るい。富士山や奥大井、安倍奥の山など展望はよい。

蕎麦粒山から高塚山へはササが枯れているが、登山道は切り開かれている。高塚山に直接登るには山犬ノ段のゲートから林道を少し行って、蕎麦粒山との鞍部から取りつくとよい（林道分岐から約一時間三〇分）。蕎麦粒山や山犬ノ段は、昭和四九年に南赤石幹線林道が開通するまで奥深い山域であった。

地図　二・五万図　蕎麦粒山

（森　博・廣澤和嘉）

板取山　いたどりやま　標高　一五一三m

静岡県榛原郡川根本町上長尾から、南赤石幹線林道を車で北上すると約一時間で稜線上の旧木材集積場、山犬ノ段（一四〇四m）に着く。ここには町立の立派な無人の小屋があり、稜線を西に辿れば蕎麦粒山、東にたどれば寸又三山の一つ、沢口山に至る。

板取山はこの東に延びる稜線上の二つ目のなだらかなピークである。山頂には国土地理院の三角点のほかに御料局三角点と刻まれた苔むした標石があり、明治時代の内務省地理局の測量点である。

登路　山犬ノ段から往復するのがもっとも容易である。ブナを主とする自然林はスズタケの下生えに覆われているが、登山道はよく整備され歩きやすい（片道約一時間三〇分）。もの足りない向きには足を延ばして、沢口山を経て寸又峡温泉に下るのもいいだろう。ウツナシ峠から沢口山の間は一部平坦な植林帯で、道が不明瞭なので慎重に歩きたい（山犬ノ段から約七時間三〇分）。

地図　二・五万図　蕎麦粒山

（大島康弘）

沢口山　さわぐちやま　標高　一四二五m

静岡県榛原郡川根本町、寸又川と大間川の合流する谷間の寸又峡温泉を取り囲むようにして「寸又三山」の朝日岳（一八二七m）、前黒法師岳（一九四三m）、沢口山が聳えている。三山のうち沢口山の標高は際立って低いが、よく登られている。登山道はブナ、ツガ、ミズナラ、ヒメシャラなどの高木に覆われて、四季の変化が美しい。

山頂からは朝日岳、大無間山、前黒法師岳などの南アルプスの前衛峰を望むことができる。富士山の眺めもすばらしい。

登路　寸又峡温泉から約三時間の登り。蕎麦粒山の登山口、山犬ノ段からも縦走路が開かれている（約七時間三〇分）。

地図　二・五万図　蕎麦粒山　寸又峡温泉

（大島康弘）

大札山　おおふだやま　標高　一三七四m

大井川中流域西側に高々と聳え、地元ではよく知られた山である。静岡県榛原郡川根本町上長尾を起点とする、蕎麦粒山登山口、山犬ノ段に至る南赤石幹線林道が山腹を横切っている。車で気軽に行けるのでよく登られている。

大札山と蕎麦粒山は峰つづきで一帯は自然林が広がり、春にはアカヤシオ、秋には紅葉が楽しめる。登山者には人気の山域である。

登路　大井川鐵道駿河徳山駅で下車。大井川を渡り、水川川と榛原川を分ける尾根を登るのが伝統的コースである(約四時間)。帰路は尾呂久保を経て林道を上長尾に下り、大井川を渡って同線の田野口駅へ(約四時間)。

肩の駐車場からは約三〇分。林道は冬季閉鎖。

地図　二・五万図　蕎麦粒山

(大島康弘)

春埜山　はるのさん　標高　八八三m
大日山　だいにちさん　標高　八八一m

静岡県周智郡森町にある春埜山と大日山は南北に隔たること三・五km、両山とも古刹の存在なくしては語れない。春埜山大光寺、大日山金剛院はともに行基の開いた寺で一三〇〇年の歴史を刻む。大光寺の「春埜杉」(樹齢一三〇〇年、樹高四三m、目通り一四m)は壮観だ。付近には八高山白光神社、大尾《おび》山顕光寺があり、この辺り一帯において山岳信仰の盛んな時代があったことを物語っている。

金剛院は東海自然歩道沿いにあり、自然歩道は北上して大光寺を通過し、秋葉山を目ざす。昔の秋葉海道がそのまま東海自然歩道になっているわけである。

登路　大日山と春埜山を一日で踏破することは不可能ではない。大井川鐵道家山駅から東海自然歩道を金剛院に向かう(約三時間三〇分)。金剛院より大日山往復(約一時間)、平松峠、鳥居沢山、大光寺を経て春埜山より南尾根を下り、ヤマメの里より平松峠に登り返して家山駅に戻る(金剛院より約五時間三〇分)。

地図　二・五万図　犬居　家山

(大島康弘)

八高山　はっこうさん　標高　八三二m

別称　白光山《はっこうさん》

静岡県島田市金谷地区と掛川市の境にある。赤石山脈南西部に位置している。JR東海道本線の大井川を渡った所で上流を見ると、大井川右岸に高く目立つ山で、山頂部はヒノキ、スギに覆われている。山頂近くまで林道ができたものの登山者は多い。とくに四月下旬、東麓の大井川沿いの家山地区のサクラ並木が開花するころは、大井川鐵道を利用するハイカーでにぎわう。

東側の登山口に白光神社があり、「白光山」とも呼ばれていた。北西への尾根上には養老二年(七一八)、行基らが自ら彫った大日如来を安置したとされる大日山金剛院がある。白光神社は、焼畑農耕の時代には火伏せの神として尊崇された。

登路　島田市金谷の福用集落からの経路がよく利用されている。JR東海道本線金谷駅から大井川鐵道に乗り換えて福用駅で下りる。左側に金谷町観光協会の案内板があり、県道を渡って茶畑の中を登って山頂に達する(登山口から約二時間)。ほかに金谷五和《ごか》から大代川に沿って林道を馬王平まで入り、福用からの道に合流した後に登頂(林道から約三〇分)。西側の掛川市黒俣集落からの林道を北上して八高山の西尾根を登って登頂(林道から約三〇分)。北側の家山集落の野守の池からの登山道もある(池から約二時間)。

地図　二・五万図　八高山　家山

(廣澤和嘉)

粟ヶ岳 あわがたけ

標高 五三二m

下りの東海道新幹線が静岡を過ぎ、大井川鉄橋に差しかかるころ、車窓の右手前方、西岸に茶の一大生産地、牧之原台地の地平線が広がり、その北端に山が見える。その山肌に目を凝らすと、「茶」の文字が読み取れる。下草のカヤトが枯れる冬にはくっきりとよく目立つ。島田市と掛川市にまたがる粟ヶ岳である。茶の字を描くために一八〇m四方に一二〇〇本のヒノキが植えられた。いまでは大木に育っている。

山頂の展望台からの眺めはすばらしく、東には富士山、伊豆半島の山並み、御前崎、そして眼下には広大な茶畑と大井川、その向こうには島田の街並みが展開する。

登路 麓の東山集落から登山道が九十九折の車道を横切って直登している(山頂まで約五〇分)。

地図 二・五万図 八高山

(大島康弘)

小笠山 おがさやま

標高 二六五m

静岡県掛川市大東区域と袋井市にまたがり、最高標高の小笠山頂から東西約一五km、南北約一〇kmにわたって扇を広げたように延びる丘陵。小笠山丘陵とも称する。

なだらかな裾野が掛川市大須賀、大東区域につづく南西面は東大谷川、小笠沢川などの河谷が入り組み、河岸段丘や扇状台地などが見られる。一方、北東側は侵食作用によって形成された急崖が聳えるなど、きわめて複雑な地形からなっている。険しい崖と緩やかな斜面が稜線を分ける地形をケスタ地形と呼び、小笠山のそれはわが国でも珍しい大規模なものとして学術的にも貴重とされる。

地層は第四紀の小笠礫層からなり、古大井川と呼ばれるかつての大井川の扇状地、あるいは三角州堆積物が隆起して小笠山を形成した。冬季には強い西の季節風が吹き、極度に乾燥した気候となるが、おおむね温暖多雨な気候帯に属するため、動植物相の豊かな場所として知られ、多くの学者が研究を競う。

山頂付近はウバメガシ、アカガシの群落が発達し、稜線はアカマツの二次林、谷筋には亜熱帯性のシダ類が多く分布している。シダ、苔類はとくに種類が多く、分布状態からも重要なものとされる。野鳥も約一三〇種類が観察され、一地域で日本全土の鳥類のほぼ三分の一が見られるという、野鳥の楽園となっている。

山頂直下の小笠神社は、約一三〇〇年前に文武天皇が熊野権現を祀ったことに始まるとされ、一一月三日に大祭が行われる。小笠山周辺は駿遠二か国が境を接し、戦略上重要な位置にあったため多くの城が築かれた。丘陵の南端、大東区域の上土方には高天神城跡が残り、遠州制圧を目ざして戦を交えた武田と徳川の攻防にまつわる戦国秘話がいまに伝えられている。

登路 山頂へは麓の小笠神社駐車場に車を置いて参道を行く。鳥居をくぐって一気に登るとまもなく石段で、一九一段を登り切ると小笠神社。境内の一角からは牧之原台地や富士山、粟ヶ岳、八高山が一望でき、一挙に汗が引く。広い尾根を西に向かうと、ほどなく山頂に出る(駐車場から三〇分)。このほか和田口、法多山口など、主稜線へ登るにはいくつものルートがある。
小笠池をめぐって野鳥観察小屋や見晴台などが設けられ、格好の自然観察路となっている。

地図　二・五万図　袋井　下平川

(児平隆一)

本宮山　ほんぐうさん　標高　五四九m

静岡県周智郡森町にある。静かな山頂には小国神社の奥社(奥磐戸神社)があり、この神社を中心とした一帯の山は「本宮山」と呼ばれている。

登路　町道薄場線および本宮山林道を利用すれば神社の下、標高約四二〇mの所まで車で行くことができる。
葛布の滝を通るコースは、主要地方道袋井春野線を葛布の滝の入り口案内標で左に入る。集落を通り過ぎて葛布川に沿って遡っていくと第一滝の入り口。さらに道路を三〇〇m程行くと細径に変わり、川沿いに歩いて第二滝、第三滝の上を通った後、左に沢を渡る所に山頂への道標がある。坂道に取りつき尾根を登り切ってしまえば本宮山奥社は目前である。右に下ってから左へ行くと神社の入り口、階段を登って奥社に達する(登山口から約一時間五〇分)。
五四九mの三角点峰へ行くには、小国神社の裏から下り、途中で右に分かれて五三四m地点に登り、東に下って一度林道に出た後、登り返した所が五四九mの三角点。北側の展望が利き、光明山や秋葉山を望むことができる(神社から約二五分)。

地図　二・五万図　森

(山坂五郎・古田徹司)

高塚山　たかつかやま　標高　一六二二m

静岡県浜松市天竜区春野町と同区水窪町の境に位置し、山頂の三角点には「京丸山」の名の標石が埋設されている。由来は昔、高塚山南麓に京丸集落があり、そこから眺めて高い山という意味で、三角点を埋設する時に呼ばれるようになったといわれる。
一九七六年、北側に南赤石林道が通るまでは秘境の山であったが、近年「日本三百名山」にリストアップされてから多くの登山者を迎えている。また、ニホンツキノワグマも生息し、針葉樹にかき傷を見ることがある。

登路　川根本町上長尾から南赤石林道を上り、山犬ノ段へ。数十台の車が駐車できる広場があり、町立の山犬段小屋も建っている。ここから主稜線を南西にとり蕎麦粒山へ、さらに西へ辿り三ツ合山で房小山方面を右に分け、南へとれば高塚山に立つことができる。高低差が少ない尾根歩きである(山犬ノ段から約三時間)。なお、京丸山からの東進コースや岩岳山～竜馬ヶ岳経由の北進コースをとることができるが距離が長く、ササも深い。下山は往路をとるか、五樽沢の鞍部より林道へ出るのもよい。

地図　二・五万図　蕎麦粒山

(小川正育)

京丸山 きょうまるやま

標高 一四七〇m

静岡県浜松市天竜区水窪町と同区春野町にまたがり、天竜川に注ぐ気田《けた》川の源流・石切川の京丸川、洞木沢の源頭に位置する。京丸山塊は京丸山の東から南東にかけて高塚山～竜馬ヶ岳～岩岳山へと山稜が延びている。フォッサマグナと中央構造線の間にあり、光明断層が西に走る四万十層群の山である。

京丸山は「遠州七不思議」の一つ、六〇年に一度咲く幻のキョウマルボタン（京丸牡丹）伝承の地として知られる。京丸牡丹については、天保一四年（一八四三）の『雲萍雑誌』によると「昔、京丸の里に若い旅人が迷い込み、村長の一人娘と恋仲になったが、村の掟で結婚は許されず……安住の地はなく天竜川に身を投げた。六〇年に一度、命日の近くに唐傘大の花が咲き、一尺（三〇・三cm）余もの花びらが川を流れる」という。

京丸牡丹はアカヤシオ、シロヤシオの群落であるとされる。京丸山対岸の岩岳山には大群落があり、「京丸のアカヤシオおよびシロヤシオ群生地」として一九七四年に国の天然記念物に指定された。また、京丸山～岩岳山を結ぶ山稜一帯のブナ天然林、ヤシオの群生地は静岡県の「京丸山・岩岳山自然環境保全地域」にもなっている。

京丸山塊の最高峰は高塚山（一六二二m）で、三角点「京丸山」の標石が敷設されている。京丸山は三角点名が「堂木」（洞木沢に由来か）で、地元では、「京丸・高塚山」「堂木・京丸山」と呼ぶ。

登路 京丸山の登山口へはバスの便はなく、車かタクシーを利用し春野町気田を目ざす。気田川支流・石切川の石切集落の奥に林道ゲートがあり、京丸山登山口の京丸まで約一時間三〇分の歩きとなる。京丸から岩岳山を望むと、いまも京丸川のボタン谷にアカヤシオが燃えるように咲き誇っている。

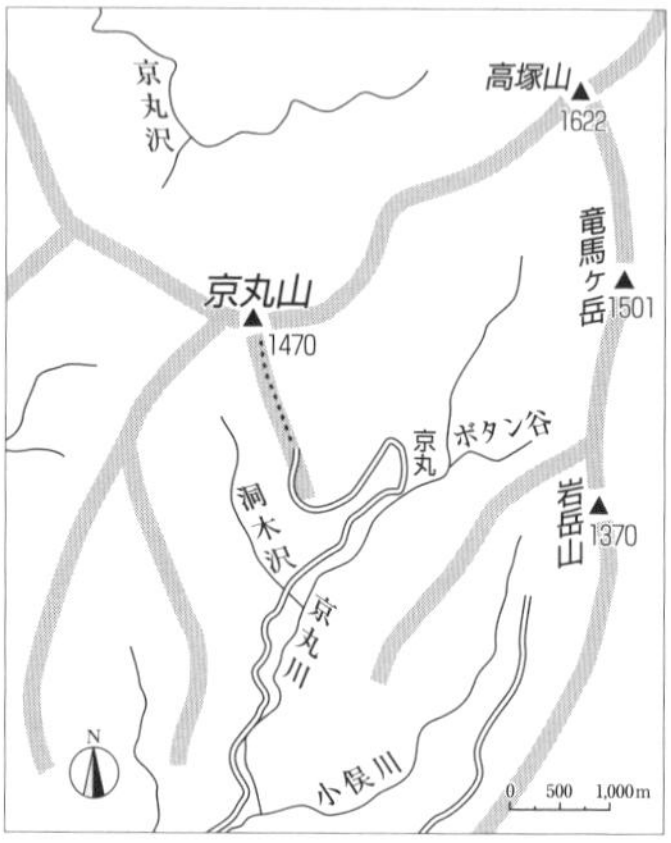

京丸から京丸山の中腹まで林道（藤原氏私道）を行き、登山道に入る。京丸川を隔てて高塚山など京丸山塊の山々が見える。道はしっかりしているがササが深い。ブナやモミ、ツガの中を登れば、やがて京丸山に着く。京丸から約二時間三〇分。静かな山である。

地図 二・五万図 間桁

（森 博・小川正育）

竜馬ヶ岳 りゅうまがたけ

標高 一五〇一m

静岡県浜松市天竜区春野町に位置し、入手山を起点とした岩岳山、竜馬ヶ岳、高塚山へと真北に延びる八㎞の稜線上にある。この付近は千里原と呼ばれたようだが、スズタケの茂る意味だという。近年、岩岳山のアカヤシオ・ブームで多くの登山者を迎えるようになったとはいえ、いまなおヤブの深い秘境色の強い山である。また、同山域は一九七七年に県より「京丸山・岩岳山自然環境保全地域」に指定されており、ヤマビル、マダニ、ホンシュウジカなど、動物の楽園でもある。

登路　岩岳山の登山口で、車をログペンションに止め(ここまで「岩岳山」の項参照)、林道を辿って小俣経由で竜馬ヶ岳頂上、または入手山、岩岳神社経由の尾根歩きで竜馬ヶ岳に至るルートがある。いずれにしても距離は長い。往復で七～八時間を要す。

地図　二・五万図　気田　高郷　蕎麦粒山

（小川正育）

岩岳山《いわたけさん》　標高　一三七〇m

静岡県西部の浜松市天竜区春野町の北西に位置し、東面に入る杉川を挟み、榛原郡川根本町中川根地区の三星山(一一六〇m)と対峙している。山頂北に岩嶽神社が祀られており、山名になったものと思われる。岩嶽山と表示している場合もある。

静岡県では一九七七年に五箇所の自然環境保全地域を指定し、貴重な自然の保全と継承を試みている。京丸山や岩岳山はその一つでもあり、また、岩岳山の山頂付近のアカヤシオ、シロヤシオは国の天然記念物にも指定され、開花時期には多数の人が訪れている。

登路　国道三六二号を杉川沿いに平城へ。左折して杉峰へ上り、茶畑を縫って尾根上のアスファルト道に出る。二〇分程で林道の舗装が切れて広場(二〇台駐車可)に着く。右にはログペンション(宿泊可)がある。ここから先は車両通行止めなので登山口の小俣へ歩く。約一時間三〇分で小俣着。ここからニゴヤ峠まで登り、さらに急峻な痩せ尾根を辿って岩岳峠に立つ(小俣から約二時間)。左は岩嶽神社、岩岳山へは右にとり、尾根通しに二〇分進めば頂上だ。もう一つのルートは、ログペンションから植林帯を尾根通しに北北西の入手山(一二一一m)を経て頂上に至るもの。下山は往路を辿るのが一般的だが、周回するのもよい。岩岳山山頂から延びる西尾根は急峻なので避けたい。

地図　二・五万図　気田　高郷　蕎麦粒山

（小川正育）

常光寺山《じょうこうじさん》　標高　一四三九m

静岡県浜松市天竜区水窪町にある。山犬を祀っていることで知られる山住神社から、さらに北へ尾根がつづく先の双耳峰が常光寺山である。山中には山住神社の奥社である常光神を祀る社があり、山頂には山ノ神の祠がある。

天竜川の東側には、南から秋葉山、らくだ山、天神山、竜頭山、井戸口山(一三三五m)、常光寺山、門桁山(一三七五m)、麻布山(一六八五m)が尾根つづきで並んでいて、これらの連嶺を繋ぐようにスーパー林道天竜線が走っている。

登路　車利用の場合は、水窪側から水窪河内川を遡って山住峠に立つ。ここからスーパー林道を北にとって家老平に自動車を置く。しばらく林道を歩いてから登山標識に従って尾根上の細径に入る。急な坂には階段が作られ、崩壊地のわきはロープが張ってある。東峰を過ぎていったん鞍部に下り、登り返すと三角点の埋まる常光寺山の山頂に達する(家老平から約一時間三〇分)。山頂の南側では竜頭山、秋葉山、京丸山などの展望が楽しめる。

地図　二・五万図　門桁　佐久間　（山坂五郎・小川正育）

大洞山　おおぼらやま　標高　九三〇m

静岡県浜松市天竜区佐久間町と同区水窪町の境にある。JR飯田線城西駅付近から見上げると、双耳峰の岩山である。

固定したルートはなく、多くの登山者は先行者がつけた目印のテープや踏み跡を頼りに自分の判断で登っている。そのために時には遭難事故も起きている。

登路　水窪町向市場から県道水窪森線を進むと、右側に立山林道の入り口がある。これを五〇〇m程行くと左側に登山口がある。最初の分岐は右へ。つづく伐採地は横を巻いて登るとテレビ・ケーブルの残骸がある。後は道形《みちなり》にジグザグを登り、尾根道になるとテレビ・アンテナの立っている所に出る。さらに登って小さな崖を二つ越すと西峰、一度東に下り、登り返すと大洞山の山頂に立つことができる（登山口から約一時間二〇分）。展望はない。

さらに東へ尾根を辿ると常光寺山を望むことができる。臼ヶ森や河内浦の家並みを俯瞰できる場所がある。石碑のある鞍部に出た後、右に下れば廃屋の前を通り、大洞峡沿いを歩いて向皆外《むかがいと》に着く（約二時間）。

地図　二・五万図　門桁　佐久間　（山坂五郎・小川正育）

竜頭山　りゅうとうさん　標高　一三五二m

別称　遠州富士

静岡県浜松市天竜区佐久間町と同区春野町の境に位置する。山頂部は南北に連なり、天竜川支流・気田川と西の天竜川本流を分ける一大尾根を形成し、北は南アルプス深南部へ延び、南は秋葉山に山脈を落としている。

山体の頂稜部は落葉広葉樹林に覆われるが、中腹までは昭和に入っての林業施策で天竜美林の一角を構成し、スギの植林が多い。かつては秋葉山奥の院を擁し、龍筑坊（竜頭山の主）の棲む霊山として近世初めまで山岳修験の場として栄えた。ところが一九八四年、天竜スーパー林道が稜線通しに開通してからは山頂付近の様相が一変した。山頂付近は公園として整備され、駐車場からわずかで山頂に立てるようになった。ただし、一年のうち三分の一は冬期閉鎖されているので、一二月から三月ごろのみが登山といえる山かもしれない。

登路　天竜川を浜松市佐久間町西渡で水窪川へ入り、国道一五二号を行く。平和集落に登山口の道標がある。車を置き、スギの植林地を石仏のある分岐へ、ここから大輪口（現在閉鎖）のルートを合わせ山頂へ（登山口より約二時間）。

地図　二・五万図　中部　気田　（小川正育）

秋葉山　あきばさん

標高　八六五m

静岡県西部、浜松市天竜区佐久間町と同区春野町の境にあり、春野町犬居からの道を表参道としてその北に位置する。天竜川の支流・気田川が大きく北へ蛇行する屈曲点にあり、天竜美林の真っ只中にある。

秋葉道、秋葉街道とは霊場秋葉山に通じるすべての道を指す呼称である。明治維新以前は、秋葉大権現の名の下に秋葉社と秋葉寺が存在し、両部神道として多くの信者を有していたが、一八六八年の神仏判然令で神社と寺院は独自の道を歩むようになった。現在、秋葉山の山頂近くに秋葉山本宮としての秋葉神社上社と、山頂から八〇〇m程下った杉平に曹洞宗の秋葉山秋葉寺《しゅうようじ》がある。

秋葉山は奈良時代の養老二年(七一八)に、行基により開かれた山岳修験の道場である。その後、大同四年(八〇九)に越後の国から三尺坊が飛来し、秋葉山の守護神となり、火防《ひぶ》の神として人々の絶大な信仰を集める。近隣の秋葉街道跡に残る常夜灯に往時の隆盛を偲ぶことができる。

登路　表参道と裏参道がある。表参道は旧天竜市および浜松市春野町から国道三六二号へ入り、犬居城跡へ出る。気田川を渡り、秋葉神社下社からスギの天竜美林を抜け三尺坊へ。ここから上社までは樹齢五〇〇年を下らないスギの巨木が林立し見事である。すぐ上社へ達する。裏参道は国道一五二号の戸倉集落から東海自然歩道に沿って登る(表参道コースは二時間三〇分、裏参道コースは二時間)。

地図　二・五万図　秋葉山　犬居

（小川正育）

白倉山　しらくらやま

標高　二〇一三m

静岡県浜松市天竜区水窪町と長野県飯田市南信濃地区和田にまたがり、南アルプス深南部に属する。光岳《てかりだけ》から南下する主稜は三又山に来て西に大きな支稜を分ける。この支稜に隆起する最初の山である。

三又山からヒョー越までは通称「白倉尾根」と呼ばれるが、踏み跡は浅く、大半は深いササヤブに包まれる困難な山である。

尾根の南面に天竜川水系・白倉川が流れ、それに沿って白倉林道が開けている。

登路　登るには白倉林道の途中にある権現橋が起点となる。一般車通行止ゲートに入り、四㎞程進むと白倉橋に出る。ここで沢身に下り西俣沢を遡る。三〇〇m程で右岸から小沢が落ち込んでいる。小沢に向かって右が山道の取りつき点。ヤブの中にかすかに踏み跡がある。小尾根を登りつめると白倉尾根上に出る。右は三又山、左が白倉山方面。この辺りはまだ下草がない。ひと下りして白倉山の登りに入るころササヤブが出始める。ササを分けかすかな踏み跡を拾いながら登れば白倉山に出る。木立のまばらなササ原の頂からは中ノ尾根山や黒沢山などが望める(白倉権現ゲートから約五時間)。

地図　二・五万図　池口岳　伊那和田

（永野敏夫）

朝日山 あさひやま　標高　一六六八m

静岡県浜松市天竜区水窪町と長野県飯田市南信濃地区にまたがり、県境の主脈を縦走しようとするとき、スズタケの密生度は南アルプス深南部では最高といわれる。わずか五〇〇mを通過するのに三時間もかかったことがある。

山頂部は全体になだらかで広いので、主稜線のヤブをこいでくると、どこに三角点があるか分からない。

登路　浜松市水窪町から国道一五二号の草木トンネルを抜けたヒョー越《こし》が登山口となる。県境上にははっきりした道があるが、朝日山に近づくとスズタケのヤブが濃くなり、強引に進んでいく（ヒョー越から約四時間三〇分）。また、同町の白倉川林道にある一般車通行止めのゲートが登山口である。約一km先の営林署小屋のすぐ先から急な尾根道に取りつくが、明瞭な山道で迷うことはなく、ヤブこぎもない（ゲートから約二時間）。

地図　二・五万図　伊那和田

（古田徹司）

青崩峠 あおくずれとうげ　標高　一〇八二m

静岡県浜松市天竜区水窪町と長野県飯田市南信濃地区を分ける峠で、北は小嵐川から遠山川、天竜川に注ぎ、南は翁川から水窪川を経て同じく天竜川に注ぐ。

中央構造線が南北に走り、破砕帯となっていることから、付近の地盤が脆く、ことに信州側の一帯が青色粘土質の岩石からなっており、三〇〇mにわたって大崩壊をしている。峠の名前もこれに由来する。

この峠を挟んで南北に延びる国道一五二号は、秋葉街道（信州街道）と呼ばれ、火祭りで知られる秋葉神社（浜松市）に参詣する道であり、遠州側から信州へ運び込む「塩の道」でもあった。一五二号の未通区間のトンネル化が進められているが、開通の目途《めど》は立っていない。元亀三年（一五七二）、武田信玄の軍勢がこの峠を越えたといわれ、平成八年（一九九六）、静岡県文化財「歴史の道」に史跡指定された。

登路　浜松市水窪町側は峠の真下まで車道が来ており、駐車場もあって、よく整備されている（駐車場から約一〇分）。飯田市南信濃地区側からも車道が通じており、青い崩壊地を見上げながら登ることができる（林道終点から約三〇分）。

地図　二・五万図　水窪湖　伊那和田

（古田徹司・小林俊樹）

熊伏山 くまぶしやま　標高　一六五四m

別称　くまぶせやま

諏訪湖南部、長野県茅野市の杖突峠付近から始まり赤石山脈と伊那山地の間を走る大断層・中央構造線に沿う、長野県飯田市南信濃地区と下伊那郡天龍村の境界にある。幅一kmに満たない狭長な構造谷の平地を深くえぐる遠山川は、八重河内川を合わせて天竜川へ注ぐ。その上流、小嵐川に沿って連なる急崖は、クマも近寄れなかったのかこの峡谷を熊伏谷と呼び、その源頭をなす山に同じ熊伏の名を付けたのが山名のいわれらしい。クマやシカはいまも出没する。構造線の西側にへばりつくように分布する、脆い鹿塩マイロナイト（圧砕岩）や領家変成帯の片麻岩や花崗岩などが混じって、複雑な地質構造を呈しているようである。登山口の青崩《あおくずれ》峠一帯に見られる青黒い岩石片のガレ場は、顕著にその構造を物語る。

静岡県境を登る尾根一帯は、温帯特有の落葉広葉樹の林がつづく。樹種も多くイヌシデ、アカシア、トチノキ、ヤマハンノキ、ミズナラ、ブナなどの高木が茂る。狭い山頂には、三角点と山頂標識がある。地元高校山岳部の登高記念標もあった。北に深い遠山V字渓谷の上空遥かに、仙丈ヶ岳から聖岳へと連なる赤石山脈北部の峰々が天を区切って高い。東には、標高は低いが幾重にも襞を重ねる南アルプス深南部の山々が折り重なって深い。

登路　秋葉街道青崩峠からと、天龍村平岡からの二ルートだが、峠ルートは峠下から青崩峠まで二km、約四〇分。山頂まで三時間～三時間三〇分。峠からは西側の階段状登路を登り、ササの急坂を経て雑木林の尾根道を観音山分岐に出る。後は右側の痩せたコブ尾根を登降するだけである。天龍村平岡から明治沢沿いのルートも整備され、登山口から明治の平を経て山頂まで三時間四〇分程である。

地図　二・五万図　伊那和田　（小林俊樹）

観音山　かんのんやま　標高　一四一八m

静岡県浜松市天竜区水窪町と長野県下伊那郡天龍村にまたがる。この山の東側には急峻な谷が入り、滝を連続させている。また、この谷はヤマビルの一大生息地である。

山頂には宗教団体の神社や社務所があり、ヘリポートもある。

登路　浜松市水窪町からは山頂より東に張り出している尾根を辿るコースがあるが、夏はヤマビルが多く勧めることができない（所能バス停から約二時間二〇分）。熊伏山から主稜線を南下するコースは前半はなだらかだが、後半にはアップダウンが多く、急峻で蟻の戸渡りもある（熊伏山から約四時間）。ほかにJR飯田線小和田駅から登山口の小城まで林道を歩き、信者によってよく踏まれた登山道を辿って登頂することもできる（小和田駅から約三時間）。

地図　二・五万図　水窪湖　三河大谷　（古田徹司）

鳶ノ巣山　とびのすやま　標高　七〇六m

静岡県浜松市北区引佐町と愛知県新城市にまたがり、浜松市北区引佐町渋川の北にある。

登路　天竜市くんま水車の里バス停前の道を寺平に向かって歩いて行くと、すぐに東海自然歩道と合流し、舗装道路を愛知県境へ向かって歩き、黒滝を右奥に見て坂道を登って行くと舗装道路が終わる。左側の東海自然歩道に入り、これを進んで浜松市引佐町の林道に出る。大した登り下りもなく、右側を注意して行くと、鳶ノ巣山登山口の小さな案内板がある。ここから登山道を登り、三角点を経て、さらにススキを分けてひと登りすると鳶ノ巣山の山頂に到着（自然歩道登山口から約四〇分、熊《くんま》から東海自然歩道を歩いて約二時間三〇分)。山頂からの展望はない。

地図　二・五万図　熊

(山坂五郎・古田徹司)

三岳山　みたけやま　標高　四六七m

別称　深岳山　三岳城跡　井伊城跡　御嶽城(跡)

静岡県浜松市北区引佐町の東部三岳地区にあり、奥浜名湖に近い。東西に延びる尾根に三つのピークがあるところから命名されたようである。北側には都田川の支流・川名川の谷が入り込み、西には井伊谷川が流れ、浜松市北区細江町で合流して浜名湖に注いでいる。

山頂に築かれた城は、この山の南西に本拠を置く井伊氏(南北朝時代の南朝方の豪族)の山城で、静岡県の南北朝時代の代表的な山城(国史跡)である。南朝の後醍醐天皇の皇子・宗良親王は、初め天台座主であったが還俗して軍事を司り、遠江に移って井伊氏の下にあった。井伊城(三岳山とは別の、井伊谷《いいのや》の町の北側にある小高い「城山」と呼ばれている歴代井伊氏の居城)からこの城に居を移し、北朝方の高師泰、仁木義長と戦ったが、暦応三年(一三四〇)に落城。

『静岡県史資料編』によれば、『李花和歌集(李花集)』(宗良親王の私家集)に、親王が井伊城(三岳城)で詠んだ歌が二首ある。一首は父・後醍醐天皇哀悼の歌(四条隆資宛)、もう一首の詞書は以下のとおり。

「延元四年の春にや、遠江よりはるヽヽのほりて都へと心さし侍りしも、御かたのいくさやふれにしかは、吉野行宮にまいりてしはらく侍しかとも、猶あつまのかたにさたすへき事ありて、まかり下へきよしおほせられしかは、その秋の比かへりて、井伊城にてよみける、なれにける二たひきてもたひころもおなしあつまの嶺の嵐に」。

三岳山(左のピーク)(井伊谷方面から)

登路　新東名高速道路が三岳山の下を東側から北西にトンネルでつらぬき、北西側に三遠南信自動車道との浜松いなさJCTが、その南には浜松いなさICができたので、遠方からのアプローチが容易になった。国道二五七号から三岳山の南に入る。南東側の三岳神社から登るのが一般的だが(神社から約三〇分)、西側の兎荷《とっか》からのルートも二本ある(神社から約三〇分)。

地図　五万図　三河大野　二・五万図　伊平

(有元利通)

富幕山　とんまくやま　標高　五六四m

静岡県浜松市北区引佐町、同区三ヶ日町および愛知県新城市にまたがる。浜名湖の北に位置する山容の美しい山である。山頂の無線中継所が目印となって、遠くからでもよく望むことができる。

登路　静岡県側に奥浜名自然歩道として三コースが整備されている。①細江コースは、尉ヶ峰、風越峠を経由して富幕山に至る(約三時間一〇分)。②奥山コースは、奥山から奥山高原を経て富幕山に至る(約二時間)。③只木コースは、天竜浜名湖鉄道三ヶ日駅から北へ宇利峠に通じる道路を歩き、浜名総社前で右折、摩訶耶寺前を通って只木バス停に出る。ここが只木コースの入り口。雑木林の中を歩いて林道に出たら右へ、すぐに幡教寺跡(元大福寺)自然休養林園地に着く。再び細径を登り、風越峠からの道と合わさって富幕山に到着(三ヶ日駅から約二時間三〇分)。山頂には無線中継所、休憩所、日時計などがある。

地図　二・五万図　三ヶ日　三河富岡　(山坂五郎・古田徹司)

尉ヶ峰　じょうがみね　標高　四三三m

静岡県浜松市北区細江町、同区三ヶ日町および引佐町との境にあり、奥浜名湖の北に位置する。浜松市北区細江町の中心地に登山口がある。尉ヶ峰や富幕《とんまく》山を中心に奥浜名自然歩道が整備されている。浜松市から近く、四季を通じて人気のある山域である。

登路　浜松市北区細江町気賀にある細江神社のわきを入って細江公園に登る。国民宿舎奥浜名湖の前を通り、オレンジロードを横切り、スカイラインをしばらく歩くと二三月峠の入り口。坂道を登って二三月峠の三角点へ。ミカン畑の横を通ってスカイラインに出る。今度は奥浜名自然休養林の案内板に導かれて自然歩道を行く。さらに歩いて聖岳が見える展望台に着く。ここからしばらくで民有林になり、北大路コレクションの仏像が並んでいる。さらに登って山を巻いて行くと富幕山がぐっと近くなる。階段を登って三角点、さらに五分で尉ヶ峰山頂に着く(細江公園から約一時間四〇分)。

地図　二・五万図　気賀　三ヶ日　(山坂五郎・古田徹司)

神石山　かみいしやま　標高　三二五m

別称　航空灯台跡

静岡県湖西市と愛知県豊橋市にまたがる。湖西連峰南部の主峰であり、ハイカーの多い山である。山頂部は、別称のとおり航空灯台があったため削平されていて広い。

東側は浜名湖を一望でき、西側は別名「東海のミニ尾瀬」ともいわれる葦毛《いもう》湿原が広がる。約七haの湿原には、四月から一〇月までの花の時期には、トキソウ、ハルリンドウなどが咲き乱れる。

山体は主として秩父古生層からなる。植物はアカマツ、クロマツが多く、ほかにツブラジイ、クロバイ、アラカシ、アベマキ、コナラなどの高木、ヒサカキ、クチナシ、ガマズミなどの灌木が自生している。花木のマンサク、ミツバツツジ、ヤマザクラ、リョウブなどのほか、タチツボスミレ、ササユリ、リュウノウギクなども観察することができる。

山麓には普門寺がある。神亀四年(七二七)に行基が開いた霊場で、船形山普門寺梧桐岡院と称する。また、湖西連峰の尾根筋にはチャ

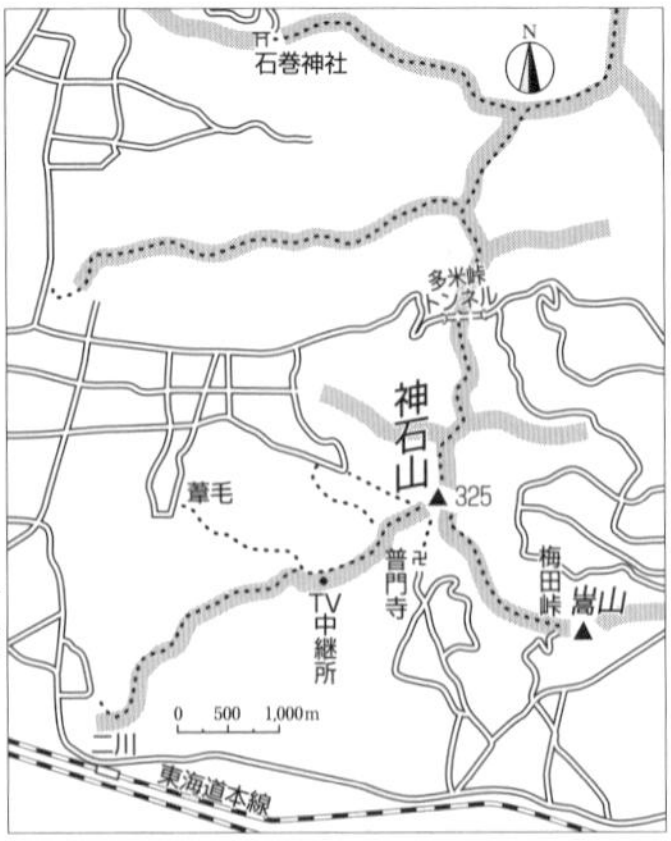

ートの巨岩が数多くあって、これが神仏を迎える座（磐座《いわくら》）として礼拝の対象となり、湖西地方の信仰の根源をなしている。

登路　南側からは普門寺より自然歩道を歩いて神石の山頂に至るコースがある（普門寺から約三五分）。東側からは嵩山《すやま》、梅田峠経由で山頂へ（JR東海道本線新所原駅から約二時間）。北側からは石巻山経由で山頂に達することができる（石巻神社から約二時間三〇分）。ほかに西側の葦毛湿原から二川TV中継所経由で、花を愛でながらの自然歩道コースもある（葦毛湿原から約一時間四〇分）。

地図　二・五万図　二川　新居町　豊橋　三ヶ日

（古田徹司）

本坂峠　ほんざかとうげ

標高　三三〇m

静岡県浜松市北区三ヶ日町と愛知県豊橋市との境に位置し、両県の県境をなす弓張山地の南端付近にある。

江戸時代には脇往還として利用された。地元では姫街道といい、本坂道の別名もある。この道はかなり古くからあって、『続日本後記』にも記述がある。『万葉集』も東海道の方を歌ったものはなく、この脇街道のもののみが残っている。以上から、この街道を昔の主要街道として「ひね街道」と呼んでいたのが「姫街道」に転訛したといわれている。

この本坂峠越えの脇街道が江戸時代御用道として注目されるようになったのは、宝永四年（一七〇七）に東海道筋を襲った大地震が発端であった。浜名湖口から新居宿一帯が大打撃を受けて東海道の通行が困難になり、臨時に姫街道を往来するようになった結果である。

登路　浜松市三ヶ日町側からいまでも石畳の旧道が残っていて、本坂関所跡から途中に樹齢二百数十年のヤブツバキの群生するトンネルを抜けて峠に至る（本坂関所跡から約四五分）。ほかに豊橋市側からは嵩山《すせ》バス停から旧姫街道を歩くコースがあり、途中に「江戸ヨリ七三里、御油ヨリ四里」と刻まれた一里塚がある（嵩山バス停から約三〇分）。

地図　二・五万図　豊橋

（古田徹司）

石巻山　いしまきやま

標高　三五八m

別称　神山　みわやま

愛知県豊橋市に位置する。標高は低いが豊橋平野の北東に三角錐の顕著な山容を誇る。

豊橋市のシンボルとして校歌にも歌われ、ハイキングや自然観察の場として多くの人に親しまれている。石灰岩の突出した山頂部には特徴的な植物が見られ、一九五二年に国の天然記念物「石巻山石灰岩地植物群落」に指定されている。『日本の重要な植物群落』（環

石巻山(石巻小学校付近から)

境省)の植生調査表ではビロードシダ、クモノスシダ、ステコビル、ヒロハノアマナなどが報告されている。中腹の石巻神社にはタブノキ、シラカシ、カゴノキの社叢がある。常緑照葉樹林で、いまは里山の一角に残る原風景なのである。

石巻山の中腹にある石巻自然科学資料館では、八名弓張山地の地質や動植物、ハイキング・コースなどを紹介している。

山頂からの眺めは豊橋平野、三河湾、知多半島、渥美半島が見渡すことができる。北には本宮山をはじめ、宇連山、鳳来寺山など三河山地の山並みが広がる。

登路　石巻山登山口バス停から石巻神社を経て山頂まで約一時間程。また、神石山を経て葦毛湿原や湖西市の普門寺へ下山することもできる。山頂からの縦走は数時間は見込んでおきたい。葦毛湿原はシラタマホシクサが有名である。

地図　二・五万図　豊橋

(西山秀夫)

大山　おおやま

標高　三二八m

別称　越戸《おっと》の大山　高嶺山　高根山

愛知県田原市の渥美地域と同市赤羽根町との境にある。眺望に優れている。約四〇km、幅五kmから八kmに及ぶ渥美半島の最高峰である。

渥美半島は三河湾の海底を通っている中央構造線の南側に沿って東西に延びている。地層は古生層と渥美層群(洪積層)からなり、太平洋岸の南側が高く、北へ緩やかに傾斜地形をなしている。大山はチャート、石灰岩の古生層の山である。

大山からの眺めは、ほぼ一直線に延びている表浜の海食崖の海岸線をはじめ、恋路ヶ浜を合わせて片浜十三里の海岸美を楽しめる。北は三河湾、知多半島、西は伊勢湾と海の見える山は感動を誘う。柳田國男は、一八九七年に伊良湖岬に旅して大山にも登り『遊海島記』に、「和地の大山は伊勢の海を大観するには、この上もなきなり」と述べ、「近国十州の山々、さまざまの形して並び立ち」と遠望に時のたつのを忘れたようだ。十州とは伊勢、志摩、紀伊、尾張、遠江、駿河、美濃、近江、伊賀、大和と考えられる。伊勢に渡ってからも、和地の大山を見て去り難い心境を記している。

南国的な暖かい地域故に植生は照葉樹が優占する。大山の中腹斜面にはカゴノキ、クスノキ、タブノキ、ヒメユズリハ、シロダモ、ヤブニッケイ、クロバイの自然林がある。中腹から頂上にかけてはウバメガシ、アカマツが見られる。これらは越戸大山の原生林とか越戸の大山天然林と称される。

登路　登山口の大山下までは豊橋鉄道田原駅からバスがあるが、車が便利である。白山比咩《しらやまひめ》神社の鳥居をくぐって右に分岐する山道を登る。道は広くよく整備されている。急登約三〇分でわき水がある。やや緩やかな道になり、眺望が開けてくる。さらに約三〇分で登頂する。かつては越戸と三河湾の福江を結ぶハイキング・コースがあったが、いまはヤブに覆われて利用する人はないようだ。山頂からは往路を戻る。

二〇一五年現在、大山に通じる尾根には、地元有志の整備でハイキング・コースが復活している。あつみ大山トンネルの北口からのコースと、椛《なぐさ》のシデコブシ自生地からのコースの二本。

地図　二・五万図　野田　（長坂　博）

戸倉山　とぐらやま　標高　一六八一m

別称　伊那富士　袴腰《はかまごし》

長野県駒ヶ根市と伊那市長谷地区にまたがる。赤石山脈西側の、いわゆる伊那山地の中にあり、周囲を凌駕して独立峰の様相をなしている。人工衛星からの写真を見ると、静岡県西部から赤石山脈の西側を北に向かう中央構造線の谷が明瞭に見える。この谷が明瞭でなくなる辺りに、この山はある。

駒ヶ根市方面から見ると富士山らしくないが、北側、とくに上伊那郡箕輪町から辰野町にかけての眺めは、まさに富士山そのものである。この山は、見る位置によっては赤石山脈の南部の赤石岳や、聖岳などの山々を従えているようにさえ見える。

古くは、田畑の肥料用や家畜の飼料用の草木採集の山であり、また、信仰の山であった頂には「不動明王像」「摩利支天碑」のほか、オオカミ伝説の「霊犬碑」などがある。

中央構造線を隔てて見る赤石山脈、天竜川の向こうに見える木曽山脈、前山の向こうの飛騨山脈の眺めは見事である。

登路　登山道は西側の駒ヶ根市中沢大曽倉からのルートと、伊那市長谷地区から中沢大曽倉への峠、女沢峠から尾根通しのルート（いずれも女沢峠から約二時間）がある。駒ヶ根市からのコースをとれば、頂上直下の、なぜこんな所にという所に「金明水」という冷たい水がわき出して、東屋もある快適な休息場所がある。

地図　二・五万図　市野瀬　（垣内雄治）

鬼面山　きめんざん　標高　一八九〇m

別称　鬼づら山

長野県下伊那郡豊丘村、喬木《たかぎ》村、大鹿村、飯田市上《かみ》村に境する。赤石山脈（南アルプス）の前衛、伊那山地の最高峰。

頂上から伊那谷の展望はよい。西側の下部にはコブシ、標高一七〇〇m付近にはシャクナゲの群落がある。東側の地蔵峠ルート途中のブナも見事。

伊那谷の人々は、前衛の山並みに隠れる南アルプスの峰々より、間近な伊那山地の里山に親しみを持つ。鬼面山の名は全国各地にあるが、ここの由来は、喬木村にある鬼ヶ城山（一四七九m）の奥社から望むと鬼の顔に似ているからとか、夕闇に赤く染まって沈む姿を伊那谷から見ると、髪を振り乱した鬼を想起させるからなどといわれている。戦前までは、子供が言うことを聞かないと、「あの山から鬼が出てくるぞ」と脅したそうである。

伊那山地と南アルプスの主脈の間には、日本列島の地質を東側は主に水成岩系、西側は花崗岩系に大別する中央構造線が走っている。

登路　大鹿村と飯田市上村境の地蔵峠（一三〇〇m）から登り約二時間三〇分で、この山への最短ルートだが、その途中には中央構造線の断層活動を示す「鹿塩マイロナイト」の露頭が見られる。

一方、西面の豊丘村側には、蛇川沿いの林道終点から約三時間の登山路が整備されてきた。

地図　二・五万図　上久堅　大沢岳

（菊地俊朗）

飛驒高地

鍬崎山　くわさきやま

標高　二〇九〇m

富山県富山市の大山地域にあり、常願寺川の上流・真川と支流・和田川との中間に位置する。富山市内のどこから見ても、さえぎる何物もない見事な角錐形をなし、後ろの立山連峰より薬師岳へとつづく北アルプスのスカイラインの前に立ちはだかる。それだけに日本海から吹き上げる季節風のため気象の変化が激しく、地元の人たちは、鍬崎山の山頂に懸かる雲の様子で立山の天気を知るとされている。戦国時代には富山藩主・佐々成政が数百万両の軍用金を埋めたといわれる、黄金伝説の山でもある。

登路　以前夏道はなく、地元山岳会では、新人の冬山訓練の山として親しまれ、大品尾根、真谷尾根、大谷尾根などが利用された。いまは大品尾根に山頂まで登山道が整備され、無雪期にも多くの登山者が登るようになった。らいちょうバレースキー場からゴンドラリフト（通年）を利用し、一一八〇mの山頂駅から歩き始める。この稜線は自然遊歩道として大品山まで整備され、歩きやすくなっている。途中、樹木、鳥、動物などの解説板があり、また、小さなピークごとにベンチが設けられている。ブナ林を過ぎて三つ目のベンチが瀬戸蔵山（一三二〇m）である（山頂駅から約四〇分）。このブナ林から直接北側の急な尾根を下り、龍神《たつかみ》の滝を経て粟巣野スキー場に

鍬崎山（奥は白山，手前は弥陀ヶ原）
（室堂乗越付近から）

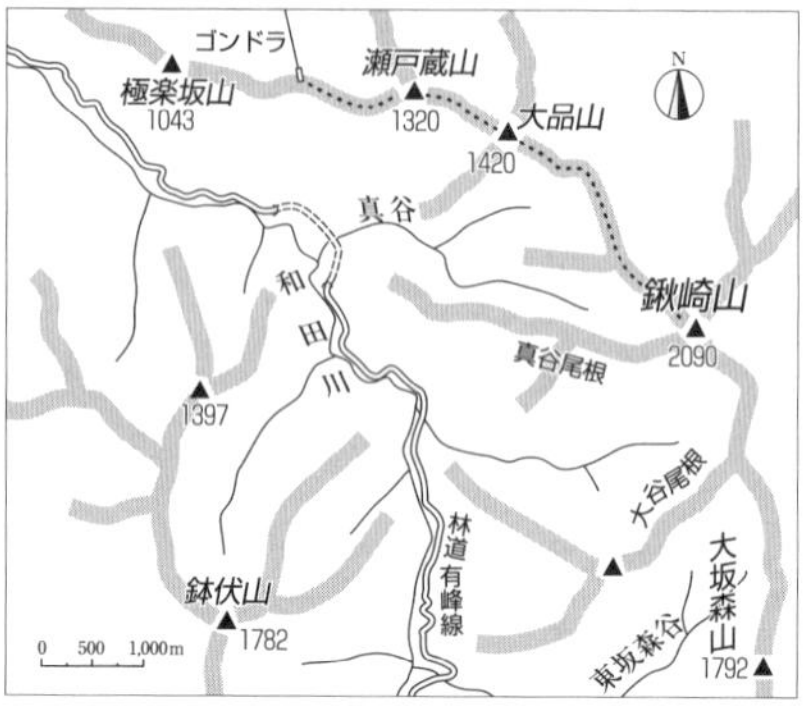

向かうことができる。

瀬戸蔵山から稜線を下り切ると、右に有峰ダムを望むことができる。水没した旧有峰集落の解説板がある。ブナ林の尾根を登り返すと広場に大品山（一四二〇m）と書いた大きな標柱が立っている（瀬戸蔵山から四〇分位）。山頂広場は灌木が刈り取られ、残された大きなダケカンバの間に鍬崎山が見える。この山頂から北側に真川第一発電所貯水池を経て粟巣野スキー場に下ることができる。

大品山を出ると鞍部まで九〇mほど下り、鍬崎山への登りが始まる。チシマザサの道をひたすら登り、登山道は和田川側の山腹と稜線を辿り、尾根に出て岩の細いリッジを固定ロープにつかまり乗り越える。尾根は左に折れ正面にピークが現れる。二〇mほど下って最後の登りはダケカンバに変わり、登り切ると山頂である。山頂は南北に細長い平坦地で、三六〇度のパノラマは何もさえぎるものはない（大品山から三時間三〇分位）。

ゴンドラリフトの運行時間は平日八～一六時、土日祝日は六～一六時である。

地図　二・五万図　小見

（木戸繁良・永山義春）

鉢伏山　はちぶせやま　標高　一七八二m

富山県富山市大山地域にある。常願寺川支流の小口川、和田川に挟まれた山稜の最高峰。鍬崎山《くわさきやま》から南に派生する大坂森尾根との間に和田川の谷を造り対峙する。

山名は稜線が南北に延々一五kmも延び、山麓から見ると鉢を伏せたような鈍角三角形をなしているところからきている。古文書では火箱山との記録もあり。富山市街からは北ノ俣岳と薬師岳の間にその姿を見せ、左方の鋭角をなす鍬崎山とは対照的な山容をしている。

北方の尾根の一四〇〇m付近には、かつて大正末期まで亜鉛を産した亀谷《かめがい》鉱山があり、鉱山口から精錬場へとつづいた水平の作業道も山腹に残っている。

登路　かつては積雪期に麓の亀谷集落から鳥ヶ尾山を経て南に延びる尾根の七つのピークをアップダウンし、長時間かけて登っていた。しかし、一九九二年に林道小口川線が開通し、無雪期も林道途中のフロヤ谷《たん》から三時間程で登ることができるようになった。頂上には三角点がありその手前に草地がある。薬師岳、北ノ俣岳の眺がすばらしい。
地図　二・五万図　小見

（本多秀雄）

高頭山　たかずこやま

標高　一二〇三m

富山県富山市大山地域に位置する。神通川支流の熊野川山系の山。山系はこの山を先鋒として高杉山（一四〇九m）、熊尾山（一五一九m）、東笠山（一六八七m）を経て有峰《ありみね》へとつづく。麓の村は槍ヶ岳開山の祖・播隆《ばんりゅう》上人の生誕地河内村（現在は廃村）である。生家の中村家跡には現在、日本山岳会によって立てられた顕彰碑があり、毎年六月上旬には山岳会員と旧村民が集まり、広場で播隆祭が催される。

登路　山麓周辺の手出、小原、河内、穏土（現在はすべて廃村）の村民によって古くから愛されてきたが、頂上へと導く登山道は長らくなかった。しかし、一九九〇年秋に橋本広らによって開道された。コースは二〇〇二年五月に再築された日本海発電・河内発電所の取水導管を巻くように登る。途中、熊野川源流の三枚滝へ向かう水平道と分岐して頂上へ至る（約三時間）。この付近の山にはスギの原生林が多く、剝板《へぎいた》、スギの種取りの産地であった。

山容は双耳峰をなしており、奥にある東峰のササヤブの中に三角点がある。頂上は平でブナ、ミズナラが散在する平坦地である。

地図　二・五万図　千垣

（本多秀雄）

小佐波御前山　おざなみごぜんやま

標高　七五四m

神通川の上流にあり、平野部を囲むような山並みの一つで、富山県富山市大沢野地域と大山地域との境にある。

登路　登山コースは笹津、芦生、小佐波の三方向からある。笹津からは遊歩道＝ふるさと歩道（以下歩道）のほかに獅子ヶ鼻岩口まで車道も付いている。

利用者が多い笹津側からのコースを紹介する。笹津からは猿倉山森林公園の駐車場から階段を登り、猿倉山（三四五m）直下にある展望台に出る。この展望台からは神通川の上流に第二ダム、笹津橋の下流の第三ダム、JR高山本線、国道四一号などが一望できる。

猿倉山は戦国時代には城があり、飛騨勢の侵入に備えたといわれているが、今は「風の城」が建っている。歩道はこの山への登山道から分かれて山腹を通り、御前山（五五八m）までの登り道となる。ここまで一・八kmで約一時間を要する。

御前山の頂上にはその昔、雄山神社があったとされている。歩道はここから奇岩の獅子ヶ鼻岩を眺めながら歩き、小佐波御前山まで二kmで約一時間二〇分を要する。小佐波御前山の頂上には三角点、白山社の祠があり、頂上横の広場には登山道開設記念碑と、一九九八年に建てられた立派な避難小屋がある。その先にはパノラマ展望台があり、立山連峰、富山平野など三六〇度の展望が楽しめ、利用者も多い。

地図　二・五万図　千垣　八尾

（谷村正則・松本睦男）

六谷山　ろくたんやま

標高　一三九八m

岐阜県飛騨市神岡町と富山県富山市大山地域にまたがる県境の山であるが、地図に山名の記載はない。山名の由来は、富山県側と岐阜県側から六つの谷がこの山に向かって突き上げていることからきているようである。なお、富山県では谷を「タン」と呼んでいる。

かつて藩政時代には富山県側から六谷山の中腹にある茂住峠を越え、岐阜県側の茂住谷に沿って下る旧越中街道の裏街道があり、現在の国道四一号に通じていた。この街道は、長棟川の奥にあった神岡鉱山長棟坑が栄えた時代には大きな役割を果たしていた。長棟坑は寛永年間(一六二四〜一六四四)に開発され、鉛、銀を産出し金沢方面へと送られており、最盛期には三〇〇戸の集落があったが、一九三五年に廃坑となった。

登路　飛騨市神岡町東茂住から林道を茂住峠まで上がる。峠の付近は明るく切り開かれており、二体の地蔵尊が置かれているわきから県境尾根に沿って北側に入り、急傾斜の山道を辿る。ブナ林を抜け、ササの茂る鞍部を越えて登り切ると山頂である(茂住峠から約一時間三〇分)。

地図　二・五万図　東茂住

(伊藤　茂)

横岳　よこだけ

標高　一六二三m

岐阜県飛騨市神岡町と富山県富山市大山地域との境界にあって、高原川の支流・跡津川の最源流の山である。山名のごとく横に長く台形をなし、山頂部は一面のササで覆われている。

山頂の北側は広い草原となり、桔梗ヶ池、蓮ヶ池などの池塘があり、その中央には祠があって横岳大権現など二体の石仏が安置されている。かつて跡津川沿いの飛騨市神岡町佐古の人たちが数年おきに、この大権現に参拝するため谷沿いの登山道の刈り払いを行っていたが、一般にはあまり登られていない山である。

登路　登山道はわずかな踏み跡を辿るしかないが、神岡町大多和から谷沿いの林道を上がり、作業道から崩れ谷(山頂から南に垂下する谷)に入って、稜線まで登り切るのがよい。稜線へ出てから山頂までは厳しいヤブこぎを強いられる(林道から約四時間)。

地図　二・五万図　東茂住　有峰湖

(伊藤　茂)

池ノ山　いけのやま

標高　一三六九m

岐阜県飛騨市神岡町と富山県富山市大山地域との県境稜線上にあって、亜鉛、鉛の鉱山として日本最大の規模を誇った神岡鉱山発祥の山である。神岡鉱山は天正一七年(一五八九)、飛騨領主・金森長近の家臣・茂住宗貞が鉱脈を発見し、開発を推進した。時代とともに発展し、明治時代半ばから大資本による採掘、精錬へと生まれ変わり、亜鉛、鉛の鉱山としてその名が広く知られるようになった。しかしその後、幾多の変遷を経て閉山となり、いまや池ノ山坑周辺は幾段もの鉱滓の堆積や採掘跡が見られるのみである。

近年、この池ノ山坑を利用して地下一〇〇〇mに東京大学宇宙線研究地下観測所が建設され、宇宙素粒子ニュートリノの観測研究が行われるようになり、池ノ山は学術面で世界的な脚光を浴びるようになった。

その山名は、山頂直下の鞍部に大きな池があるからといわれる。

登路　岐阜県側の飛驒市神岡町大津山集落跡からの旧コースと、富山市大山の長棟集落跡からの二コースがある。大津山からの旧コースは、市道大津山線から林道を経て中学校跡までは車利用。ここから歩くことになるが、池ノ山坑跡付近から踏み跡に沿ってヤブをこいで池に出た後、急登して山頂に立つ（約二時間）。富山県側からは、池ノ山の北側の長棟集落跡を経て林道の終点まで車で入る。ここから谷をつめて県境尾根まではヤブこぎ。さらに作業道を利用して尾根を辿って行けば山頂に達する（林道終点から約二時間）。

地図　二・五万図　東茂住　（伊藤　茂）

漆山岳　うるしやまだけ　標高　一三九三m

別称　上ノ岳《かみのたけ》

岐阜県飛驒市神岡町と同市宮川町の境にある山。高原川と宮川は岐阜・富山県境で合流して神通川となるが、この両川に挟まれるように南へせり上がった尾根の中心に聳える山で、南の流葉山へとつづいている。山名の由来は、里にウルシの木が多かったことによるとされる。

あまり知られていない山だが、地元では大切な山であり、山麓の西漆山集落では雨乞いに登ったり、木地師が住んだ山であり、炭焼きが盛んな山でもあった。各戸が六〇〇〜七〇〇俵もの木炭を生産したといわれ、いまでも山中には炭焼き窯が多く残っている。

なお、この山の南側には富山県富山市大山地域の有峰から跡津川に沿って跡津川断層が延び、岐阜県大野郡白川村までその距離七〇㎞にも及んでいる。

登路　登山道は、山の北東側の森谷に沿うスギの植林地から始まる。昔の炭焼き道を行き、急坂の登り下りを繰り返して鞍部に出る。さらにスギの植林境に沿って尾根を急登するが、残雪期以外は山頂まで厳しいヤブこぎを余儀なくされる（約四時間）。ほかに神岡町中山からソンボ谷林道を経由するルートもあるが、ヤブが濃く困難な登山となる（林道終点から約四時間）。

山頂付近は円頂台地でブナ林が一面に伐採され展望が開けている。

地図　二・五万図　鹿間　東茂住　猪谷　打保　（伊藤　茂）

流葉山　ながれはやま　標高　一四二三m

岐阜県飛驒市神岡町と同市宮川町の境にある山。岐阜県の北部を流れる高原川と宮川に挟まれ、神岡町と宮川町の境界を走る山脈の最高峰である。流葉スキー場の山としても親しまれている。

山名の由来は流れるような急斜面の山というところからきている。山頂付近は緩やかな起伏となり、一帯はブナの原生林であったが、いまは伐採されて所々に母樹が残されているのみである。山頂から山腹にかけてはコナラ、サワグルミなどの落葉広葉樹が多く、ほかの山と違ってこの山には針葉樹が見られない。

山の南面は急峻な斜面が扇状に広がり、リフト一〇基が稼働する人気のあるスキー場となっている。また、近年は交流センターと温泉入浴施設ができて、山麓の樹林帯にある流葉自然休養村と合わせて四季を通じてのレジャーの拠点になっている。

登路 夏はスキー場側からの登山道はなく、リフト沿いに急登する以外に方法はない。なお、山の北側には飛騨市古川町側から林道が国設スキー場に達している。この終点から山頂までは約三〇分程だが、一般にはこの林道の車利用はできない。

地図 二・五万図 林 船津

（伊藤 茂）

国見山 くにみやま

標高 一三一八m

岐阜県高山市上宝町と丹生川町の境にある山。神通川の支流・高原川と小八賀川の間の飛騨高地が準平原状に台頭する中にあって、ひときわ目立つ山の一つである。

山頂の展望はよく、山名の由来もそれによるものと思われる。

登路 登山道はなく、駒鼻峠からヤブをこいで登頂（約一時間）。

地図 二・五万図 町方 旗鉾 船津 長倉

（島田 靖）

大雨見山 おおあまみやま

標高 一三三六m

岐阜県高山市国府町、上宝町、丹生川町の境にある山。元来はブナ帯の山であったが、現在は伐採されてヒノキの造林地となっている。

山頂の東側に京都大学飛騨天文台が一九六八年に設置された。最新のドームレス太陽望遠鏡などがあって観測研究が進められている。

登路 高山市上宝町堂殿から取りつけ道路を辿り飛騨天文台に達した後、ヒノキの造林地の中を歩いて登頂（天文台から約一五分）。なお、堂殿からの車の乗り入れには許可が必要。

地図 二・五万図 船津 町方

（島田 靖）

安峰山 あんぼうさん

標高 一〇五八m

岐阜県飛騨市古川町と高山市国府町の境界にある山。山頂には三角点がなく、峰つづきの一〇九九mの無名ピークにある。

山名の由来は、『斐太後風土記』に「飛騨国司が広瀬（国府町）の国府より愛宝山の上に三度にわたって紫雲を見た」とあるところから、愛宝山が安峰山になったとされるが、愛宝山は安房山（二二一九m）あるいは位山（一五二九m）という説もあって判然としない。いずれにしても、山麓にあって鬼門鎮護と産土神《うぶすな》として尊敬されてきた気多若宮神社とともに、信仰の山でもあったようである。この神社は安峰山を背景にしてうっそうとした社叢《しゃそう》に囲まれ、神事「起こし太鼓」で広く知られている。

登路 登山道は、気多若宮神社北側の林道を遡り、樹林帯の中のジグザグ道を登り、最後の急登を終えると山頂に達する（登山道の入り口から約一時間三〇分）。なお近年、飛騨市古川町太江から車道ができて、容易に山頂まで行くことができるようになった。

地図 二・五万図 飛騨古川 林

（伊藤 茂）

夫婦山　めおとやま

標高（男山）　七八四ｍ

富山県富山市八尾町の南部に位置する。登山口へは久婦須川上流の桐谷集落に向かう。そこで西に向かって橋を渡り、峠を越えるとミズバショウの群生地が見えてくる。小井波の盆地である。いまではこの村に住む人もいなくなったが、かつてはのどかな山村の原風景を見ることができた。ここに流れる別荘川を渡り西に進むと養豚場があり、その裏手が登山口となる。

手軽に登れるこの山へ訪れる人も多いが、半割ヒョウタンを伏せたようなこの山は、富山平野から見てもすぐそれと区別がつく。

登路　小井波からの登山道入り口には道標があり、そこから意外と勾配のきつい道を登る。開けてきた所が松瀬峠である。

夫婦山は男山と女山があり、松瀬峠が二つのピークの鞍部になっている。北側が女山で南に男山が位置する。なだらかな稜線を一五分ほど北に進むと女山の頂上に着く。そこには標高七四〇ｍの標識と、麓の下笹原小学校の登山記念に立てた標識がある。峠から南に向かい、岩の間を二五分程急登すると男山の頂上である。ここからの展望がよく、近くには祖父岳、戸田峰、白木峰、遠くには剱岳、立山、薬師岳などの立山連峰のパノラマが手に取るように見える。眼下には八尾の各集落や富山平野を隔てて富山湾まで見渡せる。

二〇〇一年秋、ここから見える山などを紹介した御影石製の方位盤が設置された。

松瀬峠へは西側の野積川沿い、西松瀬集落からも登山道が整備されている。

地図　二・五万図　八尾

（谷村正則・松本睦男）

牛岳　うしだけ

標高　九八七ｍ

富山県砺波市庄川町、南砺市利賀村、富山市山田地区の境が寄り会う山。どっしりした山容で砺波平野からも富山平野からも望むことができる。頂上は砺波市の最高峰。古くは「久和崎（鍬崎）山」と呼ばれ、昔から信仰の山として登られていた。山上には大国主命を祀った牛嶽神社があり、御神体は大国主命が牛に乗った姿の石像という。展望はよく、立山連峰から富山湾の向うに能登半島までが一望できる。最高地点は神社から西方稜線上の二等三角点のある広場。山頂の北側には三段の滝がある。この近辺には大小の滝が多く、修験者の修行の拠点として栄えたといわれている。

登路　登山口は庄川の小牧ダム側と富山市の牛岳温泉スキー場からがある。小牧ダム側からはダム手前で国道四七一号に入り、湯谷川を渡った所で広域基幹林道牛岳線へ左折。三㎞あまりで登山口の看板。スギ林の中を登ると五合目の牛嶽ヒュッテが見える（使用不能）。六合目辺りから山腹のトラバース道となり、緩やかな傾斜を登っていくと視界が開け、牛嶽神社が現れる（約二時間三〇分）。下山には二本杉の東屋から三段の滝へ下り、前記基幹林道に出る周回コースもあるが、途中崩壊場所がある。林道へ出た所にあるトンネルを東へ抜ければ富山市山田鍋谷。

スキー場側からは、牛岳温泉健康センターの先で林道に入り、二本杉の登山口まで車で行くことができる。登山道は尾根沿いで、鍋谷ブナ林の中を約四〇分で牛岳山頂に出る。

地図　二・五万図　山田温泉

（松本睦男）

白木峰　しらきみね

標高　一五九六m

岐阜県飛騨市宮川町と富山県富山市八尾町にまたがる、いわゆる飛越国境上の名峰である。この辺りには白木峰に連なる小白木峰、さらに南西に金剛堂山があるが、いずれも日本海からの季節風がもたらす大量の積雪によって、稜線に沿って風衝草原が形成され、各所に池塘が見られる高原性山地となっている。

山名は、山腹から南山麓の万波平《まんなみだいら》にかけて、幕府領時代からブナやナラの良材、いわゆる「しらき」を産し、山麓一帯が白木原と呼ばれたことに由来する。

おだやかな山容の白木峰だが、飛越国境紛争のつづいた因縁の山でもある。江戸時代より白木峰から万波にかけては、飛騨側の宮川村民にとって慣習上の権利に基づく「入会山」として暮らしに欠かせない山であった。ところが、越中の桐谷村の村民がこの入会山に入り込み、万波から楢峠以北を越中領と主張して譲らず、これがきっかけとなって三百余年に及ぶ争いがつづいた。そしてようやく一九七〇年、白木峰と金剛堂山を結ぶ線で合意を見、境界が確立され現在の県境線となった。

万波高原は戦後、引揚者による開拓地があった所だが、厳しい寒さと豪雪のため定着できないまま引き払われてしまった。代わって村内農家により高冷地野菜の生産が盛んになりつつある。また、以前は飛騨市宮川町の戸谷集落から万波峠を越える道が大きな役割を果たしていたが、この峠道は廃れてしまい、その後、宮川町打保から大谷に沿って大谷林道が開削されて利用されている。

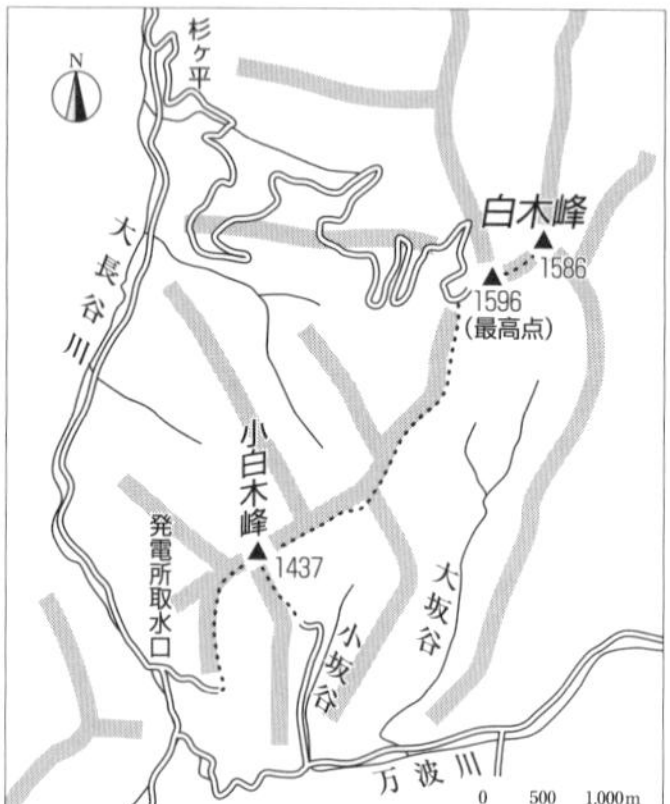

登路　登山路は富山県側、岐阜県側のそれぞれにある。

富山県側は、大長谷川沿いの庵谷《いおりだに》経由で山頂近くまで車道が延びているので、短時間で山頂に達することができる。一帯は富山県の白木水無県立自然公園に指定され、山麓には杉ヶ平キャンプ場がある。このキャンプ場を抜けて標高一三一〇mの地点まで車で行くことができ、ここから登山道となり、稜線に沿って急登すればまもなく山頂である（ゲートから約四〇分）。

岐阜県側からは、万波川源流の小坂谷へ林道が入っている。終点からブナ林の中の小径を登り、さらに薄いヤブこぎの急登で小白木峰（一四三七m）の山頂に達する（林道終点から約一時間）。また、富山県側の大長谷川発電所の取り入れ口からも登ることができる（登山口から約一時間三〇分）。山頂付近には池塘もあり、湿性植物や高山植物を多く見ることができる。この小白木峰からは北東に向かって風衝草原の起伏をいくつか越え、緩やかに登って行けば白木峰の山頂である（小白木峰から約二時間）。

山頂付近は草原帯で、三角点のある前白木峰までお花畑が広がっている。聖徳太子の石像があり、付近に白木峰山荘（無人）も建っている。山頂からは三六〇度の大パノラマを楽しむことができる。

地図　二・五万図　白木峰　打保　利賀　猪谷

（伊藤　茂）

蕎麦角山　そばかどやま　標高　一二二二m

岐阜県飛騨市宮川町にあり、JR高山本線坂上駅のすぐ北側に聳える山で、山容があたかも蕎麦の実の三角形に似ているところから蕎麦角山となったといわれる。

この山の歴史は古く、永録・天正の時代（一五五八～一五九二）、飛騨を根拠にして越中、越後で武威をふるった塩屋筑前守の拠点として天険の高台に城が築かれた。いまも山頂の南側台地には城跡が残されている。また、明治時代まで山の東肩に万波高原に通じる蕎麦角峠があり、越中へのボッカ道として物資の運搬に使われていた。万波から人が去るとともにこの峠は寂れ、いまは通る者はいない。

登路　飛騨市宮川町西忍地区から林道を上がり、まもなく作業道となる。標高一〇〇〇m付近が車止めで、ここから稜線に沿ってブナ、ミズナラ、ダケカンバの樹林帯とササの切り開きを辿れば山頂に達する（車止めから約一時間）。山頂は台地状だが、北東側の切り開き以外は密生した高低木とササにさえぎられて展望はよくない。

地図　二・五万図　打保　林

（伊藤　茂）

金剛堂山　こんごうどうざん　標高（中金剛）　一六五〇m

富山県南砺市利賀村と富山市八尾町の境界にあり、古くから県西部の名山として知られている。前金剛（一六三八m）、中金剛（一六五〇m）、奥金剛（一六一六m）と呼ばれる三つのピークからなっている。普通、金剛堂山に登るという時は、前金剛を目ざしている。

藩政時代、加賀藩では金剛堂山、富山藩では西白木峰と呼んでいた。富山藩と加賀藩の領境で国境紛争があり、利賀村と八尾町に持ち越され、一九七〇年にようやく解決している。

前金剛には一等三角点と祠があり、祠には藤原義勝の神鏡が祀られている。祠わきの石碑には「この山は古来飛越群嶺の主峰として国境に近く、加賀・富山藩の領境で、かつ山岳信仰の中心として霊域であった。修験の場として各地からの参篭で栄えていた。神保、佐々、前田など歴代武将の崇敬が厚かった」と記されている。

中金剛は金剛堂山三つのピークの最高峰である。富山藩第一〇代藩主・前田利保の「飛騨信濃木曾の峰峰みなみえて西はのこさぬ白木やまかな」の歌碑がピークの手前にある。

この山の特徴は、山頂部の草原と展望のよさである。前金剛から奥金剛にかけて稜線に高い樹木はなく、草原がつづく。県内の一五〇〇m前後の山では、樹木が茂ったり、ヤブが深かったりするのに、ここは広々とした草原である。冬の積雪と風による風衝地帯といえよう。広い視界で、御嶽山や乗鞍岳、槍ヶ岳、穂高岳など北アルプス全山が見えるといっていいくらい眺望が利く。

金剛堂山(左)(中金剛から)

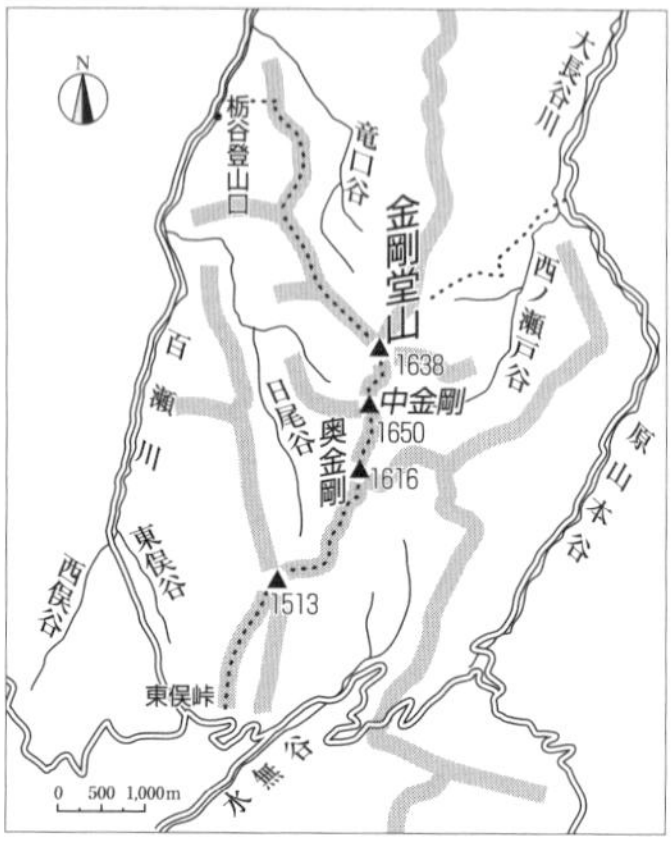

登路　この山には三方から登山コースがある。

①南砺市上百瀬の栃谷登山口から登る道が、登山路の整備状況もよく、一番多く利用されている。登山口には避難小屋、トイレ、水場があり、駐車できる広場もある。初めは栃谷沿いのサワグルミやトチのうっそうとした林を行くが、しばらくして尾根に出る。尾根はまばらに生えたブナ林で明るい。前金剛まで約二時間三〇分。

②百瀬川源頭の東俣峠から緩やかな起伏を奥金剛、中金剛、前金剛へと逆に辿る(東俣峠から前金剛まで約二時間三〇分)。

③富山市八尾町側からは大長谷第二発電所から前金剛へ登る(所要約三時間)。

なお、二〇〇〇年富山国体を機にスノーバレー利賀スキー場から開かれたコースは、スキー場の廃止とともに登山コースも廃止された。

地図　二・五万図　白木峰

(佐伯克美・佐伯郁夫)

水無山

みずなしやま

標高　一五〇六m

岐阜県飛騨市河合町と富山県南砺市利賀村との境界にあり、県境に沿って分水嶺となる長い山稜の主峰である。この山稜は平頂峰が連続し、富山県側はなだらかであるが、岐阜県側は侵食が激しく、いくつかの急傾斜の谷が小鳥川に落ち込んでいる。

山名の由来は、富山県側の利賀川源流の水無谷からきていると思われる。この水無谷には古い歴史を持つ水無集落があったが、いまは引き払われてしまった。

登路　富山県側からは利賀川の源流・水無谷に入り、旧水無集落付近から定倉谷林道を上がる。さらにこの林道は水無林道に繋がり、山頂付近まで車で行くことができるが難路。水無平はブナの樹林に囲まれた盆地状の平原で、付近には広い湿原があり、ミズバショウの広大な群落がある。登山口に車を止めて、小沢づたいにヤブを分けると山頂である(車止めから約二〇分)。

岐阜県側からは、いくつものルートがある。昭和初期まで、羽根や上ヶ島(いずれも飛騨市河合町)などの集落からは上ヶ島谷と元田カラ谷を経て、天生《あもう》や元田《げんだ》(いずれも飛騨市河合町)からは栃洞やカラ谷(センノ谷)を遡って水無山高原に集まり、雨乞い神事を行っていたという。いまも荒れてはいるが、これらの谷を遡れば山頂まで達することができる。

地図　二・五万図　角川　鳩谷

(伊藤　茂)

人形山　にんぎょうざん　標高　一七二六m
三ヶ辻山　みつがつじやま　標高　一七六四m

人形山は富山県南砺市と岐阜県大野郡白川村の境界にあり、旧平村の最高地点でもある。現在はニンギョウザンと呼ばれているが、古くは「ヒトガタヤマ」と呼ばれた。五月下旬、山頂直下に人が手を繋いだ形の雪形が現れ、それについての悲劇的な民話があり、それが山名の由来となった。開山は古く、白山を開いた泰澄大師によるといわれ、古くから修験の場として登られた。登山道途中の宮屋敷（一五八四m）に祀られていた白山宮は山麓の上梨白山社に移され、現在は国指定重要文化財となっている。

砺波平野からも望見される山頂はなだらかな女性的山容である。山頂には高層湿原があり、西へ一・二km縦走すると端正なピラミッド形のカラモン峰（一六七九m）に着く。その先は反射板のある大滝山（一四九八m）に連なる。昔、修験者が人形山を目ざした際の門としてカラモンの名前が残っているのではないかといわれている。

人形山頂から東へ一kmに分岐点があり、さらに一km南へ入った地点が白川村と南砺市利賀《とが》村境界の三ヶ辻山である。この山は人形山より四〇m高い。人形山の稜線より奥になるので、富山県側からは見えにくい。三角点は岐阜県側へ二〇〇m入った所にある。

三ヶ辻山へは登山道がなかったが一九八六年、五箇山保勝会によって登山道が切り開かれた。山頂からの展望は北アルプスから飛騨の山々、白山山系から県境の笈ヶ岳、大笠山がすばらしい。

登路　麓の南砺市平地域では毎年六月の第一日曜日に人形山山開きを村主催で行っている。田向地区より湯谷川の林道を進み、折り返すように右岸側の小尾根を越えて、中根平（八三〇m）まで車を入れることができる。それより六km、約四時間で山頂に着く。

大滝山〜カラモン峰から人形山へのコースは大滝山までは手入れされているが、その先はかすかな踏み跡程度である。

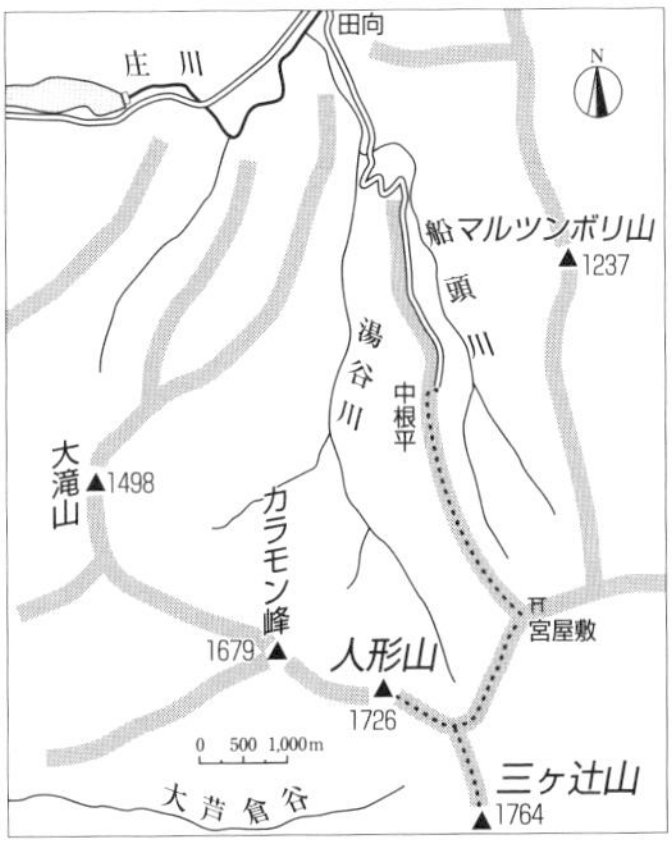

三ヶ辻山へは人形山の分岐より一km、約四〇分で山頂に着く。

地図　二・五万図　上梨

（西川雄策・本郷潤一）

籾糠山　もみぬかやま　標高　一七四四m

岐阜県飛騨市河合町と大野郡白川村にまたがる山。この境界には一五〇〇〜一六五〇mの平頂峰の山脈がほぼ南北に連なるが、その中央に円錐形をして聳立している。

山名は、左甚五郎の伝説に由来するもので、天生《あもう》峠近くの山中で甚五郎が作った木の人形に魂を入れて稲作を始めさせたところ、収

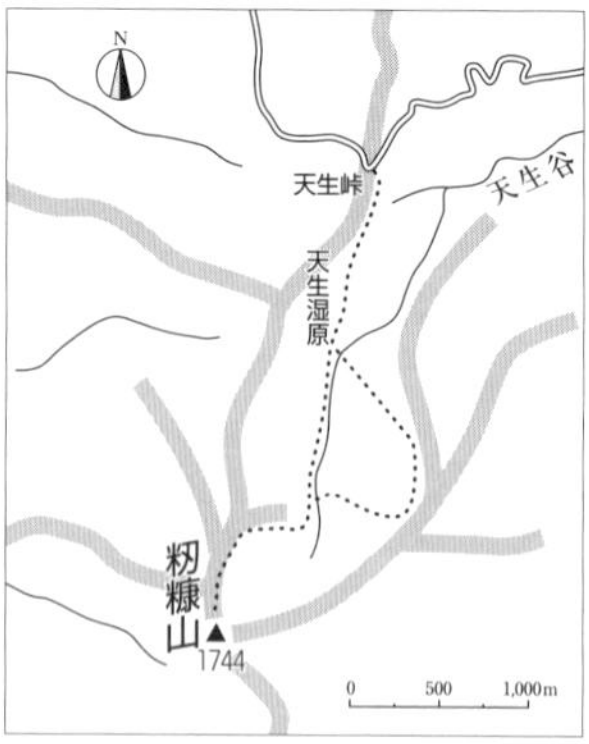

穫期に風に乗った籾殻がうずたかく積もって籾糠山になったと伝えられている。

この山の北側を飛騨市河合町から大野郡白川村に通じる天生峠は、泉鏡花の怪奇小説『高野聖』で広く知られるようになった。飛騨の峠道の中ではもっとも峻険な峠とされていたが、戦後に県道として改修され、現在では国道三六〇号となり、多くの観光客を迎えている。

天生峠から登山道を南に入ると、広大な天生湿原がある。国内分布の南限となる寒地系植物が群生し、一帯はオオミズゴケやムラサキミズゴケに覆われ、ワタスゲ、ホロムイソウ、ヒメシャクナゲなどの天然記念物を含む貴重な植物が自生している。この辺りにはブナの原生林が残り、県立自然公園に指定されている。

この湿原を北に下れば天生谷となり、金山谷に流入している。この金山谷は江戸初期から天生金山が開かれ、昭和の初めまで金、銀、銅、亜鉛が採掘されていた。一時は従業員が一〇〇〇人を超す盛況だったが、一九三二年の大山崩れによって壊滅した。その後、黒鉛鉱山として再建されたが、一九四三、四四年と大火に見舞われ、閉山に追い込まれたという悲しい歴史を秘める谷である。

登路　天生峠が登山口となる。天生湿原の木道を通り抜け、谷の流れに沿ってほぼ平坦な道を行けば、やがて谷と分かれて急登となる。これを登り切った後、樹林帯の中で緩い登高をつづけ、急に視界が開けると山頂である(天生峠から約二時間三〇分)。ピラミッド状の山頂はあまり広くないが眺望に優れ、東に北アルプス、西に白山山系の山々を望むことができる。なお、近年この登山道は有料化されたので注意を要する。

地図　二・五万図　平瀬　鳩谷

（伊藤　茂）

猿ヶ馬場山　さるがばんばやま　標高　一八七五m

岐阜県大野郡白川村にある。富山県と岐阜県の県境を北東から南西方向に分水嶺が走り、岐阜県に入って飛騨市河合町と大野郡白川村の境界の山となる。いずれも一五〇〇～一八〇〇m級の平頂峰であるが、猿ヶ馬場山はこの山稜中の最高峰で、広大な山頂となっている。

山名の由来ははっきりしないが、天生峠周辺に生息するサルの大群にまつわる伝説の舞台になったこと、ササ原の広がる山頂を馬場に見立ててのことによるようである。

なお、山頂から西方にある前衛峰の帰雲山《かえりくもやま》(一六二二m)は天正一三年(一五八五)、白川郷一帯を襲った大地震により、山麓にあった内ヶ島氏の帰雲城と城下町を一夜にして埋め尽くし、数百人の人馬を地底に葬り去ったという。この大崩壊の跡はいまも謎を秘めて、褐色の山肌をさらしている。

登路　かつては登山コースとして、北側の天生峠から籾糠山を経由するもの(籾糠山から無雪期約四時間三〇分、残雪期約二時間)、飛騨市河合町側の栗ヶ谷に沿う横谷林道から籾糠山を経由して山頂に達するもの（無雪期約一二時間、残雪期約五時間三〇分）など厳しい登山を要求された。しかし、近年は白川村荻町から前述の帰雲山を経由して登るルートが開削されて、労力が若干軽減された（無雪期約三時間五〇分）。

地図　二・五万図　平瀬　鳩谷

（伊藤　茂）

御前岳　ごぜんだけ

標高　一八一六m

岐阜県飛騨市河合町と高山市清見町の境界上にある山。飛騨高地の西部、庄川上流の御母衣湖の北東に位置し、高山市清見町ではもっとも標高の高い山である。

「御前」を冠した山は全国にいくつかあるが、この御前岳は白山の遙拝所の一つで、白山に対する前山の意味を持っている。

登路　残雪期がよい。小鳥ダム側の横谷から厳しい登りとなるが、白川村と清見町の市村境稜線に出れば、籾糠山《もみぬかやま》や猿ヶ馬場山、白山山系の山々を望みながらの縦走は快適である（約三時間三〇分）。

無雪期ならば、清見町の森茂《もりも》集落跡から崩壊の激しい三ノ谷の林道を終点まで入り、ここから三ノ谷とオクゴゼン谷を分ける尾根を登ることになるが、低木やササが茂って厳しい登山を要求される（三ノ谷出合から約五時間）。なお、森茂集落は一九七〇年に全戸が転出したことにより、清見町から入る森茂峠が閉鎖されて進入が難しくなり、高山市荘川町六厩《むまい》からも途中で落盤があって通行不能。

この森茂集落は江戸時代から森茂金山があり、砂金の採集が行われ、明治時代までは鉱山町としてかなりにぎわっていたという歴史を秘めている。

地図　二・五万図　平瀬　御母衣

（伊藤　茂）

猪臥山　いぶせやま

標高　一五一九m

岐阜県飛騨市古川町と高山市清見町の境界にあり、古川盆地を囲む山のうちではもっとも高く、どっしりした山容は飛騨の各地から望むことができる。

山名の由来は、イノシシが伏せている姿に似ているとか、ニホンイノシシが多く生息している山であるからといわれる。

登路　この山の北にある尾崎山との間に小鳥《おどり》峠があり、飛騨市古川町と同市河合町の小鳥川流域を結ぶ交通路となっている。近年、この峠から猪臥山山頂まで林道が整備されて、これを利用すれば簡単に登ることができるようになった。この林道は歩いても峠から約一時間である。林道はブナやコナラなどの樹林とネマガリダケの密生地を切り開いたもので、古川盆地や近辺の山々を眺めながら登っていくことになる。近年、飛騨市古川町側から猪臥山トンネルが山の南側の高山市清見町の国道一五八号に通じるようになり、これにより清見町彦谷からトンネル入口に車を止めて登山道に入り、三時間三〇分程で猪臥山山頂に達する新しい登山ルートもできた。山頂には山之神を祀る神社と小さな鳥居があり、北アルプスの山々、白山山系、富山県境の山などの展望がすばらしい。

地図　二・五万図　猪臥山　飛騨古川

（伊藤　茂）

見量山 みはかやま

標高 九九七m

別称 御墓山

岐阜県高山市旧市域と同市国府町との境にあり、標高は高くないが大きく広がって、高山盆地からよく目立つ山である。

山名は『斐太後風土記』によれば、この山に初雪が降れば一五日後に近郷に雪が降り、根雪となることを見量《みはか》る山として「見量山」、また、斐陀国造《ひだのくにのみやつこ》の墓所の山として「御墓山」と呼ばれたと記されている。このように奈良、平安の昔から土地の人々の生活にかかわりのある、歴史の古い山である。

登路 東麓の高山市赤保木町にある熊野神社わきから谷筋に沿う道を行き、堰堤を過ぎると小さな峠に出る。ここで右に折れてアカマツ、ヒメコマツなどの下に付けられたジグザグの急坂を登ると山頂(山麓から約一時間)。山頂は樹林に覆われているが、小さな社や広場があり、木々の間から北アルプスを望むことができる。

地図 二・五万図 三日町 飛騨古川 (伊藤 茂)

火山 ひやま

標高 一三七九m

岐阜県高山市清見町と荘川町の境にあり、北西麓を白川街道、南東麓を郡上街道が走っている。また、火山から北東につづく傘山から松ノ木峠への尾根は庄川水系と小鳥《おどり》川水系との分水嶺となり、火山から南東の西ウレ峠、竜ヶ峰、さらに川上《かおれ》岳、位山《くらいやま》へとつづく尾根は川上川と馬瀬《まぜ》川の分水嶺になっている。

北麓の高山市荘川町六厩《むまい》は、かつては旅人の宿駅があり、また、金を産出する六厩金山があった所で、いまも採鉱場跡や屋敷跡が残っている。

山名の由来は不明だが、火山《かざん》とはなんの関係もないと思われる。

登路 高山市清見町からは、せせらぎ街道の西ウレ峠の北側から西ウレ林道に入る(ゲートがあって一般車の通行はできない)。この林道を辿っていくと広河原に出る。ここで三本の林道に分かれるが、中央の林道が谷沿いにあり、これを辿る。林道終点からは小径が山頂までつづいている(広河原から約一時間)。

荘川町側からは、六厩から旧軽岡峠への荒れた道を行き、沢を渡って急斜面を登りつめて尾根に出る。ここから厳しいヤブこぎで山頂に立つ(約三時間三〇分)。山頂はブナ林で、展望はヤブにさえぎられて利かない。

地図 二・五万図 六厩 (伊藤 茂)

川上岳 かおれだけ

標高 一六二六m

別称 兎ヶ《うさぎが》馬場《ばば》

岐阜県高山市一之宮町と下呂市にまたがり、飛騨を日本海側と太平洋側に分ける位《くらいやま》山分水嶺上にある山で、位山、船山《ふなやま》とともに「位山三山」と呼ばれる。

山名にある川上は川の上流という意味になるが、山の南側の馬瀬《まぜ》川の上流にある「川上」という集落は「カワウレ」が訛って「カオレ」になったといわれることから、本来は「カワウレダケ」だったと思われる。

川上岳一帯は樹林帯が発達し、相観としてはヒノキ林であるが、谷沿いにはサワグルミ、トチノキなどの落葉広葉樹林、または下部の緩斜面には岐阜県の県木となっているイチイが多く見られ、とくに川上岳北側のツメタ谷沿いの国有林には、樹高二二m、推定樹齢一〇〇〇年余りという大櫟《いちい》(一位)があり、一之宮町の天然記念物に指定されている。

川上岳の北面は、宮川(神通川)の源流域で、本流のヌクイ谷と支流のツメタ谷が入り込んでいる。ヌクイ谷には県営の防災ダムがあるが、このダムはゾーン型アーチダムで、洪水調節用としては県内最大である。また、東面は山之口川、南面は馬瀬川の源流域で、いずれも南流して飛騨川に合流する。

登路　登山コースは二つ。従来は下呂市萩原町山之口側から登られてきたが、近年は一之宮町側のツメタ谷林道コースも利用されるようになった。

萩原町側コース　萩原町上呂から山之口川に沿う旧位山街道を北上し、林道に入って大足谷の合流点までは車で入ることができる。ここから登山道が始まる。大足谷右岸の尾根に取りつき、ヒノキ、スギ、ブナ、ダケカンバなどが覆う樹林帯の道を急登し、境界尾根に出れば低木とササののびやかな登りで山頂に達する(登山口から約三時間)。

一之宮町側コース　町の中心地から宮川に沿って地方道をツメタ谷の合流点まで入った後、ツメタ谷林道を高山市清見町の境まで車

川上岳(左奥のピーク)(南尾根から)

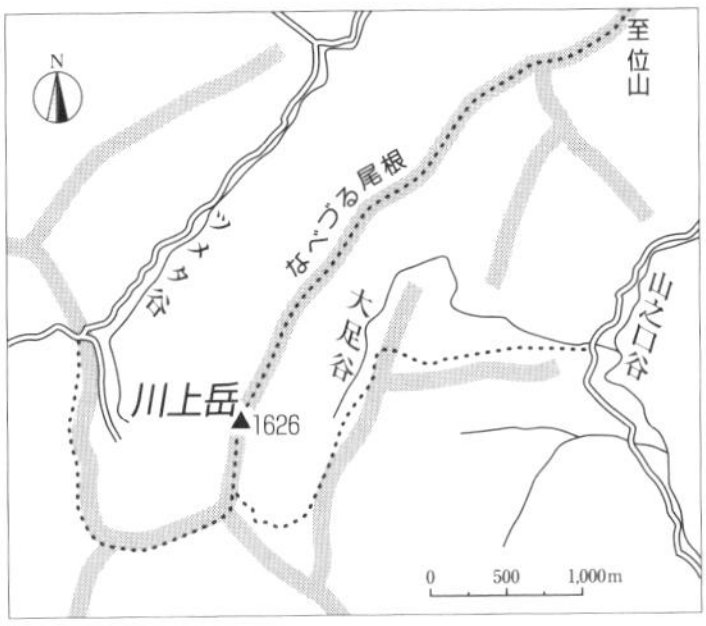

で上がる。ここから登山道に入り、ダケカンバ、ミズナラ、ネズコなどの樹林帯を一五八〇mのピークまで上がると展望が開ける。イヌツゲやササの切り開きを下って登り返すと、大足谷からのルートと合流し山頂は近い(約二時間)。

加えて近年、位山から川上岳までの一之宮町と萩原町の境界尾根、通称「なべづる尾根」に縦走路が開かれた(約三時間)。

山頂は兎ヶ馬場といわれるように台地状をなし、稜線に沿ってドウダンツツジが多く、秋の紅葉は訪れる者に大きな楽しみとなっている。山頂は三六〇度の展望を楽しむことのできる第一級の展望台といえよう。

地図　二・五万図　位山　山之口

(伊藤　茂)

位山　くらいやま

標高　一五二九m

岐阜県高山市一之宮町と下呂市にまたがる山。飛騨高地のほぼ中央にあって、乗鞍岳から西に派生する位山分水嶺の主峰である。山の北側の谷は日本海へ、南側は太平洋に注ぎ、地理的にも気候的にも、これを境にして大きな違いを見せる重要な山である。

平安時代から名山として多く詩歌に詠まれ、歌枕にもなり、また、天孫降臨や天の岩戸伝説、両面宿儺《りょうめんすくな》の伝説、位山の男神をめぐって川上岳《かおれだけ》の女神と船山《ふなやま》の女神の恋争いなど、様々な言い伝えのある歴史の山であり、さらにこの山の山頂から山麓にかけて不思議な文字を刻んだ巨石群が散在するなど、古代ロマンをかき立ててくれる話題の多い山である。

また、近年は北側の標高一二〇〇mから七〇〇mにかけての一帯が、「モンデウス飛騨位山スノーパーク」となり、ウインタースポーツの山としても広く知られている。

山名の由来は、位山を代表する樹木、イチイ(イチイ科)が古来朝廷へ「笏《しゃく》」の材料として献上されてきたことで「一位《いちい》の山」とされ、これが位山となったと伝えられている。

また『宮村史』によると、かつて位山峠周辺の山地を「位山」と呼んでいたが、明治年間に陸地測量部が地図を作製するに際して、「だな山」と呼んでいたこの山を誤って位山としてしまったため、「だな山」が「位山」になったと解説している。

位山には自然林が多く残され、樹種が多いことで知られている。イチイのほかにヒノキ、サワラ、ネズコ、モミ、シラビソなどの針葉樹をはじめ、ミズナラ、ブナ、ダケカンバ、シラカバなどの広葉樹の巨木が目立ち、また、頂上付近にはドウダンツツジやアカミノイヌツゲの群生や亜高山帯の草花なども見られ、山の四季を彩っている。

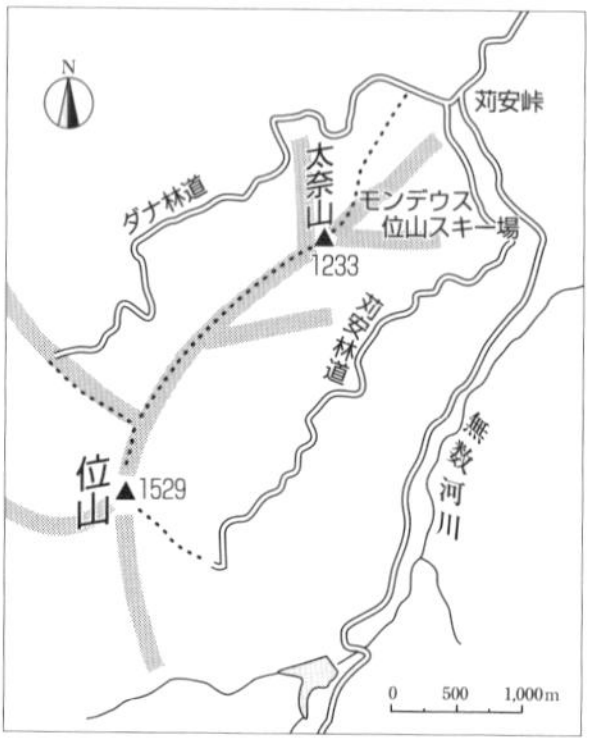

登路　登山路は三つある。

スキー場からの中央口　ゲレンデ上部から太奈山《だなやま》(一二三三m)を経て、自然林の中の登山道を行き、里見平や岩戸平を通って頂上に達することができる(約三時間)。

刈安林道コース　ゲレンデ横から山の東側をこの林道がほぼ水平に巻いており、その終点から樹林帯の中の小道を辿って頂上に立つことができる(約五〇分)。

ダナ林道コース　最近多く利用されるようになった。この林道は位山の北側を迂回しており、終点が登山口。ここには位山太陽神殿の社殿があり、そのわきから登山道が始まる。このコースは「思惟の道」と名付けられ、哲学の散歩道ともいわれている。イチイ、サワラ、モミなどの樹林と大小多数の岩がある変化に富んだコースで、天の岩戸平でスキー場から来る尾根コースと合流すればまもなく頂上である(約一時間)。

頂上には展望台もあり、木の間越しに北アルプスや白山山系を望むことができる。

地図　二・五万図　位山

（伊藤　茂）

船山　ふなやま

標高　一四七九m

岐阜県高山市久々野町の南部にあって、乗鞍岳から西に延びる位《くらい》山《やま》分水嶺に属する山で、位山、川上岳《かおれだけ》とともに「位山三山」の一つである。

この山は昔、「久久濃山《くぐのやま》」と呼ばれていたが、これがいつか船山に転じた。『宮殿縁起』によれば、「雲の波を分け船を止めたところであることから船山と呼ばれた」とある。また、山容が遠くから見て、舟を伏せた形をしているところから船山になったともいわれる。

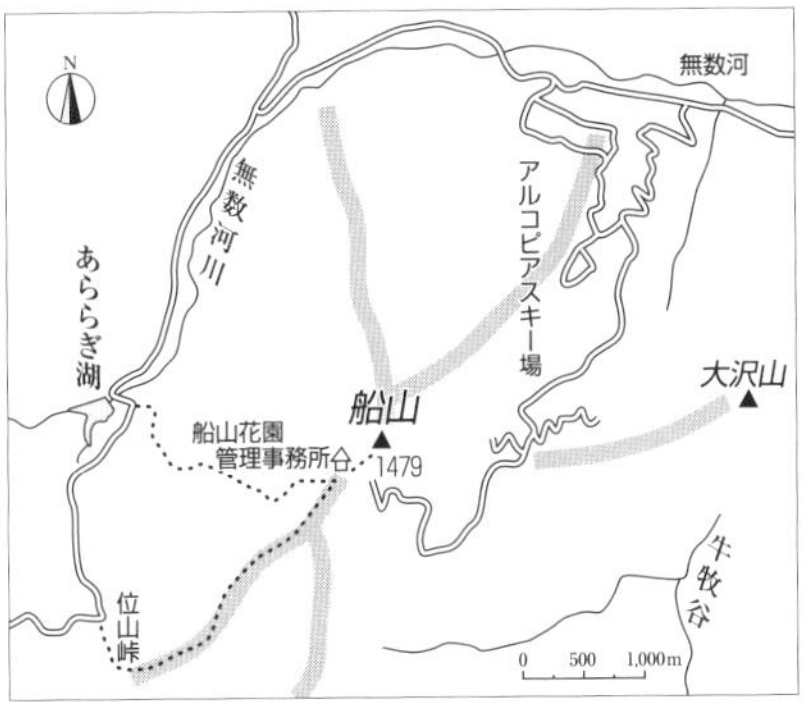

船山の一帯は県立自然公園に指定され、山頂花木園、あららぎ湖原生林公園などがあり、また、昔からのスキー場は「舟山スノーリゾートアルコピア」として整備され、変化に富んだコースが多く、スキー愛好家でにぎわいを見せている。また、山麓の傾斜地にある旧開拓地は、高冷地気候を生かしたナシ、リンゴの広大な果樹園となっている。

この船山と西方の位山との鞍部に一〇九五mの位山峠があり、かつては中央と飛騨を結ぶ官道として重要な街道であった。往時の石畳がいまなお所々に残り、交通史上の史跡となっている。

その位山峠から北へ無数河《むすごう》川が流れ、益田川に合流しているが、無数河川の上流は急峻で、氾濫による洪水の被害を防ぐため、船山と位山の鞍部に一九七五年に大規模の防災ダムが建設され、人造湖「あららぎ湖」ができた。周辺には原生林公園もあり、自然休養林として人々に供されている。

登路　山頂にNHKやNTTの電波中継所があるため、スキー場から山頂まで車道が通じているので車で山頂まで行くことができる。また、別に山の南西、位山峠のわきから登るコースがある。この登山道は「光と風の道」と名付けられ、岐阜大学の演習林に沿って付けられている。ブナ、ヒノキ、コシアブラなどがうっそうと茂り、野鳥の声を多く聞くことができる。手入れされた樹林帯の中の登りがつづき、ササの切り開きを登れば船山山頂花木園の台地に出る。展望台もあり、四季折々の多彩な植物が楽しませてくれる。後少し行けば電波中継塔の建つ広い山頂である（約二時間）。山頂からは北アルプスや白山山系を望むことができる。

下山は直接スキー場に下るか、原生林を横切って「あららぎ湖」畔へ出るのもよい。

地図　二・五万図　位山　打保

（伊藤　茂）

仏ヶ尾山　ほとけがおやま

標高　一一三九m

岐阜県下呂市萩原町と馬瀬地域にある。木曾川支流の飛騨川と馬瀬川に挟まれた位山山脈は、川上岳から南へ下呂市金山町までつづいているが、仏ヶ尾山はそのほぼ中央に位置している。

かつては、この山を挟んでその南北にある鈴越峠、連坂峠によって、東西の集落が交流を重ねていた。

山頂には祠跡があり、一対の石柱がある。古くは仏山と呼ばれた信仰の山で、山名もそれに由来するものと思われる。

登路　従来は北の連坂峠から南下して登頂(峠から約一時間)したが現在は荒廃しており、近年、萩原町野上から黒谷右岸の尾根を登る登山道ができて、これを利用する人が多い(野上から約二時間)。

地図　二・五万図　萩原

(島田　靖)

八尾山　はちおやま

標高　一一〇一m

岐阜県下呂市にある。下呂市の茂谷から登ると、途中に八尾権現と刻まれた石柱がある。地元ではこの山を「御前様」と呼び、八尾御前とあがめてきた。すなわち御嶽山の遙拝所として、また、雨乞いの山として尊崇されてきた、信仰の山である。

山名は、尾根が八方に広がるところからきているとされている。

登路　住吉林道を稜線近くまで車を利用して登るのがもっとも早い。ほかに柿坂峠まで車で行き、これより送電線の巡視路を辿って登頂することもできる(柿坂峠からは約一時間三〇分)。

地図　二・五万図　下呂

(島田　靖)

オサンババ

標高　一六三一m

岐阜県高山市荘川町にある。郡上市明宝との境界をなす一五八六m峰と一五三五m峰の鞍部から北に派生する尾根上にあって、大きな台地状をなすピークである。この山は近くの烏帽子岳とともに庄川と長良川支流の吉田川の源流域の山で、山頂付近はブナ林で覆われている。東麓にはミズバショウの南限地とされている山中峠、南東斜面は「めいほうスキー場」として開発が進んでいる。

特異な名称であるオサンババの山名は「兎ヶ馬場」が訛ったものである。

登路　周囲が猛烈なヤブで覆われているので、無雪期には近づきにくい。近年、前述のめいほうスキー場のゲンレデが一五八六m峰の南東面まで来ているので、積雪期にこれを辿って登るのがよい(スキー場リフト・トップから歩けば一時間とかからない)。

地図　二・五万図　飛騨大原　大鷲

(島田　靖)

烏帽子岳　えぼしだけ

標高　一六二五m

岐阜県高山市荘川町と郡上市明宝にまたがる。一色川を隔てて鷲ヶ岳と対峙している。山姿が烏帽子の形をしていることが山名の起こりと考えられる。

天正一三年(一五八五)の白山地震では、帰雲山の山崩れと同時に郡上市明宝水沢上《みぞれ》でも大規模な地滑りが起こり、西俣川に向かって崩落した土砂で集落が水没したという。

宇治川の先陣争いに出てくる名馬・磨墨《するすみ》は、この山の南麓の産といわれている。

登路　めいほうスキー場の駐車場から西俣川に沿った林道を利用して登る。林道はいくつか枝線があるが、荒廃しているのでメインルートは分かりやすい。登山口から先の林道もヤブに埋もれているので、行き過ぎることはない。登山口から立派な登山道が頂上までつづいている(駐車場から約三時間三〇分)。

地図　二・五万図　飛騨大原　大鷲

(山田　暁・堀　義博)

鷲ヶ岳　わしがたけ

標高　一六七二m

別称　雲ヶ獄

岐阜県高山市荘川町、郡上市高鷲町および同市白鳥町にまたがる。中央分水嶺の一部で、東の烏帽子岳と馬蹄状に山体を形成し、庄川と長良川の分水界をなす。山体は古生代から中生代の地層を基盤とし、それを新規安山岩類が覆っている。

昔は「雲ヶ嶽」と呼んでいたが、朝廷の命を受けた藤原頼保が鷲退治を果たしたことによって鷲見の姓と領地を賜り、山名も「鷲ヶ岳」と改名された。このため「鷲」にちなむ地名が周辺の各所に見える。西面の「一服平」にはこの頼保を祀る社が建っている。

荘川道といって、高山市荘川町一色から鷲ヶ岳と烏帽子岳の鞍部を越えて郡上市明宝寒水《かのみず》奥の宮に通じる道があり、明治初年ごろまではよく利用された。また、鷲見と一色との往来には北麓を横切る「栂《とが》ノ《の》尾《お》峠」が用いられた。

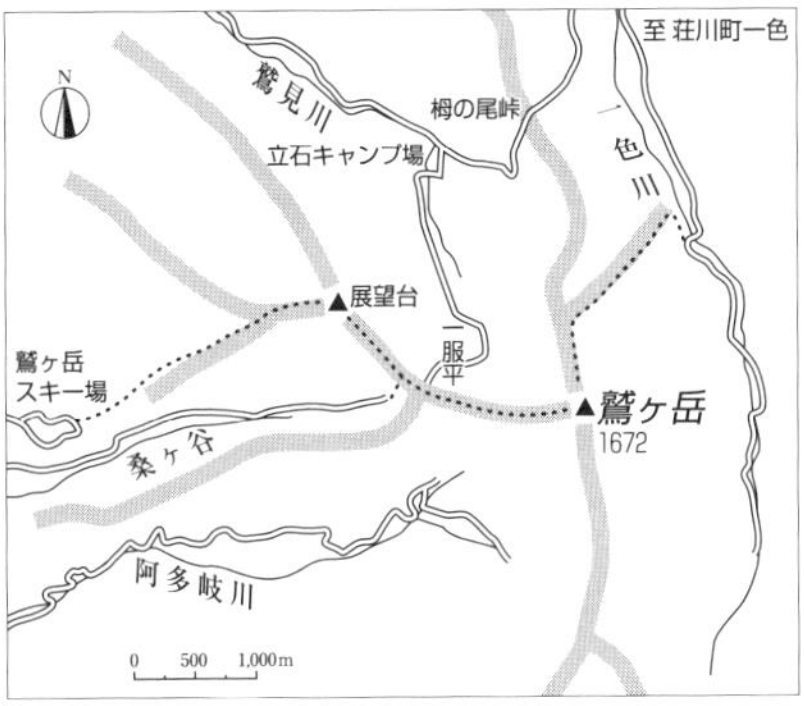

登路　栂の尾峠を少し西に下った所にある立石キャンプ場から頂上のすぐ西まで林道が延びている。林道は車で乗り入れ可能で、終点から頂上まで立派な遊歩道が造られている(キャンプ場から約二時間三〇分、林道終点からだと三〇分)。西麓の鷲ヶ岳高原ゴルフ場先の林道を辿り、途中から登山道となって前述の林道に合流するルートも、よく整備されている(ゴルフ場先から約一時間四〇分)。

地図　二・五万図　大鷲

(山田　暁・堀　義博)

美濃・三河高原

八嶽山　やたけさん

標高　一一四一m

愛知県の最東端、北設楽《したら》郡豊根村と長野県南部の下伊那郡天龍村にまたがる。愛知県、長野県の県境に位置するが、愛知県豊根村(旧富山《とみやま》村)の山として知られ登山道もある。中京方面や浜松方面からの登山者が多い。

天龍村坂部《さかんべ》の熊谷家でまとめられた『熊谷家伝記』によれば、旧富山村は南北朝時代の延元二年(一三三七)、河内国(大阪府)の河内源氏の子孫が開郷した。延文二年(一三五七)から四一六年間、熊谷家の当主により書き継がれた伝記には、当地方の貴重な歴史が記されている。六百数十年つづいた村も一九六三年に着工された佐久間ダムの建設で湖底に沈み、日本一人口の少ない村になった(当時)。

稜線まで人工林化が進んでいるが、中腹は二次林のブナやコナラがあり、新緑と紅葉に季節感がある。登山道の途中や頂上からは遠州、奥三河、南アルプス南部の山々の眺望が得られる。

登路　旧富山村の熊野神社から登る道が整備されている(約二時間)。長野県側からは整備された登山道はない。天龍村先途の林道から踏み跡程度の道を辿ることができる。頂上付近で落葉樹林になる。

地図　二・五万図　三河大谷

(金田博秋)

日本ヶ塚山　にほんがつかやま

標高　一一〇八m

愛知県北設楽《したら》郡の旧豊根村と旧富山《とみやま》村にまたがる(両村合併後現豊根村になる)。旧富山村は北は長野県に接し、東は佐久間湖を介して静岡県に接する。西と南は旧豊根村と山で区切られ、真ん中を漆島川が流れ佐久間湖に注ぐ。三方を山に囲まれた地である。北西の山の一角には霧石峠が旧豊根村に通じていた。明治時代には赴任する役人があまりの山深さに辞職を決意したので「辞職峠」とも呼ばれた。現在はトンネルがうがたれ、湖岸道路ができて峠道は廃道になっている。

日本ヶ塚山は霧石峠の東に位置する。かつては分地峠やキビウ峠からも村界の稜線を経て登っていた。一九〇三年、陸地測量部が選点した三角点の点名には「二本ヶ塚」とあるように、二つの頂がある。その一つが西にある顕著な一〇六五m峰である。古い登山者には「ニセ日本ヶ塚」と呼ばれた。旧五万図はここに日本ヶ塚山と間違って印刷されていた。

山名の由来は、『北設楽郡史』の伝説の中に「豊根村大字古真立字分地の地内に日本塚《ママ》山という高さ一〇〇七《ママ》mの山がある。山の頂上は岩石で、数人の人が住める程の洞穴がある。鍋の破片、刀の折れが出てきた」云々と紹介されている。これが塚山と呼ばれた由縁であろう。

ニセ日本ヶ塚山と三角点のあるピークと結んで遊歩道が整備されているが、稜線通しは上下が激しく手強い。自然林が残されているので春秋の季節は美しい。奥三河、南信濃、遠州と周囲の山並みが見渡せる山頂からの展望が秀逸である。奥三河の中ではアルペン的な山容とともに人気がある。低い山の多い愛知県で一〇〇〇m級の山並みがあり、人工林化は進んでいるがブナ、ナラの大木、アカヤシオの群生も見られる。

登路　旧富山村の「古里とみやまバンガロー村」から遊歩道がある(約三時間五〇分)。帰路は往路を戻るか、北に派生する急尾根を下る(約一時間四〇分)。

地図　二・五万図　三河大谷　佐久間

(金田博秋)

大峠　おおとうげ　標高　九五四m

愛知県北設楽《したら》郡設楽町津具と豊根村、東栄町との三町村の境にある。大峠(おおと、おおとう、おおとうげ)という峠は全国各地にあり、大峠山という名の山もあるが、この「大峠」は山頂に三角点のある独立の山である。山名のように山体が大きく、設楽町津具の下留《くだる》、大島集落の辺りから眺めると、山が大きく横に広がり、頂稜も同じような高さの四つの峰に分かれているように見える。

登路　一般的な登山道は津具の溜淵《たまりぶち》の集落から通じている。林道・中俣大沢線を約七〇〇m進むと、豊根村大沢集落に通じる地形図の破線がある。ここが登山口。ここから大峠の北に延びる尾根上の真久峠《まきゆう》に立ち、後はほぼ尾根通しに旧御料局の三角点標石のある峰(推定九五二m)を経て豊根村、津具の境界線を辿って山頂に達する。三角点標石は三町村界からわずかに南へ寄ったコブに埋設されている。眺望はない。道はおおむね人工林の中である。途中の送電線鉄塔の辺りを除けば、展望はほとんど利かない。山頂部にわずかに自然林が残されている(登山口から約一時間)。

地図　二・五万図　見出

(上田　正)

古町高山　ふるまちたかやま　標高　一〇五五m

愛知県北設楽《したら》郡設楽町(旧津具村と旧設楽町にまたがる)にある。古い紀行案内書や地図では単に高山と呼ばれていたが、地形図では山麓の古町を冠して呼ばれている。古町は古くから開けた町(人家の多い所)という意味で、『津具村誌』には一六〇〇年代に地名が登場する。隣の山には有名な津具金山があった。古町に精錬所が作られ、信玄坑といわれる坑道があり、村の文化財として保存されている。古町は金山にかかわる人々でにぎわった町であったらしい。

地質は噴火活動はなかったが塊状火山の跡といわれる。全体として領家変成岩で構成され、山頂中心部は玄武岩類である。山頂から西の笹暮峠側に下ると雑木林の地面に凝灰質泥岩の露頭が見られる。これは第三紀中新世の火山活動を物語るといわれる。植生は山頂から北側と西側に雑木林が残されるが、ほかはスギ、ヒノキの植林となっている。侵食された谷が発達していないことも珍しい。

登路　古町高山の東を通る車道を登山口まで行くと峠状の所に登山口がある。地形図の破線路が現在は中部電力の鉄塔保守路に利用されており、乗り越す手前まで登ると右に曲がる山道に従っていく。山林内のジグザグ道を登ると山頂の東端に着いてすぐに山頂に達する。三角点はない(往復約一時間三〇分)。

地図 二・五万図 田口

(西山秀夫)

大鈴山 おおすずやま 標高 一〇一二m

愛知県北設楽《したら》郡設楽町と東栄町にまたがる。

地質は設楽火山岩類で、いまから二千万年前にこの付近が沈んで海底となり、その後の堆積物や火山活動でできた。海底の堆積物は設楽層群と呼ばれる。登山口の一つである柴石峠の凝灰岩の中に植物の化石が多く発見されている。化石の木の葉が柴の木(ナラ)の葉に似ていることから柴石峠と名付けられた。ほかにカンバ類、カエデ類、シデ類の葉や種子の化石が産出される。柴石峠は東栄町の小林と天堤を結ぶ街道の要所であった。現在は町指定の文化財として囲われて保護されている。稜線は石英安山岩の露岩がこぶのように連なり痩せている。植生はスギ、ヒノキの植林が大半であるが、設楽町側には雑木林が残り、このため稜線の西半分は明るい。山頂が近くなるとアセビ、ヒメシャラなどが見られる。

山頂は東西に眺めが開けている。奥三河でも屈指の展望のよい山である。『振草村誌』には「山嶺には伊勢神宮の遥拝所が設けられ、展望十一州、南は太平洋、遠州灘をかすかに望むことが出来る」と紹介されている。南東には三ッ瀬明神山の秀麗な山容を眺めることができる。

山名の大鈴山の鈴には、①鈴、②稲叢《いなむら》、③清水・湧水、④篠《すず》などの意味がある。尖峰という点で②の稲叢と推察する。稲叢とは刈り取った稲を積み重ねたものである。これに似ているということであろう。早川孝太郎の『三遠山村手記』にはスス(スズ)は根竹の一種で、屋根を葺く材料にしたことが書かれているが、これも捨てがたい。西隣の鹿島山(九一二m)は鎮護として鹿島大明神を祀った時代の名残であろう。

登路 設楽町天堤から林道柴石線に入ると柴石峠への登山口がある。峠までは約一〇分。峠からスギの植林内を登ると雑木林に出て、愛知県新城市の消防無線やNHKの中継所が建つ小ピークを経て痩せた稜線を登ると山頂に着く(約一時間)。ほかに鹿島山からも登ることができる。設楽町和市を起点に岩古谷山、平山明神山、大鈴山、鹿島山と四座を結んで登ることもあるが、健脚向きである。とくに和市と東栄町小林を結ぶグミンダ峠から大鈴山への登りは急である。

地図 二・五万図 田口

(西山秀夫)

明神山 みょうじんやま 標高 九五〇m

別称 平山明神山

愛知県北設楽《したら》郡設楽町と東栄町にまたがる。設楽町は豊川水系、矢作川水系、天竜川水系にまたがる山間の町であるが、この山は北も南も天竜川水系に流れる。

地質はデイサイトが隆起したドーム状の岩峰で、遠くからでも特徴ある山容がひと目で分かる。白岩山付近からは将棋の駒に似た形に見える。登山道に沿う谷はナメが発達して山頂に突き上げている。柱状節理が大きく、絶壁状の奇怪な地形を形造る。山頂直下の夫婦岩は大岩の節理で二つに分断されてできた岩塊である。山頂近辺では西の覗き、東の覗きと呼ばれる岩場があり、それぞれ展望がよい。反対に山頂は樹林に囲まれて展望は皆無である。

山頂には三角点も祠もないが、小鷹明神本殿への道標に従って行くと注連縄《しめなわ》の張られた岩場に出る。岩の間に小祠がある。『われらの山　五十』には「明神とは南朝の時代の護良親王の霊が鷹になって京に帰るとき止まったところ」と地元・平山の総代の説明がある。中には銅製の一対の鷹がご神体として祀られているという。

植生は全山樹林に覆われる。山頂直下までは手入れのよい人工林が占める。山頂への途上にはスギの大木が見られる。山頂付近のコイワカガミ群生地は開花期には訪れるものの眼を楽しませてくれるだろう。ネジキ、ヒメコマツ、ツガ、ヒメシャラ、天然ヒノキが山頂の植物景観を形づくる。岩古谷山と結ぶコース上にはシロヤシオの花が見られる。

登路　登山コースは三箇所ある。一般的には南麓の平山登山口が登り約一時間と、手軽に登ることができる。田口から国道四七三号を走って堤石トンネルを出てしばらくで左へ、平山明神山への道標に従って入る。車道左側に登山口の碑があり、三台程の駐車が可能、水場もある。

地図　二・五万図　田口　（西山秀夫）

岩古谷山　いわごやさん　標高　七九九m

愛知県北設楽《したら》郡設楽町田口の東に位置する。その名のとおりデイサイトの巨大な岩が露出する南北二㎞に及ぶ岩山である。奇岩、絶壁、急傾斜の地形が妙義山に似ていることから「三河妙義」とも称される。一九五五年五月六日に愛知県指定名勝となった。天竜・奥三河国定公園の代表的な名勝地として多くの入山者がある。

植生は稜線でヒメコマツが代表的樹種であるが、近年は枯れる傾向にある。ほかにカエデ、モミ、ツガ、カヤ、ダンコウバイ、イロハモミジ、イタヤカエデ、アカヤシオ、ヒカゲツツジ、ケヤキなどを見ることができる。

戦国時代、その険しい山塊は要衝の地となり、武将菅沼氏の山城が築かれていた。かつて山麓の人々が岩の峠を越えて伊那街道中馬道の宿場町として栄えた田口の町に往来したことから、岩を越す「イワコヤ」とこの山を称したと伝えられる。いまでは北設楽郡を東西に分断していた岩稜に堤石トンネル（一部手掘りが見られる）が通じ、山間の暮らしを変えた。山里の人々が苦労して越えた急峻な岩山も、階段、梯子、鎖が備えられ、東海自然歩道の難所といわれる人気のコースである。山頂からは奥三河の山々の大展望が楽しめる。

登路　登山口の設楽町和市から堤石峠を経て主稜を山頂へ約一時間四〇分。堤石トンネル西口右手登山口から急な階段を約四〇分で山頂へ登ることができる。ほかに鞍掛山から東海自然歩道を稜線づたいに山頂を目ざす縦走コースは約二時間。

地図　二・五万図　田口　海老　（水畑靖代）

鞍掛山 くらかけやま

標高　最高点　八八八m
　　　三角点　八八三m

愛知県北設楽《したら》郡設楽町に属する。山頂部は南北に細長く、西方の田峯城址方面から望むと、山容が牛馬に掛ける鞍に似た形に見える。三角点は北にあるが、最高点は南端で新城市との市町界上にある。鞍掛山は、南東の宇連山から北東の岩古谷山へ連なる設楽山系の中心をなす山で、急峻な起伏があり変化に富んでいる。東海自然歩道も仏坂峠から鞍掛山へは主稜線を避けて通っている。山頂には馬桶岩と呼ばれる巨岩があり、雨乞いの伝説が残っている。

　また、南西山麓の新城市四谷地区大代には「千枚田」の名前で呼ばれる段丘の水田がある。地滑り地帯の跡で、傾斜地に農民の汗と涙により造られ、一〇〇〇枚近くあるところから名付けられたという。同町では一九九五年の全国棚田サミットをきっかけに、景観を後世に残すために千枚田保存に取り組んでいる。

登路　仏坂トンネル登山口から仏坂峠最高点を経由して約二時間五〇分で山頂。東海自然歩道コースは、大代の千枚田解説板からかしやげ峠を経由して約二時間。設楽町の塩津温泉からびわくぼ峠を経由して約一時間三〇分。

地図　二・五万図　海老

（内藤芳夫）

高畑 たかはた

標高　七六二m

愛知県新城市鳳来地区海老の北東部に端正な姿で聳える山である。かつて高畑は全山草刈り場であったという。以前、この地方の農家では農作業のため大方の家で牛馬を飼っており、これらの牛馬を養うための草が必要であった。

　また昔、伊那街道の宿場であった海老宿は、交易のための馬方たちが往来しにぎわっており、村人はこれらの馬の飼料「馬草《まぐさ》」を供給し日銭を得ていたと思われる。また一方、田畑の肥料として堆肥作りのためにも草が活用されていたという。

　しかし、たび重なる戦争に、働き手の若い人たちは次々と招集を受け戦地へ赴き、そして馬までも軍馬として徴用されていった。戦後になり輸送手段は鉄道やトラックに変わったため、家畜はめっきり減って草刈り場としての需要がなくなり、代わって植林が進んだ。一九四三年ごろ、最後の採草地であった南斜面にも、地元の児童たちによってスギの木が植えられ、いまは全山スギ、ヒノキなどの樹木に覆われた山になっている。

　なお、高畑の山腹には昔、草を運び出した道が存在し、往時を偲ぶことができる。

登路　新城市海老入洞から大林に至る林道、入洞・大林線の途中からと、新城市川売からの三ルートあるが、いずれも道は途中までで、後は地図を頼りに登頂することになる。

地図　二・五万図　海老

（山田　猛）

宇連山 うれさん

標高　九三〇m

別称　ガンゾモチフデ山

愛知県北設楽《したら》郡設楽町と新城市鳳来地区の境にまたがる。地質的には、現在の鳳来湖を中心に火山活動が繰り返された結果、凝灰岩が形成された。その後、中央構造線の活動で、流紋岩、松脂岩が形成されて陥没し、設楽盆地となった。この周囲で北から明神山、岩古谷山、棚山(七六〇m)、宇連山、鳳来寺山と連なる山々を一般には設楽火山と呼んでいる(学問的には第三紀層は火山ではないとされる)。宇連山は北東の三ツ瀬明神山と対峙する雄峰である。宇連山の南の抱岩川《ほうがんがわ》(槇原川)の中流部は美しいナメとなっており、明神山の栃ノ木沢のナメと共通することから、自然史的には同じ時期の山といえる。

山頂付近は国有林で、見事な人工林となっている。山頂からの展望は東面に開けている。眼下には鳳来湖が見え、明神山が屛風のように屹立する。好天に恵まれれば遠く富士山や赤石岳、聖岳などの南アルプス南部の巨峰も望むことができる。

山名の「宇連」は奥の方、高い所の意味がある。山麓の設楽町側には宇連のムラがあり、宇連の奥にある山という意味と思われる。新城市側にも川売があり「かおれ」と読む。各地にある川上(かわかみ、かわうえ、かおれ)と同じ水源のムラである。かつては宇連と川売を結ぶ海老峠があった。峠道は廃道に近く、宇連は廃村となった。川売は梅林が見事で、開花時期には馥郁《ふくいく》とした香りが辺りに漂い、行楽客でにぎわう。

植生は山頂まで人工林に覆われているため黄葉、紅葉する樹木は少ない。むしろシャクナゲ、ミツバツツジの開花する時期の方が登山の楽しみは多い。

登路　南北に整備された東海自然歩道を中心にいくつものコースが楽しめる。一般には「愛知県民の森」をベースに西尾根を辿って山頂に達し、下山路は北尾根分岐から北尾根コースをとる。所要時間は六時間程。健脚向けには仏坂峠からの往復、川売から棚山を経由しての往復などがある。

地図　二・五万図　海老

（高田真歳）

明神山　みょうじんやま

標高　一〇一六m

別称　三ッ瀬明神山

愛知県北設楽《したら》郡東栄町と新城市鳳来地区にまたがる。北設楽郡設楽町と東栄町にまたがる明神山(九七〇m)と区別するため山麓の東栄町三ッ瀬の地名を冠して「三ッ瀬明神山」とも呼ばれる。どこから見ても秀麗な山容が眼を引く。とくに北からのアルペン的な山姿の写真が、奥三河の山の象徴として使われる。

地質は設楽層群という二千万年前の古い火山(デイサイトの溶岩)である。鳳来湖を中心に明神山累層と大島川累層が取り囲む形である。周囲の地形は急峻で、沢は滝を懸け、尾根は断崖絶壁となる。川床はナメが発達している。

植生は山麓から山頂までスギ、ヒノキの人工林に覆われている。明神山の南斜面の中腹の乳岩川の上流には流紋岩質、凝灰岩の乳岩(六七五m)がある。ここにはビロウドノリウツギ、ミカワショウマなどの特殊な植物が知られている。稜線には部分的にドウダンツツジ、ホソバシャクナゲ、ヒメコマツ、ツガ、コウヤマキ、天然ヒノ

明神山(中央奥)(岩古谷山から)

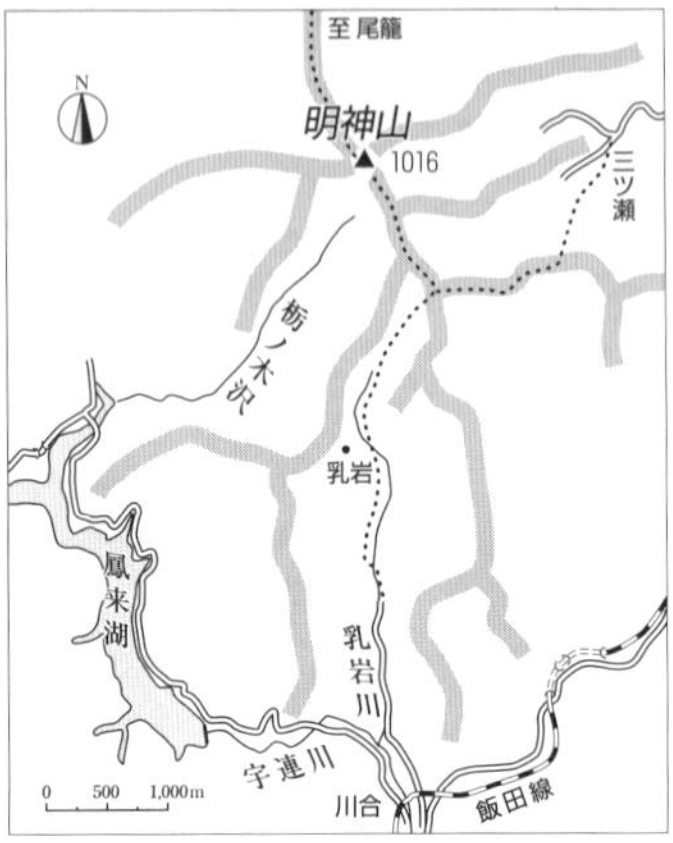

キが見られる。全体として保水力に乏しい植生である。

山頂に「明神」と彫られた碑が立っている。明神とは神の尊称である。現代でも鳳来湖の渇水が話題になるが、明治時代は旱魃に悩んだ村人のことが山村民俗誌『設楽』に出てくる。「奈根の雨乞」の項には一八八〇年ごろ、一か月も日照りがつづき、様々な雨乞い行事を行ったが効果がないため、明神山に登って信心したらしい。なお、奈根とは三ッ瀬を含めた字名である。昔、明神の祠前に額づいて念仏を唱えると、たちまち霊験があったという。明神山の南東の六九九mの三角点の近くの夕立岩(雷が祭神)も、やはり山麓の雨乞いに由来する命名であることは明白である。

奥三河の山は山頂近くまで山村が点在して登頂が比較的容易であるが、明神山は険しい地形が幸いして車道は山麓で止まり、登山の対象としていまも登山環境が保たれている。このため一九九四年の国民体育大会の際には登山コースに採用されるなど、整備が行き届いている。山頂には鉄骨二階建ての展望台が建っている。そこに登れば、晴れた日には富士山、南アルプス、中央アルプスなど三六〇度の大パノラマを楽しむことができる。

登路 三ッ瀬コース、尾籠岩山コース、乳岩コースがあり、それぞれよく登られている。三ッ瀬コースは鎖場、梯子、岩場があり、変化に富んでいる(登山口から二時間三〇分程)。山麓の東栄町では毎年「花祭」が初冬から正月にかけて行われるので、一泊して登山と組み合わせれば印象深い山旅になる。乳岩コースは距離が長く健脚向き。ほかに名渓「栃ノ木沢」遡行も面白い。オレンジ色のナメが美しい。

地図 二・五万図　三河本郷

(西山秀夫)

鳳来寺山　ほうらいじさん

標高　六九五m

別称　桐生山　霧生山

愛知県新城市鳳来地区のほぼ中心に位置する。鳳来寺山の山名はその麓に真言宗五智教団の本山、鳳来寺があることに由来する。それまで「桐生山」と呼ばれていたが、いつしか鳳来寺山になったという。のちに源頼朝の再興と伝えられ、利修仙人作の本尊薬師如来を祀り、薬師信仰と山岳修験道の霊山として信仰を集めた。慶安三年(一六五〇)四月、三代将軍徳川家光が『日光東照宮縁起』を見て家康の父・松平広忠と夫人於大の方が鳳来寺の峯薬師如来に子授けを祈願し、家康を授かったということを知り、鳳来寺に東照宮の建築を命じ、四代将軍家綱が慶安四年(一六五一)九月に完成させた。このような縁によって鳳来寺は徳川幕府の手厚い保護を受け、二十一院坊、寺領一三五〇石という盛大さを誇った。参道の傍らの何々院跡、何々坊跡の石碑にそのよすがを偲ぶことができる。

鳳来寺山の地質は流紋岩、松脂岩、凝灰岩などから構成される。およそ一六〇〇万年前の火山活動によって噴出した溶岩で覆われていて、中腹の各所で露出した奇岩や絶壁が見られる。代表的には鏡岩が知られる。また、鳳来寺山一帯は、「仏法僧」と鳴き声が聞こえるコノハズクの生息地でも有名であったが、開発が進んでその姿を消して今日に至っている。このような歴史と自然を背景に文人墨客の訪れも多くあり、参道には俳人・松尾芭蕉の句碑、歌人・若山牧水の歌碑が立てられている。作家で登山家の深田久弥も一九六八年七月一二日に登山に訪れている。

登路　鳳来寺の駐車場から本堂を経由して、奥の院に通じる参道を登る。山頂まではおよそ五〇分。帰路は天狗岩、鷹打場と名付けられた岩場を経て、東照宮へ下る周遊コースをとる。山頂から出発点の駐車場までおよそ五〇分。

地図　二・五万図　三河大野

(尾上　昇)

鷹ノ巣山　たかのすやま

標高　一一五三m

別称　段戸山(旧名)

愛知県北設楽《したら》郡設楽町の愛知高原国定公園の中にあって、西三河や尾張地方から眺めることができる山のうちで、もっとも奥まった所にあり、この地方を代表する山である。一帯は山深いために気温が低く、県下有数の多雨地帯でもあって、俗に愛知県の屋根とも表現されている。山頂部は丸みを帯びていて、付近には段戸湖、黒田湖、段戸山牧場がある。

山名の「鷹ノ巣山」は『北設楽郡史』によると、鷹狩に用いる鷹を雛のうちから飼育して訓練するために、鷹の巣の周囲一帯を御巣鷹山として、住民の立ち入りを禁じたことによる。

しかし、山域の総称は「段戸」。段のある所という意味から生まれたと伝えられ、奥三河の人々は、段々に戸を並べたように山々がつづくところから、周囲の山も含めて段戸の山、もしくは段戸山地と呼んできた。二〇一一年、段戸山の名称が付けられていた地形図上の一一五三mのピークは、地元設楽町の要請で鷹ノ巣山に変更されている。山域名にまつわるエピソードの一つに、南麓に位置する愛知県立岡崎高等学校の校歌にも「段戸の山」が歌われているが、これは記念行事で段戸山に登山した折、地元の人に段戸山の登山口を尋ねたところ、「ここが段戸だ」と言われたという。旧東加茂郡、北設楽郡一帯の山々を指していた、という証しであろう。

段戸山の歴史は林業史に通じることになる。愛知県編『愛知の林業史』によると、豊橋市の吉田城建築に木材を伐り出したことに始まる。江戸時代には段戸山は二回皆伐されている。このうち二回目は江戸末期で、そのまま明治になって御林は御料林になった。この時代を物語る依田秋圃の短歌がある。

三河なる段戸の山の樅栂を語りつつ食ひし鮎をしぞ思ふ　秋圃

鷹ノ巣山山頂(中央左奥)（黒田貯水池から）

段戸裏谷には、温帯性の原生林が残されており、学術参考保護林として保護されている。東三河を貫流する豊川の水源、西三河の沃野を潤す矢作川の支流の水源となっている。

段戸小起伏面を形成する地質は、領家変成岩と呼ばれる岩石からなっている。古生代の泥岩、砂岩などが比較的低圧高温の変成作用を受けて生成されたもので、雲母片岩、黒雲母片麻岩、珪質片麻岩などを主にしているほか、特徴的な鉱物として紅柱石を含む。

登路　北側の駒ヶ原ルート、東側の駒ヶ原林道ルート、南側の裏谷ルートと三本あり、いずれも登山口から一時間程で山頂に立つことができる。山頂は平坦で二〇m四方程の広さがある。雑木林に囲まれた山頂は東側が開けており、奥三河の茶臼山から時には南アルプス南部の山々まで見渡すことができる。

地図　二・五万図　寧比曽岳　田口

（石田好子）

駒山　こまやま　　標高　八五五m

別称　生駒山

愛知県の北部、豊田市旭地区の東部に位置する霊山である。旧旭町の最高峰である。山頂には駒山城跡があるが、中世に数多く造られた城砦の一つである。地形としては三河高原の段戸小起伏面と呼ばれている起伏面上にあり、侵食から取り残された残丘である。山上は標高八〇〇m程の高原をなし、所々に湿原が見られる。地質はほぼ花崗岩である。植生は一部雑木林もあるが全山植林である。山頂付近にある臨済宗円通山小馬寺の周囲は樹齢数百年の巨杉が林立する。山頂にはブナの巨木がある。

山名は、小馬寺の寺名に由来するといわれている。小馬寺の創建は明らかではないが、かつては奥三河三十三観音の霊場であった。室町時代の終わりごろ輸送に使われた馬の無病息災に霊験があり、室町時代の終わりごろから江戸時代にかけて栄えたと伝えられている。戦前は露店が並び大変にぎわったという。現代では寺は倒壊し、信仰も登山者からも忘れられた山である。

『北設楽郡史』によると、南朝方の伝説や遺跡の類が多く、なかでも後醍醐天皇の皇子・宗良《むねよし》親王の御子・尹良《ゆきよし》親王は三河の宮または尹良様と呼ばれ、隣接の豊田市稲武町には遺跡が多い。地名の御所貝津は、親王御座所であったところから御所垣内《ごしょかいと》と呼ばれ、のちに御所貝津《ごしょがいつ》となっていまに至る。

登路　豊田市牛地町黒谷から林道が山頂近くまで通じている。豊田市黒田からも林道が途中の南側ピーク（八五三ｍ）近くまで通じている。途中から登拝の道に入ると石仏や道標も現れる。現在も多く残されている古い観音像を訪ね、ロマンを秘めた山と古寺を散策する向きに勧めたい（黒田から歌碑を経て往復約四時間）。

地図　二・五万図　川ヶ渡

（星　一男）

寧比曾岳　ねびそだけ

標高　一一二一ｍ

愛知県豊田市足助町の東部に立つ高峰で、山容はおだやかである。周辺の地形は高原状となっており、東から西へと波浪状に広がっている。地質は三河山地に広く分布する領家変成岩類からなる。山麓から中腹にかけてはスギ、ヒノキの植林が多く見られ、上部の尾根筋にはミズナラ、ブナ、リョウブなどの自然林が茂っている。

登路　山頂へは、三方向から東海自然歩道が通じている。いずれの道も多くの人に親しまれており、歴史や自然のすばらしさを感じさせる。恵那ルートには、伊勢神宮遥拝所がいまも姿をとどめ、信州と三河を結ぶ中馬道の難所であった伊勢神峠がある。段戸湖からのルートは、段戸植物群落保護林に立つ樹齢二〇〇年以上のブナ、ツガなどの巨木に接し、自然が楽しめる。香嵐渓ルートでは、登山口の金蔵連峠の辺りで武田信玄が金を掘ったと伝えられている。伊勢神峠から大多賀峠を経由して約二時間で山頂。ほかに段戸湖から「段戸モミ・ツガ植物群落保護林」を歩いて約二時間三〇分で登頂。

地図　二・五万図　寧比曾岳

（辻　章行）

出来山　できやま

標高　一〇五三ｍ

愛知県北設楽《したら》郡設楽町と豊田市足助町にまたがり、段戸山塊の一角にある。山頂は植林で展望はよくない。かつては電波塔が建っていたが、今は撤去された。旧足助町側は国有林が育ち落葉樹も少しは見られる。山の南西には武田信玄の金鉱跡があり、歴史的には古くから知られていた。元亀二年（一五七一）から天正元年（一五七三）まで武田氏の支配下にあった（『御内蔵連誌』）。

出来山の由来は『北設楽郡史』によれば、近世御林山の成立の項で、元禄二年（一六八九）に設楽の五箇村から山の境界について奉行所へ提出した訴えの文に「九拾四、五年以前、……段戸山の内返り水と申す所に金山出来仕り」とあり、旧加茂郡阿蔵村との境についての争いがあった文書にも「出来」の字が見られる。また、同郡史の伝説の項目の「出来山」には「江戸時代の初めに砂金を採ったという。その際荒神祭りの鳥居を石ヶ花に立てたから、そこを石ヶ花鳥居峠と今でも呼んでいる」とある。また『御内蔵連誌』には金鉱を砕いた石臼も保存されているとあり、出来山の由来はまさに金が出て来る山だったのである。

登路　設楽町側からは東海自然歩道の中継地・裏谷から山頂まで林道が通じている。足助町からは神越渓谷を目ざして最奥の村・金蔵連を経て大奥山の造林事務所に着く。ここに車を置いて栃洞金沢林道を歩く。分岐ではまっすぐ支線を歩く。林道途中のカーブの所で、歩道入り口一七八から山道に入ると見返峠に達する。稜線を北東に辿れば山頂である。金山の廃坑は地元の人でないと分かりにくい。枯木沢の歩道を登り、忠実につめてもよい。

地図　二・五万図　寧比曾岳

（横田明信）

本宮山　ほんぐうさん　標高　七八九m

別称　本茂山　穂の山　砥鹿山　三河富士

愛知県豊川市一宮町と新城市、岡崎市額田地区にまたがる。かつては三河国一の宮として山中に国幣小社砥鹿《とが》神社を祀り、信仰の山として昔から地元の人たちに登られていた霊山である。のちに神社は山麓に移されて、いまは奥社がある。

山名の由来は、『日本山嶽志』の本宮山の項には「三河国寶飯・額田・南設楽ノ三郡ニ跨ル、寶飯郡本茂村字上長山ヨリ……（中略）……南麓桑富村大字一ノ宮ニ砥鹿神社ノ本宮此ニ鎮スルヲ以テ其名アリ云々」とあり、本茂山は古い時代の地名からとられ、本宮山は文字どおり本宮が祀られていることにちなむ。別称の「穂の山」とは、かつて東三河一帯を穂国と称したことによる。

砥鹿神社奥宮の社叢は本宮山頂、南斜面上部を占める。一九七二年六月に愛知県指定天然記念物となった。山頂付近の平坦部は樹齢一〇〇年弱のヒノキの植林地、南斜面は樹齢三百数十年のスギの植林地が標高六〇〇m付近までつづく。樹高三〇m、直径一mを超える巨木が多い。奥社の社務所前のスギは御神木と呼ばれ、高さ三〇m、幹周り六・五m位あって樹齢千年といわれる。スギ林以下の斜面はカシを主体とする照葉樹林である。

本宮山（一宮町金沢から）

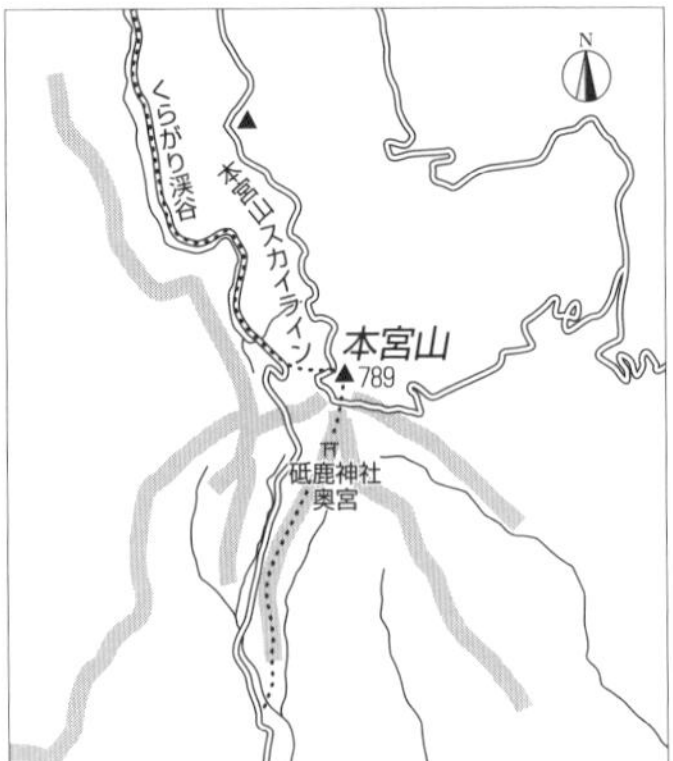

本宮山の地質は領家変成岩類からなり、山頂付近の巨岩は雲母片麻岩で砥鹿神社の奥社であり、岩戸社とともに信仰の対象となっている。これは盤座《いわくら》と呼ばれる古代祭祀遺跡とされている。

山頂近くの展望台からは富士山をはじめとして三河の山々、南アルプス南部の山、浜名湖、三河湾、渥美半島などの眺望がすばらしい。一宮町側は境内がアセビとヤマツツジの群生地となっている。

登路　名鉄名古屋本線の本宿駅からバスで登山口のくらがり渓谷へ行く。渓谷沿いに歩くとNTT中継所下の分岐点に着く。ここから山頂目がけて登る（往復二時間程）。表登山道はJR飯田線の長山駅が起点となる。駅から北に向かうと登山口を示す一丁目と刻まれた丁石がある。これは山頂の奥社の五〇丁目までつづく。二五丁目から二八丁目を馬の背と呼び、岩尾根を登る難所である。三七丁目で奥社境内入り口となる。三九丁目には「山姥の足跡」という岩がある。この山姥は石巻山とここをまたいで豊川の水で髪を洗ったという。前宮の荒羽々気《あらはばき》神社に着き、その奥が砥鹿神社奥社である。富士山遥拝所を経て大鳥居をくぐり、本宮山スカイラインを越える橋を渡って山頂へはすぐである。登り約二時間三〇分。

地図　二・五万図　高里　新城　（小松達彦）

風頭山　ふうとうさん　標高　五九七m

愛知県岡崎市中金町前山にある。三河の名峰・本宮山から北西に派生する尾根上の最後の突起であり、旧宮崎村のシンボル的な山であった。下河原の大雨河小学校辺りから眺める三角錐の山容がすばらしい。地元民に親しまれてきた典型的な里山である。近くに本宮山があるために等閑視され、地形図に山名の記載すらなく不遇な山である。

山頂からは展望がないが、少し下った所の岩場からは三河湾が眺めることができる。観音山(四〇九m)、五井山、宮路山(三六一m)、額堂山(四二一m)といった里山も見える。

山名の由来は、風頭の文字どおり風に関する命名と思われる。中金で合流する雨山川はほぼ南東に流れ、源流部で豊川市一宮町へ越えるが、この峠を風越峠という。峠を越えて来た風が最初に当たる所が風頭山であろう。宮崎小学校、大雨河小学校の校長を歴任した郷土史家で歌人の平松一三が編んだ歌集『風頭山』には、「風頭山に霧がかかるか消ゆるかに晴雨判じ来七十五歳」の歌がある。この歌こそ風の山を巧みに詠んでいる。風が吹けばすなわち晴れといい、霧が懸かってきたら雨と詠うのである。

地質は領家変成岩類からなり、稜線では黒雲母片麻岩の露頭がある。山頂の岩場は片麻岩の片理が顕著である。植生は全山植林で覆われ単調である。稜線にはアセビの群落が見られる。

登路　宮崎小学校前から男川を渡り、林道中部線の登山口から一五分で道が細くなる。四〇分程で稜線に出て二〇分で山頂に着く。

地図　二・五万図　高里　三河宮崎　（菊田貞明）

五井山　ごいさん　標高　四五四m

愛知県蒲郡市と豊川市音羽地区および御津《みと》町にまたがる。蒲郡市はもちろん、接する各町の最高峰である。とくに山頂からの眺めが蒲郡市を俯瞰できるため、市民に親しまれてシンボルとなっている。

地形的には三河山地の南端にあたり、西から東へ三ヶ根山(三四〇m)、遠望峰《とぼね》山(四一二m)、桑谷《くわがい》山(四三五m)、五井山、宮路山(三六一m)、御堂山(三六四m)と、三〇〇mから四〇〇m級の稜線で連なる。この山稜の南に三河湾が広がり、これらの山の一角に立てば三河湾の眺めがすばらしい。しかし、蒲郡市を起点にスカイラインが稜線を通るため自然は損われた。

山麓の蒲郡市五井町は歴史的に古く、神社仏閣も多く知られている。なかでも長泉寺には行基が掘った五つの井戸の伝説があり、これが五井の地名の由来とされ一般に広く知られている。ほかにも豊川市御油《ごゆ》の地名が五井に似ているという説もある。御油は持統天皇が三河の宮路山へ行幸の際、油を献上したことにちなむといわれる。

地質は領家変成岩を基盤としている。植生は温暖な気候を生かしてミカンの栽培が盛んである。

山頂には持統天皇行幸を記念した「宮路山聖跡」の記念碑が立ち、ハイキングでもにぎわう。コアブラツツジ(御油町の花)も脚光を浴びている。宮路山の山頂から五〇m下った北西の尾根と鞍部にある。広範囲にわたってコアブラツツジの群落がある。

登路　宮路山から五井山を結んで歩かれている。名鉄名古屋本線赤坂駅から宮路山に登り、五井山へ縦走してJR東海道本線蒲郡駅へ下山する(約五時間)。時期は一一月中下旬がよい。

地図　二・五万図　御油

(西山秀夫)

焙烙山　ほうろくさん　標高　六八四m
六所山　ろくしょさん　標高　六一一m

愛知県豊田市の最高峰だったが、合併により市域が広がり、普通の里山になった。

焙烙は、火にかけて食品を炒ったり蒸し焼きにする土鍋(鉄製もある)のことで、浅く平たい形をしている。山名はこれを伏せた形によく似ていることに由来する。

西の峠を通る県道を隔てて六所山と連なり、豊田市が青少年の野外活動の施設を整備し、二つの山を結んで色々なハイキングコースを設けている。このため多くのハイカーを迎える。また、愛知高原国定公園にも指定されている。

植生は主にスギ、ヒノキが大勢を占めるが、山頂部にわずかな自然林が残る。野鳥も多く生息する。六所山の方には六所神社の社叢(樹齢四〇〇年から五〇〇年)が保存されている。これらと競合する形で常緑樹、落葉広葉樹が茂る。山頂にはブナが一本あり、温帯林の下限とされる。地質は大部分が領家変成岩、領家花崗岩類である。

焙烙山の山頂付近まで豊かな水流がある。矢作川水系の巴川は旧作手村の巴山が水源であるが、西に流れて焙烙山にぶつかり、北へ大きく流れを変えて愛知県豊田市足助町辺りで南へと迂回する形となる。このため、山の東西南北に流出した水は巴川に集まり、矢作川に注がれる。

山頂からの展望は西側に大きく開かれている。展望台に立てば、ほぼ愛知県の中心になり、三河湾、知多半島、御嶽山、恵那山、大川入山と優れた眺望が得られる。この山を境に東は三河高原(三河山地)と呼ばれ、低い山並みが延々とつづく。

六所山は樹高の高い森の中で展望は皆無である。「三河三霊山」の一つであり、山頂直下に蜂ヶ峰神社奥社、そして山中にしては立派な六所神社の上宮が建っている。古くは「蜂ヶ峰(または吉木山)」と呼ばれ、松平家の始祖・松平親氏が蜂ヶ峰に六体の地蔵尊を勧請して安置し、さらに六所大明神を勧請したとの伝説があり、六所神社と呼ばれるようになった。山名は六所神社に由来する。山麓の登山口には六所神社下宮があり、能舞台が保存されている。ここから松平家の菩提寺の高月院へのコースがある。

登路　豊田市総合野外センターの駐車場を起点に二山でもよいし、どちらかでもよい。きつねコースを辿ると約三〇分で六所山に着く。ここから子《ね》の径コースをとると六所神社の上宮に着く。左折して焙烙山との鞍部の県道に下り立つ。道標に従って近道から焙烙山の山頂を目ざす。下山はそのまま戻ってもよいが、子の径コースを辿って林道から井の沢渓谷に下る。大滑岩という岩壁を右に見て、さらに下ると林道に出て県道に合流する。左へ行くとしばらく登って鞍部のコースに合流し、そのまま駐車場へと行くことができる（駐車場から約四時間）。

地図　二・五万図　東大沼

（西山秀夫）

屏風山　びょうぶさん

標高　七九四m

岐阜県恵那市と瑞浪市にまたがる木曾川左岸の山。恵那山の前山（二三五一m）から南西につづく屏風山断層がこの山の北麓を走る。

登路　瑞浪市大草からの登山路は、大草公民館より若宮八幡宮の前を通って東進した後、高圧線の巡視路の標識がある所から山道に入る。後は一〇九番の鉄塔を経て山頂へ（若宮八幡宮から約一時間）。

地図　二・五万図　瑞浪

（高木泰夫・堀　義博）

西山　にしやま

標高　七一二m

別称　曾良山　鶴岡山

愛知県豊田市小原町と岐阜県土岐市の境界に位置する。地形図では三角点だけの無名の山であるが、市販の地図には西山と印刷され、岐阜県側では「曾良山」として地元民には知られている。

尾張、西三河、東濃地方においては七一二mの高さはもっと顧みられてもよい。愛知・岐阜県境で七〇〇mを超す山は西山のほかに尾張、三河、美濃の境にある三国山と美濃、信濃、三河の三国山を含めて三座しかない。また、西三河を縦断する矢作川以西の最高峰であり、土岐市の最高峰でもある。

東濃地方のローカル紙「the Sun」の一九九六年三月二〇日号（第二七七号）の『郷土の山と自然』34には「曾良山は愛知県小原村では西山と称し、土岐市側では曾良山といっているがまた鶴岡山と書いてある本もある。山麓の半分は鶴里町であるから鶴岡山というのも頷ける。（中略）全体を鶴岡山脈といい、最高峰を曾良山という」と紹介している。

登路　はっきりしたハイキング・コースはない。豊田市小原田代町から県境に向かって植林用の道を登り、県境稜線を辿ると三角点に着く。林道終点から約一時間の登り。

地図　二・五万図　猿爪

（中世古隆司）

猿投山　さなげやま

標高　六二九m

別称　鷲取山

愛知県豊田市と瀬戸市にまたがる。旧尾張国と三河国の境の山でもある。濃尾平野からも西三河平野からも望見できるシンボル的な山である。

南東山麓にほぼ北東〜南西に走る断層（猿投〜境川断層）の撓曲《とうきょく》的上昇による傾動運動によって形成された。全山ほぼ黒雲母花崗岩から形成されているが、全体に風化作用が進んでいる。豊田市側に

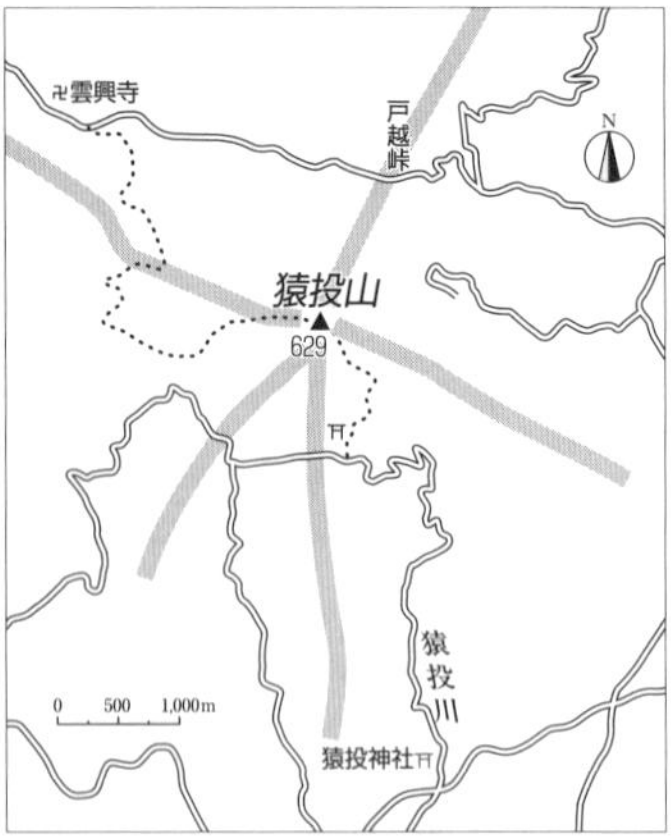

は猿投川、広沢川などの侵食谷が発達しており、広沢川には小規模ながら「広沢の滝」を有する渓谷もあり、滝の上流には一九四一年に国の天然記念物に指定された球状花崗岩（菊石）の露頭がある。

　山麓の豊田市猿投町地内に、式内社で三河三ノ宮にあたる猿投神社がある。祭神は社伝によると、景行天皇の第一皇子・大碓命《おおうすのみこと》を主神に両側に景行天皇、垂仁天皇を祀る、とある。

　麓に本社、山頂近くに東の宮（六三二mの標高点）と西の宮（四九四mの標高点）の分社があり、西の宮の裏に大碓命の墓所がある。東の宮の境内にはケヤキの大木がある。また、山頂付近はスギ、ヒノキにカツラ、ヤマザクラ、ツバキ、アセビなどの混交林が広がり、東の宮から西の宮の周遊コースは自然観察路となっている。

　東の宮から尾根を辿ると三角点のある山頂に達する。山頂からの展望はない。山名の由来は、景行天皇が猿を投げた伝説によるとの説が案内書に説明されている。金達寿の『日本の中の朝鮮文化7』によれば、猿とは直接関係がないとあり、「サナ」は鉄冶金に関する言葉で、かつては鉱物資源の豊かな土地柄だったようである。

登路　猿投神社から御門杉を経て尾根路を登る。途中の分岐から東の宮経由山頂へは約二時間三〇分の道のりである。西の宮、東の宮を経由しては約三時間かかる。ほかに瀬戸市の赤津バス停から雲興寺を経て、赤猿峠から山頂へは約三時間三〇分。

地図　二・五万図　猿投山　（磯村義宣）

東谷山　とうごくさん　標高　一九八m

別称　当国山

　愛知県名古屋市守山区上志段味と瀬戸市十軒町の境に位置し、名古屋市の最高峰である。山頂の尾張戸神社境内に三角点が埋設されている。標石は土塀に囲まれ、拝殿前に錠が掛けられて普段目にすることはできない。山頂から西麓に多くの古墳が残り、古代のロマンが豊かに息づく山である。尾張戸神社古墳群と呼ばれる円墳（前方後円墳との説もある）の山頂に、千余年の歴史を持つ尾張戸神社（祭神　天火明命《あまのほのあかりのみこと》、天香語山命《あまのかぐやまのみこと》、建稲種命《たけいなだねのみこと》の三柱）の本殿が建っている。山頂にある高さ五mの展望台からは、遠く伊吹山、鈴鹿山脈、JRセントラルタワー、猿投山、岩巣山（四八一m）を背景に瀬戸の町を眺めることができる。

　「当国山」と記すのは、初代尾張藩主・徳川義直の時、この山から「当国明神」と書かれた鉄筒が掘り出されたことに由来する。

　付近一帯の森は常緑広葉樹林で、野鳥、ニホンリス、蝶などの種類も多く自然が豊かに残っている。山麓に東谷山フルーツパークがあり、四季折々に家族連れでにぎわっている。

登路　登山道は東谷山散策路、東谷奇玉陵があり、瀬戸市側からも十軒口、白蛇口、目鼻口などがある。どの登山道からも三〇分程で登ることができる。

地図　二・五万図　高蔵寺

（増田千恵子）

高峰山　たかみねやま　標高　九四五m

岐阜県中津川市の旧市域と同市坂下にまたがる。大きな根張りとゆったりとした山容の山である。

登路　旧中津川市域と坂下の境には東西に登路があるが、通常は西側のちんの（鎮野）峠から登ることが多い。この境界線上の登山道には所々石積みを見るが、かつて山論（境界争い）が盛んで、その決着を見た時に造られたものである（ちんの峠から約五〇分）。ちんの峠から東進している林道を利用すれば、頂上すぐ北まで車で入れる。歩行時間は二〇分。

地図　二・五万図　妻籠　美濃福岡

（高木泰夫・堀　義博）

尾城山　おしろやま　標高　一一三三m

岐阜県加茂郡白川町、東白川村と中津川市加子母にまたがる。加子母川の右岸の山。山名は戦国時代の後期に、ここに砦があったところからきたというが定かではない。

登路　白川町有本の先、林道の屈曲点に登山口の標識がある。佐見川源流に沿った登山道でよく整備されている。頂上すぐ北の鞍部に出て、左折してすぐ頂上（登山口から約一時間）。

地図　二・五万図　小和知

（高木泰夫・堀　義博）

高天良山　たかでらやま　標高　九〇八m

岐阜県下呂市と加茂郡白川町にまたがる。江戸期には「高寺山」と表記したように、かつては下呂市金山町中津原の古刹・万福寺の奥の院がここの山頂にあったと伝えられている。

登路　白川町佐見の久室《くむろ》から本洞谷沿いの林道、およびこれにつづく作業道を辿って登頂（久室から約二時間）。ほかに下呂市金山町奥ノ田の火打峠から、下呂市金山町と同市火打の境界を南下して登頂することもできる（火打峠から約一時間一〇分）。

地図　二・五万図　焼石　金山

（高木泰夫・堀　義博）

二ツ森山　ふたつもりやま　標高　一二二四m

岐阜県中津川市と加茂郡白川町にまたがる。木曾川支流・付知川の右岸にあり、二ツ森山地の主峰。古記録に「二ツ盛山」とあるように、その山頂部が見事な双耳峰をなしているところから山名となった。山頂の三角点の標石は巨岩を穿《うが》って埋め込まれている。

登路　前記の市町を結ぶ切越峠から尾根づたいに南下する登山道がある（切越峠から約二時間）。ほかに同峰の東山腹を巻く二ツ森林道を折り返した、枝線の途中から山頂に達するルートもある（林道途中の登山口から約三〇分）。

地図　二・五万図　美濃福岡　付知

（高木泰夫・堀　義博）

笠置山　かさぎやま　標高　一一二八m

別称　笠木山

岐阜県恵那市と中津川市蛭川にまたがる。木曽川右岸にあって、山名の示すごとく見事な円錐形をなしている。その秀麗な山姿と付近にこれと比肩する山がないため古くから注目されてきた。『笠置山縁起書』には、「以前は舟伏山と称していたが、花山院が東国ご巡行の帰りにこの地を訪れられたとき、都の笠置山を彷彿とさせる山容だとしてこの山名を与えられた」と記している。

山頂には笠置神社が祀られており、恵那市中野方地区の郷社として、また、雨乞いの霊験があらたかな神社として近郷の尊崇を集めてきた。なお、山頂の北側の巨岩にはヒカリゴケが自生している。

登路　恵那市笠置町姫栗からほぼまっすぐに北上する林道を登る。途中の六五〇m付近には国指定の天然記念物になっているヒトツバタゴの大木(花期は五月)がある。ここから北西へ登山道を辿り、物見岩を経て山頂に立つ(姫栗から約二時間三〇分)。ほかに恵那市中野方町から本峰の西九六〇m付近にある「望郷の森」公園のさらに先の林道終点まで車で上がれば、前記の物見岩を経て山頂に立つことができる(望郷の森から約四〇分、林道終点から一〇分)。

地図　二・五万図　切井　美濃福岡　武並　恵那

(高木泰夫・堀　義博)

見行山　けんぎょうさん　標高　九〇五m

岐阜県加茂郡八百津町、白川町と恵那市にまたがる。飛騨川支流の赤川左岸の山。付近の山が低いため、比較的遠くからでもこの山の存在を認めることができる。

登路　西の福地峠、東の赤河峠、南の坂折峠などから登ることができるが、福地峠からの登路について述べる。峠から東に派生する林道を進み、その終点から沢づたいの小径を辿って、山頂から福地峠へと連なる尾根に立った後、これを東進して登頂(林道終点から約四〇分)。

地図　二・五万図　切井　河岐

(高木泰夫・堀　義博)

簗谷山　やなたにやま　標高　一二一四m

岐阜県下呂市金山町と郡上市和良町、同市明宝にまたがり、飛騨と美濃との境界上の山。近年、金山町が馬瀬川の上流・弓掛川沿いに「飛騨金山の森」として、バンガローやキャンプ場などの施設を造り、その一環としてこの山の登山道が整備されたため、いまは登山者が絶えない。この山の特徴は全山夏緑広葉樹に覆われて、四季それぞれの美しさがある。また、クマガイソウの群生地としても知られる。

山名は、簗谷の源流の山の意である。

登路　弓掛川支流の簗谷に設けられた林道を終点まで入る。ここが登山口で、簗谷山から垂下する左右の尾根上によく整備された登山道がある（右がブナの木ルートで左が南尾根ルート。どちらから登ってもよいが、いずれのコースも約一時間三〇分）。

地図　二・五万図　萩原　二間手　郡上市島　下呂

（島田　靖）

大洞山　おおぼらやま

標高　一〇三五m

別称　ボンテン

岐阜県郡上市八幡町と和良町にまたがり、一等三角点を置くが、地図上は無名の山。山名は吉田川支流・大洞谷に由来する。鹿倉川をはじめとする和良川流域は、天然記念物のオオサンショウウオの生息地に指定されている。

登路　和良町鹿倉の奥でオンボ谷を左折してオオツキ谷に入り、林道終点から北側の尾根に取りつき、頂上北側の稜線に出る。頂上から南東に延びている尾根にも道があり、周遊コースを楽しむことができる（林道終点から約一時間四〇分）。

地図　二・五万図　郡上市島

（山田　暁・堀　義博）

納古山　のうこやま

標高　六三三m

岐阜県加茂郡七宗町と川辺町にまたがる。飛騨川の右岸にあり、ごつごつした山容は遠くからも識別できる。山名は古くは「能古山」「のふこ山」と記述されてきたが、その由来は定かではない。かつて境界をめぐって江戸中期から一七三年間も「山論」が繰り返された歴史がある。地元では「ノコサン」と呼んでいる。

登路　木和谷、木作谷のほかに納古口、大牧谷川など方々から登ることができる（いずれも林道の終点から一時間〜一時間三〇分）。山頂部はよく整備され、しっかりした尾根道がある。山頂には石仏や石碑が置かれており、展望もよい。

地図　二・五万図　上麻生

（山田　暁・堀　義博）

金華山　きんかざん

標高　三二九m

別称　稲葉山　破鏡山

岐阜県岐阜市の市街地の東隣にきれいな三角錐の形で聳えており、岐阜市のシンボルの山。北麓を長良川が流れている。山名の由来については諸説あるが、因幡国や奥州金華山との繋がりが深い。山中にはシイやカシなどの照葉樹林が豊かに残り、季節にはシイの花で全山が金色に輝く。山上に岐阜城をいただく歴史の山。

登路　西麓の岐阜公園から登るのが一般的。「瞑想の小道」「馬背コース」「百曲りコース」など数多くのコースがあって、四〇分〜一時間程で山頂に達することができる。登山道はよく整備されていて登りやすい。山頂からの展望もすこぶるよい。ロープウエーあり。

地図　二・五万図　岐阜北部

（山田　暁・堀　義博）

能登丘陵

山伏山　やまぶしやま　　標高　一八四m

別称　嶽《だけ》山　珠州《すず》ヶ嶽　狼煙《のろし》山　須須岳

石川県珠州市三崎町寺家に位置する。能登半島の突端部分にあり、海上から眺めるとお椀を前後に重ねたようにひときわ高く見える。山体は新第三紀中新世の安山岩からなる。

崇神天皇の代、頂上に鈴ヶ嶽神社を創建、平安時代になり修験者の往来を見るようになって山伏山と呼ばれるようになった。往時は全山樹木に覆われ、江戸時代の初期には灯明台が設けられ、海上からの航行目標として保護されてきた。神域内林は温帯的林相の北限を示すものとして有名で、社叢林はアカガシ、スダジイ林で、亜高木層はヒサカキ、ヤブツバキ、シロダモ、低木層はヒメアオキが多く、林床にナニワズ、ナツエビネ、ホクリクムヨウランが見られる。

頂上の須須神社奥社からの眺望はよくないが、西方のアンテナのあるピークからは、珠州内浦海岸や富山湾を隔てて立山連峰を望むことができる。西方向に三角点のある頂が見えるが、頂上の神社からの道はない。山伏山を御神体とする須須神社が山の南東、珠州市三崎町寺家にあり、延喜式内社で、三崎権現、須須大明神と尊崇され、日本海側一帯の守護神としてあがめられている。神社の宝物に源義経が奥州落ちの際、奉納したとされる「蝉折れの笛」と弁慶奉納の「守り刀」があり、毎年三月一五日に的打《まとうち》神事がある。

登路　珠州市街(飯田)から北鉄奥能登バス葭《よし》ヶ浦下車、バス停前に登山口がある。新鳥居で社叢となり、浮根の急坂を登ると約二〇分で頂上の奥社に着く。また、バス停より狼煙町寄り右側の山伏山キャンプ場の反対側からも登山路があり、こちらは三〇分弱で頂上に達する。

地図　二・五万図　珠州岬

(埴崎　滋・前田健進)

宝立山　ほうりゅうざん　　標高　四六九m

別称　黒嶺《くろみね》

石川県珠州市宝立町と輪島市東端、町野町との境にある山。奥能登北東部では最高峰。奥能登丘陵の北東部に位置し、平坦な丘陵上に突出した残丘。新第三紀中新世の安山岩質火砕岩からなる。古くから海上航行の指標とされ、『能登志徴』に「鈴郡山さかひ……黒嶺辻堂法立山云々とありて鳳至、珠州両郡の山境なり、この黒嶺といふは近郷の高嶺にして諸木茂り古木多く遠方より黒くみへ、故に名とす。本名は宝嶺山といへり。薬草其の外産物多し。一国はいふに及ばず近国を見おろし所より回船の目当てとなる山にて、勝景類ひなく実に宝嶺といへり」とある。

標高四〇〇m以上にブナ自然林が見られ、オオカメノキ、ミヤマハンノキ、ミズナラ、ハウチワカエデ、オオコメツツジなどの原生林に覆われた頂上の平に黒嶺神社の祠がある。頂上西のNHKアンテナのある平地から珠州外浦の海や、遥か沖合いの七ツ島などを望むことができる。

登路　能登の山のほとんどがそうであるように、この山も頂上直下まで林道が通っている。徒歩では路線バス（上山～飯田間）の上黒丸下車で、林道歩きが約三時間となる。

地図　二・五万図　宝立山　（埴崎　滋・前田健進）

岩倉山　いわくらやま　標高　三五七m

別称　宮城山《みやぎやま》　石倉山《いしくらやま》

石川県輪島市町野町西時国の北東にある山。流紋岩と流紋岩質火砕岩からなる新第三紀中新世の火山で、一部石英粗面岩質の所もある。『能登名跡志』に「東に高山あり岩倉山といふ。海中へ指出る岨しき霊山也、則名所記にある宮城山是也」とある。式内社石倉比古神社の鎮座地として、真言宗岩倉寺とともに神仏習合当時の姿を伝える。

自然歩道二・七kmの「みのまくり坂」から極楽谷、地獄谷に向かえば、流紋岩質の柱状節理が風化侵食されてできた自然造化仏の千体地蔵を見ることができる。みのまくり坂は輪島と珠州を結んだ古道で、風雨の強い日は海岸沿いの道が使えず、この道を通った。この場所に来ると、着ている蓑《みの》が風でまくれたところから名付けられたという。

登路　みのまくり坂は輪島市と能登町宇出津を結ぶ路線バス曽々《そそ》木《ぎ》口下車、自然歩道を辿り、千体地蔵登り口から入る。所要一時間。岩倉寺経由の道は、曽々木から時国《ときくに》家方向に三〇〇mで岩倉寺参道となり、こちらも約一時間で頂上に達する。

地図　二・五万図　曽々木　（埴崎　滋・前田健進）

高洲山　こうしゅうざん　標高　五七〇m

別称　嶽山　鵠巣山　高巣山　輪島岳　大野岳

石川県輪島市大野町南東にあり、平均高度三〇〇mの奥能登丘陵では残丘的な存在。山頂には高洲五社権現奥の院の薬師堂、航空自衛隊のレーダー基地、各種無線中継所がある。低山には珍しく隣の鉢伏山とともにブナ林が残されている。毎年五月八日の山開きは「嶽行き」と称して各地からの登山者が集まる。山頂からは、東に富山湾を隔てた立山連峰、西に輪島市から猿山岬、南に七尾湾、宝達山系、白山山系、北に七ツ島、舳倉島《へぐらじま》を望み、古来より外海航路の目標の山である。大伴家持の歌に「狩人の来ぬ日もありて高州の山の薙子はのどけからまし」とある。

登路　輪島から路線バス町野線に乗り菰《こも》沢下車、矢向、院内を経て舗装の林道を歩き、放送局中継所を見るとすぐに山頂直下の石段である。ほかに輪島より路線バス大谷内下車、大箱鉢伏林道から神田川林道、高鉢林道と回り、山頂間近になって菰沢からの嶽登山道線を合わせ、石段下の鳥居となる。林道が山頂直下まで通じているが、右記の二コースともバス停から歩けば約三時間を要する。

地図　二・五万図　輪島　（前田健進・埴崎　滋）

鉢伏山　はちぶせやま

標高　五四四m

石川県鳳珠《ふげし》郡能登町柳田と輪島市の境に位置し、山体は輝石安山岩と凝灰岩の互層からなる。山名は鉢を伏せたような山容による。古来、山岳信仰の行場とされ、『石川県鳳至郡誌』に「其の地鵠巣山（高州山）に隣り、眼界濶遠、南に能登島を瞰、北に舳倉島を望む、遙に加賀の白山を雲煙縹渺の間に仰ぎ得べし。山頂に真言宗の七堂伽藍在りて緇徒（僧）も多かりしに、上杉謙信の攻撃を受け、堂頭遂に敗頽せり」とある。峰越林道沿いの標高四〇〇mの白滝周辺に約一〇haのブナ林（一九八三年、日本の自然百選に選定）が残る。

登路　徒歩登山は輪島市石休場《いしやすんば》、深見からと能登町柳田大箱からがある。林道が輪島市側、柳田側から山頂下まで延びており、約一〇分の登りで山頂に達する。徒歩ではもっとも短い石休場コースの林道歩きで二時間強の所要となる。北西の高洲山にも林道が延びており、歩けば約一時間となる。

地図　二・五万図　輪島

（埴崎　滋・前田健進）

三蛇山　さんじゃやま

標高　三七二m

石川県輪島市にある。山体は西保砂岩泥岩層からなる。平坦な茅場の山で展望は利かないが、植林されたマツと雑木に覆われている。

輪島市堀町夕陽ヶ丘から天神山（五六m）、シアミ山（一六七m）、佐比野山（三八八m）と北東から南西に連なる西保山地の中心で、鳳至谷を挟んで気勝山塊と対応する。山頂近くの天池を中心に約四〇〇〇株とされるミズバショウの群生地がある。山腹はホウノキ、コナラ、ヤマザクラなどの樹木が自生し、春秋ともに憩いの場として最適である。

登路　輪島市小池、上山町、夕陽ヶ丘からそれぞれ林道が上がってきている。徒歩で最短の小池口バス停からは約一時間で山頂に達し、ミズバショウ群生地を見て足を延ばし、無線中継所のある佐比野山を経て、上山町に下る半日コースが好適。

地図　二・五万図　皆月　輪島

（埴崎　滋・前田健進）

番場山　ばんばやま

標高　三一四m

石川県輪島市門前町にあり、この山にも林道が山頂まで整備され、スギ、アテの植林が斜面一杯に広がる。山頂は展望もよく、皆月集落や日本海が一望でき、皆月湾を隔て猿山から高瓜山（能登富士）、石動山とつづく山々が見える。二〇km以上も海上奥の七ツ島もすぐ近くに感じるように見ることができる。北面は急傾斜で、足元に日本海が迫る感じである。南東はなだらかな山がつづき、暮坂の集落を望むことができる。この暮坂は「越中麦屋節《むぎやぶし》」に出る遊女お小夜《さよ》の出生地で、流転の末に二八歳の生涯を越中五箇山《ごかやま》で閉じた、寛文年間（一六六一〜一六七三）の悲話が碑とともに伝えられている。

登路　林道が山頂まで通じているが、徒歩では暮坂から樽見に至る林道途中の尾根の切り割りから下って、左側の林道入り口から歩き出し、一・三kmで植林地を抜けると、NTTのアンテナの左手が三角点となる。

地図　二・五万図　皆月

（埴崎　滋・前田健進）

猿山　さるやま　　標高　三三二m

能登半島北西端の石川県輪島市門前町深見と吉浦の間にあり、荒磯つづきの海岸とともに、能登外浦の秘境である。山体は安山岩が主体で溶結凝灰岩、流紋岩でなっている。

『能登志徴』に「宝永元年（一七〇四）能登一覧記に此山に猿多く居るが故に深見猿山と云へり」とあり、また、猟師に追いつめられたシカが身投げしたことから名付けられた娑婆捨《しゃばすて》峠の地名もあり、かつては野生動物が多く生息していたと想像される。

日本海に直面する風衝地で、シナノキ、エゾイタヤ林は日本海側海岸風衝林の南限ともされる。山地内のケヤキ、ミズナラ、ウワミズザクラ、ヤマトアオダモ、ヤマグワなどの落葉樹林は、植生叢自然林として国定公園特別保護地区に指定されている。

春先、白亜の猿山灯台付近の急斜面に群生するユキワリソウ（スハマソウ）の開花期は、訪れる人で混雑する。

登路　のと鉄道の穴水駅から路線バスで門前、皆月と乗り継ぎ、ここから徒歩で車道を吉浦経由で娑婆捨峠まで約一時間三〇分で達する。車道は猿山岬灯台近くの娑婆捨峠まで通じている。車道終点駐車場わきから山頂へは三〇分弱で登ることができる。山頂から遊歩道を進めば一〇分程で猿山岬灯台に出る。灯台からユキワリソウ群生地を抜け、南に欣求《こんきゅう》峠を経て断崖の中腹を辿る遊歩路を約一時間三〇分で深見、さらに車道となった道路を行くと約一時間三〇分で西道下バス停に着く。

地図　二・五万図　能登黒島　皆月

（埴崎　滋・前田健進）

高爪山　たかつめやま　　標高　三四一m

別称　能登富士　大福寺山　金竜山　洞ヶ岳　鷹爪山

石川県羽咋《はくい》郡志賀町と輪島市門前町の境にある。その秀麗な姿から「能登富士、能登笠山」とも呼ばれている。能登半島が日本海へそり返って突き出す所にあるため、金沢市郊外の内灘海岸や遠く福井県越前海岸からも見える。このため海上からのよい目標となり、古くから信仰の対象となって頂の高爪神社奥宮に日本武尊《やまとたけるのみこと》など諸神が祀られている（奥宮は二〇〇七年三月の能登半島地震で壊れ、二〇一五年時点で半倒壊状態のまま）。

登路　高爪神社本宮のある大福寺の国道二四九号わきに高さ六・七mの大鳥居がある。地震後、より大きく造り直されたもので、この鳥居をくぐり、その向こうに見える三角形の高爪山目ざして神明《しめ》原《ばら》への町道を行く。しばらく進むと左に林道が付いており、これを行くと登山口の標柱があり、車が止められる。歩き始めてまもなく丸太組みの階段となる。途中、神明原への分岐があり、その先も階段が山頂までつづき、駐車場から約二〇分で到着する。

神明原や大釜からの道もあるが、あまり手入れされていない。

地図　二・五万図　剱地

（西嶋錬太郎）

河内岳　かわちだけ

標高　三九九m

石川県鳳珠郡穴水町の北西部から羽咋郡志賀町富来の北東部にまたがり、郡境をなす山。奥能登丘陵に属し、東から南東方向にかけては低平で耕地が開ける。ここを分水嶺として外浦（日本海側）の志賀町に注ぐ富木川と、内浦（七尾湾側）の穴水町に注ぐ山王川の水源があり、かつては穴水、旧富来間の交通路でもあった。

　山頂からは北に高洲山、東に三蛇山、高爪山（能登富士）、南に風吹岳（三五四m）、能登島、穴水湾を隔てて大甲山（丸山）、ラクダの背状の二子山と展望が開ける。

登路　山頂までほとんど林道が通じている能登の山にあって、この山だけは例外である。山麓の切留にはのと鉄道の穴水駅から路線バス利用か、門前町定広から車で三〇分。切留集落を少し入った所に日吉神社があり、右手下に民家を見るようにして水田のわきを抜け、左手の山裾を巻くように進むと正面に小さな沢が現れる。登山道はこの沢沿いに付いている。スギ、アテの樹林帯を約三〇分で道は消える。三角点は樹高七～八m程のマツが三本ある向かいのピークにあり、登山路が消えた地点からヤブこぎを含めて約一五分はかかる。

地図　二・五万図　下唐川　（埴崎　滋・前田健進）

別所岳　べっしょだけ

標高　三五八m

別称　嶽山　べっそだけ

能登半島七尾北湾（穴水湾）西方陸地側にある、標高一〇〇～三〇〇m前後の起伏の緩やかな一群の峰の中で、石川県七尾市中島町と鳳珠郡穴水町の境に台地状に盛り上がった山が別所岳である。頂上からは中能登から奥能登の山々が一望でき、能登島大橋の白いアーチが美しく海面に映えて見える。富山湾を隔てて立山連峰も望むことができる。頂上直下まで舗装道路が通じ、さらに林道を辿って頂上に行くこともできる。頂上付近は自然公園となっており、ヒュウガミズキ、コナラ、オオバクロモジ、アカメガシワ、レンゲツツジ、エゴノキなど樹種も多く、遊歩道も常に整備され、地元の人たちで春、夏、秋シーズンそれぞれにぎわう。

登路　穴水町、七尾市中島町から林道が頂上まで通じており、徒歩で辿る際は、のと鉄道穴水駅からバス四村線河内下車で林道三〇分、後は主に林道を進むこと約一時間二〇分で三角点のある頂に達する。「のと里山海道」別所岳PAからも近い。

地図　二・五万図　下唐川　（埴崎　滋・前田健進）

虫ヶ峰　むしがみね

標高　二九四m

別称　鉈打山《なたうちやま》　鉈一鉈打山　無志ヶ峰　無志ヶ嶽

石川県七尾市中島町の北西にある。羽咋郡志賀町富来との分水嶺をなす山で、三つの峰を持つ。三角点は大平《おおじやら》側にあるが、山頂は中島町町屋にあり、地元では「町屋の虫ヶ峰」と呼ぶ。のと里山海道の横田IC付近で西側にこんもりとした樹木の茂る山頂が見える。スギ、アテの植えられた林の中の道を辿ると、山頂から七尾湾、富来外浦が一望できる。

古くは正覚寺の七堂伽藍が建ち並び、隆盛を誇ったが、一宇を残すのみとなっている。謡曲「俊寛」の俊寛僧都が、また、丹羽少将成経、平判官康頼らの配流の地とされる。山道の所々に残る古道、峨山道《がざんどう》は門前町総持寺の名僧・峨山韶碩《がざんしょうせき》が羽咋市にある永光寺と住職を兼務した二十余年の間、勤行を務めるために往復したと伝えられる。頂上社の後ろに瓶割峠からの林道が上っている。

登路　七尾市と志賀町を結ぶ路線バス藤の瀬下車、町屋経由で三〇分で林道終点。ここまで車で入れば山頂まで約五〇分で達する。また、路線バス西谷内からでは、登りに二時間弱見ておく必要がある。

地図　二・五万図　中島　（埴崎　滋・前田健進）

赤蔵山　あかくらやま　標高　一七九m

石川県七尾市田鶴浜町の南西にある。山体は安山岩とその集塊岩よりなり、東へ高田、杉森の丘陵に連がる。赤蔵山は神仏習合の聖地として一四〇〇年前、推古天皇の時代に朝廷から祈願があり、天平二年（七三〇）に赤蔵神社が創建された。のち赤蔵山上一本宮寺と称し、平安末期には一二〇の宿坊を連ねて栄えたが、上杉謙信勢の兵火により焼失したとされる。現在は山門、拝殿が残っている。旧参道沿いはカゴノキの特有植生があり、イヌガシ、サカキ、モチ、タブノキ、スダジイ、ヤブツバキ、シキミ、シロダモの常緑広葉樹とスギ、アテに混じってモミの大木が多く、「憩いの森」として整備が進み、広く親しまれている。

山頂への道で仁王門からスギ木立の参道を抜けると、「全国名水百選」の御手洗《みたらし》池への道を分け、石畳の階段をモミ、アテの巨樹を左右に見て辿ると奥の院（本殿）に出る。三角点山頂にはここから約三〇分で達する。山頂に野口雨情の詩碑や展望台があり、七尾西湾や能登島が一望できる。

登路　林道が赤蔵神社境内を囲むように延びており、御手洗池、奥の院の間近まで車が入る。のと鉄道田鶴浜駅から路線バス三引口下車で、山頂まで一時間四〇分程で歩ける。

地図　二・五万図　能登高浜　七尾　（埴崎　滋・前田健進）

眉丈山　びじょうざん　標高　一八〇m

別称　雷ヶ峰　眉影《まゆかげ》山　美女山　闇月《やみつき》峰　眉山　乗物棒

邑知潟地溝帯の北側、石川県羽咋市北部から鹿島郡中能登町鳥屋地区に延びる山塊で、長さ一六㎞ある。この山地の最高所は中能登町鹿西地区の雷ヶ峰。分水嶺が南の断層崖から一㎞の所にあるため、地溝帯側に流れる河川は細流。山体は砂岩、礫岩層を主体とし、一部地溝帯側断層崖に花崗岩が分布、上棚《うわだな》などの北側に泥岩層が砂岩層とともに見られる。

式内社能登部《のとべ》神社がある山地一帯で、四世紀後半から五世紀にかけての雨の宮古墳群が見つかり、近隣のテンジク古墳群とともに国指定史跡となっている。また、以前トキが生息していたことでも知られる。植生で特徴的なのは西部山地の泥地帯でトキソウ、サギソウ、タヌキモ、ミズゴケ、モウセンゴケなどが分布し、溜池も多く、能登部神社からの道には、オオイワカガミの群生が見られる(四月)。

登路 最高峰・雷ヶ峰直下まで車道が通じているが、徒歩ではJR七尾線良川《よしかわ》駅から中能登町経由と、同線の能登部駅から能登部上経由のコースがある。いずれも約一時間である。

地図 二・五万図 能登二宮 柴垣

(前田健進・埴崎 滋)

四村塚山 よむらつかやま

標高 一九七m

石川県七尾市の七尾湾に浮かぶ能登島の最高地点である。能登島大橋から望む山容はなだらかに左右に広がる丘陵地であり、山頂付近には広域農道や林道が何本も交差している。山体は安山岩溶岩からなり、山頂から山麓にかけてヤマツツジ、アカマツの群生、南東部中腹にコナラ群落が見られる。一部斜面にスギ植林と佐波北の斜面にはモモ・ミカンの農園、そして、谷間の沖積地に水田が分布。河川はみな細流であるが、北の箱名入江に向けて深い谷が発達、南は衣川による谷が目立つ。山頂周辺はテレビ中継所や市営キャンプ場があり、マツタケ、山菜が豊かである。

登路 JR七尾線七尾駅から、のとじま臨海公園行き路線バス本佐波下車、そこの登山口から約五〇分で山頂となる。

地図 二・五万図 能登島

(埴崎 滋・前田健進)

伊掛山 いかけやま

標高 二五二m

別称 笊籬山 伊影山 笈掛山 鋳懸山

石川県七尾市に位置し、市街地の北東に突き出た崎山半島の付け根部分にある。一二〇〇年前に富山湾に面する灘浦の白鳥地区に流れ着いた薬師如来を本尊に医王寺《いおうじ》が開かれ、のちに伊影山神社となった。

また、南西約一二㎞の石動山《せきどうざん》とも歴史的にかかわりが深く、約四〇〇年前、石動山天平寺で戦って前田利家に敗れた一部衆徒が、五社権現を伊掛山に遷座し、一五年間亡命したともされる。

境内の幹回り一〇・六mの県下一の大イチョウ(樹齢六〇〇年)が有名で、百海の漁師は、このイチョウの黄葉の具合でブリの定置網を下ろすという。

「森林浴の森」にもされているが、年により下草が伸びて山頂までの道が隠れる場所もある。植生はヤブツバキ、スダジイ、ヤブニッケイなど樹種も多い。

登路 JR七尾線七尾駅から沢野、百海へのバス路線があり、沢野からは柏戸経由で車道歩きも含めて約一時間、百海からも伊影山神社まで車道歩きで約一時間かかる。

地図 二・五万図 庵

(埴崎 滋・前田健進)

七尾城山　ななおじょうやま

標高　三〇〇m

別称　松尾山　城山

石川県七尾市にあり、市民の「ふるさとの山」であり、能登国の守護・畠山満慶から八〇年をかけて築城された壮大な山岳城で、畠山氏九代一七〇年の間、能登の政治・文化の中心であった。また上杉謙信がこの地の遊佐弾正を攻めたときの陣営で、一三夜の名月を仰ぎ詠じたとされる「霜は軍営に満ちて……」の詩はあまりにも有名である。

山地は松尾、菊尾、亀尾、虎尾、梅尾、竹尾、籠尾の七つの尾根があり、「七尾」の地名由来とされる。

植生はカエデ類が多く、ミズナラ、イタヤカエデなど八〇種を超える植物がある。四季を通じ野点茶会、詩吟大会、写生大会、山岳マラソンなど、多くの人々に親しまれている。富山湾を隔てた立山連峰や白馬連峰が望まれる。

登路　車道が山頂まで通じており、JR七尾線七尾駅から路線バス市民会館前か天神川原で下車、七尾市古屋敷町の登山口から入り、城跡一周で二時間程かかる。

地図　二・五万図　七尾

（埴崎　滋・前田健進）

石動山　せきどうざん

標高　五六四m

別称　二宮山

桝形山　ますがたやま

標高　四八六m

石動山と枡形山は石川県鹿島郡中能登町鹿島地区に位置する。山体は主に花崗岩、片麻岩類よりなり、北縁（コロサ断層）と東縁は断層に断たれ、北側に露出する変成岩、深成岩類は南東二km、南北一kmに及ぶ。能登と越中の境にひときわ高くそそり立つ山で、神の天下り、祖霊の鎮まる山として古来から敬われ、山名は「流れ落ちた星が三千世界を護る」とする動字石が山上にあることから「いするぎの山」「ゆするぎの山」ともいわれる。頂上部は大御前、御前山といい、また、水分りの山、漁民の魚だめの森、日本海の航路標識として尊ばれる。四〇〇〇年前に栄えた寺坊の大宮坊が平成一四年に復元された。

伊弉諾尊《いざなぎのみこと》を主神とし、合祀の祭神八二柱に及び、伊須流岐比古《いするぎひこ》神社が鎮座する。大御前から旧社寺跡の境内を含む能登半島最大のブナ林（幅〇・五km、長さ一km）をはじめ、神域の林は人の手も入らず、原生の姿が多く残っている。眺望は木立で能登半島や七尾城山、富山湾の一部が見えるだけである。社寺跡を一巡し、旧参道から車道で南方向に進むと、石動山がすばらしい姿を見せる荒山古戦場を経て車道わきの石段を上がると、一五分程で桝形山の荒山砦に至る。

上杉謙信がここに本陣を置き「霜は軍営に満ちて、秋気清し……」

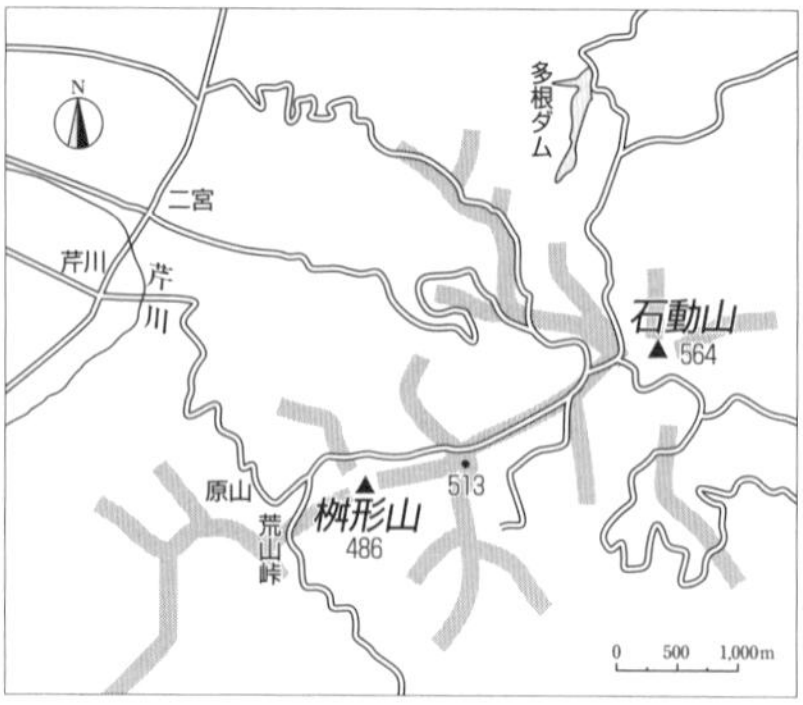

の「九月一三夜陣中の作」を詠じたと伝えられる。桝形山の頂上部は広く切り払われて、立山連峰から富山湾の氷見、伏木、新湊の町並みや、南の碁石ヶ峰や宝達山系の山々、眼下に日本海側の市街地を望むことができる。

登路　車道が旧参道の入り口まで延びており、頂上まで約三〇分である。徒歩では二宮から二時間三〇分程の行程で石動山頂上に達する。石動山から車道を歩き、荒山峠、桝形山と回り原山経由の車道で芹川までは、さらに三時間弱の行程となる。

地図　二・五万図　能登二宮

（埴崎　滋・前田健進）

碁石ヶ峰　ごいしがみね

標高　四六一m

別称　五石神　五石峰

石川県羽咋市、鹿島郡中能登町鹿島地区と富山県氷見市にまたがる。邑知潟低地帯南側、石動山塊西の主峰である。

山名の由来は約一四〇〇年前、推古天皇の時代に隕石が落下し、これを「御石神」と呼んだからという。また、山頂に神体石が五個あるからともいわれる。

山体は花崗閃緑岩からなり、高畠礫岩層と呼ばれる礫の厚層が見られる。北西谷底には変成岩、深成岩がのぞいている。

頂上からの展望はすばらしく、白山、立山連峰の遠望を含め三六〇度さえぎるものはない。石動山に連なる尾根は四季折々の変化を楽しめる。一帯の植生はマツ、スギ、アテ、トガ、ヒノキの人工林とコナラ、カエデ、ヒサカキ、クリ、ツリガネツツジなどの自然林で、冬鳥の飛来地として名高く、ヒヨドリ、ツグミがとくに多い。

登路　ここも車道が頂上直下に四方から通じているが、徒歩ではJR七尾線羽咋駅から路線バス小金森下車、原山大池経由で約二時間余り。古道の「蛾山《がざん》道」ゆかりの永光寺に寄り道するコースもあるが、一時間程かかる。

地図　二・五万図　氷見

（埴崎　滋・前田健進）

臼ヶ峰　うすがみね

標高　二七〇m

石川県羽咋郡宝達志水町志雄地区と富山県氷見市との県境の山で、宝達丘陵から石動丘陵への漸移地帯にある。古来から生活のために往還し、また政治・文化の交流の重要な道があった。山名の由来は、『加能郷土語彙』に「丘陵の上直に高く其の形臼の如きを以てこの名あり」とある。富山県との峠道は万葉時代すでに開かれ、大伴家持が越中国司として気多《けた》大社参拝のために能登巡行の際詠んだ歌碑もある。

源平の兵が走り、法然、親鸞もまたこの街道を通って越後に赴き、江戸幕府の巡見使の一行がこの道を往来した。

山頂からは立山連峰のパノラマがよい。宝達志水町の「森林浴の森」にはサクラやツバキの植林がされた。

登路　富山県側からは山頂まで車道が通じ、石川県側も山頂間近まで車道が上がっている。徒歩ではJR七尾線羽咋駅から路線バス子浦下車で、下石経由約三時間はかかる。林道利用で適当な所から徒歩に切り替えれば、時間的に大幅短縮となる。

地図　二・五万図　羽咋

（埴崎　滋・前田健進）

宝達山　ほうだつさん

標高　六三七m

石川県羽咋郡宝達志水町押水地区の東部にあり、金沢市の郊外から能登半島の羽咋市周辺まで、裾野の広い山容を見ることができる。白山石動山から南方の倶利伽羅《くりから》峠に至る宝達連峰の主峰でもある。白山火山帯に属する古い火山で花崗岩、片麻岩類よりなる。天正時代（一五七三〜一五九二）から明治初期まで北東斜面で金、銀を産し、蛍石、石灰などの産物が豊富なところから宝達山の名がある。高地谷林道の八重桜（サトザクラ）並木は美しい。

泰澄の開山とされ、宝達明神、宝達権現ともいう、養老年間（七一七〜七二四）創建の手速比咩《てはやひめ》神社の奥社があり、TVなどのアンテナが林立しているが、山頂にはブナ林も残る。三角屋根の展望台から雄、雌二つの池巡りの遊歩路がある。宝達川、大海川、羽咋川の水源地で、山麓の県畜産試験場の乳牛放牧とともに、ハイキングや家族連れでにぎわう。良質の「宝達葛《くず》」の産地でもあるが、後継者が少ない。

登路　林道が山頂直下を通過しているが、車道を歩くコースとして東間《とうま》林道、五ヶ峰林道があり、東間林道は路線バス野寺下車で約六km、二時間程。五ヶ峰林道はバス停上野口から約七km、三時間程で山頂に至る。徒歩専用のコースも地元の努力で次々と開かれてきている。

地図　二・五万図　宝達山

（埴崎　滋・前田健進）

三国山　みくにやま

標高　三二四m

別称　三国嶺　三国峠

石川県河北郡津幡《つばた》町と富山県小矢部《おやべ》市との境の山。県森林公園の区域にあり、加賀（津幡町興津）、能登（津幡町下河合）、越中（小矢部市嘉例谷）の三地区の分水界にあるところから山名の由来がある。

頂上からは近くに宝達山、河合山（四一七m）、遠くに立山連峰や白山を望み、眼下に河北潟から日本海が広がり、眺望は多彩で抜群である。三国山から二〇分の御山神社社叢林は、低地にあってブナを主体として県の天然記念物に指定されている。

登路　興津、下河合、嘉例谷の各地区から車道が上がっており、車利用が便利である。IRいしかわ鉄道津幡駅から路線バスが興津、下河合に連結しており、興津口（キャンプ場入り口）からは約五〇分、下河合からは御山神社経由で約一時間三〇分の上り行程となる。

地図　二・五万図　石動

（埴崎　滋・前田健進）

両白山地

砺波山 となみやま

別称 倶利伽羅《くりから》山 倶利伽羅峠 五社権現

標高 二七七m

石川県河北郡津幡町と富山県小矢部市の県境に位置し、古来交通の要衝地であった。「礪波山は一山の惣名にて倶利伽羅は礪波山の一峰の名なり」「承久記に黒坂、志保とて二つの道ありと、此記に拠れば、承久の頃は倶利伽羅の山路をば黒坂峠と称せし如く聞く」と『越中志徴』にある。寿永二年(一一八三)に平維盛と木曾義仲が戦い、夜陰に乗じて源氏の放った火牛(角に松明を付けた)が平家軍を壊滅させ、戦局を源氏側に大きく傾けたとされる古戦場として名高い。承久の乱(一二二一)では南朝方が立て籠って主戦場となった。

頂上には日本三大不動の一つである倶利伽羅不動寺があり、毎月二八日の例祭には参拝客が引きも切らず訪れる。不動寺の本尊は一三〇〇年前にインドの高僧・善無畏《ぜんむい》三蔵法師が彫ったとされ、その一〇〇年後に空海が御前立《ごぜんりつ》不動尊を彫り奉安したとされる。倶利迦羅とはサンスクリット語で「剣に黒龍が巻き付いたお不動様」の意で、のちには倶利伽羅紋として刺青《いれずみ》にまで及んでいる。

IRいしかわ鉄道倶利伽羅駅のホーム正面に見える丘陵が倶利伽羅山で、山頂駐車場から集落を抜け、六地蔵、秀雅堂を過ぎると「別格本山倶利伽羅寺」の標柱前に出る。石畳の先には『万葉集』に大伴家持が「礪波山手向《たむけ》の神に幣奉り」と詠んだ手向神社がある。右手の階段の先「五社権現」の鳥居をくぐり坂を上がると、倶利伽羅峠の頂上部となる。三角点のある頂には、前田家五代藩主・綱紀《つなのり》建立の石祠が並び、眼下には砺波平野の散居村と、その上に剱岳、立山連峰を眺めることができる。近辺には源平合戦にちなむ猿ヶ馬場や源氏ヶ峰、塔の橋、巴塚、葵場など史実を伝える場所が多い。

山上は八重桜の大樹の並木で「加越の吉野山」とも呼ばれ、六〇〇〇本に及ぶサクラは四月上旬から花見客でにぎわう。

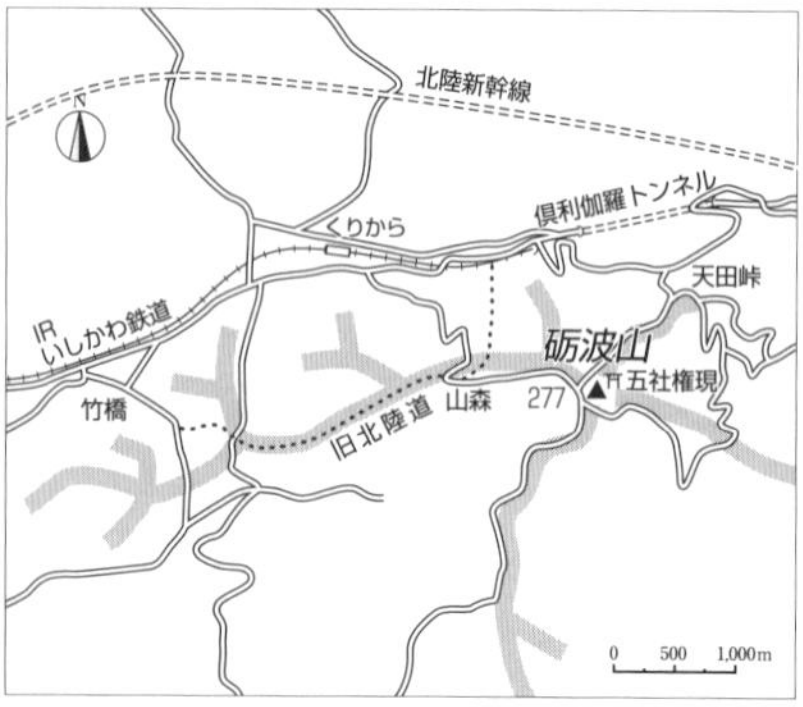

登路 車道が山上に通じているが、参勤交代の大名行列が往来した歴史のある道で人気がある。IRいしかわ鉄道倶利伽羅駅から「源平ライン」の標識に従い坂戸から車道を辿り、旧北陸道の入り口山森に着く。左へさらに車道を行くと倶利伽羅峠の頂上に至る。火牛像や猿ヶ馬場を回り不動寺本堂や多くの伽藍を参拝して、帰路は山森まで戻り、標識に従い左の北陸道に入る。広くゆったりした歩道は、城ヶ峰の南山裾を通り、案内板により車道を何度か横断して昔の街道の佇《たたず》まいを保持する道に入る。四体の地蔵の所で水田地帯の車道と出合う。

少しで竹橋集落となり、県道経由で倶利伽羅駅に戻る。

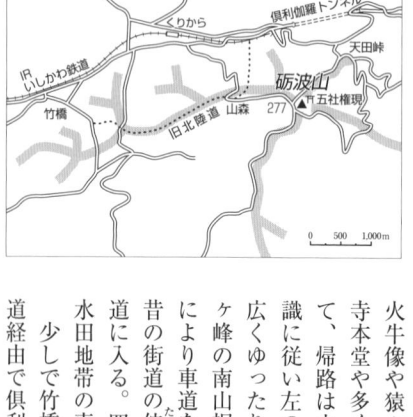

このコース一周は約四時間である。

地図　二・五万図　倶利伽羅

（埴崎　滋・前田健進）

医王山　いおうぜん　標高（奥医王山）　九三九m
白兀山　しらはげやま　標高　八九六m

別称　ようぜん　権現山

石川県金沢市と富山県南砺市福光にまたがる。南北九km、東西五kmの独立した山群で、白山山系の北端に位置している。

医王山は奥医王山、白兀山《しらはげやま》、黒瀑山《くろたきやま》（七一二m）を含めた山群である。山麓ではこの山群を「ようぜん」と呼んでいるが、この場合は白兀山頂を指している。

医王山は泰澄によって開かれたと伝えられている。養老三年（七一九）に泰澄がこの山に登り、薬草が多いところから唐の育王山にちなんで「育王山」と名付けたという薬草説と、白兀山の山頂に本地仏である薬師如来を祀ったことによる薬師如来説の二説が有力である。『改訂加賀地誌略』、『金城勝覧図誌』には「山中薬草多きにより名を得るなり。薬草を産するが故に医王山の名あり」とある。また『加越能大路水經』には「山上に薬師あり故に名とす」。さらに薬師如来の別名の「大医王仏」から由来するとする説もある。

また、この山は山岳宗教の場として修験者が行をする場所でもあった。『加越闘諍記』によれば、山中には中国の浙江省の育王山にちなむ天台宗寺院・育王仙惣海寺があったという。最盛期には四十八箇寺の堂塔や僧坊が甍《いらか》を並べて建っていた。

奥医王山からは菱池谷など西側の谷は浅野川に合流し、東側の谷は小矢部川に注いでいる。白兀山からは豊吉川となって森下《もりもと》川に注ぎ込んでいる。

山体は第三紀中新世前期の火山の噴火によって生成された火砕岩である。これは「医王山火山岩層」と呼ばれるもので、流紋岩と凝灰角礫岩からなり、その厚さが一〇〇〇mに達している場所もある。白兀山から北に延びる尾根上の奇岩「鳶岩」は、この流紋岩が風化してトビの頭に似た形になったところから名付けられている。

白兀山や奥医王山の尾根から山腹にかけてブナ林が見られる。このブナ林の林床にはチシマザサが密生しており、また、ユキツバキも随所で見ることができる。高度が下がるにつれてコナラ、ケヤキ

白兀山（左）と奥医王山（右）
（戸室山医王山寺から）

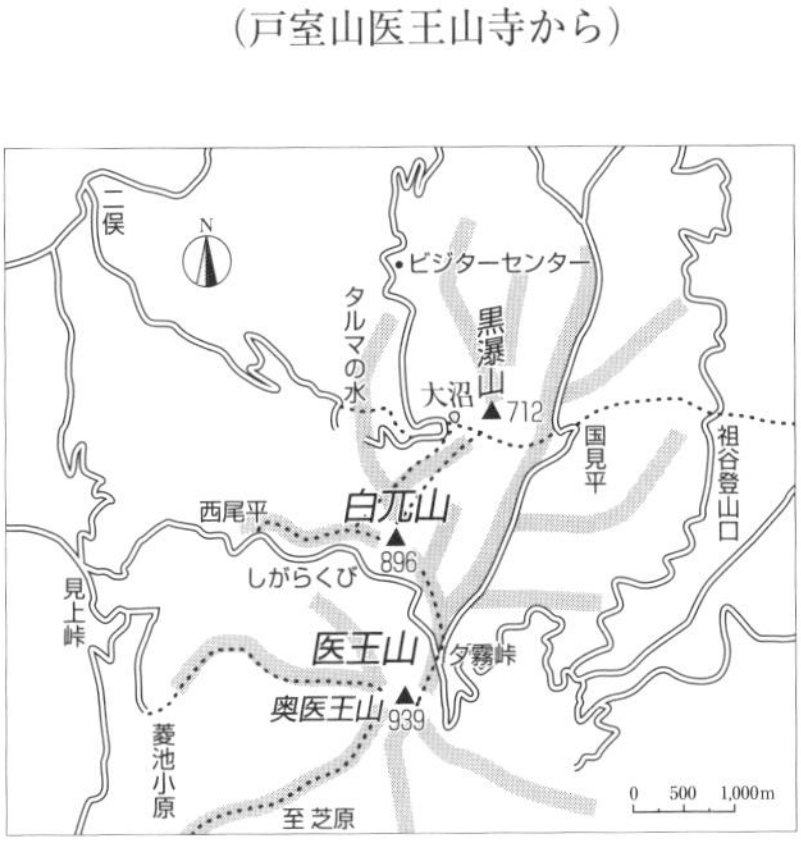

などの落葉広葉樹が多くなる。冬は季節風が強く、雪も多いため樹木の成育は数mに抑えられている。

薬草の山と呼ばれる医王山は、植物約六〇〇種のうち薬草が一五〇種にも及んでいる。大沼には、主にマコモやヨシで形造られた浮き島が水面に浮かんでいるのを見ることができる。また、ここはムジナスゲの南限地でもある。

登路　旧登山道は二俣集落の西端から田島集落を見下ろす山道を登り、地蔵峠を経て大沼に出るルートである。さらに三蛇ヶ滝を探勝して鳶岩から白兀山に至る。一九〇六年五月に室生犀星もこの道を辿って登っており、その時の体験を元に「医王山」、「奥医王山」、「白禿御前」など多くの小説や随筆を著している。今日ではこの道は林道下出線に変わり、終点の「タルマの水」まで車を乗り入れることができる（約二時間）。

林道奥新保線の原石山に医王山ビジターセンターが設けられている。この先はゲートがあって車の乗り入れはできない。豊吉川に沿ってよく整備された林道を登ると、大池平から大沼に出る（センターから約四五分）。

医王山の表登山口は見上峠である。峠から登山道を登り、医王の里を経て西尾平に出る。ここから白兀山に向かう柵頸《しがらくび》ルート（約二時間）と、「のぞき」を経て大池平から大沼に至る鳶岩ルート（約三時間）とに分かれる。

白兀山から尾根筋を南に進むと夕霧峠に至る。ここから階段状の登山路を登ると、三角点のある奥医王山に達する（白兀山から約五五分）。

富山県側からは祖谷登山口から国見平、三蛇ヶ滝を経て白兀山に至るルートがある（約三時間五〇分）。

地図　二・五万図　福光　湯涌

（岡本明男）

戸室山　とむろやま　標高　五四八m

石川県金沢市の南東部にあり、医王山《いおうぜん》の西方に位置する。山体は溶岩円頂丘の半分が欠け、金沢方面からは、凹型の左右対称の山容をなす。山頂から北へ少し下った所に戸室権現（飛櫓《とぶろ》権現）を祀る小祠がある。

山名の由来は『亀の尾の記』には、白山を開山した泰澄が医王山開山の際、宿泊した外室がこの山にあったことにちなむとする。

戸室山は第四紀前半に噴火した小さな火山で、溶岩は角閃石安山岩からなり、戸室石として金沢城の石垣や兼六園の庭石、辰巳用水の石管などに利用された。

登路　以前は北側の戸室新保から尾根づたいに登る道が唯一の登山道だった（約一時間）。現在もっとも多く利用されているルートは、東側の医王山寺の境内から階段を登るルートで眺望もよい（約二〇分）。山麓の大地に天台宗医王山寺があり、中腹には一九四三年一一月に与謝野晶子が金沢へ来遊した際に「白山に天の雪あり医王山次ぎて戸室もたけなわの秋」と卯辰山で詠んだ歌が、戸室石に刻まれている。

地図　二・五万図　金沢　福光

（岡本明男）

キゴ山

標高　五四六m

金沢市街地南東にあり、戸室山の南側に位置する。『三州地理志稿』には「稽古山」と書き、蓮如が植えたナシの木があるとする。『亀の尾の記』には「ケイゴ山」、藩政期の絵図には「警護山」の字を当てているが、陸地測量部がカタ仮名書きを使用して以来、現在の呼称となった。

山名の由来は佐久間盛政が越中・小矢部川上流の一向一揆に対抗するために、この地に砦を構えたことによるという。

登路　少年自然の家と放牧場、医王山スキー場からの三ルートがある。最短ルートはスキー場からの道で、スキー場の斜面をジグザグに登れば山頂に着く(約三〇分)。

地図　二・五万図　福光

（岡本明男）

卯辰山　うたつやま

標高　一四一m

別称　向山《むかいやま》　東山　臥竜山　夢香山　茶臼山

石川県金沢市の金沢城の北東に位置し、浅野川の右岸にあって金沢城と向かい合っているため、「向山」とも呼ばれている。山中には観音山、愛宕山、摩利支天山、毘沙門山、油木山、春日山、鳶ヶ峰などの小峰があり、総称して卯辰山と呼ぶ。

山名の由来は、河北郡小坂荘の中心部から卯辰(東南東)の方向に位置するためであり、中世には宇多須山とも称した。加賀藩は金沢城防護のため警戒を厳しくし、町人の登山は禁じられていたが、安政五年(一八五八)六月から三か月間冷雨がつづいていて飢饉となり、米価高騰に耐えかねた民衆数百人が卯辰山へ登り、大声で金沢城に向かって窮状を訴えた「安政の泣き一揆」が起こり、この事件を契機にして加賀・能登・越中三箇国に広がる大規模な安政の大一揆に発展した。一四代藩主・前田慶寧《よしやす》が卯辰山を本格的に開拓し、山上に養成所(病院)、撫育所(救貧施設)、集学所(学校)や諸種の工房群が設けられ、芝居小屋や茶店などもできた。この時、天神橋からの道路が開通し、山頂に療養所があることにちなんで帰厚坂《きこうさか》とした。明治末期から公園化が進み、アカマツ、クロマツ、スギなど一六万本を植樹したため、本来はシイの林であったのが、かなりアカマツ林に変わった。一九二七年には小坂神社前から汐見坂が開削され、帰厚坂、観音坂、汐見坂を連絡する循環道路が完成し、公園の基礎が確立された。

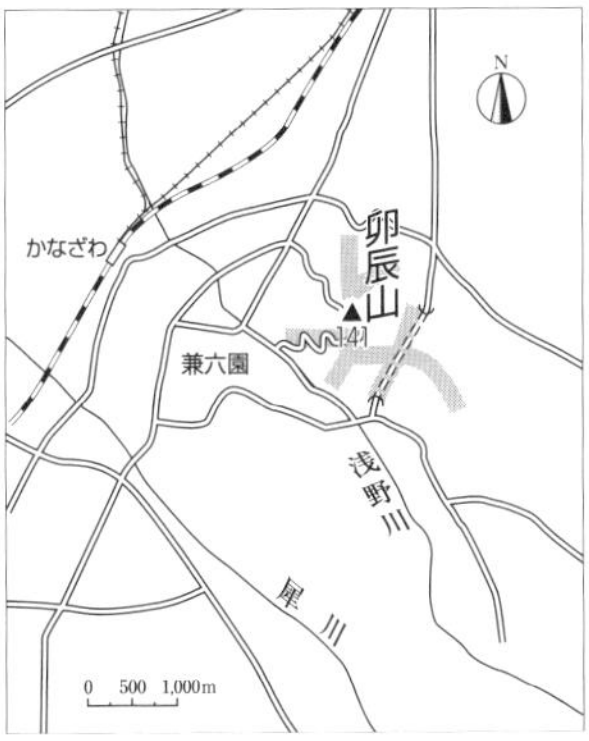

いまでは車の走る道路となり、車で一〇分程で山頂に登ることができる。これらの車道を少し外せば、緑の森の中に市街地の喧騒をしばし忘れさせてくれる小径があり、森林浴を楽しみながら登ることができる。

卯辰山の地層は、金沢市卯辰山地区を標式地とする第四紀更新世前期の地層。

未固結の砂層・礫層・泥層からなり、第三紀末の大桑層の上に重なるが、厚さの最大は一五〇〜二〇〇mに達している。

登路　常磐橋、天神橋、東山、山の上町などから歩いて登る道がある。天神橋ルートは浅野川に架かる天神橋からの車道をしばらく行くと左に外れる。急な帰厚坂を登って紅葉谷の菖蒲園に出る。ここから豊国神社につづく長い石段を登ると日蓮上人の像が現れ、車道を横断すると玉兎ヶ丘である。さらに進んで望湖台に出て、金沢市街や日本海を一望する。ここから反対側の横空台を経て月見台に登ると、三角点のある卯辰山山頂に達する(約三〇分)。

地図　二・五万図　金沢　(岡本明男)

順尾山　じゅんのやま　標高　八八三m

別称　ズンノウヤマ　ズンノヤマ　ジュンノヲヤマ

石川県金沢市と富山県南砺市福光地域との県境に位置する。地質はジュラ系。なだらかな山容は金沢からは目立たない。山頂北東約一kmに三等三角点「上順尾山」がある。低山ではあるが金沢を流れる犀川の本支流・浅野川、富山県の小矢部川を分ける分水嶺である。

登路　刀利峠から林道横谷順尾線を七km終点まで車が入る。なだらかな尾根道を約一時間で頂上に着くが、展望はない。しかし、春のブナの新緑、秋の紅葉は大変美しい。

地図　二・五万図　湯涌　(中川博人)

高尾山　たかおやま　標高　八四一m

石川県金沢市の南東、湯涌温泉の奥、浅野川支流・白見谷の源頭に位置する。国土地理院の二・五万図には三角点(七六二・一m)のある山頂に「高尾山」と載っているが、地元ではこれを「前高尾山」と呼び、その奥、八四一mの山頂を「奥高尾山」と呼んでいる。地質は石英粗面岩。山麓の湯涌温泉は詩人で画家の竹久夢二が、恋人彦乃と逃避行したエピソードでも有名である。

登路　湯涌温泉から南に延びる林道終点が登山口。前高尾山まで約一時間。奥高尾山との分岐点から三分の山頂には、湯涌温泉の火災鎮護の「八手観音」が祀られている。以前はいったん分岐点まで下ったが、いまは奥高尾山へ向けて尾根通しの道がある(約四〇分)。

地図　二・五万図　湯涌　(中川博人)

吉次山　きちじやま　標高　八〇〇m

石川県金沢市の南東、高尾山の西方に位置する。白見谷支流・川谷の源頭にあたる。地質は第三紀層。吉次山の山名は昔からあったのではなく、一九〇七年ごろ改定された五万図から八〇〇・一一mの三角点(一九〇六年設置)のある山頂を陸地測量部によって命名されたものだが、その由来は不明。それ以前は三角点から西方の七三四m独標点の位置に吉次山と記されていた。

登路　奥高尾山から尾根通しのルートが一般的。途中「ミツガシワ観察道」と呼ばれる高層湿原がある。最低鞍部には「日尾池《ひおいけ》」（いまの犀川ダム付近にあった日尾集落から付いた名で、東西二七m、南北三六mの池）があり、変化に富む。山頂は眺望が利かない。奥高尾山から約一時間。

地図　二・五万図　湯涌　鶴来

（中川博人）

赤堂山　あかんどやま　標高　一〇五九m

石川県金沢市と富山県南砺市福光地域との県境にあり、犀川ダムの上流、倉谷川の右岸に位置する。

古文書によると、大門山の北に阿咸堂、尻高、赤目欠《あかめがけ》、地獄、矢代などの山名が記され、それらの山々を称して「百山」と総称されていた。それらがどの山を指すのか不明だが、唯一、阿咸堂が赤堂として国土地理院の地形図に生かされた。

登路　赤堂山には道がない。大倉山より古い踏み跡をヤブをこいで行くか、倉谷川から沢つめで行くしかない。赤堂山の頂上部は広く、木々と雑草で見晴らしは悪い。倉谷には古くは加賀藩の倉谷鉱山があり、金・銀・銅・鉛などが採掘され藩の重要な財源となっていたが、一九一〇年に廃止された。無雪期だと大倉山から三時間弱で頂上に達する。

地図　二・五万図　西赤尾

（樽矢導章）

大倉山　おおくらやま　標高　一〇〇五m

石川県金沢市と富山県南砺市福光地域の県境に位置し、犀川ダムの右岸に位置する。

水上谷は昔、越中中河内から下小屋、ブナオ峠を経て五箇山から飛騨に抜ける間道で、沢を登るのはさほど困難ではない。山頂には三角点があり、無雪期は周りの木々が邪魔をして視界はよくないが、残雪期にはその展望はすばらしく、この山の魅力である。

登路　順尾山から奥高尾山への「浅犀みくまりの道」を進み、少し先の大倉山への分岐点から分かりやすい踏み跡を辿ると山頂に至る。南面に少し下ると展望台がある（順尾山から約一時間）。

山頂には本流をつめて稜線づたいに出るルートと、枝沢を直接山頂へつめるルートがあるが、いずれも注意が必要である。残雪期のルートは、水上谷出合を過ぎ大倉山から西に派生した尾根に取りつき、九六〇mのピークを越えれば山頂まではひと息である。（犀川ダムから約三時間）

地図　二・五万図　西赤尾

（樽矢導章）

月ヶ原山　つきがはらやま　標高　一一七〇m

石川県金沢市と富山県南砺市福光地域の県境に位置し、犀川ダム上流の倉谷川の右岸に位置する。

月ヶ原山は五万図の作製時に命名した山名だそうで、それまで「月ヶ原」は現在の山頂と北にある一一二九mの峰との間にある平坦地の名称であった。越中・下小屋では月ヶ原峠と呼んでいたのを、山名に誤記したまま今日に及んでいる。

この峠は倉谷と下小屋両村の山中交通に古くから利用された杣《そま》道の要所であった。月ヶ原山は加賀藩主の鳥構山《とりかまえやま》で、木々の伐採が禁じられた切止め山（御留山《おとめやま》）であったため、いまでも大木が多く見られる。

登路　無雪期に山頂に至るには、富山県側の方が入りやすい。廃村になった南砺市下小屋からソレ谷（ソウレ谷）に入る。谷はそれほど難しい谷ではないが、山頂近くはひどいヤブこぎを強いられる。山頂はなだらかで見晴らしはよい。しかし、木々や雑草が邪魔をする。無雪期は残念ながらよい展望は得られない（下小屋分校跡から約三時間）。

地図　二・五万図　西赤尾

（樽矢導章）

多子津山　たこつやま　標高　一三一一m

別称　蛸頭山　高春山《たかうす》　たごづ山　たごつ山

石川県金沢市と富山県南砺市福光地域の県境に位置し、犀川ダム上流の倉谷川の右岸に位置する。

頂上の容姿がタコに似ているところから名が付いたと思われる。富山県側では「たこづやま」と発音している。

登路　多子津山に至るには、南砺市下小屋から月ヶ原山に登り、稜線づたいに行くことができるが、多子津山の北斜面は急登のヤブこぎを強いられ大変である。富山県側の緩斜面を選んで巻くように南側から登る方が容易である。

頂上へは残雪期が最適であるが、多子津山の手前一二五〇m付近からの稜線は複雑で、雪庇には十分注意が必要である。頂上は狭く、木々があって視界はよくない（月ヶ原山から約一時間三〇分）。

地図　二・五万図　西赤尾

（樽矢導章）

大門山　だいもんざん　標高　一五七二m

別称　加賀富士

富山県南砺市福光地域と石川県金沢市の県境に位置し、小矢部川源流の最奥にあたり、西の倉谷川（犀川支流）と東の境川（庄川支流）との分水嶺をなす。平野部からは見えにくいが、金沢方面からは富士山に似た山容であることから「加賀富士」の別名がある。山名の由来は「聖なる白山に向かっての尾根の入り口にある大きな門」という説がある（『石川県大百科事典』）。山頂には三等三角点と環境省の石標がある。主要地方道福光上平線のブナオ峠（九七六m）が登山口で、南砺市の上平西赤尾から舗装された道が通じている（ブナオ峠〜福光刀利間は現在通行止）。一帯は越中五箇山刀利自然休養林に指定されており、峠の上平側にはブナオ峠野営場が整備され、大門山、赤摩木古山《あかまつこやま》、見越山、奈良岳、大笠山への登山口となっている。

登路　ブナオ峠からブナ林の尾根づたいに登山道があり、二・三kmで県境稜線の分岐点（一四九〇m）に達し、ここから北西に〇・四kmで山頂に至る（峠から約一時間五〇分）。分岐点から南に〇・九kmで赤摩木古山（一五〇一m）に至る。その先登山道は大笠山へとつづく。

地図　二・五万図　西赤尾

（山田信明）

見越山　みこしやま

標高　一六二一m

富山県南砺市の上平地域と石川県金沢市の県境に位置し、北東の赤《あか》摩《ま》木《っ》古《こ》山《やま》から南の奈良岳へとつづく県境稜線上の山。南北に長い山容で、最高点は県境から一〇〇m余り石川県側に寄った所にある。北の高三郎山へと派出する尾根の東側は倉谷川、西側は二又川で犀川の二大源流である。山の北西面、二又川の犀滝は落差四五m。また南東面は庄川の支流・境川の開津谷に一気に落ち込んでいる。県境縦走路上のピークは狭いが、さえぎるものがなく展望をほしいままにできる。奈良岳へつづく登山道は鞍部目がけて一気に下っている。

登路　ブナオ峠から尾根づたいに登山道があり、赤摩木古山から二・三kmで山頂に至る。峠から日帰りで登ることができる。赤摩木古山からの下りは一〇〇mの階段がつづく。見越山山頂直下の急登部の登山道が荒れてガレ場となっているほかは、痩せ尾根でルートはしっかりしている。

地図　二・五万図　西赤尾

（山田信明）

奈良岳　ならだけ

標高　一六四四m

別称　倉谷三方岳

富山県南砺市の上平地域と石川県金沢市および白山市吉野谷地区との県境に位置する山。三等三角点のある本峰と南峰の二つからなり、山頂付近は広くなだらかである。山名の由来はナラの木が多いという意味で名付けられたという説や、「山頂の平坦な山」を「ナラ」と称したとする説もある（長崎幸雄『わが白山連峰』）。別名を「倉谷三方岳」という。南北に走る県境主脈は、北は見越山へ、南は大笠山へと連なっている。西は奥三方山へと平坦な尾根が延び、その北面は犀川支流・二又川の源流であり、一方、その尾根の南面は手取川水系の源流となっている。東面は庄川支流・境川の開津谷の源流である。これら三大河川の分水嶺をなす山といえる。奈良岳は犀川源流の最高峰であり、金沢市の最高地点である。山頂の西面にはダケカンバの大木が生えており、見事な枝振りが美しい。

奈良岳の南東方向に仙人窟《いわや》と呼ばれる緑色凝灰岩の大岩壁が望まれる。一九五九年に金沢大学山岳部パーティーが登攀に成功した記録が残っている。

登路　ブナオ峠から尾根づたいに登山道があり、赤摩木古山、見越山を経て三〜四時間を要する。南の大笠山を経て桂湖に至る登山道も整備されているが、この縦走路は健脚向き。石川県側からは、白山市の千丈温泉より奥池林道から奥三方山を経由する道がある。

地図　二・五万図　西赤尾　中宮温泉

（山田信明）

袴腰山　はかまごしやま

標高　一一五九m

富山県南砺市城端地域と上平地域の間にある。旧東砺波郡城端町の最南端にあり、最高地点でもある。砺波平野の最奥部に見え、左右対称の梯形の山である。袴の腰板を連想させる山容からその名が冠せられ、「南砺富士」とも呼ばれて親しまれている。山は見る方角が変わると形状が異なるのが多い。しかし、この山はいずれの方角から見ても形状が同じであり、旧城端町のシンボルマークとして使われている。

古来、城端から上平を経て飛騨の白川村へのルートは、この山の東側の鞍部、小瀬峠を越していた。現在は林道袴腰線が上平地域の小瀬へと通じている。また、東海北陸自動車道はこの山の直下を六kmのトンネルで抜けて、五箇山ＩＣに通じている。

登路　林道袴腰線の城端と上平の境界点である袴腰峠から登る。途中の尾根上に城端山岳会の管理する無人小屋があり、その先急斜面を直登し山頂の平坦地へ出る。袴腰峠から約四〇分。山頂部は二〜三mのブッシュに覆われている。眺望を求めるには西側へ一〇〇mで展望台がある。辺りはホンシャクナゲの群生地。南は白山、笈ヶ岳、西は医王山、北は砺波の散居村から二上山、東に高清水山から立山連峰が見渡される。

その先西側へ下ると鳥越峠を経て三方山まで約一時間、さらに尾根上の道を約一時間で猿ヶ山に達する。袴腰山より南へ二〇〇m行くと池の平へ下りるコースがあり、人形山や庄川上流が展望できる。

地図　二・五万図　下梨　湯涌　西赤尾　上梨　（西川雄策）

高落場山　たかおちばやま　標高　一一二二m

富山県南砺市の平地域と城端《じょうはな》地域の間にある。城端地域の北東部に連なる高清水《たかしょうず》山系の南端に位置し、西側の鞍部にある朴峠は古くから城端より五箇山方面へ越す主要な道路として繁盛していた。明治の中ごろまでは朴峠には常住のお助け小屋があり、いまでも南砺市若杉から唐木峠、朴峠を経て梨谷に至る旧五箇山街道には、所々に往時の石畳が残っている。現在は国道三〇四号五箇山トンネルが直下をつらぬいて梨谷へ通じている。

登路　国道三〇四号を旧城端町から五箇山方面への途中で分岐する林道高清水線に入って四kmの地点で、若杉からの道に出合う。そこには駐車場があり、登山道入り口となる。古い石畳の道を登って唐木峠に立つ。そのまま進むと朴峠に出るが、高落場山へは左のスギ林の植林道へ入る。スギ林が終わり、左側にはブナの大木が茂る原生林の中を行くと主稜線に出る。そこで右折し二〇〇m位で頂上に着く。直下に松尾の天柱石が見え、庄川右岸から東は金剛堂山、白木峰、その奥に立山連峰を含む北アルプスの山々、南側には近くに人形山、袴腰山、遠方に白山山系から西の医王山までが視界に入る。登山道入り口より約二時間。

標高差の少ない道を求めるなら、林道高清水線を縄ヶ池の手前で右折した先にも登山口がある。大滝山ブナ原生林を通って約四〇分で頂上に達する。

地図　二・五万図　下梨　（西川雄策）

八乙女山　やおとめやま　標高　七五六m

富山県南砺市の井波地域と利賀村の境にある。彫刻の町として知られる井波地域のメイン・ストリート、その正面には端泉寺の山門と本堂の屋根が見える。そのすぐ後ろに屏風を立てたような見上げるばかりの八乙女山がある。南砺平野の東側には高清水山系が連なる。南から高落場山、高清水山(一一四五m)、赤祖父山(一〇三〇m)、扇山(一〇三三m)、大寺山(九二〇m)と並び、八乙女山が北端となり、閑乗寺高原から平野に没する。この山系の東側は庄川が峡谷をなして流れ、西側も高清水断層となって切れ落ちている。そのため両側とも急傾斜をなしている。

　山頂の南に風穴と不吹堂《ふかん》があり、昔から井波風といわれる地域風は山頂の風穴からのものといい、風を鎮めるために不吹堂の祠が建てられた。八乙女山頂からは砺波平野の散居村風景が絶佳である。

登路　八乙女林道が山頂近くを通って大寺山、扇山まで通じているので、歩いて登るには閑乗寺公園からの遊歩道を勧めたい。約一時間三〇分で山頂に達する。大寺山、扇山、赤祖父山は林道で分断されている。この辺りの山は春、残雪のころの登山を勧めたい。八乙女山から赤祖父山まではスキーまたはワカンによる雪上散歩コースで、長駆すれば高清水山や高落場山までも不可能ではない。

地図　二・五万図　城端　（西川雄策）

高三郎山　たかさぶろうやま　標高　一四二一m

　金沢在住の登山家・長崎幸雄は、高三郎山を次のように紹介している。「千四百そこそこの標高とは思われぬほど、ボリュームと風格をそなえた山である。……鋸歯状の峰頭と両肩をピンと張った男性的な高三郎の風貌は、この山系の中でも第一級の名峰と呼ぶに躊躇しない。……犀川の二大水源、二又川と倉谷川を分かつ真ん中にどっしりと根をはっているため、金沢市内から見ても、その特徴ある山容は容易に他の山と区別出来る。行政区画上でも四囲すべて金沢の山である」（遺稿『犀川をとりまく山々』）。

　前記の「この山系」とは「白山主峰より石川、岐阜、富山の県境を北走し大門山に至る」主脈と、これから派生するいくつかの支脈を指しているものと思える。金沢市内から見る石川・富山県境の山々。鬼の角のごとく左右対称に聳える二山がある。左が大門山、右が見越山、大きな門柱のようですぐそれと分かる。目を右に移すと見越山を第一峰として同じような高さの頂が三つ並んでいるのが分かる。一番右手前の第三峰、一四二一m地点に三角点があり、二・五万図はそこを高三郎山としている。しかし、三角点に隠れた向こうに一四四五mの頂があり、これを真の高三郎山だと考える人も多い。二又川・天ノ又谷源頭の天ノ又の頭と呼ばれる一四六一mのピーク、金沢市内からはそれが第二峰。古い資料はこの天ノ又の頭をもって高三郎山としている。本稿では金沢から見て太郎の見越、二郎の天の又、三郎の三角点山と考え、山座同定は二・五万図のままにしておきたい。

　山体は石英粗面岩からなり、尾根は所々倉谷川に切れ落ちているが、その分景観はよい。半世紀以上前、金沢大学ワンダーフォーゲル部が、この山に見越山までつづく登山道を拓いたが、やがて三角点のある一四二一mから先はヤブに覆われてしまった。

　近年、高三郎山〜見越山間も森林生物的遺伝子資源保存林に指定され、図根点一四四五mから先の復活はないだろう。しかし、途中

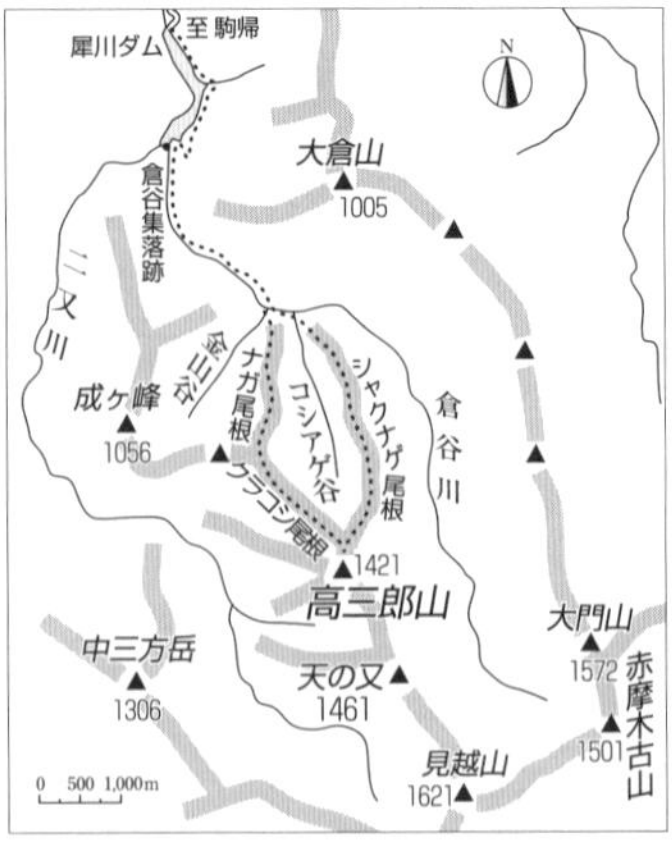

までのシャクナゲの群落や白山も見え、金沢も見える展望を考えれば、三角点頂上で十分満足できる山である。

登路 高三郎山への登山道は旧倉谷集落跡からナガ尾根・クラコシ尾根道とシャクナゲ尾根(広坂尾根)道の二本あり、山頂部を経て周回できるようになっている。ただ、登山口までのアプローチがますます不便になり長時間歩かざるを得ず、そうしたことなどもあって手入れが行き届いていない。確実に登れるのは春の残雪期で、無雪期の入山は地元の登山道の様子をよく問い合わせてから行った方がよい。

バスなら北鉄犀川線終点駒帰《こまがえり》下車、そこから歩く。車の場合、通行止めゲートのある上寺津発電所まで行きそこから歩く。犀川ダムまでの車道が土砂崩れ危険で通行は許可車のみ、解除時期不明。駒帰からダムまで約一時間三〇分。犀川ダムから旧倉谷集落跡までのダム右岸沿いの車道は、ずいぶん前から人が歩いて通るのも危険な箇所があり、荒廃が進んでいる。約一時間。

倉谷集落跡の先、ナガ尾根登山口に金沢市の立派な道標があり「長尾根経由四時間二〇分・シャクナゲ尾根経由一六〇分」とあるが、これは道刈りされていればのことで、ヤブ状態の無雪期なら前者八時間、後者六時間以上見ておくこと。下山も相当な覚悟が必要。残雪期なら両ルートとも登りで四〜五時間。集落跡から登山口までの倉谷川沿いの道に、増水時水没箇所があり高巻きしなければならない。赤布、GPS必携。

地図 二・五万図 湯涌 西赤尾 鶴来 口直海 (西嶋錬太郎)

奥三方山 おくさんぽうやま 標高 一六〇一m

石川県白山市と金沢市にまたがり、白山市河内町の手取川支流・直海《のみだん》谷川源流部にある。金沢市最高峰の奈良岳(一六四四m)の近くに位置するため、セットの登頂を見込むことができる。

登山口からしばらく行くとブナ茶屋跡といわれるブナ林に着くが、原生林の美しさでは県内有数である。直海谷川と二又川の分水嶺の緩やかな稜線からは、三つのピークを連ねる高三郎山が堂々と見える。振り向けば中三方岳、口三方岳が重なり合っている。尾根道の左下からは、秘境・犀滝の轟音が聞こえることもある。頂上から白山を背景に見る大笠山と手前の稜線は懐が深く、爽快である。

登路 白山市河内町内尾の千丈温泉から林道終点の登山口まで約二時間(年によって変わるが、途中まで車利用可能)。登山口から約三時間で登頂。ほかに金沢セイモアスキー場を起点に松尾山経由の尾根道がある。登り六時間程を要する。

地図 二・五万図 西赤尾 (前川 陽)

中三方岳　なかさんぽうだけ　標高　一三〇六m
口三方岳　くちさんぽうだけ　標高　一二六九m

石川県白山市河内《かわち》町の手取川支流・直海《のみ》谷《だん》川と金沢市内を流れる犀川の分水嶺にあたる。直海谷口から口三方岳、中三方岳、奥三方山と「三方」のつく山が並んでおり、名前が示すとおり尾根が三方に張り出している。

直海谷には平家落人の伝説がいくつか伝えられている。口三方岳頂上近くの「景清の池」もその一つで、満々と湛えた池の水は、地下水となって尾根の裏側の二又川へ滝となって落ちているという。その昔、一ノ谷の合戦で敗れて落人になり、諸国流浪の旅に出た平家の将・平景清がこの地に隠れ住み、平家再興がままならないことを嘆いて流した涙が池になったと伝えられている。

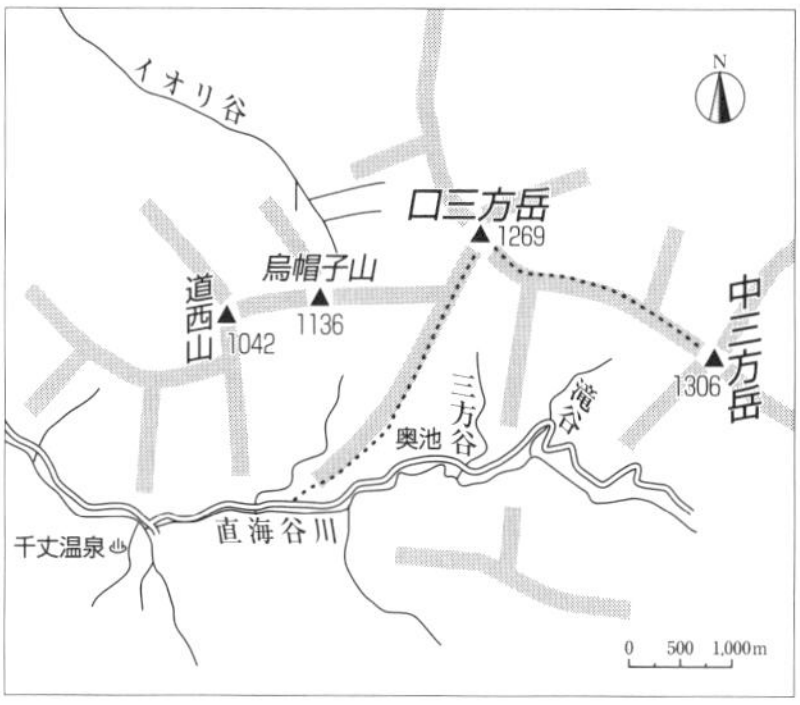

口三方岳への登山道は直海谷川へ張り出す尾根づたいに付けられ、頂上まで約三時間のコースは途中、水場以外の分岐もなく分かりやすい。登り口からいきなり急登でこたえるが、約三〇分で平坦なスギの植林帯に出る。その後はミズナラやブナ林がつづく。頂上には奇形化したサンカン杉（白山山麓では天然杉をこう呼ぶ）があり、変化に富んでいる。頂上からは白山北面や笈ヶ岳《おいずるがだけ》を望むことができ、高三郎山など犀川源流の山並みの眺望がとくによい。

奈良岳と見越山の間に頭をもたげる中三方岳への登山道はないが、ここからつづく尾根の鞍部は、かつてシベリア大陸からの渡り鳥をカスミ網で捕獲する県下一のとりかまえの名所といわれていた。当時、一朝に千羽捕まえるのを「千鳥」といい、そのたびに麓の村にたびたびお祝いの饅頭が配られたという。犀川ダムに水没した二又新町では、口三方岳を日《ひ》明山《あかりやま》と呼んでいた。一日にわずかしか日照時間のない深い谷あいの集落から見上げる、陽の当たる山への憧憬が込められているようだ。

登路　口三方岳へは白山市河内町内尾の千丈温泉から直海谷川林道を一・五km つめた所の登山口から登り約三時間。

地図　二・五万図　口直海

（前川　陽）

三輪山　みのわやま　標高　一〇六九m

別称　冠岳

石川県金沢市の山、別名を冠岳という。金沢を流れる犀川の源流・内川の奥に位置し、いまは廃村となった内川最奥の菊水から見るその姿は大きくおおらかである。三輪山に降った雨は東ノ谷と西ノ谷に分かれて流れ、口二又で出合って内川ダムに注ぐ。

山頂はなだらかで、ヤブの中の三角点を探して確かめないと特定できない。

登路　道がなく、残雪期に登るか沢をつめる。残雪期は石川県白山市河内町内尾《うつお》から口三方岳に登り、尾根づたいに行くのが交通の便からもベストで、登山口から約四時間である。口三方岳から一〇六九m地点までにかなり狭く両側が切れ落ちた箇所があり、雪の状態によっては手こずり、さらに時間がかかるだろう。

沢は金沢市内川ダム経由で菊水の先、口二又手前のゲートまで車で入り、植林用の道を辿り、適当な所で東ノ谷に降りる。標高四二五mの二俣では左俣を行く。滝も淵もない平沢で、最後のヤブもひどくない。約三時間かかる。

地図　二・五万図　鶴来　口直海

（西嶋錬太郎）

挙原山　あげはらやま　標高　九四六m

別称　ガケハラ山

庄司峰　しょうじみね　標高　九八七m

別称　障子峰

挙原山は犀川上流倉谷の左岸、石川県金沢市の旧見定《けんじょう》集落の南方背後にあり、位置的には犀川ダムのほぼ西にある。庄司峰はその南西の稜線上に隣接し、挙原山を経由して登頂するので併記する。

山体は第三紀丘陵上に溶岩が噴出した石英粗面岩からなる。

金沢市街から眺めると、大門山から見越山につづく稜線の手前に、低いけれど肩を張った挙原山と尖った形の庄司峰が見える。

庄司峰は、『加賀国略絵図』では、「障子峰」としている。挙原山までの登路と峰谷《むねんたに》を挟んで並行する庄司峰支稜の峰谷側の中腹に、障子の黒壁と呼ばれる雪も付けない岩場があり、それが旧名の由来であろう。『皇国地誌』には「美濃輪山」とあるが、五万図作製時の聞き誤りなのか、現在の三輪山とは別である。

登路　頂上までの登山道はなく、ヤブこぎに苦労するので、登山は残雪期が適期。路線バスは犀川終点の駒帰町まで、車は犀川右岸を犀川ダム付近まで入れることもある。駒帰町から徒歩一時間強で挙原山からの左尾根を回り込んだ対岸に出る。いまは廃村となった見定集落へ背後から迫る支稜と、その間に食い込んだ四条の急な谷が犀川へ落ち込む様子から『加賀国略絵図』にあるように「ガケハラ山」と呼称されたようである。

犀川を飛石づたいに渡り、少し登ると見定集落跡に出る。挙原山へは集落跡から右手の尾根に取りつき、ブナ林をひたすら急登する。傾斜が緩むと快適な雪の稜線づたいになるが、雪庇の状態によっては所々でヤブこぎを強いられる。二時間強で緩やかな頂上へ出るが、取りつきからの標高差は約六五〇mあり、雪の状態によってはかなりつらい。頂上は二峰よりなり、東峰は標高約九〇〇m、『皇国地誌』には「松尾山」と記載されている。西峰が本峰であり、傾斜が緩むころ、右手に庄司峰、奥障子峰の二峰が現れる。

庄司峰へは挙原山から約一〇〇mの下り、コルから奥障子峰への長い急登は少々息切れする。這い上がった奥障子峰と庄司峰間の犀川側へ張り出した大きな雪庇は注意を要する。

挙原山、庄司峰はともに展望はよく、大倉山から高三郎山、口三方岳まで、晴天であればすばらしい。庄司峰から西へ稜線を辿れば、北西は水葉山から熊走町へ、南西には三輪山へつづく。

地図　二・五万図　鶴来　（津田文夫）

水葉山　みずばやま　標高　八九一m

石川県金沢市を流れる犀川の支流・金谷《けんたに》の源頭に位置する。『皇国地誌』によれば「高燕山《たかつばめやま》・高積山《たかつぶりやま》」と記されているが、一九〇九年発行の二・五万図からは、水葉山と記された。なぜ陸地測量部が水葉山と命名（改名）したかは定かでない。地元熊走《くまばしり》では「金谷《けんたに》の頭《かしら》」と呼ばれている。

登路　熊走から林道犀鶴線を辿り、林道と送電線が交差する所で車を止める。目の前の尾根を登る。途中まで踏み跡がある。源頭部が通称尾谷峰と呼ばれる山頂で、八九八・七一mの三角点があり、水葉山より少し高い。ここからはヤブこぎを強いられる山である（約二時間）。

地図　二・五万図　鶴来　（中川博人）

国見山　くにみやま　標高　五五七m

石川県金沢市国見町の南方に位置する。名前のわりには視界は利かない。恐らく地元である旧国見村から山名が付いたのではなかろうか。『皇国地誌』によれば、明治初期までは「平薙山《ひらなぎやま》」と呼ばれていたらしい。地質は輝石安山岩。平成八年に金沢市の環境保全区域に指定された。

登路　熊走《くまばしり》より林道犀鶴線を辿り、国見町から来る林道交差点を右折、送電線と交差する部分から巡視路を登ること五分で山頂。カヤのヤブの中に三角点「国見山」がある。

地図　二・五万図　鶴来　（中川博人）

奥獅子吼山　おくししくやま　標高　九二八m

石川県金沢市と白山市鶴来地区の境にあり、犀川と手取川の分水嶺である。山頂は少し金沢市に入っており、三角点がある。この辺りは獅子吼高原と呼ばれて地元でも親しまれ、獅子吼手取県立自然公園になっている。麓には白山本宮・白山《しらやま》比咩《ひめ》神社がある。「獅子吼」の由来は昔、行者が修行した行場の「止《し》宿《しゅく》」に、仏典にある「獅子吼」の文字を当てたと伝えられている。

登路　いくつかのルートがあるが、代表的なものは山麓のゴンドラ山麓駅からゴンドラリフトに乗り、山頂駅から尾根づたいに約二時間である。このほかゴンドラ山麓駅横から月惜峠《つきおしとうげ》に抜けて尾根道に合流する八幡道、林業試験場裏から尾根に抜ける三ノ宮道、鶴来浄水場より林道犀鶴線に入り、途中、開通記念碑のある駐車場から山頂を目ざすコースがある。山頂手前は獅子吼平というカヤの草原があり、おだやかな稜線散歩である。晴れた日の白山山系は圧巻である。

地図　二・五万図　鶴来　口直海　（中川博人）

倉ヶ岳　くらがだけ

標高　五六五m

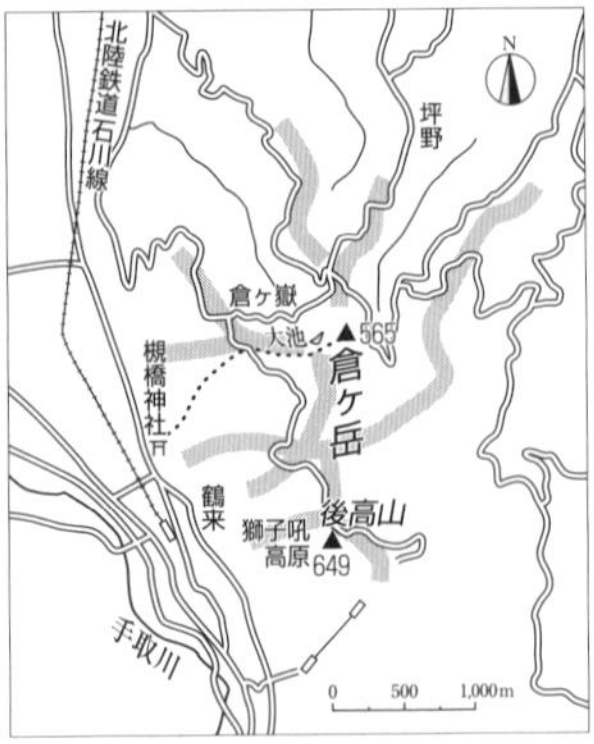

石川県金沢市、白山市鶴来地区にまたがるが、山頂部は金沢市に属する。後高山《しりたか》から北側に派生した尾根の末端にあたり、金沢市の中心部から南約一〇㎞に位置する。

山体は金沢方面から望むと馬の背に鞍を乗せたように見える。山頂北側から発する小渓は犀川水系・伏見川の水源となっており、北流して犀川に合流し、日本海に注ぐ。

山頂部は五〇〇平方m程の平坦地であり、北西側は石英粗面岩の高度差五〇mの岩壁を形成しており、ロッククライミングのゲレンデとなっている。この岩壁直下に長さ二〇〇m、幅五〇mの大池があり、常に水を湛えている。

山頂からは南西方向と北西方向以外は木にさえぎられて展望は利かない。南西には犀川源流部の山並み、北西方向は金沢の市街地を望むことができる。

この山には、かつて一向一揆軍に攻められた加賀国守護職・富樫政親が高尾城から倉ヶ岳へ逃れ、山頂から馬もろとも池に落ち落命したが、それ以来、命日に政親の鞍が池に浮かぶという伝説が伝わっている。

登路　月橋集落の槻橋神社左側の林道から登り始め、沢沿いをしばらく行くと小さい滝が現れる。滝を過ぎ林道が二俣に分かれる所からが登山道である。途中、二箇所林道と合流し、山頂直下の大池に出る。ここから一〇分程で山頂である(登山口から約一時間)。そのほか林道を利用し、車で大池まで入ることができる。

地図　二・五万図　鶴来　粟生　(櫻井清隆)

松尾山　まつおやま

標高　一一六三m

松尾山は南側を石川県白山市吉野谷地区の瀬波川・松尾谷に面し、北側は内尾《うつお》谷川・桑原に面して、瀬波川に沿うように峰は奥三方山へとつづいている。

登路　金沢セイモアスキー場が開けるまでは、松尾谷か桑原・オクボ谷から登られたが、現在ではスキー場千丈平越えが一般的で、笠山からの林道と合流してさらに上部へと車を進めることができるが、道は荒れており車の通行は不可。頂上部は平坦でどこがピークか判別しがたいが、白山を正面に据える眺望は、さながら白山の遙拝所である。頂上から北面の桑原につづく緩やかな斜面に沿い、通称「カナガシラ」まで刈り込んだルートがある。

内尾からオンソリ谷をつめ、恐山(オイズル山、八八九m)に至る。ここには泰澄が白山を開いた時、その弟子と住んだ跡があり、「厩《うまや》のつぼ」といい、白山の遙拝所であったという伝承があって一九六一年、長崎幸雄により発見されたという。

地図　二・五万図　口直海　市原　(村上　哲)

笠山　かさやま

標高　八六五m

石川県白山市河内《かわち》町と吉野谷地区佐良《さら》にあり、手取川左岸から眺めると稜線がゆったりと波打つ大きな山塊である。登山口は佐良、河内町内尾《うつお》・吹上《ふきあげ》の各集落にある。

登路　吹上集落は道路より高い所にあり、最奥に神社と広場がある。少し登ると林道わきに登山口がある。沢沿いの急登の道で、二箇所の水場を過ぎるとまもなく峠で、左折して尾根道を約一時間程度行くと釜中山(五六八m)に着く。小さなアップダウンの繰り返しで水平道になり、まもなく円丘の頂上に着く(吹上から約三時間)。展望は期待した程ではない。さらに尾根道を進めば佐良からの林道に接し、林道はトンネルで内尾に通じる。佐良・内尾には天然の温泉があるので、下山後の入浴を楽しむこともできる。佐良へ約一時間、内尾へ約一時間三〇分。

地図　二・五万図　口直海　市原

(佐伯芳造・中川博人)

雲龍山　うんりゅうざん

標高　四八四m

別称　雨流山　雲流山　瓜生山

石川県白山市吉野谷地区佐良の手取川の右岸に位置し、「吉野工芸の里」の背後にある。

山名の由来は中国の雲龍山からきているといわれているが、谷が急峻で降った雨がそのまま流れることから、「雨流山」または「雲流山」と呼ばれ、その形が瓜に似ていることから「瓜生山」とも呼ばれている。

雲龍山は、古くから黄門橋、太白山などとともに「吉野十景」と呼ばれ、現在「獅子吼・手取県立自然公園」に指定されている。また、近くには国の天然記念物の樹齢数百年の大杉「御仏供杉《おぼけすぎ》」や手取峡谷がある。

登路　下吉野の養魚場横からの登山道と、北側のいこいの森キャンプ場向かいからの旧登山道がある。旧登山道は急坂なので、下りに利用するときは注意を要する(両登山道ともに頂上までは約一時間一〇分)。

地図　二・五万図　口直海　別宮

(織田伸治)

観音山　かんのんやま

標高　四〇二m

別称　遣水観音山《やりみずかんのんやま》　千石倒《せんごくだおし》　仏大寺観音山

石川県能美市辰口町の南東にある山。中腹に泰澄伝説にちなむ遣水観音像を祀ったとされる観音堂がある。

開山の由来は、泰澄が白山の禅定のため、遙か西方に瑞雲の棚引くこの峰に、自ら刻んだ観音像を弟子に背負わせ安置させたことによるとされる。

登路　「日本名水百選」に選定の遣水観音水のお堂の裏が登山口である。いきなり手すりの付いた階段を約五分くらい急登すると、なだらかな道になり、アベマキ、ナラの林をさらに二〇分程で観音堂跡に着く。山頂へは右の道を一〇分程登る。山頂には三角点があり、その前に屋根付きの展望櫓がある。山頂からは能美・小松の平野が日本海まで広がって見え、また、富士写ヶ岳、動山から白山までつづく眺望を楽しむことができる。なお、この山を周回できるコースとして、仏大寺集落の仏陀寺跡から植林地の中を緩やかに登れる「つくばね新道」がある。

地図　二・五万図　粟生　別宮

（太田義一）

大笠山　おおがさやま　標高　一八二二m

富山県南砺市上平地域と石川県白山市との県境に位置する白山山系北部の山。庄川の支流・境川の源流に位置し、白山国立公園最北部の重鎮。山名の由来は菅笠を伏せたような山容に由来する。石川県側では古くは千丈平山と呼ばれたという。

山頂部はおだやかな台地状で、ここから四方に尾根が延びている。北の奈良岳、南の笈《おいずる》ヶ岳《がだけ》に連なる県境主稜線は、北側は急傾斜で落ち込んでいるのに対し、南面は緩斜面で鞍部に至る。東面は境川の流域で前笈ヶ岳（一五二二m）を経て桂湖の登山口に至る、急峻なフカバラノ尾根が派生する。一方、西面は手取川の支流である瀬波川、尾添川雄谷の流域で、両者に挟まれて大瓢簞山《おおふくべやま》（一五四九m）から高倉山（九二一m）へ延々とつづく長大な尾根（古書には千丈嶺とある）が延びる。大笠山の南西面直下には、一四〇〇mから一五〇〇mにかけて千丈平という高原が広がり、ブナの純林が美しい。山頂には一等三角点があり、そばには方位盤が設置されている。山頂の西方には大笠池がある。

一九九三年に境川ダムができ、麓の旧桂集落は水没して桂湖となった。現在、湖畔はビジター・センター、コテージやオートキャンプ場など桂湖森林公園として整備されている。登山道ができるまでは残雪期に主としてフカバラノ尾根コースで登られていたが、白山国立公園の整備に合わせて登山道が開設され、ブナオ峠から赤摩木《あかまっ》古山《こやま》、見越山、奈良岳を経て大笠山に至り、フカバラノ尾根沿いに桂湖に至る周遊コースができている。一九九七年には小さな避難小屋が一六〇〇m付近に建設された。この小屋は使用不能となったが、二〇一三年に県境稜線上、大笠山頂の手前に新しい大笠避難小屋（約七畳）が建てられた。現在では日帰り登山も可能となったが、登山口から標高差は一二〇〇mもあり、紅葉のシーズンには早立ちしないと、日没までに帰り着けないことになる。

大笠山（左奥）と奈良岳（右奥）（赤摩木古山から）

登路　桂湖の最上流、大畠谷に架かる吊り橋がフカバラノ尾根コースの登山口。ここから標高差七〇〇ｍの急登が連続する。取りつきは鉄梯子や鎖場などの急な岩場で、細心の注意が必要。三角点のある前笈ヶ岳（一五二二ｍ）は、積雪期登山のキャンプサイトに利用される所で、大笠山や笈ヶ岳を望む展望地点。避難小屋跡を過ぎ県境稜線に出ると奈良岳方面からの縦走路と合流し、山頂はすぐ（吊り橋から登り約五時間三〇分、下り約三時間三〇分）。

奈良岳からの県境尾根コースは、富山県側のブナオ峠からと、石川県側の奥三方山から登山道が通じている。ブナオ峠からは片道約六時間。アップダウンが多く、尾根も急峻で健脚向き。なお、山頂から笈ヶ岳方面へは登山道はない。

地図　二・五万図　中宮温泉　西赤尾

（山田信明）

高倉山　たかくらやま

標高　九二二ｍ

石川県白山市吉野谷地区木滑《きなめり》の国道一五七号わきに聳える高倉山。白山山系・大笠山の西に派生する長大な支脈末端の山である。木滑から高倉山山頂直下経由で旧中宮スキー場に到る林道高倉線（平成二八年開通予定）の山腹を切るジグザグで、いまはやや山容が損われてしまった。それでも国道を車で走って見える姿は「加賀富士」の俗名にふさわしい秀麗さ。山中一帯は白山ザルの生息地、林道を横切る野猿群を見かけることもあり、自然は豊かである。

登路　白山市吉野谷地区市原の八幡神社から登る道のみ残っているが、かなりヤブ化している。木滑の自然保護センター横から林道高倉線が、二〇〇一年末で頂上一〇〇ｍ下まで来て市原からの登山道と接しているので、これを使うと早い。車道と登山道の接点はコンクリートのヘアピンカーブで、急な尾根の道は手入れされていない場合、うまく道の痕跡を拾わないとヤブこぎになる。ヤブこぎでも一時間以内で三角点のある頂上に達する。

地図　二・五万図　市原

（西嶋錬太郎）

笈ヶ岳　おいずるがだけ

標高　一八四一ｍ

別称　笈嶽　笈摺嶽　笈摺山　笈釣山　老鶴山　剱岳　笈釣剱ヶ嶽

石川県白山市吉野谷地区、富山県南砺市上平地域、岐阜県大野郡白川村の三県にまたがる。

山名の「笈」は、修験者や行脚僧《あんぎゃ》が仏具・経文などを入れて背負う脚の付いた箱で、「負う」からきている。「笈」の本来の読みは「おい」であるが、旧加賀藩の儒学者・金子有斐（鶴邨・一七五九〜一八四〇）の著す『白山史』では笈ヶ岳をスケッチ入りで紹介し、「国語謂笈曰於以津留」、すなわち日本語では「笈」は「おいつる」というとある。辞書によれば「おいずり」は「笈摺」と書き、笈を背負う時の背中当て（登山用ベストに相当）を指す。しかし「笈摺」は「おいずる」とも読み、この場合は「笈」そのものを指すとある。

石川県内ではほかにも白山市河内町に笈山《おいづるやま》（八八九ｍ）があり、国土地理院の地図には記載のない小さいピークであるが、山容は急峻であり、この付近には「厩《うまや》の壺《つぼ》」と呼ばれる白山修験の行場跡が発見されている。また、この場所から流れ出す谷を「宿《しゅく》の谷《たに》」、そ

笈ヶ岳(冬瓜山直下から)

の下流を「オンソリ谷」という。すなわち「おいずる」、「おいずり」、「おいつるし」などの名称は本項の笈ヶ岳以外の場所にもいくつか存在し、それらのいずれもが地形的に険しく、かつての山岳修験者の行場に関連しているとみなされる。「おいずる」あるいは「おいずり」は笈そのものを指し、さらにはそれを背負っていた修験者の代名詞のように用いられていたと考えたい。

一九〇五年九月、笈ヶ岳の山頂で陸地測量部の一行が三角点の設営中、銅製の経筒二箇をはじめ、和鏡二枚、仏像数体、槍身、刀子などを発見したことはよく知られているが、その経筒の一つには永正一五年(一五一八)に、武州光福寺(現埼玉県越谷市大間野町、真言宗光福寺の前身)の僧が山頂に納経するために登頂したという、驚くべき内容の陰刻が残っていた。また、もう一つの経筒には大《だい》聖寺《しょうじ》の僧・善養房が納経のため登ったが、その時彼は一三回目の登山であったという、これまた驚嘆すべき事実が刻まれていた(ここでいう大聖寺とは加賀市大聖寺のことではなく、当時の加賀国江沼郡にあった白山五院の一つとされる寺院であろう)。これらの出土品は現在、東京国立博物館に保管されている。この付近の妙法山頂からも一九三二年夏、経箱が発見されているが、この山もピラミッド形で天を指す姿が端正ですばらしく、山頂西側の崖には泰澄(白山開山の高僧)修業伝説の妙法洞があり、ここからも錫杖《しゃくじょう》、刀子などが出土したといわれる。

山岳修験の時代、中宮は笥笠《けがさ》神社を中心に、加賀馬場《ばんば》における白山禅定の登山基地として大いに栄え、僧坊が軒を連ねていた。一方、藩政時代の越中五箇山は加賀藩に属していたが、陸の孤島として車社会を迎えるまでは遠隔の山村僻地であった。加えて笈ヶ岳の東面(五箇山側)は、長年の雪庇の崩落によって生じた断崖地形で登路がまったく得られないので、往時の入峰は西面から中宮の雄谷《おたに》経由で行われたと見るべきであろう。

その後の大正~昭和初期における近代登山史では、もっぱら旧制第四高等学校旅行部や金沢商業学校山岳部などによって熱心に開拓された。つい最近、二百名山の一つとして紹介されるまでは、訪れるのはほとんどが地元の登山者で、それも年間数パーティーにしか過ぎず、ほかの地域の登山者には知られざる山であった。

登路　笈ヶ岳山頂に達する登山道はない。山頂のすぐ南側の小さいコブは小笈岳《こおいづるだけ》（一九三一年、金沢商業学校山岳部員、のちにRCCのメンバー、丸岡栄一命名）と呼ばれる。山頂の北側には錫杖岳と宝剣岳と呼ばれる二つのジャンダルム状の岩峰があり、岩とヤブの意地悪な門番となっている。中宮側からのルートは冬瓜山《かもりやま》頂稜のナイフリッジが、南側の仙人窟岳《せんにんいわやだけ》方面からは大窓岩（丸岡原図による）と称する高さ数mの岩壁が立ちはだかる。越中・飛驒側から直接登るルートは絶無であり、無雪期には猛烈なヤブが登山をさらに困難にする。ヤブを避けて谷筋にルートを求めれば必ず厄介な滝があり、これらの関門が通過する者に技量と経験を要求する。そのため二百名山の中でも難度の高い山の一つにランクされ、深田久弥も『日本百名山』の執筆までには登ることができず、その三年後の一九六八年五月一〇日、六五歳の時、JAC石川支部の若手と地元の山案内人をともない、蛇谷の枝谷であるジライ谷の左岸をなす急峻な尾根を攀じ、山毛欅《ぶな》尾《お》山を越えて来るルートに合したのち、冬瓜平から県境尾根に達し、ようやく念願の登頂を果たした。これが現在のところ最短コースで、健脚者は軽装での日帰りも可能だが、取りつきが分かりにくく、通常はブナオ山越えのルートが選ばれる。

最近では東海・中京方面からの登山者が東海北陸自動車道を利用し、白川村荻町から白山白川郷ホワイトロードを歩き（五月一杯は車の通行不可）、三方岩トンネル付近から県境尾根に取りついて、国見山、仙人窟岳を経て山頂に達するルートをとる場合も見られる。

白山山系の道のない山は本来積雪期に登るのが常識であるが、無雪期にフカバラノ尾根を大笠山山頂までは登山道を利用し、その後は県境尾根のヤブをこぎ、岩峰を二つ越えて達する方法もある。どのコースをとるにせよ、地元の山慣れた岳人以外は往復日帰りは難しく、最低でも山中一泊が必要である。登山の適期は三月の彼岸から五月のゴールデンウィークにかけての約一か月半といえる。標高こそ二〇〇〇mに満たない山であるが、最近の中高年登山ブームで遭難死亡事故も数件に及んでおり、やはり手強い山の一つというべきであろう。

地図　二・五万図　中宮温泉、市原

（力丸茂穂・中川博人）

冬瓜山　かもりやま　標高　一六二八m

石川県白山市吉野谷地区にあり、雄谷《おたに》支流・清水《しょうず》谷の南側に位置する。山頂には積雪で傾斜した三角点があり、直下の岩稜は数mのナイフエッジを形成し、その下はヒノキやダケカンバが繁茂している。離れて見ると山頂があたかも冠をいただいたように見えることから、「かんむりやま」といわれていたが、のち「かむり」が転訛して「かもり」の音に「冬瓜」の字が当てられたという。

登路　白山白川郷ホワイトロード入り口手前にある白山自然保護センターを起点に、ジライ谷の野猿広場左岸の尾根を登り、大岩を経て山頂に達する（約三時間三〇分）。

地図　二・五万図　中宮温泉

（澤村眞治）

山毛欅尾山　ぶなおやま

標高　一三六五m

石川県白山市吉野谷地区にあり、尾添《おぞう》川右岸と雄谷《おたに》左岸の間に位置する。山毛欅尾山の名は、山一帯にブナの木がよく茂っていることに由来する。この山の南側の裾は急斜面が多く、冬期間、雪崩が発生するため樹木が生育せず、代わりにウドやアザミなどの高茎草原地帯で「ナバタ」と呼ばれており、春先にはこれらの新芽が動物たちの格好のエサ場となる。また、これらの動物や鳥などを観察するために、一九八二年、尾添川の対岸に「ブナオ観察舎」が建ち、野生動物を望遠鏡で観察できるようにしている。観察舎は木々の葉が落ち、見晴らしのよくなる一一月から翌春の五月まで開館しており、白山自然保護センターの職員が説明してくれる。

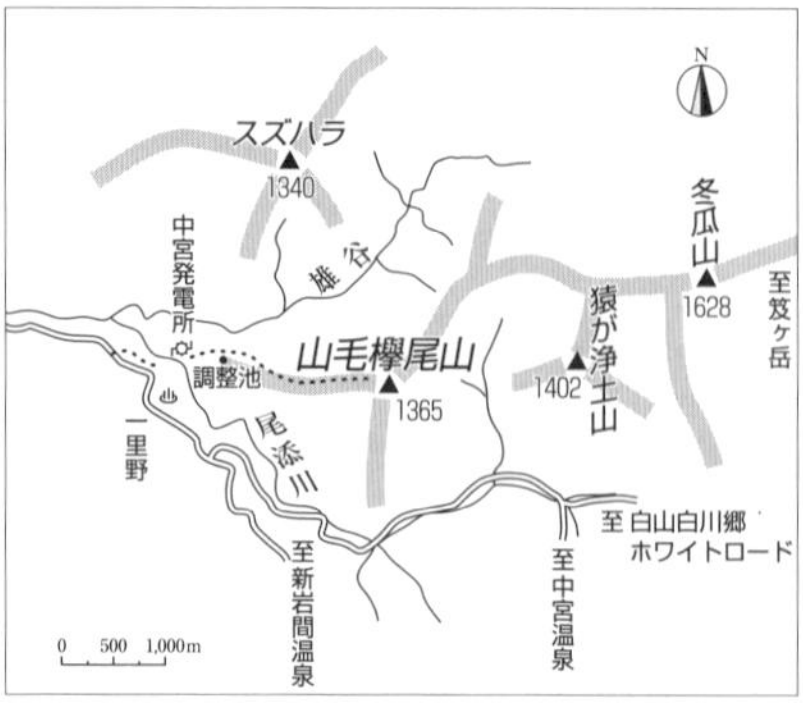

登路　中宮発電所の導水管横にある石段を登る。約二〇〇m登ると調整池に出る。雄谷の方に道があるが、山頂への道は調整池の奥から登りになる。道は植林作業用らしくあまりはっきりしないが、高度を上げてスギ林を抜け、落葉樹林帯を進むと広いスギ林に出る、この先一〇五八m地点は「カンタの山」と呼ばれている。ここから尾根は左に向かい、前方はオオノマ谷である。広い尾根も登るにつれだんだん細くなってくる。三本のブナの大木がある辺りからは、大笠山、笈ヶ岳が見えてくる。斜度が落ち広い尾根を登ると山頂である。

山頂からの眺めは残雪期がよく、広くなっている南尾根の方に行くと蛇谷、中ノ川、丸石谷の裾が見られる。山頂から東に延びる尾根は、積雪期には冬瓜《かもり》山を経て笈《おいずる》ヶ岳《がだけ》に至るルートとして利用されている。山頂部にはブナの木が多く、展望は四方に及び、白山山系の大きさに驚かされる。下りは広い尾根なので方角を間違えやすい。登りの際に、しっかりとした目印をしておく必要がある。残雪期ではあるが、導水管下から三時間程で山頂となる。

地図　二・五万図　市原

（樽矢導章）

三方岩岳　さんぽういわだけ

標高　一七三六m

中宮温泉の東方約六㎞にあり、石川県白山市吉野谷地区と岐阜県大野郡白川村との県境に位置する。

三方岩岳の名は、名前のとおり三方が岩の峰で、加賀岩・飛騨岩・越中岩（飛騨側越中向き斜面）に由来している。越中岩の一つには、修験者が座禅修行したと伝えられている行者窟がある。山頂からの眺望はすばらしく、南は白山主峰から連なる北縦走路、北は笈ヶ岳、大笠山に連なる犀奥の山々、東は剱岳、立山から御嶽山にかけての北アルプスが雲間に浮かぶ。

登路　白川村大窪から野谷荘司山を経て北縦走路へ出る道はいわ

ゆる鶴平新道で、大杉鶴平が独力で開いた登路である。白山白川郷ホワイトロード岐阜側ゲート手前から直接尾根に取りつき、ブナ林が現れるころホワイトロードへ一度出るが、再び山道に入り、避難小屋跡のオオシラビソ林を過ぎれば、山頂まで約四五分で登ることができる（馬狩登山口から約三時間三〇分）。現在もっとも手軽に登ることのできる登路は、白山白川郷ホワイトロード三方岩駐車場からよく整備された道で、迷うことなく四〇分程で山頂に達する。

（岡本明男）

地図　二・五万図　鳩谷　中宮温泉

野谷荘司山　のたにしょうじやま　標高　一七九七m

岐阜県大野郡白川村と石川県白山市吉野谷地区との県境にあって、白山北方尾根上のピーク。南に妙法山、北に三方岩岳が同じ尾根上にある。

山名の由来は、岐阜県側の白川村野谷集落（大牧ダムの建設により水没）へ流入する谷の源頭にあること、「荘司」は『斐太後風土記』によれば、「塩尻あるい鹵丘《ろきゅう》とも書き、岩山で立木が目立たず、常に雪を戴ける貌」と記されており、残雪期に純白の塩をまき散らしたような山姿であることからきているようである。

登路　この野谷荘司山から南へ縦走路が白山主峰に連なるが、白山信仰が栄えたころには白山裏参道としてにぎわった所で、山岳信仰の資料が発見されるなど歴史的にも関心が持たれている。

一九七三年、東麓の白川村大窪の大杉鶴平によって野谷荘司山へ新しい登山道が開発された。この道は「鶴平新道」と名付けられ、白川郷を一望できる眺望に優れたコースとして知られている。大窪の集落跡からブナ、トチ、ミズナラなどの広葉樹林の尾根を登り、赤頭山（一六〇二m）の手前からオオシラビソの樹林の痩せ尾根を辿って、湿地帯を過ぎればしばらくで山頂に達する（大窪から約三時間三〇分）。山頂はなだらかだが、東面は赤褐色の崩壊壁が露出し切れ落ちているので要注意。なお、白山白川郷ホワイトロードの三方岩駐車場から石川・岐阜の県境稜線を辿って登頂することができる（駐車場から約二時間）。

（伊藤　茂）

地図　二・五万図　新岩間温泉　中宮温泉　平瀬

妙法山　みょうほうざん　標高　一七七六m

石川県白山市吉野谷地区と岐阜県大野郡白川村にまたがる。白山の北方に連なり、白山国立公園内にある。手取川の支流・蛇谷の源頭、庄川の支流・荒谷に面する。

山名は仏教用語から付けられたと見られ、太陽を背にして立った時、自分の姿が雲海に映し出される様はあたかも大日如来の出現では……ということからきたらしい。一九三二年、大聖寺営林署調査隊の北村清太郎が木箱に納まった古銅の小箱を見つけた。一九三五年には金沢市の糸田敬仁が山頂から一〇〇m程下った蛇谷側の祠で錫杖、刀、教典など修行者のものと思われるものを見つけている。

ここは白山山頂から中宮温泉への道中で、間名古《まなこ》の頭《かしら》から白山白川郷ホワイトロード、三方岩駐車場の念仏尾根北縦走路の中間点に位置する。白山白川郷ホワイトロードの途中から見るピラミダルな山容がよい。

登路　白山白川郷ホワイトロード三方岩駐車場から三方岩岳、野《の》谷荘司《だにしょうじ》山《やま》、モウセン平、念仏尾根を経て山頂へ（約四時間一〇分）。白山中宮道ゴマ平避難小屋から約四時間三〇分。

地図　二・五万図　中宮温泉　新岩間温泉

（澤村眞治）

三方崩山　さんぼうくずれやま　標高　二〇五九m

岐阜県大野郡白川村にある。白山の東方、白山国立公園の東端に位置し、山の周囲が赤茶けた崩壊面を露出させ、山麓からも特異な相貌が目立つ山である。

山名が示すように、山頂部から北東、南東、南西の三方向に八〇〇mに及ぶ大崩壊面がある。白山に棲む天狗が大暴れした爪痕だと伝えられるが、実際は天正一三年（一五八五）の白山大地震の際にできたものと思われる。

白川村には、庄川に沿って鳩谷《はとがや》、荻町《おぎまち》ほかいくつかの合掌集落があり、白川郷と総称する。倶利伽羅《くりから》峠の合戦で敗れた平家の落人が住みついた所といわれている。

登路　登山口は白川村平瀬にある。しばらく林道を行き終点に車を止める。ここから沢の流れに沿って直登する。ブナ林に入り、ダケカンバが目につくころから視界が開ける。急峻な尾根の登りとなり、所々に岩場も現れる。標高二〇〇〇mを超した辺りから左右の山腹が崩壊したナイフエッジがつづくが、これを通過すればなだらかな台地となり、まもなく頂上である（登山口から約五時間）。なお、ここから奥三方岳（二一五〇m）へと尾根がつづいているが、夏季の登高はヤブが濃く困難である。

地図　二・五万図　新岩間温泉　平瀬　白山　御母衣

（伊藤　茂）

白山（御前峰）　はくさん（ごぜんがみね）　標高　二七〇二m

別称　しらやま　越のしらね

「消えはつる時しなければ越路なる白山の名は雪にぞありける」

（『古今和歌集』凡河内躬恒）

白は清浄で高貴な色であるとともに、天空遥かに高い所は気高く感じる。冬には日本海を渡る北西の季節風が大量の雪をもたらし、新緑の季節になって周辺の山々がことごとく白さを失っても、依然白山だけは白く見える。白山より西には二〇〇〇mを超える山はまったくないので、かつては日本の政治、文化の中心であった京の都の周辺から見える世界の中ではもっとも遠く、高く聳える白い秀麗な山、それが白山であり、それはまた観世音菩薩の棲む補陀落《ふだらく》浄土にも見立てられ、都人の夢と憬《あこが》れをかき立てた。

一九七二年、主峰・御前峰を中心に、行政区画としては石川県白山市白峰地区、尾口地区、吉野谷地区、岐阜県大野郡白川村、郡上市白鳥町、福井県大野市の三県にまたがる地域のうち、四七六八三haが白山国立公園に指定された。東面へ流れる水は庄川、西面は九頭竜川および手取川、大日ヶ岳からの南面の水は長良川へ注ぐ。

石川県に位置する最高峰の御前峰、その東隣にあって岐阜県との県境が通る剣ヶ峰（二六七七m）、御前峰の北西約八五〇mにあり第二位の標高を持つ大汝峰《おおなんじがみね》（二六八四ｍ）、さらにその北方に並んで隆起する七倉山（二五五七ｍ）と四塚山（二五一九ｍ）、遠望するとこれら二五〇〇ｍを超える五つの峰々が一つの山塊となって、根張りの大きな山容を形造っている。視覚的にはこれを「白山」と表現し、南方に約五・五㎞も離れている別山（二三九九ｍ）はその名のごとく別格扱いとされる。

山体の基盤は一億四〇〇〇万年前の中生代ジュラ紀後期から白亜紀にかけて、石川、福井、岐阜、富山の四県にまたがる広大な湖底に堆積した地層（手取層群）が隆起したものである。砂防新道の場合、標高二〇〇〇ｍ位までが泥岩や砂岩で、貝類やシダ類、ソテツ類などの化石を交える。それより上方、弥陀ヶ原直下の約二二〇〇ｍ辺りまでは、流水の作用で丸く磨かれた玉石が固まった礫岩の露頭を見る。この手取層群からは近年、恐竜の化石も続々発見され、観光資源としてもひと役買っている。白山火山の噴出物はこの水成岩の基盤の上を四〇〇～五〇〇ｍの厚さで覆っているに過ぎず、標高二三九九ｍの別山は水成岩のみからなっている。白山は三〇〇年の休止期と一五〇〇年の噴火活動期を持つ火山。古文書に残る最後の噴火は万治二年（一六五九）六月のことで、すでに三六〇年近く経っており、いつ噴火が起きても不思議ではない状態にある。

白山（県境稜線1166ｍピークから）

噴火さえしなければ、山容がおだやかで残雪豊富な白山は植物を育む水分に恵まれていて、高山帯を有する日本列島西限の山として高山植物の種類や数が多く、すばらしい山である。富士山、立山とともに三名山の一つとして早くから開けた山だったので、近代的植物学研究がようやく始まった明治の植物学者らも競って採集に訪れた。基本植物標本が白山にあるものは二八種に達する。また、白山に関係する名前が付けられていて、白山に生育する植物は計二七種を数える。ほかの山にくらべてとくに多いのはクロユリで、室堂のすぐわきにも多数群生しており、石川県の県花に指定されている。

仏教渡来以前から、白山は水の神としての原初的信仰を集め、すでに七世紀の終りごろには、手取川扇状地の要に位置する船岡山付近に白山比咩《しらやまひめ》の神々の祭祀所が設けられていたとされる。

海上航海者にとっても独立峰の白山はまたとない目印であり、水運に関係のある人々は古くから観音菩薩を信仰していたので、彼らもまた白山の信者であった。七世紀後半、百済、高句麗が相次いで滅亡し、新天地の越の国を目ざした渡来人が、遥か海上に浮かぶ白山をようやく見いだした時の感激と安堵はいかばかりであったろう。養老元年（七一七）白山を開山し、頂上の本地仏を十一面観音と定めた僧・泰澄もまた越前日野川の水辺の民、舟渡しの子で、渡来人の一族ではなかったかといわれる。天長九年（八三二）には、加賀、越前、美濃の三方向からの禅定道（登山道）が開かれ、加賀は白山本宮、越前は平泉寺、美濃は長瀧寺が山麓の登山基地であった。これらを三馬場《ばんば》といい、三つの禅定道は千年以上経った現在も、多少の毀損はあってもなお連綿と受け継がれている。

明治初年、維新政府が実施した神仏判然(分離)令によって、山上の諸仏はすべて山麓の寺院に下ろされたり、打ち壊されたりした(排仏毀釈)。これ以後、山岳信仰は全く影を潜め、権勢を誇った三馬場も神社と寺院に分離され、寺院群は一挙に往時の勢力を失った。しかし、白山神社は全国津々浦々、遠くは四国、九州にまで実に二七一六社が現存し、往時の白山信仰の栄華をいまに留めている。

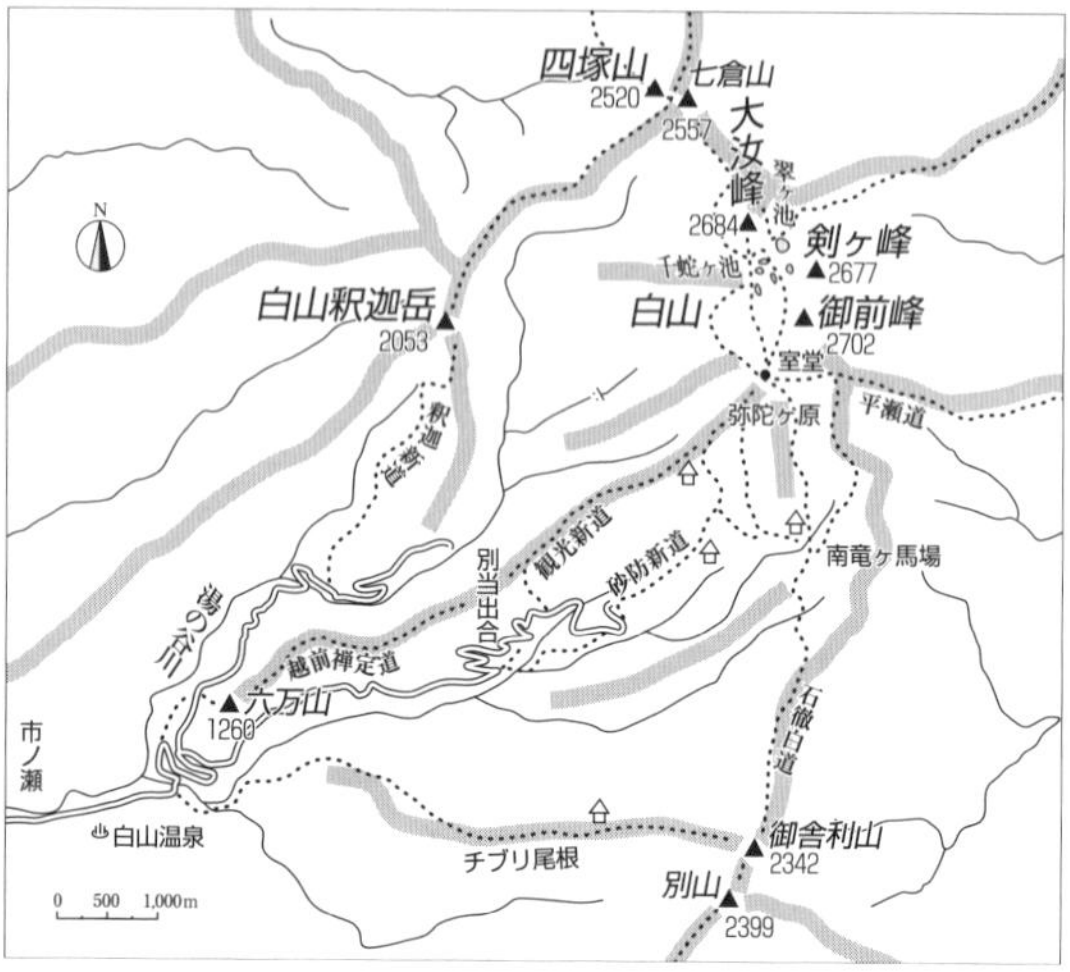

登路 現在よく利用されている登山コースは、砂防新道、観光新道、平瀬道の三つの六km台のメインコースと、それに付随したサブコースがある。さらに一二～二六kmの九つのロングコースがある。

(1)砂防新道 もっともよく整備されたルートであり、無駄な登り下りがなく、登山者の大半がこの登山道を往復する。

別当出合の園地を登山口として、日帰りで頂上往復も可能である。園地から吊り橋を渡ると中飯場までは約一時間。右手に不動滝を見て尾根道にかかる。見通しの利かない広葉樹林帯を約一時間三〇分で甚之助避難小屋に着く。そこから急な石段を登ると三〇分で南竜分岐に達する(二一〇〇m)。さらに左の道を登ると、背の高い樹木はほとんどなくなり、山腹をトラバースぎみに登って行く。やがて小谷を渡れば「十二曲り」と呼ばれる急なジグザグ登りにかかる。巨大なパン皮状火山弾である「クロボケ(黒歩危)岩」はすぐ頭上にあり、この大岩の裏で観光新道が左から合流する。ここから先は弥陀ヶ原(二三五〇m)と呼ばれる高山性の草原で、正面には御前峰の全容が初めて望まれ、左奥には雄大な水屋尻雪渓が冷気を誘う。クロユリ、ハクサンフウロ、チングルマなどが咲き、コバイケイソウも多い。その先、急登の五葉坂を登りつめれば室堂である。別当出合から休憩を入れて五～六時間かかる。

砂防新道のサブコース A〈エコーライン〉 南竜分岐から二〇分位歩いた所にエコーラインへの分岐点があり、約一時間で弥陀ヶ原の入り口に達し、五葉坂の下で本来の砂防新道に合流する。高山植物が多く、北アルプスの展望を楽しめるコースである。

B〈トンビ岩コース〉 南竜山荘のわきから室堂に直登するルートで、約二時間を要する。

C〈展望歩道コース〉 南竜ヶ馬場から谷筋の木道を辿り、樹林帯を抜けると北アルプスの展望が広がる。尾根に出て室堂平端には約二時間で着く。

(2)観光新道　別当出合の園地の外れで左に分岐し、約三〇分の登りで砂防工事用の道路に出る。ここには水場があるが、この先では飲料水が得られない。向かい側の登山道に入り、しばらくは樹林帯の見晴らしの利かない登りとなるが、やがて階段状の急な登り一方の道になり、足下に別当出合や砂防新道の尾根を見下ろすようになると、約一七五〇m辺りで尾根筋に到達する。ここで左下から越前禅定道が合流する(別当坂分岐)。越前禅定道上半部分を観光新道と呼んで利用しているのである。眺望のよい尾根道を右に別山尾根、左に白山釈迦岳を眺めつつ、やがて標高二〇二〇m付近に建つ赤い屋根の殿ヶ池避難小屋に着く(別当出合から約三時間三〇分)。

ここからの登りが真砂坂、さらに登ると「馬のたてがみ」で、日当たりのよい尾根筋一帯にはお花畑があり、タカネナデシコ、ハクサンフウロ、カライトソウ、ハクサンシャジンやタカネマツムシソウ、イワオウギ、イブキトラノオなど百花繚乱である。殿ヶ池避難小屋から約一時間三〇分で黒ボケ岩に達し、右からの砂防新道に合流する。

観光新道のサブコース　A〈越前禅定道〉　天長九年(八三二)に加賀美濃禅定道とともに開かれたといわれるコースの一部で、市ノ瀬から目の前に見える六万山(六万部山)に取りついて尾根筋を辿るコースである。いまも名所旧跡が残り、玄人好みの楽しみを味わえるコースで、下山ルートとしても使われている。

(3)平瀬道　岐阜県側からのメインコースであり、岐阜バス平瀬温泉(国道一五六号)から車道を入り、日本三名瀑の白水滝を経て、白水湖わきから登山路に入る。ブナ林の中の急坂を登ると、大倉尾根の避難小屋となり尾根道に出る。眺望がよいが急登がつづき、カンクラの雪渓を右に見て花も多い道を登ると、ハイマツ帯の中を室堂の手前で展望歩道と合流する。大白川登山口から室堂まで約五時間の行程となる。

(4)ロングコース　A〈別山・市ノ瀬道(南竜ヶ馬場経由)〉　市ノ瀬から猿壁堰堤まで林道、巨木の多い原生林からチブリ尾根に出て、御舎利山を経て南竜ヶ馬場に達する(市ノ瀬からチブリ尾根避難小屋まで約四時間、南竜ヶ馬場までさらに約三時間)。

B〈南縦走路(石徹白《いとしろ》道)〉　かつての美濃禅定道にあたり、平瀬道とともに岐阜県側からの登路である。登りより下りの利用が多く、登山口の石徹白から銚子ヶ峰、三ノ峰、別山を辿る長大な尾根コース。途中の神鳩《かんばた》の宮、三ノ峰に避難小屋がある(石徹白から三ノ峰まで通しで約九時間、三ノ峰から南竜ヶ馬場まで約四時間)。

C〈釈迦新道〉　このコースも下山の利用が多いが、市ノ瀬登山口から砂防工事用車道を歩き、釈迦岳経由で御前峰に達する。登山路には避難小屋もなく、相応の体力が要求される(釈迦岳から七倉山を経て頂上まで約四時間三〇分)。

ほかに石川県側からは加賀禅定道、岩間道、楽々新道、中宮道、北縦走路が、福井県側からは鳩ヶ湯新道があるが、いずれも途中の避難小屋利用の長大なルートで、経験者の同行が必要。近年、加賀禅定道(一八km)と美濃禅定道(一九km)の白山主峰を挟み計三七kmの南北一直線の道を白山神(加美)駈道と呼び、通し歩きする人も多い。

地図　二・五万図　白峰　新岩間温泉　加賀市ノ瀬　白山　願教寺山　二ノ峰

(力丸茂穂・西嶋錬太郎)

大汝峰　おおなんじがみね

標高　二六八四m

石川県白山市尾口地区、白峰地区と岐阜県大野郡白川村にまたがる白山山頂部の一峰である。約一二万年前の古白山火山の噴出で形成されたものが、侵食が進み緩やかな山容になって残った一部であるとされている。大汝峰の山頂には石囲いの中に大汝神社があり、大己貴神《おおむなちのみこと》を祀る。かつては奥の院、奥宮、御内陣とも呼ばれた。一八六八年の神仏判然（分離）令まで奥の院に安置されていた阿弥陀如来像も、ほかの頂に安置されていた仏像とともに、白山市白峰の林西《りんさい》寺の白山仏堂に下山仏として納められている。祠の前には破損した数体の石仏がある。この山にも「背くらべ」の伝説がある。雨樋《どい》を掛けたところ、水が大汝峰の方に流れたので草鞋《わらじ》を脱いで樋の下に当てがったという。草鞋履きの時代には、草鞋を履き替え、古い物をここに残す風習があった。

登路　御前峰を経て「お池巡りコース」の途中から岩間道に入るか（御前峰から約一時間）、室堂から御前峰に登る御前《おまえ》坂で左に折れ、水屋尻雪渓の上部から千蛇ヶ池の池畔を通り岩間道に合流し、そのまま山頂へ直登する（室堂から約一時間）。

地図　二・五万図　白山

（太田義一）

剣ヶ峰　けんがみね

標高　二六七七m

石川県白山市白峰地区と岐阜県大野郡白川村との境にある山で、白山の主峰・御前峰《ごぜんがみね》の隣に位置する主峰群の中の一峰である。

白山は約一億四千万年前には琵琶湖の一〇倍余の湖であったものが、約八千万年前に隆起し、二回の火山活動で「古白山」と「新白山」ができたといわれる。大汝峰《おおなんじがみね》は約一二万年前の古白山火山の噴出物の侵食が進んだおだやかな山容の山。御前峰は二、三万年前の新白山の活動でできたもの。稜線上の御宝庫《おたからぐら》や天柱石《てんちゅうせき》は噴出したマグマの凝結した姿である。

剣ヶ峰の名は富士山、乗鞍岳、御嶽山などに見るように、最高部の象徴であり、刀剣を思わせるように高く屹立したところに付けられ、信仰の対象とされている。白山も中央火口丘が陥没する以前は三〇〇〇mを超える峰であったと推定され、剣ヶ峰は陥没した火口原に噴出した複式火山が形成したもので、岩と礫の山である。御前、大汝、剣の三峰の間にはいくつもの噴火口跡があり、いまはそのうち七つは水を湛えた池となって残り、ほかに水のない鍛冶屋地獄など、お池巡りコースとして登山者に親しまれている。

登路　登路はない。御前峰との鞍部から登り一〇分程ではあるが、全山岩と礫で浮石が多く危険がともなう。眺望も御前峰とあまり変わらない。

地図　二・五万図　白山

（太田義一）

四塚山　よづかやま

標高　二五一九m

石川県白山市尾口地区に位置し、白山主峰群（御前峰《ごぜんがみね》、大汝峰《おおなんじがみね》、剣ヶ峰）から少し離れた所にある山である。

北竜ヶ馬場から眺める四塚山は西側がハイマツ帯、東側はガレ地で対照的な美しい三角錐の山である。古くから加賀側の禅定道にあり伝説も多いが、この山には化け猫伝説がある。「昔、尾添《おぞう》の近くの洞穴に棲んでいた獰猛《どうもう》な三匹の猫と、まったく猫の容貌に化した娘がいて、死人が出ると猫と一緒になって食べてしまうなど、村人に難儀の数々を働くようになったため、修験者の通力をもって捕らえられ、堆《たい》石をもって封じ込められたのが四塚（猫三匹と娘）である」（石川県山岳協会編『石川の山』）といわれる。伝説はともかくとして、おびただしい石積みはいまもって謎である。一説に禅定者が持ち上げたものともいわれる。

登路　御前峰から翠《みどり》ヶ池を経て七倉山（二五五七m）の先で岩間道、釈迦道、加賀禅定道が集まる北竜ヶ馬場を通って山頂に達する（御前峰から約二時間三〇分）。

地図　二・五万図　新岩間温泉　白山　白峰　加賀市ノ瀬

（太田義一）

白山釈迦岳　はくさんしゃかだけ　　標高　二〇五三m

石川県白山市尾口地区と白峰地区の境に位置している。市ノ瀬から六万橋を渡り白山登山口の別当出合への車道を行くと、まもなく白山釈迦岳登山道の標柱がある。その少し上に六万山林道といわれた湯谷《ゆのたに》川の砂防工事用林道がある。入り口にゲートがあり一般車は入れない。この林道を六万山の中腹を巻いて行き、湯谷川橋を渡ると白山釈迦岳の登山口がある。ここから白山釈迦岳、北竜ヶ馬場、大汝峰《おおなんじがみね》を巻いて室堂に至る道が釈迦新道といわれ、市ノ瀬から一四・九km、登り約一二時間である。

湯谷川に架かる橋の近くに、一九五〇年に発見された一億五〇〇〇万年前の種子植物が、立木のままの垂直な形で化石化した珪化木林がある。黒い年輪まで見られる珍しいもので、国指定の天然記念物になっている。

登路　市ノ瀬から別当出合への車道を進み、六万橋を渡って少し行くと案内板のある釈迦新道の入り口である。川沿いの道は再び車道に出る。湯谷川を渡ると登山口に着く。ジグザグ道を登るとやがて緩やかになり、ブナ林の中を小一時間も歩けば水場がある。ここから約二〇分位で森林限界を抜ける。目前の湯谷川の対岸に白山主峰と弥陀ヶ原が出現する。弥陀ヶ原から湯谷川目がけての高さ四〇〇m余の水成岩の懸崖は鎧壁《よろいかべ》といわれ、なかなかの圧巻で、千仞《せんじんの》滝《たき》が見え、各所に温泉が湧出している。辺りは湯気で常に霞んで見えるので煤倉《すすけぐら》と呼ばれている。ここから緩い登り一時間程で白山釈迦岳前峰に着く。三角点のある山頂はもう少し先で、釈迦新道から外れている。山頂はササに覆われていて、三角点もササの中にある（市ノ瀬から約四時間）。

地図　二・五万図　加賀市ノ瀬

（太田義一）

長倉山　ながくらやま　　標高　一六六一m

石川県白山市尾口地区にあり、目附谷《めっこだに》と丸石谷《まるいしだに》の深い谷に挟まれた所に位置した、加賀から白山に至る加賀禅定道の途中の山である。

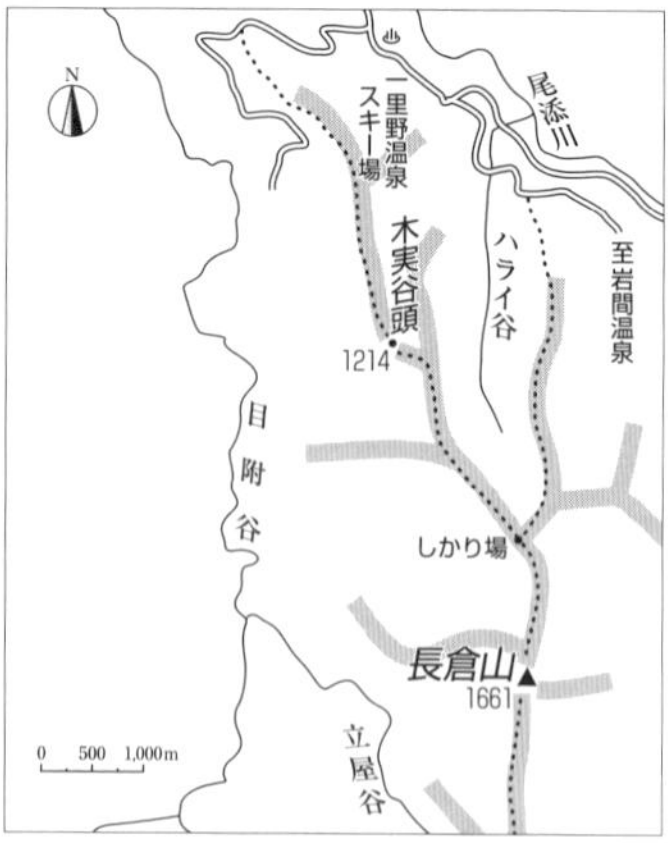

この加賀禅定道は、一九八五年の全国高等学校総合体育大会の登山コースになるまでの長い期間廃道になっていたのが再開されて、主に下山路に利用されてきた。

禅定道下部のハライ谷道を登ると檜神宮《ひのしんぐう》があり、ヒノキの巨木の多い中に小さな祠がある。平安時代には十一面観世音菩薩と小白山(別山神)の像を安置する堂宇、政所と呼ばれる禅定者の宿泊施設など四棟があったと伝えられている。ハライ谷側へ少し下がると「大乗寺御仏供水《おぶくすい》」の石柱の立つ水場がある。禅定者は、この谷川で身を清め、下界の穢を祓ってから山頂に向かったとされている。この谷の水は麓の一里野温泉の各施設や野営地の水源になっている。

復活した加賀禅定道は一九八六年九月、当時の環境庁から白山国立公園の歩道に認定され、一九三四年(白山大水害)の廃道以来ほぼ半世紀ぶりに開通した。長倉山からは大汝峰《おおなんじがみね》、七倉山(二五五七m)、四塚山、清浄ヶ原、そして丸石谷に懸かる百四丈滝の眺望がすばらしい。

登路　麓の一里野温泉スキー場からとハライ谷道の二路がある。ゲレンデの第五リフト終点から加賀新道(禅定道中間部)に入る。加賀新道は、スキー場から長倉山までの約六・八kmであるが(約三時間)、白山国立公園区域にあるために山頂直前で止められていた。のちに長倉山から美女坂～加賀室跡～長坂を経て四塚山まで約八kmが整備されて、白山山頂までつづく完成した禅定道となり、今日の姿になっている。ゲレンデから緩やかな尾根筋の道を辿り、木実谷《このみ》の頭辺りでブナ、アオモリトドマツなどを見るころ、縁《えん》の谷峠に着く。ここが「しかり場」分岐である。しかり場でハライ谷からの加賀禅定道と合流する。ここから小さなアップダウンを繰り返して長倉山の山頂に着く。この辺りは「白山一里野県立自然公園」(一九七三年九月一日指定)で、白山信仰史上、また、大型哺乳類生息地として貴重な区域とされている。しかり場から檜神宮、二丁研ぎを経てさらに尾根道を下ると、岩間温泉からの林道に出る。さらに林道を下ると一里野に着く(約三時間)。

(太田義一)

地図　二・五万図　白峰

ショウガ山

標高　一六二四m

石川県白山市白峰地区と尾口地区の境にあり、白山山系の一山である。手取川ダム右岸最奥の山で、左岸の白抜山《しらぬいやま》林道からその頂を見ることができる。際立った特徴のないおだやかな山容であるが、下方から三村山、大辻山、ショウガ山と三つの頭が並んでいるので、上方がショウガ山だとすぐ特定できる。

登路　登山は残雪期か木の葉の落ちた晩秋がよい。手取ダムの深瀬大橋を渡り、大嵐谷で車を止める。右岸のコンクリート階段からスギ林に入り、小嵐《こあらし》山を越え一二〇〇m位まではできるだけ道らしき所を探して登り、それから先は尾根を外さないようにヤブをこぐ。稜線は胸までのササヤブで、左に見える頂上を目ざす。下から七時間はかかる。ショウガ山、大辻山ともに山スキーによく、近年、二山まとめて日帰り周回する人が増えている。

地図　二・五万図　白峰　（西嶋錬太郎）

大辻山　おおつじやま　標高　一四三六m

石川県白山市白峰地区と尾口地区の境にある。明治期には「新八郎山」と呼ばれたらしい。大辻山頂上は白峰、尾口を結ぶ生活の道、両隣のショウガ山、三村山を結ぶ稜線の道が交差する四辻になっていたようである。いまは通る人もなく、サンカン杉(天然杉)が点在する頂上も、三角点の周りを除いてはヤブに埋もれてしまった。

登路　手取ダムの深瀬大橋で手取川ダム右岸に渡り、上流へ右折、最初のトンネル手前で車を止める。トンネルの上が白峰、尾口の旧村境の尾根で、道が付いている。一二三三m付近まで刈り込まれているが、その先はヤブの中に道の痕跡を辿ることになる。約四時間三〇分で三角点に達する。頂上のヤブは胸位の灌木だが、加賀禅定道側の白山など眺望は得られる。

地図　二・五万図　白峰　（西嶋錬太郎）

三村山　みむらやま　標高　一二五九m

石川県白山市尾口地区の山。山の周囲の尾添《おぞう》、東荒谷《ひがしあらや》、深瀬《ふかぜ》の三村入会の山というのが山名の由来である。三村山は国道一五七号瀬戸野《せとの》に山裾を張り、白山西面を白峰地区側と尾口地区側に二分する長大な尾根の始まりをなしている。三村山の先が手取ダム上の大辻山、ショウガ山であるが、この二山がヤブ山化の不遇をかこつなか、近年三村山のみ、一〇〇五mのスキー場ゴンドラ山頂駅から一二五九mの頂上まで遊休パークの名前で遊歩道が整備されている。しかし、スキー場は二〇一二年に営業停止、遊休パーク歩道はとりあえず保全されているものの、今後の推移によっては放棄廃道化する可能性もあり得るだろう。

登路　旧瀬女《せな》高原スキー場ゲレンデを歩いて登るか、女原のハーブの里ミントレイノに車を置き、ゲートをまたぎ長い林道を歩いて行く。ゴンドラ山頂駅まで二時間以上、そこから三村山頂上まで一時間余り。遊休パーク内にA(五・八㎞)B(三・四㎞)C(一・一㎞)のトレッキング・コースがある。案内板に従って歩いてみるとよい。ミズバショウが見られるのはBコースである。白山も見え眺望はよい。帰りは途中から左に折れ、樹林帯を直接ゲートへ下るとよい。

地図　二・五万図　市原　（西嶋錬太郎）

砂御前山　すなごぜんやま　標高　一三二六m
鳴谷山　なるたにやま　標高　一五九七m

砂御前山は石川県白山市白峰地区にあり、白山から西方に延びる稜線を白山釈迦岳《はくさんしゃかだけ》、鳴谷山を経て白峰スノースポット(旧白峰温泉スキー場)につづく稜線上に位置する。鳴谷山は白峰地区と尾口地区にまたがり、目附谷《めつこだに》の支流・鳴谷の源頭である。

　砂御前山から鳴谷山にかけての白峰側の大杉谷川の谷あいには、かつて苛原《えらばら》と呼ばれ、出作り農業や炭焼きで生活をしていた家が二十数軒あったが、一九八八年に最後の人が山を下り、現在は誰も住んでいない。この一帯は以前は広大なブナ林であったが、現在は尾根筋を残してほとんど伐採されてしまい、残念である。

　登山口から砂御前山を経て鳴谷山に行く道には、ミズバショウとシャクナゲが多く見られ、また、尾根筋には天然杉の巨木が随所に現れる。

　砂御前山の山頂は、狭い上に樹木に囲まれ展望はよくないが、三角点がある。鳴谷山の山頂は緩やかな草原で、白山をはじめとする周囲の山々の展望がすばらしい所である。

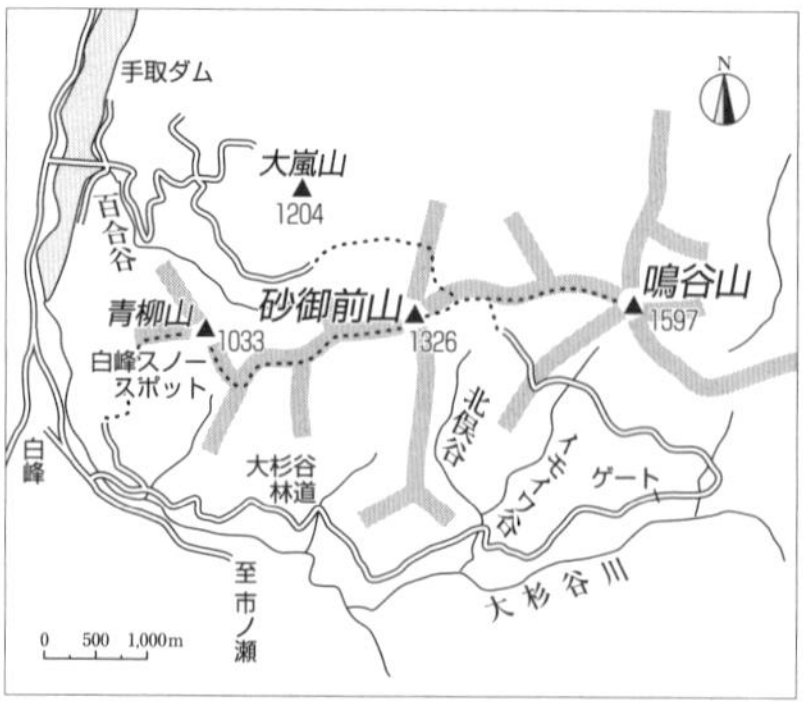

　登路　砂御前山、鳴谷山ともに登山路は三箇所ある。百合谷《びゃっこだん》林道の砂御前線の終点から砂御前山、鳴谷山の稜線に出る登山道がある(林道終点から砂御前山まで約二時間、鳴谷山まで約三時間であるが、砂御前山を往復して鳴谷山までは約四時間)。ほかに大杉谷林道からの登山道があるが、林道の途中にゲートがあり、そこから歩くことになる(林道ゲートから砂御前山まで約二時間三〇分。鳴谷山までは約三時間三〇分。砂御前山を往復して鳴谷山までは四時間余り。ゲートからの林道と登山道は近年手入れがなされておらず、本コースはあまり勧められない)。ほかに白峰温泉スキー場から青柳山《あおやぎやま》を経て砂御前山から鳴谷山に縦走する登山道があるが、手入れされておらず勧められない(スキー場から青柳山を経て砂御前山まで約二時間三〇分。鳴谷山まで約四時間)。

（織田伸治）

地図　二・五万図　白峰、加賀市ノ瀬

大嵐山　おおあらしやま　標高　一二〇四m

石川県白山市白峰地区にあり、手取川の手取ダムの右岸に位置する。

　山頂は白山の西に延びる稜線の支稜線上にあり、手取ダムに注ぐ大嵐谷と百合谷《びゃっこだん》の中間にある。

　この大嵐山は石川県有数のミズバショウの群生地でもあり、小規模ながらブナ林もあり、森林浴の森となっている。山頂付近は天然杉の巨木が多いが、そこまではヒメコマツやミズナラ、ブナなどの林があり、天然の植物見本林である。山頂に至る道はよく整備されており、気持ちよく歩くことができる。

　大嵐山の裾の手取川右岸には、国の天然記念物に指定された化石壁がある。この化石壁は、明治の初期にドイツのライン博士が、ここで一億四千万年前の化石を採掘し、世界に紹介したことから一躍その名を知られることになった。

登路　国道一五七号を桑島集落で手取川を渡り、百合谷林道をミズバショウの案内板に沿って登りつめると広い駐車場に着く。ここが登山口で、ここから百合谷峠を経て山頂に至る（駐車場から約一時間）。

地図　二・五万図　白峰

（織田伸治）

六万山　ろくまんざん　標高　一二六〇m

石川県白山市白峰地区にあり、白山からの湯の谷と柳谷川間に延びる稜線の最先端に位置する。石川県側の白山登山基地の市ノ瀬に到着すると、間近にその特徴ある大きな山容が現れる。山全体がスギ、ナラ、ブナの大木に覆われ、丸くて山水画に描かれている山のようである。江戸時代の画家・池大雅が好んで画題としたのもうなずける。

山名の由来は、「六万部の経典を納めた」ところからきていて、かつては「六万部山」と呼ばれていたが、国土地理院の五万図に六万山と記されてから「六万山」と呼ばれるようになった。なお、地元では湯の谷流域を総称して「六万」と呼んでいる。

白山は古くからの信仰の山で、加賀、越前、美濃にそれぞれ馬場が開かれ、それにともない禅定道《ぜんじょうどう》（登山道）ができてきた。その中で越前禅定道は、越前の僧泰澄が養老元年（七一七）、白山に初登頂したときに開いた道である。起点は福井県勝山市平泉寺とされ、加越国境の小原峠から三ツ谷を経て市ノ瀬に至り、六万山から湯の谷と柳谷間の稜線を登り山頂へと至る道である。

六万山への登山道は一九六一年八月一九日の北美濃地震で、六万山から山頂に向かう稜線が崩壊して廃道になった。しかし近年、白山の登山道の整備が進み、この道も白山禅定道として復活した。道はナラ、トチ、ブナの巨木の中にあり、神秘的なたたずまいの道である。

登路　市ノ瀬から六万橋を渡り、車道を一五分程歩いて行くと左手に釈迦岳と禅定道の登山口がある。そこを二〇分程登ると湯の谷の工事用道路に出る。白山禅定道登山口の標識に従い四〇分程登れば、六万山の山頂に到着する。

地図　二・五万図　加賀市ノ瀬

（織田伸治）

別山　べつざん　標高　二三九九m

石川県白山市白峰地区と岐阜県大野郡白川村、高山市荘川町にまたがる。中世の白山信仰盛んなころの白山登拝路の一つ、美濃禅定道の途中にある。美濃禅定道は現在の岐阜県郡上市白鳥町石徹白《いとしろ》から銚子ヶ峰に登り、別山を経て御前峰頂上を目ざす道である。頂上には一九八六年に新社殿となった小白山別山大行事《おじらやまべつざんだいぎょうじ》を祀る別山神社がある。神仏判然（分離）令以前は聖観世音菩薩が祀られていたが、一八七四年に離教され、現在は白山市白峰林西寺《りんさいじ》の白山仏堂に、ほかの下山仏とともに安置されている。白山も、三社巡りと称して別山神社、大汝神社、御前峰の奥社を参拝しなければ、霊峰白山のご利益がないとも言われてきている。

別山は水成岩からなり、火山岩の御前峰にくらべると山容はおだやかである。

登路　南竜ヶ馬場から油坂を登り御舎利山を経て登る道と、市ノ瀬からチブリ尾根を経て登る約五時間三〇分のコース。石徹白から神鳩《かんばた》ノ《の》宮《みや》避難小屋、銚子ヶ峰、三ノ峰避難小屋を経て登る所要時間約一〇時間のコース。鳩ヶ湯から上小池、六本檜《ろっぽんひのき》、三ノ峰避難小屋を経て至る所要時間約八時間のコースがある。

地図　二・五万図　白山　二ノ峰　加賀市ノ瀬　願教寺（澤村眞治）

日照岳　ひでりだけ　標高　一七五一m

岐阜県大野郡白川村と高山市荘川町にまたがる。別山から東に延びる支尾根の末端に位置する。地元では「にっしょうだけ」とも呼ぶ。岩瀬《いわせ》地区にあった「日照開拓地」は日照岳の眺めがよい所だった。

登路　御母衣《みぼろ》湖の湖畔より取りつく。従来は残雪期に多く登られていたが、近年、保谷右岸尾根に途中まで切り開きができたため、無雪期でも登頂が可能となった（湖畔から約五時間）。

地図　二・五万図　御母衣　（山田　暁・堀　義博）

三ノ峰　さんのみね　標高　二一二八m

三ノ峰は福井県大野市、石川県白山市白峰地区、岐阜県高山市荘川町にまたがっている。往古はこの山を「剣ヶ岩山」と呼んだらしいが、いつしか消滅して、石徹白《いとしろ》（岐阜県郡上市）から来る「美濃馬場」の呼称によって三ノ峰と呼ばれるようになってしまった。一ノ峰、二ノ峰と数えて、三番目にあたる峰というわけである。

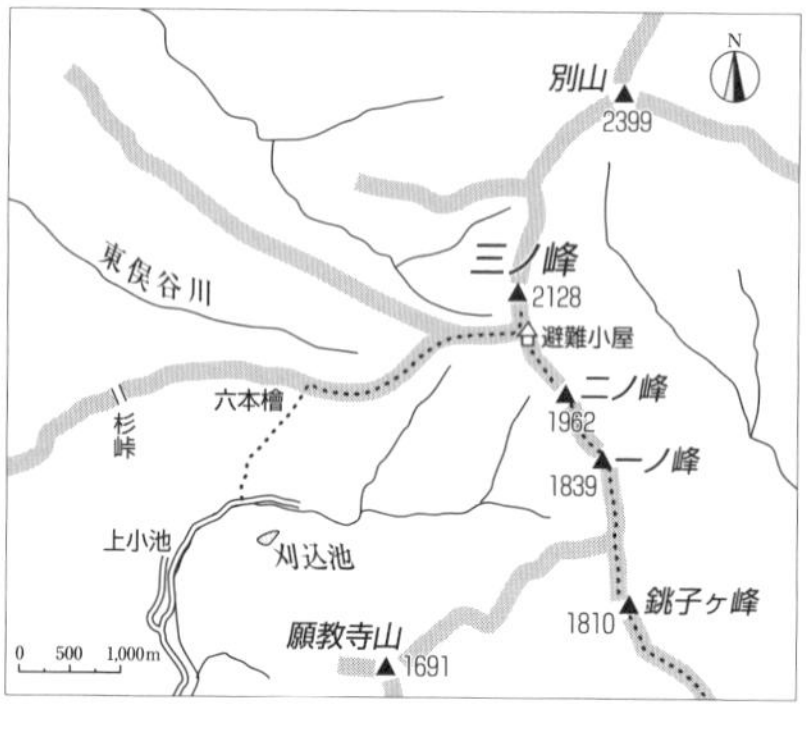

登山基地の鳩ヶ湯（二〇一五年三月現在、休業中）から望む山容はすばらしい。福井県国民体育大会（一九六六年）の山岳競技会場に決定されたのを機に、三ノ峰に避難小屋が設けられ、登山道が開発されたので、福井県内の山のイメージが強い。ちなみに福井県の最高峰は尾根つづきの二ノ峰（一九六二m）である。最高地点は避難小屋裏の打波谷の源頭で二〇九五m。なお、二ノ峰から三ノ峰の稜線は、標高二〇〇〇m級の山としては本邦の南西限で、貴重な動植物が多い。

三ノ峰山頂からは、別山平の向こうに別山の雄姿が美しい。その左肩に白山が一段と大きく、見事なスカイラインを形成している。別山平にはニッコウキスゲの群落がある。

なお、福井県を分布の限界とする高山植物には、ハイマツ、ハクサンイチゲ、ミヤマキンポウゲ、シナノキンバイ、ガンコウラン、アオノツガザクラ、ハクサンコザクラ、ヨツバシオガマ、ハクサンチドリ、クロユリなどがある。

登路　登山口は打波川上流の上小池駐車場からで、六本檜を経て約四時間で登ることができる。ほかに岐阜県郡上市石徹白を流れる石徹白川の上流にある石徹白の大杉（国指定天然記念物）まで車で入り、銚子ヶ峰、一ノ峰、二ノ峰を経て山頂に立つこともできる（約七時間）。

地図　二・五万図　白山　二ノ峰　願教寺山

（松村　進・森田信人）

二ノ峰　にのみね

標高　一九六二m

二ノ峰は、福井県大野市と岐阜県高山市荘川町の境に位置し、福井県の最高峰である。登山基地となる鳩ヶ湯から望む山容はすばらしい。

一九六六年に開かれた福井県国民体育大会の山岳競技会場に決定されたのを機に、三ノ峰に避難小屋が設けられ、登山道が開発された。なお、二ノ峰から三ノ峰の稜線は、標高二〇〇〇m級の山としては本邦の南西限となり、貴重な動植物が多い。

登路　登山口の上小池駐車場に車を置き、六本檜を経て山頂に立つことができる（約四時間）。ほかに岐阜県郡上市石徹白からも登路がある。

地図　二・五万図　二ノ峰　白山　願教寺山

（宮本数男）

赤兎山　あかうさぎやま

標高　一六二九m

福井県大野市、勝山市と石川県白山市白峰地区にまたがる。いわゆる加越国境稜線の一峰で、女性的なだらかな山である。ウサギのような山の形から赤兎山と名付けられたが、赤には特別な意味はない。

冬期の季節風の影響で山頂は低木化し、ニッコウキスゲなど高山植物も多数見られる。また「赤池」と呼ばれる池沼があり、モウセンゴケなど湿原植物も多い。

登路　勝山市小原の小原林道終点の登山口からよく整備されたブナ林の道を、小原峠を経て約一時間三〇分で山頂まで登ることができる。小原峠から白峰村へ下る道は、かつて勝山市と白峰村の住人が物資を運ぶ道として利用したが、いまは廃道となっている。高山気分を味わえるためか、県内はもちろん県外からの登山者にも人気があり、白山の展望には最高の山である。

地図　二・五万図　願教寺山

（宮前庄三）

経ヶ岳　きょうがたけ

標高　一六二五m

福井県大野市と勝山市にまたがる。経ヶ岳は白山よりも古い火山といわれ、福井県内でもっとも高い山である。山頂に経塚があり、山名になったといわれる。

噴火口は山頂直下にあり、山麓には、噴火の際の泥流によって形成された、なだらかなスロープを持つ六呂師高原がある。

登路　大野市と勝山市を結ぶ広域林道を車で行くと唐谷川の橋に出る。ここが唐谷コースの出発点で、仙ヶ原まで車道を行くと、左手に仏像が彫ってある大きな岩があり、この山も行場だったことがうかがえる。さらに展望台まで行き、ここに車を置く。六呂師高原や荒島岳、部子山《へこさん》、銀杏峰《げなんぼ》などの山々が大野盆地の向こうに見える。

登山口はこの先で、しばらくは緩い登りだがすぐ急登になる。かなりの傾斜で、息をはずませながら登るとやがて視界が開け、保月山の三角点に到着。ここからいったん痩せ尾根を下り、再び登り返すと岩峰が立ちはだかっているが、道は岩の下を巻いている。これを登り切ると杓子岳に着く。ここからよく手入れされた道となり、中岳まで快適に登ることができる。目の前には山頂から一気になぎ落とされたような火口壁が、ササの緑とブナの紅葉に映えた池の大沢とともに美しい（登山口から約四時間）。

（宮本数男）

地図　二・五万図　願教寺山　越前勝山

法恩寺山　ほうおんじさん　標高　一三五七m

福井県勝山市にある。白山信仰の越前側の拠点、白山中宮平泉寺を出発点とする法恩寺山は、養老元年（七一七）、泰澄の白山踏み分けの道（越前禅定道）として始まる。

近くの経ヶ岳の火山活動とともに形成された緩やかな山体は、黒石石英岩質、溶岩が風化した赤土に覆われている。北西面に広がる台地は、第二次大戦直後の食料事情から芳野ヶ原開拓地ともなった。

一九九三年一二月には、国のリゾート法の承認を得てスキー場を開発、オープンした。

登路　スキー場開発道と森林開発の林道を利用して、車で中ノ平小屋近くまで入ることができる、旧道の平泉寺～三頭山～中ノ平避難小屋に至る登山路を辿ることもできる。大斜面のブナ、ダケカンバの林の中を過ぎて山頂に立つ。山頂近くの草地に法音経寺跡が見られる。平泉寺登山口から中ノ平避難小屋まで約二時間三〇分、これより山頂まで約一時間一〇分。

（松村　進・森田信人）

地図　二・五万図　越前勝山

大師山　だいしやま　標高　五五〇m

福井県勝山市片瀬町にある山で、中腹に泰澄を祀る大師堂があることからこの山名が付けられた。大師堂には、泰澄自作と伝えられる木像が安置されている。

平泉寺隆盛時には外四天王の一つといわれ、山頂で護摩を焚いて白山を遥拝し、東へつづく稜線をつたい、三頭《みつがしら》山から平泉寺へ帰還するのを修行の一つとしていた。

登路　登山口の片瀬町集落からの登山道はよく整備されており、約一時間三〇分で山頂に達する。なお、大師山から三頭山を経て平泉寺へ下るには約二時間三〇分を要する。三頭山の山頂は縦走路から左に外れているので、注意していないと通り過ぎてしまう。大師山までは急登もなく、家族連れのハイキングには最適である。

（宮前庄三）

地図　二・五万図　越前勝山

大長山　おおちょうやま　標高　一六七一m

福井県勝山市と石川県白山市白峰地区との県境に聳え、どっしりとした大きな山容である。山頂は馬の背のようで、南北に長く、加越国境連山の盟主である。『白山所聞』には、泰澄がこの山に登って道に迷い難渋の折、三本脚のキジが出てきて道案内をする。故にここを雉子上とするが、大長山と雉子上を同一視している。

山頂からの展望はすばらしく、とくに白山は左から白山釈迦岳、四塚山、大汝峰、剣ヶ峰、御前峰、別山、三ノ峰などの山々、さらには湯の谷川、柳谷川、岩屋俣谷川などの急峻な谷筋は、噴火時の壮絶な姿を思い出させるに十分である。景観としても、風景としても、白山を観察できる第一級の展望台といってよい。

なお、ハガクレスゲやゴヨウイチゴ、アオジクスノキなど、西限植物も見ることができる。

登路　滝波川上流の和佐盛平付近に車を置いて、小原峠を経由して山頂に達する(約二時間)。

地図　二・五万図　願教寺山　加賀市ノ瀬　(宮本数男)

取立山　とりたてやま　標高　一三〇七m

起伏の緩い加越国境(山頂は福井県勝山市北谷地区にある)に位置している。福井県ではミズバショウの咲く山として有名である。

ミズバショウが知られるようになったのは、一九六六年の福井県県民体育大会の時、山岳競技の下見をしたところ、コースを外れて偶然にも発見された。冬、吹き溜まりの積雪は四～五mにもなるが、雪解け水が湿原に流れ込み、人知れず大群生地になった。

シーズンには尾根筋にハイカーの長蛇の列ができ、腰を下ろす場所もないほど。勝山市や地元の青年団が毎年、登山道を整備し、群生地の保護に努めているが、湿原への踏み込みが跡を絶たない。

登路　国道一五七号を東山いこいの森方向へ折れる。施設の中を過ぎ、林道へ入ると料金所がある。駐車料を払い林道終点の駐車場に車を止める。ここから右は直接山頂へ約一時間三〇分。左へ進めば大滝、こつぶり山、ミズバショウ群生地、取立平避難小屋を経て約二時間三〇分で山頂に達する。周回して三～四時間。谷峠からの林道は自然保護のため入山禁止である。

地図　二・五万図　北谷　(永田康弘・森田信人)

鷲走ヶ岳　わっそうがだけ　標高　一〇九七m

別称　高尾山　高尾峰(加賀国略絵図)　赤倉山

白抜山　しらぬきやま　しらぬけやま　標高　八九一m

別称　シラヌケホウ(皇国地誌)

両山は石川県白山市尾口地区と鳥越地区の境に位置し、手取川ダムの西側で稜線上に隣接する二山である。『皇国地誌』には、現在の鷲走ヶ岳は「高尾峰《たかをのほう》、高尾山《たかをのやま》」と記され、山脈の東の一峰を「白《しら》抜峯《ぬけほう》」というと述べられ、『尾口村史』には「高尾山」と呼称されたと記している。

両山とも山体はジュラ紀層に溶岩が噴出した石英粗面岩より構成される。

登路　山そのものは前尾根にさえぎられて下からは見えないため、以前には登山の対象とならなかったが、手取ダムの完成を機に国道一五七号が東二口集落を通るようになり、両山への登山はこの集落を出発点とする。ここは国の重要無形文化財に指定された「文弥人形浄瑠璃・でくの舞」が伝えられ、毎年旧正月に上演される。

東二口バス停下車。車では東二口集落の歴史民俗資料館の駐車場を利用する。

白抜山へは東二口集落奥に白抜山登山のA、B、Cの三コースがあり、標識に従って山へ入る。スギ林を抜けるとしばらくでA、Bコースの分岐点に出る。右のAコースはスギ林を抜ける尾根沿いの道で、林道を横切って北寄りの巻き道を登り、稜線で道は緩やかに白抜山の頂上へ出る。大きな電波反射板があるが、眼下の手取湖を挟んで白山山系の眺望はすばらしい。

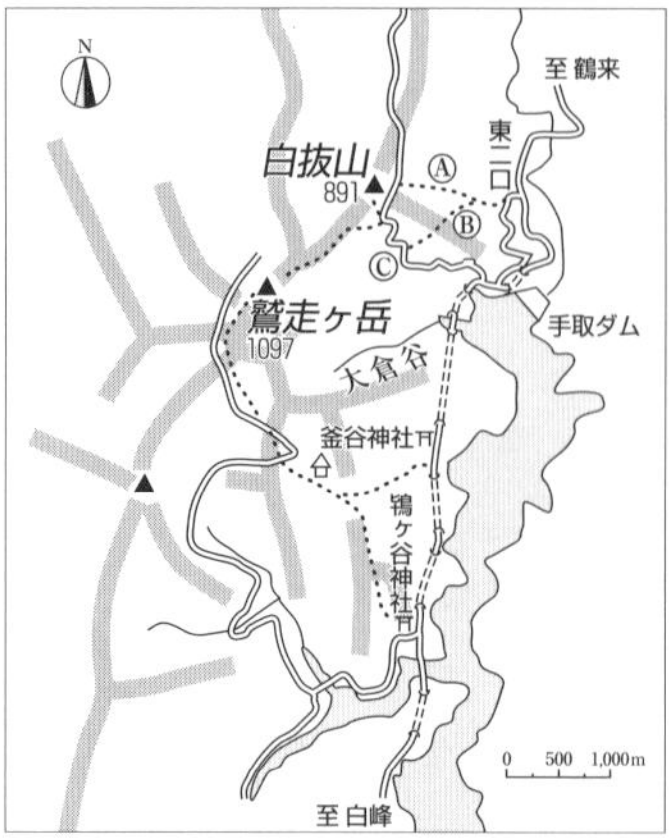

頂上から南へ下り、鞍部へ出ると左からミズバショウの群生地を経由した谷沿いのBコースと合流する。A、Bコースとも所要時間は約一時間強である。Cコースは東二口から鷲走ヶ岳・白抜山間の鞍部へ上がる約五㎞の林道であるが、コースは荒れている。鞍部で丁字路に分かれるCコースと合流した林道を、南に一〇〇m位で鷲走ヶ岳への登り口となる。急登がしばらくつづき、尾根上へ出れば緩やかな巻き道となり、約一時間で頂上へ出る。

鷲走ヶ岳頂上にも電波反射板があるが、方位盤も設置され樹木が伐採されて展望がよい。この山へはほとんどが白抜山を経由して登られているが、ほかには南東側の釜谷《かまたん》コースと南側の鴇ヶ谷《とがたん》コースが直接鷲走ヶ岳へ登る道、または下山路として採用されている。

いずれも手取湖沿いの国道のトンネルの切れ目で道路を外れ、国道わきの神社を出発点とする。スギ林や雪崩保安林であったブナ林を抜け、五〇分位で両コースは合流する。しばらくすると崩れた出作り家屋が出てくる。草原上の道を進むと再び平坦地に出作りの家が建っている。この辺りは『能美郡誌』によれば、白峰村桑島から左礫村内の西斜面に多数出作りに入り、彼らの学齢児童が一〇名内外になったので学校も設けたとあり、別に鷲走谷《わっそだん》(和尾谷)が杖川と合流する付近に鷲巣の地名と「文」のマーク、「鷲巣の豪農宅の標高は四〇〇m」の記録もあり、これが変遷して後日、鷲走ヶ岳の山名に採用されたと思われる。何度か林道(こちらの林道は閉鎖が多い)を横切り不明瞭な登山道を進む。約二時間で頂上に出ると、急に東側の展望が開ける。

(津田文夫)

地図 二・五万図 尾小屋 市原

岳峰 だけのみね

標高 五〇六m

別称 虎狼山《ころうざん》 岳《だけ》が峰《みね》

石川県白山市鳥越地区別宮《べっく》の南東に位置するこんもりとした形状の山。麓に白山宮加賀馬場七社の一つ白山別宮神社があり、東斜面は一四世紀に大智が選んだとされる吉野十景の一つで、中国の名峰・虎狼山にあたるとも伝えられる。山頂からの眺望もよく、麓の各集落や高倉山、笠山を至近に見ることができる。NHKや民放各局のTV中継所がある。山体は流紋岩からなり、西斜面はスギの植林地と雑木林、山頂付近は岩壁となり、かつては修験者の鍛錬の場であったとされる。

岳峰から鳥越坂を渡って北の尾根づたいに行道（修行の道）を進むと、鳥越城のあった城山に達する。この行道は白山七社の一つである別宮の大峰山回峰路の一部であったとされる。別宮大峰山回峰路は、中ノ峠（三坂峠）を中心に岳峰《だけのみね》・高野山《たかのやま》・観音山・大峰・揚原山・天狗岩（天狗山）で、大和の大峰から熊野（紀伊）に通じる最高行道にも匹敵する、修験者にとっての重要道であったという。

登路　国道三六〇号の別宮町から別宮出町の外れの八幡神社から電波中継所の標柱を辿り山頂に至るコースと、国道一五七号の下吉谷から登るコースがある。下吉谷バス停から県道木滑《きなめり》釜清水《かましみず》線に入り、用水路手前で左折、農道を少し歩いて右手の用水を渡ると登山道となる。送電線鉄塔下からヤブの尾根に出て、後は緩やかな上りから鉄製梯子を登り急登で山頂に出る。ともに一時間の登り。

（埴崎　滋）

地図　二・五万図　別宮

越前大日山　えちぜんだいにちやま

標高　一三二〇m

別称　越前甲《えちぜんかぶと》　甲山《かぶとやま》

石川県小松市と福井県勝山市をまたぐ県境稜線の山で、福井県の越前大日山を石川県側では「奥大日山」と呼び、石川県の「加賀大日山」を福井側で「奥大日山」と別称している。

越前大日山は、山全体がドーム型をなし、側壁は切り立った安山岩の岩壁をなし、勝山市から見ると、あたかも古武士の「冑」のように見えるところから「甲山」などの別称となっている。

山名の由来は、大日如来を祀る山として、古くは『白山紀行』に大日山と記されている。

登路　未開通の国道四一六号を勝山市横倉地区に向かう。アマゴの宿、白山神社と過ぎ、工事通行止め付近の駐車スペースに車を止める。林道を進み大日峠への登山口の標識に達する。ここから登山道で、途中、送電線巡視路を横切り大日峠へ。峠からは急登となり、ロープや木の根につかまりながら登る。やがて傾斜が緩くなり山頂へ達する（駐車場から約二時間三〇分）。数年前に山頂から加賀大日山への登山路が開かれた。片道約一時間三〇分。

（松村　進・森田信人）

地図　二・五万図　龍谷

大日山　だいにちざん

標高　一三六八m

石川県小松市と加賀市にまたがる。この山は福井県坂井郡丸岡町の豊原寺によって大日如来が祀られていたことに山名が由来している。石川県と福井県の県境が山頂の南肩を走っており、大日山、越《えち》前甲《ぜんかぶと》（一三二〇m）、兜山、小大日山を擁する山群で、福井県側では越前甲を大日山、大日山の本峰を奥大日と呼んでいる。

この山はトロイデ型火山で火口はなく、粘性の高い溶岩が噴き出した山頂はドーム状になっている。なお、この山は富士写ヶ岳、鞍掛山とともに「江沼三山」と呼ばれて親しまれている。

登路　一般的には加賀市山中温泉真砂《まなご》町から登られている。いまは廃村になった真砂町を流れる大日谷右岸の神社(天照皇大神宮)わきから右岸尾根を登る徳助新道と、左岸に渡って大日谷とナカマタ谷を分ける尾根を辿る池洞新道がある。徳助新道は近年に開かれた登山道で、小大日山を経て登頂することになる。

池洞新道はよく踏まれた道であり、途中の兜山には避難小屋がある。ここからいったん下がってササ原のカタコガ原を経て大聖寺川の源頭部を渡り、急な登りで山頂に至る。なお、カタコとはカタクリの意である(登山口から約三時間)。

このほかに小松市新保町木地小屋からのルートと、小松市大杉町から鈴ヶ岳を経由するルートがある。これらの合流点のブナ平には、小松市が建設した大日山自然学舎(カタクリ小屋・無人)があり、自然観察や避難小屋として利用できる。

地図　二・五万図　龍谷　　(太田義一)

小大日山　こだいにちさん　　標高　一一九九m

石川県加賀市と小松市の境にある山で、大日山から派生する尾根上にあり、大日山の前山としての位置にある。江沼三山(大日山、富士写ヶ岳、鞍掛山)の盟主・大日山には三角点がなく、小大日山と福井県境の越前甲《かぶと》(一三二〇m)にある。大日山頂にはかつて真言密教の最上位仏・摩訶毘盧遮那仏《まかびるしゃなぶつ》(大日如来)が祀られていた。

登路　山中温泉から我谷ダム経由で真砂《まなご》まで車で入る。真砂から左に小大日山へ直接登る徳助新道と、右に大日山頂から尾根づたいに小大日山へ回って行く池洞《いけぼら》新道がある。山頂からの展望はすこぶるよい。

地図　二・五万図　山中　　(太田義一)

鈴ヶ岳　すずがだけ　　標高　一一七五m

石川県小松市と加賀市との境にある。小松市の最高峰である大日山から北に派生し、大日川と梯川の分水嶺をなす尾根上にある。山名の由来は地元の「鈴を並べたような形」からという。昔は出作りが行われていたが、山頂への道はなかった。一九九七年に地元の有志が道を開いて多くの登山者が訪れるようになった。

登路　小松市大杉本町から林道を約八km入ると登山口がある。約一kmの地点に小屋があり、小屋から約二kmで山頂に着く。山頂は広く白山の眺望がすばらしい。さらに約一時間ブナ林の尾根を辿ると大日山山頂に至る。大日山と鈴ヶ岳の鞍部から木地小屋へ下る道がある。木地小屋口、大杉口のいずれも約二時間で山頂に立つことができる。

地図　二・五万図　加賀丸山　山中　　(関本邦晴)

兜山　かぶとやま　　標高　五三四m

別称　遅草山《おそくさやま》　かむり山　冠《かもり》ヶ《が》岳《だけ》　雄夫久佐山《おぶくさやま》

石川県金沢市にある。市内を流れる犀川の支流に内川があるが、三輪山《みのわやま》(一〇六九m)を源頭として北流する内川の堂地内に一九七五年内川ダムが建設され、堂の集落は水没し、さらに上流の菊水町(後谷《うつそだん》)も廃村となった。このダムサイトの東にあって、ダム湖を見下ろすように急斜面で競り上がっている山が兜山である。

登路　犀川の支流・内川の左岸を上流に向かう。小原大橋を渡り、右岸の林道カブト山線を登る。金沢市造林地への標柱で左折して約三kmで終点に着く。雑木林の中を行くと道は東西に分かれるが、東寄りの道を登ると、「大手門総城戸」に始まり、「主従百十間保塁壕主戦正路」、「星ヶ池御前」、「城内湿原」を経て「冠ヶ巌城本陣跡」の標識のある頂上に着く。兜山は「小原山城」とも「冠ヶ巌城」ともいわれた古城跡と伝えられている。加賀の一向宗の拠点として天正八年(一五八〇)、越前北の庄の柴田勝家に攻められ落城した。

頂上から南に入ると眼下に内川ダムの湖面が光り、正面には獅子吼高原北沢のゲレンデ跡が望まれる。西側の切り開いたばかりの道は本丸跡へ戻る。北に下ると辻堂で丁字路となる。左は内川ダム、右は一条滝から登山口に戻る。その昔、八三〇人もの僧兵が立て籠った城が存在したとは信じられない気がするが、やはり要塞を思わせる山容を呈している(登山口から約三〇分)。

地図　二・五万図　鶴来　(広瀬幸寛)

大山　おおやま　標高　九五六m

石川県小松市丸山町にあり、手取川の支流・大日川の上流に位置する。いまは数軒の民家が大日川を挟むようにしてひっそりと点在しているに過ぎない。町に住む元住民が無雪期だけの山仕事などで利用するためのもので、積雪期は完全に閉ざされる。燃料革命以前には一〇〇世帯以上の人が住み、学校もあり、炭焼きと林業でにぎわっていた。

地元での大山とは、北から順に「鏡山」「大山」「別山」の三山で形造る大きな台形の山塊の総称である。三角点は鏡山(九一〇m)にあり、二・五万図ではこの鏡山に大山と記されている。

これら三山を取り巻くように大山林道が走っており、三角点のある鏡山は、車を降りて徒歩一〇分程で頂上に着くから、登山に訪れる人はほとんどいない。鏡山からは白山はもとより日本海側の眺望がすばらしい。

大山を有名にしたのは、大山(別山)南側の標高約九〇〇mにある湿原、北陸では最大級の一〇万株とも二〇万株ともいわれたミズバショウの群生地「横谷水芭蕉群落」だったが、近年イノシシの食害で株数は激減した。だが、湿原には国の希少種とされる植物が数種類あり、注意深く散策するのもよいだろう。

登路　横谷水芭蕉群落へは、スキー場のある小松市尾小屋町から九十九折の五百峠(国道四一六号)で丸山町、あるいは白山市鳥越地区の阿手から大日川ダム右岸を上流に向かい、丸山町から大日川右岸に渡ると、「横谷ミズバショウ山道まで四km」の標識があり、そこから林道大山線に入る。舗装された林道を進むと案内板のある登山口に着く。登山口からはスギの美林の中、よく整備された登山道がつづく。やがて大山から別山に通じる尾根の鞍部に出て、峠を越えると視界が開け、谷全体に群生するミズバショウに出会う(登山口から約五〇分)。ミズバショウの群生する沼地を一周する遊歩道が整備され、途中に休憩所もある。沼地を横断する桟道もあり、ミズバショウを間近に観察できるように配慮もされている。開花の時期は家族連れなど、多くの人々でにぎわう。

ほかのルートとしては、丸山町からさらに、名ばかりの国道四一六号を三km程南に進むと猟師谷に着き、この谷の上流に横谷《よこたん》がある。猟師谷橋付近に車を停める。谷沿いに踏み跡程度の道があり、横谷に通じている。小さな滝や出作り小屋跡など、変化を求める人には勧めるが、道は決してよくない。また、地元ではニホンツキノワグマの多い谷としても知られているが、丸山側の混雑にくらべれば別天地である。

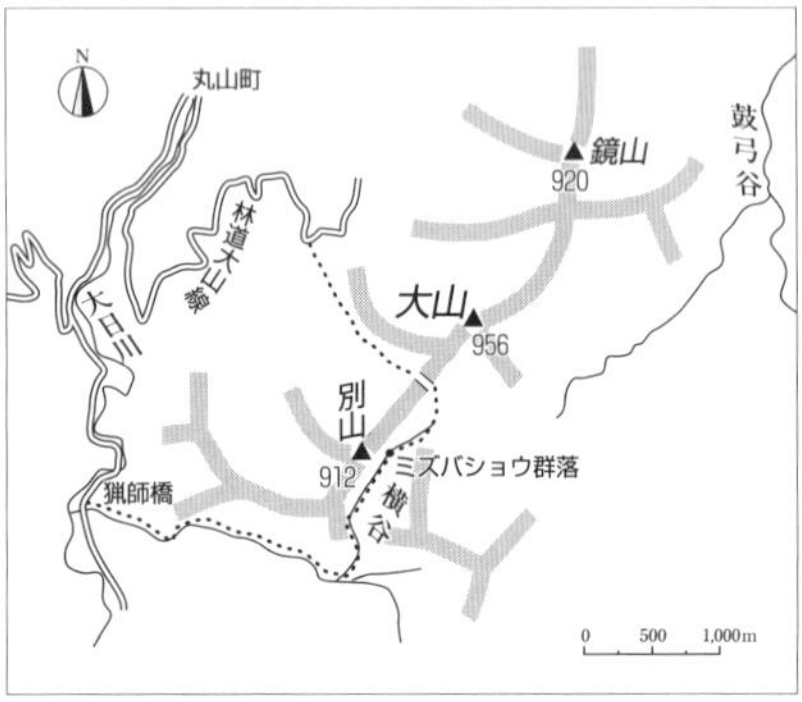

地図 二・五万図 加賀丸山

(関本邦晴)

大倉岳 おおくらだけ

標高 六五一m

石川県小松市の南東部にあり、白山市鳥越地区との境にある。山容は小松市側からはおだやかな円頂に見える。明治から昭和四〇年(一九六五)ごろまで栄えた尾小屋銅山を抱え込むような山体である。

石川県ではもっとも古い歴史を持つホワイトベアースキークラブのホームゲレンデとして大正年間から山岳スキー愛好家に親しまれた歴史を持ち、いまは北東に旧大日スキー場、南西に大倉岳高原スキー場を持つスキーの山。

また、岩底谷源流には小松市指定天然記念物のミズバショウ群生地があり、夏にはコスモスと芝生の美しいスキー場斜面など、花を楽しみに訪れるハイカーも多く、登山口の尾小屋鉱山資料館や鉄道公園の見学なども楽しむことのできる山である。一九七〇年「獅子吼手取県立自然公園」の飛地に指定されている。

登路 尾小屋鉱山資料館口に登山道の案内板がある。最初広い道を進むとやがて十一面観音があり、ほどなく山道に入る。しばらく進むと平坦な園地になり水もある。五ヶ作峰の斜面の平な道を通り、三叉路に出ると急に視界が開ける。正面の谷向こうに大倉岳が聳え、右の谷に下ればミズバショウの群生地で、ここまでのハイキングを楽しむ人も多い(尾小屋バス停から約一時間三〇分)。右斜面のスキー場越しに動《ゆるぎ》山、鷹落山、遙か向こうには福井県境近くの富士写ヶ岳までを望むことができる。水平道が終わる辺りの阿手との分岐に「仏峠」があり、この辺りからは白山山系や

旧大日スキー場、振り返れば加賀平野から日本海までの眺望が得られる。この先はササの尾根道を楽しみながら頂上に至る（仏峠から約一時間）。帰りは双方のスキー場を利用するのも可能。

地図　二・五万図　尾小屋

（岩谷浩三・前川　陽）

大峰　おおみね

標高　四五三m

石川県小松市東部と白山市鳥越地区との境界近くに位置し、小松市中海町辺りから眺めると、白山を背にした丸味のある山が大峰である。低山が並ぶこの辺りで、とくに目立つわけでもないこの山の名前が気になる。山は低山特有の灌木で覆われているが、一部スギ、ヒノキも植林されている。

山頂に高圧送電線の鉄塔が建っていて、巡視路が整備されているので登りやすい。頂上付近からは大倉岳、大日山、口三方岳、見越山、奥三方山、大笠山と白山山系が望むことができる。

往古、この辺りは中宮八院から中ノ《なかん》峠《とうげ》を越え、別宮《べっくう》から中宮に至る加賀禅定道に通じる要所で、中ノ峠一帯の山域は、修験者が念仏読経を唱え山中を往来していた。中宮八院はこの山裾にある集落、五国寺《ごこうじ》・正蓮寺《しょうれんじ》・仏大寺《ぶつだいじ》・立明寺《りゅうみょうじ》・遊泉寺《ゆうせんじ》などは、その寺院跡と考えられている。

登路　小松市沢町または鳥越地区下出合から県道布橋出合線に入り、光谷《みったに》集落跡から登る。集落跡の集会場から少し上流の小橋を渡ってすぐ左折し、送電線鉄塔巡視路に入り、これを辿る（約四〇分）。

地図　二・五万図　別宮

（前川　陽）

鳥越城山　とりごえじょうやま

標高　二九六m

別称　城山

石川県白山市鳥越地区にあって、手取川とその最大の支流・大日川とに挟まれた舌状丘陵の北端が鳥越城山であり、麓からの比高一〇〇m強の要害の地である。

戦国時代、加賀国守護・富樫氏が一向一揆により滅ぼされたのち約百年、天正八年（一五八〇）に織田信長軍に敗れるまでの間、加賀は一向宗支配下の「百姓の持ちたる国」であった。織田軍に敗れた一向宗徒はこの鳥越城を最後の拠点として抵抗したが、二年後に殲《せん》滅《めつ》させられた。遺構は石垣をもって築造された枡形門と、二の丸の一部からは一〇m×五mの建物を最大とする隅櫓二棟を含む重複した建造物六棟が確認された。北西方向の尾根の本丸を中心に大手方向の南東と搦《からめ》手方向の北西へそれぞれ連郭式に廓《くるわ》を配し、また、郭跡には腰曲輪（腰郭）が備えられた根小屋式の山城とされ、居館を麓の別宮《べっくう》に置いたと考えられる。すぐ南の大日川を隔てた支城の二《ふと》曲《うげ》城とともに国の史跡指定となっている。

山頂周辺は三の丸跡、二の丸跡の平地がつづき、鳥越城跡記念碑があり、一段高い台地の本丸跡の城山山頂へとつづく。山頂からは手取川の蛇行流路や白山周辺の山々の眺望がすばらしい。

登路　城跡まで三坂《みさか》集落方面から車道が通じているが、徒歩では国道三六〇号の釜清水から隧道右側の北陸電力送電線巡視路を辿り、城跡入り口の石仏わきからスギ林を経由して釜清水から三〇分程である。

また、城山の西側からは戦前のサツマイモ栽培の作業路が三坂集落からあり、その後荒廃していたものが二〇〇三年に地区民と地元中学生の手で復元された。この登路も麓から三〇分程である。別宮の隣接地の出合《であい》集落から二曲城には二〇分程で上ることができる。

地図　二・五万図　別宮　（埴崎　滋）

火燈山　ひともしやま　標高　四八一m

別称　相図《あいず》ヶ《が》岳《だけ》

石川県小松市と白山市鳥越地区との境にある山。山頂付近の三坂峠はかつて手取谷と能美平野を結ぶ要路であったが、三坂峠に隧道開通後は山頂への旧道は廃された。鳥越城と二曲《ふとうげ》城の中間地点でもあり、合図の狼煙《のろし》を上げたことから「相図ヶ岳」ともいわれる。なお、同名の山が加賀市と福井県坂井市との境にある。頂上部は小さく伐開されており、北に河合、服部鉱山の茶色の山肌、その先に揚原山、観音山（四〇二m）から小松市の市街地、東に松尾山、口三方岳、さらには岳峰、高倉山を望むことができる。白山は三村山の先に聳えている。

登路　国道三六〇号わきの三坂集落から北方の滝谷の踏み跡を辿り、途中から左の尾根に取りつき山頂を目ざすルートと、三坂隧道小松側入り口上から尾根に直登するルートがあったが、いずれも定かではない。

地図　二・五万図　別宮　（埴崎　滋）

揚原山　あげはらやま　標高　四八七m

石川県能美市辰口《たつのくち》町の南東端に位置する旧鍋谷《なべたに》地区にあり、白山市鳥越地区と接している。

登山口の蟹淵《がんぶち》には昔から池の主といわれる、人間の数倍もある蟹が棲んでいるとの伝説がある。

登路　揚原山への登路は近年、高野山（三〇八m）から尾根を縦走するコースが開かれた。林道鍋谷和佐谷線の入り口には「天然記念物・がんぶち」の案内の石碑が立っている。この林道を先に進むと、「あと八百メートル」の案内がある。ここで車を止め、坂を登り切ると紺碧の水を湛えた池のある蟹淵に出る。池の縁を左へ半周した地点からスギの植林地を通り、約三〇分で縦走路と合流する尾根に達する。ここから整備された道を辿ると、三角点のある頂上に達する（蟹淵から約五〇分）。

地図　二・五万図　口直海　栗生　別宮　（岡本明男）

岩倉山　いわくらやま　標高　二九六m

別称　岩倉観音山

石川県小松市上麦口町地内にある山。一五世紀から一六世紀にかけての約百年間の加賀は、一向宗徒の支配する「百姓の持ちたる国」で、山頂には越前の戦国大名・朝倉氏の加賀領内進入を阻止するために築いた山城があった。山中の八手観音はこの岩倉城の守り本尊と伝えられ、山の別称の元になっている。

山頂部近くには土塁に囲まれた本丸、二の丸、三の丸などがあったが、いまは建造物は何一つ残っていない。本丸跡の一角に、二m程の円形に小石が積まれている。「五〇〇年前のバラストで築城後運び上げられたもの」といわれ、その後の調査で防御用(投石)に使うために準備されたものであることが分かった。また、この山の東側の谷にこの辺りの山に珍しい落差三〇m余りの「入道の滝」がある。

この山は江戸時代に女人禁制となり、一九七三年秋まで残っていた石川県内では珍しい山である。

登路　小松市から別宮《べっく》行きの小松バスで上麦口町で下車するが、本数が少ないので車利用が便利である。集落の中途から滓上川を渡って農道に入り、林道の終点からスギ林の中の道を辿る。尾根に出てしばらく行くと城主・米沢佐衛門の屋敷跡があり、ここで道は右に岩倉清水を経て観音堂から山頂へ。左は直接大手門へと分かれて山頂に向かう。山頂まで約四〇分で行くことができる。山頂からは加賀平野、小松市街、空港、柴山潟、片山津温泉、日本海まで眺めることができる。

地図　二・五万図　別宮

（太田義二）

蓮如山　れんにょさん　標高　三二八m
鷹落山　たかおちやま　標高　四九四m
動山　ゆるぎやま　標高　六〇四m

これらの三山は、石川県小松市西俣町から大杉町へほぼ南北にまたがる約七kmの山塊にあり、三山の縦走もできるが、西俣町から蓮如山、鷹落山を経て打木町に至るコースもある。もちろんどの山も登ったコースを下ることもできる。車の移動、時間などを考えて目的の山、コースを選定するとよい。

この三山を小松市街から望むと、鷹落山・動山は顕著に判別できるが、蓮如山は尾根の連なりに紛れて判然としない。

蓮如山の山名の由来は、頂上直下の平地に一向一揆のころに織田信長の軍勢に、蓮如の真筆とともに命を奪われた長圓寺開基・了順兄弟の法難の碑があり、それにちなんだとされている。「赤坂山」の別名もある。

鷹落山の山名の由来は、鷹が生息していることから名付けられたといわれる。

動山の由来については定かではないが、白山信仰の修験者が白山を望む修行の地で、不動明王の意味を含む、と土地の人から聞いたことがある。普通には下大杉町の登山口が利用され、地元の人は「ゆるぎざん」と呼んでいる。

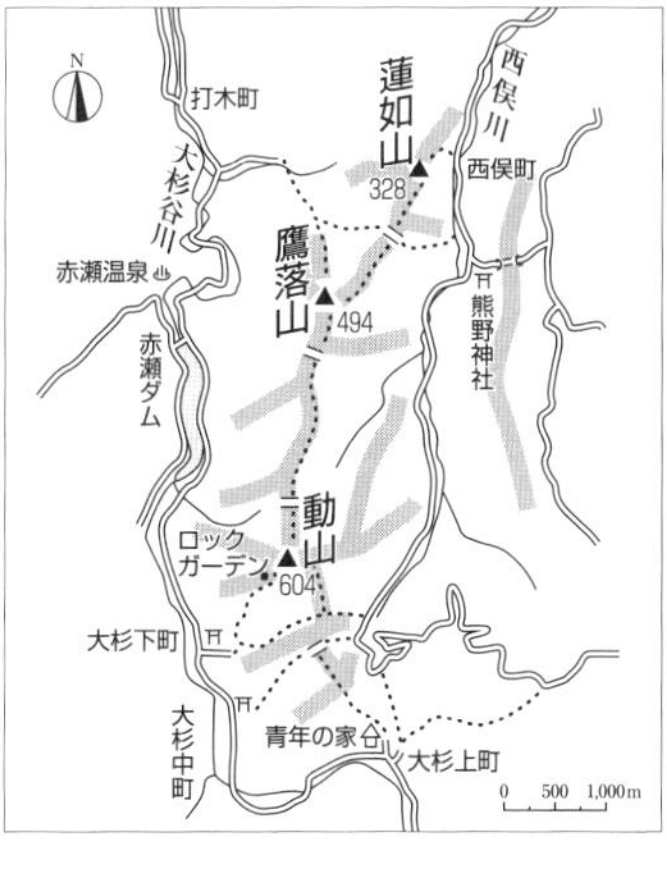

登路　蓮如山の登山口は西俣町滝上の集落を通り、スギ林を抜け舗装され手すりも付けられた道を登り、アカ

マツの交じる山道を少し登ると碑のある平地に着く。まもなく頂上である(約三〇分)。

単独で鷹落山に登る場合は、西俣町西俣から熊野神社の向かいにある熊谷からとなるが、一般には蓮如山からの道を経て鞍部まで約三〇分、そこからの登り約五〇分で頂上に着く。ここから北西の細い道を下れば大杉谷の打木町に出ることができる。縦走した場合は、熊谷の鞍部から谷を辿って熊野神社まで約五〇分、右岸の車道を五分程で西俣自然教室の建物へ、さらに一〇分で蓮如山の登り口滝上に戻る。

下大杉町から動山への登路の途中にロックガーデンがあり、それぞれに名前を付けられた岩があり、その上から赤瀬ダム、大杉町の眺望が得られる。登山道の木々には小松市自然保護協会によって名札が付けられていて、学習の場としての利用もできる(頂上まで約一時間)。

そのほかのルートとして、大杉中町ルート、大杉上町ルートがある(大杉上町から頂上までは約二時間)。

なお、これらの三山を縦走する場合、鷹落山から動山の間は整備状況の確認が必要。

(関本邦晴)

地図 二・五万図 尾小屋 動橋

鞍掛山 くらかけやま　標高 四七八m

別称 舟見岳《ふなみだけ》

石川県小松市と加賀市の境にある山で、馬の掛け鞍のような山容をしており、加賀、小松の平野部から眺めると二瘤ラクダそっくりである。日本海を航行する舟の目標になっているといい、舟見岳の別名を持つ。大日山、富士写ヶ岳とともに「江沼三山」の一山として親しまれている。頂上部は二つ同じような高さに見えるが、向かって左が本峰で三角点がある。

山全体の地質はパーライトであるが、麓の小松市滝ヶ原町では、凝灰岩を用材として切り出している。

登路 加賀市側に塔尾《とのお》町、山中町荒谷、小松市側に滝ヶ原町からなど多くの登路があり、いずれも一時間程で山頂に達する。標高は五〇〇m足らずの山だが、これほど眺望の得られる山はほかにない。足下に広がるスギの美林、加賀平野を隔てて日本海、遠く能登半島までを見渡し、他方には白山山系、大日山、富士写ヶ岳など加越国境の大パノラマがある。また、峰つづきの三童子山(四九三m)への縦走(約五時間)もよい。

(太田義一)

地図 二・五万図 動橋

粟津岳山 あわづだけやま　標高 一六四m

石川県の南加賀地区にある加賀温泉郷の一つ粟津温泉(開湯、養老元年・七一七)は泰澄が白山に登って修行中、夢の中に白山大権現が現れて、その教えに従って発見したと伝えられる。

粟津岳山はこの温泉街の裏にある山で、自然公園になっている。この温泉街を見守るような位置に、泰澄が安置したと伝えられる聖観世音菩薩と薬師如来を祀る大王寺(花山法王によって名付けられたという)と、白山妙理大権現を安置した白山神社がある。

登路　大王寺から登り始め、白山神社の相撲場の廃屋を過ぎ、道の傍らに並ぶ石像群を見ながら登ると、錫杖《しゃくじょう》を持った泰澄の立像のある広場に出る。広場からは尾根沿いの雑木林の遊歩道を行く。送電線の鉄塔を四本越えた先が山頂である(大王寺から約四〇分)。山頂からは三六〇度の眺望がすばらしい。

地図　二・五万図　動橋

(前川　陽)

水無山　みずなしやま　標高　七八四m

福井県勝山市の北西部、北郷町の北にあり、加越国境から南に延びる尾根の末端に位置する。

山中に石灰岩地帯があり、地表に流水が見えないためこの名がある。山腹から山頂にかけては涸谷のみである。

登路　無雪期の登路はない。地図に勝山市北郷町上野地区、岩屋地区から破線が山頂まで記入されているが、ヤブに覆われて登ることはできない。残雪の時が適期であろう。この場合、勝山市荒土町細野口から林道を歩き、山頂から南に下りている尾根に取りつくのが最良(約三時間)。

地図　二・五万図　龍谷　山王

(藤本外史・森田信人)

みつまた山　みつまたやま　標高　一〇六三m

福井県勝山市と坂井市丸岡町、石川県加賀市山中温泉の境にある山で、勝山市方面から望むことができる。

山名の由来は定かではないが、三方から尾根が出合っているため、三方から谷が突き上げているため、この山名が付けられたのではないかと考えられる。

登路　勝山市北郷町岩屋の岩屋集落跡(岩屋キャンプ場)が登山口で、林道をしばらく辿り小さな道標がある踏み跡程度の小道に入り、足元の悪い急登約二時間で福井・石川両県の県境稜線に出る。山頂は県境稜線から一時間程北東へ辿った所にあり、岩屋集落跡から三時間三〇分程。登山口となる岩屋集落跡には、泰澄の自作といわれる観音像を祀るお堂があり、岩屋観音として拝されている。

地図　二・五万図　龍谷

(宮前庄三)

浄法寺山　じょうほうじさん　標高　一〇五三m

福井県福井市の北東の方向には山々が連なっているが、その中で右端に見えるいちばん高い山が浄法寺山である。福井県吉田郡永平寺町、坂井市丸岡町、勝山市との境界にあるが、なぜか永平寺町の山というイメージが強い。登山口が永平寺町側にあって、地元の人たちが整備に熱心であることからである。中腹の登山口には浄法寺山青少年旅行村が開設されていて、ここから多くの人が登り、人気の高い山である。

昔、浄法寺山は三千坊を有したというから、浄法寺と称する一坊が山上近くにあったのかもしれない。豊原の白山禅定道は、この山頂を経由していた。

山頂は広くて展望もよく、昼食の場所として最適。遠くに福井市街地の家並み、奥越山地から出て日本海まで蛇行する九頭竜川の流域に展開する福井平野、坂井平野の集落や田園風景が鳥瞰図のように広がる。丈競《たけくらべ》山は指呼の間で、さらに白山山系をはじめとする加越の山並みが横たわる。福井市民が登りたい山の一番手に挙げるのもうなずける。

登路 永平寺町の登山口から約二時間。

地図 二・五万図 丸岡 龍谷

(宮本数男)

丈競山 たけくらべやま

標高(南丈競山) 一〇四五m

福井県坂井市丸岡町上竹田の奥にある山で、山名が示すように南丈競山と、北丈競山(九六四m)の二峰がなだらかな曲線を描いて高さくらべをしている。坂井平野から望むことのできる山並みの一番手前にその二つのピークがあり、印象的である。

登路 登山口は上竹田の上流に新しくできた龍ヶ鼻ダムで、登山道はよく整備されていて歩きやすく、北丈競山を経て約二時間三〇分で頂上に達する。

頂上からは遠く日本海も望むことができる。また、上竹田には坂井市営の温泉宿泊施設もあり、登山後の一浴も可能である。

地図 二・五万図 丸岡 龍谷

(宮前庄三)

鷲ヶ岳 わしがだけ

標高 七六九m

福井県勝山市北郷町と吉田郡永平寺町の境に位置する。福井市東方に浄法寺山の大きな山稜が見えるが、浄法寺山が九頭竜川へと下降する前に、円錐状に盛り上がって、富士山のような美しい山容をしているのがこの山である。

鷲ヶ岳山頂には「畑将軍戦死乃地」の石柱が立っている。「鷲ヶ岳古戦場由来記」の石碑もあり、南北朝の歴史に思いを馳せるのもよかろう。

登路 登山口は勝山市伊知地の奥にある白山神社の横の小さな谷を渡った所で林道を渡り、「馬の鞍掛」を経て、約二時間で登れる。

地図 二・五万図 龍谷

(宮本数男)

富士写ヶ岳 ふじしゃがだけ

標高 九四二m

別称 岳山 江沼富士

石川県加賀市山中温泉にある山。独立峰であるため山容は際立って見え、江沼平野、とくにJR北陸本線加賀温泉駅、片山津温泉の対岸柴山潟辺りから眺める姿は美しく、昔から「江沼富士」といわれてきた名峰である。不動、地蔵、釈迦の三尊を祀ったことから「不地釈迦岳《ふちしゃかだけ》」との説もある。

藩政時代には大聖寺藩では山役が置かれ「奥山回り」と称して領内を巡視した。大聖寺を出て刈安~火燈山~富士写ヶ岳~大日山~鈴ヶ岳を回ったその古道の踏み跡があった。

深田久弥は郷里大聖寺からも近く、初めてこの山に登ったことで山が好きになったという。早春四月「だけやまに雪があると暖かくならない」と季節の指標にもされており、春、稜線一帯に咲くシャクナゲの群落はすばらしく、登山者を楽しませてくれる。古くから大日山、鞍掛山と併せて「江沼三山」と呼ばれている。

登路　我谷ダムができるまでは枯渕《かれぶち》がメインルートであったが、最近は我谷口からダム湖に架かる赤い吊り橋を渡る登山道が利用される。ほかにいまは無住になった大内口がある。また、このほかに最近、日本山岳会石川支部と地元有志による奉仕で古道が復活された。大内集落跡に残された神社の横から大内峠に出て、尾根づたいに福井県と石川両県境の火燈山(八〇三m)の頂を経て富士写ヶ岳の山頂に達する(いずれも登山口から約二時間)。

地図　二・五万図　山中　越前中川　(太田義一)

火燈山　ひともしやま　標高　八〇三m

福井県坂井市丸岡町と石川県加賀市の県境にある山で、北側の富士写ヶ岳と背くらべをするように並んでいる。山名は、丸岡町豊原寺の山伏たちが修行としてこの山に登り護摩を焚いたことからと、一向宗徒がここで烽火《のろし》を上げたことから付けられたなどの諸説がある。

なお、同名の山が小松市と白山市の市境にある。

火燈山山頂はあまり広くない。吉谷不動の全盛時には、不動滝の行法を終えて火燈山に登り、白山を伏し拝んで下山したと想像される。三角点のある小倉谷山(九一一m)は指呼の間にあるので、足を延ばしたい。ここは展望がよく、白山山系をはじめ、加越国境の山々が、広大な坂井平野を蛇行する九頭竜川とともに日本海まで見通すことができる。

登路　丸岡町山竹田から吉谷不動を経て山頂に達する(登山口から約一時間二〇分)。

地図　二・五万図　丸岡　(宮本数男)

刈安山　かりやすやま　標高　五四八m

石川県加賀市、福井県あわら市金津地区にまたがる。白山の三ノ峰から西に向かう石川、福井の県境稜線の末端にある山である。山頂にはTV中継局のアンテナ、雷の研究塔もある。

登路　山頂近くまで福井県あわら市市野々《いちのの》、加賀市直下《そそり》町、山中温泉栢野《かやの》町のそれぞれから林道が通じており、山頂駐車場まで車で行くことができる。山頂には白山比咩《しらやまひめ》神社の分社と展望台があり、富士写ヶ岳が大きく見える。また、この付近は渡り鳥の貴重な観察地として知られている。山頂広場は公園になっていて、バードウォッチング、キャンプ場や遊歩道も整備されている。

地図　二・五万図　越前中川　(佐伯芳造・大庭保夫)

水無山　みずなしやま　標高　三四九m

石川県加賀市山中温泉の温泉街を見下ろす位置にある山である。『加賀江沼志稿』には、山中の十景に数えられて「水無山啼猿」とあり、「山中、日谷《ひのや》二領に誇る岩山なり」とあり、岩山であるため水が乏しくその名がある。「子を抱いて湯の月のぞく猿《ましら》かな」の立花北枝の句もあり、水無山に野猿がいたことを物語る。「忘れしゃんすな山中道を東ゃ松山　西ゃ薬師」と名高い山中節に唄われている薬師とは水無山を指している。

登路　一つは加賀市山中温泉薬師町にある真言宗国分山医王寺の境内に登山口があり、小さな滝の落ちる池の端から登る。西国三十三箇所観音霊場の札所巡りの観音像が立つ巡礼道を九十九折に登ると一〇分程で尾根道に出、これを辿って山頂に着く。もう一つの登山道は、温泉街を抜けて天然記念物の栢野《かやの》の大杉で有名な集落の手前、平岩橋の対岸から登る（いずれも約五〇分）。

地図　二・五万図　越前中川　丸岡　（佐伯芳造・大庭保夫）

寺尾観音山　てらおかんのんやま　標高　二二八m

別称　観音山　寺尾山

石川県加賀市にある。大聖寺市街の南にあり、養老年間（七一七〜二四）に武蔵国箕輪の修験僧の開山と伝えられ、山上に十一面観世音菩薩像を祀っている。

登路　JR北陸本線大聖寺駅から車で約二〇分、三谷川支流に沿った曾宇《そう》集落を経て林道を進むと案内板の立つ登山口に着く。登り口から支尾根の広い登拝路を登る。途中、昭和初期に「石川県十名勝地」に選ばれた記念の石柱がある。三〇分位でマツやカエデなどの林の中に静かなたたずまいの観音堂がある広場に出る。観音堂の右から尾根づたいに踏み跡を辿るとすぐに三角点のある山頂に着く（駐車場から約五〇分）。落葉したころには東方に白山を望むことができる。

地図　二・五万図　大聖寺　（大庭保夫）

剱ヶ岳　けんがだけ　標高　五六八m

福井県あわら市清滝町と坂井市丸岡町の境界にある山で、男大迹《おおど》王が宝剣と霊蓋冠とを天嶺に埋められたことから、この剣にちなみ「剱ヶ岳」と呼ばれるようになった。

登路　登山口はあわら市清滝町の清滝ダムからで、階段の急坂を登りつめると三角点のある剱ヶ岳の頂上で、日本海が遠望でき、坂井平野の田園風景とともに広々とした景観が楽しめる。清滝ダムから約一時間三〇分。頂上には男大迹王、のちの継体天皇を祀る社がある。なお、頂上から望見できる坪江から中川にかけての丘陵上に点在する古墳群は、継体天皇一家に関係するものと推測されている。この付近には、ブナ林を含む落葉樹林の中にアカマツの大木が混在している。

地図　二・五万図　越前中川　（宮本数男）

高須山　たかすやま　標高　四三八m

福井県福井市の北西、高須町にある。輝石安山岩で構成されたトロイデ型の死火山といわれ、山麓には第三紀凝灰岩類が露出している場所がある。頂上には南北朝のころ、南朝方の畑時能が最後の拠点とした鷹巣城跡がある。このため、地元の人々は「城山」とも呼んでいる。

頂上は広々としており、「贈正四位畑時能戦跡・鷹巣城跡」の石碑が立っている。広場が整備され、福井平野、九頭竜川、日野川の流れ、その向こうには丈競《たけくらべ》山や浄法寺山をはじめ加越の山々、さらに坂井郡三国町の東尋坊から、遠くは石川県の能登半島まで見渡すことできる。

登路　登山口の高須から約四〇分。

地図　二・五万図　鮎川　（宮本数男）

銚子ヶ峰　ちょうしがみね　標高　一八一〇m

岐阜県高山市荘川町と郡上市白鳥町にまたがる。白山から大日ヶ岳へ南下する尾根上の一峰。白山登拝の行者道（大日ヶ岳経由、峰づたい）と禅定道（白鳥町石徹白《いとしろ》経由、谷づたい）の合流点にあたり、登拝者たちは中腹の神鳩《かんばた》の宿《しゅく》（現在の避難小屋がある位置）を基地として白山山頂を目ざした。近くには開祖泰澄の母ゆかりの母御石《ははごいし》がある。

登路　石徹白川沿いの大杉林道の登山口から登る。よく整備された道が山頂までつづいており、石徹白の大杉、神鳩避難小屋、母御石を経て登頂。山頂付近の展望はすこぶるよい（登山口から約四時間）。

地図　二・五万図　二ノ峰　（山田　暁・堀　義博）

願教寺山　がんきょうじやま　標高　一六九一m

岐阜県郡上市白鳥町と福井県大野市上打波にまたがる。白山から南下し、銚子ヶ峰の北で南西に主脈から分岐した支脈上に位置する。山名の起こりはこの山の北麓にあった同名の寺院によるものとされる。北美濃地震で山体の南面が大きく崩壊した。

登路　濃いヤブに覆われているので残雪期が登山の適期である。この場合は、①銚子ヶ峰からの縦走、②石徹白《いとしろ》川沿いの林道を辿り、願教寺山から南東に下りてきている尾根を登る、のいずれかがルートとなる（①では登山口から神鳩避難小屋経由で約七時間、②では約五時間、いずれも残雪期）。ただし、雪の状態によっては石徹白上在所から登山口まで歩かなければならない。

地図　二・五万図　願教寺山　二ノ峰　（山田　暁・堀　義博）

薙刀山　なぎなたやま　標高　一六四七m

福井県大野市上打波と岐阜県郡上市白鳥町石徹白《いとしろ》の県境に、屏風のように連なる山稜の中間に位置する山である。切れ落ちた長い尾根筋が頂上まで突き上げる姿が、見方によっては薙刀のようで、この辺りから山名が付けられたのではないか。

福井県には一六〇〇mを超える山が少ないが、この山稜には一五〇〇～一六〇〇mのピークが連なっており、その一峰である。

登路　登山道はなく、無雪期には沢をつめるか、残雪期に福井県側からであれば、大野市上打波の打波川から直接薙刀山稜線に取りつくか（約六時間）、岐阜県側からであれば、石徹白から旧和田山牧場を経て登る（約四時間）。

地図 二・五万図 願教寺山 二ノ峰

（宮前庄三）

野伏ヶ岳 のぶせがたけ

標高 一六七四m

岐阜県郡上市白鳥町と福井県大野市上打波にまたがる。白山から南下し、銚子ヶ峰の北で南西に主脈から分岐する支脈上の雄峰。薙刀山の南に位置している。東側の石徹白《いとしろ》川、西側の打波川はいずれも九頭竜川に注ぐ。桧峠（白鳥町）からこの山を遠望する時、アワツキ平（野伏平）を中に抱いたその雄偉な山姿には印象深いものがある。

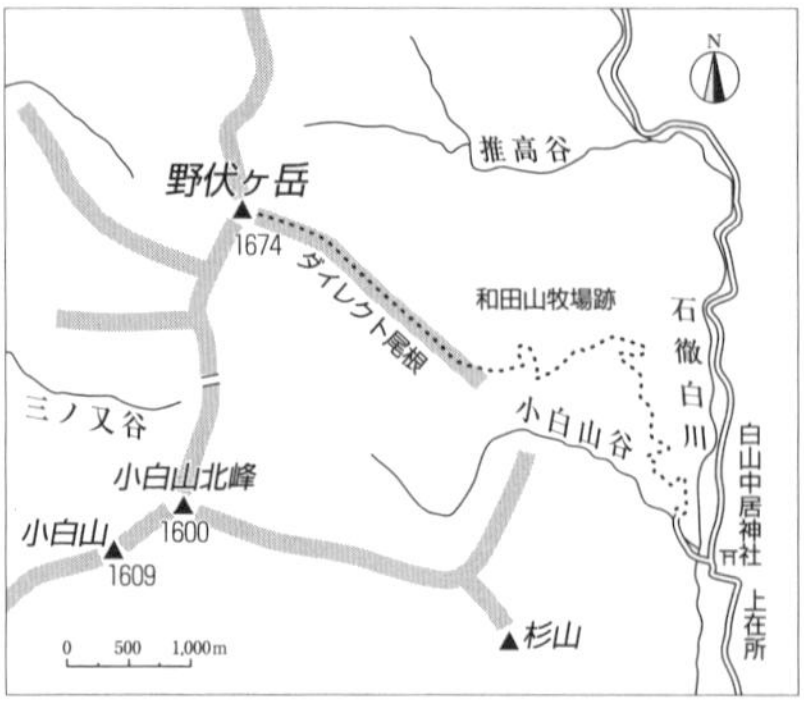

南の鞍部を橋立峠といい、かつては石徹白（白鳥町）と打波（大野市）との往来に使われていたが、いまはヤブに埋もれ通行できない。

登路 ヤブが濃く登山道がないので残雪期がよい。白山中居神社の下で石徹白川を渡り、旧和田山牧場跡への廃道化した林道を辿る。牧場跡に立つ拓牧碑から西の正面に見えるダイレクト尾根に取りつく。尾根を忠実に辿り、東尾根とのジャンクションを経て西進すると頂上（白山中居神社から約四時間三〇分）。なお、近年は山スキーの愛好者たちによるスキー登山の対象として人気がある。

地図 二・五万図 願教寺山 二ノ峰 下山 石徹白

（山田 暁・堀 義博）

小白山 おじろやま・こはくさん

標高 一六〇九m

福井県大野市にある山で、県境にあるものを除いて県内で二番目の高さを誇る。なお、県内最高峰は経ヶ岳（一六二五m）である。山が高いということは、それだけでもすばらしいが、大きくゆったりとした、東の旧和田山牧場から迫り上がる山容は、登高意欲を盛り上げてくれる。

岐阜県郡上市石徹白《いとしろ》の白山中居神社から石徹白川に架かる橋を渡ると、小白山から流れる沢が小白山谷で、林道が橋立峠近くまで付いている。この峠の高さは県内最高（一四〇〇m）で、大野市打波と郡上市石徹白との交流の道であったが、いまは廃道になっている。

登路 登山道はない。残雪期に岐阜県郡上市石徹白の白山中居神社から小白山谷右岸に取りつき、小白山北峰を経て登頂するか（中居神社から約四時間）、または打波からの沢登りで登る。

地図 二・五万図 下山

（宮本数男）

木無山 きなしやま

標高 一三二九m

福井県大野市と同市和泉地区にまたがり、九頭竜川を間に荒島岳（一五二四m）と対峙している。大野市九頭竜峡の辺りから見て、形のよい三角錐をした山が木無山である。三角点が山頂にあり、以前雨量観測の小屋があり、下打波の谷山川から山道があったがいまはない。

登路　現在、積雪期に福井和泉スキー場から蛇鏡山を経て登る。また、このスキー場の手前、前坂谷に入り林道終点からスギ林の急な尾根に取りつく。三〇〇mを登り切ると、ブナ林となり大野市と旧和泉村との境界に出る。山頂からは白山をはじめ、加越の山々、美濃の山々、荒島岳の偉容が目の前に広がる。

地図　二・五万図　下山

（宮本数男）

丸山　まるやま

標高　一七八六m

別称　かめがたけ

岐阜県高山市荘川町と郡上市白鳥町にまたがる。白山から南下して大日ヶ岳に至る長い尾根上の一峰で、銚子ヶ峰の南東に位置する。山名のとおりなだらかな優しい山容の山である。

登路　かつては山頂を白山修験の行者道が通っていたが、いまはヤブに覆われてしまっているので、残雪期に登るしかない。朝日添《わさびそ》橋（白鳥町石徹白《いとしろ》）から保川沿いに林道を辿った後、芦倉山から南西に延びる尾根の末端から取りつく。芦倉山を経て登頂（朝日添橋から約九時間四〇分）。あるいは石徹白大杉から神鳩避難小屋に登り、これから東進して登頂（大杉駐車場から七時間強）。

地図　二・五万図　二ノ峰

（山田　暁・堀　義博）

芦倉山　あしくらやま

標高　一七一七m

岐阜県高山市荘川町と郡上市白鳥町にまたがる。白山から大日ヶ岳に南下する尾根上の一峰で、丸山の南、大日ヶ岳の北西に位置している。

登路　濃密なヤブに覆われているので残雪期しか登ることができない。朝日添《わさびそ》橋（白鳥町石徹白《いとしろ》）から保川沿いに林道を辿り、山頂から南西に延びる尾根に取りつく。尾根通しに登って山頂に至る（朝日添橋から約六時間）。

なお、かつては峰づたいに白山修験の行者道が通っていた。山頂南方の最低鞍部の近くで「中州の宿」の跡が見つかっている。ここは石徹白と飛驒との交流の道でもあったが、いまは近づきがたく、芦倉山への登路には適さない。

地図　二・五万図　二ノ峰

（山田　暁・堀　義博）

大日ヶ岳　だいにちがたけ

標高　一七〇九m

別称　三国山

岐阜県高山市荘川町と郡上市白鳥町および高鷲町にまたがる。両白山地の大分岐点に位置し、長良川、庄川、九頭竜川の三川の分水界をなしている。山名は白山の開祖である泰澄がこの山に「大日如来」を祀ったことに由来する。また、石徹白《いとしろ》（白鳥町）が越前国（福

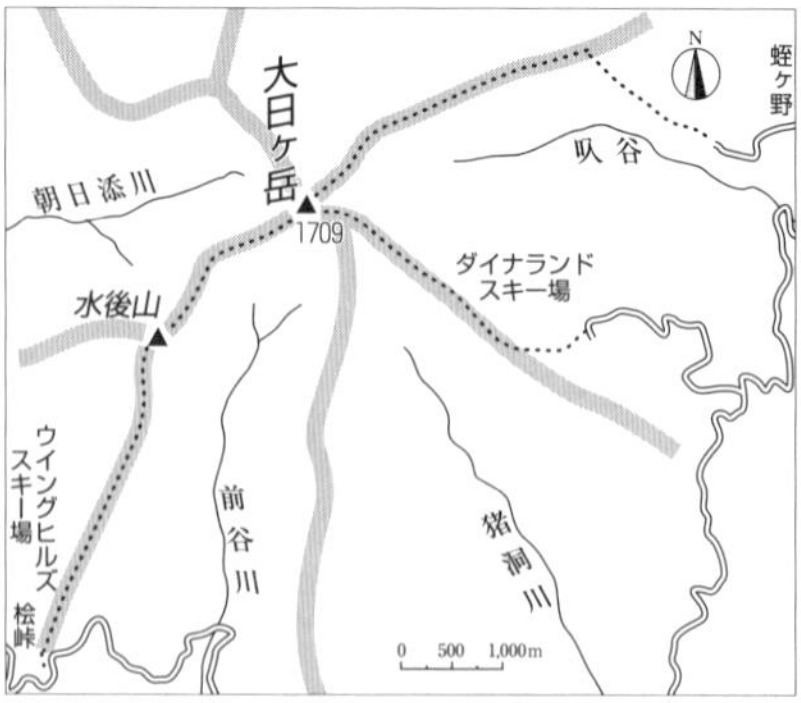

井県)に属していたころには、美濃、飛騨、越前の三国にまたがっていたので「三国山」ともいった。

　山体は安山岩類で覆われ、東方に蛭ヶ野高原を形造っている。この蛭ヶ野はミズバショウの群生地(南限)として知られている。かつてはブナで一帯が覆われていたが、周辺にスキー場が開設されたため、いまは昔日の面影はない。

　白山登拝の行者道は、白鳥町の白山中宮長滝寺(泰澄の開基という)を起点として毘沙門岳、大日ヶ岳、銚子ヶ峰などの峰づたいに設けられていた。大日ヶ岳には「大日如来」が祀られ、「宿《しゅく》」も置かれて、白山の遙拝所として格好の位置を占めていた。

登路　高鷲町にあるダイナランドスキー場から左の尾根に取りつき、前大日を経て山頂(スキー場から約二時間)。また、高鷲町蛭ヶ野雲雀ヶ丘より、山頂から東に延びる尾根を経て登頂するルートもある(約三時間)。ほかに桧峠から水後山を経て山頂に達することもできる(約四時間)。山頂の展望は実によい。

　なお、前大日から南に派生する長い尾根は山スキーのコースとして優れたゲレンデを提供している。その尾根に近年、夏道が開設されている。ブナ林の中の気持ちのよい道で、桧峠へ向かう県道わきの登山口から約三時間一〇分。

地図　二・五万図　石徹白　二ノ峰　新淵　大鷲

（山田　暁・堀　義博）

毘沙門岳　びしゃもんだけ　　標高　一三八五m

　岐阜県郡上市白鳥町と福井県大野市角野にまたがる。大日ヶ岳とは桧峠を隔てて対峙している。行者道の「多和ノ宿」が下谷越え(毘沙門岳の南の鞍部)の西に設けられ、毘沙門天を本尊とした。

　山麓の白山中宮長滝寺は、白山を囲む三馬場の一つ、美濃馬場として栄えた。そのためここを起点として白山登拝の道が開けた。代表的なものは、山頂を経由する行者道と南北の鞍部を横切る(下谷越え、桧峠越え)禅定道であった。

登路　桧峠の南にある白鳥高原スキー場の手前から左(東側)の林道に入る。スキー場の東側を巻いてリフト終点に出、尾根を辿ってコルに立った後、登り返して登頂(駐車場から約二時間四〇分)。

地図　二・五万図　石徹白

（山田　暁・堀　義博）

徳平山　とくべらやま　　標高　一一九三m

　福井県大野市和泉地区にある。九頭竜湖の最上流、上半原という集落のあった所から右に見える山稜の一つが徳平山である。山頂は尾根をある程度の高さまで登らないと望むことができない。重畳と山並みが重なっている上に高低差がないので、どのピークが徳平山なのか判別しがたい。山名の由来は定かでない。

登路　登山道はなく、国道一五八号の和泉地区上半原辺りで九頭竜川を対岸に渡って林道を辿った後、ヤブを踏み分け尾根に取りつくか、沢をつめるかのどちらかであろう。残雪期の登山に適する(登山口から約四時間)。

地図　二・五万図　白鳥　(宮前庄三)

滝波山　たきなみやま　標高　一四一二m

岐阜県関市板取と福井県大野市荷暮にまたがる。両白山地上の一峰。南面の海ノ溝《うのみぞ》谷の上流には海水権現社が祀られ、「海水山信仰(海水山を補陀落《ふだらく》とする)」が行われていた。

登路　滝波林道が滝波谷から離れ山腹へ登っていく箇所から歩き出し、さらに滝波谷沿いに遡る。以前はこの経路で東肩の白木峠を越えて福井県荷暮と交流していたので、その痕跡を辿ることになるが、随所で崩壊して定かでない箇所が多い。標高九五〇m付近で谷が三つに分かれる、いわゆる「三俣」に達した後、白木谷と中央の谷を分ける尾根に取りつく。尾根上は多少切り開かれており、踏み跡を辿って頂上台地に到着。ここから西進して登頂(滝波林道登り出しから約四時間)。

地図　二・五万図　門原　(山田　暁・堀　義博)

蕪山　かぶらやま　標高　一〇六九m

岐阜県関市板取にあり、滝波山の南南東、滝波谷の正面に相対する。板取川の左岸にあって、「蕪」に似た山容からその名が起きたものと考えられる。

登路　板取中学校の上に造られた「二十一世紀の森公園」から自然観察道を利用して南西尾根経由で登る。途中に「株杉の森」があり、幹周りが五mもある株杉が点在する様は見事である。山頂付近は皆伐されてしまい展望がよくなった(「二十一世紀の森公園」から約二時間一五分)。従来の「奥牧谷ルート」は荒れている。

地図　二・五万図　上ヶ瀬　(山田　暁・堀　義博)

高賀山　こうがさん　標高　一二二四m

別称　高賀嶽

岐阜県郡上市八幡町と関市板取および同市洞戸高賀にまたがる。「高賀三山」(高賀山、瓢ヶ岳、今淵ヶ岳)中の最高峰。滝波山の東方からほぼ南東に延びる郡上市と関市の境界尾根上に位置する。山体は流紋岩類で覆われている。「こうかさん」とも呼ぶ。

この山は高賀山信仰の中心として中世から近世にかけて栄えた。瓢《ふくべ》ヶ岳に出没して里人を苦しめた妖魔を、藤原高光は虚空蔵菩薩の加護の下に退治し、再び災厄が起きないようにと、高賀山の麓に社を建てたといわれる。高賀神社、本宮神社、新宮神社など高賀六社である。こうして高賀山一帯は虚空蔵信仰を中心とした高賀修験道の道場として栄え、さらに江戸期には周辺の六社を巡拝する信仰が庶民の間に広がった。

南麓の洞戸高賀は円空が三年間「千日行」を行った所といわれ、高賀神社には鉈《なた》彫りの円空仏や円空の和歌集が残されている。

登路　高賀神社のわきの宮下林道を登っていくと登山口がある。ここからほぼミサカ谷に沿って登り、谷筋にある往時の行場を経て御坂峠に立つ。峠で左に折れ、郡上市八幡町と関市洞戸の境界尾根を辿って登頂（登山口から約一時間四〇分）。山頂の展望は非常に優れている。なお、御坂峠の北側直下には美濃市片知を起点とする中美濃林道が来ているので、これを辿ってもよい。

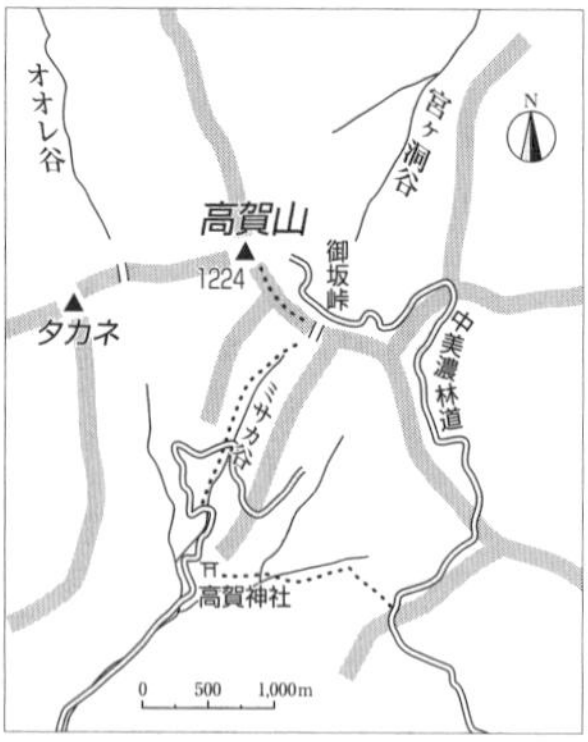

地図　二・五万図　上ヶ瀬　郡上八幡　下洞戸　莇安

（山田　暁・堀　義博）

瓢ヶ岳　ふくべがたけ

標高　一一六三m

別称　福部《ふくべ》嶽

岐阜県郡上市美並町と美濃市片知にまたがる。「高賀三山」の一峰。高賀山を経て南東に延びる尾根上に位置する。

高賀山信仰はこの山の「妖魔退治」の伝説から始まるという。麓には星宮神社や金峰神社が祀られている。また、円空ゆかりの山で、山腹の岩屋観音堂をはじめ山麓にも円空仏の傑作が残されている。

登路　片知渓谷に付けられている中美濃林道を利用して登る。①ふくべの森駐車場から美濃市と郡上市を分ける尾根上の「骨ヶ平」を経由するもの（駐車場から二時間強）。②美濃市口板山から岩屋観音堂、片知山経由で縦走するもの（口板山から約四時間三〇分）。ほかに北の粥川谷からもルートはあるが、訪れる人が少なく荒れている。

地図　二・五万図　莇安

（山田　暁・堀　義博）

今淵ヶ岳　いまぶちがたけ

標高　一〇四八m

岐阜県美濃市の北部にあり、「高賀三山」の一つ。瓢《ふくべ》ヶ岳と片知渓谷を挟んで対峙している。

高賀山信仰の修験者によって栄えた山で、西麓の美濃市乙狩板山には高賀六社の一つ、滝神社がある。

登路　美濃市板山の奥で、山頂からほぼ西に下りてきている尾根に取りつく。途中まではこの尾根を横切っている送電線の巡視路を利用する。後は尾根を辿って登頂（滝神社から二時間強）。南の蕨生矢坪から矢坪ヶ岳経由で縦走もできる（矢坪より約三時間三〇分）。

地図　二・五万図　莇安　下洞戸

（山田　暁・堀　義博）

美濃平家　みのへいけ

標高　約一四五〇m

岐阜県関市板取と福井県大野市荷暮にまたがる。両白山地にあり、西方にある福井県の平家岳と対峙して遜色《そんしょく》のない山容を持つ。この近辺の最高峰であるが、三角点がないため不遇をかこっている。

「美濃の平家岳」の意。

登路　福井県側も岐阜県側も尾根上に付けられた関西電力の鉄塔巡視路を利用する。福井県側は面谷鉱山跡から、岐阜県側は川浦《かおれ》谷林道の途中の「巡視路入り口」という標識がある所から登る。山頂直下はヤブこぎ(川浦谷登山口から約四時間、面谷鉱山跡からは約四時間三〇分)。

地図　二・五万図　平家岳　門原　越前朝日

（山田　暁・堀　義博）

平家岳　へいけだけ

標高　一四四二m

福井県大野市和泉地区に位置する。平家という言葉は、都の文化とともに落人の隠れ里など奥深いイメージがわく。

全国に平家落人の名残がある所は多い。しかし、どの平家谷も峻険な隔絶した土地である。だからこそひっそりと隠れ住むことができたのだろう。かつてこの山の麓に久沢の集落があり、村人たちは素朴で平和郷そのものだった。しかし、その後の豪雨と豪雪、さらにダム建設が追い打ちをかけ廃村になった。また、現在の登山口の面谷川流域に面谷鉱山があった。廃坑跡の朽ちた杭や黒ずんだ石組み、林道左側の草むらの中には古びた墓石も数多くあり、昔の面影を残している。

尾根上には、ブナやミズナラなどがヒノキやスギなどと混生していて、森林浴を楽しむことができる。

広い頂上に立つと、白山が目に飛び込んでくる。美濃や越前の山々、遠く北アルプスも望まれる。

登路　いまは九頭竜湖左岸の面谷鉱山跡から送電線の巡視路を利用する登山道が付けられていて、約四時間で登ることができる。

地図　二・五万図　越前朝日　平家岳

（宮本数男）

左門岳　さもんだけ

標高　一二二四m

岐阜県関市板取と本巣市根尾にまたがり、登山道はない。福井山岳会では一九七八年から八〇年にかけて福井県境の完全踏破を成し遂げた。その時県境から少し外れた山、左門岳に登った。その名前につられて、越美の国境は古来幾多の先人がヤブまたヤブをこぎ、この山に登っている。

登路　福井県大野市久沢から久沢谷の林道に入る。終点から沢に入り県境から左門岳に向かう。もちろんヤブこぎだ。県境には未踏の地もあり、それだけに登山の魅力の一つであり、未知に挑む冒険も味わうことができる。なお近年、本巣市根尾の奥美濃発電所ダム右岸の林道をつめて終点まで至り、ここから植林用の作業道を辿って登頂できるようになった(林道終点から約四時間)。

地図　二・五万図　平家岳

（宮本数男）

ドウの天井　どうのてんじょう

標高　一三三三m

岐阜県関市板取の西方、本巣市根尾との境界近くに位置する。越美国境近くの左門岳から明神山を経て南に延びる尾根の東にあって、独立した山塊を形造っている。山名は今西錦司の採集といわれるが、数多のドウ（洞＝谷の意）に鎧われて、それらの源頭に毅然として聳立し、雄峰の趣をよく表している。

登路　かつては近付くのがすこぶる困難な山であったが、近年、中部電力の奥美濃発電所の上部ダムができて、その取りつけ道路が根尾上大須からコゼイ谷（川浦《かおれ》谷支流・西ヶ洞の源流部）の源頭まで通じたことによって、単に登頂だけを目的とするならば簡単に登ることができるようになった（取りつけ道路の終点から一五分）。ただし、この道路は中部電力の専用道で常時閉鎖されており、単に登山目的だけの使用許可は下りない。上大須ダム上部の沢を遡り、稜線近くで前記専用道に出て、それを辿るのは大目に見られているようである（大須ダム公園駐車場から約四時間）。ほかに川浦谷支流の箱洞、西ヶ洞支流のオオヤマタ谷からも登頂できるが、山中で一泊する熟達者向きのルートである。

地図　二・五万図　下大須　平家岳

（山田　暁・堀　義博）

日永岳　ひながたけ

標高　一二一六m

岐阜県山県市神崎と関市板取にまたがる。左門岳から明神山を経て南に延びる支脈の分岐点に位置している。山名は「日がもっとも長く当たっている山」の意という。

登路　山県市神崎仲越《なかごし》から林道を辿ってガッパ谷の上流に出る。林道の終点からは山道の急登となり、ガッパ谷から西ヶ洞への乗越に出た所で左に折れて、ひと登りすると山頂。道は整備されていて歩きやすい（仲越から約二時間四五分）。

地図　二・五万図　下大須

（山田　暁・堀　義博）

クラソ明神　くらそみょうじん

標高　一〇二三m

別称　オオボラ明神

岐阜県山県市神崎と関市板取にまたがる。左門岳から明神山を経て南下し、日永岳で南東に分かれる支脈上に位置する。岐阜市や大垣市から北方に、この山のピラミダルな山姿を望見することができる。かつて山県市の白岩や万所《まんどころ》（いずれも廃村）は、この山の南の鞍部を通して関市板取田口とかなりの往来があった。板取側ではこの山をオオボラ明神と呼んでいる。

登路　山県市白岩から東方の板取との境界尾根に登り、北進して登頂。上部はヤブが濃い（白岩から約三時間）。

地図　二・五万図　下大須

（山田　暁・堀　義博）

舟伏山　ふなふせやま

標高　一〇四〇m

岐阜県山県市神崎と本巣市根尾にまたがる。左門岳から明神山を経て南に延びる支脈上の最後の一〇〇〇m峰。山体は石灰岩質からなる。ほぼ東西に連なる長い頂稜を持ち、舟を伏せたような山容は遠くからでもよく目に付く。北麓の初鹿谷《はつこうだに》は天然記念物の「菊花石」を産することで有名。

登路　神崎川の支流・夏坂谷の奥にある「美山あいの森」から登

る。山県市神崎と本巣市根尾松田を結ぶ交通路であったという「さくら峠」を経て山頂(「あいの森」から約二時間一〇分)。「あいの森」から西側の谷に入り、本峰西の小舟伏を経由するルートもあり、周回コースが楽しめる(「あいの森」から約二時間)。近年、山頂台地を皆伐したため展望はすこぶるよい。

地図　二・五万図　谷合

(山田　暁・堀　義博)

御伊勢山　おいせやま　標高　一二八六m

福井県大野市の笹生《さそう》川ダムと、九頭竜ダムとを結ぶ県道二三〇号(大谷秋生大野線)の中間に伊勢峠がある。その峠から稜線を北に突き上げた所にこの山が座している。

伝承によると、大伊勢という集落にあった神明社は、伊勢神宮がいまの地に移る前に、一時この地にあったとされ、皇太神宮と呼ばれていたという。その地名から御伊勢山と名付けられたと思われる。

登路　登山道はなく、伊勢峠から尾根筋にヤブを踏み分けるか、峠付近の沢をつめるかのどちらかだろう(峠から約三時間)。なお、県道二三〇号は四月下旬まで雪のため通行止めとなる。

地図　二・五万図　越前朝日

(宮前庄三)

鷲鞍岳　わしくらがだけ　標高　一〇一〇m

福井県大野市和泉地区にある九頭竜国民休養地の背後にどっしりと座す山で、その山麓は夏にはパラグライダー、冬にはスキー、スノーボードと一年中若者でにぎわっている。

鷲とはワシ、すなわち自分たちのことをいい、鞍は山の形を指して、自分たち共有の鞍のような形をした山と解される。

登路　登山口は九頭竜国民休養地の九頭竜スキー場にあり、山頂から西に延びる稜線に立った後、これを東進して登頂。稜線辺りからはブナの原生林で、山頂まで約二時間と、森林浴を兼ねた家族連れには最適の山である。また、国民休養地には温泉付きの宿泊施設やキャンプ場もある。

地図　二・五万図　越前朝日

(宮前庄三)

道斉山　どうさいざん　標高　一一八八m

福井県大野市にある。市街地から国道一五七号に入り、真名川ダムを越した対岸にどっしりと聳える山。

山名の由来は二つあり、一つは織田信長が北陸の一向一揆統治の際、この辺りの一向軍の指揮者・中山道斉が討ち死にし、村人が彼を偲んで「道斉さん」と呼んだといわれる説と、一つは「道」とはお堂のことで、一般的には直立形の山のことをいい、また「斉」は西という意味を持っており、九頭竜川の方向から見て西方にこの山があるところから山名が付いたという説がある。

登路　この山麓にはかつて西谷村があり、多くの人が住んでいたが、一九六五年九月の集中豪雨による山崩れの災害とダム建設がきっかけで全戸が離村し、現在は廃村となっている。古くはその西谷村中島から細い登山道があったが、いまは真名川支流の仙翁谷から黒谷をつめて登られている。また、残雪期に国道一五七号の大野市下笹又で真名川ダム（麻名姫湖）に架かる若生子《わこうご》橋を渡り、道斉山から北へ派生する尾根に直接取りついて登られている。

（宮前庄三）

地図　二・五万図　中竜鉱山

荒島岳　あらしまだけ　標高　一五二三m

福井県大野市の旧市域と同市和泉地区の境にあり、大野市の南東に聳える。「大野富士」とも呼ばれ、大野市森目付近からの展望がすばらしい。富士の名もこの辺りからと思われる。大野盆地からすっくとそそり立つ姿は奥越の盟主の名に恥じない秀峰である。この山もまた越の大徳・泰澄によって開山されたといわれる。信仰の山としてあがめられ、近世まで人を寄せ付けなかったと伝える。

大野市佐開の荒島神社は、山頂にあったものを慶応四年（一八六八）八月、現地に遷したといわれる。集落の人の話では、鬼谷に本殿、山頂に奥社があり、本殿の跡は大きなスギの切り株もあり、昔は鬼が棲むといって恐れられた。

鬼谷の山崩れは一八九一年一〇月にも発生し、堰堤工事が一八九七年から始められた。この山は輝石安山岩類で構成された火山で、古期岩層を被覆している安山岩類が剝落すると、変質した古期岩類の基盤が崩れて、大きな災害をもたらす。鬼谷はこうして崩壊をつづけ、壮年期の侵食地形を呈し、この名が付けられた。

一九二八年には山頂に石造りの御堂が建てられて、インドから渡来した観音が祀られた。

荒島岳（奥越ふれあい公園から）

荒島岳の登山は明治以降からしだいに盛んになって、中休、勝原、佐開、下山からの四コースがある。

登路　深田久弥が登った中休には広い駐車場が整備され、トイレも完備された。勝原スキー場跡からシャクナゲ平を経て山頂に立つ（約四時間）。山頂からは北東に白山の霊峰を、その右へ別山、三ノ峰、願教寺山、左へ赤兎山、大長山、怪異な山頂を見せる経ヶ岳、なだらかな裾野を引く法恩寺山などを望むことができる。南東を見渡すと御嶽山や乗鞍岳など北アルプス連山の雄姿までが望見できる。西側には部子山や銀杏峰がすぐそこに見える。この山は『日本百名山』に選定されており、深田久弥は山頂に立ったときの感動を、「頂上から第一の眺めは白山だった。まだたっぷり雪をおいて、神々しいほどの美しさで東北の空に立っていた」と記している。
この山の本当のよさは厳冬期である。霧氷に覆われたブナの林の中をゆっくりと歩き、「もちヶ壁」からの急坂の氷雪を登り、樹氷がつくり出す様々の造形を楽しむことができる。もちろん、四季を通じて楽しめることは言うまでもない。

地図　二・五万図　荒島岳

（宮本数男）

大白木山　おじろぎやま　標高　一二三四m

別称　二郎三郎

岐阜県本巣市根尾下大須の西に位置する。左門岳から南南西に派生する支脈上の最高峰で、北西方向の高屋山とは尾根つづきである。根尾東谷川の右岸にあり、北の折越峠には、人の恨みを買った一人の杣《そま》がここにあった銀杏《いちょう》の木に縛り付けられて殺され、その娘もこれを悲しんで同じ木の下で泣きつづけて死んだという話にまつわる「泣き銀杏」の伝説があり、峠にいまもその霊を慰める祠が残っている。

登路　折越峠の西側から尾根に取りつき、中部電力の鉄塔巡視路を辿って登頂（峠から約一時間四〇分）。

地図　二・五万図　下大須

（山田　暁・堀　義博）

岩岳　いわだけ　標高　九九九m

別称　岩ヶ嶽

岐阜県本巣市根尾のほぼ中央に位置する。左門岳から南南西に派生する支脈の末端にある。『根尾村史』には、「中世から近世にかけて山伏修行者の往来もあり、修験道場の一つとしての名山の名がある」と記されている。能郷白山、明神山（一一三六m）、岩岳は山伏が行う回峰行の山峰とされていた。

登路　山頂から南へ垂下する尾根を登る。根尾東板屋で上葛橋《かみつづばし》を渡り、東谷川の右岸に沿って遡っていくとヒノキ林の中に「登り口」がある。ここから左の尾根に上がり、北進して登頂（東板屋から約二時間三〇分）。

地図　二・五万図　谷合　樽見　能郷　下大須

（山田　暁・堀　義博）

屏風山　びょうぶさん　標高　一三五四m

岐阜県本巣市根尾と福井県大野市上秋生にまたがる。両白山地の鋭峰で、この地域ではもっとも優れた山姿の山。これによって一帯は「屏風山脈」とも呼ばれた。北面の谷は真名川へ、南面の谷は根尾川に注いでいる。
福井県大野市秋生《あきう》（廃村）の伝承として「本区の東南三里を隔てて一の険阻なる大嶺あり、之をビョウブと云。絶頂には平氏の落人の住し所なりと今尚菊花咲き茗荷生じ錦手茶碗の破片迄もあり、又大なる洞穴もありと云」（『福井県大野郡誌』）とある。なお、この付近には平家伝説が多く残っている。

登路　河内谷の林道は砂防ダムの先約二㎞にゲートがあり、閉鎖されている。ゲートからその先の林道を辿り、屛風谷の出合で左に折れてこの谷をつめる。途中で左岸側の急峻な支尾根に取りつき、県境稜線に立った後、この尾根のヤブを分けて登頂(林道ゲートから約四時間三〇分)。

地図 二・五万図 平家岳 能郷白山 (山田 暁・堀 義博)

蠅帽子嶺 はいぼうしれい 標高 一〇三七m

別称 這法師山 這越《はいこし》山 灰ホウジ山

岐阜県本巣市根尾と福井県大野市下秋生にまたがる。両白山地の一峰で、能郷白山と屛風山の中間に位置する。西肩に蠅帽子峠があり、山名もこれに由来する。

蠅帽子峠(這法師峠)は「はいぼし、はえぼし」ともいう。この名の由来には、「夏、蠅(夏期に谷で大発生するアブのこと)が多く、帽子を被って通ったから」とか、「寺の門主が峠への急坂を這って登ったから」などの諸説がある。かつては温見峠とともに美濃と越前を結ぶ重要な交通路であった。しかし、真名川に笹生川ダムができ、温見峠を車が通るようになってからは利用されなくなった。南側の本巣市根尾大河原も北側の大野市秋生も廃村。元治元年(一八六四)旧暦一二月五日、水戸藩の家老・武田耕雲斎が率いる天狗党の一行八百余名が、二m余も積もった雪の中を大河原から秋生に越えて行った話は有名である。

登路 蠅帽子峠越えの旧道を利用する。根尾大河原で西谷川を徒渉して尾根に取りつく(登り口に地蔵尊あり)。尾根上の踏み跡を忠実に辿り、頂上直下でコワタビ谷側から小倉谷側に移る所からは、稜線上のヤブを分けて登頂(大河原から約三時間三〇分)。

地図 二・五万図 能郷白山 (山田 暁・堀 義博)

姥ヶ岳 うばがだけ 標高 一四五四m

福井県大野市にあって、真名川上流に位置している。山麓には平家の落人伝説が残る西谷村があったが、豪雪と鉄砲水、ダムの建設などが重なって廃村となり、現在の大野市に合併された。

登山口近くに平家平がある。広大な民有林でブナの原生林が茂り、周囲には胃腸薬の原料になるオウレンが栽培されている。大野市は原生林を保護するため山林を買収、自然のままの森林公園として登山者にも開放している。

また、ミズバショウの咲く山としても知られる。中腹に群生地があるほか、沢筋に少し下りると人知れず花が群生している。

ここの平家伝説は、あながち眉唾《まゆつば》とは思えない。一二世紀に砺波山の合戦で敗走した平教盛らの一族が住み着いたとする説、もう一つは、平資常らが敗れ、美濃方面から温見峠を通って入り込んだとの説もある。哀調ある「平家踊り」の唄も歌い継がれている。

登路 大野市から国道一五七号を温見峠方向へ南下。真名川ダム、青少年旅行村を過ぎ、「平家平」の標識のある巣原橋を左折して雲川を渡ると林道となり、高度を上げていく。最後はかなりの悪路となり、平家平ゲート前の駐車場へ着く。ここから南進して姥ヶ岳と倉ノ又山を結ぶ稜線に登り、東進して山頂へ(約三時間三〇分)。

地図　二・五万図　冠山　能郷白山　（永田康弘・森田信人）

能郷白山　のうごうはくさん

別称　能(納)郷山　白山　権現山　御岳《おたけ》　標高　一六一七m

岐阜県本巣市根尾大河原および揖斐郡揖斐川町徳山と福井県大野市温見にまたがり、両白山地(注)の西の主峰。付近にこれと比肩する高度の山がないので奥美濃の盟主的存在である。

山頂部はほぼ南北に連なる長い頂稜からなり、日本列島の脊梁の一部をなしている。西側の谷は北流して温見《ぬくみ》川となり、真名川(九頭竜川支流)へ合流している。南側の白谷および東側の根尾西谷川は南流して揖斐川に合流する。温見峠で分かれる温見川と根尾西谷川は、ここを走る活断層の根尾谷断層に支配されて北西から南東へ一線に連なっている。

山体は主として花崗閃緑岩からなり、かつてはブナやミズナラによって全山が覆われていたが、戦後、能郷谷一帯が皆伐されてしまい、わずかに根尾西谷川の右岸山腹に見るのみである。山頂付近は風衝性のチシマザサ草原になっているが、イネ科の草本が優占する草原も点在している。

山頂には養老元年(七一七)に泰澄が開基したとされる白山権現奥社が祀られ、山麓の本巣市根尾能郷には御旅所の白山神社があって、四月一三日の例祭には能が奉納されている。『新撰美濃志』が「謡曲の能はむかしより伝来ありて、農人其わざをよくす(中略)かかる奥山の里にいにしへぶりの伎芸ののこりたるはいとめでたき事なりかし」といっているように、能の古型を伝えていて重要無形文化財として国から指定されている。

(注)北にある白山と南の能郷白山を中心とする山地。岐阜・石川・福井の県境をなしている主脈とこれから派生する支脈をいう。

登路　能郷谷をつめて途中の登山口からこれの右岸尾根に上がり、前山を経て山頂に達する登山道がある(登山口から約三時間)。ただし、能郷谷の林道は近年、比金谷出合で閉鎖されているので、登山口まで三・五km(約一時間一〇分)を余分に見ておく必要がある。ほかに国道一五七号の温見峠から岐阜県と福井県の県境稜線上を急登する登山道もある(温見峠から約二時間)。なお、山頂はササ原で展望がすこぶるよい。

地図　二・五万図　能郷白山　能郷

（高木泰夫・堀　義博）

能郷白山(前山付近から)

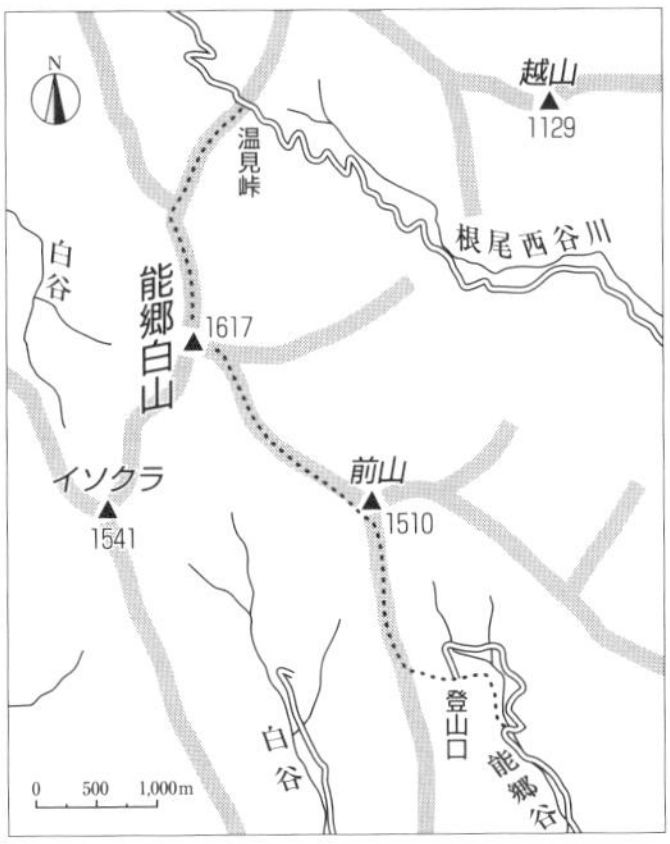

雷倉　らいくら　標高　一一六九m

別称　雷冥岳

岐阜県本巣市根尾大井と揖斐郡揖斐川町小津、同町東杉原にまたがる。能郷白山から南に延びる支脈（雷倉山脈）上に位置している。山名の由来は定かではないが、根尾八谷の中又谷に「雷鳴倉」という岩場が存在するから、これによるものと思われる。別称の雷冥岳は『新撰美濃志』所載。

登路　根尾八谷から中又谷と下津谷を分ける尾根を登る（八谷から約三時間三〇分）。ほかに揖斐川町小津の高地谷から林道を利用して登ることもできるが、本巣市と揖斐川町の境界尾根上の林道は荒廃している。

地図　二・五万図　樽見

（山田　暁・堀　義博）

タンポ　標高　一〇六六m

別称　かつら洞　吉エ門の頭　将棋の駒

岐阜県揖斐郡揖斐川町久瀬地区と本巣市根尾にまたがり、能郷白山から南に派生する支脈上の一峰。地図に山名の記載はない。

登路　水鳥横蔵林道で根尾の水鳥《みどり》谷からオモ谷に入り、さらにその支谷の中又谷からか（中又谷出合から約三時間三〇分）、あるいは揖斐川町小津の月尾谷からヤブを分けて登っていたが（約三時間）、近年、高地谷支谷の白倉谷から作業道が市町を分ける稜線近くまでできて、これを辿っても登頂できるようになった（白倉谷出合から約三時間）。

地図　二・五万図　樽見　谷汲

（村田正春）

花房山　はなぶさやま　標高　一一九〇m

岐阜県揖斐郡揖斐川町の藤橋地区と久瀬地区の境にあり、両白山地の西の主峰である能郷白山から南へ派生する支脈上の一峰。

登路　揖斐川町小津で高地谷に入り、約一km先で右岸のモレ谷林道に入る。この林道が上流で左岸に渡った少し先で、山頂から南に垂下する尾根上の踏み跡を辿れば展望のよい山頂の一角に立つことができる（モレ谷林道のゲートから約四時間）。

ほかに揖斐川町東杉原にある御山（正しくは深山）神社跡から東前ノ谷と尾蔵《おぞたに》谷を分ける尾根を登るルートがあるが、上部でヤブこぎを強いられるので、主に残雪期に利用されている（御山神社跡から約三時間四〇分）。

地図　二・五万図　樽見　美濃広瀬

（村田正春）

小津権現山　おづごんげんさん　標高　一一五八m

別称　権現山

岐阜県揖斐郡揖斐川町藤橋地区と久瀬地区の境にあり、能郷白山から南に派生する支脈上の一峰。南麓の揖斐川町小津には白山神社、西麓の同町樫原に峯山神社があり、ともに白山信仰の神社で、山名は白山権現を祀る山の意。現在でも山頂から北北東に白山を遙拝することができる。

地図やその他の文献には単に「権現山」と記載されているが、ほかの「権現山」と区別するために、ここでは慣用的に使っている「小津権現山」とした。

なお、登山口の小津は昔、小津木地師が活躍した里としても知られている。

登路　従来は小津の白山神社脇から高屋山（九五六m）経由で登られていたが（約三時間）、この高屋山から東南東に垂下する尾根に杉谷を経る林道が通じてからは、この林道が従来の登山道を横切る地点が新しい登山口となった（約二時間四〇分）。

また、近年藤波谷の入口から北西尾根の末端に取りつき、この尾根を登る登山道が開発され、利用者が増えている（藤波谷入口から約三時間）。

地図　二・五万図　美濃広瀬　樽見　谷汲

（村田正春）

若丸山　わかまるやま

標高　一二八六m

福井県大野市と岐阜県揖斐郡揖斐川町藤橋地区にまたがる。山が深く、ちょうど能郷白山と冠山の中間に位置している。南面はヒン谷から徳山ダムを経て揖斐川に、北面は熊河川から真名川になって大野市へ流れる。稜線が東西に走り、頂上近くはヤブ混じりの岩が露出した痩せ尾根になっている。三角点は少し岐阜県寄りの尾根上にある。

登路　切り開きはなく、冠平を経由してのヤブこぎか、福井県側の熊河谷を遡るか、岐阜県側のヒン谷または滝又谷を登る。

①冠平を起点にアラクラ山（一二二九m）分岐を過ぎ、ヒン谷と西日谷のコルまでは広い尾根だが、それから先は岩混じりの痩せ尾根がつづく。ヒン谷（岐阜県側）から頂稜まで黒い岩肌をむき出し、荒々しさを感じる（残雪期、冠山から二時間弱）。

②大野市から国道一五七号を南下し、小沢嶽谷（熊河《くまのこ》）林道に入り車を置く。熊河谷を遡りナリガマタ谷に入り、県境稜線に出、ヤブをこいで頂上に至る（六時間強）。

③揖斐川町枦原《はぜはら》から扇谷に入り、滝又谷とカラカン谷の出合に車を置く。滝又谷を遡って県境稜線に立ち、猛烈なヤブをこいで登頂（車止めから約六時間）。

地図　二・五万図　冠山

（安立勝重）

冠山　かんむりやま

標高　一二五七m

福井県今立郡池田町と岐阜県揖斐郡揖斐川町藤橋地区の境に位置し、この山を挟んで源平が争ったという伝説が残っている。

山名は山頂が烏帽子冠に似ているところから付いたと思われる。ヤブ山ばかりの中で、南面（岐阜県）は絶壁となり、頂上から東に延びる尾根は短いが、シタ谷に落ち込む岩稜となってアルペンムードのある異色の存在である。

登路　以前三コースあったが廃道になり、代わって峰越林道（国道四一七号）ができ、多くの登山者でにぎわっている。冠山峠には右に「越前国池田町」、左に「美濃国徳山村」、「美濃国藤橋村」と刻んだ石碑がある。石碑の横からの登山道はよく整備されていて、田代尾根と合流する所からブナ林の中を登り下りする道を行くと、一時間二〇分程で冠平に着く。季節によっては高山植物の花が見られる。頂上へは急な岩場の道を一五分程である。

地図　二・五万図　冠山　（安立勝重）

部子山　へこさん　　標高　一四六四m

福井県大野市と今立郡池田町との境界にあり、東二kmにある銀杏峰とともに連峰をなす山である。

山名の由来は、継体天皇の王妃の目子媛《ひめ》を祀った祠があり、目子ノ岳が訛って部子山になったと伝えられている。

登路　以前は池田町水海集落から東西に長く延びている尾根を辿っていたが、廃道になってしまった。現在は稜線に牧場があるので、そのための林道を使うことになる。

水海集落を一km進むと水海川を渡る橋の手前に能楽の里牧場、部子山登山口の案内板があり、ここから左手の川沿いの林道に入り、ほぼ舗装された道を進む。一一〇六mの手前にゲートがあり（閉められている時あり）、ここまで来ると周囲の見晴らしもよくなる。

なおも進み、千本杉付近で終点になる。整備された道を一五分程行くと、山頂に立つことができる。なお、ゲートより平原状の牧草地をのんびりと歩いてもよい（約二時間）。

地図　二・五万図　宝慶寺　（安立勝重）

銀杏峰　げなんぽ　　標高　一四四一m

福井県大野市にあって、今立郡池田町の部子山《へこさん》と肩を並べるように聳えている。昔、銀鉱山が中腹にあったことから、その名が付いたといわれている。山麓には「曹洞宗第二道場」である宝慶寺や、「いこいの森」キャンプ場があり、ハイカーのほか家族連れでもにぎわっている。

登路　国道一五八号大野市篠座交差点を南に折れて直進し、県道三四号へ合流、宝慶寺へ向かう。宝慶寺手前をいこいの森キャンプ場方向へ左折し、林道を上ると登山口駐車場がある。

花が多い山としても知られている。とりわけ早春から夏場はキクザキイチゲ、カタクリが美しい。急登だが花々に慰められながら登って行く。中腹でササに没する箇所もあるが、コバイケイソウ、エンレイソウ、ササユリなどが散見される。山頂は夏、高山植物が咲き、大きなお花畑になる。さえぎるものは何もなく、三六〇度の展望が楽しめ、晴れ上がると北アルプスまで望むことができる（登山口から約三時間）。

地図　二・五万図　宝慶寺　（永田康弘・森田信人）

飯降山　いぶりさん　　標高　八八四m

別称　御岳山《おたけさん》　大山《おたけさん》　大岳《おたけ》

福井県大野市と福井市美山町との境界にある。大野市周辺では

「御岳山」と呼び、木曾の御嶽山にあやかる神聖な山という意味の呼称である。また、泰澄がこの山を開いた時に、鍋、薪などの支度がないのに、三度三度のご飯が天から降って来たという伝説によるともいわれる。

登山口には、飯降白山大権現一の石碑があり、頂上には十一面観音・阿弥陀如来・聖観音の三体が安置され、飯降山信仰の証しとなっている。登山道から見ると、南東に聳える男性的な荒島岳と温容で女性的な飯降山とは比較されやすい。昔、この両峰が背の高さを競い合った結果、飯降山が負けたのを集落の人が哀れみ、その後この山に登る時には小石を持って登ったといわれる。

登路　一般的に大野市飯降集落から飯降神社を経て稜線沿いに頂上に至るコース(約一時間四〇分)のほか、大野市深井町深井鉱泉跡から林道を経て頂上に至るコース(約一時間三〇分)、福井市美山町神当部《かんとうべ》から深井峠へ出るコース(約一時間三〇分)もある。

地図　二・五万図　越前大野

(松村　進・森田信人)

経ヶ岳　きょうがだけ

標高　七六五m

別称　保田《ほた》の経ヶ岳

福井県勝山市と吉田郡永平寺町上志比《かみしい》地区との境にあり、地元からは正反対の方向にもう一つの経ヶ岳(福井県大野市と勝山市にまたがる)が望めるため、この経ヶ岳を「保田の経ヶ岳」と呼び分けている。

ほかの経ヶ岳と呼ばれている山と同じように、経文や仏具が山頂の土中に埋められたのが山名となっている。

登路　登山口は勝山市保田で、林道保田線を辿ると送電線巡視路と思われる登山道が沢沿いに付いており、鉄塔を目標に登れば約二時間で山頂に達する。加越国境の山々の眺望がよい。

地図　二・五万図　山王

(宮前庄二)

大佛寺山　だいぶつじさん

標高　八〇七m

福井県吉田郡永平寺町の旧町域と同町上志比地区にまたがっている。大佛寺山という山名の由来は、寛元四年(一二四六)に永平寺を開山した曹洞宗の開祖・道元が吉峰寺から居を移した山寺・大佛寺からきている。吉峰寺は道元が越前に入った際の最初の道場で、吉峰寺から峰づたいに大佛寺山を経て永平寺までのコースを、祖跡コースと呼んでいる。

登路　以前は門前から歩いたが、現在は永平寺有料道路ゲート手前で林道に入り、ダムの上の登山口に行く。大佛寺跡には一時間程で到着。寺の礎石であった石の間に石仏がある。スギ木立に囲まれた、静かでこぢんまりとした場所で、ここから一〇分程で大佛寺山の山頂に達する。三角点のある祝山(七〇五m)までの尾根づたいの道は快適。東麓にある吉峰寺の苔むした静寂な境内は世間と隔絶し、修行寺としての厳格な面影を残している(永平寺から大佛寺山を経由して吉峰寺まで約五時間)。

地図　二・五万図　山王　永平寺

(宮本数男)

剣ヶ岳　けんがだけ

標高　七九九m

曹洞宗大本山永平寺のある福井県吉田郡永平寺町と福井市美山町の境にある山。山名の示すとおり山容が剣の先のように鋭く尖っているのが福井市方面から望まれる。冬期は周りの山々より一段と白く輝き、どっしりとした山容は雄々しい。

登路　登山口は福井市小《こ》和《わ》清水《しょうず》の福井市野外活動施設「リズムの森」で、登山道は山頂まで一直線に付けられているが、ヤブに覆われている。展望の利かない雑木林の急登の連続のため、標高のわりにはつらい山である(登山口から約一時間三〇分)。

地図　二・五万図　永平寺

(宮前庄三)

吉野ヶ岳　よしのがだけ

標高　五四七m

福井県福井市東山健康運動公園の中心施設として、カマボコ型の建物(プール)が市の東にあり、その奥、福井県吉田郡永平寺町松岡に位置する。蔵王山ともいわれ、泰澄が開いた白山、越知山、文殊山、日野山などとともに「越前五山」の一つである。

登路　登山口は、松岡の上吉野集落奥の神明社の鳥居からで、そのわきに水場がある。鳥居をくぐり、スギ林や竹林の中を登ると、木の間越しにガードレールが見え隠れする。芝張りの小さい広場に出ると林道が目の前、「蔵王大権現(吉野ヶ岳)登山口」の大きな標柱があるので分かりやすい。やがて登山道の両側に大きなスギが並び出し、鳥居があって立派な社の蔵王大権現が見えてくる。ここから山頂までは一投足である(登山口から約一時間)。

なお、郷土史家・上杉喜寿の『越前若狭山々のルーツ』には、泰澄開山について次のように記している。「多く山伏の修業するところは、蔵王菩薩や、不動明王が祀られている。山伏たちの信仰した仏は金剛王菩薩であった。そして仏をまつった堂を蔵王堂、その山を蔵王山といった」。

地図　二・五万図　永平寺

(宮本数男)

金草岳　かなくさだけ

標高　一二二七m

別称　金糞《かなくそ》ヶ《が》岳《だけ》　塚奥山

福井県今立郡池田町と岐阜県揖斐郡揖斐川町藤橋地区の境にあって、根張りの大きな山である。

山名の由来は、北山麓に芋ヶ平(鋳物師の集落跡)があるところから鉱山と関連する説や、「金糞岳」が訛ったともいわれている。

登路　足羽川支流の河内集落跡で冠山林道と分かれて右の檜俣に入って、檜俣集落跡を過ぎた所で車道は止まっている。添又谷、白倉谷出合を少し過ぎた所で対岸に渡って、尾根に取りつく。急な尾根を辿って約二時間で檜尾峠に着く。峠で右に折れて西に向かって県境上を行く。ササをかき分けながらの登りとなる。白倉岳付近はニッコウキスゲなどのお花畑があり、いったん下って登り切ると頂上となる(檜俣集落跡から約四時間)。なお、檜尾峠までは冠山峠からも県境通しに道が付けられている(約五〇分)。

地図　二・五万図　冠山　宅良

（安立勝重）

権現山　ごんげんやま

標高　五六五ｍ

福井県越前市今立地区と今立郡池田町との境界にある。開山は古く、泰澄によって大宝元年（七〇一）に開かれた。山頂の松ヶ嶽神社は、天忍穂耳命《あめのおしほみみのみこと》の本地・正観世音菩薩と継体天皇の皇女荳角姫を合祠してあり、山名の由来になっている。また、雨乞い神社としても有名である。

登路　越前市山室町から今立郡池田町へ向かう県道二号の服間駐在所を過ぎた所で右に入り、柳集落が登山口となる。登山道は二箇所あって、尾根筋を登る表参道と、滝めぐりコースと呼ばれる、下方から不動滝、お釜ノ滝、布滝、窓滝、夫婦滝を追って辿るルートがあり、「柳の五滝」といわれている。いずれの道も整備されていて、一時間一五分程で登ることができる。

地図　二・五万図　稲荷

（安立勝重）

一乗城山　いちじょうしろやま

標高　四七〇ｍ

福井平野の南東、福井県福井市の一乗谷朝倉遺跡の東にあり、足羽川支流の一乗谷川の奥、一乗山から北西に延びる稜線上にある。

山名は、かつて越前を支配し一乗谷を本拠地として栄えた朝倉氏が、この山に城を築いたことによる。

登路　県道鯖江美山線から福井市安波賀町に入り、ＪＲ北陸本線の踏切を渡って少し行った山裾から登る尾根道の安波賀コース、城戸ノ内町から登る旧道の馬出しコース、一乗谷朝倉氏遺跡南陽寺庭園から急登の館跡コースなどがある。いずれも約一時間三〇分。

地図　二・五万図　河和田　永平寺

（藤本外史・森田信人）

文殊山　もんじゅさん

標高　三六六ｍ

福井県福井市と鯖江市との境に位置する。福井市の南東から奥越に広がる山域が、福井平野に向かって張り出した最西端の山である。吊鐘状の三つの峰は、東から室堂（小文殊）、本堂（大文殊）、奥の院（大汝）と呼ばれ、それぞれ室堂に阿弥陀如来、奥の院に聖観世音菩薩を祀り、いずれも泰澄作と伝えられる。

養老元年（七一七）、泰澄の開山と伝えられ、「越前五山」の一つとしてあがめられてきた。西行が富士にたとえて詠んだ歌から、別名「角原富士」ともいう。山名の起こりは、山頂の本堂に文殊菩薩が祀られたことによるものと考えられる。

登路　福井市、鯖江市の各地区から数多くの登路があり、手軽なハイキング・コースとして市民に親しまれている。福井市二上町には広い駐車場とトイレが設置され、もっとも利用されている。各コースとも大文殊まで登り約一時間～一時間三〇分。

地図　二・五万図　鯖江

（藤本外史・森田信人）

日野山 ひのさん

標高 七九四m

福井県越前市武生地区と南条郡南越前町南条地区にまたがり、別名「越前富士」と称されている。越前市(旧武生市味真野地区)にある「万葉の里」を訪れた深田久弥は、『山頂の憩い』に「味真野は、この山の存在によって、一段とその景色の美しさを加えた」と記している。万葉の歌人や、府中(旧武生市)にかつて滞在した紫式部も、この山を仰ぎ見たに違いない。

登路 越前市武生に入り、国道八号を南へ走ると日野山が見えてくる。左折して国道三六五号をJR北陸本線の王子保駅近くまで行くと「日野山登山口」の看板があり、中平吹区に入り、登山口の日野神社境内に車を止めることができる。頂上までは標識があり、安心して登ることができる。ジグザグの道がつづき、途中に「石の唐戸」という大きな岩があり、その下から水がわき出ている。さらに行くと「弁慶の三枚切り」。五合目に小屋と水場があり、頂上直下にも長命水がチョロチョロ流れている。ここから頂上までは、女性はとうてい登り切れないという意味か、「比丘尼《びくに》ころがし」と称される急登がある(日野神社から頂上まで約二時間)。

(永田康弘・森田信人)

地図 二・五万図 武生

杣山 そまやま

標高 四九二m

福井県南条郡南越前町南条地区と今庄町との境にある。低いが阿久和川、日野川、田倉川に挟まれ、北面(南条側)は断崖となっている。山頂には南北朝時代の瓜生判官保一族の居城跡がある。天然の要塞となっているので、歴史的に興味深い山である。

山名の由来は、城の修築時に杣人が多く従事したことから杣山と呼ぶようになったといわれている。

登路 登山道は四箇所ある。第一は阿久和集落からで、林道が中腹まであり、そこから歩く。第二はもっともよく歩かれているコースで、駐車場、トイレがある所から登る。途中で姫穴、岩不動尊コースに分かれて山頂に至る。第三は第二登山口からさらに東に行った南越前町営「杣山荘」横から登る「犬戻し駒返し」コース、このルートは急な登りの岩場で、梯子が二箇所掛かっている。第四は山頂から真南の今庄社谷集落に落ち込む支稜上に歩道がある。

山全体が国の史跡に指定され、遺跡を発掘保存し、歩道とともに整備されている。どのコースも一時間位で登ることができる。

(安立勝重)

地図 二・五万図 今庄

釈迦嶺 しゃかりょう

標高 一一七五m

岐阜県揖斐郡揖斐川町藤橋地区にあり、両白山地の西部に位置しているが、揖斐川の源流である赤谷と道谷の二つの谷に抱かれるような形で、福井、岐阜の県境稜線から切り離され独立している山。この二つの谷は源流部で「ウソ越」という風変わりな名前の分水嶺で繋がり、釈迦嶺を完全に囲い込んだ珍しい地形になっている。

登路 ウソ越から釈迦嶺の西山腹を巡る古い林道があり、標高九三〇mのコブを回り込んだ辺りから北西尾根のヤブを漕ぎ、直接頂上を目ざすことができる(ウソ越から約三時間三〇分)。また、自然に戻った林道をそのままヤブ漕ぎをつづけ、本峰の真西辺りまで来ると二本の谷が山頂に向かって食い込んでいるのが見える。この両谷に挟まれた急な尾根を直登して登頂(ウソ越から約四時間)。

地図　二・五万図　古木　広野　冠山　美濃徳山　（村田正春）

笹ヶ峰　ささがみね　標高　一二八五m

福井県南条郡南越前町今庄と岐阜県揖斐郡揖斐川町藤橋地区にまたがる。畳々とした山稜を連ねる山で、三角点のある山になっているが、焼小屋丸ともいわれている。その南に長所の芯、大河内山、寄谷の芯とつづいているが、いずれの山もササに覆われているので、笹ヶ峰はこれらの山々の総称と思われる。

登路　登山道はない。以前は雨量観測所があり切り開き道があったが、いまはないので、残雪期以外は登りにくい山の一つである。

地図　二・五万図　広野　（宮本数男）

不動山　ふどうさん　標高　一二四〇m

岐阜県揖斐郡揖斐川町藤橋地区にあり、福井、岐阜の県境上にある笹ヶ峰の南の一二九四m峰から東に派生する支脈上の一峰。

山名は、福井の猟師がこの山にある滝で金色に輝く不動尊を見たという伝説があり、これに由来する。明治末ごろまでは人が住んでいた入谷《にゅうたに》には不動堂もあった。

登路　登山道はなく、廃村の揖斐川町門入《かどにゅう》からシン谷に降り立ち、途中で左岸に流入してくるハゲン谷(地図上の励谷)からゴヨクラ谷に入り、これをつめた後、西面のヤブを分けて登頂(門入から約八時間)。ほかに門入から蔵ヶ谷に入り、不動滝のある不動谷を遡って登頂するルートもあるが、熟達者向き。

なお、徳山ダムの湛水により門入《かどにゅう》にはホハレ峠から約二時間の林道歩きが余分に必要になった。

地図　二・五万図　広野　美濃徳山　（村田正春）

千回沢山　せんがざわやま　標高　一二四六m

岐阜県揖斐郡揖斐川町藤橋地区にあり、福井、岐阜の県境上の山、笹ヶ峰の南にある一二九四m峰から東に派生する支脈が不動山でさらに二つに分かれるが、北東に分かれた稜線上にある。

登路　登山道はなく、入谷林道から千回沢に入り、これを遡って谷の最奥で左の尾根に取りつき、ヤブを分けて登頂(入谷林道から約六時間)。ほかに残雪期には、中ノ谷と千回沢を分ける尾根を末端から登ることもできる。

地図　二・五万図　広野　美濃徳山　（村田正春）

美濃俣丸　みのまたまる　標高　一二五四m

岐阜県揖斐郡揖斐川町藤橋地区と福井県南条郡南越前町今庄にま

たがり、両白山地の西端に位置する。

いまは地図から名前が消えた日野川上流の集落・二ツ屋から県境稜線に向かって上がっている尾根には、かつて「街道の尾の道」があったし、岐阜県側からも旧徳山村門入《かどにゅう》（廃村）からシン谷沿いに県境に至る道があって、福井県の日野川沿いの集落と物資や人の交流があった。

登路　登山道はなく、揖斐川町門入からシン谷に入り、金ヶ丸谷の支流・大ヤブレ谷をつめて山頂に至るルートが一般にとられている（門入から約九時間）。

福井県側からは、残雪期に廃村となった二ツ屋から鈴谷に入り、本峰から北西に垂下する尾根の枝尾根に取りつき、九一二m峰を経由して山頂に至るルートで登ることが多い（鈴谷川出合から約四時間）。

地図　二・五万図　広野

（村田正春）

三周ヶ岳　さんしゅうがたけ

標高　一二九二m

両白山地の西端、福井、岐阜両県の県境近くにある山だが、山頂はわずかに県境から外れて岐阜県揖斐郡揖斐川町に帰属している。

山頂へ向かう途中、標高一〇九九mにある夜叉ヶ池には岐阜県側、福井県側ともに雨乞いにまつわる竜神伝説があり、泉鏡花によって劇化もされている。

登路　岐阜県側からは、池ノ又林道の終点から夜叉ヶ池までは訪れる人も多く、道もよく整備されている（約一時間三〇分）。ここからは県境上に付けられた踏み跡を辿って山頂に至る（約一時間一〇分）。

福井県側からも日野川の支流・岩谷川の上流に登山口があり、夜叉ヶ池まではよく整備された道がある（約二時間）。夜叉ヶ池からは前記のルートで登頂。

地図　二・五万図　広野　美濃川上

（村田正春）

高丸　たかまる

標高　一三一六m

別称　烏ヶ東山

岐阜県揖斐郡揖斐川町藤橋地区と坂内地区の境にあり、三周ヶ岳の南、福井、岐阜県境上にある一二五二m峰から東に派生している支脈上の最初の高峰。地図に山名の記載がないため知名度は低いが、揖斐川水系の山の中では、能郷白山（一六一七m）、伊吹山（一三七七m）に次ぐ高峰である。

登路　登山道はなく、夜叉ヶ池への登山口になっている池ノ又林道の終点の手前で右手の崖をよじ登った後、かすかな踏み跡を辿って登頂（約四時間）。ほかに烏ヶ東谷からも沢登りの後、稜線近くの濃密なヤブをこいで登ることもできる（約六時間）。

地図　二・五万図　広野　美濃川上

（村田正春）

烏帽子山　えぼしやま

標高　一二四二m

岐阜県揖斐郡揖斐川町藤橋地区にあり、三周ヶ岳の南、福井、岐阜の県境上にある一二五二m峰から東に派生している支脈上の一峰。山名は、山頂部のピラミダルな形状が「烏帽子」に似ていることに由来する。

森本次男は『樹林の山旅』の中で、高頭式の『日本山嶽志』で取り上げられている「ワントムヅ山」とは、椀戸谷《わんどだに》と茂津谷《もつだに》の源頭にあるこの烏帽子山のことだと指摘しているが、近年、このことに疑義が挟まれている。

登路　以前はホハレ峠から烏帽子山の直下まで林道が通じていたので登頂も比較的楽だったが、いまではヤブに覆われて通行が不可能となった。そのため近年は、残雪期に椀戸谷から同谷と茂津谷を分ける尾根に上がり、これを北西に辿って登頂することが多い（椀戸谷、池ノ又谷出合から約六時間）。

地図　二・五万図　広野　美濃川上　（村田正春）

蕎麦粒山　そむぎやま　標高　一二九七m

岐阜県揖斐郡揖斐川町藤橋地区と坂内地区の境にあり、福井、岐阜の県境上の一二五二m峰から東に派生する支脈上の一峰。

蕎麦は古名を「そばむぎ」というが、これを短縮して発音しやすいように「ソムギ」になったと考えられる。この山名は、ひときわ目を引くその鋭く尖った山姿が、蕎麦の実に似ているところから由来する。なお、旧徳山村では、「ソバツボヤマ」と呼んでいたが、これは伐採した材木に打つ△の刻印を「ソバツボ」というところからきている。

登路　揖斐川町坂内広瀬から大谷川沿いの林道を歩く。終点からさらに左岸の細径を辿り、ミヤマ谷とススキマタを分ける尾根上の切り開きを末端から急登して、コソムギと本峰を繋ぐ尾根に立つ。これより西進して登頂（ニシマタ谷出合から約四時間三〇分）。

地図　二・五万図　美濃広瀬　美濃徳山　（村田正春）

湧谷山　わくたにやま　標高　一〇八〇m

岐阜県揖斐郡揖斐川町坂内広瀬にある。三周ヶ岳の南、福井、岐阜両県の県境上にある一二五二m峰から東に派生する支脈が、ホハレ峠の東で南へ分枝した先端に位置している。

この山名については、長い間、「湧谷山」か「丁子山」か混乱していた。古い地形図では湧谷山となっていたものが、一九五一年発行のものから丁子山に変更されたためである。ところが、大垣山岳協会の月報「わっぱ」に今西錦司が寄稿して「主峰の手前の一〇一一mのピークが丁子山、奥の一〇七九・七m峰を湧谷山」と主張した。その後国土地理院もこの意見に従い、地図を再訂正して今日に至っている。なお、古地図の「姥溺山《おぼらやま》」は湧谷山の北面の一部をいう。

登路　以前は南東麓にある広瀬神社から丁字山の南東尾根を辿って山頂に立つルートで登られていたが（約三時間四〇分）、近年、揖斐川町坂内広瀬にある「遊ランドスキー場」跡から丁子山を経て山頂に至る切り開きができたので、これを利用する人が多い（遊ランドスキー場跡から約三時間）。

地図　二・五万図　美濃広瀬　美濃川上　（村田正春）

五蛇池山

ごじゃいけやま　標高　一一四八m

岐阜県揖斐郡揖斐川町藤橋地区と坂内地区の境にあり、三周ヶ岳の南、福井、岐阜両県の県境上にある一二五二m峰から東に派生する支脈上の一峰。山名は、かつて山頂近くに五つの池があり、雨乞いのための竜神が祀られていたことに由来する。現在でも五蛇池峠から山頂に向かう途中で、ほとんど湿地化した池の一つを見ることができる。

登路　揖斐川町坂内広瀬から大谷川沿いの林道を歩き、終点から左岸の細径を辿る。蕎麦粒山への分岐点からは「トウゲノ谷」に入り、これを遡って五蛇池峠に立った後は、稜線づたいに山頂へ向かう踏み跡がある（ニシマタ谷出合から約四時間）。

地図　二・五万図　美濃広瀬　美濃徳山　（村田正春）

上谷山

うえんたにやま　標高　一〇八三m

岐阜県揖斐郡揖斐川町藤橋地区にあり、三周ヶ岳の南、福井、岐阜両県の県境上にある一二五二m峰から東に派生する支脈が揖斐川で尽きる東端に位置する。

なお、この山から西に約二〇km、福井県と滋賀県の県境上にも同名の山（一一九七m）があるが、こちらは「カミタニヤマ」と呼ばれている。

登路　徳山ダム湛水後は、ダム湖畔に建設された「徳山会館」に向かって山頂から北東に垂下している尾根の末端から、かすかな踏み跡を辿って登られている（約四時間）。

地図　二・五万図　美濃徳山　美濃広瀬　能郷　樽見　（村田正春）

天狗山

てんぐやま　標高　一一四九m

岐阜県揖斐郡揖斐川町藤橋地区と坂内地区の境にあり、三周ヶ岳の南、福井、岐阜両県の県境上にある一二五二m峰から東に派生する支脈が五蛇池山で南に分枝し、奥いび湖で尽きる先端に位置する。

山名の起こりは天狗伝説によるものと思われるが、現在まで伝わっているものは何もない。

登路　登山道はなく、天狗山から南東に揖斐川町藤橋地区と坂内地区の境になっている尾根上のかすかな踏み跡を末端から辿る（約四時間三〇分）。

地図　二・五万図　美濃広瀬　（村田正春）

伊吹山地

国見岳　くにみだけ

標高　六五六m

国見岳は福井県福井市の西にあり、越前海岸や福井平野を眼下に、奥越の山並みが一望できる。どこの「国見」の山よりも変化に富んだ展望が得られる。

泰澄が越知山で修行する以前の一二歳の時から二年間、ここにいたといわれている。

登路　福井市松影からの二枚田幹線林道が国見岳の山頂まで通じている。国見岳森林公園になっており、展望台などの施設があり、小高い所に一等三角点の標柱がある。

地図　二・五万図　鮎川　越前蒲生

（宮本数男）

金毘羅山　こんぴらさん

標高　六二四m

福井県福井市の西部、越前海岸近く山間の福井市国山町と下一光町の中間に位置し、九頭竜川水系流域と日本海を隔てる丹生山地を、北西部と南東部に二分する支脈上の中枢の山である。山名の起こりは、金毘羅信仰を思わせるが詳細は不明。

登路　福井市国山町の奥、八王子神社・愛染寺のわきから始まる林道を少し行った山の斜面から道がある（約一時間）。

地図　二・五万図　越前蒲生

（藤本外史・森田信人）

越知山　おちさん

標高　六一三m

越前海岸と日野川の間に広がる丹生山地の、越前岬の東に位置し、福井県福井市と丹生郡越前町にまたがる越前五岳の一つ。山頂には越知神社奥の院があり、日本海と白山も眺められる。越の大徳と称される泰澄が修行した山として、また、各地に残る泰澄伝承の山の中で泰澄がもっとも早く開山した白山信仰の聖地として知られる。

山名は古文書に「泰澄和尚……越三途八難之岐路　知密四曼之宝所　越知之称号誠有憑」と記しているところからきていると思われる。

登路　越前町小川から「越知山本道」と道標が立つ行者道があり約二時間三〇分。さらに小川の奥に木の実谷から登る沢コースがあり約三時間三〇分。また、山頂に近い花立峠から尾根道があり約三五分。峠までは越前町（旧織田町四ツ杉）、笈松、福井市風尾町からの車道を利用。なお、福井市尼ヶ谷町からの車道は山頂直下、殿池まで延びており、約一〇分ともっとも近い。

地図　二・五万図　織田　越前蒲生

（藤本外史・森田信人）

六所山　ろくしょうざん

標高　六九八m

越前岬のすぐ東側、福井市越廼地区と福井県丹生郡越前町の境にあり、丹生山地の最高峰である。「六升山」とも書き、緑青ヶ嵩、また、北東にある越知山の別山ともいわれている。山名は銅分を含む緑青色の岩が積み重なることに由来する。また、六所ノ明神を祀ったところからとも。山頂には古い聖観音石像があり、二〇一四年六月に新しい祠が設置された。

登路 かつての山道が地元の方の努力で復活した。悠久ロマンの森から車道を上り、海山峠の駐車場へ車を置く。車道を花立峠方面へ北上し、雀《すず》ヶ《か》峠《とうげ》への道標から左手山道に取りつく。雀ヶ峠から左折し、小六所山を経て一部林道経由で六所山頂まで約二時間。雀ヶ峠から花立峠まで約四〇分、すべて道標もしっかりある。

地図 二・五万図 織田

（藤本外史・森田信人）

若須岳 わがすだけ

標高 五六四m

山頂が福井県越前市の武生地域、丹生郡越前町、同町宮崎地区にまたがる。また、丹生山地南部の若狭湾と日野川水系の分水嶺上の峰の一つ。

山名の由来は不明だが、東麓に越前市若須町がある。

登路 越前市二階堂町から延びる緩い尾根を辿る（約一時間三〇分）。また、山頂直下に越前林道西部二号線が走り、車でこの林道を利用すると山頂まで約二〇分。

地図 二・五万図 糠

（藤本外史・森田信人）

鬼ヶ岳 おにがだけ

標高 五三三m

福井県越前市の武生地域に位置し、市街地から西へ五㎞の所にある。たいまつ登山をする「火祭り」で知られ、地元の大虫地区が登山道や案内の看板などを整備、四季を通じて大勢の登山客でにぎわっている。

山頂からは東に部子山、日野山が墨絵のように輪郭を見せ、その左に白山の本峰、別山、三ノ峰が天空に突き上げている。

昔は「丹生ヶ岳」と呼ばれ、『武生風土記』などによると、この山に白い鬼が棲み旅人を襲ったが、村人に退治された。以来、この山を「鬼ヶ岳」と呼ぶようになったという。

「火祭り」は八月一五日の夜、ご神火がたいまつに移され、炎の列が暗闇の山道を登る。

登路 登山口は越前市大虫地区のカントリー・エレベーター。すぐそばに登山道がある。いきなり急登で始まり、よく整備された階段を踏みしめて歩く。二〇分程で小鬼展望台に到着。展望もよく、越前市街地や周辺の山々の風景を満喫できる。相変わらず急登がつづくが、大鬼展望台、白鬼展望台などで休憩をとりながら、一時間程で山頂に着く。

地図 二・五万図 糠

（永田康弘・森田信人）

ホノケ山

標高 七三七m

別称 ホノケ岳

福井県南条郡南越前町の南条と河野地区になだらかな山地が連なり、「南条山地」と呼ばれる一帯の中でもひときわ高い南北二つの円峰がホノケ山で、硅質のチャートからなり、三角点は北峰にある。北側の菅谷峠は、古くは旧河野村と旧武生市を結ぶ交易路でもあった。
山名の起こりは日本海の漁船が、荒天時に方向を定めるための狼煙台のある山、火の気の山とする説。夏の干天時になるとヒノキ、スギなどの樹木の多い山で、山火事が絶えない「火の気の山」からくるとする説もある。

登路　登山は、南越前町奥野々の集落に入る国道三〇五号から二又林道まで入り、稜線に出て、菅谷峠を経て頂上に至る。この登山路は、整備がされていて歩きやすい（登山口から約一時間三〇分）。

地図　二・五万図　今庄　河野

（松村　進・森田信人）

藤倉山　ふじくらやま　標高　六四四m

福井県南条郡南越前町にあり、かつて北国街道の宿場として栄えた今庄の西に衝立のように聳える山である。秋には渡り鳥のツグミ、ヒヨドリなど野鳥の群れが日本海から山越えをする地域にある。
山名は、古く『藤倉雑記』（文安二年・一四四五）では藤倉山集落として藤倉権現、薬師如来の信仰の地とされ、集落の山々としている。

登路　南越前町今庄、棟岳寺から南北朝時代の山城、燧ヶ城跡を経て山稜を辿る。遊歩道が整備され、所々に急な登りはあるが、ブナ、ナラの樹木の間から旧北陸街道を望み、北に日野山、ホノケ山など南条山地の山々や、遠く白山も見渡すことができる。山頂から稜線を進み、鍋倉山（五一六m）を経て弘法寺経由で今庄に戻る（周回約四時間）。

地図　二・五万図　今庄

（松村　進・森田信人）

鉢伏山　はちぶせやま　標高　七六二m

福井県敦賀市と南条郡南越前町今庄にまたがる、鉢を伏せたような円味のある形から名付けられた山である。
この山は中生代に噴出した角閃石、花崗岩によって構成され、東に木の芽峠がある。峠の案内板に「草の葉に　かどでせる身の木部《このめ》山《やま》　雲に路あるここちこそすれ」と道元禅師と高弟との別れの思いが胸に迫る御詠がある。この峠には古来、幾多の思いが秘められている。峠の茶屋を営む前川家は士族の家柄で、一八七八年、明治天皇が北陸巡幸の折、お茶を召されたという。

登路　①福井県南越前町今庄から国道三六五号、県道二〇七号を進み、北陸道の高架の手前で旧北国街道木ノ芽古道方面へ左折。やがて木ノ芽登山口がある。登山道に入って笠取峠、言奈《いうな》地蔵を経て木ノ芽峠へ（約四〇分）、峠を右折して山頂へ向かう（約二〇分）。②国道四七六号木ノ芽トンネル敦賀側入り口付近の敦賀市新保に木ノ芽古道の案内板がある（古道経由木ノ芽峠へ約四〇分）。

地図　二・五万図　板取

（宮本数男）

七七頭ヶ岳　ななずがたけ　標高　六九三m

滋賀県長浜市余呉町上丹生の北方に位置する。七七頭ヶ岳を挟むようにして、上丹生で旧北国街道栃ノ木峠を源流とする高時川と摺《する》墨《すみ》川が合流する。山名の由来は山麓の各集落から、七つの尾根を山頂に集めているからという。

上丹生から望む七七頭ヶ岳は、市女笠のような優美な姿が美しく、丹生富士とも呼ばれる。観音信仰の山で、上丹生集落外れの野神橋には「七七頭岳観音参道」の石碑と、滋賀県指定自然記念物の樹齢八百年というケヤキの老木がある。山頂には観音を祀る西林寺の小祠と古い五輪塔があり、西に少し下りるとるり池がある。岩盤の滴を集めた水溜りだが、皮膚病に霊験があり美人の肌をつくるという。山頂付近はブナ林が美しい。

登路　上丹生の野神橋から高時川沿いに林道を進むと、橋の手前に登山道でもある参道入り口がある。最初は急登だが尾根まで登れば緩くなる。三角点は山頂の五輪塔のすぐ奥にあり、木の間から琵琶湖が望むことができる(野神橋から約一時間四〇分)。菅並からは県道の橋を渡って集落内の旧道に入り、墓地入口左の踏み跡を砂防ダムに登る。砂防ダムからは急登であるが道ははっきりしている(菅並から約一時間四〇分)。

地図　二・五万図　中河内・木之本

(岡田茂久)

呉枯ノ峰　くれこのみね

標高　五三二m

別称　大箕山

滋賀県長浜市木之本町にあり、伊吹山地に属する。同町坂口集落の東方一・五㎞に位置する。地元では「大箕山」とも呼ばれている。呉枯ノ峰は山名ではなく点名で、観測時の登路となった赤川の奥にある暮子谷からきたと推測される。南西山麓の木之本は、北国街道の交通の要衝である。天正一一年(一五八三)の賤ヶ岳の合戦では、羽柴秀吉は同町にある浄信寺に本陣を置き、羽柴秀長は呉枯ノ峰南西の田上山に脇陣を置いて戦闘が繰り広げられた。

山腹二〇〇m付近には、五世紀前半から六世紀後半にかけての黒田長野古墳群がある。里山であるが、植林の中にブナ、ミズナラなどの自然林が点在し残っている。

登路　木之本から北北西に田上山へ向かう尾根に細径がある。尾根を北東に折れて稜線を南東に進むと呉枯ノ峰(登山口から約二時間三〇分)。浄信寺木之本地蔵から東へ赤川を越え、山手へ尾根道から稜線を北へ向かうと呉枯ノ峰(登山口から約二時間三〇分)。

地図　二・五万図　木之本

(伊原哲士)

上谷山　かみたにやま

標高　一一九七m

別称　うえたにやま

福井県南条郡南越前町今庄と滋賀県長浜市余呉町との県境にまたがり、登山道はない。日野川の源流部にあり、標高一〇〇〇mを超える福井の山の中では、いちばん西の端に位置している。日本の分水嶺で、探検的な気分を味わえる。北側の長大な尾根で、冬山の山スキーとして好適なルートが平行して三本とれる。

登路　ヤブの深い山なので積雪期に登ることをお勧めしたい。福井県南越前町橋立から登る。登りに五時間を要する。

地図　二・五万図　板取　（宮本数男）

三国岳　みくにだけ　標高　一二〇九m

岐阜県揖斐郡揖斐川町坂内地区、滋賀県長浜市余呉町、福井県南条郡南越前町今庄の三県に接する山である。旧三か国、越前、近江、美濃にまたがる山で山名になった。

登路　南越前町今庄から広野ダム、岩谷集落跡を通り、夜叉ヶ池に登る。この池を中心に北の三周ヶ岳、南の三国岳が対峙している格好である。池より県境稜線を南に登ると二つ目のコブが夜叉ヶ池山（一二一二m、地元の人は夜叉ヶ丸と呼ぶ）で、その先はヤブであったが、近年切り開かれて山頂に立つことができるようになった（夜叉ヶ池から約二時間）。

もう一つのルートとして、登山口の出合を右に遡れば真の谷で、そんなに難しい沢でないので、沢登りを楽しむことができる（五時間強）。

地図　二・五万図　美濃川上　広野　（安立勝重）

安蔵山　あんぞうやま　標高　九〇〇m

滋賀県長浜市余呉町に位置し、伊吹山地に属する。滋賀県、岐阜県、福井県の三県の境にある三国岳の南西に派生する支尾根の末端部にある。栃ノ木峠から発する高時川が西を流れ、南を支流の奥川並川が流れる。安蔵山は地元で高時三山（大黒山・安蔵山・妙理山）と呼ばれる中では最高峰である。山名は南山麓の田戸集落跡にある大字田戸の小字名である安蔵、安蔵口からきている。同名の寺院があったとされるが定かでない。山頂には、江戸時代末に己高山《こだかみやま》から勧請した観音堂があり、聖観音像、不動明王像を祀っていたが、過疎化、廃村にともない菅並集落の洞寿院に移した。高度五〇〇m付近から山頂まではブナの原生林が多く残っている。

登路　安蔵山から派生する南尾根を登る。田戸集落跡から東へ高時川への橋を渡り、北へ尾根に取りつく。昔は山頂の観音堂へ行く参道であったが、いまはヤブが濃い（登山口から約四時間）。

田戸集落跡から東へ高時川の橋を渡り、安蔵山から南東に流れる奥川並川沿いにある林道を三km程行く。橋があり、西にある谷川が足谷。谷を北西に遡行する。谷が消え灌木の尾根をつめると山頂（登山口から約四時間）。二〇一〇年に田戸集落跡に丹生ダムが完成し周辺は水没する予定であったが、二〇一四年に建設が中止となった。

地図　二・五万図　中河内　（伊原哲士）

夜叉ヶ池山　やしゃがいけやま　標高　一一〇八m

別称　夜叉丸

福井県南条郡南越前町今庄と岐阜県揖斐郡揖斐川町坂内地区にまたがる。日野川および坂内川の源流で、両県の県境に聳える。その直下、一〇九九m地点の越美国境の鞍部にブナなどの原生林に囲まれた夜叉ヶ池がある。周囲二三〇m、水深八m。ほぼ円形のこの池は神秘的なたたずまいを見せている。六月ごろには池畔にモリアオガエルの白い泡のような卵が産み付けられている。一〇月ころは水面に鮮やかな紅葉が映し出され、水中には希少種のヤシャゲンゴロウが悠然と泳ぎ回る。また、岐阜県側の斜面には六月から七月にかけてニッコウキスゲが咲き乱れ、登山者の目を楽しませてくれる。

登路 福井県越前市から国道三六五号に入り、今庄に向かう。日野川沿いに進み、坂道を登り切ると広野ダムに突き当たる。右折して一部未舗装の岩谷林道を終点まで進めば、大きなカツラの木のある登山口駐車場に着く。看板には池まで三km、約二時間と書かれてある。他方、岐阜県側は揖斐川町坂内川上から林道を進み、池ノ又谷の終点から歩道を辿って池に立つことができる（約一時間三〇分）。この山は池の南部にあり、急登を登り切ること三〇分程で登頂。

地図 二・五万図 広野

（永田康弘・森田信人）

横山岳 よこやまだけ

標高 一一三二m

滋賀県長浜市木之本町と余呉町の境界に位置する。伊吹山地の山々の中でも金糞岳と比肩する大きな山容を持つ双耳峰で、主稜の三国岳と土蔵岳の中程から南西へ分岐する支尾根上で、存在感を主張している。横山岳からさらに南西に尾根を辿ると、鳥越峠を経てピラミダルな山容の、杉野富士とも呼ばれる標高七三八mの墓谷山に至る。琵琶湖へ流れる高時川の源流の一つであり、木之本町杉野からの登山路である網谷の支流・白谷には、経の滝、五銚子の滝（御勅使の滝）が懸かる。山頂付近ではブナ林が美しい。

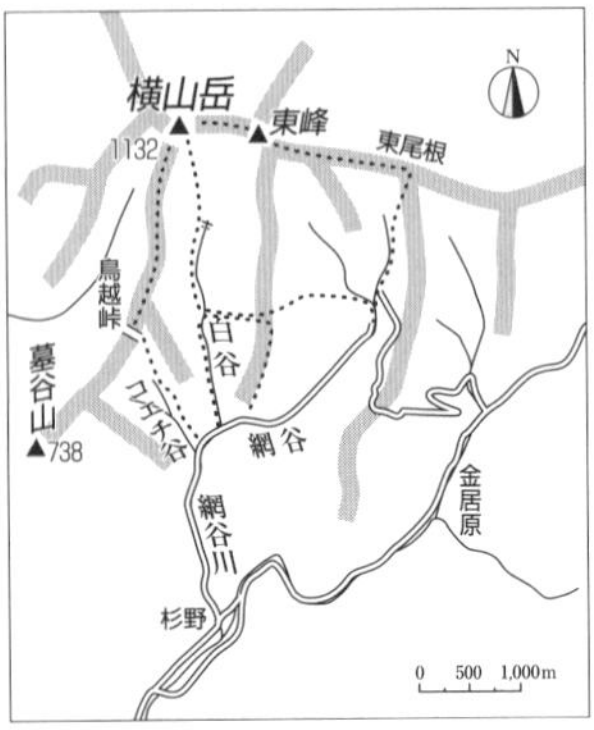

横山岳（網谷林道から）

横山岳は白山修験道の流れをくむ古代山岳信仰の地で、古くは横山岳に降臨された大山祇命《おおやまつみのみこと》を推古天皇二年（五九四）にすぎくら社と称し経の滝に祀り、白谷に懸かる五銚子の滝には大山祇命降臨の霊木と奥の院、経の滝周辺には多くの堂宇があったと伝えられているが、のちに杉野の横山神社に遷座されいまに至る。

五銚子の滝のいわれは、横山神社に捧げるお神酒の銚子を清めたからとも、銚子の形をした滝が五段あるからともいう。経の滝は空海が大般若経を書写するにあたり身を清めたからといい、また、大威徳明王を自刻して安置し、滝の不動とも称したと伝える。古くから崇敬されたこれらの滝では、古来、瀬渡りという雨乞いの秘事が行われてきた。

登路 国道三〇三号の杉野から網谷林道を登る。網谷、白谷の合流点の白谷登山口には、トイレも整備された駐車場がある。

白谷ルートは白谷沿いの登山路であるが、上部の広域林道の白谷に架かる太鼓橋までは、沢沿いに辿るコースと、沢を迂回して広域林道に至るコースがある。道標を確認のこと。いずれも太鼓橋から白谷本流に入る。経の滝、五銚子の滝の高巻き地点は要注意。五銚子の滝からロープもある急登の連続となるが、傾斜が緩くなり、ブナ林に入ればまもなく山頂である(白谷登山口から約三時間)。

東尾根ルートは網谷林道を直進し、広域林道と合流し右折すれば東尾根登山口。急登もあるが、金居原からの登山路と合流すれば、横山岳東峰まで緩い起伏の登りとなる。合流点から金居原側に下れば、九五六m三角点の少し先に夜叉妹池がある。東峰から三角点のある西峰までは展望のよい吊尾根である。下山路として使われることが多い(白谷登山口から約三時間)。

三高尾根ルートは白谷登山口手前のコエチ谷林道から入る。林道終点から沢を渡り鳥越峠へ登る。峠からの三高尾根も取りつきから急登である。傾斜が緩くなれば対岸に経の滝、五銚子の滝を望む展望箇所があるが、以後、山頂直下まで急登がつづく(白谷登山口から約三時間)。

地図　二・五万図　美濃川上　近江川合

(岡田茂久)

土蔵岳　つちくらだけ　　標高　一〇〇八m

岐阜県揖斐郡揖斐川町坂内地区と滋賀県長浜市木之本町にまたがり、伊吹山地のほぼ中央に位置している。

山名は土倉谷の奥にあった滋賀県の旧土倉村に由来。ここには銅を採掘する土倉鉱山があり、第二次大戦中は盛んに稼働していたが、一九六五年に閉山して土倉村も消滅した。

登路　登山道はなく、残雪期に土蔵岳の南東から流れ出ている上原谷の出合から約一km地点にある堰堤から左岸の支尾根に上がり、これをつめて土蔵岳と大ダワ(一〇六八m)を結ぶ尾根に立った後、西進して登頂(上原谷堰堤から約三時間)。無雪期ならば、この上原谷を最後までつめてもよい(約二時間三〇分)。

地図　二・五万図　美濃川上

(村田正春)

己高山　こだかみやま　　標高　九二三m

別称　小高見山　己高見山

滋賀県長浜市木之本町の東北東で、金糞岳の西尾根の途中から南に派生した支尾根上に位置する。木之本町や同市高月町からどっしりとした大きな山容を仰ぐことができる。山名はその敬称による。地元では「こたかさん」「ここうさん」とも呼ばれてきた。

平安初期から湖北地方で修験者の一大山岳霊場として栄えたが、明治期に衰退し、現在ではかつて山中にあった鶏足寺、石道寺、高尾寺、観音寺、法華寺などの寺跡がわずかに残るだけである。

登路　木之本町古橋の己高閣《ここうかく》から中ノ谷沿いの林道を進み、二俣で右に入り、橋を渡ると登山口である。支尾根の傾斜が緩むと六地蔵があり、牛止め岩を過ぎれば鶏足寺跡に着く。巻き道から急登に変わると山頂に出る(古橋から約二時間三〇分)。

ほかに石道寺からの登路もある。林道を東進し二俣の手前で左の山道に入る。支尾根の急登を終え、高尾寺跡を過ぎると平坦な尾根に出る。後は山田山からの旧郡界尾根に合流し、北上すると山頂である(石道寺から約二時間三〇分)。

地図　二・五万図　近江川合　虎御前山

(横田和雄)

小谷山　おだにやま　　標高　四九五m

別称　大嶽《おおずく》

滋賀県長浜市湖北町に位置する。木之本方面から見ると美しい裾野を引く三角峰で、山頂で尾根は三方に分岐し、南東尾根の伊部山(三九八m)には、戦国時代の落城悲話を伝える小谷城跡がある。

小谷城は北国街道、北国街道脇往還、中山道などを押さえる要衝の地であった。馬蹄形に小谷山山頂(大嶽)から南東尾根の伊部山、南西尾根の山崎山(二三六m)に至る小谷城の縄張りは、典型的な戦国期山城の遺構として国の史跡に指定されている。

東麓には須賀谷温泉があり、戦国武将・片桐且元の出生地で墓もある。須賀谷から峠を越すと水鳥が遊ぶ西池に至る。

登路　国道三六五号の伊部からの大手道が主登山口で、番所跡までは車道が通じているが、登山口の案内板横から急坂を登ると、車道を横断し大手道登山道となる。展望のよい望笙峠、番所跡を経て、城址碑がある桜馬場、大広間跡、本丸跡などと続き、伊部山山頂の山王丸から急坂を峠状の六坊跡へいったん降り、登り返して大嶽城址の山頂に至る(登山口から約一時間三〇分)。

大手道西の清水谷登山口から少し入れば、小谷城戦国歴史資料館がある。舗装林道を行き、御屋敷跡などを経て山道を六坊跡に至る(登山口から約一時間三〇分)。清水谷の西側、郡上の清水神社から尾根を登れば、小谷城遺跡の山崎丸、福寿丸を経て最短距離で山頂に至る(清水神社から約一時間一〇分)。

地図　二・五万図　虎御前山

(岡田茂久)

虎御前山　とらごぜんやま　　標高　二二四m

別称　長尾山《ながおやま》　虎姫山《とらひめやま》

滋賀県長浜市湖北町と虎姫地区の境界に位置する。小谷山の南西にある細長い山容の独立丘陵である。小谷城が目前であり、織田信長の小谷城攻略時に、最前線基地として虎御前山城が築かれた。三角点峰の北に織田信長陣地跡のほか、織田家各宿将の陣地跡の碑が立てられており、山頂付近には石垣跡を残す。

山名は往古、この辺りの水利を図り、いまに顕彰される「せせらぎ長者」の奥方の名にちなむと伝える。

南端の標高一四〇mの小峰は八相山《やあいやま》とも呼び、『太平記』にも記された。八相山南麓の矢合神社は、水辺を司る葦那陀迦神《あしなだかのかみ》という名の神を祀るが、「延喜式」にも見える由緒ある神社で、尚武の神様としてもあがめられている。

展望は八相山の北の青少年キャンプ場以外はなく、三角点近くのNTTの巨大アンテナが景観を損ねているが、全国でも数少ない虎の付く山名の山として、寅年の正月には登山者でにぎわう。

登路　JR北陸本線虎姫駅北方約一kmの中野集落が登山口である。矢合神社参道が登山道で、神社からキャンプ場の中を通り抜け、舗装されたNTTアンテナの保守路を登る。キャンプ場までは車道が並行している。標高二〇三mの三角点はアンテナのすぐ上の小峰にある(中尾集落から約三〇分)。山頂へは、保守路終点の右側から三角点峰を左に見て山道がつづいている(中尾集落から約四〇分)。

地図　二・五万図　虎御前山

(岡田茂久)

賤ヶ岳　しずがだけ

標高　四二一m

滋賀県長浜市木之本町と同市余呉町の境界に位置する。北に余呉湖、南に琵琶湖を望み、琵琶湖八景の一つで知られる景勝の地である。

余呉湖は琵琶湖と同時期に生まれた陥没湖で、賤ヶ岳直下には余呉湖から琵琶湖へ送水用隧道が貫通している。賤ヶ岳から分岐し南下する小山嶺は、琵琶湖東岸で山本山に至る西野山丘陵を形成する。

賤ヶ岳北方の標高三四九mの鉢ヶ峰を伊香胡《いかご》山ともいい、麓には「延喜式」記帳の伊香具神社が祀られている。『万葉集』に「伊香山野辺に咲きたる萩見れば君が家なる尾花し思ほゆ」(笠金村・巻八)と詠まれ、古代伊香郡の中心であった。古語の「イカゴ」とは神裔《しんえい》(神の末裔)の意だという。ちなみに琵琶湖を大江、余呉湖を伊香小江ともいう。

山名の由来は、全国行脚の行基が、この地で精舎を建立しようとした時、山の賤《しず》(民)が現れ「我、精舎の守護神とならん」と大声で言った。そこで大音大明神として祀り、山を賤ヶ岳と称した。また一説に、伊香具神前で美しい女性と会い、何人と尋ねると、「西方に高き山あり、これ賤の棲む所」と答えたことからとも伝える。

余呉湖の羽衣伝説はつとに知られており、「余呉の海にきつつなれけむ乙女子があまの羽衣ほしつらむやぞ」(『夫木抄』)など多くの歌が詠まれ、湖岸に天女が羽衣を掛けたという「衣掛の柳」もある。

古来、賤ヶ岳は東方の余呉川沿いに北国街道が通り、湖国の要衝であった。本能寺の変で織田信長横死後の覇権争いのため、天正一一年(一五八三)四月、羽柴秀吉と柴田勝家による一大決戦が行われた。世にいう「賤ヶ岳の合戦」である。血を血で洗う熾烈な戦いで、以後、余呉湖で獲れるフナの身が赤くなったとも伝えている。戦跡は広範囲で、周辺の山野に訪ねることができる。

賤ヶ岳(余呉湖畔から)

登路　JR木ノ本駅から西方約二km、賤ヶ岳南山麓の大音《おおと》からは登山リフトがある。登山路はリフト乗場下から植林の中を大きく迂回、リフト終点を経て山頂に至る(リフト乗場下から約四〇分)。

JR北陸本線余呉駅近くの江土集落から北東尾根を経て賤ヶ岳まで、岩崎山、中川清秀墓所のある大岩山、猿ヶ馬場、鉢ヶ峰など、多くの賤ヶ岳戦跡を訪ねる縦走路がある(登山口から約二時間)。

余呉湖南畔にあった国民宿舎余呉湖荘跡からは、飯浦切り通しを経て西尾根を山頂へ至る。(登山口から約四〇分)

賤ヶ岳から南へ延びる西野山丘稜を経て山本山へ至る登山道も整備されている(山本山へ約三時間)。

地図　二・五万図　木之本　竹生島

(岡田茂久)

山本山　やまもとやま

標高　三二四m

別称　見当山《けんとうやま》　阿閉山《あつじやま》　朝日山《あさひやま》　白山《はくさん》

滋賀県長浜市湖北町と同市高月町の境界に位置する。賤ヶ岳より琵琶湖東岸に沿って南に延びる西野山丘陵の南端にあって、長浜市郊外から望むと秀麗な椀形を呈し、天孫降臨伝説まである湖北の名山である。山頂は山本山城の主郭で、新羅三郎源義光の系譜に属する山本兵衛尉義経の居城。治承四年(一一八〇)、平氏打倒の綸旨を受け挙兵したが、平知盛などに攻められ全山が火の海となったと伝える。賤ヶ岳につづく本丸跡の北方尾根には山本山城馬場跡、天孫降臨の地などがある。

別称の「見当山」は、江戸期に測量用の見当杭が山頂に立てられたことに由来するが、特徴のある山容を湖を渡る船の目印としたからともいう。「阿閉」は東山麓の集落名で、「朝日山、白山」はともに山麓の神社や寺に名を残す。

山頂の二の丸跡からは琵琶湖の眺望がすばらしい。

登路　山本集落からが主登山口で、朝日山神社と朝日小学校のわきから常楽寺(山寺)参道を登る。寺の裏手からは忠魂碑を経て幅広い登山道となる。三角点は山頂の本丸虎口の右手にあり、対面した小丘に見当杭が立つ(朝日小学校から約四〇分)。ほかの登山路として、南西麓の宇賀神社から若宮山古墳を経て山頂に至る「自然観察路」がある(宇賀神社から約四〇分)。余呉から賤ヶ岳を経て、西野山丘陵を山本山に至る延長一二kmの遊歩道も整備されている。

地図　二・五万図　竹生島

(岡田茂久)

金糞岳　かなくそだけ

標高　一三一七m

滋賀県長浜市浅井地域と岐阜県揖斐郡揖斐川町坂内地区との境界に位置する。伊吹山地の中央部にあって、琵琶湖へ流れる姉川の支流・草野川の源流部にある。山は深く堂々として周囲を圧する大きな山容を持ち、滋賀県では伊吹山に次ぐ高峰であるが、三角点がないのは不遇である。

金糞岳山頂からの展望はあまり期待できないが、西方の白倉岳(一二七一m)へは約一時間で往復が可能で、白い石灰岩が点在する灌木帯の稜線からの展望はすばらしい。

山名の由来は、近くの己高山《こだかみやま》西麓の古橋で、古墳時代の製鉄遺跡や鉄滓が出土、草野川東俣谷川には古い鉱山跡もあり、北西麓には金居原の地名も現存しているところから、製鉄遺跡にかかわると思われる。また「古絵図」（文政七年・一八二四）には「カナスソガ嶽」の記述もある。

登路　近江高山から草野川沿いに二俣橋に向かい、橋手前から東俣谷川沿いの道を白谷と深谷出合の追分に至り、中津尾根を登る。取りつきは急坂だが、やがてよく踏まれた緩い登りになり、林道を二度横断して、鳥越峠上の小朝の頭からは少し降り、大朝の頭に登り返し山頂に至る（高山から約五時間）。

二俣橋のキャンプ場から正面の長い尾根を辿り、奥山三角点を経て奥山・八草峠分岐で金糞岳・八草峠間の尾根と合流、白倉岳から山頂に至る（高山から約五時間三〇分）。

国道三〇三号旧道の八草峠から県境尾根を南下し、白倉岳を経て山頂に至る。長い尾根歩きが続く（八草峠から約四時間）。

車利用の場合は、二俣橋手前から鳥越広域基幹林道に入って鳥越峠を岐阜側に下り、林道が大きく曲がる地点の駐車場所から大朝の頭手前のコルに登り山頂に至る（駐車場所から約一時間三〇分）。

（岡田茂久）

地図　二・五万図　近江川合　虎御前山

天吉寺山　てんきちじやま　　標高　九一八m

別称　野瀬村山　黒髪山

滋賀県長浜市浅井地域と米原市伊吹地域にまたがり、金糞岳の鳥越峠から南に延びる長大な尾根の中間に位置する。草野川の河畔から美しく盛り上がった山容を望むことができる。山名は山中に建立されていた天吉寺に由来する。

天吉寺は七世紀中ごろ天智天皇の勅により創建されたが、天平時代に洪水によって流失。桓武天皇時代に再建され大吉寺と改名された。平治の乱や織田信長により焼失、現在は山麓に一宇が残るだけである。標高六五〇mの平坦地には、かつての本堂跡などが残る。

登路　長浜市の野瀬町集落から天吉寺川沿いの車道を大吉寺へ進み、谷間の山道をしばらく辿ると急なジグザグの登りに変わる。仁王門跡を過ぎると本堂跡に着く。覚道入定窟から踏み跡を辿って尾根へ出る。広葉樹の尾根には踏み跡があり、北上をつづけると山頂である（野瀬から約二時間三〇分）。

ほかに大吉寺裏から送電巡視路を使うこともできる。支尾根上の鉄塔からは急登がつづくが、踏み跡もあり最短のコースである（大吉寺から約一時間三〇分）。

（横田和雄）

地図　二・五万図　虎御前山

七尾山　ななおやま　　標高　六九一m

滋賀県長浜市浅井地域と米原市伊吹地区にまたがる。金糞岳の鳥越峠から南下する長大な尾根の末端に位置する。

姉川を隔てて東側に伊吹山の巨体が君臨するので遠望すると見劣りするが、麓の旧七尾村からは尾根と谷の織りなす襞《ひだ》が美しい。山名はその多くの尾根に由来するといわれる。

登路　麓の南池集落から東に延びる林道を進み、広域農道を横切ると登山口である。林道はやがて山道となり尾根へ向かう。小野寺からの尾根に合流すると、植林地となり展望が開ける。後は緩やかな登りで山頂に出る（南池から約一時間四〇分）。

ほかに南側の石川谷を隔てた尾根にもよく踏まれた道がある。また、北の七廻り峠から送電線巡視路を途中まで辿り、五六八mの指《し》南山《なみやま》を経て尾根通しに登頂できる（七廻り峠から約二時間一五分）。

地図　二・五万図　虎御前山　長浜

（横田和雄）

新穂山　しんぽやま

標高　一〇六七m

別称　オオガヤ　奥山　大見山　深ノ谷ノ尾　水呑ノ岳

滋賀県米原市伊吹地区と岐阜県揖斐郡揖斐川町坂内地区にまたがり、滋賀県の最北東部に位置する。一九七〇年代までは大ヶ屋、近江甲津原ではこの山一帯を「奥山」と呼んでいたが、そのころの滋賀県の地図、滋賀県の自然紹介にはこの山の名を「新穂山」と載せていた。それ以降は新穂山として知られるようになった。山名の由来は地元の話というだけで、新穂山になった根拠は不明。

登路　公共交通機関がないので車を利用する。米原市甲津原から中津又谷の支流をつめ、または揖斐川町坂内諸家から林道を歩いて新穂峠へ至り、北へ尾根を辿って新穂山へ登る。ただし、はっきりした道は標高点一〇一〇mまでしかなく、そこから先は踏み跡が所々あるだけでヤブが濃い（新穂峠から約二時間）。

ほかに米原市甲津原から中津又谷をつめての谷遡行、坂内殿又谷林道をつめ新穂山東尾根の登高、鳥越峠からの尾根縦走があるが、いずれも踏み跡はない。

地図　二・五万図　横山　近江川合

（礒部　純）

ブンゲン

標高　一二六〇m

別称　射能山　大岩山

滋賀県米原市伊吹地区と岐阜県揖斐郡揖斐川町春日地区にまたがり、伊吹山北尾根の延長上に位置する。

ブンゲンの山名は、岐阜登高会の会報「かもしか」一二号に後藤芳雄が「地図の貝月山の左下、国境山稜に三角点一二五九・七mがあり、これをブンゲンと炭焼きに聞いたことがある」と記したことから採ったものである。しかし、付近には「ブゲン谷」があるので、これの聞き違いではないかとも考えられる。一方、藤井茂雄は「わっぱ」（大垣山岳協会月報）九三号で、一九六〇年に「尾西（旧春日村）の北伊吹鉱山事務所を訪れた。ここで詳細な地図を見せていただき、付近の谷の名称や射能山という山名を採録することを得た」と記している。

また、この山にある花崗岩中にウラン、希土類などの元素が含まれているところから、当初、ブンブンと呼ばれていたのがブンゲンに変わった。別称である射能山もこれらの元素があるところから名付けられたという説もあり、いずれが正しいかは不明。

登路　公共交通機関がないので、奥伊吹スキー場、または岐阜県側の揖斐高原へは車を利用する。

奥伊吹スキー場ゲレンデを東へ登り品又峠へ、または揖斐川町坂内の揖斐高原から品又谷をつめ、品又峠からゲレンデを南に登り、県境尾根を西へ辿ってブンゲン山頂へ至る(奥伊吹スキー場入り口から三時間、揖斐高原から約三時間)。また、奥伊吹スキー場から品又峠へ向かう途中、右の滑降コースを登って標高点一二二六mへ至る近道がある(分岐から約一時間三〇分)。

別に奥伊吹スキー場駐車場から大長谷を南東に遡り、谷分岐から南の中央尾根へ取りつき、ブンゲン西尾根を登る(谷入り口から約二時間)。

地図　二・五万図　横山

（礒部　純）

貝月山　かいづきやま

標高　一二三四m

岐阜県揖斐郡揖斐川町にあり、伊吹山から北上した岐阜、滋賀県境稜線上のブンゲン(別称射能山、一二六〇m)の北から東に派生する支脈上に位置する。

東西に連なる尾根上に二つのピークがあり、東峰を前貝月といい、三角点のある西峰を本貝月という。

登路　品又谷の奥にある「ふれあいの森」からゲンぺ谷とハセ谷を分け、頂上から北西に下っている尾根を登る(ふれあいの森から約一時間)。

また、揖斐川町春日地区の宿泊施設「長者の里」から牧野尾谷をつめて貝月山の東尾根の一〇五〇m付近に上がり、久瀬地区、春日地区の境界尾根を西進して登頂(長者の里から約二時間三〇分)。

ほかに揖斐高原スキー場の第一リフトの終点から稜線を辿って頂上に至るルートもある(約一時間四〇分)。

地図　二・五万図　横山　美束

（村田正春）

鍋倉山　なべくらやま

標高　一〇五〇m

岐阜県揖斐郡揖斐川町の久瀬地区と春日地区の境にあり、伊吹山地の東側に位置している。山頂稜線がほぼ同じような標高で南北に長く、山頂がどこか分かりにくいが、三角点はその北端にある。なお、地形図には山名の記載がない。

登路　この山には東海自然歩道が通っており、揖斐川町日坂から和佐谷に入り、日坂越を経由して山頂に至った後、高橋谷を下って春日谷山へとつづく整備された歩道がある(谷山から約二時間二〇分、日坂から約三時間)。

ほかに揖斐川町春日地区の宿泊施設「長者の里」から日坂越に上がり、東海自然歩道に合流することも可能で、近年はこのルートで登頂する場合が多い(長者の里から約二時間一〇分)。

地図　二・五万図　横山　美束

（村田正春）

小島山　おじまやま

標高　八六四m

別称　十九石山

岐阜県揖斐郡揖斐川町春日地区の六合と上野にまたがり、伊吹山地の東側にあって、濃尾平野の北西隅に位置している。

古くはこの山を「十九石山」と呼んだが、入会山として燃料や牛馬の飼料にする草木の採集が行われ、その年貢が米で十九石だったところからこの山名になったと伝えられている。

また、正平八年（一三五三）、南朝方が京都に攻め入った時、足利義詮《よしあきら》が後光厳院を奉じて京を脱出、美濃国守護・土岐頼康を頼ってこの山の南麓に行宮を設けたことがある。

登路　小島山の山頂から南に垂下する尾根上に送電線が架けられており、南麓の呉子谷《ごしたに》からその巡視路を登る（呉子谷橋から約二時間三〇分）。

ほかにこの山の南東尾根にも送電線が通っているので、春日滝からその巡視路を利用して登ることもできる（滝から約三時間）。

地図　二・五万図　池野　美東

（村田正春）

虎子山　とらすやま

標高　一一八三m

別称　尾西山《おさいやま》　元国見山

岐阜県揖斐郡揖斐川町春日地区と滋賀県米原市伊吹地区にまたがり、両県を分ける伊吹山地の南部に位置している。

別称の尾西山は春日の集落名に由来し、元国見山は国見峠の東にある国見岳（一一二六m）に対する古い呼称である。

登路　国見峠へは林道が通じており、この峠から県境稜線を辿ることになるが、踏み跡程度の細径が山頂まで通じているので、無雪期でも登ることができる（国見峠から約一時間二〇分）。

地図　二・五万図　美束

（村田正春）

伊吹山　いぶきやま

標高　一三七七m

別称　息吹山　伊夫岐山　夷服山　胆吹山　五十葺山　伊富貴山　伊服岐山

山頂は滋賀県米原市伊吹地区にあり、山体は岐阜県不破郡関ヶ原町、揖斐郡揖斐川町春日地区にもまたがっている。滋賀県下第一の高峰で、伊吹山地南端の主峰である。伊吹山の名は、『古事記』にも見えている。山名についても、別称の「イフキ」という発音に山岳観がうかがえ、山気や霊気を吐き息づくという「息吹き」の意味に解され、古人は強風を神の息吹《いぶき》と観じて命名したのであろう。ちなみに、伊吹の地名は『延喜式』において近江国坂田郡伊夫岐《いぶき》神と美濃国伊福岐《いぶき》神の二座に分かれた伊吹山の神が、いまなお米原市伊吹と岐阜県不破郡垂井町伊吹に祀られていて、地名の元となったものと思われる。

歴史的にも、すでに古代に日本武尊《やまとたけるのみこと》を死に至らしめる舞台として『記紀』に描かれたり、平安時代初期には日本七高山の一つに数えられたように、その名を早くから中央に知られた山である。

伊吹山は、南に関ヶ原の地峡を隔てて霊仙山が聳え、北は国見峠を経て伊吹山地につづいており、東側は揖斐川水系の谷を隔てて奥美濃山地と、西は姉川水系が区切り、江州平野や琵琶湖を隔てて比良山地と対峙している。

ゆったりとした山容は、旧制第八高等学校の校歌にも歌われ、現在では新幹線や高速道路からも目立つ存在である。そのため独立した山型は風の通路やシベリアの寒気をまともに受ける位置にあり、一九六一年、第二室戸台風の時は最大風速五六mを記録している。山頂の苛酷な気象は、霧の日にはブロッケン現象が、冬の嵐の夜にはセントエルモの火が現れ、自然現象を神の仕業と信じた古人が霊山として畏敬の念を持ったのは当然の帰結であろう。

かつて修験道において「大乗峰」と呼ばれた伊吹山は、白山や大峰の修験との交通もあった。仏教伝来以後、伊吹四大寺が建立され、のち伊吹護国寺となった。その後、修験者の山岳宗教が鎌倉時代に発達して、一時は数百の堂房が山地に建ち隆盛をきわめたが、戦国時代に兵火や災害に遭ってほとんど焼失し、現在は地名に上平寺、大平寺、弥高（弥高寺）があり、名残をとどめている。

地質は大部分が石灰岩層で、一部が古生層の堆積岩層から成り立っている。ドリーネやカレンフェルトなど露岩が多く、西麓にセメント工場が操業しており、その採掘跡が醜い山肌をさらして景観を害している。化石も多く含まれ、フズリナ、ウミユリなどがよく見られる。

植生は苛酷な環境に適応して、山頂には多種に及ぶ高山植物を主とするお花畑が広がり、好石灰質植物が多く、織田信長がポルトガル人の宣教師に薬草園を作らせた歴史がある。特異な山草もあり、イブキの名を付けた植物がイブキスミレ、イブキジャコウソウ、イブキフウロ、イブキトリカブトなど三〇種を超す。標高一〇〇〇m以上では草原状となり、オオバギボウシ、ヤグルマソウ、ニリンソウなどの群落がある。早春はセツブンソウをはじめ、カタクリ、イチリンソウ、ヤマエンゴサクなどが咲き、花の好きな人には欠かせない季節になる。また、古来山草・薬草の産地として知られ、その中でも医薬品としてヨモギから作られる伊吹艾《もぐさ》が有名である。『小倉百人一首』に藤原実方《さねかた》の「かくとだにえやはいぶきのさしも草さしも知らじな燃ゆる思ひを」（『後拾遺集』）で有名だが、この「さしも草」は元来は下野国の伊吹山の裾野（現栃木市吹上町）の艾を詠んだものである。また、山麓には伊吹薬草の里文化センターがあり、薬草温泉もある。東麓の笹又の登り口に、国歌君ヶ代の元となったさざれ石（石灰角礫岩）が数個あり、名勝公園になっている。

伊吹山（三島池から）

山頂は草原状で、一等三角点があり、一九一八年に気象測候所が建設された時には古刀や多数の古銭が発掘された。ほかに日本武尊の石像、伊吹山寺山頂本堂、みろく堂や数軒の山小屋兼売店・食堂があり、登山客の利便に役立っている。展望はすこぶるよく、遠くは富士山をはじめ乗鞍岳、御嶽山、近くは奥美濃の山々、湖北の山々、眼下に竹生島、沖ノ島の浮かぶ琵琶湖を望見できる。

一般の登山については、この山は樹林帯が少なく、草原が広いので夏は日陰が少ない。したがって、御来光を拝むために夜行登山に人気があり、夏の夜は麓から灯の行列が山頂まで長くつづく。南西面には長年、伊吹山スキー場があって、夏・冬ともにリフトやゴンドラ利用で三合目からの登山者が多かったが、スキー場閉鎖にともない、現在は山麓から歩かねばならない。また、JR東海道本線関ヶ原駅前からは、ドライブウエーが山頂近くまで通じており、山頂直下に大駐車場や売店・食堂の設備が整備され、休祝日には観光客でにぎわう。そのため一部自然が荒され、山の愛好家を嘆かせている。自動車の発達にともない、上平寺越も林道より上部はヤブと化しており、弥高からの道も廃れている。東麓古屋の奥、さざれ石公園から南東に走る県境尾根に取りつく道もいまや廃道化が進んでいる。

登路　主要登路は西麓の三の宮神社が登山口である。最寄りのJR駅は近江長岡と長浜である(山頂まで約四時間)。

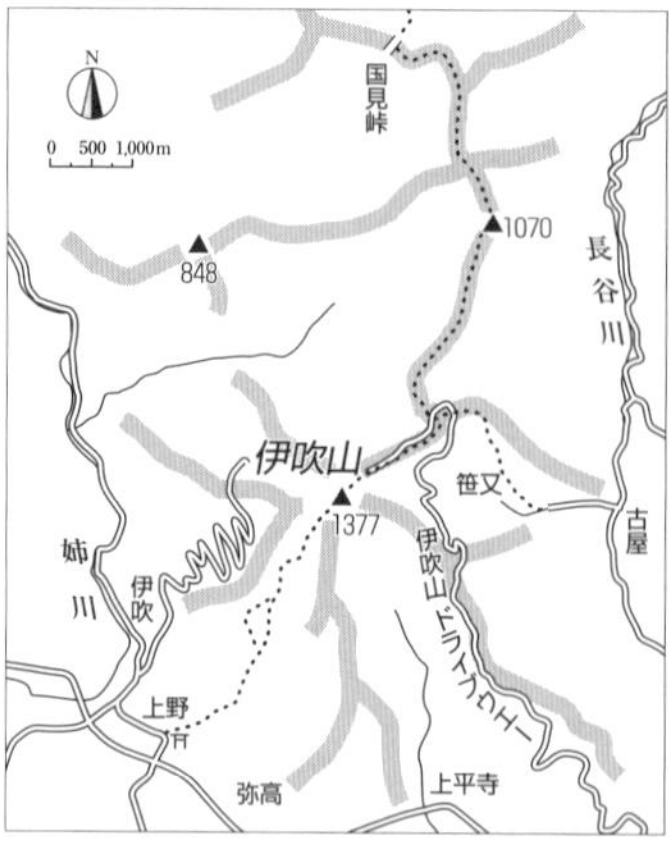

東側の岐阜県関ヶ原町玉集落からはドライブウエー開通以後、登山道が車道とクロスする箇所もあるので、あまり利用する人はない。やがて廃道となるのも時間の問題である。

春日地区の古屋からの登路については、前述のさざれ石公園から笹又(現在廃村)へ至る舗装道路の分岐に、現在、移動可能の阻止棒が設置されている。この理由は笹又の人はいまも斜面に畑を耕作しており、心なき人が荒らすのを恐れて作ったもので、車利用の場合はなるべく公園の駐車場を利用する方がよい。笹又の舗装道路の終点まで二・五㎞あり、歩くと約五〇分位。林道はさらに畑地の末端まで付いているが、その先は手入れされた登路になる。開けた谷間をジグザグを交えつつスギ林を右に見て、ウリハダカエデ、リョウブの林を登ると、標高九〇〇mの辺りから草原状となる。急峻な斜面を横切り、国見峠への北尾根コースの分岐に達するとひと登りでドライブウエーに出て、駐車場経由山頂へ(笹又から約二時間二〇分)。

北の春日美束の尾西から国見岳スキー場を通り、国見峠まで車道が通じている。北尾根コースは大垣山岳協会のアルバイトで開発されたものである(山頂まで尾西から約七時間)。

地図　二・五万図　関ヶ原　長浜　美束　(坂井久光・大槻雅弘)

池田山　いけだやま　標高　九二四m

岐阜県揖斐郡池田町、揖斐川町春日地区および不破郡垂井町にまたがり、伊吹山地の東端に位置している。近年、山頂近くまで林道ができて、山上一帯が「池田の森自然公園」として大規模な整備が行われている。

登路　山頂近くまで車で行けるが、登山の対象としてであれば東麓の「霞間ヶ渓《かまがたに》」から登るのが一般的である(霞間ヶ渓公園から約三時間)。現在、東海自然歩道は揖斐川町市場から池田山の東麓を迂回して不破郡関ヶ原町に向かっているが、揖斐川町春日六合から野原谷を遡り、池田山の山頂をかすめて霞間ヶ渓に下る元のルートがあり、この道を辿って山頂に立つこともできる(野原谷入口から約四時間)。

地図　二・五万図　池野　大垣　美束　関ヶ原

(村田正春)

南宮山　なんぐうさん

標高　四一九m

別称　美濃ノ中山

岐阜県不破郡垂井町、関ヶ原町、大垣市上石津町、養老郡養老町にまたがる。伊吹山地と養老山地の間にある独立した山塊。

北東の山麓には美濃一ノ宮として勢威を誇る南宮大社があり、山名はこれに由来している。古くは「美濃ノ中山」と呼んで、『枕草子』や『新古今和歌集』などにもこの山が登場している。また、関ヶ原合戦の折、西軍にありながら最後まで戦闘に参加しなかった毛利秀元がこの山に陣を構えた。

登路　南宮大社の南わきにある登山口から東屋の設置されている標高四〇四mの展望台までは、ハイキング・コースとしてよい道が通じているが、その先の三角点のある山頂へは、踏み跡程度の細径を辿ることになる(南宮大社から約二時間)。

地図　二・五万図　大垣　養老

(村田正春)

行市山　ぎょういちやま

標高　六六〇m

別称　行市峰

滋賀県長浜市余呉町と福井県敦賀市にまたがる。余呉湖の北方、余呉川右岸に位置し、県境尾根上に顕著な山容を見せている。山名は戦国期、浅井氏に仕えた豪族・東野行一の山城があったことにちなむ。

北国から都への関門であったこの地は古来、交通の要衝であり、様々な歴史の舞台となった。賤ヶ岳合戦では秀吉軍に対峙して柴田勝家の重臣・佐久間盛政がこの山の頂に陣を布いたといわれる。

登路　新堂の毛受《めんじょう》兄弟(勝家の身代りとなり討死)の墓から山頂まで約三・四km、よく手入れされた道が付けられている。雑木林の尾根を辿り、三六九mの中谷山(中ノ谷砦跡)を過ぎると、小谷から上がってくる林道に接する。尾根をそのまま進んで林道を横切り、なおも尾根を辿ると別所山砦跡の台地に出る。やがて広葉樹林のやや急な登りとなるが、県境尾根に合流すると傾斜は緩み山頂に着く(新堂から約一時間四〇分)。

ほかに前記の林道を北に進むと、東尾根の登山口がある。小さな谷間から尾根に移り、急登をつづけると山頂に出る(新堂から約一時間五〇分)。

地図　二・五万図　木之本

(横田和雄)

養老山地

笙ヶ岳　しょうがたけ　標高　九〇九m

岐阜県大垣市上石津町にあって濃尾平野の西端を画し、南北に連なる養老山地の北端に位置している。この山地の最高峰。東側から見ると養老山や表山《おもてやま》（八三九m）などにさえぎられて目立たないが、西側から眺めると、その端正な山姿に目を奪われる。

登路　養老の滝の上にある駐車場から林道を歩いて牧場跡に立ち、もみじ峠から大洞谷に下って、笙ヶ岳の南東山腹を巻くようにして山頂に達する細径がある（養老の滝から約三時間）。ほかに西側の上石津町前ヶ瀬から大洞谷林道を利用するコースもある。この林道は途中にゲートがあって、車は終点まで入ることができない。ゲートから林道を歩いた後、本流沿いの踏み跡を辿ると、前述の養老の滝から来る道と合流する（約二時間三〇分）。

地図　二・五万図　養老　霊仙山

（村田正春）

養老山　ようろうさん　標高　八五九m

岐阜県養老郡養老町と大垣市上石津町にまたがり、濃尾平野の西端を画している養老山地の一峰。この山地は東側が急峻な断層崖であるのに対して、西側は比較的なだらかで典型的な傾動地塊となっている。東麓には『続日本紀《しょく》』や『古今著聞集』に登場する、孝子伝説で有名な「養老の滝」があり、山名はこれに由来する。

登路　養老の滝から三方山を経由して山頂に至るコースが一般的だが（約二時間）、ほかに養老の滝駐車場から林道を歩いて牧場跡へ登り、笹原峠を経由して前記の道と合流して山頂に立つこともできる（駐車場から約二時間三〇分）。

また、海津市南濃町津屋から東海自然歩道を歩いて川原越（峠）で右折、主稜線を北上して山頂に立つこともできる（約三時間）。

地図　二・五万図　養老　駒野　霊仙山　篠立

（村田正春）

多度山　たどやま　標高　四〇三m

三重県桑名市多度町と岐阜県海津市南濃町にまたがる。

養老山地の南端に位置し、濃尾平野のほとんどの場所から望むことができるので、この地方のランドマークとなっている。昔、山頂で旗を振り大坂の米相場を通信したと伝えられるが、現在は巨大なアンテナが建っている。山頂からの眺めは特筆すべきものがある。ハイキングのほかに、マウンテンバイクとハンググライダーの山でもある。南麓には、上げ馬神事で有名な多度大社がある。

登路　近鉄養老線多度駅から多度大社のハイキング・コース入り口まで七〇〇m。山頂まで四〇〇〇m。すべて舗装された車道となっている。多度大社から約一時間二〇分。ほかに愛宕神社からの登山道は静かな雑木林の道である（愛宕神社から約四〇分）。

地図　二・五万図　弥富

（加藤良三）

霊仙山　りょうぜんざん　標高　一〇九四m

別称　霊山　経ヶ塚　中霊山

滋賀県犬上郡多賀町と米原市米原地区の境に位置する。南北に一〇〇km余り連なる鈴鹿山脈の最北端にある。すぐ北に聳える伊吹山との間の最狭部は昔から東西交通の要であり、歴史的に有名な関ヶ原合戦の舞台となった。

山体は主として石灰岩からなり、なだらかなドーム状の高原となっている。山頂部は広大で幾多の小ピークと衛星峰があり、ドリーネと見られる池やくぼみがある。これは西に広がる近江カルスト地形と連続していて、山麓の芹川の源流部では「河内の風穴」と呼ばれる鍾乳洞があり、ほかにも未発見のものがある可能性も残る。

山地の植生は山頂部で草原（主としてススキ）とクマザサが密生しているが、中域以下では昔、炭焼きが盛んに利用した二次林と、さらに下部一帯ではスギの植林となっている。

山名は「霊山」が古く、明治期になって「霊仙山」が使われ現在に至るが、山岳仏教と深い関係が類推される。古伝では「霊山三蔵」と霊山寺の存在が伝えられている。霊山三蔵は空海らとともに中国に渡り「三蔵」の称を受ける高僧となるが、帰国できず死亡したという。霊仙山の麓にあった霊仙寺の存在は確認されていないが、一説では松尾寺がその一部であるといわれるが定かではない。

山名の由来として、祖先の霊が籠る山の意「霊山」が一般的である。霊山三蔵は出身地の地名を名乗ったのではないかともいわれている。

霊仙山の登山的興味は、一般コースのほかに西に広がる近江カルスト台地に点在する廃村と化した村々を訪ねることにある。そして、古くから存在するヤブに埋もれた古道を探る喜びでもある。

登路　丹生からうるしヶ滝を経て尾根を辿るのが楽な一般コース（登山口から約二時間三〇分）。榑《くれ》ヶ畑《はた》から汗ふき峠を経て登るコースもあるが（二時間弱）、下山によく使われる。また、JR東海道本線柏原駅から八・五kmの尾根コースは、山頂往復か丹生または榑ヶ

霊仙山（松尾寺山から）

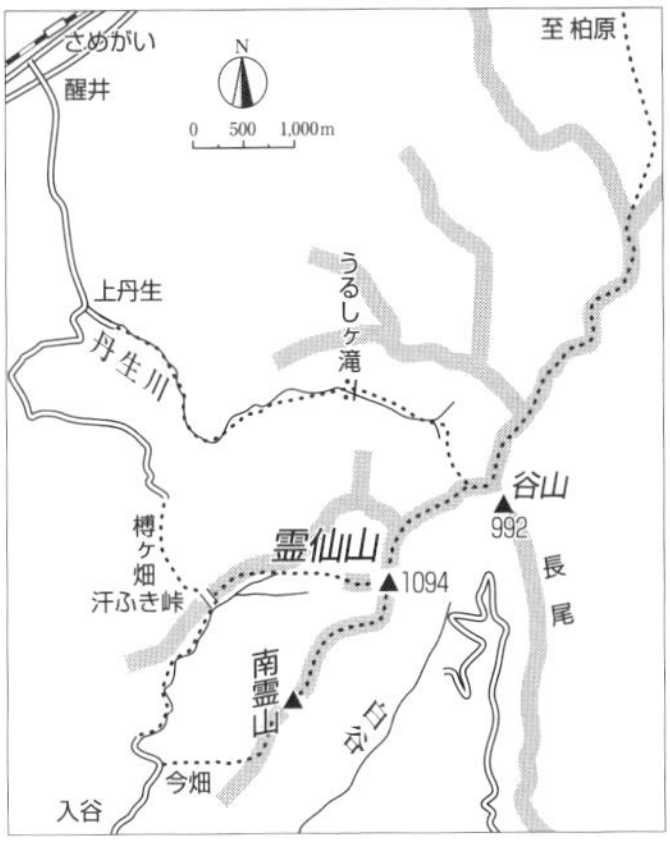

畑に下るコースである（山頂まで約三時間三〇分）。

ほかに今畑道は、南霊山という霊仙山でもっともダイナミックなコースを辿るもので健脚向き。価値が高いので試してみるのもよいが、交通の便が悪く、登りも下りも車を使うなどの工夫がいる。

注意点として、冬期の霊仙山は季節風が若狭湾から直接吹きつけることで、降雪量とともに日本海地方の山と同じ気象条件と知っておくこと。

地図　二・五万図　霊仙山　彦根東部　（西尾寿一）

鍋尻山　なべじりやま　標高　八三八m

滋賀県犬上郡多賀町の東の山地、昔「脇ヶ畑」と呼ばれた五僧越の道中にある。保月からわずかの距離にあって、名のとおり鍋を伏せた形状をしていて、雨乞い儀礼が伝承されている。

地質は石灰岩で、付近の谷はほとんど伏流して水流は認められない。山体は草地で展望は広大、標高のわりに登りがいがある。

登路　五僧越の保月から（約三〇分）。芹川の奥の宮前から（約一時間二〇分）の道がある。なお、宮前には「河内の風穴」があって、夏でも涼しい風が吹き出している。

地図　二・五万図　高宮　彦根東部　（西尾寿一）

三国岳　みくにだけ　標高　九〇一m

滋賀県犬上郡多賀町、岐阜県大垣市上石津町、三重県いなべ市藤原町の県境に位置する。山名は近江、美濃、伊勢にまたがる故に名付けられた古いものである。

山体は石灰岩からなり、人工林が主であるが、山麓の岐阜県側の時山は木炭の生産がいまも行われており、阿蘇谷の源流部では原木となる落葉広葉樹の林が残されている。三重県側のオゾ谷源流部も雑木林の美しい所である。かつての炭焼き道を利用しながらの登山は興味深い。

登路　阿蘇谷《おぞたに》からの往復が一般的である（往復五時間三〇分程）。

地図　二・五万図　篠立　（西山秀夫）

烏帽子岳　えぼしだけ　標高　八六五m

岐阜県大垣市上石津町と三重県いなべ市藤原町にまたがり、鈴鹿山脈の北端近くに位置する。

山名は、その形が「烏帽子」に似ていることに由来する。

平安時代の末期に美濃や尾張を荒し回った盗賊集団の首領・熊坂長範がこの山を根城にして旅人を襲ったという伝説が残っている。

登路　二〇〇九年、上石津町細野から北東尾根に新しい登山道「細野ルート」が開通した。登山口には駐車場やトイレも完備した「林間広場」が整備されていて、こちらから登られることが多くなった（林間広場から約二時間）。そのほか、上石津町下山から同町時山へ通じる道が時山橋を渡った所に登山口があり、そこから鐘釣谷の左岸沿いに細径がある（登山口から約二時間）。ほかに時山の集落から阿蘇谷《おぞたに》の入り口で右岸に渡り、送電線の巡視路を利用して山頂から北西に垂下する尾根に立った後、これを辿って登頂することもできる(時山から約二時間三〇分)。

地図　二・五万図　篠立

（村田正春）

天狗堂　てんぐどう

別称　天狗岳

標高　九八八m

滋賀県東近江市永源寺地区と犬上郡多賀町の境界に位置する。御池岳西端から南下して、日本コバへ至る長大な尾根の中央に位置し、奇怪な天を突くような鋭峰が天狗堂である。

この山を天狗堂と呼んだ根拠ははっきりしていないが、天狗の棲む所に相応しい峻峰であるところから、木地師の間で天狗堂と呼ばれたものといわれている。また、木地師の祖神とされている惟喬《これたか》親王が、この山を天狗堂大僧都権現として祈禱されたという伝承もある。

登路　君ヶ畑から古道を宮坂峠へ登り、尾根を北へ辿る。別に君ヶ畑から宮坂峠を通らずに、直接尾根に登る道もある(君ヶ畑から約二時間)。また、君ヶ畑から林道を北へ向かい、赤峠橋を渡った先の林道が広くなった所にも登山口がある。岩尾谷から支尾根に乗り、山頂の南へ直登する(林道から約一時間三〇分)。

ほかに御池川林道から瀬川谷林道を経てサンヤリ(九五八m)の山頂を越え、尾根を天狗堂へと至るルートもあるが、いずれも確たる登山道や道標はなく、踏み跡が残っているだけである(御池川瀬川谷林道分岐からサンヤリを経て約二時間四〇分)。

地図　二・五万図　竜ヶ岳

（礒部　純）

日本コバ　にほんこば

別称　二本コバ　日本古バ　藤川山

標高　九三四m

滋賀県東近江市永源寺地区と愛東地区の境に位置する。コバは憩《いこい》場《ば》から転訛した。この辺りは木地師たちの仕事場にあたり、山頂まで二回休むと登ることができる山という意味から「二本コバ」と呼ばれ、これが日本コバに転じたと伝えられている。古くは「藤川山」と呼ばれていた。

登路　中畑如来堂から川沿いの道を北へ少し入った所が藤川谷道の登山口。春日神社を経て藤川谷を遡り、石灰岩壁の岩屋の下を通り、湿原を経て山頂へ至る(約二時間三〇分)。

ほかに政所《まんどころ》橋を右岸へ渡り、民家の裏から斜面に取りつき、衣掛山(八二八m)、湿地を経て山頂へ至る(約二時間)。この二つの登路は、いずれも道標が完備していて道もしっかりしている。別に識蘆谷入り口の国民宿舎跡から笠松尾根を登り山頂へ至る。国民宿舎跡から松尾谷をつめて西尾根から山頂へ至る。小代から岩屋谷右俣を登り山頂へ至る。大萩から横根谷と埋室《うずむろ》谷の中間尾根を登り、西尾根から山頂へ至る。筒井峠西の衣掛林道をつめ、衣掛山を経て山頂へ至る。以上、多くのルートがあるが、いずれも踏み跡がある程度で、読図力が必要である。

地図　二・五万図　百済寺

（礒部　純）

御池岳《おいけだけ》

別称　御池　丸山

標高　一二四七m

滋賀県東近江市永源寺地区と犬上郡多賀町、三重県いなべ市藤原町にまたがるが、山頂部の広大なテーブルランドはすべて永源寺地区に属し、愛知川の水源の山でもある。関西と東海地方を分ける鈴鹿山脈のほぼ中央に、南北三km、東西数百mにも広がる空母のような特徴ある山体を横たえ、鈴鹿の代表といってもよい。

石灰岩のドリーネと小さな池が点在する姿は、隣の藤原岳とともに鈴鹿北部の共通項であるが、山体の西側に急崖を持ち、露岩（カレンフェルトの一種か）を突き出しているのも共通している。

鈴鹿主脈が御池岳の衛星峰である鈴北岳に達し、一方は藤原岳から主脈を南下するが、他方は御池岳の広大な山頂部を経て土倉岳（一〇五〇m）から岳（七八一m）という山に延びている。御池岳を水源とする御池川、茶屋川はいずれも愛知川に注ぐが、ほかのものは規模が小さい。

御池岳の広大な山頂部はススキ、クマザサが混生しているが、一部にはオオイタヤメイゲツの林とオオシダ、バイケイソウなどの美しい林床が見られる。また、一〇〇〇m以下の林相は炭焼きが活躍、利用したと見られる二次林が残り、鈴鹿のよき時代が感じられる。

山名は「御池」からきたことは自然の流れと素朴な印象を受けるし、山頂部を「丸山」と呼ぶことも実物を見れば納得できる。

御池岳で見逃せないのは、山頂部のドリーネや池にまつわる雨乞い儀礼が、多賀町を中心に長年つづけられていたことで、現在も儀礼の保存活動が活発である。また、登山者によって古伝の雨乞いルートの探索や新たな池探しなどの活動がつづけられ、未知の部分の多い山として知られている。

御池岳（鈴北岳から）

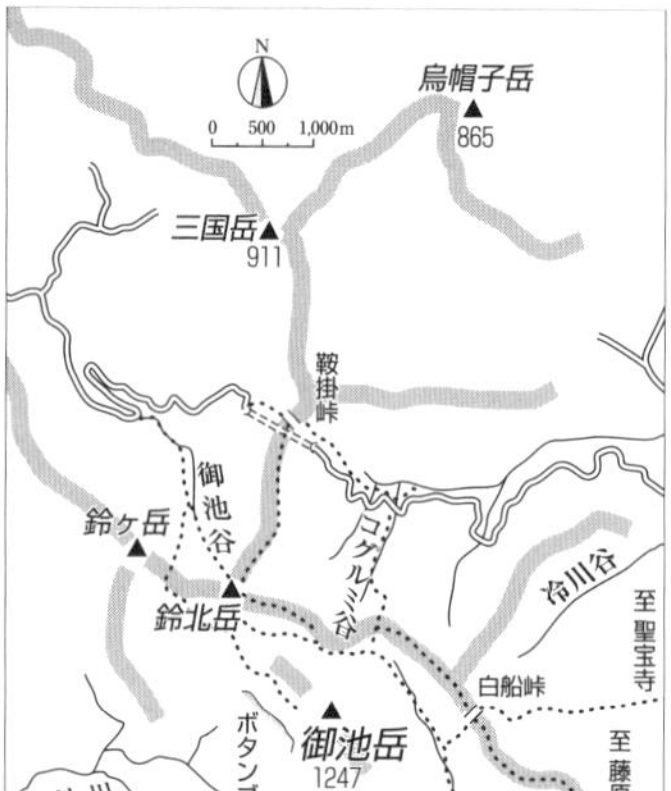

登路　もっとも一般的なコースは、三重県側の山口からコグルミ谷を辿るもので、美しい林景で秋がすばらしい（約二時間三〇分）。多賀町の御池谷出合から（約二時間）、茶屋川の茨川から（三時間強）、鞍掛峠から尾根を鈴北岳経由で（約二時間三〇分）、聖宝寺から藤原岳経由で（約五時間）、山口から冷川谷経由白船峠から（約三時間）などのコースがある。

地図　二・五万図　篠立　竜ヶ岳

（西尾寿一）

藤原岳　ふじわらだけ

標高　（天狗岩）一一七一m

三重県いなべ市藤原町、北勢町と滋賀県東近江市永源寺地区にまたがり、鈴鹿山脈の北端、御池岳の南に連なる。鈴鹿山脈の北部石灰岩地帯に位置し、全山石灰岩で、山頂部にはカレンフェルトやドリーネが散在し、低木や草本の開けた台地をなしている。山麓からスギやヒノキの植林が多いが、低山帯にはカシやツバキなどの常緑樹もあり、中腹から山頂にかけてはブナ、ミズナラ、カエデなどの落葉広葉樹もあり、八合目を中心に林床にフクジュソウ、カタクリなど早春の草花が咲き競う。これは冬季、日本海から琵琶湖方面に吹く多湿な冷風のもたらす多雪の恵みとされ、伊吹山や御池岳とともに北方系、南方系、日本海側、太平洋側の植物が混生し、とくに聖宝寺道の六合目から八合目、さらにその上の石灰岩台地にかけて、山野草の宝庫として人気が高く、その時期多くの登山者でにぎわう。

山頂は展望台と呼ばれる一一四〇mの南のピークで、山荘からイブキザサのヤブをこいで二〇分の所にある。また、山荘から北西方向の石灰岩台地を三〇分程の所に一一七一mの天狗岩がある。いずれも展望がよく、南北に連なる鈴鹿山脈の山並み、滋賀県側の山並みを見渡すことができる。

聖宝寺登山口の鳴谷山聖宝寺は天台宗の開祖・伝教大師最澄の開基とされ、伊勢巡礼三十三箇寺の第二十七番札所となっている。境内は豊富な伏流水による池や鳴滝があり、深い緑の寺叢をなしている。このコースの一合目には冷涼な湧水があり、長命水と名付けられる唯一の水場である。

藤原岳は石灰岩の山塊で、太平洋（旧小野田）セメントの私有地が多く、一九三一年には同社により開通した三岐鉄道とともに藤原スキー場が開業した。戦時中は休業し、戦後、一九五三年に再開されたものの、一九六五年には閉鎖された。現在の藤原山荘は一九八三年に地元有志によって再建され、登山者に休憩所、避難小屋として大いに利用されている（二〇一五年にトイレも建設）。

登路　三岐鉄道終点の西藤原駅から一〇分で大貝戸道登山口、約二時間で八合目、約一時間で山荘を経て山頂。天狗岩は山荘へ戻って北へ約三〇分。下山は山荘から八合目の分岐で聖宝寺道へ下り、約二時間で聖宝寺へ着く。西藤原駅へは車道を二〇分歩く。

地図　二・五万図　竜ヶ岳　篠立

（白木幹司）

藤原岳（いなべ市から）

静ヶ岳　しずがだけ

標高　一〇八九m

三重県いなべ市北勢町と滋賀県東近江市永源寺地区にまたがる。

鈴鹿山脈を縦走する途中で立ち寄る山である。縦走路からやや外れている山で、北の銚子岳とともにこの山を目的とした直登路はない。北鈴鹿第一級の沢といわれる銚子谷を遡行して登ることができる。滋賀県側からは静ヶ谷などからも遡行して登山されている。文字どおり静かな山である。山麓からは三重県側の青川峡から治田峠へ登り、銚子岳を往復してさらに縦走路を進んで登頂。

滋賀県側の廃村・茨川《いばらがわ》についても記しておきたい。伏木貞三の『近江の峠』には、この村の発祥は惟喬《これたか》親王ゆかりの村とあり、記録の上では寛文五年（一六六五）と記されている。江戸時代中期に蛇谷に銀山が発見された。茨川は銀山で栄え、茨茶屋と呼ばれた。川の名前もこの時代に付けられたようである。峠の伊勢側でも同時期に治田鉱山が栄えた。新町とは鉱山の人たちの村であった。一九六六年に茨川が廃村になるまで生活物資や郵便物も新町経由で運ばれており、新町は茨川の拠点となっていた。最盛期は明治以降で、かつては下り藤という売春宿まであったという。

銚子谷は山口温夫の『鈴鹿の山』で「小滝の連続する明るい谷で北鈴鹿屈指のもの、第一級の沢登りが楽しめるものである」と紹介されている。中でも一八mの落差のある銚子大滝が圧巻である。それなりの装備と登山技術が必要。

登路　青川峡キャンプ場を起点に治田峠を経由して往復する。徒渉もあり、往復六時間は見ておきたい。ヤマビルの多い地帯である。（西山秀夫）

地図　二・五万図　竜ヶ岳

竜ヶ岳　りゅうがたけ

標高　一〇九九m

別称　員弁燕　丹生川山

三重県いなべ市大安町と滋賀県東近江市永源寺地区にまたがる。大安町の平地からはどっしりとした立派な山容を望むことができる。

地形は第三紀中新世の準平原の姿をとどめ、隆起準平原地形といわれる。地質は北側が古生層で粘板岩、砂岩、輝緑凝灰岩からなる。南側が花崗岩である。中道と表道の間の孫次郎谷は風化花崗岩のガレ場となっており、鈴鹿最大といわれる。ホタガ谷から北は石灰岩の地質が見られる。頂上の植生は鈴鹿ではめずらしく裸地となっている。ススキ、イブキササなどの草原に交じり、イヌツゲ、タニウツギが生育する。宇賀渓キャンプ場周辺からホタガ谷中腹まではスギ、ヒノキの植林で、若干の二次林が混生する。谷の源流部で落葉広葉樹林が現れる。ホタガ谷にはサンショウウオが生息する。ヤマビルを見ることもある。

竜ヶ岳の謂れは『大安町史』によると、いなべ市石榑南に伝えられる話として「堂屋ヶ淵」の項に「竜ヶ岳の中腹の池ヶ平という、どんな旱魃の時でも水を満々と湛えている不思議な大池があった。江戸時代、旱魃が三年も続いてこの池の水を使うことになった。村中総出でこの池の堤防を切り崩したところ、大雷雨と共に七日七晩流れ、この水で三年ぶりに村中の田植えが出来たという。この時、堂屋ヶ淵が出来た。ある時、樵が蜘蛛が木に糸を掛けて引きずり込むのを見て池ヶ平の竜が入ったものと信じた。以降、日照りが続いて水不足になるとどやの淵に木を伐って投げ込んだ。すると主がその木をだぶ（淵）から流し出そうとして雨を降らせるようになったという。こうして堂屋ヶ淵のある山を竜の住む山という意味で竜ヶ岳と呼ばれるようになったと伝えられている」と紹介されている。古くは雨乞いの山で登拝されたらしいが、現在は山頂にも祠はない。山麓にある白龍神社が名残をとどめる。堂屋ヶ淵は蛇谷と宇賀渓の出合付近にあった。蛇谷の名前は伝説に由来するものだった。

　この池ヶ平のある尾根は遠足尾根と呼ばれる。独標一〇四二m（クラ）の西側にある池ヶ平（池ノ平）の跡を通過するが、現在はぬた場になっている。鈴鹿山脈の伊勢側の尾根は一志断層の故に急崖となって短いものが多い。遠足尾根は東に緩やかに下って、遠望するとササが波打って美しい。稜線上に伐り残された大きなスギの列が、遠くから見ると遠足登山の子供の列に見えることから、遠足尾根といわれるようになったという。ホタガ谷のホタとは湿地、斜面の意味があり、遠足尾根上部のかつての地形を示唆しているようで興味深い。薪にする木の切れ端の榾《ほた》説を唱える人もいる。手前の谷は木端谷といったらしいので、関連がありそうである。

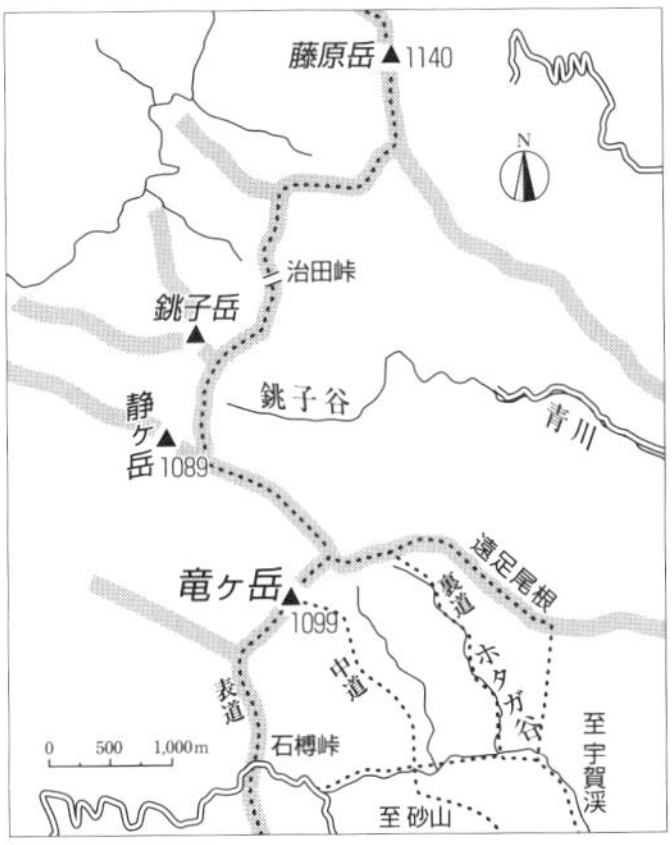

登路　宇賀渓を起点にホタガ谷（裏道）、中道、表道コース、遠足尾根をとることができる。登りにはホタガ谷を行き、表道を下るのが一般的な周遊コースである。五時間程かかる。最短時間なら石榑峠からの往復で登り一時間程である。遠足尾根はヤブが刈り払われ、近年は登山者が増えている。宇賀渓は花崗岩の美しい渓谷で、いくつもの滝が懸かっていて、砂山を経て一周するコースも楽しい。砂山は花崗岩の風化浸食によって生じた露頭である。

　ほかにバリエーション・ルートとしてホタガ谷、蛇谷が沢登りの対象となっている。ホタガ谷は「日本百名谷」の一つで知名度が高い。滋賀県側からは登山道はなく、大井谷がバリエーション・ルートとして利用される。北へ治田峠に向かう縦走路がある。

地図　二・五万図　竜ヶ岳

（西山秀夫）

福王山　ふくおうざん

標高　五九八m

別称　福の山

三重県三重郡菰野《こもの》町といなべ市大安町の境にまたがる。鈴鹿山脈中部の三池岳から東に派生する尾根の東端に隆起する山である。主稜線にくらべて標高は一段と低く、前衛の山である。北勢の平野からは丸い山容が親しまれ、独立峰のように見える。

　南東面の標高三六九mの中腹に福王神社があり、古来から商売の神様として東海地方各地の信仰を集めている。境内には樹齢二百年の大杉が立ち、千年を超える老杉が天を突く。山名は福王神社の七福神の一つである毘沙門天をご神体として祀る影響を受けたといわれる。毘沙門天は仏法の守護神であり、神社に祀るのは神仏習合の古い歴史を物語っている。

山頂付近のみわずかに雑木があるが、植林が育って展望には恵まれない。中腹を東海自然歩道が通じている。一帯は国有林で、全山植林されて自然味に乏しい。

登路　福王神社の裏から奥社本殿への参道（登山道）が山頂へ延びており、入り口には布袋の石像が立つ。参道には七福神が並んでいる。スギ木立の道を標高差で二〇〇m、二〇分程急登すると、左右に分かれる地点に出る。左は奥社本殿に行く。山頂へは右にとり、踏み跡程度の道を一〇分程行くと天狗の踊り場と呼ばれる山頂に着く。

（木村　清）

地図　二・五万図　竜ヶ岳

釈迦ヶ岳　しゃかがたけ　標高　一〇九二m

三重県三重郡菰野《こもの》町と滋賀県東近江市永源寺地区にまたがる。三重県側の南面は朝明《あさけ》渓谷として古くから開発されてきた。バスが近鉄湯の山線菰野駅から運行され、終点には大きな駐車場も整備されている。登山基地として山小屋、バンガロー、キャンプ場など宿泊施設も整い、車で直接乗り入れることができる。

本流の朝明川から幾筋もの谷が食い込む。その中の庵座谷は山頂へ直接突き上げて急峻な地形を見せている。中間に庵座の滝が懸かっている。この谷は変化が多く、短時間で登ることができるので代表的な登山コースとなっている。一帯は風化花崗岩の脆弱な地質のため大きなガレが発達していて、大蔭と呼ばれる。滋賀県側は神崎川に大小の谷が流れ込むなだらかな地形となっている。中でも赤坂谷は中腹までは滝やナメが随所にあり、沢登りを楽しむことができる。稜線と並行して南行すると緩斜面の渓相となる。滋賀県の造林事業で段々減りつつあるが、まだ雑木林が残り晩秋の黄葉がすばらしい。赤坂谷の源頭から山頂付近にかけてブナ、ミズナラ林が残る。このほか松尾尾根は名のとおりアカマツ林が発達した尾根、ツツジ林も多く、ベニドウダン、ゴヨウツツジ、サラサドウダン、ホンシャクナゲ、ホツツジ、ミツバツツジなどが混生している。太平洋側と日本海側の入り混じった型の鈴鹿山脈屈指の豊富な植物相を誇っている。

山名は、釈迦の寝姿に似ていることから付けられたといわれる。

登路　本文中の庵座谷コースを登りにとると、渓谷美を楽しむことができ、約三時間で登頂。下山はハト峰峠経由で稜線の様々な植物と眺望を楽しみながら下る。ハト峰峠には珍しい湿原が見られる。約三時間で下ることができる。短時間で下山するなら松尾尾根経由で一時間三〇分程。

（林　芳広）

地図　二・五万図　御在所山

国見岳 くにみだけ

標高　一一七〇m

別称　国見山　鳥井戸山　観州嶺

三重県三重郡菰野《こもの》町と滋賀県東近江市永源寺地区にまたがり、主峰・御在所山の北北東に位置する。

山名は、為政者が自己の支配する領地を見渡し安堵した「国ぼめの山」に由来するものと思われる。ただ当時、国見岳が現在の御在所山、釈迦ヶ岳など、どの山座を指していたかは諸説があり、定かではない。国土地理院の作成にかかる地形図には、編集上の問題点、地方自治体地名調書の不記載などによるものであろうか、この山座に国見岳の山名の記載はない。とはいうものの、山の中腹に幻の寺院として謎の多い三岳寺跡を抱き、山頂付近には原始宗教、巨石信仰の対象としてあがめられたであろう天狗岩、ゆるぎ岩、石門などの奇岩巨石を有する興味尽きない山である。とくに南面ガレ場付近からの藤内壁、伊勢湾方面の眺望は圧巻である。

登路　菰野町湯の山から藤内小屋を経由して三岳寺跡を巡り、国見岳に登頂する国見尾根コースが代表的である(湯の山から往復約五時間)。そのほか国見峠を経るコースがある。

地図　二・五万図　御在所山　(萩　徹)

御在所山 ございしょやま

標高(最高点)　一二一二m

別称　菰野山　御在所ヶ岳　御在所岳　御岳山

三重県三重郡菰野《こもの》町と滋賀県東近江市永源寺地区および甲賀市にまたがる。霊仙山から油日岳に至る南北約五五km、東西約二〇kmに及ぶ鈴鹿山脈にあって、標高こそ第三位ながらも、その堂々たる山容から鈴鹿山脈の中央部に座す盟主であり、展望のよさからも親しまれている。一九六八年に鈴鹿国定公園に指定されている。

地形的に見て日本海側と太平洋側の地勢、気象などが交錯し、入り混じる位置にあることから、多種多様の生物を育んでいる。名古屋市の本草学者・伊藤圭介、大垣市の町医者・飯沼慾斉らは安政五年(一八五八)の五月に菰野山登山を果たしている。この時は本格的な植物の調査であった。現代では環境省の調査でツツジ科、カエデ科の種類が多いことが知られているが、イワザクラ、イナモリソウ、コモノギクの産地としても有名である。また、御在所山東面の藤内壁には蘚苔類の群落がある。アカヤシオ、シロヤシオなどに交じってヒメモチ、チャボガヤ、ハイイヌガヤなど日本海側の斜面に分布の中心を持つ種が生育する、重要な地域と報告されている。

山名の由来は、垂仁天皇の皇女で伝説上の人物とされる倭姫命《やまとひめのみこと》が、山頂付近に天照大神《あまてらすおおみかみ》の霊を仮安置した屯宮、御在所(みあらか)を設けたとする、地元説が有力であろう。国土地理院作成の地形図にも「御在所山」と記名がなされている。原始的巨石信仰、御嶽信仰など宗教的色彩の濃いこの山塊を「山」と称したことは、多分に畏敬の念が込められたものと判断してよかろう。

地質は全山、ほぼ花崗岩からなり、露出した巨石が随所に見られる。鈴鹿山脈の東側には一志断層が走っており、三重県側の急峻な地形が特徴である。とくに中腹北面の「藤内壁」は、急峻で荒々し

御在所山(中央)と国見岳(右)
(三重県側山麓から)

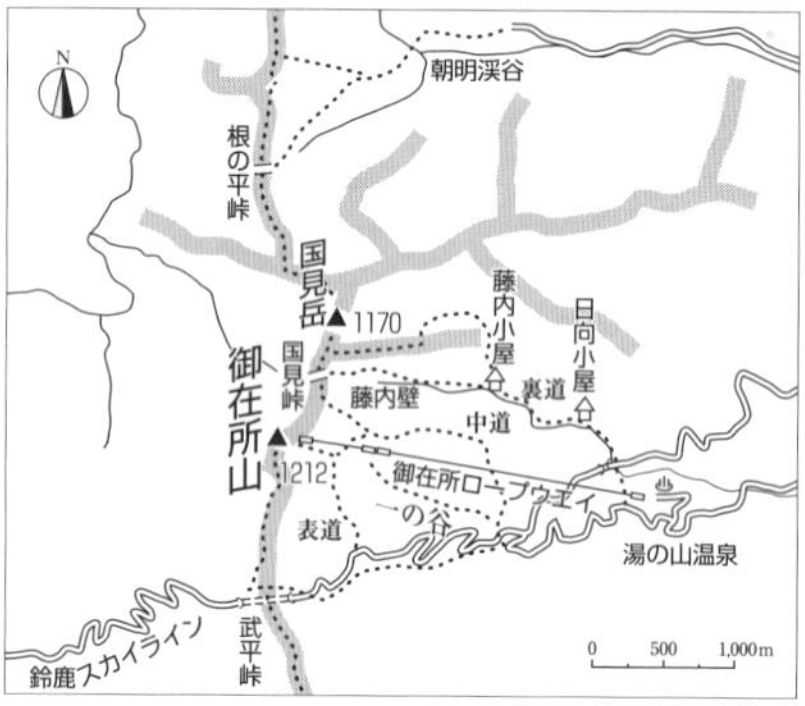

く、硬い岩壁を構成しており、先鋭的クライマーたちの「岩の道場」として古くから知られている。藤内は猟師の名前といわれる。

藤内壁の登攀の歴史を遡ると、昭和初期に中京山岳会の熊沢友三郎や名古屋山岳会の跡部昌三らが開拓を始め、一九三九年に名古屋山岳連盟(現愛知県山岳連盟)の「北谷道場」が完成してからは盛んに開拓が進んだ。戦後になって鈴鹿の岩稜会の石岡繁雄らが加わる。一九五〇年になると愛知県で第五回国民体育大会が開催されたが、山岳競技はこの藤内壁で初めての岩登りコースを採用して行われた。『山と溪谷』第一二七号の座談会で熊沢は「鈴鹿の藤内壁を広く全国の岳人に見てもらうため」と語るが、そのねらいは当たり、以降、全国的にあまねく知られるところとなった。東海地方屈指のロッククライミングのゲレンデとして岩登り講習会が開催され、多くのアルピニストを育ててきた。日本人初のヨーロッパ・アルプスの三大北壁を登攀した高田光政、ヒマラヤ男と呼ばれた加藤幸彦がよく知られる。北谷道場は第五回国民体育大会を契機に北谷小屋と改称された。一九六三年に大修理、一九七一年の台風で災害に遭い、翌年再建された。藤内壁とともにある小屋といえる。一九五六年の日本山岳会のマナスル初登頂は登山熱を高め、登山人口が激増した。岩場での遭難事故も増えて、東海地方では一番死亡事故の多い山である。遭難救助訓練、確保技術講習会も開催され、第一級のゲレンデとしていまも光彩を放っている。

同山の山腹東面を起点として下る水流は、朝明川、三滝川、内部川の源流をなし伊勢湾に流れ込み、南面は野洲川支流・松尾川、北面は琵琶湖に至る愛知川支流・水晶谷の源流をなしている。

同山の南側に位置し、鋭く屹立する鎌ヶ岳にくらべてたおやかで、泰然自若、堂々たる風格を持つ山として親しまれている。丸みを帯び、緩やかな曲線を描く山頂付近は、スキー場、レストラン、遊園地、俳人・山口誓子の句碑などがあり、御在所山上公園となっている。

三重県側登山口の湯の山温泉から山頂までロープウエー、山頂から西峰まではリフトが設置されている。四季を通じて岩登り、沢遡行、縦走、ハイキング、観光などオールラウンドの安全な山である。

登路　代表的な表道コースは急登で、約四時間三〇分。中道は難所が多いが眺望はよい。裏道は平成二〇年(二〇〇八)の集中豪雨で中流域が流失した。藤内小屋、日向小屋も倒壊したが、自衛隊、地元を中心に登山団体などのボランティア活動により登山道は新たに整備された。また、二つの小屋も営業を再開している。藤内壁の眺望がよい。一ノ谷新道は急登であるが、短時間で登ることができる。約四時間一〇分。武平峠道は急登であるが、背後に鎌ヶ岳の眺望がよい。鈴鹿スカイラインを利用すれば、武平峠などからもっとも短時間で登ることができる。そのほかに前尾根などの登攀ルートや沢登りコースも多く開拓されている。

地図　二・五万図　御在所山

（荻　徹）

雨乞岳　あまごいだけ

標高　一二三八m

別称　白倉岳　藤切岳

滋賀県東近江市永源寺地区と甲賀市土山町の境界にある。鈴鹿第二の高峰で、御在所山の西方に重量感と風格のある山容を誇っている。山名の由来については、山頂に「大峠の沢」という池があって、この池が水源の象徴として下流域の農民により雨乞い登拝が行われ、自然に雨乞岳と呼ばれるようになったといわれる。

雨乞岳の東には東雨乞岳（一二二六m）があり、雨乞岳にくらべると開放的な山頂で、東側の展望がよい。

鈴鹿では奥深い山で、神崎川の水源をなし、ホンシュウジカやニホンカモシカが生息している。また、マムシやヤマビルなども多く注意が必要である。

登路　東近江市甲津畑町からフジキリ谷を杉峠に出て、この峠から南に登ると雨乞岳である（約四時間三〇分）。

武平峠より沢谷峠の東にある無名の峠を越えてクラ谷を登り、七人山との鞍部に出て、東雨乞岳から雨乞岳へ登る。アップダウンが相当あり楽ではない（約四時間三〇分）。両方とも登山道はしっかりしている。ほかにも登山道があるが、道が荒れている。

地図　二・五万図　御在所山

（松下征文）

銚子ヶ口　ちょうしがぐち

標高　一〇七七m

別称　銚子ノ口　銚子岳　佐目岳　姫ヶ滝ノ頭

滋賀県東近江市永源寺地区杠葉尾《ゆずりお》町の南、神崎川の西に位置する。『神崎郡志稿』には山名に佐目岳を記しているが、一部に銚子岳も見られる。山名の銚子ヶ口は、旧制第三高等学校時代の今西錦司が杠葉尾で山名を採録したことから定着したといわれているが、銚子ヶ口と呼ばれるようになった確たる根拠は不明である。

登路　東近江市杠葉尾町の神崎橋西三〇〇mの所に登山口がある。北尾根の横を登り、須谷川源流をつめて山頂へ至る（約二時間三〇分）。

ほかに須谷川をつめる。神崎川から風越谷をつめる。神崎川から下谷尻谷、北谷尻谷をつめる。佐目子谷から拝坂尻、小峠、水舟ノ池を経て大峠から尾根を辿る。杠葉尾から庭戸山、黒尾山、標高点一〇一六mを越えて西峰から登る。杉峠からイブネ、銚子、深谷山、フナクボ、大峠を経て山頂へ至る。以上、登山者に歩かれている登路は数多くあるが、いずれも踏み跡程度で、読図力と経験が必要。

地図　二・五万図　御在所山　竜ヶ岳　日野東部　百済寺

（礒部　純）

カクレグラ　標高　九九〇m

別称　水谷岳　水谷ヶ岳　牛ヶ額山

滋賀県東近江市永源寺地区の永源寺ダムの南、佐目子谷西に位置する。『神崎郡志稿』には山名を「水谷ヶ岳」とあるが、地元ではカクレグラと呼んでいる。その名のとおり、山頂付近に樹木に隠された嵓《くら》のような岩壁があって、それを表現したといわれているが、その岩がどれを指しているのか定かでない。

登路　永源寺ダム湖佐目子谷広場、または佐目集落から八風街道を三〇〇m東に歩き、送電線巡視路を利用して登り、水呑ヶ岳（七四〇m）を越えて北尾根から山頂へ至る（約三時間）。

佐目若宮八幡宮横から樋ノ谷沿いの道を遡り、右岸の送電線巡視路から標高点七四一mを経て北尾根へ登る。水呑ヶ岳への尾根を登ってもよい（約二時間四〇分）。

佐目若宮八幡宮横から樋ノ谷沿いの道を送電線が横切る所まで遡り、左岸の巡視路を標高点七四六mへ登る。送電線鉄塔から標高点七四七mを越えて西尾根を登り山頂へ至る（約三時間二〇分）。佐目トンネルの上の尾根を南西へ登り、入道ヶ原を越えて標高点七四六mから西尾根を登り山頂へ至る（約四時間）。

藤切谷林道を歩き杉峠へ登る。杉峠から杉峠の頭、標高点一〇八四m、タイジョウ、標高点九一二m、標高点九六二mを越えて南尾根を歩き、山頂へ至る（藤切谷旧林道入り口から約五時間）。

東近江市甲津畑から林道を東へ向かい、林道を横切る送電線の位置から渋皮に下り谷を北へ渡り、送電線巡視路を登る。尾根に乗ったら標高点七四七mを越えて、東へ尾根を登ると山頂へ至る（林道から約二時間一五分）。

東近江市甲津畑から林道を東へ向かい、旧藤切谷林道分岐から橋を渡って、谷右岸の林道終点から向平谷を登り、左俣をつめると山頂へ至る（藤切谷旧林道分岐から約二時間三〇分）。

以上のルートはいずれも踏み跡程度で、しっかりした登山路はない。

地図　二・五万図　日野東部　御在所山　（礒部　純）

綿向山　わたむきやま　標高　一一一〇m

滋賀県蒲生郡日野町と甲賀市との境に位置し、鈴鹿山脈の主峰・御在所山から西に派生する尾根上にある。近江盆地に接して古来農耕の民から山岳信仰の対象としてあがめられ、地元日野町のシンボル的存在の山である。日野町は養蚕の栄えた土地であり、糸に紡ぐ「わたつむぎ」から転訛したのが山名とされる。

麓の日野町にある綿向神社の奥社・大嵩神社が頂上にあり、参道が登山道としてよく整備されているので歩きやすい。

頂上から東はさえぎる樹木がなく、鈴鹿山脈から伊勢湾まで大パノラマが広がる。

登路　登りは一五〇〇年程前から参道に利用されている表参道コースを勧める。案内板が立っている登山口から北畑林道終点に入り、山道を電光形に登ると五合目避難小屋に着く。行者堂から金明水の水場を過ぎると頂上は近い。頂上一帯はかなり広く、大嵩神社の祠、展望板、地元青年団の立てたケルンがある。ここから北に竜王山、南に水無山へ縦走すれば充実感があろう(登り約二時間)。

地図　二・五万図　日野東部

(川見博美)

竜王山　りゅうおうざん

標高　八二六m

別称　竜王岳　三峰山　葛山　雨乞岳　飛来峯　沼辺山　大慈山

滋賀県蒲生郡日野町にある。鈴鹿・布引山脈の一峰で、日野川の源頭をなし、綿向山などとともに日野七山の一つに数えられる。綿向山の北西支稜に相当し、台地状の山頂には山の神が祀られ、古くより雨乞い信仰の対象となっている。山名の竜王は雨乞いにちなむ水の神に由来し、南西の山麓には国宝十一面観音が安置されている天台宗西明寺がある。別称の「飛来峯、沼辺山、大慈山」などの仏式の名称は、この西明寺に関係するものとされる。

登路　西明寺から南麓の水木林道を進み、山頂直下から北側へ急坂を登るルートがもっとも一般的であるが(西明寺から約一時間)、水木林道終点(奥の平)から綿向山北尾根に取りつき、縦走路を経て山頂に達することもできる(林道終点から約一時間三〇分)。綿向山からは縦走路を使って容易に到達できる(綿向山山頂から約一時間三〇分)。

地図　二・五万図　日野東部

(若林忠男)

鎌ヶ岳　かまがだけ

標高　一一六一m

別称　冠ヶ嶽

三重県三重郡菰野《この》町と滋賀県甲賀市土山町にまたがる。山頂から南へ二〇分下った岳峠は、三重県四日市市にもかかっている。

鈴鹿山脈の中でもとくにアルペン的な山容で人気が高く、よく知られている。登山者には「鈴鹿の槍ヶ岳」とか「マッターホルン」などと愛称されている。御在所山の山頂には、北から見て詠まれた山口誓子の俳句「雪嶺の大三角を鎌と呼ぶ」の句碑がある。

地質は花崗岩で風化が進み、現在でも崩壊がつづく。足場の脆弱さが災いしてクライミングには不向きだが、一般登山者には尾根、沢の幾通りものコースをとることができて、鈴鹿一の人気を保っている。花崗岩の沢特有の美しい水の流れに沿う登山道は、鈴鹿でも随一のものである。北から見ても南から見ても均整のとれた三角錐だが、山名の「鎌」は東の一角から均整が壊れて湾曲した形に見えるところに由来する。諏訪社の薙鎌説や近江側の人名説などあるが、やはり見たイメージではないかと思われる。

植生は、山麓はほかの山と同様に人工林が占める。岳峠の南東斜面一帯(六ha)はブナの自然林が広がる。表日本側のブナ・スズタケ群集である。ほかはミズナラ、オオイタヤメイゲツ、オオカメノキの混交林となっている。鈴鹿国定公園の中にあり、県指定天然記念物として保護されている。ツツジ科のシャクナゲ、アカヤシオ、シロヤシオなど花の咲く時期はすばらしい。

登路　多くの登山口があるが、代表的なコースは湯の山温泉からの長石谷、岳峠コースである。いずれも約三時間かかる。ほかに南の宮妻口から北の武平峠からの稜線をつたうコースもある。武平峠からが最短コースで、四〇分程で登ることができる。
地図　二・五万図　御在所山　伊船

（白木幹司）

水沢岳　すいざわだけ

標高　一〇二九m

別称　宮越山　冠山

伊勢平野を流れる内部川最奥の山で、三重県四日市市と滋賀県甲賀市土山町の県境に位置する。鈴鹿の主稜線の入道ヶ岳と鎌ヶ岳の間にあり、縦走路のピークの一つとして登られている山である。一〇〇〇mを超す山としては最南端の山である。

山名は、古くから物資や人の多くの交流があった水沢峠を越えていく時に仰ぎ見る、近くの山として水沢岳が一般化したものと思われる。地形図には「宮越山」と表記されていたり、点標名が「冠山」であったりと、定着した名称がない。北にある鎌ヶ岳が鋭鋒としてあまりにも際立っている上、標高もさらに低いこともあり、不遇な扱いを受けている山である。しかし、実際は堂々たる山容を構え、登山ルートもバリエーション・ルートを含めて五本はあり、登山価値は劣らない。バリエーション・ルートでは元越谷左俣を遡行して県境稜線に達し、水沢岳の山頂を踏むコースが鈴鹿らしい雰囲気を味わうことができる。宮妻渓谷の奥の院として、もっと注目されてもよい鈴鹿の山の一つである。

地質は滋賀県、三重県ともに花崗岩である。風化が著しく崩壊が進んでいる。山頂前後のザレ場の通過には細心の注意が必要である。
登路　宮妻峡から水沢峠経由で北上するか、鎌ヶ岳の岳峠経由で南下するルートがある（宮妻峡から約二時間）。
地図　二・五万図　伊船

（山中保一）

入道ヶ岳　にゅうどうがたけ

標高　九〇六m

鈴鹿山脈南部の水沢峠の南から南東に張り出したイワクラ尾根の上に座す山である。

三重県鈴鹿市の北西に位置する。入道ヶ岳の北には宮妻峡、南には小岐須峡が山を深くえぐっている。また、山麓の東には椿大神社があって、いまなお多くの信仰を集める。山頂は平で広くササ原となっており、展望がよい。山頂は鳥居の建つ三角点、北の頭、椿大神社の奥宮を祀る最高点の三つのピークからなる。鈴鹿山脈の主稜から離れている前衛峰のため、伊勢平野や伊勢湾を俯瞰するにも、南北に連なる山脈の展望にも優れる。交通アクセスがよく、比較的手軽に入山できるため、登山入門の山として数多くの登山者に親しまれている。山頂の西側にはアセビの群落がある。
登路　登山道は椿大神社《つばきおおかみやしろ》からの井戸谷コース、北尾根コースが代表的である。どちらも二時間程である。ほかに二本松尾根、池ヶ谷、イワクラ尾根などと多彩なコースの設定ができるので、変化に富んだ山歩きができる。
地図　二・五万図　伊船

（中村庸男）

宮指路岳　くしろだけ

標高　九四六m

滋賀県甲賀市土山町と三重県鈴鹿市の境界に位置し、鈴鹿縦走路の仙ヶ岳を北上した所にある。

標高の九四六mをクシロと語呂合せした当て字による命名で、新しい山名である。山名についての考察が『鈴鹿の山と谷(5)』(西尾寿一)に詳しい。一部引用する。「宮指路は標高と同じでクシロは九四六mを表している。これは京都市交通局山岳部の伊藤潤治氏と鈴鹿源流会の鈴木正一氏の合作とみてよい。この間の事情は鈴鹿源流会の会報によってくわしく知ることができる」。

登路　縦走路のほかに、三重県側からヤケギ谷道がある。大石橋からヤケギ谷に入り、急登して東峰(三体峰)へ出る。宮指路岳へは約一五分。登山道はしっかりしている(約二時間)。

滋賀県側は、野洲川ダム上流の大河原橋を渡り、猪足谷から無線中継所まで車で入り、小岐須峠(大峠)に出て南下する(約五〇分)。

地図　二・五万図　伊船

(松下征文)

サクラグチ

標高　九一九m

別称　北岳　奥足谷山

滋賀県甲賀市の野洲川源流域のダム湖南東側の尾根上にある。鈴鹿主脈の宮指路岳北方から派生する支脈のピークで、この付近では比較的標高があるため、一部で注目されている山である。

山頂部は東西に長く、草地と植林地が混在しており、シカ道が随所に交錯している。地質は脆い花崗岩帯で、一部で山抜けがあって大雨の折、崩れて渓を埋めることがある。

水系は野洲川とその支流・鰔《うぐい》川とに挟まれた部分で、ほかの山域と明確に区分される。

山名は地元民からの採名といわれるが根拠は不明であり、別称はさらに安定性を欠く。かつて尾根筋に歩道があったが、現在はかなり茂っている。

登路　大河原から支尾根に取りつきシカ道を使う以外になく、尾根筋には踏み跡がある(約二時間)。

地図　二・五万図　土山　伊船

(西尾寿一)

仙ヶ岳　せんがたけ

標高　九六一m

別称　仙家岳

三重県鈴鹿市、亀山市と滋賀県甲賀市土山町にまたがり、北に宮指路岳を経て水沢岳、鎌ヶ岳に山脈を通じ、東は仙鶏尾根を挟んで野登山に連なっている。

山名は、いまから約一〇〇〇年前に僧仙朝が修験道場として鶏足山(野登山)に野登寺を創建、奥の院であった仙ヶ岳で入定(断食して生命を断つこと)したことが、仙ヶ岳(仙ノ石)の名に由来するとされている。

山頂は東西二つの峰に分かれ、西峰が仙ヶ岳山頂、東峰が仙ノ石と呼ばれている。遥か北方の鎌ヶ岳や入道ヶ岳から遠望すると、この東西に分かれた双耳峰は山の特徴を際立たせ、登山者の明確な山座同定を可能にしている。また山頂は狭く、ツツジ科の灌木とササ類が繁茂し、花崗岩が重なり合っているが、眺望は広く開け、周囲の宮指路岳、野登山、入道ヶ岳はいうに及ばず、遠くの鎌ヶ岳の穂先、御在所山、雨乞岳等々を一望に見渡すことができる。

登路 石水渓谷登山口より白谷の渓流沿いに登り、吊り尾根鞍部を経て西峰山頂へ(往復約五時間)。ほかに小岐須渓谷から仙ヶ谷本流をつめ、小社峠を経て宮指路岳からの尾根を進み西峰山頂へ(往復約五時間)。

地図 二・五万図 伊船

(佐野武士)

野登山 ののぼりやま

標高 八五一m

別称 鶏足山《けいそくさん》

三重県鈴鹿市と亀山市にまたがる。三重県と滋賀県の県境上に座す仙ヶ岳の東につづく、通称仙鶏尾根上の山である。「仙鶏」とは仙ヶ岳の「仙」と鶏足山の「鶏」に因む。

山名の由来は、山頂近くの寺が広野(伊勢平野)を行き尽くして山上に登るという意味から野登寺《やとうじ》と名付けられ、そのまま山名となった。別称の「鶏足山」は元々の山名で、平野部に向かって鶏の足のように尾根が広がる様から鶏足山と名付けられたとする説もある。

鶏足山野登寺は、延喜七年(九〇七)、醍醐天皇の勅によって僧仙朝が開創したと伝えられる真言宗の古刹である。豊臣秀吉の亀山攻めによって全山焼失したが、本堂は慶長六年(一六〇一)に再建され、庫裏、鐘楼は貞享元年(一六八四)に再興されたと伝えられる。ただし、現在の建造物はすべて江戸後期以降に再建されたものである。一九九八年秋の台風で、樹齢数百年という老杉の多くが倒れて、寺も甚大な被害を受けた。その修復のために残ったスギもかなり伐採されて往時の姿はない。残された巨杉によすがを偲ぶのみである。境内には一九五六年に三重県が天然記念物に指定した約四haのブナ林があるが、台風による被害はなく、ブナ、ミズナラ、モミなどの混交林で、太平洋側の典型的なブナ林となっている。生息する野鳥も多く、訪れる者を楽しませている。一帯は鈴鹿国定公園の区域に入っている。

山頂は三角点の置かれた東峰と、マイクロウエーブ中継所のある西峰に分かれる。西峰がわずかに高く、麓から林道が通じている。野登寺は西峰の南に位置する。

登路 北面では小岐須渓谷からの一之谷のコースがよく利用される。駐車場から山頂まで約二時間四〇分かかる。南は坂本から野登寺を経て二時間程。ほかに仙鶏尾根の縦走コースもよく歩かれている。

地図 二・五万図 伊船

(石田文男)

三子山 みつごやま

標高 五六八m

別称 三児山 三箇山 三神山 三高山 三向山

三重県亀山市と滋賀県甲賀市土山町にまたがる。三子山は鈴鹿峠から北の稜線上に位置し、三つの同形の峰が南北に並んでいることから、古くから「みつご」と呼ばれてきた。伊勢、近江のどちら側からでもそれと分かる特徴のある山容をしている。『日本山嶽志』は本編で「鈴鹿山」として紹介しており、様々な別称を並べている。本稿に挙げた別称の「三箇山」、「三神山」はよしとしても、高畑山を最初に挙げたのは「この山を鈴鹿山に混同せり」と補遺で述べて訂正している。そして、三子山と独立して掲載してあった。由来は本編に「三箇山ノ名ハ、今三峰並ヒ峭テ空ヲ凌ゲリ、故ニ美都呉山ト名ツク」とあって明快である。

ちなみに北の五六八m峰が最高点でⅠ峰であり、中峰をⅡ峰、南峰をⅢ峰と呼んでいる。とくにⅢ峰には現在でも注連縄《しめなわ》の懸かる磐《いわ》座《くら》があり、古代から信仰の対象とされた山であり、坂下や山女原、大広など周辺の集落からの登路もあった。しかし、現在は鈴鹿峠から四方草山《しおそやま》を結ぶ稜線の道が一般的である。なお、かつてはカヤで覆われていたようだが、いまでは雑木に変わり、Ⅰ峰の山頂部を除いて展望は望めない。狭い山頂であるが、綿向山、雨乞岳、安楽越、能登ヶ峰、仙ヶ岳、野登山と、鈴鹿の中南部の山並みを見渡すことができる。琵琶湖方面の北西部の展望もすばらしい。

登路　亀山市関町坂下を起点に片山神社から鈴鹿峠に登り、東海自然歩道を歩き、分岐から県境縦走路を東へ九〇度曲がる。三子山Ⅲ峰までは一時間、さらに三〇分でⅠ峰に着く。Ⅲ峰の磐座は縦走路から離れているので、立ち寄っておきたい。

地図　二・五万図　鈴鹿峠

（山中保一）

鈴鹿峠　すずかとうげ

標高　約三八〇m

別称　須受我嶺　栖鹿

三重県亀山市関町と滋賀県甲賀市土山町との境をなす。地形的には三重県側は急峻に落ち込むが、滋賀県側は緩やかに傾斜する。旧東海道の要衝で、七世紀には逢坂・箱根と並ぶ三関の一つ、鈴鹿関が置かれた。鈴鹿の地名はスズタケが密生していることに由来する。峠の付近には田村神社の旧跡やその昔、山賊が旅人を襲うために利用したと伝えられる鏡肌岩がある。『今昔物語集』巻二九には、鈴鹿峠を根城にした八〇人余の山賊たちを、蜂を飼う水銀商人が退治する話が書かれている。

鈴鹿峠付近の山は古くから総称して鈴鹿山と呼ばれ、多くの歌に詠まれた。『新古今和歌集』にある西行の歌「すずか山浮世をよそにふりすてていかになり行く我が身なるらん」は有名である。また、峠を境にして近江側と伊勢側の天候の変化が著しいことから、「坂は照る照る鈴鹿はくもる　あいの土山雨がふる」と、鈴鹿馬子唄に歌われている。

登路　現在、峠下にはトンネルが掘られ国道一号が通っているが、峠下にある片山神社から鏡肌岩のある峠上部まで旧東海道がそのままの形で残されており、登路として利用できる(片山神社参道入口から約四〇分)。また、県境尾根の縦走路(小径)を利用しても到達できる(高畑山から約一時間、三子山から約四〇分)。

地図　二・五万図　鈴鹿峠

（若林忠男）

高畑山　たかはたやま　標高　七七三m

別称　高旗山　高畠山

鈴鹿峠の西方約一・五㎞に位置し、滋賀県甲賀市甲賀町、土山町および三重県亀山市関町にまたがる。全山ほぼ花崗岩質で、山頂は東西の二峰に分かれる。二等三角点は東峰にあり、山頂は草原である。山名の由来は、「高所にある畑」あるいは「焼畑」によるとの説がある。

登路　鈴鹿峠から滋賀、三重県境の尾根づたいに登山路がある。いわゆる南鈴鹿縦走路で、よく踏まれた小径が西南西の油日岳までつづいている。なお、途中にナイフリッジの危険箇所がある（鈴鹿峠から約一時間）。逆縦走の場合は、南側の神《かむろ》大滝林道の坂下峠（塩馬越）から取りつけば、溝干山を経て山頂に達する（坂下峠から約一時間）。そのほか北方の熊野神社からの林道をつめ、ナイフリッジ付近の鞍部から山頂に達するルートもあるが、部分的に不明瞭な所もある（熊野神社から約一時間三〇分）。

地図　二・五万図　鈴鹿峠

（若林忠男）

那須ヶ原山　なすがはらやま　標高　八〇〇m

別称　奈須ヶ原山　那須ヶ嶽　那須ヶ原

滋賀県甲賀市甲賀町と三重県亀山市関町にまたがる。鈴鹿峠から油日岳に至る、いわゆる南鈴鹿縦走路のほぼ中間に位置し、この山域における最高峰である。山体はおおむね花崗岩質であるが、山頂付近は粘板岩および砂岩からなる。三等三角点のある山頂は県境主尾根（縦走路）から西側へ約五〇m入った地点で、ここに山麓の甲賀町神《かむら》にある大鳥神社の奥社にあたる那須ヶ原神社の祠と半地下の参籠所が造られている。

山名はこの神社の創建に由来する。北側山麓の那須の谷の出合付近には「参詣橋」なる名称も残っており、現在も地元民による参詣がつづけられている。

登路　大原貯水池方面から不老谷林道を進み、参詣橋から黒部滝を経由するルート（表参道・参詣橋から約一時間）と櫟野《いちいの》川に沿う林道を終点までつめ、西側から尾根に取りつくルート（裏参道・深山口から約二時間）がもっとも一般的で、登山道も小径ながら良好である。そのほか県境主尾根を鈴鹿峠方面から南下し、坂下峠から取りつくルート（坂下峠から約一時間三〇分）や逆に油日岳方面から北上し、山頂に至るルート（油日岳から約一時間三〇分）などがあるが、いずれもガレ、キレット、ナイフリッジなどの難場があり、経験者向きである。

地図　二・五万図　鈴鹿峠

（若林忠男）

油日岳　あぶらひだけ　標高　六九三m

別称　油日山

鈴鹿峠の西南西約六㎞に位置し、滋賀県甲賀市甲賀町と三重県伊賀市にまたがる。全山ほぼ花崗岩よりなり、山頂には岳大明神が祀られている。

山名の由来は、油日岳の山頂に大明神が降臨し、油の火のような大光明を発したため油日の名が付けられたという。山頂は狭く、山頂から派生する痩せ尾根は五本に分かれ、急崖をともなって油日川、倉部川に落ち込んでいる。なお、油日岳は山麓にある油日神社の御神体で、現在も地元民による岳参籠が行われている。

登路　油日神社から油日川沿いに河内林道を終点まで進み、北側の谷から県境尾根に取りつくルートがもっとも一般的で、地元の岳参籠にも使われている(油日神社から約二時間三〇分)。そのほか山頂の南西部を流れる倉部川左俣の三馬谷から県境尾根に取りつくルート、那須ヶ原山方面からの県境縦走路を利用するルート、東海自然歩道のゾロ峠から北上して県境尾根に達し、前記の縦走路を利用するルートなどがあるが、いずれもガレ場やキレットなどがあり、踏み跡は明瞭であるが難路である(那須ヶ原山から約一時間三〇分)。

地図　二・五万図　鈴鹿峠　(若林忠男)

錫杖ヶ岳

しゃくじょうがたけ　標高　六七六m

別称　雀頭山

三重県津市芸濃町と亀山市関町にまたがる。布引山地北端の山である。花崗岩からなる頂上部分が槍の穂先のように鋭く突き出ており、標高のわりに遠くからでも同定できる。古くは修験道や雨乞いの山だったといわれる。山名の錫杖は鋭い山容をいう。山麓から見ても登っても、屹立する感じは同じである。

山麓の芸濃町下之垣内と落合は平家の落人の伝説の残る秘境であったが、ダム湖の錫杖湖ができてから道路が整備され、景観は一変した。頂上は露岩となっており大展望が得られる。

登路　芸濃町下之垣内からAコースとBコースがあり、周遊ができる。登りはいずれも一時間二〇分程。亀山市加太からの道は柚之木峠を経て登り一時間三〇程。途中、鎖場がある。

地図　二・五万図　平松　(村中征也)

霊山

れいざん　標高　七六六m

三重県伊賀市伊賀地区の東端、布引山地の北西部に位置する。山の西側は伊賀の里山という趣であるが、東側は白藤渓谷や灌漑用の大きな田代池を抱いて山深さを感じさせる。

山名の由来はインドの霊鷲山に似ていることからといわれ、古くから信仰の山である。山上には天台宗の開祖・最澄の創建になる霊山寺があったが、織田信長の伊賀攻めで焼き払われたと伝えられる。寺院跡は一九八八年と八九年の発掘調査でその存在が確かめられている。現在の霊山寺(黄檗宗)は西麓にあって、山頂の経塚には金銅製の聖観音立像(延宝三年・一六七五製)が石造台座(永仁三年・一二九五刻銘)上に安置されている。

登路　西側の霊山寺境内からが代表的な道である。一合目ごとに標石が立っている。登りは一時間も見ておけばよい。

地図　二・五万図　平松　(村中征也)

西教山　さいきょうざん

標高　六八二m

三重県伊賀市大山田地区に位置する優美な山容の山である。

大山田地区は東は布引山地で伊勢と境をなし、北は霊山から南下して西教山と連なる山々に囲まれた盆地で、名のとおり水田が地区一杯に広がる風景が美しい。中心部を服部川がゆったりと流れ、西教山は地区全体を見下ろすように悠然と構えている。高さでは笠取山に譲るが、村の人々には朝な夕なに眺める親しい里山である。

大山田には古墳が多いことでも知られるが、寺社も多く、古くから信仰心の篤い豊かな山村だった。宗教めいた山名は当然、山号にちなむ。旧『大山田村史』によると、この山の山頂付近にかつて専称寺なる浄土宗の寺院があった。その山号を西教山と呼んだのである。村史の阿波村小字の地名一覧と絵図を調べると山全体は奥山とあり、その西に西教と書かれている。同寺の沿革については、『寺院明細帳』に「治承年中、村界ノ西教峯南峯ニアリシガ天正ノ兵乱ニ亡ビシヲ三四十年ノ後寛永年中今ノ地ニ移ス、西教ニ遺跡アリ」と記している。また伊勢、伊賀、志摩の三国の地誌『三国地誌』の地図には、西教山の西に「西京寺廃堂址」の書き込みがあった。天正の兵乱では大半の寺が焼けたらしい。現在は平田二〇番地にあるが、無住である。この地に移ってからも焼けたことがあり、小さな山門だけが残されて、往時を偲ぶよすがとなっている。

平成になって山頂付近に千歳の森、わんぱくの森、日中友好の森が整備された。山全体は植林と二次林の入り交じった植生である。登山道の整備はこれからであろう。里山ハイキングの山として整備が待たれる。

登路　かつては里山として縦横に道があったが、地図の破線路はヤブが濃く定かではない。ヤブこぎ覚悟で入山すること。

地図　二・五万図　平松

（西山秀夫）

経が峰　きょうがみね

標高　八一九m

別称　安濃ヶ岳

三重県津市の北西に位置し、同市安濃町、芸濃町、美里町の境にまたがる山である。布引山地の長野峠から東に派生する尾根上にあって、標高では笠取山に次いで高く、山容は堂々と立派で美しい姿をしている。市街から近く、手軽に登ることができ、校歌に歌われたり、ハイキングで多くの人に親しまれている。

経ヶ岳、経が峰という山名は数多くあるが、ここもご多分にもれず、長野家の家臣・近藤左金吾が、父の三十三回忌に写経した大般若経一〇〇巻を山頂に納めたことから経が峰と呼ばれるようになったといわれている。いまでも山頂近くに経塚がある。

山頂には木製の立派な展望台があり、ここからは錫杖ヶ岳をはじめ鈴鹿の山々が、南には松阪市、伊勢市、東には津市、伊勢湾、知多半島、西に青山高原、笠取山と三六〇度の大パノラマを楽しむことができる。

植生は標高七〇〇m付近まではスギやヒノキの植林がされており、日差しが入らず、展望も悪い登山道を歩くことになる。山頂近くに

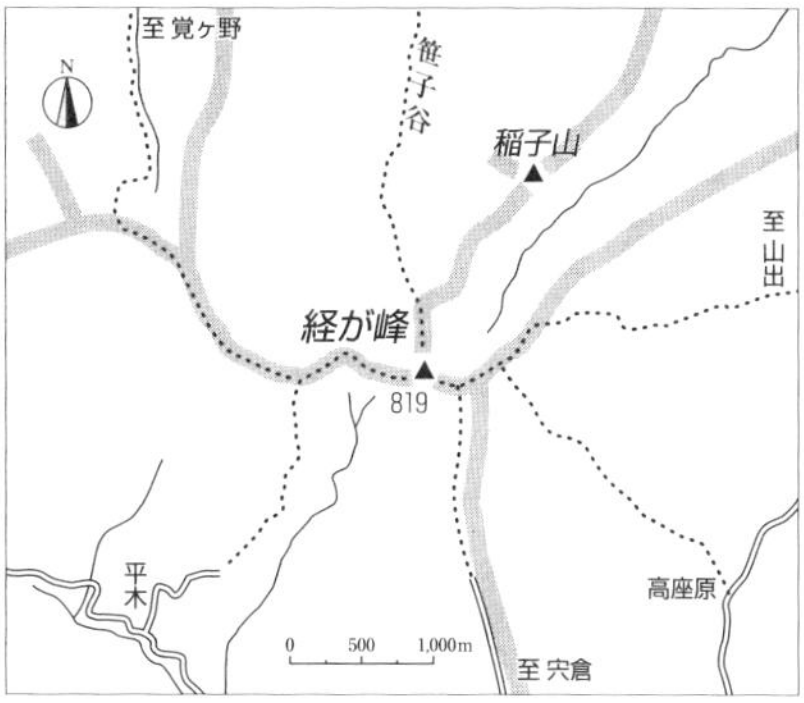

なって、ヤマザクラ、ドウダンツツジ、レンゲツツジ、アセビなどが見られ、山頂はカヤ、クマザサが群生している。

登路　いずれもよく整備されており、芸濃町の覚ヶ野、南之垣外、河内、宝並、安濃町の山出、高野出口、平尾、美里町の高座原、穴倉、細野、平木と四方八方から登山道がある。ほとんどが二時間余りで山頂に達するが、平尾からは林道を車で入れば、一時間三〇分程で登ることができる。なお、山頂直下にあった小屋は二〇〇二年三月に焼失した後、二〇〇三年二月に新設された。囲炉裏のある休憩所となっている。

地図　二・五万図　平松　椋本　（正田　緑）

笠取山　かさとりやま

標高　八四二m

三重県伊賀市大山田地区と津市美里町にまたがる。伊賀と伊勢の国境をなす布引山地の最高峰である。「布引山地」とは、笠取山を主峰として北は長野峠から南の青山峠までの約一〇㎞の山地をいう。

この山は若狭湾、琵琶湖と伊勢湾を結ぶ風の通り道にあたり、強風で知られる。笠取山の山名は昔、旅人がこの地で強風のために被っていた笠を取られたことに由来するという。

南北に細長い帯状の山上には様々な建造物が建てられている。山頂には自衛隊のレーダー基地のほかに、三重県の肉牛育成センター、旧久居市の風力発電事業で建てた風車、各社の無線中継塔が建っている。これらの施設を結ぶ車道が通じているために、簡単に登ることができるようになった。布引山地の南部は「青山高原」の名称で一般に知られている。かつては国道一六五号の青山トンネル西からレーダー基地手前まで稜線づたいに有料道路が通じていたが、現在は無料開放されている。東海自然歩道が高原を縦断しており、休日には訪れるハイカーでにぎわう。

四季を通じて歩かれているが、春はアセビの小花、初夏はミツバツツジ、モチツツジ、レンゲツツジが山上を紅く染める。秋はススキの穂が風に揺れて美しい。

登路　車で青山高原道路をドライブして、自衛隊レーダー基地周辺の駐車場を拠点に国境線を北上すれば、一時間で山頂に立つことができる。服部川の源流部である馬野渓からも山頂への道がある。

地図　二・五万図　平松　佐田　（石田文男）

尼ヶ岳　あまがたけ

別称　天嶽　首ヶ岳　大山ヶ岳　伊賀富士

標高　九五七m

三重県伊賀市の旧青山町地区と津市美杉町の境に位置している。室生火山群の一角にあり、流紋岩質溶結凝灰岩からなる。

谷文晁の『日本名山図会』に掲載されている天嶽《あまがたけ》は、急峻な峰の連なりに描かれているが、実際の山容は円錐形のなだらかな整った形を持っている。別称「伊賀富士」とも呼ばれ、秀麗で風格のある伊賀の最高峰である。山名の「アマ」とは高所の意味があり、古い文献には「天嶽、首嶽《こうべだけ》」と称され、伊賀一の高山に与えられた名称であったと思われる。

頂上は広く、伊勢湾と大阪湾の眺望を得ることができる。中央に三角点の標石と石仏が見られる。

登路　四方から整備されている。北の旧青山町から登る高尾コース、西の美杉町下太郎生から大タワを経るコース、東側の大洞山を経由して縦走するコースがある。いずれのコースも三時間から四時間三〇分の所要時間。

地図　二・五万図　倶留尊山

（鈴木丈司）

大洞山　おおぼらやま

標高（雄岳）　一〇一三m

別称　大螺山《おおぼらやま》

三重県津市美杉町にある。山頂は広く、眺望がよい。倶留尊山《くろそやま》の東に、名張川を挟んで縦に連なっている室生火山群の東の山系の主峰で、頂を雌雄に分けた双耳峰である。大洞山が雌岳で、三角点はこちらにあるが、雄岳の方が一〇一三mと高い。西の倶留尊山群とは違ったなだらかな山容を呈している。山の形がなだらかな、貝を伏せた形に見えるのでこの名が出たという説もある。

南山麓には、「三多気《みたけ》の桜」で有名な真福院（御嶽山金峰山寺）がある。真福院は、中世に国司の北畠氏の祈願所として栄えた寺院で、参道は一・五kmにわたって二〇〇〇本のサクラが植えられており、開花の季節には圧巻である。

登路　三多気《みたけ》からのコースが一般的で、いちばん利用されている。スギとヒノキの植林の中を階段状に整備されている。杉平のバス停から雄岳まで登り二時間程。

地図　二・五万図　倶留尊山

（鈴木丈司）

倶留尊山　くろそやま

標高　一〇三七m

別称　久留尊山　具留尊山

三重県津市美杉町と奈良県宇陀《うだ》郡曽爾《そに》村にまたがる。三重県と奈良県の県境に連なり、東西約二五kmに及ぶ室生《むろう》火山群の主峰である。その南北に延びる主稜線の東面は荒々しい柱状節理の断崖、西面はなだらかな裾野を引く非対称の山容を呈している。

室生火山群は全体として四つの火山に分けられるが、そのうち倶留尊山群と名張川を隔てた大洞山群とが並行的に連なっている。現在の火山地形は、生まれた当時の溶岩台地の形を示すものではなく、侵食に打ち勝って硬い部分が残った侵食地形。東面の柱状節理の裾から広がっている平原は池ノ平高原と呼ばれ、長さ二五〇〇mあって、これらの凹地は火山岩を噴出した後の陥没によって生じるカルデラではなく、その後において湿地や水溜りとなった名残であろうとされている。亀山峠から西方にも同様な凹地が見られ、「お亀池」と呼ばれている。

脊梁東面の登山道は、植林されたスギがうっそうとした森林の中

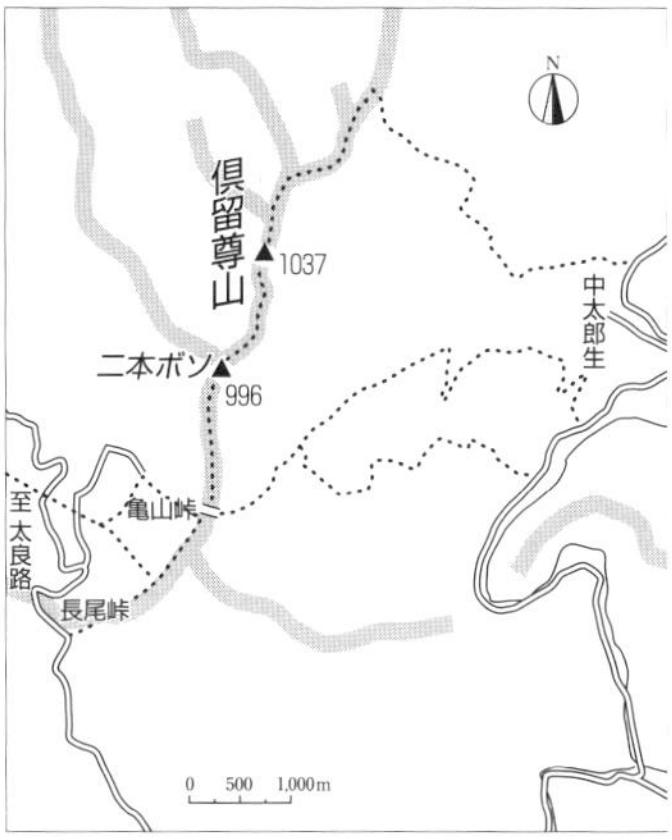

の道で、途中、石畳にもなっている。亀山峠に出ると西面はなだらかなススキの草原が広がり、国立少年自然の家が望まれる。曽爾村太良路から亀山峠を越えて、美杉町中太郎生へ東海自然歩道が通っている。

登路　亀山峠からが一般的で、前衛に二本ボソ（九九六m）があり、最初はスギ、ヒノキの植林の尾根、抜けると左側は立派な雑木林となる。入山に際しては、清掃、維持管理のため、協力費として五〇〇円を納める関所がある。二本ボソには売店もあり、シーズンには開店される。倶留尊山頂には石垣の展望台がある。展望のために組まれたものではなさそうで、何か歴史のにおいがする。二本ボソからいったんケヤキ谷の鞍部まで下降するが、この辺りの稜線上は、アセビ、ダンコウバイ、クロモジ、ネジキ、アカシデ、コナラなど雑木の多い、気持ちのよい尾根である。

登山道は四方から通じているが、東の中太郎生、または上太郎生から、あるいはまた西の太良路からは少年自然の家までシーズンにはバスが入り、山裾に広がる広大なススキの草原を縫って、ゆったりした山登りを楽しむことができる。いずれも初心者向きである。どのコースもバス停からゆっくり三時間三〇分を見ておきたい。

地図　五万図　名張　二・五万図　倶留尊山

（鈴木丈司）

古光山　こごやま

標高　九五二m

別称　ぬるべ山

室生火山群の一つである古光山は、奈良県宇陀郡曽爾村と御杖村の境にある。南北三列に並ぶ曽爾山系の中央列の南端に位置する。この稜線を北上すれば後古光山（八九二m）、長尾峠を経て亀山（八四九m）、倶留尊山（一〇三七m）へと連なる。南五〇〇mには南峰（九六〇m）がある。展望は各ピークで可能で、南峰からの高見山、三峰山、局ヶ岳がすばらしい。古光山を中心とした稜線は、鋸の歯のごとく山稜はギザギザになっているが、危険な所にはロープが張られている。通称ココウヤマ。

登路　近鉄大阪線名張駅から三重交通バスで曽爾役場前バス停下車。大峠から山頂まで約二時間一五分。車なら長尾峠から後古光山、フカタワを経て山頂へ約一時間三〇分。

地図　二・五万図　倶留尊山　菅野

（山田博利・野口恒雄）

国見山　くにみやま

標高　一〇一六m

奈良県宇陀市室生区と宇陀郡曽爾村の境にある。全国に散在するこの名称の山は、為政者が登って自分の勢力範囲を見渡したことから付けられたものと思われる。

『大和志料』に「神武帝ノ八十《やそ》梟帥《たける》ヲ誅シ給ヒシ国見丘ハ則チ此

処ナリと云フ」とあるのは、『日本書紀』神武記に「天皇、彼の菟田の高倉山の巓《いただき》に陟《のぼ》りて、域《くに》の中を瞻望《おせ》りたまふ。ときに国見丘の上に則ち八十梟帥《やそたける》有り。……先づ八十梟帥《やそたける》を国見丘《くにみのおか》に撃ちて、破り切りつ」という記述を指す。しかし『日本書紀』の国見丘を現在の国見山と見なすには、前後の記述から地理的な無理がある(一八八九年刊、飯田武郷『日本書紀通釈』では高倉山を高見山、国見丘を龍門山塊の音羽山ではないかという説を述べている)。

『大和名所図会』には「国見嶽。伊賀見村にあり。勢・伊の二州に跨《またが》る。山勢高く聳えて巉々《ざんざん》(高く嶮しい)たり」とある。確かに国見の名にふさわしく、山頂からの展望は雄大である。倶留尊山、古光山など曾爾の山々をはじめ、台高、大峰、吉野の山々なども遠望することができる。

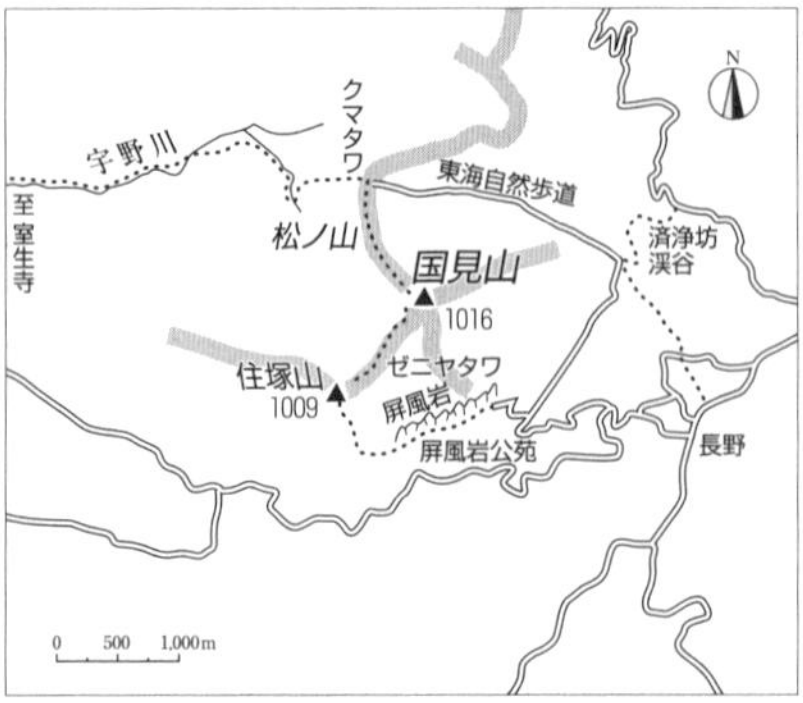

登路 住塚山と一緒に登られることが多い。住塚山山頂から北へ尾根道を進むと、いったんゼニヤタワの鞍部へ下る。ここから痩せた岩稜を登ると国見山である(住塚山から約四五分)。さらに北へ進むと松ノ山のピークを越えて東海自然歩道の通るクマタワに下る。左を取れば室生、右は曽爾へ通じている。曽爾への途中にある済浄坊渓谷は、隠れた名勝地である(クマタワから約四五分)。

地図 二・五万図 大和大野

(芳村嘉一郎)

鎧岳 よろいだけ

標高 八九四m

奈良県宇陀郡曽爾村にある。隣り合う兜岳より標高は低いが、やや背を傾げて屹立する姿はよく目立ち、兜岳の雌岳に対し雄岳と呼ばれた。『大和名所図会』に「雄嶽。葛《かつら》村にあり。一名鎧嶽といふ」とある。露出した柱状節理の岩肌を鎧の草摺《くさずり》に見立てた名称である。岩壁は南に面して三段からなり、この辺りに多い柱状節理の中でも屈指の大岩壁で、とくに青蓮寺川沿いの岳見橋から仰ぐと、鎧をまとった偉丈夫を思わせる堂々たる姿である。

西側の兜岳との間が峰坂峠である。この峠を北に越すと布引谷に出合う。谷を左に遡ると落差三〇mに近い布引滝がある。また、右(北東)に下ると、県道八一号の通る落合に出る。ここから一㎞弱南にある小太郎岩は、幅約七〇〇m、高さ約二〇〇mの垂直の岩壁。「小太郎落とし」の伝説が残り、かつては岩登りのゲレンデとしても有名であった。

登路 曽爾村葛から逢坂峠に至り、右に折れてヒノキ林の中を登る。山頂東側の切り開きから倶留尊山、古光山が望める。山頂から北に延びる稜線を辿ると清水山に達する。途中のコルに北東側から林道を経て登る道が来ているので、これを登ってもよい。

地図 二・五万図 倶留尊山

(芳村嘉一郎)

兜岳　かぶとだけ

標高　九二〇m

奈良県宇陀郡曽爾村にある室生火山群の一峰。東隣に並ぶ鎧《よろい》岳を雄岳と称したのに対して、雌岳と呼ばれた。鎧《よろい》・兜の名称は、形状を武具に見立てたものである。どちらも青蓮寺川に面した南側に大岩壁を露わにして偉容を誇っている。青蓮寺川沿いには柱状節理の岩が多いが、一〇〇〇万年前の室生火山の爆発によるマグマの痕跡という。鎧・兜に屏風岩を加えて「曽爾三山」と呼び、一九三四年、国の天然記念物に指定されている。兜岳、鎧岳とも、急峻な東側に反して西側は比較的緩やかで、雑木に覆われている。

兜岳の西側を県道七八四号が走っている。かつての今井林道、さらに古くは椿井越えといわれ、曽爾と名張を結ぶ重要な道であった。今井から北に登ると、何段にも分かれて兜岳の岩裾を洗う「長走りの滝」がある。名張、曽爾の市村境が赤目出合茶屋で、滝川が流れている。川沿いに西へ下ると名勝・赤目四十八滝で、大小の滝が約四kmにわたってつづき、オオサンショウウオの生息地として知られる。また、出合茶屋を東へ進むと小笹峠を越えて青蓮寺川沿いの落合に出る。青蓮寺川の両岸には、この辺りから北へ六kmにわたって柱状節理の大岩壁や奇岩がつづき、香落渓《かおちだに》と呼ばれる名勝となっている。

登路　曽爾村横輪から県道七八四号赤目掛線を北へ約四五分で目無地蔵がある。ここが登山口で、右へ露岩交じりの急坂を登る。途中に大岩があり右側の展望が開ける。山頂の雑木林の切り開きからは、倶留尊山などが展望できる。山頂まで目無地蔵から約四五分。

（芳村嘉一郎）

地図　二・五万図　大和大野

住塚山　すみつかやま

標高　一〇〇九m

奈良県宇陀市室生区と宇陀郡曽爾村の境界にあり、室生火山帯に属している。『大和名所図会』では、屏風嶽として「長野村にあり。山形峭壁し林木叢茂す。屏風のごとし。因って名とす」と記されている。いま屏風岩と呼ばれる所は山頂から東に延びる尾根で、南側が鋭く切れ落ち、高さ一〇〇～二〇〇m、長さ一・五kmにわたる大岩壁となってつづいている。断層活動により生じたもので、石英安山岩よりなる柱状節理を示し、国の天然記念物に指定されている。周辺は屏風岩公苑として整備され、サクラの名所でもあり花の時期はにぎわう。

登路　屏風岩公苑へは曽爾村長野から車道を約一時間（駐車場あり）。山頂へは公苑を横切るように屏風岩の裾を西に辿り、ヒノキ林の中を急登して尾根に出て、「一ノ峰」コルから山頂に至る。山頂からは国見山、鎧岳、兜岳、倶留尊山、古光山などの曽爾の山々をはじめ、高見山、三峰山などが遠望できる。公苑から山頂まで約四五分。山頂から北へ向かう稜線は、ゼニヤタワと呼ぶ鞍部に下る。登り返せば露岩もある痩せた尾根になり、国見山（一〇一六m）に至る。ゼニヤタワから左の谷を下れば、室生と曽爾を結ぶ東海自然歩道に出る（山頂から約四五分）。ここから室生寺へは約一時間三〇分。一般に住塚山はゼニヤタワから急登二〇分程の所にある国見山と合わせて登られることが多い。

地図　二・五万図　大和大野

（芳村嘉一郎）

三郎ヶ岳　さぶろうがたけ

標高　八七九m

奈良県宇陀市榛原と室生区の境にある。宇陀郡内の倶留尊山を太郎山、住塚山を次郎山、この山を三郎ヶ岳と呼び、古くは佐武良ヶ群とも記した。遠望すると山頂部はなだらかな円形で、室生火山群の山らしい優美な姿である。

稜線づたいに西に隣り合う山を高城山《たかぎやま》（八一〇m）という。高城山は赤埴山《あかはにやま》の別称を持ち、神武天皇の国見伝説が残る。どちらの山頂からも展望はよく、住塚山、国見山などの曽爾山系、高見山など台高北部の山々を望むことができる。

これらの山の北山麓を室生寺に通じる室生古道、南麓には伊勢参りでにぎわった伊勢本街道が通っている。旧室生街道（室生古道）は室生寺への参詣道で、高井宿で伊勢街道と分かれ、仏隆寺、唐戸《からと》峠を経て室生寺に至る。また、伊勢本街道は高井宿から諸木野《もろきの》関、石割峠を越えて伊勢へつづいている。難波と伊勢を結ぶ伊勢街道は、ほかに阿保越と呼ばれる北街道、高見越と呼ばれる南街道があるが、本街道と呼ばれるこの道はその中間を通る。

仏隆寺は嘉祥三年（八五〇）、堅恵《けんね》の創建と伝えられる真言密教の古刹。堅恵は空海の高弟で、師が唐から持ち帰った茶の種をこの寺内に播いたのが、日本での茶栽培の始まりと伝えられている。また、門前の望月桜《もちづきさくら》は県下最古の巨樹といわれ、県天然記念物である。

登路　最短コースは伊勢本街道石割峠からだが、高井から仏隆寺、高城山を経て三郎ヶ岳へ登り、石割峠へ下るのが一般的である（仏隆寺に駐車場あり）。高井までは近鉄大阪線榛原駅から五㎞。高井から三郎ヶ岳山頂へ約二時間。山頂から石割峠を経て伊勢本街道の諸木野へ約一時間一五分。

地図　二・五万図　大和大野

（芳村嘉一郎）

高見山地

堀坂山　ほっさかさん　標高　七五七m

別称　伊勢富士

三重県松阪市に属し、市の中心部から約一〇km西にある。別名「伊勢富士」と呼ばれるように、里から眺めると秀麗な姿を見せている。山体は領家帯の花崗岩からなり、山頂までスギ、ヒノキの植林とカエデなどの落葉広葉樹を主とする林に覆われている。

御在所山、朝熊《あさま》ヶ岳とならび「伊勢三山」ともいわれ、また、白《しら》猪山《いさん》、局ヶ岳と合わせ「伊勢の三星《みつぼし》」とも呼ばれ、伊勢湾南部を通る船乗りたちが、自分の位置を決めるのに使ったとされる。

山頂からは、三六〇度の展望が得られる。北には鈴鹿、西に台高、南には伊勢の山々、眼下には伊勢湾と知多半島、やや遠くには三河湾と渥美半島を望むことができる。

この山は、松阪市にある小・中学校約三〇校のうち半数以上の学校の校歌に取り込まれている。人里に近いため、多くの人たちに親しまれてきた山である。中腹にはこの山に棲んだといわれる大蛇を退治する伝説にまつわる大日如来が祀られている。山頂には石積みと石室、それに高さ三mを超す木の柱が立っており、浅間神社が祀られている。毎年七月下旬の夜に、地元民一〇〇人余りが、青竹に御幣を付け担いで登り、篝火を焚き豊作を祈るという神事が行われている。

登路　北方、石の鳥居のある堀坂峠から登ると約一時間で山頂に達する。このほか南にあたる勢津町からの登山道もある。

地図　二・五万図　大河内

（大坪重遠）

髯山　ひげやま　標高　六八八m

別称　篝《かがり》岳

三重県津市美杉町と松阪市嬉野町にまたがる。東に派生した高見山地がさらに北東に枝分かれして高須ノ峰に至り、髯山を経て平野部に達する。

髯山は周囲の七〇〇m級の山々に囲まれて目立たない存在である。しかし、歴史的には古く、南北朝時代（一三三六～一三九二）に遡る。山名の由来は、美杉町上多気を治めていた北畠氏の時代に見張所と狼煙《のろし》場があり、「火揚げ山」が転じて「ひげ山」となった。戦いがあれば、近隣の霧山城や白米城との通信に狼煙を揚げるのに好条件の山であった。現在も狼煙を揚げた遺跡がある。今日はスギやヒノキの植林山であるが、明治時代は草山で採草地として利用された。

頂上からの展望は周囲の山や青山高原、中村川に沿って津の市街地から遠く知多半島まで見える。

登路　松阪市嬉野小原町から髯山遊歩道があるが、一九九三年、この遊歩道が整備され一時間余りで登頂できるようになった。一九九九年三月に髯山展望台が完成している。

地図　二・五万図　伊勢奥津

（鈴木富雄）

矢頭山　やずさん

標高　七三一m

三重県津市一志町と美杉町にまたがる。一部は松阪市嬉野町にも接する。旧一志町の最高峰であり、シンボルである。三重県のほぼ中央に座し、伊勢自動車道を南下して久居に近づくとしばらくの間、右手(西)に特徴ある山容を見ることができる。

『勢国見聞集』には「この山は今から一二七〇年前、文武天皇の御代に役の行者が開山したといわれる。蒼天白陽の一日、役小角が天の一角を眺めていると俄に二本の白羽が飛び下りてきて山の峰をかすめて麓に降下した。それから小角はこの山を矢頭山と称えて尊崇し、矢の降下したところを矢下《やおろし》と名づけた、と語り伝えられている」と紹介されており、山名の由来も明快である。山麓の一志町波瀬の住民はもちろん、近郷の人々も日常この山を仰いで神霊宿る山とし、霊山神域と崇敬してきたのである。

登山口には中宮の波氏《はぜ》神社奥社があり、蔵王権現が祀られている。境内にある「矢頭の大杉」は一九五三年五月七日に三重県の天然記念物に指定された。樹齢約千年、幹周り一〇m、高さ四三mもある堂々としたスギである。地質は領家コンプレックスからなる。古生層が変成したもので、硬い岩盤が骨格となっている。

植生は山頂近くまで人工林である。若干の落葉広葉樹も見られるが、自然味には乏しい。

「波瀬神宮寺絵図」によると沢に沿う道に不動滝がある。ここには仏像が岩に彫られている。ここから山腹の道に上がり、椿峠から町界に沿って御峰道があり、南ヶ嶽(牛ヶ嶺)で本尊・大日如来、不動ヶ嶽で本尊・不動明王、矢頭山・高丘神社(奥社)とあり、風尾ヶ嶽(本尊・毘沙門天)、地蔵ヶ嶽(本尊・禅師権現)となり、矢頭峠に下る。これがかつての修験の道であったと思われる。現在のハイキング・コースもまったく同じコースである。矢頭山の山頂は草地となっており、石祠がある。西は高見山地の山々や勢和国境の山が見え、東は津市や松阪市など伊勢平野を眺められる。

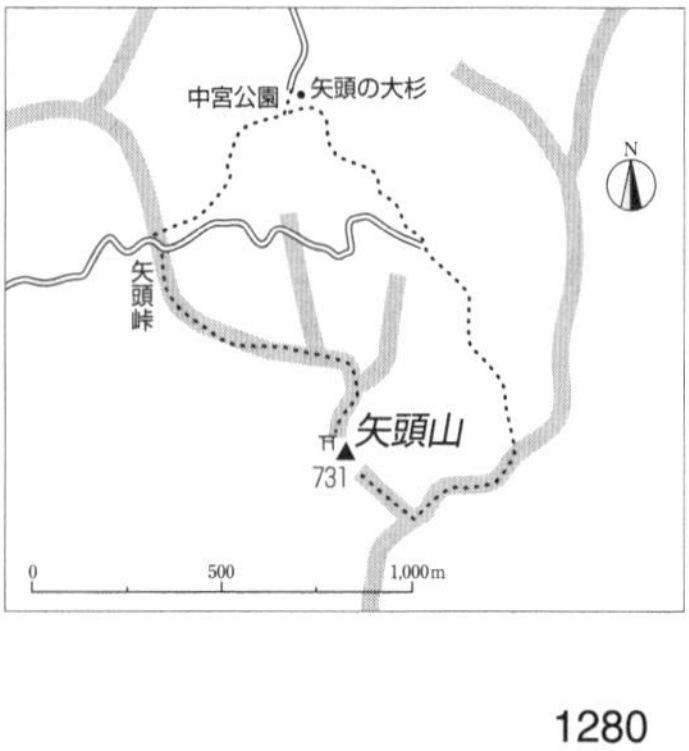

登路　コースについては本文中にも記したが、中宮公園登山口を起点に一周約二時間から三時間かかる。

地図　二・五万図　伊勢奥津、大河内

（西山秀夫）

高須ノ峰　たかすのみね

標高　七九八m

三重県津市美杉町と松阪市嬉野町、飯南町にまたがる。高見山地の東端に位置し、北へ矢頭山、東へ白猪山を分岐する山である。周辺の山が信仰や歴史に彩られているのに、この山ははっきりした登山道もなく、静かなヤブ山歩きの愛好家に登られている。

山名の由来は、高須とは単に「高い所」の意味であるが、タカス

ヤマは「高所に要害のある山」という意味もある。要害とは土地が険しく守るのによい場所のことで、急峻なこの山によく適う。隣の髯山は狼煙《のろし》場があったことが知られており、この山にも砦が設けられていた可能性がある。雑木が茂り山頂からの展望はない。

山麓の美杉町上多気《たげ》は南北朝時代(一三三六〜一三九二)に伊勢国司の北畠氏が本拠とした所である。往時、大和と伊勢を結ぶ伊勢本街道は奥津《おきつ》から飼坂峠を越えて上多気に下り、高須ノ峰の南の仁柿《にがき》峠を越えて伊勢に至った。そして、奈良の大仏建立に使う、多気郡多気町丹生で産出した水銀を運ぶ道でもあった。仁柿峠近くの旧飯南町上仁柿から同町峠地区を結ぶ道が櫃坂と呼ばれたのは、貴重な水銀を櫃に入れて運んだからである。その峠集落も一九七五年に廃村となった。北畠氏の栄華は天正四年(一五七六)に織田信長に滅ぼされるまでつづいた。江戸時代は伊勢参りが盛んになり、街道のにぎわいが絶えなかったという。

登路　はっきりした登山道はないので、植林のための作業道を利用する。国道三六八号の美杉町の奥立川から先の林道に入り、白猪谷を奥へ行く。沢筋に沿って踏み跡があり、山頂に向かう。約二時間も見ておけばよいが、道の状況によって多少の違いは出る。

地図　二・五万図　伊勢奥津《おきつ》

(鈴木富雄)

白猪山　しらいさん

標高　八一九m

別称　石尊山　白恵岳

三重県松阪市と同市飯南町にまたがる。高見山地の東端にあり、優美な山容がどこからでもよく見えるので、郷土のシンボル的な山として親しまれている。かつては「伊勢の三星」と呼ばれ、航海の目印にされた。『松阪市史』によると江戸時代からすでに文芸の対象となり、俳句や和歌に詠まれた。

高き屋の名におふ山も月影にそれとしら猪の峰ぞまぢかき

「月明かりにあの有名な白猪山が家の上に顔を出してまぢかに見えることですよ」と、国文学者の本居宣長も松阪の町の中から眺めたのである。

文政五年(一八二二)には、常誉摂門という上人が著した『南勢雑記』に「白恵岳は夏明より五十丁登る、六月朔日参詣者多し、山上に石尊大権現を祭る小社あり。田畑少なく、山林希少なれば古より紙をすき渡世とす。……ゆえに近村より豊饒なり」と要領を得た紹介をしている。

山名の由来は諸説あるが、確かなものはない。白猪山は前記の本居宣長の和歌にもあるように、江戸時代中期には使われていた伝統的な山名である。地質は花崗片麻岩である。高見山地の南側は中央構造線に沿っている故、急峻な地形となっている。植生はスギ、ヒノキの人工林である。山頂付近は草地となっており、近くの局ヶ岳や台高の山々が見える。

登路　登山路は南側に三コース(松阪市都、矢下、夏明から)あり、山頂間近で合流する。登り一時間三〇分程で大差はない。北側からは阪内コースが整備されている。阪内バス停から二時間三〇分程の登りがある。全山植林だが、途中に夫婦杉が立つ。

地図　二・五万図　大河内、横野

(西山秀夫)

局ヶ岳　つぼねがたけ

標高　一〇二九m

三重県松阪市飯高町と飯南町にまたがる。局ヶ岳、白猪山、堀坂山のいわゆる「伊勢三山」の一つで、それらの最高峰である。

局ヶ岳は櫛田川左岸に連なる高見山地の東端に位置している。高見山地は台高山脈の北端の高見山から東へ、三峰山、修験業山、局ヶ岳など一〇〇〇m級の山を連ねている。

旧飯高町には、東西に活断層の中央構造線が走っており、局ヶ岳神社から登山口までの林道で岩盤の露頭が観察できる。山名の由来は、一人の局が祈願のために麓から険しい山中に分け入り、奥の宮に参籠して再び帰らなかった。それ以来、雨の降る夜に山上に美しい局の姿を見るようになったという説話に拠るとか、山の形が十二単をまとった美しい局の姿に見える、などの説がある。

山頂はほぼ三方からの尾根が集まって鋭角をなすが、意外に広い。周囲にさえぎるものがないので、展望は抜群によい。伊勢の山や台高山脈の山並み、伊勢湾が眼下に見える。古くは「伊勢の三星」と呼ばれ、伊勢湾を航行する船の目印にされた。

山頂には弁財天を祀ってあったが、飯高町宮前の花岡神社に合祀された。山麓の局ヶ岳神社は市杵嶋比壱命《いちきしまひめのみこと》を祭神として祀り、毎年春に祭礼が行われる。

登路　国道一六六号の堀出バス停から木地小屋集落を通り、局ヶ岳神社に着く。登山口は左へ林道を約三〇分の所にある。登山口から約五〇分で小峠、さらに約三〇分で登頂。

地図　二・五万図　宮前

（菊田貞明）

修験業山　しゅげんぎょうやま

標高　一〇九四m

別称　しげん山

三重県津市美杉町と松阪市飯高町の境にまたがり、三峰山脈上の山である。五万図に山名の記載はない。尾根の直下までスギ、ヒノキの人工林が占める。高宮から山頂への尾根上はシャクナゲ、リョウブ、ツツジ、アセビ、ブナ、ヒメシャラなどの自然林が残されている。中でもシャクナゲの開花時期はとくに美しい。新緑、青葉、紅葉、樹氷と四季を通じてすばらしい。

美杉町側の山麓には近畿最古といわれる川上山若宮八幡神社が建つ。仁徳天皇と磐之比売皇后《いわのひめこうごう》の遺徳を偲んで創建され、その後、伊勢の国司・北畠氏も津藩主・藤堂氏も代々祈願所として崇拝してきた。修験業山への主稜線の標高一〇六一m地点に、奥宮の高宮《こうのみや》の鳥居がある。現在も山岳信仰の場として長寿、開運、繁栄を祈る多くの信者を集めている。毎月九、一九、二九日が例祭で、春秋はとくににぎわう。古く役小角、またはそれ以前の行者によって開かれた滝の行場として知られ、塚原卜伝《ぼくでん》もここで修行をしたといわれる。拝殿の奥に雲出川水源地の禊《みそぎ》の滝があり、神水とされて禊の行が行われている。

登路　若宮八幡神社の鳥居をくぐって社務所の隣に登山口がある。白山谷《しらやまだに》沿いに進み、滝の不動社を経て修験業谷から山腹を急登して支尾根に取りつく。二つのピークを越えて高宮、さらに急登すると山頂である。約三時間三〇分程の登りである。下山路は往路をそのまま戻るか、高宮まで戻り栗ノ木岳(一〇六六m)を越え、若宮峠(栗ノ木峠、与原越)で左折し、急坂を下ると神社へ戻る。

(白木幹司)

地図　二・五万図　宮前

三峰山　みうねやま　標高　一二三五m

紀伊半島・高見山地の中央部にあり、ピークは三重県松阪市飯高町、津市美杉町、奈良県宇陀郡御杖《みつえ》村の三市村にまたがる。いまは通常「みうねやま」と呼ばれるが、『日本山嶽志』では「三畝山《さんせやま》」と表記されている。同書は「御杖村大字神末ヨリ凡二里十八丁ニシテ其山頂ニ達ス」としているが、この集落から望む山頂部には鈍重な峰がいくつか並び、この峰を畝と見立てると「三畝山」と書き、「みうねやま」と読むのがもっとも自然に思える。

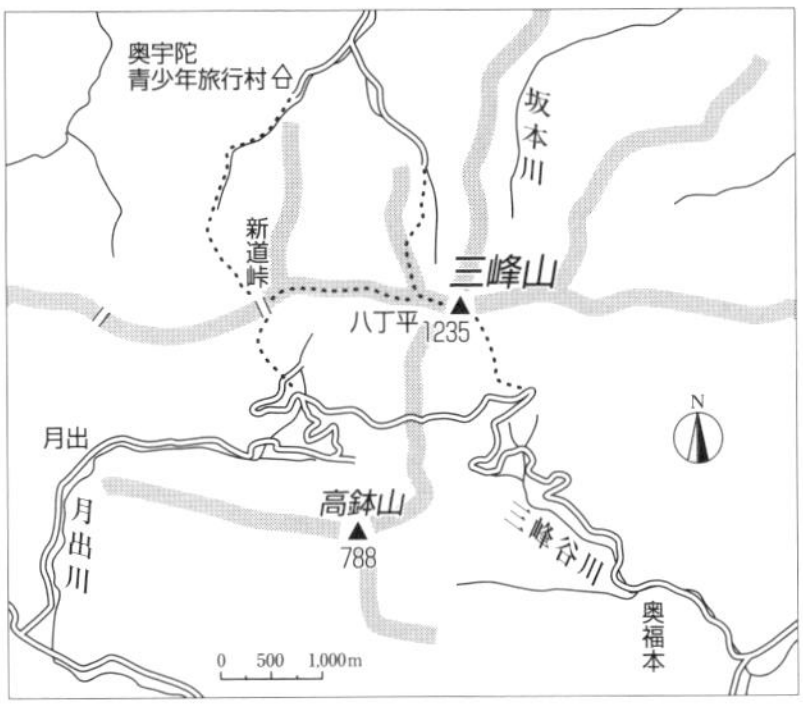

山域一帯は一九七〇年に「室生赤目青山国定公園」に指定されている。山頂付近の八丁平はススキやクマザサの自生する気持ちよい草原で、その上には特別保護区として保護されているゴヨウツツジ(別名シロヤシオ)が点在している。

高見山地に沿って中央構造線が走っており、これより南側のいわゆる「外帯」と北側の「内帯」とでは地形・地質など大きく異なるが、その構造線の露岩帯(月出露頭)がこの山の南山腹にあり、直接観察することができる。

登山対象としては四季を通じ親しまれているが、冬季に気温が低下するため霧氷観賞登山が盛んである。登路は南面の松坂市飯高町側、北面の御杖村側ともに整備されており、日帰り登山が楽しめる。

登路　飯高町側からは福本コース(林道登山口から約一時間五〇分)、月出コース(林道登山口から約三時間)、御杖村側からは不動谷コース(奥宇陀青少年旅行村から約二時間三〇分)などがある。

(小林　晃)

地図　二・五万図　菅野

学能堂山　がくのどうやま　標高　一〇二一m

別称　岳の洞

三重県津市美杉町と奈良県宇陀郡御杖《みつえ》村の県境にまたがる。三峰山から北へ延びる支脈の中の一ピークで、美杉町杉平集落を挟み大洞山の南に位置する。美杉町では「岳の洞」と呼んでいるのに対し、御杖村では「岳能堂山、楽能堂山、能楽堂山」とも表記され、『御杖村史』によると、昔、能楽が催された山という記述がある。

ドーム状の雄大な山容で、晴天の山頂は絶好の展望台となる。南西方向にひときわ目立つように三角錐の形をした高見山が見事な山容を見せ、南に三峰山、修験業山がつづき、東には「伊勢の槍ヶ岳」の異名がある局ヶ岳の鋭鋒が目を惹く。北には大洞山、尼ヶ岳、左に倶留尊山など山岳展望に時の経つのを忘れる。

登路　車利用が便利。美杉町杉平集落から水谷林道に入り、スギの植林の急坂を登り、県境尾根通しで山頂に着く。約二時間も見ておけばよい。

地図　二・五万図　菅野

（毛塚一雄）

高見山　たかみやま　標高　一二四八m

別称　高倉山《たかくらやま》　高角山《たかつのやま》　去来見山《いざみやま》

南北に延びる台高山脈の北端にあり、また、東西に延びる高見山地の西端に位置し、かつ最高峰である。奈良県吉野郡東吉野村と三重県松阪市飯高町との境にあり、西面および北面は吉野川支流・高見川の、東面は櫛田川のそれぞれ源流であり、紀伊半島の主要な分水界でもある。大和から伊勢に通じる伊勢街道の要衝・高見峠のわきにあって、その秀麗な姿から古来人々に愛されてきた。

山名の由来は伊勢、大和の国境にあって両国を眺める絶好の山だからとの説がある。古くは「高倉山、高角山、去来見山」の別称もある。神武東征の伝説をはじめとして石上麻呂《いそのかみのまろ》、蘇我入鹿、藤原鎌足などにまつわる伝説がある。別称の高角山は山頂の高角明神に由来すると思われる。祠には神武天皇東征の折、先導したという賀茂《かも》建角身命《たけつのみのみこと》が祀ってある。また、去来見山は石上麻呂の詠んだ『万葉集』の歌にちなむという。

寛政年間（一七八九〜一八〇一）には本居宣長が高見峠越えの折、感銘を受け『君（または紀見）のめぐみ』に多くの歌を残している。

高見山谷より登る白雲の八重ふみわけてけふぞ越行　宣長

山域一帯は一九七〇年に「室生赤目青山国定公園」に指定されている。山頂付近ではツガ、イヌツゲ、アセビのほかブナの自然林も見られる。冬季、このブナの枝に付く霧氷の見事さは特筆すべきものがある。

高見峠まで車で上がれば、わずか三五〇mの標高差で山頂に立つことができて、山頂は台高山脈、大峰山脈、曽爾の山々が一望にできる大展望が得られることから、無雪期はお年寄りから子供まで、また、積雪期も前記の霧氷目当ての登山客の人気を集めている。

登路　車で高見峠まで来れば、最短の約一時間で登ることができる。峠には駐車場、トイレが整備されている。松阪市飯高町の舟戸

高見山（東吉野村萩原から）

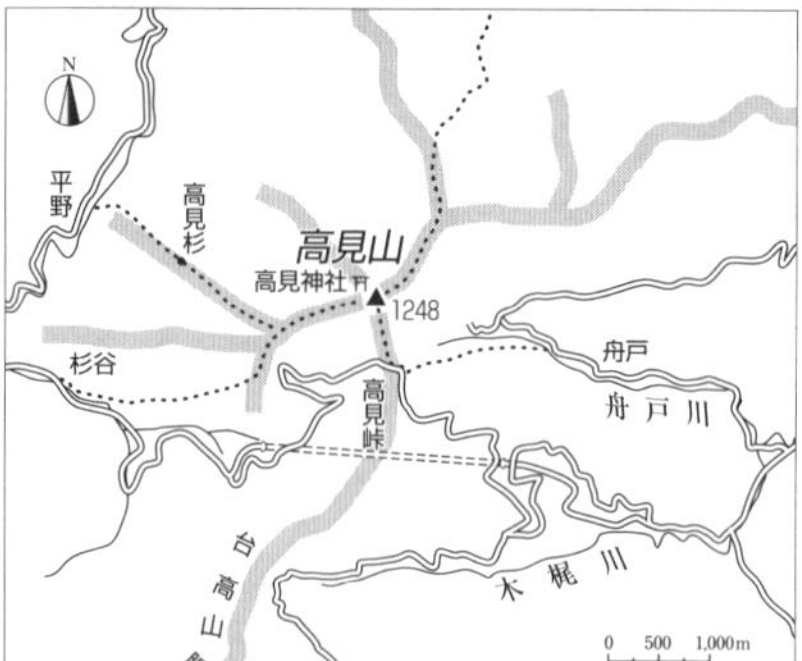

コースは旧和歌山街道を辿るもので、峠を経由して約二時間。東吉野村下平野コースは尾根道で、樹齢七〇〇年の高見杉を経て約二時間二五分。杉谷コースは伊勢南街道を辿る。約三時間四〇分。ほかに一泊二日の桃俣から高見山北尾根や、明神平と結ぶ本格的な台高山脈北部縦走コースもある。

地図　二・五万図　高見山

（小林　晃）

竜門岳　りゅうもんがたけ　標高　九〇四m

奈良県吉野郡吉野町と宇陀市大宇陀区の境にあり、竜門山地の主峰にふさわしい堂々とした山容である。『大和志』に「竜門荘《りゅうもんのしょう》山口村の上方《かみつかた》にあり。山林遠く望めば蔚然《いぜん》（草木の茂るさま）として青々たり」と記されている。南山麓の竜門荘（現吉野町）山口、柳、西谷には、旧暦三月に当番の家が餅をついて、山頂の嶽神社に参る「ダケノボリ」の風習がいまも残っている。

登山口にある吉野山口神社は徳川家光寄進の石灯籠や、天然記念物のツルマンリョウ自生地として知られる。並んで建つ高鉾神社は、元竜門岳山頂にあったことが『大和名所図会』で分かる。ともに延喜式内社である。しばらく登ると竜門寺跡がある。平安から室町にかけて栄え、宇多上皇や藤原道長も参詣したと『扶桑略記』に記されている。近くの竜門滝は落差一五m。元禄元年（一六八八）、吉野を訪ねた芭蕉が立ち寄り、「竜門の花や上戸の土産《つと》にせん」の句を残している。文政元年（一八一八）、竜門郷一四箇村の百姓が代官所を襲う一揆が起こった。いわゆる「竜門騒動」である。長らく旱魃に苦しんできたこの土地に一九五一年、灌漑用ダムとして津風呂湖が造られ、新しい観光資源ともなっている。

登路　吉野町山口から竜門寺跡、竜門滝を経て山頂まで約二時間。嶽神社祠前に三角点がある。西方が開け、金剛・葛城の展望が得られる。

地図　二・五万図　古市場

（芳村嘉一郎）

高取山　たかとりやま　標高　五八四m

奈良県高市郡高取町に位置し、西国三十三箇所観音霊場第六番札所、壺阪寺の東方にある山。

この山の天険を利用して南北朝時代に越智氏（南朝方）が城を築いた。のち戦国時代の本多氏を経て、寛永年間（一六二四〜四四）に植村氏が大改修を行い、明治の廃藩置県まで高取藩二万五千石の居城であった。いまは壺阪寺から頂上への道に、大手門や二の丸などの建物跡や石垣が残っている。三角点のある広場が本丸跡で、周辺にはサクラの大木が多い。ここから西に金剛・葛城、南には吉野・大峰の山並みが望まれる。また、登山路の途中には、壺阪寺奥の院・香高山《こうこうざん》の五百羅漢石仏群や、二の門跡の猿石など、特異な石造物が見られる。

壺阪寺（南法華寺）は大宝三年（七〇三）、弁基の開山。『枕草子』に「寺は壺坂、笠置、法輪」と記されている。古くから眼病に効験があるとされた観音信仰の寺で、浄瑠璃「壺坂霊験記」の舞台として名高い。近年はインド渡来の大観音石像、涅槃像などや、障害者への配慮、支援活動で知られている。

登路　近鉄吉野線壺阪山駅から三・五km、四五分で壺阪寺（バスの便あり）。しばらく車道を歩き、五百羅漢への分岐から尾根道を一時間強で頂上。下山は北側へ一五分で猿石。近鉄壺阪山駅へは元高取藩家老屋敷・植村邸を経て、猿石から徒歩一時間程。

地図　二・五万図　畝傍山

（芳村嘉一郎）

丹波高原

岩籠山　いわごもりやま

標高　七六五m

福井県敦賀市の南にある。黒河《くろこ》川を挟んで野坂岳に対峙し、乗鞍岳から北に派生する支脈末端にあって山域の主峰。

登路　①国道八号市橋交差点からJR北陸本線を二回くぐると駐車場に着く。林道終点から本谷に沿って何回か沢を渡った後、涸れ沢を少し登り、右へジグザグに登って尾根に出ると夕暮山を経て山集落への分岐、左にとると頂上（駐車場から約二時間三〇分）。

②黒河川沿いの山集落から鳴谷堰堤手前に車を置き、堰堤下の橋を渡った後、堰堤を二つ越して右手の尾根へ。七二〇m台地の反射板を過ぎると市橋への分岐。ここを直進すると頂上（登山口から約二時間三〇分）。③国道一六一号駄口《だぐち》のドライブイン横を小さな沢から右の尾根へ。乗鞍岳から北へ派生する支脈に合流して右へブナ林を進む。尾根筋のアップダウンを経て露岩の点在するササ原を通り頂上へ（登山口から約二時間三〇分）。頂上からは白山、若狭、越前、湖北の山々が見える。

地図　二・五万図　敦賀　駄口

（井上泰利・田路繁男）

野坂岳　のさかだけ

標高　九一三m

福井県敦賀市にある。通称野坂山として親しまれ、山名の由来は、麓の高庄山宗福寺横にお大師さんとして呼ばれている、高さ一寸八分（約七㎝）ばかりの土で造った仏像（野坂嶽大権現）が安置されていることによる。『野坂嶽大権現物語』によると、空海が道を開き、野坂嶽と大権現を世に広められたと伝えている。

敦賀市街の南西に位置し、滋賀県境の三国山から派生する支脈の最高峰である。かつてこの地に来た平重盛が「見るからに富士かとぞ思ふ野坂山いつも絶やさぬ峰の白雪」と歌にも詠んだように、昔から「敦賀富士」とも称され、人々から親しみあがめられてきた。現在も毎年七月二三日の夜、仏像を頂上に運び、ご来光を拝む。

登路　①ＪＲ小浜線粟野駅より約四〇分でいこいの森駐車場に着く。少し急だが整備された広い道を進んで、沢を二箇所渡り栃ノ木地蔵の水場に到着。ここから尾根に出て、行者岩の分岐を過ぎ一ノ越（袖地蔵）、一ノ岳で稜線に出た後、樹林の中を進む。やがて水平道となり二ノ岳、さらにブナ林を登って三ノ岳を経て頂上に立つ（登山口から約二時間三〇分）。頂上には避難小屋があり、白山山系、奥越、若狭、湖北の山々の展望が得られる。

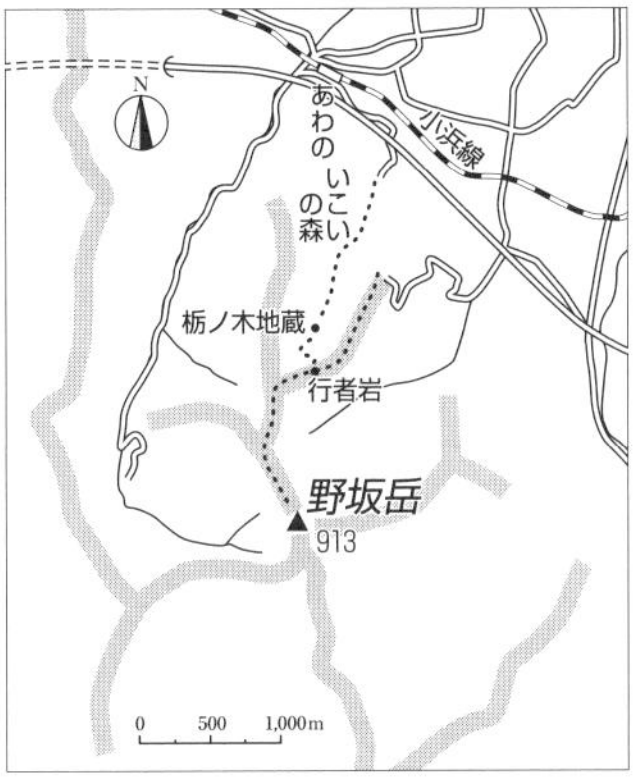

②ほかに東麓の山集落の荒谷林道終点登山口から橋の流れた沢を渡って進み、最初の送電線巡視路分岐は左に進んで橋のない沢を渡り、次の小沢に回り込み尾根に出ると鉄塔が次々と現れる。主稜線に出て鉄塔を過ぎた所で巡視路と分かれ、右に尾根を進むと頂上（登山口から約三時間）。このコースは途中、巨木のブナ・ナラ林があり楽しめる。

地図　二・五万図　敦賀　駄口

（井上泰利・田路繁男）

西方ヶ岳　さいほうがだけ

標高　七六四m

福井県敦賀市と三方郡美浜町にまたがる。朝鮮半島からの渡来人の望郷の念がこの山を「西望岳」と呼んでいて、これが西方ヶ岳になったという。常宮神社は豊臣秀吉が朝鮮から持ち帰ったと伝えられる朝鮮鐘を所蔵。

敦賀市手《た》（手《た》ノ浦）に属し、北方の色浜に属する蠑螺《さざえ》ヶ岳とともに敦賀半島の脊梁をなし、同半島の最高峰である。この敦賀半島は福井県では珍しく花崗岩から成り立っているため、海岸は敦賀市内の日本三大松原の一つ、気比の松原から西側の美浜へと白砂の浜辺がつづいている。

山には巨大な露岩が点在し、美しいうちにも厳しさのある景色を見せている。また、この敦賀半島にはアセビ・ヤマモモなど、この地を北限とする植物が生育している。さらにニホンカモシカなどの野生動物にも出合うことがある。

登路　①登山口は敦賀市常宮にある常宮神社の北端、一軒置いた所を左折、民家の間を進み、階段状の登山道を奥ノ院展望所、さらに銀命水、市指定史跡名勝のオウム石（言葉石）を経て、ブナ林の中を登って頂上（東峰）避難小屋のある広場に着く。西峰は西に進み、三角点はヤブの中にある（常宮から約二時間三〇分）。

②敦賀市浦底から蠑螺ヶ岳を経て西方ヶ岳頂上へ（浦底から約三時間三〇分）、途中、カモシカ台（往復一〇分）に立ち寄ると三六〇度（白山、琵琶湖、丹後半島）の展望が得られ、時期によってはドウダンツツジや尼池のミズバショウも楽しむことができる。海抜ゼロmから始まる登山道は、よく整備されている。

地図　二・五万図　杉津　（井上泰利・田路繁男）

蠑螺ヶ岳　さざえがだけ　標高　六八五m

福井県敦賀市と三方郡美浜町にまたがり、敦賀半島の先端近くにある。北東麓の敦賀市色（色浜）は西行や芭蕉が遊んだ地で、マスホガイが名高く、いまも浜に見られる。山名の由来はサザエのような岩峰による。

登路　①敦賀市浦底より左へ県道を越えて農道を進む。登山口は巡視路より始まり、長命水と呼ばれる水場を経て尾根筋へ。露岩帯を縫って頂上に立つ（登山口から約二時間三〇分）。

②敦賀市常宮からは西方ヶ岳を経て頂上に立つ（常宮から約三時間三〇分）。三六〇度の展望が得られる。

地図　二・五万図　杉津　（井上泰利・田路繁男）

乗鞍岳　のりくらだけ　標高　八六五m

滋賀県高島市マキノ町と福井県敦賀市にまたがり、丹波高原の東部、野坂山地の中でも東方に位置する。山稜がちょうど馬の鞍の形に見えることから山名となった。

登山口のマキノ町在原《ありはら》は平安初期の歌人・在原業平ゆかりの地として知られ、同地正法寺には「元慶四年一月二十八日上卒」と記した業平没年を記録する過去帳があり、五輪塔の墓もある。『小倉百人一首』に収録されている「ちはやぶる……」の歌の竜田川《たつた》は、奈良県生駒郡斑鳩町龍田神社の西を流れる川とされているが、在原の中を流れる川も竜田川と呼ばれている。

頂上直下には防衛庁、警察、ＮＴＴ、関西電力の通信施設が並んでいる。これらの施設の管理用車道が在原から通っているが、その上部一帯はササ原が広がり、柔らかな稜線からは琵琶湖の北半分が、リアス式海岸のような複雑な地形で望まれる。また、前記施設から西へ延びている県境は、ブナなどの樹木が残り、頂上付近のササ原との明暗が大きく、印象深い対比を形成している。

登路　マキノ町在原から車道が頂上直下まで通っていて、その先はマキノ町と敦賀市の境に細径がある（在原から約二時間）。また、マキノ町国境《くにざかい》から関西電力の送電線巡視路が、敦賀市との境界を起点にして細径が頂上まで達している（国境から約二時間三〇分）。ほかに西方黒河《くろこ》越からマキノ町と敦賀市境に沿って細径があり、部分的に巡視路を兼ねている（黒河越から約五時間）。

地図　二・五万図　駄口《だぐち》

（松田敏男）

赤坂山　あかさかやま

標高　八二四ｍ

別称　白谷山《しらたにやま》

滋賀県高島市マキノ町と福井県三方郡美浜町にまたがり、北には丹波高原最東端、野坂山地の代表格の野坂岳、東は乗鞍岳、南から西へは野坂山地の最高峰の三重《さんじょうがだけ》嶽に繋がる要の位置にある。

頂上の南方直下を越える旧街道の粟柄《あわがら》越は赤坂海道ともいわれ、それが山名の由来と思われる。

頂上の北東には、かつて水晶類が産出したといわれている明王《みょうおう》ノ禿《はげ》という名の花崗岩の崩壊地がある。砂質が洗い落とされ、巨岩が突出している所もあり奇観を呈する。花崗岩の地質、北陸気候型の多雪により貧栄養土壌であることから、明王ノ禿一帯を中心に高山植物の豊富な山として知られ、希少種も残っている。代表的な草花は、カタクリ、オオバキスミレ、トクワカソウ（イワウチワの変種）など。また、頂上付近の稜線一帯は厳しい気象条件のためチシマザサが発達している。

明王ノ禿の名称の由来は、この崩壊地に突き上げている険しい谷を明王谷というところからきている。不動明王を本尊として祀る曹洞宗白蓮寺が明王谷にあったが、天正年間（一五七三～一五九二）に火災で焼失し、現在は礎石を残すのみとなっている。また、登山口の白谷および別称白谷山は、白蓮寺のある明王谷からきた名称という説がある。

なお、この山は中央分水嶺上にあり、「高島トレイル」（愛発越《あらちごえ》～三国岳八〇㎞）が頂上を通過している。

登路　マキノ町マキノスキー場から登山道がある。登山道上部は粟柄越と呼ばれ、滋賀県と福井県の県境に達する。県境を北へ五〇〇ｍで山頂（マキノスキー場から約二時間）。

ほかにマキノ町と福井県敦賀市境の白谷・黒河《くろご》林道の黒河越から三国山経由の登山道がある（黒河越から約一時間三〇分）。

地図　二・五万図　駄口《だぐち》

（松田敏男）

三国山　みくにやま

標高　八七六ｍ

越前、若狭、近江すなわち現在の福井県敦賀市、三方郡美浜町、滋賀県高島市マキノ町の行政区分が頂上で出合っている。『福井県の地名』（平凡社）では「サンゴクヤマ」とあるが、通称は「ミクニヤマ」と呼ばれている。

登路　①敦賀市側からは黒河林道を雨谷越えをして、通称黒河峠の滋賀県側に登山口がある。一度林道を渡り、巻き道を登ると赤坂山への分岐、右に進むと頂上（登山口から約一時間三〇分）。

②美浜町側からは耳川沿いを美浜町松屋で左の折戸谷林道に入り、途中、粟柄《あわがら》林道と分かれて左の未舗装の折戸谷林道を少し入ると、ユノハナ谷とウツロ谷の間に登山口がある。林道側壁から尾根を登って粟柄越に達する。左に進んで赤坂山、明王ノ禿と登り、雨谷越の分岐を左に進むと頂上（林道側壁登山口から約二時間三〇分）。

地図　二・五万図　駄口

（井上泰利・田路繁男）

大谷山　おおたにやま

標高　八一四m

福井県三方郡美浜町と滋賀県高島市の高島町とマキノ町の境に位置する。

山名の由来は定かでない。美浜町から南に耳川沿いを松屋から折戸谷・粟柄《あわがら》谷の林道を進み、福井県と滋賀県の県境で車を置き、東に県境稜線を登ると低いササ原に頂上がある。

なお、この山は中央分水嶺上にあり、「高島トレイル」（愛発越《あらちごえ》～三国岳八〇km）の一部となっている。

登路　①粟柄林道登山口から県境稜線を東に登ると、大谷山の頂上に立つことができる（登山口から約一時間三〇分）。

②折戸谷林道のユノハナ谷とウツロ谷の間にある林道側壁階段の登山口から粟柄越を経て南に進み、頂上に立つ（折戸谷登山口から約三時間）。頂上からは南にマキノ町や琵琶湖が一望できる。

滋賀県高島市マキノ町マキノスキー場から県境稜線に出て、南へ進むと頂上（登山口から約二時間）。

地図　二・五万図　熊川　三方　駄口　海津

（井上泰利・田路繁男）

三重嶽　さんじょうがだけ

標高　九七四m

別称　間《あいだ》の嶽

滋賀県高島市今津町にあり、丹波高原最東端の野坂山地の最高峰。かつて大字梅原（荒谷山）、大字日置町（河内《こうち》山）、天増《あます》川の三つの財産区の境界で、三つの地域が重なる意味から呼ばれたと思われる。

荒谷山財産区が所有する、文化一三年（一八一六）に作成された「荒谷山論所分間絵図」によれば、三重嶽に相当する項は「間の嶽」と記され、その隣に小さく板笠山とも書かれている。間の嶽の呼称は、間谷（合田谷とも書く）と呼ばれている谷が三重嶽に突き上げているところから生まれたものと思われる。

三重嶽は全山滋賀県内の山であるが、日本列島の中央分水嶺の山である。三重嶽の西は天増川の流域で、この川は北川と名を変えて小浜湾に流れている。三重嶽から南へ武奈ヶ嶽、二の谷山へとつづく稜線が分水嶺で「高島トレイル」となっている。

頂上にブナ林が残る。根元付近より数本に枝分かれした形のブナが目立つ。三角点よりやや西寄りの地点の方が高い。

登路　石田川の支流・河内谷の粟柄《あわがら》・河内谷林道が、谷を東に渡って東進する屈曲点に架かる本谷橋のわきから細径がある（本谷橋から約二時間三〇分）。ほかに頂上直下で南東に派生している能登又と呼ばれる尾根にも細径があり、河内谷に達している（粟柄・河内谷林道の尾根取りつき点から約三時間）。

地図　二・五万図　熊川

（松田敏男）

雲谷山　くもたにやま

標高　七八六m

耳川上流、福井県三方郡美浜町新庄の西、三方上中郡若狭町鳥浜

の東にまたがり、美浜町と三方町の境界尾根の主峰である。三角点のある頂上は切り開きの中だが、周りはブナ・ナラなど落葉樹の林が広がる。

登路　①若狭町三方の三方観音から第三展望台までは整備されたハイキング・コースで、三方五湖方面の展望もよい。ここからは林の中の踏み跡を辿ると、いくつかピークを越えて頂上に立つ(三方観音から約三時間)。

②美浜町岸名の山腹に反射板が見えるが、これに向かって巡視路を登る。主稜線下で右に薄い踏み跡を辿り、主稜線に立った後、右へ進んで頂上(岸名登山口から約一時間三〇分)。

③屛風滝からの道(元若狭遊歩道)は長く荒れていたが、最近また開かれた。一般向きではない。

地図　二・五万図　三方

(井上泰利・田路繁男)

三十三間山　さんじゅうさんげんやま

標高　八四二m

福井県三方上中郡若狭町と滋賀県高島市今津町にまたがる。

山名も京都三十三間堂の用材(棟木)を伐り出したことに由来する。登山口の若狭町倉見の東、南北に連なる県境尾根の最高峰。

登路　倉見集落を抜けると広い駐車場があり、川沿いの林道を二〇分程で登山口。道標に従い右に沢沿いに進み、二俣の水場を渡り左のスギ林の中の踏み跡を辿って尾根に立つ。尾根道を夫婦松の展望台、風神の標識を過ぎるとササの県境尾根に出、しばらくで芝生の広場に。これより灌木の中を急登して頂上(登山口から約二時間)。最近、県境より東に縦走路ができた。

地図　二・五万図　熊川

(井上泰利・田路繁男)

久須夜ヶ岳　くすやがだけ

標高　六一九m

福井県小浜市にある。南麓に久須夜神社(従二位久須夜大明神)があり、神社の背後の久須夜ヶ岳中腹に巨岩(大神岩という)がある。ここは大神が降臨したと伝えられ、山全体が御神体であったとされている。小浜市の真北に位置し、エンゼルラインという道路が山麓から上がって来ている。頂上は双耳峰で、東峰の三角点は周囲の様々な電波中継塔に囲まれている。

登路　西峰(五九一m)に展望台と駐車場があり、東方へ約四〇〇mで頂上。先端に蘇洞門《そとも》がある(船で行くこともできる)。東に敦賀半島、西に丹後半島から丹波の山々を望むことができる。

なお、車道を歩くと元料金所から約二時間三〇分。

地図　二・五万図　鋸崎　西津

(井上泰利・田路繁男)

駒ヶ岳　こまがだけ

標高　七八〇m

滋賀県高島市朽木と福井県小浜市、三方上中郡若狭町にまたがり、野坂山地に位置する。若狭町上中側の山麓に寺屋敷が存在したことから地元の木地山では「寺山」と呼び、木地師が近江と若狭を往来した山道である。木地山は滋賀県の北西隅に位置し、安曇川の支流・麻生川の最奥にある山間の集落で、惟喬《これたか》親王を職祖と仰ぐ木地師の血脈を引く由緒ある村とされる。木地山の神社にはこの惟喬親王が祀られている。

登路　木地山集会所前の小橋から焼尾谷の本流を辿る。東谷源頭付近にある岩小屋風の巨岩からは、左岸の緩斜面に上がって沢筋をつめると江若国境尾根に出る。若狭側の明神谷からの登山道を辿り、すぐに森林公園からの広い道と合して頂上につづく（登山口から約三時間）。

地図　二・五万図　古屋

（川見博美）

百里ヶ岳　ひゃくりがだけ

標高　九三一m

滋賀県高島市朽木と福井県小浜市にまたがり、野坂山地に位置する。百里四方を見渡すことができることから名付けられたが、樹林にさえぎられ展望はほとんどない。わずかに梢《こずえ》越しに日本海の一角を望むことができる。しかし、根来《ねごり》坂の由緒あるたたずまい、山頂付近の見事なブナ林、若狭第二の高峰と魅力に事欠かない。

往古、京の都で消費される海産物は、小浜市を中心とする若狭地方から国境の尾根を越えて運ばれてきた。小浜市上根来《かみねごり》から旧朽木村小入《おにゅう》谷を経由する「針畑越え」の道、すなわち百里ヶ岳から西につづく尾根上にある根来坂を越える道はもっとも古い鯖街道とされ、小浜と京都を結ぶ道の中では最短ルートであった。与謝蕪村は「夏山や通いなれたる若狭人」と詠んでいる。

上杉謙信、織田信長、明智光秀、豊臣秀吉、徳川家康と戦国時代の武将が通った道でもあり、古くは大陸文化が若狭に上陸して南下し、京都や奈良に辿り着いた道でもあった。「海のある奈良」といわれる小浜市は神社仏閣の宝庫である。若狭の中央部はその昔、遠《お》敷《にゅう》集落と称され、百里ヶ岳を源とする遠敷川の流域は名刹が多い。奈良・東大寺の「お水取り」では井戸から汲んだ水が本尊に供えられるが、この井戸の名は「若狭井」。大和と若狭は地中深く繋がり、水源地は小浜の鵜《う》の瀬という言い伝えがある。お水取りに合わせ、近くの神宮寺で「お水送り」の神事が盛大に執り行われる由縁である。鵜《う》をあやつる渡来人が伝説化したと伝えられる若狭姫神社、若狭彦神社など、大陸の仏教文化と朝廷を結んだのが根来坂であった。

最近はギフチョウの知られざる生息地として、東海地方からもマニアが峠付近まで登って来る。

登路　かつて京阪神からは遠くて不便な山であったが、登山道が

百里ヶ岳（百里新道から）

整備され、車利用なら日帰りが可能となった。

滋賀県側は小入《おにゅう》谷越から地元の朽木山行会が開拓した百里新道を辿るコース(約三時間)と、小入谷から焼尾地蔵、根来坂を経て江若国境尾根を辿る鯖街道コース(約二時間三〇分)がある。焼尾地蔵まで林道が上がり風情がなくなったので、百里新道から登り、根来坂から小入谷へ下る人が多い。

福井県側は上根来奥の畜産団地から林道に入り、すぐ登山口がある。尾根を辿る道はかつての街道の面影を色濃く残し、根来坂の峠にある石塔と地蔵が歴史を感じさせる。ここから国境尾根を辿れば山頂である(登り約三時間三〇分)。

地図　二・五万図　古屋

(川見博美)

多田ヶ岳　ただがだけ　標高　七一二m

別称　太田岳　多太岳　長尾山

福井県小浜市の南東、南川の対岸に位置する。山麓に多田寺、多田神社がある。山名の由来は定かでない。古くは修験者の修行場だったという。

登路　①野代の妙楽寺から林道を瀬波戸《せばと》の滝に進み、登山口の石橋を渡ってから谷に沿った道を登る。山腹と谷を絡めて稜線に出、後は東の頂上目ざして登る。頂上下で多田から来る道と出合い、直進すると頂上である(妙楽寺から約二時間四〇分)。

②多田寺から林道五㎞で登山口の標識。沢に沿って進み、斜面を登って左に巻き、妙楽寺からの道と一緒になり、左にとった後急登で頂上(多田寺から約三時間)。展望はよい。

地図　二・五万図　遠敷　小浜

(井上泰利・田路繁男)

三国岳　みくにだけ　標高　七七六m

別称　三国峠

福井県大飯郡おおい町名田庄、京都府南丹市美山町、滋賀県高島市朽木生杉にまたがる。

三国の名は若狭・丹波・近江の三国が出合っている頂という意味である。京都側では、この山を「三国峠」と呼んでいる。

登路　①福井県小浜市の南に位置し、南川を名田庄挙野で久田川(鍋窪谷林道)に入り、標高五二八mが登山口。尾根を登り県境稜線の六七七mピークに出て右折し、一つピークを越すとクチクボ峠、まっすぐに進むと頂上に達する(登山口から約一時間三〇分)。

②京都側からは南丹市美山町芦生の京都大学演習林の中の由良川をつめて登ることができる。③滋賀県側は高島市朽木生杉から登る(登山口から約二時間)。

地図　二・五万図　古屋　久坂

(井上泰利・田路繁男)

白倉岳　しらくらだけ　標高　九五〇m

滋賀県高島市朽木の南部にあり、丹波高原に位置する。比良山地と安曇《あど》川を挟んで対峙しており、標高は劣るものの山の懐は比良と比して劣らない。山頂の南東側に岩場があり、地元では「障子裏」

と呼んでいるが、障子の裏側は桟がなく平滑であることを岩場の様相として表現しているもので、「障子グラ」とも呼んでいる。残雪期に障子グラに雪が残り、白いグラを「白倉」と言われたのが山名の由来とされている。

旧朽木村は深い森と過疎の真っ只中にある。地元は村おこしの一つとして「朽木山行会」を設立、百里ヶ岳のほか、三国岳、白倉岳など主要な山々の登山道を整備し、朽木の山を紹介した写真集も出した。白倉岳も旧朽木村の最高峰として、近年に至り登山者が増えている。

登路　安曇川からのコースとして、桑野橋や上岩瀬から、また南東からのコースとして小川戸谷の朽木渓流魚センターからのコースがあるが、ルートが整備され、駐車地に戻ることができる縦走コースがよい。

村井バス停から橋を渡り集落に入る。標識が立つ登山口から林道を進み、右の登山道から急登ののち松本地蔵に着く。緩やかな登りの後、北からの尾根に出合い、展望のない烏帽子岳から烏帽子峠に下る。峠からは最後の急登で三角点のある白倉岳の広い山頂に着く(登山口から約三時間)。南岳からは急坂な下りとなるが、正面に見える比良山地の展望が疲れを癒してくれる(日野谷橋の車道まで約二時間)。

地図　二・五万図　北小松　久多

(川見博美)

峰床山　みねとこやま

標高　九七〇m

別称　峰床　峯床ノ頭

皆子山の北方約四kmに位置する京都府下第二の高峰で、京都府京都市左京区にある。日本有数の高層湿原とされる八丁平の西端に隆起する。八丁平は安曇川本流と足尾谷および久多川に囲まれた湿原であるが、標高八〇〇mを超す高所にあるため、周囲の山々は丘陵の様相を呈し、したがって、峰床山もその丘陵の一小突起に過ぎない。

峰床山の山名の「トコ(床)」は高地を意味する「トク」に通じる。つまり峰床山は八丁平という高地の上に連続する峰、「高い山」という意味を持つ。なお、八丁平は周囲が八丁(約九〇〇m)であることに由来する湿原である。

登路　いくつものルートがあるが、滋賀県大津市葛川中村町から江賀谷林道を入り、江賀谷右俣から八丁平、クラガリ谷を経て登頂するルートがもっとも一般的である(江賀谷林道入り口から約三時間)。

京都府側は、大悲山口から寺谷林道を入り、俵坂峠から取りつくルート(大悲山口から約三時間)のほか、久多方面からオグロ坂峠に至り、山頂の東側に延びる尾根に取りつくルート(久多下の町から約二時間三〇分)や大見・尾越方面から林道を北上し、前記の俵坂峠に至るルート(大原大見町から約二時間)などもよく利用される。いずれの登山道も明瞭かつ良好である。

地図　二・五万図　花脊

（若林忠男）

皆子山　みなこやま

標高　九七一m

別称　霞ヶ嶽　下立山《しもたつやま》

敦賀街道、花折峠の北西の京都府京都市左京区と滋賀県大津市にまたがる。丹波高原の最東端に位置し、南は安曇《あど》川源流、北は足尾《あしび》（芦火）谷、東は敦賀街道に沿う安曇川、西は安曇川支流の大見川と、四方すべてを安曇川水系に囲まれ、独立峰の趣を持つ。

『近江国滋賀郡誌』が「本村（坂ノ下村）西に屹立す。その最高を霞ヶ嶽と云ふ。嶺上四分し、西山城国愛宕《おたぎ》郡尾越《おごせ》村に属し、南同愛宕郡百井《ももい》村に属し、北同愛宕郡久多《くた》村に属し、東本村に属す」と記しているように、旧山名は「霞ヶ嶽」と呼ばれた。皆子山の名称は、一九二三年に今西錦司ら旧制第三高等学校山岳部の部員らが、この山を囲む皆子谷、寺谷、アシミ谷その他、付近の谷の名称を採録して命名した。山名として使われた「ミナコ」は元来は航海・漁労民の言葉で、川の上流に広がる美しい（ミ）平坦地（ナゴ）を指すという説や、南（ミナ）川（ゴ）に由来するという説があるが、いずれも安曇川と深い関係を持つものである。また、この山は百井・大見・尾越の村民と平・坂ノ下などの村民との間で、領地争いの場とされた山ともいわれる。

丹波高原は隆起準平原の山地であるとされ、この山地にある皆子山などは岩石質のため長期の侵食作用から取り残された残丘である。山体は主として砂岩および砂岩・頁岩互層よりなる。三等三角点のある山頂付近はおおむねミズナラ・リョウブ群落で、一部ササ原が点在する。少し下るとスギ、ブナが主体となるが、ミズナラ、シデ、リョウブ、トチ、ホオノキ、カツラ、シャクナゲと植生は多様化する。

登路　通常三つのコースがとられる。かつては皆子谷コースが一般的であったが谷が荒れ、現在は大津市平方面から対岸の寺の墓地上部の尾根に取りつき、尾根通しに山頂へ（約二時間三〇分）。同じく平から林道を寺谷出合まで歩き、安曇川の橋を渡り、寺谷をつめて山頂へ（寺谷出合から約一時間三〇分）。もう一つは足尾谷とツボクリ谷を遡行するコースである。滝の高巻きや岩場、丸木橋が多く、経験者向きである（足尾谷出合から約三時間）。

地図　二・五万図　花脊

（若林忠男）

皆子山（蓬莱山から）

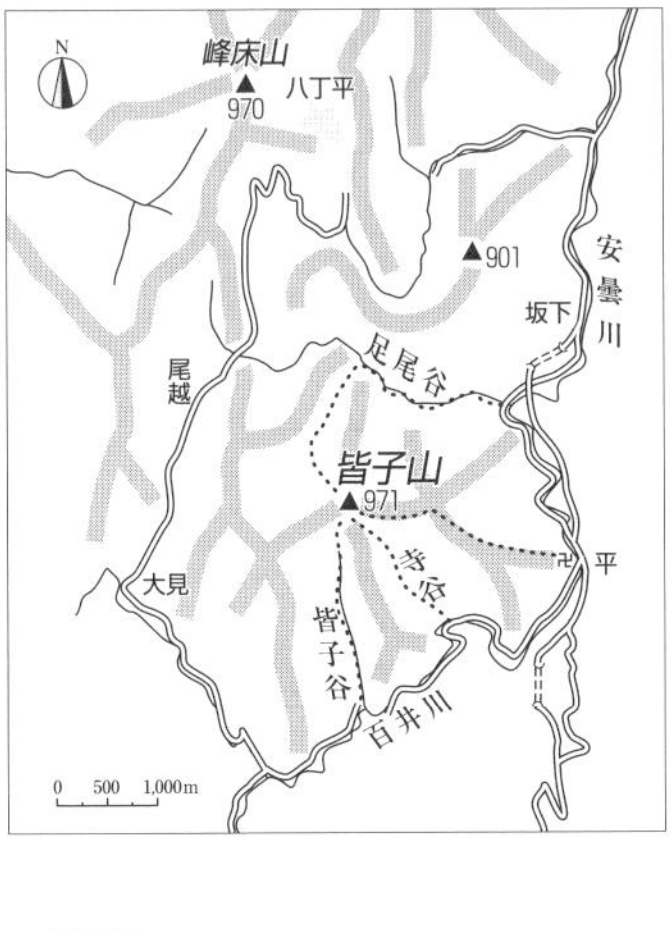

桑谷山　くわたにやま　標高　九二五m

別称　経塚山

京都府京都市左京区に位置する。京都北山に属し、大堰《おおい》川の源流をなす重要な山である。峰定《ぶじょう》寺で有名な大悲山と尾根つづきで、北西方約二㎞に位置する。東峰と西峰からなる双耳峰で、西峰に三等三角点がある。昔、この峰に経巻が埋められたという伝説があり、経塚山ともいわれる。なお、東峰の標高は約九三〇mである。

登路　大悲山口から峰定寺方面に通じる寺谷林道を進み、途中より桑谷林道に入って東峰に取りつくルートがもっとも一般的である。送電線巡視路を利用するので、急坂ではあるが登山道は明瞭である（大悲山口から東峰まで約二時間、東峰から西峰まで約二〇分）。そのほか北方の久多峠から送電線巡視路を経由して東峰に至るルートもよく利用される。このルートは比較的高低差が少なく、道も良好である（久多峠から東峰まで約一時間）。また、バリエーション・ルートとして能見口から長戸《ちょうと》谷林道を経由して直接西峰に取りつくルートがあるが、部分的に踏み跡程度の箇所もある（能見口から西峰まで約二時間三〇分）。

地図　二・五万図　久多

（若林忠男）

金毘羅山　こんぴらやま　標高　五八〇m

別称　江文山

京都府京都市左京区静市静原町に位置し、大原の西、江文《えぶみ》神社の背後にある。山名については、後白河院政時代に、隠岐で憤死した崇徳院の遺品を何者かが金毘羅権現を祀ると見せかけて山頂に葬ったことから金毘羅山と呼ばれるようになったといわれている。大原の氏神でもあるこの神社の拝殿は、井原西鶴の『好色一代男』に大原雑魚寝として描かれた。山はそのものが御神体といわれている。大原から静市へ越える江文峠は東海自然歩道のコースで、古来から鞍馬への重要な横断路であり、『平家物語』にも出ているように、大原御幸では文治二年（一一八六）春、後白河法皇が大原寂光院の建礼門院を訪ねた時越えた道でもあった。

山体は中生代のチャート相で、山頂直下は岩肌が露出しており、格好のロッククライミングのゲレンデとなっている。一九八八年には国民体育大会の会場にもなった。岩場に立つと比叡山連峰が一望でき、眼下には長閑な大原の田園風景を望むことができる。

登路　大原の手前、戸寺から江文神社の入り口を左手に江文峠へ。谷筋から琴平新宮社を経て三壺大神を祀る祠がある山頂へ。ここは火壺、風壺、雨壺の石窟があったと伝えられている所。三等三角点（五七三m）へは南西尾根の鞍部を一つ越えると樹林の中にある。展望はない（約二時間）。

地図　二・五万図　大原

（大槻雅弘）

鞍馬山　くらまやま　標高　五八四m

京都府京都市左京区、叡山電鉄鞍馬駅の北部にある。東麓を流れる鞍馬川と西麓を流れる貴船川に挟まれた、通称鞍馬尾根の南端に位置する。

地層は古生層からなり、二億六千万年前、海底にあったものが隆起したもので、サンゴ、ウミユリなどの化石を含んでいる。

古名を闇《くら》山・暗《くら》部山とする説がある。『山城名勝志』に「崑玉集に云ふ、鞍馬山は闇山也、水は幽陰の物なれば闇といふなり、水の神まします所故くらまやまといふ」とあり、山名の由来は京都市内を流れる鴨川の水源、神の地にあたることと関係があると思われる。

南東斜面中腹に延暦一五年(七九六)創建の修験道場・鞍馬寺がある。年中行事の火祭りと竹伐り会は有名で、全山スギ、ヒノキ、モミ、ツガなどが茂り、大都市近郊ながら深山幽谷の趣がある。鞍馬山を象徴する見事な「木の根道」が大杉権現、「極相林」が僧正ヶ谷付近一帯に見られる。植物、昆虫、化石が豊富で、春は雲珠桜、秋は紅葉の名所で歌枕にもなっている。鞍馬天狗(奥の院魔王殿の摩王尊)や牛若丸の修行地(僧正ヶ谷)としても有名である。

登路　叡山電鉄鞍馬駅から山門を経て、鞍馬寺本殿の左奥から奥の院参道に入る。義経背比べ石から右の尾根道に入り、竜神池、経塚を経て山頂へ(約一時間三〇分)。同じく貴船口駅からは貴船川沿いに貴船神社の前で橋を渡り、鞍馬尾根に取りつく。急登して奥の院、大杉権現を経て背比べ石から山頂へ(約二時間三〇分)。旧花背峠から雑木と植林の鞍馬尾根を南下して山頂へ(約二時間)。

地図　二・五万図　大原

(酒井展弘)

雲取山　くもとりやま　　標高　九一一m

別称　二ノ谷山

京都府京都市右京区京北芹生《せりょう》町に位置し、南麓から灰屋川の源流を発している。

地形図には山名が記されていないが、雲取山は北山を代表する山の一つとして京都府選定の「京都の自然二〇〇選・地形部門」に選ばれている。高い山のような山名ではあるが、周辺には同じような高さの山々があって、遠望してもどれが雲取山なのか分かりにくい山である。

登路　バス停花背高原前から西に寺山峠を目ざす。寺山峠を越えるとやがて一ノ谷との出合で、この比較的明るい谷を上流に進む。上部でシダの斜面を登り切ると、雲取峠に出る(約一時間三〇分)。雲取峠は、北山の峠の中ではめずらしく明るい峠で、一面のシダにリョウブが散在している頂上まで約三〇分。頂上から二ノ谷、三ノ谷へ下る道があるが、どちらを下っても一ノ谷に出る。一ノ谷を下流に進むと、勢竜《せりょう》天満宮の前を通る。ここは歌舞伎「菅原伝授手《すがわらでんじゅて》習鑑《ならいかがみ》」の舞台となった寺子屋跡である。芹生の集落に入る手前左に旧花背峠、峠下バス停へ抜ける林道がある(約五時間)。集落から芹生峠を越えて叡山電鉄貴船口駅まで約六時間三〇分。寺山峠から稜線沿いに雲取峠まで約一時間。

地図　二・五万図　花背　大原

(酒井展弘)

桟敷ヶ岳　さじきがたけ

標高　八九六ｍ

京都府京都市北区雲ヶ畑に位置する。鴨川流域の最高峰で、北麓から鴨川源流・祖父谷が、西麓から清滝川の源流が流れる。山名は惟喬《これたか》親王が山上に高楼を構えて都を眺望したという伝説による。『雍州府志』に「在小野庄同処、惟高親王既雖遯世時々慕帝都之心未忘、斯処構小亭、而遥望京師、故土人号桟敷嶽」とある。山頂の南方にある「都ながめの岩」は『都花月名所』によると「南方一面に晴て平安の万戸鷲峰笠置或ひは生駒葛城の高根も眼中の客となりぬ」とある。また『山城名跡巡行志』に「山上に有池、最も絶景也」と記され、指月、広沢の池とともに月の名所とされたが、いまは池跡も不明。一帯には惟喬親王に関する伝承が多く残っており、惟喬親王が惟仁親王と皇位を争い、競馬と相撲の勝負によって決めたという言い伝えは『平家物語』巻八などに見えるが、その相撲が歌舞伎では桟敷嶽で行われたとされている。

登路　岩屋橋、惟喬神社から岩屋川に沿って北上する。岩屋不動（岩屋山志明院金光峰寺は役小角の開基、歌舞伎「鳴神」の舞台になった。また、シャクナゲの群落は有名）を左に見て、なおも進み右手に六地蔵尊を見ると、すぐに薬師峠に達する。薬師峠は雲ヶ畑と大森を結ぶ古い峠である。峠からは北東の尾根道を登る。しっかりした踏み跡が岩屋橋から三角点のある桟敷ヶ岳頂上までつづく（約二時間三〇分）。頂上からさらに足を延ばして、祖父谷峠から祖父谷を下って岩屋橋まで約二時間。ナベクロ峠からは長谷を経由して大森東町まで約一時間。頂上、または南のピークから直接祖父谷に下る（約一時間）。

地図　二・五万図　周山

（酒井展弘）

地蔵山　じぞうやま

標高　九四七ｍ

京都府京都市右京区嵯峨樒原《しきみがはら》地区と京北地区にまたがり、京都北西部に位置する。京都市内からは悠然と構えた愛宕山が前衛になり、地蔵山を見ることはできない。それでも京都府下では一〇〇〇ｍを超す山がないなかで五番目の高さである。愛宕山とともにこの山麓一帯の歴史は古く、豊臣秀吉は荒地の開発・山役免除・山林管理など指示した朱印状を発給している。地蔵山山腹に見られる階段状の水田（他地方では棚田という）は、遠くから見ると武士が着けた鎧《よろい》に似ているので、とくに「原の鎧」と呼ばれ、特色のある風景を見せている。また、この地はシキミが自生していたことから、古くは平安中期ごろから「樒原」と呼ばれていたようである。山頂周辺には戦前、スキー場があったが、いまはスギとアセビ、雑木林に囲まれて展望はない。

登路　樒原の集落から愛宕山へ登る道をとって、高度九〇〇ｍ地点から北へ向い、ここからはササ枯れとアセビの多い道を山頂へ。山頂の一等三角点のある所は少し開けたよい休憩場所だが、展望は南にある電波反射板跡辺りがよい（約二時間）。越畑の集落から芦見峠を経て、南へ尾根道を辿り山頂へ（約二時間）。清滝から表参道を登り、愛宕山を経て山頂へ（約三時間三〇分）。

（大槻雅弘）

愛宕山《あたごやま》

地図　二・五万図　京都西北部

標高　九二四m

別称　白雲山　白山　朝日峰

京都府京都市右京区嵯峨愛宕町に位置し、京都市内の北西に聳える山。市内の東に位置する比叡山と対峙して、京都を取り囲む連山の中でもひときわ高く、どっしりと重量感ある山姿を見せている。

別称の「白雲山」は、和気清麻呂が唐の五台山を倣い建てたといわれる仏堂の一字として、山頂の朝日峰に白雲寺があったことから名付けられたもので、異記は阿多古、愛宕護、阿當護、阿太子なども記されている。

山頂に鎮座する愛宕神社は『延喜式神名帳』にも「阿多古」社とあり、大宝年間（七〇一～七〇四）、役小角が泰澄をともなって愛宕山に登り、山嶺を開いたといわれている。

神社の祭神・迦具槌命《かぐつちのみこと》が火の神であるところから火伏の神として広く信仰され、全国に分社八〇〇社を有し、防火・火伏の神として崇敬されている。毎年七月三一日～八月一日にかけての通夜祭は、千日詣ともいわれ、この日に詣ると千日分の功徳があるとされ、多くの人でにぎわう。また、天狗伝承として『山城名勝志』所収の「白雲寺縁起」には「九億四万余天狗有」と記され、祭神も天狗の姿をした愛宕権現太郎坊ともいわれ、火神ともされた。

天正一〇年（一五八二）五月二八日には明智光秀が織田信長を本能寺に討つ前、愛宕山での連歌の会での百韻「時は今　あめが下知る五月哉」と詠んだのはあまりにも有名である。また、天正一六年（一五八八）八月九日には、毛利輝元が黒田官兵衛の案内で愛宕山へ参詣している。

水系はすべて桂川水系であるが、呼称は上流を大堰《おおい》川、保津川、嵐山から下流を桂川と呼んでいる。

地形的には、京都盆地の北西部にかかって丹波山地の南にあたり、若丹山地南西部と亀岡盆地に囲まれている。山体は中・古生層からなる層状チャート・珪質頁岩で山頂近くでは砥石を産出し、開発は室町時代にまで遡るといわれている。

植生は、山頂付近ではスギが多く、登路にも大杉が見られ、アセビ、アカマツも多い。ほかに山頂のサクラ、秋にはイロハモミジが彩りを添える。

愛宕山（渡月橋から）

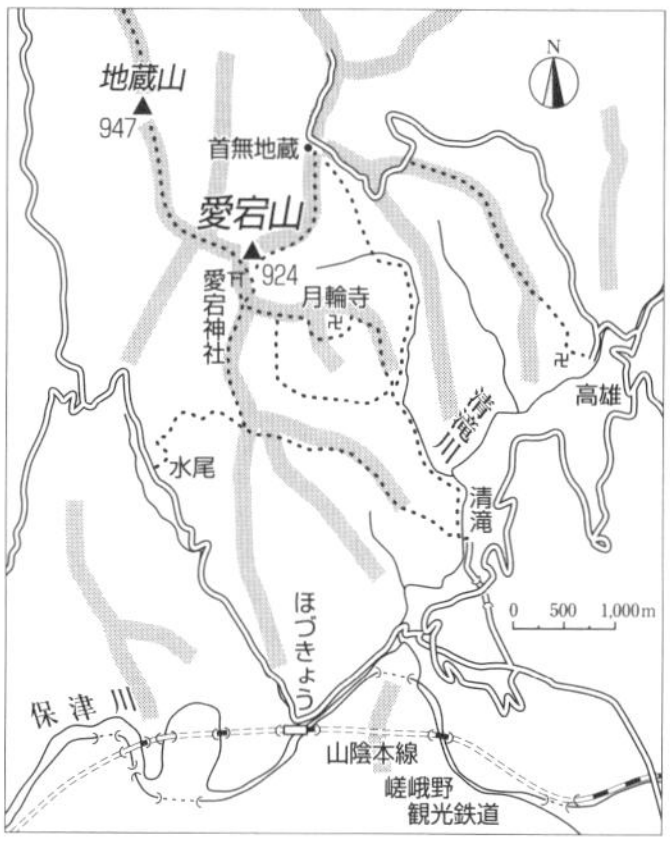

一九二九年に開通した東洋一のケーブルのおかげで千日詣には三万人もの人が登ったが、それも一九四四年に軍需によりケーブルを供出し、現在は徒歩のみの登山となる。

一九一八年、今西錦司らが「山城三十山」なるものを唱え、京都における登山史ともいえる一歩を印し、その対象の一山として愛宕山を登っている。梅棹忠夫が『山城三十山記』の中で「ケーブルがあり頂上の遊園地化した状態を見ればゲッソリする。だが一歩歩を轉じてその裏山に足をふみ入れやう、愛宕にこんな所があったのかしらんというやうなところがある」と記している。

またこの時代、京都唯一のスキー場が愛宕山の北にあった。

昔から「御伊勢に七度、熊野へ三度、愛宕さんへは月参り」の俚《り》諺《げん》があるように、現在も多くの人に登拝されている。

登路　表参道といわれる清滝から、よく整備された広い石段交じりの道を、休憩所を経ながら山頂の愛宕神社へ（約二時間三〇分）。同じく清滝を登山口とし、平坦な林道を三〇分歩いて尾根に取りつき、月輪寺を経て山頂の神社へ（約二時間三〇分）。紅葉の名所・高雄からは首無地蔵を経て山頂へ（約三時間）。西の方面からはＪＲ山陰本線保津峡駅から柚の里として有名な水尾村を登山口として、少し急坂だが水尾分かれを経て表参道と合して山頂へのコースがある（約三時間）。三角点へは神社北側へ一五分を要する。

地図　二・五万図　京都西北部

（大槻雅弘）

老ノ坂峠　おいのさかとうげ

標高　約二五〇ｍ

旧称　大兄山（類聚三代格）　大江山（万葉集）　大枝山（兵部省式）　於伊山（園大暦）

京都府京都市西京区沓掛と亀岡市篠町王子を結ぶ峠である。古来、山城と丹波の境で、山陰街道の要衝として知られている。

京都市の西山連峰の嵐山・松尾山・沓掛山と大枝山（五六八ｍ）・小塩山の最低鞍部にあり、二重鞍部になっている。

南側の鞍部は旧西国街道で、支谷沿いに酒呑童子の首塚がある。

老ノ坂の名は「大江ノ坂」の訛ったものという。また、大枝山の呼称は明治になって村制を布くまで大江山であったのが、丹波・丹後境にある大江山とまぎらわしいので「大枝」の字を当てるようになった。近くにあった寺の山号も「大江山」で、その名は石灯籠にいまも残っている。『小倉百人一首』で有名な小式部内侍の「大江山いく野の道の遠ければ　まだふみも見ず天の橋立」（『金葉集』）の歌も、大枝山のことであるといわれている。

旧峠には子安地蔵や増井の清水がある。鬼退治で有名な大江山はこの地であると『諸州めぐり西北紀行』や謡曲「大江山」などの論証がある。『御伽草子』に毎夜、鬼が都に出て公卿の家を襲い姫をかどわかしたとあるが、丹後の大江山では無理、矛盾があり、千丈ヶ嶽（大江山）は古名を与謝《よさ》の大山といい、用明帝の第三皇子・麻呂子親王の土蜘蛛退治伝説が混同して書かれたとか。なお、沓掛の地は一九五〇年一二月まで京都府乙訓郡大枝村に属していた。

地図　二・五万図　京都西南部

（坂井久光）

牛松山　うしまつやま

標高　六三六m

京都府亀岡市保津町にある。亀岡市から福知山へ抜ける国道九号からは、右手にどっしりと腰を据えた山容がうかがえる。昭和一〇年（一九三五）の『山城三十山記』では、ヒマラヤ山中のカイラスに似て「丹波のカイラス」と呼んでいる。古名は石松ヶ嶽といわれていたのが、雨乞いのため牛を生贄《いけにえ》にしたのが原因で、石松から牛松に変わったと伝えられている。

山頂には金刀比羅《こんぴら》神社が建ち、大物主命《おおものぬしのみこと》（大国主命《おおくにぬしのみこと》）を祀る。亀岡市の保津から京都市の嵐山までの保津川下りの船頭やその関係者の信仰が篤く、川下りの安全を祈るため、社殿の天井に二艘の舟が吊り下げてある。

丹波高原に属し、地質は丹波層群よりなり、付近からは砥石（粘板岩）を産する。山頂に三角点はなく、NHKのアンテナが立っている。周囲が林で展望はよくない。

登路　JR山陰本線亀岡駅から保津大橋を渡り、保津町の金毘羅神社の鳥居をくぐり、参道を通って山頂へ（約二時間）。千歳町国分から東へ尾根筋を登り、NHK・KBS京都亀岡テレビ中継所、三角点を経て山頂へ（約一時間四〇分）。ほかに保津町八区からと愛宕谷川からも登路がある。

地図　二・五万図　亀岡

（坂井久光）

釈迦岳　しゃかだけ

標高　六三一m

京都府京都市と大阪府三島郡島本町にまたがり、島本町の最高峰である。類似の山名の読みで釈迦ヶ嶽（五一一m）が能勢町の東山域にあって混同されやすい。釈迦岳は、山頂に釈迦仏の像が祀られて、持ち帰る途中にぐっしょりと汗をかかれていた、と伝え残っていることが由来と語られてきた。

釈迦岳三角点からは、京都西山の連なる峰の中で小塩山《おじおやま》（六四二m）を眺望できる。おおさか環状自然歩道が敷かれており、尺代の水無瀬渓谷から釈迦岳を経てポンポン山で東海自然歩道と結ばれている。周辺には新緑のころヤマブキが美しい尺代の渓谷あり、大沢の方に天狗杉伝承の古木や、浄土谷大佛《おおぼとけ》もあり、眼の独鈷水で知られる柳谷観音揚谷寺がある。さらに下山路に選ぶ方向には、山崎合戦の天王山および西国三十三箇所観音霊場第二十番の札所の善峰寺を経て、在原業平の十輪寺へなどのコースが選べる。

登路　阪急電鉄京都本線水無瀬駅から若山台へのバスを利用。若山神社を経て尺代集落の水無瀬渓谷を辿るのが、おおさか環状自然歩道の順路である（山頂まで約二時間一〇分）。一方、釈迦岳はポンポン山の主稜線から派出した尾根にあり、ポンポン山登山の帰路に選ぶことができる。他方、川久保渓谷の林道を辿り、釈迦岳登頂後は川久保尾根を下る釈迦岳のみの周回コースもとることができる（周回、約二時間三〇分）。川久保から高槻市営バスは本数が少ない。上成合バス停まで三五分を要する。

地図　二・五万図　淀　京都西南部　（赤松　滋）

ポンポン山

標高　六七九m

別称　加(賀)茂勢山　古くは鴨背山、俗称は金山

京都府京都市と大阪府高槻市にまたがる。カタカナの山名はまれである。擬声語でポンポンと呼ばせる、ユーモラスさで親しまれている。山頂で足を踏むとポンと音がしたことから山名となった。「賀茂勢山が元の山名だ」との伝承をわざわざ伝える看板(京都府)が山頂に掲げられている。地形図にポンポン山と記載、公認の山名となって久しいが、面白おかしく変えた山名に、以前から意見が分かれている。

メインコースは東海自然歩道が通る。大阪府箕面の西端起点から最初に府県境を越えて京都へ入る山域となる。

山頂からは京都南部の市街と、小塩山など京都西山の連峰が望める。山名の由来、「山頂を踏むとポンポンと音する」位置は、三角点から東へ三歩、それらしく、たわむ感触がする。

最古とされる総合登山案内書に著わされたポンポン山を記す(表現を味わうために漢字、仮名使いは原文のまま)。

「ポンポンといふ奇妙な名前は、比叡や生駒などの名山を登りつくした登山者の眼を真先きに引きつける。(中略)奇妙な名前のポンポン山も、何時の間にか名山に数へられるやうになった。此山の山頂の平が空洞になってゐるためか、足ぶみするとポンポン音がする、それでポンポン山といふらしい。併《しか》し此ポンポンは、音すると云へば音するらしいといふ程度の頼りないもので、私はそれよりもポンポン山の眺望を挙げたい」(『近畿の登山』近畿登山研究会)。

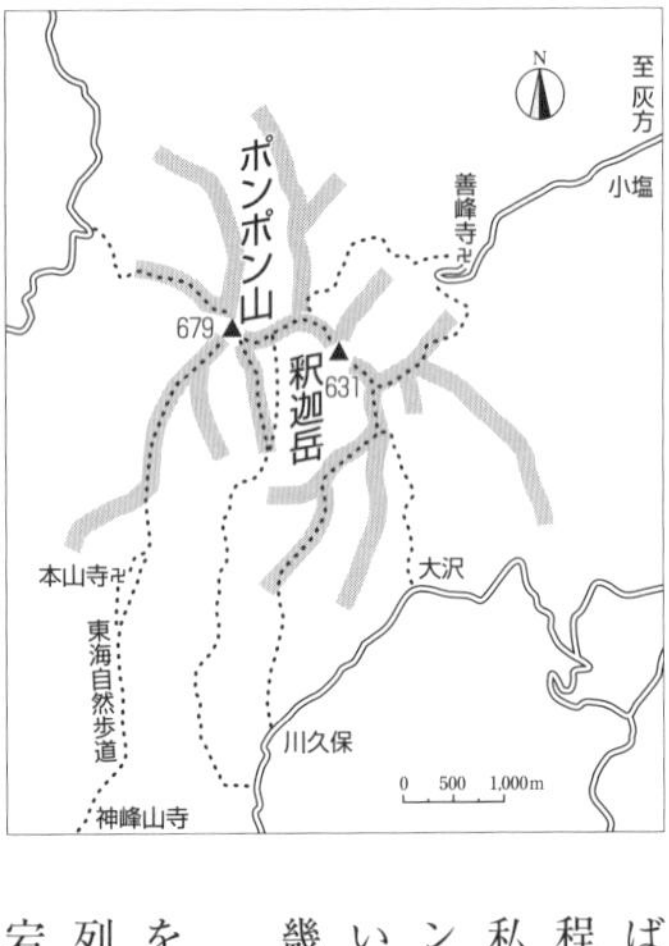

「それよりも眺望を」と後述する山名を列挙してみると、「愛宕山が北空を埋め盡くして横たはっている。それを先登《せんと》として、丹波の連山がずらりと一望に集まる」に始まり、山名のみ要約記載すれば、比良山、比叡、脚下には京都、繪の様なる平野。鷲峰、霊仙、御池、御在所の連峰など、「其荘厳、其美觀、實に形容を絶してゐる」と結ばれる。目がよほどに利くのか、スモッグのない時代の登山者の感動が伝わってくる(前掲書)。

登路　西側の高槻市側からは高槻市バス摂津峡上の口下車。神峰山寺、本山寺など古刹を巡る魅力から、ガイドブックの定番コースとなっている。山頂までの歩きが長く、大半が舗装路で歩いた後の評判はよくない。山頂まで短く登るには、JR東海道本線高槻駅から高槻市バス川久保で下車。川久保渓谷の途中、左の支谷を経て山頂へ達する山道がある。稜線に出て、左が山頂となる(約一時間三〇分)。

東側は阪急電鉄京都本線東向日駅から阪急バス小塩下車、もしくは手前の灰方下車、十輪寺から三鈷寺および善峰寺を経て登る。

北側からは大原野森林公園からのコースが敷かれた。登り方向の方が分かりよい(外畑から約二時間五〇分)。北側に下るならば、下山して高槻森林観光センターの温泉が日帰り利用できる(山頂から約一時間一〇分)。バス便は南山麓の川久保線、北山麓の樫田線があるが、双方とも本数は少ない。善峰寺のバス便は冬期は小塩まで。
地図　二・五万図　京都西南部　高槻　淀　法貴　(赤松　滋)

天王山　てんのうざん

標高　二七〇m

京都府乙訓郡大山崎町の西方に位置する。わずか二七〇m余りの丘状の小山であるが摂津と山城を境にし、京都盆地を取り囲む山々の南西端はここで尽きる。桂川、宇治川、木津川が合流して淀川となる辺りへ「山の先」は大きく突き出して、南端の男山(一四三m)と対峙し、自然の関門の山崎峡隘部を形成している。日本の東と西を結ぶ交通の要衝として古くからしばしば戦場となる。天正一〇年(一五八二)、羽柴秀吉が明智光秀を制して天下統一への第一歩を踏み出した山崎の合戦は、俗に天下分け目の「天王山の戦い」として有名である。古名は「山崎山」であるが、山頂近くの天神八王子社(現在の酒解《さかとけ》神社)が牛頭《ごず》天王を祀っており、その信仰の強まりとともに、「八王子山」の名称(一三〜一五世紀)を経て、天王山と呼ばれるようになった。

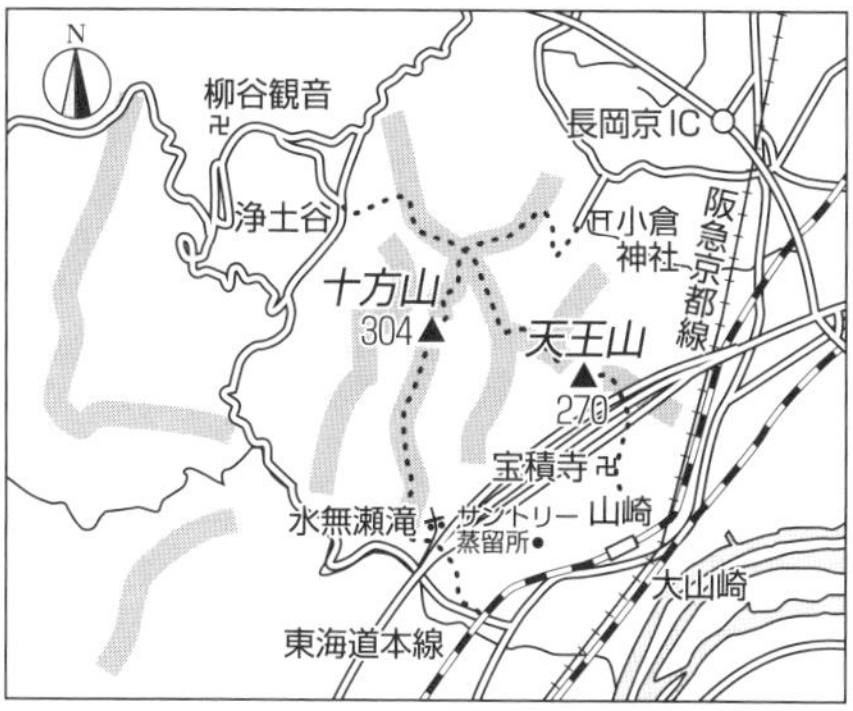

天王山(淀川河川公園から)

山頂は山崎合戦の勝利後、秀吉が修築した山崎城跡である。実際の戦闘には使われることなく一年半後には城を破壊し大阪に移ったが、曲輪、井戸などの遺構が残る。山麓、山腹には千利休ゆかりの国宝の茶室「待庵《たいあん》」や、史跡、古社寺が点在する。ユングフラウの日本人初登頂者・加賀正太郎の建てた大山崎山荘は、天王山の景観、雰囲気に見事に調和した美術館となり、訪れる人が絶えない。

淀川と山裾の狭い間を、国道、新幹線、JR在来線、私鉄が束となって通過し、名神高速は山の真下を通り抜け、山の東側に京都縦貫自動車道が加わった。いまや交通の要衝とはいえないが、天王山は、現代の交通網に取り囲まれアクセスのよい山である。

登路　JR東海道本線山崎駅、阪急電鉄京都本線大山崎駅より約一五分の宝積寺《ほうしゃくじ》や観音寺から約三〇分。山崎合戦の陶板画が楽しく山頂まで導いてくれる。円明寺《えんみょうじ》地区の小倉神社からは約一時間。美しい孟宗竹の道を天王山縦走路に出て山頂に向かう。阪急電鉄京都本線西山天王山駅より小倉神社へは約二〇分。京都府長岡京市浄土谷、柳谷観音楊谷寺《ようこくじ》からは約一時間半。小倉神社からの天王山縦走路分岐で合流する。大阪府三島郡島本町の日本初のウイスキー蒸溜所からの道は、帰りのお勧めとしたい。

地図　二・五万図　淀・高槻　（津田美也子）

若山　わかやま　標高　三一五m

別称　太閤道

大阪府東部に位置する。阪急電鉄京都線の高槻市駅を過ぎて、京都に向かう左の車窓に山が迫る。この山の連なりが太閤道である。

秀吉が山崎の合戦の折、三方から進軍、その山手隊が山をつたったとされ、駅から手近に歩ける山として阪急電鉄が道に愛称をともなわせて、一九四七年ごろに太閤道と名付けた。

太閤道は「太閤さん」の山だから「太閤山」と地元高校ＷＶ部の名で昭和六〇年代に木札が掛けられていた。のちにこのことが伝承され、平成に入って半官半民の標識プレートが掲げられるに至った。

現在、継承される山の呼び名「若山」は、「安満山、太閤道、若山、成合山など小山塊一帯を磐手山というのは、磐手村の山で適稱であるが、これは固有名ではない。村々で名稱が区々であり、磐手社の背後二七二・三米の国有林安満山を磐手山といふ人もあり、その東方三一五・五米三角点を山麓の梶原や神内《こうない》では、太閤道で通ってゐる。三一五米の若山は、東山腹に若山神社もあるが、二七二・三米を中心にした成合山にはそれぞれの字名が付けられ、大體に於いて磐手山の地域は判明するであろう」（木藤精一郎著『ハイカーの径』）にうかがえ、若山が通称とされてきた。ところが、本稿のために新たに調べてみると、「若山は標高二六三米、中腹に鎮座する若山神社」（『若山神社史』郷土島本研究会）が探し出せた。地形図三角点三一五・五mからの中腹は別尾根の山腹となって、当を得ないばかりか、標高が異なる。このことを記して今後の課題としたい。

山頂三角点は坦路の植林帯に位置して、見晴らしは望めない。山頂を過ぎ林道に出ると、淀川に三河川が合流するのが鳥瞰できる。

登路　阪急電鉄京都本線高槻市駅と同線の水無瀬駅のいずれかを登降路として選べるので、行程が立てやすい（登山口から若山神社まで約一時間四〇分）。沿道の西には金輪寺跡、シイ、カシ四〇〇本の保全林が若山神社の背後にある。山頂の手前に南に開けた展望所があるが、この位置からの下山路はタケノコ畑の私有地で、鉄柵で歩行を止めている。

地図　二・五万図　淀　高槻　（赤松　滋）

明神ヶ岳　みょうじんがだけ　標高　五二三m

大阪府高槻市田能と京都府亀岡市に接する府境の山。登山口の田能は、一八七一年の廃藩置県以来、たびたびの変革を経て一九五八年四月、京都府南桑田郡樫田村より大阪府高槻市に編入となった。当時としては行政区が異なっていたため、全国的にもまれな越境合併であった。

登路　ＪＲ東海道本線高槻駅から高槻市バスで樫田校前バス停下

車。バス停より北に向かい、樫田トンネルの手前で車道を離れ、右の林道に入る。昇尾峠の手前右の山道に入り、山頂まで細径がつづいている(バス停から約一時間)。ほかに高槻市中畑より万寿峠から左の山道を山頂まで辿る(万寿峠より約一時間三〇分)。

地図　二・五万図　法貴

（足立義郎）

鴻応山　こうのやま

標高　六七九m

別称　こうおう山　こうのう山　こうおさん

京都府亀岡市と大阪府豊能郡豊能町の境にあり、この山の西側を摂丹街道が通っている。

山名の由来は、豊能町寺田の鴻応山青峰寺の山号をとったものである。「この寺の伝承によると、義顕上人が訪ねた時鴻の鳥が二羽、常に山頂の上空を舞うので上がってみると、二寸三分の金仏がおられた。鴻の鳥の教えから、鴻の山と呼んだのがはじまりという」(『大阪50山』)。

この山の頂からの眺望は樹林に囲まれまったく得られないが、京都側の湯谷ヶ岳(六二二m)の方面か、山頂から北方斜面に下ると丹波高原の山が望まれる。

登路　阪急電鉄の宝塚線池田駅から牧バス停か、京都本線茨木市駅から阪急バスに乗り、忍頂寺で余野行きバスに乗継いで西野で下車、そこから山頂を目ざす(一時間から一時間三〇分程)。里山の常として、登山道も道標も整備されていないので、地図と残置テープなど確認しながら登る必要がある。

地図　二・五万図　法貴　妙見山

（柏木宏信・重廣恒夫）

阿武山　あぶやま

標高　二八一m

別称　美人山

大阪府茨木市桑原と高槻市奈佐原にまたがり、茨木、高槻市街地に近い。大正初期まで旗振り場があり、大阪の相場を京都方面に知らせる中継点の役割をしていた。山頂の南には、山の斜面を利用した阿武山古墳がある。その埋葬品から高貴な人ではないかとして「貴人の墓」と呼ばれている。一説に大化の改新のころの藤原鎌足の墓であるとされるが、いまなお真相は謎のままである。

登路　阪急電鉄京都本線茨木市駅よりバスにて安威バス停下車。バス停より北に向かい、信号を渡り右の山道に入る。阿武山古墳はコースの途中より右折(古墳往復一〇分)。元の道に戻り山頂に至る(登山口から約一時間)。また、北の高槻市萩谷の変電所から林道を辿り山頂へ(萩谷から約一時間)。

地図　二・五万図　高槻

（足立義郎）

石堂ヶ岡　いしどうがおか

標高　六八〇m

大阪府豊能郡豊能町と茨木市の境にある。山名の由来は「石堂ヶ岡は南斜面の天狗岩が由来」と『大阪50山』に記されているが、定かではない。

この山は現在、茨木高原カンツリー倶楽部のゴルフ場に取り囲まれ、山頂の三角点に至るにはゴルフ場の許可が必要である。かつて大阪堂島の米相場を都に知らせる旗振り山の一つであった。「米相場　京へ知らすに　旗振りし　ここが昔の　相場たて山」と刻まれた石碑がある。

『山城三十山』によれば「頂上に達してまず感じることは、何といっても明朗なこと、清鮮なことである。三角点の周囲は総て笹。(中略)一度この三角点を枕に、この芝生の如き笹原に横たわって西南の方、京都と大阪とをつなぐ平野を見下ろして見たまえ」と。現在ではかつての眺望は得られず、周囲はマツやツツジなどの雑木にさえぎられている。

登路　ゴルフ場、霊園近くまで、北大阪急行電鉄千里中央駅または阪急電鉄千里線北千里駅からバスの便がある。北摂霊園北口バス停から山頂往復約四〇分である。

地図　二・五万図　高槻　広根

(柏木宏信・重廣恒夫)

妙見山　みょうけんざん

標高　六六〇m

大阪府豊能郡能勢町および豊能町と兵庫県川西市の府県境に位置する。妙見はもちろん北極星、北斗七星信仰に由来する山名。山上の妙見宮は元々真言宗であったが、この地を治めた領主・能勢頼次が帰依していた日蓮宗に改めさせた。関西では通称「能勢の妙見さん」と親しまれる。昔から京、大坂からも多くの参拝者が訪れ、そのための交通手段として、能勢電鉄が敷かれたほどである。いまではケーブル、リフトも設置され、山上まで車道が通ってバスの便もあり、歩かずに登ることのできる山になっている。山頂付近にはこの標高としてはめずらしいブナ林があり、大阪府が天然記念物に指定している。

登路　歩いて登るには、人気の山だけに能勢電鉄妙見口駅を起点に数本のコースがある。代表的なものは緑豊かな渓谷沿いの初谷コース(約二時間)、旧参拝道を辿る展望の上杉尾根コース(約一時間三〇分)。駅から二〇分車道を行った妙見ケーブル黒川駅からは、最短コースの新滝道コース、静かな山道の大堂越えコース(いずれもケーブル黒川駅から山頂まで一時間前後)がある。

地図　二・五万図　妙見山、広根

(田中義一)

天台山　てんだいさん

標高　六四〇m

大阪府豊能郡豊能町の南にあって、北摂山群の南部に位置する。天台とは、「尾根筋の平な所」の意。その名のごとく山頂は広く、南東にのびやかな尾根が地形図から読み取れ、天を支える(台)山を思わす。北側山麓の川尻の集落には、磨崖仏や高野山末寺の法輪寺があり、本尊の十一面観音菩薩を祀る。

登路　能勢電鉄妙見口駅から東ときわ台住宅地の東端、吉川峠を経て尾根道を辿り、山頂に達する(登山口から約二時間)。ほかに阪急電鉄宝塚線池田駅より阪急バスにて平野バス停下車。川尻の集落から法輪寺を経て妙見山への車道を進み、坂の頂上部で左の林道を上がって吉川峠からの道と合流し、山頂へと続く登路がある(川尻より約一時間四五分)。

地図　二・五万図　広根

(足立義郎)

明ヶ田尾山　あけだおさん

標高　六二〇m

大阪府箕面市と豊能郡豊能町の境に位置する。山名の由来は定かでない。読み方も諸説あるが、ここでは地元豊能町郷土史研究会の史料に従う。山に囲まれた東麓の隠れ里のような集落・高山は、キリシタン大名・高山右近の母方の里である。いまでも高山右近生誕の碑、マリアの墓、江戸時代のキリシタン禁制を記した高札と、史跡が多く残る地である。

登路　高山集落を起点にするならば、北大阪急行電鉄・大阪モノレール千里中央駅から阪急バス希望ヶ丘行きで高山下車、約四〇分で山頂。または阪急電鉄宝塚線池田駅から阪急バス牧・希望ヶ丘行きで高山口下車、高山を経て約一時間三〇分で山頂。

池田駅からは五月山よりエキスポ九十記念の森、鉢状山と縦走して山頂に至るコースもとれる。距離は長いが、この稜線は阪神間の町並みから能勢の山々まで望む展望に恵まれた歩きが楽しめる。また、阪急電鉄箕面線箕面駅からは、国定公園箕面の滝遊歩道から上記コースへ合流することもできる。明ヶ田尾山頂は展望はないが、雑木に囲まれた静かな台地に三角点が置かれている。

地図　二・五万図　広根

（田中義一）

六個山　ろっかやま

標高　三九六m

別称　松尾山

大阪府箕面市にあって、箕面滝道と五月山の中間に位置する。箕面青少年の森の施設下にあり、この領域を避けて登降路が付けられている。

標識に沿って西尾根コースを辿れば六個山に達する。山麓の六つの村が寄り合って財産管理されていることから六個山と呼ぶ。元の山名は松尾山である。三角点の存在する位置からは、山林に囲まれ見通しは望めない。

登路　阪急電鉄箕面線箕面駅から西へ山裾を辿り、坂を上がり切った所に、箕面青少年の森への進入路がある（山頂まで約一時間）。降路および経路としては、北上する五月山との連係コースはゴルフ場とその車道歩きとなり好ましくない。箕面滝道の滝安寺公園に下るコースが自然観察としても得るところが多い（箕面駅まで約四〇分）。箕面渓谷道からの六個山へは入り口が辿りにくい。

地図　二・五万図　広根　伊丹

（赤松　滋）

歌垣山　うたがきやま

標高　五五三m

別称　天神山

大阪府豊能郡能勢町の東にある。能勢の妙見山と峰つづきの北限に位置する。山上で歌嬥《かがい》（歌垣）が行われた。『摂津国風土記逸文』に「雄伴郡《おともこほり》　波比具利岡《はひぐりおか》　此の岡の西に歌垣山あり　昔者　男も女もこの上に集ひ登りて　常に歌垣を為す。よりて名となる」とある。山名の由来の一端が語り継がれてきた。

同じ伝承の山が茨城県・筑波山、佐賀県・杵島山にもある。日本三大歌嬥の山として、歌垣サミットが一九九三年から地方行政の立場で合い集い、持ち回りでつづけられている。

山上は双耳峰で、北峰が男山、南峰の女山に三角点が設置されている。北峰に「歌垣山」と書かれた山名碑（一九三五年設置）と、歌碑「くらかきの里に波よる秋の田はとしながひこの稲にぞありける」（摂政関白藤原基房書）が設えられ、名山の気風を整える。

先のサミットが行われるようになって、休憩所や野鳥観察のログハウスが建てられた。

南峰には展望台があり、三角点標石を囲むように円形の大理石板が置かれる。双方の峰から、西に面する能勢の峰々が望める。

登路　能勢電鉄妙見口駅からバスで歌垣山登山口で下車。地酒「秋鹿」の醸造元に立ち寄れる。西麓、石標「歌垣山登山口」から登る。山道は谷に沿えば双耳峰の鞍部に達する。一方、途中の谷で分岐が右の尾根から南峰・女山へ上がれるが、上部で踏み跡程度となり、谷での分岐に注意がいる。

降路は北側の林道にとれば大回り。とくに秋、クリの収穫のころは閉鎖される。南への尾根を掘越峠に向かい、妙見奥の院から妙見へと繋ぐと、充実した一日の歩きが堪能できる（登山口から歌垣山まで約四〇分、山頂から妙見山まで約二時間四〇分）。

（赤松　滋）

地図　二・五万図　妙見山

小和田山　おわだやま　　標高　六一二m

大阪府豊能郡能勢町と京都府亀岡市の境にある。山裾の集落名、小戸と和田から名が付けられた。皇太子妃、旧姓小和田雅子さん御成婚の折に、ちなむ山が探られ、ひところは問い合わせや訪れる人が絶えなかった。いまは元の静けさが保たれる。

小和田山の尾根づたいには、釈迦ヶ嶽（五一二m）まで、山火事の類焼を防ぐために尾根通しに樹間の切り開きが定期的に整備されている。この防火帯を辿れば周回コースとしても歩きやすい。

釈迦ヶ嶽中腹の最上部は七宝寺への参道を登りに選ぶと、小和田山を過ぎてから下る分岐が探しにくくなる。小和田山を先に登り、釈迦ヶ嶽へつたうのが得策であろう。

登路　能勢電鉄妙見口駅からバスで歌垣山登山口、もしくは運行時間によっては経路の異なる七面口下車。小戸の集落から山への林道をつたう。林道は最奥で分岐がいくつかあるが、左登り方向を選ぶと植林地への山道がある。季節によっては上部の湿地帯がブッシュに覆われるが、稜線へ踏み跡がつづく。防火切り開きの尾根筋に出れば、釈迦ヶ嶽まで辿ることができる（周回約四時間）。山中に公的標識は皆無。北麓への下山はバス便がなく難渋する。

（赤松　滋）

地図　二・五万図　妙見山　埴生

剣尾山　けんびさん　　標高　七八四m

別称　下樋山《したびさん》　月峯山《げっぽうさん》　月ノ峰《つきのみね》

大阪府豊能郡能勢町に位置する。剣尾山は頂に巨大な石英斑岩が散在する。岩頭に立った時の登頂気分が醍醐味で、語り継がれて知名度を広めた山である。「おおさか環状自然歩道」が敷かれ、そのもっとも北端部に位置する。山裾に能勢温泉がある。さらにはバスの沿線に純日本家屋の一泉一宿の趣を留める「汐の湯温泉」があり、日帰り登山だけではなく遠来の登山者も訪れる。

剣尾山は行者山（四六九ｍ）を経て登る。行者山は行場となる岩石が急な斜面に散在する。コース上にも標識で案内されるが限られる。むしろ沿道の周辺に潜む方が多い。昔、麓の学童に案内を頼めた時代もあった。行場はひとところはフリークライムに注目された岩だが、信仰の聖域であり、好ましいことではなくいまは利用されない。

山上に月峯寺跡がある。コースわきに二つの井戸がいまも残る。敷地の点在から、十数の寺坊の跡が偲ばれる。いまは麓の山辺の上殿に移されている。『大日本地誌大系』には剣尾山と呼ばず、山名が記されず「月峰」と表されている。「山上に槻の霊木あり因て槻峰と称し」ともある。槻峰と月峰、のちに剣が山上に刺さる語らいが出て、今日の剣ノ尾山に移行した。

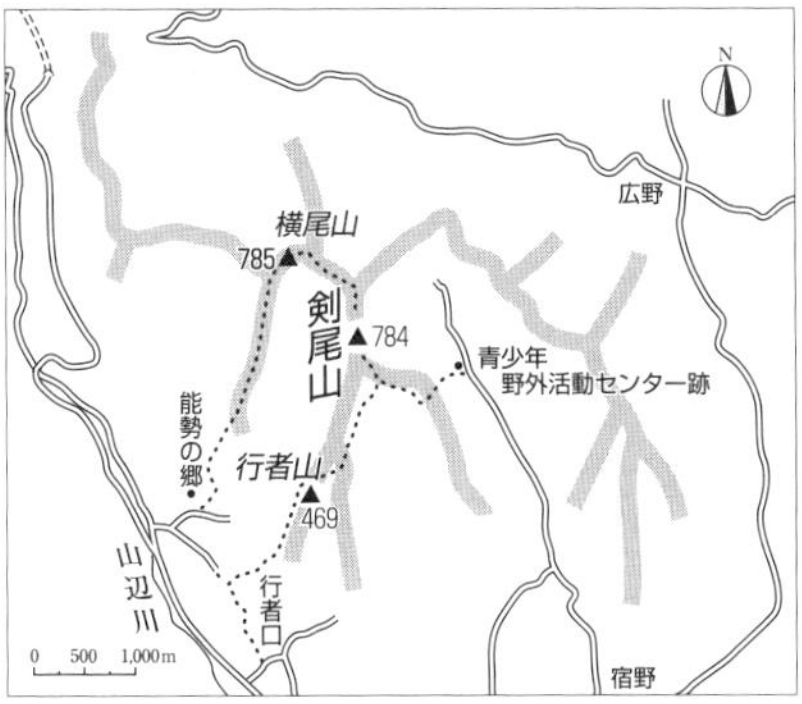

山頂からの眺望はすこぶるよい。鉄製の指標が「どの山はこの方角」だと名ざしされて分かりよい。行程は一般には往路を戻る。

剣尾山に三角点は設けられていない。三角点は標高が一ｍ高い北側の「横尾山」にある。このために横尾山を周回するコースは、下る尾根の中程で露岩帯を辿る。横尾山の稜線上には丹波と摂津の国界標石が、位置を隔てて二基ある。丹波との境に検地が行われたころの名残である。山裾には「二十一世紀の森」が整備されている。この辺りから見る山腹は、落葉樹が全山で紅葉する。

「おおさか環状自然歩道」を山上の月峯寺跡の下部台地から下る場合は、東の山麓のバス停「宿野」まで裾野の舗装路歩きが長くなる。

この剣尾山の登山時期は、コバノミツバツツジやベニドウダンが開花の五〜六月が花見ごろ。ヤマボウシが咲き終わる七月からは、一本調子の登りが多い当山、炎天下の山行は得策ではない。秋は落葉樹の紅が全山を染める。また、真冬は山頂が烈風にさらされることもあって、迫力のある登頂が体験できる。

登路　能勢電鉄山下駅から阪急バス能勢の郷行きでバス停行者口下車。手前までの森上行きの場合は、浮峠を経て行者口まで歩く。帰路のバスともに「能勢の郷」バス停の利用が望ましい（登山口から約二時間）。

北側から登降路を選ぶ場合は、路線が異なる豊中青少年センター行きとなる。一方、京都方面からＪＲ山陰本線亀岡駅でバス広野行きもあるが、運行の本数は少ない。

地図　二・五万図　妙見山　埴生

（赤松　滋）

深山 みやま

標高　七九一m

大阪府の最北端に位置する。京都府南丹市園部町と嶺を分ける。深山はササ原の峰で、周りに高い山がなく抜きん出ており、登頂気分を実感できる。北に向く遠望は、丹波の山々の接点となり、南は登り馴染んだ峰々が山容を見せる。深山が案内書に現れたのは一九六八年と、関西近郊の山では弥十郎ヶ嶽とともに新しい。登山地図「北摂の山々」の図郭に含まれたことによる。その二〇年後、ロボット雨量計が阪神間の洪水対策として北の峰に建設されるに至り、専用車道が山上に達した。これを機会に山上に深山宮《しんせんぐう》が建立された。社殿を設けずに神宿る巨大な岩石が運び込まれ、鳥居と長尺な石段が設えられた。昭和の時代に神社が新たに建立された新鮮さが話題となった。その人、岡信義はこの山の持ち主である。人道に常に思いを馳せておられ、立志の宮を思い立ち一代にして成し遂げた。

烈風吹きすさぶ山頂に立てば、山の霊力に触れる思いは、日本古来からの山岳信仰が、かようにして生まれた経緯を感じさせられる。

登路　西の麓は大阪側の能勢町天王がもっとも山に隣接するが、バス便が途絶える山域である。西の遙か後川《しつかわ》集落まで阪急バス杉生線が入る。JR福知山線三田駅からの神姫バスなら籠坊温泉までバス、いずれもこれから長い山麓歩きとなる(山頂まで約二時間三〇分)。帰路のバス便の取り合わせを考えると、むしろ北山麓から入り、右記の経路を帰路とするのがよい。JR山陰本線園部駅からバスで瑠璃渓口へ向かい、探勝を兼ね合わせれば訪れ心を誘う山行がかなう。泊まりを、るり渓谷温泉およびこぶし荘に組み込めれば、日帰りが無理なバス便も解消できる。

地図　二・五万図　福住　埴生

(赤松　滋)

高岳 たかだけ

標高　七二一m

大阪府豊能郡能勢町と兵庫県川辺郡猪名川町の北部境界線上の分水嶺である。山名が地形図に記載されていない。公的な道標はない。私設標識とテープに頼る山である。北摂では山の生地を辿るヤブ山を好む者たちの山域であった。いまも北方へ稜線を辿るとその感触が残る。山の名を麓の民も知る人が少ない。「ただ高いだけだよ」と言う。まさしくそれで言い得ている山でもある。山頂は狭く雑木に覆われるが、むしろ道中からの眺望は、北摂山群真っ只中にあって、指呼の山々の山座を同定できる。とくに北摂山群一帯を登り終えて訪れると価値がある。

登路　猪名川町側から登り、能勢町へ下る方が行程が組みやすい。バス便の都合と延々と歩く下山路からである。逆に辿ると不利がともなう。能勢電鉄日生中央駅から阪急電鉄バス杉生線で杉生下車、東に車道をとり、変電所から猪名川不動尊を経て登る。二系統ある送電線が山上へのよい目印となる(山頂まで約一時間)。

下山は東への稜線を辿り山田、石堂へ降路を求める。東の稜線まで近年、林道が北側から入ったが、北に下るのは大回りとなり得策ではない。稜線から南に下り、谷道を石堂に向かう、能勢の郷でバスを待つ間に、能勢温泉で入浴して汗を流せる(山頂から約二時間)。

地図　二・五万図　木津　福住　妙見山　埴生

（赤松　滋）

三草山　みくさやま

標高　五六四m

大阪府豊能郡能勢町と兵庫県川辺郡猪名川町の府県境に位置する。猪名川とその支流の大路次川の分水嶺となっている。三草山の古名は『摂津名所図会』によると、「美奴売《みぬめ》神が居られる山、美奴売山であり、敏馬《みぬめ》山」とも書かれている。現在の三草山の由来は、『摂津名所図会』によると、僧日羅《にちら》がこの山を訪れた時、山頂で老翁から三草を授かっている、一方、南麓の猪名川町上阿古谷の『毘沙門堂縁起』にも聖徳太子四〇歳の御厄年のころ、百済の上人が山頂で毘沙門天から霊草三種を授かる話が残る。『吾妻鏡』に元暦元年（一一八四）源平合戦の折、義経軍が一の谷へ向かう際、馬揃えをしたのがこの三草山とする説と、兵庫県加東郡の三草山であるとの説もある。

山頂すぐ西、能勢町と猪名川町を結ぶ才ノ神峠には、寛文一一年（一六七一）建立（能勢最古）の石碑をはじめ三基の道標がある。江戸時代、最盛期のにぎわいを見せていた南麓の多田銀山、有馬の湯への案内が刻まれ、多くの人々に利用されていたと想像される。いまも七本もの林道、登山道が交錯している。

登路　北の能勢町からのコースは能勢電鉄山下駅から阪急バス一五分、森上《もりがみ》下車で才ノ神峠を経て約一時間三〇分。また、南の猪名川町からは能勢電鉄日生中央駅から阪急バス一〇分、屏風岩下車で槻並、仁部の集落を通り、同じく才ノ神峠を経て約二時間三〇分。

地図　二・五万図　妙見山　木津

（田中義一）

ブナノ木峠

標高　九三九m

京都府南丹市美山町芦生《あしう》（京都大学芦生研究林）に位置する。山名のブナノ木峠は、ブナの木が多かったことから付けられた山名である。山であるのに峠の字が付いているが、この山の近くに古い峠道が通っていたことから。この地域で峠道の近くの山頂を「峠」と呼び、峠を「坂」と呼んでいた名残で、古い峠道の近くにあった傘峠、天狗峠や三国峠もブナノ木峠と同じようにピークを指し、杉尾坂、権蔵坂やケヤキ坂は峠を指す。また、同じ地域にある地蔵峠や野田畑峠の名称の峠は後世に名付けられたか、滋賀県生杉《おいすぎ》側の呼称といわれている。

登路　芦生須後から谷分岐を左に入って、内杉谷林道をケヤキ坂へ登る。三叉路を東へ歩き、すぐ南の尾根道に入る。その尾根道を辿れば山頂へ至る（須後から約三時間）。

滋賀県から登る場合は、高島市朽木生杉の西、ブナ原生林駐車場まで車で行き、地蔵峠を越えて中山へ歩く。下谷の林道を辿ればケヤキ坂に至り、前述の尾根道を登り山頂へ至る（地蔵峠から約二時間）。また、中山から由良川本流と下谷分岐の中央尾根道を登ると、八宙山、傘峠を経て、ケヤキ坂からブナノ木峠へ登る尾根道に合う（地蔵峠から約三時間）。

ほかに須後から由良川本流を東へ向かい、小野子西谷をつめるルートや、七瀬村跡から標高点六一〇mと標高点八四三mの尾根を登り、傘峠西方鞍部に出るルートもあるが道はない。

注意　ブナノ木峠へ登る際に京都大学芦生研究林を通るので、京都大学農学部の許可申請が必要となる。

地図　二・五万図　中　久多　久坂　古屋

（礒部　純）

三国岳　みくにだけ

標高　九五九m

別称　久多三国岳　さんごくだけ

京都府京都市左京区久多、南丹市美山町と滋賀県高島市朽木にまたがる。山城、丹波、近江三国の国境に位置するところから三国岳と呼ばれた。現在の三国岳山頂は、京都府京都市、南丹市美山町、滋賀県高島市朽木の境界であるピークの西にあるピークを指している。その山頂には三角点が設置されていて、久多側の南麓には役小角と不動明王が祀られた三つの岩屋がある。

登路　京都市久多から一ルート、滋賀県針畑川沿いから二ルートと地蔵峠から一ルートがあるが、いずれも公共交通機関がなく、車を使用する。

久多上の町から久多川に沿った林道を北上、滝谷分岐で林道と分かれ、岩屋谷に沿った道を登る。途中、三つの岩屋がある（久多上の町から約二時間二〇分）。

桑原から桑原橋を渡り、林道下壷線を北へ歩き、滝谷分岐から南尾根に付けられた道を登る（桑原橋から約二時間）。古屋から林道保谷線を西に歩き、モチノキ谷林道を右に見て、二つ目の谷分岐を左のロクロベット谷へ入る。次の谷分岐でさらに左に入ると林道は終わり、山道になる。その尾根道を辿り、岩谷峠を経て三国岳山頂へ至る（古屋から約二時間三〇分）。

生杉地蔵峠から標高点八一八m、標高点八一一mの県境尾根を経て岩谷峠へ至り、尾根道を登って三国岳山頂へ至る（地蔵峠から約三時間三〇分）。

そのほか由良川源流から岩谷、大谷をつめるルートもあるが、いずれも谷遡行で岩登りの経験が必要となる。

地図　二・五万図　久多　古屋

（礒部　純）

八ヶ峰　はちがみね

標高　八〇〇m

京都府南丹市美山町と福井県大飯郡おおい町名田庄にまたがり、丹波高原に位置する。展望のよい草原状の頂上から山城、近江、越前、加賀、能登、丹後、丹波、若狭の八箇国を見渡すことができることが山名の由来とされる。福井と京都、すなわち若狭と丹波を分ける若丹国境尾根の盟主ともいうべき秀峰であり、標高こそ隣接の頭巾山に劣るものの、西肩には若狭越えの中核をなす小浜街道の知井坂が通り、由緒ある峠の歴史に郷愁をそそる「かやぶきの里」が相まって訪れる登山者は多い。

知井坂は、別名「血坂」とも呼ばれ、『若狭郡県誌』には峠越えが苦しくて、婦女子が血涙を流したので血坂と命名されたと記されている。しかし、一九〇一年、京都師団の軍隊が大砲を馬で引いて越した峠であり、峠越えのコース中に険しい所はない。「飛脚路として人馬の往来が盛んであった」と『名田庄村誌』に記されているように、幅広の落ち葉で覆われた柔らかい感触の峠道が往時の面影を偲ばせる。『北桑田郡誌』には「昔、戦で血が坂道を流れたので血坂と名づけられた」と記され、山麓の「八原」は「矢」に通じ、「大泊」は兵士の宿泊地であったという。

　山頂からは、山名の由来どおり若狭の海から丹波高原の山並みまで三六〇度のすばらしい眺望である。その東の方向の眼下には京都大学の芦生研究林が広がる。美山町の北東に位置し、日本海に注ぐ由良川の源流域となる「芦生《あしう》の森」である。一九二一年、京都大学が学術研究用演習林として地元の美山町から九九年契約で借り受けた。福井、滋賀の県境に接して、標高九五〇mの峰から三五〇mの谷まで、面積は四二〇〇ha。温暖帯と冷温帯の狭間に位置し、標高一〇〇〇m以下の地域で原生林に近い景観を残す森は全国でも数少ない。動植物の宝庫で、トチやブナなどの広葉樹を中心に二四三種の樹木が自生し、全国的に植林や開発が進むなかで貴重な天然林である。この森に関西電力がダムを造る計画を発表したが、美山町は地元に賛否両論があるとしてこの計画は撤回された。

　森を訪れるハイカーは年間三万人以上にのぼり、自然と人間の共生に関して問題も多い。しかし、豊かな芦生の原生林、清らかな由良川の源流と二七〇戸もの茅葺き民家など、創作意欲を刺激する環境もあって、文化勲章受章の日本画家・故秋野不矩をはじめ、陶芸、染色、木工家具などの芸術家が美山町に移り住み、その数は五〇人以上に達する。同町北地区の集落が一九九三年、国の重要伝統的建造物群保存地区に指定されて、岐阜県白川郷に次ぐ「茅葺きの里」として知られるようになり、ハイカーだけでなく観光客も訪れるようになった。京都市内から車でわずか一時間三〇分。八ヶ峰は豊かな里の上部に聳え立つ。

八ヶ峰(五波峠方面から)

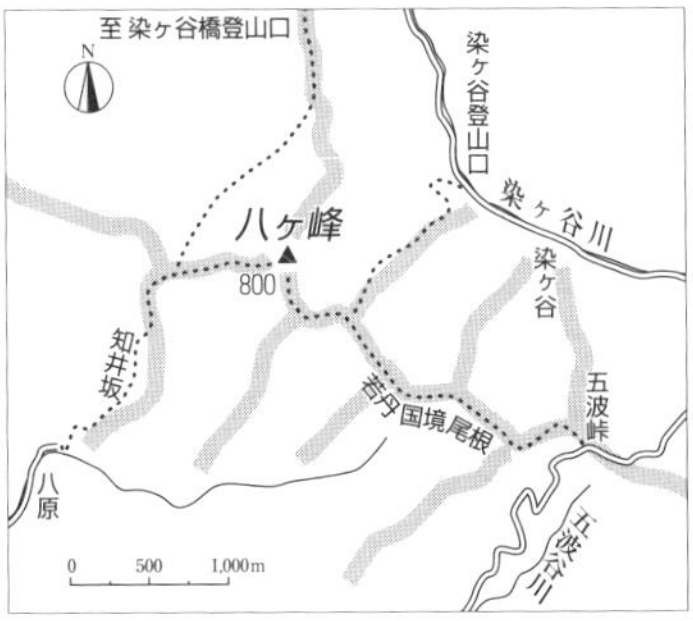

登路　京都側は八原からスキー場跡、知井坂を経て山頂に達する(登山口から約二時間)。福井県側は染ヶ谷橋登山口からの巡視路コース(約二時間)と、さらに奥の染ヶ谷登山口からの支尾根コース(約一時間三〇分)がある。ほかに両府県から五波峠に入り、若丹国境尾根を辿るコース(約一時間三〇分)もある。

地図　二・五万図　久坂

（川見博美）

頭巾山　とうきんさん

標高　八七一m

　京都府綾部市と南丹市美山町、福井県大飯郡おおい町名田庄にまたがり、丹波高原に位置する。山頂の形が山伏の被る頭巾《ときん》に似ていることから名付けられたという。京都・福井の県境、すなわち若狭と丹波を区切る若丹国境尾根の最高峰であり、双耳峰の青葉山から小浜市まで背後に蒼海の若狭湾が広がり、展望はすこぶる良好。西には弥仙山、東から南にかけて若丹国境尾根から丹波高原の山並みが重畳と重なり、見飽きることがない。山頂の許波木《こわき》神社には、水の神である強木《こわき》権現が祀られ、よく手入れされた社が建つ。毎年四月二三日、綾部市古和木、美山町山森、おおい町名田庄納田終《のたおい》の共同で祭礼が営まれ、それぞれの地区から登山道が付いている。

登路　古和木集落奥の行谷林道からは、最初の堰堤付近から尾根を辿る参道コース（約二時間三〇分）と、林道をさらにつめて参道コースの上部に出る新登山道コース（約一時間三〇分）の二つがある。

美山町山森からは、関西電力の巡視路を登り横尾越から若丹国境尾根を辿るコース（三時間）と、上谷をつめるコース（約二時間三〇分）がある。横尾越コースは明るい天然林を辿る、よく手入れされたルートである。福井県側は納田終から野鹿谷の林道に入り、登山口から尾根に取りつく。尾根筋は、面積では全国一といわれるシャクナゲの群生地で、県の天然記念物（登山口から約二時間）。

（川見博美）

地図　二・五万図　口坂本　丹波大町

長老ヶ岳　ちょうろうがだけ

標高　九一七m

別称　長老山

京都府南丹市美山町三埜《みつの》と船井郡京丹波町仏主《ほどす》との境界に位置し、丹波高原に聳える秀峰で、長老山の別称もある。由良川支流の川谷川と上和知川の水源となっている。

丹波高原の中央部にあって、全山丹波層群よりなり、一部石灰層もある。山中に地獄穴または竜門の洞と称される鍾乳洞（深さ六m）や風穴があって、いずれも石灰層の産物である。山麓では、長老の名をいただいた聖山の山中に鎌倉時代には百余の堂坊が建ち、修験道の地であったと伝える。堂坊は戦火のためか亡失し、仏像は一部南丹市の寺院へ、ほかは仏主に下ろされた。故にこの村をそのころ「仏住」と称したとの伝えがある。山頂、山腹や平坦地には石垣などが、上乙見にも寺跡が散在する。

山頂からの展望はきわめてよく、北に青葉山、弥仙山、宮津湾や丹後半島の山々、大江山、三岳山、東に比良山地、百里ヶ岳、南に愛宕山、西に氷ノ山、粟鹿山、多紀アルプスの山々が見晴らすことができる。

山頂には一等三角点と京都国民体育大会の採火台があり、直下には電波塔があって、仏主から舗装道路が通じている。

植生は豊富で、スギ、ヒノキのほかに、ブナ、トチ、カツラ、ウリハダカエデ、サイゴクミツバツツジ、イワウチワ、ウメバチソウ、府下ではめずらしいヒメシャガ、アケボノシュスランなども見られる。渓流にはアマゴ、カジカ、サンショウウオも生息する。

登山口近くに権現谷があり、その先に珍木・七色の木（カツラの老大木にスギ、ケヤキ、カヤ、イタヤカエデ、イロハモミジ、フジの六種の小木が寄生している）があり、「京都の自然二〇〇選」になっている。

その奥に権現滝が懸かっていて、昔は山伏の行場だったといわれている。

登路　下乙見から上乙見を通り、乙見谷沿いにカツラの大木を見て小湿原を経て、音海からの登路と合して山頂へ（約二時間）。仏主から舗装道路を通り、ゲートの所に地道の林道が右に分れている。これが「ふれあいの森」コースの起点で、キャンプ場を通り山頂へ（約三時間三〇分）。なお、仏主からゲートまで約一五分。

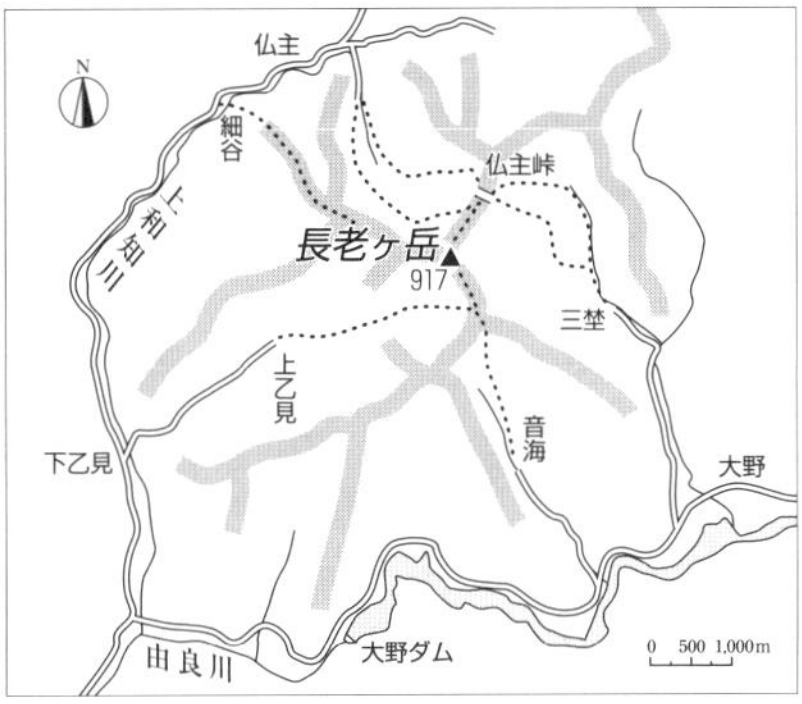

美山町音海谷川の音海からは、支尾根を登り乙見谷からの道と合して山頂へ（約二時間）。美山町三埜の川谷から西谷林道を通り、左俣谷の林道経由、仏主峠に出て山頂へ（約一時間五〇分）。右俣林道の終点の西谷川の川原から、比尻の滝（二段約四〇m）を眺める滝見台を経て谷奥の仏主峠に出て山頂へ。谷奥は荒れている（約三時間）。ほかに京丹波町細谷からも登路がある。

地図　二・五万図　和知　島

（坂井久光）

飯盛山　いいもりやま

標高　五八四m

福井県小浜市加斗の南に位置する。山名は山の姿から出た名称だが、山の名は「いいもりやま」、地名の「飯盛」は「はんせい」、寺名の「飯盛寺」は「はんじょうじ」と読む。

登路　①加斗から飯盛《はんせい》川に沿って飯盛寺に達する。これから南の尾根に立った後、西に進んで頂上。登山口から途中が荒れているので要注意（飯盛寺から約一時間三〇分）。

②上加斗から林道を辿るが、最後の急登が長いので下りに使った方がよい（JR小浜線加斗駅から約三時間三〇分）。

③南川の国道一六二号中名田の交差点で右折して、身谷バス停の手前から右の集落に入る。林道別所線の終点手前に登山口がある。頂上から南に下っている尾根に取りつく。踏み跡を忠実に登って頂上（見谷バス停から約二時間）。

いずれのコースも時期によって部分的ではあるがヤブが濃くなる。

地図　二・五万図　小浜

（井上泰利・田路繁男）

弥仙山　みせんさん

標高　六六四m

京都府舞鶴市池内川の岸谷と綾部市於与岐《およぎ》町大又との境界に位置し、丹波高原北部の峻峰で、白山火山脈に属する古い火山である。丹後・丹波両国境界線にひときわ高く、槍ヶ岳を思わせる三角錐状の鋭く突出した山容はよく目立つ。古来聖山としてあがめられ、修験道の山でもあり、明治時代まで女人禁制であった。三仙山とも書かれた。

山名は仏教の須弥山《しゅみせん》からきたものと考えられ、山頂に金峯《きんぶ》神社（祭神・木花咲耶姫命《このはなさくやひめのみこと》）が鎮座し、往昔は寺院であったのが、明治初年の神仏判然令により神社になったもので、神仏習合の名残をとどめている。東の君尾山光明寺との間に行者道のあったのもいまでは登路の一つとなり、村越しに利用されている。『丹波志』は「三仙嶽ハ往古国峯ノ古跡、今ニ参詣アリ」と述べている。

登路　主登山口はJR舞鶴線梅迫《うめざこ》駅から大又集落の石の鳥居へ。ここが登山口で、水分《みくまり》神社を通り、谷川沿いに於成《おなり》神社を経て山頂へ(一時間二〇分)。ほかに改心の道コースもある(一時間四〇分)。

地図　二・五万図　丹波大町　梅迫　(坂井久光)

青葉山　あおばさん　標高　六九三m

別称　若狭富士《わかさふじ》

福井県大飯郡高浜町にある。高浜海岸からは富士山のような美しい姿を、惜しげもなく見せてくれている。いまから四〇〇万年前の火山活動によりできた山で、典型的なコニーデ式の山である。青葉山山頂付近は集塊岩が露出し、風化による奇岩怪石が多い。越前の僧・泰澄の修行の場と伝えられ、麓の中山寺も泰澄が創建したとされている。

若狭の山はリアス式の若狭湾を眺めながらの山歩きを楽しむことができるので、関西からの登山者が多い。この山は信仰登山の山として、高野口、中山寺口、今寺口、京都府側の松尾寺口などの登山口があり、観光を兼ねての登山が考えられる。

なお、ヤマヒョウタンボク、アオベンケイソウ、ヒモカズラ、固有種のオオキンレイカなどめずらしい植物がある。

登路　中山寺に隣接している青葉山青少年旅行村を通り、登山道に入る。近畿自然歩道として整備された道で、スギ林を過ぎると落葉樹林となり、木造の展望台がある。尾根道を登り、金比羅大権現《こんぴらだいごんげん》に出る。馬ノ背と呼ばれる大岩を通り、急坂を登ると東峰(六九三m)で、青葉神社の後ろから西峰に向かう。

青葉山西峰の巨岩の上に立つと、歩いて来た東峰が変化に富んだ山稜や大きな岩、洞穴、鎖場、梯子などのつづいた道の上に聳えている。ここには松尾寺奥の院と休憩小屋がある(登山口から約三時間)。

地図　二・五万図　高浜　青葉山　東舞鶴　難波江　(宮本数男・田路繁男)

多禰寺山　たねじやま　標高　五五六m

京都府舞鶴市の北部、大浦半島の中央部に位置している。起伏の少ないぼってりとした山容で、舞鶴湾に面した南側の山腹には多禰《たね》寺《じ》を擁していて、山名はこの寺名からとっている。

その多禰寺は、飛鳥時代に聖徳太子の異母弟・麻呂子《まろこ》親王が開いたとされ、鬼賊討伐を祈願して薬師瑠璃光如来を安置したという、西国四十九薬師霊場の第三十番札所である。

この山の特徴は、広々とした山頂にある凹地と三角点の付近にある八角形の天測点が挙げられる。凹地は第二次大戦時に砲台を据えた跡であり、天測点は高さ約一・五m。これは過去に恒星を観測して経度・緯度を決めるために天文測量を行った測量標である。

かつてはヤブ山であったが、近年、大浦森林公園として整備され、樹木名が分かるように標識が取り付けられるなど、ハイキング気分で歩くことができる。山頂からは若狭湾、舞鶴湾などの展望がよい。

登路　舞鶴市赤野から多禰寺を経由して約一時間一〇分。ほかに東側の大浦ハイランド（舞鶴市の自然休養村管理センター）からも約一時間一〇分。車使用の場合、林道三浜・瀬崎線からの入り口（北側）からは二五分。多禰寺から登ると、二体の地蔵が樹木の根元など八十八箇所に据えられていて、これを辿っていけば山頂に着く。

地図　二・五万図　青葉山

（木之下　繁）

依遅ヶ尾山　いちがおさん

標高　五四〇m

京都府の最北端、京丹後市丹後町にあって、丹後半島の北端に位置する。白山火山帯の独立峰で、片流れの外輪山型をした特異な山容を持つ。地図を見ると、丹後町の大部分はこの山を中心とした帯状の山地で占められているといってよい。周囲に高い山がなく、日本海を背に孤高を保つかのように望むことができる。

難しい山名であるが、その由来は不明である。山頂には役小角を祀る石室（左側）と不動尊を祀る木造の祠（右側）があり、古くから信仰の山であることがうかがえる。また、地元の小学校や中学校の校歌にはこの山名を採り入れている所があり、住民に親しまれている山でもある。登山口となる南面中腹にある丹後町矢畑《やばた》の集落付近から仰ぎ見る山容は、たおやかな印象を受ける。

近年、登山口に至る道路の整備が進み、矢畑の集落から約一㎞先の登山口まで車で入ることができるようになった。

登路　標識「依遅ヶ尾山←」の登山口から約五〇分。展望は小広くなった山頂よりも東へ少し行った地点がよい。変化に富むリアス式の若狭湾国定公園の海岸美は、すばらしいのひと言である。三角点はその中間点にある。下りは往路をとる。

地図　二・五万図　丹後平　網野

（木之下　繁）

金剛童子山　こんごうどうじさん

標高　六一四m

別称　熊野山

京都府京丹後市弥栄《やさか》町にあり、丹後半島の中央部に位置している。山名は密教の護法童子の中の一子から名付けられたといわれ、山頂にこの山を切り開いたという役小角を祀った行者堂が建っている。

登り口の味土野《みどの》は、戦国時代に細川忠興の夫人、のちのガラシャが一時幽閉されていた地として知られる。すなわち本能寺の変、そして山崎の合戦で父・明智光秀の敗死、羽柴秀吉の天下と情勢が大きく変わり、細川家は恭順の意を示すために彼女を所領地の味土野に幽閉した。彼女の住んでいた女城《めじろ》跡には石碑が立てられている。

登路　登山道は、集落の中央部にある集会所「ガラシャ荘」から府道六五五号を約一〇〇m上ると右手に標識が掲げてある。集落は約三五〇mの高地にあり、山頂まで約五〇分。山頂には役小角《えんのおづぬ》を祀るお堂が建っている。三角点は山頂の窪地を囲む石垣を越した北側にある。集落の手前二〇〇mの府道を下ると味土野大滝がある。

地図　二・五万図　日置　（木之下　繁）

由良ヶ岳　ゆらがだけ　標高　六四〇m

別称　丹後富士

京都府宮津市由良と舞鶴市長谷との境界にまたがる。若狭湾に面して由良川河口の南西に聳える双耳峰で、別名「丹後富士」と呼ばれ、丹後山地に属する。山名は北西麓の由良の地名からの命名である。

双耳峰の西峰に二等三角点があり、周囲は林で展望はよくない。東峰には虚空蔵菩薩の祠があり、展望がよい。北に日本海、東に青葉山、南に丹波・但馬の山々、眼下に若狭湾に面する白砂の由良浜の海岸と由良川の河口を見下ろす。

由良川は、京都・滋賀・福井県境の三国岳に発し、日本海の栗田《くんだ》湾に注ぐ一四六kmの大河である。河口付近は「安寿汐汲の浜」など説経節で知られる山椒太夫に関する伝承が多い所である。

山体は花崗岩層よりなり、上部は堆積岩層よりなっている。

登路　北近畿タンゴ鉄道の丹後由良駅から南西に由良ヶ岳の鞍部に向かって登路がある。果樹園を通り、山麓の丹後由良荘の裏から花崗岩の溝状の道を登り切るとスギ、ヒノキの植林地となり、水場を経て鞍部へ（約一時間四〇分）。この鞍部から東峰へも西峰へも約一〇分で達する。

地図　二・五万図　西舞鶴　丹後由良　（坂井久光）

磯砂山　いさなごさん　標高　六六一m

別称　足占山《あしうら》　比治山《ひじ》　比沼山

京都府京丹後市峰山町と大宮町の境にあり、丹後半島の中央部に位置する。古くから天女が舞い降りたという伝説の山として知られている。公園風に整備された山頂には、三角点の付近に「日本最古の羽衣伝説発祥の地」と記した石碑があり、北東に天橋立を擁する宮津湾、北西には小天橋を持つ久美浜湾など、三六〇度の展望を楽しむことができる。

登路　西側の京丹後市峰山町大成《おおなる》登山口からは、トイレ設備のある休憩所・羽衣茶屋まで車で入ることができる。そこから山頂まで約三〇分。途中、天女が水遊びをしたといわれる女池《めいけ》への峠を通過する。女池へはその峠から二〇〇m下る。東側の京丹後市大宮町からは、上常吉《かみつねよし》集落を通過して女池への峠下まで車で入ることができる。女池への峠を経て約三〇分で山頂へ。ともに登山道は整備されている。

地図　二・五万図　四辻　（木之下　繁）

千丈ヶ嶽　せんじょうがだけ　標高　八三二m

別称　大江山　御嶽　与謝の大山

京都府福知山市の北方、福知山市大江町と与謝郡与謝野町の境に位置し、丹後山地の中央を占め、鍋塚山・鳩ヶ峰などの大江山群の最高峰。東側の山腹に千丈ヶ原なる広大な湿原があり、山名はそれによるものと思われる。古くから開かれた地で、東麓に皇大神社や豊受大神社が鎮座し、崇神天皇の御代にこの地から伊勢に遷宮されたのは歴史上有名である。また、修験道の地ともなり、鬼嶽稲荷神社が山頂近くにあり、大江町内宮から舗装道路が通じている。

遷宮の跡は山腹各所で見ることができ、奥北原からの登路に平岡一位稲荷や、西麓には仏像を祀る小堂(無人)や南無阿弥陀仏と刻まれた石仏があり、往時を偲ぶよすがになっている。

山体は花崗岩を主とする古生層よりなり、超塩基性岩(橄欖岩および蛇紋岩)が貫入して露出している。東麓の仏性寺鉱山は、一九三三年から一九四五年までモリブデン(水鉛鉱)を、河守鉱山は一九一七年から一九六九年まで銅・クロム・銀を産出したが、その後閉山した。

「大江山」には「鬼の山」としての伝説が二つあり、一つは用明帝第三皇子・麻呂子親王の鬼賊退治伝説で、後一つは室町時代に書かれた御伽草子の「酒呑童子」、謡曲「羅生門」、「大江山」などで知られる源頼光鬼退治伝説である。いずれも山城と丹波の境「老ノ坂」近くにある大枝山と混同されている。

山頂は小広く平坦で展望がよく、近くは江笠山、三岳山、磯砂山、遠くは粟鹿山、氷ノ山はじめ但馬・丹波の山々が、東に若狭・丹後の山や、赤岩山などが望見できる。遠くには伯耆大山まで見えることがある。

植生はスギ、ヒノキのほかは、ブナ、トチ、ミズナラなどの温帯樹林が広がり、湿地にはハルリンドウ、サギゴケが咲いている。

動物はニホンツキノワグマ、ホンシュウジカ、ニホンイノシシなど、鳥類はキジ、ヤマドリ、カッコウ、ホトトギスなどが生息していて、広い山域には多くの自然が残されている。

冬期は積雪が多く、東麓に大江山スキー場があり、四季にわたり登山者やスキーヤーが訪れている。

登路　主要登山コースは、北近畿タンゴ鉄道宮福線大江山口内宮駅から旧鉱山事務所の山の家を経て千丈ヶ原を越え、鬼嶽稲荷から山頂へ(四時間)。同駅から北原を通り、タタラ跡と大江山の標示からブナ林の尾根筋を鬼嶽稲荷経由で山頂へ(約二時間)。福知山市天座一区の登尾からの登路は奥が荒れているが、右俣・左俣都谷林道経由して山頂へ(ともに約二時間三〇分)。与謝野町与謝から林道が

千丈ヶ嶽(与謝集落から)

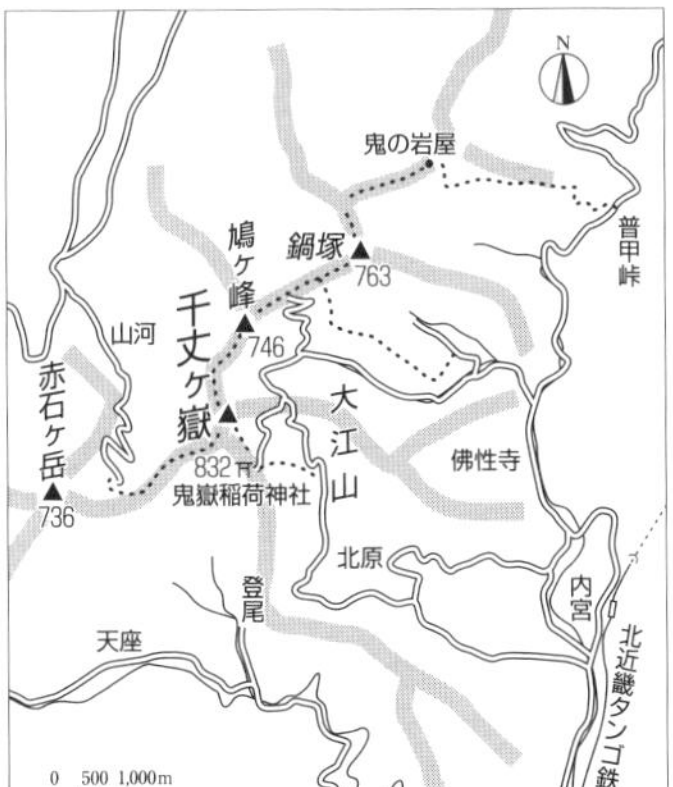

憩いの広場経由山頂近くまで延びている（登山口から三時間一〇分）。
ほかに大江山の家から鍋塚（七六三ｍ）と鳩ヶ峰（七四六ｍ）との鞍部（休憩所あり）を通って鳩ヶ峰を越えて山頂へ（約二時間四〇分）。また、天座から林道経由の登路や、普甲峠から鬼の岩屋、鍋塚、鳩ヶ峰を通って山頂に達する縦走路がある。

地図　二・五万図　内宮　大江山

（坂井久光）

三岳山　みたけさん　標高　八三九ｍ

別称　御嶽山　丹波山上

京都府福知山市上野条の西、喜多の北方、上佐々木の東に聳える。周辺の最高峰で、別称は「御嶽山」といい、山容が三角型のためか、「御《み》」を「三」に変えたのであろう。なお、多紀連山にも三岳（山）がある。丹波高原北部に属する。

往昔から霊山として知られ、遅くとも鎌倉末期には山岳霊場として開かれていたといわれている。

その名残として山腹の喜多に役小角開基の金光《きんこう》寺や三嶽神社が、南の西尾根に行者神社があり、山頂には奥の院の遺跡の五輪塔がある。現在の山頂には関西電力の電波反射板と三等三角点がある。

三岳山は、源頼光の大江山鬼退治に関する伝説地の一つでもある。また、この地は銀を産出したことがあり、金山村の古名もあり、古称もその事跡によるものと思われる。植生は原生林の存在を偲ぶよすがになるブナ、トチ、カツラの巨木が残存する。

かつては女人禁制だったこの山も、いまはキャンプ場となり、ハイカーをはじめ青少年の集う地となっている。

登路　南のＪＲ山陰本線上川口駅が最寄りの駅であるが、喜多からの登路が主で、金光寺の近くの山の家を通り、三岳神社の参道を登って山頂へ（約一時間三〇分）。ほかに上佐々木の野際からも山道があり、神社の下で喜多の道と合して山頂へ（約一時間三〇分）。

地図　二・五万図　三岳山

（坂井久光）

郷路岳　ごうろだけ　標高　六二〇ｍ

兵庫県豊岡市但東町にあり、丹後山地に属する山。山頂の西側を東経一三五度の子午線が通り、旧但東町のシンボル的な山として親しまれている。「ひょうご森林浴五〇選」の一つに選ばれ、森林公園がある。南斜面にある黒見渓谷には自然探勝路が整備されている。

山頂に至る登山道からは宮津湾を眼下に、高竜寺ヶ岳（六九七ｍ）から福知山の三岳山まで広くパノラマが楽しめる。また、西方には蘇武岳（一〇七四ｍ）を中心に奥但馬中央山脈の山々が望まれる。

登路　国道四二六号平田バス停から約二時間で山頂に達する。

地図　二・五万図　大江山　出石

（柏木宏信・重廣恒夫）

東床尾山　ひがしとこのおさん　標高　八三九ｍ

兵庫県北東部の豊岡市但東町、出石町と朝来市和田山町の境に位置し、出石糸井県立公園の中心にあって展望もよい。丹波高原に属し、東の大江山へも近い。「兵庫五〇山」の一つで、山頂は一等三角点。

「出石山塊」とも呼ばれる山脈は、東の鉄鋸山《かなとこやま》から西の西床尾山の三山で構成され、南に円山《まるやま》川の支流・糸井川を抱える。糸井渓谷はいくつかの滝があり、源流の登山口には国の天然記念物のカツラの巨木がある（枝振り四方三〇m余り、主幹は枯れて周囲を八〇本余りのヒコバエが成長している。樹齢二〇〇〇年）。糸井渓谷から東へ林道が延びている。

登路　東・西床尾山を結ぶ約三kmの稜線がよく歩かれている。糸井渓谷からはカツラの木のある場所に登山口がある。砂防堰堤の横には近畿自然歩道の道標と地図もあり、登山路も整備されている。人工林を急登し稜線に出ると「床尾峰の家」という無人小屋跡がある。北に向かえば植林小屋を経て東床尾山に出る。山頂は広く、氷ノ山、蘇武岳、大江山、粟鹿山の山々から日本海も見渡せる。出石からの登山路もある。床尾峰の家跡まで引き返し、西床尾山へ縦走し、下山は南側の羅漢渓谷に下る。谷に沿って下ると、やがて糸井渓谷に出る。

地図　二・五万図　出石　直見

（阪下幸二）

櫃ヶ岳　ひつがだけ　標高　五八二m

別称　羊ヶ岳

兵庫県篠山市と京都府船井郡京丹波町にまたがっている。

十二支の未年の山としてよく登られ、未は方角として南南西を意味し、京都府側の安井からそう呼ばれたという説もあるが、「ヒツジ」は「ヒ・ツジ」のことで「鉄の山」を意味すると、慶佐次盛一は『兵庫丹波の山　下』で記している。「ヒ」は鉄を表す「火（日）」、「ツジ」は頂を表す「ツムリ」の転訛で「山」のことであるという。

雑木林の山頂は東側が少し開けていて、京都府側の展望が得られる。

登路　ＪＲ福知山線篠山口駅からバスで本篠山へ、本篠山から大芋に至り、宮代を経由して山頂に至る（大芋から約一時間三〇分）。なお、櫃ヶ岳の西方の山、毘沙門山山麓に「小原自然公園」があり、一の滝、二の滝から三の滝への遊歩道と、毘沙門山中腹の毘沙門洞への遊歩道が設置されている。

地図　二・五万図　村雲

（柏木宏信・重廣恒夫）

半国山　はんごくさん　標高　七七四m

京都府亀岡市本梅《ほんめ》町の西に聳える秀峰である。山名は丹波、但馬、摂津の半国を望むことができるところから付けられた。

周辺の山麓数箇村の水源の山で、かつては旱魃《かんばつ》の時に、各村から雨乞いのため山頂に集まり、大焚火で降雨を祈願した神事があり、昭和二六年（一九五一）までつづいた記録がある。

山頂は広く、芝地になっており、線刻の不動明王や三等三角点がある。展望は極めてよく、愛宕山や比叡山、それに六甲山、大阪湾も見え、山名の由来に恥じない。

山体は丹波層群の堆積岩が主で、マンガン鉱や砥石の坑穴があり、南部は花崗岩の露出が見られる。

古くから開かれた里山で、原生林はなくスギ、ヒノキの植林地が多いが、二次林がかなり広い。西麓の南丹市園部町の大河内にある園部川の源流は小滝や深淵、急瀬、奇岩怪石が散在し、小さいながら渓谷美に富み、瑠璃渓の名で京都府の府立公園として知られ、遊客も多い。

登路 亀岡市東本梅町赤熊から小滝のある渓流沿いで山頂へ(約二時間三〇分)、宮前町宮川・中野から(約二時間四〇分)、本梅町井手から(約二時間)、千ヶ畑から(約一時間四〇分)、園部町南八田から(約二時間三〇分)、大河内の瑠璃渓口から杉ヶ沢経由(約二時間四〇分)でそれぞれ山頂に達する。

地図 二・五万図 埴生

(坂井久光)

弥十郎ヶ嶽 やじゅうろうがたけ

標高 七一五m

兵庫県篠山市にある山。山の源流部分に洞穴があり、山窩《さんか》の弥十郎が棲んだと伝わる。ある時、病いに苦しんでいたのを村人が知って救ったとの語りが残される、丹波らしい山名の由来である。この山が紹介されたのは、一九六八年と新しい。登山地図「北摂の山々」の図郭採りに含まれたことが先駆けとなった。籠坊《かごんぼう》温泉が南の山麓に湧く。籠坊温泉に活気がよみがえった時期とも一致して、バス杉生線が泉郷峠を越えて専用の路線を開いていたころである。交通の便のよさもあって、ヤブ山歩き、原登山を好む領域として一部の登山者が訪れ始めた。以来、二〇年を経たのち、町おこしの自然歩道造りが契機となって、山道が篠山市において整備された。ところが、秋から早春までは入山を控えなければならない事態が起きた。マツタケの時期と狩猟期は、四つの登山口が閉鎖される。いまもって山域を限定した、地域精通の登山案内書に著されるに留まる山域である。

この山域は、近郊にありがちな送電線が敷設されていない山間である。山頂は丹波準平原の真っ只中に位置しており、丹波の山深さが漂う。京阪神から訪れる登山者に、新たな視野の眺望を与える。丹波富士の高城山、多紀連山など、山塊が一望に収められる。

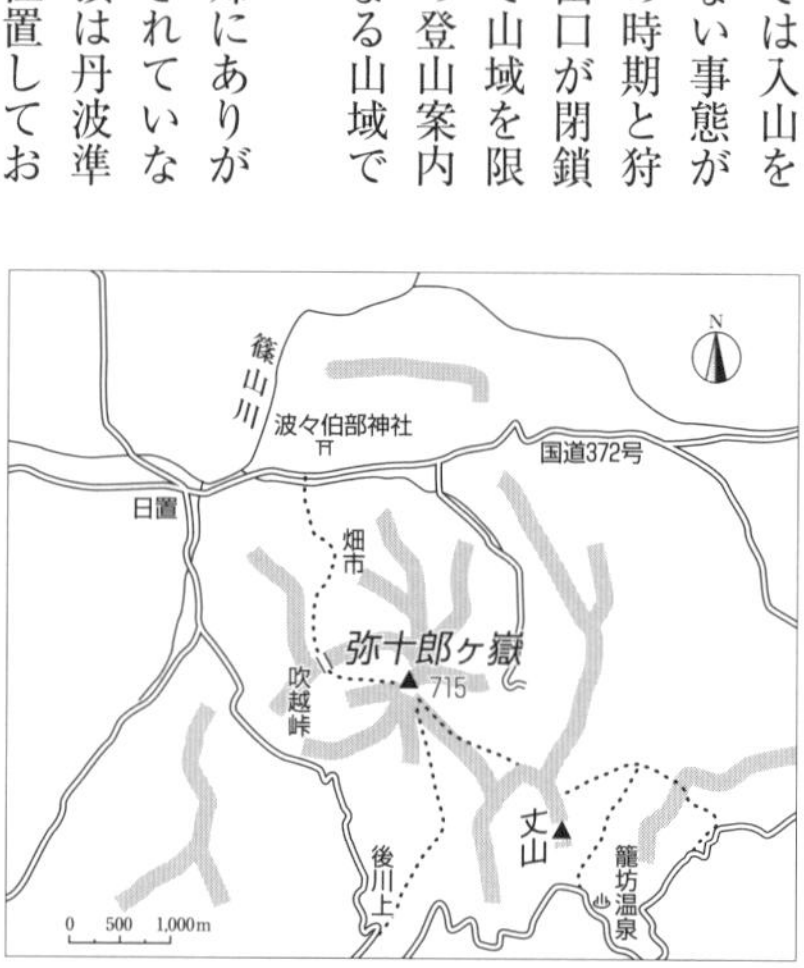

登路 南山腹からの登降路 籠坊温泉と集落後川《しつかわ》へはバス便が使える。

①籠坊温泉から原集落を経る農文塾コースがある。東の丈山(または浄仙山)の稜を越え、吊り尾根をつたい弥十郎ヶ嶽稜線から頂に達する。もっとも長い行程となる。

②後川からの竹谷コースは最短路で、弥十郎ヶ嶽主稜線へ辿る。バス便はJR福知山線三田駅からならば小柿乗り継ぎで籠坊温泉に入る。阪急バスは籠坊温泉まで入らず、その手前の後川から歩く。

北面の登降路 篠山の街道(国道三七二号)の波々伯部《ほうかべ》神社の西か

ら畑市集落を経て入山。吹越峠からは山腹をつたい、東へ谷道をつめ上がる。山名由来の弥十郎が棲んだとされる洞穴を一度は訪れたいコースである。ところが、阪神間からバス便が途絶える。JR福知山線篠山口駅から神姫バス福住《ふくすみ》行きは便数が少なく、日帰りでの行程は組みづらい。

地図　二・五万図　福住

（赤松　滋）

大野山　おおやさん

標高　七五四m

兵庫県川辺郡猪名川町の北部と兵庫県篠山市後川《しつかわ》との境に位置し、尖峰狭稜の多い北摂の群山にあって、山稜が広く、名のごとく山塊の大きい山である。山上まで車道が通じ、家族連れも多い。山頂一帯は「アルプスランド」と呼ばれ、猪名川町営のキャンプ場、天文台などの施設がある（有料の山上駐車場あり）。

登路　能勢電鉄日生中央駅から阪急バスで西軽井沢バス停下車。バス停より西の山道に入り、山頂へ（登山口から約一時間三〇分）。ほかに猪名川町柏原の集落から林道を行くこともできる（柏原から約一時間二〇分）。

地図　二・五万図　福住　木津

（足立義郎）

大船山　おおふなやま

標高　六五三m

兵庫県三田市の北東に位置し、三角錐の顕著な山容が特徴。上古には、内海航行の目標の一つであり、昔、付近は湖だったため大船山と名付けられたという言い伝えがある。

登路　JR福知山線三田駅から神姫バスで十倉バス停下車。バス停より東の谷間の道を行き、峠で南の山肌の道に入る。山稜の鞍部で波豆川方面からの道（長石道）と合流し山頂へ（十倉から約一時間四〇分）。ほかに三田市大磯から谷沿いの道に入り、峠にて十倉からの道と出合う（大磯から約一時間二〇分）。

地図　二・五万図　木津

（足立義郎）

千丈寺山　せんじょうじやま

標高　五九〇m

別称　南千丈寺山

兵庫県三田《さんだ》市の中心部から北に九㎞の所にある。近年、三田市により乙原では「新ひょうごの森づくり」の里山ふれあい森づくり事業で「乙原てんぐの森」と称してハイキング・コースなどが整備されている。この辺りの山はマツタケ山なので、秋口の登山には注意を要する。整備されていないコースでは踏み跡は怪しいが、稜線に出るとはっきりしている。頂上の北方には松住権現の祠が東に面してある。頂上直下の千丈寺大権現の祠は西面し、麓の下青野・感神社に遥拝所がある。

山頂から展望は利かないが、縦走路では東や南に大船山、羽束山や有馬富士が、西側は青野川やその近辺の集落が見渡せる。

登路　JR福知山線三田駅から神姫バスで乙原口バス停下車。多目的広場を経て天狗の森コースで稜線上の松住権現祠を左折して頂上へ約一時間四〇分。北浦バス停下車で北浦天満宮より展望岩、前山を経て頂上へ約一時間一〇分。

地図　二・五万図　藍本

（山田博利・野口恒雄）

有馬富士　ありまふじ

標高　三七四m

別称　角山

兵庫県三田市に属し、有馬富士公園に隣接する三田市立有馬富士森林公園の一角にある。小さいながら独立峰で、名前のごとく二等辺三角形の山姿をしている。山の南にある福島大池に映る姿は、さながら北斎の『富嶽三十六景』の「さかさ富士」を彷彿させる。この池畔には野鳥観察小屋があり、季節ごとの野鳥や渡り鳥を見ることができる。頂上は西面が刈払われ展望を楽しめる。途中の岩場「わんぱく砦」では南面の展望がよい。また、遊歩道が縦横に設けられているので、お好みのルートで頂上に達せられる。

山頂より北西にある峠から東へ一kmほど下ると尼寺《じんじ》という集落があり、そこに花山天皇に寵愛された弘徽殿とその女官十一人の墓がある。弘徽女御の遺骨を携え、この地に辿り着いた女官が尼になり、ここで亡くなったと伝えられる。その北東の山が花山院山で、古刹・東光山花山院（菩提寺）がある。

登路　ＪＲ福知山線三田駅から神姫バスで成谷口バス停下車。福島大池池畔の茅葺き民家を経由して頂上広場に出、岩場のわんぱく砦を登って山頂へ約一時間三〇分。ＪＲ福知山線新三田駅から福島大池を回り込んで、北西の峠から山頂へ約二時間二〇分。

地図　二・五万図　藍本　三田

（山田博利・野口恒雄）

羽束山　はつかやま

標高　五二四m

別称　観音山

兵庫県三田市香下に位置し、北摂の西端になる。元旦初日の出に村人が登るとあって、夜道でも歩きやすい参道を持つ。山麓の香下寺の本堂が山頂にある。寺は三田城から北東の方向にあり、鬼門に神仏を祀って災難を除けた時代を経る。

登路　ＪＲ福知山線三田駅から阪急田園バスで香下峠バス停下車。香下寺の右から山道の参道を行き、六丁峠の石地蔵を経て観音堂のある山頂へ（香下寺から約五〇分）。山頂の南の展望台から三田市内の眺望がある。また、香下寺から直進して谷間の道を登り、鞍部で右に曲がり山頂に至る（香下寺から約五〇分）。

地図　二・五万図　武田尾

（足立義郎）

大峰山　おおみねさん

標高　五五二m

兵庫県宝塚市にある。小粒な山群が散在する宝塚北部山域にあって、ほかにくらべて大柄な大峰山である。三角点が三つ存在するほどに、尾根が明確に派生する地形である。山中には山岳信仰の名残は留めておらず、関西で名をなす紀伊山脈の大峰とは無縁、単に大きな峰を言い伝えた山名である。

大峰山頂は峰がつづく平坦な脊梁にあり、視界は梢《こずえ》にさえぎられて眺望は期待できない。西の山中にサクラの研究者・笹部新太郎の桜の園がある。その登り口には旧国鉄福知山線の廃線跡が残り、これらを結んで大峰登山が楽しめる。廃線跡歩きはトンネルを抜けるたびに武庫川渓谷が探勝できる。

登路　分岐の明確さからも東から登り、西へ降りる山稜づたいが分かりよい。JR福知山線宝塚駅から十万辻まで阪急田園バスを用いる。桜の園は谷間にあり、亦楽《えきらく》山荘を囲むように南北に尾根道がある。谷の道は源流部分がやや急峻であるが荒れてはいない（約二時間五〇分）。

地図　二・五万図　宝塚　武田尾　（赤松　滋）

中山　なかやま　標高　四七八m

別称　中山最高峰

兵庫県宝塚市に位置して、阪急電鉄宝塚線中山観音駅の北にある。駅からの取りつきが近く、北摂山群の前衛に控える山の手軽さで親しまれてきた。

山頂から北摂の山々が奥行き深く見通すことができる。山上の西側一帯の米谷高原は、宝塚市自然公園として整備されている。東にかけては峰が連なっていて中山縦走路と呼ぶ。最高点を中山最高峰と呼んで、山頂に立つ区切りとなる。縦走路の東終端に、一枚岩の危なげな登降路が縦走のフィナーレを飾り、印象を強める。

名利をめぐるのにも事欠かない。縦走路の西に中山寺、山上に奥の院、山裾に清荒神、売布神社。さらに縦走路の東には最明寺滝、満願寺の名勝地がある。

登路　阪急宝塚線山本駅から清荒神駅に至る四つの駅から登降路がとれる。コースどりとして縦走路東端の一枚岩を安全に通過するためにも、登り方向で縦走するのが望ましい。山本駅から最明寺渓谷と最明寺滝を訪れ、中山最高峰に立ち、帰路に中山寺もしくは清荒神に立ち寄る（約四時間三〇分）。

地図　二・五万図　宝塚　武田尾　（赤松　滋）

八ヶ尾山　はちがおやま　標高　六七八m

兵庫県篠山市にある。この山は、三嶽修験道の行場の山であり、各所に岩場が見られる。三嶽修験道では修行の最初に入峰する山とされている。

山名の由来は明らかではないが、「力強い八の字の八ヶ尾山」と表現している書もあるが、山頂からの尾根が多数派生している様を表しての命名であるかもしれない。

山頂からの眺めは、三六〇度の展望が開けている。

登路　JR福知山線篠山口駅下車、車で篠山から小原に至り、小原自然公園から一時間二〇分程で八ヶ尾山山頂に達する。

地図　二・五万図　細工所　（柏木宏信・久保和恵）

小金ヶ岳　こがねがだけ　標高　七二五m

別称　金嶽　蔵王ヶ岳

兵庫県篠山市にあり、多紀アルプスの盟主・三岳と大岾《おおたわ》（大師の岨)を隔てて東側に聳えている。

山頂はほぼ三六〇度の展望が開けていて、主峰・三岳の眺めはすばらしい。

多紀アルプスは、かつて修験の山々であり、「金嶽」と呼ばれた小金ヶ岳は鉱物、とくに黄金とのかかわりからの命名であろう。

かつて山頂には蔵王堂があったともいわれ、また、南側の尾根に福泉寺があり、いまもその跡が残っている。

山頂から東方に「つるべ岩」や「のこぎり岩」と名付けられた岩場を越えて篠見《ささみ》四十八滝に至る。四十八滝とは、八つの滝が四季を通じ水の涸れることなく流れていることから「始終八滝」であるとか。

登路 篠山市街あるいはJR福知山線篠山口駅から車を利用して、火打岩経由で大岨に至り、小金ヶ岳と三岳をピストンで登るのが一番たやすいだろう。大岨からいずれの山頂へも一時間程で達することができる。

地図 二・五万図 細工所 宮田

(柏木宏信・久保和恵)

三岳 みたけ

標高 七九三m

別称 御嶽 大山嶽 藍姿ヶ峰

兵庫県篠山市にあり、多紀アルプスの盟主といわれる。この連山は東西二〇kmにわたり、標高こそ一〇〇〇mに満たないが、本州の分水嶺をなしている。

「三岳は『御嶽』または『大嶽』とも書き、『みたけ』の山名は、昔、この山の南尾根にあった『大嶽寺《みたけじ》』に由来すると伝えられている」と『関西百名山』は記述している。

山頂の近くには役小角像を祀った行者堂(石室)がある。役小角が大和の大峰山を開くまでこの山で修行を積んだともいわれ、丹波修験道が鎌倉時代から室町時代にかけて盛んになったといわれている。

「三岳の大嶽寺を始め数カ所に堂宇が建ち、また東の小金ヶ岳には頂上に蔵王堂、南側の尾根上に福泉寺などがあったという。しかし、室町時代の文明一四年(一四八二)、大和修験道場との勢力争いに敗れ焼失した」と前掲書は説明している。

山頂からは植林のため木々が茂って眺望は利かないが、東の峰にある石室からは展望が楽しめる。南側には深山高原、弥十郎ヶ岳、北摂の山々、北西側には丹波の山々、西方には白髪岳と松尾山、虚空蔵山が並び、東側には小金ヶ岳を筆頭に東多紀の山々を眺めることができる。

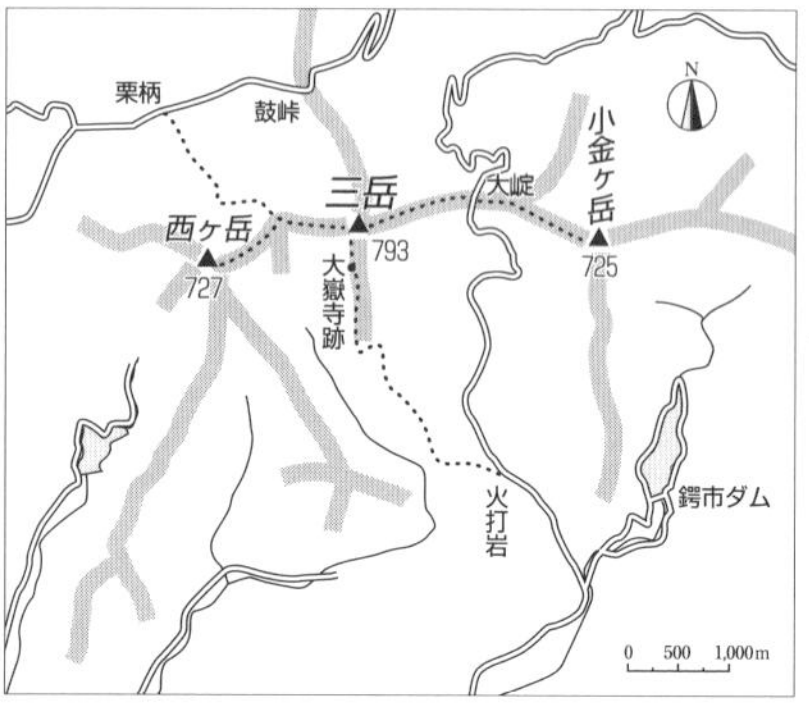

登路 JR福知山線篠山口駅から車で火打岩経由で、大《おお》岨《たわ》まで入る。小金ヶ岳と三岳を分ける大岨から登るのが一般的であり、一時間弱で山頂に立てる。火打岩から直接、大嶽寺跡経由の場合でも一時間四〇分程で山頂に達する。下山は小金ヶ岳方面に向かう

か、西ヶ岳を経て二時間程で栗柄口コースを下ることができる。
地図　二・五万図　細工所　宮田　（柏木宏信・久保和恵）

西ヶ岳　にしがだけ　標高　七二七m

兵庫県篠山市にあり、小金ヶ岳、三岳の西方にある。修験の山で、三岳の西方に位置することから名付けられたものであろう。
狭い山頂からは三岳がどっしりと間近に望まれる。三岳から西ヶ岳への道からは栗鹿山、黒頭峰、夏栗山を望むことができ、南側には篠山盆地を隔てて、篠山南部の山並みの展望が得られる。
登路　JR福知山線篠山口駅から車で大峠《おおたわ》へ。大峠経由で三岳から縦走するのが普通であろう。三岳から約一時間。下山は三岳の方に少し戻り、愛染窟経由で栗柄口まで約一時間。
地図　二・五万図　細工所　宮田　（柏木宏信・久保和恵）

鋸山　のこぎりやま　標高　六〇六m

兵庫県丹波市と篠山市の境にある。

山頂付近は雑木に包まれ、あまり展望には恵まれない。山頂東方の岩峰からは良好な展望が得られ、三岳を中心に多紀アルプス、岩谷山（五八九m）、盃ヶ岳（四九七m）、さらには妙高山（五六五m）も望める。

登路　JR福知山線篠山口駅から垣屋までバスを利用し、高坂から東鏡峠を経て山頂まで約一時間三〇分で達することができる。

地図　二・五万図　宮田　（柏木宏信・久保和恵）

三尾山　みつおさん　標高　五八六m

兵庫県丹波市と篠山市の境にある。「西部多紀アルプス」と呼称されている山域で、多紀アルプス西端の山である。東峰、西峰を従え、本峰と三つのピークからなり、それぞれ三の丸、二の丸、本丸などと呼ばれている。山頂は三尾城趾で、その石碑が立っている。
山頂からは四囲すべてを見渡すことができ、粟鹿山をはじめ、千ヶ峰、黒頭峰、夏栗山（六〇〇m）が間近に、松尾山、白髪岳など多紀の山々が指呼の間に望める。
登路　JR福知山線黒井駅からバスで三尾登山口へ。登山口から山頂まで約一時間三〇分で達することができる。
地図　二・五万図　宮田　（柏木宏信・久保和恵）

黒頭峰　くろづほう　標高　六二〇m

別称　クロツボ　黒頭山

兵庫県篠山市と丹波市の境にある。

一九二四年発行の『近畿の登山』にも記述が見られ、古くから知られた、京阪神から日帰り登山のできる山で、すぐ東の夏栗山（六〇〇m）と併せて取り上げられている。

山名の由来は、古い呼称の黒頂山《くろつぶり》は男性を表す雄岳であり、夏栗山は「ナ・ツブリ」で女性を表し、雌岳を意味するという。詳しい考証は『兵庫丹波の山』に譲るとして、地元ではこの両山を「雄岳」「雌岳」と呼ぶこともあるそうである。また、南側山麓の一印谷の老女に聞いたところでは、「クロツブ」と呼んで「しんどい山や」と答えてくれた。

山頂の様子は先の大正時代の表現を借りれば、「山頂の眺望は実に雄大を極め、多紀アルプス連嶺の剱のように聳えたるを始め、丹波古生層の連峰怒濤の如くに起伏したるを一望する。」とあるが、現在の様子は雑木に覆われ、ほとんど展望はない。一方、「雌岳」の夏栗山は南面が伐採され、鉄骨の展望台が建っている。

登路　JR福知山線柏原駅からバスで大山上まで乗車。高蔵寺から山頂まで一時間強で達する。夏栗山も高蔵寺から同じ位の所要時間で頂を踏める。

地図　二・五万図　宮田

（柏木宏信・久保和恵）

清水山　きよみずさん

標高　五四五m

兵庫県丹波市氷上町と柏原町の境にある。谷文兆の『日本名山図会』にも「在丹波州氷上郡」と記され、山の図が載っている。

この辺り、本州では一番低い分水界を形成している所で、日本海へは由良川を通じ、瀬戸内海には加古川をなしている。

この山の西山麓にJR福知山線石生《いそう》駅があり、この近くが海抜九五mの日本一低い分水界である。氷上盆地の陥没や清水山に発する高谷川の土砂が堆積を繰り返し現在の地形になったが、加古川の一部が一時、日本海に繋がっていた時代があったという。「トゲウオは日本海側の川にしか産しない魚であるのに、その一種のミナミトミヨが加古川水域の柏原、成松につい最近まで住んでいたことや、葛野川のヤマメの斑点が北日本の川の形を示していたり、北日本のゼニタナゴと南のヒガイ、ウキガモがこの付近ではどちらの川の流域にも生息している」と『兵庫の自然』は記している。

山頂には大きな電波反射板があり、辺りの眺望はよい。多紀アルプス、妙高山（五六五m）、西光寺山などが望める。

登路　JR福知山線柏原駅で下車し、柏原の八幡神社から登る。柏原駅から約二時間で山頂に達する。

（柏木宏信・久保和恵）

地図　二・五万図　柏原

白髪岳　しらがだけ

標高　七二二m

別称　丹波富士

兵庫県篠山市今田町にあり、「丹波富士」と呼ばれ、篠山盆地を取り巻く山々のうち、多紀アルプスとともにこの辺りを代表する山の一つである。両肩を怒らせたような山容は、よく目立つ。山名の由来は、確たるものは見当たらないが、代表的な三者の意見を挙げておこう。①多田繁次説「尾根全体を真白に衣替えするタムシバの白ヶ岳と言う山名の起源を想わす……」（『北神戸の山やま』）、②慶佐次盛一説「白髪岳の『白』を『ハク』と読み、『璞久《はく》』『鉑《はく》』の字を当てれば銅鉱石のことだともいう。昔はこの白髪岳の麓で、銅やマンガンを採掘した記録がある」（『兵庫丹波の山・下』）、③兵庫県山岳連盟説「白い岩稜が山名の由来？」（『ふるさと兵庫　50山』）。

山頂からの眺めはさえぎるものがなく、北方には多紀アルプスの山々、南方に虚空蔵山、遠くには北摂の山や六甲連山、時には大阪湾を越えて河内の山々まで見通せるという。

一般的には東側に対峙する松尾山と併せて登るが、松尾山には歴史的遺跡が多く残り、山頂には高仙寺や高仙寺城の跡がある。

登路　JR福知山線古市駅から住山を経て白髪岳登山口に至り、山頂まで約一時間三〇分で達する。山頂から松尾山登山口まで約二時間で下山できる。道標が完備しているので、コースを誤ることはないだろう。

地図　二・五万図　篠山

（柏木宏信・久保和恵）

トンガリ山

標高　六二〇m

別称　丹波槍

兵庫県篠山市今田町にあり、松尾山（六八七m）、白髪岳の南西約一kmに位置する。

兵庫の山々の先蹤者・多田繁次は「黒木に覆われたその山稜は、見た目にはじつになだらかな流線をのばすが、四斗谷集落の背後に至って突如、その脊梁上に鋭い三角形の無名のピーク（六二〇m）を突出する。眺める角度によっては『槍ヶ岳』そっくりの堂々と、しかも美しい山容である」と『なつかしの山やま』で描写している。

頂上は狭く、自然石を積んだ台座に祠が建っている。眺望は白髪岳、松尾山が間近にある。

登山の出発点であるJR福知山線古市駅の近くに「平安の道」の標識があり、「源平の昔、三草山へ向かう義経軍が通った伝承があるとか」と記している。また「延元元年（一三三六）二月、京都から敗走する足利尊氏が不来坂を越える時、トンガリ山の上に輝く妙見堂を拝し、もしも大願成就の暁にはこの山上に妙見大菩薩を祀ろうと誓ったという。今も現存する妙見堂は尊氏の勧請になるものであろうと今田町（現篠山市）では伝えられる」と『兵庫丹波の山・下』は記している。

登路　JR福知山線古市駅下車。四斗谷集落の外れに登山口がある。近くに古い薬師堂があり、大日如来、薬師如来や増長・多聞の両天や十二神将などが合祀されているという。薬師堂から三〇分、妙見参道を登ると妙見堂がある。さらに約四〇分で頂上に至る。

地図　二・五万図　篠山　谷川

（柏木宏信・久保和恵）

松尾山　まつおさん・まつおやま

標高　六八七m

別称　高仙寺山（こうせんじやま）

兵庫県篠山市の南端にある。白髪岳とともに多紀アルプスに対比される、この地の代表的な山の一つである。

山名の由来は「松尾山には『高仙寺山』という別称があるように、今は南矢代に下がっている松尾山高仙寺が大正十年まで山頂にあった」と『兵庫丹波の山・下』に記されている。この寺の開基は大化元年（六四五）と古く、最盛期には本堂をはじめ阿弥陀堂など二十六坊があったという。

山頂からの眺望は樹林の中であまり望めない。山頂部は平坦であり、南北朝時代（一三三六〜一三九二）から山城があった所と伝えられている。

登路　JR福知山線古市駅で下車。白髪岳のコースを辿り、石仏群（卵塔墓地）、阿弥陀堂跡、不動滝を経て下山するのが一般的であろう。文保寺を経て福知山線丹後大山駅へ出ることもできる。

地図　二・五万図　篠山

（柏木宏信・重廣恒夫）

西光寺山　さいこうじやま（さん）　標高　七一三m

兵庫県西脇市と篠山市今田町の境にある。『日本山嶽志』の表現では「丹波国多紀郡、播磨国多可・加東ノ二郡ニ跨ガル」となる。

山名の由来は、元金鶏山西光寺が山頂にあったことによるという。南峰には寺跡が残っており、一時は山岳修験道の山として栄えたという。

山頂からは三岳、白髪岳、トンガリ山、虚空蔵山等々、また、東側には篠山盆地を取り巻く山々が望まれる。

登路　西脇市側からは、中畑町西光寺バス停のわきに立つ「西光寺山御宝塔登り口」と刻まれた石標から登り始め、「こぐり岩」や「石碑」を経て約一時間四〇分で山頂に至る。また、篠山市今田町側からは、今田町本庄から約二時間で山頂に達する。

地図　二・五万図　谷川

（柏木宏信・重廣恒夫）

虚空蔵山　こくぞうさん　標高　五九二m

別称　局笠《つぼがさ》山

兵庫県三田市と篠山市今田町との境にあり、三田盆地の北部にある。摂丹の境にまたがる山で「虚空蔵山」の名は摂津側の呼称であり、丹波側には「局笠山」の山名がある。地元では「ツモリガサ山」となまるらしいが、丹波の篠山市今田町から見る虚空蔵山は、局笠（壷笠）に似ているからといわれている。山名の由来となった中腹にある虚空蔵堂は、近隣の人々からは十三参りの虚空蔵さんとして親しまれている。ここに安置されている虚空蔵菩薩像は日本三体の一つといわれ、この寺を開基した聖徳太子が安置したものと伝えられている。

山頂直下に露岩の展望台があり、山頂よりも優れた展望が得られる。南方に明石海峡大橋が望まれ、有馬富士、六甲連山、西光寺山、弥十郎ヶ嶽や大野山など北摂の山々が展望できる。

麓の今田町には日本八大古窯の一つ、丹波立杭焼の集落がある。立杭陶の郷には古丹波から現代の作品まで展示している。

登路　JR福知山線藍本駅下車。登山口まで約三〇分。登山口から虚空蔵堂を経て約一時間三〇分で山頂に至る。

地図　二・五万図　藍本

（柏木宏信・重廣恒夫）

甲山　かぶとやま　標高　三〇九m

六甲連山の東端は兵庫県西宮市に属し、前山として独立する。「名は体を表す」とおりの山容で、お椀を伏せた形状を、武具の甲に見立てたのが山名の由来である。尾根の派生や谷の侵食がなく、四方どこからも同じ形に見える。標高が低いわりに知名度は高い。古くは御池山と『摂陽群談』に記されている。昆陽池からの借景とされてきたが、距離が随分と隔たり、大らかな気配の名付けである。甲山は火山の典型とされ、溶岩円頂丘といわれ、輝石安山岩が噴出したとされていた。その説が近年に変えられた。噴出の火道部分が残骸となって突出したとの説である。いずれであれ、山頂は火口を埋めたかのように平坦な円形広場となっている。たかだか標高三〇〇mの山頂とは思えない視界が広がる。甲山は入山禁止の時代があった。六甲全山がはげ山の一九二九年ごろ、いち早く保安林保護が行われたことによる。東の裾野に甲山森林公園や湿地植物の群生が見られる。南麓は甲山大師として信仰される神呪寺《かんのうじ》がある。重要文化財の如意輪観世音は日本三如意輪の一つで、河内の観心寺、京都の広隆寺とともに秘蔵仏である。境内からの登山が本道である。境内の展望所から四〇〇m、徒歩一五分程で登ることができる。手軽なので初日の出時や、中秋の観月に登られている。

登路　神呪寺境内からが分かりよい。次に東裾の甲山青少年の家からの道である。西側の北山貯水池への道は露岩のままで、直登ぎみだから登降しづらい。

（赤松　滋）

地図　二・五万図　宝塚

ゴロゴロ岳

標高　五六五m

別称　剣谷山　雷岳

兵庫県西宮市にあって、六甲の東側前衛峰の代表格の山である。東山腹は急峻で剣谷のあることから、剣谷山が本来の山名である。俗称のゴロゴロ岳は、以前の標高五六五・六mの語呂合わせからで、軽薄な山名呼ばわりをとがめた記録が残る。六甲の登山案内書で最初の『六甲』（一九三三年）の著者・竹中靖一を阿倍野区のお宅に伺った時、意見としてすでに述べておられる。山頂直下に「人間灯台」として親しまれた観測所跡があり、かつて気象観測が行われ、雷の情報が提供されていた。

山頂は林の中で展望は楽しめない。山稜の際まで山上住宅が迫っており、コースどりに工夫がいる。東尾根を登り、南南西のＪＲ東海道本線芦屋駅に出るコースが、帰路の便宜上で選ばれる。

登路　奥池バス停からは、すでに標高を上げており登りやすい。だが、山頂の際まで舗装路を辿ることになる。

東尾根末端の鷲林寺からは、登りは急だが距離は短く、稜線に達してからの疎林の中の歩きが楽しめる。南東の苦楽園尾根は、登りは幾分緩いが距離が延びる。いずれも電鉄の沿線の駅から離れていてバスの利用となる。南西からの柿谷およびその尾根コースは、芦屋駅から歩いて取りつける。

（赤松　滋）

地図　二・五万図　宝塚

六甲山　ろっこうさん

標高　九三一m

別称　武庫山《むこやま》

兵庫県神戸市、芦屋市、西宮市と宝塚市にまたがる。頂上は神戸市に位置する。六甲山地は一九五六年に、瀬戸内海国立公園の一部として指定された。

六甲山地は、宝塚市の武庫川畔から西は神戸市塩屋まで、東西約三〇km、南北約八kmの花崗岩の山地からなっている。その中心が六甲山（最高峰）であるが、東端の岩倉山から西の摩耶山を経て再度山・鍋蓋山を含めた地域を総称して六甲山とすることが多い。

六甲山の名称の起源には諸説ある。古くから「むこやま」と呼ばれていたが、「むこ」には「武庫」のほかにも「務古・武古・牟古・六児」などの字が当てられている。古代難波の地から海の向こうに見える意味での「向こうの山」が起源であろう。その「むこ」に「武庫」の字を当てているが、鎌倉時代に「むこ」に「六甲」の字を当て、いつしか六甲を「ろっこう」と読んだのであろう。「むこ」に武庫・六甲の字を当てることにより神功皇后にまつわる説話に結びつき、神功皇后が朝鮮からの帰途、武具を埋めたとする武庫山説、また、反乱した首謀者六人の首を、甲を付けたまま埋めたとする六甲山説がそれである。

播磨路や漕出で見れば雲かかる武庫山桜今盛りなり　権僧正公朝

流れ出づる谷のいしかは同じ瀬を渡れど遠き武庫の山路　藤原卿爲家

なお、有馬山・有間山は、六甲山の北側一帯をいったものである。六甲山最高峰の西の頂上部は、広く平坦である。ここに別荘、ホテル、日本最初のゴルフ場など行楽休養施設が数多くあり、車道が縦横に通じ、ケーブル・ロープウエー、バスは、神戸市街から有馬へ運行され、いわゆる都市山となっている。

この平坦な地形は隆起準平原で、元は海水面に接して形成された平坦面が、地殻変動により隆起したものである。六甲山地には多くの断層があり、周りが断層崖をなし、とくに南斜面は急傾斜である。一九九五年の阪神・淡路大震災では、断層の多い東部に地割れや崩壊が多く見られた。六甲山を源として北へ流れる河川は、武庫川または加古川に合流する。南流する河川は距離が短く急流となって市街地に入り、瀬戸内海に注ぐ。六甲山を構成する花崗岩は、風化すると非常に脆くなり、ひとたび大雨になると土石流が発生しやすく、これまでもたびたび大きな災害に見舞われた。

江戸時代から明治時代には、山麓住民が燃料や農業の肥料、家畜の飼料として六甲山地の樹木を乱伐し、山の緑は壊滅した。

一九〇〇年ごろから、水源の涵養と治水を目的として植林が始まった。植林事業開始から一〇〇年、緑は徐々に回復し森林に覆われるようになった。六甲山最高峰付近にブナやイヌブナの群落が残っているが、アカマツ林、コナラ林が多く、スギ・ヒノキ・カシなどが植えられている。また、ニセアカシア・オオバヤシャブシが砂防林として植林された。

六甲山地の春は、タムシバが白い花を咲かせ、初夏にはコバノミツバツツジが山肌をピンク色に彩る。梅雨のころ、ヤマアジサイ、コアジサイが雨の中に美しい姿を見せる。秋にはカエデ類やウルシ類の紅葉が見事である。

東西に長い六甲山地は、南北の交通の障害であり、険しい峠越えの道であり、山岳宗教の修行の場であり、薪炭や肥料の採取地であった。その山地を楽しみと憩いの場として活用したのは、神戸に居留していた外国人たちであった。

六甲山地で狩を楽しみ、登山道を開き整備した。その中心となったのが、貿易商のA・H・グルームであった。彼は一八九五年に三国池畔に山荘を建て、ゴルフ場も造った。こうして外国人たちは、毎週のように山を歩いた。彼らの山歩きは、六甲山から日本アルプスなど各地の山に向かった。当時、神戸に居住していたウォルター・ウェストンは、グルームたちと六甲山を歩き、日本アルプスなどの高山を紹介し、登山の指導をした。その中にH・E・ドーントがいた。彼は外国人たちの登山クラブMGCKを創設し、機関誌『INAKA』を一九一五年に創刊、以後九年間に一八巻を出版した。また、この年日本山岳会に入会し、同会機関誌『山岳』に登山記事を掲載した。

六甲山(東お多福山から)

一九一〇年、関西最初の登山団体が発足した。塚本永尭が会長の神戸草鞋会(のちに神戸徒歩会・関西徒歩会に改称した)が創立され、登山地図や機関誌『ベデスツリヤン』を発行し、登山の普及発展に尽した。多くの外国人も会員になり、欧米風登山が急速に促進され、垂直登山や積雪期登山を指向するようにもなった。

その流れの中で一九二四年、藤木九三たちの登山グループ、RCC(ロッククライミングクラブ)が結成された。岩登りなど先鋭的な活動をして、近代登山の発展に大きく寄与した。メンバーの藤木九三・水野祥太郎・西岡一雄・津田周二・直木重一郎・加藤文太郎・加納一郎・中村勝郎たちの活躍は、日本登山界に大きな足跡を残した。

登路　六甲最高峰に登る一般的なコースとして、阪急電鉄神戸本線芦屋川駅から芦屋川を北に向かい、高座川に沿って登ると高座の滝に着く。滝の左側に、ここから登る花崗岩が風化して露出した岩場が奇観を呈している地域をロックガーデンと名付け、

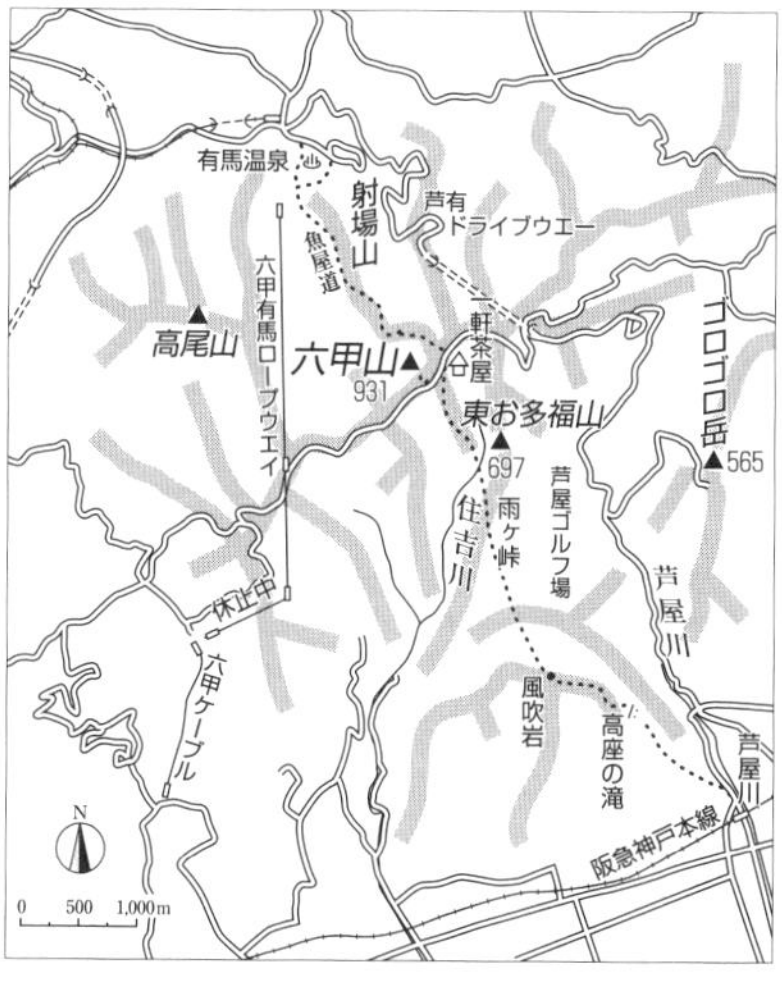

ロッククライミングのゲレンデとして開拓した藤木九三のレリーフがある。滝から山道を辿ると左右の谷を隔てて岩登りのゲレンデを見ることができる。急な岩場を登ると風吹岩に着く。大阪湾が望める。風吹岩からゴルフ場の中を抜け雨ヶ峠に登る。東お多福山への道を右に見送り、住吉川の上流に下り、本庄橋跡に着く。六甲山最高峰から南に延びている尾根の七曲がり道を登れば一軒茶屋に着く。茶屋前の道を横切って舗装道路をひと登りすれば一等三角点のある頂上で、眺望を十分に楽しむことができる（約三時間三〇分）。

下山は、大阪湾の海産物を運んだ魚屋道《ととやみち》を北に下ると有馬温泉街に着く（約一時間）。

地図　二・五万図　西宮　宝塚　有馬　神戸首部

（宗實二郎）

東お多福山　ひがしおたふくやま　標高　六九七m

別称　シノキ山

山名の由来はお多福の面を横に置いた風にも見える山容から呼ばれる。周りの六甲の粗削りな中にあって、ササに覆われた山肌は、なおさらにふくよかで女性的な山に見え、高原らしさが味わえる。

兵庫県芦屋市の北に位置し、六甲山最高峰の横断コースのわきに外れている。山頂からの景観は背後の北面に六甲連山を従え、南と左右東西が開け、大阪平野と芦屋と西宮の海岸線を見下ろせる。頂上に三角点は設けられておらず、山稜を西に標高差七〇m下がった雨ヶ峠の手前にある。

なお、別称の「シノキ山」は、「シノ（篠）」が転じて呼んだのだろう。篠は細く茂る竹、メダケ、ヤダケの類。いまも南斜面のダイレクト尾根を登ると、シノキ山の名付けをうかがうことができる。

登路　東に芦有道路が敷かれ、東お多福山登山口バス停から登るのがもっとも近い。北側は降路に使う方が得策で、石の宝殿、蛇谷北山、ドビワリ峠（土樋割峠）を経る峰つづきの下りがある。

一方、西からは、お多福の面のアゴにあたる雨ヶ峠から、お多福の眉間は草原の山稜を辿る。南の山腹には裾にゴルフ場があり、道は敷かれていない。

地図　二・五万図　宝塚

（赤松　滋）

摩耶山　まやさん　標高　七〇二m

別称　八州嶺

兵庫県神戸市灘区にあり、六甲連山の山上の西端に位置する。山上に忉利《とうり》天上寺がある。山名の由来にかかわる寺であり、釈尊の生みの母・摩耶夫人《ぶにん》を祀ることから摩耶山と呼ばれる。「八州嶺」とも呼ばれ、旧国名の八つの国、摂津・播磨・淡路・丹波・山城・河内・和泉・紀伊が望める。索道が山上まで敷かれており、JR・阪急電鉄・阪神電鉄三宮駅および新幹線新神戸駅からバス、ケーブル、ロープウエーと乗り継げば山上に達する。

山上には摩耶自然観察園の湿地や山上遊園が整備され、行楽客と登山者が共存して楽しまれてきた。山頂の三角点はロープウエー駅舎西の樹林の広場にある。近くに天狗岩がある。摩耶山西尾根を天狗道と呼び、登り着いた時、この岩に出合うことから名付けられたと伝わる。

山上からの景観は、駅舎の東広場を海側に出た掬星台《きくせいだい》から望める。

摩耶山周辺の山上歩きは、布引谷の源流部に風情が見られる。西国往還付け替えの山路を果たせず残された徳川道、明治のころに神戸居留の外人が好んで散策し、名付けられたシェール(氏)道、ドーント(氏)・リッジ跡がある。布引源流を囲むように新穂高(六四八m)がある。地形が穂高岳に似ることから登山者が名付けて、地形図にも採用されている。

登路　**上野道**　天上寺参拝古道のうち最初に開かれたのはケーブルの西に沿う道で、五鬼城展望公園道として再現されている。上部にある摩耶山史跡公園は焼失した天上寺跡として保存されている。

青谷道　次に開かれたのが王子公園からである。

旧摩耶道　のちに熊内《くもち》八幡社から青谷道へと繋がる。

トエンティクロスの谷道　布引滝から生田川源流を経るコース。その途中、市ヶ原から六甲全山縦走路の天狗道や黒岩尾根を登ることができる。以上は西側からの登路である。

長峰山からの摩耶山　次に東側の阪急電鉄六甲駅からの登路は長峰山を経由するのが、もっとも東に位置する。杣谷は徳川道とも呼ばれる。明治のころは、居留地の西洋人がカスケード・バレー(小滝の連続する谷)と呼んで親しまれた。いまは谷道が敷かれ、川床をつたう人はまれとなった。山寺尾根は急峻だが、摩耶山へ最短の登降路である。

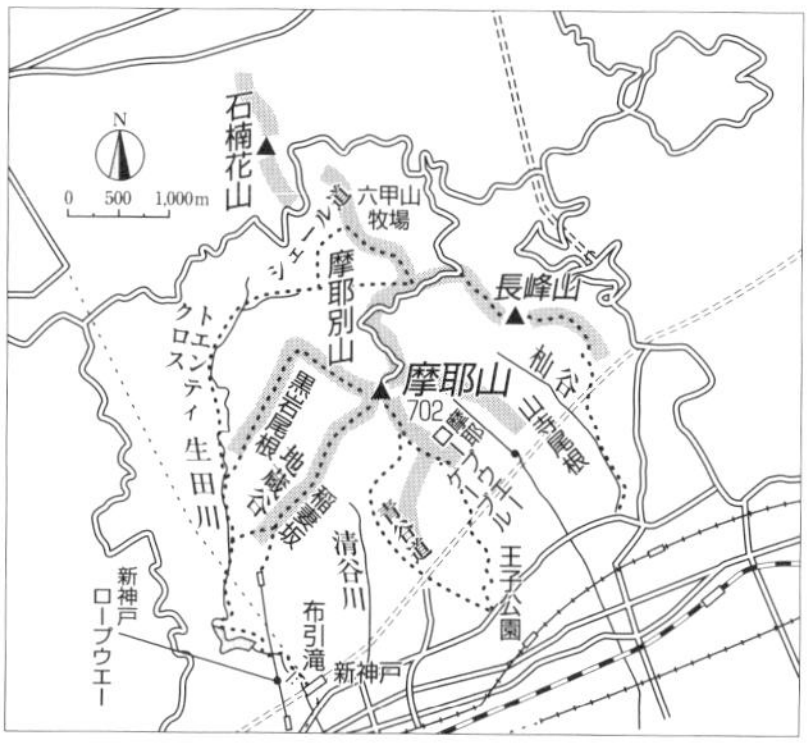

シェール道　明治のころ、六甲登山が神戸の西洋人たちに歩かれていた。その人シェールの名を留める。摩耶山北面の源流に残る。山上だけを走るバスを利用して変化のある登降路を組むことができる。六甲山牧場を経て六甲ケーブル乗場前で、さらに連山の東六甲へのバスに乗り継げる。これらを活かし下山路を多様に選ぶことができる。

地図　二・五万図　神戸首部

（赤松　滋）

菊水山　きくすいやま　標高　四五九m

別称　大角木《おつぬき》ノ山

兵庫県神戸市北区にあって、神戸電鉄有馬線の鵯越《ひよどりごえ》駅の北東に位置する。山上の山名碑「菊水山」は一九三五年、大楠公六百年祭の時に建てられた。その折、楠木家の家紋である菊水の紋様をあしらって若松を植えたことで、山名となる。それまでは、「大角木ノ山」と呼ばれていた。

急峻な山腹を登り切った頂上部分だけに、高台に立つ登頂気分が満喫できる。樹木がなく、なおさらに爽快感が味わえる。

六甲全山縦走(須磨から宝塚までの五四㎞、または塩屋からの五六㎞)の折、この山を正午までに通過しておかないと、終盤が日暮れを迎えてしまうことで、気掛かりなポイントとなる所でもある。

登路　神戸電鉄鴨越駅からもっともよく登られる南面の直登コースである。

コースの繋ぎとして鍋蓋山(四八七m)へと向かう。菊水山から鍋蓋山へは、谷間の天王吊り橋まで下がる。登降差のダウン二〇〇m、アップ二五〇mと厳しい。互いの山が隣接している分だけ急峻な様相に苦しめられる。

北側の神戸電鉄有馬線鈴蘭台駅からは、頂上の電信塔への専用車道が敷かれ、散策気分で野鳥観察が楽しめる。

地図　二・五万図　神戸首部

(赤松　滋)

横尾山　よこおやま

標高　三一二m

兵庫県神戸市須磨区にあり、須磨浦公園から旗振山、栂尾山《つがのおやま》、横尾山、東山に至る「須磨アルプス」と呼ばれる山塊の主峰である。大正末から昭和初期にかけて活動した藤木九三ら第一次RCCのグループが「神戸槍」と呼んでいたのに起因する。とくに横尾山から東山間にある「馬ノ背」は、樹木もなく風化した花崗岩特有の荒々しい岩肌をむき出している。展望は明石海峡大橋を中心にして全方向。

この須磨アルプスは、毎年秋に行われる「六甲全山縦走大会」の出発点になっている。須磨浦公園を早朝に出発して、横尾山、高取山、菊水山、摩耶山、そして六甲山最高峰から宝塚へと全長五六kmを縦走するイベントで、年々盛んになってきている。

登路　神戸市営地下鉄西神線または山陽電鉄板宿駅下車。板宿八幡神社から東山に登り、馬の背を経て頂上へ約一時間三〇分。山陽電鉄須磨浦公園駅下車。旗振山から高倉団地を抜けて、栂尾山を経て山頂へ約一時間四〇分。

地図　二・五万図　須磨　神戸南部

(山田博利・野口恒雄)

金剛童子山　こんごうどうじやま

標高　五六五m

兵庫県神戸市北区にある。六甲山地の北側に連なる丹生・帝釈山系の中央に位置する。この山は単独で登られることは少なく、丹生山・帝釈山縦走の一環として登られるのが多い。この辺りは、あちこちに溜池があり、また、道路も頂上近くまで上がってきてゴルフ場に繋がっている。裏六甲にあたる神戸電鉄有馬線沿いも宅地開発が進み、新興住宅が多くなり、景観もだいぶ変わってきた。

山名にある金剛童子という名称は仏教に関連があるようで、四天王の一つ、多聞天(毘沙門天)に由来する。唐櫃(神鉄六甲駅徒歩五分)に六甲山多聞寺がある。孝徳天皇(六四五〜六五四年)のころ創建と伝えられ、平家の平清盛ゆかりの寺院である。ほかにも北区長尾(神戸電鉄三田線横山駅徒歩一〇分)に北野山多聞寺、神戸市垂水区(山陽電鉄西舞子駅徒歩三五分)にカキツバタで有名な吉祥山多聞寺がある。神戸は「多聞」と縁が深い。

登路　神戸電鉄有馬線箕谷駅下車。天彦根神社から柏尾谷に入り、柏尾谷池を経て山頂へ約二時間。神戸電鉄有馬線または北神急行北神線谷上駅下車。県道七三号で鰻ノ手池を経て登山口から頂上へ約二時間。

地図　二・五万図　有馬　淡河　（山田博利・野口恒雄）

帝釈山《たいしゃくざん》　標高　五八六m

兵庫県神戸市北区に所在する。山名からして仏教に関係がある。帝釈天は十二天の一つで東方の守護神、梵天とともに仏法を護る仏である。この山に丹生山明要寺の奥の院があったといわれている。金剛童子山と、この帝釈山の中間辺りに稚児ヶ墓山がある。そこには羽柴秀吉の軍勢に殺された丹生山明要寺の稚児たちの墓がある。この連山には、平清盛や源義経、羽柴秀吉などの史跡が多く残されている。

頂上には帝釈天の石の祠が三基散らばっている。ここからの展望はよい。明石海峡大橋、須磨アルプス、菊水山から、淡路島、関西国際空港まで見渡せる。

登路　神戸電鉄有馬線箕谷駅から神戸市バスで丹生神社前下車。丁石道を進み鉱山道に入り、鉱山跡分岐を経て頂上へ一時間四五分。

地図　二・五万図　有馬　淡河　（山田博利・野口恒雄）

丹生山《たんじょうざん》　標高　五一五m

兵庫県神戸市北区の丹生・帝釈山系の西部の山である。「たんじょうさん」は北側の淡河の呼称で、南の山田側では戦前は「にうやま」と呼んでいた。頂上の二の鳥居手前に大正一二年に建立された「史跡丹生山城　丹生山明要寺跡」の石碑が立ち、その奥に丹生神社が建っている。

この山も歴史上の出来事が豊富である。平清盛が明要寺に月次参りをしたとか、源義経も通ったとか。その道がいまも義経道として残っている。頂上にあった明要寺は、仏教伝来のころに建立されたという伝承がある。表参道には丁石があり、ここの丁石の番号は二十五・二十四・二十三……と減っていく。頂上からの眺望は利かない。戦国時代には、三木市にあった三木城城主・別所長治の出城（丹生山城）が頂上にあった。長治は信長の毛利氏攻略の際、秀吉から離反し毛利側に付いたため、滅ぼされた。別所側に付いた明要寺も焼き払われ、多くの幼子も犠牲となった。その墓が稚児ヶ墓山にあり、山名として残っている。

登路　神戸電鉄有馬線箕谷駅から神戸市バスで丹生神社口バス停下車。丹生宝庫から丁石道を進み、表参道で頂上の丹生神社へ一時間強。衝原バス停下車。サイクルセンター奥の登山口から義経道で、途中に参道と合流して丹生神社へ約一時間三〇分。丹生神社から帝釈山、稚子ヶ墓山を縦走して箕谷駅へは三時間強。

地図　二・五万図　有馬　淡河　（山田博利・野口恒雄）

雄岡山《おっこさん》　標高　二四一m
雌岡山《めっこさん》　標高　二四九m

兵庫県神戸市西区の東播台地にある低山。西神ニュータウンに近く、神戸農業公園のワイン城から北北西に見え、播磨平野に一対の灯明皿が並んでいるように見える。雄岡山と雌岡山が、金棒を芯にして土を盛って高さくらべをしていたところ、雄岡山の金棒が折れて、二つの山の間に刺さり、その跡が金棒池になったという民話も残っている。

雄岡山には三角点があり、女神の木花佐久比賣命を祀る石の祠が安置されている。また、雌岡山の山頂手前には梅林があり、山頂には子午線が通っている神出神社がある。いずれも標高のわりには頂上からの展望はよく、西神、舞子、明石市街、明石海峡大橋、淡路島などが、また、丹生・帝釈山系や裏六甲方面も眺められる。雌岡山麓には、子孫繁栄のためとして自然石の男女のシンボルを祀る裸《ら》石《せき》神社、姫石神社がある。

登路 神戸電鉄粟生線緑が丘駅下車。登山道の標識に従って雄岡山、大皿池、金棒池を経て雌岡山梅林から雌岡山へ約一時間一五分。

地図 二・五万図 淡河

（山田博利・野口恒雄）

五台山 ごだいさん

標高 六五五m

別称 小野寺山 尾ノ寺山

兵庫県丹波市氷上町と市島町の境にあり、日本海と瀬戸内海に水を分ける分水嶺上にある。ここから真北二kmに福知山市との境界がある。

山名の由来は市島町側の山麓に五台山白毫寺があり、その山号からとられたものである。また、この山のすぐ南方に五大山（五六九m）がある。氷上町側の麓には、空海開基と伝わる真言宗大覚寺派の岩瀧寺がある。付近には大師の手になる不動明王を祀る浅山不動尊があり、ここにある洞窟の下には、独鈷の姿をしたといわれる独鈷の滝がある。

五台山は展望にも恵まれ、西方には加古川が見下ろせ、その向こうに弘浪山、安全山の山並みが、また、千ヶ峰や播磨の山々、多紀アルプス、六甲連山などが望まれる。

登路 JR福知山線柏原駅からバスでそれぞれの登山口に行く。市島町からは上鴨坂を経て鴨内峠に登り、山頂に至る。登山口より約一時間。氷上町からは、香良口を経て約一時間で岩滝寺登山口に至り、約一時間三〇分で山頂に着く。丹波市市島町と氷上町は二〇一四年八月十六・十七日豪雨に見舞われ、五台山を囲むように各地区に被害が出た。二〇一五年九月現在独鈷の滝、岩瀧寺など修復中であるが、五台山への各登山道は各所で大きく崩壊し、危険。なお、五台山への参道、登山道とも復旧の見込みは立っていない。問い合わせは丹波市役所観光振興課へ。

地図 二・五万図 黒井

（柏木宏信・久保和恵）

播磨平野

高御位山　たかみくらやま　標高　三〇四m

別称　播磨富士

兵庫県加古川市と高砂市の境界にある。JR山陽本線（神戸線）を姫路に向かい、加古川を渡ると右手の山の雰囲気が急に変わる。岩山がむき出しており、しかも樹木はまばらで極端に低いため、ハイマツのような感じがする。播磨アルプスとも呼ばれる山塊が展開している。その中心がこの高御位山である。馬蹄形に岩稜が連なっているので、二〇ヶ所以上の登山口があり、登山コースのどこからでも眺望に恵まれる。馬蹄形の内奥に鹿嶋神社が鎮座し、山頂には岩場を磐座としていた高御位神社があり、信仰の山でもある。大正一〇年、この岩場からグライダーでの滑空を称えた記念碑も山頂にある。

登路　JR山陽本線曽根駅下車。国道二号を渡り、豆崎登山口または中所登山口より稜線に上がる。大平山、百間岩、鷹ノ巣山を経て山頂へ約二時間四〇分。JR山陽本線加古川駅から神姫バスで長尾バス停下車。登山口より急な岩場を登って（途中、巻き道ルートもあり）山頂へ約五〇分。

地図　二・五万図　加古川

（山田博利・野口恒雄）

笠松山　かさまつやま　標高　二四四m

兵庫県加西市の南西部、古法華《ふるほっけ》自然公園内にある。低山ながら展望に恵まれた山で、ハイカーに人気があり、キャンプ場やバーベキューサイトなども設けられている。山頂には展望台もあり、奥播州が一望できる。笠形山、七種山や雪彦山、そしてこの周辺の岩肌をあらわにした山々が見渡せる。一山越えて内陸に入っただけで、高御位山の展望と感じが違う。加西アルプスとも称せられ、善防山と縦走して登られることが多い。

登路　JR加古川線または神戸電鉄粟生《あお》線粟生駅で北条鉄道に乗換え、播磨下里駅下車。古法華寺の西側から山頂へ約四五分。古法華寺から吊り橋を経由して山頂へ一時間強。北条鉄道長《おさ》駅下車。熊野神社を経由して約一時間三〇分。

地図　二・五万図　笠原

（山田博利・野口恒雄）

善防山　ぜんぼうやま　標高　二五一m

兵庫県加西市の南西部、古法華自然公園の東側にある。この辺一帯の山々は、低山ながら荒々しい岩稜がゆったりと延びていて、笠松山を含む一帯は加西アルプスと称される。ただし、山頂は木々が茂り眺望が利かない。展望は隣の笠松山に譲る。しかし、振り返って眺める奥播州の農村風景がすばらしい。いずれも、手に取るように見えるのが低山の魅力であろう。

室町時代には山頂に赤松氏の善防山城が築かれていたが、足利義教暗殺の騒乱に敗れ落城し、現在でも狭い山頂には遺構が残っている。

登路　ＪＲ加古川線または神戸電鉄粟生線粟生《あお》駅で北条鉄道に乗換え、播磨下里駅下車。下里郵便局手前で登山道に入り、東稜から山頂へ約一時間。山頂から古法華吊り橋を渡って笠松山へは約一時間一五分。

地図　二・五万図　笠原

（山田博利・野口恒雄）

淡路島

先山　せんざん　標高　四四八ｍ

別称　淡路富士

兵庫県洲本市の中央部、そしてまた淡路島の中心に位置している。山名の由来は国生み神話で淡路島を造った時に最初にできた山であるところからきている。形が鈍角の三角形であるところから「淡路富士」と呼ばれているが、江戸後期の画家・谷文晁の『日本名山図絵』では、頂上の平な台形に描かれている。頂上には真言宗高野山派の古刹である千山千光寺がある。寺内に仁王門、護摩堂、六角堂、三重塔などがあり、一九九五年の阪神・淡路大震災で六角堂が倒壊し、そのほかにも被害を被った。頂上は金堂の裏手にあり、諭鶴羽《ゆづるは》山《やま》、柏原山（五六九ｍ）や四国の山々が展望できる。

登路　洲本高速バスセンターより淡路交通バスで桑間バス停下車。連光寺から途中で表参道（丁石あり）に合流し、山頂（一八丁）へ約一時間一〇分。頂上より一六丁分岐で裏参道を先山口バス停に下り約一時間。

地図　二・五万図　都志　洲本

（山田博利・野口恒雄）

諭鶴羽山　ゆづるはやま

標高　六〇八m

別称　譲葉山

兵庫県南あわじ市三原町と南淡町の境にあり、島内最高峰である。おおよそ半正三角形の形をしている淡路島は、最小の辺にあたる南斜面は断層崖となっているため、急傾斜で海岸線まで落ち込んでいる。諭鶴羽山や柏原山(五六九m)のある諭鶴羽山地は、そこに位置している。この諭鶴羽山地は、近畿中央部の高見山地、和泉山脈から連なり、四国の讃岐山脈から佐田岬半島を通って九州山地の北端に達している中央構造線の北側に位置し、白亜紀の地質で成り立っている。同じ淡路島でも北部、中央部とは地質が異なっている。

頂上からの展望は、阿波・讃岐・備前・播磨・攝津・和泉・紀伊と、三六〇度のすばらしさ。眼下には沼島が見える。冬には、黒岩海岸に咲くスイセンが有名。

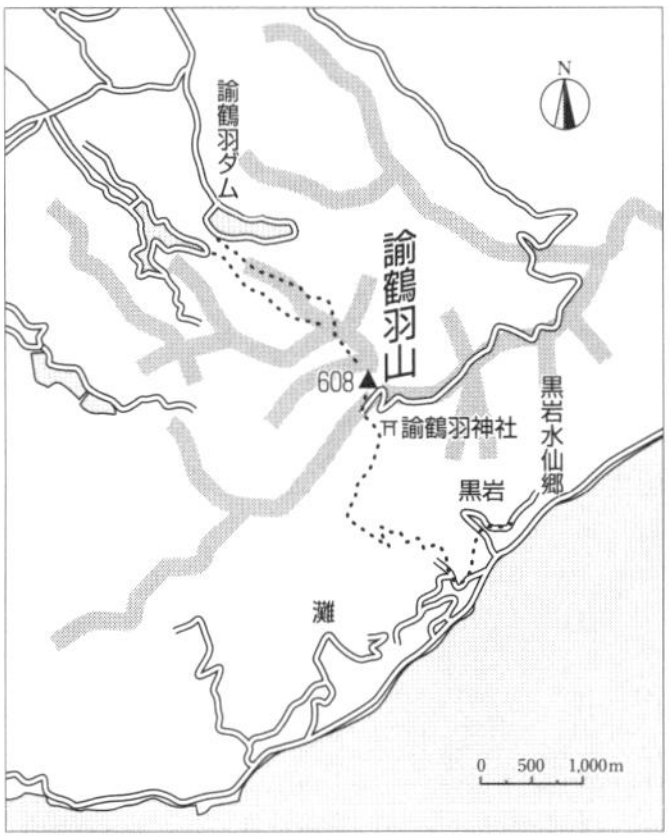

諭鶴羽山の頂上には、諭鶴羽神社や電波中継所があり、そのため洲本や由良から道路が上がってきている。宮司の話によると、諭鶴羽神社は『記紀』の第九代開化天皇の時に創建され、祭神は伊邪那美命《いざなみのみこと》を主神とし、事解之男命《ことさかのおのみこと》、速玉之男命《はやたまのおのみこと》の二柱を併祀している。

登路　洲本高速バスセンターから淡路交通バスで市《いち》バス停下車。諭鶴羽ダムを経て裏参道で山頂へ二時間強。山頂から諭鶴羽神社を経て表参道で黒岩バス停へ一時間強。黒岩からのバスの便に注意。

地図　二・五万図　諭鶴羽山

(山田博利・野口恒雄)

比良山地

蛇谷ヶ峰　じゃたにがみね

標高　九〇二m

別称　小椋栖山《おぐらすやま》　入部山《にゅうざん》

滋賀県高島市高島と朽木の境にある。琵琶湖側の富坂あるいは比良山地の最高峰である武奈ヶ岳山頂からも、連峰北端の独立峰らしく見える。蛇が多数生息していた谷がまず蛇谷に、そしてその源頭に聳える山が蛇谷ヶ峰と呼ぶようになった。また足利時代、下岩瀬の旧秀隣寺に、この山と安曇川を借景にした庭園が造られ、その時に「小椋栖山」と呼ばれたが、その根拠は不明である。

北比良にあった登山リフトとロープウエーは、二〇〇四年三月末日に廃止された。それ以来、びわ湖アルプスゴンドラのある南比良と比較して、「忘れられた比良」「指導標が林立していない比良」の、素朴なよさが残された貴重な山域である。山頂からの展望がよい。

登路　畑の在所から何か曰くがありそうな、当て字不明のボボフダ峠経由で、二等三角点の標石が埋設された山頂に至る（約三時間三〇分）。入部谷越までの主稜縦走は、ネマガリザサとシャクナゲなどの低木が密生して、残雪期のスキー上級者以外には勧められない。蛇谷下降も熟達者でないと無理である。天候のよくない時や初心者同伴の場合は、往路を下山することにしたい。

（阿部恒夫）

地図　二・五万図　北小松　比良山

武奈ヶ嶽　ぶながだけ

標高　一二一四m

別称　山毛《ぶ》欅《な》岳　毛庵《もうあん》ヶ岳

武奈ヶ嶽は滋賀県大津市と同市志賀地区の境にある。まず比良の山域は、「東側を琵琶湖、南端を和邇《わに》川、西北側の安曇《あど》川の範囲とする」角倉太郎説を国定公園区域の準拠にしている。滋賀県大津市と同市志賀地区、高島市、同市朽木地区にまたがる山地の最高点（独立峰）である。

武奈ヶ嶽の西側は山名の所以ともなったブナの大木があるほか、昼なお暗い樹林帯の急流には多くの滝が懸かり、絶好の沢登りコースとなっている。西の花折断層で丹波山地から分離、東は急崖で琵琶湖に落ち込む。主稜は武奈ヶ嶽付近で二支脈に分かれ準平原が広がる。東山麓の街道から頂上は見えない。春先にＪＲ琵琶湖線（東海道本線）から、雪をいただいた英姿を同定できる。

比良の伝説や遺跡は数多い。その代表が「比良の八荒《はっこう》は荒れじまい」だろう。比良山麓には相撲行司元祖の志賀清林の碑もある。八荒山という力士が住んでいたが、近在の娘が恋慕のあまり、今浜の灯籠崎から盥《たらい》船で逢い引きしていた。百日目の夜、彼女の執念が恐ろしくなり、目印の比良明神の灯明を吹き消してしまった。この娘、哀れ湖水の藻屑と消えたといまに伝わる。江州や京都では奈良のお水取りが終わり、春分が過ぎても「比良の八荒」が済まないと本当の春は来ないと信じる人も多い。

登路　登山口となるＪＲ湖西線比良駅から徒歩（イン谷口までバ

スもある)、大山口から正面谷沿いに登山道を辿るか、カモシカ台経由で尾根道(ダケ道)を登って、北比良峠に至る(いずれも約四時間)。峠付近は花崗岩が風化し通過には要注意。この下、神爾ノ滝ルートには登山者も多く、落石を誘発したり、下降ルートにしないことである。高層湿原だった八雲ヶ原一帯も、スキー場の乱開発で枯渇していたが、スキー場閉鎖にともない原状回復が進んでいる。登山者も以前より少なく、登山道の裸地化はおさまった。スキー場跡を辿るか望武小屋跡を辿り武奈ヶ嶽に達する(約二時間)。

晴れていれば、眼下の近江舞子の景勝、沖ノ島の彼方には鈴鹿~伊吹山~奥美濃前衛峰のパノラマが、そして、運がよければ若狭湾まで遠望することができる。帰途は往路を引き返すのが無難である(約四時間)。

西麓の坊村へのコースもあるが、バスの時間を把握していないと、タクシーか徒歩になる。八《や》淵《ち》ノ滝巻き道もある。健脚組には西南稜を降り、ワサビ峠~中峠~金糞《かなくそ》峠と迂回して正面谷を降りる(約五時間)。

(阿部恒夫)

地図　二・五万図　北小松　比良山

武奈ヶ嶽(釣瓶岳付近から)

堂満岳　どうまんだけ　標高　一〇五七m

別称　金糞《かなくそ》ヶ岳　暮雪《ぼせつ》山

滋賀県大津市にある。琵琶湖側を走る国道一六一号や、JR湖西線の車窓から顕著に望める山である。地形的にも釈迦岳と同じく、琵琶湖側の花崗岩が風化崩壊した急斜面は、一般登山道から簡単に取りつけそうに見えても、これらのガレ状ルンゼの登攀は危険極まりない。

堂満岳は室町時代には「比良三千坊」、つまり堂が山に満ちていたとの説よりも、山麓にイノシシが好むノタのホリ(堀)があって、アイヌ語のトマン(沼のある山)がもっとも説得力に富む。別称の「金糞(屎)」は鉱石を溶錬した残滓語源説ともいわれる。「暮雪山」とは「近江八景のひとつ比良の暮雪」で、蓬莱山に夕暮れ時に降る雪のことではない。春遅くまでの残雪が、北東山麓からは蓬莱山が堂満岳に隠れるため誤認されたのだろう。

登路　東側正面谷の登山口より大山口経由、台風で少し荒れたが約三時間で金糞峠。主稜の西側縦走路を辿る。中途の鞍部から堂満岳への分岐を見落とさなければ小一時間。帰途も縦走路に戻り、南比良峠経由、深谷の登山道を下降し、比良駅まで約四時間。堂満岳稜線ガレ沿いの踏み跡へは、迷い込まないよう注意したい。（阿部恒夫）

地図　二・五万図　比良山

蓬萊山　ほうらいさん　標高　一一七四m

別称　銀杏《いちよう》ヶ岳

花折峠　はなおれとうげ　標高　五八〇m

滋賀県大津市にある。一九六四年に、産経新聞系の観光開発サンケイ・バレー社が、琵琶湖側から巨大なカーレーター（ベルト・コンベアー式の二人乗り移動座席）を開発建設した。高度成長下に日本列島改造の先鞭をつけて以来、南比良はもはや登山者の領域ではなくなった。冬はスキーヤーとスノーボーダーの滑走場に、その後、観光旅行者の遊園地と成り果てた。国定公園内の自然破壊はとどまることがなく、巨大煙突の昇降機が防災上問題になった。すると、びわ湖バレイと改名、蓬萊山から打見山《うちみやま》へ眉間の深い傷跡も無惨に、テレキャビン（びわ湖アルプス・ゴンドラ）に架け替えたのである。あのグロテスクなカーレーターは撤去されトンネルのみ残っている。

比良山地全山縦走は、距離こそ六甲より短いがアップダウンが大きく厳しい。その上、中途に市街地などはない。余談ながらJR湖西線和邇《わに》駅から、いわゆる鯖《さば》街道に通じる「途中」は地名であり、通過点の名称ではない。

登路　JR湖西線蓬萊駅および志賀駅のほぼ西へ約三〜四㎞。八《はち》屋戸《やど》〜小女郎《こじょろう》峠経由、山頂まで約四時間。木戸から打見山を経ても所要時間は同じくらい。下山コースそれぞれ一時間くらい短縮できる。周遊コースをお勧めする。

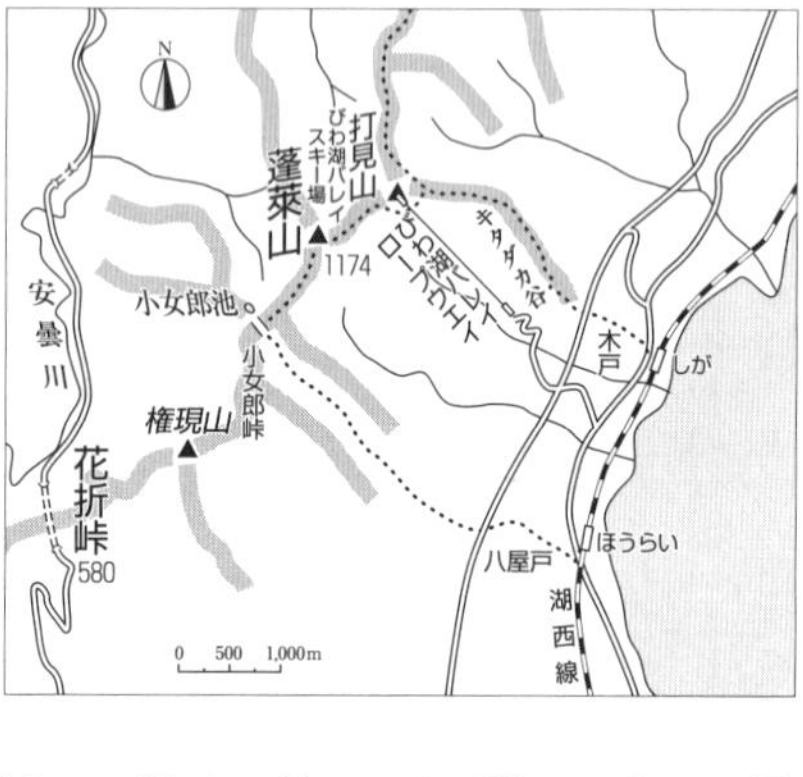

花折峠は滋賀県大津市葛《かつら》川坂下町と伊香立《いかだち》途中町の境にある。国道三六七号（若狭街道＝鯖街道）から、旧道を二〇分で旧峠の石碑がある。江戸後期の地誌『近江輿地誌略』に「是より奥、葛川まで樒《しきみ》かつて無し。故にこの處にて折りとるゆゑ花折峠とはいふ也」とある。

室町期、八代将軍・足利義政の室、日野富子と、その子・九代将軍義尚《よしひさ》が、文明二年（一四七〇）と長享元年（一四八七）の二回、峠を越えて葛川坊村の明王《みょうおう》院へ参詣した史実が残っている。

一九二六年、滋賀県議会議長が滋賀県知事に「百分ノ一ノ急勾配ニテ、総延長凡ソ二キロ以上ニ亘ル湖西随一ノ峻坂、之ガ為ニ物資ノ出入ヲ妨ゲ、地方産業ノ発達ヲ阻害スル」（新修『大津市史』第七巻）と、隧道掘削を訴えた。それから約半世紀後の一九七五年、ついに延長七二七mの花折トンネルが開通したのである。

前述の南比良乱開発と比較して、実に対照的なこの相違を、比良の歴史が如実に物語っているのである。

（阿部恒夫）

地図　二・五万図　比良山　花背

釈迦岳　しゃかだけ

標高　一〇六〇m

別称　コマガシタ　クマノス山

滋賀県大津市志賀地区と高島市高島の境にある。宗教的な山名だが寺仏などそれらしいものはない。釈迦岳には、熊の巣があることから「クマノス山」と呼ばれたようである。それがコマガシタと呼ばれるようになり、いつのころからか釈迦岳とも呼ばれるようになり、釈迦岳が定着してしまった。山麓が開発されたいま、熊の巣があるかどうかは疑わしい。

大津市北小松から眺めると、山麓より優美な尾根がヤケオにつづき、その左奥に釈迦岳がある。ヤケオから釈迦岳への稜線より見下ろす琵琶湖の景観はすばらしい。

釈迦岳周辺にはシャクナゲの群生地が数箇所あり、四月末より五月上旬にかけてその美しさを楽しむことができる。

登路　大津市比良げんき村から涼峠、オトシと登り、峠という雰囲気の寒風峠に着く。ここから縦走路を南にとり、ヤケ山よりしばらく下がるとヤケオ、釈迦岳への急登となる。山頂は樹林の中である（比良げんき村から約四時間三〇分）。山頂から北比良峠の廃止されたロープウエー山上駅へ向かう縦走路と、大津ワンゲル新道に分かれる。大津ワンゲル新道を下るとイン谷口へ出る。この逆コースもよい。登山道は、はっきりしている（大津ワンゲル新道から約三時間三〇分、旧ロープウエー山上駅より約一時間）。

（松下征文）

地図　二・五万図　北小松　比良山

比叡山　ひえいざん

標高　四明ヶ岳　八三八m
　　　大比叡　八四八m

別称　叡山　日枝山《ひえのやま》　天臺山《てんだいさん》　都富士《みやこふじ》

滋賀県大津市と京都府京都市左京区の境に位置し、比良山地の南部にある。地質時代の起源は第三紀鮮新世後期とされる。水系は東側では天神川、大宮川、四ッ谷川、西側では音羽川、白川である。

比叡山は京都市中から見る場合と琵琶湖の東から見る場合では、かなり異なっている。京都市中からは国家鎮護の山としての風格があり、東山の北端に四明ヶ岳が孤峰のような姿を見せているし、滋賀県の琵琶湖東畔からは大きな山塊としての姿を見せる。比叡山の正面登山口は大津市坂本、すなわち滋賀県側である。

比叡山の「叡」は「あきらか」という意味で、知徳すぐれて深く事理に通ずることである、とする。最澄は唐で天台を学び、延暦七年（七八八）、比叡山寺（延暦寺）を創建、「一切皆成＝一切衆生はすべて仏になれる」を主張した。「叡山は学校であり、理論と実践を研究する」ということからも理解できるように、現代にも必要な叡智を育み広げた山であった。また、比叡山は比較的雨量が多く、全山うっそうとした樹林に覆われ、湿気多く、寒い山坊で清貧に甘んじて学問ができるところから「論質寒貧」という。

比叡山の山塊は、南から四明ヶ岳、大比叡、横高山（釈迦ヶ岳、七六七m）、水井山（七九四m）、小野山（六七〇m）、大尾山（六八一

比叡山(加茂川提から)

m)が京都・滋賀の府県境を北へ並ぶ。琵琶湖東岸からは、これらの山並みの全貌を見ることができる。

宗教的な開発は近江側からであり、最澄が延暦四年(七八五)に登ったのも、東坂本日吉社の神宮寺の大宮谷からであるという。比叡山延暦寺には現在も三塔一六谷があり、それは東塔、西塔、横川《よかわ》である。東塔には根本中堂、西塔には釈迦堂、横川には元三大師堂がある。織田信長は元亀二年(一五七一)に比叡山を焼き、根本中堂をはじめとして大方の堂塔が消失した。その後、豊臣秀吉が再興し、寛永年間(一六二四～一六四四)にはほとんどが復元した。

比叡山の東山麓の坂本には今日も多くの里坊があり、旅籠《はたご》、仏師などが門前町を形成してきた。

相応和尚が始めた回峰行は現在もつづけられ、山中、山麓の道で蓮華を表す檜笠をかぶった行者に出会うことがある。

比叡山は昔から宗教的に自然が保たれてきたため、動植物に多くの貴重なものがある。アカマツ、コナラの混合二次林、堂塔付近のスギ、ヒノキの巨樹、モミ、イヌブナ、アカガシの樹林、林床のミヤコザサなどが見られる。エイザンスミレ(エゾスミレ)、エイザンユリ(ヤマユリ)などのようにエイザンの付く植物も多い。

野鳥も保護されているため、サンコウチョウ、コマドリ、サンショウクイ、カッコウ、ツツドリ、キビタキ、ブッポウソウ、ルリビタキなどの声を聞くことができる。

比叡山の山麓は里山の利用と保全が比較的近い時代までつづけられてきたため、雑木林もあって独特な生物相を維持してきた。

山麓の雑木林、社寺林にはギフチョウ、キマダラルリツバメ、ダイセンシジミ、オオムラサキなどの蝶類やクワガタムシ類、タマムシなどを見ることができる。

登路　現在もっともよく使われている登山路は京都八瀬(叡山口)からケーブルとロープウエーで四明ヶ岳、坂本からケーブルで東塔、京都市中からドライブウエー経由のバスである。京都からの遠足や登山の道は雲母《きらら》坂の道で、勅使参向の道であり、比叡山の僧兵が神輿を担いで京へ強訴する道でもあった(約二時間三〇分)。

歩く道は表参道、雲母坂、東海自然歩道は京都・大原から仰木峠、横川、玉体杉、釈迦堂、坂本ケーブル駅、無動寺、崇福寺跡、大津へ通っている。

京都府山岳連盟と京都市産業観光局は京都一周トレイルを設定し、比叡山には、ケーブルひえい〜浄土院〜釈迦堂〜(峰道)〜仰木峠〜大原・戸寺への北山・東部コースが通る。この峰道には奥比叡ドライブウェイがあり、三塔を結ぶシャトルバスが運行されている。

四明ヶ岳山頂には大駐車場とガーデンミュージアム比叡があり、モネ、ゴッホらが夢見た自然の風景が再現されている。山頂には平将門が座して天下を手に入れようとした将門岩があり、条件がよければ伊吹山や白山などの山々を見ることができる。

地図　二・五万図　大原　京都東北部　(塚本珪一)

大文字山　だいもんじやま

標高　四六五m

京都府京都市左京区鹿ヶ谷大黒谷町に位置する。

「布団着て　寝たる姿や　東山　嵐雪」と詠われた比叡山から稲荷山まで、東山三十六峰のうち第十一峰の如意ヶ岳(四七六m)の西峰にある。

山麓一帯が葬送地であったことや、盂蘭盆会《うらぼんえ》の送り火のため「大」の字が山腹に描かれていることから山名となった。如意ヶ岳と大文字山は文学作品などでしばしば混同されている。

山腹の大の字からの展望はすばらしく、西山の盟主・愛宕山をはじめ京都市内が眼下に広がる。また、八月一六日には、七五基の火床で燃える大の字が、夏の夜を彩る風物詩として送り火に見入る人で京の町はにぎわう。大の字より一〇分、山頂の三等三角点の横には、全国で数少ない地殻変動測量のため八角形の菱形基線測点があるのもめずらしい。

大文字山(鴨川提から)

登路　銀閣寺の横から大文字川に沿って砂防ダムの手前で橋を渡り、千人塚へ。石の階段を登ると大の字へ着く。さらに小さなピークを越して山頂へ(約一時間)。ほかに京都市が市内を囲む山域に整備した京都一周トレイルの一つ、東山コースを利用して地下鉄蹴上《けあげ》駅から日向大神宮を経て山頂まで(約二時間)。

地図　二・五万図　京都東北部　(大槻雅弘)

信楽・大和高原

雪野山　ゆきのやま

標高　三〇九m

別称　龍王山

滋賀県近江八幡市、蒲生郡竜王町、東近江市にまたがり、近江盆地に位置する。山麓の竜王町側に所在する竜王寺には白鳳時代の雪野寺跡があり、竜王寺はその後に栄えた寺である。

近江盆地の湖東、湖南に点在する五〇〇m足らずの山々は平野部から独立峰的に聳え立ち、古くから信仰の山としてあがめられてきた。標高が低い故、登りにさして苦労はいらない。雪野山を含め、これらの山の真価は冬の眺望にある。湖北、湖西の山が多量の降雪で苦労する時も、数cmの雪を踏むだけで山頂に達し、白銀に輝く比良や鈴鹿の峰々の眺望を楽しむことができる。

登路　山を取り巻く各市町が散策路を整備し、東屋《あずまや》もあって公園の散歩道である。整備を契機に卑弥呼関連の古墳も発見された。妹背の里の駐車場から縦走して、山麓の車道を戻るコースがよい（約一時間）。

地図　二・五万図　日野西部　八日市

（川見博美）

繖山　きぬがさやま

標高　四四〇m

別称　観音寺山　佐々木山　駒眼　十方嶺　三国嶺　桑実山　衣繖山

近江盆地にあって、滋賀県東近江市能登川町、五個荘地区と近江八幡市安土町との境界に位置する。

山名は絹笠を伏せたような山容に由来するが、山上の近くに西国三十三箇所観音霊場第三十二番札所の観音正寺があることや、中世から近世初頭にかけて佐々木六角氏の居城だった観音寺城跡があることから「観音寺山」または「佐々木山」とも呼ばれている。また、「駒眼、十方嶺、三国嶺」などの別称は眼前に三か国を見ることができるということに由来し、桑実山はこの地域が日本で初めてクワの木が生えられた所という伝承にちなんで呼ばれる名称である。なお、北方の支峰には八王子山、南西に延びる尾根には竜石山との名称が付けられている。

登路　石寺から観音正寺を経て山頂に達する登山道（石寺から約一時間）のほか、桑実寺方面からの登山道（桑実寺集落から約一時間）や川並方面から観音正寺を経て山頂に至る登山道（川並から約一時間）などが一般的であるが、石馬寺方面から北方の尾根（雨宮竜神社）に取りつき、地獄越を経て山頂に至るルートもある（石馬寺から約一時間四〇分）。

地図　二・五万図　八日市

（若林忠男）

三上山　みかみやま

標高　四三二m

別称　近江富士　御神山　三神山　御上山　御影山　百足山

滋賀県野洲市野洲町に位置する。琵琶湖の東岸に忽然と聳え立ち、よく目立つ山で、昔から東海道の旅の道標にされてきた。美しい円錐形の山姿を富士山になぞらえて「近江富士」の別名を持つ。俵藤太が三上山を七巻半巻いて民衆を苦しめていたムカデを退治した伝説から「百足山」とも呼ばれている。

三上山は神体山で、山麓にある御上《みかみ》神社は山頂に降臨した天之御影命《あまのみかげのみこと》を祀ってあり、山頂の奥社には磐座《いわくら》がある。山頂は二つあって東を男山、西を女山という。

登路　JR東海道本線野洲駅より南へ御上神社前の国道八号を渡り、妙見宮からの表参道と、南にある天保義民碑の立つ裏参道と、東側からと三つのルートがある。表参道は登るにつれて岩場が出てくるが、鎖や手すりが付けてあり展望もよい。八合目辺りにある割岩は細い岩の割れ目を通り抜ける(登り口から約一時間)。裏参道は植林地の中の登りで岩場は少なく登りやすいが、展望はない(約一時間)。森林センターから散策路を辿り東屋展望台経由で登り口へ、植林とアカマツの中の急坂を登って山頂(約一時間)。希望が丘側の森林センターから遊歩道の緩い登りの巻き道を行き、花緑公園への分岐点から登山道になり山頂に至る(約一時間三〇分)。

地図　二・五万図　野洲

(内田嘉弘)

飯道山　はんどうさん

標高　六六四m

別称　飯道寺山　金寄山　餉山　飯童子山　避齢山

滋賀県甲賀市にある。山名の由来は昔、仙人がこの山で道に迷った時、神仏に念じていると、一羽の鳥が米飯をついばみながら歩いていた。仙人がその鳥に従って行くと山頂に達し、権現様のお姿を拝し、そこから飯道山の名が付いたといわれている。奈良時代にこの地に飯道寺が建立された。中腹にある飯道神社の華やかな本殿は、江戸時代前期の建築を代表するものである。昔は「近江の大峰山」といわれ、山伏の修験場であった。飯道神社の西面には行場がある。

登路　参道コース　信楽高原鐵道紫香楽宮跡駅から飯道神社参道登り口(車であれば駐車場がある)を経て参道を登り飯道神社へ。杖の権現への途中から左の山道を登り山頂に至る(約二時間)。

貴生川コース　JR草津線貴生川駅より三大寺、岩屋不動休憩所から左羅坂、杖の権現経由で山頂(約二時間)。

岩根コース　岩根から景勝寺経由で北東尾根を辿って山頂へ(約一時間三〇分)。

地図　二・五万図　三雲　水口

(内田嘉弘)

阿星山　あぼしやま

標高　六九三m

滋賀県湖南市、甲賀市と栗東市とにまたがる。山名は奈良時代に、阿星山山腹に僧良弁によって阿星寺が建立されたことに由来する。

二四字の伽藍があったとされている。織田信長の焼き討ちに遭って消失したが、現在、山麓にある長寿寺と常楽寺は兵火を免れた。阿星山は石部金山の銅鉱を紫香楽宮へ運搬する連絡路でもあった。

登路 長寿寺から舗装された阿星林道を行くと登山口。ミヤコザサの中に整備された道が延びている。山頂手前の展望の峰に休憩所がある。山頂にはNTTの無線中継所の鉄塔がある(約三時間)。

(内田嘉弘)

地図 二・五万図 三雲

太神山 たなかみやま　標高 六〇〇m

別称 田上山《たなかみやま》 田神山《たがみやま》

滋賀県大津市田上森町にあり、大津市の南東端、大戸川と信楽川に囲まれ、東は甲賀市信楽町に至る山域の主峰。この山域一帯が「湖南アルプス」と呼ばれ、五〇〇m級の山々が複雑な地形と風化した花崗岩で特異な山容を呈している。

奈良時代から平安時代には、東大寺や石山寺の建築用材としてヒノキが、信楽の窯業用燃料としてマツが伐採された。これらの乱伐がたたり山が荒れた。明治時代より砂防工事と植林が行われ、今日もつづいている。天然林が太神山と、その西南西の矢筈ヶ岳の山頂付近に少し残っている。水晶やトパーズなども採掘された。

太神山には、山頂に神の宿るという磐座《いわくら》があり、原始的な巨石信仰の対象とされ、また、農耕の神として、山の神、田の神としてあがめられた。

山頂近くに太神山《たいしんざん》成就院不動寺がある。一般には、田上不動と呼ばれている。清和天皇の時代、智証大師円珍の創建と伝えられ、本尊に円珍の自刻といわれる不動尊像を祀り、山岳信仰の霊場として栄えてきた。現在の本堂は南北朝期の再建になるもので、巨大な花崗岩の上に建ち、巨石を背に一重寄棟造り、檜皮葺き、床下は一部が舞台造りで、山岳建築の粋といわれ国の重要文化財となっている。

登路 天神川下流の登山口より天神川沿いに舗装された林道が迎不動まで延び、七曲りと呼ばれる風化した花崗岩の岩場から琵琶湖を眺めることができる。泣不動を過ぎた所から樹林の道となる。二尊門、太神山不動寺入り口へ着き、ここで信楽、大鳥居方面からの道と合流する。しばらく行くと不動寺の境内に着き、石段を上がると不動寺本堂がある。少し登ると山頂である(登山口から約二時間)。大鳥居から不動寺の境内下まで車で入ることができ、駐車場からは約二〇分。大鳥居の集落は、大戸川ダム建設計画(未完成)により全戸移転して面影もない。

(松下征文)

地図 二・五万図 瀬田 朝宮

笹間ヶ岳　ささまがだけ

標高　四三三m

別称　権現山　笹間岳　笹生岳　小竹生ヶ嶽

滋賀県大津市にある。『近江名跡案内記』に「頂上に白山権現の社あり又中腹に石の雨壺あり土人之に雨を祈る」とあり、関ノ津町の農家では田植えが終わるころ、権現様に秋の収穫まで満遍なく水をもらえることを願って登る習わしが残っている。そのため地元では権現山と呼ぶ人が多い。

登路　表コース　天神川に架かる谷口橋のアルプス登山口から天神川沿いの道を行き、天神川堰堤の少し先の右側に笹間ヶ岳、矢筈ヶ岳の登り口がある。ここから沢通しの登りで御仏《みほとけ》河原に着く。左の道は矢筈ヶ岳へ、右が笹間ヶ岳への道。湿地帯や池を抜け、稜線を行くと山頂で、大きい岩・八畳岩がある(一時間四〇分)。

裏コース　関ノ津から新茂智神社へ向かい、図越池を過ぎると山道になり尾根に取りつく。林道を横断して花崗岩の登りから雑木林になり、権現様と呼ばれる祠が現れて山頂の八畳岩に着く(二時間)。

地図　二・五万図　朝宮　瀬田

(内田嘉弘)

猪背山　いのせやま

標高　五五三m

滋賀県大津市と甲賀市信楽町にまたがる。『近江栗太郡志』に「猪背山高さ五十丈周回三里形猪背に似たる以て名く」とある。矢筈ヶ岳や太神山から眺めると、猪背山の山頂より北東に延びる尾根上にある二つの峰の間の尾根が、猪の背のように見える。

登路　大津市大石富川町脇出から広域基幹林道牧・富川線の起点、脇出橋を渡って富川会館の左横から尾根道を登る。標高二六〇mの三体石仏辺りから緩い上りがつづき、標高四〇〇mから急坂になり山頂手前のピークに着く。ここから一〇分程で山頂に至る(約一時間二〇分)。樹林に囲まれて展望はない。納所から登る場合、八十刈林道から右の送電線の巡視路を辿り、南尾根に出て北上し山頂に達する(約一時間三〇分)。

地図　二・五万図　朝宮

(内田嘉弘)

笹ヶ岳　ささがだけ

標高　七三九m

滋賀県甲賀市信楽町にある。信楽高原の最高峰で、山頂付近がササで覆われているのが山名の由来。この山の山頂から南に下った所に、薬師如来を本尊にした寺があった。いまも石積みの古い井戸が残っている。大正のころまでは、干天がつづいた時、山頂で火を焚き、その井戸の水をかき回して雨乞いをした。

登路　一般的なルートは西登山道を登り東登山道を下る。南新田の登山口からシノダケのトンネルを抜け、スギ、ヒノキの急坂を登り稜線に出た後、ササの中の道を登ると山頂に至る(約一時間三〇分)。山頂には共同アンテナがあって、下りはアンテナ線沿いに行く。よく刈り込まれた道だが急坂である(約四〇分)。

地図　二・五万図　信楽

(内田嘉弘)

音羽山　おとわやま

標高　五九三m

別称　牛尾山

滋賀県大津市と京都府京都市山科区の境に位置して、JR東海道新幹線音羽トンネルの上に山頂がある。

京都市側の牛尾山法厳寺の観音信仰が盛んになり、寺のある音羽山が知られるようになった。また、洛東の清水寺の山号が音羽山であるところから清水寺の奥の院とされた。音羽山が歌枕であるのも山城・近江の国境であり、紅葉、野鳥などの美しい自然があったからであろう。いまも、サクラ、カエデが美しい。

この辺りにはコガネムシの仲間のミドリセンチコガネやクロシジミという蝶が生息していることでも知られている。

登路　北の三井寺、逢坂関跡、音羽山、石山寺へと東海自然歩道が通る。一般には、京都側の音羽川に沿う牛尾観音経由の道がハイキング・コースとなっている。

音羽川に沿う道は渓流の美しさがあり、車道ではあるが自然が満喫できる。音羽の滝、大蛇塚を経てサクラ、イロハモミジの多い桜の馬場に出る。ここから右への上醍醐の道と分かれ、左へ登れば牛尾観音で知られる牛尾山法厳寺で、サクラ、巨杉(天狗杉)がある。最近では台風により音羽川や牛尾観音周辺は荒れているので注意したい。

牛尾観音から右上への細い道が石山、音羽山へ至る。支稜線から県境稜線に出れば東海自然歩道で、北へ辿れば音羽山、南へは石山である。音羽山の山頂は送電鉄塔が建つが、北に大文字山につづく比叡山と対峙し、琵琶湖と比良山地を見ることができる(約二時間)。

音羽山からは北へ山稜の東海自然歩道を辿り、急に下って国道一号を渡り、さらに北へ三井寺、または西へ蟬丸神社、京阪電鉄京津線大谷駅に至る。

地図　二・五万図　京都東南部　瀬田

(塚本珪一)

鷲峰山　じゅうぶさん

標高　六八二m

別称　北大峰　北の峰　北山上

京都府綴喜郡宇治田原町と相楽郡和束町にまたがる。信楽大和高原に属し、高原の北西面、鷲峰山から笠置山に至る笠置山地の最高峰。秩父古生層からなり、山頂には一等三角点が埋設されている。

山名の由来は、『山州名跡志』によると「和束庄ノ原山ノ上、山勢南面ヲ鷲峰山ト称ス、天竺ノ霊鷲山ニ類シテ、嶺廻立テ、蓮華ノ如クナルノ謂也」。天竺にあるという霊鷲山に模して、また、和束から眺めた山の姿を、鷲が翼を広げたよう見立てたことにより鷲峰山と呼んだ。山には奇峰が多く、八つの峰(釈迦嶽、阿弥陀嶽、弥勒嶽、宝生嶽、阿閦嶽、虚空蔵嶽、不空嶽、妓楽嶽)を八葉の蓮華にたとえた。山頂には、天武天皇四年(六七五)に役小角が創建したと伝える真言宗醍醐派金胎寺がある。養老六年(七二二)、泰澄が中興、平城京の鬼門守護により聖武天皇の勅願寺となる。本尊は弥勒菩薩で重要文化財。

元弘の変の時、鎌倉幕府倒幕を目ざした後醍醐天皇は、迫り来る幕府軍に対抗するため、当初、鷲峰山に籠ろうとしたが、地の不利を覚り要害の笠置山に移った(『太平記』)。
山の東面には修験者の山岳霊場の行場がある。行場付近は落葉広葉樹の天然林があり、京都府歴史的自然環境保全地域に指定されている。

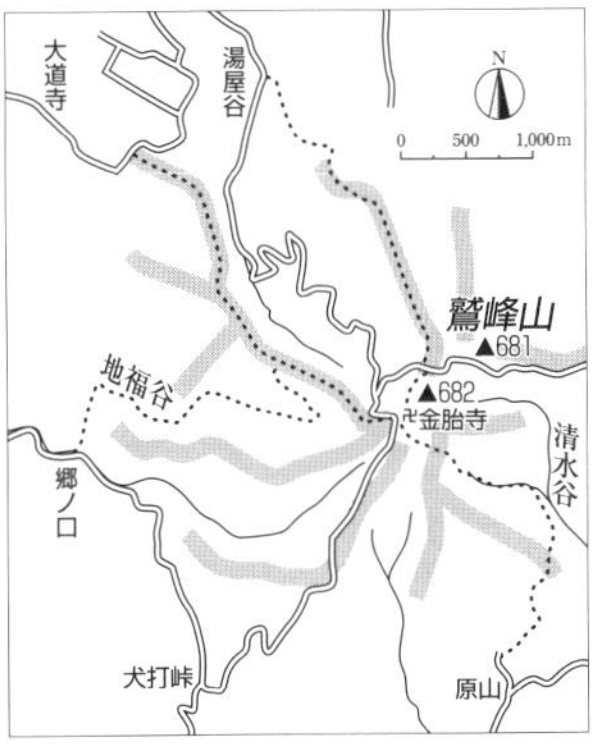

登路　宇治田原町塩谷集落から南進し、茶宗明神社を経てすぐの谷が湯屋谷。山頂から北西に派生する尾根をつめる。舗装路を西に行くと山頂(塩谷から約二時間)。宇治田原町大道寺から、平治の乱(一一五九年)での藤原信西入道終焉の地である大道廃寺跡を経て、南へ支尾根を登り、林道鷲峰山線を経て山頂(大道寺から約二時間)。宇治田原町郷ノ口から東へ東海自然歩道を経て山頂(郷ノ口から約三時間)。和束町原山から北西へ茶畑を抜けて東海自然歩道を行く。ここが本来の表参道。金胎寺山門から山頂(原山から約一時間)。

地図　二・五万図　笠置山　朝宮

(伊原哲士)

笠置山　かさぎやま　標高　二八八m

別称　鹿路山　鹿鷺山

京都府相楽郡笠置町南部に位置する。信楽・大和高原に属し、高原北西面、鷲峰山から笠置山に至る標高四〇〇m程の山々を笠置山地と呼ぶ。北麓を木津川、東麓を布目川、西麓を白砂川、南麓を打滝川が流れる。笠置山麓周辺は木津川河川域で一番狭隘な所である。
笠置山の山名は古代地名のカサキに由来する。そこに笠置寺創建の伝承が結び付いたカサキは、淅岐《かすき》・浸道《かさき》と書く。どちらも洪水の時に水に浸かり道が消えるという意味である。また一説には、山全体が笠の形に似ているからともいう。伝承に、天智天皇の子・大友皇子が当地で道に迷い山神の擁護を祈願、奇禍を免れた目印に笠を置いた話がある(『今昔物語』)。
山上には、古来からの弥勒信仰の中心道場である真言宗笠置寺がある。鎌倉幕府倒幕の発端となった後醍醐天皇の元弘の変(一三三一年)の際、戦禍にさらされた。笠置山は全山が花崗岩よりなり、寺周辺は奇岩が点在する。山麓の笠置峡谷は京都府立笠置山自然公園である。

登路　笠置町中心の南笠置から南東に追手橋を渡る。府道四号笠置山添線を南進するとすぐ東に笠置寺参道(登山口から約四〇分)。山頂の南東約七〇〇mの所に三角点(標高三二四m)がある。

地図　二・五万図　笠置山　柳生

(伊原哲士)

茶臼山　ちゃうすやま　標高　五三五m

奈良県宇陀市室生区と山辺郡山添村と三重県名張市の境にある。大和高原の東部に位置し、笠間川と名張川の間の丘陵性高地にある。山名の由来は不明であるが、大和高原は大和茶の栽培が発達した地で、それと何かかかわりがあるかもしれない。

かつてこの山の南側、笠間峠を「都祁《つげ》山之道」(都祁古道)が通り、伊勢参道として隆盛を極めた時もあったという。

また、西麓の毛原には笠間川左岸に毛原廃寺がある。寺の沿革を示す文献資料は見つかっていないといわれるが、奈良時代に建立されたと推測され、金堂跡、中門跡、南門跡の礎石が見つかっており、このほかに食堂跡、鐘楼跡や西塔跡も見つかっている。以上のように大伽藍があったと推定されるが、謎に包まれている。

山頂にはテレビ局のアンテナが建っている。展望は、東方に鈴鹿の山々、また、青山高原や額井火山群の山々のパノラマが展開する。

登路 近鉄大阪線赤目口駅下車、坂之下、笠間峠を経て茶臼山に登り、黒田を経て藤堂邸を見学してから同線の名張駅へ下るのが一般的であろう。

地図 二・五万図 名張

(柏木宏信・重廣恒夫)

神野山 こうのやま

標高 六一八m

大和高原北部、奈良県山辺郡山添村にある。なだらかな山容で円錐形の山頂部を持つが火山ではなく、風化侵食から残った斑糲岩の残丘である。山名は、古代から「神の山」として尊崇されていたためといわれ、南山麓に伏拝、助命などの信仰を表す地名が残っている。現在、付近一帯が県立月ヶ瀬神野山自然公園として整備されている。

『大和志』に「伏拝村の上に在り、添上郡に跨る。高峯雄偉群山の上に出ず。巓《いただき》に寺在り」とあるが、この寺は山頂から南にやや下った所にある神野寺のことである。神亀元年(七二五)、行基の開基といわれ、国立奈良博物館に寄託されている鋳銅製の伝・如意輪観音像(国重文)のほか、木造薬師如来像など多数の寺宝を有している。境内に樹齢三〇〇年といわれる天狗杉が聳える。

北東山麓には鍋倉渓がある。大小の真っ黒な石(角閃石斑糲岩)が幅三〇m、長さ数百mにわたって谷を埋め、その下を伏流水が流れている奇観で、一九五七年、奈良県天然記念物の指定を受けている。昔、神野山の天狗と伊賀・青葉山の天狗が喧嘩をして、伊賀の天狗が投げた石が鍋倉渓になったという伝説がある。

登路 西側の杉野にある神野山登山口からは約二km(約四〇分)。ほかに北側の北野、南側の伏拝、助命からなどの道が山頂に通じている。鍋倉渓と森林科学館に駐車場あり。山頂を通り周回できる。広い山頂にはTV中継所や展望休憩所が建ち、北に鷲峰山など笠置山地、東から南にかけて曽爾の山々、額井火山群など、西は金剛・葛城までが一望できる。また、山頂付近はツツジの群生地として有名で、毎年五月にツツジ祭りが催される。

地図 二・五万図 大和白石 柳生 名張

(芳村嘉一郎)

一体山 いったいざん

標高 五九五m

別称 一台山

行政区分上は奈良市内だが、市街地を離れた笠置山地(大和高原)北部に位置する。北に柳生の里があり、南麓を東に行くと御影《ごえい》を経て観梅で名高い月ヶ瀬に至る。西へ行けば柳生から忍辱山《にんにくせん》集落を経て来る道と合流し、誓多林《せたりん》から滝坂道を下って奈良に通じる。かつて柳生藩主が奈良に通うには、柳生から南下して御影からこの道をとったといわれる。

山名の由来は定かでないが、『大和志』山辺郡の項に「一台嶺。山高峻。之を望めば台の如し」という記述がある。位置が福住村の西とされ、また、現在地名として残る一台峠と一体山の間には水間峠があるので、おそらく別の山のことと思われる。しかし、一体山の別称を一台山ということから見ると、山頂部が平坦な一体山の名も同様の起源を持つことが考えられる。

この山の近くの忍辱山(地名)に、平安時代遺構の庭園で有名な円《えん》成寺《じょうじ》がある。多宝塔に安置された運慶作・大日如来は国宝である。

登路　北側からは、大柳生の夜支布《やぎゅう》山口神社横から林道一体山線を歩き、小さな峠付近から山腹道を行く。南側の大平尾町からは山頂近くまで林道が延びている。山頂には無線中継のアンテナと建物、宝暦一三年(一七六三)銘の役小角石像と三角点があるが、ヒノキ林の中で展望は期待できない。

(芳村嘉一郎)

地図　二・五図　柳生

都介野岳　つげのたけ

標高　六三一m

別称　都介野富士

奈良県奈良市都祁《つげ》地区。大和高原にある低山ながら美しい円錐形の山容で、「都介野富士」とも呼ばれている。都祁は「闘鶏、竹谿」とも表記されたが、語源は櫛《くし》の材料で知られる「黄楊《つげ》」というのが通説である。旧都祁村の辺りは、大和朝廷以前に「都祁国」が栄えた所で、都介野岳はその神山として信仰の対象であった。北側からの登山口南之庄の近く、柏峰と呼ばれる丘のヒノキ林中に磐座《いわくら》がある。以前は都介野岳頂上にも磐座があったが、麓に降ろされたという。古代中国の円丘、方丘という考え方から、この頂上が円丘で天の神を祀り、柏峰のものは地の神を祀ったのではないかという小川光三の考究がある。

頂上に龍王神社がある。「りゅうおうさん」と呼ばれ、最近まで近在の人が雨乞いの行事を行っていたという。頂上からは北西側の展望のみが得られる。

南西山麓に都祁山口神社がある。この辺りが都祁国の中心であった所で、各所にツゲが自生している。社の裏山にも「都祁直《つげのあたい》霊石」という磐座が祀られている。また、南之庄に三陵墓がある。直径四〇mの円墳で、闘鶏国造《つげのくにのみやつこ》の墓という伝承が残る。北西一km程の友田には都祁《つげ》水分《みくまり》神社があり、境内に「山辺の御井」、近くに朝命で都介野を開拓した小治田安万呂《おはりだのやすまろ》の墓がある。

登路　奈良市都祁南之庄から南へ行くと分岐があり、どちらからでも頂上に至るが、柏峰へ立ち寄る時は右側をとる。頂上まで約三〇分。

(芳村嘉一郎)

地図　二・五万図　初瀬　大和白石

戒場山　かいばやま

標高　七三七m

奈良県宇陀市室生区と榛原との境、額井《ぬかい》岳の北東に連なる山である。山名の由来は、字義から「仏教の戒律を守る所」とか、読みから「家畜の飼料を取った所、飼い場」ともいわれている。

南山麓に戒長寺がある。寺伝では用明天皇の勅願による聖徳太子の建立で、空海も修行した寺という。質素なたたずまいだが、境内のお葉付きイチョウと十二神将を鋳出した重要文化財の梵鐘で有名である。また、隣接する戒場神社にはホオノキの巨樹がある。戒長寺から額井岳の麓を通る東海自然歩道わきに、山部赤人墓と伝えられる五輪塔がある。この辺りを山辺三《やまべさん》というので、それから生まれた伝承とも考えられる。

登路　榛原山辺三の葛神社横に登山口がある。戒長寺まで約二km。戒長寺境内を通り抜けた右手から山道になる。クマザサの中を登ると稜線の小さいコルに出て、左に行くと寺から四〇分程で山頂に着く。樹木に囲まれた平坦地で展望はない。別に山部赤人墓から北へ登ると、奈良市都祁小川口に通じる戒場峠がある。ここから左(西)に行けば額井岳、右折すれば戒場山である。峠から約三〇分で山頂。

（芳村嘉一郎）

地図　二・五万図　初瀬

額井岳　ぬかいたけ

標高　八一二m

別称　大和富士

奈良県奈良市都祁《つげ》地区と宇陀市榛原《はいばら》の境にある。大和高原の南端に位置するこの山を中心に、西にある貝ヶ平山《かいがひらやま》、香酔山《こうずいやま》、東の戒場《かいば》山《やま》などを「額井《ぬかい》火山群」と呼ぶが、その主峰である。別称のとおり富士山型の秀麗な山容を持ち、南の榛原や室生ダムからは、左右に支峰を従えた「山」の字形に見える。南の山麓を東海自然歩道が通っている。この山も大和に多い「雨乞いの山」で、頂上に水神の祠がある。頂上には展望台が設けられている。龍門山系をはじめ、遠く大峰・大台の山々が望まれ、榛原や大宇陀の町並みは眼下である。また、頂上北側からは西方に鳥見山、貝ヶ平山と見事な展望が開けている。

「額井」の名については、『大和志』宇陀郡の「村里」の項に見られるが、「山川」の項に「額井岳」の記載がない。一方、香酔峠を挟んだ西の香酔山《こうずいやま》については「香水山。赤瀬村の西北に在り、城上山辺の二郡に跨る。山巓に竜王祠有り。旱《ひでり》の年に雨を禱《いの》る」とある。香酔峠の近くにはスズラン自生の南限地・吐山《はやま》があり、山と峠の名はこの花の芳香からきている。

額井山麓の十八《いそは》神社は、いまは廃寺となった極楽寺の鎮護社であり、春日造りの神殿が建つ境内からは、室生の山並みが一望できる。

登路　榛原額井から徒歩約三〇分の十八《いそは》神社横に登山口がある。神社から頂上まで約一時間。香酔峠のやや北からも登路があり、同じく一時間程。額井岳から戒場山へは、尾根路を辿り約一時間。

（芳村嘉一郎）

地図　二・五万図　初瀬

香酔山　こうずいやま

標高　七九五m

別称　香水山

奈良県奈良市都祁地区にあり、貝ヶ平山の東に聳える旧火山の山である。宇陀市榛原から名阪国道針ＩＣに通じる国道三六九号に香酔峠があり、ここもこの山への登山口の一つである。

香酔の名の由来はスズランの香りによるものとされている。この山の北側に吐山のスズラン自生地があり、わが国での自生地の南限として有名である。

『大和名所図会』では「香水山《こうすいやま》」とあり、雨乞い山として紹介され、麓に「ヘソの水」という清水があるという。「ヘソの水」は釈迦のヘソからで、聖水を「香精水《こうじょうすい》」といい、転じて閼伽《あか》＝仏前に供える水のことで、これらが民間信仰ではヘソの水を汲んで、仏の山に供えて雨乞いの験を願ったものと考えられる。

山頂は植林のため、眺望の期待はできない。また、この山を単独で登山の対象とすることは少なく、貝ヶ平山への登下降や鳥見山から貝ヶ平山経由の下山とか、額井岳から香酔峠を経由してということになろう。しかし、麓から眺めた時、場所によっては主峰の貝ヶ平山より立派に見える。

登路　香酔峠からも貝ヶ平山登山口からも一時間程で山頂へ。

地図　二・五万図　初瀬

（柏木宏信・黒田記代）

貝ヶ平山　かいがひらやま

標高　八二二m

奈良県桜井市、奈良市都祁地区、宇陀市榛原の三市境にまたがる、額井《ぬかい》火山群の最高峰である。南側から見る山容は鋭いが、西側から見ると横に長いゆったりした姿である。大和郡山市や矢田丘陵からも、大和平野の東に並ぶ山々の奥にくっきり見える。南山麓に海産貝の化石が採取された跡があり、この辺りが太古（約二〇〇〇万年前）には海底であったことが分かる。山名はそれからきている。

この山から南西に延びる稜線上に鳥見山《とみやま》（七四〇m）がある。『和州旧跡幽考』に「神武天皇長髄彦《ながすねびこ》と闘ひ給ひしとき、金色の霊鵄《れいし》（トビ）飛来たり皇弓の弭《ゆはず》にとどまれり。其鵄光かがやくこと流電の如し。かかりければ長髄彦軍破れたり。鵄の瑞を得給ひしより鵄邑と名づけり。今、鳥見というは訛り」の記述がある。山中に、神武天皇が皇祖の天神を祀った（『日本書紀』）という「鳥見山中霊時跡《やまなかまつりのにわあと》」の石碑が建つ。貝ヶ平山の北には真平山があり、山腹に「神ノ石」という大岩の重なった所がある。また、貝ヶ平山頂から東へは香酔山から香酔峠に稜線が延びている。

登路　北側の城福寺集落からは、林道を行き神ノ石を経て約四〇分で峠手前にある左の踏み跡を登る。約一五分で山頂。南の榛原玉《とう》立《たち》からは青龍寺を経て約一時間一五分。鳥見山経由では榛原駅から北西へ西峠から尾根を登る。ツツジの名所の鳥見山公園（前述の霊時碑もここにある）を経て、約一時間三〇分で樹木に囲まれた鳥見山の山頂に立つ。ここから縦走路を約四五分で貝ヶ平山山頂。かつては大展望を誇ったが、いまは樹木が繁茂し、わずかに東方を望むだけである。

地図　二・五万図　初瀬

（芳村嘉一郎）

若草山　わかくさやま

標高　三四二m

別称　三笠山　鶯山　手向山

奈良県奈良市中央部の奈良公園内にある。第三紀末の火山活動で噴出した安山岩が侵食された二次溶岩丘である。別称のとおり、丸い小丘が三つ重なり、全体では菅笠《すげがさ》を伏せたような美しい円錐形で、芝生に覆われている。頂上に、五世紀に築かれた前方後円墳・鶯《うぐいす》塚《つか》がある。『枕草子』には「うぐひすのみささぎ」と記され、塚の主については、仁徳天皇の皇后・磐之媛《いわのひめ》命、応神天皇の皇子・大山守皇子などの説がある。『大和名所記』は「俗につゞらおりの山といふ。三笠山の北にならびてあり」と記し、中務親王の「今も猶妻やこもれる春日野の若草山に鶯ぞなく」の歌を載せている。

古都奈良に春を呼ぶ行事として有名な山焼きは、一月第四土曜日に行われる。宝暦一〇年（一七六〇）に起こった東大寺、興福寺、春日大社間の領地争いで、仲裁に入った奈良奉行がこの事件を五万日預かりとし、関係者立ち会いで山を焼いたのが始まりとされる。ほかに害虫を駆除するため、芝生の芽生えをよくするためなど諸説がある。

登路　大仏殿、春日神社前から一〇分で有料ゲート。ここから登り約四〇分で三重目の頂上である。開山期間は三月第三土曜日から一二月第二日曜日までである。北側からは、頂上近くまでドライブウエーがあるが、徒歩では通行できない。三角点は鶯塚の石碑横にあり、西は眼下の奈良市街から生駒山、南は橿原市の大和三山、北に京都府南部と、大展望が得られる。

地図　二・五万図　奈良

（芳村嘉一郎）

春日山　かすがやま

標高（花山）　四九七m

春日の地名は「春の日の霞処《かすが》」の枕詞が下の読みへ移行したものと考えられ、「山並みから霞が沸く所」の意味である。

奈良県奈良市奈良公園の東にある緑濃い山で、広義には、春日大社の背後に連なる御蓋山《みかさやま》（二九三m）、春日山、花山、芳山《ほやま》（五一八m）などを含めた山々の総称である。

一方、狭義の春日山は、安倍仲麻呂《あべのなかまろ》が「天の原ふりさけみれば春日なる三笠の山にいでし月かも」（『古今和歌集』）と詠んだ三笠山（御蓋山《みかさやま》、御陵山）のことで、春日大社東側の小さな山である。この狭義の春日山（三笠山）と、若草山の別称・三笠山は古くからよく混同されたようで、『大和名所図会』に「春日山に御笠山とてひきくだりて小さき山に、春日の社おはします。春日山は惣名なり。三笠山は別なり」と記されている。

平城京から近く、人々に親しまれた山だけに、

冬過ぎて春来るらし朝日さす春日山に霞たなびく
九月《ながつき》のしぐれの雨に濡れ通り春日の山は色付きにけり
雁がねの声聞くなへに明日よりは春日の山はもみちそめなむ

など、『万葉集』（巻一〇）に詠われている。

春日山一帯は春日大社の神域として、承和八年（八四一）から狩猟や伐材が禁制となり、手厚く保護されてきた。現在も春日原生林として古い林相がよく残されている。スギの古木が立ち並び、アラカシやイヌガシ、アセビの群落をはじめ植物の種類が豊富で、とくに暖地性・温帯性の南方系植物は学術的にも貴重な存在である。最近では神木のナギや、外来種のナンキンハゼが多くなった。一九二四年に国の天然記念物、一九五六年に特別天然記念物の指定を受け、一九九八年に「春日大社と一体となって歴史的景観をつくっている」として世界文化遺産に追加登録されている。

南側山麓の滝坂道は、能登川の流れに沿って石切峠に至り、柳生に通じている。一部に古い石畳が残り、柳生街道と呼ばれて武芸者が往来した往時が偲ばれる。さらに古くは、峠から月ヶ瀬へ通じる道でもあった。周辺は南都七大寺僧徒らの修練の場であり、誓多林《せたりん》、忍辱山《にんにくせん》など仏教と関係の深い地名が残っている。また、道沿いの岩肌に彫られた夕日観音、朝日観音、寝仏や、峠付近の地獄谷石窟仏（聖人《しょうにん》窟）など、美しい石仏の宝庫としても知られている。

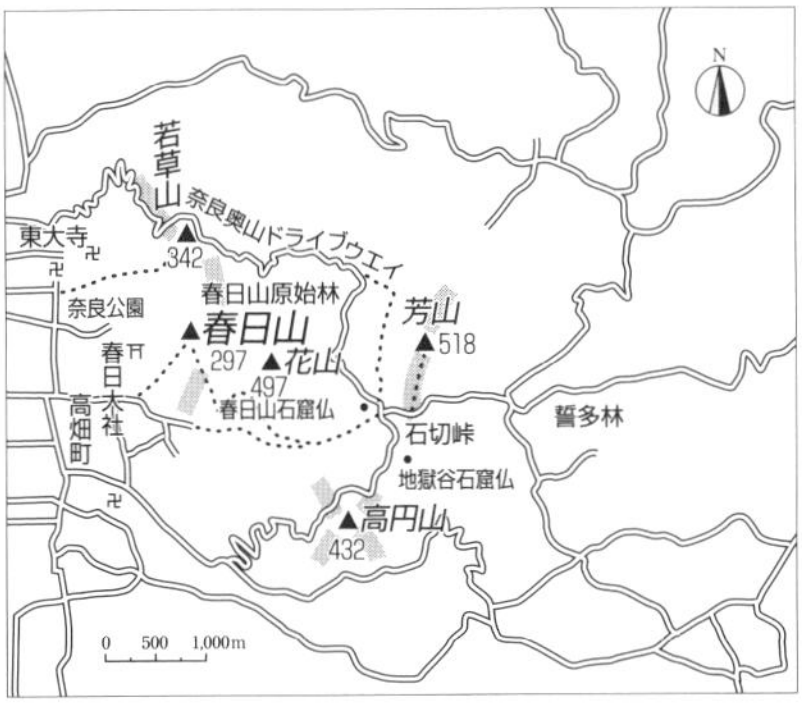

登路　山頂そのものを目ざすよりは、滝坂道を登り石切峠近くの地獄谷、春日山両石窟群を見て、原生林の中の周遊道路（一般車通行禁止）を春日山（狭義）の麓に下ると、この山の雰囲気がよく味わえよう。近鉄奈良駅から東へ大仏前交差点を右折、高畑町交差点（ここまで約四〇分）を左折して山へ向かい、滝坂道を登る。約五時間で一周できる。芳山《ほやま》へは石切峠から誓多林集落に向かい、八王子（八柱）神社横から芳山石仏を目標に左の山道に入る（峠から約四〇分）。

地図　二・五万図　奈良　柳生

（芳村嘉一郎）

高円山　たかまどやま　標高　四六一m

奈良県奈良市、春日山の南に連なる山である。

『万葉集』には藤原《ふじわらの》朝臣《あそん》八束《やつか》の「春日野にしぐれ降る見ゆ明日よりは黄葉かざさむ高円の山」（巻八）の歌があるほか、数多く登場する。『大和志』には「白毫寺《びゃくごうじ》村の上方にあり」、『和州旧跡幽考』には「三笠山の南にならびて、俗に白毫寺山といふ。高円山・高松山同山か」の記載がある。

西山麓の白毫寺は、寺伝では天智天皇の皇子・志貴皇子《しきのみこ》の離宮跡とされ、『万葉集』にその葬送のときの挽歌「高円の野辺の秋萩いたづらに咲きか散るらむ見る人なしに」（巻二）がある。現在も白毫寺はハギの寺として名高い。

白毫寺の少し下、現在は高円高校の建つ土地から一九八二年、奈良時代の住居、池泉跡などが発掘された。『万葉集』で高円離宮《たかまどのとつみや》とも「高円《たかまど》の野の上《うえ》の宮」とも呼ばれた、聖武天皇の離宮跡と推定されている。

高円山は、現在では奈良の夏の夜を彩る大文字送り火の舞台となっている。その火床からは若草山や奈良盆地の眺めがよい。頂上三角点はそのやや上部にある。最高点には奈良奥山ドライブウェイが通じている。

登路 白毫寺へは高畑町から徒歩一五分（近鉄奈良駅から徒歩約一時間）。寺の東側の道を登り、霊園横から約四五分で頂上。

地図 二・五万図 大和郡山

（芳村嘉一郎）

城山 しろやま

標高 五二八m

別称 椿尾塁《つばおるい》

奈良県奈良市にある。笠置山地を横切る国道二五号（名阪国道）は、天理から東へ五ヶ谷ICを過ぎた所で鋭いカーブを描く。城山はその頂点の北側にある。高円山から大和平野の東を限ってほぼ同じ高さで南に延びてきた稜線が、初めて少し高まりを見せる所で、山頂部は小さな台形をしている。これは、元の山頂に城塞を築くために削り取ったものと思われる。

この山には別称に見るように、戦国末期にあった椿尾氏の山城跡が残っている。なお、近くの奈良市都祁《つげ》地区に吐山《はやま》の城山、馬場の城山、白石の城山がある。それぞれの山には、戦国時代に地侍の吐山氏、山田氏、多田氏が居城を築き、互いに勢力を競っていた。このことからも、大和高原が奈良盆地と伊賀盆地間の重要な戦略拠点であったことが分かる。

登路 奈良市中畑町から名阪国道の下をくぐって北へ行き、二〇分程で左の林道に入る。ヒノキ林の中の分岐を登り、二の丸跡を過ぎると約一時間で本丸跡の山頂に達する（目標が少なくやや分かりにくい）。山頂には赤い鳥居が並び、その奥に神号を彫った石碑が五つ立つ。三角点はその奥にあるが、ヒノキ林に囲まれ、わずかに北側だけが開けて低い山並みが見える。少し下からは南側の高峰山、大国見などの山々が望める。

地図 二・五万図 大和白石

（芳村嘉一郎）

高峰山 たかみねやま

標高 六三二m

奈良県天理市福住町にある。大和高原にある一峰で、国道二五号（名阪国道）の天理東IC付近から正面に見える山である。西側は春日山断層崖と呼ばれて急激に奈良盆地に落ち込んでいるが、東側はわりあいになだらかな地形である。

登路 頂上に向かって山を巻くように南北二つの林道が延びている。福住町下入田から鉄塔の見えるピークを目標に左折して南側の林道を行くと、右手に頂上へ通じる小径の分岐がある。下入田から約四五分。頂上には二基の電波塔と三角点があるが、ヒノキ林の中で展望は得られない。奈良盆地からよく見える赤白まだらの鉄塔（高峰中継所）が建つ別のピークは、小さい谷を隔てて三角点ピークの北側にあり、別の林道が頂上まで通じている。中継所横から城山や春日の芳山が望める。

地図 二・五万図 大和白石

（芳村嘉一郎）

龍王山　りゅうおうさん

標高　五八六m

奈良県天理市と桜井市の境にあり、国内に数多い同名の山と同じように、雨乞いのための龍神信仰に基づく山名である。山頂近くには、登り口の地名を冠した藤井竜王社と柳本竜王社がある。

万葉歌人・柿本人麻呂が亡妻を偲んで詠んだ「衾道《ふすまぢ》を引手《ひきで》の山に妹《いも》を置きて山路をいけば生けりともなし」(『万葉集』巻二)の「引手の山」は、この辺りでもっとも高いこの山とするのが通説である。西山腹に円墳、横穴墳各三〇〇基を数える竜王山古墳群があるほか、周辺には数多くの古墳が点在している。西山麓にはわが国最古とされる「山辺《やまのべ》の道」が通り、道沿いの古刹・長岳寺は「釜口《かまのくち》の御大師さん」と呼ばれ、空海の霊地として親しまれてきた。

この山は奈良盆地と大和高原を扼《やく》する要衝にあり、天文年間に土地の豪族・十市遠忠が山城を築いたが、永禄一一年(一五六八)、松永久秀に攻められ落城した。三角点のある山頂はその南城跡で、いまは公園風に整備され、大和平野を見下ろし、竜門山系や金剛・葛城、生駒の山並みを望むことができる。やや離れた標高五二一mピークにある北城跡には、土塁や石垣、竪堀などが残っている。

登路　JR桜井線柳本駅より、長岳寺を経て山頂まで約一時間四五分。長岳寺の近くに天理市トレイルセンターの駐車場がある。その南の崇神天皇陵より古墳群を経て頂上へ(約一時間四五分)。北側からは、天理ダムから藤井川沿いに南へ歩き、藤井への分岐から北城跡へ登る(約一時間二〇分)。ほかに南側の巻向山からの道がある。

地図　二・五万図　初瀬

(芳村嘉一郎)

大国見　おおくにみ

標高　約五〇〇m

別称　大岳　国見山

奈良県天理市の東にあり、頂上が尖って山容が整っているので、天理市街からもよく識別される。山名は、平城京のあった大和国原を望む山という意味である。頂上に神名を刻んだ石と小祠があり、山腹にも巨岩が点在している。頂上近くのものは、磐座《いわくら》として古代祭祀の対象であったと考えられている。

山麓の桃尾《とうお》滝は落差二〇m。『大和名所図会』では布留《ふる》滝と記され、「桃尾《もものを》滝ともいふ」と書き添えられている。古くからの行場であり、いまも滝に打たれる人が絶えない。一㎞程上に竜福寺跡があり、いまは礎石を残すだけだが、かつて真言密教の道場として栄えたことが偲ばれる。現在、阿弥陀堂跡に桃尾山大親寺がある。

登路　天理市滝本町滝本上から大親寺の参道を進む。桃尾滝から急坂を登ると大親寺。ここからスギ林の尾根を約一㎞で頂上に達する(滝本上から約四五分)。眼下に天理市街と奈良盆地が開け、西に矢田丘陵の向こうに生駒山から信貴山につづく山並み、北は奈良奥山方面にかけてを望むことができる。

地図　二・五万図　大和白石

(芳村嘉一郎)

巻向山　まきむくやま

標高　五六七m

別称　纏向山《まきむくやま》

奈良県桜井市に位置し、三輪山の北東、初瀬山との間にある、ほぼ同じ高さの二峰からなる。南側の山に三角点がある。柿本人麻呂が「あし引の山河の瀬の鳴るなへに弓月が岳《ゆづきがたけ》に雲立ち渡る」（『万葉集』巻七）と詠ったのは、この巻向山のことといわれている。『大和志』も「三輪山ノ東ノ北ニ在リ。纏向《まきむく》渓ノ上方ノ峯ヲ弓月カ岳トイフ」と記しているが、弓月ヶ岳については龍王山を充てるなどの異説もある。

山麓の穴師にある穴師坐兵主《あなしにいますひょうず》神社（穴師神社に合祀）は元は山頂にあったという。北山麓に巻向川が流れ、西山麓に「山辺の道」が通っている。周辺には、三輪の神・大物主命《おおものぬしのみこと》と孝元天皇の妹・倭《やま》迹々日百襲姫《ととひももそひめ》の神婚伝説で知られる箸墓があり、古代宮地の伝承跡や、巻向の檜原《ひばら》、穴師の山など、『万葉集』に詠われた故地も多い。

登路　JR桜井線巻向駅から県道を渡り、巻向川沿いに東へ三km程で、右手から合する谷沿いの林道を奥不動寺へ向かう。寺からは舗装された林道を登る。三角点は峠の右手、高台にある。すぐ近くに三輪山を見下ろし、大和盆地に浮かぶ畝傍山、その向こうに二上山から葛城山へつづく山並みが望まれる。巻向駅から二時間強。初瀬谷（黒崎）からの登路は「白山」の項参照。

地図　二・五万図　初瀬

（芳村嘉一郎）

白山　しろやま

標高　四八六m

奈良県桜井市にある。三輪山と巻向山のほぼ中間に位置する。巻向山登山口にあたる奥不動寺《おくのふどうじ》（奥滝不動）から少し登った所にあり、特定の顕著なピークはなく、付近一帯を指す名称である。風化した白い岩（花崗岩の一種・黒雲母アダメロ岩）が奇怪な石塔の形で乱立しているが、同じような地形の二上山、屯鶴峰《どんづるぼう》にくらべると、かなり規模は小さい。

この山の南、黒崎に白山比咩《しろやまひめ》神社、南東の初瀬に白髭神社（『大和名所図会』の白山権現）があるが、いずれも加賀白山より勧請したと伝えられている。

登路　北側の車谷から奥不動寺へは、「巻向山」の項参照。南側からは近鉄大阪線大和朝倉駅下車、初瀬川（大和川）を渡って東に歩き、黒崎から石畳の残る山道を奥不動寺へ。寺の前からすでに白山の斜面の一部が見えている。山頂からは、竜門岳、三輪山、二上山、大和盆地の一部などが見渡せる。ここだけでは物足りないので、巻向山へ登る途中で立ち寄るのがよい。

地図　二・五万図　初瀬

（芳村嘉一郎）

三輪山　みわやま

標高　四六七m

別称　三諸《みもろ》山　神並《かむなみ》山

奈良県桜井市にある。大和平野の東を区切る山の連なりの南端に位置し、円錐形のなだらかな曲線を描く美しい山容を持つ。山体を構成する斑糲岩が侵食に強い性質のため、太古からその形を維持してきたと考えられる。

三輪の名については、『日本書紀』（崇神紀）に次のような地名起源説話が記されている。「容姿端正《かたちうるわし》の活玉依毘売《いくたまよりひめ》に夜ごと通ってくる男があった。身ごもった美人《おとめ》を問いつめた両親が、男の正体を知るために、糸をつけた針を男の衣のすそに刺させる。翌朝見れば、糸は戸の鍵穴を抜けて三勾《みわ》だけが残った。糸を尋ねていくと美和山の神社に留まったので、男が神であったと知った」。

この山は形が美しいことに加え、大和平野から見て太陽が昇る方角にあることから、神が降臨する神奈備《かんなび》山として、古く（おそらく弥生時代）から土着民の信仰対象とされていたようである。『古事記』では三輪山の神を「御諸山の上に坐《ま》す神なり」として、土地の美しい娘・倭迹迹日百襲《やまとととひももそ》姫《ひめ》を娶《めと》り、のちに神武天皇の后となる伊須気余理比売《いすけよりひめ》をなしたと記している。また、『古事記』（雄略記）には、天皇が小子部連螺蠃《ちいさこべのむらじすがる》に、この神をとらえてくることを命じる話がある。このことは土着の素朴な信仰が、大和朝廷の勢力拡大とともに、次第にその宗教的支配下に組み込まれていく過程を示していると考えられて興味深い。

『万葉集』には、天智天皇が近江に遷都する時、その心を額田王が代作した歌とされる「三輪山をしかも隠すか雲だにも心あらなも隠さふべしや」（巻一）をはじめ、この山が数多く詠われている。

山麓に鎮座する大神《おおみわ》神社は日本最古の神社とされ、奈良では大和一の宮、俗に三輪明神として、また、全国の醸造業者からは酒造りの神として尊崇されている。山そのものが神体とされるので神殿はなく、拝殿の奥にある三ツ鳥居が珍しい。この先は古来、禁足地とされた祭祀の場所であり、付近からは多数の勾玉や須恵器などを出土している。

山中に入るとスギやヒノキの大木がうっそうと茂り森厳な雰囲気で、中腹二箇所と山頂に磐座《いわくら》がある。下から辺津《へつ》磐座、中津《なかつ》磐座、奥津《おくつ》磐座と呼ぶ。これら巨石群は、前述の天から神が降臨し滞在する所とされた古代祭祀の遺跡である。山頂には摂社・高宮《こうのみや》（高峰《こうのみね》）神社の祠がある。

登路　JR桜井線三輪駅よりマツ並木の参道を徒歩一〇分で大神神社。登山口は北側の摂社・狭井《さい》神社境内にある。社務所で入山初穂料を収め、白襷《たすき》を借りる。写真撮影は禁止されているのでカメラは預ける。山頂までジグザグの登り約四五分。三角点は祠のやや東にある。現在、参道以外は歩行できないので元の道を下山する。なお、正月三が日など、年間数日の大祭・中祭日には登山できないので注意を要する。

地図　二・五万図　桜井

（芳村嘉一郎）

伊那佐山　いなさやま　標高　六三七m

奈良県宇陀市榛原《はいばら》一帯は元の伊那佐郷である。その南の郊外にあり、『大和志』には「一名ハ山路山、山路村ノ上方ニ在」と記されている。

『記紀』にも登場する古くから知られた山で、『日本書紀』神武天皇即位前紀に、吉野から宇陀に入ろうとした神武軍が連戦に疲れたとき、天皇が墨坂で「御謡《みうた》を為《つく》りて将　卒《いくさのひとども》の心を慰《やす》めたまふ」として「楯並《たたな》めて伊那瑳《いなさ》の山の木《こ》の間《ま》ゆもい行き瞻《まも》らひ戦へば　我はや飢ぬ嶋つ鳥鵜飼が徒《とも》今助《す》けに来《こ》ね」の歌を載せている。

いま伊那佐文化センターの前にこの歌碑がある。近くの登山口からは、山頂まで一八丁を示す江戸期の丁石に導かれて、スギやヒノキの植林の中を登る。古来、日照りがつづくと「だけのぼり」と称して、降雨祈願に登った道である。山頂には式内社の都賀那岐《つがなぎ》神社が建ち、三角点は社殿裏にあるが展望はほとんど得られない。

山頂から北へ尾根道を辿ると、一時間程で井足《いたに》岳(五五一m)に達する。また、伊那佐山から南西の稜線上、標高約五二五mピーク(城山)に沢城跡がある。一四世紀後半に宇陀地方の将・沢氏により築城され、のちのキリシタン大名・高山右近が幼時を過ごした所。

登路　榛原比布《ひふ》から芳野川沿いに東に進み、伊那佐文化センターを経て橋を渡り左折、正面の山に向かう。以降は本文の記述参照。

地図　二・五万図　初瀬　古市場

(芳村嘉一郎)

日張山　ひばりやま　標高　五九五m

奈良県宇陀市菟田野《うたの》にある低山である。登山の対象とするには興味がわかないが、この地方では中将姫伝説でよく知られた山である。『大和名所図会』に「日張山また鶬《ひばり》山と書す。宇賀志村にあり。山中に青蓮尼寺あり。鶬《ひばり》山紫雲庵は中将姫法如尼の閉籠の地なり」とある。継母によりこの山に捨てられた中将姫は、嘉藤太に助けられてこの寺で念仏三昧の生活を送っていた。狩りに来た父藤原豊成に対面し奈良に帰った後、再び出家して当麻寺に入り、蓮葉の糸で当麻曼陀羅を編み上げた。のちに一九歳でまたこの地に帰り、青蓮尼寺に自分と恩人・嘉藤太の像を刻んで安置したという。

現存の青蓮寺の開創などはつまびらかでなく、「ひばり山」は「火《ひ》祝《ほう》り山」が語源とする説もある。

登路　菟田野宇賀志から宇賀志川に沿って上流に向かう。源流の無常橋を渡り、九十九折の道を登ると、中将姫の歌碑を過ぎて青蓮寺に着く(駐車場あり)。宇賀志から約四km、約一時間。墓地の横から山道に入り約二〇分で頂上三角点。樹木の中で展望はない。

地図　二・五万図　高見山　古市場

(芳村嘉一郎)

音羽山　おとわやま　標高　八五一m

奈良県桜井市と宇陀市大宇陀の境にある。談山《たんざん》神社から見ると、東側の谷(寺川)を隔てて南北に連なる竜門山地が見えるが、北から音羽山、経ヶ塚山（八八九ｍ）、熊ヶ岳（八五九ｍ）の三山を「音羽三山」と呼ぶ。『万葉集』に詠われた倉橋山《くらはしやま》は、この音羽山一帯の山塊を指すと考えられる。「倉橋の山を高みか夜ごもりに出でくる月の光ともしき」（巻三）。

音羽山の中腹には天平勝宝元年（七四九）創建の音羽山善法寺（俗に音羽観音）があり、山名の由来となっている。

ここから急坂を登り着く音羽山頂は、無展望である。南につづく稜線が、次の高まりを見せるのが経ヶ塚山で、平坦な草地の山頂には笠石の付いた経塚があり、経文が埋められているという。

いったん下って登り返したこの稜線の最高点、無線塔の立つピークが熊ヶ岳である。山名の「熊」は「隈」、太陽が昇る東方にある山の意味であろうか。稜線の道はさらに大峠（七七〇ｍ）から竜門ヶ岳へとつづいている。大峠手前のピークから初めて曾爾の山々などの展望が開ける。大峠は神武東征の時、ここに女軍を配して八十《やそ》梟《たけ》帥《る》と戦った、と『日本書紀』に記された「女坂」伝承地であり、その碑が立っている。また、墨坂峠とも呼ばれ、古くから飛鳥と宇陀を結ぶ重要な峠であった。ここから針道を通り不動橋へ下りられる。

登路　桜井市南音羽から丁石に導かれて急坂を登り、音羽観音へ。寺の境内を通り抜けると分岐がある。右は展望のよい場所を経た後の急登、左はジグザグの道で稜線に出る。右に折れると音羽山で南音羽から約一時間三〇分。大峠へは稜線を南へ約一時間三〇分。

地図　二・五万図　古市場、畝傍山　（芳村嘉一郎）

御破裂山　ごはれつざん

標高　六〇七ｍ

奈良県桜井市多《とう》武《の》峰にある。藤原鎌足を祭神とする談山《たんざん》神社の裏山である。山名は古来、天下に変事のある時、この山が鳴動し神像が破裂するという伝承からきている。

談山神社は、藤原鎌足の長男・定恵が摂津にあった鎌足の墓を移し、十三重塔を造立したのが始まりで、明治の神仏判然（分離）令までは多武峰寺であった。県下一といわれる紅葉の名所であり、一一月に行われる古式豊かな蹴鞠《けまり》でも知られる。

登路　談山神社境内の十三重塔横から小さな川沿いに登ると、ヒノキ林の中に木の階段がつづく山道になる。中大兄皇子と鎌足が大化改新を相談した所とされる談山《かたらいやま》を右に分け、二五〇ｍで頂上。神社から約二〇分。頂上最高点は鎌足の廟《びょう》所の中で入れないが、北側に展望台があり、眼下に大和平野に浮かぶ大和三山、藤原京跡、正面に二上山などを望むことができる。神社西門近くの集落・西口から冬野川沿いの道が飛鳥・石舞台古墳に通じている。また、西門から南すれば冬野を経て竜在峠、細峠に至る。壬申の乱に大海人皇子も通ったと想定されている、大和から吉野に越える重要な峠である。細峠は標高七〇〇ｍ。「雲雀より空にやすらふ峠かな」の松尾芭蕉の句碑がある（竜在峠を経て一時間強）。峠から県道を北に行くと約四〇分で談山神社山門に帰ることができる。

地図　二・五万図　畝傍山　（芳村嘉一郎）

耳成山　みみなしやま

別称　天神山

標高　一三九m

大和三山の一つ。奈良県橿原市にある。火山の残丘と考えられる低い山だが、平坦地に孤立しているので、意外に高く美しい円錐状の山容を見せている。

「みみなしの山のくちなし得てし哉おもひの色のしたぞめにせむ」という歌が『古今集』にあり、かつては梔《くちなし》の木が多かったので「梔《くち》子山《なしやま》」とも呼ばれたという記述が、『大和名所図会』にある。『万葉集』で青菅山というのもこの山である。また、俗に「天神山」といわれたのは、頂上近くに耳成山口神社があるためである。この社は明治まで天神社と呼ばれ、雨乞いの神事が行われたことが記録されている。現在、山裾まで住宅地が迫っているが、一歩山へ入ると古代そのままの神さびた静けさが漂う。三角点のある頂上は樹木が生い茂って、北方の一部を除いて展望は得られない。

登路　近鉄大阪線耳成駅から西へ一〇分で、耳成山公園の前に登山口がある。ほかに周辺四箇所から道があり、いずれも山腹を巻く緩い登りである。公園から頂上まで二〇分。

地図　二・五万図　桜井

（芳村嘉一郎）

天香具山　あまのかぐやま

別称　香具山　香久山

標高　一五二m

奈良県橿原市にあって、藤原京跡の東に位置する小丘陵。「大和三山」の一つ。ほかの二山が火山であるのと異なり、花崗岩と斑糲岩などの複合岩類からなる丘陵の一部が、風化侵食から残った。

山名は、この山が天から降って来たという伝承による。『伊予国風土記逸文』に「天《あま》山《やま》と名づくる由《ゆへ》は、倭《やまと》に天加具山あり。天より天降《あも》りし時、二つに分かれて、片端は倭の国に天降《あまくだ》り、片端はこの土《くに》（伊予国伊予郡）に天降《あまくだ》りき。因《よ》りて天山といふ、本《ことのもと》なり」とある。『古事記』の「天照大神《あまてらすおおみかみ》、天石屋戸《あまのいわやと》にこもり給ふ」の神話をはじめ、『記紀』や『万葉集』に数多く登場する。この山の土には霊力があるとされ、神武東征伝説として、埴土《はにつち》で巌瓮《いつべ》を作り戦勝を祈願したことが残っている。かつて土地の老人から「白埴山の土で作った土器は白く、赤埴山の物は赤い」と聞いたが、天香山神社の前に、赤埴聖地跡の碑が立っている。この神社は、『日本書紀』の「香具山の牡鹿の肩骨を朱桜《ははか》の木の皮で焼き、吉凶を占った」故地とされている。三〇〇m程南、万葉碑横に白埴聖地の碑がある。

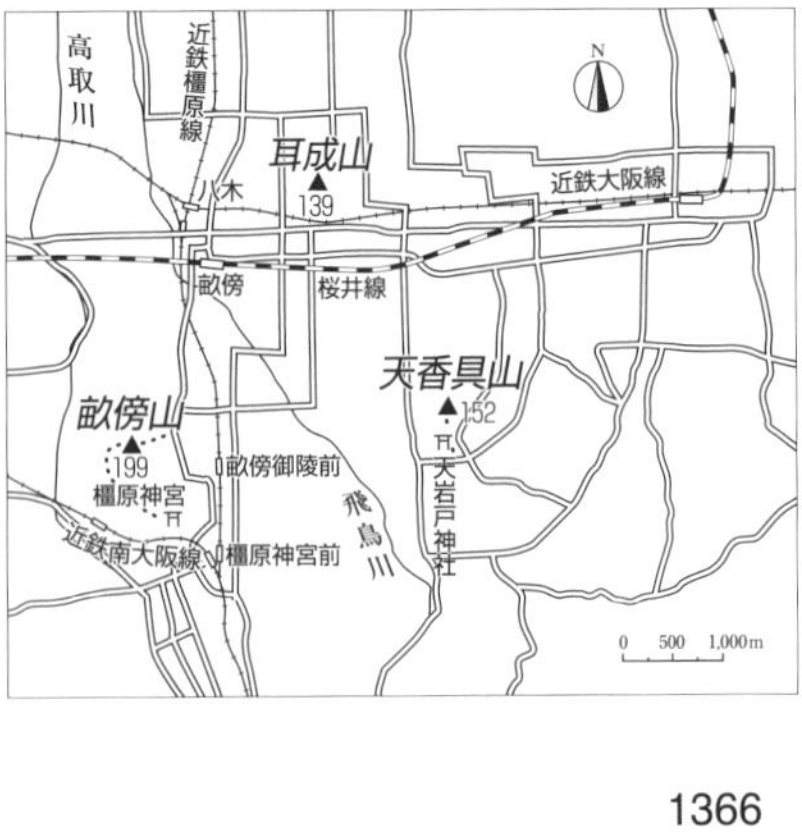

『万葉集』には、ほかの二山を圧して多くの歌が記されている。なかでも持統天皇の「春過ぎて夏来たるらし白妙の衣ほしたり天の

香具山」（巻一）や、柿本人麻呂の「久かたの天の香具山この夕へ霞たなびく春立つらしも」（巻一〇）はよく知られている。

頂上には国常立《くにとこたち》神社が建つ。「雨の龍王」といわれ、雨乞いの神でもあった。ここは樹林に囲まれ展望はないが、西側中腹の「天皇登香具山望国之時御製歌」碑（前述万葉碑）からは、耳成、畝傍、藤原京跡、さらに二上山から金剛・葛城が遠望され、まさに国見の壮大さを味わうことができる。舒明天皇の歌は「大和には群山あれど　とりよろふ　天の香具山登り立ち国見をすれば　国原は煙《けぶり》立ち立つ　海原《うなはら》は　かまめ立ち立つ　うまし国ぞ　あきづ島大和の国は」（巻一）。

北側山麓に前述の天香山神社、南の山裾に天岩戸神社がある。

登路　近鉄橿原線畝傍御陵前駅を東へ、飛鳥川を渡り南浦町の天岩戸神社を目ざす（約四五分）。神社から北へ一五分で頂上。ほかに北側の天香山神社、西側の奈良文化財研究所近くからそれぞれ道がある。

地図　二・五万図　畝傍山

（芳村嘉一郎）

畝傍山　うねびやま　　標高　一九九m

奈良県橿原市の、神武天皇橿原宮跡と想定された橿原神宮の北西にある。中腹までがなだらかで、上部が急な形のトロイデ式火山で、下部は花崗岩、中腹から上は流紋岩（火山岩）よりなる。明治以降、御料地（現在は国有林）として保護され、樹木の伐採が禁止されてきた。山腹はアラカシ、シロカシ、サカキなどの緑に覆われ、林床の草本類も種類が豊富である。

畝傍山は耳成山《みみなしやま》、天香具山《あまのかぐやま》とともに「大和三山」と呼ばれ、その中でもっとも高い。頂上小広場には畝火山口神社社殿跡と三角点がある。ここに立つと、眼下に広がる町並みの中に耳成山と香久山が浮かんで見える。これら三つの山は、ほぼ三㎞ずつの間隔で三角形に位置し、その中に持統八年（六九四）から平城京へ遷都する和銅三年（七一〇）までの間、藤原京が営まれた。

『万葉集』巻一に「中大兄《なかのおおえ》の三山の歌」がある。「香具山は畝傍を惜しと耳成と　相争ひき神代よりかくにあるらし　古《いにしえ》も然《しか》にあれこそうつせみも　妻を争ふらしき」（反歌）「香具山と耳成山と戦《あ》ひし時立ちて見に来し印南《いなみ》国原」。『万葉集』では、ほかに畝火、雲根火、雲飛とも表記されている。

畝傍山の周辺には古墳が多く、曾我、忌部などの地名が残っていることから古代豪族の居住地であったことがうかがわれる。中世には御峰《おむね》山、慈明寺山と呼ばれた時代があり、江戸時代に入ると、三山のうちのどれが畝傍山か分からなくなっていたようである。『菅笠日記』に畝傍山の近くに橿原という地名はなく、一里余り南西にあることを里人から聞いた、という記述がある。

登路　近鉄橿原線橿原神宮前駅より西へ一〇分で橿原神宮本殿。広大な境内を北神門へ抜けると、西山麓側の登山口標識がある。東大谷日女命《やまとおおたにひめみこと》神社の前から山腹を巻く道を登り、北端で右に折れてやや急な尾根道を行くと頂上小広場に着く。登山口から約三〇分。東麓からは橿原森林公苑の中に緩急二つの道がある。

地図　二・五万図　畝傍山

（芳村嘉一郎）

紀伊山地

朝熊ヶ岳　あさまがたけ

標高　五五五m

別称　朝熊山

三重県伊勢市にあって、志摩半島北部に位置し、志摩半島の最高峰である。伊勢神宮の鬼門を守護する山であり、山頂には空海が開いたといわれる金剛証寺がある。山頂へは各方面から「岳道」と呼ばれる多くの登山道が開かれており、その昔、いかに登拝が盛んであったかを偲ぶことができる。「伊勢へ参らば朝熊をかけよ、朝熊かけねば片参り」と歌われ、多くの人が伊勢神宮に参拝した後に訪れたことがうかがえる。

大正末期から一九四四年までケーブルカーが運転されていたが、現在では東西に長く延びる稜線に沿って伊勢志摩スカイラインが通じ、展望台から三六〇度の絶景を手軽に楽しむことができるようになった。山頂周辺には史跡が多く点在し、見所も多く、また、伊勢市から二見浦・鳥羽湾方面、そして志摩半島のリアス式海岸が一望でき、伊勢湾の遥か向こうには知多半島や渥美半島まで見渡すことができる。このため伊勢神宮への参拝と合わせ、年間を通じて多くの観光客でにぎわう観光地となっている。

登路　近鉄志摩線朝熊駅から登る「朝熊岳道」（山頂まで約一時間三〇分）は、いまでも利用者が多く交通も便利である。

地図　二・五万図　鳥羽　伊勢

（栗木洋明）

牛草山　うしくさやま

標高　五五〇m

志摩半島の中央に位置し、三重県度会《わたらい》郡南伊勢町と度会町にまたがる山である。

山頂から南東の方角には、真珠の養殖で有名な五ヶ所湾や英虞湾、熊野灘に突き出した御座岬などが箱庭のように眺めることができ、さらにそのかなたには、太平洋の大海原を見渡すことができる。黒潮の影響もあり、温暖な気候に恵まれ、ヤブツバキをはじめ常緑の広葉樹が多く生育している。豊かな植生の森には小鳥のさえずりが多く聞かれ、登山道を横切る幾筋もの細い流れのぬかるみには動物の足跡を見かけることが多い。また、この山のすぐ北隣にある神《かみが》岳《たけ》（御萱山、四九二m）は、伊勢神宮の式年遷宮（二〇年ごとに諸社殿を造り変える）のための、屋根の材料となる茅を刈り取る山であり、標高四六六mの鞍部（牛草辻）から北の方角にこの茅原を見渡すことができる。

登路　東側の伊勢路川沿いに登るコース（林道終点から山頂まで一時間一〇分）、北側の五里山川沿いに登るコース（林道終点から山頂まで一時間）、さらに、西側の度会町日向から尾根づたいに登るコース（林道終点から山頂まで一時間四〇分）がある。いずれのコースも山頂の北西にある牛草辻で合流し、二〇分程で山頂に達する。

地図　二・五万図　五ヶ所浦　脇出

（栗木洋明）

獅子ヶ岳　ししがたけ

標高　七三三m

三重県度会《わたらい》郡度会町に位置する。度会町は宮川下流域の町で、支流・一之瀬川が合流する。南から北に流れる一之瀬川を挟んで東に牛草山が位置し、西に獅子ヶ岳が聳える。釈迦岳、七洞岳と並んで「度会アルプス（度会山地）」といわれるが、獅子ヶ岳以外は町内からの登山路はなく、事実上町のシンボル的な山である。登山道の整備も過剰なほど行き届いており、北面に日の出の森コースが新設された。全域が生活環境保全林となり、野生の鳥獣と触れ合う場として鳥獣保護区の設定も予定されている。

山名は山頂の岩が獅子の鼻に似ていることから名付けられたとされている。大きな岩の上からは展望がよく、獅子岩と名付けられている。古くから猪ヶ鼻ともいわれ、太平洋や伊勢平野の眺めがよい。獅子岩から五分で三角点のある山頂に達する。ここからも展望が得られる。名古屋港、知多半島、四日市から志摩半島、熊野灘まで三六〇度のパノラマが開けている。

植生は山頂付近でコナラ、ヒメシャラなどの落葉広葉樹が残されているが、山麓は植林である。

登路　注連指《しめさす》からのコースが一般的であるが、途中で合流する日の出の森コースが整備されて主になった。広域林道を日の出の森へ行き、上の駐車場を起点に登りは一時間三〇分程である。七洞岳への縦走も可能だが、健脚向きである。

地図　二・五万図　脇出

（西山秀夫）

七洞岳　ななほらがたけ

標高　七七八m

別称　七洞山　白岩岳　白岩峰　白岩山

三重県度会《わたらい》郡度会町と大紀町の境にあり、いわゆる「度会アルプス」の主峰。南の釈迦岳（七八四m）より数m低いが、風格のある堂々とした山容を大台町辺りからも眺めることができる。山頂には一等三角点が置かれているため、古くから好事家に注目され登山されてきた。展望は台高の山々をはじめ伊勢湾や熊野灘も見られる。

山名の由来はつまびらかではない。『度会町史』に掲載された伝説に「七洞峠」がある。「七保村永江（現大紀町）との界に七洞峠がある。山頂に広さ一町歩の池があり、大蛇が住んでいた。猟師がその害を恐れて射殺した。その後、七日間、鮮血が谷川に流れた」という。なお、白岩峰は点名である。白岩とは地形図に露岩記号のある度会町側の展望岩辺りを指すらしい。

地質は秩父古生層で、植生は獅子ヶ岳からの稜線が近くなると植林からヒメシャラ、リョウブ、ツゲなどの雑木林になる。稜線ではアセビが顕著である。展望岩ではツツジが目につく。冬でも暖かい日は返り花（返り咲きをした花）を見ることがある。山頂近くではヒトリシズカの群生地がある。山頂もカタクリが生育しており、それぞれ開花期には目を楽しませるだろう。

登路　大紀町の野原新田からのコースが一般的である。一時間三〇分程の登りは、初心者にも最適であろう。

地図　二・五万図　脇出

（西山秀夫）

釈迦岳 しゃかだけ

標高 七八四m

別称 町楽山 高登峰 枋谷山

紀伊山地の東端に位置し、三重県度会《わたらい》郡度会町、大紀町、南伊勢町の境界にまたがる。『大宮町史』には町楽山の名前が与えられている。『度会町史』は釈迦岳、七洞岳、獅子ヶ岳の三山を「度会アルプス」と称している。度会アルプスの最高峰であり、度会郡、志摩半島を見回してもこれ以上高い山はない。隣接する登山者の多い七洞岳に比して、地図に名前が記載されていないため登山者からは忘れられた山となっている。

地質は藤越から神ヶ岳の断層の南は石灰岩である。山中に大きな岩があり、よい展望台になる。植生はスギ、ヒノキの植林が大勢を占め、頂上一帯は照葉樹林で覆われ、昼でも薄暗い。頂上からの展望は樹林にさえぎられて皆無である。藤坂からの登路の途中に大きな岩があり、上に上がるとリアス式海岸や熊野灘を眺めることができる。

登路 藤越から踏み跡程度の山道があるほか、藤坂の頂上からも町界に沿って踏み跡がある。ともに樹林の中の道で迷いやすい(藤越から約一時間三〇分)。

地図 二・五万図 脇出 (西山秀夫)

浅間山 せんげんさん

標高 七三三m

別称 ふじのせんげんさん

三重県度会《わたらい》郡大紀町大字永会字藤にある。宮川の南側、滝原宮の東に位置する。度会郡から多気郡一帯は、古来、富士浅間神社を祀る浅間信仰が盛んで、地図に山名のあるもの以外にもほとんど地区ごとに固有の浅間山があるといわれる。旧暦六月二八日の祭礼の時は、前日に藤川で水垢離《みずごり》をとり、早朝から山へ登り大竹に径二尺の麦わらの束に幣を刺し、頂上の大杉(ご神体)に結んで神事を行った。「藤の浅間」ではこの風習は廃れたが、打見の浅間では現在(二〇〇一年)も同様な行事が行われている。地元の話では、条件がよければ藤浅間の頂上から富士山を望むことができるという。

登路 登山路としては大紀町滝原から七保峠へ向かう途中、右手の林道入り口に標識あり。林道を三〇〇m程進み、左手の中部電力の巡視路標識を左にとる(林道入り口から頂上まで約一時間四〇分)。ほかにアンテナ補修用の車道が大紀町木屋の北から通じており、また、七保峠の藤川からの林道(私有)も頂上まで達している。

地図 二・五万図 伊勢佐原 (安藤直彦)

姫越山 ひめごやま

標高 五〇三m

三重県度会《わたらい》郡大紀町と南伊勢町にまたがり、熊野灘に向かって開いた芦浜の北にある。山名の由来は木曾義仲の娘が戦火を逃れて、この山を越える途中に飢え死にしたという伝説に基づく。頂上近くにある姫塚と従者の翁塚が証拠とされるが、義仲の娘説は時代考証的に疑問視されている。『北牟婁《きたむろ》郡史』では「芦浜峰、狼煙山」と記されている。頂上から南東に二〇〇m下った尾根筋に、江戸時代に紀州藩が異国船監視のために設置したとされる髭尾山狼煙《のろし》場跡がある。

山は暖地性の照葉樹林に覆われる。西麓の大紀町錦から頂上を経て南伊勢町新桑竃に至る道は旧熊野街道の脇道であった。一九六〇年代に麓の芦浜に原子力発電所建設が計画されたが、中止となった。

登路　錦船付の登山口からが一般的。船付から頂上まで約一時間一〇分。錦の浅間社から芦浜の西の尾根経由(浅間社から約二時間二〇分)のほか、芦浜の東側の谷経由で狼煙場へ出る道、新桑竃からの道などがある。

(安藤直彦)

地図　二・五万図　錦

国見山　くにみやま

標高　一四一九m

別称　国見ヶ岳　国見岳

三重県松阪市飯高町と奈良県吉野郡東吉野村との境に位置し、三重県側に櫛田川の支流・蓮川、奈良県側は吉野川支流の大又川の源流をなしている。南北に連なる台高山脈の北部、高見山(一二四八m)の南方約六㎞にあり、この辺りは、昭和の初期から高見山から明神平への縦走コースとして関西の岳人に愛されてきた。

山名の由来は、かつては見晴らしのよい山頂から、尾張、伊勢、伊賀、近江、大和、摂津、河内、紀州の山川を一望できたことによる。近くに国見山と名付けられた山が、曾爾の倶留尊山(一〇三七m)のすぐ北方の国見山(八六三m)と西方の国見山(一〇一六m)とがある。『日本書紀』の八十《やそ》梟帥《たける》の拠った所と、それぞれ言い伝えられている。現在の山頂は雑木に囲まれてきて、北西方に伊勢辻山(一二九〇m)や音羽山(八五一m)など、また、南方に大台ヶ原山が望める程度。伊勢辻山の山頂付近では広大な眺望が得られる。北方の伊勢辻は往古の大和と伊勢を結ぶ交通路であったという。また、伊勢辻と国見山の中間に馬駆場ノ辻があり、源義経がここで愛馬と泣き別れしたという伝説が残っている。

登路　近鉄大阪線榛原駅から奈良交通バスに乗車し、菟田野で大又行きに乗り換え、終点まで乗車する。大又から明神平を経て約四時間で山頂に達する。また、近鉄吉野線大和上市駅から杉谷行きで高見山登山口で下車し、高見山を登山して雲ヶ瀬山、ハンシ山、伊勢辻山を経て約六時間二〇分で国見山山頂に至る。

(柏木宏信・黒田記代)

地図　二・五万図　大豆生　高見山

明神岳　みょうじんだけ

標高　一四三二m

別称　穂高明神

三重県松阪市飯高町と奈良県吉野郡川上村にまたがる。高見山に始まり大台ヶ原山に至る台高山脈の主稜線上に位置する山である。麓は人工林が優勢だが、明神平はかつてブナやカエデの自然林だった。一九六四年にスキー場が開設されて以来、ススキ、ササの茂る草原となっている。スキー場は一九六九年に閉鎖され、スキー小屋も焼失した。現在は東屋《あずまや》が建てられてハイカーでにぎわっている。それ以外はブナなどの自然林が残される。とくに三重県側の檜塚（一四〇二m）にかけての広い緩斜面には谷の源流部が入り組み、ホンシュウジカなどの野生の動物が生息する楽園である。

国土地理院の地形図には山頂に穂高明神の記載はあるが、山名の記載はない。『奈良県吉野郡東吉野村郷土史』によれば、東吉野村大又にある笹野神社の奥宮ともいわれる明神さんが明神平の奥まった明神岩に祀られ、また、明神岳山頂には登山者の平安を祈って穂高明神が祀られていると記される。これが明神岳の山名が冠せられた由来である。地図上に記載される穂高明神は現在は存在しない。

登路　松坂市飯高町より檜塚経由のルートを辿れば千秋林道の登山口から約三時間で到達できる。また、奈良県側からは東吉野村大又から明神平経由で約二時間のコースが代表的なルートである。

（布目治二）

地図　二・五万図　大豆生

檜塚　ひのきづか　標高　一四〇二m

別称　千秋峰

三重県松阪市飯高町にある。台高山脈主稜線上の明神岳から東に派生する尾根上に座す。明神岳から檜塚までは標高一四〇〇m前後の高原性の山並みがつづき、檜塚の山腹上部から稜線にかけては雄大なササ原となっている。シロヤシオの大木も多く群落をなす。檜塚の西側の檜塚奥峰（約一四二〇m）は、県境稜線を除く三重県内の最高峰である。落葉広葉樹で占められる山上の秋の黄葉は特筆される。また、主稜線から離れているため周辺の山の眺望もよい。

この山の山頂を含めた一帯は、キッコーマン株式会社が筆頭株主である株式会社千秋社の持ち山である。千秋峰の別称はこれに由来することは明白である。一方、国土地理院の地形図に山名の記載はなく、檜塚の由来は定かではない。一説には、かつてこの辺り一帯はヒノキの原生林に覆われていたといわれている。そのことが山名に繋がったのではないかと推測される。

登路　松坂市飯高町の奥香肌峡から木屋谷川に沿う千秋林道に入り、途中の登山口から登山道が通じ、約二時間もあれば登頂できる。登山口をやり過ごして奥山谷に入り、明神平に登って明神岳、檜塚奥峰を経由する周遊コースもとることができる。

（布目治二）

地図　二・五万図　大豆生

薊岳　あざみだけ　標高　一四〇六m

奈良県吉野郡東吉野村と川上村の境にあり、台高山脈主稜線上の明神平より西方に派生した尾根の最高点である。大又川と中奥川に挟まれている。山頂は雄岳、雌岳の二峰に分かれ、主峰は雄岳で急峻な岩峰をなし、西方にやや低い雌岳がある。

山頂からの眺めはよく、台高山脈をはじめとし、吉野川の対岸の大峰の山々、遠く金剛・葛城の山々まで見渡すことができる。

いまは山頂のシャクナゲで知られているが、かつては「アザミ」の多い山であったのであろうか。また、一説には「アセビ（馬酔木)」の転訛であるともいわれる。

高見山から始まる台高主脈と薊岳が東吉野村の東側の境であるが、この地で一九〇五年に猟師に捕えられたニホンオオカミが国内最後の個体とされている。このオスのオオカミは英国のマルコム・アンダーソンに買い取られ、いま大英博物館に頭骨と毛皮が保存されている。

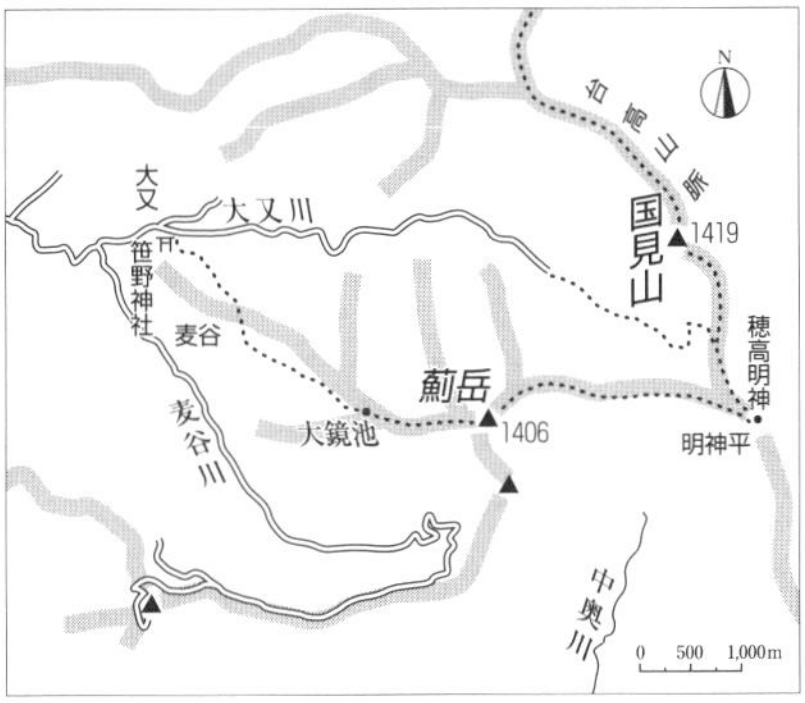

山腹に「聖ヶ窟」があり、修行の場であったことが『今昔物語集』(巻一一)に見える。また、山麓にある池は「大鏡池《たいきょういけ》」と呼ばれ、池畔には八大竜王(雨乞いの神)を祀った小祠がある。「山麓の氏神」とは笹野神社であると、『近畿の山と谷』(住友山岳会編)は記す。

『日本山嶽志』薊嶽の項の末尾に引用されている「日和佐羅瀑」は、大又の集落から伊勢辻山への登山道に沿ってある。

登路　大又の笹野神社から大又林道を経て明神平に至り、薊岳に登って大鏡池を経て大又に戻るのが一般的である。大又より約三時間五〇分で山頂に達する。逆を登った場合、約二時間三〇分で山頂に至る。

地図　二・五万図　大豆生

(柏木宏信・黒田記代)

白屋岳　しらやだけ

標高　一一七七m

奈良県吉野郡川上村にあって、吉野川右岸の白屋の集落の奥になる。台高山脈主脈の明神平から薊岳を経て、旧熊野街道を横切る長大な支尾根の末端に位置するピークが白屋岳である。

山頂からの眺望は、大峰、台高の山々が望める。山頂から北東尾根を辿れば旧熊野街道の鷲《あし》(足)ノ郷越に至る。ここから武木あるいは三尾に出ることができる。かつて天誅組が鷲家口に落ちた時に通った道といわれている。

山名の由来は、山腹斜面に展開する白屋集落の上にある山ということによるのであろう。また、白屋岳の山麓に白土を産する所があり、国栖《くず》紙の漂白剤として使用された。ここから流れる川が時々白濁したので白谷といい、白屋になったと、『吉野郡史料』には記されている。白屋集落のある川上村は、古くから川上郷と称せられ、黒滝郷と並び吉野杉を主とする林業の中核地となっている。

この辺り東熊野街道周辺は大迫ダム、大滝ダムの完成により大きく変貌しつつある。また、山麓近くに有名な蜻蛉の滝がある。トンボが雄略天皇を襲った虻《あぶ》から天皇の身を守ったという伝説の滝。貝原益軒、本居宣長の著書にも見え、「ほろほろと山吹ちるか滝の音」の芭蕉の句碑が立つ。

登路　大和上市駅より白屋バス停に出、ここから山頂まで約三時間。また、林道を鷲ノ郷越に出れば、一時間足らずで山頂に至る。

地図　二・五万図　新子　洞川

(柏木宏信・黒田記代)

白鬚岳　しらひげだけ

標高　一三七八m

別称　アサクラ山

奈良県吉野郡川上村、吉野川右岸神之谷にあり、川上村のほぼ中心にある。台高山脈主稜の池木屋山と明神岳の中間、赤倉山から吉野川へ南西方向に派生した尾根上にあり、北股川と中奥川に挟まれ、台高山脈前衛の山々の中でも立派な山容を誇っている。

山名の由来は、はっきりしないが、以前に白鬚大明神の小祠が祀られていたことによるとか。

山頂からは近くの台高の山々、大峰の山々はもとより、遠く二上山、葛城山、金剛山を望み、小白鬚岳から山頂への痩せ尾根からもすばらしい眺望が得られる。

今西錦司が一五〇〇山目の登頂に選んだ山であって、山頂には、「今西博士一五〇〇山目登頂記念碑」が立っている。

登山口となる神ノ谷の集落は、いわゆる林隙集落で、後南朝の悲史を秘めた金剛寺や河野宮墓などがあり、この一帯を西ノ宮といっている。金剛寺は大峰山奥の院として修験者が参詣することも多かった。役小角の開基といわれる。

登路　大和上市駅から上多古バス停のすぐ先で吉野川に架かる大平橋を渡り、右折して神之谷方面へ約三㎞。東谷出合から小白鬚岳を経て約三時間で山頂に至る。

地図　二・五万図　大和柏木

（柏木宏信・黒田記代）

池木屋山　いけごややま

標高　一三九六m

三重県松阪市、多気郡大台町、奈良県吉野郡川上村の境にある。大台ヶ原山と高見山を結ぶ台高山脈のほぼ中央に位置する雄大な山で、宮川、櫛田川、吉野川と三大河川の源流をなしている。この辺りでもっとも山深い位置にあり、里人にとって遠い遠い山であった。一九七五年、三重県で行われた国民体育大会の登山競技コースとして、宮ノ谷からの登山道が整備された。

池木屋山という山名は、山上の池の付近に小屋があったことによるとの説もある。頂上の北方直下、二重山稜になった窪地に時期によっては水がある程度で、小屋の存在も人々の記憶にはない。最近は池木屋山ではなく、素直に「池小屋山」と表記しようという動きも地元にある。山の東方からの登山ルートにあたる宮ノ谷は、深く刻まれた渓谷で、犬飛び岩、六曲屏風岩などの奇岩怪石があるほか、高滝、猫滝などの滝を懸けている。

地質は中央構造線外帯にあたる秩父古生層であり、硬いチャートが見られる。高滝は

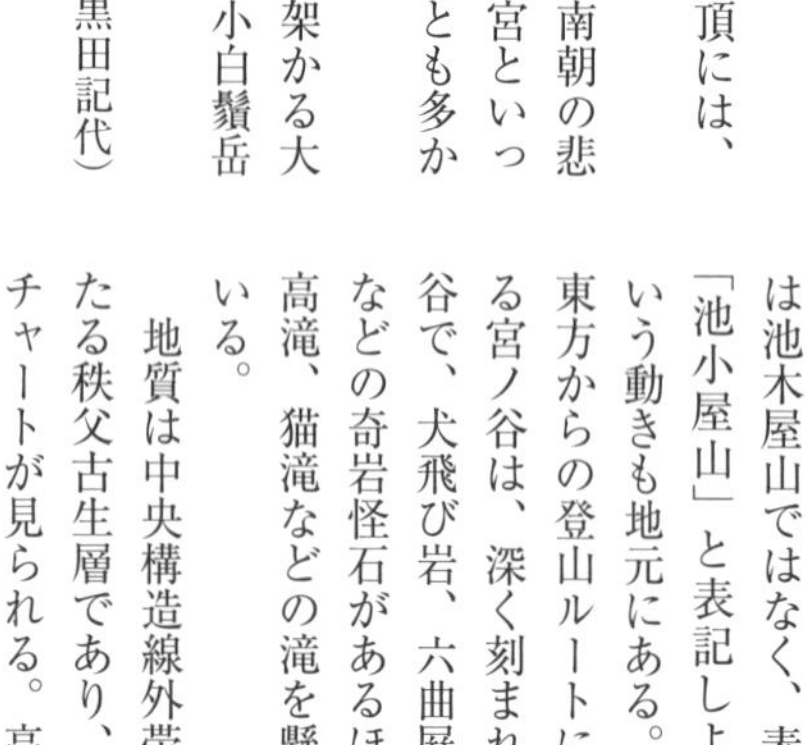

登山口から徒歩約一時間三〇分。階段、桟道など整備された遊歩道経由で訪れることができる。落差五〇mの立派な滝で、ここまでは多くの観光客が訪れる。滝から上は、きわめて自然度の高い登山道であって、日本の昔の山登りはこうであったろうかと思わせられる点、貴重な山というべきである。頂上付近はブナを主体とする落葉広葉樹からなる自然林で、それまでの険しい登路とは打って変わった、伸びやかな山容となっている。林床には低いササが密生している。頂上の木の間から南方に、大台ヶ原山を望むことができる。

登路　東にあたる松阪市飯高町宮ノ谷登山口からは約四時間三〇分で、一方、北の奈良県吉野郡東吉野村明神平からは約六時間で頂上に達することができる。

地図　二・五万図　宮川貯水池

（大坪重遠）

古ヶ丸山　こがまるざん

標高　一二一一m

三重県多気郡大台町の山である。台高山脈の中央にある池木屋山から東に派生する標高一三〇〇mから一二〇〇mの稜線は、松阪市飯南町と大台町宮川地区の境になっている。稜線上にある白倉山（一二三六m）の南東の尾根にある山で、宮川の支流・カラスキ谷、古ヶ谷、垣外俣谷の源流となっている。

宮川地区はほとんどが山林で占められる。周囲の植生もスギ、ヒノキの人工林が大勢であるが、白倉山にかけての稜線上に若干の自然林が残り、シャクナゲも多い。頂上は樹林に囲まれて展望はあまりよくない。登山道の途中に落差二五mのレンガ滝がある。赤茶けた色の岩肌が特徴である。

山名は南に二又に分かれて派生する清治山の尾根と栃山の尾根の間にかかる古ヶ谷、古ヶ野に由来すると思われる。「コガ」とは村内の小区画の意味である。

登路　一九八七年に三重県国民体育大会のコースとして整備されたが、清治山から古ヶ野間は廃道に近く、現在は登山者は少ない。最近は新しく支尾根に取りついて、奥芋口の稜線へ急登するルートがとられている。

伊勢自動車道の勢和多気ICから国道四二号を経て、多気郡大台町より宮川沿いの県道三一号に入る。番屋まで来ると立派な登山口の看板がある。犂谷《からすきだに》公園の東屋《あずまや》のあるカラスキ谷入り口に車を駐車できる。この先は林道入り口にゲートがあり、車は入れない。林道を終点まで四〇分位歩くと植林内の道となる。辺りはヒノキ、スギの植林地である。時々赤テープや古い古ヶ丸山への標識もある。清治山の稜線に着くころは、自然林となってくる。なだらかな稜線を右に行けば、静かな古ヶ丸山山頂である（登山口から三時間三〇分程）。この先、白倉山へはヤブこぎの道となる。

地図　二・五万図　宮川貯水池

（岡田　晋）

迷岳　まよいたけ

標高　一三〇九m

三重県松阪市飯高町と多気郡大台町の境にあって、台高山脈主脈の池木屋山から東に派生する市郡境尾根上に位置する。南面は宮川、北面は櫛田川の流域である。山名の由来は、山頂一帯の尾根が複雑な地形であるために、迷いやすいことから付けられたといわれている。

松阪市飯高町の香肌峡温泉が登山の基地として好適地ということもあり、この方面から登られることが多い。ヒノキとスギの植林帯を行くことになるが、林内はおおむね薄暗く、それを抜け出るとアセビ、イヌツゲなどを縫う登山道がつづく。やがてブナ、カエデ、ヒメシャラ、リョウブ、シロヤシオ、シャクナゲなどの自然林を行くようになれば、山頂は近い。この辺り、新緑、紅葉、冬枯れのころと、それぞれの木々が季節ごとに互いに特有の雰囲気を醸し出していて、訪れる者の期待を十分に満足させてくれる。

なお、布引谷コースの途中に現れる布引三段滝は落差二一二mで、全国では八番目に高い滝といわれている。

山頂は南北に長く、意外に広い。北の局ヶ岳、三峰山、檜塚、高見山など飯高の山々、南の仙千代ヶ峰、大台ヶ原山、その奥の大峰の山並みなどは、高い木々に阻まれて望むことはできない。

登路　櫛田川支流・蓮川側からは飯盛山コースは約四時間三〇分、唐谷コースは約二時間四五分、布引谷コースは約四時間、庵の谷コースには約二時間五〇分かかる登山道がある。南面の宮川側からはヤチ山谷林道コースが約二時間かかる。ヤチ山谷林道コースは登山者は少ないが、口迷岳（一二二四m）の南東直下二〇〇m付近が登山口であり、太古の面影を残す自然林の中の稜線歩きだけで山頂に立てる。

地図　二・五万図　七日市　宮川貯水池

（安藤忠夫）

三津河落山　さんずのこうちやま

標高　一六五四m

大台ヶ原山の台地の東部、日出ヶ岳を盟主とし、その北端の奈良県吉野郡川上村、上北山村および三重県多気郡大台町の境にあり、日本鼻、大和岳、如来月などの小ピークを含む山々の総称である。山名の由来は、宮川（大杉峡谷）、紀ノ川（吉野川）、熊野川（北山川）の三大河川の分水嶺であることによる。「三津河落」は「三ッ河内」の転訛と見られる。

この小山群の最高峰が如来月と呼ばれる山で、五万図の標高点となっている所である。『和州吉野郡群山記』（御勢久右衛門編著）には「日本ヶはな（これは低き山なり。この山中の水、日本ヶ谷へ流れるなり）如来附（三途川落に添へる小山なり。三途に附きしゆゑ、如来附という。高山にあらず。三途川落、大台一の高山なり」とある。

標高の点から見ると訳の分からない話だが、山名由来記としては面白い話である。

この辺り倒木が多く、ミヤコザサの小さな草原、シャクナゲの密叢が点在するが、大和岳山頂の岩からは大峰の山々が望まれる。

如来月の南東方向に巴岳がある。この山に巴ヶ淵という深い淵があり、風が吹くと樹木から露が落ち淵をあふれさせ、北風が吹けば熊野川が、西風の場合は宮川が、東風が吹けば吉野川が増水すると古い言い伝えがある。如来月の南方に名古屋岳があり、この下の名古屋谷には、探検家・松浦武四郎の分骨碑が立っている。

登路　大台ヶ原駐車場からも、日出ヶ岳山頂からも、ドライブウェイ川上辻からも、いずれも三〇分から一時間とかからない。植生保全のために注意して登山したい山域である。

地図　二・五万図　大台ヶ原山

（柏木宏信・黒田記代）

経ヶ峰　きょうがみね

標高　一五二九m

大台ヶ原山の西の入り口にあり、三津河落山の西方につづく山。奈良県吉野郡川上村と上北山村の境に属する。経ヶ峰のすぐ西方に、慶長一三年（一六〇八）、僧弾誓が怪物を封じ込めるため七本の卒塔婆を建て、経文を埋めたと伝えられる経塔塚の小ピークがあり、これが山名の由来であろう。また「経塔石（教導師）」と呼ばれるものがあり、これは慶長一七年（一六一二）、西上人が伯母ヶ峰から大台ヶ原山に登り、ここに悪魔を封じ込めたといわれる（『大台ヶ原山と大杉谷』吉野熊野国立公園奈良県支部）。

経塔塚から南流するワサビ谷と、経ヶ峰から流出する高野谷とが合流する辺りを「開拓」と呼んでいる。一八七〇年に京都の人々がこの地の開拓を試みたが失敗に終わり、登山道わきにこの地のいわれを説明した案内板が立っている。

登路　大台ヶ原ドライブウェイの経ヶ峰登山口から経塔石を経て約三〇分で山頂に至る。経塔塚からは木の間越しに大峰の山々を望むことができる。

地図　二・五万図　大台ヶ原山

（柏木宏信・黒田記代）

黒石岳　くろいしだけ

標高　一三四八m

奈良県吉野郡川上村にある。吉野川上流・本沢川支流の黒石谷と白倉又谷の間の尾根上のピラミダルな山容の山である。大台ヶ原ドライブウェイの北側、経ヶ峰と伯母ヶ峰の頂を結ぶ線上にある。山そのものは目立たないが、この山の西側の谷・黒石谷には三〇m級の滝が五つ、大小幾十の滝が連続するすばらしい谷で、関西ではよく知られている。かつては、黒石谷右岸の小径が大台ヶ原登山道として利用もされていた。

登路　ドライブウェイの北側展望台から忠実に尾根を辿って約四〇分で山頂に至る。

地図　二・五万図　大台ヶ原山

（柏木宏信・黒田記代）

辻堂山　つじどうやま

標高　一三〇九m

別称　堂ノ森

奈良県吉野郡上北山村にあり、吉野熊野国立公園に含まれる。伯母ヶ峰の南方約四・五kmに位置し、北方から東方向に大台ヶ原ドライブウエーが走っている。山頂のすぐ東側の尾根を東熊野街道が通じており、かつては吉野川上の伯母谷村から伯母ヶ峰を通り、この山を越して北山川の西原村までの道は、途中、人家もなく街道一の難所といわれた。

山名の由来は、東熊野街道と天ヶ瀬村への分岐点で「伯母ヶ峰の辻堂」と呼ばれる小堂があったためである。この堂に祀られていた地蔵尊は「狼地蔵」といわれ、南北朝ごろの作と伝えられるが、現在は新伯母峰トンネルの南口の和佐又に移されている。

登路　ドライブウェイの伯母ヶ峰トンネルを越し、経ヶ峰の手前で大きく北から東に方向を変える地点から林道を少し入った所が取りつきとなろう。西の方向に約三〇分で山頂に至る。

地図　二・五万図　大台ヶ原山　（柏木宏信・黒田記代）

伯母ヶ峰　おばがみね　標高　一二六二m

別称　伯母峰

奈良県吉野郡川上村と上北山村の境にある。大台ヶ原山から北西に延びる尾根上にあり、北山川と吉野川の分水嶺をなしている。一九四〇年、伯母峰峠の下約五〇mに伯母峰トンネルが開削され、さらに一九六五年、新伯母峰トンネルが開かれて街道一の難所も大いに和らげられ、吉野と熊野の間の障害が緩和された。

かつてこの伯母峰峠を越えた天誅組の伴林光平が「山かげの小萱高萱わけわけて行けど行くべきかけ路だになし」（『南雲風雲録』）と残した歌が偲ばれる。

古来この峠には、食人の鬼・猪笹王が毎年一二月二〇日に出没するという伝説が残り、いまもなお「果ての二〇日（一二月二〇日）」は伯母峰峠では厄日といわれている。

かつての大台ヶ原山への登山道であった伯母峰道も一九六一年に開通した大台ヶ原ドライブウェイによって寸断され、廃道となってしまった。

登路　近鉄吉野線大和上市駅からバスで和佐又口下車、約三時間三〇分で山頂に至る。また、ドライブウェイからだと約一時間三〇分で山頂に達する。

地図　二・五万図　大台ヶ原山　（柏木宏信・黒田記代）

大台ヶ原山　おおだいがはらやま　標高（日出ヶ岳）一六九五m

別称　大臺原山　大臺山　大平山　三国嶽　巴嶽　三《み》津《つ》河落山《かわおちやま》
日ノ出岳　日出ヶ岳　秀ヶ岳

奈良県吉野郡川上村、上北山村と三重県多気郡大台町にまたがる。紀伊山地の東部を南北に走る台高山脈第一の高峰である。

大台ヶ原山は最高峰の日出ヶ岳（秀ヶ岳）から三津河落山（一六五四m）、経ヶ峰（一五二九m）と西に走る尾根の南側に広がる高原状の台地と、台地を取り巻くこれらの諸峰を総称して大台ヶ原山という。吉野熊野国立公園に属する。一般に日出ヶ岳の西に広がり、大《だい》蛇嵓《じゃぐら》、蒸籠嵓《せいろぐら》、千石嵓《せんごくぐら》を押し出している台地を「東大台」、三津河落山、経ヶ峰につづく尾根の南側に展開する台地を「西大台」と呼ぶ。山名の大台ヶ原山は、これらの広大な台地に由来する。

日出ヶ岳の北、三津河落山から北西に延びた尾根は経ヶ岳、伯母《おば》ヶ峰《がみね》（一二六二m）とつづき、伯母峰峠で大峰山脈の大普賢岳と繋がっている。大峰山は修験道の開祖・役小角の入山以来、修験道場として発展し、霊山としてにぎわってきたが、大台ヶ原山は、近世まで全く未開の状態であった。原因は「魔の山」、「迷いの山」と恐れられていたからである。山上までは山深く、小ピークが多く、似たような台地や原がつづくところから、迷いやすく、視界が利かなくなると方角が分からなくなるからで、これは神武以来変わっていない。即位前の神武天皇、神大和磐余彦《かむやまといわれひこ》の率いる一隊も熊野から大和に入る途中、大台で道に迷い、八咫烏《やたがらす》に導かれて危地を脱している。『記紀』にあるその地が東大台の辺りと考えられている。一九二八年に立てられた神武天皇の銅像(立像)が牛石ヶ原の一角にあって、熊野灘の方を見下ろしている。

昔から大台ヶ原山に登れば生きて帰れない、迷いの山には魔物が棲むと恐れられていた。一本足で一つ目の「一本だたら」、深い谷には身の丈八尺の「山男、山姥」が棲む。一本だたらが再度化けて「猪笹王《いざさおう》」となり、暮れの二〇日には峠越えの旅人を襲って生血を吸うという恐い話。さらには足を折って、源義経に乗り捨てられた愛馬の「笹馬」が妖変して背中にササを生やし、正木ヶ原を駆け回っていた等々、怪談伝説が尽きない。その中で人が魔物を襲った話が一つだけある。慶長一一年(一六〇六)に伯母ヶ峰にルートを開いた天台の僧丹誠《たんせい》が、原の妖怪を法力で牛石の下に封じ込めた話で、一説にはその僧は空海であったとも伝わる。

大台ヶ原山(中央のピークが日出ヶ岳)
(1233m峰から)

口碑伝説ばかりの大台ヶ原山が一書に載ったのは寛文一一年(一六七一)のことで、吉野山人謡春庵周可が『吉野山独案内』に「吉野川の水上《みなかみ》を大台原という。此処に巴の淵とてあり、よしの川、熊野川、伊勢の宮川、三つの水上なり、あたりに藤、おひしげり、西風吹けば藤が枝にて水を東へなびけ、宮川へ水出、東風吹けば吉野川、又北風吹けば熊野川へ水出、とかや」と記したのが初めてであった。これは、初出なるが故に多くの諸本に引かれるのだが、憶測で書いたことは否めない。河東碧梧桐《かわひがしへきごとう》は「実地を踏査せぬものであることは明らかである」と断じている。吉野山人は、古歌の「大台や巴に三つの水上は　熊野に吉野　伊勢の宮川」から採って書いたものと考えられる。

江戸中期になって薬草採りが高山に登るようになった。五代将軍徳川吉宗は、享保の改革で「採薬使」植村政勝を鳥海山に派遣している。改革の一環で、大台ヶ原山にも享保六年(一七二一)に採薬使・野呂元丈が登った。画家による初登は紀州藩の絵師・野呂九一郎介石で「臺嶽山頂ヨリ眺望ノ圖」を遺している。大峰連山と近景に大臺を写した貴重な一軸がある(国立国会図書館蔵)。

紀州藩の国学者・加納諸平は『紀伊国名所図會後編』の編輯にかかわるかたわら、大台ヶ原山に登った。この時の紀行は「登巴嶽時作歌」で二〇〇句近い長歌を詠み上げている。大伴家持の「立山の賦」以来の歌といわれる。新村出もこれを明治以前における日本山岳詩の傑作と称えた。山岳文学の珠玉である。

幕末から明治にかけて大台を世に紹介した先人は、蝦夷地の探検で活躍した松浦武四郎であった。武四郎の大台ヶ原登山は三回で、その記録は『乙酉嘗記《いつゆうしようき》』(一八八五)、『丙戌《へいじゆつ》前記《ぜんき》』(一八八六)と『丁亥前記《ていがいぜんき》』(一八八七)の三冊に記された。いずれも日本山岳会の創立七〇周年を記念して復刻出版された名著である。伊勢国人武四郎は、大台に故郷の山意識を持っていたのか、死後、遺言により大台ヶ原山のナゴヤ谷の上、御霊岡に分骨が埋葬された。日本山岳会の関係では、四人目の名誉会員に推された植物学者の白井光太郎が一八九五年に登った。その報告は『山岳』第二年第二号に載った。

まったく信仰の対象にならなかったこの山に大台教会が建ったのは、一八九九年八月であった。岐阜県郡上市(旧郡上郡美並村)出身の古川嵩《かさむ》が縁あって教派神道の一派、神習教の分教会「福寿大台教会」を建て、天地開闢《かいびやく》の三神、天御中主神《あめのみなかぬしのかみ》、高皇産霊神《たかみむすびのかみ》、神皇産後霊神《みむすびのかみ》ほか天神地祇を祀った。

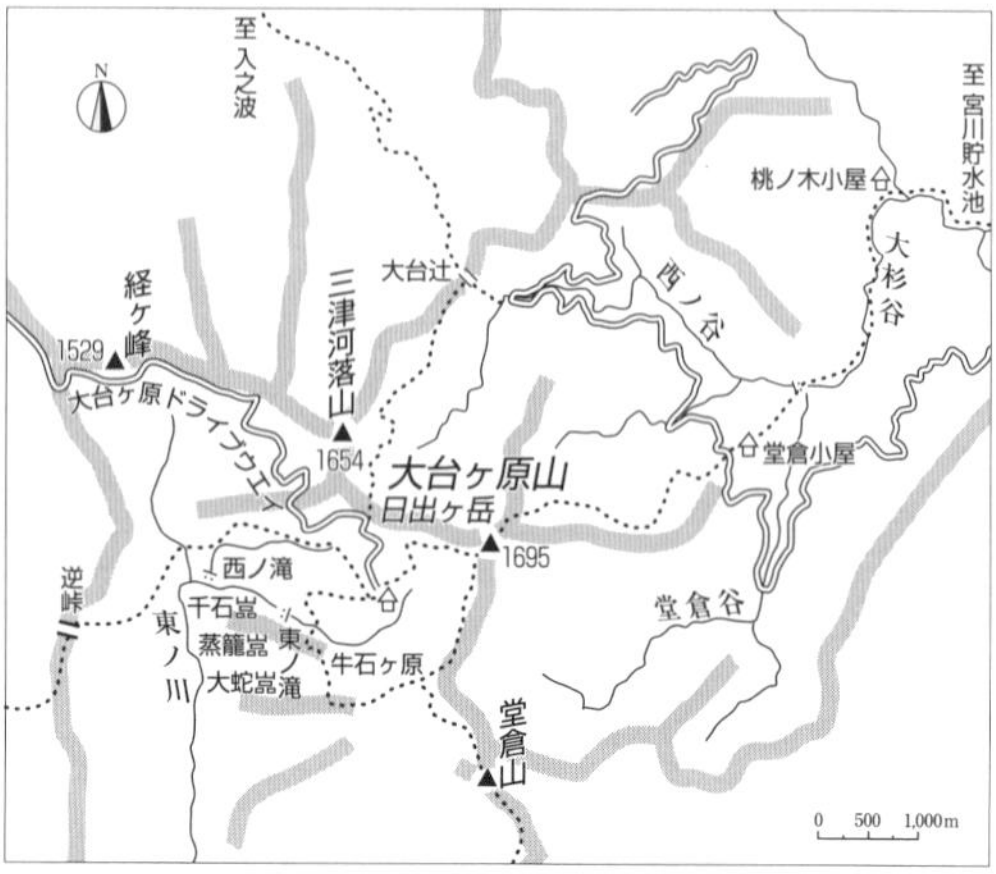

近畿の屋根・大台ヶ原山は日本有数の多雨地帯で、一九二三年九月一四日には一〇一一㎜の降雨量を観測した。一日の降雨量が、雨の少ない地方のほぼ一年分の雨量に相当する。これは太平洋の湿潤な空気が大台に当たり大量の雨を降らせるからで、この雨が苔むすトウヒやブナの原生林を育て、厚い蘚苔類で大地を覆うのである。さらには幾十年もかけて硬質の砂岩を磨き上げ、大蛇嵓のような絶景を造り上げ、本邦屈指の渓谷美を誇る大杉谷をも造ったのである。

登路 川上村柏木から入之波《しおのは》、筏場から大台辻に登る吉野川本沢ルート、国道一六九号の河合から逆《さかさま》峠に登るルート、JR紀勢本線船津駅から中里、千尋峠から堂倉に出るコースがあるほか、宮川から大杉谷に入り、桃ノ木小屋、堂倉小屋を経て日出ヶ岳に直登するコースがある。なお、大杉谷は二〇〇五年に登山道が大崩壊して以来不通だったが修復が終わり、二〇一五年現在全面通行可能となっている。

トウヒ、イトザサの原に遊ぶホンシュウジカは大台の自然の見せ所である。東大台は大蛇嵓を周遊しても三時間を見ておけばよい。日出ヶ岳から大杉谷を下って桃ノ木小屋までは四時間見れば、名瀑を鑑賞する時間も十分である。

地図 二・五万図 大台ヶ原山

（杉田 博）

大蛇嵓 だいじゃぐら

標高 一五七九m

奈良県吉野郡上北山村にあって、大台ヶ原山の高原台地の南端に位置し、熊野川の北山川支流・東ノ川最上流部に突出した岩峰である。高度差約一〇〇〇mを階段状をなした岩稜が落ち込んでいる。大蛇嵓、蒸籠嵓《せいろぐら》、千石嵓といずれも東ノ川に向かって大絶壁をなしている。これらは硬砂岩の垂直節理をなしているため、多雨地帯にありながら侵食の作用を受けず、奇勝となっている。北山郷では「岩にクラあり、クラにグラあり」といわれ、「グラ」は「クラ」より険しい岩場を指すとされている。

大蛇嵓の岩頭からは、東ノ川の深い渓谷を挟んで、逆峠《さかさまとうげ》から南に延びる長いリューゴ(竜口)尾根の向こうに大峰山の連なりが、行者還岳の特異な姿を筆頭に目を楽しませてくれる。すぐ右手に蒸籠嵓の壁が、さらに千石嵓と中の滝、その左手には西の滝とすばらしい眺めが得られる。

登路　大台ヶ原山山頂から約三〇分で正木ヶ原、少し下って牛石ヶ原まで約五五分、そこから二五分で大蛇嵓に至る。また、駐車場よりシオカラ谷を経て約一時間三〇分で大蛇嵓に至る。

地図　二・五万図　大台ヶ原山　河合

(柏木宏信・黒田記代)

橡山　とちやま　標高　一〇〇九m

三重県北牟婁郡紀北町と尾鷲市の境界に座す。台高山脈の主脈から枝分かれした支稜線の最後の一〇〇〇m峰である。地味で目立たない山であるが、紀北町海山区以北、すなわち紀州の北部で紀和国境を除けば一番高い山である。

周辺は壮年期の山岳景観らしくV字峡谷をなし、豊富な降雨に恵まれて、いくつものダムが建設されている。海山区側の銚子川の不動谷には落差一〇〇mを誇る清五郎滝が懸かる。南の又口川水系には名勝・魚飛渓があり、大きな転石がごろごろして特異な渓谷美を見せている。水量が豊かなせいか甌穴《おうけつ》も見られる。

ほかの紀州の山と同じく、この山も全山伐採されてスギ、ヒノキの人工林化が進む。したがって、植生は単調である。水無峠からの尾根には伐採を逃れた若干の照葉樹林が残っている。上部では落葉樹に変わるが、いずれも二次林である。山名に名残を留めるトチ(橡)ノキは現在は見られない。林道沿いにはウツギ、ツツジなどが見られる。野生の動物も豊富であり、ニホンカモシカ、ホンシュウジカ、ニホンツキノワグマが生息していて奥深い自然を感じる。

登路　登山道はない。紀北町最西の村、木津《こづ》から標高約七四〇mの水無峠を越える栃山木組林道が通じているので、峠までは車で入山できる。峠からは南西の尾根筋に踏み跡程度の杣道《そまみち》があるので、山頂まで利用できる。峠から一時間程で登れる。尾根の途中の南東方向には熊野灘のリアス式海岸が見える。山頂からの展望は伐採された南西方向に限られる。

地図　二・五万図　引本浦

(西山秀夫)

天狗倉山　てんぐらさん　標高　五二二m

三重県尾鷲市と北牟婁郡紀北町海山区《みやま》の境に位置する。熊野古道、伊勢路の馬越峠(三二五m)より東側に急坂を三〇分程登ると山頂に至る。山頂に巨岩があり、上からは三六〇度の眺望が広がる。西の大台山系の盟主・日出ヶ岳、正木ヶ原、眼下の銚子川を隔てて堂倉山、仙千代ヶ峰などの支稜を眺めることができる。東の熊野灘、南は眼下に尾鷲湾と市街地、その向こうに高峰山と、眺めを欲しいままにすることができる。東紀州の海岸沿いの低山からも同様の展望が得られるが、この山は特筆される。

山頂は一枚岩の岩盤となっている。かつて東紀州から和歌山東部にかけての太平洋沿岸地域は酸性マグマの巨大な溶岩湖が冷却、凝固した熊野酸性岩の上にあり、これらの花崗斑岩が随所で露出している。赤倉、神倉山、丹倉、大蛇嵓などがこれに当たる。「倉」とは「嵓」であろう。倉の名前ではないが、馬越峠から西にある便石《びんし》山も山頂に巨岩がある。

山頂は二重の岩場になっており、中央の花を外縁の葉が取り囲む、蓮の花にもたとえられている。その巨岩の下に大きな洞穴のような窪みがある。「深サ幾尋《ひろ》ナルヲ度ルベカラズ、里人コレヲ天狗ノ岩屋トイフ」との旧記により天狗倉山の山名になったと思われる。「天狗巌」とも古記にはある。

山容はJR紀勢本線尾鷲駅から北東に屹立する姿が見えるが、紀北町海山区側からは判然としない。

登路　国道四二号の道の駅「海山」からとJR紀勢本線尾鷲駅からも熊野古道を辿り、馬越峠までともに約一時間。峠には茶屋跡、地蔵堂跡あり。「夜は花の上に音あり山の水　可涼園桃乙《かりょうえんとういつ》」の句碑を左に見て、稜線を辿って登頂(峠から約三〇分)。

地図　二・五万図　引本浦

（川端　守）

仙千代ヶ峰　せんちよがみね

標高　一一〇〇m

別称　奥千丈

三重県多気郡大台町宮川地区と北牟婁郡紀北町紀伊長島区との境にまたがる。宮川地区は三重県の中西部にあって、多気郡の南西端に位置する。高見山から大台ヶ原山までの、いわゆる台高山脈のうち南半分を奈良県と接する。地区名のとおり宮川の源流地帯をなし、山と水の村である。

仙千代ヶ峰は大台ヶ原山の堂倉山から北東に延びる稜線上に位置し、北は宮川へ、南は紀伊長島区の赤羽川の源流をなす。山名の仙千代の「仙」とは「山《せん》」のことである。この山を望む集落の人々が千代に八千代に栄えますようにと願った願望山名である。真北にある一〇四二mの千丈というピークに仙千代ヶ谷(別称西千丈谷)が入っている。

麓は人工林で、植林内には下刈りされずに育ったイヌカシなどの本来の植物が茂っている。稜線から山頂付近はヒメシャラ、リョウブ、シャクナゲ、アセビ、シキミ、ツガ、コブシ、ブナ、ミツバツツジなどが多く、種類が豊富である。小鳥も多く静かな雰囲気の山である。

展望は北面が伐開されて、真北にピラミダルな局ヶ岳を中心に右が白猪山、左へは修験業山、三峰山の高見山地が見え、手前に池木屋山、奥に檜塚の高原、迷岳などが遠望できる。山頂の北のピークからは高見山も望見できる。

登路　仙千代ヶ谷からと倉元谷の南の尾根と水呑峠からの三本がある。倉元谷コースは車で宮川ダム貯水池から右岸道路を進み、新大杉橋を渡らずまっすぐ行く。倉元谷橋を渡り回り込むと左に尾根に上がる道がある。これが登山道。左からの仙千代ヶ谷からの道と交わると山頂は近い(約三時間)。

地図　二・五万図　宮川貯水池、大杉峡谷

(岡田　晋)

総門山　そうもんやま

標高　九四九m

三重県多気郡大台町宮川地区にある。宮川の支流・薗川の西側の尾根上に位置する。

山名の「総門」は、一般的には寺社へ参詣する人が最初に通る門のことであるが、ほかの記録では「惣門」あるいは「崇門」とあり、いずれも同義で、惣門は国司御所の意味という。ここでは北畠一族薗御所の御門があって、その所を呼称したのではないかと考察されている。

登路　宮川地区の江馬から総門山への案内板に従って薗川沿いの林道を登って行くと、総門山登山口の標識がある。この少し奥にかなりの台数の車を駐車できる駐車場がある。ここまで江馬から約九kmである。登山口から総門山へは登り約一時間、下り約三〇分。登り始めはスギ、ヒノキの植林帯だが、やがてブナ、ミズナラ、ヒメシャラなどの落葉広葉樹林の見事な道となる。これだけで物足りない人は、独標と呼ばれるこの山稜の最高地点(九五一m)まで足を延ばしたらよい。ほかに南側の千石越から南総門山経由の登路もある。

地図　二・五万図　門弓　江馬

(角谷允孝)

行者山　ぎょうじゃさん

標高　六六八m

三重県度会郡大紀町紀勢地区と同町大内山との境にある。山名はこの山に寺院を建立し、修験者が修行に励んだことに由来する。JR紀勢本線伊勢柏崎駅近くから真西に急峻な形を見せている山が行者山である。

山頂には役小角の石像の入った赤い祠がある。近くの岩場からは三方を見渡すことができる。向かって前面の中将岩、その後に千石越の峰越林道が山腹を巻いて長く延び、南亦山が雄姿を見せている。北西に台高山脈の雄大な山並みがつづく。南側にはJR紀勢本線の線路がつづき、その先の熊野灘が陽光に反射するのが見える。長島湾の島々がのどかな風情を醸し出す。

大内山川の支流・笠木川には雄滝、雌滝の笠木不動滝が、山麓の唐子川沿いには頭の守護神として広く崇敬されている頭之宮四方神社がある。

登路　JR利用なら紀勢本線伊勢柏崎駅下車、車利用の場合、国道四二号柏崎の交差点を右折、坂津廃墓地の横から登る。旧町村界尾根を急登して山頂に達する(約一時間三〇分)。

地図　二・五万図　間弓　古和浦

(毛塚一雄)

南亦山　みなみまたやま　標高　九八二m

三重県度会郡大紀町大内山にある。宮川の支流・大内山川から分岐する唐子川沿いに多気郡大台町へ越す峰越林道、千石越線を登った所に千石越峠がある。この山はこの峠の南南西に位置する。地図上に山名の記載はないが、三角点の点名を南亦という。由来は南の旧大内山村側を称して南亦といっていたことから命名されたものといわれる。

登路　千石越林道を登って行くと立派な東屋《あずまや》があり、「南亦山森林公園」と大書した標柱の立っている駐車場がある。この駐車場のすぐ下からしっかりした遊歩道がつづいており、山頂からそのまま先へ進めば駐車場より少し上、千石越へつづく林道へ下り立つ。登り時間は約一時間、下りは約三〇分。ブナ、カエデなどの見事な自然林が残されている。山頂には立派な物見櫓《やぐら》が建てられ、上に登れば熊野灘や伊勢湾、大台ヶ原山を望むことができる。冬の晴れた日には富士山まで望見できるという。

地図　二・五万図　間弓

（角谷允孝）

八鬼山　やきやま　標高　六四七m

三重県尾鷲市に位置する。台高山脈の南端、高峰山から東へ派生した山脈は半島となって熊野灘に面する。北に尾鷲湾、南に賀田湾が入り組む。先端は黒潮の洗う九木崎である。

かつては熊野街道の難所として知られ、現在は熊野古道として西国三十三箇所観音霊場の巡礼の歴史を偲び、四季の自然の風光を楽しむ人たちでにぎわう。熊野古道は春の訪れが早い。モチツツジは年中どこかで花を見せている。五月ごろが開花期だが、冬でも返り花を見ることができる。

『尾鷲市史』によれば「山名は、新宮(和歌山県)を本拠とする八番目の修験道場がある山の意より」とあり、信仰にちなむ。また、「巡礼たちに『西国一の難所』」といわれた。峻険さと多雨ばかりか、かつては山賊やオオカミも出没して旅人を苦しめたという。石畳道の傍らには丁石を兼ねた地蔵や巡礼墓碑がたたずむ。三木峠の先にある芝生の「さくらの森エリア」からは、熊野灘が一望の下。三木里への下りは明治の道と江戸の道があって、長い歴史を思わせる。三重県により、二〇〇四年に熊野古道伊勢路を含む「紀伊山地の霊場と参詣道」が世界遺産に登録された。

地質は熊野酸性岩類である黒雲母花崗斑岩が主体である。街道の石畳に敷設されている石材も黒雲母花崗斑岩で、街道沿いの山地に見られる山石の転石が使われたようである。

登路　バス利用なら向井バス停が出発点。ここから尾鷲節歌碑を経て九木峠に向かう(約一時間一〇分)。さらに二〇分で三木峠に着く。ここが山頂である。車利用なら尾鷲節歌碑の前の登り口に駐車場があり、往復することになる。

地図　二・五万図　尾鷲

（西山秀夫）

高峰山　たかみねさん　標高　一〇四五m

別称　高小屋山

台高山脈南部の三重県尾鷲市に位置する。尾鷲市は紀伊半島東部・熊野灘沿岸の中心にあり、黒潮の影響を直接受ける南海型気候区で、わが国屈指の多雨地帯である。このため周囲の谷、山腹とも侵食が進み、急峻で険しい山容が特徴である。

高峰山から南へ延びる尾根が大きな起伏を二つ越え、八鬼山の方向に向きを変える所に矢ノ川《やのこ》峠《とうげ》がある。尾鷲と熊野を結ぶ要で、以前は人の往来もあったし、旧国鉄時代には定期バスも運行されていた。矢ノ川新道が完成してからは静かな昔の姿に戻っている。高峰山と八鬼山に囲まれるように矢ノ川が流れ落ちている。矢ノ川とは矢のような急流の川の意で、多雨もあって激しく侵食が進み、黒雲母花崗斑岩の山体に深い渓谷が刻まれている。この痩せた尾根の向こうに山頂がある。山頂は露岩が突き出た台地となっており、巨鯨のような大台ヶ原山や太平洋の海原が見える、雄大な展望に恵まれている。

一九五〇年一二月に吉川英治が峠を通りかかった際に、「茶売女の乳も涸れがてよ冬の山」の俳句を詠み、色紙を残している。

植生は全山人工林が占める。山腹の一部で照葉樹林や雑木林が見られる。

登路　国道四二号の千仭橋の手前から矢ノ川峠までは林道を車で四〇分走る。峠から山頂までは尾根づたいで約二時間。ほかに古川林道からも山頂まで約一時間三〇分で達することができる。

地図　二・五万図　尾鷲　（辻　章行）

保色山　ほいろやま　標高　一〇二九m

別称　釈迦嶽

三重県熊野市飛鳥町にあり、市内の最高峰である。北の高見山に始まる台高山脈は大台ヶ原山で最高点に達し、この山で最後の標高一〇〇〇mの盛り上がりを見せる。北の備後川と南の大又川の源流をなし、北山川に注ぐ。高代山と並んで大きな山容を誇る。三重県にとっては最南端の、熊野市にとっても唯一の一〇〇〇mを超す貴重な山となっている。かつては照葉樹林の自然林だったと推察されるが、現在はほとんど姿を消して全山スギ、ヒノキの人工林で覆われている。

『大日本管轄分地図』という明治時代中期に出た巡覧記の南牟婁郡の項目に早くも保色山の山名が記載されている。古い時代から「良林区」との観察が記述されて林業の盛んだったことが察せられる。『日本山嶽志』にも別称「釈迦嶽」の山名とともに紹介されており、かつては信仰の対象であった可能性がある。しかし、現在は登ってみても信仰の名残を示すものは皆無である。

山名の由来は、『熊野市史』によれば「ホイロはアイヌ語のホムイロの転である。ホムは小さい、イロは洞(うろ)の元を為す語でホラのこと。大又川は峡谷で上流に甌穴《おうけつ》(ポットホール)がある。それで保色川と呼び、山を保色山と呼んだものらしい」と記されている。

登路　登山路はなく、大又から山腹を北西に行く林道のトンネルの上部の尾根に上ると、踏み跡程度の道があるのでそれを辿ると三角点に着く(約一時間三〇分)。山頂は植林内で展望はない。

地図　二・五万図　七色貯水池

(西山秀夫)

一族山　いちぞくやま　標高　八〇一m

三重県熊野市紀和町の中央にあり、熊野海岸山地の一角をなす。町の全域が西山(六二七m)、ツエノ峰(六四五m)、白倉山(七三六m)、鵯《ひよどり》山(八一三m)など六〇〇mから八〇〇m級の山がせめぎ合う山岳地帯である。この山も自然林はほとんどなく、人工林で覆われている。

北麓の板屋では古くから鉱山の開発が行われてきた。鉱石は主に銅鉱石で、金、銀も採掘された。板屋には鉱山の資料館が置かれ、歴史を知ることができる。採掘の盛んだったころは鉱毒の害が広がり、農作物や樹木に被害が及んだという。現在は閉山。

『紀和町史』によれば「北面に岩壁が見られ、西側山側には戸屋岩(高さ五〇m余)があり、古くは修験道の隠れた行場であった」と記す。一族山の山名は入鹿氏一族がこの地に入って治めたことに由来する。山麓には日本の滝百選に入選した落差約五〇mの「布引の滝」が、白布を垂らしたように美しく見える。

登路　大河内口が主に歩かれている。ほかに矢ノ川口、小栗栖口、布引の滝口などがある(大河内口から約一時間三〇分)。

地図　二・五万図　瀞八丁　大里

(西山秀夫)

子ノ泊山　ねのとまりやま　標高　九〇七m

別称　蔵光山

三重県熊野市紀和町と南牟婁郡紀宝町の境界にある。地形図には二つの山名が記載されているが山全体は「蔵光山」と呼ばれ、その中の最高峰が子ノ泊山である。南北に長い、三重県の最南端の山でもある。

山名に「子《ね》」の文字があることから、今西錦司が十二支会の創立を提唱した際に選んだ記念すべき山である。以来、全国的に干支の山として知られるようになった。子ノ泊山の由来は諸説あるが、熊野灘から新宮の港に停泊のため入港する際に、子《ね》すなわち北の方角にあるこの山を目印にしたという説が有力である。また、別称の「蔵光山」は落人の蔵光一族が隠れ住んだことが由来となっている。

山頂からの展望も抜群によく、紀伊山地の山々が見える。海からの距離は約一〇㎞と短く、山頂からは南に熊野灘の眺めが雄大である。この山も頂上直下まで林道が通じており、植林が進んでいる。かつては全山照葉樹林の山だったと思うが、在はスギが優勢である。自然林は紀宝町朝里からの登山道中の沢筋にわずかに残るのみ。

登路　登山路は、熊野市側からは下和気口、紀宝町側からは桐原口、朝里口などがある(朝里口から山頂まで三時間程)。

地図　二・五万図　大里

(西山秀夫)

青根ヶ峯　あおねがみね　標高　八五八m

別称　吉野山　金峯山

頂上は奈良県吉野郡吉野町と川上村の境界にあり、サクラの吉野山の最高峰である。喜佐川、音無川、槇尾川、秋野川の源をなし、飛鳥時代以前から水分《みくまり》の山として、また、祖霊の住む山として人々の信仰を集めてきた。飛鳥時代、麓の宮滝には離宮があり、持統天皇がここに三三回も訪れていることはよく知られている。仏教の伝来とともに僧尼の山林修行の道場となり、南都の僧につづいて半僧半俗の優婆塞《うばそく》もこの山に籠もり、呪法の修行に明け暮れた。

吉野から熊野まで大峰山脈の峰々を辿る修行道は、峰中、奥駈道、あるいは途中に七五箇所の靡《なびき》（行所）があることから靡道などと呼ばれている。二〇〇四年七月、「吉野・大峰」を含む「紀伊山地の霊場と参詣道」が世界遺産に登録された。

近くには西行庵や、第七一番の靡である金峯《きんぷ》神社、第七〇番の愛染の宿跡などの吉野修験道の遺跡が残り、頂上直下には慶応元年（一八六五）に建てられた「従是女人結界」の石標が立つ。一九七〇年に女人結界が五番関に移るまで、ここが女人禁制の始まりの場所であった。

登路　頂上近くを舗装林道が通り車で簡単にアクセスできるが、近鉄吉野線吉野駅から上千本を経て、金峯神社から山道を登るハイキング・コースが最適である（約二時間二〇分）。川上村大滝から蜻蛉の滝を見て音無川沿いに林道を辿る登山ルートもある（約二時間）。

地図　二・五万図　新子　吉野山

（森沢義信）

百貝岳　ひゃくかいだけ　標高　八六三m

サクラで名高い吉野山奥千本の南西にあって、奈良県吉野郡黒滝村に位置する山。名称の由来には次の伝説がある。役小角が大峰山を開いて二百年程のち、山中に大蛇が棲み、村人や参詣人に危害を加えたので信仰は途絶え、山は荒廃した。宇多天皇の勅命を受けた聖宝（理源大師）が先達《せんだち》の「餅飯殿《もちいどの》」箱屋勘兵衛をともない、法力により大蛇を退治した。その時、大法螺貝《ほらがい》を吹き祈禱したが、その音は百の法螺貝を一時に吹き鳴らしたようであったという。その後、大峰修験道は復興し、聖宝は中興の祖とされている。

大師ゆかりの百螺山鳳閣寺は、寛平七年（八九五）建立と伝えられる。花崗岩造りの理源大師廟塔は国重要文化財で、台座の浮き彫りのカメに南朝時代の正平二四年（一三六九）の銘がある。

登路　吉野郡黒滝村寺戸から川沿いに東へ脇川に向かう。ここから県道四八号を地蔵トンネル手前まで行き、左の谷沿いの道を地蔵峠に登る。峠からは東に林道を歩く。鳥住集落の林道終点から坂道を登ると鳳閣寺（寺戸から約一時間三〇分）。本堂横からマツ林の中の廟塔を経て踏み跡を登ると、ＴＶ塔の立つ尾根に出る。急坂を登りつめると、如意輪観音の祠がある百貝岳山頂に達する。樹木に囲まれ無展望である。

吉野山からは、奥千本から大峰奥駈道への分岐、西行庵への分岐を経て山腹をからむ道を行く。四五分程で左手の斜面に山頂への踏み跡の分岐がある。直進しても鳳閣寺からの登路に合する。

地図　二・五万図　中戸　洞川　吉野山　（芳村嘉一郎）

四寸岩山　しすんいわやま　標高　一二三六m

近鉄吉野線大和上市駅の改札口を出ると緑の山腹に巨大な蔵王堂が映え、視線を上げて稜線を辿れば左に四寸岩山、右に柏原山が聳えている。奈良県吉野郡黒滝村と川上村が頂上を東西に分け、三角点から東につづく尾根は黒滝村の高原山を経て吉野川まで延びている。西につづく尾根には自然林が残り、東側斜面は植林帯になっているが、西側斜面は皆伐されて、扇形山、大天井岳、山上ヶ岳などのすばらしい眺めが広がっている。西側の伊谷は黒滝川となり、丹生川を経て吉野川に注いでいる。

山名は岩と岩の間が四寸幅の道を通過した故この名があるといわれるが、定かではない。

古来、吉野から山上ヶ岳への山上参詣道は吉野道と呼ばれ、四寸岩山の頂上を越えていたが、明治の末に信者や修験道関係者の要望を入れ、その急峻さを避けるため西側の山胸に新靡《なびき》道が付けられた。しかし、近年この巻き道も大部分が拡幅舗装され林道吉野大峰線となったため、信徒や修行者は再び四寸岩山を越える旧靡道の吉野(古)道を利用するようになっている。一九九九年には、山頂から百丁茶屋跡の中間にある足摺ノ宿跡に、金峯山寺《きんぷせんじ》や吉野護持院、吉野区の信徒総代が小さな蔵王堂兼避難小屋を復活させた。

現在は林道に姿を変えているが、江戸時代には川上村高原から四寸岩山、百丁茶屋、五番関などの峰中(本道)に通じるわき道があり、多くの参詣人が利用していたようだ。このために中期には他村から高原越え差し止めの請願や嘆願が本山や公儀になされたという。高原の福源寺は、役行者開基と伝えられ、毎年八月一七日に蔵王権現、役小角、理源大師の尊像を宝蔵から出して法要を営んでいる。

四寸岩山（鐘掛岩から）

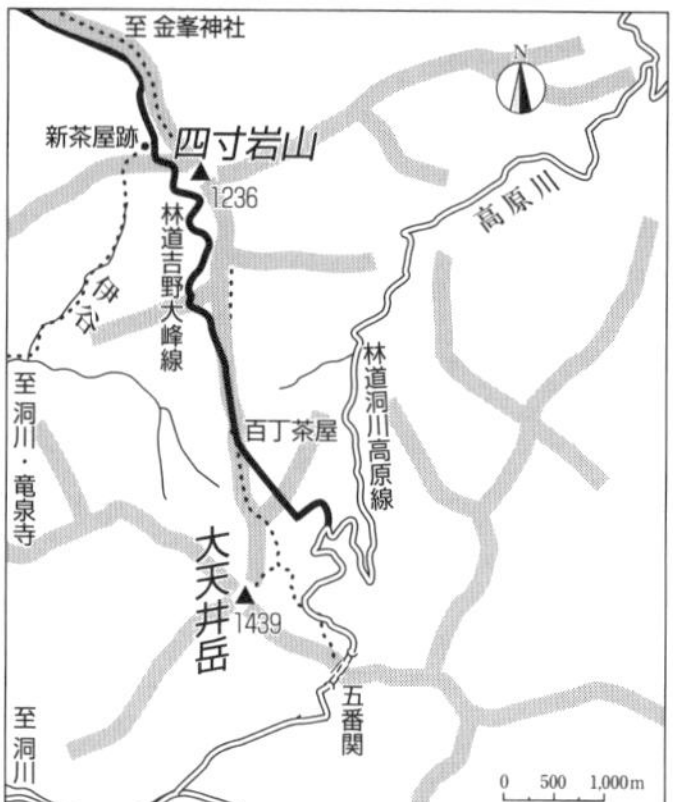

登路　吉野山奥千本の金峯神社下からつづく舗装された林道吉野大峰線が、林道吉野槇尾線に合流する地点から東に五分歩くと、左手に四寸岩山登山口がある。急坂を登り心見茶屋跡に出てから吉野古道と呼ばれる尾根道を進み、新茶屋跡への道を右に見てさらに登ると山頂に着く(登山口から約一時間)。

頂上から山上ヶ岳に向かい吉野古道を南に下ると、川上村と黒滝村の境界で再び林道吉野大峰線に出合う。ここから逆に登っても頂上まで約一時間である。

地図　二・五万図　洞川

（森沢義信）

大天井岳　おおてんじょうだけ　標高　一四三九m

頂上は奈良県吉野郡黒滝村、川上村、天川村の村境に聳え、秀麗な三角錐の峰から支尾根が四方に通じている。とくに西に延びる支稜は小天井岳、扇形山から天狗倉山《てんくらやま》、武士ヶ峰、乗鞍岳につづき、天辻《てんつじ》峠を越えて伯母子山地の陣ヶ峰に至っている。頂上は北に開け、四寸岩山、龍門岳、金剛・葛城山、それに吉野の町が視界に入る。山域は頂上稜線部を除きスギ、ヒノキの造林帯となっており、林道がよく発達している。頂上の真東、標高差四〇〇m下の林道沿いに大天井岳の水を集めた三段二〇mの大天井滝が落ちている。五番関トンネル東口から林道を歩いて約一〇分の距離である。

山名は「御天上」からともいい、もっとも高い場所を意味する「天井」からだともいう。『後二条師通記《ごにじょうもろみちき》』に「天井峰」とあるので、後者ではなかろうか。

吉野から山上ヶ岳へ通じる吉野道は、四寸岩山同様、明治末年までこの大天井岳の頂上を経由していた。しかし、その急勾配の上りを避けるため、百丁茶屋のあった二蔵宿（第六九靡《なびき》）から山腹を巻く新道が開かれ、現在の靡道となった。

道中には古くから二五丁ごとに参詣人や行者の便宜を図るための茶屋が設けられていた。足摺、百丁、大天井、五番関などが代表的なもので、村が所有管理し、村民に請け負わせて収入の一部としていたという。とくに百丁茶屋は道中最大の茶屋でにぎわったらしい。さらに参詣道の維持管理を目的として道刈り小屋では、通行人から関銭も徴収していたといわれる。

大天井ヶ岳(四寸岩山から)

頂上の南側にある五番関は、この下をトンネルが通過するまで、天川村洞川《どろかわ》と川上村高原を結ぶ生活道が越える峠であった。そして、戦後一九七〇年には女人結界門が青根ヶ峯からここに移されている。五番関はここに道刈料をとる関があったからだというが、畔田翠山《くろだすいざん》の『吉野郡名山図志』には、この辺りの石が「紫色にて、白く糸のごとき筋有り。碁盤の目のごとく十文字をなせり」とあるように、「碁盤石」であったとの説もある。「この辺より由利ヶ嶽近く見ゆ」と書かれているのは、北東の方向に見える川上村下多古の大所山《おおどころやま》（一三四六m）のことである。

登路　天川村の林道洞川高原線の五番関トンネル西口から登るのが一般的である。トンネル横から谷筋を一五分急登すると五番関に出る。近畿自然歩道を右に見て左手の山道を北に辿ると、約一時間一〇分で頂上に着く。

洞川の竜泉寺境内から大原山、

岩屋峰を経て尾根道を登れば約一時間二〇分で頂上に達する。頂上から百丁茶屋に下り靡道（近畿自然歩道）を戻る周遊コースもとれる。

（森沢義信）

地図　二・五万図　洞川

扇形山　おうぎがたやま　標高　一〇五三m

山頂は奈良県吉野郡黒滝村と天川村の境にあり、尾根の周辺を除き全山植林地となっている。山名は、なだらかな山頂部稜線が、開いた扇の形をしていることから名付けられたといわれる。

大天井岳から西に延びる支稜上の一峰で、山稜はさらに南西につづき、天狗倉山、武士ヶ岳、乗鞍岳、天辻峠を越えて高野山に至っている。この稜線を境に北側は吉野川流域となり、南は「遠つ川」すなわち十津川流域となっていて、文化言語風俗習慣などを分ける重要な境界線である。『大塔村史』は「言語上、これより以北は関西流のアクセントであるが、南の本村（大塔村）方面は関東流のアクセントとなる」と述べている。

扇形山の山頂も分水嶺となり、西側のコブヤマ谷の水は北上する笠木川となり、丹生川を経て吉野川に注ぎ、南側の深谷は天川川合で川迫川《こうせがわ》と合し、天ノ川として十津川に注いでいる。

山頂から稜線を東に辿れば一一九六m峰を越えて小南峠に至る。吉野と天川村洞川を最短で結ぶ峠である。洞川にバス道路が開通するまで、山上参詣者はこの道を通り洞川から登山するか、峰中を通る吉野道を利用していた。

登路　黒滝村川戸の河分《かわわけ》神社から片透の集落を経て谷沿いを歩き、途中から送電鉄塔の立つ尾根を登る（約一時間三〇分）。天川村川合から始終林道を歩き、最後の八〇〇mだけ山道を登る深谷のルートもある。

（森沢義信）

地図　二・五万図　中戸

勝負塚山　しょうぶづかやま　標高　一二四六m

奈良県吉野郡川上村の上多古川《こうたこかわ》の北側に聳え、山頂は天川村との境にある。大天井岳と山上ヶ岳を結ぶ稜線の東側には、太い尾根が幾本も派生し、一二〇〇mから一四〇〇m級のピークが随所に延び上がっている。勝負塚山は奥駈道の今宿茶屋跡、すなわち一四四八m峰から真東に延びる支尾根の東端にある一峰である。山頂の北側斜面は植林帯となっているが、南側は嵓や岩肌が各所で露出し、落葉樹林が張り付く急斜面で、上多古林道から眺める紅葉は見事である。

山頂は狭く、灌木に覆われて座ることもままならない程である。展望は切り開きから南西方向に、ワンステ尾の太い稜線と山上ヶ岳、それに山上宿坊が小さく見える程度である。

登路　登山口は川上村上多古の上多古川に沿って林道を遡った伊坪谷出合の赤い橋の対岸にある。谷に沿った杣道《そまみち》から山腹をジグザグに登る。登山路から時折、白髪岳の鋭峰を望むことができる。山頂の肩で植林帯から抜け出て、急坂を直登して行くとシャクナゲが現れ山頂に着く（約二時間）。

奥駈道の五番関あるいは洞辻《どろつじ》茶屋から今宿茶屋跡を経由して山頂

に至ることもできるが、踏み跡は薄い。

地図　二・五万図　洞川

（森沢義信）

櫃ヶ岳　ひつがたけ

標高　七八一m

吉野から高野山に通じる高野街道の南にある里山である。山頂の北半分は奈良県吉野郡下市町にあり、南側は五條市西吉野町に属している。近くにある銀峰山（六一二m）、栃原岳（五一七m）とともに「西吉野三山」と呼ばれる。

山名は『輿地通志』に「櫃岳在貝原村、以形名」とあるように箱形の山容に由来している。頂上に立てば、樹間遥かに山上ヶ岳、稲村ヶ岳から弥山までの展望が広がる。

神体山として中世以来広く信仰の対象になっており、頂上に勧請された八幡神は櫃ヶ岳大明神として山麓垣内の信仰を集めてきた。明治初年までは神宮寺もあったという。

鳥居から尾根を東に一時間進むと三角点峰の栃ヶ岳に着き、さらに北に向かい下れば、延喜式内社である丹生川川上神社のある長谷に出る。

登路　県道一三八号赤滝五條線の下市町森林公園やすらぎ村から坪手垣内の集落に上がり、善徳寺の横を上がる。山手垣内への道を右に見て平山垣内を抜けると、展望のある丘の上の東屋に着く。頂上はその先の八幡社の鳥居を登った所にある（やすらぎ村から約一時間一〇分）。

地図　二・五万図　中戸

（森沢義信）

天狗倉山　てんくらやま

標高　一〇六一m

大天井岳から乗鞍岳に延びる尾根上の一峰で、山頂は奈良県吉野郡天川村と五條市西吉野町の境にあり、五色谷や九尾《つづらお》谷の水源の山である。スギ、ヒノキの人工林に覆われているが、タカノス山（九五八m）から頂上にかけてはアカマツの大木が見られ、南日裏に至る尾根の東側は広くマツと雑木の林が広がっている。支尾根上からは、観音峰、稲村ヶ岳、弥山を眺めることができるものの、山頂からの展望は皆無である。

登路　天川村九尾から九尾谷の舗装林道を上がり、高城山登山口の標識を見て、コンクリート橋を渡り数百m先の「保安林制定一〇〇周年記念」の看板から山道に入る。山腹から支尾根を登り、天狗倉山と高城山を結ぶ稜線に出て東に向かえば頂上に着く（林道から四〇分）。また別に、天川村沢原にある五色谷林道からの登路もある。五色谷の標高六四七m地点から白石谷林道に入り、終点から小沢を上がる。沢の分岐で右をとり小尾根に登り、九五八m峰の乗る支尾根をつめれば頂上である。五色谷林道入り口から所要約一時間四〇分である。ただ踏み跡が薄いので、地図と磁石で方向を確認しながら登ることが肝要である。

さらに、五色谷林道終点から谷をつめ、町村界尾根の捻草峠《ねじもちとうげ》に出て、南に尾根を辿れば頂上に着く。所要時間は変わらない。

地図　二・五万図　南日裏

（森沢義信）

高城山　たかしろやま

標高　一一一一m

扇形山から南西方に延び、奈良県五條市西吉野町と吉野郡天川村の行政界をなす稜線上の最高峰で、三角点がある。東西には一〇〇〇m前後の山が連なり、東方には天狗倉山が、西方には武士ヶ峰が立ち、「大峰前衛三山」といわれている。川股川の源流部をなし、頂上両翼の北側斜面には自然林も残るが、南側は完全にスギ、ヒノキの植林地となり、頂上からの展望はまったくない。標高にちなみ一一月一一日に頂上を踏む人があるくらいで、ふだんは登山とは縁遠い存在である。

登路　天川村九尾から舗装された九尾林道を北に上がればほぼ三〇分で高城山登山口の標識に着く。ここからの登山道は一九九九年一一月一一日の登山者のために天川村役場が杣道《そまみち》に手をいれたもので、沢を渡り自然林の中を登る。ガレ場から植林地の中の急勾配の山道を直登すると約五〇分で頂上に着く。頂上から西に向かい、ヤブを分けて急降下し、コブを一つ越えて、標高差二〇〇mを下れば鞍部に出て、西之谷林道に出合う（約一時間）。天狗倉山や五條市の茄子原から矢ハズ峠、武士ヶ峰を経て登ることもできる。

（森沢義信）

地図　二・五万図　南日裏

武士ヶ峰　ぶしがみね

標高　一〇一四m

高城山の西方にあり、奈良県五條市西吉野町と吉野郡天川村の境界にあるが、最高点の南峰は天川村にある。五條市西吉野町との境を北から西に延びる稜線は乗鞍岳に至り、南峰から天ノ川に落ちる二筋の尾根は、西ノ谷と塩谷に狭まれ、天川村の庵住《いおずみ》と広瀬に至っている。一部にリョウブ、ミズナラの林が残るが、ほぼ全山が人工林に覆われている。

天川村には南朝の伝説が数多く残り、この山名の由来も後南朝の後村上天皇の後裔《こうえい》が、この山中で北朝側と戦ったとの伝承に起因しているらしいが、詳細は不明である。

登路　天川村下和田から始まる西之谷林道は、高城山と武士ヶ峰を結ぶ稜線を越えて西吉野町に入っている。林道の通る切り通しから西に登って行くと一五分で北峰に着く。さらに南に一〇分歩けば最高点の南峰に至る。林道入り口から南峰まで約二時間三〇分である。天狗倉山あるいは高城山を経てこの山に縦走し、西之谷林道を下る方がより充実した山歩きとなる。

南に聳える三角点峰の白石山（一一一〇m）には、南峰で分岐する東側の尾根を約五〇分進み、分岐から一〇分上がれば山頂に出る。山頂に展望はない。白石山頂からは再び白井谷東側の尾根に戻り中庵住に下る。南峰から約二時間一〇分である。

（森沢義信）

地図　二・五万図　南日裏

山上ヶ岳　さんじょうがたけ

標高　一七一九m

別称　金峯山　大峰山

奈良県吉野郡天川村に聳え、日本の山岳霊場を代表する聖山で、初夏から彼岸までの登拝行は山上参りと呼ばれ、幅広い庶民の信仰を集めてきた。大峰修験道第六七番の行所である。

二〇〇四年七月、「紀伊山地の霊場と参詣道」が世界遺産に登録され、「吉野・大峰」と「奥駈道」の中心として脚光を浴びている。

山頂は東西約三〇〇m、南北約五〇〇mと広く、周囲は南北に延びる稜線を除いて一〇〇mから三〇〇mの急崖をなしている。頂上に大峰山寺の本堂と寺務所、絵馬堂が建ち、一段低い台地に護持院の参籠所(宿坊)がある。本堂前のお花畑と呼ばれる台地は、ミヤコザサの原に、ノリウツギ、ウラジロモミ、コメツガが育っていて、大普賢岳、弥山、孔雀岳、稲村ヶ岳などを望むことができる。周辺の渓谷は深くV字に切れ込み、無数の滝を懸け、山上川、神童子《じんどうじ》谷の水源として十津川を潤し、上多古川を介して吉野川を満たしている。

山頂部に露出する硬いチャートが岩峰や絶壁を造り、世に膾炙《かいしゃ》される格好の修行場を提供している。洞辻から山頂への登山路に沿って現れる表行場には、油こぼし、鐘掛岩、お亀石、西の覗きがあり、捨身が行われたという山頂西端の日本岩もその一つである。大峯山寺の裏手にある裏行場には、不動登岩から始まり、胎内くぐり、屏風岩、賽《さい》の河原、背負岩《せおいいわ》、蟻の戸渡り、平等岩などが連続している。途中の東の覗きは現在、崩落の危険があるため修行は禁止されている。

奈良朝以来、山岳修行のメッカとして、多くの山林修行者を集め祭祀が行われてきた。昌泰三年(九〇〇)、宇多法皇が金峯山に御幸し、寛弘四年(一〇〇七)に藤原道長が御岳詣《みたけもう》でをしてからは、平安時代中後期にかけて、藤原頼道、師通、白河法皇などが入峰修行を行っている。埋納された道長の経筒や師道の願文などが山頂から出土しており、一九八四年の本堂修理にともなう発掘調査では、数多くの遺物に交じり二体の黄金仏が出土している。

中国後周時代(九五一〜九六〇)の『義楚六帖』には、日本国の都の南、五百余里の所に金峯山があり、山頂には金剛蔵王菩薩を祀る。大小の寺々は数百を数え、女人禁制となっている。男子でも登る時には三か月間、酒肉欲色を断つ、などと書かれている。

平安時代後期から鎌倉時代にかけて、吉野から熊野に抖擻《とそう》したり、窟で修行したりする修験者が現れてくる。室町時代に入り、本山派(聖護院)と当山派(醍醐寺三宝院)が勢力を伸ばし、教義の確立が行われた。

山上ヶ岳(稲村ヶ岳から)

江戸時代には庶民の山上参りが隆盛となり、寛政一一年(一八〇〇)には役行者一一〇〇年遠忌記念大法要が執り行われ、光格天皇から役行者に神変大菩薩の諡号が授けられた。

明治維新(一八六八)となり、神仏判然(分離)令が出され、蔵王権現を神号化して一山の僧侶は復飾すべしとの指示が出された。一八七二年には、修験道廃止令も出された。金峯山寺《きんぶせんじ》が神社となり信者

の数は激減したが、政府の政策変更や関係者の努力もあって一八七九年から吉野山の各寺院は相次いで仏寺に戻り、一八八六年には蔵王堂、山上本堂も仏寺に復帰した。二〇〇〇年に各本山の協力の下に役行者一三〇〇年遠忌が営まれている。

伝統としてつづけられてきた女人禁制は、戦後の解禁への動きのなかで現在も禁制が継続され、登山口の清浄大橋、五番関、阿弥陀ヶ森、レンゲ辻には女人結界門が設けられている。

山頂に建つ大峯山寺は、吉野山の蔵王堂に対して山上本堂とも呼ばれ、修験道の中心道場として金剛蔵王権現、役小角を祀り、毎年五月三日から九月二二日まで開扉される。元禄四年(一六九一)に修復再建された建物は、桁行八間、梁間八間、寄棟造り、銅板葺きで、もっとも標高の高い所にある国の重要文化財となっている。一九八七年には本堂の解体修理落慶法要が営まれた。この寺は宗教法人としての寺ではなく、住職もいない。五箇寺の護持院、大阪・堺の八つの役講、吉野山と洞川の信徒により支えられている。

山名は、山上本堂、山上参りから分かるように大峰山の「山上」がそのまま山名となったものである。

山上ヶ岳から釈迦ヶ岳、笠捨《かさすて》山などの靡を経て熊野本宮に至る修行道は、靡道や奥駈道と呼ばれている。本堂から約三〇分の稜線上にある小篠《おざさ》宿は第六六番の行所で、当山派修験の奥駈道中第一の根本道場である。往年の四四坊は消え失せ、わずかに行者堂が建つだけであるが、モミ、ツガの常緑針葉樹林の中に苔の付いた石畳や石垣が残り、豊富な清水がその上を流れている。『吉野郡名山図志』には「蔵王堂の前より南をながむれば、小篠、手にとるように板屋などならび連なる見ゆ。この所より五十丁、山の原をつたひ行く道も見ゆ」とあり、幕末には小篠に至る尾根が、いまより広く開拓されていた様子がうかがえる。また、江戸時代後半にこの宿に来て一夜を明かした上田秋成は、その著『御嶽さうじ』の中で宿坊の雰囲気や情景を活写している。ここでは一〇世紀末の黒色土器片が発見され、その古い歴史を証明している。

登路　天川村洞川の清浄大橋から洞辻を経由して山頂に至るコース(二時間)が現在もっとも多くの参詣者、登山者に利用されている。一本松茶屋からお助け水を経て吉野古道が合流する洞辻茶屋に出る。次いで陀羅助茶屋から表行場に入り、宿坊群の間を登って山頂に着く。江戸時代には登山口にある役所で、道造銭として一人当て三文を徴収していたという。吉野からの参詣人には、陀羅助茶屋の役所が徴収に当たった。

川上村柏木から阿弥陀ヶ森を経由する登山道も、一時期は洞川からの参詣道同様ににぎわっていた。一九二九年には大阪の行者講の一つが、大峯山寺本堂までの一一六丁(約一二㎞)の間に二丁ごとに丁石を設置、その多くがいまでも山中に残っている。別に清浄大橋から谷道を登りレンゲ辻から登拝するコース、五番関から洞辻経由で山頂に登るコースなどがある。

(森沢義信)

地図　二・五万図　弥山　洞川

観音峯　かんのんみね　標高　一三四八m

別称　観音峯山

奈良県吉野郡天川村にあり、山上川と川迫川に注ぐ白倉谷に狭まれた尾根上にある。登山口の下を南北に流れる山上川は、みたらい渓谷と呼ばれ、清澄な流れと巨岩の間に小滝がつづき、遊歩道が整備されている。深い谷の両側が色づく紅葉の季節は、大勢のハイキング客でにぎわう。

南北朝時代(一三三六～一三九二)にここに逃げて来られた後村上天皇が岩屋に籠った折、十一面観音が夢枕に現れ、安住の地を告げたため、この観音を護り本尊とし、この山を観音峯と名付けたという言い伝えがある。登山口から約一時間登った観音平にその岩屋があり、天井の低い四畳半程の空間に十一面観音が安置されている。当時、武力をもって南朝に協力した天川郷の人々には、朝廷から位《い》衆《しゅうおとな》傅御組の称号が贈られた。その伝統はいまでも受け継がれ、旧正月にはお朝拝式が営まれている。

登路　天川村の虻トンネル東口を抜けると、右手に駐車場や東屋のある観音峯登山口がある。ここからよく整備された登山道を登り、休憩所のある観音平を経て眺めのいいススキの原の観音峯展望台に立つ。ここからさらにひと登りして尾根を進めば山頂に着く(約一時間四〇分)。

山頂から尾根を北東に辿り、三ツ塚、法力《ほうりき》峠を経て洞川に下り、みたらい渓谷遊歩道を歩いて登山口に戻る周遊路もとれる。

(森沢義信)

地図　二・五万図　弥山　南日裏

稲村ヶ岳　いなむらがたけ　標高　一七二六m

奈良県吉野郡天川村の山上ヶ岳から南に延びる支尾根上にあり、尖峰《せんぽう》の大日山と稲村ヶ岳本峰からなる独特の山容は、大峰の峰々やその衛星峰から見て格好の目印となっている。本峰山頂の展望桟敷に立てば、東に神童子谷を越えて、大普賢岳、七曜岳、行者還岳が連なり、南には三ツ塚(鉄山《てっせん》)、頂仙岳、弥山、孔雀岳などの大峰主峰群を仰ぎ見ることができる。また、西には白倉谷から立ち上がる観音峯の山塊が望まれる。山頂から南に通じる尾根は険しい岩峰が連なり、一五八〇mのバリゴヤノ頭を最後にして川迫川に落ち込んでいる。稲村本峰の北にはキレットを挟んで砲弾型の大日山が屹立し、近世にはこの峰が稲村ヶ岳と呼ばれていた。山頂には昔から大日如来が祀られていたが、現在のものは一九〇〇年代初頭に担ぎ上げられたものである。近在に日照りがつづくと、地元の神主が登って来て雨乞いをしたというダケ山でもあった。

山麓から山腹にかけては針葉樹に覆われているが、一四〇〇m以上には自然林が残り、山上辻付近ではブナ、ウラジロモミ、オオイ

稲村ヶ岳(右奥のピーク，左のピークは大日山)

タヤメイゲツ、ツクシシャクナゲが見られる。大日山のキレットにはイワカガミ、オタカラコウ、シシウドなどの高山植物が育っている。また、山頂の南側の尾根にはシャクナゲの大群落があり、花時は見事である。

稲村ヶ岳は本来女人禁制ではなかったが、山上ヶ岳の南西にあり、尾根つづきにあるため、女性の登山は禁忌と見なされてきた。しかし一九六〇年、洞川竜泉寺がその境内の女人禁制を解くと同時に稲村ヶ岳の女人禁制解除を正式に宣告し、「女人道場」としてイメージを一新させた。以来、「女人大峰」として女性には人気の山となっている。

登路　稲村ヶ岳は一九三五年ごろまでは登山困難な山であったが、地元の赤井五代松《ごよまつ》翁が独力で新道を開削してからは登りやすい山に変わった。登山道の所々に石灰岩の露出が見られ、名水百選に選ばれたゴロゴロ水の上方には五代松鍾乳洞がある。登山にもっとも多く利用されているコースは、五代松翁が開設した法力峠を経て稲村小屋のある山上辻に至るコースである(約二時間)。

山上ヶ岳への登山口である清浄大橋から林道を上がり、急勾配のレンゲ谷をつめ女人結界門のあるレンゲ辻に出て、山上辻に至るコースもある(約三時間)。山上辻から山頂までは約三〇分の登りである。大日山にはキレットから約二〇分で往復できる。

地図　二・五万図　洞川　弥山

(森沢義信)

大普賢岳　だいふげんだけ　標高　一七八〇m

山上ヶ岳の南東に位置し、山頂は奈良県吉野郡天川村、川上村、上北山村の境界が交わる三角点上にある。山頂から東につづく笙《しょう》ノ窟《いわや》尾根は、北山川と吉野川の分水嶺をなす伯母峰峠(九九一m)を越えて大台ヶ原山まで延びている。小普賢岳(弥勒岳)、日本ヶ岳(文殊岳)がのる尾根の南側や、山頂から南につづく国見岳、七曜岳の東側は板状チャートの露岩が造る断崖絶壁を形成していて、大峰山脈中でも特異な景観を造り上げている。弥山・八経ヶ岳から見れば、剣を立てたような鋭鋒が連なり奇観である。周囲の谷は深く、北東側斜面のワサビ谷は伯母谷川となり、南斜面の水太谷は天ヶ瀬川となってそれぞれ吉野川に注いでいる。また、西斜面の水は神童子谷から川迫川、天ノ川をつたい十津川に流れ込んでいる。

山名は、この行所の崇拝対象となっていて、文殊菩薩とともに釈迦如来の脇侍《わきじ》となる普賢菩薩からの仮託である。現在は本峰東にある弥勒岳が小普賢岳と呼ばれているが、昔は本峰の北にあるピークが小普賢岳と見なされ、本峰とともに普賢岳と呼ばれていた。

普賢岳は第六三番の行所であり、靡の勤行は北側の小普賢岳で行われている。また、奥駈道は本峰の山頂を迂回して、西側の山胸を巻き、山頂南西側の尾根に直接到達している。

山頂から和佐又山に向けて下ると、小普賢岳（弥勒岳）の東端にある「石ノ鼻」の岩頭に出る。日本ヶ岳を目の前にして、大台ヶ原山から弥山、仏生ヶ岳にかけての格好の展望台となっている。さらに日本ヶ岳との鞍部を下ると、鷲ノ窟、笙ノ窟、朝日ノ窟、指弾ノ窟と岩窟が連続する。

冬籠りの修行で有名な笙ノ窟は、第六二番の靡《なびき》である。釣鐘状の日本ヶ岳の南側にある高さ百数十mの石灰岩の絶壁の裾に開口している。遠くから見るとその形が楽器の笙《しょう》を連想させることから名付けられたという。幅一二m、高さ三・三m、奥行きは七mあり、約七〇㎡の広さがある。中央奥には石積みの壇があり、元は故征夷大将軍右大臣家の願いにより貞永元年（一二三二）に造立されたことが知れる銅製不動明王像が祀られていた。現在は不動明王石造や木像の前鬼・後鬼《ごき》像に代わり、鎌倉時代の明王像は奈良国立博物館に寄託されている。窟内の東壁前には滴水を受ける水溜めがあり、窟の前面東部には落石が堆積している。これは窟の東側の岩壁が過去に崩落したためであるという。昔の岩屋の面積はもっと広かったのであろう。

大普賢岳（内侍落としから）

平安時代前期に始まったといわれる笙ノ窟の冬籠りの行は、九月九日から翌年の三月三日までこの窟の中で行われ、道賢上人（日蔵）、僧正行尊、僧正行慶の名が記録に見える。冬籠りに必要な生活資材の運び上げは、当初は伯母谷川上流のワサビ谷を遡って行われていたが、次第に上北山村の方に移ったようである。二一世紀に入り、地元の和佐又山などを所有する森林管理組合の手により、登山口に日蔵、行尊、西行の歌碑が建立されている。

僧正行尊は「草の庵なにつゆけしとおもひけん漏らぬ岩屋も袖はぬれけり」と詠み、これを受けて西行は、「みたけよりさうの岩屋へ参りたりけるにもらぬ岩屋もとありけむ折おもひ出られて露もらぬ岩屋も袖はぬれけると聞かずばいかにあやしからまし」と返している。

登路　和佐又山の肩にある和佐又スキー場から笙ノ窟、石の鼻を経て山頂に達するコースが登山道、道標とともによく整備されており、現在もっともよく利用されている。ただ、石の鼻から山頂の間で登山事故が続発したことを受けて、行政は繰り返し登山道の付け替えや保安整備

を行ってきたが、そのためさらに登山人口が増え、事故も増えるといった悪循環の兆しが出ている。雨の時や凍結時には鉄の梯子や桟橋がかえって危険要因となり、転落、滑落の事故が絶えないわけである。十分な注意が必要である。

大普賢岳山頂から奥駈道を南に下ると断崖の上の水太覗きに出る。水太谷からは大台ヶ原山方面の展望がある。弥勒岳（第六一番靡）のシャクナゲの林を抜けて下ると、内侍落とし、薩摩ころびの岩場を経て稚児泊《ちごどまり》（第六〇番靡）に着く。そして国見岳、七つ池を越えて七曜岳に登り返している。和佐又山から大普賢岳山頂の単純往復よりも、前記のように七曜岳まで縦走し、無双洞に下り、底なし井戸を経由して登山口に登るコースをとれば、より変化に富んだ山行を楽しむことができる。

山上ヶ岳から奥駈道を縦走して大普賢岳に登り、和佐又ヒュッテに下るコースもよい。山上から一八丁の所に小篠宿がある。いったん登り、緩やかな起伏を辿ると阿弥陀ヶ森に着く。そして、広い斜面を下るとツガの大木に碑伝《ひで》が置かれた脇ノ宿に着く。正面の大岩を巻くとミヤコザサの斜面となり、大岩の東側に遭難碑がはめ込まれている。踏み跡は薄いがテープで確認しながら辿る。明るい雑木林を下ると、左手に大台ヶ原山と小普賢岳が見える。最低鞍部の左手は切れ落ちている。緩やかな登りに入るとシャクナゲの森が現れる。再び断崖の上を通過して、緩やかな長い坂をジグザグに上がると碑伝の置かれた小普賢岳の山頂に出る。急降下して鞍部に着けばすぐに大普賢岳の肩に出て、和佐又からの道と合流する。

地図　二・五万図　弥山

（森沢義信）

和佐又山　わさまたやま

標高　一三四四m

伯母峰峠や大台ヶ原山方面から大普賢岳を眺めると、小普賢岳や日本ヶ岳の前面に、端然として聳える正三角形の山が見える。和佐又谷と水太谷《みずふと》からせり上がる和佐又山である。奈良県吉野郡上北山村にあり、山麓一体は植林地になっているが、頂上部から大普賢岳への斜面は、ブナを中心とする落葉広葉樹林に針葉樹が混生している。和佐又のコルの辺りは、オオイタヤメイゲツ林となっている。

国道一六九号の新伯母峰トンネル和佐又口から、標高一一五〇mの和佐又高原まで舗装林道が通じていて、高原には奈良県唯一の通年営業の和佐又ヒュッテがある。一九五八年には斜面のササが刈り取られ、奈良県で初めてのスキー場がオープンした。七年後には新伯母峰トンネルが開通し、大普賢岳への登山口として、また、キャンプ場や林間学校などとして、季節を問わずにぎわっている。和佐又山は上北山村の天ヶ瀬地区が保有し、森林組合の天ヶ瀬組が管理経営に当たっている。奈良県ではもっとも早く村おこしに着手した地区であるといえる。

登路　新伯母峰トンネル南口から大台ヶ原山方面を見ながら、和佐又山の東側に付いた林道をヒュッテまで歩くか、和佐又口から五〇分の所で、林道が左に曲がる地点から右の山道に入ればヒュッテの西側に出ることもできる（約一時間二〇分）。和佐又山頂上へはヒュッテ前広場の南端から山道をジグザグに三〇分程登る。下山には大普賢岳に向かい反対側の斜面を下れば、和佐又山コルを経て同じく三〇分程でヒュッテに戻る。ヒュッテと和佐又山頂の間の標高差は二〇〇mに満たないが、頂上からは孔雀岳、弥山から大普賢岳、それに伯母谷覗きまでの稜線が望める。

国道からヒュッテまで尾根筋を辿る道がある。トンネル南口から林道を三〇〇m上がり、右手の谷に付いた道を急登する。左手に小滝を見て九十九折道を上がり、次いで連続した階段、大きく蛇行する道を西に登る。やがて道は等高線を辿り大普賢岳、和佐又山や大台ヶ原山を一望にする東屋に着く。ブナやトチの自然林に挟まれた平坦な道を西に向かい、沢音を聞きながら和佐又山の懐を登ると開かれたスキー場の西端に出る。ヒュッテはすぐ下にある。

地図　二・五万図　弥山　　（森沢義信）

七曜岳　しちようだけ

標高　一五八四m

別称　国見岳

大普賢岳から南に聳える奥駈道上の一峰で、第五九番の行場である。奈良県吉野郡天川村と上北山村の境界にあり、国見岳といわれるとおり大普賢岳、バリゴヤノ頭、弥山・八経ヶ岳、大台ヶ原山など、三六〇度の展望が広がる。現在は、頂上の北にある稚児泊（第六〇靡）の上のピーク（一六五五m）が国見岳と呼ばれている。稚児泊の行所では、北斗七星（七曜星）が崇拝対象となっていたと伝えられているので、山名はここからきているのかもしれない。頂上から南に奥駈道を進めば、いくつかのコブを越えて徐々に高度を下げて行者還岳に至る。

大峰山脈のこの辺りの地質は古生層に属し、石灰岩が挟まれているために鍾乳洞が発達している。東に向かい急坂を水太谷に下れば石灰岩が露出し、無双洞、底なし井戸などの洞窟を形成している。

渓流の横にある無双洞は、昭和初期に発見された鍾乳洞で、天井は低いが長さ一〇〇m程あり、内部を水が流れている。洞窟への入り口の下に別の開口部があり、そこから地下水が噴き出てきて谷川に注ぎ、すぐ下で水簾の滝となり落ちている。

底なし井戸は直径一・五m、深さ三〇mの円筒形の縦形石灰洞である。底は約二〇畳位の広さがあり、小動物の骨が散乱しているという。横穴が東方につづいているようである。一九三一年の吉野山岳会の推奨コースの中に、山上ヶ岳から大普賢岳を経由笙ノ窟に下り、さらに底なし井戸、無双ノ窟を経て天瀬橋に下るルートが紹介されている。

登路　七曜岳のみを対象にしたコースは、和佐又スキー場から和佐又のコルに出て、左右の分岐で左手の無双洞への道をとる。底なし井戸から直崖を降り、伏流谷を下って無双洞に出て七曜岳に急登する。

周遊路は、和佐又山から大普賢岳に登り、奥駈道を南に向かい、「内侍落し」といわれる見晴らしのよい岩頭や、「薩摩ころび」の鎖のある岩場を経て稚児泊に出る。そして、国見岳を経て七ツ池から岩場を登り返し頂上に出る。帰路は無双洞に下る。このコースは登山路も景観も変化に富み、大普賢岳に登る人の半数が七曜岳経由で下山している。また、行者還岳を絡めて縦走してくる登山者も多い。

地図　二・五万図　弥山　　（森沢義信）

行者還岳　ぎょうじゃがえりだけ

標高　一五四七m

奈良県吉野郡天川村と上北山村にまたがる大岩峰である。山頂に生育するシャクナゲの間を進み南端のヤブを分けると、垂直に落ちる断崖の上に出る。小坪谷の広い斜面を眼下に、弥山、八経ヶ岳、釈迦ヶ岳を正面に望む絶景が広がる。この山を東西方向から眺めると、この南壁のために山頂が南に傾き、鋭い三角形の尖峰《せんぽう》をなしているかのように見える。山頂の西側に刻み込まれた支谷は十津川支流の川迫川に注ぎ、東側の谷は天ヶ瀬川から北山川を潤している。

第五八番の靡で、急峻さの故に役行者すら登攀を断念、引き還したという故事から山名が付けられたという。西行の『山家集』には「行者がへり、ちごのとまりにつづきたる宿《すく》なり。春の山伏は、屏風だてと申す所をたひらかに過ぎむことをかたく思ひて、行者ちごのとまりにても思ひわづらふなるべし。屏風にや心を立てておもひけむ行者はかへりちごはとまりぬ」とある。「ちごのとまり」とは七曜岳のすぐ北にある第六〇番靡《なびき》の稚児泊宿である。

一八七七年ごろ、山頂の北側から東側の方を下る現在の奥駈道が付けられた。峰中の靡道はすべて尾根を辿っていたという記録や、行智の『木葉衣《このはごろも》』に「石壁千丈、峨々たるところなり。桟道あり」とあることから、江戸時代の奥駈道は、行者還岳の山頂を越えて、南壁の東端辺りから現在の行者還小屋の付近に下っていたのではなかろうか。行者還小屋は一九三二年に、山上ヶ岳と弥山の間に避難小屋がないのは不便であるとして建てられたが、二〇〇二年に新しく建て替えられている。

小屋から少し南にある天川辻(北山越)は、天川村と上北山村を結んだ両村交流の古い峠で、南奥駈道の嫁越峠、笠捨越同様、女人禁制の時代にも幅三尺だけ女性が越えることを許されていた。江戸末期に伯母峰峠を越えて川上村に出る道筋ができてからは徐々に廃れていったが、大正時代にもまだ使用されていたという。現在、両村は行者還トンネルを抜ける国道三〇九号で結ばれている。

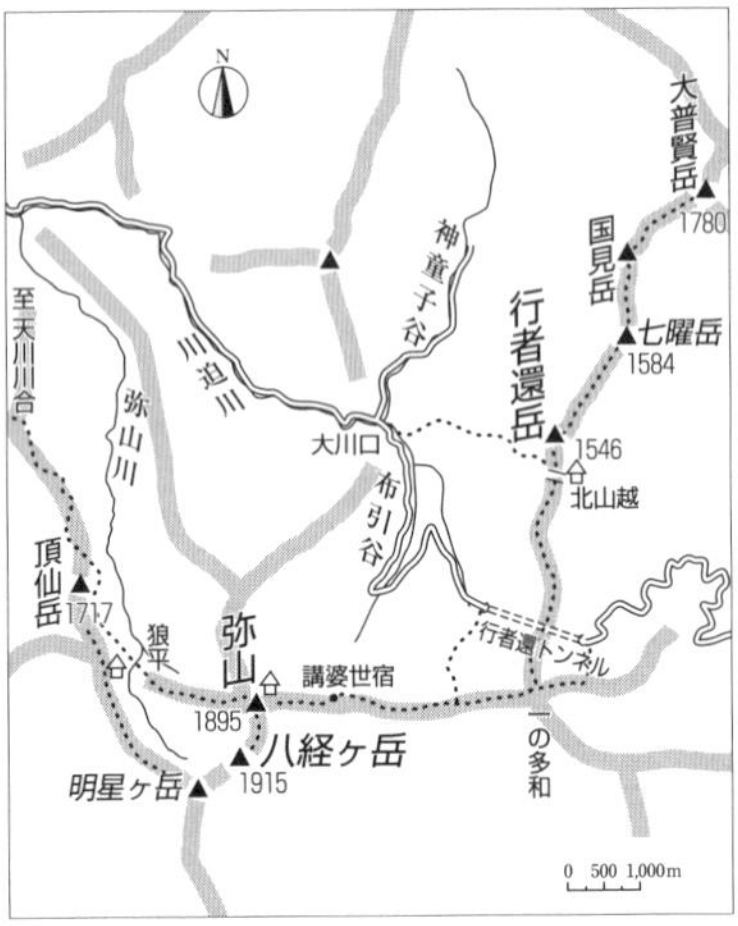

天川辻から尾根をまっすぐ南に辿ると一の多和(第五七靡)に着く。損傷した避難小屋があり、水場は溜まり水程度で利用できない。

登路　神童子谷と布引谷が合流する天川村の大川口《おおこぐち》から関電巡視路を辿り、避難小屋経由で山頂に至るルートが、もっともよく利用されている。国道三〇九号の行者還トンネル西口または東口から奥駈道に出て一の多和を経るコースは、高低差は小さいが距離は長くなる。

地図　二・五万図　弥山

(森沢義信)

弥山　みせん
八経ヶ岳　はっきょうがたけ

標高　一八九五m
標高　一九一五m

奈良県吉野郡天川村にある弥山山頂は大峰山脈の中央部にあたり、台地状の雄大な山塊は、奈良県の平野部はもとより大阪平野からも観察することができる。高野山や大台ヶ原山と同様、隆起準平原の名残を留め、V字型に切れ込んだ周囲の谷は、いまなお山上平原を確実に侵食している。西側の谷は弥山川、北側の谷は布引谷を経てそれぞれ川迫川に注ぎ、南に延びる渓谷は白川又《しらこまた》川となり北山川に流れ込んでいる。「国見八方覗の弥山」と呼ばれ、弥山小屋から約一五〇m東に進むと、七面山、釈迦ヶ岳から台高山脈、大栂山、山上ヶ岳、稲村ヶ岳まで一八〇度の展望が広がる。

弥山の名は仏教の宇宙観で中心をなす「須弥山」からとられたといわれるが、本来は「御山」、「深山」などと呼ばれ、中世末期から「弥山」と書かれるようになったようである。

大峰修験道の第五四番の行所で、山頂から出土した遺物から見て、奈良時代にはすでに山林修行者が登山し、祭祀を行っていたことがうかがえる。山頂には天河弁才天社の奥社(弥山神社)と行者堂がある。天河弁才天社は麓の天川村坪内にあり、公には「大峯本宮、天河大弁財天社」となっている。主神は市杵嶋姫命《いちきしまひめのみこと》であるが、氏子や信者は、弁才天社は弁才天を主神として祀ると考えている。また、この天河弁才天は、厳島、竹生島を併せた日本三弁才天の第一であるとされている。聖護院門跡、三宝院門跡の峰入の際には必ず参拝がなされたため、坪内から弥山に登る山伏も少なくなかった。

現在頂上にある弥山小屋は、自家発電により五五〇m下の八経谷から水をくみ上げて水洗トイレまで完備しているが、平安時代にはすでに小屋に類するものがあったらしい。奥駈けの盛んであった江戸時代末の施設は、二間に五間程の板屋根、板壁の小屋であったと記録されている。しかし明治初期には、その掘立小屋も戸や窓や側壁が壊され、人々が焚火として使ってしまっていたとの報告が残る。

最高点の八経ヶ岳(別称八剣山、仏経ヶ岳)の山頂は、吉野郡天川村と上北山村の境にあり、大峰山脈の最高峰であると同時に、近畿以西の本州の最高峰である。役行者がここに「法華経」八巻を埋納したので八経ヶ岳の名が付いたといわれ、第五一番の行所となっている。しかし「八経ヶ岳」と呼ばれるようになったのは明治以降のことで、江戸時代には「明星ヶ岳」と呼ばれ、奥駈道も山頂を通過せず西側斜面を巻いていたようである。こちらに国見八方覗みの冠を付けたいほど大峰、大台を見はるかす三六〇度の展望が広がっている。山頂部はシラビソ、トウヒの林で、九一七haが仏経ヶ岳原始林として国の天然記念物に指定されている。シラビソは酸性雨によると見られる縞《しま》枯れが年々ひどくなっていて、林床のシラネワラビの群落も消えつつある。

弥山と八経ヶ岳の鞍部から西側斜面にはオオヤマレンゲが自生し、国により一〇八haが天然記念物に指定されている。地元の人々にはビャクレンゲと呼ばれ、例年六月から七月にかけて香り高い花を付ける。頂仙岳を右に眺めながら八経ヶ岳への登りにかかると、オオヤマレンゲをホンシュウジカの食害から護るためのネットが張り巡らされている。また、オオヤマレンゲは陽光を好み、トウヒ、シラビソなどの立枯れ跡に生育するため、保護ネットは明星ヶ岳の北側にまで延びている。

登路　天川村川合から針葉樹林帯の尾根を登り、栃尾辻で栃尾山から天河弁才天社のある坪内への道を右に分ける。ここから落葉樹林の尾根を歩き、頂仙岳の南の肩を巻いてから背丈の低い常緑針葉樹林帯に入る。弥山川を挟んで、弥山北尾根の縞枯れの斜面や大崩れの山肌を見て高度を下げると狼平に降り立つ。近年整備された避難小屋から階段道を登り、針葉樹林の中をジグザグに高度をかせぐ。大黒岩の北側を巻いて稜線に出ると八経ヶ岳が全容を現し、風倒木の目立つ弥山山頂に着く（約六時間）。

弥山と八経ヶ岳

現在の弥山・八経ヶ岳登山者の大半は、国道三〇九号の行者還トンネル西口にある登山口を利用する。まず支尾根を南に登り奥駈道に出て、起伏の少ない弥山の東尾根を進み講婆世《こうばせの》宿《しゅく》から再び弥山の山腹を登って山頂に至る（約二時間三〇分）。

講婆世宿は、飛騨国の講婆世が僧正の位を望んで果たされず、この地で天皇を呪詛《じゅそ》し、その結果として僧正となったという故事から付けられた宿の名である。ただ、彼はこれを悔いてここで捨身し、廟所が設けられた。大峰修験道中興の祖といわれる理源大師聖宝《しょうぼう》がここで大蛇を退治したとの伝説もあり、聖宝ノ宿とも呼ばれている。ウラジロモミ、トウヒ、ヒメコマツなどの針葉樹にハウチワカエデ、オオカメノキなどが混生する幽玄な雰囲気の中に、元禄五年（一六九二）の青銅の聖宝坐像があり、この像に手を触れると雨が降ると伝えられている。ここから弥山山頂までの旧道は、カエデやリョウブの落葉樹林の中を直登する聖宝八丁と呼ばれる難所であったが、新道の付け替えにより、使われることも少なくなり廃道に近くなっている。弥山から八経ヶ岳の往復は約四五分である。

地図　二・五万図　弥山

（森沢義信）

頂仙岳　ちょうせんだけ　　標高　一七一八m

奈良県吉野郡天川村にあり、天川村川合から川迫川、弥山川の南側を明星ヶ岳に延びる尾根にのる一峰である。弥山と八経ヶ岳を結ぶ登山路のわきに頂仙岳遙拝所があるが、山自体は見えない。八経ヶ岳から眺める山容は、針葉樹に覆われ、まさに正三角形の緑の山で、その端正な姿形から崇拝対象となったようである。『大和名所図会』に「山脈相連なりて、樹木陰森たり。早旦にこれを臨めば、山色鮮なり。故に名によぶ」とあり、朝に鮮やかとする朝鮮（頂仙）岳の由来がうかがえる。

第五三番の靡《なびき》で、過去には修験者は弥山を早朝に発して狼平に下り、この山頂に登り返し、古今宿（第五二番靡）を経て明星ヶ岳に登拝したという。現在の奥駈者は弥山から八経ヶ岳に直接移動し、頂仙岳は遙拝するだけである。頂仙岳から弥山に向かう登山道が弥山川と出合う狼平には、新しい避難小屋が完成している。弥山川には日本の滝百選に選ばれた四段八〇mの双門ノ滝が懸かり、狼平に至る登山路も整備が完了している。

登路　天川村川合から栃尾辻を経て山頂まで所要約三時間五〇分である。弥山への登山道はこの山頂の五〇m下を通過しており、普段頂仙岳の山頂を踏むことはない。

地図　二・五万図　弥山　（森沢義信）

明星ヶ岳　みょうじょうがたけ　標高　一八九四m

八経ヶ岳の南西にあり、山頂は奈良県吉野郡天川村、上北山村、五條市大塔町の境をなしている。広義には八経ヶ岳と一体の山といっていいだろう。北西に延びる支脈は、頂仙岳、天和山《てんなさん》を越えて唐《と》笠山《がさやま》につづき、十津川に落ち込んでいる。また、この山の南西の谷は舟ノ川から十津川に注ぎ、北西に下る谷水は弥山川となり双門ノ滝を形造っている。このため、この山域は「水の元」とも呼ばれている。

山頂一帯はトウヒ、ウラジロモミの針葉樹に覆われ、林床にはカニコウモリが密生し倒木や露岩には苔が厚く付いている。ただ、近年立ち枯れた木々の範囲や規模が拡大し、自然環境が変化しつつある。

明星ヶ岳は第五〇番の行所で、その西斜面のどこかに靡《なびき》第四九番の菊ヶ窟があるといわれている。役行者の高弟の義元が『役行者本記』を書いたといわれる秘所で、この窟に入って出てきた者はないという魔所ともいわれる。大阪わらじの会の和田謙一が精力的に探索をつづけているが、結論は出ていない。

登路　弥山から釈迦ヶ岳への奥駈縦走の通過点となっていて、八経ヶ岳から約三〇分の距離である。昭和二〇～三〇年代に、奈良県が毎年主催していた夏山教室では、弥山に登り明星ヶ岳から旧大塔村篠原に下山するルートが利用されていた。当時は大塔村が下草刈りなどで登山道を整備していたというが、現在はほとんど利用されず、篠原への指標だけが残っている。二〇〇四年夏、頂仙岳から直接明星ヶ岳に登るルートが整備され、道標なども立てられた。

地図　二・五万図　弥山　釈迦ヶ岳　（森沢義信）

七面山　しちめんざん　標高　一六一九m

頂上部の北側は奈良県五條市大塔町に属し、南側斜面は吉野郡十津川村に属している。大峰山脈の一六九三m峰から西に延びる支尾根の上にあり、最高峰、東峰の南壁は壮年期特有の急峻な地形を示し、七面嵓という高さ約三〇〇mの断崖絶壁をなしている。また、七面山の北側にある七面谷の源流部は扇状の大緩斜面をなし、神仙平と呼ばれている。

大峰七五靡《なびき》の第四五番目の行所であり、山名は「七峰相連なりて蓮華の如し」（『大和名所図会』）に由来するようである。ただ、実際に七峰が存在するわけではなく、信仰の対象としての表現である。現在、奥駈修行者も頂上に立ち寄ることはなく、遙拝するだけであるが、室町時代に著された『役行者本記』では、弥山、釈迦ヶ岳などとともにもっとも重要な霊地との位置付けがなされている。『吉野郡名山図志』は頂上に金六という天狗がいて、道を迷わされるという民話を伝えている。

登路 大塔町篠原の林道篠原線から七面谷に沿って付けられた王子製紙の私有林道を登ると、登山口の標識に出合う。支尾根から七面尾を登り西峰まで約二時間三〇分、さらに東峰まで約二〇分である。西峰から三角点(一五五六m)までは往復約三五分である。

弥山小屋から奥駈道を辿り、七面山遙拝所から支尾根を東峰に出ることもできる。

地図 二・五万図 釈迦ヶ岳

(森沢義信)

仏生ヶ岳 ぶっしょうがたけ

標高 一八〇五m

山頂の東西を奈良県吉野郡上北山村、十津川村が分ける、奈良県では八経ヶ岳に次ぐ第二の高峰である。山頂から大黒上尾が東に延びて白川又川に落ち、北の一六九三m峰から西へ七面山の乗る七面尾が下辻山に向かい延びている。地質は秩父古生層で、山頂までトウヒ、ウラジロモミの針葉樹林に覆われ、とくに北側斜面はトウヒの純林をなしている。林床にはカニコウモリが繁茂している。

行智の『峰中略記』(『木葉衣』)には「仏生国の岳。霊鷲峰、また飛来峰とも云ふ」とあり、金峯山や釈迦ヶ岳と同様の霊鷲山飛来説を採り上げている。釈迦誕生の地との伝説もあり、山名もこの仏生に由来するのかもしれない。

仏生ヶ岳(左)と八経ヶ岳(右)
(弥山から)

第四三番の行所であるが、奥駈道は山頂を経ることなしに山頂西側の肩を巻いていく。

登路 麓から仏生ヶ岳に直登するルートはない。弥山と釈迦ヶ岳の間を縦走する折に立ち寄るのが一般的である。弥山小屋から縦走して約三時間、釈迦ヶ岳からは往復約二時間である。

孔雀岳から奥駈道を北に下り、パイプから細い水の流れる「鳥の水」を過ぎると、面山の南壁と仏生ヶ岳の全景を見る展望地点に出る。そして、稜線の西側斜面を下り大量の白骨化した風倒木の原を通過する。広い台地にトウヒの大木が傾き、根こそぎ横転し、白変して苔を付けている。鞍部から仏生ヶ岳の山腹を進むが、孔雀岳から約三〇分の所に碑伝《ひで》を打ち付けたトウヒがある。ここからササの中を稜線に向かって登れば三角点のある山頂に着く。

奥駈道をそのまま下れば仏生ヶ岳の肩に出て、さらに北斜面を下ると楊子ノ宿(第四四靡《なびき》)に着く。新しい避難小屋が建ち、近くには水場もある。ここは聖護院の強力が凍死した場所で、修行中に倒れた行者の供養も兼ねて「峰中亡霊一切廻向塔」と記された供養塔がある。

地図 二・五万図 釈迦ヶ岳

(森沢義信)

孔雀岳　くじゃくだけ　　標高　一七七九ｍ

山頂を境にして東側斜面は奈良県吉野郡下北山村に属し、西側は十津川村に属している。南北に釈迦ヶ岳と仏生ヶ岳が聳える奥駈道の一峰である。ここから東に延びる尾根には十郎山、小峠山がのり、国道一六九号の前鬼口で尽きている。

山頂部にはトウヒ、ウラジロモミ、ブナ、オオイタヤメイゲツ、ナナカマドなどが混生し、林床にはミヤコザサが生えている。また、オオヤマレンゲも見られるといわれる。

第四二番の行所であり、山名は毒蛇を食うクジャクを神格化した密教の孔雀明王から採ったものであると思われるが、つまびらかではない。山頂の南東から南にかけての断崖の下は「孔雀覗き」と呼ばれる景観が広がり、クジャク又谷の灌木帯の中に十六羅漢や五百羅漢などの灰褐色をした無数の立石群が見られる。ここから釈迦ヶ岳山頂までは、これまでの奥駈道とは雰囲気が異なり、弥勒岩、烏帽子岩、阿吽の狛犬など、大峰酸性岩の奇岩・巨岩が現れる。

「椽の鼻」は、平たい大石上から宇無ノ川源流を眺め、奥駈道第一の絶景といわれ、岩陰に蔵王権現像を安置している。そして、杖捨て、念仏橋などの岩場を越え、第四一番の空鉢《くうはち》ヶ岳を遙拝して登ると釈迦ヶ岳である。

登路　前鬼あるいは旭口から釈迦ヶ岳に登り、孔雀岳まで往復するのが便利である(約二時間三〇分)。弥山から釈迦ヶ岳への縦走の途中に立ち寄ることもできる。

地図　二・五万図　釈迦ヶ岳　　（森沢義信）

釈迦ヶ岳　しゃかがたけ　　標高　一八〇〇ｍ

尖《せん》頭形の秀麗な山嶺を持ち、奈良県下では仏生ヶ岳に次ぐ第三の高峰である。山頂の東側は奈良県吉野郡下北山村に、西側は十津川村に属している。壮年期の急峻な山容を示し、北股川源流部の東側斜面は、大峰酸性岩の大小の露岩が屹立する十六羅漢、五百羅漢などの奇観を呈している。北側の谷は宇無ノ川に、南側は滝川となりそれぞれ十津川に流れ込み、東側は前鬼川となり、日本の滝百選の一つである七段一〇〇m台の不動七重滝を落下して、池原貯水池に注いでいる。

一五〇〇ｍの深仙《じんぜん》ノ宿辺りには、ブナを中心とする落葉広葉樹にウラジロモミなどの針葉樹が交じるが、山頂付近にはトウヒ、コメツガ、ウラジロモミの針葉樹が生育し、山頂の北側や南側には背丈の低いダケカンバが見られる。

釈迦ヶ岳は第四〇番靡《なびき》の行所で、インドの霊鷲山の一部が飛来した聖山であるとの創造伝説があり、釈迦如来を祀ったことから現在の山名がある。南につづく奥駈道沿いや山麓の前鬼にかけて、峰中もっとも多くの靡が点在している。室町後期にはすでにイエズス会士が、富士山、白山、大山などと並ぶ霊山として釈迦ヶ岳の名を本国に報告している。

山頂には、山名の由来を象徴する銅製の釈迦如来像が立つ。一九二四年に大阪の行者講の寄進により建立されたもので、大峰山一の強力・案内人といわれた岡田雅行が銅像をいくつかに分け、持ち送り方式で約二〇kmの山道を運び上げたものである。一番重い台座は三六貫(一三五kg)もあったという。

江戸時代末には高さ一尺の釈迦木造を安置する一間半四方の釈迦堂があり、風に吹き飛ばされないように、堂の後ろにはおびただしい岩がつめてあった、と『吉野郡名山図志』は記している。しかし、その約六〇年後の一八九五年にこの山頂に立った植物学者の白井光太郎は、堂舎は大破して屋根もない、と紀行文で述べている。

山頂から奥駈道を深仙ノ宿に下る途中の左手に、都津門《とつもん》(第三九番靡)がある。極楽の東門ともいわれ、岩壁に開いた穴を潜れば反対側の景色が眺められる。過去にはこの岩の周囲を回る修行があったそうだが、現在は行われていない。

深仙ノ宿(第三八番靡)には、深仙灌頂堂と避難小屋がある。三間と四間のお堂には前鬼・後鬼を従えた役行者、不動明王、八大金剛童子ほかが祀られている。修験相承の灌頂が行われた本山派修験の霊場で、当山派修験の小篠宿と並びもっとも神聖視された場所である。灌頂堂には、「大峯中台八葉深山大灌頂堂」との扁額が掲げられている。ここは吉野と熊野の中央にあり、大日如来が座す中台八葉と見なされていたのである。近くには聖水といわれる香精水《こうしょうすい》が、岩壁の割れ目からしたたり落ちている。

第三五番の行所である砲弾形の大日岳は、深仙ノ宿の南東に立ち、山頂に大日如来が祀られている。過去には滑りやすい岩板を二〇〜三〇mの鎖で登る修行が行われていた。

行場として、補給基地として、釈迦ヶ岳と不可分の関係にあるのが、東麓にある前鬼の集落であった。行場を護り、吉野から熊野に抖擻《とそう》修行する修験者や参拝者に、宿坊や食事を提供したりする山伏村であった。役行者の従者であった前鬼の子孫と伝えられる。五鬼、すなわち五鬼熊(不動坊)、五鬼童(行者坊)、五鬼上(中之坊)、五鬼継(森本坊)、五鬼助(小仲坊)が代々宿坊を営んできた。江戸時代中期にはこの地に五鬼を含め戸数三七を数えたが、修験道の廃止された明治初期には七戸になっている。明治以後、五鬼の宿坊も次々と退転し、現在は釈迦ヶ岳登山者の便に供するため、小仲坊《おなかぼう》が週末に営業しているだけで常住者はいない。役行者のもう一人の従者である後鬼の子孫は、洞川に住むといわれている。

前鬼には裏行場がある。行場の入り口である垢離取場《こりとり》から山腹を辿り、不動滝の落口に出て、千手滝の横手を登る。胎蔵界・金剛界の窟を拝してから、絶壁の小道をつたい屏風の横駈をする。そして、急崖を鎖で登る天の二十八宿を経由して馬頭滝に出て行を終える。滝を三つ経由する故に、第二八番の三重の滝と呼ばれている。

登路　国道一六九号の前鬼口から林道を歩き、車止めからさらに林道をたどると宿坊の小仲坊に至る。宿坊は週末を除いて無人であるが、宿泊はできる。前鬼の集落跡から白谷を遡り、両童子岩を経て奥駈道の太古ノ辻に登る。そして、深仙ノ宿からササの原を登り山頂に着く（林道終点から約三時間一〇分）。

十津川村の旭ダムの奥にある不動小屋谷林道の峠の登山口からは古田の森、千丈平を経由して約二時間一〇分である。現在の古田の森は樹木も少なく明るい雰囲気であるが、昔はモミ、ツガの古木に覆われ日の光も射し込まないほどで、十津川村の言い伝えには「古田森に黒霧かかれば、その内より魔来りて、人をつれて七面のくらに行く事あり」という。

弥山から奥駈道を縦走する場合には、弥山小屋を早立ちすれば午後早く、前鬼の小仲坊に下山することができる。

（森沢義信）

地図　二・五万図　釈迦ヶ岳

地蔵岳　じぞうだけ　　標高　一二五〇m

別称　地蔵森

奈良県吉野郡十津川村にあり、笠捨山の西方に聳える岩峰である。北から南に下ってきた大峰山脈は、笠捨山からこの地蔵岳の間は東西に走り、再び南に延びている。頂上の東には葛川《くずかわ》が谷を刻み、北から西側にかけての山峡には、大滝小滝の連なる芦廼瀬《あしのせ》川が流れている。

古来、修験道の行場であると同時に、ダケ信仰の山として十津川人はこの山に登り、降雨を祈願してきた。第一七番行所の槍ヶ岳は、頂上の一角をなす小さな尖峰《せんぽう》で、地蔵菩薩が崇拝対象となっており、これが山名の由来である。地蔵森ともいわれ、頂上に地蔵を祀る。笠捨山方面から眺めると、鶏冠を乗せたような地蔵岳とともに槍の穂がよく見える。

登路　十津川村上葛川の「上　地蔵岳参道」の石碑が立つ登山口から、急勾配もなく、起伏も少ない山道を進む。送電線巡視路を利用した「地蔵岳参道」分岐を過ぎ、樹間に笠捨本峰や東峰を見て単調な山道を辿ると葛川辻に出る。ここから南奥駈道を西にとり、コブを一つ越えて電源開発公社の熊野幹線鉄塔の立つ鞍部に至る。広く立ち木が伐採されているため見晴しはよく、北には七面山から釈迦ヶ岳、倶利迦羅《くりから》岳、証誠《しょうじょう》無漏《むち》岳、行仙岳など奥駈道の主峰が並び、南には槍ヶ岳の鋭鋒が屹立している。植林の中の尾根を登り、鎖の付いた大岩や急峻な岩尾根を木の根、岩角をつかんで乗り越え、シャクナゲの群落の先にある槍ヶ岳を越えて地蔵岳の頂上に出る。頂上は灌木に囲まれ展望はほとんどないが、痩せ尾根を少し東に移動すると眺めのよい尾根に出る。石仏山から中八人山、南奥駈道、七面山、釈迦ヶ岳、八経ヶ岳、さらにはその向こうには高見山まで望見できる。

奥駈道はこの峰から急激に高度を下げて玉置山《たまきやま》に至る。垂直に近い痩せ尾根を下り、上葛山への分岐を経て「四阿宿跡」の石標に至る。地蔵岳の西の肩にある東屋岳は、この宿跡の右手、スズタケのヤブの中にある。右側に中八人山を見ながら「菊ヶ池」、「檜宿」の行場を経由して上葛川分岐に着く。そして、中八人山を正面に、笠捨山から地蔵岳、七面山を右手に見る雄大な展望の熊野幹線鉄塔から尾根を五分登ると香精山《こうしょうやま》に着く。展望はない。香精山から植林地に入り、「貝吹之野」を経て急降下を繰り返すと、ようやく平坦な「金剛童子塔之谷」の石標のある貝吹金剛に着く。ここからは奥駈道と分かれ、塔ノ谷を上葛川の集落に向けて下る道がある(上葛川から葛川辻を経て山頂まで約三時間三〇分)。

地図　二・五万図　大沼

(森沢義信)

涅槃岳　ねはんだけ

標高　一三七六m

釈迦ヶ岳から天狗山、奥守岳、子守岳、般若岳を越えて到達す南奥駈道の三角点峰で、頂上の西側は奈良県吉野郡十津川村に、東側は同下北山村に属している。

第二四番靡《なびき》の行所で、山名は南奥駈道の峰々同様、「さとり」を表す仏教用語からとられている。南北に一〇〇m程の細長い頂上は明るいが、展望はない。北に急坂を二〇分下ると第二三番靡の乾光門の道標があり、南に進めば奥八人山から中八人山への尾根が分岐する証誠無漏岳(一三〇一m)に出る。

一八七二年の修験道廃止令により奥駈修行者は激減、とくに太古ノ辻から南は歩く者もなくなり、荒れるに任されていた。『日本山岳順礼』(『大阪毎日新聞』)の中で「大阪毎日新聞」の北尾鐐之助は、嫁越峠から始まるスズタケの密生との格闘を微細に書き連ねているし、一九三一年に奥駈けをした吉野山岳会の一行は、大日岳以南の縦走には山案内人が不可欠で、それができるのは、釈迦ヶ岳に釈迦如来を担ぎ上げた岡田雅行しかいないと報告している。現在は新宮山彦ぐるーぷなどの奉仕活動によりスズタケが刈り開かれ、釈迦ヶ岳以北以上に歩きやすい山道に変貌している。

登路　下北山村池原から大又谷林道を登って来ると持経宿山小屋に至る(約三時間)。ここから南奥駈道を北に向かい、証誠無漏岳を経て頂上に至る(約一時間五〇分)。一般的には下北山村前鬼から太古ノ辻に出て南下し、行仙岳に向かう途中に立ち寄る場合が多い。

地図　二・五万図　池原

(森沢義信)

行仙岳　ぎょうせんだけ

標高　一二二七m

奈良県吉野郡十津川村と下北山村の境にあり、西の芦廼瀬川、東の奥地川の源をなしている。頂上は半円形に切り開かれて、NTT無線中継所やNHK放送中継塔が建ち、頂上の北側を国道四二五号の白谷トンネルが通過している。このため北側に展望が開け、中八人山や奥八人山の山塊、釈迦ヶ岳、曲がりくねりながら南下する奥駈道の稜線がはっきりと望まれる。

頂上から南に下った佐田辻《さたのつじ》は、十津川村の上葛川と下北山村の浦向《うらむかい》を結ぶ「笠捨越」が奥駈道を横切っていた峠で、白谷トンネルの開通とともにその役目を終えた。現在は行仙宿山小屋と行者堂があり、登山者に利用されている。

行仙岳は第一九番の靡《なびき》で、北に一〇分下った所には第二〇番の怒《ぬ》田宿《たのしゅく》がある。江戸時代、聖護院門跡や三宝院門跡が奥駈けを行った折に北山郷の住民が警護役となったことや、奥駈道の左右八丁は聖域として樹木はもとより下草の刈り取りも厳禁となっていたことが、地元に残る文書に記されている。また、ここには五間に七間の奥駈参籠所があったことを、明治政府に提出された文書(一八七一年)が伝えている。しかし、修験道廃止令が出ると深仙ノ宿から南の奥駈道は急速に荒廃していった。那智の滝で捨身したことで知られる林実利《じっかが》は、前鬼を中心に修行生活をつづけたのち、宮家や財閥の信者の後援を得て、一八八二年に怒田宿に五坪ばかりの小屋を復活させ、怒田宿から南の道筋を修繕している。しかし、この小屋も昭和初期にはすでに屋根、壁の大半が失われていたらしい。

行仙宿山小屋は、一九九〇年、新宮山彦ぐるーぷが中心となり、修験各宗本山などの大口の寄付に加え、多数の個人からの寄付を得て一八〇〇万円の資金で建設されたものである。行者堂には役小角木像(江戸時代)、実利行者の木像、それに伊富喜秀明行者の錫杖などが安置されている。

伊富喜秀明師は、昭和四〇年代に深仙で断食をしながら釈迦ヶ岳や大日岳の登拝行を行い、六〇日目の満願を目前にした五五日目に入寂した、滋賀県立志神社の行者である。

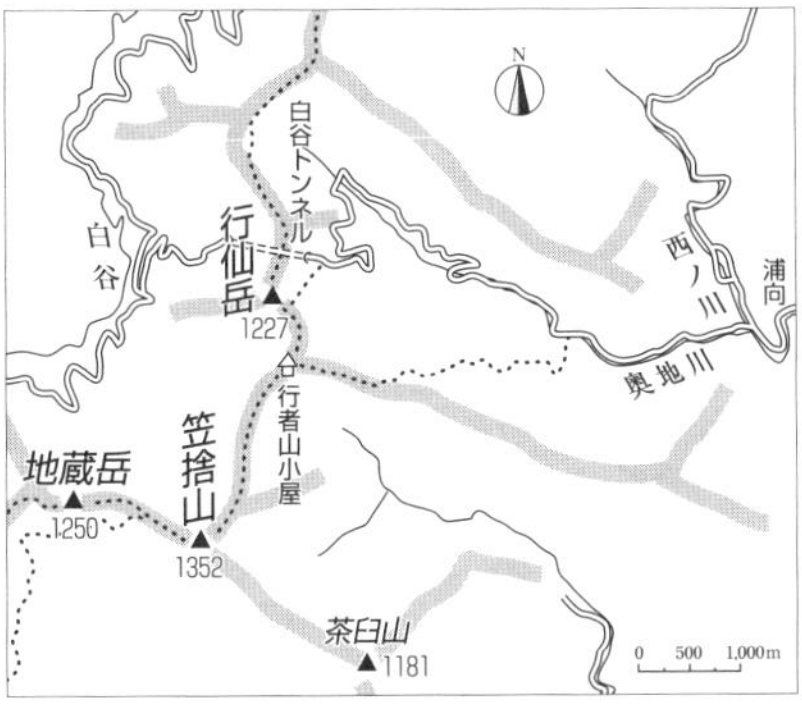

登路　下北山村浦向の登山口から奥地川を遡り、山腹に取りつき、スギ、ヒノキの植林帯の中を登る。電源道を右に見送り、林道に出てコンクリートの階段を上がる。山腹の植林地を抜け、笠捨山東峰を見てから稜線を上がり、行仙宿山小屋を経て頂上に至る(約三時間三〇分)。

頂上への最短路は、白谷トンネル東口からNTTの巡視路を登る。金属製の梯子や簡易階段が急登部の要所要所に付けられていて奥駈道までのルート全体の三分の一程を占める(約一時間一〇分)。

(森沢義信)

地図　二・五万図　池原

大森山　おおもりやま　標高　一〇四五m

奈良県吉野郡十津川村と和歌山県新宮市熊野川町の境にある。大峰山脈の最南部に位置し、西麓に十津川の二津野ダムがある。また、瀞峡を挟んで東方七kmに同名の五四一mの山がある。

大峰奥駈道を熊野権現社の奥宮とされる玉置山(一〇七七m)まで逆峰で辿る時、七十五靡《なびき》第一番の本宮へは、この山を越えなくてはならない。この山を最後に本宮まで五大尊岳(八二五m)、大黒天神岳(五七四m)と高度を下げ、一〇〇〇mを超える山はない。

山頂からの展望は植林のためあまり多くは望めない。近くの水呑金剛は真済僧正が修行の折、金剛童子を祀った所といわれる。

登路　JR和歌山線五条駅から奈良交通バスで折立バス停で下車する。玉置山を経由して、玉置山から約一時間四〇分で大森山山頂に達する。

(柏木宏信・黒田記代)

地図　二・五万図　伏拝　十津川温泉

笠捨山　かさすてやま　標高　一三五三m

別称　仙ヶ岳

奈良県吉野郡十津川村と下北山村の境界にあり、釈迦ヶ岳から徐々に標高を下げてきた南奥駈道の峰々は、ここで再び標高を取り戻す。三角点ののる北峰と二〇〇m南東にある東峰との双耳峰であるが、北方からは台形状に盛り上がって見えるだけである。南に下る尾根には蛇崩山《たぐえやま》がのり、南東に延びる尾根には茶臼山、西ノ峰がつづいている。頂上を水源として、北に流れる笠捨谷は芦廼瀬川となり、南に流れる葛川、立合川、西ノ川はすべて北山峡谷の清流となっている。

「千年斧入らず」といわれる原始林があり、西行法師があまりの寂しさに笠を棄てて逃げたことからこの山の名がある、と十津川村の昔話は伝えるが、その面影はいまはどこにもない。『大和名所図会』には「千種岳に至る一名仙嶽といふとぞ。また笠捨山ともなづく姥捨山に連なるをもつて名とするなり」とある。

第一八番靡《なびき》の行所で、三角点のある西峰頂上には一九九七年に勧請された神仏の石碑があり、南に展望が広がる。東峰にはマイクロ反射板が立ち、北に向かい切り開かれているため、こちらの方が見晴らしはよい。釈迦ヶ岳から八経ヶ岳までの奥駈道、七面山、南奥駈道の峰々、そして、中八人山塊が一望される。八経ヶ岳の先には高見山も見えている。

奥駈道は笠捨山頂上を越えているが、十津川村上葛川と下北山村浦向を結ぶ古い「笠捨越」の往還は、葛川辻から笠捨山の西側山腹を巻いて佐田辻に出て浦向に下っていた。明治維新前夜に、十津川村を追われた天誅組の一行が越えた道である。半田門吉の『大和日記』には「十津川山中ノ険阻未タ世上ニ見サル処ナリ就中此日ノ山中険阻云フ可カラス空幽タル底ノ谷ハ競々トシテ目眩シ高ク屏風ノ如ク聳タル絶頂ニハ戦戦トシテ足進マス（中略）尖レタル岩石道ニ聳エ実ニ人跡ノ絶タル処鳥獣ノ及ハサル所ヲ漸クニシテ攀チ上リタドリ下タル者カラ総勢大ニ疲レ空腹ヲ凌キテ翌廿日夕刻北山郷中浦向村ニ着ケル」と悲鳴が聞こえるような難行苦行の様を伝えている。

南奥駈道は明治以降長く廃れていたが、戦後、奥駈葉衣会《はごうもかい》の努力で修理がなされ、奥駈再開の契機となった。葉衣会の活動は新宮山彦ぐるーぷに引き継がれている。

登路　上葛川から葛川辻を経由して登るルート（約二時間三〇分）と、白谷トンネル東口あるいは浦向から佐田辻に至り、南に縦走して頂上に至るルートがある。後者は行仙宿山小屋からいったん下り、地蔵岳、香精山の見えるコブを四つ越える。八大金剛童子を祀り、四ノ川渓谷を見下ろす眺めのよい一二四六m峰からさらに急登して頂上に至る（白谷トンネル東から約二時間五〇分）。

地図　二・五万図　大沼

（森沢義信）

茶臼山　ちゃうすやま　標高　一一八一m

和歌山県東牟婁郡北山村および奈良県吉野郡下北山村、十津川村の境にあり、大峰山脈の最南部、笠捨山のすぐ南東に位置する。三重県と奈良県の間の和歌山県飛び地の北山村に属する。

山頂部はクマザサと灌木の中にあるが、登り切った頂からは笠捨山が北西方向に望むことができる。この山の西側を立合川、東側を四ノ川が囲み嵓《くら》が発達している。立合川の遡行は、北山川本流から山頂まで、途中で一夜のビバークを強いられるほどの手強い沢でもある。立合川には地図にも記載のない落差三〇mの大滝が潜んでいる。

登路　この辺りはあまり人の踏み込まない山域で、一般的な登路は見当たらないが、麓の北山川沿いには国道一六九号が通り、北山村下尾井辺りから林道を利用し、作業用の道を拾って登る。地図とコンパスを利用する領域である。

また、笠捨山から獣道を拾って、ササの中を尾根通しで約二時間で茶臼山山頂に登った記録もある。

地図　二・五万図　大沼　（柏木宏信・黒田記代）

西峰　にしのみね　標高　一一二三m

別称　西ノ峰

和歌山県東牟婁郡北山村にあって、茶臼山の南方三㎞にある。笠捨山から茶臼山に連なってきた大峰山脈の最南部にあり、茶臼山から南方に派生した尾根上の雨谷山(八四一m)に向き合って南西方の尾根上にある。尾根上のピークであるが、独立峰にも見える大きな山容を誇っている。山名の由来は定かではないが、北山村の中心部の西方にある大きな峰といわれている。

山頂からは南東方に鵯山《ひよどりやま》(八一三m)、鷲ノ巣山(八〇七m)や小森ダムが望まれ、少し離れた無線中継所からは笠捨山への山稜と果無《はてなし》の山々、弥山、大台ヶ原山への展望が得られる。

登路　国道一六九号の小森トンネルからジゴ坂峠を経て山頂まで約四時間を要する。

地図　二・五万図　大沼　（柏木宏信・黒田記代）

玉置山　たまきやま　標高　一〇七七m

別称　沖見嶽　舟見岳　牟婁嶽

奈良県吉野郡十津川村の二津野ダムの東に聳える信仰の山である。国道一六八号から玉置神社まで林道が付いていてスギ、ヒノキの植林地となっているが、山頂から南東斜面には暖地性の原生林が残り保全されている。

山頂には三角点と沖見地蔵のコンクリートの祠があり、熊野灘が見えるところから沖見、舟見の山名が付いている。この地蔵は廃仏毀釈の後、行方不明になっていたが、林道工事で発見され、旧に復されたものである。山頂の北側にはシャクナゲ園が広がり、花時は見事である。

第一〇番靡《なびき》の行所で、神社から山頂への途中にある玉石神社は柵の中に白い玉石があるだけで祠はないが、修験道の山伏や信徒の崇拝対象になっている。玉置山の名はここから出ているともいわれる。

玉置神社は熊野修験の奥の院といわれ、三万㎡の広い境内では樹木の伐採が禁じられていたこと、山頂が北風の暴風壁となっていたことなどから樹齢八〇〇年以上の神代杉をはじめとして、多数の巨大杉が生育している。山頂から南東に尾根を五〇分程歩くと、修験道の行場の一つである宝冠の森がある。

登路　十津川村折立から玉置山林道を上がり、途中から玉置神社への道標を見て左手の山道に入り、再び林道に出て進むと玉置神社の駐車場に出る（約二時間四〇分）。そして、鳥居をくぐり神社の本殿前から山頂に登る（約三〇分）。

地図　二・五万図　十津川温泉

（森沢義信）

国城山　くにぎさん　標高　五五二m

和歌山県橋本市にある。七霞山の北西約七kmの地点にあって、伊都郡九度山町のすぐ北に接する。

山名の由来は、山頂に国城五社明神社（現国城神社）があり、また、中腹の西畑には国城山宝蔵寺（真言宗）があることによるものと思われる。明神社は雨乞いの神を祀っている。

かつて織田信長が高野山を攻めた時、高野山の宗徒がこの山に陣を築いたといわれている。

登路　南海電鉄高野線紀伊清水駅から約一時間三五分で山頂に。山頂から約二時間一五分で同線の学文路駅に下るハイキング・コースがある。

地図　二・五万図　橋本

（柏木宏信・黒田記代）

七霞山　ななかすみやま　標高　八九一m

和歌山県伊都郡高野町と橋本市の境にある。山名の由来は「この山の頂に立てば、霞の中にぬきんでる山が七つ数えられるところから」といわれている。頂上からは大峰の山々、高見山（一二四八m）、三峰山（一二三五m）の山並み、和泉山脈、竜門山などが望まれ、近くには摩尼山、楊柳山などが見られる。

登路　南海電鉄高野線高野山駅からバスで河合橋に至り、山頂まで約二時間三〇分。東麓の高野町富貴の杖ヶ藪から捻草越道がある。

地図　二・五万図　富貴

（柏木宏信・黒田記代）

防城峰　ぼうじょうがみね　標高　七六八m

和歌山県伊都郡高野町と奈良県五條市の境にあり、紀和国境の山である。七霞山の北東約三kmの地点にあり、両山を併せて登られることが多い。

山頂は樹林に囲まれてはいるが眺望は得られる。また、NHKのアンテナ塔があり、山麓の高野町富貴から登山時の目標となっている。

登路　玉川峡を経由するものや、富貴からの登路、また、七霞山からの道も選べる。玉川峡から七霞山を経て山頂へは、JR和歌山線橋本駅から約四時間三〇分で七霞山に至り、そこから約一時間で富貴に下り、さらに約一時間で防城峰に達する。

地図　二・五万図　富貴

（柏木宏信・黒田記代）

高野山　こうやさん

標高　八〇〇～九〇〇m

和歌山県北部、伊都郡高野町にある。周囲を「内外八葉」と呼ぶ峰々に囲まれた東西五㎞、南北約三㎞にわたる標高八〇〇～九〇〇mの山上盆地を指す。平安時代の弘仁七年(八一六)、弘法大師空海が嵯峨天皇からこの地を賜り、以後、真言密教の修行道場として山上に宗教都市が形成された。現在、宿坊を持つ寺院だけで五三、全体では一二〇を超える寺院がある。西からの入り口である大門をくぐり商店街を過ぎると、根本大塔、金堂、西塔などが台地上に建ち並び、一帯は壇上伽藍と呼ばれる。真言宗総本山・金剛峯寺を経て町の中心、小田原通に来ると多数の寺院や町家(商店などの非宗教施設)が並ぶ。さらに東に向かうと奥の院入り口となり、ここから北へ約二㎞の奥の院までは、スギ林の中に大小二〇万基とも三〇万基ともいわれる墓石が並んでいる。奥の院には弘法大師御廟があり、空海の禅定の地として訪れる人が絶えない。

高野山は空海による開山以前からすでに宗教的な聖地であったらしく、丹生《にう》明神、役小角、行基らの開創説がある。空海は高野山開創の勅許を得た三年後の弘仁一〇年(八一九)に伽藍建立に着手したが、完成を待たず承和二年(八三五)、奥の院に入定した。以後、一時衰退期があったが、白川・鳥羽両院や藤原氏など貴族の参詣や寄進を受けて隆盛の道を辿った。中世には大師信仰と浄土信仰が結び付き、全国を遊行する高野聖によって納骨・納髪の風習が広まり、「日本総菩提所」として「死者の山」と考えられるまでに至った。この日本最大墓地の中心が奥の院であるが、本来の山岳宗教と結び付いた真言密教の中心は壇上伽藍である。金剛峯寺を総本山とする高野山真言宗は、奥の院御廟を信仰の源泉に据え、壇上伽藍を修学の地としている。

高野山から南に白口峰(一一一〇m)、護摩壇山(一三七二m)など標高一〇〇〇m級の紀伊山地の山々が龍神までつづき、高野龍神国定公園に指定されている。高野山周辺の地質は秩父古生層の硬砂岩や粘板岩である。ここにスギを主とする樹木が繁茂して自然林を形成し、森厳な雰囲気を醸し出している。「高野六木」と呼ばれる高野槙、松、杉、檜、樅《もみ》、栂《つが》の中には目を見張る巨木も多い。なお、高野山は参詣道の町石道《ちょういしみち》とともに、二〇〇四年に世界遺産に登録された。

登路　ケーブルとバスで山上まで労せずに登れるが、表参道の古い町石道を辿ることで往事を偲ぶことができる。南海電鉄高野線九度山駅から約三〇分の慈尊院が、山上の根本大塔まで一八〇町の町石の始まりである。

紀ノ川の流れを見下ろしながら六本杉峠に登り、古峠、二つ鳥居を経ていったん緩く下る。ゴルフ場を過ぎてから谷間の道を笠木峠に登り、尾根道を矢立峠に向かう。峠で車道(高野山道路)を横切り、四〇町石で再び高野山道路に出合う。スギの巨木が並ぶ九十九折谷を経て、車道に沿った道を登ると大門を経て根本大塔に着く(慈尊院から根本大塔まで約六時間三〇分)。

地図　二・五万図　高野山　橋本

(芳村嘉一郎)

楊柳山　ようりゅうさん

標高　一〇〇九m

和歌山県伊都郡九度山町と高野町の境にあって、高野三山の最高峰。北にある雪池山(九八八m)から見ると美しいピラミッド形の山容である。山頂に楊柳観音を祀る祠があるが、樹木に囲まれて展望はない。

高野山の中心は壇上伽藍と奥の院であるが、全体を胎蔵界曼荼羅として、伽藍は中台八葉院、周りを囲む山々は「内外八葉」と呼ぶ二重の蓮華の花弁になぞらえられている。外八葉のうち摩尼山、楊柳山、転軸山(九一〇m)の三山を「高野三山」と呼ぶが、これは高野山が一八七二年まで女人禁制であったことと深いかかわりがある。

高野山への参詣道は高野七口と呼ばれ、不動坂口、黒河口、大門口、龍神口(湯川口)、相ノ浦口、大滝口、大峰口の七箇所があるが、聖域に近くなると、それぞれに女人堂があり、それより先へは女性の入山は許されなかった。いまはそれぞれの堂跡があり、不動坂口だけが現存している。女性たちはやむなく女人道と呼ばれる険阻な山道から遠く奥の院を拝んだ。大滝口女人堂跡近くの「ろくろ峠」は、山内の様子を首を伸ばしてうかがったことから付けられた名という。

登路　高野山奥の院から摩尼峠に登り摩尼山へ向かう。ここからいったん黒河峠へ下り楊柳山に登る(約一時間一五分)。転軸山へは北の雪池山につづく稜線と分かれて三本杉に下り、西へ車道を行くと登り口がある(楊柳山から約四五分)。

地図　二・五万図　高野山

(芳村嘉一郎)

摩尼山　まにさん

標高　一〇〇四m

和歌山県伊都郡高野町にあり、楊柳山、転軸山(九一〇m)とともに「高野三山」と呼ばれ、霊地高野山奥の院を取り巻いている。かつて高野山が女人禁制であったころ、高野七口にあった女人堂を結ぶ峠から峠へと高野の山々を巡る女人道と呼ばれる参詣道があり、現在も三山の登山路、参詣道として利用されている。山名の由来は仏教の用語からきたものである。山頂には如意輪観音が祀られている。山頂からは展望が利かない。

登路　南海電鉄高野線極楽橋駅でケーブルに乗り換え高野山駅下車。バスで奥の院前に至り、摩尼峠経由で約一時間で山頂に達する。この山だけを目指すより、楊柳山、転軸山を巡るのが一般的だろう。摩尼山より約四〇分で楊柳山へ、さらに約一時間で転軸山山頂に至る。それより約一時間三〇分で不動坂口女人堂バス停に至る。転軸山から約三〇分で出発点の奥の院前バス停に戻ることができる。

地図　二・五万図　高野山　（柏木宏信・黒田記代）

天狗岳　てんぐだけ　　標高　九六八ｍ

和歌山県伊都郡かつらぎ町、高野町の境界にあって、有田川と貴志川との分水嶺をなす。

金剛山や和泉の山から南を望むと、高野山の右に独立峰状の立派な山が見える。その秀麗な山容の山が天狗岳である。天狗岳は高野山とは貴志川で切り離された長峰山脈東端の山であり、その山脈での最高峰である。西の生石《おいし》高原は同じ山系上にある。

天狗岳は前岳と後《うしろ》岳の双耳峰からなり、高野山道路の天狗岳遥拝所から、あるいは高野参詣道の一つである龍神道から見ただけで気品を感じる。しかし、何といっても、貴志川支流の湯子川上方からの山容が圧倒的に優れている。

山名は山中に天狗が遊んでいたとの伝承に由来する。天狗伝説があるだけに、今日でも、ニホンツキノワグマ、ホンシュウジカ、ニホンザルが生息する奥地である。山の地質は落ち着いた色調の秩父古生層からなる。

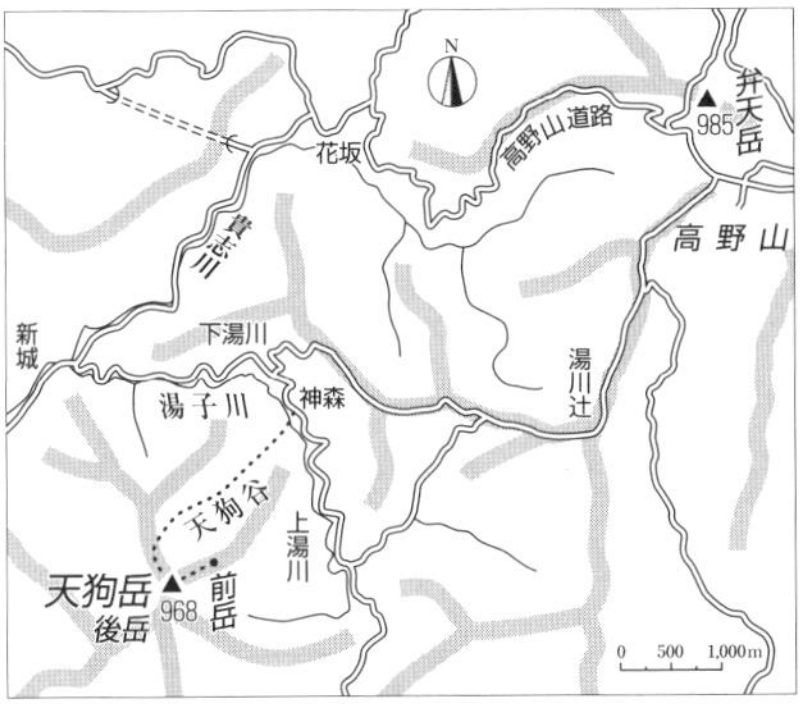

山麓を東から西へ流下する湯子川は貴志川合流点から上流がおだやかながら峡谷となり、天狗岳からは一ノ滝、二ノ滝と多段八〇ｍから一〇〇ｍの長瀑が落ちる。その景色はなかなか圧巻である。

天狗岳へはアプローチが不便であり、明瞭なルートがなく、現在、ガイドブックにも発表されていないから、一般登山者が敬遠し、山に風格がありながら不遇な存在になっているのが惜しまれる。

登路　かつては湯子川が貴志川に合流するかつらぎ町新城《しんじょう》が登山の拠点であったが、路線バスがない現在、車で高野山道路の矢立から花坂に下りて新城に出るのが便利であろう。

新城から湯子川を遡るが、支谷に懸かる長瀑を見過ごさないようにしたい。下湯川への分岐を見送り、まっすぐ川沿いの道を進むと神森《こもり》という廃村に近い在所があり、そこで橋を渡って天狗谷（コノ谷）をつめる。水銀を採掘した跡のある林道を進んだ後、谷沿いの悪い道を登ってから、右方の町界尾根目ざして植林地の中を登ると尾根鞍部に着く。左して急な坂道を後岳へと登る。山頂には三角点が埋まっている。この後岳山頂は静寂であり、南に護摩壇山や伯母子岳が近く、すぐ北に見える前岳は尖った雄峻なピーク。

前岳へはいったん下って登り返す。美しいブナ林が残るが、眺めはよくない。下山は元の道を引き返すのが無難である。

地図　二・五万図　高野山　（上横手健義・黒田記代）

飯盛山　いいもりやま　　標高　七四六ｍ

和歌山県紀の川市那賀地区と粉河地区の境に位置する。山頂にはかつて飯盛山城があり、『太平記』によると鎌倉末期に楠木正成らによって攻め落とされたとある。また、織田氏の高野攻めの時には高野勢が陣を置いたといわれる。いまも土塁と堀切が城跡を伝えている。昔は見晴らしもよかったのだろうが、現在は灌木に覆われ展望は利かない。頂上の南東下に建てられている天守閣は宗教法人の施設で、飯盛山城とは無関係である。

山名の由来は、全国各地にある「イイモリヤマ」と同じく、飯を盛った山容をしているところからきている。

登路　JR和歌山線名手駅下車。麻生津橋を渡り、鉱山跡から桂峠を経由して山頂へ四時間弱。桂峠から稜線を西に縦走して龍門山へは約二時間。

地図　二・五万図　龍門山　粉河

（山田博利・野口恒雄）

龍門山　りゅうもんざん

標高　七五六m

別称　勝神山　紀伊富士

和歌山県紀の川市粉河と打田の境に位置する。紀ノ川の南岸沿いに東西に延びる龍門山脈の主峰である。『紀伊国名所図会』に「府下より是を望むに、その形あたかも富嶽に似たり」と記され、「紀伊富士」の別名を持つ。海上遠くからも目立つので和歌山に入港する船の目印になったという。山名は、この山に棲み、人々を悩ませていた土蜘蛛を退治するため官軍の将が九頭竜王に祈願したところ、現在の塵無池《ちりなしいけ》から現れた大竜の威光により難なく退治できたという伝説による。竜王は水神であり、中腹の一本松や善女竜王の祠が降雨祈願の場所であったらしい。

龍門山は南北朝時代（一三三六～一三九二）の古戦場であり、とくに『太平記』に記された延文四年（南朝暦では正平一四年・一三五九）の合戦は有名である。この戦いでは南朝方の四條中納言隆俊と塩屋伊勢守率いる三千騎が北朝勢三万騎と激しく闘い、多数の死傷者を出して敗走したという。龍門山頂は当時の山城があった所であり、龍門山脈稜線上の最初ヶ峰、飯盛山などにも城跡がある。

地質は主として結晶片岩からなり、頂上付近ではその基層をつらぬいて噴出した蛇紋岩の露頭が見られる。強い磁性を持ち磁石を狂わすので磁石岩と呼ばれる岩（周囲一七m、高さ四m）が田代峠と頂上の間にあり、和歌山県指定天然記念物である。頂上近くの明神岩は龍門山最大の蛇紋岩で高さ三〇m、ロック・クライミングのゲレンデとなっている。そのわきにある冷たい風を吹き出す風穴も蛇紋岩の洞窟で、一〇m近い深さがあり、楠木正成がしばらく隠れて英気を養ったという伝承が残る。また、年間を通じて八～一〇℃ほどの温度に保たれているので、養蚕が盛んであった江戸時代から明治時代にかけて蚕卵紙の保存庫として利用された。蛇紋岩は超塩基性

であるため、その土質の山には有害物質に強い特有の植生が見られる。龍門山の場合はキイシモツケがそうであり、県天然記念物に指定されている。五月から六月にかけてコデマリに似た小さい白い花を散房状に付けるバラ科の小灌木で、蛇紋岩の崩れた所に群生する。頂上付近と北側斜面の蛇紋原と呼ばれる付近にもっとも多い。また、龍門山はギフチョウ生息地の南限にあたり、一九九四年に最後の生息が確認されている。

頂上からの眺めは、北に紀ノ川の流れのかなたに岩湧山、東ノ燈明岳(八五七m)、三国山と和泉山脈が連なり、ちょうど真北が和泉葛城山にあたる。マツなどの樹木が成長したので、南側の生石高原、東の高野山方面は木の間越しに見える程度である。

この山と紀ノ川を挟んで北側にある粉河寺は、西国三十三箇所観音霊場の第三番札所で、宝亀元年(七七〇)創建と伝えられる。本尊・千手千眼観音の霊験を語った『粉河寺縁起』は国宝。庭園は巨石による造形で名高く、龍門山で産した竜門石(蛇紋岩)も用いられている。

登路　JR和歌山線粉河駅から南へ紀ノ川を渡り、ミカン畑の間を一本松へ。ここで中央ルートと田代ルートに分かれるが、どちらか一方を登路に選び、他方を下山路とするとよい。田代ルートは樹林の山道を塵無池を経て田代峠へ登り、峠から西へ稜線を辿り磁石岩を経て頂上に達する(駅から二時間三〇分)。中央ルートへは一本松から林道を西へ進むと、一㎞程先に登山口がある。途中に風穴と明神岩があり、田代ルートにくらべやや急な登りである。

地図　二・五万図　粉河　龍門山

(芳村嘉一郎)

堂鳴海山　どうなるみやま

標高　八七〇m

別称　中峰

和歌山県有田郡有田川町と海草郡紀美野町との境にあり、生石ヶ《おいしが》峰《みね》の約四㎞東方に連なる。郡境の長峰山脈の中峰といわれ、高野先《せん》達《だつ》の修行の地と伝えられる伽藍跡が残る。以前は生石高原のようにススキ草原であったのが、一九五〇年代以降の造林により緑の山に変貌した。南面は高原野菜やサンショウの栽培で有名である。

登路　山頂のすぐ北方に龍神街道の遠井辻峠があり、これより南下して登頂。

地図　二・五万図　動木　田

(柏木宏信・廣田猛夫)

生石ヶ峰　おいしがみね

標高　八七〇m

別称　生石峯　生岩峰

和歌山県海草郡紀美野町と有田郡有田川町にまたがる。高野山から西方に連なる長峰山脈の主峰が生石ヶ峰で、紀伊山地の隆起準平原の一つである。山名の由来は、山中に大岩を祀る生石《しょうせき》神社によるもの。この辺りには古生層の緑色片岩に貫入した石英片岩や石灰岩が飛び出し、方々に大きな岩が立っている。山頂近くに立つ約二〇m程の笠岩と呼ばれる岩もそれである。

山頂一帯は準平原状の平坦なススキの草原となり、眺望がよく、和歌山県の最高峰の護摩壇山や奥高野の山々から兵庫、四国や淡路島の山々も望まれる。また、和歌の浦や紀ノ川の夜景も美しい。一九五五年、この辺りが国立公園となり、さらに一九五九年には生石高原県立自然公園となった。

空海が修行したという笠石や押上石など、岩不動の大観寺や生石神社など修験道の行場にもなっている。最近は園地や遊歩道も設置され、キャンプ場やレストハウスも建てられている。

登路　JR紀勢本線海南駅からバスとタクシーを利用し小川宮に至り、約二時間三〇分で生石ヶ峰山頂に達する。

地図　二・五万図　動木

（柏木宏信・廣田猛夫）

鏡石山　かがみいしやま

標高　五五四m

和歌山県海南市の旧市域と同市下津町、有田郡有田川町にまたがり、山頂は海南市、旧海草郡、有田郡の境をなしている。長峰山脈の西方末端に位置し、山容はなだらかで、東側斜面は海南高原と呼ばれゴルフ場が開かれている。山名の由来は、山頂近くに鏡岩といわれる大きな石があることによる。『紀伊国名所図会』に「飴色なる大石にして高さ三丈、巡り一丈余りありて、万物をうつすこと銅鏡にまされり」と記され、「山頂付近にある鏡石は夕日を反射して眩しく、大崎浦の漁師たちが墨を塗った」と言い伝えられているという。

山頂からは、西方に海南港を隔て、遠く淡路島や四国の山を眺められ、また、東方には生石ヶ峰が望まれる。この山の北西尾根上に中世の山城・大野城跡が残る。

登路　JR紀勢本線海南駅から日限地蔵を経て大野城跡に至り、熊尾寺山に登った後、約三〇分で山頂に至る（海南駅から約三時間）。また、禅林寺経由の場合は熊尾寺山まで約二時間三〇分を要する。

地図　二・五万図　海南

（柏木宏信・廣田猛夫）

城ヶ森山　じょうがもりやま

標高　一二六九m

和歌山県田辺市龍神村と日高郡日高川町との境にあり、護摩壇山の南西約七kmに位置する。白馬《しらま》山脈の主峰として、県下では護摩壇山、鉾尖岳（一三二九m）、小森峰（一二七七m）に次ぐ高さを持つ。山名の由来は不詳。地質は中生代の白亜紀層よりなり、砂岩と頁岩が重なり、一二〇〇m前後の準平原をなしている。近くを高野龍神スカイラインが通じていて、護摩壇山森林公園も近い。

登路　護摩壇山から西南西五kmにあり、スカイラインの笹茶屋峠と護摩壇山バス停の中間から西方に、稜線沿いに林道が通じており、約五kmで山頂直下に達する。

地図　二・五万図　紀伊清水　護摩壇山

（柏木宏信・廣田猛夫）

水ヶ宝形山　みずがほうぎょうざん

標高　一〇六四m

和歌山県有田郡有田川町にある。白馬山脈の東部に位置し、有田川支流の四村川はこの山を源としている。白馬山脈北面のこの山域は有田川流域でも良質のスギ、ヒノキの産地として知られる。

山名の由来は、「遠望すると三宝台に宝をのせた形だから宝形といい、樹林の山はどこを掘っても水が湧きでるからこの名がある」と仲西政一郎は『続・近畿の山』に記している。

山頂からの眺望は雑木のため得ることはできない。この山の西麓には不動の滝があり、よく知られている。

登路　JR紀勢本線藤浪駅からバスで清水に至り、湯川川に沿って登る。清水橋から約三時間で山頂に至る。

地図　二・五万図　紀伊清水

（柏木宏信・廣田猛夫）

白馬山　しらまやま

標高　九五七m

和歌山県有田郡有田川町と日高郡日高川町の境にある。紀伊半島中部の日高郡と有田郡の境を東西に白馬山脈が走っている。護摩壇山から西方に連なる山脈の主峰である。

山名の由来は「白馬の志良は著明の意にて著場《しらば》の義なり、特出の山を言ふならむ」と『紀伊続風土記』に記されている。

山頂への道は、林道の開削などにより寸断されたり、通る人もなく廃道同然、ヤブに埋もれたりと変化が著しい。

山頂は小広い台地だが、樹林の中で展望は得られない。しかし、登山途中には歴史を感じさせる道標や石標に出合うこともできる。高野辻には「右　高野みち、左　若やまみち」の字が刻まれた道標が残っている。山頂のすぐ下方では遠くの矢筈山や清冷山が望める。また、熊野の法師山や大塔山などを望むことができる。

登路　JR紀勢本線御坊駅から御坊南海バスで鳥原下車。約一時間一五分で遊歩道入り口に着き、高野辻を経て山頂まで約二時間で達する。

地図　二・五万図　紀伊清水　金屋　寒川

（柏木宏信・廣田猛夫）

重山　かさねやま

標高　二六三m

和歌山県日高郡由良町にある。山名の由来については、山頂に観音堂があって、そこの住職が四国観音霊場の札所番付の日に寝過ごしてしまって間に合わなかったので、「朝寝」が「かさね」になったという伝説によるともいわれている。

山頂からの眺めは何といっても眼下に広がるリアス式海岸の美しさである。大小の半島と小さな島々が美しい。山麓の北西すぐに「日本の渚百選」に選ばれた白崎県立自然公園がある。『万葉集』にも「白崎は幸くあり待て大船に真楫《まかぢ》しじ貫きまたかへり見む」（巻九）と詠まれていて、当時からその景観はよく知られていたといえる。

JR紀勢本線紀伊由良駅北東にある臨済宗・興国寺は心地覚心の開山で、虚無僧の普化《ふけ》尺八の本山として知られる。また、覚心が中国から伝えた径山寺《きんざんじ》味噌（金山寺味噌）と醤油の発祥の地でもある。なお、すぐ南の日高川町には安珍清姫の道成寺や、アメリカ村、日ノ岬などがある。

登路　紀伊由良駅から西方三㎞にあるので、駅前から白崎行のバスを利用するとよい（紀伊由良駅から約五〇分）。

地図　二・五万図　紀伊由良

（柏木宏信・廣田猛夫）

護摩壇山　ごまだんざん　標高　一三七二m

奈良県吉野郡十津川村と和歌山県田辺市龍神村の境にある。和歌山県の最高峰である。現在は高野龍神スカイラインが一九八〇年に開通し、舗装道路が山頂直下まで通じている。安珍・清姫の伝説で知られる日高川の水源で、この辺り紀州の屋根をなしている。

山名の由来は、源平の戦で敗れた平維盛が一門と別れて高野山に入り、滝口入道の案内で熊野に向かう途中、この地で護摩を焚き、身の浮沈を占ったところ、煙が高く昇らず谷に下がるのを見て、将来にあきらめを付け、那智より熊野の海に入水を覚悟したことによるという。また一説には、平清盛がこの山中で護摩を焚き、身の運命を悟ったことによるともいう。

スカイライン護摩壇山バス停付近は、レストハウスや展望塔などあり、人でにぎわうが展望は山頂よりもよい。眼下に神納川、間近に伯母子岳、さらに奥千丈岳、牛首の峰と東の方には大峰の山々も望まれる。山麓の龍神村には中里介山の『大菩薩峠』で有名な紀伊六湯の一つ龍神温泉がある。伝承では、役小角が開き、また空海が難陀竜王のお告げにより衆人に勧めたと伝えられている。

登路　南海電鉄高野線高野山駅より護摩壇山バス停に至り、徒歩約三〇分で山頂。

地図　二・五万図　護摩壇山

（柏木宏信・廣田猛夫）

伯母子岳　おばこだけ　標高　一三四四m

伯母子山地の中央に位置し、北に荒神岳、西に陣ヶ峰、白口峰、護摩壇山などが連立している。頂上北側の斜面は奈良県吉野郡野迫《のせ》川《がわ》村に、南側は十津川村に属している。

山域は高度経済成長期に自然林が皆伐され、急速に植林された。ただ、尾根から頂上周囲にはブナ、ミズナラ、オオカメノキ、サラサドウダンなどの自然林が残されている。頂上には灌木がわずかに見られるのみで、奈良・和歌山の県境尾根や釈迦ヶ岳から果無《はてなし》山脈にかけての雄大な展望が広がる。

頂上から東に下った肩に避難小屋が建っているが、そこが伯母子峠である。高野山と熊野本宮を結ぶ南熊野街道(小辺路《こへち》)が越えていて、北に下れば野迫川村大股、南に下れば十津川村五百瀬に至る。一八八九年の十津川大水害の折には、大勢の村民がこの峠を越えて北海道に移住したという、歴史を秘めた峠である。

登路　大股の登山口から小辺路を登り、萱小屋跡、檜峠を経由して、夏虫山の東を巻いて行く。登山道は広く未舗装林道を歩く気分である。護摩壇山からの遊歩道に出合い、ひと登りすれば頂上に至る(約二時間三〇分)。

護摩壇山駐車場から約七㎞の奥千丈林道中程に「伯母子岳登山口」がある。整備された平坦な伯母子岳・護摩壇山遊歩道が伯母子峠までつづいており、登山口から五㎞歩けば頂上に着く。

地図　二・五万図　伯母子岳　上垣内

（森沢義信）

牛廻山　うしまわしやま

標高　一二〇七m

和歌山県田辺市龍神村と奈良県吉野郡十津川村の境にある。果無《はてなし》山脈が和田ノ森（一〇四九m）で南北に分かれる尾根上にあって、安堵山の北方約五㎞にある。この山の北方約二㎞の地点を国道四二五号が通り、十津川から龍神を結ぶ牛廻越が途中にある。古くから高野山と熊野三山の参詣道として開かれており、大塔宮一行もここを通ったといわれている。かつては牛廻越から牛廻山、西方の大峠山（一一二一m）を通る尾根道の利用が盛んであったといわれているが、いまは十津川支流の西川沿いの道と上湯川沿いの林道が敷設されため、尾根道の利用がなくなり、廃道同様という。山頂は自然林の中で樹林越しに果無の山々が望める。

山名の由来は、奈良県側の西川沿いの村と和歌山県側の小又川沿いの龍神村の人たちが、この山に登り交易を行っていた。仔牛と親牛の交易も行われていて、そこから「牛廻し」と呼ぶようになったものらしい。

登路　JR紀勢本線紀伊田辺駅から龍神バスで龍神温泉へ。温泉から大峠山の南肩にある大峠経由で、約四時間で山頂に達する。車利用時は国道四二五号の牛廻越から南の尾根通しで二㎞地点に登山口がある。この辺りの林道は錯綜しているので、地図とコンパスは必携。

地図　二・五万図　重里

（柏木宏信・廣田猛夫）

笠塔山　かさとうやま

別称　かさんどうやま

標高　一〇四九m

和歌山県田辺市中辺路町と同市龍神村の境にあり、果無《はてなし》山脈に属している。山名の由来は、かつてこの山には魔物が棲みついていて人々から恐れられていた。陰陽師・安倍晴明がこの山に入り、笠の中で祈禱し、魔物を封じたという伝説によるものといわれている。この山頂にはアンテナ塔が建ち、北方から南西方に展望が開ける。この山の南斜面には笠塔森林公園が整備されて、モミ、ツガの原生林が保護されている。この公園に入るには、事前になかへち町観光協会に申し込む必要がある。

登路　JR紀勢本線紀伊田辺駅から龍神バスで西に至り、笠塔大橋を経由し、大橋からは約二時間で山頂に達する。西からは大橋までの便が悪く、徒歩では二時間以上要するから、車を利用した登山となる。

地図　二・五万図　恩行司　西

（柏木宏信・廣田猛夫）

清冷山　せいれいざん

標高　八七八m

和歌山県日高郡日高川町美山地区の中央南部にある。清冷山の北面から東面にかけて日高川が極端に蛇行していたが、いまは椿山ダムの湖水となっている。この清冷山を北限にして山稜は南に下り、さらに西へ筵《むしろ》畑《ばた》峠、経平峠から真妻山に延びている。これを清冷山脈と呼ぶ人もある。アプローチに時間がかかるので、訪れる人も少ない。それだけに静かな山である。『紀伊続風土記』には「頂上禿にして、草樹なし此のあたりの高峰なり」と記されているが、現在の山頂はスギの植林で、展望はよくない。

登路　JR紀勢本線御坊駅から御坊南海バス(川原河《かわはらごう》でコミュニティバスに乗換え)にて笠松バス停下車。笠松大橋を渡り返し、対岸で林道に入った登山口から山頂へ約二時間。

地図　二・五万図　寒川

(山田博利・野口恒雄)

矢筈岳　やはずだけ　標高　八一一m

和歌山県日高郡日高川町中津地区と同郡印南町の境にある。「矢筈」と名付けられた山は全国に数多くあるが、その山容が矢の尾部の弦に掛ける部分(矢筈)の形状に似ていることからきている。

中津村の最高峰であり、日高川支流の鷲の川の源となっている。登山口近くの鷲の川の滝は「紀の国の名水」の一つに選ばれている。『紀伊国名所図会』にも記載されている日高川の名瀑である。この辺りハイキング・コースとして地元が整備している。

山頂は疎林の中にあり、展望は北方に白馬山脈の山々、東方には清冷山、南西方には真妻山が、西方には紀伊水道が望まれる。

登路　アプローチは車もしくはタクシー利用になる。小釜本橋を渡り、鷲の川沿いの道に入る。約五分歩いて双子橋。鷲の川遊歩道に入り矢筈土場を通過、丸太橋を渡り稜線に向かう。自然林の道を通り抜け、露岩交じりの痩せ尾根を進み約三時間で山頂に着く。下山は田尻城跡を経て小谷峠経由で小谷橋へ出る。約三時間の行程である。

地図　二・五万図　川原河

(柏木宏信・重廣恒夫)

真妻山　まづまやま　標高　五二三m

別称　日高富士

和歌山県日高郡日高川町の南東に聳える山で、南は同郡印南町に接している。日高川の支流・江川《えがわ》川の水源をなし、美しい錐形の山容から「日高富士」と呼ばれる。低山ながら紀州の名山として高い評価を得ている。JR紀勢本線和佐駅付近から、日高川を前景にした真妻山の麗姿を眺めてみるのもよい。

この低山の人気の秘密は、まず秀麗な山容にあるのはもちろんであるが、さらに山頂からのすばらしい展望にもある。東に清冷山や矢筈岳など紀州の名山を、西に御坊から日ノ岬にかけての海岸線を望むことができる。山の北面を覆うさわやかな原生林もすばらしい。

登路　登山口の日高川町山野《さんや》への公共交通機関がないため、JR紀勢本線御坊駅からタクシーを使うか、車登山になる。大滝川森林公園駐車場から大滝川沿いの遊歩道を東へ歩き、もみじ谷に入る。涼《すず》みの谷を見て徳本《とくほん》上人初行洞窟を経て疎林帯の道を進む。左下からフセ谷道が出合い、急斜面を登ると広々とした真妻山の一等三角点に到達する。約一時間三〇分の行程である。下山は主稜線を東に進み、観音堂跡を経て急な北尾根を下ると約一時間二〇分で大滝川出合に至る。

地図　二・五万図　古井

（上横手健義・重廣恒夫）

高尾山　たかおやま（さん）　標高　六〇六m

別称　高雄山　鷲尾山

和歌山県田辺市街の北東、上秋津にあり、独立峰であるため田辺市内からもよく望まれるため、市民にはシンボル的な存在ともなっている。

高尾山の南西斜面、四〇〇m付近に高尾山経塚群が発見された。これは平安時代末のものと推定され、高尾山廃寺跡と考えられ、これが山名の由来であろう。また、一説にはこの廃寺は和気清麻呂が愛鷹の死を弔うために鷹の尾を分葬し、伽藍を建立したのが始まりともいう。

頂上にある展望台（経塚記念塔）からは田辺湾が望め、白浜の円月島、紀伊水道の向こうには四国の山々がかすんで見え、山頂東側を少し下れば東の展望台があり、近くの槙山（七九六m）、遠くの野竹法師（九七一m）、大塔山、法師山などが望める。

この山の南麓斜面は、古くから果樹園が開かれ、県下屈指のミカン類の生産量を誇っている。

登山口近くに田辺南部海岸県立自然公園に指定された奇絶峡があり、『紀伊続風土記』に、「四季を通じての渓谷美がすばらしい」と記載されている。一九六六年、不動滝の上部に磨崖大仏が刻まれた。これは堂本印象が描いた阿弥陀仏、観世音菩薩、勢至菩薩の弥陀三尊像を刻したものである。

登路　JR紀勢本線紀伊田辺駅から龍神バスで奇絶峡で下車し、登山口から近畿自然歩道を辿り、約一時間三〇分で頂上に達する。

（柏木宏信・重廣恒夫）

地図　二・五万図　秋津川

三星山　みつぼしやま・みぼしやま　標高　五四九m

和歌山県田辺市にあり、果無《はてなし》山脈の西端部にあたり、田辺湾を望む位置にある。この山は四つの峰からなり、山頂からの眺望は主峰より五分程南方の岩峰からがよく、北側では紀州の山々が、また、西方には四国の山々が見えることもあるという。

古第三紀層の砂岩帯からなり、山麓にはサクラの名所として、また、奇勝山峡をなすといわれる秋津川の奇絶峡がよく知られている。一九六六年に滝上の絶壁に磨崖三尊仏が刻まれている。この辺りは田辺南部海岸県立自然公園に指定されている。秋津川上流は、田辺の商人・備中屋長左衛門が考案したといわれる備長炭の発祥地だ。

この山は隣の竜神山《りゅうぜんさん》（四九六m）と併せて登るのが普通であり、竜神山頂には竜神宮が祀られており、古くから近在の人々から雨乞いの宮としてあがめられ、登られてきた。

登路　JR紀勢本線紀伊田辺駅から佐向谷登山口までタクシーか車の利用となる。登山口から竜星ノ辻、西岡のコルを経て山頂まで約一時間二〇分。三星山からは竜星のコルを経て竜神社、竜神山、八幡社を訪ねて崎の堂を経て佐向谷登山口に戻る。崎の堂から重善山、ひき岩群への縦走もできる。

（柏木宏信・重廣恒夫）

地図　二・五万図　秋津川

安堵山　あんどやま(さん)

標高　一一八四m

奈良県吉野郡十津川村にあり、果無《はてなし》山脈の中央部にあたる。その最高峰は東側約二kmにある冷水山(一二六二m)で、安堵山〜冷水山の縦走登山が一般的である。果無山脈は紀伊山地の中央部を東西に約五〇kmにわたって連なっており、東は十津川の七色から西は印南まで、中央部で約一〇〇〇mの高さを持つ山並みである。山名の由来は南北朝のころ、護良《もりよし》親王が熊野落ちして十津川へ逃れる途中、この山に至り安心された故事から出たと、『紀伊続風土記』に記されている。

山頂からの眺めは、高野の山々はもちろん、大塔の山並みや大峰の峰々を望むことができる。

登路　和歌山県田辺市か十津川村から登るが、第二六回の和歌山県国民体育大会で使われたコースも荒れてきている。いまでは果無山脈の縦走を試みる以外は、山脈のほぼ稜線沿いに通じているスーパー林道「広域基幹林道龍神本宮線」が利用されている。この林道から安堵山、和田ノ森(一〇四九m)や冷水山が、三〇分前後でいずれの頂にも登ることができる。

地図　二・五万図　発心門　恩行司

(柏木宏信・重廣恒夫)

悪四郎山　あくしろうやま

標高　七八二m

和歌山県田辺市中辺路町にある。熊野古道中辺路の標高のいちばん高い所がこの山の中腹を横切っている。山名の由来は、南北朝の時代に実在した十丈悪四郎という人物からきている。悪四郎はいたずら好きでたいそう力持ち、また巨漢であったといわれ、中辺路を通る人たちにいたずらをしたと伝えられている。

十丈王子と大坂本王子の間に悪四郎屋敷跡の表示板が立てられている。山頂は古道より近い。山頂に立っても展望は木々にさえぎられ期待はできない。屋敷跡からすぐの所に三体月伝説の残る地があり、旧暦の一一月二三日の深夜に、いまも酒を持ち寄り、月待ちの集いが開かれている。

登路　JR紀勢本線紀伊田辺駅からバスで滝尻バス停まで乗車。現在では中辺路はここから始まり、田辺から滝尻王子までは古道のほとんどが車道になってしまった。中辺路を歩いて約四時間で悪四郎屋敷跡に至り、そこより約二〇分で山頂に達する。

地図　二・五万図　栗栖川

(柏木宏信・重廣恒夫)

冷水山　ひやみずやま

標高　一二六二m

別称　果無山

奈良県吉野郡十津川村にあるが、和歌山県田辺市本宮町にも近い。奈良県と和歌山県の境を東西に連なる山々を「果無《はてなし》山脈」と呼んでいる。この山脈の最高峰が冷水山であり、東は熊野川上流の十津川から、西は和歌山県の南部川上流の虎ヶ峰に連なっている。中心は冷水山の西方の和田ノ森(一〇四九m)で、この山で果無山脈が南西に方向を変えることから、狭義の果無山脈の西端にあたるという見方もある。
この山脈の東端に果無越があり、高野熊野街道が横断している。峠の東側を下ると石畳の古道(小辺路)が跡をとどめており、熊野を指し示す道標も残っている。この道は高野山から伯母子峠、果無峠を経て熊野本宮、新宮を結ぶ熊野古道であった。

登路　和歌山県田辺市か、奈良県十津川村十津川温泉からとる。かつてはいずれも山中一泊の準備が必要であったが、現在はスーパー林道「広域基幹林道龍神本宮線」を利用し、簡単に登れる山となった。この林道は果無山脈稜線の直下を東西に通じており、和田ノ森、安堵山、冷水山など手近に登れる。三〇分から一時間程で目的の山に至る。

地図　二・五万図　発心門

(柏木宏信・重廣恒夫)

百前森山　ひゃくぜんもりやま　標高　七八三m

別称　三里富士

和歌山県田辺市本宮町にあり、果無《はてなし》山脈の東端にあたる。この山の東側を熊野古道の一つ、高野と熊野を結ぶ小辺路が通っている。
この辺りの山々のほとんどが中腹以下は植林で覆われているが、百前森山の山頂は植林帯を抜けシャクナゲの茂る灌木林で、木の間越しに熊野川の流れがうかがえる。

登路　JR紀勢本線新宮駅からバスで熊野萩下車。約二〇分で百前森山登山口に達し、二時間で山頂に至る。小辺路の果無峠まで石地力山(一一四〇m)を経て約三時間。北に下れば十津川温泉、南に下れば、道標を兼ねた西国三十三箇所の観音石が配祀された古道を辿り八木尾に出る。

地図　二・五万図　発心門　伏拝

(柏木宏信・重廣恒夫)

嶽山　だけやま　標高　八五〇m

和歌山県田辺市大塔地区にあり、日置川の支流・安川と和田川に挟まれた、大塔山から北に連なる山々の支尾根にある円錐形の山容を持った山である。旧大塔村は県下三位の広い面積を有する村で、東牟婁郡との郡境にあって山林野率が九七%を占めるという山岳地帯である。また、この村は元弘の乱(一三三一年)に大阪・金剛山麓の赤坂城で敗れた後醍醐天皇の皇子・大塔宮護良親王が熊野に落ちたが、それがこの地であったという伝説があり、村名の起こりという。
和田からの登山道は岩稜が多く、付近はおおむねスギ、ヒノキの植林地であり、山頂は灌木の茂る狭い台地となっている。展望は野竹法師をはじめ大塔山系の半作嶺(八九三m)、法師山、大塔山などと、九〇〇m前後の山々を望むことができる。かつてはこの山の麓を熊野街道の間道が通じており、多くの旅人が本宮の参詣に通ったという。

登路　バス便がないのでJR紀勢本線紀伊田辺駅からタクシーまたは車の使用となる。県道二一九号から和田川沿いに二・五㎞北上し、左岸の廃屋が登山口である。マツやヒノキの植林帯から小ピークに達し、烏帽子岩(ローソク岩)の巻き道を辿り、岩尾根から馬ノ背を越えると山頂である(約四時間)。下山は南尾根に下るのがベター。

地図　二・五万図　栗栖川　皆地　合川　木守

(柏木宏信・重廣恒夫)

野竹法師　のたけほうし　　標高　九七一m

和歌山県田辺市大塔地区と同市本宮町の境にある。日置川支流の又井川と大塔川の支流の黒蔵谷と高山谷の間の稜線上に位置する。なお、黒蔵谷は沢登りの対象として著名である。

山名は、この山の北東約四kmにある旧野竹村(現本宮町野竹)の名にちなむものか。山頂からはあまり眺望は得られないが、木々の間から法師山などが望める。山麓には温泉の多い所で、なかでも川湯温泉は川の中に仙人風呂(千人風呂)が設けられ、無料で開放されている。

登路　JR紀勢本線紀伊田辺駅から龍神バスで平井郷まで約一時間二〇分。登山口まで約四〇分、椿尾峠、ゴンニャク山を経由して約三時間三〇分で山頂に達する。

地図　二・五万図　皆地

(柏木宏信・重廣恒夫)

大塔山　おおとうさん(ざん)　　標高　一一二二m

別称　大多和山《おおたわ》　大高山《おおたか》　大塔峰《おおとうのみね》

紀伊半島南部の最奥に座する雄大な山で、和歌山県東牟婁郡古座《こざ》川《がわ》町、新宮市熊野川町、田辺市本宮町、同市大塔地区にまたがる。日置《ひき》川、古座川、大塔川の分水嶺であり、四方に長大な群山を連ねる様は、まさに熊野の重鎮と呼ぶにふさわしい。

熊野は古来から隠国《こもりく》と呼ばれた土地柄である。同時に神聖な大自然に対する信仰の地である。平安時代から、遠く京都を発って熊野本宮に参詣する風潮が盛んになり、「蟻の熊野参り」と形容されるほどの活況を呈したのである。

その参詣の道跡の探訪は、熊野古道の名で今日またブームとなり、熊野古道の中でも、那智大社から三〇kmに及ぶ熊野本宮《ほんぐう》への山越え道は、屏風のような大塔山を横に見る最大の難所であった。大雲取越・小雲取越がその道である。大塔川と十津川の合流点である請川《うけがわ》ノ宿へ抜け、本宮へ至るコースは、いまも訪れる旅人が後を絶たないほど定評がある(なお「紀伊山地の霊場と参詣道」は二〇〇四年七月、世界文化遺産に登録された。一四三一ページ参照)。

大塔山は直線距離にして新宮から約二五km、那智勝浦から約三〇km程であるが、山頂からそれらの海岸線がはっきりと見えることが少ない。それは、東に大雲取山をはじめとする大雲取越の峰々が遠望をさえぎり、西は法師山の巨体が聳えているためである。北には峻峰として知られる野竹法師が奥高野の山並みへとつづいていて、見渡す限り山の波の中に埋没する。大塔山はその山の波の中央に根を張る山であるが故、鎮山の称号がふさわしいのであろう。

『紀伊続風土記』によれば、大塔山について次のように記されている。「大塔山　古より　今にいたりて　その頂きを極めたるものなければ　その高さを測ることあたはず　山脈四丈万岐して諸峰の本拠なり」。天保一〇年（一八三九）の古い記録であるが、よく大塔山の特徴を記述している。そしてまた、同書によれば大塔山の山名の由来を次のように記す。「山頂二峰にわかれ　北を一ノ森　南を二ノ森と称すなり　大塔は大多和の義にして　二峰の間大なる多和をなすを似て大多和の峰といひしが転じたるなり」。その意味は、二つの峰の間が大きくたわんでいる（鞍部になっている）ことから「おおたわ」と形容され、それが転訛して大塔山となったとのこと。そして、ここでいう二ノ森とは三角点のある本峰のことである。

全山が原生林に覆われていた大塔山も、明治になってから伐採が進み、さらに太平洋戦争後は、伐採と造林が繰り返された。かつての幽境も白日にさらされたが、現在も山頂周辺に二〇ha近いブナ林が残り、東の足郷山にかけての尾根筋には豊かな自然林が残っている。流下する日置川、古座川、大塔川の渓流は、いずれも豊かな水量を誇り、深淵や飛瀑の景勝となっている。なかでも大塔川上流は滝と岩壁が豪快で、川湯温泉が拠点になる点で人気がある。伐採のための山道は四通していたはずであるが、いまでは山仕事の人影を見ることもなく、多くは廃道となっているようであり、ルートどりに苦労する。京阪神からはアプローチが長く、車を使う以外に入山するすべがない上に、登山口までの走行が複雑である。

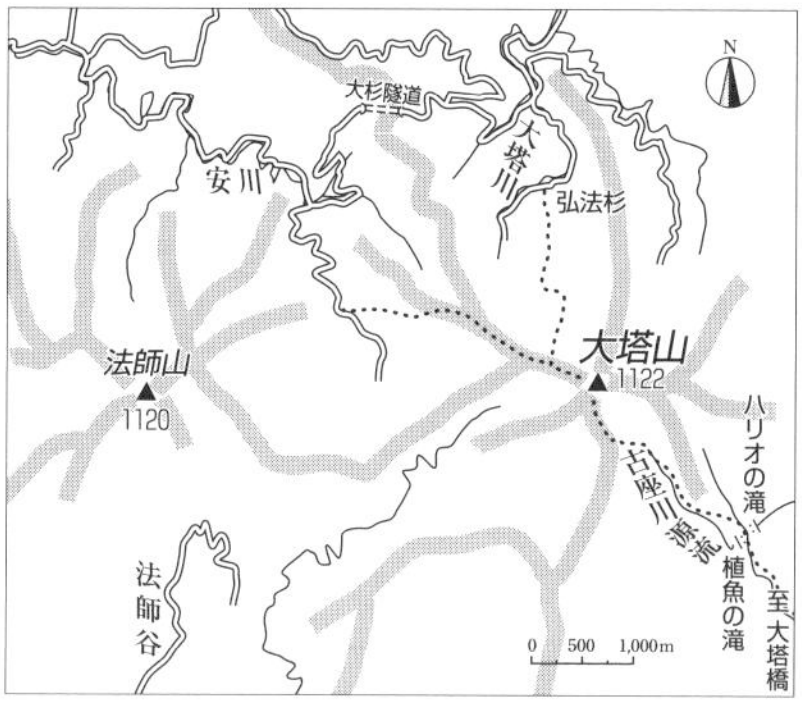

登路　海岸線を田辺市まで走り、旧中辺路《なかへじ》町から日置川筋に進み、支流の安川の林道を起点とする西側ルートが最短である。あるいは、大塔川源流の弘法杉から、やはり一ノ森に登る北コースがあると聞くが、最近は道が荒廃している。

現在、もっとも代表的なコースは、古座川を遡る南ルートである。古座川源流の大塔橋が登山口になるが、道順を理解するのが相当に困難である。京阪神からは、十津川沿いに南下してから赤木川沿いに遡る。支流の和田川に入ってのち、足郷トンネルを抜けて大塔橋に出る。和田川以降の車道はきわめて悪く、車の運転には細心の注意が必要である。

この古座川遡行コースは、水量が多いと徒渉を数回強いられる。途中に二本の名瀑がある。ハリオの滝は容易に見られるが、植魚《うえうお》の滝はゴルジュの間に落ちているので無理は避けたい。源流は扇状に分かれ、踏み跡を拾って急斜面を登り切り、大塔山南尾根に達する。後は、ブナ林の中に咲くシャクナゲの花を観賞しつつ、急登して山頂の二ノ森に立つことになる。北を除き三方の展望はよい。帰りは足郷山への尾根を経る周回コースも考えられるが、八時間以上の長丁場になる。大塔橋からの往復でも七時間を要する。

地図　二・五万図　木守　紀伊大野

（上横手健義・重廣恒夫）

法師山 ほうしやま(ざん)

標高 一一二一m

別称 法師森 法師ノ峰

和歌山県田辺市大塔地区にあり、熊野山地の盟主・大塔山の西方五㎞に並び、そのピラミダルな山容を誇っている。なお、山頂にはマイクロウエーブ反射板が設置されている。展望は三六〇度を誇り、すぐ東に大塔山、烏帽子山、さらには大雲取山が。南は熊野灘。西方には百間山、三ツ森山(九五〇m)など。さらに北方には野竹法師などの果無《はてなし》の山々が望める。

山頂付近はブナの原生林で、春の花時にはシャクナゲ、アケボノツツジなどが美しく、目を楽しませてくれる。

山麓の百間山渓谷にはハイキング・コースなどが整備されており、ここだけに絞って楽しむこともできる。

登路 田辺市街から車またはタクシーで登山口に至り、登山口から約三時間で法師山山頂に至る。下山は入道山(一〇一〇m)を経て石尾根を下り、登山口に戻ることもできる。約三時間三〇分。

地図 二・五万図 木守

(柏木宏信・重廣恒夫)

百間山 ひゃくけんざん・ひゃっけんざん

標高 九九九m

和歌山県田辺市大塔地区にあり、紀伊半島南部を東西に横切る大塔山系の中央部に位置する。大塔山を盟主に、東方に足郷山(八八九m)から西方に法師山、三ツ森山(九五〇m)、半作嶺(八九四m)と連なり、その中央に屹立している。

山名の由来は山腹にある百間滝の名によるものである。古くから知られた麓の百間山渓谷は、日置川支流の熊野《ゆや》川上流に約五㎞にわたり、滝、淵、甌穴《おうけつ》が発達していて、天然林と巨岩、奇岩の間の滝などの景勝から一九六六年、県名勝・天然記念物の指定を受けた。

山頂からは三六〇度の展望が得られ、東には法師山が大きく聳え、北方には大峰の山々や果無の山々が望まれる。

登・下山に百間山渓谷の探勝を省略することもできるが、時間の余裕が欲しいものだ。渓谷入り口には百間山キャンプ村がある。

登路 田辺市街から車またはタクシーで百間山渓谷駐車場に至る。百間口から渓谷経由で山頂までは約三時間。林道から登山口経由の場合は約二時間で山頂に至る。

地図 二・五万図 合川 木守

(柏木宏信・重廣恒夫)

峯ノ山 みねのやま

標高 四八二m

和歌山県東牟婁郡古座川町にある。古座川河口から約一四㎞上流に国の天然記念物に指定されている一枚岩がある。高さ約一〇〇m、幅約五〇〇mの巨岩が屏風のようにそそり立つ。嶽ノ森山(三七六m)はその対岸に屹立し、その南方約一㎞に峯ノ山がある。

山名の由来は峯ノ山東方に峯の集落があることによるものだろう。この集落は古くからあり、往時は峯ノ山を越えて三尾川《みとがわ》、串本町有田、多並、蔵土《くろず》に通じる街道が通っていた。

嶽ノ森山の山頂からの眺めは、南方直前に峯ノ山が控え、北方には大塔山、法師山、北東方には鳥屋ノ森山、大雲取山などが望まれるが、峯ノ山山頂は雑木が繁茂しているためほとんど展望は得られない。

山頂にはＮＨＫのアンテナ塔が設置されており、南に少し下った所に水呑大師がある。ここのわき水は涸れることなく、旅人の喉を潤し愛されてきたという。

登路　ＪＲ紀勢本線串本駅からふるさとバスで一枚岩停留所で下車。すぐ近くに嶽ノ森山登山口があり、嶽ノ森山経由約二時間で山頂に至る。あるいはバスで相瀬橋で下車し、約二時間で直接峯ノ山に至る。

地図　二・五万図　三尾川《みとがわ》　（柏木宏信・重廣恒夫）

大雲取山　おおくもとりやま　標高　九六六ｍ

和歌山県東牟婁郡那智勝浦町の北方にあり、那智勝浦町と新宮市の境にまたがる。『紀伊続風土記』に「峰の高き事雲を捕るへき形なるを以て雲取の峰と称す」と記されている。これが大雲取山の名前の所以であろう。

大雲取山は南紀の最高峰で、この山を越えて熊野街道中辺路が通り、那智と熊野本宮を結ぶ熊野三山詣での道として、鎌倉時代初期にはすでに利用されていた。この道の大雲取山を越える部分を大雲取越といい、北方の如法山（六一〇ｍ）を越す部分を小雲取越と呼んでいるが、この辺りは熊野街道最大の険路といわれていた。大雲取山付近にはいまも昔の地蔵峠の茶屋跡が残っている。

熊野街道紀伊路の田辺市から山間部を通り熊野本宮に至る道を中辺路と呼んでいるが、本宮から小雲取、大雲取を越えて那智勝浦町の浜の宮までを含める場合もある。

登路　ＪＲ紀勢本線紀伊勝浦駅からバスで大門坂で下車し、那智地蔵茶屋跡まで約三時間四〇分。茶屋跡から約一時間で大雲取山頂に至る。

地図　二・五万図　紀伊大野　本宮　新宮　（柏木宏信・重廣恒夫）

烏帽子山　えぼしやま　標高　九一〇ｍ

別称　那智山《なちさん》

和歌山県東牟婁郡那智勝浦町と新宮市にまたがる山で、那智山の総称で呼ばれる山々の主峰である。那智山は烏帽子山、光ヶ峯（六八六ｍ）、妙法山（七四九ｍ）に囲まれた一帯をいい、その中心の山が烏帽子山である。一般に那智山という時、西国三十三箇所観音霊場の第一番札所である青岸渡寺と熊野三山の一つである那智大社、また、妙法山にある弘法大師空海の開いたという妙法山阿弥陀寺などを指す。

烏帽子山には、山頂東に石英斑岩の烏帽子の形をした烏帽子岩と呼ばれる大岩があるため、これにちなんだ山名となった。また、那智山の名前の由来は「難地」、あるいは信仰的に、本宮、新宮よりも「のち（後）」に開かれたから、さらに地主神の大穴牟遅神《おおなむちのかみ》の転訛ともいわれている。

山頂付近からは熊野灘に浮かぶ大島、大雲取山、玉置山（一〇七

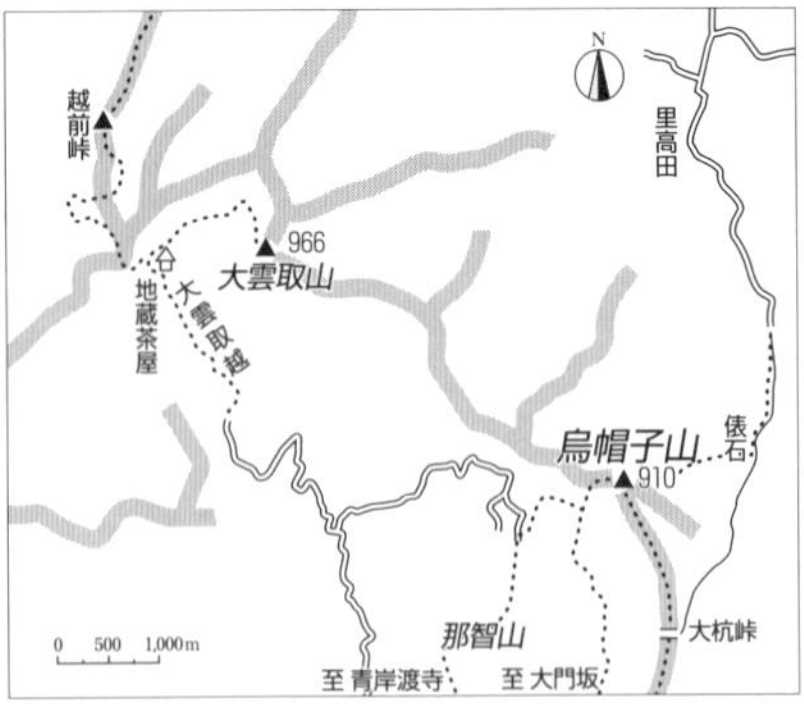

六m）、法師山をはじめとし、南紀の山々を展望することができる。

那智の山中には光ヶ峰、烏帽子山、舟見峠と妙法山から本谷、東谷、西ノ谷と新客谷の四つの渓流が南流し、那智川となって熊野灘に注いでいる。海岸から稜線までの距離がわずかにもかかわらず九〇〇mから七〇〇mの標高差があるため数多くの滝が発達している。これらを「那智四十八滝」と称し、もちろんその一の滝は「那智滝《なちのたき》」である。高さ一三三m、幅一三m、滝壷の深さは一〇mにも及ぶとあって、日本一の名瀑といわれる。国指定の名勝となっている。西行も『山家集』に「雲消ゆる那智の高嶺に月たけて光を抜ける滝の白糸」を残している。

登路　ＪＲ紀勢本線紀伊勝浦駅または那智駅からバスで大門坂駐車場前（約二〇分）で下車し、光ヶ峯との分岐から大杭峠まで約二時間、陰陽の滝への分岐までは約二時間。そこから約一時間で山頂に達することができる。下山は約三時間を要する。陰陽ノ滝コースは二〇一一年の台風一二号で大きな被害を受けたので、登・下降には充分な注意が必要である。また、青岸渡寺から入山する場合は、熊野那智大社に申し出る。

地図　二・五万図　新宮　紀伊勝浦

（柏木宏信・重廣恒夫）

烏屋ノ森山　とやのもりやま

標高　四五八m

和歌山県東牟婁郡古座川町にある。この辺りは低山が並んでおり、古座の町からもその美しい姿を望むことができる。かつて南朝の落人が住み着いた所といわれ、山中にその跡を留め、昔を偲ばせるという。山頂は周りの樹々が伐り開かれて見晴らしもよく、重畳《かさね》山（三〇二m）や妙法山（七五〇m）、烏帽子山などを望むことができる。

登路　ＪＲ紀勢本線古座駅から古座川の支流・小川に沿い古座川町直見に至り、吊り橋を渡って添ノ郷集落から尾根に取りつく。直見から約二時間三〇分で山頂に至る。

地図　二・五万図　古座

（柏木宏信・重廣恒夫）

大森山　おおもりやま

標高　八四二m

和歌山県東牟婁郡古座川町、西牟婁郡白浜町と田辺市大塔地区の境にある。大塔山から南に派生した尾根上にある一峰で、古座川支流の平井川の源流をなしている。

この大森山東斜面に一九二五年、共有林四二七haを購入して北海道大学農学部付属の演習林が開設された。北海道大学の本州で唯一の研究林である。

山頂部を田辺市と古座川町平井を結ぶ田辺街道といわれる古い道が通じている。山頂からは熊野の山々や熊野灘も眺望できる。また、古座川周辺には温泉が数々あり、なかでもこの山の南麓の湯ノ花温泉がよく知られている。

登路　JR紀勢本線周参見《すさみ》駅からタクシーもしくは車で平井に向かう（約一時間四〇分）。研究林内への入山手続きをしてから入山する。展望台まで約二時間三〇分。展望台から約四〇分で大森山山頂に至る。

地図　二・五万図　下露

（柏木宏信・重廣恒夫）

紀伊山地の霊場と参詣道

二〇〇四年七月にユネスコの第二八回世界遺産委員会で「紀伊山地の霊場と参詣道」が世界遺産に登録された。わが国では一二件目の登録となる。その包含する範囲は、霊場として「吉野・大峰」、「熊野三山」と「高野山」であり、参詣道として「大峰奥駈道」、「熊野参詣道（中辺路・小辺路・大辺路・伊勢路）」と「高野山町石《ちょういし》道《みち》」が含まれ、三重、奈良と和歌山の三県にまたがる広範な地域である。世界遺産としての分類は「文化遺産」、「自然遺産」およびこの二つを併せた「複合遺産」の三つに分類されるが、このたびの登録にはこの地域の人間と自然との営みから生み出された、景観としての「文化的景観」が全面に採り上げられ、「文化遺産」として登録された。

霊場をめぐる山々

吉野をはじめ各霊場は山名が冠されているが、いずれも特定の山を名指すものではなく、ごく限られた山域の一部の総称である。

吉野山は奈良県吉野郡吉野町に属し、大峰山脈の北端に位置する。標高三〇〇～八〇〇mの尾根上にあり、南北約八kmに連なる。この地のシンボル・金峯山寺蔵王堂を中心とし吉水神社、勝手神社、水《み》分《くまり》神社などが鎮座する。

大峰山は紀伊半島の中央を南北五〇㎞にわたる標高約一二〇〇mの山々を指し、そのほぼ中央の山上ヶ岳の大峯山寺が修験道の根本道場として開かれている。言い伝えによれば、約一二〇〇年前に役小角によって開山されたとされる。

熊野三山とは熊野三所権現のことをいい、熊野本宮大社(熊野座神社、田辺市本宮町)、熊野速玉《はやたま》大社(熊野速玉神社、新宮市)と熊野那智大社(東牟婁郡那智勝浦町)を総称していう。

高野山は和歌山県伊都郡高野町に属し、長峰山脈の北東部に位置する。摩尼山(一〇〇四m)、転軸山(九一〇m)、楊柳山(一〇〇九m)など「高野三山」をはじめ「内外八葉」といわれる標高一〇〇〇m前後の峰々に囲まれた八〇〇m前後の東西六㎞、南北三㎞の盆地状の地域の総称であり、金剛峯寺の山号である。高野山は真言宗開祖の空海が弘仁七年(八一六)に嵯峨天皇からこの地を賜り、宗の根本道場として開山したが、それより以前に役小角や行基が開創したという説もある。

熊野古道・高野山町石道の山

大辺路と伊勢路　ともに紀伊半島の海岸沿いに西側、東側をそれぞれ通じている。平野部の少ない紀伊山地の峰々が海岸に迫る所を通り、山岳部の峠を結んでいる。

大辺路は風光明美な海岸沿いの道が多く、比較的平坦である。もっとも高い所で富田坂越で四〇〇m、唯一山に登る重畳山《かさねやま》(三〇二m)では本州最南端の潮岬や橋杭岩、大島などの眺望が楽しめる。

「熊野へ参るには、紀路と伊勢路のどれ近し、どれ遠し広大慈悲の道なれば、紀路も伊勢路も遠からず」(『梁塵秘抄』)とあるが、実際は紀路の方が難路とされた。また、伊勢路には乗船による便があった。伊勢路で山を越えるのは「歴史の道百選」に選定されている馬《ま》越《ごせ》峠越と八《や》鬼《き》山越《やまごえ》の二箇所であろう。馬越峠のすぐ東に天狗倉山(五二二m)があり、八鬼山越は山頂(六二八m)近くを通り、「西国一の難所」と西国巡礼者たちに恐れられた所だが、いずれも熊野灘の展望に優れている。

大峰奥駈道　本来参詣道というよりは修験道の山岳修験の行場の連続する道場といってもよく、熊野から大峰へ、またその逆の道を採る。本宮より吉野に向かう修行を「順峰《じゅんぶ》」といい、吉野・六田より本宮に向かうのを「逆峰《ぎゃくぶ》」という。現在行われている修行はほとんどが逆峰を採っている。道中七十五の靡《なびき》が順峯の方向に設けられ、本宮が第一の靡であり、六田の柳の宿が第七十五靡とされる。熊野三六〇〇峰といわれる紀伊山岳地帯の中心部に向け吉野川畔の六田の渡しより出発し、吉野山を越え、青根ヶ峰、四寸岩山、大天井岳を経て大峰山の中心・山上ヶ岳に至る。さらに南下し大普賢岳、弥勒岳、国見岳、七曜岳、行者還岳、弥山を経て近畿の最高峰・八経ヶ岳に。さらに南下し明星ヶ岳、仏生ヶ岳、孔雀岳、釈迦ヶ岳、大日岳を経て太古の辻に至る。ここより東側、前鬼に下る。前鬼は役小角ゆかりの前鬼・後鬼の移り棲んだという集落で、いまは五鬼の一つである小仲坊《おなかぼう》(五鬼助《ごきじょ》)が残っている。

太古の辻をさらに南へと修行道はつづく。地蔵岳、涅槃岳、行仙岳、笠捨山、槍ヶ岳を経て熊野本宮大社の奥の院といわれる玉置山に至る。

玉置山からは高度を下げながらも大森山、五大尊岳、大黒天神岳、七越峰を経て熊野川を渡ると、熊野本宮旧社地の大斉原《おおゆのはら》である。

太古の辻以南は南奥駈道ともいわれ、長い間荒廃していたが、「新宮山彦ぐるーぷ」の永年の努力により道、宿泊所の整備がなされて、途絶えていた奥駈道が昔の姿を取り戻した。

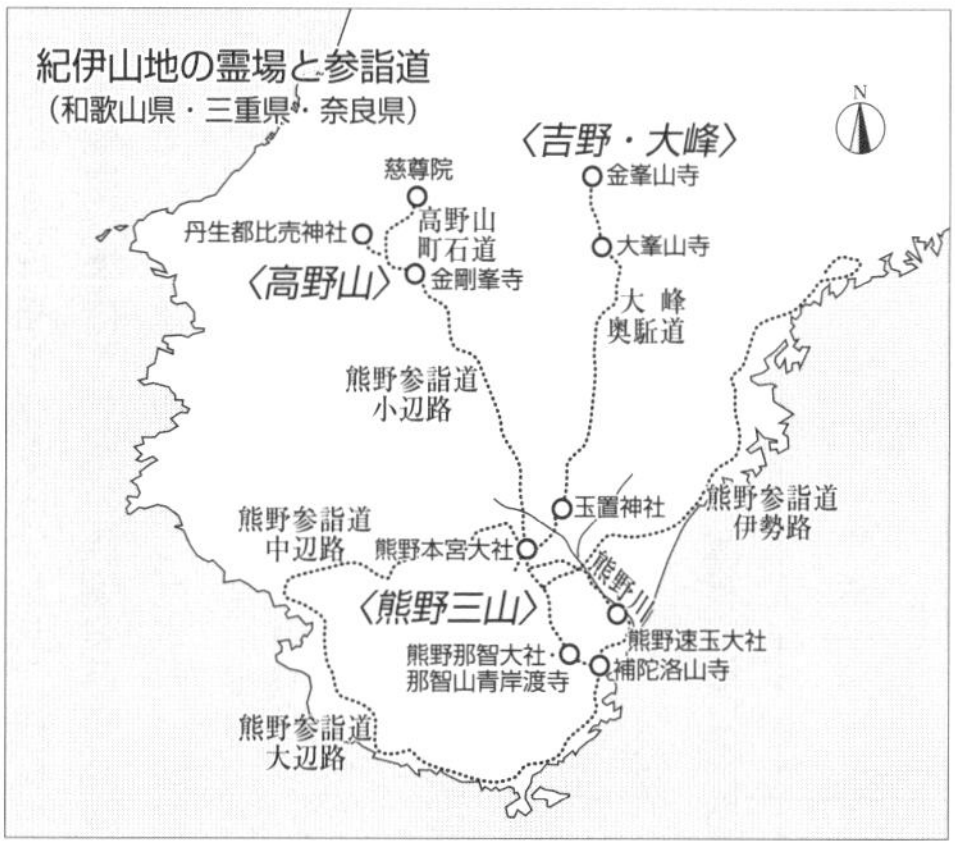

中辺路、小辺路　中辺路は中世の熊野詣でのメインルートであった。田辺から本宮・那智に至る約八四kmの道のりで、いまは滝尻王子を出発点として山間部に入り、飯盛山（三四一m）を越え中辺路での最高点・悪四郎山（七八二m）の中腹を巻き、箸折峠を下って近露に降りる。狼屹山《おおかみだわさん》（九二七m）、笠塔峰（九二九m）や要害森山（七七九m）などの北方を本宮へと向かう。本宮から新宮へは熊野川を下り、さらに那智へと向かう。那智山から再び本宮に戻るには、大雲取越、さらに小雲取越で本宮に戻る。大雲取山（九六六m）は那智と小和瀬の中間にあり、中辺路の約一km東側にある。小雲取山は小雲取越一帯の呼称で、最高点は如法山（六一〇m）である。

小辺路は高野山と熊野本宮の二大霊地を結ぶ、紀伊半島中央部の山岳地帯を縦走する最短のコースである。高野山から水ヶ峰（一一八四m）を抜け大股に下る。次いでこのコース最高地点の伯母子峠を越える。峠のすぐ西方に伯母子岳（一三四四m）がある。五百瀬に下り、次は一〇〇〇mを超す三浦峠越である。峠を越えれば十津川に下る。最後は果無《はてなし》峠を越すと本宮である。

高野山町石道　始まりは、空海が開山にあたって卒塔婆を建立し、道標としたことにあるという。山頂の金堂を起点とし、九度山町の慈尊院までの一八〇町に、一町ごとの町石と一里ごとの里石が建立され、鎌倉期に木造卒塔婆から石造のものに改造された。密教曼荼羅の胎蔵界一八〇尊を表すという。この道は高野七口の一つであり、表参道である。参道の一六〇町辺りが雨引山（五一〇m）の中腹を巻いている。

（柏木宏信・重廣恒夫）

世界遺産「熊野川」の記念碑（道の駅瀞峡街道熊野川）

生駒・金剛・和泉山脈

交野山　こうのさん　標高　三四一m

大阪府交野《かたの》市の北部にあり、生駒山地の北端に位置している。交野断層によってせり上がった山頂部が浸食作用を受け、周囲の風化の進んだ花崗岩が削り取られ、硬い花崗岩が岩塊となって残ったものである。低山ながら盛り上がった形をしているので、大阪市の北東部からでも眺めることができる。春はサクラからツツジ、初夏の新緑、秋には渡り鳥・サシバの観測、冬は落葉路の散策といった四季の移り変わりが楽しめる。頂上に観音岩と呼ばれる巨岩が一つ聳えているので、そこからは淡路島、六甲山、北摂・京都西山の山々、湖南の山々、大和の山々、生駒山と三六〇度の展望が楽しめる。もちろん、大阪市内の高層ビル群も手に取るようである。

　この地はわが国でも、もっとも早く開けた所であって、山麓には縄文時代から弥生時代にかけての遺跡が多く残っている。

登路　ＪＲ片町線(学研都市線)津田駅下車。機物《はたもの》神社から源氏の滝、白旗池を経由して頂上まで約五〇分。

地図　二・五万図　枚方

（山田博利・野口恒雄）

(河内)飯盛山　いいもりやま　標高　三一四m

文字どおり「器に飯を盛り上げた」形から付けられた山名であり、全国に数多くの同名の山がある。大阪にも泉南郡岬町に別の飯盛山があるので、それぞれ上に「河内」「泉南」を付けて区別している。河内飯盛山は生駒山地の北端近く、大阪府四条畷市と大東市の境に位置する山である。西側は急な斜面となって河内平野に落ちているが、山頂部は平坦で山城の跡がある。

　西山麓一帯は南北朝時代の正平三・貞和四年（一三四八）、南朝方の楠木正行《くすのきまさつら》と北朝方の高師直《こうのもろなお》が戦った四条畷合戦の古戦場であり、西山腹に正行を主祭神とする四条畷神社、その一㎞西に小楠公墓地がある。山頂付近の城跡は北朝方の一隊の防御陣地であったという。戦国時代には戦略的要地として三好長慶ら戦国武将が入城したが、織田信長により廃城となった。また、南西山麓にある慈眼寺《じげんじ》は、歌舞伎、浄瑠璃のお染久松の物語、さらに落語、歌謡曲の野崎詣りの舞台として、野崎観音の名で親しまれている。

登路　ＪＲ片町線四条畷駅から東へ、商店街を抜けマツ並木の参道を四条畷神社へ約一五分。神社から山頂へは一時間弱。慈眼寺へは野崎駅から一五分。本堂横から山道になり展望のよい広場に出る。いったん沢に下り、尾根道を辻ノ新池を経て飯盛山へ（慈眼寺から約一時間）。楠木正行像の立つ山頂はサクラの樹に囲まれ、眼下に河内平野、正面に六甲山から北摂の山々、南に生駒・信貴の連山とすばらしい展望が得られる。ほかに東側の田原台から府民の森・室池園地を経るハイキング・コースなどがある。

地図　二・五万図　生駒山

（芳村嘉一郎）

生駒山　いこまやま

標高　六四二m

大阪府東大阪市と奈良県生駒市にまたがっている。大阪平野と奈良盆地を区切って南北に走る生駒・金剛山脈の北半、生駒山地の主峰であり、古くから河内・大和の人々に親しまれてきた。地形は西の大阪側が急峻で、東の奈良側へは緩やかに下っている。山頂部が平坦で全体がドーム型をしているのは、主に花崗岩からなる生駒山地の中で、この山が堅固な斑糲岩でできていて、風化侵食に耐えた残丘を形成しているためである。

近畿中央部の低地に突出しているので、遠方からも格好の目印となり、また、古くから軍事・交通の要衝として、暗峠《くらがりとうげ》、鳴川峠、十三峠などの峠越しに多くの人や物資が運ばれてきた。とくに平城京三条大路から西への延長にある暗峠越(河内街道、大阪側からは大和街道)は、近世以降も重要な通商路であった。いまは古い石畳がわずかに往時の名残を留めるだけである。代わって近鉄電車が生駒トンネルを走り抜け、阪奈道路、第二阪奈道路が大阪・奈良間の動脈の役割を果たしている。生駒山地は北の交野山《こうのさん》に始まり、生駒山から南の高安山へとつづくが、生駒山から高安山間の稜線には観光道路の信貴生駒スカイラインが走っている。生駒山頂付近は、TVやマイクロウエーブの中継アンテナが立ち並び、遊園地もあるレクリエーションの場となっている。

この山が初めて史上に現れるのは『日本書紀』の神武東征のくだりである。河内国草香《くさか》(現東大阪市日下《くさか》町)から、この山を越えて大和に入ろうとした神武軍は、孔舎衛《くさえ》坂で長随彦《ながすえひこ》の抵抗に遭い、軍を返して熊野からの進路をとらざるを得なかった。この時、天皇が「日の神の子である自分が東に向かって戦うのは、天道に逆らう」といった話は、古くは生駒を神山とする信仰があったことを暗示するようである。その後、生駒は『記紀』、『万葉集』、『続日本紀』などに胆駒、往馬、伊駒、謝駒などの表記で数多く登場する。とくに『万葉集』では、生駒越えが奈良の都から難波津を経て新羅に向かう最短コースであったことから、長旅の感慨を込めて数多く歌われている。「妹《いも》に逢はずあらばすべなみ岩根踏む伊古麻乃山を越えてぞ我《あ》が来る」(巻一五)、「難波門《なにはと》を漕《こ》ぎ出て見れば神さぶる伊古麻高嶺に雲ぞたなびく」(巻二〇)。

生駒山腹や山麓には有名な古社寺や旧跡が多い。往馬座《いこまにいます》伊古麻都比古神社(生駒大宮)は生駒谷一七郷の氏神であり、火取り神事が伝えられている。また、役小角開基(寺伝)という鳴川の千光寺は元山上と呼ばれ、規模は小さいが行場があり、大峰修験道のプロトタイプと考えられる。門前町にある宝山寺の歴史は比較的新しく、江戸時代初期、宝山湛海による延宝六年(一六七八)の開基である。能楽の世阿弥伝書をは

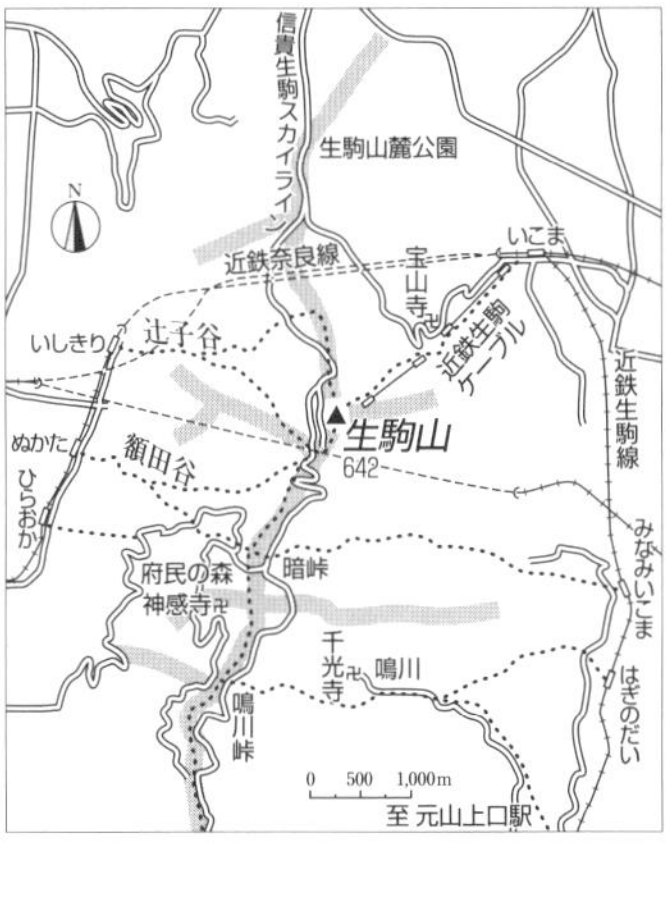

じめ、多くの文化財を有している。現世利益の「生駒の聖天さん」として関西商人を中心に多くの参拝客でにぎわう。生駒は宝山寺の門前町として、日本最初のケーブル開通と相まって栄えた。

登路 大阪側からは近鉄奈良線枚岡駅より大原山、暗峠コース（約二時間）、石切駅から辻子谷コース（約一時間三〇分）、同線の額田駅から額田谷コース（約一時間二〇分）、同じく額田から枚岡公園を経て登るコース（約一時間二〇分）などがある。奈良側では、近鉄生駒線南生駒駅より車道を暗峠へ登り、スカイライン沿いに北へ（約一時間三〇分）。同線の元山上口駅から千光寺、鳴川峠、暗峠を経て三時間弱。近鉄奈良線・生駒線生駒駅からは宝山寺への参道を行き、寺からケーブル横の急坂を登る（約一時間四〇分）。

山頂三角点は遊園地の中にあるが、登山者は無料で入場できる。展望は稜線各所の休憩所、展望台からの方が優れている。

地図 二・五万図 生駒山、信貴山 （芳村嘉一郎）

矢田山 やたやま 標高 三四〇m

奈良県大和郡山市と生駒市にまたがる。平群《へぐり》谷を挟み信貴・生駒山地と平行して南北に連なる矢田丘陵中いちばん高いピークである。

矢田の地名は饒速日命《にぎはやひのみこと》が天からの降臨に先立って天磐船《あまのいわふね》から射た矢が落ちた所という伝承に基づき、山麓に一之矢塚、三之矢塚が、矢田坐久志玉比古神社《やたにいますくしたまひこじんじゃ》境内に二之矢塚がある。この辺りは『万葉集』の「八田《やた》の野」であり、また『古事記』には天智天皇が「八田《やたの》若郎女《わきいらつめ》を恋ひたまひて」と贈った歌とその返歌が記されている。

近年、矢田山周辺は矢田自然公園として整備され、尾根筋には何箇所か展望休憩所が設けられていて、奈良盆地とそれを囲む山々を一望することができる。東山腹に「矢田の地蔵さん」で知られる金《こん》剛山《ごうせん》寺（矢田寺）がある。日本最古の地蔵菩薩を祀り、いまはアジサイ寺として花の季節はにぎわう。ほかにも山麓に、舎人《とねり》親王の創建と伝えられる東明寺《とうみょうじ》、白鳳時代の磨崖仏が残る滝寺廃寺跡がある。

登路 近鉄橿原線近鉄郡山駅より徒歩約一時間で矢田寺。本堂右手から北へ約三〇分で東屋のある最高点。三角点はさらに約一五分北の「小笹の辻」近くにある。松尾山からは尾根道を約一時間。近鉄奈良線富雄駅からは霊山寺、子供の森を経て約一時間三〇分で三角点。ほかにも矢田丘陵には、様々なハイキング・コースがある。

地図 二・五万図 大和郡山 信貴山 （芳村嘉一郎）

松尾山 まつおさん 標高 三一五m

矢田丘陵南端、奈良県大和郡山市と生駒郡斑鳩町の境にある。山の名は、尾根にマツの木が多いことに由来したという説があるが、確かにアカマツ林が目立つ。ほかにネズやモチツツジも多い。

東山腹に建つ松尾寺について、『和州旧跡幽考』に次の記述がある。「松尾寺延喜式内西松尾寺又山号は補陀洛山《ふだらくせん》。此山のかたち補陀洛山に似たりとて舎人親王の御建立ましまして、親王みづからきざみ給ひし十一面観自在の像をすへ給ひしなり」。本尊は別の千手観音立像で室町時代のものである。現在も「日本最古の厄除け観音」として、とくに二月の初午の日には参詣者が多い。

山頂にはNHKと民放TVの無人放送局と電波塔が立つ。囲いの南西隅に三角点があるが、展望は大和平野が一望できる国見台(稜線を北へ約一〇分)からの方が優れている。

登路　JR大和路線大和小泉駅から西へ約四五分で松尾寺。境内を抜けた三重塔横から入峰道を登る。寺から約一五分で頂上。法隆寺からは南大門から松尾道を行く。ゴルフ場横の分岐から松尾寺への山道となる(約四五分)。ほかに平群方面からの登路がある。

地図　二・五万図　大和郡山　信貴山　(芳村嘉一郎)

高安山　たかやすやま　標高　四八八m

生駒山地の南端、大阪府八尾市と奈良県生駒郡平群町の境に位置する。山頂近くに大阪管区気象台の高安山気象レーダー観測所があり、白いドームは河内平野からもよく見える。西麓から敷設されているケーブルカーは、大阪側からの信貴山参詣に利用されてきた。また、山頂近くを生駒山から信貴生駒スカイラインが通じている。『日本書紀』に天智天皇六年(六六七)、この山に「高安城《たかやすのき》」を築いたことが記されている。白村江の戦い(六六三年)に敗れた大和朝廷が、唐・新羅の侵攻を防護するために、対馬の金田城、讃岐の屋島城とともに造ったものである。従来は烽火《のろし》台か見張所程度の規模と考えられていたが、近年、倉庫跡が見つかったことから、強固な防御陣地としての山城があったことが実証された。

登路　立石越はかつての信貴山朝護孫子寺参詣路である。近鉄信貴線服部川駅から東へ坂道を上る。地蔵堂から山道を登り、生駒からの縦走路に出て南へ数百m。右手の小高い所に雑木林に囲まれた三角点がある(約一時間四〇分)。「おおみち」は同線の信貴山口駅から少し線路沿いに戻り、踏切を渡って山道を上がる。山頂から三〇〇m程南の縦走路に出る。近鉄大阪線恩智駅からは御智神社を経て高安山霊園との分岐を左へ、墓地横を通って山頂へ(約一時間三〇分)。信貴山からは信貴山城跡を奥の院の方へ下り、分岐を左へ行く。スカイラインを越すと山頂少し北の縦走路に出る(約三〇分)。生駒からは生駒山に登り、暗峠、鳴川峠、十三峠を越えて縦走路を約一五km。

地図　二・五万図　信貴山　(芳村嘉一郎)

信貴山　しぎさん　標高　四三七m

奈良県生駒郡平群町にある。大阪府と奈良県の府県境をなす生駒山脈の南端、高安山から東に派生した尾根上にある双耳形の小火山である。中腹に庶民信仰の朝護孫子寺がある。聖徳太子が物部守屋との戦いに敗れてこの山に逃げ込み、毘沙門天に祈願して勝利を得たので創建したと伝えられる。毘沙門天出現の奇瑞があったという寅の日はとくに参詣客でにぎわう。延喜年中(九〇一〜九二三)の中興の祖・命蓮上人の奇瑞を描いた国宝「信貴山縁起絵巻」は鳥羽僧正筆と伝えられ、日本四大絵巻の一つとして名高い。山名はこの寺の山号であるが、聖徳太子が勝利の後、毘沙門天を祀り、「信ずべき山、貴ぶべき山」と賛嘆したことが起源という。この地は河内と大和を結ぶ政治的、戦略的要地であり、古代から何度も山城が造られた。戦国時代、松永秀久が大和攻略の拠点として、近世城郭の先駆的形態を備えた居城を構えた(永禄二年・一五五九)が、天正五年(一五七七)、織田信長により落城した。

山頂にある空鉢《くうはち》護法堂は、信貴山城主郭に取り込まれた形で、周囲に高櫓(後の天守閣)跡が残る。堂の前からは、金剛・葛城をはじめ、南から東にかけての眺めがすばらしい。

登路 近鉄生駒線信貴山下駅からケーブル跡地の遊歩道を登る。山門をくぐり、参道沿いにあるいくつかの堂塔を過ぎて、本堂下の赤い鳥居が並ぶ急な道を登る。駅から山頂まで約一時間三〇分。大阪側からは近鉄大阪線恩智駅より恩智神社、信貴山のどか村を経て朝護孫子寺を目ざす(約七㎞)。

地図 二・五万図 信貴山 (芳村嘉一郎)

屯鶴峰 どんづるぼう

標高 (最高点) 一五四m

奈良県香芝市にある。二上山の北側、穴虫峠の東から約一㎞の間、マツ林の緑の中に灰白色の岩層がうねるようにつづく。第三紀末(約一八〇〇～二〇〇〇万年前)に起こった二上山の火山活動で噴出した火砕流や火山灰などが、当時あった湖の底に堆積して凝灰岩となり、隆起したのちに風化・侵食作用によって現在の特異な景観を形成した。白い鶴が屯《たむろ》しているように見えるのでこの名がある。一九四一年に天然記念物として県の指定を受けている。

この白色凝灰岩は柔らかく加工しやすいので、大和の古墳に石棺や石郭などの材料として使われている。また、穴虫峠付近から産出する柘榴《ざくろ》石は細片を玉石の研磨に使用し、金剛砂としてサンドペーパーやグラインダー砥石《といし》などの研磨材料となってきた。

屯鶴峰入り口(穴虫峠近く)を起点として、二上山、金剛山、葛城山、岩湧山を経て槙尾山まで、延長四五㎞に及ぶ縦走路は、ダイヤモンドトレール(正式には金剛葛城自然歩道)と呼ばれ、よく整備されている。

登路 近鉄大阪線関屋駅から南へ住宅地を抜け、香芝市運動公園を通って国道一六五号の向かい側の尾根を登る。または近鉄南大阪線二上山駅より一六五号を西へ、分岐で線路沿いの通称大坂道に入ると、穴虫峠手前に登山口がある。

地図 二・五万図 大和高田 (芳村嘉一郎)

二上山 にじょうざん

標高(雄岳) 五一七m

大阪府南河内郡太子町と奈良県葛城市當麻《たいま》との境にあり、雄岳と雌岳(四七四m)の二峰からなるトロイデ式火山である。約一五〇〇万年前の火山活動によって生まれ、のちの地殻変動や侵食を経て現在の形状になったといわれる。北西の寺山、明神山などとともに、瀬戸内火山帯に属する二上火山群を形成している。この山から産出するサヌカイト(讃岐石)は石器時代の鏃《やじり》や刃物に利用された。凝灰岩は加工しやすいことから、古墳時代に高松塚などの石棺、石郭や、川原寺など多くの寺院の礎石として、また、平安京の造営にも使われたという。古代、玉を磨くのに使われた柘榴《ざくろ》石は、金剛砂の原料として現在も周辺で採掘されている。

二上山の方角は、河内からは「日出《いず》る山」、大和からは「日没する山」にあたる。とくに大和国中《くんなか》の古代人からは、神聖な「ふたかみやま」として崇敬された。飛鳥の奥津城と考えられた南西麓には、磯長谷《しながたに》古墳群と呼ばれる多くの墳墓が築かれている。仏教伝来後は「山越阿弥陀三尊来迎図」に見られるように、西方浄土信仰と結びつくようになる。雄岳山頂には、葛城二上神社（岳の権現）に並んで、政争の末に謀反人として葬られた大津皇子《おおつのみこ》墓がある。皇子を悼んで姉の大伯皇女《おおくのひめみこ》が詠んだ歌は、あまりにも有名である。

うつそみの人にある我れや明日よりは二上山《ふたかみやま》を弟世《いろせ》と我《あ》が見む
（『万葉集』巻二）

雌岳の南、竹ノ内（竹内）峠を通る竹ノ内街道は日本最初の官道であり、明治の中ごろまで重要な通商路であった。峠を西に下れば「近つ飛鳥」に通じる道で、聖徳太子磯長《しなが》墓のある叡福寺、敏達・推古・考徳の各天皇陵、小野妹子墓などの古墳が多い。また、東に下ると中将姫伝説で知られる当麻寺である。

ふたがみのすそのたかむらひるがえしかぜふきいでぬたふのひさしに（會津八一『南京新唱』当麻寺にて）

白鳳時代創建で、姫が蓮糸《はすいと》で織ったといわれる根本曼陀羅、本堂、東西両三重塔（いずれも国宝）はじめ多くの文化財を有し、毎年五月の「當麻れんぞ」（二十五菩薩練供養）は、境内のボタンも満開の時季でにぎわう。また、当麻寺の北にある石光寺は、中将姫が蓮糸を染めたという染井戸があり、寒ボタンでも有名である。

登路　いくつかあるが、いずれも山麓を通る近鉄南大阪線の各駅が起点となる。上ノ太子駅から東へ三〇分の六枚橋で、聖徳太子御廟のある叡福寺への道が分岐する（往復約三〇分）。この辺りが近つ飛鳥である。竹内街道歴史資料館から、ろくわたりの道を登る。長い丸太階段道から尾根に出て、谷間の鹿谷寺《ろくやじ》跡から三体の線刻仏がある岩屋峠に登る。遊歩道を左に登ると雄岳（約一時間）。

二上山駅からは、畑中の町並みを抜けて専称寺、春日神社を過ぎた所で国道一六五号を渡る。ここから急な尾根道を登り雄岳を目ざす（一時間強）。頂上はスギなど樹木が多く、展望は期待できない。当麻寺駅からは参道を行き、当麻寺北門から山に向かう。山口神社、傘堂（珍しい一本足の建築物）、山麓公園を過ぎ、祐泉寺山門に着く。道は二分し、左は岩屋峠に通じる。直進するとジグザグの急坂を登って、ベンチやトイレのある馬ノ背のコルに出る（駅から約一時間一五分）。右は雄岳へ、左は雌岳へ通じる。いずれも一五分程で達する。二上山の三角点は雌岳にあり、周辺は自然公園「万葉の森」として整備されて展望もよく、河内平野のかなたに大阪湾が光り、大和側には大和三山、正面には金剛山が大きく見える。

地図　二・五万図　大和高田

（芳村嘉一郎）

岩橋山　いわはしやま

標高　六五九m

大阪府南河内郡河南町と奈良県葛城市當麻《たいま》にまたがり、葛城山と二上山のほぼ中間点で、やや尖った頭をもたげる山。山名は「久米の岩橋」と呼ばれる大岩があることに由来する。『日本名勝地誌』河内国葛城山の項に「有名なる岩橋は峰続きの北半里(白木村大字平石より東南二〇町)の処に在り。橋の長さ七尺、幅五尺許《ばかり》にして橋上に板を架したがるがごときもの、その両端は稍隆《ややたか》うして欄基の容《かたち》を為し形勢は南峰に及んとして其南端缺《かけ》落ちたるものの如し、俗に伝えて言う太古一言主《ひとことぬし》ノ神夜間此橋を造り工半ばに至らずして止みしものなり」とある。『大和名所図会』などにも「役行者が葛城から大峰へ通う橋を架けることを諸神に命じたが、容貌の醜い一言主が昼間働かなかったので完成しなかった。行者は神を呪縛して深谷に押し籠めた」という伝説を載せている。

西山麓登山口の平石には、南朝方の武将・平岩茂幸が足利軍と戦った時に拠った平石城址がある。

登路　大阪側　平石の集落の外れで右に林道が分岐する。次の分岐で高貴寺への道と分かれ、谷沿いに東に登ると平石峠に出る(約一時間)。南へ小ピークを越して約五〇分で頂上。展望は利かない。林道を進み、分岐を見送って送電線鉄塔の所から尾根道を登り、スギ林の中を行くと岩橋峠に着く(約一時間一〇分)。頂上へは北へ一五分。また、林道に入ってすぐの分岐を左に入り、尾根道の踏み跡を登ると岩橋に通じる。近くに鍋釜石、鉾立石もある。岩橋から少し登ると頂上のすぐ南側に出る。この道は分かりにくいので、岩橋へは頂上から行く方がよい。

奈良側　竹内から兵家浄水場を目印に進み、急坂を登り岩橋峠を目ざす(約一時間三〇分)。

地図　二・五万図　御所　大和高田

(芳村嘉一郎)

(大和)葛城山　かつらぎさん

標高　九五九m

奈良県御所市と大阪府南河内郡千早赤阪村の境にある。山頂部はなだらかな斜面で、芝草とススキに覆われている。また、山頂の南には花の季節に山を紅に染めるツツジの大群落がある。同じ名の山が和泉山脈にもあるので、和泉葛城山(南葛城山)と区別するために「大和葛城山」と呼ばれることが多い(まれに北葛城山ともいう)。

元来、葛城山(葛木山)は、二上山から葛城山、金剛山にかけての山域全体の総称であり、現在の葛城山は古くは「戒那山」と呼ばれた。『大和名所図会』に「南遊紀行に曰く」として、「葛城の北にあたる大山《おおやま》をかいなが嶽といふ。河内にては此を篠峯《しのがみね》と号す。篠峯を葛城山といふはあやまりなり。葛城は金剛山の峯なり。」とある。いま東山麓のロープウエー登山口駅前にある不動寺は、空海が不動尊を刻んで堂を建て戒那山安位寺と称した所で、室町後期の不動石仏で名高い。付近には戒那千坊という地名が残っている。『大和志料』には「戒那山・葛城山ノ支峯ニシテ一ニ天神山ト称ス、山中ニ瀑布アリ」と記されている。天神山の名は、現在のロープウエー山頂駅近くに天神の森、天神社があることが起源と思われる。

葛城の地名(元の読みはカズラキ)については、『日本書紀』に「高尾《たかを》張邑《はりのむら》に土蜘蛛あり。その為人《ひととなり》、身短くして手足長し。(中略)皇軍《みいくさ》、葛の網を結《す》きて、掩襲《おそ》ひ殺しつ。因りて改めて其の邑を号《なづ》けて葛城という」という神武東征説話がある。また、古代神道で葛の蔓を結んで神籬《ひもろぎ》としたことが、謡曲『葛城』に「標《しめし》を結いたる葛なるを、この葛城山の名に寄せたり」と謡われている。『大和名所図会』には「金剛山土産《こんごうせんどさん》」として、「防已藤《ふじかづら》。物を束《つか》ねて結《ゆ》ふに縄に代る。かつらぎの名義ここに起る」の記述がある。いまも奈良側から水越峠に登る車道周辺をはじめ、フジやカズラが多い。

水越峠は葛城山と金剛山の間にあり、大阪と奈良の府県境でもある。江戸時代に大和側の山麓の名柄の少年・上田角之進が、河内側の谷水を土嚢を積んで大和側に落とすようにして以来、近年まで文字どおり水が峠を越えていたのである。元禄時代にはこの水をめぐり、大和と河内で激しい水争いがあったという。

登路　代表的な三コースを示す。

ジョウモンノ谷(渓谷)道　ロープウエー登山口駅横を直進して山道に入り、櫛羅《くじら》の滝、行者の滝を経てヒノキやスギの植林の中を登る。尾根道から谷の源流部になると、涸れ谷の左岸を行く。ツツジ園に登る道を分け、少し先で右に分岐する道を登れば天神ノ森。ここから北斜面を約一時間で一周する自然観察路がある。左に広い道を行くと食堂の前に出る。右へ数分でなだらかな草原の山頂。大和・河内平野を見下ろし、すぐ近くの金剛山から右に紀泉高原の山々、左に台高、大峰などの大展望が得られる(約一時間四五分)。

青崩《あおげ》(天狗谷)道　青崩の集落を抜け谷沿いの道を行く。細くなった流れを離れ、急坂のジグザグを繰り返して、尾根上のベンチのある所に出る。右に折れて少し登ると勾配が弱まり、雑木林の山腹を巻くほぼ水平な道を行く。小さな堰堤を渡り、直角に右に登る。苔むしたスギ林の木の根道で、春にはショウジョウバカマの大群落が見られる。まもなく山頂すぐ下のキャンプ場に着く(約一時間四五分)。

水越峠からは短い急坂を登り、樹林帯に入り石畳道を登る。二度程急な木の階段道があり、ササ原からスギ林の中に入る。左右に河内・大和平野を見下ろす開けた所から雑木林に入り、それを抜けるとツツジ園の下に出る。左へ巻き道で国民宿舎前。右はツツジの中の直登で、時間的に大差なく山頂に通じている(約一時間一五分)。

地図　二・五万図　御所

(芳村嘉一郎)

金剛山　こんごうさん

標高　一一二五m

大阪湾の東側に大きな平野が広がっている。その縁に生駒、信貴、二上、葛城、金剛の山々が峰を連ねて大阪府と奈良県を境し、行者杉峠付近で方向を変え、今度は大阪府と和歌山県の県境を西に向かって延びている。その中で山頂付近は県境が西へ大きく迂回しているので、金剛山頂は奈良県御所市に属している。二上山、葛城山とともに金剛生駒紀泉国定公園となっている。山頂には役小角の祖神である一言主神《ひとことぬしのかみ》を祀る葛木神社と役小角開基の転法輪寺があり、境内には食堂を兼ねた売店がある。

金剛山の東麓、国道二四号側が葛城と名が付いた経緯は、『日本書紀』によると、神武天皇が大和の平定を進めている時、「土蜘蛛」という土賊が執拗に抵抗した。その時天皇は金剛山に多く育つ葛のつるで網を作り、土蜘蛛に覆いかぶせて征伐したことから、尾張族の村という意味の高尾張邑《たかおばりむら》が葛城になったというのである。金剛葛城の東麓には神武から開化まで、九代の天皇が支配する葛城王朝が栄えた。その後、王朝は亡びても末裔の武内宿弥(政治家)、その子葛城襲津彦《そつひこ》(武将)、その娘磐之媛《いわのひめ》(仁徳天皇の后で三人の天皇を生んだ)など、古代の日本を動かした人々が育った。

役小角が金剛山で修行し、大和川の亀の瀬から友ヶ島にかけて二十八の経塚を作ったことから葛城の範囲が広がった。「かつらきは大和のくにに限るにあらず(中略)南は友がしま(中略)大和川の亀瀬といへる所にをはる惣じて紀泉河和の四か国に跨りて行程二十八里が間の惣名なり」と江戸時代の『葛嶺雑記』に書かれている。役小角が金剛山で修行中に、大勢の人を前に説法している法起菩薩が出現されたので、山頂に祀ったと伝えられる。ところで役小角没後約四〇年に唐から伝来した華厳経に、金剛山という山で法起菩薩が一二〇〇人の菩薩衆を前に説法するとあり、ならばお祀りしたこの場所こそ金剛山寺《こんごうせんじ》だということになり、葛城修験道の中心的存在であった金剛山寺が栄えたことで、寺の名前が山自体を意味するようになった。いまではもっぱら転法輪寺と呼ばれている。

金剛山(葛城山から)

山頂から真東の中腹に高天彦《たかまひこ》神社が鎮座する。ここには神武天皇を五代遡る高皇産霊神《たかみむすびのかみ》を祀っている。神社の前のウメの木は鶯宿《おうしゆく》梅《ばい》といい、古い言い伝えがある。神社の前から北にかけて大きな台地が広がる。古くはここに高天《たかま》寺があり、高天千軒といわれるほどに栄え、多くの建物が建ち並んでいた。現地に唯一残る橋本院によると、天平勝宝六年(七五四)、唐の高僧鑑真が勅命によってこの寺の住職に赴任した。弟子が死んで悲しんでいた時、一羽の鶯《うぐいす》が梅の木に止まり、「初春のあしたごとには来たれども会はでぞ帰る元のすみかへ」と歌を詠んで鑑真を慰めた。この話は鎌倉時代の文学に登場している。

大阪側には楠木正成の歴史がある。後醍醐天皇が皇位継承の紛糾から幕府と敵対したため、正成も幕府と戦うことになった。元弘三年(一三三三)には最後の塞、千早城に立てこもり、智略を使って五〇〇の兵で五万の幕府軍を一〇〇日間釘付けにした。一方、足利尊氏は京都の六波羅探題を、また、新田義貞は鎌倉を攻め倒幕に成功したのである。

金剛山は全山風化した花崗岩でできているためスギ、ヒノキの生育には都合よく、したがって、植林の占める面積が大きい。ただ深く根を張らないため大雨や台風で土砂崩れを起こすことがある。登って行くとコナラ、リョウブが目に付き、やがてミズナラ、ブナが多くなると山頂が近い。金剛山の自然、太古の歴史については山頂近くの「ちはや星と自然のミュージアム」で分かりやすく解説している。クリンソウ、カタクリ、ササユリなど可憐な花が近年めっきり少なくなった。山頂周辺には広大なブナ林がある。年間を通じて登山者が跡を絶たないが、冬季、ブナ林が樹氷に輝くころはとくに多い。

山頂には登山回数標示板がある。一九六三年、葛木神社前

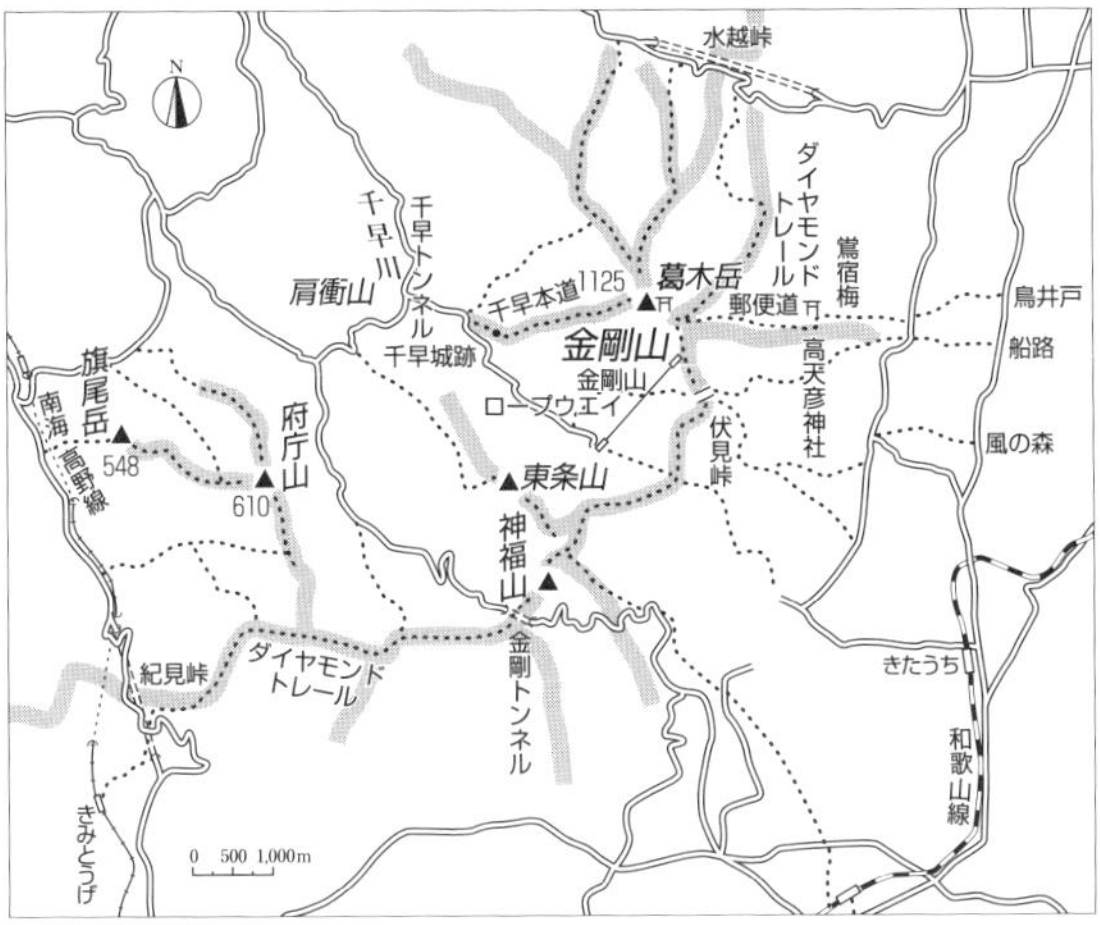

宮司・葛城貢が金剛錬成会を創って日付印を押し始めたのが今日につづいている。葛城家の歴史は古く、現在の名誉宮司・葛城隆は天《あめの》神立命《かんたてのみこと》以来一三三代目である。

登路　西側の千早では金剛登山口バス停から千早城跡経由千早本道（約一時間四〇分）。ロープウエー前バス停から伏見峠経由の登山道（約一時間五〇分）。旧国道三〇九号では水越峠からダイヤモンドトレール（約二時間三〇分）。バス停は水越峠、バス便は土日祝のみ。近鉄長野線富田林駅からタクシーで四〇〇〇円程。無料駐車場がバス停とその西側にある。東側、国道二四号鳥井戸バス停から鶯宿梅、高天彦神社経由で郵便道（約三時間三〇分）。鶯宿梅の前に無料駐車場がある。南海電鉄高野線紀見峠駅からダイヤモンドトレールを山頂まで（約六時間一〇分）。駅から金剛山頂の休憩所まで一四・九kmである。千早から三km、約一時間三〇分など、ほかにも周辺各市からもあり、登山道は数多い。

地図　二・五万図　御所　五條　（根来春樹）

南葛城山

みなみかつらぎさん　標高　九二〇m

大阪府河内長野市と和歌山県橋本市高野口町との府県境にある。和泉山脈の東端に位置し、この山脈の最高峰である。岩湧山頂上から南の方向を見ると、右手にカマボコ型のどっしりとした山が目に入る。これが南葛城山である。

山はほとんど植林のスギやヒノキで覆われているが、随所に自然林も残っている。どの登路からも展望は概して悪く、樹木の間から

紀ノ川が、時には岩湧山や遠く六甲連山を垣間見ることができるぐらいである。頂上も展望は利かず、クマザサに覆われている。この山の北面には、沢登りの対象となるクレン谷やサカモギ谷などがある。クレン谷やサカモギ谷の源頭は崩壊が進んでいるので、通過する際には注意が必要。

頂上近くの一本杉にはトタン屋根の小屋に葛城二十八宿第十四経塚「鏡の宿」の祠があり、水神である「善女竜王・不動明王」の石碑が安置されている。

登路 南海電鉄高野線または近鉄長野線河内長野駅から南海バス(日野・滝畑コミュニティバス)で滝畑ダム下車、岩湧山登山口から千石谷林道、林間歩道分岐を経由してノゾキ平から山頂へ約三時間。光滝寺から蔵王峠、桃の木ダオを経て山頂へ約四時間。神納バス停下車、四季彩館から五辻を経由して一本杉から山頂へ約四時間。

地図 二・五万図 岩湧山

(山田博利・野口恒雄)

嶽山 だけやま 標高 二七八m

嶽山は金剛山北西麓にあって、大阪府富田林市の南部に位置する。石川の右岸(東岸)の山で、花崗岩でできている。

簡易保険保養センター「かんぽの宿 富田林」が頂上にあるので周囲の山から目に付きやすい。天然温泉の露天風呂からは金剛山、葛城山を目の前に眺めることができ、建物の北側へ回ると嶽山城、別名龍泉寺城の城跡碑がある。

嶽山城は元弘二年(一三三二)、楠木正成が鎌倉幕府と戦うために築いた城である。正平三年(一三四八)、四條畷で正成の子正行が討死した後、弟正儀《まさのり》が東条城(上赤坂城)と千早城を本拠に足利軍と戦ったが、その時石川右岸に嶽山城をはじめいくつもの城を造った。正平一五年に足利軍が嶽山城を攻めた時、楠木の兵はわずか一〇〇人。手薄を隠すためたくさんの木に旗をくくり付けた。これで一五〇日間騙し続けたが、鳥が驚いた様子を見せないことからさほどの兵でもないと勘づかれ、城は足利の手に落ちた(『太平記』)。

登路 近鉄長野線汐ノ宮駅で下車、前方に見上げる願昭寺の仏塔を目ざして東へ。寺の前から道標に従って城山オレンジ園へ。ここから五〇m先で舗装道路を離れて左にとる。やまびこ園、続いて二基の給水タンクの前を通って車道に出て左。やまびこ園の案内がある。かんぽの宿へ上り着くとテニスコートの奥に嶽山城がある(約一時間一五分)。下山はこの二基のタンクの間の道を通って西寄りに北へ進み、初芝富田林高校を通って同線滝谷不動駅へ(一時間)。

地図 二・五万図 富田林

(根来春樹)

東條山 とうじょうやま 標高 八八〇m

大阪府河内長野市と南河内郡千早赤阪村の境界にある。金剛山の大阪府側の山麓に、南東から北西に向かって千早川が流れている。対岸に横たわる山が東條山であり、見方によっては巨大な鯨が五條林道を眺めながら寝そべっているように思える。五條林道は古くから千早や中津原が千早峠を越えて五條との交流を盛んにしていた道であり、明治維新の先駆けとなった天誅組が五條の代官所を襲撃するために駆け抜けた歴史もある。この鯨が見つめているのは千早峠であり、代官所は千早峠とは一線上にあるものの、鯨の背丈ではその襲撃は見えていない。尻尾は千早トンネルの上の峠であり、跳ね上がってその北側に肩衝山《かたつきやま》を造っている。

頭の先から尻尾にかけて背中に走る一筋の線は、金剛山側の千早赤阪村と河内長野市の境界である。河内長野市に大住谷が流れていて、小滝なのに大きな釜を持ち、金剛山系ではめずらしい。イワタバコの群生がある。谷に沿う林道をつめると鯨の頭、東條山へ。

登路　南海バス小深で下車し東へ一〇分、大住谷に取りつく。林道が切れ、三つの小谷が出合う所で、右端の谷に道がある。さらに進み左手二つ目の谷でこの道と分かれて左へ。尾根に登り着いたら左にとる。右は自然林、左が植林の尾根道をつめる。道の両側が自然林になるとそこが東條山だ。小深から二時間一〇分。この先は一五分で五條林道、さらに左へとれば四〇分でロープウエー前バス停。

地図　二・五万図　五條

（根来春樹）

府庁山　ふちょうやま

標高　六一〇m

大阪府河内長野市の南部にあり、行者杉峠から紀見峠に至る大阪府と和歌山県の県境尾根と島ノ谷を挟んで対峙している。行者杉峠の北側は南北に走る山並みが大阪府と奈良県の境になり、行者杉峠の西側は東西に走る金剛南尾根と和泉山脈が和歌山県との境になっている。府庁山の山塊は石川の支流・才の神谷をぐるっと取り囲んでいる。山塊の南東の一部、個人所有の山林九・七五haを一九二九年から七〇年の契約で大阪府が借り受けて植林したことで、府庁山の名がある。契約満了後に伐採して返還され、府営林ではなくなった。小さな平坦地が三叉路になっていて通称府庁山。借受地では標高はもっとも高く約六〇〇mある。眺めはよい。北への道は、この山塊の最高点約六四〇m、三角点五四一・七m、クヌギ峠約三七〇m。次に広域農道に出て左にとり、南海電鉄高野線千早口駅へ。南東の道は十字峠約五一〇m、島の谷を経て同線の天見駅へ。また、西の道は尾根通しで旗尾岳。ここから天見駅や千早口駅へ通じている。

登路　天見駅から遊歩道を南へ。蟹井神社の前から島の谷に沿って林道を歩く。十字峠の道標で林道と分かれて左へ。ここまで約五〇分。一五分で十字峠に上り着いて左へ。尾根道の林道が尾根を離れる所で林道と分かれて尾根道を登って行く。送電線鉄塔一九〇を通り過ぎて府庁山に登り着く。十字峠から約三〇分。西の道は天見駅へ約二時間、千早口駅へ約二時間一〇分。分岐は旗尾岳の先の鉄塔六。

地図　二・五万図　岩湧山　五條

（根来春樹）

根古峰　ねこみね

標高　七四九m

大阪府河内長野市と和歌山県橋本市の境にある。紀見峠辺りから見ると、どっしりとした山塊である。山はほとんどがスギの植林で覆われている。山頂の南面に沿ってダイヤモンドトレールが通っていて「根古峰」の標識も置かれているが、岩湧山への行き帰りに素通りされてしまうことが多い。山頂すぐ下に「金剛生駒国定公園根古峰」の看板が立てられている。三角点の近くには二基の電波反射板も立てられている。しかし、ほとんど登頂する人がいないのは、頂上からの展望が望めないからであろう。

登路　南海電鉄高野線紀見峠駅下車、越ヶ滝登山口より岩湧山三合目を経由して山頂へ約二時間。南海電鉄高野線天見駅下車、流谷林道からアシ谷林道を通り、終点の登山口から山頂へ約二時間。

地図　二・五万図　岩湧山

（山田博利・野口恒雄）

旗尾岳　はたおだけ　標高　五四八m

別称　天見富士

大阪府河内長野市の南部にあり、大阪府と和歌山県の県境、紀見峠からほぼ真北三kmに位置し、府庁山とは尾根で連なっている。西一kmの所を天見川に沿って南北に国道三七一号が走っているが、これは古代から高野山への参詣道として栄えた高野街道である。鎌倉時代の末には楠木正成と鎌倉幕府との戦場となり、一五世紀後半には畠山義就《よしなり》と畠山政長兄弟の争いの舞台となった。烏帽子形城、石仏城、佐近城、紀見峠砦などとともに旗尾岳の旗尾城は重要な軍事拠点であった。

頂上は東西に長い平坦地になっている。その周りは急峻な地形になっていて、要害の地としての形を備えている。

登路　南海電鉄高野線千早口駅から南へ八〇〇m、上空で送電線が交差する。手前側の送電線の下、左手の谷間が登山口。いま建設が中断している国道現場を過ぎて五〇mで右手の尾根に取りつくと、後は旗尾岳まで尾根通しに送電線鉄塔五、六を通って約一時間一〇分。次の駅、天見駅の東側の谷に沿って駅から五〇〇m歩き、左へ谷を渡って登って行くと鉄塔六で先述の尾根道に出る。旗尾岳まで一時間。藤尾岳からも尾根道を進み、府庁山三叉路まで約一時間二〇分。ここで直進の道を南東にとって約二五分で十字峠、右へ下って島の谷に出て谷沿いの林道を進み、蟹井神社から遊歩道で天見駅まで約一時間。

地図　二・五万図　岩湧山

（根来春樹）

岩湧山　いわわきさん　標高　八九七m

大阪府河内長野市と和歌山県の県境は金剛山系の神福山《じんぷくさん》（七九二m）、紀見峠、根古《ねこ》峰（七四九m）、阿弥陀山（八四三m）、南葛城山などの山並みの上を走っている。岩湧山は大阪府河内長野市にあって、阿弥陀山の東側で北へ分岐する支尾根上にある。なだらかな頂上付近は広大な茅の群生地で、茅は全国の重要文化財の屋根葺きに使われている。頂上は展望が開けている。和泉砂岩で成り立ち、北の加賀田川、南の千石谷へ水を落としている。

岩湧寺は役小角の開基といわれ、一三〇〇年の歴史がある。古書によると、寺の南側が「巉巌屹立《さんがんきつりつ》して其形湧出るが如し」から岩湧山という。修験者の萩原眞次郎は昔、この岩で行をした折に、確かにこの岩が岩湧山の名の由来だと先輩に教えられたそうである。境内は樹齢四〇〇年の老杉が林をなす。豊臣秀頼再建の本堂と淀君寄進の多宝塔は国の重要文化財である。北側の四季彩館は無料休憩所であり、岩湧山の自然について解説している。

岩湧寺から下って南海電鉄高野線天見駅と青葉台ハイツ口バス停の分岐に行司河原の地名がある。岩湧寺は山伏の道場として栄えたが、修行に入る前にはここにある行司家の前の河原で身を清めた。姓の由来は「行者さんを司る」からきているとのこと（行司氏談）。

行司河原分岐で右にとり、かたつむりトンネルと呼ばれる風変わりなトンネルを抜け八幡神社に着く。平安時代、石清水八幡宮の神霊を祀ったのが起源である。南北朝時代に社殿が兵火で焼失したのを悲しまれた後醍醐天皇が、湯釜を寄進された。七月一二日の夏祭りには境内で湯立神事が行われる。湯釜で湯を沸かし、山から伐り出した竹で神主が露払いをする。この竹をもらって田圃《たんぼ》の畦に立てると虫除けになるという。社殿の前の川に一月六日の朝八時から村人が集まって、注連《しめ》縄《なわ》を渡すという珍しい風習がある。岩湧山頂上を通るダイヤモンドトレールは、滝畑ダムから槇尾山へつづいている。この縦走路は二上山北側の屯鶴峰と槇尾山施福寺の境内に起点の碑があり、起点から起点までの距離は金剛山剛友会の測量によると四八・八kmである。

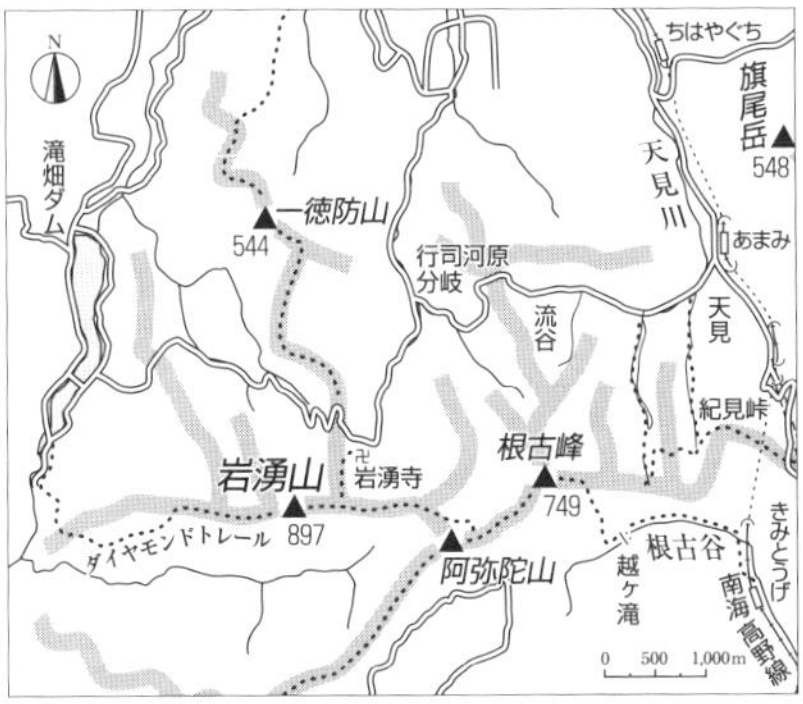

登路　南海電鉄高野線天見駅から行司河原分岐を通る道（約三時間二〇分）。滝畑ダムからダイヤモンドトレール（約二時間一〇分）。紀見峠駅から北へ、トンネル入り口付近から根古谷沿いに歩き、越ヶ滝から右へ登って岩湧山三合目でダイヤモンドトレールに合流する（約三時間五分）。

地図　二・五万図　岩湧山

（根来春樹）

一徳防山　いっとくぼんやま　標高　五四一m

別称　一徳坊山

大阪府河内長野市の南部にある。中日野の登山口付近からは、やや奇怪な尖った山として見える。山頂は狭く、西側は風化で崩壊している。標高にくらべて険阻な登山コースは、ハイカーに人気がある。その頂上からの展望はすばらしく、南大阪の山々が眺望できる。頂上から南東五〇〇m程に送電線の鉄塔（五四四m）があり、そこからは、岩湧山がのしかかってくるように見える。

登路　南海電鉄高野線または近鉄長野線河内長野駅から南海バス中日野バス停下車、みはらし岩を経て山頂へ約二時間四〇分。南海電鉄高野線三日市駅から南海バスで大矢船西町バス停下車、二ノ坂峠を経て山頂へ約二時間。

地図　二・五万図　岩湧山

（山田博利・野口恒雄）

三国山　みくにやま

標高　八八五m

別称　一乗ヶ岳　七越山　七越嶺

大阪府和泉市と河内長野市と和歌山県伊都郡かつらぎ町の境にあり、河内、和泉、紀伊の三国の接点にあることが山名の由来となっている。現在、金剛生駒紀泉国定公園の中に入っている。全山和泉砂岩層よりなっている。

役小角開創の序品・友ヶ島から普賢菩薩勧発品・亀ノ瀬に至る葛城修験道の二十八宿の一つに、泉州父鬼《ちちおに》から紀州に越える七越峠が第十一番の宿にあてられている。三国山の周囲には、宿山(八六八m)、経塚山(八二五m)、堂山(七五一m)と、修験道に関係する名前の付く山が並んでいる。

七越峠から三国山まで舗装道路がつづいている。これは山頂にあるレーダー・ドーム建設によるもので、このため山頂の一部は立ち入り禁止となっている。山頂に至る途中の三国台からの眺望はすばらしく、近くの和泉山脈の山々から紀ノ川を隔て、大峰や奥高野の山々も望むことができる。

登路　泉北高速鉄道和泉中央駅からバスで父鬼下車、山頂まで約三時間。七越峠を経るのが一般的だろう。

地図　二・五万図　内畑　粉河

(柏木宏信・久保和恵)

槙尾山　まきおさん

標高　六〇〇m

別称　捨身ヶ岳

大阪府和泉市の南部にある。山名は、この山の中腹に西国三十三箇所観音霊場第四番札所の「槙尾山施福寺」に由来する。

施福寺は行基、空海ゆかりの古刹で、平安時代から修験道寺院として栄えた。伝承によると、役小角が書写した法華経を葛城山系の各所に埋納し、最後に埋めたのがこの山であったことから巻尾山(槙尾山)と名付けられたそうだ。織田信長によって寺は焼き滅ぼされたが、豊臣秀頼や徳川家が再興した。

西国三十三所巡礼往還道が、第三番の粉河寺から繋がっており、ハイキング・コースとして利用されている。また、屯鶴峯を起点とするダイヤモンドトレールの終着点ともなっている。寺の南東に蔵岩があり、ロッククライミングのゲレンデとなっている。山頂の展望はもう一つだが、ここからの展望はよい。葛城山、金剛山、岩湧山はもちろんのこと、六甲山から淡路島、関西国際空港を望むことができる。

登路　泉北高速鉄道和泉中央駅から南海バス(槙尾中学校前でオレンジバスに乗換え)にて槙尾山バス停下車、施福寺を経て蔵岩から山頂へ約一時間一〇分。根来谷から五ツ辻、桧原分岐を経て山頂へは約一時間三〇分。

地図　二・五万図　岩湧山

(山田博利・野口恒雄)

大石ヶ峰　おおいしがみね　標高　八六〇m

大阪府和泉市と岸和田市、和歌山県伊都郡かつらぎ町の府県境にあり、和泉山脈上にあって和泉葛城山の東に位置する。大石ヶ峰の東方には古来からの峠・鍋谷峠があり、国道四八〇号が通っている（平成二八年度供用予定でトンネル掘削等の改良工事が進められている）。この辺りの山稜には車道が随所に走っているが、大石ヶ峰付近にはそれがない。それだけに自然の雰囲気が残っている。残念ながら頂上からの展望はまったく利かない。地味だが、山の自然を満喫できる。

登路　泉北高速鉄道和泉中央駅から南海バスで父鬼バス停下車、近畿自然歩道を鍋谷峠、小堂峠（七三九m）を経て山頂へ約二時間三〇分。和泉葛城山山頂駐車場から葛城神社、三角点を経て山頂へ約一時間。

地図　二・五万図　内畑　（山田博利・野口恒雄）

和泉葛城山　いずみかつらぎさん　標高　八五八m

大阪府岸和田市と貝塚市、和歌山県紀の川市那賀地区との府県境にある。国立天文台編の『理科年表』によると、近畿の地質構造は西南日本弧内帯と西南日本弧外帯に分けられている。内帯は浸食の進んだなだらかな地形、外帯は壮年期の険しい地形で、平地が極めて少ないという特徴がある。この和泉山脈はその境界線上に位置し、和泉葛城山はその主峰である。

山頂北側斜面にはブナの天然林が広がっている。一九二三年に国の天然記念物に指定されている。この緯度、標高で、ブナの純林が形成しているのはめずらしく、南限とされている。現在、温暖化などの影響でブナ林の衰退が進んできているので、ボランティア・グループなどにより「ブナの森のトラスト運動」が行われている。

山頂には葛城二十八宿第九経塚の祠に八大竜王社が祀られている。ここには展望台も設けられ、眺望は全方向にわたっている。北は大阪平野の市街地、西に回って大阪湾から関西国際空港、その先に六甲の山並み、淡路島。南方には紀ノ川や竜門山、高野山、紀伊山地の山々と三六〇度の眺めである。三角点（八六六m）は、頂上から東へ約一㎞の所にある。頂上まで車道が上がってきているので、休日などはマイカーの家族連れでにぎわう。

登路　南海電鉄本線岸和田駅から南海ウイングバスで牛滝山バス停下車、地蔵さん登山道で二十一地蔵を経て山頂へ約二時間三〇分。南海電鉄本線貝塚駅で水間鉄道に乗換え、水間観音駅から貝塚はーもにーバスで蕎原《そぶら》バス停下車、春日橋から山頂へ二時間強。南海電鉄本線泉佐野駅または

JR阪和線日根野駅から南海ウイングバスで犬鳴山バス停下車、七《しっ》宝瀧寺《ぽうりゅうじ》を経て五本松から紀泉高原スカイラインで山頂へ約三時間二〇分。

地図　二・五万図　内畑　粉河　（山田博利・野口恒雄）

燈明ヶ岳　とうみょうがだけ　標高　五五八m

別称　犬鳴山《いぬなきやま》　天狗岳

大阪府泉佐野市の南東、和泉山脈中の支稜上にある。この山を燈明ヶ岳というのは、『和泉名所図会』によれば、「西の海面を闇夜に渡海の船、方角を失ふの時、当山の不動尊を念する時、此峰に燈明輝くといふ」とあるところからきている。しかし、近くに燈明ヶ岳という名称の別の山があり、一般的には犬鳴山で知られている。もう一つの方は「東の燈明ヶ岳（八五七m）」（大阪府河内長野市と和歌山県かつらぎ町の府県境に所在）といって区別している。なお、七宝瀧寺から見て、右から天狗岳、経塚権現山、燈明ヶ岳とピークが並んでいる。国土地理院地図に表示の燈明ヶ岳は天狗岳である。

山麓にある七宝瀧寺の裏山一帯を総称して犬鳴山という。元々は一乗山と呼ばれていたが、伝説では飼い主の猟師の命を救った義犬の話が朝廷に聞こえ、犬鳴山に改められたとある。また、河内・和泉の古刹と同様、この寺も役小角の創建と伝えられ、西の行場、東の行場を持つ葛城二十八宿修験道の根本道場である。

登路　南海電鉄本線泉佐野駅またはJR阪和線日根野駅から南海ウイングバスにて犬鳴山バス停下車。行者の滝から山頂へ約一時間四五分。犬鳴温泉から西尾根を登って山頂へは約一時間二〇分。

地図　二・五万図　内畑　粉河　樽井　（山田博利・野口恒雄）

岩雄山　いわおやま　標高　五七五m

大阪府和泉市と岸和田市の境、和泉山脈の大石ヶ峰より派生した尾根上にある。この山は「大阪50山」に選ばれている割には人気がなく、あまり登られていないので、道標も完備されていない。地図とコンパスを頼りに登る山である。登山中や山頂も展望は利かなかったが、牛滝側が伐採されたようで、山頂から西面は展望できるようになった。

登路　泉北高速鉄道和泉中央駅から南海バスで父鬼バス停下車、明神谷橋を渡って谷道を辿って山頂へ約一時間三〇分。春木川バス停下車、高塚山（三四一m）を経由して尾根通しに山頂へ二時間強。南海電鉄本線岸和田駅からは南海ウイングバスでせせらぎ荘前バス停下車、少し戻った紅葉橋より山頂へ約一時間三〇分。山頂より大石ヶ峰へは約二時間。

地図　二・五万図　内畑　（山田博利・野口恒雄）

雨山　あめやま　標高　三一二m

大阪府泉佐野市と泉南郡熊取町の境にある。この山の奥に高城山や犬鳴山があり、和泉山脈前衛の山容が優美な山である。南北朝時代には山頂に雨山城があった。雨山と双耳峰のごとき土丸城址の丸山(二八七m)、樫井川を挟んで小富士山(二五九m)など、小粒な山がいくつかあり、標高に比して頂上や点在する露岩からの展望はすばらしい。目前の関西国際空港から離発着する飛行機が手に取るように見えるだけでなく、大阪湾から淡路島、六甲連山が眺められる。

山名は雨乞いに由来する。山頂に残る竜王社の石祠がそれを示している。西側の熊取町側は、永楽ダムとともに奥山雨山自然公園に指定されている。

登路　南海電鉄本線泉佐野駅から南海ウイングバスで土丸バス停下車、土丸城址を経て山頂へ約一時間。JR阪和線熊取駅から南海ウイングバスで成合口バス停下車、永楽ダム広場から西ハイキング・コースで山頂へ約二時間。

地図　二・五万図　樽井

(山田博利・野口恒雄)

ボンデン山　ぼんでんやま

標高　四六九m

大阪府泉南市と和歌山県紀の川市打田地域の府県境にある。三角点は三〇m程、和歌山県側に入っている。三角点は南方の高みだが、北方の高みにはボンデン山展望台が設けられている。その鞍部ともいえる馬目峠にはNTTの信達南無線中継所がある。山名のボンデンとは、釈迦を護る一二天の一つ・梵天《ぼんてん》がなまったもの、または神幸や山伏の峰入行列の先頭に立てる御幣のこと。この辺りの葛城修験道に関係があるのだろう。

和泉山脈もこの辺りまで来ると、高度が五〇〇mを切り、これから西方へは段々と標高を落としていく。登山道や三角点の所では展望は利かなかったが、山頂の展望台からは遠く六甲山、明石海峡大橋までも望むことができる。

登路　南海電鉄本線樽井駅またはJR阪和線和泉砂川駅からさわやかバスでつづら畑バス停下車、信達葛畑の集落を抜けて八丁坂から馬目峠を経て山頂へ約一時間一〇分。車なら紀泉わいわい村の梵天山登山口(マツタケ・シーズンは入山禁止)から馬目峠を経て山頂へ一時間強。

地図　二・五万図　岩出

(山田博利・野口恒雄)

お菊山　おきくやま

標高　約三三〇m

別称　お菊松

大阪府泉南市の南部にあり、和泉山脈の城ヶ峰から派生した支稜の西端に位置する。起伏のない山稜なので、これといった特徴がない。この山の名称は、大阪夏の陣(一六一五年)で討ち死にした夫の仇討ちのため、豊臣秀次の娘・お菊が徳川方の浅野軍を山口村で挟み討ちする密書を、男装して大坂城へ届ける途中、この山中で黒髪を断ち、髪と鏡をマツの木の根元に埋めたことに由来する。役目を果たした帰路捕えられ、助命を拒んで処刑された哀しい話が残されている。頂上にはお菊松と「烈女菊姿見の遺跡碑」がある。頂上や途中の送電線鉄塔付近からの展望がよい。西の山麓には根来街道が通っていて、古刹である金熊寺、蓮信寺が所在する。

登路　南海電鉄本線樽井駅またはJR阪和線和泉砂川駅からさわやかバスで金熊寺バス停下車、蓮信寺を通って山頂へ約二時間。J

R阪和線長滝駅下車、滝の池から山頂へ約二時間四〇分。

地図　二・五万図　岩出　樽井

（山田博利・野口恒雄）

雲山峰　うんざんぽう　標高　四九〇m

別称　雨ヶ森

和歌山県和歌山市の北部にある。『紀伊続風土記』によると江戸時代に紀伊水道を行き交う船の目印になっていた。雨が降る時には、まずこの山に雲が懸かることから、この山の名前が付いたといわれている。和泉山脈のこの辺りは「紀泉アルプス」と呼ばれ、その盟主的存在から多くの登山コースが設けられている。また、交通アクセスのよさ、展望のすばらしさ、豊かな自然林に魅力がある。

山頂には雨乞いの神・八大竜王の祠が祀られている。ここからは和泉山脈越しに金剛山が見渡せる。南西に少し進んだ地蔵山一帯は青少年の森展望広場になっていて、雄大な展望が広がっている。和歌山市街を眼下に見下ろし、西は紀ノ川河口から紀淡海峡、遠く四国まで、南は龍門山や飯盛山、高野山の山々が見渡せる。関西国際空港の離発着ものんびりと見られる。

大阪府側の登山口である山中渓は、かつては熊野街道の山中宿で、熊野詣でや参勤交代の際の宿場としてにぎわい、昭和に入っても温泉開発により大阪の奥座敷として栄えた。渓流沿いには温泉旅館も多くあったが、いまではその面影すらなく、わびしい感じがする。

登路　JR阪和線山中渓駅下車、四ノ谷山を経て山頂へ三時間弱。JR阪和線六十谷《むそた》駅下車、四ツ池道から地蔵山を経て山頂へ約二時間四〇分。

地図　二・五万図　淡輪　岩出

（山田博利・野口恒雄）

俎石山　まないたいしやま　標高　四二〇m

大阪府阪南市と泉南郡岬町、和歌山県和歌山市の境にある。この山には大阪府内で唯一、一等三角点本点が置かれている。山頂は北峰と南峰に分かれ、北峰からの展望はすばらしい。周囲の山も同じだが、巨岩があちこちにあるので、それが山名の由来かもしれない。紀泉アルプス一帯は紀淡海峡を望むので一八九九年に由良要塞地域に指定され、永らく立ち入り禁止、地図も公開されていなかった。そのせいか手つかずの自然がいまに残されている。

阪南市の鳥取池ダム下は鳥取池緑地桜の園として整備され、キャンプ場としても利用できる。春のサクラのころがよい。

登路　南海電鉄本線箱作駅下車、大河内池から尾根コースで主稜に上がり山頂へ二時間強。南海電鉄本線尾崎駅下車、タクシーで鳥取池へ。ダムを渡って尾根に上がり山頂へ約一時間三〇分。

地図　二・五万図　淡輪

（山田博利・野口恒雄）

大福山　だいふくやま　標高　四二七m

大阪府泉南郡岬町と和歌山県和歌山市の境にある。山名は、和歌山側の麓にある大福山本恵寺《ほんえじ》（直川《のうかわ》観音）に由来する。この寺院は役小角の創建といわれている。葛城修験でここを妙《みょう》譬《ひ》喩《ゆ》品《ほん》第三之地としたので、山を大福とした。すなわち、葛城二十八宿の第三番が大福山である(雪山峰とする説もある)。寺は修験道から禅宗へ、さらに日蓮宗へと遷って今日に至っている。

大福山もかつては由良要塞地域に含まれていた。山姿はなだらかな形で、頂上は平坦な広場になっている。そこに聖観世音菩薩が祀られ、大福山千手寺の石碑が建っている。展望もよい。

登路　JR阪和線六十谷《むそた》駅下車、井関峠から籤法ケ岳《くじほうがだけ》を越えて山頂へ約二時間。山頂から俎石山へは約二〇分。また、雲山峰からは縦走路を約一時間三〇分。

地図　二・五万図　淡輪

(山田博利・野口恒雄)

札立山　ふだたてやま　標高　三四九m

大阪府泉南郡岬町と和歌山県和歌山市の境で、和泉山脈の西部にある。

江戸時代、大坂は天下の台所。和歌山の街は徳川御三家の一つで商業も発達していた。大坂の毎日の商品市況を飛脚の驛傳によって和歌山へ伝えていた。大坂から札立山まで約六〇km、ここから和歌山まで一〇km。大坂からの飛脚は商品市況を、ここでアンカーに引き継いで和歌山へ伝えていた。これが山名の由来であるといわれている。和歌山方面の展望は抜群である。

登路　南海電鉄本線和歌山市駅またはJR阪和線和歌山駅より和歌山バスで鳴滝団地バス停下車、鳴滝不動尊から鳴滝山を経て山頂へ約一時間三〇分。JR阪和線六十谷《むそた》駅下車、有功中道で奥辺峠を経て山頂へ約二時間三〇分。

地図　二・五万図　淡輪

(山田博利・野口恒雄)

泉南飯盛山　せんなんいいもりやま　標高　三八五m

大阪府泉南郡岬町のほぼ中央に位置する。和泉山脈の西端に位置し、文字どおり飯を椀に盛ったような山容で、存在感のある山である。国土地理院地図では「飯盛山」と表記されているが、大阪府下には生駒山地に「(河内)飯盛山」があり、それと区別するため「泉南飯盛山」と呼ばれている。

和泉山脈の南部、紀泉アルプス一帯は近辺に「砂川」という地名もあるように砂岩地質であり、泉南飯盛山はその代表格の山である。随所で砂岩が露わになっていて、低山でもアルペン・ムードを醸し出している。

展望は紀淡海峡から遠く明石海峡(明石大橋)までの大阪湾を見渡し、その向こうに淡路島、六甲連山も遠望できる。

登路　南海電鉄本線みさき公園駅下車、提灯講山を経て山頂へ約二時間三〇分。南海電鉄本線孝子駅下車、高仙寺、高野山反射板を経て孝子札立分岐から山頂へ約二時間四五分。

地図　二・五万図　淡輪

(山田博利・野口恒雄)

大阪平野

天保山　てんぽうざん

標高　五m

大阪府大阪市港区の安治川河畔、天保山公園内にある。自然の山ではなく、人工の山である。国土地理院地図上では山名は、斜体ゴチックで表示される。たとえ「○○山」と表示されていても、明朝体による場合は山名ではない。天保山は三角点を持つ、れっきとした山である。

この山ができたのは、大川（安治川）の航行安全のため、天保二〜三年（一八三一〜三二）に行われた川浚《ざら》えの土を盛り上げたことによる（標高約二〇m）。当初は目印山・目標山と名付けられたが、後に築かれた時代名から「天保山」と称されるようになった。周りにマツやサクラなども植えられ、景勝地の一つと数えられるようになったが、砲台の築造や昭和に入ってからの地盤沈下などで山の高さが低くなった（昭和三〇年ごろは一〇m近くあった）。永らく日本一低い山であったが二〇一四年、標高三mの日和山（仙台市宮城野区）にその座を譲った。

登路　大阪市営地下鉄中央線大阪港駅下車、天保山公園へ七分。JRゆめ咲線桜島駅下車、桜島三丁目の天保山渡船場で天保山側に渡り天保山公園へ約二〇分。

地図　二・五万図　大阪西南部

（山田博利・野口恒雄）

蘇鉄山　そてつやま

標高　七m

大阪府堺市堺区の大浜公園内にある。幕末に黒船来航に備えて砲台を築いた所を、明治に入って大浜公園として開放し、築山として整備された。昭和一四年（一九三九）、天保年間に堺の河川や港湾の浚渫工事の土砂で築かれていた御陰山が削られることに伴い、そこに置かれていた一等三角点が大浜の築山に移設された。二〇〇〇年、国土地理院地図に「蘇鉄山」として山名が掲載され、一等三角点のある山としては日本一低い山となった。

なぜこの山が、「ソテツ山」なのか？

堺は室町時代から「自由都市」であった。外国貿易も盛んで、そのころ堺にソテツも入って来たのだろう。市内にある妙國寺は、別名ソテツ寺とも呼ばれる有名寺院である。信長との故事などから自由都市・堺をソテツに代表させているのだろうか。

登路　南海電鉄本線堺駅下車、南口から西へ約一〇分で山頂。

地図　二・五万図　堺

（山田博利・野口恒雄）

中国山地

大箕山　おおみやま

標高　六二六m

別称　丹波富士　大見山

兵庫県丹波市青垣町にある。加古川支流の佐治川方面からこの山を見ると、箕《み》(農具)を伏せたように見えるという。

山頂にはNHKのアンテナなどが立ち、また、木々が茂っているので、展望はあまり期待できない。木の間越しに三国岳や岩屋山(七二〇m)が望まれる。

登路　里山の常として、登山道は整備されていない。大箕山麓の丹波市青垣町市原や山垣《やまがい》、稲土《いなつち》から登山口がある。いずれも山頂まで約一時間で達する。

地図　二・五万図　矢名瀬　大名草

(柏木宏信・重廣恒夫)

粟鹿山　あわかやま・あわがやま

標高　九六二m

別称　朝来山　愛宕山

兵庫県丹波市青垣町と朝来《あさご》市山東町の境にあり、丹波と但馬の国境にあたる。なお、この山が丹波の最高峰である。『日本山嶽志』では「朝来山」で記載されている。この辺り朝来群山県立自然公園に属し、虎臥城(竹田城址)も近い。また、この山の西側に朝来山(七五七m)の名が付く山もある。

山名の由来は北麓にある但馬一の宮である粟鹿神社による。山頂には無線中継所があり、アンテナが林立するが眺望は良好で、丹波、但馬の山々や播磨の山々も見渡すことができる。

登路　朝来市山東町粟鹿の西宮市立山東少年自然の家から約二時間で山頂に至る。

地図　二・五万図　矢名瀬

(柏木宏信・重廣恒夫)

青倉山　あおくらさん

標高　八一一m

兵庫県朝来《あさご》市山東町、同市生野町、同市朝来地域の境にあり、朝来群山県立自然公園に属し、その中核をなす山である。

中腹五五〇mの所に、眼の神様として広く親しまれている青倉神社が鎮座する。

この神社は納座地区の善隆寺の奥の院でもあり、廃仏毀釈が実施されるまでは、真言密教の霊場として神仏習合の場でもあった。祭祀される神は和久産巣神《わくむすびのかみ》といわれている。この神は生産・五穀豊穣の神である。また、境内の岩からわき出す「霊水」は、役小角の眼にウドの小さなトゲが刺さり、痛くて困っていた時に、この岩からわき出る水で眼を洗うと痛みも取れ、前よりもよく見えるようになったとの言い伝えがあり、その後、眼の病に霊験あらたかといわれ、人々の信仰を集めている。

山頂には関西電力のマイクロウエーブ反射板が設置されていて、一部展望の利かない所もある。西方には段ヶ峰、また北東方向には栗鹿山、三国岳などが望まれる。

登路　青倉神社から山頂まで約一時間で達することができる。山麓には黒川ダムや立雲峡などのほか、山城として名高い国の史跡の竹田城址があり、「天空の城」と呼ばれ人気が高い。

地図　二・五万図　但馬竹田　但馬新井　矢名背　大名草

（柏木宏信・重廣恒夫）

三国岳　みくにだけ　標高　八五五m

兵庫県丹波市青垣町、多可郡多可町と朝来《あさご》市生野町の境にあり、兵庫丹波では栗鹿山に次ぐ第二の高峰である。

播磨、丹波、但馬の三国の境にあるところからの山名である。

昔はこの山頂に麓の多可町にある青玉神社が鎮座していたそうで、その祭神として天戸間見命《あめのとまみのみこと》（天目一命《あめのまひとつのみこと》の別名）を祀る。またこの辺り、古くからの銅山跡が見つかっており、地元には金属にまつわる伝承が多いという。

山頂部は植林地で展望は望むべくもないが、木々の間から六甲山方面、北方には栗鹿山、須留ヶ峰（一〇五四m）、西方に段ヶ峰（一一〇三m）などがうかがえる。

現在の多可町は、鍛冶や精錬ではなく、昔ながらの手漉《す》き和紙を生産し、製紙の見学や体験などもできる杉原紙《すぎはらがみ》研究所がある。また、同町には大杉が聳える青玉神社がある。

登路　JR加古川線西脇市駅から神姫《しんき》バスで杉原紙の里（道の駅「R427かみ」）で下車、道の駅から宮谷川沿いに三国峠を経由して山頂まで約二時間で達する。

地図　二・五万図　大名草

（柏木宏信・重廣恒夫）

カヤマチ山　標高　七四八m

兵庫県丹波市氷上町と同市青垣町の境にあり、十九山と連なっている。山名の由来など不明。山頂は雑木に囲まれ、展望は望めない。

登路　丹波市氷上町清住より葛野峠を経て山頂に立つことができる。所要時間は一時間三〇分位。南東面の達身寺からは約二時間で頂上に達する。

地図　二・五万図　大名草

（柏木宏信・重廣恒夫）

水山　みずやま　標高　七三〇m

別称　御林　天下山

兵庫県丹波市青垣町と同市氷上町の境にある。氷上盆地から目立つ双耳峰である。『日本山獄志』にも「丹波国氷上郡ノ西方ニアリ。葛野《カドノ》村ヨリ三十五町ニシテ其山頂ニ達ス。全山秩父古生層（丹波層群）ヨリ成ルモノヽ如シ。標高千三百尺」と記されている。

現在、山頂は雑木に囲まれていて展望は望めない。

登路　十九山、カヤマチ山に近く、峰つづきであり、達身寺あるいは葛野峠方面からも水山に至ることができる。上新庄林道終点から約一時間三〇分で頂上に達する。

地図　二・五万図　大名草　黒井

（柏木宏信・重廣恒夫）

岩屋山《いわやさん》

標高　七二〇m

兵庫県丹波市青垣町にある。いまはパラグライダーのゲレンデとして多くの人たちが参集し、登山者が排除されつつある山である。また、山頂にはドコモの大きなアンテナが立ち、林道がほぼ頂上まで上がって来ている。平成の初めには、山頂から三六〇度の展望が開けていたのが、いまでは一部灌木にさえぎられている。

山麓に西天目端厳山高源寺があり、寺の境内は県指定公園として人々に親しまれている。春のサクラ、ツツジに始まり、新緑、アジサイ、また秋にはテンモクモミジに彩られ、関西花の寺二十五寺にも選ばれるほどである。

山名は「雑木林がつづく急坂を下ると古樹におおわれた静かな場所に岩屋観音がある。約六百年昔岩屋千軒と称され栄えた頃のおくのいんのなごり……」と道中案内板に書かれていて、観音に由来するのであろう。正中二年（一三二五）、後醍醐天皇の命を受けた僧遠谿が開山し、臨済宗中峰派の根本道場として、千軒といわれるほどの堂宇があった。しかし、明智光秀の丹波攻めに遭い、ことごとく消滅した。後年、僧弘厳によって現存する本堂、三重塔、山門が再建された。

登路　丹波市青垣町桧倉の高源寺駐車場から約二時間で、ＮＴＴドコモの中継局のある山頂に達することができる。

地図　二・五万図　大名草

（柏木宏信・重廣恒夫）

竜ヶ岳《りゅうがだけ》

標高　八一七m

兵庫県多可郡多可町と丹波市氷上町の境にある。山名の由来は定かではないが、山の姿が竜に似ているからとか、古くはこの山に竜が住み大雨を降らせて山を崩すからとか、また、雨乞い信仰に関係するとか、諸説がある。

山頂は植林が進み、切り開きが小さいのであまり眺望は得られない。北方の峠、鳥羽坂から山頂への稜線では丹波側の山が、南方の清水坂を下り林道に出ると、播磨側の千ヶ峰などが眺められる。

登路　ＪＲ福知山線石生駅からタクシーで林道芦谷線に向かい、林道終点から山頂まで鳥羽坂を経て約二時間三〇分程で立つことができる。頂上から清水峠を経て約二時間で清水の集落に至る。

地図　二・五万図　大名草　丹波和田

（柏木宏信・重廣恒夫）

篠ヶ峰《ささがみね》

標高　八二七m

別称　茅野山　笹ヶ峰

兵庫県丹波市氷上町、同市山南町および多可郡多可町の境にある。兵庫丹波では粟鹿山（九六二m）と三国岳（八五五m）に次ぐ第三位の標高の山である。

空海が自然石のウシを鎮めたという伝説のある山であるが、いまはその石が見当たらないという。山頂近くまで林道が通じ、現在では車で登る山になっている。頂上からは多紀の山々や千ヶ峰など三六〇度の展望が楽しめる。

登路　車を利用する場合は、国道四二七号を杉原川沿いに入り、千ヶ峰への分岐より一km北方を東に入る林道を利用し、山頂直下に至る。

徒歩の場合、二・五万図には山頂に至る破線の記入はないが、『兵庫丹波の山　上』では、丹波市山南町山本から岩屋山を経由して山頂に至る記録を示している。それによれば、山本バス停より岩屋山まで(カザシ経由)約四時間。さらに一時間三〇分で篠ヶ峰山頂に至る。JR福知山線石生駅からタクシーでザ・サイプレスゴルフクラブに至り、竜ヶ岳に登った後、清水峠を経て篠ヶ岳に至り、ゴルフクラブに下ることも可能(約九時間)。最近ではラベンダーパーク多可から大井戸岳(七九四m)を経て登られることが多い(約三時間)。

地図　二・五万図　丹波和田

(柏木宏信・重廣恒夫)

白山　はくさん

標高　五四七m

別称　白山権現　赤城山

兵庫県丹波市氷上町にある。頂上には加賀の白山から勧請された白山権現が祀られたのでこの名がある。登山道には石仏や不動明王が岩に刻まれているのが見られる。

頂上からは加古川の流れ、遠くには多紀の山々も木々の間から望める。なお、同名の山(五一〇m)が西脇市黒田庄町と丹波市山南町の境にもある。

登路　JR福知山線石生駅からタクシーで伊尾神社、鷲住寺に至り、参道を登る。約一時間三〇分で頂上に立てる。

地図　二・五万図　柏原

(柏木宏信・重廣恒夫)

千ヶ峰　せんがみね

標高　一〇〇五m

別称　仙ヶ峰

兵庫県多可郡多可町と神崎郡神河町の境にある。東播磨の北部にあり、この地の最高峰である。

山名の由来については、古くからいろいろと述べられている。一番妥当と考えられるのは、修験道の道場として、九九九の谷と数々の峰があったことによるものであろう。また、尖っている山であるため尖ヶ峰、さらにまた「仙人が降りた峰」といい、「仙ヶ峰」が「千ヶ峰」になったとする説などがある。

山頂はカヤとクマザサに覆われ、その高さから三六〇度の展望に恵まれ、東方に丹波高原の山並み、西には峰山高原の山々や雪彦山、また、北西方向には氷ノ山、段ヶ峰、南には笠形山、播州平野が望まれる。なお、山頂には昭和の初期に建てられた「南無妙法蓮華経」と彫られた大きな石柱がある。

東側山麓の多可町加美区は古くから杉原和紙の産地として名高く、また、南麓には岩座神《いさりがみ》集落があり、この地に神光寺がある。この寺は白雉年間(六五〇〜六五四)に法道仙人の開基といわれる。近くに「塔の石」や「唐滝」などの大石が多く、これらが盤座《いわくら》信仰を育てたのであろう。登山口の一つになる三谷登山口には、多可町農林業公社ハーモニーパークがあり、ロッジ、果樹園などがある。

登路　代表的な登路はハーモニーパークの上部の林道に登山口がある。三谷コースといわれるもので、三谷渓谷に沿って大滝を経由する。コースも整備され、道標も完備している。登山口より一時間強で岩座神コースと合流する。これより三〇分程で山頂に達する。なお、登山口へはJR加古川線西脇市駅から神姫バスで門村下車。

岩座神コースは、岩座神集落から約一時間で三谷渓谷コースに出合う。

市原コースは、市原登山口より林道終点の石室が出発点となり、石室から約三〇分で市原峠、峠からは山頂まで約一時間。

地図　二・五万図　丹波和田　生野

（柏木宏信・重廣恒夫）

千ヶ峰（市原林道から）

笠形山《かさがたやま》

標高　九三九m

別称　播磨富士

兵庫県多可郡多可町と神崎郡神河町および市川町の境にある。播磨平野の北端にあって、東播磨南部から眺める時、古くよりその形の美しさから「播磨富士」と呼ばれている。

山名の由来は、播磨平野から見た姿が、周囲の山々の高度が低いせいもあって、九〇〇m余の山としては大きく見えるのと、山容が陣笠のように見えることによる。『播磨鑑』には「京の愛宕より笠程に見ゆるとて、笠形と名付たる由也」と『日本山嶽志』は記し、「照る日にも山の姿は面白や雨はふらねど笠形と知れ　嵯峨山隼人」の歌を挙げている。

「『峰相記』に、法道仙人が笠形山の神々しい姿を見て堂宇を建て帰見山笠形寺と名付けた、と言う記述がある。その後円仁（慈覚大師）が堂塔伽藍を建立し、今日に至るとするなら、優に一〇〇〇年以前に笠形と呼ばれていたことになる。笠形神社は笠形寺が創建されて以後の名称であろう」と『播磨　山の地名を歩く』は記述している。山頂からの眺望は、兵庫県内の山々はいうに及ばず、遠く四国の山並みも望むことができる。

登山道の途中にある笠形神社周辺には、樹齢数百年といわれるスギやヒノキの巨木が聳え、神々しい雰囲気を漂わせている。本殿近くにあって、一九五九年の姫路城大修理にあたって、長さ四二m、周囲四mのヒノキが心柱として伐り出され、そのいわれを記した記念板が立てられている。

登路　ＪＲ山陽本線姫路駅からＪＲ播但線に乗換え福崎駅へ。瀬加行の神姫バス三〇分で終点下車、バス停から林道を歩き笠形神社へ。ここから約一時間三〇分で笠形山山頂に着く。神河町の神崎いこいの村、多加町のネイチャーパーク笠形からも登路がある。

地図　二・五万図　粟賀町

（柏木宏信・重廣恒夫）

金香瀬山　かながせやま

標高　七一〇ｍ

兵庫県朝来《あさご》市生野町にあり、山腹には生野鉱山があった。生野銀山として有名で、約一二〇〇年前、大同二年（八〇七）に開坑され、現在は掘り尽くされて一九七三年に閉坑している。江戸時代は幕府直轄の銀山で、佐渡の金山とともに名が知られていた。

この跡地は、史跡生野銀山として整備保存され、生野鉱物博物館とともに、当時の地下産業の実態を再現して観覧に供している。鉱物博物館は、国内産出の鉱物標本二〇〇〇点を展示し、国内最大級の鉱物博物館として人気を得ている。

山頂は林に囲まれ展望は望めない。

登路　ＪＲ播但線生野駅から史跡生野銀山に行き、生野銀山跡資料館駐車場から生野銀山跡を経て約一時間で山頂に達する。

地図　二・五万図　但馬新井　生野

（柏木宏信・重廣恒夫）

十九山　じゅうくさん

標高　六七七ｍ

別称　十九ヶ峰　十九ヶ丸山

兵庫県丹波市氷上町と同市青垣町の境にある。この山は水山（約七三〇ｍ）の北西方にあり、旧氷上町、青垣町境の目立たない平坦な山である。

山名の由来は、氷上町清住にある曹洞宗十九山達身寺の山号によるものである。しかし地元でも、連なった山々のどの頂を指しているのか定かではないようである。

達身寺は行基の開山になるとも伝えられるが、はっきりとはしないようだ。茅葺きのこぢんまりとした、庭にはいろいろな花の多い寺である。また、平安時代に造られた、重文指定の如来観音像が数体ある。山頂からは加古川を隔てて五台山が望まれる。

登路　ＪＲ福知山線石生駅からタクシーで丹波市氷上町清住に向かう。達身寺から林道を経由して約二時間で山頂に達する。

地図　二・五万図　大名草

（柏木宏信・重廣恒夫）

氷ノ山　ひょうのせん

標高　一五一〇ｍ

別称　須賀ノ山　四ヶ峰

兵庫県養父《やぶ》市関宮と鳥取県八頭郡若桜町にまたがる、中国山地で大山に次ぐ第二の高峰である。氷ノ山後山那岐山国定公園を形成し、日本二百名山、ふるさと兵庫百名山の一つ。豪雪地帯で東西山麓にスキー場があるがそれ以外は原生林が残り、「二十一世紀に残したい日本の自然一〇〇選」「日本の秘境一〇〇選」に選ばれている。

頂上に皇極天皇のころに蔵王大権現を勧請(須賀峰権現社)、但馬、丹波、因幡、播磨などの四箇国の氏神として諸国からの参詣も多く、交流も盛んだった。坊社、茶屋、宿屋も一三〜四軒あってにぎわったが、源平の大乱から参詣者も減少、盗賊、悪党の難もあり、次第に里に出て百姓となり、神社も破損した。

麓の鵜縄、横行、春米《つくよね》の三箇村は一〇月九日山留め、正月九日山開きの定めがあったが、神社も荒れ参詣も困難になったので、ご神体を三箇村に勧請しようと相談が決まった。ところが、中尊をどこの村に勧請するかで口論となり、春米の人が朝早く参った村に中尊をお預けしようと言って一同が下山、その時春米の者は山中に隠れて皆の下山を見届け、中尊を奪って下山した。翌朝、鵜縄、横行の人が詣った時には中尊はなく、一体ずつ両村に供奉して祀ったという。これにより春米に権現社、鵜縄、横行に須賀峰神社を祀ることになった(関宮村郷土資料)。

春米ではこの事件を文治年間(一一八五〜一一九〇)のころと言い伝えがあり、山頂にあった祠の扉の片袖が権現社に保存され、この扉に中尊を奉じて下山したと伝える(若桜教育委員会)。

福定から氷ノ山越に至る登山道は昔から若桜街道に次ぐ主要道路で、現在でも気をつけて見れば石積みの箇所も見られ、当時の山陰街道を物語る。塩など生活物資についての取引も若桜を中心に盛んに行われ、但馬からの商人や地元の人々も多数往来した。いまも峠(氷ノ山越)には堂跡があり、伊勢参詣によく利用されたという。

ほぼ南北に長い頂上稜線の西側の谷は千代川に、東側の谷は円山川、北側の谷は矢田川、南側の谷は揖保川に注いでいる。

氷ノ山は火山である古生層の上に白亜紀火成岩(角礫岩、安山岩、流紋岩、溶結凝灰岩)が覆われて、所々板状・柱状節理が見られ、崖や滝を造っている。

山麓付近の植生はミズナラ、コナラ、シデ、カエデなどの夏緑樹林で、谷間はトチノキ、クルミ、カツラ、ミズキなどの渓谷林になっている。中腹の植生は、高木層にミズナラ、ブナ、亜高木層にはハクサンボク、オオカメノキ、ハウチワカエデ、低木層にはヒメモチ、ユキグニミツバツツジ、ホシツツジ、林床にはムラサキマユミが生育している。上部の植生は主にブナ林だが、多くは伐採されスギの人工林に代わっている。高木層はブナのほかミズナラ、シナノキ、オオイタヤメイゲツなどで、林床は一面のチシマザサ、ヤマソテツなどが見られ、地蔵堂周辺の半湿地にはハシリドコロの群落も見られる。以上のように多雪地帯特有の「ブナ・チシマザサ群集」

氷ノ山
(ワサビ谷左岸尾根から)

を形成している。

頂上の植生は強風のため樹木はなく、一面チシマザサに覆われた「截頭群落」を形成し、キャラボク、コネウツギなどが頭を出し、ササの下にはヒメユヅリハ、エゾアジサイが見られる。頂上より一五〇m南西に下がった所（古生沼《こせぬま》）、さらにその下に古千本《こせんぼん》、千本杉といわれるミズゴケ層の発達した湿生植物群落があり、兵庫県の天然記念物に指定されている。古生沼にはバイケイソウ、ツマトリソウ、マイヅルソウ、ヤチスゲ、アカモノ、オヤマリンドウなどの北方系の亜高山植物が自生する。氷河時代の残存植物といわれ、貴重なもので、とくにツマトリソウ、ヤチスゲは氷ノ山が分布の西南限にあたる。古千本杉、千本杉は天然のアシウスギの古木で、林には古生沼と同じ貴重な植物が自生する。

天然記念物のオオサンショウオは絶滅が心配されている。イヌワシ、ニホンツキノワグマが育成し、また、ニホンザル、ホンシュウジカなど野生動物も多い。一九六四年に指定された「氷ノ山後山那岐山国定公園」の中心である。

登路　兵庫県側から福定を起点に福定親水公園から旧氷ノ山越の峠道を辿る。途中に布滝や地蔵堂があり、峠には新しくなった避難小屋がある。分岐点で直進すれば鳥取県側の春米に下る。北の稜線を行けば鉢伏山方面へ、氷ノ山頂上へは南の稜線を登る。ブナ林の稜線を辿るとコシキ岩の岩峰を望む辺りで、鳥取側の仙谷からの登山道に出合う。コシキ岩の下を巻くと登山道も広くなり、やがて避難小屋のある頂上に着く。鳥取県側には立派なトイレと休憩所が新しくできた。下山は南東へ古生沼、古千本を経て神戸大学ヒュッテに出た後、直進すれば横行集落に出る。左にとって一の谷を越え東尾根を下ると（この辺りはドウダンツツジの群生地）東尾根避難小屋に至る。左下に見える国際スキー場に下れば登山口に出て、林道を下れば福定親水公園に戻る（約六～七時間）。

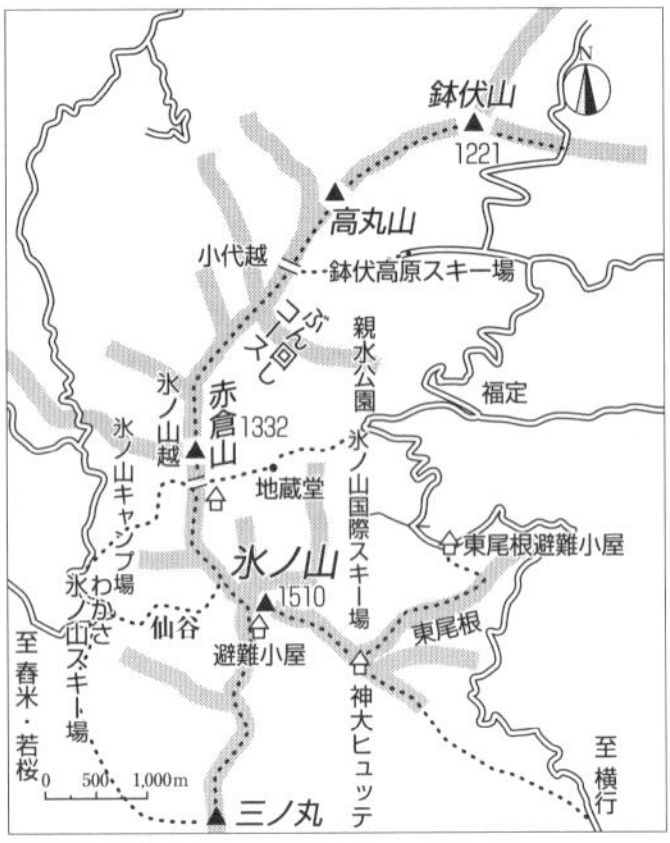

ぶん回しコース　鳥取県側からは、若桜町から春米の集落を越えわかさ氷ノ山スキー場が起点。

氷ノ山越のコース　氷ノ山キャンプ場から旧峠道を辿り氷ノ山越に出て、前記のコースを行く（頂上まで約二時間）。

仙谷コース　わかさ氷ノ山スキー場のイヌワシ・ゲレンデのアルパインヒュッテの前が起点。スキー場の上部より仙谷に沿って歩き、途中何度も谷を渡り滝を高巻く鎖場もあり、ちょとした谷歩きが楽しめる。最後は左の支谷に取りつき、岩場を登ると尾根道となり、稜線の登山道に出る（頂上まで約二時間）。

三ノ丸コース　わかさ氷ノ山スキー場のゲレンデ最上部のリフト終点が起点。三ノ丸より西へ張り出した尾根に取りつく。初めは狭いがやがてブナ林に出ると尾根が広くなだらかになり、三ノ丸のピークに着く、展望台と近くに避難小屋もある。南に兵庫県側の戸倉へ出るコースが分かれる。展望を楽しみながら北へ稜線を辿れば、氷ノ山頂上に出る（頂上まで約二時間三〇分）。

なお、冬季は豪雪のため山スキーのゲレンデとなる。四月初めまで楽しむことができる。

地図　二・五万図　氷ノ山　若桜

（阪下幸一）

赤倉山　あかくらやま

標高　一三三二m

兵庫県養父《やぶ》市関宮、美方郡香美町と鳥取県八頭郡若桜町の境にあり、氷ノ山後山那岐山国定公園に含まれる。氷ノ山の北西部に、氷ノ山越（一二五二m）を挟んである。

赤倉山こそ本来の「ひょうの山」にあたる山。一九〇三年の『鳥取県管内全図』にも、当て字で「豹ノ山」と赤倉山のピークに記載されている。「天照大神宮西征の時、此山を通り玉ふ時、林叢朝日に映しければ日枝の山と宣ひけると。今ヒョウノ山と云は日枝の転音、豹の字を用いるは誤也。今に及て諸国の人民此山を越るを伊勢詣の本道とするは、其因縁と云伝う」と『因幡誌』にあると『鳥取県百名山』は記し、いまの氷ノ山は須賀ノ山であったという。

登路　加藤文太郎の紀行で有名な氷ノ山越には、いまでは立派な避難小屋が建っている。江戸期には伊勢参道として春米《つくよね》と関宮を結んでいたが、いまは登山道として利用されている。

峠から山頂まで約四〇分で達する。山頂への途中から、東尾根を従えた氷ノ山の眺めが立派である。周辺には兵庫県指定天然記念物のホードー杉（幹廻り一一m、樹高二〇m）がある。また、兵庫県側の山麓にはロッジ、ペンションや民宿が多くあり、鳥取県側には「わかさ氷ノ山自然ふれあいの里」としてのセミナー・ハウスやオートキャンプ場、スポーツ・センターなどが整備されている。

地図　二・五万図　氷ノ山

（金井健二）

鉢伏山　はちぶせやま

標高　一二二一m

兵庫県養父《やぶ》市関宮と美方郡香美町にまたがる。

「大笹村の巽の方に在り東は熊次荘福定、奈良尾及び丹戸に界し、西は大笹に限り山勢い高く聳え立てる晴峰にて絶頂は鉢を伏せたる如く、ひろびろとした山にして遠方を望み山の中腹以下は老樹繁茂し樹下は至る所、鈴竹が生い茂り、夏気に至り鈴の子多く生じ近辺の者これを採得て食す。この鉢状山の中腹以上のひろびろとした野原の中に一丈余りの大岩種々の貝を寄狭したり。伝説によれば神代の頃、泥の海たる時の貝なりと言い、また小代庄小長田輪より三方郡青下村に通ずる道の間の間道に船越しと言う字在り、これまた言い伝えによれば野和の乱に船越たる所と言ふ」と『七美郡誌』は伝えている。

また、鉢伏山頂上に大本教の石の宮を祀っており、大本教の教えでは鉢状山を霊山とあがめ、一九六六年五月二三日、頂上のみくろ岩の前に石の宮を建立して鎮められた。毎年五月二二日は竜宮神社の祭典が行われており、全国から車、バスを連ねて信者多数が参集する。

ハチ高原の北東寄りのカヤ原の中に巨大な岩があり、表面には牛

鉢伏山(氷ノ山東尾根から)

の足跡の形の窪みがあり、昔からコッケイ石(雄牛)と呼んでいる。その付近にオナメ石(雌牛)もあったという。昔、天より降ったウシがこの石の上に立ち、その時の足跡ともいわれている。また、このウシが但馬牛の原型と伝えられている。

いまから二百万年程前、鉢伏山は火山の噴火で溶岩が流出して造った丘陵で、その時の岩の一つであろう。ハチ高原の土はクロボクといわれる火山灰土で、一面のススキ草原で、スキーのメッカでもある。毎年春に山焼きが行われていた(山頂の北側がハチ北高原)。

登路　ハチ高原の交流センターの駐車場より西へ小代越の峠へ遊歩道が整備されている。この稜線から西のコースは氷ノ山への「ぶん回しコース」。

東が鉢伏山のコースで、草原上の尾根は展望がよく、頂上に立てば但馬の主な山々が全部見ることができる。下山はハチ北スキー場から大笹へ降りるか、南東の高坪山を経て東鉢伏スキー場、そして別宮へ。または途中の林道をハチ高原に降り、出発点の交流センターに戻ることができる。

地図　二・五万図　氷ノ山

(阪下幸一)

但馬妙見山

たじまみょうけんさん　標高　一一三九m

兵庫県美方郡香美町村岡区と養父《やぶ》市八鹿町、同市関宮にまたがる。この山の歴史をひもとくと、敏達天皇一四年(五八五)、養父郡司が郡民が疫病や五穀の病中に苦しむのを憐れみ、祖神の名草彦神を祀ったと名草神社では伝えている。「延喜式」に名が記されている式内社で、戦前の社格は県社。北極星や北斗七星を神仏として祀る北辰北斗の信仰で、名草神社は妙見社とか妙見さんと呼ぶ。星が人の運命を支配すると信じられ、山名宗全をはじめ多くの武家が戦勝祈願をした。村岡藩や出石藩の祈願所にもなった。

室町時代末に、尼子経久が祈願し建造した出雲大社の三重の塔は、江戸時代になって、出雲大社本殿のご用材として妙見杉を提供した縁により譲り受け解体され、日本海を渡り三五〇〇人もの人々で妙見山に運ばれ組み立てられた。

妙見村の人々は御師《おし》と呼ばれて神職につき、苗字、帯刀を許され、山陰、中国など広く配礼人として布教活動に活躍した。戦前までは農民の信仰が篤く、年に一度は必ず妙見参りをすることが年中行事であった。

参拝した農民は必ず妙見杉の穂先を神社からいただいてタケを挟んで苗代に立て豊饒を祈った。八鹿、日高、関宮からの参道の丁石は、信仰の盛んだったころを物語っているが、林道の整備が進み廃道化が進んでいる。

三重の塔の横に樹齢一五〇〇年の夫婦杉(国重文)があったが一九九一年の台風で倒れ、その根株を顕彰している。明治維新後、神仏分離のため妙見尊が山麓の日光院に移された。ここは但馬七福弁才天霊場で、妙見山資料宝物館もある。

妙見山は但馬中央山脈の南端に位置し、珍しい植物も多く、バイケイソウ、ザゼンソウ、ヤマシャクヤクなど。積雪期には冬山登山や山スキーが楽しめ、蘇武岳への縦走もできる。

登路　一九六五年ごろまでは頂上への登山道はなく、積雪期のみ登山ができた。そのころからブナの伐採が始まり、登山道もできた。戦後まで名草神社へ参拝する丁石道があり、利用されていた。神社より旧関宮町に抜ける妙見峠から稜線をヤブをこいで頂上に立つのがほとんどだった。昭和五〇年代に旧八鹿町がオオナル尾根に登山道を造り、妙見峠と結んで縦走できるようになった。

現在では広域基幹林道妙見・蘇武線が開通、神社まで全面舗装されたため、車登山が主流となった。山麓の石原の集落(バス終点)より林道を約七km車で走ると、妙見キャンプ場への分岐に着く。キャンプ場が登山道の入り口で、オオナル尾根を経て頂上に立つ。三角点はなく方位板がある。最高点は南へ五〇mの所にある。ここから引き返してもよいが、できれば稜線を北上して、妙見峠を目ざしたい。途中、旧関宮町からの林道が山稜際まで上がってきている。峠には石仏と丁石がある。名草神社への道を下ることになるが、妙見杉の大木が見えると神社は近い。神社前にも駐車場があり、オオナルの分岐までは歩いても一km余りである。

(阪下幸一)

地図　二・五万図　関宮　栃本

蘇武岳　そぶだけ

標高　一〇七四m

兵庫県豊岡市と美方郡香美町の境界に聳える一等三角点の山。北の三川山から南に派生する但馬中央山脈の中心に位置する。氷ノ山後山那岐山国定公園の東端に位置し、但馬出身の登山家・加藤文太郎と植村直己が愛した故郷の山として知られている。北側は神鍋高原に接し、名色、万場、奥神鍋のスキー場があり、南側には阿瀬渓谷がある。西側は香美町村岡区に接し、郡境の稜線の村岡側を広域基幹林道妙見・蘇武線が稲葉まで通じている。

頂上は草原で見晴らし抜群で、北に神鍋高原のゲレンデから三川山、振り返れば村岡の谷を隔てて鉢伏・氷ノ山の眺めがすばらしい。

積雪期にはスキーツアーも楽しめる。

登路　上記の基幹林道を車で利用すれば、約一五分で頂上に立てる。北の名色スキー場から備前山を経て蘇武岳に登る人も多い（約三時間）。南の豊岡市日高町金屋からは阿瀬川を辿り、昔、鉱山で栄えた廃村・金山集落から阿瀬渓谷を遡行して金山峠に出て稜線を北上し、蘇武岳頂上に至るコースも面白い（約四時間）。

地図　二・五万図　栃本　（阪下幸一）

矢次山　やつぎやま　標高　五六八m

兵庫県豊岡市にあり、旧豊岡市域では最高峰であったこの山が、円山川を隔てて美しく望まれる。山頂近くまで林道や作業道が入っており、ほとんど林道歩きで頂上に立つことができる。尾根筋に出ると、植林の切れ目からは、見晴らしのよい地点もある。

登路　JR山陰本線豊岡駅下車、県道二四号近くの須賀神社から林道に入り、約二時間で山頂に達する。宮井や番屋峠から林道を通るコースもある。

地図　二・五万図　神鍋山　（柏木宏信・山内幸子）

陣鉢山　じんばちやま　標高　一二〇七m

扇ノ山から氷ノ山へつづく鳥取・兵庫県境稜線からわずかに鳥取県側へ入った枝尾根上にあり、八頭郡若桜町の北東部に位置する。登山者の多い氷ノ山の陰に隠れて登る人も少なく、無視されがちだが、北の広留野《ひろどめの》方面から見た山容はどっしりしており、陣笠の鉢の部分に似ているので、山名もそれからきたらしい。

登るには氷ノ山西麓の「わかさ氷ノ山自然ふれあいの里」からが便利で、国道四八二号を兵庫県側へ越す、通称桑ヶ乢《たわ》から北へ、県境稜線の鳥取県側を巻いている東因幡林道を利用して枝尾根への分岐まで行き、後は山頂まで尾根通しに辿る。山頂に三角点はなく展望も利かないが、途中はある程度の見通しは利く。

登路　東因幡林道の枝尾根分岐まで車で入れれば楽だが、入れなければ桑ヶ乢からこの林道を歩く。枝尾根には道らしい道はないが、比較的歩きよい（桑ヶ乢から山頂まで約三時間）。

地図　二・五万図　若桜　（山岡健志）

扇ノ山　おうぎのせん　標高　一三一〇m

別称　扇仙　扇嶽

鳥取・兵庫県境に沿って日本海から中国山地主脈へつづく稜線上に位置する秀峰で、北西の鳥取市方面から望むと扇を広げたような形に見えるため、この名が付いたらしい。南北に連なるなだらかで長大な姿は、女性的で美しい。山頂はちょうど鳥取県鳥取市、八頭郡八頭町、若桜町の市町境が集まる地点にあり、山体はさらに兵庫県美方郡新温泉町、鳥取県八頭郡八頭町にもまたがっている。

火山地形ではあるが、普通の火山とは少し異なり、基盤は新生代第三紀の堆積岩で構成され、標高八〇〇m以上の部分は、その上にさらに薄く溶岩と火山砕屑岩で覆われている。また、火山の活動期

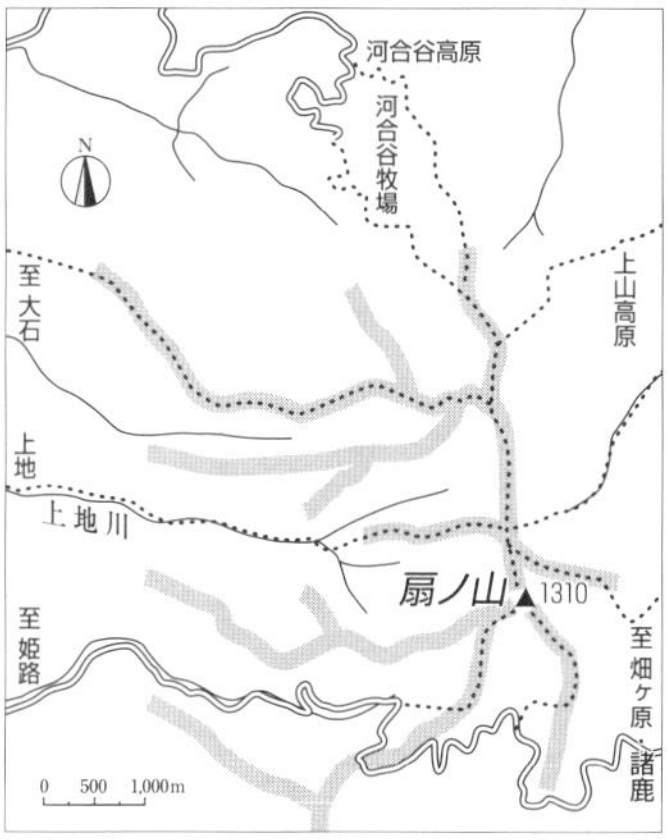

扇ノ山(青が丸頂上から)

が新しいので、侵食はあまり進行していない。このため標高八〇〇m以上の中腹には傾斜の緩い高原状の地形が残り、その代表的なものが兵庫県側の上山《うやま》高原、畑ヶ平《はたがなる》、鳥取県側の広留野《ひろどめの》、河合谷高原などである。山頂付近には噴火口と見なされているくぼ地(通称穴ヶ原)がある。溶岩流の縁辺部は侵食が進んで深いV字谷を形成し、赤滝、霧ヶ滝、大鹿滝などを造っている。

　標高九〇〇m辺りの山腹には両県側とも林道が走り、大規模な伐採、植林が行われたが、稜線付近はかろうじてブナ林が残り、山頂部の南面には原生的な極相期のブナ林が保全されている。北面の稜線上は二次林と思われる若いブナ林が並木となってつづき、心地よい散歩道をなしている。ブナ林の中にはカエデ類、周辺部にはミズナラの大木が自生し、所々には三抱えほどもある天然杉の巨木も散在している。低木層にはチシマザサが密生し、北方系のユリ科のタケシマランは、鳥取県内ではこの山にしか分布していない。また、この辺りの全域にはニホンツキノワグマをはじめ、国の天然記念物のイヌワシ、ギフチョウも広く生息しており、山の大部分が氷ノ山後山那岐山国定公園に指定されている。

　山頂には三角点があり、一九九四年に避難小屋が建てられた。木造二階建てで、清潔で美しく、小屋というより立派な家である。二階に上がるとガラス窓越しに三六〇度のパノラマが楽しめる。東から南へ妙見山、鉢伏山、氷ノ山、東山、沖ノ山とつづき、遥か西には大山も望むことができる。眼下には日本海、鳥取平野をはじめ、岸田川の大渓谷を見渡すことができる。

登路　名前のとおり裾野が広がっているため、各方面から登ることができる。鳥取県側は北から鳥取市国府町の河合谷高原、大石、上地《わじ》、八頭町の姫路、妻鹿野《めがの》、若桜町の諸鹿《もろが》からの各コース。兵庫県側からは新温泉町の上山高原と畑ヶ平からのコースがある。代表的な河合谷高原からのコースは中国自然歩道にもなっており、鳥取市雨滝から林道に入って河合谷高原、河合谷牧場を過ぎた「水とのふれあい広場」が登山口。ここからまっすぐ南へなだらかな県境の稜線を登り、小さなピークを一つ越すと山頂(登山口から約一時間)。この登山口へは、反対側の上山高原からも登って来ることができる。

（福嶋佑二）

地図　二・五万図　扇ノ山　若桜

牛ヶ峰山　うしがみねさん　標高　七一三ｍ

鳥取県岩美郡岩美町と兵庫県美方郡新温泉町にまたがり、日本海から南へ県境となって、中国山地主脈までつづく尾根のピーク。山容が牛が寝たような形をしているところから山名となった。

山頂近くには牛ヶ峰神社がある。中世までは金鳥山牛峰寺として栄えていたが、戦火により焼失。江戸時代に牛ヶ峰蔵王権現として再建され、明治以降は牛ヶ峰神社となった。山麓の但馬、因幡地方はそれぞれ但馬牛、因幡牛の産地として全国的に知られ、この神社はその守護神として畜産農家の信仰を集めてきた。いずれにせよ、昔から牛とのかかわりが深い。

登路　新温泉町越坂《おつさか》からの、牛ヶ峰神社への参道を利用する。越坂集落を過ぎて左の山道へ分かれ、鳥居をくぐって九十九折の細径を登り切ると神社。三角点のある山頂へは、さらに神社の裏手から五分ほどヤブをこぐ（越坂から山頂まで約一時間）。

地図　二・五万図　湯　扇ノ山

（徳田章人）

金峯山　きんぷさん　標高　三二九ｍ

鳥取県岩美郡岩美町の中央やや北寄りに位置し、山頂には三角点があるが、国土地理院の地形図には山名の記載がない。しかし、山頂にはテレビの中継塔が建って舗装道路が敷かれ、少し下には古くからの金峯神社があるなど、地元住民にとっては身近な山である。山名はこの金峯神社からとったのは明らかで、社伝によると大和国吉野の金峯山寺から蔵王権現を勧請したとされるが、その年代ははっきりしない。

山頂まで車で上がることができるが、沿道にはサクラ並木をはじめ珍しい柱状節理の露岩などがあり、展望もよいのでハイキング・コースとしても人気がある。

登路　西麓の岩美町相谷《あいだに》集落の外れにある鳥居から、曲がりくねった車道を約三㎞で金峯神社、さらに約一㎞で山頂へ（鳥居から山頂まで約一時間三〇分）。

地図　二・五万図　浦富

（藤井信一郎）

二上山　ふたがみやま　標高　三三三ｍ

別称　二神山　両山寺山　蓋上山

鳥取県岩美郡岩美町の西端、岩常《いわつね》集落の西に位置する。「二神山」とも書かれ、近くのどれかの山と対にした双耳峰ともとれるが、いまではこの山を単独で呼んでいる。二上山となったのは山上に二上山城があったからで、江戸期の『因幡誌』や『稲葉民談記』によると、文和年間（一三五二～一三五六）に山名時氏が築城し、文正元年（一四六六）までの約一一〇年間にわたって山名氏が居城とし、守護として因幡国を統治した。頂上は平坦で山麓から見ても特徴的だが、これは築城の際、削られたためらしい。一九七四年に町の史跡に指定されたが、見たところでは遺構は分かりにくい。

登路　岩常集落の上にある高野坂古墳公園から鳥取市福部町との

境の峠に出、北へ尾根づたいに辿る。道は中国自然歩道の一部としてよく整備されている(古墳公園から山頂まで約五〇分)。

地図　二・五万図　浦富　(藤井信一郎)

稲葉山　いなばやま　標高　二四八m

別称　因幡山　稲羽山　稲場山　伊那波山　宇倍野山《うべのやま》　宇倍山

鳥取県鳥取市の国府町と上野地区の境界上に位置し、付近一帯が稲葉山面と呼ばれる丘陵地帯である。山頂には三角点があるが、アカマツの林に覆われていて展望はよくない。

山名は約一三〇〇年前、大和朝廷によっていまの鳥取市国府町内に因幡国の国庁が置かれた際、その背後にあるため名付けられたとされるが、「いなば」というのも、この辺りは元々「稲羽、稲場」などと呼ぶ稲の集積場として地名にもなっていたため、その名をとって国名としたらしい。『小倉百人一首』には、因幡の国守だった在原行平がこの山に寄せて詠んだ歌「たちわかれ稲葉の山の峰に生ふるまつとし聞かばいま帰り来む」がある。

登路　南北からあり、山頂のすぐ北側の鳥取市上野地区へは、市街地の岩倉から約五㎞の舗装道路が通じており、そこから歩いて五分程度。南の同市国府町宮下にある宇倍神社からは、三・五㎞のハイキング・コース(中国自然歩道)が延びている(山頂まで約一時間)。

地図　二・五万図　稲葉山　(藤井信一郎)

摩尼山　まにさん　標高　三五七m

別称　喜見山《きけんざん》

鳥取県鳥取市の北東端に近く、山頂は同市の福部町と覚寺地区にまたがる。山よりも西側の中腹(覚寺)にある摩尼寺の方が有名で、山名もこの寺に由来する。寺の山号は喜見山で、山も別名を喜見山といい、寺の奥の院とされている。

寺の歴史は古く、弘化三年(一八四六)筆写の同寺蔵「摩尼寺帝釈天王縁起」によると、平安時代前期に帝釈天が摩尼珠を持って山頂の立岩に降り立ち、信仰の篤い近くの産見《うぶみ》の長者が本尊として祀って、この地に精舎を営んだのが始まりという。以来、この地方の山中他界信仰の山として現在に至り、山頂付近には奥の院のシンボルとしての立岩のほか、鐘撞堂や地蔵群がある。

登路　摩尼寺から石段を登り、摂取殿、六角堂を経て巨大な立岩のある山頂へ(約四〇分)。福部町側からも摩尼道という昔からの参道があったが、いまはあまり利用されていない。

地図　二・五万図　浦富　(山岡健志)

本陣山　ほんじんやま　標高　二五一m

別称　太閤ヶ平《なる》　帝釈山《たいしゃくさん》

鳥取県鳥取市の北東部、市街地の北に連なる山並みの一つで、山頂はやや広くなっていて、三角点はないが、北東側にはマイクロウエーブの中継塔が何本も建ち、遊歩道も整備されて、絶好のハイキング・コースになっている。

山名の由来は羽柴秀吉にまつわるもので、江戸期に書かれた『陰徳太平記』によると、天正九年（一五八一）、秀吉が久松山の鳥取城を攻めるにあたってここに本陣を置き、六月から一〇月まで在陣したとされる。また、一帯はなだらかな地形で太閤ヶ平と呼ばれ、秀吉は本陣を置くため山の上を削って平にし、土塁や堀を築かせたらしい。それまでは「帝釈山」と呼ばれていた。鳥取城跡附太閤ヶ平として国の史跡に指定されている。

登路　鳥取市上町の樗谿《おうちだに》公園に登り口があり、なだらかな自転車・歩行者専用道路が山頂までつづいている（約一時間）。山頂からはさらに各方面へのハイキング・コースが延びている。

地図　二・五万図　浦富　稲葉山

（山岡健志）

久松山　きゅうしょうざん

標高　二六三m

別称　鳥取城山

鳥取県鳥取市の北東部、JR山陰本線鳥取駅から見て市街地の正面に位置し、市のシンボルとして親しまれている。山頂に羽柴秀吉の城攻めで有名な鳥取城があったことから、かつては単に城のある山として「城山」と呼ばれてきたが、「久松」の名の由来ははっきりしない。江戸期の『因幡民談記』に初めて「鳥取久松ノ城」の名が出てくる。因幡・伯耆三十二万石の池田氏の居城として栄えたが、一八七九年に取り壊された。あるいは「旧城山《きゅうじょうざん》」が当て字で久松山になったとも考えられる。

山城としては全国屈指で、城跡は国の史跡に指定されている。また、一帯には豊富な自然林が残り、付近はキマダラルリツバメの生息地として国の天然記念物に指定されている。頂上から鳥取市街、県東部の山々、晴れていれば西に大山を望むことができる。

登路　久松公園から二の丸、天球丸を経て登るものと、長田神社から谷間を登るものがあり、急峻だがよく整備されている（約三〇分）。最近さらに三本目として、県立博物館の裏手から登る西坂と呼ばれる古道が、有志により整備されつつある。

地図　二・五万図　鳥取北部

（福嶋佑二）

雁金山　かりがねやま

標高　一四〇m

別称　愛宕山

鳥取県鳥取市の北東部、市街地の北の久松山のつづきに位置し、山頂にはかつて雁金山城があり、現在は平和祈念塔があることで知られる。雁金山城は天正九年（一五八一）、羽柴秀吉の鳥取城攻めに備えた城主・吉川経家《きっかわつねいえ》が、久松山の本城と丸山の出城を結ぶ繋ぎとして築いたとされる。雁金の由来には二説があり、一つは山の尾根つづきを雁金尾と称するというもの、もう一つはこの山の南麓の袋川下流に「かりがね」の地名があったとするものだが、どちらも定かでない。

平和祈念塔は一九四三年九月一〇日の鳥取大震災、一九五二年四月一七日の鳥取大火の犠牲者の霊を祀る。一九五九年に建立された。

登路　鳥取市街から天徳寺を経て円護寺方面へ向かう、円護寺トンネルの入り口手前に登り口がある(山頂まで約一五分)。ほかに鳥取市湯所《ゆところ》町地内の、通称山の手通りからも登ることができる。

地図　二・五万図　鳥取北部

(山岡健志)

猫山　ねこやま

標高　五三七m

別称　因幡富士

鳥取県八頭郡八頭町郡家のほぼ中央に位置し、鳥取市から南へ国道二九号に沿って八頭町に入ると、最初に左手に聳えている。千代《せんだい》川の支流となる私都《きさいち》川と八東《はっとう》川を分け、さほど目立つ形ではないが、地元では親しみを込めて「因幡富士」とも呼んでいる。だが、山名の「ねこ」の由来は明らかでない。

山麓にはスギが植林されているが、山頂付近の一帯は広葉樹の自然林に覆われていて、水源涵養保安林となっている。山頂にも広葉樹が茂っていて展望はよくない。登山道というほどのものはないので、ある程度のヤブこぎは覚悟しなければならない。

登路　八頭町花集落の裏手から、初めは谷筋に沿って果樹園や植林の中を行き、広葉樹林に入ると尾根に取りついて登る。かなりの急傾斜だし、夏にはヤブが濃いので、登るなら早春か晩秋の方がよい(約一時間三〇分)。

地図　二・五万図　因幡郡家

(山岡健志)

霊石山　れいせきざん

標高　三三六m

別称　最勝寺山《さいしょうじさん》

因幡国の中央にある山として古くから知られ、鳥取平野の南端の鳥取県鳥取市と八頭郡八頭町とにまたがる。北の鳥取市内の千代川《せんだいがわ》付近から眺めると、頂上は平で西端が突き出し、千代川へ落ち込んでいる山容を望むことができる。頂上は高原状の台地になっており、無線中継用のアンテナの塔が数本立っている。以前からハイキングや遠足の好適地として知られていたが、近年はさらに日本海からの上昇気流を利用するハンググライダー、パラグライダーの基地として有名になった。

かつて中腹に最勝寺という寺があったことから「最勝寺山」とも呼ばれるが、現在、この寺は山麓に移った。また、北西側の山腹には神の御子《みこ》岩と呼ばれる巨石があって、猿田彦命《さるたひこのみこと》の霊がこもるとされ、山名の由来となっている。

登路　南西麓の鳥取市河原町片山から車道(林道中山線)が頂上まで通じていて、ハンググライダー、パラグライダーの基地に行くのに便利。反対側の同町稲常からも登山道がある(約一時間)。

地図　二・五万図　用瀬

(福嶋佑二)

藤無山　ふじなしやま　標高　一一三九m

別称　権現山　瀬戸山　佐石見山

兵庫県養父《やぶ》市大屋町と宍粟《しそう》市にまたがっている。

山名の由来は、但馬・大屋町に伝わる伝説では、昔々、神々が藤《ふじ》葛《かずら》の先に石を付け、投げ合って国占いをしようとした時、山頂には藤葛がなく、仕方なく黒葛を代りに使ったので、この山には藤がないことで、「藤無山」といわれるようになったという。

山頂は木立が茂っていてあまり展望は得られない。山頂を目ざす途中の尾根上からの見晴らしは、目前の藤無山のどっしりとした山容を見つつ、北方の氷ノ山、東方に鉢伏山、妙見山、須留ヶ峰と但馬の山々が望める。

登路　養父市大屋町側にある「おおやスキー場」まで車利用。スキー場から尾根に出て、約一時間三〇分で山頂に至る。宍粟市一宮町志倉集落からは、林道終点にある藤無山登山口へ約五〇分、登山口から約一時間三〇分で山頂に至る。

地図　二・五万図　戸倉峠　音水湖　（柏木宏信・久保和恵）

須留ヶ峰　するがみね　標高　一〇五四m

兵庫県養父《やぶ》市と朝来《あさご》市の境にあり、この山を北端とし南方向に段ヶ峰、笠形山、暁晴山から雪彦山へと一〇〇〇m級の山々がつづく。

山名の由来は昔々、海上航海中の船の底が海底に擦れたことがあり、そこがこの須留ヶ峰であるという荒唐無稽な話によるものだといわれている。

山頂の北東、大杉山（一〇四八m）には幹回り八mを超す大杉がある。山頂は雑木にさえぎられ、展望は乏しい。

登路　JR山陰本線八鹿駅からバスで建屋診療所前で下車し、西に入る。登山道は案内板が要所に設置され、迷わず登れる。約二時間四〇分で山頂に至る。

地図　二・五万図　大屋市場　（柏木宏信・久保和恵）

笠杉山　かさすぎやま　標高　一〇三二m

兵庫県朝来《あさご》市と宍粟《しそう》市一宮町の境にある。

山頂からは東西方向に見通しがよく、東方に千ヶ峰（一〇〇五m）、行者山、青倉山や粟鹿山（九六二m）、朝来山（七五七m）などが望まれ、西方には阿舎利山（一〇八七m）や一山が見通せる。

登路　宍粟市一宮町千町集落奥から奥田谷林道を辿り、しそう森林王国いちのみや拠点施設「ヤケノ小屋」へ。地蔵尊のある大屾まで約四〇分、さらに約三〇分で山頂に至る。

地図　二・五万図　神子畑　（柏木宏信・久保和恵）

段ヶ峰　だんがみね　標高　一一〇三m

別称　だるが峰

兵庫県朝来《あさご》市と宍粟《しそう》市一宮町の境にあり、播磨と但馬の国境をなしている。段ヶ峰は播州高原北部にあり、フトウガ峰(一〇八二m)と合わせて生野高原ともいわれ、本州の分水嶺をなしている。北に円山川、南に揖保川、市川へと流れる。播州高原と呼ばれる地は、峰山高原、砥峰高原、生野高原を含む一帯をいう。この辺りには段の付く地名が多く、大段山(九六九m)をはじめ、縦ヶ段などがある。「これら段のつく地名は、集落付近では台地状の地形に付けられ、山地では山崩れが発生した場所に付けられることが多い」と『播磨山の地名を歩く』に記述されている。事実、一九七六年の台風一七号の豪雨で、この辺りでは大山崩れが発生している。

山頂は南北に広がった草原状で北方に三角点があり、山頂は南に約六〇m離れている。展望には恵まれ、東隣のフトウガ峰よりはやや劣るとはいえ、因幡、但馬、播磨の山々が見渡せる。

山麓の朝来市生野町小野には、一二〇〇年の歴史を一九七三年に閉じた生野銀山があり、現在は観光用に坑道を利用して一般に坑内巡りを体験させている。

登路　JR播但線生野駅からゴルフ場口下車。近くの生野荘跡を経て、達磨ヶ峰まで約一時間三〇分。達磨ヶ峰からフトウガ峰を経て山頂まで約二時間強。また、車を利用すれば、山頂南の千町峠から約一時間弱で山頂へ。

地図　二・五万図　生野　長谷　神子畑　但馬新井

（柏木宏信・久保和恵）

暁晴山　ぎょうせいざん　標高　一〇七七m

別称　峰山

兵庫県神崎郡神河町と宍粟《しそう》市一宮町の境にあり、雪彦峰山県立自然公園の一部をなしている。段ヶ峰と雪彦山のほぼ中央部の峰山高原の最高峰である。

地元では「峰山」と呼ばれていたのが、三角点の点名を「暁晴山」としたためにこの名が定着した。

山頂は広い草原の一角にあったが、一九六六年に記されている状況は、「峰山のススキ草原は、コナラ、アカマツ林に囲まれ、タニウツギ、ヤナギ、ヤマフジ、ヤマハギ、イヌツゲなどが混生し、その中に砥の峰高原と同じように他の色々な植物が生えている」と『兵庫の自然』は記し、一九八五年には「山頂には無線中継所の建物があって、それ以外はササとススキと背の低い灌木だけでさえぎるもののない眺めは広大だ。」(『大阪周辺の山二〇〇』)と大きな変化はないようだが、二〇〇一年には「この標高九〇〇〜一〇〇〇m辺りに広がる草原は、江戸期の入会山が始まりで…(中略)草原は放置されてしまった。その後雑木がはびこるに任せたのでススキや笹原の姿は消えてしまい、明るい草原のイメージは消えつつある。間もなく峰山高原の名を返上しなければならなくなる時が来るのではないかと心配している。」(『播磨　山の地名を歩く』)と変貌してきている。現在の山頂は多くの無線中継塔が立ち視界をさえぎるが、場所を移せば三六〇度の展望が得られる。

登路　JR播但線長谷駅から車で峰山へ。峰山高原ホテルリラクシアから暁晴山登山口を経て約四〇分で山頂に至る。

地図　二・五万図　長谷

（柏木宏信・久保和恵）

七種山《なぐさやま》

標高　六八三m

別称　名草山　名具佐山

兵庫県神崎郡福崎町と姫路市夢前町の境にある。

山名の由来について、『播磨国風土記』には「檜生ふ。其の由知らず」とあって、ヒノキが生えているが、なぜナグサ山というのか分からないと記しているが、一方、『播磨鑑』には「七種山は古くは滋岡山と呼ばれた。老いた修行僧が七種の穀物（稲、大麦小麦、粟、稗、黍、玉蜀黍、豆）の育ちが良かったことから七種山に改めた」と記されている。

山頂の眺望は植生のためよくないが、山頂直下の岩からの七種槍や七種薬師の眺めが楽しめる。

山腹に作門寺山門がある。作門寺は明治期に山麓の田中の集落に移され、山門だけが山中に残された。少し登ると兵庫県観光百選に選ばれた七種の滝があり、落差七〇m、三段になって落ちており、すぐ横の七種神社の境内から眺めることができる。山頂付近には、空海が修行した地と伝わる「つなぎ岩」や「笠岩」などがある。

登路　福崎町青少年野外活動センターが出発点となり、作門寺山門、七種神社、七種の滝を経て山頂まで約一時間四五分。下山は七種槍経由で野外活動センターまで約三時間三〇分。山頂から「笠岩」経由、林道小滝線に下ると、約一時間三〇分で野外活動センターに至る。

地図　二・五万図　寺前　前之庄

（柏木宏信・久保和恵）

雪彦山《せっぴこさん》

標高（三辻山）九一五m

兵庫県姫路市夢前町と同市安富町の境にあり、県立雪彦山自然公園に入り、夢前川の源流に位置する。雪彦山は三辻山、洞ヶ岳、鉾立山に分かれ、一般には洞ヶ岳を雪彦山としている。標高九一五mは三辻山で、三角点が埋設されている。洞ヶ岳の標高は八八四mであり、この山は大天井岳、不行岳、三峰岳、地蔵岳の四つの岩峰に

雪彦山（展望岩から）

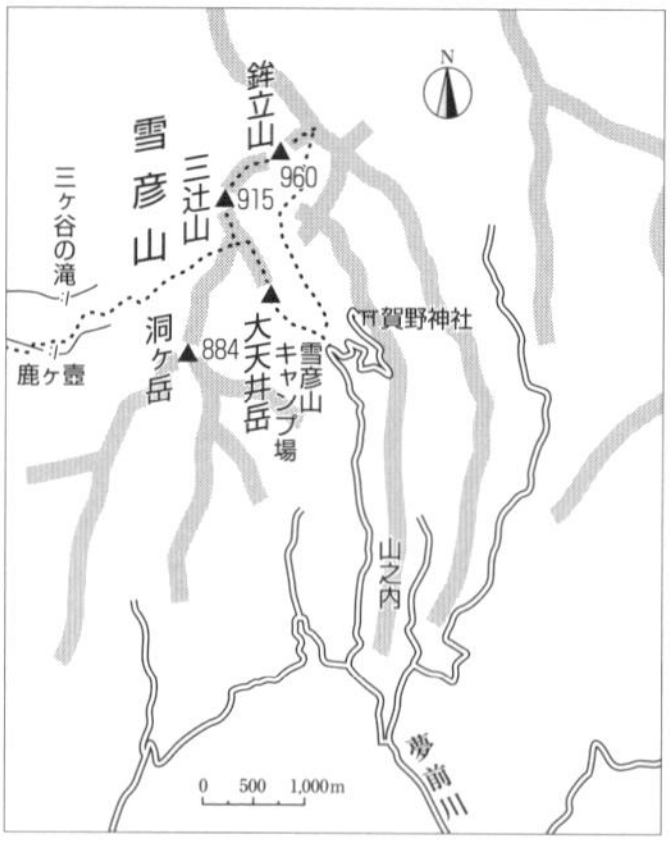

分かれており、その大天井岳を雪彦山山頂と見なすこともある。

新潟県の弥彦山と福岡県の英彦山とともに雪彦山は、「日本三彦山」と呼ばれ、修験道の山として知られている。

全山石英粗面岩からなる険しい岩峰群は、大正末期から昭和初期にかけて、藤木九三を中心とするRCCのメンバーにより、ロッククライミングのゲレンデとして開拓され、関西屈指のゲレンデとなり、多くのクライマーを育ててきた。

洞ヶ岳山頂には洞神社の小祠があり、修験道開祖の役小角と不動尊が祀られている。展望はよく、笠形山、七種岳から六甲連山、瀬戸内の島々まで望むことができる。

登路　JR山陽本線姫路駅から山之内バス停へ、バス停から大天井岳まで約三時間で達することができる。

また、安富町からも登ることができる。鹿ヶ壺コースは、県下最大の甌穴《おうけつ》群で、県指定の名勝・鹿ヶ壺を経由するものであり、ほかに三ヶ谷の滝を経由するコース、風穴コースなどもある。

（柏木宏信・久保和恵）

地図　二・五万図　寺前

明神山　みょうじんやま（みょうじんさん）　標高　六六八m

別称　播磨富士　明神岳

兵庫県姫路市夢前町にあり、夢前川と菅生川に挟まれ、雪彦山と書写山の中間にある。

笠形山(九三九m)も「播磨富士」と称されているが、この明神山は夢前町の「播磨富士」と呼ばれている。山名の由来は昔、この山上に嶽大明神が祀られていたため「明神ヶ岳」と呼ばれていたという。いまでは山麓の神種《このくさ》の神元神社に移され、山頂には小さな石を組んだ祠があるという。また、修験道の山でもあったという。

この山を「往来の人達馬上より振り返り、播磨の沖を行く船中から眺めた」と『播磨鑑』は記しているが、山頂からも三六〇度の展望が楽しめる。

山麓には「夢やかた・ふるさとコテージ村」があり、ログハウスの宿泊施設や売店や食堂などもある。また、夢前町には塩田温泉がある。

登路　JR山陽本線姫路駅からバスで前之庄バス停まで乗車。史跡・天神山城址のある城山(二六二m)を北側に見て、「夢やかた」を経て岩屋の池を過ぎ山頂まで約二時間三〇分で達する。

（柏木宏信・久保和恵）

地図　二・五万図　前之庄　寺前

一山　ひとつやま　標高　一〇六五m

兵庫県宍粟《しそう》市一宮町と同市波賀町の境にあり、黒尾山の北方に連なる。氷ノ山後山那岐山国定公園より南西側に少し外れ、三久安山(一一一三m)、阿舎利山(一〇八七m)、東山(一〇一六m)と揖保川源流近くに連なる。

山容は半円形をなし、山頂からの眺望は良好である。

登路　中国自動車道山崎ICから国道二九号を北上して波賀町内で国道四二九号に入り高野峠へ。峠から北へ約一時間三〇分で頂上へ。北側の阿舎利林道終点より登山すれば約四〇分で山頂に至る。

地図　二・五万図　音水湖

（柏木宏信・久保和恵）

三室山　みむろやま

標高　一三五八m

兵庫県宍粟《しそう》市と鳥取県八頭郡若桜町にまたがる。中国山地は東部で氷ノ山を最高に高度を下げるが、南方に戸倉峠を隔てて兵庫県第二の高峰・三室山を主峰とする山群がある。三室山から西方に天児屋山、長義山、一〇九八m峰（江波峠西方）につづく中国山地分水嶺が鳥取県若桜町と接し、三室山から南東に竹呂山、植松山（一一九一m）、南西に岡山県の最高峰・後山（一三四五m）とつづいている。これらの峰に囲まれた盆地から水系は南流し千種川となり、三室山の東側は音水、赤西渓谷などの深い渓谷を刻み、不動滝などの名滝を有して南流し揖保川となり、瀬戸内海に注いでいる。北は若桜町に接し、東山（一三八八m）へと山脈はつづき、水系は川代川となり日本海に注いでいる。

地質は花崗岩と安山岩で形成され、花崗岩の中に含まれる鉄分は磁鉄鋼砂鉄として採取が容易なため千種鉄として和鉄が生産され、各谷筋でその痕跡を見る。

登路　車を利用し、宍粟市千種町の市民の森（青少年野外活動センター跡）からのコースが多く登られる。途中、鎖場もあるが、コースは一本道で迷わない（往復約三時間三〇分）。山頂から西尾根を大通峠に出ることもできるが、ヤブで道が分かりにくい。

地図　二・五万図　西河内

（阪下幸一・久保和恵）

黒尾山　くろおさん（くろおやま）

標高　一〇二五m

別称　小野山　関ヶ滝　高尾山　尻山

兵庫県宍粟《しそう》市一宮町と同市山崎町の境にあり、揖保川と支流の引原川の合流する辺りの西方に大きく聳える山である。

多くの別称は山麓の集落で呼び名が異なり、現在では乗取、西安積で呼ぶ黒尾山になったものと考えられる。

山名は地形によるようで、川の曲流部や段丘上部を「クロ（畔）」と呼んだことによる。また、黒尾山には九つの尾根があるからだともいう。

登山道の途中には、虚空蔵菩薩の祠や不動明王石像、山頂近くには役小角を祀る行場があることなどから、修験道の行場であったと思われる。山頂からの望めは雄大で、氷ノ山から瀬戸内海まで見渡せる。

登路　中国自動車道山崎ＩＣから国道二九号を北上し、西安積の伊和高等学校前から林道終点まで約一時間一〇分、ここから不動滝コースを経て約一時間四〇分で黒尾山山頂に至る。

地図　二・五万図　安積

（柏木宏信・重廣恒夫）

くらます

標高　一二八二m

別称　天狗岩

鳥取県八頭郡若桜町の南端に位置し、八東川の支流の加地川と吉川川がこの山を挟んで東西に谷を刻み、その間に稜線が岡山県境に向かって走っており、その最高峰である。頂上部分も南北に長く、ヤブに覆われ、頂の南面には板状節理を有する巨岩が林立し、まさに天狗でも出てきそうな気配で、地元の人たちは「天狗岩」と呼んでいる。三角点のそばにも高さ一m弱の岩がある。元々「くら」というのは岩場の意味で、山名の由来もこれらの岩にありそう。

登山のための道はないので、スギ林の中の作業道や谷通しの踏み跡を辿る。稜線に出ると腰まで程度のヤブこぎで、やがてササと雑木になり、天狗岩のある頂上に達する。

登路　若桜町の吉川集落から江浪谷川に沿う林道を遡り、標高六〇〇m辺りから東へ向かう枝沢に入る。コースが明瞭でないので、残された標識を追って、岩場部分は巻いたり乗り越えたりして進む（林道の枝沢入り口から約三時間）。

地図　二・五万図　岩屋堂

（清瀬祐司・山岡健志）

後山　うしろやま　　標高　一三四四m

別称　行者山《ぎょうじゃせん》　板馬見山《いたばみやま》

岡山県美作《みまさか》市東粟倉地区と兵庫県宍粟《しそう》市千種町との境にある。岡山県の最高峰であり、兵庫県では第三位の高さを持つ。氷ノ山後山那岐山国定公園の名の一つを占める山名を持ち、中国山地東部の高峰の一つである。また、シャクナゲの自生地など特別自然保護区となっている。

山名の由来は、播磨修験の山・日名倉山を前山とし、それに対しての後山という説が一般的である。また、この山の東側に千種川の支流の板馬見川が美しい渓谷をなしている。

この山の姿は大和の大峰山を彷彿とさせ、「古くから修験の霊場として知られ、行者山とも呼ばれる。当地方を吉野郡とするのもそれにちなむ」と『岡山県の地名』（平凡社）は記している。

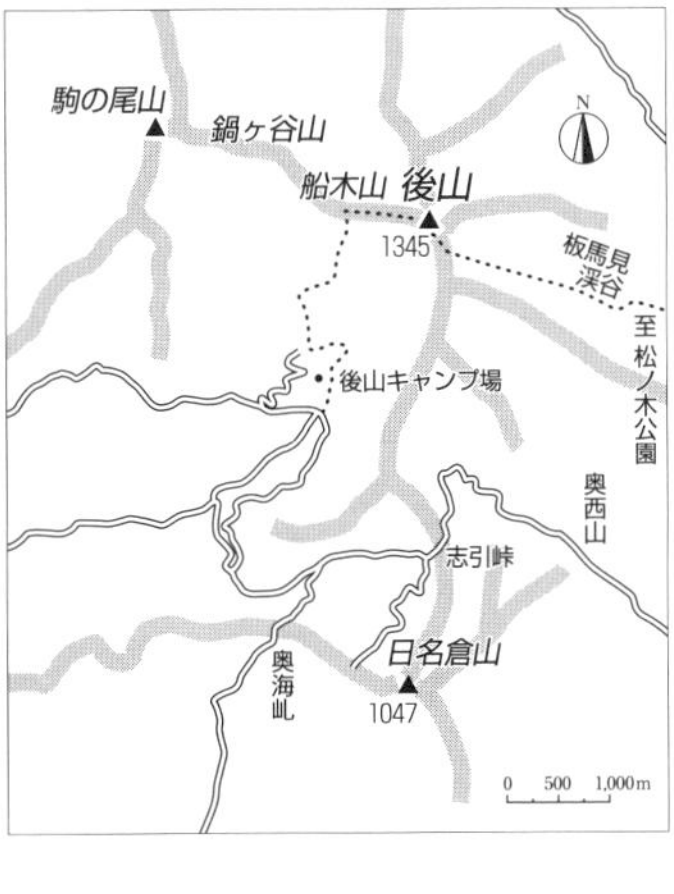

山腹一〇〇〇mの地点に行者本堂が、道仙寺の東の入谷に護摩堂、さらに行者川の上流に女人堂があり、いまもここより上は女人禁制をとっている。また、この地域は四月一八日の開戸式から一一月七日の閉戸式の間のみ入山することができ、それ以外の日は入山を禁止している。行者川から後山山頂への道は通じていない。

頂上手前の船木山（一三三四m）からは日名倉山がどっかりと目の前にあり、後山山頂の眺望は三六〇度欲しいままである。

登路　智頭急行線大原駅で下車し、タクシーで松ノ木公園に向かう。松ノ木公園から板馬見渓谷沿いの林道を約一時間歩き、そーめん滝に至り、急な直登の行者谷コースを約一時間四〇分で後山頂上に達する。

地図　二・五万図　西河内　千草

（柏木宏信・重廣恒夫）

日名倉山　ひなくらさん　標高　一〇四七m

別称　作州富士　雛倉山

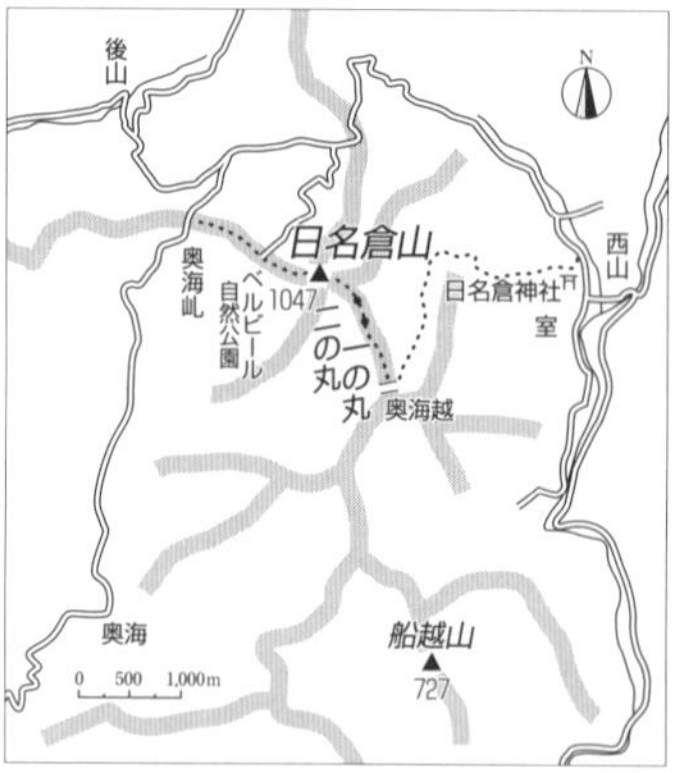

兵庫県佐用郡佐用町、宍粟《しそう》市千種町と岡山県美作《みまさか》市東粟倉地区にまたがるなだらかな山容をした山で、一ノ丸、二ノ丸、三ノ丸の突起からなり、三ノ丸が最高点である。

山名の由来は、山麓の千種町室字雛倉に鎮座する日名倉神社によるものとするのが妥当であろう。また「日名倉＝日向の山は、後ろの山＝後山に対して付けられたという説もある。また日向《ひなた》の神座《みくら》から名付けられたともいわれている」と『播磨　山の地名を歩く』は記している。

日名倉神社は祭神として大日霊女命《おおひるめのみこと》を祀っている。山頂には日名倉神社の奥の院の小さな祠と日名倉山三の丸の石碑が建っている。

山頂からの眺めは、植松山（一一九一m）、三室山をはじめ、樹間からは北方間近に後山（一三四五m）が望まれる。『宍粟郡誌』ではこの眺めを「満山熊笹叢生し、山嶺に登れば播磨全国を望み、遠く瀬戸内海を瞰下するを得。西及北は但馬、因幡、美作を望み得べしと雖も、大抵雲霞に遮られて眼界遠きに達せず」と記している。

山頂近くの岡山県の東粟倉地区にベルビール自然公園が造られ、日本一と称する鐘（愛の鐘、リューバンベールというスイングベル）が凱旋門風の展望台に二つ、大きな方は六t、小さな方は三tのものが吊り下げられていて、誰でも鳴らすことができる。この鐘の音は後山にも達するという。ここを少し下がった所に、宮本武蔵の姉・お吟が閉じ込められたと伝えられる山牢《さんろう》跡が石碑で示されている。山麓の美作市大原町は、宮本武蔵生誕の地と伝えられており、智頭急行線に宮本武蔵駅がある。

日名倉山（ベルビール自然公園から）

登路　兵庫県側からは、山崎から神姫バスでエーガイヤちくさ前バス停下車、ここから日名倉神社を経て約三時間三〇分で山頂に至る。岡山県側からは、ベルビール自然公園から山頂まで約二〇分で達する。

地図　二・五万図　千草

（柏木宏信・重廣恒夫）

船越山　ふなこしざん（さん）　標高　七二七m

兵庫県佐用郡佐用町南光地区の最北部に位置する山で、後山（一三四五m）、日名倉山の南方にあり、氷ノ山後山那岐山国定公園の最南部の山である。全山が広葉樹やスギ、ヒノキに覆われていて、頂上部は緩やかだが、斜面は急峻である。また、展望はない。

山名の由来は、南麓の船越山瑠璃《るり》寺によるもので、瑠璃寺は新西国三十三箇所観音霊場第三十三番札所としてにぎわいを見せている。聖武天皇の命により行基が神亀五年（七二八）に開山した同寺は、一二〇〇余年の歴史ある修験道場としていまにつづいている。本尊は千手千眼観音菩薩。

この地の植物相は非常に豊かで、ここで発見、命名されたものや、県下ではここだけしか知られていない珍しい植物が多い。瑠璃寺の名を冠したルリデライヌワラビやルリデラスズタケ、また、船越山の名の付くフナコシイノデや、ここで発見されたハリマイノデなどがある。なお、船越の地には多数の製鉄遺跡が見つかっている。これは宍粟市千種地区が近世末期まで製鉄が盛んだった影響によるものと思われる。

山麓には船越山モンキーパーク、兵庫県立昆虫館や佐用町自然観察村などが整備されている。

登路　JR山陽本線姫路駅から山崎経由千種方面への神姫バスで船越バス停より瑠璃寺に至る。瑠璃寺から寺谷川沿いに千合峠を経て約二時間三〇分で山頂に達する。

地図　二・五万図　千種

（柏木宏信・重廣恒夫）

白旗山　しらはたやま

標高　四四〇m

兵庫県赤穂郡上郡町にあり、国史跡指定の白旗城跡がある。

白旗城は建武三年（一三三六）、足利尊氏側の赤松円心が築城、六万の軍を率いる新田義貞の城攻めに五十日余も耐えた堅固な山城であったと『太平記』は伝えている。『日本山嶽志』にも「城跡は峰巒嵯峨鬱茂し千草川其の西麓を環流し、今尚ほ略ぼ塁壁の跡を見るべし」と述べている。

山頂からの展望は期待できないが、山中の指導板によって、兵《つわもの》どもが夢の跡をめぐるのもよい。

登路　細野登山口からも、本村《ほむろ》登山口からも近畿自然歩道が通っていて、どちらからも約一時間三〇分で山頂に至る。

地図　二・五万図　上郡　二木

（柏木宏信・重廣恒夫）

東山　とうせん

標高　一三八八m

別称　藤仙山

鳥取県の南東部、八頭郡若桜町と智頭町の境界に位置し、大山、氷ノ山、烏ヶ山に次ぐ中国地方第四位の高峰である。この山を中心にして鳴滝山（一二八七m）から沖ノ山へ連なる稜線は、約二〇㎞にわたって一一〇〇m以上の高度を有し、中国地方でももっとも平均高度が高い山域である。東山の名は、おそらく西麓の智頭町側から付けたものと思われる。鳥取平野から遥か南東に三角錐の特徴的な山姿が望まれるが、人里離れているため、また、登山道がなかったために知る人は稀であった。近年、登山道が整備されたので、徐々に知られることになるだろう。

登路　以前は登山のための道はなく、山域全体が二mを超えるネマガリダケに覆われていて歩行困難であり、主に積雪期に登られていた。平成一九年ごろ、智頭町と若桜町の境界から登山道が整備されて、容易に登れるようになった。智頭町側からは、芦津、三滝渓谷を経て若桜町へ越す沖ノ山林道を行き、大ダワと呼ばれる峠に車を置いて、北へ向かう尾根を直登する。峠から一時間程で頂上に至る。若桜町側からは、国道二九号を岩屋堂から吉川方面に進み、林道を経て大ダワの登山口に至る。登山道には、ネマガリダケの群生の中にブナの大木、スギの巨木が見られる。山頂部は、木々が伐られて展望が開けており、扇ノ山、氷ノ山、三室山、後山などが望まれ、北西には鳥取市街が遠望される。

また、平成二三年ごろに、若桜町糸白見からの登山道も整備された。国道二九号の糸白見から糸白見川に沿って林道を進み、登山道の看板を見て橋を渡る。作業道を進み、東山から北東に延びる尾根を登る。中間で林道を経て頂上に至る。橋から頂上まで標高差八五〇mの登りとなる。

地図　二・五万図　岩屋堂　郷原　（福嶋佑二）

伊呂宇山　いろうやま　標高　六九七m

別称　いろう

鳥取県八頭郡八頭町八東地区の南西、船岡地区との境にある峰々の総称で、この山系を南へ辿ると、綾木峠、鳴滝山、東山と次第に高度を上げながら中国山地主稜へと向かい、岡山県との境界近くにまで至っている。地元の人たちは単に「いろう」と親しく呼んでいるが、その名の由来ははっきりしない。

一見独立峰のようだが、主峰から見て南に一つ、西に三つ、北に一つと計六つの峰が尾根で繋がっていて、太く、起伏に富んだ山容を形なしている。主峰には三角点があり、いくぶん広くなっている。

登路　南麓の八頭町の岩淵集落と高田集落に登山口があり、途中で合流する。岩淵から登る場合、集落を抜けた所が登山口で、沢を一つ渡って西側の尾根に取りつき、まず北峰へ、いったん鞍部へ下って西峰へ登る。さらにもう一つ緩い鞍部を越えて行くと主峰（岩淵から主峰まで約一時間三〇分）。

地図　二・五万図　因幡郡家　郷原　（佐藤衛士）

洗足山　せんぞくさん　標高　七三六m

別称　千賊山

鳥取県鳥取市用瀬町の南部、千代《せんだい》川の東岸に聳え、切り立った岩壁を持つ高山的な雰囲気は、鳥取県東部の山では異色の存在である。発音の同じ「千賊山」という別称もあり、それぞれが伝説による別の由来を持っている。一つは、西麓の樟《くぬぎ》原《はら》集落の奥に滝があり、洗足不動院の滝と呼ばれるが、これは昔、空海が諸国巡礼の際発見して最初に足を洗われ、不動明王を安置したというもの。もう一つは、北西麓の金屋集落の奥に岩屋があり、鬼神が棲んでいたとして千賊窟《くつ》と呼ばれているが、この千賊が鬼神と結び付くか、単に洗足の当て字なのかははっきりしない。

山頂には三角点が設置されているが、はっきりした登山のための道はない。

登路　南側の、鳥取市用瀬町鳥井野から板井原へ越す峠（板井原越）から尾根通しに辿る。鳥井野から峠まではなんとか道があるが、峠からはヤブこぎとなる（鳥井野から山頂まで約二時間）。

地図　二・五万図　智頭

（佐藤衛士）

三角山　みすみやま

標高　五〇八m

別称　御栖山《みすみやま》　頭巾山《ずきんやま》　頭巾山《ときんさん》　図巾山《ときんさん》

鳥取県鳥取市の南端、用瀬地区の東に鋭く尖ってそそり立ち、花崗岩の侵食地形を示している壮年期の山である。山頂には五〇m四方程の平地に巨岩怪石が重なり合い、そこへ猿田彦命《さるたひこのみこと》を祀る三角山神社の本殿が建てられ、市指定の文化財となっている。かつては女人禁制の山だったともいわれる。

山名の由来は『鳥取県神社誌』によると、「猿田彦命がこの山に住んだことがあり、よって御栖山＝御栖は住居の尊称＝と称したのが、後に三角山と訛った」とある。しかし、山も実際に尖った三角形をしており、頭巾の形に似ていることから「ずきんやま」「ときんさん」ともいう。また、地元の人たちは山頂の神社を「権現さん」と呼んで信仰し、険しい山道を登って参拝している。

登路　神社の参道がそのまま登山道で、用瀬地区の東にある女人堂が登山口となり、途中の鎖場、休憩所などを経て神社のある山頂へ（約四〇分）。

地図　二・五万図　用瀬

（佐藤衛士）

沖ノ山　おきのやま

標高　一三一八m

鳥取県八頭郡智頭町の西端、岡山県境に近い奥まった所にあり、この山が水源となって四方に流れ出た水は、やがて集まって下流は千代川《せんだい》となる。山名は、こんな奥山に「沖」というのは不自然なので、谷の上流を指す「おき」に、いまの字を当てたと見る方が自然だ。

北面の三滝渓谷ブナ・スギ混交原生林は、氷ノ山後山那岐山国定公園の一部になっており、山頂部西面のブナ原生林は学術参考林に、また、天然のスギは沖ノ山林木遺伝資源保存林に指定され、育成した種苗は「とっとり沖の山」の名の下に品種登録を申請し、雪に強いスギとして全国的に知られている。

登路　登山のための道はなく、あえて登るなら智頭町芦津の三滝ダムから小川沿いの林道を遡り、途中の北面から通称ワル谷、クイジヤ谷をつめる（林道から山頂まで約四時間）。同町中原から西面の横瀬川林道を、また、駒帰《こまがえり》から南面の大井川林道を利用することもできるが、いずれも途中までしか使えない。

地図　二・五万図　坂根　郷原　岩屋堂　西河内

（山岡健志）

穂見山 ほのみがせん

標高　九七六m

鳥取県八頭郡智頭町のほぼ中央に位置し、岡山県との境界稜線から峠一つ隔てて独立している。ほぼ南北に走る主稜線を有し、東麓から北麓にかけては千代川《せんだい》の上流、西麓は土師川《はじ》が取り囲み、南側は岡山県境へと連なっている。山名は西麓の穂見集落の背後に聳えるからで、「穂見」の由来は『智頭郷土史』によると、上古の時代に野見宿禰がこの地に来留した際、五穀豊穣にちなんで稲穂の「穂」と野見の「見」を併称したのだという。

山腹一帯は名産・智頭杉の植林地として知られ、とくに北東側斜面は美林がつづく。このため山腹には四方から林道が入っており、穂見には国の林木育種センター関西育種場山陰増殖保存園がある。

登路　西面を中心に何本かの林道が途中まであるが、山頂まで至る道はない。育種場の横の林道を行ける所まで行き、途切れた所から尾根または谷通しに山頂に向かってつめる(育種場から約三時間)。

地図　二・五万図　坂根　(徳田章人)

那岐山 なぎさん

標高　一二五五m

別称　名義山《なぎのせん》　奈義能山　奈木山《なきのやま》

中国山地東部にある雄峰で、兵庫県の最高峰である氷ノ山、岡山県の最高峰である後山にも近く、この辺りの山を一括して「氷ノ山後山那岐山国定公園」に指定されている。中国山地の脊梁上に位置し、鳥取県八頭郡智頭町と岡山県勝田郡奈義町にまたがり、どちら側からも同じように郷土の山として親しまれている。町名にしている奈義町はもちろん、智頭町にも以前の合併前の那岐村やJR因美線那岐駅などの名に取り入れられており、この山に寄せる山麓住民の並々ならぬ心情が偲ばれる。

山名の発音こそ「なぎ」で共通しているが、地域や時代によっていろいろな文字が当てられ、したがって、由来にも諸説がある。奈義町高円《こうえん》には伊弉諾尊《いざなぎのみこと》を祀る諾《なぎ》神社、智頭町大背《おおせ》には那岐大明神を祀る那岐神社があり、ともに祭神がこの山に降臨したと伝えられる。また、約二〇km東方にある後山と背くらべをして負けたため、悔しくて三日三晩泣きつづけ、その「なき」が「なぎ」に変わったのだという民話もある。

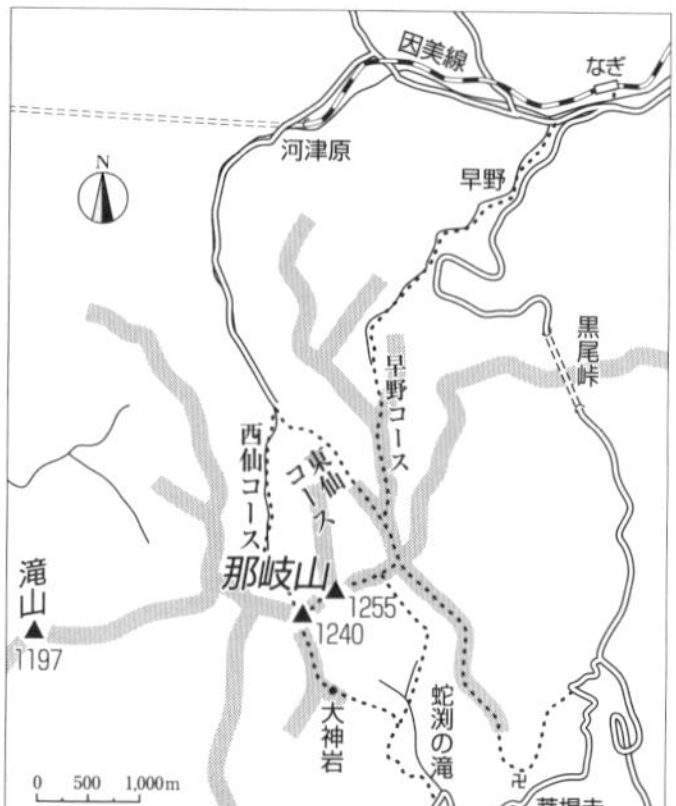

山容は東西に長く、いくつかのピークが並んでおり、三角点は西端の一二四〇・三mのピークに置かれていて、休憩所とトイレがある。しかし、実際にはここより稜線通しに約五〇〇m東へ行ったピークの方が一〇m程高く、こちらに「那岐山」の標石が置かれている。この稜線の途中に避難小屋がある。また、那岐山を主峰として東へ袴ヶ仙《はかまがせん》(九三一m)、西へ滝山、爪ヶ城《つめがじょう》(一一一〇m)、山形仙

（七九一m）と、いずれも標高一〇〇〇m前後の山が連なっていて、山陽と山陰を振り分けている。地形的にも山陽側の裾野は日本原という広大な台地（複合扇状地性台地）で、陸上自衛隊の演習地となっているのに対し、山陰側は深い谷と尾根が刻まれ、好対照をなしている。

山麓は両県側ともスギやヒノキの植林だが、中腹はブナやナラの自然林に変わり、初夏にはこの山の特色であるシャクナゲやドウダンツツジが花を開く。しかし、頂稜付近は風が強いせいか樹木が育たず、ササ原や草原になっていて見晴らしがよい。蒜山や大山はもちろん、遠く瀬戸内海や四国の山までも見えることがあるという。

登路　奈義町側、智頭町側とも三本ずつのコースがある。奈義町側は、高円の蛇淵の滝付近に登山口があり、少し上がった所から大神岩経由で直接三角点に突き上げるコースと、最高点の東の一二〇一mピーク近くで稜線に出て縦走してくるコースに分かれる。さらにもう一本、蛇淵の滝の東にある菩提寺から、やはり一二〇一mピークを回って来るコースがある。智頭町側は、河津原地内の登山口から西仙《さいせん》コースと東仙《とうせん》コース、奥本地内からの早野コースがあり、西仙コースは三角点へ、東仙・早野コースは一二〇一mピークに突き上げている（どのコースも登山口から頂上稜線まで一時間三〇分から二時間程）。

コースが何本もあるので、登りと下りでコースを変えたり、さらには西の滝山～爪ヶ城方面へ縦走することもできる。

地図　二・五万図　日本原　大背

（山岡健志）

滝山　たきやま

標高　一一九七m

岡山県勝田郡奈義町と津山市勝北地区との境にある。奈義町から勝北地区にかけて広大な日本原高原が広がり、自衛隊の演習場となっている。氷ノ山後山那岐山国定公園に含まれる。

山名の由来は、滝のある山からきたものと思われる。滝山の中腹、滝川の上流に岩屋権現といわれる滝神社が鎮座する。祭神は伊邪那《いざな》美命《みのみこと》で、奥行き八間（一四・四m）、入り口二間（三・六m）四方の岩窟があり、社の東西に美作国第一という雄滝と雌滝がある。

登路　みそぎ橋登山口駐車場から約二時間で山頂に至る。

地図　二・五万図　日本原　楢

（柏木宏信・山内幸子）

桜尾山　さくらおやま

標高　九五六m

別称　宇波山《うなみやま》

鳥取県八頭郡智頭町と岡山県津山市加茂町、阿波地区を分ける県境稜線上にある。あまり目立たない山だが、山名の由来は岡山県側の『苫田郡誌』によると、かつてはこの山全体に山桜が多く自生していて、優美な眺めだったところからきているとしている。一方、鳥取県側からは「宇波山」と呼ぶが、これは北東山麓にある智頭町の宇波集落からとったことは明らかである。

岡山県側からの方が登りやすく、鳥取県内からでも主要地方道津山智頭八東線の物見峠を越えて、いったん岡山県に入って登った方が早い。山頂には三角点のほかマイクロウエーブ中継用の鉄塔や反射板があり、広い草原になっている。

登路　津山市加茂町物見集落の少し物見峠寄りから北へ林道に入り、谷をつめ、尾根に取りついて登り切った所が山頂(林道入り口から約四〇分)。

地図　二・五万図　大背

(山岡健志)

波多の台　はたのだい　標高　約九九〇m

別称　黒岩高原

鳥取県鳥取市用瀬町と八頭郡智頭町、岡山県津山市阿波地区とにまたがる丘陵は「黒岩高原」と呼ばれ、氷ノ山後山那岐山国定公園の一部になっている。黒岩の名の起こりは黒い玄武岩質で覆われているからだ。また、鳥取県側では波多の台と呼ぶが、これは東麓にある智頭町波多集落の上にある台地という意味。標高こそ一〇〇〇m近いが、目立つピークも三角点もなく、国土地理院の地形図にも名前が載っていない。

鳥取県側にはスギが植林されていて、高原の大部分は岡山県側にある。最高点と思われる高原最西端にはNTTの無線中継所が建ち、津山市阿波地区から車道が通じている。しかし、管理用の専用道路のため一般車は入ることができない。高原内には湿原が残り、ハッチョウトンボやミズゴケなどの珍しい動植物が生息している。

登路　津山市阿波地区の落合から北へ林道落合線に入り、キャンプ場を経て管理道入り口の鉄柵までは車で行くことができる。そこから歩けばまもなく高原の一角に出る(管理道入り口から無線中継所まで約四〇分)。

地図　二・五万図　智頭

(山岡健志)

籠山　かごやま　標高　九〇五m

鳥取県鳥取市用瀬町と八頭郡智頭町を分ける境界稜線上にあり、標高こそ一〇〇〇mに満たないが東西に長く、鳥取市方面から南へ向かうと正面にどっしり聳えているのでよく目立つ。山名の由来は、和紙の原材料となる楮《こうぞ》の木をこの辺りでは「かご」といい、その木をこの山から採取していたため「籠」の字を当てたとする説があるが、定かではない。

頂上部にはいくつかのピークが並んでいて、その西端に三角点がある。山腹は植林されているが尾根上は草原で、日本海から鳥取市街、扇ノ山、氷ノ山をはじめとする周囲の山並みの眺めがよい。

登路　南麓の智頭町惣地《そうち》から北へ向かう林道に入り、終点から通称ナメラ谷と呼ばれる谷川に沿って登って行くと尾根に出る。尾根にはわずかに自然林が残っていて道も不明瞭になるが、西へヤブをこいで行くと草原状の頂上に着く(林道終点から約一時間三〇分)。

地図　二・五万図　智頭

(山岡健志)

三原山　みはらやま　標高　一一一五m

別称　皿《さら》ヶ真っか　真桑《まっか》　まっこう

鳥取県鳥取市佐治町と岡山県津山市加茂町を分ける県境は、標高一〇〇〇ｍを超す山並みで構成されているが、国土地理院の地形図には、いちばん高い一一一五・二ｍの三角点を持つピークにも山名の記載がない。北側は広大なカヤトの台地になっており、かつては麓の旧佐治町余戸地区が入会地として管理し、屋根の材料としてのカヤを刈っていた。鳥取市佐治町側ではここを三原台または三原台地、いちばん高いピークを「皿ヶ真っか」、台地を含めた山域全体を三原山と呼び分け、津山市加茂町側では全体を「まっか」または「まっこう」と呼んで「真桑」の文字を当てている。

山は三つのピークから成り立っており、もっとも東のピークに三角点がある。三原の名の由来は、この三つのピークの下にある原からきたものか、それとも美原が変化したものかは定かでない。

登路　鳥取市佐治町余戸の宗泉寺横から南へ農道、つづいて林道に入り、終点から山道に入って台地の縁を回り込んで登って行くと三角点(林道終点から約二時間)。津山市加茂町倉見からも林道を利用して登ることができる。

地図　二・五万図　加瀬木

(山岡健志)

三十人ヶ仙　さんじゅうにんがせん　標高　一一七二ｍ

岡山県津山市加茂町倉見と苫田郡鏡野町上齋原地区との境にあり、氷ノ山後山那岐山国定公園と湯原奥津県立自然公園に属している。

山名の由来は、この山に顔が三〇になる化け物が出るという説と、この山で砂鉄採掘時に山が崩れて、三〇人の採掘者が生き埋めになったからという説がある。

吉井川上流の加茂川最上流部に位置し、鳥取県との県境から派生した尾根上にある。加茂川を挟んで東側に大ヶ山(九九〇ｍ)、西側に天狗岩(一一九七ｍ)や角ヶ仙が連なる。

登路　ＪＲ姫新線美作加茂駅からはバスの便がなく、車使用となる。勝間田高校倉見演習林(登山口)から約二時間で三十人ヶ仙山頂に至る。天狗岩経由で縦走し演習林に戻れる(約五時間)。

地図　二・五万図　加瀬木

(柏木宏信・山内幸子)

角ヶ仙　つのがせん　標高　一一五三ｍ

湯原奥津県立自然公園内の岡山県苫田郡鏡野町北東部にあり、津山市加茂町との境界に位置する火山性の山で、円錐型の独立峰の美しい山容である。牛の角との形容から山名が連想される。頂上部は広く、南面の眺望がすばらしく、那岐山や泉ヶ山を望むことができる。

登路　旧越畑キャンプ場から整備された階段の尾根コース。小さなピークを三つばかり越えるが、直登の連続である(登山口から約一時間二〇分)。南コースはキャンプ場から林道をしばらく行った所から取りつく。尾根コースより急坂で、通常は下りに利用される(頂上より約五〇分)。

地図　二・五万図　美作加茂

(野口恒雄)

花知ヶ仙　はなちがせん　標高　一二四七m

別称　花知仙

岡山県苫田郡鏡野町奥津地区と上齋原地区との境にある。中国山地を形成する高位平坦面上の一残丘を成しており、一〇〇〇m以上の山は円錐形に聳える。南西麓には奥津温泉がある。

明治期以降、山麓一帯はタタラ製鉄が盛んであったが、製鉄の衰退後は林業で成り立っている。

山頂部は雑木が茂るが展望はよく、泉山や鳥取県境の山々が望まれる。また、北方の人形峠には、わが国で初めてウランが発見されたことを記念して人形峠展示館があったが、平成二四年に閉館された。「アトムサイエンス館」や「人形峠環境技術センター」がある。

登路　JR姫新線津山駅で下車して登山口の遠藤集落に至り、三つ子原林道に入り一・七km進んだ所に登山口がある。そこから約一時間で山頂に達する。

地図　二・五万図　上斉原

（柏木宏信・山内幸子）

泉山　いずみがせん　標高　一二〇九m

別称　いずみやま（地元の呼び方）

岡山県苫田郡鏡野町に位置し、湯原奥津県立自然公園内にある。中国山地でも指折りの男性的秀峰で、山容は険しく、主稜の南西には大冠と呼ばれる岩場があり、頂上は主稜の東端にある。独立峰のため展望はすばらしく、南の瀬戸内海から北の大山、氷ノ山に至る山々を見ることができる。

地質は花崗岩および斑糲岩で、大冠の下の窪地に湧水があり、その近くに津山高等学校山岳部のヒュッテがある。泉山の名はこの湧水から付けられたともいわれている。また、中腹の中林ノ滝には射水《いずみ》権現の社がある。弘仁一四年（八二三）創建といわれる泉神社（現石柱・泉嵓《いずみいわ》神社）が泉山を御神体とする修験霊場だったため、イズミヤマの名が起こったともいわれている。

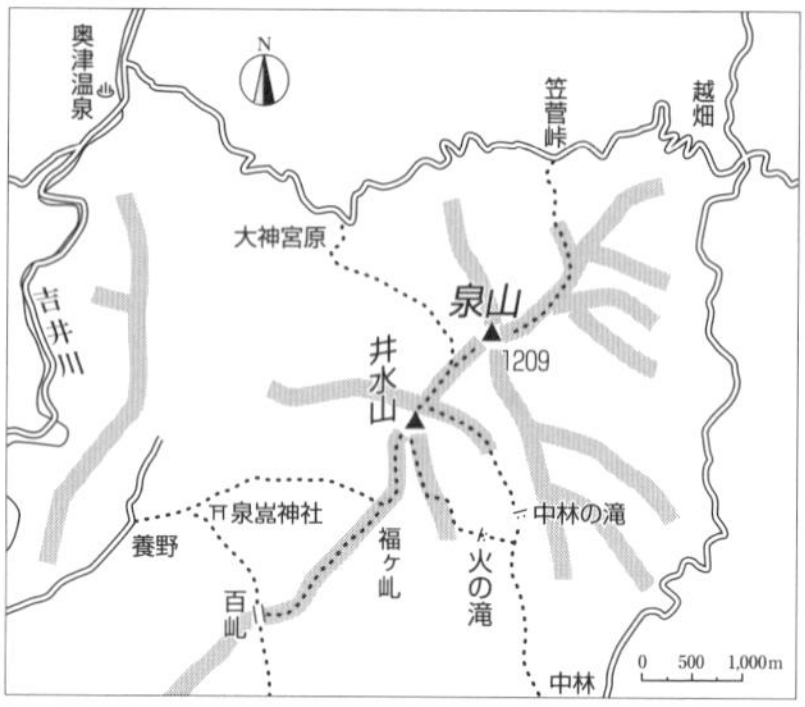

登路　コースはいくつかあり、組合せで縦走もできる。

福ヶ乢《たわ》コース　鏡野町養野より福ヶ乢経由、井水山から泉山間で約二時間四〇分。

奥津温泉から大神宮原コース　大神宮原経由、泉山頂上まで約二時間三〇分。

笠菅峠コース　北側の笠菅峠から泉山山頂へ約二時間。

鏡野町の中林谷林道のコース　林道終点から中林の滝経由、頂上へ約二時間一五分。同じく中林林道終点から火の滝、井水山経由、頂上へ約二時間四

○分。

地図　二・五万図　奥津　香々美

（阪下幸一）

三国山　みくにやま　　標高　一二一三m

別称　三国ヶ仙

鳥取県鳥取市佐治町、東伯郡三朝町、岡山県苫田郡鏡野町上齋原地区の集合点で、江戸時代までは因幡、伯耆、美作の三国にまたがっていたことから山名となった。しかし、この山の山頂には三角点がなく、それより少し高い約一km北北東のピークの方に一二五二mの三角点があり、点名も同じ三国山なので紛らわしい。最近は、こちらは北嶺として鳥取市側が整備、元からの三国山の方は鏡野町側が整備して、それぞれ登山道を付けている。しかし、双方を繋ぐ尾根は猛烈なヤブこぎで、行き来するのは容易でない。

登路　鳥取市佐治町からは中集落より山王谷林道を約七・五km遡った所に登山口がある。林道の下手に無人の避難小屋があるので目印にするとよい。三国山本峰と北嶺の間の鞍部に取りついて、右へ尾根通しに北嶺へ（約一時間三〇分）。鏡野町からは町営恩原牧場から通称・ギラガ山（九二九m）を越えて県境稜線に出、北へ尾根通しに行くと本峰（恩原牧場から約二時間）。

地図　二・五万図　岩坪　加瀬木

（中井俊一）

高鉢山　たかはちやま　　標高　一二〇三m

鳥取県鳥取市の河原町と佐治町は、東西に走る標高一〇〇〇mを超す稜線で隔てられているが、そのいちばん奥にある山で、岡山県との境界稜線とは谷一つ隔てる。山頂はわずかに佐治町側に入っており、山姿も南の佐治町側からの方がよく、山名は兜の鉢の部分に似ているところから付いたと思われる。

北の鳥取市河原町側からは、対岸の高山の方が目立って姿はあまり映えないが、登るのには都合がよい。麓の曳田《ひけた》川上流の三滝渓が県の名勝に指定され、キャンプ場などが整備されたからで、そこを登山口として、森林管理署が測量のため使った踏み跡を利用する。佐治町側は、河本から尾際《おわい》谷沿いに林道が延びているが、途中までしかなく、後はヤブこぎとなる。

登路　三滝渓右岸の遊歩道から離れて左へ測量用の踏み跡に入る。かなりの急登で、途中からブナの原生林となる。山頂はブナ林の中のササヤブで、展望は利かない（三滝渓から約五時間）。

地図　二・五万図　岩坪

（山岡健志）

高山　たかやま　　標高　一〇五三m

別称　高野山《たかのせん》

鳥取県鳥取市河原町と同市用瀬町安蔵地区の境界稜線上にあり、三角点のある山頂はわずかに河原町側に入っている。尾根つづきで一km程西にあるピーク（一〇三九m）は「西高山」または「奥高山」と呼ばれる。南の安蔵側から見ると、この山は後方の三国山、高鉢山とともになだらかな山容だが、河原町の北村辺りから見ると頂を天空高く突き上げており、山名の由来となっている。付近には、鳥取県の名勝に指定されている河原町の三滝渓、千丈滝がある。

登路 山頂まで至る登山道はなかったが、平成一七年、鳥取県緑資源幹線林道河原三朝工区が完成し、それにともない登山道が整備された。河原町北村から立派な林道に入り、落河内を経て高山の南、三滝林道分岐付近に登山道入り口の看板がある。二〇分程林道を進むと登山口となり、急な登りが頂上まで続く。測候所跡、高山神社跡を経て頂上に至る。頂上はネマガリダケが伐採されて展望台となっており、木々の間から三国山、高鉢山などを望むことができる。登り約一時間。

地図 二・五万図 岩坪 （福嶋佑二）

鷲峰山 じゅうぼうさん 標高 九二一m

別称 鷲峰《わしみね》 十坊山 因幡富士 じゅぶせん

鳥取県鳥取市鹿野町の西端近くにある。延喜元年（九〇一）に撰進の『三代実録』にも載っている古くからの信仰の山で、民話や伝説が多い。もっとも有名なのは大山との背くらべ伝説で、江戸期の『伯耆民談記』に出てくる。いまでも鷲峰神社や土地の名に残っている。

山名の由来にも諸説あり、㈠北の気高町方面から望むと鷲が翼を広げた姿に見える ㈡大己貴命《おおなむちのみこと》が大鷲に乗ってこの山に降りたという伝説 ㈢かつて山麓に十の坊（寺院）があり「十坊山」と呼んでいた、㈣南蛮大名だった鹿野城主・亀井茲矩《これのり》が、この山をインドの霊山である霊鷲山に見立てて呼んでいたのが変わった――などがある。

登路 鳥取市鹿野町からは、南西麓の河内からと北麓の古仏谷《こぶつたに》、小畑からの計三本の登山道があり、中国自然歩道の一部として整備されている（約二時間から二時間三〇分）。南東麓の同市安蔵《あぞう》の森林公園からも登ることができる（約一時間三〇分）。

地図 二・五万図 鹿野 岩坪 （徳田章人）

三徳山 みとくさん 標高 九〇〇m

別称 美徳山

鳥取県東伯郡三朝町の東部にあり、古くは「美徳山」とも書いた。山よりも北麓にある三仏寺の方が有名で、寺を含めて国の名勝および史跡、大山隠岐国立公園、「全国森林浴の森一〇〇選」などに指定されている。三仏寺は慶雲三年（七〇六）、役小角により開山され、嘉祥二年（八四九）、円仁が阿弥陀如来、大日如来、釈迦如来の三仏を安置して天台宗美徳山三仏寺と号した。山の中腹にある投入《なげいれ》堂（国宝）はこの寺の奥の院で、一二世紀前半ごろ（平安時代後期）の建立であることが最近になって確認された。

山の名も寺の山号からとったのは明らかで、山頂には三角点がある。かつては南側の同町丹戸から山頂を越えてくる参詣用の道があったが、いまは通る人もなく荒れている。三徳山に登るといえば、普通は投入堂の近くの遥拝所まで登ることを指す。

登路 三朝町三徳、三仏寺本堂の左手に登山口があり、岩場や鎖場もある険しい山道を攀じ登る。途中にはいずれも国の重要文化財である文殊堂、地蔵堂、納経堂などがある（遥拝所まで約三〇分）。

地図　二・五万図　三朝　（福嶋泰夫）

鉢伏山　はちぶせやま　標高　五一四m

鳥取県のほぼ中央、東郷池の南東岸に小さく盛り上がった山があり、鉢を伏せたような形から鉢伏山と呼ばれている。鳥取県鳥取市青谷町と東伯郡湯梨浜町東郷地区にまたがって因幡と伯耆を分けており、かつてはあまり目立たない山だったが、山上にテレビなどの中継用の塔がいくつも建ち、舗装道路が通じてから、鳥取県中部を代表する展望の山として有名になった。

山頂には三角点のほか展望台も設けられ、鳥取砂丘から島根半島までを一望する日本海海岸の眺めは圧巻で、眼下に見下ろす東郷池は、別名を鶴ヶ池といわれるとおり、ここからは鶴の形に見える。

登路　湯梨浜町川上と鳥取市青谷町桑原から、南側の川上峠で合流して山頂まで車道が通じている。途中の眺めもよいので、川上峠から歩いても大したことはない（約三〇分）。北側の湯梨浜町北福からも、農道や林道を利用して登って来ることができる。

地図　二・五万図　松崎　（山岡健志）

羽衣石山　うえしやま　標高　三七六m

別称　崩巌《うえし》ノ山

鳥取県東伯郡湯梨浜町東郷地区の南端にあり、伝説がそのまま山の名、ひいては麓の集落や川の名にもなっている。伝説は二つあり、一つは全国各地にある羽衣伝説で、天女がこの山にある大きな石の上に羽衣を脱いで置いたというもの。いまも羽衣石と称する巨石がある。もう一つは、岩石が多いことから初め崩巌ノ山といわれていたのが、南條氏が城を築くとき「崩巌」の文字を嫌っていまの「羽衣石」に変えたという。

史実としては貞治五年（一三六六）、南條貞宗が山上に羽衣石城を築き、慶長五年（一六〇〇）、廃城となるまでの約二四〇年間にわたって、同氏をめぐる栄枯盛衰が繰り返された。いまもその跡には当時を偲ぶ模擬天守が、同氏ゆかりの人たちにより建てられている。

登路　城跡がそのまま山頂であり、西麓の羽衣石集落から二つほどコースがとれるが、山腹には伝説や歴史を偲ばせる事物、旧跡が多く残っている（約三〇分）。

地図　二・五万図　松崎　（山岡健志）

打吹山　うつぶきやま　標高　二〇四m

別称　城山

鳥取県の中央、倉吉市の旧市街地のそばに聳え、ピラミッド型の美しい山容は市のシンボルである。

昔、隣の東伯郡湯梨浜町の羽衣石山《うえしやま》に天女が降り、水浴中に農夫に羽衣を奪われ仕方なく妻になる。やがて生まれた二人の子から羽衣のありかを聞き、取り返して天に帰ってしまうが、残された二人の子は嘆き悲しんでこの山に登り、太鼓を打ち、笛を吹いて母を慕ったという。この伝説から打吹山と名付けられた。

山頂には南北朝時代の初期に山名氏が築城し、約二五〇年間にわたって山名、尼子、南條らの各氏が居城した。現在は石垣だけが残り、「打吹城址」の石碑がある。

また、山全体に照葉樹の原生林が残り、樹種も豊富で、市の保存林と「全国森林浴の森一〇〇選」にも選ばれ、市民の健康づくりや自然との触れ合いに役立っている。

登路　旧市街地の打吹公園からと運動公園から、裏手の長谷寺からの三つのコースがあり、登山道はよく整備されて、途中には案内板、展望台、トイレなども整っている（いずれのコースも山頂まで二〇分から三〇分程）。

地図　二・五万図　倉吉

（福嶋泰夫）

伯州山　はくしゅうざん

標高　一〇四五m

別称　伯作山

鳥取県東伯郡三朝町と岡山県苫田郡鏡野町にまたがり、山陽と山陰を分ける分水嶺の一つだが、国土地理院の地形図には三角点と標高の記載があるだけで山名がない。だが一八九二年、最初に三角点が設置されたときには点名を「伯作山」とし、昭和三〇年代に上斎原村が発行した地図には「伯州山」とある。伯耆と美作の国境の山、あるいは伯州を望む山の意味ととれるが、明確ではない。頂上一帯は霧がわきやすいことから通称・霧ヶ原とも呼ばれる。

近年、旧上齋原村（現鏡野町）が登山コースを開発し、県境の峠まで遊歩道を整備し、峠には避難小屋を建てた。三朝町側からもかつては道があったらしいが、いまはほとんど消えてしまっている。

登路　鏡野町赤和瀬集落の上から左へ町道を約五〇〇m行った所が遊歩道の入り口。右（東）側はブナの原生林、左側はスギ、ヒノキの植林の中を登って行くと避難小屋に着き、尾根を左へヤブをこぐと頂上（遊歩道入り口から約一時間一五分）。

地図　二・五万図　三朝　上斎原

（福嶋泰夫）

高丸山　たかまるやま

標高　九一〇m

別称　雙子《ふたご》山

鳥取県東伯郡三朝町の南部にあり、JR山陰本線倉吉駅から南へ国道一七九号を行くと真正面に見える。山の名は、竹田川沿いから見上げると高く丸くそそり立っていることから付けられたと思われるが、二瘤《ふたこぶ》ラクダのような独特の山容は日本海からもよく見え、『三朝町誌』によると古記録に「山上は北海の船舶の位置を計る可《べ》し。船子呼んで元を雙子山と云ふ」とある。

登る人はまれだが、この山の麓一帯はかつて伯耆の鉄山と呼ばれ、戦国時代末期から江戸時代末期まで砂鉄の精錬が行われて、江戸期の安政ごろが最盛期だったという。現在でも鉄穴《かんな》ヶ谷、真山などの地名や鉄穴流し場の跡、鉄穴井手の跡、鉄山墓の跡などが多く残っている。

登路　西麓の田代集落から直接、または北側や南側からも尾根づたいに登れないことはない。しかし、いずれにせよ道はなく、頂上付近には急な岩場もある。登るには地元の案内人が必要（田代から約三時間）。

地図　二・五万図　下鍛治屋

（福嶋泰夫）

人形仙　にんぎょうせん　　標高　一〇〇四m

別称　人形山《さん》　人魚山

鳥取県東伯郡三朝町と岡山県苫田郡鏡野町にまたがる。この山の約一km東の峠が人形伝説のある人形仙越で、かつては山陽と山陰を結ぶ往来だった。山の名もこれからきている。江戸期の『伯耆民談記』に「此峠を人形山と云ふは、昔此山に大きなる蜘蛛《くも》有つて往復の人を悩ますこと日久し。或人謀りを廻らし、木偶人を峠に立置き……遠矢にて射殺し、多年の難儀を退治す」とある。

現在登るには、国道一七九号から分かれて旧道の人形峠へ上がり、その岡山県側から西へ入る広域基幹林道美作北二号線を利用するのが便利。この林道は県境稜線の中腹を巻くように走っており、約四km行った「三十七人墓」の所に人形仙越への入り口がある。

登路　人形仙越まではよい道で、峠には文化五年（一八〇八）建立の母子地蔵が立つ。峠から左へ県境尾根に沿って登る。頂上付近は背丈ほどもあるチシマザサに覆われていて、三角点の標石を探すのも容易でない（林道の峠入り口から約一時間三〇分）。

地図　二・五万図　上斎原

（福嶋泰夫）

霧ヶ峰　きりがみね　　標高　一〇七九m

別称　キリギリス　きりきれず

鳥取県東伯郡三朝町と岡山県苫田郡鏡野町を分ける県境稜線から、山頂はほんのわずか岡山県側にせり出しており、西側に広がる一帯は岡山県立森林公園として整備されている。しかし、このピーク自体は三角点があるだけでさして特徴がなく、遊歩道もここまでは整備されていないので、登る人は少ない。

元禄期（一六八八〜一七〇四）に津山藩が作成した『作陽志』には「キリギリス」とあり、地元では「きりきれず」とも呼んでいるが、いずれにせよ霧が多いことにちなんだ名称らしい。森林公園までは、国道一七九号旧道人形峠の岡山県側から広域基幹林道美作北二号線を利用するが、鏡野町井坂で同国道から分かれ、羽出川沿いに遡って同林道に入ってもよい。

登路　森林公園（四月下旬〜一一月末）には管理センター、駐車場、宿泊施設などがあり、縦横に遊歩道が整備されているが、このピークには入り口に標識がある程度で、後はネマガリダケのヤブこぎを覚悟しなければならない（公園駐車場から三角点まで約一時間）。

地図　二・五万図　上斎原

（山岡健志）

若杉山 わかすぎやま　標高　一〇二一m

別称　若杉仙

鳥取県東伯郡三朝町の南端にあり、山頂は岡山県との県境稜線からわずか二㎞程しか離れていないが、一応独立して聳えている。山頂から中腹にかけては風衝草原で、なだらかな山容が美しい。昔から山麓の集落の草刈り場で、毎年春になると山焼きをしたため古い樹木がなく、山名になったと思われる。

しかし、昭和の初期からは、この山の一帯は放牧場として使用され、一九六五年ごろから七五年ごろまでは町営牧場として造成されて、一時は山頂近くまで車道が延びていた。山頂付近はチュウゴクザサ、ススキなどの草原が広がり、山頂には三角点が置かれて、三六〇度の展望が開ける。

登路　南西麓の大谷集落の上手から左の林道に入り、車が入れる所まで行く。山頂直下だけは道がなく、低いササの斜面の急登となる(車道終点から約一時間)。

地図　二・五万図　下鍛冶屋

(福嶋泰夫)

津黒山 つぐろやま　標高　一一一七m

鳥取県東伯郡三朝町と岡山県真庭市中和地区を分ける県境稜線上にあるが、三角点のある山頂はわずかに岡山県側に入る。おおらかな山容で、「つぐろ」とはこの地方で稲を積んで干しておく稲叢《いなむら》を指し、山の形が似ていることから付けられたらしい。岡山県側の東斜面は吉井川、西斜面は旭川、鳥取県側は天神川のそれぞれ水源となっている。

一帯は岡山県の湯原奥津県立自然公園に指定され、西麓の真庭市蒜山《ひるぜん》下《した》和《お》地区には津黒高原と名付けて国民宿舎、スキー場、キャンプ場などが整備されている。そこから東へ、この山の北側中腹を巻いて大谷峠を越え、苫田郡鏡野町奥津に至る広域基幹林道美作北二号線が延びており、北麓にある登山口まではこの林道が利用できる。

登路　岡山県側からは蒜山下和の津黒高原、鳥取県側は三朝町大谷から大谷峠経由で林道に入る。登山口の近くに展望所があり、駐車場として使える。登山道は樹林で見通しが利かないが、山頂はなだらかな草原で眺望がよい(登山口から約一時間)。

地図　二・五万図　富西谷　下鍛冶屋

(福嶋泰夫)

山乗山 やまのりやま　標高　一〇四八m

岡山県苫田郡鏡野町奥津と真庭市中和地区の境にあり、湯原奥津県立自然公園に属する。山頂はヤブの中で眺望は得られない。最高点は一〇五三m。北西麓の山乗り渓谷には不動滝があり、「県下唯一の沢登り、滝登り訓練ができるところ」(『岡山の山百選』)といわれている。

登路　蒜山下和の津黒高原スキー場から津黒山(一一一八m)、白髪山(一一一〇m)を経て山乗山山頂まで約五時間三〇分。

地図　二・五万図　富西谷

(野口恒雄)

不溜山　たまらずがせん

別称　たまらずせん

標高　一一二四m

岡山県苫田郡鏡野町富地域の北東部に位置する。山頂からの眺望は良好で、樹間から西方に大空山(一一〇四m)など中国山地の一〇〇〇m級の山々や、遠く南東方面に那岐山も望むことができる。

山名の由来は、大雨が降っても山に水が溜まらないからではないかといわれている。山麓には樹齢約二五〇年、幹回り三・四mの旧富村指定天然記念物である「四季桜」の大樹がある。ここが登山口となろう。稜線直下までは植林の中、その後ネマガリタケのヤブの中を進み、ブナの原生林になればすぐ山頂である。

登路　JR姫新線久世駅下車となるが、バスの利用は望めないので車の利用となる。久世駅から車一時間程で四季桜に至り、そこから約二時間三〇分強で不溜山山頂に至る。下山も往路をとる。

地図　二・五万図　富西谷

（柏木宏信・山内幸子）

大空山　おおぞらやま

標高　一一〇四m

岡山県苫田郡鏡野町富地域を流れる旭川支流・目木川流域にあり、周囲を不溜山、乗幸山(一一七三m)、入道山、霰ヶ山など、いずれも一〇〇〇m級の山々に囲まれたその中心部にある山で、すぐ北方に富栄山(一二〇五m)を従える。

登山道入り口にあたるのとろ原キャンプ場近くには、たたら展示館やたたら遺跡があり、この辺りは近世に製鉄産業の隆盛を見た地域であったが、現在では旧富村村域の九二%が山林であるため、主産業は農林畜産業に変わり、シイタケ栽培やアマゴの養殖などが盛んである。

登路　西富谷にあるのとろ原キャンプ場を経て、山頂まで約二時間三〇分かかる。

地図　二・五万図　富西谷

（柏木宏信・山内幸子）

入道山　にゅうどうやま

標高　一〇四〇m

岡山県苫田郡鏡野町富地域、真庭市中和地区と湯原地区の境にある。頂上は展望なし。南東二〇kmの津山市と苫田郡鏡野町の境にも標高七五二mの同名の山がある。

登路　県道久世中和線の上杉越から八六七mピークを経て山頂へ至る(登山口から約二時間三〇分)。西面の白根集落から六八四mピークを経て南西尾根を辿って頂上へ(林道分岐から約二時間三〇分)。

地図　二・五万図　富西谷

（野口恒雄）

霰ヶ山　あられがせん

標高　一〇七四m

岡山県苫田郡鏡野町富地域と真庭市湯原地区との境にある。富士山に似た山容を持ち、大空山の西方にある山で、山頂直下でヤブこぎを強いられる山。山麓の余川の塔滝渓谷は、距離こそ短いが大変に美しい。

山名の由来は、冬季早くに雪や霰で山頂が白くなることによるという。展望のよい山で、東方近くに大空山、富栄山が望め、さらには泉山、那岐山、そして北方には蒜山、大山も望むことができる。登山道がないので、林道からのヤブこぎとなる。

登路　鏡野町富振興局から県道五六号を経て林道へ、それより約三時間三〇分で山頂に至る。

地図　二・五万図　富西谷

（柏木宏信・山内幸子）

仏ヶ仙　ほとけがせん　標高　七四四m

別称　半甲山《はんこうざん》

鳥取県倉吉市関金町、岡山県真庭市中和地区と八束地区にまたがり、目立って高くはないが展望のよい山である。山姿は見る方角によって異なり、鳥取県側からは小さなピラミッド型をしているのに対して、岡山県側からは涅槃像のような特異な形で、山名の由来になったものと思われる。

　鳥取県側からの登山道はなく、岡山県側の蒜山別所から蒜山下長田へ越す林道別所高松線の峠が登山口となる。山上には三つのピークが東西に並んでいて、そのいちばん東のピークに七四三・五mの三角点があり、点名は半甲山となっている。岡山県の湯原奥津県立自然公園の一角にもなっている。

登路　登山口からいきなり尾根通しの急登で、樹林の中を一気に登る（三角点まで約三〇分）。しかし、登山口には駐車のスペースがないので、一km程蒜山別所側の林道入り口に止めておくことになる。

地図　二・五万図　下鍛冶屋

（山岡健志）

蒜山　ひるぜん　標高　一二〇二m

別称　蛭山《ひるぜん》

鳥取県倉吉市関金町と岡山県真庭市八束地区に連なる三つの山は、「蒜山三座」または「蒜山三山」と呼ばれ、蒜山はその総称である。東端の犬狭《いぬばさり》峠から県境稜線に沿って下蒜山（一一〇〇m）、中蒜山（一一二三・四m）と徐々に標高を上げ、最高峰の上蒜山を越えた蛇《おろ》ヶ乢《がたわ》が西端となる。上蒜山の三角点は一一九九・七m地点にあるが、実は一二〇二mの最高点がそれより約二〇〇m南東にある。

　地質時代でいう第三紀の終わりごろ、まず上蒜山が噴出し、中蒜山、上蒜山と順に形成された成層火山で、山体は主に輝石安山岩からなる。地形はこの三山を境に対照的で、南面の真庭市の八束地区側は蒜山原、蒜山高原の名の下に東西一四km、南北五・五kmにわたって明るく開け、かつては巨大な湖の底だったともいわれる。独特のジャージー牛が草をはむ牧草地、火山性の黒土《くろぼこ》を美しく耕した高原野菜畑、カラ

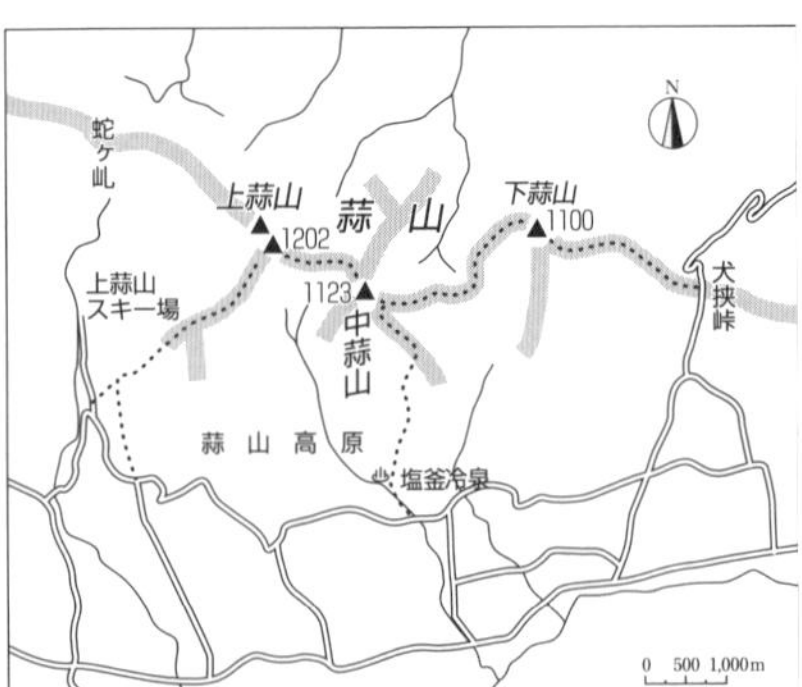

マツの林などに彩られ、その上に横たわる三姉妹のような山姿が心を和ませてくれる。それに対して北面の倉吉市側は、ブナやミズナラの樹林に覆われた急斜面が小鴨《おがも》川へと落ち込み、谷の奥深くまで植林も行われている。花の美しい山としても有名で、春のカタクリ、夏のコケモモ、イワカガミ、フウロソウ、秋のマツムシソウなどが知られる。

山名の由来は、蒜という珍しい名のわりにはいま一つ定かでない。「ひる」の発音だけは、中蒜山登山道の途中にある、大霊留女貴命《おおひるめのむちのみこと》を祀る日留《ひる》宮からとったらしい。かつては蛭の字が使われていたが、格別この山に山蛭が多いというわけでもなく、当て字らしい。野蒜《のびる》というユリ科の多年草が多いからという説もあるが、これも正確にはヤマラッキョウという別の植物だという。

登路　下蒜山へは、岡山・鳥取両県どちら側からでも国道三一三号の旧道犬挟峠が登り口。樹林帯を登って行くとなだらかな雲居平に出るが、そこから上はジグザグの急登となる。

中蒜山へは、南麓の八束地区にある日本百名水の一つ・塩釜冷泉から登り始める。滑りやすい樹林の斜面はやがて岩が露出し始め、傾斜を増す。縦走路に出て左(西)へ少し行くと、避難小屋の建つ広い山頂。

上蒜山へは、これも南麓の上蒜山スキー場手前が登山口で、牧場の柵を越えると急斜面になり、小尾根に辿り着く。少し下って登り返すと縦走路に出、左へ少し行くと山頂(いずれも登山口から山頂まで約二時間)。

三山を結ぶ縦走路は、上蒜山から中蒜山へは岩の露出した急斜面を下り、ユートピアのコルから草原の道を登り返す(約一時間)。中蒜山から下蒜山へはフングリ峠まで大きく下り、いくつかの登降を繰り返して最後は急坂を登る(約二時間)。一日で三山の縦走も不可能ではないが、上り下りの標高差が大きいため相当の健脚向き。

(松下順一)

地図　二・五万図　蒜山　泰久寺

皆ヶ山　みながせん

標高　一一五九m

鳥取県倉吉市関金町と岡山県真庭市川上地区を分ける県境稜線上にあるが、三角点はわずかに岡山県側に入っており、南麓から見ると二俣山(一〇六〇m)を前にして夫婦のように寄り添っている。山頂部にはブナの原生林が一部残っているが、大部分は伐採された後に生えた二次林である。また、山麓はモリアオガエルの産卵地など希少動物の宝庫で、珍しい鏡鉄鉱の露頭も見られる。

「みな」という山名の由来は定かでないが、かつては山全体がブナ林に覆われていて水が豊富だったため、いずれにせよ水からきたというのが有力。登山路は南麓の真庭市の川上地区からしかなく、蒜山国民休暇村の背後にあるため、ここから手軽に登ることのできる山として、蒜山とともに活用されている。

登路　蒜山高原キャンプ場の駐車場から登り始め、一時間程で南東からの尾根と合流。ここから急坂が、前衛峰とでもいうべき二俣山までつづく。いったん鞍部へ下って登り返すと台地状になり、その北端に山頂がある(キャンプ場から約二時間)。

(松下順一)

地図　二・五万図　延助　伯耆大山　蒜山

擬宝珠山　ぎぼしせん　標高　一一一〇m

鳥取県日野郡江府町と岡山県真庭市川上地区を分ける県境稜線上にあり、山頂部は南北に長く、北端は鳥取県倉吉市関金町にもかかる。

最高点は、この集合点より一km程南にある。西麓の江府町側には鏡ヶ成と呼ばれる草原が広がり、中程にはノハナショウブをはじめとする湿地の植物が多く見られる。鏡ヶ成側からは小さく見える山体も、岡山県側の明蓮《みょうれん》渓谷からは高くせり上がって見え、蒜山火山群の西端にあるこの山を、後からできた大山火山群が飲み込んだ地形と見ることができる。

山名の「擬宝珠」は仏教用語で、葱坊主形の飾りのこと。また、この付近に多い高山性の植物「ギボウシ」の名でもあるが、どちらに由来するかは明らかでない。

登路　江府町の休暇村奥大山が登山口で、いったん北の象山《ぞうやま》（一〇八五m）との鞍部に出て尾根通しに登っていく道と、休暇村旧館の右手から直接山頂へ向かって登っていく道がある（どちらも山頂まで約五〇分）。

地図　二・五万図　伯耆大山

（松下順一）

烏ヶ山　からすがせん　標高　一四四八m

大山の天狗ヶ峰から分かれて南東へ延びる稜線上にあり、鳥取県日野郡江府町と東伯郡琴浦町にまたがる。山名は烏が両翼を張った姿に由来することは明らかで、岩と灌木のため色も黒く、西、南、北、どちら側から見ても烏を連想させる。東麓の江府町鏡《かがみ》ヶ成《がなる》からだけは急峻に尖ってそそり立ち、大山も背後に隠れるため、近年は「山陰のマッターホルン」の異名もある。山頂は中国山地には珍しい岩峰で、大山から蒜山《ひるぜん》にかけて一望できる。

かつては鏡ヶ成キャンプ場と新小屋峠が登山口で、また、反対側の大山方面から縦走して来ることもできたが、去る二〇〇〇年一〇月六日の鳥取県西部地震で山頂付近の登山道が大きく崩壊、このところ登山禁止の措置がとられており、復旧が待たれる。

登路　地形的に復旧は非常に困難が予想されるが、休暇村奥大山のシンボルともいうべき存在であり、いずれは何らかのルートで山頂に至るコースが再開されよう。その日を待つしかない。

地図　二・五万図　伯耆大山

（山岡健志）

大山　だいせん　標高（弥山）一七〇九m　（剣ヶ峰）一七二九m

別称　火神岳《ほのかみだけ》　大神岳《おおかみのたけ》　伯耆大山　伯耆富士　出雲富士

山頂は鳥取県西伯郡大山町にあるが、その裾野は広く鳥取県西部から中部にわたり、西伯郡大山町と伯耆町、日野郡江府町、東伯郡琴浦町にもまたがって、日本海にまで達している。また、日野川に注ぐいくつもの支流をはじめ、佐陀川、阿弥陀川、甲川《きのえ》、加勢蛇《かせいち》川など多くの川の水源ともなっている。中国地方一の高さを誇る山容は、遠くは氷ノ山、吾妻山、三瓶山からも眺めることができる。中国地方では数少ない火山の一つでもあり、火山活動は一〇〇万年も前からあったとされるが、弥山《みせん》や三鈷峰《さんこほう》などの円頂丘が完成したのは一万数千年前ごろといわれている。巨大な円頂丘は、その後重力により崩落し、侵食などにより解体されていく運命にある。三角点のある弥山から東に剣ヶ峰、槍ヶ峰へとつづく狭い稜線は、まるでカミソリの刃のように鋭くなって、北壁と南壁に分かれ落ちている。

遠い昔、出雲の国にいた八束水臣津野命《やつかみずおみづぬのみこと》が自分の国をご覧になり、「この国は初めに小さくつくられて未完の国である。されば、足りぬところをつくり足して縫い合わせよう」と、新《し》羅《らぎ》の国の余りを大きな鋤《すき》で切り取り、綱を掛け、「国来《くにこ》、国来」と引き寄せて繋ぎ合わせたのが杵築《きづき》の御埼《みさき》(出雲北山)で、さらに二箇所を引いたのち、最後に北陸の都都《つづ》の御埼の余りを引き寄せたのが三穂ノ埼《みほのさき》(島根半島)、引いた綱が夜見島(弓ヶ浜)、繋いで留めた杭《くい》が伯耆の火神岳(大山)だという。これらは『出雲国風土記』の中にある神話で、日本海を舞台にした雄大な物語として現在に伝えられている。

大山・剣ヶ峰(頂上付近から)

奈良時代、全国の多くの高山が山岳修験道によって開かれたころ、大山も開山された。起源には諸説があるが、『大山寺縁起』によれば、玉造の依道という人が美保ノ浦で金色の狼を見つけ、大山まで追って射ち殺そうとしたとき、矢の前に地蔵菩薩が現れ、狼も老尼に変じて地蔵のご利益を説いた。そこで依道は仏に帰依し、この地に南光院、西明院の二寺を開くに至ったと記されている。その後は天台宗の大山寺として修験の道場となり、時の権力者の庇護も得て勢力を拡大した。元弘の乱(一三三一)の際には、よく訓練された僧兵たちが後醍醐天皇を守るべく、船上山へ駆け付けて加勢している。

大山山麓には様々な言い伝えが残っていて、大山寺の縁日に牛馬の市が開かれた後で降る大雨は、牛馬の糞を洗い流すということから「大山の大糞流し」といったり、蟻の列を大山参りの人の列にたとえて「アリゴの大山参り」といったりもする。古くから多くの人が集まる大山には、四方から「大山道」と呼ばれる道が通じていて、いまの鳥取・島根両県はもとより、山陽方面からも「大山講」をつくってお参りする人が跡を絶たなかったという。しかし、いっぽうで大山は霊山とされ、一般の人が頂上に登ることはずっと禁止されていた。明治になってこの禁が解かれるまでは、年に一度「弥山禅定」と呼ばれる宗教行事の際、数名の修行僧だけが登ることを許されていた。

明治、大正と進むにつれて登山者は少しずつ増えてきたが、一九二八年に当時の国鉄伯備線が全線開通すると、山陽や関西方面の登山者にも身近な山となった。そのころ第二次の登山ブームが起こって、各地に次々と登山グループが誕生したが、彼らの注目を集めたのが大山の険しい岩壁と厳しい冬山であった。北壁、三鈷峰などの各ルートに挑戦した結果、冬山では一九三一年、当時の第六高等学校山岳部が北壁の滝沢、元谷沢を登攀したのを皮切りに、岡山山岳会、下関山岳会などの山陽勢が活躍するなかで、地元安来市の草鳴舎《そうめいしゃ》山岳会も、多くのルートに足跡を残しながら一九三七年、頂上からの下山中三人が疲労凍死し、大山での遭難第一号となった。また、北壁に最後まで残された大屏風岩が地元・大山山岳会によって登られたのは、戦後の一九四八年になってからである。

一方、一般登山者も一九三六年、国立公園に指定されたのを機会に増え始め、深田久弥の『日本百名山』に中国地方では唯一選ばれたこともあって、近年、全国から登山者が押し寄せている。このように人気のあるのは高山植物に恵まれているからで、頂上付近の台地には国の天然記念物であるダイセンキャラボクの純林が、ハイマツより濃い緑の絨緞を広げている。頂上から大の沢にかけての斜面や三鈷峰、ユートピア辺りは、一面に高山植物が咲き乱れ、登山者の目を楽しませてくれる。とくに七月の中ごろより、ユートピアの斜面を埋め尽くすクガイソウやシモツケソウの大群落は、二〇〇〇mに満たない山とは思えない眺めである。

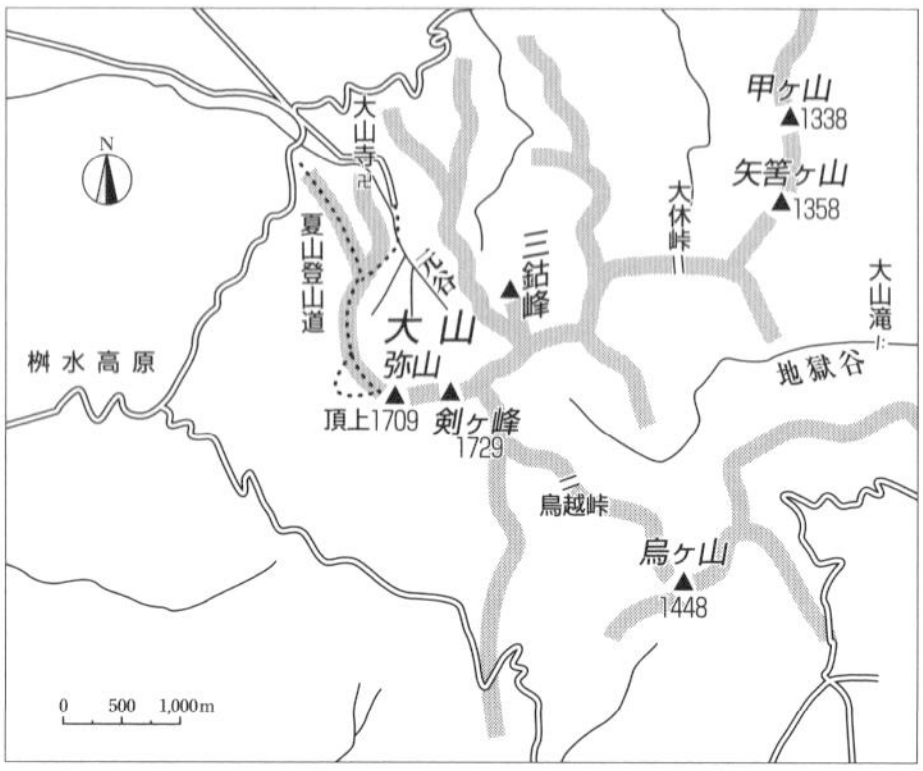

ただ、残念なのは近年、頂上付近の崩壊が激しいことで、長らく親しまれてきた弥山から剣ヶ峰、天狗ヶ峰への縦走コースが通行不能になった。さらに二〇〇〇年一〇月六日の鳥取県西部地震によって、弥山にあった三角点の標石が地盤ごと北側へ崩れ落ち、翌二〇〇一年五月設置し直されたところ、それまでより一・二〇mも低い一七〇九・四三mになってしまった。実は大山の最高点はこの弥山ではなく、かつての縦走コースの途中にある剣ヶ峰(一七二九m)なのだが、ここには以前から近寄ることができなくなっている。

登路 頂上(弥山)に登る一般のコースは、大山寺の集落(大山町大山)から直接登る夏山登山道と、元谷《もとだに》を経て夏山登山道の五合目に合流する北尾根登山道(通称)がある。かつてあった桝水《ますみず》高原(伯耆町岩立)からの正面登山道と、元谷からの行者谷登山道は、いずれも崩壊がひどく、植生保護のため通行禁止になった。

夏山登山道を登り始めると、石段の両側に寺坊跡が多くあり、古い歴史を感じさせてくれる。三合目から五合目にかけては、見事なブナの巨木が山腹を覆っている。五合目には小さな祠があり、樹間に宝珠尾根を望むことができる。かつてはここに遥拝所があって、登山者が日の出を拝んだという。少し登ると左から北尾根登山道が合流し、六合目の避難小屋まで登ると急に展望が広がる。この先しばらくはガレ場となり、八合目からは八haもある頂上台地に出る。ダイセンキャラボクの間に敷かれた木道を登って行くと、やがて頂上小屋が見え、中国地方の天辺《てっぺん》である弥山に着く。南には、まれにだが四国の山を望むこともできるといわれ、北へ目を転じると、眼下に国引き神話の世界が広がっている(大山寺から約二時間三〇分)。

地図　二・五万図　伯耆大山

(松下順一)

鬼住山　きすみさん　標高　三三〇m

別称　おにずみやま

大山の西麓、鳥取県西伯郡伯耆町溝口地区内に大山とは独立して存在し、低いけれどもよく目立つ。米子平野から日野川沿いの渓谷に入って行く最初の山で、山名の由来は、この地方に多い第七代・孝霊天皇の鬼退治伝説による。天皇が自ら軍を率いてこの山に棲む鬼を退治したと伝えられるが、この一連の伝説に出てくる「鬼」というのは洪水で、田畑が損害を受けることらしい。この伝説を地域おこしに役立てようと、地元伯耆町溝口地区では「鬼」を地区のシンボルとし、いろいろな施設やイベントで売り出している。

これとは別に一九二二年には、地元有志の発願によってこの山に四国八十八箇所の札所を勧請し、一九二五年、石像八十八体の寄進を受けて札所としている。

登路　伯耆町長山の町民体育館前に登山口があり、道に沿って札所の石仏が並んでいる(山頂まで約四〇分)。裏手にあたる同町大倉からも、米子自動車道谷川トンネルの上を通る林道があり、この終点から歩けば山頂までわずか五分程。

地図　二・五万図　伯耆溝口

(吉川明秀)

孝霊山　こうれいさん　標高　七五一m

別称　高麗山　韓山《からやま》　瓦山《かわらやま》

大山とは独立して海岸近くに聳え、鳥取県西伯郡大山町と米子市淀江町にまたがる。付近の歴史は古く、北へ延びた尾根の末端には、わが国最大の弥生時代の集落跡である妻木晩田《むきばんだ》遺跡がある。

山名もいくつかあり、それぞれに由来がある。もっとも有名なのは、朝鮮半島の高麗《こうらい》の国から運んで来て大山と背くらべをしたという伝説。この高麗は北麓の地域の名(合併前の高麗村)にも残っており、古くからの半島との交流を示していて興味深い。一方で、この地方のあちこちに残っている第七代・孝霊天皇にまつわる伝説もあり、現在ではこの孝霊の方が主に使われている。

登路　北へ派生したピーク「大平山」に各社の無線中継所が建設されたのを機会に管理用の車道が敷かれ、これが途中まで利用できれば山頂まではひと登り。この道に入るには国道九号からまず広域農道三一〇号に入り、大山町長田付近で南へ分かれて管理道に入る(管理道入り口から歩けば山頂まで約一時間三〇分)。

地図　二・五万図　淀江

(山岡健志)

矢筈ヶ山　やはずがせん　標高　一三五八m

別称　二子山《ふたごぜん》

大山の山頂から東へ延びた尾根が北へ大きく向きを変える、その屈曲点に位置し、鳥取県東伯郡琴浦町と西伯郡大山町にまたがる。主峰は三角点がある大矢筈で、すぐ北東にある小矢筈と一対をなし、東麓の琴浦町側では「ふたごぜん」と呼んでいる。三角点の点名も二子山である。

矢筈は矢を弓につがえる部分のことで、二つのピークの間のV字形のギャップが矢羽根の切れ込みに見えることから付けられたもので、全国に類例が多い。展望はすばらしく、西に大山へとつづく縦走コースが一望できるのは圧巻。

登路　西麓の大休《おおやすみ》峠には、琴浦町の一向ヶ平《いっこうがなる》から大山町の川床へ越す大山参りの古道(中国自然歩道の一部)が通っており、さらに大山方面から縦走して来ることもできる。峠からはブナの天然林の中を一気の登りで大矢筈へ(一向ヶ平、川床のいずれからも大休峠を経て約三時間)。

地図　二・五万図　伯耆大山

(山岡健志)

甲ヶ山　かぶとがせん　標高　一三三八m

別称　冑《かぶと》ヶ山

船上山から南へ、矢筈ヶ山《やはずがせん》へとつづく尾根の中間にある。この尾根は鳥取県東伯郡琴浦町赤碕と西伯郡大山町中山地区を分けているが、この山には現在、麓から直接登る道はないので、船上山から矢筈ヶ山へ、またはその逆方向へ縦走する人が途中で山頂を踏んで行く。

山名は、西の大山側から見た姿が「かぶと」に似ているからともいわれるが、一方、江戸期の『伯耆民談記』によると、天照大神《あまてらすおおみかみ》がこの山の麓に遷幸の際、川辺の石が冑武者に化したという神話があり、それが由来で、のちに「甲」の字を当てたのは誤りだとしている。だが、いまではこの「甲」の方がすっかり定着してしまい、山麓の川にも「甲川」の名が付けられ、しかも「きのえがわ」と呼ばれている。

登路　北側からは、琴浦町山川木地の登山口からまず船上山に登り、尾根づたいに縦走して来る。反対側から来る場合は、同町野井倉の一向ヶ平《いっこうがなる》または大山町の川床から大休《おおやすみ》峠を経て矢筈ヶ山を越え、この山の東側から岩場を攀じ登る(各コースとも三時間三〇分から四時間)。

地図　二・五万図　伯耆大山　船上山

(山岡健志)

船上山　せんじょうさん　標高　六八七m

鳥取県東伯郡琴浦町赤碕の南西部にあり、山上には元弘三年(一三三三)に三か月間、隠岐を脱出した後醍醐天皇の行在所が置かれたことで知られ、一九三二年に船上山行宮跡として国の史跡に指定された。歴史は非常に古く、かつて山上にあった智積《ちしゃく》院は第四代・

懿徳天皇の建立とする古文書もあるが、確かではない。また最初からいまの「船上」の文字が当てられたかどうかも疑問で、船に関する由来よりも、かつてはこの山のように岩壁をめぐらした地形を「千丈」と呼んでいたから、のちに船上になったともいえる。

大山から矢筈ヶ山《やはずがせん》を経て北へ延びた尾根の末端にあり、どこが山頂とも特定しにくい。地形図上では船上神社から北東約一一〇mの森の中が最高点(六八七m)で、六一六mの三角点はそれから約六〇〇mも東北東のササ原の中にある。

登路　琴浦町山川木地の県立船上山少年自然の家前が登山口だが、車は船上山ダムを迂回する県道を途中まで利用できる(登山口から最高点まで約一時間三〇分)。

地図　二・五万図　船上山　(中井俊一)

三平山　みひらやま　標高　一〇一〇m

岡山県真庭市川上地区と鳥取県日野郡江府町にまたがり、山頂から一㎞程北の山腹を米子自動車道三平山トンネルが貫通している。中腹から上はススキとササに覆われて丸味を帯び、なだらかな裾野を延ばしている。山名の由来は、江戸期の『伯耆志』の俣野村(江府町)の項に、「東南は美作郡大庭村(真庭市川上)に係り、西は当村の境に、北は下蚊屋(江府町)の境に係れり。故に三平山と云ふ」とあり、山麓に作州平、俣野平、米沢平と呼ぶ三つの平らな地形があることから名付けられたらしい。

山頂には三角点のほか石に彫った祠が安置されていて、正面が自分の村の方を向くと豊作になると言い伝えられ、いまは江府町助沢の方を向いている。

登路　国道四八二号が通る北麓の内海乢《うつみだわ》からいったん江府町側の農道に入り、約七〇〇m行った「森林公園」の標識の所から今度は真庭市側の林道(川上二号線)に入る。約二㎞行った右側が登山口で、明瞭な道が山頂までつづいている(約五〇分)。

地図　二・五万図　延助　(清瀬祐司・山岡健志)

朝鍋鷲ヶ山　あさなべわしがせん　標高　一〇七四m

鳥取県日野郡江府町、岡山県真庭市川上地区と真庭郡新庄村にまたがる県境稜線上にあり、元々はこの山を「朝鍋山」、すぐ南東の一〇二〇m程のピークを「鷲ヶ山」と呼んでいたらしいが、区分があまり明瞭でないため一緒にされてしまった。なるほど岡山県側から見ると、朝鍋山の方は浅い鍋底形に、鷲ヶ山の方は鳥が羽を広げた形に見える。

近年、山頂のすぐそばに鉄塔が立って送電線が引かれ、管理用車道が付いたため、便利にはなったが景観は損われてしまった。なお、便利になったのは岡山県側だけで、鳥取県側から登る人は少ない。

登路　東側山麓を真庭市川上地区から新庄村へ結んでいる野土路《のとろ》乢《だわ》越えの林道に入り、峠の新庄村寄りから山頂近くまで延びている管理道を利用するのがもっとも便利(約一時間)。北麓の穴ヶ乢へもかつては江府町深山口《みやまぐち》から登る道があったが、いまは廃道同然。むしろ途中まで林道を利用し、谷をつめて稜線に出た方が早い(林道終点から山頂まで約二時間三〇分）。

地図　二・五万図　延助　美作新庄

（中井俊一）

耳スエ山　みみすえせん　標高　一一〇三m

別称　三村ヶ山

岡山県真庭郡新庄村と真庭市美甘、湯原地区の境にあり、備作山地自然公園に属する。山頂から大山、烏ヶ山が望まれる。

登路　新庄村野土路集落から林道茂村耳スエ線に入り、土砂採取場を過ぎた辺りの約七五〇m地点で登山口のプレートに導かれて尾根に取りつく。植林と雑木林の境を登って山頂に至る（林道取りつきから約一時間二〇分）。

地図　二・五万図　美作新庄

（野口恒雄）

星山　ほしがせん　標高　一〇三〇m

岡山県真庭市勝山にある名滝「神庭の滝」の北部に聳える中国山地の秀峰。

麓からの山容、頂上からの展望もすばらしく、岡山県の山々をほとんど見ることができる。山はクマザサに覆われ、頂上近くまで植林が進んでいる。

登路　JR姫新線中国勝山駅からタクシーで二〇分程で登山口がある。北へ天狗山（九〇一m）と星山との鞍部に出て、クマザサの尾根を北上すると星山頂上に着く。星山集落から約一時間三〇分。車は登山口まで入ることができる（米子道久世ICから約四〇分）。

北へ稜線を辿れば櫃ヶ山まで縦走できる（星山から櫃ヶ山を経由して足《たる》温泉の櫃ヶ山登山口まで約六時間）。

地図　二・五万図　横部　勝山

（阪下幸一）

櫃ヶ山　ひつがせん　標高　九五三m

別称　湯原富士

岡山県真庭市湯原地区にある。地元ではその美しい錘形の山容から「湯原富士」と呼ばれている。

頂上北部の山腹には「天狗の森」と呼ばれるブナやカツラ、ミズナラの原生林が残っており、このブナ林は高度においてはもっとも低く、また南限の生育地とされ、学術的にも貴重なものとされる。

「天狗の森」の山頂からの眺めは北方に大山をはじめ、蒜山、東方には三坂山（九〇三m）、大空山（一一〇四m）、泉山（一二〇九m）、霰ヶ山（一〇七四m）など、南方向にはこの山に連なる星山を望むことができる。

山麓には美作三湯の一つ・湯原温泉郷があり、真賀、足《たる》、郷緑、野谷温泉を含め、国民保養温泉地に指定されている。

登路　JR姫新線中国勝山駅から真庭市コミュニティバスに乗車し、久納《くんのう》バス停で下車（約二五分）。すぐの登山口より五合目、東の肩、天狗の森を経由し約一時間四〇分で山頂に至る。下山は南西尾根を下って、廃村大庭皿から竜頭の滝を経て約一時間三〇分で登山口に戻る。

地図　二・五万図　横部

（柏木宏信・重廣恒夫）

金ヶ谷山　かながやせん　標高　一一六四ｍ

別称　かながたにやま

擬宝珠山《ぎぼしせん》から南下してきた岡山・鳥取県境が、ゆっくり西へ方向転換する曲がり角にあり、岡山県真庭郡新庄村と鳥取県日野郡江府町を分ける。中国山地はかつてタタラ製鉄が盛んだったため金属にちなんだ地名が多く、この山も新庄村側にある金ヶ谷の源頭にあたることから付けられた名らしい。

西麓にはかつて新庄村の土用ダムから江府町俣野へ越す土用越の道があったが、いまはほとんど利用されていない。したがって、この山に登るには、岡山県側から林道を利用していったん北隣の朝鍋《あさなべ》鷲ヶ山《わしがせん》に登り、縦走して来た方がよい。下山にはさらに俣野越まで縦走すれば、新庄村と江府町のどちらにでも下りることができる。

登路　新庄村と真庭市を結ぶ野土路乢《のとろだわ》越えの林道と送電線の管理道を利用して、まず朝鍋鷲ヶ山へ登る（林道から約一時間）。さらにほぼ県境稜線通しに辿って金ヶ谷山へ（朝鍋鷲ヶ山から約一時間）。

地図　二・五万図　美作新庄　延助

（中井俊一）

笠杖山　かさつえさん　標高　一〇六三ｍ

別称　笠築山

岡山県真庭郡新庄村の中央部にある。新庄村の北境の尾根には毛無山（一二一九ｍ）、金ヶ谷山（一一六四ｍ）、朝鍋鷲ヶ山（一〇七四ｍ）が連なり、この支脈の尾根上に笠杖山がある。南方には硯ヶ山（九四二ｍ）、東方には耳スエ山が囲んでいる。

山名の由来は、山容が笠のような形をしているので古くは「笠築」と呼ばれていたのが、「笠杖」に変化したといわれている。

山頂には中国電力の反射板が設置されているが、辺りはブナの原生林で展望は望めない。

登路　ＪＲ姫新線中国勝山駅から新庄村行きのバスを利用。終点で下車し、登山口の大原林道の入り口まで約一時間。そこから約二時間で山頂に達する。

地図　二・五万図　美作新庄

（柏木宏信・重廣恒夫）

毛無山　けなしがせん　標高　一二一九ｍ

岡山県真庭郡新庄村と鳥取県日野郡江府町にまたがる県境稜線上にあり、山全体がブナと天然杉の原生林になっている。しかし、山頂部だけは低木とクマザサに覆われ、新庄村側から遠望すると毛（樹木）がないように見えることから、この名が付いたと思われる。

岡山県側は古くから登られていて、山岳信仰である修験道が行われていた山として知られ、山頂近くの岩陰には不動明王を祀る石祠があり、いまも毎年七月に三合目付近の登山道で山開きの護摩供養が行われる。鳥取県側も近年、山腹に林道が延び、中国電力俣野川発電所のサージタンクが設けられたのを機会に、一九九七年、地元のボランティア・グループにより登山道が開設された。二〇〇二年、大山隠岐国立公園に編入。

登路 新庄村からは、田浪《たなみ》集落の先にある茅葺きの村営「毛無山山の家」を登山口に、渓流沿いの道に入って直接山頂へ(約一時間一〇分)。江府町からは、俣野から林道に入ってサージタンク広場を登山口に、樹林の尾根を登って県境稜線に出、西へ少し辿ると山頂(約一時間四〇分)。

地図 二・五万図 美作新庄 延助

(伊澤寿高)

宝仏山 ほうぶつざん

標高(最高点) 一〇〇五m

鳥取県日野郡日野町と江府町にまたがり、岡山県との県境稜線からは少し離れて、日野川の右岸にそばだっている。三角点は一〇〇二・〇mの地点に置かれているが、近年、国土地理院の測量の結果、南東約二四〇mの地点の方が三m高いことが分かった。

山名の由来はつまびらかでないが、日野町内のある寺の住職によると、阿弥陀経の中にある「宝相仏」から付けられたのではないかということである。また、この山の一帯はかつて行者集団の修行の場で、山上の黒岩という所に「宝仏山寺」という堂宇があり、承安元年(一一七一)、大山寺の僧兵に焼き討ちされたという言い伝えもある。二〇〇二年、毛無山とともに大山隠岐国立公園に編入された。

登路 日野町根雨《ねう》地区の中央部、町立歴史民俗資料館のわきに登山口があり、小平《こなる》、大平と呼ばれる平坦地を経由して山頂に至るルートが近年、地元のボランティア・グループにより整備された(約二時間三〇分)。国道一八〇号から少し入った後谷集落からも林道をつめ、尾根に取りついて前記の道に合流することができる。

地図 二・五万図 根雨

(飛田 彰)

二子山 ふたごやま

標高 一〇七五m

鳥取・岡山県境稜線を貫く国道一八一号四十曲《しじゅうまがり》トンネルと国道一八〇号明地《あけち》トンネルの中間にあたり、山自体は鳥取県日野郡日野町と岡山県新見市大佐にまたがるが、三角点のある山頂は県境からわずかに新見市側に入っている。山名は、米子市方面から望むと二つのこぶ状の峰が確認できるところからきていると思われる。

登路 登るには、かつてこの山の西を新見市大佐伏谷から日野町三土《みつち》へ越えていた峠から往復するしかないが、この峠までは、大佐側からは途中まで林道が利用できるものの、日野町側からは廃道同然。峠からの県境稜線も、稜線から分岐して山頂までもヤブこぎを強いられる。山頂も一面クマザサに覆われた台地で、展望はよいが、三角点の標石がなかなか見つからない。

大佐伏谷から伏谷川沿いに林道を上流へ進み、川が二俣になった所が車道の終点。ここからは細道になり、日野町側へ越す峠を目ざして登る。峠からは道はなく、クマザサと灌木をかき分けて山頂に出る(車道終点から約二時間)。

地図 二・五万図 根雨 千屋実

(吉岡淳一)

雄山　おんぜん　標高　一一五三m
雌山　めんぜん　標高　一〇六七m

岡山県新見市の北東にあり、同市の旧阿哲郡大佐町との境をなしていた。美作山地県立自然公園に含まれる。雄山の北東約一・二㎞に雌山が位置する。雄山、雌山や大佐山は、地元役場をはじめ各種団体が地域振興のため開発に力を入れている。

山名の由来は「雄山は男前山、雌山は女前山と呼ばれる。二つの峰を男女のペアに見立ててつけられたもののようだ」と『岡山の山百選』は記している。

雄山山頂からは三六〇度の展望が得られ、すぐ南方のパラグライダー基地の大佐山をはじめ、剣森山や大山を望むことができる。

登路　中国自動車道新見ICより国道一八〇号を千屋花見へ、さらに県道四四三号を大井野まで走る。大井野登山口から林道を終点まで辿り、ここから雌山まで約二〇分。快適な尾根歩きを約四〇分で雄山山頂に至る。

地図　二・五万図　千屋実　上刑部

（柏木宏信・重廣恒夫）

剣森山　けんもりやま　標高　一〇三四m

岡山県の北西部、新見市千屋実《ちやさね》にあり、この山の北東部に雄山《おんぜん》、雌山《めんぜん》が位置し、南西面には高梁川源流域を挟んで天銀山（九八〇m）を望むことができる。

山名の由来は古くからのタタラ製鉄の玉鋼による刀剣の製作にちなむものという。この辺りは石灰岩が無尽蔵といわれ、高梁川上流は数多くの洞穴群に恵まれている。

山頂は林の中にあって展望には恵まれないが、山頂手前の肩のササ原はハンググライダーやパラグライダーの基地になっている。

登路　JR伯備線新見駅から備北バスに乗って則本に至り、登山口まで一〇分。約二時間で剣森山山頂に達する。

地図　二・五万図　千屋実

（柏木宏信・重廣恒夫）

黒髪山　くろかみやま　標高　六四八m

岡山県新見市街の北東にある。『万葉集』にも「烏羽玉《ぬばたま》の黒髪山の山菅《やますげ》に小雨ふりしきしくしく思ほゆ」（巻一一）「ぬばたまの黒髪山を朝越えて山下露に濡れにけるかも」（巻七）と歌われている。ここで歌われている黒髪山は奈良県の佐保山説もあるが、新見説が有力である。

山頂直下の青龍寺は大同三年（八〇八）秋、空海が伽藍を建立したと伝えられている。山名の由来は黒髪山青龍寺によるものである。

登路　JR伯備線新見駅下車。青龍寺には道路が通じている。道路沿いには四国八十八箇所に模した石仏が配されている。青龍寺から山頂まで一五分程。山頂のつづきにはテレビの中継塔がある。

地図　二・五万図　新見

（野口恒雄）

剣山　けんざん　　標高　九六二m

岡山県新見市から鳥取県日野郡日野町へ越す国道一八〇号明地《あけち》トンネルと、かつてあった旧道明地峠《だわ》との間の県境稜線上にあり、山頂はわずかに新見市側へ入っている。三角点はなく、鳥取県側から見ると、どの山か特定しにくいためあまり知られていないが、岡山県側から見ると鋭く尖った三角形をしており、山の名もそこからきたものと思われる。

登山道も岡山県側からよく整備されており、老若男女だれでも登ることができる。山頂は狭いが展望はよい。南麓の新見市千屋《ちや》花見には新見千屋温泉「いぶきの里」があり、湯船につかりながらこの山を眺めることができる。

登路　明地トンネルの岡山県側入り口が登山口で、トンネルのほぼ真上を県境稜線まで登り、さらに南へ稜線づたいに行くと山頂（約一時間）。鳥取県側からは直接登る道はないので、トンネルを越えていったん岡山県側へ出てから登る。

地図　二・五万図　根雨　千屋実

（吉岡淳一）

三日月山　みかづきやま　　標高　九九三m

岡山県新見市から鳥取県日野郡日野町へ抜ける国道一八〇号明地《あけち》トンネルの、剣山とは反対側の県境稜線上にあるが、国土地理院の地形図には山名も標高も記載されていない。山名の由来も不明で、山自体が稜線に沿って横に長くなだらか、三角点もないため山頂部が特定できないなど、岡山・鳥取両県どちら側からも見出しにくい不遇の山である。登るには、明地トンネルの新見市側入り口から県境稜線までは剣山と同じで、稜線に出たら反対側へ雑木林やササヤブの中を辿って行く。展望は所々で開けるが、今後、樹木が育つと見えなくなるおそれもある。山頂付近はカシワの木の大群落で、唯一の特色となっている。

登路　国道一八〇号明地トンネルの新見市側入り口が登山口で、トンネルのほぼ真上を県境稜線まで登り、西へ稜線通しに山頂部へ（約一時間）。日野町側から登る道はない。

地図　二・五万図　根雨

（吉岡淳一）

花見山　はなみやま　　標高　一一八八m

別称　小栗ヶ山《おぐりがせん》

鳥取県日野郡日南町と岡山県新見市を分ける県境稜線上にあり、一等三角点を持つ立派な山だが、近年は登山の対象としてよりスキー場としての方が有名になった。かつて鳥取県側では「小栗ヶ山」と呼ばれていたらしいが、いまでは岡山県側の麓の地名「千屋《ちや》花見」からとった「花見山」の方が普及した。しかし、近年の開発は鳥取県側の方が主で、冬のスキーやスノーボードだけでなくグラススキー、パラグライダーなどのアウトドア・スポーツを、四季を通じて楽しむことができる。

登るにもやはり鳥取県側の花見山スキー場（日南町神戸上《かどのかみ》）から入

るのが一般的で、岡山県側からも、県境の桑平峠《くわひらだわ》を越えて来た方がよい。

登路　花見山スキー場のロッジからゲレンデの管理道を登り、県境稜線に出た所が登山口。尾根づたいに自然探勝歩道が付けられており、小さなこぶを二つ越えると休憩舎のある山頂(登山口から約一時間)。

地図　二・五万図　千屋実

(中井俊一)

明石山　あかいしやま

標高　一一一一m

花見山から南へつづく稜線上にあり、鳥取県日野郡日南町と岡山県新見市にまたがっているが、国土地理院の地形図には山名の記載がない。花見山スキー場の南の桑平峠《くわひらだわ》から、さらに約七〇〇m南にある一一一〇・九mの三角点がそれで、鳥取県側ではあまり知られていないが、岡山県側の『阿哲郡誌』にはこの山についての記載がある。かつてこの山の南東面には良質の野草が多く、千屋《ちや》牛の産地だったことが記されている。「明石」の名も東麓にある集落の名からとったものと思われる。

登るには両県どちら側からでも県境の桑平峠が起点。山頂は東西に細長いクマザサの平地で、三角点はその東端の、やや新見市側に入った所にある。

登路　標高八一五mの桑平峠から南へ、県境稜線に沿って登る。踏み跡ははっきりしており、木の枝には目印もあって、迷うことはない(山頂まで約一時間三〇分)。

地図　二・五万図　千屋実

(中井俊一)

大倉山　おおくらやま

標高　一一一二m

別称　大蔵山　牛鬼山

鳥取県日野郡日南町の南東部にあり、岡山県との境界稜線から離れて独立しているためよく目立つ。昔から大倉めぐりと称して山麓を一周する道があり、それに沿って集落が点在し、林業をはじめタタラ製鉄や銀山開発、鉛、亜鉛などの採掘が行われてきた歴史がある。山名は、江戸期の『伯耆志』には「大蔵山」とあり、西麓の下石見には大蔵大明神の社もある。また、採鉱が行われていたときの鉱山の呼び名は大倉鉱山だった。さらに第七代・孝霊天皇による牛鬼退治の伝説から「牛鬼山」とも呼ばれていたという。

山頂には三角点があるが、はっきりした登山のための道はないので、各方面から山腹に向かって入っている林道や鉱山道を途中まで利用する。

登路　日南町東ノ原の石見東小学校、銀山の石見西小学校、上花口集落などからそれぞれ林道や昔の鉱山道が入っており、これをできるだけつめてから、後は作業道や踏み跡を頼りに山頂を目ざす(各コースとも車道終点から一時間三〇分〜二時間程)。

地図　二・五万図　上石見

(中井俊一)

高畑山 たかはたやま

標高　七七六m

別称　高旗山

JR伯備線上石見駅を挟んで大倉山と対峙する位置にあるが、標高も山容も大倉山にはかなり劣る。鳥取県日野郡日南町と岡山県新見市神郷を分ける県境稜線上にあり、地元では「高旗山」だとしている。昔、ここから旗で連絡を取り合ったからだといわれるが、定かではない。

南面から南東面にかけてはなだらかで、かつて牧場だった南面には戦後、開拓団が入り、現在の新見市神郷野原集落となった。また、南東面には併せてスキー場も開発され、リフトなどの施設こそないが、初心者向きのゲレンデとなっている。

登路　野原の開拓神社から造林作業道に入り、谷づたいに植林の中を登って県境尾根に出、左へ少し行くと山頂(約一時間)。野原スキー場からも、あるいは西麓の野原と日南町飛時原《ひじはら》を結ぶ峠からでも登れないことはないが、ヤブが深い。

地図　二・五万図　上石見

(中井俊一)

鬼林山 きりんざん

標高　一〇三一m

別称　大林山《おおばやしやま》

鳥取県日野郡日南町の南部にある独立峰で、山上にテレビの無人中継所が設けられて車道が敷かれたため、登る人が出始めた。地元では「おおばやし」と呼んでいるが、日南音頭の歌詞には「鬼林お山を櫓に見立て……踊れ囃せよ日南音頭」とあるから、あるいは「おおばやし」が「おにばやし」になり、「鬼」と「林」の文字を当てたとも考えられる。しかし『日野郡史』によると第七代・孝霊天皇がこの山に棲む鬼を退治したという伝説もあり、正確な山名の由来は分からない。山頂への車道は、南東麓から山腹を時計回りにぐるりと一周しながら登っている。三角点のある山頂は、テレビ無人中継所の少し先にある。

登路　日南町福塚からまず林道大林線に入り、さらに中継所の管理道へとつづく。山頂まで車で行くこともできるが、山頂から一・五km程下に待避所があるので、そこに車を置いて歩いてもよい(約二〇分)。

地図　二・五万図　上石見

(中井俊一)

三国山 みくにやま

標高　一一二九m

別称　さんごくさん

文字どおり伯耆(鳥取県日野郡日南町)、備中(岡山県新見市神郷)、備後(広島県庄原市東城町)の三国が集まる山で、鳥取県の最南端、岡山県の最西端にあたる。この山の西北西約一二kmにもやはり三国(伯耆、出雲、備後)を分ける同名の三国山があり、区別するためこちらは「さんごくさん」と呼ぶ場合もある。大部分がスギ、ヒノキの植林に覆われていて展望はよくないが、ブナの樹間から西の道後山が大きく見える所もある。

国土地理院の地形図には、鳥取県側は日南町大坂から、広島県側は庄原市東城町持丸から、それぞれ登って来る道が記載されているが、実際には廃道同然。比較的よいのは岡山県側で、新見市神郷三室から二つのコースがとられている。山頂に三角点はない。

登路　三室からのコースは、一つは三室川沿いの林道を遡り、途中から鳥取県との境界尾根に出て登るもの、一つは宮ノ谷川沿いの林道を遡り、広島県との境界尾根に出て登るものだが、どちらも最後はヤブこぎとなる（どちらも林道の登山口から山頂まで約一時間三〇分）。

地図　二・五万図　油野　道後山

（中井俊一）

虫原山　むしはらやま　標高　九〇八m

岡山県新見市哲西町と広島県庄原市東城町の境に位置する。この山の東麓を中国自動車道が通じ、神郷ＰＡの西方八kmにある。虫原山東麓の日長谷、南東麓の赤谷、南麓の大茅には縄文時代から古墳時代にかけての遺跡が残り、鉄穴流しの跡もある。また、古くから紙の産地としても知られる。山頂の南方〇・五kmに虫原峠があり、岡山県新見市と広島県庄原市を繋ぐ林道が通じている。

登路　ＪＲ芸備線矢神駅で下車し、北西六kmにある日長谷を経て山頂へ（約二時間）。

地図　二・五万図　備中矢田

（野口恒雄）

道後山　どうごやま　標高　一二六八m
岩樋山　いわひやま　標高　一二七一m

道後山、岩樋山を含む山塊は、広島県庄原市東城町、同市西城町と鳥取県日野郡日南町にまたがっているが、道後山の三角点は庄原市と日南町の境界より東約五〇〇mの庄原市に、岩樋山の三角点は庄原市と日南町との境界線上にある。

山塊の東から南側は持丸川、西から南側は道後川で区切られ、これらの川は高梁川となる。北は日野川の支流の湯河川と若松川が流出する。両山は距離二km、標高一二〇〇mのなだらかな高原（両国牧場）で連なる。山頂からの伯耆大山、八岐大蛇神話の船通山の展望はすばらしい。

道後山は、文政八年（一八二五）の『芸藩通志』に図示され、「三坂町にあり、麓は、小奴可村の持丸、伯耆新屋、湯谷二村にひく、栂木多し、但山の七分以上は、花木生立ず、大鷲を栖しむ、登臨、東は備中、美作、南は四国路の山、北は雲伯の地、北海を望む」とある。しかし、岩樋山は記載がなく、江戸時代の道後山は岩樋山も包含した山塊の呼称と考えられ、現在もその傾向が見られる。道後山は一八世紀後半までは「たたら製鉄」の山として、その後は名産「比婆牛」の放牧地として産業に貢献してきた。二〇世紀初めには戸数六七〇戸の小奴村で牛一三〇〇頭、馬一三六頭を産している。また、一九二〇年代には登山、スキーの山として広島・岡山県民に親しまれ、一九三八年には「国鉄山の家」が開設されて多くの便を図ってきた。

　これら道後山～岩樋山の稜線は、吉備高原の準平原より高い隆起準平原で、道後山面といわれている。岩樋山西麓の月見ヶ丘と前座野呂も隆起準平原である。山塊の上部周辺の地質は石英閃緑岩であるが、その周辺部は角閃石黒雲母花崗岩で取り巻かれている。また、山塊の標高一一〇〇m以高には周氷河地形が見られる。

　岩樋山北西には平成の初めまで日本最大のクロム鉄鉱鉱山があった。前座野呂は明治までの「たたら製鉄」砂鉄採掘場による地形変形地である。この地の「たたら製鉄」の歴史は古く、大宝元年（七〇一）の記録が初見といわれ、盛期の江戸時代には奴可郡に三〇〇近い鉄穴《かんな》があった。道後山も標高一一〇〇m線周辺の緩斜面の風化した花崗岩類の分布域に鉄穴跡が残され、山頂南方には鉄穴跡が池となった大池がある。鉄穴流し跡は鳥取側の若松川、湯河川流域にも多い。一九世紀末の西洋式製鉄法の導入で、日本古来の「たたら」は消滅した。

道後山（右奥）と岩樋山（左奥）
（猫山中腹から）

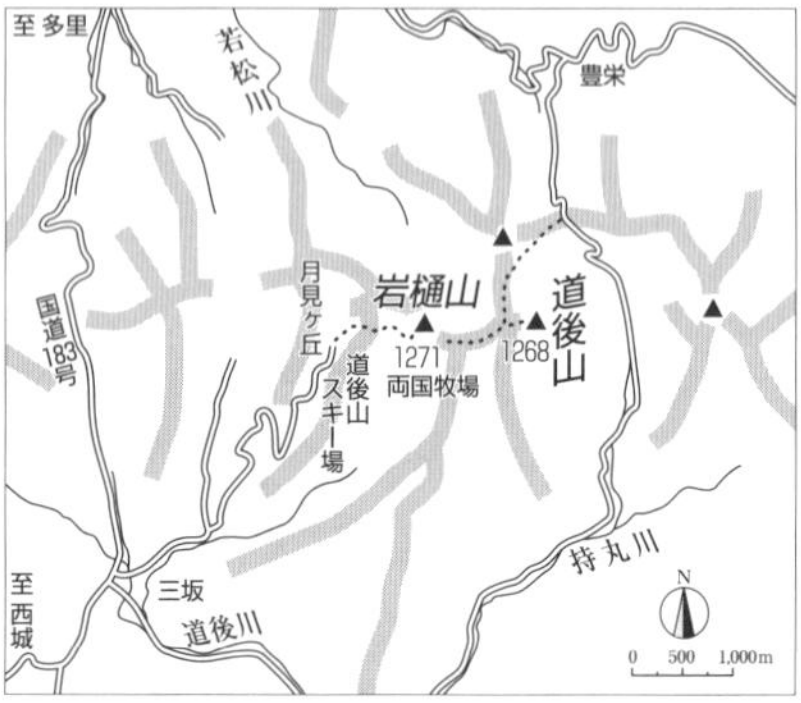

　「たたら製鉄」は多くの木炭を使用するため、七〇〇m以高のミズナラ・クリ群集、九〇〇m以高のブナ・ミズナラ群集も多くは伐採され、ミズナラを主にカエデ類、シデ類、ナナカマドなどを交えた二次林となっている。灌木帯にはレンゲツツジ、タニウツギ、クロモジが見られ、中にイチイも混入している。道後山～岩樋山上部の草原帯は牛の放牧地であったが、現在はチシマザサが密生している。この草原帯にはダイセンミツバツツジ、レンゲツツジ、イヌツゲ、タニウツギなどが見られ、初夏の高原を美しく彩っている。

　動物としてこの山独自の種はとくにないが、鳥類ではブッポウソウ、アカゲラ、カッコウ、ツツドリ、ホトトギス、クマタカなどが見られる。魚類として、隣接する比婆山塊に見られるゴギが、この山塊の河川には生息していないことが報告されている。

　積雪は年による変化が大きい。根雪の期間は一二月中旬から三月中旬の年が多く、最大積雪の二月には二mを超すことがある。

登路　山麓バス停から標高一〇八〇mの月見ヶ丘まで徒歩約一時間三〇分。現在、月見ヶ丘駐車場まで車が入る。月見ヶ丘から樹林帯を約三〇分で岩樋山、さらに約二五分で道後山に至る。岩樋山への途中から直接道後山に向かう巻き道が分岐している。道後山西の大仙野呂に向かう県境尾根から日南町豊栄に下る道と、県境尾根から若松川の谷に下る道があるが、後者は明瞭でない場所もある。

地図　二・五万図　道後山

（木村知博・森　茂樹）

多飯が辻山　おおいがつじやま

別称　大山　　標高　一〇四〇m

広島県庄原市東城町にある。地元では「大山」と呼ばれ、西側山麓の塩原地区は牛馬を供養する無形文化財・大仙供養田植えの発祥地として知られている。山頂直下には「大山さん」を祀ってある大仙神社がある。

山名の由来は、大仙神社の多飯行事に基づいていることや、米飯をお碗に盛ったような山の形からきているといわれている。

登路　地図には山頂への道がいくつもあるが、現在はほとんどが廃道になっている。また、三角点のある山頂は樹木に覆われて視界はよくない。国道三一四号を西城方面に車を走らせ、竹森林道を内堀方面へ進む。しばらく行くと一軒の民家があり、その向かいが登山口である。ここから五〇〇m位先まで車が入る。

登山口には小さな石仏と標識がある。雑木林の中を進み、一〇分程で堰堤に差しかかる。スギ林を抜け尾根に出るとアカマツ林となり、やがてヒノキ林となる。廃道もあるので標識に沿って進む。途中に大仙神社があり、左へ登ると山頂へ到着（登山口から山頂まで約一時間一五分）。

地図　二・五万図　備中矢田

（羽奈　傳）

猫山　ねこやま

標高　一一九五m

広島県庄原市西城町と同市東城町にあり、道後山と向かい合って聳える独立峰である。

猫山はその昔、この山に猫に似た石があり、それを持っているとネズミが暴れないという伝説から名前が付いたといわれている。山は橄欖《かんらん》岩体でクローム鉄鉱を含み「たたら」製鉄が行われていた。山頂付近の草原には、わが国唯一の自生といわれるネコヤマヒゴタイやイブキジャコウソウなど希少種が生育し、植生上きわめて貴重である。

登路　庄原市西城町三坂の弁才天橋東よりを南に向かって入ると猫山登山口がある。約四〇分で祠に着く。さらに三角点まで約一時間五〇分。

地図　二・五万図　道後山

（池本喜浩）

三国山　みくにやま

別称　さんがくにやま　　標高　一〇〇四m

鳥取県日野郡日南町、島根県仁多郡奥出雲町横田地区、広島県庄原市西城町にまたがる。すなわち伯耆、出雲、備後の三国に裾野を広げて山名の由来となっている。しかし、厳密には三角点のある山頂はこの三国の集合点ではなく、約一〇〇m南に離れた鳥取・広島県境上にある。

最初に「三国山」の名が文献に現れるのは、江戸期の『伯耆志』で、日野郡新屋村（現日南町新屋）の項に出てくる。

また、この山から日野川、斐伊《ひい》川、天樋《あまひ》川と、同じ「ひ」の音を持つ三本の川が流れ出ており、一帯がかつてタタラ製鉄が盛んだったことから「火」か「樋（水）」を連想させ、太古の昔から恵みの山であったことを偲ばせる。

登路　三県どちら側からもヤブが深く、登るのは困難。鳥取県側から登るなら、日南町新屋から杉谷林道に入り、途中から日野川の最源流となる谷をつめて広島県との境の尾根に取りつき、北へ辿ると山頂（林道の途中から約二時間三〇分）。

地図　二・五万図　道後山　比婆山　多里　下横田　（中井俊一）

船通山　せんつうざん　標高　一一四二m

別称　鳥髪峰《とりかみのみね》　鳥上山　船止山

島根県仁多郡奥出雲町横田地区と鳥取県日野郡日南町にまたがり、須佐之男命《すさのおのみこと》が八岐大蛇《やまたのおろち》を退治した神話で有名。『古事記』『出雲国風土記』などによると、命は高天原から「鳥髪」と呼ばれるこの山に下り、棲んでいた大蛇を退治したところ、尾から剣（天叢雲剣《あまのむらくものつるぎ》）が出てきたという。「鳥髪」はその後「鳥上」となり、いまも西麓に地名が残っているが、さらに「船通山」となったのは『出雲国風土記抄』に「命、志羅伎国より五十猛命《いそたけるのみこと》を師ゐて東せし埴船此の山に止る。故俗に船止山と曰ふ」とあるのが由来。

山頂付近は広々とした草地で、三角点のほか「天叢雲剣出顕之地」の石碑、命を祀る石の祠と鳥居、すぐ下には国指定天然記念物のオオイチイの樹などがあり、比婆道後帝釈国定公園に属している。

登路　島根県側は、奥出雲町竹崎の斐乃上荘の上から鳥上滝コースと亀石コースがある。鳥取県側は、日南町上萩山から途中まで林道船通山線を利用して登れる（いずれも車道終点から約一時間）。

地図　二・五万図　多里　阿毘縁　（遠藤栄子）

猿隠山　さるがくれさん　標高　八一六m

別称　両日山《ふたたびやま》

島根県安来市と鳥取県日野郡日南町を分ける県境稜線上にあり、安来市側は東比田川と福留川、日南町側は砥波川のそれぞれ水源となっている。東の日南町阿毘縁《あびれ》地区から見ると平凡だが、西の安来市広瀬町東比田地区からは見るからに特異な形をしている。

山名の由来は、地元の古い記録によると天喜元年（一〇五三）、都の武士・藤内《とうない》民部藤原信貞が、この山に棲む化け物を猿に導かれて退治し、それまで「両日山」と呼んでいたのを以後「猿隠山」と呼ぶようになった。信貞はそれが縁でこの地に住み着き、子孫は広瀬町に藤内家として現存し、化け物退治に使った弓も家宝として伝わっているという。

登路　以前は三コースほどあったらしいが、いまは北麓の東比田地区から年に一度ヤブを切り開いて間に合わせている程度。東麓には古くから出雲と伯耆を往来した砥波《となみ》峠があり、ここからも県境稜線づたいに登ることができる（どちらも山頂まで約一時間三〇分）。

地図　二・五万図　阿毘縁　（早本和佳子）

奥山　おくやま

別称　滝ノ上　草野山　　標高　七三八m

島根県安来市広瀬町、同市伯太町と、鳥取県日野郡日南町を分ける県境稜線上に七三七・九mの三角点がある。しかし、国土地理院の地形図に山名の記載はない。三角点の点名は「奥山」で、北東麓の安来市広瀬町東比田地区ではこの山を「滝ノ上」、北西麓の同市草野地区では「草野山」と呼んでいる。

『出雲国風土記』に「伯太川　源は二つの郡の葛野山より出で」という記述がある。だが、正確にはこの山は三町の分水嶺にはなっておらず、本当の分水嶺(点)は山頂のほんのわずか北東の肩である。したがって、この山がその葛野山に当たるかどうかは、いまのところ断定できない。いずれにせよ登る人もまれな、不遇の山である。

登路　安来市伯太町草野から同市広瀬町東比田へ越す縄久利《なわくり》峠の手前から林道に入り、途中から沢沿いに登って尾根に出、左へ辿ると山頂(林道の途中から約二時間三〇分)。北東麓の同市田中集落や西の砥波《となみ》峠、東の寺谷坂付近からも登ることができる。

地図　二・五万図　阿毘縁　（中井俊一）

鷹入山　たかいりやま

別称　高入山　　標高　七〇六m

鳥取県日野郡日南町と島根県安来市伯太町を分ける県境稜線は、永江峠と坂原峠の間はほぼ東西に走っているが、その間でもっとも高い所が鷹入山である。三角点があるだけでさしたる特徴はなく、いまは登る人もほとんどないが、南麓の日南町印賀地区一帯はかつてタタラ製鉄で有名で、「鉄穴《かんな》谷」などの地名も残っており、この山にも古くから人は入っていた。

山名の由来は、旧伯太町の『赤屋史』によると『記紀』伝承の出雲建《たける》にちなんだもので、「たける」が「たけり」に、さらに「たかいり」となったのではないかという。「高入山」とも書くが、いずれにせよ当て字。

登路　日南町折渡《おりわたり》の鉄穴谷から林道に入り、終点近くから尾根に取りついていったん県境稜線に出、東へ踏み跡を辿ると山頂(林道終点から約一時間)。東の永江峠《だわ》、北の鷹入の滝からも登ることができる。

地図　二・五万図　井尻　（中井俊一）

鎌倉山　かまくらさん

標高　七三〇m

山頂は鳥取県西伯郡南部町西伯地区と日野郡伯耆町溝口地区にまたがり、山腹の一部は日野郡日野町にもかかっている。かつては信仰の対象や軍事上の砦にもなったらしく、いろいろな古跡が残っていたが、二〇〇二年一〇月六日、この山の近くを震源に発生した鳥取県西部地震のため荒れてしまった。山名の由来は『伯耆合戦記』などによると、鎌倉幕府の随士だった戸田備中守森正が元亨三年

（一二二一）、ここに砦を築いたが、それから八代目の森重のとき、永禄元年（一五五八）、天万の峰松山城主・浅野越中守実光との戦に敗れて落城したという。いまでも地元の一部の人はこの山を鎌倉要害と呼ぶが、多分に脚色されていて史実かどうかは疑問。

登路　北麓の南部町側に鎌倉山グリーンラインと呼ぶ林道と「こもれび広場」と呼ぶ施設が設けられ、ここが登山口となる。ここまでは金山集落と賀祥《かしょう》ダム（緑水湖）のどちらからでも来ることができる。林間に散策路が設けられており、砦跡の平地を経て急登すると三角点のある山頂だが、相当荒れている（約一時間）。

地図　二・五万図　井尻

（中井俊一）

金花山　きんかざん　標高　三六一m

別称　金華山

鳥取県西伯郡南部町西伯地区の東端、米子平野の奥まった所に独特のドーム形をした独立峰として目立ち、日本海の美保湾で漁をする人々の目印になっている。山名は山頂に金華山神社（熊野権現）があることに由来するが、現在は「金花」の文字の方が多く使用されている。

山頂付近は、この地方の山としては珍しく流紋岩質の凝灰角礫岩が多くの奇岩、絶壁、洞窟を造っていて、一九七九年、町の天然記念物に、また、金華山神社の社叢は常緑広葉樹の天然性極相林として貴重で、一九八二年、県の天然記念物に指定された。さらに山全体が県の自然環境保全地区にもなっている。かつては修験者の霊場としても知られ、支峰の突端には役小角の石像が安置されている。

登路　金華山神社の参道がそのまま登山道で、南部町八子《やこ》集落から五〇〇m程奥の砂防ダムの下が登山口。道はよく整備されていて、子供連れでも楽しめる（山頂まで約四〇分）。

地図　二・五万図　江尾　井尻

（高田允克）

要害山　ようがいさん　標高　三三二m

別称　手間《てま》要害山　手間山　峰松山

戦国時代に要害が置かれた歴史のある山で、北西に四㎞程しか離れていない同名の要害山（米子市・島根県安来市）と区別するため地名を付して「手間要害山」、あるいは単に「手間山」とも呼ぶ。市町村合併で新しく発足した鳥取県西伯郡南部町の北部にあり、米子市から望むと平野の南にどっしりと見える。

手間山の名はすでに『古事記』にも現れ、神話だと大己貴命《おおなむちのみこと》（大国主命）が、ほかの神たちの謀略で赤い猪を狩ろうとして遭難したのがここで、北麓の南部町寺内集落には命を祀る赤猪岩《あかいいわ》神社と、だまされて抱えたという赤い大岩がある。この社は、かつては赤猪権現として山頂にあったとされる。また、要害は『伯耆合戦記』などによると峰松山城と称し、城主は浅野越中守実光となっているが、史実かどうかは定かでない。

登路　南部町寺内集落から赤猪岩神社を経て南へ向かう林道を行き、終点の用水路わきが登山口（山頂まで約五〇分）。山頂は長方形の台地で、かつての山城を偲ばせる建物や砦の跡がある。

地図　二・五万図　母里　（中井俊一）

要害山　ようがいさん　標高　二八一ｍ

別称　新山《にいやま》要害山　安田要害山　関の要害山　新山

鳥取県米子市と島根県安来市伯太町にまたがる県境の山で、低いが海岸（中海）から近いためよく目立つ。山頂には三角点があって展望はよく、交通の要所でもあるため古来、軍事的に利用され、戦国の世、尼子氏の重臣・安井光照が「尼子十砦《じっさい》」の一つとして要害を築いたとされる。それぞれ麓の地名を付して、米子市側では新山要害、安来市側では「安田要害」または「関の要害」と呼ぶ。

どちら側からでも登ることができるが、西麓の安来市伯太町にある出雲三十三観音霊場第二十番札所・長台寺から登る人が多い。

登路　長台寺本堂の右手から、路傍にある八十八体の地蔵を見ながら山頂へ（約四〇分）。米子市側は、新山の白山神社前から送電線の管理道を利用して登る（約五〇分）。南の西伯郡南部町からも、車で母塚山《はつかさん》（二七五ｍ）まで登って、北へ二㎞程縦走して来ることもできる。

地図　二・五万図　母里　（中井俊一）

玉峰山　たまみねさん　標高　八二〇ｍ

別称　玉峰

島根県仁多郡奥出雲町仁多と横田地区と安来市広瀬町にまたがるが、三角点のある山頂はわずかに奥出雲町に入っている。歴史は非常に古く、『出雲国風土記』にはすでに「山の嶺に玉工《たまつくり》の神あり。故、玉峰と云ふ」とあり、実際にこの山から産する水晶を加工して宮中に献上したとも伝えられる。しかし、いまその社は西麓の湯野神社に玉作《たまつくり》神社として合祀され、山上には何もない。

登路　登山路は西側の奥出雲町から整備され、亀嵩《かめだけ》地区の奥に玉峰山森林公園が開設されて、キャンプ場や遊歩道などが設けられ、ここが登山口となる。遊歩道の途中には、滝や特徴のある大岩などがあって楽しむことができる。

遊歩道が山頂までつづいていて、二つのコースをとることができる。短いのは雄滝経由の道で、小窓岩を経て山頂へ（約一時間）。もう一つはコウモリ岩経由の道で、小窓岩の下で雄滝経由の道と合流する（約一時間三〇分）。

地図　二・五万図　横田　（中井俊一）

三郡山　さんぐんざん　標高　八〇六ｍ

別称　さんこおりやま　田原山

名のとおり島根県雲南市大東町、仁多郡奥出雲町仁多、安来市広瀬町が集まる所に山頂があり、かつての郡《こおり》制時代からそのまま引き継がれてきた名である。また『出雲国風土記』には田原山として、「飯梨河　源は三つあり。一つの水源は仁多、大原、意宇の三つの郡の堺なる田原より出で」とある。

登路　有名で展望のよいわりには登る人が少なかったが、近年、山頂近くに送電線の鉄柱が立てられたりして、登山道も整備された。雲南市大東町からは大聖《おおひじり》集落と上久野《かみくの》桃源郷からの二コース、奥出雲町からは最近、地元の篤志家により復活された亀嵩《かめだけ》からのコースがある。

最も利用されている大聖からのコースは、集落にある嶽《たけ》神社の上が登山口。送電線の管理道を登るが、山頂は鉄柱と管理舎のある所からさらに一〇〇m程行った所(山頂まで約一時間)。

地図　二・五万図　横田　上山佐　（中井俊一）

清久山　せいきゅうざん　標高　五六六m

島根県雲南市大東町の南東部に位置する。山頂に三角点を持ち、かつてはわが国有数のモリブデン鉱山もあったが、国土地理院の地形図には山名の記載がない。享保二年(一七一七)成立の『雲陽誌』には載っていて、「素戔嗚尊《すさのおのみこと》暫し鎮座の山なり」とある。だが、山名の由来は明らかでない。

山よりも鉱山としての名の方が知られており、正式には輝水鉛鉱というモリブデン鉱の鉱床が明治末期に発見され、昭和に入って一九三八年ごろから本格的な採掘が始まり、最盛期には月産約四〇tもの精鉱を産出していたというが、一九六七年に閉山した。一九九三年になって、山頂に島根県が防災無線の中継施設を設置したのを機会に、地元自治会などが開発を始め、登山道や案内板、道標などを整備している。

登路　雲南市大東町清久上組の集落から右へ、橋を渡った所の一軒家が登山口。最初は竹林、さらにアカマツの交じった雑木林を登って行くと、山頂で初めて展望が開ける(約五〇分)。

地図　二・五万図　上山佐　木次　（井汲　博）

天狗山　てんぐさん　標高　六一〇m

別称　熊野《くまぬ》山《さん》　天宮《てんぐう》山《さん》　本宮山　熊成峰

島根県松江市八雲町と安来市広瀬町にまたがり、有名な熊野大社の背後にあるため「熊野山」ともいう。また、この社にちなんで「天宮山」とも「本宮山」とも呼ばれる。しかし「てんぐ」という現在の名称は「天宮」が訛《なま》ったものか、あるいは熊野修験道の守護神である天狗にちなんだものかははっきりしない。

熊野山の名はすでに『出雲国風土記』に出ており、かつてはこの山の上に同社の本宮があったという説もある。実際に山頂付近や登山道のわきには、それらしい構築物の跡がある。熊野大社への参拝客は多いが、この山まで登る人は少ない。

登路　松江市八雲町八雲の熊野大社前から林道若松線に入り、途中の標高三〇〇m辺りが登山口。かなりの急登だが道はよい。全山が森林に覆われているけれども、山頂には三角点があり、展望が開けている(登山口から約一時間三〇分)。

地図　二・五万図　玉造　（中井俊一）

京羅木山　きょうらぎさん

別称　高野山《たかぬやま》　京蘭木山《きょうらんぎさん》　境良木山　京萩山《きょうはぎさん》

標高　四七三m

島根県八束郡東出雲町と安来市広瀬町にまたがり、東の鳥取県米子市方面から望むと美しい二等辺三角形をしている。『出雲国風土記』には「高野山」とあり、ほかにもいろいろな文字が当てられているが、はっきりした山名の由来は不明。平安時代末期には真言密教の霊地、戦国時代には合戦の場となった所で、富田《とだ》川を隔てて尼子氏の居城だった月山《がっさん》・富田城と対峙し、攻め寄せた大内・毛利方の軍勢が陣を張ったとされ、それにまつわる旧跡が多い。

近年、とくに北麓の東出雲町側が開発に力を入れ、山頂直下まで車道が敷かれた。山頂は広く、大きな平和観音像が建てられている。

登路　東出雲町畑の出雲金刀比羅神社が登り口。山頂直下の階段下まで車で入れないことはないが、自然や旧跡を見ながら歩いた方が楽しい(神社から山頂まで約四〇分)。南東の安来市広瀬町からも道はあり、南の星上山《ほしがみさん》から縦走して来ることもできる。

地図　二・五万図　広瀬

(中井俊一)

八雲山　やくもやま

別称　須我山《すがやま》

標高　四二四m

島根県雲南市大東町と松江市八雲町にまたがり、熊野大社を隔てて天狗山と対峙している。『出雲国風土記』には「須我山」の名で出てくるが、いずれにせよ須佐之男命《すさのおのみこと》を主人公とする出雲神話にちなんだもの。命が櫛名田姫《くしなだひめ》をともなってこの山の麓に来て「わが心すがすがし」と詠じ、また、居を定めるにあたって詠んだ「八雲立つ出雲八重垣妻籠みに八重垣作るその八重垣を」の歌は、和歌の第一号とされている。

「八雲立つ」は単に出雲の枕詞だけでなく、実際にこの辺りは地形的に雲がわきやすいといわれる。また、このときの命の住居の跡が、雲南市大東町須賀のいまの須賀神社だと伝えられている。

登路　雲南市大東町引坂集落の少し先に駐車場があり、そこから階段状の道をひと登りで山頂へ(約二〇分)。また、南麓には雲南市と松江市を結ぶ林道若須線が通っていて、そこの登山口から夫婦岩を経て登ることもできる(約一時間)。

地図　二・五万図　玉造

(中井俊一)

仏経山　ぶっきょうざん

別称　神名火山《かんなびさん》

標高　三六六m

出雲平野の南の縁、斐伊《ひい》川右岸の島根県出雲市斐川町にあり、平野を挟んで出雲北山と対峙している。歴史は古く、『出雲国風土記』には神のこもる山としての「神名火山」の名があり、かつては山上に何らかの社があったらしい。しかし、戦国時代にこの地を治めた尼子経久《つねひさ》が、周辺に十二の寺を建てた際、仏教の経典からとっていまの名に変えたと伝えられる。

現在、山上にはNTTのマイクロ中継所の塔が建ち、南の同町下《しも》阿宮《あぐ》から管理のための車道が敷かれたが、一般車両は入れない。また、三角点のある山頂は展望がよくないので、大方の人は少し手前の「展望広場」と呼ばれる眺めのよい平地までで済ます。そこには天保九年（一八三八）に松江藩が新川を開削した際、水没した墳墓のために立てたという大きな石碑がある。

登路 北麓の結《むすび》地内に登山口があり、約一時間で展望広場へ。山頂へはさらに一五分程かかる。

地図 二・五万図　出雲今市

（中井俊一）

比婆山（御陵）

ひばやま（ごりょう）　標高　一二六四m

別称　美古登山

比婆山とは狭義には連峰のほぼ中央に位置する御陵（美古登山ともいう）のことをいうが、通常は北の烏帽子山（一二二五m）より南に延びる御陵、池ノ段（一二八〇m）、そして、池ノ段の北から少し東に派生する立烏帽子山（一二九九m）、さらにその南東尾根に隆起した竜王山（一二五六m）を含む連峰の総称に使用されている。

出雲烏帽子山は広島県庄原市西城町、同市比和町と島根県仁多郡奥出雲町横田地区に接し、それより南に延びる池ノ段への尾根は、東の庄原市西城町と西の同市比和町を分ける。

六ノ原など高位面を含むこの広大な山塊は、約九〇〇〇万年前に遡って形成された。その成因は、まず中生代白亜紀に高田流紋岩類が噴出し、火成層の基盤ができ、ついで約八〇〇〇万年前、新期花崗岩類（角閃石黒雲母花崗岩）が貫入する。その後、約三〜四万年前、三瓶山の噴火による火山灰が堆積するのである。しかし、それと異なり竜王山一帯は、高田流紋岩類の層に約二五〇〜七〇万年前といわれる新生代、鮮新世の旧期玄武岩類の流出による堆積が見られ、この一帯の露頭で確認されている。この生成過程は、山の形成を知る上で重要なことである。

六ノ原の遺構「たたら製鉄」は、出雲烏帽子山の南東、比婆山の北側における角閃石黒雲母花崗岩が風化した土砂から砂鉄を採取した。これを「赤目」（赤鉄鉱を含有。山陰側は真砂「磁鉄鉱」）というが、この砂鉄と「大炭」（木炭）を交互に炉の中に入れ、炉温を一二〇〇℃以上の融点まで上げて「銑《ずく》」（銑鉄。山陰側は鉧《けら》と呼称）を生産したのである。この製鉄法は、現代の大製鉄所建設に至る一九二〇年代までつづけられ、技術史上重要とされている。

この山系の植生は、樹林と芝草地である。芝草地は、樹林を伐採した跡地に牛を放牧したために形成された。樹林は落葉広葉樹の天然林、二次林、低木林、人工林、伐採地の五型に分類されているが、二次林以下は、高木のブナ林が伐採された後の形態である。比婆山、立烏帽子山の北東斜面に一九六〇年、国指定の天然記念物ブナ純林が残存しているが、二次林などは、「たたら製鉄」に使用される「木炭」生産のため大々的に伐採が行われ、草地→低木林→二次林と遷移していった。ちなみに、「たたら製鉄」一回の作業で、砂鉄一六tに対して「木炭」一四・四tを使用し、「銑」四tを生産したといわれている。

鳥獣類は多様である。鳥類は、ブナ林でヒガラ、シジュウカラ、ヤマガラなどが繁殖し、夏期には、南からカッコウ、ホトトギス、オオルリなどが渡ってくる。動物は、ムササビ、ホンドテン、ホンドイタチなどが棲み、セミやチョウは、ブナ林から二次林にかけて、種類の異なる垂直分布がなされているといわれる。

比婆山（御陵）は神話伝承の山で、『古事記』に「故、其所避之所伊邪那美神者、葬出雲国与伯伎国堺、比婆山之地」と記され、その頂上に直径六〇ｍの陵墓があると伝えられている。すなわち、伊邪《いざ》那岐命《なぎのみこと》が出雲遠征のとき、迦具土神《かぐつちのかみ》を出産し、その火により焼死して比婆山に祀られたというのである。この故事により、この山を「美古登山」または「御陵」と別称する。南麓に遙拝所といわれる熊野神社がある。

登路　主な縦走路と所要時間は、六ノ原から出雲峠を経て烏帽子山まで約一時間二〇分、比婆山（御陵）を経て池ノ段まで約四〇分、立烏帽子山から竜王山、熊野神社に約一時間一〇分を要する。途中、烏帽子山から西の吾妻山を経て休暇村吾妻山ロッジに約一時間二〇分で達することができる。六ノ原は「県民の森」となっていて、熊野神社とともにＪＲ芸備線備後落合駅からタクシーで約二〇分。

池ノ段（左）と立烏帽子山（池ノ段南から）

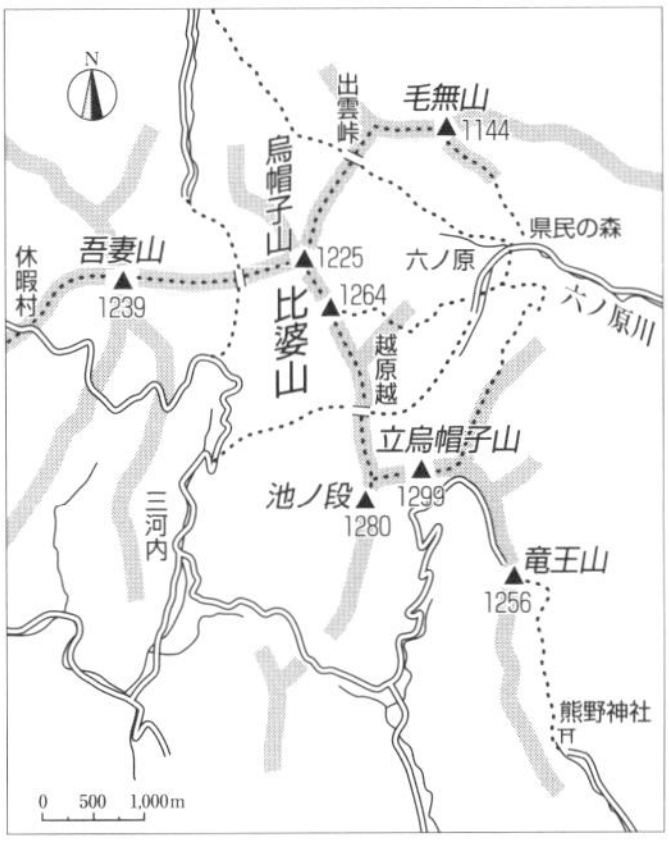

地図　二・五万図　比婆山

（里信敏行・西岡義則）

毛無山　けなしやま

別称　福田頭《ふくだがしら》・尺田頭《しゃくだがしら》　標高　一一五三ｍ

広島県庄原市比和町と同市西城町との境にあり、比婆山連峰の南部に井西山《いざいやま》（一一八七ｍ）とともに位置している。

中国山地の各所に点在している毛無山の山名由来と同じく、江戸から明治にかけて、「たたら製鉄」用の木炭生産のため森林を伐採した後、牛馬を放牧したため草原の山となったことによる。「福田頭」は、庄原市比和町福田集落の頭を意味している。いまではブナ、ミズナラなど落葉広葉樹林の森が復活している。かつて大波《おおば》の峠道は、熊野神社（西城町）への参詣道としてにぎわった。

登路　長い間ヤブこぎの山だったが、一九九五年に町によって五〇年ぶりに快適な登山道が整備された。比和町福田上集会所前から市道井西谷線を八〇〇ｍばかり進み、林道終点から山道に入り、大波の峠経由で山頂に達する（約二時間三〇分）。

地図　二・五万図　比婆山

（兼森志郎）

吾妻山　あづまやま

標高　一二三八m

別称　阿図馬山

広島県庄原市比和町と島根県仁多郡奥出雲町横田地区との境に位置する。比婆山連峰を東に望む優美な草原の山が吾妻山である。晴れた日には島根半島を遠望できる。この山は、大膳原、池ノ原、南ノ原という平坦な高位面を持ち、その形成は比婆山連峰と類似している。約九〇〇〇万年前に高田流紋岩の噴出後、新規花崗岩類の貫入があり、約二〇〇〇万年前ごろに古瀬戸内海に沈降して備北層群を堆積する。約五〇〇万~二〇〇万年前、再び隆起して陸化し、旧玄武岩類の流出、三瓶火山層や沖積層の堆積を見ている。その海成層が池ノ原~南ノ原~越原の露頭である。また、山腹西側の鉄穴《かんな》残丘も注目され、ここの土砂は、角閃石黒雲母花崗岩が風化したもので、「たたら製鉄」の原材料になった。この「たたら製鉄」の遺構が池ノ原にある。大池、ひょうたん池、原池は鉄穴流し(砂鉄を採取するため土砂を流す作業)の人工池であった。

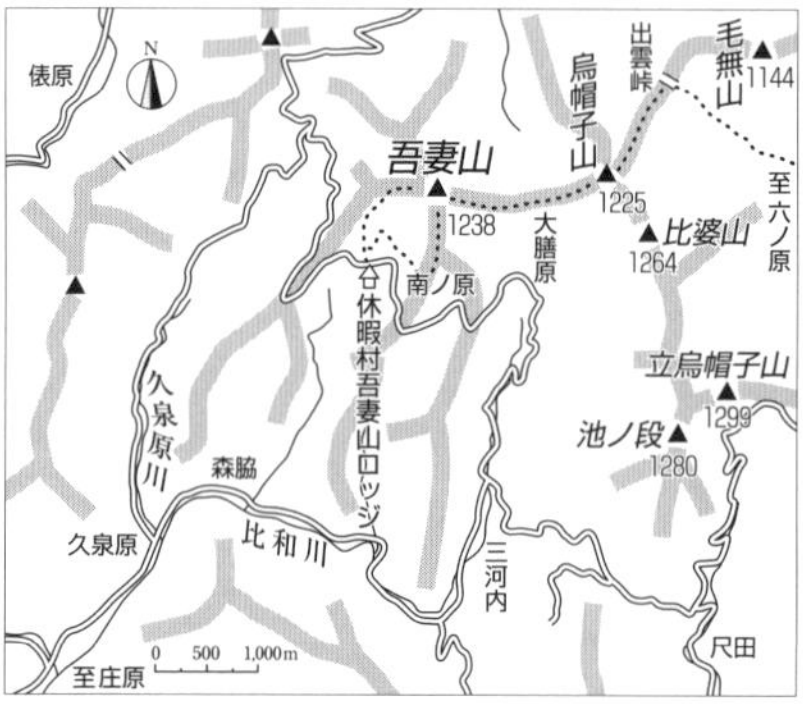

池ノ原、大膳原の広い草原は、「たたら製鉄」の燃料木炭用としてブナ林が伐採された後、牛が放牧されて形成されたもので、これらの草原は優良な和牛(岩倉牛)の生産地となった。山腹以下の「ミズナラ・クリ群集」などは、すべてブナ林伐採後の二次林である。

池ノ原の植物は多種多彩で、初夏にはウマノアシガタ、キツネノボタンが黄色の花を付け、レンゲツツジ、イヌツゲなどの灌木が斑状に混生して庭園を想起させる。夏にはイワカガミ、ウメバチソウが花を付け、秋になるとマツムシソウ、リンドウが咲く。

登路　池ノ原には休暇村吾妻山ロッジ(キャンプ場付属)がある。中国道庄原ICより森脇経由で約五〇分、松江道高野ICより森脇経由で約五〇分。休暇村から頂上まで約五〇分。また、池ノ原から南ノ原経由で頂上へは約一時間。さらに頂上から東の大膳原を経て比婆山連峰の出雲烏帽子山、出雲峠を経て連峰東麓の六ノ原にある県民の森に至るコースもとれる(吾妻山頂上から六ノ原へは二時間弱)。

地図　二・五万図　比婆山

(里信敏行・西岡義則)

矢筈山　やはずやま

標高　(西峰)九三七m

別称　夕景《ゆうげ》山　寒峰《かんのみね》山　感目《かんのめ》山

島根県仁多郡奥出雲町横田地区のほぼ南端、広島県境に近い所にある。二つのピークを持つ(双耳峰)ことから矢筈山と呼ばれ、国土地理院の地形図もこの名を採用しているが、地元では「ゆうげやま」と呼ぶことが多い。

山頂には戦国時代、馬来《まき》氏の城があったとされ、石垣、石塁、屋敷跡などが確認されている。その城が夕景城、寒峰城、感目城などと呼ばれていたので、山の名も「夕景山」とか「寒峰山」とか呼称されるのである。中国地方に覇を競った尼子経久《つねひさ》は、月山《がっさん》・富田《とだ》城（安来市広瀬町）に入る前、苦難の二年間があったとされるが、経久の母は馬来上野介の娘であり、母方の実家の居城がこの山にあったことになる。苦難の時代の経久は、この山で暮らしたという説もある。

登路　奥出雲町大馬木の堅田と同町小馬木の矢入を結ぶ林道を利用して北側から登ることになるが、堅田からの方がいくぶん整備されている。多少のヤブこぎは覚悟しなければならない（堅田から約一時間三〇分）。

地図　二・五万図　下横田　（中井俊一）

猿政山　さるまさやま　標高　一二六八m

別称　御坂山《みさかやま》

島根県仁多郡奥出雲町仁多と広島県庄原市高野町にまたがり、島根県東部の山ではもっとも高い。島根県側は斐伊《ひい》川水系の源であり、広島県側も、河口が島根県となる江《ごう》の川水系の源となっている。『出雲国風土記』に「御坂山　郡家の西南五十三里　即ち此の山に神の御門有り　故御坂と云ふ」とある。この「御坂山」がこの山に当たるといわれるが、それがどうして「猿政」になったのかは明らかでない。

県境上を東西に延びる頂稜の西端に三角点があり、噴出岩（安山岩）が見られる。近くには鯛ノ巣山、東には吾妻山のなだらかな山並みを樹間に望むことができる。ブナやシャクナゲなどを含む自然林が残っているが、一方で山腹は両県側とも植林が奥まで進んできている。

登路　島根県側には明確な道はなく、奥出雲町上阿井から内尾谷林道をつめ、山頂に向かってヤブをこぐしかない（林道終点から山頂まで約二時間）。広島県側は、庄原市高野町俵原から笹谷川沿いの林道をつめ、ヒノキの植林地から取りつく、比較的分かりやすい登山道がある。

地図　二・五万図　比婆新市　阿井町　（長田健三）

鯛ノ巣山　たいのすやま　標高　一〇二六m

別称　志努坂野

島根県仁多郡奥出雲町仁多の南西端、広島県との県境稜線から北東へ延びた尾根つづきにある。山名の由来は定かでないが、『出雲国風土記』に「志努坂野　郡家の西南三十一里なり」とあるのが、方角と距離から見てこの山に当たり、「志努」は「篠《しの》」で、かつて笹竹が多かったことから付けられたらしい。また、北西側の麓はかつて田井郷（現在の雲南市吉田町の一部）と呼ばれ、この山を「田井《たい》の篠山《しのやま》」と呼んでいたのが、訛って鯛ノ巣山になったのではないかとする説がある。

標高八五〇m付近には、コウモリ岩と呼ばれる巨岩帯やルイヨウボタンの群生地をはじめ、湧水、清流、滝などがあり、山頂付近にはブナ林も残る自然豊かな山である。山頂には三角点があり、展望もよい。

登路　奥出雲町上阿井地区の奥にある半谷集落から林道に入って少し行った所に駐車場があり、ここが登山口となる。コウモリ岩経由と大滝経由の二コースがあり、よく整備されている（どちらも山頂まで約一時間三〇分）。

地図　二・五万図　阿井町　（長田健三）

栃山　とちやま　標高　六六四m

島根県雲南市吉田町の南部に位置する独立した山で、旧村の中心施設にも近く、また、周囲の山麓にはかつてのタタラ製鉄の跡が多く残っている。山名の由来は不明で、以前、栃の木が多く生えていたとも考えられるが、現在はそれほどでもない。スギ、ヒノキの植林や雑木林が広がっていて、頂上には太いクリの樹が多く自生している。

近年、南側の麓に「吉田グリーンシャワーの森」が建設され、管理棟はもちろん、キッチン付きのコテージやテニスコート、キャンプ場などが整備された。ここの利用計画の一環として、この山へのハイキングも組み込まれている。登山口から頂上までまったく森の中ばかり行くので、文字どおりの森林浴を満喫できる。

登路　吉田グリーンシャワーの森の管理棟から出発し、よく整備された道を一㎞程で頂上へ（約三〇分）。頂上には三角点があり、下刈りをした広場になっていて展望が利く。

地図　二・五万図　掛合　出雲吉田　（長田健三）

大万木山　おおよろぎやま　標高　一二一八m

別称　多加山　土手山　ゆるぎ山　七日迷《なのかまよい》山　大満木《おおまんぎ》山

島根県飯石郡飯南町頓原地区と広島県庄原市高野町を分ける県境稜線上にあり、山頂付近にはブナの天然林が残り、隣の琴引山へも縦走できることから登山者が多い。樹種も豊富で、山名もこの辺りからきたものと思われる。『出雲国風土記』には「多加山」とあり、ほかにもいろいろに呼ばれて親しまれてきた。

島根県側の方が県民の森としてより整備され、飯南町奥畑の駐車場から滝見、権現、渓谷の三つのコースがある。山頂には三角点と避難小屋があり、西へ草峠《くさんだわ》を経て琴引山へ縦走できる。

登路　滝見コースは駐車場から直接沢に沿って登り、権現滝、地蔵堂を経て山頂へ。権現コースは右へ舗装路を少し行き、樹林帯を登る。渓谷コースは、権現コース入り口の先の駐車場から沢に沿って登る。広島県側は、庄原市高野町篠原からの等検境《とうけんきょう》コースが、滝見コースの途中に合流する（各コースとも一時間三〇分から二時間程）。

地図　二・五万図　出雲吉田　頓原　（中井俊一）

琴引山　ことびきさん

標高　一〇一三m

別称　弥山

島根県飯石郡飯南町頓原地区と赤来地区にまたがる山で、『出雲国風土記』に「此の山の峰に窟あり　裏に天《あめ》の下造らしし大神の御琴あり……故琴引山と伝ふ」と記され、実際に飯南町頓原からの登山路のわきには「大神岩」「琴の岩屋」などと呼ばれる岩窟がある。山頂直下には琴引山神社があり、かつては真言密教の聖地として「弥山」とも呼ばれ、四二の坊があったと伝えられるが、いまは跡形もない。現在は、北の頓原側には「琴引フォレストパーク」と称する人工スキー場、南の赤来側には県民の森ができて、登山には便利になった。また、八km程北東の大万木山へ、草ノ城山、草峠《くさんだわ》を経て縦走することもできる。

登路　近いのはフォレストパークのスキー場からゲレンデを登り、琴引山神社を経て山頂へ(約一時間二〇分)。しかし、スキーシーズン中は登山者は中へ入れないので、敷波集落から古い神社の参道を登る。赤来側からも県民の森から尾根に取りついて登る道がある。

地図　二・五万図　頓原　（飛田　彰）

女亀山　めんがめやま

標高　八三〇m

別称　女神山《めがみさん》

島根県飯石郡飯南町赤来地区と広島県三次《みよし》市作木町、布野町にまたがる県境稜線上にある。女亀の名の起源は女神にあるらしく、山頂直下には玉依姫命《たまよりひめのみこと》を祀る女神神社があり、「めんがみさん」と呼ばれて雨乞いなどの信仰の対象になっていた。一方、広島県側の『芸藩通志』によると、南麓の作木町岡三渕《おかみぶち》に伝説があり、かつて山上に女亀山池という池があって、神亀が棲んでいたという。

現在どちらかといえば島根県側が主で、一km程しかない登山道がよく整備されている。山頂は巨木に囲まれた小さな草地だが、一等三角点が置かれているわりには展望が利かない。

登路　飯南町陣屋から神戸《かんど》川に沿って林道を行くと登山口があり、「神戸川源流」の石碑を経て県境尾根に出、石段を上がると女神神社の小祠で、そのすぐ裏が山頂(約一時間)。広島県側も三次市作木町岡三渕から二本のコースがあり、神社の下で合流する。

地図　二・五万図　赤名　（中井俊一）

鳥屋ヶ丸　とやがまる

標高　六八六m

別称　鳥屋丸山

島根県出雲市佐田町と雲南市掛合町の境界上に山頂(三角点)があるが、麓からは見えにくく、わずかに出雲市佐田町の三代集落付近から望むことができる。江戸期の『雲陽誌』の飯石郡松笠の項に「鳥屋丸……掛合より須佐への道左の山なり」とあり、『佐田町史』には「鳥が巣をかけるような高い山の意味で、丸は愛称」と記されているが、丸がピークを指す例は全国に多い。

山頂辺りまで植林されているので、普段は眺望が利かない。近年、東の雲南市掛合町側が伐採され、ヒノキが植えられた後なので、稜線まで登ると木の間隠れに島根半島や日本海が見え、東に大山、西に三瓶山も望むことができる。かつて文久年間（一八六一〜一八六四）には、大山信仰の石碑もあったと伝えられる。

登路　登山道というほどのものはないので、ヤブこぎは免れない。出雲市佐田町三代と雲南市掛合町左谷を結ぶ古い林道から、山頂から北西に延びている稜線を目ざす。稜線には踏み跡がある（林道から山頂まで約四〇分）。

地図　二・五万図　掛合　反辺

（中井俊一）

白木山　しらきやま　標高　八八九m

別称　白渋山　しろしぶやま

広島県広島市安佐北区内の可部町と白木町とにまたがり、太田川の支流・根の谷川、三篠川に挟まれて位置する、これら両河川に沿って西側を国道五四号（雲石路）が、東側をＪＲ芸備線（庄原街道）が通っている。

山体は、主として白亜紀の流紋岩質凝灰岩（高田流紋岩）からなり、五〜六合目付近より上で最近、貝類やエビ類の化石が発見されている。

植生はアカマツ、スギ、ヒノキなどが植林されたが、林業が廃れたのでいまは荒れるに委せている。全体的にはカシ、シイ、クリ、ナラ、クヌギ、アベマキなどが見られる。

山頂付近はチュウゴクザサが繁茂し、その葉が白く光り雪が降ったように見えるので、麓ではそれを「白渋」と呼び、山名となったとされていたが、いまはアセビ・ツゲ類、ツツジの仲間が多くなり、ササは少なくなっている。

山頂の祠は、一九二二年に麓の篤志家が治山・治水を祈願して、木花之開耶姫《このはなさくやひめ》・大山祇神《おおやまつみのかみ》を勧請し創建されたもので、毎年四月の第三日曜日に祭礼が行われている。

登路　市内にあり、交通の便がよい場所に位置しているので多くの登路があるが、ＪＲ芸備線白木山駅からの登路（約二時間三〇分）がよく利用されている。山頂は三六〇度の展望が開け、天候の条件がよければ四国の山々も望むことができる。

地図　二・五万図　可部

（岩内秀昭・小田里子）

冠山　かんむりやま　標高　七三六m

広島県広島市安佐北区可部町と山県郡北広島町千代田地区にまたがり、太田川の支流・南原川の源流に位置している。登路が山陰と山陽を結ぶ石見浜田路で、可部峠付近に往時の往来を偲ばせる茶屋跡がある。山名は山容が冠に似ていることから付けられたと思われる。

山体は粗粒黒雲母花崗岩（広島型花崗岩類）類で、山頂には大きな岩塊がある。植生は、戦後の林業振興でヒノキ、スギなどが植林されたが、林業が廃れたのでいまは荒れるに委せている。植林が難しかった場所には、カシ、シイ、クリ、ナラなどが、山頂付近はツゲ類やツツジの仲間、チュウゴクザサが繁茂している。

第二次世界大戦後には、シャクナゲの群落も見られたが、南原峡県立自然公園として整備されたり、明神ダムや南原ダムの大規模な工事が行われたり、盗掘に遭ったり、ダムに沈んだりして、いまはわずかしか残っていない。

登路　安佐北区可部町の南原発電所までバスの便がある、石見浜田路の峠道(約三時間)がよく利用されている。山頂は、三六〇度の展望が開けている。『芸藩通志』には、奇岩、飛瀑、絶壁が一里余つづくとあるが、ダムに沈んだり工事用の車道に開削、あるいは埋め立てられて昔の面影はないが、ただ、加賀津の滝のみがわずかに往時を偲ばせている。

地図　二・五万図　佐々井

（岩内秀昭・土居義信）

堂床山　どうとこやま

標高　八六〇m

広島県広島市安佐北区に位置する。大田川の支流・南原川と大毛寺川の源流部であり、麓の県立自然公園の龍頭ヶ原園地には、『芸藩通志』にその名を留めている加賀津の滝がある。

山名は『郡中国郡誌』には「山頂に同徳寺《どうとくじ》と伝える廃寺跡がある」といわれており、実際、山頂に堂宇の跡があり、その寺を「どうとくじ」と呼び、それが訛って山名の「どうとこ」となったのかもしれない。

山体の地質は粗粒黒雲母花崗岩(広島型花崗岩類)であるが、山頂は、安山岩溶岩・同火砕岩質(吉舎安山岩類)で、広い平坦面が広がっている。この山の大半の斜面で現在もヒノキ、スギの植林作業が盛んに行われている。植林が行われなかった場所には、カシ、シイ、クリ、アベマキ、ヤブツバキ、コナラ、ミズナラ、マツ、ツツジなどが見られる。

七五〇m付近のやや平坦な場所に墓跡らしい石積みがある。山頂付近はチュウゴクザサとアセビが繁茂、アセビは大木となり、展望こそないが、三角点のある山頂は一帯が広く平坦で、人工的に削り取ったようになっており、堂宇の跡かと思われる。

この山は眺めてもよい山で、東面の西冠山尾根の中間点より見る揚水式発電用の上部の明神ダム(ロックフィルダム)の堰堤と湖面に映える山影と山姿がよい。

登路　南原発電所まではバスの便がある。その昔、山陰、山陽を結んだ石見浜田路の途中の龍頭ヶ原園地を経て、加賀津の滝からの尾根ルートがよく利用されている(約三時間)。

地図　二・五万図　可部　飯室

（岩内秀昭・土居義信）

福王寺山　ふくおうじやま

標高　四九六m

広島県広島市の北に位置する安佐北区亀山地区の中央にある。

頂上直下に「西の高野山」といわれる真言宗の名刹・福王寺がある。福王寺は天長五年(八二八)、空海が開基したと伝えられ、仁王門、金堂、御影堂、阿弥陀堂が建ち、境内に燈明杉といわれる四本のスギの大木がある。戦国時代に植えられたとされ、木の上部に灯明を上げ祈願したため、この名前が付いたと伝えられている。樹高二三mから三七m、胸高幹囲四mから五m前後あり、一九七三年、広島市指定の天然記念物になっている。

登路　福王寺への参道が登路となっており、不動坂、大師坂、観音坂、阿弥陀坂の四登路と車道がある。参道のうちポピュラーなのが不動坂で、国道一九一号にあるバス停・福王寺口から登る。入り口に石門がある。現在の表参道にあたり、広島から北に延びる中国自然歩道の一部になっている。大師坂は空海が初めてこの山を登ったと伝えられる道で、石州街道華やかなりしころには栄えていた。

地図　二・五万図　飯室　可部

（八幡　浩）

龍頭山　りゅうずやま

標高　九二八m

広島県の北西部、山県郡北広島町都志見《つしみ》にある。「そばの里」で知られる道の駅「豊平どんぐり村」の背後に聳える独立峰である。

『芸藩通志』の「都志見《つしみ》村絵図」では滝山、「中原村絵図」では龍頭山とあり、この山にまたがる二村で呼び名が異なっていた。龍頭山は海見山塊の主峰で、標高七〇〇～九〇〇mの山々が豊平高原上にある。山裾には見事な山麓緩斜面が発達している。

山頂からは三六〇度の展望を満喫できる。南面は広島市周辺沿岸部の山々と厳島、伊予の島々、その向こうには四国の山並みが、また北側は鳥取県の大山、島根県の三瓶山などの名山が、そして県北の名だたる山々が一望できる。

都志見からのコースの途中には落差三六mの駒ヶ滝がある。滝の傍らには龍頭観音のお堂があり、その横には「目洗い水」といわれる清水が岩の隙間からしみ出ている。江戸時代には眼病に利く御神水としてあがめられていた。

山の周囲では、かつて砂鉄採取と「たたら製鉄」が行われ、鉄穴《かんな》という地名が残っている。

登路　主として二つある。

①　道の駅「豊平どんぐり村」からの登路が一般的。龍頭山登山口バス停から県道三一六号を西宗方面へ「龍頭山遊歩道入口」の標識に導かれ、左折すれば龍頭山登山口の駐車場である。ここから登山道を登り、駒ヶ滝を見てしばらく行くと、滝の上の駐車場に出る。駐車場を右に見過ごして、小さな沢をまたいでさらに登るとやがて明るい尾根道に出る。前龍頭、中龍頭の自然林(ナラ、アカマツ、ブナその他)の中を登ると程なく山頂である(登山口から約一時間四〇分)。途中、滝の上の駐車場からも登ることができる(約四〇分)。

②　掛札側(龍頭平原別荘地)からの登路は、特徴のない登路でやや魅力に欠ける。下りに利用する方がよい(約三〇分)。

③　前述の車道が九合目まで延びており、終点に駐車場がある。ここから遊歩道を五分程歩くと①の登山道に合流し、最後の階段を約二〇〇段登ると山頂に着く(約一〇分)。

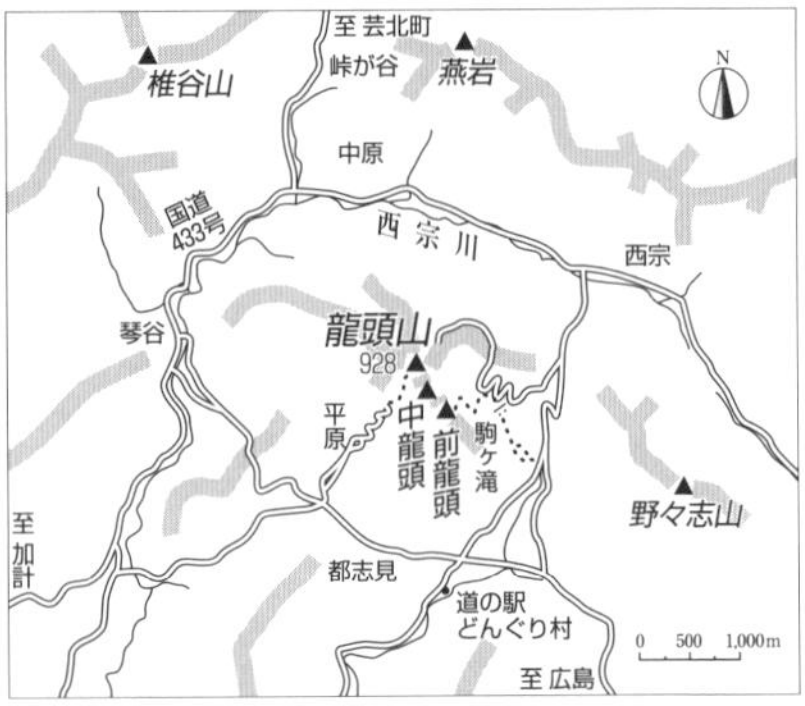

地図　二・五万図　琴谷　志路原

（稲野政男・田賀雅文）

日野山　ひのやま　標高　七〇五m

別称　日山　火山　樋山　火野山

広島県山県郡北広島町千代田地区と同市大朝地区にまたがる。

毛利元就と妻おかたの二男・元春が吉川氏を継ぎ、日野山に城を築いた。新庄盆地の南を画する日野山に築かれた日山城は、戦国時代末期の典型的な大規模山城で、山陰と山陽を結ぶ交通の要衝であり、孫の吉川広家が豊臣秀吉から尼子の所領を受け、出雲国の月山・富田城に移るまで約四〇年間、吉川氏の本拠として使用された。

この一帯は一九八六年、日山城跡として史跡に指定された。

登路　国道二六一号を北上し、北広島町千代田北端の中山バス停付近の「火の山城跡」の案内板に導かれ、左折するとトイレのある駐車場が見える。ここが登山口。谷あいの細い流れを何回か渡り、尾根に取りつく。そこからマツ林の中を登り、城郭跡の草地を進んで行くと山頂である(登山口から約一時間)。

山頂からは北に石見方面、南に広島方面と、山陰と山陽を結ぶ交通の要衝であったことがよく分かる。

地図　二・五万図　志路原

(長門輝彦・田賀雅文)

熊城山　くまのじょうやま　標高　九九八m

広島県山県郡北広島町大朝地区、同町芸北地区にまたがる。この一帯は生活環境保全林となっており、丸掛山(一〇〇一m)と熊城山には山頂までつづく遊歩道がある。この遊歩道沿いには、モクレン、ツツジ、カエデ類など一〇〇種類以上三万本余りが植えられ、四季折々に森林浴や野鳥の観察を楽しむことができる。東斜面の標高約六〇〇mの緩やかな谷間に、大小約一〇〇本のテングシデ(国の天然記念物)が群生している。テングシデはイヌシデの変種で、世界でこの地だけに自生している。

登山の起点となる田原地区には、「田原温泉五〇〇〇年風呂」があり、緑豊かな自然に囲まれ、訪れる人々に安らぎを感じさせてくれる。

登路　登山口には「大朝のテングシデ群落」の広い駐車場があり、案内板に従いテングシデの下を通り、遊歩道に沿って進むと稜線への分岐がある。巻き道を直進して頂上へ向かう「カエデの道」との分岐に着く。ここから急な道になるが眺めはすばらしい。山名の由来となったといわれている城壁のような岩壁が見えたら、頂上は間近だ。頂上はこれといった特徴がなく、なだらかな稜線にある(登山口から約一時間二〇分)。登山口の駐車場を直進すると細い車道が標高約八四〇mまでつづき、終点に駐車場がある。

地図　二・五万図　志路原

(長門輝彦・田賀雅文)

京太郎山　きょうたろうやま　標高　八二七m

島根県邑智《おおち》郡邑南《おおなん》町石見地区の北西部にあり、北に江の川とJR三江線、南には浜田自動車道が通っている。京太郎の名からは何か人間くさい由来を想像するが、いまのところはっきりしない。

登山道が十分に整備されておらず、山頂からの展望もあまり利かないので、登る人は少ない。登るとすれば北麓を通る県道一一二号の大利《おおり》峠(五二〇m)からで、峠からこの山の東山腹へ向かって新設された林道に入り、五㎞程行くと、この山と標高六五〇m程のピークの間の鞍部に駐車できるスペースがある。標識もあり、ここが登山口となる。

登路　登山口から少し歩いていったん下り、ほぼ真西に向かって山頂を目ざす。植林帯から自然林、さらに灌木帯に入って山頂台地の一角に出るといくぶん視界が開け、西へ行くと三角点がある(登山口から約一時間)。

地図　二・五万図　矢上　(伊澤寿高)

冠山　かんざん　　標高　八六三m

別称　こうぶりやま　深篠《ふかしの》山　不可志山《ふかしのやま》　石見冠山《いわみかんざん》

島根県邑智《おおち》郡邑南《おおなん》町の石見地区と瑞穂地区にまたがり、山頂が二つに分かれて冠のように見えることから、この名が付いたと思われる。また「かんむり」が訛って「こうぶり」「かぶり」などとも呼ばれる。さらに安永三年(一七七四)に作られた「石見名所方角図」には、「深篠山(不可志山)」の名で紹介されている。

これまで山頂といわれてきた所は狭いが展望はよく、八五九・三mの三角点が置かれている。しかし、一番高いのは二〇〇m程南に行ったピーク(南峰)の方で、こちらは八六三mあり、最近はこの南峰が正式な山頂とされている。

登路　西麓の野原谷集落の奥に登山口があり、スギ、ヒノキの植林の中を登って峠に出、左へ折れて灌木の尾根づたいに登ると、突然視界が開けて三角点に着く(約一時間三〇分)。南側からも、円の坂から林道に入り、尾根づたいに登ることができる。

地図　二・五万図　出羽　矢上　川本　(伊澤寿高)

寒曳山　かんびきやま　　標高　八二六m

別称　大朝富士

広島県山県郡北広島町大朝地区にある。広島市方面から大朝地区に入り、小さな峠を越えると、右正面に裾野を広げた美しい寒曳山の姿を見ることができる。

この山は、広島市からもっとも近いスキー場として古くから親しまれ、別名「大朝富士」とも呼ばれている。扇形に広がるゲレンデ、変化に富んだコースはそれぞれのレベルに応じて楽しむことができる。スキー場のほかにキャンプ場や露天風呂を備えた温泉などもあり、市民の憩いの場となっている。

建保元年(一二一三)、吉川経高が駿河の国から下向して寒曳山の南麓に駿河丸城を築いた。四代経見が小倉山へ、一一代元春が日山に城を移し、一三代広家が出雲国の月山・富田城に移るまで、この一帯は吉川氏の所領として栄えた。

登路　大朝から浜田方面へ向かうバス停・松の宮から真北に向かう。舗装路が終わると右手の山道を行くことになるが、落葉後でないと眺望は利かない。途中、水場がある仙人岩を経て頂上稜線の天狗岩に出る（歩き始めて約一時間二〇分）。ほかにキャンプ場からとスキー場から登るルートがある。キャンプ場からのルートは人が通らないため、途中から道が確認できないので注意が必要。

地図　二・五万図　大朝

（長門輝彦・斎　陽）

伴蔵山　ばんぞうざん

標高　五〇二m

中国地方随一の大河・江の川が、源流の広島県から島根県に入ってすぐの島根県邑智《おおち》郡邑南《おおなん》町羽須美地区にある。「伴蔵」の由来は人名を想像させるが、実は七〇km程南西の広島県廿日市市吉和町にも「伴蔵原」という地名があり、この地方ではハンノキのことを「バンゾウの木」ということから、この木の多い山を呼んだのではないかとする説もある。

いずれにせよ自然に恵まれ、旧羽須美村では一九七三年、この山一帯を多目的保安林とし、自然回帰高原の名の下に保全と整備を図っている。山頂近くにお堂を設けて自然回帰観音を祀り、ここの駐車場を起点に森林浴用の遊歩道が設けられている。山頂は展望が利かないが、少し先にある「雲海の展望台」まで行けば、秋から初冬にかけての早朝、足下に霧の海が広がる。

登路　自然回帰高原までは各方面から車で行くことができ、北へ歩いて五分程で東屋のある山頂へ。三角点は山頂ではなく、観音堂から反対側に五分程行った南のピークにある。展望台からの展望はよい。

地図　二・五万図　口羽町

（伊澤寿高）

郡山　こおりやま

標高　四〇二m

広島県安芸高田市吉田町にある。山体は石英斑岩からなり、森に覆われた山容で御留山でもあった。薬草が多く、ヤダケ、シダ類が密生する。

毛利氏が延元元年（一三三六）に相模国（厚木）から吉田庄の地頭として移ってここに築城した。城下町には祇園縄手など戦国の条里が残り、郡山を囲む山々は尼子勢との合戦を偲ぶよすがとなっている。また、南西麓にある大通院谷には縄文時代からの遺構、遺跡がある。山麓の清《すが》神社は奈良時代の創建で、通称祇園社と呼ばれている。社紋は「もっこう」で、社額は出雲国造・千家尊福《たかとみ》の筆になる。老杉（樹齢七六〇年）に囲まれ、代々毛利氏の修営によるもので、現社殿は元禄七年（一六九四）に輝元によって建立、正面が千鳥破風、その前面に軒唐破風を持つ流れ造りの切妻となっている。本殿に素戔鳴尊《すさのおのみこと》、相殿に稲田姫《いなだひめ》、手名椎《てなづち》、足名椎《あしなづち》を祀っている。安芸高田少年自然の家「輝《き》ら里《り》」の敷地内に御里屋敷跡があり、「三矢の訓」碑、「元就像」が立っている。

登路　国道五四号の安芸高田市吉田町、吉田小学校東側と清神社東側とに登山口があり、郡山公園を通って土生玄碩《はぶげんせき》（幕府の奥医師、眼科医、シーボルト紋服事件の人）の碑や墓、勢溜壇跡、御蔵屋敷跡、本丸跡、元就の墓に至り、山頂に達する（登山口からは二時間三〇分）。下りは北側の尾根を毛利一族墓地、「百万一心」碑に下る。

地図　二・五万図　安芸横田

（種村重明・西岡義則）

犬伏山　いぬぶしやま

標高　七九一m

広島県安芸高田市美土里町の北方にある。一九五〇年前後にスキー場として開発されたことがあるが、いまは廃されている。九割が国有林の山である。廃寺跡が多く、修験道の山でもあった。悪山伏が村人に迷惑をかけるため、山伏ではなく犬伏だ、と呼んだことから山名として残ったと伝えている。

「たたら製鉄」の跡があり、出雲文化の影響を受けている神楽の盛んな地域で、町内に神楽資料館、神楽ドームがある。和泉式部伝説や人喰い大蛇退治、大鰻退治などの民話、妖怪話などが残っている。

犬伏峠には大沢田《おおぞうた》(六五〇m)湿原があって、トキソウ、サギソウ、ムラサキミミカキグサなど絶滅危惧種が生育している。

ここは石州街道の一部で石畳の道が残っているが、いまはほかの車道に譲っている。

登路　県道六号の出店から登る。途中、東西に分かれ、東道は露岩のある道(約一時間三〇分)、西道は犬伏峠への道で、湿原やアセビの大樹を見ることができる(約二時間)。

地図　二・五万図　生田

(種村重明・西岡義則)

阿佐山　あさやま

標高(南峰)　一二一八m

別称　浅山　東ドウゲン(南峰)　西ドウゲン(北峰)

西中国山地国定公園の東端で、主峰は広島県山県郡北広島町芸北地区と島根県邑智《おおち》郡邑南《おおなん》町瑞穂地区の県境上にある。三角点のある南峰と北峰(一二一〇m)で双耳峰を形造る。この山塊は、広島県側の大暮川を包み込むように毛無山(一〇八三m)、阿佐山、三ツ石山(一一六四m)、天狗石山(一一九二m)など標高一〇〇〇mを超える山々が馬蹄形に連なって、阿佐山塊を形成している。東斜面から江の川源流の大谷川を、西斜面からは太田川水系の大暮川を発し、日本海と瀬戸内海の分水嶺となっている。

阿佐山から畳山山域一帯では、江戸から明治にかけて砂鉄採取が活発に行われ、土砂を掘り起こした凹地が至る所にある。南麓の大谷で砂鉄の精錬も行われていた。南東面にはブナ林が残り、かつて山域全体が覆われていたであろう面影をうかがい知ることができる。また、二十丁峠から一一一六mピークの間も、近年は木々も成長し、若々しいブナ林の森に復活している。

一方、西ドウゲンの東面一帯は、西日本屈指のスキー場が開発され、様相は一変している。かつて阿佐山から三ツ石山へつづく主稜が、明治・大正の初期までブナの原生林に覆われていた様子が『市木村史』に記されている。

天狗石山は阿佐山塊のサブ・ピークである。この山の山名由来について、島根県側の『来尾《きたお》村史』によると、山頂にある天狗石という巨岩がその謂れとなったことが記されている。この山の南側、ホン峠の才乙《さいおと》集落側には小さな祠・乳母御前神社がある。安徳天皇と二位尼を祀り、毎年四月二〇日に春祭が行われ、いまも地元・才乙集落の人々に大切にされている。

登路　阿佐山へは大暮川上流域、阿佐山橋登山口から二十丁峠経由がもっともよく登られている。二十丁峠の手前までは、スギ、ヒノキの人工林である。これより上部は落葉広葉樹林に変わる。阿佐山橋から約一時間三〇分。天狗石山へは、来尾峠から県境尾根を辿る。途中チュウゴクザサの原が目を楽しませてくれる。約一時間一〇分。阿佐山から天狗石山の縦走には約二時間。

地図　二・五万図　大朝　岩見坂本

（兼森志郎）

金木山　かなぎやま

標高　七二〇m

島根県浜田市金城町のほぼ中央にある。この町は一九六九年、旧雲城《くもぎ》村、今福村、波佐《はざ》村が合併して発足したが、その中心にあるこの山にちなんで町名を決めたという。浜田市の中心部から国道一八六号をこの町に入ると、左手にピラミダルな山姿を見せる。『那賀郡誌』によると、南北朝時代の延元元年(一三三六)から永禄五年(一五六二)までの二二七年間にわたって山上に金木城が置かれ、軍事上の要衝として南・北朝入り乱れての合戦が繰り返されたという。しかし、中世の城なので石垣はなく、現在もせいぜい段床と空堀の跡くらいしか残っていない。

登路　浜田市金城町小国《おぐに》の島村抱月顕彰公園の少し東から、北へ林道に入り、約二km行った終点が登山口。雑木林の中の急な尾根をほぼ直登して緩やかな稜線に出、三角点のある山頂へ(約一時間)。

地図　二・五万図　波佐　石見今福

（伊澤寿高）

雲月山　うづきやま

標高　九一一m

通称「うんげつざん」とも呼ばれるこの山は、広島県山県郡北広島町芸北地区と島根県浜田市金城町の県境にある。大佐山塊の一部であるこの山から南西に連なる大佐山や鷹ノ巣山辺りは、瀬戸内側に流れる太田川水系と日本海側に注ぐ周布川水系との分水界となっている。

藩政時代から明治にかけて砂鉄の採取が行われていた島根県側の山麓は、現在、クロマツやカラマツなどの林となっており、広島県側はササの原が牧歌的な雰囲気を醸し出している。

『芸藩通志』にも、この山の山頂からの眺望のよさをほめる記述がある。遠くは出雲方面の山々なども眺望できたのであろう。現在、牛を放牧するために古くから山焼きがなされ、いまでは四月中旬に地元とボランティアの協力で行われている。山焼きの後は多様で貴重な山野草が見られる。

山麓の東にある雲月峠(八三一m)は、南北朝時代の古戦場跡でもある。暦応四年(一三四一)、吉川家の家臣・須藤弥五郎景成が石見の河上孫二郎入道と戦い、吉川方が大勝した場所がこの峠である。瀬戸内文化圏と日本海文化圏を結ぶ役割を果たしてきたこの山麓一帯は、古来からの歴史逸話がいくつも残されている。

登路　山麓の雲月峠から岩座山、高山を越えて山頂までは約一時間弱。下山は往路を雲月峠まで約三〇分。

地図　二・五万図　波佐

（清水正弘・斎　陽）

大佐山　おおさやま　標高　一〇六九m

広島県山県郡北広島町芸北地区と島根県浜田市金城町の県境にあり、山陰の周布川と山陽の太田川とに水を分けている。西中国山地国定公園のほぼ中央に位置し、島根県側は広葉樹林で急傾斜、広島県側はなだらかで、ススキとササの優しい山容である。山頂は三六〇度の展望が利き、日本海、西中国山地の山々、遠くは三瓶山まで一望できる。

なお、「大佐山」という山名は特定のピークに付けられたものではなく、昔は山林名として広い意で使われていたものと考えられる。

この大佐山を有名にしたのはスキー場ができ、国道一八六号がすぐ横に通ったことによる。スキー場としての大佐山は長い歴史を持っており、『雄鹿原村史』にスキー場は一九二八年三月、川本老介が青年学校生徒を集めて講習したのが始まりであると記されている。

大佐山は山野草が美しく、とくに秋は七草のほか、ワレモコウ、マツムシソウなどが登山者を楽しませてくれる。

大佐山の北面、周布川の谷には、鉄穴《かんな》場や鑪《ろ》場跡が多く、北面にはブナ林が残る。

登路　傍示峠からの大佐山スキー場経由のコースは、標高差三〇〇mを一時間かければゆっくり登ることができる。八幡洞門コースは、オイヤ川林道をつめ、大原山と八幡三方分岐の鞍部に出れば山頂までは変化に富んだ雲上の遊歩道で、これを楽しみながら一時間一五分程で山頂である。

地図　二・五万図　臥竜山　波佐

（兼森路子）

臥龍山　がりゅうさん　標高　一二二三m

別称　刈尾山《かりおさん》

掛頭山　かけずやま　標高　一一二六m

臥龍山は広島県山県郡北広島町芸北地区の北西に位置し、北東約三㎞に掛頭山が猿木峠（九八四m）を経て連なっている。これらの山並みの南東部は橋山川、空城川、政所川の太田川の上流河川が流出する。北西側は東八幡原の水を集めた柴木川が流出し、臥龍山南西部の樽床貯水池（聖湖）を経て名勝・三段峡に流下する。

東八幡原から掛頭山にかけては広く石英斑岩の分布が見られるが、臥龍山の中腹から頂上部は流紋岩が分布している。

臥龍山の山名は、正徳二年（一七一二）の「八幡村御建山野山腰林帳」の「刈尾山」との記載が初見といわれ、文政八年（一八二五）の『芸藩通志』の「東八幡村、橋山村絵図」にも「刈尾山」と記載されている。山林の項の最初に説明があるが、頂上からの眺望は推測で書かれたもので間違いが多い。かつては周辺一の高山と誤解されていた。

掛頭山の初見は延宝七年（一六七九）の「山県郡政所山野山腰林帳」といわれ、『芸藩通志』の「雲耕村絵図」「政所村絵図」に「カケズ山」とある。

山名の由来について、『村里を行く』（宮本常一）の中に、国学院大学出の人が、『古事記』の大蛇退治の話はこの八幡村での出来事と説明し、刈尾山は臥龍山、樽床は八つの酒樽を並べた所と解釈した、とのことが記されている。さらに刈尾山は龍が臥した場所として臥龍山、掛頭山は龍が頭をもたせかけた山として掛頭山に山名が変転したといわれている。

臥龍山（深入山から）

臥龍山の頂上および西、北は古いブナの森林が残っていて、ミズナラ、クリ、ホウ、トチ、シデの高木が茂り、中高木のナツツバキ、リョウブ、ハウチワカエデの間に風道が開き、ワシタカ類の野鳥やシロハラ、ミヤマホオジロなどの冬鳥の繁殖も確認されている。標高一〇〇〇m以高の谷でも水流が安定していて、サナエトンボ、ブチサンショウウオ、タゴガエルが生息し、これの捕食者のアカショウビン、クロツグミなどの鳥類が見られる。このほか甲虫、ゼフィルスチョウなどの昆虫もいる。動物としてホンシュウモモンガ、ホンドテン、ホンドキツネ、ホンドタヌキ、ニホンツキノワグマが生息し、このような生物の生活空間となっている森林帯が、臥龍山の西側から北東部、掛頭山へとつづいている。

広葉樹の林床はササ類、その上部はユズリハ、ガマズミ、ネジキ、マユミ、オオカメノキが加わる。標高一〇〇〇mより上部の明るい林間にスギ、ヒノキ、ウラジロガシの常緑樹もよく育ち、ミズキ、ヤマボウシ、ナツツバキの花木を春から夏にかけて観察できる。

しかし、臥龍山東面は一九五〇年代に広く伐採され、二次林となっている。頂上には八畳岩といわれる大きな岩があり、頂上西側の標高一一〇〇mの林道終点に、雪霊水と呼ばれる湧水がある。

掛頭山は古くから里人によって採草、放牧に利用されていて、すでに二〇〇年以前から草地であった。一九五〇年代の調査では、頂上部は広く、ススキ、トダシバ群落に覆われていたが、最近では樹高五m程度のナラカシワに覆われてきた。里人の利用がなくなり、最初の侵入樹が繁茂したもので、ハヤシミドリシジミなどの蝶類が多い。掛頭山北西の山腹標高一〇〇〇mには、樹齢二〇〇〜三〇〇年のブナ、ミズ

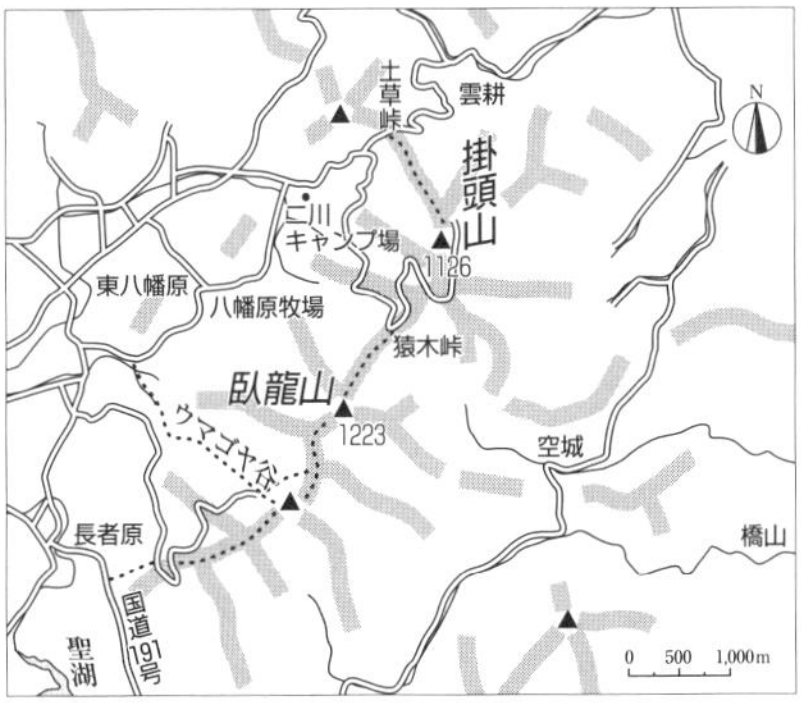

ナラが天然林を形成し、シデ、リョウブ、トチなどが混在している。西山麓は標高八〇〇mの八幡高原が臥龍山西麓まで広がり、盛夏でも涼しく、ホトトギス、カッコウ、アカショウビンなどの野鳥でにぎわう。高原北端に二川《ふたごう》キャンプ場があるが、ニホンツキノワグマの出没に注意したい。山頂東側はスキー場として開発され、阿佐山、櫛山、大箒山、深入山を望むことができる。

猿木峠を下った二川キャンプ場の西側の湿地は、自然再生法に基づく湿地再生事業が行われている。東西にわたり木道が整備され、湿地の自然観察や環境教育の場になっている。

登路 臥龍山への登山道の一つは、八幡高原南端の千町原からのコースである。ウマゴヤ谷に入り、谷の分岐から中の尾根に取りつき、ミズナラ、ブナの混生林を一時間程登って菅原林道終点に達し、さらに約一〇分で頂上に着く。頂上は展望がなく、稜線を少し南に下ると南方の視界が開ける。また、国道一九一号の聖湖側からの登り道もあり、頂上まで一時間程かかる。

掛頭山へは二川キャンプ場からの林道があるが、二川キャンプ場から約二〇分の土草峠から踏み跡を辿る道もあり、峠から約一時間で頂上。臥龍山雪霊水から踏み跡を猿木峠へ下り、林道を伝って掛頭山へのコースも考えられる。

地図 二・五万図 臥龍山 (吉見良一・斎 陽)

深入山 しんにゅうざん 標高 一一五三m

広島県山県郡安芸太田町戸河内地区にある山。太田川水系の三段峡とともに西中国山地国定公園の顔として切手にも登場している。北面を除き全山草原に覆われたなだらかな山容で、どこから眺めてもすぐそれと分かる。

山頂に立つと視界がよければ日本海まで眺望できる。南麓には「いこいの村ひろしま」「深入山グリーンシャワー」など登山だけでなくキャンプ、各種スポーツ施設が整っており、三段峡の北入り口でもある。

古来から薪炭、採草、放牧など農家に欠かすことのできない山だった。一九二八年、区有山統一整理により松原から戸河内村に無償提供された。一九三四年、皇太子殿下ご誕生を祝してサクラの苗木一二〇〇本が植えられ、翌年には共同牧場となり、一九四〇年、馬の放牧などの記録がある。

江戸時代、この地方は「たたら製鉄」の生産を誇っていた。その遺跡は深入山南麓の蔵座やその南西にある向真入山《むこうしんにゅうざん》(九九六m)西麓の集落餅の木など、戸河内地区だけで三六箇所発見されている。木炭になる低木の伐採で草原化したため、この山には山林名が付かず、一八八八年の陸地測量部の地図「広島」に記載されているのが初見との説がある。現在も地元・松原自治会の手で山焼きがつづけられているが、この行事は「蕨草山焼所境書」(一七四八年)の記録にも登場している。

登路 東登山口「いこいの村ひろしま」から五〇分で山頂。下山は四〇分。そのほか南・西登山口もある。どの道も整備されている。

地図 二・五万図 三段峡 (国枝忠幹・河野二六夫)

漁山　いさりやま

標高　七一四m

別称　十国山《じっこく》　浅間山《せんげんさん》

島根県浜田市の南端、同市弥栄町にある。かつてここには石見国那賀郡漁山村というのが存在した。その後の町村合併で村の名は失われたが、山の名として残った。昔から石見の海で働く漁師たちが、方角を定める際の目印にしたと伝えられ、山上から海の様子や、夜には漁火が一望できる。別名を「十国山」というが、果たして十の国を望むことができるかどうかは分からない。

山頂には、富士山の浅間神社から勧請したという同名の浅間神社があり、祭神は木花咲耶姫命《このはなさくやひめのみこと》で、毎年七月の第二日曜日に例大祭が催される。

登路　浜田市の中心部と弥栄町を結ぶ県道三四号は現在、十国トンネルで境界を越えるが、その旧道の野坂峠(十国峠)が登山口(峠から山頂まで約四〇分)。昔からの弥栄町栃木からの道は、いまは荒れている。

地図　二・五万図　木都賀

（伊澤寿高）

大麻山　たいまさん

標高　五九九m

別称　おおあさやま　当麻山《たいまさん》

島根県浜田市三隅町の海岸近くにある。古来、山見航法による目標の山として海図にもあり、船乗りや漁師の信仰の対象でもあった。山名は山上にある式内社大麻山《おおまやま》神社に由来し、祭神は大麻比古命《おおあさひこのみこと》。寛平二年(八九〇)、阿波国の大麻比古神社から勧請してきたのに始まるという。一方、文化一四年(一八一七)成立の『石見八重葎《いわみやえむぐら》』には「そもそも大麻山と号する所以は……此山にて大なる麻を作り始る故大麻山と申す」とあり、『日本山嶽志』にも「旧称オホアサなるべし」とあるが、いずれにせよ、元「おおあさ」だったのが後に「たいま」となったらしい。なお、この山の三角点は山頂ではなく、東南東に少し下った所にある。

登路　山頂には無線中継の塔が林立し、公園が設けられ、車道が敷かれて歩くことなしに行けるが、中国自然歩道を利用して、北は浜田市大谷の上手の砂防ダムから、南は出島浴から室谷を経由して登ることができる(どちらも山頂まで約一時間)。

地図　二・五万図　木都賀　三隅　浜田

（伊澤寿高）

弥畝山　やうねやま

標高　九六一m

島根県浜田市弥栄町と同市金城町、益田市匹見町にまたがり、九五〇m前後の小ピークがいくつも連なっていて、どれが山頂なのか分かりにくい。一応、九六一mの独立標高点が「頂上」とされているが、少し西にはそれより高い九六四mの三角点があり、反対側の南東方向には約九七〇mの最高地点が、さらにその先にはこの山系の最高峰である空山《そらやま》(一〇六〇m)もあってややこしい。「やうね」の語源も不明で、この山の姿から「や」は多数を示す「八」、「うね」は峰か尾根の転訛だとし、「弥畝」は単に当て字だとする説もある。

　山麓は植林や放牧に利用され、浜田市金城町側の周布《すふ》川上流の台地には、島根県畜産事業団の弥畝牧場も置かれている。しかし、山自体の魅力に乏しく、登る人は少い。

登路　浜田市弥栄町横谷のふるさと体験村から金城町若生へ越す林道の峠が登山口で、避難小屋や無線中継塔を経て頂稜の一角へ（約一時間）。頂上や最高地点へ行くにはさらにヤブこぎが必要。

地図　二・五万図　宇津川　臥龍山　（伊澤寿高）

比礼振山　ひれふりやま　標高　三五九m

別称　権現山　狭姫《さひめ》山　石見の小富士

　島根県益田市街地の東方の峰々の中ではひときわ高く聳えて目立つ山で、山上には蔵王権現と佐毘売《さひめ》山神社が祀られ、「権現山、狭姫山」とも呼ばれる。「さひめ」は石見神話に出てくる姫で、「ひれふり」の名も。「比礼」は古語で「布」を指すことから、姫が布を振る姿を連想させる。文化一三年（一八一六）成立の『石見八重《やえ》葎《むぐら》』には「石見国弐拾六ヶ所名所目録」の中に選ばれ、後鳥羽院の歌「石見方高角乃山に雲晴れてひれふる峰に出つる月影」が引用されている。山頂は大きな広場でパラボラアンテナが立ち、ここまで車道が延びて市民の憩いの場になっている。展望はすばらしい。

登路　歩いて登るなら、益田市染羽《そめば》町の医光寺から乙子《おとこ》町方面へ通じる県道の途中に登山口があり、権現霊水、佐毘売山神社を経て山頂へ（約四〇分）。南の久々茂《くくも》町の惣《そう》八幡宮からも道があり、佐毘売山神社の下で乙子町からの道と合流する。

地図　二・五万図　仙道郷　（伊澤寿高）

春日山　かすがやま　標高　九八九m

別称　神出《かみいで》ケ《が》岳《たけ》

　西中国山地の主峰・恐羅漢《おそらかん》山と匹見川を隔てて対峙するこの山は、標高は一〇〇〇mに満たないが、近くに高い山がないためよく目立ち、周辺の山の展望台となっている。島根県益田市匹見町と同市美都町にまたがる。

　山名は山頂に春日大明神の祠があるからで、祭神は奈良の春日大社の分神だといわれる。勧請された年代は不明だが、この山名も、また神出ケ岳という別名も、文化一三年（一八一六）に書かれた郷土誌『石見八重《やえ》葎《むぐら》』に載っており、「昔よりこの山に登りたる人を聞かず」とあるから、このころ祀られたらしく、人が登るようになったのはそれ以後らしい。

登路　春日大明神への参道が登山道で、益田市匹見町矢尾のこしまつ橋から本エキと呼ばれる谷づたいに登り、尾根に取りついて山頂へ（約一時間三〇分）。益田市美都町葛根藪《かんねやぶ》の「みと自然の森」からも、途中で合流する道がある。

地図　二・五万図　出合原　（伊澤寿高）

日晩山　ひぐらしやま　標高　七四三m

別称　比良山

島根県益田市のほぼ中央、美都町と匹見町にまたがる横に長い山稜で、益田市の屋根ともいわれている。同市波田町から日晩《ひぐらし》峠を越えて匹見町へ通じる道は、古くからの広島方面への往還で、途中には「猿田彦大神《さるたひこのおおみかみ》」の石碑や斗《と》舛石《ますいし》の泉などがあり、峠には三基の歌碑のほか東屋なども設けられて、ちょっとした休憩所になっている。

峠と山頂との標高差は二六〇m程しかなく、名前のとおり峠と山が一体のものと見ることができる。日晩の名の由来は明らかではないが、峠からの眺望があまりによいので、旅人が見とれて長居をしているうちに日が暮れ、晩になってしまったとも推測できる。

登路　日晩峠から山頂までは、標高差こそ少ないが上り下りが多く、登山というよりは縦走に近い（波田町の登り口から峠を経て山頂まで約二時間三〇分）。反対側の美都町岡組からも登ることができるが、一部ヤブこぎを強いられる。

地図　二・五万図　都茂郷

（伊澤寿高）

聖山　ひじりやま　標高　一一一三m

広島県山県郡北広島町芸北地区と安芸太田町戸河内地区との境に位置し、北東山麓に太田川の源流にあたる聖湖（樽床ダム）がある。なだらかな尾を引く山で、昔はササやススキに覆われた草山だった。いまはカラマツなどの樹木が成長して展望をさえぎっている。

『芸藩通志』によると藩政時代、麓の八幡村は「たたら製鉄」の資材運搬のために多くの馬を飼っていた。一九一一年、この山に共同放牧場が設けられ、面積の広大さと良質な草木を得ることができることなどから、遠く小板、雄鹿原、中野の馬まで放牧に追い込んだと記録に残されている。しかし、一九五七年、樽床ダムが完成し、この地区が完全に水没するに及んで、この共同牧場は姿を消すこととなった。

この山は、古くは山頂広場にある三つの岩のため、また、戸河内横川、八幡原、樽床の村境の山として「三つ岩」と呼ばれていた。現在の「ヒジリ」は樽床に流入する谷（現カジノ谷）を「シジリ谷」と呼んでいたのが明治の地籍設定時に漢字化され、「比尻」となり、いつの間にか山名に用いられるようになった。明治・大正・昭和と長い間「比尻山」の名が使用されていた。「聖」への改字がいつ行われたかははっきりしていない。

登路　聖湖ダム堰堤駐車場が登山口。林道を約三五分歩くと十文字峠に着く。ここから右の道に入る。約二五分の登りで右手に展望岩が現れ、さらに約一〇分進むと山頂の三角点に到着。眺望が利かないので五〇m先の広場の大岩に出るとよい。

地図　二・五万図　三段峡

（国枝忠幹・近藤道明）

恐羅漢山《おそらかんざん》　標高　一三四六m
砥石郷山《といしごろやま》　標高　一一七七m

恐羅漢山は広島県の最高峰である。恐羅漢山の北東の奥三段峡から南西方向のボーギのキビレ（横川越）まで、約八kmの間に北東から砥石郷山、恐羅漢山、旧羅漢山、焼杉山（一二二五m）と並び、西中国脊梁山地の一山塊を形成していて、西中国山地国定公園に指定されている。

これらの山々は砥石郷山が広島県山県郡安芸太田町戸河内地区内にあるのを除き、戸河内地区と島根県益田市匹見町との県境となっている。

砥石郷山、恐羅漢山の北と北西は奥三段峡、中の甲川で区切られ、北東は牛小屋谷、横川川が流出し、すべて横川川下流で合流し三段峡、次いで太田川となる。焼杉山の南東は細見谷で太田川の上流であるが、南西は匹見川となって日本海に注いでいる。

北東～南西に走る横川谷には平行して横川断層があり、その西側の牛小屋谷には同様の走軸で餅ノ木断層が牛小屋高原に達している。

山名については、正徳五年（一七一五）の『戸河内森原家手鑑帳』に「おそらかん山」とあるのが初出といわれている。また、文政八年（一八二五）の『芸藩通志』の「戸河内村絵図」にも「オソラカン山」の記載が見られ、山林の十方山の項に「一に西十方を、おそらかん山とよぶ、日本輿地図に、岩見界に高山そかい山としるすは、おそらかんのことなるべし」とある。南接の廿日市市吉和地区では

恐羅漢山（砥石郷山から）

西十方といわれていたと考えられる。恐羅漢の語源は、山が奥深く、猟師や木地師でも迷う恐ろしい山に由来するとの説もある。匹見側では「大亀谷山」と呼ばれていたようであるが、頂上西側に流下する亀井谷との関係も推察される。

砥石郷山の山名由来は、その東側の牛小屋谷から石英が多く含まれる流紋岩質凝灰岩が採れ、砥石として横川の人たちに利用されていて、郷は川のことで、砥石の採れる川がある山からきている。

恐羅漢山、砥石郷山周辺を構成している流紋岩は、高田流紋岩類と呼ばれている。

この山塊は落葉広葉樹を主とした林相で、樹齢二〇〇年以上のブ

ナ、ミズナラ、トチ、シデ、スギの高木が上部に茂り、リョウブ、ノリウツギ、カエデ、タンナサワフタギ、アブラチャン、クロモジなどが下層木としてあり、チュウゴクザサが地表を覆った自然林が主である。横川集落周辺の恐羅漢山東山腹には放牧用の草地が見られるが、昭和三〇年代後半から放牧は行われなくなった。昭和三〇年代から四〇年代にかけての伐採で、多くの斜面がチュウゴクザサ帯となり、二次林の回復も見られるが、かつてのようにうっそうとした樹相は見られない。一部、恐羅漢山から北西の台所原にかけての斜面にブナの自然林が残されている。また、伐採跡地の多くには昭和四〇年代、五〇年代にスギ、ヒノキが植林され伸長している。

野生動物の種類は多く、ニホンツキノワグマ、ホンドキツネ、ホンドタヌキ、ホンドテン、ムササビ、ニホンアナグマ、ホンシュウモモンガ、鳥類ではクマタカ、ハイタカ、オオルリ、アオゲラ、トラツグミなど約八五種が確認されている。奥三段峡、中の甲川、牛小屋谷にはイワナ、タカハヤがわずかに見られる。

登路　恐羅漢山の登山口となる牛小屋高原へは、内黒峠越の林道か大型車も入る大規模林道を経由して車で入る人が多い。恐羅漢山へは、牛小屋高原からタテヤマ尾根のスキーコースの端を縫って尾根の上部に達して、頂上へ約一時間。恐羅漢山から旧羅漢山まで二〇分。また、二軒小屋駐車場から三〇分で水越峠に達し、南東側から旧羅漢山まで一時間三〇分足らずのコースがある。

さらに、牛小屋高原からナツヤケのキビレまで約三〇分、ここから恐羅漢山北稜を辿って四〇分のコースもある。恐羅漢山頂上からは脚下の横川谷、北東の深入山、刈尾山への展望がよい。

砥石郷山へはナツヤケのキビレから砥石郷山南峰独標まで二〇分、さらに主峰三角点まで二〇分を要す。砥石郷山南峰の露岩上の展望も広大である。主峰三角点手前に魔の池という小さな沼がある。

地図　二・五万図　三段峡　出合原

（吉見良一・後藤　昭）

十方山　じっぽうざん　標高　一三二八m

広島県山県郡安芸太田町戸河内地区と廿日市市吉和地区にまたがり、北東から南西にかけて一二km、幅四kmの山塊の主峰である。最高点は安芸太田町戸河内地区と廿日市市吉和地区の境界に、三角点はその南方約四〇〇mの廿日市市吉和地区にある。山名は仏教の十方世界からきており、山頂のササ原から広い眺望が得られることによる。空気が透明であれば、四国の石鎚連峰も視野に入る。

山名の初出は寛文三年（一六六三）の『芸備国郡志』に「十方辻」の名が見られる。これを増補・改定し、文政八年（一八二五）に完成した『芸藩通志』の絵図には十方山があり、「吉和村の西北にあり、麓は山形郡戸河内村、及び石見の国、下道川に亘る。東西二嶺にわかれて、西嶺尤高し、絶頂平坦なり、方々よく見ゆるを以名づく」とある。「道川に亘る」は誤記、東嶺は三つ倉のことである。十方山は北から南方向を見ると緩やかな双耳峰に見える。江戸時代の吉和村では、「野山」に区分され、村の管理で利用されていた。

十方山塊は冠山山地に属し、北西側は横川断層に沿って、水越峠よりの北東流と、南西流する細見谷の川で区切られている。南西側は九〇度流軸を変えた細見谷のV字渓谷で終わり、立野で太田川本

十方山(左のピーク)と三つ倉(右)(吉和野田原山から)

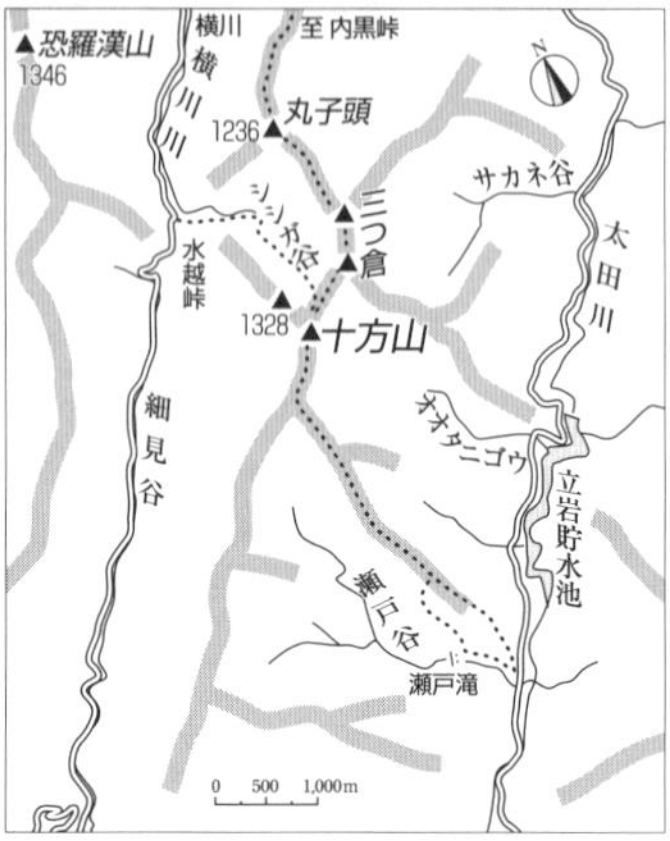

流と合う。山塊南東側は太田川が立岩断層に沿って侵食し、比高八○○ｍの谷を刻み、北東流して戸河内地区本郷に至る。南東側には、南から瀬戸谷、二の原谷、大谷川、坂根谷、那須谷などがあり、瀬戸谷には下段約三○ｍ、上段約一五ｍの瀬戸滝がある。山塊北東側は横川川が柴木川に合流し、名勝・三段峡になって南東に向かい、本郷で太田川と合流する。

三段峡は熊南峰《くまなんぽう》(写真技師)により一九一七年に全貌が調査され、世に紹介された。山塊北部を横切る内黒林道は本郷～古屋敷間が一九三七年、内黒～二軒小屋間が一九五三年に完成した。

山頂部の降水量は年間二七○○㎜に達する。通常、根雪は一二月下旬より四月上旬までで、山頂南の残雪は五月上旬まで見られる。

十方山頂上は隆起準平原を残し、流紋岩で覆われているが、その下は粘板岩と砂岩の互層に一部チャートが潜入する。山頂から南西約一㎞の尾根はチュウゴクザサ・アカモノ群集に覆われている。これは牧場を造るため伐採された二次的群集であろうとの報告があるが、すでに江戸末期の『芸藩通志』で眺望が広いことと、草原であったことを偲ばせ、風衝草原と見て差し支えないと思われる。標高九○○ｍ以高はブナ・クロモジ群集、約七○○ｍ以高はブナ・ミズナラ群集が分布し、チュウゴクザサが密生する。山麓はツガ・ウラジロガシ群集が分布する。一九五○年代から七○年代の大規模伐採のためブナなどの老木が伐られ、二次林としての落葉樹林も多く見られる。

哺乳動物はニホンツキノワグマ、ヤマネ、ニホンリスなど、鳥類ではクマタカ、サシバ、アカゲラ、ヤマドリなど、魚類ではゴギ、アマゴ、アブラハヤなど。このほか両生類のオオサンショウウオ、ハコネサンショウウオ、無尾類のモリアオガエルも生息している。

登山記録としては、一九三二年の「広島山岳会報」に結城次郎の登頂記があるが、記事からそれ以前に登山が行われていたことが分かる。また、細見谷初遡行は、一九二八年の川本老介といわれる。氏の芸北山群開拓の功績は、この山の紹介者としての加藤武三とともに大きい。加藤の記念碑が内黒峠にある。瀬戸谷など山塊南東側の谷の遡行記録は一九六○年代から見られる。吉和登山道には、一九三五年二月に遭難した旧制広島高等学校生・伊藤四郎の慰霊歌碑、山頂尾根には一九八四年の遭難碑、内黒林道には一九六○年代の二つの遭難碑がある。いずれも積雪期の遭難である。

登路　戸河内地区本郷～横川の内黒林道の内黒峠から尾根づたいに彦八の頭、丸子頭、三つ倉を経て山頂に至る、往路約五時間の道がある。次いで横川から二軒小屋を経てシシガ谷に入り山頂に至る往路約二時間の道、そして、吉和地区瀬戸谷口から尾根づたいに山頂に至る往路約三時間の道がある。

地図　二・五万図　三段峡　戸河内

（木村知博・後藤　昭）

五里山　ごりさん

標高　一一二四～一〇六四m

現在、通常では恐羅漢山塊から南西に派生し、広島県廿日市市吉和地区と島根県益田市匹見町の県境を形成している連山を指していうことが多い。

この場合、南東側の細見谷（太田川上流）と北西側の裏匹見谷（匹見川上流）に挟まれ、北東のボーギのキビレ（横川越）から南西の御境峠までの山々を総称している。この約六kmの間に北東から一〇七九m、一一六八m、一一三〇m（経塚山三角点）、一一五八m、一〇六四m、一一二四mのピークが連なり、このほかにも小隆起がある。国土地理院の五里山の記載は、南西部の一一二四m峰から一〇六四m峰にかけて横書きで記載されている。

そもそもの山名の発端は、旧吉和村と匹見町を結んでいた石州街道の長さ五里からきたもので、その中程の山々を指していたものであろうと推測されている。吉和東山から冬季に望むと中津谷の奥に一文字の稜線に白雪の稜線が美しく望まれる。稜線の大部分はチュウゴクザサに覆われ、恐羅漢山塊、十方山塊、冠山山地など周囲の展望はすばらしい。中腹から細見谷、あるいは裏匹見にかけてはブナ、ミズナラ林が発達しているが、一九五〇～六〇年代にかけての伐採で、二次林となった所が多い。

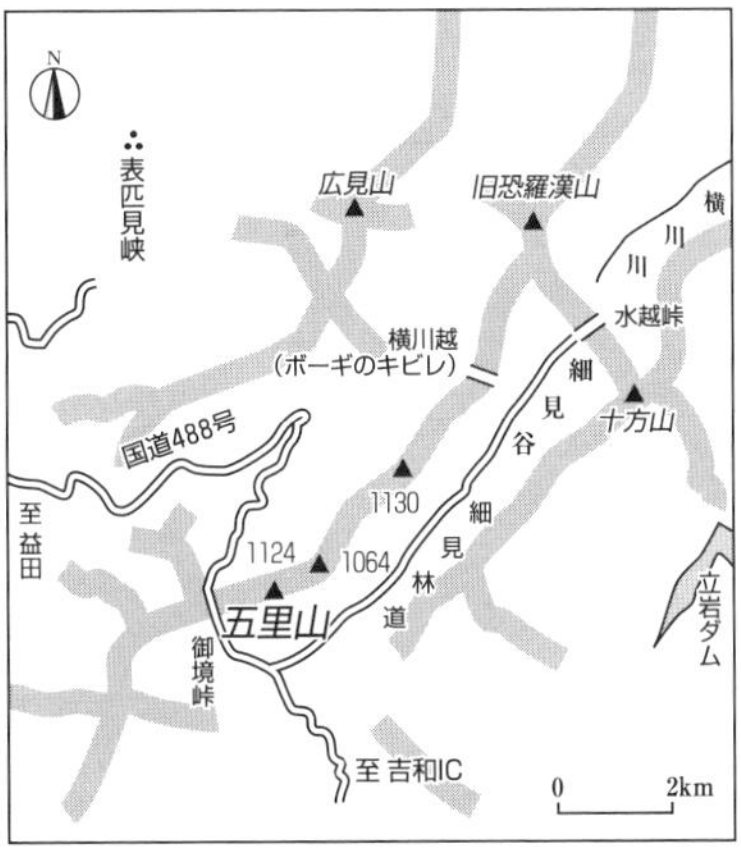

登路　いわゆる登山路はない。かつては杣道《そまみち》もあったが消失した所が多く、ボーギのキビレからの稜線縦走か、細見谷側のオシガ谷から藪谷を登って、一〇六四m峰から稜線縦走に入る。概略の所要時間はオシガ谷口から稜線まで（約一時間）、一一三〇峰まで（二時間）、一一三〇m峰からボーキのキビレまで（約二時間）、ボーギのキビレから細見林道マゴクロウ谷口まで（約二〇分）。

しかし、冬季の恐羅漢山から山中一泊のスキー・ツアーは楽しい。細見谷・オシガ谷口までは吉和地区中津谷口から国道四八八号を徒歩か車使用。約一二km。

地図　二・五万図　野入

（木村知博・渡辺勝俊）

三段峡 さんだんきょう

広島県山県郡安芸太田町戸河内地区にある国の特別名勝である。三段峡の渓谷は大隆起によって出現した雄大なV字型の渓谷である。東に柴木山（一〇六六m）、北東に深入山（一一五三m）、南に内黒山（一〇八二m）、西に恐羅漢山（一三四六m）の間にあって上流の豊富な雨量によって下刻侵食の結果、独特の造形美が形造られている。

峡中には断崖絶壁や大岩、巨岩が点在して、孤峰をなすものもある（天狗岩、仏岩）。その底を流下する峡谷は水量も多く、深い淵を各所に形成している。溶食によって生まれた淵には黒淵、女夫淵の名称が付けられ、峡中の名所になっている。

入り口の柴木から最奥の出口聖湖（樽床）までの距離一二km、高度差四〇〇mと大きく、平均して三〇分の一の急勾配となっている。

両岸はV字状に立ち上がっているが、ブナ、ナラ、ミズナラ、トチ、シデ、サワグルミの落葉広葉樹と、ツガ、マツ、スギの針葉樹が交じって繁茂している。中流にはメグスリの木があり、秋の紅葉はひとしきり際立っている。

もっとも古い記録として正徳五年（一七一五）の記録があり、龍《たつ》の口が紹介されている。また、明和五年（一七六八）の「松落葉集」に、三段滝、龍の口、猿飛の記事があり、さらにその序文には「山三峨のごときものあり、水三峡のごときもあり、蜀中の地理にほぼ相似たり」と称えている。その後峡内が詳しく紹介されたのは、文政二年（一八一九）の「国郡志御用に付下しらべ書出帖、戸河内村」であった。文政八年（一八二五）の『芸藩通志』の「戸河内村絵図」では龍の口、三段龍頭、猿飛の位置が記載されている。

その後、一九一八年五月に熊南峰《くまなんぽう》（写真技師）によって景観のすばらしさが『山県郡写真帖』によって世に紹介されている。

三段峡の名称については、十方山、刈尾山（現臥龍山）、深入山を「三峨」に、八幡川、横川川、柴木川を「三峡」にたとえ、三つ滝、三段滝、二段滝など地形が三段を形成していることなどを勘案して、三峨、三段、三峡から一字を抜いて「三段峡」と名付けられている。

一九二五年一〇月八日、内務省史跡名勝天然記念物考査員・国府犀東の調査結果で「名勝地」に指定され、一九五三年一一月一四日付けで国の「特別名勝地」となっている。

恐羅漢山の登山を目ざすとき、そのアプローチとして三段峡を経由することによって、西中国山地の総合的性格を理解し得ると同時に、その景色をも楽しむことができる。

三段峡の二段滝から北西へ約一・八km上流に登った所に、奥三段峡と呼ばれている渓谷があって、夏期の沢登りに適している。約三kmにわたる花崗斑岩と石英斑岩が水流によって変化を付けられたV字渓谷をなしている。踏み跡は部分的にあるが、季節の流水量によって選択しながら登るのが安全である。増水期や濁っているとき、の入峡は危険である。峡中には「くも淵までを瀞淵・蛇淵・岩魚淵・お岩淵」など大小の淵が連続的に点在して、両岸に茂る樹木の影が水面に反映して美しく、水は冷たい。

奥三段峡入り口へは、三段峡の猿飛から徒歩二〇分で横川《よこごう》出合、北西へ上流の田代に至る一・五km林道を歩く。最近は横川側から車で入ることが多い。餅の木～横川間に大規模林道が二〇〇四年に完成し、横川出合、奥三段峡入り口への入山が楽になった。

約一・八㎞の短い渓谷であるが、深山の神秘性を残している。山際の岩壁や渓流を左右にルートを変えながらの移動では、水流に入ったり高巻きをしたりと、緊張した登りが楽しめる渓流である。

地図　二・五万図　三段峡

（吉見良一・河野二六夫）

広見山　ひろみやま

標高　一一八七ｍ

島根県益田市匹見町にあるこの山の稜線は、裏匹見峡とも呼ばれる広見川を隔てて島根・広島県境稜線とほぼ平行に走っている。「広見」の名は、広見川の上流にかつてあった集落（いまは廃村）と同じだが、山の名と集落の名がどちらが先に付いたかは分からない。いずれにせよ、山名の付いたのは非常に古く、この地方の地誌では最古の『石見風土記』（天平八年・七三六）に載っている。

広見集落があった場所は山中の部分的に広くなった平地で、この地形（広み＝「み」は接尾語）から付いた名ともとれるが、一方、この山の山頂はササ原で、広く見渡せるからとも考えられる。

登路　長らく登る人もなく、登山道というほどのものはなかったが、近年、益田市の有志により裏匹見峡側からのルートが開かれた。国道四八八号から広見川を遡り、南西側から稜線に取りついて登るが、多少のヤブこぎは覚悟しなければならない（国道から山頂まで一時間三〇分～二時間）。

地図　二・五万図　出合原　三段峡　野入

（伊澤寿高）

大神ヶ岳　だいじんがたけ

別称　だいじんがたき

標高　一一七七ｍ

島根・広島両県を分ける中国山地主稜からわずかに島根県側へ入った益田市匹見町にあり、なだらかな山の多い中国山地の中では、山頂に岩峰のある山として特異な存在である。

「大神」の名の由来は、山頂の岩峰の下に祀られている三坂《みさか》大明神にあるらしく、山自体がご神体で、かつて山伏の修験場でもあった。いまでも山頂付近のあちこちに、それらしい地形や地名、雰囲気が残り、町の史跡に指定されている。最初にこの山名が出てくるのは、文化一三年（一八一六）成立の『石見八重《やえ》葎《むぐら》』である。また、この地方では山にある岩壁を「たき」といい、山名も「だいじんがたき」と発音している。

登路　益田市匹見町紙祖《しそ》から広島県廿日市市吉和地区へ通じる三坂八郎林道の、県境のトンネルの匹見町側に登山口がある。北へ九十九折に登って行くと山葵《やまあおい》天狗社、つづいて三坂大明神の小祠があり、岩峰を西側から回り込んで山頂へ（約四〇分）。

地図　二・五万図　野入　安芸冠山

（伊澤寿高）

冠山　かんむりやま

標高　一三三九ｍ

広島県廿日市市吉和地区の西部にあり、広島県第二の高峰である。この山名が西中国山地の地理学的呼称「冠山山地」となっている。

冠山(吉和野田原山から)

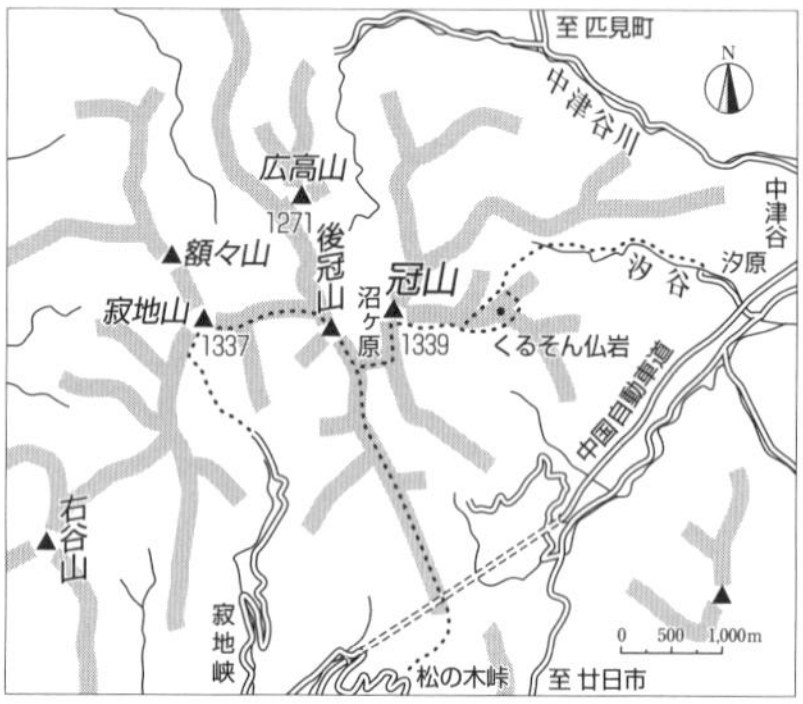

冠山周辺には後冠山(約一三〇〇m)、寂地山(一三三七m、山口県最高峰)、広高山(一二七一m)があり、これらで大きな山塊を形成している。

冠山山頂西側のほん谷(小川)は、山頂北部を東流する中津谷川に注ぎ、冠山東側を北東流する太田川(源流)と中津谷口で合流する。冠山山頂の南西のほん谷源流部は標高一二〇〇m前後の隆起準平原で、沼ヶ原といわれている。その西側の後冠山から西に派出し寂地山に達する尾根は、島根県益田市匹見町と山口県岩国市錦町の境となり、南東の冠高原に下る尾根は錦町と廿日市市吉和地区の境となっている。これらの尾根に囲まれた南面、錦町側は宇佐川上流の犬戻峡である。後冠山の北は鞍部となっているが、再度隆起し広高山となり、ほん谷を挟んで南東の冠山と対峙している。後冠山から広高山の稜線は益田市匹見町と廿日市市吉和地区の境界である。

冠山の名の初出は享保一〇年(一七二五)の『吉和村御建野山腰林帳』の「加むり山」の記載といわれ、次いで文政八年(一八二五)の『芸藩通志』の「吉和村絵図」に冠山とその東側にくるそん仏岩の記載が見られ、山林の項に「同村の西南にあり、山の形状、冠に似たり」とある。山の形状が山名となったことが分かる。

冠山の地質は、冠高原を含む標高九〇〇mまで橄欖《かんらん》石玄武岩、それから一一〇〇mまでに古生層粘板岩、以高山頂までは橄欖石玄武岩と角閃石安山岩である。寂地山は粘板岩質の古生層で、かつて冠山火山の噴出した安山岩の残りが北西尾根に残る。北西の額々山《がくがくやま》は安山岩よりなり、水平方向の板状節理が発達し、雲母のように剝離された奇勝となっている。

冠山を特徴付ける植物としてアシウスギ(八郎杉)、オオヤマレンゲ(標高一〇〇〇mから出現)、サラサドウダン(標高一二〇〇mより出現)、アサガラ、オオバアサガラ、マイヅルソウ、ミヤマワラビなどがある。レンゲツツジは広く密生している所があり、南西日本の大群落の南限といわれている。冠・寂地山塊の標高一〇〇〇m以高はブナ、ミズナラ帯であるが、冠山東面では伐採された所がかなりある。この高度にはチュウゴクザサが繁茂している。冠山・寂地山稜線にはカタクリが点在する。寂地山の特徴植物として、テバコワラビ、オシダ、シラネワサビ、サカゲイノデ、イワタケソウなどがある。

登路　冠山への登山道としては主なものが三つある。

① 北東の汐原バス停(温泉あり)から林道を徒歩二〇分で林道終点に達する。ここから汐谷の左岸に沿って四五分で右岸に徒渉し、南西の開けた谷に沿って登る。途中、くるそん仏岩(高さ一六m、標高約一一〇〇m)への寄り道がある。標高一一〇〇mの鞍部でくるそん仏岩からの道と合流する。ここまで汐谷の徒渉点よりくるそん仏岩経由で五〇分、さらに五〇分で山頂に達する。

② 冠高原入り口バス停から松の木峠へ(一五分)。峠から県境尾根を忠実に登り、一二八〇m峰と一二八二m峰との鞍部で右に分岐し(一時間三〇分)、沼ヶ原を北東に約一km(三〇分)で冠山山頂に着く。

③ 錦町寂地峡入り口から林道終点へ(一時間二〇分)、さらに寂地山山頂へ(一時間)。山頂には祠と「山口県国体炬火採火之地」の記念碑がある。寂地山山頂から沼ヶ原分岐まで(四〇分)。沼ヶ原を横切り、最後の急登で冠山頂上に達する。寂地山から南西には、右谷山に向けて縦走路がある。

地図　二・五万図　安芸冠山

(藤川昌寛)

寂地山　じゃくじさん　　標高　一三三七m

別称　じゃくちさん　じゃくじやま

山口県岩国市錦町と島根県益田市匹見町、同市吉賀町六日市地区と広島県廿日市市吉和地区にまたがり、冠山塊の西の主峰で、西中国山地国定公園に属する。山名は、中世から木地屋が「杓子」「しゃもじ」を生産したことにちなむ。

山体は古生層の錦層群に属し、堆積岩類が分布する。中腹以下には白亜紀における広島花崗岩が現れ、宇佐川が深い渓谷を彫り込み、その上流には犬戻峡、寂地峡の滝が多く見られる。植生は、稜線がブナ帯に属し、少し下がると天然性アシウスギが多い。標高七〇〇〜八〇〇mの谷にマンシュウボダイジュの群生地があり、日本列島ではめずらしい自生地で、大陸と繋がっていた寒冷期の遺存種である。渓谷には蘇苔類が繁生している。県下第一級の鳥類生息地であり、ニホンツキノワグマが走り、昆虫ではオオヒカゲ、ヒメヒカゲ、エゾヒガシトンボは南限といわれ、オオサンショウウオは天然記念物に指定されている。

『防長風土注進案』には「北にじゃくじ山あり、頗る大山にて谷深く跨り其の峰高くして尖らず覆盆の如し、佳木無之雑樹蓊鬱と立篭り猟人も深く入て途方を失うばかり」と記されている。

近代登山の歴史は浅く、一九三四年、下関山岳会の中本友一が歩き、一九四〇年には同会の八名が学術研究登高を行う。一九五〇年、藤山一雄が地元の案内人と寂地山頂に達したが、道はなかった。また、寂地山が山口県最高峰であることも、これらの人たちしか知らなかった。

一九六三年、第一八回国民

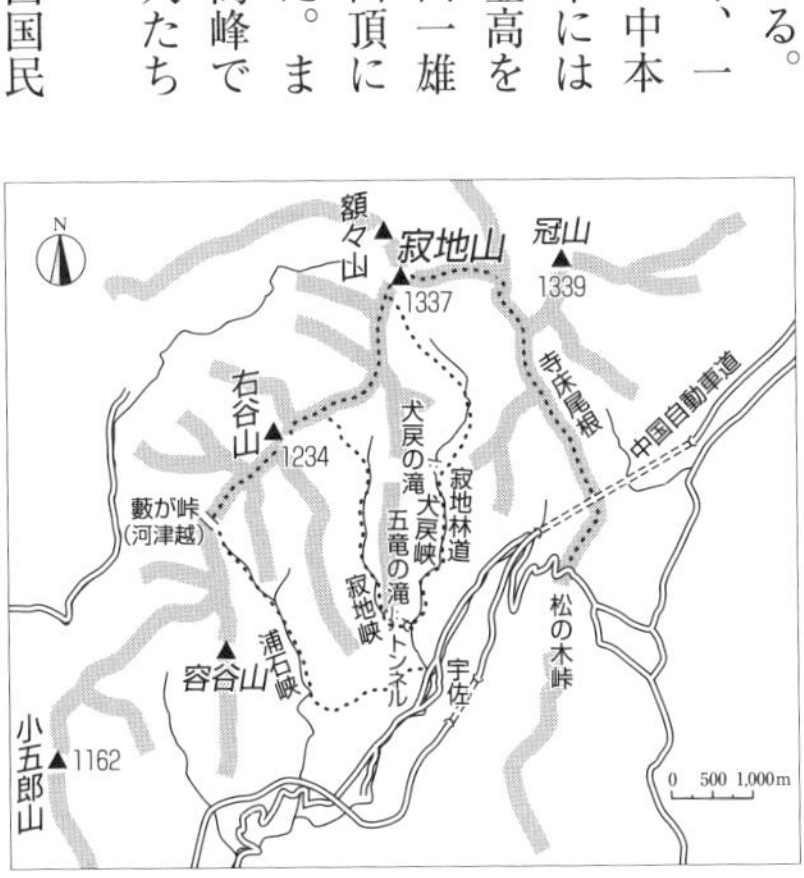

体育大会開催で、寂地山頂が炬火《きょか》採火地に決まる。山口県の要請で国土地理院の測量が実施され、標高一三三七ｍが山口県最高峰に公認された。ブナの大木一本を神籬《ひもろぎ》とし、火打石で点火した。採火式場の屋根を葺くために山頂一帯の菅《すげ》が刈られ、歩きやすくなり登山者が来るようになった。伝説として、寂仙坊が旧宇佐村住民の難儀を見兼ねて、大蛇を祈禱により臥竜山（広島県）に追い出す話が残っている。

登路　寂地峡駐車場から寂地林道を行く。林道は標高九〇〇ｍまでつづくが豪雨や地震で崩壊があり、歩いた方が無難。東屋から林道と分かれ、犬戻峡遊歩道に入る。滝を眺め、また林道に出る。沢にワサビ田を見て行くと縦走路に出、すぐ頂上の「国体炬火採火」の碑と祠に出合う（約二時間三〇分）。

四月下旬のカタクリの花は可憐で、登山者はこの時期が多い。夏は寂地峡の五竜の滝（日本の滝百選、寂地川は環境庁の名水百選）などを観賞しながら谷沿いに登るのがよい（約三時間）。また、広島県境の松の木峠から寺床尾根を辿る（約二時間三〇分）。寺床は寂仙坊の草庵であった。積雪期の雪中ハイキングもよし。

地図　二・五万図　安芸冠山

（井上　佑）

寂地峡　じゃくちきょう

寂地峡は、山口県東部の岩国市錦町に位置する二つの峡谷の総称である。一つは山口県の最高峰・寂地山に端を発する寂地川の流域で、三・五㎞の間に一八の滝が連続する犬戻峡。いま一つは、竜ヶ岳に端を発し、一気に標高差約二〇〇ｍを流れ落ちる七つの滝から形成される竜ヶ岳峡である。この一帯は、中生代に貫入した花崗岩類からなり、多くの奇岩や峻険な岩壁を形成し、それが樹木の美しさと相まって深山幽谷の様相を呈している。

犬戻峡の一八滝は、初心者の沢登りにも適当で、多くの愛好者に遡行されている。また、渓谷の傍らには遊歩道も設置されており、新緑のころや秋の紅葉の時期には、多くの観光客が訪れる。

竜ヶ岳峡は、花崗岩からなる竜ヶ岳山頂付近から山麓に向けて断崖絶壁をえぐるように壮大な滝が連続している。峡谷の名前にもある竜の体の一部を名付けた竜尾滝や竜頭滝などが美しい姿を見せている。連続する滝の傍らには勾配が急な散策路もある。峡谷の入り口には延齢の水と呼ばれる天然水の取水口もある。夏は峡谷一帯が天然のクーラーとなり、涼を求めて訪れる人が絶えない。ツガやゴヨウマツの老木が格好の点景となり、まさに水墨画の世界のように見事な渓谷である。

この峡谷は寂地山や右谷山への登山道としても多くの岳人に親しまれている。おだやかな渓流沿いの道は、まるで森林浴をしているかのような森とせせらぎの小径である。また、竜ヶ岳峡を登り切った所には、断崖をくりぬいた木馬トンネルがあり、その後右手に大きな奇岩が現れる。その岩を竜ヶ岳と呼んでおり、山頂には僧行基が全国行脚の途中に立ち寄り安置したと伝えられる聖観音菩薩像があり、古くから霊場としても有名である。

現在、寂地峡の入り口付近には、野外キャンプ場やバンガロー、炊事棟、管理センター棟などが整備され、休日ともなれば家族連れでにぎわいを見せている。

登路　寂地峡入り口の管理センター横から渓流沿いに進むと竜ヶ岳峡の入り口に出る。この入り口から聖観音菩薩まで登り約三〇分。さらに峡谷沿いを約一時間三〇分登ると右谷山と寂地山との分岐点に達する。復路は同じコースで管理センターまでは約一時間の行程。

地図　二・五万図　安芸冠山

（山本和彦・大塚守雄）

立岩山　たていわやま　標高　一一三五m
市間山　いちまやま　標高　一一〇九m

立岩山と市間山の山塊は広島県山県郡安芸太田町戸河内地区と同市筒賀地区、廿日市市吉和地区にまたがる、北東から南西にかけて約一一km、最大幅約三・五kmの細長い山塊である。立岩山はその中央部、筒賀地区と吉和地区の境に、市間山は戸河内地区と筒賀地区の境にある。北西側は立石断層が走り、それを侵食して北東流する太田川に区切られ、十方山に対峙している。南東側は加計断層に沿って北東流する筒賀川を挟み、天上山を望む。山塊北部では立岩山とともに山塊の両雄である市間山が、枝尾根を鍋山に分岐している。

二〇〇二年までの国土地理院の地形図の立岩山は、日の平山の位置に誤記されていたが、次版からその北東一・三kmにある無名の一一三五m峰に訂正されることになった。明治以来の長期の誤記はめずらしい。

立岩山、市間山とも文政八年（一八二五）の『芸藩通志』の「山県郡上筒賀村絵図」に記載されている。立岩山の由来は山頂に二段約六mの屹立した岩があり、これを立岩観音としてあがめていたことによる（一九六四年、湯の谷温泉にて聴取）。この当時、岩の前に祠が造られたが、数年後、瓦解していて現在はない。『芸藩通志』に、岩窟として「上筒賀村、立岩山上にあり、中に実乗観音あり」と記載してあるが、狭い頂上稜線に洞穴は確認されていない。誤記の可能性が高い。市間山は市松人形からきているとの説があるが、なぜ市松人形かについては多くの推定があり、確かでない。

安芸太田町筒賀地区の山林は旧藩時代から「野山」として入会林であったが、その後旧筒賀村有林となり、一九一〇年代から計画的な伐採、造林が行われ、地区財政の基盤となっている。植林はスギ、ヒノキ、マツで、立岩山東の隆起尾根、日の平山東側、市間山八合

立岩山（右）と市間山（左）（内黒峠から）

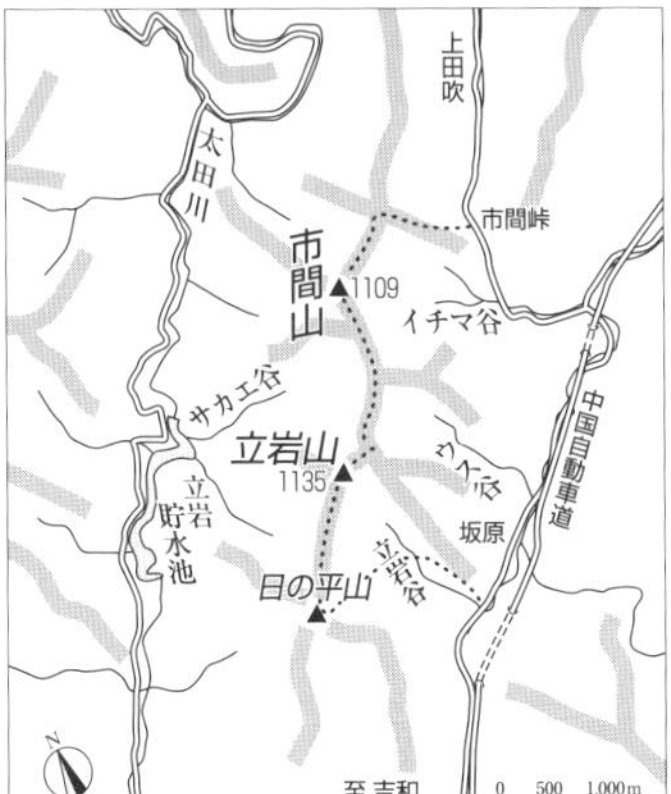

目辺りまで及んでいる。これらの多くは一九五〇年代に植林されたもので、現在、かなりの成長を見ている。しかし、市間山稜線部はブナ、ミズナラの天然林が残されている。この山塊は一九五〇年代に山塊全体にかなり伐採の手が入ったが、現在、二次林の落葉広葉樹が成育している所も多い。稜線部を主体に下生えとしてチュウゴクザサが密生している。生息する動物は、西に隣接する十方山とほぼ同様である。

山塊北西側の立岩ダム東側に、川面より二〇〇m高い標高六四〇mに砂礫層の平坦地があり、以前、この丘が太田川の河床であった跡を残し、侵食の激しさを示している。山塊の立岩山、日の平山を含む南西部の地質はチャートと砂岩を含む泥質岩で、山塊の市間山より北東部の地質は花崗岩類である。

登山記録として残っているのは、一九六二年の立岩山、一九六四年の市間山が最初である。その後、東山麓下布原のウス谷から、南西の駄荷林道から、南東の石原峠から、また、西の立岩ダムからの登行記録があるが、いずれもかなりヤブこぎを強いられている。

登路　吉和から戸河内へ国道一八六号、上筒賀坂原・野菜無人販売所が登山口である。立岩谷沿いに登って沢を横切り、尾根を登り切って主稜線のピークに出て、三〇〇m南の日の平山（一〇九一m・地形図上の立岩山）へと登る。立岩山はここから一km北東の三角点のあるピークである。頂上はコース中唯一の眺望があり、北の十方山や西の吉和冠山が、眼下には立岩ダムと龍神湖に浮かぶ島が見える。市間山までは約一kmの尾根を縦走する。市間山は三つのピークからなる。頂上から東に尾根を標高差三〇〇m、一・五km下ると林道の登山口である。林道を一・五km下れば上田吹の集落だ（約五時間）。

地図　二・五万図　戸河内

（木村知博・松島　宏）

天上山　てんじょうざん　標高　九七二m

広島県山県郡安芸太田町筒賀地区と広島市佐伯区湯来町の境に位置している。山の北西側にある筒賀には筒賀温泉があり、南側にある湯来町には湯来温泉や湯の山温泉がある。主稜線は南西から北東へと連なり、湯来町側を流れる水内《みのち》川と筒賀側を流れる筒賀川という二つの水系にこの山塊は挟まれている。山塊は懐が深く、入り組んだ谷筋が多くの渓谷や滝を形造っている。この山を水源とする三谷川の上流域には、龍頭峡という美しい渓谷がある。

一九七三年にこの渓谷沿いの区域が県の自然環境保全地域に指定された理由として、『筒賀村史』には次のように記されている。「区域内の谷にスギを主としヒノキ、ツガ、モミを混じ、下層にサワグルミ、トチノキ、アワブキ、ミズキ、アサガラ、オオバアサガラ等を伴っている。特筆すべき植物としては、ツクシシャクナゲ、ツゲ、ゴヨウマツ、ベニドウダンなどがあげられる」。

この渓谷の最奥部には、四季折々その表情を変化させる落差の大きい二つの滝がある。この辺りは、「悠久の森」と呼ばれ、安芸太田町筒賀地区が、緑の豊かさや森と人とのかかわりを後世に伝えるために保全している。その一つでもある「引き明けの森」には、ヒノキ、ツガ、モミ、スギを主とした樹齢一〇〇年から四〇〇年ほどの天然林の巨木が多く残っている。この森は原則として人工の手を加えず、自然の推移にゆだねて現状のまま保存しようとした先人たちの智恵の遺産である。また、渓谷沿いには、スギの山地として知られた旧筒賀村の村有林の歴史を展示する森林館や天然ミネラル水の取水口などがあり、休日などは訪れる人が絶えない。さらに登山口近くにあるトチの木は、この付近ではめずらしいほどの大木で、一見の価値がある。山頂までの行程は初心者には少々厳しいものがあるが、山麓にある渓流沿いの散策路を歩くだけでも、この山の自然の恵みの一端に触れることができる。

登路　筒賀側の龍頭峡奥から登る。二段滝、せせらぎの谷、ささやきの滝などを経由し、山頂までは約二時間。

山頂は一部伐採され、十方山方面が見渡せる。湯来町側はひろしま国体で整備されたが、一部ヤブこぎが必要である。一松寺から山頂まで約二時間三〇分。

地図　二・五万図　坪野

（清水正弘・野島信隆）

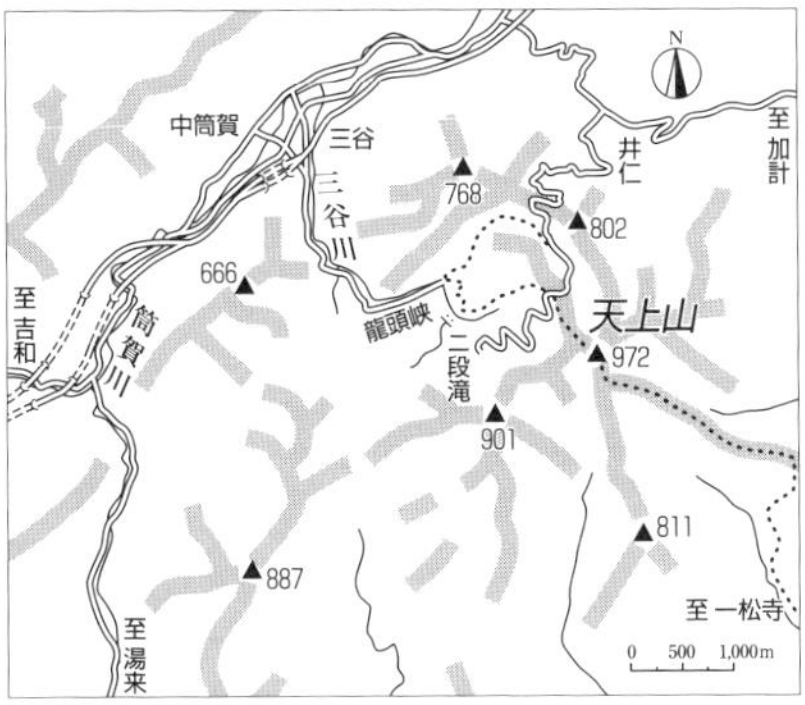

三倉岳　みくらだけ

標高　七〇二m

別称　三本槍

広島県大竹市の栗谷町と廿日市市浅原の境にあり、地元の人に古くから「三本槍」という名でも親しまれている。『芸藩通志』に「三つの倉に似たり、遠方より見るに三鬼跳梁るに似たり」とあるように、まるで鬼が棲むような奇岩や岩壁が多く露出している。

この山の西側を流れる小瀬川は、山口県との県境となる。地質は花崗岩の顕著な岩稜三本から構成され、上ノ岳(朝日岳)、中ノ岳、下ノ岳、また福、徳、寿とも称され、四季を通じて登山者に愛されている。

めずらしい山容なので『芸藩通志』にも紹介されており、頂上付近にはイワカガミ、セッコクなども群生している。また、春はマンサクに始まりタムシバ、アセビ、ヤマツツジが見事に山肌を彩り、秋には紅葉が山体を染め、冬には雪化粧した三本槍が見事である。

三角点はこの三本槍の北側に位置し、あまり人が訪れることもないヤブの中にある。

南の瓦小屋山から西の冠岳を含む一帯は、一九七一年に広島県立自然公園に指定され、登山道、キャンプ場、炊事棟、トイレ、駐車場および管理棟が整備・建設され、より多くの登山者が訪れるようになった。さらに一九九六年には広島県で行われた国民体育大会のクライミング会場ともなり、人工の岩登り用岩壁が設置された。また、この山は古くから岩登りのメッカとして多くのルートが拓かれた。主なルートは、三倉岳の主峰に向けての顕著な三本の尾根ルートである。中でも下ノ岳の通称グレータワールートは、ピッチの取り方にもよるが八～一一ピッチの長いルートとなる。また、主稜尾根の側壁には数多くの難易度の高いショートルートが拓かれている。源助崩、黒滝などには古くから拓かれたオーソドックスな古典ルートと、最近拓かれたハードフリーの難易度の高いルートがあり、三倉岳全体では一〇〇に及ぶルートが拓かれている。このように、この山は県下の岩登りの有数のゲレンデとして、そして格好のハイキングの場所としても、県内外の人に親しまれている。一般ルートによる登山道も整備されている。カシ類やクリ類などの林を抜けると鎖場などが現れ、変化に富んだ登山道でもある。頂上からは北に西中国山地、北東には大峰山、大野権現山、南に瀬戸内海の島々までが一望できる。

登路　休憩所下のBコース登山口から胴乱岩を抜けて三角点近くの九合目小屋までは約三時間。復路はAコースを利用し見晴岩、翁岩を経由して約二時間で下山できる。

地図　二・五万図　玖波

（山本和彦・岡谷良信）

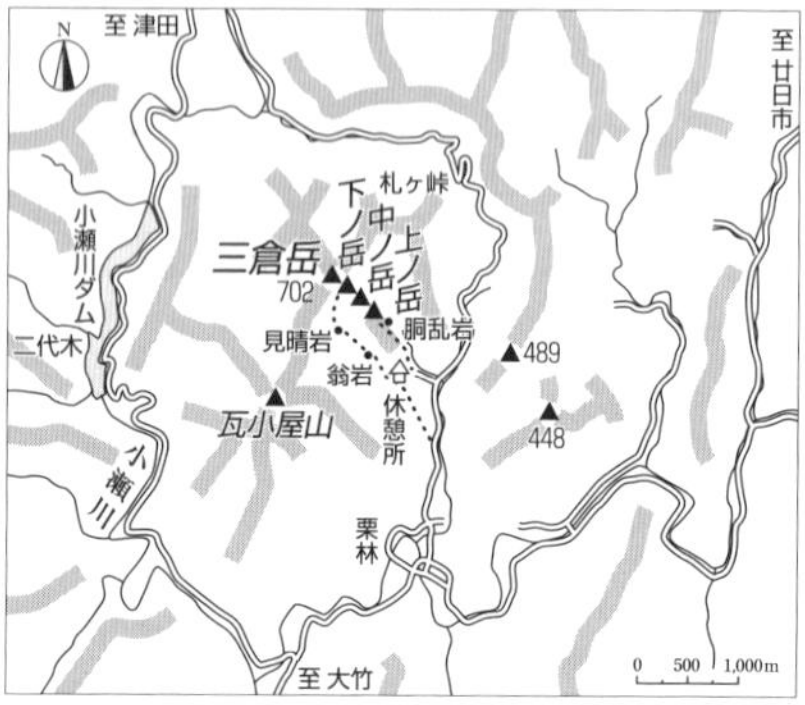

大峰山　おおみねやま　標高　一〇五〇m

広島県広島市佐伯区湯来町と廿日市市玖島との境となる山である。広島市佐伯区湯来町内を流れる水内川と小瀬川に注ぐ玖島川に挟まれ、山の尾根筋は北東に延び、阿弥陀山から東郷山へと連なる。この山塊は佐伯区の分水界ともなり、その山容も堂々としている。『芸藩通志』にもその山容を「高峰大麓、近方に比なし、山頂老樹怪岩あり」と形容しているように、付近の山々を圧倒するほどの山の姿であったことがうかがえる。

山名の由来は、二つの説が推測されている。一つは、その威風堂々たる山の姿から大きな峰と称された説。もう一つは、修験道で名高い奈良県の大峰山と関連するという説である。東西に長い山頂には、六畳岩、八畳岩、行者岩、回り岩と名付けられた奇岩群がある。これらの奇岩群は山岳信仰の霊場となっていたらしい。いずれにしても、この山の大きさが様々な伝承を生む土壌であったのだろう。

山頂からの展望もすばらしい。北の方角には、十方山や冠山をはじめ芸北の山並みまで

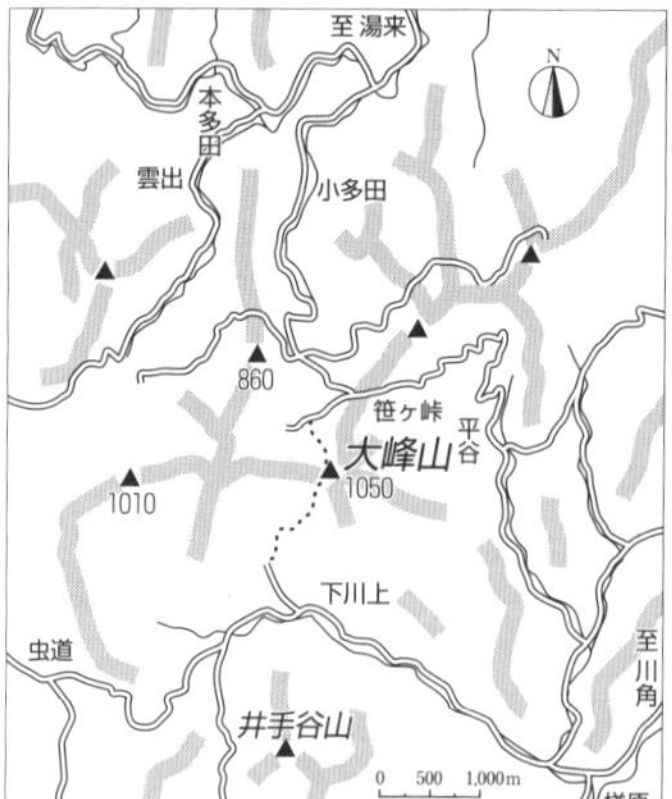

を見通すことができる。南に目を転じれば、瀬戸内海から広島市街地の景色までが視野に入ってくる。標高一〇〇〇m付近の谷間には、長命水と呼ばれるわき水があり、登山者の疲れた体を癒してくれる。

この山は広島県におけるブナ自生地の南の限界であり、また、北斜面を中心にシロモジやクリの群落などもある。

登路　笹ヶ峠が登山口となる。しばらくは静寂な林道を歩いて行くが、次第に道沿いに岩が露出してくる。山頂に近い標高一〇〇〇m付近にわき水がある。二股に分かれた道の左をとって山頂へと向かう。登山口から山頂まで約一時間。

地図　二・五万図　津田　湯来

（清水正弘・近藤道明）

東郷山《とうごうさん》

標高　九七七m

広島県広島市安佐北区と佐伯区湯来町との境に位置する。一九九六年の国民体育大会において、山岳競技の会場にもなっている。山塊は広く、谷筋によって分断された尾根筋がいくつも支脈を延ばしている。広島都市圏の西部を流れる石内川の支流である八幡川は、この山塊と西隣の阿弥陀山(八三七m)にその源を発する。また「広島の奥座敷」とも呼ばれる湯来温泉や湯の山温泉などの行楽地が山塊の北側にある。さらに山麓の北西中腹は深い樹林地帯となっている。その中には広島県で唯一「全国の森の巨人たち百選」に選ばれた通称・四本杉がある。このスギは樹齢が三〇〇年を超す老木であるが、胸高幹周が約一〇m、樹高は約三〇m、根回りが一四m、分枝した幹回りでも三mもある巨木である。

登路　山麓の南西にある大森神社近くから延びる林道を登ると登山口の標識がある。樹林の中の道、そして急登の坂道と変化し、登山口から山頂まで約一時間三〇分。山頂から急坂を下り、四本杉、そして恵下谷林道を経て広島市佐伯区湯来町の和田地区までの下山道は約三時間三〇分。

地図　二・五万図　川角

（清水正弘・尾道憲二）

窓ヶ山《まどがやま》

標高　七一一m

広島県広島市安佐南区沼田町と佐伯区五日市町の境にある山で、八幡川の上流に位置している。地質は花崗岩からなり、山頂部を中心に大岩や奇岩が露出している。また、屹立する二つの岩峰が山頂部分の景観を特徴づけている。

この二つに分かれた両峰の間が、深いギャップになっており、このキレット状の鞍部が窓のようであることが山名の由来であると、『芸藩通志』にも記述されている。

山頂の大岩から南方向への景観は圧巻といえる。広島市近郊の里山を眼下に見下ろし、その先に市街地、そして瀬戸内海の島々までが一幅の絵のように展開する。山の北西側には西中国山地につづく山並みが広がり、南東側の山麓から平野部に向け八幡川がゆったりと流れる。北東側には、この山から尾根筋が向山へと連なっている。この尾根筋には、一九七二年に憩いの森が整備され、休日には家族連れなどでにぎわっている。

登路　登山道は山の四方からあるが、南面から山頂を仰いで登る魚切からのコースが一般的である。登山道入り口からは左手の道をとる。急峻な山道が西峰までつづく。登山口から西峰までは約一時間三〇分。西峰から東峰までは、キレットの登り返しがあり、約一五分で到達する。

(吉村千春)

地図 二・五万図 川角

阿武山 あぶさん 標高 五八六m

広島県広島市安佐南区八木を流れる太田川河畔に聳える端正な山並みである。『芸藩通志』に「阿生山」と記されており、「府城の北三里許、太田川の上にあり。(中略)峰尖高く秀で、麓は八木、緑井、筒瀬三村に跨る」とある。山頂には貴船神社の石祠が祀られている。祭神を高龗《たかおかみ》という。いまは社が壊れ、金属ケースと枠だけになっている。山頂からの展望は東側が開けており、眼下の太田川を挟んで呉娑々宇山《ごさそうやま》、高鉢山などを望むことができる。

登路 二〇一四年に広島を襲った土砂災害で阿武山の多くの沢が崩れ、登山道や林道が不通となり、開通の見通しが立たない。唯一残っているコースは、毘沙門堂から権現山を経由し尾根を縦走する道だけで、山頂を往復するのみである。JR可部線緑井駅から毘沙門天参道を行き、毘沙門堂へ(駅から約三〇分)。お堂の左側から多宝塔、権現山まで約二〇分。鳥越峠を越え、五合目の三分岐まで権現山から約三〇分。中央の直登コースで阿武山まで約三〇分。右の遊歩道コースも体力と相談して選べばよい。三角点は貴船神社から五〇m北にある(鳥越峠から約四〇分)。下山は鳥越峠から権現山(三九七m)を経由し、JR緑井駅へ往復するルートがある(鳥越峠から約一時間二〇分)。最近、鳥越峠から山頂までと、その反対側にある権現山の林道までの尾根は整備されて、雨のときでも歩きやすくなった。

(竹原則嘉・尾道憲二)

地図 二・五万図 祇園

宗箇山 そうこやま 標高 三五六m

別称 植松山 三滝山

広島県広島市西区に位置する。太田川のデルタ地帯を包み込むかのように横たわる女性的な山。広島市民の散策地の一つとしても親しまれている。武家茶の開祖として名高い上田宗箇が、城内上屋敷からの借景としてこの山の山頂にアカマツを植えたことでも有名である。

山麓にある三瀧寺は、都心に近くしかも幽谷の気分を味わえる霊域で、中国観音霊場の第十三番札所である。苔むした参道には詩歌・俳句の石碑や十五羅漢石仏などがあり、静寂な空間へと導いてくれる。また、境内入り口の上に建つ多宝塔は、原爆死没者の慰霊のために、和歌山県の広八幡神社より移築され、年に二度、慰霊法要が行われている。

山麓一帯では春はツツジやサクラ、秋には紅葉と季節に応じた色彩美が展開し、登山者や巡礼者の目を癒してくれる。現在四代目の宗箇松がある山頂からの展望はすばらしく、思わず時を忘れそうになるほどである。眼下の風景は、太田川のきらめく川面から始まり、広島市内の町並み、さらには瀬戸内海の多島美まで、まるで一幅の絵を眺めているようである。山頂から下山する途上の分岐からは、大茶臼山(四一三m)への縦走路もあるので、体調や技量に合わせて各種のルートどりが考えられる。

登路　山麓の三瀧寺境内に登山口がある。山頂までは緩やかな登り道がつづく。途中にある大岩の上からの展望もよい。山頂からは周回コースをとって三瀧寺を目ざして下山する。登山口から山頂までは約二時間。山頂から周回コースで三瀧寺までは約一時間三〇分。

地図　二・五万図　祇園　広島　　(清水正弘・三村洋子)

武田山　たけだやま　　標高　四一一m

広島県広島市安佐南区祇園町にある、家族向きのポピュラーなハイキング・コースの山である。

『芸藩通志』には「金山」、「金城山即ち武田山なり」とある。この山の位置は山陽道、幾多の河川、内海などを抑える交通の要衝であった。中世には山麓の桑原郷が安芸内陸部の各荘園の倉敷地で、川船から海船に荷を積み替える港もあった。承久三年(一二二一)、安芸の守護・武田信宗が銀山《かなやま》城を築いたという。これが山名の由来である。銀山城は武田山の頂を中心とする尾根上にある複郭山稜城で、規模も大きく優れた山城である。以来、毛利元就に攻め落とされるまで約二三〇年間つづいた。一時、毛利氏の隠居所であったが、毛利輝元が広島に築城後衰退した。

花崗岩の山で、頂上には巨石が多く、本丸跡もある。城跡付近の高間の壇、下間の壇、馬返し、千畳敷、馬場などの地名や観音堂跡、中腹の要衝には近世城郭の升型の原型といわれる鍵手の石積みを残す御門、裏木戸があり、麓には新羅神社、日吉神社がある。標高二五〇m以上は銀山城跡の名称で県史跡に指定されている。

頂上から西に火山(四八八m)がある。火山には神武天皇狼煙《のろし》の伝説や、盗賊が山中の洞穴に財宝を隠したという言い伝えがある。

登路　高取、相田、下祇園などがあるが、もっとも多く登られているのが下祇園から憩いの森経由の登路である。頂上まで約四〇分。途中馬返し、御門跡などがある。武田山から火山が約一時間。大茶臼山を経て西区己斐へ下山するコースもある。火山から大茶臼山まで約一時間三〇分。

地図　二・五万図　祇園　　(稲野政男・藤川昌寛)

極楽寺山　ごくらくじやま　　標高　六九三m

広島県広島市佐伯区と廿日市市との境界に位置し、都心からも西に遠望され、旧国道沿いの電車からは手に取るように見ることができる。山頂近くには真言宗の浄土王院極楽寺の境内が広がる。天平三年(七三一)、行基がスギの霊木で観音像を自刻し、一宇を建てて開山したとされ、十一面千手観音菩薩像(県重要文化財)が本尊として安置されている。

極楽寺山塊は瀬戸内海国立公園内にあり、モミ、カシなどが自生する原生林で、カケス、イカル、ヤマガラをはじめ多くの鳥の楽園でもあり、四季を通して山歩きを楽しむことができる。

登路　表参道の廿日市市平良からの道が、やや長く平凡なアプローチではあるが一般的である。一方、五日市三宅からは途中より急な登りで変化に富む。いずれも中腹辺りの樹林の切れ間に小休止の場所があり、そこから眼下に瀬戸内の厳島(宮島)をはじめ大小の島々の浮かぶ景色が一望できる。仁王像の立つ山門をくぐり、本堂、奥の院を過ぎれば最高点の展望広場で、西には大峰山、十方山など芸北の山々を見渡すことができる(登山口から約一時間四〇分)。

地図　二・五万図　廿日市

(杉村　功)

高鉢山　たかはちやま

標高　六〇八m

広島県大竹市のほぼ中央に位置している。北方向には谷和権現山(五六五m)、南西方向には黒滝山(五二九m)、南東方向には忠四郎山(六〇四m)という同レベルの標高の山々に囲まれた佐伯高原に属しており、黒雲母花崗岩が山体を形成している。南西の山麓を流れる小瀬川流域には弥栄峡谷がある。三倉岳から黒滝山方面を眺めると、丸くおだやかなその山容がはっきりと遠望できる。

大竹市の中では三倉岳に人気が集中するせいか、この山へ入山する人は意外に少ない。アプローチが途中まで同じであることから、隣の黒滝山とのセット登山をすることができる。黒滝山からは三倉岳や羅漢山など北部や西部の山並みを眺めることができる。一方、高鉢山からは、周防大島や気象条件が整えば四国の山並みなど、南や東方角の景色が遠望できる。

登路　弥栄五号トンネル先から入山する。雑木林の中や小川を幾度か渡ったのち、黒滝山との分岐点を過ぎて頂上まで約二時間。

地図　二万五千図　玖波

(清水正弘・円石利恵子)

鬼ヶ城山　おにがじょうやま

標高　一〇三一m

広島県廿日市市飯山と山口県岩国市錦町にまたがって位置し、北方の冠山を主とする山塊と対峙している。この山は羅漢山塊に属しており、県内でも数が少ない一〇〇〇m級の山でありながら、交通アクセスの条件が整わないためか、訪れる人の少ない静かな山である。この山を源流とする小瀬川は広島県と山口県との県境となる。広島県側の山裾が緩やかな傾斜であるのに対して、山口県側は急傾斜となっていることが特徴といえる。

冠山火山の溶岩流の影響を受けたとされる玄武岩や角閃石安山岩などの地質が、標高の高い部分を占める。山腹は花崗岩を主とする地質が羅漢山方面まで連なっている。

山名の由来ともいわれる奇岩群が頂上直下にあり、そこに鬼が棲んでいたとの言い伝えもある。また、登山口付近の河内神社には、樹齢が数百年ともいわれるスギの大木があり、天然記念物として保護されている。

登山路の風景もスギ林、ミズナラ、クマザサ草原など標高が変わるに連れ変化していくので飽きない。頂上は平坦な広場になっており、北に冠山、恐羅漢山、大峰山など広島県側の山並みの展望が良好である。

登路　河内神社から舗装林道を経由し、スギ林、平岩を経由して頂上までは約一時間。
地図　二・五万図　宇佐郷
（清水正弘・円石利恵子）

羅漢山　らかんざん

標高　一一〇九m

山口県側は岩国市の錦町と本郷町、美和町に接し、広島県側は廿日市市中道にまたがっているが、山頂は山口県側に位置している。

奇岩が多く、山肌に露出して、まるで羅漢仏のような姿を呈するところが山名の由来とされている。古くから地元の人も「羅漢さま」と呼び、信仰の山として親しまれてきた。羅漢山という山名については『防長地下上申』（寛延二年・一七四九）の秋掛村の項に「羅漢山と申は、ぢねん石らかん御座候故、山ノ名をも右之通申候」とあり、この山の南面サギノクチ川の水源にある「羅漢石（仏石ともいう）」にちなんで付けられたことが記されている。

北西の錦町大原では「生山」と呼んでいた。山名の由来となっている羅漢石（岩）へは、テニスコートの東側の鉄柵門より東に向かって山腹を巻く小径が付けられている。岩は二つ並んでおり、その岩面に仏像が彫り込まれている。東側の岩の表面は碁盤の目のようになっている。また、消えかかっている小径をさらに東へ回り込むと「ヘカ岩」と呼ばれている岩塊のある所へ出る。庇状の岩の下は八畳位の広さがあったが、現在は庇の部分が落下し岩穴状になっている。ほかの山から見ると、この山はお椀を伏せたような特徴のある山容で、すぐに同定できる山でもある。

三角点は県境から三〇〇m山口県に入った所にあり、山域としては山口県の山であるが、広島県からも多くの登山者が訪れている。山頂部分は玄武岩や角閃石安山岩などからなる地質である。中腹からつづく草原状の優美なスロープには牛が放牧され、いかにも牧歌的な雰囲気を醸し出している。法華山からの斜面は、冬になると初心者から中級者向きのスキー・ゲレンデとして多くの人が訪れる。山麓までの車道もよく整備され、中腹に位置する高原にはキャンプ場、バンガロー、研修施設がある。

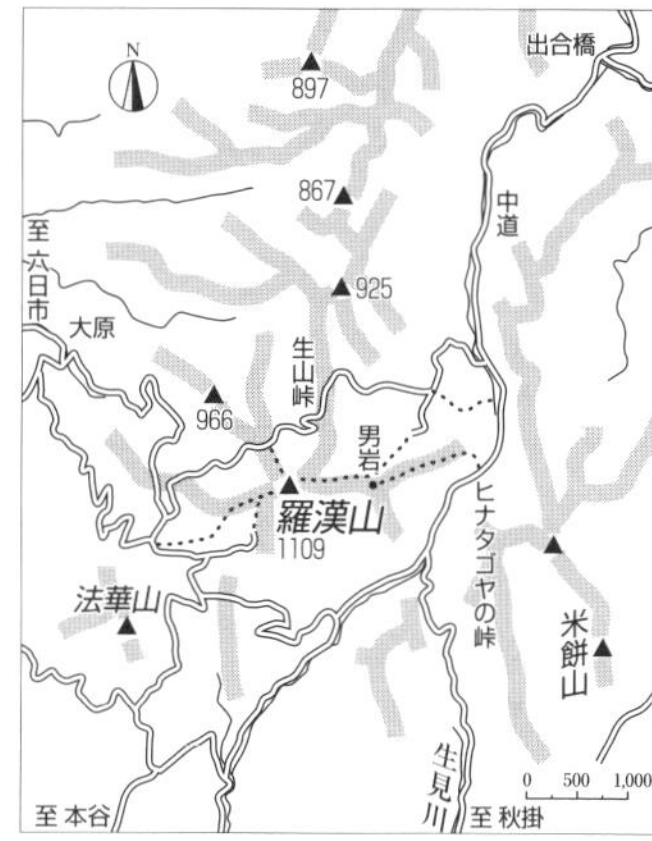

登山道もよく整備されており、家族連れで登山を楽しむ姿も多く見かけられる。隠れて見えにくいが、九合目付近の自然林の中に山名の由来になっている奇岩が折り重なるようにある。また、各所に奇岩が点在しており、登山後に奇岩めぐりをする人も多く、多目的に楽しめる山として多くの人を魅了している。

登路　広島県側からの登路として、中道から東尾根を登るルートがよく利用されている。また、東尾根末端のヒナタゴヤの峠から岩塊を通る道もよく踏まれているが、岩塊を過ぎると急斜面となり、四本ある道のうちいちばんきつい道である。一般的な道としては、出合橋から男岩を抜け頂上まで約二時間の行程。頂上から生山峠を経て出合橋までは約二時間。

地図　二・五万図　宇佐郷

（山本和彦・尾道憲二）

二代木山　にだいぎやま

標高（姥石女山）　七五一m

広島県廿日市市浅原と山口県岩国市美和町にまたがる山で、国土地理院の地図には広島・山口の県境の標高六八六mの三角点が二代木山となっているが、『防長風土注進案』『防長地下上申』によると、そこは障子ヶ岳にあたる。二代木山は一つの峰でなく、立石山、姥石女山、仙人岳、馬捨場、笹山、牛小屋ヶ原、大木場山、黒滝山、障子ヶ岳、こぜヶ岳など多くの峰が含まれる。最高地点が姥石女山であるが、これら全体を含めた山域が二代木山として一般的な呼称となっている。戦国乱世の時代、軍事的緊張の場であったため、峰や谷には詳細に地名が付けられていた。

この山は花崗岩の痩せ地で、樹木の育ちが悪く、材が採れるようになるには親子二代の長い年月がかかるといわれ、これが山名の由来である。

登路　美和町生見から県道二号（岩国佐伯線）で秋掛に入る。「特別天然記念物オオサンショウウオ生息地」の木柱の立っている交差点の傍らにある「西1幹7」の電柱を目印に路地に入ると、すぐ右に地蔵尊がある。奥の民家の庭先で右に回り込んで、小さな渓流に沿う道をとって右手の尾根に上がり、尾根上を辿る。尾根の先に姥石女の巨岩があり、岩の上に上がると足元に秋掛集落、正面に羅漢山を望む大展望台である。巨石から重ね餅岩と三つのピークを越え、舟岩を過ぎると三角点。その先に頂上がある。樹間越しに東の冠岳や三倉岳も見える。下りは往路を引き返す（登り約二時間、下り約一時間三〇分）。

地図　二・五万図　周防本郷

（稲野政男・松島　宏）

右谷山　みぎたにやま

標高　一二三四m

別称　茅帽子山

山口県岩国市錦町に位置し、山口県内最高峰の寂地山の稜線に繋がって聳える山である。

名峡・寂地峡と浦石峡、そして島根県との県境の深谷川などの深い谷に囲まれ、ブナ林なども多く残り、新緑期には稜線にカタクリが群生して、多くの登山者に楽しまれている。

登路　寂地峡コースと浦石峡コースの二つのコースがある。いずれも渓谷沿いの林道を行った後、遊歩道の谷道を登ると主稜線の鞍部に出る。木組みの尾根道を登り切った所が右谷山の山頂である。山頂からは木の間越し程度の展望しか得られないが、浦石峡の道を五分程下れば、小五郎山、安蔵寺山、築山などの山並みが広がる（寂地峡入り口から約二時間二〇分）。

地図　二・五万図　安芸冠山

（野間　弘）

小五郎山　こごろうさん

標高　一一六二m

別称　宇佐ヶ岳

山口県岩国市錦町に位置し、尾根つづきで容谷山、右谷山、寂地山へと連なるが、西中国山地国定公園の南西尾根の末端にあり、南北の長径を持つ楕円錐形の山である。山麓の高根の里には平家落人の哀史が伝えられ、駿馬と佐伯小太夫・小五郎父子の伝説にちなんで「小五郎山」と呼ばれる。寂地山に発した深谷川は、かつて高津川に属し日本海に注いでいたが、花崗岩の脆弱部が刻まれて宇佐川に合流し、瀬戸内海に流れるようになり、河川争奪の跡を見ることができる。

登路　バス停向峠《むかたお》から北に延びる林道を進む。バス停から約二五分、支尾根を二つ回り込むと山道に入る。雑木林の中を一時間程行くと主稜線へ出る。ササの尾根道を登り切った所が小五郎山頂である。灌木越しではあるが三六〇度の展望が得られ、付近はブナ、モミジ、カエデ、ナラなどの落葉樹が多く、秋には美しい紅葉を楽しむことができる(登山口から約二時間三〇分)。

地図　二・五万図　宇佐郷

(野間　弘・井上　佑)

安蔵寺山　あぞうじやま　標高　一二六三m

別称　安造寺山《あぞうじさん》　杉山

西中国山地国定公園の西端に位置し、島根県鹿足郡津和野町日原と吉賀町六日市地区、益田市匹見町の分水嶺をなしている。

山名の由来には二説あり、一つはかつて山頂北側の鞍部に同名の寺があったというもの。ある郷土史料によると南北朝時代の暦応(一三三八～一三四二)ごろの建立といわれ、寺屋敷、寺床などの地名が残っているが、何の痕跡もない。もう一つは「あぞ」は「あぜ＝畦」の転訛で境界を意味し、「じ」は「地」で、安蔵寺は単に当て字だというもの。なお、山頂にある三角点の点名は「杉山」となっていて、郷土誌『石見八重葎《やえむぐら》』にはこの山名で出ている。

登路　三市町いずれからもルートがあり、毎年春、山頂に集結する「三町サミット登山大会」が開かれている。津和野町からは上横道より林道を打原《うちはら》峠まで入り、燕岳《つばくろだけ》とは反対側の尾根を山頂へ。吉賀町からは上高尻より上ノ谷を、益田市匹見町からは笹山より伊源谷を遡って来ることができる(いずれも二時間～二時間三〇分)。

地図　二・五万図　安蔵寺山　石谷

(伊澤寿高)

燕岳　つばくろだけ　標高　一〇七九m

別称　つばめだけ　つばくらだけ　燕山

島根県益田市匹見町と鹿足郡津和野町日原を分ける境界稜線上にあり、南の安蔵寺山へとつづく大きな山塊をなすが、西中国山地の主稜からは少し外れる。

山名は燕に似た姿からとったと見るのが自然で、南の滑峠《なつめとう》辺りからは黒くどっしりと見える。中国地方の西部ではかなり広範囲に燕のことを「つばくろ」と呼ぶ。一方、この地方では崩れることを「つばける」、崖のことを「くら」といい、この山に崩崖があることから「つばくら」と呼んだとも考えられる。いずれにせよ、文化一三年(一八一六)成立の『石見八重葎《やえむぐら》』にはまだ出ていないので、比較的新しい命名らしい。

登路　津和野町上横道からでも益田市匹見町七村からでも、双方へ越す打原《うちはら》峠までは林道を入り、峠からは北西方向へ、両市町を分ける尾根の切り開きを忠実に登る。山頂付近は長くて分かりにくいので、三角点を目印に探すことになる（打原峠から約三〇分）。

地図　二・五万図　石谷　安蔵寺山

（伊澤寿高）

三子山　みつごやま　標高　八〇〇m

島根県益田市匹見町と鹿足郡津和野町日原にまたがり、日本海から広島県、山口県の山まで見える展望のよさが誇り。いちばん高くて三角点のある中央峰を挟んで南峰、北峰と三つの峰が南西から北東へほぼ等間隔に並び、山名の由来となっている。実際には北峰の先にもう一つ「岩乗《いわのり》」と呼ばれるピークがあり、実はここがいちばん展望がよい。

近年、地元の人たちが、この山の麓でワサビ、ゼンマイなどを栽培するかたわら登山道を整備したおかげで、登る人が増えてきた。山腹を覆う樹種も豊富で、新緑と紅葉のころはとくに眺めがよい。

登路　益田市匹見町からは、清谷《きよたに》の登山口から大亀岩を経て北峰と中央峰との鞍部に出、左へ行けば山頂（中央峰）。津和野町からは日浦公民館が登山口で、林道に入り、さらに小径に入って南峰、つづいて山頂へ（どちらも約一時間三〇分）。

地図　二・五万図　石谷、日原

（伊澤寿高）

城将山　じょうしょうやま　標高　八二七m

別称　城正山

山口県岩国市錦町と島根県鹿足郡吉賀町六日市地区にまたがる。

『防長風土注進案』によると、「城正山、麓より頂まで凡そ一二丁総廻り凡そ一二里。但し山の東は深川村、北は大野村、西南は中ノ瀬の内先ノ瀬まで打ち廻し、根足を卸し候。草山に御座候」とあり、「城正山」は江戸時代には草山で、樹木はあまりなかったようである。

城将山の北西方向に登山口の傍示ヶ峠があり、やや広めの草原である。この峠は、かつて現在の山口県と島根県との間で侵食による地形の変動のため、境界をめぐって争いがつづいた。これは山口県錦川水系の大野川に尾茂川が流れ込み、川岸の侵食が起こり、地形的に境界が定かでなくなったことに起因する。結局、現在の傍示ヶ峠で侵食は止まり、地形も平坦化したと考えられる。

山頂は県境より五〇〇m山口県側（錦町）にあり、その尖鋒は最高の見張り台で、戦国の時代には戦略的に重要な山であったようである。

登路　国道一八七号を傍示ヶ峠へ向かい、バス停大野橋から林道猪木谷線に入り、少し行くと登山口がある。山の左斜面の道を、谷を右に見ながら登り、約四五分で主尾根鞍部に着く。ここから右に約一五分で山頂。主稜線に近づくと踏み跡がはっきりしないが、右前方の山頂目がけて登ればよい。

地図　二・五万図　周防広瀬

（稲野政男・上田辰治）

平家ヶ岳　へいけがたけ　標高　一〇六六m

山口県岩国市錦町と島根県鹿足郡吉賀町六日市地区にまたがる県境の山。

平家ヶ岳を源流とする長さ一〇㎞の木谷川には、別名「もみじ峡」とも呼ばれる木谷峡がある。その中心部は吉川林業事務所や小学校廃校跡のある大固屋から上流の二㎞の区間で、アクセントとなる景観に赤滝や鹿落ノ滝などがあるほか、大小の滝や淵、奇岩怪石が連なり、行く度に様々な表情を見せている。

登路　車では国道二号から国道一八七号へ、鉄道では岩国から錦川鉄道で終点の錦町駅下車。この後、途中までタクシーで行くとよい。国道四三四号から木谷口で中国自然歩道となっている県道錦鹿野線に入る。峡谷を楽しみつつ大固屋の小学校廃校跡で下り、ここから歩く。橋を渡ると香椎神社がある。車なら神社前に駐車できる。

木谷川へはいくつもの川が流れ込んでおり、道からでは見えない大小の滝があるが、とくに大固屋の手前で流れ込んで来る島ノ谷川には黒滝がある。大固屋の橋の所では神社とは逆に高巻きに林道を登り、谷を下るとすばらしい滝を見ることができる。また、この辺りは沢登りも楽しむことのできる場所である。

歩き始めると鹿落ノ滝がある。その名は平家の落人に追われた鹿が足を滑らせてこの滝に落ちたからといわれている。赤滝を過ぎ、左の旧鹿野町への分岐を見送り、右の舗装道を行くと次第になだらかな道に変わり、平家屋敷跡に着く。寿永四年（一一八五）の壇ノ浦の戦で敗れた平家一門のうち、松前隼人守一族三〇〇騎が落ち延びて、ここへ住んだという。

右の作業場へ進むと、ここからは急登で、カーブを繰り返し登って標高九〇〇mの鞍部に立つ。道標に従い左の尾根を行く。急登だが展望がよいので疲れを忘れるほどである。山頂からは安蔵寺山、眼下に吉賀町六日市地区が見える。西に五分ほどササヤブを分けると、長野山や馬糞ヶ岳の見える展望所に着く。帰りも往路を下る。

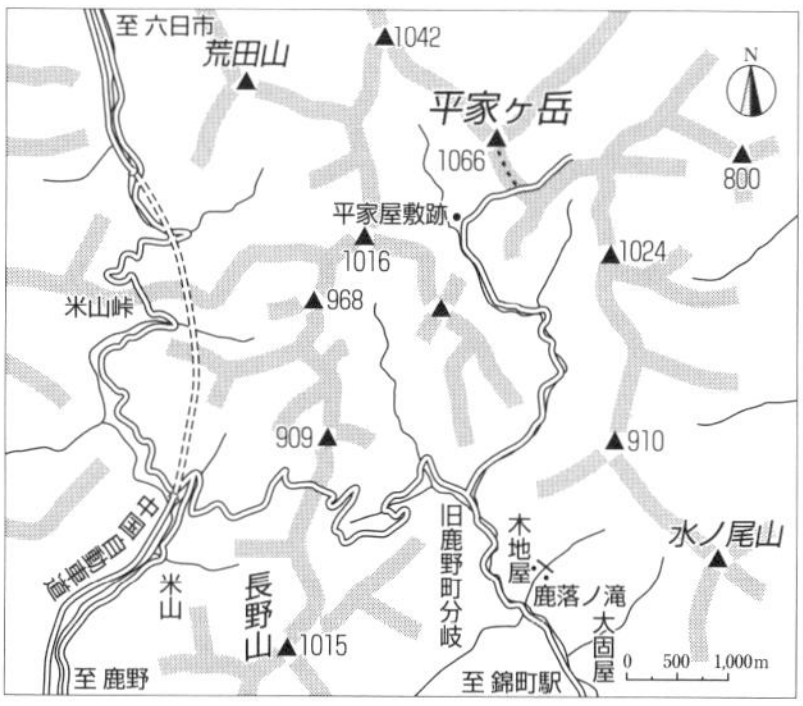

地図　二・五万図　周防広瀬

（敷廣千枝・上田辰治）

長野山　ながのやま　標高　一〇一五m

山口県周南市と岩国市錦町の境に位置し、西中国山地の周防山地北端にある。山体は岩国市錦町と周南市にまたがり、山頂三角点は両地の境界にある。山頂付近は長野山緑地公園として開発され、夏期には売店、遊歩道、宿泊施設などが完備し、北西麓の中国自動車道沿いにある米山から車道も通じている。

山体は中生代白亜紀阿武層群の珪長質火山砕屑岩類からなる。山頂付近には、ブナの原生林、ベニドウダンなどの亜高山植物が生育しており、野鳥も多い。山頂からの展望はよく、西中国山地国定公園内の山々をはじめ、平家ヶ岳、東西の鳳翩山《ほうべんざん》、馬糞ヶ岳から瀬戸内海まで眺めることができる。

登路 南西麓の中国自動車道沿いの貞森が登山口となる。登山口から五万堂谷に沿う中国自然歩道を東に進んで車道終点に至り（登山口から三〇分）、やがて赤滝への分岐点に着く。付近に一ノ滝、二ノ滝、三ノ滝がある。三ノ滝の前の橋を渡り、支尾根に取りつく。横木の階段道を東に登り、主尾根に出た後、北（左）に稜線を辿り山頂に達する（車道終点から約二時間）。南（右）に行くと馬糞ヶ岳に達する。

地図 二・五万図 周防広瀬 莇ガ岳 （佐々木耕二・内藤正美）

馬糞ヶ岳 ばふんがたけ 標高 九八五m

別称 秘密尾岳《ひみつおだけ》 秘密岳《ひみつがたけ》

山口県岩国市錦町と周南市鹿野にまたがり、西中国山地に属し、周防山地の北部域に位置する。山体は岩国市錦町と周南市にまたがっているが、山頂の三角点は岩国市錦町にある。

山体は中生代白亜紀阿武層群の珪長質火山砕屑岩からなる。山頂付近には、ブナ、ナラ、クヌギなどの自然林が残っており、山頂からの展望もすばらしい。

登山口となる秘密尾は平家落人の集落と伝えられる。その地にある氷見神社の奥宮は女人禁制の伝統を守っており、中宮は二〇年ごとに遷宮されている。付近一帯はカシ、イヌシデ、ツガなどの自然林が茂り、県指定天然記念物である。

面白い山名であり、由来についてはいくつかの説がある。「秘密尾から見た山の形が馬糞に似ている」「平家残党三〇〇騎の軍馬の糞で山の形ができた」「山中に馬糞の形をした地衣類がある」などである。

登路 秘密尾の氷見神社から車道を南にとる。水無橋を過ぎた後、車道から左（東）の沢に入る。植林帯の右斜面を巻いて札が峠に至る。途中、かなり不明瞭な箇所がある。ここには「右すま・左ひろせ・弘化三年」と刻まれた江戸時代の石標がある。峠から左にとり、尾根道を忠実に辿る。ササなどで道が荒れている所もあるが、やがて山頂に至る（氷見神社から約一時間五〇分）。

地図 二・五万図 周防須万 周防広瀬 （佐々木耕二・内藤正美）

蓮華山 れんげさん 標高 五七六m

山口県岩国市周東町、同市玖珂町の境に位置する周東丘陵の東端を占める中起伏の山。山名は山の姿が蓮の花に似ていることから最澄が命名したと伝えられている。山頂には平坦地があり、蓮華山城本丸跡、多老神社が座し、玖珂盆地とそれを取り巻く連山を望むことができる。山体は中生代の玖珂層群からなる。

登路 玖珂町、比叡神社（山王神社）から登山道に入る。ひよどり越えから尾根を左にとり、小さな鳥居をくぐると山頂に至る（約一時間二〇分)。

地図　二・五万図　玖珂

(佐々木耕二・内藤正美)

烏帽子ヶ岳　えぼしがだけ

標高　六九七m

山口県周南市熊毛と岩国市周東町の境に位置し、周東丘陵に属する。標高六〇〇mより上部は南北に平坦面がつづき、山頂中央部が突出して烏帽子に似ている。山頂南側の大将軍峰の展望台からは南東面の眺望が開け、玖珂・周東盆地とそれを囲む山々を望むことができる。山体は中生代の広島花崗岩類からなる。

登路　ツルの渡来地として有名な周南市八代からログハウス野鳥監視所駐車場まで車で入ることができる。登山路を尾根に出て左にとると、大将軍展望台(石祠展望台)に出る(駐車場から約二五分)。山頂へは尾根の遊歩道まで戻り、北に登る(大将軍から約一五分)。南側、正蓮寺公園からの登路もある。

地図　二・五万図　菅野湖　呼坂

(佐々木耕二・内藤正美)

金峰山　みたけせん

標高　七九〇m

別称　きんぽうざん　みたけやま

山口県周南市大向と同市鹿野の境にある。大山～青野火山の系列に属し、第四紀の安山岩からなる火山である。周辺の四熊ヶ岳、千石岳などと同系列の火山で、周防山地の中に聳える。

山名の由来は、山伏によって大和国・金峯山より蔵王権現を勧請開山されたことによると言い伝えられている。山頂からは、眼下に向道湖、馬糞ヶ岳、長野山、千石岳の眺望を楽しむことができる。

登路　大向から二俣橋を渡り、湖岸沿いに進み登山道に入る。西国八十八箇所の十番石仏から三十五番石仏を経て山頂に至る(約一時間三〇分)。

地図　二・五万図　周防鹿野

(佐々木耕二・内藤正美)

千石岳　せんごくだけ

標高　六三〇m

山口県周南市と山口市徳地の境に位置し、周防山地に属する。鐘状火山で安山岩からなる。山頂は雑草に覆われているが、祠が点在する信仰の山である。山頂からは、島地川ダムや太平山(六三一m)、四熊ヶ岳の眺望が開け、好天のときは遠く大分県・国東半島の山々が望見できる。山麓は豊かな穀倉地帯であり、千石岳の名が相応しい。

登路　千石林道と登山道の交差する駐車場から急登し、西国八十八箇所の第三十九番石仏を通って植林帯を抜け、五十五番石仏を経て山頂に至る(約四〇分)。

地図　二・五万図　周防鹿野　堀

(佐々木耕二・内藤正美)

四熊ヶ岳　しくまがだけ

標高　五〇四m

別称　富田《とんだ》富士

山口県周南市小畑と同市四熊の間に位置する火山である。山容がやや富士山に似ているので「周防小富士」ともいう。青野山火山からの山陰系に属する鐘状火山で、周防山地の山である。

山名の由来については、四匹の熊の伝説もあるが、『防長地下上申』には「此岳山を四熊か岳と申しならハれ・外ニハ由来申伝無御座候」としている。徳山湾が一望でき、太平洋戦争中は海軍の監視所として軍の管轄下に置かれた。山頂には四熊権現社が鎮座する。

登路 広谷口から車道終点の金名水を経て尾根を登り、小さな鞍部を左につめると山頂である(約一時間一〇分)。

地図 二・五万図 須々万本郷

(佐々木耕二・武永計介)

盛太ヶ岳 もったがたけ

標高 八九一m

別称 吉賀《よしが》富士

島根県鹿足郡吉賀町六日市地区にある。旧六日市町と旧同郡柿木村を併せた地域を古くは「吉賀郷」といい、この山の山容がよいことから地元では「吉賀富士」と呼んで親しんでいる。

山名の由来は、文化年間(一八〇四～一八一八)に吉賀郷田丸村(現六日市地区)の庄屋・尾崎太左衛門が書いた『吉賀記』に、この山について「飯を盛り上げたようだ」とあり、飯を「盛った」に「盛っ太」の字を当てたものと思われる。山頂にはいまも「周石第四十五番奥之院霊場」と彫られた石祠があり、かつては周防・石見両国の霊場めぐり札所の一つだったらしい。

登路 吉賀町の七日市から高津川を渡り、対岸の道の抜月《ぬくつき》川手前が登山口。林道へ入り、展望のよい尾根を登って三角点のある山頂へ(約一時間三〇分)。かつてはメインルートだったといわれる南の蓼野《たでの》からの道は、いまはない。

地図 二・五万図 椛谷 六日市

(伊澤寿高)

鈴ノ大谷山 すずのおおたにやま

標高 一〇三六m

別称 錫《すず》ノ大谷山

島根県鹿足郡吉賀町柿木村と六日市地区の境にある。山よりも、この山を水源とする「鈴ノ大谷」の方が古くから知られ、山名も谷の名からとったものと思われる。この谷の流域は、かつて津和野藩の御立山として森林が育てられ、いまでも三五〇〇haを超す国有林となって、一時は林用軌道まで敷かれていたこともある。

文化年間(一八〇四～一八一八)に吉賀《よしが》郷田丸村(現六日市地区)の庄屋・尾崎太左衛門が書いた『吉賀記』に初めて「錫ノ大谷山」の名が出、この谷の水流について「銚子《ちょうし》に錫より酒を注ぐが如し」とある。錫はスズ製の口の細い酒器のことで、これが谷の名の由来らしいが、文政四年(一八二一)に津和野藩の代官・渡辺源宝が加筆したときに、どうしたわけか、この「錫」が「鈴」に変わっていた。

登路 柿木側の黒渕から入江谷川の林道をつめて鞍部に出、北西への尾根を登る(林道から山頂まで約一時間三〇分)。この鞍部には反対の六日市側からも、河内から抜月《ぬくつき》川上流のアナノ谷を遡って来ることができる。

地図 二・五万図 椛谷

(伊澤寿高)

青野山　あおのやま

標高　九〇八m

別称　妹《いも》山　芋山

「小京都」と呼ばれる島根県鹿足郡津和野町の、町並みのすぐ東に聳え、典型的なトロイデ式火山で、その丸い女性的な山容から古来「妹山」「芋山」などとも呼ばれてきた。山名の由来は明らかではないが、いずれにせよ全山がすっぽり樹林に覆われ、年間を通じて青々と見え、青野山県立自然公園に指定されている。山頂は広い草地で展望がよく、三角点と、すぐ北側には山王《さんのう》権現を祀る石祠がある。

津和野の町並みを隔てた対面には国指定の史跡・津和野城跡のある城山があり、この山を眺めるには絶好の地。「山陰の小京都」といわれる津和野のシンボルになっている。

登路　登山口は青野 磧《かわら》からと笹山からの二つがあり、その間約二・五㎞が林道で結ばれている。どちらの登山道も樹林帯の中をほぼ一直線に登っている(どちらも山頂まで約一時間)。

地図　二・五万図　津和野

（伊澤寿高）

莇ケ岳　あざみがだけ

標高　一〇〇四m

別称　あさみ岳　兄見山

島根県鹿足郡吉賀町柿木村と山口県周南市鹿野を分ける県境稜線上にある。「あざみ」の語源は、この地方では山腹の崖や岩壁のことを「たき」といい、この山の東面に崖があって朝日が当たるとよく見えることから、「あさみがたき」と呼んでいたのが転訛したのではないかという。植物のアザミとは関係がなさそう。

南麓の周南市小河内に四国の石鎚山から勧請して来たといわれる石鎚神社があり、その奥の院とされる石祠が一九四一年に山頂に設けられ、蔵王権現金銅仏が祀られている。直下にはスリリングな鎖場もあって、信者だけでなく、登山者にも人気がある。

登路　小河内集落から石鎚神社を経て林道莇線を行くと登山口があり、右手の尾根を登って行くと二つに分かれる。左は普通の登山道だが、右が一の鎖、二の鎖、三の鎖とつづく鎖場で、三の鎖を登り切った所が山頂(登山口から約一時間)。

地図　二・五万図　莇ヶ岳　椛谷

（伊澤寿高）

弟見山　おとみやま

標高　一〇八五m

別称　乙《おと》とミ山

南へ約三㎞離れた莇ヶ岳《あざみがだけ》と並んだ「兄弟の山」として、島根県鹿足郡吉賀町柿木村と山口県周南市鹿野を分けている。こちらの方が標高、山容とも少し上回る「兄」の山で、「弟」の莇ヶ岳を見守っているということで名付けられた。これに対して莇ヶ岳の方は兄見山ともいわれる。

実は、この山の約一㎞北西にももう一つ、地元で兄見山と呼ばれる山がある。いずれにせよ、この辺りはかつて深い森林で、猟に入った兄弟が別れ別れになり、二つの峰から互いに呼び合って探したという伝承がある。また、こちらの兄見山は、かつての周防・長門・石見の三国の分水嶺ではないかといわれてきたが、正確には近くの別なピークで、地元では「登尾《のぼりお》」と呼ばれている。

登路　莇ヶ岳から縦走して来るのが一般的で、周南市小河内の林道莇線にある登山口からまず莇ヶ岳へ登り、北へ県境稜線づたいに来る（莇ヶ岳登山口からこの山の山頂まで約二時間三〇分）。反対側の仏峠から縦走して来ることもできる。

地図　二・五万図　莇ヶ岳　椛谷　（伊澤寿高）

三ツヶ峰　みつがみね　標高　九七〇m

別称　三ツ頭《みつがしら》山

山口県山口市徳地と同市阿東、島根県鹿足郡吉賀町柿木村にまたがる県境稜線上の山で、以前は国土地理院の地形図に山名の記載はなかった。三ツヶ峰というのは比較的新しい命名らしい。

「三ツ頭山」という別名もあり、三つのピークを持つことから付けられたらしいが、あまり明確には見えない。南の仏峠方面、北の桐ヶ峠方面、西の野道山方面への三つの尾根と、これに挟まれた三つの谷の源頭にあたるからとも考えられる。また、かつての周防・長門・石見の三国を分けるピークがこの山で、それが山名の由来だとする説もあるが、実際の三国の分水嶺は仏峠の反対側（南）にある。

登路　山口市徳地から吉賀町柿木村へ越す仏峠から北へ、尾根通しにピークを一つ越えて行くと山頂（峠から約一時間三〇分）。北の桐ヶ峠からも登って来ることができる。

地図　二・五万図　椛谷　徳佐中　（伊澤寿高）

高岳山　たかだけやま　標高　一〇四一m

別称　高崎《たかざき》山　たかだきやま

山口県山口市阿東と島根県鹿足郡吉賀町柿木村を分ける県境稜線上に位置し、中国山地の一〇〇〇m峰としてはもっとも西にある。島根県側では高崎山と呼ばれるが、この地方では山にある崖のことを「だき」ということから、崖のある高い山が「たかだき」山となり、それが訛って山口県側では「たかだけ」山、島根県側では「たかざき」山となり、それぞれ適当な字を当てたと考えられる。

山頂まで深いブナやナラの林がつづいていて、展望がよいのは、三角点を越えて少し北へ行った、ササの刈り払われた所である。

登路　山口市阿東御所河内の須賀神社から西へ林道桐ヶ峠線を行き、終点から山道に入って桐ヶ峠に出る。ここは左は高岳山へ、右は三ツヶ峰へ、前方は吉賀町柿木村椛谷《かばたに》方面への十字路になっており、左の道をとる。ピークを一つ越えていったん下り、再び登り返すと山頂（林道終点から桐ヶ峠を経て山頂まで約一時間三〇分）。

地図　二・五万図　椛谷　徳佐中　（伊澤寿高）

狗留孫山　くるそんざん　標高　五四四m

山口県山口市徳地の佐波川右岸に位置し、周防山地に含まれる。観音（狗留孫仏）信仰の山として開かれ、参道には一丁ごとにある丁塚と石仏が並び、霊場に入ると巨岩に西国三十三箇所磨崖仏が刻まれている。山体は中生代関門層群の火山岩類からなる。

登路　佐波川畔の庄方から法華寺の右方を通り、中国自動車道の陸橋を渡る。参道に入ると、三十三箇所めぐりの道と、奥の院への直進路に分かれる。参道に入ると、三十三箇所めぐりの道と、奥の院への直進路に分かれる。樹齢四百年前後の老杉の下を、霊場の冷気に包まれながら奥の院に至る。三角点は、展望の峰から西に三〇分のヤブこぎである(約二時間)。

地図　二・五万図　堀

(佐々木耕二・内藤正美)

真田ヶ岳　しんたがだけ

標高　六二一m

別称　しんだがだけ

山口県山口市徳地に位置し、西部周防山地に属する。黒雲母花崗岩からなる三角錐の秀峰である。山頂からは三六〇度の展望が開け、蕎麦ヶ岳《そばがたけ》、白石岳、東・西鳳翩山、物見ヶ岳、大平山、瀬戸内海などのパノラマを満喫できる。

山名の由来は不明であるが、江戸期の記録にも「真多ヶ嶽」となっている。

登路　荷卸峠近くから徳地の山村広場まで車で入ることができる。登山口からゆっくり高度を上げて行くと鞍部に着く。右の尾根の急坂をつめると緩斜面となり、展望を楽しみながら山頂に至る(約一時間一〇分)。

地図　二・五万図　仁保　矢田

(佐々木耕二・武永計介)

桂木山　かつらぎさん

標高　七〇二m

別称　四条山　止星山《しじょうやま》　四城山

山口県美祢市美東町と同市秋芳町にまたがり、長門山地の一峰である。山頂の南西、日の峰川の上流にカツラの巨樹(美祢市指定天然記念物)があり、これによる名称で、止星は北辰信仰からのものである。

桂木山は『防長風土注進案』に「古より此絶頂へ北辰星天降りたもうと言う、又古書にも長門桂木山に北辰降臨すと有之由、止星の名此義に依る」とある。北極星と北斗七星を結ぶ空のコンパスであり、航海の神としても敬われたものである。日本海から見て指針の山であった。

登路　秋芳大滝(白糸の滝)からスギ林の沢道、稜線を登り山頂に出る(約一時間)。西に下って分岐を南にとり、沢道を下ってカツラの巨樹に出る(約三〇分)。

地図　二・五万図　秋吉台北部

(井上　佑)

花尾山　はなおやま

標高　六六九m

別称　権現山　華尾山　賀磨能峯

山口県長門市と美祢市にまたがり、長門山地の中央にある。山頂には鎌倉時代から蔵王権現が祀られ、大船通航の目印であった。

山頂は三六〇度の展望が利く。南の渓流からは「花尾苔」を産し、京に出荷した。

登路　長門市の市ノ尾から林道を南へ辿って谷をつめ、おとずれ杉を眺め稜線に出、急坂を登り山頂に立つ（市ノ尾から約一時間三〇分）。下りは西側の本谷に回り、座禅石、カツラの木を見て帰る。

地図　二・五万図　長門湯本

（井上　佑）

秋吉台・龍護峰　あきよしだい・りゅうごほう　標高　四二六m

別称　台山

山口県美祢市美東町と秋芳町にまたがる。日本近世の農業生産の向上は堆肥の使用によるもので、原料の草は欠かせない。秋吉台は草山であり、草原を維持するために村人総出で野焼きを行う、周辺の入会地としての山であった。

古生代石灰岩からなるカルスト地形の典型で、明治時代からエドワード・ガントレット、山崎直方博士などが調査した。一九二三年、小澤儀明は下部の地層に上部より新しい地層がある「秋吉台の地層逆転説」を発表し、一九四一年、小林貞一により「秋吉造山運動」が提唱された。

秋吉台の最高地点が龍護峰である。台上にはカレンフェルト（石灰岩柱群）やドリーネ（漏斗状凹地）、ウバーレ（溶食凹地）、ポリエ（溶食盆地）と、地下には鍾乳洞（秋芳洞、大正洞）がある。

登路　家族旅行村入り口から北に向かい、台に上がり南西に向かう。数箇所のドリーネを見て、鉢山を越えると頂上である（四五分）。

地図　二・五万図　秋吉台

（井上　佑・武永計介）

雁飛山　がんびさん　標高　五八〇m

別称　かりとびやま

山口県美祢市北西部に位置し、長門山地に属する。付近は古生代の別府層で、断層もあり複雑な地質である。山頂部は二畳紀のチャートからなり、高く聳えている。山頂からは、鬼ヶ城山、華山、狗留孫山、一位ヶ岳、花尾山、秋吉台など長門地方西部の山々が一望できる。美しい呼び名の山名の由来は明らかでないが、江戸期の記録にも同名で出ている。

登路　美祢ゴルフ場近くの石柱渓から東に県道二六七号を進み、登山口の道標に従って林道をつめる。水神の祠を過ぎると谷底の山道になる。平坦な道からすぐ急登に変わり、そのまま尾根までつづく。主尾根から右にとると、西畑からの登山道に合流する。急な斜面をつめ山頂に至る（約一時間二〇分）。

地図　二・五万図　於福

（佐々木耕二・井上　佑）

一位ヶ岳　いちいがたけ　標高　六七二m

別称　稲葉山

山口県長門市と下関市豊田町にまたがり、長門山地に属する。イチイの木にかかわりがあって、その名があるとの説もある。しかし、「長門なる三位（三見）の浦や二位の浜　一位ヶ岳を登りてぞ行く」（『防長地下上申』）の歌からして古来からの名であり、一、二、三は古代の「とぶひ（狼煙《のろし》場）」の路線と考えられる。

この山は県指定天然記念物「ベニドウダン」の自生地であり、四月末の花期は見逃せない。ホンシュウジカも生息する。

登路　山頂の北東、椎ノ木から嵩川をつめ、鞍部から尾根を登り山頂に達する（約一時間）。新たに開かれた、俵山温泉から花瀬峠経由のコースがある（約二時間三〇分）。

地図　二・五万図　俵山　（井上　佑）

白滝山　しらたきやま　標高　六六八m

山口県下関市豊北町にあって長門山地に属し、白亜紀の火山岩からなる。南面に岩壁を抱き、岩登りのゲレンデであったが、最近はクライミングをする人を見かけなくなった。ホンシュウジカの生息地でもある。

山頂稜線と西側には、二〇基の風力発電機と太陽光メガソーラーが設置され、二〇〇八年から稼動し景観ががらりと変わった。回転するブレードの影には驚かされる。

登路　明治天皇の叔父である中山忠光が暗殺された地・中山神社から四恩寺跡に着くと、ここから見る胸壁はすばらしい。沢道から林道を横切り、沢からゴルジュを抜け、再び林道を横切り尾根に取りつき頂上に出る（約二時間一〇分）。下りは林道からの展望を楽しみながら楽に下る。

地図　二・五万図　俵山　滝部　（井上　佑）

華山　げさん　標高　七一三m

別称　豊浦山　神上山　下山

山口県下関市豊田町と同市菊川町の境にあって長門山地に属し、旧豊浦郡の最高峰である。東麓の神上寺は昔「西の高野山」と称され八坊を有したが、火災などで昔の面影は薄い。植生は豊かな照葉樹林に恵まれ、史話にも富む。

華山は二峰からなり、三角点は東の大日ヶ岳（岩屋の峰・七一三m）にあり、西の西ヶ岳（六九〇m）には仲哀天皇殯葬所として石祠がある。下りは徳仙の滝を見るとよい。

登路　神上寺から階段を上り、尾根づたいに岩屋観音を経て頂上に至る（約一時間三〇分）。

地図　二・五万図　西市　田部　（井上　佑）

狗留孫山　くるそんざん　標高　六一六m

別称　御嶽　おだけ

山口県下関市豊田町と同市豊北町、同市豊浦町の境にあり、長門山地に属する。空海開基の古刹・修禅寺の山であり、旧三町から「おだけみち」が通じていて、霊場として参詣者が絶えない。山の植物はアカガシを主として二六三種に及ぶ。山頂の展望は雄大で三角点がある。吉田松陰も登った山である（『廻浦紀略』）。

登路　下関市豊田町杉谷集落の上流の駐車場から修禅寺へ、ここから山道をづたい頂上に至る（約四五分）。下関市豊北町上畑、長田橋から南へ山道をづたい山頂に出る（約一時間二〇分）。

地図　二・五万図　小串

（井上　佑・大谷恵美子）

鬼ヶ城　おにがじょう

標高　六一九m

別称　白橋山　城端山

山口県下関市にあり、長門山地に属する。鬼にまつわる伝説と山城としての名称である。

響灘を西に望む大展望所がある。雨乞いの山であり、降雨御礼の石碑が立つ。古代、長門の城の説もあるが、文永・弘安の役（一二七四・八一）の元《げん》・高麗軍襲来に対しての防御石塁と考えられている。眼下の室津港は元《げん》の使者が到着、滞在した所である。

登路　山体は南北に長く、竜王山から川棚温泉までの縦走路の中間点にあたる。黒井・石印寺駐車場から沢沿い約一〇分で尾根道となり、頂上直下の急坂を登り山頂に至る（約一時間一〇分）。

地図　二・五万図　川棚温泉

（井上　佑・原　広美）

竜王山　りゅうおうざん

標高　六一四m

別称　鋤先　権現山

山口県下関市吉見地区と内日地区の境界に位置し、長門山地に属する。西麓には竜王神社があり、雨乞い、海上安全、大漁などの神として信仰を集めている。山名は『防長地下上申』に「此山の嶺ひら地有之、竜王の森有之付、竜王山と申伝候事」に由来する。山頂からは眼下に響灘を望み、下関市内から遠くは九州北部、瀬戸内海の展望が開ける。

山体は白亜紀の関門層群からなる。

登路　吉見側県道登山口から竜王神社中宮・上宮までの急坂をつめる。上宮からは緩やかな尾根道を辿るが、雑木林に覆われ展望はない。突然視界が開けると山頂である（約一時間五〇分）。ほかに内日、深坂溜池からの登路も整備されている。

地図　二・五万図　安岡

（佐々木耕二・原　広美）

隠岐諸島

大満寺山　だいまんじさん

標高　六〇八m

別称　大満寺峰　大萬寺山　摩尼山《まにさん》

隠岐島は全域が大山隠岐国立公園に属しており、その中でこの山は島後《どうご》地区の中央やや東寄り、島根県隠岐郡隠岐の島町西郷地区および布施地区にあり、隠岐諸島内の最高峰。山名の由来は南側中腹にある火光信仰の寺・摩尼山大満寺による。

三角点のある山頂から北へ鷲ヶ峰（五六〇m）、小敷原山《こしきばらやま》（五〇〇m）と男性的な山が連なり、樹齢三〇〇年から四〇〇年のスギの天然林が広がり、オキシャクナゲ、オキフウランなど固有の植物もある。付近には乳房《ちち》杉、屏風岩、トカゲ岩など見所も多く、「自然環境の森」としてこれらを回る自然観察コースが設けられ、大満寺近くにはキャンプ場もある。

登路　南麓の西郷港から北へ約五km行った林道有木《あらき》線の途中と終点からの二本の登山道があり、大満寺で合流する。寺からはひと登りで布施側へ越す峠に出、左へ急坂を登ると山頂（登山口から約一時間三〇分）。北側の布施港方面からも、林道南谷線を利用して登ることができる。

地図　二・五万図　布施　西郷

（吉川暢一）

焼火山　たくひやま

標高　四五二m

隠岐島・島前《どうぜん》の西ノ島（島根県隠岐郡西ノ島町）の南部に位置する。山名は西側中腹にある焼火神社からとったもので、この神社の歴史は古く、平安中期の創建といわれる。承久三年（一二二一）の承久の乱でこの地に流された後鳥羽上皇が、海上で遭難されかけたとき、この社の御神火で船を導いて救ったという伝説がある。以来、海上の守護神として崇敬されている。社殿は大岩窟の中からせり出すように建てられている。

神社が登山口だが、登る人が少ないので道はあまりよくない。山頂には三角点とNHKの無線中継施設があるが、見通しが利かないので、北へ五〇〇m程行った所に展望台がある。

登路　北麓の別府港から焼火神社駐車場まで車で約二〇分。神社までは参道を歩き、境内からつづく山道を辿ると山頂（駐車場から神社を経て山頂まで約五〇分）。

地図　二・五万図　浦郷

（中井俊一）

高崎山　たかさきやま

標高　四三五m

隠岐島・島前《どうぜん》の西ノ島（島根県隠岐郡西ノ島町）の北部にあり、島前の最高峰。島前の全域と海上を一望できるため、日露戦争と第二次世界大戦のときには監視哨が置かれたほど。だが、いまでは登る人もなく、三角点のある山頂は樹木が背丈より高く茂って、あまり展望が利かなくなってしまった。山名の「高崎」は山が海に向かってせり出している地形からで、この山の北西の裾は岬状になり、「高崎鼻」と呼ばれている。

登るための道はないので、途中までは林道を利用し、後は踏み跡やケモノ道を頼りに進むことになる。しかし、ヤブこぎというほどではなく、見晴らしもある程度利く。

登路　別府港から耳浦《みみうら》に越す峠（トンネル）の先で川沿いの林道に入り、終点の手前からかすかな踏み跡を辿る。谷川の横を登り、目印の大岩を越えると、やがて山頂を望む見晴らしのよい岩頭に出る（林道終点から山頂まで約一時間三〇分）。

地図　二・五万図　浦郷

（中井俊一）

アカハゲ山

標高　三二五m

別称　赤禿《はげ》山　赤平山

隠岐島・島前《どうぜん》の知夫里《ちぶり》島（島根県隠岐郡知夫村）の南西部、隠岐全島の最南端に位置し、島前の全域をはじめ、条件がよければ本土の大山や三瓶山も望むことができる。別に「赤禿山」と書いたり「赤平山」とも呼ばれるとおり、かつては赤茶けた溶岩台地だったらしいが、いまでは山全体が広い牧野になっている。

フェリーの着く来居《くるい》港をはじめ、郡《こおり》、古海《うるみ》など島内のどこからでも山頂まで車道が通じており、歩かずに登ることができる。しかし、全島が入会牧野として牛が放されているので注意が必要。車の場合、道路に牧柵のゲートが設けてあるので、開けて通った後、必ず閉めておかなくてはならない。

登路　車で登ることができるとはいえ、ハイキングにも絶好で、最寄りの仁夫《にぶ》集落から山頂まで歩いても一時間三〇分程。山頂には三角点があり、展望台も設けられている。

地図　二・五万図　知夫

（伊澤寿高）

島根半島

枕木山　まくらぎさん

標高　四五三m

別称　大倉山

島根半島のやや東部、松江市市街地の北に連なる峰々を地元の人は「松江北山」と呼ぶが、枕木山はその東端に位置し、同市美保関町にもまたがっている。山頂から南に延びた尾根のコブに立つ二基のテレビ塔が特徴的で、どこからでもよく見える。山頂から東へ少し下った所に、スギの大木に囲まれた臨済宗南禅寺派の古刹・枕木山華蔵《けぞう》寺があり、山号がそのまま山の名になっている。『出雲国風土記』には「大倉山」とある。

山頂の台地は通信施設に占拠され、雑木林で展望は利かないが、途中にあるテレビ塔の敷地からは、大山に向かっての一八〇度の眺めがすばらしい。

登路　南麓の松江市本庄町から標高四一〇mの駐車場まで約七㎞の舗装道路が上がっており、山頂はそこから水平距離で五〇〇m程。車道は途中まで華蔵寺の通用道を兼ねていて、本庄町からその道を歩けば山頂まで約二時間。途中の枕木町から寺へ向かう急坂の旧道もある。

地図　二・五万図　境港　加賀　（高田允克）

嵩山　だけさん

標高　三三一m

別称　寝仏《ねぼとけ》山　キューピー山　布自枳美高山《ふじきみたけのやま》　嶽山《だけやま》

島根県松江市市街地の東部、中海との間に位置し、市街地から見ると仏が仰向けに寝ているような姿から、「寝仏山」とも呼ばれて親しまれている。正確には頭の部分は「和久羅山《わくらやま》」といい、「嵩山」というのは胸から下の部分である。また、中海を隔てた東の弓浜半島（鳥取県）からは、人形のキューピーさんが寝たような姿に見える。山頂には布自伎美《ふじきみ》神社があり、俗に嵩大明神とも呼ばれているので、山の名もこれに由来するものと思われる。『出雲国風土記』には「布自枳美高山」とあり、かつては「烽《とぶひ》」と呼ばれる狼煙《のろし》台が置かれていたという。なお、この山の三角点は山頂ではなく、北へ尾根を約五〇〇mも行った所にある。

登路　嵩山と和久羅山のちょうど鞍部に駐車場があり、北へよく整備された道を行くと神社のある山頂（約四〇分）。ほかに上東川津町の中組や、下東川津町の熊井の滝からの道もある。

地図　二・五万図　松江　（安田文夫・高田允克）

朝日山　あさひやま

標高　三四二m

別称　神名火山《かんなびさん》

島根県松江市市街地と同市鹿島町の境界にあり、市街地側からはお碗を伏せたような形に見えるが、東西約四㎞にわたる山塊の総称。

山よりも山上にある出雲三十三観音霊場第二十九番札所・朝日寺の方が有名で、寺の名がそのまま山の名になっている。毎月一七日には縁日が催されるほどで、年中参詣者が絶えない。『出雲国風土記』には神のこもる山として「神名火山」とあり、弘法大師空海の伝承もある。

寺の東側の鐘撞堂から少し登った所が三角点のある東の峰で、東に大山、西に三瓶山、眼下に日本海と宍道湖、ときには隠岐島まで見える。しかし、この山塊の最高点はここではなく、西へ尾根を約四〇〇m行った西の峰である。登山というより信仰と展望が目的の山。

登路　朝日寺の参道としてよく整備されている。表参道は松江市長江の参詣者用駐車場から約二〇分、裏参道は鹿島町古浦《こうら》から一時間足らずで登ることができるが、登山道というよりは階段である。

地図　二・五万図　恵曇　秋鹿　（広江　研）

旅伏山　たぶしさん　標高　四二一m

別称　多夫志山《たぶしさん》

島根半島の付け根、出雲平野の北に連なる峰々は、東の松江北山に対して「出雲北山」と呼ばれるが、その中で島根県出雲市の旧平田市と出雲市地域にまたがるこの山は古くから親しまれている。『出雲国風土記』には、出雲五烽《ほう》の一つとして「多夫志烽《とぶひ》」の名で出ており、「旅伏」の文字は後で当てたものと思われる。「烽」とは狼煙《のろし》のことで、実際に山頂にはその台座跡と思われる平地がある。

平田側は康国寺《こうこく》から都武自《つむじ》神社を経て、出雲側は鳶《とび》ヶ巣本陣から伊努谷《いぬだに》峠を経てそれぞれ登る道があり、その間が中国自然歩道で結ばれている。都武自神社からこの山を経て伊努谷峠までは、左右の展望を楽しみながらの尾根歩きとなる。

登路　出雲市国富町の康国寺駐車場から、よく整備された道を山頂へ。都武自神社は石段を登っての寄り道となる（康国寺から約一時間）。出雲市西林木町の鳶ヶ巣本陣からは、林道の終点から伊努谷峠に登り、右へ尾根通しに行くと山頂（林道終点から約一時間）。

地図　二・五万図　平田　出雲今市　（伊澤寿高）

鼻高山　はなたかせん　標高　五三六m

出雲北山のほぼ中央に盛り上がった最高峰で、その形から山の名が付いたと思われる。島根県出雲市の平田町と旧出雲市地域にまたがる。北麓の同市別所町には山陰屈指の天台宗の古刹・鰐淵《がくえん》寺があり、この山が寺の借景となっている。登るのもこの寺からがもっとも便利で、寺には弁慶が一夜にして伯耆の大山寺から運んだという銅鐘（国指定重要文化財）をはじめ、多くの文化財がある。

もちろん南の出雲平野からも、北東の伊努谷《いぬだに》峠や南西の矢尾《やび》峠を経て登る道があり、かつての鰐淵寺への参詣道だったと思われる。山頂は広く、三角点の標石が真ん中に立っており、展望は三六〇度、北に日本海、南に宍道湖を見下ろすことができる。

登路　鰐淵寺の山門から石仏の並ぶ道を伊努谷峠へ登り、右へ尾根通しに行くと山頂（約一時間）。峠には南麓の来坂《くるさか》神社からも登って来ることができる。また、鰐淵寺から矢尾峠を経て登る道もあり、この峠にも南の高浜から登って来ることができる。

地図　二・五万図　出雲今市　平田　大社

（中井俊一・伊澤寿高）

弥山　みせん　　標高　五〇六m

別称　出雲御埼《みさき》山

出雲大社の向かって右前方、北東の方角に三角形のよく目立つ山がある。島根県出雲市の大社町と平田町にまたがり、出雲北山の西端に位置する。「弥山」というのは仏教の「須弥山《しゅみせん》」の略で、信仰上の世界の中心の山を意味する。

『出雲国風土記』には「出雲御埼山」とあり、山頂近くには出雲御埼神社（弥山神社）があって、南西麓にある阿須伎《あずき》神社の分社になっている。ここが少し平なので普通には山頂としているが、最高点は神社からさらに東へ三〇〇m程行った所にある。

登路　出雲大社の向かって右手、出雲市大社町本郷の小安《こやす》寺から登るのがもっともポピュラー。ジグザグの急登で出雲御埼神社に着き、鳥居をくぐって少し行くと山頂（小安寺から約一時間）。ほかにも阿須伎神社から、薬師谷から、権現谷からなど多くのコースがあり、鼻高山方面から縦走して来ることもできる。

地図　二・五万図　大社　日御碕

（中井俊一）

高尾山　たかおさん　　標高　三五八m

島根県出雲市大社町の、出雲大社の北西にあり、島根半島の付け根——というより反対側に突き出た日御碕《ひのみさき》の一部ともいえる。島根半島にはもう一つ同名の高尾山が、東へ約五〇㎞の松江市美保関町にもあり、そちらは航空自衛隊のレーダー基地があることで知られる。こちらの高尾山も沿岸が一望できる地の利を活かし、戦時中には海軍の施設が置かれた所で、兵舎や砲台の跡がいまも残っている。

山頂には三角点があり、日本海の展望が開けているにもかかわらず、いまは登る人がほとんどいない。したがって、わずかに残る戦時中の施設への道を探しながら登ることになる。

登路　出雲市大社町中山から北へ宇竜《うりゅう》港に通じる道を行き、峠で分かれて右へ登る。道は分かりやすい所もあるが、手入れがされていないため崩れたり、倒木や草木が生い茂っていて歩きにくい（中山から山頂まで約一時間）。

地図　二・五万図　日御碕　大社

（伊澤寿高）

石見高原

三瓶山　さんべさん

別称　佐比売《さひめ》山　小媛《さひめ》山　山辺《さんべ》山　形見《かたみ》山

標高　一一二六m

東西に長い島根県のほぼ中央、日本海寄りに位置し、大山隠岐国立公園の一部となっている。県を代表する山で、大部分は大田市に属するが、一部は飯石郡飯南町頓原にもかかる。北側の大田市街から望見すると、ちょうどお椀を伏せたような女性的な姿に見える。古代の火山活動によってできたといわれ、いくつかのピークが寄り集まっていて、真ん中に直径約二㎞の巨大な火口跡がある。この火口跡を囲むようにして、標高のいちばん高い男《お》三瓶(一一二六m)をはじめ女《め》三瓶(九五七m)、子三瓶(九六一m)、孫三瓶(九〇七m)、太平山(八五四m)が並び立っている。火口跡は室《むろ》の内ともいわれ、室の内池と呼ばれる小池が水を湛えている。

古い火山といわれるが、室の内には鳥地獄と呼ばれる小規模な噴気孔があり、現在も一酸化炭素を噴出していて、周辺に小鳥やヘビ、ネズミといった小動物が死んでいるのを見ることがある。また近年、北側の山麓から、三瓶山の噴火で出た火砕流の堆積物によると見られる大規模な埋没林が発見された。一部はすでに発掘されていて、中には直径が二mに及ぶ巨大なものもあり、年代測定の結果、約四〇〇〇年前のものと判明した。このころに火砕流を伴う大きな噴火があったらしい。

三瓶山・男三瓶(太平山から)

山名は、『出雲国風土記』の中の国引き神話に記されている「佐比売山」から転訛したといわれている。また、孫三瓶の南東麓には古くから四二度の温泉が湧き出ていて、志学《しがく》温泉の名で親しまれているが、これは男三瓶、女三瓶、子三瓶、孫三瓶の「四岳《がく》」からとったものといわれる。

山麓にはそれぞれ西ノ原、東ノ原、北ノ原と呼ばれるなだらかな草原が広がっており、ことに西ノ原は広大である。かつてこれらの草原には牛が放牧され、三瓶山の風物詩の一つになっていた。いまではほとんど見られなくなったが、このようなことで、三瓶山というと草原の山の印象が強い。しかし、男三瓶の北側や東側の斜面には、ブナの巨木を中心にした見事な原生林があり、国指定の天然記念物・三瓶山自然林として保護されていて、その中には野生動物、ことに野鳥が多く生息している。また、西ノ原の西には三瓶山麓最大の浮布《うきぬの》の池があり、北ノ原には伝説を秘めた姫逃池《ひめのが》がある。

登路　東ノ原、西ノ原、北ノ原のいずれからも登山道があり、道標も設置されていて迷うことはない。もっとも安易なのは、東ノ原のリフトを利用して女三瓶と大平山の間の鞍部に登り、女三瓶を経て男三瓶へ縦走するとよい（リフト終点から男三瓶まで約一時間一〇分）。男三瓶の山頂には三角点があり、三六〇度の展望が楽しめる。とくに北側は眼下に日本海が広がり、視界がよければ隠岐島も望むことができる。女三瓶、子三瓶、孫三瓶のいずれの山頂も展望に恵まれている。

地図　二・五万図　三瓶山西部　三瓶山東部　（岡村一郎）

鶴降山　つるぶさん　標高　五三八m

別称　鶴府山

三瓶《さんべ》山の西にある独立峰で、島根県大田市と邑智《おおち》郡美郷《みさと》町にまたがる。「鶴降」の名は、北西麓の大田市川合町にある石見国一の宮・物部《もののべ》神社の祭神の降臨神話によるもので、社伝によると物部大明神が鶴に乗ってこの山に降り、この地の平穏を祈って三つの瓶を奉納したが、その第一の瓶を納めたのがこの神社にある一瓶《いっぺい》社だという。また、山自体が同神社のご神体だともいわれ、山頂には磐座《いわくら》と呼ばれる二m四方、高さ一m程の岩の台座があり、何らかの儀式に使われたことが想像できる。しかし『記紀』ではこの山の表記を「鶴府山」とし、西麓にある集落はいまも鶴府と書く。現在の鶴降の方があるいは当て字かもしれない。

登路　大田市川合町の鶴府集落の上が登山口。途中の小さな祠からは、旧道が荒れてしまって通れないので、ヤブの切り分けを直登する（山頂まで約三〇分）。

地図　二・五万図　三瓶山西部　（伊澤寿高）

大江高山　おおえたかやま　標高　八〇八m

別称　高山　大江山　大家《おおえ》山

島根県大田市の南西部、大江高山群の南端に位置する最高峰で、三角点のある山頂から西へ、眺めのよい馬の背状の尾根が延びている。「大江」の由来は大田市と江津市の中間ともとれるし、北西麓には大家という集落もある。

登山路は、いずれも大田市大代《おおしろ》町の山田、飯谷《いいだに》両地区からあり、地元の有志によってよく整備されている。山田からのコースは長いが緩く一般向き。飯谷からのコースは短いが急で、それぞれ他方のコースへ下山することもできる。どちらも県道から少し入った所に登山口（駐車場）があり、その間の距離は三・五km程である。

登路　山田コースは、登山口からジグザグに登って展望のよいピークに出、緩くなった尾根を山頂へ。飯谷コースは、山辺《やまべ》八代《やしろ》姫《ひめの》命《みこと》神社が登山口となり、ほぼ直登して山頂へ（どちらも約一時間三〇分）。

地図　二・五万図　大家　（伊澤寿高）

矢滝城山　やたきじょうざん

標高　六三四m

別称　矢滝山

馬路高山と大江高山に挟まれ、島根県大田市西部の温泉津町にまたがる。かつては東麓にある集落の名をとって「矢滝山」と呼ばれていたのが、享禄元年(一五二八)、石見の守護・大内義隆が山上に矢滝山城を築き、以後この山名となった。大内氏は当時、この山の北東麓にある石見銀山を領有し、この銀山と温泉津港への搬出路(銀山街道)を見張るための要害として、この城を築いたとされる。その後も石見銀山の領有の移り変わりにともなって、城も小笠原、尼子、吉川、毛利の各氏が領有した。

山頂は平坦で、かつては展望もよく、城のほかいろいろな目的に使われたらしい跡もあるが、いまはほとんど整備されていない。

登路　大田市温泉津町西田から大田市矢滝へ越す矢滝城山トンネルの矢滝側に登山口があり、トンネルの上の尾根に取りついて、かなりの急登とヤブこぎを繰り返すと山頂(約一時間)。

地図　二・五万図　大家　仁万

(伊澤寿高)

馬路高山　まじたかやま

標高　四九九m

別称　志賀美山　打歌山

島根県のほぼ中央、出雲路から石見路に入ってすぐの海岸に近く、低いが特徴のある三つの山が南北に並んでいる。主峰の名をとって大江高山群と呼ばれるが、その北端にあるのがこの山で、大田市西部の仁摩町にあり、裾野を日本海に落としている。この山には二つのピークがあり、高い方を弥山(四九九m)、低い方を高山(四八〇m)と呼ぶが、海岸の仁摩町馬路方面からは手前の高山しか見えないため、この名が付いたらしい。

高山の山頂付近にはNTTのマイクロ中継塔が建ち、そこまでの道路も整備されたが、最高点のある弥山の方は登る人が少ない。しかし、かつては乙見《おとみ》大神《だいじん》を祀る社があったと伝えられ、木喰《もくじき》上人が修行したという「聖人岩」や、「志賀美山」「打歌山」などの風流な名が残っている。

登路　大田市仁摩町馬路から林道を行き、NTT専用道路(一般車両通行止)との分岐からいったん約五〇〇m下り、林間歩道と名付けられた踏み跡を弥山山頂へ(分岐から約一時間)。弥山から高山までは一五分程で行くことができる。

地図　二・五万図　仁万

(伊澤寿高)

室神山　むろかみやま

標高　二四六m

別称　浅利富士　屋上《やかみ》山　室上《むろかみ》山　高仙《たかぜん》　高仙山

島根県江津市の北東部、浅利町の海岸近くに秀麗な姿を見せるこの山は、「浅利富士」とも呼ばれ、古くは「やかみやま」といわれて、『万葉集』の屋上山をはじめ、八神山、室上山などの字が当てられてきたが、やっといまの山名が定着した。また、山頂に高仙地蔵のお堂があることから「高仙山」、あるいは単に「高仙」ともいわれる。

　この地蔵の由来は明らかではないが、歴史は古く、一体の地蔵尊の背面には「弘化五年（一八四八）建造」と刻まれている。諸病厄災に霊験あらたかといわれ、いまでも毎年四月二四日と八月二四日に例大祭が催される。

登路　古くからある高仙地蔵への参詣道を利用。江津市松川町の県立少年自然の家からしばらくコンクリート道を行き、ちょっとした岩場の道を経て山頂へ（少年自然の家から約三〇分）。ほかに浅利町からのコースもあり、短いが急登である。

地図　二・五万図　浅利　江津

（伊澤寿高）

十種ヶ峰　とくさがみ

標高　九八九m

別称　徳佐ヶ峰　長門富士

　山口県山口市阿東と島根県鹿足郡津和野町にまたがる秀峰である。『防長風土注進案』に「十種彦十種姫は此山に御食主神《みけぬしのかみ》の埋め玉ひし十種神宝の霊なるによって此山を十種神といふるなるべし」とあり「とくさがみ」が正しい読みになり、地元でもそう呼んでいるし、昔の五万図にも記されていたが、二・五万図の十種峰には山名が「とくさがみね」となっており、訂正願いたいものである。

　県境となる主稜線は北から南に走り、山頂から東に向かう。山体は古生層の粘板岩の上に、中生代の溶結凝灰岩がかぶさった山で、粘板岩の風化で崩壊が起き、山頂は鋭鋒となった。植生は『防長風土注進案』によれば「御食主神が十種の神宝を埋め、以後、万年の間、この山に樹木生ずべからず、と願いを掛けられた」との古伝があり、中腹以上は樹木がなくチュウゴクザサとチョウカイチマキで覆われている。ササ群落の構成種にホソバノヤマハハコやタチコゴメグサが見られ、寒地性の植物として県内稀産種である。ギフチョウの分布は西限に近い。

登路　スキー場でもある野外活動センターからゲレンデの北斜面に取りつき、雑木林、熊野神社を経て山頂に達する（センターから約一時間二〇分）。ＪＲ山口線徳佐駅からは、羽波の公民館手前で左折、福谷川に沿って林道から尾根に取りつき山頂に至る（駅から約二時間五〇分）。

地図　二・五万図　十種ヶ峰　徳佐中

（井上　佑）

十種ヶ峰（徳佐下長沢から）

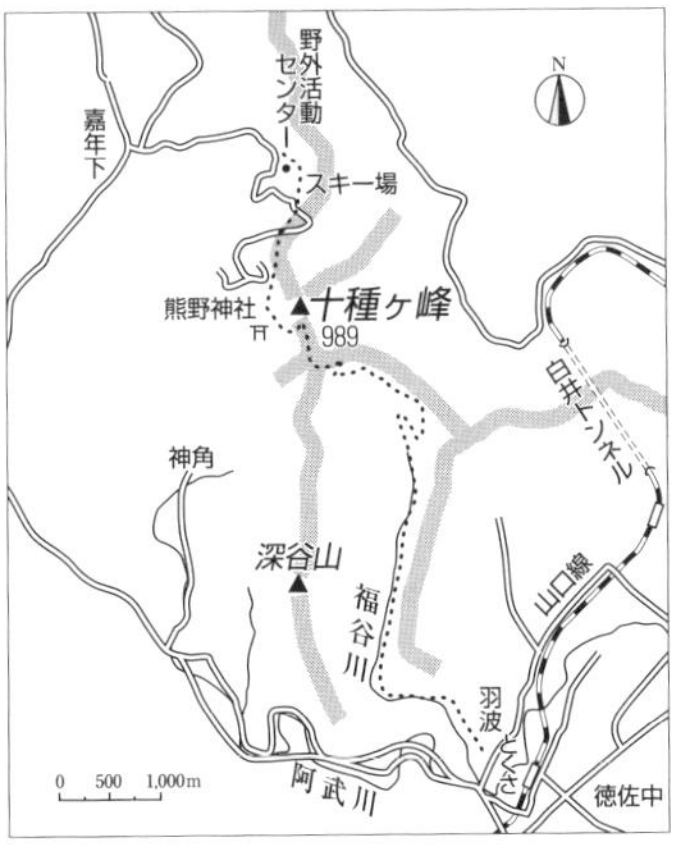

大蔵ヶ岳　おおくらがたけ

標高　八三四m

別称　熊ヶ瀬ヶ嶽　大倉ヶ嶽

山口県山口市阿東の中央にあり、阿武山地に入る。かつては水晶が多く採れた。山は閃緑岩が多く、山麓はチュウゴクザサで知られ、頂上はチマキザサで覆われている。八合目近くの権現窟は数十人が入ることができ、過去には雨乞いも行われたが、ご神体は下に降ろされた。

登路　JR山口線地福駅から大蔵岳神社を目ざす。沢沿いの小径を辿りながら権現窟へ、さらに尾根に取りつき頂上へ至る(神社から約一時間二〇分)。

地図　二・五万図　徳佐中

(井上　佑)

黒獅子山　くろじしやま

標高　七一六m

別称　黒鹿ヶ嶽　黒猪山

山口県山口市阿東生雲《いくも》にあり、阿武川と生雲川に挟まれて阿武山地にある。山体は中生代白亜紀の阿武層群の石英安山岩質溶結凝灰岩と流紋岩質溶岩からなる。全体的にはアカマツの二次林であるが、山麓にはヘラノキ、中腹にはコブシも見られる。頂上からの展望は東側だけである。

登路　生雲古市から南へ寺田を目ざし、林道を曲がり谷筋の踏み跡をつめる。支尾根から主尾根を南に行き、石祠の頂上に出る(約一時間二〇分)。

地図　二・五万図　生雲中

(井上　佑)

東鳳翩山　ひがしほうべんざん

標高　七三四m

別称　こしきか嶽　東方便ヶ嶽　方便山

山口県山口市と萩市旭地区にまたがり、東西に延びる稜線は長門・周防の国境であった。また、山陽・山陰の分水界山地でもある。現在は東西に鳳翩山があるが、本来この山は「こしきか嶽」である。西が「方便山」であり、一八九〇年の陸地測量部の二〇万図では東方便山と西方便山になっている。その後、五万図には儒学者・片山鳳翩の号から採って使用していると考えられる。

山体は、頂上西側の一部に白亜紀の花崗閃緑岩があるが、主として黒色片岩からなり、山頂や東側の稜線付近には比較的風化に強い火山性凝灰岩があって、急斜面になっている。山頂はカヤトの原があり、展望に優れ、多くの人々に親しまれている。

この山の北東にある板堂峠は萩往還で、参勤交代の道であった。文久三年(一八六三)八月の政変(七卿落ち)により長州に下った三条実美は、東久世通禧《みちとみ》とともに土方楠左衛門らを従え、九月二一日に登り、「鳳翩の山をいかにと人とはかくとこたへむ言の葉もかち」と詠んだ。一八八五年ごろ、一四歳の国木田独歩は友人と二人で磁石石を採りに登っている。一八八九年七月、旧制山口高等中学校教授・頓野広太郎が山頂に私設臨時測候所を設置した。

登路　二ツ堂コースが一般的だ。錦鶏湖北岸の駐車場西方の登山口から、ジグザグの道でスギ、マツの中を登り支稜に出る。頂上を垣間見ながら主稜線に達し、左に道をとり中国自然歩道の階段を登り前衛峰を越して山頂に出る(駐車場から約一時間二〇分)。

板堂峠からは主稜線を西に辿る。中国自然歩道でもあり、階段がつづきアップダウンも多い(約一時間四〇分)。

地図　二・五万図　山口

(井上　佑)

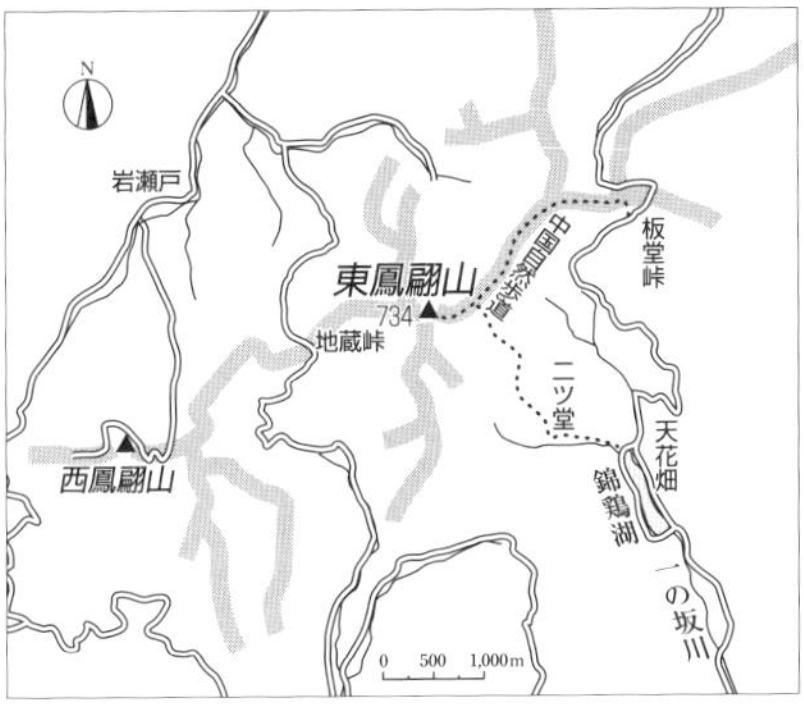

男岳　おんだけ

標高　七八九m

山口県萩市旭地区佐々並《ささなみ》の西部と美祢市美東町の境界付近に位置し、県中央部の最高峰であり、長門山地に属する。山頂は旭地区にある。

山名の由来は、信仰の山「御岳」の当て字との説がある。地元の一部では「おんだき」とも呼んでいる。山頂手前の峰から西南面の展望がよく、秋吉台、桂木山などを望むことができる。

山体は白亜紀の阿武層群からなる。

登路　男岳林道登山口から左手の沢沿いをつめ、鞍部のオカマ峠から左に美祢市美東町、萩市旭地区の境界線上を行く。山頂手前の雨量計の峰から北にとり、三角点に達する(約一時間)。山頂はササヤブに囲まれ、視界はよくない。山頂から北東尾根を行くと、三角点を経て中台特山(七八九m)に達する。

地図　二・五万図　佐々並　山口

(佐々木耕二・井上　佑)

吉備高原

八塔寺山　はっとうじやま　標高　五三九m

別称　行者山　堂山　八東山

岡山県備前市吉永町にある。備前東部の四〇〇m前後の高原上の最高峰である。南麓に聖武天皇の勅願により道鏡が創建したといわれる照鏡山八塔寺が山名の由来である。八塔寺は「西の高野山」と称されているが、真言・天台の二宗が併存している。

登山路のわきには石仏が並び、行者堂横には役小角と不動明王石仏があり、修験道場の名残の鎖場も見られる。

登路　JR山陽本線吉永駅からバスで八塔寺に至り(約三〇分)、そこから行者堂を経て約三〇分で山頂に至る。

地図　二・五万図　上月　上郡　(柏木宏信・山内幸子)

神の上山　こうのうえやま　標高　三七〇m

岡山県和気郡和気町にある。

山名の由来は、山頂近くに神上山金剛寺がかつてあったところから出たものであろう。山麓を吉井川支流の金剛川が流れる。東山麓には和気清麻呂を祀った和気氏の氏神・和気神社が鎮座する。

登路　いくつもあり、直接登るなら一時間弱で山頂に達するが、和気富士を経由するコースや竜王山を経るコースなど、時間に合わせて選べるように、最上《さいじょう》稲荷に案内板が設置されている。最上稲荷へはJR山陽本線和気駅から一五分で行ける。

地図　二・五万図　和気　(柏木宏信・山内幸子)

大平山　おおひらやま　標高　六九八m

岡山県加賀郡吉備中央町賀陽地区と高梁市有漢町の境にある。この辺り(中部吉備高原あるいは上房高原)の最高峰であり、無線中継所が設置され、山頂付近は「大平山いこいの森」として整備されており、車で行ける。天気のよい日には遠く蒜山や大山も望むことができる。「全山秩父古生層より成るという」(『日本山嶽志』)。

登山道途中の、山頂東側に天台宗・豊寿山天福寺がある。天平時代(七二九〜七四九)に行基が開山したと伝えられる。伯耆国の大山寺の末寺であったという。また、大平山の北西山麓、垣近くに高雲寺跡があり、「保月の塔」と呼ばれる鎌倉時代後期の石塔がある。

この山の南面中腹部にはモミ、ナラ、アカシデに交じってブナが自生していて、ブナの自生地として岡山県における南限である。

登路　岡山自動車道賀陽ICから約三〇分。または有漢ICから約二〇分で「太平山いこいの森」へ。広域農道登山口からは約一時間で頂上に達する。

地図　二・五万図　有漢市場　(柏木宏信・山内幸子)

臥牛山　がぎゅうざん

標高　四八七m

岡山県高梁市の北部にあり、南方から前山、小松山、天神丸、大松山を総称して臥牛山と呼ばれている。最高峰は天神丸であり、小松山に松山城の中心がある。高梁川から四〇〇m以上の急斜面をなし、天然の要害を形造っている。

天守閣の現存する山城では日本最高所にあるとして知られ、一九五五年、国の史跡に指定された。この山に築城されたのは、承久の乱ののちに、相模国三浦氏の一族・秋庭重信が延応二年(一二四〇)に築城したのが始まりといわれ、当初は大松山城として築城された。その後、元弘二年(一三三二)に拡張された。

この山一帯はニホンザルの生息地で、国指定天然記念物・臥牛山サル生息地に指定されている。

登路　JR伯備線備中高梁駅から鞴《ふいご》峠《たわ》を経由し、遊歩道を経て約一五分で小松山・松山城天守閣に達する。大松山まで約二〇分。駅から三角点まで約二時間。また、山麓の尾根小屋からの道や中州公園からの遊歩道を経て山頂に至ることもできる。

地図　二・五万図　高梁　豪渓

（柏木宏信・山内幸子）

龍王山　りゅうおうざん

標高　五〇四m

別称　三山龍王山

岡山県井原市美星町にあり、吉備高原の南端に位置する。龍(竜)王山という名称の山は岡山県内に三四箇所もあるので、点名でもある別称で呼ばれることが多い。

頂上には三角点と天測点、電波塔がある。東南東四㎞、公共牧場の一角に標高の高い類似名の山、大倉龍王山(五一四m)がある。

山麓には、古い史料を基に時代考証を加えて、鎌倉・室町時代の吉備高原の村を再現している「中世夢が原」がある。また、東隣には口径一〇一㎝の反射望遠鏡を持つ美星天文台がある。

登路　JR伯備線清音駅で井原鉄道に乗換え矢掛駅下車。美星支所前まで北振バス。西麓の林道を歩いて約一時間三〇分で山頂。

地図　二・五万図　三山

（野口恒雄）

鷲峰山　じゅうぶうさん

標高　三九二m

別称　じぶうさん　しゅうふうさん

岡山県倉敷市真備町と小田郡矢掛町の境にある。この山の南面に山上寺院・鷲峰山棒澤寺跡があり、山名はそれによるものである。棒澤寺の開基は聖徳太子、開山は興正といわれ、真言宗御室派に属して、かつては備中一の山上伽藍だった。山頂近くに毘沙門天の磨崖仏と石門および宝篋印塔が残されている。いずれも中世の石造美術で、矢掛町の重要文化財に指定されている。

山麓にはまた吉備公廟があり、宝亀六年(七七五)に没した吉備真備の墓という。すぐ近くには吉備真備の建立したと伝えられる吉備寺もある。

登路　JR伯備線清音駅から井原鉄道に乗換え三谷駅下車。約一時間三〇分で棒澤寺仁王門に至り、山頂まで約三〇分で達する。

地図　二・五万図　箭田　矢掛

（柏木宏信・山内幸子）

遙照山　ようしょうざん

標高　四〇五m

別称　養子山　曜星山

岡山県小田郡矢掛町と浅口市金光町にまたがってある。吉備高原の南方、小田川と瀬戸内海の間、東西に連なる三〇〇～四〇〇mの山々の最高点である。山頂に両面薬師として知られる薬師堂が建ち、北面に釈迦如来、南面に薬師如来を刻んだ二仏一体の石仏が本尊として祀られている。円仁が唐から帰朝後開山したと伝えられる。山頂付近から鋸歯様蓮華文瓦が発掘されており、厳蓮寺跡と伝えられ、国分寺に次ぐ官寺であったという。

この辺りの地質は火山性で、流紋岩の露頭が見られる。山頂一帯には電波塔が並び、浅口市営のグラウンドなどがあり、少し下ればラジウムを含む冷泉の湧く遙照山温泉があり、宿が建ち並ぶ。

西方につづく尾根上に地蔵峠を挟んで竹林寺山があり、その山頂部に東洋一の国立天文台観測所と天文博物館がある。

登路　山頂まで車道が通じており、北西方の地蔵峠から三〇分弱で山頂に歩いて立つことができる。

地図　二・五万図　笠岡

（柏木宏信・山内幸子）

大黒目山　おおくろめやま

標高　八〇二m

広島県庄原市に位置する。『芸藩通志』によると、この山の山頂は物見の場所であり、江戸時代には狼煙《のろし》を上げる所として管理されていた。山頂にはその跡が残っているが、残念ながら現在展望は望めない。

登路　県道二三号の中本（田部）バス停から北に向かって蘇羅比古《そらひこ》神社へ行く。参道の両わきには、県の天然記念物の大杉がある。ここから自然歩道を西にとると、本村町から小用町に通じる車道に出て登山口に着く。

登山口には篠津原開発組合の案内板がある。東方へ林道をしばらく辿ると広葉樹に覆われた山道にさしかかる。道もジグザグになり、ひと登りすると鞍部に出る。福山山岳会の標識板があり、稜線を北にとる。おだやかな稜線のピークを二つほど越えると、石積みで平坦に整備された山頂に着く（中本バス停から約三時間二〇分）。

地図　二・五万図　庄原

（池本喜浩）

葦嶽山　あしだけやま

標高　八一五m

広島県庄原市に位置する。山頂一帯は、巨石や奇岩が数多く点在しており、さながら古代の巨石都市の遺跡の中を歩いているようである。とくに葦嶽山のすぐ北隣に位置する鬼叫山の山頂近くには、高さ六mの大石柱（神武岩）があり、様々な伝説を生んでいる。

このようなことから、昭和初期ごろからこの山が日本のピラミッドではないかと、マスコミで話題となった。

葦嶽山の山頂からは、比婆山や道後山をはじめ備北地方の山並みを望むことができる。

登路　野谷の葦嶽橋の手前を左に入ると野谷登山口となる。小川沿いの道や階段を登り鬼叫山の分岐を過ぎると、山頂はすぐである（登山口から約一時間）。

地図　二・五万図　帝釈峡　庄原

（池本喜浩・森　茂樹）

御神山　おんかみやま

標高　八八九m

広島県庄原市東城町にある御神山は、東側の帝釈台地を含む標高五〇〇m余の吉備高原内の小山で、高梁川上流の帝釈川が谷を深く削り、北東に帝釈峡が近い。古生代の堆積層や幾層もの石灰岩層が混在する中で、この周辺は中生代の花崗岩類が分布する。

山名は伝説に由来する。昔、双股池に鬼亀が棲んでいて、これを山の上で祀っていたらしいが、現在は祠を麓の鍛冶屋床に降ろしており、鬼亀がご神体になったようである。

帝釈峡の象徴である天然橋の雄橋は、この鬼亀が巨岩で造ったとされる。また、雌橋は夜が明けてしまったため、未完成のまま途中まで運び出された巨岩であるという。『芸藩通志』には「西に鬼神山といへる高山ありて、その他四方皆低山なり」と記されていて、「鬼神山」が「御神山」になったとも考えられる。

また、谷筋には火塚と呼ばれる炭焼き跡が多くあり、製鉄が盛んに行われていたことがうかがえる。

登路　鍛冶屋床集落から川沿いの林道を登る。左側にコンクリリートの橋を見ながら進むと双股池に出る。池の側の分岐を左の林道に入る。ヒノキの植林地を通り、一五分位行った所で左の小道に入る。植林の切れた所の尾根道を登り、濠を掘った跡がある尾根道を登って行くと、まもなく御神山の頂上に着く（登山口から頂上まで約一時間三〇分）。

地図　二・五万図　帝釈峡

（稲野政男・小田里子）

二子山　ふたごやま

標高　六三二m

二子山は国定公園帝釈峡の南西にあって、広島県神石郡神石高原町（旧神石町大字永野小字二子城）のすぐ西に眺めることのできる双頭の山で、北方に三角点がある。頂上一帯は双子山城跡であり、一郭（本丸）から八郭までを擁し、難攻不落といわれた城である。

城主横山氏は武蔵七党の一つとして武蔵国多摩郡横山より起こっており、初代城主とされている横山権頭時広は鎌倉殿より武州横山の庄並びに淡州（淡路島）を賜り、神石郡の永野も領していたものである。城主は九代義国までつづいていた。一説によれば一五代もつづくとある。また、地名に小字金山組とあるように鉱山があって軍資金ともなっていた。現在、頂上には古びた大山祇《おおやまずみ》神社の祠があり、昭和の初めまでは祭日に相撲大会なども行われにぎわっていた。

二子山自体は標高も低く、見通しのよくない平凡な山であるが、名勝・帝釈峡と合わせ、とくに下帝釈峡の大岩壁などとともに一度は訪れたい所である。

登路　県道二五九号の帝釈峡井関線を南に山道を登るように行くと二㎞弱で金山に着く。右に八幡神社を眺めながら西方に行くと集落の最上部にある民家に着く。右裏手のタケヤブに入り、踏み跡を辿ればスギの植林帯を抜けてまもなく頂上である（金山から一時間程）。

地図　二・五万図　福永　帝釈峡

（鈴木康仁）

星居山　ほしのこやま

標高　八三四m

広島県神石郡神石高原町三和地区と神石地区の境に位置し、郡内の最高峰である。

大化元年（六四五）、阿知名山に三明星《さんみょうぼし》が降りて星居山と称されたという。古代より山岳信仰の聖地としてあがめられ、中世まで女人禁制の山とされた。歴史と伝説を数多く秘めた霊山で、多くの名僧、修験者が足跡を残している。また、孝徳天皇の御陵ともいわれ、天台宗の僧性空の宝篋印塔は寛弘二年（一〇〇五）に建立され、広さ四m四方に高さ二・四mで、由緒あるものである。

頂上には二階建て屋根付きで、コンクリート造りの立派な展望台がある。晴天時には北は比婆山連山から遠く伯耆の大山、南は瀬戸内海から四国の石鎚連峰が眺望できる。

登路　神石高原町小畠から県道二五九号の帝釈峡井関線を北に五kmの阿下に行き、県道四一六号との交差点に着く。交差点から西に五〇〇m行くと星居山森林公園入り口の立派な標識がある。標識に従い北に一時間弱で森林公園に着き、よく整備された公園内を通り頂上に着く。公園管理棟から頂上まで三〇分弱である。

地図　二・五万図　高蓋

（鈴木康仁）

山野峡　やまのきょう
帝釈峡　たいしゃくきょう

山野峡は広島県福山市山野町の「山野峡県立自然公園」内にある。この公園には、渓谷美を満喫できる龍頭峡、猿鳴峡《えんめいきょう》などがあり、岡山県西部を流れる小田川の上流部にあたる。また、馬乗山（五〇〇m）への登山口となる矢川に岩穴宮の鳥居や県天然記念物・上原谷石灰岩巨大礫の大岩壁もある。この岩壁の下には広い洞窟があり、岩屋権現と呼ばれる多伎伊奈太佐耶布都《たきいなださやふつ》神社の祠がある。

伝承によると昔、素戔鳴尊《すさのおのみこと》が出雲で八岐大蛇を切った剣は、訳あって尊の后稲田姫一族により出雲から山野に移された。そして、この大岩窟に祀られ、社にしたといわれている。

帝釈峡は広島県庄原市東城町と、神石郡神石高原町との境を南北に走る。峡内には多くのロッククライミングのゲレンデがある。主に登られているエリアは約三〇箇所ある。各エリアは幅が七〇～八〇m、高さは三〇mで、それぞれ一五本程のルートがある。グレードは五・一〇の後半から五・一三までの高レベル。カタクリの群生地があったり、ミスミソウ、シュウメイギクなど季節の花も多い。また、カワセミ、ヤマセミ、フクロウ、ニホンイノシシ、ホンドタヌキ、ニホンアナグマなど多くの鳥や動物にも会うことができる。連休のときなどは遠く大阪、京都、三重、滋賀、さらに東京からもクライマーが来訪する。山野峡、帝釈峡からなるこの中国自然歩道は、一般観光から岩登りまで、幅広い人たちの憩いの場である。

登路　馬乗山登山口はこの岩穴宮から登る。道は若干荒れている。途中、中国自然歩道と合流し、標識に従って進めば車道に出る。しばらく進むと山頂に着くが、比較的平坦で山頂という感じがしない。近くに馬乗観音がスギ林の中にある。馬乗山へは登山口から山頂まで約一時間三〇分。

山野峡は標高六〇〇m余りの吉備高原の縁辺部に位置する。古谷川が造る竜頭峡と小田川が造る猿鳴峡の二つからなっていて、上層の流紋岩を切り、下部の柔らかい古生代堆積層を侵食する渓谷である。

帝釈峡とそこから南下する山野峡とからなる中国自然歩道は、全長五七kmあり、多くの見所がある。

地図　二・五万図　金丸　井原　小畠　帝釈峡

（羽奈　傳・新山まゆみ・稲野政男）

蛇円山　じゃえんざん　　標高　五四六m

別称　備後富士

広島県福山市駅家町と新市町の境に位置する。高い山が少ない備後地方において蛇円山は備後南部の主峰である。その山容から「備後富士」と呼ばれている。登山コースはいくつかあり、また、頂上直下まで車道も整備され、ハンググライダーの飛行基地にもなっている。

山名の由来は昔、龍が天下ったという伝承からきており、頂上には高竈《たかおかみ》神社が祀ってある。この山には、ほかにも数々の伝説がある。備後平野からもその山姿ははっきりと分かり、四季を通して登山者が多い。

登路　かつて広島県福山市新市町藤尾にあった藤尾銀山の銀を蛇円山を通って運んだ道、野呂往還を登る道、東側の福山市駅家町服部から登る道とあるが、頂上までそれぞれ二時間弱である。

地図　二・五万図　金丸

（羽奈　傳）

岳山　だけやま　　標高　七四一m

広島県府中市斗升町と同市上下町との境界に位置し、巨岩・奇岩の多い山である。また、広島県百名山にも紹介された秀峰。六部岩、盗人岩などと名付けられた大岩は、岳山という名に相応しい。山麓の六社神社にはヤマザクラの古木があり、四月には、地味ではあるがやわらかな色どりの花と葉を付ける。下部はヒノキの植林があり、上部に向けてクリ、コナラ、リョウブ、ヤマザクラなど落葉広葉樹林となっている。

登路　斗升から東へ五分で六社神社、林道を経て約一五分で登山口。左にヒノキの植林を見て、三〇分程の急登を大岩を見ながら左右に登り、稜線に出る。分岐より左へ三分程で六部岩、鞍部から五分程で盗人岩、尾根への引き返しを含めて約一〇分で岳山山頂である。展望はあまりよくない。前岳方面は約四〇分程である（斗升から約一時間三〇分で岳山山頂）。

地図　二・五万図　木野山

（堀内輝章・井川まり子）

岡田山　おかだやま　標高　六三九m

西の明神山(五四九m)、北東の撫臼山(五二三m)とともに世羅台地の北端、広島県三次市の南東端に位置する。頂上は平坦地で、北は中国山地、南は世羅台地を望む。秋から早春にかけて三次盆地は早朝、深い霧の海に覆われ、岡田山が雲海の上に浮かぶ。

登路　国道三七五号から世羅西に向かい、破堂から北に車道を登り峠に出る。溜池があり、ここで車道から左に山へ向かう。電波中継塔、岡田神社に至り、神社から西に向かって行くと三角点に着く(破堂から約一時間)。

地図　二・五万図　吉舎

(池本喜浩)

宇根山　うねやま　標高　六九九m

広島県世羅郡世羅町甲山と三原市久井町の境にある。世羅台地の備南最高峰・宇根山にある天文台には、六〇cmの大型反射望遠鏡、七基の屈折望遠鏡を備え、径五mのプラネタリウムも設置している。天文台からの眺望もすばらしく、遠くは四国の山々も見ることができる。

また、山麓には一九六三年に指定された国の天然記念物の「久井の岩海」がある。約二二haの指定区域には、「ぜにがめごうろ」、「なかごうろ」などと呼ばれる岩の堆積が見られる。山頂直下には至幸院(宇根山弘法大師堂)が建ち、周辺には吉田のギンモクセイ(県指定天然記念物)、宇根山家族旅行村などもあり、ゆっくり一日を楽しむことができる。

登路　山頂近くまで車道が整備されている。久井の岩海から北西に車道を約五〇分で旅行村、さらに約一〇分で天文台に着く。約一五分で山頂。下りは岩海に戻るか吉光に下り、下津川崎に帰る。

地図　二・五万図　甲山

(堀内輝章・井川まり子)

天神岳　てんじんだけ　標高(西天神)　七五七m

別称　天神嶽

広島県東広島市豊栄町の北東にある天神岳は、霊峰と呼ばれ、その昔は芸備両国にまたがって関があり、関守が通行を警備したと伝えられている。

また、山頂一帯は「寿楽園」と称し、天神岳に修行のため天竜翁が入山したという伝承がある。

天神岳は三つの峰からなり、最高峰は「西天神」、中央の岩峰を「中天神」、そして「八畳岩」という大岩の控える南東の峰が「東天神」と呼ばれている。

登路　登山口は東広島市豊栄町吉原の天神原古墳群からのルートと安宿八幡神社からの道がある。吉原古墳群から右上する舗装道より右に入り、天神岳登山口駐車場となる。登山道は広く、砕石を敷いた管理道も交錯するが、迷う所はなく、確実に上を目ざせば登山口から約四〇分で鞍部に着く。

地元の石工により奉納された大地蔵尊を左に見て約一〇分で、すばらしい展望の中天神である。西天神へは中天神から約一五分。東天神は鞍部から約一五分である。安宿八幡神社からは、石仏に導かれながら登って約一時間で鞍部である。

地図　二・五万図　乃美　敷名

（堀内輝章・野島信隆）

鷹ノ巣山　たかのすやま　標高　九二二m

広島県のほぼ中央の広島県東広島市福富町と安芸高田市向原町の境に位置する展望のよい山である。鷹ノ巣山の北東にカンノ木山（八九二m）があり、福富町ではその南側の山腹に県央の森林公園を造り、すぐ近くの地点に県の中央を示すモニュメントを設置している。

山頂からの展望はよく、以前は瀬戸内海側の海が七箇所見えていたが、木が茂り若干展望が悪くなっている。山頂直下の福富町側にはブナの原生林があり、カタクリの花も見ることができる。

登路　登山道は安芸高田市側（約一時間三〇分）と東広島市側（約四五分）にあるが、両側ともバス便が少なく、バス停からの距離があるから、時間に余裕を持つこと。なお、車を利用すれば短時間で登ることができる。

地図　二・五万図　乃美　井原市

（平田恒雄）

鎌倉寺山　かまくらじざん　標高　六一三m

広島市安佐北区白木町地区と安芸高田市向原町との境に位置している。山の西側を三篠川に合流する関川が流れている。この山の南西尾根は、広島県のロッククライミング発祥の地で、一九三〇年に県内初の岩登り講習会が開かれている。一九四一年には信州のガイド・上條孫人が岩登りを指導したことから、孫人岩と呼ぶ岩がある。黒雲母花崗岩の地質が奇怪な岩壁や岩峰を形成している。山名の由来ともなっている中世の鎌倉寺跡、参道、五輪塔、石仏、軒丸瓦など往時の面影を山頂一帯で感じることができる。この鎌倉寺は安芸国三十三観音霊場巡りの第十八番札所でもあった。

山の南麓には、東京大学地震研究所白木微小地震観測所が一九六五年に設置されている。また、西側の集落小越《おこえ》には須恵器などが出土した遺跡・実相寺古墳群がある。

尾根筋の多くは岩稜となり、適度な緊張感を与えてくれる。また、初夏にはシャクナゲの群落が山頂手前で登山者を迎えてくれる。岩登りや岩稜歩きから自然観察ハイキングまで幅広い楽しみ方ができる山である。ただ、山頂からの展望は良好ではなく、尾根筋の槍ヶ峰からの展望を楽しみたい。

登路　県道四六号の登山口から牛岩方面に少し入ると尾根づたいに馬の背、十畳岩、槍ヶ峰、権兵衛山と登りつめ、鞍部に下って主峰に至る。鞍部から東へ牛岩集落まで約三〇分。西へ下れば小越集落へ出る。登山口から山頂までは約二時間弱。なお、北東に進めば神ノ倉山へも通じている。

地図　二・五万図　井原市

（種村重明・森戸隆男）

篁山　たかむらやま

標高　五二二m

篁山（竹林寺）は、広島県東広島市河内町に位置している。この山の開山は古く、奈良時代に僧行基が山頂にあったサクラの大樹を切って千手観音像を彫り、お堂を建立したことに始まるといわれている。平安時代の官人・学者・歌人の小野篁の生誕の地とも伝えられ、のちに篁山竹林寺と名付けられたという。竹林寺山門には、仁王像がある。八千代池奥の大杉に囲まれた国の重要文化財の本堂は、一九八七～八九年の大修理で創建当時の茅葺きの屋根に葺き替えられた。本堂と庫裏を継ぐ長い渡り廊下がこの寺の風格を感じさせ、モウソウチクの竹林は壮観である。

登路　篁山へのルートはJR山陽本線入野駅から、北にある同線の河内駅から、南の正面参道の大内原からの三つのルートがある。

入野駅に下車して県道を渡り、グリューネン入野団地への車道を一〇分程登れば、篁山竹林寺《たかむらやまちくりんじ》古道の石柱と駐車場がある。その右手を直進すると篁山への登山道である。シイタケ栽培をしている庭園を左に見ながら二〇分も登ると姫路滝に着く。ここから岩がごつごつと出た道を鳥の声とともに二〇分程で松ヶ城跡の分岐へ（約三〇分）、右に少し下ると本丸跡。小高い所には石組みの古井戸が不気味に口を開けている。先の分岐から一〇分足らずで山門に着く。池の手前を左にとるとすぐ山頂で、阿弥陀像が立っており、休憩所もあるが眺望はよくない。帰路は山門に立って左に進めば河内駅へ（約一時間）、正面の石段を下ると大田原へ、右手にとると入野駅へ下る。

地図　二・五万図　河内

（前垣寿男）

白滝山　しろたきやま

標高　三五〇m

黒滝山　くろたきやま

標高　二七〇m

黒滝山（広島県竹原市）と白滝山（三原市）は、南北約一・五㎞に位置しており、一つの領域として地域の人たちに親しまれている。JR呉線忠海駅で下車すると、眼前に岩峰を天に突き上げた黒滝山が聳えている。この「滝」は「ダキ」で懸崖を意味している。

『芸藩通志』の「忠海村絵図」に「留黒滝山」とあり、頂上近くに観音と記している。天平年間、七三〇年ごろに行基が創建したという。黒滝山の頂上には、出雲大社、大峰神社の石祠がある。海側の岩頭には石鎚神社の石祠がある。安芸の国で盛んであった石鎚信仰の遥拝所の一つであろう。また、山の周辺には三十三体の磨崖仏があり、西国三十三箇所の札所めぐりができる。

白滝山については『芸藩通志』の「小泉村絵図」に建龍泉寺山として方丈岩と龍泉寺の記載がある。白滝山は当時、龍泉寺山といわれていたことが分かる。現在、頂上手前に龍泉寺があり、その上の岩に磨崖仏が彫られている。また、寺には県指定重文の十一面観音の坐像がある。

黒滝山頂上からの芸予諸島の展望は絶景で、逆光にきらめく海の向こうに石鎚連峰が遠望される。山の周辺には地元の人々によりサクラが植えられ、登山道が整備されている。また、白滝山からの北、東に広がる田園風景ものどかである。

登路　竹原市忠海町北の地蔵院を抜け、標高八〇mを東西に走る車道に出る。ここが黒滝山登山口で、数分で白滝山に向かう道と分かれ右手に登る。途中、磨崖仏道などがあるが、標識も整備されていて迷うことはない。展望台、観音堂を経て黒滝山の頂上まで約三〇分の登りである。頂上からは北に急坂を下り、先程分かれた白滝山への道に合い、右前方に白滝山を垣間見ながら尾根筋、あるいは山腹を北に辿り、標高二四八mの峠に出る。黒滝山から約三〇分である。ここには立派な駐車場があり、北の小泉あるいは東の幸崎から車で入ることができる。ここから東の車道を一〇分弱登ると龍泉寺で、この左手から白滝山の頂上に向かい、方丈岩を反時計回りに登る。頂上へは五分足らずである。

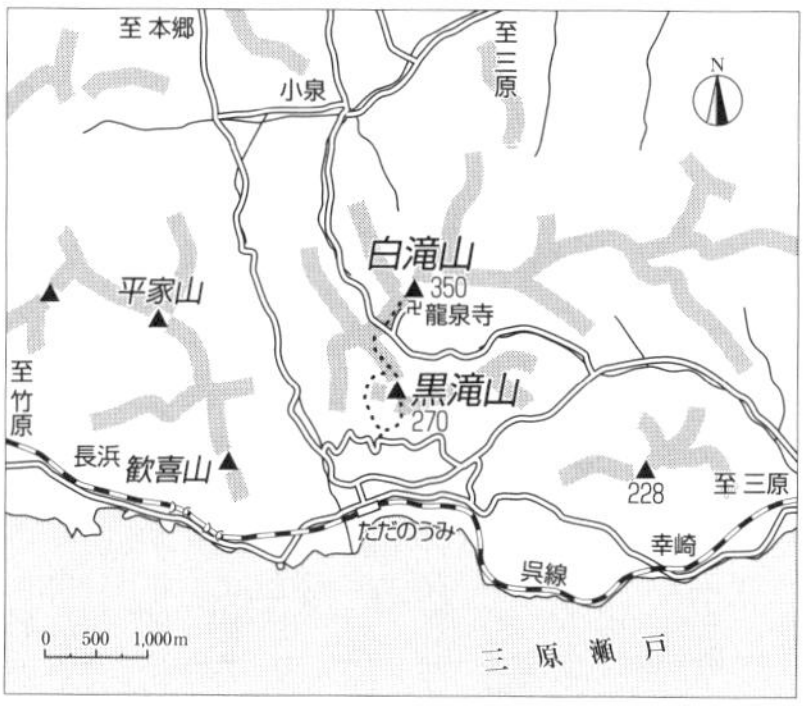

地図　二・五万図　竹原　三原

（前垣寿男）

野呂山　のろさん

標高（膳棚山）　八三九m

野呂山は通常、広島県呉市安浦町の西端から同市川尻町、広石内にまたがり、北は東広島市黒瀬町にも及ぶ広い山域をいう。標高約七〇〇mで東西約四km、南北約二kmの起伏面（通称野呂高原）上に緩やかなドーム状丘陵が三つ並び、西の最高点である膳棚山の標高をこの山の高さとしており、三角点もここに置かれている。呉市の北部にある灰ヶ峰と同じく賀茂台地上に突出する山塊の一つである。

『芸藩通志』には「野呂は仮字にて、栄花物語に、のろのろしきといへるたぐひにて、此山、天表に逶迤《いい》として、奇峻ならざるより、名づくるにや」とその命名の由来を推察している。つづいて「舟人は、安芸の鍋蓋山とて、海上より望みて、地方を知り、また陰晴を卜すといふ」とあり、舟人が位置、天候を知る上で一つの役割を果たしていたことが分かる。事実、兜岩と呼ばれる高原南端の展望台からの瀬戸内海の眺めはすばらしく、遠く四国までが一望できる。

東の最高点は弘法寺山（七八九m）で、弘法大師空海の開山と伝えられ、「女人高野」と呼ばれた真言宗弘法寺があり、いまでも大師堂、石灯籠があり、江戸時代には多くの参詣人でにぎわったことが記録に残っている。山の大部分は高田流紋岩類の岩石からなるが、南西山腹～山麓、北および南山麓の一部に花崗斑岩の岩脈が走る。山上のドーム丘陵には岩塔が多く分布し、国民宿舎の北にある大《おお》重《かさね》岩の奇岩は一見に値する。

『呉市史』によれば、山上の開拓は文政一二年（一八二九）から開始されているが、天保七年（一八三六）の凶作で中断。一八八四年に再度試みられたが、一八八八年に獣害などにより断念。一九四六年、敗戦による旧満州からの引揚者たちが入植したが、除々に離農した。昭和三〇年代後半より観光開発が本格化し、膳棚山付近には遊園地も造られ一時はにぎわったが、現在、遊園地は閉鎖されて久しい。一九六八年に川尻町からのさざなみスカイラインが開通し、高原までマイカーで容易に到達できるようになった。炎暑の期間でも平地との温度差が大きく、気軽に避暑できることから「西の軽井沢」と呼ばれることもある。現在、高原の頂上部には、国民宿舎やレストハウス、ビジターセンター、駐車場などの施設があり、四季を通じて多くの行楽客が車で訪れる。

登路　JR呉線安芸川尻駅から森、原山の住宅街を北上すれば約三〇分で小学校林道に到着。約一五分で光明寺川の中流付近に出る。ここの分岐標識に従って左岸を登る。二〇分程でヒノキ林を抜ける。この辺りから本格的な登りとなり、急登を四〇分程で岩海遊歩道に達する。そこを直登し、かぶと岩展望台で小休止する。この後高原を散策するのがよい。そこから西の十文字ロータリーを経て登ると膳棚山に到着する。片道四〇分程かかるため、そのまま石内へ下るのが一般的といえる。

（豊田和司・国枝忠幹）

地図　二・五万図　安芸内海

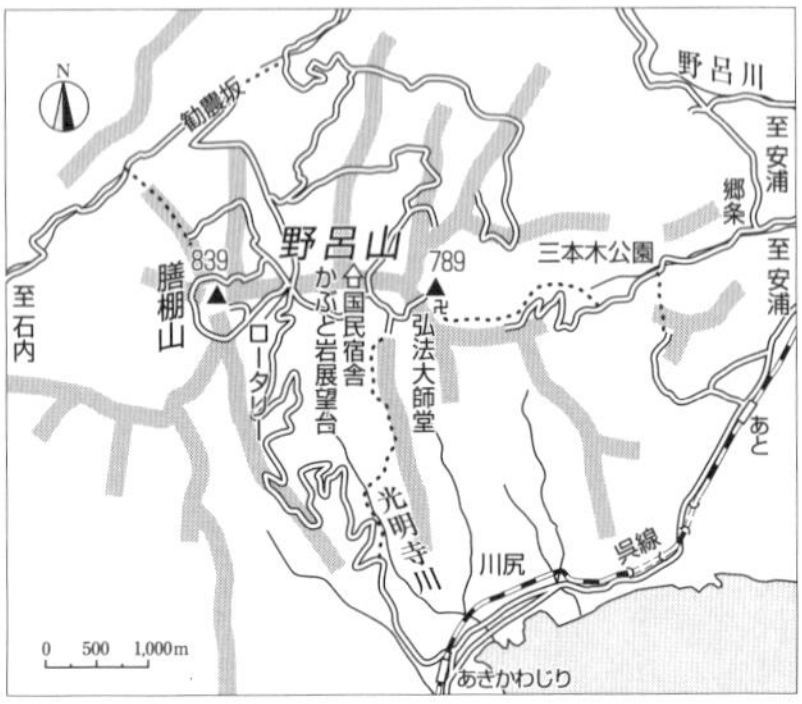

灰ヶ峰

はいがみね

標高　七三七m

広島県呉市の市街地の北に位置し、賀茂台地の末端に聳える。東に野呂山、南東遥かに安芸灘を経て石鎚山、また、西方は呉水道を経て海軍兵学校ゆかりの古鷹山を望むことができる。

文政八年（一八二五）の『芸藩通志』によると、「灰峰はいのみね、郡（旧安芸郡）の南境にあり、名称詳ならず、或は云、山頂の土、灰のごとし、故に名づく、栃原、庄山田、和庄村、及び賀茂郡阿賀村に亘り、高さ廿町許、海上より望むに、野呂山につづきて、抜の一峰これなり」とある。

南麓の呉港は良港で、一八八九年に海軍呉鎮守府開庁以来、一九四五年の第二次世界大戦終了まで、日本海軍の栄枯盛衰を見守ってきた山である。戦時中は防諜のため入山は禁止され、頂上付近には対空砲台、監視所が設置されていた。一九四五年三月、七月の米軍艦載機の空襲は灰ヶ峰稜線から降下し、残存していた連合艦隊の戦艦を含む諸艦艇を沈めた。戦後、一九六七年には気象観測レーダーが頂上に設置され、翌年から観測業務が始められている。

中腹に点在して咲くサクラは山を飾り、呉市民に春を告げる。頂上部は樹木はなく展望がよい。市街地の夜景はすばらしい。

登路　頂上まで車道が通じているが、登山としては平原上水場から灰ヶ峰南面の谷をつめ、銀明水を経て車道を横切り頂上に登る（約二時間三〇分）。

（木村知博・国枝忠幹）

地図　二・五万図　吉浦

休山　やすみやま

標高　四九七ｍ

広島県呉市にあり、灰ヶ峰の南東部の呉越えから南西の音戸の瀬戸まで約八㎞に延びる山並み中、北三分の一に山頂がある。ここまでは西の呉市街地と東の阿賀町に挟まれた山であるが、後の南三分の二は安芸灘と呉湾を区切る半島になっている。休山山頂の南西二㎞には三津峰山（三八〇ｍ）の隆起があるが、一般には休山の一部と認識されているようである。南東には石鎚連峰が遠望される。

休山の山名由来について推測を記すと、言い伝えに神武天皇が休まれたとか、「八《や》咫《た》烏《からす》」が翼を休めたとの話がある。文政八年（一八二五）の『芸藩通志』の「宮原村絵図」に「八咫烏社」が記されているが、場所が南に離れ、休山との関連の確証はない。この絵図の和庄村境の枝尾根に小さく建休山と記載されている。その位置は現在の山頂より北に離れている。建山とは留山などとともに藩有の山に使われ、水源涵養などのため原則として伐採させない。この山塊にはいくつもの建山があり休山もその一つで、主峰五〇一ｍ峰北方の三一七ｍ峰から西方に延びる枝尾根中腹南周辺の山林の名称であった。『芸藩通志』の「宮原絵図」の主峰は「三畦」と記されている。三つの尾根が交差した高みの呼称で、地形もそれを示している。五〇一ｍ峰を休山とする呼称は、陸地測量部が一八九九年測図作成のとき、宮原村亀山八幡の山手の建休山を引いたものと推測される。

『芸藩通志』の「阿賀村絵図」には宮原村との境に白峰山が大きく記載されていて、東麓の阿賀からは現在の休山がそのように呼ばれていた可能性がある。

昭和の前半「石鎚さん」との別称も聞くが、当時、四国の石鎚神社信仰が盛んで、竹原の黒滝山、呉市西部の烏帽子岩山と同様に石鎚神社の遥拝所があったものと思われる。現在、頂上東側に石鎚大権現の分祠がある。

西側は呉港となっていて、山麓には一八八九年に鎮守府が開府、その後海軍工廠も操業を始めて第二次世界大戦終了まで、戦艦大和・長門、航空母艦・赤城ほか多くの艦艇が建造されている。

登路　呉越えから、また音戸の瀬戸から山頂まで車道が通じている。多くの登山道の中の一つを紹介する。西麓の清水ヶ丘高等学校裏手の交差点から清水三丁目源宗坊入り口へ。これから山道に入り主稜線の車道まで約三〇分、その後山頂まで約三〇分で達する。音戸の瀬戸からの車道を歩くと約二時間三〇分を要する。

地図　二・五万図　呉

（木村知博・豊田和司）

鉾取山　ほことりやま

標高　七一一m

広島県広島市安芸区に位置し、公共交通機関のアクセスがよいこの山は、格好のハイキング・コースとして市民に親しまれている。安芸区の中央を流れる瀬野川を挟んで、蓮華寺山（三七四m）や高《たか》城山《じょうやま》（四九六m）と対峙し、その山容は堂々とし、懐の奥深さを感じさせてくれる。西山麓は黒雲母花崗岩質の地質だが、高田流紋岩類の岩石が山塊の主だった地質である。

登山道は住宅地の裏手からすぐに始まり、木立の間から市街地の風景が見え隠れする典型的な里山といえる。山頂からの展望は、周囲の木が茂って見えなくなっている。山頂から六七六m地点へは公園化されており、六七六m地点からは海田湾、広島市街、宮島方面の絶景が広がっている。鉾取山から原山方面への道は、歩き応えのある縦走路でもある。市街地にある里山にしては標高も山懐の深さもあり、十分な満足感を覚えることができる。

登路　瀬野川に架かる平原橋から住宅地の間を抜けて樹林の中を登る。明るい谷筋に出れば蓮華寺山などの眺望が利くようになる。再度樹林の中の登り坂を行くと山頂へ達する。平原橋から山頂まで約二時間。山頂からは原山、天狗坊山への縦走路をとり、国道二号に出合うまで約三時間の下山道である。

地図　二・五万図　海田市

（清水正弘・野島信隆）

烏帽子岩山　えぼしいわやま

標高　四一〇m

広島県呉市に位置する。JR呉線天応駅からは主峰の烏帽子岩山を見上げることができる。通称「銀座尾根」と呼ばれている岩稜には天空に刺さるかのように見える烏帽子岩がある。江戸期にはすでに烏帽子岩の名があったようで、『芸藩通志』の「安芸郡大屋村絵図」に「エボシ岩」と載っている。

主峰直下の宅垣内川の源流域に広がる急峻な壁を「天応の岩場」と呼び、岩登りの練習場として古くから登攀ルートが開拓されるとともに、高度な登攀技術を身に付けるため多くの人たちが壁に取りついている。

このように天応の岩場に魅せられて主峰の烏帽子岩へ登る人たちは少ないが、緩斜面の支尾根を、ゆっくり瀬戸内の島々を眺めながら主峰に登るのがよい。

烏帽子岩の主峰については江戸期には芝刈りの山、山頂には祠があって、石鎚神社の遥拝所と記した図書もある。

登路　駐車場もあるが、狭いのでJR利用がよい。JR呉線天応駅から広島呉道路を横切り墓地に向かう。本谷を挟んで通称・銀座尾根と呼ばれる岩稜の反対側の支尾根を登ればよい。荒れた踏み跡を辿ったり、巨岩の横を攀じたりするが、巻き道は多い。

岩谷・本谷の急峻な壁、銀座尾根の奇岩、おだやかな瀬戸内の海を満喫しながら登れば、やがて砲台跡を経て頂上に着く（天応駅から烏帽子岩山頂上まで約一時間三〇分）。

地図　二・五万図　吉浦

（佐々木弘磨・岡谷良信）

呉娑々宇山　ごさそうやま

標高　六八二m

別称　五社宗山

広島県広島市内の東方向に屏風のように連なる山並みを持つこの山は、安芸区と東区との境にもなっている。地質は黒雲母花崗岩からなり、山麓には露岩が多く散在する。山の南山麓には、一帯を生活環境保全林として整備が進む水分《みくまり》峡谷があり、市民の憩いの場所となっている。また、南西山麓には、県指定の重要文化財・薬師如来坐像を本尊とする道隆寺がある。この寺は四国八十八箇所の第七十七番札所・道隆寺と同名であり、この寺を起点としたミニ巡礼路が登山路と一部重なっている。

前衛峰である高尾山の手前には、岩屋観音を祀っていた祠や庫裏跡などが残っている。地元の古老の話によると、一九四〇年代までは、岩屋観音を訪れる人も多く、また、付近の斜面ではマツタケもよく採れたらしい。現在、山頂付近はマイクロウエーブがある。この山頂から北方向へは藤ヶ丸山（六六五m）への縦走路がある。一方、山頂からの西斜面は広大な広島県森林公園の敷地へと繋がっており、山頂からも直接下る道がある。山名の由来は、『芸藩通志』にも詳細は不明とされ、「御山荘山」とも呼ばれていたと記されている。

登路　水分峡の管理センター棟横から入山する。岩屋観音跡を抜け、展望の岩、高尾山と岩尾根の稜線がつづく。バクチ岩を経由し山頂まで、管理センターから約三時間。山頂から幾度か横断する林道を経て水分峡を通過し、管理センターまでの下山には約二時間。

地図　二・五万図　中深川

（清水正弘・佐藤　建・長谷川操子）

木ノ宗山　きのむねやま

標高　四一三m

広島県広島市東区福田地区と安佐北区の高陽地区の境に位置し、北側の山裾には、太田川に注ぐ支流・三篠川が流れる。山頂に古城跡、山麓には広島県の指定史跡になっている銅鐸などの出土地があって、山歩きと同時に歴史散策も楽しめる山である。

古城跡については、『芸藩通志』に毛利元就の妻・妙玖《みょうきゅう》の実家の第一〇代当主である吉川興経の居城とも記載されているようだが、他説として奥西仲綱が築城し、興経が修復したとも伝わっている。城郭の跡は山頂部一帯に残されており、築城当時の規模が想像できる。そのほかにも城門跡を示す大岩や、竪堀跡なども山麓に点在する。福田地区と接する南斜面の通称えぼし岩と呼ばれる場所付近からは、一八九一年に銅鐸、銅剣や弥生時代の土器などが地元民の手で発見された。近畿地方が作成地とされる銅鐸と北九州が主な作成地である銅剣が一度に出土した例はまれで、注目されている。出土したこれらの青銅器は、一九五二年に国の重要文化財に指定されている。

登路　三篠川に架かる養老橋が起点となる。民家横手の竹林の裾を抜けて山道へと入る。急斜面の登り坂の両側には、城跡の竪堀や城門跡と見られる岩が多く露出してくる。山頂には広い平地があり、西側が高く山城の跡のようだ。眺望はあまりよくないが、木々の間から南に高尾山、呉娑々宇山、藤ヶ丸山、北に白木山、鬼ヶ城山を望める。養老橋から山頂までは約二時間。下山は急勾配の下り坂を約一時間かけ三田ヶ峠へと下る。また、三田ヶ峠より南方向へ二ヶ城山（四八三m）方面へと縦走路がある。二ヶ城山は全山が花崗岩質の岩山となっており、また、春にはタムシバの花が見事である。市街地近郊の山として市民の憩いの場所となっている。

地図　二・五万図　中深川　（清水正弘・佐藤　建・三村洋子）

大土山　おおづちやま　　標高　八〇〇m

広島県安芸高田市甲田町、同市向原町、三次市三和町の境にある。山体は主として流紋岩からなる。山の西山麓には天孫降臨伝説のある高天原（六八八m）があって、神代文字を掲げた鳥居と注連縄《しめなわ》を巻いた大岩（千畳敷）がある。また、この山域は日本海と太平洋の分水界である。水利や境界の論争をしたことを示す地名が残る灌漑用水池「論山堤」や九州大学試験林などが、同じ西山麓に明治百年の記念事業として設置された憩いの森にある。さらに頂上近くには、潜岩《くぐりいわ》と呼ばれる岩があり、この岩の割れ目に挟まれた小岩は、鳴り岩といって幸福を招くともいわれている。ここから瓊瓊杵尊《ににぎのみこと》が出雲へ出立された話、厳島神社のシカの話、大蛇がいた話など民話や伝説が多く残っている。

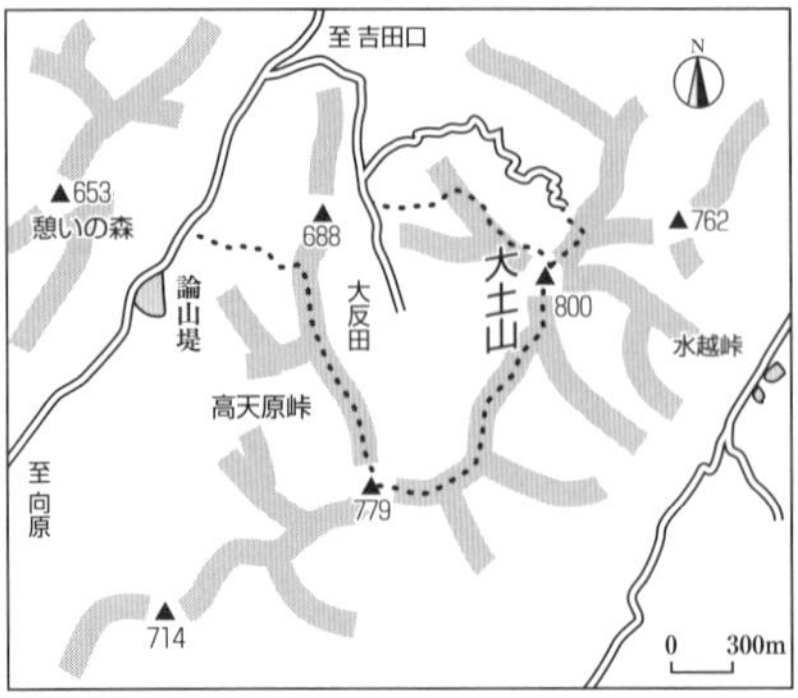

頂上のすぐ北には、物見ヶ丸と呼ばれる場所があり、以前は気象条件が良好であれば、北方に三瓶山など山陰方面を望むことができたが、現在では雑木林が成長して北東方面が望まれるに過ぎない。『芸藩通志』に当郡第一の高山であり、頂上から両備雲石の地まで見える旨の記述があるが、最高の山は鷹ノ巣山（九二二m）である。さらに登山口付近からは、アカマツや低いヒノキの二層林、そして雑木林、スギやヒノキの人工林など変化に富んだ山麓の風景も見逃せない魅力である。また、この山域一帯からは佐山石と呼ばれる庭石が採取されることでも知られている。

登路　向原町にある憩いの森のファイアーサークル横手から高天原峠を経て「大土山登山道」の標識に従って進む。七七九mのピークで左にコースをとる。道は土塁の道になっているが、途中、イノシシにより掘り起こされていたり、シカ除けのネットが張られたりしている。憩いの森から約二時間。下山は土橋への林道を通り、約一時間三〇分で憩いの森に着く。

地図　二万五千図　敷名　安芸吉田　（種村重明・渡辺勝俊）

瀬戸内沿岸

熊山　くまやま

標高　五〇九m

岡山県赤磐市熊山町と岡山市東区瀬戸地域の境にある。

山名は熊野信仰に由来するといわれ、奈良時代から平安時代にかけて山岳宗教の中心として栄えた。頂上にはわが国では類を見ないインカのピラミッドのような特殊な石組みの遺構がある。国指定の重要文化財で、唐僧鑑真の作ともいわれ、戒壇説、経塚説、墳墓説などがある。中腹や麓には社寺建造物も多く、宗教色の濃い霊山である。麓が険しく頂上が蓮台のように広がり、四八の谷もあるので、空海が入定の地として訪れたが、地主神の油滝大明神に邪魔され谷を一つ隠されたため、あきらめて高野山へ移ったともいわれている。

山域の大部分は流紋岩からなり、侵食作用で渓谷が刻まれ、沢登りのコースもある。

登路　頂上近くに無線中継所ができて道路が付けられたが、まだ山は静けさを保ち、四季を通じて山歩きを楽しむことができる。登山道もよく手入れされている。

ＪＲ山陽本線熊山駅前に登山案内板がある。線路沿いに西へコース標識に従ってガードをくぐると登山口に出る。谷沿いに登り、赤松峠、展望台に出ると近くに池があり、道路を横切って頂上の熊山神社に着く。備前焼の狛犬があり、鳥居へ下って天然記念物の大杉を南に歩くと熊山遺跡、展望台に着く（約二時間）。

瀬戸内海の眺めを楽しみ、下山は南へ油滝神社から岩場を通って毘沙門堂に下り、備前焼の窯の並ぶ集落を抜けて国道に出ればＪＲ赤穂線の香登《かがと》駅は近い（約二時間）。

頂上から頂上駐車場に出て、四二六m峰（三角点）を経由して南下、屏風岩から林道を下がればＪＲ赤穂線伊部《いんべ》駅に出る（約二時間）。

大杉の所から西の分岐に出て、右にとれば勢力神社に出る。左に尾根を進むと展望が開け、眼下に吉井川がゆったりと流れている。尾根をなおも西へ下ると砕石場に出る。ＪＲ山陽本線万富駅は近い（いずれも約二時間）。

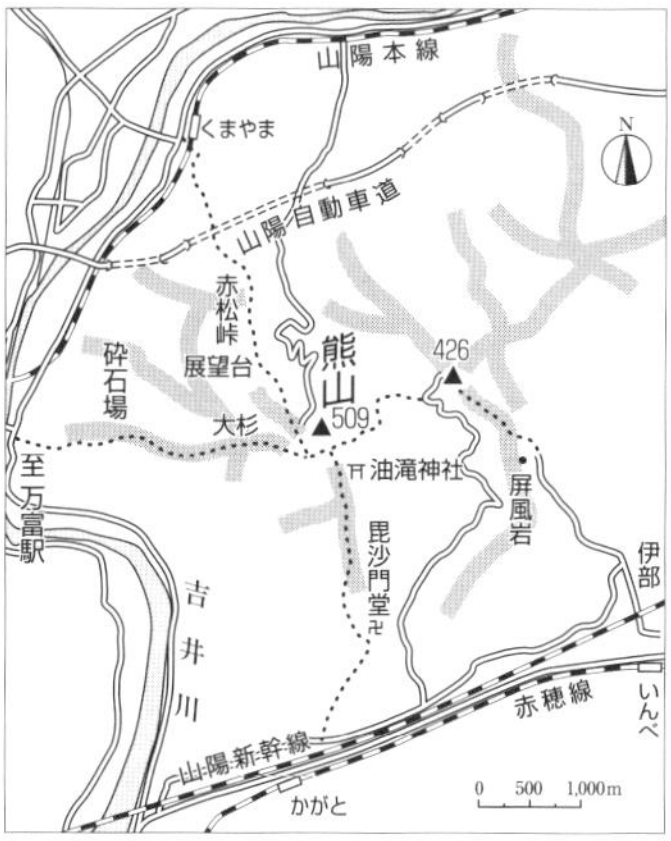

地図　二・五万図　万富　和気　備前瀬戸　片上　（阪下幸一）

芥子山　けしごやま

標高　二三三m

別称　備前富士

岡山県岡山市東区西大寺の北西にあり、後楽園の借景にもなっている。

山頂付近には「天狗の跡形」「天狗の手形」と呼ばれる大きな岩盤が露出している。この辺りは公園化されており、山頂には不動明王が祀られ霊場となっている。天狗の岩からの眺めはすばらしい。山の斜面にはブドウ畑が開かれているが、山麓にある広谷山妙法寺無量院では、西大寺会陽《えよう》（はだか祭り）に投下される宝木の原木を供出している。

登路　JR赤穂線大多羅駅から布勢神社、大多羅寄宮跡を経て自然歩道から山頂へ至る（登山口から約五〇分）。このほかにも市民いこいの山として各所から散策路が整備されている。山頂は南面（瀬戸内海側）の展望がよい。三角点は航空標識の敷地内にあり、立ち入りが禁止されている。

地図　二・五万図　備前瀬戸

（野口恒雄）

金山　かなやま　標高　四九九m

別称　金峰

岡山県岡山市北区にある。山名はこの山の南東麓に金山寺があることに由来する。

金山寺は正式寺名を銘金山観音寺遍照院と称し、岡山市中心部から北方約一〇kmの山中にある。県下一の天台宗の古刹で、天平勝宝元年（七四九）に孝謙天皇の勅命により報恩大師が建立したと同寺の縁起にあるという。本尊は報恩大師の自作の千手観音で、京都清水寺の本尊と同じ木で造られたものであるといわれる。山頂には妙見宮があり、瀬戸内海の眺望がよい。車で登ることのできる山で山頂部に休暇村があったが、閉鎖されほとんど空地のようになっている。

登路　JR津山線備前原駅か玉柏駅が最寄り駅。金山寺まで約四km、同寺から約一時間で山頂部に至る。

地図　二・五万図　岡山北部

（柏木宏信・山内幸子）

龍王山　りゅうおうさん　標高　二八七m

別称　芦守山

岡山県岡山市北区にあり、吉備高原最南端部となる。吉備史跡県立自然公園、環境省の国民休養地に指定されている。

山名の由来は、瀬戸内気候の寡雨による水不足の際の雨乞い信仰に関係するものと推察される。あるいはまた、南麓の最上《さいじょう》稲荷と関係のあった報国大師創建の妙教寺が、天台宗では龍王山神宮寺と号していたことによるのかもしれない。

山頂付近の磐座《いわくら》は、この地方の霊山として信仰の中心であったようである。山頂から山腹にかけて多数の小円墳が見られ、最大の佐太郎塚一号墳は一〇m、玄室の奥行きが四・五m、羨道三mに及ぶという。また、鳴川谷遺跡は、豊臣秀吉の高松城水攻めの際に足守川の水量では足りないと鳴川川の水を堰止め、高松城に流すため東麓の梨い乢を切り開き送水しようとしたときの工事跡で、県指定の史跡となっている。

山頂からの眺望は、高松城跡から芦守川にわたっている。南側山腹には日蓮宗稲荷社総本山の最上《さいじょう》稲荷があり、京都伏見、愛知豊川の両稲荷とともに三大稲荷と称され、山頂にその奥の院がある。

登路　ＪＲ吉備線備中高松駅の北方約三kmにこの山はある。
地図　二・五万図　総社東部
（柏木宏信・山内幸子）

八丈岩山　はちじょういわやま
標高　二八一m

岡山県岡山市南区と玉野市の境にある。児島半島東部の稜線は低山ながら峰が連なり、その間を光南台スカイラインと称される県道が走り、各ピークの近くには駐車場も設けられ、市民の憩いの森として親しまれている。三角点のある八丈岩山からは東・南に瀬戸内海の島々、西に稜線の連なる金甲山、北に児島湾から岡山平野の三六〇度の展望に恵まれる。また、奇岩八丈岩の景観も楽しむことができる。

登路　県道四六三号新池峠の駐車場から桃太郎荘跡地より遊歩道に入る。遊歩道は網の目のように整備されているので、山頂を目ざして好みのルートを選ぶことができる（登山口より五〇分）。山頂直下の八丈岩山園地駐車場からの遊歩道では一五分程で山頂に至る。
地図　二・五万図　犬島
（野口恒雄）

常山　つねやま
標高　三〇七m
別称　児島富士

岡山県玉野市と岡山市南区の境にあり、電波塔などが林立している。山頂は戦国時代の常山合戦場と伝わる。毛利軍と小早川・宇喜多連合軍と常山城城主・上野隆徳の籠城戦の舞台となった常山城がある。

山頂には展望台が設置されており、児島湾や小豆島、遠くには四国の山も望むことができるが、付近はサクラの木が成長して三六〇度の展望は得られない。山頂付近には「上野隆徳公碑」が立ち、傍らに切腹したとされる岩があるのをはじめ、二の丸、惣門丸跡、悲壮な最期を遂げた常山女軍三四柱の石碑など、複合連郭式山城といわれる遺構が多く残っている。

登路　ＪＲ宇野線常山駅から約五分の所にある宇藤木の「常山城跡登山口」案内板から約一時間で山頂・常山城本丸跡に至る。
地図　二・五万図　八浜
（柏木宏信・山内幸子）

種松山　たねまつやま
標高　二五八m
別称　粒江山　玉恵山

岡山県倉敷市のほぼ中央にある。山頂付近は種松山公園になっており、市内屈指のサクラの名所でもある。空海が山頂に一本のマツを植えたという言い伝えから、いまの山名になったという。

古くから人が住んでいたようで、山頂集落遺跡から旧石器時代のナイフ型石器や細石刃石器など、また、弥生時代中期の青銅器が出土している（種松山遺跡）。さらに北方山麓にある船元貝塚（縄文中期）や船津原貝塚（縄文中期、晩期）などが知られている。

登路　種松山公園まで車で行ける。北麓の粒江から登って約一時間で山頂に達する。
地図　二・五万図　茶屋町
（柏木宏信・山内幸子）

鷲羽山　わしゅうざん　標高　一一三m

別称　鍾秀山

岡山県倉敷市にあり、児島半島南西端の景勝地である。鷲が翼を広げたように見えることからこの名がある。「内海の秀麗ここに集まる」と絶賛し、最高地点を「鍾秀峰」と徳富蘇峰が命名した。展望台からは瀬戸大橋、遠くには四国の山並み、海上には大小様々な島影が望める。また、日本最初の石器時代の遺跡として一九五二年に確認され、一九五四年に発掘調査が山頂から広い範囲にわたって行われたことで有名である。

山頂には鷲羽山ビジター・センターがあり、付近の自然を紹介している。

登路　瀬戸中央自動車道、鷲羽山スカイラインが通じている。

地図　二・五万図　下津井

（柏木宏信・山内幸子）

立石山　たていしやま　標高　一六九m

岡山県笠岡市に属し、白石島の最高峰。また、島中央の鬼ヶ城山の山頂近くには「鎧《よろい》岩」と呼ぶ国指定天然記念物がある。石材産出の島であり、大阪城築城時には多量に運び出されたという。

登路　笠岡港から白石フェリーなどの連絡船の便がある。島内は七つの峰を結ぶハイキング・コース、オリエンテーリングのパーマネント・コースが整備されている。

地図　二・五万図　白石島

（野口恒雄）

山の神　やまのかみ　標高　一二〇m

別称　阿弥陀山

岡山県笠岡市にある。笠岡諸島の真鍋島の最高峰は、城山（点名・岩坪）であるが、一等三角点は本浦集落の南西部にある本峰に設置されている。山頂には山の神と石鎚権現が祀られている。

登路　笠岡港から連絡船の便がある。船着場の本浦から北西端の天神鼻を経て、三〇分程で山頂に至る。

地図　二・五万図　白石島

（野口恒雄）

城山　しろやま　標高　一二七m

岡山県笠岡市にある。笠岡諸島の東端にある真鍋島の最高峰。『源平盛衰記』（巻三七）に、真鍋島の島主・真鍋四郎山祐久が一の谷の合戦で源氏方の河原兄弟を倒して平知盛から賞賛を受け、また、弟の五郎祐光が源平合戦の生田の森で平家方に付き、先陣を務め高名を馳せたと伝えられる。島中央部には真鍋城跡、西部には沢津丸城跡がある。

山頂からの展望は、安土桃山時代の武将・歌人である細川幽斉が「水島を真鍋に入れて焚く北木ひしゃくはなきか汲めや三郎」と真鍋島周辺の島を詠み入れた歌が思い浮かばれる。

登路　笠岡港から連絡船の便がある。本浦港より岩坪経由約五〇分で頂上に至る。また、山の神経由頂上へは約二時間。

地図　二・五万図　白石島

（野口恒雄）

熊ヶ峰　くまがみね

標高　四三八m

広島県福山市に位置する。備後地方南部の瀬戸内海に面した沼隈半島の東側に、海岸からそそり立つ四〇〇m程度の連山があり、南北七㎞にわたる山並みを地元では「沼南アルプス」と呼んでいる。彦山（四三〇m）、葛城山、熊ヶ峰である。東側は芦田川と備後灘に面している。

連山中の最高峰は熊ヶ峰であるが、三角点は彦山にある。ちなみに連山の最南端は瀬戸内海国立公園を代表する景勝地で、古来「潮待ちの港」として栄えた鞆《とも》町である。

登路　福山市水呑町側から登り、ほぼ尾根通しに縦走し田尻へ下る行程がよい。送電線の鉄塔を目ざして尾根に登り南下する。彦山頂上にはテレビ、ラジオ各放送局のアンテナが林立している。縦走中、瀬戸内の島々や遥か遠く四国山地も望見できる。下山路は小動物園と遊戯施設のあるファミリパークからグリーンラインを南へ五〇〇m程行き、南側にある駐車場の奥から下る（登山口から田尻まで約四時間）。

地図　二・五万図　福山西部　福山東部

（羽奈　傳）

観音山　かんのんやま

標高　四七二m

別称　火滝山《ひたきやま》

広島県尾道市瀬戸田町に位置する。芸予諸島でもっとも高い観音山は、別名「火滝山」ともいわれ、村上水軍の活動拠点でもあったようである。瀬戸田町は、「西の日光」と呼ばれる耕三寺、平山郁夫美術館など文化の香り高い町である。

山頂直下には、火滝観音と呼ばれるお堂があり、展望台から眺める瀬戸の島々がすばらしい。

登路　サンセットビーチ入口バス停から約一時間で登山口に着く。緩やかな林の中を約四〇分で観音台、さらに二分で山頂だが、展望はよくない。約二時間弱の行程で伊豆里峠を経由して、中野ダムまで足を延ばしてみるのもよい。約四〇分でJA前に着く。

地図　二・五万図　瀬戸田

（堀内輝章・田中勝彦）

古鷹山　ふるたかやま

標高　三九四m

広島県江田島市江田島町のほぼ中央に位置し、江田島湾南西部から見ると、東の三七六m峰、主峰の三九四m峰、西の三六一m峰が屏風のように連なっているのが見える。三六一m峰の北方にあるクマン岳（四〇〇m）とともに江田島の脊梁の山並みである。五万図では現在でも三七六m峰に古鷹山と記載されているが、二・五万図では三九四m峰に古鷹山と記されている。地元では三九四m峰を古鷹山といい、一八八八年に南麓に開設された海軍兵学校の生徒もこれを鍛練の山としていた。頂上には記念碑があり、周辺は花崗岩の岩場が多く、頂上近くには鎖が取り付けられた急坂がある。

「古鷹」の名は難破寸前の舟を江田島湾内に誘導して助けた鷹からきたとの言い伝えもあるが、『芸藩通志』の安芸郡祀廟の項に「鷹神社、並びに江田島本浦にあり、鷹神は里俗いい傳る所、矢野村と同じ、百《ゆ》合《り》弱《わか》の鷹を祭るといふ」とあり、矢野村の多加宮について「然るに土人傳云、昔百合弱愛する所の鷹緑丸と呼しが死て後これを祭ると、舊志にも、この説を載す、江田島本浦にも、鷹明神というあり、傳る所同じ」とある。ほかにも同様の神社があると載っている。元々頂上に祠があったようだが、管理上麓の矢野浦の八幡神社に合祀され、元の場所を古い鷹神の山「古鷹山」と呼ぶようになったと思われる。

主峰頂上からは江田島湾、および北方の広島市方面の展望がすばらしく、眼下の海に広島名物のカキ養殖筏が無数に設置されているのが見える。しかし、呉湾の展望は東の三七六m峰で阻まれている。一九七八年には一週間以上燃えつづけた山火事があり、土砂流失防止のためエニシダ、ヤシャブシの類が植えられたが、現在では植生はかなり回復している。またその後、周辺の公園化のためにサクラが多く植えられた。

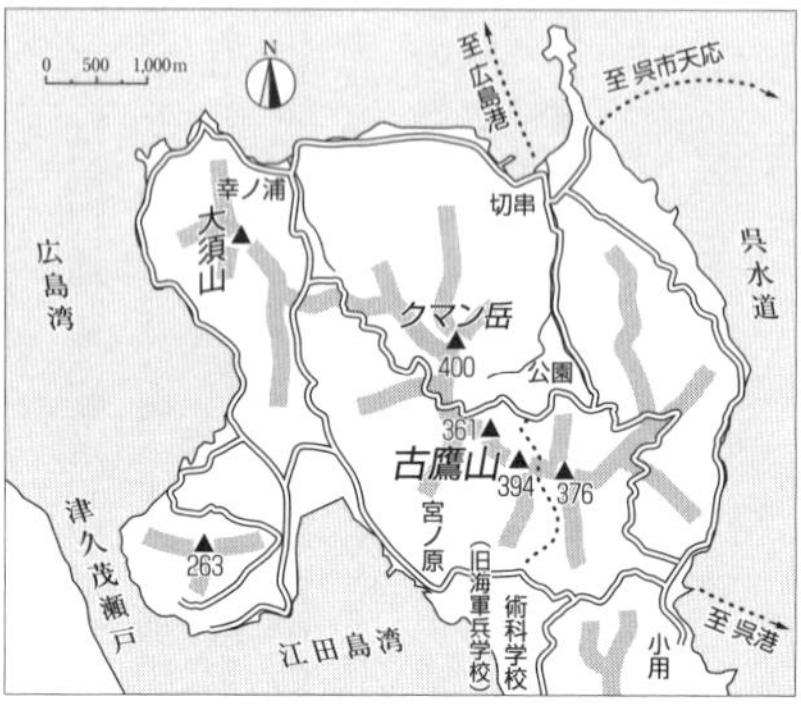

登路　江田島東の小用港から西に丘を越えて三叉路を右にとり、トンネルを抜けると海上自衛隊術科学校北に駐車場のある登山口がある(ここまで約三〇分)。標識に従い貯水池を左に見、尾根道の博打岩を過ぎると約四〇分で三七六m峰と主峰の鞍部で、西側の急坂を一五分で頂上に到着する。舗装された林道が小用港、北の切串港から約三km、北西の幸ノ浦港から約四kmで、古鷹山と三七六m峰の北側の標高一八〇mの公園に通じていて、この周辺からの登山道がいくつかある。

(名越　實・豊田和司)

地図　二・五万図　似島

弥山　みせん　　標高　五三五m

広島県廿日市市宮島町に位置する。厳島は通称「安芸の宮島」と呼ばれ、「安芸の宮島、廻れば七里、浦は七浦七恵比寿」と歌われる。大野瀬戸の沖合に北東から南西に細長く横たわる周囲三〇km、面積約三〇〇〇haの小島(国特別史跡・特別名勝・国立公園特別保護地区)である。一九九六年一二月には、華麗なる建築美を誇る厳島神社と弥山原生林の自然美との調和が世界遺産に登録された。

主稜は北東から南西に連なり、東方に島で最高峰の弥山がある。山頂付近には巨岩が点在し、霊気に包まれた数多くの史跡がある。また、古くからご神体の山として信仰され、この一帯は天然記念物に指定されている。

弥山原生林はツガ、モミ、アカマツ、スギなどの針葉樹。アカガシ、ウラジロガシ、ツクバネガシ、ヤブツバキ、イヌガシ、アセビなどの常緑広葉樹が自生している。

主稜の南西方に、島で第二の高峰の駒ヶ林（五〇九m）がある。この花崗岩の岩山は別名「絵馬ヶ嶽」といい、毛利元就と陶晴賢の両軍が弘治元年（一五五五）に戦った厳島合戦の古戦場跡である。

山頂の直下には、幅約二〇〇m、高さ約八〇mの西壁があり、岩登りの練習場として知られている。この壁にはイワタケ、セッコクが密生し、付近の林にはミヤジマシモツケ、ナンキンナナカマド、コウヤマキ、ダイセンミツバツツジ、ヤマグルマなど絶滅危惧種が自生している。

登路　弥山、駒ヶ林に登るには、大聖院、多宝塔、大元谷の各コースがある。ここでは多宝塔コースで駒ヶ林に登り、ここから下って大聖院コースに入り、弥山に登るコースを紹介する。

宮島桟橋前を出発して厳島神社裏を通り、宝物館前から石段を登り多宝塔（勝山城跡）に出る。アセビやサカキなどの雑木林の中を尾根づたいにしばらく登る。途中から見晴らしはすばらしく、眼下に厳島神社の全景や本土の町並みが見える。やがて岩陰に梯子が懸けられた朝日観音堂に着く。さらに大師堂前を通り、岩の間をくぐりながら急な道を登る。

このコースは尾根筋の道で、階段がないのがよい。山頂の直下は巨岩が多くなる。駒ヶ林の山頂は花崗岩の平な広場となっている。大元谷、奥の院、大聖院各コースの三叉路へ下る。この辺りは駒ヶ林と弥山との鞍部で、仁王門を経てしばらく登ると弥山本堂、弥山の頂上岩に着く（宮島桟橋から駒ヶ林山頂を経て弥山山頂まで約一時間四〇分）。

地図　二・五万図　厳島

（佐々木弘磨・長谷川操子）

銭壺山　ぜにつぼやま　標高　五四〇m

山口県岩国市由宇町と柳井市の境に位置する、周東丘陵の瀬戸内側山地の主峰である。山頂展望台からは、広島県呉市方面の島々、四国の石鎚連峰、大分県の山が眺望できる。山頂には銭壺山御堂跡の碑があり、山名は海賊の銭壺埋蔵伝説に由来するという説がある。山体は領家片麻岩からなる。

登路　由宇町から車道が整備されており、山頂付近にはキャンプ場、集合棟などの施設が整い、駐車場も完備している。

地図　二・五万図　由宇

（佐々木耕二・武永計介）

嘉納山　かのうざん

標高　六八五m

山口県大島郡周防大島町の大島地区、久賀地区、橘町の境にあり、屋代島西側のほぼ中央に位置する。瀬戸内第二の高峰である。山頂からの展望は西瀬戸内が一望で雄大である。山名の由来は、地元の旧称(観音山)が転訛したとする説と、山頂で命を絶った嘉納姫(伝説)からとったという説がある。山体は領家花崗岩と中新世の安山岩からなる。

登路　周防大島町文珠堂駐車場から文珠山山頂を経て山頂に達する(約一時間四〇分)。このほか久賀地区、橘町側からの登路も整備されている。

地図　二・五万図　阿月

(佐々木耕二・武永計介)

四国

山地・山脈別 山座解説

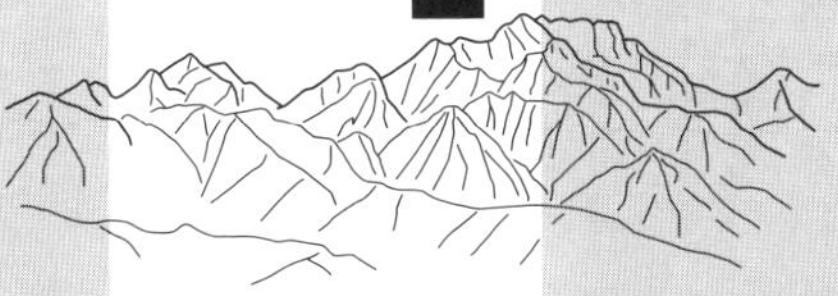

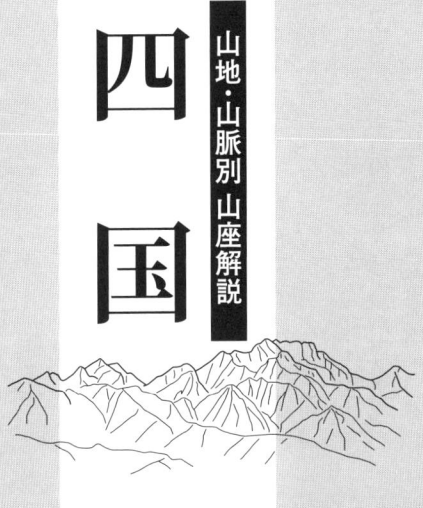

小豆島

星ヶ城山　ほしがじょうさん

標高（東峰）　八一六m

別称　嶮岨山　星ヶ城

香川県小豆郡小豆島町にあり、小豆島の脊梁をなす嶮岨山系東部にあるこの島の最高峰である。この山はV字状の鞍部を隔てて、東峰と西峰（八〇五m）からなる。

山頂には星ヶ城跡があり、本城のあった西峰には土塁、石畳や居館跡の遺構があり、また、東峰には井戸や祭祀跡の遺構がある。この城は暦応二年（一三三九）、備前児島の佐々木信胤が南朝に拠った山城と伝えられている。山名の由来はこれにある。

山頂からの眺めは、四季を問わず岩峰と新緑、紅葉さらに雪や霧氷と海など種々のすばらしいものが得られる。すぐ西側には神懸山から名勝・寒霞渓といわれる絶景が繋がっている。

火山活動により噴出した安山岩、集塊岩が永年の風化と侵食により怪峰奇岩が造形され、国の名勝に指定されている。また、付近に生息するニホンザル群は県指定の天然記念物である。

登路　小豆島へは高松、宇野、岡山、大阪、姫路など各地からフェリーの航路が繋がっている。島内の路線バスで草壁本町か神懸で下車し、ロープウエー乗り場のある紅雲亭が登山口となる。約五〇分で山頂西部の四望頂に至る。寒霞渓頂上園地を経て三笠山（六七一m）に至り、星ヶ城神社を通り星ヶ城山西峰まで約三〇分、さらに東峰まで約一〇分で達することができる。下山は寒霞渓道路の太陽の丘に下り、清滝山を経て安田バス停まで約二時間四〇分。

地図　二・五万図　草壁　寒霞渓（柏木宏信・山内幸子・尾野益大）

星ヶ城山（四方指山付近から）

碁石山　ごいしやま

標高　四三四m

香川県小豆郡小豆島町にある。内海湾東方、坂手港の北東に位置し、内海湾から東方を望む時、三〜四〇〇mの岩山がそそり立ち、右に見えるのが洞雲山(二五〇m)、左の高い山が碁石山である。

この山も小豆島脊梁山脈の神懸山(六七一m)と同様、集塊岩からなり、絶壁には数多くの洞窟があり、これらを利用して小豆島八十八箇所霊場が設けられている。その霊場の第一番が洞雲山で、碁石山は第二番となっている。碁石山霊場は洞雲山とを繋ぐ稜線の中程を西側に降りた所にある。

山頂からの眺望は、星ヶ城山をはじめ小豆島の脊梁の山々、南方には海を挟んで四国の山々が得られる。

山麓を少し離れた田浦には、『二十四の瞳』映画村や舞台となった分教場や壺井栄文学館、苗羽には醤油のマルキン記念館がある。

登路　神戸港から直行する坂手港までのフェリーがあり、各地から福田、草壁、大部、土庄などの港へフェリーの利用となる。小豆島バス坂手東バス停から洞雲山経由で約二時間三〇分かかる。洞雲山から碁石山へは岩稜の多い稜線である。熟練者向きのコースといわれている。

地図　二・五万図　草壁

（柏木宏信・山内幸子・尾野益大）

讃岐平野北部

五剣山　ごけんざん

標高　三七五m

別称　八栗山《やくりさん》

香川県高松市牟礼《むれ》町と同市庵治《あじ》町の境にある。高松市東方の八栗半島の最高峰。山頂直下に四国八十八箇所第八十五番札所の八栗寺がある。山頂部は山名のとおり剣先状の鋭く尖った五つの峰に分かれ、西から一ノ峰、二ノ峰、三ノ峰、四ノ峰とつづく。五ノ峰だけは宝永四年(一七〇七)の宝永南海地震で崩れ、平地になったという。山麓にはこの地方特産の花崗岩「庵治石」の採石場がある。

登路　高松琴平電鉄志度線八栗駅からある参道を利用する。八栗寺まではケーブルカーもある。山頂の一般登山は禁止されているので、八栗駅から参道を利用する(約五〇分)。

地図　二・五万図　五剣山

（尾野益大）

大平山　おおひらやま

標高　四七九m

別称　五色台

香川県坂出市と高松市国分寺町の境にある。新世代第三紀の瀬戸内火山活動によってできた大溶岩台地で、五色にちなむ青峰、白峰、黒峰、黄峰、紅峰の山があり、五山を含む一帯は、第二次大戦以降

「五色台」の名で知られている。山頂からの展望はよくない。すぐ近くを車道が抜け、登頂は容易。山腹に四国八十八箇所第八十一番札所の白峰寺《しらみね》、第八十二番札所の根香寺《ねごろ》があるほか、国民休暇村などもあり、一年中、人影が絶えない山である。

登路　坂出市加茂町と高松市生島町を結ぶ県道鴨川五色台線が坂出、国分寺町境と接する地点から約五分で登頂できる。

地図　二・五万図　五色台、白峰山

（尾野益大）

城山　きやま

標高　四六二m

香川県坂出市と丸亀市飯山町の境にあり、古い溶岩台地が侵食から逃れて残った山。「城《き》」は古代朝鮮語（百済系）で、一帯に城門跡をはじめ土塁が張り巡らされているほか、山頂に望楼跡の礎石群などもあり、全体が典型的な「朝鮮式山城」になっていることが命名の由来とされる。天智天皇の時代の築城と推定されるが不詳。東側の綾川、西側の大束川が自然の要害となっている。山頂一帯は一九五一年六月、国史跡に指定された。また、一帯から旧石器時代の石器、弥生式土器、銅鐸、土師器、須恵器が出土し、原始から古代にかけて祭祀の要地と想定される。山頂は平地になっていて車道が通じている。

登路　坂出市鴨川の県道高松丸亀線から県道城山鴨川線に分かれて車道を山頂まで行く。

地図　二・五万図　丸亀　白峰山

（尾野益大）

飯野山　いいのやま

別称　飯ノ山　讃岐富士　悲山　力山

標高　四二二m

香川県丸亀市と坂出市の境にあり、広大な讃岐平野の中央に茶椀を伏せたような端整な姿で立つ香川県一の名山。山裾の周囲は約六㎞に及ぶ。どの方角から見てもまろやかさが保たれている。山名は『古事記』に記された国魂飯依比古命《くにたまいいよりひこのみこと》の城の山に由来する「飯山」から「飯野山」に変わったという説と、山容が飯を盛ったような形に似ているからという説がある。

飯野山は昔、火山として噴火しており、被害を受けつづける周辺住民を救うため、仙人が大石で火口に蓋をして以来、休火山になったという伝説があるが、飯野山は第三紀の火山ではない。また、大男がどこからともなく現れ、土の詰まった筒を持ち、筒の土をまいて造ったのが飯野山だったという。

南西麓には飯神社があり、「延喜式」にある格式高い社として知られ、かつては山頂にあったとされる。約一〇〇〇平方mある頂の真ん中に薬師如来を祀る薬師堂が建ち、周辺にサクラの古木、歌碑、ベンチ、石仏がある。サクラの巨木は樹齢約二〇〇年で巨人《おじょも》（魔神）伝説になんで「オジョモ桜」と呼ばれている。歌碑は、昭和天皇が「暁に駒をとどめて見渡せば讃岐の富士に雲ぞかかれる」と詠んだ御詠が刻まれている。摂政宮殿下だった一九二二年一一月、香川県内であった陸軍特別大演習を統裁され、その後、善通寺市与北町御立所から飯野山を眺めた感慨を翌年の歌会始めで「暁山雲」と題し

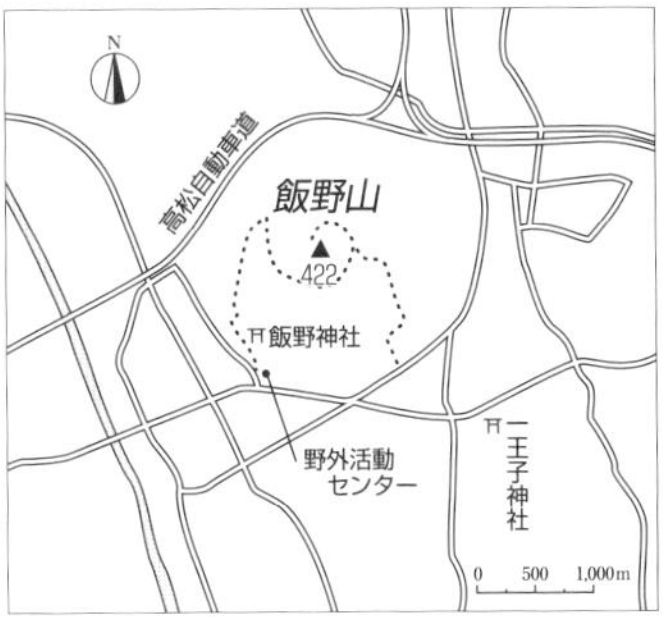

飯野山（東麓の坂出市から）

て詠まれた歌である。

　山頂西側直下には巨人の足跡が残るという「巨人岩」があるほか、南、東中腹にも巨岩が散らばる。全山アカマツが優勢で、クロマツ、アラカシ、ヤマザクラ、ヤマモモ、クロガネモチ、ダンコウバイの樹木があり、草花では春はヤマツツジ、シュンラン、バイカイカリソウ、夏はヤマアジサイ、ノリウツギ、ムラサキシキブ、秋にはヤマラッキョウ、アキノキリンソウ、ワレモコウ、ヤマジノギク、イヌホオズキ、ヤマハッカなどが見られる。

登路　西麓の丸亀市野外活動センター、南東麓の丸亀市飯山町にある一王子神社のいずれからも登山道があり、山頂直下で合流する（約一時間）。

地図　二・五万図　丸亀

（尾野益大）

大麻山　おおさやま

標高　六一六m

別称　おおあさやま

　香川県善通寺市と三豊市高瀬町の境にあり、香川県内の平野部にある山としてはもっとも高い。山名の由来は二説あり、一つは「山道の狭い山」を意味する「さ山」に美称の「大」を付けたというもの。別の説は昔、麓で麻が多く栽培されていたというもので、後者を裏付けるものとして東麓に大麻町、大麻神社、西麓に上麻、下麻、佐股（麻又）、佐分（麻分）などの地名が残っている点が挙げられる。

　南北に約五kmと長く延び、メサ（溶岩台地）の形状をしている。北部から東北部にかけて広くなだらかな段丘を呈している。この段丘を開発して造られた果樹、庭木の栽培が地元の産業になっている。

　大麻山の頂は遊歩道と東屋が整備され、テレビ中継塔、千本以上あるボタンザクラの並木道もある。優れた鳥瞰図の中には飯野山《いいのやま》、我拝師山《がはいしざん》、瀬戸内海、讃岐平野などが収まる。

　北西側中腹の標高四〇〇mには四世紀前半にできた前方後円墳・野田院《のたのいん》古墳があり、この古墳は有岡古墳群の一部として一九八四年、国史跡に指定され、四国ではもっとも高所にある古墳として知られる。

　南東の峰つづきには、海の守り神として全国から信仰を集め、一三六八段の石段で有名な金刀比羅宮《ことひらぐう》が建つ琴平山《ことひらやま》（象頭山《ぞうずさん》、五二四m）がある。山麓や周囲の山からは大麻山と琴平山は一つの山に見える。

登路　善通寺市生野町から山頂まで車道が通じている。仲多度郡琴平町から金刀比羅宮、奥の院、龍王社を経由して登ることもできる（約二時間）。

地図　二・五万図　善通寺

（尾野益大）

我拝師山　がはいしさん

標高　四八一m

別称　倭師濃山《わしのやま》

香川県善通寺市の讃岐平野西部に位置する。四国八十八箇所第七十五番札所善通寺の裏から西方へ、ラクダのコブのようにつづくビュート（円錐状）の香色山《こうしきさん》（一五七m）、筆《ふで》ノ山（二九六m）、我拝師山、中山（四三九m）、火《ひ》上《あげ》山（四〇九m）の「五岳連山《ごがくれんざん》」の中央部に聳える最高峰。

五岳連山はあたかも五枚の屏風を立て掛けたように聳え、山麓は古くは「屏風ヶ浦」と呼ばれていたという。

善通寺市に誕生したと伝わる空海が七歳の稚児のころ、我拝師山の山頂南側の絶壁・捨身ヶ嶽で捨身誓願を立てて身を投じたところ、願いどおり現れた釈迦如来と天女に抱き留められたと伝えられる。この霊験によって、空海が「我れ師（釈迦如来＝釈尊）を拝す」とし、山名になったという。また、絶壁の下の痩せ尾根に出釈迦寺《しゅっしゃかじ》が建てられた。

現在、寺は麓に下ろされ、尾根には出釈迦寺奥の院の禅定寺が建っている。出釈迦寺は四国八十八箇所第七十三番札所としてお遍路さんでにぎわっている。

登路　善通寺市吉原から第七十二番札所曼荼羅《まんだら》寺、出釈迦寺を目ざす車道に入り、途中から登山道になる。石仏のある道がジグザグに奥の院までつづき、奥の院からは岩道を辿り、傾斜の緩い林を抜けて登頂する（約一時間一〇分）。

地図　二・五万図　善通寺、仁尾

（尾野益大）

讃岐山脈

大麻山　おおあさやま　標高　五三八m

別称　弥山　十八山

徳島県鳴門市西部にあり、讃岐山脈東端に聳える。鳴門市の最高峰。南麓に大麻《おおあさ》比《ひ》古《こ》神社があり、山名になっている。同神社は天《あめの》太玉命《ふとだまのみこと》と猿田彦命《さるたひこのみこと》を祀り、「延喜式」の式内大社として県内外から方位除け、商売繁盛、交通安全の信仰を集める。山頂には奥社がある。夜には頂の灯火がともり山麓一帯から目立つ。また、同神社の南には四国八十八箇所第一番札所の霊山寺がある。

登路　鳴門市大麻町の大麻比古神社から登山道がつづいている。中腹まで石段がつづき見晴らしがよい(五〇分)。西尾根を越す車道・徳島北灘線の卯辰越《うたつごえ》からも登山道が通じる。

地図　二・五万図　撫養　引田

(尾野益大)

矢筈山　やはずやま　標高　七八八m

香川県さぬき市長尾地区にある。山名は山の形が矢筈(矢を弦に掛ける部分)の形になっていることにちなむ。南中腹に露出した奇岩「けきり岩」は昔、矢筈山を飛び越した魔物がけり崩したと伝わる。南麓には四国八十八箇所第八十八番札所大窪寺がある。

登路　大窪寺から登山道がある。車道に出た後、西へ進むと矢筈山登山口がある。急坂を登り尾根を伝う(大久保から約一時間一〇分)。

地図　二・五万図　鹿庭

(尾野益大)

大滝山　おおたきさん　標高　九四六m

徳島県美馬市脇町と香川県高松市塩江町の境にある。讃岐山脈中部にある同山脈第三位の高峰。山頂直下に四国八十八箇所第八十八番札所大窪寺の奥の院とされる真言宗御室派準別格本山・大滝寺があり、空海が修行したと伝えられる。同寺の北側にはかつて西照権現として神仏合祀の形態をとっていた西照神社がある。寺と神社の間には厄除け四二段の石段と丸太の女厄坂三三段がある。

山頂部に残るブナの原生林は四国最北端のブナ林として知られる。明治百年にあたる一九六八年、高知県営林局と香川県が一帯約二一五haを「大滝山県民いこいの森」に指定。稜線と北斜面に遊歩道とベンチ、東屋を設けた。

登路　徳島県美馬市脇町西俣名から大滝寺まで車道を利用し、寺から尾根づたいにある登山道を辿る(約一五分)。また、香川県高松市塩江町上西から登山道を利用すると山頂西側の大生峠を経て尾根づたいに登頂できる(約一時間二〇分)。

地図　二・五万図　西赤谷　讃岐塩江

(尾野益大)

竜王山　りゅうおうざん　標高（阿波竜王山）　一〇六〇m

別称　鷹山　鷹林

徳島県美馬市と香川県仲多度郡まんのう町琴南地区の境にある。讃岐山脈の最高峰で、香川県一の高所でもある。頂上部は最高点となる西峰の阿波竜王山と、東峰の讃岐竜王山（一〇五〇m）に分かれている。

阿波竜王山の頂上には古くは竜王神社が祀られ雨乞いの祈願所だったが、現在はこの山を源とする香東川の麓の童洞淵の岩窟に移されている。いまも頂上東側には警察無線アンテナの近くに窪地が残り、そこは山名の由来となった竜神池があったとされる。江戸期には鷹狩りの場であり、中腹には夏まで雪を貯蔵する氷室があったという。

頂上の展望は優れ、南の剣山山系、北の高松市街地、瀬戸内海がすばらしい。頂上直下まで車道が通じる。

登路　香川県高松市塩江町細井から登山道が通じる。竜王キャンプ場を経て讃岐竜王山北側の稜線に出た後、西へ進む（約一時間）。徳島県美馬市美馬町清田や徳島、香川県境の相栗《あいぐり》峠から稜線づたいに登ることもできる。

地図　二・五万図　讃岐塩江　（尾野益大）

大川山　だいせんざん　標高　一〇四三m

徳島県三好市三野町と香川県仲多度郡まんのう町琴南地区の境。讃岐山脈では竜王山に次いで二番目に高い。山頂には大山祇命《おおやまつみこと》、木花咲耶姫命《このはなさくやひめのみこと》を祭神とする大川神社があり、雨乞いと安産の信仰を集める。山名は祭神の「大山」から「大川」に変わったと推測される。神社の一角に三角点がある。旧暦六月一四日に近い日曜日には、寛政五年（一七九三）から伝わるという氏子による「大川念仏踊り」が行われる。新暦八月の第四日曜日には秋季例大祭が開かれる。

県境は防火帯になっているが、香川県側を中心にイヌシデ、カエデ、シラキ、エゴノキなどの自然林が温存されている。一方、徳島県側には牧場があるほか、徳島、香川両県から山頂まで道路が建設され、山頂直下にはキャンプ場、遊歩道、東屋がある。

山頂からの眺望は優れ、北側に香川県のほぼ全域と南側には剣山山系、祖谷山系が遥かに見える。

登路　香川県まんのう町中通《なかと》、下皆野から登山道があり、何度も車道と交差しながら登る（約二時間）。同町造田から尾根に達し東進するルートもある（約三時間三〇分）。徳島県三好市碁要からも登路があり、途中から林道を利用する。

地図　二・五万図　内田　（尾野益大）

雲辺寺山　うんぺんじさん　標高　九二七m

別称　雲遍山　佐野山

徳島県三好市池田町と香川県観音寺市大野原町の境にある。讃岐山脈のもっとも西部に位置し、山頂直下に四国八十八箇所中、もっとも高所にあり、「四国高野」の別称を持つ第六十六番札所雲辺寺がある。また、国土交通省、ＪＲ、四国電力などのマイクロウェーブのアンテナ塔が建ち並ぶ。

一九八九年には北麓と山頂を七分間で結ぶロープウエーが敷設された。山頂直下には人工スキー場もある。瀬戸内海の風景が優れている。

登路　大野原の広域基幹林道から登路があり、山頂から北西に延びた尾根上を行く。登山道には丁石が一〇九ｍ間隔で置かれていて、車道からは南へ進み急坂を登ると山頂（約二時間二〇分）。また、ロープウェー山麓駅からの登路もある（約二時間三〇分）。粟井《あわい》ダム近くの「四国の道」登山口からも登れる（約三時間）。山頂まで徳島県側から車道が通じている。

地図　二・五万図　讃岐豊浜　（尾野益大）

四国山地

眉山　びざん　　標高　二九〇ｍ

徳島県東部の徳島市中央部に位置する。山が眉のように緩くカーブし、南西から北東に長さ四㎞、幅二㎞の規模で聳える。三角点が山頂東端に埋められているものの、最高点は西へ約二㎞行った地点。市のシンボルで、ハイキング、桜見物の舞台として親しまれている。『万葉集』の船王《ふなのおおきみ》の「眉《まよ》のごと雲居に見ゆる阿波の山かけて漕ぐ舟泊まり知らずも」（巻六）が山名の由来とされるが、詳細は不明。眉山は徳島市街地に近く、麓の町名をとって部分的に佐古山、富田山、八万山、名東山、中津山、福万山、柿谷山、長谷山と付けられたほか、寺社などの関係から大滝山、万年山、勢見山とも呼ばれる。

眉山と統一されたのは幕末のころ。一九五七年にロープウエーが敷設され、一九六〇年に南東山麓から三角点が埋まった山頂東部まで車道が建設された。三角点付近からは徳島平野、紀伊水道、淡路島の眺望に優れる。

登路　徳島市の天神社や金比羅神社、西部公園、地蔵越など何本も登山道がある。三角点から最高点までは、西部公園方面へ通じる車道を西進し、途中に登山口がある。登山道はよく整備されている。

地図　二・五万図　徳島　（尾野益大）

弁天山　べんてんやま　　標高　六m

徳島市南部の方上町弁財天の水田地帯にある。正式標高六・〇七m。周囲六一m。直径一九・四m。人工ではない自然地形の山で、古くは小島だったという。国土地理院発行の一九二〇年以降の地図に掲載された山の中で「自然の山」としては日本一低い。麓に鳥居と頂上に市杵島姫神《いちきしまひめのみこと》を祀る厳島神社があり、地元住民が古くから信仰して毎年、秋祭りをしている。二〇〇三年六月一日からは標高にちなむ六月一日に山開きが始まった。「徳島市勝占地区西部志草案」（一九六三年発行）に山名の由来などについて記述がある。頂上に有名な松の大樹「弁天の松」があったが、マツクイムシによって枯れ、一九七六年に切り倒された。

地図　二・五万図　徳島　（尾野益大）

中津峰山　なかつみねさん　　標高　七七三m

別称　なかつむね

徳島県徳島市と勝浦郡勝浦町との境にあり、徳島市の最高峰。剣山山系東端に位置し、剣山を経て愛媛、高知県境の石鎚山系へ縦走する起点の山として岳人が出発する。紀伊水道から眺めると中津峰山を挟んで北に日峰《ひのみね》（一九二m）、南に津乃峰《つのみね》（二八〇m）の三山が並んでおり、この三山は「阿波三峰」と呼ばれる。古生代二畳紀からなり、頂上部にチャートの露岩が目立つ。中津峰山は「中（二山の間）の峰」という意味。頂上付近は徳島市の森林公園として整備され、東屋、遊歩道があるほか、石垣の防風壁で囲まれた天津神社、三八社がある。神社には星の伝説がある。北側中腹に真言宗高野山派の中津峰山如意輪寺《にょいりんじ》があり、「火除けの観音さん」として信仰を集める本尊（如意輪寺観音像・国重文）が祀られている。頂上から稜線を約一・二km北西へ向かうと婆羅尾《ばらお》峠がある。かつてススキの名所として知られ、多くの岳人が観月に利用した。さらに峠の下の北側中腹には「八多《はた》の五滝《ごたき》」があり、観光客に親しまれている。

登路　徳島市多家良町の中津峰山如意輪寺や同市八多町の五滝から登山道があるほか、同市飯谷町から平石山を経て登る道もある。車道が通じた頂上西側の森林公園も登山口になっている（五滝から約二時間三〇分）。

地図　二・五万図　立江　（尾野益大）

旭ヶ丸　あさひがまる　　標高　一〇二〇m

徳島県名西郡神山町と勝浦郡上勝町、名東郡佐那河内《さなごうち》村の境にある。剣山山系東部に位置し、みかぶ緑色岩類で形成された台地状を呈して、北東斜面には「大川原牧場」がある。一帯は「高鉾山《たかほこやま》」と呼ばれていた時期がある。三角点がある山が旭ヶ丸、南の一三〇一m峰が高鉾山本峰、さらに南の九八〇m峰が高鉾山南峰と区別されていた。麓から見て朝日を一番早く受ける山、また、朝日を浴びて赤く染まる姿が美しいことから山名が生まれたと推測される。頂上付近は「徳島県生活環境保全林」に指定され、アワノミツバツツジ、オンツツジ、モチツツジなどツツジ類が多く、林床にはニリンソウ、カタクリ、タチツボスミレなど草本も豊富。登山口周辺には約二万五千本のアジサイも植栽されている。頂稜からは北側の展望に恵まれ、紀伊水道、吉野川、淡路島などの風景がよく見える。

登路　車道が通じた大川原牧場から登路がある。牧場の縁に沿った道をしばらく行くと展望台に出て、さらにツツジ群落を進むと三角点に達する(約三〇分)。

地図　二・五万図　阿波三渓

(尾野益大)

雲早山　くもそうやま　標高　一四九六m

別称　くもさやま

徳島県名西郡神山町と那賀郡那賀町木沢地区との境に位置し、三角点は境界から一〇〇m程旧木沢村に入っている。徳島県のほぼ中心にあり、剣山山系主稜線の中部に三方に尾根を延ばして堂々と聳える。南東の高丸山、北西の高城山とそれぞれ隣接し、合わせて「勝浦三山」と呼ばれている。鮎喰《あくい》川、勝浦川、那賀川の各支流を発する分水嶺でもあり、北側中腹には落差約三五mの神通滝《じんつうのたき》がある。山麓を含む一帯は年間雨量三〇〇〇㎜に及ぶ徳島県有数の多雨地帯として知られ、「流れる雲が早く、雨が多い」という気象が山名の由来とされる。古来、雨乞いの信仰を集め、平らな山頂には一対の狛犬が守る雲早神社があり、麓の旧木沢村、神山町には同神社の末社が建てられている。

全山にブナ、ミズナラ、ヒメシャラ、カエデなど落葉広葉樹が多く根付き、山頂から北西に派生する尾根筋には徳島県でも指折りのシャクナゲ群落もある。北面約一二七haが「雲早風景林」に指定されている。しかし私有林が多いこともあって、一八八七年ごろから自然林の伐採とスギ、ヒノキの植林が繰り返されてきた。一八九七年ごろ、那賀町木沢地区で初めてツキノワグマが生け捕られたのはこの山だった。北側中腹に一九八五年、開通した全長八七・七㎞と日本一長いスーパー林道「剣山スーパー林道」の建設工事が原因で自然林が激減するとともに、従来の半分の時間で登山できるようになり、深山から半ば観光地化した山に変わった。

登山道から外れた山頂の西約一㎞の標高約一二五〇mには、江戸期から大正初期にかけて豆腐を凍結して乾燥させる「凍り豆腐(高

雲早山(剣山スーパー林道から)

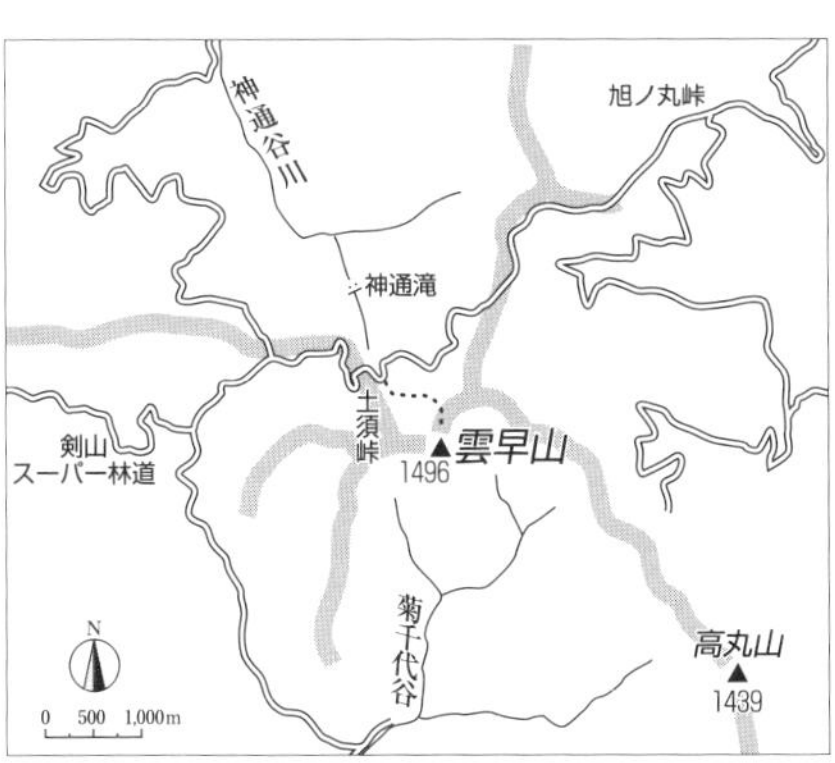

野豆腐)」を製造していた跡がある。釜ヶ谷支流の上流部に当たり、冬季は北西からの季節風が吹きつけて製造に適していたと推測される。現地に石臼三個が残されており、そのうち一つは直径五一cm、高さ二五cmの大きさがある。神山町側の人たちが製作していたが、麓から大豆を運び上げる苦労があったうえ、気温が上昇すると製造に失敗したという。

山頂から北西に延びた尾根の標高一〇二〇m地点には、かつて重要な交通路だった土須《どす》峠(栗木峠)がある。「ドス」と呼ばれた高山植物バイケイソウが群生していたことに由来するが、剣山スーパー林道が横切ってほとんど切り開かれた。

登路 神山町上分の神通滝入り口から登路がある。送電線鉄塔を経て土須峠に出る。峠から剣山スーパー林道をしばらく歩くと駐車場と登山口がある。自然林の中を渓谷に沿って歩き、途中から尾根道を歩く(林道から約一時間)。

地図 二・五万図 雲早山 阿波寄井

(尾野益大)

高丸山 たかまるやま

標高 一四三九m

徳島県勝浦郡上勝《かみかつ》町と那賀郡那賀町木沢地区の境にある。剣山山系主脈から南に張り出す尾根に位置する。『阿波誌』に「高山は八重地に有り。郡中最も高し」とあるのみで、ほかに高丸山について記された文献はない。上勝町の旭地区から仰いで文字どおり「高くて丸い山」と映ったことから山名になったと推測される。木沢側の西三子山《にしみねやま》(一三四九m)付近から望むと鋭角に尖った山容を見せる。雲早山、高城山と並び「勝浦三山」の一つに数えられる。東側中腹には東照神社があり、毎年五月に御輿を担ぐ例祭が開かれる。約二〇haに広がるブナ林は一九七七年、県から自然環境保全地域第一号に指定され、水場、キャンプ場が整備された。東麓の上勝町八重地地区には湧き水が出る井戸があり、上部にブナ林があるおかげとされている。開発記念碑がある頂からは剣山山系から紀伊水道まで見渡すことができる。南約二kmに八重地(高野)峠がある。一九六四年、峠の下に八重地トンネルが開通するまで物資や木炭、木材が、人馬やトロッコによって頻繁に往来していた。

登路 上勝町の八重地トンネル手前から案内標識に従って林道に入り、登山口の駐車場まで行く。登山口からしばらく行くとブナ林で二俣に分かれるが、どちらも山頂へ行く(約一時間)。

地図 二・五万図 雲早山

(尾野益大)

高越山 こうつざん

標高 一一三三m

別称 阿波富士 木綿麻山 衣笠山 摩尼珠山 西山上 蓋山

徳島県吉野川市山川町の南西部に位置する。吉野川北岸から眺めて端整な三角錐に見えるため「阿波富士」ともいわれる。山頂直下に三角点と真言宗大覚寺派の高越寺、高越神社がある。徳島県内で最古の歴史を持つ修験道発祥の山。天智天皇のころ、役小角によって開基したとされる。修験道の総本山とされる吉野蔵王権現と一体分身で、吉野権現を「東山上」というのに対し、高越山を「西山上」と呼ぶ。毎年八月一八日の例祭「十八山」では女人禁制となっている。高越神社は古代阿波の吉野川流域を支配した忌部氏族の氏神で、天日鷲命《あめのひわしのみこと》を祀っている。山頂から二km余南の尾根には国の天然記念物に指定されたオンツツジ群落が広がる。

登路　北東・北西麓の二コースが知られており、古くからよく踏まれた登山道がある(約二時間三〇分)。山頂南側のオンツツジ群落となった「船窪のつつじ公園」までできた林道終点からも通じる。

地図　二・五万図　脇町　阿波川井

(尾野益大)

太竜寺山　たいりゅうじさん

標高　六一八m

別称　舎心岳　弥山　長山　補陀落山

徳島県阿南市と那賀郡那賀町鷲敷《わじき》地区との境にあり、那賀川を挟んで北の鶴林寺山と対峙する。山頂部に四国八十八箇所第二十一番札所太竜寺があり、登山の対象というより修験者、霊場を巡る遍路の山として親しまれる。古くは「大竜岳」と呼ばれたが、寺が有名になり、「大竜寺さん」と寺を尊称し、「太竜寺山《さん》」になったと推測される。寺名は大、太、泰が使用され、もっとも多いのが大という。山頂部に寺があるため徳島県内では難所の霊場の一つに数えられ、「一に焼山(焼山寺)、二にお鶴(鶴林寺)、三に太竜(太竜寺)」といわれる。

寺の南東にある三角点ピークを大竜岳、舎心岳と呼び、約一km南にある六一八m峰が地図のとおり太竜寺山または弥山である。三角点と太竜寺山の間には大師が修行した南舎心岳がある。また、一帯を「長山」、山頂付近を「補陀落山」という呼び名もあった。

この山は徳島の山岳ではもっとも早く文献に現れた。『舎心山太竜寺縁起』(天長二年・八二五)には神武天皇のころから開け、平安時代には空海が本堂を再興したとされている。『阿波国大龍寺縁起』(承和三年・八三六)では、桓武天皇の勅願に応じて阿波国の国司藤原文山が延暦一七年(七九八)に伽藍を建立し、空海自作の諸仏が数体安置されたとしている。空海が儒教、道教、仏教を比較した上で、仏教がもっとも優れていると論じ、仏教の修行に専念することを宣言した著書『三教指帰』にも「阿国大瀧嶽にのぼりよ(攀)ぢ、土州室戸崎に勤念す谷響きを惜まず明星来影す」と記され、空海の開山・修行伝説が多い四国の山や寺院の中で実際に修行した山であることを証明している。空海が太竜寺山に登ったのは延暦一一年(七九二)、儒学を中心に教育する大学中退後の一九歳の時だった。

登山コースの中でもっとも古い阿南市加茂町の一宿寺と仁王門を結ぶ道には南北朝時代の貞治年間(一三六二〜一三六八)に造立された丁石が残っている。石灰岩質の山で東に約二km離れた地点に鍾乳洞「竜の窟」(高さ一・六m、幅一・四m)があった。空海が修行中、窟に住む竜が美女に化け修行の妨げをしたため、空海が剣をもって窟に封じ込めた伝説が残る。竜の窟は観光資源だったが石灰岩採掘のため業者に売られ、一九六三年に採掘が始まり一九七一年、樹林が皆伐された。北麓若杉谷付近では、辰砂原石が採掘され石臼、石杵で粉末にし不純物を除いて水銀朱を抽出した。水銀朱は弥生時代以降、埋葬施設や遺骸に塗布するのに使われ、徳島県内ではここの水銀朱が使われたという。現地には古墳時代の辰砂採掘砕石遺跡、江戸期の水井水銀鉱山跡がある。

国指定天然記念物タヌキノショクダイ(ヒナノシャクジョウ科)が一九四三年六月二一日、太竜寺山竜の窟付近で発見されたが、樹林の伐採によって絶滅した。

登路　車道が阿南市黒河から太竜寺直下まで延びており、終点から車道を歩き、寺を経て登頂できる(約四五分)。那賀町和食郷、中山から遍路道を兼ねた登山道があるほか、阿南市水井町、加茂町からも登れる。

地図　二・五万図　馬場

(尾野益大)

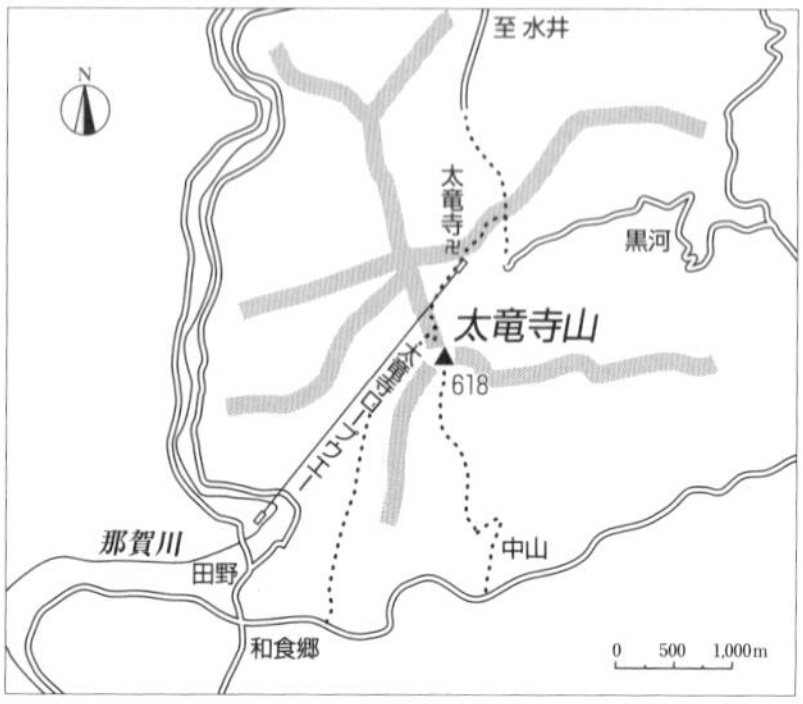

高城山　たかしろやま

標高　一六二八m

徳島県那賀郡那賀町木沢地区と美馬市木屋平の境にある。剣山山系中部に位置し、四方どこから望んでもピラミダルな山容が際立っている。江戸期の地誌『阿波誌』に「高白山、小畠にあり、頂に危石あり臨石と呼ぶ。村民雨を乞う。また温泉あり志紀美にあり金湯と呼ぶ」とある。「高白山」とは、積雪が残った銀嶺の姿が麓から仰いで印象深かったために付けられ、地図に記載される際に「高城山」と書き替えられたと推測される。頂稜に大岩はあるが、それが雨乞いに使われた岩かどうかは不明。温泉については『阿波名勝案内』(一九〇七年)に「樒谷《しきみだに》温泉、小畠村にあり。断崖絶壁の間に湧き出で疝気痔疾、子宮病等に特効あり」と紹介された。この温泉は明治期までは営業していたが、その後廃業したという。現在は現場から下流の坂州木頭川右岸に温泉施設ができている。

勝浦郡とは接していないにもかかわらず、尾根つづきの雲早山、高丸山と並んで「勝浦三山」の一つに数えられる。山頂付近はササに覆われ、西方の剣山周辺の山々の眺めに優れる。最高点は三角点のやや西の一六三二m地点。中腹に剣山スーパー林道ができる一九八五年まで、登頂には麓から丸一日ないしは一泊二日の行程を要し、徳島の深山の代表格だった。周辺の国有林にいまでも徳島県有数の面積を誇るブナの森が残り、夏の新緑、秋の紅葉は格別。一帯一九四haが風致探勝林に指定されている。北の尾根筋を一・五km行った地点にドイツ語でブナを意味する「ファガス」の文字を使った那賀町営レストハウス「ファガスの森」があり、冬季を除く三季には食堂を開いている。

高城山(雲早山山頂から)

一九九九年一一月、国土交通省が山頂南側直下に四国東部の雨を観測して災害防止対策に生かす無人レーダー雨量観測所（鉄筋七階建て、高さ三五m）を建設した。同様の観測所は全国に二六箇所あり、四国では愛媛県の中津明神山にもある。

登路　剣山スーパー林道のファガスの森から尾根づたいに登路がある（約一時間）。山頂南東側の同林道からもスズタケの間に登路がある（約二〇分）。

地図　二・五万図　谷口　雲早山

（尾野益大）

天神丸　てんじんまる

標高　一六三二m

徳島県美馬市木屋平と那賀郡那賀町木沢地区の境にあり、剣山山系の盟主・剣山と東方の高城山との中間に聳える。旧木屋平村の伝説では、戦国時代、阿波国の西方を守る森遠《もりとう》城から直線距離で六kmにある天神丸の北斜面に、三つの「陣の丸」と呼ぶ見張り所が設けられた。そのうちもっとも高い見張り所が天神丸の頂にあった。そこで「天の陣の丸」が省略され、天神丸になったといわれる。「丸」は穏やかな山容に由来する。また、山頂に学問の神とされる「天神様＝菅原道真」を祀っていたという説もあるが、詳細は分からない。

北斜面は山頂部から急激に切れ落ち、穴吹川有数の長く険しい支流・屋根又谷、弓道《ゆとう》谷を発し、南斜面も中腹から急峻となり、那賀川に合流するじりぞう谷が山肌を穿つなど天神丸は分水嶺でもある。南斜面上部を走る剣山スーパー林道の建設によって自然林が失われたが、かつてはうっそうとした森があったという。山頂北側斜面にはアケボノツツジが多い。

剣山スーパー林道ができるまでは、山頂西側の日奈田《ひなた》峠や東側にある当野石峠、川成《かわなり》峠から縦走するしかなかったが、剣山スーパー林道ができてからは林道途中にできた登山口から容易に登れるようになった。日奈田峠、当野石峠、川成峠は、登山以外に旧木屋平村、木沢村の人たちが昭和二〇年代ごろまで重要な生活道として利用していた。木屋平村からは米、塩、酒などを運び、木沢村からはミツマタやシュロ皮を運んだという。木沢村側で病人が出た時は、昼夜を問わず木屋平村にいた医者を迎えに行ったり、各戸からの出役で病人を竹や板で作った台の上に乗せて峠を越え、木屋平村へ運んだりしたという。現在はどの峠道も明確ではなく、通るにはヤブこぎを覚悟しなければならない。

登路　立派な標識が立つ剣山スーパー林道の登山口から山頂東側の尾根に出て西進する。自然林の急斜面を登る（約一時間）。山頂西側の日奈田峠からも尾根づたいに辿る

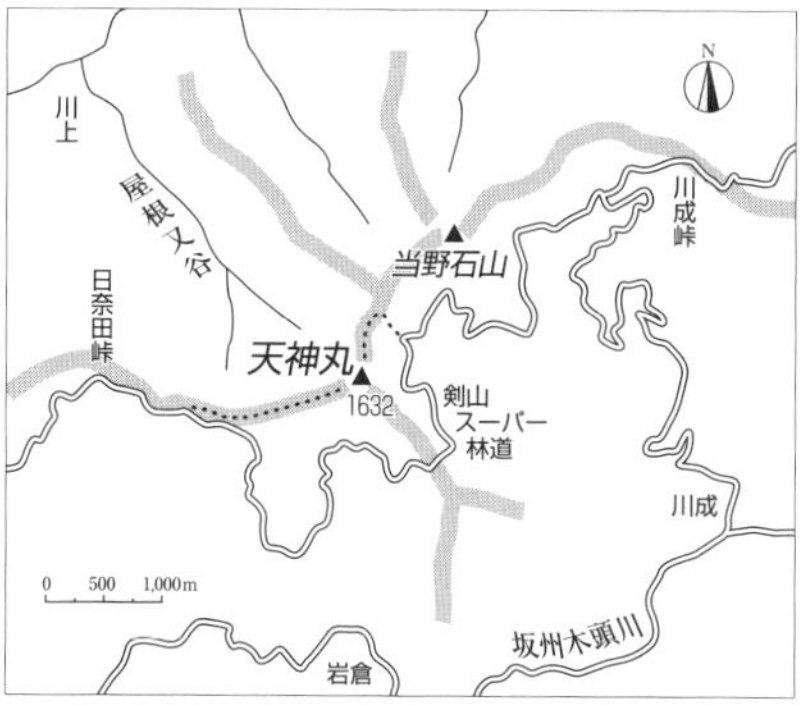

ことができるが、ヤブ道となっている。

地図　二・五万図　谷口

（尾野益大）

一ノ森　いちのもり

標高　一八八〇m

徳島県美馬市木屋平と那賀郡那賀町木沢地区の境に位置する。剣山山系の主峰・剣山の東一・五kmにある徳島県第四位の高峰。三角点は最高点より東に一〇〇m離れた木沢側にある。『阿州奇事雑語』（一九〇八年）で「それ（富士の池）より小剣山に登り、直ちに大剣山に登る」と記されている。明治期まで一ノ森は剣山の一部と見なされ、「小剣山」と呼ばれていたという。剣山までの間に二つの突起があり、一ノ森、二ノ森、経塚の森（三ノ森）とつづく。一ノ森になった理由については、剣山に向かう時、最初の山だったことにちなむとされる。また、『阿波誌』に「鎗《やり》渡《と》山」、『燈下録』に「鎗《やり》戸《と》の御林」との記述があり、一ノ森一帯は「鎗戸山」とも呼ばれていた。現在は一ノ森から南へ尾根を約一km行った一八二〇m峰を槍戸山としている。

江戸期は藩有林として伐採禁止区域だったため、シコクシラベ、ゴヨウマツ、コメツガなどの古木および白骨林が多く残っている。とくに一ノ森西斜面のシコクシラベは、四国の希少な亜寒帯性の植生を代表すると評価され、一九九一年、四・二三haが「鎗戸林木遺伝資源保存林」に指定された。四国では珍しいハクサンシャクナゲも根付いている。

山頂から北側へは緩斜面がつづき、山頂直下に一ノ森神社があり、わきには大正末期、剣山山系でもっとも早く山小屋が建てられた。近くの樹木を切り出して造った丸太小屋だった。一九三七年に大改修が行われ、一九七三年には山の頂にある山小屋としては珍しいヨーロッパ風の外観を持つヒュッテに建て替えられた。頂から東側は急激に斜面が落ち込んで風景をさえぎるものがなく、一ノ森は御来光が美しく見えることで古くから知られる。

一ノ森の北斜面で一九六五年三月一六日、雪崩が発生した。落雷で壊れた通信線の点検に向かった剣山測候所の職員が巻き込まれた。捜索は南極越冬隊員を含む延べ約千人があたり、三五日後、北側中腹斜面で遺体が発見された。当時、気象庁山岳部長だった作家新田次郎が「山を愛し　気象観測を愛し　妻子を愛せし　男ここに眠

一ノ森（槍戸山付近から）

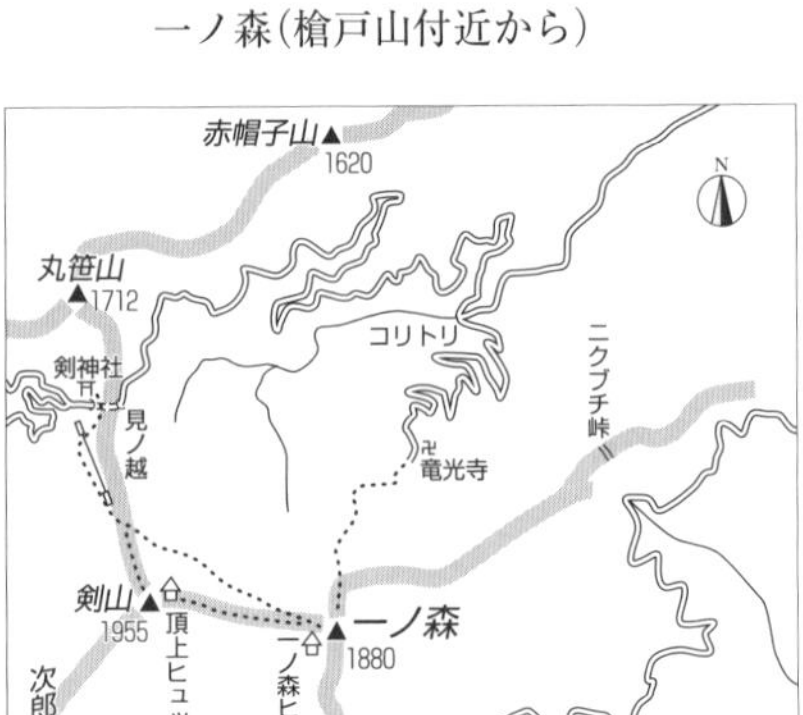

る」と刻んだ殉職碑が二ノ森との鞍部に立てられた。

一ノ森の東約二㎞にニクブチ峠がある。峠は「ニク」と呼ばれたニホンカモシカが多いことで名付けられたニクブチ谷の上部にある。江戸期から明治期にかけて峠より南部に住む剣山信者が先達に導かれて歩いた行場道が越えている。峠の北の木屋平側は一ノ森中腹の富士の池に至り、竜光寺本坊を経て剣山へ向かった。

登路　美馬市木屋平川上の竜光寺が登山口になっている。剣山へ分かれる追分を経て一ノ森ヒュッテ前に出て、裏の山頂に達する(約二時間)。剣山から縦走することもできる。

地図　二・五万図　剣山　谷口

（尾野益大）

剣山　つるぎさん

標高　一九五五m

徳島県美馬市木屋平、三好市東祖谷《いや》、那賀郡那賀町木沢地区の境に位置する。剣山山系の主峰で徳島県一の高峰。西日本では愛媛県の石鎚山に次ぐ山である。頂の南端(東祖谷、那賀町岩倉境)に三角点がある。古生代末期から中世代初期にかけて海底が隆起した褶曲山脈の一部で、山頂部は約六三〇〇年前の屋久島の鬼界カルデラの火山灰で覆われ、「平家の馬場」と呼ばれる緩い斜面が広がっている。地質は砂質泥岩層を主体とし、西、北斜面に石灰岩層が走る。

山名の由来は主に二説ある。一つは江戸期に著された『異本阿波誌』『阿波誌』に記されたとおり、剣山中腹の大剣神社西側に剣の形をした「御塔石」(大剣岩)があるからという説。二つ目は平家伝説に関するもので、『剣山由来記』に「安徳帝、大山祇命の御社に御剣を奉納あそばさるによって石立山を剣山と改す」との記述を根拠とする説。御社とは山頂の宝蔵石神社または中腹の大剣神社のいずれかを指すとされる。剣山と呼ばれる以前は「立石山」「石立山」と呼ばれていたとされる。『祖谷紀行』にも「昔は立石山といひしが」とあるほか、旧木屋平村龍光寺の住職明皆成が一八七九年六月、信者の獲得に繋げようして作成した「劒和讃」にも「元石立の山なるぞ」と記されている。また、『異本阿波誌』によると「小篠《こざさ》の権現」ともいわれていたようである。大正末期ごろまでは女人禁制だったという。

一ノ森から見た剣山(右)と次郎笈(左)

室町時代以前には一般に登山された記録はない。木屋平村(現美馬市)の龍光寺が江戸期初頭、旧東祖谷山村の円福寺が江戸後期に信仰登山を盛んにしていく。先達が率いる講中登山は龍光寺派、円福寺派に分かれ、最盛期の明治期には徳島県内に約四〇講が存在した。北側中腹には蟻の塔渡り、お鎖り、不動の穴、鶴の舞、千筋の手水鉢などと呼ばれる行場がある。

剣山は植物の宝庫としても有名で、享和元年(一八〇一)、徳島市の国学者で植物学者だった太田豊年が、医師学問所(藩立医学校)教授小原春造とともに登山した。富士の池から行場道を通り古剣神社を経て大剣神社へ行ったが、山頂へは登らなかった。一八九六年には植物学者白井光太郎が、一九〇九年には牧野富太郎も植物採取のための登山をした。剣山で発見された植物はギンロバイ、シコクヤマトリカブト、トガスグリ、ケンザンデンダ、ツルギハナウド、ツルギカンギク、ツルギミツバツツジ、シコクシラベなど数多い。とくにシコクシラベは四国特産針葉樹で氷河期の遺存植物。四国では剣山以外に石鎚山、二ノ森、笹ヶ峰でも確認されている。また、行場付近に生える氷河期の遺存植物キレンゲショウマの群落は、全国有数の広大な規模を誇るという。動物では、四国では絶滅寸前にあるニホンツキノワグマも剣山を中心とする森に十数頭から数十頭生息するほか、国指定特別天然記念物のニホンカモシカもいる。一九六四年三月、剣山を含む一帯が剣山国定公園に指定された。

スポーツ登山が始まったのは第二次大戦後だったが、それに先駆け、一九二四年七月、旧制松山高等学校旅行部の北川淳一郎らが剣山から三嶺、躄峠《いざり》(現天狗峠)へ縦走している。冬季登山としては一九三四年一月一日、高知県の土佐高女生七人の登頂記録も残っている。『一宇村史』によると、初めて外国人が登ったのが一九一三年ごろ。神戸の商社に勤めていた欧米系の五〇歳代、三〇歳代の男性二人が日本人のお供を五、六人を連れていたという。旧一宇村葛籠《つづろ》の民家で泊まり、荷物を預けて登った後、帰りにもう一泊した。

気象庁は一九四三年、山頂北側に富士山測候所に次ぐ高さの「剣山測候所」を開設。職員が通年で常駐し、一九四四年五月、気象観測を開始した。天気、気圧、風向風速、気温露点、降水量など気象要素の測定のほか、台風の進路予測に力を発揮した。技術革新によって測候所は二〇〇一年四月、廃止された。二〇〇〇年までの資料によると、山頂の気象は厳しく、最高気温は二六・六度(一九五一年)、最低気温はマイナス二三・五度(一九八一年)、年平均気温は四・四度。年間降水量は約三〇七六㎜。冬季は毎日のように雪が降り、一日で一〇四㎝積もった日もある。

一九五五年には山頂北端に剣山頂上ヒュッテが建てられた。一九六八年には見ノ越まで車道が通じ、一九七〇年には見ノ越から西島(一七二〇m)まで登山リフトを敷設。登山リフトができて登山者が急増したため、山頂部のササ原が年々後退し、徳島県は一九九五年、木道を設置した。

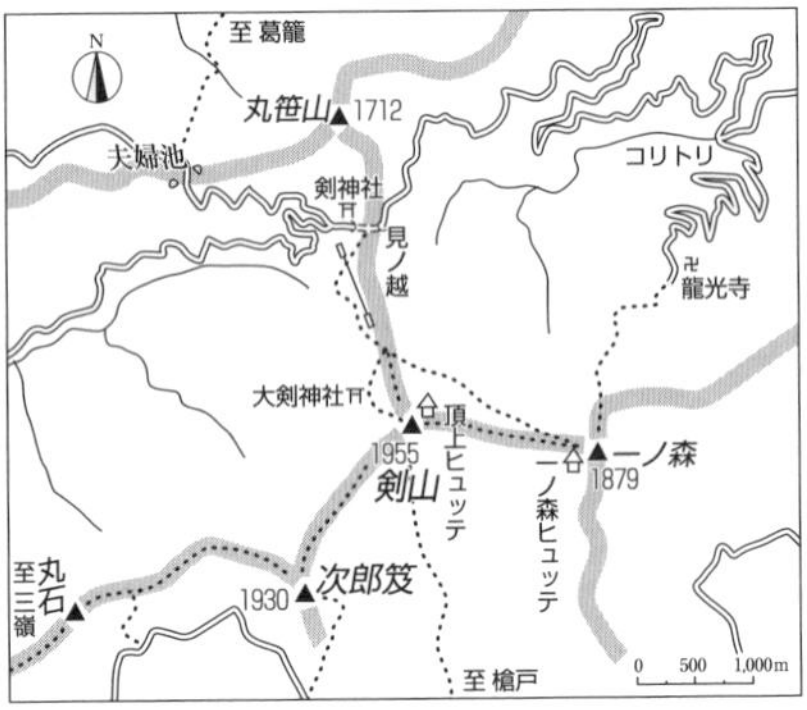

登路 北側中腹の三好市東祖谷菅生の見ノ越からが一般的(約五〇分)だが、北東麓の美馬市木屋平川上から龍光寺、追分を経て登る道(約二時間三〇分)や、南麓の那賀町槍戸から槍戸川沿いに造られたルート(約二時間三〇分)もある。また、つるぎ町一宇葛籠か桑平から夫婦池まで登山道を歩き、国道を通って見ノ越まで行くクラシック・ルートもある。

地図 二・五万図 剣山

(尾野益大)

次郎笈　じろうぎゅう

標高　一九三〇m

徳島県三好市東祖谷菅生、那賀郡那賀町木頭、木沢地区の境にある。三角点はないが剣山に次ぐ徳島県第二の高峰。剣山の南約一kmの尾根上にある峰だが、独立峰のように顕著な三角錐の山容をしている。周囲から望むと剣山と並んで聳え、一対の山にも見える。那賀川、祖谷川、穴吹川を発する分水嶺でもある。剣山とは正反対で山頂は狭く、南北が急激に落ちている。古生界秩父帯の岩石から形成され、一面ミヤマクマザサに覆われ、展望は三六〇度とすばらしい。

一九一〇年発行の地形図には「ジローギュー」として山名が記されているが、一九六〇年以降の地形図からは山名が消え、代わりに山頂の北方約五〇〇mの約一七八〇m地点に「ジロウギュウ峠」と記載されている。『阿波誌』に「小剣山、剣山の西南にあり」とあるように、江戸期は「小剣山」と呼ばれており、明治、大正期に入ってジロウギュウ(次郎笈、治郎行山)になったことが地形図や『美馬郡郷土誌』からうかがえる。現在は「次郎笈」になっている。山名の由来についての詳細は不明だが、『阿波誌』の剣山の説明で、「絶頂に石あり、宝蔵(岩)といふ、亭々として傑れ堅つ、高さ五丈、四望広闊、群峰悉く培楼の如し。西南に二石あり、方正にして卓立す、太郎笈といひ、次郎笈といふ」とあり、剣山山頂南西部の二つの岩にちなんで二峰の名が付けられたと推測できる。

また、北側のジロウギュウ谷左俣中腹の岩穴「奇人の岩屋」で修行をする修験者がいたという。

剣山から西方の三嶺へ向かう縦走路が北斜面を巻いているが、祖谷川の支流・深谷の源流部が登山道と交わった所から水が出ている。徳島県内では珍しい高所の水場で、登山者に古くから重宝されている。次郎笈への登山は、剣山から縦走するのが一般的だったが、南面中腹を剣山スーパー林道が横切ったため容易になった。これに便乗して地元の旧木沢村(現那賀町)が一九八一年、次郎笈北側中腹の急な斜面に巻き道を切り開いた。しかし、まもなく崩壊を招くとの反対運動が起こり通行禁止になった経緯がある。

登路　那賀町木沢地区の剣山スーパー林道・剣山トンネルが登山口。南斜面から東尾根を経て登頂する(約一時間)。北の剣山や西の丸石からの縦走も知られている。

地図　二・五万図　剣山　北川

(尾野益大)

権田山　ごんだやま

標高　一六〇六m

徳島県那賀郡那賀町木頭、木沢地区の境にあり、剣山山系主稜と南に平行する山稜中部にある。山頂は平坦。『木頭村誌』には「権太山」と記している。山名の由来は不明。一帯は人家から遠いこともあり、自然林が豊富で四国で絶滅寸前のニホンツキノワグマの生息地として知られる。山頂の西尾根には幹回りが五・五五m、同四・九mのブナの巨樹があるが、東の大樹は朽ちかけている。

登路　那賀町木沢地区の坂州木頭川に架かる勘場谷橋から林道に入ると造林小屋があり、そこから荒れた林道を歩き始める。七つ目のへアピンカーブから左へ分岐道を少し行った所に登山口がある。急斜面を登ると平地の林になり、西へ巻き気味に薄い踏み跡を辿り、尾根に出る。山頂までは単調な尾根の登山道を進む。最高点は分かりにくい（約三時間）。

地図　二・五万図　谷口、阿波出原

（尾野益大）

石立山　いしだてやま

標高（東峰）一七〇八ｍ

徳島県那賀郡那賀町木頭と高知県香美市物部町との境にあり、両県境の山では最高峰。剣山山系の支脈にあり、尾根は海部《かいふ》山系につづく。「山」の文字のようなピラミダルな山容で周囲から眺めると際立ち、山座同定の基準になりやすい。頂上は三角点のある最高峰の東峰と、西峰とに分かれている。石立山は頂上付近に石灰岩の断崖があることから山名が付けられたと推測される。

最高峰には大山祇命《おおやまつみのみこと》と役小角を祀る石立神社がある。第二次大戦前は修験者が「石立敬心会」という組織を作って例祭日に礼拝修行をしていたが、戦後急速に衰退した。西峰から北に張り出す尾根に「捨身ヶ嶽」と呼ばれる岩峰がある。左右が切れ落ち宙に浮いたような岩尾根で、文献はないが修験の山の条件は整っている。

頂上はミヤマクマザサに覆われ、中腹から頂上にかけてはブナ、ビャクシン、ダケカンバ、シロヤシオ、ウラジロモミが生え、林床の植物には耐石灰岩性の種が多く、ギンロバイ、ムシトリスミレ、ユキワリソウ、イワツクバネ、バイケイソウ、イシタテクサタチバナ、タカネマツムシソウがある。とくにビャクシンが根付く南西斜面一二一・五六haは一九九〇年、植物群落保護林に指定されている。

石立山（中東山山頂付近から）

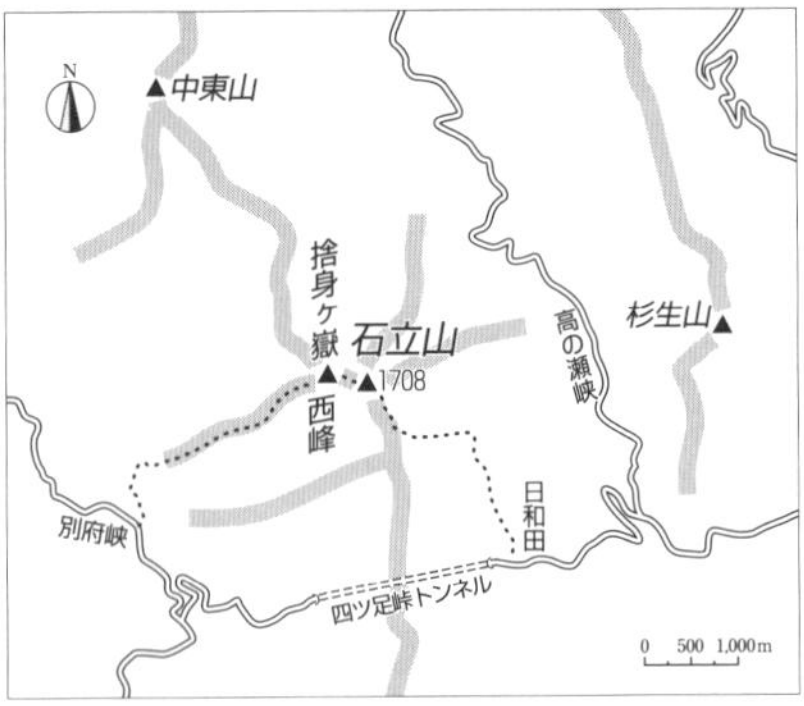

石立山は江戸期の地誌『阿波誌』にも記述があるが、併わせて南二kmの尾根にある四ツ足峠が紹介されている。「地蔵を安ず、小堂方六尺　柱わずかに四　阿土各二柱を致す　これを二州の界と為す」とあり、地蔵尊を祀るお堂の支柱四本のうち、二本が徳島側に、二本が高知側に入っているとされ、修理する際に両県の人が話し合うという。お堂の立つ地点が四ツ足峠で、地元では「傍示峠」ともいわれ、藩政期の『阿波国漫遊記』には傍示峠と出ている。一九六四年、峠の下にトンネルが開通したが、それまでは峠道を通って高知側から米、塩、魚などが、徳島側からはミツマタやシイタケなどが

運ばれたという。

石立山北面の標高一〇〇〇mから麓にかけてのV字峡谷は紅葉の名所・高ノ瀬《こうのせ》峡として知られる。古生代二畳紀の石灰岩と凝灰岩の露岩が奇観をつくる。また、石立山西麓の別府《べふ》峡も紅葉の名所として有名。

登路　徳島県那賀町木頭日和田から東尾根を辿るルートがある。中腹からは石段を登るような急傾斜でスズタケが茂る(約三時間三〇分)。高知県香美市物部町の別府峡からも急峻な登山道がある。自然林が美しく、西峰を経て最高点に達する(約三時間三〇分)。

地図　二・五万図　北川　(尾野益大)

甚吉森　じんきちもり　標高　一四二三m

別称　甚吉ヶ森　甚吉兵衛森

徳島県那賀郡那賀町木頭と高知県安芸郡馬路村との境にあり、徳島県ではもっとも奥深い海部《かいふ》山系中部にある。山名の由来は、祖谷《いや》地方から逃れてきた平家一族の落人が付近の尾根に立ち、「あの森は甚だ吉なり。山の下を住居と決めよう」といったとの伝承にちなむ。彼らは満足して高知側の馬路村魚梁瀬《やなせ》へ下ったという。明治期には、木頭村の人が出稼ぎのため、甚吉森を通り高知側へ越えていたという。このころの地図に木頭と山頂、高知を結ぶ尾根道が記されている。尾根道はまた、木地師のルートだったとも推測される。

登路　那賀町木頭南部の南川《みながわ》林道途中にある登山口から吊り橋を渡って登る。植林帯にジグザグの明確な登路があり、主稜線に出た後、西へ進む(約二時間三〇分)。馬路村魚梁瀬の中川林道からも登路があり、林道ゲートから約五km行くと登山口がある。千本山を結ぶ縦走路を経て登頂する。

地図　二・五万図　赤城尾山　(尾野益大)

千本山　せんぼんやま　標高　一〇八五m

高知県安芸郡馬路村にある。海部《かいふ》山系の支脈に立つ。年間四〇〇〇㎜を超す降水量と冬でも温暖な気候により、見事なスギが一〇〇〇本も林立することが山名の由来。江戸期には一帯は「土佐十宝山」の一つにされ、御留山として山奉行の厳重な支配下にあった。明治以降、国有林になり、一九一八年「学術参考保護林」に、一九九〇年には「林木遺伝資源保存林」に指定された。千本山のスギは「魚梁瀬《やなせ》杉」の名で通り、一九六六年高知県の木になった。

登路　馬路村魚梁瀬の和田山林道ゲート前に登山口がある。吊り橋を渡り、急斜面に付けられた木製遊歩道を歩く。尾根に出ると巨樹の並木道になる。展望台のある傘杉堂からは登山道の幅は狭くなるが、山頂まで明確につづいている(約二時間)。

地図　二・五万図　赤城尾山　土佐魚梁瀬　(尾野益大)

神戸丸　こうべまる　標高　一一四八m

徳島県那賀郡那賀町木頭と上那賀地区との境にある。海部《かいふ》山系支脈のピーク。山名は、山域あるいは山麓が神社の所有地に属する集落で占められたことにちなむが不詳。旧木頭村の人は昔、海部川流域の轟《とどろき》神社の例祭に行く際、出原集落から神戸丸を通る古道「上越道」を利用したという。神戸丸と吉野丸との間の尾根には幕末に立てられた道祖神がある。

登路 那賀町上那賀、那賀町木頭境の海川野久保林道から尾根づたいに登路がある。登山者は少なく踏み跡は薄い(約五〇分)。

地図 二・五万図 湯桶丸

(尾野益大)

鰻轟山 うなぎとどろきやま 標高 一〇四六m

徳島県那賀郡那賀町上那賀地区と海部《かいふ》郡海陽町との境にある。海《かい》部《ふ》山系支脈に位置する。南麓に王余魚《かれい》谷が流れ、「轟の滝」がある。山名は王余魚谷に鰻が泳いでおり、その上部にある山にちなむ。鰻轟山の約一・二km南の尾根に伊能忠敬の『大日本沿海図稿』にも載る請ヶ峰《うけがみね》(一〇〇九m)があり、鰻轟山の西の吉野丸(一一一六m)とともに中世から三峰廻峰行が行われていたとされる。『阿波誌』では「南峡背に接し、北、海河に通ず」と霧越峰について記述がある。南峡背が皆ノ瀬、海河は那賀町木頭の海川と解釈でき、霧越峰は地形から見て鰻轟山と見られる。

登路 国道一九三号の那賀町上那賀、海陽町境に登山口がある。道路開通記念碑が立つ。尾根づたいに明確な踏み跡があり、最後の急坂を登れば鰻轟山の頂(約一時間)。

地図 二・五万図 小川口

(尾野益大)

胴切山 どうぎりやま 標高 八八四m

徳島県海部《かいふ》郡美波町と牟岐《むぎ》町、海陽町との境にある。北側の胴切越という峠は昔から転住、縁組で地元の人が行き来し、行商人にも物資の運搬に利用された。『牟岐町誌』に「中腹を切ったように道が巻く様から名づけられた」とか、『海部郡誌』に「平家の落人の子供がこの山で切られた」、『木頭村誌』には「峠で盗人の首が切り落とされた」と記されるほか、「昔、盗賊が出て通行人の胴を切った」という口碑もある。周囲の山からよく目立つが、頂からは雑木に覆われ展望はない。

登路 美波町大越、海陽町樫木屋から登ることができる(約一時間三〇分)。牟岐町の牟岐川支流・こん谷の林道からも胴切越経由で登れる。

地図 二・五万図 山河内

(尾野益大)

明神山 みょうじんやま 標高 四四二m

徳島県阿南市と海部《かいふ》郡美波町との境にあり、山頂の約一・五km東には侵食された断崖が切り立ち、黒潮洗う太平洋に面する。江戸初期には南麓の美波町阿部《あぶ》の集落名をとって「阿部山」とも呼ばれた。北麓にある峯神社の奥社は山頂の防風垣に囲まれており、美波町側は山自身を海の神として、阿南市側は農耕の神として信仰している。『阿波誌』に「峰神社、坂道三千歩、土(地)人、此に雨を乞ふ」との記述がある。藩政期は阿南市椿泊を根城に活躍した水軍の番所があった。植生はウバメガシが優占し、クロザサ、ツリガネニンジン、シロヨメナ、シハイスミレなどが咲く。

登路　阿南市椿泊町働々の峯神社から南に進むと登山口がある。谷沿いに登り、スギの植林地、暖帯林を抜けると山頂(約四〇分)。働々や南側の美波町から山頂まで車道が通じている。

地図　二・五万図　阿部　(尾野益大)

亀谷山　かめだにやま　標高　一〇八三m

高知県安芸郡馬路村と北川村との境にある。山頂部が亀の背中のような形をしていることにちなんだ山名。

登路　魚梁瀬《やなせ》ダム東岸の亀谷橋から北上し、北亀谷に沿った北亀谷林道を経る。林道終点からいったん山頂北西の尾根に出て登頂する(登山口から約一時間一〇分)。

地図　二・五万図　久尾　(尾野益大)

野根山　のねやま　標高　九八四m

高知県安芸郡北川村と室戸市との境にある。標高九〇〇mから一〇〇〇mの山地が十数㎞つづき、ほぼ中央の三角点のあるピークを指す。広義では山地全体を指し、江戸期には土佐藩の参勤交代路として使われ、「野根山街道」と呼ばれるようになった。野根山とは平地のある山に由来するという。養老二年(七一八)以後、奈良時代の官道でもあったとされ、平安時代は紀貫之が土佐入国の際、利用している。

『承久記』によると、承久の乱で都落ちし土佐に流された土御門上皇が、この街道を経て幡多へ向かう途中、野根山山中で雪に降られたとされる。

野根山の南六〇〇mに土佐三関所の一つ、岩佐の関所(岩佐峠)があった。岩佐峠より南四㎞には一九三四年の室戸台風で倒れた幹周り約一六・六mの巨大スギ「宿屋杉《やどやすぎ》」の古株が残っている。

登路　高知県北川村の国道四九三号から分かれた蛇谷林道に登山口がある。野根山の南の尾根に達した後、ヤブ道の急坂を辿る(約二時間)。また、東側にも登路がある。室戸市の佐喜浜町から佐喜浜川上流部を目ざし、森林管理署が管理する林道ゲートがある分岐から左へしばらく行くと登山口がある。

地図　二・五万図　奈半利　入木　名留川、甲浦　(尾野益大)

烏帽子ヶ森　えぼしがもり　標高　一三二〇m

高知県安芸市の北東部に位置し、徳島県境の海部《かいふ》山系支脈にある。南の横荒川と北・西の伊尾木川の侵食によって鋭い山容をなし、烏帽子に似た格好から山名が付いた。

登路　明確な登路はない。東麓の西又谷上流部の林道から安芸市、馬路村境の尾根に登り、尾根づたいに登頂する(約二時間)か、西麓の伊尾木川沿岸から尾根に乗り、ヤブをかき分けて登る。

地図　二・五万図　赤城尾山　(尾野益大)

稗已屋山　ひえごややま　標高　一二二八m

高知県安芸郡馬路村と安芸市との境にある。徳島県境の海部《かいふ》山系から連なる支脈の一つ。一帯に住んだ木地師が食料を得るため稗《ひえ》をまき、その穀物を見張る番小屋「稗小屋」があったことにちなむ山名。北面にモミ、ツガを主体とする重厚な趣の林（八一・二〇ha）が広がり、一九九〇年「林木遺伝資源保存林」に指定された。南面の安田川上流部にも四国東部と紀伊半島だけに分布する遺存植物トガサワラ林（四・三一ha）があり、同年、「林木遺伝資源保存林」に指定された。

登路　馬路村魚梁瀬《やなせ》からつづく和田山林道を標高一〇〇〇m付近まで登り、登山道に入る（登山口から約二時間）。また、伊尾木川支流の横荒川沿いに茗荷まで行き、登るルートもある。

地図　二・五万図　土佐魚梁瀬

（尾野益大）

天狗森　てんぐがもり　標高　一二九六m

別称　てんがもり

高知県安芸郡馬路村の中部に位置する。海部《かいふ》山系の支脈にある。行基が馬路村の金林寺薬師堂を建立する際、天狗が現れて邪魔をしたため呪術で追っ払ったところ、天狗が逃げた先が天狗森だったという伝説がある。また、南麓に滝壺があり、その守り神であるヘビの子供が天狗にさらわれ、助けを請われた平家の縁者が天狗から子供を奪い返すと、天狗は天狗森へ逃げたという話も伝わる。魚梁瀬《やなせ》高知県立自然公園に属し、上部にシャクナゲの群落やこの地方特産の魚梁瀬杉、ブナ、モミ、ツガ、ヒメシャラの自然林が広がる。広い頂からは剣山山系から太平洋まで視界に入る。

登路　馬路村魚梁瀬から谷山林道を経て北平林道終点に登山口がある。車は北平林道入り口の天狗橋まで。北平林道を二km歩くと山側に登山道がつづいている。いくつか谷を渡り、三叉路を右にとって尾根に出る。植林地を出ると自然林の登山道になり、やがて山頂に達する（約二時間）。

地図　二・五万図　土佐魚梁瀬

（尾野益大）

鐘ヶ龍森　かねがりゅうもり　標高　一一二六m

別称　かねがたつもり　てんがもり

高知県安芸郡馬路村と北川村との境にまたがり、海部《かいふ》山系の支脈にある。『土佐国地誌提要』に「鐘ヶ竜森　安芸郡久江ノ上村ヨリ絶頂迄三十町」と記される。山名の「鐘」は、山中で製鉄が行われていたことを示し、「龍」は水神で雨乞いが行われていたという意味。山頂付近に伝説を持つ天然スギがある。

登路　明確な登山道はない。西麓の馬路から延びた林道途中から尾根に取りつき山頂へ達する（約二時間）。

地図　二・五万図　馬路

（尾野益大）

八杉森　やつすぎもり　標高　一〇二九m

高知県安芸郡馬路村と安芸市との境にまたがり、海部《かいふ》山系の支脈南端部にある。植木鉢を伏せてできる八の字のような山姿をして、山肌にスギが多く植わっていることに由来した山名。

登路　明確な登路はない。北の桑ノ木山へつづく稜線まで林道を利用し、稜線から南下する（約一時間）。

地図　二・五万図　馬路

（尾野益大）

丸笹山　まるざさやま　標高　一七一二m

徳島県三好市東祖谷と美馬市木屋平、美馬郡つるぎ町の境にある。剣山山系に属し、剣山の北二・五kmに聳え、東の赤帽子山、西の塔の丸と合わせて横長の雄大な連嶺を形成する。山頂部がササに覆われ、丸みを帯びることから山名の由来になった。『燈火録』（文化九年・一八一二）に「丸笹が池あり、峰嶺四方よりかこみあひて池となる」とあり、丸笹山の西にある夫婦池のことを記している。『阿波国地誌略』（一八八〇年）、『美馬郡郷土誌』（一九一五年）で「丸篠山」と出てくるのに対し、『一宇村誌』（一九二〇年）では丸笹山としている。一九一〇年発行の地形図にも丸笹山と記され、明治、大正期は丸篠山と丸笹山が混同して使われていた。

中腹から山頂直下にかけてブナ、ミズナラ、ウラジロモミ、ダケカンバなど豊かな自然林が広がり、一九六七年、一帯は「徳島県民の森」の指定を受け、登山口のある夫婦池付近には遊歩道、樹名板、キャンプ場などが整備された。明治百年の記念事業として徳島県、高知営林局が一九六九年、県民の森資料館を建てた。動・植物、鳥類の標本、鉱物を展示する。夫婦池は地滑りでできた雌池、雄池の二つの池で、雄池の横に丸笹山登山口がある。夫婦池のほとりで一九六九年、ニホンツキノワグマの子熊が生け捕られたことがある。

剣山登山口の見ノ越まで車道が完成する以前は、剣山に登るためには丸笹山北斜面に通じた登山道を辿るのが普通だった。いまも北麓のつるぎ町一宇桑平、葛籠《つづろ》の各集落を起点とする旧登山道が残っているが、どちらも登山者は少ない。桑平道の下部には四国一のトチの巨樹（幹周り八・五m）と旧一宇村内一のスギ（幹周り七・九五m）がある。丸笹山の頂からの眺望は優れ、指呼の間に迫る剣山は圧巻。剣山の西に次郎笈、丸石、白髪山、三嶺とつづき、北西には矢筈山、黒笠山などの祖谷山系が横たわる。東方には天神丸、高城山、北方には八面山などが見渡せる。

登路　つるぎ町一宇の夫婦池東側から登路がある。直登コースと巻き道コースに分かれるが、どちらも自然林の中の明確な道（約一時間）。つるぎ町一宇葛籠のお堂の裏から夫婦池に達することができる。

地図　二・五万図　剣山

（尾野益大）

赤帽子山　あかぼうしやま　標高　一六一九m

徳島県美馬市木屋平と美馬郡つるぎ町との境にあり、剣山山系の

赤帽子山（登山道から）

主峰・剣山の北東三・五kmに位置する。丸笹山の東に連なり、山頂部はささやかな盛り上がりにしか見えない。一九一〇年発行の地形図に記載されていて古くから知られていたが、山名の由来は判然としない。樹木がなくササに覆われた姿が赤茶色の帽子のように見えたせいかもしれない。最高点は、地形図で山名のある地点より西二〇〇mの一六一九m地点になっている。

丸笹山から赤帽子山にかけての風衝草原地帯にはダイセンミツバツツジ、コメツツジ、ノリウツギの灌木とショウジョウスゲ、タカネオトギリ、ナガバシュロソウ、シコクフウロ、イブキトラノオなどの草本が生えている。登山は北の中尾山、西の丸笹山から縦走するのが一般的で、両ルートにはブナやミズナラ、ウラジロモミなどの自然林がある。赤帽子山の頂からの眺望が優れることから「赤帽子風景林」に指定されている。

赤帽子山の南側中腹は急峻だが、美馬市木屋平川上から剣山登山口の三好市東祖谷菅生の見ノ越まで約一一kmの国道が九十九折に建設されていて、南の剣山、一ノ森から眺めると目に痛々しい。山頂の北側中腹は対照的に緩傾斜地となっている。『一宇村史』も「山地に稀な緩い傾斜地が広く小渓には水も多い。昔は森林に覆われていたが開発して耕地を作り、家も建ち集落が発生したのだろう」と記している。集落名は広沢というが、沢が広く大きい点から付けられたという。集落最古の民家の棟札は文化一一年（一八一四）となっており、森林の開発は早かったと推定される。しかし、道路は麓までしかなく、北斜面では一九九三年、ニホンツキノワグマの目撃情報もある。

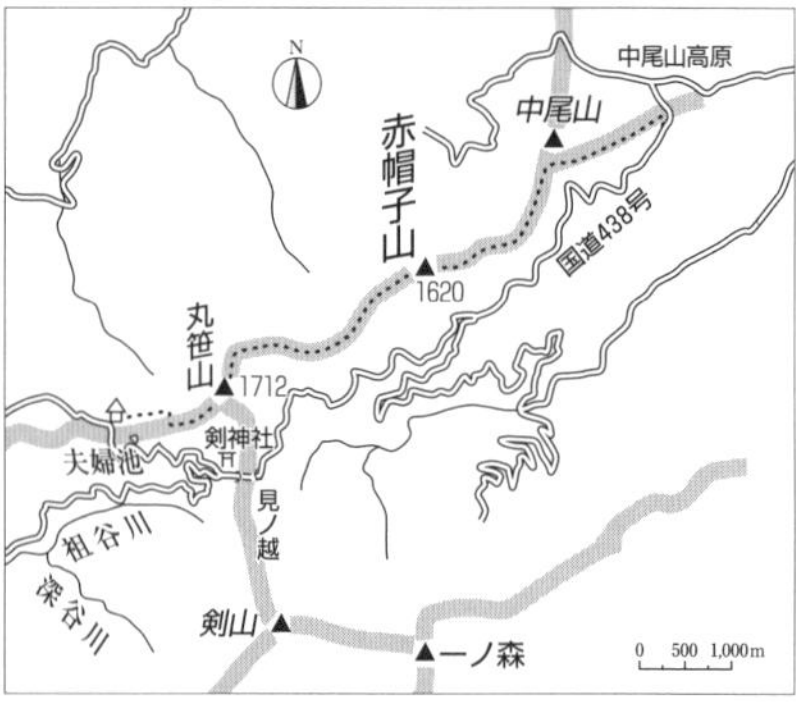

赤帽子山の山頂から南の剣山を望むと、一九七六年九月に襲来した台風一七号の影響で被害を受けた富士ノ池谷、宝蔵石谷、一ノ森谷の大崩壊を目の当たりにすることができる。この台風の総雨量は一八九八mm、最大日雨量七六〇mmに達するもので、流域全域で五九haの大災害が発生した。

登路　つるぎ町一宇の夫婦池から丸笹山北斜面を巻いて登山道がある（約一時間三〇分）。また、美馬市木屋平の中尾《なこ》山高原から中尾山を経て登山道が尾根づたいにつづいている。

地図　二・五万図　剣山

（尾野益大）

八面山　やつらさん

標高　一三一三m

徳島県美馬郡つるぎ町と美馬市穴吹町との境にあり、山頂からの眺望が八方に優れることから八面山と名付けられた。山頂直下に八面神社があり、旧暦七月二八日の祭礼は村人が盛んに登って五穀豊穣、厄除の祈願をした。明治期から一九四〇年ごろまで旧暦九月四日には近郷の力士が集まり、大相撲も奉納された。第二次大戦後、参拝者は減ったが、四方から登る登山道は残されている。西麓の九藤中集落には少なくとも弘化年間(一八四四～一八四八)以前、雨乞い職の住民がいて、当時使ったと思われる「弘化五年申六月吉日雨順次五穀成就旗元袈裟吉」と書かれた雨乞い旗が残っていたという。村には「雨乞い踊り」が受け継がれている。雨乞い踊りは直径三mもある竹製の骨に金銀五色の紙で飾った大笠を被る人の周りで大勢の人が鉦《かね》、太鼓を打ち鳴らして踊った。雨乞い踊りを一週間しても雨が降らない場合、山頂直下の岩陰にある雨乞いの神を祀った祠へ登る「権現詰め」という願掛け登山が行われた。山頂付近にはモミ、ブナなどの自然林が広がる。

登路　北東麓の美馬市穴吹町古宮、西麓のつるぎ町一宇九藤中、南中腹のつるぎ町一宇奥大野から登山口があり、昔から参道によく使われた登山道がつづく(奥大野登山口から約一時間四〇分)。

地図　二・五万図　阿波古見　剣山

(尾野益大)

塔丸　とうのまる

標高　一七一三m

徳島県三好市東祖谷《いや》菅生の東部にあり、横長の大きな高原状の山体を持つ。ピークは三つあり、三角点はもっとも西の最高点にある。一九一〇年発行の地形図には「塔丸」と記されていたが、一般的には大正期ごろまで「塩無山」と呼ばれていた。『阿波誌』に「塩無山、菅生名にあり。山上平広なり。池あり見残と称す」とあり、『美馬郡郷土誌』にも「剣山の北方に当りて丸笹山を中心とし、西は塩無山、東北は中尾山に連なる小連嶺あり」とある。また、「(剣

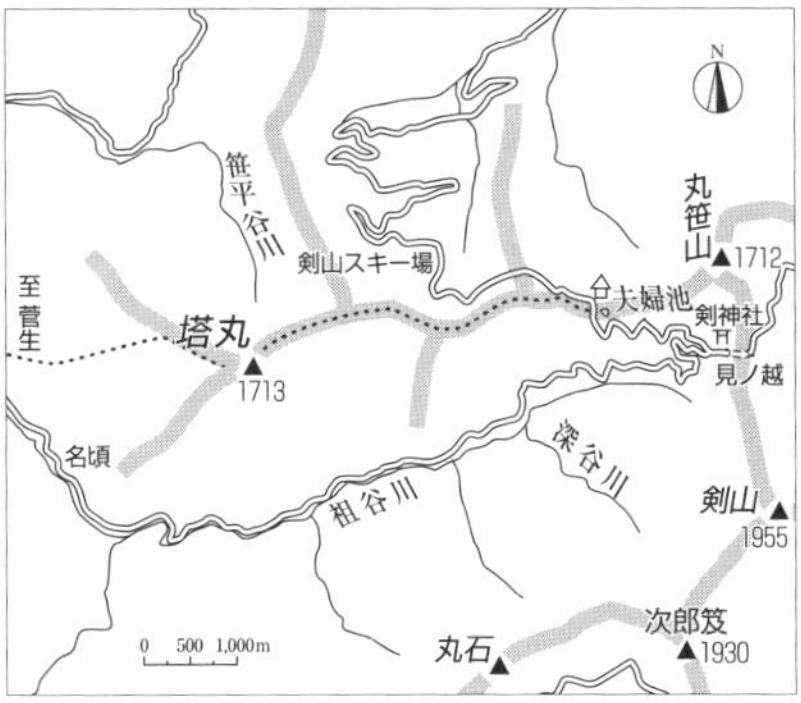

塔丸(剣山北側中腹から)

山へ）祖谷より登るには菅生より塩無山に登り約四里にして見残に達する」と記されている。「見残」は剣山登山口にあたる見ノ越を指す。昭和に入って塔の丸の山名が普及した。

その由来は明確ではない。「塔」は古くは「たお」「たわ」といわれた峠を指し、東の夫婦池の近くにある「池の峠」と呼ばれる峠に通じる丸味を帯びた山、あるいは峠の近くの丸い山の意味だと推測される。一九六五年、塔丸南斜面を通って見ノ越まで車道が付いてからは旧東祖谷山村名頃、菅生の両集落から塔丸へ登る道はほとんど利用されなくなり、夫婦池から往復するのが一般的になった。

頂稜部がササに覆われて優美な景観を醸すうえ、中腹はうっそうとしたダケカンバ、モミ、ブナ、ミズナラなどの自然林が残る。みかぶ緑色岩類からなり、チャートの大岩が散在する山頂からは三六〇度の眺望が広がり、南方に剣山、次郎笈、丸石、三嶺などの剣山山系、北西には矢筈山、黒笠山、津志嶽などの祖谷山系が見渡せ、南方眼下には名頃ダムの湖面も見える。山頂からの展望が優れるとの理由で「塔丸風景林」に指定されている。環境省のレッドデータブックで地域個体群に指定されたニホンツキノワグマが、徳島県内で多く捕獲された山の一つで、少なくとも一九六八年から一九七〇年にかけて計七頭の捕獲記録がある。

一九七七年、北東斜面に剣山スキー場が建設された。

登路　夫婦池から車道を挟んだ所が登山口。塔丸の東尾根の北斜面を巻き気味に進み、途中からササ原の尾根に出る。二つのピークを越して登り切ると山頂（約一時間四〇分）。名頃、菅生からも登路があるが、一部分かりづらい。

地図　二・五万図　剣山　（尾野益大）

黒笠山　くろがさやま　標高　一七〇三m

徳島県美馬郡つるぎ町、三好市東祖谷《いや》落合の境にあり、祖谷山系東部の一角をなす。南東約三・五kmの小島《おしま》峠を経て連なる塔の丸と同じ峰筋。黒笠山山頂部は切り立ち、周囲からよく目立つ。明治期までは祖谷山系の主峰・矢筈山、瓢箪山（一七五〇m＝矢ノ峰、東烏帽子山）、黒笠山、津志嶽《つしだけ》（一四九四m）の連嶺は総称して「筑《ちく》ヶ峯《みね》」と呼ばれ、黒笠山の山頂東側直下の岩壁にはつるぎ町一宇で一番高所にある黒笠神社奥殿（筑ヶ峯神社）の祠が祀られている。『一宇村史』では黒笠山を筑ヶ峯と紹介している。

東麓の白井集落から通じた登山道の八合目には黒笠神社本宮があり、「権現詰め」という雨乞い祈願が行われた。黒笠山には三角点はないものの、一九一〇年、一九五九年発行の地形図では山名と一七〇三mの標高が記されていた。しかし、それ以降の地形図から標高は記されなくなった。山名は、山容が虚無僧や侍が被った黒い深編み笠に似ていることにちなむ。小島峠付近から望むと納得がいく。一方、北、西側から望むと、山頂部を形成する大岩のそそり立つ様が目立ち、険しさを印象づける。

黒笠山は中腹からウラジロモミ、ダケカンバ、ブナの林がつづき、頂上ではコメツツジも生えている。『阿淡産志』（一八七二年）に黒笠山で見つかったクルマユリが図入りで紹介されている。国内南限産地とされるが、その後、見つかっていない。

登路　つるぎ町一宇白井から登路がつづく。廃屋の間を過ぎ、黒笠神社の鳥居を越すと急坂の連続になる。尾根に出て西に進み、矢筈山との分岐は左にとる。岩場を針金、鎖を使って慎重に通過するとまもなく山頂に達する（約三時間）。旧一宇、東祖谷山村境の小島峠からも縦走路がある。距離が長い上、アップダウンの連続だが、踏み跡は明瞭で自然林が美しい。

地図　二・五万図　剣山　阿波古見　阿波中津　京上　（尾野益大）

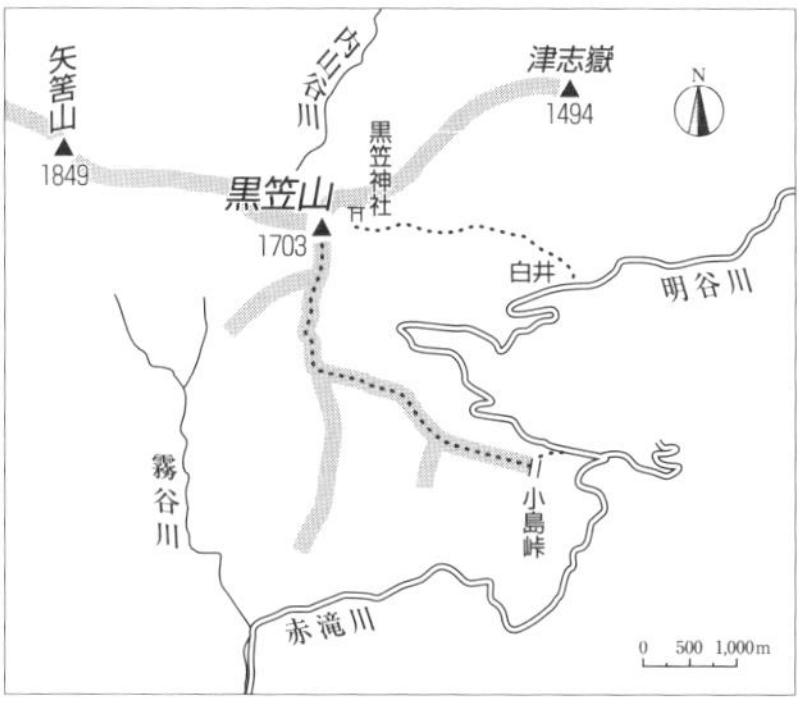

黒笠山（北方の尾根から）

矢筈山　やはずさん

標高　一八四九m

徳島県三好市東祖谷《いや》落合と美馬郡つるぎ町との境にある。祖谷山系の主峰。徳島県では第五位の標高を誇り、剣山山系、石鎚山系の主稜線から唯一離れた一八〇〇m峰である。

三角点が埋まった最高点と西の一八〇〇m峰が並んで聳え、山容がM字型に見え、矢筈の形に似ていることが山名の由来となっている。山頂西側直下に矢筈岩と呼ばれる巨岩があり、『美馬郡郷土誌』では「絶頂西辺の肩に矢筈石がある。ほぼ四角柱をなし高さ七米ばかり北面より見るとM字型となる。山名もこの石より起こったものと考えられる」とも記している。また、『徳島県神社誌』には「屋島の戦に、平家の将能登守教経の放った矢がこの山の頂上に飛んで来たところから矢筈山という」と記述されている。明治期には矢筈山から東の黒笠山、津志嶽《つしだけ》にかけての連嶺は総称して「筑《ちく》ヶ峯《みね》」と呼ばれていた。

矢筈山から西の烏帽子山にかけての北斜面の森林は稜線からの眺望が優れるとして「矢筈烏帽子風景林」に指定されている。豊かな植物相を挙げると、山頂に至る峰筋にはウラジロモミ、オオイタヤメイゲツ、ブナなどの高木層、ミヤマザクラ、ナナカマド、ナンゴクミネカエデなどの亜高木層、ダイセンミツバツツジ、ノリウツギ、ヤマシグレなどの低木層のほか、カラマツソウ、クリンユキフデ、ホソバシュロソウなどの草本がある。山頂ではミヤコザサ、コメツツジなどの低木層に加えハクサンシャジン、コガネギク、マイヅル

落合峠

矢筈山(左)(石堂山付近から)

ソウなどの草本がある。また、徳島県内では剣山と矢筈山に隔離的に自生したハクサンシャクナゲもある。四国のハクサンシャクナゲは日本の南限とされ、氷河期の遺存植物とされる。

山頂から東約一kmの尾根には「膳棚岩」と呼ばれる岩場がある。『阿波誌』では膳棚石と記され、明治期まで「雄《おん》筑《つく》」「雌筑《めんつく》」と呼ばれた付近でもあり、崖下にある天井の高い洞穴には祠が祀られていた。

登路はつるぎ町一宇側は古くからあるが、三好市東祖谷側の南面からはなく、西の落合峠からが知られている。峠の南側直下には避難小屋もある。とくに車道が落合峠に抜けてからは訪れる人が激増した。しかし、落合峠は登山口としてより四国有数の雄大な峠として有名で、香川の屋島の戦で敗れた平家の残党が祖谷へ入るとき越えた峠と伝承されるとともに、村人が生活のために越えた峠でもある。嘉永七年(一八五四)の銘を刻む地蔵尊も立っている。

登路 落合峠が登山口。ササ原の草原を抜けてモミ林に入ると坂道になる。サガリハゲ山(一七二二m)の分岐を過ぎ、西峰の北斜面を巻き尾根に出る。矢筈岩を過ぎてまもなく山頂に達する。つるぎ町一宇木地屋から石堂神社、石堂山を経て縦走するルートと、矢筈山の北東尾根を辿るルートがある。後者は踏み跡が薄く、ヤブこぎを強いられる。東の峰つづきに聳える黒笠山からも縦走することができる。

地図 二・五万図 阿波中津 京上 (尾野益大)

石堂山 いしどうやま 標高 一六三六m

別称 石堂大権現 石堂丸

徳島県美馬郡つるぎ町と三好市東祖谷《いや》落合との境にある。祖谷山系の盟主・矢筈山の北尾根に位置する。山頂の東の峰筋に石堂神社があり、その御神体とされる高さ八mの方尖塔の石塔「御塔石《おとういし》」が山頂直下にあることから石堂山になったとする説や、御塔石の東に二つの岩からなる天然の石室「大工小屋石」があることから石堂山になったという説がある。雨乞い祈願の際、村人が御塔石まで登ったとされ、御塔石の近くには平らな「踊り石」もある。『阿波誌』に「絶頂に石あり、削成するが如く、高さ十二丈ばかり。南高く、北低く、石扉あり、これを覆ふ、よりて名づけて石堂という。まつりて主となす。前に盤石あり方六尺、土(地)の人雨を乞ふ毎に就きて以つて舞踏す。名づけて躍石といふ」という記述がある。また、御塔石の近くにはもう一つ石塔があり、高知から来た神官が一八八〇年八月、秘法で崩したと伝えられる。

石堂山付近は、信者の行場でもあった。嵯峨天皇、素戔鳴尊《すさのおのみこと》、大《おお》山祇神《やまつみのかみ》を祭神とする石堂神社は風の神として信仰を集め、夏にはつるぎ町半田、一宇側の村人が交替で祭礼を行い、柴灯護摩を焚き、御輿《みこし》を担いだという。大正期ごろまでは白衣の山伏が御塔石まで行き、御塔石の中腹を一周して修行したといわれる。石堂神社の奥社が矢筈山とされるが、詳らかではない。石堂神社のすぐ上の尾根は緩く二重山稜になって延び、「船の窪」という地形や大工小屋石の東には「折宇戸様」という岩の自然地形が残る。

石堂山(左奥)（矢筈山北斜面から）

石堂山の東尾根の途中から北に分かれるとすぐに白滝山（一五二六m）がある。三角点があるだけだが、北東斜面の断崖が白く輝いて白岳と呼ばれたことから白滝山になった。また、つるぎ町半田大惣に聳える点から大惣山といわれ、『美馬郡郷土誌』には「半田川の水源となっている。全山原生林に覆われているが、北東の山腹千米内外の所に大断崖が累々として壮絶な景観を呈する。陽光をうけて岩石が白く輝く様子から白岳と名づけられている」と記されている。この辺りでは「たき」は滝ではなく崖を指している。

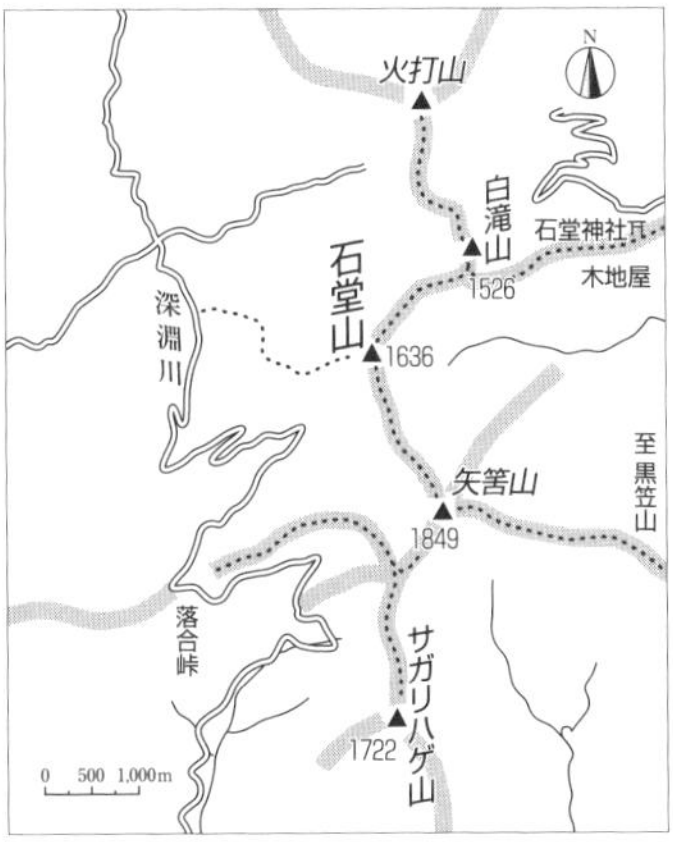

石堂山、白滝山、矢筈山周辺は自然林が多く残り、ニホンツキノワグマの目撃情報も多い。

登路　一宇木地屋から登山道がつづく。廃屋を過ぎると植林地を経て石堂神社がある尾根に出る。尾根を西進し白滝山の分岐を過ぎると大工小屋石、御塔石を過ぎて山頂に着く（約二時間三〇分）。つるぎ町一宇木地屋、つるぎ町半田大惣の境の尾根まで車で行き、尾根筋の登路を少し行くと石堂神社に出て、石堂山まで行くことができる。

地図　二・五万図　阿波中津　阿波古見

（尾野益大）

風呂塔　ふろんとう　標高　一四〇二m

別称　ふろんと　ふろのとう

徳島県三好市東祖谷《いや》落合と三好郡東みよし町との境にある。祖谷山系の支脈にあり、吉野川中流域と祖谷地方とを結ぶ桟敷《さじき》峠の南に聳える。北麓からよく目立つ。風呂塔中腹には弥生時代から利用された銅鉱山があり、「かじやの久保」といわれる場所に「からみ遺跡」がある。「からみ」とは鉱石を精錬する際に出る滓《かす》。山名は、ふいごの風呂で銅を作り、その滓が塔のようにうず高く積まれたのが語源と推定される。また、山容が風呂の煙突のように円筒形だからとの説もあるが不詳。第二次大戦前は農家の肥料用の草刈り場だったという。登山口の一つである桟敷峠の西方四〇〇mの(旧)桟敷峠には、寛政五年(一七九三)の銘が刻まれた地蔵尊が残っている。

登路 三好郡東みよし町、三好市境の桟敷峠から南東に延びる尾根道を辿って登ることができる(約四〇分)。北東斜面中腹(東みよし町三加茂地区)のキャンプ場からも登山道があるほか、南西麓の東祖谷落合深淵のキャンプ場から北東に上がる登山道もある。

地図 二・五万図 阿波中津

(尾野益大)

日ノ丸山 ひのまるやま

標高 一二四〇m

徳島県三好市西祖谷山村と同市井川町、三好郡東みよし町にまたがる。山名は火の神を祀ったことに由来する。古代中国の世界観で万物を構成したとされる木、火、土、金、水の五行をそれぞれ祀った山が旧三加茂町の市街地を取り囲むように聳え、そのうちの一山。「火」は「日」に転じた。地形図に唯一載るのが日ノ丸山で標高がもっとも高い。また、日の神は天照大神《あまてらすおおみかみ》だったともされるが、祠などの形跡はなく詳しくは分からない。山頂直下から南側の風景が優れ、祖谷山系の烏帽子山の雄姿と眼下に松尾川ダムが青く輝いて見える。日ノ丸山の北約八〇〇mにある城ノ丸山(一一六九m)は日ノ丸山よりやや低いが、山頂にお堂がある。「木」から「城」に転じ、呼び名まで変わったが、一説にはこの付近を通っていた祖谷街道に平家の落人が隠れ住み、お堂には鎧やかんざしが奉納され、平家の残党の霊が祀られていたという。

登山口の一つでもある水ノ口峠が南西約二kmにある。峠道は鎌倉時代から南北朝時代を経て明治期まで東・西祖谷山村の人々が他郷へ出る要所だった。水ノ口は「みなくち」ともいわれ、水源を意味している。峠には石仏が鎮座している。

登路 東みよし町、三好市東祖谷落合の市町境になっている桟敷峠西の林道から登る。しばらく車道を歩いて山腹の登山道に入り、尾根に出る。忠実に尾根道を辿り、途中から北西に向きを変え、急坂を登ると山頂(約二時間)。西の水ノ口峠からはしばらく林道を歩き、尾根道を辿っても山頂に着く。

地図 二・五万図 阿波中津

(尾野益大)

腕山 かいなやま

標高 一三三三m

徳島県三好市西祖谷山《いややま》村小祖谷にある。『阿波誌』に「峡無山《かいなし》」と出ており、山頂の三角点名も「貝名」となっているが、腕山を指していると見ていい。準平原の大らかな山容で、とくに南の四ツ方《よっほ》峠や烏帽子山付近から見ると堂々としている。数万年前の寒冷期、山体が地滑りを起こした後、崩れた土と斜面の間に雨水がたまってできたとされる大小の山上の池を有する。山頂は雑木に覆われて狭く、展望も利かない。一九二七年には北斜面にスキー場がオープンし、大勢の若者が北麓から歩いて登った。古くは旧西祖谷山村側からウシを追って急な山道を登っていたが、車道が延び、一九五九年、西側頂稜部の草原五三haに徳島県が県営腕山牧場を開設した。

登路　南側中腹を巻く三好市西祖谷山村の林道から登路がある。緩い斜面を登ると尾根に出て、北東へ進むと山頂(約四〇分)。北面にある三好市井川町の腕山スキー場の東側の林道からも登路があるが途中、ヤブが深く読図を強いられる。

地図　二・五万図　阿波中津　（尾野益大）

烏帽子山　えぼしやま　標高　一六七〇m

徳島県三好市東祖谷《いや》落合と同市西祖谷山村との境にある。祖谷山系中部にあり、かぶり物の烏帽子と山容がそっくりである。『阿波誌』に「烏帽子山、祖谷にあり、二山対峙す。高円帽の如し。東を大烏帽子といひ落合名にあり。西を小烏帽子といひ小祖谷《おいや》名にあり」とある。大烏帽子山は烏帽子山の南約一kmにある前烏帽子山(一六六〇m)のことで、小烏帽子は烏帽子山をいう。西の落合峠、北の日ノ丸山、水ノ口峠などからがとくに際立つ。

烏帽子山の山頂は平で、樹木もなく眺望がさえる。西端の張り出した岩棚の展望台からは矢筈山、前烏帽子山、腕山、中津山など祖谷山系が見渡せる。山腹は標高一二〇〇～一三〇〇mまで全山伐採されたがブナ、ヒメシャラ、シオジ、イタヤカエデなどの高木層に加え、タムシバ、オヒョウ、オオカメノキなどの自然林も残っている。古くは東麓の東祖谷山村深渕や北麓の西祖谷山村小祖谷からよく登られたが、車道ができてからは落合峠から達する人が多い。落合峠から続く稜線も植生は豊かでブナ、ウラジロモミ、ミズキ、アズサ、ヤマグルマ、シロドウダンなどの樹木をはじめバイケイソウ、イワカガミ、クルマユリなどの高山植物も根付く。烏帽子山から矢筈山にかけての稜線からの眺望が優れることから二〇七〇ha余が「矢筈烏帽子風景林」に指定されている。

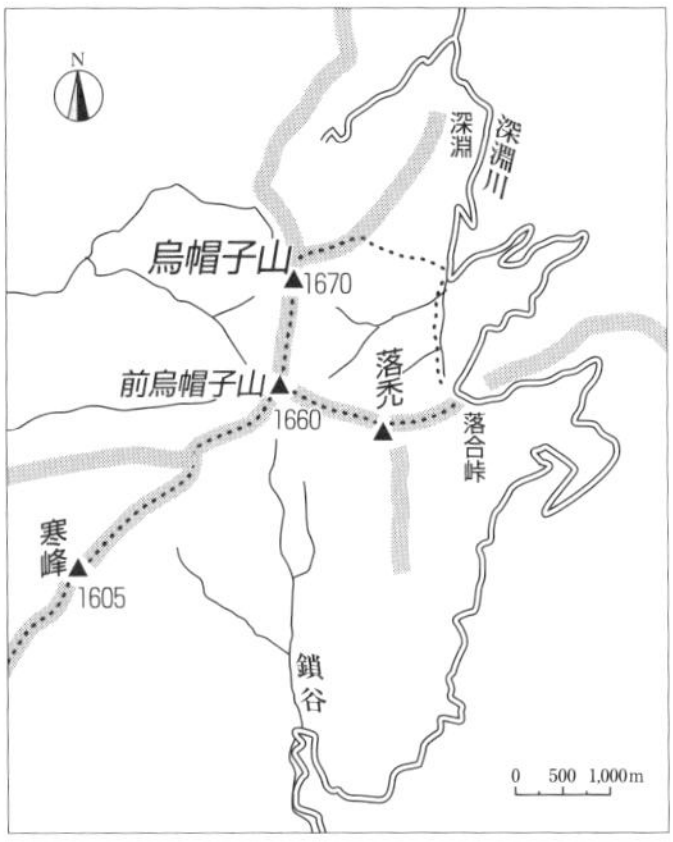

伝説では山岳武士が立て籠もり、頂上に山塞が、中腹には屋敷跡らしいものがあるといわれるが不詳。

登路　三好市東祖谷の落合峠から西尾根に入る。落禿《おちはげ》(落合山)を経て前烏帽子山から北へ分岐し、烏帽子山へ達する(約一時間)。東麓の東祖谷深淵からも登路がある。林道のコンクリート橋から急斜面に登路があり、尾根に出ると緩いモミの林を抜けて進む。

地図　二・五万図　阿波中津　京上　（尾野益大）

寒峰　かんぽう

別称　かんぼう　さむみね

標高　一六〇五m

徳島県三好市東祖谷《いや》落合にあり、祖谷山系主稜から南に少し張り出した尾根突端に位置する。四方にしっかり根を張るように聳え、周囲から見て威風堂々としている。東面は鎖谷川、西面は第二小島谷川、南面は和田谷川など祖谷川支流の源となっている。頂稜部がササ原で吹きさらしのため、寒々とした風情が山名の由来になったと推測される。

寒峰に関する文献はとくにない。中腹に木地師の屋敷跡や山岳武士の隠れ家があったとされるほか、天狗、魔神の棲む山として恐れられ、俗人は登らなかったと伝えられる程度で、詳しくは分からない。ただし、山頂から南西七五〇mにある「どすのなる」(寒峰越え、寒峰峠)と標高一五一八mの西寒峰は確かな往還道となっていて東、西、南麓の人々が互いの集落や近隣の町へ行くのに利用した。「どすのなる」とは、この地方で「どす」と呼ぶ高山植物バイケイソウの群落が広がっていたとされる。過去には弘法大師空海を祀るお堂も建っていて、大正期ごろまで定期的に参拝が行われ、祭礼日には西寒峰の天辺で踊りや相撲が行われたという。さらに古くは、瀬戸内にある屋島の合戦で破れた平家の残党が祖谷へ逃げて来る際、落合峠から峰づたい、あるいは中腹の道なき道を通過して登ったといわれる。寒峰南東麓の登山口近くにある東祖谷栗枝渡《くりしど》の八幡神社は、安徳天皇が崩御し火葬された場所と伝えられる。スギの巨木に囲まれた約二〇㎡の凹地は市の指定史跡になっていて、村人は「崩御地に入ると腹痛が起こる」といって昔から立ち入らないという。

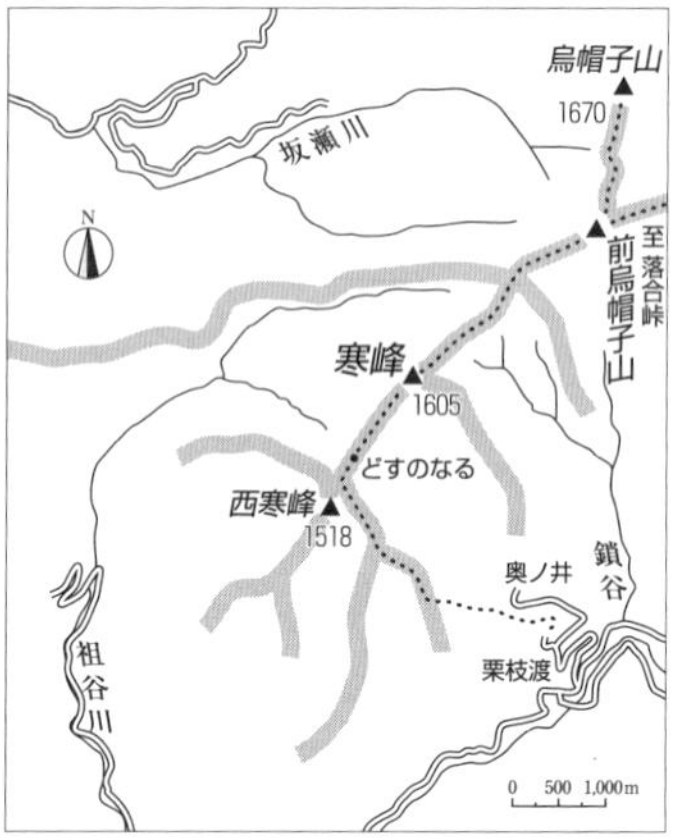

寒峰は花の名所としても知られる。とくに南中腹には、かつてミツマタを栽培していた斜面に四国屈指の規模といわれるフクジュソウの群落がある。また、西寒峰から山頂にかけての尾根筋にはブナの大樹も多く残っている。

登路　東祖谷落合の落合峠から落禿《おちはげ》、前烏帽子山を経て縦走するコースがよく知られている(約二時間三〇分)。東祖谷栗枝渡の住吉神社からも登路があり、西寒峰北側の「どすのなる」を経て達する。(尾野益大)

地図　二・五万図　京上

中津山　なかつやま

別称　中津富士

標高　一四四七m

徳島県三好市池田町と同市西祖谷山《いややま》村にまたがり、祖谷山系の西端に位置する。西に祖谷川を挟んで国見山と対峙し、東方は松尾川を挟んで腕山と向かい合う。中津山は三山の「中央にある山」という意味とされる。古くから山岳信仰の対象とされ、戦国時代に地元の僧が開山したとされるほか、京都から弓の名手が落人として住み着き、山頂にこもって仙人になったという伝説がある。広い平地の山頂には、大山祇神《おおやまつみのかみ》を祀り農耕の神の信仰を集める中津神社、ジュンサイがあった通称「黄金の池」がある。山頂では一九四六年ごろまで雨乞いが行われ、村人全員が登って池の水を飲んだという。また、同年ごろまで讃岐山脈の禿《はげ》ノ峰（三好市池田町）で雨乞い祈禱に使う神火の種火に中津山の祭りの火を使った。

中世以前から土佐街道が通っており、北麓には真言宗の中津山光明寺がある。北側中腹には三角点がある舟山がある。上部にはブナ、カエデなど自然林が残る。

登路　三好市池田町本名の光明寺が登山口。車道を経て登山道へ。尾根づたいに辿り、途中、山頂に通じる林道に出たりしながら登る。（約二時間）。南麓の同市西祖谷山村田ノ内からも登路がある。

地図　二・五万図　阿波川口

（尾野益大）

白髪山　しらがやま　標高　一七七〇m

別称　物部の白髪　韮生《にろう》富士

高知県香美市物部町に位置し、徳島県境にある三嶺《みうね》の南稜線上にある。剣山山系に含まれ、東、西両斜面が物部川の源流にあたる。高知県中部の長岡郡本山町にもシャクナゲやヒノキで有名な白髪山（一四七〇m）があるため、「物部の白髪」と呼ばれ区別されている。剣山山系主稜から張り出す秀麗な白髪山は、剣山や石立山などの周辺の山々、香美市香北町、同市物部町久保影など山麓からよく目立つ。麓を流れる物部川支流の上韮生《かみにろう》川の上流部に聳えるためか「韮生富士」の別称もある。冠雪または残雪の山容が印象深いことが山名の由来になったと推定される。

山頂は一面ササで覆われ、山腹はブナ、ミズナラ、ダケカンバ、ウラジロモミなど自然林の宝庫で一九七六年、「三嶺自然休養林」に指定されたほか、山腹から稜線にかけて「剣山国定公園」の特別保護区、保護地域になっている。明治末ごろには自然林の伐採が始まり、ヒノキなどが植林されたが、一帯にはケヤキが多く、藩政時代には「御留山」の中でももっとも優れた「御宝山」として保護され、「土佐十宝山」に指定されていた。

山頂の南斜面には、東麓の別府《べふ》と西麓の大栃を繋ぐ林道・西熊別府線が開通。登山道が開かれ、登山口には駐車場とトイレが完備された。それまでは麓から登り約四時間を費やす苦しい山として有名だった。剣山と三嶺を結ぶ稜線は四国屈指の人気の縦走路とされ、山頂の北には主稜線上の通称「白髪の分かれ」があり、そこからやや西に進んだ地点に一九六三年七月、白髪山避難小屋が開設された。山頂から西側斜面の標高約一五五〇mには「白髪池」と呼ばれる小さな池塘がある。

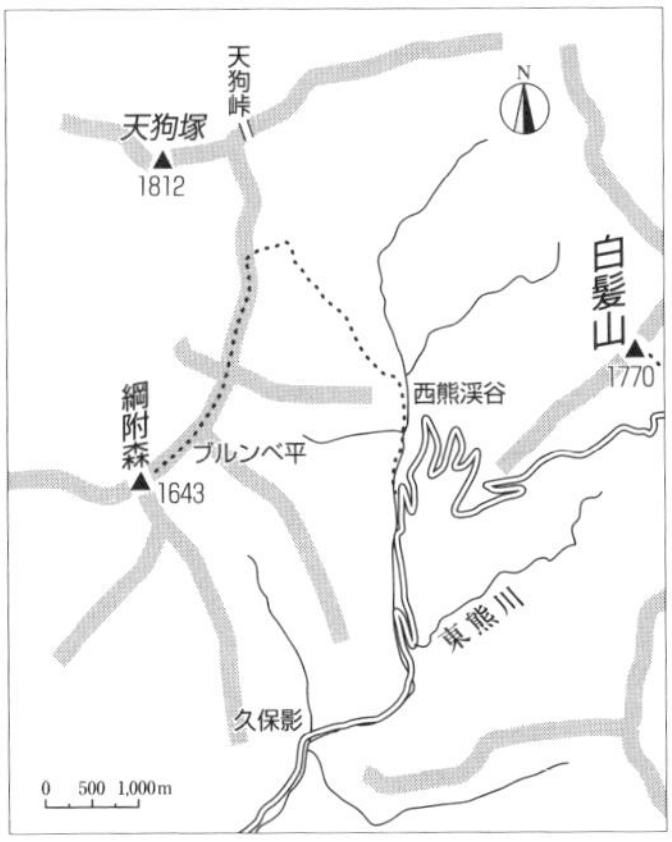

登路　高知県香美市物部町久保影の峰越林道の途中に登山口がある。自然林の樹林をしばらく歩くとササ原に出て、山頂に着く（約三〇分）。

地図　二・五万図　久保沼井

（尾野益大）

三嶺　みうね　　標高　一八九四m

別称　さんれい　みむね

徳島県三好市東祖谷《いや》菅生と高知県香美市物部町にまたがる剣山山系第三位の高峰。山名の由来は、山頂が三つに分かれているという説と東、西、南からの三本の尾根が集まっているとする説がある。東約一〇kmに聳える剣山につづく南尾根筋の白髪山分岐や東麓の名頃ダム付近から見ると、三嶺の名ができた独特の景観を眺めることができる。徳島、高知県とも地元は「みうね」「みむね」「みつみね」と呼んでいたが、陸地測量部（現国土地理院）が地図作製の際「三嶺」の文字を使ったとされ、登山者がこれを音読みした「さんれい」という呼び名も流布している。

三嶺に関する江戸期の文献はなく、『美馬郡郷土誌』（一九一五年）に「三頭山、又三嶺と書せるものあり…、阿波第二の高岳といふも可なり。山頂より山脈二分し、南微東は国境をなし、南西は国境をなして躄山に連なる。北麓は祖谷川に洗はる。山の上部は草原をなし其他は喬木林をなす。又山頂部の東側に断崖あり。登路記すべきものなり」とある。登山家の文献では旧制松山高等学校山岳部長だった北川淳一郎が一九二五年七月、剣山から三嶺に縦走した山行記として『四国山岳』（一九三七年）に「四国山岳縦横」と題し、「四国で一番美しい山はどれかとたずねられるが、一番好きなのは三ツ嶺である。剣山脈中央部に聳立していることからいっても高山的形式からいっても山脈中の盟主として仰がずにはいられない。山容が複雑でありながら統制がとれている。三ツ嶺の美しさが山容にあるのはいうまでもないが、その高さと張りの釣り合いといい、その稜線と斜面の格好といい、一点非の打ち所がない絶世の美山」（途中多数省略）と記している。

三嶺（左奥のピーク）（東麓の祖谷川から）

東西に長い準平原状の頂稜部は、古生層のチャートで構成され、南側が切れ落ち北側は緩やかな草原になっている。一面、ミヤマクマザサが茂り、コメツツジが斑点状、帯状に群生している。西約六kmにある天狗塚まで広がるクマザサ、コメツツジ群落は「全国的にも例がないほど大規模」として一九九四年、国の天然記念物に指定された。東端には地滑りでできた池がある。四国ではもっとも高所にあり、水が涸《か》れたことがない。伝説によると、池は旱魃《かんばつ》の折、矛でかき回して雨乞い祈願に使ったとされる。また、一八八〇年ごろには、現在の池の西側上部にもう一つ池があった。その池の付近で、高知県和久保に住む猟師が、倒木だと勘違いして腰を下ろした大蛇が実は池の主で、大蛇は猟師を睨《にら》みつけた後、池に入り水が涸れて湿地に変わったとされる。

北東麓の東祖谷名頃は昭和初期まで木地師が住んだ集落だったため三嶺は多くの材を提供したとされる。山頂から南約二kmにある標高一六二〇mに名頃越（旧韮生越《にろうごえ》）があり、古くは徳島、高知両県の人が渓谷に沿った道を通い、手漉《す》き和紙の材料や炭焼きの材探しのためにも山へ入っていた。また、焼き畑が行われていたのではないかという指摘もあるが詳細は不明。徳島、高知両県の中腹斜面では自然林を伐採し運び出していたが、一九七六年、徳島県側の中腹斜面と四ツ小屋谷、高知県側の西熊渓谷上流部など約一九九九haを「三嶺自然休養林」に指定して、保護を意識し始めた。

三嶺はほかの名山のように古くから山岳宗教や植物採取の対象ではなく、近年まで登山の記録もない。ただ冬季の気象が厳しい上、山頂直下の地形が急峻なため四国では有数の遭難者多発の山である。一九六一年七月、池の北側に徳島県営の無人避難小屋が建設された。その後、小屋は老朽化などで二度、建て替えられた。

三嶺はコメツツジ以外にも動植物が四国の山岳でもっとも残る山として有名。樹木では麓から中腹にかけてブナ、トチ、カエデ、リョウブ、ヒメシャラ、サワグルミなどが目立ち、幹周り三mを超す巨樹も多い。中腹からはウラジロモミ、ダケカンバ、ドウダンツツジが優勢になる。草本ではカニコウモリ、マイヅルソウ、ヤマシグレ、トリアシショウマ、シコクフウロ、ナンゴククガイソウ、ツルギハナウド、イブキトラノオ、タカネオトギリ、キレンゲショウマ、ツマトリソウ、モミジガサなどが春、夏、秋を彩る。とくに大群落を誇るコメツツジの紅葉は三嶺の風物詩となっている。動物では四国では絶滅寸前のニホンツキノワグマやニホンカモシカがいるほか、ホンシュウジカ、ニホンザル、ニホンリス、ニホンイノシシなどもいて、登山の途中に見られる。

南面には、いくつか名所もある。ヌスビト岩谷右岸には道から河原に張り出した「ヌスビト岩」という大岩がある。かつて祖谷側から山を越えて来た盗伐人がねぐらにした岩とされる。長笹谷上流部には「さおりが原」という平坦地がある。かつては「ヌル谷のナロ」と呼ばれ、一九八五年ごろまでヤマザクラの名所だった。そのころ、高知大学ワンダーフォーゲル部の学生が訪れ、当時人気アイドル歌手だった南沙織の名前から付けたとされ、定着している。

一九七五年に起こった高知側の林道建設反対運動以降、自然保護対開発という構図の問題も数回、社会をにぎわせた。徳島県側のスキー場建設、ロープウエー建設計画が持ち上がり、地元登山愛好家の反対運動で頓挫《とんざ》した経緯がある。

登路　徳島県東祖谷名頃の三嶺林道途中と

終点から登山道がある。林道入り口付近に車を止め、林道を歩く。林道途中の登山口から登る場合、自然林の坂道を登りダケモミの丘を経て東尾根に出て、尾根筋の登山道を行く。山頂東端に出て左に行くと山頂、右に行くと避難小屋がある(約二時間三〇分)。高知県側の西熊渓谷からも数ルートある。

地図 二・五万図　京上　剣山　久保沼井　北川　(尾野益大)

天狗塚　てんぐづか　　標高　一八一二m

徳島県三好市東祖谷《いや》西山にあり、剣山山系の代表的ピークの一つ。『東祖谷山村誌』に記された伝説によると、昔、天狗塚の頂に近付くとチンチンと鉦《かね》を叩く音がし、里人が天狗の仕業だと信じたことが山名の由来になったとされる。また、同村誌とは別に、頂稜から約六〇m盛り上がった端整な三角錐の山容を天狗の鼻に見立てたとする説もあるが不詳。雄大な高原状の頂稜部から望むピラミダルな姿は自然が造り上げた芸術品を想像させる。

一帯はミヤマクマザサに覆われ、露岩が散らばり、海綿を置いたように落葉灌木コメツツジが群生している。約六km離れた東の三嶺からつづく稜線のミヤマクマザサ、コメツツジ群落は比類ない規模を誇るとして国の天然記念物に指定されている。

天狗塚は通常、天狗峠を経て登るが、この峠は躄《いざり》峠とも呼ばれる。北アルプスより西に天狗(躄)峠より高い峠はない。躄峠とは、巨人が越えようとしたが山があまりに高いので頭が空につかえて越えることができず、いざって越えたという伝説から付けられた。かつては徳島県の旧東祖谷山村久保と高知県の旧物部村久保の人々が物資を担いで越えた山越えの道だった。躄峠のすぐ東に地蔵の頭(一八〇〇m)というピークがあり、躄峠は地蔵ノ頭越ともいわれる。付近には小さな石の祠の中に安全を祈るため「久保名　良五道」と刻まれた地蔵が祀られている。高知側の堂床谷沿いから地蔵の頭に至る登山道で、かつて巡礼者の遭難者が出たという。

天狗塚(東の地蔵ノ頭付近から)

躄峠は一九〇七年発行の五万図に記されていたが、一九九九年七月発行の地形図から天狗峠に変わった。

天狗塚の西約一kmにわたって「牛ノ背」と呼ばれる高原が広がる。標高一七五七・一mを示す三角点ピーク「みつこば山」まで踏み跡もかすかにある。露岩とササ、コメツツジが庭園風情を醸し出し、途中には一面コケがびっしり覆った湿地があり、雨が降ると水をため、水面に「逆さ天狗」を写す。天狗峠の東にある地蔵の頭の東には「お亀岩」といわれる大岩のコルがある。昔、身重でありながら祖谷から高知側へ買い物に来たお亀という名の女性が帰る途中、その岩陰で子供を産み、何の手当てもできず母子とも命尽きたと伝わる地。お亀岩の南側直下の西熊山国有林内に昭和四〇年代、お亀岩避難小屋が建てられ、一九九四年には老朽化で建て替えられた。

南麓には谷道集落があり、銅鉱石が採れる鉱山があった。明治中期から一九一六年に閉山するまで採掘が行われた。当時は硫黄の煙で立ち木も枯れ、周囲の山は禿《はげ》山となり川の魚も死んだという。集落跡から天狗塚へ南尾根を辿って登ることもできる。

登路　東祖谷久保に登山口があり、北面の登山道を辿る。途中、西山林道を横切る。モミの林を越すとササ原になり、やがて天狗峠（躄峠）。峠から西へ稜線を歩けば山頂（西山林道から約二時間二〇分）。高知県物部町久保影から西熊渓谷（カンカケ谷）沿いに辿り、お亀岩、地蔵の頭、天狗峠を経て天狗塚に登ることができる。

地図　二・五万図　久保沼井

（尾野益大）

綱附森　つなつけもり

標高　一六四三m

高知県香美市物部町久保と徳島県三好市東祖谷《いや》西山との境にあり、剣山山系西部に位置する。西熊渓谷を挟んで三嶺から南につづく白髪山と対峙する。明治初年、北麓の集落名にちなんで「谷道山」と呼ばれ、明治末期から大正期にかけては「綱附山」といわれた。現在の名称になったのは昭和に入ってからという。山名の由来については、物部町には「昔、綱附山の周辺は海で、海に浮かんでいた船を綱附森に繋いだから」と伝わっている。徳島県内にも綱付山が二座あり、両山とも「船を繋いだ山」が由来とされる。

長い尾根上に聳え、周囲の山から望むと膨大な山体をなし、直線距離で約三五km離れた南国市からも目立つ。広大な山頂部はミヤマクマザサに覆われ、西の矢筈山、北の天狗塚、西熊山、三嶺の眺めがすばらしい。直下の稜線はダケカンバ、ウラジロモミ、ミズナラが林を形成し、とくにダケカンバの巨木が多い。山頂から北へ一km行った地点に「ブルンベ平」と呼ばれる平坦地がある。ブルンベとは長崎県島原地方の方言でギンバエのことをいい、島原出身の高知大学の学生がギンバエに悩まされ、叫んだ言葉が地名として残ったという。

登山の対象になったのは新しいが、西の尾根上にある登山口の一つ矢筈峠（祖谷越、笹峠）、北の尾根上の地蔵の頭は徳島、高知両県の人々が生活道、参拝道として利用した。また、昭和二〇年代後半から同三〇年代にかけて、南中腹の五王堂から明賀を繋ぐ道路建設に従事した韓国人が矢筈峠に登り、風景が故国の峠に似ているとして「アリラン峠」と呼んだという。

登路　香美市物部町久保影の西熊渓谷の光石登山口から登る（約三時間）。少し歩いて鉄製の吊り橋を渡り、分岐点は左へとる。二つ谷を渡ると稜線に出る。南の踏み跡へ進み、「ブルンベ平」を経て山頂に達する。西の徳島、高知県境の矢筈峠から稜線づたいにも登れる。

地図　二・五万図　久保沼井

（尾野益大）

矢筈山　やはずさん

標高　一六〇七m

別称　土佐矢筈山

徳島県三好市東祖谷《いや》と高知県香美市物部町との境にあり、剣山山系西部に位置する。最高点の南峰と北峰の両ピークを西の京柱峠付近から眺めるとM字型の矢筈形に見え、山名に繋がった。地形図に山名の記載はないが、『東祖谷山村誌』には山名が見られ、徳島側では「土佐矢筈山」と呼ぶ。高知側で単に「矢筈山」と呼び、徳島の祖谷山系にある矢筈山（一八四八m）を「阿波矢筈山」と呼んで区別している。

頂稜部はミヤマクマザサに覆われ、コメツツジ、トサノミツバツツジ、ダイセンミツバツツジ、ドウダンツツジの群落が美しい。山頂からの眺望は圧巻で、東は剣山、ジロウギュウから三嶺《みうね》、天狗塚、西は梶ケ森、白髪《しらが》山、石鎚山系が見える。山頂からの眺望とコメツツジ群落が優れているとして「土佐矢筈山風景林」に指定されている。

矢筈山から西に一・八km離れた尾根に小檜曽山《こびそやま》（一五二五m）がある。ピークは目立たずササ原の一角のためか「笹」という別名がある。小檜曽山の北西に京柱峠がある。矢筈山の西の登山口になっており、現在は国道が越えるが、古くから徳島、高知の往還道だった。江戸末期の天保一三年（一八四二）には、祖谷の百姓一揆に参加した六〇〇人が越境。両藩の交渉によって全員祖谷へ連れ戻され、首謀者三人は峠の祖谷側でさらし首にされたと伝わる。

一九六七年に峠に林道が開通し、一九八二年に国道に昇格した。東の登山口となった矢筈峠または祖谷越も古くから徳島、高知両県の人々の生活道、参拝道として利用された。

峠の北側下部の谷筋にはミズゴケの多い湿原があり、サルメンエビネ、コケイラン、バイケイソウ、シロバナエンレイソウ、イワアカバナ、コクワガタ、ワチガイソウ、ミヤマベニシダなどの珍しい植物が自生していたという。

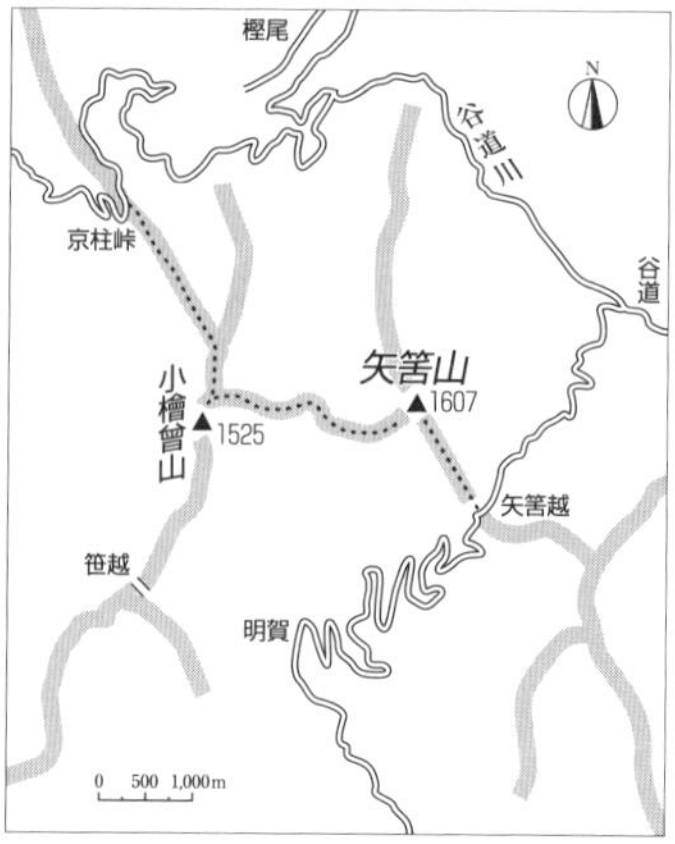

登路　徳島、高知県境の京柱峠から東へつづく尾根筋の登山道を辿る。ブナ林を抜け、モミ林を出るとササ原の小檜曽山に着く。尾根を東進すると矢筈山山頂（約二時間三〇分）。東側中腹にある徳島、高知県境の矢筈峠からも登ることができる。コブを巻いて少し下ると登り坂となり、ササ原に出るとやがて山頂。

地図　二・五万図　久保沼井　東土居

（尾野益大）

御在所山　ございしょやま

標高　一〇七九m

高知県香美市香北町にあり、剣山山系西部の支脈に属する。乳房状の山容で高知市からも一際抜きん出て見える。「御在所」とは高貴な人の住家とされ、平家落人の一族が付近に隠れた土地と伝わるほか、麓に五つの在所があるからとか、平家一族を山頂に葬り「御宰相山」と呼ばれていたからという説がある。地元では霊山とされ「お山」「お山さま」と尊称され、奉納相撲も行われていた。登山道上部には江戸末期の石燈籠や狛犬が現存する。山頂には大山祇神《おおやまつみのかみ》を祀る韮生《にろう》山祇《やまつみ》神社がある。北方の展望がよく、三嶺、天狗塚、白髪山など剣山山系の秀峰が望める。

登路　香北町大屋敷の登山口から登る。無人の民家まで舗装道を歩き、灯明台のある地点から登山道となる。谷を渡ると手やり石があり、右へ進む。二つ目の水場を過ぎると峠に出る。稜線に沿って造られた石段を辿り、最後の水場を越すと山頂(約一時間四〇分)。

地図　二・五万図　奈呂　(尾野益大)

梶ヶ森　かじがもり　標高　一四〇〇m

別称　加持ヶ峰　加持ヶ森　加持ヶ仁保

高知県長岡郡大豊町にある。四国のほぼ中心に位置し、剣山山系の西に独立して聳える。空海が若年のころ、虚空蔵菩薩から「仁」を授かり、刀鍛冶の協力を得て山中に住む悪魔妖怪を善神に変えたことにちなんで名付けられた山名。周囲の山々はもちろん高知市からも遠望でき、高知県立自然公園第一号の中心地として四季を通じ県内でもっとも親しまれている一座。

北側中腹に「日本の滝百選」の一つで、「土佐の名水四十選」の竜王ノ滝があり、落差二〇mの壮観さは見応えがある。さらにその上部に真奈井の滝があるほか、真言宗定福寺の奥の院、通夜堂、護摩堂、御影堂、本堂の岩間堂、禅定くぐりの岩場が点在し、一帯で空海が修行した場所と伝わっている。古くは旧七月一六日に麓の佐賀山集落の人たちが奥の院まで草刈りをしたり、縁日の旧七月二一日には若者が登山する習慣があったほか、九月には護摩を焚く氏神祭りなどもあり、修験者が数か月も籠る姿が見かけられたという。

中腹のモミ、ツガ、シャクナゲをはじめ、岩場にはコメツツジ、ホツツジ、ノリウツギがある。

東斜面には通年営業の山荘「梶ヶ森」があり、キャンプ場、天文台の施設が整っている。山頂東側直下には広大なキャンプ場があり、「天狗の鼻」と呼ばれる岩峰がある。山頂は緩傾斜地となり、テレビ塔やマイクロウエーブの中継塔が建ち、車道が通じている。

登路　大豊町の町道梶ヶ森線の途中にある竜王の滝入り口が登山口。滝を過ぎると定福寺奥の院の分岐に着く。まっすぐ進み岩道を辿って梶ヶ森山荘に出て西へ車道を通って山頂へ行く。分岐から右にとると天狗の花の岩場に出てキャンプ場に下った後、山頂に登る(約一時間四〇分)。JR土讃線大田口駅、JR土讃線豊永駅からも車道を横断しながら登る登路がある。

地図　二・五万図　東土居　杉　(尾野益大)

国見山　くにみやま　標高　一四〇九m

徳島県三好市西祖谷山《いややま》村北西部にある。西は吉野川、東は吉野川の支流祖谷山川に挟まれ、祖谷山系の独立峰として知られる。山稜は南北に約一〇㎞にわたって長く横たわり、標高に負けない貫禄がある。祖谷川を挟んで中津山が聳え、周囲の山々からは両山が対峙する姿が際立つ。山頂から剣山山系、讃岐山脈、石鎚山系、高知の山々、瀬戸内海と中国山地などが望めることから、山名は国中が見渡せるほど優れた眺望を具えているということにちなむ。江戸期の藩撰地誌『阿波誌』に「国見嶺」と記され、「祖谷の西にあり、あるいは栗峯と称す。奇秀かつ大。毎年積雪丈餘、行路通ぜず」と紹介されている。国見山を越えて北麓の三好市池田町川崎、南麓の同市西祖谷山村後山、尾井ノ内集落などを結ぶ道は、「栗ヶ峯道」と呼ばれていたとされるが、現在は踏み跡もない。

信仰の山でもあり、山頂直下に寛永三年（一六二六）に造られたという国見神社（国見大明神）の祠がある。西祖谷山村後山の四所神社の飛び地境内社で祭神は大山祇神《おおやまつみのかみ》。山中から出てきた古鏡を祀ると伝えられる。秋祭が毎年九月に行われ、傍らには氏子が一九八三年に建てた登山者用の避難小屋がある。

地質は結晶片岩類のうち主に砂質片岩から構成される。中・下部の斜面は自然林が切られ、植林されたものの上部にはブナが残る。山中の林床を飾る草花は多く、春にフクジュソウ、カタクリ、ニリンソウ、シコクカッコソウ、クマガイソウ、ヤマシャクヤク、ショウジョウバカマ、夏はオオヤマレンゲ、モミジガサ、ベニドウダン、秋はアサマリンドウ、アキチョウジ、タカネオトギリが見られる。

代表的登山口となっている標高七七八mの後山《うしろやま》峠（尾井ノ内峠）は、峠の下に一九七四年、祖谷トンネルが完成するまで盛んに利用された有名な峠。一九五五年ごろまで茶屋があった。自衛隊によって着工された車道の建設が一九六九年九月に終わり、記念碑が立っている。また、江戸期には西斜面に祖谷街道の巻き道が通っていた。

国見山の膨大な北部山稜に含まれ、頂から約五㎞離れた尾根上に井戸口山《いどぐちやま》（六四五m）がある。井戸口とは猪の侵入を防ぐ石垣「猪戸口」で、猪が国見山方面から麓へ出没するのを井戸口山南の鞍部に石垣（高さ一・五m、幅一・二m）を設けて防いだ。

登路　一般的に後山峠から登る。登山口の峠から北へ延びた尾根筋についている登山道を辿る（約一時間四〇分）。JR土讃線大歩危駅から北西に延びた尾根筋にも登山道がある。山頂から北尾根の井戸口山からも登路があるが長い上、ヤブが深い。

地図　二・五万図　大歩危

（尾野益大）

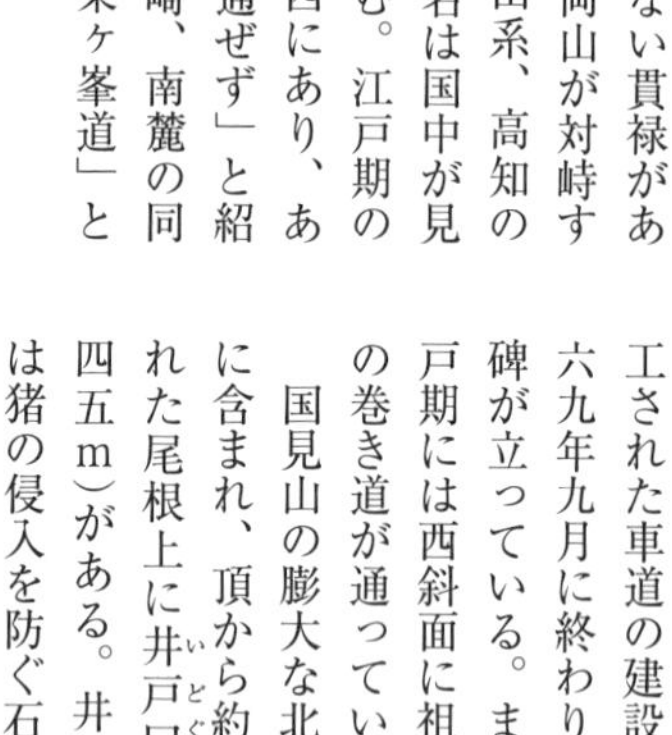

野鹿池山　のかのいけやま　標高（西峰）一三〇三m

徳島県三好市山城町と高知県長岡郡大豊町との境にある。山頂直下に「野鹿池」と呼ばれる池があり、山名になった。一〇ha余りの池は地滑りで形成されたもので、オオミズゴケに覆われ湿地に近い。『阿波誌』には「大池山、上名にあり、その頂に池あり、能賀といふ」と記されている。池の中央に雨乞いの竜神を祀る野賀神社がある。一帯はホンシャクナゲの群生地としても知られ、カエデ、シロモジ、ウルシなどの木もあり、徳島県自然環境保全地域に指定されている。山頂部は三角点が埋まった標高一二九四mの東峰と最高点の西峰に分かれる双耳峰で形成され、一般的には東峰を山頂としている。山頂にはブナ林が残る。山頂直下まで車道があり、地元住民が建てた避難小屋がある。

登路　三好市山城町平の大池橋を渡り、林道をしばらく行くと、登山口の目印となった木の鳥居がある。主にスギ林の中を登り、標高約一一〇〇m付近で林道に出る。登山道をまっすぐ進むと湿地に架かる木道を歩く。西峰へは祠の前から西へ、東峰へは東へ分かれる（登山口から西峰まで約一時間三〇分）。

地図　二・五万図　野鹿池山

（尾野益大）

三傍示山　さんぼうじやま　標高　一一五八m

別称　不生山　覆生山

徳島県三好市山城町、高知県長岡郡大豊町、愛媛県四国中央市新宮町の三県に接する山で、三角点は約二〇〇m北の徳島、高知県境にある。「傍示」とは境界を示す杭《くい》や石柱のことで三県境にある山という意味。『阿波誌』に「不生山盤根綿々数里に亘る。林木深うつ蔽す。中峰最も高し、木匠あり、器を造る」とあり、山中に木地師が住んでいたことを記している。古くは徳島側では「不生山《ふしょうざん》」「覆生《ふぜ》山」「覆井山」といい、高知側では「三傍爾」「美津保宇志」といった。地下に大断層が存在し、一九四九年五月、山が鳴動して止まなかったという。京都大学地質学教室の調査の結果、地殻内の岩石摩擦など地塊運動による振動音だと判明した。

登山は西の尾根つづきにある愛媛、高知県境の北山（笹）越えという峠からの道が一般に利用される。

北山越えは土佐藩が参勤交代で利用していた峠越えの難路で、登山道として残っている。当時は一度に一〇〇〇人の大行列が通ったこともあるとされ、「箱根よりきつい」といわれたという。峠の北側中腹には「腹庖丁《はらぼうちょう》」と呼ばれる高度差五〇〇m、距離約二㎞の急坂がある。武士が下る際、刀の鞘尻《さやじり》が地面に触れるため、腹の前に刀を回して通ったことに由来した地名である。

登路　高知、愛媛県境の笹ヶ峰トンネル南口（大豊町）から二㎞下ると登山口がある。石畳の道を稜線まで登り、西へ進路を変える。緩いアップダウンを繰り返しながら行くと三県境に達し、そこから北へ行くと三傍示山山頂（約二時間）。山頂から一・五㎞南にある徳島、高知県境の立川越から北へ尾根づたいに踏み跡もあるが、ヤブこぎとなる。

地図　二・五万図　野鹿池山

（尾野益大）

塩塚峰　しおづかみね　標高　一〇四三m

別称　塩塚山

徳島県三好市山城町と愛媛県四国中央市新宮町にまたがり、愛媛県の東端に位置する。東西約二㎞の細長い高原の最高峰。『伊予国宇摩郡地誌』に「樹木生せず、只、草茅を生ず」とあり、古くは入会山として屋根葺きや牛馬用の採草地に利用されてきた。また、塩を運ぶ交易路があったと推定され、山名になった。

山頂付近はササに覆われ、オオバギボウシ、ホクチアザミなどが生える。頂からは三六〇度視界が広がり、四国中心部の山々が見渡せる。秋季には中腹まで雲海がたなびき壮観な風景をつくる。山頂東部に「舟窪」と呼ばれる凹地があり、かつては地滑りによってできた自然の池があった。一帯は一九三五年ごろからスキー場として盛況だったが、第二次大戦後、急速に減り閉鎖された。近年はオートキャンプ場やパラグライダーの基地ができ、人気を集めている。山頂部は一九五五年ごろまで茅を肥料にするため山焼きが行われていた。一九八五年ごろから観光を目的として四月に山焼きが復活している。徳島、愛媛両県側から山頂直下まで車道が延びている。

登路　徳島側は山城町から車道を通り、山頂東側直下から尾根づたいの登山道を十数分歩くと山頂。愛媛側は新宮町の堂成や秋田から登路がある。どちらも上部で山頂につづく車道に出る。

地図　二・五万図　伊予新宮　（尾野益大）

カガマシ山

標高　一三四三m

高知県長岡郡大豊町と愛媛県四国中央市新宮町との境にあり、剣山山系と石鎚山系を繋ぐ山稜に位置する。『土佐州郡誌』に「加々麻之、此山峻嶺」などと記され、南は太平洋から北は瀬戸内海を隔てて岡山、兵庫県まで見える優れた眺望を紹介しているが、現在は雑木に覆われ眺望はない。東二㎞にある橡《とち》尾山《おやま》（一一二一m）にかけて約九〇haに及ぶブナ林があるほか、ミズナラ、トチ、ツガの自然林が残り、「三ツ足自然観察教育林」に指定されている。また、愛媛県屈指の規模を誇るホンシャクナゲの林がある。

登路　四国中央市新宮町の県道川之江大豊線を高知方面へ行くと、笹ヶ峰トンネルの手前が登山口。いきなり急坂を登り、分岐点の見晴らし台からは右へとる（右へとらず直進して登ると主稜線に出る）。ブナ、シャクナゲの多い林を通過し、シャクナゲの尾根道に出たら左へとり、主稜線に立った後、右へ進む（約二時間二〇分）。

地図　二・五万図　野鹿池山　佐々連尾山　（尾野益大）

工石山　くいしやま

標高　一五一六m

別称　奥工石山　立川工石山

高知県長岡郡本山町と大豊町との境に位置し、四国山地中部の一峰。東斜面に立川川、西斜面に汗見川をそれぞれ発する。ともに吉野川の支流。『土佐州郡志』に「喰石山」と出て、「昔、飢えに苦しむ平家の落人が、この石が食えるものなら食ってみたい」と嘆いたという意味の記述がある。『土陽淵岳志』には「久以志山」として記される。また、工作用の石を切り出す山との説もある。南の土佐郡土佐山村（現高知市）高川に工石山（前工石山、一一七七m）、同村中切にも工石山（中工石山、西工石山）があり、区別するためこの山は「奥工石山」と呼ばれる。土佐山村の両工石山は、奥工石山の遥拝所だった。

山頂部をはじめ至る所に岩肌が露出し、山全体が険しい。山頂に白山神社（喰石権現社、喰石白山権現）の祠が建てられ、金属の小鳥居がある。東麓の大豊町仁尾ヶ内の氏子が毎年旧暦六月一八日に祭りをする。山岳信仰と雨乞い信仰を集めているという。『南路志』『土陽淵岳志』によると、霊験奇瑞が多く、山頂の巨岩に喰石白山権現の御神体「銅鋳仏」を安置したが、岩下に落下。心ない里人が銅鋳仏を盗み、伊予（愛媛県）から来た商人に売ったところ、その里人は悪疫にかかって亡くなり、伊予の商人から転売された讃州（香川県）の豪農も病にかかり、銅鋳仏を怨ろに祀って送り返した、という伝説がある。

立川から林道仁尾ヶ内線が延びるまで、千古斧《おの》を入れない全山うっそうたるブナやシャクナゲなど自然林の山だった。立川沿いの標高七〇〇m地点から旧登山道があったが廃道となり、林道が通る標高一一八〇mの通夜堂のあった地点が現在登山口になっている。そこには白山神社の鳥居がある。避難小屋「工石山山荘」もあり、囲炉裏、ベンチが備え付けられ、約三〇人まで無料で宿泊できる。中腹から山頂にかけてアケボノツツジ、ミツバツツジ、シャクナゲ、ベニドウダンなどが多く、初夏の登山は趣深い。山頂から祠のある岩峰にかけて見る風景は絶品で、東に剣山山系や梶ヶ森、西に石鎚山系の筒上山、手箱山（一八〇六m）、南に白髪山、北に佐々連尾山（一四〇四m）やカガマシ山などが見える。

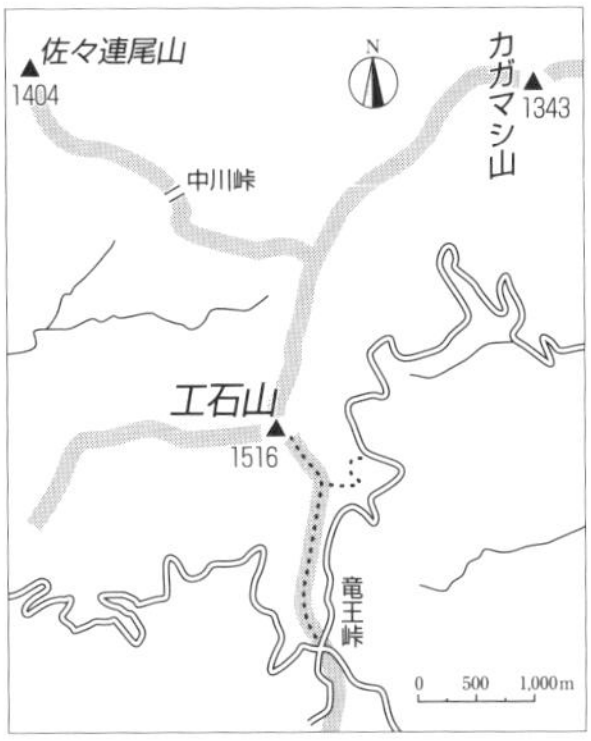

登路　大豊町立川から林道仁尾《にお》ヶ内線を約一四km行くと登山口。階段状の坂道を登ると尾根に出て、山頂まで尾根通しに行く。途中、水場、大岩「ユルギ岩」の展望台があり、スズタケの間を一七〇m程進むと山頂に達する（約一時間一〇分）。

地図　二・五万図　佐々連尾山

（尾野益大）

白髪山　しらがやま　　標高　一四六九m

別称　奥白髪山　本山の白髪山

高知県長岡郡本山町北東部にあり、石鎚山系主脈から南に派生した尾根に位置する。高知市の真北約三〇kmの四国のほぼ中心にある。北面は緩やかだがそのほかは峻険。白く光る結晶片岩から形成されているため、もとは「白峨」、また東麓を流れる行川《なめかわ》にちなんで「行川山」と記された。のちに猿田彦神《さるたびこのかみ》（白髪の老翁）を祀ってから「白髪」と改められたという。古くから麓の本山、森、本川三郷などの集落の人々の信仰を集め、分霊を祀る白髪神社も数箇所ある。西に四五km離れた西日本最高峰・石鎚山の遥拝所でもあった。

全山ヒノキの自然林が残り、四国一広大な純林を持つ。樹齢二〇〇年を超す木もあり、色、艶《つや》、香りの三拍子がそろい、藩政期は伐採が禁じられた「土佐十宝山」のお留山、お宝山として保護され、南麓を流れる吉野川を流筏《りゅうはつ》して徳島を経由し、大坂（現大阪）市場へも出荷された。大阪に残る白髪橋や白髪町は「白髪ヒノキ」など

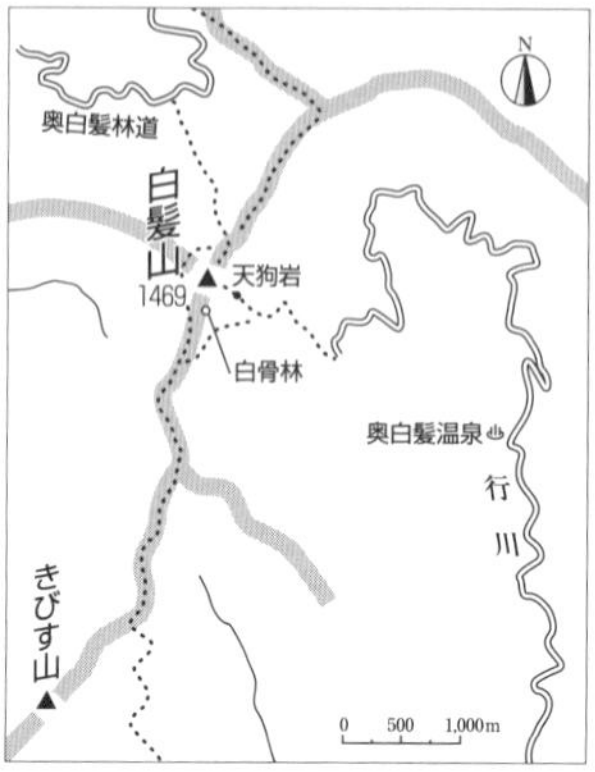

白髪山(左のピーク)(北尾根から)

土佐材の取引場だったことに由来した地名。

平均して一五〇年の樹齢を超すヒノキが多く、一九二五年一〇月、保護林制度の発足とともに「学術参考保護林」に、一九九〇年三月には約二〇九haが「林木遺伝資源保存林」に指定された。また、これらを含む四八四haが一九五六年一月、高知県立自然公園に、さらに一九六四年三月、国の鳥獣保護区にも指定された。保護林の天然ヒノキは明治期以降、供給はされていない。

ヒノキ以外にゴヨウマツ、コメツガ、ウラジロモミ、アケボノツツジも自生し、五月中旬には林内を彩るホンシャクナゲが群生する。蛇紋岩が多く、広葉樹があまり育たないという。頂から南斜面は風衝地帯の上、岩が露出して土地が痩せ、ヒノキの白骨樹が目立つ。一方、山頂から北の奥工石山に通じる稜線には四国屈指のブナの森が広がり、目通り三~四mに及ぶ巨樹が多い。山頂からは東、西、南の眺望が優れ、三嶺や天狗塚などの剣山山系をはじめ、梶ヶ森、稲叢《いなむら》山、太平洋などが見渡せる。山頂付近は岩場の磁気の影響でコンパスが狂うことがある。

南東斜面標高約一一〇〇mには、高さ一五〇mの絶壁があり、そこから絶えず冷風が吹き出す風穴がある。一八九六年から大正期にかけて地元で蚕種貯蔵(冷蔵)所を建設して、本山町の蚕種製造業の隆盛に大きな役割を果たしたという。いつしか事業は廃れて石垣だけが残ったが、営林署が一九三五年三月から種子貯蔵庫として活用。乾燥した種子を石油缶に入れ、さらに密閉して木製箱に入れて保管するのに役立てられた。

第二次大戦前、榛名山、男体山、三峰山とともに全国の山岳で標高と降水量の関係について調べる森林気象観測が行われた。一般に雨量は標高が高くなるにつれて増加し、山岳地帯は平地より雨が多い。白髪山で雨がもっとも多くなる標高は八一〇mだった。全国的には九〇〇~一三〇〇mがもっとも雨量が多くなる結果が分かった。

一帯には銅鉱脈が走っており、行川上流部には最大の鉱山、上関鉱山跡がある。南東麓に奥白髪温泉がある。

登路 東登山口は本山町東大橋から北へ進み、奥白髪温泉から行川林道に入って、ゲートの前にあるヒノキ林の石段状の登山道を辿り、天狗岩を経て山頂に達する(約一時間)。西登山口は本山町の県道坂瀬吉野線から奥白髪林道に分かれて約七km地点にある。登山道はヒノキ、シャクナゲ林の中の一本道で、標識も整備されている(約一時間三〇分)。

地図　二・五万図　本山　（尾野益大）

東光森山　ひがしみつもりやま　標高　一四八六m

高知県土佐郡大川村と愛媛県新居浜市別子山との境にあり、石鎚山系東部に位置する。ピラミダルな山容は周囲から目立ち、南の大北川を挟んで大座礼山《おおざれやま》と対峙する。同じ尾根上の西方約六㎞に三ツ森山（一四三〇m）があり、その東側にある山という意味から山名になったと推定される。珍しい白花を含むアケボノツツジがあることで有名。上部はウラジロモミ、ブナ、ミズナラ、ヒメシャラなどがある。登山口となっている大座礼山との間の鞍部は「大田尾越《おおたおごえ》」と呼ばれ、昔の往還道だった。南麓には木地師が住んでいたという。

登路　大田尾越から尾根に取りつき、急坂を登るとやや平坦になり、鞍部に着く。再び急坂を登って山頂。道は明瞭で春にはシャクナゲ、アケボノツツジが疲れを忘れさせてくれる（約一時間三〇分）。

地図　二・五万図　土佐小松　弟地　（尾野益大）

大座礼山　おおざれやま　標高　一五八八m

高知県土佐郡大川村にあり、山体のほとんどが村内に含まれるが三角点の北西五〇〇m地点が高知、愛媛県境に接している。石鎚山系東部の一峰で、南北へゆったりと裾を広げている。山名は南西面に崩壊地（ザレ場）があるとか、山全体に崩壊地が多いことに由来していて、「大」は美称とされる。

この山は江戸期にお留山だったためブナの巨樹があることで知られ、山頂の東尾根に幹周り四・一mのブナを筆頭に数本ある。地元住民が大座礼山のブナを「日本一」「四国一」と宣伝した時期があり、巨大ブナの存在が登山者の人気を集めたといわれる。頂稜が比較的平坦地になっていて、ブナがある地点の南斜面は「上池」、さらに東の井野川越の南側に「下池」と呼ばれる二つの池があったが、一九八〇年ごろに水が涸《か》れてしまった。山頂付近には、四国では剣山、赤石山系と高知県内でここにしか自生していないコモノギクが咲くという。北斜面にはアケボノツツジ、シャクナゲ、ミズナラ、モミなどの自然林が根付いている。

山頂東の井野川越、北の大田尾越（高知、愛媛県境）は昔の往還道だった。ブナの巨樹がある標高一五〇〇m付近は傾斜が緩いため積雪が多く、昭和四〇年代、スキー場を造る計画が持ち上がったが頓《とん》挫《ざ》した。

登路　大田尾越の約四〇〇m東の県道高知伊予三島線が登山口。林道をしばらく歩くと山道になり、旧往還道の横道を井野川越まで行く。西へ尾根づたいに進むと巨大ブナが出てくる。わきを過ぎて急な坂を南に巻き込むように登ると山頂に達する。大田尾越から尾根を南進しても登ることができる（約一時間四〇分）。

地図　二・五万図　土佐小松　（尾野益大）

平家平　へいけだいら　標高　一六九三m

高知県土佐郡大川村、吾川郡いの町本川地区、愛媛県新居浜市別

子山にまたがり、石鎚山系東部に位置する。西麓のいの町本山地区に桑瀬川支流の一ノ谷渓谷がある。源平合戦で破れた平家の残党が、徳島の祖谷《いや》地方から高知県の横倉山へ逃げる途中に滞在し、摂津の一ノ谷を偲んで同じ谷名を付けたという、安徳天皇潜幸説がある。落人は平家平を越えたため山名になったと伝えられる。西方約一・五kmの尾根上に平家平より約四〇m高い冠山《かんむりやま》（一七三二m）がある。頂稜部はササ、コメツツジに覆われ、環境省が平家平から西の笹ヶ峰、寒風山まで五三七haを指定した笹ヶ峰自然環境保全地域に入る。山頂からは三六〇度の景観に恵まれ、石鎚山系、赤石山系、高知の白髪山、大座礼山、稲叢山などが見渡せる。

平家平（右のピーク）（稲叢山の北側から）

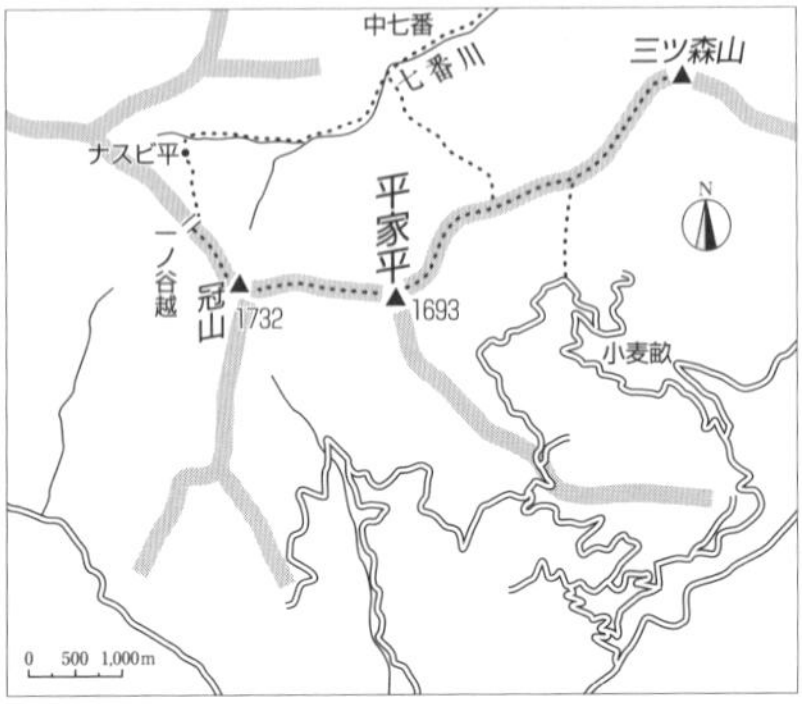

北麓の登山口の一つ、別子山中七番に国土の〇・一%の地所を所有する住友林業のフォレスターハウスがある。住友林業発祥の地とされ、平家平中腹のシャクナゲ、ブナ、カエデ、トチ、モミ、ツガなど自然林を管理している。遊歩道も整備している。

一ノ谷越の北側中腹には銅山川源流があり、二〇〇一年八月、流域町村など一四団体によって記念碑が立てられた。麓には奥七番集落跡があり、石垣が残る。江戸時代中期から明治期後期まで炭焼きの集落として人が住み、高知へ越える人たちが中宿として利用していた。一帯は「ナスビ平」と呼ばれ、昔、吹雪の夜、女がナスビを売りに来たという伝説が残っている。現在は四国指折りのカタクリ群生地として知られ、五月上旬、観光客がつめかける名所になった。

高知営林局（現四国森林管理局）は一九三一年から二年間かけて、高知県本川村小麦畝から三ツ森山、平家平、冠山を通り笹ヶ峰、瓶ヶ森へと至る石鎚山系脊梁に延長約四五kmの国境歩道を開き、その後も登山道として利用されている。営林局としては当時、スポーツ登山の振興のほか、国有林の荒廃や山火事を防ぐ目的もあり、経済性を抜きにした四国の登山史に残る国有林経営の画期的事業だった。

登路　愛媛側は別子山中七番の「住友の森フォレスターハウス」が登山口。中七番川を渡り二俣を右にとる。沢筋の道を経てジグザグ道を行くと、鉄塔を通過し主稜線に達する。西へ登ると平家平（約二時間）。別のコースは、中七番川を渡らず左岸の道を行くと、ナスビ平に着く。そこから一ノ谷越まで登り、尾根づたいに冠山を経て平家平に登る（約三時間三〇分）。高知側からは、大川村小麦畝にある農道が小麦畝川を渡る地点から登り始める。登山道は送電線の下にあり、途中、鉄塔がある。主稜線に出たら西へ進む（約二時間二〇分)。

地図　二・五万図　別子銅山　日ノ浦

(尾野益大)

西赤石山　にしあかいしやま　標高　一六二六m

愛媛県新居浜市にあり、石鎚山系の支脈・赤石山系(法皇山系)に位置する。山系の盟主・東赤石山の西方三・五kmに座している。角閃岩、橄欖岩《かんらんがん》に覆われ、風化して酸化鉄の赤色を呈しているため山名になったとされる。赤い山肌は山頂から北に張り出した尾根に顕著に見られる。

橄欖岩の土壌が植物の生育にとって好適なため、ツガザクラ、コケモモ、アカモノなどの高山植物が豊富なことでも有名で、西日本でも屈指のアケボノツツジ、ミツバツツジの群生が広がる。ツガザクラは尾根づたいの銅山越にあり、日本の南限地、四国唯一の生育地という。しかも、寒冷を好む植物でありながら標高一三〇〇mという低地に生えることは珍しい。山頂からの展望は優れ、北の瀬戸内海、東に東赤石山と赤星山、南から西にかけて石鎚山系が見える。

西赤石山には、別子銅山があった。別子銅山は秋田の小坂鉱山、栃木の足尾銅山とともに「日本三大銅山」に数えられ、元禄三年(一六九〇)に銅鉱脈が発見されて以降、翌年から一九七三年三月に閉山するまで二八二年間、採鉱された。全採鉱量は二五〇〇万t、産銅量は七〇万tに及び、元禄一一年(一六九八)の産銅量は世界記録の一五二一tだった。

事故もあり、元禄七年(一六九四)、大火で一三二人が焼死し、一八九九年八月二八日には台風で土石流が発生し五一三人が死亡。銅山越の南側直下に供養塔「蘭塔婆《らんとうば》」がある。同じ台風で精錬所の大溶鉱炉も倒壊し、銅山の諸施設は北斜面に移された。当時、木炭で精練したため西赤石山の森林は切り尽くされ、ブナはほとんど消えた。北側中腹標高一一〇〇mには一八九三年、日本で最初の山岳鉄道が敷かれ、その跡が現在、登山道として利用されている。

荒廃した山を再生するため一九〇九年ごろから植林が始まったが、煙害地のため容易に活着せず困難をきわめた。銅山峰のカラマツ林は大正初期、北海道や中部山岳から取り寄せて移植した苗が成長したもの。一帯に咲くアカモノ、ツガザクラ、コケモモなどはその時のカラマツの苗、種子に交じって運ばれたという推測もある。

北麓の鹿森ダムからの登路は、別子銅山開鉱以来使われている「中持道」で、銅山越まで標高差一〇〇〇mを男性は四五kg、女性は三〇kgを背負って運んでいたという。北側中腹の標高一一〇〇mには一九六三年、銅山峰ヒュッテが建設された。

登路　新居浜市の県道新居浜山城線沿いにある鹿森ダムに登山口がある。遠登志橋の赤い吊り橋を渡ると登山道になる。第三通洞の坑口がある第三を過ぎると山岳鉄道の跡が残る角石原に至り、さらに登ると銅山越の峠。西赤石山へは西へ尾根道を行くが起伏が激しい(登山口から約四時間)。南面の別子山からは、旧集落跡の間にある登山道を辿る。劇場跡や「ダイヤモンド水」の水場を過ぎ蘭塔婆を見るとやがて銅山越に出る。山頂へは西へ尾根道を行く(登山口から約三時間二〇分)。

地図　二・五万図　別子銅山

(尾野益大)

東赤石山

ひがしあかいしやま

標高　一七〇六m

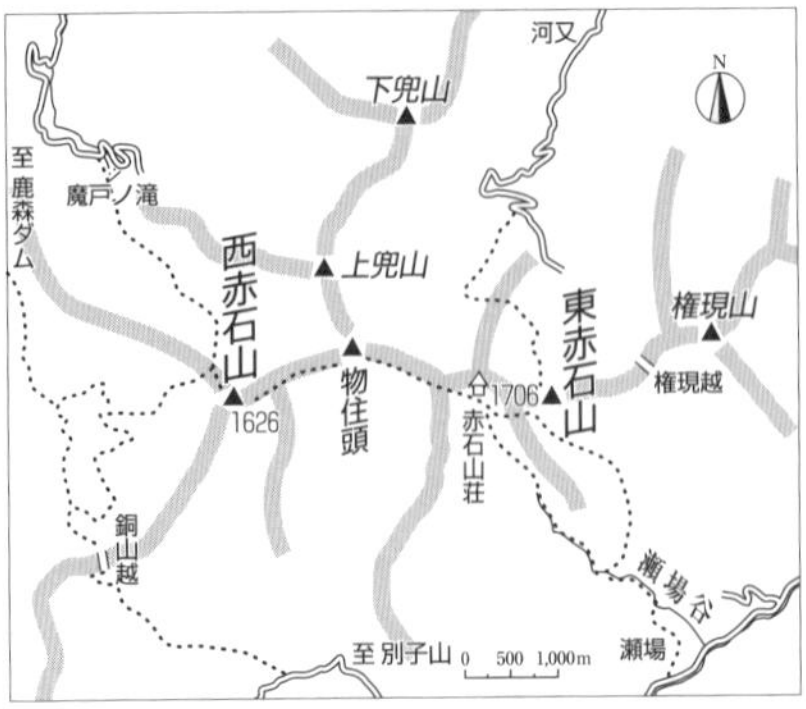

愛媛県四国中央市土居町と新居浜市との境にある。赤石山系中部に位置した主峰で、宇摩地方の最高峰でもある。瀬戸内海の海岸線からいきなり標高一七〇〇mの山がそそり立つ地形は珍しいという。山頂付近は蛇紋岩を含む橄欖岩からなり、その成分に鉄分が含まれ風化して酸化鉄の赤色を呈するため山名になった。玄武岩が地下に沈み込んで化学変化した「エクロジャイト」や橄欖岩の「ペリドタイト」という重要な岩石の採掘地でもある。古くは「赤太郎尾」と呼ばれたという。また、東に五km離れた二ツ岳までの尾根は四国第一級の岩稜地帯として知られる。

山頂付近は春にはユキワリソウ、夏はコケモモ、ゴゼンタチバナなど蛇紋岩地帯特有の高山植物が見られ、愛媛県指定の高山植物特別保護区になっている。東赤石山の植生は岩手の早池峰山に似ているとされ、「西の早池峰」という人もいる。その他、東赤石山の固有種オトメシャジン、この山で初めて記録されたナヨナヨコゴメグサやイヨノミツバイワガサ、さらにキバナノコマノツメ、タカネバラ、イワキンバイ、コウスユキソウ、シコクフウロ、タカネマツムシソウ、ミヤマリンドウ、キレンゲショウマなど三〇種を超す高山植物があり、ロックガーデンとなっているほか、北面標高一三〇〇m以上、南面標高一四〇〇m以上に根付くゴヨウマツも有名で、「赤石五葉松」の呼び名もあるほど。反対にモミ、ツガ、ブナの林がほとんどない。四国ではここだけにしかないクロベもある。

東赤石山（八巻山付近から）

山頂からは北に瀬戸内海、南西に石鎚山系と眺望絶佳。三角点は最高点のやや東寄りの尾根上に埋められている。海岸線から一気に高山になるため、春や秋に東シナ海や日本海を低気圧が通過したり強い前線があったりすると、山越えの南風が吹き荒れる。「やまじ風」「宇摩のまいまい風」といわれ、日本四大風の一つ。また、夏に瀬戸内海で発生した水蒸気が山に当たって急上昇するため、昼ごろから霧が発生しやすい。

東赤石山の西隣に八巻山（一六六〇m）という全山岩山もあり、アルペン風情に満ちている。また、山頂の東も岩稜帯がつづき、約一km先には法皇権現を祀ったことにちなむ権現越（一四六〇m）の峠がある。八巻山の南西斜面標高一五五〇mには赤石山荘がある。

登路　新居浜市別子山筏津に登山口がある。巻き道を行くと豊後《ぶんご》の二俣に出て左へ進む。瀬場谷に沿って登りながら数回、橋を渡る。森林限界を越えると、赤石山荘が見えてきて岩稜地になる。赤石越から右へとると山頂(登山口から約二時間四〇分)。

北側の四国中央市土居町河又の林道終点からも登れる。少し登って分岐を左にとり、ヒノキ林を進む。平坦地に出て尾根を回り込むと、急坂になり氷穴がある。水場を過ぎ鉱山跡の分岐を右へ進むと山の神が祀られている。長い急登を経て赤石越。左へ曲がると山頂(登山口から約二時間一〇分)。

地図　二・五万図　弟地　別子銅山

（尾野益大）

二ツ岳　ふたつだけ

標高　一六四七m

愛媛県四国中央市土居町と新居浜市別子山との境にあり、赤石山系東部に属する。山名は山頂付近に屹立する二つの大岩に由来する。かつて「二ツ滝」「二ツ立」とも呼ばれたという。四国では岩場や断崖を指して「タキ」と表現する。二ツ岳は角閃岩からなる峨々たる山容で、瀬戸内側の市街地、赤星山など四囲の山々から鋸歯状に見える。山頂は三角点があるだけで狭い。山系の最高峰は二ツ岳(三角点)西方の高いピーク「イワカガミ岳」(一六六〇m)となっている。

山頂から東一kmの登山道途中に峨蔵越《がぞうごえ》があり、山頂までの間に「兜岩」「鯛の頭」と呼ばれる巨岩がある。峨蔵越北面には別子渡瀬、店の別れ、勘場平という地名が残っているが、別子銅山の銅や物資の中宿にかかわる場所である。峨蔵越は、峨蔵という名の男が嶺北から嶺南へ初めて越えたことにちなむとされるが不詳。北麓の浦山川流域では、二ツ岳、その西のエビラ岳、黒岳を総称して「峨蔵山」といわれ、峨蔵越が近くにあることが理由とされる。さらに東に小箱越《おばこごえ》がある。小箱越は元禄三年(一六九〇)、別子銅山を検分するための調査団が越えた峠で、銅を瀬戸内側へ運ぶため元禄四年から同一四年まで利用された峠でもある。当時、嶺北には寛永年間(一六二四～一六四四)に開かれた西条藩領の立川銅山があり、幕府領の別子銅山の鉱石は嶺北の新居浜へ運ぶことができなか

二ツ岳(豊受山付近から)

った。小箱越の運搬ルートもその後、西の峠へと移っていった。

『別子山村郷土史』によると、開村の由緒は二ツ岳と無縁ではない。屋島の戦で破れた平家一族のうち、余慶四郎兵衛、豊後兵衛、縁仏兵衛の三兄弟が二ツ岳を越えて銅山川へ入り、余慶四郎兵衛は余慶の地を、豊後兵衛は豊後の地を、縁仏兵衛は葛籠尾《つづらお》の地を開いたという。また、余慶一派が銅山川流域へ入ってまもなく、近藤半之丞と弟の季清を頭とする一族が二ツ岳を越えてきて、瓜生野など村東部を開拓したと伝えられている。

標高一三〇〇m以上には赤石山系では珍しく、ブナ林が見られる。頂稜部はアケボノツツジやツクシシャクナゲが多い。二ツ岳から西のエビラ岳にかけては一帯でもとくに険しく、アップダウンも激しいため転落事故が発生している。

小林一茶が二ツ岳を眺めて、『寛政紀行』に「雨かすむ貴（木）地のあの山めづらしや」と詠んでいる。

登路　四国中央市土居町中ノ川の林道中ノ川線途中に登山口がある。人工林の中をしばらく歩くと水場がある。鉱山跡へ分かれる分岐を過ぎ、尾根に出る。ワサビ谷を渡り、倒壊した造林小屋を通ると人工林の中の登りになる。峨蔵越から右へとり、険しい岩尾根になる。二つピークを越すと岩峰の「鯛の頭」が見え、さらに急登を経て山頂に達する（約三時間二〇分）。新居浜市別子山肉淵の峨蔵林道終点にも登山口があり、比較的緩やかな巻き道を登ると峨蔵越に出る。岩稜を経て山頂に達する（約二時間四〇分）。

地図　二・五万図　弟地　東予土居

（尾野益大）

赤星山　あかぼしやま　標高　一四五三m

別称　伊予小富士

愛媛県四国中央市三島地区と同市土居町の境にあり、赤石山系東端部に位置する。北麓に中央構造線が東西に横たわり、尾根の末端が切れ落ちて三角形の断面になっている。山容は独立峰のように秀麗で、「伊予小富士」と呼ばれ、西行が赤星山を見て「忘れては富士かとぞ思ふこれやこの伊予の高嶺の雪のあけぼの」と詠んだ。伝説によると、宇摩地方の大領・越智《おち》玉澄《たまずみ》が大山祇神《おおやまつみのかみ》を勧請するため船に乗っている途中、やまじ風と呼ばれる突風が吹いた。海から赤星山の頂を見ると、闇夜に明るい星が流れ、船を導き風波も治まったので赤星山と呼ぶようになったという。

赤星山は、山頂付近を彩るカタクリがよく知られ、五月初旬にはそれを目当てに登頂する人が多い。頂は広大で眺望に恵まれ、北は瀬戸内海、南は赤石山系の名峰群が並び、一座ずつ確かめることができる。

北面をうがつ大地川の皇子渓谷が美しい。『日本書紀』によると、一説では斉明天皇が道後温泉を訪れたとき、この地の長津の宮に滞在されたと伝えられ、一緒にいた斉明天皇の皇子（のちの天智天皇）が皇子渓谷の名の起源という。この地方の渓谷は北に向かって直線的に流下し、大きい支流はなく勾配もきつく、河口は扇状地になっている。地元篤志家が、渓谷沿いに登山道を開発。渓谷は「赤星ライン」と名付けられている。渓谷には、下流から機滝、紅葉滝、布引滝、稲妻滝、千丈滝、中折滝、天流滝など大小の滝があり、愛媛県有数の滝の名所でもある。かつて渓谷沿いに奈良の吉野山を目ざしてサクラが植えられたが、ほとんど枯死した。

登路　四国中央市土居町野田から南へ延びた林道終点に登山口がある。渓谷沿いに登山道があり、機滝、紅葉滝、布引滝、稲妻滝を過ぎると分岐がある。右へとると千丈滝、中折滝、天流滝を経て、分岐の左からつづく本道と合流する。林を抜けて沢を越えて急坂を登ると水場。シャクナゲが群生する尾根に出てやがて山頂(約四時間)。南面からは、四国中央市中尾に登山口がある。植林帯を抜けると明るい自然林の道になり、三叉路に着く。横道をしばらく行くと尾根に取りつき、灌木帯になるとまもなく山頂(約二時間)。

(尾野益大)

地図　二・五万図　東予土居　弟地

翠波峰　すいはみね　　標高　九〇〇m

別称　水波峰　水波の峯

愛媛県四国中央市三島地区にあり、法凰山系のほぼ中央に位置する。山頂部は東峰、西峰の双耳峰を形成し、三角点は東、西両峰の間にある。東峰直下にある好展望の岩場に水の神・水波能女神《みずはのめがみ》を祀る水波大権(現八大竜王神社)があり、古くは雨乞い踊りが行われていたという。北麓の瀬戸内海側は雨が少ない場所でありながら製紙工場地帯として知られ、製紙会社の寄進石も並ぶ。山名は水波大権現を祀ったことに由来し、地図に「水波の峯」と記されていた時期もある。山頂北面の平坦地は東西約八㎞におよび、「翠波高原」「平石高原」と呼ばれる。東斜面に「千間平《せんげんなる》」という湿地があり、六月初旬に薄紫色のアヤメ、ノハナショウブが咲き誇る。南斜面は大段山牧場として開発され、現在は観光公園に生まれ変わり、菜の花、コスモス畑として観光客を集めている。翠波越の街道が通っていて登山者に利用されていたが、一九六〇年、直下に法凰トンネルが抜けてからは一般の人は利用しなくなった。

山頂からの眺望は優れ、瀬戸内海と四国山地の接点に立つ気分を十二分に味わえる。

登路　JR予讃線伊予三島駅から国道三一九号を南進し、松山自動車道をくぐると登山口。松尾城跡へ分かれる分岐を過ぎヤマザクラの多い坂道を行く。車道を横切るとアヤメ池があり、再び車道を横断し、水波権現に着く。東峰を経て三角点、西峰へは緩やかな尾根道(約一時間四〇分)。南麓の金砂湖から三角点まで車道もある。

(尾野益大)

地図　二・五万図　伊予三島

笹ヶ峰　ささがみね　　標高　一八六〇m

愛媛県西条市と高知県吾川郡いの町本川地区との境にあり、石鎚山系の代表峰。石鎚山、瓶ヶ森《かめがもり》と並んで「伊予三山」に数えられるが、標高では石鎚山、二ノ森、瓶ヶ森、西黒森に次いで五番目。高原状の山頂付近は一面ササが覆い尽くし、山名にも繋がった。

山頂に石鎚蔵王権現と不動明王が祀られている。笹ヶ峰の開山は石鎚山、瓶ヶ森より古い奈良時代と伝えられる。その後、笹ヶ峰信仰は戦国中期から江戸初期にかけて衰微し、江戸中期までに瓶ヶ森もすたれていき、石鎚山が盛んになっていった。

四国では石鎚山、剣山とともに四国特産の針葉樹シコクシラベがあることで知られる。シラベは本州の中部高山に分布しているが、約二万年前の氷河期・最寒冷期にチョウセンゴヨウ、ハリモミ、コメツガとともに南下し、気候の回復とともに消滅したが、四国では石鎚山や剣山などの寒冷な高山に残った。また、徳島、高知県境の三嶺、天狗塚とともに落葉灌木コメツツジの群落があることでも知られる。六、七月に米のような小さな白花を無数に付け、一〇月には葉が紅葉する。初冬には霧氷を咲かせて華麗な自然庭園を築く。山頂東側にはオオイタヤメイゲツの古木の純林があり、庭園の趣を醸し出している。北側八合目の標高一五二〇mには、一九三三年に建てられた四国最大規模といわれる山小屋「丸山荘」がある。

登路 愛媛県西条市下津地の林道から登ることができる。「宿」の分岐から右へとると丸山荘に出て、南へジグザグに登ると山頂(約二時間二〇分)。愛媛、高知県境の旧寒風山トンネル南口から桑瀬峠、寒風山を経て笹ヶ峰に登れる(約三時間四〇分)。南斜面中腹に付けられた林道・寒風大座礼西線からも登路がある。

地図 二・五万図 別子銅山 日ノ浦

(尾野益大)

寒風山 かんぷうざん　標高 一七六三m

別称 さむかぜやま

愛媛県西条市と高知県吾川郡いの町本川地区の境にある。石鎚山系主稜部の一峰。山名は冬季に瀬戸内側から冷たい北西の季節風が吹き付けることに由来する。霧氷の美しい山として知られる。

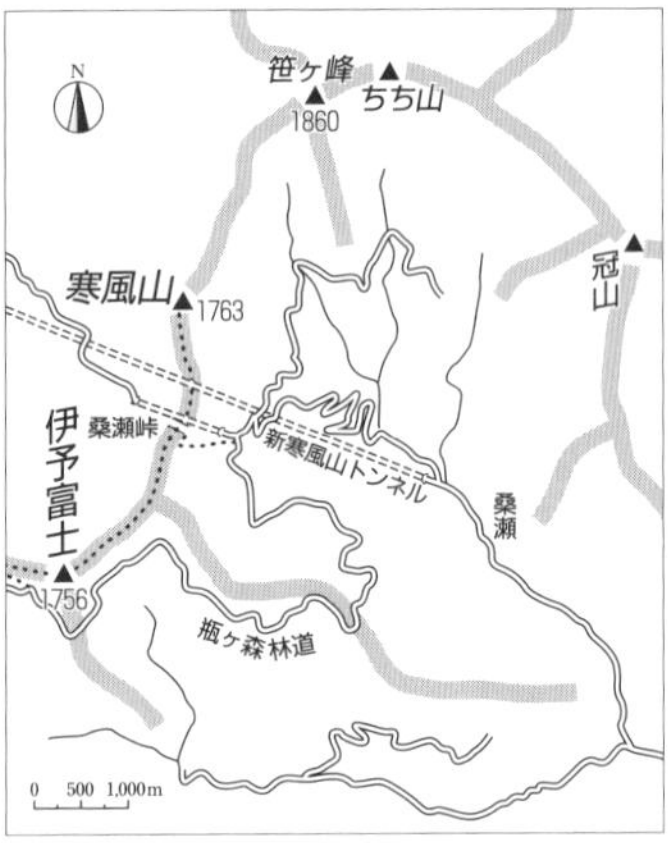

寒風山(桑瀬峠から)

登山ルート途中にある西の桑瀬《くわせ》峠は、愛媛、高知両県の往還道で、大正末期まで生活物資などを運ぶ人々の往来があった。桑瀬峠は、『西条誌』で「寒風峠」と紹介されている。現在、峠越えの道は消えている。登山は桑瀬峠あるいは笹ヶ峰から縦走するしかない。途中の岩場には、希少なテバコマンテマ、シコクシモツケソウ、イシヅチボウフウ、イワギクなどが見られ、山頂付近にはダイセンミツバツツジ、カエデ、ナナカマド、ブナ、コメツツジが根付いている。一帯八八〇haは「寒風山風景林」に指定されるとともに、

「笹ヶ峰自然環境保全地域」として保護の対象になっている。

山頂には三角点はないが、不動明王を祀る祠がある。眺望に恵まれ、東に笹ヶ峰、西に瓶ヶ森や岩黒山などの石鎚山系、南に太平洋、北に瀬戸内海が見える。寒風山の南、標高一一一七mに旧寒風山トンネルがある。全長九四五m。一九五九年着工、途中三〇mにわたる大破砕帯に遭遇して出水が激しく、工事は難航したが一九六四年に開通。南口が登山口になっているほか、石鎚山登山口の土小屋へ通じる瓶ヶ森林道の起点になっている。一九九九年、旧トンネルの直下に全長五・四㎞という四国最長の新寒風山トンネルが開通した。

登路　愛媛、高知県境の旧寒風山トンネル南口に登り口があり、桑瀬峠から右へとると小さな岩場を含むアップダウンを繰り返して山頂に達する(約二時間一〇分)。

地図　二・五万図　日ノ浦

(尾野益大)

伊予富士　いよふじ

標高　一七五六m

愛媛県西条市と高知県吾川郡いの町本川《かわ》地区の境にあり、石鎚山系主稜部の一峰。富士山のような独立峰ではなく、山名は北麓の川来須《くるす》から見た姿が富士山に似ていることに由来するといわれる。一八八九年の地図「輯製二十万分一図」には「冨士山」と記されている。頂稜部は一段と盛り上がり、一面ササに覆われ、シャクナゲ、コメツツジ、ミツバツツジが根付く。

山頂からは東に寒風山と笹ヶ峰、西に瓶ヶ森《かめがもり》や石鎚山、南に稲叢《いなむら》山《やま》、北に瀬戸内海などが見える。

登山ルートになっている東の桑瀬《くわせ》峠は、愛媛、高知両県の往還道で、大正末期まで生活物資などを運ぶ人々の往来があった。桑瀬峠は『西条誌』で「寒風峠」と紹介されている。

南斜面には土小屋から寒風山トンネルへつづく瓶ヶ森林道(一九九一年開通)が通っている。

登路　愛媛、高知県境の旧寒風山トンネル南口に登り口があり、桑瀬峠から左の尾根道に入る。中腹を巻く道の分岐は右へ進み、最後の急坂を登り切ると山頂(約二時間)。山頂の南西斜面を貫く瓶ヶ森林道からも登路がある。

地図　二・五万図　日ノ浦　瓶ヶ森

(尾野益大)

西黒森　にしくろもり

標高　一八六一m

愛媛県西条市と高知県吾川郡いの町本川地区の境にある。石鎚山系主稜部の一峰で、山系第三位の高峰・瓶ヶ森の東一㎞に位置する。古い地形図で「西黒森山」とされていたが、現在は「西黒森」に改められた。山を黒々と見せるモミ、ブナなど樹木の豊富さ、風格では瓶ヶ森に勝っているが、山名の由来は詳らかでない。同じ尾根上東四㎞にも「黒森」と付いた東黒森(一七三五m)がある。

西黒森は、南山腹を瓶ヶ森林道(一九七二年開通)が横切る。一九九〇年、国土交通省徳島工事事務所は白猪谷渓谷最奥部の湧水が吉野川源流と特定できると判断し、本流の沢を登りつめた瓶ヶ森との中間地点と林道が接する所に吉野川源流の碑《か》を立てた。また、東七五〇mの尾根上に「神鳴池《かんならしいけ》」と呼ばれる涸れ池がある。ここも瓶ケ森林道と接している。いの市本川地区の史料によると、神鳴池について「昔は大きな池で吉野川の源泉だった」と記述されているが、現在はササ原に変わっていて池の面影はない。

西黒森は林道から急斜面を一気に登る登山道が整備されていて、高峰のわりに容易に登ることができる。狭い山頂には三角点がなく、灌木に覆われているが、眺望は優れている。北は瀬戸内海や中国山地、東には笹ヶ峰まで雄大な石鎚山系が見渡せる。

登路　瓶ヶ森林道が山頂東・西側の稜線と接する地点に登山口があり、登山道を辿る（両登山口から約四〇分）。

地図　二・五万図　瓶ヶ森

（尾野益大）

瓶ヶ森　かめがもり

標高（北峰）　一八九七m

愛媛県西条市と高知県吾川郡いの町本川地区の境にあり、石鎚山系に聳える。石鎚山、二ノ森に次ぐ石鎚山系第三の高峰として知られる。山頂部が双耳峰となり、北峰は最高点で三角点がある「女山」、南峰は「石土蔵王権現」が祀られた「男山」。山頂の西側に「氷見《ひみ》二千石原《にせんごくはら》」と呼ばれる七〇haの準平原が広がり、クマザサにびっしり覆われている。西条市氷見の石高二千石に相当する面積にちなんだ名という。

瓶ヶ森は男山にある「石土蔵王権現」が示すように古来、信仰の対象とされ、「古代の石鎚山」は笹ヶ峰、瓶ヶ森、子持権現を指していたと推測される。奈良時代、石鎚山近辺には小松町北川の法安寺（国史跡）と新居浜市大生院の正法寺しかなく、正法寺は笹ヶ峰の石鎚権現の別当であると主張しており、法安寺は横峰寺、石鎚山、天柱石などを一連の霊地としていたと推測させる。瓶ヶ森の石鎚権現の別当を主張していたのは平安、鎌倉期にかけて全盛を誇った西条市黒瀬山の天河寺で、室町時代、火災に遭い廃墟と化したという。瓶ヶ森中腹の常住には坂中寺（西条市黒瀬）が建ち、山頂には弥山が設けられていた。『西条誌』にも、現在、石鎚山に祀られた「石鎚蔵王権現」は瓶ヶ森に祀られていたとの記述もあり、背負って移したのは西条市西之川の高須賀家の先祖だという。ところが、瓶ヶ森の信仰は江戸時代中期には衰微したとされる。

山名は、ササ原の南西端にある「瓶壺」と呼ばれる直径、深さとも約一・五mの瓶《かめ》形の丸い釜《かま》にちなむ説と、山容が水瓶の形に似ていることにちなむ説、遠望するとカメの甲羅に似ていて「亀の森」と呼ばれていたとする説がある。瓶ヶ森の魅力の一つに、氷見二千石原と石鎚山が前後に収まる絶景を見られるところにある。

ササ原の中には一九五三年に建てられた瓶ヶ森ヒュッテと一九三四年に建設された元営林署小屋だった白石小屋がある。一九七二年、石鎚山東側の登山口・土小屋から瓶ヶ森山頂直下まで林道・瓶ヶ森線（瓶ヶ森林道）が開通し、一九九一年には瓶ヶ森から寒風山トンネル入り口まで一般車も通行できるようになった。瓶ヶ森林道は当初の計画では、氷見二千石原を抜けることになっていたが、瓶ヶ森ヒュッテの経営者だった幾島照夫が反対運動を起こしてルートを変更させた経緯がある。西側の稜線に接する林道登山口は標高一六六〇mで、登山は容易になった。一九七四年、二〇〇七haが瓶ヶ森自然休養林に指定された。

男山と女山を結ぶ稜線にはカエデ、ナナカマドをはじめ、強風によって変形したウラジロモミなどが生えるが、落葉広葉樹のブナもあり、四国ではもっとも高所にあるブナとされる。春はアケボノツツジ、ツルギミツバツツジ、エンレイソウ、マイヅルソウ、イシヅチザクラ、夏はオオヤマレンゲ、コメツツジ、シャクナゲ、カラマツソウ、イブキトラノオ、ナンゴククガイソウ、コウスユキソウ、秋はウメバチソウ、ダイモンジソウ、ミヤマアキノキリンソウ、リンドウなどの草花も見られる。山頂付近は緩斜面なのに対し、南西壁には「ツバクロ岩」「ツバメ返し」という名の断崖絶壁もある。

登路　西条市西之川から西之川林道を経て旧登山道を行く。途中「常住」「鳥越」を過ぎ、釜床谷に沿った急坂を登り、ササ原の西端に出る。男山を経て山頂に達する（西之川から約五時間）。また、西之川から東之川林道を経て登ることもできる。急坂がつづき、台ヶ森分岐を過ぎるとやがてキャンプ場の入り口に出る。ササ原の中を東進すると山頂（東之川林道から約四時間三〇分）。

地図　二・五万図　瓶ヶ森

（尾野益大）

瓶ヶ森（南東方向から）

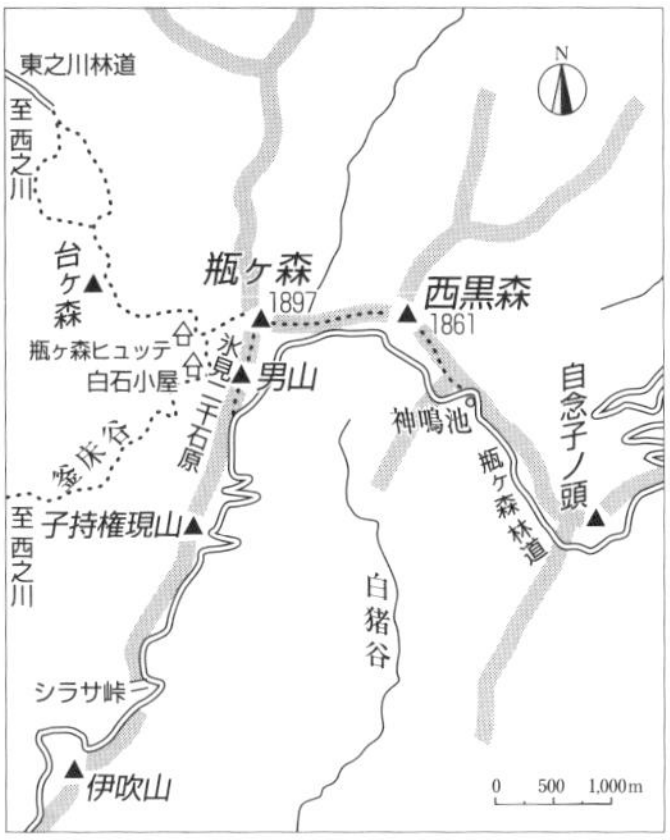

石鎚山　いしづちさん

標高（天狗岳）　一九八二m

別称　石土山　石槌山　石鉄山

愛媛県西条市小松町と上浮穴《うけな》郡久万《くま》高原町にまたがり、四国山脈の西寄りに位置する四国および西日本の最高峰である。

石鎚山は「伊予の高嶺」と称して『万葉集』にも出ており、役小角が開いたといわれている。初めは山岳信仰の対象であったが、平安時代に神仏習合となり、石鎚権現神社となって、天河寺、横峰寺、前神寺などの別当寺ができた。山岳宗教と祭神を祀る石鎚講も盛んになって参詣人が増え、地方の豪族や諸侯の保護が篤く、慶長年間（一五九六～一六一五）に豊臣秀吉が中腹に建っていた成就社の荒廃を見て豪壮な社寺を建立したが、明治年間に焼失してしまった。

祭神の石鎚毘古神《いしづちびこのかみ》は伊弉諾尊《いざなぎのみこと》、伊弉冉尊《いざなみのみこと》の御子にあたり、弘仁年間（八一〇～八二四）に編纂された『日本霊異記』にすでに石鎚山に石鎚毘古神が奉じられていたことを記している。一説には隣の土佐の国に属する瓶ヶ森に祀られていた石土神社の石鎚毘古神の御神体を、北山麓の西の川の庄屋が背負っていまの場所に移したという説もあり、瓶ヶ森《かめがもり》が古くから石土蔵王権現を祀っていて、古くは瓶ヶ

石鎚山(西冠岳付近から)

森山を「古権現」と呼び、いまでは南に連なる岩峰に「子持ち権現」という名称が残されてもいる。

愛媛県側の登山道にある常住山(一四〇〇m)は、「延喜式」神名帳に石土神社としていまの西条市の前神寺が記録されており、奥前神寺が常住山にあったといわれ、石土蔵王権現の社のほか、七堂伽藍ともいうべき建物が建てられたことがある。五〇年前には山門しか残っていなかったが、いまでは往時の姿を伝えるまでに建て替えられ、成就社《じょうじゅしゃ》と呼ばれて頂上の石鎚神社の遥拝所となっている。ここに安置してある御神体を山開きの前に頂上まで運んで祀り、シーズンの終わりに再び運んで安置する場所とされている。常住の古い呼び名は御神体を安置している間、守り人がそこに付き添っていたことからきている。

以上のように信仰の対象の山で、立山や大峰とともに日本七大霊場に数えられ、例祭の七月一日から一〇日までは山伏や信者が列をなして登り、白装束の人たちで白い道が山頂までつづく。

石鎚山は彌山《みせん》(一九七四m)、天狗岳(一九八二m)、南尖峰の三つのピークがあり、彌山に石鎚神社が祀られ、天狗岳が最高峰で、鋸岳がもっとも東の端にあって鋸《のこぎり》の刃のような岩の突起を並べている。これらピークの南面はいずれも樹林の斜面であるが、北側は岩壁になっている。山頂は安山岩が露出しているが、第三紀層の形成中に火山活動が発生して、頂上付近の粒状安山岩が形成された。この岩壁は西冠岳(一八九四m)まで延びていて、遠くから眺めるとこれらのピークが水平に連なっているように見えるため、西冠岳から二ノ森辺りまでを含めて広義の石鎚山とする見方もある。

近年、暖冬つづきで降雪も少ないが、それでも積雪があり、三の鎖のほとんどが氷の中に閉ざされていたこともある。昭和初期に今西錦司らが瓶ヶ森、笹ヶ峰から石鎚山への、スキーによる冬期縦走をした珍しい記録もある。なお、石鎚の北壁は無雪期、積雪期とも紫岳会が初登攀している。

頂上を南へ下った所に「水の禅定」と呼ぶ岩の間の水場があり、この水は変質することがないといわれている。また、北側の夜明かし峠から西之川へ下る御塔谷に「天柱石」あるいは「御塔石」と呼ぶ安山岩の柱状節理によってできたといわれる岩塔が孤立した、不思議な姿を見ることができる。

石鎚山の植生としては、頂上近くにシコクシラベ、オモゴザサ、下るに従ってコメツガ、ダケモミ、ブナとなり、その下はヒメコマツ、シラベ、さらにシイ、カシの常緑広葉樹となる。標高にして一〇〇〇m付近が針葉樹と広葉樹の境界で、それ以上は針葉樹の世界である。

登路　コースは北側、表参道といわれる小松、西条方面からと、南側、面河《おもご》方面からが一般的である。バスで河口まで入り、古くは黒川道、今宮道の大保木茶や盆栽を栽培している畑の斜面を辿って成就社に登ったが、いまでは西之川近くからロープウエーで成就社まで登ることができる。その先の夜明峠から上に行場となっている一の鎖、二の鎖、三の鎖がつづき、参詣者や登山者の多い時はかなりの時間がかかるが、巻き道もあって山頂の彌山に達する(成就社から約三時間)。天候によっては北側の瀬戸内海と南側の太平洋を同時に見ることもできるといわれる。

面河側は面河川の関門から上流に面河渓と呼ぶ石英粗面岩の現れた峡谷状の景勝地がつづき、渓谷の終わる辺りから尾根の斜面を辿る旧道を歩いて登ると、右の谷底に「御来光の滝」を見ることができる。

モミ、ツガ、ブナの林を通り、高くなるに従って一面のササの斜面となり、稜線近くでシコクシラベの林の間を通って三の鎖に出て彌山に至る。また、面河の関門から石鎚スカイラインを車で土小屋まで登り、土小屋から稜線づたいに歩いて表参道の二の鎖に合流して登るコースもある(土小屋から約二時間三〇分)。

愛媛県側からの車道としては、西条から加茂川を辿り、寒風峠へ登って尾根づたいに瓶ヶ森を経て土小屋に達することもできる。ただし、これらの林道は開通期間が限られているので事前の調査が必要である。

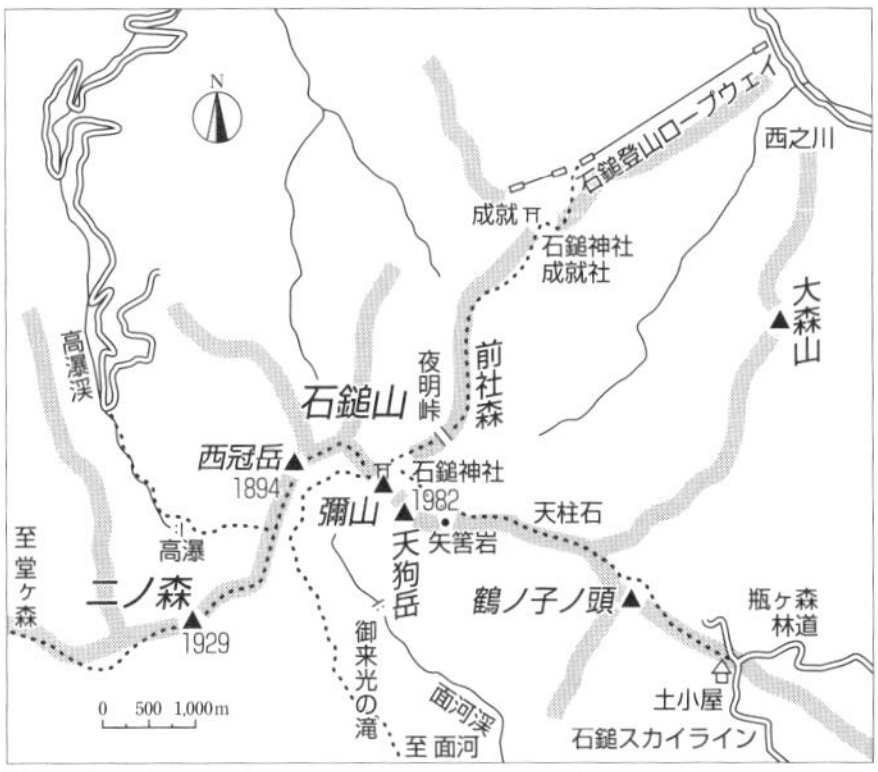

地図　二・五万図　石鎚山　（阿部和行）

二ノ森　にのもり　標高　一九三〇m

愛媛県上浮穴郡久万高原町と西条市小松町の境にあり、石鎚山系の主峰・石鎚山の西にある。山名は石鎚山に次ぐ第二の高峰に由来する。四国山地でも剣山に次いで三番目の高さ。地形は厳しい壮年期の様相を呈し、北斜面は断崖となっている。北西面の高瀑《たかたる》渓谷の源流部でもあり、標高一三〇〇m付近には第三紀層の岩壁に懸かる落差一三二m、幅五三mの西日本最大級の規模を誇る滝「高瀑」がある。山頂の南面からは仁淀川支流の面河川が発している。

南面の面河渓谷から石鎚登山道ができるまでは、松山市方面から石鎚山を目ざす際、旧丹原町保井野あるいは黒森峠を越えて旧面河村梅ヶ市から堂ヶ森、二ノ森を経て石鎚山へ登っていたという。どこからアプローチしても片道に最低約四時間を要し、奥深さを実感でき、登山者の少ない静かな山として知られている。山頂は狭いが、山頂から石鎚山にかけて連なる稜線からの眺めは四国第一級のアルペン風景が展開し、とくに石鎚山の南壁は見応えがある。

山頂には氷河期の遺存植物で四国特産種の針葉樹シコクシラベが根付く。なかでも二ノ森のシラベは南限地とされる。長い時代を経るに従い、実が小さく葉が短いなど土地的環境に適応した形態に変化し、「シコクシラベ」と名付けられたが、本州のシラベと同一種とする考え方もある。また、西の堂ヶ森にかけてササで覆われ、イワカガミ、マイヅルソウ、タカネオトギリ、シコクイチゲ、イヨフウロなどが生える。地質は三波川変成岩を基盤とし、その上に石鎚火山の輝石安山岩が覆っている。

登路 西条市丹原町保井野、久万高原町の両所から急坂を登り、堂ヶ森西の尾根に達し、堂ヶ森を経て尾根づたいに登山道を辿って登頂する(約三時間四〇分)。東の石鎚山から縦走もできる。

地図 二・五万図 石鎚山 (尾野益大)

石墨山 いしずみさん 標高 一四五七m

愛媛県のほぼ中央部、上浮穴郡久万高原町久万と同町の面河地区の境にある。皿ヶ峰を中心に黒森峠、石墨山、陣ヶ森、皿ヶ峰、障子山(八八五m)、谷上山(四五六m)とつづく皿ヶ峰連峰の最高峰。山頂は主稜より南にはみ出している。山名は、水に漬けると墨ができる黒石が採れたことに由来する。

伝説では昔、山麓に赤鬼法性院という怪力無双の修験者が棲んでおり、大蛇を退治したり災害を防いだりした。晩年、死期を悟ると石墨山の八合目の岩陰に入定、遺骨はいまもあると伝わっている。麓の本村に石墨神社があり、この修験者を祀っている。愛媛側の『面河村誌』には「修験者を悼んで石墨大権現をまつり岩場に祠もある」とある。第二次大戦までは南麓の旧面河村の人々が山頂の南の小山で火を焚く雨乞いが行われており、石墨山は古くは神聖視され、女人禁制が布かれていたともいう。一九五五年ごろまでは、屋根葺き用の茅を刈ったり、春の彼岸ごろには集落総出で山焼きをしていた。登山道は現在、北から一本通じるのみ。

スギ、ヒノキの植林化が進んでいるが、西斜面にはブナの自然林も残っている。道中の割石峠には東温高校の山小屋が立つ。山頂は狭いが、石鎚山系や高縄《たかなわ》半島が望める。登山口は唐岬《からかい》の滝の入り口にもなっている。この滝は落差が五五mもあるが、女性的な優美な滝で、夏目漱石や正岡子規も観光に訪れている。登山口に「瀑《たき》五段 一段ごとの もみぢかな」と漱石が残した句碑が立っている。

登路 東温市川内地区の唐岬の滝入り口から登る。緩い巻き道を辿って割石峠に出る。尾根づたいの急坂を経て主稜線に達する。ブナ林がある景色のよい、やや上りの稜線の道を進むと山頂(登山口から約一時間四五分)。

地図 二・五万図 石墨山 (尾野益大)

皿ヶ峰 さらがみね 標高 一二七八m

愛媛県上浮穴郡久万高原町久万と東温市重信地区の境にあり、石鎚山系西端に位置する。皿ヶ峰を中心に一〇〇〇m級の山々が連なり、黒森峠から石墨山、陣ヶ森、皿ヶ峰、三坂峠、障子山、谷上山とつづく連嶺を「皿ヶ峰連峰」と呼ぶ。一九六七年に一帯は皿ヶ峰連峰県立自然公園に指定された。皿ヶ峰は、太平洋へ注ぐ仁淀川支流久万川・有枝川の源流域にあたり、瀬戸内海へ注ぐ重信川水系との分水嶺。山頂直下の地形は隆起準平原となり、山名はその皿のような窪地に由来する。この窪地は「竜神平」と呼ばれる湿地で、南北約一〇〇m、東西約八〇mの広さがある。古くは泉が湧きミズゴケが生えていたが涸《か》れてしまった。竜神を祀る小祠もあったという。近くに愛媛大学山岳会が一九五九年一〇月、一般登山者のため建設した避難小屋「竜神小屋」がある。当時、同大山岳部員が資材四tと石材などを背負って上げ、延べ五〇〇人が一年半かけて造った。皿ヶ峰は松山市や周囲の山から望むと台地状の山としてよく目立つ。

竜神平から山頂付近にかけてブナ林が美しい。一九五六年、ベニモンカラスシジミという蝶が世界で初めて見つかり、生息地とともに一九六二年、愛媛県の天然記念物に指定されたが、現在は絶滅したらしい。登山口の北西中腹に幾つもの風穴があり、一角では重信町の有志が、ヒマラヤ産のブルーポピー(青いケシ)を栽培している。

登路　東温市上林の観光休憩所から遊歩道を登る。ブナ林の緩い坂道を辿ると竜神平。坂道を経て尾根に出てしばらく行くと山頂(約一時間三〇分)。久万高原町六部堂からも登路があり、車道を串刺し状にした登山道を行くと山頂北西の尾根に達する。

(尾野益大)

地図　二・五万図　石墨山

岩黒山　いわぐろさん

標高　一七四六m

愛媛県西条市と上浮穴郡久万高原町面河地区の境にあり、石鎚山系主稜部に位置する。西日本の最高峰・石鎚山の東約四km、瓶ヶ森の南西約六kmにある。石鎚山南麓の面河地区から延びた石鎚スカイライン(一九七〇年開通)終点(一五〇〇m・土小屋)の東南東に聳え、北斜面には土小屋から寒風山トンネルへつづく瓶ヶ森林道(一九七二年開通)が通っている。東斜面から吉野川支流・名野川が発し、西斜面からは仁淀川支流・面河川が発している。山名は、上部の黒い岩や奇岩に由来すると推定される。どこから望んでも三角錐の山容が目立つ。

中腹はウラジロモミ、ブナ、ヒメシャラ、ダケカンバ、ゴヨウツツジの自然林が残り、山頂付近はアケボノツツジやコメツツジ群落が見られる。山頂は狭いが眺めはよく、石鎚山、瓶ヶ森をはじめ、瀬戸内海まで見渡せる。約一七三haが「岩黒山風景林」に指定されている。

岩黒山は、石鎚山系主稜から南の筒上山、手箱山(一八〇六m)方面へ分かれる尾根の起点の山でもある。

登路　西条市、久万高原町境の土小屋から東へ延びる尾根づたいの登山道を進む(約五〇分)。

(尾野益大)

地図　二・五万図　筒上山、瓶ヶ森

筒上山　つつじょうさん

標高　一八六〇m

別称　つつじ尾　矢筈ノ森　手箱山

愛媛県上浮穴郡久万高原町と高知県吾川郡仁淀川町、吾川郡いの町との境界にドーム状に聳え、東の手箱山（一八〇六m）の連嶺となっている。この連嶺は石鎚山系主稜部から南に張り出しており、同山系でもっとも静かで、ブナやミズナラがうっそうと茂るなど自然林が残された山域とされる。筒上山の東斜面から吉野川支流・名野川が発し、西斜面からは仁淀川支流・面河川が発している。

高知側の『寺川郷談』によると、山名は昔、つつじ王権現が祀られていたことにちなみ、「つつじ尾」とも呼ばれていたという。また、山頂東側直下に手箱越と呼ばれる鞍部があり、周りの地形が弓の弦を受ける矢筈に似ているため「矢筈ノ森」とも呼ばれた。また、山頂から出た遺物に「手箱」と記されていたため、この山を「手箱山」という人もいる。山頂付近は三方が急崖となって険しく、約四〇mの鎖に頼って登頂する。頂には大山祇命神社が祀られ、その周りにコメツツジ群落が広がっている。眺望も優れ、北の石鎚山系から南の太平洋まで視界に収められる。山頂の西側直下に高知市内の大峰宗覚心寺派の道場があり、夏期は信者でにぎわう。北側の尾根には、四国有数の規模を誇るゴヨウツツジ群落が広がるほか、希少な遺存植物の一種キレンゲショウマが根付いている。

筒上山を訪れる登山者の多くが東の手箱山へ縦走する。手箱山は江戸時代、東斜面の標高一五八〇mに氷を貯蔵する氷室があったことで知られ、手箱越を通って高知城の藩主に運んだとされる。

筒上山（山麓から）

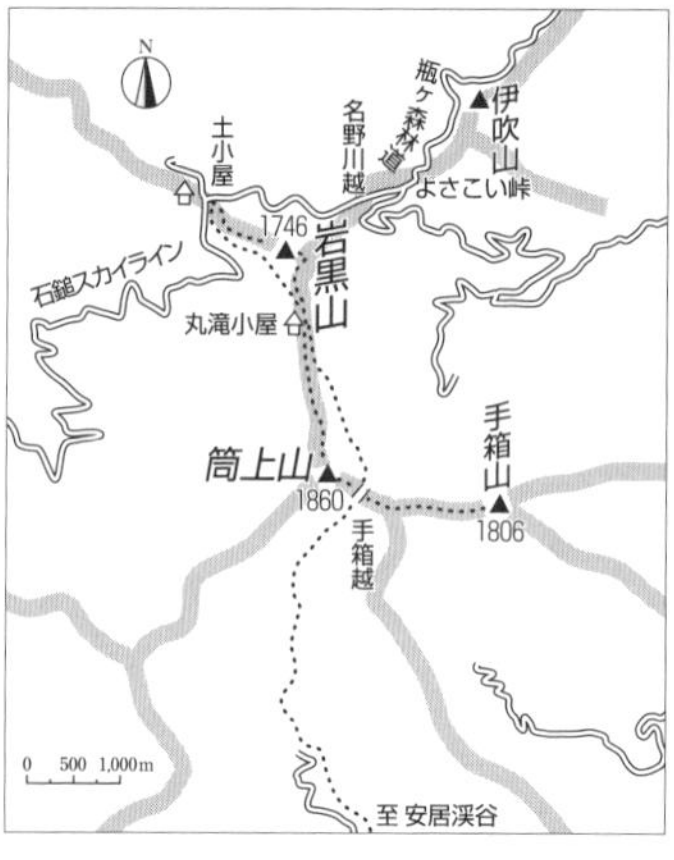

登路　西条市、久万高原町境の土小屋から岩黒山南斜面を巻いて丸滝分岐へ進む。南下して丸滝小屋を過ぎて尾根を南進し、尾根の東側を巻き気味に登り、手箱越に達する。西へ急坂を登ると山頂（約二時間三〇分）。高知県仁淀川町の安居渓谷からも手箱越へ登れる。

地図　二・五万図　筒上山　瓶ヶ森

（尾野益大）

黒森山　くろもりやま

標高　一〇一七m

高知県吾川郡仁淀川町と高岡郡越知町の境にあり、仁淀《によど》川中流域に独立峰として聳える。山名は深い森に覆われていることにちなむが不詳。山頂まで車道が付いたが、江戸期は中腹に松山街道が走り、南の越知町と北の旧池川町を最短距離で結んでいた。

山頂の北西に鈴ヶ峠（八四〇m）があり、灯明台二基が立つ。一基は一八七四年の建立。庶民が生活物資をはじめ病人を担いで運んだほか、江戸末期には土佐藩脱藩の志士も越えたという。山中に「黒鯛三社権現」という祠が祀られている。越知の魚商人が山中で罠に掛かった兎と交換に黒鯛を置いて帰ったところ、その鯛を持ち帰った村人が寝込んだ。村人は山伏に祈禱してもらい鯛を葬ったと伝わる。

登路　仁淀川町大崎の国道三三号から三本の林道が山頂へ延びている（登山口から約二時間）。

地図　二・五万図　上土居

（尾野益大）

稲叢山　いなむらやま

標高　一五〇六m

別称　稲村山

高知県吾川郡いの町本川地区と土佐郡土佐町の境にある。東の西《にし》門山《かどやま》（一四九七m）や南の戸《と》中山《ちゅうさん》（一二六一m）と峰つづきで、吉野川を挟んで石鎚山系と並列している。稲叢山は独立峰の趣があり、山腹は急峻な岩壁を形成している。『土佐州郡志』や『皆山集』には「稲村山」と記されているが、『皆山集』に「絶頂に池があり、稲に似た草が生えるので稲叢とも書く」とある。実際には山中に稲はなく、稲に似た草として実のなるクマザサが生えており、ここに記述された稲とはクマザサの可能性がある。山名については、このほか『本川郷風土記』によると、平家一族とともに安徳天皇がこの山に逃れたが、畑も作れずに仕方なく下山することになったとき、天皇が「豊かな作物が実るように」と祈ったことにちなむとする説もある。頂には古くは安徳天皇を祀る稲叢神社があったが、いの町戸中の大平に移された。

山腹には、ブナ、ヒメシャラ、アケボノツツジ、ゴヨウツツジ、ヒノキ、シャクナゲ、コシアブラ、カエデの自然林が残っている。東尾根の数箇所には送電線の鉄塔が立つ。上部は細尾根となって深山の雰囲気に包まれ、頂は四畳程の狭い一枚岩になっている。稲叢大明神の祠が祀られている。景観が優れ、石鎚山系、赤石山系、高知市を望むことができる。登山口となった南麓標高約一一二八mには、全国有数のロックフィルダム「稲村ダム」があり、有効貯水量は上池五一〇万m³、下池一二〇〇m³。ダムや林道ができてから手軽

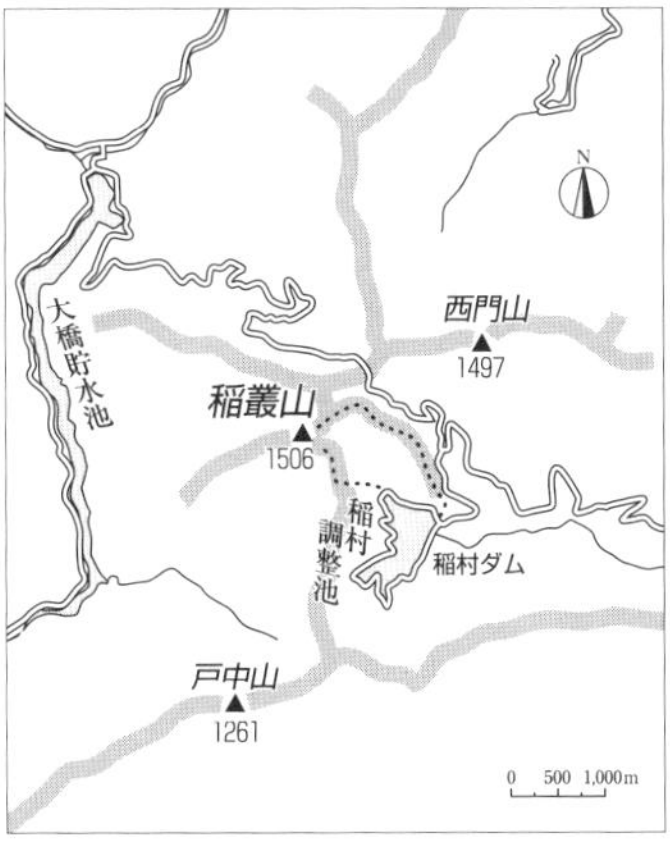

稲叢山（東側中腹のダムサイトから）

な山に変わったが、一九六五年ごろまでは、複雑な地形や麓からの距離が長いことが災いして、熟練者だけの秘境の山だった。

東に連なる西門山へ縦走する人も少なくない。途中、アケボノツツジ、ゴヨウツツジ、カエデ、ブナ、モミ、ゴヨウマツの自然林が美しい。

登路 土佐町の稲村ダムが登山口。東斜面を少し登って尾根道を北西へ進み、分岐を左にとって自然林の急坂を辿ると山頂(登山口から約一時間三〇分)。ダムサイト西側から南尾根に達して登頂するルートもある。

地図 二・五万図 日比原 日ノ浦

(尾野益大)

陣ヶ森《じんがもり》

標高 一〇一三m

別称 秀麗山 田野々城

高知県のほぼ中央部、土佐郡土佐町と吾川郡いの町の境にある。東と南側は緩斜面だが、北および西側は急崖をなす。山名は『南路志』によると、出城をめぐって争奪の対象となったことに由来する。この山は南北朝時代から地元領主たちが砦を築いた。頂には土塁が残り、西側山腹には古戦場だった「簱《はた》取り場」と呼ぶ広い窪地もある。東方の土佐町地蔵寺方面から眺めると山容が富士山に似て見えるため「秀麗山」とも呼ばれた。『土佐町史』では「田野々城」とも記されている。伝説では平氏を追ってきた源氏が陣ヶ森の山容を見て、「西に秀麗山あり」といって弓矢の神を山頂に祀ったという。

頂稜は西四㎞にある戸矢ヶ森にかけて、静岡県の天城山に匹敵するという日本有数のアセビ群落が広がる。陣ヶ森の頂から一㎞西にアセビの自然庭園が広がる「丸山広場」があり、太平洋まで見渡せる展望台となっている。山頂の東斜面には放牧場が広がり、かつて一帯は近郷の人たちが共同で刈るススキ(カヤ)の採草地だった。一九七四年に指定された工石山陣ヶ森高知県立自然公園に含まれ、遊歩道、ベンチが整備された。山頂東側直下まで車道ができている。

登路 いの町吾北地区の町道峰石原線の終点が登山口。階段状に付けられた遊歩道が山頂までつづく(登山口から二〇分)。

地図 二・五万図 西石原

(尾野益大)

工石山《くいしやま》

標高(北峰) 一一七七m

別称 前工石山

高知県中部の高知市土佐山高川と土佐郡土佐町の境にあり、東の笹ヶ峰から西の陣ヶ森までつづく標高一〇〇〇m前後の連嶺の最高峰。平均樹齢一九〇年という老齢天然林を擁している。山頂からの優れた眺望に加え、春の新緑から秋の紅葉まで森林美は見事。南に二九㎞離れた高知市に近く、市内から望むこともでき、市民が身近に感じている山である。天然林の上層はブナ、ヒメシャラ、カエデの落葉広葉樹、モミ、ヒノキ、サカキ、アカガシなどの常緑樹、下層はシャクナゲ、アケボノツツジなどの灌木からなる。暖温帯と冷温帯の植生が混じる学術的に貴重な林をつくり、冬はそれほど低温にならず、夏はあまり高温にならない気候を証明している。石灰岩地帯で露出した石灰岩の光景も見られる。一九七一年、四国で二番目の自然休養林「工石山自然休養林」(五七二ha)に指定され、一九七四年六月には一帯二三一五が工石山陣ヶ森高知県立自然公園に指定された。

登路　北東の赤良木トンネル東口から少し登ると「杖塚」に至り、北回り、南回りコースの登山道に分かれる(南回り約一時間三〇分)。

地図　二・五万図　土佐山　田井

(尾野益大)

笹ヶ峰　ささがみね　標高　一一三一m

高知県土佐郡土佐町と南国市の境にある。南国市の最高峰。北斜面が広い緩斜面になっていて、江戸期は草刈り場として利用され、「肥草山」と呼ばれた。山頂に大正初期に勧請された石鎚神社の祠がある。古くは社が建っていて、祭日には御神体を北麓の住民が背負って登り、祭典や柴灯護摩が行われた。山頂からの東二kmに中ノ川越、西四kmには樫山越の峠があり、両峠を南麓から越すことを「北山越え」といった。中ノ川越は一八七九年から一八八五年にかけて北麓の小笠原伝次郎が私費を投じて自ら監督もして切り開き「伝次道」と呼ばれている。樫山越は中世にはすでに利用されていた道で、その後も庶民の生活道として活きてきたが、北側上部まで林道が開通して使命を終え、登山も容易になった。

登路　土佐町の林道・奥鍋割線の途中に標識が立つ登山道がある。すぐ上の分岐からどちらへ行っても山頂へ登れる。右へとるといったん笹越え峠へ、左へとると笹越え峠から東へ進んだ地点に出る。山頂はさらに東へ進んだ地点(約三〇分)。

地図　二・五万図　田井

(尾野益大)

国見山　くにみやま　標高　一〇八九m

高知県長岡郡本山町と香美市土佐山田町の境にある。『土佐州郡志』には「国見の峯」と出てくる。本山町吉延の伝承によると、江戸期には山頂西の国見越えを南から北へ越す土佐街道が抜けていて、藩主が参勤交代で山越えをしたとき、駕籠《かご》を止めて国を見渡したのが山名の由来になったとされる。現在、街道は登山道に生まれ変わったが、北側下部の道には駕籠の底がこすったといわれる大岩「駕籠すり岩」が残っている。山頂からは南に高知市や太平洋、東に剣山山系などが眺められる。

国見山の北にある杖ヶ森には石鎚山遥拝所の勧請地があり、戦前まで石鎚参りをする人がいた。また、杖ヶ森の北には『土佐州郡志』に「国見の峯より相下ること半町ばかり、冽泉あり、故に名づくるか」と記されたかつての湧水地点「水の本」がある。昔は水が湧いていて旅人の喉を潤したといわれる。

登路　本山町、香美市土佐山田町境の赤荒峠《あかあれ》まで車道を走れる。峠から東へ尾根づたいの登山道を進む。山頂手前で国見越えの峠に出る(一時間)。北麓の本山町吉延、南麓の土佐山田町堂の本から国見越えに登るルートもある。

地図　二・五万図　繁藤　田井

(尾野益大)

鷲尾山　わしおやま

標高　三〇六m

高知県の高知市南西部にある。東は平井山、琴平山から大平山、大畑山を経て浦戸湾西側の宇津野山、鷲尾山、烏帽子山まで連なる「鷲尾山地」の一峰。宇津野山から西にかけての連嶺は「南嶺」とも呼ばれる。土佐湾沿いの海岸部と内陸部とを分ける自然境界となっている。低地から目立つため、中世戦国期に利用された物見狼煙《のろし》場の跡があり、第二次大戦中には対空監視所もあった。眼下に高知市街地や浦戸湾、太平洋が見渡せ、遥かに四国山地が望める。一九六七年三月には一五七九・七haが鷲尾山県立自然公園に指定され、市民の身近なハイキングコースとしても親しまれている。西の峰つづきの烏帽子山の頂には石土神社の祠がある。

登路　高知市の鏡川南岸の筆山公園に登山口がある。南へ延びる緩い尾根にある登山道を辿り、皿ヶ峰を経て山頂へ（二時間四〇分）。

地図　二・五万図　高知　（尾野益大）

雨ヶ森　あめがもり

標高　一三九〇m

四国山地中南部の高知県吾川郡仁淀川町池川地区にある。独立峰で周囲から望むとどっしりとした三角錐の山容で目立つ。南麓の岩《いわ》柄《がら》集落の人たちが古くから信仰した山で、天ヶ森から転訛した山名とされる。現在、集落入り口にある菅原道真を祭神とした岩伽羅《いわがら》神社は元々山頂にあり、三回の遷宮で現在地に下りた。山頂は広く、岩に囲まれた「雨ヶ森さま」と呼ばれる祠がある。中腹標高一一〇〇mには二回目の遷宮で祀られた大きな岩屋があり祠が残る。二〇〇〇年ごろまで毎年、集落の老若男女がこぞって登り、祭礼をしたり雨乞いをしたりした。四方とも急峻で中腹には滝が多く、岩柄集落からの登山道上部には岩場も出てくる。山頂の眺望は石鎚連山を中心に眺めが優れる。登山道が通じる北西麓の椿山《つばやま》集落は標高六〇〇m以上にあり、平家落人の定住した集落として知られる。平家の遺物を収納したという仏堂を中心に、住民の強い団結が見られる。昭和四〇年代まで雑穀主体の焼き畑農業が行われていた。

登路　仁淀川町岩柄に登山口がある。石段を登ってスギ林に入ると、滝や渓谷に沿った急坂がつづく。岩屋から上部は自然林が多くなり、岩場もある。最後も急な尾根道を辿る（約三時間）。北西麓の椿山、北東麓の樫山からの登路もある。

地図　二・五万図　上土居　筒上山　（尾野益大）

中津明神山　なかつみょうじんやま

標高　一五四一m

別称　明神山　中津山

愛媛県上浮穴郡久万高原町と高知県吾川郡仁淀川町との境にある。壮年期の険しい山容で、準平原の山頂部は一面ササ原に覆われている。頂に明神様を祀った石の祠があり、南麓の久万高原町中津集落上部に聳えることから山名になったとされる。また、石鎚蔵王権現が安置された社殿と灯籠があり、石鎚山遥拝所の一つとされる。石の祠は天保三年（一八三二）、灯籠は嘉永七年（一八五四）に建てられた。毎年八月には仁淀川町上名野川集落の人々が祭礼をしているという。古くは平家の落人が名野川城を築いた跡だと伝わる。

眺望は優れ、北に石鎚連山、南に天狗高原などがよく見える。一九六九年、山頂まで車道が開通。一九八四年には国土交通省がドーム状の無人レーダー雨量計を建設した。この山にはササユリ、ホソバノヤマハハコ、イヨフウロ、ツリガネニンジンなどが見られる。中腹から中津川(中津渓谷)を発し、一九五八年、東麓一六八四haが中津渓谷高知県立自然公園に指定された。

登路　高知県仁淀川町上名野川の大山祇神社が登山口。植林の中に登山道があり山頂一帯に通じる車道を何度も通過する。上部はササ原が広がり景観がよい(約二時間)。愛媛県久万高原町中津の林道久主稲村線に登山口がある。前半は樹林の中に急坂がつづき、後半はササ原の登山道を辿る(約二時間)。

地図　二・五万図　柳井川　(尾野益大)

天狗の森《てんぐのもり》　標高　一四八五m

高知県高岡郡津野町、吾川郡仁淀川町と愛媛県上浮穴郡久万高原町との境にある。山口県の秋吉台、福岡県の平尾台と並ぶ日本三大カルストの一つで、「四国カルスト」の東部に位置する最高峰。四国唯一のカルスト地形の山岳である。

四国カルストは石灰岩が風雨によって侵食され、地表に露出した全国でも珍しい高位高原カルストで、日本三大カルストの中でももっとも高度が高く、東西も約二五kmともっとも長い。東の峰つづきにある黒滝山にかけてブナ、ヒメシャラ、ウラジロモミ、イヌシデなどの自然林が残り、ユキワリソウ、ソバナ、タカネイバラなど高山植物が豊富で、とくに日本人が最初に属名(キレンゲショウマ属)を付けたユキノシタ科の多年草キレンゲショウマの群落が有名。稜線まで車道が通じ、登山口付近から西にかけての頂稜には牧場が広がっている。

黒滝山の東一kmには国指定天然記念物の奇勝「大引割」「小引割」と呼ばれる硅岩の亀裂がある。大引割は長さ八〇m、幅三~八m、深さ三〇m、小引割は長さ一〇〇m、幅一・五~五m、深さ二〇mに及ぶ。形成の要因は隆起を伴う地殻変動説もあるが、有史以前の大地震説が有力とされる。

登路　愛媛、高知県境の天狗荘から東の尾根道を進む。「瀬戸見の展望台」を経て山頂に至る(登山口から約五〇分)。

地図　二・五万図　王在家　(尾野益大)

不入山《いらずやま》　標高　一三三六m

別称　黒森

高知県高岡郡津野町にある。決して高峰ではないがピラミダルな山容を呈して周囲からは堂々として見える。また、交通が未発達で近寄りにくい時代は、黒々とした山容は不気味で恐れられたという。

江戸時代、藩の貴重な財源として扱われた森林を保護するため、この山をお留め山とし、伐材の制限を設けたことにちなんで山名が付いた。

山頂付近は自然林が残っておりホンシャクナゲ、コウヤマキ、ツガ、アケボノツツジなどが多い。山頂には石鎚神社の祠がある。眺望は優れ、間近に太平洋が見える。東側中腹が四万十川（渡川）の源流になっており、全国でも珍しいアオノリが着生する。

一帯五・〇七haは一八七九年に植栽されたスギ林で「四万十源流郷土の森」として一九九六年、高知営林局（現四国森林管理局）と東津野村（現津野町）が保護林に指定した。そのエリアは高知県東部の魚梁瀬《やなせ》千本山に次ぐ「西の千本山」といわれる貴重な造林地だ。

夢窓疎石の高弟、義堂周信《ぎどうしゅうしん》と絶海中津《ぜっかいちゅうしん》の二人の傑僧は南北朝時代、不入山麓で誕生したとされ、東麓の堂海公園に銅像が立っている。近くには純白の鍾乳石で知られる鍾乳洞「稲葉洞」がある。

登路　津野町の矢筈トンネル東口から林道を進むと登山口がある。車道をしばらく歩き登山道に入る。分岐を右にとるとコウヤマキ、シャクナゲの多い尾根道、左へとると谷筋の道になる。合流すると岩尾根になり、やがて山頂（登山口から約二時間三〇分）。

地図　二・五万図　王在家　（尾野益大）

鶴松森　かくしょうもり　標高　一一〇〇m

別称　かくしょう

高知県吾川郡仁淀川町と高岡郡津野町にまたがり、不入山の東約三・五kmに位置する。昔、マツが植えられており、そこへ鶴が飛来することを願ったか実際に飛んできたため、そうしたことが山名に由来した。地元では「かくしょう」とも呼ぶ。北斜面が緩やかだが、南斜面は急峻になっている。東斜面のススキの原は、麓の住民が一九六五年ごろまで肥料に使うため刈りとったり、ワラビ、ゼンマイなどの山菜を採る場所だった。山頂からは太平洋も見える。南麓に新荘川が発している。この川は一九七九年、カワウソが肉眼で確認されたことで知られる。

登路　津野町の国道一九七号の道の駅「布施ヶ坂」に登山口がある。地元の生活道と重なった登山道を辿る。途中、林道が出てくる。林道終点からは植林の登山道になる（登山口から約二時間）。津野町の矢筈トンネル東口から林道を進んだ不入山登山口からも登れる。

地図　二・五万図　王在家　（尾野益大）

横倉山　よこくらやま　標高　八〇〇m

高知県高岡郡越知町にある。仁淀川本流と支流の大桐川・長者川に挟まれて急峻な山体を形成し、四国カルスト、鳥形山《とりがたやま》（約一三〇〇m）などに連なる石灰岩山地列の一峰。東から標高七七四mの三角点、横倉宮のある標高八〇〇mの最高点、標高一〇〇九m、標高一〇七三mとつづくが、横倉山は横倉宮から三角点付近までの山稜を指す。この山の石灰岩は四億年前のシルル紀のサンゴ礁からなり、最古の化石クサリサンゴの仲間を含み、「日本最古の山」に属する。高岡郡佐川町出身の植物学者・牧野富太郎が幼いころから植物採取に通った山で、ヨコグラノキ、ヨコグラツクバネ、ヨコグラヒメワラビ、ヨコグラブドウなど横倉山で発見された植物は多い。

平家伝説の地としても知られ、平安末期、壇の浦から落ち延びてきた幼い安徳天皇が山中で一〇年程過ごし、正治二年（一二〇〇）、二三歳で崩御してこの地に葬られたと伝えられる。山上に行宮が造営されたとか、中腹の杉原神社周辺に供人二五人の住居があったとかの伝説や弓場、御殿場、的堂などの地名伝承がある。また、山頂直下の石灰岩露頭下の洞窟「平家の岩屋」から中世の遺物、戦前、御嶽神社と呼ばれた頂の横倉宮に保安三年（一一二二）の銘がある経筒など多くの宝物が見付かっている。明治期に地元の人たちが資料を整え政府に働きかけた結果、一八八三年、御陵伝説地に、一九一〇年に見込み地に、一九二七年には参考地に認定された。横倉宮の西にある六haが宮内庁管理地となっている。横倉山は安徳天皇潜幸以前から山岳信仰、とくに熊野の山岳信仰と関係があったと見られる。

登路　東側中腹の越知町の車道から登る。参道と重なった登山道があり、杉原神社、無人の山小屋を経て横倉宮のある最高点に達する（約一時間三〇分）。尾根を東に進むと三角点があり、カブト岩などを経て織田公園に下りる。

地図　二・五万図　大崎　（尾野益大）

蟠蛇森　ばんだがもり　標高　七七〇m

高知県須崎市と高岡郡佐川町、津野町との境界にあり、須崎湾に面する。「蟠蛇」とはヘビなどがとぐろを巻くことをいい、この山に住む大蛇が乙女に化けて人々を惑わした伝説にちなんで山名が付けられた。東西方向に石灰岩が分布し、頂上の北側に小規模ながらカルスト地形が見られる。麓から仰ぐと市街地を囲む屏風のような山で、頂に立つ二基の鉄塔がよく分かる。海からも目立ち、沖から帰る漁船の目印になっている。

山頂まで車道が通じたせいで徒歩で登る人は少なくなった。頂上からは北に石鎚山系、南に須崎湾と太平洋などの展望がよい。頂上に祠があり、南西側に少し下った奇岩には石鎚信仰の石仏二体が祀られている。北西一㎞にある朽木《くちき》峠はかつての往還道で、佐川町と葉山村（現津野町）を結ぶ唯一の近道だった。坂本龍馬脱藩の道として知られ、馬の往来も多かったため峠には馬頭観音が祀られている。

登路　須崎市吾桑の国道四九四号沿いに登山口がある。途中、市道を何度も通過して登頂する（約二時間）。

地図　二・五万図　佐川　（尾野益大）

虚空蔵山　こくぞうさん　標高　六七五m

高知県須崎市と土佐市、高岡郡佐川町にまたがる。空海が虚空蔵菩薩を祀って四国八十八箇所第二十四番札所最御崎寺《ほつみさきじ》（室戸市）を開いたのに伴い、虚空蔵山でも求聞持の修法を行い、見渡しの虚空蔵菩薩を祀ったことが山名の由来になった。南北朝時代の古戦場で、藩政期には農耕用の草刈り場だった。山頂部をとくに「鉾ヶ峰《ほこがみね》」と呼ぶ。紀元前三世紀ごろ、中国・秦の始皇帝が不老長寿の仙薬を探しに家来の除福、張良を蓬莱山に遣わしたが、難船して須崎市宇佐に着いたと伝わる。そして、張良が虚空蔵山に登ったものの仙薬は得られず、鉾《ほこ》を高くかざして望郷の涙を流したという伝説が残る。

山頂には一九二〇年にこの山に登った高知出身の大町桂月の歌碑、胸像が立つ。北東直下には石鎚神社の祠と、虚空蔵菩薩を祀る鉾ヶ峰寺がある。

登路 佐川町から山頂まで車道が通じるが、徒歩で登る場合、JR土讃線斗賀野駅の東側の東組および白水の滝入り口にそれぞれ登山口がある。両登山道は途中で合流し、車道を通過して柴折峠に出た後、南進する(両コースとも約一時間三〇分)。

地図 二・五万図 佐川

(尾野益大)

鈴ヶ森 すずがもり 標高 一〇五四m

高知県高岡郡中土佐町、四万十町、津野町との境にある。南北に長く連なる山地の主峰で、南と東は四万十川に挟まれる。白亜紀四万十層群で構成されている。国有林が広がり、モミ、ツガの天然林やシャクナゲが群生する。

登路 西麓の大古味から延びた林道途中から登山道がある(約一時間)。北の鈴ヶ森林道から尾根づたいに登ることもできる。

地図 二・五万図 新田

(尾野益大)

大野ヶ原 おおのがはら 標高 一四〇三m

愛媛県西予市と高知県高岡郡梼原《ゆすはら》町の境にあり、高知県吾川郡仁淀川町の鳥形山《とりがたやま》から天狗の森を経て全長約二五㎞に及ぶ四国カルスト西端部に位置する。緩斜面の草原地帯で、老齢期のカレンフェルトを呈し石灰岩が点在する。天正二年(一五七四)、愛媛県久万地方の豪族で大除城主の大野直昌が、土佐の長宗我部元親の伊予侵攻を食い止めた激戦地で、戦勝を記念して名付けられた。最高峰は「源氏《げんじ》ヶ駄馬《がだば》」と呼ばれる。一九六四年、愛媛県立自然公園に指定された。

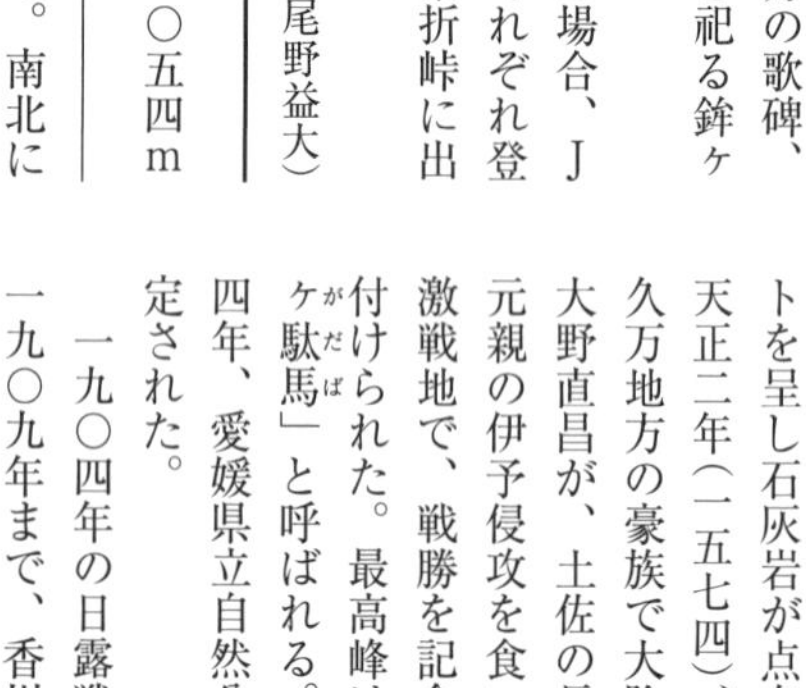

一九〇四年の日露戦争から一九〇九年まで、香川県善通寺市の旧陸軍善通寺第十一師団の砲兵演習場となり、第二次大戦中は軍馬の放牧場だった。一九四八年、開拓実験農家が入植し、一九五〇年、開拓地として認可され、本格的な入植が始まった。一九七九年には二七戸(酪農家一六戸)、乳牛六〇〇頭の酪農地域となった。古くはブナなどの自然林で覆われていたが、ほぼ全面が牧場となり山頂まで車道も延びている。山頂の北西斜面にわずかにブナ、カエデ、ミズキなどの林が残り、開拓前の風景を残している。その森は「一夜ヶ森」と呼ばれ、空海が修行中に一夜を過ごした時に出現したと伝えられる。標高一一六〇mの北側登山口の西側には、ドリーネに水がたまった小松ヶ池がある。竜神伝説がある竜王神社が祀られている。さらに西の標高七二〇mには四国最大級の鍾乳洞「羅漢穴」がある。支洞を合わせた延長四三〇mの鍾乳洞で、昔は五百羅

漢のように鍾乳石が林立していたという。鍾乳洞は明治末期から大正初期にかけて大洲市の養蚕家が蚕種の貯蔵庫に利用していた。

大野ヶ原から北の峰つづきに標高一三四三mの三角点がある。「小屋山」と呼ばれ、一帯は四国でもっともまとまったブナ林が残されていて、一・八八haが一九九〇年、「林木遺伝資源保存林」に指定され保護されている。

登路　西予市野村町の大野ヶ原北斜面に公民研修センターがあり、そこが登山口。南へ少し車道を歩き、コンクリートで固められた登山道を歩く。一度、車道を横切ると主稜線「源氏ヶ駄場」に出て西へ少し歩くと山頂(約一時間一〇分)。

地図　二・五万　惣川　越知面

（尾野益大）

笠取山　かさとりやま

標高　一五六二m

愛媛県上浮穴郡久万高原町と喜多郡内子町の境にあり、東から西ノ明、美川峰、大川嶺《おおかわみね》、笠取山と円弧状に連なる大川嶺連峰の最高峰。強い北西風によって笠が飛ばされることに由来した山名という。山腹は急峻だが隆起準平原の山頂付近はなだらか。クマザサとミツバツツジが群生し、とくにシコクフウロが多い。東のウバドボ山にかけての頂稜と山腹にはブナの自然林が残っている。南麓の木地集落は木地師が住んだ集落で、昭和初期まで木器などの生産が行われていた。

登路　旧柳谷、美川村(現久万高原町)境の車道から歩き始める。車道を笠取山西側まで歩いて山道を登る(約一時間一〇分)。

地図　二・五万図　笠取山

（尾野益大）

大川嶺　おおかわみね

標高　一五二五m

愛媛県上浮穴郡久万高原町、喜多郡内子町の境にある。東から西ノ明、美川峰、大川嶺、笠取山と南北一三km、東西一〇kmの円弧状に連なる大川嶺連峰の主峰。山頂は隆起準平原の平坦面が見られる。一九七六年から一九七七年にかけて山頂一帯一三五haが国営開発事業で草地が造成され、さらに牧場ができ、一九八〇年からはウシを放牧するようになった。一九七四年から一九七六年にかけて山頂まで車道が延びた。北方一〇kmの久万地方周辺からはドーム状の重量

大川嶺と中腹のブナ林(ツツジガ森から)

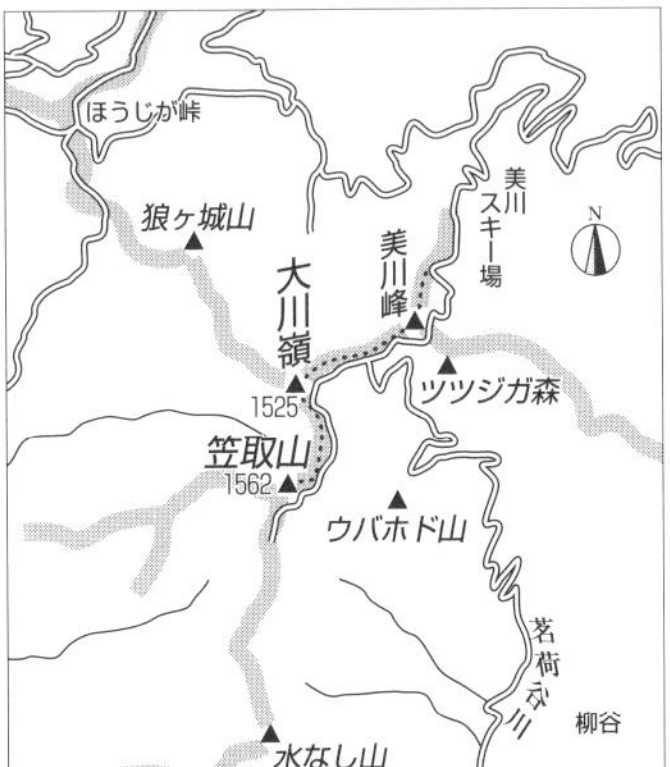

感あふれる山容を見せ、「大川嶺が二度白くなると三度目の時には村に雪が積もる」といわれ、住民に親しまれた山である。

中腹から下に広がるブナ林は、開発されるまでは山頂付近も覆っていたという。現在は一面ミヤマクマザサの原になったが、ツルギミツバツツジをはじめ、ススキ、マイヅルソウ、キスミレ、ササユリ、イワカガミ、シコクフウロ、ホソバシュロソウ、オミナエシなど多くの花が見られる。岩場には徳憶神社の祠がある。東の高知県仁淀川町にある中津明神山に対して「西の権現さん」と呼ばれ、雨乞いも行われた。山頂からの眺めは抜群で、石鎚連峰、瀬戸内海などが見渡せる。笠取山までは気軽なハイキングコース。

北東斜面の標高一一〇〇〜一四〇〇mにかけて「美川スキー場」がある。スキー場ができた一九三一年ごろから滑っていた人はいたが、一九六〇年、愛媛山岳会、国鉄バス、愛媛県スキー連盟、地元大谷地区が本格的なスキー場を建設した。

登路　旧柳谷、美川村（現久万高原町）境の車道から歩き始める。見晴らしのよい尾根づたいの登山道を辿る（約四〇分）。

地図　二・五万図　笠取山

（尾野益大）

雨包山　あまつつみやま

標高　一一一二m

愛媛県西予市と高知県高岡郡梼原町との境にある。伊予灘に注ぐ肱《ひじ》川と太平洋に流れる四万十川の分水嶺。山頂部は隆起準平原で広い平坦部となり、ブナ、カシ、シイ、マツ、スギなどが生える。室町時代、川之石（西宇和郡保内町）の海女が、神のお告げに従って「金の恵比寿」を祀って帰ったことから「海女包山」になったと伝えられる。北西麓に恵比寿神社がある。

登路　西予市城川町の竜泉から林道に入る。滝が見える休憩所を過ぎ、分岐を右にとると、まもなく登山口がある。沢沿いの道を辿り、植林の急坂を登る（登山口から約二〇分）。

地図　二・五万図　惣川

（尾野益大）

障子山　しょうじやま

標高　八八五m

別称　大戸山

愛媛県伊予市鵜崎集落と伊予郡砥部《とべ》町の境にある。山名は、伊予市周辺から見ると障子が立っているように見えるとする説と、雪が降った時、山の木が障子の桟、雪が障子紙のように美しく見えるからという説がある。山中には雨乞いを精進した堂宇もあり、「しょうじん山」ともいわれる。古くから採草地として入会地となり、麓からは陶磁器の材料になる陶石が産出した。砥部町のシンボルの山でもある。砥部焼は、豊臣秀吉が朝鮮に侵攻した際、ここに連れて来た朝鮮の陶工によって始められた。一九六七年一月に指定された皿ヶ峰連峰愛媛県立自然公園の一部になっている。山頂からは松山市や瀬戸内海が見える。

登路　砥部町鵜の崎から障子山林道を進み、終点から登る。急坂を経て稜線に出て、緩やかな道を辿ると小さなピークを二つ過ぎる。広い平坦地に出てスギ林の一本道を行くと山頂（約一時間二〇分）。

地図　二・五万図　砥部

（尾野益大）

牛ノ峰　うしのみね

標高　八九六m

愛媛県伊予市双海町と喜多郡内子町との境にある。山頂から西に約一・二km行った尾根の内子町、伊予市双海町側に牛ノ峰地蔵堂がそれぞれある。伝説では、千蔵院という名の山伏が、海から石の地蔵尊を引き上げ、神から「山頂に祀るべし」とお告げを受けたため、祀った。かつて四月と八月の二回、里の人々によって祭礼が行われていた。

登路　内子町石畳から登る。水車小屋があり、渓谷沿いの登山道を登ると林道を横切り、牛ノ峰地蔵がある尾根に達する。山頂へは東へ進む(約一時間三〇分)。伊予市双海町上灘から尾根まで車道ができており、それを使うと山頂まで約二〇分で到着する。

地図　二・五万図　中山

（尾野益大）

壺神山　つぼがみやま

標高　九七一m

愛媛県大洲市長浜と伊予市双海町との境にある。佐田岬半島までつづく出石《いずし》山地に属し、大洲地方の最高峰。西の肘《ひじ》川を挟んで出石山と対峙する。医業の神、少彦名命《すくなひこなのみこと》がこの山に薬壺を置き忘れたことに始まる壺神山信仰がある。山頂直下に壺神神社がある。また、山頂直下まで林道が延びている。麓の東西南北の集落四箇所には、石壺や土器の壺を御神体とする壺神山信仰と関係がある祠がある。北麓の双海町壺神では古来、祠の背後のスギ林に壺が埋めてあり、水のたまり具合でその年の田植え時期の雨量を占う習慣が残っていたという伝承がある。

登路　大洲市長浜の三嶋神社から登る。送電線巡視路を辿り、壺神神社まで行き、林道に出て再度、登山道を少し登ると山頂(約二時間三〇分)。

地図　二・五万図　串

（尾野益大）

神南山　かんなんざん

標高　七一〇m

愛媛県大洲市と喜多郡内子町五十崎にまたがり、肱川中・下流域の最高峰。東西に二つのピークを持ち、西の大洲市側のピークを「女神南」「新谷神南」「男神南」「裏神南」、東の内子町側のピークを「表神南」「五十崎神南山」という。牛の背状の山容をなすが、西麓から望むとドーム状に見える。古代には「神南備山」と呼ばれ、神が宿る山として崇められていたとされる。山名は、矢野郷という土地の南にあるからという説と、上古に大山祇命《おおやまつみのみこと》(矢野明神)が降臨し、長浜の岸を掘り開くなど困難な事業をして「神南山」になったとする説がある。大洲市には巨石(メンヒル・ドルメン)遺跡群が多く残る。民有林のため山頂部も含め林道が縦横に走る。

登路　内子町の国道五六号から車道が五十崎神南山の山頂まで延びている。新谷神南山までは西へ尾根道を辿る。

地図　二・五万図　内子

（尾野益大）

出石山 いずしさん

標高 八一二m

愛媛県大洲市長浜と八幡浜市の境にあり、出石山地に属する。山腹は古くから銅が産出する鉱山として知られ「金山《きんざん》」とも呼ばれていた。頂に養老二年（七一八）に開創された真言宗御室派別格本山の名刹、金山出石寺《きんざんしゅっせきじ》がある。空海が熊野権現を勧請し、唐で学んだ護摩供養をしたと伝わる巨岩がある。山頂付近はスギ、カツラ、ケヤキなどの大木がある。東麓を流れる肘川流域は霧が発生しやすく名物になっている。山頂直下まで車道が通じる。

登路 大洲市長浜、八幡浜市の両側から車道が山頂まで通じており、終点から一〇分程。

地図 二・五万図 出海　（尾野益大）

鞍掛山 くらかけやま

標高 六二九m

愛媛県八幡浜市と大洲市との境にある。四国山地西端の山の一つで、西南西約五kmの権現山から急激に宇和海に落ちている。中腹から上部はスギ、マツ、ヒノキに覆われ、下部の南斜面はミカン畑だ。

登路 明確な道はなく、北東斜面の林道途中から登る（約四〇分）。

地図 二・五万図 八幡浜　（尾野益大）

見晴山 みはらしやま

標高 三九五m

愛媛県西宇和郡伊方町瀬戸地区中部にある。旧瀬戸町でもっとも高い山で、北の伊予灘と南の宇和海の景観がすばらしい。西斜面に牧場がある。

登路 南麓の国道一九七号から北上する車道を通り、山頂直下まで行く。道路から約一〇分で登れる。

地図 二・五万図 三机　（尾野益大）

伽藍山 がらんやま

標高 四一四m

愛媛県西宇和郡伊方町三崎の佐多岬半島西部にあり、四国の最西端部の山でもある。同半島は豊後水道に約四〇kmの長さで突き出し、東部は堂々山《どどやま》（四〇〇m）、中部は見晴山（三九五m）、西部に伽藍山が聳えている。平坦な山頂付近は雑木林で覆われ、展望台と第二次大戦中に建てられた監視所跡が残る。展望はすばらしい。生活環境保全林に指定された一帯には、「野鳥の森」「サクラの森」「木の実の森」「花木の森」が整備されている。南側中腹に大岩の亀裂「釈迦の洞」がある。山頂まで車道が通じている。山腹は宇和地方特産のミカン畑になっており、ニホンイノシシも多い。

登路 伊方町の国道一九七号にある三崎トンネル東および西口から北上し、伽藍山の東中腹または南中腹の車道を利用して登る。

地図 二・五万図 三崎 二名津　（尾野益大）

御在所山 ございしょやま

標高 六六九m

愛媛県大洲市肘川町と西予市との境にある。全山石灰岩で形成され、東斜面に小規模なカルスト地形が見られる。一帯はケヤキ、クヌギ、カヤなどの林になっている。山名は、平家の落人が北東麓に住み、御在所山の頂に守護神を祀ったことによるという。南東に延びた尾根の南側に「千丈ヶ崖」の断崖がある。一九七九年、御在所自然の森に指定され、山腹に遊歩道やキャンプ場が整備されている。

登路　肘川町南西部の「御在所自然の森」から登る。遊歩道があり、林道上部まで歩いて登山道に入り、山頂へ達した後、南尾根の登山道を通って周遊できる(登山口から約五〇分)。

地図　二・五万図　鹿野川

(尾野益大)

三本杭　さんぼんぐい

標高　一二二六m

別称　滑床山

愛媛県宇和島市の南東部にある。鬼ヶ城山系の一峰。江戸時代、伊予宇和島藩、吉田藩、土佐藩の境になっていて、三藩が立てた三本の領地境界の標柱があったことから山名が付いた。しかし、実際に境界になっていたのは山頂から南に四〇〇m離れた横ノ森と推定される。古い文献では「和泉ヶ森」と記され、三角点名は「滑床《なめとこ》山」となっている。クマザサに覆われた山頂付近は隆起準平原の平坦面になっていてツツジ、アセビが根付いているが、北斜面は急傾斜で滑床渓谷へと落ちている。南の八面山につづく吊り尾根は見事なブナ林が広がり、北東の御祝山《おいわいやま》にかけての檜尾根はシャクナゲの群生地となっている。横ノ森にかけてはヒメシャラ林がある。一九七一年、約一〇〇四haが滑床自然休養林に指定された。

登路　宇和島市滑床渓谷の万年橋に登山口がある。渓谷沿いの登山道を歩き、「雪輪《ゆきわ》の滝」展望台を通過し、「奥千畳敷」の分岐に出る。ここから左へ自然林の斜面を登り、主稜線「熊のコル」に至る。東へ進むと尾根に出て、さらに急登すると山頂(約三時間五〇分)。万年橋から南へ急斜面を登り、御祝山へ達し、檜尾根を通って山頂に立つことができる。

地図　二・五万図　宇和島、松丸

(尾野益大)

鬼ヶ城山　おにがじょうさん

標高　一一五一m

愛媛県宇和島市にある。鬼ヶ城山系の盟主で、宇和島市街地から見える名峰。一九〇四年に測量した五万図から「鬼ヶ城山」と記されているが、それ以前は「鬼ヶ城」となっていた。もっとも古い文献は文化五年(一八〇八)にできた伊能忠敬測量の「大日本沿海輿地全図」。「水ヶ森」と記した江戸期の「目黒村絵図」などもある。山名の由来は、山容が宇和島地方の祭りの山車「牛鬼」に似ているという説と、鬼が棲むような奥深い山という説がある。一九七五年、麓から黒尊《くろそん》スーパー林道が中腹まで延び、登山が楽になった。山頂からは宇和島市街地とリアス式海岸の宇和島湾が望める。

登路　宇和島市鮎返から黒尊スーパー林道を通って宇和島市の峠「鹿のコル」まで行き、そこから南へ尾根道を辿る(登山口から約三〇分)。

地図　二・五万図　宇和島

(尾野益大)

高月山　たかつきやま

標高　一二二九m

愛媛県宇和島市と北宇和郡鬼北町との境にある。麓の滑床渓谷を囲むように聳える鬼ヶ城山系の最高峰。四国南西部でもっとも高い山。古くは「櫓《やぐら》ヶ《が》森《もり》」、江戸時代中期は「鷹飛」とか「高筑」と呼ばれていた。櫓のように高く抜きん出ていることや、鷹が多く鷹狩りが行われた山域だったこと、晴れた日には山頂から筑紫(九州)が見えたから、また、高く突き上げられたなどそれぞれに理由がある。一九〇四年に測量された五万図に初めて高月山と記された。

自然林に囲まれた狭い山頂には、享和元年(一八〇一)に旧三間町(現宇和島市)の住民が寄進した権現像が立ち、高月権現として祀られている。ヒノキなどの植林が多くなったが、上部にはブナ、ヒメシャラ、アカガシ、ホンシャクナゲなどの自然林が残る。北麓の鬼北町奈良地区は江戸時代、宇和島地方屈指の製炭地で「奈良炭」の名声を博した。この炭の原木は高月山周辺で求めており、製炭業は昭和三〇年代ごろまで盛んにつづけられていたという。

登路　鬼北町奈良成川の成川温泉近くに登山口がある。一度、林道に出て梅ヶ成《うめがなる》峠東の主稜線に達し、東進すると最後の急坂を経て山頂(約二時間五〇分)。宇和島市鮎返から黒尊《くろそん》スーパー林道を通って宇和島市の峠「鹿のコル」まで行き、そこから林道を歩き梅ヶ成峠を経て山頂に登ることができる。

地図　二・五万図　松丸

(尾野益大)

譲ヶ葉森　ゆずりがはもり

標高　一〇一六m

愛媛県宇和島市津島町の北東部にある。高知県境に近い。山名は、南北朝時代に後醍醐天皇の第六皇子懐良《かねよし》親王が旧津島町岩松の拝高地区に駐留した際、行在所の庭にユズリハの木があり、葉陰から朝夕、この山を仰ぎ天皇の安泰を祈念したという伝説にちなむ。山麓にも御内、御代ノ川などのほか、大川原は王川原から、大道は王道から転訛したとされる地名があり、懐良親王と関連があると推測されている。また、山中にユズリハの木が自生していたという説もある。

頂は隆起準平原の平坦面が残り、一九五五年ごろまでカヤ原だった。山頂は北に鬼ヶ城山系全山が眺められる好適地として知られる。山腹は肥草、茅葺き屋根に使う入会採草地で、大正期までは地元民総出の山焼きが行われ、昭和初期ごろから植林が始まった。南西山麓では第二次大戦後、農家の入植が始まり、酪農や養蚕が行われたが、一九七三年ごろ廃村となった。

山頂の南一㎞の尾根つづきに音無山《おとなしやま》(八五〇m)がある。音無山にあるブナは四国南限のブナ林として知られる。音無山西斜面には懐良親王が九州を眺めた「遠見ヶ磐」という大岩がある。

登路　宇和島市津島町の広野峠に登山口がある。林道を一・五㎞程行くと畜舎がある分岐に達し、右へとる。スギ林の中の登山道を辿り、林道を横切ると加塚越。ここから北へ急坂を登ると山頂(約二時間一〇分)。

地図　二・五万図　伊予岩松　御内

(尾野益大)

大黒山　おおぐろやま　標高　一一〇六m

愛媛県宇和島市津島町と高知県四万十市西土佐との境にあり、四方に根を張った独立峰。山頂付近は隆起準平原の平坦面がある。北麓の黒尊《くろそん》集落では大黒尊と呼び、第二次大戦前まで常緑樹がうっそうと茂り、黒々と見える姿が神聖視されていたという。室町時代、幡多郡は京都の関白一条家の荘園で、応仁の乱を避けた土佐一条家の祖先が中村（四万十市）に居城を構えた際、京都から伝来の阿弥陀如来像を山頂東側の平坦地に祀ったという伝説がある。南斜面は大正期まで地元住民の入会採草地で、山焼きが行われていた。

登路　北西の大峠トンネル東口に登山口があり、稜線に出た後、県境と重なる尾根道を辿る（約一時間二〇分）。四万十市西土佐の黒尊スーパー林道から分かれる西谷林道（約六二〇m）にも登山口があり、南へ延びた尾根に乗り、九六〇mを経て西進し、大黒山の北東にあるピークからいったん下って山頂に達する。

地図　二・五万図　御内

（尾野益大）

篠山　ささやま　標高　一〇六五m

愛媛県宇和島市津島町と南宇和郡愛南町、高知県宿毛市の境にあり、四国南西部の最高峰。山名の由来は、「蓮華ノ座」と呼ばれる山頂付近がミヤコザサに覆われていることにちなむ。頂に篠山神社（篠山権現）があり、飛鳥時代に開山したとされるが確証はない。ただ室町時代には篠山神社と観世音寺（山頂直下の廃寺）が建てられていたと記した史料があり、熊野修験の影響を受けた神仏習合による権現信仰が盛んだったとされる。明治維新の神仏判然（分離）令が出るまで、霊山として地元の参拝人が「お篠《ささ》参り」を絶やさなかった。山頂には万延元年（一八六〇）に建立された予土国境の起点を示す標柱石と「矢筈ノ池」と呼ばれる池がある。一帯にはアケボノツツジ群落、ハリモミの純林、コウヤマキやヒノキの大木もある。ハリモミの純林は石鎚山のシコクシラベ、大野ヶ原のブナ純林と並ぶ愛媛県三大天然林の一つ。

登路　南の高知県宿毛市にある篠山林道途中の「篠山荘」前から登る。階段状の登山道を辿り、観世音寺跡を経て尾根に出た後、北へ進むと山頂（約一時間一〇分）。北麓の愛媛県宇和島市津島町犬除《いぬよけ》から林道を四km行った地点にも登山口がある。急登を経て主稜線「千石尾根」に立ち、南へ進むと山頂（約二時間）。

地図　二・五万図　楠山

（尾野益大）

観音岳　かんのんだけ　標高　七八三m

愛媛県宇和島市津島町と南宇和郡愛南町の境にある。南宇和郡では篠山に次いで高い山。観音を祀っていたことにちなむ山名というが不詳。山頂はヒノキの植林に覆われ展望はない。山腹の柏川に観音の滝がある。

登路　南西麓の愛南町柏から柏川沿いの車道を進み、終点から登山道を辿る（約二時間）。北東の旧城辺、旧津島町（現宇和島市）境の県道宇和島城辺線から尾根づたいに登ることもできる。

地図　二・五万図　柏

（尾野益大）

今ノ山　いまのやま　標高　八六五m

別称　伊摩

高知県土佐清水市と幡多郡三原村の境にある。「井」「伊」は湧き水を指し、湧き水の間に立つ山という意味。実際、北の下ノ加江川、東の益野川、南の三崎川、西ノ川に挟まれている。

山頂付近は緩斜面でモミ、ツガの天然林やアカガシ、ユズリハ、シロダモ、ヒメシャラなど針葉樹、広葉樹の混交林が根付く。電波通信塔、航行目標無線標識施設などもある。谷筋にはコケ、シダ類が豊富で、学術上貴重な種類もあるという。

山頂まで車道が通じたが、明治中期までは南麓の三崎集落と北の中村市を結ぶ最短距離にあり、間道が走っていた。眼下に太平洋と足摺岬をはじめ、風食などでできた岩の名所「竜串」が見える。

登路　南麓の三崎からの林道が、三崎川に沿って山頂まで延びる。

地図　二・五万図　来栖野

（尾野益大）

妹背山　いもせやま　標高　四〇四m

高知県宿毛《すくも》市の沖合約二四kmの太平洋に浮かぶ沖ノ島に聳える。四国山地部分が島の北半分を占める。足摺《あしずり》宇和海国立公園に含まれ、四国最南端の山でもある。

江戸期、土佐藩と伊予宇和島藩に分割統治されていた。第二次大戦中は砲台やレーダー基地が造られ、頂に石垣が残る。『今昔物語集』『宇治拾遺物語』に妹背島(妹兄の島)の説話が見えるが、沖ノ島のこととされる。山名の由来は、船で漂着した兄、妹の二人が島で夫婦になり、農耕をして暮らしたことに由来するという。山肌の多くはシイ、ウバメガシ、ヤブツバキなどに覆われる。

登路　宿毛市から定期船で母島港へ入り、沖ノ島小・中学校裏の登山口から登る。展望の開けた尾根道を辿ると山伏神社を経て山頂に達する(約一時間一〇分)。

地図　二・五万図　母島

（尾野益大）

近見山　ちかみやま　標高　二四四m

別称　石井山　明神山

愛媛県今治市街地から北西約二kmに聳える。瀬戸内海国立公園に含まれる。「見」は「海」が転じたもので、瀬戸内海に近いことによる山名。山頂付近に室町期の石井山城跡や円明寺跡があり、石井山城内には三嶋明神が祀られていた。山麓には古墳も多い。明治期から山の公園化が始まり、一九五一年に登山道が、一九五六年からはドライブウエーが着工された。市民にもっとも身近な里山として知られ、山頂からは市街地の背後に瀬戸内海と来島《くるしま》海峡が望める。

登路　北東麓の国道三一七号から車道が山頂直下まで通じており、終点から五分程で登ることができる。

地図　二・五万図　波止浜　今治西部

（尾野益大）

高縄山地

楢原山　ならばらさん

標高　一〇四一m

別称　奈良原山

愛媛県今治市玉川町の南部に位置する。高縄山系の一峰で三角形に尖《とが》った山容は麓からも目立つ。山頂には持統四年（六九〇）、小千（越知）玉越が大和葛城山から役小角を迎えて創建したと伝わる奈良原神社跡があり、近世は牛馬の守護神、水の神として信仰を集めた。南北朝時代、長慶天皇が潜幸された伝説もあり、入山したときの姿という衣冠束帯を着け、牛の背にまたがった長慶天皇の木造が祭神として祀られていたという。一九三四年、境内の経塚から平安末期の宝塔、経筒、銅鏡、彩絵檜扇、刀子《とうす》などが出土し、すべて国の重要文化財に指定。とくに宝塔は塔身が銅で鋳造され、京都の鞍馬寺経塚で出土した銅宝塔と並ぶ優品とされ、一九五六年、国宝に指定された。境内には樹齢一〇〇〇年以上とされるスギの巨樹「子持杉」がある。奥道後玉川愛媛県立自然公園に含まれている。

東麓には木地師が住む木地地区があった。北麓には一八六九年に開発されたアルカリ性単純泉の鈍川《にぶかわ》温泉がある。

登路　今治市玉川町湯ノ谷林道入り口から同林道を歩き、終点から登山道に入る。竜岡からのコースと合流するとまもなく山頂（約三〇分）。また、湯ノ谷林道入り口から南東の上木地まで歩き、もう一つの登山道に入ることもできる。スギ林の急坂がつづく登路である。

地図　二・五万図　鈍川　（尾野益大）

東三方ヶ森　ひがしさんぽうがもり

標高　一二三三m

愛媛県東温市、今治市、西条市との境界に位置し、高縄山系の最高峰。木地川、蒼社川《そうじゃがわ》、重信川の分水嶺となっている。山頂部にはブナの自然林、シャクナゲの古木の群生がある。南側中腹では明治、大正期に炭焼きなどが行われており、水車跡や石垣が残る。南麓に阿歌古《あかご》渓谷があり、滝が十数本ある。紅葉の名所としても知られる。

登路　東温市木地に登山口がある。阿歌古渓谷沿いの林道へ入り、林道終点から登山道となる。水車跡を経て二つのピークを越すとやがて山頂に達する（約四時間）。木地から東へ林道を歩いて西条市丹原町に入ると林道分岐があり、左に曲がってしばらく行くと広場がある。ここからも登ることができ、林道を歩いた後、急坂の登山道を辿る。

地図　二・五万図　東三方ケ森　（尾野益大）

明神ヶ森　みょうじんがもり

標高　一二一七m

愛媛県松山市と東温市重信地区との境にあり、高縄山系中部に位置する。西の福見山（一〇五三m）から東の東三方ヶ森へつづく連嶺に聳え、頂稜から約八〇m三角状に突き出している。周囲の山から目立ち、松山、旧北条両市街からも望める。松山市の最高峰で、重信川の水源地帯。南側中腹に黒滝神社があり、古くはその上部に奥の院の明神を祀っていたとされる。市街地近くでは珍しくブナ、ミズナラの自然林に覆われた山で、一帯には石鎚山系で絶滅したとされるホンシュウジカのほかニホンザル、ニホンイノシシが生息する。東に約五㎞の東三方ヶ森や北へ約七㎞の北三方ヶ森へ縦走する人が多い。福見山は霊山として知られ、山頂西側に役小角が建てたという俵飛《ひょうとび》山福見寺がある。法道仙人が飢饉に苦しむ村人を救うため、瀬戸内海を行く船から幻術で米俵を飛ばしたという伝説が残る。

登路　南麓の東温市、黒滝神社西側から登路がある。しばらく林道を歩き、スギ林の急坂を登り、主稜線に出たら東へ少し進む（約二時間）。また、西の福見山経由のコースもある。神子野の神子野公民館からも登路があり、途中、車道に出てそのまま福見神社まで歩き、東へ尾根を辿って福見山を越え、明神ヶ森を目ざす。

地図　二・五万図　東三方ケ森

（尾野益大）

高縄山　たかなわさん

標高　九九三m

愛媛県松山市の北部に位置し、高縄山系の西端に聳える。標高七〇〇m以上は隆起準平原となっているが、周辺の谷は発達して急峻である。山頂東側直下に中世の古城跡・高縄寺があり、平安時代に作られた木造十一面千手観音像（県指定文化財）を本尊としている。旧記に「河野通清（伊予の豪族）の霊を崇めて高縄権現と称す、四郎通信、父の尊像を彫して安置す菅神に似たり」とあり、山頂は別名「天神ヶ森」と呼ばれている。山頂一帯はブナを主体とした林になっているが、アカガシ、ヤブツバキの暖帯性の樹木も混生している。眺望は優れ、眼下に瀬戸内海、南方に石鎚山系、皿ヶ峰連峰が望める。山頂まで車道が通じている。

登路　松山市高田の東頭《とうとう》神社から西尾根を登る（約三時間二〇分）。北麓の三嶋神社から登るコースもある。

地図　二・五万図　伊予北条

（尾野益大）

山地・山脈別 山座解説

九州

筑紫山地

風師山　かざしやま　　標高　三六二m

別称　風頭《かざがしら》山

福岡県北九州市門司区にある。福岡県の北東部、関門海峡に向かって突き出た企救《きく》半島の尖端に位置し、大局的には筑紫山地の北東端にある。山頂部は北から風頭《かざがしら》、風師山、風師山南峰と三つのピークが連なる。風師山とはこれらの総称である。風頭は関門海峡を眺める絶景の地である。ここには槇有恒の登山記念碑と、彼の功績を記した略歴碑が設置されている。

山体は古生代後期の砂岩、粘板岩からなるが、北西山麓部は中生代白亜紀とされる関門層群の堆積岩からなる。市街地に近く、眺望もよいことから全山が公園化され、北九州市民に親しまれている。

登路　登山口は北側の清滝公園と南側の小森江貯水池の二つがある。清滝公園コースではJR鹿児島本線門司港駅から清滝公園を経て、よく整備された車道を九合目まで登り、さらに企救自然歩道を辿る(門司港駅から約一時間二〇分)。小森江コースはJR鹿児島本線小森江駅から旧貯水池を経て、広葉樹林の中をジグザグに登る道である(小森江駅から約一時間二〇分)。そのほか、健脚向きコースとして戸ノ上山から奥田峠を経て、風師山に縦走できる企救《きく》自然歩道がある(桃山登山口から約五~六時間)。

地図　二・五万図　下関

(中山　健・関口興洋・丹下　治)

足立山　あだちやま　　標高　五九八m

別称　霧が岳　竹和山(古名)

福岡県北九州市小倉北区と同市南区との境に位置し、広域的には筑紫山地に属する。北部九州では企救《きく》山地とも呼ばれ、その最高峰で最西端にあり、北東へ同市門司区の戸ノ上山(五一八m)への縦走路が延びている。山名は和気清麻呂が九州に流された折、山麓の「湯川」の霊泉で痛めた足を癒したところ、足が立ったとの伝説に由来する。また、この山の山頂付近に霧がかかると小倉の街に雨が降ることから「霧が岳」ともいう。

山体は後期古生代の砂岩、粘板岩からなる。スギ、ヒノキの植林と照葉樹林が混合し、野鳥が多く鳥獣保護区となっている。標高の低いわりには急峻である。

登路　西麓にある妙見神社を起点とし、砲台山(太平洋戦争中高射砲陣地があった)の西斜面をジグザグに鞍部まで登り、東方に尾根を辿り山頂に達するルートが一般的である(約一時間一〇分)。そのほか北側の足立公園登山口から小文字山を経て、南北に延びる尾根上の防火帯に沿うルート(約一時間三〇分)、西側正面の谷を登り、妙見神社上宮を経るルート(約一時間)や、小倉南区側からのルートもある。

地図　二・五万図　小倉　　　（中山　健・馬場基介）

貫山・平尾台　ぬきさん・ひらおだい　　標高　七一二m

福岡県北九州市小倉南区にあって、大局的には筑紫山地に属する。カルスト台地の平尾台から南西に連なり、大阪山（別称・飯岳山、五七三m）に達する山地の最北端に位置し、この山地の最高峰である。この山は北側からとそのほかの側からでは対照的な様相を見せる。北側小倉南区曽根方向からは、富士山型の秀麗な山容であるが、ほかの方向からは台地上の瘤《こぶ》という平凡な姿でしかない。

山頂付近は白亜紀の鞍手花崗岩、その南側はカルスト台地が広がり古生代の石灰岩からなる。

植生も対照的である。北側の急斜面に常緑広葉樹が生い茂っているが、南側は緩い広々とした草原である。

登路　JR日豊本線下曽根駅から貫権現を経て、林道から小径、そしてまた小径をと何度か繰り返し登る北側のルート（下曽根駅から二時間）、同線朽網《くさみ》駅から水晶山を通る東からのルート（約二時間）、車利用なら平尾台の吹上峠からこの台地の西側の縁を画する尾根を辿るルート（吹上峠から約一時間三〇分）、茶ヶ床コース（約一時間二〇分）などがある。

地図　二・五万図　苅田　　　（中山　健・竹本正幸）

皿倉山　さらくらやま　　標高　六二二m

福岡県北九州市八幡東区の市街地の南にある。大局的に筑紫山地に入るとされるが、福智山地に属し、その北端にある。

山名は、神功《じんぐう》皇后が西征した折、この山に登って遅くまで国々を眺望する間に夕闇が深まってきたため「更に暮れたり」といったことから更暮《さらくれ》山　更暗《さらくら》山になったとの伝説から、今日、皿倉山になったという。皿倉山は権現《ごんげん》山（六一七m）、帆柱《ほばしら》山（四八八m）、花尾《はなお》山（三五一m）と合わせて帆柱自然公園として整備され、北九州国定公園にも指定されている。その帆柱山は、同じく神功皇后西征の船にこの山の木を帆柱にしたとの伝説に由来する山名である。

山体は中生代白亜紀関門層群の黒色頁岩、砂岩、凝灰岩などからなる。眺望もよく、一方で自然林にも恵まれ、ヤブニッケイ、シロダモ、クマノミズキなどが生育している。山頂近くまでケーブルがあり、設備が整い過ぎて山の感じがしないが、三六〇度の展望が利く。

登路　JR鹿児島本線八幡駅から帆柱ケーブル山麓駅を過ぎ、帆柱登山道の車道から遊歩道を伝う。見返り坂の急坂を登り、自然林を通り抜け、皿倉平から山頂に出る（八幡駅から約二時間、ケーブル山麓駅から約一時間二〇分）。

地図　二・五万図　八幡　　　（松本徰夫・森　義雄）

尺岳　しゃくだけ　　標高　六〇八m

山頂は福岡県北九州市と直方市の境界にある。広域的な筑紫山地に属するが福智山地に入り、帆柱山（四八八m）と福智山の主稜にある。

山名は、日本武尊《やまとたけるのみこと》が熊襲《くまそ》征伐の折、ここの山上にある大岩と背比べをしたところ、大岩が一尺だけ低かったという伝説に由来する。山というより一つの瘤《こぶ》状の地形で、中生代白亜紀の関門層群の黒色頁岩と香春《かわら》花崗閃緑岩類からなる。主稜一帯はアカマツ、イヌシデを混交した落葉広葉樹林が育っている。山頂からの眺望はよい。

登路 帆柱山から福智山への縦走途上に立ち寄ればよいが、いくつかの登路がある。直方市竜王峡キャンプ場から沢づたいに北東に登り、鉄塔から四方越に出て西尾根を東に辿り、北から回り込んで山頂に達する(キャンプ場から約一時間一〇分)。小倉南区道原から登るには菅生《すがお》の滝を経て沢沿いに登って山頂へ(約一時間三〇分)。

地図 二・五万図 徳力

(松本徰夫・太田 満)

福智山 ふくちやま

標高 九〇一m

福岡県北九州市小倉南区、直方市と田川郡福智町にまたがる。広域的には筑紫山地に属するが、皿倉山から香春《かわら》岳に連なる福智山地の最高峰である。この山地の東側は、小倉の市街を貫く紫川の源流が谷を刻み、西側には筑豊の平野に遠賀川が流れている。二つの川の源流、支流の奥には菅生、七重、白糸など多くの滝が懸《か》かっている。山体は古生代の砂岩、粘板岩および塩基性変成岩からなる。

山頂付近は露岩が点在する草原であるが、麓から中腹にかけてイヌシデ、アカガシなど照葉樹林が広がる。

西側の山腹に鷹取山がある。福岡の民謡「黒田節」ゆかりの母里《もり》太兵衛の居城であった鷹取山城跡である。

福智山(平尾台吹上峠から)

登路 東側(小倉南区側)、西側(直方市、福智町側)から多くのルートがある。

東側 いずれも鱒渕ダムを起点とするものである。①堰堤上を通りダム湖を周回する道から七重の滝、尺岳〜福智山間の尾根上の鞍部豊前越を経て、同尾根を北から頂上へ辿る。山頂直下まで自然林の中のルートである(起点の堰堤から約二時間三〇分)。②前のルートと同様、ダム湖周回の道から左に折れ吊り橋を渡って山頂の東に落ちる谷に入り、山頂部へ至るルートである。途中、「からす落し」を経る。「ほって新道」と「鈴が岩屋」を経るルートに分岐する(起点の堰堤から約二時間)。

西側　直方市内が磯と福智町上野《あがの》峡を起点とする二つのルートがある。①尺岳から福智山に連なる主尾根の西側の谷からのルートがある。内が磯から福智山池、鳥野神社、福智山ダムを経て、「大塔分かれ」に至る。大塔分かれで「からす落し」に至る道と上野《あがの》越を通り山頂への道に分かれる。頓野林道入り口にはゲートがあり、一般車は進入できない。一方通行になっている福智山ダムの周回道路に駐車場がある（ダムから約一時間五〇分）。②南西側の谷からのルートである。福智町上野を起点とする。上野峡から山頂～鷹取山の鞍部上野越を経て山頂に至る（上野峡から約二時間）。上野峡の白糸の滝から八丁辻を経由する直登コースもある（同約二時間）。

地図　二・五万図　金田　徳力　（中山　健・太田　満）

牛斬山　うしきりやま　標高　五八〇m

福岡県田川郡香春《かわら》町にある。大局的には筑紫山地に入るが、福智山地に属する。山体の大部分は白亜紀の香春花崗閃緑岩からなる。牛斬山南西麓の尾根上の丘のようなピークには磁石山（三二七m）がある。ここにはスカルン帯が露出しており、柘榴石《ざくろいし》の大きな結晶や磁鉄鉱などを産出する。植物相は豊かではなく、稜線の防火帯を含めて草山が多いが、一帯は県の自然公園になっている。山頂からの展望はよい。

登路　田川市夏吉林道を行く。「ロマンスが丘」展望台を左に見て進むと、道はその先で二つに分岐する。直進はキャンプ場へ、登山口へは右をとり、四㎞で牛斬峠への登山口がある（磁石山への登山口がその反対側にある）。ここから植林の中を通り福智山からの主尾根の牛斬峠に出て、防火帯沿いの九州自然歩道を北に進めば山頂（登山口から約五五分）。牛斬山へは香春岳で述べた五徳越峠からの道や福智山からの縦走路を辿ってもよいが、ＪＲ日田彦山線採銅所駅からの直登コースもある（約一時間二〇分）。

地図　二・五万図　金田　（松本徰夫・奥田スマ子）

香春岳・三ノ岳　かわらだけ・さんのたけ　標高　五一一m

福岡県田川郡香春《かわら》町にある。広義の筑紫山地に属するが、福智山地に入る。香春岳は、かつて南から一ノ岳（四九二m）、二ノ岳（四六八m）、三ノ岳が競い合うように聳えていた古生代石灰岩の山であったが、一ノ岳は採掘されて今では標高二五〇mほどになり昔の面影はない。三ノ岳東面から二ノ岳にかけて自然林が茂り、二ノ岳中腹には梅林と神宮院があり、二ノ岳への登山は禁止されている。また、付近は野猿が生息しているが、採掘などによる環境の変化で猿の離散が進み、香春岳周辺山域へ分散している。三ノ岳山麓一帯は、古くから銅鉱山が開発され、多種類の鉱物産地として全国的に有名である。奈良時代の神護景雲三年（七六九）、九州に流された和気清麻呂はこの地の銅で鋳造した神鏡を宇佐神宮に奉納したと伝えられる。

登路　銅採掘が地名になったＪＲ日田彦山線採銅所駅から、南に向かって長光の集落を抜けた後、香春町五徳に通じる三ノ岳林道を進む。古い清祀殿神社、邦日呂窯を見るうちに五徳越峠に着く。これより東に向かって急坂を登り、途中で左に直登する岩稜コースを分け、二ノ岳からの作業用車道に出て、二ノ岳と三ノ岳の鞍部から三ノ岳の東を巻くように登れば山頂である（採銅所駅から約二時間）。

地図　二・五万図　金田　行橋

（松本徰夫・伊藤久次郎）

西山　にしやま　標高　六四五m

別称　鮎返《あゆかえり》山

福岡県古賀市と宮若市との境にあり、筑紫山地のうちの犬鳴山域でもっとも高い。山体は古生代三郡変成岩の泥質片岩よりなる。山頂付近や犬鳴山への縦走路には、アカガシを主とした照葉樹林が生育する。山頂には一等三角点がある。

山頂周辺は自衛隊の演習地となっている。古賀市の最高峰で展望もよく、市民の身近な山として親しまれている。山名は宮若市の西に位置していることから付けられた。

登路　古賀市清滝から大根《だいこん》川沿いの車道を進み、終点から登山道に入る、急坂を登り尾根筋の薦野《こもの》峠に出た後、左手の登山道を辿り二〇分ほどで山頂に着く（約一時間五〇分）。

地図　二・五万図　脇田

（副島勝人・赤瀬榮吉）

犬鳴山　いぬなきやま　標高　五八四m

別称　熊ケ城《くまがじょう》

福岡県宮若市の南西部に位置し、犬鳴山から北方の西山へつづく犬鳴山域に入るが、広域的には筑紫山地に属する。

山体は古生代三郡変成岩の泥質片岩からなる。

犬鳴の地名は、猟師がこの山で猟をした時、危険を察知し鳴き吠えている犬を誤って撃ったのを後悔し、供養塔を立てたことからといわれている。『筑前名所縮図』によれば、律令時代に「稲置《いなぎ》」とされ、転じて「いんなき」になったとの説もある。

山域は福岡藩の隠れた犬鳴別館や木炭の生産、朝鮮人参の栽培、砂鉄製錬所があり、藩にとって重要な所であった。

登路　新犬鳴トンネルから旧道に入り、藤七谷を登る。尾根筋に出て右手に登り込むと頂上である（約一時間）。

地図　二・五万図　脇田

（副島勝人・赤瀬榮吉）

龍王山　りゅうおうざん　標高　六一六m

別称　舎利蔵山

山名は鎮西八郎為朝の矢で昇天した龍が棲んでいた、といわれる伝説の山で、龍王山という。山全体が福岡県飯塚市で、北側は緩やかな高原状（八木山高原）となり、南側は厳しい急斜面となっている。三郡山地に属する。多々良川を挟んで若杉山と対峙し、東西に長い稜線を持つ。また、北側を流れる八木山川と南側を流れる内住川の水源となり、遠賀川水系に注いでいる。ほとんどがスギやヒノキの人工林で、南側急斜地にカシなどの照葉樹の巨木が残っている。

山頂はなだらかな草原となり、花崗岩が散在し、北側の植林地の一部を除いて展望は開け、三郡山～若杉山、南側は福智山から英彦山、古処山を間近に眺めることができる。

登路　北面からは、国道二〇一号の八木山本村から南に見える龍王山を目ざすと、まもなく分岐点に着く。右回りコース、左回りコースのどちらをとっても山頂に出る（八木山本村から約一時間三〇分）。南面の登路は、JR篠栗線筑前大分駅から舎利蔵集落を経て登山道がある（筑前大分駅から約二時間）。

地図　二・五万図　篠栗　飯塚　（松本康司・高木荘輔・榊　俊二）

若杉山　わかすぎやま　標高　六八一m

南部三郡山地の北端に位置する。東西に稜線を持ち、福岡県糟屋郡篠栗町と須恵町の境界になっていて、南北が厳しい山容である。花崗岩からなる山体が多いこの山域にあって、若杉山は山頂周辺に蛇紋岩や橄欖岩が露出し、岩峰を形成している。山腹から山頂にかけて老杉林が保存され、篠栗新四国参りの霊場となっていて荘厳さを保っている。また、スギの巨木巡りも楽しめる。

山頂東寄りの最高点には無線中継所があり、山頂近くまで車道（管理道路）も来ている。宝満山から若杉山までは、距離、展望、植物、鳥類などの自然に優れ、日帰りの縦走コース（三郡縦走）として親しまれている。

登路　JR篠栗線篠栗駅からが一般的である。若杉登山口から若杉楽園を経て山頂に至る（篠栗駅から約二時間）。同線の筑前山手駅から荒田高原に出て、遊歩道を辿り山頂に至る（筑前山手駅から約一時間五〇分）。

地図　二・五万図　篠栗　太宰府（松本康司・高木荘輔・榊　俊二）

砥石山　といしやま　標高　八二八m

宝満山、三郡山、若杉山のほぼ中央にあって、三郡山の北北西に位置し、福岡県粕屋郡宇美町と飯塚市筑穂の境界を区切っている。元禄時代（一六八八〜一七〇四）、上質の粗砥《あらと》を産出していたといわれ、『筑前国続風土記』には「砥石あり肥後天草砥に似たり、故に山の名となす」とある。南面の宝満山あるいは北面の若杉山から山頂を眺めると西側に尾根筋を持ち、平坦な山頂であることが分かる。

山頂は林に覆われているが、南に六〇〇m離れたピークが前砥石（八〇五m）で、草原状で展望がよい。

登路　宇美町側からは本村を経て昭和の森公園に入り、林道分岐より南西尾根を歩く。今屋敷コースとの分岐を砥石方面へ進み林道に合流する。標高六五〇m付近で西側尾根の山道に入り、山頂に至る（昭和の森公園から約二時間）。旧筑穂町からはJR篠栗線九郎原駅から内住本村を経て内住峡に沿う林道に入り、標高四〇〇m付近で山道になり、縦走路に出る（九郎原駅から約三時間三〇分）。

地図　二・五万図　太宰府　篠栗　（松本康司・高木荘輔・榊　俊二）

三郡山　さんぐんざん　標高　九三六m

福岡県の中央を南北に走る三郡山地の主峰。旧筑紫、粕屋、旧嘉穂の三郡にまたがるのでこの名が付いた。現在は福岡県筑紫野市、粕屋郡宇美町、飯塚市筑穂の境界になっている。

　山頂付近は岩山となっており、花崗岩の巨石が露出している。地質的には中生代の早良花崗岩と呼ばれる。山頂の展望がよいので知られ、英彦《ひこ》山、福智山をはじめ古処山系、遠くに九重山群も眺めることができる。

　山頂直下には航空監視レーダーやアンテナ、管制庁舎があり、管理道路が筑紫野市柚須原から付けられている。

登路　三郡境になっていたので山の両側に登路がある。筑紫野市からは、柚須原《ゆずばる》の県立射撃場の横を通って宝満川の源流を辿る（柚須原から旧二時間）。旧筑穂町からは茜家から白糸の滝を経て登る。滝の上からは谷川沿いにスダジイ林があり、この中を道が通る（茜家から約二時間）。宇美町からは昭和の森公園に出て欅谷《つきだに》に沿った林道を登り、標高五〇〇m地点から山道を登る（昭和の森公園から約二時間）。

地図　二・五万図　太宰府

（松本康司・高木荘輔・榊　俊一）

宝満山　ほうまんざん　　標高　八二九m

別称　御笠山、竈門《かまど》山

　福岡県のほぼ中央を南北に走る三郡山地がある。この山地は、北部の犬鳴山を中心とした山地と、南部の若杉山、三郡山、宝満山を中心とした山地に分かれる。

　宝満山はこの山地の南端に位置し、福岡県太宰府市と筑紫野市にまたがる。全山が白亜紀の花崗岩で、地質的には早良花崗岩とされている。中腹から露岩が多く、山頂は急峻で岩壁となっている。西面の福岡平野を流れる御笠川は博多湾に注ぎ、東側の筑紫平野を流れる宝満川は筑後川と合流し有明海に注ぐが、いずれもこの山を水源としている。

　宝満山の樹木は標高七〇〇mを境に、下部が照葉樹林帯のシイ・カシ帯、上部がブナやカエデ類など夏緑樹林帯のブナ帯に分けることができる。また、宝満山の景観を特徴づける林にモミ林がある。これにアカガシ、ヤブツバキ、コナラ、ヤマザクラ、シロモジ、リョウブ、ミツバツツジなども加わって種類も多く、県立自然公園として保護されている。山頂に玉依姫命《たまよりひめのみこと》を主祭神とする竈門《かまど》神社の

宝満山（筑紫野市吉木から）

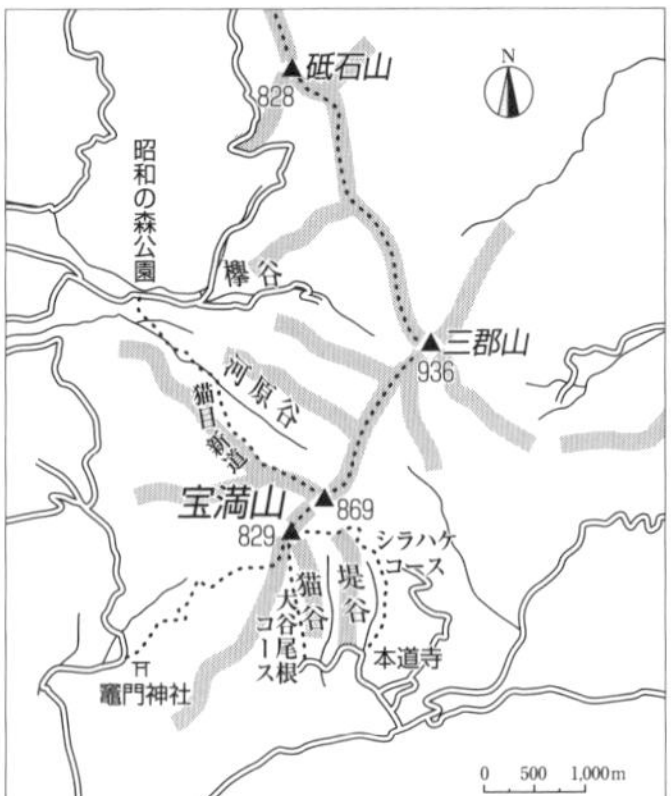

上宮がある。また、英彦《ひこ》山と並ぶ修験の山として、山頂の巨岩・礼拝石は山伏たちが行を積んだ所といわれている。「稚児落し」など周辺の岩壁はロッククライミングの場ともなっている。

山頂から下宮のある山麓の内山までは、修験道の宿坊跡や羅漢めぐり、百段ガンギ、殺生禁断の石碑など多くの遺跡がある。この山は古くは「御笠山」と呼ばれたが、『日本書紀』『筑前国続風土記拾遺』にその由来が記されており、また、竈門山の名も古代、中世、近世を通じて使われてきたが、名の起こりは「カマド」に関係した諸説がある。

登路　**正面登山道**　登山者の多いコースで、太宰府市内山の竈門神社から林道を経て山道に入り、鳥居、石段を辿るが、九州自然歩道として整備されている。右側の急な尾根にもかかもしか新道、行者道などルートがいくつかある（内山の竈門神社から約二時間）。

東面登山道　筑紫野市街から本道寺集落に入り、谷を登る堤谷新道コース、猫谷川新道コース、大谷尾根道コースと尾根を登るシラハケコースがある（本道寺または南登山口から約二時間）。

西面登山道　粕屋郡宇美町昭和の森公園から谷を登る河原谷コースと尾根を登る猫目新道がある（昭和の森公園から約二時間）。

地図　二・五万図　太宰府

（松本康司・高木荘輔・榊　俊一）

大根地山　おおねちやま

標高　六五二m

別称　根地岳　根地山

福岡県筑紫野市と飯塚市筑穂の境に位置し、北は米ノ山峠を経て三郡山に繋がり、西は宝満川を挟んで宝満山と対峙している。山頂のすぐ下には大根地《おおねち》神社があり、宝満山とともに信仰の山として崇められてきた。山腹はスギなどの植林であるが、山頂付近は、アカガシ、スダジイ、カエデ、ツバキなどの自然林である。山頂はササの原となっており展望はよい。

登路　筑紫野市立竜岩自然の家駐車場からは「大根地神社」の道標を目標に石段・鳥居などを辿って、扇滝を経て山頂に達する（同駐車場より一時間三〇分）。飯塚市側からは国道二〇〇号の冷水峠頂上付近の駐車スペースから九州自然歩道（大根地神社までは車道）を辿ればよい（冷水峠から一時間）。

地図　二・五万図　太宰府

（松本康司・高木荘輔・磯野文雄）

砥上岳　とがみだけ

標高　四九六m

福岡県三郡山地の大根地《おおねち》山の南方、約五㎞の所に山頂がある。秋月から古処～馬見山地へと連なる夜須高原の最高点が砥上岳で、福岡県筑紫野市と朝倉郡筑前町夜須地区にまたがっている。

中腹まではスギ、ヒノキの人工林で、山頂付近で自然林となる。山頂には砥上神社の石碑が刻まれていて、神功《じんぐう》皇后が武運を祈るために登られたとあり、登山道にも「みそぎの原」や「ひずめ石」「かぶと石」などの説明板がある。

登路　県道七七号沿いに砥上神社があり、境内に駐車場がある。登山案内も設置され、民家の横を抜け県道を渡ると、砥上岳登山道入口の標示がある。道は尾根筋に付けられている（神社から約一時間二〇分）。

北面には、坂根集落や曽根田集落を経由する下山路があり、駐車場まで戻ることができる。

地図　二・五万図　二日市　甘木　太宰府

（松本康司・高木荘輔・磯野文雄）

馬見山　うまみやま

標高　九七八m

福岡県朝倉市と嘉麻市嘉穂地区の境界に連なる、古処・馬見山地の最高峰である。大局的には筑紫山地に属する。山頂から南面は古生代変成岩、北面は中生代花崗岩からなる。

山名の由来は、神武《じんむ》天皇の馬が暴れ山中に逃げたのを、そのまま見送ったことによるとされている。山域は植林が進み、稜線上にわずか自然林を見ることができる。頂上は低木が茂り展望はない。頂上から三〇mほど先の頂稜から南方の筑紫平野や耳納連山を眺めることができる。稜線上の自然歩道を西へ進むと、屏山、古処山に至る。

登路　JR筑豊本線飯塚駅から嘉麻市経由で足白《あしじろ》へ。果樹園の中、馬見神社下宮を通り、車道に出ると登山口である。遥拝所碑から植林地に入る。徒渉と登りを繰り返し、自然林を進み神所《ごしんじょ》岩に着く。岩の直下に馬見神社上宮の祠がある。支尾根から稜線上の自然歩道に合流するその左側に頂上がある（登山口から約一時間一五分）。帰路は自然歩道に戻って西へ進み、宇土浦越から足白または朝倉方面へ行くことができる。

地図　二・五万図　小石原　筑前山田

（深田泰三・高畠拓生）

古処山　こしょうさん

標高　八五九m

屏山　へいざん

標高　九二七m

別称　古所山　白山《はくさん》（しろやま）　白髭《しらひげ》山

福岡県朝倉市秋月と嘉麻市嘉穂地区にまたがる。東に屏山《へいざん》・馬見《うまみ》山へとつづく稜線は古処・馬見と称され、筑後と筑豊を分けている。大局的には筑紫山地に属する。

山体は古生代変成岩からなるが、山頂部は白い石灰岩であるため別称の「白山」があり、白山神社がある。山頂の北東（筑豊側）には「大将隠し」や「奥の院」という石灰洞がある。

また、山頂部にオオヒメツゲと名付けられ、最大樹高一二m、樹齢一〇〇〇年といわれるツゲ自然群落があり、国指定の天然記念物である。屏山への縦走路沿いには広葉樹林があり、一部にカエデやブナ林が残る所がある。山頂からの眺望はよく、北および中部九州のほとんどの山を望むことができる。

登路　秋月古処山登山口から谷川沿いの登路が一般的である。巨岩「牛巌《うしいわ》」がある六合目（登山口から約四〇分）まで車道もある。八合目の水場「水舟《みずふね》」から急坂を登れば山頂である（六合目から約一時間）。山頂から西へ旧八丁越、潭空庵《だんごあん》を経て、登山口に下りることができる。

地図　二・五万図　甘木

（中馬一枝・高畠拓生）

鳥屋山　とやさん　標高　六四五m

別称　都野山

福岡県朝倉市の北東部、筑後川支流の佐田川上流部にある。筑紫山地の古処・馬見山地に入るが、山頂部のみ後期新生代の火山岩からなるため、中九州火山地域の西端と見なしてもよい。山体の大部分は古生代の筑後変成岩からなる。山頂付近にはカシ・シイなどの自然林が残っており、自然環境保全地域となっている。

英彦《ひこ》山山伏の修験場として、あるいは空海の霊場として信仰され、それは現在もつづいており、登路には都高《とこう》院、奥の院、石仏群などがある。伝説や歴史に富み、奥州の安倍一族の話も残る。中世にはこの地の守護役・佐田伯耆守《ほうきのかみ》が鳥屋山に塒《とやが》城を築いたが、豊臣秀吉の命を受けた大友宗麟《そうりん》により攻略された。佐田の地名や川名はこれより生まれた。築城されただけあって、南北両面が切れ落ちた独立峰で岩場も多く、南北の展望がよい。

登路　朝倉市地下《じげ》の南東のキャンプ場が登山口である。ここに男滝、女滝がある。登路は女滝の上に出ると急峻な男道と一般向きの女道に分かれるが、合流すると石仏群のある四合目に着く。急坂を登り八合目から鎖場をつたい山頂に出る(約一時間三〇分)。途中、迂回路もある。山頂から男岩、女岩に立ち寄り奥の院に行くのも楽しい(山頂から約二〇分)。

地図　二・五万図　小石原

（藤井哲夫・高畠拓生）

九千部山　くせんぶやま　標高　八四八m

福岡県筑紫郡那珂川町と佐賀県鳥栖市の境にあり、筑紫山地に入る。いわゆる脊振山地の東端に位置する。山名の由来となった石祠が山頂にある。昔、脊振山坊の僧隆信が風水の害を除くため、法華経一万部読唱の祈願を立てたが、途中、蛇神の美女にまどわされて九千部で終わり命が絶えた。その卵が石祠であるという。全山白亜紀の花崗岩類からなり、植林が多く自然林は少ないが、山頂からの展望はよい。

登路　福岡県側、佐賀県側ともよく通じている。那珂川町から南畑ダム上流、グリーンピアなかがわの入場門付近にスペースがあり、そこから桜谷の沢沿いに支尾根に出て頂上に達する(約一時間四〇分)。また、七曲峠から稜線を東につたい、三国峠を経て頂上に出るコースもある(約二時間三〇分)。そのほか鳥栖市から御手洗《おちょうず》ノ滝、石谷山経由、大谷観音経由のコースもある。

地図　二・五万図　中原　不入道

（井上　優・磯野文雄）

石谷山　いしたにやま　標高　七五四m

佐賀県鳥栖市と三養基《みやき》郡みやき町中原地区の境界上、佐賀県と福岡県を分ける筑紫山地にある。山頂は脊振山地東端に位置する九千部山の南にある。山頂は樹林に囲まれて展望はない。

石谷山から九千部山の尾根筋は美しいブナ・カエデの自然林が残

り、縦走路はブナ林などの新緑・紅葉・霧氷の自然探勝コースである。

登路　鳥栖市立石町から御手洗ノ滝駐車場を経て急な登りとなり、山頂に着く（駐車場から約二時間）。このほか九千部山から脊振山に向かう縦走路からのコースや福岡県側佐賀橋から七曲峠経由でのコースがある。

地図　二・五万図　中原

（深田泰三・磯野文雄）

油山　あぶらやま　標高　五九七m

福岡県福岡市の南西部、早良区・南区・城南区にまたがっており、脊振山地の北の外れに位置する。

山名は、天平年間（七二九〜七四九）に渡来した清賀上人がゴマ（ツバキとの説もある）を栽培して油を採り、近隣諸寺に灯明油として贈ったことに由来する。

山体は白亜紀花崗岩からなる。低山ながら東と西の斜面は急峻で多少の脚力を要するが、市の中心部から近いことから、森林浴を楽しむ山として親しまれている。キャンプ場や野外施設のある「油山市民の森」が開設されている。

登路　コースは多方面からあるが、一般的には最短コースの市民の森から吊り橋を経由して山頂に至る（約一時間）。また、登山口から妙見岩分岐を経て山頂に行くコースがある（約一時間三〇分）。

地図　二・五万図　福岡西南部　福岡南部

（深田泰三・赤瀬榮吉）

脊振山　せふりさん　標高　一〇五五m

別称　せぶりやま（福岡県側の呼称）

福岡県福岡市と佐賀県神埼市との境に位置し、広域的に筑紫山地に属する。東西に長大な尾根を張り、北九州で脊振山地と呼ぶその主峰である。東に蛤岳、石谷山、九千部山が、西に金山、井原山、雷山、浮岳などが峰を連ねる。福岡市側は急峻で深い谷を刻んでいるが、南面の佐賀県側は緩やかである。山腹は広葉樹に覆われている所も多く、稜線にはシャクナゲやミツバツツジが自生し、ブナ林も残っている。山頂には弁財天を祀る脊振神社が鎮座する。戦後、航空自衛隊のレーダー・ドームや管制塔が造られて山容が一部変わった。

昔、役小角が英彦山《ひこさん》から飛来して脊振山直下の滝の池の岩窟に籠り、一乗菩薩の法を修したと伝えられることから、修験者の山岳道場となり、脊振千坊といわれるほどに栄えた。しかし、油山僧徒との紛争や兵火で焼失し衰微した。また、臨済宗の祖、栄西が宋から茶の種を持ち帰り、脊振山麓に播《ま》いたのが日本茶の始まりとされ、吉野ヶ里町霊仙寺門前に「日本最初之茶樹栽培地」の石碑がある。福岡市早良区脇山には「茶祖栄西頌徳碑」と茶園がある。元禄時代（一七世紀末）、山頂一帯で筑前福岡藩と肥前佐賀藩の間で境界紛争が起こり、幕府は両国提出の絵図により山頂は佐賀藩領と裁定し、福岡藩は敗訴した。以来、山頂は神社を含めて佐賀県領である。

登路　福岡側は①早良区椎原《さわら》を起点として、椎原川沿いに船越橋を渡ると矢筈峠に向かう登山口である。沢沿いに進み、V字状の車谷をつめて矢筈峠の舗装道路に出る。そのまま進み自衛隊道路を横切ってブナ林を進んでキャンプ場を経由して山頂に達する（椎原から約二時間三〇分）、②椎原から矢筈峠に向かう登山口を過ごし、ゴロ石の山道に入る。メタセコイア林を抜けて椎原峠に上がり、東へ稜線を辿り、唐人の舞、気象レーダー・ドームを左に見て矢筈峠から山頂に達する（約三時間三〇分）。③椎原から南東へ北谷橋を渡り、沢沿いに荒谷集落を抜ける。途中、車道をショートカットする形で板屋峠に着く。峠から右（南）へ急坂を登り、クマザサを分け、自衛隊専用道路に出てそのまま車道をつたって山頂に達する（約三時間）。佐賀県側はいまや立派な舗装道路が、麓の神埼市から山頂直下の駐車場まで通じており、いわゆる登山者ではなく、ドライブがてらのピクニック客が増えた。

唐人舞から望む脊振山。山頂にレーダー基地がある

地図　二・五万図　脊振山　不入道

（井上　優・赤瀬榮吉）

蛤岳　はまぐりだけ　標高　八六三ｍ

佐賀県神埼郡吉野ヶ里町にあって、佐賀・福岡県境に連なる脊振山地の雄、脊振山の南に位置し、白亜紀の花崗岩で形成されている。山頂には山名の由来となった大岩がある。登山道はよく整備され、脊振山から蛤岳を縦走する人が多い。山頂は草原状で展望もおおむねよい。

山中には江戸時代初期の佐賀藩、成富兵庫茂安が治水工事を行った蛤水道がある。

登路　佐賀・福岡県境をまたぐ国道三八五号の最高点の坂本峠までは車を利用するとよい。坂本峠からは、九州自然歩道の指導標に従って登る。林道を横切り左側の歩道を登り、永山峠に着く。永山林道を横切ると蛤水道沿いに行く。蛤岳登山口の分岐点からスギの植林の急坂を登り、さらに平坦な道から最後の坂を登ると蛤岳山頂に着く（約二時間）。

地図　二・五万図　中原

（深田泰三・赤瀬榮吉）

金山　かなやま　標高　九六七ｍ

福岡県福岡市早良区《さわら》と佐賀県佐賀市三瀬村の境にあり、広域の筑紫山地、狭域の脊振山地に属する。脊振山方面からはピラミッドに似た尖峰に見える。福岡県側は急峻で、坊主川、滝川が深い谷を刻み、坊主川には坊主滝、滝川には花乱の滝が懸かる。福岡県から佐賀県へ抜ける相原、小爪、三瀬の三峠があり、金山は小爪〜三瀬間に聳える。

山体の大部分は白亜紀の早良花崗岩からなるが、山頂部のみ古生代の三郡変成岩からなる。また、山頂部にはブナ、カエデ、アカガシなどの広葉樹の自然林がある。一八七四年に起こった佐賀の乱では、政府軍と反乱軍が、この三峠で激しい山岳戦を展開した。

登路 福岡市側からは、①上石釜から滝川沿いに花乱の滝を眼下に見て何度も沢を渡り、安後《あご》坂峠の手前から急坂を登って山頂に達する（約二時間二〇分）。②「湧水千石の郷」を経て坊主滝下から沢沿いに登り、坊主沢を巻くようにひたすら登る。山頂直下で花乱の滝コースと合流し一息で山頂に着く（約二時間二〇分）。佐賀県側から脚気地蔵で有名な山中地蔵堂経由および三瀬峠から稜線を登るルートもある。

地図 二・五万図 脊振山 （井上 優・山田武史）

高祖山 たかすやま 標高 四一六m
叶岳 かのうだけ 標高 三四一m

高祖山は福岡県糸島市高祖と福岡市西区にまたがり、脊振山地に属する。叶岳は福岡市西区の西端に位置し、西区今宿上の原の谷を挟み東西に対峙している。両山とも白亜紀花崗岩からなる。高祖山は八世紀中ごろ、吉備真備が築城した怡土《いと》城趾で知られている。山頂からは脊振山・金山を望むことができ、樹間に「糸島富士」の可也山が端正な姿を見せる。

叶岳は将軍地蔵が祀られた叶嶽神社が山頂にある。また、神功《じんぐう》皇后が三韓進出の折、願い叶ったことから叶岳と名付けられた縁起のよい山といわれ参拝者も多い。叶岳から高祖山までの縦走は展望が優れ、尾根歩きが主体となり、道はよく整備され歩きやすい。

登路 JR筑肥線今宿駅南方の叶嶽宮前から、遥拝所・不動岩を経て叶岳山頂に達し、これから高地山経由で高祖山山頂に至る（約二時間）。下りは針伏山観音を経て野外活動センターへ出られる。

地図 二・五万図 福岡西南部 （深田泰三・山田武史）

可也山 かやさん 標高 三六五m

別称 糸島富士 小富士 筑前富士

福岡県糸島市志摩地区に位置する、山体の大部分は白亜紀の糸島花崗岩類であるが、山頂部には新第三紀の玄武岩が分布する。加布里湾近くまで裾野を引く秀麗な糸島半島の独立峰で、平坦な山頂と左右対称の長い稜線を持つ。「糸島富士」や「筑前富士」と別称され、海岸に近いだけに海側の展望が優れ、眼下に広がる青い海原と弓状に連なる多くの湾や小島を見渡すことができる。晴天時には壱岐の島も望むことができる。

登路 志摩地区の小富士から納骨堂前の小富士梅林を過ぎ、細い登山道を登ると支尾根に出る。急坂が終わり頂稜の丁字路を左へ登ると可也山神社に着き、さらに登ると山頂広場に出る（小富士から約一時間)。ほかに志摩地区師吉《もろよし》からのルートもある。

地図　二・五万図　前原　（深田泰三・山田武史）

井原山　いばるやま　標高　九八二m

別称　いはらやま

福岡県糸島市と佐賀県佐賀市の境にあり、広域的な筑紫山地の脊振山地に入る。山頂は緩やかなササ原、北側は急斜し、南側は緩やかである。山体は古生代三郡変成岩の緑色片岩で、一部は白亜紀花崗岩や古生代石灰岩からなり、北東には水無鍾乳洞がある。また、この一帯は広葉樹に覆われ、キツネノカミソリの群生地として有名である。北側斜面の西に洗《あらい》谷、東にダルメキ谷の深い谷川があり、沢登りに利用される。

登路　水無上流の水無鍾乳洞から沢沿いの登路をつたう。キツネノカミソリ群生地を過ぎ、急坂を登って縦走路から山頂に出る(約三時間)。そのほか井原山自然歩道からのコース、雷山からの縦走コースや佐賀県側古場岳山荘からのコースもある。

地図　二・五万図　脊振山　雷山　（井上　優・山田武史）

雷山　らいざん　標高　九五五m

別称　いかずち　層々岐《そそぎ》山

福岡県糸島市と佐賀県佐賀市富士町の境にあり、広域の筑紫山地に属し、いわゆる脊振山地のほぼ中央に位置する。

山体の大部分は、白亜紀の糸島花崗岩類からなり、南面の一部は古生代三郡変成岩の緑色片岩からなる。山頂付近は草原でスキー場となっており、山腹には広葉樹林が見られる。中腹と山頂近く(八合目)に水火雷電の神を祠る雷《いかづち》神社とその上宮が鎮座する。山はご神体山として昔から崇められてきた。中腹の神社には巨大な観音杉二本と公孫樹《いちょう》があり、福岡県の天然記念物に指定されている。

山麓の大悲五院千如寺、通称雷山観音は渡来僧・清賀上人が奈良時代に開山した古刹である。文永、弘安の役(元寇、一二七四・八一)後は、鎌倉幕府の祈禱寺となり、異国調伏の祈禱も行われた。本堂には重要文化財の清賀上人座像、国宝の千手千眼観音菩薩立像を収蔵する。本堂前の大カエデは樹齢三八〇年、堂前を覆い尽くす大樹で県の天然記念物であり、紅葉が見事である。

登路　千如寺から清賀の滝に向かう。滝の右手の尾根を登り、ヤブツバキや広葉樹の多い起伏をいくつか越え、石の祠の雷神社上宮に着く。さらに急坂を登って、ブナ林を過ぎ、クマザサをかき分けるようになると山頂である(千如寺から約二時間)。

地図　二・五万図　雷山　（井上　優・山田武史）

羽金山　はがねやま　標高　九〇〇m

福岡県糸島市と佐賀県佐賀市富士町の境、雷山の西五㎞に位置し、筑紫山地の脊振山地に入る。山体は白亜紀の糸島花崗岩類からなり、造林地が多く植物相は貧弱である。

台形状の山頂には、かつて海上保安庁の鉄塔が立っていたが、二〇〇一年一〇月一日から通信総合研究所の電波送信所が開局し、高さ二〇〇mの鉄塔に変わった。このため山頂の広大な土地が占有され、一般人は立ち入り禁止である。脊振山頂は自衛隊に、九千部山頂はテレビ無線塔に、羽金山は電波時計の発信塔に占領されて、かつて登山者が自由に立ち入った山頂も、時代の変化とともにその数が少なくなった。

登路 こうした事情を反映して登山者は少なくなり、登山道は荒れ放題である。糸島市白糸の滝から南へ延びた電波塔への専用車道五kmをつたって山頂に出ることができる(約一時間三〇分)。そのほか佐賀市富士町平成桜公園を登山口として北へ支尾根を登り、長野峠に出て縦走路をつたうコース、同町上無津呂から淀姫神社経由で縦走路をつたうコースがある。

地図 二・五万図 雷山

(井上 優・山田武史)

亀岳 かめだけ 標高 七四〇m
笛岳 ふえだけ 標高 六九八m

佐賀県佐賀市富士町と唐津市七山の境に位置し、山頂付近は草原で、その中に大小の花崗岩が点在し展望もよい。また、地元で信仰の対象になっていた山で、亀岳神社が祀られている。

笛岳は全体がスギの植林で登山の魅力はない。七山の麓には、ミニ尾瀬といわれる樫ノ木原湿原があり、訪れる人が多い。

登路 JR筑肥線浜崎駅から七山滝川、桑原を経て、樫ノ木原湿原を過ぎ山端集落に着く。集落を抜け、林道を行くと亀岳登山口がある。登山道をつたい、急坂を登ると共同アンテナが立っている。いつしか草原に変わり、最後の急坂を登ると山頂に着く(桑原から約二時間)。笛岳は桑原の集落を抜け、林道を行くと左手に指導標がある。スギの植林帯をひたすら登ると山頂に着く(約一時間)。

地図 二・五万図 古湯 雷山

(深田泰三・中馬董人)

城山 しろやま 標高 四一七m

佐賀県佐賀市富士町古湯温泉の背後にあり、筑紫山地の背振山地に属する。手軽に行くことができ、日ごろから多くの人に親しまれている。山頂には中世の山城である古湯城の物見台(古湯城は阿蘇《あそ》惟直《これなお》の弟・九朗惟成《これなり》の家臣である原隼人が築いたといわれている)があり、現在は展望台となっている。山頂からは、脊振山系などの北東部の眺めはよいが、天山などの南西方向は樹林が邪魔して期待できない。

登路 古湯温泉から淀姫神社横の貝野川を渡り、貝野川の支流に出る。遊歩道を離れ西に向かって急斜面を登ると、整備された歩道となり、古湯温泉が見渡せるようになる。シダの群生がすばらしい中を登り、山頂に着く(約一時間)。車の場合は貝野集落から車道が通じており、山頂直下まで乗り入れができる。

地図 二・五万図 古湯

(深田泰三・中馬董人)

二丈岳　にじょうだけ　標高　七一一m

別称　深江岳　城ヶ岳

福岡県糸島市二丈地区のほぼ中央に位する独立峰で、筑紫山地の脊振山地に入る。山体は白亜紀の糸島花崗閃緑岩からなり、山頂は巨岩が露出し玄界灘の展望がすばらしい。別称の「深江岳」は深江(地名)にある山の意、「城ヶ岳」は戦国武将・深江良治の居城があったためで、いまも城の遺構が残っている。

二丈岳は白山菊理《はくさんきくり》姫命《ひめのみこと》を祀る霊山で、旧二丈町の旧三箇村(福吉、深江、一貴山)の村境に聳え、三村統合の象徴として町名の起源ともなった。山麓には鎮懐八幡宮があり、『風土記』や『万葉集』に詠まれた鎮懐石が祀ってあり、九州最古の万葉歌碑がある。

登路　JR筑肥線深江駅からの国道二〇二号をつたい、砂利道の一ノ原林道に入る。一本道を登り二丈岳登山口に着く。左手急坂のロープをつたってさらに急坂を登り、尾根づたいに山頂の巨岩に着く(約二時間)。車では糸島市二丈福井の加茂ゆらりんこ橋(駐車場、水洗トイレ有り)を起点として二丈渓谷遊歩道を経由し、真名子の登山口より登るルートもある(約二時間)。

地図　二・五万図　雷山　浜崎　前原

(井上　優・三浦利夫)

浮岳　うきだけ　標高　八〇五m

別称　吉井岳、筑紫富士

女岳　めだけ　標高　七四八m

浮岳は福岡県糸島市二丈地区と佐賀県唐津市七山の境にあり、筑紫山地の脊振山地に入る。白亜紀の糸島花崗閃緑岩類、北東面の一部は結晶片岩からなる。浮岳山頂付近は自然林が残るが植林が多い。山名は、唐津湾や玄界灘から望めば富士山型で、麓が霞に覆われて水平線に浮き出て見えることに由来する。その山容は西行の『筑紫紀行』にも歌われている。

女岳は浮岳の東にある。浮岳山頂は樹林に覆われ、伊弉諾尊《いざなぎのみこと》を祀る浮岳神社上宮が、麓の久安寺《くわじ》には浮岳神社中宮がある。久安寺は奈良時代、清賀上人(雷山の項参照)が聖武天皇の勅により建立した怡土《いと》七大寺の一つで、浮岳神社の神宮寺となり、重要文化財の仏像三体を収蔵する。

登路　JR筑肥線福吉駅から県道を辿って浮岳～十坊山間の白木峠に達し、縦走路を辿って山頂に出る(約一時間三〇分)。佐賀県側からは、浮岳～羽金山林道の登山口から登ることができる(約四〇分)。女岳には浮岳から縦走路を東につたい、荒谷峠から尾根づたいに登ればよい(約一時間三〇分)。糸島市二丈地区木の香ランドからも登れる。

地図　二・五万図　浜崎　雷山

(井上　優・三浦利夫)

十坊山　とんぼやま

標高　五三五m

福岡県糸島市二丈地区と佐賀県唐津市七山の境にあり、筑紫山地の脊振山地最西端の山で、その先は唐津湾に切れ落ちる。白亜紀の糸島花崗岩類からなり、植林も多いが照葉樹が残っている。山名は清賀上人（雷山観音の開山）が奈良時代に建立した怡土《いと》七大寺の一つで、勅願寺でもあった久安寺《くわじ》の属坊が十坊あったことに由来するという。また、一説に古代山頂に防人《さきもり》の屯坊《とんぼう》があった故ともいう。山頂の大岩（通称坊主岩）からの展望がすばらしく、澄んだ日には壱岐、対馬を望見できる。

登路　JR筑肥線福吉駅から、国道二〇二号と県道一四三号を辿って中村に着く。ミカン畑を過ぎると一本道で、急坂を登れば山頂である（福吉駅から約一時間四〇分）。浮岳との間の白木峠からの縦走路を辿ってもよい（白木峠から約四〇分）。

地図　二・五万図　浜崎

（井上　優・三浦利夫）

鏡山　かがみやま

標高　二八四m

別称　領巾振山《ひれふりやま》

佐賀県唐津市にある。筑紫山地に属し、山頂部は新第三紀の大陸系玄武岩からなる。松浦湾を北に望む標高こそ低い小丘であるが、古来よりよく知られた名山で、伝説と史跡に富む。松浦佐用姫《まつらさよひめ》ゆかりの山で「領巾振山」とも呼ばれている。『万葉集』に「遠つ人松浦佐用姫嬬恋にひれ振りし寄り終える山の名」と山上憶良が詠んだ歌が残っている。『肥前風土記』には、「大伴狭手彦連、船を発して任那へ渡る時、ひれを用ひて振り招く。因て、ひれふりの峰と名づく」とその山名起源の説が記されている。山頂からは眼下に虹ノ松原が、東方には脊振山地、北に玄界灘の島々、海岸線がすばらしい。

登路　JR筑肥線虹ノ松原駅南方に台地状の鏡山を望むことができる。国道二〇二号南側の大鳥居をくぐり、鏡集落へ進み、島田塚、恵日寺、鏡神社前を過ぎると鏡山稲荷登山口の石柱がある。ここから車道をつたい、分岐点から石段の急坂を登ると山頂（約一時間）。

地図　二・五万図　浜崎

（深田泰三・中馬董人）

彦岳　ひこだけ

標高　八四五m

佐賀県佐賀市富士町と小城市小城町の境にある。筑紫山地南部にあって、七曲峠（石体越《しやくたいごえ》）を挟み、西の天山と東の彦岳が対峙し、南北ともに嘉瀬川流域に入る。豊富な植物に恵まれ、登山者も少なく静かな山行ができる。南東麓にある清水観音は平安時代、桓武天皇の勅願によって建立されたという。山頂部は変成岩からなる。

登路　彦岳北側の古湯温泉、葛ノ尾《くずのお》から登るのが近い。葛ノ尾入り口から神沖橋を渡り、七曲峠に登る。峠は十字路になっており、西に行けば天山である。東に向かって尾根を辿り、屛風岩を右に巻いて山頂に出る（葛ノ尾から約二時間）。七曲峠から小城市小城町側に下れば清水に出る（約二時間四〇分）。

地図　二・五万図　古湯　小城

（松本徰夫・中馬董人）

天山　てんざん

別称　あめやま

標高　一〇四六ｍ

佐賀県多久市、小城市小城町、佐賀市富士町、唐津市厳木《きゅうらぎ》町の境界に位置する。

山名は佐賀県小城市本山にある天山神社（九合目に上宮もある）に由来する。筑紫山地の南部にあって天山山地の主峰である。北側は厳木川、嘉瀬川、南側は中津川の流域に入る。

古くから肥前の名山として佐賀平野の北側にどっしりと横たわっている。山体北面の中腹以下は白亜紀花崗岩、南面と中腹以上は三郡変成岩類、山頂部は東西方向の蛇紋岩からなる。有名な山であるが植林が多く植物相は乏しい。山頂部はササの広い草原で展望がよく、イヌツゲ、メギなどを見る。

天山（小城市畑田から）

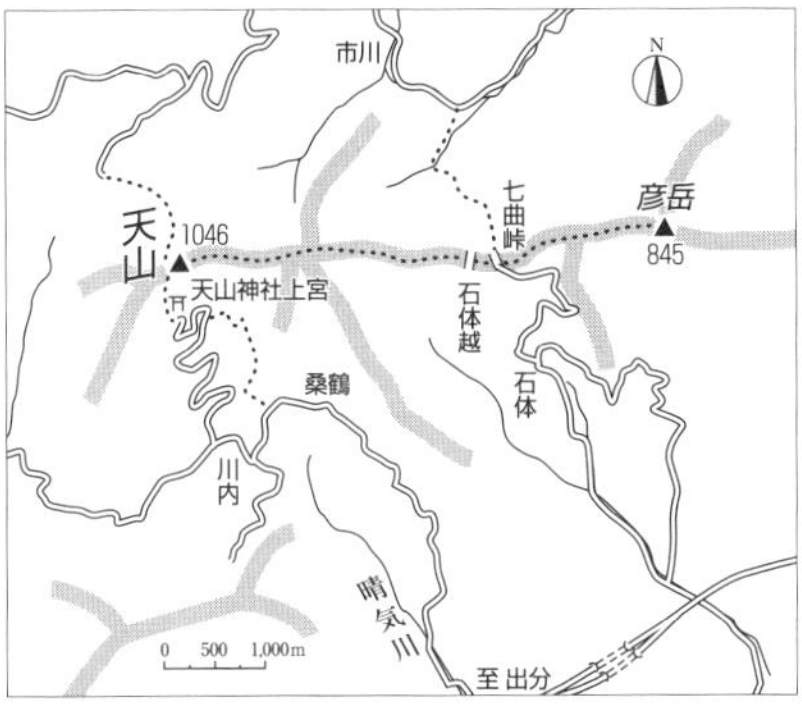

山頂の一角には南朝の忠臣、阿蘇八郎惟直《これなお》の墓碑や石祠がある。惟直は阿蘇神社の大宮司で足利尊氏に対して兵を挙げたが、延元元年（一三三六）、福岡の多々良浜の戦で敗れ、天山山麓に逃れる。小城の千葉氏の寝返りに遭い自刃する。遺言により阿蘇の噴煙が見えるように天山山頂に葬られたという。北側の登山口にあたる富士町の諏訪神社には天然記念物に指定された「市川の杉」の老樹があり、樹齢七〇〇年と推定されている。ここに少弐《しょうに》政資《まさすけ》の子・高経《たかつね》を祀ったとされる石塔がある。毎年一〇月の神社の祭典には県重要無形文化財の天衝舞浮立《てんつくみやふりゅう》が奉納される。

山頂までの距離が長く、かつては充実した山行が楽しめたのであるが、山頂近くまで車道が発達して登山の魅力が薄れてきた。ところが、山頂近くの北面に人工スキー場が開設されてから、シーズンには別のにぎわいを見せるようになった。

登路　表登山口は小城市小城町の天山宮前（出分）である。ここから晴気川沿いに北上し、川原を通過してひたすら車道を登り桑鶴に達する。これより車道を西方につたい、川内《かわうち》分校跡から林道を北に向かい堰堤のある沢を渡った後、川内からの車道に出る。車道をつたい、右手の旧道を登ると鳥居や池のある天山神社上宮に出る（出分から約三時間）。ここまで車道があり、車を利用することもできる。上宮より階段状の道を登り、草原状のあめ山との鞍部から北東に進み山頂に達する（上宮から約三〇分）。福岡方面からの場合、古湯を経由して市川から車道をつたい、北側の駐車場から山頂に達する(約三〇分)。

地図 二・五万図 古湯 小城

(松本徑夫・中馬董人)

作礼山 さくれいざん

標高 八八七m

別称 さくれやま

佐賀県唐津市相知《おうち》町と厳木《きゅうらぎ》町の境にある。筑紫山地の西部にあって、松浦川の支流域にあたる。南面の中腹以下は中・古生代の三郡変成岩と蛇紋岩からなり、北面から中腹以上にかけては白亜紀の深江花崗岩からなる。山頂は三角点がある西峰と作礼神社上宮がある東峰からなり、両峰とも展望がよい。付近には三つの池があり、公園化されている。神社の祭神は宗像三女神で、付近の信仰が篤い。

登路 唐津市厳木町牧瀬から岩詰を経て栗ノ木、さらに林道終点まで行く。これよりマツ林の中の山道をつたい、鳥居から尾根づたいに山頂に達する(牧瀬から約一時間三〇分)。

地図 二・五万図 相知 多久

(松本徑夫・中馬董人)

両子山 ふたごやま

標高 三六六m

別称 烽壱所《とぶひどころ》 嬢子《おみな》山 権現山《ごんげんやま》

佐賀県多久市にあって、山頂に両子大権現を祀った石祠があり、山名はそれに関係する。佐賀平野の小城市牛津町辺りから見ると、突出した山容が目立ち、古く『肥前風土記』に別称が出てくる。筑紫山地に入るが、杵島《きしま》火山岩域に属する。

山体の大部分は中新世の玄武岩溶岩であり、山頂の一部には両子山火山岩類の流紋岩が不規則に貫入している。山頂部は自然林が残っており、大樹もある。北・北西・西面は玄武岩類を大規模に採掘しており、かつての姿はなくなってしまった。

登路 多久市の柳瀬から中段の玄武岩台地に出て、天山集落を過ぎて南に辿る。不動明王、文殊菩薩などの石仏を過ぎて急坂を登れば山頂である(柳瀬から約一時間二〇分)。

地図 二・五万図 小城

(松本徑夫・中馬董人)

聖岳 ひじりだけ

標高 四一六m

佐賀県の多久市、杵島《きしま》郡大町《おおまち》町、江北町にまたがる。山名は山岳信仰に由来する。山頂には弁財天を祀る祠と役小角の石像がある。山麓の大町から山腹、稜線にかけて、神山、不動寺、不動尊社、大日如来の石祠、福寿山弁財天の石碑などの地名、仏跡などが残っており、修験場として栄えていたことを思わせる。

筑紫山地に入るが、杵島火山岩域に属する。山腹の緩傾斜の部分は古第三紀の杵島《きしま》層群からなり、中腹から山頂にかけては新第三紀の玄武岩類からなる。山頂付近は聖地として樟《くす》林が残っており、カシ、タブノキ、サザンカ、クヌギなどの雑木林が茂っている。山頂の展望台からは、白石平野、有明海から雲仙の眺めがよい。

登路 大町町から八幡神社、神山集落、不動寺集落、不動尊社を過ぎて大日如来石祠に着く。この先の一対の石燈籠から聖岳神社参道の石段を登って山頂に着く（大町から約二時間）。

地図　二・五万図　武雄　牛津

（松本徰夫・中馬董人）

鬼ノ鼻山　おにのはなやま　標高　四三五m

別称　鬼ケ鼻山《おにがはなやま》

佐賀県多久市と武雄市の境にある。昭和三〇年代の五万図では「鬼ケ鼻山」と記されていたが、いつの間にか「鬼ノ鼻山」になっている。その理由は明らかではないが、当時の地元の老人は「オニガハナヤマ」と発音していた。「ハナ」は九州の山岳地形を示す方言で、平坦な尾根が急に切れ落ちた突端を意味する。鬼は山岳信仰に由来するのかもしれない。

筑紫山地に入るが杵島《きしま》火山岩域に属する。山腹の緩傾斜の部分は古第三紀杵島層群からなり、中腹から山頂部は讃岐《さぬき》岩類、東方の一部は輝石安山岩溶岩からなる。全体として溶岩台地で、讃岐岩類は北方へ一〇〇〇mほど流下している。山頂付近は侵食されて鼻地形となっている。山頂部は草原となって展望もよく、オミナエシ、トラノオなどが見られる。

登路　大町町から緩傾斜の斜面を北に向かい、山頂直下で西から北に回り込み、北から南に向かって山頂に達する（大町から約二時間）。山頂近くまで車道もある。また、山頂から聖岳への縦走路もある（約一時間）。

地図　二・五万図　武雄　牛津

（松本徰夫・中馬董人）

女山　おんなやま　標高　六九五m

別称　嬢子山《おみなやま》（女山の原語）　瀬戸木場山《せとこばやま》　船山《ふなやま》

佐賀県多久市、唐津市厳木《きゅうらぎ》町と相知《おうち》町の境にある。山の稜線は三叉になっており、北側の二町は松浦川、南側は牛津川の各水系を分ける。大局的に筑紫山地に入るが、新第三紀の玄武岩の溶岩台地のメサ地形である。台地はさらに西方の八幡岳につづく。「船山」の名は八幡岳に付されたとの古記録があり、その名は後に「女山」を指すようになった。明治になり旧陸軍は「瀬戸木場山」と改名した。一九五一年から女山となったが、一九五二年から多久市の要望でカッコ書きの「船山」が書かれるようになった。また、松浦佐用《まつらさよ》姫《ひめ》悲恋物語の発祥地である。

登路　九州自然歩道の笹原峠、佐用姫碑、船山キャンプ場のコースがあるが、ここまでは車も利用できる。これより尾根づたいの急坂を登り、さらに南に向かって尾根を辿れば山頂に着く（キャンプ場から約五〇分）。八幡岳との間の池高原キャンプ場から北東に向かって尾根づたいに登ってもよい（約一時間一〇分）。

地図　二・五万図　多久

（堀田哲男・中馬董人）

八幡岳　はちまんだけ　標高　七六四m

佐賀県武雄市、伊万里市、唐津市の境にあり、東南部は多久市にまたがる。鎮西八郎為朝の伝説に由来する山名である。保元の乱

(一一五六)に敗れた鎮西八郎為朝は、武雄市川古に居館を構え、黒髪山の大蛇を退治したといわれ、御所の地名が残っており、山頂には八幡大菩薩の石碑がある。

筑紫山地に属するが杵島火山岩域に入る。山体の大部分は大陸系の松浦玄武岩の溶岩台地である。特徴的なメサ地形を示し、鉢巻状の溶岩壁が目立つ。山頂にはテレビ塔があり、JR唐津線に対峙した作礼山をはじめ肥前の山々の展望はよいが、植物相は貧弱である。

登路　東面中腹に池高原キャンプ場がある。ここまで北麓の蕨野と南麓の山口から来ることができる(両コースとも約一時間一〇分)。キャンプ場から西に向かい、車道を横切りながら登れば山頂に着く(約五〇分)。山頂まで車道もある。

地図　二・五万図　多久

(松本徰夫・中馬董人)

眉山　まゆやま

別称　前山　　標高　五一八m

佐賀県伊万里市と武雄市の境にあって、松浦川の支流域になる。八幡岳の西方に並ぶが、八幡岳の前山が転じて眉山になったという。筑紫山地西部の杵島火山岩域に入り、粗面安山岩につづいて噴出した讃岐《さぬき》岩類の溶岩に覆われる。全山植林され植物相は貧弱であるが、九州自然歩道のコースがある。眉山の南東中腹部に武雄市の眉山教育キャンプ場がある。ここから八幡岳、作礼山、遠く釈迦岳、九重山群、雲仙などの展望がすばらしい。

登路　眉山キャンプ場まで車で行くか、JR筑肥線の桃川駅から歩く(約一時間四〇分)。キャンプ場から西に向かってスギ、ヒノキの植林帯を登れば山頂に着く(約二〇分)。

地図　二・五万図　伊万里　多久

(堀田哲男・中馬董人)

御船山　みふねやま

別称　唐船山《とうせんざん》　　標高　二〇七m

佐賀県武雄市武雄温泉の南一・五kmにあり、標高は低いが、佐賀平野の中で黒雲母角閃石流紋岩の岩峰が目立つ山である。端岳(艫岳)、中岳(帆岳)、西岳(舳岳)の三峰からなり、形が船に似ているので御船山といわれ、また「唐船山」とも呼ばれる。東麓に御船ヶ丘梅林(三千本)があり、西麓にはツツジ(五万本)の名所として御船山楽園がある。南面の岩壁は一九五〇年代、ロック・クライミングの場として開発された。

登路　御船ヶ丘梅林の駐車場から鳥居、石段を上がり山道に入る。急坂を辿れば岩峰状の山頂に達する(JR佐世保線武雄温泉駅から約一時間)。

地図　二・五万図　武雄

(松本康司・高木荘輔・中馬董人)

大野岳　おおのだけ

別称　前平《まえひら》山　　標高　四二四m

佐賀県伊万里市内の北東郊外に位置し、松浦川支流域にある。中腹まで古第三紀の杵島層群で、山頂部は松浦玄武岩類の溶岩からなる。不完全なメサ地形のため山頂部は平坦で広い。一九六九年から大野岳自然公園となった。古く万葉時代には防人《さきもり》の駐屯地として、また、中世には松浦党波多氏の狼煙《のろし》場であったという。山頂からの展望はよくない。

登路　唐津から伊万里への国道二〇二号を辿ると井手野の集落があり、ここから登る。井手野北方の白山神社から西に折れ、鉄塔をくぐり急坂をつたい、こぼとけ展望台を経て、まえひら展望台に着く。さらにクヌギ林を抜けて草原をつたい山頂に出る(井手野から約一時間三〇分)。

地図　二・五万図　伊万里

(堀田哲男・中馬董人)

黒岳　くろだけ

標高　三六八m

佐賀県伊万里市と武雄市の境界にあり、筑紫山地内の黒髪山地東端にある。松浦川、伊万里川、六角川の三水系を分ける。北側の伊万里市方面から見ると突出したコブ様地形が目立ち、江戸時代から陶磁器貿易のため伊万里港に入港する船の目印になったという。

山体は新第三紀の讃岐岩質火山岩と火山砕屑岩からなる。植林のスギが多く、植物相は貧弱である。

登路　伊万里市と武雄市山内町三間坂の間の赤田が登山口である。ここから北東に進み鉄塔が建つ尾根筋に出る。尾根づたいに登り、石門をくぐると山頂である(赤田から約一時間)。山頂は二つに分かれている。三角点は左のピークにあり、右のピークに祠があって黒髪山の眺めがよい。

地図　二・五万図　有田

(田中幸男・中馬董人)

青螺山　せいらざん

別称　せいらさん　せいらやま

標高　六一八m

筑紫山地の黒髪山地の最高峰である。佐賀県伊万里市、武雄市、西松浦郡有田町の二市一郡の境界にある。新第三紀の伊万里安山岩類からなり、溶岩が南に流下していることから、火口北縁の一部と考えられている。黒髪山、青螺山、牧ノ山縦走コースの中央部の山である。三角点は最高点の北東二五〇m地点にあり、標高五九九mである。山頂付近には小さな岩場もあり、全般的に豊富な植物相が見られる。

登路　伊万里市外の奥まった谷あいの大川内山《おおこうち》には、鍋島藩時代からの大川内焼の窯元が並ぶ。ここが登山口であり、キャンプ場がある。これより青螺山・牧ノ山稜線に向かって南に進み、青牧峠東方の稜線(分岐点)から東に向かって痩せ尾根を辿れば山頂である(約二時間)。黒髪山からの縦走路もある。

地図　二・五万図　有田　蔵宿

(田中幸男・中馬董人)

黒髪山　くろかみやま

別称　くろかみさん　くろかみざん

標高　五一六m

佐賀県武雄市山内町、西松浦郡有田町の境にある。山頂の天童岩直下に黒髪神社上宮があり、山名はこれに由来する。伊弉諾尊《いざなぎのみこと》、鎮西八郎為朝《ためとも》の大蛇退治、雄岩・雌岩の悲恋物語など伝説に富み、かつて修験場でもあった。筑紫山地の黒髪山地の主峰である。

新第三紀の有田流紋岩類からなり、侵食をまぬがれた岩峰が林立し特異な山容を持っている。植物の宝庫として知られ、カネコシダ、クモラン、クロカミランなどの希産種を含め、数百種を超す。黒髪山特産種や天然記念物指定種もあるが、心ない人に持ち去られ絶滅に瀕している種もあり、保護が必要である。

登路　陶器で有名な有田町北郊外の有田ダムにある白川キャンプ場が登山口である。谷沿いの樹林帯を登ると石段の急坂となる。尾根に出ると西光密寺経由と天童岩巻き道の分岐に着くが、どちらからも山頂に登ることができる(キャンプ場から約一時間一〇分)。そのほか有田町竜門ダム、武雄市黒髪少年自然の家を経て乳待坊《ちまちぼう》展望台、太鼓岩不動尊からの登路がある。岩場には鎖や鉄梯子などがあり、注意して登降しなければならない。

地図　二・五万図　有田　蔵宿

(田中幸男・中馬董人)

牧ノ山　まきのやま

標高　五五二m

佐賀県伊万里市と西松浦郡有田町の境にある。筑紫山地の黒髪山地の西端にあり、この山地の第二の高峰である。青螺山《せいらざん》と同質の伊万里安山岩類からなり、青螺山とともに旧火口の北縁をなすと考えられている。山体は広葉樹に覆われる所が多い。

登路　登山口は有田町竜門ダムのキャンプ場と大川内山キャンプ場とにある。竜門キャンプ場から北に向かって、沢沿いに展望の利かない樹林帯の急坂を登る。小さな岩場を過ぎて市町境の青牧峠に着く。西方に向かって稜線を辿れば、最高点(約五六〇m)を経由して牧ノ山に着く(キャンプ場から約一時間)。牧ノ山から市町境の尾根を北西に辿り越ノ峠への道もある。

地図　二・五万図　有田　蔵宿

(田中幸男・中馬董人)

腰岳　こしだけ

標高　四八八m

別称　伊万里富士

佐賀県伊万里市の中央南端に位置する。筑紫山地の黒髪山地の北西端にある。山体は新第三紀鮮新世の無斑晶質安山岩と、これに貫入する流紋岩とその急冷部の黒曜岩からなる。この黒曜岩は先史時代の石器原石として使用されており、これを採掘した遺跡もある。また北面中腹にはトラピスト修道院があり、そこは千畳敷と呼ばれる草原が広がり、伊万里方面や、西方に横たわる国見山方面の眺めがよい。

登路　伊万里市から金武経由でトラピスト修道院への車道を辿り、さらに演習林道を辿る。道が南に向かい、腰岳の東面に達すると、地蔵登山口、つづいて弁財天登山口がある。これより西に向かって登れば山頂に着く(どちらの登山口からも約三五分)。

地図　二・五万図　蔵宿　有田

(田中幸男・中馬董人)

国見山　くにみやま

標高　七七六m

佐賀・長崎県境に位置するが、国見山三角点は長崎県佐世保市にある。ほぼ南北方向に稜線を持つ北松浦半島の最高峰であり、東側に肥前、西側に松浦、北方に壱岐水道を隔てて壱岐まで望むことができることからこの名がある。新第三紀中新世のなだらかな玄武岩台地からなり、西側は緩やかであるが東側はやや急峻である。山頂付近はアカガシの自然林が茂り、山頂からの眺望がよい。

登路　佐賀県伊万里市、長崎県佐世保市、同市世知原町の三方向から車道を利用して栗ノ木峠に達する。ここには地蔵堂が建っており、清水が湧いている。ここからアカガシ林内の自然歩道を北につたうと車道終点に出る。さらに残念坂の急坂を登り切ると国見山山頂に達する(栗ノ木峠から約四〇分)。

地図　二・五万図　蔵宿　(松本徰夫・中馬董人)

八天岳　はってんだけ　標高　七〇七m

山頂は長崎県佐世保市と佐賀県西松浦郡有田町の境界にある。北松浦半島の主稜は南北に走り、国見山地とも呼ばれており、その最高峰・国見山の南方約三㎞に位置する。一帯は新第三紀中新世に噴出した玄武岩の溶岩台地からなり、東側はやや急で西側は緩い山並みとなっている。山頂付近は平坦で、山頂付近から南のオサエ越まではアカガシの自然林があり、さらに下った郷美谷《ごうみ》池畔には野生のサザンカの群生地がある。

登路　栗ノ木峠まで国見山と同じコースである。峠から佐世保市側へ下り、約四〇〇m地点に八天岳登山口があり、これより車道を辿って山頂に達する(栗ノ木峠から約四〇分)。山頂にはNTT無線中継所がある。

地図　二・五万図　蔵宿　(松本徰夫・中馬董人)

隠居岳　かくいだけ　標高　六七〇m

別称　西ン《にしん》岳《だけ》

木場山　こばやま　標高　五一〇m

長崎県佐世保市内の東部に、東から隠居岳、木場山、烏帽子岳三山が連なる。筑紫山地に属するが長佐玄武岩域に入る。中新世佐世保層群を覆う玄武岩溶岩台地の山である。植林が多いが、隠居岳南面のヤマツツジは四万本を超すといわれる。

隠居岳の山名は、平家の落人が隠れ住みついたことに由来する。木場山西面の満場越一帯は松浦藩の軍馬放牧場があった所で、現在も広い草原が牧場となっている。山頂からの展望もよく、尾根筋は九州自然歩道として整備され、多くのハイカーが訪れている。

登路　佐世保市上宇戸《かみうと》、満場越《まんばごえ》が登山口となる。上宇戸から登山口を経て照葉樹林と植林帯の尾根を辿れば隠居岳山頂に着く(約三五分)。これより西方へ尾根を辿ると大山口越で車道を横切る。さらに西に進んでアンテナ局を過ぎ、植林帯を通過すると草原の木場山頂に着く(約一時間)。西方に下れば満場越に出る(約二〇分)。

地図　二・五万図　蔵宿　早岐　(下田泰義・中馬董人)

烏帽子岳　えぼしだけ

標高　五六八ｍ

別称　佐世保富士

長崎県佐世保市内の東部にある。隠居岳、木場山とともに東西方向のメサ地形を示しており、その台地の西端にある。大局的に筑紫山地に属するが、長佐(長崎県と佐賀県)玄武岩域、北西九州玄武岩域の国見山域に入る。中新世の佐世保層群を覆う中新世玄武岩類からなる。南山麓には照葉樹林があるが植林地も多く、九合目付近の平地は「風と星の広場」という。

山名は山容が烏帽子に似ていることに由来する。西海国立公園内の最高点であり、三六〇度の展望が得られることからハイキングの山として親しまれている。風と星の広場奥の樹林中には、旧海軍佐世保鎮守府軍楽隊長であった田中穂積《ほづみ》が一九〇三年に作曲した「美しき天然」の記念碑がある。

登路　佐世保市山手町から車道をつたって田代を過ぎ、青少年の天地研修所を経て、風と星の広場に出る。これより石段と歩道をつたえば山頂に出る(山手町から約一時間四〇分)。山頂から西方に尾根を下り、直接小佐世保町に出ることができる(約一時間)。

地図　二・五万図　蔵宿　佐世保北部　佐世保南部　早岐

(下田泰義・中馬董人)

将冠岳　しょうかんだけ

標高　四四五ｍ

別称　賞観岳

弓張岳　ゆみはりだけ

標高　三六四ｍ

両山とも長崎県佐世保市内にあって、中心街の北西に位置する。筑紫山地に属するが、長佐玄武岩域、あるいは北西九州玄武岩域に入る。第三紀層を覆う中新世玄武岩類からなり、南北方向に連なったメサ地形となっており、北から将冠岳、但馬岳《たじま》(三八五ｍ)、弓張岳の三山がある。照葉樹林やスギ植林を主とするが、弓張岳と但馬岳には、ヒラドツツジとサクラが植えられている。

弓張岳の山名は山容が弓を張った形に似ていることによる。弓張岳からの展望はよく、佐世保市街と港湾や九十九島などが望まれ、夜景も見応えがあり、付近は公園化されている。

登路　弓張岳山頂直下まで車道があり、バスもある。JR佐世保線佐世保駅から歩けば約一時間二〇分で山頂に着く。これから但馬岳まで約一〇分、さらに約一時間で将冠岳に行くことができる。

地図　二・五万図　佐世保北部

(下田泰義・中馬董人)

(北松)白岳　(ほくしょう)しらたけ

標高　三七三ｍ

長崎県内には白岳・白嶽の山名が一一座(『日本山名総覧』)もある。そのためこの山がある北松浦半島、北松浦郡をとって「北松」を付している。長崎県佐世保市江迎《えむかい》町と松浦市の境界にある。大局的に筑紫山地に属するとされるが、長佐玄武岩域、または北西九州玄武岩域の山である。

山名は山体を構成する灰色の玄武岩類が、光線によって白く輝くことに由来する。

山体は中新世野島層群を覆う松浦玄武岩類からなる。この玄武岩孔隙中にピジオン輝石を産出し、世界的に希産種であるので注目されている。植林が多く自然林は少ないが、山麓の白岳池周辺は国民休養地であり白岳公園がある。山頂から東に辿れば三八七mピークから合戦原に行くことができる。

登路　佐世保市江迎町の白岳公園まで車道がある。これより白岳神社を過ぎ、岩壁を巻いて登れば山頂である（約二〇分）。山頂から三八七mピーク、合戦原を経由して草ノ尾免から潜竜に下ることができる（約三時間三〇分）。

地図　二・五万図　江迎

（下田泰義・中馬董人）

大観山　だいかんざん

標高　三七四m

長崎県佐世保市小佐々《こさざ》町と同市鹿町《しかまち》町の境にある。大局的に筑紫山地に属するとされるが、松浦玄武岩類のメサ地形の一峰であるから長佐玄武岩域、あるいは西北九州玄武岩域に入れてよい。

山体は溶岩台地特有の城砦のような岩壁に囲まれる。山頂付近は照葉樹林、天狗岩周辺はアカガシ林が生育する。大観山北西の長串山（二三四m）と南西の冷水岳（三〇三m）にはツツジが植栽され公園化されており、ハイキングの山として親しまれている。展望もよく、九十九島の彼方に沈む夕日は絶景である。

登路　佐世保市北西方、冷水岳入り口の登山口から公園を過ぎ、冷水岳山頂に立つ（約一時間一〇分）。これより溶岩の崖の上を東に辿り、大野岳の西側面を巻いて北進して大観山頂に登る（約一時間）。ここから天狗岩に立ち寄り、西方に尾根を辿り、二ツ石池を過ぎて北進すれば長串山ツツジ公園に着き、さらに公園入り口に下ることができる（約一時間）。

地図　二・五万図　楠泊　肥前川内

（下田泰義・中馬董人）

多良・雲仙火山群

多良岳 たらだけ

標高 九九六m

佐賀県藤津郡太良町と長崎県諫早市高来町との県境に聳える。多良岳火山区と呼ばれ、主として新第三紀の安山岩類と一部は第四紀角閃石安山岩からなる。山体は侵食が進み、急峻な峰と深い渓谷が織りなす山岳美で知られる。平安時代から山岳信仰の修験場として栄えた歴史を持ち、山群中央部の多良岳九合目には金泉寺が建立され、石仏や数多くの仏教遺跡がいまも山中に残る。

動植物相が豊富で、ツクシシャクナゲ群落は国の天然記念物に指定保護され、オオキツネノカミソリ群落も盛夏に咲き誇る。また、日本特産のヤマネが生息するなど深い天然林で覆われている。山頂からの展望も優れ、四季を通じて登山者が多い。金泉寺には長崎県営の有料の山小屋が建ち、登山基地として利用されている。山麓の長崎県側にある轟峡は轟ノ滝見物と清流に憩う納涼の人々で夏は大いににぎわう。

登路 主要ルートは三本ある。大村市黒木から萱瀬川上流八丁谷づたいに植林地を登り、西野越から金泉寺に至り山頂に達する（約二時間三〇分）。山頂東側の諫早市高来町の轟峡から金泉寺に至り山頂に立つ（約三時間一〇分）。佐賀県側からは太良町中山キャンプ場から入り、多良岳神社から千鳥坂の急坂を経て、見上坂、夫婦坂を登って金泉寺に至り山頂へ達する（約二時間二〇分）。

多良岳（中央奥）（経ヶ岳山頂から）

地図 二・五万図 多良岳 古枝

（井上 晋・中馬董人）

五家原岳 ごかはらだけ

標高 一〇五七m

別称 ごかのはらだけ

長崎県諫早市と大村市の境に聳える多良岳火山区の第二の高峰で、同火山区の南端にある。山頂にテレビと無線施設の鉄塔が建ち、車道が山頂まで通じて展望台も造られており、観光地化している。展望に優れ諫早湾越しに雲仙岳が迫る。

山体の大部分は鮮新世の輝石安山岩類であるが、山頂部は更新世の約四五万年前の角閃石安山岩からなる。山腹のツクシシャクナゲ群落は国指定の天然記念物として保護され、花期には多くの登山者が訪れる。

登路　長崎県大村市黒木から郡川の支流・小川内谷に沿って南に進み、登山道入り口に達する。谷沿いに進み、落葉樹林帯を抜け、横峰越からシャクナゲの多い岩尾根を東につたって山頂に出る（黒木から約二時間）。長崎県諫早市から山頂まで車道もあるが、白木峰、仏ノ辻をつたって登ることもできる（約一時間五〇分）。そのほか多良岳からの縦走路もある。

地図　二・五万図　多良岳

（井上　晋・中馬董人）

経ヶ岳　きょうがたけ

標高　一〇七六m

長崎県大村市と佐賀県藤津郡太良町との県境に聳える。多良山地の最高峰で佐賀県の最高地でもある。多良岳火山区にあって、新第三紀安山岩類からなる。登山口の長崎県大村市黒木から眺めた時、山頂部の岩峰は特徴があり、登頂欲をそそる。初夏に咲くツクシシャクナゲ群落は国指定の天然記念物で開花期は見事である。展望も優れ、多良岳山群全体、雲仙岳や阿蘇山まで見ることができる。

登路　長崎県側は大村市黒木集落から大払谷沿いの自然林の中を直接登る（約二時間）。黒木から中山峠経由のルートもある（約二時間）。佐賀県側は鹿島市平谷温泉から馬背越えに達し、尾根づたいに登頂できる（約一時間五〇分）。

地図　二・五万図　多良岳　古枝

（井上　晋・中馬董人）

琴路岳　ことじだけ

別称　能古見富士

標高　五〇一m

佐賀県鹿島市の南西にあって、多良岳山地に近い位置にある。多良岳火山岩類からなり、植林地の中に照葉樹も見かける。山頂近くまで車道が通じ、展望がよいので登山者が多い。展望台に上がると有明海の向こうに雲仙岳が聳え、すぐ近くに多良岳山群の山々が迫って、絶景が得られる。

登路　鹿島市掛橋の集落から山頂に通じる車道へ入り、山頂へ向かう。林道終点から登山道を登ると約二〇分で山頂展望台に到達する（約一時間一〇分）。

地図　二・五万図　古枝

（井上　晋・中馬董人）

唐泉山　とうせんさん

別称　肥前小富士　藤津《ふじつ》富士

標高　四一〇m

佐賀県嬉野市と鹿島市の境に位置する。多良岳火山区の北縁にある。どの方向から見ても円錐形の美しい山容は、小型の富士山に似る。山体は新第三紀火山岩からなる。山頂には、八天神社の上宮が祀られ、社殿を中心とする約一〇haに及ぶシイを優先種とする老齢天然林は原生状態を示し、佐賀県の天然記念物として保護されている。

登路　嬉野市塩田町宮ノ元集落の唐泉橋から車道を登りつめて山

頂に達する(約一時間五〇分)。同市鳥越か八天神社本宮を経て登る(約一時間)ルートもある。

地図　二・五万図　鹿島

（井上　晋・中馬董人）

郡岳　こおりだけ　標高　八二六m

長崎県大村市の北部に聳え、多良岳火山区内の南西に位置する。大村市方面から眺めると、丸い山容は女性的で穏やかな山に見えるが、登山は結構ハードである。山頂からの展望は抜群で、大村湾が眼下に広がる。

山体は輝石安山岩を貫いた更新世の角閃石安山岩からなる。山頂東側にはヤマボウシやイヌツゲが見られる。山頂の草地はハング・グライダーの飛翔基地にもなっている。山麓の野岳湖は江戸時代に造られた人工湖で、夏はキャンプ場が開かれる。

登路　野岳湖畔から車道をつたい西登山口に達する。ここから東に進み、旧土石流跡を渡り坊岩を経て山頂に出る(野岳湖から約三時間)。別のコースとして野岳湖から東に進み、南登山口から谷づたいに登り、自然休養林を経て山頂に達する(約二時間四〇分)。

地図　二・五万図　多良岳

（井上　晋・中馬董人）

猪見岳　ししみだけ　標高　五九〇m

多良岳火山区内の西部、長崎県東彼杵郡東彼杵町と佐賀県嬉野市にかけて広がる。標高五〇〇m前後の玄武岩溶岩台地の大野原は、陸上自衛隊の演習場になっている。この大野原高原の最高地点が猪見岳で、広大な草原の一角に聳え、三六〇度の展望は雄大である。山名のとおり猪の見張りとして絶好の地点である。山頂は玄武岩を覆う輝石安山岩からなる。自衛隊の演習期間は登山禁止。

登路　長崎県東彼杵町龍頭泉いこいの広場より古屋敷集落から中池と燕池の間を抜けて山頂に出る(約二時間)。佐賀県側からは大野原集落より東彼杵町百貫を経て山頂に達する(約一時間三〇分)。

地図　二・五万図　彼杵　古枝

（井上　晋・中馬董人）

虚空蔵山　こくうぞうさん　標高　六〇九m

別称　こくんぞうさん

長崎県東彼杵《そのぎ》郡川棚町、東彼杵町と佐賀県嬉野市の境に聳える鋭峰で、とくに長崎県の川棚町方面から奇異な山容に見えるので「長崎のマッターホルン」といわれる。多良岳火山区の北方にある。

山頂には山名の由来となった虚空蔵菩薩が祀られ、古来から山岳信仰の対象となった。山体は柱状節理が発達した新第三紀の安山岩からなる。

登路　長崎県側は川棚町上木場と岩屋の両集落からのルートがある(ともに約一時間二〇分)。佐賀県側は嬉野市皿屋谷から登る(集落から約一時間一五分)。

地図　二・五万図　嬉野　彼杵

（井上　晋・中馬董人）

鳥甲山　とりかぶとやま　標高　八二二m
吾妻岳　あづまだけ　標高　八七〇m

鳥甲山は長崎県雲仙市国見町に、吾妻岳は雲仙市千々石《ちぢわ》町と同市瑞穂町の境にある。

鳥甲山の山名は山容が舞楽の伶人がかぶる鳥兜に似ていることによる。吾妻岳は千々石から東を望むと目立った岩壁として見えるため東《あづま》岳となり、それが吾妻岳になったらしい。

両山とも島原半島の大部分を占める雲仙火山群の北部にある角閃石安山岩の円頂丘で、更新世中期（二〇～一〇万年前）の火山である。両山は約二三〇〇m離れて東西に並ぶが、同種火山として鳥甲山の東に舞岳（七〇三m）、吾妻岳の西に鉢巻山（六三八m）があり、これら四山がすべて東西方向に配列している。しかも、すべて活断層である千々石断層の北側に並ぶ。

両山の南麓の高度約六三〇m付近に田代原牧場があり、ミヤマキリシマ群落が生育する。鳥甲山は幕藩時代に神代《こうじろ》鍋島藩の藩林となっていた。吾妻岳の山頂一帯は四〇年ほど前まで放牧場になっていたためススキの草原が広がる。田代原はエコロジー・キャンプ場となって整備されている。

登路　千々石の橘神社から亀石神社を過ぎ、鉢巻山の南斜面を大きく回り込んで田代原に出る（約二時間三〇分）。田代原まで車道もある。田代原から鳥甲山に登るには、牧場管理舎からＮＴＴ電波塔まで車道をつたい、これより樹林内の小径を北に辿れば山頂である（約一時間四五分）。吾妻岳に登るには、田代原の馬頭観音の鳥居から断層崖の急崖を攀じ登って山頂へ（約五〇分）。山頂から西方へ三〇〇mも行くと馬頭観音の祠があり、橘湾（千々石湾）方面の眺めがよい。

地図　二・五万図　島原　愛野

（下田泰義・中馬董人）

普賢岳　ふけんだけ　標高　一三五九m
平成新山　へいせいしんざん　標高　一四八三m
妙見岳　みょうけんだけ　標高　一三三三m
国見岳　くにみだけ　標高　一三四七m

総称　雲仙岳《うんぜんだけ》　温泉岳《おんせんだけ》　温泉山《おんせんざん》　高来峰《たかくほう（たくほう）》

「雲仙岳」は単に雲仙と称されることもあり、島原半島南部の一部を除いて大部分を占める火山群の総称である。古くから小浜温泉、雲仙温泉があることから、かつて「温泉岳、温泉山」と呼ばれ、それがなまって雲仙岳と呼ばれるようになったという。したがって、雲仙岳というピークは元々なかったが、主峰が普賢岳であったことから、狭義の雲仙岳はこれを指すこともあった。温泉岳の総称名は大正時代の初めまで使用されていた。例えば、駒田亥久雄は一九一六年に震災予防調査会報告として「温泉岳火山地質調査報文」を公表した。

普賢岳、平成新山、妙見岳は国見岳とともに雲仙火山群の中心部にあって、火山群の中で標高がもっとも高い一群である。普賢岳は一九九〇年代の噴火前には、普賢岳北直下に普賢菩薩を祀ったケヤ

普賢岳(妙見岳，国見岳の中間地点から)

平成新山(島原まゆやまロードから)

キ作りの普賢神社があったことからも理解されるように、山岳信仰に由来する名称である。妙見岳は山頂付近に妙見神社があり、これも山岳信仰からの名称である。国見岳は島原市と雲仙市の境界にあって展望が利くことからの山名である。平成新山は一九九〇年からの噴火にともなって、一九九一年五月に普賢岳東方の地獄跡火口に新溶岩が初めて地表に出現してから一九九五年二月ごろまでに形成された溶岩ドームであり、平成年代にできたことから新名称が付せられた。日本のみならず世界でもっとも新しく形成された山である。北海道・有珠火山群の昭和新山と好一対の火山ということができよう。標高もそれまでの普賢岳より一〇〇m以上も高くなって、現在一四八三mとされている。

雲仙岳には、行基が満明寺を建立し、多くの修行僧がいたと伝えられ、以後、山岳信仰の山として栄えたという。しかし徳川時代、島原の乱(寛永一四～五年・一六三七～八)直前にはキリスト教が弾圧され、キリスト教信者や宣教師が地獄に落とされ処刑された。幕府によるキリスト教禁止政策のため多くの犠牲者を出した、悲しい過去を蔵する場にもなった。その地獄は現在も沸騰泉や噴気があって、観光名所となっている。

雲仙火山が日本で最初の国立公園となったのは、一九三四年三月一六日のことである。ちなみに、同時に国立公園に指定されたのは霧島火山群と瀬戸内海であり、その後加えられて、現在三二の国立公園がある。雲仙温泉は近代になって避暑地として利用され、早くからゴルフ場もでき、外国人にも喜ばれた。

雲仙火山は東西約一六㎞、南北約一五㎞に及ぶ一大火山群であり、長崎県島原市、および南島原市にまたがる。その中心部にあって高峰となっているのが標記の山である。平成新山は島原市に、普賢岳と妙見岳は雲仙市小浜町に、国見岳は島原市と雲仙市小浜町との境界にある。

雲仙火山は更新世中期以降(およそ六〇万年前以降)に噴出形成され、主に安山岩質の高粘性マグマからなる溶岩ドームがいくつも重なり、急峻な火山体となっている。しかし、山麓部は度重なる火砕流、岩屑流、土石流などのため緩傾斜の火山性裾野を呈する。雲仙火山には東西性の多くの断層(ほとんどすべて活断層)がある。なかでも千々石断層と金浜—布津断層の間は数百～一〇〇〇m以上の落差となって落ち込んだ雲仙地溝となっている。その地溝はそれ以降の火山活動で埋められていくため、地表の地形のみでは分かりにくいが、地溝内での火山活動がもっとも激しく、それが現在もつづいていることになり、標記の四山もこの地溝内にある。

普賢岳の西側を取り巻くように国見岳、妙見岳、妙見岳からの東尾根が半円形の高まりを示している。これは妙見岳が形成された後、山頂爆発によって形成された妙見岳カルデラである。そのカルデラ内の東寄りに普賢岳ドームが形成された。妙見岳、国見岳が形成されたのは一〇万～数万年前、妙見岳カルデラは数万年前に形成され、普賢岳は数万年前以降と考えられており、すべて角閃石安山岩・デイサイトからなる。

雲仙火山(普賢岳)で特記すべきことは、有史時代の溶岩噴出が三度もあったことである。寛文三年(一六六三)に普賢岳北東面の飯洞岩の南側窪地を噴出口として、幅一〇〇m、長さ一kmの溶岩を流出した。のちに古焼溶岩と呼ばれ、噴出口付近の溶岩トンネルの天井が落下して鳩穴となったため鳩穴溶岩とも称される。鳩穴には夏季でも氷やツララが見られる。寛政四年(一七九二)には普賢岳北東面から新焼溶岩が流出し、穴迫谷に沿って約二km流下した。一九九一年からの噴火にともなう平成新山については前述した。

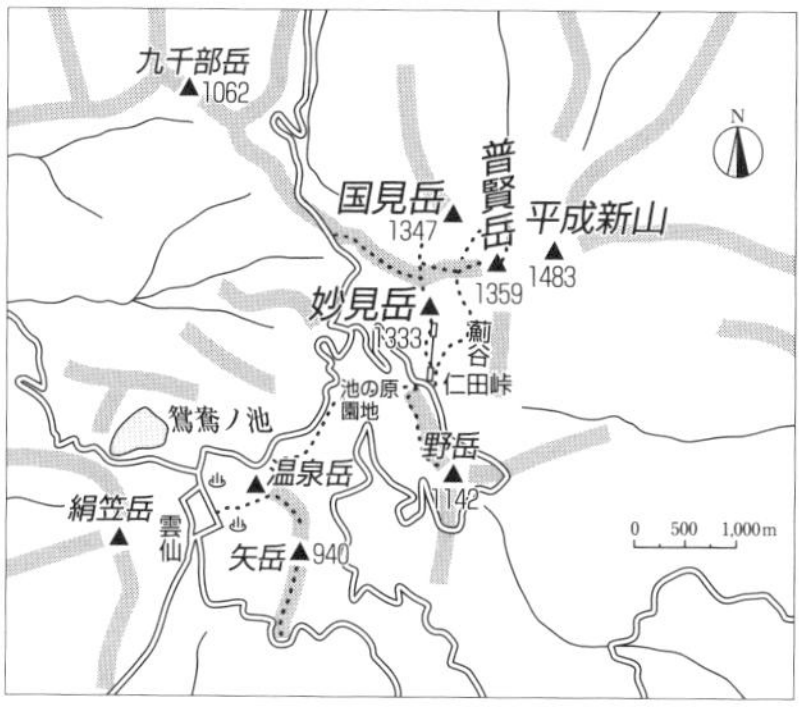

雲仙温泉から普賢岳周辺にかけて見るべき植物が多く、国指定の天然記念物として、池の原ミヤマキリシマ群落、原生沼沼野植物群落、地獄地帯シロドウダン群落、野岳イヌツゲ群落、普賢岳紅葉樹林の五つがある。原生沼は雲仙温泉近くの標高六七〇m地点にある小湿原であるが、北方系の朱花と黄花のレンゲツツジ、紫花と白花のカキツバタなど注目すべき植物相が見られる。普賢岳薊《あざみ》谷と鬼人谷の広葉樹林は針葉樹が混交し、新緑、紅葉、霧氷も美しく、昆虫や鳥類の安住の自然林となっている。

登路　雲仙温泉まで島原市と雲仙市小浜町からバスが通っている。雲仙温泉から車道を東に進み、ゴルフ場西側の池の原に出る。ミヤマキリシマ群落と右手のゴルフ場を過ぎ、急坂を登って仁田峠に着く(雲仙温泉から約一時間二〇分)。ここまで車道があり、バスを利用することもでき、広い駐車場もある。仁田峠から妙見岳にはロープウエーもあるが、歩いて約四〇分で山頂に着く。仁田峠から妙見岳と普賢岳間の薊谷に入り、名前のみの紅葉《もみじ》茶屋から東に向かって岩塊の間を抜ける急坂を登れば普賢岳山頂である(約一時間)。国見岳には妙見岳からの縦走路と紅葉茶屋から登路がある(約三〇分)。平成新山を望む新道が二〇一二年に開通した。紅葉茶屋すぐ北の鬼人谷口から新道に入る(普賢山頂まで約二時間)。五月には群生したヒカゲツツジの開花を間近に見ることができる。また、西の風穴と北の風穴があり、吹き出す冷気で夏は鳥肌が立つ。なお、鳩穴分かれと霧氷沢分かれ間は登り専用(一方通行)となっている。鳩穴分かれからすぐに狭い石の階段が始まる。

国見岳には妙見岳からの縦走路と紅葉茶屋からの登路（約三〇分）がある。なお、平成新山は立ち入り禁止で登山道もない。

地図　二・五万図　島原

（下田泰義・中馬董人）

眉山（七面山）　まゆやま（しちめんざん）　標高　八一九m

別称　びざん　前山《まえやま》

長崎県島原市内にあり、市街地の西背後に聳える。島原市から雲仙中心部を見ると、この眉山に隠されて見えないことから「前山」と呼ばれる。その「まえやま」が転じて「まゆやま」になったという。元々眉山というピークはなくて、最高点・七面山（八一九m）と天狗山（六九五m）、その南にある七〇八m峰の総称が眉山である。

この山は、島原半島の大部分を占める雲仙火山群の中央部の東側、中央部と島原市街地との間にある。山体の基底は更新世中期の二三万〜一三万年前に、本体は更新世後期の一〇〜二万年前に形成された角閃石安山岩の溶岩円頂丘である。七面山東側は天武天皇六年（六七七）に崩壊し、島原岩屑流が有明海まで流下したとされている。さらに寛政四年（一七九二）の普賢岳噴火にともなって眉山（天狗山・七〇八m峰）東面が大崩壊を起こし、眉山岩屑流（流れ山）として有明海にまで流下した。そのため津波が発生し対岸に多大の被害を与え、「島原大変・肥後迷惑」といわれることになった。流れ山は島原沖合の多くの島となり「九十九《つくも》島」と称され、市内には南崩山町の地名が残っており、その時にできた市内の白土《しらち》湖は現在も清水を湧出している。この二つの眉山東面の崩壊によってできた急崖が島原市街に切れ落ちている。全山樹林に覆われ、照葉樹と落葉樹が生育する。

眉山（左から七面山，天狗山）
（島原外港から）

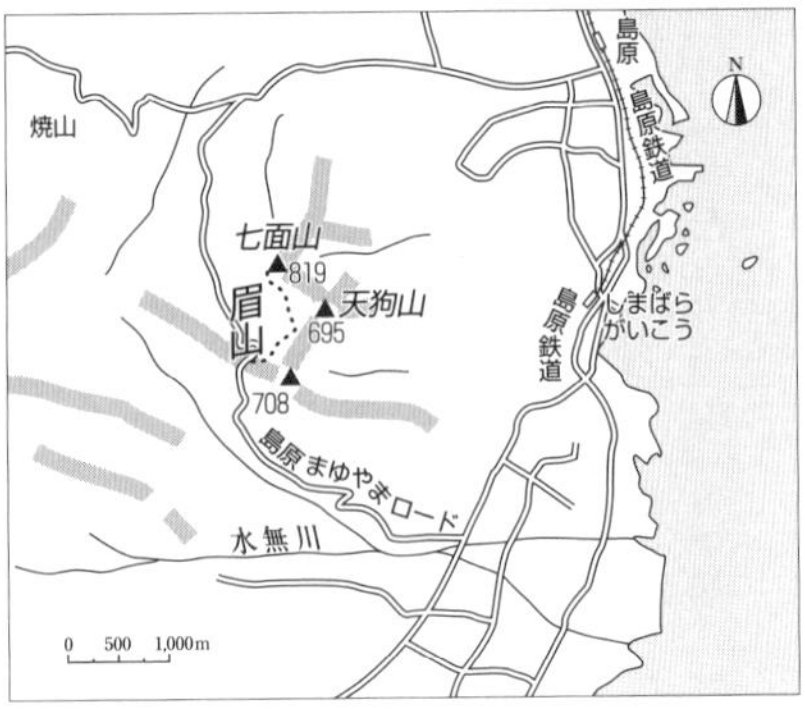

登路　眉山を一周する車道が二〇〇〇年に完成し、まゆやまロードと呼ばれる。ロードの眉山南西麓が登山口である（島原から約一時間三〇分）。これより樹林帯の急坂を登り七面山山頂に着く（約五〇分）。山頂には七面山神社があり、天狗岳まで縦走できる。

地図　二・五万図　島原

（下田泰義・中馬董人）

野岳　のだけ　標高　一一四二m

長崎県雲仙市小浜町と南島原市深江町との境界にある。山頂部は天然記念物のイヌツゲ群落が生育する原野になっているので、野岳と呼ばれるようになったとの説がある。島原半島雲仙火山群の中心部にあって普賢岳と対峙している。

山体は更新世後期の一三万〜八万年前に形成された鏡餅型溶岩流と円頂丘で、角閃石安山岩からなる。山腹はモミやヒノキの針葉樹や落葉樹が茂り、樹林帯を外れるとミヤマキリシマとイヌツゲが混交する。山頂直下の自然石には昭和天皇の歌碑がある。一九四九年五月、天皇が散策の折に詠まれた「高原にみやまきりしま美しくむらがり咲きて小鳥とぶなり」と御歌が刻まれている。山頂からの展望は三六〇度さえぎるものがない。とくに普賢岳から平成新山、東側(水無川側)に流下した火砕流、土石流を眼下に眺めることができる。

登路　仁田峠(峠までは普賢岳で記述)から南に向かって石畳の自然歩道がある北尾根を登り、昭和天皇歌碑を過ぎればすぐに山頂である(約二〇分)。

地図　二・五万図　雲仙　島原

(下田泰義・中馬董人)

矢岳　やだけ　標高　九四〇m
高岩山　たかいわやま　標高　八八一m

矢岳は長崎県雲仙市小浜町に、高岩山は南島原市西有家町《にしありえ》にある。矢岳の山名由来は不明であるが、その南方二㎞にある高岩山は、南から望むと溶岩が高く盛り上がって見えるための山名だという。

両山とも島原半島の大部分を占める雲仙火山群の中心部からやや南西域にある。矢岳は雲仙温泉(地獄帯)の東に聳えており、温泉の西にある絹笠山(八七〇m)と東西に相対している。これらの山体は角閃石安山岩の円頂丘(ドーム)であり、更新世中期の約二五万年前から一五万年前に形成された火山である。初夏のころであれば矢岳のハナイカダの小さな花が目につく。高岩山北麓の宝原《ほうばる》園地のミヤマキリシマ群落が見事である。高岩山頂には高岩山神社が祀られている。

登路　矢岳に登るには、雲仙温泉または池の原ゴルフ場から矢岳の北尾根を経て派生した北西尾根に取りつき、後は尾根づたいに急坂を登れば山頂である(どちらも約一時間)。高岩山へは雲仙温泉南方にある小地獄を過ぎ、九州自然歩道をつたって宝原から高岩山神社の参道を辿れば山頂である(約一時間三〇分)。絹笠山には雲仙温泉から白雲の池キャンプ場を経て、ヒノキの植林地と広葉樹林の間を抜けるように登れば山頂である(約四〇分)。

地図　二・五万図　雲仙　島原

(下田泰義・中馬董人)

九千部岳　くせんぶだけ　標高　一〇六二m

別称　はがま岳

長崎県雲仙市国見町と同市千々石町《ちぢわ》の境にある。山名は、修行僧が山頂の岩窟にこもり、法華経九千部を唱えたことに由来する。別称は北方から見た山容が炊飯用の「羽釜《はがま》」に似ていることによる。

島原半島雲仙火山群の中心部よりやや北西にあり、更新世の二〇万年前から一〇万年前の角閃石安山岩からなる火山である。中腹はミヤマキリシマ（ヤマツツジとの雑種が多い）、ヤマボウシ、山頂一帯の自然林の紅葉もよい。山頂には九千部神社があり、そこの一坪ほどの岩窟内に祠がある。山頂からの展望もよい。

登路　九千部岳北麓の田代原から九州自然歩道があり、九千部岳登山口で雲仙から通じる県道雲仙多比良線と合流する。県道は雲仙から池ノ原ミヤマキリシマ群落地および同園地を過ぎ、吹越、第二吹越から九千部岳と普賢岳の稜線で九千部岳登山口に出る（約一時間三〇分）。

登山口から自然歩道をつたい、古い鳥居がある標高九三〇mの鞍部に出た後、岩場がつづく急峻な南東尾根を登れば山頂である（約三〇分）。田代原からは自然歩道を辿り、九三〇m鞍部に達して山頂を目ざせばよい（約一時間）。

地図　二・五万図　雲仙　島原　愛野

（下田泰義・中馬董人）

長崎半島・西彼杵半島

帆場岳　ほばだけ　　標高　五〇六m

別称　三ツ山《みつやま》

長崎県長崎市内の北東部にある。市内のどこから見ても、三つの峰に見えるので別称の山名があり、これを船の帆にたとえて帆場岳になったという。大局的な地形では筑紫山地に属するとされるが、長崎火山岩類域の一峰である。山体は中新世以降の川平閃緑岩、長崎火山岩類の安山岩類および玄武岩類からなる。植林が多く自然林は少ない。山頂付近は草原となっており展望はよい。

登路　長崎市三ツ山町南方にある純心短期大学近くに登山口がある。これより虚空蔵菩薩を過ぎ、ヒノキ植林地の急坂を直登して山頂に達する（約五〇分）。山頂から尾根づたいに南に進むと、現川《うつつがわ》峠、木場《こば》峠、中尾峠、日見峠の四峠を通り、芒塚に出ることができる（約三時間）。

地図　二・五万図　長崎東北部

（下田泰義・中馬董人）

熊ヶ峰　くまがみね　　標高　五六九m

長崎県長崎市内南部にある。大局的な地形分類では筑紫山地に属するとされるが、長崎県野母《のも》半島の八郎岳山域に入る。山体は古生代の長崎変成岩からなる。市内であるにもかかわらず、周辺の山は自然林に恵まれ、クスノキ、スダジイ、タブノキなどの常緑樹が茂り、キュウシュウジカが生息している。

登路　長崎市大山町は標高二五〇ｍにあるキリシタン集落で、山上に天主堂があり、ここから登ることになる。林道から防火線づたいに戸町岳（四二七ｍ）に登る（約四五分）。これより尾根づたいに南進して熊ヶ峰山頂に達する（約一時間）。山頂から悪所岳（五〇六ｍ）、烏帽子岩、市民の森キャンプ場、唐八景、準堤観音堂を経て田上に下るハイキング・ルートを辿るのもよい（約四時間）。

地図　二・五万図　長崎東南部　（下田泰義・中馬董人）

八郎岳　はちろうだけ　標高　五九〇ｍ

長崎県長崎市内の南部にある。山名は鎮西八郎為朝《ためとも》の伝説に由来する。あるいはこの山上で龍神に雨乞いして、その龍が郎になって八郎岳になったともいう。地形大分類では筑紫山地に入るとされるが、野母《のも》半島の八郎岳山域に属し、その最高点である。山体は古生代の長崎変成岩類からなり、タブノキ、シイなどの照葉樹林や植林が育っている。そのためキュウシュウジカ、ホンドタヌキなどの哺乳動物が生息し、野鳥や昆虫相も豊富で、自然観察のフィールドとなっている。山頂はススキの草原で展望もよい。

登路　長崎市平山が登山口となる。すぐに照葉樹林帯を登るようになり、ヒノキ林の急坂を登れば山頂である（約一時間二〇分）。これから南東に尾根を辿れば小八郎岳（五六四ｍ）山頂である（約一五分）。さらに南西に尾根を進み、乙女峠から北西に下り、お堂水場から登山口に出ることができる（小八郎岳から約一時間二〇分）。

地図　二・五万図　長崎西南部　肥前高島　（下田泰義・中馬董人）

岩屋山　いわやさん　標高　四七五ｍ

長崎県長崎市内にあり、北部市街地のすぐ西側に聳える。山名は数十人も入れる岩窟《いわや》があり、これが岩屋になったという。地形大分類では筑紫山地に属するとされるが、長崎火山岩類域の一峰である。山体は鮮新世～更新世の長崎火山岩類の安山岩類からなる。南面はスギ、ヒノキの植林が多いが、北側から岩屋神社にかけては、タブ、アカガシ、シイなどの照葉樹林が茂り、神社近くには樹齢二〇〇年ともいわれる大スギが残る。また、この付近はゲンジボタルの発生地でもある。

登路　岩屋神社からのコースがもっとも自然がよく残っている。神社の石仏群を眺めながら谷沿いに登る。照葉樹やクヌギ、クリなどの雑木林を抜け、急坂を登り尾根に出た後、稜線を西に辿れば山頂である（約五〇分）。下りは西の尾根をつたって式見に出るか（約二時間）、南に谷沿いに行けば長崎北高校に出る（約五〇分）。

地図　二・五万図　長崎西北部　（下田泰義・中馬董人）

長浦岳　ながうらだけ

標高　五六一m

長崎県長崎市琴海《きんかい》にある。地形大分類では筑紫山地に属するとされるが、南北方向の西彼杵半島の山域と見てよい。山体および周辺域は古生代の長崎変成岩類からなる。カシ、シイ、タブ、ヤブツバキなどの照葉樹林が残り、山の西面は「長崎県民の森」となって、森林資料館、キャンプ場などがある。この辺りには、ニホンイノシシの害を防ぐため享保年間（一七二〇年ごろ）に築かれた猪垣の遺構である石垣が残っている。

登路　県民の森入り口からヒノキ植林地の斜面を登れば山頂に出る（約三〇分）。山頂は展望がよくないので、展望台のある五二二m峰に登ってもよい（県民の森入口から約一五分）。

地図　二・五万図　神浦　長浦　板浦

（下田泰義・中馬董人）

平戸島

安満岳　やすまんだけ

標高　約五三〇m

長崎県平戸島北部、平戸市山野集落の上に聳え、島の最高峰である。昔から航海安全と豊漁祈願の信仰登山が盛んであり、山頂には白山比咩《ひめ》神社の立派な社殿が鎮座する。全山照葉樹林で覆われ展望は利かないが、山頂北側の断崖上からは、眼下に生月島と生月大橋、平戸島の主だった山々と、遠くの海原には五島列島や壱岐島の島影も望むことができる。

登路　平戸市大越から登山道に入り、市営斎場前を通過して登山道入り口に達する。ここまで車で来ることもできる。このの̄ちにアカガシが茂る遊歩道を進むと、山野方面から登ってきた旧参道に合流する。鳥居を過ぎ、苔むす石の参道を辿れば山頂である（大越から約一時間二〇分）。

地図　二・五万図　紐差　生月

（井上　晋・中馬董人）

佐志岳　さしだけ

標高　三四七m

長崎県平戸島南部、平戸市佐志に聳える。鮮新世、更新世の火山岩の安山岩からなる。山麓から山頂まで牛の放牧場として草原となっているため、展望は三六〇度で、平戸島および九州西部の主な山々、五島列島や壱岐島まで見渡すことができる。急峻な山容で、津吉方面から眺めると鋭い三角錐の山体は登頂欲をそそられる。

登路　平戸市鮎川町大野集落から牧場の防火線沿いに登ることができる（約五〇分）。

地図　二・五万図　志々伎

（井上　晋・中馬董人）

屏風岳　びょうぶだけ

標高　三九四m

別称　米ノ山《こめのやま》　岳《たけ》の山

長崎県平戸島南部、平戸市大志々伎町の北に聳える。山体は鮮新世、更新世の志々伎火山岩類からなる。昔から権現信仰の霊山として地元の人々に登られた山で、山頂一帯には古い石仏が散在する。山頂近くまで照葉樹林に覆われているが、山頂の南側は展望が開け、正面に志々伎湾を隔てて志々伎山が迫り、その向こうに九十九《つくも》島や五島列島の島影を望むことができる。

登路　平戸市津吉から早福町に通じる屏風岳林道をつたい、登山口に出た後、ヒノキ植林地の急坂を抜け石の鳥居のある尾根に出て、石段をつたえば山頂である（約一時間二〇分）。また、大志々伎から北進して山頂に出ることができる（約一時間二〇分）。

地図　二・五万図　志々伎

（井上　晋・中馬董人）

五島列島

番岳　ばんだけ

標高　四四三m

五島列島・中通島の長崎県南松浦郡新上五島町新魚目《しんうおのめ》地区に聳え、列島第二位の高さである。山名は江戸時代、幕府の命により五島藩が外国船監視のために遠見《とおみ》番所を設置したことに由来する。

山体は第三紀中新世とされる花崗岩類からなる。山容は緩やかな円味を持った女性的な山であり、山頂一帯は草原であるために展望がよく、東屋《あずまや》がある。五島列島の主だった山々と島々が望まれる。山麓には温泉付きリゾートホテルもある。

登路　新上五島町新魚目温泉荘から車道をつたい登山歩道入り口に出る。照葉樹林や畑の中を登ると、番岳をほとんど一周する車道終点に出る。これより石段を登り草原に出ると、展望台、遠見番所跡がある。さらに広々とした草原の道を辿ると山頂に着く（約一時間三〇分）。

地図　二・五万図　立串

（井上　晋・中馬董人）

山王山　さんのうざん

標高　四三九m

別称　三王山　雄嶽おだけ、おんだけ

五島列島・中通島中部、長崎県南松浦郡新上五島町上五島地区と

若松地区との境に聳え、列島第三位の高さの山である。最澄にまつわる言い伝えが残る山岳信仰の山で、大漁祈願を祈る登山者も多い。山頂近くに三王神社上宮が建つ。展望は雄大で、眼下に若松瀬戸と若松大橋、遠くに福江島の山々や上五島の島影を見渡すことができる。

山体は中新世中通島層群の砂岩、泥岩、珪長質火山砕屑岩などからなる。全山が照葉樹林に覆われ、イスノキやアカガシの大径木がうっそうと茂っている。山頂から尾根つづきで南東約二kmに雌岳《めだけ》(四〇二m)がある。

登路 山王山南麓の新上五島町荒川からの車道を辿り、西尾根から分岐した南尾根の肩で旧道の近道と合流する。これより車道を辿って西尾根に取りつき、アカガシやイスノキの大木がある照葉樹林帯を東に辿り、山頂広場に出る(約一時間四〇分、旧道をつたえば約一時間二〇分)。

地図 二・五万図 有川 奈良尾 (井上 晋・中馬董人)

鬼岳 おにだけ 標高 三一五m

別称 おんだけ

五島列島・福江島東部、長崎県五島市にある。なだらかなスロープと底面に対して大きな火口を持つ典型的な火山形態をなしている。すなわちホマーテ式(臼状火山)の噴石丘で、玄武岩質の噴石からなり、しばしば紡錘状の火山弾を含む。火山の形から更新世中期から完新世にかけての数十万年前以降に形成された火山であろう。付近には同種の火山として城岳《じょうだけ》(二五一m)、火ノ岳《ひのだけ》(三一五m)、箕岳《みだけ》(一四四m)、臼岳《うすだけ》(一一五m)や同市富江町の只狩岳《ただかりだけ》(八四m)などがあり、鬼岳火山群とも呼ばれ、火山や火山形態を示す山名が注目される。鬼岳はほとんど草付となっており、山頂からの展望に優れ、地元のハイキングやレクリエーションの山であり、観光地ともなっている。南麓の鐙《あぶんせ》瀬海岸は溶岩景勝地となっており、ここからの鬼岳がもっとも美しい。

登路 五島市福江町福江城跡から五社神社を経由して火口縁に登り、さらに火口凹地から火口縁に上がり、南から回り込んで山頂に立つ(約二時間三〇分)。または鐙瀬海岸から車道をつたい、駐車場から天文台、鬼岳神社を経て山頂に立つことができる(駐車場から約三〇分)。

地図 二・五万図 崎山 五島福江 (井上 晋・中馬董人)

父ヶ岳 ててがたけ 標高 四六〇m

五島列島・福江島西部、長崎県五島市岐宿《きしゅく》町にあり、列島第一位の高い山である。山体は中新世五島層群の砂岩、泥岩、凝灰岩のホルンフェルスからなる。どっしりしたピラミダルな山容を持つ。福江島の中でも交通の便が悪い奥地で、山頂からの展望もほとんど利かないことから登山者は少なく、登山道も荒れた箇所が多い。キュウシュウジカが多く生息する山で、深い照葉樹林に覆わる。

登路 五島市玉之浦町荒川温泉から車道をつたい七嶽神社に至る。この後、北西に向かう谷沿いの車道をつたって林道終点からヒノキ植林地内の旧道登山道を登って東尾根の鞍部に出る。かつての町境界だった伐開稜線を西に辿り、石積土塚から北方に尾根をつたって山頂に着く（約三時間）。

地図　二・五万図　三井楽　玉之浦

（井上　晋・中馬董人）

七ツ岳　ななつだけ　標高　四三一m

別称　ななんだけ

五島列島・福江島西部、長崎県五島市岐宿《きしゆく》町と同市玉之浦町との境に聳える岩峰である。とくに玉之浦町荒川温泉側から眺めた時、山名のとおり、七つの岩峰が鋸の歯のように並んで見えることから名付けられた。五島列島最高峰の父《てて》ヶ《が》岳は、ここから北西に延びた稜線上にある。山体は中新世五島層群の砂岩、泥岩とこれをホルンフェルス化した花崗岩類からなる。ヒノキの植林と照葉樹林からなり、山頂部の岩場にはケイビランなどを見る。登山は岩峰を次々と越えて行くため、三六〇度の展望を楽しむことができる。

登路　五島市玉之浦町荒川温泉から七嶽神社に至り、北に向かって旧参道の石畳と石段を登ると小さな祠がある上宮に着く。さらにヤブや伐開された尾根を登り、いくつもの岩峰を乗り越えて三角点のある七ツ岳山頂に着く（約三時間三〇分）。荒川から福江に向かう国道三八四号の七ツ岳口から東尾根の照葉樹林帯を登っても山頂に達することができる（約一時間四〇分）。

地図　二・五万図　三井楽　玉之浦

（井上　晋・中馬董人）

対馬山地

御岳　みたけ　標高　四七九m

別称　雄岳

朝鮮海峡に浮かぶ対馬下島の最高峰で、長崎県対馬市上県《かみあがた》町に聳える。漸新世、中新世の対州層群の砂岩・頁岩からなり、部分的に粗粒玄武岩の貫入がある。対馬でもっとも奥深い山岳地帯で、山腹を覆うモミ原生林は、わが国の分布西限をなす貴重な植生である。一帯の森はツシマヤマネコやツシマテン、オジロワシなどの繁殖地として国の天然記念物に指定、保護されている。展望はほとんど得られないが、深い原生林に堪能する山行ができる。

登路　国道三八二号の御岳口からお堂経由の沢沿いのコース（約二時間一〇分）と、同国道のドウ坂峠から平岳（四五八m）の西面、さらに北面を巻くコース（約二時間三〇分）がある。

地図　二・五万図　琴　鹿見

（井上　晋・中馬董人）

（洲藻）白嶽　（すも）しらたけ　標高　五一八m

朝鮮海峡に浮かぶ長崎県対馬上島、対馬市美津島町洲藻《すも》に聳える岩山で、同島第一の名山である。山体を構成する岩石が白色であることからの山名である。遠くから眺めた時、濃緑色の山体に中新世の白い石英斑岩の岩峰と岩骨がいくつも突き出た姿は登頂欲をそそる。山頂からの展望は三六〇度に及び、北方に遠く朝鮮半島を望むことができる。アカガシの原生林に覆われ、山頂岩場一帯はチョウセンヤマツツジやチョウセンキスゲなど大陸系植物の宝庫で、国の天然記念物として指定、保護されている。

登路　対馬市美津島町洲藻集落から車道をつたい登山口に出る(約一時間)。沢沿いに西方につめた後、白嶽斜面を登り白岳の東尾根に出ると石の鳥居がある。アカガシ原生林をつたい急坂を直登すると二つの岩峰の間の石祠に着く。西の岩峰を慎重に登れば山頂である(登山口から約二時間)。

地図　二・五万図　阿連

(井上　晋・中馬董人)

有明山　ありあけやま

標高　五五八m

対馬上島中部の長崎県対馬市厳原《いずはら》町、対馬の玄関口にあたる厳原港の背後に聳える。港へ入る船から正面に見える山嶺は秀麗で、かつて万葉時代の防人《さきもり》歌にも詠まれたほど目立つ山である。山名は夜明け前に有明の月がこの山に懸かることに由来するといわれる。

山体は漸新世、中新世の対州層群からなる。照葉樹林やアカガシがよく残っている。山頂一帯は広い草原で展望もよく、地元の小・中学校の遠足の山としても親しまれている。

登路　対馬市厳原町市街中心部にある八幡神社から尾根づたいに清水山(二一〇m)に登り、成相山(四一六m)南斜面の照葉樹林を抜けて有明山と成相山の鞍部に出る。さらに尾根づたいにアカガシ林を進み山頂に達する(八幡神社から約二時間三〇分)。

地図　二・五万図　厳原

(井上　晋・中馬董人)

矢立山　やたてやま

標高　六四九m

対馬上島南部、長崎県対馬市厳原町内山に聳える対馬の最高峰である。どっしりとした三角錐の山容は秀麗で、遠方からでも見分けがつく。

山体は漸新世、中新世の対州層群からなる。上島南部の奥地に位置するので、交通の便が悪い上に山頂まで植林されたヒノキ林で覆われており、展望はほとんど望めない。そのため登る人は少なく、登山道の整備はされていない。

登路　対馬市厳原町内山集落から矢立山の八合目付近を通る林道を利用するのが登りやすい。山頂真南付近に林道から分かれた登山道がある。ヤブツバキ林の急坂を直登し、ヒノキ植林地に出て尾根を西に辿れば山頂である(林道から約二〇分)。安神《あがみ》入り口からだと車道を二時間程歩いて登山口に着く。

地図　二・五万図　小茂田　豆酘

(井上　晋・中馬董人)

竜良山　たてらやま

標高　五五九m

別称　たつらやま

対馬上島南部、長崎県対馬市厳原《いずはら》町豆酘《つつ》集落の上に聳える対馬第二の高山である。山体は対州層群に貫入した中新世の内山花崗岩からなる。全山がスダジイやタブノキ、イスノキの照葉樹林に覆われ、とくに北側斜面の内山地区山腹は樹齢三〇〇年の原始の森の姿を残しており、国の天然記念物として指定、保護されている。山頂の展望もよく、対馬上島の主要な山々をほとんど見渡すことができる。近年、登山する人が多い。

登路　内山集落から鮎もどし公園に行き、竜良山北面の原生林に入る。巨木を眺めながら南に向かって登れば頂上に出る（約二時間）。対馬市厳原町浅藻《あさも》集落からアンテナ局が建つ木槲山《もっこく》（五一五m）まで車道をつたい、これから北に向かって巡視道がある尾根を辿り山頂に立つ（約三時間）。

地図　二・五万図　豆酘　小茂田

（井上　晋・中馬董人）

中九州火山地域

両子山　ふたごさん

標高　七二〇m

別称　二子山　足曳山《あしびきさん》

国東《くにさき》半島は瀬戸内海へ円形に突き出し、別府湾と周防灘を分ける日本最大級の火山半島で、その中心部にあるのが大分県国東市の安岐町、国東町、国見町にまたがる両子山である。半島には頸部を含めて高低大小およそ百座の山々があるが、その中でもっとも高く、核ともなる山である。三角形の小振りな山が多いなかで、盛り上がりわだかまる大きな山容。方角によって双頭峰にも見えるため、その名があるとされ、中腹には半島に栄えた古代仏教文化「六郷満山《ろくごうまんざん》」の中心となる総持寺の両子寺がある。足曳山はその山号である。

半島が一つの火山によって成立したものなのか、あるいは複合火山なのかは両説がある。大きく見ると中央部が高く、海岸に向けて次第に低くなり、和傘の柄を取り去って伏せたようで、骨に当たる部分が細く長い尾根になって海に落ちる。その間の谷も狭長で、法華経に由来して「二十八谷」と呼ばれる多くの短い河川が四囲の海に注ぐ。両子山を頂点とする典型的な放射状の尾根と谷である。

人々はこの谷間に住んだから、古くから現代まで地域・市町村の境界線も地形に従って、海から両子山に向けて打ち込んだ楔《くさび》のようである。これが古代に六つの郷と荘に分けられたため、「六郷」が

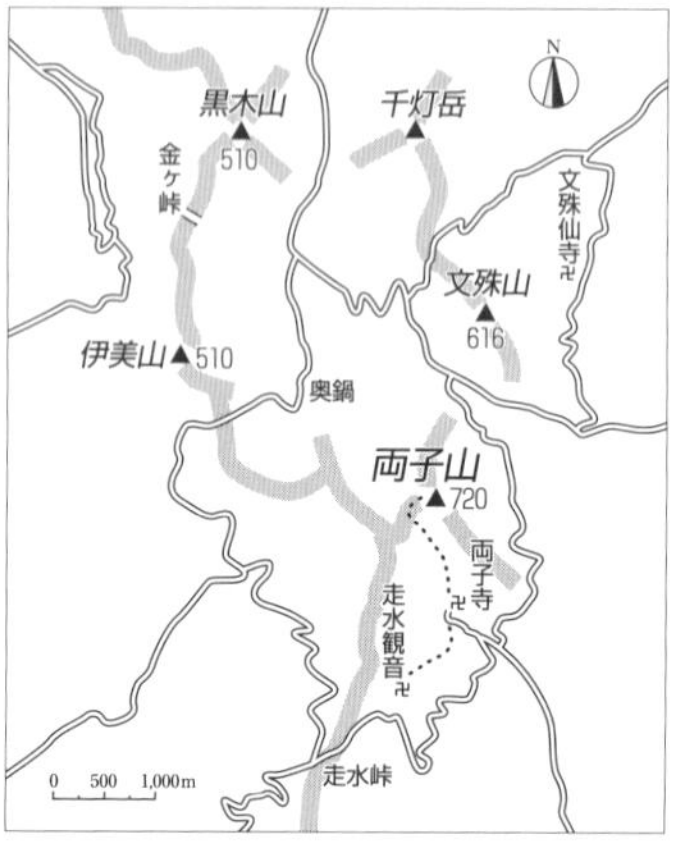

両子山（安岐の谷から）

半島の代名詞ともなり、そこに神仏習合を成し遂げた宇佐神宮の力を主体に大小六五の寺院が成立、これが本《もと》・中《なか》・末《すえ》の各山、本・末の各寺による三山組織を確立していたので「満山」と称した。

半島の中心部は両子山の北の麓に奥鍋という火口跡のような大きな凹地を持ち、それを囲んで千灯岳、文殊山はじめ伊美《いみ》山（五一六m）、黒木山（五一〇m）などがあり、さらに周囲のいくつもの山を含めて中央火口丘のような姿をしている。

両子寺は中山本寺《なかやまもとでら》である。江戸期から六郷満山の総持寺となり、杵築《きつき》藩の祈願所として栄えた。九州西国観音霊場の一つ。朱塗りの無明橋を渡ると半島最大の仁王像が迎えてくれ、古い護摩堂を中心に奥の院などの建物、国東塔などの石塔類、あるいは両子寺七不思議が点在する。典型的な山岳寺院で、参拝者も多く、ブームともなった国東観光のメッカの一つ。乗合バスのほか定期観光バスも走る。

登路　一般的なコースは両子寺から。登山道は境内を通り山頂まで舗装されている。参拝者は拝観料が必要だが、登山の際は駐車場・トイレ使用を含め志納金が必要。サクラやモミジの多い境内を奥の院方面へ進み、谷間の広い道をまっすぐ登ればよい。ほかに奥の院の手前を左に山巡りの小道もあり、針の耳、鬼の背割《せわり》などを経て三合目付近で舗装路と合流する。舗装がつづくため積雪期、凍結時には滑って歩きにくいこともある。山頂には三角点やマイクロ中継塔があり、展望台からは放射状の尾根や谷が足元から海まで延びているのが見られ、半島の地形を理解するのによい。寺では散策のほか文化財などを拝観、近くの湧水地・走水《はしりみず》観音へ足を延ばすこともできる。また、江戸時代の哲学者として知られる三浦梅園は麓の出身で、双子山人とも称したほどこの山を愛した。彼の旧宅は国指定の史跡として富清《とみきよ》にあるので、「梅園の里」と併せて立ち寄るのもよかろう。

地図　二・五万図　両子山

（梅木秀徳・興田勝幸）

文殊山　もんじゅさん　標高　六一六m

両子山の北に聳え、大分県国東《くにさき》市国東町と同市国見町にまたがる。さらに北の千灯岳と並び立ち、半島でも目立つ山の一つ。麓に「六郷満山」の末山本寺《すえやまもとでら》である文殊仙寺があり、寺までは参拝の人が多い。満山寺院の創建者について、縁起ではほとんどの寺が仁聞《にんもん》としているが、この寺は役小角が開いたと伝えている。小角が唐に渡って五台山を訪れ、文殊菩薩を拝した。帰国の後、五台山に似た土地を求めてこの山に着き、菩薩の導きにより開基したという。日本三文殊の一つに数えられる。

奥の院の岩屋からしたたる水は「知恵の水」といわれ、学業成就や合格祈願のため訪れる生徒や父兄が増えている。本堂の前の広場には巨大な宝篋《ほうきょう》印塔が立ち、文殊耶馬《やば》という岩の勝景が望まれる。

登路　寺の前に駐車場があり、寺へ二〇〇段の石段が延びるが、登山の場合は道標に従い、左手の谷から山腹への道に入る。清滝観音、紫竹観音に立ち寄ってもよい。後は急な斜面を攀じる感じで頂上まで。寺から約一時間。自然林がよく残されており、「二一世紀に残したい日本の自然百選」に選ばれている。

地図　二・五万図　香々地

（梅木秀徳・興田勝幸）

千灯岳　せんとうだけ

標高　六〇六m

大分県国東市国見町と同市国東町の境に位置し、文殊山の北に聳える、かなり厳しい斜面を持つ山。「六郷満山」では開基とされる仁聞《にんもん》の縁起を至る所で耳にするが、千灯は彼がもっとも愛した山と寺だと語られる。仁聞が同行僧五人とともに、この山の五辻の岩屋で不動五壇の秘法を修していた時、それに感応した東海の竜王が千個の灯を献納したとの縁起から名が出た。

千灯寺の元の寺は中腹にあったが、火災に遭って西の坊だった麓の地に下りている。旧千灯寺跡（大分県史跡）には石垣、礎石、仁王像が残り、少し上に仁聞が入滅したとされる枕岩屋《いわや》や、おびただしい数の五輪塔が集まる弘法堂跡がある。その上の尾根にある岩山の不動山が「五辻の岩屋」、あるいは「五智《ごち》の岩屋」と呼ばれる。

登路　現在の千灯寺に近い不動口バス停から不動山の下の広場・茶屋まで車が入るが、旧千灯寺跡を経ても一時間程で岩屋まで着く。岩屋付近からは北の海側の展望がよい。ここから尾根筋を辿って林道を横切り、人工林から自然林に入って細長い頂上に達する。不動山から一時間四〇分程。また、西山麓の一ノ瀬溜池からの登路もあり（約一時間）、最近はこの道が主に使われている。

地図　二・五万図　香々地

（梅木秀徳・興田勝幸）

屋山　ややま

標高　五四三m

別称　八面山　高田富士

大分県豊後高田市にある。『豊後国志』に「上は平、両肩を削ったようで、形が巨屋に似ているから屋山の名がある」とあるように、一方から見ると台形、九〇度回って見ると三角形の寄棟形の山。半島横断道路を西から入ると、いやでも前方に目立って見える。中腹に「六郷満山」の中山本寺・長安寺がある。鎌倉時代には満山の中心的な役割を持ち、総山として一〇〇〇人の僧を統括、将軍家の祈願所ともなって強い力を発揮した。北九州に勢力を張った大友氏を支えた武士団の吉弘《よしひろ》氏が屋山《おくやま》城を築いた地でもある。寺には国指定重要文化財の太郎天像、銅版法華経がある。シャクナゲも見事である。

登路　寺まで広い車道が通じ、新城から上る。徒歩だと寺まで約五〇分。寺の庭にある大きな銀杏《いちょう》から奥の院への石段を登り、林道に入って何度か曲がり、右手に入って南西の尾根に取りつく。小道を登りつめれば細長い山頂尾根となり、寺から三〇分程で山頂。城の名残である浅い空堀や、灯籠などがある。山頂から東へ五分程行くと展望のよい所がある。なお、寺のすぐ下から正月の修正鬼会《しゆじようおにえ》や川中不動の石仏で知られる天念寺へ下る遊歩道もある。

地図 二・五万図 両子山

(梅木秀徳・興田勝幸)

猪群山 いのむれやま

標高 四五八m

別称 飯牟礼山

大分県豊後高田市真玉地区にある。ムレ地名の山の一つ。半島中央部から少し離れて立ち、丸味をおびた独特の山容は周防灘を航海して豊後高田や真玉の港に入る船の絶好の目印となった。猪が多いか、山盛りした飯に似ていることからの命名と思える。二つの鈍頂に分かれ、低い方の頂に環状列石(ストーン・サークル)がある。松本清張が調査に登ったほどで、謎に包まれた石組み。直径八〇mほどの土塁をめぐらし、中心の神体石とされる大きな石の周りに数十個の石があるほか、陰陽石と呼ばれる二つの石が門構えとなっている。太陽崇拝など信仰説から、砦とする説、さらにはUFO基地説まで飛び出す始末である。

登路 豊後高田市横山にある飯牟礼《いいむれ》神社の下宮から上宮を経て約五〇分で二つの頂の鞍部に着く。ストーン・サークルの頂と三角点のある頂へはそれぞれ一投足。三角点の山頂は平凡だが、ここから遊歩道が山腹の林道まで下っており、上宮も林道沿いなので下山に利用するとよい。車で林道に入るには「ストーン・サークル」の道標を辿る。

地図 二・五万図 香々地

(梅木秀徳・興田勝幸)

田原山 たわらやま

標高 五四二m

別称 鋸山

国東半島の頸部に、半島と内陸を隔てる山々が連なる。大分県杵《き》築《つき》市山香町と大田地区の境にあり、さらに豊後高田市にまたがる田原山はその代表格で、特異な山容が目立つ。円い半島を頭に見立てれば、これらの連山はちょうど首にマフラーを巻いたような姿である。東の台地性の山々を杵築《きつき》山地、西の連なりを田原山地塁と呼ぶ。地塁の両側は断層となって落ち、半島側に安岐川と桂川、内陸側に八坂川と向野《むくの》川が流れる。国東半島の川は放射状谷であるが、安岐、桂の両川は山地・地塁に行く手をさえぎられて曲がり、ほかの小さな放射状谷を入れて豊後高田市と杵築市で海に注ぐ。

山地、地塁には半島と内陸部を結んで古くから多くの峠路が開かれた。現在もいくつかが車道となって機能しているが、峠路は人の往来や物資運搬に障害となり、山を避けて海岸寄りの道が多く利用された。山地の東の杵築市、地塁の西の豊後高田市は、半島と内陸の物産集積地となり、関門都市として成立したものである。

田原山は東西に長い尾根を持ち、地塁の山としての特徴を示している。尾根は岩峰の連続で、遠望するとスカイラインが鋸歯状で、

田原山(山頂近くの尾根)

このため鋸山の別名を持ち、むしろこちらの方が一般にはよく知られている。なお、田原山の読み方にはタワラヤマのほかタバルサンもある。同時に、その岩場は仏教者にとっての修行の場であり、山中や山麓に寺や霊場が設けられた。山域の西端にある熊野磨崖仏と胎蔵寺、尾根の岩の直下にある観音堂、あるいは行者尾根、登山口として利用された妙善坊の地名などがそれを語っている。

「田原百峰」という小さな岩峰や岩壁、岩の痩せ尾根の連続は適当なスリルもあり、多くの登山者を惹き付けている。一方、谷は九十九谷とされる。実は百谷あるが、一つの谷は大蛇の棲む土地で見えないと伝える。谷間の新緑と紅葉はすばらしく、岩峰とよくマッチしており、登山には初夏と秋がよい。

熊野磨崖仏は国東の六郷満山仏教文化の華の一つ。大分県は一般に「石仏」と称する磨崖仏の大変多い地域だが、胎蔵寺から乱積みの長い石段を登った奥の院にあたる場所の岩に刻まれた熊野石仏は、巨大な大日如来像と不動明王立像で、国指定の史跡である。

登路　登山口はいくつかあるが、妙善坊と熊野磨崖仏をそれぞれ登山口とし、岩尾根を縦走するのがよい。ともに国道一〇号かJR日豊本線中山香駅から「速見《はやみ》大田ふれあいロード」を経て入る。車利用が便利。ロードは途中で妙善坊方面と熊野方面に分かれる。右手を取れば鋸山トンネルの少し手前が妙善坊登山口。駐車場やトイレがある。林間の山道を行き、急登して突然のように岩尾根に出る。登山口から四〇分程で岩場となり山頂に着く。展望がよい。西に向かって岩尾根の縦走を始め、鎖場などを経て、観音堂の上の大岩から見返岩《みかえりいわ》の分岐点に達する。左を行けば妙善坊登山口近くに下れる。直進すると小さな上下を繰り返して広葉樹林に入り、下ると熊野石仏である。山頂から分岐まで四〇分程。分岐から石仏まで二〇分程なので、車の場合は分岐に戻って下ればよい。

地図　二・五万図　若宮

(梅木秀徳・興田勝幸)

華ヶ岳　はながだけ　標高　五九三m

別称　鼻ケ岳

大分県杵築《きつき》市山香町と豊後高田市にまたがる。田原山地塁の中でもっとも高い山だが、地塁には似たような峰も多いので、近寄ると意外と目立たない山でもある。それだけに訪れる人もきわめて少ない。「ハナ」は突き出した端っこ、鼻に由来し、「華」は佳字を当てたものだろう。地元では「ハナンタケ」と呼ぶことが多い。麓に舟という集落があり、神功《じんぐう》皇后が新羅出兵の折、造らせた船の材料を伐り出した土地との伝承がある。

登路　国道一〇号の立石峠から大分寄り二〇〇mほどで北へ入ると「ふるさと林道」があり、やがて左手に舟集落がある。国道から三・五kmで右に登山口の標識があり、約三〇分で前衛峰に着く。前衛峰というといかめしいが、華ヶ岳の肩の高まりという感じ。本峰へはさらに約四〇分。登ってきた道から左へ直角に曲がって岩尾根状の部分を過ぎ、後はきつい斜面を登るだけである。

地図　二・五万図　豊後高田　立石　（梅木秀徳・興田勝幸）

津波戸山　つわどさん

標高　約五四〇m

大分県杵築《きつき》市山香町と豊後高田市の境で、華ヶ岳の西にある。五二九m三角点の置かれている峰より東約七〇〇mにあるピークが最高点。火山性の礫岩からなる岩の山で、侵食によって生まれた奇岩怪峰が見事である。山中に水月《すいげつ》寺の奥の院があり、「硯石の水」が出ており美味である。六郷満山を創ったと伝える仁聞が書き物をするのに墨の水がなく、筆で岩を突いて出したとの話がある。宇佐神宮に近く、初期に開かれた山である。

登路　JR日豊本線西屋敷駅、あるいは国道一〇号から登山口は近い。二〇分程登ると海蔵寺の跡があり、ここが一番となって山中に霊場が八十八箇所設けられており、その案内板があるので、それに従って岩尾根などを楽しめばよい。八十八箇所道はロープ場あり、石橋あり、岩峰ありで、好みのルートをとることになるが、まっすぐ山頂を目ざすなら一時間二〇分もあればよい。

地図　二・五万図　豊後高田　立石　（梅木秀徳・興田勝幸）

矢筈岳　やはずだけ

標高　二六六m

別称　姫島富士

国東半島の北の大分県東国東郡姫島村にある。東西七km、南北最大幅二kmの細長い島で、元々火山活動で生まれた四つの島が砂州で繋がったもの。その中心となる大きな島の最高点が矢筈岳である。高低二つの山に見えるため矢筈に見立てた名前だが、「姫島富士」の愛称もある。

一つの島が一つの村で、「夢と伝説の島」として親しまれる。姫島の名の由来となる比売語曾《ひめこそ》の神は、元意富加羅《おおから》国（朝鮮半島の中の古代の国）の白い石が美麗童女《うるわしきおとめ》に変じて渡来、この島に鎮座したといわれる（『日本書紀』垂仁条二年）。姫にゆかりの多い七不思議もある。歴史的にも水軍の活躍、幕末の外国船の来航で知られ、瀬戸内海と周防灘、九州と中国地方を結ぶ海の十字路だった。名物は盆踊り。地質、地形学的にも注目され、観音崎に露出する黒曜石の大断崖をはじめ、藍鉄鉱、引き摺り褶曲、ナウマン象の化石などが有名で、二〇一三年にジオパークに指定された。

登路　半島の北端の伊美《いみ》港からフェリーに乗り二〇分で南浦港に着く。下船したら右手に山を目ざすだけ。登山口はすぐ分かるし、迷う道もない。約一時間でサクラの植えられた頂上である。

地図　二・五万図　姫島

（梅木秀徳・興田勝幸）

御許山　おもとさん

標高　六四七m

別称　大元山　馬城峰《まきのみね》

大分県宇佐市と杵築《きつき》市山香町の境にある。宇佐神宮は全国の八幡神の根源となる神社であり、日本の古代史に大きな影響を与えた神であるとともに、北九州古代文化の中心的存在。祭神は比売大神《ひめおおかみ》と呼ばれる三女神（多岐津姫《たきつひめ》、市杵島姫《いちきしまひめ》、多紀理姫《たきりひめ》）と八幡大神《やはたのおおかみ》・誉《ほん》田別《だわけ》（応神天皇）、息長帯姫《おきながたらしひめ》（神功皇后）で、三女神が天下った神宮の大元、奥の宮となる地が御許山だとされ、山頂に御体ともいわれる三個の立石があるという。

「あるという」と記したのは、実は最高点そのものが神域として玉垣に囲まれた禁足地となり、しかも自然林が密生して見ることさえできないからである。したがって、真の頂は踏むことができず、山頂広場の石体権現《しゃくたいごんげん》社の拝殿から参拝するだけである。仁聞《にんもん》は八幡神の応化と語られ、彼が六郷満山を創建するに先立って修行を積んだ馬城峰がこの山だとされている。

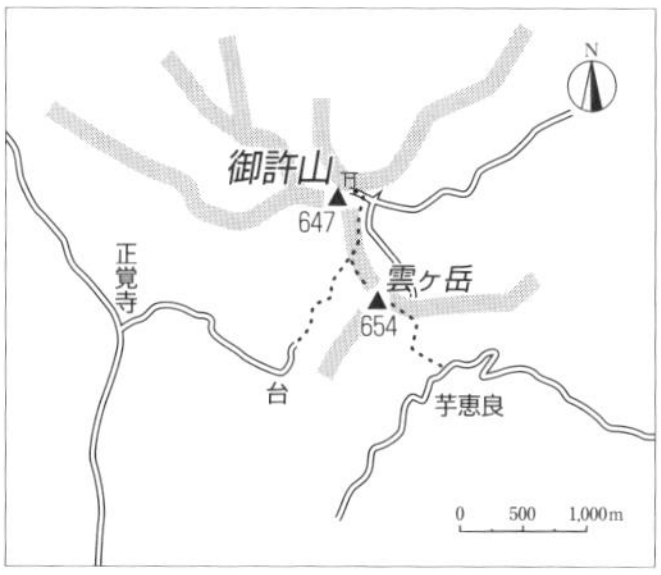

山そのものは大きな溶岩円頂丘で、全山が鬱蒼とした樹林に覆われている。しかし、一九九三年の台風一九号により中腹の人工林を主体に大被害に遭い、倒木のためかなり明るい感じとなり、神宮の裏手から通じていた由緒ある参道も使えないほどになった。山頂広場にあった名物の大銀杏《いちょう》も被害を受けて伐られた。

山頂広場の辺りには石垣の跡なども見られ、かつては六つの坊があったとされる。坊は寺院に所属するもの。宇佐神宮が開いた六郷満山も仏教文化だが、神宮は日本で最初に神仏習合思想が生まれた神で、「八幡大菩薩」と称されるのもそのためである。その坊は慶応四年（一八六八）一月、麓の出身である佐田秀《さたしゅう》が倒幕の軍を起こしてこの地に立てこもり、いわゆる御許山騒動を起こした際に焼けたという。

この山を中心とする山並みを割って宇佐平野に流れ出る駅館《やっかん》川の上流域は安心院《あじむ》盆地と院内谷で、宇佐文化と関係の深い地域であるが、駅館川の源流は大きな山地となっており、平野に対して「宇佐山郷《さんごう》」と呼ばれる。

御許山に並ぶ雲ヶ岳（六五四m）をはじめ、メンヒル（立石）のある米神山（四七五m）や大蔵山《おおぞう》（五四三m）、友形山（五一〇m）、和尚山《かしょうざん》（三一七m）が駅館川の東にあり、西には妙見山（四四四m）や石山（五四〇m）、稲積山（四〇六m）などがある。また、伊呂波川上流域の麻生の谷に鬼落山《おにおて》（五七六m）、高山（四八〇m）、仙岩山（五七〇m）、乙村岳（四九八m）など急峻な山が連なり、その南にひときわ高く鹿嵐山《かならせ》（七五八m）がある。

地域的には南が由布岳、鶴見岳などの速見山群や日出生《ひじゅう》台、西は耶馬渓山群へと繋がる。高い山は少なく、登山者も多いとはいえないが、宇佐文化の地を麓に持ち合わせ、歴史や人々の生活に深くかかわってきた山々であり、自然も多彩で、味のある山域である。

登路　正面登山道は道程が長く、しかも荒れたため、神宮から見て裏手にあたる正覚寺集落から台の集落まで車で上ると登山口がある。ここから雲ヶ岳との鞍部に登って山頂を目ざす。正覚寺に登山口の大きな標識がある。約三〇分で鞍部、さらに約二〇分で山頂。鞍部から雲ヶ岳には約三〇分で往復できる。杵築市山香町の芋恵良から雲ヶ岳を経て登るルートが近年整備され利用者が多い。登山口から山頂まで約五〇分。

地図　二・五万図　立石

（梅木秀徳・興田勝幸）

鬼落山　おにおてやま　標高　五七六m

大分県宇佐市、同市院内町にある。宇佐平野から見る麻生《あそう》の谷間には円錐形の急峻な山々が群立しており、これらの山域への、つまり麻生谷への入り口になるのが宇佐市黒の集落。伊呂波川に架かる橋の辺りから望むと山々が競い立っている。その中でもっとも高く大きいのが鬼落山である。

山名を「オニオトシ」とも呼び、地元の人が「鬼さえ転げ落ちるほど急な山ということでしょう」と語るようなことからとも思えるが、何か伝説があるかもしれない。鬼に関するものではないが、巨大なサルの話が伝わる。村に住む猟師兄弟の兄が山に小屋掛けしていたある夜、烏帽子に直垂《ひたたれ》姿の怪物に襲われる。異変を察知した弟が駆け付けて撃つと、老いた大きなサルだったというもの。

登路　黒の集落から一五分程で山袋《やまぶくろ》の集落。ここまで自動車で入ることができる。集落の外れの神社から荒れた林道を三〇分程で、山道に入るが、標識らしきものはなく、もっぱら踏み跡と読図に頼る。神社から二時間弱で自然林の頂に着く。

地図　二・五万図　下市

（梅木秀徳・興田勝幸）

鹿嵐山　かならせやま　標高　七五八m

大分県宇佐市院内町と中津市本耶馬渓町にまたがる。宇佐山郷の代表ともいえる山で、耶馬渓と隣接する。付近ではもっとも高く、大分県天然記念物のシャクナゲがきれいで、開花時には登山会も開かれ、よく知られている。本峰の雄岳と東の雌岳（約七三〇m）があり、山頂部はともに細く長い。山腹の斜面はかなり急で、周囲の山々より一つ高い双耳峰の山容は一度見たら忘れられない。

北西にある地蔵峠は溶結凝灰岩の痩せた尾根で、「万里の長城」の異名を持つ岩峰の連なる所。峠には一体の地蔵がひっそりとたたずんでいる。耶馬渓と宇佐を結ぶ主要路の一つだったが、いまは登山者が訪れるだけ。鞍部の最も低い所で耶馬渓からの道と宇佐からの道が出合っているわけではなく、いったん尾根筋を少し辿ってから、それぞれへ下るように道が食い違いになっている。

登路　田ノ平集落から第一、中央、第二の三つの登山口がある。第一登山口から東尾根に取りつき雌岳まで約四〇分。標高五五〇m付近からシャクナゲが現れる。鞍部を経て雄岳まで三〇分弱。地蔵峠へは急斜面を木の幹や枝につかまって約一時間。登りなら約一時間二〇分。地蔵峠から第二登山口まで約三〇分。中央登山口からが最短距離。また本耶馬渓の見塚から地蔵峠まで約三〇分である。

地図　二・五万図　下市　耶馬渓東部

（梅木秀徳・興田勝幸）

八面山　はちめんざん　標高　六五九m

別称　箭山　屋山

大分県中津市三光と同市本耶馬渓町の境にある。中津市から宇佐市にかけて広がる沖代平野・宇佐平野の南の端、平地の果てる所にあるのがこの山。名勝・耶馬渓地方への入り口にもあたる。平野から見ると右下がりのテーブル状で、見る方向によってもあまり変わらない独特の山容は遠くからでも目につく。旧三光村のシンボル的な存在だが、同村の人たちに限らず、山を望むことができる地域の人々に古くから親しまれ、学校の校歌によく登場し、子供たちのスケッチの対象になるなど、大変人気が高い。

見る方向が変わっても姿があまり変わらないため、「八方美人の山」と評する人もいて、八面の山名もそこから来た。屋根型なので「屋山《ややま》」とも呼ぶが、国東《くにさき》半島にも屋山があり、ともに宇佐地方から望むことができるため双子の山とされ、区別する場合は西の屋山、国東を東の屋山という。「箭山《ややま》」は山頂の神社の名前などに残り、詩歌にもよく使われる。屋山の文字を変えたのかもしれないが、山中に矢を作るのに用いられたヤダケが多かったからともいう。

山上台地は麓から見るほど平らではなく、かなりの起伏がある。それを利用して人工の溜め池である大池と小池（古池）が造られており、大池には昔から大きなイカ、あるいはタコが棲んでいるとの伝説がある。世の中に何か異変が近づくとこれがスミを吐き、池水が濁ると語られる。一九三六年七月にこの池が決壊、麓の集落を大水が襲って七人の生命と多くの家屋、田畑を奪う災害があった。その時、イカが水を黒く濁したかどうかは分からない。ほかに中津市の古刹、自性寺《じしょうじ》の海門和尚が池で雨乞いをした際、童女が現れて仏縁を求め、玉をくれたという話もある。

伝説で八面山は和気清麻呂とも縁が深い。清麻呂は弓削道鏡事件で宇佐神宮の託宣を持ち帰り、道鏡により大隅国に流される際、この山の麓で刺客に襲われる。その時三〇〇頭のイノシシが八面山から出て助けたといい、彼を祀る京都・護王神社は狛犬《こまいぬ》の代わりにイノシシを置く。明治の後半に出た一〇円札を「いのしし」と呼んだのは、表が清麻呂像、裏がイノシシの図柄だったからである。

一九四五年五月、山の上空で日米の空中戦があり、戦闘機がB29に体当たりした。二合目辺りに両軍戦没者の慰霊碑があり、平和公園となっている。近くには石像としては日本一という涅槃像を持つ神護寺があり、不動明王信仰の霊場となる。かつての八面山修験の寺である。平野に臨む大岩壁の上には箭《や》山《やま》神社とその磐座《いわくら》があるが、山中には大きな石も多く、麓には箭山権現石舞台と称する

巨石もある。山上台地へは広い車道があり、行楽客も多い。

登路　登山路は平和公園から「修験の道探訪コース」が整備され、約一時間二〇分で箭山神社。平野の眺めがすばらしい。小池のほとりを経て、山上台地の南端にある最高点のショウケノ鼻まで一時間弱。頂上から無線塔の立つ丘へと辿ると車道の終点で、大池まで下り一時間強。大池から車道を平和公園まで約一時間三〇分である。

地図　二・五万図　耶馬渓東部　土佐井

（梅木秀徳・飯田勝之）

木の子岳　きのこだけ

標高　六三〇m

別称　菌岳　大岳

大分県中津市本耶馬渓町と同市耶馬渓町の境にある。耶馬渓地方東部の盟主ともいえる山。国土地理院の地形図には「大岳《おおたけ》」が採用されているが、独立峰ともいえる急傾斜の特異な山容はキノコの笠によく似ており、地元では「木の子岳」と呼ぶのが一般的である。文献には「菌《きのこ》岳」として登場することもある。耶馬渓の山々を遠望する時、八面山と並ぶ姿は一方が台地状、こちらが急斜の三角形と対照的で、非常に目立つ山である。北に小さな長野山（四七八m）を付随させ、そのまた北に城井《きい》峠がある。いまは訪れる人が少ないが、かつては耶馬渓の主要道としてにぎわったもの。

登路　峠から長野山を越えて登るコースもあるが、ルートを探しながら三時間のアルバイトとなる。一般的には東の麓にある中津市本耶馬渓町の落合《おちあい》から林道を利用して登る。九州自然歩道の支線でもあり、約一時間三〇分。林道終点まで車を利用することも可能。林道終点から約四〇分である。

地図　二・五万図　耶馬渓東部

（梅木秀徳・飯田勝之）

中摩殿畑山　なかまどんのはたやま

標高　九九一m

別称　竜王山

大分県中津市耶馬渓町と同市山国町の境にあり、いささか長い名前を持つ山。昔、中摩殿という豪族が一帯を支配し、その持っていた山（畑とは山林のこと）ということらしい。山国川の本流沿い、中津市山国町の中心となる守実《もりざね》からやや北寄りに中摩の地名が残るので、この辺りが本拠地だったろうか。別に竜王山の名もあり、山頂に八大竜王を祀るささやかな社殿があり、雨乞いが行われていた。鳥居も造られており、社殿には小さな自然石が入っている。

山頂部から中腹の一部にかけて残るブナの自然林が有名で、大分県の天然記念物に指定されている。しかし、近年ブナの枯死が著しい。ミズナラ、シラキ、サワフタギ、ガマズミなどは多く見られ、山頂一帯にはシャクナゲも繁茂している。

北に延びる尾根は長大で、いくつものピークを乗せて犬ヶ岳へつづき、南の尾根には英彦山がよく見えるので名付けられた彦見岳（八九六m）や釣鐘形の山容でその名も釣鐘山（八五二m）などがある。

北東の谷は耶馬渓の景勝地の一つである津民《つたみ》谷で、そこから林道が山頂直下まで上って来ている。また、南東の谷は田野尾川で、登山口である岩伏がある。川沿いに遡ると途中で右手に京岩山の鷲岩の景が仰がれ、左手の谷に入ると天の岩戸の景があるほか、雪舟が造ったと伝える庭などが残る。名勝・耶馬渓の知られざる景勝地である。

冒頭に述べた雨乞い行事は、岩伏に伝わる竜王の画像を奉持して登山するならわしだった。昔、旅の六部が一夜の宿を乞い、村人から親切にもてなされた。その際「寝姿だけは見ないでほしい」といって部屋に入るが、あまりにもいびきが大きいので主人が心配してのぞいて見ると、寝ていたのは巨大な蛇。実は六部は竜王の化身だったというわけ。朝になり去って行く時、「水に困ったらこれを持って山に登れ」と、お礼に置いていったのが画像という。

登路　いくつかあるが、岩伏からがもっとも近い。山国川沿いの国道二一二号の道の駅・やまくにを目印に、犬王丸バス停から田野尾川に沿う道を入り、中詰を経て岩伏まで六km強。できれば車がよい。岩伏では付近の人に頼んで駐車させてもらう。小道を辿って行くと谷が二つに分かれる。地形図の道は左の谷に入っているが、廃道になっているので右に入り、すぐ左の植林地の登りに取りつく。やがて自然林になり、登りつめると林道に出るので、それを左に進むと地形図の道と一緒になり、すぐに山頂である。一時間四〇分程。津民の柾木《まさき》谷から奥畑に入り、前記の林道を登ることもできるが、道は悪い。釣鐘山からの縦走は四時間以上かかる。

地図　二・五万図　耶馬渓西部

（梅木秀徳・飯田勝之）

樋桶山　ひおけやま　標高　八七七m

別称　火桶山

大分県中津市耶馬渓町にある。中摩殿畑山に近く、地形の上から見て耶馬渓地方の中心部にあたるといってもよい。耶馬渓は火山として成立しているが、それは新旧二つの溶岩の噴出によってできたらしい。そのうち旧期溶岩の噴出口がこの辺りだと推定されている。耶馬渓一帯の山々を尾根の比高などを考慮しながら概念図に書いたり、地質の分布を調べると、渦巻き状、あるいは同心円状に連なっている。その核になるのが樋桶山だという。

「火桶」とも書かれるが、山容から火消し壺を連想したのだろうか。だが「耶馬渓火山」の火の元であるとすれば、その名もふさわしい。岩壁、岩峰を随所に見せる雄々しい姿である。周辺は「津民《つたみ》耶馬《やば》」と呼ばれる景勝地で、津民川上流部のウメノキ台やオビノキ台の大岩峰、さらに柾木《まさき》滝や落合滝などもある。

登路　津民川と樋山路川の両流域を繋ぐ林道に入り、峠の登山口へ。道のはっきりしない部分もあるが、南斜面に取りついて直登に近いルートをとれば一時間四〇分程で山頂である。

地図　二・五万図　耶馬渓西部

（梅木秀徳・飯田勝之）

檜原山 ひばるさん

標高　七三五m

大分県中津市耶馬渓町にある。津民耶馬《たみやば》の北にある耶馬渓の秀峰の一つ。玖珠地方から耶馬渓地方にかけてはメサ地形（テーブル状の台地）の山が多いが、檜原山はメサの上にビュートと呼ばれる頂上の狭いピークを載せている。

メサ台地の上には天台宗の正平寺があり、大分県指定の無形民俗文化財「ヒバルマツ」の行事を伝える。毎年春に行われる神仏習合の御田植祭と僧兵行列で、修験と深いかかわりがある。寺の周辺には池や行者の坊の跡、キャンプ場などがあり、寺から辿ることのできる北斜面には県指定天然記念物の「千本桂」もある。

登路　中津市耶馬渓町の中心である柿坂に近い国道二一二号の津民入り口から、津民川に沿って約二kmで檜原山に上る道が分かれており、寺まで六kmの車道が通じている。寺務所前にコース案内板があり、これに従って講堂から山道に入ると「上り左、下り右」の標識。登りには針の耳、押分け岩などの修行場があり、約三〇分で頂上。下りにも蝙蝠岩、行者岩、護摩焚岩、大神宮岩などがあり、約二〇分で寺に戻る。

地図　二・五万図　耶馬渓西部

（梅木秀徳・飯田勝之）

雁股山 かりまたやま

標高　八〇七m

大分県中津市耶馬渓町と福岡県豊前市、築上郡上毛《こうげ》町の境にある。東西に長く延びる県境稜線上の双耳峰で、二つの峰の並び立つのが狩猟に使った狩股に似ているとか、北方から見ると雁が羽根を広げているような姿から山の名前が出たといわれる。

溶結凝灰岩の上に旧期耶馬渓溶岩が乗ったメサ地形で、二つのピークは直線距離で三〇〇m程度しか離れておらず、ほぼ同じ高さで、東の峰に三角点がある。豊前・中津平野や周防灘方面を見下ろすことができ、古くは砦《とりで》が置かれていたこともある。

昔、耶馬渓の奥地と周防灘沿岸の港町を結ぶ道として山の西側の両午《りょうご》越、また、中津城下への近道として東を越える雁股峠（角淵《つのぶち》越）が利用され、かなりの通行量があったらしい。

登路　国道二一二号から中津市耶馬渓町平田に入り、さらに福土地区から三尾母川に沿い上福まで車で行き、ここから徒歩で雁股峠を経て登るのがよい。一時間三〇分程。かつての峠にはトンネルが通じているが、そこまでの道は作業道で荒れている。トンネルの上からの尾根道は九州自然歩道となって立派な登山道である。福岡県側からは築上郡上毛町の大入まで車で入り、林道を約二〇分で雁股トンネルに至る。

地図　二・五万図　下河内　耶馬渓西部

（梅木秀徳・飯田勝之）

犬ヶ岳　いぬがたけ

別称　狗岳　かめの尾

標高　一一三一m

耶馬渓山群の北を限って、大分県中津市耶馬渓町、同市山国町の境と福岡県豊前市、築上郡との境に長く連なる尾根があり、その主峰ともいえる存在が犬ヶ岳である。英彦山《ひこさん》や求菩提山《くぼてさん》の修験道の上で重要な位置を占める山。西から一ノ岳(一一二四m)、二ノ岳(約一一二〇m)、かめの尾、さらに東の大日岳(約一〇三〇m)など、東西に長い稜線の山の総称が犬ヶ岳だが、一般には最高点である「かめの尾」を指すことが多い。正確には「かめの尾の辻」で「かめ」は山頂に経文や札を入れる甕があったからとか、経筒が埋納されていたためとされている。伝説では山に犬神がいて退治され、甕に納めて葬ったという。

一ノ岳には毛谷村岳《けやむらだけ》の別名がある。主峰(一一三一m)に避難所を兼ねた展望台があるが期待するほどではないのに対し、一ノ岳は展望がすばらしく、南西の英彦山から耶馬渓の山々はもとより、遠く阿蘇山、九重山群、万年山《はねやま》、東に由布岳や鶴見岳などが一望できる。南の麓に毛谷村の集落があり、そこに英彦山の伝説で有名な毛谷村六助の墓がある。県境となる西の尾根は野峠に落ち、福岡県側へ延びる北の尾根には「天狗の山」として知られる求菩提山があり、その間の尾根道は山伏たちの修行道だった。このため山域にはいまでも往時の名残の地名、伝説などがいろいろな形で残っている。

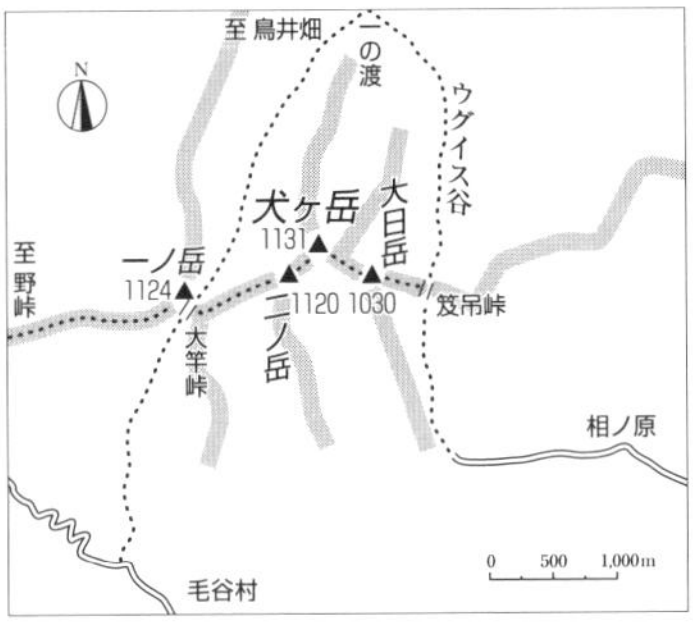

大日岳から東に延びる県境尾根は笈吊《おいづる》岩から同名の峠に下る。笈吊岩は岩壁となり、山伏でさえ担いだ笈を下ろし、吊り上げて通過したからとされる。峠からさらに尾根は経読岳《きょうよみだけ》(九九二m)、雁股山(八〇七m)、瓦岳(六二五m)などとつづき、大平山(六一一m)から山国川に落ちている。途中に小屋ヶ岳(九九一m)などの張り出しもある。檜原山もこの尾根筋に近い。

いずれも英彦山と同様に古い時期の溶岩台地からなる山で、標高が比較的に高い犬ヶ岳は、英彦山と自然景観や動植物相もきわめてよく似ている。北斜面を主体にブナ、モミ、カエデ、ナツツバキなどの原生林も見られ、稜線にはツクシシャクナゲの群落もあって天然記念物となり、開花期は見事である。

登路　古くから修験者によって開かれた山だけに、大分・福岡県側ともに登山道は多い。福岡県側からは鳥居畑が登山基地になる。ここは求菩提山の登山口で、豊前市から岩谷川に沿って入る。犬ヶ岳へはさらに川沿いに登り、一の渡《わたり》から登山道に入る。道は一ノ岳と二ノ岳との鞍部である大竿峠へ登るものと、ウグイス谷を経て笈吊峠へ登るものがある。大分県側からは中津市耶馬渓町の相ノ原《はる》から。津民川のもっとも奥にある集落奥の登山口まで車で入る。登山口から林道を経て笈吊峠へ登る。県境の野峠から尾根づたいのコースもある。いずれのコースもかなり長く、三時間前後は見ておきたい。相原からだと約二時間。なお、主峰と一ノ岳の間は四〇分程なので、二つとも登るとよい。

地図　二・五万図　下河内　伊良原　英彦山　耶馬渓西部

（梅木秀徳・飯田勝之）

求菩提山　くぼてやま　標高　七八二m

福岡県豊前市と築上郡築城《ついき》町の境に位置する。中九州火山地域の北端にあり、大分県境の犬ヶ岳の北支稜上のビュート（メサがさらに侵食された孤立丘）である。山名はその特徴的な山容が、茶碗（クボテン）を伏せた形に似ていることに由来する。別説では尾根がクモの手のように四方に広がっていることから、あるいは「雲出《くもで》」からだともいう。それが悟りを求める意の求菩提になったという。

山体は新生代鮮新世の四段に重なる輝石安山岩溶岩からなる。山岳宗教で栄えただけにスギの巨木も多く、林間にシャクナゲやヒメシャガなどが自生する。

中世以降、南西方約一〇kmにある英彦山《ひこさん》とともに天台宗修験道の山として九州の中心的存在であった。山頂周辺には坊、禊《みそぎ》場、護摩場の跡や五窟などが残っており、往時を偲ばせる。現在もその伝統が受け継がれ、峰入りする修験者もいる。

登路　求菩提資料館から林道をつたい座主坊園に進む。ここから苔むした石段や石畳の参道を辿り中宮に着く。社殿から鬼の鎧といわれる八五〇段の石段を登れば上宮のある山頂である（資料館から約一時間三〇分）。ほかに急な道や、仏教的な窟を回るコースもある。

地図　二・五万図　下河内

（中山　健）

求菩提山（豊前市鳥井畑から）

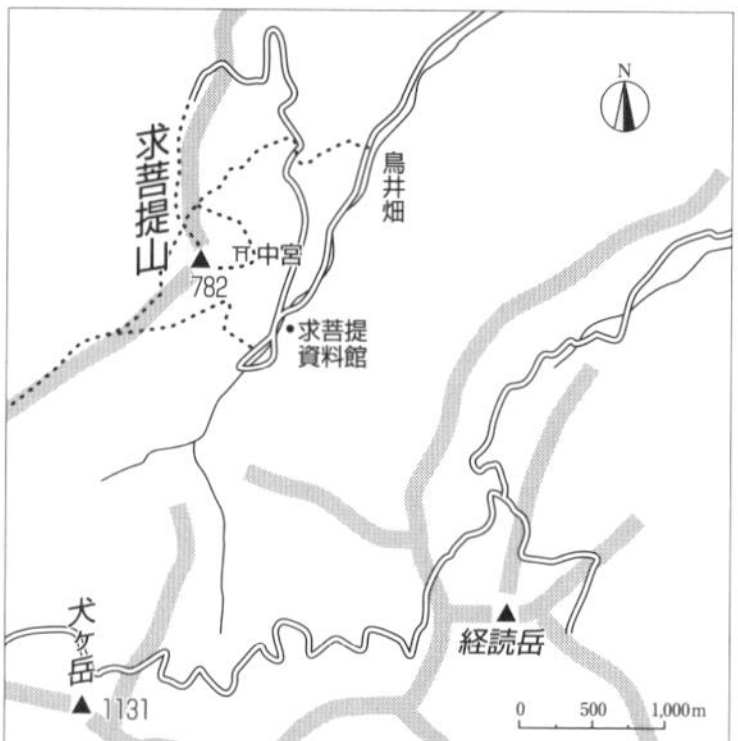

鷹ノ巣山　たかのすやま　標高　約九九〇m

耶馬渓や玖珠盆地周辺には、頂上部の広く平らなメサ、その頂が狭いビュートの山がたくさんある。大分県中津市山国町と福岡県田川郡添田町との境にある鷹ノ巣山はその代表的なビュートで、山そのものが国指定の天然記念物に指定されている。

英彦山《ひこさん》の前衛のように聳える岩峰で、福岡県側の中腹に「天狗ライン」と呼ばれる車道が通じている。そこに薬師峠と野峠があり、その間に三つのピークを持っている。

薬師峠から北に一峰(約九七九m)、二峰(九五〇m)、野峠寄りが三峰でもっとも高い。「一、二、三の岳」、あるいは「一、二、三の鷹」とも呼ばれる。

登路　北側から見ると岩壁に取り囲まれて、登攀は難しそうに感じるが、南側からだと比較的簡単に登ることができる。薬師峠からがよい。天狗ラインから峠への道は広そうに見えるが、車は乗り込まない方がよいだろう。約一〇分で峠である。一峰へは約二〇分、さらに二峰へ約三五分、そして三峰へ二五分位のもの。ロープやテープが目印となる。

地図　二・五万図　英彦山

(梅木秀徳・飯田勝之)

英彦山　ひこさん

標高(南岳)　一二〇〇m

別称　日子《ひこの》山

大分県中津市山国町と福岡県田川郡添田町の境にある。霊峰といわれ、かつて「日子山」と書かれていたが、嵯峨天皇の代に「彦山」となり、さらに霊元天皇によって「英」の文字が冠せられたと伝える。元々は太陽信仰に関係する神の山だったらしいが、神仏習合で仏が入り、その神仏を混然とさせた修験道によって未曾有の繁栄を見せた。彦山山伏で知られ、最盛期には山に三〇〇〇、里に八〇〇〇の坊があったとされる。登ってみれば、いまも往時の盛況を彷彿とさせるものが随所にある。信仰の山として守られてきただけに動植物も豊富。豊後の由布岳と同じく、豊前の代表的な名山である。

この山は一応、福岡・大分の県境にあることになっているが、厳密にいうと行政上の境界がはっきりしていない。国土地理院の地形図でも、英彦山の南北の部分で境界線が記入されておらず、途切れている。しかし、北につづく尾根の鷹ノ巣山、南につづく猫の丸尾(一〇四四m)などでは稜線が県境になっており、英彦山も一等三角点のある南岳をはじめ、実質的な頂上である中岳(一一八八m)、あるいは北岳(一一九二m)も、それにつづく稜線の上にあることから、まず県境と見てよいだろう。中岳には頂上に英彦山神宮上宮があり、上宮岳とも呼ぶ。また、北岳はスカイラインが円く、その山容から釜伏《かまふせ》の愛称がある。

県境と考えても、歴史的には福岡県側との繋がりが深い。正面はもちろん福岡県側であり、北九州の最高峰である。登山の場合も大分県側から岳滅鬼《がくめき》峠を越える古い参拝道があるが、一般的には福岡側から登っており、現在の耶馬渓側から野峠を経ての大分側のコースも、いったん福岡側に入って登る。

岳滅鬼山から見た英彦山

まず、福岡側の歴史から見ていく。伝説では天照大神の御子、天《あめの》忍穂耳《おしほみみ》が天から降った峰とされ、日の御子の山、日子山となり、彦山となったといわれる。英彦山信仰の中心となる奉幣殿からおよそ一km下まで階段の広い参道があり、その入り口に立つ大きな「銅《かね》の鳥居」には享保一九年(一七三四)に霊元天皇から下賜された「英彦山」の額が掛かる。これで尊称の「英」の字が加わった。鳥居はそれより前、佐賀藩主の鍋島勝重が島原の乱の戦勝祈願が実現した礼として、寛永一四年(一六三七)に寄進したもの。高さ七m、柱の周り約三mで、国指定の重要文化財になっている。

鳥居に近い霊仙寺は九州西国観音霊場の第一番のスタート地点となっているが、修験道の時代の山の中心である。現在もっとも参拝者、観光客の訪れが多い前記の奉幣殿は当時の大講堂である。壮大な建築を彩る朱塗りが緑に映えている。戦火にたびたび遭い、現在の建物は元和二年(一六一六)に小倉藩主だった細川忠興が幕府の命令で建立した。桃山時代の様式の名残をとどめる。これが下宮の本殿にあたり、上宮は石段をほぼ三㎞登った中岳こと上宮岳である。

神仏習合の修験の時代から明治維新までは英彦山権現と呼ばれ、大和の大峰山と並ぶ霊域だった。とくに鎌倉時代が盛んで、前記のように多くの僧坊を抱えた。鳥居から奉幣殿に至る参道の両脇、あるいは山中の至る所にその跡が残り、現在は田畑になっている段々畑状の土地は、皆その跡とされている。

江戸時代になると山伏の勢力は次第に衰退に向かい、代わって農民を主体とする信徒の手で支えられることになる。講組織による参拝者が殺到したといわれ、門前町は五〇〇戸を超すほどだった。しかし、明治になると神仏判然(分離)令が出され、大打撃を受ける。いまは土産物を中心とした商店が一角に並ぶほか、いくつかのホテル、旅館が立っている。その一隅に国の名勝・旧亀石坊庭園がある。雪舟が訪れて文明八年(一四七六)に造ったという名園である。

神仏習合の思想は宇佐神宮によって起こり、それが影響したと考えられるが、逆に修験道は英彦山から大分県側にも入り、耶馬渓から宇佐、さらに国東半島から豊後の奥地にまで広がった。とりわけ耶馬渓地方は隣接しているだけに、多くの文化の波及を見た。しかし、大分県側から英彦山を語るとなると、それは耶馬渓の自然の根源ということになろう。頼山陽のいうように「耶馬の山水みな彦山に発す」るのである。耶馬渓の名は、山陽が山国谷に中国式の文字を当てたもので、『耶馬渓図巻記』を書き「耶馬渓山天下無」の詩によって全国的になった。彼は文政元年(一八一八)に三九歳で九州を旅行、竹田で田能村竹田、日田で広瀬淡窓と交遊した後、中津に僧雲華《うんげ》を訪れるため山国谷に入った。その時に山と渓谷の美に魅せられ、雲華とともに改めて山国川流域を訪れた。耶馬渓町柿坂の擲筆峰《てきひつほう》は「絵には描けないほど」と彼が筆を捨てた所という。

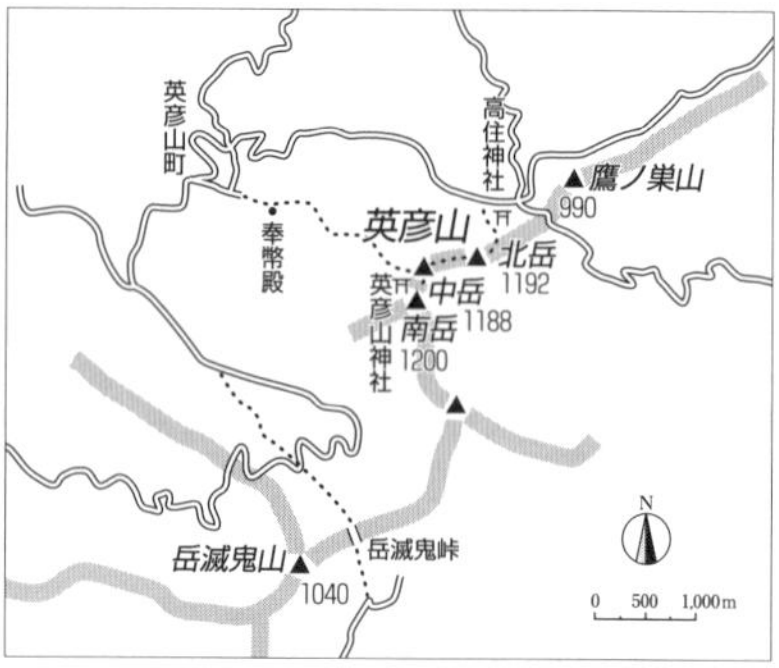

耶馬渓は山国川水系の地域である。本流の山国川は英彦山に発している。いったん南に流れ下り、奥耶馬と呼ばれる所に猿飛千壺峡、魔《ま》林《ばやし》峡などの景勝地を造るが、南から耶馬渓地方に入った新期の

耶馬渓溶岩に行く手をはばまれて北に迂回し、青の洞門などを経て沖代平野に出て、中津市で周防灘に注いでいる。

山陽の歩いたのは本流の中流域だけ、つまりいまは本耶馬渓と呼ばれる所だが、同じような景勝地は山国川水系のみならず、宇佐や玖珠、日田地方にも広がっていることから、その後、範囲が広がって「耶馬十渓」として地域を一〇に区分している。そして戦後、全国初の耶馬日田英彦山国定公園の誕生を見るのである。

自然公園地域の山々の成因は元々火山だが、山を構成する溶岩から考えると、北西部が古くて旧期溶岩や溶結凝灰岩、南が新期溶岩からなる。これにともなって風景もかなり異なっていて、前者を代表するのが本耶馬渓辺り、後者が深《しん》耶馬渓や裏《うら》耶馬渓など。溶岩は広い台地を構成し、それが侵食された部分に断崖や石柱を立てているが、山の中に入れば、これら溶岩の差による岩景の違いがよく理解できるだろう。

英彦山は豊前・耶馬渓地方を代表する動植物の宝庫である。吉井勇が「彦山はおもしろき山天狗棲む山むささびの山」と詠んだように、人里には近いが深山のたたずまいを見せる山で、動物は二〇〇〇種以上、植物も一〇〇〇種を数えるそうだ。九州大学英彦山生物学研究所によって発見された昆虫類の日本新種も一〇種を超えている。登山道に沿うスギの林だけでも目を奪われよう。

登路　奉幣殿からが正面登山路で、石段の多い坂を一時間一〇分位で中岳。また、天狗ラインにある豊前坊・高住神社から北岳まで一時間強。北岳と中岳間は約二〇分、中岳と南岳間は約一〇分。

地図　二・五万図　英彦山

（梅木秀徳・竹本正幸・井上禮子・飯田勝之）

岳滅鬼山　がくめきやま

標高　約一〇四〇m

大分県日田市と福岡県田川郡添田町の境にある。英彦山から南に延びた尾根は猫の丸尾を経て石楠花《しゃくなげ》の頭から西へ曲がり、この山からさらに西へとつづいて行く。この山並みはかつて山伏が英彦山から太宰府に近い宝満山までを折り返す「春の峰入り」のコースだったという。

『豊後国志』には「長野山」とあり、別に「顎滅機」の名があるとする。『彦山縁起』や『彦山流記《るき》』にたびたび登場する岳滅鬼峠の名の方が古く、それが山に用いられたのだろう。峠は日田方面から英彦山への参拝路だった。ガクメキの呼び名に文字を与えたものだろうが、修験道にちなんで「滅鬼積鬼《めっきしゃっき》」によるとする説がある。「滅鬼」は地獄の獄卒のことで、牛頭《ごず》信仰による地名という。また、南にあるガラメキ峠と同じように、下を流れる川の水音によるともされる。

峠は北側が添田町、南側が日田市である。日田市は江戸時代に幕府直轄の天領で、添田は豊前小倉藩に属した。峠の頂には「従是北豊前小倉」と刻まれた高さ二mほどの国境石が残っている。天領に境するだけに国境に慎重を期したものであろう。日田と福岡県との境には同じような例が多い。境石は互いに一つずつ建てるのが例というが、日田側にないのは天領の権威だろうか。

先の『豊後国志』に「彦山陽峰」とあるように、英彦山の南の前山という意識でとらえられていたようである。それも参拝路があったためだが、同書はさらに「壁が千仞として立ち、上に三国岩がある。豊後、豊前、筑前の境だからである。最幽険。南の下に坂があって、顎滅機という。百折して草につかまり石をとらえて登る。渓谷もあって、流れを渡り、南に二里で初めて人境に至る」という意味のことを書いている。よほどつらい道筋だったのだろう。その流れが小野川で、支流に皿山川がある。皿山は焼き物を作る所の意で、そこに民陶として著名な小鹿田焼《おんたやき》の窯場がある。岳滅鬼山から西に縦走してここに下る道もあるが、いまは分かりづらい。

登路　日田盆地から小野川流域への車道を行き、小鹿田方面との分かれ道を右手に入ると今村の集落。林道を一時間二〇分程で登山口になる。ここまで車で入ることもできるが駐車場はない。峠までは三〇分程。途中の険しい岩尾根に「英彦山四十九窟」の一つである法華窟《ほっけくつ》の跡があり、岩のトンネルもある。峠からは西に自然林の中の尾根を辿り、上下を繰り返しロープ場を登ると山頂(約四〇分)。展望に恵まれている。自然林にはキュウシュウジカなどが棲み、野鳥も多い。三角点はさらに三〇〇m南西にある。

地図　二・五万図　英彦山　(梅木秀徳・飯田勝之)

青野山　あおやさん　標高　八五一m

大分県玖珠《くす》郡九重町にある。玖珠盆地を縁取るメサ山群のもっとも東にある山で、典型的なテーブル状である。青内山、青谷山と書かれた時もあったようだ。立てめぐらす岩壁のうち南西端に目立つ甑《こしき》岩は中世以降、郷割の目印にされていたという。

かつて山頂部に天台宗の寺院や天満社もあったというが、現在では麓に下っている。ただ、一部に僧坊の跡らしい場所があり、土器などが出土したことがあった。また『大内氏実録』によると、明応七年(一四九八)秋の大内氏の豊後侵入の際に、この山で大友軍との戦いがあり、大内軍が敗れたと伝えているという。

近年まで山頂台地はマツの点在する草原で、玖珠盆地や九重山群の絶好の展望台となり、地元主催の登山大会も開かれていたが、現在は人工林となり、登山者の数も減っている。

登路　JR久大本線豊後中村駅、あるいは国道二一〇号から、または大分自動車道九重ICから横道集落まで車で入る。これより岩壁の南東部の切れ目を頂上台地に登る。台地の人工林の中はいささかルートが分かりにくいが、集落から一時間三〇分程で頂上に着く。甘川水《あまがせ》から松木に通じる車道の峠から、林道に入ると一〇分程で山頂である。

地図　二・五万図　豊後中村　(梅木秀徳・中野　稔)

大岩扇山　おおがんせんざん　標高　六九一m

別称　雄櫛

大分県玖珠《くす》郡玖珠町にある典型的なメサで、山そのものが国の天然記念物に指定されている。平らな山頂台地を取り巻く岩壁が柱状節理で、扇子を広げたように見えることから名前が付いた。櫛のようにも見えるので、横にある形は小さいながら標高の高い小岩扇山《こがんせんざん》

（約七二〇m・自衛隊演習場内）とともに「雄櫛《おぐし》、雌櫛《めぐし》」とも呼ばれる。二つの山は間に峠を挟むだけで、元々は一つの大きなメサ。岩壁のあるのは盆地に面した部分だけで、東の背後は日出生台《ひじゅう》の高原に繋がっている。

江戸時代、玖珠から瀬戸内海へ出る街道は森藩の城下から、この峠である八町越《ごえ》を越えて日出生台を通っていた。参勤交代の道でもあったわけで、いまも部分的に石畳が残る。山頂台地は放牧地として利用され、現在は近代的な牧場になった。最高点には電波塔とともに、牛馬の守り神である豊前坊の石碑が立っている。

登路　城下だった玖珠町森から八町越への昔の道を辿る。中腹の影の木集落まで四〇分。途中、旅に出る人が別れを惜しんだ涙石などを通る。車も入るが駐車スペースはほとんどない。後は石畳道を峠まで三〇分足らず。さらに山頂へ約二〇分。別に日出生台近くから峠に至る狭い車道もある。峠から反対方向に小岩扇山まで四〇分程で往復できよう。

地図　二・五万図　豊後森　（梅木秀徳・飯田勝之）

万年山　はねやま　　標高　一一四〇m

別称　刎ヶ岳

玖珠《くす》盆地は明るい感じの平野である。太古には玖珠湖と呼ばれる湖があったとされる。その真ん中に立つと、周囲の山々が一望できる。その中でもっとも目を引くのが、玖珠川の南にひときわ大きくわだかまり、盆地の南を一つの山だけで限っているような万年山で、大分県玖珠郡玖珠町と九重町との境に位置する。ただ、一つの山で南を限るとはいえ、それは決して高い山ではない。東西にきわめて長く、しかも平らな台地なのである。

これがメサ地形の特徴である。メサは四囲に幅広く岩壁をめぐらし、頂上部が広く平坦になっているテーブル状の山のことで、頂上部がごく狭くなって切り立つとビュートと呼ばれる。玖珠山地の場合はいずれも溶岩台地。耶馬渓山群にもメサは多いが、玖珠地方の山のほとんどは頂上部が浅緑の草地、麓が濃緑の樹林・植林地になっているものが多い。それが風景をやわらげ、盆地を明るく感じさせる。ともあれメルヘンチックで、まるでおとぎ話の国にでも入り込んだ気分にさせられる。こうしたメサ、ビュートが、狭い範囲にこれだけたくさん集まっている景観は全国でも珍しい。

盆地周辺の主なメサ、ビュートを紹介すると、万年山の北、つまり前面にはまさに切り株のような伐株山、東に小倉岳（七七〇m）、南は広い草原台地になって吉武山《よしぶ》（九二六m）や亀石山が盛り上がっている。盆地の北東部には大岩扇山《おおがんせんざん》、小岩扇山（約七二〇m）が並び、東に宝山、青野山とつづき、背後は日出生台《ひじゅう》の草原へと連なっていく。北から西へは、中世に森城が置かれ、江戸期には麓に久留島藩の陣屋を持ったビュートの角埋山《つのむれ》から、レンゲツヅシ群落の牧の平（六二一m）、背後に高波山（六〇四m）、高堂台（約七四〇m）が耶馬渓地方へと繋がり、日田との境に月出山岳《かんとうだけ》、盆地の西端に鏡山（六七五m）がある。

玖珠地方は江戸時代には玖珠川を挟んで南側が幕府領（天領）、北側が森・久留島藩領に分けられていた。久留島氏はきわめて小さな

万年山（玖珠盆地から）

藩で、本格的な城を築くことが許されず、かつて山城があった角埋山の下に陣屋・館を構え、それなりの城下町を置いた。とはいえ、陣屋を中心に一帯は実質的な城構えで、いまに遺構がうかがえる。その藩主の血を引き、一八七六年に生まれたのが久留島武彦である。彼は「お伽倶楽部」を結成して児童文化活動に専念、全国を童話の口演で巡回、日本のアンデルセンとも称された。

山々は比較的に登りやすい。岩壁をめぐらしてはいるものの、どこか少なくとも一箇所は切れ目があり、そこを選んで取りつけば岩登りの必要はない。道もよく付けられている。頂上台地に出るまでに急坂があっても、頂上部はおおよそ緩やかな楽なルートである。しかし、時としてこれがかえって厄介なこともある。ほとんどの山が平頂であるとはいえ、実際に岩壁の上に出てみると案外に起伏に富んでいる。したがって、一部の山ではどこが最高点なのかはっきり分からないこともしばしば。なだらかなだけに特徴的な地形・地物が見当たらず、地図が読みにくい。霧が巻いて見通しが利かない場合は迷うことさえある。加えて近年は台上に植林が進み、草地が次第に少なくなる傾向にあり、いっそう地形を分かりにくくしている。

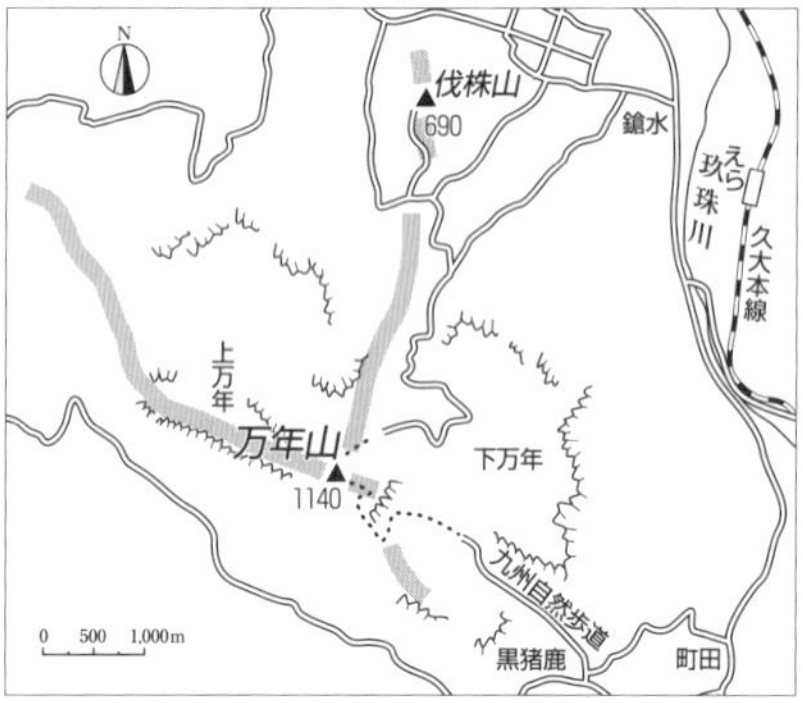

万年山はメサ山地の王者である。ひときわ高いのは、大きなメサの上にもう一つのメサを置き、上万年《うわばね》、下万年《したばね》のダブル・メサとなっているためである。下万年は前万年ともいい、輝石安山岩からなる。上万年は万年山溶岩と呼ばれるもので、これは大分県内にかなり広く分布している。下万年は東方で標高九〇〇m以上、上万年の東端は二〇〇mほどの断崖。上万年の尾根は東西三kmを超え、下万年はその数倍。全体的に東が高く西に低くなっており、遠望すると航空母艦のような姿で、見違うことはない。

全域が耶馬日田英彦山国定公園の中で、とくに上万年を含む標高九〇〇m以上は第一種特別区域として自然保護の対象となっている。下万年の吉武台《よしぶ》辺りはヨシブ、つまりアセビとともに、かつてミヤマキリシマの広い群落が見られたが、牧草地開発の広がりとともにいまでは限られた範囲が残されているにすぎない。毎年、この開花期の五月末に山開きが行われる。そのほかスミレ、リンドウ、イワカガミなどの可憐な花々も多い。

「万年」をハネとは読みづらい。「刎ヶ岳《はねがだけ》」の別名もあるように、頂上がはねられて平になった姿からとの説が一般的で、これにからむ伝説もある。また、かつて麓にあった万年村はマンネンムラと読んでおり、「幡年」と書いてハンネンと読んだことからとの考えもある。さらに、玖珠盆地の端にあることからハ（端）ネ（嶺）が起源で、幡根となり、佳字の万年が与えられたとの説もある。

登路　各方面から登山路があるが、九州自然歩道を辿るのが一般的。玖珠町の国道二一〇号の鍏水登山口から妙見の水場を経由、下万年にある牧場のゲートまで車道が通じる。歩けば一時間三〇分程。ゲートには駐車スペースもある。ゲートからコンクリート舗装の牧道を頂上直下まで歩き、最後に階段道となり約四〇分で頂上。展望は三六〇度である。自然歩道は南斜面を下り、オシガオの台から谷間に入って黒猪鹿《くろかい》の集落まで約一時間四〇分、さらに国道三八七号の町田まで一時間弱。町田は九重町に合併する以前の南山田村の中心地で、かつて国鉄時代には宮原《みやのはる》線の鉄道も通っていた。宝泉寺温泉も近い。

地図　二・五万図　豊後中村　豊後森　杖立

（梅木秀徳・飯田勝之）

宝山　たからやま

標高　八一六m

大分県玖珠《くす》郡九重町と玖珠町の境にある。大小の岩扇山と並んで玖珠盆地に臨む山。岩扇山が典型的なメサなのに対し、宝山は真ん中がいささか高くなっている。

速見山群の平家山に籠った落人が軍資金を隠したとの伝説から山名があるとのこと。その平家山はほぼ真東に見える。山の南麓にある宝八幡宮は豊後七宮八幡の一つで、玖珠郡の総社。八世紀の創建と伝える。

近くに滝滑りが名物の竜門の滝があり、鎌倉・建長寺を開山した蘭渓道隆が来日の折、通りかかり、中国・河南の竜門の景によく似ているから名付けたという。

滝の懸かる松木川流域には日出生《ひじゅう》台を越えて宇佐文化の影響が強く入り、前記の八幡宮のほか瑞巌寺磨崖仏や国東塔、板碑などの文化財がある。

登路　宝八幡宮から中腹の妙見宮を経て登るのが一般的だが、妙見宮前から分岐する登路は荒れていて目印と踏み跡を頼りに登る。神社から約一時間。

地図　二・五万図　豊後森

（梅木秀徳・飯田勝之）

伐株山　きりかぶさん

標高　約六九〇m

別称　高勝寺山

大分県玖珠《くす》郡玖珠町にある。玖珠盆地でもっとも親しまれている山。『豊後国風土記』には玖珠郡についてただ一行、「昔、この村に洪《おおきなる》樟樹《くすのき》あり。よりて球珠郡《くすのこおり》といふ」とのみ記される。「球珠」は玖珠の古い書き方である。伝説によると、このクスノキは大変大きく、盆地を覆い隠して人々が困窮した。見かねた巨人が苦労の末に伐り倒したといい、その伐り株がこの山だとされている。巨木がクスノキだと思われたのは、それが大木になるとともに、玖珠湖の名残として麓からクスノキの葉の化石が出ることかららしい。

かつて洪樟寺《こうしょうじ》が山頂台地に置かれ、さらに縁起をかついで字を変えた高勝寺城が設けられた。これが玖珠城で、南北朝期の合戦で有名。いまも土塁などの遺構が残っている。

登路　山頂台地は玖珠町が毎年の「子供の日」に実施している「童話祭」の会場地の一つであり、自動車で登ることができる。歩けばJR久大本線豊後森駅から笹ヶ原《はる》登山口まで約四〇分。北斜面をジグザグに登り山頂台地に着くが、最高点は三角点に近い所で、ここまで約五〇分。南の狭い尾根に稚児落としの岩場があり、岩のあちこちに小さな仏像が彫られているのを楽しむのもよい。

地図　二・五万図　豊後森

（梅木秀徳・飯田勝之）

角埋山　つのむれやま　標高　五七六m

別称　角牟礼

大分県玖珠《くす》郡玖珠町にある。角を埋めるとは何か伝説でもありそうな名だが、これもムレ山名の一つで、山容はまさしくホルンである。中世に山城が置かれ、源為朝の築城伝説がある。玖珠に入った清原正高の一族、森氏が居城とし、天正一五年（一五八七）に薩摩・島津軍が豊後に侵入した豊薩合戦では、森氏はじめ玖珠郡衆と呼ばれる武士たちが籠城、激しい戦いをして追い返した。山頂部には乱積みの石垣や門の跡などが残る。

山麓は江戸期の久留島陣屋とその城下町である玖珠町森。久留島氏は伊予来島から一万四〇〇〇石で森町に入ったが、小藩のため築城は許されなかった。そのため三島神社を奉遷して中腹の高台に祀り、これを中心に本丸、二の丸、三の丸にあたるものを置いて城構えとした。館の庭園の跡が三島公園となり、日本童話碑が立つ。

登路　玖珠町森のシンボルともなる山で、五月の「日本童話祭」の登山行事のほか、子供たちの定期登山会もある。登路はいくつかあるが、三島公園の末広神社裏からスタートして一周する山めぐりが楽しい。一時間程度。

地図　二・五万図　豊後森

（梅木秀徳・飯田勝之）

亀石山　かめいしやま　標高　九四三m

大分県日田市天瀬町にある五馬《いつま》高原の東部のやわらかな高まりが亀石山と吉武山である。玖珠《くす》川の峡谷部にある天ヶ瀬温泉（天瀬町）の北と南は広い高台になっており、北には日田と玖珠を結ぶ道が古くから開け、いまは大分自動車道が通る。南の五馬台は古代文化の栄えた土地で、『豊後風土記』は五馬媛《いつまひめ》がいたと語る。卑弥呼のような女首長だったろう。江戸期には日田から阿蘇、また竹田に至る代官道が通じていた。「五馬駄賃取り唄」は「馬よ勇めよ、この坂ひとつ」「登りつむれば上は三里のマンデーラ」と高原を歌う。マンデーラは真ん平、つまり五馬高原のこと。

その街道沿いに曾田《そた》ノ池という景勝地があり、そこから登れば亀石山、南に下れば大分・熊本県境の杖立温泉である。

登路　曾田ノ池までは広い道があり、草原の中を辿って亀石山までは約一時間三〇分。また、五馬高原を広域農免道路が通っており、西方の牧野道への入り口から歩けば四〇分程である。なお、曾田ノ池から昔の道は所々に石畳を残しており、下れば杖立まで一時間足らずである。

（梅木秀徳・飯田勝之）

地図　二・五万図　杖立

月出山岳　かんとうだけ　標高　七〇九m

別称　日田富士

大分県日田市と玖珠郡玖珠町の境にある。日田盆地から遠望する山容は整った三角形で、「日田富士」の愛称もある。『豊後国志』の日田郡の項に「郡東に在り、まづ月の出の光をこの山に見る。故に名付く」とあるのはうなずけるが、なぜ「カントウ」と読むのかは不明。近くにある一尺八寸山をミオウヤマと読むのとともに、難読地名の代表格。麓に月出山《かんとう》と呼ぶ集落もあるが、そこを含む行政地名は月出町でツキデマチと読ませる。天領・日田の代官役所に江戸から赴任した武士の妻子が、月の出を眺めて江戸を偲び「あの彼方が関東」と嘆いたからとの話がある。

西の日田から見ると一つの三角形だが、南北から見れば三つの似たような低いピークの連なりで、西の一番坊主（六七八m）から、日田と玖珠の境界線が通る二番坊主（約六九〇m）、東に三角点のある三番坊主となる。

登路　日田市月出山集落までは日田市街地から車で約三〇分。案内板、標識があり、作業道を二番坊主の南下まで行き、さらに土塁に沿って鉄塔を目ざし、三番坊主へ。集落から一時間強。また、玖珠側の朝見《あさみ》牧場から三番坊主へのルートもあり、約三〇分。

地図　二・五万図　天ヶ瀬

（梅木秀徳・飯田勝之）

七つ石山　ななついしやま　標高　六二三m

大分県速見郡日出《ひじ》町と杵築市山香町の境にある。別府湾奥の北側、日出町豊岡の背後に海に影を落とす一連の山並みがあり、鹿鳴越《かなごえ》連山と呼び、七つ石山が中央部となる。無線塔の立つ経塚山（六一二m）から鹿鳴越の西の峠に落ちた後、七つ石山を起こし、板川《いたご》山（約六〇〇m）のなだらかな稜線から、尖った姿の城山（五五六m）を下れば東の峠となり、百合野山（五六九m）がある。その下にはもう一つの城山（約三四二m）。主脈ではないが、ほかに尼蔵岳（四五九m）や唐木山（六〇〇m）などがある。

七つ石山は古代の烽《とぶひ》（狼煙《のろし》）が置かれていて、高崎山の烽と連絡したと推定されている。頂上に数個の石があるが、火を燃やす台だったかどうかは分からない。ただ、海岸線に近いため見通しは利き、烽を設置するのに条件がよかったことは確かである。

鹿鳴越はかつての府内（大分市）・別府方面から北へ向かう豊前街道の峠である。とくに東の峠は日出藩の殿様道とも呼ばれ、いまも所々に石畳や茶屋場の跡が残る。現在の国道一〇号が赤松峠を開いて開通するまでは近代になっても利用され、人力車も通ったという。峠の上には縄文時代に遡り得る祭の遺構があるともいわれ、峠が開設されたのは相当に昔のことだったろう。

城山はその街道を押さえる山城で、中世から構えられ、薩摩軍の豊後侵攻で宇佐方面まで逃れた大友義統《よしむね》があわてふためいて南から登り、一時立てこもった。明治になって西南戦争が起こると、西郷方に呼応する中津の増田宋太郎が薩摩軍に合流するため街道を南下して峠にかかるが、官軍の守備隊に比べ増田隊は少数。そこで隊員に一人数本の松明を掲げさせて大軍に見せるという奇計を用い、守備隊のひるむのを見て通過、大分県庁を襲っている。南の別府湾岸から旅立つ人はこの峠で別れを惜しみ、北から訪れる人は波静かな海を眼下に見るはず。峠の哀歓である。

山並みは海側が急傾斜で、内陸となる山香町側は緩やか。断層が通っているためである。非対称地形のため大分・別府からは立派な連山に見えるが、山香町など北側からは単なる野の高まりのような姿。この断層は別府市街地南部の朝見断層と対になって別府湾奥を走る主要なもの。ただ、朝見断層が浜脇温泉などを湧出させているのに比べて、鹿鳴越断層は崖下にきれいな湧き水を持ち、これが山田名水などである。川もまた清流である。日出町は名産「城下《しろした》カレイ」が有名で、海辺に築かれた日出城(暘谷城《ようこくじょう》)の下の海中に真清水が湧いているからというが、この伏流水も断層のおかげである。

登路　登山は縦走がよい。起点は国道一〇号の豊岡か辻間《つじま》のバス停、あるいはJR日豊本線の豊後豊岡駅。西の峠へは山田名水から、東の峠へは長野集落を経て登る。名水や集落までは車が入るが、縦走のため歩くとなると約二時間と約一時間三〇分。東の道は完全な山道で、途中に江戸期の石切り場の跡がある。西の道はよく踏まれている。

なお、西の峠は北側から近くまで車が入る。縦走は東西の峠間を一時間強。楽なコースであり、展望もよい。城山には寄り道をしなければならないが、道がはっきりしない部分もある。竪堀の跡を越えて平な頂上に至る。西の峠から経塚山往復は三〇分程。

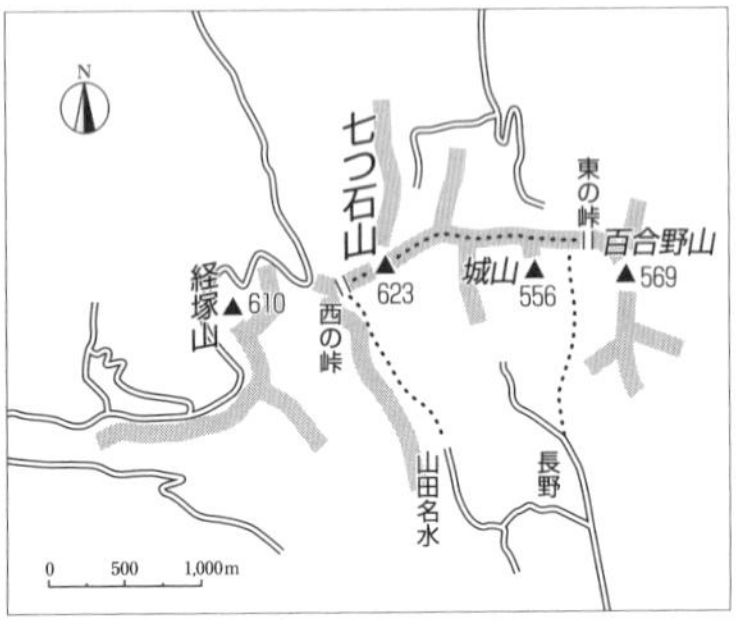

地図　二・五万図　豊後豊岡　杵築

（梅木秀徳・飯田勝之）

経塚山　きょうづかやま　標高　六一二m

大分県速見郡日出町にある。鹿鳴越連山の端にある平な頂を持つ山。山頂直下の平地に二基の無線中継塔が立っているが、これは見通しのよい証拠ともいえよう。山中に経を入れた筒などを埋めて塚を造る風習は山岳寺院などでよく行われているが、ここにも塚が造られたのだろう。

山腹は植林地となっているが、山頂一帯は草地に灌木が疎らに生えている程度で、ここにミヤマキリシマが群れている。近くの山では鶴見岳に群生するが、標高六〇〇m程の山にあるのは珍しいとされる。このため花時はにぎわうが、全山が紅になるというほどではない。

登路　日出町や杵築市、あるいは宇佐別府道路の速見ICなどから車が中継塔まで行くので、ほとんどの人が車利用。ここまで来れば山頂へは五分足らずであるが、山田湧水より昔フランシスコ・ザビエルも通ったという古道を登り、鹿鳴越西の峠を経て約一時間三〇分のハイキング・コースがお勧めである。眺めはきわめてよい。

地図　二・五万図　豊後豊岡

（梅木秀徳・飯田勝之）

高崎山　たかさきやま

標高　六二八m

別称　四極山　柴積山

大分県大分市の西の端、別府市との境近くに、別府湾に面して立つ山。両市の市街地から否応なしに目につく急傾斜の山で、文字どおりに高く突き出た崎である。このため湾内を航行する船にとっては絶好の目印となった。山の背後、内陸側に銭瓶《ぜにがめ》峠、鳥越峠などがあり、別府市街地を限る朝見断層線の上に連なるいくつもの山々から小鹿山、志高湖へとつづいている。なお、朝見断層線は別府から高崎山の海辺を経て、大分までの海岸部を走っている。

　山容はヘルメット形で、柴を積んだように見えることから「柴積《しばつみ》山」とも呼ばれ、それが詩歌の世界で「四極山」となったらしい。「シハツ」と「シワス」の二つの読み方があるようだ。「四極」は元々為果《しはつ》で、仕事をなし終えることだといわれているが、これは山名と関係なかろう。『万葉集』には高市黒人の「四極山打ち越へ見れば笠縫の島漕ぎ隠る棚無し小舟」（巻三）があり、これが高崎山のことだとされている。

　古代、山頂に狼煙《のろし》場が置かれていたと考えられている。『豊後国風土記』の大分郡《おほきたのこおり》の項に「烽《とぶひ》一所」とあるのがそれで、高崎山は豊後国府・軍団の置かれていた地からよく望見できる。中世には大友氏の城が置かれていた。いまも山頂に残る石組みの大きな穴は、狼煙釜と呼ばれているが、あるいは城の水槽の跡かもしれない。城はもちろん山城。南北朝時代には合戦の記録もあり、現在も館などの跡と思われる平地や防塁、竪堀などの遺構が比較的よく残っている。当時の城構えを知ることのできる貴重な遺産である。

　自然もかなりよく残っている。高崎山といえば野生のサルを思い出すことだろう。野猿の生息は昔から知られていた。一九五二年、アイデア市長といわれた大分市長・上田保が自らホラ貝を吹いてサルの群れを呼び出し、餌付けに成功した。以来、自然動物園として学術研究の場になるとともに、地域にとって大切な観光資源となった。

　この海岸線を走る国道一〇号は別府・大分を結ぶため別大国道と呼ばれているが、開かれたのは近代のこと。高崎山の急な崖などが障害となって明治に入るまでは危険な小道があった程度。代わりに山の裏手の銭瓶峠・赤松峠が古代からの官道で、藩境をめぐる紛争や様々な伝説が残されている。現在、その付近を大分自動車道が走り、古いルートが復活した格好である。

登路　銭瓶峠から登るのが一般的。銭瓶石と呼ばれる石が古い道標とともに路傍に置

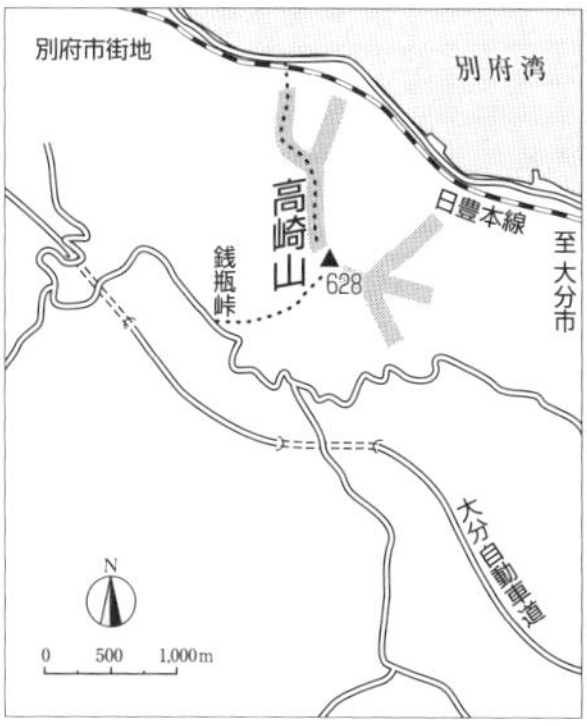

かれている。たたけばカンカンと音がし、城が軍資金をうずめた際の目印だったなどと語られる。ここから広い道を行き、登山道となって竪堀の跡などを見て山頂まで一時間程。時期によっては野猿の群れに注意を。山頂は城跡だけに広場となっており、海や街がわずかに展望できる。

地図　二・五万図　大分

（梅木秀徳・飯田勝之）

伽藍岳　がらんだけ

標高　一〇四五m

別称　硫黄山

大分県由布市湯布院町に属する。「硫黄山」の別名が示すように、南の山腹から大きな噴気を上げており、鶴見連山が大火山だったことの証拠である。噴気は山だけでなく、別府市街地の至る所から出ている。大半は温泉源で、ボーリングによるものもあるが、立ち上る煙は別府八湯の看板のようなもの。とくに鉄輪《かんなわ》温泉が見事で、泉都の代表的な風景である。ついでながら、別府は水より噴気・熱湯が多いといわれる。扇状地で地下水も少なく、水道水源の多くを大分市に求めているほど。飲み水だけでなく、熱い温泉を埋めるのにも貴重な水なのである。

鶴見連山の縦走は塚原越からこの山を経て、高平山《こうひらやま》から十文字原《ばる》の草原に下っていたものだが、十文字原が自衛隊の演習場となって高平山の道をとるのが難しくなったため、現在のところ伽藍岳まで。それでも多くの人は塚原越でストップしてしまう。ちょっと足を延ばしてみたい山である。

伽藍岳（塚原温泉付近から）

噴気の立ち上っている所の向かって右下には火口のようなクレーターがあり、柵が設けられている。いわゆる「地獄」と呼ばれるものである。その下に塚原温泉がある。由布市湯布院町塚原の高原の名前をとっているが、塚原集落とはかなり離れている。湯は熱い。

塚原温泉は源為朝が速見地方に滞在している時、狩りで山中に入り、傷ついた鳥が湯浴みしてるのを見て発見したとの伝説がある。鳥や獣の湯浴みが温泉の薬効を知るきっかけになったという伝えは各地にあり、塚原と伽藍岳を隔てて反対側の明礬温泉のトビの湯もそうだし、浜脇温泉にもサギの湯伝説が残る。塚原温泉の少し上にある大きく二つに割れた岩は、為朝が試し切りしたものと伝える。

登路　塚原温泉から塚原越まで三〇分足らず。さらに草の斜面を三〇分程で頂上である。明礬温泉に通ずる兎落と

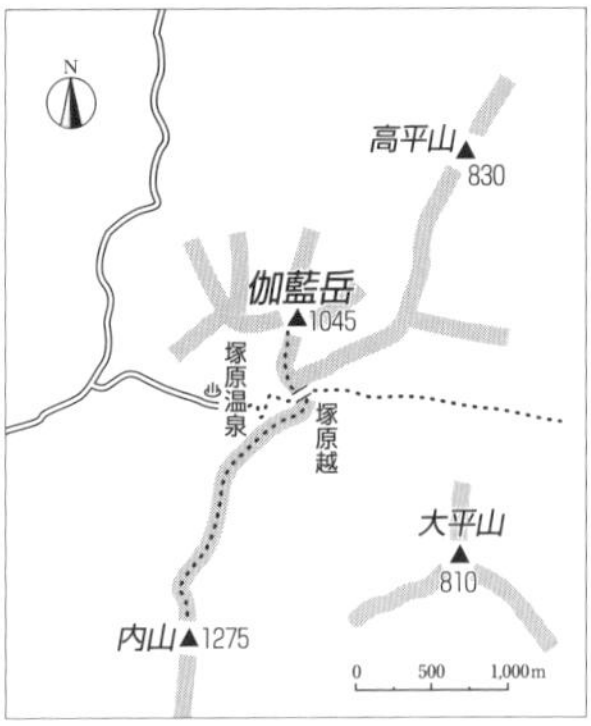

しの道は内山の項を参照。塚原温泉へは県道六一六号塚原天間《あまま》線の塚原入り口から山手に入り、一㎞程で白土採取場への道を分けて行く。車が便利。大分自動車道の天間バス停も利用できよう。

地図　二・五万図　別府西部

（梅木秀徳・飯田勝之）

内山　うちやま

標高　一二七六m

大分県別府市と由布市湯布院町の境にある。別府市街地から見ると、右手に長い尾根を引いている山。連山の中にあって鶴見岳や鞍ヶ戸より高度が劣るため、何となく陰に隠れたような存在だが、縦走に際してはポイントとなる山。鶴見岳への信仰登山や修験にとっても大きな意味を持っていた。

主尾根とは別に大平山への尾根を持ち、石橋尾根、あるいは石楠花尾根ともいう。主尾根はなだらかな斜面から一転して急斜面となって塚原越の峠に下り、伽藍岳へと延びる。

登路　船底の鞍部から登るのが一般的。鶴見岳から鞍ヶ戸を経て船底まで約一時間三〇分。内山頂上へは急傾斜をジグザグで約二〇分。下りは塚原越へ一時間強。これを登れば約一時間四〇分。峠から別府側の明礬温泉へは、兎落としと呼ばれる急坂から鍋山の湯を経て約一時間三〇分、登りは約二時間。逆に塚原温泉への道もあり、約二〇分だが、公共交通機関はない。石橋尾根の道は健脚向き。

地図　二・五万図　別府西部

（梅木秀徳・飯田勝之）

大平山　おおひらやま

別称　扇山

標高　約八一〇m

大分県別府市にあり、鶴見岳の稜線や、その地獄谷の荒々しさとは対照的に、市街地の背後に扇子を広げたようなやさしい姿の草原の山。そのため「扇山」の名で親しまれ、本名・大平山を知る人は意外と少ない。別府のシンボルとも言える存在で、毎年春に行われる野焼きは全山を炎で包み、夜の温泉街の火祭りでもある。これが終わると別府に本格的な春の訪れがある。

かつての大きな鶴見岳山体の一部で、鶴見岳の山脚と、この山の裏手の急崖の間が別府扇状地の頭になる。内山に至る石橋尾根は急峻で、辿る人は少ない。

登路　取りつきは簡単。九州横断道路の扇山橋、あるいは桜の園から入り、防火線の切られた稜線を登る。約一時間三〇分。高さは低いが、途中で頂上が見えないだけに結構きつい。明礬温泉から内山渓谷に入り、石橋尾根との鞍部から登る道もある。二時間程。

地図　二・五万図　別府西部

（梅木秀徳・飯田勝之）

鶴見岳　つるみだけ

標高　一三七五m

大分県別府市にあり、市街地の背後に聳える。泉都と呼ばれる別府市は「国際温泉文化観光都市」の看板を持ち、「東の熱海、西の別府」と並び称され、あるいは「東洋のナポリ」とも自負する。街と海と山のバランスがうまく取れた美しい景観。海は波静かな瀬戸内海・別府湾。街は多彩なモザイク模様を見せ、それを抱くかのように鶴見岳の連嶺が緑をしたたらせる。

この山こそ、「別府八湯《はっとう》」と呼ばれる温泉群の母体である。古くから火男《ほのお》火売《ほのめ》の男女二柱の神の山として信仰され、春の花、初夏のミヤマキリシマ、夏の納涼、秋の紅葉、そして冬は鶴見おろしで市民を震え上がらせることはあっても、霧氷で親しまれる。昔から登山者は多かったが、いまでは山頂直下までロープウエーが架けられ、だれでも気軽に登ることができるようになって、ハイヒールの観光客も多くなった。だが、逆に最近では海抜ゼロmの海岸線で靴を潮に浸した後、坂道となる別府の街を通り抜け、山頂を目ざすハードな「一気登山」のイベントも行われている。

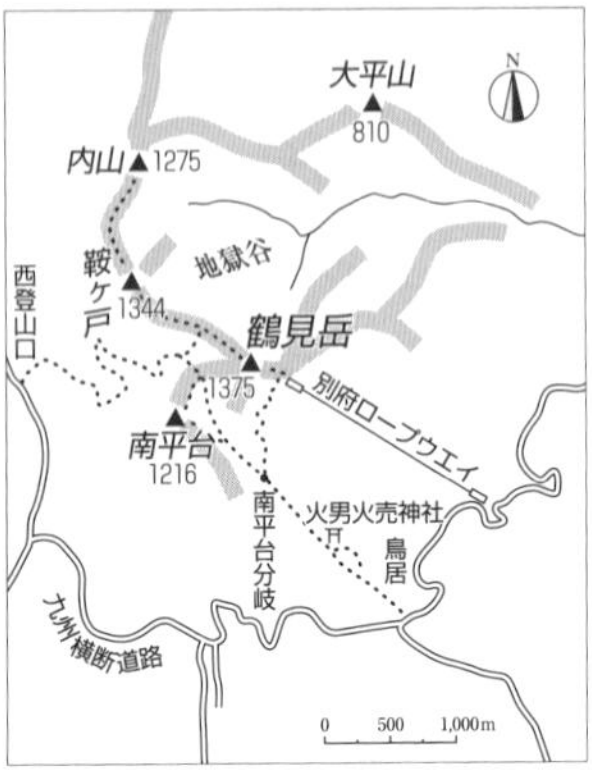

鶴見岳（左）（北方上空から）

太古、九州島は南北二つの島で、その間を浅い海、あるいは湖沼地帯が隔てていたとされる。その巨大な溝が別府湾から有明海へ延びる別府島原地溝帯で、阿蘇水道との呼び名もある。新生代に至って、その地溝から火山が噴出した。東から速見山群、九重山群、阿蘇山、さらに雲仙火山群。それによって島は融合し、今日の九州島が成立した。鶴見岳は、その最東端の火山である。

由布岳と並び、由布・鶴見山群と併記されることが多いが、独立峰の由布岳に対し、鶴見岳は連嶺である。大きな山体の鶴見岳から鞍ヶ戸（一三四四m）に延びた尾根はいったん船底の鞍部に落ちた後、内山を起こし、さらに伽藍岳から高平山《こうひらやま》（八三〇m）、猫ヶ岩山（七二二m）と連なり、十文字原《ばる》の草原になる。本体の裾には、南平台（男岳《おんだけ》・一二一六m）などの寄生火山もある。

高さは由布岳に及ばないものの、鶴見から内山の間だけを見ても、山体は由布よりはるかに大きい。地獄谷と呼ばれる険阻な谷が刻み込まれており、かつての火山体の爆発によって吹き飛ばされた跡と考えられる。大平山のなだらかなスロープは往時の山体の一部と思われ、その斜面を上に延長すると大変な高さの山になる。別府市街地は海に向かって緩やかな傾斜を持っているが、これは爆発の泥流・土石流によってできた石垣原《ばる》の扇状地と、その下の沖積層である。石垣原は開墾の際、噴出していた石を石垣に積んだことから地名が生まれた。古くは石垣荘という荘園で、それに付随して太政官の追加開墾許可書「別符」によって新規に開発されたのが別府の地名起源らしい。

火山活動としては、いまは鶴見岳の山腹にわずかに噴気が立ち上るだけだが、歴史に記録された爆発では、『三代実録』が語る貞観九年（八六七）のものがよく知られている。同年の春、山の肩にあった赤・青・黒の三つの池が震動、岩石を飛ばし火炎を上げ、降灰は数里に及ぶ。麓の通行は途絶え、熱水が川に入って無数の魚が死んだ。太宰府を通じて報告は都に届き、朝廷は山の神の怒りと考え、神前で大般若経を読み、神の位階を上げた。その神が火男火売の二柱。ほかならぬ別府八湯（別府、浜脇、堀田、観海寺、鉄輪《かんなわ》、柴石《しばせき》、明礬、亀川の各温泉地）の父と母である。

由布岳と鶴見岳の恋の伝説もある。鶴見はきれいな女性の山。これにハンサムな由布岳と、名前に似合わず武骨な祖母山が恋をし、ライバルとして争った。結局、鶴見は美男子の由布岳を選び、仲良く並んで立ったが、敗れた祖母山は南に去り、原生林をまとって姿を隠した。その別れに際して祖母山は滝のように涙を流し、それがたまってできたのが志高《しだか》湖であるという。本来は小さな池だったようだが、いまは人工湖として観光客を集めている。

鶴見岳から内山への縦走路のヤマ場となる鞍ヶ戸は三つのピークからなり、「仏頭」の別名を持つ。痩せ尾根の急な上下で、鶴見岳との間に馬の背と呼ばれるところもある。山名は、その鞍形からとも思えるが、戸は峠を表すトウで、本来は馬の背、あるいは内山との間にある船底の鞍部を指し、仏頭がもともとの名前だったのかもしれない。その鶴見岳から鞍ヶ戸にかけて、市街地側の山腹に険悪な様相を見せているのが地獄谷である。

登路　九州横断道路の鳥居バス停が登山口。志高湖への入り口でもある。鶴見岳へは鳥居をくぐって登るが、最近は近くに新しい鳥居が造られ、これを入ると神社の駐車場まで入ることができる。駐車場からはゲートのある舗装路の参道（御輿道）と、谷間から階段で登る古い参道がある。鳥居から徒歩だと三〇分程で神社である。

神社からは山道となり、ジグザグの後、ちょっとした広い場所に出て尾根道となる。林道を横切り、南平台（男岳）方面への道を左に分けて本格的な坂道にかかる。最初は緩やかだが、次第にきつくなり、山頂までつづく。神社から約一時間三〇分、南平台分岐からは五〇分程でロープウエー山上駅との分岐点に着いて展望も広がる。やがて山上駅からの広い道と一緒になり、山頂直下の広場を経て分岐から一五分余で山頂である。

前記の「一気登山」は、現在のところ毎年四月の第二日曜日。海岸のスパビーチから山頂までおよそ一二㎞を登る。たくさんの人がチャレンジする。市街地からロープウエー下駅を経て神社に至り、後は同じルート。山頂には無線塔が立ち、眺めがよい。天候によっては中国から四国地方も見える。一帯は公園のようになっており、ロープウエーを利用した観光客の姿が多い。

内山方面への縦走は鉄塔の横から赤池という平坦地へ灌木の中を下り、馬の背を経て鞍ヶ戸に攀じ登る。赤池からは噴気口見物の小道もある。馬の背には西登山口から来た道がある。これは由布岳の東登山口と同じ場所から登って来たもの。鞍ヶ戸は地獄谷の急な崖に臨むため、天候の悪い時は慎重に歩きたい。さらに船底、内山とつづくが、それなりの体力が必要。

地図　二・五万図　別府西部

（梅木秀徳・飯田勝之）

小鹿山 おじかやま

標高 七二八m

大分県別府市に位置する。奥別府の名所である行楽地の志高《しだか》湖、あるいはハナショウブで有名になった神楽女《かぐらめ》湖の上に、きれいで緩やかな三角形を見せて立つ山。大分市街地などからも鶴見岳の前山として低いながらもよく見える。南東の麓に別府少年自然の家が置かれ、宿泊生のためのトレーニング・ルートが山頂までつづく。

昔、猟師がこの山で一頭の鹿を射止めた。それは雌ではらんでおり、子供を生むとなめ回しながら息絶えた。「非情なことをした」と後悔した猟師は、仏門に入り、雌鹿の皮で頭巾と衣を作り旅に出る。諸国を回り、寛弘元年（一〇〇四）に京都に入った時は立派な僧になっていた。人々はその異様な服装に目を見張ったが、徳が次第に知られ、一条天皇の耳に達する。天皇はこの僧、行円のために堂を贈り、小鹿山行願寺と称したが、京の人たちは彼の服装から革上人、革聖《ひじり》とあがめていたので、革堂《こうどう》と呼び慣わしたという。

登路 志高湖から約五〇分、神楽女湖や少年自然の家から約三〇分。登山は楽なので、山と湖水をセットで楽しむとよい。

地図 二・五万図 別府西部

（梅木秀徳・飯田勝之）

由布岳 ゆふだけ

標高 一五八三m

別称 柚富峰 木綿山 湯ノ岳 猪ノ岳 油布岳 豊後富士

由布・鶴見山群の主峰が由布岳で、大分県別府市と由布市湯布院町の境にあるが、由布岳と、隣接する鶴見岳を中心に周辺部の速見郡日出町、杵築市山香町などにも多くの山々があり、地質、地形的にも関連しているので、山域区分の上から広い範囲をカバーできる速見山群としておきたい。大分市や観光温泉地の別府市に近く、登山口への交通の便がよいことや、高さのわりには登りやすいことから、人々に親しまれている山群である。

由布岳の愛称は「豊後富士」である。ほぼ同じ高さの東西二峰を持つ双頭峰で、釣鐘形のトロイデの山容は富士山のように長く裾野を引くコニーデとは異なる。しかし、独立峰として遠くから望むことができ、とくに古代の豊後国府が置かれていた大分市南部地域からは東の峰のみが平らに見え、群山を従えている姿であり、古代から富士の愛称をたてまつられ、豊後人たちのお国自慢の山である。

『豊後国風土記』は「柚富峰《ゆふのみね》」とし、「この峰の頂に石室《いはや》あり。その深さ十丈あまり。高さ八丈四尺、広さ三丈あまり。常に水の凝《こご》れるありて、夏を経《ふ》れども解けず。およそ柚富の郷《さと》はこの峰に近し。よりて峰の名となせり」と書く。また、柚富郷については「この郷の中に栲《たく》の樹さわに生いたり。常に栲の皮を取りて木綿《ゆふ》を造る」といっている。このため古くは「木綿山」とも書き、「ユウノヤマ、ユフヤマ」と呼んでいたこともある。

『万葉集』には「をとめらが放《はな》りの髪を木綿山《ゆふの》雲なたなびき家のあたり見む」（巻七）と「思い出づる時はすべなみ豊国《とよくに》の木綿《ゆふ》山雪の消ぬべく念《おも》ほゆ」（巻一〇）の二首がある。そのほか、由布岳をうたった短歌、俳句の類は古代から現代まで数えきれない。

柚富郷は現在の由布院。温泉地であり、同じ温泉地の湯平と合併したため湯布院町となったが、盆地名や学校、JR駅などには由布院が使われ、それが新しい合併市名の元となった。その温泉盆地にのしかかるように聳えるのが由布岳であり、文献によっては「油布岳」、出で湯による「湯ノ岳《ゆのたけ》」、あるいはイノシシが多かったのか「猪ノ岳《いのたけ》」ともある。

由布院温泉は「町づくり」の成功から脚光を浴び、いまやJR線に特急「ゆふいんの森号」まで走る人気だが、その里人が古代から神の山としてあがめ、現代の人が詩歌に、絵画にと、思いを込めているのが由布岳。まさしくこの山あっての観光地でもある。

盆地からはきれいに双頭の峰が仰がれる。三角点は西の峰にあり、

由布岳(南方上空から山頂部)

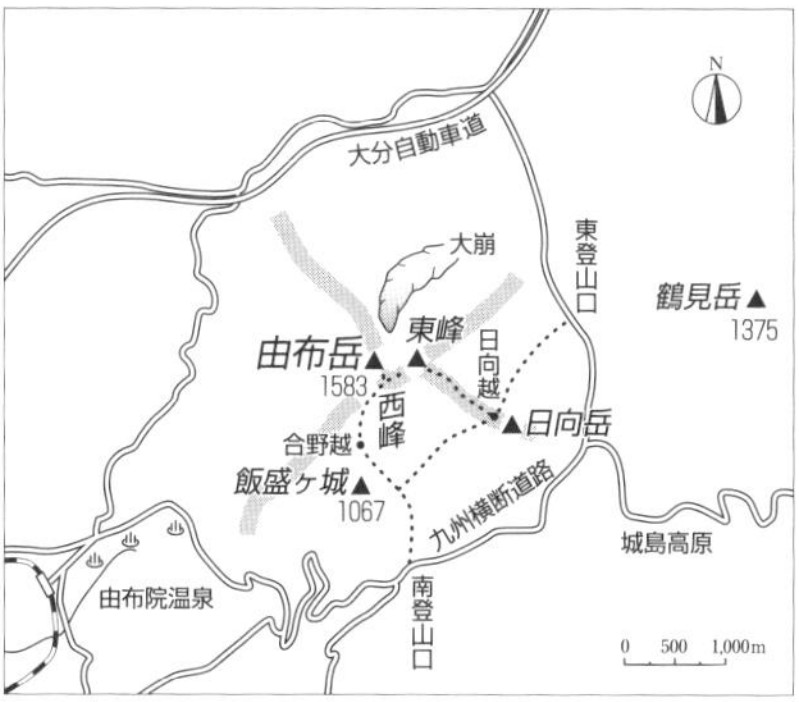

東の峰はほんのわずか低い。展望は抜群。二つの峰の間はウバガウジと呼ばれる火口跡で、『風土記』の石室はここにあったらしい。肩の部分に寄生火山の池代《いけしろ》(飯盛山《いいもりやま》、一三四七m)、北側に大崩壊地がある。南の麓には飯盛《いもり》ヶ城(若草山・小岳、一〇六七m)、日向岳(一〇八五m)、蛇山《へべやま》(約九六〇m)が寄り添う。日向岳は由布岳の話を聞いて日向の国から背比べにやって来たが、とうてい及ばず、腰を抜かし帰るに帰れなくなったとか。このため腰抜山ともいうが、これも里人のお国自慢から出たもので、元々は南東の日当たりのよい山として付いた名だろう。

伝説によると、山の神は宇奈岐日女《うなぎひめ》。山頂から湖だった盆地を見下ろし、この湖水を干したら立派な耕地が得られるに違いないと考える。そこで女神は力持ちの従者に命じ、湖の壁となる山の一角を蹴破らせた。水は大分川となってとうとうと流れ下り、肥沃な土地が現れた。跡には湖水の主、竜が住家として残してほしいと懇願したと伝える金鱗湖があり、由布岳の影を映している。ほとりには由布岳信仰の地でもあった仏山寺がある。

日女(姫)は盆地を開拓した人々の女酋長、いわば邪馬台国の女王、卑弥呼のような存在ではあるまいか。ウナグとは首にネックレス状のものを掛けることらしく、勾玉や鏡で装っていたと思える。盆地の中に日女の名を持つ神社があり、怪力の従者は蹴裂権現《けさきごんげん》の名前で、蹴破ったとされる地点の丘に祀られている。大分川はここから流れ出し、国道や鉄道はここから盆地に入る。

山の北の麓は塚原と呼ばれる高原で、その名前のようにたくさんの塚があり、九十九塚といわれている。かつて、ここに住んでいた

鬼が人を食うので、山の神が「一夜で百の塚を築いたら人を食うのも黙認しよう。だが、築けなかったら立ち去れ」と告げる。鬼はせっせと塚を造り始め、夜明けまでに百に達しそうになった。あわてた神は由布岳に駆け登り、コケコッコーと大声を上げ、バタバタと菅笠をたたいて羽ばたきとした。鶏の声で夜明けと勘違いした鬼は去って行ったとか。塚原にも山の神を祀る神社があり、祭日には男衆が女性をもてなす「甘酒祭り」が伝わり、名物となる。

このほか源為朝にからむ話もあり、江戸時代に滝沢馬琴が彼の活躍を描いた『椿説弓張月』に由布岳を舞台の一部として取り上げた。

登路　南登山口は別府、あるいは由布院から九州横断道路を登った最高点の由布院越の峠で、ここが南からの道となる。その名も登山口のバス停があり、駐車場も用意されている。草地のだらだら登りで森林帯に入り、小さな谷を越えてひと登りすれば飯盛ヶ城との鞍部、合野《ごうや》越に着く。後はマツ林や灌木の中のジグザグで、樹林地からススキの中を行く。山腹斜面はきついが、道は屈曲しているので比較的に緩やか。一足ごとに展望が開けてくる。最後に岩交じりの急坂があって、東西両峰の接点である火口壁のマタエに着く。ここまでおよそ一時間三〇分。両峰ともここから約一五分。東峰は楽で、鶴見岳や別府方面、海の眺めがよい。西峰は障子戸の鎖場があり、足元に注意。岩場を過ぎれば草尾根となってすぐに三角点である。由布院盆地や日出生台の草原、さらに九重山群などが望まれる。

このほか鶴見岳との間にある車道に東登山口があり、ここから日向岳との鞍部を経て東峰から出た尾根に登る。南登山道よりややきついし、岩場もあるが、さして困難ではない。東峰頂上まで二時間強。なお、日向岳との鞍部である日向越と南登山道の森林帯入り口との間に自然観察路が開かれている。

地図　二・五万図　別府西部

（梅木秀徳・飯田勝之）

雨乞岳　あまごいだけ　標高　一〇七四m

大分県別府市と由布市庄内町にまたがる。城ヶ岳や倉木山から東へ延びる尾根の末端というか、この山塊の東の主体となるのが黒岩山（一一〇六m）と雨乞岳である。高さは黒岩山の方が幾分高いが、雨乞岳の方が名前のとおり農民の雨乞いの行われた山としてよく知られている。

雨乞いは、昔は干害の時だけでなく年中行事のように実施されていたもので、ほかにも雨乞山・岳の類は多いし、水の神である竜神を祀る竜王山も各地にあって、盛んに行われた。

雨乞いの方法もいろいろある。雨を祈るという一般的なもののほか、山中の霊池を汚したり、神仏の像にいたずらして怒りを買い、それで雨を降らさせるという類いのものまであるが、この山で行われたのは「千把焚《せんばだ》き」で、麓の農家がたくさんの薪を担いで山に登り、山頂で盛大に燃やして雨を祈願した。

登路　かつては雨乞いのため南の麓からの道が立派に付いていたが、雨乞いが行われなくなって、北からが便利となっている。「城ヶ岳」で記す林道をずっと辿り、登山口まで約二時間三〇分。後は約三〇分で山頂。さらに黒岩山を経て林道まで約四〇分で戻れる。

地図　二・五万図　小野屋

（梅木秀徳・飯田勝之）

城ヶ岳　じょうがだけ

標高　一一六八m

大分県由布市庄内町と同市湯布院町にまたがる。大分市方面から西を見ると、由布岳の左手に低いながらも大きな山塊が遠望できる。一方、水分峠から九州横断道路を行けば、由布院盆地の向こう、由布岳の右にきれいな山並みとして見られる。国道二一〇号やJR久大本線からは、北側の車窓に長くお付き合いしてくれる山々。城ヶ岳はその山塊の代表格である。

南の尾根には前岳（一〇八五m）があり、麓に星岳（七二九m）や尾《おう》子《こ》岳（七一〇m）、北には倉木山（倉喜山、約一一六〇m）がある。かつては草付が優先して歩きやすい山々だったが、近年は植林が進み、一部の山は登りづらくなってきた。倉木山の由布院盆地側の斜面には貴重な自然林が残る。

かつて速見、大分両郡の境となる山並みで、昔は尾根筋にいくつかの峠が開かれていたようである。江戸時代の『豊後国志』に、この辺りを指して鉾塔山《ほことうやま》という記載がある。「阿南郷《あなんのさと》の北にあり、連なって二里にわたり、由布岳と対している」と記され、さらに『太宰管内志』には「速見郡との境に異国降伏の鉾が立つ。鉾ノ峠という」としている。塔というのはトウ地名で峠を示していると考えられるし、いまも古老たちが鬼ヶ峠《おんがとう》と呼ぶ峠の跡などもあることなどから、城ヶ岳辺りがそうだったのではないかと推測できる。鉾の立つ峠といえば、九重山群に聖域の入り口を示す鉾立峠があり、修験に関係している。「異国降伏」は修験者の祈禱だったろうか。

また『豊後風土記』の速見郡の中に、由布岳につづいて頸峯《くびのみね》という記述がある。「この峯の下に水田がある。本の名は宅田《やけだ》だった。この田の苗をシカがいつも食うので、田の主が待ち受けているところにシカが来た。シカは頸を柵の間に入れて苗を食う。そこを捕らえて頸を斬ろうとすると、シカは懇願して誓いを立てた。死罪を許してくれれば、子孫に苗を食うなと告げようと。田主は大いに怪異と思って放免したところ、苗は食われなくなった。だからこの田を頸田といい、また峯の名にした」というもの。

シカは霊獣という一面を持っており、それが人間の言葉をしゃべったのが不思議という以外に、どういう意味を持つ伝説かよく分からない。ただ、頸峯が「柚富峯の西南にある」と書いていることから、これが城ヶ岳辺りであると推測できるし、『風土記』に記載するに足るほどに知られた山だったわけだろう。

星岳は倉木山ともいわれ、北の倉木山と混同しやすいが、こちらには隕石の落下伝説がある。『九州軍記』に「（天正四年・一五七六）七月七日の夜戌刻に、星、倉木山に下ることあり。その光（中略）照り輝くこと白日に異ならず。それより彼処を星嶽と云。その星を祭りて高岡山妙見

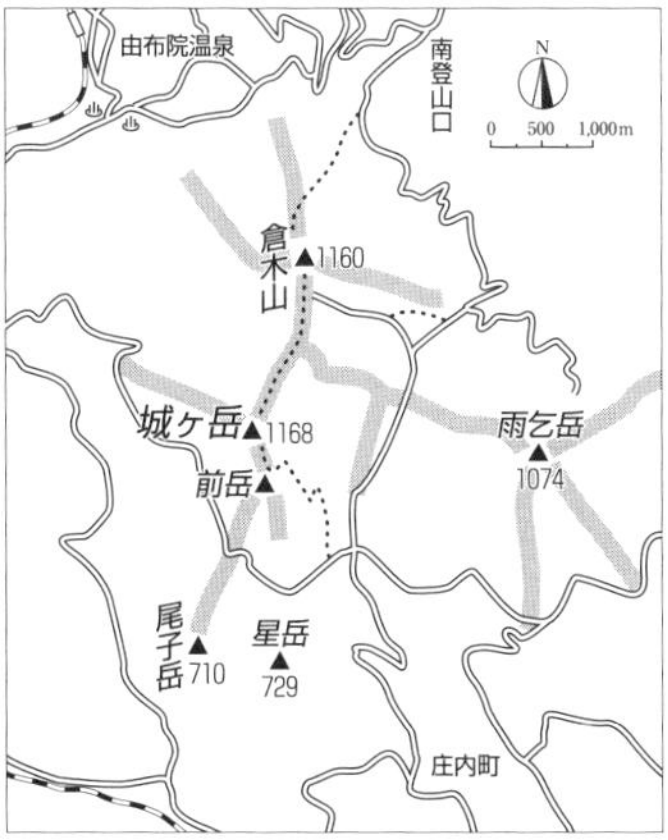

大菩薩とす（後略）」との記録がある。豊後一宮・柞原《ゆすはら》八幡宮と関係が深く、社殿造営の材木切り出し場だった。

登路　南の広域林道から陰陽石を経て前岳との鞍部から最短距離の直登コース（約一時間三〇分）がある。このほか由布岳で紹介した南登山口から由布院盆地寄りにやや下った所から林道に入り、二時間強で倉木山の鞍部に至り、さらに一時間三〇分程。鞍部から城ヶ岳頂上までは踏み跡と読図が頼り。

地図　二・五万図　小野屋　湯平

（梅木秀徳・飯田勝之）

立石山　たていしやま

標高　約一〇七〇m

別称　シラクエ

大分県由布市湯布院町と宇佐市安心院《あじむ》町にまたがり、塚原と日出《ひじゅ》生台《うだい》の両高原の間に立つ。塚原は由布岳の項で紹介した。西の立石山、北の雛戸山（八三一m）、南の由布岳に囲まれて同名の集落がある。日出生台は大草原だが、自衛隊の演習場になっていて、現在は中心部への立ち入りは禁止。立石山は二つを分けるようにしてわだかまっており、麓に牧場などがある。

立石の名を持つ山はほかにもたくさんあるし、地名も多い。いずれも古代人が信仰のために立てたメンヒルか、あるいは自然の巨石が立つ所で、この山にも山頂から北東に出る尾根上の小さなピークに立石がある。「シラクエ」は南東山腹にある崩壊地から出た。文字を当てれば「白崩」である。

登路　塚原バス停から牧野道を経由して三角点のある地点を通り約二時間。南からは塚原と日出生台を繋ぐ道路の中程から林道を登れば、ゲートから約一時間三〇分。

地図　二・五万図　日出生台　別府西部

（梅木秀徳・飯田勝之）

福万山　ふくまざん

標高　一二三六m

由布院盆地を取り巻くたおやかな山々の一つ。山頂部は大分県玖《く》珠《す》郡玖珠町に属し、南の登山口を含めての山麓部は由布市湯布院町である。中腹から山頂にかけては草地。南側の斜面を湯無田《ゆむた》高原と呼び、別荘地やゴルフ場として開発されており、国立の青少年スポーツセンターもある。盆地へは池の台という大きな尾根を張り出しており、小さな池があり、大分自動車道の長いトンネルがこの下を通過している。西の尾根の末端に兜山があり、北側は日出生台演習場の範囲で、砲声の聞かれることもあろう。

「フクマ」の音に当てて、福間などいろいろな書き方があるようだが、なかには伏魔もあり、福とは真反対である。

登路　九州横断道路から、青少年スポーツセンターの横を通り林道を直進、牧草地や灌木林、スギ植林地などを経て尾根に取りつく。かなり急だが、山頂から東西に延びる尾根に出ると気分がよい。広い草地を辿って展望のいい山頂へ。ここからの由布岳の姿は肩をいからせて特異である。盆地や日出生台が見下ろすことができる。一時間四〇分程。

地図　二・五万図　日出生台

（梅木秀徳・飯田勝之）

平家山　へいけざん

標高　一〇二三m

大分県玖珠《くす》郡九重町にあり、平家の落人伝説が残る山。壇ノ浦合戦に敗れた平家一門は、周防灘に面した大分県宇佐市の海岸に上陸し、最終的には宮崎県の椎葉辺りまで逃れて行くが、一派は大分県内の各地に潜み、この山にも一部がこもった。彼らは農業をしながら再興を夢見たが果たせず、その思いがつのってついにはサルの姿になったと語られる。

江戸時代には「平家百猿」といわれるほど多かったそうで、作物を荒らすので猟師に依頼して撃ってもらったところ、一匹の大きなサルが朱塗りの鞘の刀を抱いていたとか。平家山集落があるが、こちらは主として戦後に開拓に入った人たちである。

登路　国道二一〇号の平家山入り口から集落を経て、九重町恵良《えら》方面へ越す峠まで約一時間二〇分。ある程度まで車で入ることができる。峠からは約三〇分で山頂。北側は日出生台演習場。植林と灌木に覆われ、展望はあまりよくない。

地図　二・五万図　日出生台　豊後森

（梅木秀徳・飯田勝之）

冠山　かんむりやま

標高　七六二m

別称　烏帽子岳

大分県由布市庄内町の南部に、東の大竜山《おおたつやま》（六二四m）から西の高塚（七六八m）に至る一連の山々があり、その真ん中にあるのが冠山。端正な尖りから「烏帽子岳」とも呼ぶが、JR久大本線の車窓や国道二一〇号などから見ると、つばの広い麦藁帽子のようである。この山並みにはかつて大分川本流域と支流の芹川流域を結ぶいくつもの峠が開かれていた。その一つが永慶寺越で、峠路の途中にある寺の跡から登るのがよい。

永慶寺は寛元三年（一二四五）に永平寺の開山で知られた道元の弟子、孤雲《こうん》が開いた。『豊鐘善鳴録』によると、弧雲がこの山に入って神人に出会い「この地は七谷九峰が蓮華に似て、伽藍を建てるのによい」と伝えられ、山を開いたという。

登路　東庄内小学校前のバス停から雷《いかづち》の集落を経て、約一時間で永慶寺跡の三叉路。かつてそこには市指定文化財のお堂があったが、朽ち果ててその面影はない。ここからゲートの付いた林道に入り、さらに小道を辿って約五〇分で頂上。

地図　二・五万図　豊後今市

（梅木秀徳・飯田勝之）

熊群山　くまむれやま

標高　八〇五m

別称　熊牟礼《むれ》

「熊牟礼」とも書き、これもムレ地名である。大きな山ではないが、大分県由布市庄内町阿蘇野の谷の入り口にあって、深い森とメサ地形で目立つ山である。中腹に東岸寺の跡と熊群神社がある。社伝によれば、東北地方の勇者で豊後に流された安倍一族の三郎実任《さねとう》が狩りに入り、クマに出合ったので射ようとすると仏の姿に変じたため寺と神社を創ったという。英彦山系の山伏・修験者たちの修行の場で、最盛期には十二の坊があったとか。その雰囲気はいまでも感じられる。中世には合戦の舞台になったこともある。

江戸時代には府内藩の祈願所となり、近代に入ってからは一時さびれたが、最近は商売繁盛など様々な祈願をする人が多くなり、参拝者が増えている。麓にはケヤキ林で知られる渓仙峡《けいせんきょう》がある。

登路 登山口のバス停から参道に入り、鬼くずし、芥神《あくたがみ》、念仏坂などを経て神社までほぼ一時間三〇分。上宮の社殿を回り込むと高い岩場が現れ、鎖が掛けられている。これを登り切り、さらにロープなどをつたって行くと頂上台地の一角に出る。踏み跡やテープを頼りに辿り、神社から一時間で広い山頂の最奥の三角点に着く。

地図 二・五万図 豊後今市
（梅木秀徳・飯田勝之）

野稲岳 のいねだけ 標高 一〇三八m

大分県由布市湯布院町にある。この山の中腹を真一文字に切って走る九州横断道路は別府市、由布市湯布院町から九重山群を越えて熊本、長崎に通ずる観光九州の動脈。由布院盆地から大分川と筑後川の分水嶺である水分《みずわけ》峠を経ており、山と道は地理的に見て、九重山群と速見《はやみ》山群とのブリッジともいえる。

丸い山頂を持つやさしい姿で、麓にある集落の名から山名が出た。水稲ではなく、陸稲《おかぼ》のこと。山下に人工湖の山下の池、火口湖の小田の池、立石の池などの湖沼地帯があり、大蛇・竜神伝説が残る。修行僧のもとに押しかけて夫婦となった女が、実体は大きな蛇だったという話。横断道路から立石の池は見えないが、小さく浅い小田の池は草地の中の湿原植物の宝庫、山下の池は対照的に植林の中に静まる大きく深い池で、湧水の多い谷を堰止めて生まれた。この湧き水を竜神として祀り、雨乞いで知られるところ。

登路 横断道路から林道を経由して約一時間三〇分で登れる。

地図 二・五万図 湯平
（梅木秀徳・飯田勝之）

花牟礼山 はなむれやま 標高 一一七一m

花牟礼山塊は大分県由布市庄内町にある。飯田高原の東、九重山群の北東部に近接して高まる一群の山々である。山塊には高度から見て花牟礼山よりさらに高い、ながみず山（一三一〇m）、ふきくさ山（約一三一〇m）、立石山（約一二一〇m）、万丈塔（一一九〇m）、鏡山（一一七二m）などいくつものピークがあるが、花牟礼山がもっとも人里に近いことや、歴史、伝説の上でよく知られ、国土地理院の地形図にもこの山の名前しか記載されていないことから代表格になっている。

「ムレ」は山のこと。大分県内には牟礼、群などの字を当ててムレと呼ばれる山がたくさんあり、江戸時代の哲学者、三浦梅園が早くから指摘し「韓語に由来するか」と述べているように、古い朝鮮語で山を意味する「マル」に起源を持つと思われる。「花」は端っこの出っ張りを示す「ハナ」から出たようで、山塊の東の端である。

山には花牟礼明神が祀られていた。天平勝宝六年（七五四）に越の国の僧、正覚が訪れた時、夢に明神が現れたのを感じ、祠を造ったと伝える。初めは山頂にあったが、麓に下ろされた。中世の天正一四年（一五八六）に薩摩軍が豊後に攻め込んだ際、焼き払われたが、のちに再建されたと伝えている。

　ながみず山、ふきくさ山は山塊の中央部に谷を挟んで立ち、ほぼ同じ高さ。ながみず山はながみぞ山ともいい、山頂に三角点が置かれているが、ふきくさ山には平らな四つの高まりがあって、三角点のある場所より南の峰の方が少し高い。

登路　登山や観光でにぎわう九重山群の近くにありながら、忘れられたような山々だが、それだけに静かな自然との接触が得られるだろう。花牟礼山、ながみず山へは由布市庄内町阿蘇野のバス終点である栢《かや》ノ木から高津原《こうづばる》の集落を通り抜けて農道に入りゲートまで。ここから牧道を歩く。山腹に大きなジグザグ道が刻まれており、最後に頂から南に出た尾根に取りつく。二時間弱。展望はよい。いったん西へ下り、鞍部から急登すればながみず山の尾根で、後は縦走。花牟礼山から一時間程度。

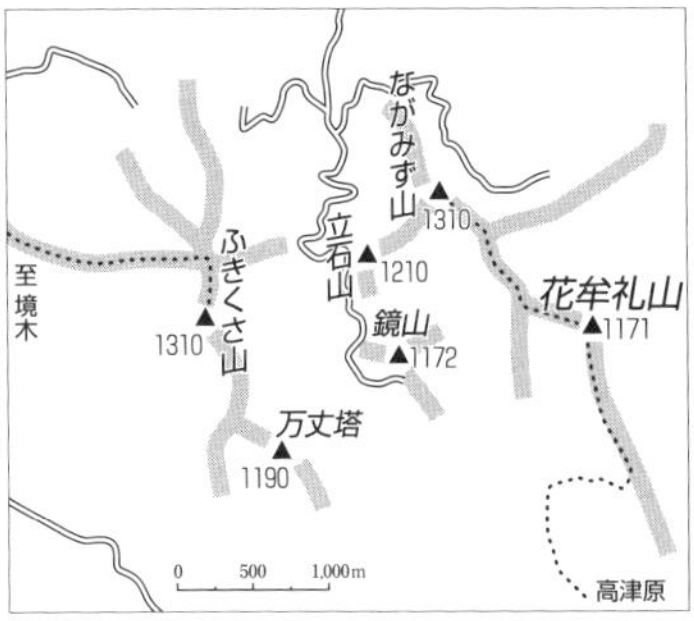

　ふきくさ山へは西の飯田高原の須久保から境木を経て入る。境木は九重町と由布市の境で、目印の大きな木が植えられている。これを過ぎると左に未舗装の林道があり、約一五分で右へカーブする所からスギ林の山道に入る。何の標識もないので注意。後は踏み跡と読図を頼りに馬の背状の尾根を行く。須久保から林道ゲートまで約五〇分、さらに山頂まで一時間強。

地図　二・五万図　大船山

（梅木秀徳・首藤宏史）

崩平山　くえんひらやま　標高　一二八九m

大分県玖珠《くす》郡九重町にある。飯田高原の北端に立ち、九重山群と高原の絶好の展望台となる山で、一夜にして崩れ、平になったとの伝説がある。近くに鹿伏岳《かぶしだけ》（一〇二四m）や合鳴山《ごうしぎやま》（一一〇五m）など、似たようななだらかな山がつづく。その中でももっとも高いこと、見通しがよいことなどから、山頂にはたくさんの電波中継塔などがある。

　眼下に広がるのは千町無田《むた》と呼ばれる美田地帯。「ムタ」は湿地のことで、前千町、後千町という広さ。高原を彩る朝日長者伝説の地で、富と権勢におごった長者がついには滅び、田畑が無に帰したと語られる。近代に入って水害に遭った筑後川下流の農民たちが開拓に入り、高冷地で苦労の末、水稲の栽培に成功した。

登路　山の西側を走る九州横断道路が高原に入る所に朝日台の展望所があり、そこから林道などを経て約一時間一〇分。崩れて平というだけにゆるやかな道ではあるが、所々に急坂もある。

地図　二・五万図　湯平　豊後中村

（梅木秀徳・首藤宏史）

黒岳　くろたけ

別称　お多福山

標高（高塚）　一五八七ｍ

九重《くじゅう》山群は大分県の玖珠《くす》郡九重町、竹田市久住町、直入町、由布市庄内町にまたがり、熊本県の阿蘇郡にも裾を引く山々で、かなり広い範囲になるが、大きく見て東部・中部・西部および周辺部に分けると把握しやすい。

その東部の東端にあり、竹田市久住町と由布市庄内町の境にあるのが黒岳である。黒々とした自然林に覆われた複式火山で、頂上部に長径六〇〇ｍほどの「みいくぼ」と呼ばれる爆裂火口跡がある。恐らく「御窪」だろう。その火口壁にいくつものピークがある。西側にある最高点が高塚（一五八七ｍ）、東寄りの巨岩の積み重なりが天狗（約一五五〇ｍ）で、この二つが主として登頂の対象とされている。そのほかに荒神森、明神森などのピークもあり、北東部が一段低くなって前岳（鷹巣一三三四ｍ）。これらを総称して黒岳という。

山の名は樹林が黒く見えることからだが、南の竹田市方面から遠望すると、スカイラインがお多福の天を仰ぐ横顔に似ていることから、「お多福山」とも愛称されている。

九重山群は全般的に渓谷の発達が悪いが、黒岳はとくにそうで、降水は伏流し、麓で泉となって噴き出している。「日本名水百選」の男池《おいけ》をはじめ、隠し水、今水のほか、炭酸分を含んだ白水《しらみず》鉱泉など。風穴も多く、なかでも大船山との間にあるものが有名。一九〇〇年に発見され、蚕種を冷蔵するため大正年間に風穴株式会社が作られたこともある。吹き出す空気は冷たく、夏でも穴の奥には氷が光っている。樹林は原生林の様相が濃い。ブナ、ミズナラ、カエデオヒョウ、ケヤキなどの巨木が多く、初夏のシャクナゲ、秋の紅葉が見事である。

特異な山容と深い森から、古来、黒岳は神山、あるいは魔性の山とされ、江戸期の『豊後国志』などには「人がよく登ることはできない。行く者は道に迷って帰らず、神怪に遭うと伝える。かつて岡（竹田）城主の中川氏が絶頂に至る者を募り、登頂すれば火を掲げるよう命じたが、登山の烽はみな山の半腹にあった」と記述する。おそらく九州ではもっとも登頂の遅れた山の一つではあるまいか。

そのため怪異な伝説がたくさん残る。麓の神社に奉納した神馬が

黒岳（阿蘇野から）

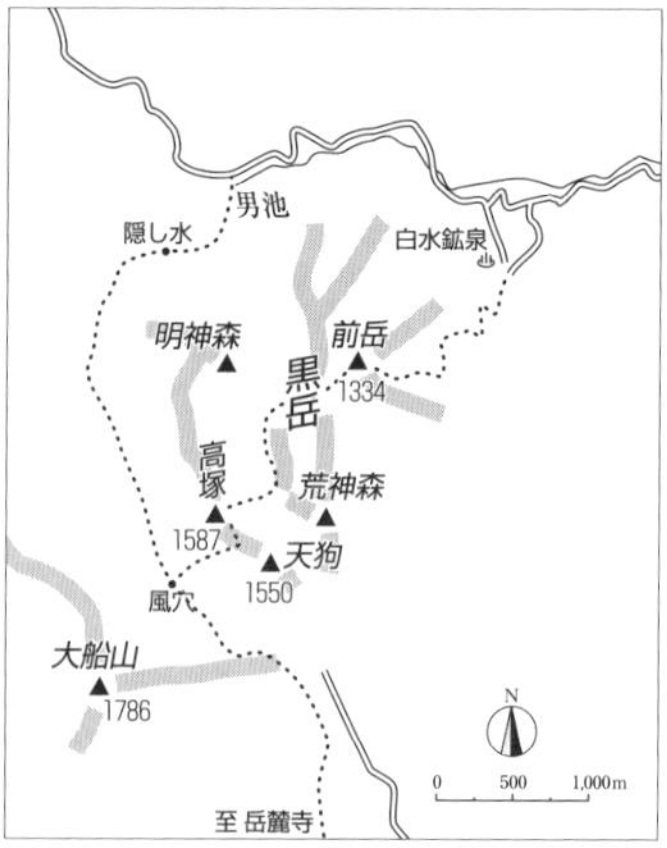

黒岳に入り、「鬼馬」となって里人を困らせたとか、巨大なサルが寺の半鐘を盗んでかぶり、退治しようと弾や矢を射かけてもカーンとはね返すだけだという「ヤカン太郎」、あるいは天狗の話、男池の大蛇・竜神の話などなど。ほかに山に入った猟師が道を失い、仙人に教わってようやく下山したが、里では法要の最中。「だれの法事か」と聞くと家人や里人はびっくり。「お前が山に行ったたまま帰らず三年たった。今日がその命日なので供養しているところだ」と答える。思わず手にしている鉄砲を見ると錆びており、衣服もぼろぼろ。まさに日本版リップ・バン・ウィンクル物語である。

登路　その「神秘の山」も近代登山の時を迎えてルートも開発され、男池は観光地化され、訪れる人が急激に増えている。登山は男池から隠し水、風穴を経由するコースが一般的で、天狗に寄って高塚まで約四時間。さらに前岳を経て白水鉱泉に下るのに約三時間三〇分。鉱泉からの逆コースはかなりつらく、約六時間を要する。ほかに南の岳麓寺《がくろくじ》方面から風穴に入るコースもあるが、その他のルートはほとんど開かれていない。

地図　二・五万図　大船山

（梅木秀徳・首藤宏史）

大船山　たいせんざん　標高　一七八六m

別称　大仙山　大扇山　前岳　朽網山　救民山　鶏鳴山

大分県竹田市久住町にある。九重山群東部の中心で、山群の一方の雄であるだけでなく、九州の代表的な山の一つ。九州での山開きの最後となる「くじゅう山開き」はミヤマキリシマ（ツツジ科）の開花期である六月初めに実施されており、その山頂祭は久住山と大船山で交互に行われる。ミヤマキリシマの特に多いのは大船山から北の平治岳《ひいじだけ》にかけてで、群落地域として天然記念物の指定を受けていることから、初夏にはもっとも登山者の集中する山域でもある。

山頂部は国観《くにみ》と呼ばれ、展望に恵まれている。とりわけ東方の眺めがよく、九州東海岸の大分市まで遠望できる。直下に御池という小さな火口湖、さらに大きな米窪《こめくぼ》と呼ばれる直径約五〇〇m、深さ二〇〇mの火口跡があり、山群でもっとも新しい火口と考えられている。山の北側には、これを隔てて段原《だんばる》という浅い火口原と北大船の高まりがあり、いったん大戸越《うとんごし》の鞍部に落ちて平治岳がある。東には黒岳との間が深く落ち、西は立中《たっちゅう》山（一四六五m）に山脚を延ばし、坊がつるの盆地がある。南は久住高原に張り出した台地となり、清水山（一〇七八m）、長池台、伽藍台などの高まりと、その間に鳥居窪、午王窪、仁田窪《にたくぼ》などの凹地がある。伽藍台からさらに南東に出た尾根には中世、朽網《くたみ》氏の「山の城」があった。

指定されているミヤマキリシマの群落地は山頂から段原、立中山にかけての四〇〇余ha。この花の美しさは古くから知られており、江戸時代の『豊後国志』や『大船山記』などにも言及されている。だが、近年は虫害やノリウツギ、ヤシャブシなどの支障木の繁茂により美観はいささか損なわれ、代わりに平治岳がクローズアップされている。

大船山について、『豊後国志』は船が覆ったような形をしているからだと説明している。南側からは見方によっては確かに船底をさらしたような姿であるが、元々は仏教用語の「大仙」だったと思わ

大船山（坊がつるから）

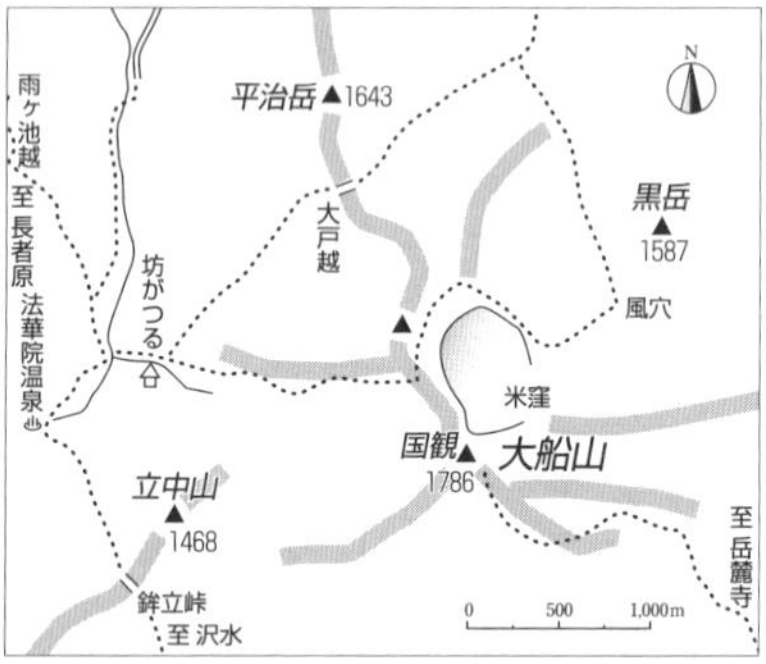

れる。大仙は釈尊の別称で、麓に大仙山仏乗院という寺もあった。山名が先か寺名が先かは分からない。九重山群には仏教に由来する地名が多いが、この山もその一つだろう。

「大船」の表記にも仏教に起源するとの説がある。『無量寿経』の一節に「船師、大船師、群生を運載して生死の河を渡し涅槃の岸に置く」との衆生済度の文言があり、これにちなむというわけである。「大扇山」は単なる当て字であろう。「鶏鳴山」は麓にあった西蓮寺の山号である。

「朽網山、救民山」はともに「クタミヤマ」と読み、『豊後国風土記』には朽網山に併せて救覃峰《くたみのみね》の記述もある。これは九重山群の総称に使われることもあるが、豊後国府の置かれた現在の大分市方面から望むと大船山がよく見えるし、同書には麓に朽網郷の記載があり、いまでも朽網の地名があることからも、当時の官人はじめ豊後国中心部の多くの人は大船山一帯を朽網山そのものと認識していたのかもしれない。ただ、「前岳」との呼称があり、その場合は九重山群全域を朽網山と見なし、大船山をその前面に見える山としたとも思われる。

『風土記』には、直入郡の項に「救覃峰、この峰の頂に火つねに燎《も》へたり。基《もと》に数《あまた》の河があり、神の河といふ。また二つの湯の河があり、流れて神の河に会ふ」とあることから、当時は火山活動の名残がまだ強かったと思われるし、すでに温泉が知られていたようである。また、大分郡《おほきだのこほり》の項で「大分河」について「この河の源は直入郡の朽網の峰より出で、東に流れ下る」とある。『万葉集』には「朽網山夕ゐる雲の薄れいなば余《あれ》は恋むな公《きみ》が目を欲《ほ》り」（巻一一）という乙女の歌も載る。救覃、朽網が同時に使われていたことが分かるし、『日本書紀』には「来田見」ともある。「救民」は後世に出てくる記述である。鳥居窪の手前には、この山を愛した岡藩三代目藩主・中川久清（後の入山公）の墓があり、ここから岡城が望まれる。

大船山を語る時、坊がつる（坊ヶつる）盆地を忘れてはならないだろう。山群の東部と中部の間にある草原盆地で、一部が湿原となっている。標高は約一二五〇m。二〇〇五年秋、ラムサール条約に登録された。一角に九州最高所の温泉である法華院があり、その山荘は登山の基地となっているが、これが九重山法華院白水《はくすい》寺の後身であり、いまも観音堂が残る。歴代住職の墓地・塔頭のあるのが立中山である。

法華院は九重山信仰の拠点の一つで、かつては修験者のみならず一般大衆の登拝でにぎわった所。坊がつるはその聖域であり、南からの入り口にある鉾立峠《ほこたて》には聖域であることを示す木製の鉾がいまも立つ。山伏たちはここでホラ貝を吹き、入山したものである。そして現在、この聖域は登山者たちの「心のふるさと」でもあり、温泉山荘のほか「坊がつる讃歌」の生まれたクラブヒュッテ・あせび小屋もあり、草原中央部は指定キャンプ場となっている。

坊がつるの「坊」はこの寺の坊が立ち並んでいた所を示し、「つる」は大分県内に分布の重点を置く地形地名のツルである。ツルは鶴、津留、釣、弦などと当て字されることが多いが、宮崎県内で「水流」と書いてツルと読ませる地名があることからも分かるように、水流のほとりの平地を指している。その水流は筑後川の源流の一つである鳴子川で、大船山からと法華院からの二つの流れが草原の真ん中で合流し、北に流出して飯田《はんだ》高原に注いでいる。

湿原は立中山の麓に広がり、泥炭化した所にシラヒゲソウ、トモエソウ、ミズゴケ、サワギキョウなどが花開く。九州では珍しい高層湿原で、尾瀬ほどの広さはないものの「九州の尾瀬」と呼ぶ人もいる。その他の地帯は草原だが、牛の放牧が行われなくなってススキなど丈の高い草が目立つようになっていた。それを防ぐため、有志による野焼きが復活されている。法華院に伝わる江戸期の『九重山記』に、山の四季の色を「春は黒、夏は青、秋は赤、冬は白」と表現してあり、春の黒は野焼きの後の草原の色である。

登路　坊がつるからが一般的で、約一時間五〇分。坊がつるには北の飯田高原の登山口である長者原《ちょうじゃばる》から雨ヶ池《あまがいけ》越を越えて約一時間五〇分、南の久住高原・沢水《そうみ》からは展望台、朽網分かれ、鉾立峠を経由して約三時間。ほかに南麓の岳麓寺から直接に登るコースもあり、ガラン台、鳥居窪を経て約三時間三〇分である。

地図　二・五万図　大船山

（梅木秀徳・首藤宏史）

平治岳　ひいじだけ　標高　一六四三m

別称　狩又

大分県竹田市久住町にあって、大船山の北、大戸越《うとんごし》の鞍部を隔てて立つ山。山頂部は西側が壊れた不完全な形の火口跡を囲んで南北の二峰からなり、北峰がやや高く、ここに三角点がある。坊がつるや雨ヶ池越方面から仰ぐと、この双頭がよく見え、狩股の矢に似ていることから、古くは「狩又」と呼ばれていた。

しかし、坊がつるは山岳信仰の上から聖域であり、それを囲む山に狩りはふさわしくないと考えてか、大正年間に東の山腹にある「ヒイジの野」に平治の当て字をして山名にしたといわれる。近年、坊がつると長者原の間で登山者に親しまれた犬がいて、これがガイド犬・平治《へいじ》号と名付けられて小説や映画にもなった。ヘイジと読めば人名にもなるからだろう。

最近はミヤマキリシマが大船山の群落以上に見事に広がるようになり、開花期には大戸越から山頂にかけてのルートを二筋とし、上り下りを分けて混雑の解消を図るほどである。

大戸越はかつて大戸とのみ表記してウトウと呼んでいた。ウウは大きい、トウは峠のことである。トウを越えるトウゴエが峠になったとされており、いまでも一部地方にトウの呼称が残っている。しかし、トウの意味が分からなくなって、後世に峠を示す越の字を追加したわけである。同じような例は同じ山群の牧《まき》の戸《と》峠にもいえる。また、鉾立峠も昔は鉾の峠の意味でホコントウと呼ばれていた。

なお、坊がつるから出て平治岳の西麓を流れ下る鳴子川も同類で、本来は鳴川と書かれていた。川内をコウチと読むように、コウ、あるいはコは川の意であり、元々は瀬音を響かせる鳴川《なるこう》だったが、これもコウに子の字が当てられ、さらに川字が追加された。

平治岳の山体は北に張り出して台《でえ》の山《やま》に繋がり、間に大窓、小窓と呼ばれるギャップがある。「窓」という呼び方が九州にあるのは珍しいだろう。ただ、岩壁はあるものの、さして大きな切れ込みではない。近年、台の山から平治岳の西山腹を巻いて、鳴子川が坊がつるから流れ出る渓谷のほとりにまで達する大船林道が建設された。開通当時は一般車両の通行を黙認していたため、坊がつるへのアプローチが便利になったが、その半面、ミヤマキリシマやシャクナゲなどの盗掘者がこの道を運搬に悪用して問題になった。現在はゲートが設けられ、許可なしには車を乗り入れることができない。

坊がつるへの車道の建設計画は、これまでにも一部で何度か考えられたし、かつてはダム建設も検討され、ボーリングも行われたことがある。その都度、登山者を中心とする自然保護団体の反対を受けて立ち消えになっている。坊がつるは信仰だけでなく、登山、そして自然にとっても「聖域」である。

登路　坊がつるから大戸越まで約一時間、また、黒岳の男池から大戸越まで約二時間三〇分。大戸越から山頂まで約三〇分。ただ、ミヤマキリシマ開花期には渋滞を起こすこともある。

地図　二・五万図　大船山

（梅木秀徳・首藤宏史）

中岳　なかだけ

標高　一七九一m

別称　上宮

深田久弥は『日本百名山』で九重山を選んだ際、「九重共和国」という表現をしている。九重山群は新生代の火山で、大小の釣り鐘を伏せたような山、つまりトロイデと呼ばれる山々の集合体である。高度こそ本州や四国の山々には及ばないが、一七〇〇m級の八座を含めて、一五〇〇m以上のピークはおよそ二〇座を数える。

これら競い立つ峰々に加え、四囲に緑豊かな広大な高原を持つ山塊が九州の中部にあるだけに、しばしば「九州の屋根」と呼ばれている。それらの峰々の中で、もっとも高いのが大分県竹田市久住町にある中岳であり、九州本島の最高峰でもある。

山群は全般的に黒岳などを除けば樹林は薄く、草付が目立つ。そのため山頂部から尾根筋にかけてはきわめて明るく、火山性草原のたおやかな広がりとともに、南国的で女性的とも形容されることが多い。しかし、そうとはいえ、山群中部の山々はそれなりにアルペン的な風貌を持っており、中岳一帯がその代表ともいえる景観を備える所である。

中岳の山頂部は岩が積み重なるような姿で、山群のほかの山々に比べて頂は狭い。直下の火口湖である御池《みいけ》のほとりから仰ぐと山体は小さいながら風格があり、北の天狗ヶ城《てんぐがじょう》（約一七八〇ｍ）との間が吊り尾根になっている。南側は東千里浜と呼ばれる草と砂の平地に落ちており、それを隔てて稲星山と白口《しらくち》岳（一七二〇ｍ）が並んでいる。東は坊がつるの盆地に臨み、西の御池の南上には小さな浅い窪地があり、降雨時に水がたまり馬洗いの池と呼ぶ。さらに東千里浜との鞍部には、かつて蚕種を貯蔵した池の小屋（石室《いしむろ》）があり、避難所の役割を果たしている。一方、御池の北西には一段低く、空池《からいけ》と呼ばれる火口跡があり、隣接していながら名前のように水がたまっていない大きな窪みとなる。

天狗ヶ城（左）と中岳（右），右遠方は大船山
（久住山から空池を隔てて）

　九重山修験を中心とする信仰登山の時代、九重に登るといえば中岳を訪れることだった。御池の火口壁に大きな岩があって、そこに十一面観音、不動明王などの像が安置されていたそうで、明治に入って麓に下ろされたが、登拝者はまずここに詣でて、池のほとりから中岳を拝んだとされる。この山群について「九重」か「久住」かという表記上での長い間の論議があり、登拝の拠点となる寺院も岡（竹田）藩領が九重山白水寺法華院、肥後藩領が久住山猪鹿《いから》狼寺と称していたが、面白いことに、この山と池は両方の寺の共通の上宮とされていたそうである。

　御池は山上の池、水の源として農民たちの篤い信仰の対象であり、この池を汚すと災厄が起きると信じていた。俗に九重の神は綏靖《すいぜい》天皇だとされているが、これは「水精」で、水信仰に由来するものだと解釈する説がある。こうしたことから、御池の底には登拝者による賽銭がたくさん沈んでいたそうで、近代になって硫黄の採掘に従事した者が潜って拾い、酒代にしたなどの話も伝わる。

　御池を拝した人たちが中岳の頂上を踏んだかどうかははっきりしないが、山と池がセットとして信仰されたことは確かで、当時は中岳の名が示すように、山群の中心であり、最高峰だと思われていたようである。しかし、近代になって地形図を作る際、聖域という信仰上の理由で遠慮したか、あるいは測量上の見通しの都合なのか、このピークには三角点が置かれなかった。そのため正確な標高が近年に至るまで分からず、最高峰の地位を久住山や大船山に奪われていた。

　おかげで登山者の集中は見られず、静かな心地よい山頂として一部登山者にのみ愛されていたものだが、新しい二・五万図が出て一七九〇ｍの等高線が山頂部をごく小さく囲み、さらに標高点が置かれてからは急速に登山者が増えた。この一帯は大船山のミヤマキリシマと並び、コケモモの群生地として天然記念物の指定を受けているが、登山者の殺到によって踏み荒らされる恐れが出て、自然保護団体や地元山岳会などによってコース規制のためにロープが張られる事態を引き起こした。

山頂からの展望は久住山や大船山には一歩及ばない。競い立つ山々の中程にあるせいである。麓から仰ぐ場合も、そのため周囲の山にさえぎられて中岳の姿はよく見えない。ただ、久住山や大船山の山頂から見ると、天狗ヶ城との双耳峰と、その間の吊り尾根の姿がよく、御池との組み合わせがすばらしい。

ところで、御池と空池は同じ火口跡であり、隣接しているにもかかわらず、高い所にある御池がきれいな水を湛えているのに対して、低い方の空池が擂鉢状に窪んでいるだけというのは、登拝者にとって不思議だったようで、ここに以下のような伝説が生まれた。

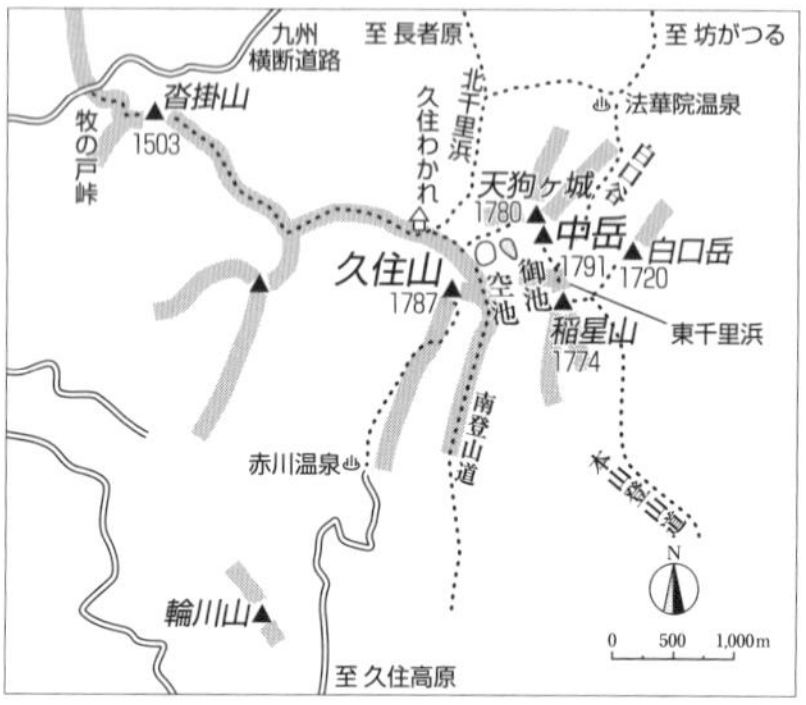

昔、ここで猟師が親子のサルを撃った。ところが、死んだ母ザルは子供をしっかりと抱きかかえたままである。猟師は見せ物に売るために小さなサルが欲しかったので、山刀で親ザルの腕を切った。血糊のついた刀を近くの池で洗おうとしたら、水が見る見る引いて、もう一方の池に移ってしまった。水のたまった方の池に行って洗おうとすると、今度は水が元の池に戻ってしまう。何度か繰り返すうち、猟師はついに狂ってしまった。おかげで水のある池、水のない池が並んだ。人間に似たサルを撃つことは猟師もあまりしないこと、まして池は聖なる水。それを犯した罰だという。

登路　避難小屋のある「久住わかれ」が牧の戸峠や長者原登山口、あるいは坊がつる・法華院からのコースが集まる所。長者原からは諏峨守越《すがもり》を越え北千里浜を経て久住わかれまで約二時間四〇分。法華院からは北千里浜に登り、久住わかれまで二時間強、牧の戸峠から久住わかれまで約二時間。久住わかれからは空池の縁に登り、御池をめぐって三〇分程度で山頂。天狗ヶ城を経ての縦走もよい。ほかに法華院温泉から白口谷《しらくちだに》を登って約二時間。久住高原から本山道や南登山道などを登るルートもあり、約三～四時間を要する。

地図　二・五万図　久住　久住山　湯坪　大船山

（梅木秀徳・首藤宏史）

稲星山　いなぼしやま

標高　一七七四m

大分県竹田市久住町にある。赤みがかった砂礫に覆われた山で、独特の色が目を引くが、大きく盛り上がったという感じで、中岳や久住山方面から見れば平凡な山容。登山者も少ない。しかし、山群ではもっとも南にある山で、裾野が久住高原に面して切れ落ちているため、高原中央部から仰ぐと山群の真ん中にあって堂々たる姿。中岳がこの山にさえぎられるほか、久住山より大きく見えるので、山群の主峰と間違えられることも多い。

山名は農事暦の目安となる星に関係するのではないかとか、仏教用語で「因の法師」に由来するなどの説がある。

すぐ隣に白口岳《しらくちだけ》（一七二〇m）があり、東の尾根が急傾斜で落ちて鋒立峠となる。中岳などから見ると単なる小さな盛り上がりだが、坊がつる盆地からは絵になる山である。肩にあたる所に鳴子山（一六四三m）が付き、両者の間に小さな火口跡の片ヶ池がある。本来は肩ヶ池だったろうと思われる。

登路　中岳・御池から約三〇分、久住山から約四〇分。高原の沢《そう》水《み》から本山登山道で急な登りを約三時間。法華院からだと白口谷を経て約二時間三〇分。鋒立峠から登るとかなりつらい。稲星山と白口岳の間は一投足。

地図　二・五万図　久住　久住山

（梅木秀徳・首藤宏史）

久住山　くじゅうさん

標高　一七八七m

大分県竹田市久住町にある。山体は大きく、久住高原に急傾斜で臨み、西千里浜の草地から見ると見事な鋭角のピラミッドである。山群中部に競い立つ山々の中で、中岳が盛り上がりの上に岩の積み重なった小ピークに過ぎないと感じられるのに対し、久住山は高原からすっくと立ち、山頂からは大きな展望が得られる。

特に南側の展望は雄大で、足下に広大な久住高原が広がり、その向こうに阿蘇、祖母・傾山群や九州脊梁の山々が一望できる。加えて、近年まで最高峰と考えられていたため、登山者の集中する山である。そのため山頂部は踏み荒らされて三角点の標石が露出してしまい、埋め替えを余儀なくされ、高度が下がったほど。これは大船山についても同様である。

久住山に限らず、一帯の山は山頂部に樹木を持たない。昔は多少の樹林はあったようだが、硫黄山の噴気などの影響で枯死し、いまは岩石がごろごろしている。だが、岩陰にひっそりと小さな花を付けるコケモモやイワカガミの風情はかえって引き立ち、周辺部は「九重山のコケモモ群落」として国の天然記念物に指定されている。

ところで、九重はじめ阿蘇、雲仙、霧島、桜島など九州には火山が多く、いずれも登山や観光で親しまれているが、これらの山名はいずれも山群の総称であって、その名を冠する固有のピークはない。といって、それが登山や観光の面でことさらに問題とはならない。

しかし、九重の場合はいささか事情が異なる。同じクジュウの発音で「九重」と「久住」という二つの漢字表記があり、「九重山」という峰はないものの、「久住山」と呼ぶ峰はあり、それが主峰格となっているからである。

久住山（西千里浜から）

登山以外にも、この二つの表記は、地域からの情報発信、観光宣伝などの際に大きく影響する。しかも、この表記が行政区としての町名となると、山群の北が九重《ここのえ》町、南が竹田市久住《くじゅう》町と読みが違ってくるのである。

町名はともかく、九重も久住も山名として古くから使われてきた経緯があり、それを使う山麓住民の心情を担っている。歴

星生山(左)と硫黄山(右)の噴気(久住山から)

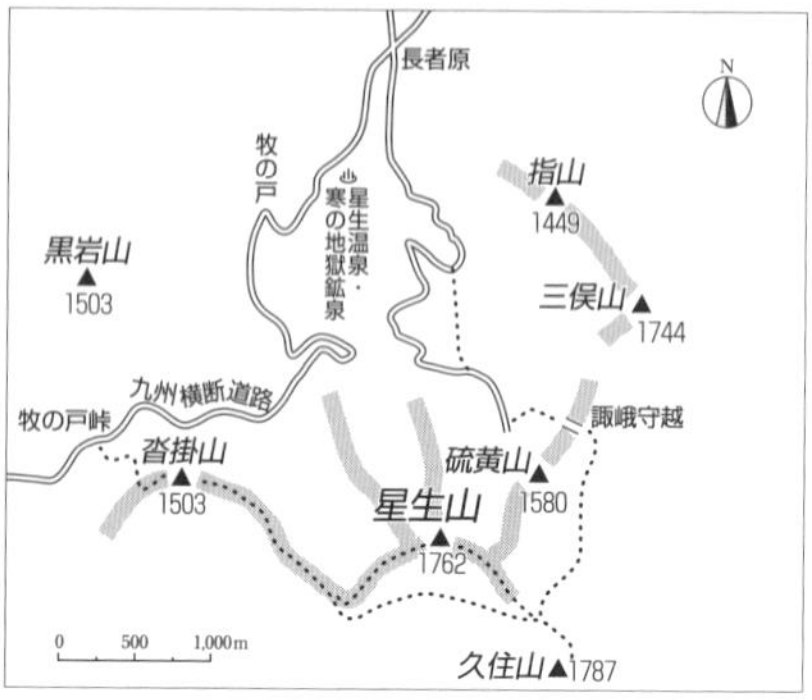

史的に見ると、山群は江戸時代に幕府領(天領)、岡藩領、肥後藩領に三分割され、前二者が九重、後者が久住を使用していた。それぞれ山を信仰の対象とする寺院も幕府領では九重山幸水寺《こうすいじ》金山坊、岡領では九重山白水寺法華院、肥後領では久住山猪鹿狼寺だった。ただ、当時は藩ごとに深い付き合いをしていたわけではないし、住民にも密接な交流はなかったから、大きなトラブルがあったわけではない。

だが、近代になって山群が九州のみならず全国的に知られるようになると、それは局地の問題では終わらなくなった。混乱が生じたのである。例えば、高頭式編纂の『日本山嶽志』は「九重山(別称久住嶽)豊後国直入郡ノ西北方ニアリ」とした後「式(高頭)按ズルニ、豊後国直入・玖珠ノ二郡及ビ肥後国阿蘇郡界ノ連山ヲ九重山ト総称ス。其中高峰十数、何山ノ九重山タルヲ知ラズ。提要(日本地誌提要)ニ拠レバ、三俣山ナルガ如ク、地名大辞典ニ拠レバ九重山・三俣山・久住山皆別山ナルガ如シ。風景論(日本風景論)ニ久住嶽一名九重山トアリ。且ツ九重・久住音相通ズルヲ以テ、暫ク風景論ニ拠リ以テ後考ヲ待ツ」と困惑している。

混乱にとどまらず、名称で本格的な論争、さらに紛争が発生したのは、山群が観光資源、登山地として脚光を浴びるようになった一九二五年前後からである。それぞれを呼称する地域が対立して、無理に統一すれば流血を招きかねないといわれるほどの状態になった。そうした折、一九三七年に登山者の立場から解決策を提示したのが九州の近代登山の先達、九州山岳連盟の会長だつた加藤数功《かずなり》で、当時の『九州山岳』の中で九重山を山群の総称とし、最高峰を久住山とすればよいと説いた。大方の登山者は納得した。

その後は戦争などで山名論議は一時的に沈静したかに見えたが、戦後に登山が盛んになったことや、「阿蘇国立公園」の名称変更問題などが出て、一九五〇年あたりから再燃した。阿蘇国立公園には阿蘇地区、九重地区という二つの核があり、地形的にも大きく違うのに名称は「阿蘇」だけ。このため「九重」を追加してほしいというのが大分県や地元の長年の要望だったが、国からは「まずは名称統一を」とボールが常に投げ返されてきた。

こうして論議は果てしなくつづくと思われたが、関係町の観光協会が主体となって観光連盟が生まれて山開きなどで共同行動をとり、一緒に宣伝したいと「くじう観光連盟」と平がな三字を名乗ったころから統一の機運が出た。大分県当局も観光で県勢と地域の発展を図ることを行政の柱の一つに立てていたことから調停に乗り出し、「くじゅう」で決着した。これで名称変更陳情書を提出、一九八六年に「阿蘇くじゅう国立公園」が実現して今日に至っている。

山名問題が長くなったが、九重も久住もつまるところは当て字。私見だが『古事記』や『日本書紀』に出てくる「クシフ、クシフル、クシヒ」など神聖な山岳・土地に用いられることの多い言葉が元で、それが「クジフ、クジフル」と濁り、佳字の九重、久住が当てられたと思える。作家の金達寿は『日本の中の朝鮮文化』で久住に触れ「南部朝鮮加耶《カヤ》の天孫(降臨)神話で知られる亀旨峰《クジボン》からきたものだ」という趣旨を述べている。

登路　長者原から諏峨守越、北千里浜、久住わかれを経て山頂まで約三時間二〇分。牧の戸峠から沓掛山、西千里浜、久住わかれを経て約二時間三〇分。南登山口から本堂跡、神明水を経て約三時間三〇分。最短距離は久住高原の赤川から赤川温泉を経て急坂を登ること約三時間。

地図　二・五万図　久住山　湯坪

（梅木秀徳・首藤宏史）

星生山　ほっしょうざん

標高　一七六二m

大分県玖珠郡九重町と竹田市久住町の境にあり、北側の飯田《はんだ》高原から見ると山群の真ん中に見える山。南側からの稲星山と対称的だが、山容はすばらしく、九重銀座と俗称される牧の戸峠～久住わかれ間の登山道を行くと思わず足を向けたくなる。

北側に大きな裾野を広げ、その間の台地状の場所を僧原《そうばる》という。裾野の末端から中腹部を九州横断道路が走り、星生温泉や冷たい鉱泉で人気の「寒の地獄」がある。南側には爆裂火口の跡があり、急傾斜で西千里浜の草原に臨み、それを抱くような姿。草原は久住山の鋭峰を仰いで気分のよい所で、常に登山者の幾人かが休憩をとっている。山脚部に雨が降ると池ができる部分もあり、初夏の花時がきれいである。西千里浜を隔てて台地性の肥前ヶ城(一六八五m)や扇ヶ鼻(一六九八m)がある。尾根は東西に延び、西は牧の戸峠から沓掛山(一五〇三m)を経て来る登山道に落ち、東には硫黄山(一五八〇m)があり、三俣山との間に諏峨守越《すがもり》が横たわる。また、久住わかれの上には星生崎という岩壁を持ち、岩登りのトレーニング場となっている。

「星生」の山名はメルヘンチックだが、元々は「法性」という仏教用語である。古い文献に山頂を星性の辻、岩壁を法性崎などと書いているものがあるようで、『西遊雑記』(古川古松軒)や『阿蘇宮縁起』によると阿蘇山にも同じような地名があるらしい。『雑記』は噴火口の一つに法性崎があり、フイゴの口のようだと記述する。

『縁起』には山上の池の一つを発星崎としている。法性とは万物の本性で、仏の知恵そのものの意という。

硫黄山は硫気を噴き上げ、北側の山腹で硫黄の採取が盛んに行われた。江戸時代は幕府領、岡領、肥後領で硫黄の採掘をめぐる多少のトラブルもあったようである。噴気のため草木は育たない。星生山の東面にも噴気が流れるため、岩石は白や赤茶色に変わり、荒涼とした光景。南にある北千里浜も完全な砂原で、降雨時に流れる細流は渋くて飲めない。積雪時や霧の日はルートを失いやすく、過去に大量遭難を起こした。このためケルンが連続している。山体は東西に延びる痩せ尾根で、真ん中辺りに硫気にさらされた青白い岩峰を立てている。飯田高原では噴気が空に消える時は天気が安定しているが、高原側に吹き下ろすと悪化するという。

一九九五年の秋、二世紀半ぶりという活動を見せて新しい噴気孔も生じ、噴煙が大きく立ち上って緊張したが、現在は微動を伴ってはいるものの小康状態となっている。しかし、観測態勢は継続しており、周辺は立ち入り禁止となっている。

登路　長者原から諏峨守越、北千里浜、久住わかれ、星生崎を経て三時間三〇分。牧の戸峠から沓掛山、西千里浜を経て二時間で山頂。

地図　二・五万図　久住山

（梅木秀徳・首藤宏史）

三俣山　みまたやま

標高　一七四四m

大分県竹田市久住町と玖珠郡九重町にまたがる。三角点のある主峰を囲んで南峰（一七四三m）、北峰（約一六九〇m）、西峰（一六七八m）などのある複式の鐘状火山で、北側に側火山の指山《ゆびやま》（一四四九m）を持つ。さらに雨ヶ池越の峠を横たえ、北に溶岩台地の上《かみ》、下《しも》の湯沢台を延ばしている。

三俣山（飯田高原から）

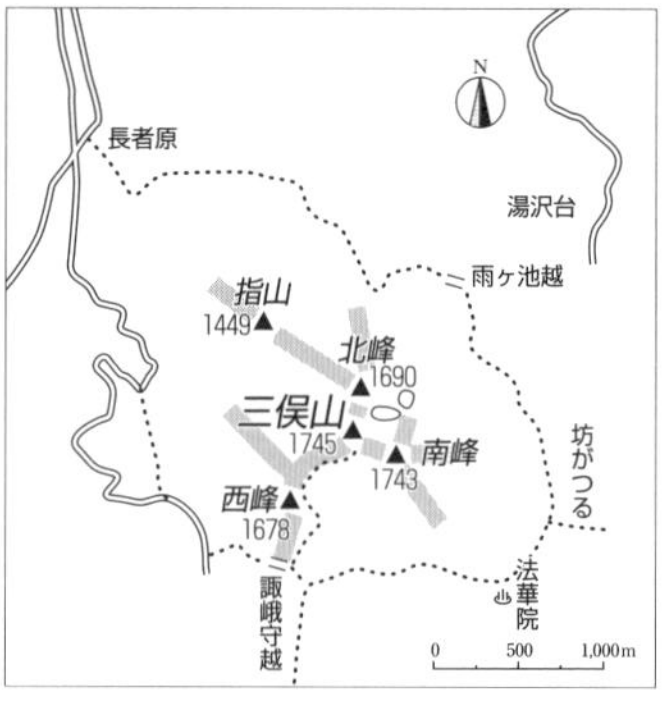

主峰と南峰、西峰は円頂だが、北峰は尖っており、主峰との間に大鍋、小鍋と称する火口跡がある。南峰は南というよりいささか東に片寄っているが、昔からの南峰の呼び名が定着している。直下は坊がつる盆地で、「あせび小屋」はその麓にある。法華院の上には白水寺の護摩堂があったという護摩堂岩を中心に小さな岩壁がある。西峰は諏峨守《すがもり》越からの登山道が通る。

「三俣山」の名は、四つの峰が組み合わされ、見る方向は異なってもほとんどの場合に三つ叉に見えるからで、「三叉山、三岐山」と書かれたこともあった。とくに飯田《はんだ》高原側からの姿がよく、なかでも山群の登山基地となる長者原《ちょうじゃばる》から仰ぐと圧巻。このため写真や絵画の対象として取り上げられることが多く、恐らく絵になった単独の山では、山群で群を抜いているのではあるまいか。指山は近年まで頂上部から五つの指を広げたような形で涸れ谷が見えていたからだが、いまでは草木がほとんど覆い尽くして、谷筋ははっきりしない。湯沢台は湯沢山とも呼ばれるが、姿は台地で、上下二段となり、その間は東西方向に一直線の急な崖となる。坊がつるから流れ出る鳴子川を隔てて、平治岳の北にも同じような台地がある。これも上下二段となって、境は湯沢台の急崖をそのまま延長したような地形である。

三俣山と上湯沢台が接する所に平地があり、雨の時に窪地に水がたまるので雨ヶ池と呼ばれ、長者原から坊がつるへの登山道が越える。長者原側から峠を越すと、目前に大船山、平治岳、眼下に坊がつるの草原が広がり、初めての人が思わず歓声を上げる場所。ミヤマキリシマや長者梅と呼ばれるクサボケの群落もある。

峠路の長者原側は自然林の中を通っており、自然研究路となっている。また、湯沢台の基部と指山の麓の間には二〇〇五年秋にラムサール条約に登録されたタデ原《ばる》の湿原があり、登山道が通る部分には木橋が設けられている。この湿原から、長者原から諏峨守越への登りの道を横切り、寒の地獄鉱泉の上にかけての林間に自然研究路が開かれている。入り口に国立公園のビジターセンターがあり、山群の成り立ちや自然環境などを学習するよい場所である。長者原にはホテル、ドライブインをはじめ、歴史民俗資料館や広い駐車場があり、北側からの登山の基地となる。

登路　諏峨守越から登るのが一般的。かつては登る人も少なく、シャクナゲなどを訪ねる者が登る程度の静かな山だったが、いまではははっきりした道もできて登りやすくなり、多くの人が訪れる。長者原から諏峨守越まで約一時間四〇分、さらに西峰を経て約五〇分。坊がつるから南峰に取りつくこともできるが、一般的ではない。自然研究路は観光客でも楽に入られる。

地図　二・五万図　湯坪・大船山

（梅木秀徳・首藤宏史）

黒岩山　くろいわやま

標高　一五〇三m

大分県玖珠郡九重町にある。九州横断道路が山群を越す牧の戸峠を挟んで黒岩山と沓掛山（一五〇三m）がある。沓掛山が中岳、久住山方面への登路になっていることから多くの登山者を迎えるのに対し、黒岩山の方は人影が少ない。しかし、ここから飯田高原へ延びる尾根に大崩《おおくえん》の辻《つじ》（約一四六〇m）、上泉水山《かみせんすいざん》（一四四七m）、下泉《しもせん》水山《すいざん》（一二九六m）があり、最近は縦走する人も多くなった。

黒岩は東方に露出する黒い岩から、大崩の辻は北西の崩壊地に由来する。泉水は飯田高原に残る伝説で、朝日長者が広大な庭の泉水・築山に見立てたからという。尾根の東の麓に牧の戸温泉がある。西の麓にはかつて標高一一〇〇m付近まで水田が開かれていた。筋湯温泉に近く温水が谷水にかかっていたため稲作が可能だったらしい。

登路　牧の戸峠から急坂を四〇分程。泉水尾根を縦走すると草付から樹林を経て、黒岩山頂から長者原まで二時間強を要する。

地図　二・五万図　湯坪

（梅木秀徳・首藤宏史）

猟師岳　りょうしだけ　標高　一四二三m

大分県玖珠郡九重町にある。山頂は小さく三つに分かれ、中央が高い。久住高原に山脚を大きく下ろして、その斜面に九州横断道路がヘアピン・カーブを繰り返して牧の戸峠から瀬《せ》の本《もと》へと下っている。南西面には九州では珍しいカラマツが茂る。かつて鳥獣が多く、猟師たちが多く入っていたからといい、甲斐新兵衛や栗原弥三《くりばるのやさん》など伝説的な名人の物語が残されている。

西の麓に八丁原の草地が広がる。筋湯温泉から熊本県側に越す道が古くから開かれ、山群を徒歩で越える場合はもっとも楽なルートとして、牧の戸峠の車道が開通するまでは物資運搬路によく利用された。南北朝時代の延文三、四年（一三五八、九）に肥後勢が豊後勢と激戦を展開した八町辻がこの地だとされている。全国一の規模とされる九州電力の地熱発電所があり見学者が多い。また、最近はスキー場が誕生してにぎわっている。

登路　牧の戸峠からなだらかな草道を一時間強。合頭山《ごうとうざん》（一三八三m）に寄り道してもよい。

地図　二・五万図　湯坪

（梅木秀徳・首藤宏史）

涌蓋山　わいたさん　標高　一五〇〇m

別称　玖珠富士　小国富士　綿帽子山

大分県玖珠郡九重町と熊本県阿蘇郡小国町の境にある。九重山群のもっとも西にあって、スカイラインは円頂の三角形をなし、秀麗とも形容される山容を持っている。独立峰のその姿から、大分県側からは「玖珠富士」、熊本県側からは「小国富士」として親しまれている。「涌出山」と書かれた時代もあったようで、まさに山体が地中から忽然と湧いて盛り上がったような姿をしている。

伝説では、開化天皇の世、大雨がつづいて雷が鳴り響き、地震が起こった。その直後に地中から火石が飛び上がり、硫黄の臭いが村々にただよった。数日後、晴れて見ると新しい大きな山が生まれていたので里人はびっくり。涌き出した山として名付けられたという。別に「綿《わた》帽子山」の愛称もある。初冬の新雪や霧氷、早春の残雪が山頂部に白い帽子をかぶったように見えるからである。さらに奇麗な山容を花嫁に例え、雲の角隠しをかぶると親と別れの涙雨が降るとされ、観天望気に利用する地域もある。

山腹は樹林をまとい、山頂部は草地。孤立している山容は周りから見て大変目立つ山だが、それだけに山頂からの展望も三六〇度で、山群中枢部をはじめ玖珠盆地周辺のメサ山地や耶馬渓方面、阿蘇外輪山など、波打つような山々の眺めが圧巻である。

細長い草尾根の山頂は玖珠側と小国側にそれぞれ観音を祀る祠があるが、厳密には山頂部は大分県内にあり、女岳《めだけ》と呼ばれる肩の部分を境界線が通っている。高さも正確にいえば一四九九・五mで、頂を踏んだ者は「膝から上が一五〇〇」などといったものである。北には小さな中岳（一〇一〇m）の高まりとの間に夫婦《みゆうと》越、南にはミソコブシ（一目山の項を参照）との間に涌蓋越の峠路がある。北の麓は飯田高原の西の端で、地蔵原《ばる》、ナキナガ原が広がる。高原から宝泉寺温泉方面に下る道があり、道標の地蔵が立ち、高原の西の斜面の上に芝館峠がある。朝日長者伝説で没落した長者の娘姉妹が泣きながら辿った原、芝(柴)で仮寝の小屋を作り、ついに立てなかったと語られる峠である。いまは高原の高冷地野菜の生産地となっている。地蔵原の北には天《あま》ヶ《が》谷池と呼ばれる貯水池があり、それに映る涌蓋山の姿がよい。

温泉は東の麓の谷間に疥癬《ひぜん》湯、西の麓に𡶌《はげの》湯、岳《たけの》湯がある。疥癬は皮膚病カイセンのことをヒゼンともいい、それに効く温泉の意で、近くにある筋湯は筋肉の痛みに効果があるとされている。

登路　疥癬湯から約一時間二〇分で涌蓋越、さらに女岳を経て山頂まで約一時間。地蔵原から直接に山頂を目ざせば約二時間一〇分。岳湯からだと林道の登山口から約一時間二〇分。

(梅木秀徳・首藤宏史)

地図　二・五万図　湯坪

涌蓋山(飯田高原から)

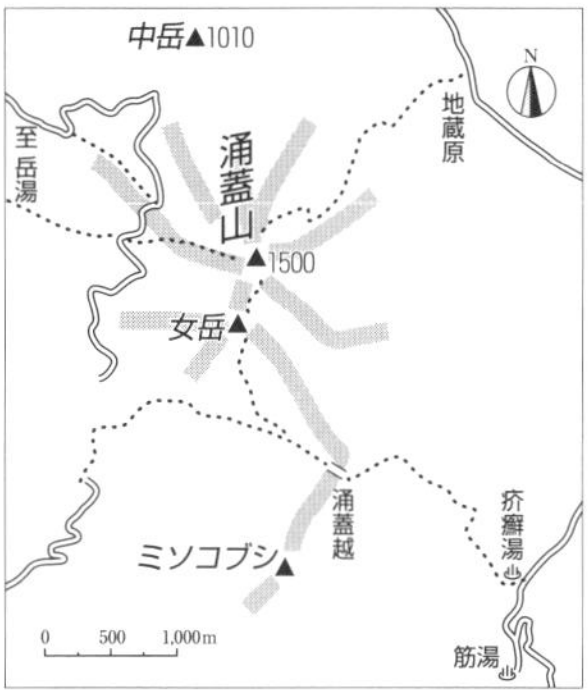

一目山　ひとめやま

標高　一二八七ｍ

別称　一目八目山

大分県玖珠郡九重町と熊本県阿蘇郡小国町にまたがる。涌蓋山の南につづく緩やかな草の尾根が県境となり、その末端ともいえる所にあるのが一目山で、低いながらもすばらしい展望が得られるので名が付いたといい、「一目《ひとめ》八目山《はちもくやま》」とも呼ばれたし、山より塚に近いとして「一目塚」ともいう。

湧蓋山との間にいくつかある起伏の中でミソコブシ(一一九六ｍ)が目立っており、台所で使う味噌漉《こし》ザルを伏せたようなミソコシブセが起源。一目山の大分県側には猟師岳で紹介した八丁原があり、西の熊本県側には大きく緩やかな尾根が延び、イケノモト、マルバエなどの高まりを見せ、コバキ山(約一〇六〇ｍ)から黒川温泉へ下ることができる。九重山群としては古い時期の火山とされている。

登路　八丁原の峠の頂から草斜面に取りついて一気に登れば二〇分程度だが、思ったより急である。湧蓋越からミソコブシを経て縦走するコースは気分がよく、一時間三〇分程。ただ、途中に道が幾筋も分かれている所があり、見通しの悪い時は注意が必要である。

(梅木秀徳・首藤宏史)

地図　二・五万図　湯坪

水縄・筑肥山地

鷹取山 たかとりやま

標高 八〇二m

福岡県久留米市、八女市にまたがる。筑後川の南にあって東西方向に延びる耳納連山の最高峰である。山名はこの一帯の領主、星野氏の鷹狩場であったことに由来する。

山体の北面は白亜紀の佐賀花崗岩からなり、山頂付近と南面は古生代筑後変成岩の泥質片岩からなる。なお、水縄山地の北側は急傾斜で筑後平野に面しているため、地形的に断層崖とされていたが、地質的にそれを示すような断層は発見されていない。全山が植林のため自然林を楽しむことはできないが、山頂からの展望はよく、北部九州の多くの山を望むことができる。

登路 田主丸から「県立ふれあいの家北筑後」近くのキャンプ場を過ぎ、植林の小尾根を登る。キャンプ場から谷沿いの道もある。二つの道が合流した鞍部から急坂を登って山頂に着く(田主丸から約二時間)。山頂近くを耳納スカイラインなどの車道も通っている。

地図 二・五万図 草野 田主丸

(足達敏則・竹本正幸)

高良山 こうらさん

標高 三一二m

別称 毘沙門岳《びしゃもんだけ》 高牟礼《たかむれ》山 不濡《ぬれせぬ》山

福岡県久留米市内にあり、水縄《みのう》(耳納)山地の最西端に位置する。山名は中腹にある筑後一ノ宮の高良《こうら》大社に関係し、その奥ノ院が高良山主峰の毘沙門岳にある。

山体は古生代とされる筑後変成岩の泥質片岩からなり、アカガシ、シイなどの照葉樹林が残っている。高良大社の大楠は御神木であり、近くに天然記念物の孟宗金明竹林がある。

高良大社は履中天皇元年に創建され、古くから筑後一ノ宮として信仰を集めた。山中には古代山城跡とされる神籠《こうご》石、馬蹄石、宿坊跡、寺跡など歴史を感じさせる遺跡が多い。

登路 久留米市御井町の重要文化財である石造大鳥居をくぐり、御手洗《みたらい》池を渡って一ノ鳥居に着く。これより歴史的史跡を通り、急段を登って高良大社に出て、樹林帯を抜けて奥ノ院から山頂に達する(約一時間四〇分)。

地図 二・五万図 久留米

(足達敏則・三浦利夫)

渡神岳 とがみだけ

標高 一一五〇m

別称 水晶岳 後水岳 十神岳 戸上岳

大分県日田市にある。釈迦ヶ岳・御前岳の連嶺から椿ヶ鼻の鞍部を隔てて東に離れた所にある「津江三山」の一つ。ピラミダルな山容が山群の中でもひときわ目立つ。どこからでも一目で分かる鋭い姿から「水晶岳」の別名もある。「後水《あとみず》岳」の名は雨乞い祈願に登ったからとか。山頂の祠は神功《じんぐう》皇后にちなむ権現だといい、伝説は「戦勝の礼に登った皇后を慕い、十柱の神が頂で舞楽を奏した」と、

「十神《とがみ》岳」の起源を語っている。「戸上岳」は当て字だろう。椿ヶ鼻との間にヒラキ坊主（一〇一〇m）があり、鞍部に地蔵峠。また、東の麓に石建《いしだて》峠がある。北に出た尾根に長谷原《はぜばる》山（約一〇四〇m）の高まりもある。

登路　いくつかあるが、椿ヶ鼻からが一般的。登山口の標識に従って入り、ヒラキ坊主を越えると前方に渡神岳がのしかかるように立つ。地蔵峠までおよそ三〇分。ここから山頂までは約一時間一〇分。シオジの目立つ谷間を抜け、階段道を急登して長谷原の尾根に取りつき、後は稜線を辿る。最後にも急な登りがある。

地図　二・五万図　豊後大野　鯛生　（梅木秀徳・下川幸一）

釈迦ヶ岳　しゃかがだけ　標高　一二三一m

大分県日田市と福岡県八女市にまたがる。釈迦ヶ岳は大分・福岡県境に位置する本《ほん》釈迦（一二三〇m）と、雨量計やレーダーの設置された普賢岳（一二三一m）、さらに山城のあった本城《ほんじょう》（一一五四m）を含めての総称と思ってよかろう。いわゆる「津江ン山」こと津江山地の盟主的存在であり、西に尾根を連ねる御前岳（権現岳）、東の渡神《とがみ》岳とともに日田盆地から南に遠く仰がれ、「津江三山」として信仰の対象ともなっていた。

山地は耶馬渓西部や玖珠の山々と同じように、台地性火山によって造られた地域の一角だが、地質的にはかなり古い時代に属している。このため台地という感じは少なく、所々に緩やかな草地が広がる程度である。山域には自然林もかなり豊富に残っているが、山地を代表するのは何といってもスギの美林。いわゆる日田杉であり、日本でも有数の林業地である。それを支えるのは、風化土壌の豊かさと温暖多雨という自然条件、江戸時代からのたゆみない人々の造林への努力だった。

津江山について『扶桑略記』は、「日田郡津江と云処は、郡の南に在て肥後にさかへり。東西七里、南北六里、或は四五里、大山の中に籠れば、里の名をも津江山とよぶ。此地、大なる材木多し、又猪鹿狼の類多し」と述べ、津江の語源について『豊西説話』は、「津江の津江たることは、郷中すべて、山さかしく、立ち連なり、峰高く渓深く、潰《つへ》崩る形より呼び初めしものなり」としている。

山地は大きく見て北部と南部に分けられる。北部の中心となるのが「津江三山」、南部の核となるのが酒呑童子山である。北部には

釈迦ヶ岳（左奥）（南東中腹から）

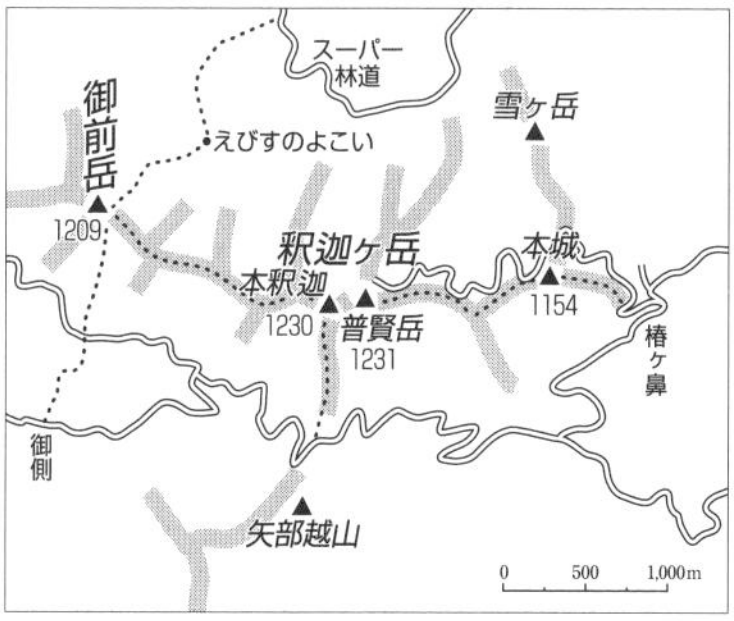

ほかに日田盆地に近い方に熊渡《くまど》山（九六〇m）、大河内山（九九八m）、山犬山（七七三m）、五条殿《ごじゅうどん》山（八三四m）などがあり、北東に低く高塚山（七二六m）や烏宿《からとまり》山（約五四〇m）などが連なっている。

釈迦ヶ岳は本釈迦のピークに小さな釈迦如来像を安置しており、すぐ東の普賢岳から五分もかからない。普賢岳には国土交通省のレーダーや展望所があり、その建設のための舗装車道が登ってきている。レーダーは北部九州の雨域と雨量の推移を二四時間にわたって観測している。ここから東の尾根には防衛庁や気象庁の無線塔なども立つ。本城は北に張り出す尾根上の雪ヶ岳（約一〇四〇m）とともに、鎌倉期から津江一帯を支配した長谷部氏の城があったことに由来しているという。東の麓、渡神岳との鞍部は「奥日田グリーンライン」と呼ぶスーパー林道が通ずる椿ヶ鼻ハイランドパークで、レストランや宿泊施設のほか、風力発電施設もある。

登路　椿ヶ鼻が登山ルートや普賢岳への車道の起点である。かつてはそこまで長い道程を歩かざるを得なかったが、いまは林道のほかに旧前津江町中心地の大野からよい道ができている。車道は北側の山腹を行くが、登山コースは西へ尾根を直登し、本城の土塁の名残もある城跡広場から気持ちのよい縦走となる。植林地の急な登りの後の自然林の中の上下は楽しい。山頂の直下で車道と一緒になり、カーブを登れば普賢岳の頂。本釈迦はすぐ。登山口から約一時間一〇分。

地図　二・五万図　豊後大野

（梅木秀徳・下川幸一）

御前岳　ごぜんだけ

標高　一二〇九m

別称　権現岳・田代山

大分県日田市と福岡県八女市の境にあり、山体の大きい釈迦ヶ岳の西に、きれいな円錐形で立つ峰。渡神岳とともに「津江三山」と呼ばれ、釈迦ヶ岳が仏の山であるのに対し神の山である。「御前岳」の名は景行天皇の九州巡幸伝説にちなむとされ、以前は前山《さきやま》の名前だったが、天皇が筑後の八女郡からこれを越えて豊後の日田郡に入ったことからという。山頂に「景行天皇巡幸御遺跡」と刻まれた石碑まである。

別名の「権現岳」は田代（津江）権現を祀るため。田代は登山口ともなる旧前津江町の集落の名。祭神は大山祇神《おおやまつみのかみ》と木花咲耶姫《このはなさくやひめ》で、山頂に祠があったほか、山腹、山麓にも祀られる。御前という呼び名は主として南の福岡県側、権現や田代の名は北の大分県側で使われることが多かったようだ。

江戸時代は参拝登山が盛んだったようで、『豊後国志』によると、豊後、筑後の人たちから広く信仰された。同書に「豊肥筑六州が手のひらの上にあるように見える」と記すように展望がよく、東は豊後の九重山群や万年山、北は豊前の英彦山から筑前の馬見《うまみ》・古処《こしょ》連山、西には筑後の水縄《みのう》（耳納）連山、さらに肥前の多良山系、南に肥後の阿蘇の噴煙を望む。

展望の魅力のほか、シオジの原生林をはじめカエデ、ブナなどの豊かな自然林が山の財産といってもよい。九州の登山の大先達だった加藤数功《かずなり》や日田地方の山を開拓、研究した長金《ちょうきん》治《じ》らに「祖母・傾山群にも劣らない」とまで言わしめたものである。シオジ原生林は主として北東側の山腹に分布するが、その中の谷間の数箇所からきれいな湧き水が出る。「御前岳湧水」として大分県が選んだ「豊の国名水一五選」の一つに指定される。北側の山腹を等高線を辿るように「奥日田グリーンライン」と呼ばれるスーパー林道が走っている。これは日田杉を主体とする津江地方の林業育成を狙ったもので、日田市から前津江、中津江、上津江の、いわゆる旧「津江三村」を山地で結ぶ主要道路となり、観光・登山客の利用も多い。

登路　北麓の日田市前津江町田代、あるいは南麓の八女市矢部村御側《おそば》から登るのが古くからのコースだが、最近はスーパー林道を利用して車で訪れる人が多くなった。前記の「御前岳湧水」への入り口が同時に登山口である。ログハウスの小屋や休憩施設、水汲み場などもあり、駐車できる。標識に従って入ると、すぐに林道のような幅広い緩やかな道となり、三〇分程で湧水に着く。湧水そのものは登山道から谷間に少し入った地点。これから本格的な山道となり、山頂まで約一時間。自然林の中を「えびすのよこい」を過ぎ、急坂を登れば稜線に出る。これが釈迦ヶ岳との縦走路で、右折すると山頂。釈迦ヶ岳と御前岳間の縦走は一時間弱。両山の登山口はスーパー林道で結ばれているので、複数の車で訪れ、それぞれの登山口に配置、交差縦走するパーティーも増えている。

地図　二・五万図　豊後大野　十籠

（梅木秀徳・下川幸一）

酒呑童子山　しゅてんどうじやま　標高　一一八一m

大分県日田市にある。名前からして伝説でもありそうだが、現在、新しく山の鬼と村の娘の恋物語が創作され、観光バスのガイドが語るようになった。鎌倉時代の高僧、寒巌《かんげん》義尹《ぎいん》（永平寺第三世）が中国の天童寺に学び、一時、肥後の国に住んで多くの寺を建てたことがあり、この山麓に同名の寺を開山したともいわれ、それにちなむ名前だという。

津江山系南部の中心となる山で、西の姉妹峰の小《お》鈴《すず》山（一一四二m）と並び、その尾根に連なって大分・熊本県境にハナグロ山（一〇八六m）、北東に出る尾根に兵古《へこ》山（一〇五一m）、米精《こめしらげ》山（八二〇m）、四ツ城山（八二〇m）がある。これらは津江川の支流である鯛《たい》生《お》川と川原《かわばる》川に丸く囲まれて一つの山域を構成、それを取り巻くように両川を隔てて西に三国山、猿駆《さるがけ》山（九六八m）、北に角取《つのとり》山（七一八m）、出雲岳（八四八m）、東にはチーゴ岳（九一一m）、三野《みのう》山（七七三m）、南にはシシガ城（八〇八m）、保慶山（一〇一六m）などたくさんの山があり、南東に尾ノ岳（一〇四一m）がなだらかで大きな山体を見せて阿蘇の外輪山に連なっている。

これらの山々の襞に「津江ン山」の小さな集落が点在するとともに、大分県の日田地方と熊本県の菊池地方を結ぶ峠路が開かれた。宿ヶ峰尾峠、穴川峠、兵戸峠などであり、人と物と文化が交流した。同時に古くは津江の長谷部氏と菊池の菊池氏のせめぎ合いの場でもあった。このような山の中にと思われる所に立派な庭園を持つ寺が

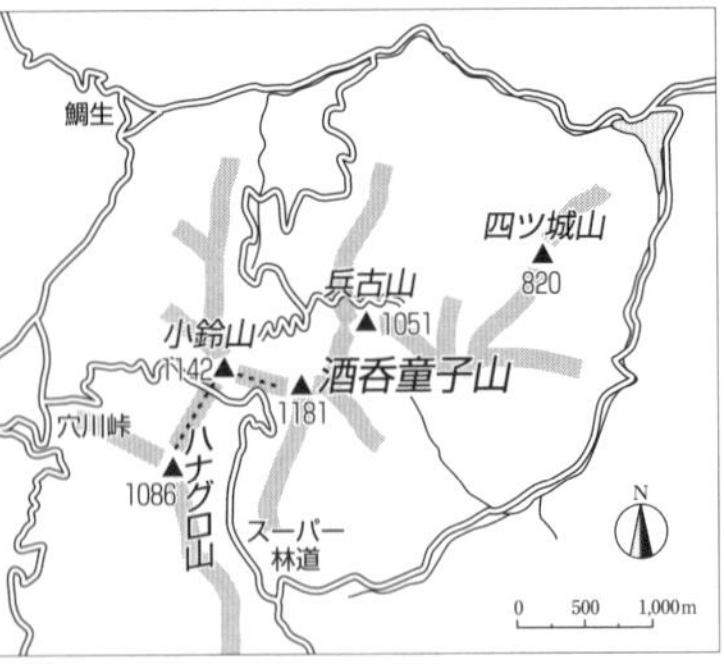

あったり、いくつもの山城があるのも、それらの反映である。

津江南部の山々のうち、最近まで登山の対象となる山は限られていた。スギの植林が進み面白味がなくなったことや、交通事情などによる。しかし、近年はスーパー林道「奥日田グリーンライン」の開通で車を使えば入山が便利になった上、地底博物館・鯛生金山、フィッシング・パーク、オートポリス、椿ヶ鼻ハイランドパークなどの観光施設が林道で結び付き、知名度が上がったことから、登山する人たちが次第に増えてきている。

鯛生は近代になって開発された大きな金山で、坑道は大分側と福岡側から掘られ、縦坑は海面下にも達していた。閉山されて長い年月の後、旧中津江村が地底博物館として再開発し、現在は多くの観光客を集めている。

登路　登山口はスーパー林道が酒呑童子山とハナグロ山とを結ぶ稜線を越えるカシノキヅル越の峠にある。駐車できる広場からすぐ山道となり、尾根づたいに小鈴山まで約二〇分。シャクナゲの多い所。いったん小さな地蔵のある小鈴越に下って登りなおし、最後に急登すると五〇分足らずで山頂である。展望は灌木があって期待ほどではないが、かなりの遠望が利く。下山は小鈴越から南へ少しでスーパー林道に下りるので、それを引き返してもよい。なお、カシノキヅル越には旧上津江町から林道を通っても行くことができる。

地図　二・五万図　鯛生　立門

（梅木秀徳・下川幸一）

三国山　みくにやま　標高　九九四m

大分県日田市、福岡県八女市、熊本県山鹿市の境界が山頂に集まる。つまり、かつての豊後、筑後、肥後三国にまたがるので山名になった。高さは低いが、三国境に当たることや山容が大きいことからよく知られ、「津江三山」に酒呑童子山とこの山を加え「津江五山」との呼び方もあった。

県境の尾根は大分側が比較的緩やかなのに対し、熊本側は急斜面となって切れ落ちている。西に延びる福岡、熊本県境の尾根も似たようなもので、山口越の鞍部から鬼ノ洞の大岩壁を左に国見山（一〇一八m）へと繋がっている。三国山の南、大分・熊本県境に宿ヶ《しゅくが》峰《みね》尾《お》峠があり、ここが登山口となる。三国山はかつて宿ヶ峰と呼ばれたこともあるらしく、それが峠名として残ったのだろう。日田・津江地方と菊池・菊鹿方面を結ぶ昔からの峠路である。

登路　日田市中津江村鯛生、あるいは山鹿市菊鹿町から宿ヶ峰尾峠へ。ここに不動尊が祀られており、そこから県境の尾根を山頂まで小さなピークを三つほど越えて一時間弱。山口越からは福岡側の山口集落から峠まで約一時間。峠からは三〇分弱という所。

地図　二・五万図　宮ノ尾

（梅木秀徳・下川幸一）

国見山　くにみやま

標高　一〇一八m

福岡県と熊本県の間を、県境に沿って東西に連なる筑肥山地の主峰である。福岡県八女市と熊本県山鹿《やまが》市にまたがるが、三角点が置かれた山頂は県境から四〇〇m程熊本県側にある。釈迦火山の一部で、東側の三国山（九九四m）に連なる。

山名は国中を見渡せる山の意に由来し、その名のとおり山頂からは三六〇度の展望が広がり、九州中・北部の山々を見渡すことができる。

山体は筑後変成岩を基盤とし第三紀末の筑紫溶岩の噴出により形成されたもので、輝石安山岩からなる。矢部川と菊池川の分水嶺をなし、両水系の谷が南北に深く入り込んで、主稜線の両側は侵食が進み、山稜は険しく、岩壁や露岩が多く山頂付近は岩稜となっている。この一帯は、かつて阿蘇へ向かう山伏の峰入りの経路に当たり、山麓には鎌倉時代まで遡及できる修験道関係の遺跡が多く、国見山の西にある星原《ほしばる》山（七九三m）中腹の星原集落には、いまも山伏にまつわる民俗行事「甘酒祭り」が伝わる。山麓から中腹にかけては、スギ、ヒノキの植林地が広がるが、稜線にはカエデ、ナラ、アセビなどの自然林が残り、とくに山頂一帯や東の三国山に連なる稜線には、ツクシシャクナゲの群落が見られ、開花期には登山者の目を楽しませてくれる。

東部の三国山、国見山では標高一〇〇〇m前後の山が連なるが、西に向かって休鹿山《きゅうろくざん》（八六六m）、星原山、やさぶ岳（六四二m）、女岳（五九八m）、姫御前岳《ひめごぜん》（五一七m）、男岳（五三一m）と次第に高度を下げて、それより以西では標高三〇〇m前後の低い丘陵となる。

国見山の東方二㎞にある三国山は、その名のとおり福岡、大分、熊本の三県境に位置する。国見山との間に連なる県境稜線は、痩せた尾根上にいくつかの岩峰があり、変化に富んだ縦走路となっている。途中には集塊岩の奇岩を連ねる「鬼の洞《おんどう》」がある。国見山の西に連なる山々は熊本県と福岡県の境界に位置し分水嶺となっている。山体は新第三紀の火山岩で貫かれ、またはこれに覆われている所が多く、輝石安山岩からなる。東西に延びる稜線は緩やかだが南面は急峻で露岩が多く、ほぼ全山がヒノキの植林地となり、山頂からの展望はない。星原山北側の文字岳（八〇七m）一帯の山々は峻険で、

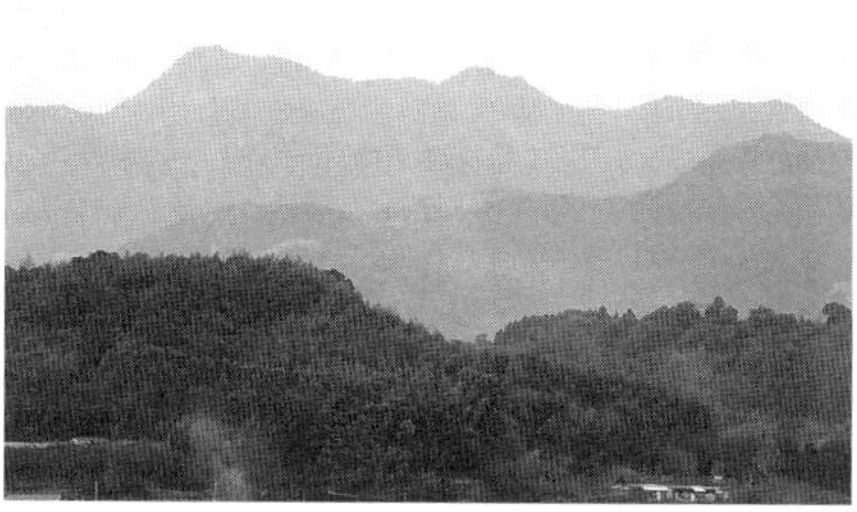

国見山(左)，鬼ノ洞(中央)，三国山(右)
(山鹿市菊鹿町上内田から)

江戸時代には修験道の行場だったといわれている。

　姫御前岳は旧鹿北町北部の県境上にある小ピークで、北の女岳（雌岳）と南の男岳（雄岳）の間にあり、両山の子供にたとえられる。安山岩（一部筑後変成岩）からなる露岩が多い。山名はこの山中で亡くなったといわれる後征西将軍・良成《よしなり》親王妃の伝説に由来する。

登路　国見山には、西側の山鹿市茂田井《もたい》から林道を三㎞で登山口に至る。約四〇分で県境尾根の鞍部に達し、南へ尾根づたいに約二〇分で大きな露岩を越えると山頂に達する。北側の旧矢部村からは広域林道の支線を約二㎞進むと登山口に至る。約一〇分で県境尾根に達し、茂田井からのルートに合流する。南側の山鹿市矢谷から林道八方ヶ岳西線を進み、旧町境の尾根をつたって登るルートもあるが難路である。

　三国山には、大分県日田市と熊本県山鹿市を結ぶ県境の宿ヶ峰尾峠（約八〇〇ｍ）から、不動明王社を経て北側の尾根づたい約五〇分で山頂に達する。国見山から三国山への縦走は、変化のある稜線づたいで約一時間はかかる。北側の矢部村山口から林道を終点まで進み、約四〇分で県境尾根の鞍部である山口越に至り、東へ尾根づたい約二〇分で山頂に達する。

　休鹿山、星原山、やさぶ岳には、北側から広域林道の支線を利用し、東西に延びる稜線づたいに登ることができる。いずれも林道終点から約三〇分。南側からのルートは中腹まで林道を利用して尾根を登るが、いずれも踏み跡程度の急峻なルートで約一時間を要する。

　姫御前岳には、鹿牟田峠から延びる林道が山頂のすぐ下を通り、林道から五分で登ることができる。

地図　二・五万図　宮ノ尾

（田上敏行・安場俊郎）

ハナグロ山

標高　一〇八六ｍ

熊本県菊池市と大分県日田市にまたがる。筑肥山地、酒呑童子山群の一峰である。

　地図に山名の記載がないが、昔、身を挺してイノシシの突進から猟師の主人を守った「忠犬ハナグロ」の伝説があり、山名はそれに由来する。西側、県境尾根の九合目に「忠犬ハナグロ」の小祠がある。山頂一帯はブナ、ケヤキ、カシ、リョウブ、ツバキ、ドウダンツツジ、シキミなどの自然林に覆われ、深山の趣がある。山頂から北の尾根にはシャクナゲの群落が見られる。

　南麓の菊池市鳳儀には鳳儀山聖護寺があり、国際禅道場として外国からの修行僧も多い。山頂から県境尾根を約二・五㎞南下すると、シシガ城（八〇八ｍ）の岩峰がある。さらに一㎞進むと国道三八七号が通る兵戸《ひょうど》峠に達する。

登路　県境を越えて県道一三三号（菊地～鯛尾）が通る穴川峠（六九〇ｍ）から県境尾根を登る。ハナグロ神社を経て約一時間一〇分。

　現在一般的な登路は北東側、奥日田スーパー林道のカシノキズル越から起伏の多い尾根づたいに、約一時間で山頂に達する。鳳儀からも細径があるが難路である。

地図　二・五万図　立門　鯛尾　宮ノ尾

（本田誠也・松本莞爾）

八方ヶ岳　やほがたけ

別称　矢筈岳

標高　一〇五二m

熊本県北部の山鹿市と菊池市の境に位置する。古い火山で、周囲に安山岩の切り立った岩壁をめぐらし、城塞のように聳える。

上部は緩やかな地形で、八面一様に見えることから八方ヶ岳という名が付いたといわれる。『肥後国誌』には、「高山ニシテ猛獣多シ頂ニ権現石ノアル処天狗栖メルト云」とある。また、「菊池なる矢筈ヶ岳の麓には鬼とりひしぐ武士《もののふ》ぞ住む」と古歌にもあるように、鬼や天狗が棲む深い怪奇な山とされていた。現在は県北第一の名山として県内外からの登山者も多い。広い山頂には石祠と三角点が置かれ、三六〇度さえぎるもののない展望が開け、九州の主要な山はほとんど望むことができる。北側の尾根は熊本・大分県境の宿ヶ峰尾峠を経て熊本、大分、福岡三県境の三国山(九九四m)に繋がる。北面の山鹿市菊鹿町側には内田川の深い渓谷があり、支流の江良《えら》谷とダルメキ谷は八方ヶ岳登山のメインルートとなっている。南の菊池市側は、上流に龍門ダム湖を有する迫間《はざま》川が流れている。支流の中片《なかかた》川沿いに上虎口《かみこく》を経由する南面ルートは、かつて八方ヶ岳登山の正面口とされていた。現在は穴川から広域林道(八方ヶ岳林道)が通じ最短コースとなったが、変化のない急峻なルートであるため登山者の利用は少ない。八方ヶ岳主峰の北側にある前岳(一〇二五m)から南西に延びる尾根は、ダルメキ谷を挟んで二本の支尾根を派生している。右岸の尾根の末端には、カニが鋏を立てたようなカニアシ岳(八一九m)の特異な岩峰が聳え、左岸の尾根にはチョーナ岳(七七〇m)の岩壁が迫る。カニアシ岳の一五〇m余の南壁は、一九五九年ごろ、福岡の岳人たちによりルートが開拓された。

登路　矢谷ルート　内田川上流の山鹿市菊鹿町の矢谷渓谷キャンプ場から江良谷沿いに登る。三〇分で矢谷橋、自然林の中を約一時間で穴川越の鞍部に出る。尾根右側の岩壁基部を回り込んで再び尾根上に出ると、約三〇分で広い草原状の山頂に達する。展望は三六〇度にわたり、間近い津江の山々、酒呑童子山群、筑肥山地から阿蘇、九重、祖母、雲仙、九州中央山地まで見渡すことができる。

山ノ神ルート　菊鹿町山ノ神の養魚場からダルメキ谷のコースは二〇一五年現在登路不可となっており、江良谷から林道を登ってダ

八方ヶ岳主峰(中央奥), カニアシ岳(右)
(矢谷上部から)

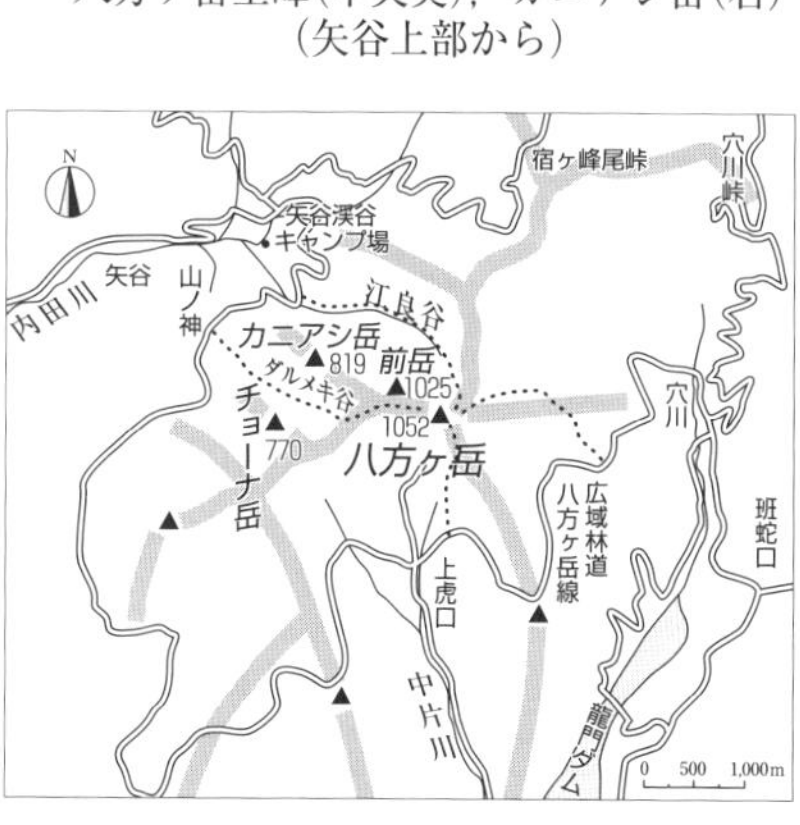

ルメキ谷上部に入る。左に怪異なカニアシ、チョーナの岩峰を仰ぎながら谷を登りつめ、九十九曲がりの急坂を経てスギ、ヒノキの植林地となった前岳に達する。自然林の細い尾根道を経て山頂に至る。約一時間三〇分の登りである。カニアシ岳は九十九曲がり下部の尾根分岐から約二〇分で達する。南峰、北峰に分かれているが、いずれも鋭い岩峰であり不用意に近付かないこと。チョーナ岳は岩壁の東端から登ることができる。岩壁の上部は樹林が密生して展望はない。

虎口ルート　菊池市の龍門ダムがある龍門地区から、中片川沿いに上虎口を経て穴川からの広域林道に出る。林道上部の登山口からスギ植林地の山道に入る。植林地を抜けて急坂を登りつめると巨岩の下に出る。その基部を巻いて自然林の中に入り、ジグザグの急坂を登ると山頂に達する。登山口から約一時間の登りである。

（工藤文昭）

地図　二・五万図　八方ヶ岳

震岳　ゆるぎだけ　標高　四一六m

別称　高天山

能本県北部の山鹿《やまが》市にあり、山鹿市街地より北へ五kmの三玉《みたま》、三《み》岳《たけ》地区の境に位置する。

山域は南北五kmにわたり一〇余りのピークを連ねている。全山、スギ、ヒノキの植林地になっているが、山頂付近は灌木林に覆われている。低山だが位置的に一等三角点が設置されているため、広い範囲でどこからでも見える山である。西側の岩野川と国道を挟んで向き合う彦岳（権現山・三五五m）とともに神話と伝説で名高い。

一つは有名な「山鹿灯籠」の縁起となった景行天皇の土蜘蛛《つちぐも》征伐。いま一つは山名の由来となった不動岩と彦岳の首引きの伝説である。彦岳と不動岩が首に綱を掛けて力比べをした時、互いに足を踏ん張って土を踏み寄せたのが震岳になったという話。

『肥後国誌』によると「踏寄セタル土堆ク山ト成リ動キ揺ルキシ故其土ノ山ト成タルヲ揺岳ト号ス」とある。また戦国時代、豊後の大友氏と肥前の龍造寺氏が戦い、敗れた龍造寺勢約一〇〇名が、この山の東側の深倉峠で割腹して果てたという古戦場でもある。いまも「百人腹切り塚」が残っている。

登路　南側の寺島、上吉田からと、北側の庄屋村、白坂から登路があり、いずれも二・五km、約一時間三〇分の登り。踏み跡程度の細径で、林道と交錯して分かりにくい。細長い台地状の山頂には一等三角点と山の神の石祠がある。樹木の成長で展望は望めない。

（工藤文昭）

地図　二・五万図　山鹿

大津山　おおつやま　標高　二五六m

別称　宮山　葛籠嶽《つづらだけ》

熊本県の北端、玉名郡南関《なんかん》町一帯を占める南関丘陵の一峰。古くから肥後、筑後の境にある要害の地で、藩政時代は関所が置かれていた。現在も九州自動車道と国道四四三号が併走し、主要地方道が交錯する交通の要衝である。また、南関町は詩人・北原白秋の生誕地でも知られ、一九二九年、故郷を訪ねて「大津山ここの御宮のみわたしを族《うから》がものと我等すずしむ」の歌を残している。

山名の由来は、大津山氏の居城があったことによる。戦国時代に攻防を繰り返した古戦場でもある。町の中心地から見ると奇麗な円錐形の山で、全山鬱蒼とした照葉樹林に覆われている。西麓には大津山氏が創建した大津山阿蘇神社の高床式入母屋造りの豪壮な社殿が建つ。

登路　西側、国道四四三号沿いの石鳥居をくぐり、阿蘇神社本殿わきから遊歩道に入る。密生した照葉樹林の急坂を登り、約二〇分で山頂に達する。南北に長い山頂の西側には三角点が置かれ、南西の展望がよい。北端には大津山城本丸跡の石碑が立つ。山頂から北へ延びる遊歩道は城跡の防塁に架けられた橋を渡り、雑木林の中を緩やかに下って林道終点の駐車場に出る。林道を約一・六km歩くと国道四四三号に合流する。低山だが歴史の山、信仰の山として地元町民をはじめ多くの人が訪れている。

（本田誠也・松本莞爾）

地図　二・五万図　関町

三池山　みいけざん　標高　三八八m

別称　茶臼塚　久重《くしげ》山

福岡県大牟田市と熊本県玉名郡南関《なんかん》町にまたがる県境の山である。大牟田市の東側に屏風を立てたように連なる山で、南北に長い山頂部には五つのピークが並ぶ。三角点が置かれたピークは、以前は「茶臼塚」と呼ばれていた。草原の山頂からは有明海の展望がよい。

山名の由来は、鎌倉時代の守護職、三池氏によるが、今山城の姫とカニの伝説もある。「昔、今山城に美しい姫がいた。ある日、姫が池のほとりで遊んでいると一匹の子カニが寄ってきた。姫が餌を与えるとカニは毎日来るようになり、ずんずん大きくなった。数年後、突然大蛇が現れ、姫を一のみにしようとした。その時、大きくなったカニが現れ大蛇の胴体を三つに挟み切って姫を助けた。暴れ苦しむ大蛇によって山頂に三つの池ができた」。北端のピーク（三六六m）には三池宮が祀られ、その直下に伝説の小池と大蛇を祀った白龍社がある。三池山は大牟田市民の山として親しまれ、毎日登っている人もいる。

登路　西側、大牟田市の普光寺から登るのが一般的。天台宗の古刹・普光寺は樹齢三〇〇年を超える臥龍梅があるので有名。ここから三池宮のある山頂まで、妙心寺、薬師堂、粟島神社、長田宮、金比羅宮とつづく霊山である。三池宮まで登り約三〇分。三角点のある山頂までは約一〇分で達する。南関町上長田の小次郎丸から西へ荒平《あらひら》峠（大塔越《おおとう》）の林道に入る。山付《やまつき》の集落を経て南側へ分岐する久《く》重《しげ》民有林道に入り、約二kmで登山口に至る。約一五分で山頂南側の鞍部、さらに一五分で山頂に達する。

（本田誠也・松本莞爾）

地図　二・五万図　関町

小岱山　しょうたいさん　標高（筒《つつ》ヶ岳）五〇一m

別称　七面山　墨摺山《すみすりやま》　蓬莱山

熊本県玉名市と荒尾市、玉名郡南関《なんかん》町の二市一町にまたがる。大きな山容の花崗岩の山で、どこから眺めても同じ姿に見えることから七面山の異名がある。東西六km余の広い山域には最高峰の筒ヶ岳（五〇一m）をはじめ観音岳（四七三m）、丸山（三九二m）、七峰台（四七〇m）、前岳（二九二m）、日岳（二〇六m）など多くのピークがあり、小岱山はこれらの総称である。

山名の由来は、建保元年（一二一三年）、留学先の宋から帰国した天台律宗の俊芿《しゅんじょう》が中国の泰山に似ているところから小泰山と呼び、後に小岱山に改められたという。ほかに中世のころ、この地を領した小代《しょうだい》氏にちなんだ命名との説もある。

一帯は小岱山自然公園に指定され、九州自然歩道が通っている。また、北の荒尾市側山麓には多くの古い炭坑跡があり、古代の製鉄跡群が散在している。南の玉名市側山麓には、古代住居跡の横穴群や古墳が多く、古くから人が住んでいたことがうかがえる。観音岳北側の中腹には、蓮華院誕生寺があり、世界一といわれる大梵鐘や全国で三番目に高いという五重塔もあり、参詣者が絶えない。

山域の北にある筒ヶ岳は、その昔、有明海を支配した海人族が祖神の筒男三神《つつおみのかみ》を山頂に祀ったことから「筒男岳」と呼ばれたが、のちに転訛して筒ヶ岳になったという。山頂付近一帯には、鎌倉時代から戦国時代にかけて玉名地方を支配した小代氏の本拠地、筒ヶ嶽城（山城）の遺構があり、本丸、二の丸、三の丸の平坦地や、土塁、空堀、石畳などが残っている。山頂の一等三角点の西側は、間近い三池山をはじめ玉名平野から有明海、雲仙など広大な展望がある。ほぼ中央に位置する観音岳は、その昔の正法寺跡だけに広々とした山頂である。観音三尊石仏を安置した観音堂と石碑が立ち、展望は筒ヶ岳よりも広い。七峰台は筒ヶ岳と観音岳の間に位置し、花崗岩の岩稜地帯で四囲の展望がすばらしい。阿蘇山、雲仙岳、英彦山、多良岳、権現岳、釈迦岳、金峰山など七つの秀峰を眺められることから「七峰台」と名付けられたといわれる。

南側の丸山には、展望所が設けられ、低山ながら小岱山系随一の展望を誇る。玉名平野、有明海を隔てて多良岳、雲仙岳、天草諸島の山々から、宇土半島、金峰連山まで一望できる。

登路　全山縦走コースは、玉名市立願寺蛇ヶ谷公園から南関町四ッ原まで一二km、約五時間。南から丸山展望台、観音岳、七峰台、筒ヶ岳、長助金比羅を経て、長いけれど変化に富んだコースである。

主峰の筒ヶ岳、観音岳の登路は、西側中腹を小岱山林道が南北に縦貫しており、玉名市山田から、または荒尾市府本、平山から五本のコースがある。ショウタイマツ、コナラ、シイ、トキワマンサクなどの自然林がつづき、野鳥も多い魅力ある登路である。いずれも林道登山口から四〇～五〇分で登ることができる。

地図　二・五万図　玉名

（工藤文昭）

木葉山 このはやま

標高　（松平山）三八三m
別称　霊雨山《れいうざん》

熊本県玉名郡玉東町と玉名市にまたがる。地図上の木葉山（二八六m）は、玉東町木葉地区にあるが、菊池川と江田川支流の日平川に挟まれ北西に延びる尾根は、最高峰の松平山など九つのピークを連ねて玉名市山部田地区に至る。日平川右岸には花簇《はなむれ》山（三四二m）、日平《ひびら》山（三二八m）がある。『玉名郡誌』によると木葉山は「玉名郡の東南方に峙ち海抜三八三米霊雨山の別称あり、山体は片麻岩と称する最も古き地質よりなり、山中には石灰岩を産す。この山には小森田将監の城跡あり、山嶺秀麗にして北北東に走り北端を花簇山、日平山と称す」とある。

木葉山は良質の石灰岩を産出することで知られるが、天保年間（一八三〇〜一八四四）にはすでに採掘が行われていたという。地元では木葉山を「雨山権現さん（霊雨山）」と呼び尊崇してきた。五穀豊穣《ほうじょう》の雨の神の山でもある。前面を石灰岩採掘でえぐり取られ、展望のよい山頂には霊雨山神社の社殿が建っている。

登路　南麓の玉東町山口から霊雨山神社の石鳥居をくぐり、急坂の参道を登る。雑木林を抜け約三〇分で木葉山の山頂に達する。眼下に玉東町と玉名市街、横島干拓地が広がり、金峰山群、有明海、島原半島と雲仙岳も視野のうちである。最高点の松平山は、玉名市安楽寺の石原から登路があるが、木葉山から縦走してもよい。小さな起伏を登降して次第に高度を上げ、約四〇分で灌木に囲まれた山頂に達する。三角点と阿蘇遥拝所の石祠があるが展望はない。雑木林の先に展望が開けた広場があり、八幡宮、天満宮、大神宮、春日宮と四基の石祠が並んでいる。いまから三〇〇年前に建立されたといわれ、山麓の安楽寺の人が代々守ってきたという。

地図　二・五万図　玉名

（工藤文昭）

金峰山 きんぽうざん

標高　六六五m
別称　一ノ岳

熊本県熊本市の西に連なる西山山地の主峰。金峰山全域と二ノ岳、三ノ岳の山頂以南は熊本市に属し、北は玉名市と境を接する。第四紀に噴出した鐘状火山。周囲を取り巻く山々は外輪山で、金峰カルデラを形成している。

山名の由来について、山頂にある金峰山神社（蔵王権現社）の「縁起」には、「もとは飽田《あきた》山と呼ばれていたが淳和天皇の天長九年（八三二）大和の金峰山蔵王権現を勧請して以来、金峰山と改称した」とある。熊本平野のどこからでも望むことができ「金峰山自然公園」として、四季を問わず熊本市民の山として親しまれている。

九州自然歩道が通る西麓の岩戸には、雲巌禅寺《うんがんぜんじ》をはじめ岩戸観音五百羅漢や晩年の剣聖・宮本武蔵ゆかりの霊巌洞《れいがんどう》がある。

二ノ岳（別称 熊岳《くまんだけ》、標高六八五m）は、金峰山の北方約四㎞にあり、熊本市と玉名市天水町にまたがる。西山山地の最高峰で、三角点が置かれた山頂からは有明海を隔てて島原半島、雲仙岳を一望できる。

金峰山南面（権現山から）

三ノ岳（別称聖徳《しょうとく》寺山《じやま》、標高六八一m）は、二ノ岳の北方一・八kmにあり、金峰カルデラの一峰で熊本市と玉名市天水町の境にある。山頂北側のピークに聖徳太子の作と伝えられる本尊を安置した聖徳寺観音堂がある。いまも里人の信仰が篤く参詣者が絶えない。

登路 金峰山へもっとも多く利用されているのは、熊本市島崎から峠の茶屋を経て大鳥居がある大将陣ルート。約二時間の登りである。大鳥居まで車道が延びており、かつて防火帯として伐り分けられた急坂（猿滑り）を登ると三〇分足らずで山頂に達する。北東、河内町岳からの北口登山道は仁王口とも呼ばれ、以前は金峰山神社登拝の正面口であったといわれていた。鳥居の奥には一対の仁王像が立っている。約四〇分の登りである。山頂部にはテレビ送信塔などが立ち、車道が通じている。

山頂の金峰山神社の境内からは、東側に熊本市街地と熊本平野を隔てて阿蘇の山々、西側には有明海を隔てて島原半島、雲仙岳などの広い展望が得られる。

二ノ岳の登山口野出《のいで》は、一八九七年の大晦日、夏目漱石が友人と歩いた名作『草枕』の道。「おい、と声を掛けたが返事がない」で有名な峠の茶屋は現在の大将陣のほか、この野出の付近にもあったといわれる。胸突き八丁の急坂を経て約四〇分で山頂に達する。北側の三ノ岳へ遊歩道が通じている。

三ノ岳へは、東麓の植木町山口から熊本市河内町大多尾の三ノ岳集落を経て聖徳観音の参詣道を登るが、山頂まで九州電力のアンテナ保守の車道が通じているので、歩かずに登ることができる山となった。二ノ岳からの遊歩道もある。

山頂の南側からは、広大な横島干拓地と有明海および対岸の島原半島、雲仙岳などの展望が開ける。気候温暖な西山山麓は果樹栽培の適地で、一面に果樹園が広がる。

また、北へ延びる丘陵地一帯は一八七七年、西南の役の激戦地。田原坂、吉次峠などにその名を留める。

地図 二・五万図 熊本 植木 伊倉 肥後船津

（西澤健一・中林暉幸）

宇土半島・天草諸島

大岳　おおたけ

標高　四七七m

熊本県中部から、南西の天草諸島へ向けて一八㎞にわたり突き出した宇土半島脊梁山地の主峰。宇土市と宇城市にまたがる。東西に長い山頂部は、タブノキやスダジイなどの大木に覆われ、中央に三角点、西側に南麓の底江地区民の尊崇が篤い大岳神社の石祠、そして東側には一八七六年、神風連の変に敗れた六人の若者が、自刃して果てた「神風連六烈士自刃之跡」の碑（通称　血溜りの碑）が立っている。展望は防火帯の伐り分けがある南側だけだが、不知火《しらぬい》海と八代平野、遠くは九州脊梁の山々も望むことができる。

大岳一帯は、江戸時代には細川藩の御狩り場として、ホンシュウジカなどが多く生息していたが、いまでは山頂稜線を残してスギ、ヒノキの造林地に変わり、山麓は特産のミカン畑となっている。

登路　宇土半島の中央部を九州自然歩道が縦貫している。そして、東側と西側を県道宇土～不知火線と網田《おうだ》～郡浦《こうのうら》線が横断する。この二本の道路が尾根を越える峠から九州自然歩道を歩き、大岳山頂に達することができる。東の起点は宇土市網津町、西は宇土市網田町であるが、峠までは車で行くことができる。それぞれの峠の登山口から東からは約二㎞、約四五分。西からは二・八㎞、約一時間で山頂に達する。ほかに旧三角《みすみ》町里浦から上底江を経由、農道を約五㎞で九州電力送電線鉄塔に至る。ここから幅広く伐り払われた防火帯を直登、約一五分で山頂に達する。

地図　二・五万図　松合

（池崎浩一・松本莞爾）

三角岳　みすみだけ

標高　四〇六m

熊本県宇城市にあり、宇土半島の先端に位置する。山名は地名に由来するが、大蛇が生息する「巳棲《みすみ》岳」が転訛したという説もある。山陰火山帯に属する火山岩の山で、三角瀬戸に面する西面は岩壁を連ね、険しい山容を示している。

アラカシ、スダジイ、タブノキ、ヤブツバキ、トベラなどの自然林に覆われた山頂には、大きな石が散在し、中央には三角点と山の神の石祠や不動尊の石像がある。展望は南側だけで、戸馳《とばせ》島、維和《いわ》島や八代海を隔てて八代市街地を望むことができる。

山頂から南へ派生する岩稜には、雲竜台、天翔台と名付けられた展望所があり、眼下に三角港、三角瀬戸、有明海、そして八代海と天草の島々など広大な展望を楽しむことができる。

三角岳から東の大岳にかけての一帯は、江戸時代、細川藩の御狩り場だった所で、戦後しばらくはキュウシュウジカの生息も見られたが、ミカン畑の開発などで絶滅したといわれる。

登路　東側の高野山から九州自然歩道を登るコース（約四〇分）と、南側の旧三角町役場近くの際崎《きわざき》登山口から展望のよい天翔台、雲竜台などを経て九州自然歩道を登るコース（約一時間三〇分）がある。また、三角西港付近からも登ることができる。低山だが、海岸線近くからの登りとなるため急坂も多く、結構きつい。

地図　二・五万図　三角

（池崎浩一・中林暉幸）

次郎丸嶽　じろうまるだけ

標高　三九七m

別称　弥勒嶽《みろくだけ》

熊本県上天草市の中央部に位置する。天草上島東部を南北に走る「天草観海アルプス」と呼ばれる二列の山地がある。白亜紀から古第三紀の砂岩（白岳砂岩層）よりなる岩が露出して、険しい稜線を連ねる。臼杵～八代構造線に並行し、東側は絶壁となり、西側は緩やかな傾斜地形を造るのが特徴で、鋭い三角錐の山容を示す。しかし南側、旧街道筋の内野河内方面から見ると、対照的に丸いおだやかな山容である。文政二年（一八一九）、山頂に弥勒菩薩を祀り「弥勒嶽」と呼んだ。かつて山岳修験道の信仰を集めたことがうかがわれる。北側約一㎞に太郎丸嶽（二八一m）があり、兄弟峰となっている。かつては太郎丸嶽の方が高かったが、崩壊して低くなったと伝えられる。山麓はカシ、シイ、コナラ、ヤマモモなどの広葉樹林が広がり、山頂付近はアカマツ、ミツバツツジが自生し、地表はウラジロシダに覆われている。

登路　国道三二四号から南へ約七〇〇mほど入った今泉地区の西《にし》辺田《べた》集落が登山口となる。集落を抜けると登山口の標識がある。途中の分岐路から太郎丸嶽は二〇分程で行けるが、道が荒れている。左へ尾根をつたい、絶壁を迂回して最後に大岩を越えると、ほどなく弥勒菩薩の石祠を経て広い岩盤の山頂に達する。登山口から約一時間。有明海、八代海に浮かぶ天草の島々を一望できる。

地図　二・五万図　姫浦

（長田光義・山本　直）

天草観海アルプス　あまくさかんかい

標高（念珠岳《ねんじゅだけ》）　五〇三m

熊本県天草諸島の上島東部を南北に連なる二列の山地がある。北から高舞登山《たかぶと》（一一六m）、金比羅山（二五八m）、蕗岳《つわ》（三二〇m）、中岳（三三四m）、白嶽（三七三m）、鹿見岳（二八五m）、そして二弁《のべつ》当《とう》峠を経て最高峰の念珠岳（五〇三m）とつづく。並行して千巌山《せんがん》（一六二m）、烏帽子岳（四六五m）、龍ヶ岳（四七〇m）、次郎丸嶽、鋸嶽（三四七m）と連なる。これを「天草アルプス」と呼んでいる。このうち、東側八代海沿いに連なる山地を「天草観海アルプス」と呼ぶ。この名称については、一九三五年発行の『天草写真大観』の添付地図に記載されている。一九三二年に来島した洋画家の龍駿介は、翌年、国立公園特別調査委員の田村剛を案内して、これらの山々に登り国立公園編入を説いたといわれる。この時いずれかが言い出したものと推測される。一九五八年雲仙・天草国立公園に拡大指定され、一九八七年九州自然歩道が開通し、延長約二〇㎞にわたる快適な遊歩道として人気を呼んでいる。山域は上天草市と天草市にまたがる。

地質は白亜紀から古第三紀の姫浦層群（白岳砂岩層）からなり、日本有数の古い地層が露頭し、貝類化石が含まれ研究者の注目を集めている。植物について、特記することは念珠岳の北麓に県指定天然記念物のヒモズルの群生地があり、個体数は少ないが鋸岳など各地にも散在している。

登路　縦走は、上天草市阿村の高舞登山口が北の起点となる。茶屋峠を経て九州自然歩道を南下し、金比羅山（荅東山）、牟田峠に至る。ここまで約四・五km、約一時間三〇分。ここからいくつかの小ピークを越えて、緩やかな尾根歩き約二kmで蕗岳（棗《つ》吾《わ》岳《だけ》）分岐。左の海側へ二〇〇mで蕗岳山頂。八代海の眺めがよい。蕗岳分岐から中岳を経て白嶽までが観海アルプスの核心部の岩稜ルート。牟田峠から三・五km、約一時間三〇分。白嶽と向かい合う鋸嶽との間は、高地と呼ばれる内野河内川源流部の湿原でミズゴケの自生地。一帯は白嶽森林公園となり、キャンプ場もある。鋸嶽、中岳、白嶽の一周コースもある。白嶽の東面には、山名の由来となった白い岩壁が連なり、西側には矢嶽神社が祀られている。神社の背後には巨岩が積み重なり、支石墓遺構（ドルメン）ではないかと話題になっている。白嶽から観海アルプスの中間点、二弁当峠まで約四km、約一時間三〇分。二弁当峠から観海アルプスの最高峰、念珠岳まで二・八km、約二時間。念珠岳は山名のとおり修験道の名残を示している。縦走路は烏帽子岳の岩峰を経て龍ヶ岳への大作山林道に至る。最南端の龍ヶ岳は古くは寿ヶ嶽と呼ばれ、広い台地状の山頂には寿ヶ嶽神社が祀られ、キャンプ場やバンガローなどの施設、ミューイ天文台があり、公園化されている。南側の大道《おおどう》方面からは富士形の優美な姿を見ることができ「天草富士」とも呼ばれる。八代海に浮かぶ島々や、九州南西部の山々が一望できる。山麓の大道や下貫から山頂まで車道が通じ、歩かなくても登ることができる山となった。この観海アルプスの縦走は、二弁当峠を南北に分けて二日で歩くのが一般的であるが、一〇時間で歩いた記録もある。

地図　二・五万図　天草松島
姫浦　高戸

（長田光義・山本　直）

天草観海アルプス・龍ヶ岳
（上天草市高戸から）

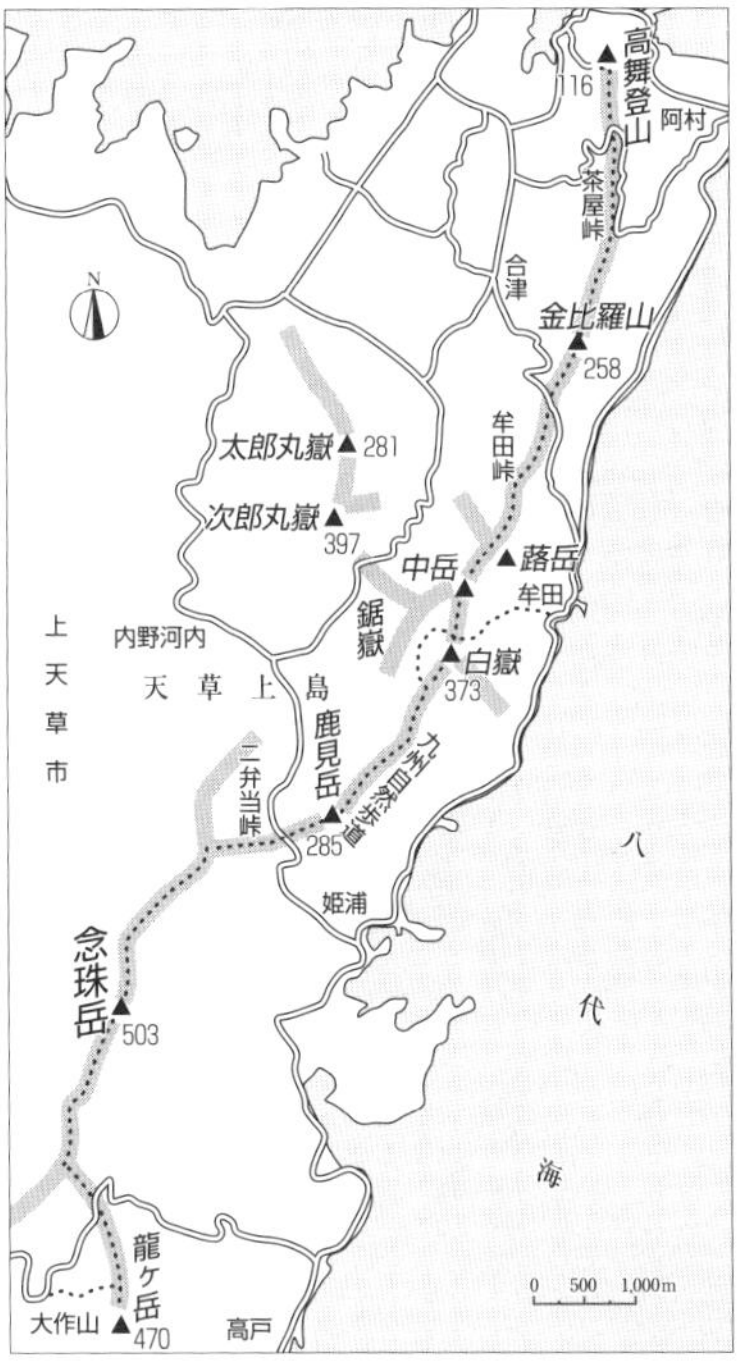

老嶽　おいだけ

別称　金花嶽

標高　五九〇m

熊本県天草諸島の上島中部にあり、天草市有明町と上天草市にまたがる。丸いおだやかな山容を示しているが山域は広く、北方六㎞余を隔てて対峙する倉岳《くらだけ》に次いで天草諸島第二の高峰である。

地質は古第三紀の教良木《きょうらぎ》層に火山性安山岩が貫入している。山頂部はカシ、シイなどの広葉樹林に覆われ、山裾はスギ、ヒノキなどの植林地となっている。

山頂部は北峰、南峰の二つに分かれているが、北峰にはコンクリート製の展望台が設置され三角点の標石もこの台上にあり、標高もこの高さになっている。展望台上からは、三六〇度にわたる広大な展望が開け、とくに有明海を隔てて雲仙岳を眼前に望む。南峰にはカシの巨木に囲まれた老嶽神社の社殿がある。御神体は古代祭祀遺構と見られる巨石である。石に貝の化石が含まれていることから、海から飛んできたという飛び岩伝説が生まれた。

登路　北麓の天草市有明町赤崎から老嶽登山道路が山頂まで通じている。また、上津浦《こうつら》から車道で横峰駐車場を経て老嶽神社に至る。上天草市松島町教良木からも車道を登ることができるが路面が荒れている。南北に長い山頂部には、かつて旧軍の電波傍受施設や無線中継所があったが、現在も防災無線中継所が置かれている。

（長田光義・山本　直）

地図　二・五万図　大島子

倉岳　くらたけ

別称　倉ヶ嶽

標高　六八二m

熊本県天草諸島の上島中南部にあり、天草市に位置する。天草諸島の最高峰で、南西の矢筈岳（六二六m）を含む広い山域を有する。地質は古第三紀の教良木層と火山性リソダイト貫入岩や安山岩で形成され、広葉樹林に覆われている。

山名の「クラ」は「嵓《くら》」の意と考えられ、古くは「倉ヶ嶽」と呼ばれていた。山域と海上は雲仙天草国立公園に含まれる。

登路　天草市倉岳棚底から登山道（車道）を八㎞、また、同市栖本町河内から小ヶ倉観音を経て車道を八・五㎞で、山頂西側八合目の駐車場に至る。さらに車道は栖本町側から山頂まで延びているが、ここは歩いた方がよい。石鳥居をくぐり石段を登る。バンガロー村を過ぎて約一五分で山頂に達する。円形の山頂部の周囲には、かつての山麓の村々、栖本村、棚底村、浦村の方角を向いた倉嶽神社の石祠が祀られ、航海安全と豊漁を願う石船が奉納されている。眺望は三六〇度にわたり、天草諸島の山々や八代海の島々が一望できる。

矢筈岳は八合目の駐車場から林道と並行する九州自然歩道を歩く。約四〇分で金比羅宮を祀った山頂に達する。栖本町側の小ヶ倉観音は、岩壁に刻まれた古い磨崖仏が本尊で、修験道の名残を示す。

（長田光義・山本　直）

地図　二・五万図　大島子　棚底

帽子岳　ぼうしだけ

標高　四八三m

別称　母子岳《ぼしだけ》

熊本県天草諸島の下島にある天草市中央部に位置する。行人岳(五〇六m)を最高点として東へ帽子岳、上の山(三八一m)とつづく尾根状の地形をなす。なかでも帽子岳は遠望すると丸い帽子を被ったような特徴ある山容を見せる。

山名は形状に由来すると思われるが、登山口の石標に「ほしだけ」とあり、山岳修験道の「法師」や「烏帽子」との関連も考えられる。山頂部は広葉樹林に覆われ、周辺一帯はスギ、ヒノキの植林地が広がる。なお、「行人岳」の名称は天草下島に六座もあり、隣接する鹿児島県の獅子島、長島にも同名の山があって修験道隆盛の時代を偲ばせる。

登路　東側の天草市楠浦町から林道(東大平～大野)を約五㎞で登山口に至る。帽子岳神社参道入り口の石鳥居をくぐり、スギ植林地から尾根上に出て約二〇分で山頂広場に達する。カシやシイの大木が枝を茂らせ展望はない。広場の奥には帽子岳大権現(文化六年・一八〇九)や熊野三所大権現(宝暦五年・一七五五)、不動明王など九基の石祠や石碑が東向きに立ち並んでいる。

西側の行人岳へは送電線の鉄塔を経て約四五分で山頂へ。ヒノキ林に囲まれて展望はない。北側の天草市亀場町食場《じきば》からは尾根づたいに約一時間三〇分。ヤブが茂り、踏み跡程度のルートである。

地図　二・五万図　本渡　小宮地

(長田光義・山本　直)

角山　かどやま

標高　五二六m

別称　角岳

天草市の旧本渡市と天草市河浦町および天草市天草町にまたがる。角山から北へ連なる尾根は、薄木山、帯山と古称され、その西側にある天草市福連木《ふくれぎ》一帯は、江戸時代から「御林」あるいは「官山」と呼ばれ国有林に指定されている。江戸時代、将軍家の槍の柄木は、この御林の樫(ハナガカシ)に限られ、二〇〇五年にわたり厳しく監視、取締りが行われたという。また、カンラン、シュンラン、エビネやシダ類など貴重な植物も多く自生する。

三角点が置かれた山頂からは、天草諸島全域の広闊な展望が得られる。また、長崎市の八郎岳、雲仙普賢岳、葦北郡芦北町の笠山(五六七m)、水俣市の矢筈岳、上甑島の遠目木山(四二三m)などの山々が望める。北方四㎞には天草下島の最高峰、天竺《てんじく》(五三八m)がある。山名は「福連木官山の角にある山」の意といわれる。

登路　天草市本渡町から天草市牛深町へ至る国道二六六号の長平越トンネルの南側から広域林道に入り、約四㎞で角山登山口の標識がある。石の鳥居をくぐり金比羅宮の石祠を経て、まもなくカシの古木が立つ尾根に出る。左折して数分で山頂に達するが、ここまで三〇分足らずの登りである。福連木からの登路は、山口の「子守歌公園」から官山名水を経て、自然林の山道を約一時間三〇分で山頂へ。

地図　二・五万図　鬼界ヶ浦　天草下田

(長田光義・山本　直)

頭岳 がしらだけ　標高　四六六m
行人岳 ぎょうにんだけ　標高　四八三m

別称　普賢岳

頭岳は熊本県天草諸島の下島中央部、天草市河浦町にあり、国道二六六号が通る河浦町新合《しんごう》から北西方に特徴的な丸い頭を思わせる山頂と灰色の岩壁を見せている。その北東側に岩の突起をなす小《こ》頭岳《がしらだけ》、さらに尾根つづきの北東方に行人岳の鋭峰がある。

地質は古第三紀の一町田砂岩層が露頭し石灰岩を挟む。かつて志岐、竹之迫、魚貫、今富、一町田などでは、一九五五年まで石炭採掘が行われ、良質の「天草無煙炭」として知られていた。

登路　頭岳へは、国道二六六号沿いの新合、津留《つどめ》神社から約四kmの頭岳森林管理道路終点が登山口となる。スギの老木と広葉樹の混交林を登り、尾根の鞍部に出ると反対側に林道を見る。左折して程なく三角点が置かれた円頂に達する。登山口から約四〇分。妙見菩薩など四体の石仏が祀られ、脇水博士(国立公園審議官)の顕彰碑も立っている。東側に山麓、新合地区の田園風景が広がり、遠く八代海の獅子島を望む。また、西側は天草中南部の山々を一望できる。

行人岳へは、国道沿いの天草市宮地岳町から中岳川沿いの林道を終点まで行き、植林地の普賢菩薩参道を登りつめ、鳥居をくぐると山頂である。林道の路面が荒れているので、中岳入り口から歩けば約一時間三〇分の登りとなる。別称の普賢岳の由来となった普賢菩薩が祀られている。この行人岳と同名の山は天草に数山あり、いずれも山岳修験道に関連すると考えられる。山頂から天草下島北部の山々が一望できる。

地図　二・五万図　小宮地　鬼界ヶ浦

（長田光義・山本　直）

六郎次山 ろくろじやま　標高　四〇五m

別称　下島大観山《しもしまたいかんざん》

熊本県天草諸島の下島南東部、天草市牛深町と河浦町の境にある。地質は古第三紀の姫浦層群で形成され、丸いなだらかな山容を示す。東側の天草市深海町には陶石の貫入層があり、採掘が行われている。天草西海岸の陶石層と同じく高品位であるため、「天草陶石」として有名である。

別称を「下島大観山」と呼ばれるとおり、東は八代海の島々、西は眼下の羊角湾から東シナ海まで見渡すことができる。また、ツルの渡来地として有名な鹿児島県の出水平野から、毎年二月から三月にかけて北へ帰るナベヅル、マナヅルなどの大群が、この山の上空で上昇気流に乗り高度を上げて渡って行く。このツルの渡り観察会が六郎次山や、鹿児島県出水郡長島町の行人岳(三九四m)で行われている。山名の由来は二つあって、一つは陶工がこの山に住み、終日ロクロを回していた「ロクロ師」が転訛したという説と、山が六つ並んで六番目なので六郎次と付けられたという説がある。一帯は雲仙天草国立公園に属する景勝地である。

登路　東の天草市深海《ふかみ》町東多々良から、西の国道二六六号が通る同市久玉町女淵まで林道が通じている。また、天草市河浦町路木からも果樹園道があり、歩かずに登ることができる山となった。山頂には「下島大観山」の石碑と、展望所がある。

（長田光義・山本　直）

地図　二・五万図　河浦

権現山　ごんげんやま

標高　四〇二m

熊本県天草諸島の下島南部、天草市牛深町にある。地質は古第三紀の姫浦層群と本渡層群が接する急峻な地形をなす。西海岸では断崖となり、地層の重なりを見ることができる。

山頂はカシ、シイなどの広葉樹に覆われ展望はないが、樹間から天草市魚貫《おにき》町側のリアス式海岸と東シナ海を見渡すことができる。山頂を挟んで東側（久玉町）と西側（魚貫町）にそれぞれ権現社が鎮座しており、山名はそれに由来している。

江戸時代、徳川幕府が唯一外国に開放したのが長崎港であるが、天草下島の中で外洋に面した牛深、崎津、高浜、富岡などには外国船や不審船の監視、難破船の救助のため遠見番所が置かれた。急を知らせる伝達手段に狼煙《のろし》が使われ、旧牛深市街を見下ろす遠見山には当時の狼煙台が残っている。牛深港は天然の良港で、古くから漁業で栄えた。海上は雲仙天草国立公園に含まれる。

登路　車道が東側の天草市久玉町から三km、西の同市魚貫町からも同じく三kmで終点の権現山公園（駐車場）に至る。ここから岩壁を背にした久玉町側の権現社と展望台を経て五～六分で山頂に達する。登りと反対側へ下ると魚貫町側の権現社があり、まもなく駐車場に至る。なお、生涯で一五五二山の登頂を果たした今西錦司が、一九八一年二月一日に記念すべき一二〇〇山目の山として登った。

（長田光義・山本　直）

地図　二・五万図　牛深

烏ヶ峠　からすがとうげ

標高　四四二m

熊本県天草市御所浦町（天草諸島、御所浦島の中央部）にある。御所浦島は、九州本島と天草上島、下島に囲まれた八代海上にあり、白亜紀中期の御所浦層と、白亜紀後期の姫浦層群という地層が分布し、三角貝やアンモナイトの化石が出ることで知られていた。

近年、草食恐竜の歯の化石や足跡などが発見され、学会の注目を集めるようになった。十数年前、それまで天草に生息していなかったニホンイノシシが海を泳ぎ渡り、この島に上陸して繁殖し、天草諸島全域に生息域を広げ農作物の被害を拡大している。

山名は、小字が「烏帽子」であること、また、山容からきていると考えられる。

登路　島西部の本郷漁港と南部の元浦漁港から舗装された車道が山頂まで延びている。公園化された山頂広場には駐車場や電波塔があるが、展望は三六〇度にわたり広大である。天草諸島はもとより、鹿児島県の獅子島、長島から霧島連山まで遠望できる。西方海上は、雲仙天草国立公園に含まれる。

（長田光義・山本　直）

地図　二・五万図　唐木崎　棚底

九州山地

樅木山　もみのきやま

標高　四八四m

大分県臼杵市と大分市の境にあり、佐賀関半島の背骨となる山地でもっとも高い山。とはいっても標高は低いが、どっかりと根をおろしたような山容はよく目立つ。山頂は旧佐賀関町と臼杵市の境で、東西に延びる尾根は瀬戸内海と豊後水道を振り分ける分水嶺である。海岸線の道が困難だった時代、尾根路は佐賀関方面と臼杵の佐志生《さしゅう》を結ぶ峠路で、古い文書には「毛美之山」とか「毛美木嶺」とも書かれている。

伝説も多いようで、地元では「ウートゥ」、つまり大男の住む山と言い伝えられ、少し離れた所に巨人の足跡という「大人《うひと》の池」もある。地質的には周辺の大部分が珪質片岩だが、西に延びる尾根の御《み》所峠《せんとう》、九六位山にかけては蛇紋岩層があり、豊予海峡を隔てた佐田岬半島の三崎にも同じ層がある。植生は照葉樹林が残るが、人工林化が進んでいる。

登路　登山道は「大分市民健康長寿の山」として整備されている、木佐上《きさがみ》～大志生木《おおじゅうき》の間の峠からのルートが約四〇分と近い。照葉樹の森の中を登り、鉄塔の下を通って稜線を登りつづける。アオキのトンネルを過ぎ、最後はヒノキ林の中を登りつめると一等三角点のある山頂である。

地図　二・五万図　坂ノ市

（梅木秀徳・加藤英彦）

九六位山　くろくいさん

標高　四五二m

大分県大分市と臼杵市の境にある。大分市の南東部から佐賀関半島に延びる山地にも多くの山の連なりがある。その中で山頂にキャンプ場を持つ展望地として知られ、さらに古刹の天台宗円通寺を抱く山が九六位山である。日羅《にちら》上人伝説を残す。山名は面白いが、「九鹿猪」と書いたこともあり、生田蝶介の『聖火燃ゆ』には「黒杭山」とも記されている。東の尾根にある九六位峠は古く臼杵の城下と鶴崎・府内（大分市）を結んだ主要往還で、臼杵藩主もたびたび越したという。樹木が黒々と茂り、黒越《くろこし》と呼んだというから、あるいはその訛りかもしれない。

円通寺は天台宗霊山《りょうぜん》寺と並ぶ山の霊場で、最盛期には二〇〇人を超す僧がいたらしい。開基の日羅上人が植えたとの伝説もある門前の大きなイチョウが目を引く。

登路　九六位峠から寺まで三〇分程だが、車で門前の駐車場まで入ることができる。寺横からは樹林、草地を一〇分程で山頂。

地図　二・五万図　戸次本町

（梅木秀徳・加藤英彦）

霊山　りょうぜん

標高　約六一〇m

大分県大分市にある。大分市街地の南部から西へ、旧大分郡野津《のつ》原《はる》町と豊後大野市の境にかけて六〇〇mから七〇〇m級の姿のよい山々の連なりがある。それは豊後大野市朝地町・神角寺《じんかく》のある鎧ヶ岳の山塊までつづき「大分県民の森」に指定されており、長い尾根筋に「平成パークライン」の車道が走る。ほかの山地にくらべれば標高は劣るものの、都市部に近いわりに自然がまだまだ豊かなことから、レクリエーションや歴史探訪などで親しまれている。

その山地への入り口となり、大分市街地にもっとも近いのが霊山と本宮山(六〇八m)である。霊山は同名の寺院が中腹にあり、山をセンと読ませる九州では数少ないケースで、仏の山である。これに対し本宮山は、名前のように古くからの著名な西寒多《ささむた》神社の上宮の地で、山頂直下に社を持つ神の山である。

霊山は釈迦が説法した霊鷲山《りょうじゅせん》に由来する。霊山寺の縁起によると、インドの僧・那伽《なか》が中国を経て渡来した際、地名をとって「稙田《わさだ》山」と呼ばれていたこの山を見て「霊鷲山によく似ている。あの山の一角がここに飛来したのか」と感嘆し、寺を創建したという。これによって寺の山号は飛来山と称する。天台宗で、九州西国観音霊場の寺の一つ。『弘田図田帳』などによると、山の北側一帯、現在の稙田地区の地頭だった稙田氏が寺の執行職を兼ねていた。歴史の上からも稙田氏の動きと深い繋がりのある山で、住職も稙田を名乗る。

寺まで車道が通じており、門前に広い駐車場がある。仁王像に迎えられて石段を上ると山門。江戸時代、豊後に流されていた松平忠直(一伯)が寄進した山門で、壁面の彫刻が珍しい。本堂からやや離れた見晴らしのいい場所に鐘楼がある。「平和の鐘」と呼ばれ、日の出から日没までは参拝者が自由につくことができる。寺の周辺は森林公園となっている。車道はさらに山腹を巻いて本宮山の鞍部から「青少年の森」を経て平成パークラインと結んでいる。また、鞍部からは本宮山の山頂に至る林道もある。

登路　霊山寺までの車道のほか、蕨野の集落から遊歩道がある。大分市街地からバスで「ふじが丘山手」あるいは「田尻グリーンハイツ入り口」まで行き、歩き始める。緩やかな車道の坂道にかかる右手にお堂があり、これが参拝の起点。以後、およそ一〇〇mごとに「丁目石」が置かれている。蕨野集落の外れに神仏習合時代に寺と一体だった神社があり、その横から谷間に遊歩道が入っている。バス停から五〇分程。後は谷間から山腹を辿り、三〇分強で車道に出る。少し行くと旧青年の家跡の広場で、ここから山道に取りつく。

霊山(右)と本宮山(左)
(大分市街地から)

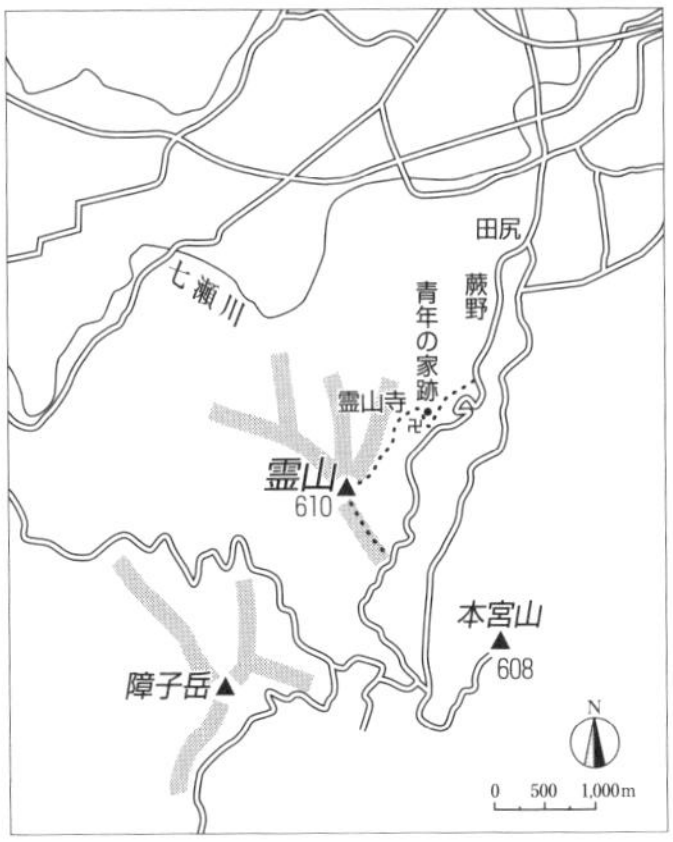

自然林からヒノキの人工林を抜け、草地に出れば右に一息で山頂。寺や青年の家から約四〇分。五九六mの三角点が北尾根を少し下った所にある。市街の展望がよい。眼下に住宅地として開発されたいくつもの丘があり、田畑には条里制の地割りの跡がうかがえる。その先が市街地で、別府湾へと眺めが広がる。登山道はこのほか寺から前記の林道を進み、鞍部の少し手前から尾根づたいに登る道もある。また最近、北西山麓の内稙田からの登山道がよく整備されており、登山口から約一時間三〇分で第二展望台に着き、さらに約一〇分で三角点に着く。

地図　二・五万図　野津原　大分

（梅木秀徳・加藤英彦）

障子岳　しょうじだけ

標高　七五一m

大分県大分市にある。霊山と並んで「大分県民の森」の北東部に位置し、大分市街地南部からよく見える。肩に当たる所に宇曾山（有蔵山、六四四m）と呼ばれる小さなピークがあり、その頂にある宇曾岳神社はいまだに女人禁制を守りつづけ、石段から上の奥社は女性の立ち入り禁止となっている。ただし、春秋の彼岸の日だけは解かれ、虫封じ祈願のため小児をおぶった女性が登る習慣がある。春秋に男女が物見遊山する国見行事と関係があるのだろうか。そこまでは登る人が多いのに、障子岳の頂上までのわずか六〇〇mに足を延ばす人は少ない。

「障子」の名が付く山には岩峰、岩壁を持つものが多いが、この山にはそれらしいものがない。そこで山名は宇曾岳に繋がる修験道に由来する「精進」ではないかとの説もある。

登路　大分市入蔵にある「のびゆく丘」が登山口。各種体育施設のほか宿泊できる宇曾山荘などがある。山荘近くで灯籠のある所が参道入り口。林道を何度か横切って神社まで一時間程。後は鞍部から尾根筋を三〇分程で頂上。南山腹を通る平成パークラインにも登山口があり、五〇分前後で登ることができる。

地図　二・五万図　野津原

（梅木秀徳・加藤英彦）

御座ヶ岳　ござがだけ

標高　七九七m

大分県大分市と豊後大野市の境にある。「大分県民の森」の山々の中で鎧ヶ岳と並んで高く、一等三角点が置かれている。それだけに展望を期待する人も多いが、山頂は灌木のため眺めはない。

南の麓にある豊後大野市大野町安藤集落から登るのが普通だったが、平成パークラインの開通で利用する人は少なくなったし、山頂部近くの道は車道に切られて通れない部分もできた。しかし、かつて一時間三〇分近くかけて登ったのにくらべ、パークライン登山口からだと一〇分で頂に立つことができる。

山から西に延びる尾根には雲ヶ背岳（七九五m）や大峠、四辻峠《よつじとうげ》などがあり、パークラインが通じている。四辻峠は鎧ヶ岳山塊との接点で、古くから利用された峠路。

登路　パークラインの登山口へは、大分市荷尾杵か四辻峠からカーブの多い道を走ることになる。登山口からは踏み跡を辿る。

地図　二・五万図　野津原

（梅木秀徳・加藤英彦）

鎧ヶ岳　よろいがだけ

標高　八四七m

大分県豊後大野市と大分市にまたがる。「大分県民の森」の西半分を占める山地の中核で、近くには日平《ひびら》山(八五九m)、秀峰(約八四〇m)、雷《いかづち》岳(八三一m)、烏帽子岳(八二一m)など、幾分高いか同じような背丈の山が連なるが、その真ん中にあり、山容の持つ風格から、やはりこの山が目立つ。中世に山城が置かれ、大友氏の勇将として知られる戸次道雪《べっきどうせつ》がいた。『陰徳太平記』によると、彼はここで落ちた雷を斬り、おかげで感電して身体を痛め、その後の合戦の際は輿に乗って指揮したと伝える。雷岳はその由来である。

山地の西の端、パークライン終点の山上に真言宗神角《じんかく》寺がある。本堂は室町期の建築様式をよく伝え、木造の仁王とともに国の重要文化財に指定されている。

登路　神角寺から縦走もできるが、パークラインによって寸断され魅力が薄くなった。四辻峠に車を置き、稜線づたいに雨乞岳(約七五〇m)から烏帽子岳を越えて一時間二〇分程。烏帽子岳の直下には牡丹桜の名所、浄水寺があり、そこからも登れる。

地図　二・五万図　朝地

(梅木秀徳・加藤英彦)

三宅山　みやけやま

標高　七三一m

別称　烏帽子岳

大分県竹田市と豊後大野市の境にある。『豊後国志』に「三宅山、三宅郷にあり。すこぶる広く大きく、東西四里、南北二里、その中央に烏帽子岳がある」と書かれており、かつてはこの山を中心とする一群の山々を三宅山と総称したらしいが、いまでは烏帽子岳のみを三宅山としている。

江戸時代、竹田市や大野郡を領地とした岡藩・中川氏は、この山一帯を狩猟場とし、狩場の基地だった窪地には石垣を組んだ「御立見台」の跡も残っている。中川氏三代目の久清《ひさきよ》は万治三年(一六六〇)、陽明学者の熊沢蕃山を招き、その勧めで領内に多くの植林をした。この山もその一つで、スギやマツが全山を覆っている。藩は木材、薪炭の供給地として山を保護し、領民には大木の伐採を禁じ、薪として枝だけを採ることを許した。

登路　低い山地ながら懐の深い山々だけに、かつては急坂のつづく難路だったというが、一帯の最高点であるため無線・テレビなどの中継塔が山頂に建てられ、そのための車道が通じ、山頂まで舗装されている。竹田市街地と長湯温泉を結ぶ地方道の長慶バス停から、田平などの集落を抜けて、九十九折の車道を八㎞ほど登る。徒歩なら長慶から山頂まで二時間四〇分程。

地図　二・五万図　朝地　久住

(梅木秀徳・加藤英彦)

椿山　つばきやま

標高　六五九m

大分県豊後大野市と佐伯市の境には秩父古生層を主体とする、小さいながら長い山並みがつづいており、その東端近くにあって、佐伯市(旧南海部郡弥生町と本匠村の境)にあるのがこの山である。頂上付近はチャートで、南の麓には石灰岩が多い。この石灰岩地帯は地獄谷と呼ばれる深く切れ込んだ谷を造ったり、風戸洞の鍾乳洞などを見せるが、観光的にはほとんど未開発である。

南側中腹の標高二五〇m辺りに椎ヶ谷と竹原《たこら》(ともに本匠)の小さな集落があり、その間の峠まで車で登られる。ここに寺屋敷と呼ばれる場所があり、石の小仏といくつかの五輪塔が残されている。このほかにも山中のあちこちに石の地蔵なども見かけられるので、かつては里人にかなり親しまれた山だったようだ。

登路　峠まで車利用がよい。国道一〇号の佐伯市弥生中心部の畑木から県道を本匠へと辿り、白谷から北に入り地獄谷を南下に見て竹原を経て峠へ。あるいは県道の佐伯市弥生谷口から椎ヶ谷への道もあるが狭い。徒歩だと谷口からの方が近いが二時間はかかろう。峠からは林道があり、登山口の標識まで四〇分程。林の中の尾根道を三〇分程で主尾根に着き、さらに二〇分弱で山頂。

地図　二・五万図　植松

(梅木秀徳・加藤英彦)

佩楯山　はいたてさん

標高　七五四m

別称　灰立山・御救山

大分県豊後大野市と佐伯市にまたがる。別府湾・瀬戸内海に注ぐ大野川と佐伯湾・豊後水道に入る番匠《ばんじょう》川の両水系の間、行政区域なら豊後大野市と佐伯市の境に、長く連なる山並みがある。文献によっては佩楯山脈とも呼ばれている。主役はもちろんこの山。細長い平頂峰で、山頂には県内各テレビ局、警察、国土交通省などの電波塔が建てられ、これと並ぶ石峠山(六二二m)にもマイクロウエーブなどの中継塔が建っている。このため「山がカンザシを差している」とまでいわれる。塔の建設のため最初に南側から山頂まで車道が付けられ、さらに林道も開通して各方面から自動車で登ることができるようになった。

これだけの塔が建つということは、この山が見通しに恵まれ、電波をさえぎるものが近くにないことを示している。つまり、展望がすばらしいわけである。律令の時代には、この特性を利用して烽《とぶひ》(狼煙《のろし》)が設けられていたらしい。古い文献に「灰立山《はいたて》」とあるのは、そのためと思われる。それが詩歌に詠まれるようになって佩楯といういかめしい名前になったようだ。

佩楯山(三国峠から)

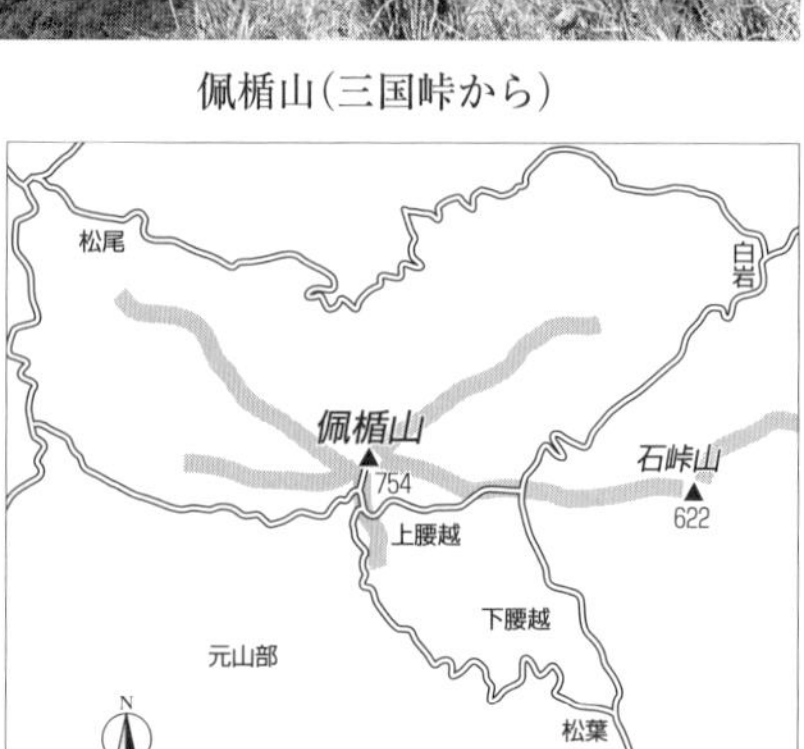

烽はさしずめ現代のマイクロウエーブである。この山の辺りには三国峠、旗返《はたがえし》峠など豊後と日向を結ぶ幾多の峠路が古くから開かれているが、同時にこの山が通信の上でも重要な位置にあったことを物語っている。三国峠は江戸期の中川(竹田)、毛利(佐伯)、稲葉(臼杵)三藩領の境である。西南戦争の際には官軍と薩摩軍の攻防戦が行われた場所。そのほかにも豊後、日向の主要路が通るだけに古戦場も多い。

別に「御救山《おすくいやま》」の名も与えられた。江戸時代は臼杵藩領で、嘉永年間(一八四八〜一八五四)の領内の災害の際、藩ではこの山のスギを伐採して農民などの救援資金に当て、同時に今後の凶作などに備えて、いざという時に伐採して換金、分配するため、スギ苗三〇〇万本を植えたと記録されている。

佩楯山脈ともいえるものは、彦岳、尺間山につづくもので、国道一〇号の中ノ谷峠から西へ椿山、冠岳(六一八m)、楯ヶ城山(六一〇m)、さらに石峠山から佩楯山などとなり、その間にいくつもの峠を置いて祖母・傾山群へ接続していく。秩父古生層の石灰岩を主体とする山々で、南北の裾に鍾乳洞を持っているのが特徴。水中洞を抱く稲積山(約五八〇m)はよく知られている。石灰岩が白く見えることから、山麓には白谷、白山など「白」を冠する地名が多く、ホワイトラインとも呼ばれる。

登路　車で登る道がいくつかある。豊後大野市三重町の松尾、あるいは国道三二六号から三国峠の旧道を経由して樫峰《かしみね》から登る道のほか、臼杵市野津町の川登、佐伯市本匠の松葉・腰越などからも通じている。歩くには野津町と本匠の境となる峠から尾根道を約一時間三〇分で山頂。山頂部の展望はよいが、前記の電波塔などのため昔の面影はない。一等三角点の標石も塔建設のため一時行方不明となり、今西錦司氏などの努力で再設置されたいきさつがある。修験の場となっていた歴史は、石の祠がわずかに語るだけである。

(梅木秀徳・加藤英彦)

地図　二・五万図　佩楯山

鎮南山　ちんなんざん

標高　五三六m

別称　南岳山

大分県臼杵市と津久見市の境にあって、臼杵市民にもっとも親しまれている山。多くの人が気軽に登っており、なかには朝の散歩の日課としている人もいるとか。臼杵城下町の南にあるので、古くは「南岳山《なんがくさん》」と呼ばれていた。『臼杵小鑑拾遺』には「南岳山は俗にトヲノヲといふ。詩に鎮南山、虎尾峰、六国峰、燈峰などに作る」とある。「トヲノヲ」はいま、塔ノ尾とされている所。山頂から北に延びる尾根の先端、四七五m標高点の場所を指している。虎尾、燈もこれから出たようだ。展望のよい場所で、ここを山頂と思いストップする登山者が多い。近くに臼杵城下の名僧、月桂賢巌ゆかりの山庵《さんなん》寺があり、江戸時代の石仏などを訪ねての小さな霊場めぐりもできる。

登路　JR日豊本線上臼杵駅、あるいは市街地から国道バイパスに出て、右に約二〇分で登山口。舗装の坂道を上がる。車なら一〇台以上駐車できる市営墓地広場がある。東九州自動車道をまたぎ、ここから山道。よく整備されている。塔ノ尾まで五〇分位。山頂はさらに二〇分弱。

地図　二・五万図　臼杵

（梅木秀徳・加藤英彦）

姫岳　ひめだけ

標高　六二〇m

別称　姫見ヶ岳・紫雲山

大分県の臼杵市と津久見市の境にあって、伝説に包まれる山。豊後大野市の内山観音や国宝・臼杵磨崖仏に伝わる話で知られる炭焼小五郎こと真名野《まなの》長者が、橘豊日皇子《たちばなのとよひのみこ》（のちの用明天皇）の後を追って船出した娘の般若姫を見送ったのがこの山とされ、「姫見ヶ岳」もそれから出た名前。また、臼杵磨崖仏の開眼の日、この山に紫の雲がたなびき、妙なる楽の音が響いたとも伝え、「紫雲山」とも呼ぶ。室町期から山城も置かれ、豊後の大友氏の一族と瀬戸内海の大内氏、河野氏らが二度にわたって合戦を繰り広げた歴史もある。秩父古生層の砂岩、粘板岩からなる。上部にクロマツの混じる天然林、下部に植林地がある。

登路　鎮南山からの縦走もできるが、臼杵市望月から上ってくる林道を車で行けば、鎮南山からの縦走路に取りついて三〇分程で登ることができる。または車で津久見市青江と臼杵市川原内の間の峠から約四〇分。頂上には祠があり、姫を見送ったというだけに海はもちろん、かなりの遠望が利く。東にはカルスト台地で石灰岩採掘の進む碁盤ヶ岳（七一六m）が近い。

地図　二・五万図　津久見　臼杵

（梅木秀徳・加藤英彦）

彦岳　ひこだけ

標高　六三九m

大分県の津久見市、佐伯市にまたがる。豊後水道沿岸部きっての名山といわれ、詩歌には「飛狐峰《ひこのみね》」とうたわれた。ドーム形というか、山頂にある神社の社叢が乳首となる乳房形の山容と、周りの山々より高く、海に近いことから航海者にとって絶好の目印とされた。ということは、山からの展望もよいということで、リアス式の豊後水道が一目である。とりわけ長く延びる鶴見半島の鳥瞰は絶景で、日の出がすばらしい。振り返ると尺間山《しゃくまさん》の鋭峰をはじめ、内陸山地の山々が広がっている。

大分県域の地質・地形は複雑である。大きく見ると、北部は火成岩地帯、南部は堆積岩地帯で、その間を中央構造線が走っている。豊後水道の沿岸は、変成岩を含めて、堆積岩地域の典型的な姿を示し、三波川《さんば》変成岩帯、あるいは古生代の石灰岩帯、四万十《しまんと》帯などの地層が何条かのタスキのように掛けられ、その山並みはさらに内陸部に深く入り込み、九州山地へ結び付く。

内陸部を含めて、これらを「海部山地」と

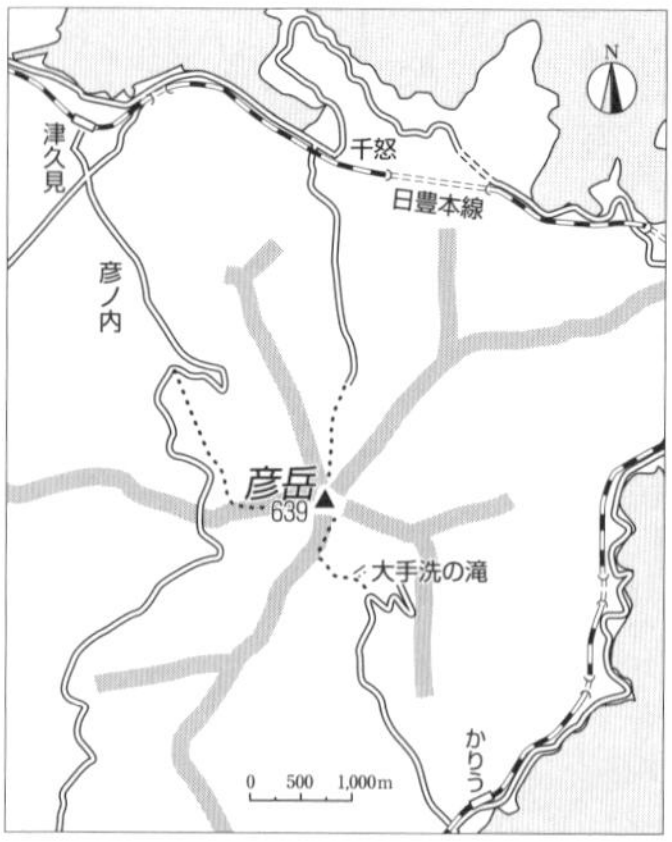

呼ぶなら、その範囲に入る山々は名前の知られているものだけで二〇〇座に近い。そのうち著名な山は訪れる人がかなりあって、登山道などよく整備されている。しかし、全般的には登山の対象とされる山は意外と少なく、いわゆる「知られざる山」が多い。標高こそ低いとはいえ、まずアプローチに骨折るほか、道はほとんどなく、さらに濃密な草木にてこずる山が目立つ。だが、積極的に分け入れば、草付のなだらかな山が多い火成岩地帯とは一味違うことがよく分かる。

登路　彦岳は、それらの山々をほぼ一望できるうえ、豊後水道の名山として登山する人も多く、道ははっきりしている。登路はいろいろあるが、海側から取りつくのが便利。JR日豊本線狩生駅の近く、国道二一七号に「彦岳」の大きな標柱がある所から。集落の道から林道を経て、登山口まで四〇分程。修験者が入っていた当時の行場である大手洗《おおたらい》の滝などを見て、ロープもある尾根筋の急坂を登りつめると林道を横切り、主尾根に出る。最後にひと登りで山頂(約一時間)。このほか津久見市の彦ノ内《ひこのうち》や千怒《ちぬ》からのコースもよく利用されており、山頂までいずれも約一時間三〇分である。

地図　二・五万図　浅海井・津久見　(梅木秀徳・加藤英彦)

尺間山　しゃくまさん　標高　六四一m

別称　釈魔岳

大分県佐伯市にある。「霊峰尺間」として親しまれている信仰の山で、山頂の尺間神社には九州各地ばかりか四国、関西辺りからも参拝者が多く、あちこちに勧請されて祀られている。「尺間」の名の起こりは釈魔、つまり魔《ま》を釈《と》くの意味だとされる。天正元年(一五七三)に麓の坂本出身の修験僧、高司盛雲《たかじせいうん》が大和の大峰で修行ののち、神告によってここに霊場を開いたと伝える。

大きな岩場を持った尖峰で、山頂は神社や関係施設によって占められる。神社へは正面から急な石段を登るが、津久見市側からの参拝道には最後に「四〇〇段」で知られる長く高い石段があり、地形図にもはっきり記載されているほど。

登路　国道一〇号の尺間登山口から車道があり、中腹の広い駐車場から参道がよく整備されている。二つのルートがあるが、どちらも標識に従えば三〇分程で山頂の神社に着く。下山に四〇〇段を利用して林道に下り、駐車場へ戻る。津久見市側は登山口から一の鳥居まで一時間、林道を経由してさらに一時間で四〇〇段となる。

地図　二・五万図　津久見　(梅木秀徳・加藤英彦)

栂牟礼山　とがむれさん　標高　二二四m

大分県佐伯市にある。彦岳から南に延びる山並みが番匠《ばんじょう》川でさえぎられる所にあり、西では井崎川が合流している。この二つの川に挟まれた位置で、山頂部は台形。というのも、この山は室町期の城の跡だからである。

城を築いたのは現在の佐伯市はじめ一帯を支配し、水軍も持っていた佐伯氏一〇代の惟治《これはる》とされる。大永七年(一五二七)秋、大友氏に謀反の疑いをかけられ、臼杵長景《ながかげ》の二万の軍勢に囲まれる。これが栂牟礼合戦である。地形からして堅固な城で、佐伯勢はよく防戦したが、結局は謀略によって開城を余儀なくされ、日向に落ち延びる途中に討たれた。当時の城下が現在の佐伯市弥生中心部である。

その後、佐伯に毛利氏が入っていまの城山に新しい城を築くため、栂牟礼城の石垣を崩して運び出した。現在は山頂部に本丸、二の丸や堀切(空堀)などの跡がうかがえるだけとなっている。

登路 佐伯市上岡の登山口から登る。登山口のすぐ上で右の城山谷コースと左の左谷コースに分かれる。右へ登って山頂まで四〇分程。左谷コース下山で二〇分程である。また国道一〇号沿いの佐伯市弥生から蕨野に入り、惟治の霊を鎮めるための栂牟礼地蔵尊から三〇分程で山頂。

地図 二・五万図 植松

(梅木秀徳・加藤英彦)

元越山 もとごえさん

標高 五八二m

大分県佐伯市にある。国木田独歩の『欺かざるの記』に「吾窓よりの眺めの余りの美しさに堪え兼ね、昨日遂に此山に登りぬ」の一節がある。吾窓は現在の佐伯市山際《やまぎわ》通りの下宿、昨日は一八九三年一一月五日、此山こそ元越山である。佐伯市からだけでなく、どこから見てもすばらしい山。北に浦代《うらしろ》、南に畑野浦の両峠を持ち、佐伯湾奥の町と豊後水道沿岸の浦を分け、米水津湾を抱いている。市街地から番匠《ばんじょう》川を渡り、国道三八八号を走ると、正面やや右にこの山の大きな姿が飛び込んでくる。高さのわりに堂々とした山容で、独歩が魅せられたのもよく分かる。

独歩は同年、佐伯の私塾・鶴谷《つるや》学館の教師として招かれ、二三歳で赴任した。ただ、佐伯滞在は短かった。自由人としての彼のふるまいが、城下町の人々との間に軋轢を生んだためである。しかし、一年にも満たない間、独歩は佐伯地方の山、川、海を歩き回る。鶴ヶ城跡の城山(一四四m)の山際に下宿していたため、城山にはたびたび登り、『豊後の国佐伯』でそれを称えているし、名作『春の鳥』の舞台も城山であるが、そのほかにも栂牟礼《とがむれ》山から鶴見半島まで足を延ばしている。そして、元越山には二度も登った。

「美しさに堪え兼ね」た最初は弟と二人だったが、二度目の翌年四月二二日は「七人の同遊」と一緒した。その時の彼のいでたちは「ネルのズボン下に紺足袋の白けたるもの」だった。

『元越山に登るの記』によると、川舟で木立に着き、浦代峠から道なき道を強引に辿っている。それだけに山頂に達しての感激はひとしお。「高達なる大観に対したる瞬間、一種言い能はざる感に打たれ、殆んど悌泣せん計りなりき」と書いている。

「大観」というだけに、山頂からの展望はよい。造林地に囲まれてはいるが、広い草原となって山海の景観はほしいまま。海岸部の山々はもちろん、祖母・傾山群から大崩《おおくえ》山まで見える。海は眼下の米水津湾から、リアス式の水道の見事さに打たれる。地元の木立《きだち》ふるさと元越会による独歩記念碑があり、『登るの記』の一節が刻み込まれている。

登路　北西の中野河内・宮川内が登山口である。佐伯からバスで浦代行きは岡、畑野浦行きは桟敷で下車して歩く。車なら中野河内集落の中の複雑な道を案内標識に従って登山口へ。たくさんの竹の杖が用意されている。人工林や自然林の中を少しずつ高度をかせぎ、尾根に出て一時間程で「下の地蔵」の前を通る。その後、浦代峠から登ってきた道と合流する所があるが、その道はブッシュに覆われ、独歩の当時に戻っている。さらに独歩が樵《きこり》に出会ったという「中の地蔵」を過ぎ、山頂かと錯覚しそうな小さなピークをいくつか越えて、下の地蔵から一時間弱で山頂である。近年南の「空の公園」から石槌山、色利山を経て山頂まで約三時間三〇分の縦走路が整備され人気がある。これを利用し、下りは色利浦へのルート(これも最近整備された)をたどると面白い。

地図　二・五万図　畑野浦　佐伯

(梅木秀徳・加藤英彦)

仙崎山　せんざきやま

標高　四一二m

大分県佐伯市にある。豊後水道の南端、日向灘から水道への入り口にあたるのが仙崎半島で、その先端に位置するのがこの山。南東の日向灘に面した所に高い断崖を懸けている。一方、北西には波静かな入り江を抱き、養殖漁業の盛んな地域である。かつては要塞地帯として海軍の砲台が置かれた。豊後水道は太平洋・日向灘から瀬戸内海への入り口にあたり、ほかにも佐賀関半島の先端に浮かぶ高島や鶴見半島に敵艦隊の侵入を阻止するための砲台が設けられた。とくに仙崎山は水道の南の関門であるため重視されており、以前は人を寄せつけない区域だった。

現在は山頂直下が公園化され、ツツジの名所として開花期には多くの人が訪れる。ここから半島の付け根にある高平山(三四六m)の下のキャンプ場までサイクリング・ロードも設けられ、海の景色を楽しみながらペダルを漕ぐことができる。縦走も可能。

登路　仙崎公園まで車が入るが、麓の仲川原にバス停があり、ここから歩けば約一時間。公園からはコンクリートの砲台跡を経て三〇分もあれば山頂である。

地図　二・五万図　蒲江

(梅木秀徳・加藤英彦)

場照山　ばてりやま

標高　六六一m

大分県佐伯市と宮崎県延岡市にまたがる。県境は山深く、大分県側は低いながらも濃い樹林をまとった骨太の山が連なって見えるが、宮崎県側は稜線まで伐採後の植林地となっている。場照山はその代表格。バテルヤマとも読み、赤鬼、あるいは怪異な人、化け物が棲むとの言い伝えがある。大分県南部はキリシタン信者も多かった地域で、クルスに由来する久留須《くるす》川などの地名も残っていることから、キリシタンが禁制になった時代、宣教師・バテレンが隠れこもったのが山名の起源と推測する人もいる。赤鬼、怪人に紅毛の外国人のイメージが重なるためである。

登路 交通の便はきわめて悪い。車に頼るしかない。佐伯の市街地から旧蒲江町への道を走り、青山地区の川井から黒沢の谷に向かう。黒沢ダムから左折して播磨谷林道に入り、谷が大きく二つに分かれる所で再び左をとり、鳴水谷《なるみずだに》林道へ。道は谷を離れて山腹を辿るようになり、山から北西に張り出した尾根に出ると取りつき点がある。踏み跡はしっかりしており、約五〇分で頂上である。

地図 二・五万図 三川内 蒲江

(梅木秀徳・加藤英彦)

桑原山 くわばるやま

標高 一四〇八m

別称 八本木山《はちほんぎやま》

宮崎県延岡市と大分県佐伯市の境界に位置し、西は夏木山、南東部は黒原山(八八一m)に連なり、北に七年山(一〇三二m)から北川支流桑原川に山稜を落とす。

山名は山麓の「桑の原」の地名から由来するものと考えられる。

山体は主として花崗岩体で、山頂部は中生層からなっている。標高六〇〇m以上は急崖に取り囲まれ、岩峰を所々に見ることができる。一九六五年、祖母傾国定公園特別地域に指定された。

登路 ①林道下赤・上祝子線経由林道登山口から矢立峠を経て山頂に至る(登山口から約二時間五〇分)。②藤河内登山口から山の神谷・万次越を経て山頂に至る(登山口から約五時間三〇分)。

地図 二・五万図 木浦鉱山

(日高研二)

可愛岳 えのだけ

標高 七二八m

宮崎県延岡市俵野に位置し、東側は北川、西側は祝子《ほおり》川に山裾を落としている。俵野地区には経塚と呼ばれる古墳(「延喜式」では日向埃山陵)があり、瓊瓊杵尊《ににぎのみこと》の山陵と伝えられ、現在は御陵伝承地として宮内庁が管理している。一八七七年八月一五日、西南戦争和田越の戦いで敗れた西郷軍は、暗夜の可愛岳越えを強行して脱出に成功した。

山名は花崗岩の岩峰が柄のように長く延びているところから「えのたけ」と呼ぶようになった。

山体は大崩花崗岩体を取り巻く花崗斑岩の環状岩脈(リングダイク)で、その最東端に位置する。

登路 ①俵野登山口から尾根筋をザレの頭、丁字路を経て約二時間一〇分で山頂。②県道岩戸延岡線から桑原林道に入り、約四〇分で登山口、尾根道を辿り五六二mのピークを経由して約三時間で山頂。③国道一〇号、大峡林道登山口から尾根道を辿り、約二時間三〇分で山頂に達することができる。

地図 二・五万図 延岡北部

(井野元 繁・久永博之)

木山内岳 きやまうちだけ

標高 一四〇一m

大分県佐伯市と宮崎県延岡市にまたがる。夏木山などにくらべ訪れる人も少ない地味な山だが、北の麓にある佐伯市宇目の藤河内渓谷がクローズアップされ、登山路のかたわらにある観音滝まで足を延ばす人が多くなった。そこまでは歩道もかなり整備されており、落差七三・五mの滝が冬場には凍結する美しさも知られるようになった。そこから上への登山道は宮崎県の祝子《ほうり》川流域とを結ぶ喜平越《きへいごし》の峠路で、頂から大崩山の湧塚《わくつか》ダキの岩場などを望むことができる。

藤河内渓谷は花崗岩のなめらかな川床を奇麗な水が洗う所で、樋状の溝に躍る水、平たい浅瀬に光る水、深い淵に青く湛えられる水など、緑の樹林と相まっての景観が見事。キャンプ場や遊歩道が整備されている。最近は「藤河内湯~とぴあ」の温泉場も生まれた。

登路　藤河内から観音滝まで一時間強、さらに同じぐらいで喜平越である。尾根筋を左折して頂上までは四〇分程。

地図　二・五万図　木浦鉱山

（梅木秀徳・安東桂三）

夏木山　なつきやま　標高　一三八六m

別称　橅《ぶな》山

宮崎県西臼杵郡日之影町と大分県佐伯市の県境にあり、祖母傾国定公園の特別地域の東部に位置し、北は新百姓山、南東は木山内岳、西は五葉岳に連なる。ブナ、ミズナラ、ツクシアケボノツツジ、ドウダンツツジ類に覆われた岩峰の登り下りの難所は、通称小鋸五峰、大鋸五峰といわれ、三段梯子・ロープなどに頼って乗っ越す所もある。

山名はブナなど落葉樹が多く、春に芽吹き、夏に葉を茂らせる樹木を「夏木」ということに由来する。

山体は秩父累帯に属する二畳紀のチャート、粘板岩、砂岩などからなり、南東部を北東から南西に地質構造線が走っている。

登路　①杉ヶ越登山口から尾根に取りつき、①新百姓山、桧山、犬流越を辿って約四時間三〇分で山頂。②五葉岳登山口から稜線を登り、五葉岳、要山のピークを経て約二時間五〇分で山頂。③藤河内登山口から林道を歩き、尾根を辿って約三時間三〇分で山頂に達することができる。

地図　二・五万図　木浦鉱山

（井野元　繁・久永博之）

五葉岳　ごようだけ　標高　一五七〇m

宮崎県西臼杵郡日之影町と延岡市の境界に位置する。

山名は山頂付近には五葉松（ヒメコマツ）はないが、南に望むことのできるお姫山（一五一七m）に五葉松があることにちなんだものと推察される。

山体は二畳紀のチャート、砂岩、石灰岩からなる。祝子川渓谷の源流で、見立渓谷分水界にふさわしい深山幽谷の趣に満ちた原始境と渓谷美は、この山の身上のひとつである。一九六五年、祖母傾国定公園特別地域に指定された。

登路　①日隠林道大吹谷五葉岳登山口から直登尾根を経由して山頂（約一時間二〇分）。②日隠林道ゲート登山口からお化粧山を経てお姫山経由で山頂（約二時間二〇分）。③見立小谷橋登山口から見立鉱山跡を経て頭布《とっきん》岳経由山頂へ（約三時間四〇分）。④見立中学校バス停登山口から洞岳鉱山跡、大吹鉱山跡を経由して山頂（約三時間四〇分）。⑤祝子川渓谷吐野《はきの》登山口から瀬戸口谷経由で山頂（約四時間）。

地図　二・五万図　見立　（日高研二）

大崩山　おおくえさん　標高　一六四三m

宮崎県延岡市に位置し、「九州最後の秘境」といわれるほど山岳と渓谷の景観に優れている。

山名は露出した花崗岩の表面が風化し、崩れやすいことによる。

山体は東西一五km、南北一三kmにわたって花崗岩が露出し、第三紀中新世時代に形成された。地表部は四万十層を貫く形で地下深部からマグマが上昇したもので、山頂付近は四万十層群や見立礫岩層、祖母火山岩類がわずかに残り、侵食作用によって花崗岩が露出した所では尖峰、絶壁など急峻な山容を形成している。

大崩山湧塚岩峰（袖ダキから）

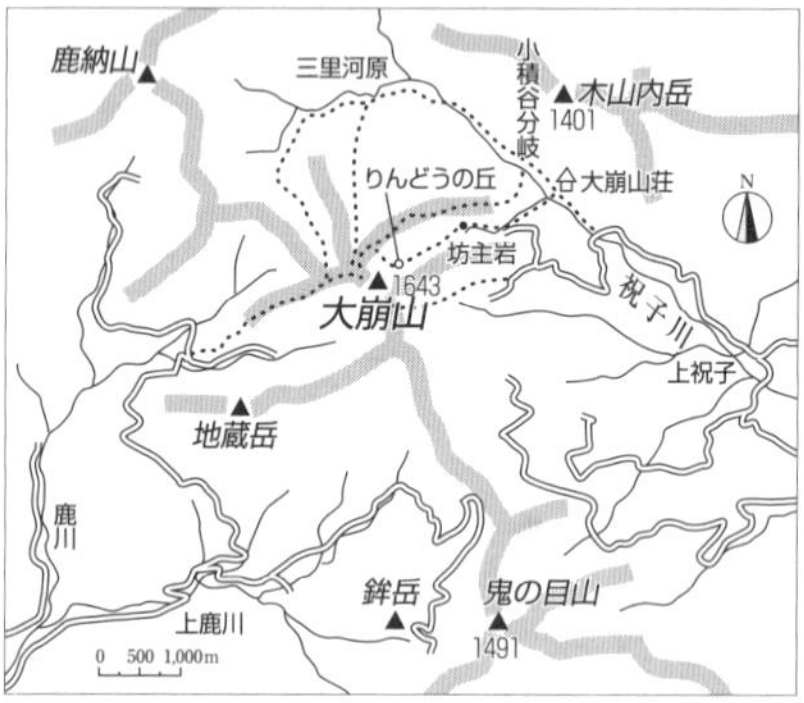

植生はモミ、ツガ、ブナ、カエデ類、ヒメシャラ、ゴヨウマツ、アカマツ、ナツツバキ、ミズナラなどが混合する原生林に覆われ、広い山域にはシダ類以上の植物種の総数は一一九科五七六種に及ぶ。ブナ林内に大群落をなすツクシアケボノツツジやササユリ、ベニドウダンは、この山の代表的な植物といえる。

延岡市上祝子《かみほうり》の登山口から大崩山荘を過ぎ、アセビのトンネルを抜けると祝子川渓谷の壮観な岩峰が立ちはだかる。小積《こづみ》ダキといい垂直約四五〇mの花崗岩質の岩壁は見飽きない。ロック・クライミングのゲレンデとしていくつものルートが開かれた。二枚ダキ、小積ダキ、湧塚などの岩壁や岩峰が原生林中に屹立し、花崗岩の尖峰と絶壁のなす光景は一幅の山水画にたとえられよう。

石塚（一六三〇m）からの展望は、北から祖母傾山系の連山、九重連峰、阿蘇連峰につづき、日隠《ひがくれ》山で終わる。南に九州山脈脊梁の主峰・国見岳をはじめ白鳥山、烏帽子岳、銚子笠、さらに霧島連峰から尾鈴山系までの眺望をほしいままにすることができる。山頂はここから約七分の距離だが、展望は利かない。

この山系の北東部を流れる渓谷を祝子川、南西側の綱ノ瀬川上流を鹿川《ししかわ》渓谷と称し、絶景の一語に尽きる。一九六五年、祖母傾国定公園特別地域に指定された。

登路　①上祝子登山口から祝子川渓谷沿いに大崩山荘を経て、祝子川を徒渉し、小積谷分岐から急登。袖ダキ、湧塚岩峰を左手にして約四時間五〇分で山頂。②上祝子登山口から大崩山荘を経て、祝子川を徒渉して急登。坊主岩から約二〇箇所の梯子を登り、小積ダキ、りんどうの丘を経由して約四時間で山頂。③上祝子登山口から林道祝子川線を約一時間二〇分辿った後、林道終点から沢沿いにヤブの中を二枚ダキ、鹿川分岐を経て約二時間二〇分で山頂。④上祝子登山口から大崩山荘、三里河原、モチダ谷出合を経て稜線を辿り、約五時間二〇分で山頂。⑤上祝子登山口から祝子川渓谷沿いにモチダ谷出合、中瀬松谷出合、権七小屋出合を経て尾根筋を登り、約六時間一〇分で山頂。⑥鹿川《ししがわ》宇土内谷登山口からは尾根筋を辿り、約二時間三〇分で山頂に立つことができる。⑥以外のコースは岩、ロープ、梯子がある中級コースだ。

地図　二・五万図　祝子川　（井野元　繁・久永博之）

鬼の目山　おにのめやま　標高　一四九一m

別称　奥牧山

宮崎県延岡市に位置し、祖母傾国定公園内にある。東部は榎峠を経て檜山（一一三一m）、南部は国見山から黒岩山（一〇七〇m）に延び、西側は鉾岳（一二七七m）に連なる。

山名は東壁にある水晶が朝日に輝き、鬼の眼に似たところからきたという。珍しい山名に加え、自生しているツチビノキは、地球上で唯一の自生地で、世界的な希少植物として宮崎県が誇る希産植物番付の横綱である。ジンチョウゲに似た花を七月上旬に谷沿いの湿った所に咲かせる。植物の種類も豊富でブナ、ツガ、カエデ類、南限植物のミヤマガンピ、ウバタケニンジンのほか、ヤマアジサイ、バイカツツジも目立つ。

山体は大崩山花崗岩体と呼ばれるバソリスを形成し、数百mに達する急崖をめぐらしている。

登路　延岡市鹿川《ししかわ》キャンプ場登山口から鉾岳渓谷に沿って鬼の目林道上部を横断し、約二時間四〇分で山頂に達することができる。

地図　二・五万図　祝子川　（井野元　繁・久永博之）

行縢山　むかばきやま　標高　八三〇m

宮崎県延岡市の西部に位置し、遠望した山容が古代、乗馬の時に用いた行縢《むかばき》という皮脚絆に似ていることから山名となった。

山体は花崗斑岩からなり、東を雌岳、西を雄岳と呼び、その岩山の間の絶壁に高さ約一〇〇m、幅約二〇mの九州有数の落差を誇る行縢ノ滝があり、「日本の滝百選」の一つである。

登山口には養老二年（七一八）に創建された行縢神社があり、伊邪《いざ》那岐命《なぎのみこと》ほか二神が祀られている。登山道は九州自然歩道のルートで、一九六五年、祖母傾国定公園特別地域に指定され、よく整っている。

登路　行縢神社登山口から滝見橋、山の神峠、県民の森を経て約二時間で山頂に達する。

地図　二・五万図　行縢山　（日高研一）

比叡山

ひえいざん

標高　七六〇m

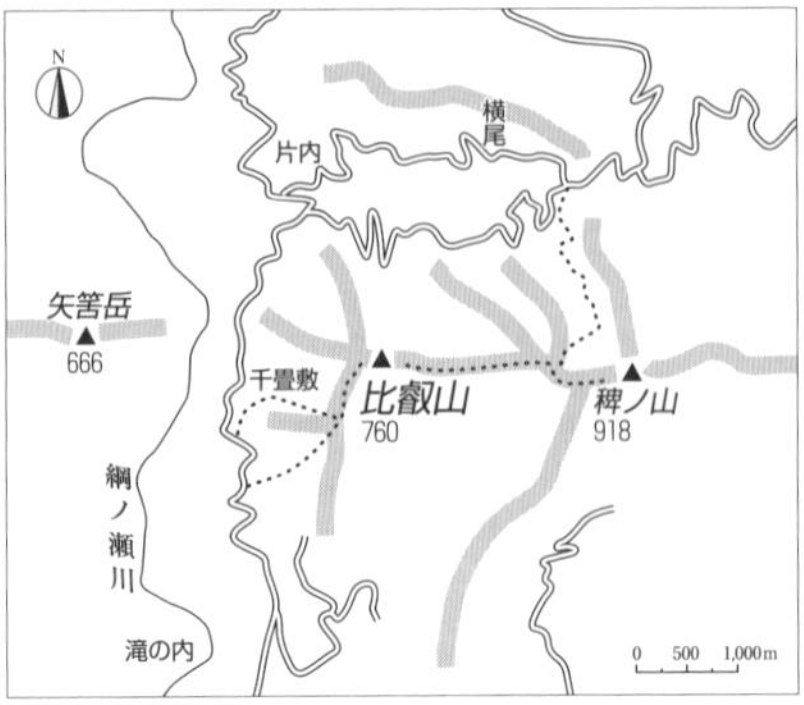

比叡山岩峰（千畳敷登山口から）

宮崎県延岡市にある。標高は八〇〇mに満たないが、前峰、本峰、後峰からなる花崗岩の雄峰は、綱ノ瀬川の川面に一気に落ち込んでいる。この景観は一九三九年に国の名勝指定を受け、一九六五年、祖母傾国定公園特別地域に指定された。

山名は山麓が早くから開拓され、ヒエの栽培が盛んであったことに由来する。

山体は花崗斑岩からなり、北東の大崩山花崗岩体の貫入に随伴して隆起した環状花崗岩脈である。岩脈は西に矢筈岳、丹助岳と連なる。東に稜線をたどると約一時間で稗ノ山に至る。さらに東に行縢《むかばき》山《さん》、可愛岳《えのだけ》に延びて岩峰群を屹立させている。比叡山と矢筈岳とは綱ノ瀬川を挟んで対峙している。かつて両山は同じ山体であったが、綱ノ瀬川の侵食作用によって分断された。切り立った三つの岩峰には、ロック・クライマーが全国から集まる。一峰のニードルと呼ばれる岩塔はブッシュがなく、クラックを主体とした人気ルートの一つとなっている。川床からスタートすれば、約四〇〇mを超すロック・クライミングが満喫できる。

植生は豊かで、とくに垂直な岩壁にカエデ類、ヤマツツジ、ツクシアケボノツツジ、ヒメコマツなどが季節を彩る。

登路　千畳敷登山口から直登するコースと南側登山口からのコースが一般的であり、所要時間はいずれも約一時間である。

地図　二・五万図　日之影

（荒武八起）

日隠山

ひがくれやま

標高　一五四四m

宮崎県西臼杵郡日之影町に位置する。山名は、西日が強く当たった後、瞬く間に暗くなることにちなむ。主稜は北北東から南南西に延び、北は鹿納山（一五六七m）、五葉岳に、南は釣鐘山、丹助岳、矢筈岳に連なっている。

山体は中生代四万十層群の砂岩、粘板岩から構成されているが、南東部は新生代の花崗岩が露出して険しい。植生は豊富で、稜線近くにはブナ、ミズナラ、ナツツバキが多く、ヒカゲツツジ、ツクシアケボノツツジ、ドウダンツツジなどが見事である。山頂から北東に延びる主稜に三角点より四〇m高い北日隠山のピークがあり、ここからの眺望はすばらしい。

登路　日之影渓谷側は日隠林道登山口、上鹿川側は五葉岩屋経由かこいくぼ谷登山口から入るコースがあり、いずれも約二時間二〇分で山頂に達することができる。

地図　二・五万図　大菅

（荒武八起）

釣鐘山　つりがねやま

標高　一三九六m

宮崎県西臼杵郡日之影町に位置する。尖った山頂部は天を突き、釣鐘状の山容が山名となった。稜線は北北東に鹿川峠を経て日隠山、五葉岳、南南西に山師峠を経て丹助岳、西の山稜は金岳（一一一一m）、明神岳（六六六m）に延びる巨大な山塊を形成している。東部は綱ノ瀬川に、西部は日之影渓谷に急激に落ち込み、とくに南東部中腹は断崖絶壁を幾重にも重ねている。

山体は中生代四万十層群の砂岩、粘板岩からなるが、東部中腹には花崗岩帯が広く露出して急崖となっている。ブナ、ミズナラ、ミズキ、ヒメシャラ、シオジ、カエデなどからなる自然林が多く残されている。

登路　日之影渓谷の千軒平林道登山口から鹿川峠を経由するコースと、鹿川林道登山口から鹿川峠を経由するコースがある。それぞれ約二時間一〇分で山頂に達することができる。

地図　二・五万図　大菅

（荒武八起）

丹助岳　たんすけだけ

標高　八一五m

別称　丹助山

宮崎県西臼杵郡日之影町中心地の南東部に位置し、岩峰はオベリスク状を呈し、南アルプス鳳凰三山の一つ、地蔵岳を彷彿とさせる。岩峰東側の綱ノ瀬川と北西側を流れる日之影川の渓谷美はすばらしく、南部の五ヶ瀬川に落ち込む。

山名は天狗棒術を修業した「丹助どん」という民話に登場する人名によるものといわれている。山頂直下の天狗の岩屋洞穴に伊佐ヶ嶽大明神が祀られている。

山体は北東部の大崩山地の中生層の堆積岩を破り、花崗岩体の貫入によって同心円状の裂け目に噴出した花崗斑岩で、リング・タイと呼ばれる地層である。山麓は四万十層群の砂岩・頁岩である。

登路　日之影町上下顔《かみしもつら》林道（九州自然歩道）丹助登山口から天狗岩を経由して約四〇分で山頂に達することができる。

地図　二・五万図　日之影

（井野元　繁・末永軍朗）

矢筈岳　やはずだけ

標高　六六六m

宮崎県西臼杵郡日之影町の中心地の南東部に位置し、延岡市との境界を流れる綱ノ瀬川を挟んで東西に対峙する比叡山とともに、川床から高度差約四〇〇mの断崖絶壁が山頂までつづく山である。

山名の由来は、山頂部のくぼんだ鞍部を挟む東西の二峰の姿が、矢筈に似ていることにちなむ。

　山体は花崗岩で、北東部の大崩山の花崗岩体貫入時に形成された環状岩脈である。この岩脈は先行性の河川・綱ノ瀬川の侵食作用によって比叡山と分断されたウォーター・ギャップと呼ばれる珍しい地形である。岩峰と峡谷の壮大な光景に加え、マツ類、カエデ類、ツツジ類などの樹木がすばらしい景観をつくり、一九三九年に国の名勝に、一九六五年に祖母傾国定公園特別地域に指定された。

登路　①矢筈林道登山口から西峰まで約二〇分、鞍部を経て約三〇分で東峰の山頂へ。②丹助小屋から矢筈岳林道出合登山口を経由して西峰まで約五〇分、鞍部を経て約三〇分で東峰の山頂に達することができる。

地図　二・五万図　日之影　（井野元　繁・末永軍朗）

新百姓山　しんびゃくしょうやま　標高　一二七二m

大分県佐伯市と宮崎県西臼杵郡日之影町にまたがる。傾山から南に曲がった大分・宮崎県境稜線は県道宇目日之影線の杉ヶ越（大明神越）に下り、さらに再び高まって延びる。その間にいくつもの小ピークを並べ、その最初の大きな山となるのがこの山である。

　杉ヶ越の名は大きなスギの木があったことからだが、それは峠に置かれた大明神社の神木だった。かつて豊後の大友氏が日向遠征にあたり、ここに明神を祀って戦勝を祈願したからと伝え、杉園大明神と呼ぶ。江戸時代は、現在の佐伯市宇目に岡藩（中川氏）が開いた木浦鉱山と、宮崎県日之影町の見立鉱山とを結ぶ重要路で、鉱石などを背負った荷駄の列が通ったものだという。さらに西南の役では傷ついた薩摩軍の兵士がこれを越えて苦難の敗走をした。

登路　杉ヶ越から尾根をつたって約二時間。木浦から杉ヶ越までは車だが、歩けば三時間程かかる。

地図　二・五万図　木浦鉱山　（梅木秀徳・安東桂三）

天神原山　てんじんばるやま　標高　九九五m

大分県佐伯市にある。江戸時代に開かれた木浦鉱山の南にあり、鉱山と関係の深い山。新百姓山の東に囲峠を隔てて立ち、さらに東へ大切峠を経て横岳（七七二m）がある。

　木浦鉱山は岡藩・中川氏の手で経営され、錫を主体に鉛、銅、銀などを産した。近代も経営はつづいたが、一九五七年に事実上の閉山となった。尾平《おびら》、九折《つづら》、見立《みたて》、土呂久《とろく》などの山群の鉱山の中でもっともにぎわった山の一つ。働く人たちを相手の遊郭もあり、そこで一生を終えた女性たちを葬った「女郎の墓」がこの山の中腹に残る。川原石を運んで立てたり、わずかに囲ったりした、目印ほどの墓である。ほかに北の山腹に「千人間府《まぶ》」と称される坑道の跡が残る。一〇〇〇人もが入った大きな坑道というわけである。

登路　木浦から藤河内に至る市道を登り、千人間府の入り口を過ぎると大切峠で、程なく標識のある女郎の墓入り口。墓までは車で入れる。その少し先が昔の藤河内、木浦間の最短距離の道の峠、尾越である。この峠から広い尾根に取りつき、一時間弱で山頂。大切峠から藤河内へは三㎞ほど下る。

地図　二・五万図　木浦鉱山

（梅木秀徳・安東桂三）

御嶽山　おんたけさん　標高　五六八m

大分県豊後大野市にある。山群から少し離れるが、傾山のほぼ北方にあって、わずかながらも大分県天然記念物の原生林を持ち、山頂に御嶽神社のある山。大分県指定の無形民俗文化財である御嶽神楽の地で、御嶽流の名で一円に広まる。神社裏の山頂は岩で、山群や大野と呼ばれる広大な地域のよい展望台となる。さらに神社の少し下に市の研修センターや、珍しい「マムシ粉加工処理場」がある。なお、豊後大野市清川町は豊後武士団・大神《おおが》氏の出自を語る祖母山の「おだまき伝説」で、姥岳《うばだけ》大明神、実は大蛇の妻となった花御本《はなのおもと》の出身地とされる。大神氏の緒方惟栄《これよし》は源平合戦で源義経に味方し、『平家物語』で「おそろしきものの末」とされる人物。「おそろしきもの」が大蛇である。

登路　山頂直下に林道が通っており、宮迫《みやさこ》から神楽殿を経て上るとマムシ養殖場へ導いてくれる。神社の鳥居まで車も入ることができ、徒歩二〇分足らずで山頂。林道をそのまま行けば傾山登山口の大白谷へ下ることができる。

地図　二・五万図　中津留　三重町

（梅木秀徳・安東桂三）

傾山　かたむきやま　標高　一六〇五m

大分県豊後大野市、佐伯市と宮崎県西臼杵郡日之影町の境界線が山頂部に集まる。山地の中では決して高度を誇るほどの山ではないが、祖母山に対する一方の雄であり、登山者の人気は祖母山と並んで高い。というのも、この山を特徴づける岩峰群が登高意欲をそそるからであろう。

地質的に見ると、山地の基盤になるのは秩父古生層や中生代の四万十《しまんと》層群で、さらに古第三紀の見立《みたて》礫岩層もあちこちに見られる。そこに新第三紀の傾火山とでも呼べるものが噴出した。祖母山も同様だが、祖母山が安山岩であるのにくらべ、傾山の周辺は流紋岩である。当時の一帯の山々は相当の高度を持っていたであろうが、陥没や激しい侵食で硬い岩の部分がむき出しになり、現在の岩峰群の卓越する勇壮な景観を造り出したと考えられる。

傾山・主峰本傾（左）と後傾（右）
（九折登山道から）

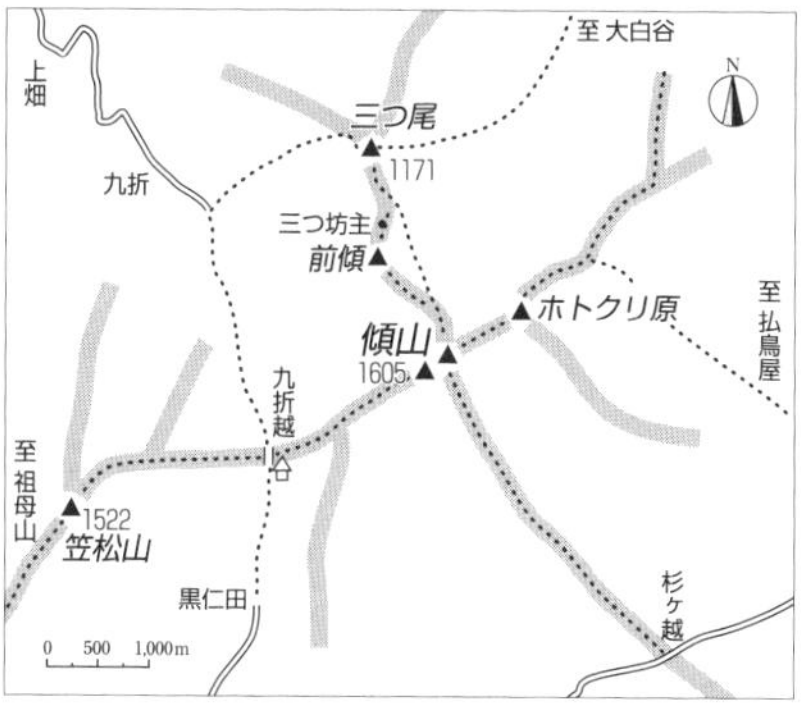

　山頂部からは四方に尾根を張り出しており、西と南の尾根が県境稜線である。西の尾根は九折《つづら》越の峠に落ちたあと笠松山、本谷山へと延び、南の尾根は杉ヶ越（大明神越）の鞍部を経て新百姓山に繋がる。東はソデ尾（一三九二m）から東傾（一三一〇m）へ比較的平凡な尾根となる。

　これに対し、傾山を傾山たらしめる岩峰群を持つのが北尾根である。山頂部は双耳峰で、三角点の置かれている主峰の岩峰は本傾《ほんかたむき》と呼ばれ、これとほぼ同じ標高を持つ南の岩峰を後傾《うしろかたむき》という。本傾から北には高度を下げながら前傾の岩峰群が連なっている。この地方では岩峰・岩塔を僧侶の頭に見立てて「坊主」と呼び、並ぶ岩峰群を二つ坊主、三つ坊主と区分し、一段低く吉作《きっさく》坊主がある。

　本傾、後傾、前傾はいずれも西面、つまり祖母山側に岩壁を立てており、とくに豊後大野市緒方町方面から遠望すると山体が大きく傾いているように見える。ここから傾山の名前が生まれた。また、この地方では岩壁を「障子」とも表現し、障子岳、障子岩などの山名をよく耳にする。傾山は古く「四皇子峰《しおうじのみね》」と表記されたこともあるようで、神武《じんむ》天皇が日向国（宮崎県）から東征に出る際、四人の皇子を連れてこの山に登り戦勝を祈願したと伝えられるが、これもショウジの音に文字を当て、そこから伝説が生じたものであろう。

　伝説といえば、傾山が祖母山に対してうなだれているように見えるため、山の背比べ伝説もある。かつて祖母山と傾山はほぼ同じ標高を持ち、どちらが高いか神様に審判を求めた。神は両山に樋を掛け渡して水を流し、祖母山の勝ちと判定したため、傾が首を垂れたそうである。また、鬼が判定しようと交互に両山の頂に登って見比べようとしたが、判断がつかなかったため悔しがり、傾山の頂で地団太を踏んだため山が傾いた、との話もある。

　前記の吉作坊主に伝わる話は、イワタケ採りの若者、吉作の悲劇である。一帯の岩壁には料理の材料として珍重されるイワタケが多く着いており、これを採取する人たちも多かった。彼らはシュロ縄に編んでロープとし、これで懸垂しながらヘラでイワタケをこそげ採った。ある日、吉作がこの岩壁を下り、岩棚に降り着いてシュロ縄から手を放したら、体重で伸び切っていた縄が縮まり、岩棚に取り残された。大声で助けを求めるが、声は里まで届かない。九折越は大分県側と宮崎県側を結ぶ往年の大切な峠路で、辿る人も多かったが、吉作の声が魔物の叫びに聞こえ、峠の人影も絶えた。こうして日が経ち、衰弱した彼の目に飛ぶ鳥の姿が映り、自分を飛べるのではないかと錯乱、ついに岩棚から身を投げた。

　九折越は豊後大野市緒方町の九折と日之影町の見立を結ぶもので、ともに鉱山で栄えた地である。ほかに佐伯市宇目には木浦鉱山があり、江戸時代から開発された。この木浦と見立を繋ぐのが杉ヶ越である。現在はいずれも閉山しているが、傾山の麓や登山路に沿って当時の遺構をうかがうことができるし、関係地名も多い。

　地下資源とともに大切だったのが林産物。かつての原生林は先の戦争中から戦後にかけて大きく伐採が進み、人工林に置き換えられた所が多いが、いまでも九折川上流で、岩峰群の間に鋭く切れ込んでいる山手本谷一帯には自然林が多い。花ではアケボノツツジが著名で、岩峰を紅に彩る。散る際はお椀型の花弁がくるくると岩壁に沿って舞い落ちる。山開きの行われるのは、祖母山と前後し、この開花期である初夏のゴールデンウィークである。

自然林には動物も多く、キュウシュウジカ、ニホンイノシシをはじめホンドタヌキ、ノウサギなど種類は豊富で、九州では祖母・傾山地のみに生息するニホンカモシカは国の特別天然記念物に指定されている。それらを対象とした猟師も昭和二〇年代までかなり残っていた。とくにカモシカの肉は美味で、高価に取引されたためもっとも狙われ、一時は激減した。天然記念物になって保護されるようになったが、猟師はニク、クロンボなどの名で呼んでおり、捕獲禁止が通達されても、それがカモシカと分からずにしばらく猟を続けたという。

かつてはニホンツキノワグマもかなりいたようで、いまでも山手本谷などで「クマらしい」との目撃情報がマスコミをにぎわすこともある。大分側からの九折越登山路の途中にある「熊の墓」は明治末に罠に掛かったものとされている。日之影町見立には昭和の初めにクマと格闘した経験を持つ猟師が昭和三〇年代まで生きていた。傾山だけでなく、祖母・傾山地で猟師の手に掛かった熊は江戸時代以降、分かっているだけでも五〇頭に上っている。

登路　祖母山からの縦走路のほか、四囲の市町からいくつものルートがある。祖母山からの縦走は祖母・傾登山のハイライトで、笠松山から九折越の峠までおよそ一時間。九折越には小屋もあって、北の大分県側の九折登山口から約二時間三〇分、南の宮崎県側からは林道を通って黒仁田《くろにた》に駐車し、そこから四〇分強。九折越から山頂へは、センゲンと呼ばれるなだらかな尾根筋を経て急登となり一時間強。杉ヶ越から頂上へは尾根を忠実につたい約五時間。前傾の岩峰を経由する場合は九折登山口から観音滝を経て三つ尾（一一七一m）と呼ばれる尾根の分岐点まで約二時間、豊後大野市三重町の大白谷《おおしろたに》登山口から三つ尾まで約二時間三〇分。三つ尾からは三つ坊主、二つ坊主の岩峰を辿るルートと東側を巻くルートがある。後者は本傾まで二時間弱だが、前者を経れば三時間程かかり、熟練者向きである。さらに佐伯市宇目町の払鳥屋の林道から山頂まで約三時間、などがある。

地図　二・五万図　小原・見立

（梅木秀徳・安東桂三）

笠松山　かさまつやま　標高　一五二二m

大分県豊後大野市と宮崎県西臼杵郡日之影町にまたがる。本谷山と九折越との間にある目立たないピーク。それでも北側の豊後大野市緒方町上畑《うわばた》方面からは手前に大きな尾根を張り出して高く仰がれる。伝説では、傾山の神が祖母山に移る際、笠を峰の松に掛けたまま忘れて飛び去ったといい、かつては山を付けずに「笠松」とだけ呼んでいた。

この山を一躍有名にしたのはニホンツキノワグマ。山群にかつてクマが生息していたのは確かで、日之影町で実際にクマと格闘した猟師の話を聞いたし、九折越の大分県側の途中に「熊の墓」があるほか、あちこちに墓が置かれ、骨も発掘されている。しかし、長い間にわたって姿を見せず、絶滅説が強かったが、一九八七年にこの山で一頭が猟師に射殺された。その後、学術的にも生息の可能性が示唆され、捕獲禁止措置が取られ、クマ探索隊も活動している。

登路　九折越からと本谷山から各一時間。山頂は縦走路からわずかに離れた北側にあり、うっかりすると通り過ぎそうだ。

地図　二・五万図　見立・小原　（梅木秀徳・安東桂三）

二ッ岳　ふたつだけ　　標高（北峰）一二五七m

宮崎県西臼杵郡日之影町と高千穂町にまたがる。本谷山からの長大な南稜は、起伏を繰り返しながら次第に高度を下げ五ヶ瀬川にその根を下ろす。二ッ岳は、この南稜のほぼ中央に聳える。

山名は北峰と南峰に分かれていることに由来する。山体は主に古生代二畳紀のチャート、砂岩、粘板岩からなり、西麓は阿蘇溶結凝灰岩の台地となっている。植生は豊かで、とくに傾斜の強い東面は自然林が多く残っている。ツクシアケボノツツジと林床に淡黄色の花を開くヒカゲツツジの大群落は、この山のシンボル的存在である。

登路　赤川林道登山口から富野尾峠、二ッ岳八幡神社本宮を経由して北峰に至るコースと、西側の上岩戸、富野尾登山口から入るコースがある。いずれも約二時間三〇分で山頂に達することができる。

地図　二・五万図　見立　（荒武八起）

戸川岳　とがわだけ　　標高　九五五m

宮崎県西臼杵郡日之影町のほぼ中央部に位置し、祖母・傾山の主稜上にある本谷山から南に延びた支稜の末端に聳えている。戸川岳山麓には石垣を積み重ねた棚田と人家が点在し、「石垣の村」として有名である。この地区の石垣積みの技術は高い評価があり、かつて江戸城修復にも招かれたという。

山名は戸川の地名に由来する。山体は二畳紀のチャート・石灰岩が著しく褶曲し、南東部中腹は地質構造線仏像線で中生層砂岩との境界をなしている。

登路　戸川経由しゃれ越峠登山口から北尾根を経由する登山道と、徳富経由徳富林道から西尾根を経て登頂するルートがあり、いずれも約一時間三〇分で山頂に立つことができる。

地図　二・五万図　大菅　（荒武八起）

本谷山　ほんだにやま　　標高　一六四三m

宮崎県西臼杵郡高千穂町と日之影町、大分県豊後大野市にまたがり、大分県との県境をなす主稜上で東西に両翼を大きく広げた形で聳える。南に派生した稜線は、乙野山（一一〇一m）、二ッ岳、戸川岳へと延び、次第に高度を下げながら山裾を五ヶ瀬川に交える。

山体は新第三紀中新世の祖母火山に属する。山懐が深く原生林に覆われ、多くの自然を残す貴重な山である。三国岩からは奥岳渓谷、障子岩、古祖母山、天狗岩、祖母山、そして、南へ延びる乙野山への美しい稜線の眺望を楽しむことができる。

登路　尾平越登山口から祖母山、傾山への縦走路に入り、三国岩を経由するコースが一般的であり、約二時間二〇分で山頂に着く。

地図　二・五万図　見立　（荒武八起）

古祖母山　ふるそぼさん

標高　一六三三m

宮崎県西臼杵郡高千穂町と大分県豊後大野市の境界、祖母傾国定公園内の縦走路の中央に位置する。山稜は東西に走り、北西の大分県側は深く切れ込み急崖と渓谷が多いのに対し、南西の宮崎県側は比較的おだやかな斜面が広がる。盟主・祖母山から南に延びる主稜は障子岳から南東に屈折してこの山に連なる。

山名は霊力ある祖母神(神武天皇の祖母・豊玉姫命《とよたまひめのみこと》)を祀った山であることによるが、北方にさらに高い峰があるところからこれを祖母山としたため、古祖母山と称されるようになった。

山体は新第三紀の火山活動によって生じ、現在はカルデラの侵食された地形を造る石英安山岩からなっているため奇岩、絶壁などが多い。稜線付近を除く全域は、林床にスズタケが密生し、ツクシアケボノツツジの群落をはじめ、ブナ、ミズナラ、ヒメシャラ、コハウチワカエデ、ツクシドウダンなど三〇種類を超す樹木が混生している。祖母・傾山地は急峻で樹林が深く、動植物が豊かで九州産のニホンツキノワグマの終息地(二〇〇〇年に再び現認者の証言があり、脚光を浴びた)で、ニホンカモシカは現在もかなり生息している。

登路　①高千穂町土呂久橋登山口から尾根筋を辿り、アンチン山から約二時間一〇分で山頂。②日之影町尾平越トンネル登山口から尾根を辿り、約三時間で山頂。③大分・尾平登山口から稜線を登り、約三時間一〇分で山頂。

地図　二・五万図　祖母山

(井野元　繁・末永軍朗)

障子岳　しょうじだけ

標高　一七〇九m

大分県豊後大野市と宮崎県西臼杵郡高千穂町にまたがる。山地で祖母山に次ぐ標高を持っているが、この山だけを目的に登る人は意外と少なく、大半は祖母~傾の縦走で訪れるか、少数派が川上谷の沢登りで頂を踏む程度である。

だが、祖母山からこの山の間には天狗岩(約一六四〇m)と烏帽子岩(約一六七〇m)の岩塔が立ち、大分県側はきわめて急峻。その斜面はびっしりと原生林に覆われ、残された数少ない自然林として学術参考林とされている。さらに天狗岩にかけては黒金山《くろがねやま》尾根が駆け上り、川上谷、烏帽子谷などの渓谷が山肌に鋭く刻み込まれている。原生林からすっくと聳える障子岳や岩峰群の光景は、豊後大野市緒方町の尾平《おびら》鉱山跡辺りから仰ぐと圧巻。

登路　祖母山頂から天狗岩まで約一時間、さらに障子岳へ約五〇分。尾平から川上渓谷の遊歩道に入り、黒金山尾根を天狗岩まで約三時間三〇分。古祖母山からは約一時間二〇分。障子岳最高点は縦走路から南西に少し外れ、親父岳への切り分けがある。

地図　二・五万図　祖母山

(梅木秀德・安東桂三)

祖母山　そぼさん

別称　姥《うばがだけ》ヶ岳　嫗《うばがだけ》ヶ岳　鵜羽《うばがだけ》ヶ岳

標高　一七五六m

宮崎県西臼杵郡高千穂町と大分県豊後大野市、竹田市にまたがる。西日本最大の自然景観を誇る祖母山を中心とした一帯は、一九六五年に祖母傾国定公園に指定された。山頂にある祠の祭神は豊玉姫命《とよたまひめのみこと》で神武《じんむ》天皇の祖母にあたる。山名はこれに由来したとされるが、添山《そほり》(『日本書紀』にある曾褒里能耶麻《そほりのやま》)からきたという説もある。古くは「ウバガダケ」とも呼ばれており、祖母山と呼ばれるようになったのは比較的新しい。英国人宣教師ウォルター・ウェストンは、来日して富士山の次にこの山に登った(一八九〇年一一月六日)と記録されている。

山体は九州山地でも数少ない火成岩と古生層からなり、鉱物の種類も多く、銅、錫、亜鉛などを産し、古くから周辺に土呂久、尾平、見立、九折《つづら》など多くの採鉱所が栄えたが、いまはその廃墟に往時を偲ぶのみである。代表的な植物としてはウバガダケニンジン、キレンゲショウマなどがあり、初夏を彩るツクシアケボノツツジ、ツクシシャクナゲなどをはじめとして原生林の植生は豊かである。動物では特別天然物に指定されているニホンカモシカをはじめ多種生息しているが、ニホンツキノワグマはすでに絶滅したとされている。

祖母山から張り出した三方の稜線のうち、北東へは標高一四〇〇m級の障子岩屋根の起伏を繰り返しながら大分県緒方方面へと次第に高度を下げている。西方への稜線は国観峠、千間平、筒ヶ岳へと延び、大分、宮崎、熊本との県境をなしている。天狗、烏帽子の岩峰から障子岳への主稜は南から東に折れて古祖母山《ふるそぼ》へと連なり、尾平越でいったん高度を下げ、再び本谷山、笠松山(一五二二m)に駆け上がり、九折越《つづらごし》からさらに傾山へと突き上げている。祖母山から傾山まで約一八kmに及ぶ稜線は奥祖母新道という九州最長の縦走路をなしている。この山群を水源とする水系は、宮崎県側では土呂久川や日之影川が合流して五ヶ瀬川になり、大分県側では緒方川、神原川、奥岳川が大野川となって別府湾に注いでいる。

眺望は抜群で、三六〇度さえぎるものは何一つない。北東には由布岳、九重連峰、西には阿蘇の山々、そしてその遥か後方には雲仙岳、目を南に転じると日向の山々が幾重にも重なり合い、その向こ

祖母山(五ヶ所高原から)

うに九州脊梁の山々、その果てに霧島連山が見える。九州のほぼ中央に位置するこの山からは九州本土の山々を余すところなく見渡せる。日向、豊後、肥後の三国にまたがり、古来から鎮西の山として崇められてきた祖母山は、名実ともに九州の盟主にふさわしい風格と歴史を持つ名山である。

登路　①宮崎県側からは高千穂町五ヶ所の北谷登山口から千間平、三県境、国観峠を経由するコースと、北谷登山口から風穴を経由するコースが一般的であり、いずれも山頂までの所要時間は約二時間三〇分である。②大分県側からは神原と尾平から入るコースがある。神原からは国観峠を経由し山頂まで約四時間である。尾平から入るコースは天狗岩を経由するコースと宮原を経由するコースがあり、それぞれ約四時間と約三時間三〇分で山頂に達することができる。

地図　二・五万図　祖母山

（荒武八起）

大障子岩　おおしょうじいわ

標高　一四五一m

大分県竹田市と豊後大野市にまたがり、祖母山から北東に出ている障子岩尾根の真ん中にあるピーク。祖母山寄りに池の原《はる》(一四三三m)、末端近くに障子岩(一四〇九m、前障子ともいう)がある。

祖母山からの県境稜線とともに馬蹄形となり、山群の内院ともいうべき奥岳川源流部や尾平《おびら》を囲む。県境稜線ほどポピュラーではないが、変化に富んだ縦走が楽しめ、いわば玄人好みのルートといえよう。そのなかで大障子岩が見事。山群を北から望んだ時、スカイラインに飛び出す岩峰は大変目につく存在。

障子の名前の付く山は、そのほとんどが岩峰、岩壁を持っている。大障子はもちろん、障子岩もそうだし、障子岳も同様である。さらに岩峰、岩壁を懸け連ねる傾山に四皇子峰の別名があって、神武《じんむ》天皇伝説があるが、これもショウジからきたと考えてよい。

登路　尾根末端から取りつく場合、豊後大野市緒方町上畑《うわばた》から障子岩まで約三時間。さらに縦走で約一時間三〇分。祖母山からだと約三時間である。

地図　二・五万図　小原

（梅木秀徳・安東桂三）

大障子岩(障子岩から)

越敷岳　こしきだけ

標高　一〇六〇m

別称　甑山

大分県竹田市と熊本県阿蘇郡高森町にまたがる。祖母山から西への尾根は大分・宮崎・熊本三県境となる茶屋場から北に支尾根を出し、それはさらに東西に分かれるが、その西へ分岐した尾根に越敷岳、東に緩木《ゆるぎ》山がある。

『豊後国志』に「孤峰突然甑《こしき》の如し」とあるように、頂上を形成する岩峰が米などを蒸す甑に似ていることから。特異な山容は低いながら遠望できる。修験・修行にかかわった山で、近くの高源寺を開いた永寿の「御聖堂跡」はじめ、仙人枕、神明水などの地名が登山コース上にある。山頂は登路を挟んで二つあり、本峰のある北を豊後越敷、南を肥後越敷と呼ぶ。

登路　車の場合、緩木神社の大規模林道の交差が登山口となる。入り口で緩木山への林道を左に分けて林道を進み、高岩谷ルートで約一時間三〇分、明神の滝ルートで約一時間。上下に別コースをとるとよかろう。途中に梯子やロープもある。

地図　二・五万図　豊後柏原　(梅木秀徳・安東桂三)

緩木山　ゆるぎさん　標高　一〇四六m

別称　由留木山

大分県竹田市にある。越敷《こしき》岳と並び、歴史的にも同山と繋がりが深い。神仏習合の高源寺がいずれも修行場としていたものである。城が置かれたこともあった。ここから茶屋場に延びる尾根に少し高い高《たか》城(約一〇六〇m)と呼ばれるピークがあり、それと関係がある。天正年間(一五七三〜一五九二)、薩摩の島津氏と豊後の大友氏がことを構えた際、いち早く薩摩勢に内応した入《にゅう》田《た》義実《よしざね》が大友勢に攻められて立て籠った所である。高源寺はキリシタンに帰依した大友宗麟に焼き討ちされたと伝えるが、単に信仰上のことだけだったろうか。

入り口となる緩木神社は英彦山の明神を祀り、高源寺の僧侶が取り仕切った。山中に中宮があり、山上は上宮である。

登路　車の場合、緩木神社の大規模林道の交差が登山口となる。入り口で越敷岳への林道を右に分けて真っすぐ林道を辿り、植林地の中を登れば一時間二〇分程で山頂だが、高城まで行けば四〇分程。そこから一時間三〇分程度で下ることもできる。

地図　二・五万図　豊後柏原　(梅木秀徳・安東桂三)

筒ヶ岳　つつがだけ　標高　一二九六m

宮崎県西臼杵郡高千穂町五ヶ所と熊本県阿蘇郡高森町の県境に位置している。

山名は山頂部の岩峰が円筒状に突出していることによる。

山体は中新世に噴出した祖母火山の溶岩である祖母安山岩、流紋岩からなっている。山腹はケヤキ、ブナなどの二次林やスギ、ヒノキの人工林で、山麓は阿蘇溶結凝灰岩が一面に分布する中新世の古い火山のため侵食作用によりその原形を失い、基部のみが美しい山稜を構成している。

登路　県道沿いの津留林道入り口から林道を経由して約一時間四〇分で山頂に達することができる。

地図　二・五万図　祖母山　(井野元　繁・久永博之)

阿蘇山

あそざん

標高
高岳　一五九二m
中岳　一五〇六m
杵島岳　一三二六m
烏帽子岳　一三三七m
根子岳東峰　一四〇八m

九州の中央部のやや北寄りに位置し、熊本県阿蘇市、阿蘇郡高森町、南阿蘇村にまたがる。世界でも第一級の規模と美しい景観を誇る火山である。

阿蘇山・高岳北東面と、楢尾岳と中岳の噴煙
（箱石峠西側900mピークから）

阿蘇山とは一つの独立した山の名ではなく、阿蘇カルデラの中にあって、火山活動をつづけている中岳を中心とした中央火口丘の総称である。「アソ」とは、アイヌ語の「火を噴く所」、すなわち「火の山」に由来するといわれている。ほかに梵語、ヘブライ語などの外国語に由来する説もあるが、いずれにしても古くから「あそ」という呼び名は使われていたようである。

現在の阿蘇を造った火山活動は、約二七万年前に始まり、約九万年前までに四回の大規模な噴火を繰り返してできたという。この噴火により地下のマグマが噴出して火砕流となり、九州の中央部を火砕流堆積物で埋め尽くした。マグマだまりは空洞化し、上部が陥没してカルデラを造り、噴火のたびに拡大していったと考えられる。現在のカルデラは南北にやや長い楕円形で、東西一八km、南北二四km、周囲約一二八kmあり、世界最大級である。カルデラの出現後、そこに雨水がたまり、カルデラ湖ができたといわれる。中央火口丘の山は、カルデラができた後に噴出した火山群で、約八万年前の初期の活動は、まだ湖水が存在していたころに始まった。まず中岳が噴火して、現在の高岳から千里ヶ浜付近の基盤を造り、高岳、楢尾《ならお》岳、御竈《おかまど》門山ができた。この中岳グループと一番新しい杵島《きしま》岳、往生岳、米塚（約二〇〇〇年～三〇〇〇年前）などの噴火の間に、烏帽子岳、草千里ヶ浜などの火山ができた。烏帽子岳が噴火したころ、立野付近で起きた活断層の切れ目からカルデラ湖の水が流れ出した。いわゆる立野火口瀬の出現である。中央火口丘は火口原のほぼ中央に位置し、東から根子岳、最高峰の高岳、中岳、烏帽子岳、杵島岳の五峰を俗に「阿蘇五岳」と呼んでいる。ほかに楢尾岳（一三三一m）、往生岳（一二三八m）、丸山（一一八六m）、御竈門山（一一五三m）、夜峰山（九一三m）、米塚（九五四m）、また、地図に山名の記載がないが皿山（一三〇三m）、楢山（一一九三m）などがある。

高岳　阿蘇山の最高峰で、塩基性の安山岩から玄武岩の組成を持つ溶岩からなる成層火山である。北尾根の鷲ヶ峰一帯の岩場は古くから九州の岩登りのメッカとして多くのクライマーを育てた。この北尾根は、一九二九年九月、地元の登山家、北田正三らにより初登攀され、一九三六年ごろまでにはほとんどのルートが開拓された。阿蘇の岩場は、溶岩と凝灰角礫岩が互層してもろく、阿蘇での山岳遭難の大半は、この地域に集中している。

中岳 阿蘇火山のシンボル・中岳は、玄武岩質安山岩の成層火山で、西側中腹に火口(一三二三m)があり、絶えることなく噴煙を上げ活動している。火口は神の棲む神霊地として古くから行者たちの修業の場になり栄えてきた。活発な活動の時期を除くと火口は湯だまりとなり、おだやかに水蒸気を主とした噴煙を上げている。

杵島岳・往生岳 五岳の西端に円錐形の山体を二つ並べているが、いつのころからか地図上の位置が入れ替わってしまった。杵島岳は山頂に直径一〇〇mの丸い火口があり、西側にも一回り大きな大鉢と呼ばれる火口と小鉢と呼ばれる小火口がある。往生岳にも三つの火口があり、二つの山とも柔らかな輪郭を持つ草原の山で、イワカガミ、ミヤマキリシマなど高山植物が多い。

烏帽子岳 北麓に径一㎞に及ぶ草千里ヶ浜の旧火口があり、美しい草原は牧歌的で観光客も多い。烏帽子の名のとおり三角形のすっきりした山容を見せるが、一等三角点が置かれた山頂からの展望は阿蘇随一である。この烏帽子岳、杵島岳、往生岳、草千里ヶ浜ともカルデラの出現後に隆起した山である。

根子岳 これらの山より古い成層火山である。山頂部の稜線は最高峰の天狗岩を中心に十数峰の岩峰が連なっている。三角点はやや低い東峰(一四〇八m)に置かれている。東峰山頂から西へ連なる稜線を見ると、中央に輝石安山岩の巨大な岩峰が突っ立っている。それが天狗岩で、西側の背景に高岳北尾根の描くシルエットが美しい。根子岳は中央火口丘の中で唯一樹林に覆われた山で、岩峰群にも灌木が生い茂り、五岳の中でここだけが四季を感じる山である。北側はカガミガウド、ヤカタガウド、南側は地獄谷、山口谷で侵食が進み、急峻な地形をなしている。最近、崩壊が激しく滑落による遭難が多発している。登山には不適である。

中央火口を中心に南側を南郷谷、北側を阿蘇谷と呼び、豊かな自然の中で約五万人が暮らしている。南郷谷には白川が流れ、阿蘇谷の黒川は立野火口瀬で白川に合流し、熊本市内を貫流して有明海に注いでいる。また、阿蘇は植物の宝庫といわれ、冷涼な気象条件のなか一五〇〇種に及ぶ植物が生育し、とくに大陸系の植物が多いことでも知られる。春のキスミレ、夏のツクシマツモト、ヤツシロソウ、秋のヒゴタイなどは、日本が大陸と陸つづきだったことを証明する生き証人だといわれる。

登路 **高岳・中岳** 阿蘇市一の宮町の仙酔峡(約九〇〇m)を起点に仙酔尾根(通称・バカ尾根)の急峻な岩稜を登るコースと、楢尾岳南側の鞍部(約一三〇〇m)にある仙酔峡ロープウエー火口東駅(ロープウエーは休止中)から中岳三角点(一五〇六m)を経て、馬の背尾根を登るコースがある。ミヤマキリシマの開花時期なら、日ノ尾峠(九九〇m)から尾根づたいに高岳東峰に登るのもよかったが、現在は地滑りで登山禁止。中央火口丘南側の砂千里ヶ浜(一一五〇m)から中岳南峰(一四九六m)を経由するコースは、噴煙を上げる中岳火口を眺めることができる。いずれも二時間程。

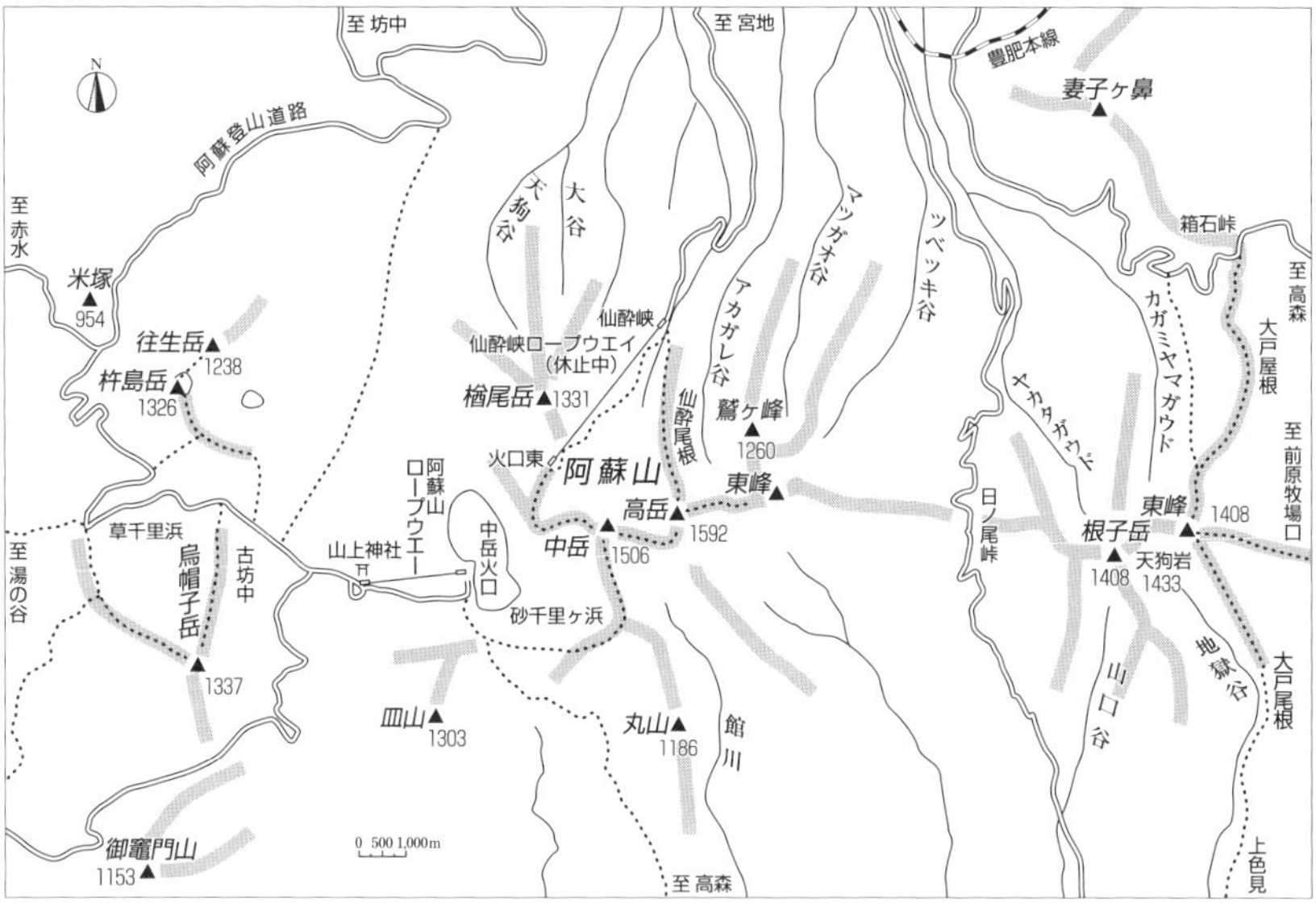

根子岳　阿蘇市一の宮町側から北面中央のヤカタガウドをつめる。中程の清水谷分岐から竿河原を急登し、左側の灌木帯に入り、急坂を登ると天狗岩との鞍部に達するのが一般的だったが、平成二四年の水害で根子岳西面が大きく崩壊して登山ルートは消失し、登山禁止となっている。現在登れるのは東峰のみで、高森町上色見から大戸尾根を登るコース、前原牧場口から登るコースだけである。いずれも一時間三〇分から二時間を見込むとよい。天狗岩への縦走も一般には危険過ぎる。

烏帽子岳・杵島岳・往生岳　草千里浜(約一一〇〇m)を起点にして登ることができる(約一時間)。

地図　二・五万図　阿蘇山　根子岳　坊中　　（工藤文昭）

阿蘇外輪山　あそがいりんざん　標高(大矢野岳《おおやのだけ》)　一二三六m

阿蘇外輪山は、世界一の規模といわれる「阿蘇カルデラ」の縁をなしている。その大きさは東西一八km、南北二四km、周囲約一二八kmの長楕円形で巨大な輪をなして連なっている。広大な陥没カルデラの火口原の中央に噴煙を上げる活火山中岳を中心として、「阿蘇五岳」と呼ばれる中央火口丘の山々が聳えている。これを挟んで北面を阿蘇谷、やや狭い南面を南郷谷といい、三市町村、約五万人が住んでいる。深田久弥は『日本百名山』の中で、「なるほどこれは大きい、とつくづく思ったのは、九重山の上から、祖母山の上から、眺めた時であった。阿蘇より高いそれらの山から陥没火口を覗き込む事が出来た。…(中略)…しかし私がさらに驚いたのは、そのカル

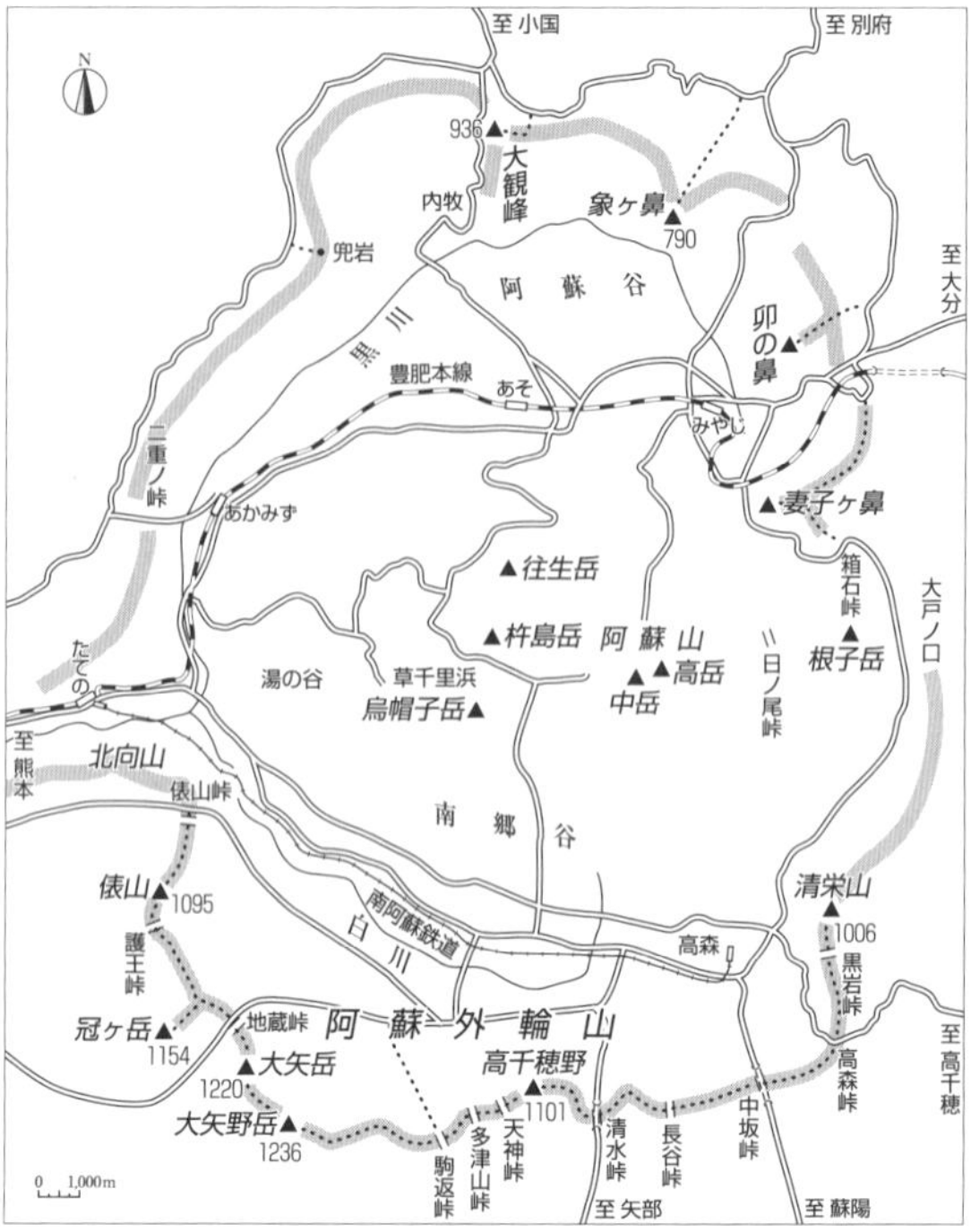

デラよりも、輪をなした外輪山の外側に拡がる裾野の大きさであった」と書いている。深田を驚かせた外輪山の裾野は、西から瀬田裏《せたうら》原野、端辺《はたべ》原野、東の波野ヶ原と山東原野、南の井無田原《いむたばる》、大矢野原など標高七〇〇〜八〇〇mの高原群が外輪山を取り巻いて広がっている。したがって、外輪山の地域も広範囲にわたり、熊本県阿蘇市、高森町、山都町、南阿蘇村、西原村および菊池郡大津町の一市三町二村にまたがる。外輪山の輪は、ただ一箇所西側の立野《たての》火口瀬で切れている。南郷谷を流れる白川が北側の阿蘇谷の水を集めた黒川と合流し、立野で北向《きたむき》山の裾を深く削って熊本平野に流れ下っているからだ。また、東側の箱石峠から大戸《おおと》ノ口まで約五㎞が、根子岳の裾と重なり合っているほかは、ほぼ完全に巨大カルデラの縁を形成している。この長遠な阿蘇外輪山の周回について、『阿蘇郡誌』に次のような記述がある。「外輪山巡りはかつて経験したるものはなかりしが大正九年（一九二〇）八月熊本医大の学生によりて試みられたり。立野火口瀬より北方立野山に登り、周囲三十里に余る火口壁上を一周し、南郷北向山を再び立野火口瀬に出ずる壮挙なり。阿蘇谷外輪山辺は比較的変化に乏しけれど、南郷谷外輪辺殊に大矢岳冠岳の辺りは、高低起伏参差出入して尤も雑樹繁茂し頗る困難とす」。

阿蘇外輪山・象ヶ鼻（中央）と妻子ヶ鼻（右）、九重山群（奥）
（高岳北尾根鷲ヶ峰から）

北外輪山

阿蘇谷の北側を半円形に囲むカルデラの外縁部で約六

二kmにわたる。北側の裾野は広大な端辺原野で、遥かに久住高原までつづいている。外輪壁上の高度は八〇〇mから九〇〇mで、ほぼ平坦に近く変化に乏しいが、カルデラ内には鼻のように突き出した、「阿蘇の七鼻」と呼ばれる地形がある。東から妻子ヶ鼻、卯の鼻、古城ヶ鼻、象ヶ鼻、遠見ヶ鼻（別称大観峰）、松ヶ鼻、制止ヶ鼻（兜岩）と七つ並んでいる。いずれも大草原の端にあるので雄大な展望に恵まれている。

外輪壁上には車道や牧場道が縦横に通じ、容易に三角点や標高点のあるピークに達することができる。西から立野山（七五四m）、赤水《あかみず》山（八六二m）を経て外輪山上の最低点で江戸時代の参勤交代道が残る二重《ふたえ》ノ峠（六三三m）に至る。ここには阿蘇創世の神話と、西南の役激戦地の歴史がある。ここから東の滝室《たきむろ》坂まで、多くの牧場を繋ぐミルクロードと呼ばれる牧場道が延びている。兜岩（九六〇m）から西湯浦の湾入部を回り込むと、徳富蘇峰が命名した大観峰（九三六m）に至る。北外輪山の最高点ではないが主峰格で、涅槃像とも寝観音の姿ともいわれる阿蘇五岳を望む大展望台である。三角点と自然石の碑が二つあり、その一つが吉井勇の歌碑で「大阿蘇の山の煙はおもしろし空にのぼりて白雲となる」とある。西側に内牧から小国へ越す長倉坂（国道二一二号）が通る。象ヶ鼻（七九〇m）は、名のとおりカルデラ内に三kmも突き出した長大な鼻で、高岳、中岳など五岳の展望がよい。

東外輪山　滝室坂・坂の上（国道五七号）から妻子《さいし》ヶ鼻、箱石峠（国道二六五号）、大戸ノ口（国道二六五号）、清栄山《せいえいざん》（一〇〇六m）、黒岩峠（八七〇m）、高森峠（八七二m）を経て中坂峠（八四〇m）まで約二八kmの区間である。東側には文字どおり波打つような波野ヶ原と、遥か祖母山につづく山東原野が広漠として広がっている。中央部に屹立する清栄山は外輪山随一の展望台で、間近い阿蘇五岳や南外輪の山々はもとより、九重山、祖母山や九州脊梁の山々など三六〇度にわたって眺めることができる。高森町村山から矢津田へ越す車道の黒岩峠から登り約二〇分で山頂に達する。また、妻子ヶ鼻には、西南の役の「金山下ろし」の古跡があり、東側の原野にはスズランの自生地がある。根子岳の東麓にある箱石峠（九〇六m）には昔ながらの風情を残す茶屋がある。高森峠（国道三二五号）西側には、外輪を越える九十九曲がりの旧道と、千本桜の名勝（高森自然公園）がある。

南外輪山　平坦な草原の北外輪山と異なり、高千穂野《たかじょうや》（一一〇一m）から大矢野岳（一二三六m）に至る南外輪山の核心部は、内壁側が「狼《ろう》ヶ宇土《うど》」と呼ばれるうっそうとした自然林に覆われ、稜線の起伏も大きく高度も優れている。この狼ヶ宇土や立野火口瀬南側の北向谷原生林（国指定天然記念物）などは阿蘇では異質なものに見える。しかし、阿蘇の景観を象徴する広大な草原は、古くから採草、野焼き、放牧などにより人為的に造られたものであり、森林への移行が妨げられた結果であるといわれる。そうであれば、険しい地形のために人為の影響を免れた原生林こそが本来の自然の姿なのであろう。

外輪山の内と外とを結んで、俗に「二十七越四十八峠」といわれるほど多くの峠がある。南外輪山には東から中坂峠、長谷峠（九〇〇m）、清水《きよみず》峠（九一〇m）、駒返《こまがえし》峠（一〇五〇m）、地蔵峠、俵山峠などがある。また、いまは廃道になったが、古い峠路の風情を残す崩土《くえど》峠、うそ越、天神峠、多津《たづ》山峠、赤迫《あかさこ》峠、本谷越、護王峠、北向谷原生林に残る旧高森街道などが約三八kmにわたる南外輪山の各所に残る。秀麗な山容と広い展望を持ち、登山者に人気のある山がいくつかあるが、その筆頭は俵山(一〇九五m)であろう。山頂部は東側に大きく張り出した草原で展望は三六〇度にわたって広い。北に俵山峠、南に護王峠を控えて登路もよい。俵山峠(七一五m)から草尾根づたいに約一時間の登りである。冠ヶ岳(一一五四m)は熊本平野から望むと美しい円錐形のピークで、昔は外輪の最高峰とされていた。山頂は外輪内壁から南へ一二〇〇m、草尾根のコブを二つ越えた所にある。広い展望で有名な地蔵峠(一〇八六m)から大矢岳(一二二〇m)は、約三〇分の登りである。外輪の最高点、大矢野岳(一二三六m)は、地図にも山名の記載がなく見栄えのしない山、内壁側をからむ自然林の道を一五分程で達することができる。しかし、ここから駒返峠を経て高千穂野まで約九kmの縦走路は黒々と生い茂った原生林と、古い峠路の落葉を踏んで歩く南外輪核心部の静寂なコースである。「狼ヶ宇土」と呼ばれる内壁一帯にはニホンザルの群れや、ニホンイノシシなども多数生息している。景行天皇の駒返しの伝説がある駒返峠から東外輪の黒岩峠までは、九州自然歩道が整備されている。高千穂野は大矢山(王屋山)ともいわれ、天孫降臨の伝説がある。清水《きよみず》峠の東側にある日隠《ひがくし》山(九九四m)の中腹には、その名のとおり清冽な清水が湧く天台の古刹、清水《きよみず》寺がある。

地図　二・五万図　立野　鞍岳　満願寺　坊中　坂梨　根子岳　高森　肥後吉田　大矢野原

(本田誠也・工藤文昭)

尾ノ岳　おのたけ

標高　一〇四一m

熊本県阿蘇市と大分県日田市にまたがる。阿蘇北外輪山に接し、その尾(裾)にあたることから「尾ノ岳」と呼ばれるようになったと伝えられる。

阿蘇くじゅう国立公園に属し、旧阿蘇期に火山活動をした古成層の山である。山腹は、スギ、ヒノキの国有林になっているが、三角点が置かれた草地の山頂からは、三六〇度さえぎるもののない展望が得られる。西側眼下に、上津江オートポリスのサーキットが広がり、阿蘇、九重、祖母、筑肥山地や津江の山々を見渡すことができる。

また、山頂一帯にはアセビの群落があり、花期には山頂を白く彩る。南東約二kmに同形の斧岳(一〇二九m)がある。別称を「尾ヶ岳」ともいうが、東方の南小国町側からは斧を立てたように見えることから「斧岳」と名付けられたという。草原の山で山頂まで放牧地となり、展望も尾ノ岳に劣らず広い。

その南側に広がる北外輪の草原には熊本県草地畜産高等研修所や牧場などの施設がある。

登路　阿蘇市、日田市上津江町のいずれからも東側を通る県道一二号(阿蘇～日田)から五、六分で登ることができる。斧岳も県道一二号から放牧地の細径をつたい一四～五分で山頂に達する。

地図　二・五万図　立門　満願寺

(本田誠也・安場俊郎)

鞍岳　くらたけ

標高　一一一八m

熊本県菊池市と菊池郡大津町、阿蘇市の三市町にまたがる。阿蘇外輪火山より古い旧期火山体の一つで溶岩円頂丘である。山頂は二つに分かれ、北側の三角点が置かれた高い方を「男岳《おだけ》」、南側の低い方を「女岳《めだけ》」と呼んでいる。この男岳と女岳の間の鞍部を西側の菊池市方面から眺めると、馬の鞍に似ているところから山名になったといわれる。男岳西側の九合目には山麓御願所《ごがんぜ》の円満寺奥の院があり、馬頭《めず》観音が祀られている。山頂の東側は遠く瀬の本高原までつづく草原が広がり、阿蘇五岳、祖母、九重連峰まで雄大な景観を一望できる。

　鞍岳の北東に連なるツームシ山（一〇六四m）は、昔、山全体がツームシ（玉虫）に食われて禿げ山になったことからこの山名が付いたといわれる。県の環境保全林に指定され、自然観察が楽しめるコースがいくつも造られている。ここも、山頂からの展望はさえぎるものがなく広い。

登路　西側、菊池市旭志の健康保養施設「四季の里」から二〇分も歩くと林道分岐で、右は伏石《ふくいし》登山口へ、左折して林道を六〇〇m進むと赤崩《あかくえ》登山口に至る。ここから山頂まで二時間はかかる。

　伏石登山口からはロボット雨量計がある西側の谷を登る。後半は急坂だが、春はマンサクの花を楽しむことができる（山頂まで約一時間三〇分）。

　鞍岳林道をそのまま進むと鞍岳東側の肩まで行くことができ、山頂まで約二〇分の最短コースである。

　ツームシ山は、鞍岳から緩やかな環境保全林の尾根づたいに約三〇分で山頂に達する。

（工藤文昭）

地図　二・五万図　鞍岳

間谷山　まんたんやま

標高　八一二m

別称　万谷《まんたん》山

熊本県上益城郡山都《やまと》町の西部に位置する。低山だが東西約八km余にわたる広い山域を有し、西端は御船町水越に至る。

　山名は、北麓にある山都町万谷の地名に由来する。東に千滝川、西に水越川、北に御船川、南に筒川と、いずれも緑川の支流となる多くの渓谷に囲まれ、「万谷」があることによると思われる。

　全山スギ、ヒノキの植林地となり、中央稜線をはじめ多くの林道が通じている。どこが山頂か分からないほど小さなピークが並んでいるが、間谷山の山名はこれらの総称である。

　中央に最高点（八一二m）、東に三角点がある七九八mピーク、西に七九四mの三角点と、全部で二〇以上の小ピークを連ねている。東麓に御室《おむろ》観音堂がある。

登路　北麓の万谷と、南麓の山都町北川内から林道を利用して容易に登ることができる。国道四四五号の水の田尾から県道一五二号を経て島木に達し、ここで左折して県道二二三号を万谷に至り、約一kmで峠を越えて間谷山林道に入る。西へ約四kmで北川内へ下る林道分岐に出るが、その少し手前から山頂に通じる切り分け（細径）があり、約一五分で展望のない静かな山頂に至る。林道わきにはキッリフネの群落がつづく。

間谷山の南には、山都町と下益城郡美里町にまたがる万坂山（六六四m）がある。南側に万坂峠の古道があるが、古来、矢部へ物資を運ぶ交通の要衝で「塩の道」といわれている。万坂山の登路は、東麓の万坂集落から万坂峠を経て、北へ尾根づたい約一時間で山頂に達する。

地図　二・五万図　浜町

（工藤文昭）

飯田山　いいださん

標高　四三一m

熊本県熊本市の南東、上益城郡益城町の南部に位置する。富士山形の整った山容は、熊本平野のどこからでも望める。海底の隆起による白亜紀の地層で、いまも付近で貝の化石が見つかる。

山名は旧村名（飯野村大字飯田）によるが、熊本平野を隔てて向かい合う金峰山（六六五m）との背くらべの民話で有名。背の高さを自慢して言い争ったが決着がつかず、それではと二つの山の頭に竹の樋を渡して真ん中から水を流したところ、水は音を立てて低い飯田山の方へ流れた。閉口した飯田山は、二度と背くらべをするなど「イイダサン」といったという。北西の中腹には、敏達天皇一二年（五八三）に日羅上人が開基したと伝えられる天台宗の古刹、大聖院常楽寺がある。また、この山はミカドアゲハの白化異常型の採取地としても知られる。一八九二年に英人ワイマルが、山腹で採取して有名になったが、いまは見ることもない。

登路　上益城郡益城町飯野からと、御船町木倉からの二つがあるが、いずれも八合目の常楽寺で合流して山頂に至る。飯野側は、小池登山口から新屋敷溜池を経て、一丁石仏がある旧参道を常楽寺山門まで約一時間。常楽寺からスギ林の山道（急坂の男坂と、緩やかな女坂のルートがある）を登り、白山権現社と背くらべ民話の小池を経て約二〇分で三角点が置かれた山頂に達する。スギ植林地で展望はないが、露岩の多い南側からは益城山地の眺めがよい。

地図　二・五万図　御船

（中村恵二・松本莞爾）

甲佐岳　こうさだけ

標高　七五三m

熊本県のほぼ中央にあり、上益城郡甲佐町、御船町、下益城郡美里町の三町にまたがる。結晶質石灰岩からなり険しい山容を示しているが、眺める場所により随分異なって見える山である。東と西からは、『肥後国誌』に「高山也雲に聳エテ秀出ス」とあるように鋭く突っ立って見える。山名は広域の地名（甲佐郷）によるものと思われる。西麓の甲佐町上揚に甲佐神社があり、古くから甲佐岳上宮の下宮とされていた。南側中腹の美里町甲佐平には、比叡山延暦寺の末寺で弘仁二年（八一一）に湛西《たんせい》の開基と伝えられる天台宗の古刹、福城寺がある。本尊は十一面観音であるが、鎌倉初期と見られる木造の釈迦如来立像があり、国の重要文化財に指定されている。境内には県下一のマキの大木と大イチョウが枝を茂らせている。山の標高が七五三mであることから「七五三」の山として里人に親しまれている。

登路　美里町筒川から福城寺登山口まで車道が通じている。徒歩なら約一時間。福城寺裏からスギ造林地の急坂を登る。電波反射板の上に出ると八合目、カシなどの雑木林となり、露岩が多い険しい道となる。伝説の矢鉾岩を過ぎると約五分で山頂、吉見神社前の広場に出る。この神社は阿蘇大神建盤竜《たていわたつのみこと》命の孫、惟人《これひとのみこと》命を祀っているので「稚児《ちご》の宮」とも呼ばれている。熊本平野から有明海、雲仙などの展望がよい(登山口から約四〇分)。三角点が置かれた山頂は東へ石灰岩の細径を約五分。雑木林の中で展望はない。

地図　二・五万図　畝野

（中村恵二・松本莞爾）

雁回山　がんかいざん

別称　木原山《きはらやま》　標高　三一四ｍ

熊本県熊本市、宇城市、および宇土市にまたがる。熊本平野の南端にあり、別称の「木原山」は北麓の熊本市富合町木原の地名に由来する。雁回山の山名は昔、鎮西八郎為朝《ためとも》がこの地に居城を構えた折、つれづれに空を渡るガンを射たが、以後その弓勢を恐れたガンが迂回して飛ぶようになったという伝説に由来する。中生層の堆積岩からなり、スギ、ヒノキ、クヌギなどの造林と、スダジイ、アラカシ、シリブカガシなどの照葉樹林が東西に長い山域を覆い、県民憩いの森として保全されている。木原には国の重要文化財指定の楼門を持つ六殿宮と、日本三不動の一つ木原不動(天台宗・雁回山長寿寺)がある。

登路　山麓五箇所からの雁回山遊歩道のほか、宇土市岩熊から車道も通じている。ここでは、もっとも多く利用されている富合町木原からの登路を紹介する。六殿宮参道を南へ進み、右折して程なく左手の遊歩道に入る。渓流の右岸沿いを緩やかに登り、一の滝分岐で橋を渡り、左岸沿いの山道を歩く。二の滝、三の滝を経て、スギ林の急坂を登ると尾根上の車道に出る。東側の第一、第二展望台を経て三角点が置かれた山頂に達する。登山口から約一時間三〇分。

地図　二・五万図　宇土

（中村恵二・安場俊郎）

鏡山　かがみやま

標高　九一七ｍ

熊本県上益城郡山都町と宮崎県西臼杵郡五ヶ瀬町の境界にある。山都町馬見《まみ》原の東側に、屏風を立てたように連なる山である。この鏡山一帯は一八七七年、西南の役の激戦地で、山頂には戦没者慰霊碑が立てられ「もののふの弥猛心のかがみやま勝てば官軍敗れなば賊」の歌が刻まれている。テレビ中継所などの施設も多く、三角点は南側、無線中継所の裏手にある。山頂まで車道が通じているので、歩かなくても登ることができる。山頂からの展望は広く、眼下に深く侵食された蘇陽峡《そようきょう》(五ヶ瀬川)と矢部郷の田園が開け、阿蘇、九重、祖母、九州脊梁の山々をはじめ、遠くは熊本市の金峰山や、有明海を隔てて雲仙岳まで望むことができる。

全山、スギ、ヒノキ造林地で自然林は少ない。九州本島のほぼ中央にあることから、西麓の馬見原地区では「九州のヘソ」と称している。標高五三〇ｍの盆地にある馬見原は、古くから阿蘇、矢部、宮崎を結ぶ交通の要衝で宿場町として栄えた。いまも山都、高千穂を結ぶ国道二一八号と、阿蘇から東臼杵郡椎葉村へ至る国道二六五号が交差する交通の中心地としてにぎわう。

登路　熊本市から上益城郡山都町を経由して馬見原までバス路線が通じている。馬見原の十字路から国道二一八号を東へ約五〇〇m行くとテレビアンテナ管理道が分岐する。山頂まで約四km、徒歩なら約一時間三〇分。

地図　二・五万図　馬見原

（本田誠也・松本莞爾）

祇園山　ぎおんやま

標高　一三〇七m

宮崎県西臼杵郡五ヶ瀬町鞍岡の東に位置する九州山地の山で、県内最古の岩石と最古の化石を産する。

山名の由来は西側山麓の祇園神社にちなむ山名ともいわれている。山体は鞍岡火成岩、化石を含む祇園山層と呼ぶ古生層からなっている。化石は四億三千万年前のシルル紀のもので、クサリサンゴ、三葉虫、腕足類など地学的に貴重とされている。かつてこの一帯は海の底であったが、最初に隆起したことから「九州発祥の地」といわれている。西部は五ヶ瀬川の、東部は五ヶ瀬川支流の三ヶ所川の分水嶺をなしている。五ヶ瀬町三ヶ所と鞍岡を結ぶ標高一〇二三mの峠を「大石越」といい、西南の役（一八七七）で鞍岡から来襲する官軍に備えた薩摩軍陣地があり、監視兵を置いた塹壕跡がある。この鞍部から稜線が北の山頂につづき、南部は揺岳《ゆるぎだけ》への稜線となっている。

山頂へ連なる稜線一帯はミズナラ、カエデ類、アセビ、イヌツゲなどの樹木に交ってドウダンツツジ、ヒカゲツツジなどの花木も多い。山頂の展望は、自然林の生い茂る西側を除き、祖母・傾連峰や阿蘇・九重連峰の山々を望むことができる。北西の鞍岡から仰ぐ山容は険しく、季節風をまともに受けるため秋の訪れが早い。

祇園山（大石の内から）

登路　標高約一〇二三mの大石越峠から北に延びる稜線を辿り、約一時間で山頂に達することができる。

地図　二・五万図　鞍岡

（大谷　優・黒岩タカ子）

諸塚山　もろつかやま

標高　一三四二m

別称　大白山《だいはくさん》

宮崎県東臼杵郡諸塚村と西臼杵郡高千穂町との境界にあり、南の耳川支流・七ツ山川と北の五ヶ瀬川支流・秋元川、三ヶ所川の分水嶺となっている。

山名の由来は尾根に七つの峰があることからといわれ、また、諸塚は多くの峰山の集まりであることからともいわれる。別名を大白山ともいい、清浄な山の意味である。

山体は二畳紀の石灰岩、砂岩、粘板岩からなり、北に延びる支稜の中腹にある奥行き八〇mの栫《づけ》の滝鍾乳洞は、国指定の天然記念物である。

登路　①六峰街道登山口から自然研究路分岐を経由して山頂(約一時間一〇分)。②六峰街道諸塚上宮登山口から諸塚上宮を経て山頂(約一時間)。

地図　二・五万図　諸塚山

(有木重昭)

黒峰　くろみね

標高　一二八三m

熊本県上益城郡山都町と宮崎県西臼杵郡五ヶ瀬町の境にある。九州山地に位置し、西は緑川源流の緑仙峡を挟んで矢筈《やはず》岳(一一一三m)、遠見山(一二六八m)と対峙する。東は五ヶ瀬町を隔てて鞍岡の祇園山、揺《ゆるぎ》岳(一三三五m)、と向き合う。上益城郡山都町(旧矢部町)側から眺める黒峰は、前衛に黒峰不動峰(九五〇m)、丸山(一一二〇m)、後衛に一の越(黒峰峠)の鞍部を経てトンギリ山(一一五〇m)の尖峰を従え堂々たる山容を示している。黒峰から南下する九州脊梁の山々はトンギリ山、小川岳(一五四二m)、黒岩山(一五八二m)を経て向坂《むこうさか》山(一六八五m)に至り、霧立越山地に繋がる。黒峰の山名が示すように、かつては黒々と濃密な森林に覆われた山であったが、皆伐されて一部は牧場地となり、ほかはすべて造林地となっている。しかし、山頂からの展望は雄大で、祖母山、九重連山、阿蘇五岳と南外輪の山々、近くは小川岳、向坂山、三方山、稲積山(一二六九m)、矢筈岳、遠見山などを見渡すことができる。

登路　北麓の鎌野から、テレビ中継所がある黒峰不動峰まで車道が通じている。ここからのさえぎるもののない広大な眺めは「熊本名勝百景」にも選ばれている。車道はさらに牧場道となり、南東約二kmの牧場地まで延びている。牧場地の西側から尾根の踏み跡を辿り、約四〇分で山頂に達する。もっとも多く利用されているのは、東麓の五ヶ瀬町鞍岡地区の一の瀬からで、小谷に沿う林道を登る。上部でスクナ原から小川へ至る舗装林道を横切る。林道終点から右手のスギ林の急坂を登ると一の瀬越北側の県境尾根に出る。草付の急斜面をひと登りで山頂三角点に達する(登山口から約一時間)。

地図　二・五万図　緑川

(本田誠也・松本莞爾)

向坂山　むこうさかやま

標高　一六八五m

宮崎県東臼杵郡五ヶ瀬町と熊本県上益城郡山都町にまたがり、九州中央山地国定公園の一角に位置する。

山名の由来は、五ヶ瀬町から長い坂道が山につづいているところから「向坂」と呼んだものといわれている。

山体は古生代二畳紀の砂岩、粘板岩、チャート、石灰岩からなっている。山頂は自然林に覆われ展望は利かないが、冬季は白一色の樹氷の花が咲く。北面には九州最南端の五ヶ瀬ハイランドスキー場がある。白岩峠の登山口から高度差約三八〇mの山頂まで遊歩道がつづいている。

尾根道はブナ、ミズナラ、ホウノキ、ヒメシャラ、ナツツバキ、ヤマザクラなど落葉広葉樹の巨木に囲まれ心が安まる。

登路　カシバル峠から白岩峠を経て約一時間一〇分で山頂に達することができる。

地図　二・五万図　国見岳

（有木重昭）

白岩山　しらいわやま

標高　一六四七m

宮崎県西臼杵郡五ヶ瀬町と東臼杵郡椎葉村との境界に位置している。北は向坂山、小川岳（一五四二m）に連なり、南は扇山につづく尾根を形成する。東部は五ヶ瀬川源流、西部は耳川源流の谷が急斜面をなし、尾根筋にわずかな平坦面を残しているに過ぎない。

山名は石灰岩からなる突出した岩峰に由来する。椎葉村松木から扇山、白水山、白岩山、日肥峠、カシバル峠、五ヶ瀬町波帰につづく尾根は「霧立越《きつたちごし》」と呼ばれ、かつての重要な交通路であった。

本山域は二畳紀の粘板岩、砂岩、チャートのほか、石灰岩がかなり広く分布している。一帯は「白岩山石灰岩峰植物群落」として、一九四三年、県天然記念物に指定された。特有の植物は約六〇種を数える。九州でもこの山しか見られないヒロハノヘビノボラズとシコクシモツケソウは貴重な存在である。コケ植物は、蘚類一四七、苔類一三二の計二七五種が記録されている。稜線沿いにミヤマビャクシンの自生やブナ、ミズナラ、オオヤマザクラ、ツクシシャクナゲなどが生い茂り、植生が豊富である。白岩岩峰付近の植生はキレンゲショウマ、ヤマシャクヤク、トリカブト、コウスユキソウ、ヤハズハハコ、イワギクなどの好石灰植物が自生する。

登路　カシバル峠から林道を登り、登山口から日肥峠を左折し、白岩岩峰を経由して約一時間二〇分で山頂に達することができる。

地図　二・五万図　国見岳

（大谷　優・黒岩タカ子）

扇山　おうぎやま

標高　一六六二m

宮崎県東臼杵郡椎葉村の北部に位置する。山名の由来は扇を広げたような山容にちなむものである。

椎葉村は山林原野が九九・二%を占めている。急峻な谷壁の平均傾斜度は、日本アルプスや上越地方の山に次ぐ日本第三位である。村内に連なる山々は、県内二番目の高峰・国見岳（一七三九m）をはじめ、一五〇〇m内外の山が二一座ある。これらの山を分水界とする耳川、一ツ瀬川の豊富な水量と大きな落差を利用した電源開発地域として一九五五年、日本最初のアーチ式ダムが誕生している。このダムを吉川英治は「日向椎葉湖」と命名した。

本山域は二畳紀の粘板岩、砂岩、石灰岩などからなっている。植生は県下一の大木を誇るツクシシャクナゲをはじめ、ヤマブキの群落、ヤマシャクヤク、マンサク、ミツバツツジ、ヒカゲツツジ、ドウダンツツジ、オオヤマレンゲ、ナツツバキなどのほか、ナナカマド、ヒメシャラ、サワフタギなど四季を通じてにぎやかな山である。

登路　ダム沿いの松木林道登山口からと、鹿野遊《かなすび》小学校経由内ノ八重新道登山口からの二つのコースがあり、いずれも約一時間二〇分で山頂に達することができる。

地図　二・五万図　胡麻山

（田村哲朗）

三方山　さんぽうざん　標高　一五七八m

熊本県上益城郡山都町と宮崎県東臼杵郡椎葉村にまたがる。九州脊梁山地の主稜線をなす向霧立越《むこうきりたちごし》の北端に位置している。山名は三方に尾根を出していることによる。緑川源流の山として知られているが、西側は内大臣川支流の東内谷、南側は耳川源流の三方谷となっている。かつては椎葉から矢部への交易路として五勇山《ごゆうざん》、国見岳、高岳（一五六三m）、椎矢峠《しいやとうげ》、三方山を経て矢部（現山都町）の囲《かこい》まで駄道が通じていた。また、大正末期から昭和初期にかけて、椎葉の耳川から高岳と三方山の間の鞍部を越え、矢部の内大臣に木材搬出の索道が架けられていた。準平原地形といわれる九州脊梁特有の、ゆったりとうねるような山容から登山者の訪れは少なかったが、一九六六年、矢部と椎葉を結ぶ九州横断林道が開通し、九州でもっとも高い車道の峠、椎矢峠（一四二〇m）から容易に登ることができるようになり、椎矢峠の南側にある高岳と併せて登る人が多い。一帯は一九八二年、九州中央山地国定公園に指定された。

登路　椎矢峠から東方の三方林道に入る。約一〇分で林道幅が広い所に出る。ここから右側の細い山道に入る。これは、かつての駄道跡でササが茂り歩きにくい。約一〇分で小鞍部に出る。東側の尾根をつたって約一〇分で三角点が置かれた山頂に達する。灌木に囲まれわずかに北の切剥《きりはぎ》と南の国見岳、霧立越山地の展望が得られるのみである。東の霧立越山地の主峰・向坂山《むこうさかやま》（一六八五m）へ長い縦走路が開かれている。

地図　二・五万図　緑川　国見岳

（廣永峻一）

矢筈岳　やはずだけ　標高　一一一三m

熊本県の東部、上益城郡山都町にあり、九州脊梁山地の北端に緑川源流を挟んで東の黒峰《くろみね》と対峙する。

地質は古生代の中部二畳系からなり、矢筈の名のとおりに美しい双耳峰をなしている。九州脊梁山地の北端にあるだけに山頂からの眺めはすばらしく、雄大な阿蘇外輪と五岳をはじめ九重、祖母の連山、間近な九州脊梁の山々を一望することができる。

矢筈岳から遠見山（一一六八m）、三方山へと南下する九州脊梁の山々には、かつて尾根づたいに熊本県の矢部と宮崎県の上椎葉を結ぶ「向霧立越《むこうきりたち》」と呼ばれた長い交易路があった。最近、この古い尾根道の復活を目ざし、地元の旧清和村の人たちなどにより、その一部が周回コースとして整備された。

矢筈岳東側の山都町緑川地区は、向霧立越コースの起点となる所で、一帯には古い歴史を秘めた集落が点在し、平家落人伝説や安徳天皇御陵と伝えられる墳墓も残っている。

登路　東西から登路があるが、東麓の山都町川の口からのルートが分かりやすい。現在、川の口から林道が山頂の真下まで延びている。林道を約四㎞進むと山頂から南へ延びる稜線の登山口に至る。

山頂まで一〇分程で達する。さらに林道を進んだ所にも登山口があり、山頂まで五分足らずである。西麓の汗見《あせみ》からの登路は、林道の上部がヤブ化して分かりにくい。山頂まで約一時間かかる。

（田上敏行・廣永峻一）

地図　二・五万図　緑川

天主山　てんしゅざん

標高　一四九四m

別称　菅山《すげやま》（内大臣山《ないだいじんやま》）

熊本県上益城郡山都町菅より約五km南にあり、九州脊梁山地の北端に位置する。緑川支流の鴨猪《かもい》川と内大臣川に挟まれ、壮年期の山容を呈する石灰岩の山である。山域にはドリーネも見られ、石灰岩地帯特有の植物が多い。春にはヤマシャクヤクの群落が林床を飾り、秋は燃えるような紅葉が山稜を覆う。ヒゴイカリソウ、トリカブト、ヒトリシズカ、ニリンソウ、アズマイチゲなどの花も多い。山名は一八九六年、陸地測量部の測量の際、白糸村菅の上部にあったことから「菅山」と名付けられたが、地元ではキリシタン大名の小西行長が矢部地方を領したころ、愛藤寺城を預かる家老の結城弥平次が朝な夕な、この山を眺め「ゼウスの山」として崇めたことから天主山の名が付いた。

一九二〇年に発刊された『上益城郡誌』には「東南隅には内大臣山峰栄として聳へ高サ一千四百九十四米に上がり」と記されている。西側中腹（約七五〇m）に、この地に隠棲したと伝えられる小松内大臣重盛を祀った小松神社がある（平家落人伝説）。

登路　山都町と椎葉村を結ぶ椎矢峠（一四六〇m）から三方林道を北へ進み、三方山分岐を経て石灰岩特有のドリーネを右に見ながら高低差の少ない道を二時間程歩くと正面に大きな山が現れる。三〇分登ると平らな天主山山頂に到達する。しかし椎矢峠の林道は崩壊することが多く、山都町役場に連絡して確かめたほうがよい。別ルートとして国道二一八号の山都町牧野より鮎の瀬大橋を渡り、菅の天主山入口から四km林道に入った登山口（六七〇m）に到達後、急坂を登り前天主山（一一九四m）を過ぎて天主山頂に登る（約三時間）。

（廣永峻一）

地図　二・五万図　緑川

国見岳　くにみだけ

標高　一七三九m

別称　大国見《おおぐるみ》

熊本県上益城郡山都町、八代市泉町と宮崎県東臼杵郡椎葉村にまたがり、九州中央山地国定公園の主軸をなす脊梁山地の主峰。九州本島では九重山、祖母山に次ぐ第三の高峰である。

秩父古生層からなり、東は耳川源流の谷を挟んで霧立越《きったちごし》山地と対峙し、西は川辺川源流を囲む五家荘山地の山々と向かい合う。また、北西に京丈《きょうのじょう》尾根を派生する。北は緑川支流の内大臣川、東は耳川支流の上《かみ》ノ小屋谷、西は樅木本谷の深い渓谷を刻む。

山名のとおり、山頂からの展望は九州随一の雄大さを誇る。九州脊梁山地、五家荘山地の山々はもとより、阿蘇、九重、祖母、大崩《おおくえ》、雲仙、霧島連山まで九州の主要な山々を一望することができる。

別称の「大国見《おおぐるみ》」は、南へ八〇〇mの尾根つづきに小国見《こぐるみ》（一七〇八m）があることによる。一八九三年に三角点が設置されたが、

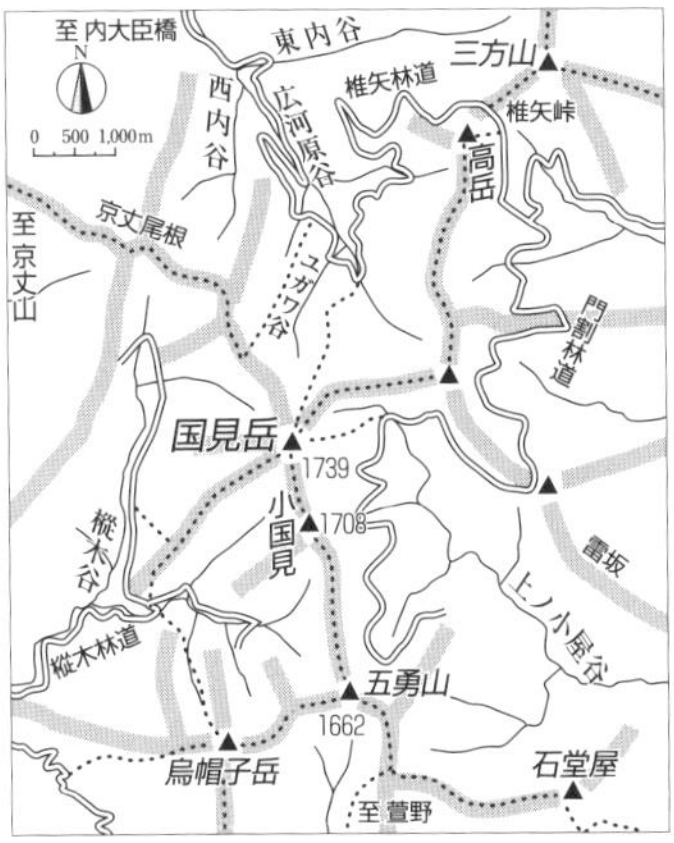

国見岳(天主山から)

登山の対象として記録が残るものは大正末期(一九二四)からで、筑紫山岳会、小倉山岳会、福岡山の会、五高山岳部などの山岳団体、および個人では、竹内亮、吉村毅、角範次、長沢信治、山田光男、加藤数功など先人の名を見ることができる。東側の霧立越山地と対比して、国見岳を中心とする脊梁中央の山々を「向《むこう》霧立《きったち》山地」と呼ぶ。

かつて上椎葉の住民が、矢部との交易のため駄道を開いた。これは薬草採取やナバ切り(茸取り)の生活の道でもあった。北側の雷坂へ分岐する地蔵のオバネ付近や、内大臣川の広河原谷から溯上するナバ小屋谷(イサブロウ小屋谷、ゲンジロウ小屋谷)、ヨサハチ谷などの古い地名に、その名残を見ることができる。耳川、内大臣川とも古くから伐採、造林が進み、一九一六年に開設された内大臣事業所は最盛期には二〇〇人を超える集落となり、小学校の分校も置かれたが一九八〇年に廃止された。ここを登山基地として多くの登山者が当時、九州最奥の山とされていた国見岳を目ざした。

山頂に至るルートは、ブナ、モミ、ツガ、ヒメシャラ、ミズナラ、ハリギリ、サワグルミなどの自然林に覆われ、山頂付近は九州有数のツクシシャクナゲの群生地である。また、キレンゲショウウマの群落もある。北側斜面の小谷にはベッコウサンショウウオの生息も見られる。

登路　山都町側、八代市泉町の五家荘側、椎葉側といくつもの登路がある。山都町矢部地区の内大臣橋を渡り、内大臣川に沿う九州横断林道(椎矢林道)を行く。内大臣川は上流で西内谷、東内谷を分け、広河原に至り、広河原本谷となって県境尾根へ突き上げている。椎矢峠(一四三〇m)に向かう林道は、北西へ大きく迂回して広河原の真上に戻ってきた辺りが国見岳登山口。ユガワ谷右岸の尾根を急登して尾根を越え、京丈尾根の中腹をからんで尾根上に出る。京丈山分岐から山頂までは、スズタケと原生林の緩やかな山道。登山口から約三時間の登りである。この登山口から林道を約一・五km進み、広河原本谷を渡る橋際に杉の木谷登山口がある。このルートは中間にキレンゲショウウマの群落があり、原生林の樹相も美しく、二時間三〇分足らずで山頂に達するため、多くの登山者に利用されている。このほか、五家荘の樅木本谷ルート、椎葉村の門割《かどわり》林道ルート(約一時間二〇分で山頂に達する最短ルート)、上椎葉萱野から五勇山

（一六六二m）を経由する縦走ルートなどがある。また、五家荘の葉木から京丈尾根を縦走するルートもある。

地図　二・五万図　国見岳

（本田誠也・廣永峻一）

京丈山　きょうのじょうやま　標高　一四七三m

別称　薊《あざみ》山　朝見山

熊本県下益城郡美里町、上益城郡山都町、八代市泉町にまたがる。九州脊梁山地の主峰・国見岳から西に派生する京丈尾根の中間にあり、球磨川水系と緑川水系の分水嶺となる。

山名は旧矢部町の「京の女郎」伝説によるとの説もあるが定かではない。山腹一帯は伐採、造林が進み人工林となっているが、山頂付近はブナ、ツガ、モミ、カヤ、ヒメシャラ、カエデなどの自然林で覆われている。また、カタクリの群落があり、開花期には多くの登山者を誘っている。北東部には深く刻まれた内大臣川の支流・西内谷があり、これに沿って北東に延びる尾根は、目丸山（一三四一m）を経て西内谷と内大臣川合流点に至る。また、北西に分岐する尾根は茂見山《あざみ》（一一五九m）を経て洞が岳（九九七m）に至り、緑川ダムに落ち込んでいる。

登路　美里町柏川からの北側ルートは、柏川林道を経由して北尾根を登る。柏川林道上部の登山口から約一時間三〇分で三角点と山神碑がある山頂に達する。南側ルートは、泉町五家荘の葉木からワナバ谷登山口に至り、谷をつめてスギ植林地の尾根に上がり、京丈尾根を経て東側から山頂に至る（約二時間三〇分）。山頂一帯には、カタクリの群落を見ることができる。

地図　二・五万図　葉木　畝野

（池崎浩一・中林暉幸）

目丸山　めまるやま　標高　一三四一m

熊本県上益城郡山都町目丸地区にあり、山頂の西側で下益城郡美里町洞岳《ほらおか》地区と境を接する。京丈山《きょうのじょう》より北東に派生する尾根の先端部にあり、北側の緑川本流に注ぐ黒谷川の源流に位置する。また、東側は緑川支流の内大臣川が北流し、南側は京丈山を源流とする西内谷が東へ流れて内大臣川に合流している。

山名の由来は、山の形が大きな目玉のように見えることから付けられたという。北麓の目丸地区は天正年間（一五七三～一五九二）、矢部に居城した阿蘇大宮司家が島津氏に攻め込まれ、逃げて隠れ住んだ所といわれる。

北面一帯は、すべてスギ、ヒノキの造林地となっているが、当時はうっそうとした原生林の山であったに違いない。東西に長い山頂部と南面の西内谷側は、ブナ、ツガ、ヒメシャラ、カエデ、カシなどの自然林に覆われている。また、山頂一帯には、九州では数少ないカタクリの群生地があり、春の開花期には登山者でにぎわう。

登路　山都町津留《つる》で緑川に架かる高さ八六mの内大臣橋を渡り、緑川左岸沿いに目丸地区の青石《あおし》（約七〇〇m）に至る。民有の青石林道に入り、約三㎞で尾根上の登山口（約九二〇m）に至る。伐採された入り口にロープによる案内道があり、しばらく進んで尾根左側の平坦な山道を行き、右折して急坂を登り尾根の上に出る。スズタケの切り分けを抜けると内大臣川左岸の馬子《まご》岳（孫岳、一二二八ｍ）から延びてきた主稜線に上がる。右手へ緩やかに登りつめると、ブナ、カエデ、シオジ、ヒメシャラなどの自然林に覆われた平坦な山頂に着く。登山口から約一時間三〇分。

地図　二・五万図　畝野

（廣永峻一）

洞が岳　ほらがたけ

標高　九九七ｍ

別称　権現山

熊本県下益城郡美里町の東方、緑川ダムの左岸に位置する。全山秩父古生層よりなる。南の京丈《きょうのじょう》山から派生する尾根は茂見《あざみ》山（一一五九ｍ）を経て洞ヶ岳に至り、緑川断層崖に落ち込む。東に山出《やまいで》川、西に柏川の深い谷を刻んで険しい山容を示す。

山名は地名（洞岳《ほらおか》）に由来するが、地元では「権現山」と呼んでいる。中腹には洞岳地区民の尊崇が篤い洞嶽神社（権現社）があり、八合目の展望のよい岩峰には上宮の山神祠がある。かつて春秋の祭礼には病気回復や厄払い祈願でにぎわい、また、女人禁制の時代もあったといわれる。

中腹まではスギ、ヒノキの植林地だが、上部はツバキ、カシ、シイなどの常緑樹と、ケヤキ、カエデ、ナラなどの落葉樹が混交した自然林となっている。また、クマタカの生息も見られる深山である。

登路　東の山出ルートと西の楠根草《くねくさ》ルートの二つがあるが、いずれも中腹の権現社で合流して山頂に達する。

美里町山出集落の権現山登山口（約三八〇ｍ）には「山頂まで一・六㎞一時間三〇分」の案内板がある。中腹の権現社（約六九〇ｍ）まではスギの植林地の参道を登るが、神社裏から自然林の中の急登となる。灌木に囲まれた山頂からは、北西方面の緑川を隔てて甲佐岳、間谷山、熊本平野の展望が開ける。

地図　二・五万図　畝野

（池崎浩一・中林暉幸）

雁俣山　かりまたやま

標高　一三一五ｍ

熊本県下益城郡美里町と八代市泉町にまたがる。この山は堆積岩の中に蛇紋岩が含まれ、太古、海底の堆積物が横からの巨大な力で押し上げられてできた九州中央山地の系列に属する。

山名は、北西側の美里町から望むと美しい双耳峰が雁俣（二股になった鏃《やじり》）に似ていることに由来する。

一帯は九州中央山地国定公園に指定されているが、五木・五家荘県立自然公園にもなっている。二本杉峠の登山口付近は人工林だが、北に分岐する尾根道に入るとうっそうとした自然林となる。ブナ、サワグルミの巨木が枝を広げ、ツチアケビ、ギンリョウソウなど珍しい植物の群生地である。九州では貴重なカタクリの花は、この雁俣山と東へ派生する尾根つづきにある京丈《きょうのじょう》山、目丸山の三山の山頂付近に群生地が見られる。毎年四月下旬の開花のころには登山者でにぎわう。また、このころにはヒカゲツツジ、ミツバツツジの花も山頂付近を美しく彩る。二本杉峠からの登山道もよく整備され、年間を通じて自然観察や家族ハイキングのコースとして利用されている。

登路　北麓の美里町土喰《つちばみ》から五家荘を縦断する国道四四五号を、二本杉峠の登山口（広場）まで約五〇分。登山口から約一五分で黒原分岐、左折すると一本道で迷うこともない。カタクリの群生地を過ぎて急坂をひと登りで横に長い山頂に達する。展望が開け阿蘇から県北の山々、佐賀、長崎の山も一望である。

地図　二・五万図　葉木

（工藤文昭）

白山　はくさん　　標高　一〇七三m
大行寺山　だいぎょうじさん　　標高　九五七m

熊本県の中央部、下益城郡美里町および八代市泉町にまたがる。九州脊梁山地の主峰・国見岳から西へ派生する尾根のほぼ西端に位置する。熊本平野から望むと、それと分かる三角錐の優れた山容を示している。この白山から南西一・五kmに大行寺山があり、山頂直下に延暦一六年（七九七）、牂善《しょうぜん》の開基と伝えられる天台宗の古刹、釈迦院の霊場がある。

白山は全山、スギ、ヒノキの人工林で、三角点が置かれた山頂からは展望もなく、登山の対象としては魅力が薄い山である。釈迦院山域の最高峰として釈迦院登拝のついでに登られているようである。したがって、登路も釈迦院を経由して行くのが一般的である。

登路　かつて釈迦院表参道だった美里町目磨《めとぎ》から、二俣、小田尾、峠の観音堂を経て八代市泉町横手への三叉路に至り、北東の大師堂を経てヤブを分けて山頂に達する。ヤブ分けが困難な時は、三叉路から林道を引き返し、北へ回り込んで登ることもできる。目磨から約三時間三〇分。

一方、釈迦院に至る道は数多い。もっとも人気があるのは美里町坂本からの御坂遊歩道「日本一の三三三三段」の石段コースである。釈迦院まで約一時間三〇分。釈迦院から北東へ大恩徳寺を経て大師堂まで徒歩約三〇分。大師堂から山頂まで約二〇分。

大行寺山は釈迦院境内から約二〇分で登ることができる。

地図　二・五万図　柿迫

（池崎浩一・中林暉幸）

大金峰　おおかなみね　　標高　一三九六m

別称　だいきんぼう

熊本県八代市泉町五家荘の仁田尾地区にあり、五家荘山地のほぼ中央に位置する。南北に長い山域は、大金峰から福根越（約一三〇〇m）を経て約二kmで展望のよい小金《こがね》峰（一三七七m）に至る。

山名は、かつて金鉱があったことによるとされていたが、『八代郡誌』には「大鐘、小鐘」と呼ばれていた、とある。熊本市街地からも、二本杉峠（約一一〇〇m）の上に三角形の特徴のある山頂を望むことができる。山域は東西を川辺川支流の葉木川、小原川に挟まれている。急斜面の東側は石灰岩地帯で、岩壁が連なり大金峰鍾乳洞やシラカワ谷の伏流が見られる。福根谷に懸かる「梅の木轟《とどろ》」の滝には長い吊り橋と遊歩道が設けられ、観光地となっている。緩斜面の西側は、ほぼ全域が伐採されスギ、ヒノキの植林地となっており、東側斜面一帯や小金峰周辺には、まだ自然林が残されている。

登路　国道四四五号を二本杉峠に上がり、栴檀轟《せんだんとどろ》の滝分岐路に入るとすぐ駐車場のある大金峰登山口に着く。正面のスギ林を小谷沿いに進むとロボット雨量計がある。快適な自然林の散歩道を過ぎるとカラマツ林の植林から広場に出る。ここの分岐を左に登ると展望のない大金峰山頂である。小金峰へは稜線を約一時間三〇分歩いて小金峰分岐、ここから急坂を一〇分程登れば展望のよい山頂だ。山頂からは九州脊梁の山々が展望できる。分岐からさらに南へ下ると林道に出、そのまま下ると一時間程で朴の木の集落に着く。この集落から国道四四五号へは約一時間を要す。なお、二本杉峠の茶店では山の案内も行っている。

地図　二・五万図　葉木

（廣永峻一）

保口岳　ほくちだけ

標高　一二八一m
南峰（普賢峰）標高　一二八〇m

熊本県八代市泉町の柿迫地区にあり、五家荘山地の西端に位置する。九州脊梁山地の国見岳から西に派生する尾根は、五家荘の北の境界をなし京丈山、雁俣山、二本杉峠を経て天台宗の古刹、釈迦院がある白山、大行寺山に至る。二本杉峠と白山の中間にある朝日《わさび》峠から南西に分岐する尾根は五家荘の西の境界をなし、笹越、三本杉峠、子別峠《こべっとう》を経て端海野《たんかいの》に至る。保口岳は笹越と三本杉峠の中間から南東に張り出した尾根の最高点である。

山域は、川辺川支流の小原川と下鶴谷に挟まれている。小原川上流部には五家荘随一の滝、梅檀轟《せんだんとどろ》がある。山名は南麓の保口の地名に由来する。平家落人の鬼山御前は八代市泉町岩奥に住んでいたが、追討の那須小太郎に身分を隠して近づき、ついに敵方と結ばれて、この地に住むようになったと伝えられる。

山体は石灰岩地帯で、山頂付近にはカルスト地形も見られる。

登路　九州自動車道八代ICで降り、国道三号を北上して宮原へ向い、さらに氷川ダム、子別峠、平沢津を経て保口集落を目ざす。保口集落の「集落案内板」から急斜面をジグザグに登って林道終点に出る。民家の庭からスギ林に入り、山腹を斜上すると地蔵尊が祀られた稜線の鞍部（峠）に着く。ここから稜線を北へ登って林道に出た後、正面の堀切を上がり稜線を登る。岩の多い稜線を辿ると鬼山御前の祀られた普賢岳山頂に至る。ここから北へクマザサの茂る稜線を行くと三角点のある保口山山頂に着く。下山は西へ一〇分程下ると林道に出て、普賢岳西斜面を横切り登山口へと戻る。

地図　二・五万図　葉木　椎原

（廣永峻一）

六本杉山　ろっぽんすぎやま

標高　一一四九m

熊本県球磨郡五木村北端の端海野《たんかいの》にあり、山頂は八代市に位置する。五木村平沢津から端海野にかけて、東から平石山（一一三〇m）、子別峠《こべっとう》（九九六m）、六本杉山、国見岳（一〇三一m）が並んでいる。標高一〇〇〇mを超える端海野には、戦後開拓者が入植し、小学校の分校も開設されたがいまは廃校になっている。東の子別峠から端海野を経て西の大通峠まで林道も開かれた。五木・五家荘県立自然公園に含まれる一帯は自然公園に指定され、キャンプ場も設けられて六本杉山の山頂まで遊歩道が造られた。

山名の由来となった六本のスギは見当たらないが、これは多くのスギの意か。

登路　最短コースは、南側の林道分岐から遊歩道を一〇分余で山頂に達する。端海野キャンプ場登山口からの遊歩道コースは、ゆっくり歩いても五〇分足らずで山頂に達する。ブナ、ミズナラ、ハイノキ、ヒメシャラ、アカガシ、ヤブツバキなどの自然林と、植栽されたドウダンツツジの中を行く歩道である。

平石山には北側の県道二四七号から細径を一〇分で展望のない山頂に達する。

国見岳へは南側の林道から五分で山頂に達する。その名のとおり広い展望がある。国見岳の西側の鞍部で林道は市村境を越えて八代市東陽町に入り、大通峠に至る。ここから北へ下れば八代市東陽町種山を経て、氷川町宮原で国道三号に至る。

地図　二・五万図　宮園

（本田誠也・廣永峻一）

（五木）白髪岳　（いつき）しらがだけ　標高　一二四四m

別称　白髪山

熊本県球磨郡五木村の北西に位置し、川辺川と五木小川の分水嶺をなす。準平原状のなだらかな稜線を持ち、南へ尾根つづきに聳える鋭峰の国見山（一二七一m）と対照的な山容をなす。同じ山名を持つ球磨郡あさぎり町の白髪岳と区別して「五木白髪」と呼ぶこともある。

秩父古生層からなる石灰岩質の山で、山頂一帯にはカルスト地形が見られ、季節には好石灰植物のヤマシャクヤクやフクジュソウの花も見られる。

山名の由来は判然としないが、『熊本の地理と地名』では、山頂部一帯に見られる石灰岩の白い色にちなんで名付けられたものであろうという。谷筋を除いてほぼ全山が植林され、山頂からの展望はよくない。現在では南北に連なる尾根に沿って山頂のすぐ下を林道（広域基幹林道・浪人越線）が延びており、登頂は容易になったが、従来の登山道は次第に忘れられて廃道化している。

登路　広域基幹林道・浪人越線は、五木村の子別峠から南下し、白髪岳、国見山の西側山腹を巻いて五木小川沿いの坂下へと至る。この林道北側の小鶴分岐路から南へ約二・五㎞で白髪岳南面の登山口に達する。山頂まで一〇分足らずの登りである。かつての平沢津、栗鶴谷、飯干などからのルートは、林道が延びた現在ではほとんど利用されないため、荒れている。

地図　二・五万図　宮園

（田上敏行・廣永峻一）

仰烏帽子山　のけえぼしやま　標高　一三〇二m

別称　のけぼし　ぼし

熊本県球磨郡五木村、相良村、山江村の三箇村にまたがる。山名はその形状に由来するが、地元では「ノケボシ」、またはただ「ボシ」と呼んでいる。球磨山地の南にあるこの山群は、仰烏帽子山を主峰として西へ高岳（一一八九m）、やくし山（九九九m）、南へ三尾山（一一七三m）の尾根を分ける。古くから「球磨三山」（市房山、白髪岳、仰烏帽子山）の一つとして球磨地方の人々に親しまれてきた。南の人吉市、山江村方面から望めば、烏帽子を少し傾けたような風格のある山容と、山頂からの三六〇度にわたる大展望、それに谷間に咲く早春のフクジュソウの群落、初夏のヤマシャクヤクの可憐な花々など、昔は地元の人々と限られた登山者だけのものだったが、いまではアプローチの遠いことを超えて多くの登山者を惹き付けている。山域は、川辺川（五木小川、椎葉谷川）と万江川《まいごう》（宇那川《おなごう》）の分水嶺をなし、石灰岩層の山で、山頂北面の岩壁や仏石などの岩塔群、東尾根のカルスト地形や縦穴など変化の多い地形を造っている。石灰岩地特有の植生、それにキュウシュウジカなど多くの動物相など、いつまでもこの自然を残したい山である。ほぼ東西南北の四方向から登路があるが、いずれのルートも標高七〇〇mから九〇〇mにかけて林道が延びており、約二時間余の登高で山頂に達する。山頂付近は赤い珪岩が露出しており、小石仏が祀られている。眺望はすばらしく、人吉盆地を隔てて市房山、白髪岳など球磨盆地を囲む山々、霧島連山の大きなマッス、北には九州脊梁の山々、遠く阿蘇、雲仙まで一望できる。

仰烏帽子山南面（宇那川林道上部から）

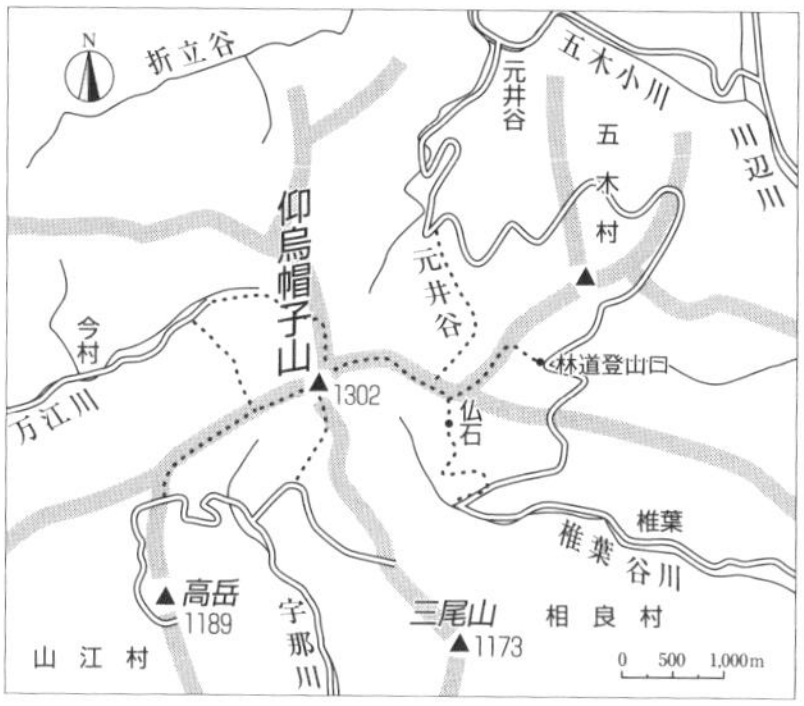

登路　**椎葉谷ルート**　東側、相良村四浦の椎葉から、椎葉谷川に沿い標高七〇〇mまでは林道を車で行くことができる。斜面を横断するように登り小谷をつめる。ヤブ道を抜けると尾根に出て、元井谷からの道と合流し山頂に至る。

仏石ルート　椎葉集落を過ぎて林道三叉路を直進すると仏石登山口。左岸に渡り、水場、「牛の鼻繰り石」を経て石灰岩の道を登る。約一時間で二つの巨岩が並び立つ「仏石」に至る。東側の大岩に登ると、正面に仰烏帽子山の山頂が見える。仏の影像が見えたという伝説の仏石の肩を越えて、細径を五分で元井谷分岐の峠。西へヒノキ林の中の石灰岩の群立（カルスト地形）を横断し、縦穴を経て広葉樹林の尾根道を辿り山頂に至る（約二時間）。

元井谷ルート　早春のフクジュソウ開花期にもっとも登山者が集中するルートである。五木村頭地《とうち》から西へ県道二五号を行き、元井谷橋を渡り林道に入る。谷沿いに高度を上げ、標高七〇〇m付近の登山口から石灰岩の涸谷に入る。フクジュソウの群落がある元井谷上流部を経て、仏石分岐の峠（一一四〇m）まで約二km・一時間。仏石登路に合流して山頂に至る。

宇那川ルート　山江村吐合《はきあい》から万江川の支流・宇那川に入る。尾寄崎を経て林道を約八㎞で、東西の分岐路に至る。東へ行けば林道登山口からの最短コース、約二五分で山頂に達する。西へ行けば高岳との鞍部から西尾根経由、約一時間で山頂に至る。

今村ルート 万江川の上流、山江村今村から三つの北側登路がある。かつては、この登路がメインルートであったが、植林地となり利用者が減った。所要時間はいずれも二時間程。

地図 二・五万図 頭地 （河田博喜）

矢山岳 ややまだけ 標高 八六九m

別称 肥後小富士

熊本県八代市泉町の下岳《しもたけ》地区にある。すり鉢を伏せたような台形の山で、低山だが西方の八代平野まで、この山より高い山がなく、どこからでもよく見える。また、富士山型の美しい山容から肥後小富士の愛称で親しまれている。

東の五家荘山地を源流とする氷川《ひかわ》は、この山の北側を半周して西方の八代海に注いでいる。その中流域に氷川ダムがあり、ダム湖の左岸に山名の由来となった矢山の集落がある。また、矢筈に似ているからとの説もある。石灰岩地帯であるため、山頂付近にその露岩が見られ、ヒトリシズカなどの花が見られる。七合目の「矢山の縦穴」では、ニホンオオカミの頭骨が発見され話題になった。また、氷川ダム上流には白岩戸の景勝地があり、西側には水無谷の伏流谷がある。平野を見下ろす立地条件のよさから、東西五〇〇mに及ぶ長い山頂部には多数の電波塔が建ち、展望台なども設置され遊園地化されている。東麓の柿迫《かきさこ》地区の落合から車道が六代神社と呼ばれる祠がある峠（五六〇m）を経て山頂まで上がっているので、歩かずに登ることができる山となった。

登路 八代市泉町の落合から、日当を経て直登する登山道がある。国体登山の縦走コースとなったこともあるが、その後は次第に使われなくなり荒廃している。六代神社から車道を歩いても一時間程で山頂に達する。広く開けた山頂からの展望は雄大で、西方は八代海から天草諸島、宇土半島、島原半島の雲仙岳まで一望できる。

地図 二・五万図 柿迫 （廣永峻一）

竜峰山 りゅうほうさん 標高 五一七m

八代海に臨む八代平野の東端を南北に屏風のように連なる竜峰山地は、熊本県八代市と氷川町にまたがる。主峰の竜峰山は八代市にあるが、最高峰の竜ヶ峰（五四二m・地図に山名の記載がない）は、八代市の旧市域、八代市東陽町氷川町の境にある。低山だが地域を代表する名山で、一帯は「竜峰山自然公園」に指定され、天狗伝説や「彦一ばなし」の民話もあり、八代市民の山として親しまれている。

山名は、臥竜のような山容によるとされている。西側山麓には九州自動車道が並行し、また、旧薩摩往還の跡がある。約六㎞にわたる主稜線の縦走路は、石灰岩が露出する岩稜の部分もあり、変化に富んでいる。昔、鎮西八郎為朝《ためとも》が山城を築いたといわれる竜峰山の広い山頂は、樹林に囲まれて展望はない。しかし、ベンチや休憩所が置かれ、園地化した山頂の端に高い展望台があり、その上に立つと八代海側の展望が開ける。

登路　竜峰山には、西側からは八代市の川田町東ルートと興善寺ルート、東側からは坂谷ルートの三つがある。もっとも多く利用されている川田町東ルートは、国道三号から古麓川を渡り、熊野座神社を経て五合目駐車場まで車道が通じている。徒歩なら約一時間。「鳥獣慰霊碑」が立つ登山口から階段の急坂を登る。迂回ルートもあるが、いずれも四〇～五〇分で山頂に達する。最高峰・竜ヶ峰への縦走は、石灰岩稜、辻峠、櫛ヶ峰(四八九m)を経て約一時間で達する。狭い山頂からは東側の一部と南西の展望が開ける。

（本田誠也・廣永峻一）

地図　二・五万図　鏡

八竜山　はちりゅうざん

標高　四九八m

熊本県八代市坂本町にある。坂本町の中央を流れる「日本三急流」の一つ球磨川の左岸に位置し、ほぼ全山が植林地である。

地質は秩父帯に属する中生代白亜紀の地層からなる。山名は八代市街地から望む一帯の山々を八つの竜の頭にたとえて「八竜」と呼んだことに由来する。三角点は山頂から南西に六〇〇mほど離れたピークにある。以前の五万図では最高点の標高五〇〇mピークを八竜山と呼んでいたが、一九九八年版から訂正された。

八代平野を見下ろす好位置にあるため標高の低いわりには山頂からの眺めはすばらしく、八代海から天草、雲仙まで一望できる。

山頂周辺は「八竜山自然公園」として観光開発が進み、展望台をはじめ天文台、ロッジ、森林レクリエーション施設などが建設されて公園化しており、山麓から山頂まで舗装された車道が通じており、歩かずに登ることができる山となった。

登路　八代市坂本町の国道二一九号、渋利《しぶり》入り口から林道を約六㎞で山頂の駐車場に至る。途中から遊歩道も設けられている。山頂手前の三叉路から西へ進むと約一〇分で三角点のあるピークに達する。歩いて登るならば北側の今泉から整備された登山道がある。約一時間四〇分で山頂に達する。

（田上敏行・廣永峻一）

地図　二・五万図　坂本

五勇山　ごゆうさん

標高　一六六二m

宮崎県東臼杵郡椎葉村と熊本県八代市泉町にまたがる。山名の由来は、県境分水嶺に五つの峰が並んでおり、その総称という。東部は耳川、西部は球磨川の各水系に属している。山頂から各河谷に向かって険しいV字谷を形成し、山体は二畳紀の揺岳層で、粘板岩、砂岩などからなっている早壮期の山である。

登路　椎葉村萱野登山口から石堂屋分岐を経て約二時間三〇分で山頂へ達することができる。また、県境の峰越林道の峠登山口から稜線を歩き、烏帽子岳分岐を経て約一時間五〇分で山頂に達することができる。

（田村哲朗）

地図　二・五万図　国見岳

烏帽子岳　えぼしだけ

標高　一六九二m

九州脊梁山地のほぼ中央に位置し、熊本県八代市泉町と宮崎県東臼杵郡椎葉村にまたがる。山名は、その形状に由来するが全国に烏帽子の名を冠する山は多い。この山は九州の烏帽子岳の最高峰である。地質は古生代の秩父古生層に属し、粘板岩、砂岩などからなる。

山地の東側は耳川水系の水無川、西側は川辺川水系の多くの谷々の侵食を受け複雑な地形を造る。北部の五勇山から西へ延びる九州脊梁の県境尾根は、一六〇〇m以上の高度を維持して烏帽子岳の最高点を経由し、南へ折れて椎葉越に至る。この主稜線一帯は密生したスズタケに覆われ、ブナ、モミ、ミズナラ、カエデ類などの原生林が残り、ツクシシャクナゲ、ドウダンツツジ、ミツバツツジ、オオヤマレンゲの群落が季節の彩りを添える。一七〇〇mをわずかに切れる最高点からは、北の国見岳、南の市房山をはじめ九州脊梁の山々が一望できる。三角点は西側の熊本県側へ五〇mほど入った小ピークに置かれている。

登路　一九八七年の熊本県八代市泉町樅木と宮崎県の椎葉村を結ぶ林道開通後は、古い椎葉越の峠から県境尾根の縦走路を北上して烏帽子岳山頂に達する(登山口から約二時間三〇分)。樅木八八重《はちはえ》から樅木本谷に沿う樅木林道を行く。栗野から烏帽子本谷の林道に入り谷の右岸に移り尾根を直上する。また、林道終点まで行き、踏み跡を北上し谷を越えて尾根道に出るルートの二つがある。樅木林道の上部から五勇林道に入りモハチ谷をつめるルートと、林道終点から北尾根を登るルートもあるが、いずれも荒れている。

（本田誠也・松本莞爾）

地図　二・五万図　国見岳

石堂山　いしどうやま

標高　一五四七m

別称　石堂《いしどう》嶽だけ

宮崎県児湯郡西米良村の北部に位置し、東臼杵郡椎葉村との境界にある。古くは「石堂嶽」と呼ばれていた。南北に延びる主稜の北に椎葉村と西都市の境界にまたがる樋口山、南に天包山(一一八九m)を従え、県内第三の標高を誇る市房山と競うかのように相対して聳えている。山名の由来は、岩稜を持っていることと山頂に石祠があることから石堂山と称されるようになった。

山体は四万十層の堆積岩からなり、西側に一ツ瀬川、東側は小川川へと深く落ち込んでいる。山頂の稜線が源流となる小川川渓谷には布水の滝と虹の滝があり、うるし兄弟伝説で名高い蛇淵がある。また、ヤマメ釣りのメッカでもある。

登路　上米良バス停登山口からのルートがあったが、あまり利用されていない。現在は井戸内峠を経由して六合目登山口からのルートがある。約三時間で山頂に達することができる。

（有木重昭）

地図　二・五万図　石堂山

上福根山　かみふくねやま

標高　一六四六m

熊本県のほぼ中央部、宮崎県東臼杵郡椎葉村と境を接する八代市泉町の五家荘地区にあり、樅木、椎原、久連子《くれこ》の三集落にまたがる。「九州の秘境」といわれた五家荘は、球磨川の支流、川辺川の上流部一帯を占めている。上福根山は、この五家荘山地の主峰であり、県境の山（九州脊梁山地）を除けば熊本県内第一の高山である。川辺川支流の久連子川と樅木川に挟まれ、東西に長く大きな山体を横たえている。

南東に延びる尾根は、山犬切《やまいんぎり》（一六二一m）から水上越を経て県境の白鳥山《しらとりやま》（一六三九m）に至る。西へ延びる尾根は福根越の鞍部を経て茶臼山（一四四六m）に至る。また、山頂から南へ張り出した尾根は岩宇土山（一三四七m）の岩峰と久連子鍾乳洞を経て久連子川上流部の平石に至る。北は樅木川へ向けて長い尾根を延ばし、西は山名の由来となった福根谷を深く刻んでいる。

この山域の北面と南面の一四〇〇m以下は、ほぼ全域が伐採されているが、主稜線付近はブナ、モミ、ハリギリ、ミズナラ、カエデなどの深い原生林が残り、ツクシシャクナゲやドウダンツツジの群落も多い。五家荘は宮崎県の椎葉とともに「平家落人伝説の里」で知られている。史実では詮索できない平家落人伝説のロマンがある。久連子には黒い久連子鶏の羽根飾りを着けて舞う「久連子臼太鼓踊り」が伝えられている。また、樅木にも「樅木神楽」が継承されている。この五家荘も南北に国道四四五号が縦貫してから秘境の影も薄れ、秋の紅葉、吊り橋、ヤマメ料理の民宿など観光地化が進んでいる。

登路　樅木から山頂の北側を経て、福根越を久連子へ下る細い道が唯一のルートであったが、久連子側の岳集落が廃村となってからは廃道となった。

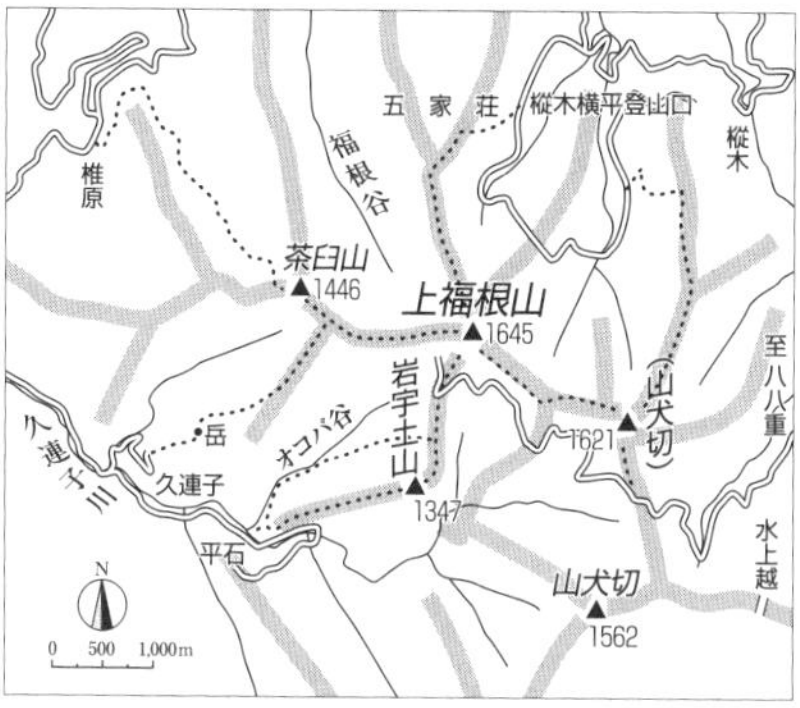

上福根山南面
（平岩から石楠越に至る林道中間点から）

現在は、樅木からと久連子からのルートがある。樅木横平登山口までは車で、登山口の駐車場から歩く。すぐロボット雨量計があり、尾根に登る。四〇分程で一四二八mのピークに到達すると展望が開ける。岩の多い自然林の中を四〇分程で、上福根山の山頂に到達する。南に南山犬切山、高塚山が展望できる。

久連子登山口は久連子集落の久連子荘上部一〇mにあり、左へ自然林の尾根道を登る。尾根道の右の植林を過ぎると鍾乳洞が現れる。鍾乳洞を登り、五〇分程で痩せた岩宇土山山頂（一三四七m）に到達する。山頂を過ぎ、自然林の中を進んでオコバ谷からの出合を過ぎ、自然林の痩せ尾根を上福根山に向かって登る。廃道になっている林道に上がり、石灰岩の露出する自然林を辿る。シャクナゲの林が現れる辺りが石灰岩のごろごろした上福根山の山頂である。春にフクジュソウを鑑賞するルートは久連子山荘手前から砂防堤の多いオコバ谷を遡行する。尾根に上がる台地状にフクジュソウの群落を見ることができる。しかし崩壊がひどいので、事前に確認して入山したい。

（廣永峻一）

地図　二・五万図　椎原

高塚山　たかつかやま　標高　一五〇八m

九州山地の南に位置し、熊本県球磨郡五木村と水上村にまたがる。「子守唄の里」として全国に知られる五木村の最高峰である。

地質は中生代の四万十層群からなり、球磨川本流と川辺川の分水嶺をなしている。山名はなだらかに盛り上がったような山容に由来する。山頂から派生する尾根の西側は、稜線近くまで植林地が迫るが、東側はブナやモミの深い原生林が広がり、「日本三急流」の一つ球磨川の源流域となっている。一帯は一九八二年に九州中央山地国定公園に指定され、九州でも有数の山岳美と渓谷美で知られている。植物の種類も多く、襲速紀要素《そはやきようそ》と呼ばれる日本固有の貴重な植物も見られる。五木村のもっとも奥にある山だが、村境に沿って南北に連なる尾根には、かつて水上村と五木村、五家荘を結ぶ最短ルートとして交易路が開かれ、水上越、石楠《しゃくなん》越、梶原越（現在の白蔵《しらぞう》峠）、白蔵越などの峠が点在していた。現在では白蔵峠を除いては訪れる人も少なく、静かに往時を偲ばせている。

登路　車で入る場合は人吉ICから川辺川沿いに上って相良村湯取野へ。ここから平成二六年に全線開通したばかりの人吉市と八代市泉町の久連子を繋ぐ大規模林道に入る。林道は快適だがシカやイノシシ、タヌキなどの飛び出しに注意したい。五木村から下梶川沿いの林道に入り、白蔵峠（一一八四m）を目ざす。この峠から四㎞行くと第一登山口、さらに四㎞先に第二登山口がある。第一登山口から山頂まで約一時間二〇分、第二登山口からは約一時間の登山だ。第二登山口を過ぎると大規模林道は下りになり、久連子まで快適な道を下る。しかし、梅雨など大雨の時には注意したい。

（田上敏行・廣永峻一）

地図　二・五万図　梶原

白鳥山　しらとりやま　標高　一六三九m

別称　小林山

宮崎県東臼杵郡椎葉村と熊本県八代市泉町にまたがる。山名の由来は、平重盛所有の「白鳥の鐘」を重盛の三男清経が受け継ぎ、この地に持参したことにちなむものである。

山体は四万十層に属する砂岩、粘板岩からなっている。一帯は自然林の生い茂る中に石灰岩が散在する高地湿原で、すり鉢状のドリーネなど特異な景観は神秘的である。うっそうと茂る落葉広葉樹林と、涸沢周辺にあるキレンゲショウマの群落などに囲まれた平家落人伝説の山である。

登路　①椎葉村峰越林道御池登山口から平清経住居跡標柱を経て山頂へ（約一時間）。②八代市泉町川口線林道ウゲトノ谷登山口から平清経住居跡標柱を経て山頂へ（約一時間三〇分）。宮崎県境の椎葉越（峰越）から南下する尾根を登ると、唐谷からの登山道と出合う。後は平清経住居跡を経て白鳥山頂へ（約一時間）。

地図　二・五万図　不土野

（田村哲朗）

江代山　えしろやま　　標高　一六〇七m

別称　津野岳《つのだけ》

宮崎県東臼杵郡椎葉村と熊本県球磨郡水上村にまたがる九州脊梁山地の一翼を担う山で、別名津野岳ともいう。

山名は宮崎県側から望むと山容が角《つの》に似ていることによる。熊本県側は水上村江代の地名に由来する。北側に不土野峠、南側に湯山峠を従え、その鞍部から端正な姿で屹立している。

山体は花崗岩からなり、一ツ瀬川、耳川、球磨川の各水系の分水界となっている。県境の東側は九州大学農学部の演習林で、自然が豊富に残されている。西側は社有地で、伐採がかなり進んでいる。

登路　①矢立林道二本松線終点の登山口から山林巡視路を経て山頂に達することができる（登山口から約二時間三〇分）。②国道二六五号の飯干峠の北、川口集落より馬口《ばくち》岳経由で山頂へ（約三時間三〇分）。

地図　二・五万図　古屋敷

（大谷　優・多田周廣）

笹の峠　ささのとうげ　　標高　一三四〇m

宮崎県東臼杵郡椎葉村と美郷町にまたがる。この峠道は古くは美郷町南郷神門と椎葉村を結ぶ唯一の生活道路であり、椎葉と外界を繋いでいた。また「日本民族発祥の地」といわれる

山体は中生代の四万十層からなり、耳川支流・啞谷《おしだに》と小丸川支流・松の内谷、又江の原川の分水界である。山頂周辺にはブナ、ケヤキをはじめ自然林が多く残っているが、全山スズタケに覆われ、峠名の由来ともなっている。

登路　椎葉村上松尾経由で湾地《わち》から約一時間五〇分で峠に達することができる。

地図　二・五万図　清水岳

（田村哲朗）

日陰山　ひかげやま　　標高　八九八m

別称　権現山《ごんげんやま》

宮崎県東臼杵郡美郷町西郷田代に位置する。山名の由来は、田代地域の西に壁のように聳えていて、朝日はよく当たるが夕日が早く沈むことにちなむ。御田祭で有名な田代神社の上宮がある。

山体は中生代四万十層に貫入した輝緑岩からなる。北西の耳川支流・尾迫川に懸かる「大斗《おせり》の滝」は、落差約七〇m、幅約一〇mの三段に分かれて落下する見事な滝である。

登路　坊の平林道経由登山口から霧島大権現本宮を経由して、約一時間四〇分で山頂に達することができる。

地図　二・五万図　田代

（服部敬二）

市房山

いちふさやま

標高　一七二一m

熊本県球磨郡水上村と宮崎県児湯郡西米良村、東臼杵郡椎葉村にまたがる九州脊梁山地の南の主峰で、球磨川と一ツ瀬川の源流を育み、その山容から乳房を想像して市房山の名が付いたといわれる。

中世から六〇〇年にわたって山岳信仰の御神体として崇められ、旧暦の三月一四日に行われる市房神社の春祭りは、球磨郡湯前町に近い岩野にある生善院観音堂（通称猫寺）の春祭りだったと伝えられる。球磨一帯で盛大に「お岳さん参り」をした霊峰であり、山麓にある市房神社は大同二年（八〇七）に霧島の神、瓊瓊杵尊《ににぎのみこと》を祭神として招聘したのが始まりとされ、相良藩士の崇敬を集めた。

市房山一帯は、一九八二年五月に九州中央山地国定公園に指定された。九州脊梁山地の南端に位置し、歴史、文化遺産の豊かな所として親しまれ、登山者の多い山である。

山域は四万十層と一部が花崗岩より構成され、東斜面には黒色粘板岩が見られる。早春のマンサクの花に始まり、五月初旬のアケボノツツジのピンクの花が霧の中に浮かぶ様子は、森の妖精のようである。若葉の目立つころにはツクシシャクナゲやミツバツツジが山腹を彩る。秋はカエデ、シロモジ、ブナが色づき、紅葉、黄葉の世界と変わり、さらに霧氷の花が咲く厳冬を迎える。植物の種類も多く、山麓よりカシ類、ユズリハなどの暖地性の樹木のほか、コウヤマキ、ツツジ類、南限とされるマメグミ、高木帯にはモミ、アスナロ、サワラの針葉樹が分布し、森の中には、キュウシュウジカ、ニホンイノシシ、キクガシラコウモリなど動物相も豊かである。とくに春先の山麓では、渓流沿いの大木の先端部にオオルリが美声を響かせ、頂上付近では灌木の梢に九州では珍しいメボソムシクイの声を聞くことができる。

熊本県側は自然林に恵まれて、山麓の高木林から山頂にかけて低木の叢林がつづいて豊かな森林植生を持っているが、それに対して宮崎県側はスギの造林地が増えて荒廃が目立ち、山腹の所々が崩落して痛々しい。

樹齢五〇〇年を超える大杉の参道を通り、市房神社を経て山頂を目ざすルート（熊本県側）があり、山頂から北に稜線が延びて、二ツ岩まで鋸状の岩峰が聳え、とくに「心悪しき人は身がすくみ渡れな

市房山（左のピーク）（天包山から）

い」という岩の心見橋が縦走路をさえぎっている。この縦走路は悪路がつづき登山する人は少なかったが、最近補修されて道がよくなり、訪れる人が次第に増えている。

山頂は三六〇度の展望が開け、九州山地が一望の下にあり、北に祖母、九重連山、東は尾鈴山系と石堂山、天包山、やや西に阿蘇山、南は大森岳から霧島連峰を望むことができ、九州の名峰たるゆえんである。

登路　①熊本県球磨郡水上村湯山、祓川の登山口から市房キャンプ場、市房神社を経て六合目馬の背越え(標高一三〇〇m)までは急坂の連続で、巨木の根を越えて山頂に達する(約三時間)。②宮崎県児湯郡西米良村槙の口登山口から急坂がつづき、五合目「力の泉」を経て七合目山小屋から九合目の水場(恵の泉)に到着した後、山頂に達する(約三時間三〇分)。

地図　二・五万図　市房山

(石井久夫)

烏帽子岳　えぼしだけ

標高　一一二六m

宮崎県西都市と児湯郡西米良村との境界に位置し、米良山地に属している。

山名は山頂部が突出している様を烏帽子にたとえたことに由来する。山体は古第三紀の四万十層からなり、九州山地の南部に属している。かつては熊野権現系の修験場で、山頂西側の稜線約五〇〇m地点に石鉄山蔵王権現祠と鉄の鎖がその名残を物語っている。山頂周辺と南西側に、ヒメコマツ、モミ、ツガなどの自然林の中に散在するコウヤマキの群落は国内での南限とされている。

登路　①銀鏡《しろみ》林道登山口からししの平を経由して約二時間三〇分、②日平越登山口から権現山を経由して約二時間一〇分でそれぞれ山頂に達することができる。なお、木浦助八重登山口から権現山経由のルートは荒廃している。

地図　二・五万図　石堂山

(大谷　優・黒岩タカ子)

樋口山　ひぐちやま

標高　一四三四m

宮崎県西都市と東臼杵郡椎葉村との境界に位置する。主稜は北に槙鼻峠を経て三方岳、南は石堂山、天包山(一一八九m)に連なっている。

山名は山麓の小字地名「樋ノ口」に由来する。

山体は白亜紀の粘板岩、頁岩からなる四万十層で、一部に輝緑岩が分布している。稜線の東部は急斜面で、石堂山までつづく早壮年期の山容である。石堂山に至る南部は、九州中央山地国定公園に指定されている。また、稜線西側は九州大学演習林になっており、演習林内は調査研究以外は立ち入りが許可されていない。

登路　椎葉村大藪地区からの旧登山道は荒廃して登ることができない。新登山道は西都市側の上揚林道標高約八〇〇mから稜線経由で約二時間で山頂に達することができる。

地図　二・五万図　石堂山

(大谷　優・多田周廣)

丸笹山　まるささやま　標高　一三七四m

宮崎県東臼杵郡美郷町南郷に所在し、端正な山容の無名峰（一四〇六m）につづく三方岳の稜線上に聳える。

山名は山頂部が丸いことによる。山裾に広がる「樫葉自然環境保全地域」には天然林が広く残されている。当地区の保全対象はブナ、カシ類、モミ・ツガ林で、ヤブツバキ・クラス域からブナ・クラス域にわたる垂直分布を見ることができる貴重な山域である。

登路　樫葉林道登山口から稜線を経て約二時間二〇分で山頂に達する。また、木裏林道登山口から約二時間で山頂へ達する。

地図　二・五万図　日向大河内

（田村哲朗）

三方岳　さんぽうだけ　標高　一四七九m

宮崎県東臼杵郡椎葉村と美郷町南郷の境界に位置しており、九州大学学術研究林として管理されていることから自然林に覆われている。東部の尾根は丸笹山に連なり、北部は大河内越を経て尾崎山（一四三八m）に、南部は槙鼻峠を経て樋口山、石堂山に連なり、北西側を除く三方が山に囲まれている。

山名の由来は分からないが、山頂が北西側を除いて三方にわたって平尾根となっていることからという説もある。

山体は、中生代の粘板岩・頁岩からなり、一部に輝緑岩が分布している。学術研究林となっていることから自然林は種類が多く、野鳥はもとよりニホンカモシカ、キュウシュウジカ、ニホンイノシシなどが恵まれた自然林の中に生息している。

登路　①大河内越登山口から大藪歩道分岐を経由して山頂（約三時間）。②御神橋経由広野登山口から大藪歩道分岐を経由して山頂（約二時間）。③屋敷野荒河内谷登山口から大藪歩道分岐経由して山頂へ達する（約三時間）。

地図　二・五万図　日向大河内

（有木重昭）

龍房山　りゅうふさやま　標高　一〇二〇m

別称　龍房山《りゅうほうやま》

宮崎県西都市の北西部に位置し、山稜の東に打越川、西に銀鏡《しろみ》川に挟まれた主稜はほぼ南北に延びている。

山名は一ツ瀬川峡谷へ龍のように尾根がせり出していることによる。山体は、新生代古第三紀の日向層群で、四万十層に属している。山頂付近は険しくそそり立っている。

登路　林道終点登山口からの標高差は約四七〇m。最初のピーク龍房神山からの展望は抜群。稜線上のピーク中龍房を過ぎた最南端が三角点のある山頂である（林道終点登山口から約二時間一〇分）。ただし現在登山口の林道は、大きな岩が落ちて通行を妨げており、さらなる落石の危険がある。

地図　二・五万図　尾八重

（前原満之）

地蔵岳　じぞうだけ　標高　一〇八九m

宮崎県西都市の北西部に位置し、北の尾根は空野山《そらんの》(一一一七m)に連なり、南の稜線は一ツ瀬川支流の尾八重川、打越川に挟まれて延びている。

山名は山頂に地蔵菩薩が祀られていることによる。

登路　尾八重川登山口を出発するとスギ、ヒノキ林の急峻なジグザグが三合目までつづき、四合目からは尾八重川と付近の集落が一望できる。通称「高野槙の背」から「高野槙の肩」に至る尾根筋と北側斜面のコウヤマキの大群落は珍しい。打越分岐を経て約二時間一〇分で山頂に達することができる。

地図　二・五万図　尾八重

(前原満之)

尾鈴山　おすずやま　標高　一四〇五m

別称　新納山《にいろやま》　男鈴山《おすずやま》

宮崎県児湯郡都農町と木城町の境が山頂で、日向市東郷町に及ぶ尾鈴山地は宮崎市内からも遠望できる。北東には西林山、東は畑倉山(八四九m)、南は矢筈岳(一三三〇m)を経て上面木山《じょうめぎやま》(八九七m)へ連なる。尾鈴山を源流とし、日向灘に流れ下る名貫川の渓谷には、矢研の滝、白滝、さぎりの滝など大小三〇を超える滝が、尾鈴山瀑布群として清冽な水しぶきを上げている。

山名の由来は分からないが、新納山、男鈴山の二つの別称がある。

山体は半深成岩の石英斑岩で、その硬い岩によって瀑布群が誕生した。世界でもこの山にだけ自生するキバナノツキヌキホトトギスは、葉の基部を茎が貫通しており、秋には黄色い花を付ける。初夏に咲くアケボノツツジ、ツクシシャクナゲのほか、コウヤマキ、ヒメシャラ、モミ、ブナ、カエデ、カシなど多くの樹種に加え、コケ類も二四九種が確認され、植生が豊かである。

東郷町坪谷で育った歌人、若山牧水は、「ふるさとの尾鈴のやまのかなしさよ秋もかすみのたなびきてをり」と故郷の尾鈴山への思いを歌っている。

登路　甘茶谷林道登山口からのコースが一般的である。原生林の残された尾根筋をひたすら直登する。灌木とスズタケに囲まれた山頂は伐り開かれているが、展望は利かない。山頂直下には尾鈴神社本宮の祠がある。約二時間で山頂に達することができる。ほかに矢研林道登山口から神陰山を経由するコースがあるが、約五時間三〇分を要する。

地図　二・五万図　尾鈴山

(前原満之・恒吉克範)

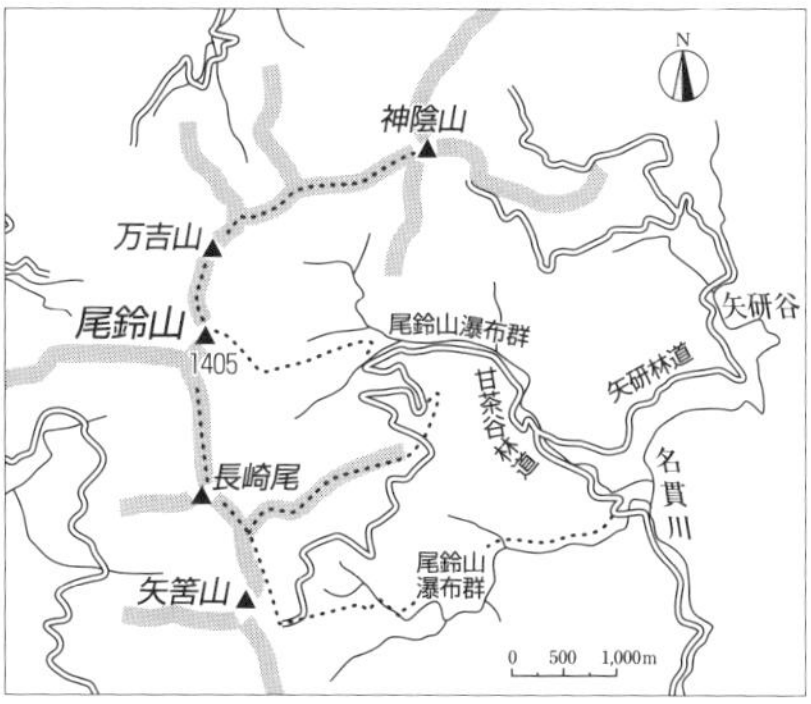

西林山　せいりんざん　標高　七八六m

別称　青林岳

宮崎県日向市東郷町の南に位置する。山名の由来は山麓の「西林」という小字地名にちなむ。七曲峠の南西稜線に聳え、長い山稜を尾鈴山に連ね、北東には七曲峠、熊山(六二二m)から冠岳に延ばしている。若山牧水の生家、坪谷の東方に聳える。

山体は溶結凝灰岩、石英斑岩、花崗岩、流紋岩などからなっている。本山域は、コウヤマキの巨木やヤブツバキ、カシ類など照葉樹や針葉樹が豊富で、コウヤボウキ、ツクバネソウなど山野草も多く自生している。

登路　①下水流南東登山口から西林谷、観音谷を経て約二時間三〇分。②下水流南西登山口から稜線を経由して約二時間三〇分で山頂に達することができる。

地図　二・五万図　坪谷　(服部敬二)

冠岳　かんむりだけ　標高　四三八m

宮崎県日向市東郷町山陰の南に位置する。

山名の由来は、冠状の山頂を有することにちなむ。東面から望むと王冠のたたずまいをしていることによる。北西面は屏風のように険しい断層崖となって耳川から聳え立っている。山稜は南西に延び、熊山(六二二m)、西林山から高度を上げながら尾鈴山に連なっている。ヤマザクラ、ツバキの群落があり、展望も要所で楽しめる。

山体は尾鈴酸性岩と呼ばれる石英斑岩からなり、北西部を遠見山断層が走って北部の四万十層との境界となっている。

登路　①切瀬新橋経由登山口から鞍部を経て山頂(約一時間一〇分)。②羽板橋経由小長野登山口から山頂(約一時間)。

地図　二・五万図　山陰　(服部敬二)

掃部岳　かもんだけ　標高　一二二三m

宮崎県西都市と児湯郡西米良村の境界に三角点があり、山頂一帯は東諸県郡国富町と綾町にもまたがる。山懐は深く、一〇〇〇m前後のピークを持つ尾根が四方に延び、一ツ瀬川水系の蛇籠川、前川、河口川と大淀川水系の深年川、綾北川、曾見川の水源をなしている。

山名の由来は、「掃部」は「かんもり」とも読み、「冠」の当て字で、冠状に盛り上がった山の意からと思われる。山体は中生代の四万十層に属する堆積岩からなる。一九八二年、九州中央山地国定公園に指定された。南東方向約二㎞に式部岳がある。

登路　①前谷林道前尾根登山口から第二展望台を経て山頂へ(約二時間三〇分)。②深年林道車止から深年川登山口を経て山頂へ(約二時間三〇分)。②曾見林道車止から津村山荘跡登山口を経て山頂へ(約三時間)。

地図　二・五万図　掃部岳　(服部敬二)

国見山　くにみやま

標高　一〇三六m

宮崎県西都市の西部に位置し、東は西都市、高鍋町の平原部を経て太平洋に達する。南西は掃部岳、釋迦ヶ岳へ連なり、北は一ツ瀬ダム湖越しに龍房山など銀鏡七山、石堂山、樋口山、三方岳など西米良、椎葉の山々が連なっている。

山名は山頂からの眺望がよいことによるものといわれている。かつて「国見嶺」と呼ばれたことがある。山体は中生代の四万十層からなる。

登路　①児原稲荷神社登山口から北尾根を経由して山頂へ（約二時間三〇分）。②立花ダムを経由し蛇籠川登山口に達した後、ここから南尾根を経て山頂へ（約三時間）。

地図　二・五万図　三納

（前原満之・恒吉克範）

大森岳　おおもりだけ

標高　一一〇九m

宮崎県小林市須木の東部に位置する。

山名の由来は定かではないが、山容がこんもりしているところからという。山体は中生代白亜紀から古第三紀にかけての四万十層からなっている。ほとんどが国有林で、照葉樹の天然林はほかに見ることができないほどの原生的景観が優れている。照葉樹林文化のルーツとしての意義も大きく、照葉樹林と渓谷の美しさが相まって一九八二年、九州中央山地国定公園に指定された。

登路　①綾第一発電所登山口から北尾根の稜線を経て山頂へ（約二時間三〇分）。②多古羅林道登山口から南尾根の稜線を経て山頂へ（約三時間）。③輝嶺林道詰登山口から西尾根の三角点を経て山頂へ（約一時間五〇分）。④竹野林道登山口から天然杉を経て山頂へ（約一時間一〇分）。

地図　二・五万図　大森岳

（服部敬二）

釋迦ヶ岳　しゃかがたけ

標高　八三一m

別称　釋迦岳《しゃかだけ》

宮崎県東諸県郡国富町の西部に位置する。

山名の由来は、山頂に釋尊像が安置されているとの言い伝えによる。地元では「しゃかんだけ」と呼ばれ親しまれている。九州山地最南東部の山で、稜線は北西から南東部に延びている。北部は掃部岳、南部は矢筈岳（七〇四m）に連なる。

山体は古第三紀の四万十層に属する堆積岩からなり、標高は低いが壮年期の険しい山容となっている。なお、山麓の法華岳薬師寺は、越後の米山薬師、三河の鳳来寺と並ぶ日本三大薬師寺の一つである。

登路　法華岳薬師寺登山口から、林道終点を経て約二時間で山頂に達することができる。

地図　二・五万図　大森岳

（服部敬二）

黒原山 くろばるやま

標高　一〇一七m

別称　雨引嶽

熊本県球磨郡多良木町とあさぎり町岡原の境に位置する。人吉盆地の南東にあり、市房山と白髪岳の間に特徴のある形で聳えている。地質は粘板岩を主とする四万十層群からなる。

山名の由来は判然としないが、黒は黒々と繁茂した森林を、原はこの地方の方言で台地を指す「ハル」に由来すると思われる。『球磨郡誌』によれば、古くは「雨引嶽」と呼ばれて近隣の人々の信仰の山でもあったという。かつてはイワザクラやナンゴクミツバツツジなど特殊植物の自生地として知られていたが、いまではほぼ全山がスギ、ヒノキの植林地となり、わずかに西側の宮原谷《みやばる》に自然林が残され、往時の面影をとどめている。以前は多良木町の槻木峠《つきぎ》から尾根づたいに登るのが最短コースとされていたが、一九八四年に旧岡原村の宮麓から山の西側を八合目まで登って周回する環状林道(黒原林道)が造られ、山頂への遊歩道が整備されたので、手軽に登ることができる山となった。山頂からは人吉盆地を一望することができる。

林道起点近くにある岡原観音堂は、室町期の様式を残す県指定の文化財で、相良三十三観音霊場の札所である。

登路　あさぎり町岡原側は、黒原林道の起点から約八kmで登山口の案内板があり、遊歩道を約二〇分で山頂に達する。

多良木町側は、県道一四三号の槻木峠トンネル入り口から登る。約三〇分で山頂に達するが、ヤブ化して分かりにくい所がある。

地図　二・五万図　免田

(田上敏行・松本莞爾)

白髪岳 しらがだけ

標高　一四一七m

熊本県球磨郡あさぎり町上地区にあり、九州中央山地のほぼ南端に位置する。熊本県と宮崎県の境に沿って東西に連なる山群の最高峰で、大きな山体を横たえ、台地状の山頂部は丸味をおびて緩やかな線を描く。

地質は四万十層群からなり、砂岩や頁岩が多い。南面は川内川の源流で深く侵食されて狗留孫《くるそん》渓谷を刻み、北面の谷は比較的浅く、末端部は扇状地となり北側に張り出している。

山名の由来は、冬期に山頂部が霧氷に覆われて白く輝く様を白髪にたとえたものといわれている。古くから「球磨三山」(市房山、白髪岳、仰烏帽子《のけえぼし》山)の一つとして近隣の人々に親しまれてきた名山である。また、九合目にある白髪神社(三池神社ともいう)は雨乞いの神として里人に崇敬され、「御池参り」として信仰されてきた。

わずかな保護地域を残して尾根近くまで植林地となっているが、山頂部一帯は九州でも数少ない自然林が残り、とくにブナ林はわが国の分布の南限に近く、学術的にも貴重なものとして約一五〇haが「白髪岳自然環境保全地域」に指定されている。

登路　あさぎり町の榎田から林道に入り、約八kmで温迫峠《ぬくみさこ》への道と分かれ、約二kmで登山口に至る。三〇分程で猪の子伏《ぶせ》(一二三三m)を越え、ブナの巨木の多い尾根筋を三池神社を経て約一時間二〇分で山頂に達する。山頂の南側からは霧島連山が望まれる。皆《みな》越《こし》から三池神社に至る山道は、かつて御池参りの道だったが、現在は利用する人もなく荒廃している。

地図　二・五万図　白髪岳

（田上敏行・廣永峻一）

国見山　くにみやま

標高　九六九m

熊本県の南西部、球磨郡球磨村にあり、鹿児島県伊佐市大口と境を接する。県境に沿って東西に延びる国見山地の主峰で、旧火山岩類(輝石安山岩)からなる。全国に国見の山名は多いが、県別では熊本県がもっとも多く一〇座を数える。そのうち、この国見山地に三座もある。国見するほど展望は広くはないが、いずれも肥薩国境にあることから歴史的な経緯が考えられる。

球磨川の支流・那良川と芋川の分水嶺となる山で露岩が多く、険しい山稜を連ねている。山麓には遠原、茂山、毎床、黒白《くろじろ》など棚田を背景にした趣のある山村集落が点在している。

登路　JR肥薩線の一勝地駅を起点として、県道一五号人吉水俣線を南下する。黒白からヘアピンカーブを登りつめて県境の峠(約七〇〇m)に至る。県境から東へ作業道(国見線)を分ける。二km約一〇分で国見山登山口。ここから山頂直下の九州電力マイクロ中継所まで作業用のモノレールが敷設されている。それに沿う登山道を登る。約二五分でマイクロ鉄塔を経て灌木に囲まれた山頂に至る。JR肥薩線那良口駅を起点にすると、那良川沿いに南下し最奥の遠原から登る。小谷をつめて南側に回り込み、ヒノキ林の斜面に付けられた細径を登る。西側にモノレールの作業道ができてからは登る人もなく荒れている。

地図　二・五万図　大関山　一勝地

（本田誠也・松本莞爾）

大関山　おおぜきやま

標高　九〇二m

熊本県南部の葦北郡芦北町と水俣市にまたがる。国見山地の一峰で、古くは「国見山」ともいわれていた。いまは東へ一km余の岩峰を国見山(八六七m)と呼んでいる。芦北町の佐敷《さしき》川、湯浦《ゆのうら》川、水俣市の久木野《くぎの》川は、いずれも大関山に源を発している。

山頂一帯は広々とした台地で、大関山神社の社殿の西側にテレビ、無線中継所のアンテナが八基も立っている。東側の国見山方面は照葉樹の森である。緩斜面の西尾根一帯は、江戸時代細川藩の藩木林とされたヒノキの造林地。国見火山の西端に位置する大関山は奇岩が多く、ゴットン岩、権現岩、役《えん》の岩、セッチン岩などと名付けられた奇岩が広い山中に散在している。

一八七七年西南の役で、薩軍は最後の命運を賭けてこの大関山で一か月にわたる山岳戦を挑んだ。その陣地(台場)の跡が山中各所に残っている。国見山は佐敷川と寒川川の分水嶺となるが、ここでベッコウサンショウウオが発見され、南限地となった。

登路　北側、芦北町国見から大鋸《おおがん》の俣を経て舗装道路が山頂まで通じている。南側の水俣市寒川からも林道が通じている。いずれも一〇km余、二〇分足らずで山頂に達する。ほかに芦北町の米田、石《いし》間伏《まぶし》、上小場からも林道が延びているが、いずれも上部で国見線と合流する。ただし、路面が荒れている箇所がある。

地図　二・五万図　大関山

(本田誠也・松本莞爾)

矢城山　やじろやま

標高　五八六m

熊本県南部の葦北郡芦北町と津奈木町、および水俣市の一市二町にまたがる。山域はおよそ二㎞四方の広がりを持ち、標高五〇〇mを超える旧期火山岩類の台地である。東部の芦北町側に山神開拓地があり、一帯は「矢城高原」と呼ばれている。かつてネザサに覆われていた広い台地上は、スギ、ヒノキの植林地となり、深々とした森林になった。三角点が置かれた地図上の山頂も、この森の中にある。西側に大岩が点在する山頂展望所があり、その西側一帯は急崖となり水俣川の支流・内野川に落ち込んでいる。ここからは八代海と天草の島々や変化に富む芦北のリアス式海岸など、広闊な展望が開ける。ことに落日の光景はすばらしい。山頂の大岩の一つに、古代人を偲んで郷土の歌人、安永蕗子が詠んだ歌碑「高原の石より湧きて海にふく古代の風をここにきくべし」がはめ込まれている。海風が吹き渡る山である。

登路　水俣側、津奈木側、芦北側からそれぞれに登路がある。津奈木町中心部を通る国道三号から分岐する県道三二三号は、染竹川に沿って南下し、水俣市深川との中間点、宮崎越の手前から左折して山神開拓林道に入る。しばらくで右に分岐する林道に入り、一〇分程で崖下の登山口に出る。スギ、ヒノキの植林地の急坂を登り、鞍部に出て右折し、自然林の山道を登りつめると大岩が積み重なった山頂展望所に達する(登山口から約二〇分)。深川からの登路も、宮崎越を越え林道経由でこの道に合流する。

地図　二・五万図　水俣

(本田誠也・松本莞爾)

鬼岳　おんだけ

標高　七三五m

熊本県水俣市の中南部、湯の鶴温泉の南東にあり、鹿児島県伊佐市大口との境界をなす台地の西端に位置する。名のとおり鬼が頭を突き出したような異形の山で、どこから見てもすぐそれと分かる。山名は古くから矢筈岳とともに海上航行の好目標にされたという。鬼が棲んでいたという伝説による。

九合目から上部の山頂付近だけ自然林が残り、ほかはみな造林地になっている。雑木に囲まれた山頂には鬼岳神社の祠があるが、展望は木の間越しに南西方向の矢筈岳と紫尾山《しびさん》などがわずかに望まれる。北側、深く刻まれた芦刈川渓谷には湯出《ゆで》七滝がある。

登路　水俣市街地を起点として、北側は国道二六八号から石坂川の石飛を経由して林道に入り、頭石《かぐめいし》林道分岐から右折して九合目の登山口まで車で行くことができる。登山口の鳥居をくぐり、鬼岳神社の参道になっている自然林の中の急坂を約一五分で山頂に達する。南側は県道一一八号を湯の鶴温泉、頭石を経て鹿児島県界の手前から左折して林道に入り、県境沿いに北上して石飛からの林道分岐に達する。ここから九合目登山口までの林道は路面が荒れているので、この付近に駐車して歩いた方が無難である。

湯の鶴温泉の入り口の下村から東側の農免道路に入り、芦刈川沿いの「湯出七滝遊歩道」を経て、鬼岳《おんたけ》集落から旧参道を登る約三時間のコースもある。

地図　二・五万図　湯出

（本田誠也・松本莞爾）

矢筈岳　やはずだけ　標高　六八七m

別称　雄岳（男岳）

熊本県水俣市と鹿児島県出水市にまたがる。国見山地の西端にあり、『熊本県地貌誌』によると、「相当浸蝕の進んだ晩幼年期のコニーデで、噴火口の明瞭なるものは見出されないが、頂上は大体二つに分かれている。北の稍低いものを雌岳、南の稍高きものを雄岳と称していて神話に名高いところである」とある。

山名は山容に由来する。山地一帯は東側の無線山（六六四m）とともにシダ類の宝庫で、約一八〇種を数え、珍種だけでも四三種あるといわれる。一八七七年五月、西南の役で水俣に上陸した官軍を迎え撃って、池辺吉十郎らの熊本隊は凄絶な切り込みを敢行、矢筈岳の攻防は田原坂以上の激戦になったと伝えられる。また、山頂の巨石には、寛政四年（一七九二）、この地に遊んだ高山彦九郎の歌「草も木もなびかさんとや梓弓　矢筈が岳に登るたのしさ」が刻まれている。海岸線に近く、鋭く聳え立つ矢筈岳の双耳峰は、古くから海上航行の好目標にされたという。

登路　水俣市の湯の鶴温泉から招川内《まんば》川に沿う県道一一七号を行く。県境の矢筈峠の手前から矢筈林道に入り登山口に至る。女岳との鞍部まで約二〇分の登り。鞍部から照葉樹林の急坂を約一五分の登りで山頂に達する。山頂北側に矢越神社の石祠があり、八代海、天草諸島の展望がよい。鞍部に戻り北西へ県境となる境川に沿い、八代海の海岸、神ノ川まで下る。山頂から約二時間。

地図　二・五万図　湯出

（本田誠也・松本莞爾）

紫尾山　しびざん　標高　一〇六七m

別称　上宮山《じょうぐうざん》　上宮岳

鹿児島県薩摩郡さつま町と熊本県出水市の境にあり、出水山地の最高峰である。また、南薩随一の名山として堂々たる山容を誇る。中生層と花崗岩からなり、東麓には三段に分かれた落差七六mの千尋滝を懸ける。

山名の由来は多々あるが、秦の始皇帝の命により不老不死の仙薬を求めて渡来した徐福が、まず串木野の冠岳に冠を捧げ、次いで冠に付いていた紫の紐をこの山に納めたことに由来するという。北側九合目の宮床《みやどこ》に上宮神社（紫尾権現）があり、別称の「上宮山」の由来となっている。

登路　山頂に無線、テレビ中継所が設置されて以来、西側の紫尾林道が通る堀切峠から車道が開通して、歩かずに登ることができる山となった。山頂からの展望は三六〇度にわたり広い。

東麓のさつま町紫尾門前には、紫尾神社と紫尾温泉がある。隣接する旧宮之城町登尾登山口から、ふれあいの森、千尋滝を経由して山頂まで約三時間三〇分の登り。ただし、このルートはヤマヒルが多いので注意を要する。ほかに出水市平岩（登り約二時間）および定《じょう》之段《のだん》（車道）からも登路がある。

地図　二・五万図　紫尾山　湯田

（西澤健一・中林暉幸）

烏帽子岳　えぼしだけ

標高　七〇三m

鹿児島県中部、姶良《あいら》郡姶良町の北端にあり、霧島市横川町と境を接している。この一帯は広大なシラス台地である。

烏帽子岳はこの地域の最高峰で切り立った鋭い山容を示し、山名はその形状による。山頂部一帯はカシ、シイ、クスノキなどの自然林に覆われているが、山腹はすべてスギ、ヒノキなどの植林地になっている。三角点が置かれた狭い山頂には、五個の石がほどよく配置され、小庭園の趣がある。間近な桜島、霧島連山をはじめ展望は広い。東側の霧島市横川町には九州自動車道が通じ、多くのレクリエーション施設を備えた、広い丸岡公園がある。

登路　霧島市横川町の野坂口と、姶良町の岩井田口の二つがある。野坂から霧島市溝辺町との境界沿いに南下する野坂林道は、姶良町との境に至って北に転じ、烏帽子岳中腹を半周する。野坂林道入り口から林道上部の烏帽子岳登山口まで車で行くことができるが、徒歩なら一時間三〇分はかかる。林道上部の登山口からは自然林の中の急坂を約二〇分で山頂に達する。

姶良町岩井田から内山を経て野坂林道に合流し、林道登山口まで徒歩約一時間一〇分。山頂へのコースは野坂口と同じである。ニホンイノシシの生息が多く見られ、冬季の狩猟解禁時は注意を要する。

地図　二・五万図　薩摩黒木　横川

（本田誠也・廣永峻一）

藺牟田火山　いむたかざん

標高（片城山《かたじょう》）　五〇九m

鹿児島県薩摩川内市、さつま町にまたがる。中心にある藺牟田池は海抜二九五m、直径五〇〇m、周囲約四・二kmあり、藺牟田火山の火口内に水がたまってできた火口湖である。周囲を四〇〇～五〇〇mの側火山が取り囲み、その最高峰が片城山である。東側にある「藺牟田富士」と呼ばれる端正な姿の飯盛山（四三一m）をはじめ、愛宕山（四八〇m）、舟見岳（四九九m）、竜石（四一五m）、山王岳（四八五m）と六つが並んでいる。山名の藺牟田は「藺草の茂った牟田（湿地）の意」という。湖面には泥炭からなる浮島や、ジュンサイ、カギカズラ、ヒトモトススキ、ウメモドキなど珍しい植物が繁茂しており、「藺牟田池泥炭形成植物」として国の天然記念物に指定されている。一帯は県立自然公園にも指定され「勤労者いこいの村」などのレジャー施設や外輪山の遊歩道が整備され、この地方の観光の拠点になっている。

登路　遊歩道により外輪山縦走（周回）ができる。駐車場を起点に愛宕山、舟見山、竜石、山王岳、片城山と回り、鞍部からいったん湖岸に下り、飯盛山に登って駐車場に帰ってくる一周約五時間のコースである。外輪山といってもそれぞれ独立したピークで、起伏も大きいため健脚向きといえるだろう。愛宕山と飯盛山のほかは展望に恵まれない。竜石は約二〇mの直立した巨石で、これを見た男女は結ばれるという伝説があり、観光客の訪れも多い。

地図　二・五万図　塔之原

（廣永峻一）

八重山　やえやま

標高（横尾岳）　六七七m

鹿児島県薩摩川内市と鹿児島市の境にあり、横尾岳を主峰に長尾岳、道子岳と連なる山々の総称である。鹿児島湾に注ぐ甲突《こうつき》川と川内川支流の分水嶺となる。薩摩山地（八重山山地）に属する旧期火山で、輝石安山岩、石英安山岩からなる。

山名の由来は、『三国名勝図会』に「この山当村の東南にまたがつて諸村に連なり、畳嶂層峰その数を知らず。よりてその総名を八重山といふ」とある。瀬戸平山（五四六m）、三方塚山（五四二m）、上宮山（五五一m）、中岳（四〇五m）など多くの山が群立している。山の南面は急斜をなしており、中腹より上は照葉樹林に覆われている。北面は緩傾斜で冷涼な気候を利用して牧場やゴルフ場があり、牧歌的な風景が広がる。北麓には古い歴史を持つ入来温泉と市比野《いちびの》温泉がある。東側入来峠から登山口近くには八重山公園があり、キャンプ村も開設されている。登山道もよく整備されていて、手軽に登山や森林浴が楽しめる山となっている。

登路　国道三二八号の入来峠から西へ五〇〇mで八重山公園があり、北へ五〇〇mで登山口に至る。シイ、カシなどの樹林に覆われた緩やかな登山道を登ると、甲突池分岐を経て約五〇分で山頂に達する。樹林に囲まれていて展望はないが、西へ二〇〇m進むと樹林が切れて南側の視界が開け、鹿児島市街や桜島が一望できる。

八重山公園から車道を西へ二㎞で、甲突川源流湧水池の甲突池に至る。池の西側から谷沿いの急な道を約四〇分で、山頂の分岐に達する。

地図　二・五万図　薩摩郡山

（田上敏行・廣永峻一）

冠岳　かんむりだけ

別称　薩摩岳

標高（西岳）　五一六m

鹿児島県薩摩川内市といちき串木野市の境にあり、八重山山地に属する旧期火山である。冠岳は西岳（五一六m）、中岳（四九六m）、東岳（四八六m）と連なる山群の総称である。

山名の由来は、秦の始皇帝の命により不老不死の仙薬を求めて渡来した徐福がこの山に登り、被っていた冠を捧げたという伝説による。古くから霊山として崇められ、山中の各所に神社仏閣があり、奇岩怪石が多い。東岳の山麓、冠岳地区の胡麻段には串木野家、島津家の尊崇が篤かった冠岳神社があり、北側に絶壁を連ねる仙人岩の不動窟などの山岳霊場がある。この一帯には熱帯性シダのキクシノブや、珍しい寄生顕花植物のヤツコソウも幅広く自生している。西岳中腹の大岩戸には煙草神社があり、洞窟内に自生するタバコは、流罪された蘇我馬子が種を蒔いたと伝えられている。山頂近くに林道が通り、登山道も整備されて手軽に登山を楽しむことができる山となった。

登路　いちき串木野市街地から、九州自然歩道の県道三九号を東へ四㎞で、上名地区の冠岳登山口に至る。串木野ダムを経て九合目の西岳神社鳥居まで林道を行く。八合目にある阿弥陀堂からは南側串木野方面の眺めがよい。九合目には無線中継所やテレビ塔の施設があり、鳥居をくぐり丸太を組んだ登山道を五分程登ると右手に天狗岩の巨岩を見るようになる。さらに五分程で西岳神社の社殿が建つ広い山頂に達する。東岳までの縦走は、経の塚、材木岳(行者堂)、中岳を経て変化のあるコースである。

地図　二・五万図　串木野

（本田誠也・廣永峻一）

鰐塚(南那珂)山地

斟鉢山　くんばちやま　標高　五〇一m

宮崎県宮崎市木花の鵜戸山地の最北に位置し、南に連なる稜線は花切山・岩壺山に連なる。『日向地誌』には「久牟鉢山」とあり、彦火火出見尊《ひこほほでみのみこと》の陵墓と伝えられている。

山名は、山頂近くの斟八神社に雨乞い祈願をした時、鉢に水を入れて神前に供えたところ雨が降ったという伝承にちなむ。山体は宮崎層群の砂岩、泥岩の互層で、その典型的なものは青島の洗たく岩に見られる。西側の急斜面と加江田渓谷は、この宮崎層群の軟らかい泥岩層が侵食された産物である。

登路　①斟八神社鳥居登山口からカネゾウ小屋跡、斟八神社を経由して山頂(約一時間四〇分)。②丸野駐車場から家一郷野営場を経由して山頂(約二時間三〇分)。

地図　二・五万図　日向青島

（都甲豈好）

花切山　はなきりやま　標高　六六九m

別称　徳蘇山《とくそやま》　徳僧山

宮崎県宮崎市加江田の鵜戸山地に位置し、北東には斟鉢山《くんばちやま》、谷之城山(五七四m)へと延びる長大な山稜が連なっている。

山名は古くは「徳蘇山」といい、東側山麓にあった天神寺の、人徳の高い僧が修行した山という意味から「徳僧山」とも呼んだという言い伝えがある。

山体は、新第三紀の宮崎層群からなり、砂岩・泥岩の互層が発達している。また、カシ、シイ類、タブノキの混生する照葉樹林に覆い尽くされている森の天国である。林床にはサツマイナモリ、イチヤクソウ、キバナノホトトギス、マツカゼソウなどを見ることができる。

登路　①蛇ノ河渓谷加江田林道登山口から東尾根を経て山頂(約五〇分)。②加江田渓谷あかご淵登山口から西尾根を経て山頂(約二時間)。③加江田渓谷平成登山口からあかまつ展望所を経て山頂(約三時間)。

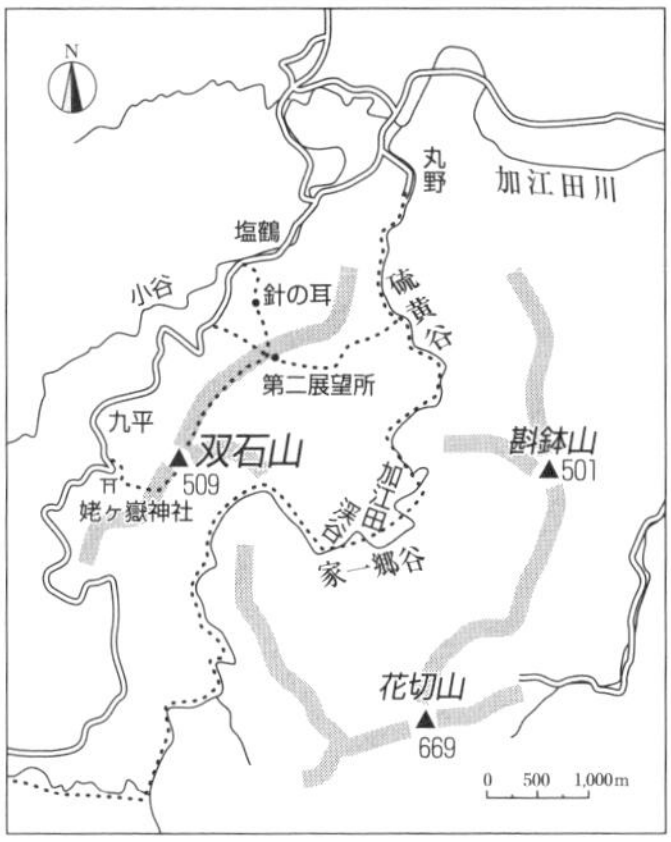

双石山(椿山峠西尾根から)

地図　二・五万図　日向青島

（都甲豈好）

双石山　ぼろいしやま

標高　五〇九m

別称　鼻截山《はなきるやま》

宮崎県宮崎市南部、鰐塚山地に位置する。北東から南西にかけて弓状に尾根が連なり、その北西面は一〇〇m以上の急崖がつづいている。南東面は加江田川の上流加江田渓谷で、谷が複雑に入り込み無《む》従谷《じゅうこく》を形成している。

山名は砕けやすい砂岩からなるため、「ボロイシ山」と名付けられたことによるという。南東面を中心に茂る照葉樹林は、一九六九年、双石山自然林として国の天然記念物に指定された。また、自然休養林の指定も受けている。山体は新第三紀の礫岩、砂岩、泥岩の宮崎層群からなり、北西部で激しく、南東部で緩やかな隆起活動を起こして傾動地塊を形成している。標高は低いが、全山ヤブツバキやシイ類、カシ類などの照葉樹に覆われ、シダ類を含めて一一五科五七九種が数えられ、なかでもリュウビンタイ、ヒュウガギボウシ、キバナノホトトギスは双石山系の希産種である。一九七九年、宮崎県国民体育大会にご臨席の昭和天皇はルーペを手に加江田渓谷を歩かれ、「蘚むせる岩の谷間に生ひしげるあまたのシダは見つつたのしも」の一首を詠まれ、その歌碑が登山口である硫黄谷に建立されている。

登路　①宮崎市塩鶴登山口から針ノ耳、第二展望所、尾根三叉路を経て山頂(＝第四展望所約二時間)。②九平登山口から姥ヶ嶽神社を経て山頂（約一時間）。③加江田渓谷硫黄谷登山口から第二展望所、尾根三叉路を経て山頂（約二時間三〇分）。④小谷登山口から第二展望所、山小屋経由山頂（約二時間）。

地図　二・五万図　日向青島

（永峯麗子）

鰐塚山　わにつかやま

標高　一一一八m

別称　鰐ノ塚山

宮崎県宮崎市、北諸県郡三股町、日南市の三市町にまたがる鰐塚（南那珂）山地の最高峰である。北部に、中ノ塚、妙見嶽とたおやかな稜線がつづく。東部へは板谷越を経て並松山（七九〇m）、朝陣野（八三九m）に達し、南西部には矢立峠を経て柳岳が連なっている。

山名の由来はワニ（サメの古名）が南の国から永眠の場を求めてここに辿り着き、塚をなしたことにちなむ。

山体は古第三紀の日南層群によって構成され、北部山麓の「仮屋峡」では一億三千万年前といわれる魚介類の化石が出土する。

登路　楠原登山口から妙見神社跡を経て山頂（約四時間）。②いこいの広場登山口から北尾根を経て山頂（約二時間）。③三股町矢立峠、矢立尻を経て山頂（約一時間。ただし島津総合農林の入山許可が必要）。

地図　二・五万図　築地原

（永峯麗子）

柳岳　やなぎだけ

標高　九五二m

宮崎県日南市と北諸県郡三股町の境にまたがる鰐塚（南那珂）山地の山で、東面は広渡川の源流をなしている。

山名は三股町側の山麓にある「柳木野」の地名に由来する。山体は古第三紀の日南層群からなり、ほぼ主稜沿いに各層が連なっている。山頂部は砂岩、礫岩からなり、北西山腹から山麓と南部山腹は頁岩が主体となっている。

登路　①内之木場林道登山口から北尾根を経て山頂（約一時間）。②広渡川ダム経由槻之河内川そみの谷林道登山口から東尾根を経て山頂（約一時間三〇分）。

地図　二・五万図　山王原

（南里晋亮・古川一郎）

小松山　こまつやま

標高　九八九m

別称　英山《はなぶさやま》

宮崎県日南市にあり、鰐塚（南那珂）山地に位置する。油津港の北で日向灘に流れる広渡川と支流の酒谷川の分水界上にある。中腹からは照葉樹林が多く残っており、稜線を東西に長く延ばし三角点はその東端にある。

山名の由来は分からないが、『日向地誌』には「英山」の別称で記載されている。山体は新生代古第三紀の日南層群と新第三紀の宮崎層群からなっている。

登路　①板床林道登山口から東尾根の小松大山神祠を経て山頂（約四〇分）。②ケヤキ道登山口から東尾根の小松大山神祠を経て山頂（約一時間）。③石原林道登山口から南稜線を経由して山頂（約二時間)。④坂元登山口から西稜線を経由して山頂(約二時間)。⑤緑の滝登山口から西稜線を経由して山頂(約一時間五〇分)。

地図　二・五万図　坂元　飫肥

(南里晋亮・古川一郎)

牛の峠　うしのとうげ

標高　九一八m

宮崎県日南市、北諸県郡三股町の境に位置し、稜線は北東に柳岳、矢立峠、鰐塚山に連なる。南西は都城盆地の東壁をなしている。

峠名の由来は、日南市と三股町を結ぶ重要な交通路(塩の道)として牛を引いて行き来したことによる。この峠にまつわる江戸時代の「牛の峠論争」は有名。

天正一五年(一五八七)、豊臣秀吉が日向の国割りを行った際、峠を境に東は飫肥領、西は薩摩領とした。延々四八年間に及んだ紛争の後、標高八八〇mの地点に「従是東飫肥領」という境界石柱が建立され今日に至っている。

山体は日南層群の砂岩、礫石、頁岩から成り立っている。

登路　①日南市の高畑林道の標高約六五〇m付近にある登山口から牛の峠境界柱を経由して峠へ(約一時間一〇分)。②三股町の猪之谷林道車止めから林道歩き(約三〇分)。登山口から境界柱を経由して峠へ(約一時間)。

地図　二・五万図　山王原　尾平野

(大谷セツ子)

男鈴山　おすずやま

標高　七八三m

別称　鈴山　圓目嶽

宮崎県日南市と串間市の境に位置し、鰐塚(南那珂)山地に属していて、酒谷川のダム湖を隔て、北の小松山と対峙している。

山名の由来は、山容が丸く鈴のような形に見えることによる。かつて西側の串間市では「圓目嶽《まるめだけ》」といい、東側の飫肥地方では「鈴山」と呼んでいた。南の尾根つづきに女鈴山(七四一m)を従えている。山体は古第三紀の砂岩、頁岩の日南層群からなり、福島川の源流をなしている。

登路　赤根林道登山口から北尾根を経由して約四〇分で山頂に達することができる。

地図　二・五万図　飫肥

(南里晋亮・古川一郎)

高千穂峰

たかちほのみね

標高 一五七四m

宮崎県都城市、小林市、西諸県郡高原町と鹿児島県霧島市にまたがる霧島山系の東の主峰で、コニーデ型の山容を誇り、山系随一の景観を呈し、日の出、日没の時、陽光が山肌を照らす情景は息をのむほど美しい。

山麓の高千穂河原には霧島神宮があり、天孫降臨の伝説が息づく。神話で有名な国ツ神、猿田彦尊《さるたひこのみこと》が天孫瓊瓊杵尊《ににぎのみこと》を途中まで出迎えた話は有名で、その地が高千穂峰である。山頂には、天孫降臨で有名な青銅製の「天の逆鉾」が立てられており、神話の世界に引き込まれる。坂本龍馬も妻おりょうとともに新婚旅行の途中にこの山に登り、その書簡の中で御鉢のことを「此穴ハ火山のあとなり三軒斗アリすり鉢の如く、下を見におそろしきよふなり」と記している。

高千穂峰は約六〇〇〇年前に多量の火山灰を噴出し、この火山灰は「牛の脛ローム層」と呼ばれ暗灰色を呈している。寄生火山である御鉢は天平一四年(七四二)に大量のスコリアを噴出し、永禄九年(一五六六)にも大規模な噴火を起こしている。黒色を呈し表面がかさかさした多孔質の岩石は橄欖《かんらん》岩石玄武岩や輝石安山岩である。赤味がかった色をしているのは御鉢から噴出した岩石で、風化により酸化されて山肌が赤くなっている。

高千穂峰(中央)，二子石(左)，御鉢(右)
(新燃岳から)

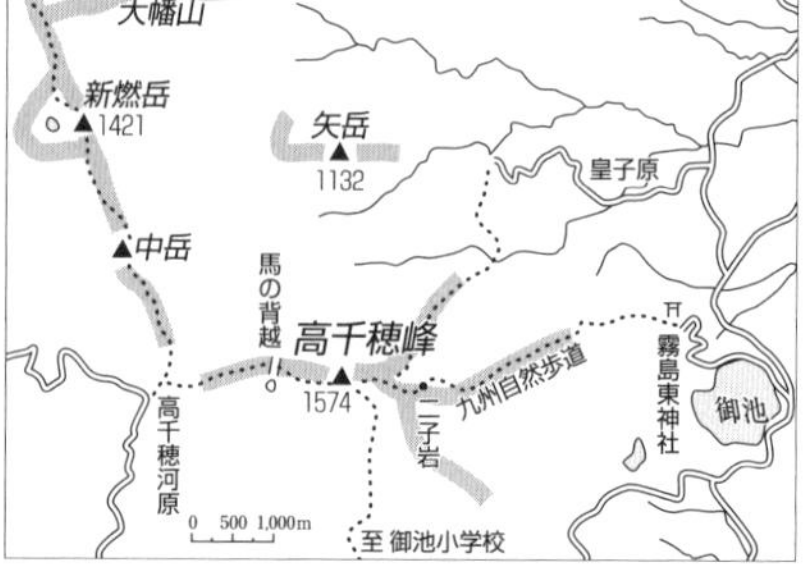

一九三四年九月、雲仙火山群とともにわが国初の国立公園に指定され、火山博物館と呼ばれる景観が多くの人々に愛されている。霧島山系のシンボルとされるミヤマキリシマをはじめアカマツの美林や、ノリウツギ、リョウブ、ネジキの自然林、高山植物のマイヅルソウも所々に自生している。六月初旬にはミヤマキリシマの花が高千穂峰全山を覆い、山がピンクに染まるが、生育条件が厳しく地面を這うように張り付いている。ほかにキリシマミツバツツジなどキリシマと名の付く特有の植物や昆虫が生息する。また、朝早く霧に包まれた登山道ではキュウシュウジカの家族に出合うことがある。山麓のタブ、シイの暖帯林からモミ、ツガの針葉樹林、温帯性の落

葉広葉樹林などがあって、植物の垂直分布の変化を見るのには絶好の場所である上、四季の移り変わりを堪能でき、新緑から純白の初雪まで楽しむことができる。

　鹿児島県側の高千穂河原から約一時間三〇分の行程で御鉢の溶岩道より通称「馬の背越」を経て火山礫の斜面を登ると山頂に達する。山頂からの展望は直下に霧島最大の火口湖・御池、さらに都城市の町並み、振り返ると白煙を上げる桜島と錦江湾、さらに奥に開聞岳を見渡すことができる。近年、高千穂峰より韓国岳の連山縦走が盛んとなり、大勢のハイカーが九州自然歩道となっている縦走路を踏破していたが、二〇一一年からの新燃岳の噴火で通行できない。

登路　①皇子《おうじ》原《ばる》龍駒《たつこま》道《どう》登山口から一の鳥居を経由し山頂(約五時間)。②霧島東神社九州自然歩道起点から二子岩を経て山頂(約四時間)。③夢ヶ丘登山口(御池小学校)から山頂(約二時間三〇分)。④鹿児島県側高千穂河原から馬の背越を経由し山頂(約一時間二〇分)。

地図　二・五万図　高千穂峰

(石井久夫)

矢岳　やだけ　　標高　一一三二m

宮崎県小林市と西諸県郡高原町との境界に位置する。山名は谷地からきたもので、高層湿原の山の意。

　約一〇万年前に火山活動を始め、両輝石安山岩の古い火山である。山麓は霧島山系には珍しい暖帯林に覆われて、山地一帯にはエビネ、ミツバツツジ、ミズナラなどが成育する。西側の谷は新燃岳爆発の火砕流で埋もれたモミやアカマツの大木が立木のまま蒸し焼きされて炭化木となり、大雨で谷筋が洗い出されて地上に露出している。

登路　高原林道分岐車止めから高崎川登山口を経て約一時間三〇分で山頂へ達することができる。

地図　二・五万図　高千穂峰

(石井久夫)

新燃岳　しんもえだけ　　標高　一四二一m

宮崎県小林市と鹿児島県霧島市との境界に位置し、霧島火山の主役ともいえる山。享保元年(一七一六)に噴火し山麓に大被害をもたらした後も噴火を繰り返し、二〇一一年の噴火以降は入山規制が続いている(二〇一五年現在)。

　山体は両輝石安山岩からなり、直径七五〇mの火口があり、火口壁にはいまでも噴煙が上がっている。火口底には神秘的なエメラルドグリーンの水を湛えた小さな湖がある。

登路　①高千穂河原から九州自然歩道沿いに中岳を経て約一時間三〇分、②高原町皇子原から新燃分岐を経て約三時間一五分でそれぞれ山頂に達することができる。

地図　二・五万図　高千穂峰

(石井久夫)

夷守岳　ひなもりだけ　　標高　一三四四m

宮崎県小林市に位置しているコニーデ型の火山である。山名は、景行天皇が熊襲を平定するため行幸されたことから夷守(辺境の地を守る)の地名がそのまま山名となった。

山体は橄欖石玄武岩含有輝石安山岩で構成されている。山麓はスギの造林地が多いが、特別保護区に指定された自然林には、特有のモミ、ツガなどの針葉樹、さらにブナ、ミズナラの温帯性の樹木が分布している。

登路　①生駒登山口から五合目展望所を経て約三時間で、②夷守台登山口から大幡池鞍部、丸岡山を経て約四時間三〇分で、それぞれ山頂に達することができる。

地図　二・五万図　日向小林

（石井久夫）

韓国岳　からくにだけ

標高　一七〇〇m

宮崎県えびの市、小林市と鹿児島県霧島市にまたがる。霧島錦江湾国立公園の中央部に位置し、霧島火山群の主峰。山名は『古事記』に「空国《からくに》」とあり、「虚国嶽」とも書かれている。山頂から韓の国まで見渡せたということから韓国岳と名が付いたといわれるが、そのような遠い韓国まで見えるはずもない。

霧島火山群の最高峰で直径九〇〇m、深さ三〇〇mの大きな火口跡を持ち、直下にお浪伝説が語られる神秘的な火口湖、標高一二三九mの大浪池がある。臼状火山と呼ばれ爆裂火口の崩れ落ちた荒々しい山で、天然林に覆われ臼のようにどっしり構えた巨大な山容の山である。

山体は両輝石安山岩からなり、北西側の爆裂火口から吹き飛ばされ山体がばらばらになって埋め込まれ、山麓に火山砕屑岩で覆われたえびの高原ができた。キリシマミズキ、ノカイドウ、ミヤマキリシマなどの灌木が生育し、とくにノカイドウはバラ科リンゴ属の落葉木で渓流沿いに分布して、世界中でえびの高原にだけ生育する日本の固有種で、国の天然記念物に指定されている。山腹にはアカマツ、モミ、ツガ、九州では珍しい針葉樹のハリモミが分布して独特の景観をつくっている。

韓国岳（硫黄山から）

登山道からの眺望はすばらしく、灌木帯を抜けると硫黄山、甑《こしき》岳が見え、山頂からは南に錦江湾に浮かぶ桜島、開聞岳が望まれる。

登路　①宮崎県側硫黄山登山口より五合目を経て山頂（約一時間一〇分）。②鹿児島県側大浪池登山口より大浪池鞍部を経て山頂（約二時間三〇分）。韓国岳から高千穂河原への縦走路は二〇一五年現

在新燃岳の噴火により通行できない。　(石井久夫)

地図　二・五万図　韓国岳

甑岳　こしきだけ　標高　一三〇一m

宮崎県えびの市に位置し、台形の山で、山名は米などを蒸す「こしき」(「せいろう」の古語表現)の形に似ていることに由来する。特別保護地区に指定され、モミ、ツガの天然林が国指定の天然記念物としてその緑を誇り、頂上は火口壁に囲まれ、中央部に小さな池塘が発達してタマガヤ、ミズゴケなどの湿原地帯となっている。

登路　えびの市営露天風呂(温泉枯渇のため閉鎖)登山口から南稜線を経由して、約四〇分で頂上に達することができる。

地図　二・五万図　韓国岳　(石井久夫)

御岳(桜島山)　おんたけ(さくらじまやま)　標高(北岳)　一一一七m

別称　桜島北岳　桜島山　桜島岳　御鉢

鹿児島湾の北部に位置する九州の代表的な活火山で、鹿児島市にある。霧島錦江湾国立公園に属し、「東洋のナポリ」といわれる錦江湾に、雄大な台形の山容を浮かべ、四季絶えることなく噴煙をなびかせている。山肌の色合いは時々刻々と微妙に変化し、俗に「日に七度色を変える」といわれる。南国鹿児島を象徴する山で、鹿児島市街地から間近に聳える桜島の景観は、朝な夕な眺めてきた鹿児島県民の精神形成に深い影響を及ぼし、独特の気概と気風を育てた。

御岳(桜島)北西面(鹿児島市の磯庭園から)

薩南の名山として称賛され、多くの紀行文にも登場している。橘南《なん》谿《けい》は『名山論』の中で、「景色無双なるは薩摩の桜島山なり。蒼海の真中に只一つ離れて独立し、景色峻険なるに、日光映ずれば山の色紫に見へ、絶頂より白雲蒸すが如く煙常に立ち登る。たとへば青畳の上に香炉を置きたるが如し」と著している。また『三国名勝図会』は、「此嶽、蒼海の中に秀出せるゆへに、数十里の外よりも遠く見へて、その景色の秀抜無双なること、群山の得て比すべきに非ず。誠に本藩の名嶽にして、筑紫の芙蓉とも称すべし」と賛辞を呈している。

山名の「御」は山に対する尊称で、かつては御岳様と呼ばれて山岳信仰の対象となっていた。『旧記』によれば、昔は北岳と南岳の山頂に社があったという。また同書には、永正六年(一五〇九)に福昌寺の僧、天祐が南岳の山頂に文明噴火の鎮火を祈願し、真鍮で造った鉾を立てたという記述があるので、当時すでに信仰登山がなされていたことがうかがえる。

桜島の地名の由来については種々の説があり、中世から近世初期には向島あるいは向之島と呼ばれたが、前掲の『三国名勝図会』には、大隅国に赴任していた桜島忠信の名、および同人が詠んだ歌に由来するという説と、島の五社大明神社に祀られた木花咲《このはなさく》夜《や》姫《ひめ》にちなみ咲夜島と呼んだものが、のちに桜島に転じたという説を紹介している。元禄一一年(一六九八)に、向之島に換えて桜島を公式名称にすることが定められたという(『薩摩旧記雑録』)。

桜島は直径およそ八km、周囲約五二kmの楕円形の島で、中央に最高峰の北岳(一一一七m)、中岳(一〇六〇m)、南岳(一〇四〇m)の三峰が聳え、各々が直径五〇〇m前後の火口を有する。これら三つの山頂火口のほか権現山(三五〇m)、鍋山(三五九m)、引ノ平(五六五m)などの側火山を有する複合成層火山である。霧島火山帯に属し、第四紀(約二万二〇〇〇年前)に誕生した姶良カルデラの南縁部に、約一万一〇〇〇年前から新たな火山活動が生じ、約四五〇〇年前まで活動をつづけ、その後、約四〇〇〇年前ごろに南岳が活動を開始し現在に至っている。

桜島火山の基盤は、桜島誕生以前の姶良カルデラ形成期に陥没から取り残された火砕流堆積物で、現在もその一部が袴腰台地として残っている。この基盤を覆う形で溶岩流や火山砕屑物により現在の山体へと成長していった。岩質は主として輝石安山岩からなる。

桜島はきわめて活発な火山で、有史以来たびたび大きな噴火を繰り返し、記録に残っているものだけでも、おおよそ三〇回を数える。もっとも古い噴火記録は和銅元年(七〇八)の噴火だが、その詳細は分かっていない。その後の活動では天平宝字八年(七六四)、文明三年(一四七一)、安永八年(一七七九)、一九一四年(大正三)に大規模な噴火が発生している。天平宝字八年の噴火では島の南西海岸で噴火し、三つの島ができたことが記されている(『続日本紀』)。

文明三～八年の噴火は、山体の両側の斜面に割れ目火口が出現し溶岩の流出があった。現在も文明溶岩の名称が残っている。近世では安永八～一〇年の噴火が最大で、南岳の両山腹から噴火し、溶岩流出をともない多数の死傷者を出した。一連の安永の噴火活動の中でもことに激しかったのは島の北東部の沖合に新島を誕生させた噴火で、津波の発生により大きな被害を出したという。一九一四年の噴火は東側の鍋山付近および西側山腹の引ノ平付近から多量の溶岩を流出、溶岩流は島内八つの集落を埋没させ、東側の瀬戸海峡を埋め尽くし大隅半島と陸つづきとした。流出した溶岩の量は三〇億tと推定され、その降灰は遠く東北地方にまで及んだ。桜島の火山活動は、その後も昭和へとつづき断続的噴火を繰り返しているが、平成になってやや落ち着いた状態にある。現在もつづく降灰は南岳山頂火口からのもので、一九五五年の噴火以来活発な活動をつづけ、そのため北岳とともに山頂への立ち入りは禁止され、今日に至っている。

桜島の植生を火山活動との関連で見ると、文明・安永溶岩地帯では、クロマツ、タブ、アラカシなどが混生し、その上部の三〇〇m

から四〇〇mにかけては、ヤシャブシなどの低木林が見られる。大正・昭和の溶岩地帯にはクロマツ、ヤシャブシなどの低木林が形成されつつあるが、裸岩地や貧植生地も多い。中腹から山頂にかけては部分的にススキ、イタドリなどが粗生しているが、火山砕屑物や砂礫に覆われ、雨裂が発達し裸地となっている。

桜島の壮大な火山景観は鹿児島観光のシンボルとなっているが、一方では噴火降灰による被害は農業に大きな影響を与え、温暖多雨の気象条件と相まって斜面崩壊や土石流などが発生し、住民生活に多大な影響を与えている。

登路　前記のように一九五五年以来、その危険性から山頂への登山は禁止され今日に至っている。かつての登山記録によると御岳（北岳）へは鹿児島市桜島武町から、南岳へは鹿児島市湯元から登山ルートがあった。いずれも海抜ゼロmからの急峻なコースで、五〇〇m辺りでヤシャブシの低木帯を抜けると溶岩礫の道となり、山頂近くの軽石のザラ場の急斜面を登りつめて約二時間三〇分で到達したといわれる。山頂からの眺めは雄大で、三六〇度さえぎるもののない大パノラマが展開する。登山が禁止されている現在は、四合目にあたる湯之平展望台（三七四m）が足を延ばせる最高点である。展望台までは車道が通じており、鹿児島市桜島の袴腰港から約二〇分で到達する。展望台からは荒々しい岩肌が露出した北岳と、噴煙を上げる南岳が眼前に迫り、火山活動時には鳴動音も聞こえる。眼下には錦江湾と鹿児島市街地が広がり、天気がよければ北に霧島連山、南に薩摩富士の別称を持つ開聞岳の秀麗な姿を一望できる。

（田上敏行）

地図　二・五万図　桜島北部

大篦柄岳　おおのがらだけ

標高　一二三六m

別称　本岳《ほんだけ》

鹿児島県垂水市と鹿屋市にまたがり、南九州火山域（大隅）高隈山地に位置している。同山地の最高峰で、南に小篦柄岳、妻岳、御岳（権現山）、中岳とつづく南北の主脈のほか、御岳から北東につづく鷹羽岳《たかのはだけ》、妻岳からつづく二子岳、平岳、横岳、白山などを含め「高隈」と総称される。肝属《きもつき》川水系の鹿屋川、高隈川、大篦柄川、高須川、本城川などの分水嶺となっている。

山名の由来は、「大」は美称で、「篦《の》」はこの地方ではクマザサの意、「柄《がら》」とはスズタケの呼び名であるという。山頂一帯にこのスズタケの群落があることにちなんだ命名という。

霧島山と同様に神威多き所として人々に畏敬され、『三国名勝図会』にも記され、修験者の行場にもされた。大篦柄川上流の「おしの滝」は高さ三〇mで、古くは行場の一つであったと伝えられている。この山系に散在する数多くの寺社や石祠も、当時の名残をとどめている。

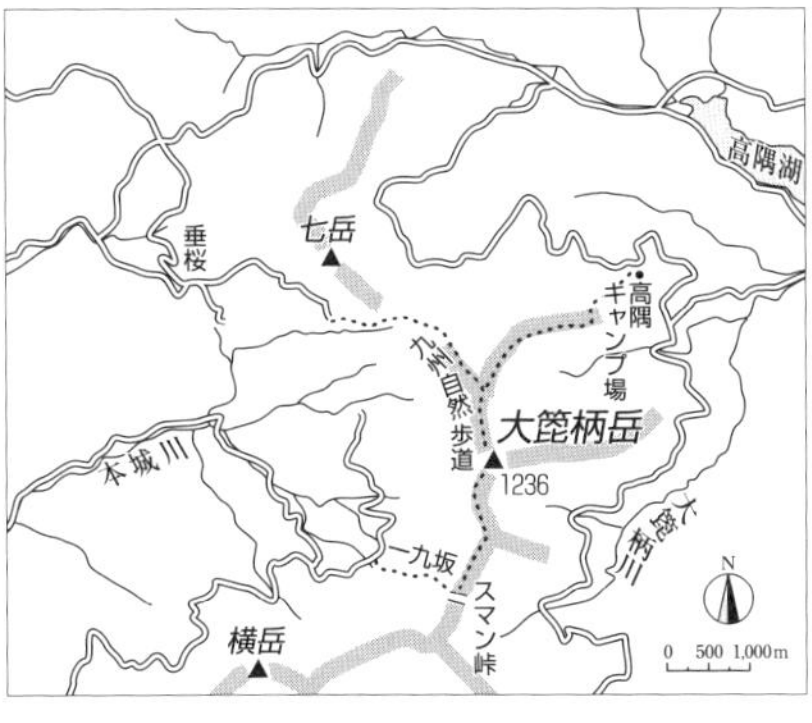

山体は中生層の砂岩、泥岩、粘板岩が主で、西部に花崗岩が見られる。植生は温帯性の植物が豊富で、常緑樹のモッコク、シキミ、サザンカ、ヤブツバキ、ユズリハ、アカガシ。落葉広葉樹のマンサク、ドウダンツツジ、イスノキなどのほかブナ、ミズナラ、ミヤマキリシマの南限地として貴重である。特異植物にはタカクマホトトギス、タカクマヒキオコシ、ウンゼンツツジ、タカクマミツバツツジ、タカクマソウ。鹿児島県唯一の産地としてヒメコマツ、百箇所以上にも及び国内最大といわれるヤッコソウが自生している。

一九七一年、山頂一帯と高隈渓谷、猿ヶ城渓谷は「おおすみ自然休養林」に、一九七七年には「高隈山県立自然公園」に指定された。

昨今は自然林の伐採と植林のための林道が山頂近くまで延びて、比較的容易に山頂に達することができるようになった。

登路 ①内ノ野猿ヶ城渓谷スマン峠登山口から一九坂《いっくん》を登り、スマン峠を経て山頂（約二時間。ただし二〇一五年現在落石の恐れがあるため通行止め）。②高隈渓谷高隈キャンプ場登山口から九州自然歩道を経て山頂（約三時間）。③垂桜林道登山口から九州自然歩道を経て山頂（約二時間）。

（永峯麗子）

地図 二・五万図　上祓川　百引

金峰山　きんぽうざん

標高　本岳（別称一の岳、蔵王岳）　六三六m
標高　東岳（別称二の岳、文殊岳）約六二〇m
標高　北岳（別称三の岳、妙見岳）　六〇〇m

鹿児島県南さつま市にあり、薩摩半島のほぼ中央に位置する。薩摩山地の一峰で、山名は本岳に金峰神社（蔵王権現）があることによる。

山岳信仰の霊山で、三つに分かれた山頂部の東岳に文殊堂、北岳に妙見堂が置かれている。開聞岳、野間岳とともに「薩摩三名山」に数えられている。一九五六年、阿多村、田布施村が合併した際、この山名をとって金峰町と名付けられた。この地方のシンボル的存在ともいえる山で、西の吹上浜から望むと、三つの峰がちょうど「山」の字の形に並んで見える。本岳の山頂直下（五〇〇m）には、安閑天皇と金山彦命《かなやまひこのみこと》を祀る金峰神社（蔵王権現）がある。

登路 西の大野、または東の大坂から仁田尾林道が山頂の金峰山神社入り口（駐車場）まで通じているので、ほとんど歩くこともなしに登ることができる。この駐車場から金峰神社までも車道が延びているが、歩いても一〇分足らずである。神社からわずか五分の登りで山頂に達する。巨岩が多い山頂西側には逆鉾岩、中央には三角点、石祠、石灯籠が立ち、南東の岩上には鉄製の鶴が立っている。展望は抜群で、東方に桜島、南方に開聞岳、北方に南薩の山々、西方には吹上浜と東シナ海が一望できる。歩いて登るコースは、大野登山口から山上駐車場まで約一時間五〇分。大坂登山口からも約一時間五〇分。浦之名登山口から約一時間二〇分である。

（河田博喜）

地図 二・五万図　神殿

野間岳　のまだけ

別称　笠沙岳《かささだけ》　竹島

標高　五九一m

鹿児島県南さつま市にあり、薩摩半島最西端に突き出した野間半島の先端部に位置する。『日本書紀』によると、瓊瓊杵尊《ににぎのみこと》がこの地に新しい笠沙の宮を置かれたという神話があり、古くから開聞岳、金峰山とともに「薩摩三名山」の一つとして知られている。

山名は中国の伝説にある娘媽《のうま》(海の守護神)に由来する。別称の「笠沙」は、船の停泊地「枷《かせ》」の転訛したものという。第三紀の安山岩、花崗岩からなり、山域は照葉樹林で覆われている。また、野間ツツジの名で親しまれるアラゲサクラツツジが春には可憐な淡紫色の花を咲かせる。三角点が置かれた山頂には、石祠と磨崖仏が刻まれた大岩があるが、樹林に囲まれて展望はない。すぐ上の巨岩に立つと眼下に東シナ海の波濤と長く突き出した岬、野間池、漁港、リアス式海岸の連なりと沖秋目島など、四囲さえぎるもののない展望が得られる。

登路　七合目の野間神社(三五〇m)まで車道が通じている。ここから九州自然歩道を登るが、露岩が多い急斜面で、鉄鎖の手すりが付けられたコンクリートの階段もあり、一気に高度を稼ぐ。約三〇分の登りで山頂に達する。

南海岸側の宮山登山口からは、京塚、積石塚を経て野間神社まで徒歩約一時間。また、北海岸側の片浦登山口から野間牧場道を経て徒歩約二時間。山頂の北西方に野間牧場(四四一m)があり、九州自然歩道がこの牧場道を経て片浦へ下っている。椎ノ木から牧場道経由で行けば、笠沙石門を経て徒歩約三〇分で山頂に達する。

地図　二・五万図　野間岳

（河田博喜）

開聞岳　かいもんだけ

標高　九二四m

別称　枚聞岳　枚聞山　海門岳　薩摩富士　長主山　金畳山　筑紫富士　筑紫小芙蓉　鴨着島　空穂島　連花山　補陀峰

鹿児島県指宿《いぶすき》市にある。薩摩半島南東端から東シナ海に半島のように突き出し、完全な円錐形の秀麗な姿を見せている。霧島錦江湾国立公園に属する。

開聞岳は古くは「枚聞《ひらきき》岳」と呼んでいた。神話によると、天孫瓊瓊杵尊《ににぎのみこと》が吾田《あた》の長屋の笠沙崎《かささざき》に着いて笠沙の宮を造られた後、方々を歩いて開聞に至り、その山の秀麗さを愛でて「われ今たいらに来りき」と仰せられたことによるという。瓊瓊杵尊は、その山上に天祖大日孁貴命《おおひるめのむちのみこと》(天照大御神《あまてらすおおみかみ》)を勧請されたといわれる。山頂の大石を背にして東面する石祠(御岳神社)には大日貴命、伊邪那岐命《いざなぎのみこと》、伊邪那美命《いざなみのみこと》の三神が祀られている。『楠郷山説』(開聞町郷土誌・一九二六年)によると、ほかに八神が祀られているという。毎年旧暦三月四日の例祭日には、近郷はもとより遠方からの登拝者でにぎわったと記されている。北麓には薩摩一の宮と称された枚聞神社がある。社伝によると神代のころに創建されたといわれるが、すでに『三代実録』には「貞観二年(八六〇)三月、薩摩国従五位下開聞神加従四位下」と記されている。また、貞観一六年(八七四)七月には、開聞岳大噴火の状況を太宰府より朝廷に言上し、神威を和らげるため勅命により封戸二十を奉じられた、とある。祭神は天照大御神を正祀とし、天之忍穂耳命《あめのおしほみみのみこと》など八神を併祀している。歴代朝廷

開聞岳（番所ヶ鼻から）

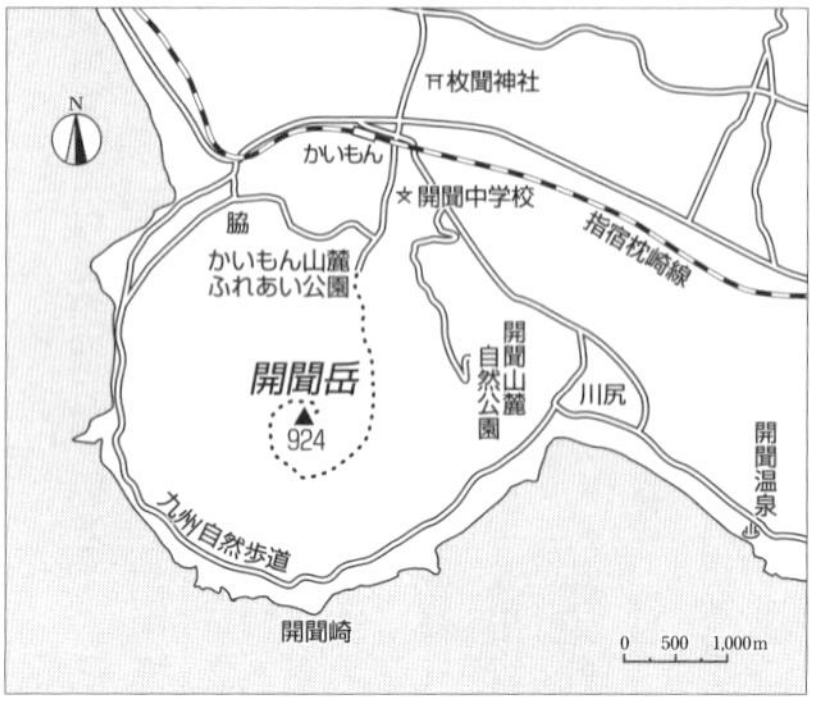

の尊崇が篤かったが、島津氏入国の後は絶大な崇敬を集め、社殿の再興が図られている。『古事記』によれば、瓊瓊杵尊は開聞岳の海岸で大山祇神《おおやまつみのかみ》の娘、木花咲耶姫《このはなさくやひめ》に出会い、父神の許しを得て結婚された、とある。この姫は開聞岳北麓登山口近くの岩屋仙宮で生まれたと伝えられている。川尻海岸は姫との散策の地であったという。姫と瓊瓊杵尊との間に火照命《ほでりのみこと》、火須勢理命《ほすせりのみこと》、火遠理命《ほおりのみこと》の三人の神々が産まれた。

開聞岳には、枚聞岳以外にも前記のように多くの別称があり、それぞれにいわれが伝えられている。例えば「長主山」は、神代の昔、吾田の長屋の国主、事勝国勝長狭《ことかつくにかつながさ》が主宰する山の意である。「鴨着《かもつき》島《しま》」は火遠理命が失った釣針を探しに来た竜宮界がこの地であったこと。「空穂島《うつほじま》」は貞観一六年（八七四）から仁和元年（八八五）にかけて二度の大噴火が、山体を空洞にするほどの激しさであったことから名付けられたという。また「金畳山」は、開聞岳全体が黄金の山であるとして名付けられたという。この山の標高は九二四mに過ぎないが、遠望すると端正なシルエットを示し、錦江湾の入り口に位置しているため「海門岳」の別称もあり、古くから航海の目印とされていた。

開聞岳は霧島火山帯に属するトロコニーデ型の二重式火山で、およそ四〇〇〇年前の初期噴火によって山体が構成され、次いで二〇〇〇年前（弥生時代中期）に激しい噴火活動が連続して起こり、山麓に溶岩が流出した。その後長い休止期に入り、植物が繁茂し厚い黒色腐植土が形成された。さらに古墳時代の五～六世紀ごろにも塩基性のマグマ活動が見られている。貞観一六年（八七四）三月四日夜に翌日までつづく大爆発があり、山頂部に大きなすり鉢状の火口ができた。一一年後、仁和元年（八八五）七月一二日に小噴火が次々と起こり、八月一一日、一二日に最盛期となり、火柱が天に上り、多量の火山噴出物で南薩一帯の田畑が埋め尽くされ大きな被害を受けた。この二回の噴火により、火山岩と溶岩が交互に積み重なった成層火山の上に中央火口丘（溶岩ドーム）が乗った二重式火山ができ上がったという。南東方向の長崎鼻から眺めると、北斜面の七合目辺りにはっきり段差が見られる。以後、噴火の記録がなく、千百余年にわたって休眠状態がつづいている。

火山性地質の上に低山のため植物相は豊富とはいえないが、全山暖地性の常緑広葉樹に覆われている。ウバメガシ、ヤマモミジ、オオバヤドリギ、ナギラン、キリシマシャクジョウソウなど亜熱帯植物も見られる。山頂火口跡の窪地は、一面にユズリハやイヌツゲなどに覆われている。

登路　JR指宿枕崎線の開聞駅下車。車の場合は指宿スカイライン谷山ICから国道二二六号を南下し、指宿交差点から一五分で標高一五〇mの二合目登山口、「かいもん山麓ふれあい公園」に至る。この登山口には駐車場やトイレが完備され、案内もしてもらえる。公園から徒歩約二〇分の二・五合目の登山口からが再出発地点となる。火山礫の多いマツ林の中を歩く。しばらく展望のない自然林を行き、五合目でひと休みする。ここから上部は露岩が多くなり、八合目からは梯子の架かる岩を登る(岩間に物を落とさないよう注意)。梯子を過ぎてしばらくすると展望が開ける。頴娃《えい》海岸に打ち寄せる波が美しい。登山口から時計回りで螺旋状に一回転すれば山頂だ。所要時間は約二時間三〇分を要する。山頂には御岳神社が祀られ、眼下に池田湖、長崎鼻、高隈山系、霧島連峰、遠く屋久島を望むことができる。日本百名山であることから近年全国からの登山者が多い。

地図　二・五万図　開聞岳　長崎鼻　（神谷平吉・廣永峻一）

尾岳　おたけ

標高　六〇四m

別称　敷塩岳　大岳　御岳

鹿児島県薩摩川内市に位置する。下甑《しもこしき》島の北部にあり、列島の最高峰である。

山名の由来は「尾根の形の美しい山の意」といわれる。古くから神の棲む聖地として崇敬され、『下甑村郷土誌』には、「神の住む山と仰がれ、敷塩岳、御岳と称している」とある。

中生代白亜紀の地層からなる急峻な地形で、山地の急斜面がそのまま海に落ちて、豪壮な海食崖を形成する。急な地形のため植林地が少なく、山域は常緑樹林に覆われている。シイ、ヤブツバキ、ウバメガシ、マテバジイ、タブ、ハゼなどの混生した雑木林が多く見られる。一帯には「尾岳蘭」として有名なカンランを産する。六〜七月ごろには山頂付近は深い霧に包まれることが多い。

登路　下甑島の東西を結ぶ車道がある。東海岸の旧下甑村長浜から通称「自衛隊の丘」と呼ばれる航空自衛隊基地を越えて、西海岸の瀬々野浦に至るものである。バス路線が通じているが、基地北側の峠から尾根づたいにシイ、カシの樹林帯の山道を約四〇分で山頂に達する。周囲を灌木に囲まれた山頂からは、わずかに東西方向が望まれる。天気のよい日には薩摩半島や東シナ海を望むことができる。

地図　二・五万図　青瀬　（田上敏行・廣永峻一）

肝属山地

甫与志岳　ほよしだけ　　標高　九六七m

別称　笹尾岳　穂古岳　母養子岳

鹿児島県肝属《きもつき》郡肝付町にあり、大隅半島の南東に位置する。以前は三岳（甫与志岳、黒尊岳（九〇九m）、国見山（八八七m））参りとして登られ、「国見三岳」と呼ばれた。甫与志岳はその最高峰である。

山名は山麓の岩屋集落で神武天皇の母である玉依姫《たまよりひめ》が葺木合尊《ふきあえずのみこと》を養育したので「母養子」の名が付けられ、甫与志岳となったとする説がある。

山体は花崗岩からなっており、山頂には岩盤を露出させ、沢の至る所でその露岩を見ることができる。

登路　①二股キャンプ場経由甫与志林道終点登山口から小滝の水場を経由して約一時間、②姫門林道峠から岩屋を経由して約五〇分でそれぞれ山頂に達することができる。

地図　二・五万図　上名　（都甲豈好）

稲尾岳　いなおだけ　　標高　九五九m

別称　枯木岳

鹿児島県肝属《きもつき》郡錦江町、南大隅町、肝付町の三町にまたがり、大隅半島肝属山地の南部に位置する。

山名は標高九三〇mの地点にあった稲尾神社にちなむもので、以前ここに稲尾権現と称する寺院があり、阿弥陀、薬師、観音の三尊を安置していたという。現在は小さな祠が建っている。南大隅町佐多と錦江町田代の境に三角点があり、「枯木岳」という。このピークと稲尾神社祠のあるピーク一帯を総称して稲尾岳という。

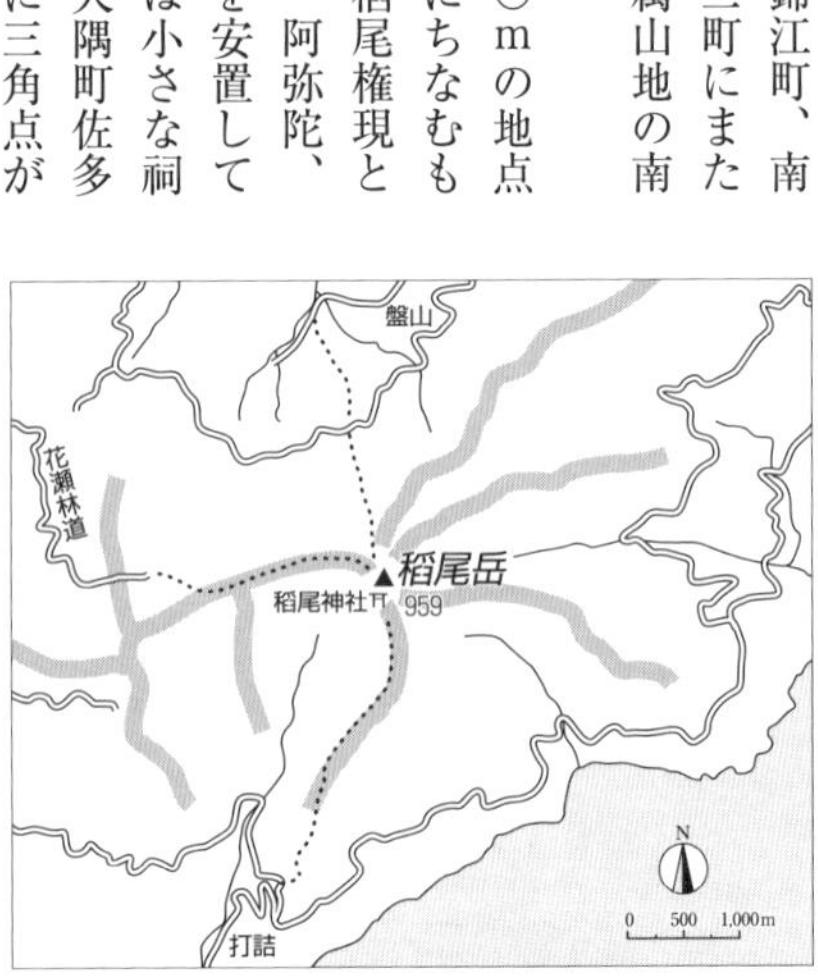

地質は、日南層群を貫入した花崗岩からなっている。山域は太平洋に面し、シイ、イヌマキ、アカガシなどの暖帯林の原生林で、植物学的に貴重な資料とされ、一九六七年、国の天然記念物に指定された。さらに一九七五年、国の自然環境保全地域にも指定された。

全域が国有林で、西南日本の極相林である照葉樹林に覆われている。かつて大隅半島南部には、わが国を代表する照葉樹林が広く分布していたが、現在では肝属山地の山頂部に小面積に残されているに過ぎない。東斜面の天然林は西日本最大規模の見事な垂直分布をなし、多彩な樹種が群生していて目を奪う。

登路　①錦江町田代盤山経由の登山道北口から山頂（約二時間）。

②南大隅町佐多打詰から稲尾神社経由で山頂(約二時間三〇分)。③花瀬林道経由登山道西口から山頂(約二時間三〇分)。

地図　二・五万図　稲尾岳

（大谷セツ子）

野首岳　のくびだけ

標高　八九七m

鹿児島県肝属《きもつき》郡南大隅町に位置し、九州自然歩道の一部となっている。北につづく稜線は辻岳に連なる。

山名は南大隅町根占野尻野の大中尾高原から見ると、背を丸めた大きな動物が錦江湾側に首を出しているように見えることから由来するという。

山体は古第三紀の堆積岩類からなっている。辻岳、野首岳を含む塩入、大浜、辺田一帯は、霧島屋久国立公園地域に指定されている。野首岳は渡り鳥の通過地点として知られ、秋になるとサシバ、ハチクマなどが沖縄方面へ向かう際の休憩地点となる。

登路　根占登尾小学校を経て、林道沿いの南登山口から山頂に達することができる(登山口から約一時間三〇分)。ほかに北登山口コース(約三〇分)がある。

地図　二・五万図　辺塚

（大谷セツ子）

大隅諸島

高塚山　たかつかやま

標高　一三九六m

高塚山は屋久島北東部に位置し、宮之浦岳の北東主脈上にあり、鹿児島県熊毛郡屋久島町にある。山名は伐採にかかわる道しるべとして付けられた。高塚山の南面は屋久杉の生育にとって好条件を備えており、樹齢三千年以上と推定される固有名の付いた巨木杉が多い。現存する屋久島最大の単木の翁《おきな》杉(胸高周囲一二・六m)、大王杉(胸高周囲一一・三m)、枝が合体した夫婦杉、標高一三〇〇mには最大合体巨木・縄文杉(胸高周囲一六・四m)がある。

ウィルソン株も高塚山南面にあり、洞内に大株神社(木魂神社)が祀ってある。これは天正一四年(一五八六)、京都方広寺大仏殿建立の際、豊臣秀吉から島津義久への銘木供出の命で、楠川の牧五郎七らによって伐倒されたと伝えられるが、宝暦年間(一七五一～一七六四)の伐採だとの

説もある。この名称は一九一四年に針葉樹研究に来日した米国の植物学者にちなんで付けられた。屋久杉は古くは神木として伐られなかった。正保元年（一六四四）ごろ、泊如竹（儒学者）は島民の貧困を危惧し、山にこもって嶽の神、屋久杉の神に祈願して屋久杉伐採の許しを得た。時の藩主島津光久に島民の年貢として屋久杉の伐採を進言し、以来伐るようになった。

高塚山へのコースは巨木もさることながら、モミ、ツガ、ヒメシャラ、ハリギリ、ヤマグルマの大木が茂り、巨木の原生林がよい。

登路　安房から車で安房林道（現在は県道）をつたい、荒川入り口まで入る。軌道跡を辿り、小杉谷、楠川分かれ、更新木の三代杉を経て大株歩道入り口（登山口）に着く（約一時間三〇分）。大株歩道に入るといきなり原生林の急峻な登山道に変わる。翁杉、ウィルソン株を過ぎ、急な階段を登って大王杉、夫婦杉、そして縄文杉に着く（約二時間）。固有名のある巨杉、巨木、巨樹が繁茂し、世界自然遺産にふさわしい。ここからさらに登り、高塚南西鞍部の高塚小屋に着く（約一五分）。ここから高塚山への登路はなく、尾根づたいにヤブを分けて高塚山山頂に立つ（約一時間）。

小杉谷に出るルートとして、楠川南西の白谷雲水峡まで車で入り、これから辻峠を越す道がある（白谷雲水峡から小杉谷まで約二時間四〇分）。小杉谷から前述の道をつたえばよい。

地図　二・五万図　宮之浦岳

（太田五雄・渡部秀樹）

永田岳　ながただけ

標高　一八八六m

屋久島のほぼ中央部に位置し、鹿児島県熊毛郡屋久島町にあり、九州第二の高峰である。屋久島では海岸部の山々を前岳、その奥の山々を奥岳という。この奥岳を海岸から眺めることができるのは永田集落からの永田岳のみで、ほかの海岸部から奥岳は前岳に隠されて望むことはできない。

永田岳一帯は花崗岩の岩峰群が聳え、永田岳から北～北西に延びる障子尾根は峨々とした岩稜が三㎞も連なり、障子岳（その主峰は大障子と呼ばれ、標高一五四九m）まで一二の岩峰を数える。永田岳周辺は岩峰・岩壁が多く、屋久島三大岩壁帯の一つで岩壁登攀の対象となっている。山頂直下のローソク岩には、鹿児島経済大学山岳部（一九七一年）、鹿児島山岳会（一九七三年）の二ルート、ネマチ（Ⅳ峰、一八一四m）西壁に鹿児島大学山岳部（一九八〇年）の一ルート、前障子正面壁に鹿児島大学大鹿ルート（一九七四年）、同大馬ルート（一九七八年）、前障子南西壁に鹿児島大学山岳部・九州大学山岳会の西野ルート（一九七八年）などが開かれた。

永田川源流域と障子尾根の踏査と登攀は旧制第五高等学校山岳部と筑紫山岳会によってなされた。前者は一九三〇、一九三二～三四、一九三七年と集中してこの地域に入り、とくに一九三七年七月に障子尾根初完全縦走を成功させた。筑紫山岳会はもっぱら冬期に長期滞在して登っており、一九三〇～三一年、加藤数功は冬期永田岳を単独で初登した。障子尾根の冬期初縦走は一九四七年に加藤数功らによってなされたが、この時は九州山岳連盟としての遠征であった。当時は海外登山はできず、交通は般便しかなかったので日数がかかることもあって「遠征」と称していた。その後、筑紫山岳会、しんつくし山岳会がこの地に入り、一九六〇年、松本徰夫は源流域の概念図を完成させた。初期の開拓者である旧制第五高等学校山岳部に「永田岳周辺の魅力は永田岳本峰にあらず、障子岳にある」といわしめたように、谷はゴルジュ、飛瀑の連続であり、障子尾根を含めて道はまったくなく、訪れる登山者もほとんどなく、原生の自然がそのまま残っている。

永田岳は宮之浦岳、栗生岳とともに「屋久島三岳」とされ、これに黒味岳を加えて「御岳《みたけ》」と呼ばれ、岳参りの山である。山頂直下の巨岩の間には天正一四年(一五八六)と享保七年(一七二二)建立の祠がある。岳参りの行事は、次のようにして始められた。

永田岳(左奥)とネマチ(右奥)(宮之浦歩道から)

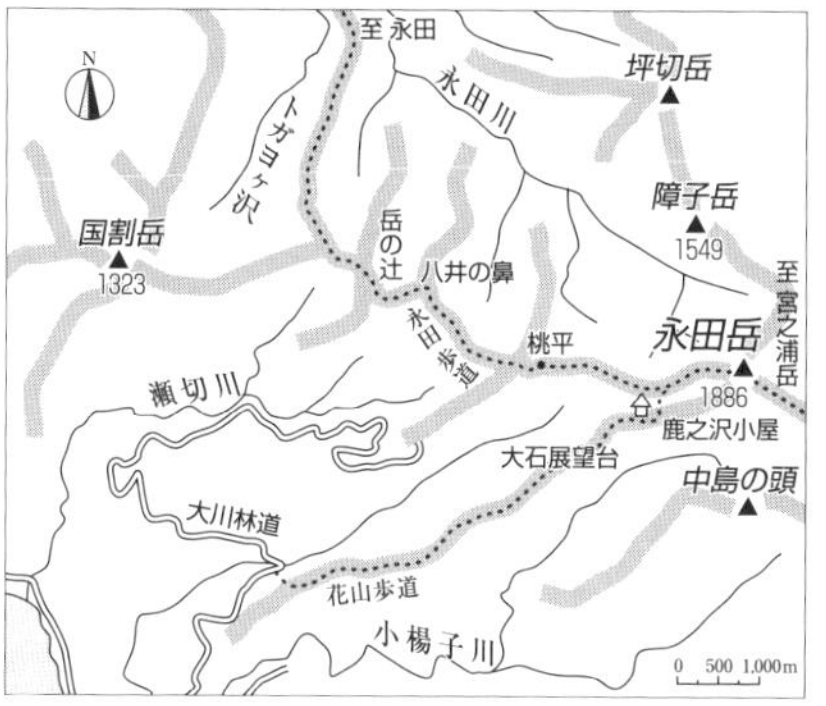

文明元年(一四六九)、領主・種子島時氏が屋久島に法華宗への改宗を命じ日良を派遣したところ、山の神の怒りに触れ山が鳴動し疫病(疱瘡)が流行した。長享二年(一四八八)、再び日増が来島し、永田岳にこもって法華教を唱え、山の神に布教の許しを請うた。すると鳴動や疫病の蔓延が収まり、以後、旧暦の五月と九月に「家内安全」「無病息災」「豊漁豊作」を願って岳参りを行うようになった。本来神道では一品宝珠大権現であるが、法華宗が入ってから一品法寿大権現を祀り、神仏習合の岳参りとなった。

永田岳への登路として永田歩道と花山歩道があるが、両道とも原生林として壮観である。標高九〇〇mまではイスノキ、カシ、シイなどの照葉樹林、それを過ぎるとスギ、モミ、ツガ、ヒノキ、ハリギリ、ヤマグルマなどの針広混交樹林となる。山頂近くの標高一七〇〇m以上となるとヤクシマダケ、シャクナゲ、アセビなどの小灌木帯と移り変わる。山頂周辺のシャクナゲの花期はたとえようもない美観を呈する。島民は、これをたたえて「岳の御岳《みたけ》の石楠花《しゃくなげばな》よ年中蕾《つぼみ》で一度咲く」と歌っている。

登路　宮之浦岳や縦走の過程で永田岳に登る登山者も多いが、直接永田岳に登るには花山歩道のコースが一般的である。これは西海岸の大川の滝手前の大川林道分岐点が登山口となる。標高五一〇mの花山歩道入り口まで林道をつたう(約二時間三〇分)。歩道の登りは急な照葉樹林の尾根づたいで、原生環境保全林に入るとうっそうとした針広混交樹林の中を登るようになり、焼峰(一二四〇m)の鞍部に出る。尾根道を辿り、大竜杉の巨木を過ぎ、針広混交の巨木林を通りながら急坂を登ると大石展望台に出る。ここから七五岳方面の眺めがよい。急峻な登りの後、平坦な尾根となり、大川側へと下れば鹿之沢小屋に着く(花山入り口から約五時間三〇分)。鹿之沢から永田岳への登りも急坂である。鹿之沢を過ぎ、巨木林帯から永田岳西尾根に登ると小灌木帯に変わり、眼前に比高一八〇mのローソク岩がそそり立っている。ヤクシマダケを分け、西尾根を登り切ると宮之浦岳への三叉路に出る。左の岩場を登れば永田岳山頂である(鹿之沢から約一時間)。このコースは海岸から登ることになり、花山入り口からでも約七時間かかるから、普通鹿之沢に一泊する。頂上からの展望は三六〇度さえぎるものがなく、障子岳につづく障子尾根の岩峰・岩壁群に対して柔和な宮之浦岳が指呼の間にあり、屋久島きっての山岳景観を満喫できる。

北西海岸の永田集落から登るのが永田歩道コースである。永田川沿いに餅田に行き、モチダ谷を渡る(約五〇分)。ここが永田歩道入り口であり、これより長い急峻な尾根をひたすら登る。第一、第二、第三休憩所を過ぎ、七本杉のある岳の辻に出る(歩道入り口から約五時間三〇分)。ここは永田岳から国割岳(一三二三m)につづく永田岳西尾根であり、ここからは傾斜がやや緩くなる。原生林の中を八井の鼻(一三一九m)、姥ケ《うばが》岩屋、左巻大檜(樹皮が左巻きにねじれているのでこう呼ばれる)、桃平(一五一七m)を過ぎ、七つ渡しと呼ばれる大川源流域の小沢をいくつか渡り、鹿之沢に着く(岳の辻から約三時間四〇分)。鹿之沢から永田岳へは前述のとおりである。このコースも海岸から歩かねばならず、永田集落から鹿之沢まで九時間から一〇時間もかかるので、近年敬遠されることが多い。

地図　二・五万図　永田岳

(太田五雄・渡部秀樹)

宮之浦岳　みやのうらだけ　標高　一九三六m

別称　宮之浦御岳《みたけ》

山頂は鹿児島県熊毛郡屋久島町にあって、直径二十数kmに及ぶ屋久島の山岳地帯。その中央に位置し、一〇〇〇mを超す山が数十座もある中の代表が宮之浦岳で、九州の最高峰である。別称は『屋久島大絵図』(一六四四)に記されている。御岳は屋久島の民俗行事である岳参りをする山で、宮之浦御岳、永田御岳、芋生《いもお》御岳(現在の栗生岳、一八六七m、栗生の旧地名埋生《うもお》の方言から芋生《いもお》となる)、黒御岳(現黒味岳)の四峰をさす。

宮之浦岳をはじめ屋久島の山岳の大部分は中新世の一四〇〇万年前の黒雲母花崗岩からなり、一〇cm前後の大きな正長石斑晶を持っている。海岸部には四万十帯に属し、白亜紀〜古第三紀とされる麦《むぎ》生《お》、船行《ふなゆき》、宮之浦、一湊の各累層の砂岩、泥質岩が分布し、これらは花崗岩の貫入を受けホルンフェルス化している。花崗岩類は山岳地を構成するとともに、多くの岩峰、岩壁を造っている。

宮之浦岳に源流を持つ河川に、宮之浦川《ごう》(屋久島では川を「ごう・こう」と発音する)、安房川《ごう》、小揚子川《こようじごう》がある。これらの河川は宮之浦岳から海岸まで直線距離にして一二〜一六kmを流下するから、急瀑がつづく急流であるが、花崗岩河床であるため清流である。

屋久島は「洋上アルプス」ともいわれるように、黒潮暖流の影響をまともに受けている。そのため海岸は年間を通じて無霜地帯に属するが、山岳地帯は年間雨量が一〇〇〇〇mmを超す多雨地帯である。

冬期にそれが雪になると丈余を超す積雪になる年もある。

屋久島の大きな特徴は植物の多様性であり、それは地理的位置、とくに緯度、二〇〇〇mに近い高度を持つ山岳と急峻な地形、海洋上にあるための黒潮と気象などの各種の条件に起因する。植物相の垂直分帯について白鳥、正宗、鈴木、今西、初島、森脇などの見解が公表されているが、総合的にまとめると次のようになる。ガジュマル・アコウ林の亜熱帯性常緑広葉樹林帯(標高一〇〇m以下、以下標高を略す)、イスノキ・アカガシ・ウラジロガシ・スダジイ林の常緑広葉樹林帯(一〇〇~七〇〇m)、スギ林・常緑広葉樹林混交移行帯(七〇〇~一〇〇〇m)、スギ・モミ・ツガ林の温帯性常緑針葉樹林帯(一〇〇〇~一七〇〇m)、ヤクシマダケ群落の山頂風衝低木林帯(一七〇〇m以上)の五分帯である。宮脇昭は一二〇〇m付近を境にして、低い側はスダジイ、タブノキ、イスノキ、ウラジロガシなどの常緑広葉樹林(照葉樹林)、高い側は夏緑植物を交じえるスギ、ツガ、ヤマグルマの針広混交樹林に大きく二分し、さらに八群系・多くの群落・群集に細分している。いずれにしても垂直分布の変化は日本随一であるという。

宮之浦岳(永田岳から)

分布のみならず植物種も豊富で、一六〇科一二八〇種、九〇亜種・変種の多種にわたる。そのうち屋久島固有種は五十数種を数え、ヤクシマと名の付く種名は一八種もある。このことからも屋久島の植物相がいかに貴重であるかが分かる。種に限ったことだけではない。屋久杉は樹齢千年を超えたスギの大木に神木として与えられ、後は小杉と呼ばれる。弥生杉、大王杉など固有名がある屋久杉も多く、一九六六年に発見された縄文杉は樹齢数千年という。このスギは標高六五〇m付近から一八五〇m付近までに自生しており、その原始林は天然記念物として一九二四年に国指定され、さらに一九五四年に特別天然記念物となった。登山では植物の多様性と垂直変化や林内での着生植物、気根スギ、合体木などを見学できる。また、稜線のシャクナゲの花は屋久杉の古木とともに一見に値する。

植物にくらべて哺乳動物の種類は意外に少ない。かつて人二万、猿二万、鹿二万といわれたようにヤクシカ、ヤクザルが多く、鳥類も多い。昆虫相はヤクシマミドリシジミをはじめ固有種も多く、豊富である。

スギのみならず全般的な屋久島の価値が見直され、国立公園に編入されたのが一九六四年であり、以後「霧島屋久国立公園」から分離され「屋久島国立公園」となった。また、一九九七年には世界自然

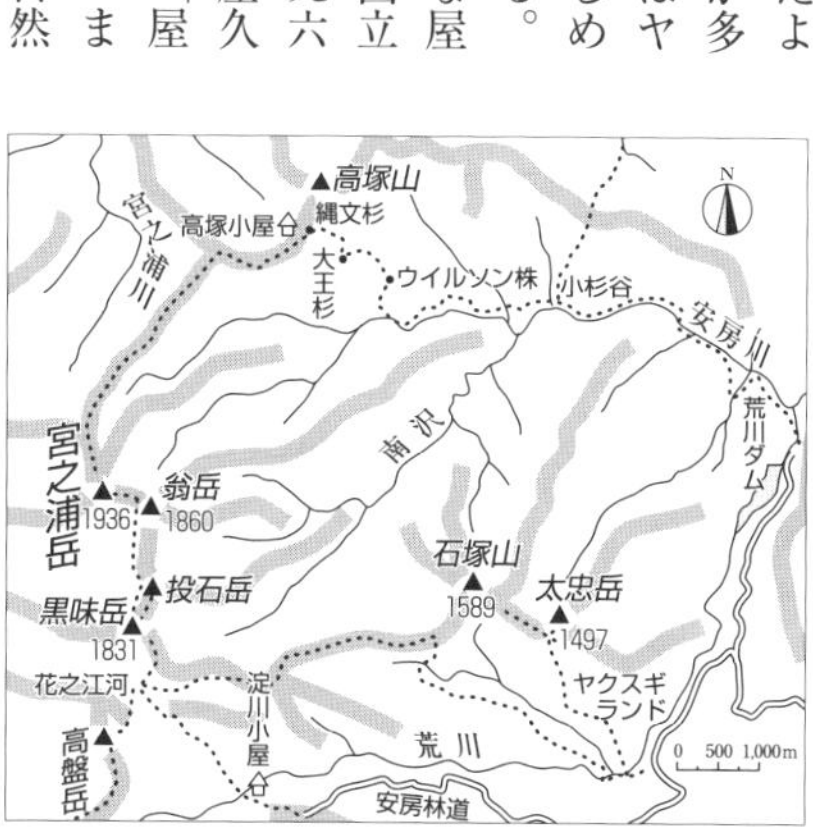

遺産に登録され、一般の人にも注目されるようになり、多くの登山者が訪れるようになった。

宮之浦岳には険しい岩峰や岩壁がないため登山史として見るべきものはないが、積雪期初登は一九三〇年、筑紫《ちくし》山岳会の加藤数功である。宮之浦岳の南に連なる翁岳（一八六〇m）、安房岳（一八四七m）、筑紫岳（近年投石《なげし》岳と改名された。一八三〇m）の積雪期初登は一九三四年に筑紫山岳会の加藤数功・立石敏雄らによってなされ、その折これら三山に山名が付けられた。宮之浦岳に源を持つ沢の初遡行として、一九五九年、鹿児島大学山岳部の小楊子川、一九六五年、宮之浦川、一九七七年、安房川本流の北沢左俣などが挙げられる。

宮之浦岳山頂は双耳峰になっており、東峰の南東主稜上の肩のような峰が栗生岳（一八六七m）で、西峰に三角点がある。その直下の巨岩下に天正一四年（一五八六）と、その後に建立された石祠があり、岳参りの神が宿っている。

登路　宮之浦岳に登るには、海岸の安房、楠川、宮之浦、永田、栗生《くりお》、湯泊《ゆどまり》、尾之間などの各集落からいくつかのコースがある。この中の登路として、高塚小屋までを高塚山、永田岳までを永田岳、花之江河、黒味分かれまでを黒味岳の項でそれぞれ述べているので、そこからを記す。

高塚小屋から宮之浦岳と高塚山を連ねる北尾根沿いに、樹林帯、小灌木帯の中を登る。第一展望台、第二展望台を過ぎ、宮之浦岳と永田岳を結ぶ主稜に出る。ヤクシマダケ、シャクナゲの低木林帯の尾根を南に登り山頂に着く（高塚小屋から約三時間）。

鹿之沢から登ってきた登路は永田岳と宮之浦岳を結ぶ主稜に出る。これより東に尾根を辿ると、最低鞍部を過ぎて高塚小屋からの道と合流し、さらに登れば山頂である（鹿之沢から約二時間）。

花之江河から黒味岳の東斜面を回り込むように、黒味分かれ、投石平、投石岩屋を過ぎ、投石岳の南側急斜面を北に向かって登る。ヤクシマダケと小灌木の密生した中を進み、投石岳、安房岳、翁岳の西側を巻く。さらに栗生岳を越えて山頂に達する（花之江河から約二時間二〇分）。

地図　二・五万図　宮之浦岳　栗生　屋久宮之浦

（太田五雄・渡部秀樹）

黒味岳　くろみだけ　　標高　一八三一m

別称　黒御岳《くろみだけ》（藩政時代）

黒味岳は屋久島中央部のやや南に位置し、鹿児島県熊毛郡屋久島町にあり、永田岳から宮之浦岳、黒味岳へとつづく標高一八〇〇mを超す峰が並ぶ主稜の南端の一峰である。

山体はすべて花崗岩からなるが、どこから見ても黒々とした森林に覆われ、また、御岳の一峰ということで「黒御岳」と呼ばれ、のちに黒味岳と転訛した。

黒味岳の南面標高一六三〇mには日本最南端の泥炭層高層湿原の花之江河《ごう》があり、日本庭園風である。ここから山頂部にかけては屋久島高山植物の宝庫であり、シャクナゲ、ヤクシマホツジ、シャクナンガンピ、ヤクシマリンドウなど多種にわたる。北面はスギの白骨化した枯木と露岩とが相まって美しい景観を呈している。花之江河でヤクスギランド、湯泊、栗生からの登路が合流するが、ここに岳参りの祠と疱瘡退散を祈願した祠がある。

登路　黒味岳に登る一般的コースは、安房から安房林道を車で入り、淀川入り口(登山口)から尾之間歩道の上部をつたって黒味岳に登る。淀川入り口からジンネム高盤岳の東尾根に沿って進み、淀川畔の淀川小屋に着く。淀川から急坂の尾根を北西に進み小花之江河を過ぎ、尾根を越えて花之江河に至る。これより黒味岳の東を巻くように宮之浦岳への道をつたい、標高一六八〇mの黒味分かれから西に進み、岩場を越えて頂上に達する(淀川入り口から約三時間)。

花之江河へ至るには、栗生歩道をつたえば歩道入り口から約三時間三〇分、安房歩道をつたうときはヤクスギランドの安房登山口から約六時間、湯泊歩道を歩けば歩道入り口から約七時間かかる。これらのコースを経由して黒味岳に登ってもよいが、それだけ時間がかかる。

西黒味岳(左)，黒味岳(右)
(1710m展望台から)

地図　二・五万図　宮之浦岳　(太田五雄・渡部秀樹)

太忠岳　たちゅうだけ　標高　一四九七m

別称　天柱岳《てんちゅうだけ》(藩政時代)　太忠嶽《たちゅうだけ》

石塚山　いしづかやま　標高　一五八九m

太忠岳は屋久島の中央部のやや南東に位置し、鹿児島県熊毛郡屋久島町にある。主稜にある黒味岳から派生した東尾根上にあって、石塚山、花折岳(約一五七〇m)、太忠岳が一二〇〇mにわたり北西から南東に並ぶ。太忠岳山頂の米粒を立てたような五〇mの岩塔が「天柱石」と呼ばれ、別称の名となった。その形がきわめて特異で目立っており、かつてメンヒルと疑われたこともあるが、自然石の花崗岩である。北面の天柱石直下には長享二年(一四八八)の古い祠があり、安房集落の岳参りの山である。

石塚山も屋久島町にあって、山頂直下に巨大な花崗岩の鏡岩と、その下方に天然の巨岩からなる鳥居がある。その奥には嘉永七年(一八五四)の祠と、一九七七年に建立され伊《い》邪《ざ》那《な》岐《ぎの》命《みこと》、伊《い》邪《ざ》那《な》美《みの》命《みこと》、天照《あまてらす》皇《お》大《お》神《みかみ》、天神を祀った屋久島大社の奥社がある。

太忠岳周辺は良質の屋久杉

が多数生育していたことから、藩政時代からかなり伐採されたが残された屋久杉林もある。太忠岳南麓の標高一〇〇〇mにあるヤクスギランドは、遊歩道もあって一般に開放されている。標高一二〇〇m付近は天文の森、その下方は小花山と称され、スギ、モミ、ツガの原生林が広がる。

登路 安房から安房林道をつたって一六kmのヤクスギランドから登る。荒川に架かる荒川吊り橋を渡り、太忠岳登山口である太忠分かれに出る。ここから太忠岳南尾根に沿った小花遊歩道の急坂を登りつづけて、石塚山と太忠岳の間の鞍部に出る。足場の悪い急峻部や露岩部を東に登り天柱石直下に出る。本来の頂上は天柱石の上であり、通常登ることはできないが、一周はできる(ヤクスギランドから天柱石直下まで約三時間三〇分)。

石塚山へは石塚分かれの鞍部から西に登ればよいが、岳参り以外の人は通らないので道は荒廃している。

地図 二・五万図 宮之浦岳・尾之間

(太田五雄・渡部秀樹)

七五岳 しちごだけ

標高 一四八八m

別称 七五嶽 七子岳

七五岳は屋久島中央部から南寄りにあって、鹿児島県熊毛郡屋久島町に位置し、中間集落背後に聳える。周辺に烏帽子岳(旧称えぼし石、一六一四m)、ジンネム高盤岳(旧称障子嶽、一七三四m、藩政時代にこの周辺の山回りをしていた甚衛門が転訛した山名)などがある。

七五岳の山名は民話による。昔、中間集落に七つになる童女がいたが、ある日突然村から姿を消した。村人は総出で捜すが見つからない。いつしか忘れかけたころ、一人の狩人が山中の大木の根元に女の子の下駄がそろえてあるのを見つけた。狩人は早速両親とともに山に登ると、まぎれもなく女の子の下駄であった。両親や村人は大がかりな捜索をしたが徒労に終わった。以後「七子岳」というようになり、それが転じて七五岳になったという。

七五岳は花崗岩の大岩壁を持つ鋭い岩峰として特徴づけられる。北壁は四〇〇m、西壁は三五〇m、南壁は一〇〇mを超し、屋久島三大壁の一つであり、七本のルートが開かれている。北壁は鹿児島経済大学山岳部(一九七〇年)、福岡GCCダイレクトルート(一九七二年)、福岡GCCルート(北壁東稜、一九七五年)、八代ドッペル登高会(一九七六年)、西壁は鹿児島山岳会(一九七五年)、南壁は清水RCC(一九七八年)によって登攀されている。鹿児島里稜会、鹿児島大学桜岳会は、北壁GCCルートと東稜GCCルート間の北壁新ルートを開いた(二〇〇四年)。

岩壁帯を離れると屋久島特有の樹林が繁茂し、中腹はカシ、イスノキ、シイ、スギの針広混交原生林が見られる。頂上は狭い岩の円頂からなり、一角に中間集落からの岳参りの祠がある。

登路　南海岸の湯泊《ゆどまり》集落から林道と歩道を利用するのがよい。湯泊林道は標高五〇〇mにある車止めまで車を利用できるが、歩けば四時間程かかる。車止めからそのまま林道をつたい、烏帽子岳南東尾根上の標高八七〇mの湯泊歩道入り口に着く(車止めから約三時間)。尾根づたいに照葉樹林帯を登るが、緩傾斜から次第に急傾斜に変わり、烏帽子岳西尾根に辿り着く。ここは三能山舎跡であるが分かりにくい。この先から西に分岐した七五岳歩道に入り、七五岳への痩せた岩尾根の最低鞍部(七五岳東側)まで下り、南面を回り込んで頂上直下の岩を登り、さらに北側に回り込んで岩を登れば頂上である(湯泊歩道入り口から約四時間)。

地図　二・五万図　栗生

(太田五雄・渡部秀樹)

本富岳　もっちょむだけ　標高　九四〇m

屋久島の南部に位置し、鹿児島県熊毛郡屋久島町にあり、尾之《おの》間《あいだ》集落の背後に聳える。南海岸近くには破沙《はざ》岳(一二五九m)の岩峰もあるが、本富岳の岩峰がもっとも特徴的で美しい。加えて鯛之《たいの》川《こう》(旧称樋之川)のゴルジュ帯や千尋滝(落差五〇m)、尾之間温泉があり、付近は観光地となっている。

本富岳は陰陽山とされ、南面は女性を、北面は男性で、女性をモッチョーということからの山名だという。山頂の花崗岩露岩には岳参りの祠が三基あり、尾之間周辺の人々に崇拝されている。急峻な山岳地形であるため、それなりの照葉樹が残っている。

本富岳の背後には割石岳(一四一〇m)、耳岳(一二〇二m)があり、本富岳とともに「尾之間三山」ともいわれる。

本富岳の南面山頂部は比高三五〇mの岩壁であり、屋久島三大岩壁の一つとして岩登りの対象となっている。この岩壁に対して、鹿児島大学山岳部の中央稜側壁初登、京都府立大学山岳会の正面壁初登(一九六五年)以後、正面壁に五ルート、東壁に一ルート、南西壁に一ルート、計九本のルートが開拓されている。

登路　一九七六年、万代杉が発見されてからタナヨケ登山道が利用されている。千尋滝展望台まで車を利用する。鯛之川右岸の一二

本富岳南面(原集落から)

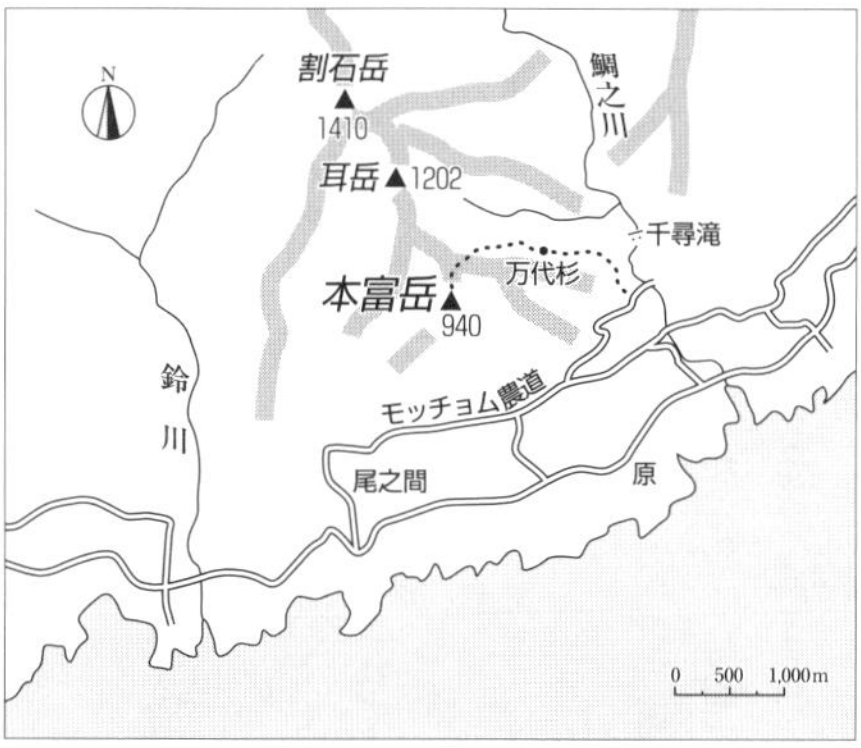

○mスラブの上を北に辿ると本富岳への登路が左に分岐する。胸突き八丁の急峻な支尾根を登り、小さな沢を渡りながらぐんぐん高度をかせぐと万代杉、つづいてモッチョム太郎の巨杉がある。さらに登り耳岳への主尾根に出ると神山展望台に至る。これより痩せた尾根を南に下り、岩を巻いたり、越えたりして頂上に立つ（千尋滝駐車場から約四時間）。

（太田五雄・渡部秀樹）

地図　二・五万図　尾之間

愛子岳　あいこだけ　　標高　一二三五m

別称　霰岳《あられだけ》（藩政時代）

屋久島の東北東部に位置し、鹿児島県熊毛郡屋久島町にあって、小瀬田《こせだ》集落の背後に聳える。

山名の起こりには、次のような伝説がある。その昔、小瀬田村に愛子という娘がいた。愛子は野良仕事の帰りに大雨に遭い、増水した川に流され岩につかまっているところを猿に助けられた。ある日愛子は助けられた猿に誘われるまま山に行った後、帰ることがなかった。愛子と仲のよかった若者は、これを嘆き悲しみ川に身を投げ愛子の後を追った。以後、愛子が失踪した山を愛子岳、落ちた川を女川《めんこ》、助け上げられた岩を乙女が石、若者が身を投げた川を男川《おがこ》というようになった。

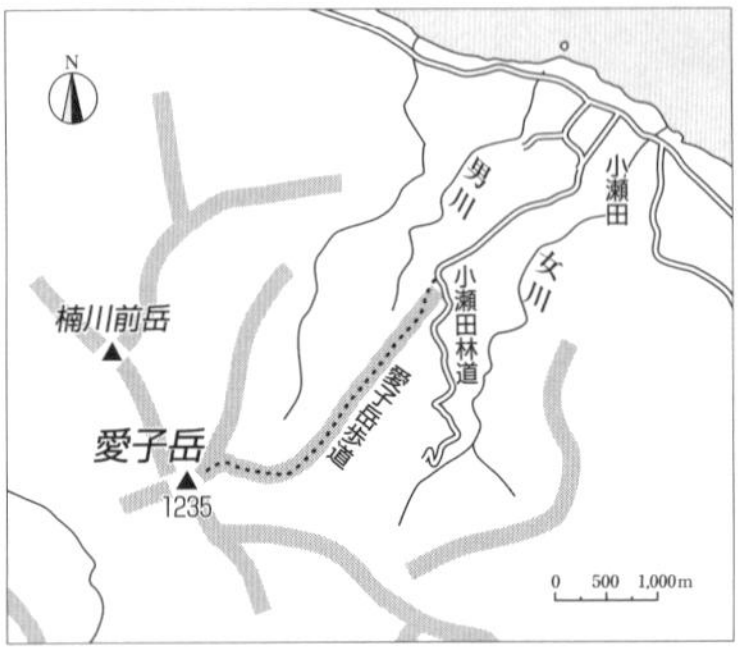

全山花崗岩からなり、下部は亜熱帯植物、上部は暖温帯の照葉樹林に覆われる。奥岳のような巨木の森林ではないが一見の価値がある。山頂には小瀬田集落が岳参りする石祠がある。奥岳を眺める好展望台として、また、日帰りの手ごろな山として島民に親しまれている。

登路　小瀬田林道をつたって愛子岳歩道入り口まで車で行くことができる。愛子岳の東から北東に延びる尾根を忠実に辿る。高度七五〇m付近から方向を西に転じ、愛子岳北面に回り込む。最後の露岩は南に向かってロープをつたい頂上に出る（登山口から約四時間）。

（太田五雄・渡部秀樹）

地図　二・五万図　宮之浦岳　安房

硫黄岳　いおうだけ　　標高　七〇四m

鹿児島県鹿児島郡三島村硫黄島の最高峰で、輝石安山岩からなる活火山である。島の北西部から竹島に連なる鬼界カルデラの中央火口丘で、いまも噴気を上げている。硫黄島は源平のころ、「鬼界ヶ島」と呼ばれた。平家滅亡の際にこの島に逃れ、天寿を全うしたと伝えられる安徳天皇の御陵や、平家によって島流しにされた僧俊寛を祀るお堂がある。火山島のため植物相は貧弱であるが、マツやリュウキュウチク、ヤブツバキ、シャリンバイが混生し、野生化したインドクジャクに会うこともある。

登路　長浜港から珪石採掘（休山中）用の舗装道路をつたい、硫黄岳展望台に達する（港から約二時間二〇分）。ここから先は落石も多く、火山ガスの危険性があるので注意が必要。

地図　二・五万図　薩摩硫黄島

（松本徰夫・渡部秀樹）

古岳　ふるだけ　標高　六五七ｍ
新岳　しんだけ　標高　六二六ｍ

鹿児島県トカラ火山列の能毛郡屋久島町口永良部島は、屋久島の西方一二㎞の洋上に浮かぶ活火山島である。島の最高峰が古岳、その北方の新しい火口丘が新岳である。全島第四紀の輝石安山岩質溶岩と火山砕屑岩からなる。古岳、新岳ともに火口を持つ成層火山である。古岳は古岳外輪山の北縁にあり、三角点は北東縁にある。新岳は火口の南東縁にある。両火口とも噴気を上げており、活火山である。新しい火山島のため植物相は乏しいが、リュウキュウチクやマツが見られる。

登路　港の本村から中腹まで山仕事用の道があるが、その後はガラガラの岩礫をつたうしかない（港から約三時間）。平成二七年現在噴火活動により、口永良部島には入島できない。

地図　二・五万図　口永良部島

（松本徰夫・渡部秀樹）

櫓岳　やぐらだけ　標高　六二二ｍ

黒島は鹿児島県鹿児島郡三島村にあって、島の最高点が櫓岳の三角点である。トカラ火山列の島であるが、主列よりやや西方にあって、主列の火山島より古期の安山岩からなる。

島は解析された火山島で、宮向川、中里川、イノクチ川、ナゴ川が放射状に流れ、海岸は海食崖で囲まれている。島の中央部に櫓岳、横岳（五九〇ｍ）、手向山（五二三ｍ）、カムゴ岳（五六九ｍ）、花立山（五〇〇ｍ）などが急峻な山岳地形を造る。中腹辺りまでリュウキュウチク林があり、自然林がよく残っている。

登路　島を一周する車道があり、途中から踏み跡をつたうしかない（約四時間）。

地図　二・五万図　薩摩黒島

（松本徰夫・渡部秀樹）

南西諸島

前岳　まえだけ　標高　六二九m
燃岳　もえだけ　標高　四二五m

鹿児島県鹿児島郡十島村口之島はトカラ火山列に属し、島の最高峰が前岳である。島は二重の外輪山と前岳、燃岳の二個の中央火口丘からなる火山島で、角閃石安山岩からなる。烏帽子岳（二三四m）、ホトケビラ岳（二九三m）を持つ第一外輪山、その内側に横岳（五〇一m）、タナギ山（四五四m）の第二外輪山、さらにその内側に成層火山体の前岳、その南東のドーム火山体の燃岳が発達する。前岳山頂には火口跡があり、燃岳にも数個の爆裂火口があって、うち一個はかすかに噴気を上げている。活動的火山でないため植物相は豊富である。島民は燃岳を「ムエタケ」と発音している。

登路　横岳山頂には電波塔があって、港から車道がある。前岳に登路はないが、第二外輪山と前岳の間の牧場までの道をつたい（約一時間三〇分）、これよりリュウキュウチクの中にある野生化した牛の道をつたい山頂に達する（約一時間）。燃岳にも登路はなく、燃岳とタナギ山の間まで車道をつたい、これより灌木林の中の牛道をつたうしかない（車道から約一時間二〇分）。

地図　二・五万図　口之島

（松本徰夫・渡部秀樹）

御岳　おたけ　標高　九七九m
先割岳　さきわりだけ　標高　五二四m

鹿児島県鹿児島郡十島村の中之島はトカラ火山列島にあって、島内最高峰の御岳には、ほかの火山島と同じように御嶽の神が鎮まるとされる。御岳は屋久島の山を除くと南西諸島の中で最高である。

中之島は第四紀の火山であり、南半部は先割岳を中心とする古い成層火山体で、その北西に新期の御岳成層火山体がある。その頂部に径四〇〇mの火口があって硫気を上げており、かつて硫黄を採掘していた。全島輝石安山岩からなる。海岸から中腹まではイタジイ、タブノキ、アコウ、クロマツなどからなるイタジイ群落、タブノキ群落となり、八合目以上はハチジョウススキ群落となり、イヌバサツキ、シャリンバイ、リュウキュウチクを見る。中之島の自然は豊かで、植物、昆虫、鳥類に見るべきものがあり、南限、北限とされる植物種も多い。また、本邦の古代からの在来種とされるトカラウマは絶滅が心配される天然記念物で、飼育されている。

登路　中之島港からジグザクの車道をつたうと頂上直下のテレビ中継塔に着く（約三時間）。その手前から急な階段状の登路を登り、火口縁のピークに出た後に火口縁を左回りに進むと火口西縁の頂上に着く（約四〇分）。先割岳の登路はない。

地図　二・五万図　中之島

（松本徰夫・渡部秀樹）

御岳　おたけ　標高　四九七m

臥蛇島《がじゃ》は鹿児島県鹿児島郡十島村にあって、トカラ火山列島に属するが、主列よりやや西方にある。主列の火山島より古期の新第三紀鮮新世の火山島で、角閃石両輝石安山岩からなる。現在、無人島である。

島の中央部から北東方向と南方向に大きな崩壊地形が見られ、その境界に御岳三角点がある。古い火山体のため樹木はかなり茂っており、イタジイ群落、タブノキ群落が見られる。頂部にはリュウキュウチク、マルバサツキなどを交じえたハチジョウススキ群落が見られる。

登路　御岳への登路はなく、古い村落跡からヤブを分けて登るしかない(約三時間三〇分)。

地図　二・五万図　臥蛇島

(松本徰夫・渡部秀樹)

御岳　おたけ　標高　七九九m

諏訪之瀬島は鹿児島県鹿児島郡十島村にあって、トカラ火山列島の中でもっとも活動的な火山島であり、文化一〇年(一八一三)の文化溶岩、明治一七年(一八八四)の明治溶岩が分布する。全島荒々しい輝石安山岩が累重する成層火山である。

山頂付近には二つの火口があり、御岳は北火口の南縁にある。その北方には七一二mの無名峰があり、島人は「脇山」と呼んでいる。山麓部にはイタジイ群落、タブノキ群落の高木層が発達するが、頂部付近になると低木のマルバサツキ、ハチジョウススキ、シャリンバイなどが見られる。

登路　山頂に達する登路はない。火山爆発には注意せねばならない。ガラガラの岩礫帯を登るしかない(二〇一五年現在火山活動が活発なため、御岳火口から二㎞は立ち入り禁止となっている)。

地図　二・五万図　諏訪之瀬島

(松本徰夫・渡部秀樹)

御岳　みたけ　標高　五八四m
中岳　なかだけ　標高　四六四m

悪石島《あくせき》は鹿児島県鹿児島郡十島村に属し、トカラ火山列の火山島であるが、有史時代の活動記録はない。トカラ火山列各島の最高峰には神が鎮まるとして「御岳」と称されるが、悪石島のみ「ミタケ」と発音し、ほかの島では「オタケ」と呼ばれる。悪石島にはお盆に行われる仮面神ボゼの祭りで知られている。

輝石安山岩の二重外輪山と中央円頂丘からなる。内側の第二外輪山に中岳があり、御岳は中央火口の南縁にある。山麓部にはタブノキ群落、マルバニッケイ群落があり、頂部にはハチジョウススキ群落がある。第一外輪山のビロウ山(三六三m)にはビロウが生育している。

登路　港から御岳まで車道をつたえばよい。車道終点から山頂はわずかである(約二時間三〇分)。中岳、ビロウ山には登路はない。

地図　二・五万図　諏訪之瀬島

(松本徰夫・渡部秀樹)

イマキラ岳 いまきらだけ　標高　二九二m

別称　蛭岳　ひるごだけ

宝島は鹿児島県鹿児島郡十島村にあって、トカラ列島に入る。しかし、新第三紀中新世の火山岩としてグリンタフ、溶結凝灰岩などからなるため、いわゆる火山島ではない。

島の形はほぼ二等辺三角形で、底辺に平行な北西〜南東の山並みが走り、ほぼ中央部にイマキラ岳三角点がある。島の中腹以上は自然林が残っており、スダジイ、タブノキ、リュウキュウチクの各群落が見られる。特筆すべきはトカラハブが生息していることである。

登路　イマキラ岳山頂に電波塔があるため車道が港から通じている(徒歩約一時間二〇分)。

地図　二・五万図　宝島

(松本徰夫・渡部秀樹)

横当島東峰(仮称) よこあてじまとうほう　標高　四九五m
横当島西峰(仮称) よこあてじませいほう　標高　二五九m

横当島はトカラ火山列の無人島で、鹿児島県鹿児島郡十島村に属する。ひょうたん形の火山島であるが活動記録はない。この島を調査した松本徰夫らが一九六六年の報告で、横当島東峰、同西峰と仮称した。島は東峰と西峰の二火山体が合わさり輝石安山岩からなる。

東峰頂部には径三五〇m、深さ二六〇mの切り立った火口があり、北西火口縁に三角点がある。西峰にも不完全な火口跡が残っており、イタジイ・タブノキ群落に覆われる。東峰は安山岩の岩礫地で植物は少ないが、火口内にビロウ群落を認める。

登路　東・西両峰に登路はないが、東峰へは岩礫上を島の鞍部から登る(約二時間)。西峰へは林内をつたって登る(約一時間)。

地図　二・五万図　横当島

(松本徰夫・渡部秀樹)

湯湾岳 ゆわんだけ　標高　六九四m

別称　奄美岳

鹿児島県奄美大島のほぼ中央に聳え、奄美諸島の最高峰である。鹿児島県大島郡宇検村と大和村の境に位置する。山体は全山中生代ジュラ紀から白亜紀の湯湾層で構成され、層状チャート、頁岩などからなる。植生は、亜熱帯気候によりスダジイなど常緑広葉樹のうっそうとした原生林に覆われ、森の中はヒカゲヘゴやオオタニワタリなどが原始の森を思わせる。動物もアマミノクロウサギ、オーストンオオトガケ、オソトンガエルなど貴重な固有種が生息しており、頂上付近全体が国指定の天然記念物、国定公園特別保護地区にされている。ハブには注意しなければならない。また、奄美大島の開祖といわれるシニレク、アマミコが降り立ったと伝えられる霊山でもある。頂上近くに湯湾大親《ゆわんゆくね》の碑と二神降臨の碑がある。

登路　宇検村からは湯湾より車道を展望台(登山口)まで行く。登山道は尾根の側面に沿って登り、頂上近くで北側に回り込んだ後、鳥居を通り頂上に着く(登山口から約五〇分)。大和村からは奄美フォレストポリス経由登山口に至る(車で約二〇分)。登山口から約一五分で頂上に着く。

地図　二・五万図　湯湾　（深田泰三・渡部秀樹）

小川岳　おごだけ　標高　五二八m

鹿児島県奄美大島の湯湾岳の北約三㎞に聳え、鹿児島県大島郡大和村の中央西よりの海岸近くに位置する。山体はジュラ紀から白亜紀とされる湯湾層の頁岩、層状チャートからなる。植生は亜熱帯気候により常緑広葉樹の原生林に覆われるが、一部南側が荒地となっている。

登路　大和村大棚集落から湯湾への車道を行き、小川岳を右に見る荒地帯を通り、西側に分岐する林道の三叉点で山道に入る。荒地を登り、常緑広葉樹林を抜けると頂上に着く（林道との分岐点から約三〇分）。

地図　二・五万図　湯湾　大棚　（深田泰三・渡部秀樹）

天城岳　あまぎだけ　標高　五三三m

三方通岳　さそんつじだけ　標高　四九六m

別称　さんぽうつじ　さんしょんちじ

鹿児島県徳之島の北部に聳え、鹿児島県大島郡徳之島町と天城町の境に位置する。天城岳の南方約二㎞の所に三方通岳がある。天城岳の山体は中生代とされる手々層の砂岩からなり、一部に粘板岩を見る。三方通岳の山体は中生代と考えられる手々層の砂岩層と、これに貫入する白亜紀の花崗岩類からなる。植生は両山とも常緑広葉樹で、照葉樹に覆われ昼間も暗いほどの原生林帯となっている。

登路　徳之島町山《さん》の集落から林道を登山口まで行く（車で山の集落から約一〇分）。尾根に沿って照葉樹林の中を登ると展望のよい頂上に着く（登山口から約三〇分）。天城町の空港から車で松原西区の集落を経て登山口に着く（空港から車で一〇分）。登山口から沢沿いに沢の分岐点まで行き、これから尾根づたいに頂上に達する（登山口から約一時間）。三方通岳への登山道はない。

地図　二・五万図　山　（深田泰三・渡部秀樹）

犬田布岳　いんたぶでー　標高　四一七m

別称　いぬぶだけ

鹿児島県徳之島の北から南西にかける山地の南端に聳え、鹿児島県大島郡伊仙町と天城町の境に位置する。山体は中生代とされる尾母層の粘板岩と凝灰岩の互層からなる。植生はうっそうとした照葉樹の原生林が生い茂っている。南側は海岸線に向かっておだやかな傾斜面の農地が広がっている。

登路　現在はない。

地図　二・五万図　伊仙　平土野　（深田泰三・渡部秀樹）

井之川岳　いのかわだけ　標高　六四五m

鹿児島県徳之島の中央部東寄りに聳え、徳之島の最高峰である。

鹿児島県大島郡徳之島町と天城町の境に位置する。山体は、中腹以下は中世代とされる尾母層の緑色岩類と凝灰岩、粘板岩からなるが、山頂部はこれに貫入する白亜紀の花崗岩類からなる。植生は常緑広葉樹が多い。山地に入ると空も見えないほど厚く茂るシイなどの原生林となり、アマミウラジロガシにオオタニワタリやランなどが寄生している。また、ハブが多いので注意を要する。

登路 徳之島町亀津の集落から、島の背を通る車道をテレビ中継所まで車で行く。階段を登ると尾根筋に沿って山道がつづく。林が深く視界はまったくない。山頂は一〇m四方のみ開かれ、鉄パイプの櫓が建っており、これに登ると展望は最高である(テレビ中継所から約五〇分)。ほかのルートもある。

地図 二・五万図　平土野　井之川

(深田泰三・渡部秀樹)

方位　ほうい

標高　二一二m

別称　硫黄岳《いおうだけ》　キーノイ岳《だけ》

硫黄鳥島は、トカラ列島横当島の南西に一三〇㎞も離れているため、地理学的にはトカラ列島から外され、忘れられたような存在である。しかし、一九七八年、松本徰夫が報告したように、火山学的にはトカラ火山列に属する火山島である。行政上、沖縄県島尻郡久米島町に入る。

島は南東のグスク火山体と北西の硫黄岳火山体からなり、後者は五〇〇×七〇〇mの大きな火口を持ち、火口壁数箇所から噴気の硫気を上げている。グスク(一一九m)は二重の外輪山内の円頂丘である。島はすべて輝石安山岩からなる。かつて硫黄を採掘していたが、現在、無人島である。グスクは自然林が育っているが、硫黄岳は岩礫の裸地である。第一外輪山の南端に前岳《まえだけ》(一八九m)がある。

登路 島の東西に道があり、後は岩礫地をつたって方位に達することができる(海岸から約二時間)。

地図　二・五万図　硫黄鳥島

(松本徰夫・渡部秀樹)

与那覇岳　よなはだけ

標高　五〇三m

沖縄本島の北部、沖縄県国頭《くにがみ》郡国頭村にあり、島の最高峰である。付近の標高三〇〇m以上は「山原《やんばる》」と呼ばれる。

山頂の周囲はスダジイを主とした熱帯性照葉樹林に覆われ、鳥類のヤンバルクイナ、ノグチゲラ、アカヒゲなど、一六種の国指定天然記念物が生息・生育している。いうなれば、多様性に富む豊かな亜熱帯の動植物の宝庫であり、絶対に残さねばならぬ貴重な山域である。山頂付近はリュウキュウチクに覆われている。

登路 名護市から西海岸の国道五八号を北上し、国頭村辺土名から右折して林道をつたい、標高約三二〇m付近の林道分岐点まで車で行く。これから林道をつたい、さらに林道から分かれて南に山道をつたう。スダジイの巨木を過ぎて山頂に着く(車を降りて約一時間二〇分)。

地図 二・五万図　辺土名

(津田祐一・渡部秀樹)

八重岳　やえだけ　標高　四五三m
嘉津宇岳　かつうだけ　標高　四五二m

八重岳は沖縄県国頭《くにがみ》郡本部《もとぶ》町と名護市の境にあるが、頂上部は三峰になっており、最高峰四五三mは本部町内にある。同山は麓から頂上まで車道が整備され、沿道には緋寒《ひかん》桜が植林され桜の名所となっている。三つある頂上は米軍の通信施設、日本の航空管制局のレーダー基地として使用されている。

嘉津宇岳は、名護市内の西部にあり、本部半島中心部の南方に位置し、八重岳の南東一㎞弱にある。また、南約二㎞に位置する安和《あわ》岳《だけ》(四三二m)の三山を結んだ地域は、沖縄県が自然保護区域、自然環境保全地域に指定している。三山とも古生代本部層の石灰岩、チャート、粘板岩、千枚岩からなる。石灰岩地特有のカルスト地形や、地質によって特徴ある植生が見られる。ヒナカンアオイ、イワヤナギシダなどが生育している。鳥類もカラスバト、リュウキュウサンコウクイ、アオバズクなどが林道沿いで見られる。地形や地質などの違いにより異質の植生や、分布上珍しい動植物が生息・生育しており、貴重な自然保護区である。嘉津宇岳頂上からの眺望はよい。

登路　八重岳は頂上近くまで車道が整備されている。嘉津宇岳のルートは名護市屋部を過ぎる所に登山口の案内板がある。これから勝山を経て嘉津宇岳中腹の展望台まで車で行くことができる。展望台から山道をつたえば頂上に着く(展望台から約二〇分)。

地図　二・五万図　名護

(深田泰三・渡部秀樹)

於茂登岳　おもとだけ　標高　五二六m

於茂登岳は先島諸島の石垣島の北西部にあって、沖縄県石垣市に属している。市街の北約七㎞に位置し、沖縄県の最高峰である。古くは霊山として信仰され、宇本嶽、宇茂登嶽と書かれていた。地元では「ウムトウ」は「おおもと」のことで、島の大本を意味する。この主稜を北東に辿れば桴海於茂登岳に至る。山体は中新世の二一〇〇万年前の閃緑岩、花崗岩からなり、亜熱帯の植物が茂り、八重山特有の動植物相が見られる。近年、石垣島では、開発による赤土流出が海の生態系に悪影響を与えることで問題になっている。

於茂登岳に関連して野底マーペ伝説がある。一八世紀初頭、琉球王国の名宰相・蔡温のころ、新村開拓の「道切りの法」により、マーペは黒島から石垣島野底に強制移住させられた。マーペは黒島に残った恋人カニムイを想い、背後の野底岳(二八二m)に登り黒島を望見しようとしたが、於茂登岳にさえぎられて見えない。マーペは泣きつづけ、ついに山上の石と化したと伝えられている。これはチンダラ節の民謡として黒島で歌い継がれている。

登路　南側の石垣市於茂登から林道をつたい登山口に行く。これから亜熱帯林の中の整備された登路を辿って山頂に達する(約一時間三〇分)。山頂付近はリュウキュウチクが茂るが、展望はよい。

地図　二・五万図　川平　伊野田

(渡部秀樹)

桴海於茂登岳　ふかいおもとだけ　標高　四七七m

沖縄県石垣市。石垣島で二番目に高い山で、頂上には古い三角点と、その先に金属標の新三角点がある。

登路　頂上に至るコースは東回りと西回りの二本がある。県道七九号を知花食堂から南に折れ直進。サタケ八重山ヤシ記念館へ左折する場所が登山口。東回りは踏み跡に入るとフェンスが現れ、ゲートを抜けるとヤエヤマヤシの下を歩くようになる。小沢を渡って斜面を横切ると尾根道に入る。オキナワウラジロガシの巨木が茂る斜面を登り北東尾根を回り込み、二つ目の小沢がウマヌファ岳との分岐になる。右手の沢筋を辿ると、旧日本軍のかまど跡が現れる。オニシダの群落を抜け傾斜が強くなり、周辺がリュウキュウチクの茂みになると頂上は近い(登山口から約二時間)。

西回りは同じ出発点だがすぐに右手の道に入り、小沢を渡りむき出しの水道パイプに出合う。さらに二本の小沢を渡り急な尾根道に入る。急登が終わると緩やかな尾根筋になるが、途中の大岩から桴海於茂登岳、ウヌマファ岳、巨大花崗岩群、さらに奥に於茂登岳を見ることができる。旧日本軍の塹壕を過ぎ、リュウキュウチクをかき分けると頂上だ(登山口から約二時間)。

地図　二・五万図　伊野田　(重廣恒夫)

古見岳　こみだけ　標高　四七〇m

沖縄県八重山郡竹富町にあり、先島諸島の西表《いりおもて》島の最高峰であり、島の東寄りにある。古見集落近くにあることからこの名がある。

古見岳山頂部は、古第三紀始新世の野底層が分布し、変質した火山岩類からなる。島は全般的に自然林がよく保存され、山頂近くまで亜熱帯の森林が茂っており、山頂部はリュウキュウチクの群落となっている。特記すべき動物として、島にはイリオモテヤマネコ、サキシマハブなど固有種が多い。

登路　県道二一五号の古見が登山口となる。相良《あいら》川を源流近くまで遡上し、急登を繰り返しながらリュウキュウチクをかき分けて登る。(約三時間)。

地図　二・五万図　美原　(松本徰夫・渡部秀樹)

御座岳　ござだけ　標高　四二〇m

沖縄県八重山郡竹富町にあって、先島諸島の西表《いりおもて》島の中央部のやや南側寄りに位置する。

御座岳山頂付近は、新第三紀中新世の八重山層群西表層の砂岩、シルトからなる。山麓から亜熱帯の自然林が繁茂しており、山頂付近はリュウキュウチクの生態型であるゴザダケザサ群落が見られる。山頂からの展望はよくない。付近には、イリオモテヤマネコやサキシマハブのほか、カンムリワシなど貴重な動植物が多い。

登路　登路はない。仲間川を舟(サバニ)で遡り、途中から南斜面の亜熱帯の密林中を辿る(舟を降りて約二時間三〇分)。西表島縦断道の大原側登山口が起点。桑木山に延びる林道跡からヤブ道(イリオモテヤマネコの監視カメラが設置されている)に入る。何本かの小沢を渡り西進。その後、ツルアダンの群生地を進む。ゴザタケザサの群落が出てくると頂上は近いが、竹の口径が太くかき分けるのに苦労する。二〇一〇年に国土地理院が付けたピンクテープが目印となる(林道終点から約六時間)。

地図　二・五万図　西表大原

(松本徰夫・渡部秀樹)

南風岸岳　はいきしだけ

標高　四二五m

別称　南風見岳《はえみだけ》

沖縄県八重山郡竹富町にあって、先島諸島の西表島の南海岸近くにある。南側が切り立っていることからこの名がある。南風見岳《はえみだけ》と書かれることもあるが、南東にある村、南風見や南風見埼と混同されたものとされる。

一帯は、新第三紀中新世の八重山層群西表層の砂岩からなる。南面はやや急崖で亜熱帯植物が茂っており、それが山頂付近までつづく。北面の仲間川も原生林に覆われている。山頂からの展望はあまりよくない。この付近はイリオモテヤマネコの生息地である。

登路　登路はない。南風見田浜キャンプ場までタクシーを利用。南風見田浜を西進し、トーフ岩(サイコロ岩)を過ぎた地点が取り付き点。頂上から南南西に延びる尾根が登路となるが、下部ではツルアダンの群落、上部ではリュウキュウチクの群生で苦労する。尾根が細く急になると突然三角点が現れる(海岸から約四時間)。または仲間川を遡り、途中から原生林の中を登ることになる(いずれも約二時間)。

地図　二・五万図　舟浮

(松本徰夫・渡部秀樹)

ナラハリ岳　ならはりだけ

標高　三六二m

別称　魚釣島峰《うおつりじま》(仮称)

魚釣島は領土問題が生じている尖閣諸島で最大の島であり、行政上、沖縄県石垣市に所属する。

島の大部分は第三紀中新世の魚釣島層とこれに貫入する角閃石閃緑岩質玢岩《ひんがん》からなる。北傾斜の砂岩のため島はケスタ地形を示し、島の南側は断崖絶壁で、東西方向の山並みの中央部が最高のナラハリ岳である。尖閣諸島はすべて無人島である。魚釣島は亜熱帯のジャングルに覆われる。山頂は岩峰となって、周辺は着生ランがびっしりと育っている。そのほか動植物には珍種が多い。

登路　山頂に達する登路はない。そのため北面からジャングルを分けながら登るしかない(約三時間)。

地図　二・五万図　魚釣島

(松本徰夫・渡部秀樹)

参考図書一覧

＊本書の編集、執筆にあたり、多くの著作からご教示をたまわりました。ここに一覧として掲載させていただき、深甚なる謝意を表します。

＊配列は「本書全般」にわたる図書と、「ブロック別」、「山地別」の図書の順に掲載した。

《本書全般》

(1) 事典・辞典類

日本山名事典（徳久球雄[他]　平成一六年　三省堂）
コンサイス日本山名辞典（徳久球雄　昭和五四年　三省堂）
日本山名総覧（武内正　平成一一年　白山書房）
岳人事典（岳人編集部　昭和五八年　東京新聞出版局）
山岳語彙（岩科小一郎　昭和一五年　体育評論社）
山ことば辞典　岩科山岳語彙集成（藤本一美　平成五年　百水社）
山歩きのための山名・用語事典（山と溪谷社山岳図書編集部　平成一〇年　山と溪谷社）
世界山岳百科事典（昭和四六年　山と溪谷社）
日本山岳ルーツ大辞典（池田末則[他]　平成九年　竹書房）
日本地名大百科（浮田典良[他]　平成八年　小学館）
理科年表（東京天文台編纂　丸善）
郷土資料事典・観光と旅　県別シリーズ　全四七巻　改訂新版（人文社観光と旅編集部　昭和五八年　人文社）
地名・地理辞典　改訂新版（市川正巳　平成六　数研出版）
新日本地名索引　全三巻・別巻（金井弘夫　平成六年　アボック社出版局）
角川日本地名大辞典・全四九巻（昭和五三～平成二年　角川書店）
日本歴史地名体系　全五〇巻・別巻Ⅰ・別巻Ⅱ（昭和五四～平成一六年　平凡社）
大日本地名辞書　全八巻　増補版（吉田東伍　昭和四四～四七年　冨山房）
民俗地名語彙事典　上・下　日本民俗文化資料集成　第一三—一四巻
民俗と地名（谷川健一　平成六年　三一書房）
日本地名事典（吉田茂樹　平成三年　新人物往来社）
日本地名ルーツ辞典（池田末則・丹羽基二　平成四年　創拓社）
地名用語語源辞典（楠原佑介・溝手理太郎　昭和五八年　東京堂出版）
日本の地名　歴史のなかの風土（松尾俊郎　昭和五一年　新人物往来社）
地名の探究（松尾俊郎　昭和六〇年　新人物往来社）
地名の語源（鏡味完二・明克　昭和五二年　角川書店）
地名語源辞典　正・続（山中襄太　昭和四三・五四年　校倉書房）
歌枕歌ことば辞典　増訂版（片桐洋一　平成一一年　笠間書院）
歌ことば歌枕大辞典（久保田淳・馬場あき子　平成一一年　角川書店）
日本古代文学地名索引（加納重文　昭和六〇年　同）
国史大辞典　全一五巻（国史大辞典編集委員会　昭和五五～平成九年　吉川弘文館）
日本史大事典　全七巻（青木知夫[他]　平成四～六年　平凡社）

日本史用語大辞典　用語編・参考資料編・検索編（日本史用語大辞典編集委員会　昭和五三年　柏書房）
藩史辞典（藩史研究会　昭和五二年　秋田書店）
古代地名大辞典　本編　索引・資料編（角川文化振興財団　平成一一年　角川書店）
神道史大辞典（薗田稔・橋本政宣　平成一六年　吉川弘文館）
日本仏教史辞典（今泉淑夫　平成一一年　吉川弘文館）
萬葉集事典（佐々木信綱　昭和三一年　平凡社）
万葉集事典（稲岡耕二　平成六年　学燈社）
日本石仏事典　第二版（庚甲懇話会　平成七年　雄山閣）
日本の石仏　一―一〇（大護八郎　昭和五八～五九年　国書刊行会）
日本方言大辞典　上・下　別巻・索引（尚学図書　平成元年　小学館）
日本国語大辞典　第二版　一三冊・別巻（日本国語大辞典第二版編集委員会・小学館国語辞典編集部　平成一二～一四年　小学館）
世界大百科事典　全三五巻（昭和六三年　平凡社）
大日本百科事典　全二三冊（昭和四二～四七年　小学館）
時代別国語大辞典　上代編（上代語辞典編修委員会　昭和四二年　三省堂）
時代別国語大辞典　室町時代編　一～五（室町時代語辞典編修委員会　昭和六〇年～平成一三年　三省堂）
角川古語大辞典　第一～五巻（中村幸彦　昭和五七～平成一一年　角川書店）
大漢和辞典　全一二巻・索引（諸橋轍次　昭和五九～六一年　大修館書店）
和漢三才図会　一～一八　東洋文庫（寺島良安[他]　昭和六〇～平成三年　平凡社）
古事類苑　地部一～三部（平成七年　吉川弘文館）

(2)大系・全集・講座類

日本登山大系　第一～一〇巻（柏瀬裕之[他]　昭和五五～五七年　白水社）
日本登山記録大成　一～二〇（山崎安治[他]　昭和五八年　同朋舎出版）
現代登山全集　第一～一〇巻（諏訪多栄蔵　昭和三五～三七年　東京創元社）
山岳名著シリーズ　全三〇巻（昭和四四～平成一二年　二見書房）
日本山岳名著全集　全一二巻（昭和四五年　あかね書房）
新編日本山岳名著全集　全一二巻（昭和五〇～五二年　三笠書房）
深田久弥　山の文学全集　第一～一二巻　別巻（昭和四九～五三　朝日新聞社）
山岳講座　第一～八巻（昭和一〇～一一年　共立社）
山岳講座　第一～六巻（川崎隆章[他]　昭和二九～三四年　白水社）
登山講座　全一～六巻（川崎隆章　昭和三三～三四年　山と溪谷社）
岳人講座　一―四（高須茂[他]　昭和四一年　中日新聞社出版局）
山岳事典　登山講座・別巻（川崎隆章　昭和三五年　山と溪谷社）
現代アルピニズム講座　第一～六巻・別巻（昭和四三～四四年　あかね書房）
日本山岳案内　第一～一〇巻（鉄道省山岳部　昭和一五～一六年　博文館）
日本山岳地図集成　第一・二集（越後宏治　昭和五〇年　学研）
日本の名山　一～一二（羽賀正太郎[他]　昭和五八～五九年　ぎょうせい）
日本の名山　一～二〇・別巻一～二（串田孫一・今井通子・今福龍太　平成九～一一年　博品社）
日本の名峰　一～二八・別巻（昭和六〇～六二年　山と溪谷社）
新選覆刻日本の山岳名著　第一～三一巻（昭和五三年　大修館書店）

覆刻日本の山岳名著　一〜二三（昭和五〇年　大修館書店）
週刊日本百名山　一〜五〇（平成一三〜一四年　朝日新聞社）
週刊続日本百名山　一〜三〇（平成一四年　朝日新聞社）
日本城郭大系　第一〜一八巻・別巻一〜二（平井聖[他]　昭和五四〜五六年　新人物往来社）
新訂増補　国史大系　第一〜六〇巻　別巻一、二巻（黒板勝美・国史大系編修会　昭和四〜五一年　吉川弘文館）
日本名所風俗図会　第一〜一八巻・別巻（昭和五四〜六三年　角川書店）
日本名勝地誌（野崎左文・藤本藤蔭・松原岩五郎・田山花袋・島田定知　明治三一〜四〇年　博文館）
大日本地誌大系　再版本　全四八巻（蘆田伊人[他]　昭和三二〜平成一二年　雄山閣）
大日本国誌　武蔵、横浜・鎌倉、相模、常陸、上野、伊賀、上総、志摩、東京、伊勢、越後（内務省地理局　昭和六三〜平成元年　ゆまに書房）
日本民俗誌大系　一〜一二（池田弥三郎[他]　昭和四九〜五一年　角川書店）
日本庶民生活史料集成　一〜四（谷川健一[他]　昭和四三〜四四年　三一書房）
日本輿地通志　別タイトル・五畿内志（関祖衡編纂・並河永[他]　校訂　享保二〇〜二一年　小川彦九郎）

(3)山岳誌

日本山嶽志（高頭式　明治三九年　博文館）
ウォルター・ウェストン未刊行著作集　上・下巻（ウォルター・ウェストン[他]・三井嘉雄訳　平成一一年　郷土出版社）
ふるさと富士百名山（川村匡由・秋本敬子　平成八年　山と溪谷社）
花と歴史の山旅（田中澄江　昭和六三年　東京新聞出版局）
花の百名山（田中澄江　昭和五五年　文藝春秋社）
画文集　山の声（辻まこと　昭和四六年　東京新聞出版局）
岩と人　日本岩壁登攀史（斎藤一男　昭和五五年　東京新聞出版局）
極東の遊歩場（ウォルター・ウェストン[他]　昭和五九年　山と溪谷社）
明治日本旅行案内　上・中・下（アーネスト・サトウ[他]　平成八年　平凡社）
日本風景論（志賀重昂　復刻・昭和五〇年　大修館書店）
遊海東記・柳田国男全集2（平成元年　ちくま文庫）
日本山岳巡礼（北尾鐐之助　昭和二年　創元社）
近代日本登山史　増補（安川茂雄　昭和五一年　四季書館）
桑原武夫全集　第一〜七巻・補巻（桑原武夫　昭和四三〜四七年　朝日新聞社）
今西錦司全集　第一〜一三巻・別巻　増補版（伊谷純一郎　平成五〜六年　講談社）
山と森は私に語った（辻まこと　昭和五五年　白日社）
山の憶ひ出　上下（木暮理太郎　昭和一三・四年　龍星閣）
山の憶い出　上・下（木暮理太郎　平成一一年　平凡社ライブラリー）
山の名著三〇選（福島功夫　平成一〇年　東京新聞出版局）
山頂の憩い（深田久弥　平成一二年　新潮社）
森林・草原・氷河（加藤泰安　昭和四一年　茗溪堂）
人はなぜ山に登るのか　別冊太陽（平成一〇年　平凡社）
日本アルプス　登山と探検（ウォルター・ウェストン・岡村精一訳　平成七年　平凡社ライブラリー）
日本アルプス（小島烏水[他]　平成四年　岩波文庫）
日本の岩場　上・下　改訂版（CJ編集部　平成一三年　白山書房）
日本の山一〇〇〇（山と溪谷社　平成四年　同）
日本の山の名著・総解説（近藤信行　昭和六〇年　自由国民社）

日本の名山を考える（斎藤一男　平成一三年　アテネ書房）
日本岳連史―山岳集団50年の歩み―（高橋定昌　昭和五七年　出版科学総合研究所）
日本山岳文学史（瓜生卓造　昭和五四年　東京新聞出版局）
日本女性登山史（坂倉登喜子・梅野淑子　平成四年　大月書店）
新稿　日本登山史（山崎安治　昭和六一年　白水社）
登山史の発掘（山崎安治　昭和五四年　茗溪堂）
登山史の周辺（山崎安治　昭和五九年　茗溪堂）
日本二〇〇名山（深田クラブ　昭和六二年　昭文社）
日本百名山　改版（深田久弥　平成一五年　新潮社）
日本百名谷　新装版（関根幸次・岩崎元郎・中庄谷直　平成一二年　白山書房）
日本百名峠　新装版（井出孫六　平成一一年　メディアハウス）
日本の峠路（山本偦　昭和六三年　立風書房）
百名山以外の名山50（深田久弥　平成一一年　河出書房新社）
歴史の山一〇〇選（桜井徳太郎　昭和四九年　秋田書店）
日本三百名山登山ガイド　上・中・下（山と溪谷社　平成一二～一三年　山と溪谷社）
新版　日本三百名山登山ガイド　上・中・下（日本山岳会　平成二六年　山と溪谷社）
ヤマケイ　アルペンガイド　一～一四（平成二一～二七年　山と溪谷社）
新・分県登山ガイド　〇～四六（平成二二～二七年　山と溪谷社）
日本の山1000　山溪カラー名鑑（平成九年　山と溪谷社）
百名山の自然学（清水長正編　平成一三年　古今書院）
山の自然学（小泉武栄　平成一〇年　岩波新書）
山の自然学入門（小泉武栄・清水長正　平成四年　古今書院）
日本噴火志（震災予防調査会　平成三年　有明書房）
火山の一生（松本徰夫　昭和六二年　青木書店）
日本の火山地形（守屋以智雄　昭和五八年　東京大学出版会）
日本の天然記念物（加藤陸奥雄・沼田真・渡部景隆・畑正憲　平成七年　講談社）
カラー高山植物　増補新版（白籏史朗　平成八年　東京新聞出版局）
高山植物（木原浩　平成五年　山と溪谷社）
日本の高山植物　山溪カラー名鑑（昭和六二年　山と溪谷社）
増補改訂版　日本の樹木　山溪カラー名鑑（平成二三年　山と溪谷社）

(4) 文学・宗教類

式内社調査報告　第一～二三巻・別巻（式内社研究会　昭和五一～平成七年　皇学館大学出版部）
日本の神々　第一～一三巻　新装復刊（谷川健一　平成一二年　白水社）
山岳宗教史研究叢書　全一～一八巻（五来重[他]　昭和五〇～五九年　名著出版）
神道大系　首編四巻・古典編一三巻・古典注釈編八巻・朝儀祭祀編五巻・神宮編五巻・神社編五十二巻・論説編二十八巻・文学編五巻　全一二〇巻（神道大系編纂会　昭和五二～平成六年　神道大系編纂会）
修験道史研究（東洋文庫）（和歌森太郎　昭和四七年　平凡社）
山の宗教　新版（五来重[他]　平成一一年　淡交社）
新日本古典文学大系　全一〇〇巻（平成元～一二年　岩波書店）
日本古典文学大系　全六六巻（昭和三二～四四年　岩波書店）
新編日本古典文学全集　全八八巻（平成六～一四年　小学館）
日本古典文学全集　全五一巻（昭和四五～五一年　小学館）
日本古典全書　全一五九巻（昭和二一～五一年　朝日新聞社）
日本古典文学大辞典　全六巻（日本古典文学大辞典編集委員会編　昭和

五八～六〇年　岩波書店）
筑摩現代文学大系　全九七巻（昭和五〇～五四年　筑摩書房）
新編国歌大観　全一〇巻二〇冊（「新編国歌大観」編集委員会編　昭和五八～平成四年　角川書店）
校註国歌大系　第一～二〇巻（国民図書株式会社　昭和五一年　講談社）
万葉集古註釈集成　近世編　第一～二〇巻（万葉集古註釈集成編集委員会　平成元～三年　日本図書センター）
万葉集大成　第一～一八巻・別巻（昭和六一年　平凡社）
日本書紀通釈（飯田武郷　昭和五六年　教育出版センター）
万葉の歌　人と風土　一～一五（企画中西進　昭和六〇～六二年　保育社）
万葉の旅　上・中・下（犬養孝　昭和三九年　社会思想社・現代教養文庫）

(5)会報・雑誌・索引類

日本山岳会報　第一～一〇〇号　復刻日本の山岳名著・特別資料（日本山岳会編　昭和五〇年　大修館書店）
山岳（日本山岳会）／山と溪谷　岩と雪（山と溪谷社）／岳人（東京新聞出版局）／あしなか（山村民族の会）／溪谷（西尾寿一編著・京都山の会出版局）／山の本（白山書房）
山岳　総合索引　明治三九～平成二・第一年～第八五年（日本山岳会編　平成五年　緑蔭書房）

《北海道全般》

北海道の山岳（田中三晴　昭和六年　晴林堂）
北海道夏山ガイド①～⑥（梅沢俊[他]　平成一一年　北海道新聞社）
北海道の百名山（道新スポーツ　平成一一年　北海道新聞社）
北海道の山と谷　上・下（同再刊委員会　平成一〇～一一年　北海道撮影社）
北海道の山々（梅沢俊[他]　平成七年　山と溪谷社）
北の山・記録と案内（滝本幸夫　昭和五九年　岳書房）
北の山（伊藤秀五郎　昭和一〇年　梓書房）
北の山続編（伊藤秀五郎　昭和五一年　茗溪堂）
北の山と本（高澤光雄　平成四年　日本山書の会）
北海道探検記（本多勝一　昭和五四年　すずさわ書店）
松前志（松前広長　天明元年　北門叢書所収）
東西蝦夷山川地理取調図（松浦武四郎　安政六年）
校訂蝦夷日誌（松浦武四郎　秋葉実翻刻・平成一一年　北海道出版企画センター）
北海道道路誌（大正一四年　北海道庁）
北海道登山記録と研究（浅利欣吉　平成七年　札幌山の会）
北海道地質報文　下（神保小虎　明治二五年　北海道庁）
分類アイヌ語辞典　第一・二・三巻（知里真志保　昭和二八年　日本常民文化研究所）
地名アイヌ語小辞典　復刻版（知里真志保　昭和五九年　北海道出版企画センター）
アイヌ語方言辞典（服部四郎　昭和三九年　岩波書店）
東北六県アイヌ語地名辞典（西鶴定嘉　平成七年　国書刊行会）
北海道の地名　山田秀三著作集　アイヌ語地名の研究　別巻（山田秀三著　平成一二年　草風館）
アイヌ語地名解　更科源蔵アイヌ関係著作集　六（昭和五七年　みやま書房）

萱野茂のアイヌ語辞典（萱野茂　平成八年　三省堂）
北海道地名誌（NHK北海道本部　昭和五〇年　北海教育評論社）

(1)択捉・国後等北方四島

元島民が語る―われらの北方四島・自然編（平成五年　千島歯舞諸島居住者連盟編・発行）
千島の山（長谷川清三郎　昭和九年　梓書房）
千島・北海道の山（佐々保雄　昭和一一年　山岳講座八巻　共立社）
北方四島（ピースボート北方四島取材班編　平成五年　第三書房）
北方四島・国後島「爺爺岳」専門家交流実施報告書（平成一一年　朝日新聞北海道支社報道部編・発行）

(2)知床・阿寒火山地域

阿寒町史（同編纂委員会　昭和四一年　阿寒町役場）
斜里町史（同編纂委員会　昭和三〇年　斜里町役場）
羅臼町百年史（同編纂委員会　平成一三年　羅臼町役場）

(3)北見山地

東川町史　第二巻（同編纂委員会　平成七年　東川町）
新得町百年史（同編纂委員会　平成一二年　新得町役場）
上川町史（都竹一衛・青野績　昭和四一年　上川町）
美瑛町百年史（同町郷土研究会　平成一二年　美瑛町）
慶応大学山岳部報「登高行」第三年（大島亮吉　大正一〇年）
山岳　第十二年第二・三合併号（大正七年　日本山岳会）

(4)日高山脈

山脈越えて（安田成男[他]　平成一四年　札幌山岳会）
日高山脈（北大山の会　昭和四六年　茗溪堂）
北大山岳部報一～八号（昭和三～三四年）
慶応大学山岳部報「登高行」第七・八年（昭和四・六年）

(5)礼文・利尻島

利尻町史　通史編（同編纂委員会　平成一二年　利尻町）
利尻富士町史（同編纂委員会　平成一〇年　利尻富士町）

(6)天塩山地

雨竜町百年史（同編纂委員会　平成二年　雨竜町）
増毛町史（同編纂委員会　昭和四九年　増毛町役場）

(7)夕張山地

山部町史（同編纂委員会　昭和四一年　山辺町役場）
夕張市史　改訂増補　上巻（同編纂委員会　昭和五六年　夕張市役所）

(8)支笏・洞爺火山地域

赤岩山クライミングガイドと登攀史（沼崎勝洋　昭和五九年　小樽山岳連盟）
札幌の山々（札幌市教育委員会　平成元年　北海道新聞社）
羊蹄山登山史（高澤光雄　平成七年　倶知安郷土研究会）
後方羊蹄山登攀記（早川禎治　平成八年　北の野帳社）
増補　千歳市史（同編纂委員会　昭和五八年　千歳市）
ニセコ町百年史（同編纂委員会　平成一四年　ニセコ町）
喜茂別町史（同編纂委員会　昭和四四年　喜茂別町）
倶知安町百年史　上（同編纂委員会　平成五年　倶知安町）

(9)渡島山地

瀬棚町史（同編纂委員会　平成三年　瀬棚町）
福島町史　二巻（同編集室　平成七年　福島町）
森町史（森町　昭和五五年　森町）

《東北地方全般》

新版・東北百名山（東北山岳写真家集団　平成一二年　山と溪谷社）
東北南部の山々　新版・空撮登山ガイド三（岩澤正平・瀬尾央　平成八年　山と溪谷社）
東北の山　アルパインガイド24（昭和五七年　山と溪谷社）
東北の山　アルペンガイド9（平成二年　山と溪谷社）
東北の山々（飯豊・早池峰・八甲田）アルペンガイド9（昭和五八年　山と溪谷社）
東北の山々（朋文堂編集部　昭和三七年　朋文堂）
東北の山旅　登山地図帳（山と溪谷社　昭和三三年　山と溪谷社）
東北の山岳信仰（岩崎敏夫　昭和五九年　岩崎美術出版）
東北霊山と修験道（中地茂男　昭和五二年　名著出版）
宮城・山形・福島東部の山　岳人ポケットガイド（仁井田研一　平成一一年　東京新聞出版局）
青森県山岳風土記（山田耕一郎　昭和五四年　北の街社）
青森県の鳥とけものウオッチング（青森県の鳥とけものウオッチング編集委員会編　平成二年　東奥日報社）
青森県の自然をたずねて（青森県地学教育研究会　平成一五年　築地書館）
青森の理化ものがたり（青森の理化ものがたり刊行委員会　昭和五七年　日本標準）
青森県の山　分県登山ガイド四（根深誠　平成五年　山と溪谷社）
青森県の山（青森銀行山岳会　昭和六二年　東奥日報社）
青森の山歩き（青森市医師会WV部　平成三年　北の街社）
あおもり一一〇山（村上義千代　平成一一年　東奥日報社）
むつ山岳会三十年の歩み（むつ山岳会　平成五年　むつ山岳会）
岩手の二〇名山（裏岩手山岳会　昭和六三年　岩手日報社）
新・岩手の二〇名山（裏岩手山岳会　平成一一年　岩手日報社）
岩手の山名ものがたり（小島俊一　平成八年　熊谷印刷出版部）
岩手の峠（那須光吉　平成三年　トリョーコム）
岩手の峠路（那須光吉　平成一三年　熊谷印刷出版部）
岩手近代百年史（森嘉兵衛　昭和四九年　熊谷印刷出版部）
山日和（諏訪弘　平成八年　自湧社）
秋田県の山　分県登山ガイド4（佐々木民秀・鈴木要三　平成五年　山と溪谷社）
秋田の山歩き（藤原優太郎　昭和六一年　無明舎出版）
秋田の山（奥村清明　昭和五二年　無明舎出版）
秋田県の山登り五〇（奥村清明　平成一二年　無明舎出版）
秋田県史（秋田県史編集委員会　昭和五二年　加賀谷書店）
秋田の自然を守る（秋田の自然を守る編集委員会　平成一二年　秋田県自然保護団体連合）
菅江真澄と秋田（菅江真澄百五十年際実行委員会　昭和五三年　加賀谷書店）
新秋田叢書　伊豆園茶話一～三〇（井上隆明［他］　昭和四六～四七年　歴史図書社）
鉱山と鉱山集落（斉藤実則　昭和五五年　大明堂）
ふるさと博物誌（千葉治平　昭和六三年　三戸印刷所）

山男達が歩いて来た道（長沢新一　昭和五六年　熊谷印刷出版部）
山形県大百科事典（山形県大百科事典事務局　昭和五八年　山形放送）
山形県の山（奥田博・高橋金雄　平成一〇年　山と溪谷社）
やまがたの山50（坂本俊亮　平成一三年　みちのく書房）
山形・ぼくの山物語（高梨直英　平成一〇年　無明舎出版）
山形百山（坂本俊亮・菅原富喜〔写真〕　平成三年　無明舎出版）
山形五〇名山（東北山岳写真集団やまがた　平成三年　山形新聞）
新山形風土記（新山形風土記刊行会　昭和五八年　創土社）
やまがたを歩こう（山形県文化環境部環境保護課　平成一〇年　みちのく書房）
宮城の名山（柴崎徹　平成四年　河北新報社）
第二回自然環境保全調査　特定植物群落調査報告書（宮城県　昭和五三年）
福島県史（自然・建設）（福島県　昭和四〇年　福島県）
福島県史（福島県　昭和四〇年　福島県）
福島百山紀行（奥田博［他］　平成元年　歴史春秋出版）
新福島百山紀行（奥田博　平成一一年　歴史春秋出版）
新福島風土記「福島県の歴史と風土」（新福島風土記刊行会　昭和五三年　創土社）
新編会津風土記　第一～八九、九九～一二〇巻（会津藩地誌局　明治二六～三四年　萬翠堂）
新編会津風土記　全五巻（編集校訂花見朔已　昭和五二年　雄山閣）
新編会津風土記（丸井佳寿子　平成一二年　歴史春秋出版）
会津の山々・尾瀬（川崎隆章　昭和三六年　修道社）
会津の峠　上・下（会津史学会　昭和五〇～五一年　歴史春秋出版）
ふくしまの峠（誉田　宏　昭和五三年　福島テレビ）
山を訪ねて（森沢堅次　平成六年　歴史春秋出版）
みちのく名峰紀行（高橋祐司　平成五年　無明舎出版）
山楽百花（小荒井実　平成七年　歴史春秋出版）
ふくしまブナ巡礼（奥田博・若林健二　平成七年　歴史春秋出版）
いろりばた（南会津山の会　昭和四七年　茗溪堂）
続いろりばた（南会津山の会　平成一六年　茗溪堂）
いろりばた　五七・六二号（南会津山の会　昭和五三年・五六年　同）
山を見る日（川崎精雄　昭和五二年　茗溪堂）
山を読む（小疇尚　平成三年　岩波書店）
山が山であったころの山登りの話（吉田喜久治　昭和五四年　木耳社）
山への足跡（武田久吉　昭和四五年　二見書房）
エーデルワイスの詩（坂倉登喜子　昭和五一年　茗溪堂）
わが山岳巡礼（小板橋光　平成七年　山と溪谷社）
檜枝岐村史（檜枝岐村　昭和四五年　檜枝岐村）
福島県地学のガイド（鈴木敬治　昭和五九年　コロナ社）
防災に活かす気象情報（福島地方気象台　平成一二年　福島地方気象台）
蝦夷（高橋崇　平成二年　中央公論社）
宮沢賢治の山旅（奥田博　平成八年　東京新聞出版局）
遠野物語・山の人生（柳田國男　平成五年　岩波書店）
注釈遠野物語（遠野常民大学・後藤総一郎　平成九年　筑摩書房）
おくのほそ道（萩原恭男校閲　昭和五四年　岩波書店）
おくのほそ道（久富哲雄　昭和五五年　講談社）
駒形日記　菅江真澄遊覧記　第五（東洋文庫）（内田武志・宮本常一編訳　昭和四三年　平凡社）
会津百名山ガイダンス（福島県会津保健所　平成一〇年　歴史春秋出版）

(1)下北山地

下北森林計画区下北森林管理署第一次国有林野施業実施計画図—大間

町・むつ市・川内町・佐井村（東北森林管理局　平成一〇年　東北森林管理局）
恐山火山の岩石学的研究（富樫茂子　昭和五二年　岩石鉱物学会誌七二巻　四二～六〇頁）

(2) 北上山地

かぬか平の山々（日本山岳会岩手支部　昭和六三年　現代旅行研究所）
続かぬか平の山々（日本山岳会岩手支部　平成五年　盛岡橋本印刷）
北上山系（森嘉兵衛・岩手の地誌三部作編集員会　昭和五一年　岩手放送）
早池峰連峰の花（土井信夫　昭和五七年　文化出版局）
早池峰文化　第二号（大迫町教育委員会　平成元年　大迫町教育委員会）
大迫町史　民俗資料編（大迫町編纂委員会　昭和五八年　大迫町）
歌津町史（歌津町史編纂委員会　昭和六一年　歌津町）

(3) 津軽山地

浪岡町史（同編纂委員会　平成一二～一六年　浪岡町）

(4) 八甲田・十和田火山地域

八甲田の変遷（岩淵功　平成一一年「八甲田の変遷」出版実行委員会）
八甲田山ガイドマップ（青森県山岳連盟　平成五年）

(5) 八幡平・岩手火山地域

日高見国　松尾八幡平物語（菅原進　平成一一年　私家版）
八幡平国立公園と早池峰山（村井正衛　昭和四〇年　山と溪谷社）
八幡平の花（工藤茂美　昭和五三年　加賀谷書店）
八幡平・岩手・駒ヶ岳（村井正衛　昭和三五年　朋文堂）
八甲田・八幡平・早池峰（高寺志郎　昭和六一年　山と溪谷社）
夏油の四季（郡司直衛　昭和六二年　みちのく民芸企画）
再発見胆江地方から見える山々（及川慶志　平成一二年　胆江日々新聞社）
国見山散歩（郡司直衛　昭和六三年　みちのく民芸企画）
北秋田と羽州街道　街道の日本史9（佐々木潤之介［他］　平成一二年　吉川弘文館）
田沢湖（富木友治　昭和三四年　瑞木の会）
田沢湖町史（田沢湖町史編纂委員会　昭和四一年　田沢湖町）
新田沢湖町史（新田沢湖町史編纂委員会　平成九年　田沢湖町）

(6) 奥羽山脈

小坂町史（同編さん委員会　昭和五〇年　小坂町）
雫石町史（雫石町史編集委員会　昭和五四年　雫石町教育委員会）
和賀山塊の自然（和賀山塊自然学術調査会　平成一一年　南波書房）
真木真昼県立自然公園学術長報告書（真木真昼県立自然公園協議会　昭和四九年）
千畑村郷土誌（千畑村郷土誌編纂委員会　昭和六一年　千畑村）
神室山・加無山総合学術調査報告（山形県総合学術調査会　昭和五三年）
神室山と最上の山々（坂本俊亮・菅原富喜〔写真〕　昭和六二年　ぎょうせい東北支社）
瀬見温泉史（斉藤寅雄　平成一二年　新庄印刷）
金山町歴史資料集・歴史を探る（金山町教育委員会　平成七年　同委員会）
北村山地方の民話　三（滝口国也　平成一〇年　東根市民話の会）
御所山の自然（東根市・東根市御所山学術調査会　昭和五三年　同）
御所山総合学術調査報告書（山形県総合学術調査会　平成元年　同）

甑岳（甑岳に登ろう会　平成一五年）
天然記念物、ジャガラモガラ―歴史・地理・植物の謎を探る―（阿子島功外　平成八年　天童市立旧東村山郡役所資料館）
出羽の三森（村山正一［他］　平成一〇年　天童市立旧東村山郡役所資料館）
蔵王国定公園・県立自然公園蔵王連峰学術調査報告書（自然公園蔵王連峰学術調査委員会　昭和五三年　宮城県）
高瀬川上流流域の地形景観「高瀬川上流環境保全計画調査」（小形利彦　昭和六〇年　山形市）
高瀬川上流域の歴史の道と石碑の現状「高瀬川上流環境保全計画調査」（小形利彦　昭和六〇年　山形市）
馬見ヶ崎川上流環境保全計画調査（昭和五六年　山形市）
コーボルト・七〇年（コーボルト会　平成一〇年）
蔵王火山　東北の火山・第二版（井村隆介［他］　平成一二年　築地書館）
蔵王連峰総合学術調査報告書（山形県総合学術調査会　昭和六〇年）
蔵王・面白山・船形山・山と高原地図7（高橋金雄　平成一五年　昭文社）
滝山地区歴史の散歩道（鈴木健次郎　平成一三年　滝山地区町内会連合会）
千歳山・萬松寺禅寺誌（平清水千秋・平清水公宣　昭和五九年　千歳山萬松寺）
三吉山に登ろう「山形応用地質」第一五号（松田博之　平成五年）
高畠町史（高畠町史編集委員会　昭和五一年　高畠町）
豪士山「山の本」第四〇号（松崎中正　平成一四年　白山書房）
山岳　第七十年「『栗駒山紀行』とその解題」（柴崎徹　昭和五〇年　日本山岳会）
栗駒国定公園及び県立自然公園旭山学術調査報告書（宮城県　昭和五八年）
鳴子町史　上巻（鳴子町　昭和五九年）
みやぎの環境　一一号（宮城県環境情報センター　平成七年）
船形連峰御所山案内書（船形連峰御所山開発促進期成同盟会　昭和四七年）
小野田町史（小野田町　昭和四九年）
船形山名考（柴崎徹　昭和四六年　仙台一高山の会）
県立自然公園船形連峰学術調査報告書（同委員会　昭和四六年　宮城県）
宮城山岳　一三号（日本山岳会宮城支部　平成一四年）
七ヶ宿町史（七ヶ宿町史編纂委員会　昭和五九年）
白石市史　Ⅰ通史編（白石市　昭和五三年）
白石市史　Ⅲの（2）特別史（白石市史編纂委員会　昭和五七年）
仙台の地学（地学団体研究会仙台支部　昭和四三年　東北教育図書）
仙台あちらこちら（佐々久　昭和五七年　宝文堂）
伊達郡誌（伊達郡役所　昭和五四年　歴史図書社）

(7) 磐梯・吾妻火山地域

裏磐梯自然ハンドブック（富田国男　平成六年　自由国民社）
猪苗代町史　第一集・自然編（猪苗代町史編さん委員会　昭和五二年　猪苗代町史出版委員会）
猪苗代町史　第三集・歴史編（猪苗代町　昭和五七年　同）
磐梯山・雄国の植物（馬場篤［他］　昭和六三年　歴史春秋出版）
会津総本山・厩嶽山馬頭観音　三十三観音（厩嶽山祭礼実行委員会　平成一二年　同）
吾妻山回想譜　先人に捧ぐる鎮魂歌（二階堂匡一朗　平成一五年　同）
吾妻・安達太良・磐梯山　花ガイド（高山の原生林を守る会　平成九年　歴史春秋出版）

吾妻連峰総合学術調査報告（山形県総合学術調査会　昭和四一年　同）
安達太良山（木村完三　平成元年　蒼樹出版）
安達太良火山温泉調査報告　福島県温泉調査報告第一号（福島県厚生部薬務課　昭和三九年　福島県）
大玉村史　上・下（大玉村史編集委員会　昭和五一年　大玉村）
岩磐史料叢書（岩磐史料刊行会　昭和四六〜四七年　歴史図書社）
二本松市史　第一〜九巻（二本松市　昭和五二〜平成一四年　同）
郡山市史　第一〜一〇巻（郡山市　昭和四四〜五〇年　同）
郡山市史　続編一〜三（郡山市史編纂委員会　昭和五九〜平成一六年　郡山市）

⑻那須火山地域

岩と雪　四九号　地域別登行記録抄「那須・猪苗代湖南山地・駒止高原」（坂本知忠　昭和五一年　山と溪谷社）
那須（中村敬　昭和一一年　大村書店）
那須高原と塩原の山（わらじの仲間　昭和三七年　山と溪谷社）
那須・塩原（大日向徳三　昭和三六年　朋文堂）
那須町史（栃木県那須町　昭和五一年　那須町）
天栄村史　第一〜四巻（天栄村史編纂委員会　昭和六一〜平成二年　天栄村）
下郷町史（下郷町　昭和五七年　下郷町）
湯本山郷史　奥州白河領木地村とその周辺　上・下巻（星勝晴　昭和四八年　大盛堂印刷所）
大信村村史（大信村　昭和一三年　大信村）
西郷村史（西郷村史編さん委員会　昭和五三年　西郷村）
白河風土記（泰山哲之　昭和五一年　歴史図書社）

⑼白神山地・出羽山地

大鰐町史　上巻（平成三年　大鰐町）
白神岳（西口正司　平成元年　岩崎村むらおこし事業推進委員会）
岩木山（品川弥千江　昭和四三年　東奥日報社）
岩木山麓古代遺跡発掘調査報告書（弘前市教育委員会　昭和四三年　岩木山刊行会）
火山のカルテ・津軽の岩木山（宮城一男　昭和四六年　森重出版）
みちのく岩木津軽富士（三浦章男　平成一〇年　北方新社）
陸奥の屹立峰・岩木山（三浦章男　平成一二年　北方新社）
ブナ林を守る（白神山地のブナ原生林を守る会・鳥海山の自然を守る会　昭和五八年　秋田書房）
森吉山の自然（森吉山の自然を発行する会　昭和六二年　同）
みつがしわ　第四号（田代町史編集委員会　平成一二年　田代町）
白神のブナと水とけもの道（市川善吉　平成一四年　海洋工学研究所出版部）
白神山地に生きる（鎌田孝一　昭和六二年　白水社）
南外村史　通史編（南外村史編集委員会　平成五年　南外村）
神岡町史（神岡町編纂室　平成一四年　神岡町）
大曲市史　第二巻・通史編（大曲市　平成二年　大曲市史頒布会）
大館市史　第四巻（大館市史編さん委員会　昭和五六年　大館市）
大館市史　第五巻（大館市史編さん委員会　平成二年　大館市）
二ツ井町史（二ツ井町史編さん委員会　昭和五二年　二ツ井町）
阿仁町史（阿仁町史編さん委員会　平成四年　阿仁町）
琴丘町史（琴丘町史編纂委員会　平成二年　琴丘町）
比内町史（比内町史編さん委員会　昭和六二年　比内町）
秋田市太平郷土史（太平郷土史編集委員　平成九年　太平郷土史発刊委員会）

河辺町史（河辺町　昭和六〇年　河辺町）
太平山の歴史（田村泰造　昭和五五年　太平山三吉神社総本宮）
太平山登山総ガイド（秋田山想会　昭和五四年　秋田文化出版社）
太平山県立自然公園学術調査報告書（太平山県立自然公園指定促進協議会　昭和四七年　同）
田代岳県立自然公園学術調査報告書（田代町　昭和四九年　同）
鶴舞　第三〇号（本荘市文化財保護協会　昭和五〇年　本荘市文化財保護協会）
赤田の閑居様（伊藤多仲・忠正　昭和五七年　長谷寺是山会）
わがふるさとの歴史　第4集（本荘市南内越郷土史探究サークル会　平成九年　同）
大森町郷土史（大森町郷土史編さん委員会　昭和五六年　大森町）
雄物川町郷土史（雄物川町郷土史編纂会　昭和五五年　雄物川町）
東由利町史（東由利町史編纂委員会　平成元年　東由利町）
新五城目町歴史散歩（五城目町教育委員会　平成一一年　同）
由利町史（由利町史編さん委員会　昭和四五年　由利町）
八森町史（八森町誌編集員会　平成元年　八森町）
西仙北町史（西仙北町郷土史編纂委員会　平成七年　西仙北町）
矢島町史（矢島町史編纂委員会　昭和五四年　矢島町）
鳥海町史（鳥海町史編纂委員会　昭和六〇年　鳥海町）
鳥海山（斎藤重一　平成八年　南波書房）
鳥海山史（姉崎岩蔵　昭和五八年　国書刊行会）
鳥海考（須藤儀門　昭和六三年　光印刷）
鳥海火山・飛鳥総合学術調査報告（山形県総合学術調査会　昭和四七年）
鳥海火山　東北の火山・第二版（林信太郎・高橋正樹・小林哲夫　平成一二年　築地書館）
かむろ　最上山岳会報第四号（平成九年　最上山岳会）
出羽三山（戸川安章　昭和四八年　郁文堂書店）
出羽三山　東北学　第一巻（内藤正敏　平成一一年　東北芸術工科大学・東北文化研究センター）
出羽三山（月山・羽黒山・湯殿山）　葉山総合学術調査報告書（山形県総合学術調査会　昭和五〇年）
河島山史跡探訪（河島老人クラブ　昭和五八年　同）
古里の山をあるく・河島山（平成一四年　山形新聞）
白鷹火山の初期および主活動期噴出物のK―Ar年代と火山形成（長沢一雄［他］　平成七年　山形県立博物館）
東北日本、白鷹火山の層序と歴史「火山」第四三巻第一号（三村弘二・鹿野和彦　平成一二年）

⑽男鹿半島

男鹿の自然（男鹿の自然と文化の会　平成三年　男鹿の自然と文化の会）
男鹿市史　上・下巻（男鹿市史編纂委員会　平成七年　男鹿市）
下郷町史（下郷町　昭和五七年　同）
三斗小屋温泉史（三斗小屋温泉史刊行委員会　平成元年　随想舎）
岩と雪　四三号　地域別登行記録抄「男鹿山塊」（木下一雄　昭和五〇年　山と溪谷社）
男鹿山塊登山路開拓集中登山報告書（横川山岳会　昭和三二年　同）

⑾朝日・飯豊山地

片雲往来（上村幹雄　昭和六〇年　私家版）
（続）片雲往来（上村幹雄・遁所彊二　昭和六二年　私家版）
峻嶺はまねぐ・摩耶山彙報　朝日文庫第四八号（朝日観光協会　昭和五六年）
摩耶山総合学術調査報告（山形県総合学術調査会　平成四年）

まんしゃく・摩耶山調査報告書（鶴岡勤労者山岳会　昭和五四年）
朝日連峰総合学術調査報告（山形県総合学術調査会　昭和三九年）
朝日連峰　山と高原地図9（高橋金雄　平成一五年　昭文社）
庄内情報誌　特集号第三巻（庄内広域行政組合　平成一〇年）
庄内の六〇滝（庄司秀春　平成五年　ツタヤ企画）
飯豊連峰総合学術調査報告（山形県総合学術調査会　昭和四五年　同）
自然環境保全調査報告書・栂峰（山形県　平成九年　同）
飯豊・朝日連峰（藤島玄　昭和三三年　朋文堂）
飯豊道（五十嵐篤雄　平成一〇年　恒文社）
飯豊連峰　総合学術調査報告（山形県総合学術調査会　昭和四五年　同）
越後山岳　第三号・第七号（昭和二五・六一年　日本山岳会越後支部）
写真集飯豊連峰　山と花（藤島玄監修、小荒井実写真・文　昭和五六年　誠文堂新光社）
東蒲原郡史跡誌（寺田徳明　昭和五〇年　名著出版）

⑿阿武隈山地

山元町の植物（山元町植生調査会　昭和六二年　山元町環境保全課）
山元町誌・明治百年記念（山元町誌編纂委員会　昭和四六年　山元町）
ふるさとの自然　第一〇号（宮城県環境生活部環境保全課　昭和六三年　同）
阿武隈の山を歩く（新ハイキング・ペンクラブ　平成一三年　新ハイキング社）
縣の森の由来と神社の沿革（鈴木昇　平成一〇年　小高町観光協会）
石城郡誌（石城郡役所　大正一一年　臨川書店）
磐城郡村誌（福島県　明治一一年　同）
小川郷土誌（小川町　平成一〇年　同）
小野町史（小野町　昭和六〇年　同）
平田村史（平田村　平成三年　同）
平田村の歴史（二瓶保房　平成七年　同）
古殿町史　上・下（古殿町史編纂委員会　昭和四五年　古殿町）
霊山町史　第一巻・通史（霊山町史編纂委員会　平成四年　霊山町）
飯館村史　第三巻民俗（飯館村史編纂委員会　昭和五一年　飯館村）
ふるさとの小径を行く（月舘町教育委員会　昭和五五年　月舘町）
小手風土記　川俣町史資料　一七（川俣町文化財保護審議会　昭和六一年　川俣町教育委員会）
ふるさと川俣の名山（川俣里山倶楽部　平成一三年　川俣町教育委員会）
岩代町史　第四巻（岩代町　昭和五七年　同）
葛尾村史　第一・二巻（葛尾村　平成三年　同）
双葉郡誌（福島県教育会双葉部会　明治四二年　児童新聞社）
双葉郡誌　復刻版（福島県教育会双葉部会　昭和四八年　まつざき印刷）
常葉町史（常葉町　昭和四九年　同）
はなわまちの民話と伝説（塙町教育委員会　昭和五五年　塙町）

《関東地方全般》

関東百山（浅野孝一［他］　昭和六〇年　実業之日本社）
関東霊山紀行（浅野孝一　平成八年　自由国民社）
東京の山百山（東京野歩路会　平成四年　山と溪谷社）
東京の自然を訪ねて　日曜の地学4（大森昌衛　平成一〇年　築地書館）
会津の山々・尾瀬（川崎隆章　昭和三六年　修道社）
くだり坂の山旅（田村豊幸　昭和五四年　現代旅行研究所）
静かなる山（川崎精雄［他］　昭和五三年　茗溪堂）
続・静かなる山（川崎精雄［他］　昭和五五年　茗溪堂）

朝の山残照の山（日高信六郎　昭和四四年　二見書房）
雪に生きる　上・下（猪谷六合雄　昭和六一年　ベースボール・マガジン社）
山に忘れたパイプ（藤島敏男　昭和四五年　茗溪堂）
山ひとすじ　中村謙・遺稿と追悼（中村正英　昭和五六年　茗溪堂）
山を行く（高畑棟材　昭和五年　朋文堂）
山と高原の旅（中村謙　昭和三三年　朋文堂）
山を見る日（川崎精雄　平成一一年　中央公論新社）
折々の山（望月達夫　昭和五五年　茗溪堂）
藪山辿歴（望月達夫・岡田照夫　昭和六三年　茗溪堂）
渡良瀬源流の山々（小野尚俊　昭和三五年　朋文堂）
山と溪谷（田部重治　昭和七年　第一書房）
山と集落（舞田一夫　昭和四四年　集団形星）
秩父・奥武蔵　山と伝説の旅（神山弘　昭和六〇年　金曜堂出版部）
あしなか随想（山村民俗の会　昭和一九年　体育評論社）
山岳ノート　都会からの山及び奥武蔵・秩父の山と峠と里に拾う（藤本一美　平成二年　私家版）
展望の山旅（藤本一美　昭和六二年　実業之日本社）
続・展望の山旅（藤本一美　平成二年　実業之日本社）
一日二日山の旅（河田楨　大正一二年　自彊館書店）
上越国境（角田吉夫　昭和六年　大村書店）
上越の山（日本登高会　昭和一二年　三省堂）
上信越の山（山と溪谷社　昭和三八年　同）
上信境の山々（中村謙　昭和一八年　朋文堂）
上州山歩（読売新聞前橋支局　平成九年　読売新聞社）
上州武尊山（岡田敏夫　昭和六〇年　東京新聞出版局）
群馬の山歩き一三〇選（安中山の会　平成二年　上毛新聞社）
群馬県の山（太田ハイキングクラブ　平成六年　山と溪谷社）
群馬の山（小林二三雄　昭和五四年　上毛新聞社）
群馬の山　一～三（群馬県山岳連盟　昭和六三～平成元年　上毛新聞社）
多摩・秩父・大菩薩（原全教　昭和一六年　朋文堂）
奥多摩　それを繞る山と溪と（田島勝太郎　昭和一〇年　山と溪谷社）
甲州街道を歩く（横山吉男　平成二年　東京新聞出版局）
山村と峠道　山ぐに・秩父を巡る（飯野頼治　平成二年　エンタプライズ社）
ものがたり奥武蔵（神山弘　昭和五七年　岳書房）
秩父の峠（大久根茂　昭和六三年　さきたま出版会）
秩父　一・二・三（清水武甲　昭和五八年　言叢社）
檜原の植物（植物研究グループ飯泉ゼミ　平成元年　織水社）
地学のガイド（奥村清　昭和六一六年　コロナ社）
日曜の地学　一～二五（昭和五二～平成一〇年　築地書館）
日曜の地学　新・埼玉の地質をめぐって（堀口萬吉　昭和五〇年　築地書館）
関東・甲信越の火山　一・二（高橋正樹・小林哲夫　平成一〇年　築地書館）
栃木の自然をたずねて（栃木の自然編集委員会　平成九年　築地書館）
さいたまの自然ウオッチング（市川和夫　平成三年　さきたま出版会）
登山と植物（武田久吉　昭和四四年　日本文芸社）
地方史研究論稿（石井昇　昭和五二年）
古代山岳信仰遺跡の研究（大和久震平　平成二年　名著出版）
日本山岳伝承の謎（谷有二　昭和五八年　未来社）
利根の神々（飯塚正人　平成一二年）
群馬県史　通史編六　近世（群馬県史編さん委員会　平成四年　群馬県）
群馬県史　資料編一六（群馬県史編さん委員会　昭和五七年　群馬県）

群馬県吾妻郡誌（完全復刻版　昭和四五年　西毛新聞社）

上野国郡村誌（群馬県文化事業振興会　昭和五二〜平成三年　同）

上野国志（毛呂権蔵　復刻・昭和四九年　関東史料研究会）

群馬県精髄吾妻郡誌（群馬県吾妻郡教育会　平成八年　千秋社）

利根郡誌（群馬県利根教育会　昭和五年・復刻昭和四五年　同）

埼玉県秩父郡誌（秩父郡教育会　復版・昭和六二年　臨川書店）

埼玉史談　第一六巻（昭和四四年　埼玉県郷土文化会）

新編相模国風土記稿（江戸幕府官撰・昌平黌地理局総裁林述斎編　天保一二年完成　昭和四七年　大日本地誌大系　雄山閣）

新編武蔵風土記稿（江戸幕府官撰・昌平黌地理局総裁林述斎編　文政一一年完成　昭和四六年　大日本地誌大系　雄山閣）

武蔵国郡村誌　第一〜一五巻（埼玉県　復刻版・昭和二八〜三〇年　埼玉県図書館）

武蔵野話（斉藤鶴磯　複版・昭和四四年　有峰書店）

山岳　秩父号　第十一年第一号「武蔵通志（山岳編）」（河田羆　大正五年　日本山岳会）

武蔵野の歴史（河田楨　昭和三七年　角川書店）

武蔵野歴史地理　第一〜九冊（高橋源一郎　昭和四六〜四八年　有峰書店）

五日市町史（五日市町史編さん委員会　昭和五一年　五日市町）

かながわ山紀行（植木知司　平成三年　神奈川新聞社）

かながわの山（植木知司　昭和五四年　神奈川合同出版）

かながわ史話（権守桂城　昭和五六年　昭和書院）

かながわの城（三津木国輝　平成五年　かもめ文庫）

かながわの峠（植木知司　平成一一年　神奈川新聞社）

かながわ歴史点描（昭和書院編集室　昭和五三年　昭和書院）

神奈川自然の歴史（奥村清　昭和五六年　コロナ社）

千葉県誌（千葉県　昭和五〇年　名著出版）

千葉県史　第一・二編（昭和三七・四二年　千葉県）

千葉県文化財総覧（昭和四四年　千葉県教育委員会）

千葉県文化財総覧　改訂増補版（昭和四八年　千葉県教育委員会）

千葉県の地理と歴史　野外見学ガイド　改訂版（千葉地理学会　昭和四八年　野村出版）

千葉県の自然　自然見学ガイド　改訂版（千葉自然研究会　昭和四八年　野村出版）

千葉県の歴史散歩　新全国歴史散歩シリーズ一二（千葉県高等学校教育研究会歴史部会　平成一一年　山川出版社）

千葉県の歴史（小笠原長和・川村優　昭和四六年　山川出版社）

千葉県の歴史（石井進・宇野俊一　平成一二年　山川出版社）

(1) 八溝山地

白河古事考　白河郷土叢書　上巻（泰山哲之　昭和五一年　歴史図書社）

白河風土記　天ノ巻・地ノ巻（広瀬典　昭和七年　堀川古楓堂）

白河市史　上（白河市史編さん委員会　昭和四三年　白河市教育委員会）

(2) 足尾山地

桐生市史　別巻（桐生市史別巻編集委員会　昭和四六年　桐生市）

根本山参詣ひとり案内（福岡治郎兵衛　安政六年　復刻・平成一〇年　みやま文庫）

足尾山塊の沢（岡田敏夫　昭和六三年　白山書房）

足尾山塊の山（岡田敏夫　昭和六三年　白山書房）

岩と雪　三四号　地域別登行記録抄「足尾山塊」（木下一雄編　昭和四八年　山と溪谷社）

(3)日光・赤城火山地域

日光市史　上・中・下（日光市史編さん委員会　昭和六一年　日光市）
日光市史　史料編　上・中・下（日光市史編さん委員会　昭和六一年　日光市）
日光山誌（植田孟縉　昭和四七年　輪王寺門跡）
日光史（星野理一郎　昭和五二年　日光史特別頒布会）
日光山輪王寺史（日光山史編纂室　昭和四一年　日光山輪王寺門跡教化部）
日光市史　史料編　上・中・下（日光市史編さん委員会　昭和六一年　日光市）
もうひとつの日光を歩く（日光ふるさとボランティア　平成八年　随想舎）
粟野町誌　粟野町の歴史（粟野町　昭和五八年　同）
鹿沼市史　前編・後編（鹿沼市史編さん委員会　昭和四三年　鹿沼市）
倉渕村誌（倉渕村誌編集委員会　昭和五〇年　倉渕村）
嬬恋村誌　上・下（嬬恋村誌編集委員会　昭和五二年　嬬恋村）
高山村誌（高山村誌編纂委員会　昭和四七年　高山村）
長野原町誌　上・下（長野原町誌編纂委員会　昭和五一年　長野原町）
はるかな尾瀬（朝日新聞前橋支局　昭和五〇年　実業の日本社）
燧ケ岳百年　遥かな尾瀬（福島民報社　平成二年　福島民報社）
尾瀬と鬼怒沼（武田久吉　昭和五年　梓書房）
尾瀬と檜枝岐（川崎隆章　昭和一八年　那珂書店）
奥鬼怒山地―明神ヶ岳研究（橋本太郎　昭和五九年　現代旅行研究所）
尾瀬と日光（武田久吉　昭和一六年　山と溪谷社）
南山史料集成　第八集（『家宝記』集録）（南会津町村史編纂連絡会　平成一一年　同）
帝釈山脈の沢（市川学園山岳ＯＢ会・佐藤勉　平成一三年　白山書房）
大真子山記と高野家（中川光憙　平成五年　高野忠治）
岩と雪　三八・三九号　地域別登行記録抄「帝釈山脈」（木下一雄　昭和四九年　山と溪谷社）
岩と雪　四四号　地域別登行記録抄「日光・前日光・赤城」（佐藤勉　昭和五〇年　山と溪谷社）
岩と雪　四六号　地域別登行記録抄（佐藤勉[他]　昭和五〇年　山と溪谷社）
山岳　第一年第一号（日本山岳会　明治三九年　日本山岳会）
ふみあと五号（三菱伸銅山山岳部　昭和五〇年　三菱伸銅株式会社）

(4)関東山地

わが山旅五十年（田部重治　平成八年　平凡社ライブラリー）
秋山郷と西上州の山々（小板橋光　平成四年　山と溪谷社）
奇岩の山・妙義（相葉伸　昭和四八年　みやま文庫）
山岳　第十六年第三号「晩春の神流川上流へ」（高畑棟材　大正一二年　日本山岳会）
山岳　第二十四年第三号「神流川雑藁」（高畑棟材　昭和四年　日本山岳会）
中里村の民俗（中里村教育委員会　平成七年　同）
西上州の山（野口冬人　昭和三七年　朋文堂）
西上州の山と峠（佐藤節　昭和五七年　新ハイキング社）
南牧村誌（南牧村誌刊行会　昭和五六年　南牧村）
妙義山と周辺のドライビングスポット（平成五年　あさを社）
両神山風土記（高田朝吉　昭和五五年　両神村公民館）
両神山（飯野頼治　昭和五〇年　実業之日本事業出版部）
両神山（両神村史編さん委員会　平成二年　両神村）
奥秩父（原全教　昭和五二年　木耳社）

奥秩父回帰（原全教　昭和五三年　河出書房新社）
奥秩父研究（原全教　昭和三四年　朋文堂）
春日居町誌（春日居町誌編集委員会　昭和六三年　春日居町）
雁坂峠と秩父往還　歴史と風土（建設省関東地方建設局甲府工事事務所編　昭和六三年　同）
古那羅山開発のあしあと（藤原達男　平成五年　自費出版）
須玉町史（須玉町史編さん委員会　平成一〇～一四年　須玉町）
牧丘町誌（牧丘町誌編纂委員会　昭和五五年　牧丘町）
三富村誌　上・下巻（山梨日日新聞社　平成八年　三富村教育委員会）

御坂天子山地

山岳ノート　都会からの山及び奥武蔵・秩父の山と峠と里に拾う（藤本一美　平成二年　同）
新・三峰山誌（新井啓　平成三年　零々社）
日本アルプスと秩父巡礼（田部重治　大正八年　北星堂）
秩父往還いまむかし（飯野頼治　平成一一年　さきたま出版会）
秩父志　埼玉叢書　第一（柴田常恵・稲村坦元　昭和四五年　国書刊行会）
秩父事件を歩く（戸井昌造　昭和五三年　新人物往来社）
秩父大祭　歴史と信仰と（千島寿　昭和五六年　埼玉新聞社）
秩父多摩丹沢（直良信夫　昭和四七年　武蔵書房）
秩父日記　埼玉県立図書館復刻叢書（渡辺渉園・千嶋寿翻刻　復版昭和五九年　埼玉県立浦和図書館）
秩父・陽だまりの山麓から（井上光三郎　平成一一年　新人物往来社）
秩父武甲山総合調査報告書　上・中・下　別篇一・二・三（武甲山総合調査会　昭和六二年　言叢社）
秩父ふるさと風土図（飯野頼治　昭和五七年　有峰書店新社）
秩父歴史散歩　一・二・三（山田英・井口一幸　平成六～一一年　有峰書店新社）
山村と峠道　山ぐに・秩父を巡る（飯野頼治　平成二年　エンタプライズ）
峠　秩父への道（大久根茂　平成七年　さきたま出版会）
回想の秩父多摩（河野寿夫　平成一一年　白山書房）
影森村誌・考（小池武一　昭和五〇年　影森村誌編纂協力会）
日野沢村誌（新井武信　昭和四九年　名著出版）
武甲山（昭和四五年　秩父市教育研究所）
宝登山大権現縁記並勧化状（埼玉叢書・第六・新訂増補）（稲村坦元　昭和四七年　国書刊行会）
三峰神社誌　講社篇・民俗篇　第一分輯・民俗篇　第二分輯（三峰神社誌編纂室　昭和四三～五六年　三峰神社社務所）
三峰神社（沼野勉　平成元年　さきたま出版会）
岳人　六二号「森への郷愁　秩父和名倉山をめぐって」（大森久雄　平成一〇年　中日新聞東京本社）
薬師堂　両神（高橋稔　平成三年　さきたま出版会）
随想奥武蔵　第一集（奥武蔵研究会　昭和三四年　西武鉄道観光部）
飯能市史　通史編（飯能市史編集委員会　昭和六三年　飯能市）
あしなか第六輯「御前山対談」（加藤秀夫　昭和一八年　山村民俗の会）
五日市町史（五日市町史編さん委員会　昭和五一年　五日市）
今熊神社獅子舞（井上広作　平成八年　今熊神社獅子舞保存会）
大多摩（大多摩観光連盟　平成一〇年　同）
奥多摩（田島勝太郎　昭和一〇年　山と渓谷社）
奥多摩・復刻版（宮内敏雄　平成四年　百水社）
奥多摩渓谷（岩根常太郎　昭和四三年　朋文堂）
奥多摩町誌　歴史編　民俗編　自然編（奥多摩町誌編纂委員会　昭和六〇年　奥多摩町）

奥多摩風土記　歴史・民俗・風土（大館勇吉　昭和五五年　武蔵野郷土史刊行会）
山岳　秩父第二号　第二十年第一号「仙元峠附近」（武田久吉　大正一五年　日本山岳会）
山岳　秩父第二号　第二十年第一号「川乗山と其付近」（神谷恭　大正一五年　日本山岳会）
郷土史　檜原村（檜原村文化財専門委員会　平成八年　檜原村教育委員会）
雲取山に生きる（新井信太郎　昭和六三年　実業之日本社）
新ハイキング・別冊二号復刻版　三号復刻版（平成元、二年　新ハイキング社）
山岳　秩父第二号　第二十年第一号「多摩郡の山川　郡村誌（抄録）」（大正一五年　日本山岳会）
多摩の歴史　一～七（松岡六郎・吉田格　昭和五〇～五一　武蔵野郷土史刊行会）
檜原村紀聞（瓜生卓造　昭和五二年　東京書籍）
檜原村史（檜原村史編纂委員会　昭和五六年　檜原村）
郷土史　檜原村（檜原村文化財専門委員会　平成八年　檜原村教育委員会）
檜原の植物（飯泉優［他］　平成一年　織水社）
築井古城記　城と共に消えた相州津久井城主の謎を追って（小川良一　昭和五六年　丸井図書出版）
津久井郡文化財　寺院編・神社編（津久井郡文化財研究委員会　昭和六一～六二年　津久井郡広域行政組合）
津久井町郷土誌（津久井町教育委員会　昭和六二年　同）
津久井郡勢誌（津久井郡勢誌刊行委員会　昭和二八年　津久井郡勢誌編纂委員会）
山岳　第十五年第一号「多摩川相模川の分水山脈」（武田久吉　大正九年　日本山岳会）
多摩の歴史6（大庭磐雄　昭和五〇年　武蔵野郷土史刊行会）
多摩歴史散歩一　八王子・南多摩丘陵（佐藤孝太郎　昭和四八年　有峰書店）
東京の秘境秋川渓谷（甲野勇　昭和四三年　校倉書房）
東京の山　高尾山　身近な自然を考える（アサヒタウンズ　昭和六二年　朝日ソノラマ）
甲州街道を歩く（横山吉男　平成二年　東京新聞出版局）

(5) 武蔵野台地

山岳　第九年第一号口絵「東京愛宕塔上より望める大井川奥山」（大正三年　日本山岳会）

(6) 丹沢・道志山地

愛川町郷土誌（愛川町教育委員会　昭和五七年　愛川町）
愛甲郡制誌（愛甲郡教育会　昭和四八年　名著出版）
厚木の街道（鈴村茂　昭和五六年　県央史談会厚木支部）
厚木の地名考（厚木市史編纂委員会　昭和四九年　厚木市役所）
伊勢原町勢誌（伊勢原町勢誌編纂委員会　昭和三八年　伊勢原町）
大山信仰（圭室文雄　平成四年　雄山閣）
相模大山縁起及文書　武相叢書（石野瑛　昭和四八年　名著出版）
相模大山と古川柳（根本行道　昭和四四年　東峰書房）
相模川宮ヶ瀬ダム（建設省関東地方建設局宮ヶ瀬ダム工事事務所　平成二年　同）
相州大山（内海弁次　平成八年　神奈川新聞社）
相中留恩記略（福原高峯［他］　昭和四二年　有隣堂）

丹沢夜話・続（ハンス・シュトルテ　平成三年　有隣堂）
宝が峰日記（高橋文男　平成二年　相模経済新聞社）
丹沢大山学術調査報告書（神奈川県　昭和三九年　神奈川県）
丹沢自然ハンドブック（古林賢恒　平成九年　自由国民社）
丹沢―その自然と山歩き（全国林業改良普及協会　昭和三七年　同）
丹沢　尊仏山荘物語（山岸猛男　平成一一年　山と溪谷社）
丹沢　山のものがたり（秦野市　平成一〇年　同）
丹水　一～三号（平成二～一四年　日本山岳会・丹水会）
横浜山岳会創立五十周年記念誌（昭和五八年　横浜山岳会）
横浜山岳会創立六十周年記念誌（平成三年　横浜山岳会）
年報　第二～三号（横浜山岳会）
秦野市史　一～六巻・通史一・別巻（昭和六〇年　秦野市）
ふじの町史研究誌　一号（藤野町史編さん専門委員会　平成二年　藤野町）
ふじの町の古道（藤野町文化財保護委員会　昭和六一年　藤野町教育委員会）
ふじの町の神社と寺院（藤野町文化財保謹委員会　昭和四九年　藤野町教育委員会）
ふじの町の旧寺院（藤野町文化財保護委員会　昭和六三年　藤野町教育委員会）
ふじ乃町の文化財（藤野町文化財保護委員会　平成四年　藤野町教育委員会）
南の海から来た丹沢（神奈川県立博物館　平成三年　有隣堂）
築井古城記　城と共に消えた相州津久井城主の謎を追って（小川良一　昭和五六年　丸井図書出版）
津久井郡文化財　寺院編・神社編（津久井郡文化財研究委員会　昭和六一～六二年　津久井郡広域行政組合）
津久井町郷土誌（津久井町教育委員会　昭和六二年　同）
津久井郡勢誌（津久井郡勢誌編纂委員会　昭和二八年　津久井郡勢誌刊行委員会）
道志七里（伊藤堅吉　昭和二八年　道志村村史編纂資料蒐集委員会）
虹のかけ橋　妙心法師百八十回遠忌記念誌（御正体山史跡保存会　平成八年　同）
上野原町誌（編纂委員会　昭和五〇年　上野原町）

(7)房総丘陵

安房誌（斎藤夏之助　明治四一年　多田屋書店）
千葉県安房郡誌（安房郡教育会　昭和元年　同）
手葉県君津郡誌（君津郡教育会　昭和二年　同）
房総と水郷（昭和九年　鉄道省）
房総叢書　一～五輯・別巻（改訂房総叢書刊行会　昭和三四年　同）
房総の山（千葉県山岳連盟房総の山編集委員会　昭和五二年　千秋社）

(8)伊豆諸島・小笠原諸島

伊豆諸島・小笠原諸島民俗誌（東京都島嶼町村一部事務組合　平成五年　同）
伊豆諸島東京移管百年史　上・下（東京都島嶼町村会　昭和五六年　同）
八丈島誌（東京都八丈島八丈町教育委員会　昭和五八年　八丈町）
御蔵島（御蔵島村役場　昭和六一年　千曲秀版社）
利島村史　通史編　研究・資料編（利島村　平成八年　同）
神津島村史（神津島村史編纂委員会　平成一〇年　神津島村）
みくらの森は生きている（御蔵島村　平成一一年　同）
大島町史　通史編・自然編（大島町史編さん委員会　平成一二年　同）

《甲信越地方全般》

越後の山旅　上巻（藤島玄　昭和五一年　富士波出版社）
越後の山旅　下巻（藤島玄　昭和五四年　富士波出版社）
越後百山　新潟の山をめぐる登山紀行（佐藤れい子　平成一三年　新潟日報事業社）
小谷村誌（小谷村誌編纂委員会　平成五年　小谷村誌刊行委員会）
山岳悠々（筑木力　平成一二年　恒文社）
青海町史（青海町　昭和四一年）
関川村史　通史編（関川村村史編さん委員会　平成四年　関川村）
新潟５０山（伊藤敬一　平成五年　新潟日報事業社）
新潟花の山旅（新潟県山岳協会　平成一二年　新潟日報事業社）
新潟の優れた自然（新潟県生活環境部自然保護課　昭和五八年）
西頸城郡誌（新潟県西頸城郡教育会　昭和四七年　名著出版）
北越雪譜（鈴木牧之　天保七～一三年・昭和六三年　岩波文庫）
北越雪譜（鈴木牧之[他]　昭和四五年　野島出版）
秋山紀行・夜職草（東洋文庫）（鈴木牧之　昭和四六年　平凡社）
南魚沼郡誌（南魚沼郡教育会　大正九年　南魚沼郡教育会）
南魚沼郡誌　続編（南魚沼郡誌編集委員会　昭和四六年　新潟県南魚沼郡町村会）
湯沢町誌（湯沢町誌編集委員会　昭和五三年　湯沢町教育委員会）
富山県の歴史（深井甚三　平成九年　山川出版社）
東京周辺の山３５０（平成一三年　山と溪谷社）
歴史と自然・甲州の峠（和泉定広　平成六年　山梨日日新聞社）
わが山旅五十年（田部重治　平成八年　平凡社）
甲斐国志（幕命により甲府勤番松平定能編纂　文化年間完成　昭和四三年　大日本地誌大系　雄山閣）
甲斐地誌（杉山正毅　明治二六年　温故堂）
甲斐の山山（小林経雄　平成四年　新ハイキング社）
山梨百名山（山梨日日新聞社　平成一〇年　同）
大月市史　史料篇・通史篇（大月市史編纂室　昭和五一・五三年　大月市役所）
都留市史　資料編・通史編（都留市史編纂委員会　昭和六一～平成八年　都留市）
荒川歴史散歩（平成三年　荒川町）
幾山河　若山牧水紀行選集（若山喜志子　昭和一二年　第一書房）
異人たちの日本アルプス（庄田元男　平成二年　日本山書の会）
一日二日山の旅（河田楨　大正一二年　自彊館書店）
岩壁登高（小林隆康　昭和一七年　博山房）
上野原町誌（上野原町誌編纂委員会　昭和五〇年　上野原町誌刊行委員会〔ほか〕）
甲斐史学　第一～四巻（甲斐史学会　昭和五七年　国書刊行会）
甲斐志料集成　第一～八巻（甲斐志料集成刊行会　昭和五五～五六年　歴史図書社）
甲斐の山旅・甲州百山（蜂谷緑[他]　平成元年　実業之日本社）
甲斐の山々（島田武　昭和一七年　朋文堂）
河口湖町史（萱沼英雄　昭和四一年　河口湖町）
関東周辺の山（島本達夫　平成七年　白山書房）
北都留郡誌（山梨県北都留郡誌編纂会　昭和六二年　千秋社）
金山史研究　第一～四集（甲斐黄金村　平成一一～一五年　甲斐黄金村・湯の奥金山博物館）
甲州夏草道中記　上・下（山梨日日新聞社　昭和四五年　山梨日日新聞社）
甲府市史　通史編　第一巻（甲府市市史編さん委員会　平成三年　甲府市）

山岳渇仰（中村清太郎　昭和一九年　生活社）
山岳遭難記　第一～六巻（春日俊吉　昭和三四～三五年　朋文堂）
大菩薩連嶺（岩科小一郎　昭和三四年　朋文堂）
富士山が噴火する日　東海地震との関連を追う（大山輝・阿部幸恵　昭和五六年　大陸書房）
南嶺　第二、三号（南嶺会七十周年記念復刻　平成一二年　南嶺会）
南嶺　第五号（南嶺会　平成一二年　同）
韮崎市誌（韮崎市誌編纂専門委員会　昭和五三～五四年　韮崎市）
白鳳一—七号（白鳳会　昭和八～平成一一年　同）
東山梨郡誌（山梨教育会　昭和五二年復刻版　名著出版）
富士山はなぜフジサンか（谷有二　昭和五八年　山と溪谷社）
富士山・富士山総合学術調査報告書（富士急行・堀内浩庵会　昭和四六年　富士急行）
富士山　地質と変貌（浜野一彦　昭和六三年　鹿島出版会）
富士の見える山　甲州五十山　増補（小林経雄　昭和五九年　新ハイキング社）
富士の見える山小屋（工藤隆雄　平成元年　実業之日本社）
富士を眺める山歩き（山村正光　平成一三年　毎日新聞社）
万沢村誌（佐野幸知　昭和七年　同）
山　一・二・三号（甲斐山岳会　大正一四・昭和元・昭和二年　同）
山梨県市郡村誌（島崎博則　昭和五二年復刻　歴史図書社）
山梨県植物誌（昭和五七年　山梨県県民生活局環境公害課）
山梨県政百年史　上・下巻（山梨県　昭和五三年　同）
山梨県の歴史（磯貝正義・飯田文弥　昭和四八年　山川出版社）
山梨県の歴史散歩（山梨県高等学校教育研究会社会科部会　昭和六三年　山川出版社）
日曜の地学　一～二五（昭和五二～平成一〇年　築地書館）
山梨の自然をめぐって　日曜の地学16（西宮克彦　昭和五九年　築地書館）
山梨県の植生（宮脇昭　昭和五二年　山梨県）
山梨の植物（植松春雄　昭和三三年　地方書院）
山梨の地名（ＮＨＫ甲府放送局　昭和五八年　山梨日日新聞社）
山梨の峠（小林栄二　平成一〇年　私家版）
山梨のハイクコース（上野巌　平成三年　山梨日日新聞社）
山梨のハイクコース　続（上野巌　平成五年　山梨日日新聞社）
山梨の百年（佐藤森三[他]　昭和五二年　ＮＨＫサービスセンター甲府支所）
やまなしのライチョウ（中村司　昭和四九年　山梨県林務部林政課）
山梨歴史カレンダー（山梨日日新聞社　平成一三年　同）
山の巡礼者たち　山梨登山百年（山梨日日新聞社　平成一二年　同）
武田信玄　一～四（新田次郎　昭和四九年　文春文庫）
定本武田信玄（磯貝正義　昭和五二年　新人物往来社）
落日の武将武田勝頼（上野晴朗　昭和五七年　山梨日日新聞社）
静岡県の山（加田勝利　平成八年　山と溪谷社）
静岡の百山（静岡百山研究会　平成三年　明文出版社）
静岡県の生物（昭和五四年　日本生物教育会静岡県支部）
静岡市の三角点（静岡市山岳連盟　平成五年　同）
静岡県の植物群落（近田文弘　昭和五六年　第一法規）
日本アルプス（清水隆雄[他]　平成一一年　実業之日本社）
静岡ふるさと百話14（山本朋三郎[他]　昭和五〇年　静岡新聞社）
ふるさと散歩道（静岡県観光協会　昭和五七年・平成元年　静岡新聞社）
静岡県の歴史散歩（平成四年　山川出版社）
静岡県の史跡散歩（神村清　昭和五一年　静岡新聞社）
静岡県史　通史編・資料編・別編（静岡県　平成元～一〇年　同）

静岡県の歴史（本多隆成［他］・児玉幸多　平成一〇年　山川出版社）
静かなる山（川崎精雄［他］　昭和五三年　茗溪堂）
続・静かなる山（川崎精雄［他］　昭和五五年　茗溪堂）
地蔵が岳（池田光一郎　昭和四四年　柳正堂書店）
車窓の山旅　中央線から見える山（山村正光　昭和六〇年　実業之日本社）
信府統記（鈴木重武・三井弘篤　平成八年復刊　国書刊行会）
信府統記（信濃史料編纂会　大正二年　同）
登山の誕生（小泉武栄　平成一三年　中公新書）
長野県史　近世史料編　第一〜一〇巻（長野県　昭和四六〜平成三年　長野県史刊行会）
長野県の山（垣外富士男［他］　平成一五年　山と溪谷社）
中央本線各駅登山（山村正光　平成六年　山と溪谷社）
日本山岳会信濃支部三十五年（小林俊樹編集　昭和五九年　日本山岳会信濃支部）
信濃国大守絵図（天保六年）
信濃国全図（明治三三年　松栄堂書店）
信濃すとーん記（信濃毎日新聞社編集局　平成四年　信濃毎日新聞社）
信州百名山（清水栄一　平成二年　桐原書店）
定本・信州百峠（監修井出孫六・市川健夫　平成六年　郷土出版社）
信州百山（信濃毎日新聞社　昭和四五年　同）
信州山岳百科Ⅰ・Ⅱ・Ⅲ（信濃毎日新聞社　昭和五八年　同）
信州の里山を歩く・東北信編（里山を歩く編集委員会　平成八年　信濃毎日新聞社）
信州の峠（市川健夫　昭和四七年　第一法規出版）
旅の空（奥原教永　平成一一年　限定私家版）
山恋い（穂苅三寿雄　平成一〇年　穂苅貞雄）
山小屋物語（早乙女緩次　昭和五三年　銀河書房）
山岳遍歴（深田久彌　平成一〇年　主婦と生活社）
山を愛する写真家達（東京都写真美術館　平成一一年　音写真企画）
山の天辺（赤沼千尋　昭和六一年　用美社）
一等三角点百名山（一等三角点研究会　昭和六三年　山と溪谷社）
一高旅行部の足あと（昭和五三年　第一高等学校旅行部縦の会）
わが遍歴の信州百名山（清水栄一　昭和五四年　桐原書店）
フォッサ・マグナ　増補改訂（平林照雄　平成九年　信濃毎日新聞社）
W・ウェストンの信濃路探訪（田畑真一　平成五年　センチュリー）
歩一歩（唐沢可作　昭和五六年）

(1)越後山脈

八十里越（国道二八九号）（北陸建設弘済会　平成八年　同）
会津の峠　下巻（会津史学会　昭和五一年　歴史春秋社）
阿賀の路　赤城源三郎著作集（赤城源三郎　平成五年　歴史春秋出版）
嵐渓史（小柳一蔵　明治四五年　瑞柳書院）
越後山岳　創刊号（藤島玄編集　昭和二三年　日本山岳会越後支部）
越後山岳　第二号（藤島玄編集　昭和二三年　日本山岳会越後支部）
越後山岳　第三号（藤島玄編集　昭和二五年　日本山岳会越後支部）
越後山岳　第八号（筑木力編集　平成元年　日本山岳会越後支部）
越後山岳　第九号（筑木力編集　平成五年　日本山岳会越後支部）
越後三山・奥只見自然公園学術調査報告　日本自然保護協会調査報告第三四号（昭和四三年　日本自然保護協会）
金山町史　下巻（金山町史出版委員会　昭和五一年　金山町）
上川村史（上川村教育委員会　昭和五九年　同）
上権現堂鬼の穴調査（平成二年　広神村公民館）
川内山とその周辺（笠原藤七　昭和四〇年　私家版）

山頂へのみち（筑木力　昭和六二年　ほおずき書籍）
下田村史（下田村　昭和四六年　同）
続　新潟の優れた自然（新潟県生活環境部自然保護課　平成五年　新潟県環境保健部環境保全課）
中蒲原郡山岳誌（笠原鉄太郎　昭和四年　私家版）
新潟県地質図　改訂版（新潟県商工労働部工業振興課　平成元年　同）
秘境吉ヶ平（蝶名林竹男　昭和四六年　私家版）
橅林　私の山旅（笠原藤七　平成二年　茗溪堂）
皇子・逃亡伝説（柿花仄　平成五年　東京経済）
村松町史　通史編　上巻（村松町史編纂委員会　昭和五八年　村松町教育委員会事務局）
山を訪ねて（森沢堅次　平成六年　歴史春秋出版）
湯之谷のあゆみ（『湯之谷のあゆみ』編さん委員会[他]　平成一三年　湯之谷村）
只見線物語（磯部定治　平成元年　恒文社）
只見町史　第一～六巻（只見町史編さん委員会　平成五～一六年　只見町）
会津只見の自然　只見町史資料集植物編、同気候・地質・動物編（只見町史編さん委員会　平成一三年　只見町）
上田村郷土誌（上田村郷土誌編集委員会　昭和五一年　塩沢町教育委員会）
魚沼文化　第二六号（魚沼文化の会　昭和六一年）
越後野誌（小田島允武　文化一三年　越佐叢書）
群馬の山　一（群馬県山岳連盟　昭和六二年　上毛新聞社）
湖底幻影　第三巻　銀山平をとりまく山々（小島六郎監修　平成二年　ベースボール・マガジン社）
坂戸城趾（南魚沼郡町村会郡誌編集室　昭和四一年　南魚沼郡町村会郡誌編集室）
南魚の大地　自然観察ガイド（平成七年　南魚沼郡教育委員会連絡協議会・共同刊行：六日町理科教育センター）
信濃川水系三国川ダム工事誌（建設省北陸地方建設局三国川ダム管理所　平成一〇年　北陸建設弘済会）
知られざる山　平ヶ岳（北魚沼地区理科教育センター　昭和五六年　湯之谷村・北魚沼地区理科教育センター）
谷川岳研究（長越茂雄　昭和二九年　朋文堂）
新潟の里山（高沢幸雄　平成一〇年　新潟日報事業社）
ふるさとの山（中村謙　昭和四四年　富士波出版社）
山と溪谷　第一五号「登川奥（利根川右岸）各ピークと沢の名称に就いて」（藤原善衛　山と溪谷社）
谷川岳（長越茂雄　第三版・昭和三五年　朋文堂）
谷川岳（群馬県山岳連盟　昭和三四年　山と溪谷社）
谷川岳研究（長越茂雄　昭和二九年　朋文堂）
谷川岳の岩場（山学同志会　昭和五一年　四季書館）
山岳　第二十六年第三号「谷川岳東面の岩登攀」（小川登喜夫・田名部繁　昭和六年　日本山岳会）
藤原風土記（安達成之・川崎隆章　昭和三八年　宝川温泉汪泉閣）
六合村誌（六合村誌編集委員会　昭和四八年　六合村）
登山とスキー　第六巻第九号「『一ノ倉』を最初に登った人々」（杉本光作　昭和一一年）
ブナの森とイヌワシの空（博士山ブナ林を守る会　平成七年　はる書房）
静かなる山（著者代表川崎精雄　昭和五三年　茗溪堂）
南会津郡東部の山（郡山山岳会　昭和五五年　郡山山岳会）
雪山・藪山（川崎精雄　昭和四四年　茗溪堂）
青空と輝く残雪の山々（山田哲郎・横山厚夫　昭和六二年　茗溪堂）

郷土史（星文吉　昭和三五年　同）
舘岩村史　第一～五巻（舘岩村史編さん委員会　平成四～一三年　舘岩村）
会津駒ヶ岳・田代山・帝釈山自然公園学術調査報告（日本自然保護協会　昭和四二年　同）
帝釈山脈の沢（市川学園ＯＢ会・佐藤勉編著　平成一三年　白山書房）
三斗小屋温泉史（三斗小屋温泉史刊行委員会　平成元年　随想社）
ふみあと　五・一〇号（三菱伸銅株式会社山岳部　昭和五〇・六三年　同）
我が南会津（佐藤勉　昭和六〇年　現代旅行研究所）
南会津郡西部の山と谷　上・下巻（郡山山岳会　昭和五八年　郡山山岳会）

(2) 越後丘陵

西頸城郡誌（西頸城郡教育会　昭和四七年　名著出版）
小国町史　本文編（牧野功平　昭和五一年　小国町史編集委員会）

(3) 佐渡島

越後山岳　第一〇号（小林智明・筑木力・山崎幸和編集　平成一二年　日本山岳会越後支部）
越後山岳　第七号（上村幹雄編集　昭和六一年　日本山岳会越後支部）
国定公園弥彦山脈（新潟県教育庁西蒲原出張所　昭和二五年　同）
青雲の弥彦山（花井馨　平成元年　弥彦村教育委員会）

(4) 富士伊豆火山地域

箱根　火山と温泉（大木靖衛　昭和五四年　神奈川合同出版）
箱根神社・信仰の歴史と文化（濱田進　平成二年　箱根神社）
箱根町誌　第一～三巻（箱根町誌編纂委員会　昭和四二～五九年　角川書店）
箱根と伊豆（中野敬次郎　昭和二五年　山と渓谷社）
箱根の古社（菱沼勇[他]　昭和四六年　学生社）
箱根をめぐる古城３０選（小田原城郭研究会　昭和六二年　神奈川新聞社）
万葉集　足柄・箱根歌（田代道弥　平成八年　神奈川新聞社）
横須賀雑考（横須賀文化協会　昭和四三年　同）
浅間神社史料（浅間神社社務所　昭和四九年複刻　名著出版）
浅間文書纂（浅間神社社務所　昭和四八年　名著刊行会）
賀茂季鷹富士日記の研究（池田敏雄　昭和五四年　富士山大社小御岳神社）
忍野村誌　第一・二巻（忍野村　平成元年　同）
勝山村史　上・下巻（勝山村史編纂委員会　勝山村　平成一一年　勝山村史編纂委員会）
北富士すそのものがたり　第一～四巻（岩佐忠雄　昭和四二～六〇年　富士五湖史友会）
御殿場市史　第一～九巻・別巻（御殿場市史編さん委員会　昭和四九～五八年　御殿場市）
小山町史　第一～九巻（小山町史編さん専門委員会　平成二～一〇年　小山町）
富士宮市史　上・下巻（富士宮市史編纂委員会　昭和四六～六一年　富士宮市）
裾野市史　第一～九巻（裾野市史編さん専門委員会　平成三～一二年　裾野市）
富士講の歴史（岩科小一郎　平成一二年　名著出版）
富士・御嶽と中部霊山（鈴木昭英　昭和五三年　名著出版）

富士山（深田久弥[他]　昭和四〇年　雪華社）
富士山及其の附近（今井徹郎　昭和三年　山梨県山林会）
富士山　史話と伝説（遠藤秀男　昭和六三年　名著出版）
富士山は生きている（静岡新聞社　平成六年　同）
富士山麓史（富士急行５０年史編纂委員会　昭和五二年　富士急行）
富士吉田市史　行政編（富士吉田市史編さん室　昭和五四年　富士吉田市）
富士吉田市史　通史編・史料編・民俗編（富士吉田市史編さん委員会　昭和三八〜平成一三年　富士吉田市）
三ツ峠・山の信仰と民俗（西桂町文化財審議会　平成四年　西桂町教育委）
南豆風土誌（静岡県賀茂郡教育会　大正三年　啓成社）
井川村誌（井川村誌編集委員会　昭和四九年　静岡市）
天城路（板垣賢一郎　昭和五二年　板富書院）
伊豆の伝説（土屋俊輔　昭和六一年　郷土社）

(5) 御坂・天子山地

御坂町誌　本誌編・資料編（御坂町誌編纂委員会　昭和四六〜四七年　御坂町役場）
富士宮市の自然　第１・２次富士宮市域自然調査研究報告書（富士宮市企画部企画振興課　昭和六三・平成七年　富士宮市）
駿河記　下巻（桑原藤泰　昭和四九年　臨川書店）
山梨百名山（山梨日日新聞社編集局　平成一〇年　山梨日日新聞社）
河口湖町史（編纂特別委員会　昭和四一年　河口湖町）
東海地震との関連を追う（大山輝、阿部幸恵　昭和五六年　大陸書房）

(6) 浅間火山地域

二〇万分一地勢図・高田（地質調査所　平成六年）
平家の谷信越の秘境秋山郷（市川健夫　平成七年　令文社）
秋山地域の熊猟とその習俗（藤ノ木茂　平成一三年　津南町）
飢饉と一揆（津南町教育委員会　昭和四六年）
津南町の自然　植物編（津南町の自然植物編・編集委員会　平成六年　津南町教育委員会）
苗場山地域の地質（島津光夫・立石雅昭　平成五年　通商産業省工業技術院地質調査所）
苗場鳥甲（室賀輝男　平成八年　日地出版）
六合村誌（六合村誌編集委員会　昭和四八年　六合村）
栄村誌　民俗・文化史料篇（栄村誌編さん委員会　昭和五七年　栄町）
志賀高原と佐久間象山（北條浩・上村正名　平成六年　和合会）
志賀高原の自然（山ノ内町教育委員会　昭和五一年　同）
軽井沢町誌　自然編（軽井沢町誌刊行委員会　昭和六二年　同）
菅平高原地方の地質（塩野入忠雄　昭和五八年　銀河書房）
山ノ内町誌（山ノ内町誌刊行会　昭和四八年　山ノ内町）
十石峠の麓から（佐藤修　平成四年　十石峠の会）

(7) 妙高火山群

安塚町誌（安塚町教育委員会　昭和五一年　新潟県東頸城郡安塚町）
雨飾山〜天狗原山の植物（長野営林局　昭和三八年）
糸魚川市史　一（糸魚川市　昭和五一年　同）
岳人　二一二号「妙高火山群とその周辺」（山崎静雄　昭和四〇年　東京新聞出版局）
日本の山と渓谷　9（渡辺正敏　平成一二年　山と渓谷社）
頸城アルプス（佐藤俊一　昭和三一年　高田高校山岳部）

頸城山地研究　5（直江津雪稜会　昭和四八年　会報出版）
頸城山地の登山ルート表（蟹江健一　昭和四八年　直江津雪稜会）
名立町史（名立町史編さん専門委員会　平成九年　名立町）
妙高・戸隠連峰　日本の山と渓谷　九（渡辺正敏　平成一二年　山と渓谷社）
能生町史　上・下（能生町史編さん委員会　昭和六一年　能生町）
破片岩（冠松次郎　昭和八年　耕進社）
菱ケ岳（安塚町　平成元年　第一印刷）
未完の頸城山地散歩（蟹江健一　平成一四年）
妙高　四号「頸城山地の登山小史と展望」（蟹江健一）
妙高高原町史（妙高高原町史編集委員会　昭和六一年　妙高高原町）
妙高村史（妙高村史編さん委員会　平成六年　妙高村）
燃える焼山（早津賢二　平成四年　新潟日報事業社）
絵本「黒姫物語」（平成九年　黒姫物語（外国語訳）刊行会）
古代越後奴奈川姫伝説の謎　黒姫山の神秘にいどむ（渡辺義一郎　昭和五三年　山誌刊行会）
新潟県青海町黒姫山の植物（石沢進　昭和五三年　青海町教育委員会）
戸隠村誌（戸隠村誌刊行会　昭和三七年　同）
戸隠村史（戸隠村　平成九年）
戸隠―総合学術調査報告―（信濃毎日新聞社　昭和四六年　同）
戸隠信仰の歴史（牛山佳幸〔他〕　平成九年　戸隠神社）
むしくら（虫倉山系総合調査研究会　平成六年　同）

(8) 八ヶ岳火山地域

北八ツ彷徨（山口耀久　昭和四八年　創文社）
単独行（加藤文太郎　昭和五二年　二見書房）
高根町誌　通史編　上・下（高根町　平成元、二年　高根町）
長坂町誌　上・下（長坂町誌編纂委員会　平成二年　長坂町）
八ケ岳火山群（平賀文男　昭和九年　隆章閣）
甲西町誌（甲西町誌編集委員会　昭和四八年　甲西町役場）
大泉村誌　上・下（大泉村誌編纂委員会　平成元年　大泉村）
北八ヶ岳・黒百合ヒュッテ（米川正利　平成四年　山と溪谷社）
茅野市史　中巻（茅野市　昭和六二年　同）
八ケ岳研究　上（独標登高会　昭和三八年　朋文堂）
八ケ岳研究　下（独標登高会　昭和四八年　校倉書房）
八ケ岳とその周辺の山々（中山昌之　平成一三年　実業之日本社）
八ケ岳つれづれ（早乙女綏次　平成一三年）
八ヶ岳・蓼科（今野岳志　平成一三年　昭文社）
諏訪かのこ　諏訪史料叢書　巻二一（諏訪史料叢書刊行会　昭和二～一〇年　同）
南牧村誌（南牧村誌編纂委員会　昭和六一年　同）
南佐久郡誌　自然編　上・下（南佐久郡誌編纂委員会　平成六年　南佐久郡誌刊行会）
東筑摩郡・松本市誌　第一巻　自然編　復刻版（東筑摩郡・松本市郷土資料編纂会　昭和五九年　信毎書籍出版センター）
麻績村誌　上・下（麻績村誌編纂会　平成元年　同）

(9) 木曾山脈

長野県上伊那郡誌　第3巻　付録図（上伊那誌編纂会　昭和三七～五五年　上伊那誌刊行会）
中央アルプス登山案内（下村雅司　昭和一二年　上伊那郡聯合山岳会）
中央アルプス　西駒ケ岳登山案内　改訂第四版（上伊那教育会　昭和四一年　同）
中央アルプスを歩く（津野祐次写真・文　平成一三年　山と溪谷社）

中央アルプス　花の山旅　八（津野祐次　平成一二年　山と溪谷社）
中央アルプスにロープウェイをかける（小平善信　平成五年　中央アルプス観光）
中央アルプスと伊那谷の自然（伊都谷自然教育研究会　平成五年　信濃毎日新聞社）
続・ぎふ百山（岐阜新聞社出版局　平成五年　岐阜新聞社）
聖職の碑（新田次郎　昭和五五年　講談社）
上伊那郡町村誌（各町村役場　昭和五一年　伊那毎日新聞社再刊）
御嶽の信仰と登山の歴史（生駒勘七　昭和六三年　第一法規出版）
続・御嶽調査報告（大正一二年　松本測候所）
御嶽山開闢・普寛霊神典籍（木村普侯　昭和五五年　御嶽普寛神社社務所）
木曾御岳山の木食聖者（小沢徳忍　平成六年　私家版）
駒ヶ岳（木曾中学校長会　平成九年）
飯島町誌　下巻（現代、民俗編）（飯島町誌編纂刊行委員会　平成五年　飯島町）
宮田村誌　上巻（宮田村誌編纂委員会　昭和五七年　宮田村誌刊行会）
伊那路　四九六号（天野早人　上伊那郷土研究会）
伊那谷の自然Ⅰ・Ⅱ（伊那谷自然友の会　平成九年　中部建設協会）
伊那谷木曽谷（細井吉造　昭和一二年　故細井吉造遺稿集刊行会）
大桑村誌　上・下（大桑村　昭和六三年　同）
箕輪中部小学校百年誌（箕輪中部小学校百年誌刊行委員会　昭和五三年　同）
阿智村誌（阿智村誌編集委員会　昭和五九年　阿智村誌刊行委員会）
恵那山をめぐる歴史と伝説（東山道彦　昭和六三年　岐阜郷土出版社）
恵那山と生きる（永井豪　平成三年　岐阜新聞社）
落合郷土誌（落合郷土誌編纂委員会　昭和四五年　同）
稲武の地名（稲武町教育委員会　昭和六一年　同）
山と人とを想ひて（依田秋圃　大正一二年　東邦堂）
設楽町誌　村落誌（設楽町　平成十三年　同）
津具村の植物（大原準之助　昭和五六年　津具村教育委員会）
津具金山　その開発の苦心（藤城豊　昭和五四年　私家版）
津具村誌（津具村　平成一二年　同）
北設楽郡史　全三巻（北設楽郡史編纂委員会　昭和四二～四五年　同）

⑽赤石山脈

赤石溪谷（平賀文男　昭和八年　隆章閣）
芦安村誌（芦安村　平成六年　同）
甘利山（山寺仁太郎　平成一三年　山梨日日新聞社）
北岳の高山植物　南アルプス歩きながら覚える（芦安ファンクラブ　平成一三年　山梨日日新聞社）
櫛形山のアヤメ（山梨県立巨摩高校　昭和六一年　櫛形町）
鰍沢町誌　上・下（鰍沢町誌編さん委員会　平成八年　鰍沢町）
凍る山稜（安川茂雄　昭和四七年　三笠書房）
櫛形山の自然　続（山梨県立巨摩高等学校　昭和五八年　同）
地蔵ヶ岳（池田光一郎　昭和四四年　柳正堂書店）
荒川・赤石・聖（高橋弘・西畑武・永野敏夫　平成一二年　山と溪谷社）
日蓮と身延山（山梨日日新聞社　昭和五六年　同）
白州町誌（白州町誌編纂委員会　昭和六一年　白州町）
早川町誌（早川町教育委員会　昭和五五年　早川町）
秘境・奈良田（深沢正志　平成元年　山梨ふるさと文庫）
旧き友・鎌田久（東京白稜会　平成一二年　同）
増穂町誌（増穂町誌編集委員会　昭和五二年　増穂町）
南アルプス（静岡新聞社　平成一一年　静岡新聞社）

南アルプス（渡辺公平　昭和一〇年　三省堂）
南アルプス　改訂版（百瀬舜太郎・高室陽二郎　昭和三二年　朋文堂）
南アルプス　大いなる山　静かなる山　知られざるルート120選（永野敏夫・正子　平成一二年　黒船出版）
南アルプスと奥秩父（山梨県山林会　昭和六年　改造社）
南アルプスと其溪谷（平賀文男　昭和六年　朋文堂）
南アルプス・私の山旅（矢崎茂男　平成一三年　山梨ふるさと文庫）
山への足跡（武田久吉　昭和四九年　二見書房）
山岳　第一年第三号（明治三九年　日本山岳会）・第五年第一号（明治四三年　日本山岳会）
みのる（山内多水編　野村実遺稿追悼集　昭和五年　私家版）
武川村誌（武川村誌編纂委員会　昭和六一年　武川村）
北巨摩郡誌（山梨教育会北巨摩支会　昭和五一年　名著出版）
甲西町誌（編纂委員会　昭和四八年　甲西町）
静岡市史（静岡市　昭和四四～五七年　同）
日本アルプス（清水隆雄［他］　平成一一年　実業之日本社）
安倍川流域の山と谷（石間信夫　昭和三六年　朋文堂）
安倍川砂防史（建設省静岡河川工事事務所　昭和六三年　同）
梅ヶ島誌（梅ヶ島教育委員会　昭和四三年・復刻　梅ヶ島村役場）
甲斐の山旅・甲州百山（蜂谷緑［他］　平成元年　実業之日本社）
甲斐の山々（小林経雄　平成四年　新ハイキング社）
孤高の先蹤者（石間信夫　平成九年　私家版）
静岡市史　第一巻（静岡市役所　昭和四八年　名著出版）
芝川町誌（芝川町誌編さん委員会　昭和四八年　芝川町）
清水市史　第一巻（清水市史編さん委員会　昭和五一年　吉川弘文館）
修訂駿河国新風土記　上・下（新庄道雄［他］　昭和五〇年　国書刊行会）
駿河志料　一～四（中村高平　昭和四四年　歴史図書社）
駿河雑志　一（阿部正信　昭和五一年　吉見書店）
静かなる山　続（川崎精雄［他］　昭和五五年　茗溪堂）
嶽南史（鈴木覚馬　昭和四八年　名著出版）
紫岳（静岡高等学校紫岳会　昭和五二年　朝日出版社）
由比町の歴史　上・下巻（手島日真　昭和四七年　由比文教社）
竜爪山関係史料集成（奥田賢山　平成一四年　竜南郷土史談話会）
竜爪山の歴史と信仰（奥田賢山　平成一二年　同）
大鹿村誌　上・中・下（大鹿村誌編纂委員会　昭和五九年　大鹿村誌刊行委員会）
東海パルプ六十年（東海パルプ株式会社　昭和四三年　同）
東海パルプ九〇年史（東海パルプ九〇年史編纂委員会　平成一〇年　東海パルプ）
南アルプスの山旅（斉藤岩男　平成九年　中西印刷出版部）
おらが富士三四〇座（中島信典　平成五年　山と溪谷社）
掛川誌稿（斎田茂先　昭和四七年　名著出版）
千頭営林署一〇〇年史　歴史と伝統の検証（千頭営林署　平成八年　同）
田代・小河内の民俗（静岡県教育委員会　平成三年　静岡県）
遠江国風土記伝（内山真竜　昭和四四年　歴史図書社）
本川根町史　資料編（本川根町史編集委員会　昭和五五年　本川根町）
南信濃村村誌・遠山（南信濃村　昭和五一年　南信濃村）
山村小記　正・続（向山雅重・宮嶋秀　昭和四九年　私家版）
遠州郷土誌　引佐町物語（松尾邦之助　昭和五六年　国書刊行会）
引佐町物語（松尾邦之助　昭和五六年　国書刊行会）
海野信茂日記　史料編年井川村史　別巻一（宮本勉　昭和五三年　名著出版）
大井川　その歴史と開発（中部電力　昭和三六年　同）
大井川源流部森林生態系保護地域（東京営林局　平成二年）

小笠山（小笠山関係市町村協議会　昭和五七年　同）
小笠山の自然環境保全と利用に関する調査報告書（静岡県　昭和五三年　同）
湖西連峰の信仰遺跡分布調査報告書（静岡県湖西市教育委員会　平成一四年　同）
岩岳山　静岡県自然観察ガイドブック２３（静岡県民生活局　平成元年　同）
静岡県の史跡散歩（神村清　昭和六〇年　静岡新聞社）
静岡県の中世城館跡　静岡県文化財調査報告書２３集（静岡県教育委員会文化課　昭和五六年　同教育委員会）
静岡の山５０選（静岡新聞社出版局　平成一〇年　静岡新聞社）
山といで湯（永野敏夫　平成一二年　静岡新聞社）
駿河路と遠州路（静岡県商工部観光課　昭和三九年　山と溪谷社）
ふるさと百話　１～９（静岡新聞社　昭和四六～五１年　同）
李花集標註復刻版（米山宗臣　平成一四年　井伊谷宮）

《東海地方全般》

北アルプス乗鞍物語（福島立吉　昭和六一年　ほおづき書籍）
北アルプス　上（信濃毎日新聞社　平成四年　同）
北アルプス山小屋物語（柳原修一　平成二年　東京新聞出版局）
北アルプス（小笠原勇八　昭和一五年　三省堂）
長野県町村誌（長野県　昭和四八年　名著出版）
わが遍歴の信州百名山（清水栄一　昭和五四年　桐原書店）
南信濃村村史遠山（南信濃村史編纂委員会　昭和五一年　南信濃村）
日本の重要な植物群落　東海版（環境庁　昭和五四年　大蔵省印刷局）
東海の植物記（井波一雄　昭和五四年　中日新聞本社）
南アルプスの山旅　地形・地質観察ガイド（村松武[他]　平成一三年　飯田市美術博物館）
ふるさとの散歩道（静岡県観光協会　昭和五七年　静岡新聞社）
日本南アルプス（平賀文男　昭和四年　博文館）
登山誌：南アルプスを含む静岡市の山山（金子昌彦　平成一四年　福島印刷）
ふるさと百話一四（静岡新聞社　昭和五〇年　同）
静岡の百山（静岡百山研究会　平成三年　明文出版社）
静岡の自然百選（朝日新聞静岡支局　昭和六一年　ひくまの出版）
静岡市の三角点一〇〇（静岡市山岳連盟　平成五年　同）
静岡県の生物（静岡県の生物編集委員会　昭和五四年　日本生物教育会静岡県支部）
静岡県の植物群落（近田文弘　昭和五六年　第一法規）
静岡県史　通史編一～七　資料編一～二五　別編一～三（静岡県　平成二～一〇年　同）
史料編年井川村史　第一・二巻（宮本勉　昭和五〇・五三年　名著出版）
史料編年井川村史　別巻一（宮本勉　昭和五三年　井川村史刊行会）
新こんなに楽しい愛知の山１３０山（あつた勤労者山岳会　平成一四年　風媒社）
分県登山ガイド　愛知県の山（与呉日出夫　平成七年　山と溪谷社）
東三河大地のなりたち（菅谷義之　昭和五九年　鳳来寺山自然科学博物館）
越中の百山（富山県教職員山岳研究会・富山県高等学校体育連盟山岳部　昭和四八年　北日本新聞社出版部）
名古屋からの山なみ（日本山岳会東海支部　平成六年　中日新聞社）
分県登山ガイド　岐阜県の山（島田靖[他]　平成一〇年　山と溪谷社）

山旅徹底ガイド（日本山岳会東海支部　平成七年　中日新聞本社）
続山旅徹底ガイド（日本山岳会東海支部　平成八年　中日新聞本社）
アルペンガイド　鈴鹿・美濃（与呉日出夫　平成四年　山と溪谷社）
ぎふ百山（岐阜県山岳連盟　昭和五〇年　岐阜日日新聞社）
続・ぎふ百山（岐阜新聞社出版局　平成五年　岐阜新聞社）
未踏の岐阜県境８００キロを歩く（大垣山岳協会　平成一四年　岐阜新聞社）
福井の山１５０（増永迪男　平成元年　ナカニシヤ出版）
中津川市史　上巻（中津川市　昭和四三年　同）
中津川市史　中巻（中津川市　昭和六三年　同）
飛騨の山山　国境編（酒井昭市　平成四年　ナカニシヤ出版）
飛騨の山山　ヤブ山編（酒井昭市　平成二年　ナカニシヤ出版）
白山修験の行者道（上村俊邦　平成一一年　岩田書院）
新撰美濃誌（岡田啓　復刻・昭和四四年　大衆書房）
美濃明細記　美濃雑事記（伊藤実臣　復刻・昭和四七年　大衆書房）
飛州志（長谷川忠崇[他]　平成一三年　岐阜新聞社）
飛騨山川（岡村利平　昭和六一年　大衆書房）
飛騨国中案内（上村木曽右衛門[他]　昭和四五年　岐阜県郷土資料刊行会）
飛騨白川村（江馬三枝子　平成八年　未来社）
飛騨史考　中世編（岡村守彦　昭和六三年　桂書房）
飛騨史考　近世編（岡村守彦　昭和六一年　桂書房）
飛騨史の研究　上巻・下巻（多賀秋五郎　昭和五三年　濃飛文化研究会）
飛騨の年輪（熊原政男　昭和四二年　錦正社）
濃州徇行記　濃陽志略（樋口好古　昭和四五年　大衆書房）
濃北一覧　復刻版（小川屋喜兵衛著・北村栄一訳　昭和六三年　岐阜県立郡上高等学校）
濃飛史譚（平塚正雄　昭和四二年　大衆書房）
岐阜県の歴史的表情（吉岡勲　昭和四六年　大衆書房）
ふるさとの道　岐阜県（吉岡勲　昭和四一年　大衆書房）
美濃の山　第一～三巻（大垣山岳協会　平成八～一〇年　ナカニシヤ出版）
秘境・奥美濃の山旅（芝村文治　昭和四七年　ナカニシヤ出版）
奥美濃の山旅　奥美濃の山と峠（沖允人　昭和五八年　私家版）
奥美濃（同人山葵会　昭和五〇年　同）
奥美濃　初版・改訂（高木泰夫　昭和六二年・平成五年　ナカニシヤ出版）
奥美濃よもやま話　一―五（金子貞二　昭和四九年　奥美濃よもやま話刊行会）
奥美濃がたり（安藤忠夫　平成一三年　私家版）
改訂奥美濃ノート（沖　允人・加藤復三　平成一三年　私家版）
樹林の山旅（森本次男　昭和一五年　朋文堂）
近江百山（近江百山之会　平成一一年　ナカニシヤ出版）
関西百名山（山と溪谷社大阪支局　平成一〇年　山と溪谷社）
ガイド鈴鹿の山８２コース（山中保一　平成一〇年　風媒社）
新分県登山ガイド　三重県の山（佐藤貞夫[他]　平成一四年　山と溪谷社）
中勢四〇山（松阪山岳会　平成元年）
大安町史　第一・二巻（大安町教育委員会　昭和六一・平成五年　大安町）
御杖村史（御杖村史調査委員会　昭和五一年　御杖村）
尾鷲市史（尾鷲市史編纂委員会　昭和四六年　尾鷲市）
熊野市史（昭和五八年　熊野市）
紀和町史（平成三年　紀和町）

(1)飛騨山脈南部

ああ野麦峠（山本茂実　昭和五二年　角川文庫）
奥飛騨の山と人（伊藤久行　昭和四〇年　第２０回国民体育大会上宝村実行委）
御岳・乗鞍周辺の地理（上野福男[他]　昭和四四年　二宮書店）
乗鞍岳地区学術調査報告（財・日本自然保護協会　昭和四四年　岐阜県）
迦多賀嶽再興記（播隆上人　昭和五三年　大修館書店）
上宝村誌（上宝村　昭和五九年　同）
川上村史（川上村史編纂委員会　昭和五八年　川上村）
高根村史（高根村史編纂委員会　昭和五九年　高根村）
付知町史　通史編・史料編（付知町　昭和四九年　同）
丹生川村史　自然編（丹生川村　平成一〇年　同）
中部山岳国立公園乗鞍岳地区学術調査報告（財・日本自然保護協会　昭和四四年　岐阜県）
萩原町誌（萩原町誌編纂委員会　昭和三七年　萩原町）
槍ケ岳開山播隆（穂苅三寿雄[他]　平成九年　大修館書店）

(2)飛騨高地

斐太後風土記（富田礼彦　昭和四七年復刻　雄山閣）
濃州徇行記　濃陽志略（樋口好古　昭和四五年復刻　大衆書房）
河合村誌（河合村　平成二年　同）
清見村誌　通史篇上・下巻（清見村誌編集委員会　昭和五一年　清見村）
久々野町史（久々野町史編纂委員会　昭和三二年　久々野町）
高鷲村史　続（高鷲村史編集委員会　昭和六一年　同）
飛騨の神岡（神岡町教育委員会　昭和五五年　同）
上枝村史（上枝村史編纂委員会　平成一二年　同）
宮川村誌（宮川村誌編纂委員会　昭和五六年　宮川村）
宮村史（岩井正尾　昭和四三年　宮村教育委員会）
明宝村史　通史編（金子貞二　平成五年　明宝村）
山之口村誌（山之口村史編纂委員会　昭和六二年　同）

(3)美濃・三河高原

恵那郡史（恵那郡教育会　昭和元年　同）
恵那市史　通史編１（恵那市史編纂委員会　昭和五八年　恵那市）
笠置村誌（笠置村教育会　昭和一三年　同）
加子母村誌（加子母村誌編纂委員会　昭和四七年　同）
金山町誌（金山町誌編纂委員会　昭和五〇年　同）
川辺町史（川辺町史編さん室　平成八年　川辺町）
七宗町史（七宗町教育委員会　平成後年　七宗町）
白川町誌（白川町誌編纂委員会　昭和四三年　同）
新修東白川村誌　通史編（東白川村誌編纂委員会　昭和五七年　東白川村）
和良村史（和良村教育委員会　昭和六三年　和良村）
われらの山　５０（愛知県立田口高等学校　平成四年　同）
ワンデルング１９８４年２月号（昭和五九年　岳洋社）
愛知の林業史（愛知県　昭和五五年　同）
愛知県　地学のガイド（庄子士郎　昭和五三年　コロナ社）
旭町誌　通史編（旭町誌編集研究会　昭和五六年　旭町）
依田秋圃全歌集（依田秋圃著・依田福三編　昭和六〇年　短歌新聞社）
猿投神社の綜合的研究　上・下（太多正弘　平成四～五年　私家版）
額田町史（額田町史編集委員会　昭和六一年　額田町）
宮崎村誌（宮崎村誌編集委員会　昭和三五年　同）
御内蔵連誌・御内小学校８０周年記念（足助町立御内小学校　昭和五三年　御内小学校創立８０周年記念祭執行委員会）

三河宮尹良親王　稲武の尹良親王とその周辺（古橋和夫　昭和六二年　桃山書房）
写真が語る　三河宮尹良親王　稲武の尹良親王とその周辺（古橋和夫　昭和六二年　私家版）
山村の人々（依田秋圃　昭和一五年　朋文堂）
守山区の歴史（守山郷土史研究会　平成四年　愛知県郷土資料刊行会）
上志段味誌（名古屋市教育委員会　平成九年　名古屋市上志段味特定土地区画整理組合）
信州山岳日帰り紀行（山崎浩希　平成一一年　龍鳳書房）
信州山岳百科Ⅱ（昭和五八年　信濃毎日新聞社）
信濃路の自然観察（長野県自然教育研究会　昭和五六年　信濃毎日新聞社）
振草村誌（伊藤専一　昭和五三年　振草村誌刊行委員会）
設楽（設楽民俗研究会　昭和四九年　愛知県郷土資料刊行会）
設楽こたつ話　その一（沢田久夫　昭和四六年　設楽町教育委員会）
設楽町の文化財・有形文化財編（設楽町教育委員会　昭和五二年　同）
続・ひと味違う名古屋からの山旅（西山秀夫　平成七年　七賢出版）
段戸の山と地形・地質「愛知県立岡崎高等学校　学友　一一〇号」（池田芳雄）
土岐市史　1（土岐市史編纂委員会　昭和四五年　土岐市）
博物農業自然観察紀行案内　三河編（竹生欽次　昭和二二年　ライト書房）
とみやま　愛知県富山村村勢要覧（愛知県北設楽郡富山村　平成一四年同）
平谷村誌　上・下（平谷村誌編纂委員会　平成八年　平谷村誌刊行委員会）
豊邦小学校閉校記念誌（設楽町教育委員会）
名古屋の地名（名古屋市計画局　平成四年　角川書店）
炉辺夜話　奥三河稲武の歴史（古橋和夫　昭和五三年　桃山書房）
浪合村誌　上・下（浪合村誌編集委員会　昭和五九年　浪合村刊行会）

(4) 伊吹山地

春日村史　上・下（春日村史編集委員会　昭和五八年　同）
新修垂井町史　通史編（垂井町　平成八年　同）
浅井氏と小谷城（昭和六三年　小谷城址保勝会）
横山岳のしおり（平成一三年　杉野山の会）
赤坂山の自然ガイドブック（「赤坂山の自然」ガイドブック編集委員会　平成一〇年　マキノ町）
増補高島郡志（高島郡教育会　昭和五一年　弘文堂書店）
一等三角点百名山（一等三角点研究会　昭和六三年　山と溪谷社）

(5) 養老山地

多度町史・自然（多度町教育委員会　平成七年　多度町）
脇ヶ畑史話（編纂委員会編　昭和四八年　多賀町史編纂委員会）

(6) 鈴鹿・布引山脈

鈴鹿の山と谷　1～6（西尾寿一　昭和六二～平成四年　ナカニシヤ出版）
あゆみ六〇年（愛知県山岳連盟六〇年史編集委員会　平成一二年　愛知県山岳連盟）
かくれ里（白州正子　昭和四六年　新潮社）
猿田彦大本宮物語（伊勢新聞社）
近江の峠（伏木貞三　昭和四七年　白川書院）
近江文化財散歩（景山春樹　昭和五二年　学生社）

山と渓谷　第一三七号・国体鈴鹿山脈特集（昭和二五年　山と渓谷社）
隠れた名山64（松井志津子　平成七年　七賢出版）
日本の峠路（山本偹　昭和六三年　立風書房）
山と谷へ・中京山岳会50年史（中京山岳会事務所　昭和五七年　同）
鈴鹿山脈　触れてみよう大きな自然（鈴木・林　昭和五八年　日光印刷）
鈴鹿の山（山口温夫・山口昭　昭和四三年　山と渓谷社）
鈴鹿の自然（昭和四四年　三岐鉄道株式会社）
鈴鹿郡郷土誌（鈴鹿郡教育会　昭和五六年　東天社）
鈴鹿山系の伝承と歴史（大川吉崇　昭和五四年　新人物往来社）
鈴鹿山麓の民俗（伊勢民俗学会　昭和五八年　光書房）
鈴鹿市史　第一巻（鈴鹿市教育委員会　昭和五五年　鈴鹿市）
鈴鹿　樹林の山旅（辻涼一　平成五年　山人舎）
上石津町史　通史編（上石津町　昭和五四年　同）
郷土あのう夜話2（内田孝[他]　平成一四年　安濃町）
大山田村史　上・下（大山田村史編纂委員会　昭和五七年　大山田村）
美杉村史　上・下（美杉村　平成六年　同）
鈴鹿霊仙山の伝説と歴史（中島伸男　平成元年　私家版）
霊山三蔵（藪田藤太郎　昭和五七年　サンブライト出版）
鈴鹿山麓の民俗（伊勢民俗学会　昭和五八年　光書房）
鈴鹿山脈北部石灰岩地域自然科学報告書（藤原岳自然科学館　昭和五九年　同）
鈴鹿山系の伝承と歴史（大川吉崇　昭和五四年　新人物往来社）
鈴鹿関町史　上（関町教育委員会　昭和五二年　関町）
鈴鹿―樹林の山旅（辻涼一　平成五年　山人舎）
甲賀郡志　上（滋賀県甲賀郡教育会　昭和四六年　名著出版）
幻の池を求めて（近藤郁夫　平成六年　私家版）
近江カルストー花の道（川端健史　昭和六二年　サンブライト出版）

(7) 高見山地

一志町史（一志町　昭和五六年　同）
松阪市史　第一巻（松阪市史編さん委員会　昭和五二年　蒼人社）
勢陽五鈴遺響　1（安岡親毅[他]　昭和五〇年　三重県郷土資料刊行会）
南勢雑記（常誉摂門　昭和五〇年　三重県郷土資料刊行会）
日本の中の朝鮮文化4（金達寿　昭和五九年　講談社）
飯南郡誌（中林正三　昭和四八年　三重県郷土資料刊行会）

《北陸地方全般》

福井の山　一五〇（増永迪男　平成元年　ナカニシヤ出版）
越前若狭山々のルーツ（上杉喜寿　昭和五五年　福井新聞）
新かがのと百山（金沢ナカオ山岳会　平成三年　高島出版）
新北陸の名山（石川県勤労者山岳連盟　平成九年　同）
石川の山（石川の山編集委員会　平成元年　石川県山岳協会）
わが白山連峰―ふるさとの山々と渓谷（長崎幸雄　昭和六二年　北国出版）
続　わが白山連峰（長崎幸雄　平成元年　山路書房）
石川県の山　分県登山ガイド（林正一　平成八年　山と渓谷社）
富山県山名録（橋本広・佐伯邦夫編　平成十三年　桂書房）
北陸の百山（朝日新聞富山支局・金沢支局・福井支局　昭和六二年　能登印刷・出版部）
とやま山歩き　新版（橋本広[他]　平成四年　シーエーピー）
とやま県境踏破（池原等　平成一一年　桂書房）
いしかわの自然百景（「いしかわの自然百景」編纂委員会　平成七年　橋本確文堂企画出版室）

黒部・立山アルペンルート（深井三郎　昭和四九年　古今書院）
富山県の山　分県登山ガイド（佐伯郁夫・佐伯克美　平成八年　山と溪谷社）

(1)飛驒山脈北部

朝日町誌　自然編　文化編　歴史編（朝日町　昭和五九年　同）
雲表を行く（冠松次郎　昭和一八年　墨水書房）
越後山岳　六号（昭和四三年　日本山岳会越後支部）
越後山岳（藤島玄　昭和二三、二四年　新潟県各山岳会）
わが越後の山　紀行と随想（佐藤一栄　昭和四六年　学生書房）
山姥の源流　上路の山姥の民俗学的考察（池亀一男　昭和五三年　新潟日報事業社）
小谷民俗誌（小谷村教育委員会　昭和五四年　同）
黒姫山の植物（石沢進　昭和五三年　青海町教育委員会）
ふるさとの自然（黒姫山）（小野健　昭和五九年　青海町教育委員会）
奴奈川姫伝説の謎（渡辺義一郎　昭和五三年　山誌刊行会）
黒姫物語（黒姫物語刊行会　平成九年　黒姫物語刊行会）
ふるさとの自然　母なる黒姫未知なる大地への誘い（小野建　昭和五九年　青海町）
黒部奥山廻絵図（浮田覚衛門　文化六年）
奥山廻浮田家所蔵史料目録（富山市　昭和三五年　同）
山岳　第十二年第一号「白馬岳より越中小川温泉に出るの記」（鈴木益三　大正七年　日本山岳会）
山岳　第二十六年第二号「蓮華温泉より朝日岳へ」（渡辺漸　昭和六年　日本山岳会）
山岳　第二十六年第三号「黒薙川柳又谷」（塚本繁松　昭和六年　日本山岳会）
山岳　第二十七年第一号「朝日岳と北又谷」（塚本繁松　昭和七年　日本山岳会）
山岳　第三十二～三十四年第一号「黒部奥山廻り役㈠㈡㈢」（中島正文　昭和一二～一四年　日本山岳会）
山岳　第三十六年第一号「白馬三山とその以北」（補遺）（塚本繁松　昭和一六年　日本山岳会）
山岳　第四十三年第一号、第四十五年、第四十六・四十七年合併号「白馬岳志雑攷㊤㊥㊦」（中島正文　昭和二三、二六、二七年　日本山岳会）
山族野郎の青春　北アルプスに道を拓く（小野建　昭和四六年　山と溪谷社）
青海町史（青海町　昭和四一年）
青海四億年の大地　石灰岩とヒスイそのロマンを探る（小野建　平成八年　青海町）
栂海新道その自然　やぶかり道楽の記（小野健写真・文　昭和六三年　さわがに山岳会）
新潟県地質図説明書　二〇〇〇年版（新潟県地質図改訂委員会　平成一二年　新潟県商工労働部）
日本の石灰石（小滝地区）（小野建　昭和五八年　石灰石鉱業協会）
白馬岳　日本山岳写真書（塚本閤治　昭和一七年　山と溪谷社）
白馬岳以北の処女境（塚本繁松「旅」昭和六年）
白馬連峰と高瀬溪谷（冠松次郎　昭和一〇年　梓書房）
日本の名山白馬岳（白馬湖沼群）（大塚大　平成九年　博品社）
白馬賛歌（大谷貞雄　昭和五七年　ベースボール・マガジン社）
立山のいぶき（廣瀬誠　平成四年　シーエーピー）
黒部の山賊（平成六年　実業の日本社）
黒部別山（黒部の衆の私製本　昭和六一年）

黒部へ（志水哲也　平成一一年　白山書房）
黒部奥山史談（湯口康雄　平成四年　桂書房）
黒部雑記（湯口康雄　昭和四八年　北日本出版社）
山渓記　第二巻（冠松次郎　昭和四三年　春秋社）
立山黒部奥山の歴史と伝承（廣瀬誠　平成八年　桂書房）
立山群峯（冠松次郎　昭和四年　第一書房）
立山称名滝とその渓谷を探る（植木忠夫　昭和三七年　富山新聞社）
越中立山古文書（木倉豊信解読・解説　昭和三七年　立山開発鉄道KK）
立山信仰の歴史と文化（高瀬重雄　昭和五六年　名著出版）
越中立山古記録一―四（廣瀬誠・高瀬保解読・解説　平成一～四年　立山開発鉄道KK）
立山信仰と立山曼陀羅（福江充　平成一〇年　岩田書院）
立山カルデラ砂防博物館常設展示総合解説（平成一〇年　同博物館）
山と信仰　立山（廣瀬誠・清水巌　平成七年　佼成出版社）
立山信仰の源流と変遷（佐伯幸長　昭和四八年　私家版）
白山（北国新聞白山総合学術調査団　昭和三七年　北国新聞社）
白山（上杉喜寿　昭和六一年　福井県郷土史出版研究会）
白山・立山と北陸修験道（高瀬重雄　昭和五二年　名著出版）
信濃　有明山史（倉田兼雄　昭和四九年　信濃有明山開山天明講社）
有明山の登山道の復活　レポート（長野県池田工業高校山岳部　平成二年）
北安曇郡誌（北安曇郡誌編集委員会　昭和四六年）
北アルプス　上・下（信濃毎日新聞社編集局　平成四年　信濃毎日新聞社）
北アルプスの史的研究（中島正文　昭和六一年　梓書房）
北アルプス山小屋案内（金子博文　昭和六二年　山と渓谷社）
北アルプス乗鞍物語（福島立吉口述、長沢武編著　昭和六一年　ほおずき書籍）
北アルプス白馬連峰（長沢武　昭和六一年　郷土出版社）
北アルプス夜話（長沢武　昭和五四年　信濃路）
秘録・北アルプス物語（朝日新聞社松本支局　昭和五七年　郷土出版社）
北アルプス博物誌1登山・民俗（大町山岳博物館　昭和四七年　信濃路）
北アルプス（小笠原勇八　昭和九年　三省堂）
北アルプス山小屋物語（柳原修一　平成二年　東京新聞出版局）
北アルプス開発誌（中村周一郎　昭和五六年　郷土出版社）
北アルプスやまびと物語（柳原修一　平成七年　東京新聞出版局）
アルプスのトンボ（倉田稔　昭和四九年　誠文堂新光社）
北アルプス（田淵行男　昭和五六年　講談社）
北アルプス　一万尺のふみ跡をたずねて（小林俊樹　昭和四九年　成美堂出版）
穂高の岩場Ⅰ・Ⅱ（岩稜会　昭和三四年　朋文堂）
穂高の岩場（昭和五四年　山と渓谷社）
飛驒新道と有敬舎（岩岡昭二[他]　平成一〇年　岩岡弘明）
北アルプス白馬讃歌（山岳名著選集）（大谷定雄　昭和五七年　ベースボール・マガジン）
南安曇郡誌　第三巻（下）（南安曇郡誌改訂編纂会　昭和四六年　同）
南安曇郡誌　第一・三巻（南安曇郡誌改訂編纂会　昭和三一・四六年　信毎書籍）
大町市史　第1巻　自然環境資料（大町市史編纂委員会　昭和五九年　大町市）
大町市史　第5巻　民俗・観光資料（大町市史編纂委員会　昭和五九年　大町市）
槍ヶ岳開山播隆（穂苅三寿雄　平成九年　大修館書店）
新・北アルプス博物誌（大町山岳博物館　平成一三年　信濃毎日新聞社）

高山蝶（田淵行男　昭和三四年　朋文堂）
山の紋章　雪形（田淵行男　昭和五六年　学習研究社）
上高地物語（横山篤美　昭和五六年　信州の旅社）
上高地地熱利用開発調査報告書（上高地地熱利用㈱　平成三年　地熱）
上高地の自然（山田哲雄［他］　昭和五九年　上高地自然教室）
上高地（矢澤米三郎　昭和三年　岩波書店）
鹿島槍・五竜岳（中西俊明　平成一二年　山と溪谷社）
山岳　第五年第一号「穂高嶽槍ヶ嶽縦走記」（鵜殿正雄　明治四三年　日本山岳会）
黒部の山賊（伊藤正一　平成六年　ブルーガイドセンター）
釜トンネル（菊地俊朗　平成一三年　信濃毎日新聞社）
梓川村誌自然・民俗編（梓川村誌編さん委員会　平成五年　同）
ふるさと常念（改訂版）（常念岳研究会　昭和五七年　同）
槍・穂高近代アルピニズムの黎明（山崎安治［他］　昭和三八年　朋文堂）
安曇村誌　第1～4巻（安曇村誌編纂委員会　平成九～一〇年　安曇村）
喜作新道（山本茂実　昭和五一年　朝日新聞社）

(2)能登丘陵

新かが・のと百山（金沢ナカオ山岳会　昭和五八年　高島出版）

(3)両白山地

越前石徹白民俗誌（宮本常一　平成四年　未來社）
石徹白から別山への道（上村俊邦　平成五年　石徹白史艸）
日本海の見える山（増永迪男　昭和五四年　北陸通信社）
郷土の山々（熊谷太三郎　昭和三七年　品川書店）
霧の谷（増永迪男　昭和五〇年　北陸通信社）
霧の山（増永迪男　平成七年　ナカニシヤ出版）

郡上八幡町史　上・下（太田成和　昭和三五・三六年　八幡町役場）
久瀬村誌（久瀬村　昭和四八年　同）
坂内村誌　民俗編（坂内村教育委員会　昭和六三年　坂内村）
荘川村史　上・下（荘川村史編集委員会　昭和五〇年　同）
白川村史（大野郡白川村史編纂委員会　昭和四三年　同）
白鳥町史　通史編上・下（白鳥町教育委員会　昭和五一、五二年　同）
高鷲村史（山川新輔　復刻・昭和五七年　高鷲村役場）
高鷲村史　続（高鷲村史編集委員会　昭和六一年　同）
美濃徳山村民俗誌（桜田勝徳　昭和二六年　刀江書院）
徳山村史（徳山村史編集委員会　昭和四八年　同）
板取村史（渡辺賢雄　昭和五七年　板取村教育委員会）
西谷村誌　上・下（吉田森　昭和四五年　西谷村）
根尾村史（根尾村　昭和五五年　同）
屏風山脈の山旅　越美県境嶺の山と谷を行く（白崎重雄　昭和五三年　品川書店）
福井県大野郡誌　上・下（大野郡教育会　復刻・昭和六〇年　臨川書店）
洞戸村史（洞戸村史編集委員会　昭和六三、平成九年年　同）
美並村史　通史編　上・下（美並村教育委員会　昭和五六、五九年　同）
美濃市史　通史編　上・下（美濃市　昭和五四、五五年　同）
美濃馬場における白山信仰（高橋教雄　平成一二年　八幡町教育委員会）
美山町史　通史編（美山町　昭和五〇年　同）
本巣郡の昔ばなし（安藤善市　昭和五九年　本巣郡文化財審議会）
藤橋村史　上・下（藤橋村史編集委員会　昭和五七年　藤橋村）
春日村史　上・下（春日村史編集委員会　昭和五八年　春日村）
夜叉ヶ池　その伝承と歴史（坂内村誌編集委員会　平成八年　坂内村教育委員会）
夜叉ヶ池・天守物語（泉鏡花　昭和五九年　岩波書店）

勝山市史　第一～三巻　資料編第一～四巻（勝山市　昭和四九～平成一二年　同）
歴史と史跡・大野（河原哲郎　昭和六三年　大野市）
南条町史（南条郡南条町史編さん委員会　昭和五一年　南条町教育委員会）
河野村史（河野村史編さん委員会　昭和五九年　河野村）
今庄町誌（今庄町誌編さん委員会　昭和五四年　今庄町）
白山連峰文献集（力丸茂穂　平成四年）
白山山系とっておきの三三山（柚本寿二　平成一一年　北国新聞社）
白山山系鷲走ヶ岳の山名について（力丸茂穂　昭和六二年　個人発表論文）

《近畿地方全般》

近畿山想　第二版（辻京一　平成二年　山人舎）
近畿の登山（近畿登山研究会　大正一三年　ヤナギ会）
近畿乃山々（山崎恒雄　昭和三年　近畿登山研究会）
近畿の山と谷（住友山岳会　昭和一六年　朋文堂）
近畿の山（仲西政一郎　昭和四五年　山と溪谷社）
琵琶湖周辺の山（長宗清司　平成五年　ナカニシヤ出版）
中高年向きの山100コース　関西編（高田収　昭和五七年　山と溪谷社）
四季近江富士（八田正文　昭和五七年　サンブライト社）
近郊の山を歩く（京都趣味登山会　平成一二年　京都新聞社）
近江輿地志略（寒川辰清・宇野健一改訂校註　昭和五一年　弘文堂書店）
近江名跡案内記（北川舜治　昭和五七年　藤本弘文堂）
近畿霊山と修験道（五来重　昭和五三年　名著出版）
近江百山（近江百山之会　平成一一年　ナカニシヤ出版）
近江湖北の山（山本武人　昭和六〇年　ナカニシヤ出版）
近江朽木の山（山本武人　平成四年　ナカニシヤ出版）
近江の山々（伏木貞三　昭和四五年　白川書院）
近江の山を歩く（草川啓三　平成一二年　ナカニシヤ出版）
近江の山（木村至宏　昭和六三年　京都書院）
近江の山（草川啓三　昭和五九年　京都山の会出版局）
近江国滋賀郡誌（滋賀県庁蔵　宇野健一校訂　昭和五四年　藤本弘文堂）
京都滋賀南部の山（内田嘉弘　平成四年　ナカニシヤ出版）
京都滋賀　古代地名を歩く　一・二（吉田金彦　昭和六二・平成三年　京都新聞社）
京滋百山三角点を行く　上・下（芝村文治　平成四・五年　かもがわ出版）
関西百名山（山と溪谷社大阪支局　平成一〇年　山と溪谷社）
関西ハイキングガイド（創元社編　平成八年　同）
関西の山あるき一〇〇選（梶山正　平成一二年　昭文社）
名古屋から行く隠れた名山64（松井志津子　平成七年　七賢出版）
一等三角点の名山と秘境（安藤正義　平成八年　新ハイキング社）
ベスト・ハイク京滋の山（綱本逸雄[他]　平成二年　かもがわ出版）
グレード別近畿の山best三〇（西村弘美　平成七年　七賢出版関西事業部）
北山百山（北山クラブ編　平成元年　同）
新訂都名所図会（市古夏生・鈴木健一　平成一一年　ちくま文庫）
山城三十山（日本山岳会京都支部　平成六年　ナカニシヤ出版）
山のスケッチ（内田嘉弘　平成元年　ナカニシヤ出版）
京都北部の山々　丹波・丹後・若狭・近江（金久昌業　昭和四八年　創

元社）
京都北山百山　レポート集（北山クラブ　昭和六三年　同）
京都北山ものがたり（斎藤清明　平成四年　松籟社）
京都北山と丹波高原（森本次男　昭和三九年　山と溪谷社）
東山三十六峰を歩く（京都新聞社・三浦隆夫編　平成七年　京都新聞社）
京都府の三角点峰　全一八三座完登の譜（横田和雄　平成七年　京都山の会出版部）
京都丹波の山　上・下（内田嘉弘　平成七・九年　ナカニシヤ出版）
京都大事典　府域編（上田正昭・吉田光邦　平成六年　淡交社）
京都周辺の山々　第三版（金久昌業　昭和五七年　創元社）
大阪周辺の山250（石川道夫[他]　平成一三年　山と溪谷社）
大阪周辺の山を歩く（中庄谷直[他]　平成一〇年　山と溪谷社）
大阪50山（大阪府山岳連盟　平成一四年　ナカニシヤ出版）
大阪・神戸の自然を歩く　地学ガイド（地学団体研究会大阪支部　昭和五四年　創元社）
京阪神さわやかハイキング（大阪府社会体育研究所会・山の会　平成六年　七賢出版関西事業部）
奈良県の山　分県登山ガイド28（小島誠孝　平成七年　山と溪谷社）
日本の聖域　第八巻　修験の道場・大峰山（矢野建彦・宮家準　昭和五七年　佼成出版社）
自然探訪　第四巻　関西・近畿を歩く（監修：開高健　昭和五七年　講談社）
榛原町史（榛原町史編集委員会　平成三～五年　榛原町）
大和かくれ寺（津田さち子　昭和五一年　駸々堂出版）
大和まほろばの山旅（内田嘉弘　平成一二年　ナカニシヤ出版）
大和を歩く（奈良地理学会　平成一二年　奈良新聞社）
大和志料　上・下（奈良県・斎藤美澄　昭和四五年　歴史図書社）
大和青垣の山々　三版（奈良山岳会　昭和五五年　奈良新聞社）
大和日記（半田門吉記・土方直行　明治三〇年　田中治兵衛）
大和名所記（奈良県史料・第一巻）（林宗甫[他]　昭和五二年　豊住書店）
大和名所図会（秋里籬島[他]　昭和四六年　歴史図書社）
奈良県史　第一～一八巻（奈良県史編集委員会　昭和五九～平成一一年　名著出版）
最新奈良県地誌（堀井甚一郎　昭和三六年　大和史蹟研究会）
奈良点描　一・二（長田光男　昭和五八年　清文堂出版）
奈良歴史案内（松本俊吉　昭和四九年　講談社）
万葉の山をゆく（新井清　昭和五七年　ナカニシヤ出版）
万葉の道　巻の一～三（扇野聖史　昭和五六～五七年　福武書店）
木葉衣・鈴懸衣・踏雲録事（東洋文庫）（行智[他]　昭和五〇年　平凡社）
奈良の伝説（日本の伝説　13）（岩井宏実・花岡大学　昭和五一年　角川書店）
遊歩　Vol．5・6・7（十人会[他]　昭和六三年　編集工房あゆみ）
御堂関白記　上・下（藤原道長[他]　昭和四年　日本古典全集刊行会）
奈良県の歴史散歩　上・下　新版（奈良県歴史学会　平成五年　山川出版社）
大和の三角點を尋ねて　上・下（上田倖弘　平成一二年　ぶよお堂）
白井光太郎著作集　第一～六巻（木村陽二郎　昭和六〇～平成二年　科学書院）
紀州の山々（紀州山の会　昭和四二年　創元社）
京阪神ワンデイ・ハイク（山岳図書編集部　平成四年　山と溪谷社）
和歌山県の山　分県登山ガイド29（児嶋弘幸　平成七年　山と溪谷社）
南紀の山と谷（新宮山の会　昭和六二年　同）

和歌山県の歴史散歩（和歌山県高等学校社会科研究協会　平成五年　山川出版社）
兵庫の自然（紅谷進二　昭和四一年　六月社）
ふるさと兵庫　50山（兵庫県山岳連盟　平成一一年　神戸新聞総合出版センター）

(1) 丹波高原

野坂嶽大権現由来記（平成九年　野坂嶽大権現奉賛会）
若狭の山々（小浜山の会ガイドブック編集委員会　平成一三年　小浜山の会）
医王山　多禰寺（真下克己・藤坂克孝　平成五年　多禰寺）
北山の峠　上・中・下（金久昌業　昭和五三・五四・五五年　ナカニシヤ出版）
北山の道　一日コースの登山ガイド　1～3（渡辺歩京　昭和五六～六一年　白地社）
舞鶴市史　通史編　上・中・下（舞鶴市史編さん委員会　昭和五三・五七・平成五年　舞鶴市）
能勢郷土史研究会・十年のあゆみ（能勢郷土史研究会　平成五年　同）
丹波路　史蹟と伝説（吉田証　昭和三三年　日本科学社）
晴れて丹波の村人に（森茂明　昭和六一年　クロスロード）
自治の街、大山崎（平成九年　大山崎町歴史資料館）
史料京都の歴史　第14巻　右京区（京都市　平成六年　平凡社）
史料京都の歴史　第15巻　西京区（京都市　平成六年　平凡社）
史跡探訪　京の西山（渡会恵介　昭和五七年　京都新聞社）
山崎・水無瀬　懐古と巡歴（大山崎史談会　昭和四五年頃　同）
京都北山と丹波高原（森本次男　昭和一三年　朋文堂）
京都北山を歩く　1・2・3（澤潔　平成元・二・三年　ナカニシヤ出版）
京都東北部地域の地質（木村克己ほか　平成一〇年　地質調査所）
京都滋賀日帰りハイク　最新版（京都新聞社　昭和六二年　同）
京都ふるさと登山50選（京都山友会　平成五年　京都新聞社）
京の北山　史跡探訪（京都新聞社　昭和五五年　同）
楽しい京の山歩き　史跡とその歴史をたずねて（岩田英彬　平成七年　松籟社）
鞍馬山小史（鞍馬山寺教務部　平成七年　鞍馬弘教総本山鞍馬寺出版部）
芦生奥山炉辺がたり（森茂明　平成一一年　かもがわ出版）
芦生の森から（芦生の自然を守り生かす会　平成八年　かもがわ出版）
阿多古（瀧本豊之輔　昭和一〇～一五年　府社愛宕神社社務所）
京都西北部地域の地質（井本信広ほか　平成元年　地質調査所）
天田郡志料（山口架之助　臨川書店）
今津町史第二巻近世編（今津町史編集委員会　平成一一年　今津町）
採集箱第九号（塩田受雄　昭和六〇年　私家版）
マキノ町誌（マキノ町誌編さん委員会　昭和六二年　マキノ町）
和知町誌　1・2（和知町誌編さん委員会　平成六・七年　和知町）
弥栄町史（弥栄町　昭和四五年　弥栄町役場）
名草神社案内書（八鹿町教育委員会生涯学習課）
北摂の山　上・下（慶佐次盛一　平成一三・一四年　ナカニシヤ出版）
兵庫丹波の山　上・下（慶佐次盛一　平成三・四年　ナカニシヤ出版）
氷の山・鉢伏山の歴史（中村覚　昭和五四年　私家版）
天田郡志資料　上・下（山口加米之助　昭和四七年　名著出版）
南桑田郡誌・北桑田郡誌・船井郡誌（京都府教育会南桑田郡部会　昭和四七年　名著出版）
探訪／丹後半島の旅　上・中・下（澤潔　昭和五七～五八年　文理閣）
丹哥府志　丹後郷土史料集　第1輯　上・下　覆刻版（木下幸吉　昭和

四七年　名著出版）
丹後町史（中江光之助・吉岡武夫　昭和五一年　丹後町）
丹後州宮津府志　丹後郷土史料集　第2輯（木下幸吉　昭和一五年　竜灯社出版部）
丹後の宮津　史蹟と名勝をめぐる（岩崎英精　昭和三三年　天橋立観光協会）
但馬妙見の参道の磨崖仏あるき（川見時造）
馬山地調査報告（兵庫県山岳連盟　昭和三九年）
但馬をめぐる山々　主として積雪季登山のために（神戸山岳会　昭和三七年　同）
大江町誌　通史編　上・下（大江町誌編纂委員会　昭和五八・五九年　大江町）
大宮町誌（大宮町誌編纂委員会　昭和五七年　大宮町）
何鹿郡誌（京都府教育会何鹿郡部会　昭和四七年　名著出版）
増補　高島郡誌（高島郡教育会　昭和五一年　弘文堂書店）
赤坂山の自然ガイドブック（「赤坂山の自然」ガイドブック編集委員会　平成一〇年　マキノ町）
今津町史　第2巻　近世編（今津町史編集委員会　平成一一年　今津町）
六甲山博物誌（玉起彰三　平成九年　神戸新聞総合出版センター）
六甲山の地理　その自然と暮らし（田中真吾　昭和六三年　神戸新聞総合出版センター）
六甲（竹中靖一　昭和八年　朋文堂）
北神戸の山やま　神鉄沿線とその周辺（多田繁次　昭和五七年　神戸新聞出版センター）
神戸近郊の山やま　低山遍歴（多田繁次　昭和六〇年　神戸新聞出版センター）
プレイランド　六甲山史（棚田真輔・表　猛宏・神吉賢一　昭和五九年　出版科学総合研究所）
なつかしの山やま　ひょうご低山遍歴（多田繁次　平成二年　神戸新聞総合出版センター）

(2)播磨平野

播磨　山の地名を歩く（播磨地名研究会　平成一三年　ひめしん文化会）

(3)比良山地

比良連嶺（角倉太郎　昭和一四年　朋文堂）
比良―研究と案内（角倉太郎・阿部恒夫　昭和四〇年　山と溪谷社）
比良連峰（森本次男　昭和三六年　山と溪谷社）
比良　山の自然譜（中井一郎　昭和五二年　ナカニシヤ出版）
比良の父・角倉太郎（佐々木信夫　平成九年　ナカニシヤ出版）
初登山　今西錦司初期山岳著作集（今西錦司・斎藤清明編　平成六年　ナカニシヤ出版）
山の随筆（今西錦司　昭和五四年　旺文社）
採集箱　第九号（塩田受雄　昭和六〇年　私家版）
京滋びわ湖山河物語（澤潔　平成一一年　文理閣）
比叡山（景山春樹　昭和五〇年　角川書店）
大文字山（久山喜久雄　平成三年　ナカニシヤ出版）

(4)信楽大和高原

太神山不動明王略縁起（太神山社務所　昭和六三年）
脇ケ畑史話（編纂委員会　昭和四八年　多賀町史編纂委員会）

(5)紀伊山地

紀和町史　上（紀和町史編さん委員会・紀和町　平成三年　紀和町教育委員会）
熊野市史　上・中・下（熊野市史編纂委員会　昭和五八年　熊野市）
三都市・四三県・三府一庁大日本管轄分地区（日本地図選集刊行委員会　昭和四三年　人文社）
ひと味違う名古屋からの山旅（西山秀夫　平成六年　七賢出版）
度会町史（度会町史編さん委員会　昭和五六年　度会町）
下北山村史（木村博一　昭和四八年　下北山村）
上北山村の地理（奈良県教育委員会事務局文化財保存課　昭和三九年　上北山村）
上北山村の歴史附建築美術工芸（奈良県教育委員会事務局文化財保存課　昭和三九年　上北山村）
笙ノ窟発掘調査概要報告書（笙ノ窟発掘調査団　平成七年　上北山村教育委員会）
川上村史（川上村史編纂委員会　昭和六二～平成元年　川上村教育委員会）
海山町史（海山町役場　昭和五九年　同）
宮川村史（宮川村史編さん委員会　平成六年　宮川村）
近畿周辺三角点山名（平成八年　大阪低山跋渉会）
行者山　二〇号（平成一二年　私家版）
三重県紀伊国北牟婁郡地誌（野地義智　昭和四八年　名著出版）
西国三十三所名所図会（暁鐘成　嘉永六年　平成三年複製　臨川書店）
大台ヶ原・大杉谷の自然　人とのかかわりあい（菅沼孝之　昭和五〇年　ナカニシヤ出版）
大和青垣の山々（奈良山岳会　昭和五五年　奈良新聞社）
東吉野村郷土誌（東吉野村教育委員会　昭和四七年　同）
吉野　その歴史と伝承（宮坂敏和　平成二年　名著出版）
吉野町史　増補（増補吉野町史編集委員会　平成一六年　吉野町）
金谷上人行状記　ある奇僧の半生（東洋文庫）（横井金谷著・藤森成吉訳　昭和四〇年　平凡社）
熊野修験の森　大峯山脈奥駈け記（宇江敏勝　平成一一年　岩波書店）
熊野古道（小山靖憲　平成一二年　岩波新書）
世界遺産吉野・高野・熊野をゆく　霊場と参詣の道（朝日選書）（小山靖憲　平成一六年　朝日新聞社）
熊野古道を歩く　歩く旅シリーズ「街道・古道」（山と溪谷社大阪支局　平成一六年　山と溪谷社）
女人禁制（鈴木正崇　平成一四年　吉川弘文館）
大塔村史（大塔村史編集委員会　昭和三四年　大塔村役場）
重要文化財大峰山寺本堂修理工事報告書（奈良県教育委員会事務局奈良県文化財保存事務所　昭和六一年　奈良県教育委員会）
大峯山秘録　花の果てを縦走する（前田良一　昭和六〇年　大阪書籍）
大峰修験道の研究（宮家準　昭和六三年　佼成出版社）
天川村史（天川村　昭和五六年　同）
天保十年聖護院宮入峰随伴記　橿原考古学研究所論集第七（平山敏治郎著・橿原考古学研究所編　昭和五九年　吉川弘文館）
藤簍冊子　上田秋成全集第一〇巻（上田秋成全集編集委員会　平成二年　中央公論社）
野迫川村史（野迫川村史編集委員会　昭和四九年　野迫川村）
十津川学術調査報告書（奈良県教育委員会事務局文化財保存課　昭和四三年　十津川村）
十津川郷採訪録　民俗　1～5（林宏　平成四～八年　十津川村教育委員会）
十津川郷の昔話　1～2集（十津川村教育委員会　昭和六〇～平成元年

第一法規出版）

(6)生駒・金剛・和泉山脈

千早赤阪村誌　本文編（千早赤阪村史編さん委員会　昭和五五年　千早赤阪村）
御所市史（御所市史編纂委員会　昭和四〇年　御所市）
金剛山記（金剛山総合文化学術調査委員会　昭和六三年　葛木神社社務所史跡金剛山奉賛会）
神々と天皇の間（鳥越憲三郎　昭和六二年　朝日新聞社）

《中国地方全般》

中国百名山（山と溪谷社大阪支局　平成一二年　山と溪谷社）
岡山県百名山（中島篤巳　平成一二年　葦書房）
岡山の山やま　上・下（岡山県勤労者山岳連盟　昭和五六年　同）
新ルート　岡山の山百選（福田明夫・守屋益男・岡山県勤労者山岳連盟　平成一五年　吉備人出版）
鳥取県百名山（中島篤巳　平成一四年　葦書房）
因幡の山やま（鳥取県東部山岳研究会議　昭和五六年　同）
因幡伯耆の伝説（野津龍　昭和五〇年　第一法規出版）
山陰の百山（日本山岳会山陰支部１００山委員会　昭和六三年　日本山岳会山陰支部）
鳥取県のすぐれた自然（豊島吉則[他]　平成五年　鳥取県生活環境部自然環境課）
鳥取県境の山（日本山岳会山陰支部山陰の山研究委員会　平成一一年　日本山岳会山陰支部）
鳥取の伝説　日本の伝説　４７（鷲見貞雄・片柳庸史　昭和五五年　角川書店）
新修島根県史　史料篇　第６（島根県　昭和四一年　同）
広島の自然　県下全域の地形・地質・気候・植物・動物と採集ハイキングコース（今村外治[他]　昭和四一年　六月社）
広島県百名山（中島篤巳　平成一〇年　葦書房）
西中国山地（桑原良敏　平成九年　溪水社）
山陽・山陰鉄学の旅（島津邦弘　平成六年　中国新聞社）
芸藩通志（頼杏坪[他]　昭和四八年復刻　芸備郷土誌刊行会）
村里を行く（宮本常一著作集25）（宮本常一　昭和五二年　未来社）
山口県百名山（中島篤巳　平成七年　葦書房）
やまぐちの山と自然　高校生と教師の山行記録（山口県高体連登山部平成三年　同）
防長風土注進案　一〜二一（山口県文書館　昭和五八年　マツノ書房）
山口県の自然（山口自然研究会　昭和四〇年　六月社）
ふるさとの水（山口県ふるさとづくり県民会議　平成三年　同）
防長百山（安倍正道　平成四年　マツノ書店）
山口県の自然１００選（朝日新聞社山口支局　平成元年　葦書房）
ふるさとの山（山口県ふるさとづくり県民会議　平成六年　同）
防長地下上申　一〜四（山口県地方史学会　昭和五三〜五五年　同）
稜線　創立七〇周年記念号（下関山岳会　平成一二年　同）

(1)中国山地

倉吉市史（倉吉市史編纂委員会　昭和四八年　倉吉市）
鬼住山ものがたり（鬼住山ものがたり編集委員会　平成六年　溝口町）
三朝町誌（三朝町総務課　昭和四〇年　三朝町）
三朝町誌　続（三朝町　昭和四三年　同）

大山を歩く（松下順一・千鶴　昭和五八年　たたら書房）
大山町誌（大山町誌編さん委員会　昭和五五年　大山町）
毛無山・宝仏山自然地域学術調査報告書（鳥取県生活環境部景観自然課　平成一二年　同）
毛無山の自然（岡山県地域振興部環境保全局自然保護課　平成九年　岡山県地域振興部環境保全局）
悠遊大山（松下順一　平成一二年　米子今井書店）
淀江町誌（淀江町　昭和六〇年　同）
比婆郡誌（大正元年　広島県比婆郡役場）
県民の森　自然ガイド（小川光昭　昭和五四年　比婆科学教育振興会）
東城町史（平成九年　東城町史編纂委員会）
広島の地質をめぐって（高村權　平成二年　築地書館）
福田頭（河野一夫　平成一二年　広島山稜会会報「峠」三六号）
十方山周辺（木村知博　昭和三六年　広島山稜会会報「峠」三巻一号）
瀬戸谷遡行（木村知博　昭和三七年　広島山稜会会報「峠」三巻二号）
市間山（木村知博　昭和四〇年　広島山稜会会報「峠」六巻三号）
坂根谷（木村知博　昭和三九年　広島山稜会会報「峠」六巻二号）
坂根屏風（田中俊夫　昭和五六年　広島山岳会会報「山嶺」三九八号）
秘境細見谷を探る（児島忠夫　昭和八年　広島山岳会会報　一二九号）
立岩山（豆田洋二　昭和三八年　広島山稜会会報「峠」四巻三号）
市木村史（明治九年　島根県那賀郡旭町）
筒賀村史　資料編第1巻（筒賀村・筒賀村教育委員会　平成一一年　筒賀村）
白木町史（広島市役所　昭和五五年　同）
来尾村史（明治一〇年　島根県那賀郡旭町）
立岩貯水池周辺地域の自然（中国電力株式会社土木部　平成元年　中国電力）
阿東町誌（波多放彩　昭和四五年　山口県阿武郡阿東町）
吉和村誌　第一巻（昭和六一年　吉和村）
可部町史（昭和五五年　広島市役所）
可部郷土誌会誌　三十六号（昭和六二年　可部郷土史同好会）
二十万地質図広島（昭和六一年　通産省工業技術院地質調査所）
三田郷土史会誌　七号（昭和六一年　三田郷土史同好会）
三段峡と八幡高原（昭和三四年　広島県教育委員会）
戸河内町史・自然編（平成九年　戸河内町）
戸河内森原家手鑑帳（正徳五年）
源流（宮林深雪　昭和六〇年　中国山地振興会）
五里山（木村知博　昭和三五年　広島山稜会会報「峠」一巻三号）
芸北の山旅（結城次郎　昭和七年　広島山岳会会報九号）
恐羅漢を中心として（川本老介　昭和九年　広島山岳会会報四〇号）
錦町史（錦町史編さん委員会　平成元年　錦町）
山口市史（山口市　昭和八年版　昭和五七年版）
秋芳町史（秋芳町史編集委員会　昭和三八年　秋吉町）
長門市史　歴史編・民俗編（長門市史編集委員会　昭和五四・五六年　長門市）
豊北町史（豊北町史編纂委員会　昭和四七年　同）
豊田町史（豊田町史編纂委員会　昭和五四年　豊田町）
菊川町史（菊川町教育委員会　昭和四五年　同）
豊浦町史（豊浦町史編纂委員会昭和五四年　豊浦町）

(2) 吉備高原

呉の歴史（呉市史編纂室　平成一四年　呉市役所）
広島近郊の山域と史跡ベスト33（請川　洋一　平成一四年　H・L・C）

《四国全般》

四国の山を歩く（尾野益大　平成一四年　ナカニシヤ出版）
四国アルプス（北川淳一郎　大正一四年　伊予史籍刊行会）
四国山岳　第一輯（朋文堂編輯部　昭和一二年　朋文堂）
山と林への招待（山中二男　昭和五八年　高知新聞社）
高知の森林（高知県緑の環境会議森林研究会　平成二年　高知市文化振興事業団）
生きた植物図鑑　保護林への誘い（高知営林局　平成八年　同）
土佐の道（山崎清憲　平成一〇年　高知新聞杜）

(1)讃岐平野北部

善通寺市史　第1巻（善通寺市企画課　昭和五二年　善通寺市企画課）

(2)讃岐山脈

塩江町史（塩江町史編集委員会　昭和四五年　塩江町史編集委員会）

(3)四国山地

剣山県民の森総合学術調査報告書（徳島県　昭和46年　同県）
剣山の気象58年史（徳島地方気象台　平成一四年　同）
徳島県美馬郡一宇村誌（西内滝三郎　大正九年　徳島県美馬郡一宇村）
ふるさと阿波の山やま　自然と歴史をたずねて（徳島県高等学校体育連盟登山部　昭和五五年　南海ブックス）
徳島県植物誌（阿部近一　平成二年　教育出版センター）
木屋平村史（木屋平村史編集委員会　平成八年　木屋平村）
本山町史　上・下（本山町史編さん委員会　昭和五四・平成八年　本山町）
本川村史（本川村　昭和五五年　同）
土佐町史（土佐町史編集委員会　昭和五九年　土佐町）
石鎚連峰と面河渓調査書（愛媛県土木部都市計画課編纂　昭和二七年　愛媛県）
石鎚連峰と面河渓（秋山英一　昭和一〇年　いはつち文庫出版部）
愛媛の山と渓谷　東・南予編（愛媛大学山岳会　昭和四九年　愛媛文化双書刊行会）
滑床の自然と探勝（大谷彰　平成三年　松野町観光公社）
石鎚山　山と信仰（森正史　平成七年　佼成出版社）

《九州全般》

九州の山（山岳図書編集部　平成四年　山と溪谷社）
九州の温泉と山（足利武三・井上優　平成四年　西日本新聞社）
九州の山　一二訂版（立石敏雄　昭和五四年　しんつくし山岳会）
九州の山と高原（折元秀穂　昭和五三年　九州産業大学山岳部等）
九州の山と伝説（天本孝志　昭和五八年　葦書房）
九州の山をゆく（西日本新聞社　平成一二年　同）
マイカーで行く九州の山歩き（渡部智倶人　昭和五七年　葦書房）
北九州の山ところどころ（竹内亮　昭和九年　福岡協和会）
九州山岳　第一輯（新島章男　昭和一一年　朋文堂）
九州山岳　第二輯（新島章男　昭和一三年　朋文堂）
九州自然歩道　上（西日本新聞社　昭和五一年　同）
九州地方土木地質図解説書（九州地方土木地質図編纂委員会　昭和六一年　同）
九州百名山（山と溪谷社編集部　平成一四年　山と溪谷社）
九州百山峰（渡辺智久人　平成一二年　葦書房）

マイカーで行く九州100山峰（渡部智倶人　平成三年　葦書房）
日本の地質・九　九州地方（日本の地質「九州地方」編集委員会　平成四年　共立出版）
家族ハイク・九州北部の山（足利武三・井上優　昭和六三年　西日本新聞社）
福岡・佐賀県の山歩き　改訂版（吉川満　平成一一年　葦書房）
福岡県の山（五十嵐賢・日野和道　平成六年　山と溪谷社）
福岡県の山歩き（福岡山の会　平成一二年　海鳥社）
福岡県の自然100選（朝日新聞西部本社　昭和六〇年　葦書房）
レッツ・ハイク福岡県100コース（井上優　平成二年　西日本新聞社）
物語ハイク・北部九州100山120話（井上優　平成二年　西日本新聞社）
佐賀県郷土誌物語「背振山と栄西」（川頭芳雄　一九七二年　私家版）
佐賀さわやかハイキング（佐賀県勤労者山岳会　平成二年　佐賀新聞社）
佐賀県の山（内田益充・柴田芳夫　平成六年　山と溪谷社）
背振山と栄西　佐賀県郷土史物語　第一輯（川頭芳雄　昭和四九年　私家版）
長崎県の山（井上晋・山野辺捷雄　平成六年　山と溪谷社）
長崎県の山歩き（林正康　平成一二年　葦書房）
山・探検・フィールドワーク（松本徰夫　昭和五三年　玉川大学出版部）
豊後国志（唐橋世済　昭和五〇年・復刻　文献出版）
大分の伝説　上・下（梅木秀徳　昭和四九年　大分図書）
大分県の地理（兼子俊一　昭和三七年　光文社）
大分の自然を守る（大分自然を守る会　昭和五〇年　大分自然を守る会）
大分百山　登山ガイド（日本山岳会東九州支部　平成一四年　同）
大分の山々（梅木秀徳　昭和四四年　大分合同新聞連載）
くまもと里山紀行（栗原寛志　平成二年　熊本日日新聞社）
阿蘇火山（松本徰夫・松本幡郎　昭和五六年　東海大学出版会）
肥後の山　675座　駆け歩き（西和文　平成一〇年　私家版）
熊本の山（今江正知　昭和五四年　熊本日日新聞社）
熊本の地理と地名　第九回熊本地名シンポジウム（熊本地名研究会　平成七年　同）
熊本の文学碑（荒木精之　昭和五四年　熊本日日新聞社）
熊本県の山歩き（吉川満　昭和六三年　葦書房）
熊本百山（熊本日日新聞社編集局　昭和五八年　熊本日日新聞社）
熊本百名山（熊本日日新聞社　平成一〇年　同）
日本山岳会熊本支部設立40周年記念誌（廣永峻一　平成九年　日本山岳会熊本支部）
宮崎県植物誌（平田正一　昭和五九年　宮崎日日新聞社）
宮崎県風土記（宮崎県　昭和六三年　旺文社）
みやざき百山（大谷優　平成一二年　宮崎日日新聞社）
鹿児島県の山歩き（吉川満　平成三年　葦書房）
鹿児島県の山　分県登山ガイド（鹿児島山岳会　平成九年　山と溪谷社）
鹿児島県史（鹿児島県　昭和四二年　同）
鹿児島地学会誌（鹿児島地学会　平成元年　同）
西郷臨末記（香春建一　昭和四五年　尾鈴山書房）
登山マップ　二　九州南部編（森永恭典　平成八年　編集室樹林帯）
楠郷山誌（南九州山岳会　大正一五年　白鳳社）
琉球弧の地質誌（木崎甲子郎　昭和六〇年　沖縄タイムス社）
新南島風土記（新川明　昭和六二年　朝日文庫）

⑴ 筑紫山地

古賀町誌（古賀町誌編さん委員会　昭和六〇年　古賀町）
二丈町誌（二丈町誌編集委員会　昭和四二年　二丈町）

宝満山徹底ガイド（ふくおか自然に親しむ会　平成一〇年　西日本新聞社）
宝満山歴史散歩（森弘子　平成一二年　葦書房）

(2)多良・雲仙火山群

雲仙火山　地形・地質と火山現象（太田一也　昭和五九年　長崎県）
震災予防調査会報告　第八四号　温泉岳火山地質調査報文（駒田亥久雄・震災予防調査会　大正二〜一五年　同）
火山の一生（松本徰夫　一九八七年　青木書店）
日本の天然記念物（加藤陸奥雄・沼田真・渡部景隆・畑正憲　一九九五年　講談社）
日本噴火志（震災予防調査会　一九一八年同）

(3)中九州火山地域

国東半島の歴史と民俗（梅原治夫　昭和四九年　佐伯印刷）
英彦山（読売新聞西部本社社会部　昭和五〇年　赤間関書房）
英彦山と九州の修験道（中野幡能　昭和五二年　名著出版）
豊前志（渡辺重春[他]・今村孝次校訂　昭和六年　二豊文献刊行会[他]）
万年山（玖珠山の会　昭和二九年　九重観光協会）
耶馬溪彦山風景論（脇水鉄五郎　昭和八年　中津市・耶馬溪鉄道）
阿蘇くじゅう国立公園くじゅう地域学術調査報告書（昭和六三年　大分県環境保健部）
奥別府の自然（由布・鶴見火山群学術調査団　昭和四九年　別府市）
久住山の歌（後藤是山・工藤久泉　昭和八年　九州山岳会）
久住山志・植物編（工藤元平　昭和四〇年　私家版）
九重・由布の旅（原田種夫　昭和四一年　ジャパン・コンサルタントルーム）
九重の花（佐藤利明　昭和四七年　佐藤利明）
九重の自然（嶋田裕雄　昭和六三年　不知火書房）
九重花便り（上野哲郎　昭和六三年　不知火書房）
九重山（中村治四郎　昭和三六年　中村英数学園）
九重山（藤田晴一　平成一二年　山と溪谷社）
九重の自然と歴史（松本徰夫[他]　平成一〇年　葦書房）
九重山博物誌（梅木秀徳　平成九年　葦書房）
九重風物志（立石敏雄　昭和二八年　筑紫山岳会）
高崎山太平記（加藤柔郎　昭和四四年　翼書院）
自然を友として（別府生物友の会事務局　平成一一年　別府生物友の会）
由布岳（加藤数功　昭和三三年　湯布院町）

(4)宇土半島・天草諸島

観海アルプス（長田光義　平成元年　天草アルパインクラブ）
新・天草学　地域学シリーズ2（熊本日日新聞社　昭和六二年　同）
天正の天草合戦誌（天草歴史文化遺産の会　平成元年　同）
天草・霊験の神々（浜名志松　平成二年　図書刊行会）
天草の自然（吉倉真　平成五年　熊本生物研究所）
天草学林・論考と資料集（鶴田文史　昭和五二年　天草文化出版社）
天草古記録集・高田家所蔵遠見番関係文書（天草古文書会　昭和五四年　同）
天草写真大観（吉見教英　昭和一〇年　みくに社）
天草諸島の形成と日本列島（田代正之　平成九年　南の風社）
山岳　第二十七年二号「天草島の山々」（竹内亮　昭和七年　日本山岳会）

(5)九州山地

佐伯志（佐藤蔵太郎　昭和四八年復刻　臨川書店）
豊後水道域（大分大学教育学部　昭和五五年　同）
祖母・傾（祖母、傾自然公園開発促進協議会　昭和三三年　同）
祖母岳（百溪祿郎太　大正一四年　同）
祖母傾地域の自然環境保全調査報告書（昭和五一年　大分県環境保健部）
高千穂町史・郷土史編（高千穂町　平成一四年　同）
日之影町史　史料編・資料編・別編（日之影町　平成一一〜一三年　同）
阿蘇（中野一路　昭和三年　私家版）
阿蘇火山の生い立ち（渡辺一徳　平成一三年　一の宮町）
阿蘇郡誌（熊本県教育会阿蘇郡支会　昭和元年　同）
五木村学術調査・人文編・自然編（五木村総合学術調査団　昭和六二年　同）
五木村誌（五木村公民館　昭和四五年　同）
上益城郡誌（上益城郡長　大正一〇年　上益城郡役所）
日本山岳会熊本支部設立四〇周年記念誌（廣永峻一　平成九年　日本山岳会熊本支部）
九州脊梁の山々（吉川満　平成六年　葦書房）
抄訳後狩詞記（柳田国男　平成五年　椎葉村教育委員会）

(6)南九州火山地域

日向地誌（平部嶠南　昭和五一年・復刻、青潮社）
霧島の研究（宮崎県教育会西諸県郡支会　昭和一〇年　同）
桜島大噴火　かごしま文庫（橋村健一　平成六年　春苑堂出版）
薩摩一の宮枚聞神社由緒記（枚聞神社　発行年不詳）
開聞町郷土誌（開聞町郷土誌編集委員会　昭和四八年　同）
三国名勝図会　1〜4（五代秀尭　昭和五七年　青潮社）
神話の里かいもん（開聞町　平成七年　同）
第一四回トロコニーデ開聞岳登山大会のしおり（開聞町　平成一二年　同）

(7)甑島山地

下甑村郷土誌（下甑村郷土誌編纂委員会　平成一六年　下甑村）
島のてっぺんから島を見る　島の山探訪記（向一陽　平成一一年　山と溪谷社）

(8)大隅諸島

屋久杉の森（日下田紀三　昭和五八年　八重岳書房）
屋久杉の里（南日本新聞屋久島取材版　平成二年　岩波書店）
屋久町誌（屋久町誌編纂委員会　昭和三九年　屋久町）
屋久島（湯本貴和　平成七年　講談社・ブルーバックス）
屋久島の山（松本徰夫　昭和三六年「山と溪谷」二七三号）
屋久島の山岳（太田五雄　平成五年　八重岳書房）
屋久島の四季（日下田紀三　昭和五七年　八重岳書房）
屋久島の植物（川原勝征　平成七年　八重岳書房）
屋久島の森林（屋久島森林環境保全センター　平成八年　屋久島森林環境保全センター）
屋久島の垂直分布（今西錦司　昭和二五年「暖帯林」五巻二号）
屋久島の地名考（永里岡　昭和六三年　私家版）
屋久島の民話　1・2集（下野敏見　昭和五〇・五四年　未来社）
屋久島の旅（太田五雄　平成一一年　八重岳書房）
屋久島を歩く　フルカラー特選ガイド（吉川満写真・文　平成一三年　山と溪谷社）
屋久島花草木　世界自然遺産の島（初島住彦監修・川原勝征写真と文

平成九年　八重岳書房）
屋久島大地図（一六四四年）
上屋久町郷土誌（上屋久町郷土誌編纂委員会　昭和五九年　上屋久町教育委員会）
日本植生誌〔1〕屋久島（宮脇昭　昭和五五年　至文堂）
三島村誌黒島（三島村　平成二年　同）

(9)南西諸島

十島村誌口之島（十島村誌編集委員会　平成七年　十島村）
鹿児島県トカラ列島横当島の火山地質（松本徂夫・松本幡郎　昭和四一年　火山第二集第一一巻）
沖縄県硫黄鳥島の火山地質〔松本徂夫〕琉球列島の地質学研究　第3巻（木崎甲子郎編　昭和五三年　琉球大学教養部地学教室）
西表島自然誌（安間繁樹　平成二年　晶文社）
熱汗山脈（高橋敬一　平成九年　随想舎）
八重山群島学術調査報告　第2集（九州大学八重山群島学術調査隊　昭和三九年　九州大学）
尖閣列島魚釣島・北小島・南小島の地質（松本徂夫・辻和毅　昭和四八年　長崎大学教養部紀要　第十四号）

（山座解説）―執筆者・執筆協力者・写真撮影者・改訂協力者一覧

「山座解説」の編集、執筆、写真撮影、改訂に、ご協力いただいた方々の氏名を、各支部毎に五十音順に掲載した。ただし各支部の改訂協力者が執筆者または執筆協力者と同一の場合は、改訂協力者欄の氏名を割愛した（本文の山座解説各項末尾には掲載）。

＊印を付した方は、編集の統括および協力、改訂統括者であることを示す。

〈北海道支部〉

執筆者

京極　紘一
＊高澤　光雄
滝本　幸夫
新妻　徹
安田　成男

執筆協力者

漆崎　隆
漆崎　裕子

写真撮影者

石橋　三夫
佐藤　文彦
高澤　光雄
中村　喜吉
新妻　徹
増子　麗子
安田　成男
横内　泰美
若林　修二

改訂協力者

＊田中　健

〈青森支部〉

執筆者

江利山　寛知
遠藤　智久
＊大久保　勉
柿本　孝徳
坂本　雄二
＊下山　壽
杉村　勝司
鈴木　邦彦
須々田　秀美
中村　光明
中村　勉
西口　正司
三浦　章男
村上　義千代

写真撮影者

遠藤　智久
下山　壽
鈴木　邦彦
西口　正司
三浦　章男
山上　敏昭

改訂協力者

前田　恵三

〈岩手支部〉

執筆者

阿部　陽子
岩館　公子
内山　達雄
及川　迪靖
小口　洋右
小田島　博
音石　康一
小野寺　正英
＊菊池　修身
久多良　謙一
椚田　房男
佐藤　英夫
菅原　敏夫
諏訪　弘
高橋　耕
高橋　俊紀
中屋　重直
中谷　充
西村　幸雄
藤井　公博
松田　和弘
村上　力
村田　柴太
山家　敏雄
山崎　成一

写真撮影者

阿部　陽子
小田島　博
佐藤　英夫

中谷　充
松田　和弘
村上　力
村田　柴太

改訂協力者
遠藤　正子
久保　豊
熊谷　敬子
高橋　慎一
畠　登
平山　順子
渡邊　博厚

〈宮城支部〉

執筆者・改訂協力者
飯塚　とみ子
遠藤　銀朗
遠藤　昭治
太田　正
大橋　克也
小山　幹
熊谷　藤子
熊谷　正志
後藤　邦慶
佐々木　郁男
佐々木　国雄
＊佐藤　昭次郎
讃岐　惣二郎
柴崎　徹
庄司　駒男
城間　礼子
鈴木　晃三
千石　信夫
高野　笑美
高橋　二義
千田　早苗
中條　俊一
西郡　光昭
＊林田　健治
星　勝雄
三宅　泰
森　佐和子
吉中　登
蓬田　三枝子
渡　大治郎

写真撮影者
柴崎　徹
林田　健治

〈秋田支部〉

執筆者
安藤　武俊
奥村　清明
加賀谷　昭一
今野　昌雄
＊佐々木　民秀
鈴木　要三
土肥　貞之
長岩　嘉悦
藤原　健
保坂　隆司
眞坂　洋一
柳田　勇悦

写真撮影者
佐々木　民秀
藤原　健

改訂協力者
鈴木　裕子

〈山形支部〉

執筆者・改訂協力者
＊木村　喜代志
菅原　富喜
＊田宮　良一

執筆協力者
植松　芳平
坂本　俊亮

写真撮影者
菅原　富喜
田宮　良一
山形県観光協会

〈福島支部〉

執筆者
阿部　穎二
阿部　明義
五十嵐　昭市
伊藤　一弘
伊藤　義男
江花　俊和
大谷　司
大竹　幹衛
大友　繁
大平　元次
小沢　光意
金成　忠
小荒井　実
小林　正彦
佐々木　健臣
佐藤　進英
佐藤　典子
志田　正美
鈴木　琢美
鈴木　千定
高田　雅雄
成田　安弘
＊西関　良光
野地　克也
広瀬　由昌
藤井　宗次

藤間　道徳
*逸見　征勝
星　賢孝
水上　雅
溝井　力男
森沢　堅次
吉田　元
渡邊　久

執筆協力者
安藤　治
佐久間　高男
鈴木　嘉
武藤　伸彦
*八巻　和男

写真撮影者
五十嵐　昭市
大竹　幹衛
河崎　行雄
小林　正彦
佐々木　健臣
高田　雅雄
野地　克也

藤間　道徳
逸見　征勝

改訂協力者
石井　洋子
磯上　隆
伊藤　尊仁
菊池　道彦
熊谷　鶴三
佐々木　秀雄
佐藤　一夫
鈴木　章一
橋本　亮三
深谷　金之助
*渡部　展雄
渡辺　健二

〈茨城支部〉
改訂協力者
*酒井　國光

〈栃木支部〉
改訂協力者
*小島　守夫

〈群馬支部〉
改訂協力者
加藤　仁
*根井　康雄

〈埼玉支部〉
改訂協力者
*高橋　努
富樫　信樹
古川　史典
松本　敏夫
山崎　保夫

〈千葉支部〉
改訂協力者
岩尾　富士夫

諏訪　吉春
高橋　琢子
*三木　雄三
柳川　しげよ
山崎　完治
山口　文嗣
山本　哲夫
吉野　聡

〈関東地区〉
執筆者
飯野　頼治
伊佐　九三四郎
植木　知司
*大森　久雄
岡田　敏夫
奥野　幸道
川崎　英憲
桑子　登
坂口　三郎
佐藤　節
*佐藤　勉
関根　幸次

仙石　富英
祖父川　精治
滝沢　芳章
中西　章
野口　冬人
橋本　太郎
*平井　吉夫
*平田　謙一
平野　彰
舟橋　栄子
*古谷　聖司
松家　晋
松﨑　中正
松沢　節夫
南川　金一
*三好　まき子
室井　正松
*山田　哲郎
山本　正基
山本　侘介
油谷　次康
*横山　厚夫

写真撮影者
新井 芳子
飯野 頼治
植木 知司
上野 興世
大森 久雄
岡田 敏夫
奥野 幸道
川崎 英憲
佐藤 勉
関根 幸次
仙石 富英
祖父川 精治
野口 冬人
橋本 太郎
平田 謙一
舟橋 栄子
古谷 聖司
室井 正松
山本 正基
山本 佗介
油谷 次康
横山 厚夫
榛名町役場
（現・高崎市役所榛名支所）

〈東京多摩支部〉

改訂協力者
石井 秀典
河野 悠二
小山 義雄
*高橋 重之
松澤 節夫
守屋 龍男

〈越後支部〉

執筆者
五十嵐 力
永島 賢司
小倉 厚
小野 健
熊木 貞夫
桑原 悌治
小山 長孝
坂井 厚
桜井 昭吉
高橋 正英
田中 栄弘
*筑木 力
遠山 実
内藤 修
南雲 克良
七沢 恭四郎
橋本 正己
樋口 宗一
藤井 信
本田 文雄
松村 守
*室賀 輝男
梁取 静五
山口 徳明
山﨑 幸和
山田 一男
横山 征平

写真撮影者
会田 啓一
永島 賢司
小野 健
桜井 昭吉
諏訪 恵一
南雲 克良
七沢 恭四郎
藤井 信
山﨑 幸和

改定協力者
*遠藤 家之進正和
坂井 厚
杉本 敏
靍本 修一
平田 大六
本間 宏之
宮崎 幸司
森 庄一

〈富山支部〉

執筆者・改訂協力者
金尾 誠一
木戸 繁良
*佐伯 郁夫
佐伯 克美
佐藤 武彦
渋谷 茂
志水 哲也
谷村 正則
藤條 好夫
永山 義春
西川 雄策
廣瀬 誠
本郷 潤一
本多 秀雄
松本 睦男
村上 清光
森丘 實
*山田 信明
湯口 康雄

写真撮影者
佐伯 郁夫
佐伯 克美
志水 哲也
湯口 康雄

〈石川支部〉

執筆者・改訂協力者

岩谷　浩三
＊太田　義一
大庭　保夫
岡本　明男
織田　伸治
佐伯　芳造
櫻井　清隆
澤村　眞治
関本　邦晴
樽矢　導章
＊津田　文夫
中川　博人
西嶋　錬太郎
埴崎　滋
広瀬　幸寛
＊前川　陽
前田　健進
村上　哲
力丸　茂穂

写真撮影者

岡本　明男
力丸　茂穂

〈福井支部〉

執筆者

安立　勝重
井上　泰利
永田　康弘
藤本　外史
松村　進
宮前　庄三
＊宮本　数男

写真撮影者

宮本　数男

改訂協力者

田路　繁男
＊森田　信人

〈山梨支部〉

執筆者・改訂協力者

高室　陽二郎
＊深沢　健三

執筆協力者

＊山村　正光

写真撮影者

深沢　健三

〈信濃支部〉

執筆者・改訂協力者

青木　保良
安藤　幸明
伊藤　敦
奥原　宰
垣内　雄治
河西　彌一
鹿住　共是
金井　伸
金子　誠吾
菊地　俊朗
北林　幹男
小泉　直隆
＊小林　俊樹
小松　正志
近藤　敬子
財津　達弥
早乙女　綏次
瀬戸　堯穂
田島　守
田中　聡
塚本　茂樹
角田　啓蔵
徳武　裕二
鳥橋　祥子
中島　誠至
中野　和郎
中村　行徳
原　謙一
平沢　利夫
＊古幡　開太郎
穂苅　康治
堀　邦昌
堀金　裕
松林　のり子
宮坂　登
宮崎　清之
宮島　順一
宮原　岳子
柳沢　勝輔
山浦　源太郎
米川　正利
米倉　逸生
若尾　巻広
渡辺　登司美

執筆協力者

赤沼　健至
小沢　恭子
小松　舎人
楯　誠治
藤原　夏雄
松沢　貞一
三澤　新弥
宮下　進八郎
山田　恒男
下水内郡栄村役場観光課
上高井郡高山村役場観光課

南安曇郡堀金村役場観光課
（現・安曇野市役所堀金支所）
上伊那郡長谷村役場観光課
（現・伊那市役所長谷総合支所）
下伊那郡大鹿村郷土資料館
「ろくべん館」

写真撮影者
伊藤　敦
金子　誠吾
小泉　直隆
小林　忠治
瀬戸　堯穂
田島　守
田淵　行男
古幡　開太郎
穂苅　康治
山浦　源太郎
米川　正利
米倉　逸生
渡辺　登司美
栄村役場

〈岐阜支部〉

執筆者
伊藤　茂
島田　靖
*高木　泰夫
*村田　正春
山田　暁

写真撮影者
伊藤　茂
小池　潜
島田　靖
高木　泰夫
棚瀬　慶尚
丹羽　邦夫

改訂協力者
*高木　基揚
堀　義博

〈静岡支部〉

執筆者
青野　興喜
*有元　利通
*安間　荘
大石　惇
大島　康弘
大村　武敬
小川　正育
加藤　弘司
児平　隆一
諏訪部　豊
高須　梧郎
竹端　節次
照内　豊
*永野　敏夫
平野　雅俊
廣澤　和嘉
古田　徹司
森　博
山坂　五郎
若林　和司

写真撮影者
有元　利通
小川　正育
児平　隆一
佐藤　武
竹端　節次
永野　敏夫
古田　徹司
森　博

改訂協力者
勝又　一歩

〈東海支部〉

執筆者・改訂協力者
安藤　忠夫
安藤　直彦
石田　文男
石田　好子
磯村　義宣
出原　朗
上田　正
*大坪　重遠
*岡田　晋
尾上　昇
加藤　良三
金田　博秋
川端　守
菊田　貞明
木村　清
栗木　洋明
毛塚　一雄
小林　晃
小松　達彦
佐野　武士
白木　幹司
杉田　博
鈴木　丈司
鈴木　富雄
角谷　允孝
高田　真歳
田中　太門
辻　章行
内藤　芳夫
長坂　博
中世古　隆司
中村　庸男

＊西山　秀夫
＊布目　治二
萩　　徹
林　芳広
星　一男
正田　緑
増田　千恵子
水畑　靖代
村中　征也
山田　猛
山中　保一
横田　明信

執筆協力者

青木　周子
徳島　豊子

写真撮影者

出原　朗
西山　秀夫

〈京都・滋賀支部〉

執筆者・改訂協力者

阿部　恒夫
礒部　純
伊原　哲士
内田　嘉弘
＊大槻　雅弘
岡田　茂久
川見　博美
木之下　繁
酒井　展弘
坂井　久光
塚本　珪一
津田　美也子
西尾　寿一
松下　征文
松田　敏男
横田　和雄
若林　忠男

写真撮影者

阿部　恒夫
内田　嘉弘
大槻　雅弘
岡田　茂久
川見　博美
塚本　珪一
若林　忠男

〈関西地区〉

執筆者

阿部　和行
赤松　滋
足立　義郎
尾野　益大
＊柏木　宏信
金井　健二
上横手　健義
阪下　幸一
田中　義一
根来　春樹
野口　恒雄
宗實　二郎
森沢　義信
山田　博利
芳村　嘉一郎

執筆協力者

梶浦　正敕
安井　康夫

写真撮影者

赤名　貞義
石川　道夫
尾野　益大
久保　三朗
中島　隆
宗實　二郎
森沢　義信

〈関西支部〉

改訂協力者

赤松　滋
足立　義郎
久保　和恵
黒田　記代
阪下　幸一
＊重廣　恒夫
田中　義一
根来　春樹
野口　恒雄
廣田　猛夫
宗實　二郎
森沢　義信
山内　幸子
芳村　嘉一郎

〈山陰支部〉

執筆者

井汲　博
＊伊澤　寿高
遠藤　栄子
岡村　一郎
＊小椋　凱夫
＊吉川　明秀
吉川　暢一
清瀬　祐司
佐藤　衛士
高田　允克
徳田　章人
中井　俊一
長田　健三
早本　和佳子

飛田　彰
広江　研
福嶋　泰夫
福嶋　佑二
藤井　信一郎
松下　順一
安田　文夫
吉岡　淳一

写真撮影者
岡村　一郎
松下　順一

改訂協力者
山岡　健志

〈広島支部〉

執筆者
池本　喜浩
*稲野　政男
岩内　秀昭
兼森　志郎
兼森　路子
*木村　知博
国枝　忠幹
佐々木　弘磨
佐藤　建
里信　敏行
敷廣　千枝
*清水　正弘
新山　まゆみ
杉村　功
鈴木　康仁
竹原　則嘉
*種村　重明
豊田　和司
長門　輝彦
名越　實
野間　弘
羽奈　傳
平田　恒雄
藤川　昌寛
堀内　輝章
前垣　寿男
八幡　浩
山本　和彦
吉見　良一
吉村　千春

執筆協力者
松上　良生
松島　宏

写真撮影者
木村　知博
吉見　良一

改訂協力者
井川　まり子
上田　辰治
大塚　守雄
岡谷　良信
小田　里子
尾道　憲二
河野　二六夫
後藤　昭
近藤　道明
斎　陽
田賀　雅文
田中　勝彦
土居　義信
西岡　義則
*野島　信隆
長谷川　操子
円石　利恵子
三村　洋子
森　茂樹
森戸　隆男
渡辺　勝俊

〈四国支部〉

改訂協力者
*尾野　益大

〈福岡支部〉

執筆者
足達　敏則
井上　晋
井上　優
井上　佑
太田　五雄
佐々木　耕二
下田　泰義
副島　勝人
高木　荘輔
田中　幸男
中馬　一枝
津田　祐一
中山　健
*深田　泰三
藤井　哲夫
堀田　哲男
松本　康司
*松本　征夫
渡部　秀樹

写真撮影者
井上　晋
井上　優
太田　五雄
佐々木　耕二
下田　泰義
中山　健
松本　康司
松本　征夫

改訂協力者
＊中馬　董人

〈北九州支部〉

改訂協力者
赤瀬　榮吉
磯野　文雄
＊伊藤　久次郎
井上　禮子
井上　佑
太田　満
大谷　恵美子
奥田　スマ子
榊　俊一
関口　興洋
高畠　拓生
武永　計介
竹本　正幸
丹下　洽
内藤　正美
原　広美
馬場　基介
三浦　利夫
森　義雄
山田　武史

〈熊本支部〉

執筆者
池崎　浩一
神谷　平吉
河田　博喜
工藤　文昭
田上　敏行
長田　光義
中村　恵二
西澤　健一
廣永　峻一
＊本田　誠也

写真撮影者
田上　敏行
長田　光義
廣永　峻一
本田　誠也

改訂協力者
安場　俊郎
中林　暉幸
＊松本　莞爾
山本　直

〈東九州支部〉

執筆者
＊梅木　秀徳

写真撮影者
東九州支部

改訂協力者
安東　桂三
飯田　勝之
加藤　英彦
興田　勝幸
下川　幸一
首藤　宏央
中野　稔

〈宮崎支部〉

執筆者
荒武　八起
有木　重昭
石井　久夫
＊井野元　繁
大谷　セツ子
＊大谷　優
田村　哲朗
都甲　豈好
永峯　麗子
南里　晋亮
服部　敬二
日高　研二
前原　満之

写真撮影者
大谷　優
服部　敬二

改訂協力者
黒岩　タカ子
＊末永　軍朗
多田　周廣
恒吉　克範
久永　博之
古川　一郎

〈新日本山岳誌編集委員会〉

◎委員長○副委員長〈五十音順〉

安間　荘
五百澤　智也
五十嵐　篤雄
井野元　繁
梅木　秀徳
太田　義一
大谷　優
大槻　雅弘
○大森　久雄
小椋　凱夫
小倉　茂暉
○柏木　宏信
菊池　修身
吉川　明秀
絹川　祥夫
木村　喜代志
小林　俊樹
佐伯　郁夫
佐々木　民秀
下山　壽
高澤　光雄
◎高木　泰夫
高原　三平
種村　重明
田宮　良一
筑木　力
津田　文夫
永野　敏夫
贄田　統亜
西山　秀夫
林田　健治
平井　吉夫
深沢　健三
深田　泰三
古幡　開太郎
本田　誠也
逸見　征勝
松本　徰夫
宮本　数男
村田　正春
室賀　輝男
八巻　和男
山村　正光
吉村　健児

〈改訂版〉

◎節田　重節
○岩崎　元郎
○重廣　恒夫

改訂版あとがき

日本は山国である。

本書巻頭「日本山岳概説」の中の「日本の山の特徴」の項でも、小疇《こあぜ》　尚《たかし》・明治大学名誉教授が「日本は国土の六割強が山地と火山で、それに丘陵地を加えると、高地の割合が七割以上という山国である」と述べられている。これほどまでに身近な存在として「山」があり、信仰の対象として、あるいは登山の対象として崇められ、愛されてきた国は、ほかにないのではないか。したがって、「山」を取り巻く自然や歴史、文化の豊かさに包まれて遊ばせてもらっている幸せを、我々登山者は感謝しなければならないだろう。

それらの山々のほとんどが本書に収録されていると言っても過言ではなかろう。収録山座数は約三〇〇〇座（索引の項目数）に及び、解説文中で関連する山座数を加えると約四〇〇〇座となる。本書の前身である、日本山岳会第二代会長・高頭　式氏がまとめられた『日本山嶽志』の収録山座数が二一三〇座であるから、大幅に増えたことになる。

今回、日本山岳会創立百十周年記念出版の一環として、一〇年前に刊行された本書初版に大幅な改訂を加え、『改訂　新日本山岳誌』として刊行する運びとなった。初版刊行時の支部の数は二四だったが、この一〇年間で三二支部に増加、ほぼ全国の山々を網羅して情報収集できる体制ができ上がったことは、大きな力となった。これだけの山岳情報を収集・集約できる組織は日本山岳会をおいてほかになく、正に百十年の伝統の力と言えよう。

改訂作業は、まず初版のゲラ刷り（校正のための刷り物）を初版時に担当された各支部および新設支部にも送り、初版執筆者もしくは代理の会員にチェックしていただいた。したがって、一部の山は初版担当支部と、その山が位置する新設支部の両者に確認をお願いした。それらの成果を各支部の統括責任者がまとめて、編集部に送っていただくという段取りで作業を進めた。いただいた訂正箇所は膨大なものとなったが、それらの赤字部分を訂正後、さらに編集部では行政区画、標高、入・下山口へのアクセス、登路、二・五万分の一地図の図幅名などを再確認し、より精度を高めた。

これらの作業と併行して、「日本山岳概説」に始まって「山地・山脈別山座解説」まで、全編にわたって節田が通読してチェック、さらに岩崎元郎、重廣恒夫・両副編集委員長にも、「山座解説」を東西に分けてご確認いただいた。『新日本百名山』の刊行や「ふるさと八百名山」などを提唱されて、全国を歩いておられる岩崎さんには東日本を、本書掲載の山をすべて登ろうという「チャレンジ四〇〇〇＝生涯四〇〇〇山登山」に挑戦されている重廣さんには西日本をご担当いただいた。大変お忙しいなかをご協力いただいたお二人には、衷心より感謝申し上げる。

そして、初版刊行時はもとより、今回の改訂作業においても日本山岳会各支部のみなさんには大変お世話になった。一年間という短い時間の中で、細かい確認作業をお手伝いいただいた執筆者並びに改訂協力者のみなさん、とりわけ統括責任者の方々には心から御礼申し上げたい。

一〇月中旬、赤字ゲラと格闘しているさなかの息抜きに、かねてから訪れてみたいと思っていた信州・遠山郷に遊んできた。「天空の里」下栗集落探訪と併せて本書から選んだのは、伊那山地の最高峰にして「中・南アルプスの展望台」として知る人ぞ知る鬼面山だった。秋晴れの下、重畳と連なる山並みを眺め回していると、改めて「日本は山国である」の感を深くした。

このような隠れた名山や地元の人々にひっそりと愛されているいい山が、もっとあるのではないだろうか――心配の種は尽きない。本書のような山岳事典的な性格の本において、胸を張って完璧を期したと断言できるレベルにまで達するのは至難の業であり、本書も道半ば、八合目といったところだろうか。日本山岳会会員のみなさんをはじめ読者の方々に様々な情報やご意見を頂戴して、より高みを目指したいと願っている次第である。

二〇一五年一〇月吉日

編集委員長　節田重節

ろ

六十里越 …………… (約870m)……… 535
六所山(伊吹) …………… (698m)………1235
六所山(美濃) …………… (611m)………1146
六谷山 ………………… (1398m)………1118
六万山 ………………… (1260m)………1193
六郎洞山 ……………… (1479m)……… 988
六郎次山 ……………… (405m)………1794
六個山 ………………… (396m)………1307
六甲山 ………………… (931m)………1332
六角牛山 ……………… (1293m)……… 312
六百山 ………………… (2470m)……… 964
六本杉山 ……………… (1149m)………1839

わ

涌蓋山 ………………… (1500m)………1774
若草山 ………………… (342m)………1358
吾国山 ………………… (518m)……… 600
若杉山(中国) ………… (1021m)………1492
若杉山(筑紫) ………… (681m)………1689
若須岳 ………………… (564m)………1236
和賀岳 ………………… (1439m)……… 362
若栃山 ………………… (1593m)……… 989
若丸山 ………………… (1286m)………1225
若山 …………………… (315m)………1304
湧谷山 ………………… (1080m)………1233
和佐又山 ……………… (1344m)………1398
鷲尾山 ………………… (306m)………1668
鷲ヶ巣山 ……………… (1093m)……… 486
鷲ヶ岳(飛騨) ………… (1672m)………1133
鷲ヶ岳(両白) ………… (769m)………1208
鷲鞍岳 ………………… (1010m)………1219
鷲頭山 ………………… (392m)……… 876
鷲羽岳 ………………… (2924m)……… 913
鷲別岳 ………………… (911m)……… 268
鷲羽山 ………………… (113m)………1598
綿向山 ………………… (1110m)………1264
鷲走ヶ岳 ……………… (1097m)………1197
和名倉山 ……………… (2036m)……… 654
鰐塚山 ………………… (1118m)………1862
蕨山 …………………… (1044m)……… 669
割引岳 ………………… (1931m)……… 550
ワリモ岳 ……………… (2888m)……… 912
悪沢岳 ………………… (3141m)………1072

遙照山 …………………… (405m)………1582
羊蹄山 ……………………(1898m)……… 273
楊柳山 ……………………(1009m)………1414
養老山 …………………… (859m)………1252
横当島西峰〈仮称〉……… (259m)………1888
横当島東峰〈仮称〉……… (495m)………1888
横尾山(関東) ……………(1818m)……… 688
横尾山(丹波) …………… (312m)………1336
横隈山 …………………… (594m)……… 658
横倉山 …………………… (800m)………1670
横岳(南八甲田) …………(1340m)……… 326
横岳(八ヶ岳・茅野) ……(2825m)……… 785
横岳(北八ヶ岳) …… (北峰2480m)……… 780
横岳(飛騨) ………………(1623m)………1118
横津岳 ……………………(1167m)……… 281
横手山 ……………………(2307m)……… 741
横通岳 ……………………(2767m)……… 955
横根山 ……………………(1373m)……… 611
横山 ………………………(1417m)……… 596
横山岳 ……………………(1132m)………1240
与作岳 ……………………(1933m)……… 539
吉野ヶ岳 ………………… (547m)………1228
四塚山 ……………………(2519m)………1188
四ツ又山 ………………… (900m)……… 641
与那覇岳 ………………… (503m)………1890
米山 ……………………… (993m)……… 730
四村塚山 ………………… (197m)………1158
蓬田岳 …………………… (952m)……… 509
蓬森 ………………………(1174m)……… 295
鎧ヶ岳 …………………… (847m)………1799
鎧岳 ……………………… (894m)………1276

ら

雷倉 ………………………(1169m)………1224
雷山 ……………………… (955m)………1697
雷電山 ……………………(1211m)……… 273
羅臼山 …………………… (882m)……… 205
羅臼岳 ……………………(1661m)……… 206
羅漢山 ……………………(1109m)………1555
楽古岳 ……………………(1471m)……… 249

り

利尻山 ……………………(1721m)……… 250
龍王山(信楽) …………… (586m)………1361
龍王山(瀬戸内) ………… (287m)………1596
竜王山(鈴鹿) …………… (826m)………1265
竜王山(中国) …………… (614m)………1568
龍王山(吉備) …………… (504m)………1581
竜王山 ……(阿波竜王山1060m)………1610
龍王山(筑紫) …………… (616m)………1688
竜ヶ岳(御坂) ……………(1485m)……… 844
竜ヶ岳(鈴鹿) ……………(1099m)………1258
竜ヶ岳(中国) …………… (817m)………1457
龍ヶ岳(奥羽) …………… (994m)……… 409
竜ヶ森 ……………………(1050m)……… 343
瀧山 ………………………(1362m)……… 405
龍頭山 …………………… (928m)………1526
竜爪山 ………… (薬師岳1051m)………1056
竜頭山 ……………………(1352m)………1106
龍房山 ……………………(1020m)………1850
竜峰山 …………………… (517m)………1842
竜馬ヶ岳 …………………(1501m)………1104
竜馬山 …………………… (521m)……… 383
竜門岳 …………………… (904m)………1285
竜(龍)門山 ………………(1688m)……… 482
龍門山 …………………… (756m)………1416
両神山 ……………………(1723m)……… 647
猟師岳 ……………………(1423m)………1774
霊山(阿武隈) …………… (825m)……… 511
霊山(九州) ………… (約610m)………1796
霊仙山 ……………………(1094m)………1253

れ

冷山 ………………………(2193m)……… 782
霊山 ……………………… (766m)………1271
霊石山 …………………… (326m)………1471
礼文岳 …………………… (490m)……… 250
蓮華山 …………………… (576m)………1560
蓮華岳 ……………………(2799m)……… 906
蓮如山 …………………… (328m)………1205

焼岳 ……………… (南峰2456m)……… 977
焼峰山 ………………… (1085m)……… 491
焼山(妙高) ……………… (2401m)……… 761
焼山(丹沢) ……………… (1060m)……… 805
焼山(木曾) ……………… (1710m)………1011
弥三郎岳 ……………… (1058m)……… 794
八塩山 ………………… (713m)……… 462
八子ヶ峰 ……… (東の峰1869m)……… 777
夜叉ヶ池山 …………… (1108m)………1239
弥十郎ヶ嶽 …………… (715m)………1322
矢城山 ………………… (586m)………1856
矢頭山 ………………… (731m)………1280
安満岳 ……………… (約530m)………1720
休山 …………………… (497m)………1591
矢大臣山 ……………… (964m)……… 509
矢滝城山 ……………… (634m)………1576
矢岳(多良岳) ………… (940m)………1717
矢岳(南九州) ………… (1132m)………1865
八嶽山 ………………… (1141m)………1134
矢立山 ………………… (649m)………1724
矢田山 ………………… (340m)………1436
弥太郎山 ……………… (816m)……… 410
矢次山 ………………… (568m)………1466
八杉森 ………………… (1029m)………1627
八面山 ………………… (1313m)………1629
柳岳 …………………… (952m)………1862
簗谷山 ………………… (1214m)………1150
屋ノ棟岳 ……………… (1397m)……… 341
矢筈ヶ山 ……………… (1358m)………1500
矢筈山(四国・祖谷) …… (1849m)………1631
矢筈山(四国・土佐) …… (1607m)………1642
矢筈岳(越後) ………… (1257m)……… 525
矢筈岳(紀伊) ………… (811m)………1422
矢筈岳(中九州) ……… (266m)………1730
矢筈岳(九州・祖母) …… (666m)………1811
矢筈岳(九州・脊梁) …… (1113m)………1833
矢筈岳(九州・国見) …… (687m)………1857
矢筈山(中国) ……… (西峰937m)………1520
矢筈山(讃岐) ………… (788m)………1609
弥彦山 ………………… (634m)……… 727
八方ヶ岳 ……………… (1052m)………1783
山形神室岳 …………… (1344m)……… 396
山の神 ………………… (120m)………1598
山野峡 …………………………………1584
山乗山 ………………… (1048m)………1492
山伏岳 ………………… (1315m)……… 380
山伏山 ………………… (184m)………1152
山本山 ………………… (324m)………1244
八溝山 ………………… (1022m)……… 597
屋山 …………………… (543m)………1727
矢山岳 ………………… (869m)………1842
槍ヶ岳 ………………… (3180m)……… 945
八幡山 ………………… (1088m)……… 683
山伏 …………………… (2013m)………1044

ゆ

夕張岳 ………………… (1668m)……… 260
夕日岳 ………………… (1526m)……… 610
遊楽部岳 ……………… (1277m)……… 278
湯ヶ峰 ………………… (1067m)……… 989
雪倉岳 ………………… (2611m)……… 888
雪野山 ………………… (309m)………1348
譲ヶ葉森 ……………… (1016m)………1678
温泉ヶ岳 ……………… (2333m)……… 616
諭鶴羽山 ……………… (608m)………1341
湯殿山 ………………… (1500m)……… 470
湯ノ沢岳 ……………… (964m)……… 476
湯ノ丸山 ……………… (2101m)……… 748
由布岳 ………………… (1583m)………1754
弓折岳 ………………… (2592m)……… 941
弓張岳 ………………… (364m)………1708
由良ヶ岳 ……………… (640m)………1318
緩木山 ………………… (1046m)………1820
震岳 …………………… (416m)………1784
動山 …………………… (604m)………1205
湯湾岳 ………………… (694m)………1888

よ

余市岳 ………………… (1488m)……… 263
要害山(手間) ………… (332m)………1514
要害山(新山) ………… (281m)………1515
要害山(秩父) ………… (780m)……… 684

明神山(四国)……(442m)……1624
妙法山……(1776m)……1183
三輪山……(467m)……1362

む

無意根山……(1464m)……264
向白神岳……(1250m)……448
行縢山……(830m)……1809
武華山……(1759m)……219
向坂山……(1685m)……1831
武佐岳……(1005m)……211
虫ヶ峰……(294m)……1156
虫倉山……(1378m)……756
貉ヶ森山……(1315m)……523
虫原山……(908m)……1509
無双連山……(1110m)……1066
武利岳……(1876m)……218
室神山……(246m)……1576
室根山……(895m)……318

め

雌阿寒岳……(1499m)……213
夫婦岩……(572m)……505
夫婦山……(男山784m)……1121
女加無山……(924m)……463
女神山(奥羽)……(955m)……364
女神山(阿武隈)……(599m)……512
目国内岳……(1220m)……272
女甑(甑山)……(979m)……463
飯盛山……(1643m)……688
女岳……(748m)……1699
雌岡山……(249m)……1337
目丸山……(1341m)……1836
芽室岳……(1754m)……235
女亀山……(830m)……1523
雌山……(1067m)……1505
メンズクメ山(面附山)(744m)……298

も

燃岳……(425m)……1886
杢蔵山……(1026m)……382
藻琴山……(1000m)……212
モッコ岳……(1277m)……357
盛太ヶ岳……(891m)……1562
本富岳……(940m)……1883
元清澄山……(344m)……850
元越山……(582m)……1804
物語山……(1019m)……640
物見山……(870m)……317
樅沢岳……(2755m)……944
籾糠山……(1744m)……1125
樅木山……(484m)……1796
百蔵山……(1003m)……721
茂谷山……(248m)……454
茂世路岳……(1124m)……202
茂来山……(1718m)……650
守屋山……(西峰1651m)……1024
森山……(326m)……455
森吉山……(1454m)……344
諸塚山……(1342m)……1830
文殊山(両白)……(366m)……1229
文殊山(国東)……(616m)……1726
門内岳……(1887m)……489

や

弥畝山……(961m)……1535
八重岳……(453m)……1891
八重山……(横尾岳677m)……1859
八乙女山……(756m)……1170
ヤオロマップ岳……(1794m)……243
八鬼山……(647m)……1384
薬師山……(312m)……444
薬師岳(北上)……(1645m)……308
薬師岳(奥羽)……(1218m)……363
薬師岳(足尾)……(1420m)……610
薬師岳(飛騨)……(2926m)……932
薬師山……(437m)……383
八雲山……(424m)……1517
薬莱山……(553m)……387
矢倉岳……(870m)……855
櫓岳……(622m)……1885
焼石岳……(1547m)……369

三ツ岳(八甲田) ………… (1159m)……… 330
三ツ岳(八ヶ岳) ………… (2360m)……… 780
三ツ岳(飛驒) ……………(2845m)……… 909
三ツ峠山 …………………(1785m)……… 835
三星山 ………………… (549m)………1423
みつまた山 ……………(1063m)………1207
三俣蓮華岳 ……………(2841m)……… 939
三峰山(奥多摩) …………(1101m)……… 689
三峰山(丹沢) …………… (935m)……… 817
三峰山(日光) ……………(1123m)……… 631
三峰山(筑摩) ……………(1888m)……… 774
三森山(奥羽) ……………(1102m)……… 367
三森山(阿武隈) ………… (656m)……… 507
三ツ森山 ……………… (412m)……… 461
三頭山 ……………………(1531m)……… 699
三徳山 ………………… (900m)………1488
皆ヶ山 ……………………(1159m)………1495
皆子山 ………………… (971m)………1295
南面白山 …………………(1225m)……… 394
南月山(那須岳) …………(1776m)……… 437
南葛城山 ……………… (920m)………1443
南雁戸山 …………………(1486m)……… 400
南駒ヶ岳 …………………(2841m)………1003
南蔵王 ……………………………………… 401
南沢岳 ……………………(2626m)……… 908
南暑寒岳 …………………(1296m)……… 254
南岳 ………………………(3033m)……… 968
南八甲田連峰 …………………………… 326
駒ヶ峯 …………………(1417m)……… 326
猿倉岳 …………………(1354m)……… 326
櫛ヶ峯 …………………(1517m)……… 326
横岳 ……………………(1340m)……… 326
乗鞍岳 …………………(1450m)……… 326
赤倉岳 …………………(1290m)……… 326
南本内岳 …………………(1492m)……… 371
南亦山 ………………… (982m)………1384
嶺岡浅間 ……………… (335m)……… 851
峰床山 ………………… (970m)………1294
峰ノ松目 …………………(2568m)……… 785
峯ノ山 ………………… (482m)………1428
身延山 ……………………(1153m)………1048
美濃平家 ……………(約1450m)………1216
美濃俣丸 ………………(1254m)………1231
箕輪山 ……………………(1728m)……… 425
三輪山 ……………………(1069m)………1173
見量山 ………………… (997m)………1128
見晴山 ………………… (395m)………1676
三原山(伊豆) …………… (758m)……… 879
三原山(中国) ……………(1115m)………1484
三平山 ……………………(1010m)………1501
三峰岳 ……………………(2999m)………1066
御船山 ………………… (207m)………1704
三俣山 ……………………(1744m)………1772
耳スエ山 …………………(1103m)………1502
みみずく山 …………… (862m)……… 385
耳成山 ………………… (139m)………1366
三村山 ……………………(1259m)………1191
三室山 ……………………(1358m)………1476
三宅山 ………………… (731m)………1799
宮塚山 ………………… (508m)……… 879
宮之浦岳 …………………(1936m)………1878
深山 …………………… (791m)………1310
妙義山 ………… (相馬岳1104m)……… 637
妙見山 ………………… (660m)………1306
妙見岳 ……………………(1333m)………1713
妙高山 …………… (南峰2454m)……… 760
名号峰(蔵王山) …………(1491m)……… 401
明星ヶ岳(富士) ………… (924m)……… 858
明星ヶ岳(紀伊) …………(1894m)………1403
明星山 ……………………(1189m)……… 884
明神ヶ岳(駒止) …………(1074m)……… 569
明神ヶ岳(帝釈) …………(1595m)……… 578
明神ヶ岳(富士) …………(1169m)……… 857
明神ヶ岳(丹波) ………… (523m)………1304
明神ヶ森 …………………(1217m)………1681
明神岳(飛驒) ……………(2931m)……… 975
明神岳(紀伊) ……………(1432m)………1371
明神峠 ……………………(1236m)……… 538
明神山(阿武隈) ………… (752m)……… 511
明神山(三河・平山) …… (950m)………1136
明神山(三河・三ツ瀬) ….(1016m)………1139
明神山(中国) …………… (668m)………1475

丸山(奥多摩) ……………(1098m)……… 705
丸山(飛騨) ………………(2048m)……… 927
丸山(両白) ………………(1786m)………1213
丸山岳 ……………………(1820m)……… 593
満観峰 ……………………(470m)………1064
万太郎山 …………………(1954m)……… 562
間谷山 ……………………(812m)………1827

み

三池山 ……………………(388m)………1785
三嶺 ………………………(1894m)………1638
三峰山 ……………………(1235m)………1283
御神楽岳 …………………(1387m)……… 521
御影森山 …………………(1534m)……… 485
三日月山 …………………(993m)………1506
御荷鉾山 ……………………………………… 642
西御荷鉾山 …………(1287m)……… 642
東御荷鉾山 …………(1246m)……… 642
三上山 ……………………(432m)………1349
三毳山 ……………………(229m)……… 605
右谷山 ……………………(1234m)………1556
三草山 ……………………(564m)………1311
三国岳(朝日) ……………(1644m)……… 499
三国岳(伊吹) ……………(1209m)………1239
三国岳(鈴鹿) ……………(901m)………1254
三国岳(丹波東・三国峠) …(776m)………1293
三国岳(丹波東) …………(959m)………1312
三国岳(中国) ……………(855m)………1456
三国峠 ……………………(1300m)……… 564
三国山(越後) ……………(1636m)……… 564
三国山(丹沢) ……………(1320m)……… 801
三国山(飛騨) ……………(1611m)……… 992
三国山(能登) ……………(324m)………1161
三国山(丹波東) …………(876m)………1289
三国山(生駒) ……………(885m)………1448
三国山(中国東) …………(1213m)………1487
三国山(中国中) …………(1129m)………1508
三国山(中国中) …………(1004m)………1511
三国山(水縄) ……………(994m)………1780
三倉岳 ……………………(702m)………1549
三倉山 ……………………(1888m)……… 584
三郡山 ……………………(330m)……… 850
見越山 ……………………(1621m)………1169
三坂山 ……………………(832m)……… 521
三沢ノ頭 …………………(1209m)……… 300
未丈ヶ岳 …………………(1553m)……… 536
御正体山 …………………(1681m)……… 830
瑞牆山 ……………………(2230m)……… 686
水ヶ宝形山 ………………(1064m)………1418
三巣子岳 …………………(1182m)……… 299
水無山(飛騨) ……………(1506m)………1124
水無山(両白・勝山) ……(784m)………1207
水無山(両白・加賀) ……(349m)………1209
水葉山 ……………………(891m)………1175
水引入道(蔵王山) ………(1656m)……… 401
三角岳 ……………………(406m)………1789
三角山 ……………………(508m)………1481
水山 ………………………(730m)………1456
弥山(紀伊) ………………(1895m)………1401
弥山(大山) ………………(1709m)………1496
弥山(島根) ………………(506m)………1573
弥山(宮島) ………………(535m)………1600
弥仙山 ……………………(664m)………1315
三岳 ………………………(793m)………1326
御岳(対馬) ………………(479m)………1723
御岳(悪石島) ……………(584m)………1887
御嶽山 ……………………(751m)……… 366
御岳山 ……………………(929m)……… 703
三岳山 ……………………(839m)………1320
金峰山 ……………………(790m)………1561
三岳山 ……………………(467m)………1110
三ツ石山 …………………(1466m)……… 346
三石山(御坂) ……………(1173m)……… 846
三石山(房総) ……………(282m)……… 848
三岩岳 ……………………(2065m)……… 589
三尾山 ……………………(586m)………1327
三ツ頭 ……………………(2580m)……… 791
三ヶ辻山 …………………(1764m)………1125
三ツヶ峰 …………………(970m)………1564
見月山 ……………………(1047m)………1060
三子山(鈴鹿) ……………(568m)………1268
三子山(中国) ……………(800m)………1558

ま

へ

ほ

ふ

火打岳 ……………………(1238m)……… 381
火打山 ……………………(2462m)……… 758
比叡山(比良) …………………………………1345
四明ヶ岳 ……………… (838m)………1345
大比叡 ……………… (848m)………1345
比叡山(祖母) ………… (760m)………1810
美瑛岳 ……………………(2052m)……… 227
稗已屋山 ………………(1228m)………1626
樋桶山 …………………… (877m)………1735
日隠山(阿武隈) ………… (601m)……… 506
日隠山(九州) ……………(1544m)………1810
日影平山 ………………(1596m)……… 984
日陰山 …………………… (898m)………1847
東赤石山 ………………(1706m)………1652
東吾妻山 ………………(1975m)……… 418
東お多福山 …………… (697m)………1334
東川岳 ……………………(2671m)………1001
東三方ヶ森 ……………(1233m)………1681
東大巓 ……………………(1928m)……… 419
東岳(金峰山) …………(約620m)……… 1870
東鳥海山 ……………… (777m)……… 379
東床尾山 ……………… (839m)………1320
東ヌプカウシヌプリ …(1252m)……… 234
東鳳翩山 ……………… (734m)………1578
東御荷鉾山(御荷鉾山) …(1246m)……… 642
東光森山 ………………(1486m)………1649
東山(西頸城) ……………(1849m)……… 756
東山(伊豆) …………… (701m)……… 882
氷上山 …………………… (874m)……… 315
ビク石 …………………… (526m)………1063
樋口山 ……………………(1434m)………1849
日晩山 …………………… (743m)………1537
髯山 ……………………… (688m)………1279
英彦山 …………… (南岳1200m)………1739
彦岳(筑紫) …………… (845m)………1700
彦岳(九州) …………… (639m)………1802
檜沢岳 ……………………(1134m)……… 642
眉山 ……………………… (290m)………1611
菱ヶ岳(朝日) ………… (974m)……… 495
菱ヶ岳(越後) ……………(1129m)……… 730
毘沙門岳 ………………(1385m)………1214
眉丈山 …………………… (180m)………1157
聖岳(赤石) ………………(3013m)………1080
聖岳(筑紫) ………………(416m)………1702
聖山(筑摩) ………………(1447m)……… 768
聖山(中国) ………………(1113m)………1537
日住山 …………………… (606m)……… 460
ピセナイ山 ……………(1027m)……… 246
備前楯山 ………………(1273m)……… 609
日尊の倉山 ……………(1262m)……… 523
額取山 ……………………(1009m)……… 413
櫃ヶ山 …………………… (953m)………1502
櫃ヶ岳(丹波) ………… (582m)………1321
櫃ヶ岳(紀伊) ………… (781m)………1391
ピッシリ山 ……………(1032m)……… 253
日照岳 ……………………(1751m)………1194
一山 ………………………(1065m)………1475
一目山 ……………………(1287m)………1775
火燈山(小松) ………… (481m)………1204
火燈山(坂井) ………… (803m)………1209
日永岳 ……………………(1216m)………1218
日名倉山 ………………(1047m)………1478
雛岳(北八甲田) …………(1240m)……… 324
日向山 ……………………(1660m)………1027
夷守岳 ……………………(1344m)………1865
檜尾岳 ……………………(2728m)………1000
檜倉山 ……………………(1744m)……… 552
檜岳(越後) ………………(1383m)……… 536
檜岳(丹沢) ………………(1167m)……… 812
檜塚 ………………………(1402m)………1372
檜洞丸 ……………………(1600m)……… 801
日野山 …………………… (794m)………1230
日の出山 ……………… (902m)……… 704
丁岳 ………………………(1146m)……… 463
日ノ丸山 ………………(1240m)………1634
日野山 …………………… (705m)………1527
美唄山 …………………… (987m)……… 257
ピパイロ岳 ……………(1916m)……… 237
比婆山(御陵) …………(1264m)………1518
日張山 …………………… (595m)………1364
檜原山 …………………… (735m)………1736
姫ヶ岳 …………………… (651m)……… 451

八十里越 ……………… (845m)……… 531
八丈岩山 ……………… (281m)………1597
鉢伏山(筑摩) ……………(1929m)……… 774
鉢伏山(飛騨) ……………(1782m)………1116
鉢伏山(能登) …………… (544m)………1154
鉢伏山(伊吹) …………… (762m)………1237
鉢伏山(中国東) …………(1221m)………1463
鉢伏山(倉吉) …………… (514m)………1489
八幡平 …………………(1613m)……… 339
八幡岳(奥羽北) …………(1020m)……… 334
八幡岳(猪苗代) …………(1102m)……… 415
八幡岳(筑紫) …………… (764m)………1703
八面山 ………………… (659m)………1733
鉢盛山 …………………(2447m)……… 985
八竜山 ………………… (498m)………1843
八郎岳 ………………… (590m)………1719
八海山 …………………(1778m)……… 544
羽束山 ………………… (524m)………1324
八経ヶ岳 ………………(1915m)………1401
八高山 ………………… (832m)………1101
八紘嶺 …………………(1918m)………1047
八石山 ………………… (518m)……… 729
八天岳 ………………… (707m)………1707
八塔寺山 ……………… (539m)………1580
破風山 ………………… (627m)……… 659
八方山 ………………… (716m)……… 361
場照山 ………………… (661m)………1805
花尾山 ………………… (669m)………1565
花折峠 ………………… (580m)………1344
華ヶ岳 ………………… (593m)………1729
花切山 ………………… (669m)………1860
ハナグロ山 ……………(1086m)………1782
花園山 ………………… (798m)……… 517
鼻高山 ………………… (536m)………1572
花知ヶ仙 ………………(1247m)………1486
花塚山 ………………… (919m)……… 512
花房山(奥羽) …………… (819m)……… 408
花房山(両白) ……………(1190m)………1224
鼻曲山 …………………(1655m)……… 636
花見山 …………………(1188m)………1506
花牟礼山 ………………(1171m)………1760
万年山 …………………(1140m)………1743
馬場目岳 ………………(1038m)……… 455
破風山 …………………(2318m)……… 677
馬糞ヶ岳 ……………… (985m)………1560
羽保屋山 ……………… (593m)……… 335
浜石岳 ………………… (707m)………1054
蛤岳 …………………… (863m)………1695
蛤山 …………………… (981m)……… 408
浜益岳 …………………(1258m)……… 255
早池峰山 ………………(1917m)……… 305
葉山(奥羽) …………… (687m)……… 407
葉山(出羽) ……………(1462m)……… 471
麓山 …………………… (897m)……… 513
葉山(長井葉山) ………(1237m)……… 485
原台山 ………………… (894m)……… 317
バラ谷ノ頭 ……………(2010m)………1098
原地山 ………………… (485m)……… 299
針ノ木岳 ………………(2821m)……… 904
針ノ木峠 ………………(2536m)……… 904
春香山 ………………… (907m)……… 262
榛名山 ………(掃部ヶ岳1449m)……… 633
春埜山 ………………… (883m)………1101
半月山 …………………(1753m)……… 606
半国山 ………………… (774m)………1321
万三郎岳(天城山) ……(1406m)……… 870
蕃山 …………………… (356m)……… 399
番城山 …………………(1323m)……… 408
半瀬の頭 ………………(1680m)……… 675
伴蔵山 ………………… (502m)………1529
磐梯山 …………………(1816m)……… 429
蟠蛇森 ………………… (770m)………1671
番岳 …………………… (443m)………1721
半田山 ………………… (863m)……… 412
飯道山 ………………… (664m)………1349
番場山 ………………… (314m)………1154
番屋山 ………………… (933m)……… 530

ひ

平治岳 …………………(1643m)………1765
燧ヶ岳 …………………(2356m)……… 623
燧岳 …………………… (781m)……… 287

布引山 ……………………(2584m)………1041
沼ノ原山 …………………(1506m)……… 231
沼山峠 ……………………(1781m)……… 625

ね

根子岳 ……………………(2207m)……… 747
根子岳東峰(阿蘇山) ……(1408m)………1821
猫魔ヶ岳 …………………(1404m)……… 431
猫又山 ……………………(2378m)……… 917
根古峰 ……………………(749m)………1445
猫山(鳥取) ………………(537m)………1471
猫山(庄原) ………………(1195m)………1511
寝姿山 ……………………(200m)……… 878
猫越岳 ……………………(1035m)……… 874
根名草山 …………………(2330m)……… 616
子ノ泊山 …………………(907m)………1386
涅槃岳 ……………………(1376m)………1408
寧比曽岳 …………………(1121m)………1143
根本山 ……………………(1199m)……… 604

の

野稲岳 ……………………(1038m)………1760
能郷白山 …………………(1617m)………1223
納古山 ……………………(633m)………1151
農鳥岳 ……………………(3026m)………1036
野鹿池山 …………………(1303m)………1644
野口五郎岳 ………………(2925m)……… 910
野首岳 ……………………(897m)………1875
仰烏帽子山 ………………(1302m)………1840
鋸岳 ………………………(2685m)………1025
鋸山(足尾) ………………(1998m)……… 608
鋸山(越後) ………………(765m)……… 727
鋸山(房総) ………………(329m)……… 852
鋸山(丹波) ………………(606m)………1327
野坂岳 ……………………(913m)………1287
野岳 ………………………(1142m)………1716
野竹法師 …………………(971m)………1426
野谷荘司山 ………………(1797m)………1183
野塚岳 ……………………(1353m)……… 248
野手上山 …………………(629m)……… 513
野根山 ……………………(984m)………1625
野登山 ……………………(851m)………1268
野伏ヶ岳 …………………(1674m)………1212
登り尾 ……………………(1057m)……… 873
野間岳 ……………………(591m)………1870
野麦峠 ……………………(1673m)……… 984
乗鞍岳(南八甲田) ………(1450m)……… 326
乗鞍岳(飛騨北) …………(2437m)……… 889
乗鞍岳(飛騨南) …………(3026m)……… 981
乗鞍岳(丹波東) …………(865m)………1288
野呂山 ……………(膳棚山839m)………1589

は

灰ヶ峰 ……………………(737m)………1590
佩楯山 ……………………(754m)………1800
灰ノ又山 …………………(1852m)……… 542
蠅帽子嶺 …………………(1037m)………1222
南風岸岳 …………………(425m)………1893
博士山 ……………………(1482m)……… 570
羽金山 ……………………(900m)………1697
袴腰岳 ……………………(708m)……… 322
袴腰山 ……………………(1159m)………1169
萩太郎山 ………………(1359m)……… 1014
白雲岳 ……………………(2230m)……… 224
白山(出羽) ………………(289m)……… 461
白山(越後) ………………(1012m)……… 529
白山(御前峰)(両白) …(2702m)………1184
白山(中国) ………………(547m)………1458
白山(九州) ………………(1073m)………1838
白山釈迦岳 ………………(2053m)………1189
伯州山 ……………………(1045m)………1490
羽黒山 ……………………(414m)……… 470
箱ヶ森 ……………………(865m)……… 359
函岳 ………………………(1129m)……… 216
階上岳 ……………………(739m)……… 293
旗尾岳 ……………………(548m)………1446
波多の台 ……………(約990m)………1484
八尾山 ……………………(1101m)………1132
八ヶ尾山 …………………(678m)………1325
鉢ヶ岳 ……………………(2563m)……… 888
八ヶ峰 ……………………(800m)………1312
八間山 ……………………(1935m)……… 567

鳥屋ヶ丸 ……………… (686m)………1523
鳥屋山(越後) …………… (581m)……… 520
鳥屋山(筑紫) …………… (645m)………1693
登谷山 ………………… (668m)……… 660
鳥屋ノ森山 …………… (458m)………1430
外山 …………………… (278m)……… 467
戸谷峰 …………………(1629m)……… 771
トヨニ岳 ………………(1493m)……… 248
豊似岳 …………………(1105m)……… 249
虎毛山 …………………(1433m)……… 377
虎御前山 ……………… (224m)………1242
虎子山 …………………(1183m)………1248
虎捕山 ………………… (706m)……… 512
鳥兜山(蔵王山) ………(1387m)……… 401
鳥甲山(浅間) …………(2038m)……… 738
鳥甲山(多良岳) ……… (822m)………1713
鳥越城山 ……………… (296m)………1203
取立山 …………………(1307m)………1197
酉谷山 …………………(1718m)……… 693
鳥原山 …………………(1430m)……… 484
鳥森山 …………………(1571m)………1077
十和田山 ………………(1054m)……… 329
十和利山 ……………… (991m)……… 332
トンガリ山 …………… (620m)………1329
屯鶴峰 ………………… (154m)………1438
鳥ノ胸山 ………………(1208m)……… 798
鳶山 ……………………(2616m)……… 930
十坊山 ………………… (535m)………1700
富幕山 ………………… (564m)………1110

な

苗敷山 …………………(1037m)………1019
苗場山 …………………(2145m)……… 733
中吾妻山 ………………(1931m)……… 420
長浦岳 ………………… (561m)………1720
中尾峠 …………………(2100m)……… 976
長倉山 …………………(1661m)………1189
中三方岳 ………………(1306m)………1173
中大巓 …………………(1964m)……… 421
中岳(飛騨) ……………(3084m)……… 967
中岳(中九州) …………(1791m)………1766
中岳(阿蘇山) …………(1506m)………1821
中岳(悪石島) ………… (464m)………1887
永田岳 …………………(1886m)………1876
長栂山 …………………(2267m)……… 884
中津峰山 ……………… (773m)………1612
中津明神山 ……………(1541m)………1668
中津山 …………………(1447m)………1636
中ノ尾根山 ……………(2297m)………1093
中ノ沢岳 ………………(1061m)……… 364
中ノ岳(日高) …………(1519m)……… 246
中ノ岳(越後) …………(2085m)……… 542
長野山 …………………(1015m)………1559
中摩殿畑山 …………… (991m)………1734
中盛丸山 ………………(2807m)………1079
中山(飛騨) ……………(1255m)……… 924
中山(丹波) …………… (478m)………1325
中山峠 ………………… (837m)……… 264
流葉山 …………………(1423m)………1119
那岐山 …………………(1255m)………1482
南木曾岳 ………………(1679m)………1007
薙刀山 …………………(1647m)………1211
鳴虫山 …………………(1104m)……… 610
名久井岳 ……………… (615m)……… 294
七種山 ………………… (683m)………1474
那須ヶ原山 …………… (800m)………1270
那須岳 ……………………………………… 437
　茶臼岳 ………………(1915m)……… 437
　朝日岳 ………………(1896m)……… 437
　白笹山 ………………(1719m)……… 437
　三本槍岳 ……………(1917m)……… 437
　南月山 ………………(1776m)……… 437
　黒尾谷岳 ……………(1589m)……… 437
夏木山 …………………(1386m)………1807
七尾城山 ……………… (300m)………1159
七尾山 ………………… (691m)………1245
七霞山 ………………… (891m)………1412
七倉岳 …………………(2509m)……… 907
七座山 ………………… (288m)……… 454
七時雨山 ………………(1063m)……… 338
七七頭ヶ岳 …………… (693m)………1237
七ツ石山 ………………(1757m)……… 698

天上山(冠山) ……………(972m)………1548
天神岳 …………(西天神757m)………1586
天神原山 ………………(995m)………1812
天神丸 …………………(1632m)………1617
天祖山 …………………(1723m)……… 692
天台山 …………………(640m)………1306
転付峠 …………………(1980m)………1039
天王山 …………………(270m)………1303
天望山 …………………(1174m)……… 233
天保山 ……………………(5m)………1454
天丸山 …………………(1506m)……… 649
天目山 …………………(1576m)……… 693
天覧山 …………………(197m)……… 671

と

砥石郷山 ………………(1177m)………1538
砥石山 …………………(828m)………1689
胴切山 …………………(884m)………1624
頭巾山 …………………(871m)………1313
峠田岳 …………………(1082m)……… 410
峠ノ神山 ………………(1229m)……… 299
東光山 …………………(594m)……… 460
東郷山 …………………(977m)………1551
東谷山 …………………(198m)………1148
道後山 …………………(1268m)………1509
道斉山 …………………(1188m)………1219
東山 ……………(上東山1117m)……… 374
道志二十六夜山 ………(1297m)……… 829
藤十郎 ………………(約1830m)……… 420
東條山 …………………(880m)………1444
東山 ……………………(1388m)………1479
唐泉山 …………………(410m)………1711
堂平山 …………………(876m)……… 664
堂津岳 …………………(1927m)……… 755
堂床山 …………………(860m)………1525
頭殿山 …………………(1203m)……… 485
堂鳴海山 ………………(870m)………1417
多峯主山 ………………(271m)……… 671
塔ノ岳 …………………(1491m)……… 810
ドウの天井 ……………(1333m)………1217
塔丸 ……………………(1713m)………1629
堂満岳 …………………(1057m)………1343
燈明ヶ岳 ………………(558m)………1450
遠島山 …………………(1263m)……… 296
戸隠山 …………………(1904m)……… 763
十勝岳 …………………(2077m)……… 227
十勝幌尻岳 ……………(1846m)……… 240
砥上岳 …………………(496m)………1691
渡神岳 …………………(1150m)………1776
戸神山 …………………(504m)……… 399
富神山 …………………(402m)……… 473
栂牟礼山 ………………(224m)………1803
戸川岳 …………………(955m)………1816
毒ヶ森 …………………(782m)……… 360
徳本峠 …………………(2130m)……… 963
十種ヶ峰 ………………(989m)………1577
木賊山 …………………(2469m)……… 677
徳舜瞥山 ………………(1309m)……… 268
徳平山 …………………(1193m)………1214
戸倉三山 ……………………………… 707
白杵山 …………(鹿丸842m)……… 707
市道山 ………………(795m)……… 707
刈寄山 ………………(687m)……… 707
戸倉城山 ………………(434m)……… 708
戸倉山 …………………(1681m)………1114
鶏冠山(関東) …………(2115m)……… 677
鶏冠山(赤石) ……(南峰2248m)………1092
橡山 ……………………(1009m)………1381
栃山 ……………………(664m)………1522
戸塚山 …………………(357m)……… 412
独鈷山 …………………(1266m)……… 770
鳥坂山 …………………(438m)……… 488
突先山 …………………(1022m)………1062
戸蔦別岳 ………………(1959m)……… 238
砺波山 …………………(277m)………1162
鳶尾山 …………………(235m)……… 822
鳶ノ巣山 ………………(706m)………1109
土俵岳 …………………(1005m)……… 705
富山 ……………………(349m)……… 853
トムラウシ山 …………(2141m)……… 225
戸室山 …………………(548m)………1164
砥森山 …………………(670m)……… 316

つ

栂峰 ……………………(1541m)……… 502
月居山 …………………… (404m)……… 598
月ヶ原山 ………………(1170m)………1167
月山 ……………………… (639m)……… 461
津久井城山 ……………… (375m)……… 819
筑紫森 …………………… (392m)……… 457
筑波山 …………………… (877m)……… 602
津黒山 ……………………(1117m)………1492
都介野岳 ………………… (631m)………1355
辻堂山 ……………………(1309m)………1377
辻山 ………………………(2585m)………1018
土蔵岳 ……………………(1008m)………1241
土岳 ……………………… (599m)……… 517
土埋山 …………………… (696m)……… 520
筒ヶ岳 ……………………(1296m)………1820
筒上山 ……………………(1860m)………1664
鼓ヶ倉山 …………………(1037m)……… 537
綱附森 ……………………(1643m)………1641
常山 ……………………… (307m)………1597
角落山 ……………………(1393m)……… 635
角ヶ仙 ……………………(1153m)………1485
角埋山 …………………… (576m)………1746
椿山 ……………………… (659m)………1799
燕巣山 ……………………(2222m)……… 615
燕岳(飛騨) ………………(2763m)……… 951
燕岳(中国) ………………(1079m)………1557
坪入山 ……………………(1774m)……… 591
壺神山 …………………… (971m)………1675
局ヶ岳 ……………………(1029m)………1282
釣鐘山 ……………………(1396m)………1811
鶴ヶ鳥屋山 ………………(1374m)……… 834
剣山 ………………………(1955m)………1619
劔岳 ………………………(2999m)……… 921
剣山 ………………………(1205m)……… 236
鶴降山 …………………… (538m)………1575
鶴見岳 ……………………(1375m)………1751
津波戸山 ……………… (約540m)………1730

て

手稲山 ……………………(1023m)……… 261
光岳 ………………………(2592m)………1085
出来山 ……………………(1053m)………1143
手倉山 …………………… (631m)……… 514
天塩岳 ……………………(1558m)……… 217
鉄山 ………………………(1709m)……… 426
鉄砲木ノ頭 ………………(1291m)……… 800
父ヶ岳 …………………… (460m)………1722
父不見山 …………………(1047m)……… 644
寺尾観音山 ……………… (228m)………1210
輝(照)山 …………………(2063m)……… 980
寺地山 ……………………(1996m)……… 936
寺田小屋山 ………………(1505m)……… 989
晃石山 …………………… (419m)……… 613
天蓋山 ……………………(1527m)……… 936
天覚山 …………………… (445m)……… 671
天吉寺山 ………………… (918m)………1245
天狗石山 …………………(1366m)………1063
天狗森 ……………………(1296m)………1626
天狗倉山 …………………(1061m)………1391
天狗角力取山(奥羽) ……(1327m)……… 413
天狗角力取山(朝日) ……(1376m)……… 481
天狗岳(出羽) …………… (958m)……… 446
天狗岳(八ヶ岳) (西天狗岳2646m)……… 783
天狗岳(紀伊) …………… (968m)………1415
天狗棚 ……………………(1240m)………1011
天狗塚 ……………………(1812m)………1640
天狗堂 …………………… (988m)………1255
天狗の森 …………………(1485m)………1669
天狗山(支笏) ……………(1145m)……… 264
天狗山(朝日) …………… (612m)……… 486
天狗山(関東) ……………(1882m)……… 651
天狗山(両白) ……………(1149m)………1234
天狗山(中国西) ……… (610m)………1516
天狗倉山 ………………… (522m)………1381
天山 ………………………(1046m)………1701
天子ヶ岳 …………………(1330m)……… 846
天主山 ……………………(1494m)………1834
天上山(神津島) ……… (572m)……… 880

多子津山 ………………(1311m)………1168
但馬妙見山 ……………(1139m)………1464
田代岳 …………………(1178m)……… 440
田代山 …………………(1971m)……… 579
多田ヶ岳 ………………(712m)………1293
タダラ峰 ………………(940m)……… 725
太刀岡山 ………………(1296m)……… 794
太忠岳 …………………(1497m)………1881
立岩 ……………………(1265m)……… 640
田束山 …………………(511m)……… 319
達沢山 …………………(1358m)……… 835
竪破山 …………………(658m)……… 518
立石山(瀬戸内) …………(169m)………1598
立石山(中九州) ………(約1070m)………1758
立岩山 …………………(1135m)………1547
蓼科山 …………………(2531m)……… 777
立山 …………………………………… 928
雄山 …………………(3003m)……… 928
大汝山 ………………(3015m)……… 928
富士ノ折立 …………(2999m)……… 928
竜良山 …………………(559m)………1724
多度山 …………………(403m)………1252
太神山 …………………(600m)………1350
棚山 ……………………(1171m)……… 683
谷川岳 ………(オキの耳1977m)……… 558
多禰寺山 ………………(556m)………1316
種松山 …………………(258m)………1597
束稲山 …………………(595m)……… 319
旅伏山 …………………(421m)………1572
玉置山 …………………(1077m)………1411
玉峰山 …………………(820m)………1515
不溜山 …………………(1124m)………1493
頼母木山 ………………(1740m)……… 488
多良岳 …………………(996m)………1710
樽前山 …………………(1041m)……… 267
達磨山 …………………(982m)……… 875
太郎山 …………………(2368m)……… 617
田原山 …………………(542m)………1728
段ヶ峰 …………………(1103m)………1472
丹後山 …………………(1809m)……… 545
丹沢山 …………………(1567m)……… 807
丹沢三ツ峰 ……………(1375m)……… 808
丹生山 …………………(515m)………1337
丹助岳 …………………(815m)………1811
檀特山 …………………(906m)……… 725
タンポ …………………(1066m)………1224

ち

近見山 …………………(244m)………1680
智者山 …………………(1291m)………1063
チセヌプリ ……………(1134m)……… 272
秩父御嶽山 ……………(1080m)……… 656
チトカニウシ山 ………(1446m)……… 218
千歳山 …………………(471m)……… 406
千葉山 …………………(496m)………1065
茶臼岳(那須岳) ………(1915m)……… 437
茶臼岳(赤石) …………(2604m)………1083
茶臼山(八ヶ岳) ………(2384m)……… 781
茶臼山(木曾) …………(1416m)………1013
茶臼山(信楽) …………(535m)………1353
茶臼山(紀伊) …………(1181m)………1410
茶煎船山 ………………(772m)……… 516
爺爺岳 …………………(1772m)……… 203
中央蔵王 ……………………………… 401
中岳 ……………………(1024m)……… 336
忠別岳 …………………(1963m)……… 224
中門岳 …………………(2060m)……… 589
鳥海山 …………………(2236m)……… 464
蝶ヶ岳 …………………(2665m)……… 958
長九郎山 ………………(996m)……… 877
銚子ヶ口 ………………(1077m)………1263
銚子ヶ峰 ………………(1810m)………1211
長者ヶ岳 ………………(1336m)……… 846
長須ヶ玉山 ……………(1914m)……… 582
頂仙岳 …………………(1718m)………1402
帳付山 …………………(1619m)……… 649
長塀山 …………………(2565m)……… 960
長老ヶ岳 ………………(917m)………1314
散布山 …………………(1582m)……… 202
チロロ岳 ………………(1880m)……… 237
鎮南山 …………………(536m)………1801

高樽山 ……………………(1673m)……… 993
高屹山 ……………………(1303m)……… 988
高千穂峰 …………………(1574m)………1864
高柄山 …………………… (733m)……… 826
高塚山(赤石) ……………(1622m)………1103
高塚山(九州) ……………(1508m)………1846
高塚山(大隅) ……………(1396m)………1875
高月山 ……………………(1229m)………1678
高土山 ……………………(1078m)……… 574
高坪山 …………………… (570m)……… 487
高妻山 ……………………(2353m)……… 765
高爪山 …………………… (341m)………1155
高鶴山 …………………… (326m)……… 852
高天良山 ………………… (908m)………1149
高時山 ……………………(1564m)……… 992
高ドッキョウ …………(1133m)………1052
高戸屋山 ………………… (368m)……… 474
鷹取山(湘南) …………… (139m)……… 824
高取山 …………………… (584m)………1285
鷹取山(水縄) …………… (802m)………1776
高縄山 …………………… (993m)………1682
高嶺 ………………………(2779m)………1016
高根山 …………………… (871m)………1065
鷹ノ巣山(奥羽) ………… (705m)……… 398
鷹ノ巣山(関東) …………(1737m)……… 698
鷹ノ巣山(美濃) …………(1153m)………1141
鷹ノ巣山(吉備) ………… (922m)………1587
鷹ノ巣山(中九州) …… (約990m)………1738
鷹巣山(富士) …………… (834m)……… 861
高畑 ……………………… (762m)………1138
高旗山 …………………… (968m)……… 414
高畑山(丹沢) …………… (982m)……… 827
高畑山(鈴鹿) …………… (773m)………1270
高畑山(中国) …………… (776m)………1508
高鉢山(中国東) …………(1203m)………1487
高鉢山(冠山) …………… (608m)………1554
高原山 ………………………………………… 439
　釈迦ヶ岳 ………………(1795m)……… 439
　鶏頂山 …………………(1765m)……… 439
高桧山 ……………………(1167m)……… 307
高ボッチ山 ………………(1665m)……… 775
高松岳 ……………………(1348m)……… 378
高松山 …………………… (801m)……… 814
高円山 …………………… (461m)………1359
高丸 ………………………(1316m)………1232
高丸山(中国) …………… (910m)………1490
高丸山(四国) ……………(1439m)………1614
高見石 ………………… (約2270m)……… 782
高御位山 ………………… (304m)………1339
高水山(高水三山) ……… (759m)……… 697
高水三山 ……………………………………… 697
　高水山 ………………… (759m)……… 697
　岩茸石山 ……………… (793m)……… 697
　惣岳山 ………………… (756m)……… 697
高峰山(紀伊) ……………(1045m)………1385
高峰山(飛騨) …………… (958m)……… 925
高峰山(美濃) …………… (945m)………1149
高峰山(信楽) …………… (632m)………1360
高見山 ……………………(1248m)………1284
篁山 ……………………… (522m)………1588
高森山 ……………………(1100m)……… 568
高安山 …………………… (488m)………1437
高山(出羽) ……………… (388m)……… 446
高山(赤石) ……………… (717m)………1062
高山(中国) ………………(1053m)………1487
高幽山 ……………………(1747m)……… 593
宝山 ……………………… (816m)………1745
滝子山 ……………………(1610m)……… 719
滝波山 ……………………(1412m)………1215
滝山 ………………………(1197m)………1483
焼火山 …………………… (452m)………1569
岳ヶ倉山 …………………(1816m)……… 626
武川岳 ……………………(1052m)……… 667
丈競山 ……… (南丈競山1045m)………1208
嵩山 ……………………… (331m)………1571
武石峰 ……………………(1973m)……… 771
武田山 …………………… (411m)………1553
岳峰 ……………………… (506m)………1198
嵩山 ……………………… (789m)……… 566
嶽山(紀伊) ……………… (850m)………1425
嶽山(生駒) ……………… (278m)………1444
岳山 ……………………… (741m)………1585

大黒岳 ……………………（2393m）……… 897
大黒森 ……………………（1446m）……… 341
大作山 ……………………（776m）……… 291
帝釈峡 ……………………………………1584
帝釈山（帝釈） ……………（2060m）……… 580
帝釈山（丹波） ……………（586m）………1337
大蛇嵓 ……………………（1579m）………1380
大師山 ……………………（550m）………1196
大神ヶ岳 …………………（1177m）………1543
大雪山 ……………（旭岳2291m）……… 221
大山 ……………（剣ヶ峰1729m）………1496
大千軒岳 …………………（1072m）……… 282
大船山 ……………………（1786m）………1763
大川山 ……………………（1043m）………1610
胎蔵山 ……………………（729m）……… 466
大東岳 ……………………（1365m）……… 395
大日ヶ岳 …………………（1709m）………1213
大日山（赤石） ……………（881m）………1101
大日山（両白） ……………（1368m）………1199
大日岳（朝日） ……………（2128m）……… 493
大日岳（飛驒） ……………（2501m）……… 922
大日峠 ……………………（1160m）………1060
鯛ノ巣山 …………………（1026m）………1521
太白山 ……………………（321m）……… 400
大博多山 …………………（1315m）……… 592
大福山（生駒） ……………（427m）………1452
大福山（房総） ……………（292m）……… 848
大普賢岳 …………………（1780m）………1396
大佛寺山 …………………（807m）………1227
大仏岳 ……………………（1167m）……… 452
大仏山 ……………………（708m）……… 503
大平山（出羽） ……………（273m）……… 453
大平山（姫神山） ………（387m）……… 458
太平山（出羽） ………（奥岳1170m）……… 456
大菩薩峠 …………………（1897m）……… 714
大菩薩嶺 …………………（2057m）……… 712
大麻山 ……………………（599m）………1535
大満寺山 …………………（608m）………1569
大無間山 …………………（2330m）………1088
大門山 ……………………（1572m）………1168
大文字山 …………………（465m）………1347
平標山 ……………………（1984m）……… 563
ダイラボウ ………………（561m）………1064
太竜寺山 …………………（618m）………1615
大六天山 …………………（439m）……… 320
鷹入山 ……………………（706m）………1513
高岩山 ……………………（881m）………1717
高岳山 ……………………（231m）……… 455
高尾山（出羽） ……………（424m）……… 459
高尾山（奥多摩） …………（599m）……… 710
高尾山（大菩薩） …………（1092m）……… 715
高尾山（島根） ……………（358m）………1573
高落場山 …………………（1122m）………1170
鷹落山 ……………………（494m）………1205
高尾山（両白） ……………（841m）………1166
高尾山（紀伊） ……………（606m）………1423
高川山 ……………………（976m）……… 834
高草山 ……………………（501m）………1065
高倉山（奥羽） ……………（1051m）……… 337
高倉山（両白） ……………（922m）………1179
高宕山 ……………………（330m）……… 850
高崎山（隠岐） ……………（435m）………1569
高崎山（中九州） …………（628m）………1749
高指山 ……………………（1174m）……… 800
高座山 ……………………（1304m）……… 832
高三郎山 …………………（1421m）………1171
高柴山 ……………………（884m）……… 516
高城山（紀伊） ……………（1111m）………1392
高城山（四国） ……………（1628m）………1616
高頭山 ……………………（1203m）………1117
高清水山 …………………（1013m）……… 313
高鈴山 ……………………（623m）……… 519
高須ノ峰 …………………（798m）………1280
高須山 ……………………（438m）………1210
高祖山 ……………………（416m）………1696
高田大岳（北八甲田） ……（1552m）……… 324
高岳（丹波） ………………（721m）………1310
高岳（阿蘇山） ……………（1592m）………1821
高岳山 ……………………（1041m）………1564
高館山 ……………………（273m）……… 478
高谷山 ……………………（1842m）………1020
高田山 ……………………（1212m）……… 566

鈴ヶ岳 ……………………(1175m)………1200
鈴鹿峠 ……………………(約380m)………1269
鈴ヶ森 ……………………(1054m)………1672
鈴ノ大谷山 ……………………(1036m)………1562
砂御前山 ……………………(1326m)………1191
スバリ岳 ……………………(2752m)……… 903
住塚山 ……………………(1009m)………1277
守門岳 ……………………(袴岳1537m)……… 531
摺古木山 ……………………(2169m)………1007
須留ヶ峰 ……………………(1054m)………1472
諏訪山 ……………………(456m)……… 453
諏訪峠 ……………………(510m)……… 496
諏訪山(関東) ……………………(1550m)……… 646
諏訪山(関東・志賀坂) ……(1207m)……… 649

せ

清久山 ……………………(566m)………1516
青螺山 ……………………(618m)………1705
西林山 ……………………(786m)………1852
清冷山 ……………………(878m)………1421
関山 ……………………(618m)……… 597
石尊山 ……………………(348m)……… 848
関田峠 ……………………(1129m)……… 731
石動山 ……………………(564m)………1159
石老山 ……………………(702m)……… 824
節刀ヶ岳 ……………………(1736m)……… 840
雪彦山 ……………………(三辻山915m)………1474
銭壺山 ……………………(540m)………1601
脊振山 ……………………(1055m)………1694
仙涯嶺 ……………………(2734m)………1004
千回沢山 ……………………(1246m)………1231
仙ヶ岳 ……………………(961m)………1267
千ヶ峰 ……………………(1005m)………1458
浅間山 ……………………(733m)………1370
浅間嶺 ……………………(903m)……… 700
千石岳 ……………………(630m)………1561
仙崎山 ……………………(412m)………1805
先山 ……………………(448m)………1340
仙丈ヶ岳 ……………………(3033m)………1031
千丈ヶ嶽 ……………………(832m)………1318
船上山 ……………………(687m)………1500
千丈寺山 ……………………(590m)………1323
洗足山 ……………………(736m)………1480
仙台カゴ ……………………(1270m)……… 391
仙千代ヶ峰 ……………………(1100m)………1382
船通山 ……………………(1142m)………1512
仙洞寺山 ……………………(583m)……… 820
千灯岳 ……………………(606m)………1727
千頭星山 ……………………(2139m)………1019
泉南飯盛山 ……………………(385m)………1453
仙人ヶ岳 ……………………(663m)……… 605
仙人山 ……………………(882m)……… 373
仙人峠 ……………………(880m)……… 313
仙ノ倉山 ……………………(2026m)……… 562
仙磐山 ……………………(1015m)……… 312
善防山 ……………………(251m)………1339
千本山 ……………………(1085m)………1623
千枚岳 ……………………(2880m)………1074

そ

惣岳山(高水三山) ………(756m)……… 697
僧ヶ岳 ……………………(1856m)……… 914
宗箇山 ……………………(356m)………1552
総門山 ……………………(949m)………1383
惣山 ……………………(816m)……… 568
ソエマツ岳 ……………………(1625m)……… 247
曾我山 ……………………(不動山320m)……… 823
蘇鉄山 ……………………(7m)………1454
蕎麦角山 ……………………(1222m)………1123
蕎麦粒山(関東) ……………………(1473m)……… 694
蕎麦粒山(赤石) ……………………(1628m)………1099
蘇武岳 ……………………(1074m)………1465
祖母山 ……………………(1756m)………1818
杣山 ……………………(492m)………1230
蕎麦粒山 ……………………(1297m)………1233
空沼岳 ……………………(1251m)……… 265

た

大観山 ……………………(374m)………1709
大行寺山 ……………………(957m)………1838
台倉高山 ……………………(2067m)……… 582
大源太山 ……………………(1598m)……… 554

白岩山 ……………………(1647m)………1832
白尾山 ……………………(2003m)……… 626
白髪岳(丹波) …………… (722m)………1328
白髪岳(九州) ……………(1417m)………1854
(五木)白髪岳 …………(1244m)………1840
白神岳 ……………………(1235m)……… 446
白毛門 ……………………(1720m)……… 553
白髪山(四国東) …………(1770m)………1637
白髪山(四国西) …………(1469m)………1647
白木峰 ……………………(1596m)………1122
白木山 …………………… (889m)………1524
白草山 ……………………(1641m)……… 991
白倉岳 …………………… (950m)………1293
白倉山 ……………………(2013m)………1107
白子森 ……………………(1179m)……… 451
白笹山(那須岳) …………(1719m)……… 437
白沢山 ……………………(1953m)……… 539
白砂山 ……………………(2140m)……… 736
白鷹山 …………………… (994m)……… 472
白滝山 …………………… (668m)………1567
(洲藻)白嶽 ……………… (518m)………1723
(北松)白岳 ……………… (373m)………1708
白鳥山(飛騨) ……………(1287m)……… 882
白鳥山(木曾) …………… (968m)………1014
白鳥山(赤石) …………… (567m)………1052
白鳥山(九州) ……………(1639m)………1846
白抜山 …………………… (891m)………1197
白根山(日光) ……………(2578m)……… 621
白根山(浅間) …(本白根山2171m)……… 743
白兀山 …………………… (896m)………1163
白旗山 …………………… (440m)………1479
白鬚岳 ……………………(1378m)………1374
白馬山 …………………… (957m)………1419
白屋岳 ……………………(1177m)………1373
後方羊蹄山(羊蹄山) …(1898m)……… 273
尻別岳 ……………………(1107m)……… 275
知床岳 ……………………(1254m)……… 206
次郎笈 ……………………(1930m)………1621
四郎岳 ……………………(2156m)……… 616
白馬岳 ……………………(2932m)……… 890
白馬鑓ヶ岳 ………………(2903m)……… 893
次郎丸嶽 ………………… (397m)………1790
白木峠 …………………… (601m)……… 367
白地山 ……………………(1034m)……… 333
白滝山 …………………… (350m)………1588
白見山 ……………………(1172m)……… 310
白身山 ……………………(1769m)……… 581
城山(信楽) ……………… (528m)………1360
城山(瀬戸内) …………… (127m)………1598
城山(筑紫) ……………… (417m)………1698
白山 ……………………… (486m)………1362
陣ヶ森 ……………………(1013m)………1666
甚吉森 ……………………(1423m)………1623
神宮寺岳 ………………… (277m)……… 458
深高山 …………………… (506m)……… 613
真山 ……………………… (567m)……… 475
深山 ……………………… (287m)……… 504
新蛇抜山 …………………(2667m)………1067
真田ヶ岳 ………………… (621m)………1565
新岳 ……………………… (626m)………1885
深入山 ……………………(1153m)………1534
陣鉢山 ……………………(1207m)………1466
陣馬(場)山 ……………… (855m)……… 708
新百姓山 …………………(1272m)………1812
新保岳 …………………… (852m)……… 479
新穂山 ……………………(1067m)………1246
陣見山 …………………… (531m)……… 657
新燃岳 ……………………(1421m)………1865

す

水沢岳 ……………………(1029m)………1266
水晶山 …………………… (668m)……… 393
水晶岳 ……………………(2986m)……… 911
水晶森 ……………………(1097m)……… 381
翠波峰 …………………… (900m)………1655
皇海山 ……………………(2144m)……… 607
菅名岳 …………………… (909m)……… 526
須金岳 ……………………(1253m)……… 376
杉ヶ峰(蔵王山) …………(1745m)……… 401
巣雲山 …………………… (581m)……… 869
双六岳 ……………………(2860m)……… 940
錫ヶ岳 ……………………(2388m)……… 622

七兵衛頭 ………………(1162m)……… 300
七面山(赤石) ……………(1989m)………1047
七面山(紀伊) ………… (1619m)………1403
七曜岳 ……………………(1584m)………1399
志津倉山 …………………(1234m)……… 571
十方山 ……………………(1328m)………1539
信濃俣 ……………………(2332m)………1086
篠井山 ……………………(1394m)………1051
芝山 …………………… (819m)……… 510
紫尾山 ……………………(1067m)………1857
至仏山 ……………………(2228m)……… 627
標津岳 ……………………(1061m)……… 211
縞枯山 ……………………(2403m)……… 781
清水峠 ……………………(1440m)……… 555
四明ヶ岳(比叡山) ……… (838m)………1345
下十枚山 …………………(1732m)………1050
下津川山 …………………(1928m)……… 547
下ホロカメットク山 …(1668m)……… 229
蛇円山 …………………… (546m)………1585
釈迦ヶ岳(高原山) ………(1795m)……… 439
釈迦ヶ岳(御坂) …………(1641m)……… 838
釈迦ヶ岳(鈴鹿) …………(1092m)………1260
釈迦ヶ岳(紀伊) …………(1800m)………1405
釈迦ヶ岳(水縄) …………(1231m)………1777
釋迦ヶ岳(九州) ………… (831m)………1853
釈迦岳(丹波) ………… (631m)………1301
釈迦岳(比良) ……………(1060m)………1345
釈迦岳(紀伊) ………… (784m)………1370
釈迦嶺 ……………………(1175m)………1230
寂地山 ……………………(1337m)………1545
杓子岳 ……………………(2812m)……… 892
杓子山 ……………………(1598m)……… 832
錫杖ヶ岳 ………………… (676m)………1271
錫杖岳 ……………………(2168m)……… 943
尺岳 ……………………… (608m)………1685
寂地峡 ……………………………………1546
尺間山 …………………… (641m)………1803
積丹岳 ……………………(1255m)……… 270
社山 ………………………(1827m)……… 606
蛇谷ヶ峰 ………………… (902m)………1342
蛇峠山 ……………………(1664m)………1011
斜里岳 ……………………(1547m)……… 209
十九山 …………………… (677m)………1460
十二ヶ岳(越後) …………(1201m)……… 565
十二ヶ岳(御坂) …………(1683m)……… 841
十二神山 ………………… (731m)……… 311
鷲峰山(吉備) ………… (392m)………1581
鷲峰山(中国) ………… (921m)………1488
十枚山 ……………………(1726m)………1050
十文字山 …………………(2072m)……… 652
宿堂坊山 …………………(1968m)……… 607
修験業山 …………………(1094m)………1282
十石山 ……………………(2525m)……… 980
酒呑童子山 ………………(1181m)………1779
十二ヶ岳 …………………(1327m)……… 981
鷲峰山 …………………… (682m)………1352
順尾山 …………………… (883m)………1166
城郭朝日山 ………………(1449m)……… 592
笙ヶ岳 …………………… (909m)………1252
城ヶ岳 ……………………(1168m)………1757
尉ヶ峰 …………………… (433m)………1111
城ヶ森山 …………………(1269m)………1418
ショウガ山 ………………(1624m)………1190
将冠岳 …………………… (445m)………1708
将棊頭山 …………………(2730m)……… 996
勝軍山 …………………… (339m)……… 459
常光寺山 …………………(1439m)………1105
障子岳(海部) ………… (751m)………1798
障子岳(祖母) ……………(1709m)………1817
庄司峰 …………………… (987m)………1174
障子山 …………………… (885m)………1674
城将山 …………………… (827m)………1558
小岱山 ………… (筒ヶ岳501m)………1785
生藤山 …………………… (990m)……… 706
浄土山 ……………………(2831m)……… 930
常念岳 ……………………(2857m)……… 956
勝負塚山 …………………(1246m)………1390
浄法寺山 …………………(1053m)………1207
城峯山 ……………………(1038m)……… 658
暑寒別岳 …………………(1492m)……… 253
白猪山 …………………… (819m)………1281
白岩岳 ……………………(1177m)……… 363

し

駒ヶ岳(富士) ……………(1356m)……… 860
駒ヶ岳(飛騨) ……………(2003m)……… 915
駒ヶ岳(丹波) …………… (780m)………1291
駒ヶ峯(南八甲田) ………(1417m)……… 326
小又山 …………………(1367m)……… 381
護摩壇山 ………………(1372m)………1420
小松山 ………………… (989m)………1862
高麗山 ………………… (168m)……… 822
駒山 …………………… (855m)………1142
子檀嶺岳 ………………(1223m)……… 769
古見岳 ………………… (470m)………1892
子持山 …………………(1296m)……… 564
菰釣山 …………………(1379m)……… 798
五勇山 …………………(1662m)………1843
小湯山 ………………… (800m)……… 409
五葉山 …………………(1351m)……… 314
五葉岳 …………………(1570m)………1807
五里山 ………… (1124～1064m)………1541
五龍(竜)岳 ……………(2814m)……… 898
五輪峠 ………………… (550m)……… 316
小蓮華山 ………………(2766m)……… 889
五郎山 …………………(2132m)……… 652
ゴロゴロ岳 …………… (565m)………1331
権現岳(西頸城) …………(1104m)……… 753
権現岳(八ヶ岳) …………(2715m)……… 789
権現山(関東) ……………(1312m)……… 721
権現山(両白) …………… (565m)………1229
権現山(宇土) …………… (402m)………1795
金剛山(佐渡) …………… (962m)……… 725
金剛山(生駒) ……………(1125m)………1441
金剛堂山 ………(中金剛1650m)………1123
金剛童子山(丹後) ……… (614m)………1317
金剛童子山(裏六甲) ….. (565m)………1336
金精山 …………………(2244m)……… 620
権太倉山 ……………… (976m)……… 435
権田山 …………………(1606m)………1621
金比羅山(関東) ………… (468m)……… 704
金毘羅山(伊吹) ………… (624m)………1235
金毘羅山(丹波) ………… (580m)………1296
昆布岳 …………………(1045m)……… 275

さ

西教山 ………………… (682m)………1272
西光寺山 ……………… (713m)………1330
斎藤山 …………………(1279m)……… 585
西方ヶ岳 ……………… (764m)………1287
蔵王山 …………………………………… 401
　名号峰 ………………(1491m)……… 401
　鳥兜山 ………………(1387m)……… 401
　三宝荒神山 …………(1703m)……… 401
　地蔵山 ………………(1736m)……… 401
　熊野岳 ………………(1841m)……… 401
　刈田岳 ………………(1758m)……… 401
　五色岳 ………………(1672m)……… 401
　杉ヶ峰 ………………(1745m)……… 401
　屏風岳 ………………(1825m)……… 401
　後烏帽子岳 …………(1681m)……… 401
　水引入道 ……………(1656m)……… 401
　不忘山 ………………(1705m)……… 401
堺ノ神岳 ………………(1319m)……… 304
坂戸山 ………………… (634m)……… 546
相模山 …………………(1591m)……… 481
先割岳 ………………… (524m)………1886
桜尾山 ………………… (956m)………1483
サクラグチ …………… (919m)………1267
佐倉山 …………………(1073m)……… 576
桜島山(御岳) ……(北岳1117m)………1867
作礼山 ………………… (887m)………1702
蠑螺ヶ岳 ……………… (685m)………1288
笹ヶ岳 ………………… (739m)………1351
笹ヶ峰(両白) ……………(1285m)………1231
篠ヶ峰(中国) …………… (827m)………1457
笹ヶ峰(四国・石鎚) ……(1860m)………1655
笹ヶ峰(四国) ……………(1131m)………1667
笹子雁ガ腹摺山 ………(1358m)……… 720
笹の峠 …………………(1340m)………1847
笹野山 ………………… (660m)……… 474
笹間ヶ岳 ……………… (433m)………1351
笹森山 ………………… (595m)……… 460
笹山(赤石・野呂川) ……(2733m)………1039
笹山(赤石・大井川) ……(1763m)………1059

高曾根山 ……………………(1443m)……… 503
高越山 ……………………(1133m)………1614
神の上山 ………………… (370m)………1580
交野山 …………………… (341m)………1434
鴻応山 …………………… (679m)………1305
神野山 …………………… (618m)………1354
神戸丸 ……………………(1148m)………1623
光明山 …………………… (879m)……… 530
蝙蝠岳 ……………………(2865m)………1070
高野山 ………… (800～900m)………1413
高陽山 ……………………(1127m)……… 501
高良山 …………………… (312m)………1776
孝霊山 …………………… (751m)………1499
郷路岳 …………………… (620m)………1320
郡岳 ……………………… (826m)………1712
郡山 ……………………… (402m)………1529
古賀志山 ………………… (583m)……… 613
小金ヶ岳 ………………… (725m)………1325
小金沢山 …………………(2014m)……… 715
黄金山 …………………… (739m)……… 256
五家原岳 …………………(1057m)………1710
古ヶ丸山 …………………(1211m)………1375
虚空蔵山(多良) ………… (609m)………1712
国師ヶ岳 …………………(2592m)……… 679
虚空蔵山(丹波) ………… (592m)………1330
虚空蔵山(四国) ………… (675m)………1671
極楽寺山 ………………… (693m)………1553
五剣山 …………………… (375m)………1605
五剣谷岳 …………………(1188m)……… 527
小河内山 …………………(2076m)………1043
古光山 …………………… (952m)………1275
小五郎山 …………………(1162m)………1556
御在所山(鈴鹿) …………(1212m)………1261
御在所山(四国東) ………(1079m)………1642
御在所山(四国西) ……… (669m)………1676
御座ヶ岳 ………………… (797m)………1798
呉娑々宇山 ……………… (682m)………1593
御座岳 …………………… (420m)………1892
甑岳(奥羽南) ……………(1016m)……… 392
越敷岳 ……………………(1060m)………1819
甑岳(霧島) ………………(1301m)………1867
五色岳(蔵王山) …………(1672m)……… 401
甑山 …… (男甑982m・女甑979m)……… 463
腰岳 ……………………… (488m)………1706
小柴山 …………………… (266m)……… 504
五蛇池山 …………………(1148m)………1234
五社山 …………………… (295m)……… 400
五十人山 ………………… (883m)……… 514
古処山 …………………… (859m)………1692
五頭山 …………………… (913m)……… 494
越百山 ……………………(2614m)………1005
御前ヶ岳 …………………(1233m)……… 572
御前岳(飛騨) ……………(1816m)………1127
御前岳(水縄) ……………(1209m)………1778
御前山(関東) ……………(1405m)……… 700
御前山(飛騨) ……………(1647m)……… 990
五台山 …………………… (655m)………1338
小大日山 …………………(1199m)………1200
己高山 …………………… (923m)………1241
小岳(北八甲田) …………(1478m)……… 324
小岳(出羽) ………………(1043m)……… 443
小太郎山 …………………(2725m)………1035
御殿山 …………………… (364m)……… 854
琴路岳 …………………… (501m)………1711
琴引山 ……………………(1013m)………1523
小楢山 ……………………(1713m)……… 682
木葉山 ………… (松平山383m)………1787
五ノ宮岳 …………………(1115m)……… 337
木場山 …………………… (510m)………1707
御破裂山 ………………… (607m)………1365
碁盤石山 …………………(1190m)………1012
五番森 ……………………(1048m)……… 357
小秀山 ……………………(1982m)……… 992
甲武信ヶ岳 ………………(2475m)……… 678
駒頭山 …………………… (940m)……… 360
駒ヶ岳(渡島) …… (剣ヶ峰1131m)……… 280
駒ヶ岳(奥羽) ……………(1130m)……… 372
駒ヶ岳(奥羽) ……………(1067m)……… 411
駒ヶ岳(藤里) ……………(1158m)……… 442
駒ヶ岳(越後) ……………(2003m)……… 543
駒ヶ岳(会津) ……………(2133m)……… 587
駒ヶ岳(西頸城) ……(北峰1487m)……… 754

黒岳(中九州) …… (高塚1587m) ……1762
黒岳(北見) …… (1984m) …… 223
黒岳(関東) …… (1988m) …… 716
黒岳(御坂) …… (1793m) …… 837
黒岳(筑紫) …… (368m) ……1705
玄岳 …… (799m) …… 868
黒頭峰 …… (620m) ……1327
黒原山 …… (1017m) ……1854
黒檜岳 …… (1976m) …… 606
黒姫山(越後) …… (891m) …… 730
黒姫山(妙高) …… (2053m) …… 762
黒姫山(飛騨) …… (1222m) …… 884
黒富士 …… (1633m) …… 792
黒伏山 …… (1227m) …… 392
黒斑山 …… (2404m) …… 750
黒部五郎岳 …… (2840m) …… 938
黒部別山 …… (2353m) …… 925
黒法師岳 …… (2068m) ……1096
黒味岳 …… (1831m) ……1880
黒峰 …… (1283m) ……1831
黒森 …… (944m) …… 361
黒森山(北上・紫波) …… (837m) …… 296
黒森山(北上・岩泉) …… (1106m) …… 308
黒森山(奥羽) …… (763m) …… 366
黒森山(朝日) …… (917m) …… 501
黒森山(四国) …… (1017m) ……1664
鍬柄岳 …… (598m) …… 638
桑崎山 …… (1728m) …… 936
鍬崎山 …… (2090m) ……1115
桑谷山 …… (925m) ……1296
桑畑山 …… (400m) …… 286
桑原山 …… (1408m) ……1806
斟鉢山 …… (501m) ……1860
群別岳 …… (1376m) …… 255

け

鶏冠山 …… (1700m) …… 714
鶏足山 …… (431m) …… 599
鶏頂山(高原山) …… (1765m) …… 439
景鶴山 …… (2004m) …… 539
毛勝山 …… (2415m) …… 916
袈裟丸山 …… (北峰1961m) …… 609
華山 …… (713m) ……1567
芥子山 …… (233m) ……1595
毛無山 …… (1219m) ……1503
毛無森(北上) …… (941m) …… 297
毛無森(北上・早池峰) …… (1427m) …… 304
毛無山(御坂) …… (1964m) …… 845
毛無山(中国) …… (1253m) ……1519
銀杏峰 …… (1441m) ……1226
毛猛山 …… (1517m) …… 535
下呂御前山 …… (1412m) …… 990
剱ヶ岳(両白北) …… (568m) ……1210
剣ヶ岳(両白南) …… (799m) ……1228
剣ヶ峰(両白) …… (2677m) ……1188
剣ヶ峰(大山) …… (1729m) ……1496
見行山 …… (905m) ……1150
剣山 …… (962m) ……1506
源氏山 …… (1827m) ……1023
硯上山 …… (519m) …… 320
源次郎岳 …… (1477m) …… 714
乾徳山 …… (2031m) …… 681
剣尾山 …… (784m) ……1308
剣森山 …… (1034m) ……1505

こ

小赤石岳 …… (3081m) ……1075
小朝日岳 …… (1647m) …… 484
小東岳 …… (1130m) …… 395
コイカクシュサツナイ岳 … (1721m) … 243
五井山 …… (454m) ……1145
碁石ヶ峰 …… (461m) ……1160
碁石山 …… (434m) ……1604
高賀山 …… (1224m) ……1215
高下岳 …… (1322m) …… 361
光兎山 …… (967m) …… 487
甲佐岳 …… (753m) ……1828
豪士山 …… (1023m) …… 410
高社山 …… (1351m) …… 740
高洲山 …… (570m) ……1153
庚申山 …… (1892m) …… 608
香酔山 …… (795m) ……1357

孔雀岳 ……………………(1779m)………1405
久住山 ……………………(1787m)………1769
鯨山 …………………… (609m)……… 311
宮指路岳 ………………… (946m)………1267
久須夜ヶ岳 …………… (619m)………1291
崩山 …………………… (940m)……… 447
九千部岳 ………………(1062m)………1717
九千部山 ……………… (848m)………1693
口三方岳 ………………(1269m)………1173
口太山 ………………… (843m)……… 513
国城山 ………………… (552m)………1412
国見岳(伊吹) …………… (656m)………1235
国見岳(鈴鹿) ……………(1170m)………1261
国見岳(多良岳) …………(1347m)………1713
国見岳(九州) ……………(1739m)………1834
国見山(奥羽) …………… (244m)……… 374
国見山(阿武隈) ………… (563m)……… 505
国見山(飛騨) ……………(1318m)………1120
国見山(両白) …………… (557m)………1175
国見山(鈴鹿) ……………(1016m)………1275
国見山(紀伊) ……………(1419m)………1371
国見山(徳島) ……………(1409m)………1643
国見山(高知) ……………(1089m)………1667
国見山(筑紫) …………… (776m)………1706
国見山(水縄) ……………(1018m)………1781
国見山(九州) ……………(1036m)………1853
国見山(国見) …………… (969m)………1855
求菩提山 ……………… (782m)………1738
熊ヶ峰(瀬戸内) ………… (438m)………1599
熊ヶ峰(長崎) …………… (569m)………1718
熊倉山 …………………(1427m)……… 663
熊沢岳 …………………(2778m)………1001
熊鷹山 …………………(1169m)……… 604
熊ノ返山 ……………… (828m)……… 386
熊城山 ………………… (998m)………1527
熊野岳(蔵王山) …………(1841m)……… 401
熊野長峰 ……………… (430m)……… 478
熊伏山 …………………(1654m)………1108
熊群山 ………………… (805m)………1759
熊山 …………………… (509m)………1595
雲早山 …………………(1496m)………1613
雲谷山 ………………… (786m)………1290
雲取山(関東) ……………(2017m)……… 672
雲取山(丹波) …………… (911m)………1297
位山 ……………………(1529m)………1130
鞍掛山(八幡平) ………… (897m)……… 349
鞍掛山(赤石) ………(南峰2037m)………1027
鞍掛山(美濃) …………… (888m)………1138
鞍掛山(両白) …………… (478m)………1206
鞍掛山(四国) …………… (629m)………1676
倉ヶ岳 ………………… (565m)………1176
クラソ明神 ……………(1023m)………1218
倉岳 …………………… (682m)………1792
鞍岳 ……………………(1118m)………1827
倉岳山 ………………… (990m)……… 827
倉ノ山 ………………… (315m)……… 451
くらます ………………(1282m)………1476
鞍馬山 ………………… (584m)………1296
倉見山 …………………(1256m)……… 832
栗駒山 …………………(1627m)……… 374
栗子山 …………………(1217m)……… 411
狗留孫山(冠山) ………… (544m)………1564
狗留孫山(長門) ………… (616m)………1567
胡桃ヶ岳 ……………… (461m)……… 385
呉枯ノ峰 ……………… (532m)………1238
黒石岳 …………………(1348m)………1377
黒岩山(日光) ……………(2163m)……… 614
黒岩山(飛騨) ……………(1624m)……… 883
黒岩山(中九州) …………(1503m)………1773
黒尾山 …………………(1025m)………1476
黒尾谷岳(那須岳) ………(1589m)……… 437
黒笠山 …………………(1703m)………1630
黒金山 …………………(2232m)……… 681
黒髪山(中国) …………… (648m)………1505
黒髪山(筑紫) …………… (516m)………1705
九六位山 ……………… (452m)………1796
黒倉山 …………………(1242m)……… 731
黒沢山(飛騨) ……………(2051m)……… 966
黒沢山(赤石) ……………(2123m)………1094
黒獅子山 ……………… (716m)………1578
倶留尊山 ………………(1037m)………1274
黒滝山 ………………… (270m)………1588

前岳 ……(1252m)…… 324
赤倉岳 ……(1548m)…… 324
井戸岳 ……(1550m)…… 324
大岳 ……(1585m)…… 324
小岳 ……(1478m)…… 324
高田大岳 ……(1552m)…… 324
雛岳 ……(1240m)…… 324
硫黄岳 ……(1360m)…… 324
北穂高岳 ……(3106m)…… 968
北股岳 ……(2025m)…… 491
北見富士 ……(1291m)…… 218
吉次山 ……(800m)……1166
菊花山 ……(644m)…… 828
屹兎屋山 ……(875m)…… 507
木無山 ……(1329m)……1212
織山 ……(440m)……1348
鬼怒沼山 ……(2141m)…… 615
木の子岳 ……(630m)……1734
木ノ宗山 ……(413m)……1593
擬宝珠山 ……(1110m)……1496
鬼面山 ……(1890m)……1114
城山 ……(462m)……1606
木山内岳 ……(1401m)……1806
久松山 ……(263m)……1470
行市山 ……(660m)……1251
経ヶ蔵山 ……(474m)…… 466
経ヶ岳(木曾) ……(2296m)…… 995
経ヶ岳(両白北) ……(1625m)……1195
経ヶ岳(多良岳) ……(1076m)……1711
経ヶ岳(両白南) ……(765m)……1227
経が峰 ……(819m)……1272
経ヶ峰 ……(1529m)……1377
行者還岳 ……(1547m)……1400
行者山 ……(668m)……1383
暁晴山 ……(1077m)……1473
行仙岳 ……(1227m)……1408
京太郎山 ……(827m)……1527
経塚山(佐渡) ……(636m)…… 726
経塚山(奥羽) ……(1372m)…… 372
経塚山(出羽) ……(398m)…… 474
経塚山(中九州) ……(612m)……1748
行道山 ……(442m)…… 605
行人岳 ……(483m)……1794
京丈山 ……(1473m)……1836
京丸山 ……(1470m)……1104
京羅木山 ……(473m)……1517
清澄山 ……(妙見山377m)…… 848
清水山 ……(545m)……1328
伐株山 ……(約690m)……1745
霧ヶ峰(中国) ……(1079m)……1491
霧ヶ峰・車山 ……(1925m)…… 776
崕山 ……(1060m)…… 258
霧訪山 ……(1306m)…… 995
桐ノ木沢山 ……(1209m)…… 305
鬼林山 ……(1031m)……1508
木六山 ……(825m)…… 528
金華山(北上) ……(444m)…… 321
金華山(美濃) ……(329m)……1151
金花山 ……(361m)……1514
金城山 ……(1369m)…… 551
銀次郎山 ……(1052m)…… 527
銀太郎山 ……(1112m)…… 527
金時山 ……(1212m)…… 856
金峰山(関東) ……(2599m)…… 685
金峯山(中国) ……(329m)……1468
金峰山(奥羽) ……(450m)…… 368
金峰(峯)山(朝日) ……(458m)…… 476
金峰山(水縄) ……(665m)……1787
金峰山(南九州) ……1870
本岳 ……(636m)……1870
東岳 ……(約620m)……1870
北岳 ……(600m)……1870
金北山 ……(1172m)…… 726

く

工石山(奥工石山) ……(1516m)……1646
工石山(前工石) ……(北峰1177m)……1666
崩平山 ……(1289m)……1761
国上山 ……(313m)…… 729
九鬼山 ……(970m)…… 827
櫛形山 ……(2052m)……1020
櫛ヶ峯(南八甲田) ……(1517m)…… 326

き

御山 ……………………… (851m)……… 880
折壁岳 ……………………(1076m)……… 296
男和佐羅比山 ………… (814m)……… 295
小和田山 ……………… (612m)………1308
御神山 …………………… (889m)………1583
雄山 ………………………(1153m)………1505
男岳 ……………………… (789m)………1579
鬼岳 ……………………… (735m)………1856
御岳(桜島山) ….. (北岳1117m)………1867
御嶽・剣ヶ峰 …………(3067m)……… 986
御嶽山 …………………… (568m)………1813
女山 ……………………… (695m)………1703
遠音別岳 ………………(1330m)……… 208

か

貝ヶ平山 ……………… (822m)………1357
甲斐駒ヶ岳 ……………(2967m)………1028
害鷹森 ……………………(1304m)……… 303
貝月山 ……………………(1234m)………1247
腕山 ………………………(1333m)………1634
貝鳴山 ……………………(1222m)……… 574
戒場山 …………………… (737m)………1356
貝吹岳 …………………… (992m)……… 356
開聞岳 …………………… (924m)………1871
梅花皮岳 ………………(2000m)……… 492
川上岳 ……………………(1626m)………1128
カガマシ山 ……………(1343m)………1646
鏡石山 …………………… (554m)………1418
鏡山(朝日) ……………(1339m)……… 500
鏡山(筑紫) …………… (284m)………1700
鏡山(九州) …………… (917m)………1829
加加森山 ………………(2419m)………1090
餓鬼岳 ……………………(2647m)……… 948
臥牛山 …………………… (487m)………1581
隠居岳 …………………… (670m)………1707
鶴松森 ……………………(1100m)………1670
角田山 …………………… (480m)……… 727
学能堂山 ………………(1021m)………1283
岳滅鬼山 …………… (約1040m)………1741
神楽ヶ峰 ………………(2030m)……… 734
カクレグラ …………… (990m)………1264
掛頭山 ……………………(1126m)………1532
景信山 …………………… (727m)……… 709
懸の森 …………………… (536m)……… 506
籠ノ登山 ………………(2228m)……… 749
籠山 ……………………… (905m)………1484
笠ヶ岳(越後) …………(1852m)……… 553
笠ヶ岳(日光) …………(2057m)……… 628
笠ヶ岳(浅間) …………(2076m)……… 742
笠ヶ岳(飛騨) …………(2898m)……… 942
笠形山 …………………… (939m)………1459
笠ヶ森山 ………………(1013m)……… 414
笠置山(美濃) …………(1128m)………1150
笠置山(信楽大和) ……… (288m)………1353
風鞍 ………………………(1023m)……… 364
風倉山 …………………… (931m)……… 490
笠倉山 …………………… (994m)……… 524
風越山 ……………………(1536m)………1006
風師山 …………………… (362m)………1684
笠杉山 ……………………(1032m)………1472
笠捨山 ……………………(1353m)………1410
笠杖山 ……………………(1063m)………1503
笠塔山 ……………………(1049m)………1421
笠取山(関東) …………(1953m)……… 674
笠取山(鈴鹿) ………… (842m)………1273
笠取山(四国) …………(1562m)………1673
笠無 ………………………(1476m)……… 689
重山 ……………………… (263m)………1419
風吹岳 ……………………(1888m)……… 890
笠法師山 ………………(1919m)……… 740
笠松山(播磨) ………… (244m)………1339
笠松山(九州) …………(1522m)………1815
笠丸山 ……………………(1189m)……… 643
笠山(関東) …………… (837m)……… 664
笠山(両白) …………… (865m)………1177
梶ヶ森 ……………………(1400m)………1643
鹿島槍ヶ岳 ……… (南峰2889m)……… 899
甲子山 ……………………(1549m)……… 436
迦葉山 ……………………(1322m)……… 630
頭岳 ……………………… (466m)………1794
梶原山 …………………… (216m)………1057
春日山(御坂) …………(1158m)……… 839

奥三界山(岳) …………(1811m)……… 994
奥三方山 ………………(1601m)………1172
奥獅子吼山 ……………(928m)………1175
奥大日岳 ………………(2611m)……… 922
奥茶臼山 ………………(2474m)………1078
雄国山 …………………(1271m)……… 433
奥穂高岳 ………………(3190m)……… 970
奥丸山 …………………(2440m)……… 945
奥宮山 …………………(762m)……… 379
奥山 ……………………(738m)………1513
御座山 …………………(2112m)……… 650
小河内岳 ………………(2802m)………1071
男甑(甑山) ……………(982m)……… 463
小川岳 …………………(528m)………1889
御小屋山 ………………(2137m)……… 789
石裂山 …………………(880m)……… 612
小佐波御前山 …………(754m)………1117
小沢岳(越後) …………(1946m)……… 547
小沢岳(秩父) …………(1089m)……… 641
オサンババ ……………(1631m)………1132
オジカ沢ノ頭 …………(1890m)……… 561
男鹿岳 …………………(1777m)……… 585
小鹿山 …………………(729m)………1754
小島山 …………………(864m)………1247
長万部岳 ………………(973m)……… 278
和尚山(磐梯) …………(1630m)……… 429
和尚山(阿武隈) ………(804m)……… 517
大白木山 ………………(1234m)………1221
尾城山 …………………(1133m)………1149
小白山 …………………(1609m)………1212
尾鈴山 …………………(1405m)………1851
男鈴山 …………………(783m)………1863
恐羅漢山 ………………(1346m)………1538
御大堂山 ………………(1196m)……… 301
尾高山 …………………(2212m)………1078
尾岳 ……………………(604m)………1873
御岳(中之島) …………(979m)………1886
御岳(諏訪之瀬島) ………(799m)………1887
御岳(臥蛇島) …………(497m)………1887
オダッシュ山 …………(1098m)……… 235
小谷山 …………………(495m)………1242
越知山 …………………(613m)………1235
雄長子内岳 ……………(470m)……… 379
雄岡山 …………………(241m)………1337
小津権現山 ……………(1158m)………1224
尾太岳 …………………(1084m)……… 441
尾出山 …………………(933m)……… 612
大天井岳 ………………(2922m)……… 953
男山 ……………………(1851m)……… 651
乙妻山 …………………(2318m)……… 765
弟見山 …………………(1085m)………1563
音更山 …………………(1932m)……… 230
乙部岳 …………………(1017m)……… 279
音羽山(京滋) …………(593m)………1352
音羽山(信楽大和) ………(851m)………1364
鬼落山 …………………(576m)………1732
鬼ヶ城山(四国) …………(1151m)………1677
鬼ヶ城山(阿武隈) ………(892m)……… 508
鬼ヶ城山(冠山) …………(1031m)………1554
鬼ヶ城(長門) …………(619m)………1568
鬼ヶ岳 …………………(533m)………1236
鬼ヶ面山 ………………(1465m)……… 534
御西岳 …………………(2013m)……… 493
鬼岳 ……………………(315m)………1722
鬼ノ鼻山 ………………(435m)………1703
鬼の目山 ………………(1491m)………1809
小野子山 ………………(1208m)……… 565
尾ノ岳 …………………(1041m)………1826
小野岳 …………………(1383m)……… 570
伯母ヶ峰 ………………(1262m)………1378
伯母子岳 ………………(1344m)………1420
帯那山 …………………(1422m)……… 683
オプタテシケ山 ………(2013m)……… 226
お坊山 …………………(1430m)……… 719
雄鉾岳 …………………(1000m)……… 279
オボコンベ ……………(約580m)……… 398
御飯岳 …………………(2160m)……… 745
面白山 …………………(1264m)……… 394
御許山 …………………(647m)………1731
於茂登岳 ………………(526m)………1891
雄山(伊豆) ……………(813m)……… 880
雄山(立山) ……………(3003m)……… 928

烏帽子岳(薩摩) ………… (703m)………1858
烏帽子山(奥羽) ………… (954m)……… 384
烏帽子山(磐梯) …………(1879m)……… 419
烏帽子山(両白) …………(1242m)………1232
烏帽子山(紀伊) ………… (910m)………1429
烏帽子山(四国) …………(1670m)………1635
江良岳 …………………… (732m)……… 284
円海山 …………………… (153m)……… 823

お

雄阿寒岳 ………………(1370m)……… 212
御池岳 …………………(1247m)………1256
御池山 …………………(1906m)………1079
生石ヶ峰 ……………… (870m)………1417
小出俣山 ………………(1749m)……… 560
笈ヶ岳 …………………(1841m)………1179
御伊勢山 ………………(1286m)………1219
老嶽 …………………… (590m)………1792
負釣山 ………………… (959m)……… 886
老ノ坂峠 …………… (約250m)………1300
扇形山 …………………(1053m)………1390
扇ノ山 …………………(1310m)………1466
扇山(関東) ……………(1138m)……… 722
扇山(九州) ……………(1662m)………1832
王城山 …………………(1123m)……… 566
王岳 ……………………(1623m)……… 841
大朝日岳 ………………(1871m)……… 483
大麻山 ………………… (538m)………1609
大雨見山 ………………(1336m)………1120
大嵐山(両白) …………(1204m)………1192
大嵐山(越後) …………(1636m)……… 576
多飯が辻山 ……………(1040m)………1511
大石ヶ峰 ……………… (860m)………1449
大石岳 …………………(1059m)……… 452
大江高山 ……………… (808m)………1575
大笠山 …………………(1822m)………1178
大金峰 …………………(1396m)………1838
大唐松山 ………………(2561m)………1037
大川入山 ………………(1908m)………1010
大川嶺 …………………(1525m)………1673
大岩扇山 ……………… (691m)………1742
大霧山 ………………… (767m)……… 661
大崩山 …………………(1643m)………1808
大楠山 ………………… (241m)……… 824
大国見 ……………… (約500m)………1361
大雲取山 ……………… (966m)………1429
大蔵ヶ岳 ……………… (834m)………1578
大蔵高丸 ………………(1781m)……… 718
大倉岳(津軽) ………… (677m)……… 322
大倉岳(両白) ………… (651m)………1202
大倉山(奥羽) ………… (432m)……… 399
大倉山(越後) …………(1885m)……… 583
大倉山(飛騨) …………(1443m)……… 919
大倉山(両白) …………(1005m)………1167
大倉山(中国) …………(1112m)………1507
大黒目山 ……………… (802m)………1582
大黒森 …………………(1079m)……… 310
大黒山 …………………(1106m)………1679
大桁山 ………………… (836m)……… 638
大毛無山 ………………(1429m)……… 757
大駒ヶ岳 ………………(1144m)……… 331
大籠岳 …………………(2767m)………1038
大佐飛山 ………………(1908m)……… 586
大佐山 …………………(1069m)………1532
大麻山 ………………… (616m)………1607
大座礼山 ………………(1588m)………1649
大沢岳 …………………(2820m)………1078
大柴山 …………………(1083m)……… 385
大障子岩 ………………(1451m)………1819
大白沢山 ………………(1942m)……… 539
大白森 …………………(1216m)……… 349
大白森山 ………………(1642m)……… 434
大杉岳 …………………(1922m)……… 625
大鈴山 …………………(1012m)………1136
大関山 ………………… (902m)………1855
大空山 …………………(1104m)………1493
大台ヶ原山 … (日出ヶ岳1695m)………1378
大高取山 ……………… (376m)……… 666
大高根山 ……………… (543m)……… 472
大高山 ………………… (493m)……… 671
大滝山(讃岐) ………… (946m)………1609
大滝根山 ………………(1192m)……… 516

う

羽衣石山 …………………（376m）………1489
ウェンシリ岳 …………（1142m）……… 216
上谷山 …………………（1083m）………1234
浮岳 ……………………（805m）………1699
羽後朝日岳 ……………（1376m）……… 357
兎岳（越後）………………（1926m）……… 541
兎岳（赤石）………………（2818m）………1080
牛奥ノ雁ガ腹摺山 ……（1990m）……… 716
牛ヶ岳 …………………（1962m）……… 548
牛形山 …………………（1339m）……… 372
牛ヶ峰山 ………………（713m）………1468
牛斬山 …………………（580m）………1687
牛草山 …………………（550m）………1368
牛岳 ……………………（987m）………1121
牛の峠 …………………（918m）………1863
牛ノ峰 …………………（896m）………1675
牛松山 …………………（636m）………1301
牛廻山 …………………（1207m）………1421
後烏帽子岳（蔵王山）……（1681m）……… 401
後白髪山 ………………（1422m）……… 389
後山 ……………………（1344m）………1477
臼ヶ峰 …………………（270m）………1160
臼杵山（戸倉三山）…（鹿丸842m）……… 707
有珠山 …………………（733m）……… 276
歌垣山 …………………（553m）………1307
卯辰山 …………………（141m）………1165
内山 ……………………（1276m）………1751
空木岳 …………………（2864m）………1001
雲月山 …………………（911m）………1531
美ヶ原・王ヶ頭 ………（2034m）……… 772
移ヶ岳 …………………（995m）……… 515
宇津の谷峠 ……………（170m）………1064
打吹山 …………………（204m）………1489
有度山（日本平）………（307m）………1058
鰻轟山 …………………（1046m）………1624
海別岳 …………………（1419m）……… 209
卯子酉山 ………………（424m）……… 297
畝傍山 …………………（199m）………1367
宇根山 …………………（699m）………1586
姥ヶ岳（出羽）……………（1670m）……… 469
姥ヶ岳（両白）……………（1454m）………1222
ウペペサンケ山 ………（1848m）……… 233
馬見山 …………………（978m）………1692
厩岳山 …………………（1261m）……… 432
漆山岳 …………………（1393m）………1119
宇霊羅山 ………………（600m）……… 298
宇連山 …………………（930m）………1138
雲山峰 …………………（490m）………1452
雲辺寺山 ………………（927m）………1610
雲龍山 …………………（484m）………1177

え

エサオマントッタベツ岳（1902m）…… 240
恵山 ……………………（618m）……… 282
江代山 …………………（1607m）………1847
越後沢山 ………………（1861m）……… 546
越前大日山 ……………（1320m）………1199
越中沢岳 ………………（2592m）……… 931
恵那山 …………………（2191m）………1008
恵庭岳 …………………（1320m）……… 266
可愛岳 …………………（728m）………1806
恵比須森 ………………（1496m）……… 341
杁差岳 …………………（1636m）……… 488
烏帽子岩山 ……………（410m）………1592
烏帽子ヶ岳（木曾）………（2195m）………1005
烏帽子ヶ岳（中国）………（697m）………1561
烏帽子ヶ森 ……………（1320m）………1625
烏帽子岳（奥羽）…………（720m）……… 334
烏帽子岳（朝日）…………（2018m）……… 492
烏帽子岳（秩父）…………（1182m）……… 644
烏帽子岳（浅間）…………（2066m）……… 748
烏帽子岳（西頸城）………（1451m）……… 757
烏帽子岳（御坂）…………（1257m）……… 843
烏帽子岳（飛騨）…………（2628m）……… 908
烏帽子岳（飛騨）…………（1625m）………1132
烏帽子岳（鈴鹿）…………（865m）………1254
烏帽子岳（筑紫）…………（568m）………1708
烏帽子岳（阿蘇山）………（1337m）………1821
烏帽子岳（九州）…………（1692m）………1844
烏帽子岳（宮崎）…………（1126m）………1849

雨呼山……(906m)……393
甘利山……(1740m)……1019
編笠山……(2524m)……791
阿弥陀岳……(2805m)……788
雨山……(312m)……1450
荒雄岳……(984m)……380
荒海山……(1581m)……575
荒神山……(1270m)……387
荒川岳……(荒川中岳3084m)……1072
荒沢岳……(1969m)……542
荒島岳……(1523m)……1220
荒船山……(行塚山1423m)……639
水松山……(1699m)……691
霰ヶ山……(1074m)……1493
有明山(飛騨)……(北岳2268m)……949
有明山(対馬)……(558m)……1724
有馬富士……(374m)……1324
有間山……(1213m)……668
粟ヶ岳(越後)……(1293m)……528
粟ヶ岳(赤石)……(532m)……1102
粟鹿山……(962m)……1455
安房高山……(365m)……851
粟津岳山……(164m)……1206
安蔵山……(900m)……1239
安堵山……(1184m)……1424
安平路山……(2364m)……1006
安峰山……(1058m)……1120

い

飯士山……(1111m)……556
飯田山……(431m)……1828
飯谷山……(783m)……520
飯縄山……(1917m)……767
飯豊山……(2105m)……496
飯野山……(422m)……1606
飯森山(朝日)……(42m)……477
飯森山(飯豊)……(1595m)……502
飯盛山(丹波)……(584m)……1315
飯盛山(紀伊)……(746m)……1415
(河内)飯盛山……(314m)……1434
家形山……(1877m)……416
硫黄山……(1562m)……206
医王山……(奥医王山939m)……1163
硫黄岳(北八甲田)……(1360m)……324
硫黄岳(八ヶ岳)……(2760m)……784
硫黄岳(飛騨)……(2554m)……944
硫黄岳(大隅)……(704m)……1884
伊掛山……(252m)……1158
池口岳……(北峰2392m)……1091
池小屋山……(1396m)……1374
池田山……(924m)……1250
池ノ平山……(2561m)……920
池ノ山……(1369m)……1118
生駒山……(642m)……1435
礒砂山……(661m)……1318
漁岳……(1318m)……266
漁山……(714m)……1535
イザルガ岳……(2540m)……1084
石狩岳……(1967m)……230
石黒山……(968m)……480
石砂山……(578m)……825
石墨山……(1457m)……1662
石立山……(東峰1708m)……1622
石谷山……(754m)……1693
石塚山……(1589m)……1881
石鎚山……(天狗岳1982m)……1659
石堂ヶ岡……(680m)……1305
石堂山(四国)……(1636m)……1632
石堂山(九州)……(1547m)……1844
石巻山……(358m)……1112
石割山……(1412m)……833
伊豆ヶ岳……(851m)……669
出石山……(812m)……1676
泉山……(1209m)……1486
泉ヶ岳……(1172m)……390
和泉葛城山……(858m)……1449
石上山……(1037m)……309
板敷山……(630m)……467
板取山……(1513m)……1100
一位ヶ岳……(672m)……1566
依遅ヶ尾山……(540m)……1317
一九六七峰……(1967m)……238

旭岳(那須) ……(1835m)…… 436
朝日岳(那須岳) ……(1896m)…… 437
朝日岳(越後) ……(1945m)…… 552
朝日岳(秩父) ……(2579m)…… 684
朝日岳(飛騨) ……(2418m)…… 886
朝日岳(赤石) ……(1827m)……1089
朝比奈岳 ……(874m)…… 288
朝日山(赤石) ……(1668m)……1108
朝日山(島根) ……(342m)……1571
浅間隠山 ……(北峰1757m)…… 634
朝熊ヶ岳 ……(555m)……1368
浅間山 ……(2568m)…… 750
莇ヶ岳 ……(1004m)……1563
薊岳 ……(1406m)……1372
阿佐山 ……(南峰1218m)……1530
アサヨ峰 ……(2799m)……1015
足尾山 ……(627m)…… 601
芦倉山 ……(1717m)……1213
愛鷹連峰 ……(越前岳1504m)…… 867
葦嶽山 ……(815m)……1582
足拍子岳 ……(1408m)…… 556
芦別岳 ……(1726m)…… 259
阿闍羅山 ……(709m)…… 440
足和田山 ……(1355m)…… 841
東岳 ……(684m)…… 334
四阿山 ……(2354m)…… 746
四阿屋山(秩父) ……(772m)…… 656
四阿屋山(筑摩) ……(1387m)…… 769
畦ヶ丸 ……(1292m)…… 797
安蔵寺山 ……(1263m)……1557
麻生山 ……(1268m)…… 721
阿蘇外輪山 …(大矢野岳1236m)……1823
阿蘇山 ……1821
　高岳 ……(1592m)……1821
　中岳 ……(1506m)……1821
　杵島岳 ……(1326m)……1821
　烏帽子岳 ……(1337m)……1821
　根子岳東峰 ……(1408m)……1821
愛宕山(東京) ……(26m)…… 723
愛宕山(房総) ……(408m)…… 851
愛宕山(京都) ……(924m)……1299
安達太良山 ……(1700m)…… 427
足立山 ……(598m)……1684
安家森 ……(1239m)…… 294
安比岳 ……(1493m)…… 341
吾妻小富士 ……(1707m)…… 418
吾妻岳 ……(870m)……1713
東根山 ……(928m)…… 358
吾妻耶山 ……(1341m)…… 561
吾妻山 ……(1238m)……1520
温海岳 ……(736m)…… 479
阿寺山 ……(1509m)…… 544
穴目ヶ岳 ……(1168m)…… 297
阿能川岳 ……(1611m)…… 560
阿武山(中国) ……(586m)……1552
阿武山(丹波) ……(281m)……1305
油日岳 ……(693m)……1270
油山 ……(597m)……1694
安倍荒倉岳 ……(2693m)……1067
安倍城 ……(435m)……1062
阿部館山 ……(1218m)…… 302
安倍峠 ……(約1420m)……1049
アポイ岳 ……(810m)…… 250
安房山 ……(2220m)…… 979
安房峠 ……(1790m)…… 979
阿星山 ……(693m)……1349
雨飾山 ……(1963m)…… 754
雨ヶ岳 ……(1772m)…… 844
尼ヶ岳 ……(957m)……1273
尼ヶ禿山 ……(1466m)…… 630
雨ヶ森 ……(1390m)……1668
天城山(万三郎岳) ……(1406m)…… 870
天城岳 ……(533m)……1889
天城峠 ……(830m)…… 872
天草観海アルプス (念珠岳503m)……1790
雨乞岳(赤石) ……(2037m)……1026
雨乞岳(鈴鹿) ……(1238m)……1263
雨乞岳(中九州) ……(1074m)……1756
雨乞棚山 ……(1391m)…… 994
雨包山 ……(1112m)……1674
天香具山 ……(152m)……1366
雨引山 ……(409m)…… 600

山座索引

本編「山座解説」で見出しとした，山座名および峠・山峡名を五十音順に配列し，標高と掲載ページを示した。同字名の山座が並ぶ場合は，山地・山脈・地域名の略称を示し区別した。

あ

愛子岳 ……………………(1235m)………1884
愛染山 ……………………(1228m)……… 314
会津朝日岳 ……………(1624m)……… 595
間ノ岳 ……………………(3190m)………1032
愛別岳 ……………………(2113m)……… 222
青崩峠 ……………………(1082m)………1108
青倉山 ……………………(811m)………1455
青笹 ………………………(1558m)………1051
青笹山 ……………………(2209m)………1043
青鹿岳 ……………………(1000m)……… 443
青麻山 ……………………(799m)……… 407
青田南葉山 ……………(949m)……… 752
青薙山 ……………………(2406m)………1042
青根ヶ峯 ………………(858m)………1387
青野山 ……………………(908m)………1563
青葉山 ……………………(693m)………1316
青松葉山 ………………(1365m)……… 303
青野山 ……………………(851m)………1742
赤石岳 ……………………(3121m)………1075
赤石山 ……………………(2100m)……… 741
明石山 ……………………(1111m)………1507
閼伽井嶽 ………………(604m)……… 510
赤岩 ……………………(約1570m)……… 646
赤岩岳 ……………………(2769m)……… 954
赤岩山 ……………………(371m)……… 269
赤兎山 ……………………(1629m)………1195
赤牛岳 ……………………(2864m)……… 912
赤城山 …………(黒檜山1828m)……… 632
赤木岳 ……………………(2622m)……… 937
赤久縄山 ………………(1523m)……… 643
赤鞍ヶ岳 ………………(1299m)……… 828
赤倉岳(北八甲田) ………(1548m)……… 324
赤倉岳(南八甲田) ………(1290m)……… 326
赤倉山(浅間) ……………(1939m)……… 735
赤倉山(中国) ……………(1332m)………1463
赤蔵山 ……………………(179m)………1157
赤坂山 ……………………(824m)………1289
赤沢岳 ……………………(2678m)……… 903
赤沢山 ……………………(2671m)……… 955
赤岳(北見) ………………(2079m)……… 224
赤岳(八ヶ岳) ……………(2899m)……… 786
赤谷山 ……………………(2260m)……… 919
赤津山 ……………………(1408m)……… 489
赤面山 ……………………(1701m)……… 437
アカハゲ山 ……………(325m)………1570
赤林山 ……………………(855m)……… 359
赤帽子山 ………………(1619m)………1627
赤星山 ……………………(1453m)………1654
赤安山 ……………………(2051m)……… 622
赤堂山 ……………………(1059m)………1167
秋田駒ヶ岳 ……(男女岳1637m)……… 352
秋田焼山 ………………(1366m)……… 342
秋葉山 ……………………(865m)………1107
秋吉台・龍護峰 ………(426m)………1566
悪四郎山 ………………(782m)………1424
明ヶ田尾山 ……………(620m)………1307
挙原山 ……………………(946m)………1174
揚原山 ……………………(487m)………1204
浅草岳 ……………………(1585m)……… 533
朝鍋鷲ヶ山 ……………(1074m)………1501
旭ヶ丸 ……………………(1020m)………1612
旭岳(北見) ………………(2291m)……… 223

日本山岳会創立110周年記念出版

改訂 新日本山岳誌 (かいてい　しんにほんさんがくし)

2016年5月4日　第一版第一刷発行

編著者　公益社団法人 日 本 山 岳 会

〒102-0081　東京都千代田区四番町五番四号　電話(03)3261-4433

発行者　中西　健夫

発行所　株式会社 ナカニシヤ出版

〒606-8161　京都市左京区一乗寺木ノ本町15番地
電話(075)723-0111　FAX075-723-0095
振替口座　01030－0－13128
URL　http://www.nakanishiya.co.jp/
E-mail　iihon-ippai@nakanishiya.co.jp

印刷所　創栄図書印刷株式会社
製本所　株式会社兼文堂
装幀・地図　竹内　康之
編集協力　奥多摩館

落丁・乱丁本はお取り替えします。ISBN978-4-7795-0995-7 C0525

公益社団法人
日本山岳会創立百十周年記念出版